Reinking/Eggert, Der Autokauf

Der Autokauf

Rechtsfragen beim Kauf
neuer und gebrauchter Kraftfahrzeuge
sowie beim Leasing

Von

Dr. Kurt Reinking

Rechtsanwalt, Köln

Dr. Christoph Eggert

Vorsitzender Richter am Oberlandesgericht, Düsseldorf

8., neubearbeitete und erweiterte Auflage 2003

Werner Verlag

1. Auflage 1979
2. Auflage 1984
3. Auflage 1987
4. Auflage 1990
5. Auflage 1992
6. Auflage 1996
7. Auflage 2000
8. Auflage 2003

Bibliografische Information Der Deutschen Bibliothek
Die Deutsche Bibliothek verzeichnet diese Publikation in der
Deutschen Nationalbibliografie; detaillierte bibliografische Daten sind im Internet
über http://dnb.ddb.de abrufbar.
ISBN 3-8041-4638-4

Werner, ein Imprint der Wolters Kluwer Deutschland GmbH
Alle Rechte vorbehalten.
© 2003 by Wolters Kluwer Deutschland GmbH, Neuwied, München.
Das Werk einschließlich aller seiner Teile ist urheberrechtlich geschützt.
Jede Verwertung außerhalb der engen Grenzen des Urheberrechtsgesetzes ist ohne
Zustimmung von Wolters Kluwer Deutschland unzulässig und strafbar. Das gilt
insbesondere für Vervielfältigungen, Übersetzungen, Mikroverfilmungen und die
Einspeicherung und Verarbeitung in elektronischen Systemen.
Umschlaggestaltung: Ruers, Wiesbaden
Satz: Hümmer GmbH, Waldbüttelbrunn
Druck und Verarbeitung: Druckerei Bercker, Kevelaer
Printed in Germany, Dezember 2002
Archiv-Nr.: 627/8–12.2002
Bestell-Nr.: 3-8041-4638-4

Vorwort zur 8. Auflage

Die Neuauflage steht ganz im Zeichen der Schuldrechtsreform. Vieles, was gestern gültig war, ist heute Makulatur. Auch das Rabattgesetz und die Zugabeverordnung sind einer Reform zum Opfer gefallen.

Alle warten gespannt auf die ersten richtungsweisenden Urteile zum neuen Schuldrecht. Auf aktuelle Rechtsprechung konnte leider noch nicht zurückgegriffen werden. So waren die Grundsatzentscheidungen zum alten Recht daraufhin zu überprüfen, ob sie die Reform überlebt haben und sich Rechtsanwender wie Rechtssuchende weiterhin an ihnen orientieren können.

In einem fortgeschrittenen Stadium befindet sich die juristische Diskussion, die sich der neuen Materialien gerne angenommen und sogar eine eigene juristische Zeitschrift hervorgebracht hat. Es bereitet offenbar Freude, die Geheimnisse des neuen Rechts zu lüften, wenngleich es nicht immer gelingen will, in allem eine schlüssige Systematik zu erkennen.

Die Autobranche wird vom neuen Kaufrecht besonders stark betroffen. Einige, nicht alle, Neuwagenhersteller haben die Reform zum Anlass genommen, sich von der einjährigen Haltbarkeitsgarantie zu verabschieden, die nach Ansicht des BGH in der früheren Gewährleistungsklausel steckte. Stattdessen verweisen sie auf die Verlängerung der Gewährleistung auf zwei Jahre, ohne dem Kunden deutlich zu machen, dass es sich dabei lediglich um die gesetzliche Verjährungsfrist handelt. Es bleibt zu hoffen, dass der Markt die Dinge richtet und die Reform dem Verbraucher nicht nur auf dem Papier zum Vorteil gereicht.

Der Neuwagenhandel steht vor schwierigen Zeiten. Es wird mit einer starken Ausdünnung des Händlernetzes gerechnet. Bei schwacher Konjunktur, zunehmender Sättigung des Marktes und knapper Finanzmittel werden nur die Großen überleben. Ab dem 1. 10. 2005 herrscht Standortfreiheit. Ab diesem Stichtag hat jeder in ein selektives Vertriebssystem eingebundene Fabrikatshändler das Recht, zusätzliche Auslieferungs- oder Verkaufsstellen innerhalb des Gebietes der EU in beliebiger Zahl zu eröffnen. Eingeleitet wird der zu erwartende Strukturwandel durch die am 1. 10. 2002 in Kraft gesetzte Gruppenfreistellungsverordnung (GVO), die außerdem den Weg für den Mehrmarkenhandel ebnet und die Trennung von Handel und Werkstatt favorisiert. In Anbetracht dieser Entwicklung ist absehbar, dass die Zahl der Händlerinsolvenzen steigt und der Verbraucher mit seinen Sachmängelansprüchen allein gelassen wird, wenn nicht – was zu fordern ist – die Hersteller als Garantiegeber einspringen.

Das Kfz-Leasing erfreut sich nach wie vor starken Zuspruchs und konnte gegen den Trend zulegen. Im Jahr 2002 feierte es seinen 40. Geburtstag in Deutschland. Das neue Kaufrecht, das dank der Abtretungskonstruktion in den Leasingvertrag ausstrahlt, bereitet einige Probleme. Hier gilt es, dass Spannungsverhältnis zwischen Verbrauchsgüterkauf und Finanzierungsleasing verträglich aufzulösen, ohne dass der Verbraucher auf der Strecke bleibt.

Von einschneidender Wirkung ist die Schuldrechtsreform auch für die Vermarktung gebrauchter Kraftfahrzeuge. Vor allem die Unzulässigkeit des Haftungsausschlusses für Sachmängel, die Beweislastumkehr (§ 476 BGB) und verlängerte Verjährungsfristen bereiteten dem Gebrauchtwagenhandel anfangs große Sorgen. Doch man hat sich arrangiert und nutzt die für den Verbrauchsgüterkauf zwingende Sachmängelhaftung zur eigenen Profilierung, bislang ohne durchschlagenden Erfolg. Gestiegen sind nicht die Umsätze, nur der Verwaltungsaufwand der Händler hat zugenommen. Deutlich angezogen haben auch die Preise, Verbraucherschutz ist eben nicht zum Nulltarif zu haben. Mit Blick auf den Markenhandel (Garantieanteil 80%) war die Verbrauchsgüterkaufrichtlinie aus tatsächlichen Gründen, im übrigen Bereich aus rechtlichen Gründen überflüssig. Dank einer käuferfreundlichen Rechtsprechung war ein Schutzniveau erreicht, das hinter den neuen Vorschriften nur unwesentlich zurückblieb.

Die vertragsrechtliche Katastrophe ist zwar ausgeblieben. Zum juristischen Alltag ist das neue Schuldrecht aber noch längst nicht geworden. Ratlosigkeit und Rechtsunsicherheit beherrschen nach wie vor das Feld. In dieser Situation soll die Neuauflage, in wesentlichen Teilen neu geschrieben, vor allem dem Praktiker die dringend benötigte Hilfe sein.

Köln/Leverkusen, im November 2002 Die Verfasser

Schnellübersicht

Teil 1

Neuwagenkauf

A.	Situation auf dem Neuwagenmarkt	1–13	1
B.	Das Neufahrzeug	14–18	7
C.	Der Kaufvertrag	19–68	10
D.	Haftung aus Verschulden bei Vertragsanbahnung und Vertragsabschluss	69–90	45
E.	Das Widerrufsrecht des Verbrauchers	91–107	58
F.	Eigentumsvorbehalt	108–116	68
G.	Besondere Vertriebsarten	117–128	76
H.	Lieferung und Lieferverzug	129–143	85
I.	Unmöglichkeit, Unzumutbarkeit der Lieferung und Störung der Geschäftsgrundlage	144–149	96
J.	Lieferung und Übernahme des Neuwagens	150–174	101
K.	Mängelfreiheit	175–222	122
L.	Nacherfüllung	223–266	174
M.	Übergang von der Nacherfüllung zu den Sekundärrechten	267–294	213
N.	Die sekundären Sachmängelrechte	295–357	235
O.	Verjährung der Ansprüche des Käufers wegen Sachmängeln	358–375	297
P.	Der Neuwagenkauf als Verbrauchsgüterkauf	376–381	314
Q.	Versorgung des Käufers mit Ersatzteilen	382–388	318
R.	Wettbewerb und Werbung	389–415	326
S.	Steuern	416–428	343
T.	EU-Neuwagenkauf	429–461	354
U.	Automobilimport aus Ländern außerhalb der EU sowie Automobilexport in diese Länder	462-463	380
V.	Der Neufahrzeugkauf mit Hereinnahme eines Gebrauchtfahrzeuges	464–526	381
W.	Garantien im Neuwagenhandel	527–565	407
X.	Produkthaftung	566–667	426
Y.	Der finanzierte Kauf	668–740	464
Z.	Autoleasing	741–910	512

Teil 2

An- und Verkauf gebrauchter Kraftfahrzeuge

A.	Das gebrauchte Kraftfahrzeug	911–914	645
B.	Das private Direktgeschäft	915–927	647
C.	Der Unternehmer-Verbraucher-Kauf (Verbrauchsgüterkauf)	928–958	657
D.	An- und Verkäufe zwischen Unternehmern	959	674
E.	Verkauf Verbraucher an Unternehmer	960–970	675
F.	Das Vermittlungsgeschäft	971–1054	680
G.	Gebrauchtfahrzeugversteigerungen	1055–1060	729

H.	Die Rechte des Gebrauchtfahrzeugkäufers bei einem Sachmangel	1061–1611	733
I.	Arglistige Täuschung beim Verkauf gebrauchter Kraftfahrzeuge	1612–1696	1001
J.	Das Verhältnis der Sachmängelhaftung zu anderen Rechtsbehelfen des Käufers	1697–1787	1038
K.	**Die Rechtsmängelhaftung des Gebrauchtfahrzeugverkäufers**	1788–1789	1075
L.	**Der Erwerb gebrauchter Kraftfahrzeuge vom Nichtberechtigten**	1790–1835	1077

Anlagen

1. Allgemeine Geschäftsbedingungen für den Verkauf von fabrikneuen Kraftfahrzeugen und Anhängern (NWVB) 1099
2. Allgemeine Geschäftsbedingungen für das Leasing von Neufahrzeugen zur privaten Nutzung 1103
3. Leasingerlass des Bundesministers der Finanzen vom 22. 12. 1975 – IVB2 – S 1111
4. Allgemeine Geschäftsbedingungen für den Verkauf gebrauchter Kraftfahrzeuge und Anhänger (GWVB) 1113
5. VERORDNUNG (EG) Nr. 1400/2002 DER KOMMISSION vom 31. Juli 2002 über die Anwendung von Artikel 81 Absatz 3 des Vertrags auf Gruppen von vertikalen Vereinbarungen und aufeinander abgestimmten Verhaltensweisen im Kraftfahrzeugsektor 1116

Stichwortverzeichnis 1133

Inhaltsverzeichnis

Teil 1

Neuwagenkauf

		Rn	Seite
A.	**Situation auf dem Neuwagenmarkt**	1–13	1
	I. Vertriebsstrukturen des Neuwagenhandels	6	2
	II. Der Neuwagenhandel unter der neuen GVO	7–13	3
	1. Neuwagenvertrieb	8–9	3
	2. Werkstatt und Kundendienst	10	4
	3. Ersatzteilvertrieb	11	5
	4. Importvermittlung	12	5
	5. Prognose	13	6
B.	**Das Neufahrzeug**	14–18	7
C.	**Der Kaufvertrag**	19–68	10
	I. Einbeziehung von AGB	19	10
	II. Kaufantrag und Annahmevorbehalt	20–31	11
	1. Regelung in Neuwagen-Verkaufsbedingungen NWVB	20–27	11
	a) Nutzfahrzeuge	21	11
	b) Vertragsannahme	22–23	12
	c) Verspätete Annahme	24	14
	d) Inhaltlich abweichende Annahmeerklärung	25	14
	e) Zugang der Annahmeerklärung	26	15
	f) Vertragsannahme durch Ausführung der Lieferung	27	16
	2. Angemessenheit der Annahmefrist	28–31	16
	III. Lieferfristen	32–42	19
	1. Vereinbarung	32–34	19
	2. Unverbindlichkeit der Lieferfrist / des Liefertermins	35–38	20
	a) Begriff	35	20
	b) Angemessenheit der Wartefrist	36–38	21
	3. Verbindliche Lieferfrist / verbindlicher Liefertermin	39	23
	4. Höhere Gewalt und Betriebsstörungen	40–41	23
	5. Lieferung zum festen Termin	42	24
	IV. Kaufpreis	43–59	25
	1. Preisvereinbarung	43–45	25
	2. Preisagenturen	46	27
	3. Preisauszeichnung	47–50	28
	4. Rabattgewährung und Zugaben	51–52	30
	5. Preisänderungen	53–59	32
	a) Vertragspraxis	53	32
	b) Gesetzliche Ausgangslage	54	33
	c) Allgemeine Grundsätze	55	34
	d) Konkrete Klauselgestaltung	56–58	35

			Rn	Seite
		e) Rechtsfolgen der Verwendung einer unwirksamen Preisanpassungsklausel	59	38
	V.	Schriftform	60–62	38
		1. Rechtliche Ausgangslage	60	38
		2. Praxis im Neuwagenhandel	61–62	40
	VI.	Zustimmungserfordernis bei Übertragung von Rechten und Pflichten aus dem Kaufvertrag	63–68	42
D.	**Haftung aus Verschulden bei Vertragsanbahnung und Vertragsabschluss**		**69–90**	**45**
	I.	Verletzung von Aufklärungspflichten	70–79	45
		1. Umfang der Aufklärungspflichten	70	45
		2. Abgrenzung zur Sachmängelhaftung	71	46
		3. Offenbarungspflichtige Umstände	72–79	47
	II.	Ablehnung der Käuferofferte	80	50
	III.	Verletzung von Schutzpflichten anlässlich einer Probefahrt	81–89	51
		1. Rechtsnatur des Gebrauchsüberlassungsverhältnisses	82–84	51
		2. Beschädigung des Vorführwagens	85–88	52
		3. Beschädigung des Gebrauchtwagens	89	55
	IV.	Verjährung	90	56
E.	**Das Widerrufsrecht des Verbrauchers**		**91–107**	**58**
	I.	Bedeutung des Widerrufsrechts für den Neuwagenhandel	91	58
	II.	Grundsätzliches zum Widerrufsrecht	92	58
	III.	Widerrufsbelehrung	93–96	60
	IV.	Widerrufserklärung	97	63
	V.	Rückabwicklung nach Widerruf	98–107	63
		1. Verzinsung des Kaufpreises	99	63
		2. Vergütung der gefahrenen Kilometer	100	63
		3. Wertersatz für Verschlechterung des Fahrzeugs durch bestimmungsgemäße Ingebrauchnahme	101–104	63
		4. Überschneidung von Nutzungsvergütung und Wertersatz	105	66
		5. Verbundene Verträge	106	67
		6. Verschlechterung und Untergang des Fahrzeugs	107	67
F.	**Eigentumsvorbehalt**		**108–116**	**68**
	I.	Einfacher Eigentumsvorbehalt	109	68
	II.	Kontokorrentvorbehalt	110	69
	III.	Erweiterter Eigentumsvorbehalt	111	70
	IV.	Nebenpflichten des Käufers	112	70
	V.	Rücktritt des Verkäufers vom Kaufvertrag	113–116	72
		1. Rücktritt wegen Zahlungsverzugs	113–115	72
		2. Rücktritt nach § 324 BGB	116	75
G.	**Besondere Vertriebsarten**		**117–128**	**76**
	Haustürgeschäfte und Fernabsatzverträge		117–128	76
		1. Haustürgeschäfte	118–124	76

	Rn	Seite
a) Gesetzesrelevanz von Haustürgeschäften und ähnlichen Geschäften für den Neuwagenhandel	118	76
b) Allgemeine Anwendungsvoraussetzungen	119	77
c) Mündliche Verhandlungen	120	78
d) Arbeitsplatz	121	79
e) Privatwohnung	122	79
f) Vorhergehende Bestellung	123	79
g) Freizeitveranstaltung	124	81
2. Fernabsatzverträge	125–126	82
a) Bedeutung für den Neuwagenhandel	125	82
b) Voraussetzungen eines Fernabsatzvertrages	126	82
3. Widerruf von Haustürgeschäften und Fernabsatzverträgen	127	83
4. Widerrufsbelehrung	128	84

H. Lieferung und Lieferverzug — 129–143 — 85

	Rn	Seite
I. Rechtsfolgen bei Überschreitung eines unverbindlichen Lieferzeitpunkts	129–141	85
1. Inverzugsetzung und Beendigung des Verzugs	129	85
2. Haftungsbeschränkung für leichte Fahrlässigkeit	130	85
3. Grobe Fahrlässigkeit	131	86
4. Verzugsschaden	132	87
5. Aufforderung zur Lieferung mit Fristsetzung	133–134	88
6. Angemessenheit der Frist	135	90
7. Rücktritt und Schadensersatz	136–138	90
a) Geltendmachung	137	91
b) Verhältnis der Rechte zueinander	138	91
8. Verzögerungsschaden und Schadensersatz statt der Leistung	139	92
9. Schadensumfang und Schadensberechnung	140	92
10. Haftungsbeschränkung	141	93
II. Rechtsfolgen bei Überschreitung eines verbindlich vereinbarten Lieferzeitpunkts	142	94
III. Rechtsfolgen bei Nichtlieferung zum Fixtermin	143	95

I. Unmöglichkeit, Unzumutbarkeit der Lieferung und Störung der Geschäftsgrundlage — 144–149 — 96

	Rn	Seite
I. Gesetzeslage	145	96
II. Änderung des Vertriebs und Einstellung der Produktion	146	96
III. Haftung ohne Verschulden	147	97
IV. Haftungsausschluss und Haftungsbegrenzung	148	98
V. Rechtsfolgen	149	99

J. Lieferung und Übernahme des Neuwagens — 150–174 — 101

	Rn	Seite
I. Vertragspflichten	150–155	101
1. Abnahme	151	101
2. Zahlung	152	102
3. Erfüllungsort	153	103
4. Pflichten des Verkäufers im Zusammenhang mit der Auslieferung des Fahrzeugs	154	103
5. Prüfrecht des Käufers und Recht auf Probefahrt	155	104

	Rn	Seite
II. Gefahrübergang	156–160	106
1. Rechtswirkungen des Gefahrübergangs	157–160	106
III. Berechtigte Abnahmeverweigerung	161	109
IV. Nichtberechtigte Abnahmeverweigerung	162–174	110
1. Bereitstellung des Fahrzeugs und Bereitstellungsanzeige	163	111
2. Rechtswirkungen der unberechtigten Abnahmeverweigerung	164–174	112
a) Abnahmeverzug	164	112
b) Zahlungsverzug	165	113
c) Rücktritt	166	114
d) Schadensersatz	167	114
aa) Konkrete Schadensberechnung	168	115
bb) Schadenspauschalierung	169–174	115
K. Mängelfreiheit	**175–222**	**122**
I. Rechtliche Ausgangslage	175	122
II. Sachmängelrechte des Käufers wegen falscher oder irreführender Eigenschaftsangaben in öffentlichen Äußerungen	176	122
III. Rechtsmängel	177	124
IV. Gutgläubiger Eigentumserwerb	178	125
V. Beschaffenheit	179–222	126
1. Vereinbarung der Beschaffenheit durch die vertragsschließenden Parteien	180	127
2. Eignung für die nach dem Vertrag vorausgesetzte Verwendung	181	129
3. Tauglichkeit zur gewöhnlichen Verwendung und übliche Beschaffenheit	182–203	130
a) Gewöhnliche Verwendung	183	130
b) Funktionsbeeinträchtigungen	184–187	132
c) Übliche Beschaffenheit	188	137
d) Qualitätsmängel	189–191	137
e) Jeweiliger Stand der Technik	192–194	140
f) Änderungsvorbehalt	195	144
g) Prospektangaben	196–197	145
h) Kraftstoffmehrverbrauch	198	147
i) Umweltbezug als Sacheigenschaft	199	148
j) Eintragung eines Vorbesitzers im Kfz-Brief	200–201	149
k) Erstzulassung im Ausland	202	151
l) Fahrzeuge mit Tages- oder Kurzzulassung	203	151
4. Fabrikneuheit	204–218	153
a) Lagerdauer	205–210	154
b) Modellaktualität	211–215	161
aa) Nicht vorrätige Fahrzeuge	214	163
bb) Vorrätige Fahrzeuge	215	165
c) Veränderungen, Lagermängel und Beschädigungen	216–218	166
5. Montagemangel, mangelhafte Montageanleitung und Lieferung eines Aliud	219–222	170
a) Montagemangel	220	170
b) Mangelhafte Montageanleitung	221	171
c) Falschlieferung	222	172

	Rn	Seite

L. Nacherfüllung 223–266 174
    I. Rechtsnatur des Anspruchs 223 174
    II. Nachbesserung durch den Verkäufer oder durch eine andere Werkstatt 224–229 175
    III. Berechtigte 230–231 180
    IV. Ausschlüsse und Beschränkungen des Nacherfüllungsanspruchs 232–233 182
        1. Geschäftsverkehr mit Verbrauchern 232 182
        2. Geschäftsverkehr mit Unternehmern 233 182
    V. Wahlrecht des Käufers zwischen Beseitigung des Fehlers und Lieferung einer mangelfreien Sache 234–237 183
        1. Ausübung des Wahlrechts 235 185
        2. Wiederaufleben des Wahlrechts 236 186
        3. Kein Wahlrecht des Käufers innerhalb der Nacherfüllung ... 237 187
    VI. Zumutbare Art der Nacherfüllung 238–239 188
        1. Nachbesserung 238 188
        2. Ersatzlieferung 239 190
    VII. Geltendmachung der Nacherfüllung 240–241 190
    VIII. Durchführung der Nacherfüllung 242–243 193
    IX. Kosten der Nacherfüllung 244-252 195
        1. Arbeits- und Materialkosten 245 196
        2. Kosten für die Prüfung des Mangels 246 196
        3. Transport-, Wege-, Abschleppkosten 247 197
        4. Zusätzliche Wartungskosten 248 198
        5. Porto- und Telefonkosten 249 198
        6. Mietwagenkosten und Nutzungsausfall 250 198
        7. Verdienstausfall, entgangene Freizeit, Hotelkosten, Reisekosten 251 199
        8. Aufwendungen des Käufers zur Feststellung des Mangels ... 252 199
    X. Kostenbeteiligung des Käufers 253 200
    XI. Selbstbeseitigungsrecht 254 201
    XII. Verletzung der Nacherfüllungspflicht 255–261 203
        1. Verletzung von Sorgfaltspflichten 256–260 204
        2. Zurückspringen der Sachgefahr auf den Verkäufer .. 261 207
    XIII. Unverhältnismäßigkeit der Nacherfüllung 262–264 208
        1. Gesetzessystematik 262 208
        2. Methodik 263 209
        3. Grenzwerte 264–266 210

M. Übergang von der Nacherfüllung zu den Sekundärrechten .. 267–294 213
    I. Vorbehalt des Rücktritts und der Minderung in AGB 268 213
    II. Fristsetzung 269–270 213
    III. Unmöglichkeit der Nacherfüllung 271 215
    IV. Verweigerung nach §§ 275 Abs. 2, 3; 439 Abs. 3 BGB 272 217
    V. Fehlschlagen der Nachbesserung 273 218
    VI. Unberechtigte Ablehnung der Nacherfüllung 274 219
    VII. Nicht zumutbare Verzögerung 275 220
    VIII. Unzumutbarkeit der Nacherfüllung 276 221

		Rn	Seite
IX.	Zerstörung der Vertrauensgrundlage	277	221
X.	Unzumutbarkeit weiterer Nachbesserungsversuche	278–283	221
XI.	Fehlschlagen der Nachbesserung bei Inanspruchnahme einer anderen Werkstatt	284	229
XII.	Rechtslage nach erfolgreicher Nacherfüllung	285	230
XIII.	Rechtslage nach gescheiterter Nacherfüllung	286	230
XIV.	Mängelbeseitigung nach gescheiterter Nacherfüllung	287–288	230
	1. Mit Zustimmung des Käufers	287	230
	2. Ohne Zustimmung des Käufers	288	231
XV.	Wegfall des Mangels nach dem Scheitern der Nacherfüllung	289	231
XVI.	Nachbesserung nach Rücktritt, Minderung oder Geltendmachung von Schadensersatz statt der Leistung	290–294	232
	1. Mit Zustimmung des Käufers	290	232
	2. Ohne Zustimmung des Käufers	291	232
	3. Fehlerbeseitigung durch den Käufer	292	233
	4. Fehlerbeseitigung durch den Gutachter	293	233
	5. Schranke des § 242 BGB	294	233

N. Die sekundären Sachmängelrechte 295–357   235

		Rn	Seite
I.	Rücktritt	296–300	236
	1. Ausschluss des Rücktritts wegen Unerheblichkeit des Mangels	297	236
	2. Ausschluss des Rücktritts nach § 323 Abs. 6 BGB	298	238
	3. Ausschluss des Rücktritts wegen Anspruchsverwirkung	299	239
	4. Möglicher Ausschluss des Rücktritts wegen vom Käufer zu vertretender Unmöglichkeit der Fahrzeugrückgabe	300	240
II.	Gesamtrücktritt und Teilrücktritt	301	240
III.	Rücktritt wegen Nicht- und Schlechterfüllung von Zugabeversprechen und Nebenleistungen	302	241
IV.	Das Rückgewährschuldverhältnis	303–329	243
	1. Wertersatz statt Herausgabe	304	244
	2. Höhe des Wertersatzes	305	246
	3. Wegfall der Wertersatzpflicht	306	247
	4. Notwendige Verwendungen und andere Aufwendungen	307–311	249
	a) Notwendige Verwendungen	308–310	249
	b) Andere Aufwendungen	311	252
	5. Verzinsung des Kaufpreises	312	253
	6. Vergütung der Gebrauchsvorteile	313–323	254
	a) Gezogene Nutzungen	313	254
	b) Nicht gezogene Nutzungen	314	255
	c) Bemessung der Gebrauchsvorteile	315–322	255
	d) Geltendmachung der Gebrauchsvorteile	323	265
	7. Abwicklung des Rückgewährschuldverhältnisses	324–328	267
	a) Weiterbenutzung des Fahrzeugs nach Erklärung des Rücktritts	324–325	267
	b) Leistungsstörungen im Rückabwicklungsverhältnis	326–328	269
	aa) Beschädigung und Untergang des Fahrzeugs	326	269
	bb) Schuldnerverzug	327	270
	cc) Annahmeverzug	328	271

			Rn	Seite

	8. Erfüllungsort	329	272
V.	Minderung	330–333	273
	1. Voraussetzungen	330	273
	2. Gestaltungsrechtlicher Charakter der Minderung	331	274
	3. Berechnung der Minderung	332	276
	4. Durchführung der Minderung	333	277
VI.	Schadensersatz	334–357	278
	1. Grundlagen	334	278
	2. Schadensersatzhaftung im Neuwagenhandel	335	279
	3. Haftung ohne Verschulden (Garantie)	336–341	279
	4. Arglistiges Verschweigen	342–345	284
	5. Schadensersatz statt der Leistung, statt der ganzen Leistung	346	287
	6. Typische Schadenspositionen	347–350	288
	a) Nutzungsausfall	347	288
	b) Vertragskosten	348	289
	c) Rechtsanwaltsgebühren	349	289
	d) Finanzierungskosten	350	290
	7. Schadensersatz neben der Leistung	351	290
	8. Ersatz vergeblicher Aufwendungen	352	291
	9. Hinweise zum Verfahren und zur Vollstreckung	353–357	291
	a) Zuständiges Gericht	353	291
	b) Prozessuale Vorgehensweise	354	292
	c) Zwangsvollstreckung aus dem Zug um Zug-Urteil	355–357	294

O.	**Verjährung der Ansprüche des Käufers wegen Sachmängeln**	358–375	297
I.	Verjährungsregelung in den NWVB	358–359	297
II.	Verjährung der Ansprüche des Käufers aus Verletzung der Nacherfüllungspflicht	360	299
III.	Konkurrierende Verjährungsfristen	361	300
IV.	Hemmung der Verjährung	362–368	300
	1. Prinzip und Wirkungsweise	362	300
	2. Gesetzliche Hemmungstatbestände	363	302
	3. Nacherfüllung und Verjährungshemmung infolge von Verhandlungen	364	302
	4. Rechtsprechung zur Hemmung	365	304
	5. Verjährungshemmung durch Verhandlungen mit einem Dritthändler	366	305
	6. Hemmungsabreden	367	305
	7. Ablaufhemmung	368	306
V.	Neubeginn der Verjährung durch Anerkenntnis und Lieferung eines anderen Fahrzeugs	369–370	307
VI.	Verlängerung der Verjährungsfrist	371	310
VII.	Verkürzung der Verjährungsfrist	372	310
VIII.	Rechtsmissbräuchliche Berufung auf die Einrede der Verjährung	373	311
IX.	Selbstständiges Beweisverfahren und Begutachtungsverfahren	374	312
X.	Übergangsrecht	375	313

P.	**Der Neuwagenkauf als Verbrauchsgüterkauf**	376–381	314
	1. Die wichtigen Einzelregelungen des Verbrauchsgüterkaufs	377–381	314

		Rn	Seite
	a) Zwingend vorgeschriebene Anwendung kaufrechtlicher Vorschriften	377	314
	b) Mindestfristen der Verjährung	378	314
	c) Beweislastumkehr	379	314
	d) Garantien	380	315
	e) Rückgriffsrecht des Unternehmers	381	315

Q. Versorgung des Käufers mit Ersatzteilen 382–388 318
    I. Rechtsgrundlage der Ersatzteilbeschaffungspflicht 383 318
   II. Anspruchsverpflichtete 384 319
  III. Umfang und Grenzen 385–386 321
  IV. Ansprüche aus Verletzung der Ersatzteilbeschaffungspflicht ... 387 323
   V. Nachvertragliche Wartungs- und Reparaturpflicht 388 324

R. Wettbewerb und Werbung 389–415 326
    I. Wettbewerbsrechtliche Ausgangslage 389 326
   II. Typische Verstöße im Zusammenhang mit der Kfz-Werbung ... 390–398 326
      1. Leistungs- und Verbrauchswerte, Tachoangaben, Maßeinheiten 390–391 326
      2. Modell- und Markenbezeichnungen 392 327
      3. Tages- und Kurzzulassung 393 327
      4. Steuerbefreiung 394 328
      5. Garantie 395 328
      6. Vergleichende Werbung 396 328
      7. Fabrikneuheit 397 329
      8. Sonstige Verstöße 398 329
  III. Werbung mit Preisen 399–411 330
      1. Händlerwerbung 399–410 330
        a) Neutrale Preisinformation oder Angebot 399 330
        b) Wettbewerbsrelevante Verstöße gegen die Preisangabepflicht 400 331
        c) Überführungs- und Anmeldekosten 401 331
        d) Mehrwertsteuer 402 332
        e) Ankündigung von Preisnachlässen 403 332
        f) Alternative Kaufanreize 404 332
        g) Kopplungsangebote 405 333
        h) Unverbindliche Preisempfehlung 406 334
        i) Preisgegenüberstellungen 407 335
        j) Inzahlungnahme des Altwagens 408 336
        k) Teilzahlung und Drittfinanzierung 409 336
        l) Sonstige Verstöße 410 337
      2. Herstellerwerbung 411 338
  IV. Ladenschlussgesetz 412 339
   V. Besondere Verkaufsveranstaltungen und Sonderangebote 413 340
  VI. Jubiläumsverkäufe 414 341
 VII. Rücktrittsrecht des Käufers gem. § 13a UWG 415 342

S. Steuern 416–428 343
    I. Umsatzsteuer 416 343

	Rn	Seite
II. Werks-, Großabnehmer- und Mitarbeiterrabatte	417	343
III. Berücksichtigung der privaten Nutzung eines Geschäftswagens bei der Einkommensteuer	418–422	344
1. Pauschalierung nach der 1 % (künftig 1,5 %) Methode	419–420	345
2. Fahrten zwischen Wohnung und Betriebs-/Arbeitsstätte	421	347
3. Familienheimfahrten	422	347
IV. Pauschale Kilometersätze bei Benutzung eines privaten Fahrzeugs für dienstliche Zwecke	423	348
V. Vollkostenabrechnung mit Fahrtenbuch	424	348
VI. Umsatzsteuerliche Behandlung bei gemischter Nutzung	425–426	349
1. Nichtunternehmerische Nutzung eines Geschäftswagens	425	349
2. Unternehmerische Nutzung eines dem Privatvermögen zugeordneten Fahrzeugs	426	350
VII. Investitionszulage und Kraftfahrzeugsteuer	427–428	351
T. EU-Neuwagenkauf	**429–461**	**354**
I. Marktlage	429	354
II. Direktkauf durch den Verbraucher	430–436	354
1. Preisvergleich	431	355
2. Kaufvertrag	432	355
3. Transport	433	356
4. Zulassung	434	356
5. Einfuhrumsatzsteuer	435	357
6. Risiken	436	357
III. Einschaltung eines Importvermittlers	437–461	357
1. Situation	437	357
2. Freier Warenaustausch und selektiver Vertrieb	438	358
3. Schutz des selektiven Vertriebs	439–443	359
a) Vertragliche Schutzvereinbarungen	439–441	359
b) Gesetzlicher Schutz	442–443	362
4. Vertragsdurchführung	444	364
5. Steuerrechtliche Fragen	445	365
6. EU-Neufahrzeug	446–448	366
7. Vertragsgegenstand und Aufklärungspflichten	449	369
8. Garantie	450–452	370
9. Sachmängelhaftung	453–454	373
10. Eigenhaftung des Importeurs	455	375
11. Freie Importeure im Wettbewerb	456–461	376
a) Verkürzte Garantie und Auslandszulassung	457	377
b) Nicht zutreffende Garantiezusagen	458	377
c) Abweichende Ausstattung	459	378
d) Garantie und Ersatzteilversorgung	460	378
e) Rechtsprechung zu Einzelfragen	461	379
U. Automobilimport aus Ländern außerhalb der EU sowie Automobilexport in diese Länder	**462–463**	**380**
I. Import	462	380
II. Export	463	380

	Rn	Seite

V. Der Neufahrzeugkauf mit Hereinnahme eines Gebrauchtfahrzeuges 464–526 381
  I. Rechtstatsächliches 464–470 381
    1. Zahlen, Fakten und Interessen 464 381
    2. Heutige Erscheinungsformen und Vertragsgestaltungen 465–470 382
  II. Auslegung und Qualifizierung 471–526 385
    1. Auslegungsgegenstände 471 385
    2. Auslegungs- und Einordnungsversuche 472–485 386
      a) Die Grundkonzeption des BGH: Kaufvertrag mit Ersetzungsbefugnis 473–476 386
      b) Kritik an der BGH-Rechtsprechung 477–481 389
      c) Mischvertrag aus Kauf und Tausch 482–485 391
    3. Vertragsstörungen 486–526 393
      a) Sachmängelhaftung 486–512 393
        aa) Mangel des Neufahrzeugs 486–501 393
        bb) Mangel des Gebrauchtfahrzeugs 502–512 399
      b) Leistungsstörungen vor Geschäftsabwicklung 513–526 402
        aa) Unmöglichkeit der Lieferung des Gebrauchtfahrzeugs 513–515 402
        bb) Verzug und Unmöglichkeit der Lieferung des Neufahrzeugs 516 403
        cc) Scheitern des Neuwagengeschäfts wegen Ablehnung der Käuferofferte und sonstige Abschlussprobleme 517–524 403
        dd) Erfüllungsverweigerung durch Neufahrzeugkäufer .. 525–526 405

W. Garantien im Neuwagenhandel 527–565 407
  I. Beschaffenheitsgarantie, Haltbarkeitsgarantie und Garantiehaftung 527 407
  II. Kaufbegleitende Neuwagengarantien 528–548 408
    1. Bestandsaufnahme 528–529 408
    2. Typische Regelungen in Neuwagengarantien 530 409
    3. Beschaffenheits- und Haltbarkeitsgarantie 531 409
    4. Garantien Dritter 532 410
    5. Verhältnis von Garantie und Sachmängelhaftung .. 533–535 411
    6. Hinweis auf die gesetzlichen Rechte 536–538 412
    7. AGB-Kontrolle 539–541 413
    8. Inanspruchnahme eines anderen Vertragshändlers .. 542 415
    9. Nichterfüllung der Rechte aus der Garantie .. 543–545 415
    10. Beweislast 546 416
    11. Verjährung der Garantieansprüche 547–548 417
  III. Anschlussgarantien 549–565 418
    1. Bestandsaufnahme 549 418
    2. Vertragsabschluss 550 419
    3. Garantieleistung 551–553 419
    4. Rechtliche Einordnung 554–555 420
    5. Inhaltliche Gestaltung im Detail 556–558 421
    6. Ausschlüsse, Einschränkungen, Nebenpflichten .. 559–562 422
    7. Problemfelder und Störfälle 563 424
    8. Beweislage 564 425
    9. Verjährung 565 425

	Rn	Seite
X. Produkthaftung	566–667	426
I. Gegenstand und Entwicklung der Produkthaftung	566–569	426
1. Verschuldensunabhängige Haftung	567–569	426
II. Die Haftung für fehlerhafte Produkte nach dem Produkthaftungsgesetz	570–598	427
1. Verschuldensunabhängige Haftung	570	427
2. Der nach dem Produkthaftungsgesetz haftende Personenkreis	571–572	428
3. Haftungsvoraussetzungen	573–576	428
4. Fehlerbegriff im Sinne des Produkthaftungsgesetzes	577–583	430
5. Haftungsausschlüsse und Haftungsbeschränkungen	584–586	432
6. Beweisführung und Beweislastverteilung	587–588	433
7. Mitverschulden	589–590	433
8. Gesamtschuldnerschaft	591–593	434
9. Verjährung	594–595	434
10. Erlöschen von Ansprüchen	596–598	435
III. Deliktische Produkthaftung	599–667	436
1. Nebeneinander von verschuldensunabhängiger und deliktischer Produkthaftung	599	436
2. Die einzelnen Fehlerkategorien	600–613	436
a) Konstruktionsfehler	601–604	436
b) Fabrikationsfehler	605–606	439
c) Instruktionsfehler	607–613	439
3. Produktbeobachtungspflicht und Rückrufprobleme	614–628	441
a) Produktbeobachtung und Konsequenzen	615–623	442
b) Rückrufpflicht	624–628	445
4. Der aus deliktischer Produkthaftung verantwortliche Personenkreis	629–638	446
a) Die Verantwortung des Endproduktherstellers	630–633	447
b) Die Verantwortung des Zulieferers	634	448
c) Die Verantwortung von Importeuren und Vertriebsgesellschaften	635–637	448
d) Die Verantwortung des Vertriebshändlers	638	449
5. Geschützte Rechtsgüter, insbesondere der Schutz des Eigentums	639–651	450
a) Der Tatbestand der Eigentumsverletzung (§ 823 Abs. 1 BGB)	640–641	450
b) Haftung für Schäden an der Kaufsache selbst („Weiterfresserschäden")	642–651	451
aa) Die Rechtsprechung des Bundesgerichtshofs	643	451
bb) Die Rechtsprechung der Instanzgerichte (nur Kfz-Fälle)	644–648	453
cc) Stellungnahme	649–651	455
6. Beweisfragen	652–664	457
7. Haftungsfreizeichnung	665–667	462
Y. Der finanzierte Kauf	668–740	464
I. Personaldarlehen	669–684	464
1. Begriff	669	464
2. Verbraucherdarlehensvertrag	670–684	464
a) Schriftform	677	468

		Rn	Seite

       b) Angabeerfordernisse 678–680   469
       c) Widerruf 681   471
       d) Kündigung 682–684   471
  II. Teilzahlungskauf 685–706   473
    1. Teilzahlungsabrede 686   473
    2. Teilzahlungsgeschäfte zwischen einem Unternehmer
       und einem Verbraucher 687–706   474
       a) Widerruf 687   474
       b) Angabeerfordernisse und Rechtsfolgen bei Verstößen ... 688–695   475
       c) Verzugsschaden 696–697   478
       d) Kündigung des Teilzahlungsgeschäfts 698–699   480
           aa) Teilzahlungsgeschäft zwischen einem Unternehmer
               und einem Verbraucher 698   480
           bb) Teilzahlungsgeschäft mit einem Nichtverbraucher .. 699   480
       e) Rücktritt vom Vertrag 700–706   481
           aa) Verbraucherdarlehensverträge 700–704   481
           bb) Verträge mit Nichtverbrauchern 705   485
           cc) Vorzeitige Zahlung 706   486
  III. Zweckgebundene Drittfinanzierung 707–740   486
    1. Vertragspraxis nach neuem Recht 708   486
    2. Verbundene Verträge 709–717   488
       a) Angabeerfordernisse 713   491
       b) Widerrufsbelehrung 714–715   491
       c) Rückabwicklung nach Widerruf 716–717   493
    3. Einwendungsdurchgriff 718–737   495
       a) Vertragsnichtigkeit 718–722   495
           aa) Nichtigkeit des Kauf- und Darlehensvertrages 719–720   496
           bb) Nichtigkeit des Darlehensvertrages 721   497
           cc) Nichtigkeit des Kaufvertrages 722   497
       b) Nichterfüllung des Kaufvertrages 723–737   498
           aa) Voraussetzungen und Ausschluss des
               Einwendungsdurchgriffs 723   498
           bb) Rückabwicklung 724–727   499
           cc) Verzug 728–730   501
           dd) Schadensersatzansprüche 731   502
           ee) Ansprüche des Käufers wegen Sach- und
               Rechtsmängeln 732–733   503
           ff) Kein Rückforderungsdurchgriff gegen den
               Darlehensgeber 734–737   505
    4. Verbundene Verträge außerhalb des Geltungsbereichs von
       § 358 BGB 738–740   509
       a) Rechtliche Verknüpfung 739–740   510

Z. Autoleasing 741–910   512
  I. Entstehung und Entwicklung 741   512
  II. Rechtsnatur des Kraftfahrzeugleasingvertrages 742–766   513
    1. Finanzierungsleasing 742–748   513
       a) Vollamortisationsvertrag 744   515
       b) Teilamortisationsvertrag 745–748   516
           aa) Leasingvertrag mit Andienungsrecht des
               Leasinggebers 746   516

	Rn	Seite

bb) Vertrag mit Aufteilung des Mehrerlöses und Verlagerung des Restwertrisikos auf den Leasingnehmer	747	517
cc) Kündbarer Vertrag mit Schlusszahlung	748	517
dd) Leasingvertrag mit Kilometerabrechnung	749–750	518
2. Transparente Vertragsgestaltung	751–753	520
3. Steuerliche Aspekte	754–758	523
a) Betriebsausgaben und Bilanzierung	755	523
b) Vorsteuerabzug	756	524
c) Gewerbeertragsbesteuerung	757	524
d) Privatleasing	758	525
4. Wirtschaftliches Eigentum	759–760	525
5. Typologische Einordnung des Finanzierungsleasingvertrags	761–763	527
a) Grundsätzliches	761	527
b) Rechtsnatur	762–763	528
6. Leasingvertrag zwischen einem Unternehmer und einem Verbraucher	764–766	531
III. Gefahrtragung	767–770	533
1. Sachgefahr	767	533
2. Preisgefahr	768–770	534
IV. Sachmängelhaftung	771–784	537
1. Eigenhaftung des Leasinggebers	771	537
2. Freizeichnung des Leasinggebers (Abtretungskonstruktion)	772–779	538
a) Übertragbarkeit der Sachmängelrechte	773	538
b) Wirksamkeit der Abtretungskonstruktion	774	539
c) Uneingeschränkte Übertragung der Ansprüche und Zurechnung der Folgen	775	540
d) Grenzen der Freizeichnung	776	541
e) Ausschluss von Schadensersatzansprüchen	777	541
f) Ausschluss des Wahlrechts zwischen Nachbesserung und Nachlieferung in AGB?	778–779	541
3. Rücktritt vom Leasingvertrag und Minderung	780–781	544
4. Verbraucherleasingvertrag	782	546
5. Unternehmerleasingvertrag	783	547
6. Gebrauchtfahrzeugleasing	784	547
V. Leasingtypische Vertragsgestaltungen	785–788	548
1. Netto-/Bruttoleasing	785	548
2. Versicherungspflicht	786	549
3. Obhuts- und Verhaltenspflichten	787	550
4. Kraftfahrzeughalter	788	550
VI. Sittenwidrigkeit von Finanzierungsleasingverträgen	789–791	550
VII. Preisangaben, Nachlässe, Zugaben und Wettbewerb	792–794	553
1. Preisangaben	792	553
2. Gewährung von Nachlässen und Zugaben	793	554
3. Irreführende Werbung	794	555
VIII. Auswirkungen der Insolvenz auf den Leasingvertrag	795–796	555
IX. Vertragsdurchführung	797–904	557
1. Abschluss des Leasingvertrages	797	557
2. Schriftform für Verträge zwischen Unternehmern und Verbrauchern	798	557

	Rn	Seite
3. Widerruf bei Verbraucher-Leasingverträgen	799–801	558
a) Nicht verbundene Leasingverträge	799	558
b) Verbundene Verträge	800	559
c) Rückabwicklung nach Widerruf	801	560
4. Angebot und Annahme	802	560
5. Funktion und Rechtsstellung des Händlers bei den Vertragsverhandlungen	803–807	561
a) Haftung des Leasinggebers für das Fehlverhalten des Verkäufers	804	563
b) Haftung im Rechtsverhältnis zwischen Leasinggeber und Verkäufer	805	564
c) Eigenhaftung des Händlers gegenüber dem Leasingnehmer	806	564
d) Haftung des Leasinggebers gegenüber der refinanzierenden Bank	807	564
6. Abschluss des Kaufvertrages	808–810	565
7. Übernahme des Fahrzeugs	811–815	568
a) Übernahmebestätigung	813–814	570
b) Untersuchungs- und Rügepflicht	815	572
8. Unmöglichkeit und Verzug	816–818	572
9. Leasingentgelt	819–823	574
a) Erfüllungsort, Fälligkeit und Verzug	820	575
b) Leasingsonderzahlung	821–822	576
c) Änderungen des Leasingentgelts	823	577
10. Forderungsabsicherung	824–825	578
a) Haftung Dritter	824	578
b) Abtretung von Ansprüchen auf Lohnzahlung	825	580
11. Auswirkungen der Sachmängelhaftung auf den Leasingvertrag	826–836	580
a) Keine Leistungsverweigerung bei Lieferung eines mangelhaften Fahrzeugs	826	580
b) Nacherfüllung	827	582
c) Rücktritt wegen Störung der Geschäftsgrundlage des Leasingvertrages	828–831	583
d) Rückabwicklung des Leasingvertrages	832–836	586
aa) Rückzahlung des Leasingentgelts und der Zinsen	833	586
bb) Herausgabe des Fahrzeugs und Vergütung der Gebrauchsvorteile	834–835	587
cc) Einzelfragen	836	589
12. Minderung	837–838	590
13. Schadensersatz und Aufwendungsersatz	839	592
14. Unfall	840–853	592
a) Mitwirkende Betriebsgefahr und Verschulden	840	592
b) Verhaltenspflichten	841	593
c) Ansprüche	842–843	594
d) Geltendmachung des Schadens	844	595
e) Teilschadensfall	845–847	596
aa) Reparaturkosten	845	596
bb) Wertminderung	846	598
cc) Sonstige Ansprüche	847	598
f) Totalschaden und erhebliche Beschädigung	848–853	599
aa) Auswirkung auf den Leasingvertrag	848–849	599

	Rn	Seite

bb) Fälligkeit der Ausgleichszahlung 850 602
cc) Ansprüche gegen den ersatzpflichtigen Schädiger .. 851–852 603
dd) Ansprüche gegen die Kaskoversicherung 853 604
15. Entwendung des Fahrzeugs 854 605
16. Reguläre Vertragsbeendigung 855–879 607
   a) Beendigung durch Kündigung oder Zeitablauf 855 607
   b) Herausgabe des Fahrzeugs 856 608
   c) Sicherstellung des Fahrzeugs durch den Leasinggeber ... 857 608
   d) Einstweilige Verfügung auf Herausgabe des Leasingfahrzeugs 858 608
   e) Unmöglichkeit der Herausgabe 859 609
   f) Wegfall der Rückgabepflicht 860 609
   g) Rechtsfolgen bei Verstoß des Leasingnehmers gegen die Rückgabepflicht 861–862 610
   h) Rückgabeprotokoll 863 612
   i) Begutachtung 864–866 613
   j) Zustandsklausel 867 615
   k) Fahrzeugbewertung und Zustandsbeurteilung 868–869 615
   l) Wertminderung 870 617
   m) Verwertung 871–874 618
   n) Abrechnung 875–877 622
      aa) Leasingverträge mit Kilometerabrechnung 875 622
      bb) Leasingverträge mit offenem Restwert 876 623
      cc) Leasingverträge mit Andienungsrecht 877 624
   o) Fahrzeugrückkauf durch den Verkäufer 878–879 625
17. Vorzeitige Vertragsbeendigung 880–904 627
   a) Außerordentliche Vertragskündigung des Leasingnehmers 881–883 627
      aa) Störung des Rechts auf Besitz und Gebrauch 882 627
      bb) Tod des Leasingnehmers 883 628
   b) Außerordentliche Vertragskündigung des Leasinggebers 884–887 628
      aa) Vertragswidriger Gebrauch und Vertragsverletzungen 885 628
      bb) Erhebliche Vermögensverschlechterung 886 629
      cc) Zahlungsverzug 887 630
   c) Kündigung des Verbraucher-Leasingvertrages 888 630
   d) Vorübergehende Inbesitznahme des Fahrzeugs 889 631
   e) Kündigungsschaden 890–897 632
      aa) Pauschalierte Schadensberechnung 891 633
      bb) Konkrete Schadensberechnung 892 633
      cc) Schadensumfang 893 634
      dd) Abzinsung 894–896 634
      ee) Ersparte Kosten 897 636
   f) Verwertung des Fahrzeugs 898 638
   g) Abrechnung 899–904 639
      aa) Leasingvertrag mit Abschlusszahlung 900 639
      bb) Leasingvertrag mit Restwertabrechnung 901 639
      cc) Leasingvertrag mit Andienungsrecht 902 640
      dd) Nicht erlasskonformer Leasingvertrag 903 640
      ee) Leasingvertrag mit Kilometerabrechnung 904 640

		Rn	Seite
X.	Verjährung	905–910	642
1.	Sach- und Rechtsmängelansprüche	905	642
2.	Leasingentgelt	906	642
3.	Ausgleichsanspruch/Kündigungsschaden	907	642
4.	Ausgleich der Mehr- und Minderkilometer	908	643
5.	Herausgabeanspruch	909	643
6.	Aufwendungsersatz und Gestattung der Wegnahme	910	644

Teil 2

An- und Verkauf gebrauchter Kraftfahrzeuge

	Rn	Seite
A. Das gebrauchte Kraftfahrzeug	911–914	645
I. Der Gebrauchtfahrzeugbegriff	911	645
II. Marktüberblick	912–914	645
1. An- und Verkauf gebrauchter Pkw/Kombi	912	645
2. An- und Verkauf gebrauchter Nutzfahrzeuge	913	646
3. An- und Verkauf sonstiger Kraftfahrzeuge (Wohnmobile, Wohnwagen, Zweiräder u. a.)	914	646
B. Das private Direktgeschäft	915–927	647
I. Der Vertragsschluss	915–917	647
1. Form des Vertrages	915	647
2. Besichtigung und Probefahrt	916	647
3. Haftung bei Unfällen während der Probefahrt	917	648
II. Das Pflichtenprogramm	918–927	650
1. Verpflichtungen des Verkäufers	918–923	650
a) Übergabe	918	650
b) Übereignung	919	651
c) Aushändigung der Kfz-Papiere	920–921	651
d) Die Pflicht des Verkäufers zur mangelfreien Lieferung	922	652
e) Nebenverpflichtungen	923	653
2. Verpflichtungen des Käufers	924–927	653
a) Kaufpreiszahlung	924	653
b) Abnahme des Fahrzeugs	925	653
c) Überführungsfahrt	926	654
d) Ummeldung/Kfz-Steuer/Haftpflichtversicherung	927	655
C. Der Unternehmer-Verbraucher-Kauf (Verbrauchsgüterkauf)	928-958	657
I. Die Marktsituation	928	657
II. Der Kaufvertrag zwischen einem Kfz-Händler und einem Verbraucher	929–957	658
1. Die Allgemeinen Geschäftsbedingungen	929–956	658
a) Einbeziehung in den Kaufvertrag	930	658
b) Vertragsabschluss	931–932	659

				Rn	Seite
		aa)	Traditionelle Abschlusstechnik	931	659
		bb)	Vertragsabschluss unter Einsatz von Fernkommunikationsmitteln	932	660
	c)	Schriftformklauseln		933	661
	d)	Zirkaklauseln		934	661
	e)	Zahlung/Fälligkeit/Aufrechnung		935	662
	f)	Lieferung und Lieferverzug		936	663
	g)	Probefahrt und Testfahrt		937	664
	h)	Nichtabnahme/Schadenspauschalierung		938–951	664
	i)	Eigentumsvorbehalt		952	671
	j)	Haftung für Sachmängel		953	671
	k)	Freizeichnung von der (allgemeinen) Haftung auf Schadensersatz		954	671
	l)	Schiedsgutachterverfahren		955	672
	m)	Gerichtsstand		956	673
2.	Finanzierter Verbraucherkauf			957	673

III. Der Kaufvertrag zwischen einem sonstigen Unternehmer
und einem Verbraucher 958   673

D. An- und Verkäufe zwischen Unternehmern 959   674

E. Verkauf Verbraucher an Unternehmer 960–970 675
    1. Die Marktsituation 960   675
    2. Der Ankauf mit Schätzwert-Klausel 961–970 675
        a) Inhalt und Auslegung von Schätzwert-Klauseln 961   675
        b) Sittenwidrigkeit 962   675
        c) Rechtsnatur der Schätzwertklausel 963   676
        d) Inhaltskontrolle gemäß § 307 BGB 964–966 676
            aa) Zum Transparenzgebot 965   676
            bb) Zum Neutralitätsaspekt 966   677
        e) Unverbindlichkeit des Schätzwertes gemäß § 319 BGB analog 967   677
        f) Irrtumsanfechtung 968   678
        g) Aufklärungsverschulden 969–970 678

F. Das Vermittlungsgeschäft 971–1054 680
  I. Die steuerrechtlichen Rahmenbedingungen 971   680
  II. Auswirkungen der Differenzbesteuerung auf den Handel
    mit Gebrauchtfahrzeugen 972–980 680
    1. Die Marktsituation ab 1. 7. 1990 .... 972–974 680
    2. Vertragsrechtliche Konsequenzen 975   681
    3. Vermittelter Kauf und Verbraucherschutz 976–980 682
  III. Die Rechtsbeziehung der am Vermittlungsgeschäft
    Beteiligten zueinander 981–1054 686
    1. Die Eigentümer-Unternehmer-Beziehung 981–1015 686
        a) Verdeckter Kaufvertrag, Kommission oder Vermittlungsvertrag? 982–983 687
        b) Rechte und Pflichten aus dem Vermittlungsvertrag 984–1015 688
            aa) Die Pflichten des Vermittlers 984–1002 688
            bb) Die Pflichten des Auftraggebers 1003–1005 697
            cc) Zur Kündigung des Vermittlungsvertrages 1006–1015 699

	Rn	Seite
2. Die Unternehmer-Erwerber-Beziehung	1016–1048	705
a) Die Eigenhaftung des Unternehmers aus Kaufvertrag	1016	705
b) Die Eigenhaftung aus einem sonstigen Vertrag	1017–1020	707
c) Die Vermittler-Eigenhaftung nach §§ 280 I, 311 III BGB	1021–1031	709
aa) Besonderes Vertrauen und Sachwalterstellung	1022–1024	710
bb) Eigenhaftung wegen wirtschaftlichen Eigeninteresses	1025–1027	712
cc) Haftungsbegründende Pflichtwidrigkeiten des Vermittlers	1028–1031	715
dd) Kausalitätsfragen	1032	717
ee) Vermögensschaden	1033	717
ff) Ausschluss und Beschränkung der Eigenhaftung des Vermittlers	1034–1036	717
gg) Rechtsfolgen bei persönlicher Haftung des Vermittlers	1037–1042	719
hh) Verjährung	1043	722
ii) Prozessuale Durchsetzung (Prozesstaktik)	1044	723
d) Eigenhaftung aus § 179 BGB	1045–1046	724
e) Vermittlerhaftung aus Delikt	1047	725
f) Ansprüche des Vermittlers gegen den Käufer	1048	725
3. Die Vorbesitzer-Erwerber-Beziehung	1049–1054	726
a) Kaufvertrag kein Scheingeschäft	1050	726
b) Vertretungsfragen	1051	727
c) Weitere Zurechnungsfragen	1052	727
d) Allgemeine Geschäftsbedingungen für den vermittelten Kauf	1053–1054	728
aa) Heutige Situation	1053	728
bb) AGB-Definition und Verwenderbegriff	1054	728
G. Gebrauchtfahrzeugversteigerungen	1055–1060	729
I. Entwicklung	1055	729
II. Wettbewerbsrecht	1056	729
III. Zivilrechtliche Fragen	1057–1060	730
H. Die Rechte des Gebrauchtfahrzeugkäufers bei einem Sachmangel	1061–1611	733
I. Alter und neuer Rechtszustand	1061	733
II. Die Voraussetzungen der Sachmängelhaftung	1062–1365	733
1. Grundlagen	1062	733
2. Die Beschaffenheitsvereinbarung mit Garantieübernahme („Beschaffenheitsgarantie")	1063–1184	734
a) Das Verhältnis der einzelnen Neuregelungen zueinander	1064	734
b) Auslegungshinweise und Abwägungskriterien	1065–1069	735
aa) Kurskorrektur	1066	735
bb) Kriterienkataloge	1067–1069	736
c) Einzelfälle aus der Rechtsprechung	1070–1171	738
d) Verteidigungsmöglichkeiten des Verkäufers	1172	810
3. Beschaffenheits- und Haltbarkeitsgarantien i. S. v. § 443 I BGB	1185–1214	817
a) Garantien im neuen Kaufrecht	1185	817

		Rn	Seite

b) Garantien beim An- und Verkauf von Gebrauchtfahrzeugen 1186–1214 817
    aa) Marktüberblick 1186 817
    bb) Erscheinungsformen im professionellen Handel 1187–1214 818

4. Die „einfache" Beschaffenheitsvereinbarung (ohne Garantieübernahme) 1215–1238 830
  a) Die Ausgangssituation nach der Schuldrechtsreform 1215 830
  b) Die Beschaffenheitsvereinbarung, Struktur und Inhalt ... 1216 830
  c) Haftungsentlastende Beschaffenheitsvereinbarung oder (unzulässige) Haftungsbeschränkung? 1223–1238 833
    aa) Besicht- und Kenntnisklauseln 1235 836
    bb) Verkäufe als was 1236 837
    cc) Beschaffenheitsangaben mit Vorbehalten, Einschränkungen etc. 1237 838
    dd) Zustands- und Befundberichte 1238 839

5. Beschaffenheit ohne Vereinbarung: Vertragsmäßigkeit nach objektiven Kriterien 1239–1365 839
  a) Vertraglich vorausgesetzte Verwendung 1240 839
  b) Gewöhnliche Verwendung, übliche Beschaffenheit und Käufererwartung 1241 840
  c) Technische Mängel 1242–1250 840
    aa) Einzelfälle aus der Rechtsprechung zur technischen Mangelhaftigkeit 1243–1247 841
    bb) Leitlinien und Tendenzen der Rechtsprechung unter besonderer Berücksichtigung des Verschleißmängelproblems 1248–1250 845
  d) Die Ermittlung der Sollbeschaffenheit speziell bei Verschleißmängeln und Altersschäden 1251–1263 846
  e) Unfallschaden und Unfallbeteiligung als Sachmangel 1264–1270 852
    aa) Die Rechtsprechung vor der Schuldrechtsreform ... 1264 852
    bb) Aufklärung bestimmt die Vertragsmäßigkeit 1265 853
    cc) Erheblichkeitsgrenze 1266–1267 854
    dd) Reperaturdefizite 1268–1269 855
    ee) fachgerechte Reparatur und merkantiler Minderwert 1270 856
  f) Sachmangel/Pflichtverletzung nach neuem Recht 1271–1273 856
  g) Weitere Einzelfälle der Sachmängelhaftung 1274–1312 858
    aa) Höheres Alter als Sachmangel 1275–1278 858
    bb) Höhere Zahl von Vorhaltern und Vorbesitzern als Sachmangel 1279–1283 860
    cc) Falscher Kilometerstand/höhere Gesamtlaufleistung als Sachmangel 1284–1288 861
    dd) Atypische Vorbenutzung als Sachmangel 1289–1292 863
    ee) Erlöschen der Betriebserlaubnis/Zulassungs- und Benutzungshindernisse 1293–1302 866
    ff) Veränderung der Fahrgestellnummer/Fahrzeugidentifizierungsnummer 1303 869
    gg) Fehlen von Versicherungsschutz 1304–1306 870
    hh) Fehlen der TÜV-Abnahme/Abgasuntersuchung/ Typ-Prüfung 1307 870
    ii) Fehlen von Steuerbefreiung bzw. -vergünstigung ... 1308 871
    jj) Fehlen von Garantieschutz 1309 871
    kk) Fehlen von „Bordunterlagen" 1310 872

	Rn	Seite
ll) Unterlassen von Wartungsarbeiten und Inspektionen	1311	872
mm) Chip Tuning	1312	872
h) Öffentliche Äußerungen des Verkäufers oder des Herstellers	1313–1316	872
aa) Öffentliche Äußerungen des Verkäufers	1314–1315	873
bb) Öffentliche Äußerungen des Herstellers oder seines „Gehilfen"	1316	874
i) Kauf mit Montageverpflichtung/Montageanleitung	1317	875
j) Kauf mit sonstigen werkvertraglichen Elementen	1318–1325	876
aa) Beseitigung vor Vertragsschluss aufgetretener Mängel	1319–1320	877
bb) Umrüstungen, Nachrüstungen, Umbauten, Tuning	1321–1322	878
cc) Überprüfungen, Beibringung von Prüfzertifikaten, Genehmigungen etc.	1323	878
dd) Nachvertragliche Mängelbeseitigungsabreden vor Fahrzeugübergabe	1324	879
ee) Nachvertragliche Mängelbeseitigungsabreden nach Übergabe	1325	880
k) Die Falschlieferung als Sachmangel	1326	880
l) Erheblichkeit des Sachmangels/Erheblichkeit der Pflichtverletzung	1327–1328	881
aa) bisherige Rechtslage	1327	881
bb) Rechtslage ab dem 1. 1. 2002	1328	882
m) Darlegungs- und Beweislast	1329–1357	882
aa) Grundzüge	1329	882
bb) Annahme als Erfüllung	1330	883
cc) Beweis der Sollbeschaffenheit	1331	883
dd) Beweis der Istbeschaffenheit	1332	883
ee) Die Zeitpunktfrage	1333–1336	884
ff) Die Beweislastumkehr beim Verbrauchsgüterkauf	1337–1357	885
n) Das selbstständige Beweisverfahren	1358–1365	895
aa) Zulässigkeitsvoraussetzungen	1358–1360	895
bb) Der Inhalt des Beweisantrags	1361–1363	895
cc) Kosten des selbstständigen Beweisverfahrens	1364	897
dd) Streitwert des Beweisverfahrens	1365	898
III. Die einzelnen Rechtsbehelfe des Gebrauchtfahrzeugkäufers bei einem Sachmangel	1366–1538	899
1. Altes und neues Rechtsbehelfssystem	1366	899
2. Nacherfüllung	1367–1383	899
a) Ersatzlieferung	1368–1377	900
b) Mängelbeseitigung	1378–1383	903
aa) Qualitative Unmöglichkeit	1379	903
bb) Faktische Unmöglichkeit	1380	903
cc) Verweigerung der Mängelbeseitigung aus Kostengründen	1381	904
dd) Abwicklungsmodalitäten und Störungen bei der Mängelbeseitigung	1382	904
ee) Kosten der Mängelbeseitigung	1383	905
3. Rücktritt	1384–1401	905
a) Bedeutung des Rechtsbehelfs für den Käufer eines gebrauchten Fahrzeugs	1384	905

	Rn	Seite

    b) Erheblichkeit der Pflichtverletzung als
Rücktrittsvoraussetzung 1385–1388 905
    c) Fristsetzung und Entbehrlichkeit der Fristsetzung 1389–1392 907
    d) Das Rückgewährschuldverhältnis 1393–1399 908
        aa) Ersatz von Verwendungen 1393–1395 908
        bb) Ersatz von „Vertragskosten" nach altem
und neuem Recht 1396 909
        cc) Nutzungsersatz (Vergütung für Gebrauchsvorteile) . 1397–1399 910
    e) Ausschluss des Rücktrittsrechts 1400 912
    f) Einverständliche Rückabwicklung 1401 912
4. Minderung 1402–1406 912
    a) Berechnungsfragen 1403–1405 912
    b) Sonstige Fragen zur Minderung 1406 915
5. Schadensersatz 1407–1537 915
    a) Die Rechtslage bis zum 1. 1. 2002 aus der Sicht des
Gebrauchtfahrzeugkaufs 1407 915
    b) Die Schadensersatzhaftung des Gebrauchtfahrzeug-
verkäufers nach neuem Recht 1408–1537 916
        aa) Schadensersatz statt der Leistung nach
§§ 437 Nr. 3, 311 a II BGB 1410–1434 917
        bb) Schadensersatz statt der Leistung nach
§§ 437 Nr. 3, 280 I, III, 283 BGB 1435 926
        cc) Schadensersatz statt der Leistung nach
§§ 437 Nr. 3, 280 I, III, 281 I BGB 1436–1437 927
        dd) Der Anspruch des Käufers auf Schadensersatz
„neben der Leistung" (§§ 437 Nr. 3, 280 I BGB) ... 1438–1481 928

Exkurs 1449–1481 932
1. Zur Terminologie 1449 932
2. Die Rechtsprechung bis zur Schuldrechtsreform 1450–1456 932
    a) Entwicklungslinien 1450 932
    b) Die BGH-Entscheidung vom 16. 3. 1977,
NJW 1977, 1055 .... 1451 933
    c) Die weitere Spruchpraxis des BGH 1452–1455 934
    d) Die Rechtsprechung der Instanzgerichte von 1990–2002 . 1456 935
3. Meinungsstand in der Literatur 1457 935
4. Stellungnahme 1458–1481 936
    a) Thematische Eingrenzung und Kritik 1458 936
    b) Gründe für eine allgemeine Untersuchungspflicht
des Kfz-Händlers 1462–1469 938
        aa) Das Gefährdungspotenzial gebrauchter
Kraftfahrzeuge 1462–1463 938
        bb) Selbstbindung durch Selbstdarstellung 1464–1468 939
        cc) Risikobeherrschung und Kostenabwälzung 1469 940
        dd) Verkehrserwartung (Berufsvertrauensschutz) 1470–1472 940
    c) Inhalt und Umfang der Untersuchungspflicht 1473–1477 942
    d) Möglichkeiten der Befreiung von der
Untersuchungspflicht 1478 944
    e) Rechtsfolgen einer Untersuchungspflichtverletzung 1479–1481 944
        aa) Rechtslage vor dem 1. 1. 2002 .... 1479 944
        bb) Neues Recht 1480–1481 945

	Rn	Seite
ee) Inhalt und Umfang der einzelnen Schadensersatzansprüche	1482–1537	945
6. Ersatz vergeblicher Aufwendungen (§ 284 BGB)	1538	970
IV. Ausschluss und Beschränkung der Sachmängelhaftung	1539–1589	971
1. Gesetzlicher Haftungsausschluss	1539–1551	971
a) Kenntnis des Mangels	1540–1544	971
b) Grob fahrlässige Unkenntnis	1545–1551	972
2. Vertraglicher Ausschluss/Beschränkung der Sachmängelhaftung	1552–1589	975
a) Die bis zum 1. 1. 2002 geltende Rechtslage	1552	975
b) Das seit dem 1. 1. 2002 geltende Recht	1553	976
c) Der Verbrauchsgüterkauf	1554–1555	976
aa) Kfz-Betrieb an Verbraucher	1554	976
bb) Sonstige Unternehmer an Verbraucher	1555	977
d) Unternehmer-Nichtverbraucher-Geschäfte	1556–1567	977
aa) Individualvertragliche Haftungsbeschränkungen	1557	978
bb) Formularmäßige Freizeichnungen	1558–1567	978
e) Der vermittelte Privatverkauf	1568–1569	983
f) Das private Direktgeschäft	1570–1576	984
aa) Individuelle Haftungsfreizeichnungen	1570–1573	984
bb) Formularmäßige Freizeichnungen	1574–1576	986
g) Haftungsfreizeichnungen beim Privatverkauf/Inzahlunggabe an Unternehmer	1577	987
h) Freizeichnung in Sonderfällen	1578–1579	987
i) Stillschweigende Beschränkungen der Sachmängelhaftung	1580–1581	989
j) Ausschluss der Sachmängelhaftung und Käuferkette	1582–1587	990
k) Ausschluss der Sachmängelhaftung und Arglist	1588	992
l) Ausschluss der Sachmängelhaftung und Abnahmeverpflichtung	1589	993
V. Verjährung der Sachmängelansprüche	1590–1611	994
1. Rechtslage vor dem 1. 1. 2002	1590	994
2. Das neue Verjährungsrecht	1591–1611	994
a) Verkürzung der Zweijahresfrist auf ein Jahr	1592–1594	994
b) Die Ablieferung	1595	995
c) Mangelkenntnis kein Kriterium	1596	995
d) Sonderregelung bei arglistiger Täuschung	1597–1603	995
aa) Verjährungsbeginn im Arglistfall	1598–1602	996
bb) Höchstfrist	1603	997
e) Übergangsregelung	1604	997
f) Hemmung der Verjährung	1605–1610	998
aa) Hemmung bei Verhandlungen	1605	998
bb) Hemmung durch Rechtsverfolgung	1606–1607	999
cc) Höhere Gewalt	1608	999
dd) Reichweite der Hemmungswirkung	1609	999
ee) Darlegungs- und Beweislast	1610	1000
g) Neubeginn der Verjährung	1611	1000
I. Arglistige Täuschung beim Verkauf gebrauchter Kraftfahrzeuge	1612–1696	1001
I. Vom alten zum neuen Recht	1612–1613	1001

	Rn	Seite

   II. Kurskorrektur 1614 1002
  III. Arglistiges Verschweigen eines Sachmangels 1615–1647 1002
      1. Objektiver Tatbestand 1615–1620 1002
      2. Subjektiver Tatbestand 1621–1626 1004
      3. Täuschung und Kausalität 1627 1007
      4. Sonderprobleme bei einer Mehrheit von (natürlichen)
         Personen auf Verkäuferseite 1628 1007
      5. Personenmehrheit auf der Käuferseite 1629 1008
      6. Wissenszurechnung bei juristischen Personen 1630 1008
      7. Wissenszurechnung bei Personengesellschaften 1631–1639 1008
      8. Zurechnung von Wissen unterhalb der Ebene der
         Geschäftsleitung 1640–1646 1013
      9. Zurechnung von Wissen betriebsfremder Personen 1647 1018
  IV. Die Arglisthaftung des Gebrauchtfahrzeugverkäufers in der
     Rechtsprechung des BGH (Grundsätze) 1648–1649 1018
   V. Grundfälle der arglistigen Täuschung 1650–1696 1020
      1. Verschweigen von Unfallschäden und Vorspiegeln
         von Unfallfreiheit 1650–1684 1020
         a) Der unbekannte Unfall und die Untersuchungspflicht
            des Händlers 1651 1020
         b) Der nur vermutete Unfall und der Arglistnachweis
            bei Verschweigen von Verdachtsmomenten 1652–1653 1020
         c) Unfallfreiheit „ins Blaue hinein" versichert 1654–1660 1021
         d) Der fragende Käufer und die bagatellisierende Antwort .. 1661–1672 1024
         e) Der nach wirtschaftlichem Totalschaden wieder
            aufgebaute Unfallwagen 1673–1680 1029
         f) Der in Zahlung genommene Unfallwagen 1681–1684 1032
      2. Verschweigen sonstiger Mängel und Vorspiegeln
         sonstiger Eigenschaften 1685–1696 1033

**J. Das Verhältnis der Sachmängelhaftung zu anderen
Rechtsbehelfen des Käufers** 1697–1787 1038
    I. Nichtigkeit nach §§ 134, 138 BGB 1698–1702 1038
   II. Irrtumsanfechtung 1703–1711 1039
      1. Konkurrenzfragen 1703–1709 1039
         a) Irrtumsanfechtung durch den Verkäufer 1704 1039
         b) Irrtumsanfechtung durch den Käufer 1705–1709 1040
      2. Anfechtungserklärung und Anfechtungsfrist 1710 1042
      3. Rückabwicklung 1711 1043
  III. Arglistanfechtung 1712–1760 1043
      1. Anfechtungserklärung 1713–1714 1043
      2. Anfechtungsfrist 1715 1044
      3. Ausschluss des Anfechtungsrechts 1716 1045
      4. Darlegungs- und Beweisfragen 1717–1718 1045
      5. Rechtsfolgen der Arglistanfechtung 1719–1760 1047
         a) Anspruchskonkurrenz und praktisches Vorgehen
            bei der Fallbearbeitung 1722 1048
         b) Bereicherungsansprüche des Käufers 1723–1730 1048
            aa) Rückzahlung des Kaufpreises und Verzinsung 1723–1727 1048
            bb) Aufwendungen und Verwendungen 1728–1730 1050

	Rn	Seite
c) Gegenansprüche des Verkäufers	1731–1746	1052
aa) Rückgabe des Fahrzeugs	1731–1738	1052
bb) Nutzungsvergütung	1739–1746	1055
d) Abwicklungsrechtliche Sonderprobleme	1747–1760	1058
aa) Fallgruppe: Das Fahrzeug ist noch vorhanden, aber zerstört oder beschädigt.	1747–1756	1058
bb) Fallgruppe: Unmöglichkeit der Fahrzeugherausgabe infolge Weiterveräußerung	1757–1759	1061
cc) Fallgruppe: Beschädigung, Verlust oder Weiterveräußerung des Fahrzeugs vor vollständiger Kaufpreiszahlung	1760	1062
IV. Einrede des nichterfüllten Vertrages	1761–1764	1063
1. Bisheriger Rechtszustand	1761	1063
2. Neues Schuldrecht	1762–1764	1063
V. Verschulden bei Vertragsschluss	1765–1775	1064
1. Bis zum 1. 1. 2002 geltende Rechtslage	1765	1064
2. Die Rechtslage seit dem 1. 1. 2002	1766–1775	1065
VI. Positive Vertragsverletzung	1776–1778	1068
1. Bis zum 1. 1. 2002 geltende Rechtslage	1776	1068
2. Die Rechtslage seit dem 1. 1. 2002	1777–1778	1068
VII. Störung der Geschäftsgrundlage	1779	1069
VIII. Die deliktische Haftung des Verkäufers eines gebrauchten Fahrzeugs	1780–1787	1070
1. Anwendungsbereiche der Deliktshaftung	1780	1070
2. Schaden als Haftungsvoraussetzung	1781	1071
3. Der Schadensumfang	1782–1786	1072
4. Sonderfälle: Reifenschäden	1787	1074
K. Die Rechtsmängelhaftung des Gebrauchtfahrzeugverkäufers	1788–1789	1075
I. Rechtszustand vor dem 1. 1. 2002	1788	1075
II. Die Rechtsmängelhaftung nach neuem Schuldrecht	1789	1076
L. Der Erwerb gebrauchter Kraftfahrzeuge vom Nichtberechtigten	1790–1835	1077
I. Voraussetzungen für den Erwerb kraft guten Glaubens	1790–1821	1077
1. Ausgangslage	1790	1077
2. Grundsätze der Rechtsprechung für den Gebrauchtfahrzeugkauf	1791–1792	1077
3. Die Rechtsscheinbasis	1793–1798	1079
a) Zur Legitimationswirkung des Fahrzeugbesitzes	1793–1795	1079
b) Die Bedeutung des Fahrzeugbriefes für den Gutglaubenserwerb	1796–1798	1081
4. Die subjektiven Voraussetzungen (guter Glaube)	1799–1818	1083
a) Der Regelfall grober Fahrlässigkeit: Nichtvorlage des Original-Fahrzeugbriefes	1799–1802	1083
b) Ausnahmefälle grober Fahrlässigkeit	1803–1815	1084
aa) Bösgläubigkeit trotz Vorlage und Prüfung des Fahrzeugbriefes	1803	1084
bb) Fallgruppen nach Geschäftstypen	1804–1808	1085
cc) Geschäfte zwischen Kfz-Händlern	1809–1815	1087

	Rn	Seite
c) Einschaltung von Hilfspersonen auf Erwerberseite	1816	1091
d) Einschaltung von Hilfspersonen auf Veräußererseite	1817–1818	1091
5. Verkauf unter fremdem Namen	1819	1093
6. Die Sonderfälle des § 935 BGB	1820	1093
7. Guter Glaube an die fehlende Anfechtbarkeit des Vorerwerbs	1821	1094
II. Rechtsfolgen und Haftungsfragen beim Erwerb vom Nichtberechtigten	1822–1835	1094
1. Ansprüche des gutgläubigen Erwerbers	1822–1824	1094
2. Ansprüche des früheren Eigentümers gegen den gutgläubigen Erwerber	1825	1095
3. Weitere Ansprüche des (früheren) Eigentümers	1826–1829	1095
a) Anspruchsgrundlagen	1826–1828	1095
b) Beweislastfragen	1829	1096
4. Ansprüche des Käufers in den Fällen des § 935 BGB	1830–1835	1097
a) Bisherige Rechtslage	1830	1097
b) Die seit dem 1. 1. 2002 geltende Rechtslage	1831–1833	1097
aa) Schadensersatz	1832	1097
bb) Rücktritt	1833	1098
c) Haftungsausschlüsse	1834–1835	1098

Anlagen

1. Allgemeine Geschäftsbedingungen für den Verkauf von fabrikneuen Kraftfahrzeugen und Anhängern (NWVB) 1099
2. Allgemeine Geschäftsbedingungen für das Leasing von Neufahrzeugen zur privaten Nutzung 1103
3. Leasingerlass des Bundesministers der Finanzen vom 22. 12. 1975 – IVB2 – S 1111
4. Allgemeine Geschäftsbedingungen für den Verkauf gebrauchter Kraftfahrzeuge und Anhänger (GWVB) 1113
5. VERORDNUNG (EG) Nr. 1400/2002 DER KOMMISSION vom 31. Juli 2002 über die Anwendung von Artikel 81 Absatz 3 des Vertrags auf Gruppen von vertikalen Vereinbarungen und aufeinander abgestimmten Verhaltensweisen im Kraftfahrzeugsektor ... 1116

Stichwortverzeichnis 1133

Schrifttumsverzeichnis

Albrecht/Flohr/Lange	Schuldrecht 2002, 2001
Baumbach/Hefermehl	Wettbewerbsrecht, 21. Aufl. 1999
Baumbach/Lauterbach/ Albers/Hartmann	Zivilprozessordnung
Baumgärtel	Handbuch der Beweislast im Privatrecht, Bd. 1, 2. Aufl. 1991
Baumgärtel	Beweislastpraxis im Privatrecht, 1996
Berger	Typus und Rechtsnatur des Herstellerleasing, 1988
Böckler	Die Entwicklung der Zusicherung, 1987
Breidenbach	Informationspflichten beim Vertragsschluss, 1989
Bruchner/Ott/ Wagner-Wieduwilt	Verbraucherkreditgesetz, 2. Aufl. 1994
Bülow	Verbraucherkreditgesetz, 3. Aufl. 1998
Bunte	Handbuch der allgemeinen Geschäftsbedingungen, 1982
Canaris	Schuldrechtsmodernisierung 2002, Materialien, Texte, Dokumente, 2002
Creutzig	Recht des Autokaufs, 4. Aufl. 1999
Dauner-Lieb/Heidel/ Lepa/Ring	Schuldrecht, Anwaltkommentar, 2001
Dauner-Lieb	Das neue Schuldrecht, Fälle und Lösungen, 2002
Eggert/Reinking/Hörl	Haftung beim Gebrauchtwagenhandel, 2. Aufl. 1989
Erman	Handkommentar zum Bürgerlichen Gesetzbuch, 10. Aufl. 2000
Ernst/Zimmermann	Zivilrechtswissenschaft und Schuldrechtsreform, 2001
Esser/Schmidt	Schuldrecht, Allgemeiner Teil, Bd. 1, 8. Aufl. 1995
Esser/Weyers	Schuldrecht, Besonderer Teil, Tbd. 2, 8. Aufl. 1995
Fikentscher	Schuldrecht, 9. Aufl. 1997
Flume	Eigenschaftsirrtum und Kauf, 1948
Goebel/Wilhelm-Lenz/ Arnold	Das neue Verkehrszivilrecht, 2002
von Gamm	Wettbewerbsrecht, Bd. 1, 5. Aufl. 1987
Gruenewald	Die Grenzziehung zwischen der Rechts- und Sachmängelhaftung beim Kauf, 1980
Haas/Medicus/Rolland/ Schäfer/Wendtland	Das neue Schuldrecht, 2002
Hagenmüller/Stoppok	Leasing-Handbuch für die betriebliche Praxis, 4. Aufl. 1988
Hanel	Rechtsfragen der Kfz-Werkstatt, 6. Aufl. 1994
Henssler/ Graf von Westphalen	Praxis der Schuldrechtsreform, 2001
Hentschel	Straßenverkehrsrecht, 36. Aufl. 2001
Hoeren/Martinek	Systematischer Kommentar zum Kaufrecht, 2002
Huber/Faust	Schuldrechtsmodernisierung, 2002
Jauernig	BGB, 9. Aufl. 1999
Katzenmeier	Vertragliche und deliktische Haftung in ihrem Zusammenspiel, dargestellt am Problem der weiterfressenden Mängel, 1994
Klauss/Ose	Verbraucherkreditgeschäfte, 2. Aufl. 1988

Knöpfle	Der Fehler beim Kauf, 1989
Kullmann	Aktuelle Rechtsfragen der Produkthaftpflicht, 4. Aufl. 1993
Larenz	Schuldrecht Bd. 1, 14. Aufl. 1987; Bd. 2, 13. Aufl. 1986
Löwe/Graf von Westphalen/ Trinker	Kommentar zum Gesetz zur Regelung des Rechts der Allgemeinen Geschäftsbedingungen, 2. Aufl. 1983
Lorenz/Riehm	Lehrbuch zum neuen Schuldrecht, 2002
Mansel/Budzikiewicz	Das neue Verjährungsrecht, 2002
Medicus	Bürgerliches Recht, 18. Aufl. 1999
	Schuldrecht I, AT, 12. Aufl. 2000
	Schuldrecht II, BT, 10. Aufl. 2000
Meyer-Lindemann	Die Bedeutung der Schadensersatzhaftung des Verkäufers für unterlassene Aufklärung von Sachmängeln, 1987
Michalski/Schmitt	Der Kfz-Leasingvertrag, 1995
Mielke/Reiß/Kleine-Vorholt	Umsatzsteuer im Kfz-Gewerbe, 4. Aufl. 2000
Münchner Kommentar	Bürgerliches Gesetzbuch, Bd. 3, 3. Aufl. 1995
	Zivilprozessordnung, 1999
Münstermann/Hannes	Verbraucherkreditgesetz, 1991
Palandt	Bürgerliches Gesetzbuch, 61. Aufl. 2002
	Ergänzungsband, 2002
Papapostolou	Die Risikoverteilung beim Finanzierungsleasingvertrag über bewegliche Sachen, 1987
Pfaff	Schuldrecht durch Rechtsprechung, 1986
Reinicke/Tiedtke	Kaufrecht, 6. Aufl. 1997
Reinking	Autoleasing, 3. Aufl. 2000
Repgen	Kein Abschied von der Privatautonomie, 2001
Rettenbeck	Rückrufpflicht in der Produkthaftung, 1994
Rödel/Hembach	Handbuch Autorecht, 2001
RGRK/BGB	Großkommentar zum BGB, 12. Aufl. 1978
RGRK/HGB	Großkommentar zum HGB, 3. Aufl. 1978
Romanovsky	Kauf von neuen Kraftfahrzeugen, 4. Aufl. 1982
Runge/Bremser/Zöller	Leasing, 1978
Sanden/Völtz	Sachschaden des Kraftverkehrs, 7. Aufl. 2000
Sannwald	Der Finanzierungsleasingvertrag über bewegliche Sachen mit Nichtkaufleuten, 1982
Schimmel/Buhlmann	Frankfurter Handbuch zum neuen Schuldrecht, 2002
	Fehlerquellen im Umgang mit dem Neuen Schuldrecht, 2002
Schmidt-Räntsch	Das neue Schuldrecht, 2001
Schwenzer	Die Freizeichnung des Verkäufers von der Sachmängelhaftung im deutschen und amerikanischen Recht, 1979
Seibert	Verbraucherkreditgesetz, 1991
Soergel	Bürgerliches Gesetzbuch, Bd. 3, 12. Aufl. 1991
Staudinger	Kommentar zum BGB, 13. Aufl. 1995
Stein/Jonas	Kommentar zur Zivilprozessordnung, 21. Aufl. 1993
Stiefel/Hofmann	Kraftfahrtversicherung, 17. Aufl. 2000
Tempel	Materielles Recht im Zivilprozess, 3. Aufl. 1999
Thomas/Putzo	Zivilprozessordnung, 22. Aufl. 1999
Ulmer	Der Vertragshändler, 1969
Ulmer/Brandner/ Hensen/Schmidt	AGB-Gesetz, 9. Aufl. 2001
Vortmann	Verbraucherkreditgesetz, 1991
Walter	Kaufrecht, 1987

Westermann	Das Schuldrecht 2002, 2002
Graf von Westphalen/ Emmerich/von Rottenburg	Verbraucherkreditgesetz, 2. Aufl. 1996
Graf von Westphalen	Der Leasingvertrag, 5. Aufl. 1998
Wolf/Eckert/Ball	Handbuch des gewerblichen Miet-, Pacht- und Leasingrechts, 8. Aufl. 2000
Wolf/Horn/Lindacher	AGB-Gesetz, 4. Aufl. 1999
Zöller	Zivilprozessordnung, 23. Aufl. 2002

Abkürzungsverzeichnis

a. A.	anderer Ansicht
a. a. O.	am angegebenen Ort
ABE	Allgemeine Betriebserlaubnis
ABlEG	Amtsblatt EG
Abs.	Absatz
Abschn.	Abschnitt
AbzG	Abzahlungsgesetz
AcP	Archiv für civilistische Praxis (Band und Seite)
ADAC	Allgemeiner Deutscher Automobilclub
a. F.	alte Fassung
AG	Amtsgericht
AGB	Allgemeine Geschäftsbedingungen
AGBG	Gesetz zur Regelung des Rechts der Allgemeinen Geschäftsbedingungen
AH	Autohaus, offizielles Organ des ZDK (Jahr und Seite)
AKB	Allgemeine Bedingungen für die Kraftfahrtversicherung
Anm.	Anmerkung
AnwBl.	Anwaltsblatt (Jahr und Seite)
Art.	Artikel
ATM	Austauschmotor
Az.	Aktenzeichen
BAG	Bundesarbeitsgericht
BAnz.	Bundesanzeiger
BB	Betriebsberater (Jahr und Seite)
Bd.	Band
Bekl.	Beklagter
BFH	Bundesfinanzhof
BGB	Bürgerliches Gesetzbuch
BGBl.	Bundesgesetzblatt
BGH	Bundesgerichtshof
BGHZ	Entscheidungen des Bundesgerichtshofs in Zivilsachen (Band und Seite)
BStBl.	Bundessteuerblatt
BT-Drucks.	Bundestagsdrucksache
DAR	Deutsches Autorecht (Jahr und Seite)
DAT	Deutsche Automobil Treuhand G. m. b. H
DB	Der Betrieb (Jahr und Seite)
DEKRA	Deutscher Kraftfahrzeugüberwachungsverein e. V.
DGVZ	Deutsche Gerichtsvollzieherzeitung (Jahr und Seite)
Diss.	Dissertation
DiskE	Diskussionsentwurf
DR	Deutsches Recht (Jahr und Seite)
EBE	Eildienst bundesgerichtlicher Entscheidungen (Jahr und Seite)
EuZW	Europäische Zeitung für Wirtschaftsrecht (Jahr und Seite)
EWiR	Entscheidungen zum Wirtschaftsrecht
FG	Finanzgericht
FLF	Finanzierung, Leasing, Factoring (Jahr und Seite)
Fn.	Fußnote

FS	Festschrift
GVO	Gruppenfreistellungsverordnung
GWVB	Gebrauchtwagenverkaufsbedingungen
HGB	Handelsgesetzbuch
HRR	Höchstrichterliche Rechtsprechung (Jahr und Nummer)
i. d. F. v.	in der Fassung vom
i. d. R.	in der Regel
i. E.	im Ergebnis
i. S. d.	im Sinne des
JA	Juristische Arbeitsblätter (Jahr und Seite)
JMBl. NRW	Justizministerialblatt Nordrhein-Westfalen
JR	Juristische Rundschau (Jahr und Seite)
Jura	Juristische Ausbildung (Jahr und Seite)
JuS	Juristische Schulung (Jahr und Seite)
JW	Juristische Wochenschrift (Jahr und Seite)
JZ	Juristen-Zeitung (Jahr und Seite)
KG	Kammergericht
KL	Kläger
LG	Landgericht
LM	Nachschlagewerk des Bundesgerichtshofs in Zivilsachen, herausgegeben von *Lindenmaier* und *Möhring*
LZ	Leipziger Zeitung
MDR	Monatsschrift für Deutsches Recht (Jahr und Seite)
MK	Münchener Kommentar
m. w. N.	mit weiteren Nachweisen
NdsRpfl.	Niedersächsische Rechtspflege (Jahr und Seite)
NJW	Neue Juristische Wochenschrift (Jahr und Seite)
NJW-RR	Neue Juristische Wochenschrift – Rechtsprechungsreport (Jahr und Seite)
Nr.	Nummer
NStZ	Neue Zeitschrift für Strafrecht (Jahr und Seite)
n. v.	nicht veröffentlicht
NWVB	Allgemeine Geschäftsbedingungen für den Verkauf von fabrikneuen Kraftfahrzeugen und Anhängern
NZV	Neue Zeitschrift für Verkehrsrecht (Jahr und Seite)
OFD	Oberfinanzdirektion
OLG	Oberlandesgericht
OLGE	Rechtsprechung der Oberlandesgerichte auf dem Gebiet des Zivilrechts (Band und Seite)
OLGR	OLG Report (Jahr und Seite)
OLGZ	Entscheidungen der Oberlandesgerichte in Zivilsachen (Jahr und Seite)
PAngVO	Preisangaben-Verordnung
ProdHaftG	Produkthaftungsgesetz
ProdSG	Produktsicherheitsgesetz
PVR	Praxis Verkehrsrecht (Jahr und Seite)
pVV/pFV	positive Forderungsverletzung
RabattG	Gesetz der Preisnachlässe (Rabattgesetz)
RdK	Das Recht des Kraftfahrers (Jahr und Seite)
RG	Reichsgericht
RGZ	Entscheidungen des Reichsgerichts in Zivilsachen (Band und Seite)
Rn	Randnummer
r + s	Recht und Schaden (Jahr und Seite)

S.	Seite, Satz
SchlAnz.	Schleswig-Holsteinische Anzeigen (Jahr und Seite)
SP	Schaden-Praxis (Jahr und Seite)
StGB	Strafgesetzbuch
StVG	Straßenverkehrsgesetz
StVZO	Straßenverkehrszulassungsordnung
TÜV	Technischer Überwachungsverein
UR	Umsatzsteuer-Rundschau (Jahr und Seite)
Urt.	Urteil
UStG	Umsatzsteuergesetz
UWG	Gesetz gegen den unlauteren Wettbewerb
VerbrKrG	Verbraucherkreditgesetz
VersR	Versicherungsrecht (Jahr und Seite)
vgl.	vergleiche
VGT	Verkehrsgerichtstag (Jahr und Seite)
VkBl.	Verkehrsblatt (Jahr und Seite)
VRS	Verkehrsrecht-Sammlung (Band und Seite)
VuR	Verbraucher und Recht (Jahr und Seite)
VVG	Gesetz über den Versicherungsvertrag
WIB	Wirtschaftsrechtliche Beratung
WM	Wertpapiermitteilungen (Jahr und Seite)
WRP	Wettbewerb in Recht und Praxis (Jahr und Seite)
ZAP	Zeitschrift für die Anwaltspraxis (Fach und Seite)
ZBB	Zeitschrift für Bankrecht und Bankwirtschaft
ZDK	Zentralverband Deutsches Kraftfahrzeuggewerbe e. V.
ZfS	Zeitschrift für Schadensrecht (Jahr und Seite)
ZGS	Zeitschrift für das gesamte Schuldrecht (Jahr und Seite)
ZHR	Zeitschrift für das gesamte Handelsrecht und Wirtschaftsrecht (Jahr und Seite)
Ziff.	Ziffer
ZIP	Zeitschrift für Wirtschaftsrecht und Insolvenzrecht (Jahr und Seite)
ZPO	Zivilprozessordnung
ZRP	Zeitschrift für Rechtspolitik (Jahr und Seite)
ZS	Zivilsenat

Teil 1

Neuwagenkauf

A. Situation auf dem Neuwagenmarkt

Der seit 1994 anhaltende Aufschwung auf dem deutschen Automarkt erreichte mit 3,8 Millionen neu zugelassenen Pkw im Jahre 1999 seinen Höhepunkt. Seither geht die Nachfrage zurück. Im Jahr 2001 wurden 3,34 Millionen Neufahrzeuge in Deutschland zugelassen. Gleichwohl lautet die Prognose, dass langfristig trotz abflachender Wachstumsrate mit einer Zunahme des Gesamtfahrzeugbestandes von 44 Millionen im Jahr 2000 auf bis zu 50 Millionen im Jahr 2020 zu rechnen ist. Diese Vorhersage wird in erster Linie darauf zurückgeführt, dass bei Frauen und Senioren ein langfristiges Aufholpotenzial besteht.[1]

Die Fahrzeugdichte lag im Jahr 2000 bei 643 Stück je 1000 Einwohner und die durchschnittliche Fahrleistung betrug 12.300 km pro Jahr. Es wird erwartet, dass die Fahrleistungen sinken und sich die Nutzungszeiten der Fahrzeuge verlängern. Während Pkw im Jahr 1990 im Schnitt weniger als 10 Jahre genutzt wurden, liegt die durchschnittliche Nutzungszeit heute bei fast 12 Jahren. Der Anteil typischer Mittelklasselimousinen ist rückläufig, während sich Kleinwagen, Nischenfahrzeuge, allradgetriebene Fahrzeuge, Cabrios und Großraumlimousinen wachsender Beliebtheit erfreuen. Die Auffächerung des Fahrzeugbestandes ist eine der Ursachen für die sinkenden jährlichen Fahrleistungen.

Die verkehrsbedingten Emissionen und der Durchschnittsverbrauch werden weiterhin abnehmen. Während Neufahrzeuge im Jahr 1980 im Schnitt 10 Liter Kraftstoff pro 100 km verbrauchten, lag der Wert im Jahr 2000 bei 8 Litern und soll laut Selbstverpflichtung der Automobilindustrie bis zum Jahr 2008 auf ca. 6 Liter gesenkt werden.[2]

Die Anschaffungskosten sind im Lauf der Jahre kontinuierlich gestiegen. Während der durchschnittliche Neuwagenpreis im Jahr 1994 bei 34.600 DM lag, belief er sich im Jahr 2001 auf 41.400 DM. Ein wesentlicher Faktor für die Preissteigerung in den letzten Jahren ist der gestiegene Anteil der Dieselfahrzeuge, der im Jahr 2001 bei fast 25 % lag und 15 % des gesamten Pkw-Bestandes ausmachte. Mit einem weiteren Anstieg ist aufgrund des sparsamen Verbrauchs und der technischen Optimierung von Dieselmotoren zu rechnen.

Unterschiedlich sind die Preisentwicklungen in den neuen und alten Bundesländern. In den neuen Bundesländern stiegen die Neuwagendurchschnittspreise seit 1991 um 32,9%. Im gleichen Zeitraum lag die Preissteigerungsrate für Neufahrzeuge in den alten Bundesländern bei 67,6 %, ausgehend von einem Durchschnittspreis von 20.500 DM im Jahr 1991. Der durchschnittliche Neuwagenpreis lag in den neuen Bundesländern im Jahr 2001 ca. 8000 DM unter dem Preis in den alten Bundesländern, was im Wesentlichen darauf beruhte, dass der Anteil an den höheren Kaufpreisklassen in den neuen Bundesländern vergleichsweise gering war und dort Fahrzeuge der unteren und mittleren Preisklassen bevorzugt wurden.[3]

Für den Neuwagenkauf werden knapp 50 % an Eigenersparnissen aufgewendet und durchschnittlich 17,7 % aus dem Erlös des Vorwagenverkaufs. Den statistischen Rest

---
1 Shell Pkw-Szenarien, Mehr Autos – weniger Verkehr, S. 4 und S. 20.
2 Shell Pkw-Szenarien, Mehr Autos – weniger Verkehr, S. 32.
3 DAT-Veedol-Report 2002 – kfz-Betrieb dossier – S. 11.

von 6,3 % rekrutieren Neuwagenkäufer aus Geschenken und Zuschüssen.[4] Der Kreditanteil an der Fahrzeugfinanzierung ist nach einem kurzfristigen Rückgang im Jahr 2001 wieder gestiegen und lag in den alten Bundesländern bei ca. 10.980 DM und in den neuen Bundesländern bei 11.165 DM. Im Schnitt betrug der Kreditanteil in den Ländern Ost 32,5 % und in den Ländern West 25,9%.

5   Im Jahr 2001 dominierte als Kaufkriterium die günstige Inzahlungnahme des Vorwagens, dicht gefolgt vom Prestigewert.[5] In Anbetracht dessen verwundert es nicht, dass bei Fahrzeugen der gehobenen und oberen Klassen der Anschaffungspreis nicht im Vordergrund stand. Weil sie heutzutage bei allen Fahrzeugen erwartet und vorausgesetzt wird, spielte auch die Zuverlässigkeit keine große Bedeutung für die Kaufentscheidung. Allein die Tatsache, dass der Kraftstoffverbrauch weit unten auf der Skala der Kaufkriterien rangierte, will wegen des allgemeinen Wehklagens über die zu hohen Kraftstoffpreise nicht so recht ins Bild passen.

Im Neuwagengeschäft stand mit 70 % der Vorbesitzerkäufer an der Spitze, der sein bisheriges Fahrzeug ersetzte, gefolgt vom Erstkäufer mit 30 % und dem Zusatzkäufer mit 14%. Statistisch verhielt sich der Neuwagenkäufer eher markentreu und war mit dem Handel sehr zufrieden.[6]

EU-weit verkaufen Händler im Schnitt 300 Fahrzeuge pro Jahr. Die Dichte der Händlernetze ist in den Mitgliedstaaten jedoch sehr unterschiedlich. Zu den Ländern mit hoher Konzentration gehören Frankreich, Spanien und Portugal. Im Vergleich dazu sind die Märkte in Österreich und in Deutschland am stärksten fragmentiert. Es wird damit gerechnet, dass sich die Zahl der Händler in Deutschland bis zum Jahr 2010 um bis zu 30% verringert.

Der Autohandel befindet sich im Strukturwandel, beruhend auf einer instabilen Konjunktur, der neuen GVO und dem Konzentrationsprozess im Kfz-Gewerbe. Ende 2001 gab es in Deutschland 45.600 Betriebe des Kfz – Gewerbes mit insgesamt 526.000 Mitarbeitern. Im Laufe des Jahres waren 12.000 Stellen abgebaut und 1079 Autohäuser und vertragsgebundene Werkstätten geschlossen worden. Etwa die Hälfte der Betriebe war mit einem Hersteller oder Importeur vertraglich verbunden, die andere Hälfte bestand aus sog. freien Händlern und Werkstätten.[7]

I. Vertriebsstrukturen des Neuwagenhandels

6   Die Vertriebsstrukturen im Neuwagenhandel sind durch die Gruppenfreistellungsverordung (Kfz – GVO) nachhaltig geprägt worden, deren neueste Fassung am 17. 07. 2002 in Brüssel vorgestellt wurde.[8]

Fabrikneue Fahrzeuge werden vorwiegend über den Fabrikatshandel vertrieben. Einige Hersteller verkaufen ihre Fahrzeuge aber auch direkt an Endkunden.

Außerhalb des Vertragshändlernetzes hat sich ein eigenständiger Handel von Importneufahrzeugen entwickelt, den die Hersteller bisher durch Limitierung ihrer Verkaufsquoten in Grenzen hielten.

Bisher war die Kombination von Vertrieb und Kundendienst ein typisches Merkmal des Neuwagenhandels. Sie beruhte darauf, dass Fabrikatshändler aufgrund der Verträge mit ih-

---

4 DAT-Veedol-Report 2002 – kfz-Betrieb dossier – S. 21, 22.
5 DAT-Veedol-Report 2002 – kfz-Betrieb dossier – S. 11.
6 DAT-Veedol-Report 2002 – kfz-Betrieb dossier – S. 18, 21.
7 ZDK Information in Kfz-Betrieb online vom 26. 3. 2002.
8 Verordnung der Kommission (EG) Nr. 1400/2002 vom 31. 07. 2002 über die Anwendung von Art. 81 Abs. 3 des Vertrages auf Gruppen von vertikalen Vereinbarungen und aufeinander abgestimmten Verhaltensweisen im Kraftfahrzeugsektor.

ren Herstellern verpflichtet waren, eine Werkstatt zu unterhalten, um den erforderlichen Kundendienst erbringen zu können. Dafür hatte jeder Händlerbetrieb seinen vertraglich geregelten und geschützten Standort, in dem er aktiv verkaufstätig sein durfte. Ein Vertrieb außerhalb des Verkaufsgebiets war ihm allerdings nur passiv gestattet.

Einen Mehrmarkenhandel durfte der Händler ohne Zustimmung des Herstellers grundsätzlich nur in getrennten Verkaufslokalen betreiben. Um eine Zustimmung des Herstellers zu erlangen, musste er sachlich gerechtfertigte Gründe nachweisen können. Aus diesem Grunde hat sich der Mehrmarkenhandel in Deutschland nicht entwickelt. Das Gleiche gilt für die Mehrmarkenwerkstatt, für deren Betrieb der Fabrikatshändler die Zustimmung des Herstellers benötigte.

Freie Werkstätten besaßen einen gegen den Hersteller gerichteten Anspruch auf Herausgabe der technischen Informationen, dessen Erfüllung sie jedoch beklagten. Der Zugang der freien Werkstätten zu Diagnosegeräten, Spezialwerkzeugen, Software und Schulung war ungeregelt.

II. Der Neuwagenhandel unter der neuen GVO

Die Regelungen der neuen GVO,[9] welche Kraftfahrzeuge mit mindestens **drei Rädern** betrifft, gelten seit dem 1. 10. 2002. Bestehende Verträge zwischen Herstellern/Importeuren und Vertragshändlern, die nach der alten GVO noch gültig sind, müssen bis zum 30. 09. 2003 an die Regelungen der neuen GVO angepasst werden.

Die Standortfreiheit tritt erst am 1. 10. 2005 in Kraft. Ab diesem Zeitpunkt kann der Hersteller den Händlern im selektiven Vertrieb nicht mehr verbieten, zusätzliche Auslieferungs- oder Verkaufsstellen innerhalb des Gebietes der EU in unbegrenzter Anzahl zu eröffnen.[10]

Die GVO endet am 31. 05. 2010. Die EU-Kommission hat allerdings die Möglichkeit, die Verordnung unter bestimmten Voraussetzungen zu einem früheren Zeitpunkt für nicht anwendbar zu erklären oder einzelnen Fabrikaten die Vorteile der GVO zu entziehen, wenn z. B. die Abgabepreise zwischen räumlichen Märkten erheblich voneinander abweichen.

1. Neuwagenvertrieb

Im Vertrieb hat der Hersteller die Wahl zwischen einem **selektiven** und einem **exklusiven** Vertrieb.

Selektiver Vertrieb bedeutet, dass der Hersteller/Importeur qualitative Standards (Personalqualifikation, Gestaltung des Verkaufsraums, Vorführwagen usw.) und quantitative Standards (Gesamtzahl der Händler, Verkaufsvolumen usw.) vorgeben kann, die der Händler erfüllen muss. Händler eines selektiven Systems dürfen aktiv und passiv an alle Kunden des EU-Vertragsgebietes verkaufen. Ihnen kann der Hersteller/Importeur jedoch verbieten, Neufahrzeuge an nicht autorisierte Wiederverkäufer (Supermärkte usw.) zu verkaufen.

Exklusiver Vertrieb bedeutet, dass der Hersteller ausgewählten Händlern ein exklusives Vertragsgebiet zuweisen kann, in dem sie aktiv und passiv verkaufen dürfen. Außerhalb des zugewiesenen Gebiets ist ein Verkauf nur passiv zulässig. Dem Exklusivhändler darf der Hersteller allerdings nicht untersagen, Neufahrzeuge an fabrikatsfremde Wiederverkäufer zu veräußern. Für Außenseiter, z. B. Supermärkte, ist der Exklusivhändler eine legitime Bezugsquelle.

---

9 Dazu *Pfeffer*, NJW 2002, 2910; *May*, DAR 2002, 402; *Creutzig*, EuZW 2002, 560.
10 Diese Regelung gilt allerdings nicht für Nutzfahrzeuge über 3.5 t.

Die **Kombination** von selektivem und exklusivem Vertrieb innerhalb eines Vertriebssystems ist verboten. Der Hersteller kann sich jedoch in einem Land für den exklusiven und in einem anderen Land für den selektiven Vertrieb entscheiden. Auch ein Direktvertrieb ist ihm gestattet.

Ein exklusives Vertriebssystem ist zulässig, wenn der **Marktanteil** des Herstellers/Importeurs auf dem relevanten Markt unterhalb von 30 % liegt.[11] Beim selektiven Vertriebssystem liegt die Zulässigkeitsschwelle unter 40 %, die derzeit kein Hersteller/Importeur in den EU-Ländern überschreitet. Somit können alle Hersteller/Importeure selektive Vertriebssysteme mit qualitativer und quantitativer Selektion wählen.

Im Gegensatz zu früher trennt die neue GVO den **Vertrieb** vom **Kundendienst**. Im Werkstattbereich ist ausschließlich eine qualitative und keine quantitative Selektion zulässig. Somit hat der Hersteller nicht mehr die Möglichkeit, die Zahl der autorisierten Werkstätten zu begrenzen. Selektive Vertriebssysteme mit ausschließlich qualitativer Selektion sind auch oberhalb der Marktanteilsgrenzen möglich.

9 Weiterhin macht die GVO den Weg frei für den **Mehrmarkenhändler**, da der Hersteller den Mehrmarkenhandel weder verbieten noch über Margensysteme faktisch verhindern darf. Der Hersteller kann sich im Händlervertrag lediglich vorbehalten, einen Teil des Verkaufsraumes für seine Fahrzeuge zu reservieren, um eine Verwechslung mit anderen Fabrikaten zu vermeiden. Er hat aber keinen Anspruch darauf, dass der Händler separate Ausstellungsräume zur Verfügung stellt, getrennte Eingänge schafft oder Trennwände anbringt. Auch darf er den Händler nicht verpflichten, die gesamte Fahrzeugpalette auszustellen, wenn dadurch die Ausstellung und der Verkauf anderer Marken beeinträchtigt wird. Dem Mehrmarkenhändler kann der Hersteller nicht den Einsatz markenspezifischen Verkaufspersonals vorschreiben. Wenn sich der Händler freiwillig dafür entscheidet, hat der Hersteller die dadurch anfallenden Kosten zu übernehmen.

Leasinggesellschaften, die Fahrzeuge einkaufen, sind Endverbraucher, wenn die Leasingverträge eine Eigentumsübertragung nicht vor Ende der Leasingzeit vorsehen oder ermöglichen.

2. Werkstatt und Kundendienst

10 Von der **Abkopplung der Werkstatt vom Vertrieb** profitieren vor allem freie Werkstätten. Seit dem Tag des Inkrafttretens der neuen GVO hat jede Autowerkstatt, welche die vom Hersteller/Importeur vorgegebenen qualitativen Kriterien erfüllt, einen Anspruch gegenüber dem Hersteller/Importeur, als autorisierte Werkstatt zugelassen zu werden. Sie kann sich auch für mehrere Marken autorisieren lassen. Es ist zu erwarten, dass sich die Zahl der konkurrierenden zugelassenen Werkstätten erhöht, da sich viele unabhängige Werkstätten um Aufnahme in das offizielle Werkstattnetz des Herstellers/Importeurs bemühen werden.

Zugelassene Werkstätten dürfen das Markenzeichen/Logo des Herstellers/Importeurs verwenden, notwendige Instandsetzungs- und Wartungsarbeiten erbringen, Garantiearbeiten vornehmen und an Rückrufaktionen mitwirken. Händler, die keine eigene Werkstatt betreiben, müssen ihre Neuwagenkunden darüber informieren, an welche autorisierte Werkstatt sie sich wenden können und ihnen die Entfernung zum Handelsbetrieb mitteilen.

Sowohl zugelassene als auch **freie Werkstätten**, die nicht Mitglied des Servicenetzes sind, haben Anspruch darauf, dass Ihnen Hersteller und Importeure sämtliche für die Instandsetzung und Wartung ihrer Fahrzeuge erforderlichen technischen Informationen, Di-

---

11 Der Marktanteil wird beim Vertrieb von Kraftfahrzeugen anhand der Absatzmengen ermittelt, die im vorhergehenden Jahr vom Hersteller/Importeur an Händler verkauft wurden.

agnosegeräte inklusive Software und Spezialwerkzeuge zur Verfügung stellen und ihnen die fachliche Unterweisung erteilen. Der Preis muss für zugelassene und freie Reparaturbetriebe der Gleiche sein. Er darf nicht so hoch sein, dass er vom Zugang abschreckt. Außerdem Hersteller sind auch Lieferanten elektronischer Bauteile verpflichtet, die zur Reprogrammierung elektronischer Anlagen im Fahrzeug notwendigen Informationen zu erteilen. Sie dürfen die Informationen nur verweigern, soweit diese eine Umgehung oder Ausschaltung eingebauter Diebstahlschutzvorrichtungen, die Neueichung elektronischer Anlagen oder die Manipulierung elektronischer Einrichtungen (z. B. des Kilometerzählers oder einer Einrichtung zur Geschwindigkeitsbegrenzung) ermöglicht und ein Schutz durch weniger restriktive Mittel nicht verwirklicht werden kann.

Außer den freien und den der Servicekette angeschlossenen Werkstätten haben Hersteller/Importeure von Instandsetzungsausrüstung und -geräten, Herausgeber von technischen Informationen, Automobilclubs, Pannendienste, Anbieter von Inspektions- und Testdienstleistungen sowie Einrichtungen der Aus- und Weiterbildung Anspruch auf Zugang zu den technischen Informationen des Herstellers.

Zugelassene und unabhängige Werkstätten dürfen die vom Hersteller/Importeur gelieferten Originalersatzteile für den Service verwenden. Sie können die von ihnen benötigten Ersatzteile aber auch direkt vom Teilehersteller/Zulieferer beziehen. Der Einbau qualitativ gleichwertiger Ersatzteile ist zulässig, wenn der Teilehersteller bescheinigt, dass ihre Qualität der Erstausrüsterqualität entspricht.

Lediglich für Reparaturarbeiten, die zur Behebung von Sachmängel- oder Garantieansprüchen oder im Rahmen von Rückrufaktionen durchzuführen sind, kann der Hersteller vorschreiben, dass nur von ihm gelieferte Originalersatzteile eingebaut werden dürfen.

3. Ersatzteilvertrieb

Der Vertrieb von Ersatzteilen ist an qualitative Standards (z. B. die Haltung eines Ersatzteillagers oder die Qualifikation des Personals) gebunden, die der Hersteller vorgibt. Wer die Qualifikationsanforderungen erfüllt, hat Anspruch auf einen Ersatzteilvertriebsvertrag, es sei denn, dass sich der Hersteller den Alleinvertrieb für Originalersatzteile vorbehalten hat.

Das System ermöglicht es, dass reine Ersatzteilhändler entstehen können.

4. Importvermittlung

Importvermittler ermöglichen Endverbrauchern, Preisdifferenzen im gemeinsamen Markt auszunutzen und sind ihnen bei der Beschaffung der Fahrzeuge im EU-Ausland behilflich (dazu Rn 437). Die EU-Kommission hat die Position der Importvermittler dadurch verstärkt, dass sie Herstellern nicht mehr gestattet, das Verkaufsvolumen an Importvermittler auf 10 % zu begrenzen. Für Fabrikatshändler bietet sich dadurch die Möglichkeit an, mit Firmen, die sich auf Importvermittlung spezialisiert haben, in verstärktem Maße zusammenzuarbeiten.

Nach wie vor kann der Hersteller verlangen, dass der Vermittler eine Vollmacht des Verbrauchers vorweist, der ihn mit der Vermittlung des Einkaufs beauftragt hat. Die Nachweispflicht hat allerdings nie richtig funktioniert. Parallelimporteuren ist es immer wieder gelungen, die Schwächen des Systems auszunutzen und EU-Neuwagen auf Vorrat einzukaufen.

5. Prognose

Verbraucher und ihre berufenen Vertreter erwarten, dass Neufahrzeuge, Ersatzteile und Reparaturarbeiten preiswerter angeboten werden, während Händler und ihre Verbände Preissenkungserwartungen als Illusion bezeichnen.

Freie Händler erhalten die Chance, unter gleichen Voraussetzungen mit zugelassenen Werkstätten zu konkurrieren. **Zugelassene Werkstätten** werden erheblichen Druck auf die bestehenden Werkstattnetze ausüben und ihren Marktanteil, der sich trotz Überzahl auf nur 50 % beläuft, wesentlich ausbauen.

Teilehersteller produzieren 80 % sämtlicher Bauteile von Neufahrzeugen und werden auf den Ersatzteilmarkt drängen, da es ihnen gestattet ist, die Teile mit ihrem eigenen Firmenzeichen an zugelassene und unabhängige Werkstätten zu verkaufen.

Die Verschiebung der uneingeschränkten Niederlassungsfreiheit auf den 1. 10. 2005 verschafft dem **Fabrikatshandel** nur vorübergehend Luft und die Möglichkeit, sich auf die Verschärfung des Wettbewerbs langfristig vorzubereiten. Konzentrationen werden sich verstärken und mittelständische Kfz-Betriebe möglicherweise von finanzstarken ausländischen Autohandelsketten verdrängt.[12]

Hersteller und **Importeure** haben es in der Hand, die für sie günstigsten Vertriebssysteme einzurichten, die Qualitätsstandards festzulegen und sich den Eigenvertrieb vorzubehalten. Sie müssen reinen Internethändlern, die ihr Geschäft auf dem Rücken der anderen Händler austragen, keinen Zugang zu ihren Vertriebsnetzen gewähren.

Importvermittler, auf deren Tätigkeit die EU – Kommission großen Wert legt, haben die Chance, im internationalen Geschäftsverkehr eine noch bedeutendere Rolle zu spielen.

Auf dem **Nutzfahrzeugsektor** sind die Einschnitte durch die neue GVO gering, da die Standortklausel auch nach dem 1. 10. 2005 erhalten bleibt. Exklusive Vertriebssysteme sind für diesen Markt interessant, da der nicht autorisierte Handel keine Rolle spielt. Sie lassen sich jedoch kaum realisieren, da Lkw-Hersteller von den Marktanteilschwellen stärker betroffen sind. Der Mehrmarkenhandel hat kaum eine Chance in Anbetracht des hohen Anteils der Hersteller am Direktvertrieb.

Die Befürchtung, der Neuwagenhandel könnte sich auf **Kaufhäuser und Supermärkte** verlagern, erweist sich als unbegründet. Diese haben kein Interesse angemeldet und auch Verbraucher können sich nicht mit der Vorstellung befreunden, ihr Neufahrzeug demnächst in einem Supermarkt zu erwerben.[13]

---

12 *Creutzig*, EuZW 2002, 560, 63.
13 Die Informationen zur GVO wurden weitgehend dem „kfz-betrieb" Wochenjournal für Handel und Service spezial 2002 vom 22. 8. 2002 www.kfzbetrieb.de entnommen.

B. Das Neufahrzeug

Das „Neufahrzeug" ist **Vertragsgegenstand** beim Neuwagenkauf. Unter diesem Begriff versteht die Rechtsprechung üblicherweise ein Kraftfahrzeug, das bis zum Zeitpunkt der Veräußerung seinem bestimmungsgemäßen Gebrauch als Verkehrsmittel noch nicht zugeführt wurde.[1] Ein auch nur kurze Zeit bestimmungsgemäß benutztes Auto ist nicht mehr **neu,** sondern **neuwertig.**[2] Durch **Ingebrauchnahme zu Verkehrszwecken** verliert ein Kfz seinen Charakter als Neuwagen und wird zum **Gebrauchtfahrzeug**, also zu einem „Aliud" i. S. von § 434 Abs. 3 BGB. Falls ein Fahrzeug bei Auslieferung an den Erstkäufer eine größere ungeklärte Fahrleistung aufweist, ist – bis zum Beweis des Gegenteils durch den Händler – davon auszugehen, dass es zu Verkehrszwecken benutzt wurde und seine Eigenschaft als Neuwagen dadurch verloren hat.[3] Nach einer Entscheidung des LG Bielefeld[4] fehlt die Neuheit bereits dann, wenn ein als Neufahrzeug verkaufter Pkw bei Auslieferung einen Tachostand von 103 km aufweist und der Verkäufer die Laufleistung mit dem pauschalen Hinweis zu rechtfertigen versucht, diese beruhe auf Probefahrten im Zusammenhang mit der Beseitigung von Windgeräuschen. 14

Der Begriff „**Neuwagen**" besagt weiterhin, dass das Fahrzeug „neu hergestellt" wurde und zwar unter Verwendung ausschließlich neuen, ungebrauchten Materials.[5] 15

Die Neuwageneigenschaft erfordert als solche nicht, dass das Fahrzeug die Kriterien der **Fabrikneuheit** (dazu Rn 204) erfüllt.[6] Bei der Verwendung der Bezeichnung „Neuwagen" ist jedoch Vorsicht geboten, da sie von der Rechtsprechung wahrscheinlich auch unter dem neuen Recht als konkludente Übernahme einer verschuldensunabhängigen Haftung (Garantie) für die Fabrikneuheit verstanden wird, sofern sich nicht aus den Umständen etwas anderes ergibt.[7]

Die vom Händler veranlasste oder von ihm selbst durchgeführte **Überführungsfahrt,** worunter man die Fahrt mit eigener Motorkraft vom Herstellungsort zum Verkaufsort[8] mit rotem Kennzeichen oder einem Kurzzeitkennzeichen versteht, stellt **keine Ingebrauchnahme** zu Verkehrszwecken dar.[9] Heutzutage werden Neufahrzeuge nicht mehr auf „eigener Achse" vom Hersteller zum Händler transportiert. Von den Verfassern befragte Hersteller erteilten übereinstimmend die Auskunft, dass die Auslieferung der Neufahrzeuge zum Haupthändler ausnahmslos per Bahn oder Straßentransporter erfolgt. Bei 16

---

[1] BGH 27. 9. 1967, BB 1967, 1268; BGH 6. 2. 1980, NJW 1980, 1097; BGH 18. 6. 1980, DB 1980, 1836; OLG Hamm 20. 3. 1980, DAR 1980, 285; OLG Karlsruhe 22. 12. 1976, DAR 1977, 323; OLG München 9. 2. 1965, DAR 1965, 272; OLG Zweibrücken 20. 11. 1969, MDR 1970, 325; zur Neuwertigkeit BGH 3. 11. 1981, NJW 1982, 433
[2] LG Saarbrücken 2. 4. 1979, DAR 1980, 19; *Pfeiffer* in *Graf von Westphalen* Vertragsrecht und AGB – Klauselwerke/ Neuwagenkauf Rn 46; *Creutzig*, Recht des Autokaufs, Rn 1.1.2.7
[3] OLG Köln 19. 10. 1987 – 12 U 9/87 – n. v.
[4] Urt. 8. 5. 2001, DAR 2002, 35.
[5] OLG Köln 19. 10. 1987 12 U 9/87 –n. v.
[6] BGH 26. 3. 1997, NZV 1997, 306; OLG Schleswig 21. 7. 1999, OLGR 1999, 412; a. A. OLG Koblenz 23. 7. 1998, DAR 1999, 262.
[7] BGH 18. 6. 1980, DB 1980, 1836.
[8] *Jagusch/Hentschel*, Straßenverkehrsrecht, § 28 StVZO Rn 12.
[9] BGH 6. 2. 1980, NJW 1980, 1097; BGH 18. 6. 1980, DB 1980, 1836; OLG Zweibrücken 20. 11. 1969, MDR 1970, 325; OLG München 9. 2. 1965, DAR 1965, 272; LG Aachen 11. 11. 1977, NJW 1978, 273; *Creutzig,* Recht des Autokaufs, Rn 1.1.2.7; *Pfeiffer in Graf von Westphalen* Vertragsrecht und AGB – Klauselwerke/Neuwagenkauf Rn 46.

einigen Fabrikaten liegt allerdings die Selbstabholung des Fahrzeugs durch den Käufer im Trend.

Lediglich innerhalb der Händlerorganisation werden mit Neufahrzeugen manchmal kurze Distanzen „auf eigener Achse" überbrückt. Eine Fahrstrecke von etwa 450 km mit rotem Kennzeichen sind für den Käufer zumutbar, wenn er mit dem Händler vereinbart hat, dass dieser ihm das Fahrzeug bei einem anderen Händler besorgt, weil er die übliche Lieferzeit nicht abwarten möchte.[10] Beim Erwerb eines Neufahrzeugs von einem nicht autorisierten Händler muss der Käufer mit noch längeren Vertriebswegen rechnen, wenn ihn der Händler auf die Notwendigkeit der Überführung hingewiesen hat. Unter dieser Voraussetzung erfüllt der freie Händler seine auf die Lieferung eines hochwertigen Neuwagens gerichtete Vertragspflicht, wenn er das Fahrzeug mit einem Tachometerstand von 1700 km anbietet.[11]

Es kommt vor, dass Mitarbeiter von Herstellerfirmen frisch produzierte Fahrzeuge stichprobenartig testen, wobei sie manchmal längere Strecken bis zu 150 km zurücklegen. Solche **Testfahrten** beeinträchtigen nicht den Neuwagencharakter eines Autos[12], denn sie stellen keine Ingebrauchnahme zu Verkehrszwecken dar. Vielmehr handelt es sich hierbei um Maßnahmen der im weitesten Sinne noch zum Herstellungsprozess gehörenden Qualitätskontrolle.

17 Von der Überführungsfahrt zu unterscheiden sind Vorführungsfahrten, die vorgenommen werden, um das Fahrzeug einem interessierten Kunden oder Kundenkreis vorzustellen. Für solche Testfahrten – auch gemeinhin Probefahrten genannt – stehen **Vorführwagen** zur Verfügung, zu deren Anschaffung Händler auf Grund ihrer Verträge mit Herstellern verpflichtet sind.[13] Diese auf Händler zugelassenen Fahrzeuge werden in der Regel mit einer unterhalb von 10.000 km liegenden Laufleistung preisgünstig als Gebrauchtfahrzeuge weiterverkauft. Ein zugelassenes und in Gebrauch genommenes Vorführauto ist kein Neuwagen.[14] Vorführfahrzeuge werden allein durch die Art und Weise der Nutzung charakterisiert, die darin besteht, Kaufinteressenten die Vornahme von Testfahrten zu ermöglichen. Unerheblich ist ihr Alter zum Zeitpunkt des Weiterverkaufs, das vom Verkäufer nicht ungefragt offenbart werden muss.[15] Auch auf den Umstand, dass ein solches Fahrzeug nicht nur von einem, sondern von mehreren Händlern als Vorführwagen benutzt worden ist, muss der Verkäufer nicht von sich aus hinweisen.[16]

18 Nicht zu verwechseln mit der Probefahrt des Kaufinteressenten auf einem Vorführwagen ist die **Probefahrt,**[17] die der Käufer mit dem von ihm erworbenen Wagen **vor Abnahme** durchführt, um dessen ordnungsgemäßen Zustand und fehlerfreie Beschaffenheit zu überprüfen und sich mit den Bedienungselementen, dem Fahrverhalten und den Eigenheiten des Autos vertraut zu machen (vgl. Rn 81). Scheitert der Vertrag mit dem Erstkäufer nach Durchführung der Probefahrt, so stellt sich die Frage, ob das Fahrzeug einem anderen Kaufinteressenten noch als „neu" angeboten werden darf. Probefahrten werden in der Regel unter fachkundiger Anleitung des Händlers durchgeführt, weshalb der Zweitkäufer eine eventuelle Überbeanspruchung oder unsachgemäße Handhabung des Wagens während der Pro-

---

10 OLG Stuttgart, 28. 6. 2000, DAR 2000, 573.
11 OLG Hamm 18. 12. 1992, NZV 1993, 151.
12 *Pfeiffer* in *Graf von Westphalen,* Vertragsrecht und AGB – Klauselwerke/ Neuwagenkauf, Rn 46.
13 Vgl. *Creutzig,* Recht des Autokaufs, Rn 1.1.3.
14 *Creutzig,* Recht des Autokaufs, Rn 1.1.3; ferner KG Berlin 2. 11. 1967 – 2 U 998/67 –, auszugsweise zit. von *Thamm,* BB 1971, 1543, wonach auch das Gebrauchmachen als Werbemittel, z. B. auf einer Industrie-Ausstellung zum Verlust der Neuheit führt.
15 AG Rothenburg, Urt. 12. 7. 1984 – 5 C 437/84 – n. v.
16 LG Karlsruhe, Urt. 18. 4. 1984 – 5 O 66/83 – n. v.
17 Zum Begriff der Probefahrt vgl. *Jagusch/Hentschel,* § 28 StVZO, Rn 9–11.

Das Neufahrzeug 18

befahrt im Allgemeinen nicht befürchten muss. Die Sachlage ist nicht vergleichbar mit der eines vielfach von mehr oder weniger sachkundiger Hand Probe gefahrenen und getesteten Vorführwagens.[18] Aus diesem Grund darf man annehmen, dass der Neuwagencharakter durch die Probefahrt des Erstkäufers nicht verloren geht, jedenfalls dann nicht, wenn sich die Probefahrt in dem üblichen Rahmen von etwa 20 km hält.[19]

---

18 So im Ergebnis *Hensen* in *Ulmer/Brandner/Hensen,* § 11 Nr. 10 Rn 5; anders, wenn Probefahrten zu Flecken, Kratzern usw. führen, BGH 28. 9. 1967, BB 1967, 1268, OLG Hamm 31. 1. 1983, DB 1983, 710.
19 Das Recht auf Probefahrt bis 20 km ist in den aktuellen Neuwagenverkaufsbedingungen nicht mehr ausdrücklich vorgesehen.

C. Der Kaufvertrag

I. Einbeziehung von AGB

19 Das BGB schreibt für das Zustandekommen des Kaufvertrags über ein Neufahrzeug keine bestimmte Form vor. Es entspricht allerdings ständiger Übung im Kfz-Handel, Kaufverträge **schriftlich** abzufassen unter Verwendung sog. Bestellformulare mit vorformulierten Vertragsbedingungen (AGB) auf der Rückseite.

Die **Einbeziehung** der **AGB** in den Neuwagenkaufvertrag geschieht üblicherweise durch ausdrücklichen Hinweis im Angebotstext des Bestellformulars.

Beispiel:
Bestellung für neue Kraftfahrzeuge nach Kenntnisnahme und unter Anerkennung der nachfolgenden und umseitig verzeichneten Neufahrzeug-Verkaufsbedingungen.

Die Erklärung, dass der Kunde von den auf der Rückseite des Formulars abgedruckten AGB Kenntnis genommen hat und mit deren Geltung einverstanden ist, unterliegt nicht der Inhaltskontrolle.[1] Wegen Verstoßes gegen § 309 Nr. 12 BGB zu beanstanden sind allerdings Klauseln, die besagen, bestimmte Punkte des Vertrages seien ausgehandelt worden[2] und der Besteller habe eine Bestätigung des Angebots erhalten.[3]

Der Hinweis auf die AGB hat bei Vertragsabschluss zu erfolgen (§ 305 Abs. 2 BGB) und muss so angeordnet und gestaltet sein, dass ein Durchschnittskunde ihn bei flüchtiger Betrachtung nicht übersehen kann.[4] Die Aushändigung der AGB zusammen mit dem Rechnungsformular ist für deren Einbeziehung zu spät, da die Rechnung üblicherweise nicht bei Vertragsabschluss sondern erst anlässlich der Lieferung des Neufahrzeugs erstellt und übergeben wird.[5] Falls die AGB auf der Rückseite der dem Kunden ausgehändigten Abschrift der Bestellung nicht oder nicht vollständig enthalten sind, werden sie nicht Vertragsinhalt.[6] Den Kunden trifft keine Pflicht, die AGB auf ihre Vollständigkeit hin zu überprüfen.[7]

Ein Aushang in den Geschäftsräumen des Verkäufers reicht für die Einbeziehung der Neuwagenverkaufsbedingungen in den Kaufvertrag nicht aus.[8] Die Möglichkeit, durch Aushang auf die Geltung von AGB hinzuweisen, ist für Geschäfte des Massenverkehrs bestimmt, wozu der Kauf eines Neuwagens nicht gehört

Der Verkäufer muss dem Käufer die Möglichkeit verschaffen, in zumutbarer Weise von dem Inhalt der AGB Kenntnis zu nehmen. Zur zumutbaren Kenntnisnahme gehört die **Verständlichkeit** des Inhalts und die **mühelose Lesbarkeit** der AGB,[9] woran es bei übermäßigem Kleindruck oder bei einer drucktechnisch schwachen Wiedergabe[10] fehlen kann.

---

1 BGH 1. 3. 1982, BB 1983, 15 ff. m. Anm. von *Bohle,* a. a. O.
2 BGH 28. 1. 1987, NJW 1987, 1634.
3 BGH 29. 4. 1987, NJW 1987, 2012.
4 BGH 18. 6. 1986, ZIP 1986, 1126.
5 A. A. OLG Hamm 13. 1. 1997, OLGR 1997, 158 für den Fall der Übergabe der AGB mit der Rechnung an der Kasse.
6 OLG Frankfurt 2. 11. 1988, DAR 1989, 66.
7 OLG Frankfurt 2. 11. 1988, DAR 1989, 66.
8 *Ulmer/ Brandner/Hensen,* § 2 Rn 33; *Soergel/Stein,* § 2 AGBG, Rn 12.
9 OLG Schleswig 27. 3. 1997, NJW 1995, 2858; *Palandt/Heinrichs* BGB Erg.- Bd. § 305 Rn 41.
10 OLG Brandenburg 3. 5. 2000, NJW-RR 2001, 488.

Da die Unterschrift der Vertragsparteien den Urkundeninhalt insgesamt abdecken muss, empfiehlt es sich, die Unterschriftsrubrik unterhalb der AGB-Einbeziehungsklausel anzubringen.[11]

Eine in den AGB des Käufers enthaltene Abwehrklausel „anderslautende Bedingungen gelten nicht" schließt alle Vertragsbedingungen des Händlers einschließlich solcher AGB aus, die das Klauselwerk des Käufers ergänzen.[12]

Der Neuwagenhandel verwendet die von den Verbänden der deutschen Automobilwirtschaft (VDA, VDIK, ZDK) anlässlich der Schuldrechtsreform neu gestalteten Neuwagen-Verkaufsbedingungen (NWVB), welche als Anlage 1 im Anhang zum Neuwagenteil abgedruckt sind.

II. Kaufantrag und Annahmevorbehalt

1. Regelung in Neuwagen-Verkaufsbedingungen NWVB

Mit der Unterzeichnung der Bestellung gibt der Kaufinteressent ein auf den Abschluss des Kaufvertrages an den Händler gerichtetes Angebot ab, bei dem es sich um einen **Antrag unter Abwesenden** handelt.[13] An dieses Angebot ist der Käufer gem. Abschn. I, Ziff. 1 NWVB höchstens bis 4 Wochen, bei Nutzfahrzeugen bis zu 6 Wochen sowie bei Fahrzeugen, die beim Verkäufer vorhanden sind, bis 10 Tage, bei Nutzfahrzeugen bis 2 Wochen gebunden. Dem Verkäufer bleibt die Annahme während des Laufs dieser Frist vorbehalten. Der Kaufvertrag kommt zu Stande, wenn der Verkäufer innerhalb der jeweiligen Frist entweder die Annahme schriftlich bestätigt oder die Lieferung ausführt (Abschn. I, Ziff. 1, S. 2 NWVB). Der Kaufinteressent, der eine schriftliche Neuwagenbestellung gegen Inzahlungnahme seines Altwagens unterschrieben hat, kann nicht von einer sofortigen Annahme seines Angebots ausgehen, wenn die NWVB eine schriftliche Bestätigung vorsehen. Dies gilt nach einer Entscheidung des OLG Düsseldorf[14] auch dann, wenn sich das Neufahrzeug beim Händler befindet und der Kunde dem Verkaufsberater die Versicherungsdoppelkarte und seinen Personalausweis für die Fahrzeuganmeldung aushändigt.

Kommt es durch fristgerechte Ausführung der Lieferung zum Abschluss des Vertrages, fallen Vertragsschluss und Gefahrübergang zeitlich zusammen, was für § 442 BGB relevant sein kann.

Der **Zeitpunkt** des Vertragsabschlusses ist bedeutsam für
– die Bestimmung der vertragsgemäßen Beschaffenheit des Neuwagens und den Änderungsvorbehalt gem. Abschn. IV, Ziff. 5 NWVB,
– die Berechnung der vereinbarten Lieferfristen gem. Abschn. IV, Ziff. 1 NWVB,
– den Beginn einer eventuell vereinbarten Preisänderungsklausel,
– die Kenntnis bzw. grob fahrlässige Unkenntnis etwaiger Mängel gem. § 442 BGB.

a) Nutzfahrzeuge

Für Nutzfahrzeuge gelten längere Annahmefristen (Abschn. I, Ziff. 1 NWVB) und kürzere Verjährungsfristen (Abschn. VII, Ziff. 1, Abs. 2 NWVB) als für andere Kraftfahrzeuge. Die Unterscheidung zwischen Nutzfahrzeugen und anderen Kraftfahrzeugen spielt da-

---
11 *Schölermann/Schmid-Burgk*, DB 1991, 1968, 1969.
12 BGH 24. 10. 2000, NJW-RR 2001, 484.
13 BGH 30. 5. 1968, WM 1968, 1103, 1105
14 Urt. v. 30. 5. 2000 – 22 U 225/99 –.

her eine wichtige Rolle. Sie ist außerdem für die Kfz-Besteuerung und für die Bewilligung der Investitionszulage relevant (dazu Rn 427).

Nach den gem. § 2 Abs. 2 S. 1 KraftStG maßgebenden verkehrsrechtlichen Vorschriften sind **Personenkraftwagen** nach Bauart und Einrichtung zur Beförderung von Personen bestimmte Kraftfahrzeuge mit nicht mehr als acht Fahrgastplätzen einschließlich der so genannten **Kombinationskraftwagen**, die geeignet und bestimmt sind, wahlweise vorwiegend der Beförderung von Personen oder vorwiegend der Beförderung von Gütern zu dienen (§ 23 Abs. 6a StVZO). **Lastkraftwagen** (– andere Fahrzeuge i. S. v. § 8 Nr. 2 KraftStG –) sind Kraftfahrzeuge, die nach ihrer Bauart und Einrichtung zur Beförderung von Gütern bestimmt sind.[15] Unter einem **Nutzfahrzeug** im Sinne der NWVB werden alle mehr als zweirädrigen Kraftfahrzeuge mit Ausnahme derjenigen verstanden, die nach Bauart und Einrichtung nur zur Beförderung von Personen bestimmt sind und nach dem Verkehrsrecht nicht mehr als 9 Sitzplätze haben.[16] Das **Wohnmobil** gehört nach Ansicht des LG Marburg[17] nicht zur Kategorie der Nutzfahrzeuge, da es während der Fahrt allein der nichtgewerblichen Personenbeförderung dient und nur im Stillstand auch zum Wohnen genutzt werden kann. Deshalb gilt für Wohnmobile die 4-wöchige Angebotsbindung und nicht die von sechs Wochen.

b) Vertragsannahme

22   Die Wahrung der in Abschn. I, Ziff. 1, S. 1 NWVB vorgesehenen einfachen Schriftform ist keine Wirksamkeitsvoraussetzung für das Zustandekommen des Kaufvertrags. Dies zeigt sich schon daran, dass die Klausel alternativ eine Annahme der Bestellung durch Ausführung der Lieferung vorsieht. Das Erfordernis der schriftlichen Bestätigung dient lediglich der Beweisführung und Klarstellung, dass der Vertrag tatsächlich geschlossen wurde.[18] Selbst wenn die Klausel konstitutiv gemeint wäre, würde sie durch eine **formlose Individualabrede** verdrängt.[19]

Eine **formlose Annahme** kann ausdrücklich (mündlich),[20] stillschweigend[21] oder konkludent erfolgen. Von einer **konkludenten Annahme** ist auszugehen,

– wenn der Händler den Pkw entsprechend der vertraglichen Vereinbarung als Vorführwagen auf seinen Betrieb zulässt und dies dem Käufer innerhalb der Annahmefrist zur Kenntnis bringt,[22]
– wenn in der Annahmefrist Gespräche zwischen den Vertragsparteien stattfinden, in deren Verlauf der Verkäufer dem Käufer mitteilt, er werde sich an die gemeinsam getroffene Vereinbarung halten,[23]
– wenn der Verkäufer das Gebrauchtfahrzeug, das in Zahlung genommen werden soll, zum Zwecke des Weiterverkaufs entgegennimmt.[24]

---

15 BFH 01. 08. 2000, DAR 2001, 90.
16 *Creutzig*, Recht des Autokaufs, Rn 1.1.4.
17 Urt. 22. 11. 1995, DAR 1996, 148.
18 OLG Köln 16. 2. 1995, OLGR 1995, 140, OLG Düsseldorf, 24. 10. 1997, OLGR 1998, 153; a. A. LG Lüneburg, 22. 1. 1980 – 5 O 364/79 – n. v.
19 BGH 6. 3. 1986, NJW 1986, 1131, 3132; OLG München 22. 9. 1995, DAR 1997, 494.
20 OLG Köln 16. 2. 1995, OLGR 1995, 140; LG Düsseldorf 17. 10. 1979 – 23 S 113/79 – zit. bei *Creutzig*, Recht des Autokaufs, Rn 1.1.6.4.
21 LG Düsseldorf 28. 11. 1979 – 2 O 200/79 – zit. bei *Creutzig*, Recht des Autokaufs, Rn 1.1.6.4.
22 KG 14. 12. 1981 – 20 U 4276/81 – zit. bei *Creutzig*, Recht des Autokaufs, Rn 1.1.6.4.
23 OLG Karlsruhe 26. 3. 1985 – 3 U 13/84, zit. bei *Creutzig*, Recht des Autokaufs, Rn 1.1.6.4.
24 OLG Düsseldorf 24. 10. 1997, OLGR 1998, 153.

Abweichend von Abschn. I Ziff. 1 NWVB können die Parteien den **Vertrag sofort abschließen**. Von einem sofortigen Vertragsabschluss ist im Zweifelsfall auszugehen, wenn das Bestellformular eine Unterschriftsrubrik für den Verkäufer enthält[25] und dieser dort anlässlich der Bestellung unterschreibt. Eine sofortige Annahme der Käuferofferte ist bei vorrätigen Neufahrzeugen ratsam, wenn im Zusammenhang mit dem Vertragsabschluss keine weiteren Fragen zu klären sind.

Die auf der Grundlage eines Schadensgutachtens getroffene Vereinbarung, dass der Kaufvertrag über das Neufahrzeug nur unter der Voraussetzung gültig sein soll, dass eine bestimmte Versicherungsleistung gezahlt wird, verhindert den Eintritt der Wirksamkeit des Kaufvertrages, wenn die Zahlung der Versicherung den vom Gutachter geschätzten Betrag deutlich unterschreitet. Eine Differenz von 710 DM liegt nach Ansicht des OLG Düsseldorf[26] noch innerhalb der vom Käufer hinzunehmenden Spanne, die den Bedingungseintritt nicht hindert.

Bei einem – selten anzutreffenden – **Kauf auf Probe** (§ 454 BGB) kommt der Kaufvertrag mit Ablauf der Billigungsfrist zu Stande. Das Schweigen des Käufers gilt als Annahme. Gibt der Käufer das ihm zur Probe überlassene Fahrzeug nicht zum vereinbarten Termin zurück, ist er zur Zahlung des Kaufpreises verpflichtet. Auf die Behauptung, ihm sei das Fahrzeug entwendet worden, kann er sich nicht mit Erfolg berufen, wenn er nicht einmal das äußere Bild eines Diebstahls nachweist[27].

Maßgeblicher **Zeitpunkt** für das Zustandekommen des Vertrages ist der **Zugang** der **Annahmeerklärung** beim Käufer (§ 130 BGB). Versäumt der Händler die schriftliche Bestätigung innerhalb der Vierwochenfrist, kommt es nicht zum Vertrag.

Einem formularmäßigen Verzicht auf den Zugang der Annahmeerklärung begegnet die Rechtsprechung mit Skepsis. Nach Meinung des OLG Hamm kann eine solche Klausel, die gem. § 151 BGB die Ausnahme darstellt, wegen Unvereinbarkeit mit § 307 Abs. 2 Nr. 1 BGB nicht wirksam zum Regelfall gemacht werden, weil andernfalls der Käufer unangemessen benachteiligt würde. Innerhalb der dem Verkäufer vorbehaltenen Annahmefrist sei der Käufer, der keine Kenntnis von dem jeweiligen Stand des Entscheidungsprozesses auf Verkäuferseite besitze, in seiner wirtschaftlichen Dispositionsfreiheit gleichsam neutralisiert, während der Verkäufer seine wirtschaftliche Bestätigung ungehindert fortsetzen könne, heißt es im Urteil.[28] Aus Sicht des LG Frankfurt/M., das zu dem gleichen Ergebnis gelangt, kann der Käufer auf die Annahmeerklärung gem. § 151 Abs. 1 BGB u. a. deshalb nicht verzichten, weil es keine entsprechende Verkehrssitte beim Autokauf gibt.[29] Die Tatsache, dass beim Verbraucherdarlehensvertrag auf den Zugang der Annahmeerklärung des Darlehensgebers im Massengeschäft aus Gründen der Praktikabilität formularmäßig verzichtet werden kann,[30] zwingt nicht zur Aufgabe der Restriktion. Der Neuwagenkauf gehört nicht zu den Massengeschäften, und der Fall, dass der Verkäufer zugleich das Darlehen gewährt, kommt äußerst selten vor. Der Käufer besitzt vor allem wegen der in Abschn. I Abs. 1 NWVB vorgesehenen Angebotsbindung ein berechtigtes Interesse daran, dass ihm die Vertragsannahmeerklärung des Verkäufers tatsächlich zugeht, andernfalls für ihn ungewiss bleibt, ob und wann der Verkäufer sein Angebot angenommen hat. Die durch formularmäßigen Verzicht auf das Zugangserfordernis herbeigeführte Verkürzung seiner Rechtsposi-

---

25 Diese Rubrik ist in dem NWVB – Vertragsmuster vorgesehen.
26 Urt. v. 24. 10. 1997, OLGR 1998, 153.
27 KG 13. 5. 1996, OLGR 1996, 169.
28 OLG Hamm 14. 3. 1986, NJW-RR 1986, 927.
29 LG Frankfurt/M. 5. 6. 1987, NJW-RR 1987, 1268; ebenso *Graf von Westphalen* in *Loewe/Graf von Westphalen/Trinkner*, Bd. 2, § 10 Nr. 1 Rn 17.
30 Diese Gestaltung lässt § 151 S. 1 BGB zu, obwohl nach § 492 Abs. 1 BGB Schriftform gesetzlich angeordnet ist.

tion verstößt daher sowohl beim Teilzahlungskauf als auch beim Barkauf gegen § 307 Abs. 1 Nr. 1 BGB und gegen § 308 Nr. 6 BGB.[31]

Die Gründe, die gegen einen AGB-mäßigen Verzicht auf den Zugang der Annahmeerklärung sprechen, lassen sich gleichermaßen gegen Klauseln ins Feld führen, welche vorsehen, dass der Vertrag als abgeschlossen gilt, wenn der Verkäufer das **Angebot nicht** innerhalb der Annahmefrist **zurückweist**. Gegen Bestimmungen, die den Vertragsabschluss an das Schweigen des Verkäufers knüpfen, ist zwar grundsätzlich nichts einzuwenden,[32] wenn der Käufer ohne weiteres feststellen kann, wann die Frist beginnt und wann sie endet.[33]

c) Verspätete Annahme

24 Eine verfristete Bestätigung stellt ein neues Angebot dar, das der Annahme durch den Käufer bedarf (§ 150 Abs. 1 BGB). Die Annahme des neuen Angebots kann durch schlüssiges Handeln erfolgen, sofern nach den Umständen davon auszugehen ist, dass der Verkäufer auf eine Antwort keinen Wert legt. **Schweigen** bedeutet im Geschäftsverkehr mit einem privaten Kunden grundsätzlich Ablehnung, kann aber ausnahmsweise eine Annahme darstellen, wenn der Verkäufer nach **Treu und Glauben** eine Ablehnung erwarten darf. Über einen solchen – nicht alltäglichen – Fall musste das OLG München[34] entscheiden. Der Käufer hatte etwa 1 ¼ Jahr nach Abgabe seines bis dahin nicht bestätigten Kaufangebots wegen der Lieferung des von ihm bestellten Luxusfahrzeugs beim Verkäufer nachgefragt und die ihm daraufhin zugesandte Vertragsbestätigung nicht zurückgewiesen. Das OLG München bewertete das Verhalten des Käufers als schlüssige Annahme, wobei es aus seiner Sicht keine Rolle spielte, dass sich zwischenzeitlich die Bezeichnung des Fahrzeugs und dessen Ausstattung geändert hatten. Nach Sachlage, so die zutreffende Begründung im Urteil, habe es selbstverständlich dem Willen des Käufers entsprochen, die neueste Ausführung des Fahrzeugs zu bekommen.

Sofern ein finanziertes Kaufgeschäft mit einem Verbraucher vorliegt, ist zu beachten, dass der wegen der verfristeten Annahmeerklärung neu abzuschließende Vertrag wiederum insgesamt der **Schriftform** des § 492 BGB bedarf.

d) Inhaltlich abweichende Annahmeerklärung

25 Im Regelfall kommt der Kaufvertrag nicht zu Stande, wenn die Bestätigung des Verkäufers **inhaltlich** von dem Angebot des Käufers **abweicht**, etwa hinsichtlich der Lieferfrist, eines Aufpreises für Ausstattung oder – wie geschehen – durch Hinzufügung einer Preisgleitklausel, die besagt, dass eine Preiserhöhung, die der Hersteller mehr als 4 Monate vor Auslieferung des Fahrzeugs vornimmt, vom Käufer zu übernehmen ist.[35] Weitere Beispiele aus der Rechtsprechung zur mangelnden Übereinstimmung zwischen Angebot und Annahme: fehlende Angaben über Farbe und Polsterung in der Auftragsbestätigung;[36] Angabe eines höheren Preises und einer anderen Ausstattung des Nachfolgemodells in der

---

31 *Graf von Westphalen* in *Loewe/Graf von Westphalen/Trinkner*, Großkomm. zum AGB-Gesetz, Bd. 2, § 10 Rn 17; *von Rottenburg* in *Graf von Westphalen/Emmerich/von Rottenburg*, VerbrKrG, § 4 Rn 32; a. A. *Walchshöfer* WM 1986, 1041, 1046; *Seibert,* VerbrKrG, § 4 Rn 2.
32 Eigenes Schweigen darf der Verkäufer als Zustimmung fingieren, das Schweigen des Käufers ist in AGB nicht regelbar, *Palandt/Heinrichs*, Erg.- Bd. BGB § 308 Rn25; *Bickel,* NJW 1972, 607, 609; *Walchshöfer*, WM 1986, 1041, 1046.
33 OLG Hamm 14. 2. 1992 NJW-RR 1992.
34 Urt. v.22. 9. 1995, DAR 1997, 494 mit Anmerkung von *Nettesheim.*
35 LG Offenburg 31. 5. 1989 – 2 O 5/89 – n. v.
36 LG Hanau 11. 9. 1979 – 2 S 178/79 – n. v., zit. bei *Creutzig,* Recht des Autokaufs, Rn 1.1.6.1.

Kaufantrag und Annahmevorbehalt

Auftragsbestätigung;[37] abweichende Lieferfristangabe von 6 Monaten gegenüber Bestellung.[38]

Eine inhaltlich von der Bestellung abweichende Annahmeerklärung des Verkäufers beinhaltet – ebenso wie eine verspätete Annahme – ein neues Angebot an den Käufer, das dieser annehmen oder ausschlagen kann. Von einem **Verzicht** auf ausdrückliche **Gegenbestätigung** durch den Käufer ist im Geschäftsverkehr mit Privatkunden normalerweise nicht auszugehen.[39]

e) Zugang der Annahmeerklärung

Den **fristgerechten Zugang** der Annahmeerklärung muss der **Händler beweisen**, wenn der Käufer den Erhalt bestreitet. Absendung schafft keinen Anscheinsbeweis für den Zugang.[40]

Wird die Annahmeerklärung durch Einschreiben mit Rückschein übermittelt, ist die Zustellung mit der Übergabe des Einschreibebriefes an den Adressaten vollzogen. Zum Nachweis der Zustellung genügt der Rückschein. Dieser ist keine öffentliche Urkunde, so dass mit ihm nicht der Nachweis der Zustellung erbracht werden kann, wenn der Adressat die **Annahme verweigert**.

Die **Niederlegung** einer Einschreibesendung bewirkt nicht den Zugang des Einschreibens, noch ersetzt sie dessen Zugang. Unterlässt der Adressat die Abholung des Einschreibens, muss er sich allein wegen dieses Versäumnisses nicht schon so behandeln lassen, als sei ihm die Annahmeerklärung rechtzeitig zugegangen.[41] Die Berufung auf fehlenden Zugang ist ihm nach Treu und Glauben nur dann zu versagen, wenn er entweder die Annahme grundlos verweigert oder deren Zugang arglistig vereitelt hat.[42] Liegen diese Voraussetzungen nicht vor, muss der Verkäufer nach Kenntniserlangung von dem gescheiterten Zustellversuch unverzüglich einen erneuten Versuch unternehmen, seine Erklärung derart in den Machtbereich des Empfängers zu bringen, dass diesem ohne weiteres eine Kenntnisnahme ihres Inhalts möglich ist.[43] Durch einen zweiten Zustellversuch wird dem Adressaten nicht nur der Einwand abgeschnitten, die Annahmeerklärung sei nicht zugegangen, sondern auch der Einwand, der Zugang sei nicht rechtzeitig erfolgt.[44]

Ist von vornherein damit zu rechnen, dass der Empfänger die Annahme verweigert oder deren Zugang bestreitet, empfiehlt es sich, die Vertragsbestätigung entweder persönlich bzw. durch Boten zu überbringen oder sie durch den Gerichtsvollzieher zuzustellen (§ 192 ZPO). Bedient sich der Gerichtsvollzieher der Mithilfe der Post oder eines anderen Unternehmens, erfolgt die Zustellung gegen Zustellungsurkunde (§ 194 ZPO). Stellt er selbst zu, hat er die Zustellung auf der Urschrift zu vermerken oder auf einem mit der Urschrift zu verbindenden Vordruck.

Auf fehlenden Zugang der Vertragsbestätigung kann sich der Käufer wegen des **Verbots widersprüchlichen Verhaltens** nicht berufen, wenn er durch sein späteres Verhalten zu erkennen gibt, dass er von einem Zustandekommen des Vertrages ausgeht, indem er dem Händler beispielsweise mitteilt, er habe Schwierigkeiten mit der Finanzierung oder wenn er sich nach Ablauf der Annahmefrist auf Verhandlungen über die Ausrüstung des bestell-

---

37 OLG Düsseldorf Urt. 13. 4. 1970, NJW 1971, 622.
38 LG Frankfurt 5. 6. 1987 – 2/17 S 390/86 – n. v., zit. bei *Creutzig*, Recht des Autokaufs, Rn 1.1.6.1.
39 AG Korbach 2. 7. 1993, NJW-RR 1994, 374.
40 BVerfG Beschl. 15. 5. 1991, NJW 1991, 2757; im Jahr 1980 betrug die Verlustquote für gewöhnliche Briefe 0,000633 % *Allgeier*, VersR 1992, 1070.
41 BGH 26. 11. 1997, VersR 1998, 472, 473.
42 BGH 27. 10. 1982, NJW 1983, 929, 930.
43 BGH 26. 11. 1997, VersR 1998, 472, 473.
44 BGH 13. 6. 1952, LM BGB § 130 Nr. 1.

ten Fahrzeugs eingelassen hat.[45] Die Berufung auf das Fehlen der Auftragsbestätigung versagt weiterhin, wenn sich die Parteien unter Anwesenden formlos auf den Kauf des Autos einigen und die Händlerbestätigung nur noch deklaratorische Bedeutung haben soll.[46]

f) Vertragsannahme durch Ausführung der Lieferung

27 Gem. Abschn. I, Ziff. 1, S. 2 Alt. 2 NWVB kommt der Kaufvertrag auch dann zu Stande, wenn die Lieferung innerhalb der Bindungsfrist von 4 Wochen – bzw. 6 Wochen bei Nutzfahrzeugen – „ausgeführt" ist. Einer Auftragsbestätigung bedarf es in diesem Falle nicht. Unter Auslieferung ist die **Übergabe des Fahrzeugs mit Schlüsseln und Papieren** an den Käufer zu verstehen. Die Zulassung des Fahrzeugs gehört nicht begriffsnotwendig zur Ausführung der Lieferung, sondern nur dann, wenn die Parteien eine entsprechende Vereinbarung getroffen haben.[47] Die **Nennung des Abholtermins** ist noch keine Auslieferung im Sinne von Abschn. I, Ziff. 1, S. 2 NWVB,[48] jedoch kommt u. U. die **Umdeutung in eine Auftragsbestätigung** in Betracht. Mit dem Einwand, es sei kein Vertrag zustande gekommen, kann der Käufer nach Treu und Glauben nicht gehört werden, wenn der Verkäufer die für eine fristgerechte Auslieferung des Fahrzeuges erforderlichen Voraussetzungen geschaffen hat, sich die Auslieferung jedoch aus Gründen verzögert, die von ihm nicht zu vertreten sind.

2. Angemessenheit der Annahmefrist

28 Die dem Neuwagenkunden für nicht vorrätige Neufahrzeuge vom Kfz-Handel durch AGB auferlegte einseitige Bindung an sein Kaufangebot auf die Dauer von höchstens bis zu 4 Wochen – bei Nutzfahrzeugen bis zu 6 Wochen – findet längst nicht mehr ungeteilten Beifall. Kritiker sehen darin eine Benachteiligung des Käufers, weil sachlich zwingende Gründe für eine solche Handhabung auf Händler- und Herstellerseite nicht zu erkennen sind.[49] Gegner der Klausel argumentieren, der Verkäufer müsse wissen, ob er den Lieferwunsch des Kunden erfüllen könne; jedenfalls aber sei ihm zuzumuten, sich beim Hersteller kurzfristig über die Lieferbarkeit des Fahrzeugs zu vergewissern. Auf diese Weise bleibe dem Kaufinteressenten die Möglichkeit erhalten, sich ggf. bei einem anderen Händler zu erkundigen, ob dieser das Fahrzeug auf Lager habe oder es kurzfristig beschaffen könne. Nach Ablauf von 4 bzw. 6 Wochen sei diese Möglichkeit vielleicht schon verstrichen. In letzter Zeit hat vor allem das Argument an Bedeutung gewonnen, dass in Anbetracht der technischen Entwicklungen im Bereich der Kommunikation, Datenspeicherung und Datenweitergabe eine Bindungsfrist von 4 Wochen nicht mehr zu rechtfertigen ist.[50]

Von Verkäuferseite wird demgegenüber geltend gemacht, ein Zeitraum von 4 bzw. 6 Wochen werde wegen der besonderen Sachumstände im Kraftfahrzeughandel mit Neufahrzeugen benötigt. Zunächst müsse das Angebot des Kunden im eigenen Hause überprüft, sodann die Lieferbarkeit des Fahrzeugs mit dem Herstellerwerk geklärt und schließlich die Annahmeerklärung an den Besteller weitergeleitet werden. Bei Kreditgeschäften sei es außerdem erforderlich, die Kreditwürdigkeit des Kunden zu prüfen und alles zusammen dauere trotz des Einsatzes modernster Technik in den meisten Fällen bis zu 4 Wochen.[51]

---

45 OLG Düsseldorf 4. 6. 1992, OLGR 1992, 334.
46 AG Köln 11. 5. 1989 – 122 C 354/88 – n. v.
47 A. A. *Creutzig,* Recht des Autokaufs, Rn 1.1.8.
48 LG Bielefeld 9. 9. 1987 – 1 S 94/87 – n. v.
49 *Hensen* in *Ulmer/Brandner/Hensen,* AGB-Gesetz, Anh. §§ 9–11, Rn 438; *Pfeiffer,* Vertragsrecht und AGB-Klauselwerke, Neuwagenkauf Rn 8; *Erman/Hefermehl,* § 10 Nr. 1 AGBG, Rn 5; *Mehnle,* DAR 1990, 175; LG Hamburg, 2. 12. 1987, NJW 1988, 1150; LG Lüneburg 05. 07. 2001, NJW-RR 2002, 564.
50 LG Lüneburg 05. 07. 2001, NJW-RR 2002, 564.
51 *Creutzig,* Recht des Autokaufs, Rn 1.1.1.

Dieser Argumentation des Handels ist der BGH 1989 gefolgt.[52] Er stellte damals fest, die Fristbestimmung sei trotz erheblicher Überschreitung der gesetzlichen Annahmefrist des § 147 Abs. 2 BGB durch eine Reihe organisatorischer Maßnahmen gerechtfertigt, welche die ordnungsgemäße Bearbeitung der Bestellung von neuen Kraftfahrzeugen erfahrungsgemäß mit sich bringe. Hierzu gehöre die Rückfrage beim Hersteller, ob das Fahrzeug in der vom Kunden gewünschten Ausstattung geliefert werden könne, die Weitergabe der Bestellung und das Abwarten der Bestätigung des Herstellers. Hinzu komme die Zeit bis zur abschließenden Klärung der Finanzierung des Kaufpreises, die der Kraftfahrzeughändler regelmäßig „mitliefern" müsse, sowie der Verwertbarkeit eines in Zahlung gegebenen Gebrauchsfahrzeugs und bei Abzahlungsgeschäften die Prüfung der Kreditwürdigkeit des Käufers.

29 Diese BGH-Meinung, die auch im Schrifttum weitgehend Anklang fand,[53] kann nicht geteilt werden, jedenfalls heutzutage nicht mehr. Bei der Bewertung, ob eine Frist zur Annahme oder Ablehnung eines Angebots angemessen oder unangemessen lang ist, muss von dem Grundsatz ausgegangen werden, dass der Antragende nach dem Schutzzweck von § 308 Ziff. 1 BGB an sein Angebot nur so lange gebunden werden darf, wie es die Sachumstände tatsächlich erfordern.[54] Im Interesse des Kunden soll ein längerer Schwebezustand vermieden werden. Weder organisatorische Maßnahmen für die Bearbeitung der Bestellung noch Besonderheiten im Neuwagenhandel rechtfertigen beim Pkw-Kauf eine Bindungsfrist von 4 Wochen und bei Nutzfahrzeugen eine solche von 6 Wochen, von deren Existenz übrigens nur wenige Käufer wissen, da die meisten von ihnen erfahrungsgemäß die AGB vor Unterzeichnung der Bestellung nicht durchlesen. Die einzige Besonderheit im Neuwagenhandel, die zur Abweichung von der Annahmefrist des § 147 Abs. 2 BGB Veranlassung gibt, besteht darin, dass etwa 95 % der von Neuwagenkunden gewünschten Fahrzeuge nicht vorrätig sind, sondern vom Hersteller bezogen und von diesem erst noch produziert werden müssen. Aus diesem Grund kommt der Händler nicht umhin, vor Annahme der Käuferofferte die Frage der Lieferbarkeit des Fahrzeugs mit dem Herstellerwerk zu klären. Die Bestellung des vom Kunden gewünschten Fahrzeugs beim Hersteller kann vom Händler in einem Arbeitsgang miterledigt werden. Der Hersteller ist auf Grund genauer Kenntnis der Produktionskapazität des Werkes, der Fabrikationsdauer eines Kraftfahrzeuges und des Gesamtauftragsvolumens jederzeit in der Lage, das Fertigstellungsdatum binnen kürzester Frist zu berechnen und bekannt zu geben. Die Produktionsplanungen im Bereich der Herstellung sind perfekt durchorganisiert und erlauben die Bestellung „auf Knopfdruck". Ausgeklügelte Systeme der Teilebeschaffung, Fertigung und Distribution machen es mittlerweile möglich, die Fahrzeugvariante bis drei Wochen vor Lieferung komplett zu ändern.[55] Als Mittel der Kommunikation zwischen Hersteller und Händler stehen **E-Mail, Telefon, Telefax und Internet** regelmäßig zur Verfügung, so dass die vielfach als zu lang empfundenen Postlaufzeiten entfallen.

30 Für die **hausinterne Entscheidung** ist dem Händler mit Rücksicht auf die schutzwürdigen Belange des Kunden nur ein kurzer Zeitraum von 1 bis 2 Tagen zuzubilligen. Binnen gleicher Frist lässt sich die Lieferbarkeit des Fahrzeugs mit dem Hersteller abklären und

---

52 Urt. v. 13. 12. 1989, DAR 1990, 95 ff.; der gleichen Auffassung schon früher LG Hamburg 11. 11. 1971 – 20 O 193/71 – n. v.; LG Köln 15. 6. 1978 – 78 O 39/78 – n. v.
53 *Reuter,* DB 1979, 2069; *Creutzig,* Recht des Autokaufs, Rn 1.1.1; *Loewe/Graf von Westphalen/Trinkner,* § 10 Nr. 1 Rn 12 u. 13; *ders.,* NWVB Rn 1; *Coester-Waltjen* in Schlosser/Coester-Waltjen/Graba, AGB-Gesetz, § 10 Nr. 1 Rn 10; *Bunte,* Handbuch der AGB 1982, 244 Anm. 2; *Soergel/Stein,* § 10 AGBG Rn 6; *Staudinger/Schlosser,* § 10 Nr. 1 AGBG Rn 11; *Walchshöfer* WM 1986, 1041, 1044; *Wolf/Horn/Lindacher,* AGB-Gesetz, § 10 Nr. 1 Rn 15; *Jauernig/Teichmann,* AGBG, § 10 Anm. 1 a, aa sowie BGH 8. 10. 1969, NJW 1970, 29 ff. in einem Gebrauchtwagenfall.
54 *Ulmer/Brandner/Hensen,* § 10 Nr. 1 Rn 5.
55 Autohaus 5 /2002 S. 34.

die Bestellung aufgeben, so dass als weitere organisatorische Maßnahme lediglich noch die Bestätigung des Kundenangebots veranlasst werden muss. Für das Schreiben und die Postbeförderung kommen max. 3 bis 4 Tage in Betracht. Wenn hin und wieder für die organisatorischen Maßnahmen im Zusammenhang mit der Bearbeitung einer Käuferofferte wesentlich mehr Zeit benötigt und verbraucht wird, so kann daraus die Angemessenheit der Annahmefrist von 4 Wochen nicht abgeleitet werden. Die Erfahrung lehrt, dass die eine Seite stets so viel Zeit benötigt, wie die andere ihr zugesteht. Außerdem lässt sich auf dem Sektor der Kommunikation zwischen Hersteller und Händler zeitlich einiges straffen, ohne dass hierdurch der eine oder andere in Zeitnot gerät.

31 Der einfache Ratenkauf, bei dem der Verkäufer den Kredit gewährt, wird im Kraftfahrzeughandel nur noch ganz selten praktiziert, so dass in der Mehrzahl der Fälle die **Überprüfung der Kreditwürdigkeit** des Kunden durch den Händler entfällt. Bei einem Verbund zwischen Kauf- und Darlehensvertrag fällt die Bonitätsprüfung in den Aufgabenbereich des Darlehensgebers, auch wenn der Händler die Finanzierung des Kaufpreises „mitliefert". Für die Prüfung der Verwertbarkeit eines in Zahlung gegebenen Gebrauchtfahrzeugs kann dem Händler ein zusätzlicher Zeitraum von allenfalls einem Tag zugestanden werden. Während dieses Zeitraums ist es dem Händler ohne weiteres möglich, einschlägige Marktberichte einzusehen, Kaufangebote per Internet abzurufen und notfalls einen Sachverständigen zu konsultieren. Alles in allem benötigt der Händler bei zügiger Bearbeitung der Käuferofferte bis zu deren Annahme einen Zeitraum von max. 2 Wochen, wobei ihm die Ausschöpfung der heutzutage zur Verfügung stehenden Kommunikations- und Informationsmittel zuzumuten ist.[56]

Die zweifelhafte Bindungsfrist von bis 4 Wochen bzw. bis 6 Wochen für Nutzfahrzeuge gilt gem. Abschn. I, Ziff. 1, S. 1 NWVB im Gegensatz zu früher nicht mehr **unterschiedslos** für **vorrätige** wie für **nicht vorrätige** Fahrzeuge. Für beim Verkäufer vorhandene Neufahrzeuge beträgt die Bindung des Käufers an seine Bestellung bis 10 Tage, bei Nutzfahrzeugen bis zwei Wochen. Diese Fristen für vorrätige Kraftfahrzeuge sind zwar großzügig bemessen, werden aber noch nicht als unangemessen lang eingestuft (s. Rn 931).

Falls eine Bindungsklausel an § 308 Ziff. 1 BGB scheitert, gilt § 147 BGB. Nach dieser Vorschrift billigte das OLG Frankfurt[57] einer Verkäuferfirma wegen der abschlussreifen Vertragsverhandlungen über ein vorrätiges Neufahrzeug eine Annahmefrist von maximal zwei Tagen zu.

Bei der Überarbeitung der NWVB im Jahre 1991 wurde die schon damals erhobene Forderung nach einer Verkürzung der Bindungsfrist von 4 auf 2 Wochen für Nicht-Nutzfahrzeuge zurückgewiesen. Stattdessen verpflichtete man den Verkäufer, den Besteller unverzüglich schriftlich von einer **Nichtannahme** der **Bestellung** zu **unterrichten**. Diese in Abschn. I, Ziff. 1, S. 3 NWVB nach wie vor verankerte Regelung stellt lediglich klar, dass die Informationspflicht nicht auf den Fall der Nichtlieferbarkeit des Fahrzeugs durch den Hersteller beschränkt sein soll[58] und schafft allein dadurch keinen adäquaten Ausgleich für die Beibehaltung der vierwöchigen Bindungsfrist. Als **„Trostklausel"** soll sie dem Käufer zu Schadensersatzansprüchen verhelfen, wenn er dem Händler nachweist, dass er ihn schon früher von der Nichtannahme der Bestellung hätte unterrichten können. Da die Entscheidung über die Nichtannahme der Bestellung zu den **betriebsinternen** Vorgängen gehört, in die der Besteller keinen Einblick hat, ist seine Beweissituation ziemlich aussichts-

---

56 LG Lüneburg 5. 7. 2001, NJW-RR 2002, 564; *Hensen* in *Ulmer/Brandner/Hensen,* Anh. 9–11, Rn 438 u. *Brandner,* ebenda, § 10 Nr. 1, Rn 7; LG Hamburg 2. 12. 1987, NJW 1988, 1150; *Mehnle,* DAR 1990, 174 f.
57 Urt. v. 23. 7. 1997, OLGR 1997, 253.
58 So schon zur Vorgängerklausel LG Köln 15. 6. 1978 – 78 O 39/78 n. v.

los. Hinzu kommt, dass sich das Ende des Meinungsbildungsprozesses beim Händler selten exakt fixieren lässt und das Spektrum denkbarer Ausreden grenzenlos erscheint.

III. Lieferfristen

1. Vereinbarung

Die dem Handel empfohlenen NWVB sehen in Abschn. IV, Ziff. 1 vor, dass Lieferfristen und Liefertermine **„unverbindlich"** oder **„verbindlich"** vereinbart werden können. Sie schließen hiervon abweichende Parteiabsprachen, wie etwa die Lieferung zu einem Fixtermin oder die Anwendung der gesetzlichen Vorschriften, ebenso wenig aus wie die nachträgliche Abänderung einer Lieferungsvereinbarung.[59]

Unter Lieferfrist ist ein **gewisser Zeitraum** (z. B. Lieferfrist 3 Monate), unter Liefertermin ein **bestimmter Tag oder Zeitpunkt** (Lieferung am 15. Mai, in der 43. Kalenderwoche) zu verstehen.[60] Haben die Parteien kein exaktes Datum sondern einen kalendermäßig bestimmten Zeitraum für die Leistung bestimmt, darf der Verkäufer die Zeitspanne voll auszuschöpfen, so dass Verzug erst mit Ablauf der Zeitspanne eintritt.[61] Soll die Lieferung z. B. im Oktober des Jahres erfolgen, endet die Lieferfrist am 31. Oktober.

Liefertermine und Lieferfristen sind gem. Abschn. IV, Ziff. 1 NWVB **schriftlich** anzugeben. Der BGH[62] hat keine Veranlassung gesehen, die Klausel im Kontrollverfahren[63] zu beanstanden, weil der Käufer durch sie nicht unangemessen benachteiligt wird und die Regelung zur Klarheit im Rechtsverkehr beiträgt. Wird auf der Vorderseite des Neuwagen-Verkaufsformulars die Lieferfrist in der dafür vorgesehenen Spalte als „unverbindlich" oder „verbindlich" angekreuzt, so handelt es sich um eine **Individualabrede**.[64] Haben die Parteien eine mündliche Absprache getroffen, ist dem Händler wegen des Vorrangs der Individualvereinbarung die Berufung auf die Schriftformklausel versagt,[65] es sei denn, dass die Zusage von einem vollmachtlosen Vertreter erteilt wurde.[66] Formularmäßige Vorbehalte, die einer individuell vereinbarten Lieferfrist entgegenstehen, verstoßen gegen § 308 Nr. 1 BGB.

Die vom Handel verwendeten Bestellformulare enthalten eine Rubrik für die Eintragung des Liefertermins bzw. der Lieferfrist mit folgender Textvorgabe:

„Liefertermin/Lieferzeit ... unverbindlich/verbindlich (Unzutreffendes streichen)"

In der Praxis kommt es vor, dass die Vertragsparteien – aus im Nachhinein nicht feststellbarer Absicht oder aus Nachlässigkeit – zwar den Liefertermin bzw. die Lieferfrist in die betreffende Spalte eintragen, die vorgesehene Streichung jedoch unterlassen. Unter solchen Umständen ist davon auszugehen, dass die Frist/der Termin weder verbindlich noch unverbindlich vereinbart worden ist, wenn sich nicht die eine oder andere Möglichkeit im Wege einer Auslegung ermitteln lässt. Eine Auslegung zum Nachteil des Händlers im Sinne einer Verbindlichkeit der Lieferfrist/des Liefertermins kommt nicht in Betracht, da keine unklare AGB-Regelung vorliegt, sondern eine individualvertragliche Festlegung fehlt. **Ohne Vereinbarung,** dass der Liefertermin bzw. die Lieferfrist im Sinne von Abschn. IV, Ziff. 1, S. 1

---

59 OLG Hamm 16. 9. 1993, OLGR 1993, 317.
60 *Creutzig,* Recht des Autokaufs, Rn 4.1.2; *Pfeiffer* in Vertragsrecht und AGB – Klauselwerke/Neuwagenkauf, Rn 18.
61 BGH 18. 4. 1996, WM 1996, 1558.
62 Urt. v. 25. 2. 1982, BB 1982, 2138 ff.
63 § 13 Abs. 1 AGB-Gesetz, jetzt § 1 UKlaG.
64 BGH 7. 10. 1981, NJW 1982, 331, 333.
65 BGH 15. 5. 1986, NJW 1986, 3131.
66 Vgl. *Ulmer/Brandner/Hensen,* AGBG § 4 Rn 31, 37, 38.

NWVB entweder verbindlich oder unverbindlich sein soll, sind die **Regelungen** des Abschn. IV NWVB **zum Verzugseintritt** und den **Verzugsfolgen** insgesamt **unanwendbar**. Es gelten stattdessen die gesetzlichen Bestimmungen der §§ 286 ff. BGB.

Bei der Vereinbarung der Lieferung ist darauf zu achten, dass entweder der Liefertermin durch Datum fixiert oder die Lieferfrist nach Tagen, Wochen oder Monaten bestimmt wird. Lieferfristen beginnen gem. Abschn. IV, Ziff. 1, S. 2 NWVB mit Vertragsschluss und nicht mit Bestellung des Neufahrzeugs.[67] Folglich muss die Zeit bis zur Vertragsannahme der vereinbarten Lieferfrist hinzugerechnet werden. Da der Zeitpunkt der Vertragsannahme ungewiss ist, verdient die Vereinbarung eines Liefertermins den Vorzug vor der Vereinbarung einer Lieferfrist. Dies gilt unabhängig davon, ob die Lieferzeit verbindlich oder unverbindlich sein soll.

34 Dem Käufer schaden allgemeine Floskeln wie „schnellstens", „rasch" oder „baldmöglichst". Derartige Formulierungen verpfichten den Verkäufer lediglich, sich mit den ihm zur Verfügung stehenden Mitteln für eine baldige Lieferung einzusetzen, wofür er im Streitfall beweispflichtig ist. Für den Bereich des Möbelhandels entschied das OLG Nürnberg,[68] dass „baldigst" Lieferung innerhalb von höchstens 8 Wochen bedeutet. Da der zeitliche Ablauf der Autoproduktion mit Hilfe moderner Datenverarbeitungsgeräte (Stichwort: Just-in-time-Production) mindestens ebenso gut überschaut und vorausbestimmt werden kann wie die Herstellung von Möbeln, ist der vom OLG Nürnberg ermittelte Zeitraum durchaus auf den Neuwagenhandel übertragbar.[69] Das OLG Köln[70] steht auf dem Standpunkt, dass der Käufer eine Belieferung spätestens 12 Wochen nach Vertragsschluss erwarten kann, wenn der Verkäufer versprochen hat, den bestellten Pkw der Luxusklasse „schnellstmöglich" zu liefern. Wenn die Zeit für die Lieferung weder bestimmt noch aus den Umständen zu entnehmen ist, kann der Käufer nach der allgemeinen gesetzlichen Regelung zur Leistungszeit die sofortige Bewirkung der Lieferung verlangen (§ 271 BGB). Sofort heißt weder „auf der Stelle" noch „unverzüglich". Vielmehr ist eine je nach den Umständen angemessene Zeitspanne des Abwartens einzuhalten, die nach Meinung des OLG München[71] beim Kauf eines Anhängerfahrzeugs 4 Wochen beträgt.

AGB des Inhalts „Lieferung so schnell wie möglich" oder „Lieferung sofort nach Eintreffen der Ware" entfalten mangels hinreichender Bestimmtheit keine Wirksamkeit.[72]

Ersatzlos gestrichen wurde die Klausel in Abschn. IV, Ziff. 1, S. 2 NWVB a. F., welche besagte, dass bei **nachträglichen Vertragsänderungen** erforderlichenfalls der Lieferzeitpunkt erneut zu vereinbaren ist. Die Klausel gewährte dem Verkäufer keinen Anspruch auf Neufestsetzung des Lieferzeitpunktes nach erfolgter Vertragsänderung und war, mangels Regelungsgehalt, überflüssig.

2. Unverbindlichkeit der Lieferfrist / des Liefertermins

a) Begriff

35 Nach Abschn. IV, Ziff. 2, S. 1 und 2 kann der Käufer „sechs Wochen" nach Überschreiten eines unverbindlichen Liefertermins oder einer unverbindlichen Lieferfrist den Verkäufer auffordern, zu liefern und ihn dadurch in Verzug setzen. Rechtlich kommen zwei Auslegungsmöglichkeiten in Betracht: Entweder ist die Fälligkeit der Leistung bis maximal 6

---

[67] *Creutzig*, Recht des Autokaufs, Rn 4.1.4.
[68] Urt. v. 13. 11. 1980, NJW 1981, 1104.
[69] *Creutzig*, Recht des Autokaufs, Rn 4.1.3.
[70] Urt. v. 31. 7. 1991, OLGR 1992, 36.
[71] Urt. v. 12. 11. 1991, NJW-RR 1992, 818, 820.
[72] *Ulmer/Brandner/Hensen*, § 10 Nr. 1 Rn 18; *Creutzig*, Recht des Autokaufs, Rn 4.1.3; *Basedow*, MünchKomm § 10 AGBG Rn 12.

Wochen hinausgeschoben oder es werden die Verzugsfolgen trotz Eintritts der Fälligkeit der Leistung für die Dauer von maximal 6 Wochen ausgeschlossen. Eine Auslegung im letzteren Sinne ist naheliegend. Für sie spricht Abschn. IV, Ziff. 3 NWVB, welche besagt, dass der Verkäufer bereits mit Überschreitung des Liefertermins oder der Lieferfrist in Verzug kommt, wenn er mit dem Käufer einen „verbindlichen" Lieferzeitpunkt vereinbart hat. Diese Regelung setzt Fälligkeit der Leistung voraus, ohne die ein Verzug nicht eintreten könnte.

Lieferverzögerungen, die der Verkäufer nicht verschuldet aber gleichwohl zu vertreten hat, weil er eine Garantie für die rechtzeitige Leistungserbringung gem. § 276 BGB übernommen hat, werden von der Regelung in Abschn. IV, Ziff. 2 NWVB nicht erfasst.

Unverbindlichkeit i. S. v. von Abschn. IV, Ziff. 2, S. 1 NWVB bedeutet für den Käufer, dass er eine Lieferfristüberschreitung bis maximal sechs Wochen **rechtsfolgenlos** hinnehmen muss. Während der „Wartefrist" bzw. „Schonfrist" kann der Käufer den Verkäufer nicht in Verzug setzen[73] und eine vorher ausgesprochene Mahnung des Käufers ist wirkungslos.[74]

Schriftform sehen die NWVB in Abschn. IV nicht (mehr) vor, so dass der Käufer den Verkäufer auch telefonisch oder in einem persönlichen Gespräch zur Lieferung auffordern kann.

b) Angemessenheit der Wartefrist

Die **Wartefrist** von **6 Wochen** ist **nicht unbedenklich**. Sie verschafft dem Händler einerseits einen großzügig bemessenen Zeitvorteil, während sie andererseits den Käufer bindet und ihn daran hindert, sich anderweitig einzudecken.[75] Dadurch wird der Schutzzweck von § 309 Nr. 8 a BGB unterlaufen. Diese Vorschrift, welche die Nachfolge von § 11 Nr. 8 AGB-Gesetz angetreten hat, soll u. a. sicherstellen, dass mit Lieferterminen kein Missbrauch getrieben wird und der Verwender für die Rechtzeitigkeit der Leistung verantwortlich ist.[76] Wie bei der Annahmefrist gilt auch hier, dass der Kraftfahrzeughersteller den Zeitpunkt der Fertigstellung genau vorausberechnen und dem Händler verlässlich sagen kann, wann das Fahrzeug fertiggestellt wird. Die Klausel, die eine **sanktionslose Lieferfristüberschreitung** von 6 Wochen vorsieht, lässt sich mangels sachlicher Berechtigung nicht mit § 309 Nr. 8 a BGB vereinbaren. Weil sie das Vertragslösungsrecht des Käufers in unangemessener Weise einschränkt, ist ihr die Wirksamkeit außerdem wegen Verstoßes gegen § 307 BGB zu versagen.[77]

Der BGH[78] hält die Wartefrist für gerechtfertigt. Er verweist auf die oft unvermeidbaren Verzögerungen, die durch Lieferschwierigkeiten von Zulieferern eintreten können. Außerdem nimmt der Käufer, der sich auf eine unverbindliche Lieferfrist einlässt, seines Erachtens derartige Lieferverschiebungen in Kauf. Beides ist nicht richtig. Befragte Hersteller/Importeure erteilten schon vor Jahren die Auskunft, dass sich das Fertigstellungsdatum eines Fahrzeugs unter Einbeziehung aller Unwägbarkeiten über einen Zeitraum von 3 Monaten entweder exakt oder im ungünstigsten Falle mit einer Schwankungsbreite von 4 Wochen voraussagen lässt. Die Zeit zwischen vorausberechneter Fertigstellung und Auslieferung an den Händler beträgt im Durchschnitt 1–2 Wochen. All diese von **vornherein bekannten Werte** kann der Händler bei der Festlegung des unverbindlichen Liefertermins be-

---

73 OLG Düsseldorf 15. 11. 1971, BB 1972, 1296, 1297.
74 *Palandt/ Heinrichs* BGB, Erg.-Bd. § 286 Rn 16 m. w. N.
75 *Ulmer/Brandner/Hensen*, § 10 Nr. 1 Rn 12.
76 *Ulmer/Brandner/Hensen*, Anh. §§ 9–11 Rn 438.
77 *Ulmer/Brandner/Hensen*, Anh. §§ 9–11 Rn 438.
78 Urt. v. 7. 10. 1981, NJW 1982, 331, 333; ebenso KG, Urt. v. 8. 9. 1986 – 2 U 1912/85 – n. v.; OLG Köln 16. 2. 1995, OLGR 1995, 140, 141; *Creutzig*, Recht des Autokaufs, Rn 4.2.3.

rücksichtigen, so dass für noch verbleibende Unwägbarkeiten, wie etwa kurzfristige Störungen des Fertigungsablaufs, verspätete oder fehlerhafte Materiallieferungen und veränderte Anwesenheitsraten des Fertigungspersonals, eine Wartefrist von 4 Wochen absolut ausreichend erscheint. Die beispielhaft erwähnten unvorhersehbaren Umstände sind allemal organisatorisch lösbar und statistisch im Voraus berechen- bzw. kalkulierbar. In Fällen höherer Gewalt oder beim Verkäufer oder bei dessen Lieferanten eintretenden Betriebsstörungen, wie z. B. durch **Aufruhr, Streik** und **Aussperrung**, tritt gem. Abschn. IV, Ziff. 4 NWVB ohnehin **kein Verzug** ein, vielmehr verlängern solche Ereignisse zusätzlich sowohl unverbindliche als auch verbindliche Lieferfristen bzw. Liefertermine um die Dauer der durch diese Umstände bedingten Leistungsstörungen. Die sechswöchige Schonfrist betrifft ausschließlich **beherrschbare Vorkommnisse**, denen – soweit sie sich dem direkten Einflussbereich des Händlers oder dessen Lieferanten entziehen – durch entsprechende Vorsorgemaßnahmen wirksam begegnet werden kann. Eine ausreichende Bevorratung mit Zulieferteilen ist für den Hersteller schon deshalb geboten, weil er nur etwa die Hälfte der für ein Fahrzeug benötigten Teile (insgesamt sind es rd. 6000 Stück bei einem Pkw) selbst herstellt, während er die restlichen Teile von Zulieferern bezieht. Für den Händler mag es, worauf *Creutzig*[79] hinweist, misslich sein, dass ihm der Hersteller zwar die Lieferung einer bestimmten Quote von Fahrzeugen zusichert, er jedoch eine verbindliche Lieferzusage über die vom Käufer gewünschte Ausstattungsvariante nur für eine Zeit von 8–Wochen vor Auslieferung erhält. Diese Verfahrensweise betrifft jedoch ein **internes Organisationsproblem**, das durch entsprechende Vertragsgestaltung zu lösen ist und dessen Verlagerung auf den Käufer an §§ 308 Nr. 8 a, 307 BGB scheitert. Soweit das OLG Köln[80] die Angemessenheit der 6-wöchigen Frist mit der Begründung gerechtfertigt hat, es seien auch heutzutage noch längere Lieferfristen im Handel mit Neufahrzeugen je nach gewünschtem Fahrzeugtyp und individueller Ausstattungsmerkmale gang und gäbe, hat es offensichtlich die vereinbarte Lieferzeit, die den Zeitraum vom Abschluss des Vertrages bis zum vorgesehenen Liefertermin umfasst, mit der dem Verkäufer zuzubilligenden Überschreitungsfrist verwechselt.

38 Nicht zu überzeugen vermag das Argument,[81] der Käufer richte sich bei Vereinbarung eines unverbindlichen Liefertermins bzw. einer unverbindlichen Lieferfrist auf eine mögliche 6–wöchige Verzögerung ein. Es ist eine Erfahrungstatsache, dass nur wenige Kunden, die einen Neuwagen bestellen, das „Kleingedruckte" lesen. Die meisten von ihnen sind sich über die Dauer der tatsächlichen Lieferfristen nicht im Klaren und wissen nicht, dass im Fall der Unverbindlichkeit der Lieferzeit die von ihnen hinzunehmende Lieferverzögerung ein halbes Jahr und mehr betragen kann, wie folgendes *Beispiel* belegt:

Der Käufer gibt seine Bestellung am 2. Januar auf. Vereinbart wird eine unverbindliche Lieferfrist von 3 Monaten. Die Annahme der Bestellung erfolgt am 30. Januar, dem letzten Tag der 4–wöchigen Annahmefrist, wenn deren Wirksamkeit unterstellt wird. Die Lieferfrist beginnt mit dem 30. Januar und endet am 30. April. Am 15. März kommt es zum Streik beim Hersteller. Der Streik dauert 2 Monate und hat eine Lieferverzögerung von insgesamt 3 Monaten und 30 Tagen zur Folge. Damit verschiebt sich die Lieferfrist auf den 30. August. Nach Ablauf weiterer 6 Wochen wird die Lieferung fällig, also am 10. Oktober. Am gleichen Tag fordert der Käufer den Verkäufer auf, das Fahrzeug innerhalb einer angemessenen Frist von 2 Wochen zu liefern. Erst nach Ablauf dieser Zweiwochenfrist, die am 25. Oktober endet, ist der Käufer berechtigt, vom Kaufvertrag zurückzutreten und Schadenersatz statt Lieferung zu verlangen. Die Zeit zwischen Bestellung und der Möglichkeit, sich

---

79 Recht des Autokaufs, Rn 4.2.3.
80 Urt. v. 16. 2. 1995, OLGR 1995, 140, 141.
81 BGH 7. 10. 1981, NJW 1982, 331, 332.

Lieferfristen

vom Vertrag zu lösen, beträgt bei einer vorgestellten Lieferzeit von 3 Monaten mehr als 10 Monate.

Der Fall macht deutlich, dass zum Schutz des Käufers eine Herabsetzung der sanktionslosen Wartezeit notwendig ist. Eine Frist von längstens 4 Wochen erscheint angemessen. Sie ist lang genug für den Verkäufer, um die ausgebliebene Lieferung nachzuholen und sie ermöglicht dem Käufer, sich in angemessenen zeitlichen Grenzen auf die Leistung einzustellen.

Dem Verkäufer ist die **Berufung auf die Wartefrist** nach **Treu und Glauben verwehrt**, wenn er sich schuldhaft außer Stande gesetzt hat, die vereinbarte Lieferfrist einzuhalten,[82] oder wenn er das für den Käufer bestimmte und fristgerecht gelieferte Fahrzeug ohne begründeten Anlass an einen anderen Kunden veräußert hat und für den Käufer ein anderes Fahrzeug nachbestellen muss.

3. Verbindliche Lieferfrist / verbindlicher Liefertermin

Die verbindliche Lieferfrist unterscheidet sich von der unverbindlichen dadurch, dass der Verkäufer mit **Überschreitung der Frist** in **Verzug** gerät (Abschn. IV, Ziff. 3 NWVB). Gleiches gilt bei Überschreitung eines verbindlichen Liefertermins.

4. Höhere Gewalt und Betriebsstörungen

Die Klausel des Abschn. IV, Ziff. 4 NWVB wurde umgestaltet. Höhere Gewalt oder beim Verkäufer oder dessen Lieferanten eintretende Betriebsstörungen, die den Verkäufer ohne eigenes Verschulden daran hindern, das Neufahrzeug zum vereinbarten Termin oder innerhalb der vereinbarten Frist zu liefern, verändern die vereinbarten Termine und Fristen um die Dauer der durch die Umstände bedingten Leistungsstörungen.

Unter **höherer Gewalt** versteht die Rechtsprechung ein betriebsfremdes, von außen durch elementare Naturkräfte oder durch Handlungen dritter Personen herbeigeführtes, nach menschlicher Einsicht und Erfahrung nicht voraussehbares unvermeidbares Ereignis.[83]

Betriebsstörungen sind im Gegensatz zur höheren Gewalt nicht betriebsfremd. Soweit höhere Gewalt und Betriebsstörungen schon bei Vertragsabschluss vorliegen und bekannt sind, kann sich der Verkäufer hierauf nicht berufen. Auch wenn solche Ereignisse nachträglich eintreten, muss der Verkäufer den Nachweis fehlenden Verschuldens erbringen. Ohne diesen Entlastungsnachweis wäre die Klausel in Hinblick auf die genannten „Betriebsstörungen" unwirksam.[84] Als Betriebsstörungen kommen z. B. Streik, Aussperrung, Maschinenausfall und Störungen im EDV-Bereich in Betracht. Die beispielhafte Aufzählung der Vorgängerklausel (Aufruhr, Streik, Aussperrung) wurde fallen gelassen. Für Betriebsstörungen des Lieferanten hat der Verkäufer nur einzustehen, wenn ihn ein Eigenverschulden trifft. Auf die Frage, ob der Lieferant die Betriebsstörung zu vertreten hat, kommt es nicht an.

Die Regelung in Abschn. IV, Ziff. 4 NWVB gilt **sowohl für verbindliche als auch für unverbindliche Lieferfristen und Liefertermine.** Zum Leistungsaufschub kommt es nur dann, wenn die auf höherer Gewalt oder Betriebsstörungen beruhenden Leistungsstörungen vor dem vereinbarten Liefertermin bzw. vor Ablauf der vereinbarten Lieferfrist auftreten. Die 6-wöchige Warte- und Schonfrist, die für den Fall der Vereinbarung eines unverbind-

---
82 BGH 8. 10. 1969, NJW 1970, 29, 31.
83 BGH 4. 5. 1955, BGHZ 17, 199, 201; BGH 20. 2. 1970, BB 1970, 466.
84 *Von Westphalen* in *Löwe/Graf von Westphalen/Trinkner,* Band 3, Brosch. 8.3 Rn 8.

lichen Liefertermins bzw. einer unverbindlichen Lieferfrist vorgesehen ist, wird durch den Leistungsaufschub nicht verlängert.[85]

Gem. Abschn. IV, Ziff. 4, Abs. 1, S. 2 NWVB ist der **Aufschub auf 4 Monate befristet**. Bei einer auf höherer Gewalt oder unverschuldeten Betriebsstörungen beruhenden Lieferverzögerung von mehr als 4 Monaten kann der Käufer vom Vertrag **zurücktreten**. Rücktrittsrechte aus anderen Gründen bleiben davon unberührt. Die Regelung, die den Leistungsaufschub zeitlich begrenzt und die vom BGH[86] geforderte Klarstellung enthält, dass andere Rücktrittsrechte unberührt bleiben, trägt damit zwar dem Transparenzgebot Rechnung,[87] sie verschafft dem Handel jedoch einen im Hinblick auf die Regelung von § 309 Nr. 8 a BGB sachlich kaum zu rechtfertigenden Zeitvorteil. Durch die Annahme-, Aufschub- und Schonfrist kann sich die Lieferzeit um mehr als ein halbes Jahr verschieben, wenn alle ungünstigen Faktoren zusammentreffen. Eine solche Verzögerung ist dem Käufer eines Neuwagens bei den heutigen Marktverhältnissen nicht zuzumuten. Außerdem fehlt der Klausel die erforderliche Klarheit und Durchsetzbarkeit, was vor allem daran liegt, dass sie den Händler nicht verpflichtet, den Käufer unaufgefordert über die auf höherer Gewalt oder Betriebsstörungen beruhenden Ereignisse und die Dauer der durch sie hervorgerufenen Leistungsstörungen zu informieren.

5. Lieferung zum festen Termin

42 Wenn der Käufer das Neufahrzeug zu einem ganz **bestimmten Zeitpunkt** benötigt, z. B. wegen des Antritts einer geplanten Urlaubsreise, und wenn eine nachträgliche Lieferung für ihn keinen Sinn hat, muss er mit seinem Lieferanten eine von dem vorformulierten Text des Bestellformulars abweichende Lieferung „**zum festen Termin**" vereinbaren.[88] Die Möglichkeit der Vereinbarung eines Fixgeschäfts wird durch die Regelung in Abschn. IV, Ziff. 1 NWVB nicht ausgeschlossen, auch wenn der Wortlaut den Eindruck erweckt, als gäbe es „nur" verbindliche oder unverbindliche Lieferzeiten. Eine von der Klausel abweichende Individualabrede hat gem. § 305 b BGB stets Vorrang.

Zur Begründung eines sog. „**Fixgeschäftes**" genügt nicht allein die genaue Bestimmung der Lieferzeit,[89] da eine Festlegung des Lieferzeitpunkts auch bei Vereinbarung unverbindlicher Liefertermine üblich ist. Aus der Formulierung der Terminvereinbarung muss sich ergeben, dass der Zeitpunkt für die Lieferung ein so wesentlicher Bestandteil des Vertrages sein soll, dass mit seiner Einhaltung oder Versäumung das Geschäft stehen oder fallen, eine verspätete Lieferung also nicht mehr als Erfüllung angesehen werden soll.[90] Auf den Fixcharakter der Leistungszeit können z. B. Formulierungen hinweisen wie „längstens", „genau", „prompt", „spätestens" oder „fix", mit denen das Lieferdatum bekräftigt wird.[91] Dem OLG Saarbrücken[92] genügte für die Annahme eines Fixgeschäftes ein vom Käufer eingefügter Klammervermerk, mit dem er den Liefertermin als „unabdingbar" bezeichnete. Die damit in Widerspruch stehenden Verkaufsbedingungen, von deren Streichung der Käufer seitens des Verkäufers abgehalten worden war, erachtete das Gericht als außer Kraft gesetzt.

Um den Fixcharakter des Leistungszeitpunktes deutlich werden zu lassen, empfiehlt sich eine klare und unmissverständliche Formulierung, wie z. B. „Lieferung zum festen Termin

---

85 *Creutzig*, Recht des Autokaufs, Rn 4.4.2.
86 Urt. v. 27. 9. 2000, DAR 2001, 64 ff.
87 Hierzu *Löwe/Graf von Westphalen/Trinkner*, Band 3, Brosch. 8.3 Rn 14.
88 Für den Fixhandelskauf enthält § 376 HGB sachlich wie terminologisch eine Sonderregelung.
89 *Palandt/Heinrichs*, § 361 Rn 2; AG Rottweil 25. 3. 1966, DAR 1966, 296, 297.
90 *Canaris*, Handelsrecht 23. Aufl. § 31 Rn 6 ff.; *Dauner-Lieb* in *Dauner-Lieb/Heidel/Lepa/Ring*, Anwaltkommentar Schuldrecht § 323 Rn 17.
91 *Palandt/Heinrichs*, BGB § 361 Rn 2.
92 Urt. v. 7. 4. 1965, DAR 1965, 299, 300.

am 15. 3. diesen Jahres." Um jegliche Missverständnisse von vornherein auszuschließen, sollte der in der Bestellung vorgegebene Formulartext „Liefertermin/Lieferzeit unverbindlich/verbindlich" und die Regelung von Abschn. IV, Ziff. 1–4 NWVB gestrichen werden.

Falls die Parteien einen fixen Liefertermin vereinbaren, es jedoch unterlassen, die in Abschn. IV, Ziff. 1–4 NWVB enthaltene Regelung zu den Ansprüchen des Käufers im Fall des Lieferverzugs zu annulieren, überlagert nach einer Entscheidung des OLG Saarbrücken[93] die Individualabrede zur Lieferzeit lediglich die **Modalitäten** bei Fristüberschreitung, d. h. das Erfordernis der Fristsetzung entfällt, während es bei den Haftungsbegrenzungen und Haftungsausschlüssen verbleibt.[94] Dieser Auslegung kann nicht gefolgt werden, da die Regelungen von Abschn. IV, Ziff. 1 NWVB nur unter der ausdrücklich genannten Voraussetzung gilt, dass die Parteien den Liefertermin/die Lieferfrist verbindlich oder unverbindlich vereinbart haben.

IV. Kaufpreis
1. Preisvereinbarung

Die Preisvereinbarung erfolgt beim Neuwagenkauf regelmäßig in Form einer **Individualabrede**. Sie gehört zu den wesentlichen Bestandteilen des Vertrages und wird in der Regel in der hierfür vorgesehenen Rubrik auf der Vorderseite des Bestellformulars eingetragen. Dort sind auch die Preisbestandteile und Nebenleistungen festgelegt. Die Preisabrede und Vereinbarungen über die Zahlungsweise haben gegenüber den AGB Vorrang. Ein entsprechender Hinweis darauf befindet sich im Bestellformular.

Die Höhe des Kaufpreises untersteht der allgemeinen Vertragsfreiheit in den Grenzen von § 138 BGB. Der Neuwagenhandel arbeitet mit unverbindlichen Preisempfehlungen der Hersteller/Importeure, die nach § 23 GWB gestattet sind. Verstöße hiergegen lassen die Wirksamkeit des Kaufvertrages mit dem Endkunden unberührt.[95]

Der Muster – Bestellvordruck enthält eine Rubrik für den **Gesamtpreis** in Euro, der sich aus **Einzelpreisposten** für das Fahrzeug, dessen Sonderausstattung, die Transport-/Bereitstellung, den Fahrzeugbrief, das Zubehör (inklusive Montage) und die Mehrwertsteuer zusammensetzt.

Der Preis für das Fahrzeug wird als „gegenwärtiger Preis **ab Fabrik/Importeurlager**" bezeichnet. Damit ist nicht der Preis des Herstellers oder des Importeurs gemeint, sondern der des Verkäufers „bei Lieferung" ab Fabrik/Importeurlager. Bei Lieferung ab Verkäufer kommen in der Regel die **Transport- und Bereitstellungskosten** hinzu, für die der Bestellsatz eine eigene Preisspalte enthält.

Die formularmäßige Kennzeichnung der Preise als **„gegenwärtige"** besagt nicht, dass die Preisgestaltung „offen gehalten" oder der tatsächlich vom Käufer zu entrichtende Preis erst später bei Lieferung des Fahrzeugs festgelegt werden soll.[96] Sie stellt lediglich klar, dass der individuell vereinbarte Kaufpreis auf der Grundlage der gegenwärtigen Bezugspreise des Verkäufers ab Fabrik/Importeurlager beruht. Dieser Preis ist ohne Rücksicht auf die Lieferzeit und zwischenzeitliche Preiserhöhungen verbindlich, es sei denn, die Parteien haben eine abweichende Vereinbarung getroffen.[97]

---

93 Urt. v. 7. 4. 1965, DAR 1965, 299 ff.
94 *Graf von Westphalen*, BB 2002, 209, 214 ist der Ansicht, dass auch bei einem Fixgeschäft Haftungsbegrenzungen nicht zu beanstanden sind, während vieles dafür spricht, dass sich eine Freizeichnung von den Schadensersatzrisiken der §§ 280 Abs. 2, 286 BGB mit § 307 Abs. 2 Nr. 1 BGB nicht vereinbaren lässt.
95 *Köhler/Piper*, UWG, § 1 Rn 802; *Bechtold* GWB, § 14 Rn 13.
96 BGH 18. 5. 1983, BB 1983, 921 ff.; 1. 2. 1984, BB 1984, 486 ff.
97 *Creutzig*, Recht des Autokaufs, Rn 2.1.10.

Laut Neuwagen–Mustervertrag ist die **Mehrwertsteuer** gesondert auszuweisen. Fehlt der Eintrag, ist im Zweifelsfall davon auszugehen, dass die Mehrwertsteuer als rechtlich unselbstständiger Teil des Preises im Gesamtpreis enthalten ist.[98] Dieser Grundsatz gilt jedoch nicht zwischen vorsteuerabzugsberechtigten Unternehmern, wenn ein abweichender Handelsbrauch anzunehmen ist.[99] Im Übrigen besteht kein Anspruch auf Zahlung versehentlich nicht berechneter Mehrwertsteuer im Wege ergänzender Vertragsauslegung oder richterlicher Vertragsanpassung wegen Störung der Geschäftsgrundlage.[100]

Missverständnisse über Art um Umfang der vom Verkäufer zu erbringenden Nebenleistungen sind vorprogrammiert, wenn im Bestellformular lediglich der Gesamtpreis ausgewiesen ist und die Rubriken „Transport-/Bereitstellungskosten, Zulassungskosten, Kraftfahrzeugbrief" keine Eintragungen oder Streichungen enthalten. Die **Zulassung** des Fahrzeugs ist keine kaufvertraglich geschuldete und kostenlos zu erfüllende Nebenverpflichtung des Verkäufers.[101] Die Zulassungskosten sind auch nicht automatisch im Kaufpreis enthalten. Es entspricht der Übung im Kfz-Handel, dass derartige Leistungen gesondert in Rechnung gestellt werden.[102]

44 Ein Käuferanteil von 46 % in den alten Bundesländern und 59 % in den neuen Bundesländern (deutlich weniger als im Jahr 2000 und in den davor liegenden Jahren) ersetzten 2001 einen Teil der Geldschuld aus dem Neuwagenkauf durch den Altwagen, den sie dem Händler in Zahlung gaben.[103] Durch Anrechnung des Altwagens auf den Kaufpreis im Wege der sog. Ersetzungsbefugnis (ausführlich dazu Rn 473) wird der Charakter des Kaufvertrages nicht berührt. Ein Tauschgeschäft läge nur dann vor, wenn als Gegenleistung von vornherein kein Geld sondern der Gebrauchtwagen geschuldet würde. Dies ist jedoch beim Neuwagenkauf absolut unüblich.

Für die **Inzahlungnahme** des Altwagens enthalten die Neuwagen-Bestellformulare kein eigenständiges Feld mit Textvorlage. Die Vereinbarung gehört in die Rubrik „Zahlungsweise und sonstige Vereinbarungen".

Textvorschlag:
Wir übernehmen das Fahrzeug des Käufers vom Typ XY, Baujahr 1999, amtl. Kennzeichen B – OO – 0000, zum Festpreis von Euro 15.000 zuzüglich Umsatzsteuer bei Ausweisberechtigung nach UStG, sofern das Fahrzeug nicht unter Anwendung der Differenzbesteuerung nach § 25 a UStG erworben wurde und machen zur Voraussetzung eine Fahrleistung von max. 99.0000 km und einen der heutigen Bewertung entsprechenden Zustand des Fahrzeugs bei Übergabe, die unter Ausschluss der Sachmängelhaftung des Käufers erfolgt.

Die vom Neuwagenhandel verwendeten Verträge (Stand August 2002) enthalten unter Ziff. 2 der NWVB Regelungstexte zu den Preisen.

Beispiel:
Der Preis des Kaufgegenstandes versteht sich ab Herstellerwerk zuzüglich etwaiger Überführungskosten und zuzüglich Umsatzsteuer (Kaufpreis). Vereinbarte Nebenleistungen werden zusätzlich berechnet.

---

98 BGH 26. 6. 1991, NJW 1991, 2484; OLG Frankfurt 30. 10. 1997, OLGR 1998, 238.
99 *Martinek/Wimmer-Leonhardt* in *Hoeren/Martinek*, Systematischer Kommentar zum Kaufrecht, § 433 Rn 18; *Staudinger/Köhler*, BGB, § 433 Rn 79 m. w. N.; a. A. OLG München 3. 12. 1997, OLGR 1998, 246.
100 BGH 24. 2. 1988; BGHZ 103, 284, 287; anders BGH 14. 1. 2000, DB 2000, 1555 zu der Fallgestaltung, dass die Parteien irrtümlich der Auffassung sind, der von ihnen abgeschlossene Kaufvertrag unterliege nicht der Mehrwertsteuer, dazu auch BGH 11. 5. 2001, DB 2001, 2092.
101 OLG Hamm 3. 6. 1998, OLGR 1998, 222.
102 OLG Hamm 3. 6. 1998, OLGR 1998, 222.
103 DAT-Veedol-Report 2002 S. 20.

Falls die Parteien über den Kaufpreis keine Einigung erzielen, kommt der Vertrag nicht zu Stande, es sei denn, dass dieser Punkt **bewusst offen gelassen** wird,[104] z. B. durch Regelungen wie „Preis wird bei Lieferung bestimmt" oder „Preis bleibt vorbehalten". Die Nichtfestlegung des Preises kann bei langen Lieferfristen und insbesondere dann notwendig sein, wenn der Käufer ein Fahrzeug bestellt, dass erst demnächst auf den Markt kommt und dessen Preis bei Abschluss der Kaufvertrages noch nicht feststeht. In solchen Fällen kann die Auslegung der Vertragsabsprachen ergeben, dass dem Verkäufer das Recht eingeräumt werden soll, den Kaufpreis nach billigem Ermessen gem. § 315 BGB zu bestimmen, wofür er die Beweislast trägt.[105] Falls der Preis nach bestimmten Bemessungsgrundlagen berechnet werden soll, bedarf es hierüber einer Einigung zwischen den Parteien.[106] Unbedenklich ist die Vereinbarung eines „Tages- oder Marktpreises" in Form einer Individualabsprache. Sie besagt, dass im Zweifel der für den Erfüllungsort zur Erfüllungszeit maßgebliche Durchschnittspreis gelten soll.

Umstritten ist die Frage, ob Regelungen, die auf ein **Offenhalten** des **Preises** oder auf einen Preisvorbehalt hinauslaufen, der **AGB-Kontrolle** unterfallen, falls sie im Bestellvordruck des Verkäufers formularmäßig enthalten sind.[107] Solche Klauseln dürften wegen Verstoßes gegen § 309 Nr. 1 BGB immer dann unzulässig sein, wenn die vereinbarte Lieferfrist nicht mehr als 4 Monate beträgt, da der Schutzzweck der Norm darin besteht, wie auch immer geartete formularmäßige Regelungen zu unterbinden, die dem Verwender die Möglichkeit der Preiserhöhung während der 4-monatigen Frist einräumen.[108]

Da formularmäßige Preisvorbehalte ebenso wie Preisänderungsvorbehalte dem Verwender die Befugnis der Entgeltsbemessung einräumen, ist der Auffassung beizutreten, dass **Preisvorbehalte** bei mehr als 4-monatiger Lieferfrist generell der **Inhaltskontrolle** von § 307 BGB unterliegen, zumal mehr noch als bei der vom BGH missbilligten Preisanpassungsklausel[109] bei Preisvorbehaltsklauseln jegliche Konkretisierbarkeit des Preises von vornherein ausgeschlossen ist und demzufolge die erhöhte Gefahr einer willkürlichen Preisgestaltung besteht.[110]

2. Preisagenturen

Preisagenturen, die professionell Neuwagenpreise vergleichen und für Privatkunden Angebote zum Kauf eines Fahrzeugs zu einem günstigen Preis einholen, betreiben eine Maklertätigkeit als Sonderform der Geschäftsbesorgung. Der Auftraggeber ist zur Entrichtung der vereinbarten Vergütung gem. § 652 Abs. 1 BGB nur unter der Voraussetzung verpflichtet, dass der Vertrag infolge des Nachweises der Preisagentur **zustande kommt**. Vertrags-

---

104 *Palandt/Heinrichs,* BGB, § 154 Rn 2; *Erman/Hefermehl,* § 154 Rn 2.
105 BGH 19. 1. 1983, NJW 1983, 1777; 21. 1. 1976, DB 1976, 669, 670; 30. 6. 1969, NJW 1969, 1809; OLG Hamm 24. 10. 1975, NJW 1976, 1212.
106 BGH 18. 5. 1983, BB 1983, 921, 923.
107 Offen gelassen vom BGH 18. 5. 1983, BB 1983, 921 ff.; für AGB-Kontrolle *Trinkner* in *Löwe/Graf von Westphalen/Trinkner,* § 11 Nr. 1 Rn 21; *ders.,* BB 1983, 924; *Hensen* in *Ulmer/Brandner/Hensen,* § 11 Nr. 1 Rn *Bunte,* DB 1982, Beil. Nr. 13, 10; *Martinek/Wimmer-Leonhardt* in *Hoeren/Martinek,* Systematischer Kommentar zum Kaufrecht § 433 Rn 28; weitergehend *Löwe,* BB 1982, 152, 158, der eine Anwendung von § 315 BGB grundsätzlich nur im Falle einer individualvertraglichen Vereinbarung zulassen will; *ders.* in DAR 1982, 35; *Bilda,* MDR 1979, 90, 92
108 *Ulmer* in *Ulmer/Brandner/Hensen,* § 7 Rn 12 und *Hensen,* ebenda, § 11 Nr. 1 Rn 4; *Trinkner* in *Löwe/Graf von Westphalen/Trinkner,* § 11 Nr. 1 Rn 4.
109 Urt. 7. 10. 1981, BB 1982, 146 zu Abschn. II, Ziff. 2 NWVB.
110 *Trinkner,* BB 1983, 924, Anm. zu BGH 18. 5. 1983, BB 1983, 921 ff.; *Reinicke/Tiedtke,* Kaufrecht 6. Aufl. Rn 117 ff.; *Martinek/Wimmer-Leonhardt* in *Hoeren/Martinek,* Systematischer Kommentar zum Kaufrecht, § 433 Rn 28.

klauseln, die den Auftraggeber zur Zahlung einer erfolgsunabhängigen Provision verpflichten, sind wegen Verstoßes gegen § 307 Abs. 2 S. 1 BGB nichtig.[111]

3. Preisauszeichnung

47   Die Preisangaben-Verordnung (PAngVO) schreibt die **Angabe** von **Endpreisen** vor, wenn Waren oder Leistungen gegenüber Endverbrauchern angeboten werden oder unter Angabe von Preisen dafür geworben wird. Sie hat wettbewerbsregelnde Funktion und ist nicht nur eine wertneutrale Ordnungsvorschrift.

Auch Hersteller und Importeure, die selbst nicht an Letztverbraucher verkaufen, trifft die Pflicht zur Angabe der Endpreise, wenn sie für ihre Händler eine Gemeinschaftsanzeige mit Bezugsquellennachweis (Nennung der Händler) schalten, die aus Sicht der angesprochenen Verbraucher als eine Werbung erscheint, mit der sich ein Anbieter von Waren und Leistungen an sie wendet.[112]

Richtet sich eine Preisangabe für **Nutzfahrzeuge** ausschließlich an Gewerbetreibende, braucht gem. § 7 Abs. 1 Ziff. 1 PAngVO **kein Endpreis** gebildet zu werden.[113] Da sich ein Angebot für Autotelefone auch an Privatpersonen richtet, muss es die Mehrwertsteuer enthalten.[114]

Die Grenzen zwischen „**Angebot**" und „**Werbung**" im Sinne von § 1 Abs. 1 S. 1 PAngVO sind fließend. Ein Angebot liegt vor, wenn die Angaben des Verkäufers derart detailliert sind, dass beim Kunden der Eindruck entsteht, er brauche nur noch den Vertrag zu unterschreiben, um die Ware zu bekommen. Eine Händler-Zeitungsanzeige, die über Fabrikat, Fahrzeugtyp, Fabrikneuheit und Lackart informiert und außerdem den pauschalen Hinweis auf „alle Extras" enthält, ist nicht nur Werbung sondern schon ein konkretes Angebot über ein als Einzelstück erkennbares Fahrzeug.[115]

Für alle Fahrzeuge, die im Schaufenster oder auf sonstigen zugänglichen Stellen des Betriebs sichtbar zum Zweck des Verkaufs ausgestellt sind, muss der Händler **Verkaufspreise** angeben (§ 2 Abs. 1 PAngVO). Der Preis ist deutlich lesbar auf einem in unmittelbarer Nähe des Kraftfahrzeugs befindlichen Schild oder als Beschriftung auf dem Kraftfahrzeug anzubringen.[116] Die Händlerpreisangabe bezieht sich auf das ausgestellte Fahrzeug in der vorhandenen Ausstattung und gilt für weitere Fahrzeuge nur, falls es sich bei dem Ausstellungswagen um ein serienmäßig ausgestattetes Exemplar eines meist auf Grund einer Sonderaktion zu einem günstigeren Gesamtpreis vertriebenen Modells handelt.[117] Vorführwagen müssen mit einem Preis lediglich dann ausgezeichnet werden, wenn sie entweder zum Verkauf bereitstehen oder als Modell für ein serienmäßig ausgestattetes Fahrzeug dienen.[118]

Anzugeben ist der **Gesamtpreis** als Verbraucherendpreis unter Einschluss der **Mehrwertsteuer** und der anfallenden **Nebenkosten**.[119] Der **Endpreis** ist gem. § 1 Abs. 5 S. 3 PAngVO **hervorzuheben**, was durch Fettdruck oder Unterstreichung geschehen kann.

Die **Kosten** für die **Zulassung** des Fahrzeugs müssen im **Endpreis nicht enthalten** sein, wenn der Käufer – was meistens der Fall ist – die Möglichkeit hat, das gekaufte Fahrzeug

---

111 LG München 12. 3. 1998, DAR 1998, 239.
112 BGH 23. 5. 1990, DAR 1990, 427.
113 Zur Ausnahmeregelung BGH 2. 6. 1978, BB 1978, 1538; BayOLG 21. 9. 1982, DB 1983, 606; OLG Frankfurt 31. 10. 89, DB 1990, 220.
114 KG 20. 10. 1992, GRUR 1994, 66.
115 KG 13. 1. 1981, WRP 1981, 212.
116 *Ulmer,* DAR 1983, 137, 139 ff.
117 *Ulmer,* DAR 1983, 137.
118 *Ulmer,* DAR 1983, 137 ff.
119 OLG Frankfurt 15. 2. 1979, GRUR 1979, 557; 28. 2. 1980, BB 1980, 958.

selbst beim Straßenverkehrsamt anzumelden[120] oder damit den Händler zu beauftragen. Ist der Kunde gezwungen, das Fahrzeug durch den Händler anmelden zu lassen, sind die Kosten in den Endpreis aufzunehmen. Nicht geklärt ist die Frage, ob ein gesonderter Hinweis auf die Zulassungskosten zulässig ist.

Überführungskosten sind Preisbestandteil, wenn sie vom Kunden zu tragen sind.[121] **48** Falls bei nicht vorrätigen Fahrzeugen im Einzelfall eine Überführung durch den Käufer selbst möglich ist, müssen deren Kosten nach h. M. gleichwohl im Endpreis enthalten sein, da die Überführung durch den Händler in der weitaus überwiegenden Zahl der Fälle obligatorisch ist und ein zuverlässiger Preisvergleich die Anknüpfung an den Regelfall voraussetzt.[122] Im Regelfall sind die von der Werbung angesprochenen Adressaten, die sich für den Kauf eines Kraftfahrzeugs interessieren, daran gewöhnt, dass sie Preisangaben begegnen, zu denen keine Aufschläge mehr hinzukommen. Allerdings wird dem Händler der Hinweis darauf gestattet, dass eine Überführung des Autos durch den Käufer möglich ist und sich in diesem Fall der angegebene Preis entsprechend ermäßigt.[123]

Nach der Mindermeinung, die eine Einbeziehung **fakultativer Überführungskosten** in den Endpreis nicht für erforderlich hält, bedarf es zur Wahrung der erforderlichen Preisklarheit eines deutlichen und eindeutigen Hinweises auf die zusätzliche Berechnung dieser Kosten. Ein neben der Preisangabe angebrachtes Sternchen sowie dessen im weiteren Text der Werbeanzeige untergebrachte Aufschlüsselung „Unverbindliche Preisempfehlung des Importeurs zuzüglich Überführungskosten" vermittelt diese Preisklarheit nicht.[124]

Der Verpflichtung zur Zahlung der mit einer Pauschale vereinbarten Überführungskosten kann sich der Käufer nicht mit dem Einwand entziehen, er selbst könne das Fahrzeug zu einem günstigeren Preis überführen.[125]

Die Festlegung **einheitlicher Überführungskosten** für das ganze Bundesgebiet durch den Hersteller/ Importeur ist kartellrechtlich nicht zulässig, da sie auf eine nicht erlaubte faktische Preisbindung hinauslaufen würde. Falls die Überführungskosten im Zeitpunkt der Werbung noch nicht bekannt sind, sollte der Händler auf eine konkrete Werbung mit Preisangabe verzichten, so lange die Rechtsprechung nicht geklärt hat, ob in diesem Fall ein Hinweis auf die hinzukommenden Überführungskosten ausreicht oder ob die Werbung wegen fehlender Endpreisangabe unzulässig ist.[126]

Von der Möglichkeit, auf **Verhandlungsbereitschaft** über den Preis hinzuweisen, **49** macht der Neuwagenhandel keinen Gebrauch. Nach dem Wegfall des Rabattgesetzes wäre dieser Hinweis nicht mehr zu beanstanden, zumal das Verhandeln über den Preis durchaus der Verkehrsauffassung i. S. v. § 1 Abs. 1 S. 3 PAngVO entspricht.

Preisrechtlich nicht zu beanstanden ist es, wenn der Händler neben der Angabe des Endpreises weitere für sinnvoll gehaltene **zusätzliche Preisangaben** macht,[127] indem er z. B. eine Preisaufgliederung in „Kaufpreis ab Werk" und in „Frachtkosten" vornimmt. Er muss in diesem Fall aber den **Endpreis hervorheben**, etwa durch ein großes Schriftbild oder durch Fettdruck.

---

120 *Zirpel / Preil*, Werben ohne Abmahnung, S. 18.
121 OLG Frankfurt 28. 2. 1980, WRP 1980, 498.
122 BGH 16. 12. 1982, WRP 1983, 358; *Gelberg*, GewArch. 1983, 359; *Boest*, NJW 1985, 1440; a. A. BGH 23. 6. 1983, NJW 1983, 2703; *Ulmer*, DAR 1983, 137 ff.; OLG Frankfurt 17. 2. 1985, DAR 1985, 384.
123 *Boest*, NJW 1985, 1440, 1442.
124 OLG Köln 11. 08. 2000, VuR 2001, 446449.
125 LG Berlin, Urt. 15. 12. 1953 – 92 S 7/53 – n. v., zit. bei *Creutzig*, Recht des Autokaufs, Rn 2.1.4.
126 *Zirpel/Preil*, Werben ohne Abmahnung unter Hinweis auf OLG Düsseldorf 11. 7. 1995, WRP 1995, 732 ff.
127 *Boest*, NJW 1985, 1440.

Die Erwähnung der **unverbindlichen Preisempfehlung** des Herstellers oder Importeurs ist statthaft. Sie bedeutet nicht ohne weiteres, dass es sich um die Verkaufspreise des werbenden Händlers handelt (s. ferner Rn 406).[128]

50 Im Fall der Gewährung eines Darlehens oder einer Finanzierungshilfe sind die wesentlichen Konditionen anzugeben.[129] Bei einem Darlehen mit festen Konditionen über die gesamte Laufzeit ist der „**effektive Jahreszins**" und bei einem solchen mit variablen Konditionen der „anfängliche effektive Zinssatz" mit dem frühestmöglichen Änderungszeitpunkt anzugeben. Die Bezeichnung „Effektivzins" ist mit der in § 4 Abs. 1 S. 1 PAngVO vorgeschriebenen Angabe „effektiver Jahreszins" nicht vereinbar und daher unzulässig, da bei einer Bezeichnung ohne zeitlichen Bezug Irritationen hinsichtlich der Laufzeit auftreten können.[130] Die Bewilligung eines Zahlungsaufschubs gegen 3%ige Bearbeitungsgebühr stellt eine sonstige Finanzierungshilfe von § 499 Abs. 1 BGB dar und verpflichtet zur Angabe des effektiven Jahreszinses.[131] Die bei der Berechnung des effektiven Jahreszinses einzubeziehenden Faktoren (Nominalzins, Bearbeitungs- und Vermittlungsgebühren, obligatorische Restschuldversicherung) schreibt das Gesetz ebenso vor wie die Rechenmethode.[132] Die Angaben sind im Neuwagenhandel bedeutsam für verbundene Verträge (§ 358 BGB) und Teilzahlungsgeschäfte (§§ 501 ff. BGB). Der effektive Jahreszins muss ausnahmsweise nicht angegeben werden, wenn der Händler unter Barpreisstellung anbietet und gleichzeitig für einen über ein Kreditinstitut finanzierten Stundungskauf wirbt, vorausgesetzt, seine Angaben beschränken sich darauf, dass die zu Barpreisen angebotenen Artikel sofort gekauft und in 6 Monaten bezahlt werden können und dass eine preisgünstige Finanzierung über die Hausbank möglich ist.[133] Eine unter Verstoß gegen die PAngVO getroffene Absprache ist zivilrechtlich wirksam.[134]

4. Rabattgewährung und Zugaben

51 Preisnachlässe werden seit jeher vom Neuwagenhandel gewährt, wobei die Unverbindlichen Preisempfehlungen der Hersteller den Maßstab bilden. Die Höhe der erzielbaren Rabatte hängt von diversen Faktoren ab, z. B. dem Ruf der Marke, dem Nachfrageverhalten der Kundschaft und der Attraktivität des Modells. Nachlässe von 10 % und darüber sind nicht ungewöhnlich und werden vom Kunden erwartet. Auch Zugaben des Handels wie z. B. Fußmatten, Fensterleder, Schlüsselanhänger, Tankfüllung Autoradio, Winterreifen, Alarmanlage, kostenlose Jahresinspektion, Motoröl- und Filterwechsel usw.[135] gehören zum Neuwagenkauf wie das Salz zur Suppe.

Mit der Außerkraftsetzung des Rabattgesetzes und der Zugabeverordnung am 25. 7. 2001 ist eine Ära zu Ende gegangen, die eine Fülle von – teils skurrilen – Gerichtsurteilen hervorgebracht hat. Sie sind Makulatur und Geschichte, je nach Sichtweise. Auf dem Feld der Gewährung von Rabatten und Zugaben haben Schutzvereinigungen, wie z. B. auch diejenige des Kraftfahrzeug-Gewerbes zur Aufrechterhaltung lauteren Wettbewerbs e. V. (ZLW), und ihre Helfer – in Gestalt von Testkäufern und Juristen – weitgehend ausgedient.

Im Bereich des Neuwagenhandels hat sich seither wenig geändert, da dem durch die neue Gesetzeslage gewonnenen Freiraum, Angebote noch kostengünstiger zu gestalten, durch

---

128 BGH 23. 5. 1990, DAR 1990, 427.
129 Dazu *Boest*, NJW 1993, 40.
130 BGH Beschl. v. 2. 8. 1996, EBE 1996, 138.
131 BGH 15. 6. 1989, WRP 1990, 239.
132 Zur Berechnung siehe *Bülow*, VerbrKrG, § 4 Rn 47 ff; *Graf von Westphalen/Emmerich/Rottenburg*, VerbrKrG, § 4 Rn 120 ff.
133 OLG Düsseldorf 9. 4. 1987, NJW-RR 1988, 488.
134 BGH 15. 11. 1978, NJW 1979, 540.
135 Siehe Rn 84 und 85 der Vorauflage.

Kaufpreis

die knapp kalkulierten Margen im Kraftfahrzeughandel Grenzen gesetzt werden.[136] Nachlässe und Zugaben werden seit dem 25. 7. 2001 attraktiver, verlockender und aggressiver dargeboten, als dies früher der Fall war, als sie entweder gesetzeskonform durch Gewährung eines günstigen Hauspreises und Subventionierung der Finanzierungskosten oder gesetzeswidrig durch Inzahlungnahme des Altfahrzeugs zu einem überhöhten Anrechnungspreis, unentgeltliche Stundung des Kaufpreises und ein offenes Rabattversprechen von mehr als 3 % an den Kunden weitergegeben wurden.[137] Wer heute einen Neuwagen kauft, bekommt z. B. 1000 Euro, Ersatz der Kraftstoffkosten für 10.000 km, Befreiung von Versicherungsbeiträgen und Kraftfahrzeugsteuer bis 2 Jahre, einen garantierten Preis für den Altwagen, Freistellung von den Darlehensraten auf die Dauer eines Jahres bei Eintritt der Arbeitslosigkeit usw.[138] Die Zahl der Prozesse, die sich mit Rabatten und Zugaben befassen, ist erwartungsgemäß zurückgegangen, was die einen begrüßen die anderen bedauern mögen.

Die Begriffe „Rabatt" und „Zugabe" werden auch nach der Abschaffung der Gesetze im Geschäfts- und Rechtsverkehr weiterleben. Nach allgemeinem Sprachgebrauch ist unter Rabatt ein Preisnachlass zu verstehen, den der Unternehmer seinem Kunden als Nachlass auf den allgemein geforderten Normalpreis der Ware oder Leistung gewährt. In Anlehnung an die ehemalige Definition zu § 1 ZugabeVO ist Zugabe als eine Ware oder Dienstleistung zu definieren, die ohne besondere Berechnung zu einer entgeltlich abgegebenen Ware oder Leistung hinzugegeben wird und deren Erwerb von ihr abhängig ist.[139]

Nach dem Verlust der einfach zu handhabenden Formaltatbestände des Rabattgesetzes und der ZugabeVO gilt es, diese Erscheinungsformen des Wettbewerbs an den allgemeinen Lauterkeitsregeln des UWG, insbesondere an dem Merkmal der Sittenwidrigkeit (§ 12 UWG) und an dem Verbot irreführender Werbung (§ 3 UWG)[140] zu messen (s. dazu Rn 403), wobei im Auge zu halten ist, dass der Kraftfahrzeughandel bei seiner Preisgestaltung grundsätzlich freie Hand hat.

Zugaben sind nach der Abschaffung der ZugabeVO weitestgehend zulässig.[141] Einem übertriebenen Anlocken gebietet § 1 UWG Einhalt, Hinweise auf die Unentgeltlichkeit der Zuwendung können als Werbung mit einer Selbstverständlichkeit gegen § 3 UWG verstoßen und die Einräumung eines Umtauschrechtes ist nur dann verboten, wenn es nutzlos ist, den Verbraucher unsachlich beeinflusst und von der Beurteilung der Qualität und Preiswürdigkeit des eigentlichen Angebots abhält.[142]

Bei der Gewährung von Nachlässen und Zugaben ist zu beachten, dass nicht der Eindruck von Sonderveranstaltungen erweckt wird, die gem. § 7 UWG nur als Saisonschlussverkäufe und alle 25 Jahre zu Firmenjubiläen erlaubt sind.

---

136 *Steinbeck*, ZIP 2001, 1741 ff., 1742.
137 Siehe dazu die Ausführungen zu Rn 69 ff. der Vorauflage.
138 Ob eine solche Werbung gegen § 3 UWG verstößt, wenn die Kosten der unentgeltlichen Zuwendung in die Kalkulation des Preises für Neufahrzeug einfließen, ist strittig, dazu *Dittmer* BB 2001, 1961, 1964; *Berneke* WRP 2001, 615, 621; *Cordes* WRP 2001, 867, 871; *Heermann*, WRP 2001, 855, 864.
139 *Köhler* BB 2001, 1589.
140 *Dittmer* BB 2001, 1961, 1962; *Steinbeck*, ZIP 2001, 1741 ff.
141 Zu den früheren Auswirkungen der ZugabeVO auf den Neuwagenhandel siehe Rn 83 ff. der Vorauflage.
142 *Dittmer*, BB 2001, 1961 ff., 1964 m. w. N.

5. Preisänderungen
a) Vertragspraxis

53 Die seit dem 1. 1. 2002 dem Handel unverbindlich zur Verwendung empfohlenen NWVB enthalten **keine Regelungstexte** in Bezug auf den Kaufpreis und dessen Anpassung während der vereinbarten Lieferzeit. Dies liegt maßgeblich daran, dass die Verbände der Automobilindustrie mit Preisänderungsklauseln in der Vergangenheit keine guten Erfahrungen gemacht haben. Der BGH[143] hat die anfangs in den NWVB enthaltene Tagespreisklausel verworfen, wonach bei vereinbarter Lieferfrist von mehr als vier Monaten der am Tag der Lieferung gültige Preis (Tagespreis) maßgeblich sein sollte. Die Umsatzsteueranpassungsklausel scheiterte an der – damals nicht vorgesehenen – viermonatigen Sperrfrist von § 11 Nr. 1 AGB-Gesetz (heute § 309 Nr. 1 BGB). Übrig blieb ein Fragment, das besagte, der Preis des Kaufgegenstandes verstehe sich ohne Skonto und sonstige Nachlässe zuzüglich Umsatzsteuer, außerdem seien Nebenleistungen zusätzlich zu berechnen. Diese Textpassage wurde 1991 aus den NWVB entfernt, weil sie den Eindruck erweckte, als seien Nachlässe und Skonti unzulässig.[144]

Auf dem Boden der Vertragsfreiheit haben die Parteien natürlich die Möglichkeit, die NWVB durch Preisanpassungsklauseln zu ergänzen. Dabei ist allerdings Vorsicht geboten. Im Gegensatz zu individuellen Vereinbarungen sind formularmäßige Preisanpassungsregelungen nur unter bestimmten Voraussetzungen und in engen Grenzen zulässig, die der BGH vorgezeichnet hat. Der gesetzliche Rahmen wird von § 307 und § 309 Nr. 1 BGB abgesteckt.[145]

Die Mehrheit der Neuwagenanbieter hat es bei dem Wegfall der Regelungstexte zur Preisrubrik belassen. Sie setzen auf individualvertragliche Absprachen zum Kaufpreis und seiner Abänderbarkeit. Treffen die Parteien des Kaufvertrages keine diesbezüglichen Vereinbarungen, verbleibt es unabhängig von der vereinbarten und tatsächlichen Lieferzeit bei dem Kaufpreis, der bei Vertragsabschluss festgelegt worden ist. Allein die Kennzeichnung des vereinbarten Preises als den „gegenwärtigen Preis" schafft keine rechtliche Grundlage für eine spätere Preisanpassung.

In einigen Formularen stößt man wieder auf die vom BGH vor Jahren verworfene Klausel, dass sich der Verkaufspreis entsprechend erhöht, wenn sich nach Vertragsschluss die Mehrwertsteuer ändert. Sie ist unwirksam, da die Einschränkung gem. § 309 Ziff. 1 BGB fehlt. Nur im kaufmännischen Bereich sind solche Klauseln zulässig.[146]

Einige Verwender haben sich ermutigt gefühlt, die Regelungslücke in der Preisrubrik mit eigenen Klauseln zu füllen. Wieder anzutreffen ist die unverfängliche Klausel, welche klarstellt, dass sich der Preis des Kaufgegenstandes ohne Skonto und sonstige Nachlässe zuzüglich Umsatzsteuer (Kaufpreis) versteht und dass vereinbarte Nebenleistungen (z. B. Überführungskosten) zusätzlich berechnet werden. Bei den echten Preisgleitklauseln wird man sehen, ob sie den hohen Anforderungen gerecht werden, die der BGH vor Jahren gestellt hat.

Zwei Beispiele:
Vertragshändlerklausel (kein Selbstverkauf durch den Hersteller)

1. Der Preis des Kaufgegenstandes versteht sich ohne Skonto und sonstige Nachlässe zuzüglich Umsatzsteuer (Kaufpreis). Vereinbarte Nebenleistungen werden zusätzlich berechnet.

---

143 BGH 7. 10. 1981, BB 1982, 146; vgl. ferner BGH 26. 5. 1986, NJW 1986, 3134; 12. 7. 1989, NJW 1990, 115; OLG Düsseldorf, 12. 4. 1984, WM 1984, 1134.
144 *Creutzig*, Recht des Autokaufs, Rn 2.1.1.
145 Für den Neuwagenkauf nicht relevant ist das – für Dauerschuldverhältnisse vorgesehene – Preisangaben- und Preisklauselgesetz und die auf seiner Grundlage erlassene PreisklauselVO.
146 *Palandt/Heinrichs*, BGB Erg.- Bd. § 309 Rn 7.

2. Liegen zwischen Vertragsschluss und vereinbartem Liefertermin mehr als 4 Monate und ändert der Hersteller/Importeur nach Vertragsschluss die unverbindliche Preisempfehlung für das bestellte Fahrzeug oder erhöht sich nach Vertragsschluss die gesetzliche Mehrwertsteuer, ist der Verkäufer berechtigt, den Kaufpreis der Änderung der unverbindlichen Preisempfehlung oder um die Erhöhung der Mehrwertsteuer anzupassen. Ergibt sich dadurch eine Erhöhung des Kaufpreises um 5% oder mehr, so kann der Käufer durch schriftliche Erklärung binnen drei Wochen *(oder 2 Wochen)* seit Eingang der Mitteilung über die Preiserhöhung vom Vertrag zurücktreten.
3. Manchmal anzutreffende Regelung, dass Ziff. 2 nicht gilt für juristische Personen des öffentlichen Rechts, ein öffentlich-rechtliches Sondervermögen oder einen Unternehmer, der bei Abschluss des Vertrages in Ausübung seiner gewerblichen oder selbstständigen beruflichen Tätigkeit handelt.

Klausel eines überwiegend selbstverkaufenden Herstellers

1. Der Preis des Kaufgegenstandes versteht sich ab Herstellerwerk zuzüglich etwaiger Überführungskosten und zuzüglich Umsatzsteuer (Kaufpreis). Vereinbarte Nebenleistungen werden zusätzlich berechnet.
2. Die im Kaufvertrag genannte Gesamtsumme ist als Kaufpreis zu zahlen, wenn eine Lieferzeit bis zu 4 Monaten vereinbart ist oder innerhalb von 4 Monaten geliefert wird. Andernfalls werden die am Tag der Lieferung geltenden Listenpreise des Herstellers zuzüglich Umsatzsteuer als Kaufpreis vereinbart.

Erhöhungen zwischen der Mitteilung des zu zahlenden Kaufpreises durch den Verkäufer und der Lieferung werden nicht berechnet, wenn der Käufer das Fahrzeug fristgerecht abnimmt.

Der Käufer kann vom Vertrag zurücktreten, wenn die Summe der Kaufpreise für Fahrzeug und Sonderausstattung und des Entgelts für die Überführung in der Kaufpreismitteilung die Summe der für den gleichen Umfang in der Bestellung genannten Preis um mehr als 2,5 % – bei vereinbarter Lieferzeit von mindestens 18 Monaten um mehr als durchschnittlich 1,25 % je Vertragshalbjahr – übersteigt.

Der Rücktritt hat schriftlich binnen 2 Wochen seit Zugang der Kaufpreismitteilung zu erfolgen.

3. Ist der Käufer eine juristische Person des öffentlichen Rechts, ein öffentlich-rechtliches Sondervermögen oder ein Unternehmer, der bei Abschluss des Vertrages in Ausübung seiner gewerblichen oder selbstständigen beruflichen Tätigkeit handelt, werden für Fahrzeug, Sonderausstattung und Überführung die am Tag der Lieferung geltenden Listenpreise des Herstellers zuzüglich Umsatzsteuer als Kaufpreis vereinbart; Ziff. 2 gilt nicht.

b) Gesetzliche Ausgangslage

Das BGB erkennt in § 309 Nr. 1 BGB ein berechtigtes Interesse des Handels an, auch außerhalb des Geschäftsverkehrs bei **längerfristigen Lieferverträgen** notwendig werdende Preiserhöhungen an den Käufer weiterzugeben. Der Gebrauch formularmäßiger Preisanpassungsklauseln[147] ist daher grundsätzlich zulässig und sinnvoll, wenn die vereinbarte Lieferfrist mehr als vier Monate beträgt und mit Preisänderungen gerechnet werden muss.

In die Zeit zwischen **Angebot und Annahme** fallende Preisänderungen werden von § 309 Nr. 1 BGB nicht erfasst. Kommt es vor Bestätigung des Angebots zur Preisänderung

---

147 Zur Abgrenzung von Preisvorbehalten, Preisänderungsklauseln und automatische Preisanpassungsklauseln *Wolf*, ZIP 1987, 341, 342.

und teilt der Händler dem Kunden mit, dass er das Fahrzeug nur noch zu dem geänderten Preis liefern kann, beinhaltet die Erklärung eine Ablehnung des Kaufantrags, verbunden mit einem neuen Vertragsangebot (§ 150 BGB). Das Angebot bedarf der Annahme durch den Käufer, die ausdrücklich erklärt werden muss.[148] Schriftform ist für die Annahme des Angebots nicht vorgeschrieben, es sei denn, es handelt sich um ein Teilzahlungsgeschäft (§§ 501, 492 Abs. 1 S. 1 BGB).

Außerhalb des Geschäftsverkehrs mit Unternehmern, ihnen gleichgestellten juristischen Personen des öffentlichen Rechts und öffentlich–rechtlichen Sondervermögen (§ 310 BGB) sind formularmäßig vorgesehene Erhöhungen des Entgelts für Waren oder Leistungen, die innerhalb von **vier Monaten** nach Vertragsschluss geliefert oder erbracht werden sollen, gem. § 309 Nr. 1 AGB-Gesetz **grundsätzlich verboten**. Dies gilt auch dann, wenn die Vereinbarung über die Erhöhung des Entgelts von dem übrigen Vertragstext räumlich getrennt wird und eine gesonderte Unterschriftsleistung des Käufers vorgesehen ist.[149] Es kommt nicht auf den tatsächlichen, sondern auf den **vereinbarten** Leistungszeitraum an. Eine Klausel, die offen lässt, ob unter der Lieferzeit die vereinbarte oder die tatsächliche Lieferzeit zu verstehen ist, begegnet Wirksamkeitsbedenken.[150] Die Frist beginnt mit dem Zustandekommen des Vertrages, also mit dem Zugang der Annahmeerklärung des Verkäufers.[151]

Das 4-monatige Preisänderungsverbot in Form von AGB erfasst **jedwede Form** von **Preiserhöhung**[152] einschließlich der Anhebung der **Mehrwertsteuer.** Das Risiko einer Mehrwertsteuererhöhung kann nicht durch eine „Netto-Preisvereinbarung zuzüglich Umsatzsteuer" auf den Verbraucher verlagert werden, da dies eine Umgehung der Regelung von § 309 Nr. 1 BGB darstellen würde, die gem. § 306 a BGB unzulässig ist.

Soll die Lieferung „**so bald als möglich**" ausgeführt werden, kommt es darauf an, ob die Parteien eine Lieferung innerhalb oder außerhalb der viermonatigen Frist gewollt haben, was notfalls im Wege der Auslegung zu ermitteln ist.[153] Falls im Vertrag der vereinbarte Lieferzeitpunkt nicht angegeben und ein solcher auch nicht aus den Umständen zu entnehmen ist, gilt § 271 Abs. 1 BGB, d. h. der Käufer kann sofortige Lieferung verlangen[154] und eine Preisänderungsklausel ist unzulässig.

Preissenkungsklauseln fallen nicht unter den Regelungstatbestand von § 309 Nr. 1 BGB und sind, da sie den Käufer begünstigen, unbedenklich.

c) Allgemeine Grundsätze

55   Im Fall einer Lieferfristvereinbarung von mehr als 4 Monaten darf der Verkäufer die durch eine gesetzeskonforme Klauselgestaltung vorbehaltene Preiserhöhung nur unter der Voraussetzung an den Käufer weitergeben, dass die **Umstände**, auf denen die Preissteigerung beruht, **nach Vertragsschluss** eingetreten sind und diese für den Verkäufer nicht voraussehbar waren, so dass er sie in den Preis hätte einkalkulieren können.[155]

---

148 BGH 18. 5. 1983, BB 1983, 921, 923.
149 LG Münster, Urt. 29. 5. 1991, DAR 1992, 307 mit Anm. v. *Mehnle* S. 308.
150 LG Münster 29. 5. 1991, DAR 1992, 307 mit Anm. v. *Mehnle*.
151 OLG Frankfurt 15. 1. 1981, DB 1981, 884 .
152 *Hensen* in *Ulmer/Brandner/Hensen*, § 11 Nr. 1 Rn 5.
153 Dazu OLG Köln 31. 7. 1991, OLG Report 1992, 36 – schnellstmöglich heißt Belieferung innerhalb von spätestens 12 Wochen – .
154 *Ulmer/Brandner/Hensen*, §11Nr. 1 Rn 7.
155 *Wolf/Horn/Lindacher*, AGBG § 11 Nr. 1 Rn 41; *Dörner,* NJW 1979, 248; *Palandt/Heinrichs,* BGB. Erg. Bd § 309 Rn 8; LG Frankfurt/M. 6. 3. 1984, BB 1984, 942; a. A. *Staudinger/Coester-Waltjen,* § 11 Nr. 1 AGBG, Rn 23 f.

Der Kunde würde unangemessen benachteiligt, falls es dem Händler gestattet wäre, das Risiko einer von ihm **vorausgesehenen Preiserhöhung** über eine Preisänderungsklausel auf den Käufer zu verlagern. Deshalb kann eine Preisänderungsklausel nur mit dieser Einschränkung vor § 307 BGB bestehen. Sie sollte dem Käufer spiegelbildlich einen Anspruch auf Herabsetzung des Kaufpreises für den Fall der **Senkung** der Herstellerpreise innerhalb der Lieferfrist zubilligen. Eine Klausel, die lediglich die Möglichkeit der Kaufpreiserhöhung zu Gunsten des Verkäufers vorsieht, verstößt allerdings nicht gem. § 307 BGB.[156] Von unwirksamer Klauselgestaltung ist auszugehen, wenn sich der Verkäufer bei Vertragsabschluss die Möglichkeit der Abänderung des vereinbarten Liefertermins einräumen lässt, ohne zugleich die Preisänderungsklausel entsprechend anzupassen.[157]

Ein höherer Preis als der bei Vertragsschluss vereinbarte darf dem Käufer nicht abverlangt werden, wenn die ursprünglich vereinbarte kurze **Lieferfrist** von weniger als vier Monaten **nachträglich verlängert** wird. Das Gleiche gilt für eine Preissteigerung nach Eintritt des **Lieferverzugs**, da sie der Risikosphäre des Verkäufers zuzurechnen ist.[158] Hierzu in Widerspruch stehende AGB sind unwirksam. Nach Meinung des OLG Düsseldorf[159] kann der Verkäufer dem Käufer eine in die Verzögerungsfrist fallende Preiserhöhung nur entgegenhalten, wenn er beweist, dass zwischen ihm, dem Großhändler, der Vertriebsgesellschaft und dem Hersteller eine Kette rechtlich bindender Eindeckungsverträge bestanden und keine dieser Personen die Lieferverzögerung verschuldet hat.

Behält sich der Verkäufer durch eine gesetzeskonforme Klausel eine Preiserhöhung vor, kann er gleichwohl den erhöhten Preis nicht vom Käufer verlangen, wenn das bestellte Fahrzeug innerhalb der Frist von vier Monaten an ihn geliefert wird und er es entsprechend einer mit dem Käufer bei Vertragsabschluss getroffenen Vereinbarung drei Monate als Vorführwagen benutzt, ehe er es dem Käufer übergibt.[160] Unter diesen Umständen kommt es auf den Zeitpunkt der Anlieferung des Neufahrzeugs beim Verkäufer an und nicht auf den Zeitpunkt der Übergabe des Fahrzeugs an den Käufer.

Auf der Grundlage einer wirksam vereinbarten Preisänderungsklausel darf der Händler einen höheren Preis fordern, wenn er erst nach Ablauf von vier Monaten zu liefern hat, die Lieferung jedoch früher ausführt.[161]

Der **Verkäufer** trägt die **Beweislast** dafür, dass die Preiserhöhung sich im Rahmen der nachträglich geänderten Umstände hält. Willkürliche Preisanhebungen scheitern an § 315 BGB. Die dem Verkäufer eingeräumte Befugnis zur Vornahme von Preiserhöhungen unterliegt **richterlicher Kontrolle**. Entspricht die Preiserhöhung nach Marktlage und Lieferzeit nicht der Billigkeit, kann das Gericht die vom Verkäufer getroffene Maßnahme aufheben und durch eigene billige Entscheidung ersetzen.

d) Konkrete Klauselgestaltung

Eine Preisanpassungsregelung in AGB darf nicht zu **allgemein gehalten** sein, wie etwa die vom BGH verworfene Tagespreisklausel, welche besagte, der am Tag der Lieferung gültige Preis sei maßgeblich. Wird die Klausel konkret gefasst, besteht die Gefahr, dass

---

156 OLG Düsseldorf 22.11.2001 OLGR 2002, 145, 147; a. A früher OLG Hamm 23.6.1987, NJW-RR 1987, 1141.
157 *Burck,* DB 1978, 1385.
158 *Coester-Waitjen* in *Schlosser/Coester-Waltjen/Graba,* § 11 Nr. 1, Rn 22 f.; *Burck,* DB 1978, 1385, 1386.
159 Urt. v. 15.11.1971, BB 1972, 1296 ff.
160 LG Mainz, 6.4.1993 – 3 S 282/92 – n. v.
161 *Hensen* in *Ulmer/Brandner/Hensen,* § 11 Nr. 1 Rn 7; *Basedow,* MünchKomm, § 11 AGBG Rn 18.

der Käufer sie kaum noch versteht. Dies kann der Fall sein, wenn in der Regelung alle Faktoren der Kostensteigerung dargestellt werden.[162]

Beachtet man die vom BGH[163] erteilten Hinweise, setzt eine wirksame Preisänderungsklausel voraus, dass

– das Ausmaß der Erhöhung in **angemessenem Verhältnis** zur eingetretenen Änderung steht und die Klausel eine nachvollziehbare Begrenzung enthält,[164]
– die maßgeblichen **Kriterien** der Preiserhöhung möglichst **konkret** bezeichnet sind, d. h. Offenlegung der Kalkulation, wenn die Klausel auf eine Erhöhung der Kostensätze abstellt,[165]
– dem Käufer unter bestimmten Voraussetzungen ein **Rücktrittsrecht** zusteht.[166]

Bezüglich des **Rücktrittsrechts,** namentlich der „**Definition der Rücktrittsschwelle**", wurden im Anschluss an die BGH – Entscheidung im Wesentlichen zwei Vorschläge erörtert, zum einen die Vorgabe einer starren, in Prozent ausgedrückten Limitierung,[167] z. B. Steigerung um mehr als 5 % des Ausgangspreises, zum anderen die Anlehnung an die allgemeine wirtschaftliche Entwicklung, ausgedrückt durch die vom Bundesamt für Statistik festgestellte Steigerung der Lebenshaltungskosten.[168]

Aus Sicht des BGH[169] muss der Käufer, der sich bei Vertragsabschluss der Veränderlichkeit des Preises und seiner eigenen Leistungsfähigkeit bewusst ist, Preissteigerungen redlicherweise so lange hinnehmen, wie die Preisentwicklung hinsichtlich des Kraftfahrzeugs von der **allgemeinen Preisentwicklung** nicht erheblich abweicht. Eine Klausel, die ein Rücktrittsrecht des Käufers für den Fall vorsieht, dass die Preiserhöhung des Kraftfahrzeugs zwischen Bestellung und Auslieferung den Anstieg der allgemeinen Lebenshaltungskosten erheblich übersteigt, trägt dem Umstand Rechnung, dass bei langen Lieferfristen die künftige Kostenentwicklung auf den vielfältigsten, vom Händler oft nicht voraussehbaren Umständen beruhen kann[170] und schützt den Käufer zugleich vor einem überproportionalen Anstieg der Pkw-Anschaffungskosten.[171]

Der BGH hat in dem Urt. vom 1. 2. 1984[172] darauf hingewiesen, es sei in diesem Verfahren nicht zu prüfen gewesen, wie eine AGB-Klausel, die einen Preisänderungsvorbehalt zum Gegenstand habe, gestaltet sein müsse, sondern allein, welche Vertragsergänzung an die Stelle der unwirksamen Tagespreisklausel treten könne. Insoweit sei es unbedenklich, im Wege der ergänzenden Vertragsauslegung ein – durch ein Rücktrittsrecht des Käufers begrenztes – Leistungsbestimmungsrecht in den Vertrag einzuführen. Die vom BGH durch ergänzende Vertragsauslegung entwickelte **Kombination** aus **Rücktritt** und **Leistungsbestimmungsrecht** muss demnach auch als AGB wirksam sein, da der „Prüfungsmaßstab für die ergänzende Vertragsauslegung kein anderer als derjenige des § 307 BGB sein kann".[173] Weil eine ergänzende Vertragsauslegung, die darauf abstellt, was die Parteien bei angemes-

---

162 BGH 7. 10. 1981, BB 1982, 146.
163 Urt. v. 7. 10. 1981, BB 1982, 146.
164 BGH 12. 7. 1989, NJW 1990, 115, 116.
165 OLG Düsseldorf 24. 11. 1981, DB 1982, 537; OLG Celle 1. 2. 1984, BB 1984, 808.
166 BGH 11. 6. 1980, NJW 1980, 2518 ff.; 7. 10. 1981, BB 1982, 146; 20. 5. 1985, ZIP 1985, 1081; 29. 10. 1985, WM 1986, 73; 26. 5. 1986, ZIP 1986, 919; kritisch *Hensen* in *Ulmer/Brandner/Hensen,* § 11 Nr. 1 Rn 15.
167 *Löwe,* BB 1982, 152 ff.
168 *Salje,* DAR 1982, 88 ff.
169 Urt. v. 1. 2. 1984, BB 1984, 486, 488.
170 BGH 7. 10. 1981, BB 1982, 146.
171 *Bartsch,* BB 1983, 215 ff.
172 BB 1984, 486.
173 BGH 31. 10. 1984, NJW 1985, 621, 623.

sener Abwägung ihrer Interessen nach Treu und Glauben als redliche Vertragspartner vereinbart hätten, wenn sie die Unwirksamkeit der Preisänderungsklausel bedacht hätten, nicht zu einer „unangemessenen Benachteiligung" einer Vertragspartei im Sinne von § 307 BGB führen kann, bedarf es – konsequent zu Ende gedacht – nicht der weiteren Überprüfung am Maßstab dieser Vorschrift.[174]

Es bestehen mithin bei Kaufverträgen über Neufahrzeuge mit längeren Lieferfristen keine Bedenken gegen die Verwendung von Preissteigerungsklauseln, die außer dem Rücktrittsrecht des Käufers die Regelung enthalten, dass der bei Lieferung geforderte – erhöhte – Preis einer nach **billigem Ermessen** zu treffenden **Leistungsbestimmung** durch den Verkäufer gem. § 315 Abs. 1, 3 BGB entsprechen muss. Hierdurch wird nach Auffassung des BGH dem Umstand Rechnung getragen, dass eine Bestellung zu einem besonders günstigen – weil erheblich unter dem Listenpreis liegenden – Preis erfolgt oder dass der bei Lieferung verlangte Preis zwar unterhalb der allgemeinen Preissteigerung, aber weit über dem Anstieg der allgemeinen Anschaffungskosten für Pkw liegt. Die Kontrolle nach § 315 Abs. 3 BGB ist außerdem ein dem Rücktrittsrecht vorgeschaltetes Korrektiv, das die Gefahr mindert, dass der Verkäufer den Käufer „durch das Verlangen exorbitanter Erhöhungen"[175] aus dem Vertrag drängt.

Fasst man die Überlegungen des BGH zusammen, so reicht allein die Festlegung einer starren Rücktrittsgrenze von z. B. 5 % zur Rettung der Preisanpassungsklausel nicht aus. Erforderlich ist vielmehr, dass die Rücktrittsschwelle der Billigkeit entsprechen muss. Sie ist daher an den allgemeinen Lebenshaltungskosten auszurichten und muss dem Käufer das Recht zum Rücktritt vom Vertrag geben, wenn der bei Lieferung verlangte Preis gegenüber dem bei Vertragsabschluss vereinbarten Preis stärker als die allgemeinen Lebenshaltungskosten angestiegen ist.[176] Durch eine Kombination des flexiblen Lösungsansatzes mit der Festlegung einer prozentualen Höchstgrenze könnte der Schutz des Käufers optimiert werden. **57**

Nach einer Entscheidung des OLG Hamm[177] berechtigt eine Klausel, die dem Käufer das Recht einräumt, bei einer Preiserhöhung von 5 % zwischen Vertragsschluss und vereinbartem Liefertermin vom Kaufvertrag zurückzutreten, den Käufer zur Ausübung des Rücktritts, wenn der Hersteller die Preise in diesem Zeitraum zwei Mal um insgesamt 5,3 % erhöht und die erste Teuerung der Steigerung der allgemeinen Lebenshaltungskosten entspricht und die zweite Teuerung mit einer verbesserten Ausstattung des Autos (Airbag zusätzlich) einhergeht.

Im **Geschäftsverkehr mit Kaufleuten** gelten weniger strenge Anforderungen. Preiserhöhungsklauseln in Verträgen mit Kaufleuten, juristischen Personen des öffentlichen Rechts und öffentlich-rechtlichen Sondervermögen können zulässigerweise auch ohne Angabe der Erhöhungskriterien und Einräumung eines Rücktrittsrechts vereinbart werden, sofern die Interessen des Käufers in anderer Weise ausreichend gewahrt werden, was z. B. dann der Fall sein kann, wenn sich die Preiserhöhung auf den am Markt durchgesetzten **58**

---

[174] BGH 31. 10. 1984, NJW 1985, 621 ff.; ebenso *Bunte,* NJW 1984, 1145 ff.; anders noch BGH 7. 10. 1981, BB 1982, 146 mit dem Hinweis, der Käufer werde durch die in § 315 Abs. 3 BGB verankerte und jedenfalls durch AGB nicht abdingbare Befugnis, im Rechtsstreit die geänderten Listenpreise auf ihre Billigkeit hin überprüfen zu lassen, nicht vor unangemessener Benachteiligung geschützt, sowie Urt. v. 18. 5. 1983, BB 1983, 921 ff., in dem es heißt, Angemessenheitskontrolle erlaube nur § 9 AGB-Gesetz, nicht aber § 315 BGB.
[175] *Löwe,* BB 1982, 152 ff.; *Trinkner,* BB 1983, 924, der die bloße Einräumung eines Lösungsrechts als unbillig ansieht, falls dem Käufer kein relevanter Markt für die vereinbarte Leistung zur Verfügung steht.
[176] *Bartsch,* DB 1983, 215 ff.
[177] Urt. v. 8. 7. 1994, BB 1994, 173.

Preis beschränkt oder die Parteiinteressen weitgehend gleichgerichtet sind.[178] Dies gilt selbst dann, wenn der vom Verkäufer bei Lieferung des Fahrzeugs verlangte Preis den Anstieg der allgemeinen Lebenshaltungskosten in der Zeit zwischen Vertragsabschluss und Auslieferung nicht unerheblich übersteigt.[179] Unbedenklich ist im kaufmännischen Geschäftsverkehr die Verwendung von Umsatzsteuer-Gleitklauseln.[180]

e) Rechtsfolgen der Verwendung einer unwirksamen Preisanpassungsklausel

59 Die durch Wegfall einer unwirksamen Preisanpassungsklausel entstehende **Vertragslücke** ist durch eine **Kombination** aus **ergänzender Vertragsauslegung** und **Billigkeitskontrolle** i. S. v. § 315 BGB zu schließen. An die Stelle der unwirksamen Klausel tritt eine Regelung, die den Käufer zwar grundsätzlich zur Zahlung des bei Auslieferung des Fahrzeugs gültigen Listenpreises verpflichtet, soweit dieser Preis einer nach billigem Ermessen zu treffenden Leistungsbestimmung durch den Verkäufer entspricht, die ihm aber andererseits ein Rücktrittsrecht einräumt, sofern eine Preiserhöhung den Anstieg der allgemeinen Lebenshaltungskosten in der Zeit zwischen Bestellung und Auslieferung nicht erheblich übersteigt.[181]

Sofern die vereinbarte Lieferfrist die Sperrfrist des § 309 Nr. 1 BGB um knapp 6 Wochen überschreitet, ist es nach Meinung des LG Münster[182] nicht unbillig, den Händler an dem **ursprünglich vereinbarten** Kaufpreis **festzuhalten**, wenn er mit einer ungültigen Preiserhöhungsklausel arbeitet.[183]

Den auf Grund einer unwirksamen Preisanpassungsklausel empfangenen Erhöhungsbetrag muss der Verkäufer dem Käufer gem. § 812 BGB insoweit **erstatten**, als nach den vom BGH aufgestellten Grundsätzen eine Vertragsanpassung nicht stattfindet.[184]

V. Schriftform

1. Rechtliche Ausgangslage

60 Es gilt der Grundsatz, dass Schriftformklauseln in ABG weder als überraschende Klauseln nach § 305 c BGB unwirksam[185] noch schlechthin nach § 307 BGB unzulässig sind.

Das **Interesse des Handels**, das darauf gerichtet ist, sich vor unbedachten und unkontrollierbaren Äußerungen und Zusagen seiner Mitarbeiter durch die Schriftformklausel zu schützen, erweist sich als berechtigt und verdient rechtliche Anerkennung. Durch das Schriftformerfordernis wird die Beweislast nicht umgekehrt, sondern lediglich die Beweisführung erschwert. Käufer und Verkäufer müssen nachweisen, dass die formlos getroffene Absprache ungeachtet der Klausel gelten sollte. Diese zusätzliche Beweisanforderung stellt keine schwer wiegende Beeinträchtigung dar und macht die Schriftformklausel nicht nach § 307 BGB unwirksam.[186] Der Beweisführungsnachteil, der dem Käufer dadurch entsteht,

---

178 BGH 16. 1. 1985, BGHZ 93, 259.
179 BGH 27. 9. 1984, NJW 1985, 426; *Creutzig,* Recht des Autokaufs, Rn 2.1.15.
180 BGH 28. 1. 1981, NJW 1981, 979; *Wolf,* ZIP 1987, 341, 346; *Dittmann,* BB 1979, 712.
181 BGH 27. 10. 1983, BB 1984, 175; kritisch *Löwe* BB 1984, 492; *Trinkner* BB 1984, 490.
182 Urt. 19. 5. 1991, DAR 1992, 307 m. Anm. v. *Mehnle.*
183 LG Münster 19. 5. 1991, DAR 1992, 307.
184 LG Augsburg 29. 10. 1982, DAR 1982, 231; LG Nürnberg-Fürth 27. 1. 1982, BB 1982, 456 ff.; LG München 30. 3. 1983, DAR 1983, 230; AG München 12. 10. 1982, DAR 1982, 400.
185 BGH 12. 5. 1976, BB 1977, 61; 24. 10. 1979, NJW 1980, 234; *Wolf* in *Wolf/Horn/Lindacher,* § 9 S. 33.
186 *Wolf/Horn/Lindacher,* § 9 S. 33; *Ulmer/Brandner/Hensen,* Anh. § 9–11 Rn 438; *Creutzig,* Recht des Autokaufs, Rn 1.2.3.

dass sich die Vollständigkeitsvermutung der Urkunde auf nachträgliche Vereinbarungen erstreckt, fällt ebenfalls nicht erheblich ins Gewicht, da formularmäßig geschaffene Beweisanzeichen bei der Beweiswürdigung keine entscheidende Rolle spielen.[187]

Ein breit gefächertes Meinungsangebot, mit dem sich gewünschte Ergebnisse beliebig begründen lassen, gibt es zu der Frage, wie sich **mündliche Individualabreden** und wirksame **Schriftformklauseln** zueinander verhalten.[188] Durchgesetzt hat sich die Ansicht, dass die mündliche Abrede gegenüber der Schriftformklausel grundsätzlich **vorrangig** ist. Die Schriftformklausel bricht in sich zusammen, wenn der Käufer die mündliche Vereinbarung beweist.[189] Auch durch eine formlose Vereinbarung, die sich konkludent aus den Umständen ergibt, wird die Schriftformklausel verdrängt.[190]

Der **Vorrang der Individualabrede** gilt sowohl zugunsten des Käufers als auch zugunsten des Verkäufers.[191] Falls dieser behauptet, er habe mit dem Käufer in Abweichung von der Schriftformklausel eine mündliche Nebenabsprache getroffen, trägt er hierfür die Beweislast. Besonders strenge Anforderungen an die Widerlegung der Vollständigkeitsvermutung sind zu stellen, wenn ein Kfz-Händler, der einen Gebrauchtwagen in Zahlung genommen hat, sich auf mündliche Erklärungen des Kunden beruft.[192]

Das Vorrangprinzip erfordert bei einem **Vertreterhandeln**, dass der Vertreter entweder zum Abweichen vom Vertragsmuster berechtigt ist oder dass die Grundsätze über die Anscheins- und Duldungsvollmacht eingreifen,[193] die durch AGB nicht ausgeschlossen werden können.[194] Diese Lösung knüpft an die Auslegung der Schriftformklausel und die Vertretungsmacht von Hilfspersonen an, gegen deren eigenmächtiges Handeln sich der Verwender durch die Schriftformklausel schützen will. Falls der Verkäufer die Zusage persönlich erteilt hat, von der er anschließend unter Berufung auf das Fehlen der Schriftform nichts mehr wissen will, muss ihm der Schutz der Klausel versagt bleiben, die wegen Verstoßes gegen § 307 Abs. 1 BGB unwirksam ist, wenn das Unternehmen als „Einmannbetrieb" geführt wird.[195]

Sowohl die Individualvereinbarung als auch die Vollmacht des Vertreters und das etwaige Vorliegen der Voraussetzungen für die Annahme einer **Duldungs- oder Anscheinsvollmacht** hat der Käufer wegen der vermuteten Vollständigkeit und Richtigkeit der Vertragsurkunde zu beweisen. Etwaige Zweifel gehen zu seinen Lasten, da er sich durch Unterzeichnung des Kaufantrages der Schriftformklausel unterwirft. Als nicht zweifelsfrei wertete der BGH[196] die mündliche Vereinbarung über die Inzahlungnahme eines Gebrauchtwagens, deren schriftliche Bestätigung der Neuwagenverkäufer dem Kunden zugesagt hatte.

Ladenangestellte gelten gem. § 56 HGB zur Vornahme der gewöhnlichen Verkaufsgeschäfte als ermächtigt. Die **Ermächtigung** erstreckt sich jedoch nicht auf den Ankauf ge-

---

187 BGH 26. 11. 1984, NJW 1985, 623; 19. 6. 1985, NJW 1985, 2329 ff.
188 Ausführlich dazu Rn 121 der 6. Auflage.
189 BGH 26. 11. 1980, BB 1981, 266; 15. 5. 1985, NJW 1986, 3131, 3132; OLG Frankfurt 16. 10. 1980, WM 1981, 598; OLG Karlsruhe 17. 1. 1980, NJW 1981, 405, 406; OLG München 22. 9. 1995, DAR 1997, 494, 495 .
190 BGH 6. 3. 1986; NJW 1986, 1807.
191 *Zöller,* JZ 1991, 853.
192 OLG Köln 8. 7. 1969, JMBl. NW 1970, 154.
193 *Lindacher,* JR 1982, 1 ff.; *Ulmer/Brandner/Hensen,* § 4 Rn 34 ff.; *Erman/Hefermehl,* § 4 AGBG Rn 17; a. A. *Koch/Stübing,* § 4 Rn 16.
194 *Wolf/Horn/Lindacher,* § 9 S. 47.
195 BGH 28. 4. 1983, NJW 1983, 1853.
196 Urt. v. 11. 10. 1967, NJW 1968, 32 ff.

brauchter Fahrzeuge, da die Vorschrift des § 56 HGB nur Verkäufe betrifft und eine entsprechende Anwendung auf Ankäufe nicht zulässt.[197]

Bei der Frage, ob eine Schriftformklausel den gesetzlichen Anforderungen genügt, kommt es auf deren konkrete Ausgestaltung und den Anwendungsbereich an.[198] Im Geschäftsverkehr mit privaten Kunden gelten – wie stets – strengere Maßstäbe als unter Kaufleuten. Die Schriftformklausel darf selbst bei kundenfeindlichster Auslegung nicht den Eindruck erwecken, als seien mündlich getroffene Nebenabreden unwirksam. Dies ist bei Verwendung folgender Formularregelungen der Fall:, „Vereinbarungen, Zusicherungen oder Änderungen sind nur in schriftlicher Form gültig"[199]; „Mündliche Nebenabsprachen haben nur nach schriftlicher Bestätigung des Auftragsnehmers Gültigkeit"[200]; „Mündliche Abmachungen haben ohne schriftliche Bestätigung der Firma keine Gültigkeit"[201]; „Sämtliche Vereinbarungen sind schriftlich niederzulegen"[202]; „Nebenabreden sind nur gültig, wenn sie schriftlich abgeschlossen wurden".[203]

2. Praxis im Neuwagenhandel

61 Nachdem der BGH[204] die in Abschn. I, Ziff. 2 NWVB a. F. (Stand 14. 9. 1998) enthaltene, vom Automobilhandel jahrelang verwendete Klausel für unwirksam erklärt hat, welche vorsah, dass sämtliche Vereinbarungen schriftlich niederzulegen sind, haben sich die für die Musterbedingungen verantwortlichen Verbände entschlossen, trotz der hierfür vorhandenen Bedürfnisse des Handels eine – auf Minimalstandard reduzierte – Schriftformklausel nicht mehr zu empfehlen. Aus Sicht des BGH enthielt die Altklausel eine unangemessene Benachteiligung des Kunden, weil sie den Eindruck vermittelte, die Nichtwahrung der Schriftform führe zur Unwirksamkeit der entsprechenden Vereinbarung und sie sei geeignet, ihn von der Durchsetzung von Ansprüchen aus mündlich getroffenen Vereinbarungen abzuhalten.[205]

Dementsprechend fehlt eine Schriftformklausel in den seit 1. 1. 2002 empfohlenen Muster-AGB. Die während der Interimszeit von ca. 8 Monaten verwendeten NWVB enthielten die Klausel „Mündliche Nebenabreden bestehen nicht"[206], die der BGH[207] als wirksam angesehen hat, da die in ihr enthaltene Tatsachenbestätigung dem AGB-Kunden den Gegenbeweis offen hält. Eine Auswertung der im August 2002 verwendeten Kaufvertragsformulare ergab, dass der Neuwagenhandel die empfohlenen Musterbedingungen nicht mit eigenen Schriftformklauseln angereichert hat.

Unabhängig von dem Vorhandensein einer im Kaufvertrag enthaltenen Schriftformklausel unterliegen Neuwagen – Kaufverträge mit Teilzahlungsvereinbarung kraft Gesetzes der Schriftform. Sie wird in § 492 Abs. 1 S. 1 i. V. m. § 501 BGB mit der Maßgabe angeordnet, dass Antrag und Annahme jeweils getrennt schriftlich erklärt werden können.[208] Nichtbe-

---
197 BGH 4. 5. 1988, NJW 1988, 2109.
198 BGH 31. 10. 1984, NJW 1985, 320 ff.
199 BGH 31. 10. 1984, NJW 1985, 320 ff.
200 BGH 28. 4. 1983, ZIP 1983, 833.
201 BGH 26. 3. 1986, NJW 1986, 1809.
202 BGH 29. 9. 2000, DAR 2001, 64 ff.
203 OLG Oldenburg 12. 3. 1992, NJW-RR 1992, 1527.
204 Urt. 27. 09. 2000, DAR 2001, 64 ff.
205 Kritisch *Creutzig*, DAR 2001, 390, 392; a. A. auch die Verfasser in der Vorauflage unter Rn 119.
206 Abschn. I Nr. 2 NWVB a. F. Stand 23. 4. 2001, Bekanntmachung Nr. 59/2001.
207 Urt. v. 14. 10. 1999, DB 2000, 617.
208 Bei der Auswertung der vom Handel im August 2002 verwendeten Neuwagenverträge war festzustellen, dass einige Händler mit Bestellformularen arbeiteten, in denen Barzahlung und Teil-

Schriftform

achtung der Schriftform hat Vertragsnichtigkeit zur Folge, die unter den Voraussetzungen von § 494 Abs. 2 BGB geheilt wird.[209]

Die infolge der Reform des Schuldrechts abgespeckten NWVB halten an dem **Schriftformerfordernis für einzelne Angaben** und Erklärungen unverändert fest. Die Differenzierung zwischen schriftlichen und nicht schriftlichen Angaben und Erklärungen lässt allerdings nicht erkennen, dass ihr eine Systematik zu Grunde liegt. Offenbar werden die der Schriftlichkeit für würdig befundenen Regelungstatbestände als besonders bedeutsam und beweisrelevant eingestuft.

Schriftlich anzugeben sind
– die Annahme der Bestellung gem. Abschn. I, Ziff. 1, S. 2 NWVB,
– die Zustimmung des Verkäufers zu Übertragungen von Rechten und Pflichten aus dem Kaufvertrag gem. Abschn. I, Ziff. 2 NWVB,
– die Angabe des vereinbarten Liefertermins gem. Abschn. IV, Ziff. 1 NWVB,
– die Bestätigung über die Geltendmachung von Mängelansprüchen gegenüber Drittwerkstätten gem. Abschn.VII, Ziff. 2 a NWVB,
– die Rücktrittserklärung vom Kaufvertrag bei Erhöhung des Kaufpreises in Verträgen mit Preisanpassungsklausel gem. Klauselergänzung zu Abschn. II NWVB.

Nicht schriftlich abzugeben sind
– die Information an den Käufer über die Ablehnung des Kaufantrags gem. Abschn. I, Ziff. 1, S. 3 NWVB,
– die Aufforderung des Käufers zur Lieferung gem. Abschn. IV, Ziff. 2, S. 1, 2 NWVB,
– die angemessene Fristsetzung des Käufers zur Lieferung gem. Abschn. IV, Ziff. 2, S. 4 NWVB,
– der Bereitstellungsanzeige gem. Abschn. V, Ziff. 1 NWVB,
– das Verlangen zum Verzicht auf den Eigentumsvorbehalt gem. Abschn. VI, Ziff. 1, Abs. 3 S. 1 NWVB,
– die Geltendmachung von Ansprüchen auf Mängelbeseitigung und die Unterrichtung des Verkäufers für den Fall der Inanspruchnahme eines anderen Betriebes gem. Abschn. VII, Ziff. 2 a, S. 1.

Soweit die NWVB für Anzeigen oder Erklärungen Schriftform vorschreiben, sind sie an § 309 Nr. 13 BGB ausgerichtet, wonach sie nicht an eine strengere Form als die Schriftform oder an besondere Zugangserfordernisse gebunden sein dürfen. Die Schriftform gebietet schriftliche Abfassung der Erklärung und eigenhändige Unterschrift (§§ 126, 127 BGB). Aus den NWVB ergeben sich keine Hinweise darauf, dass von § 126 Abs. 1 BGB abweichende Formerfordernisse gelten sollen.

Es ist evident, dass der Formzwang für diejenigen Erklärungen, die laut NWVB schriftlich abzugeben sind, der Beweissicherung dient. Die formwidrige Abgabe dieser Erklärungen hat deshalb keine Ungültigkeit zur Folge.

Preisanpassungsklauseln zu Abschn. II. NWVB, die dem Käufer das Recht einräumen, innerhalb einer bestimmten Frist durch schriftliche Erklärung vom Vertrag zurückzutreten, können aber durchaus konstitutive Bedeutung haben. Ist dies der Fall, so entfaltet der formlose Rücktritt im Zweifel keine Wirksamkeit. Hierbei ist aber zu beachten, dass es die Parteien in der Hand haben, die vereinbarte Form jederzeit formlos aufzuheben oder abzuändern.

---

zahlung fakultativ vorgesehen waren, deren AGB jedoch nicht den Anforderungen von § 492 BGB entsprachen.
209 *Palandt/Putzo*, BGB Erg.- Bd. § 494 Rn 6 ff.

VI. Zustimmungserfordernis bei Übertragung von Rechten und Pflichten aus dem Kaufvertrag

63 Ein generelles Abtretungsverbot sehen die NWVB nicht vor. Stattdessen bedürfen gem. Abschn. I, Ziff. 2 NWVB Übertragungen von Rechten und Pflichten (§ 414 BGB) des Käufers aus dem Kaufvertrag der **schriftlichen Zustimmung** des Verkäufers, während der Verkäufer für die Abtretung seiner Ansprüche aus dem Kaufvertrag nicht das Einverständnis des Käufers benötigt. Der Vorbehalt ist nicht überraschend im Sinne von § 305 c BGB, da keine erhebliche Abweichung vom gesetzlichen Leitbild des Kaufvertrages vorliegt.[210] Er ist auch nicht unangemessen angesichts der berechtigten Interessen der Händler, die Verträge ausschließlich mit ihren Vertragspartnern abwickeln und den Abrechnungsverkehr klar und übersichtlich gestalten und nicht unerwartet einem Käufer mit unbekannter Bonität gegenüberstehen wollen.[211] Vor allem aber sollen mit dem Zustimmungsvorbehalt **vertriebsstrategische Zielvorstellungen** gewahrt und durchgesetzt werden. Das auf Aufrechterhaltung des Vertragshändlersystems und auf Unterbindung eines „grauen Marktes" gerichtete Bestreben der Händler findet Ausdruck in der Zustimmungsklausel und wird von der Rechtsprechung gebilligt.[212]

64 Umstritten sind die **Rechtsfolgen** einer **Abtretung ohne Zustimmung** des Verkäufers. Hierzu findet sich die Ansicht, die Abtretung der Rechte sei entsprechend § 135 BGB **relativ**, also nur gegenüber dem Verkäufer, **unwirksam**;[213] dieser habe es aber in der Hand, die verbotswidrige Verfügung zu genehmigen. Nach der überwiegenden Gegenmeinung fallen sowohl das Abtretungsverbot als auch der Zustimmungsvorbehalt zur Abtretung unter die gesetzlichen Verfügungsbeschränkungen, weil sie der Forderung die Verkehrsfähigkeit nehmen,[214] so dass die einseitige Genehmigung des Verkäufers die **unwirksame Abtretung** nicht gem. § 185 Abs. 2 BGB rückwirkend heilt, sondern als Angebot zum Abschluss eines Änderungsvertrages in Form der Aufhebung des Abtretungsausschlusses mit „ex nunc"- Wirkung zu verstehen ist.[215] Verweigert der Verkäufer seine Zustimmung, kann er die Unwirksamkeit einer vom Käufer gleichwohl getroffenen Verfügung (§ 399 BGB) sowohl dem Käufer als auch Dritten entgegenhalten.[216] Auch Dritte können sich auf die Unwirksamkeit berufen, da die Unwirksamkeit zur Folge hat, dass die Forderung im Vermögen des Käufers bleibt.[217]

65 Der Zustimmungsvorbehalt des Händlers erstreckt sich auf **sämtliche** Rechte des Käufers einschließlich der Ansprüche auf Eigentumsverschaffung und aus Sachmängelhaftung.[218] Von dem Zustimmungsvorbehalt des Verkäufers werden nicht nur die Rechte sondern auch die Pflichten des Käufers erfasst.

Die Zustimmung muss vom Käufer eingeholt und vom Verkäufer gem. Abschn. I, Ziff. 2 NWVB schriftlich erteilt werden. Fehlende Schriftform führt nicht zur Unwirksamkeit der Zustimmung.

---

210 BGH 25. 11. 1999, NJW-RR 2000, 1220, 1221; 24. 9. 1980, NJW 1981, 117, 118; 7. 10. 1981, DAR 1982, 66 ff.
211 BGH 25. 11. 1999, NJW-RR 2000, 1220, 1221 m. w. N.; 24. 9. 1980, NJW 1981, 117, 118.
212 BGH 11. 5. 1989, NJW-RR 1989, 1104; 24. 9. 1980, NJW 1981, 117 ff.; OLG Hamm 9. 7. 1987 – 28 U 268/86 – n. v.
213 BGH 30. 10. 1990, NJW-RR 1991, 764; *Scholtz*, NJW 1960, 1837.
214 BGH 14. 10. 1963, BGHZ 40, 156, 160; 27. 5. 1971, BGHZ 56, 229, 231; *Palandt/Heinrichs*, § 399 BGB, Rn 11 m. w. N.; *Bülow*, NJW 1993, 901; *Wagner*, AcP 194, 451.
215 OLG Köln, ZIP 2000, 742; *Lüke*, JuS 1992, 16.
216 BGH 14. 10. 1963, BGHZ 40, 156, 159.
217 BGH 3. 12. 1987, BGHZ 102, 293, 301; 29. 6. 1989, BGHZ 108, 172, 176.
218 *Creutzig*, Recht des Autokaufs, Rn 1.3.1; zur Abtretung der Sachmängelansprüche Rn 230.

Es steht im Belieben des Käufers und des Dritten, in welcher Weise sie den Zustimmungsvorbehalt des Verkäufers in den Vertrag einbeziehen, der die Übertragung der Käuferrechte zum Gegenstand hat. Sie können die Erteilung der Zustimmung des Verkäufers als **Bedingung** vereinbaren.[219] Denkbar ist auch, dass die „erwartete" Zustimmung des Verkäufers die **Geschäftsgrundlage** des Vertrages darstellt oder dass die eine oder andere Vertragspartei das **Risiko** für die Erteilung oder die Haftung für die Versagung der Zustimmung des Verkäufers **übernimmt**. Hat keiner der Beteiligten die Versagung der Genehmigung zu vertreten, werden beide von ihren Leistungspflichten befreit. Falls eine Partei das Risiko übernommen oder die Versagung der Genehmigung verschuldet hat – etwa der Übernehmer durch sein Verlangen an den Händler, den Vertrag zu modifizieren –,[220] ist sie der anderen gem. § 280 BGB zum Schadenersatz verpflichtet.

Die Auslegung der Willenserklärung kann im Einzelfall ergeben, dass an Stelle des **66** Rechtskaufs ein **Sachkauf** gewollt ist, z. B. dann, wenn der Käufer an dem bestellten Fahrzeug nicht mehr interessiert ist und der Dritte Wert darauf legt, unter Vermeidung langer Lieferfristen alsbald ein Neufahrzeug zu erhalten, wobei die rechtliche Konstruktion, mit der sich dieses Ziel erreichen lässt, den Parteien nach aller Lebenserfahrung völlig gleichgültig ist.[221] Beim Sachkauf richtet sich der Anspruch auf Eigentumsverschaffung gegen den Käufer und nicht gegen den Händler, und es findet ein Durchgangserwerb statt.

Möglich ist auch eine **Vertragsübernahme**, die der Intention der Beteiligten dann ent- **67** spricht, wenn der sog. „Zweitkäufer" vollständig in die Position des Erstkäufers einrücken soll.[222] Einer Vertragsübernahme müssen alle Beteiligten zustimmen, da jeder in seiner Rechtsstellung berührt wird.[223]

Die Berufung des Händlers auf das Zustimmungserfordernis zur Abtretung von Rechten und Pflichten aus dem Kaufvertrag kann **treuwidrig** sein.[224] Rechtsmissbräuchlich handelt ein Verkäufer z. B., wenn er den Neuwagen zwar an den Nachkäufer veräußert, der Vertragsübernahme aber nur deshalb nicht zustimmt, um erneut Gewinn zu erzielen.[225]

Bei außerordentlich langen Lieferfristen infolge starker Nachfrage kann es vorkommen, dass der Käufer zum Zeitpunkt der Lieferung an dem bestellten Fahrzeug wegen einer Erkrankung, zwischenzeitlich eingetretener Fahruntauglichkeit oder wegen finanzieller Verschlechterung nicht mehr interessiert ist. Solche Ereignisse berechtigen ihn nicht zum Rücktritt vom Vertrag. Eine Auflösung des Vertragsverhältnisses nach den Grundsätzen über eine Störung der Geschäftsgrundlage (§ 313 BGB) kann er ebenfalls nicht verlangen, da die veränderten Umstände die eigene Sphäre betreffen, für die er einzustehen hat. Wenn der Händler in einem solchen Fall die Zustimmung zur Abtretung der Rechte und Pflichten aus dem Kaufvertrag auf einen Dritten ohne sachlich zwingende Gründe verweigert und stattdessen Schadensersatz wegen Nichterfüllung vom Käufer begehrt, ist der Anspruch aus dem Gesichtspunkt **unzulässiger Rechtsausübung** zurückzuweisen.[226]

---

219 *Palandt/Heinrichs,* Einführung zu § 182 ff. Rn 5 m. w. N.
220 *Kasten,* DAR 1985, 265, 266.
221 So im Ergebnis AG Bergisch Gladbach 7. 7. 1978 – 16 C 1333/77 – n. v.; einschränkend LG Köln 7. 2. 1979 – 9 S 319/78 – n. v.
222 *Kasten,* DAR 1985, 265, 266.
223 *Palandt/Heinrichs,* BGB § 398 Rn 38 a.
224 BGH 25. 11. 1999, NJW-RR 2000, 1220, 1221; 24. 9. 1980, NJW 1981, 117 ff.; OLG Hamburg 21. 12. 1971, VersR 1972, 631.
225 OLG Karlsruhe 30. 12. 1985, DAR 1986, 151.
226 Zustimmend OLG Hamm 9. 7. 1987 – 28 U 268/86 – n. v.; *Creutzig,* Recht des Autokaufs Rn 1.3.3.

68　Sachlich gerechtfertigt ist die **Versagung der Zustimmung** z. B., wenn berechtigte **Zweifel an der Vertragstreue** und **Zahlungsfähigkeit** des Übernehmers bestehen.[227] Nicht treuwidrig handelt der Verkäufer, wenn er die Zustimmung verweigert, um das Entstehen eines grauen Marktes zu vermeiden.[228] Kein Grund zur Beanstandung besteht auch z. B. dann, wenn der vorgeschlagene Ersatzkäufer das Fahrzeug einem Dritten durch Leasingvertrag überlassen will. Er ist nach Meinung des OLG Hamm[229] einem Wiederverkäufer gleichzusetzen.

Aus dem Zustimmungserfordernis zur Abtretung lässt sich **kein Verfügungsverbot** des Käufers über das gekaufte Fahrzeug ableiten. Nach dem Kaufvertrag ist der Händler verpflichtet, dem Käufer verfügungsfreies Eigentum an dem Kaufgegenstand zu verschaffen, so dass er den Käufer nicht hindern kann, im Rahmen der ihm zustehenden Vertragsfreiheit den Wagen zu veräußern[230]

227　OLG Nürnberg 13. 5. 1982 – 2 U 752/82 – n. v.; *Creutzig,* Recht des Autokaufs, Rn 1.3.3.
228　*Creutzig*, Recht des Autokaufs Rn 1.3.4.
229　Urt. v. 9. 7. 1987 – 28 U 268/86 – n. v.
230　OLG Karlsruhe 19. 10. 1977, DAR 1978, 13 ff.; zur vertraglichen Vereinbarung eines befristeten Veräußerungsverbots Rn 440.

D. Haftung aus Verschulden bei Vertragsanbahnung und Vertragsabschluss

Nach anerkanntem Recht begründet der Eintritt in Vertragsverhandlungen ein Schuldverhältnis mit beiderseitigen Pflichten zur Fürsorge und Rücksichtnahme, das im Zuge der Schuldrechtsreform in §§ 280, 241 Abs. 2, 311 a BGB gesetzlich verankert wurde.[1] Für eine schuldhafte Verletzung vorvertraglicher Pflichten haftet der Schädiger dem Verletzten auf Ersatz des Vertrauensschadens, wobei das Erfüllungsinteresse nicht zwangsläufig die obere Grenze bildet.[2] Für ein vorvertragliches Verschulden von Erfüllungsgehilfen muss der Geschäftsherr nach § 278 BGB einstehen.

Die Haftung kann individualvertraglich ausgeschlossen und beschränkt werden. Für vorsätzliches Handeln kann die Haftung gem. § 276 Abs. 3 BGB nicht im Voraus erlassen werden. Ausschlüsse und Beschränkungen der Haftung durch AGB sind nur in den Grenzen von §§ 307–309 BGB zulässig.

Ansprüche aus Verletzung vorvertraglicher Pflichten werden von Abschn. VIII NWVB nicht erfasst. Wird der Vertrag nicht abgeschlossen, scheitert die Freizeichnung daran, dass die NWVB mangels Einbeziehung nicht Gegenstand der vorvertraglichen Vertragsbeziehung sind. Kommt es zum Vertragsabschluss, werden bereits entstandene Ansprüche aus Verschulden bei den Vertragsverhandlungen nicht nachträglich beschränkt oder ausgeschlossen.[3] Eine solche Rückwirkung im Sinne eines deutlich hervorgehobenen und klar formulierten Verzichts auf bereits entstandene Ansprüche[4] ist in der Klausel von Abschn. VIII NWVB nicht angelegt.

Bei Vertragsanbahnung stehen **Aufklärungs-** und **Schutzpflichten** im Vordergrund. Von der Aufklärungspflicht werden all diejenigen Umstände erfasst, die für die Vertragsentschließung des anderen Teils erkennbar von Bedeutung sind und über die er nach den im Verkehr herrschenden Anschauungen redlicherweise Aufklärung erwarten darf.[5] Die Schutzpflichten gebieten den Parteien, Schädigungen des anderen im Zusammenhang mit den Vertragsverhandlungen oder dem geschäftlichen Kontakt zu unterlassen.[6]

I. Verletzung von Aufklärungspflichten

1. Umfang der Aufklärungspflichten

Aufklärungspflichten (Hinweis- und Beratungspflichten) bewegen sich im Spannungsfeld der beiderseitigen Interessen, da jeder Vertragsteil beim Kauf naturgemäß seinen eigenen Vorteil anstrebt. Aus diesem Grund besteht **keine uneingeschränkte Aufklärungspflicht** über alle vertragserheblichen Umstände. Der Verkäufer muss in der Regel **nicht ungefragt Ungünstiges** über den Kaufgegenstand **mitteilen**.[7] Auf der anderen Seite sind die Vertragsparteien trotz der widerstreitenden Interessen verpflichtet, die Gegenpartei über

---

1 *Huber* in *Huber/Faust* Schuldrechtsmodernisierung, S. 18.
2 BGH 28. 10. 1971, BGHZ 57, 191, 193; 4. 7. 1989, NJW 1989, 3095.
3 BGH NJW 1984, 866.
4 OLG Koblenz 19. 2. 1993, NJW-RR 1993, 1078, 1080; *Wolf/Horn/Lindacher* AGBG § 11 Nr. 7; *Ziegler,* BB 1990, 2345.
5 BGH 28. 4. 1971, MDR 1972, 42, 43; *Schaumburg,* MDR 1975, 105.
6 BGH 21. 5. 1968, NJW 1968, 1472.
7 OLG Düsseldorf 29. 11. 1996, NJW-RR 1997, 1283 zur geringeren Servicefreundlichkeit gegenüber Konkurrenzprodukten; *Soergel/Huber,* § 433 Anh. I, Rn 73; *Staudinger/Peters,* BGB, 13. Aufl. § 633 Rn 25.

solche Umstände aufzuklären, „die zur Vereitelung des Vertragszwecks geeignet sind und daher insbesondere auch für die Entschließung des anderen Teils von wesentlicher Bedeutung sein können",[8] vorausgesetzt, dass die Gegenpartei die Mitteilung nach der Verkehrsauffassung erwarten darf.[9] Ob eine Aufklärung nach Treu und Glauben erwartet werden kann, ist nach den Umständen des Einzelfalles zu entscheiden.[10]

Verschärft sind die Aufklärungs- und Beratungspflichten gegenüber dem **„fragenden" Käufer**. Strenge Maßstäbe gelten auch dann, wenn der Verkäufer in seiner Eigenschaft als Fachmann oder Vertrauensperson den Käufer bei den Kaufverhandlungen aktiv berät[11] und der Beratungsgegenstand für den Käufer entscheidende Bedeutung besitzt.[12] Wenn der Verkäufer ausdrücklich oder in schlüssiger Weise, etwa durch Abgabe einer Empfehlung, eine Beratungspflicht übernommen hat, ist er verpflichtet, den Käufer über alle den Vertragsgegenstand betreffenden wesentlichen Umstände umfassend und zutreffend aufzuklären.[13]

Seine Ersatzpflicht wegen Erteilung eines unzutreffenden Rates kann der Verkäufer nicht mit dem Einwand entkräften, den Käufer treffe eine Mitschuld, weil er auf den Rat vertraut habe.[14]

2. Abgrenzung zur Sachmängelhaftung

71   Das **Verhältnis** der Haftung aus Verletzung vorvertraglicher Pflichten zur **Sachmängelhaftung** wird durch den Vorrang letzterer geprägt, soweit es sich um solche Verletzungstatbestände handelt, die einen unmittelbaren Bezug zum Sachmangel aufweisen. Nach Gefahrübergang hat der Käufer nicht mehr den direkten Zugriff auf die Haftungs- und Rücktrittsvorschriften nach allgemeinem Leistungsstörungsrecht. Der Weg nach dorthin führt wegen der Spezialität der kaufrechtlichen Sachmängelhaftung nur noch über § 437 BGB. Die Schnittstelle wird durch den Gefahrübergang (§§ 434 Abs. 1, 446 BGB) markiert.[15] Er bewirkt, dass die verjährungsrechtliche Sonderregelung des § 438 Nr. 3 BGB die 3-jährige Regelverjährung verdrängt, der die Ansprüche aus Verletzung vorvertraglicher Nebenpflichten unterliegen. Diese Konsequenz liegt in der Natur der Sache, da sich der verjährungsrechtliche Einschnitt in gleicher Weise beim Übergang des Erfüllungsanspruchs in einen Nacherfüllungsanspruch vollzieht.

Aus den gleichen Gründen ist eine Anfechtung des Vertrages durch den Käufer wegen eines Beschaffenheitsirrtums nach Gefahrübergang nicht zulässig.[16] Der Verkäufer hat ebenfalls nicht die Möglichkeit, den Vertrag wegen Irrtums anzufechten, da er sich andernfalls seiner Mängelhaftung entziehen könnte. Schließlich kommt eine Anpassung oder Aufhebung des Vertrages wegen Störung der Geschäftsgrundlage gem. § 313 BGB weder für den Käufer noch für den Verkäufer in Betracht. Eine Ausnahme zugunsten des Verkäufers ist zuzulassen, wenn er versehentlich ein falsches Fahrzeug geliefert hat, dessen Beschaf-

---

8 BGH 6. 12. 1995, NJW-RR 1996, 429.
9 BGH 27. 2. 1974, NJW 1974, 849, 851; 6. 2. 1976; WM 1976, 401, 402; *Soergel/Huber,* § 433 Anh. I, Rn 74 m. w. N.
10 BGH 16. 1. 1991, ZIP 1991, 321, 323; 6. 12. 1995, NJW-RR 1996, 429; 10. 1. 1996, NJW-RR 1996, 497.
11 *Soergel/Wiedemann,* § 275 Rn 115 ff.
12 *Soergel/Huber,* § 433 Anh. I, Rn 83.
13 BGH 16. 11. 1970, WM 1971, 74; 13. 7. 1983, NJW 1983, 2697.
14 OLG Düsseldorf 28. 4. 1995, NJW-RR 1996, 498.
15 *Graf von Westphalen* in *Henssler/Graf von Westphalen* Praxis der Schuldrechtsreform § 438 Rn 27; *Mansel/Budzikiewicz,* Das neue Verjährungsrecht, S. 122 Rn 20; *Palandt/Heinrichs,* BGB Erg. Bd. § 311, Rn 17; a. A. *Köndgen* in *Schulze/Schulte-Nölke* S. 231, 239; *Medicus* in *Haas/Medicus/Rolland/Schäfer/Wendtland,* Das neue Schuldrecht, S. 118 Rn 169.
16 *Haas* in *Haas/Medicus/Rolland/Schäfer/Wendtland,* Das neue Schuldrecht, S. 125 Rn 259.

fenheit positiv von der vereinbarten Beschaffenheit abweicht.[17]
Beispiel: Lieferung eines Luxusfahrzeugs statt des vereinbarten Kleinwagens.

3. Offenbarungspflichtige Umstände

Eine generelle Hinweispflicht des Verkäufers auf das **bevorstehende Erscheinen** eines **neuen Modells** wird allgemein verneint.[18] Im Widerstreit der beiderseitigen Interessen besteht eine echte Pattsituation: Während der Käufer im Regelfall ein Fahrzeug der allerneusten Serie erwerben will, liegt dem Händler daran, den Bestand an Fahrzeugen aus der Vorproduktion abzusetzen, bevor der neue Wagen auf den Markt kommt. Von diesen Überlegungen ausgehend stellte das LG Hamburg fest, dass das Risiko des Veraltens eines Modells durch Herauskommen eines neuen Modells in der Autobranche wie auch in anderen Geschäftsbereichen grundsätzlich der Kunde trägt.[19]

Erkundigt sich der Käufer ausdrücklich, ob das Erscheinen eines neuen Modells bevorsteht, muss der Verkäufer ihn wahrheitsgemäß aufklären.[20] Der Händler macht sich schadensersatzpflichtig, wenn er wider besseres Wissen erklärt, eine Modelländerung stehe nicht bevor. Falls er Vorzüge des älteren Modells anpreist, wie etwa einen besseren Stoff, bessere Sitze usw., muss er auch auf die Nachteile hinweisen (fehlender Katalysator).[21] Wirbt er für ein Kraftfahrzeug, das nicht mehr hergestellt wird, darf der Käufer erwarten, dass ihn der Verkäufer hierüber ungefragt aufklärt.[22] Nach Meinung des OLG Köln[23] besteht keine Informationspflicht, wenn der Hersteller die Produktion intern bereits auf das Modell umgestellt, mit dessen Auslieferung aber noch nicht begonnen hat. Dem Händler sei nicht zuzumuten, schon vor der Auslieferung auf das Erscheinen des Nachfolgemodells hinzuweisen und dadurch seine Absatzchancen zu schmälern. Dies habe auch zu dann gelten, wenn die Modelleinführung auf dem Markt wenige Tage bevorstehe. Die Anknüpfung an den Zeitpunkt der Auslieferung mag im Einzelfall durchaus gerechtfertigt sein. Darauf kann es aber dann nicht entscheidend ankommen, wenn der Hersteller das Erscheinen des neuen Modells bereits publik gemacht hat. Da der nicht informierte Kunde unter solchen Umständen im redlichen Geschäftsverkehr erwarten darf, dass ihn der Händler hierüber aufklärt, vermag der Hinweis nicht zu überzeugen, der Käufer müsse ständig mit dem Erscheinen eines Modell rechnen, da ja allgemein bekannt sei, dass Pkw-Modelle in regelmäßigen Abständen einer Modellpflege unterzogen werden. Für die Frage, ob eine Offenbarungspflicht besteht, ist die Auslieferung an den Handel gewiss ein wichtiger Aspekt, aber eben nicht der einzige.

Der Verkäufer ist grundsätzlich verpflichtet, den Käufer auf die **Auslaufeigenschaft** technischer Produkte hinzuweisen, wenn das Modell vom Hersteller nicht mehr produziert und nicht mehr im Sortiment geführt oder von ihm selbst als Auslaufmodell bezeichnet wird.[24]

---

17 *Haas* in *Haas/Medicus/Rolland/Schäfer/Wendtland*, Das neue Schuldrecht, S. 227, Rn 264.
18 BGH 3. 12. 1998, DAR 1999, 358; OLG München 26. 10. 1966, NJW 1967, 158; AG Köln 3. 8. 1983 – 114 C 76/83 – n. v.; *Soergel/Huber*, § 433 Anh. I, Rn 81.
19 Urt. v. 23. 11. 1960, BB 1961, 67; ebenso KG 17. 2. 1969, NJW 1969, 2145; a. A. OLG Düsseldorf 13. 4. 1970, NJW 1971, 622; *Feudner*, BB 1989, 788.
20 *Soergel/Huber*, § 433 Anh. I, Rn 81; OLG München 26. 10. 1966, NJW 1967, 158, das die Frage dahinstehen lassen konnte.
21 OLG Köln, 10. 1. 1990, NZV 1991, 28.
22 OLG Köln 17. 9. 1982, WRP 1983, 112; OLG München 24. 4. 1986, WRP 1986, 603; OLG Düsseldorf 22. 1. 1987, WRP 1987, 388; zur Aufklärungspflicht beim Verkauf importierter / reimportierter Fahrzeuge Rn 449.
23 Urt. v. 16. 7. 2002, OLGR 2002, 404, nicht rechtskräftig; siehe dazu auch Rn 214.
24 BGH 6. 10. 1999, NJW-RR 2000, 1204; 3. 12. 1998, DAR 1999, 358; 4. 2. 1996, 831; enger OLG Hamm 20. 3. 1980, MDR 1980, 846; OLG Köln 28. 4. 1995, OLGR 1996, 48, das unter Auslauf-

Als einen nicht offenbarungspflichtigen Umstand wertete das KG[25] die **„werkseitige Konstruktionsänderung"** des Modells durch Einbau einer neuen, die Fahreigenschaften verbessernden Hinterachse. Das Unternehmerrisiko, so die Meinung des Gerichts, werde ungebührlich erhöht, falls man dem Verkäufer die Verpflichtung auferlege, während der Übergangszeit die Käufer über den technischen Entwicklungsstand der einzelnen verkauften Fahrzeuge aufzuklären und auf diese Weise seine Aussicht herabzumindern, die älteren Fahrzeuge noch preisgleich absetzen zu können.

Auf der gleichen Linie liegt eine Entscheidung des OLG Zweibrücken,[26] wonach der Verkäufer den Käufer nicht darauf hinweisen muss, dass das Fahrzeug aus der **Vorjahresproduktion** stammt, sofern nicht das Herstellerwerk im Laufe des Jahres das Modell gewechselt oder grundlegende Konstruktionsverbesserungen vorgenommen hat. Den Einbau eines Kurzhalsgetriebes wertete das Gericht jedoch noch nicht als **grundlegende technische Veränderung**. Das Urteil hat durch die Rechtsprechung des BGH zur Fabrikneuheit eines Neufahrzeugs an Bedeutung verloren.[27]

74 Immer wieder müssen sich Gerichte mit der Frage befassen, unter welchen Voraussetzungen der Verkäufer verpflichtet ist, eine **längere Standzeit** des Fahrzeugs zu offenbaren, worunter die Zeit zwischen Produktion und Verkauf zu verstehen ist. Die Rechtsprechung wird von Einzelfallentscheidungen geprägt. Die Tendenz geht dahin, eine Verpflichtung zur Offenbarung des Herstellungsdatums ab einer Lagerdauer von ca. 12 Monaten anzunehmen (ausführlich dazu Rn 75).

75 Auf besondere **„Gefahren und Eigentümlichkeiten"** des Modells muss der Verkäufer den Käufer hinweisen.[28] Da den Verkäufer im Regelfall keine Untersuchungspflicht, sondern allenfalls eine Pflicht zur flüchtigen Prüfung trifft, (Rn 154). liegt die Hinweis- und Warnpflicht in erster Linie bei dem für die Sicherheit des Produkts verantwortlichen Hersteller und nur ausnahmsweise beim Händler.[29] Eines gesonderten Hinweises auf die turnusmäßige Erneuerung des Motor – Zahnriemens bedarf es nicht, wenn in der Betriebsanleitung auf die Wichtigkeit der Durchführung regelmäßiger Inspektionen hingewiesen wird.[30] Eine Warn- und Aufklärungspflicht bejahte das OLG München[31] im Falle des Verkaufs von Stoßdämpfern neuerer Bauart, die für Kraftfahrzeuge älteren Baujahres nicht geeignet waren.

76 Es bedarf keiner Aufklärung über **allgemeines Erfahrungswissen**, denn grundsätzlich muss sich derjenige, der ein Kraftfahrzeug anschafft, mit dessen Umgang vertraut machen und die Bedienungsanleitung des Herstellers studieren. Ein gewisses Maß an Vorkenntnissen hinsichtlich der Bedienung und Handhabung eines Kraftfahrzeugs kann der Händler wegen des Führerscheinzwanges erwarten. Mit der Feststellung, der Händler müsse den Käufer auf ein mögliches Nachlassen der Bremsen bei einem normalen Abschleppvorgang mit abgestelltem Motor hinweisen, hat vor Jahren das AG Hamburg[32] die Anforderungen an

---

modellen Produkte versteht, die vom Hersteller nicht mehr produziert werden und nur noch als Restbestände im Vertrieb verfügbar sind.

25 Urt. v. 7. 2. 1969, NJW 1969, 2145 ff.
26 Urt. v. 20. 11. 1969, MDR 1970, 325; ebenso OLG München 9. 2. 1965, DAR 1965, 272.
27 Urt. v. 6. 2. 1980, NJW 1980, 1097; 18. 6. 1980, DB 1980, 1836.
28 BGH 5. 4. 1967, BGHZ 47, 312, 315; BGH 19. 2. 1975, BGHZ 64, 46 ff.
29 *Palandt/Heinrichs*, BGB Erg.-Bd., § 280 Rn 19; *Erman/Battes*, § 276 Rn 57 d; sowie zu den Warnpflichten des Herstellers § 823 Rn 119.
30 LG Duisburg 24. 1. 1999, DAR 1999, 550; zur Produktbeobachtungspflicht eines vom Hersteller als „Lebensdauerteil" bezeichneten Zahnriemens LG München 7. 10. 1998, DAR 1999, 127, siehe ferner LG Duisburg 4. 8. 1995, DAR 1995, 488 zur Haftung des Kundendienstleiters einer Werkstatt, der nicht nachgeprüft hat, ob der laut Inspektionsbericht des Monteurs erneuerte Zahnriemen tatsächlich ersetzt wurde.
31 Urt. v. 26. 3. 1985, DAR 1985, 381.
32 Urt. v. 13. 4. 1973 – 15 C 1312/72 – n. v.

die Aufklärungspflicht überzogen. Das Nachlassen des Bremsdruckes stellt keinen derart ungewöhnlichen und unbekannten Vorgang dar, dass der Käufer nach Treu und Glauben einen entsprechenden Hinweis des Verkäufers erwarten darf.[33]

Das Risiko der **Gebrauchstauglichkeit** des Fahrzeugs zu dem angestrebten Zweck liegt regelmäßig beim Käufer.[34] Kann er die Tauglichkeit zu dem in Aussicht genommenen Gebrauch nicht beurteilen, muss er dafür Sorge tragen, dass die Erreichung des Verwendungszwecks Vertragsinhalt wird. Nur unter der Voraussetzung, dass der Käufer bei den Vertragsverhandlungen die Verwendungstauglichkeit für den Händler erkennbar werden lässt und dieser es übernimmt, den Käufer zu beraten, entsteht auf Seiten des Händlers eine vorvertragliche Aufklärungspflicht. 77

Aufklärungspflichten bestehen nicht nur im Hinblick auf den Leistungsgegenstand, sie erstrecken sich auch auf sonstige **wesentliche Vertragsmodalitäten.** Das OLG Köln[35] billigte dem Käufer eines Neuwagens Schadensersatzansprüche zu, weil ihn der Verkäufer bei Ablieferung des in Zahlung genommenen Gebrauchtfahrzeugs nicht auf eine mögliche Lieferverzögerung des Neuwagens hingewiesen hatte. Die Vereinbarung einer nur unverbindlichen Lieferzeit befreie den Verkäufer nicht von der Verpflichtung, den Käufer im Zusammenhang mit der Frage des Liefertermins nach bestem Wissen zu beraten, zumal sich der Verkäufer in der wirtschaftlich stärkeren Position befinde. 78

Eine generelle vorvertragliche Nebenpflicht des Verkäufers zur Aufklärung über Lieferfristbedingungen und sonstige Vertragsmodalitäten besteht nicht. Zur **Raterteilung** ist der Verkäufer ausnahmsweise verpflichtet, wenn er als **fachkundige Person** eine besondere **Vertrauensstellung** gegenüber dem Käufer einnimmt.[36] Er ist gemäß § 280 BGB schadensersatzpflichtig, wenn er auf Befragen schuldhaft unrichtige und unvollständige Auskünfte erteilt, etwa hinsichtlich der Steuerbefreiung eines Katalysator-Autos,[37] oder wenn er eine Aufklärung unterlässt, obwohl er erkennt, dass der andere Teil von offenbar falschen Vorstellungen ausgeht. Weist der Kaufinteressent z. B. darauf hin, dass er den Neuwagen für die bevorstehende Urlaubsreise benötigt und legt er ausdrücklich Wert auf Lieferung bis zum Urlaubsantritt, muss ihn der Verkäufer, sofern Veranlassung besteht, darauf aufmerksam machen, dass die Frist wahrscheinlich nicht eingehalten werden kann.

Als Verstoß gegen Aufklärungspflichten bewertete das LG Zweibrücken[38] das Verhalten eines Händlers, der es versäumt hatte, den privaten Käufer auf die steuerrechtlichen Konsequenzen der von ihm gewollten **Aufspaltung des Anrechnungspreises** für die Inzahlungnahme des Gebrauchtfahrzeugs in einen Nettopreis und einen Mehrwertsteuerbetrag hinzuweisen. Der Händler musste die Mehrwertsteuer erstatten, zu dessen Zahlung der Käufer vom Finanzamt herangezogen worden war. Nach einer Entscheidung des BGH[39] ist der Verkäufer nicht verpflichtet, den Käufer ungefragt darauf hinzuweisen, dass der Lieferant in der Zeit zwischen Aufnahme der Kaufverhandlungen und Kaufabschluss seine **Listenpreise gesenkt** hatte.

Bei Hereinnahme eines Gebrauchtfahrzeugs zur Verkaufsvermittlung mit Anrechnungsvereinbarung des Verkaufserlöses auf den Neuwagenpreis fordert die Rechtsprechung,[40] 79

---

33 BGH 9. 11. 1971, VersR 1972, 150; 3. 6. 1975, VersR 1975, 924; *Diederichsen,* DAR 1976, 312, 315.
34 RG 27. 5. 1910, JW 1910, 748, 749.
35 Urt. v. 15. 4. 1971, DAR 1971, 295.
36 BGH 28. 4. 1971, MDR 1972, 42, 43, Brauchbarkeit eines Tanklastzuges; 16. 11. 1970, NJW 1971, 187.
37 AG Dortmund 29. 4. 1987, NJW-RR 1988, 1462.
38 Urt. v. 20. 10. 1981 – 3 S 68/81 – n. v.
39 Urt. v. 13. 7. 1983, NJW 1983, 2493.
40 BGH 8. 1. 1986, DAR 1986, 143.

dass der Neuwagenhändler den Kunden über die **Versicherung des Gebrauchtfahrzeugs bei Probefahrten** aufklärt. Der Eigentümer eines nicht vollkaskoversicherten Gebrauchtwagens darf, wenn ihm gegenüber keine gegenteiligen Erklärungen abgegeben werden, davon ausgehen, dass der Händler für eine entsprechende Fahrzeugversicherung nach Maßgabe der von der Versicherungswirtschaft dem Kfz-Handel hierfür eigens zur Verfügung gestellten Sonderbedingungen gesorgt hat.

Für den Käufer besteht keine Pflicht, gegenüber dem Verkäufer eine Wiederverkaufsabsicht zu offenbaren.[41] Will sich der Verkäufer davor schützen, dass die von ihm vertriebenen Fahrzeuge auf dem „grauen Markt" von Wiederverkäufern gehandelt werden, muss er beim Kunden nachfragen und sich ggf. eine Bestätigung über die beabsichtigte Eigenverwendung erteilen lassen oder mit ihm eine – ggf. mit Vertragsstrafe bewehrte – Vereinbarung treffen, die den Weiterverkauf für eine bestimmte Zeit untersagt.

II. Ablehnung der Käuferofferte

80   Gem. Abschn. I, Ziff. 1, S. 3 NWVB hat der Verkäufer den Besteller unverzüglich zu unterrichten, wenn er das Angebot nicht annimmt. Diese ursprünglich auf Lieferhindernisse beschränkte und im Zuge der Überarbeitung der NWVB auf alle denkbaren Fälle der Nichtannahme der Käuferofferte erweiterte Klausel beinhaltet eine über den Rahmen des Üblichen hinausgehende[42] **vorvertragliche Nebenpflicht** des Verkäufers, die einen gewissen Ausgleich für die vierwöchige einseitige Bindung des Bestellers schaffen soll.

Unterlässt der Verkäufer die Ablehnung oder erklärt er sie nicht unverzüglich – ohne schuldhaftes Zögern –, hat er dem Besteller den dadurch entstehenden Schaden zu ersetzen. Den Nachweis der objektiven Pflichtverletzung muss der Besteller erbringen, wobei ihm die Beweiserleichterungen des § 280 Abs. 1 S. 2 BGB im Sinne einer verkürzten Beweislast zugute kommen. Der Besteller hat Anspruch darauf, so gestellt zu werden, wie er stehen würde, wenn ihm der Verkäufer die Ablehnung unverzüglich mitgeteilt hätte.[43] Weist der Käufer nach, dass es ihm bei rechtzeitiger Ablehnung möglich gewesen wäre, das Fahrzeug über einen anderen Händler zu beschaffen und besteht diese Möglichkeit infolge der verspäteten Ablehnung nicht mehr, muss ihm der Händler Mietwagenkosten oder Nutzungsausfall für die Zeit der Lieferverzögerung erstatten.

Der Verkäufer kann seine Entscheidung beliebig treffen und schuldet dem Käufer keine Rechenschaft. Demzufolge besitzt der Käufer keinen Anspruch auf Mitteilung der Ablehnungsgründe. Um überhaupt überprüfen zu können, ob der Verkäufer seine Mitteilungspflicht verletzt hat, muss er wissen, zu welchem Zeitpunkt dieser betriebsintern die Nichtannahme des Angebots beschlossen hat. Da er keinen Einblick in die Sphäre des Verkäufers besitzt, kommt man nicht umhin, ihm einen gegen den Verkäufer gerichteten Auskunftsanspruch zuzubilligen, andernfalls er keine Möglichkeit besäße, die ihm zustehenden Schadensersatzansprüche wegen verspäteter Zurückweisung des Angebots zu realisieren. Selbst der Auskunftsanspruch wird dem Käufer selten zum Ziel verhelfen. Der Vielzahl der denkbaren Ablehnungsgründe und der sich dem Verkäufer bietenden Möglichkeit, ein beliebiges Motiv und einen beliebigen Ablehnungszeitpunkt vorzuschieben, steht der Besteller praktisch schutzlos gegenüber. Die früher verwendete Klausel, die den Verkäufer verpflichtete, „bei Lieferhindernissen" unverzüglich die Ablehnung der Bestellung zu erklären, bot eine griffigere Handhabung, von der das OLG Hamm[44] zum Vorteil des Käufers Gebrauch

---
41 BGH 26. 2. 1992, ZIP 1992, 483 ff.; entgegen OLG Düsseldorf 15. 3. 1991 – 22 U 235/90, EWiR 1991, 1057 (*Reinking*).
42 LG Köln 15. 6. 1978 – 78 O 39/78 – n. v.
43 BGH 28. 10. 1971, BGHZ 57, 191 ff.
44 Urt. v. 29. 6. 1982 – 28 U 21/82 – n. v.

machte, indem es den Verkäufer zum **Schadensersatz** verurteilte, weil er mit der Zurückweisung der Käuferofferte ausschließlich bezweckt hatte, einen bereits geschlossenen **Vermittlungsauftrag** über ein Gebrauchtfahrzeug **zu Fall zu bringen**.

Mit dem Wegfall der Bindung des Käufers an sein Angebot endet die Mitteilungspflicht des Verkäufers.

III. Verletzung von Schutzpflichten anlässlich einer Probefahrt

Durch Gestattung einer **Probefahrt** mit einem Vorführwagen oder einem vorrätigen Neufahrzeug soll dem Kaufinteressenten im Rahmen der Verkaufsförderung ermöglicht werden, das Fahrzeug im Hinblick auf Funktion, Fahreigenschaften, Bedienungskomfort, Verwendungsmöglichkeit usw. kennen zu lernen, um sich ggf. über den Ankauf dieses oder eines anderen Wagens schlüssig zu werden. Davon zu unterscheiden ist die Probefahrt des Käufers vor Abnahme des vom Händler zur Auslieferung bereitgestellten Neufahrzeugs. Bei ihr steht die Prüfung der vertragsgemäßen und fehlerfreien Beschaffenheit der Kaufsache im Vordergrund (Rn 155). 81

1. Rechtsnatur des Gebrauchsüberlassungsverhältnisses

Die Gestattung von Probefahrten auf hierzu eigens angeschafften **Vorführfahrzeugen** entspricht allgemeinen Gepflogenheiten des Neuwagenhandels. Hierzu werden von Fall zu Fall unterschiedliche Probefahrt-Verträge, Probefahrt-Protokolle oder Probefahrt-Schecks verwendet. Manche Händler arbeiten mit Leihverträgen, indem sie die darin vorgesehenen Rubriken für Kilometerentgelt sowie die für den Leihvertrag geltenden AGB durchstreichen. Kilometerbegrenzungen sind in den Formularen meistens nicht vorgesehen. Die Felder für die Eintragungen betreffen die Personalien (Name, Adresse, Tel.-Nr.), Führerscheindaten des Probefahrers (Führerschein-Nr., ausstellende Behörde, Ausstellungsdatum) und Fahrzeugdaten (Typ, Fahrgestell-Nr., Kennzeichen bzw. rote Nummer). Beginn und Ende der Probefahrt werden protokolliert. Ferner enthalten Probefahrt-Formulare unterschiedliche Hinweise an den Kunden, wie z. B. darauf, dass der Einsatz des Fahrzeugs zum Transport von Gütern nicht zulässig ist, dass der Fahrer nur im Inland fahren darf und dass er sich im Fall einer Beschädigung des Fahrzeugs mit 500,– Euro an den Kosten für Reparatur oder Wiederbeschaffung zu beteiligen hat. 82

Eine Klausel mit Selbstbeteiligung ist nicht zu beanstanden,[45] da es dem Kunden unbenommen bleibt, von der Probefahrt unter diesen Umständen Abstand zu nehmen oder mit dem Autohaus eine abweichende Vereinbarung zu treffen.

Den im BGB vorgesehenen Vertragstypen lässt sich die Gebrauchsüberlassung eines Fahrzeugs zum Zweck der Probefahrt nicht zuordnen. Kaufrechtliche Grundsätze können nicht zur Anwendung kommen, da es zwischen der Überlassung eines Wagens und dem in Aussicht genommenen Kaufvertrag an dem notwendigen rechtlichen Zusammenhang fehlt.[46] Die beiderseitigen Rechte und Pflichten lassen sich auch nicht aus einem Leihvertrag ableiten, weil nach Meinung des BGH[47] die Überlassung nicht lediglich im Interesse des Kunden, sondern auch in dem des Händlers liegt und weil – so die Auffassung des OLG Düsseldorf[48] – der Händler keine echte Verpflichtung zur Gebrauchsüberlassung eingehen will. 83

---

45 AG Krefeld, Urt. 14. 9. 2001 -78 C 473/00-.
46 BGH 18. 2. 1964, MDR 1964, 408.
47 Urt. v. 18. 2. 1964, MDR 1964, 408.
48 Urt. v. 20. 3. 1967, DAR 1967, 323.

Diese Überlegungen veranlassten den BGH zu der Feststellung, dass es sich bei der Gebrauchsüberlassung um einen Vorgang handelt, der seine Bedeutung in sich selbst hat.[49] Ob hiermit ein Vertrag eigener Art i. S. v. §§ 241, 311 Abs. 1 BGB gemeint sein sollte, blieb unausgesprochen, was nachgeordnete Gerichte in der Folgezeit dazu bewog, in ähnlichen Fällen einen sog. Probefahrtvertrag anzunehmen. Später stellte dann der BGH[50] ausdrücklich klar, dass mit der Überlassung eines Fahrzeugs zum Zweck der Probefahrt **ein bindendes Vertragsverhältnis** mit Leistungspflichten üblicherweise **nicht eingegangen** werde.

84 Klare **Absprachen** über die Probefahrt und die zeitliche und km – mäßige Benutzung des Autos sind zu empfehlen. In einem vom LG Offenburg[51] entschiedenen Fall hatte der Kaufinteressent mit dem Vorführwagen des Händlers übers Wochenende 973 km zurückgelegt. Der Händler verlangte hierfür eine Vergütung und machte geltend, die Grenze der unentgeltlichen Gebrauchsüberlassung zur Erprobung des Autos sei vom Kaufinteressenten überschritten worden. Seine Klage wurde abgewiesen. Das Gericht konnte keine allgemeine Verkehrssitte erkennen, dass Probefahrten regelmäßig auch ohne besondere Absprache kilometerbegrenzt sind bzw. dass bei Überschreitung einer gewissen km-Grenze ein Entgelt zu zahlen ist.

Konkrete Absprachen über Dauer, Fahrstrecke und Ziel einer Probefahrt sind auch aus versicherungsrechtlichen Gründen ratsam. Dabei ist darauf zu achten, dass das (rote) Kennzeichen nicht missbräuchlich verwendet wird, andernfalls ein zulassungsrechtlich mit **Bußgeld** oder **strafrechtlichen Sanktionen** (§ 22 StVG) bewehrter Verstoß vorliegt und außerdem der **Versicherungsschutz** entfallen kann.[52] Einem Kfz-Händler, der seinem Kunden ein hochwertiges Kraftfahrzeug für eine Probefahrt nach Italien zur Verfügung gestellt hatte, wo es mitsamt rotem Kennzeichen entwendet wurde, blieb diese Konsequenz nur deshalb erspart, weil die Versicherung, welche wegen **missbräuchlicher Kennzeichenverwendung** (§ 2 Abs. 2 AKB) Leistungsfreiheit einwandte, die Kündigung des Versicherungsvertrages gem. § 6 Abs. 1 VVG versäumt hatte.[53] Erkundigt sich der Kunde danach, ob Vollkaskoversicherungsschutz besteht, muss ihn der Händler, wenn er ein Fahrzeug mit rotem Kennzeichen übergibt, darüber **belehren**, dass der Versicherungsschutz nicht für andere als in § 28 Abs. 1 StVZO geregelte Fahrten besteht. Einem Neuwagenkäufer, dessen Fahrer das mit roten Kennzeichen ausgelieferte Neufahrzeug nicht allein für die Überführung sondern außerdem für eine Fahrt zu einem Einkaufszentrum genutzt hatte, wo es gestohlen worden war, billigte das OLG Frankfurt[54] nach Versagung des Versicherungsschutzes durch die Vollkaskoversicherung einen Schadensersatzanspruch gegen den Händler zu, weil dieser die Aufklärung über die eingeschränkte Kennzeichenverwendung unterlassen hatte.

Kraft des gesetzlichen Schuldverhältnisses bei Vertragsanbahnung bestehen **Schutz- und Sorgfaltspflichten**, insbesondere solche des Käufers in Bezug auf den zur Probefahrt überlassenen Vorführwagen. Ihre Verletzung begründet die Haftung des Kaufinteressenten aus §§ 280, 241 Abs. 2 BGB.

2. Beschädigung des Vorführwagens

85 Die Erfahrung lehrt, dass bei Probefahrten im Allgemeinen ein **erhöhtes Unfallrisiko** besteht. Ursächlich hierfür ist die mangelnde Vertrautheit des Probefahrers mit den Beson-

---

49 Urt. v. 18. 2. 1964, MDR 1964, 408.
50 Urt. v. 21. 5. 1968, DAR 1968, 239, 240.
51 Urt. v. 4. 7. 1988, NJW-RR 1989, 178.
52 OLG Stuttgart 31. 8. 2000, VersR 2001, 1375.
53 BGH 15. 1. 1997, NZV 1997, 226.
54 Urt. v. 13. 10. 1995, VersR 1997, 1107.

derheiten des Modells, an dessen Bedienungselemente, Fahrverhalten, usw., er sich gewöhnen muss. Durch diese mit der Umstellung verbundenen Schwierigkeiten wird der Fahrer in seiner Aufmerksamkeit mehr oder weniger vom Verkehrsgeschehen abgelenkt. Hinzu kommt sein Bestreben, das neue Auto im Hinblick auf dessen Eigenschaften zu testen, wie z. B. durch starkes Bremsen oder Beschleunigen, schnelle Kurvenfahrt, usw. Hierin liegt ein weiteres für Probefahrten typisches Gefahrenmoment.

Verursacht der Probefahrer einen Unfall, dann ist zu unterscheiden, ob ihn leichtes oder grobes Verschulden trifft. Bei **leichtem Verschulden** kann der Händler keinen Ersatz vom Probefahrer für die Beschädigung des Fahrzeugs und etwaiger materieller Personenschäden verlangen, wenn der Schaden im Zusammenhang mit den einer Probefahrt eigentümlichen Gefahren steht.[55] Begründet wird dieser Standpunkt mit der Annahme eines **„stillschweigend vereinbarten Haftungsverzichts"**,[56] der auch gegen aus unerlaubter Handlung hergeleitete Ansprüche wirkt.[57] Bei dieser ergänzenden Vertragsauslegung lässt sich der BGH von der Überlegung leiten, dass der mit den Risiken einer Probefahrt ständig konfrontierte Händler die Gefahren kennt und sich regelmäßig durch den Abschluss einer **Vollkaskoversicherung** absichert. Verbleibende Restrisiken nehme der Händler im Geschäftsinteresse auf sich, und andererseits gehe auch der Autofahrer regelmäßig davon aus, dass er für Schäden bei einer Probefahrt nur zu haften brauche, wenn er grobe Fehler mache oder der Schaden mit den eigentümlichen Gefahren einer Probefahrt nichts zu tun habe.[58] Diese Rechtsprechung stößt immer wieder auf Kritik.[59] Dem BGH wird vorgeworfen, er arbeite mit „Fiktionen" und unterstelle den Parteien einen Willen, den sie auf Grund objektiver Gegebenheiten hätten haben sollen.[60] Denn normalerweise machen sich die Parteien bei Abschluss der Vereinbarung einer Probefahrt keine Gedanken über die Haftung im Falle eines Unfalls. Die Konstruktion des Haftungsausschlusses versagt erst recht, wenn eine Willenserklärung unwirksam ist. Es besteht ferner im Regelfall ein beiderseitiges Interesse an der Durchführung der Probefahrt. Schließlich besitzt auch der Probefahrer die – wenn auch weithin unbekannte – Möglichkeit, sich gegen die mit der Probefahrt verbundenen Gefahren durch Abschluss einer Versicherung für das gelegentliche Führen und Benutzen fremder versicherungspflichtiger Kraftfahrzeuge abzusichern.

Der BGH berücksichtigt all diese Argumente und Überlegungen und ist sich der dogmatischen Problematik durchaus bewusst. Gleichwohl stellt er bei der Annahme eines stillschweigenden Haftungsverzichtes letztlich auf die Interessenlage ab, die es dem Kfz-Händler gebietet, „seinen Kunden von den nicht bedachten Haftungsrisiken einer Probefahrt freizustellen, weil er für die Abdeckung der Gefahr zumutbar sorgen kann".[61]

Um die nach der beiderseitigen Interessenlage angestrebte Haftungsmilderung zu erreichen, suchte das OLG Düsseldorf[62] nach einem anderen Weg. Es vertrat die Auffassung, dass beim Probefahrer ein **Vertrauenstatbestand** dahin erweckt werde, der Händler sei gegen die ihm bekannten **Risiken** der Probefahrt **versichert**. Hierzu setze sich der Händler in

---

55 BGH 7. 6. 1972, NJW 1972, 1363; 7. 11. 1961, VersR 1961, 759; 19. 3. 1980, NJW 1980, 1680 f.; 10. 1. 1979, DAR 1979, 282 ff., aufgedrängte Probefahrt bei Verkauf eines Gebrauchtwagens; OLG Stuttgart 16. 1. 1964, DAR 1964, 267.
56 BGH 19. 3. 1980, NJW 1980, 1680 ff.
57 OLG Karlsruhe 12. 6. 1987, DAR 1987, 380.
58 BGH 19. 3. 1980, NJW 1980, 1680 ff.; ebenso OLG Stuttgart 16. 1. 1964, DAR 1964, 267; OLG Karlsruhe 29. 12. 1970, VersR 1971, 1049; OLG Düsseldorf 20. 3. 1967, DAR 1967, 323; 9. 6. 1976, VersR 1978, 156; 17. 9. 1993, OLGR 1994, 148.
59 Vgl. *Batsch,* NJW 1972, 1706; *Ströfer,* NJW 1979, 2553; *Schmid,* JR 1980, 138.
60 *Batsch,* NJW 1972, 1706; *Schmid,* JR 1980, 138.
61 Urt. v. 19. 3. 1980, NJW 1980, 1680 ff.
62 Urt. v. 9. 6. 1976, VersR 1978, 156.

einer gegen Treu und Glauben verstoßenden Weise in Widerspruch, wenn er für einen vom Probefahrer leicht fahrlässig verursachten Schaden Ersatz verlange.

Nach verbreiteter Ansicht in Rechtsprechung und Lehre verbleibt es bei der Haftungsregelung des § 276 BGB, die anhand der Umstände des Einzelfalles über § 254 BGB abgeschwächt wird und evtl. ganz entfallen kann.[63]

87 Als **Obliegenheiten des Verkäufers**, deren Nichtbeachtung Ersatzansprüche gegen den Probefahrer mindern oder ausschließen, kommen in Betracht: Hinweispflichten auf Besonderheiten und etwaige Mängel des Fahrzeugs, Informationspflichten über den Besitz der Fahrerlaubnis des Probefahrers und über dessen Fertigkeiten im Umgang mit dem Fahrzeug, Warnpflichten vor zu schnellem Fahren und evtl. die Pflicht zum Abbrechen der Probefahrt, falls der Interessent mit dem Wagen nicht zurechtkommt.[64]

Von der Grundüberlegung eines bestehenden Versicherungsschutzes ausgehend hat sich das OLG Hamm[65] auf den Standpunkt gestellt, dass der Autohändler seinen Kunden, der einen Unfall leicht fahrlässig verursacht hat, nicht auf Schadensersatz in Anspruch nehmen kann, wenn er ihm zur Überbrückung einer Werkstattreparatur ein hochwertiges Neufahrzeug mit ungewohnter Automatikschaltung überlassen hat, ohne auf den fehlenden Kaskoversicherungsschutz hinzuweisen. Das Mitverschulden des Händlers lässt aus Sicht des OLG Hamm die Mithaftung des Fahrer entfallen, denn dieser hätte den Neuwagen entweder wegen des unzureichenden Versicherungsschutzes nicht als Ersatzfahrzeug genommen oder die Versicherung hätte den gesamten Schaden erstattet. Dieser Ansicht hat sich das OLG Karlsruhe[66] für den Fall der Überlassung eines Fahrzeugs während der Dauer einer Garantiereparatur angeschlossen. Der Kunde, so lautet der Tenor dieser Entscheidung, darf darauf vertrauen, dass die Gebrauchsüberlassung des Ersatzwagens nicht mit einem höheren Risiko für ihn verbunden ist, als wenn er sein eigenes Fahrzeug benutzen würde.

Der Kaskoversicherung ist es bei leichter Fahrlässigkeit des Probefahrers gem. § 15 Abs. 2 AKB verwehrt, diesen aus abgeleitetem Recht gem. § 67 VVG in **Regress** zu nehmen. Nur bei vorsätzlicher oder grob fahrlässiger Herbeiführung des Versicherungsfalles kann sie vom Fahrer Ersatz ihrer Aufwendungen verlangen.[67]

Der von der Rechtsprechung angenommene Haftungsausschluss greift nicht ein, wenn der Händler den Kunden vor Fahrtantritt auf das volle **Haftungsrisiko** ausdrücklich **hingewiesen** hat. Wegen Verstoßes gegen § 309 Nr. 12 BGB unwirksam ist allerdings eine Formularregelung, durch deren Unterzeichnung der Probefahrer versichert, er werde alle durch ihn entstandenen Schäden voll übernehmen, sofern er keine Tatsachen nachweisen kann, die seine Verantwortlichkeit mindern bzw. wegfallen lassen.[68]

Bei **grob fahrlässiger** Verursachung des Unfalls kommt dem Probefahrer die Freistellung von der Haftung nicht zugute, es sei denn, dass die Beteiligten die Haftung ausnahmsweise auch für diesen Fall ausgeschlossen haben.[69] Auch bei grober Fahrlässigkeit des Probefahrers muss sich der Händler unter Umständen ein Mitverschulden gem. § 254 BGB entgegenhalten lassen, z. B., wenn er das Fahrzeug einem Führerscheinneuling ohne Begleitung anvertraut, wenn er der Behauptung des Kaufinteressenten, er sei ein geübter Fahrer, ohne Nachprüfung leichtfertig vertraut, wenn er dem Probefahrer zu einem gefähr-

---

63 *Ströfer*, NJW 1979, 2553; *Schmid*, JR 1980, 138.
64 *Schmid*, JR 1980, 138.
65 Urt. v. 17. 12. 1999, OLGR 2000, 151.
66 Urt. v. 11. 2. 2000, DAR 2000, 307.
67 BGH 30. 4. 1959, NJW 1959, 1221.
68 OLG Köln 26. 6. 1991, DAR 1991, 428.
69 BGH 7. 6. 1972, NJW 1972, 1363.

lichen Fahrmanöver rät[70] oder wenn er einem ersichtlich angetrunkenen Fahrer ein Kfz zum Zweck einer Probefahrt überlässt.[71]

Bei der Beurteilung des **Verschuldens** des **Probefahrers** legt die Rechtsprechung **keine strengen Maßstäbe** an. Das Verhalten eines Probefahrers, der mit einem Fahrzeug ohne Servolenkung in einer scharfen, leicht abschüssigen Linkskurve bei sich verengender Fahrbahn **von der Straße abgekommen** und gegen einen Brückenpfeiler geprallt war, bewertete der BGH[72] als leicht fahrlässig. Zu Gunsten des Probefahrers fiel ins Gewicht, dass er zum Unfallzeitpunkt den Führerschein erst seit fünf Wochen besaß und nur über geringe Fahrpraxis verfügte. Als leicht fahrlässig wertete der BGH auch den Zusammenstoß mit einem in der Einfahrt zum Händlerbetrieb abgestellten Pkw,[73] das **Abbremsen aus hoher Geschwindigkeit** vor einer Ortseinfahrt, wobei das Auto von der Fahrbahn geriet und gegen einen Baum prallte,[74] sowie das Abkommen auf gerader Straße infolge Abbremsens.[75] Das Verschalten eines Automatikfahrers mit geringer Fahrpraxis und das auf Schreck beruhende **Unterlassen einer sofortigen Bremsung** sind ebenfalls auf Umstellungsschwierigkeiten beruhende typische Probefahrtrisiken. Deshalb verneinte das OLG Karlsruhe[76] ein grobes Verschulden des Probefahrers, der beim **Rangieren auf engem Raum** den Vorwärtsgang an Stelle des Rückwärtsgangs eingelegt hatte und mit dem Auto zwischen zwei Baufahrzeuge geraten war. Auch das **Verschalten** – Einlegen des 2. statt des 4. Gangs – während eines Beschleunigungsvorganges mit einem Sportwagen rechtfertigt nicht den Vorwurf grober Fahrlässigkeit, vielmehr handelt es sich um eine augenblickliche Fehlreaktion, die einem ansonsten sorgfältigen und umsichtigen Fahrer durchaus versehentlich unterlaufen kann, wenn er sich bei der Probefahrt auf ein bislang unbekanntes Fahrzeug konzentriert, um dessen Eigenschaften kennen zu lernen.[77]

Auf ein allerdings **grob fahrlässiges** Verhalten erkannte das OLG Düsseldorf[78] im Falle eines Probefahrers, der sich selbst als geübten Kraftfahrer bezeichnet hatte und der mit dem Wagen infolge des zu schnellen Anfahrens einer Kurve von der Straße abgekommen war. Ebenfalls grob fahrlässig handelt ein Führerscheinneuling, wenn er anlässlich einer Probefahrt auf einem kurvigen Autobahnteilstück mit einer Geschwindigkeit von 180 km/h einen Unfall verursacht[79].

Für die Tatsache, dass das Fahrzeug während der Probefahrt beschädigt wurde, ist der **Händler beweispflichtig**. Bleibt offen, wie es zu den Schäden am Fahrzeug gekommen ist, muss sich der **Probefahrer entlasten**. Gem. § 280 Abs. 1 S. 2 BGB hat er darzulegen und zu beweisen, dass er die Beschädigung nicht oder nur leicht fahrlässig verschuldet hat.[80]

3. Beschädigung des Gebrauchtwagens

Verursacht ein **Kaufinteressent** mit dem **gebrauchten Pkw des Neuwagenkäufers**, den dieser in Zahlung gegeben oder dem Händler zum Agenturverkauf überlassen hat, schuldhaft einen Unfall, so haftet der Probefahrer nach den vorstehend aufgezeigten Grundsätzen

---

70 OLG Düsseldorf 20. 3. 1967, DAR 1967, 323.
71 BGH 13. 1. 1967, VersR 1967, 379.
72 Urt. v. 7. 6. 1972, NJW 1972, 1363.
73 Urt. v. 10. 1. 1979, NJW 1979, 643, Gebrauchtwagen.
74 Urt. v. 18. 12. 1979, NJW 1980, 1681.
75 Urt. v. 29. 11. 1979, DAR 1979, 282, Überlassen eines Fahrzeuges während der Vornahme einer Garantiereparatur.
76 Urt. v. 12. 6. 1987, DAR 1987, 380.
77 OLG Köln 26. 6. 1991, DAR 1991, 428.
78 Urt. v. 20. 3. 1967, DAR 1967, 323.
79 OLG Düsseldorf 17. 9. 1993, OLGR 1994, 148.
80 BGH 12. 11. 1986 NJW 1987, 639, 640; OLG Köln 20. 11. 1995, VersR 1996, 1420, 1421.

für Vorsatz und grobe Fahrlässigkeit, während eine Schadensersatzverpflichtung bei leicht fahrlässiger Verursachung entfällt.[81] Insoweit besteht eine andere Interessenlage als bei einem **reinen Privatgeschäft**. Wer von einer Privatperson im Rahmen von Kaufverhandlungen einen Pkw für eine Probefahrt entleiht, kann nicht darauf vertrauen, dass diese ihn von der Haftung freistellt und hat folglich auch einfache Fahrlässigkeit zu vertreten (s. auch Rn 937).[82]

Hat es der Händler versäumt, für das Fahrzeug eine **kombinierte Haftpflicht- und Kaskoversicherung** abzuschließen, ist er für einen vom Kaufinteressenten anlässlich der Probefahrt verursachten Unfallschaden des Gebrauchtfahrzeugs verantwortlich. Er muss den Neuwagenkäufer so stellen, als hätte er eine Vollkaskoversicherung für das in seine Obhut genommene Gebrauchtfahrzeug abgeschlossen. Im Endeffekt hat er den Neuwagenkäufer von der Zahlung des vereinbarten Anrechnungspreises freizustellen.[83] Erklärt der Verkäufer gegenüber dem Käufer, der sich nach dem Haftpflichtversicherungsschutz erkundigt, der Versicherungsschutz gehe in Ordnung, so haftet der Verkäufer, falls seine Aussage nicht stimmt, dem Käufer auf Ersatz des Schadens, den dieser dadurch erleidet, dass er für einen von ihm verursachten Unfallschaden persönlich einstehen muss.[84] Ein Dritter, der dem Händler sein Fahrzeug überlässt, um dessen Kunden Probefahrten zu ermöglichen, muss sich den stillschweigenden Haftungsausschluss nach den Grundsätzen der sog. Dritthaftungsbeschränkung zurechnen lassen.[85] Die Gestattung der Probefahrt, welche die Grundlage des Haftungsausschlusses bildet, ist im Streitfall vom Käufer zu beweisen.[86]

IV. Verjährung

90 Schadensersatzansprüche aus Verletzung vorvertraglicher Nebenpflichten verjähren in drei Jahren (§ 195 BGB) und bei Verletzung von Leben, Körper, Gesundheit oder Freiheit in dreißig Jahren (§ 199 BGB).

Die Regelverjährung von drei Jahren wird ab dem Zeitpunkt des Gefahrübergangs von der zweijährigen Frist des § 438 Nr. 3 BGB verdrängt, sofern die Haftung aus Verletzung vorvertraglicher Pflichten einen unmittelbaren Bezug zum Sachmangel aufweist.

Eine verjährungsrechtliche Besonderheit gilt im Hinblick auf die Ansprüche des Händlers wegen Beschädigung des Vorführwagens durch den Kaufinteressenten. Rechtsprechung und Lehre stehen auf dem Standpunkt, dass etwaige Ersatzansprüche des Händlers in derartigen Fällen in 6 Monaten ab Fahrzeugrückgabe verjähren.[87] Hergeleitet wird die kurze Frist aus den entsprechenden Regelungen für unentgeltliche und entgeltliche Gebrauchsüberlassung durch Leihe, Miete, Pacht und Nießbrauch, für die das BGB in §§ 548 Abs. 1 S. 1, 581 Abs. 2, 606 und 1057 vorschreibt, dass Schadensersatzansprüche wegen Veränderung oder Verschlechterung der Sache in 6 Monaten von der Rückgabe an verjähren. Der in den genannten Gesetzesbestimmungen zum Ausdruck kommende Rechtsgedanke einer raschen Auseinandersetzung und beschleunigten Klarstellung der Ansprüche wegen des Zustandes der überlassenen Sache ist weit auszulegen und auf den gesetzlich nicht geregelten Fall der Überlassung eines Fahrzeugs zum Zwecke der Probefahrt übertragbar. Durch die Schuldrechtsmodernisierung hat sich daran nichts geändert.

---

81 A. A. LG Hamburg – 6 O 674/88 –, wonach der Probefahrer eines ihm vom Händler überlassenen Gebrauchtwagens für jede Art von Fahrlässigkeit einstehen soll.
82 OLG Köln 20. 11. 1995, VersR 1996, 1420.
83 BGH 8. 1. 1986, DAR 1986, 143.
84 BGH 26. 10. 1988, NZV 1989, 107.
85 OLG Karlsruhe 12. 6. 1987, DAR 1987, 380.
86 LG Duisburg, Urt. 27. 4. 1989 – 11 O 461/88 – n. v.
87 BGH 21. 5. 1968, DAR 1968, 239 ff.; 18. 2. 1964, MDR 1964, 408.

Verjährung

Soweit die **Ersatzansprüche** des Händlers wegen **Beschädigung des Vorführwagens** durch den Probefahrer auch nach anderen gesetzlichen Bestimmungen berechtigt sind, wie z. B. aus unerlaubter Handlung, werden die für diese Vorschriften vorgesehenen Verjährungsfristen durch die **6-monatige Verjährungsfrist** verdrängt.[88]

Die kurze Verjährung von 6 Monaten muss sich auch der aus abgetretenem Recht klagende Händler entgegenhalten lassen, wenn der Kaufinteressent das überlassene Probefahrzeug beschädigt, von dem er annimmt, es gehöre dem Händler, während es in Wirklichkeit im Eigentum eines Dritten steht.[89]

---

[88] BGH 21. 5. 1968, DAR 1968, 239, 240.
[89] BGH 14. 7. 1970, NJW 1970, 1736.

E. Das Widerrufsrecht des Verbrauchers

I. Bedeutung des Widerrufsrechts für den Neuwagenhandel

91 Der Kaufvertrag über ein Neufahrzeug mit einem Verbraucher ist als solcher nicht widerruflich, sondern nur dann, wenn er als Haustürgeschäft (§ 312 BGB), Fernabsatzgeschäft (312 b BGB) oder im Zusammenhang mit einer Finanzierung durch Stundung oder Gewährung einer sonstigen Finanzierungshilfe (§ 499 BGB) abgeschlossen wird. Falls der Kaufvertrag mit einem Verbraucherdarlehen (§ 491 BGB) oder mit einem Verbraucherleasingvertrag (§ 500 BGB) ein verbundenes Geschäft i. S. v. § 358 Abs. 3 BGB darstellt, kann der Verbraucher den Kaufvertrag – abgesehen von dem Fall eines Haustür- oder Fernabsatzgeschäftes – nicht widerrufen, diesen aber dadurch zu Fall bringen, dass er den Darlehens- bzw. Leasingvertrag widerruft (§ 358 Abs. 2 S. 1 BGB).

Die dem Kfz-Handel unverbindlich zur Verwendung empfohlenen Bestellformulare enthalten keine Widerrufsbelehrung, was zum einen daran liegt, dass sie sowohl für den Geschäftsverkehr mit Unternehmern als auch für den Geschäftsverkehr mit Verbrauchern bestimmt sind, zum anderen daran, dass entgeltliche Stundungen und Teilzahlungsgeschäfte, bei denen der Verkäufer selbst die Finanzierung in Form einer Teilzahlungsabrede gewährt, im Neuwagenhandel kaum noch praktiziert werden. Im Fall einer Kaufpreisfinanzierung durch Dritte (Herstellerbank oder Hausbank des Händlers) fällt es in deren Aufgabenbereich, den Käufer über sein Widerrufsrecht in Bezug auf den Darlehensvertrag zu belehren.

Für den Händler birgt das Widerrufsrecht Risiken, die darauf beruhen, dass er den Verbraucher nicht oder nicht richtig über sein Widerrufsrecht belehrt hat. Haustürgeschäfte kommen im Neuwagenhandel immer wieder vor, da Verkäufer ihre Kunden gelegentlich zu Hause aufsuchen, ihnen dort das neue Modell vorstellen und bei dieser Gelegenheit bereits ein Kaufvertrag abgeschlossen wird. Im Gegensatz dazu werden neue Kraftfahrzeuge gewöhnlich nicht im Wege des Fernabsatzes an Endverbraucher verkauft. Dies liegt einerseits daran, dass Verbraucher an traditionellen Kaufgewohnheiten festhalten, andererseits daran, dass sich der Fernabsatz für Neufahrzeuge nicht eignet, weil das Widerrufsrecht des Verbrauchers erst mit der Übergabe der Kaufsache zu laufen beginnt (§ 312 Abs. 2 BGB) und die damit zusammenhängenden Risiken für den Verkäufer inakzeptabel sind. Die Gefahr, dass es zum Abschluss eines ungewollten Fernabsatzgeschäfts kommt, ist allerdings latent vorhanden, da Verkaufsgeschäfte mit vorinformierten Verbrauchern per Telefon, Fax, Internet, usw. in Anbetracht der Liberalisierung des Autohandels durch die EU auf lange Sicht nicht ausbleiben werden.

II. Grundsätzliches zum Widerrufsrecht

92 Das allgemeine verbraucherschützende **Widerrufsrecht**, das den Verbraucher vor unbedachter und übereilter Vertragsbindung schützen soll, ist in § 355 BGB geregelt.

Das Widerrufsrecht ist ein Gestaltungsrecht, durch das der zunächst wirksam zustande gekommene Vertrag in ein Abwicklungsverhältnis umgestaltet wird,[1] dessen Rechtsfolgen in § 357 BGB geregelt sind. Für das Verbundgeschäft aus Kauf und Verbraucherdarlehen enthalten § 358, 359 BGB Sonderregelungen.

Die dem Verkäufer durch § 356 BGB eröffnete Möglichkeit, dem Verbraucher anstelle des Widerrufsrechts ein **Rückgaberecht** einzuräumen, ist für den Autohandel nicht bedeut-

---

[1] *Ring* in *Dauner/Lieb/Heidel/Lepa/Ring* Anwaltskommentar Schuldrecht, § 355 Rn 2.

sam, da sie, wenn auch nicht ausschließlich,[2] so doch hauptsächlich auf Fernabsatzgeschäfte (§ 312 d S. 2 BGB) zugeschnitten ist.

Den mit der **Rückabwicklung** eines widerrufenen Kaufvertrages verbundenen Problemen kann sich der Verkäufer – außer beim Fernabsatzgeschäft, weil dort die Widerrufsfrist erst mit der Übergabe der Sache zu laufen beginnt – durch eine Vertragsgestaltung nach § 308 Nr. 1 Halbs. 2 BGB entziehen, die ihm gestattet, den Kaufvertrag erst nach Ablauf der Widerrufs- oder Rückgabefrist zu erfüllen.

Die Widerrufsfrist beträgt einheitlich 2 Wochen. Sie beginnt nur, wenn der Verkäufer dem Verbraucher eine ordnungsgemäße Belehrung zur Verfügung gestellt hat, welche auch die in § 312 d Abs. 2 BGB für Fernabsatzverträge vorgeschriebenen weiteren Informationen für Fernabsatzverträge enthalten muss.

Der Vertreter, der den Vertrag ohne Vollmacht geschlossen hat, besitzt ein eigenes Widerrufsrecht, wenn der von ihm vertretene Käufer die Genehmigung verweigert.[3] Bei vollmachtsloser Vertretung beginnt die Zweiwochenfrist ab dem Zeitpunkt der Genehmigung durch den Verbraucher zu laufen.[4]

Durch Schuld- und Vertragsbeitritt mithaftende Verbraucher haben ein eigenes Widerrufsrecht, nicht jedoch der Bürge.[5]

Das Widerrufsrecht **erlischt** spätestens sechs Monate nach Vertragsschluss. Die Frist beginnt nicht vor Lieferung des Fahrzeugs (§ 355 Abs. 3 S. 2 BGB). Da die uneingeschränkte Erlöschensfrist, soweit sie Haustürgeschäfte betraf, gegen EU-Recht verstieß,[6] hat der Gesetzgeber in § 355 Abs. 3 S. 3 BGB eine Ergänzung vorgenommen, wonach das Widerrufsrecht abweichend von S. 1 und S. 2 dann nicht erlischt, wenn der Verbraucher nicht ordnungsgemäß belehrt worden ist.

Die Neuregelung in § 355 Abs. 3 S. 3 BGB bezieht sich nur auf die Belehrung des Widerrufsrechts als solches. Die vorhergehenden Regelungen in § 355 Abs. 3 S. 1 und 2 BGB behalten eine gewisse Restbedeutung, soweit der Fristbeginn nicht allein von der Belehrung sondern außerdem von der Erfüllung von Informationspflichten und der Leistungserbringung des Unternehmers abhängt. Wird der Verbraucher eines Fernabsatzvertrages zwar über sein Widerrufsrecht belehrt, jedoch im Übrigen nicht ausreichend informiert, beginnt die vierzehntägige Widerrufsfrist nicht zu laufen, wohl aber erlischt das Widerrufsrecht nach sechs Monaten.[7] Zur Vermeidung der Wiedereinführung einer in der Haustürgeschäfterichtlinie nicht vorgesehenen Höchstfrist, ist die Vorschrift von § 355 Abs. 3 S. 3 BGB allerdings dahingehend auszulegen, dass sie auch die Informationen nach §§ 312 d Abs. 2, 485 Abs. 2 BGB enthalten muss.

Neu hinzugekommen ist die Regelung von § 355 Abs. 2 S. 2 BGB, welche besagt, dass die Widerrufsfrist abweichend von § 355 Abs. 1 BGB einen Monat beträgt, wenn die Belehrung nach Vertragsschluss mitgeteilt wird. Dadurch wird dem Unternehmer die Möglichkeit verschafft, dem „ewigen Widerrufsrecht" von § 355 Abs. 3 S. 3 BGB ein Ende zu setzen. Der Gesetzeskorrektur ist die gesonderte Unterschrift des Verbrauchers bzw.

---

[2] Ein Rückgaberecht ist außerdem vorgesehen in § 503 BGB für das Teilzahlungsgeschäft und in § 312 Abs. 1 S. 2 BGB für das Haustürgeschäft.
[3] BGH 13. 3. 1993, NJW-RR 1991, 1974.
[4] BGH 10. 05. 1995, NJW 1995, 2290.
[5] *Vowinckel*, DB 2002, 1362 zur Unanwendbarkeit des Widerrufsrechts bei Haustürgeschäften auf die Bürgschaft.
[6] EuGH 13. 12. 2001, DB 2001, 2710; BGH 09. 04. 2002, VuR 2002, 281; *Fischer* DB 2002, 727; *Staudinger* NJW 2002, 653; *ders.* ZGS 2002, 18, *Habersack/Mayer*, WM 2002, 253; *Hoffmann* ZIP 2002, 150 ff.; *Palandt/ Heinrichs*, BGB Erg.-Bd. § 355 Rn 19.
[7] *Schmidt-Kessel*, ZGS 2002, 311, 312.

die qualifizierte elektronische Signatur zum Opfer gefallen, wofür der Gesetzgeber keine Begründung geliefert hat.[8] Durch die Möglichkeit der nachträglichen Belehrung hat die Frage der Verwirkung des Widerrufsrechts ihre Bedeutung verloren.[9]

III. Widerrufsbelehrung

93   Der Gesetzgeber hat erkannt, dass es Unternehmern angesichts der zunehmenden Informationspflichten immer schwerer fällt, der Informationslast, die zum Schutz des Verbrauchers unabdingbar sein soll,[10] zu genügen und in Art. 245 EGBGB eine Verordnungsermächtigung geschaffen, auf deren Grundlage vom Bundesjustizministerium Inhalt und Gestaltung der dem Verbraucher mitzuteilenden Belehrungen in Form amtlicher Muster festgelegt wurden.[11]

Amtlich sind auch die in Form von Fußnoten angefügten Gestaltungshinweise und Musterformulierungen, die bei bestimmten Vertragsarten bzw. Vertragsformen die Musterbelehrung ergänzen oder abändern.[12]

Amtliche Muster-Widerrufsbelehrung nach § 355 Abs. 2 BGB:

Widerrufsrecht

Sie können Ihre Vertragserklärung innerhalb von (zwei Wochen)[13] ohne Angabe von Gründen in Textform (z. B. Brief, Fax, E-Mail oder durch Rücksendung der Sache) widerrufen. Die Frist beginnt frühestens mit Erhalt dieser Belehrung. Zur Wahrung der Widerrufsfrist genügt die rechtzeitige Absendung des Widerrufs (oder der Sache). Der Widerruf ist zu richten an (Namen/Firma und ladungsfähige Anschrift des Widerrufsadressaten).

Widerrufsfolgen[14]

Im Falle eines wirksamen Widerrufs sind die beiderseits empfangenen Leistungen zurückzugewähren (und ggf. gezogene Nutzungen – Zinsen – herauszugeben). Können Sie uns die empfangene Leistung ganz oder teilweise nicht oder nur in verschlechtertem Zustand zurückgewähren, müssen Sie uns insoweit Wertersatz leisten.[15]

Besondere Hinweise

Finanzierte Geschäfte

(Ort), (Datum), (Unterschrift des Verbrauchers)

Die Verwendung eines gesonderten Formulars ist nicht notwendig.[16]

---

8 Kritisch *Fischer* ZAP 2002, 917, 922.
9 Zur Verwirkung OLG Frankfurt 25. 10. 2000, NJW-RR 2001, 1279.
10 *Wittig/Wittig,* WM 2002, 145, 153.
11 Zweite Verordnung zur Änderung der BGB-Informationspflichten-Verordnung vom 1. 8. 2002 BGBl., I S. 2958 ff.
12 Nachzulesen in ZGS 2002, 331 ff.
13 Wird die Belehrung erst nach Vertragsschluss mitgeteilt, lautet der Klammersatz „einen Monat".
14 Kann entfallen, wenn die beiderseitigen Leistungen erst nach Ablauf der Widerrufsfrist erbracht werden.
15 Bei Überlassung von Sachen gilt dies nicht, wenn die Verschlechterung der Sache ausschließlich auf deren Prüfung – wie sie Ihnen etwa im Ladengeschäft möglich gewesen wäre – zurückzuführen ist. Im Übrigen können Sie die Wertersatzpflicht vermeiden, indem Sie die Sache nicht wie ein Eigentümer in Gebrauch nehmen und alles unterlassen, was deren Wert beeinträchtigt. Nicht paketversandfähige Sachen werden bei Ihnen abgeholt.
16 OLG Stuttgart 20. 7. 1990, NJW-RR 1990, 1273; OLG Köln, Beschl. 19. 12. 1986, NJW 1987, 1206; Urt. v. 19. 12. 1986, NJW 1987, 1205.

Widerrufsbelehrung

In ihrer **äußerlichen Gestaltung** muss die Belehrung vom Vertragstext deutlich abgesetzt und drucktechnisch in nicht zu übersehender Weise hervorgehoben werden.[17] Dem Deutlichkeitsgebot ist Genüge getan, wenn entweder die Lettern der Belehrung größer sind als im übrigen Text und ihre Farbintensität nicht geringer als im übrigen Text ist oder wenn die Belehrung andersfarbig gedruckt oder wenn sie auf einem gesonderten Blatt enthalten ist.[18] 94

Für eine **drucktechnisch** deutliche Gestaltung reicht ein etwa fünf Schreibmaschinen-Leerzeilen umfassender Abstand zum vorangegangenen Vertragstext sowie ein etwas geringerer Abstand vom linken Seitenrand nicht aus, wenn sonstige Hervorhebungen etwa in Form von Unterstreichungen, Einrahmungen, Trennungslinien oder die Verwendung von Sperrschrift oder einer anderen Drucktype fehlen.[19] Sofern eine Widerrufsbelehrung sich von den übrigen Textblöcken einer Vertragsurkunde weder von der farblichen Gestaltung noch vom Schriftbild abhebt und sogar noch eine schmalere Umrandung als die anderen Textpassagen aufweist, genügt die Aufmachung nicht dem Deutlichkeitsgebot, wenn lediglich das Wort „Widerrufsbelehrung" fett gedruckt ist, da die Bedeutung der Widerrufsbelehrung bei diesem Bild gegenüber den anderen Textteilen eher zurückgedrängt als hervorgehoben wird.[20] Nicht ausreichend ist eine im unteren Drittel der Rückseite des Bestellformulars enthaltene Widerrufsbelehrung, ohne dass sich auf der Vorderseite ein ausreichender Hinweis auf die Belehrung befindet.[21]

Inhaltlich muss die Widerrufsbelehrung **unmissverständlich** sein und darf keine ablenkenden Zusätze enthalten.[22] Ein Verstoß gegen das Verbindungsverbot liegt vor, wenn die Belehrung an der für die (nicht mehr erforderliche) Unterschrift vorgesehenen Stelle, den Vermerk „Ort, Datum der Aushändigung" hinzusetzt.[23] Es ist nicht notwendig, dass der Beginn der Widerrufsfrist durch Kalender- oder Wochentage bezeichnet wird. Missverständlich ist die Formulierung „ab heute", weil sie das unrichtige Verständnis nahe legt, es werde der Tag der Aushändigung der Vertragsurkunde mitgezählt, obschon die Frist erst ab dem folgenden Tag läuft.[24] Die Angabe „von heute an gerechnet" ist ebenfalls unzutreffend, selbst wenn die Widerrufsbelehrung dem Verbraucher am Tag der Unterzeichnung ausgehändigt wird.[25] Kann der Käufer den Lauf der Widerrufsfrist wegen widersprüchlicher Angaben nicht selbstständig ermitteln, ist die Belehrung insgesamt unwirksam.[26] Die Angabe einer Postanschrift des Widerrufsempfängers reicht nicht aus.[27] Gem. § 14 Abs. 4 InfoV ist die ladungsfähige Anschrift anzugeben. 95

Bei der inhaltlichen Gestaltung der Widerrufsbelehrung sind außer den allgemeinen, in § 355 Abs. 2 BGB festgelegten Anforderungen die besonderen Anforderungen zu beachten, welche in den Vorschriften enthalten sind, die dem Verbraucher das Widerrufsrecht einräumen und auf die § 355 Abs. 1 BGB Bezug nimmt.

In der Belehrung über das Widerrufsrecht beim Haustürgeschäft gem. § 312 Abs. 2 BGB muss auf die Rechtsfolgen des § 357 Abs. 1 und Abs. 3 BGB hingewiesen werden.

---

17 BGH 20. 12. 1989, NJW-RR 1990, 368, 370; OLG Köln Beschl. 19. 12. 1986, NJW 1987, 1206 sowie Urt. v. 19. 12. 1986, NJW 1987, 1205.
18 OLG Stuttgart 8. 7. 1994, NJW-RR 1995, 114, 115.
19 BGH 27. 4. 1994, ZIP 1994, 884.
20 OLG Düsseldorf 9.8. 1994, NJW-RR 1995, 747.
21 OLG Koblenz, 25. 5. 2000, OLGR kompakt 2001, LS 16.
22 OLG Stuttgart, 3. 3. 2000, OLGR 2000, 229.
23 BGH 8. 7. 1993, ZIP 1993, 1552; OLG Stuttgart 8. 7. 1994, NJW-RR 1995, 114.
24 BGH 27.4. 1994, ZIP 1994, 884; OLG Karlsruhe 9. 9. 1998, OLGR 1999, 196.
25 OLG Dresden 8. 9. 1999, DAR 1999, 542.
26 OLG Koblenz 5. 6. 1997, NJW-RR 1998, 1525.
27 A. A. früher OLG Stuttgart 26. 11. 1999, OLGR 2000, 122.

Beim Fernabsatzgeschäft sind die in § 312 c Abs. 2 BGB näher beschriebenen Informationspflichten zu berücksichtigen.[28]

Unternehmer, die sich zum Zwecke des Abschlusses des Kaufvertrages eines Tele- oder Mediendienstes bedienen, müssen zusätzlich die in § 312 e BGB geregelten Pflichten beachten, vor deren Erfüllung die Widerrufsfrist nicht beginnt (§ 312 e Abs. 3 S. 2 BGB).[29]

Bei verbundenen Verträgen ist auf die Belehrungserfordernisse nach § 358 Abs. 5 BGB zu achten, die gem. § 501 BGB auch für Teilzahlungsgeschäfte gelten.

Beim reinen Verbraucherdarlehen ist der Hinweis erforderlich, dass der Widerruf als nicht erfolgt gilt, wenn der Verbraucher das Darlehen nicht binnen zwei Wochen zurückzahlt.

Falls der Kaufvertrag ein Haustürgeschäft darstellt und gleichzeitig unter die Regelungen über Verbraucherdarlehensverträge oder Finanzierungshilfen fällt, besteht vorrangig ein Widerrufsrecht nach § 495 BGB. Das Widerrufsrecht nach § 312 BGB ist subsidiär und greift z. B. dann ein, wenn ein Kleindarlehen i. S. v. § 491 Abs. 2 Nr. 1 BGB in einer Haustürsituation gewährt wird, das der Darlehensnehmer nicht nach § 495 BGB widerrufen kann. Die Subsidiarität ergibt sich aus der nachträglich geänderten Fassung von § 312 a BGB.[30]

Beim Zusammentreffen eines Fernabsatzvertrags mit einem Verbrauchervertrag, der gem. §§ 499–507 BGB widerrufen werden kann, ist das besondere Widerrufs- oder Rückgaberecht gem. § 312 d Abs. 1 S. 1 bzw. S. 2 BGB ebenfalls subsidiär. Dies folgt aus der geänderten Fassung von § 312 d Abs. 5 BGB.

96 **Mithaftende Verbraucher** sind darüber zu belehren, dass die Widerrufsfrist mit dem Zeitpunkt der Beitrittserklärung beginnt und dies auch dann gilt, wenn der Vertrag mit dem Hauptschuldner erst später abgeschlossen wird.[31] Im Falle der Vertrags- und Schuldübernahme besteht ein eigenes nicht vom Vorgänger/Altschuldner abgeleitetes Widerrufsrecht[32], weshalb die Belehrung den Hinweis enthalten muss, dass die Frist für den Widerruf mit dem Abschluss des Vertrages über die Schuld- bzw. Vertragsübernahme beginnt. Wenn der mithaftende Verbraucher an der bei der gemeinsamen Vertragsunterzeichnung übergebenen Widerrufserklärung Mitbesitz erlangt, muss ihm eine gesonderte Widerrufsbelehrung nicht ausgehändigt werden.[33]

Die Beweislast für den Fristbeginn und somit für die Richtigkeit, Vollständigkeit und Rechtzeitigkeit der Widerrufsbelehrung sowie für deren Aushändigung an den Kunden liegt gem. § 355 Abs. 2 S. 4 BGB beim Verkäufer.

Die Verwendung einer fehlerhaften Widerrufsbelehrung setzt die 14-tägige Widerrufsfrist nicht in Lauf und verstößt gegen §§ 1, 13 UWG, wenn die Gefahr besteht, dass rechtlich Unerfahrene über ihre gesetzlichen Rechte getäuscht und von ihrem Widerrufsrecht abgehalten werden.[34]

---

28 Näher dazu *Brisch*, ZAP 2002 S. 497 ff.
29 Ausführlich *Brisch*, ZAP 2002, 497 ff.
30 OLGVertrÄndG BGBl 2002 I, 2580 sowie dazu *Fischer* ZAP 2002,Fach 2 S. 361.
31 BGH 10. 7. 1996, WM 1996, 1781.
32 BGH 10. 5. 1995, NJW 1995, 2290, 2292.
33 OLG Oldenburg 18. 08. 1998, NJW-RR 1999, 1734; siehe auch LG Essen 6. 11. 1997, NJW-RR 1998, 1526, das eine separate Aushändigung einer Widerrufsbelehrung an den mithaftenden Geschäftsführer einer GmbH nicht für erforderlich hielt.
34 OLG Stuttgart 3. 3. 2000, OLGR 2000, 229; LG Berlin 20. 6. 1991, NJW-RR 1992, 678.

IV. Widerrufserklärung

97 Der Widerruf muss keine Begründung enthalten und ist in Textform – schriftlich, durch Fax oder E-Mail – und durch Rücksendung der Sache zu erklären (§ 355 Abs. 1 S. 2 BGB). Der Rücksendung steht die – für den Neuwagenkauf relevante – Rückgabe der Sache gleich.[35] Eine maschinenschriftlich angefertigte Widerrufserklärung muss nicht die Unterschrift oder eine elektronische Signatur des Verbrauchers enthalten, sofern über dessen Identität keine Zweifel bestehen.[36] Der Widerruf kann auch zu Protokoll des Gerichts erklärt werden.[37] Ob eine Verteidigungsanzeige an das Gericht den Widerruf konkludent beinhalten kann, ist umstritten.[38]

V. Rückabwicklung nach Widerruf

98 Auf das Widerrufs- und Rückgaberecht finden gem. § 357 BGB die Vorschriften über den gesetzlichen Rücktritt (§§ 346 ff. BGB) entsprechende Anwendung. Bereits ausgetauschte Leistungen sind zurückzugewähren. Der Käufer hat das Fahrzeug herauszugeben und der Verkäufer den Kaufpreis zu erstatten.

1. Verzinsung des Kaufpreises

99 Nutzungen des Verkäufers aus der Kaufpreiszahlung in Form erzielter, ersparter oder nach den Regeln einer ordnungsgemäßen Wirtschaft erzielbarer **Zinsen** sind vom Verkäufer herauszugeben oder zu vergüten. Die Zinsen werden mit dem Widerruf gem. § 271 BGB fällig.

2. Vergütung der gefahrenen Kilometer

100 Die vom **Käufer** durch Gebrauch des Fahrzeug **gezogenen Nutzungen** muss dieser dem Verkäufer insoweit ersetzen, als die Nutzung das für eine **Prüfung** der Kaufsache nach § 357 Abs. 3 S. 2 BGB erforderliche Maß übersteigt. Der Anspruch des Verkäufers auf Ersatz der Nutzungen setzt nicht voraus, dass sich der Zustand des Fahrzeugs durch den Gebrauch verschlechtert hat. Die Nutzungsvergütung ist auf der Grundlage einer linearen Wertschwundberechnung zu ermitteln (Rn 317), wobei die durch Ingebrauchnahme des Fahrzeugs tatsächlich eingetretene Wertminderung unberücksichtigt bleibt.

3. Wertersatz für Verschlechterung des Fahrzeugs durch bestimmungsgemäße Ingebrauchnahme

101 Für eine durch die bestimmungsgemäße Ingebrauchnahme des Fahrzeugs entstandene **Verschlechterung** hat der Käufer gem. § 357 Abs. 3 S. 1 BGB Ersatz zu leisten.[39] Der Anspruch hat zur Voraussetzung, dass der Käufer vom Verkäufer spätestens bei Vertragsschluss in Textform auf diese **Rechtsfolge** und eine **Möglichkeit, sie zu vermeiden**, hingewiesen wurde. Nicht zu ersetzen ist gem. § 357 Abs. 3 S. 2 BGB eine ausschließlich auf die Prüfung der Sache zurückzuführende Verschlechterung.

---

35 *Palandt/Heinrichs*, BGB Erg.-Bd. § 355 Rn 8.
36 OLG Hamm 31. 10. 1996 OLGR 1997, 25.
37 OLG Hamm 14.10. 1988, NJW-RR 1989, 369.
38 OLG Karlsruhe 25. 2. 1997 WM 1997, 1340; abl. *Palandt/Heinrichs*, BGB Erg.-Bd. § 355 Rn 6.
39 Diese Vorschrift stand und steht in der Kritik, z. B. *Artz,* Jahrbuch Junger Zivilrechtswissenschaftler 2001, 227 ff., 250 ff.; *Schubel* JZ 2001, 1113 ff.; *Brüggemeier/Reich* BB 2001, 213 ff.; *Fischer*, ZAP 2002, 621, 630; *ders*. DB 2002, 253 ff.; *Rott*, VuR 2001, 78 ff.

Die **Abgrenzung** zwischen „Prüfung" und „bestimmungsgemäßer Ingebrauchnahme" ist ein Drahtseilakt in Theorie und Praxis. Im Widerstreit der Interessen geht es nicht allein um eine gerechte Verteilung der Kostenrisiken, sondern vor allem darum, dass die Entscheidungsfreiheit des Verbrauchers über das Widerrufsrecht nicht eingeschränkt werden darf. Das Prüfungsrecht muss kostenlos sein, da es andernfalls zu einem faktischen, nicht richtlinienkonformen Kaufzwang führen würde. Polarisiert durch die Vorgaben des § 357 Abs. 3 BGB wird über den Umfang der „Prüfung" eifrig diskutiert. Einigkeit besteht lediglich dahingehend, dass allein die Gebrauchsüberlassung der Sache während der Widerrufsfrist keine Kostenbelastung des Verbrauchers auslösen kann.[40]

Beim Neuwagenkauf lautet konkret die Frage, ob das Prüfrecht des Käufers auf die Besichtigung des Fahrzeugs, das Ausprobieren der Bedienungselemente, das Starten des Motors und das Vor- und Zurückfahren auf kurzer Strecke außerhalb des öffentlichen Straßenverkehrs zu beschränken ist,[41] oder ob ihm das Recht zuzubilligen ist, das Fahrzeug im öffentlichen Straßenverkehr Probe zu fahren und es zu diesem Zweck beim Straßenverkehrsamt zum öffentlichen Straßenverkehr zuzulassen.[42]

102 Der Gesetzgeber hat am Beispiel des Neuwagenkaufs zu § 357 Abs. 3 S. 2 BGB die enge Auslegung des Prüfrechts favorisiert. Eine Zulassung des Fahrzeugs zum Zweck der Vornahme einer Probefahrt wird seines Erachtens nicht mehr von dem erforderlichen Prüfungsumfang gedeckt, weil dadurch eine Wertminderung verursacht wird.[43] Seine Vorstellung, ein Fahrzeug könne durch eine Besichtigung und eine kurze Probefahrt auf Privatgelände geprüft werden, erweist sich als lebensfremd. Viele Verbraucher haben dazu einfach nicht die Möglichkeit. Außerdem genügt es nicht, das Fahrzeug nur ein kurzes Stück hin und her oder im Kreis herum zu fahren, um festzustellen, ob seine Beschaffenheit vertragsgemäß ist.

Folgt man der Ansicht des Gesetzgebers, bedeutet das für den Käufer eines im Internet gekauften Neuwagens, dass er praktisch von der „Prüfung der Sache" ausgeschlossen wird.[44] Eine Sicht- und Funktionsprüfung im Stand liefert keine Erkenntnisse über den Zustand des Fahrzeugs und seine Eigenschaften, zu denen vor allem das Fahr- und Bremsverhalten und die Beschleunigung gehören. Es ist somit unerlässlich, dass der Verbraucher mit dem Fahrzeug im öffentlichen Straßenverkehr eine Probefahrt durchführt, um auf diese Weise festzustellen, ob es die versprochenen Eigenschaften besitzt.[45] Das Recht der erweiterten Prüfung, das eine Probefahrt einschließt, muss jedenfalls denjenigen Verbrauchern zugestanden werden, die ein Neufahrzeug im Fernabsatzwege kaufen.

In Fällen, in denen das Neufahrzeug nicht über das Internet, sondern vor Ort beim Händler gekauft wurde, will *Graf von Westphalen*[46] in Übereinstimmung mit der Gesetzesbegründung[47] dem Verbraucher nur ein eingeschränktes Prüfrecht zugestehen, „da er ohne weiteres – und dies entspreche auch der Regel – die Möglichkeit habe, ein Vergleichsfahrzeug der Serie beim Händler Probe zu fahren."

---

40 *Fischer*, ZAP 2002, 621.
41 *Ring* in *Dauner-Lieb/Heidel/Lepa/Ring,* Anwaltskommentar Schuldrecht, § 357 Rn 33.
42 *Rott*, VuR 2001, 78 ff., der aber die Zulassung des Kraftfahrzeugs nicht als „Ingebrauchnahme" ansieht und darauf aufbauend eine wesentliche Wertminderung allein aufgrund der Probefahrt verneint.
43 BT-Drucks. 14/6040, S. 200; ebenso *Schmidt-Räntsch*, Das neue Schuldrecht, § 357 S. 402, 403, der darauf abstellt, dass das Widerrufsrecht im Gegensatz zum Rücktrittsrecht nicht von einer Pflichtverletzung des Unternehmers abhängt, weswegen er die unterschiedliche Behandlung des Verbrauchers als gerechtfertigt ansieht.
44 *Graf von Westphalen* in *Henssler/Graf von Westphalen,* Praxis der Schuldrechtsreform, § 357 BGB Rn 13.
45 *Reinking* DAR 2002, 145, 149.
46 *Henssler/Graf von Westphalen*, Praxis der Schuldrechtsreform, § 357 Rn 8.
47 RegE BR-Drucks. 338/01 S. 465.

Dem ist entgegenzuhalten, dass sich das Prüfrecht nach dem insoweit eindeutigen Gesetzeswortlaut des § 357 Abs. 3 S. 2 BGB auf die konkret gelieferte Sache bezieht und nicht auf eine andere Sache aus der gleichen Serie. Die Behauptung, das Prüfrecht stehe in der Praxis nur auf dem Papier, weil der Verbraucher ja das von ihm später zu nutzende Fahrzeug schon getestet und für gut befunden habe, trifft daher nicht zu.

In diesem Zusammenhang stellt sich die weitere Frage ob das dem Käufer zugebilligte Recht die Prüfung der Sachmängelfreiheit des Fahrzeugs einschließt. Der Einwand, der Verbraucher könnte auf die Untersuchung der Mängelfreiheit verzichten, da ihm bei einem Sachmangel der kaufrechtliche Nacherfüllungsanspruch zur Verfügung stehe, ist kein Argument gegen die Befugnis des Verbrauchers, das Fahrzeug auch im Hinblick auf vertragsgemäße Beschaffenheit und Mängelfreiheit zu überprüfen. Würde man ihm dieses Recht abschneiden, wäre das begründungslose Widerrufsrecht ausgehöhlt. Der Widerruf geht Sachmängelansprüchen vor und ist – im Vergleich zu ihnen – das stärkere Recht in Händen des Verbrauchers, der sich vom Vertrag lösen kann und sich nicht auf die Nacherfüllung verweisen lassen muss.[48]

Die dem Verbraucher zugebilligte Prüfung muss ihm schließlich auch die Entscheidung ermöglichen ob das vom Verkäufer gelieferte Fahrzeug die Voraussetzungen für eine Annahme als Erfüllung i. S. v. § 363 BGB erfüllt. Würde ihm dieses Recht nicht zugestanden, hätte er keine Möglichkeit, die Beweislastumkehr abzuwenden.[49]

Bei einer „engen" Auslegung des Prüfrechts würde der Verbraucher faktisch in Kaufzwang geraten, weil er im Fall des Widerrufs dem Verkäufer Wertersatz leisten müsste, wenn er von der Prüfung in dem erforderlichen Maße Gebrauch macht.[50] Da dieses Ergebnis nicht richtlinienkonform wäre, ist das Merkmal der Prüfung extensiv auszulegen, und zwar dahingehend, das eine allein zum Zweck der Prüfung des Fahrzeugs notwendige Ingebrauchnahme zulässig und kostenfrei sein muss. Im Zweifelsfall kann die Abgrenzung im Interesse des Verbrauchers nur für eine Prüfung i. S. v. § 357 Abs. 3 S. 2 BGB und gegen eine bestimmungsgemäße Ingebrauchnahme i. S. v. § 357 Abs. 3 S. 1 BGB ausfallen.[51]

Die Auswirkungen, die sich aus § 357 Abs. 3 BGB für den Neuwagenhandel ergeben, sind bei weitem nicht so dramatisch, wie man nach alledem meinen könnte. Der Händler, hat – außer bei Fernabsatzverträgen – die Möglichkeit sich durch eine Vereinbarung gem. § 308 Ziff. 1 BGB zu schützen. Dadurch verschafft er sich das Recht, das Fahrzeug erst nach Ablauf der Widerrufs- bzw. Rückgabefrist an den Käufer zu übergeben. Ohne eine solche Regelung im Vertrag darf er das Fahrzeug nicht bis zum Ablauf der Widerrufsfrist zurückhalten.

Falls der Neuwagenkauf ein – für den Neuwagenhandel derzeit noch ungewöhnliches – Fernabsatzgeschäft darstellt, ist ein Hinweis i. S. v. § 357 Abs. 3 BGB erforderlich, der dem Käufer nach hier vertretener Ansicht nicht das Recht auf Probefahrt abschneiden darf. Um die Probefahrt durchführen zu können, muss der Verbraucher das Fahrzeug aber nicht zum Straßenverkehr zulassen. Er kann die Probefahrt mit einem roten Kennzeichen oder einem Kurzzeitkennzeichen[52] im öffentlichen Straßenverkehr durchführen (§ 28 StVZO). Durch Verwendung dieser Kennzeichen wird der Wert des Fahrzeugs nicht gemindert. Auch die Probefahrt führt nicht zu einer Verschlechterung des Neufahrzeugs, wenn sie sich in den üblichen Grenzen bis 20 Kilometer hält. Eine Probefahrt ist keine bestimmungsgemäße In-

---

48 *Fischer*, ZAP 2002, 621, 632.
49 Zur Beweislast im Zusammenhang mit § 363 BGB *Schimmel/Buhlmann*, Fehlerquellen im Umgang mit dem neuen Schuldrecht, S. 99 ff.
50 *Hager* in *Ernst/Zimmermann* Zivilrechtswissenschaften und Schuldrechtsreform, S. 427 ff.
51 *Graf von Westphalen*, in *Henssler/Graf von Westphalen* Praxis der Schuldrechtsreform, S. 448.
52 *Hentschel,* Straßenverkehrsrecht, 36. Aufl., § 28 StVZO Rn 9; *Mindorf,* DAR 1985, 110 ff.

gebrauchnahme des Fahrzeugs, weil sie nicht zum Zweck der Teilnahme am allgemeinen Straßenverkehr sondern lediglich zur Erprobung und Prüfung vorgenommen wird.

Der nach § 357 Abs. 1 S. 1 BGB gebotene Hinweis könnte demnach wie folgt lauten: „Der Verbraucher wird darauf hingewiesen, dass er für die durch die bestimmungsgemäße Ingebrauchnahme des Kraftfahrzeugs eintretende Verschlechterung aufzukommen hat, die er dadurch vermeiden kann, dass er die zur Prüfung notwendige Probefahrt über eine Fahrstrecke von maximal 20 Kilometer im öffentlichen Straßenverkehr durchführt und dafür entweder ein Kurzzeitkennzeichen oder ein rotes Kennzeichen verwendet, das ihm der Verkäufer auf Anforderung zur Verfügung stellt."[53]

In Fällen, in denen kein Fernabsatzgeschäft vorliegt und für den Verbraucher die Möglichkeit besteht, das Neufahrzeug vor Übergabe mit der roten Nummer oder einem Kurzzeitkennzeichen des Händlers Probe zu fahren, muss ihm keine zusätzliche Gelegenheit eingeräumt werden, das Fahrzeug in der Widerrufsfrist nochmals auf einer Probefahrt zu überprüfen. In einem solchen Fall ist folgender Hinweis i. S. v. § 357 Abs. 3 S. 1 BGB angezeigt:

„Der Käufer hat im Fall des Widerrufs Wertersatz für die durch die bestimmungsgemäße Ingebrauchnahme entstandene Verschlechterung, insbesondere für die durch die Zulassung des Fahrzeugs entstandene Wertminderung zu leisten. Diese Rechtsfolge kann er dadurch vermeiden, dass der Gebrauch in Anbetracht der mit dem Fahrzeug beim Verkäufer bereits durchgeführten Probefahrt ausschließlich auf die Sicht- und Funktionsprüfung des stehenden Fahrzeugs beschränkt wird und die Zulassung und Ingebrauchnahme des Fahrzeugs erst erfolgt, wenn der Verbraucher sich entschlossen hat, von seinem Widerrufsrecht keinen Gebrauch zu machen."

4. Überschneidung von Nutzungsvergütung und Wertersatz

105 Soweit sich die Ansprüche des Verkäufers auf Vergütung der Nutzungen gem. § 346 Abs. 1 BGB und Wertersatz gem. § 357 Abs. 3 S. 1 überlagern, ist davon auszugehen, dass Letztere vorrangig sind und die Ansprüche auf Nutzungsvergütung verdrängen. Dadurch wird dem Verkäufer, der seiner Hinweispflicht gem. § 357 Abs. 3 S. 1 BGB nicht nachgekommen ist, die Möglichkeit abgeschnitten, den verlorenen Anspruch über die Nutzungsvergütung wieder hereinzuholen.

Der Wert der gezogenen Nutzungen spiegelt sich in dem anteiligen linearen Wertverlust des Fahrzeugs wieder (Rn 318), während der Wertschwund, der durch die bestimmungsgemäße Ingebrauchname eintritt, wegen seines degressiven Verlaufs zu Beginn hoch und später gering ist. Der durch die Inbetriebnahme eines Neufahrzeugs zum Zweck der Teilnahme am allgemeinen Straßenverkehr herbeigeführte Wertverlust beträgt in der Anfangszeit gewöhnlich 20 %, was maßgeblich darauf zurückzuführen ist, dass durch die erforderliche Zulassung zum öffentlichen Straßenverkehr aus dem fabrikneuen Kraftfahrzeug ein Gebrauchtwagen wird.[54] Im Vergleich dazu sind die nach Verhältnis der Gesamtfahrleistung zur vom Käufer zurückgelegten Fahrleistung zu berechnenden Nutzungsvorteile relativ gering. Sie liegen zwischen 0,4 % und 0,67 % des Bruttokaufpreises pro 1000 km Fahrstrecke.

Da der durch die Nutzungsvergütung verkörperte lineare Wertverlust von dem degressiven Wertschwund überlagert wird, der durch die bestimmungsgemäße Ingebrauchnahme entstanden ist, bleibt für eine Nutzungsvergütung nach § 346 Abs. 1 BGB kein Spielraum, wenn der Verbraucher den durch die bestimmungsgemäße Ingebrauchnahme herbeigeführten Wertverlust ausgleichen muss.

---

53 Ausf. *Reinking*, DAR 2002, 145, 148.
54 *Ring* in *Dauner-Lieb/Heidel/Lepa/Ring*, Anwaltskommentar Schuldrecht, § 357 BGB Rn 34

5. Verbundene Verträge

Falls der Kaufvertrag mit dem Darlehensvertrag eine wirtschaftliche Einheit (Rn 710) **106** bildet, gewährleistet § 358 Abs. 4 S. 1 BGB einen Rückabwicklungsgleichlauf beider Verträge. Für den verbundenen Vertrag gilt § 357 BGB entsprechend.

§ 358 Abs. 4 S. 2 BGB bestimmt, dass der mit dem Kauf verbundene Darlehensvertrag entschädigungsfrei, d. h. ohne Zinsen und Kosten für den Verbraucher, aufzulösen ist, wenn dieser seine Willenserklärung bezüglich des verbundenen Kaufs gem. § 358 Abs. 1 BGB widerruft.

Gem. § 358 Abs. 4 S. 3 BGB tritt im Verhältnis zum Verbraucher der Darlehensgeber in die Rechte und Pflichten aus dem verbundenen Kaufvertrag ein, wenn das Darlehen dem Verkäufer bei Wirksamwerden des Widerrufs bereits zugeflossen ist. Diese Regelung findet aber nur dann Anwendung, wenn der Verbraucherdarlehensvertrag gem. § 358 Abs. 2 BGB widerrufen wird.[55]

6. Verschlechterung und Untergang des Fahrzeugs

Der Verbraucher hat dem Verkäufer Wertersatz für Verschlechterung, Untergang des **107** Fahrzeugs und für anderweitige Unmöglichkeit der Herausgabe gem. §§ 357 Abs. 1, 346 Abs. 2 BGB zu leisten.

Die Haftungserleichterung, die das Gesetz dem Rücktrittsberechtigten gem. § 346 Abs. 3 S. 1 Nr. 3 BGB zubilligt, kommt dem Verbraucher nicht zugute, wenn er über sein Widerrufsrecht ordnungsgemäß belehrt worden ist oder hiervon anderweitig Kenntnis erlangt hat (§ 357 Abs. 3 S. 3 BGB). Wenn der Verbraucher weiß, dass sich der Vertragsschluss in der Schwebe befindet und er das Fahrzeug unter Umständen an den Verkäufer zurückgeben muss, ist er gehalten, mit dem Kaufgegenstand sorgfältig umzugehen. Er hat dem Verkäufer deshalb Wertersatz zu leisten, auch wenn er die Sorgfalt beachtet hat, die er in eigenen Angelegenheiten anzuwenden pflegt.

---

[55] BT-Drucks. 14/6040 S. 201; *Ring* in *Dauner-Lieb/Heidel/Lepa/Ring* Anwaltskommentar Schuldrecht, § 359 Rn 17.

F. Eigentumsvorbehalt

108 Der Eigentumsvorbehalt spielt im Geschäftsverkehr mit dem Endabnehmer keine große Rolle, da eine Kaufpreisstundung und eine Direktfinanzierung durch den Verkäufer die Ausnahme darstellt. Aus diesem Grund wurden die vormaligen Regelungen zum Teilzahlungsvertrag (Abschn. III NWVB a. F.) bei Überarbeitung der NWVB ersatzlos gestrichen.[1] Neufahrzeuge werden entweder unter Vereinbarung von Barzahlung verkauft oder der Kaufpreis wird ganz oder teilweise durch Dritte finanziert. Bei der Fremdfinanzierung wird das Fahrzeug regelmäßig an den Darlehensgeber sicherungsübereignet, so dass für einen Eigentumsvorbehalt des Verkäufers kein Raum bleibt. Trotz dieser geringen praktischen Relevanz wird der Eigentumsvorbehalt in Abschn. VI NWVB ausführlich geregelt.

I. Einfacher Eigentumsvorbehalt

109 Gem. Abschn. VI, Ziff. 1, S. 1 NWVB bleibt das Fahrzeug bis zum Ausgleich der dem Verkäufer auf Grund des Kaufvertrages zustehenden Forderungen Eigentum des Verkäufers. Der Eigentumsübergang auf den Käufer ist an die aufschiebende Bedingung der vollständigen Bezahlung der Kaufpreisforderung geknüpft.[2] Gegen die Wirksamkeit des einfachen Eigentumsvorbehaltes in AGB bestehen keine Bedenken, da es sich um eine durch § 449 BGB anerkannte Gestaltungsmöglichkeit zur Sicherung der Kaufpreisforderung handelt.[3]

Der Eigentumsvorbehalt betrifft das verkaufte Fahrzeug und dessen **wesentliche Bestandteile,** auch wenn sie erst nachträglich angebracht werden. Nicht erfasst werden die einfachen Bestandteile und das Zubehör. Das Autotelefon gehört bei geschäftlich genutzten Personenkraftwagen nicht zum Zubehör, da es in diesen regelmäßig nicht auf Dauer verbleiben soll.[4] **Motor** und **Räder** sind keine wesentlichen Bestandteile eines Kraftfahrzeugs,[5] wohl aber **Fahrgestell** und **Karosserie**.[6] Durch Verschleiß und unfallbedingten Austausch von Fahrzeugteilen entsteht keine neue Sache, auch nicht bei Auswechselung des Fahrzeugrahmens.[7]

Falls der Eigentumsvorbehalt im Zusammenhang mit einer Finanzierungshilfe steht, muss er in der **Vertragsurkunde** schriftlich enthalten sein (§ 502 Abs. 1 Nr. 6 BGB), was durch Verwendung der NWVB mit der darin enthaltenen Klausel von Abschn. VI gewährleistet ist. Das Fehlen der Vereinbarung hat keine Unwirksamkeit des Vertrages zur Folge, jedoch gilt der Eigentumsvorbehalt als nicht vereinbart. Liefert der Verkäufer das Fahrzeug gleichwohl unter Vorbehalt seines Eigentums, verstößt er gegen seine Pflicht aus § 433 Abs. 1 BGB.[8]

---

1 Zur Überlagerung der Vorschriften des Eigentumsvorbehalts mit solchen des Teilzahlungskaufs im Geschäftsverkehr zwischen Unternehmern und Verbrauchern *Habersack*, JuS 2002, 833, 835.
2 *Müller* in *Hoeren/Martinek*, Systematischer Kommentar zum Kaufrecht § 449 Rn 16.
3 BGH 3. 2. 1982, NJW 1982, 1749; 5. 5. 1982, NJW 1982, 1751; *Löwe/Graf von Westphalen/Trinkner,* Brosch. 4.1 Rn 1; *Westermann,* MünchKomm, § 455 Rn 12; *Ulmer/Brandner/Hensen,* Anh. §§ 9–11 Rn 652; *Erman/Weitnauer,* § 455 Rn 4.
4 OLG Köln 27. 4. 1993, NJW-RR 1994, 51.
5 BGH 8. 10. 1955, NJW 1955, 1793 ff.; 6. 1. 1973, BGHZ 61, 80; OLG Stuttgart 13. 6. 1951, NJW 1952, 145; OLG Karlsruhe 2. 3. 1955, MDR 1955, 413; *Creutzig,* Recht des Autokaufs Rn 6.1.4.
6 OLG Stuttgart 13. 6. 1951, NJW 1952, 145.
7 KG 30. 9. 1960, NJW 1961, 1026.
8 *Palandt/Putzo,* BGB Erg.-Bd. § 502 Rn 18.

Das Recht zum **Besitz des Fahrzeugbriefs** steht dem Verkäufer während der Dauer des Eigentumsvorbehalts zu (Abschn. VI, Ziff. 1, Abs. 4 NWVB).

Da das Eigentum an dem Fahrzeug mit **vollständiger Tilgung** der gesicherten Forderungen auf den Käufer übergeht, hat der Verkäufer den Kfz-Brief bzw. eine von ihm einbehaltene **Betriebserlaubnis**[9] an den Käufer herauszugeben.[10] Der Herausgabeanspruch des Käufers ergibt sich aus der entsprechenden Anwendung von § 952 BGB.

II. Kontokorrentvorbehalt

Der in Abschn. VI, Ziff. 1, Abs. 2 NWVB vorgesehene sog. Kontokorrentvorbehalt betrifft ausschließlich Personen, die den Vertrag in Ausübung ihrer gewerblichen oder selbstständigen beruflichen Tätigkeit schließen sowie juristische Personen des öffentlichen Rechts und öffentlich-rechtliche Sondervermögen. Da es sich beim Kontokorrentvorbehalt um eine besondere Art der Gestaltung des erweiterten Eigentumsvorbehalts handelt, setzt die Klausel weder die einzelvertragliche Vereinbarung eines Kontokorrentverhältnisses gem. § 355 HGB[11] noch dessen stillschweigende Praktizierung voraus.[12] Ihr Anwendungsbereich darf aber nicht über den vereinbarten Umfang ausgedehnt werden.[13] Mit dem Ausgleich des Kontos erlischt der Eigentumsvorbehalt und lebt danach nicht wieder auf.[14]

Nach allgemeiner Auffassung ist eine Kontokorrentklausel weder überraschend, noch führt sie zu einer unangemessenen Benachteiligung der anderen Vertragspartei.[15] Um wirksam zu sein, muss sie den Käufer jedoch vor **Übersicherung** durch den Verkäufer schützen. Erforderlich ist die Einräumung einer **Freigabeklausel,** sobald eine Übersicherung von mehr als 25 % vorliegt.[16] Andernfalls verstößt der Kontokorrentvorbehalt gegen § 307 Abs. 1 BGB, weil durch Begründung immer neuer Forderungen bei fortbestehender Geschäftsbeziehung die Eigentumsverschaffungspflicht, bei der es sich um eine Kardinalpflicht des Verkäufers handelt, auf unbestimmte Zeit hinausgeschoben ist.[17]

Ob die jetzige Klausel in Abschn. VI, Ziff. 1, Abs. 2 NWVB die von der Rechtsprechung gesetzten Maßstäbe erfüllt, erscheint zweifelhaft. Sie besagt im Wortlaut, dass der Eigentumsvorbehalt auch bestehen bleibt „für Forderungen des Verkäufers gegen den Käufer aus der laufenden Geschäftsbeziehung bis zum Ausgleich von im Zusammenhang mit dem Kauf zustehenden Forderungen." Es ist nicht klar gesagt, welche Forderungen „im Zusammenhang mit dem Kauf" stehen und wie sich diese Forderungen von denjenigen Forderungen abgrenzen, die dem Verkäufer aufgrund des Kaufvertrages nach Abschn. VI, Ziff. 1 NWVB zustehen. Man kann nur vermuten, dass damit Forderungen gemeint sind, die dem Verkäufer aus der Vornahme von Reparaturen, Wartungsdiensten und Inspektionen zustehen. Weiterhin lässt sich der Klausel nicht entnehmen, zu welchem Zeitpunkt der Eigentumsvorbehalt erlischt, da die Verrechnung eingehender Zahlungen nicht dargelegt

---

9 Die Betriebserlaubnis wird für betriebserlaubnispflichtige Fahrzeuge i. S. v. §§ 18 Abs. 3, 21 StVZO erteilt und erfüllt einen ähnlichen Zweck, wie ein Kfz-Brief für normale Straßenfahrzeuge.
10 KG 2. 2. 1996, OLGR 1996, 81.
11 BGH 12. 6. 1969, WM 1969, 1072, 1073.
12 *Creutzig,* Recht des Autokaufs, Rn 6.1.5.
13 *Palandt/Putzo,* BGB Erg.-Bd. § 449 Rn 19.
14 BGH 23. 11. 1977, NJW 1978, 632, 633.
15 BGH 23. 11. 1977, BB 1978, 18; 7. 2. 1979, BB 1979, 443 ff.; 19. 12. 1969, WM 1970, 184, 185; *Staudinger/Honsell,* § 455 Rn 66; *Wolf/Horn/Lindacher,* § 9 E 36; *Graf Lambsdorff/Hübner,* Eigentumsvorbehalt u. AGB-Gesetz, 1982, Rn 85.
16 BGH NJW 1994, 1154.
17 *Müller* in *Hoeren/Martinek,* Systematischer Kommentar zum Kaufrecht, § 449 Rn 39; *Löwe/Graf von Westphalen/Trinkner,* Brosch. 4.1 Rn 42 u. Rn 57 f.

wird. Es kann wiederum nur gemutmaßt werden, dass der Eigentumsvorbehalt erst mit dem Ausgleich aller Forderungen „im Zusammenhang mit dem Kauf" unabhängig von der Existenz und dem Fortbestand anderer Forderungen aus der „laufenden Geschäftsverbindung" erlöschen soll.

III. Erweiterter Eigentumsvorbehalt

111 Einen erweiterten Eigentumsvorbehalt sehen die NWVB nicht mehr vor. Die Vorgängerklausel, welche besagte, der Eigentumsvorbehalt bleibe auch bestehen für alle Forderungen, die der Verkäufer im Zusammenhang mit dem Kaufgegenstand im Zusammenhang mit dem Kaufgegenstand, z. B. aufgrund von Reparaturen erwirbt, wurde vom BGH als unwirksam eingestuft, weil sie einem rechtsunkundigen Durchschnittskäufer den unzutreffenden Eindruck vermittelte, der Eigentumsvorbehalt bleibe ungeachtet eines zwischenzeitlichen Ausgleichs bis zur Bezahlung der letzten Forderung bestehen.[18] Obwohl die Klausel insoweit reparabel gewesen wäre, wurde von der Beibehaltung des erweiterten Vorbehalts in den NWVB Abstand genommen, weil der BGH vorsorglich Bedenken gegen die Zulässigkeit der Verwendung der Klausel im nichtkaufmännischen Verkehr geäußert hat.[19]

Ein erweiterter Eigentumsvorbehalt in AGB kann somit nur für den kaufmännischen Geschäftsverkehr empfohlen werden. Dem Einwand, der Verkäufer werde **übersichert**, da er durch das Pfandrecht nach § 647 BGB ausreichend geschützt sei,[20] ist entgegenzuhalten, dass das gesetzliche Werkunternehmerpfandrecht, von dem der Verkäufer bei Nichtzahlung der Reparaturrechnung anderenfalls Gebrauch machen müsste, den Käufer an der Nutzung des Fahrzeugs hindern und damit weit mehr belasten würde als eine Verlängerung des Eigentumsvorbehalts.[21]

Aus der Klausel muss klar hervorgehen, dass der Eigentumsvorbehalt, wenn er erloschen ist, nicht wieder auflebt und somit eine Erstreckung auf später entstehende Forderungen nicht stattfindet.[22]

Falls Nach- und Nebenforderungen im Zusammenhang mit der Kaufsache nachträglich zu einem Zeitpunkt entstehen, in dem der Käufer seine im Zusammenhang mit dem Kauf stehenden Zahlungsverpflichtungen noch nicht vollständig erfüllt hat, kann er durch deren Nachholung den Eigentumsvorbehalt nicht zu Fall bringen. Vielmehr muss er zur Herbeiführung dieser Rechtsfolge sowohl die offenen Forderungen aus dem Kaufvertrag als auch die Nach- und Nebenforderungen begleichen.

IV. Nebenpflichten des Käufers

112 Gewöhnlich werden dem Käufer im Interesse der Werterhaltung des unter Eigentumsvorbehalt gelieferten Fahrzeugs konkrete Verhaltens- und Obhutspflichten auferlegt, bei deren Verletzung der Käufer dem Verkäufer gem. § 280 BGB auf Schadensersatz haftet, falls es zum Vertragsrücktritt kommt.

Dem Käufer ist es untersagt, über das Fahrzeug zu verfügen. Er darf es **nicht veräußern, verpfänden oder Dritten zur Sicherheit übereignen.** Dieses Verbot ist in Abschn. VI, Ziff. 3 NWVB explizit statuiert. Im Hinblick auf das Anwartschaftsrecht unterliegt der Käu-

---

18 BGH 27. 9. 2000, DAR 2001, 64, 69; dazu *Creutzig*, DAR 2001, 390, 391.
19 *Brandner*, in *Ulmer/Brandner/Hensen* AGB Anh. 9–11 Rn 657; *Wolf/Horn/Lindacher*, AGBG § 9 Rn E 33.
20 *Graf von Westphalen/Pfeiffer*, Vertragsrecht und AGB-Klauselwerke, Neuwagen Rn 83.
21 *Creutzig*, Recht des Autokaufs Rn 6.1.4.
22 BGH 14. 2. 1968, NJW 1968, 885.

fer allerdings keinen Beschränkungen. Bei Verletzung der Pflichten kann der hierfür beweispflichtige Verkäufer vom Kaufvertrag nach § 324 BGB zurücktreten und vom Käufer die Herausgabe des Fahrzeugs gem. § 449 Abs. 2 BGB verlangen. Da die Verfügung über fremdes Eigentum eine äußerst schwerwiegende Pflichtverletzung darstellt, bedarf es wohl keiner vorhergehenden Abmahnung.[23]

Das in Abschn. VI, Ziff. 3 NWVB enthaltene **Verbot, Dritten vertraglich eine Nutzung des Kaufgegenstandes einzuräumen** bedeutet nicht, dass das Fahrzeug nur vom Vorbehaltskäufer benutzt werden darf. Durch die Klausel soll eine über den normalen Gebrauch hinausgehende Abnutzung des Fahrzeugs, z. B. durch Vermietung an Dritte, verhindert und eine ordnungsgemäße und pflegliche Behandlung sichergestellt werden. Die mit einem Verlust des unmittelbaren Besitzes verbundene Weitergabe des Fahrzeugs an einen Dritten gefährdet das Eigentum des Vorbehaltsverkäufers.[24]

Die Auferlegung von **Benachrichtigungs- und Hinweispflichten** in AGB für den Fall, dass Dritte Zugriff auf das Fahrzeug nehmen, sei es durch Pfändung oder Geltendmachung des Unternehmerpfandrechts, ist unbedenklich. Denn auch ohne ausdrückliche Regelung im Vertrag ist der Käufer eines unter Eigentumsvorbehalt gelieferten Fahrzeugs gem. § 241 Abs. 2 BGB verpflichtet, den Verkäufer über solche Ereignisse zu informieren und den Dritten, der auf das Fahrzeug Zugriff nimmt, auf den Eigentumsvorbehalt hinzuweisen.

Sachgemäß und daher nicht zu beanstanden ist eine Regelung in AGB, die den Teilzahlungskäufer verpflichtet, die vom Hersteller vorgeschriebenen **Wartungsarbeiten** und erforderlichen **Instandsetzungen** durch eine Fachwerkstatt unverzüglich durchführen zu lassen.

Die Verpflichtung des Käufers, für das Fahrzeug eine **Vollkaskoversicherung** abzuschließen, ist für den Verkäufer eine unerlässliche Maßnahme zur Absicherung der typischen Risiken beim Teilzahlungskauf. Sie wurde bei Neufassung der NWVB unverständlicherweise gestrichen. Allein aus dem Vorbehalt des Eigentums lässt sich eine Nebenpflicht i. S. v. § 241 Abs. 2 BGB zum Abschluss einer Vollkaskoversicherung nicht ableiten.

Eine Vertragsregelung, die dem Käufer eines unter Eigentumsvorbehalt stehenden Neufahrzeugs den Abschluss einer Vollkaskoversicherung abverlangt, ist weder überraschend noch unangemessen.[25] Sie dient nicht allein dem Sicherungsinteresse des Verkäufers. Der Käufer wird durch sie ebenfalls geschützt, insofern er im Fall der Beschädigung oder des Untergangs des Fahrzeugs nicht mit eigener Inanspruchnahme zu rechnen braucht.

Eine Bestimmung, dass der Verkäufer selbst die Vollkaskoversicherung abschließen und den Käufer mit den Prämien belasten darf, wenn dieser der vertraglich vereinbarten Pflicht trotz schriftlicher Mahnung des Verkäufers nicht nachkommt, erweist sich in Anbetracht der Bedeutung der Vollkaskoversicherung als sachdienlich und unbedenklich.

Da die Rechte aus dem Versicherungsvertrag dem Verkäufer zustehen, handelt es sich um eine „**Versicherung für fremde Rechnung**" i. S. v. § 75 VVG. Der Käufer kann über die Rechte des Versicherungsvertrages nicht mehr verfügen. Der Verkäufer besitzt die Möglichkeit, mit dem Versicherer abweichende und ergänzende Vereinbarungen zu schließen. Hierdurch kann er sich vor Handlungen und Unterlassungen des Käufers schützen, die seinen Anspruch aus dem Versicherungsvertrag gefährden. Damit er die Ansprüche ohne Mitwirkung des Vorbehaltskäufers geltend machen kann, wird ihm seitens des Versicherers ein Sicherungsschein ausgehändigt. Das ihm eingeräumte Auskunftsrecht im Hinblick auf das Versicherungsverhältnis soll die Überprüfung und Kontrolle ermöglichen, ob

---

23 *Palandt/Heinrichs*, BGB Erg. Bd. § 449 Rn 5.
24 LG Hannover 23. 1. 1973, MDR 1974, 766.
25 BGH 8. 10. 1969, NJW 1970, 31; *Brandner* in *Ulmer/Brandner/Hensen*, AGBG 8. Aufl. 1997, Anh. §§ 9–11 Rn 654; *Creutzig,* Recht des Autokaufs, Rn 6.5.4.

V. Rücktritt des Verkäufers vom Kaufvertrag

1. Rücktritt wegen Zahlungsverzugs

113 Abschn. VI, Ziff. 2 NWVB sieht vor, dass der Verkäufer bei Zahlungsverzug des Käufers zurücktreten kann. Diese Formulierung ist missglückt, weil sie den Eindruck erweckt, dem Verkäufer sei der Rücktritt aus anderen Gründen kraft vertraglicher Selbstbindung versagt. Eine solche Auslegung liegt auf der Hand, weil § 449 Abs. 2 BGB keine entsprechende Einschränkung enthält. Es ist aber wohl kaum anzunehmen, dass es in der Absicht der Verfasser lag, den Anwendungsbereich der Klausel auf den Fall des Zahlungsverzugs zu verengen und dem Verkäufer das Rücktrittsrecht aus § 324 BGB zu verweigern, das ihm z. B. dann zusteht, wenn der Käufer das Fahrzeug pflichtwidrig weiterveräußert oder wenn er es unsachgemäß behandelt.[27] Auch ein Verstoß gegen das in Abschn. VI, Ziff. 3 NWVB niedergelegte Verbot der Nutzungsüberlassung an Dritte könnte als Rücktrittsgrund in Betracht kommen. Trotzdem ist die Klausel nicht unwirksam, da sie den Käufer nicht benachteiligt.

Die Regelung in Abschn. VI, Ziff. 2 NWVB, welche besagt, dass der Käufer bei Zahlungsverzug vom Kaufvertrag zurücktreten kann, weicht in einem weiteren Punkt erheblich von § 449 Abs. 2 BGB ab. Das Gesetz stellt in § 449 Abs. 2 BGB klar, dass der Verkäufer die Kaufsache erst herausverlangen kann, wenn er vom Vertrag zurückgetreten ist. Unter dem Regime von § 455 BGB a. F., an dessen Wortlaut die Klausel in Abschn. VI, Ziff. 2 NWVB anlehnt, galt dies nicht. Der heute erforderliche Rücktritt, der das Besitzrecht des Käufers beseitigt, erfordert die Einhaltung der Rücktrittsvoraussetzungen nach § 323 BGB, d. h. der Verkäufer muss dem Käufer vor Erklärung des Rücktritts eine angemessene Frist zur Leistung setzen. Ein sofortiger Rücktritt gem. § 323 Abs. 2 Nr. 3 BGB ohne vorhergehende Fristsetzung lässt sich allein mit dem Sicherungsinteresse des Verkäufers nicht rechtfertigen, da andernfalls der Gesetzgeber an der fristlosen Rücktrittsmöglichkeit des Vorbehaltskäufers gem. § 455 BGB a. F. hätte festhalten können.[28]

Im Gegensatz zur gesetzlichen Regelung von § 449 Abs. 2 BGB setzt Abschn. VI, Ziff. 2, S. 1 NWVB eine Fristsetzung nicht voraus. Darin liegt ein Verstoß gegen § 309 Nr. 4 BGB, der dem Verwender von AGB untersagt, von dem Erfordernis einer Fristsetzung Abstand zu nehmen.[29] Nach Ansicht von *Schulze/Kienle*[30] sind im unternehmerischen Verkehr weniger strenge Anforderungen zu stellen, da § 309 Nr. 4 BGB nicht anwendbar ist und im Rahmen der nach § 307 BGB gebotenen Abwägung das Sicherungsinteresse des Vorbehaltsverkäufers dem Bestandsinteresse des Verbrauchers vorgeht.

Die jedenfalls für den Bereich des Verbrauchsgüterkaufs unwirksame Regelung schadet dem Verkäufer nicht, wenn er den gesetzlichen Anforderungen genügt, indem er dem Käufer zunächst eine angemessene Frist zur Zahlung setzt, nach Ablauf der Frist vom Vertrag zurücktritt und sodann das Fahrzeug vom Käufer herausverlangt. Gem. § 325 BGB haftet der Käufer dem Verkäufer neben dem Rücktritt auf Schadensersatz sowie alternativ auf Ersatz der vergeblichen Aufwendungen (Rn 334ff., 352).

---

26 *Creutzig,* Recht des Autokaufs, Rn 6.5.2, sowie ausführlich zum Sicherungsschein *Reinking,* Autoleasing, 3. Auflage S. 48.
27 *Palandt/Putzo,* BGB Erg.-Bd. § 449 Rn 26.
28 *Schulze/Kienle,* NJW 2002, 2842, 2843.
29 *Graf von Westphalen* in *Hennsler/Graf von Westphalen,* Praxis der Schuldrechtsreform, § 449 Rn 3.
30 NJW 2002, 2842, 2843.

Nach der Regelung von Abschn. VI, Ziff. 2, S. 2 NWVB sind sich die Parteien des Kaufvertrages darüber einig, dass der Verkäufer dem Käufer den gewöhnlichen Verkaufswert des Kaufgegenstandes im Zeitpunkt der Rücknahme vergütet, den ein öffentlich bestellter und vereidigter Sachverständiger nach Wahl des Käufers ermittelt. Die Regelung erinnert an § 503 Abs. 2 S. 4 BGB, enthält im Gegensatz dazu aber nur eine Vergütungsabsprache, welche zur Voraussetzung hat, dass dem Verkäufer „über den Rücktritt hinaus" Anspruch auf Schadensersatz statt der Leistung zusteht und dass der Käufer unverzüglich nach Rücknahme des Fahrzeugs den Wunsch nach Schätzung des Fahrzeugs durch einen Sachverständigen äußert.

Die **Einigung** im Sinne von Abschn. VI, Ziff. 2, S. 2 NWVB, die bereits bei Abschluss des Kaufvertrages zu Stande kommt, betrifft nur die **Anrechnung** und nicht die **Höhe** des gewöhnlichen Verkaufswertes, da sich letztere im Voraus nicht festlegen lässt.[31] Eine Veranlassung, den gewöhnlichen Verkaufswert durch einen Sachverständigen feststellen zu lassen, besteht normalerweise erst dann, wenn der Verkäufer seine Preisvorstellung bekannt gegeben hat und der Käufer diese als zu niedrig empfindet. Verlangt der Käufer im Anschluss daran sofort die Einschaltung eines Gutachters, kann der Verkäufer nicht damit gehört werden, der Käufer habe das Recht nicht unverzüglich nach Rücknahme des Kaufgegenstandes geltend gemacht, da eine solche ausschließlich am Wortlaut der Klausel des Abschn. VI, Ziff. 2, S. 3 NWVB orientierte Auslegung nicht deren Sinn und Zweck entspricht.

Es handelt sich bei der Regelung in Abschn. VI, Ziff. 2, S. 3 NWVB nicht um eine **Schiedsgutachterklausel**. Der vom Gutachter ermittelte gewöhnliche Verkaufswert ist für die Parteien daher nicht verbindlich.

Im Zusammenhang mit der Einigung über den gewöhnlichen Verkaufswert sind individualvertragliche Regelungen möglich, die von Abschn. VI, Ziff. 2, S. 2 NWVB abweichen, wie etwa die Abrede, dass entweder der Verkäufer oder der Käufer mit Zustimmung der jeweils anderen Partei berechtigt sein soll, das Fahrzeug an einen Dritten zu verkaufen, wobei der Erlös auf die Kaufpreisschuld zu verrechnen ist.

Die Kosten der Rücknahme und Verwertung hat der Käufer zu tragen.[32] Sie betragen 5 % des gewöhnlichen Verkaufswertes und sind höher oder niedriger anzusetzen, wenn der Verkäufer höhere und der Käufer niedrigere Kosten nachweist. Die Pauschale ist angemessen[33] im Hinblick auf die Regelung von § 308 Nr. 7 BGB, da die tatsächlich entstehenden Verwertungskosten laut Statistik in der Bundesrepublik Deutschland höher sind.[34] Der Pauschalsatz von 5 % beinhaltet keine Gewinnanteile des Verkäufers, da der im gewöhnlichen Verkaufswert enthaltene Gewinn dem Käufer zufließt.

Im Fall einer konkreten Abrechnung der Rücknahme- und Verwertungskosten darf der Verkäufer keine Abzüge für Gemeinkosten, Aufbereitungskosten zum Zwecke des Weiterverkaufs, Zinsen, Standgeld usw. vornehmen.[35]

Wird der gewöhnliche Verkaufswert des Fahrzeugs nicht von einem Sachverständigen ermittelt, ist der tatsächlich erzielte Verwertungserlös vom Verkäufer zu vergüten und als Rechnungsposten in das Abrechnungsverhältnis einzubeziehen. Der Verkäufer ist ver-

---

31 *Creutzig,* Recht des Autokaufs, Rn 6.2.7.
32 Zur Zulässigkeit der Klausel *Graf von Westphalen/Pfeiffer* Vertragsrecht und AGB-Klauselwerke, Stand Mai 1996, Neuwagenkauf Rn 86 .
33 Sie betrug früher 10 % und stieß auf Kritik *Brandner* in *Ulmer/Brandner/Hensen,* Anh. §§ 9–11, Rn 438.
34 *Creutzig,* Recht des Autokaufs, Rn 6.2.10 unter Hinweis auf Erhebungen der Deutschen Automobil-Treuhand GmbH – Stand 3/99.
35 *Creutzig,* Recht des Autokaufs, Rn 6.2.8.

pflichtet, den bestmöglichen Verkaufswert zu erzielen, worunter – ebenso wie bei § 503 Abs. 2 S. 4 BGB – der Preis zu verstehen ist, den der Verkäufer durch Weiterverkauf an einen **Endverbraucher** erzielen kann und nicht der Händlereinkaufspreis.

Die vom Verkäufer zu entrichtende Vergütung in Höhe des gewöhnlichen Verkaufswertes ist auf die Ansprüche des Verkäufers zu verrechnen. Übersteigt der Wert die Ansprüche des Verkäufers, hat der Käufer den überschießenden Betrag zu beanspruchen. Reicht der Betrag in Höhe des gewöhnlichen Verkehrswertes unter Berücksichtigung der Rücknahme- und Verwertungskosten nicht aus, um die Forderungen des Verkäufers zu tilgen, muss der Käufer die Differenz ausgleichen.

Nach dem Wortlaut von Abschn. VI, Ziff. 2 , S. 3 ist eine Beauftragung des Sachverständigen sowohl durch den Käufer als auch durch den Verkäufer zugelassen. Wer die **Gutachterkosten** zu tragen hat, ist nicht explizit geregelt. Soweit dem Käufer in Abschn. VI, Ziff. 2, S. 4 NWVB sämtliche Kosten der Rücknahme und Verwertung auferlegt werden, gehören die Gutachterkosten nicht zwangsläufig dazu. Die Regelung ist jedenfalls unklar und daher zu Lasten des Verwenders auszulegen.

Verlangt der Käufer unter Berufung auf die Klausel die Erstellung des Gutachtens, hat er die Kosten zu tragen. Anders verhält es sich, wenn die Parteien über die Höhe des gewöhnlichen Verkaufswertes verhandelt, aber keine Einigung erzielt haben. Unter diesen Umständen erscheint es gerechtfertigt, die Kostentragung von dem Ergebnis des Gutachtens abhängig zu machen und die Gutachterkosten demjenigen aufzuerlegen, der sich mit seiner Preisvorstellung nicht hat durchsetzen können. Der Verkäufer muss die Kosten übernehmen, wenn er dem Käufer einen Anrechnungspreis unterhalb des gewöhnlichen Verkaufswertes zugebilligt hat, so wie diese zu Lasten des Käufers gehen, wenn der Sachverständige nicht dessen (überhöhte) Preisvorstellung bestätigt. Falls der vom Gutachter ermittelte gewöhnliche Verkaufswert zwischen den voneinander abweichenden Preisvorstellungen beider Parteien liegt, ist eine im Verhältnis Obsiegen/Unterliegen entsprechende Quotierung der Gutachterkosten entsprechend § 14 Abs. 2 AKB angezeigt.

115 Geteilt sind die Meinungen zu der Frage, ob die **Weiterbenutzung** des Fahrzeugs durch den Vorbehaltskäufer nach dem Rücktritt des Vorbehaltsverkäufers vom Kaufvertrag den Herausgabeanspruch des Verkäufers gefährdet und einen **Verfügungsgrund** für eine vorläufige Sicherstellung des Kraftfahrzeugs im Wege der einstweiligen Verfügung darstellt, oder ob dieser Anspruch auf den Fall der übermäßigen Nutzung des Fahrzeugs und dessen völlige Entwertung zu beschränken ist.[36] Das Argument, die Gefahr einer Veränderung des bestehenden Zustandes i. S. v. § 935 ZPO liege nicht vor, wenn der Vorbehaltsverkäufer das Kraftfahrzeug nach dem Rücktritt in gleicher Weise benutze, wie er dies zuvor getan habe, erweist sich als lebensfremd und wenig überzeugend, da ein Kraftfahrzeug – im Gegensatz etwa zu einem bloß herumstehenden Schrank – durch den schlichten Weitergebrauch und die damit einhergehende Abnutzung und Erhöhung der Kilometerleistung nicht nur unerheblich an Wert verliert. Daher ist eine Sicherstellung durch einstweilige Verfügung zu bejahen.

Die Herausgabe des unter Eigentumsvorbehalt verkauften Fahrzeugs kann der Verkäufer vom Käufer auch nach Verjährung der Kaufpreisforderung verlangen.[37]

---

36 OLG Köln 10. 1. 1997, NJW-RR 1998, 1588, 1589 mit Rechtsprechungs- und Meinungsübersicht.
37 BGH 4. 7. 1979, NJW 1979, 2195.

2. Rücktritt nach § 324 BGB

Außer wegen Zahlungsverzuges ist der Verkäufer kraft der gesetzlichen Regelung von § 449 Abs. 2 BGB zum Rücktritt wegen Verletzung einer Pflicht nach § 241 Abs. 2 BGB berechtigt.[38]

Es muss die Verletzung einer Verhaltenspflicht vorliegen. Andere Gründe, wie zum Beispiel eine Vermögensverschlechterung oder die Abgabe einer eidesstattlichen Versicherung reichen für einen Rücktritt nicht aus. Es kommen naturgemäß nur solche Verhaltenspflichtverletzungen in Betracht, durch welche die Rechte des Verkäufers verletzt werden oder die dazu führen, dass sich der Zustand des unter Eigentumsvorbehalt stehenden Fahrzeugs dadurch wesentlich verschlechtert. Sie müssen so erheblich sein, dass dem Verkäufer ein Festhalten am Vertrag nicht zuzumuten ist, wovon – außer bei besonders schwerwiegenden Verstößen – nur dann ausgegangen werden kann, wenn der Käufer zuvor vergeblich abgemahnt wurde.[39]

Eine zum Rücktritt berechtigende Pflichtverletzung ist insbesondere anzunehmen, wenn der Käufer über das Fahrzeug verfügt oder es einem Dritten unter Aufgabe seines unmittelbaren Besitzes überlässt.[40] Er darf das Fahrzeug nicht veräußern, verpfänden, zur Sicherheit übereignen oder sonstige die Sicherung des Verkäufers beeinträchtigende Maßnahmen vornehmen.

Die vertragliche Einräumung eines Nutzungsrechts zugunsten eines Dritten, die dem Käufer nach Abschn. VI, Ziff. 3 NWVB untersagt ist, kann – wenn damit die Gefahr einer wesentlichen Verschlechterung des Fahrzeugs verbunden ist – ebenfalls ein Grund sein, der den Verkäufer zum Rücktritt berechtigt.

Eine Verletzung von Benachrichtigungs- und Hinweispflichten, das pflichtwidrige Unterlassen von Wartungsarbeiten und Instandsetzungsmaßnahmen und der Verstoß gegen die Verpflichtung, eine Vollkaskoversicherung abzuschließen, sind weniger gravierende Pflichtverstöße, die für einen Rücktritt im Regelfall nicht ausreichen.[41]

---

38 Zur Sperrwirkung durch Abschn. VI, Ziff. 2, S. 1 NWVB Rn 113.
39 *Palandt/Heinrichs,* BGB Erg.-Bd. § 324 Rn 5.
40 LG Hannover 23. 1. 1973, MDR 1974, 766.
41 BGH 8. 10. 1969, NJW 1970, 31.

G. Besondere Vertriebsarten

I. Haustürgeschäfte und Fernabsatzverträge

117 Für Verträge, die außerhalb des Autohauses zwischen einem Händler und einem privaten Neuwagenkunden geschlossen werden, sei es an der Haustür, sei es auf elektronischem Wege oder sonst unter Einsatz von Fernkommunikationsmitteln, gelten die unter dem Untertitel 2 „Besondere Vertriebsformen" zusammengefassten Vorschriften der §§ 312 ff. BGB. Sie ersetzen das Haustürwiderrufsgesetz und das Fernabsatzgesetz, ergänzt um Regelungen der Pflichten im elektronischen Geschäftsverkehr.

1. Haustürgeschäfte

a) Gesetzesrelevanz von Haustürgeschäften und ähnlichen Geschäften für den Neuwagenhandel

118 Durch § 312 BGB sollen Verbraucher vor Verträgen geschützt werden, die sie infolge von Überrumpelung und Übervorteilung durch die andere Partei übereilt abschließen und die ihnen Leistungen beschaffen, für die oftmals kein echter Bedarf besteht und deren Entgelt ihre finanziellen Mittel übersteigt. Deshalb wird dem Verbraucher, der an der Haustür oder in bestimmten vergleichbaren Situationen eine vertragliche Verpflichtung eingeht, ein Widerrufsrecht zugebilligt.

Neuwagenhändler vertreiben ihre Produkte üblicherweise nicht an der Haustür. Daran wird sich durch die Lockerung der Vertriebsstrukturen auch in Zukunft nichts ändern. Dennoch werden rund 20 % der Neuwagenbestellungen[1] außerhalb der Geschäftsräume von Händlerfirmen aufgegeben. Der Verkauf außerhalb der Händlerbetriebe wird von Außendienstmitarbeitern durchgeführt, die ihre Kunden im Rahmen von Betreuungsprogrammen in mehr oder weniger regelmäßigen Abständen aufsuchen. Doch meistens handelt es sich bei den Neuwagenbestellungen, die von Kunden außerhalb der Händlerfirmen unterschrieben werden, nicht um Haustürgeschäfte. Dies liegt daran, dass sich der Außendienst im Neuwagenhandel auf gewerbliche Kunden konzentriert und private Kunden nicht ohne vorhergehende Bestellung aufgesucht werden. Doch der Verkauf außerhalb des Händlerbetriebs kann zur Gratwanderung werden. Dies zeigt der folgende **Beispielsfall**, über den das OLG Nürnberg[2] zu befinden hatte:

Der Kunde bat den Autoverkäufer telefonisch, ihm den Vorführwagen des neuen Modells zu Hause zu zeigen, weil er dort ausprobieren wollte, ob er mit dem Rollstuhl in das Auto einsteigen konnte. Da er von dem Fahrzeug begeistert war, unterschrieb er anlässlich des Verkäuferbesuchs sofort einen Kaufantrag, den der Händler fristgerecht annahm. Später widerrief der Kunde seine Bestellung und verweigerte die Abnahme des Fahrzeugs.

Das OLG Nürnberg wies die Kaufpreisklage des Händlers zurück, weil es die Ansicht vertrat, der in der Privatwohnung des Kunden abgeschlossene Kaufvertrag sei ein Haustürgeschäft, weil der Kunde den Verkäufer nur zur Vorführung des Fahrzeugs und nicht zu Vertragsverhandlungen bestellt hatte.

Der Kfz – Handel mit Neufahrzeugen ist für Haustürgeschäfte nicht gerüstet, weil diese Art des Vertriebs untypisch ist. Das Haustürgeschäft stellt, wie das Beispiel zeigt, eine Gefahr und keine zusätzliche Vertriebschance für den Neuwagenhandel dar. In Autohäusern gibt es weder Formulare mit Widerrufsbelehrungen, die den Anforderungen der §§ 312,

---

[1] *Creutzig*, Recht des Autokaufs Rn 141.
[2] Urt. v. 17. 3. 1995, NZV 1996, 71.

355 Abs. 2 BGB entsprechen, noch verfügt das Verkaufspersonal über ausreichende Kenntnisse, um die Risiken eines Haustürgeschäfts einschätzen zu können. Aus diesem Grunde sollte der Verkauf eines Neufahrzeugs an einen Privatkunden in einer Haustürsituation grundsätzlich unterbleiben. Dies liegt auch im Interesse der Verbraucher.

In Anbetracht der Tatsache, dass § 312 BGB eine Verbraucherschutzvorschrift darstellt, von der zum Nachteil des Verbrauchers nicht abgewichen werden darf, stellt sich die Rechtsprechung im Zweifel richtigerweise auf die Seite des Verbrauchers. Um nicht ungewollt in ein Haustürgeschäft hinein zu stolpern, ist es erforderlich, dass sich Autohändler mit dieser Geschäftsart vertraut machen.

b) Allgemeine Anwendungsvoraussetzungen

Es ist bereits deutlich geworden, dass § 312 BGB nur im Verhältnis zwischen Verbraucher (§ 13 BGB) und Unternehmer (§ 14 BGB) gilt. Auch Personenmehrheiten, z. B. Eheleute, die ein Auto gemeinsam bestellen, können Verbraucher sein.[3] Die Verbraucherschutznorm des § 312 BGB reicht bis in den interfamiliären Bereich, d. h. die Voraussetzungen eines Haustürgeschäfts liegen vor, wenn ein Mitarbeiter des Autohauses, für das er allgemein werbend tätig ist, einen Angehörigen in dessen Privatwohnung mit dem Vorschlag überrascht, einen Neuwagenkauf abzuschließen.[4]

Das Widerrufsrecht des Verbrauchers wird nicht dadurch ausgeschlossen, dass ein **Familienangehöriger** als Vertreter den Kaufvertrag über das Neufahrzeug für ihn abgeschlossen hat. Im Fall der Stellvertretung setzt das Widerrufsrecht allerdings voraus, dass der Vertreter durch eine Haustürsituation zum Vertragsabschluss bestimmt worden ist.[5] Fehlt es an dieser Voraussetzung, kann der Vertretene den Vertrag nicht widerrufen, selbst wenn er die Vollmacht in einer Haustürsituation unterschrieben hat.[6]

Unternehmer fallen nicht unter den Schutz von § 312 BGB. Selbstständige Handwerker, Ärzte, Architekten, Rechtsanwälte usw. können den Kaufvertrag entweder in Ausübung ihrer gewerblichen oder selbstständigen beruflichen Tätigkeit schließen oder das Kraftfahrzeug für private Zwecke erwerben. Allein schon wegen der nach §§ 312, 355 Abs. 2, 357 BGB erforderlichen Belehrung über das Widerrufsrecht im Falle eines Privatkaufs ist eine entsprechende Klarstellung im Vertrag unerlässlich. Notfalls kann die Verwendung von Firmen- und Praxisstempeln über den Zusammenhang zwischen dem Geschäftsabschluss und der gewerblichen oder selbstständigen beruflichen Tätigkeit des Bestellers Aufschluss geben.[7]

Durch § 312 BGB werden auch **Dritte** geschützt, die sich für die Erfüllung des Kaufvertrages z. B. durch Schuldbeitritt, Schuldübernahme oder als Gesamtschuldner mitverpflichtet haben.

Personen, die sich anlässlich eines Haustürgeschäftes für die Kaufpreisschuld **verbürgt** haben, besitzen ein eigenes Widerrufsrecht nur unter der Voraussetzung, dass die gesicherte Hauptschuld aus dem Kauf ebenfalls als Haustürgeschäft zustande gekommen ist.[8] Sichert der Bürgschaftsvertrag des Verbrauchers eine Verbindlichkeit, die der Käufer als Unternehmer eingegangen ist, liegt kein Haustürgeschäft vor[9], da das Haustürwiderrufsgesetz

---

3 *Schmidt* in *Henssler/Graf von Westphalen,* Praxis der Schuldrechtsreform, § 312 Rn 5.
4 BGH 17. 9. 1996, NJW 1996, 3414.
5 BGH 22. 1. 1991, NJW-RR 1991, 1074; OLG Hamm 24. 7. 1990, NJW-RR 1991, 121.
6 BGH NJW 2000, 2268; *Hoffmann,* ZIP 1999, 1586 zum Widerruf der Vollmacht.
7 LG Düsseldorf 21. 4. 1989, NJW-RR 1989, 1341.
8 EuGH 17. 3. 1998, NJW 1998, 1295, 1296, gefolgt von BGH 14. 5. 1998, NJW 1998, 1295, 1296 i. V. m. BGH 11. 1. 1996, WM 1996, 384.
9 BGH 14. 5. 1998, NJW 1998, 1295, 1296; ablehnend *Pfeiffer,* ZIP 1998, 1136, *Reinicke/Tiedtke,* DB 1998, 2001, *dies.* in ZIP 1998, 893; *Auer,* ZBB 1999, 161.

und die ihr inhaltlich entsprechende Nachfolgeregelung des § 312 BGB insoweit keinen weiteren Regelungsbereich abdecken als die Haustürgeschäfterichtlinie der EU.[10]

Die wegen der Gefahr der Überrumpelung des Kunden vom Gesetzgeber missbilligten Vertragssituationen werden in § 312 BGB abschließend aufgezählt und beschrieben.[11] Vergleichbare Situationen der Vertragsanbahnung, bei denen ein identisches Schutzbedürfnis des Verbrauchers besteht, werden gelegentlich mit Hilfe des Umgehungsverbots (§ 312 f BGB) in den Anwendungsbereich der Vorschrift einbezogen.[12]

Für den Automobilhandel ist der Kauf am Arbeitsplatz, im Bereich einer Privatwohnung (§ 312 Abs. 1 Nr. 1 BGB) oder anlässlich einer Freizeitveranstaltung (§ 312 Abs. 1 Nr. 2 BGB) relevant. Neuwagengeschäfte im Anschluss an ein überraschendes Ansprechen in Verkehrsmitteln oder im direkten Bereich öffentlich zugänglicher Verkehrswege (§ 312 Abs. 1 Nr. 3 BGB) sind unüblich.

c) Mündliche Verhandlungen

120 Erforderlich für § 312 Abs. 1 Nr. 1 BGB ist die Anwesenheit der anderen Partei, ihres Gehilfen oder eines von ihr beauftragten Verhandlungsführers am Arbeitsplatz des Kunden oder in einer Privatwohnung zusammen mit dem Kunden sowie die Ursächlichkeit, zumindest aber Mitursächlichkeit[13] der an diesem Ort geführten mündlichen Verhandlung für den Vertragsabschluss. Da es entscheidend darauf ankommt, dass sich Unternehmer und Verbraucher persönlich gegenüberstehen, fallen Katalogversand, Telefonmarketing[14] und Internetshopping nicht unter Haustürgeschäfte, sondern sind abschließend in den §§ 312 b ff. BGB über den Fernabsatz geregelt.[15]

Einzelheiten der konkreten Vertragsgestaltung müssen bei den **mündlichen Verhandlungen** nicht besprochen werden. Es genügt jedes werbemäßige Ansprechen eines Kunden, das auf einen späteren Vertragsschluss abzielt.[16] Entscheidend ist, dass der Kunde durch die mündliche Verhandlung zur Abgabe seiner auf den Vertragsabschluss gerichteten Willenserklärung bestimmt wird. Für die Ursächlichkeit genügt die Feststellung, dass der spätere Vertrag ohne die besonderen Umstände der ersten Kontaktaufnahme nicht oder nicht so wie geschehen zu Stande gekommen wäre.[17] Die Voraussetzungen von § 312 Abs. 1 Nr. 1 BGB sind bereits erfüllt, wenn der Kunde einen (unbestellten) Besuch des Verkäufers zum Anlass nimmt, Änderungswünsche zu einem bestehenden Vertrag zu äußern und anschließend ein neuer – ersetzender – Vertrag geschlossen wird.[18] Die besonderen Umstände der ersten Kontaktaufnahme können allein schon ursächlich für den Vertragsschluss sein, wenn der Kunde seine Vertragserklärung erst später in Abwesenheit des Vertragspartners und eines für diesen auftretenden Werbers unterschrieben hat.[19]

---

10 Richtlinie des Rates der Europäischen Gemeinschaften vom 20. 12. 1985 betreffend den Verbraucherschutz für außerhalb von Geschäftsräumen geschlossene Verträge, 85/577/EWG, AblEG Nr. L 372 / 31 vom 31. 12. 1985.
11 *Schmidt* in *Henssler/Graf von Westphalen*, Praxis der Schuldrechtsreform, § 312 Rn 13; a. A. *Ulmer*-MK, BGB, § 1 HWiG Rn 18.
12 *Schmidt* in *Henssler/Graf von Westphalen*, Praxis der Schuldrechtsreform, § 312 Rn 13.
13 *Gilles*, NJW 1986, 1131, 1139.
14 BGH 16. 1. 1996, WM 1996, 390; *Klingsporn*, NJW 1997, 1546.
15 *Schmidt* in *Henssler/Graf von Westphalen*, Praxis der Schuldrechtsreform, § 312 Rn 15.
16 BGH 16. 1. 1996, WM 1996, 387; OLG Stuttgart 4. 3. 1997, OLGR 1997, 71.
17 BGH 16. 1. 1996, WM 1996, 387.
18 BGH 19. 11. 1998, ZIP 1999, 70.
19 BGH 17. 9. 1996, NJW 1996, 3416.

d) Arbeitsplatz

Der Begriff **Arbeitsplatz** ist weit auszulegen. Zum Arbeitsplatz gehört wegen der Möglichkeit der überraschenden Einflussnahme jeder Ort im Betriebsgebäude oder auf dem Betriebsgelände.[20] Der Arbeitsplatz endet am Werkstor. Nach Ansicht des OLG Düsseldorf[21] wird auch der Arbeitsplatz eines Selbstständigen durch § 312 BGB geschützt, wenn er dort einen privaten Vertrag abschließt.

121

e) Privatwohnung

Privatwohnung kann sein die Miet– oder Eigentumswohnung, das Wohnhaus, die Wohnung im Senioren– oder Pflegeheim, das Zimmer im Studentenwohnheim, die Unterkunft für Asylbewerber, die Ferienwohnung, das Wohnmobil oder der Campingwagen. Zur Privatwohnung zählen außer dem eigentlichen Wohnbereich auch der Hausflur und das Treppenhaus eines Mehrfamilienhauses, der Garten sowie die Tiefgarage und die Gemeinschaftsräume größerer Wohnanlagen, nicht jedoch die öffentlich zugänglichen Orte wie Hotelhallen, Cafes, Gaststätten, Kinos und Spiel– oder Sportplätze. Hergeleitet aus dem Umgehungsverbot des § 312 BGB wird die Auffassung vertreten, dass ein Vertragschluss als Haustürgeschäft zu charakterisieren ist, wenn die Parteien auf Grund eines spontanen Entschlusses den Verhandlungsort entgegen der ursprünglichen Absicht in ein der Privatwohnung nahe gelegenes kleines Café verlegen[22] oder wenn die Vertragsverhandlungen in einer Hotelhalle[23] geführt werden und der Kunde dort in eine vergleichbare Zwangslage gebracht wird, wie sie in einer Privatwohnung besteht.[24]

122

Bei der Privatwohnung muss es sich nicht um diejenige des Kunden handeln; es kann ebenso die Wohnung eines Dritten sein.[25] Obwohl allein schon die Atmosphäre einer Privatwohnung den auf den Kunden ausgeübten Kaufdruck wesentlich verstärkt, fällt die Privatwohnung des Händlers oder die seines Verhandlungsführers nicht unter § 312 BGB.[26]

f) Vorhergehende Bestellung

Das Widerrufsrecht ist gem. § 312 Abs. 3 Nr. 1 BGB ausgeschlossen, wenn die für den Vertragsschluss maßgebliche mündliche Verhandlung auf einer vorhergehenden Bestellung des Kunden beruht. Hierzu gibt es zahlreiche Urteile. Sie zeigen, dass immer wieder versucht wird, den Kunden zu Hause zum Vertragsschluss zu bewegen. Weiterhin belegen sie, dass die Rechtsprechung mit dem Begriff der vorhergehenden Bestellung zum Schutz des Verbrauchers äußerst restriktiv umgeht. Eine vorhergehende Bestellung ist nicht anzunehmen, wenn der Verbraucher

123

– sein Einverständnis mit Vertragsverhandlungen in seiner Wohnung bei einer unerbetenen und ihn unvorbereitet treffenden telefonischen Anfrage des Anbieters erteilt,[27]

---

20 *Palandt/Putzo,* BGB, Erg.- Bd. § 312 Rn 11; *Ulmer*-MK, BGB, § 1 HWiG Rn 21.
21 BB 1999, 1784; zustimmend *Schmidt* in *Henssler/Graf von Westphalen,* Praxis der Schuldrechtsreform, § 312 Rn 17; a. A. *Ulmer*-MK, BGB, § 1 HWiG Rn 21.
22 AG Freilassing 14. 6. 1988, NJW-RR 1988, 1326.
23 OLG Frankfurt WM 1994, 1730; LG Lüneburg 22. 6. 1988, NJW-RR 1989, 119.
24 LG Mannheim Urt. v. 3. 8. 1990, NJW-RR 1990, 1395.
25 OLG Hamm 24. 7. 1990, NJW-RR 1991, 121.
26 BGH 30. 3. 2000, NJW 2000, 3498; *Palandt/Putzo,* BGB Erg.-Bd. § 312 Rn 12; a. A. *Ulmer*-MK, BGB, § 1 HWiG Rn 20.
27 BGH 29. 9. 1994, ZIP 1994, 1696, 1697.

- sich lediglich mit den vom Vertragspartner angetragenen Verhandlungen zum Zweck der Warenpräsentation oder des Vertragsabschlusses[28] mit einem Hausbesuch einverstanden erklärt,[29]
- aufgrund eines Anrufs des Unternehmers einen Beratungstermin bei sich zu Hause vereinbart, der bereits zum Vertragsschluss führt,[30]
- auf einen angekündigten Besuch schweigt,[31]
- bei einem nicht von ihm veranlassten Telefongespräch eine Einladung von sich aus ausspricht,[32]
- nach einem Gespräch Besuch erhält, bei dem über einen völlig anderen Gegenstand gesprochen wird,[33]
- vor dem vereinbarten Termin aufgesucht wird,[34]
- auf einer Verkaufsveranstaltung für eine Verlosung Name und Adresse angibt und danach ein Besuch des Verkäufers erfolgt,[35]
- auf einer Werbeantwortkarte, mit der er kostenlos Informationsmaterial anfordert, seine Telefonnummer angibt, der Verkäufer daraufhin zwecks Vereinbarung eines Besprechungstermins anruft und ihn unter Hinweis auf Sondermodelle zu einem sofortigen Termin drängt, bei dem es dann zum Vertragsschluss kommt,[36]
- auf einer Postkarte seine Telefonnummer angibt, um weitere Informationen zu erhalten, und es auf Grund eines Gesprächs mit einem Vertreter des Verkäufers zu einem Informationsbesuch kommen soll,[37]
- einen Hausbesuch ohne Einverständnis seiner Ehefrau vereinbart und diese in die Vertragsverhandlungen einbezogen und zum Kauf bzw. zur Übernahme einer Mithaftung aus dem Kauf veranlasst wird,[38]
- auf einem Messestand auf die Frage nach den Kosten die Antwort erhält, der Preis könne erst nach Besichtigung der Wohnung genannt werden,[39]
- bei einem verabredeten Hausbesuch ein Angebot bekommt, das den Rahmen der Bestellung überschreitet,[40]
- vom Unternehmer die Mitteilung erhält, er werde nur einmal aufgesucht, weil dann die Beratung und die Bestellung zeitlich zusammenfallen würden,[41]

---

28 OLG Frankfurt 2. 12. 1988, NJW-RR 1989, 494; 2. 8. 2000, OLGR 2000, 259.
29 BGH 25. 10. 1989, NJW 1990, 181; OLG Stuttgart 12. 5. 1989, NJW-RR 1989, 956; 24. 11. 1989, NJW-RR 1990, 501; 4. 3. 1997, OLGR 1997, 71; OLG Dresden 18. 11. 1997, OLGR 1998, 39.
30 SchlHOLG 20. 8. 1997, OLGR 1997, 345;OLG Köln 29. 4. 1988, NJW 1988, 1985.
31 *Palandt/Putzo*, BGB Erg.-Bd. Rn 26.
32 BGH 25. 10. 1989, ZIP 1989, 1575.
33 LG Hamburg 11. 11. 1987, NJW-RR 1988, 824.
34 OLG Stuttgart 4. 3. 1988, NJW 1988, 1986.
35 OLG Frankfurt 2. 12. 1988, NJW-RR 1989, 494; AG Elmshorn 15. 1. 1987, NJW 1987, 1204.
36 BGH 25. 10. 1989, ZIP 1989, 1575; LG Zweibrücken 23. 2. 1988, NJW-RR 1988, 823.
37 OLG Frankfurt 15. 3. 1989, NJW-RR 1989, 1342.
38 BGH 22. 1. 1991, WM 1991, 313.
39 OLG Stuttgart 12. 5. 1989, NJW-RR 1989, 956.
40 BGH 7. 12. 1989, ZIP 1990, 148 mit Anm. von *Teske*, a. a. O., 150 sowie die vorausgegangene Entscheidung des OLG Stuttgart 11. 10. 1988, ZIP 1990, 152 sowie OLG Koblenz Beschl. 25. 8. 1989, ZIP 1990, 155.
41 OLG Köln 18. 12. 1989, NJW-RR 1990, 377.

- den Termin, der zum Vertragsabschluss führt, anlässlich eines unbestellten Hausbesuchs vereinbart hat, der für sich gesehen die Voraussetzungen eines Haustürgeschäfts erfüllt,[42]
- zur Bestellung provoziert wird, z. B. durch das Versprechen von Werbegeschenken für den Fall der Rücksendung einer zweiten Antwortkarte,[43]
- den Verkäufer bestellt, um ihm ein Auto unverbindlich vorzuführen, und es bei diesem Termin in der Wohnung des Kunden zum Abschluss des Autokaufs kommt,[44]
- durch vorangegangene Verhandlungen in einer sog. Haustürsituation mitursächlich für den späteren Vertragsabschluss eingestimmt wird.[45]

g) Freizeitveranstaltung

Freizeitveranstaltungen sind z. B. Kaffeefahrten, mehrtägige Reisen, Ausflugs- und Besichtigungsfahrten, Kultur- und Sportereignisse, Butterfahrten, Filmvorführungen, Tanzveranstaltungen, Modenschauen, Gewinnabholungsveranstaltungen usw., bei denen Leistungen oder Waren angedient werden. Sie weisen die Gemeinsamkeit, dass über das eigentliche Verkaufsgeschehen hinaus Leistungen, insbesondere unterhaltender Art seitens des Veranstalters, geboten werden, die in keinem sachlichen Zusammenhang mit dem eigentlichen Kaufvorgang stehen,[46] die den Verkaufscharakter verschleiern, in der Freizeit des angesprochenen Kundenkreises stattfinden[47] und die Verbraucher in eine unbeschwerte Stimmung versetzen.[48]

124

Der Begriff der Freizeitveranstaltung ist von zwei zusammenwirkenden, in einer Wechselwirkung zueinander stehenden Faktoren bestimmt: Einmal durch den Freizeitcharakter der Veranstaltung, die den Verbraucher in eine seine rechtsgeschäftliche Entschließungsfreiheit beeinflussende Freizeitstimmung versetzt, und zum anderen durch die Organisationsform der Veranstaltung, der sich der Kunde nur schwer entziehen kann. Der Freizeitcharakter der Veranstaltung geht nicht dadurch verloren, dass die eigentliche gewerbliche Zielsetzung des Veranstalters von den Teilnehmern erkannt und durchschaut wird.[49] Maßgeblich ist der tatsächliche Ablauf. Für die Beurteilung kann ausschlaggebend sein, ob die Veranstaltung als Verkaufs- oder überwiegend als Freizeitveranstaltung angekündigt wird, da es letztlich entscheidend darauf ankommt, ob der Teilnahmeentschluss des Kunden von der Vorstellung einer „Freizeitveranstaltung" geprägt ist oder ob er von vornherein den Hauptzweck der Veranstaltung in der Verkaufstätigkeit sieht.[50]

Von dem Tatbestand der Freizeitveranstaltung sollen nach dem Willen des Gesetzgebers diejenigen Fälle erfasst werden, in denen der Verbraucher nach der Lebenserfahrung weniger seriösen Verkaufspraktiken im sog. Direktvertrieb leicht erliegt und in seiner Entscheidungsfreiheit überfordert wird, sodass ihn der Kauf anschließend reut.[51]

---

42 Brandenburgisches OLG 17. 6. 1997, OLGR 1997, 309; ebenso KG 26. 4. 1996, OLGR 1996, 157.
43 OLG Dresden 8. 11. 1995, NJW-RR 1996, 758 .
44 OLG Nürnberg 17. 3. 1995, NZV 1996, 71.
45 OLG Stuttgart 30. 3. 1999, BB 1999, 1453.
46 LG Würzburg 19. 5. 1988, NJW-RR 1988, 1324; *Löwe,* BB 1986, 825; *Gilles,* NJW 1986, 1140.
47 OLG Hamm 3. 11. 1988, NJW-RR 1989, 117.
48 BGH 26. 3. 1992 NJW 1992, 1889.
49 BGH 21. 6. 1990, NJW 1990, 3265.
50 BGH 21. 6. 1990, NJW 1990, 3265; SchlHOLG 13. 11. 1997, OLGR 1998, 21.
51 OLG Frankfurt 16. 1. 1990, NJW-RR 1990, 374, 375; *Gilles,* NJW 1986, 1131; *Löwe,* BB 1986, 821, 825.

Verbraucherverkaufsausstellungen sind in der Regel keine Freizeitveranstaltungen.[52]

§ 312 Abs. 3 BGB enthält eine Reihe von **Ausnahmen**, die für den Neuwagenhandel aber nicht relevant sind. Allenfalls die Herausnahme von Versicherungsverträgen kann dann bedeutsam sein, wenn der Händler dem Kunden in einer Haustürsituation außer dem Neuwagen auch einen Versicherungsvertrag andient. Daraus ergibt sich jedoch kein Problem, weil in § 8 VVG für Versicherungsverträge ein allgemeines Widerrufsrecht mit vierzehntägiger Frist vorgesehen ist, das in zeitlicher Hinsicht dem Widerrufsrecht des § 355 Abs. 1 S. 2 BGB entspricht.

Die **Beweislast** für das Vorliegen einer Freizeitveranstaltung trägt der Kunde; er muss die Umstände konkret vortragen.

2. Fernabsatzverträge

a) Bedeutung für den Neuwagenhandel

125 Der Neuwagenhandel ist von Hause aus stationär und regional ausgerichtet, was vor allem darauf beruht, dass Fabrikatshändler in ihren Aktionen auf das ihnen zugeteilte Verkaufsgebiet beschränkt sind und insoweit Gebietsschutz genießen. Es ist nicht anzunehmen, das sich dieser Zustand in naher Zukunft ändert, da der Fernabsatz als Vertriebsweg für Neufahrzeuge nicht bedingt geeignet ist. Das liegt vor allem daran, dass das Widerrufs – und Rückgaberecht bei der Lieferung von Waren nicht vor dem Tag ihres Eingangs beim Empfänger beginnt (§ 312 d Abs. 2 BGB). Aufgrund dieser Regelung ist es dem Verkäufer verwehrt, mit dem Kunden eine Vereinbarung i. S. v. § 308 Ziff. 1 Halbs. 2 BGB zu treffen, die es ihm gestattet, das Neufahrzeug erst nach Ablauf der Widerrufsfrist zu liefern. Der Autohandel wird die Instrumente des Fernabsatzes deshalb nicht für den Verkauf von Fahrzeugen sondern – voraussichtlich in einem noch stärkeren Maße als bisher – für deren Bewerbung einsetzen.

Aufgrund dieser rechtlichen Ausgangslage fehlt der erforderliche Anreiz für den Handel, neue Kraftfahrzeuge im Wege des Fernabsatzes zu verkaufen. Es ist allerdings absehbar, dass sich Kraftfahrzeughändler früher oder später in dem Netzwerk der Gesetzesvorschriften über Fernabsatzverträge ungewollt verfangen.

b) Voraussetzungen eines Fernabsatzvertrages

126 Fernabsatzverträge sind Verträge über Waren oder Dienstleistungen zwischen einem Unternehmer und einem Verbraucher, die unter ausschließlicher Verwendung von Fernkommunikationsmitteln im Rahmen eines für den Fernabsatz organisierten Vertriebs- oder Dienstleistungssystems geschlossen werden (§ 312 b BGB). Verkaufsgeschäfte über Neufahrzeuge zwischen zwei Unternehmern, zwischen zwei Verbrauchern und der Verkauf von Verbraucher an Unternehmer fallen nicht in den Anwendungsbereich des Fernabsatzrechts. Fernkommunikationsmittel sind insbesondere Briefe, Drucksachen, Kataloge, Pressewerbung, Telefon, Telefax, E-Mails, SMS-Nachrichten, Teleshopping, Rundfunk und In-

---

52 „Hafa", Ausstellung für Hauswirtschaft und Familie – LG Bremen 3. 6. 1988, NJW-RR 1988, 1325; – „Niederrhein-Schau" – LG Kleve 10. 3. 1988, NJW-RR 1988, 825; „Grüne Woche" –BGH 26. 3. 1992, NJW 1992, 1889, KG 9. 2. 1990, NJW-RR 1990, 1338; OLG Brandenburg, 11. 7. 2001, NJW-RR 2001, 1635; „Harz und Heide" – LG Braunschweig 13. 7. 1992, NJW-RR 1992, 1401; „Caravan-Motor-Touristik (CMT)" – AG Ludwigsburg 7. 9. 1995, DAR 1995, 490; „Camping- und Caravanmesse" – OLG Düsseldorf 2. 3. 1999, OLGR 1999, 193; der Charakter einer Freizeitveranstaltung wurden „Für Familie" vom OLG Stuttgart 13. 7. 1988, NJW-RR 1988, 1323 und der „Mittelsachsenschau" in Riesa 1994 vom OLG Dresden 28. 2. 1997, NJW-RR 1997, 1346 zuerkannt.

ternet. Sie alle ermöglichen die Vertragsanbahnung bis zum Vertragsschluss ohne gleichzeitige körperliche Anwesenheit der Vertragsparteien.

Ein persönlicher Kontakt der Vertragsparteien schließt ein Fernabsatzgeschäft nicht grundsätzlich aus,[53] jedoch müssen hierfür weitere Voraussetzungen vorliegen,[54] die im Einzelnen noch nicht geklärt sind.

Bedeutsam für den Neuwagenhandel ist die – vom Unternehmer zu beweisende – Ausnahme, dass der Kaufvertrag nicht im Rahmen eines für den Fernabsatz organisierten Vertriebs- oder Dienstleistungssystems erfolgt ist, denn gem. § 312 b Abs. 1, Halbs. 2 BGB ist eine solche Vertriebsstruktur Voraussetzung für das Vorliegen eines Fernabsatzgeschäfts. Sofern der Kaufvertrag unter Verwendung von Fernkommunikationsmitteln geschlossen wurde, kommt es nach der Gesetzesbegründung[55] konkret darauf an, ob der Unternehmer in personeller und sachlicher Ausstattung innerhalb seines Betriebs die organisatorischen Voraussetzungen geschaffen hat, die notwendig sind, um regelmäßig im Fernabsatz zu tätigende Geschäfte zu bewältigen. Ein großer personeller oder sachlicher Aufwand wird nicht vorausgesetzt. Die Unterhaltung einer homepage im Internet mit Bestellmöglichkeit per E-Mail genügt.[56] Allerdings reicht der gelegentliche Verkauf eines Neuwagens unter Einsatz von Fernkommunikationsmitteln und Beachtung von § 312 e BGB für die Annahme einer organisierten Vertriebsform dann nicht aus, wenn die Kaufverträge „im Regelfall" in den Geschäftsräumen des Händlers verhandelt und abgeschlossen werden und es dort zu einer Begegnung zwischen Verkäufer und Käufer und zu einer Inaugenscheinnahme der Ware kommt.[57] Dies trifft auf die meisten Händlerbetriebe zu, die mit Neufahrzeugen am Markt vertreten sind und entspricht dem Käuferverhalten. Kunden von Neuwagen wünschen den persönlichen Kontakt zum Händler und wollen das Auto, bevor sie sich zum Kauf entschließen, anschauen und Probe fahren. Aufgrund dieser Besonderheiten hält sich das Interesse des Neuwagenhandels an einem Fernabsatz über organisierte Vertriebssysteme in Grenzen.

3. Widerruf von Haustürgeschäften und Fernabsatzverträgen

Der Käufer hat das Recht, einen als Haustürgeschäft oder als Fernabsatzvertrag geschlossenen Kaufvertrag über ein Neufahrzeug zu widerrufen. An Stelle des Widerrufsrechts kann der Verkäufer dem Verbraucher ein Rückgaberecht einräumen (§ 312 Abs. 1 S. 2, 312 d Abs. 1 S. 2 BGB), das für den Neuwagenhandel jedoch nicht von Bedeutung ist.

Für den Widerruf gelten die allgemeinen Vorschriften der §§ 355 ff. BGB (Rn 92 ff.).

Die zweiwöchige Frist läuft beim Haustürgeschäft ab Erhalt einer ordnungsgemäßen Belehrung,[58] bei schriftlich abzuschließenden Verträgen jedoch nicht bevor der Verbraucher eine Vertragsurkunde, den schriftlichen Antrag oder Abschriften davon erhalten hat (§ 355 Abs. 2 S. 1 und S. 3 BGB).

Bei einem Fernabsatzgeschäft beginnt die Zweiwochenfrist gem. § 312 d Abs. 2 BGB nicht vor Erfüllung der in § 312 c Abs. 2 BGB vorgeschriebenen Informationspflichten[59] und bei Lieferung von Waren nicht vor dem Tage ihres Eingangs beim Empfänger. Die

---

53 A. A. offenbar *Ring* in *Dauner-Lieb/Heidel/Lepa/Ring* Anwaltskommentar Schuldrecht, § 312 Rn 31.
54 *Graf von Westphalen* in *Henssler/Graf von Westphalen*, Praxis der Schuldrechtsreform § 312 b Rn 30.
55 Reg. Entw., BT-Drucks. 14/2658, S. 30.
56 *Lorenz*, JuS 2000, 2049, 2053
57 *Meub*, DB 2002, 359, 360.
58 Zu den Folgen einer nicht ordnungsgemäßen Belehrung Rn 92,96.
59 Ausführlich dazu *Härting*, MDR 2002, 61 ff.; *Grigoleit*, NJW 2002, 1151, 1155.

bei anderen Verbraucherverträgen gem. § 308 Nr. 1, Halbs. 2 BGB grundsätzlich zulässige Klausel, die den Verkäufer berechtigt, erst nach Ablauf der Widerrufs- und Rückgabefrist zu leisten,[60] gilt nicht im Fernabsatz.

Für Kaufverträge, die mit einem Verbraucherdarlehensvertrag (oder einem Finanzierungsleasingvertrag zwischen einem Verbraucher und einem Unternehmer) eine wirtschaftliche Einheit bilden (verbundene Verträge), enthält § 358 BGB Sonderregelungen.[61] Gem. § 358 Abs. 1 BGB wird mit dem Widerruf der auf Abschluss des verbundenen Kaufantrages gerichteten Willenserklärung die auf Abschluss des Darlehensvertrages gerichtete Willenserklärung des Verbrauchers hinfällig, wie umgekehrt gem. Abs. 2 S. 1 die auf Abschluss des verbundenen Kaufvertrages gerichtete Willenserklärung entfällt, wenn der Verbraucher den Antrag auf Abschluss des Darlehensvertrages widerruft. Dabei braucht der Widerruf bezüglich des jeweils anderen Vertrages weder erklärt zu werden, noch muss überhaupt ein Widerrufsrecht bestehen, denn es gilt die Fiktion der Wirkung eines Widerrufs des verbundenen Vertrages[62]. Ein von Haus aus nicht widerruflicher Kaufvertrag wird somit von dem Widerruf des mit ihm verbundenen Darlehensvertrages erfasst. Vorrangig ist der Widerruf der auf Abschluss des Kaufvertrages gerichteten Willenserklärung. Ein an den falschen Adressaten gerichteter Widerruf schadet dem Verbraucher jedoch nicht, da sein Widerruf des Darlehensvertrages gem. § 358 Abs. 3 S. 3 BGB als Widerruf des verbundenen Kaufvertrages gilt.

a) Widerrufsbelehrung

128 Die Einzelheiten der Belehrung (Inhalt, Form, Unterschriftserfordernis) sind in § 355 Abs. 2 BGB geregelt.

Die Belehrung über das Widerrufsrecht muss beim Haustürgeschäft gem. § 312 Abs. 2 BGB den ausdrücklichen Hinweis auf die Rechtsfolgen des § 357 Abs. 1 und Abs. 3 BGB enthalten.

Beim Fernabsatz sind die in § 312c Abs. 2 BGB näher beschriebenen Informationspflichten zu beachten, vor deren Erfüllung die Widerrufsfrist nicht beginnt.[63]

Unternehmer, die sich zum Zweck des Abschlusses des Kaufvertrages eines Tele- oder Mediendienstes bedienen, müssen zusätzlich die in § 312 e BGB geregelten Pflichten erfüllen, andernfalls die Widerrufsfrist nicht in Lauf gesetzt wird (§ 312 e Abs. 3 S. 2 BGB).[64]

Für Klagen aus Haustürgeschäften besteht der Gerichtsstand des § 29 c ZPO. Das bedeutet, dass auch für Klagen des Verbrauchers gegen den Widerrufsgegner das Wohnsitzgericht des Verbrauchers zuständig ist.

Die Zuständigkeit des Wohnsitzgerichts bleibt auch dann bestehen, wenn das Haustürgeschäft nach anderen Vorschriften widerrufen werden kann, z. B. beim Abschluss eines Leasingvertrages mit einem Verbraucher in einer Haustürsituation.[65]

---

60 *Fischer*, DB 2002, 253, 256
61 Dazu *Fischer*, DB 2002, 253, 257
62 *Fischer*, DB 2002, 253, 257
63 Näher dazu *Brisch*, ZAP Nr. 9, 2002, 497 ff.
64 *Brisch*, ZAP Nr. 9, 2002, 497, 59 ff.
65 *Boente/Riehm*, JURA 2002, 222, 224.

H. Lieferung und Lieferverzug

I. Rechtsfolgen bei Überschreitung eines unverbindlichen Lieferzeitpunkts

1. Inverzugsetzung und Beendigung des Verzugs

Unterlässt es der Käufer, den Verkäufer gem. Abschn. IV, Ziff. 2 NWVB nach Ablauf der 6-wöchigen Wartefrist zur Lieferung des Fahrzeugs aufzufordern, ist von einer Fortdauer des **rechtsfolgenlosen Zustands** auszugehen, sofern man die Wirksamkeit der Warteklausel bejaht (s. Rn 36).[1] Mahnt er die Lieferung nach Fristablauf an, gerät der Verkäufer in Verzug. Maßgeblicher Zeitpunkt für den Eintritt des Verzuges ist der vom Käufer zu beweisende Zugang der Aufforderung.

Nach Eintritt des Verzuges ist der Käufer berechtigt, außer der Lieferung den Verzögerungsschaden geltend zu machen. Zur Beendigung des Lieferverzugs ist nicht erforderlich, dass der Verkäufer dem Käufer den **Verzugsschaden** anbietet, da der Anspruch nicht Teil der Hauptleistung ist.[2]

Der Verzug endet, wenn der Verkäufer den Kaufvertrag **ordnungsgemäß erfüllt**. Dazu genügt es, dass er dem Käufer die Lieferung in einer Annahmeverzug begründenden Weise anbietet.[3] Durch den Zugang der Bereitstellungsanzeige wird der Annahmeverzug noch nicht ausgelöst, da dem Käufer in Abschn. V, Ziff. 1 NWVB eine Abnahmefrist von 14 Tagen ab Zugang der Bereitstellungsanzeige eingeräumt wird. Erst nach Ablauf dieser Frist ist es dem Verkäufer möglich, den Käufer durch Mahnung in Abnahmeverzug zu setzen.

Weist das vom Verkäufer zur Auslieferung bereitgestellte Fahrzeug Mängel auf, wird der Lieferverzug beendet, wenn der Käufer es **als Erfüllung annimmt** (§ 363 BGB).[4] Durch spätere Geltendmachung der Nacherfüllung gerät der Verkäufer nicht erneut in Lieferverzug.[5]

Mit dem **Wegfall der Erfüllungspflicht** findet auch der Lieferverzug sein Ende. Die Erfüllungspflicht erlischt durch Rücktritt des Käufers vom Kaufvertrag, durch Geltendmachung des Schadensersatzanspruchs statt der ganzen Leistung (§ 281 Abs. 4 BGB) und durch Untergang und Verlust und nicht wertminderungsfrei behebbare Beschädigung des Neufahrzeugs (§ 275 Abs. 1 BGB). Der Käufer verliert den Anspruch auf Lieferung des Neufahrzeugs nicht dadurch, dass die Gegenleistung, bestehend in der Inzahlungnahme des Altwagens, nachträglich unmöglich geworden ist. Die Vereinbarung der Inzahlungnahme gibt ihm lediglich das Recht den primär in bar geschuldeten Kaufpreis ganz oder teilweise zu ersetzen (s. Rn 473).

2. Haftungsbeschränkung für leichte Fahrlässigkeit

Sofern der Händler keine Garantie für die Rechtzeitigkeit der Lieferung erteilt hat, wird der Anspruch des Käufers durch Abschn. IV, Ziff. 2, S. 3 NWVB bei **leichter Fahrlässigkeit** des Verkäufers auf höchstens **5 % des vereinbarten Kaufpreises** beschränkt. Diese Beschränkung gilt gegenüber Verbrauchern.

---

1 Wirksamkeitsbedenken äußert *Graf von Westphalen*, ZGS 2002, 214, 215.
2 *Palandt/Heinrichs*, BGB Erg. Bd., § 286 Rn 34.
3 OLG Düsseldorf 15. 1. 1999, NJW-RR 1999, 1396.
4 Zu der Frage, ob die bloße Entgegennahme der Kaufsache eine Annahme als Erfüllung darstellt und eine Umkehr der Beweislast zur Folge hat, siehe *Schimmel/Buhlmann*, Fehlerquellen im Umgang mit dem Schuldrecht, S. 100 ff.
5 A. A. *Huber/Faust*, Schuldrechtsmodernisierung, S. 85.

Gegenüber **Unternehmern** schließt die Klausel die Haftung für leicht fahrlässig verursachten Verzug aus. Dies ergibt sich aus Abschn. IV, Ziff. 2, S. 6 NWVB. Da die Regelung nicht klar erkennen lässt, ob sich der Haftungsausschluss nur auf Schadensersatzansprüche gem. S. 5 bezieht oder ob von ihm auch der Verzugsschaden erfasst wird, ist die Klausel zu Lasten des Verkäufers auszulegen.[6] Da die Pflicht zur Leistung auch im Hinblick auf die Verzugshaftung zu den sog. Kardinalpflichten zählt, von denen sich der Verwender nicht freizeichnen kann, entfaltet die Klausel keine Wirksamkeit.[7] Infolgedessen haftet der Verkäufer auch im unternehmerischen Geschäftsverkehr für leicht fahrlässig verursachten Verzug auf Schadensersatz bis höchsten 5 % des vereinbarten Kaufpreises.

Die 5 %-Klausel begrenzt den Schadensersatzanspruch, sie pauschaliert ihn nicht, so dass der Käufer die Höhe des Verzugsschadens nach allgemeinen Beweisgrundsätzen darlegen und beweisen muss.[8]

Im Schrifttum findet sich die Ansicht, ein Betrag bis zu 5 % des Kaufpreises sei unter dem Gesichtspunkt des Verbots der Freizeichnung für typische Schäden zu gering.[9] Die Bedenken sind nicht begründet, da bei Ausschöpfung des 5%-Limits der fahrzeugspezifische Ausfallschaden abgedeckt wird, der ab Eintritt des Verzuges innerhalb einer angemessenen Nachfrist von ca. 2 Wochen entsteht, nach deren Verstreichen der Käufer sich vom Vertrag durch Rücktritt oder durch Geltendmachung des Schadensersatzanspruchs statt der ganzen Leistung lösen kann. Bei einem Neuwagenpreis von durchschnittlich 20.000 Euro liegt die Kappungsgrenze bei 1000 Euro und der Tagessatz mithin bei rund 71,5 Euro. Dieser Betrag reicht im Durchschnitt für das Anmieten eines Ersatzfahrzeugs aus, durch dessen Benutzung der Käufer weitere Schäden (z. B. Gewinnausfallschaden) abwenden kann.

3. Grobe Fahrlässigkeit

131 **Die Limitierung des Verzugsschadens auf 5 % greift nicht ein, wenn der Verkäufer die Lieferverzögerung grob fahrlässig** oder **vorsätzlich** verschuldet hat.[10] Für die Behauptung, er habe die Lieferverzögerung nicht zu vertreten, trägt der Verkäufer die Beweislast, wobei auf den Zeitpunkt abzustellen ist, in dem die objektiven Voraussetzungen des Verzugs vorliegen.[11] Auf dieser Beweislastregel aufbauend bejahte das OLG Saarbrücken[12] ein grob fahrlässiges Verhalten des Händlers allein schon deshalb, weil er nicht dargetan hatte, aus welchen Gründen der Liefertermin von ihm nicht eingehalten wurde.

Die Voraussetzungen **grober Fahrlässigkeit** sind anzunehmen, wenn der Händler in Kenntnis von Belieferungsschwierigkeiten und Lieferfristüberschreitungen eine voraussichtlich nicht einhaltbare Terminzusage abgibt oder wenn er es trotz bestehender Veranlassung unterlässt, mit dem Hersteller/Importeur einen sog. **Eindeckungsvertrag**[13] zu schließen oder einen **Selbstbelieferungsvorbehalt.**[14] zu vereinbaren. Nach Meinung

---

6 Die Vorgängerklausel war insoweit eindeutig, da sie die Schadensersatzansprüche wegen Nichterfüllung und den Verzugsschaden nach Absätzen trennte.
7 *Pfeiffer*, ZGS 2002, 175 m. w. N.
8 *Creutzig*, Recht des Autokaufs, Rn 4.2.6.2.
9 *Ulmer/Brandner/Hensen*, Anh. §§ 9–11 Rn 438, offen gelassen von *Pfeiffer*, Vertragsrecht und AGB-Klauselwerke, Neuwagenkauf Rn 20.
10 *Graf von Westphalen* ZGS 2002, 214, 216 hält die Klausel im Hinblick auf § 309 Nr. 7 b BGB und die Rechtsfolgen bei Vorsatz und grober Fahrlässigkeit für intransparent, weil eine positive Regelung fehlt.
11 *Palandt/Heinrichs*, BGB Erg. Bd., § 286 Rn 39.
12 Urt. v. 7. 4. 1965, DAR 1965, 299, 300.
13 OLG Düsseldorf 15. 11. 1971, BB 1972, 1296 ff.
14 OLG Hamm 13. 3. 1995, VersR 1996, 1119.

von *Creutzig*[15] verkennt diese Sichtweise die gegenwärtigen Besonderheiten beim Kfz-Kauf, da kein Hersteller/Importeur mit dem Händler einen individuellen Kaufvertrag über das vom Käufer bestellte Fahrzeug abschließe und der Händler nur in wenigen Fällen nach Weitergabe der Bestellung des Käufers eine Annahmeerklärung des Herstellers/Importeurs erhalte, die – wenn überhaupt – dann auch nur eine unverbindliche Bestätigung des Liefertermins bzw. der Lieferfrist beinhalte. Selbst wenn dies so sein sollte, kann die geschilderte Einkaufspraxis nicht einfach in das Vertragsverhältnis mit dem Endkunden hinein projiziert werden, weil der Händler die Möglichkeit besitzt, die Modalitäten des Einkaufs im Einzelfall abweichend von den sonst üblichen Usancen vertraglich zu regeln. Gelingt es ihm nicht, mit seinem Lieferanten einen verbindlichen Liefertermin auszuhandeln, darf er dem Kunden keine Versprechungen machen, die er nicht einhalten kann und muss mit Terminzusagen vorsichtig umgehen. Verspricht er seinem Kunden gleichwohl die Lieferung zu einem bestimmten Termin, muss er sich den Vorwurf eines grob fahrlässigen, wenn nicht gar bedingt vorsätzlichen Handelns gefallen lassen und kann sich nicht unter Hinweis auf die Einkaufs-Gepflogenheiten hinter der 5 %-Klausel verstecken.

Nach allgemeiner Ansicht ist der **Hersteller** im Verhältnis zum Käufer **nicht** als **Erfüllungsgehilfe** des Verkäufers anzusehen,[16] da sich die Pflichten des Verkäufers nicht auf die Herstellung des Fahrzeugs beziehen.[17] Folglich muss sich der Verkäufer ein die Herstellung der Sache betreffendes Verschulden des Herstellers grundsätzlich nicht zurechnen lassen. Andererseits sind Lieferverträge, bei denen sich der Verkäufer der Hilfe eines Lieferanten bedient, gem. § 157 BGB dahin auszulegen, dass der Verkäufer für die Vertragstreue seines Lieferanten einzustehen hat. Daraus folgt, dass dem Händler das Handeln des Lieferanten zuzurechnen ist, wenn sich die Lieferung durch dessen Verschulden verzögert.[18]

4. Verzugsschaden

Zu ersetzen ist der durch die verspätete Lieferung dem Käufer entstandene Schaden, der vorrangig darin besteht, dass er das Fahrzeug während des Verzugs nicht nutzen konnte. Der Verzögerungsschaden kann auch in einem entgangenen Wiederverkaufsgewinn bestehen. Rechtsverfolgungskosten gehören ebenfalls dazu, nicht jedoch die Kosten der verzugsbegründenden Aufforderung zur Lieferung, da der Verzug für sie nicht ursächlich ist.[19]

Überwiegend wird die Ansicht vertreten, der Anspruch auf Ersatz des Verzugsschadens erstrecke sich – Nutzungsmöglichkeit und Nutzungswille des Berechtigten vorausgesetzt – auch auf die **entgangene Gebrauchsmöglichkeit** des Fahrzeugs.[20] Zu vergüten ist die übliche Nutzungsausfallentschädigung,[21] Der Anspruch auf Nutzungsentschädigung besteht nach Ansicht des OLG Köln[22] auch dann, wenn der Käufer sich auf einem Schrottplatz

---

15 Recht des Autokaufs, Rn 4.2.6.4.
16 BGH 25. 9. 1968, NJW 1968, 2238.
17 *Palandt/Heinrichs,* BGB Erg.-Bd. § 278 Rn 13.
18 OLG Frankfurt 16. 11. 1976, BB 1977, 13; *Palandt/Heinrichs,* BGB Erg.-Bd. § 278 Rn 13.
19 *Huber/Faust,* Schuldrechtsmodernisierung, S. 101.
20 BGH 14. 7. 1982, NJW 1982, 2304; 15. 6. 1983, NJW 1983, 2139; a. A. OLG Hamm 22. 6. 1995, OLGR 1996, 15, das sich auf den Standpunkt gestellt hat, der entgangene eigenwirtschaftliche Nutzungsvorteil sei beim nicht erfüllten Kaufvertrag nicht ohne weiteres als Vermögensschaden zu qualifizieren.
21 BGH 14. 7. 1982, NJW 1982, 2304; 20. 10. 1987, NJW 1988, 484; OLG Köln 25. 2. 1993, VRS Bd. 85/93, 241; AG Bergisch Gladbach 6. 3. 1986 – 24 C 710/84 – n. v.; AG Langenfeld 29. 11. 1983 – 23 C 513/83 – n. v.; kritisch *Schirmer,* JuS 1983, 265; vgl. ferner *Grunsky,* JZ 1983, 373 nach der Tabelle *Küppersbusch/Seifert/Splitter,* DAR 2001, 97.
22 Urt. v. 25. 2. 1993, VRS Bd. 85/93, 241.

ein Ersatzfahrzeug beschafft und provisorisch hergerichtet, dessen Nutzungsmöglichkeiten jedoch nicht denjenigen eines Neufahrzeugs entsprechen.

Im Fall der vereinbarten **Hereinnahme eines Gebrauchtfahrzeuges** mit Anrechnung des Kaufpreises auf den Neuwagenpreis stellt sich die Frage, wer den **Wertverlust** im Falle einer vom Verkäufer zu vertretenden Lieferverzögerung zu tragen hat. Es wird die Ansicht[23] vertreten, ein in Höhe des Wertverlustes vom Verkäufer zu leistender Schadensersatz werde durch einen ersparten höheren Wertverlust des Neuwagens im Wege der Vorteilsausgleichung kompensiert, weshalb der Käufer letztendlich den Wertverlust zu tragen habe. Hierbei wird übersehen, dass der Verkäufer durch die nicht rechtzeitige Lieferung des Neuwagens mit der Annahme des Gebrauchtfahrzeugs gem. § 298 BGB in Verzug gerät, da beide Leistungen Zug um Zug zu erbringen sind.

Der **Annahmeverzug** hinsichtlich des in Zahlung zu nehmenden Altwagens führt nicht zu einer gesonderten Schadensersatzverpflichtung des Verkäufers,[24] er sperrt jedoch nach der Ratio von § 300 Abs. 1 BGB den Vorteilsausgleich mit Ansprüchen des Käufers aus Schuldnerverzug. Der Käufer haftet dem Verkäufer für eine Verschlechterung – und einen Untergang – des Fahrzeugs nur bei Vorsatz und grober Fahrlässigkeit, wovon bei einem üblichen Weitergebrauch nicht auszugehen ist. Ein Wertverlust, der darauf beruht, dass das Gebrauchtfahrzeug nach Eintritt des Annahmeverzugs bis zur Auslieferung des Neufahrzeugs vom Käufer normal weiterbenutzt wurde und dass es in dieser Zeit gealtert ist, fällt in die Risikosphäre des Verkäufers. Für eine Kompensation im Wege des Vorteilsausgleichs fehlt es an der hierzu erforderlichen Gesetzesgrundlage.

Die durch Weiterbenutzung des Gebrauchtfahrzeugs während des Lieferverzugs vom Käufer gezogenen **Nutzungen** sind von diesem gem. § 302 BGB an den Verkäufer herauszugeben. Da eine Herausgabe in Natur ausscheidet, hat der Käufer ihren Wert **zu vergüten**, wobei sich eine Aufrechnung mit den ihm zustehenden Ansprüchen auf Nutzungsausfall wegen nicht rechtzeitiger Lieferung des Neuwagens anbietet.

5. Aufforderung zur Lieferung mit Fristsetzung

133   Nach Ablauf der Wartefrist von 6 Wochen hat der Käufer gem. Abschn. IV, Ziff. 2, S. 4 NWVB die Möglichkeit, vom Vertrag zurückzutreten und/oder Schadensersatz statt der Leistung zu verlangen.[25] Mit der Alternative „und/oder" werden dem Käufer alle gesetzlichen Optionen offengehalten. Er soll die Möglichkeit haben, nach seiner Wahl vom Vertrag zurückzutreten oder Schadensersatz statt der Leistung zu verlangen. Ausgeschlossen ist die Geltendmachung des Schadensersatzanspruchs statt der Leistung mit anschließendem Rücktritt, da die Leistungspflicht bereits durch das Schadensersatzverlangen erlischt. Für diesen Fall macht das „oder" einen Sinn.[26]

Der Rücktritt vom Vertrag setzt voraus, dass der Käufer dem Verkäufer zuvor erfolglos eine **angemessene Frist zur Lieferung** gesetzt hat. Mangels gegenteiliger Regelung in den Abschn. IV, Ziff. 2 NWVB kann die Fristsetzung mit der Lieferanmahnung verbunden wer-

---

23 *Creutzig,* Recht des Autokaufs, Rn 4.2.6.6.
24 *Palandt/Heinrichs* BGB, § 300 Rn 1.
25 Das von *Graf von Westphalen,-* ZGS 2002, 214, 216 – bemängelte Fehlen einer Rücktrittsregelung in der Verbandsempfehlung kann nicht nachvollzogen werden, da insoweit die gesetzlichen Vorschriften gelten.
26 *Graf von Westphalen,* ZGS 2002, 214, 215 vertritt die Ansicht, die Kopplung von „und/oder" mache dem Käufer nicht klar, dass ihm beide Rechte nebeneinander zur Verfügung stehen und er neben dem Rücktritt wahlweise Schadensersatz statt der Leistung oder statt der ganzen Leistung geltend machen kann, weshalb der Klausel die Wirksamkeit gem. § 307 Abs. 1 Nr. 2 BGB zu versagen sei.

den. Da die Fristsetzung nicht zum Rücktritt zwingt, sondern lediglich die Voraussetzungen für dessen Geltendmachung schafft, ist die Verbindung mit der Mahnung zu empfehlen.

Für die Aufforderung mit Fristsetzung ist eine bestimmte **Form** nicht vorgeschrieben; die frühere Schriftformklausel wurde gestrichen. Die Klausel entspricht der gesetzlichen Vorlage von § 281 Abs. 1 S. 1 BGB und ist insoweit unbedenklich. Eine Ablehnungsandrohung ist seit der Reform des Schuldrechts nicht mehr erforderlich und – wohl auch außerhalb des Anwendungsbereichs von § 475 Abs. 1 BGB – nicht mehr zulässig, da sie das Recht auf Rücktritt und den Anspruch auf Schadensersatz statt der Leistung erschweren und von dem Leitbild des neuen Schuldrechts erheblich abweichen würde.

Beim unvoreingenommenen Leser erweckt die Regelung von Abschn. IV, Ziff. 2, S. 4 NWVB den Eindruck, als sei Fristsetzung die einzige Möglichkeit für den Käufer, sich vom Erfüllungsanspruch durch Rücktritt und/oder Geltendmachung des Schadensersatzanspruchs statt der Leistung zu lösen. Die in §§ 323, 281 BGB garantierten Rechte des Gläubigers auf Rücktritt und Schadensersatz statt der Leistung, von denen der Gläubiger unter den jeweils in Abs. 2 genannten Voraussetzungen ohne vorhergehende Fristsetzung Gebrauch machen kann, werden dadurch ausgehöhlt, weshalb die Regelung vor § 309 Nr. 8 a BGB wohl nicht bestehen kann. Mit der unwirksamen Klausel entfällt die von ihr angeordnete Wartefrist von 6 Wochen. Eine Klarstellung, dass die gesetzlichen Vorschriften zum Rücktritt und zum Schadensersatz statt der Leistung durch Abschn. IV, Ziff. 2, S. 4 NWVB nicht ausgeschlossen oder eingeschränkt werden, würde die notwendige Transparenz schaffen.

Bejaht man die Wirksamkeit der Klausel in ihrer jetzigen Fassung, wird durch sie der Rückgriff auf die gesetzlichen Bestimmungen zum Rücktritt und zum Schadensersatz nicht ausgeschlossen. Denn die Anwendbarkeit eben dieser Vorschriften ist die Voraussetzung ihrer Gültigkeit. Das bedeutet, dass der Käufer ohne vorhergehende Fristsetzung zum Rücktritt vom Vertrag und/oder zur Geltendmachung von Schadensersatz statt der Leistung berechtigt ist, wenn der Verkäufer die Lieferung ernsthaft und endgültig verweigert oder wenn bestimmte Umstände vorliegen, die unter Abwägung der beiderseitigen Interessen den Rücktritt und die Geltendmachung von Schadensersatz als Sofortmaßnahmen rechtfertigen (§§ 323 Abs. 2 Nr. 1, 3; 281 Abs. 2 BGB).

Das Rücktrittsrecht und der Anspruch auf Schadensersatz statt der Leistung setzen, ebenso wie der Verzug, voraus, dass der Schuldner eine fällige Leistung nicht erbringt. Eine Fristsetzung vor Eintritt der Fälligkeit ist ohne Wirkung.[27] Allerdings gestattet § 323 Abs. 4 BGB dem Käufer, bereits **vor Fälligkeit** den Rücktritt vom Kaufvertrag, wenn offensichtlich ist, dass die Voraussetzungen des Rücktritts eintreten werden. Dies war schon im früheren Recht anerkannt, wenn auch Unklarheit über die dogmatische Konstruktion bestand. So billigte z. B. das OLG Köln[28] dem Käufer eines Neuwagens das Recht zu, vor Fälligkeit des Lieferanspruchs vom Kaufvertrag zurückzutreten oder Schadensersatz wegen Nichterfüllung geltend zu machen, weil auf Grund entsprechender Mitteilungen des Händlers mit einer Lieferung des bestellten Fahrzeugs innerhalb der vereinbarten Frist unter Hinzurechnung der Warte- und Nachfrist nicht zu rechnen war.

Zum **sofortigen Rücktritt** ist der Käufer auch dann berechtigt, wenn der Verkäufer eine **Nebenpflicht** i. S. v. § 241 Abs. 2 BGB **verletzt** und dem Käufer deshalb ein Festhalten am Vertrag nicht zuzumuten ist. Der vom BGH entschiedene Fall, in dem der Verkäufer[29] einen zur Auslieferung vorgesehenen Neuwagen mit gebrauchten Teilen ausgestattet und dadurch die Vertrauensgrundlage zerstört hatte, ist mit § 324 BGB nicht zu erfassen, weil die Ver-

---

27 *Huber/Faust*, Schuldrechtsmodernisierung, S. 116.
28 Urt. v. 19. 2. 1981 – 29 (79) O 223/80 – n. v.
29 BGH 19. 10. 1977, DAR 1978, 46.

fehlung die Hauptleistungspflicht – bestehend in der Lieferung einer Sache frei von Sachmängeln – betraf und daher entweder unter § 323 Abs. 3 oder 4 BGB fällt.

Ein aus §§ 242, 313 BGB ableitbares **Rücktrittsrecht aus wichtigem Grund** liegt nicht vor, wenn über das Vermögen des Herstellers/Importeurs das Insolvenzverfahren eröffnet wird, der Verkäufer aber lieferfähig bleibt und bei ihm der Ersatzteil- und Garantiedienst sichergestellt ist.[30]

6. Angemessenheit der Frist

135 Die dem Verkäufer nach Eintritt der Fälligkeit vom Käufer zu setzende **Lieferfrist** muss **angemessen** sein, d. h. angemessen lang für den Verkäufer und angemessen kurz für den Käufer.[31] Eine generelle zeitliche Festlegung scheitert daran, dass die Einzelumstände vielgestaltiger Natur sind. Da der Händler durch die Frist Gelegenheit erhalten soll, seine nach dem Vertrag fällige Leistung vollends zu erbringen,[32] und er sich die Großzügigkeit einer ohnehin eingreifenden unechten sechswöchigen Nachfrist gestattet,[33] darf die **Frist knapp bemessen** werden. Sie braucht nach Auffassung des LG Köln[34] ersichtlich nicht den Zeitraum der vorgeschalteten Wartefrist zu erreichen. Eine Frist von **2 Wochen** dürfte angesichts der Vorausberechenbarkeit der Lieferung und der vorgeschalteten Wartefrist im Regelfall **ausreichend** sein,[35] wenn nicht im Einzelfall besondere Umstände hinzutreten, die eine längere Frist erfordern.

Setzt der Käufer eine **zu kurz bemessene Frist**, so ist diese nicht wirkungslos; vielmehr wird die angemessene Frist in Lauf gesetzt.[36] Dem entspricht es, dass der Käufer die Länge der Frist nicht unbedingt bestimmen muss. Er kann sich damit begnügen, den Verkäufer zur Lieferung binnen angemessener Frist aufzufordern.[37]

7. Rücktritt und Schadensersatz

136 Nach Fristablauf hat der Käufer die Wahl: Er kann entweder an dem Kaufvertrag festhalten, weil der Ablauf der Frist nicht bewirkt, dass der Erfüllungsanspruch aus dem Kaufvertrag erlischt oder vom Vertrag **zurückzutreten** und **Schadensersatz** geltend machen. Der Verkäufer hat nicht die Möglichkeit, dem Käufer für die Ausübung des Wahlrechts eine Frist zu setzen, um den Schwebezustand zu beenden, da § 350 BGB nur auf vertragliche Rücktrittsrechte anwendbar ist.

Im Gegensatz zum Anspruch auf Schadensersatz statt der Leistung ist das Rücktrittsrecht grundsätzlich nicht davon abhängig, dass der Verkäufer die zum Rücktritt führenden Umstände zu vertreten hat. Ein vorhergehender Verzug i. S. v. § 286 BGB ist für den Rücktritt somit nicht erforderlich. Das Vertretenmüssen spielt allerdings im Rahmen des in § 323 Abs. 6 BGB vorgesehenen Ausschlussgrundes eine Rolle, wenn es um die Frage geht, wer den Rücktrittsgrund allein oder weit überwiegend zu verantworten hat.

Falls die Nichterbringung der Leistung innerhalb der Frist auf **Unmöglichkeit oder Unzumutbarkeit** der Leistung beruht, z. B. weil die Produktion des Fahrzeugs eingestellt wur-

---

30 LG Düsseldorf 27. 6. 1962 – 11 S 68/62 – n. v., zit. bei *Creutzig,* Recht des Autokaufs, Rn 4.2.8.
31 *Thai,* BB 1982, 2018, 2019.
32 *Thai,* BB 1982, 2018 ff. m. w. N
33 *Pfeiffer,* Vertragsrecht und AGB-Klauselwerke, Neuwagenkauf, Rn 21.
34 Urt. 21. 3. 1979 – 73 O 94/78 – n. v.
35 BGH 7. 10. 1982, WM 1982, 9, 12; *Palandt/Heinrich,* BGB Erg.Bd., § 308 Rn 13; *Wolf/Horn/Lindacher,* AGBG, § 10 Rn 10; *Romanovszky,* Kauf von neuen Kraftfahrzeugen, S. 13; *Thamm,* BB 1982, 2018 ff.; LG Köln 31. 3. 1979 – 73 O 94/78 – n. v.
36 BGH 10. 2. 1982, NJW 1982, 1279, 1280.
37 *Huber/Faust,* Schuldrechtsmodernisierung, S. 118 m. w. N.

de, ist der Rücktritt nicht unter § 323 BGB zu fassen. Im Fall des Ausschlusses der Leistungspflicht nach § 275 BGB gilt die Sondervorschrift des § 326 BGB. Auf das in § 326 Abs. 5 BGB geregelte Rücktrittsrecht findet § 323 BGB entsprechende Anwendung mit der Maßgabe, dass die Fristsetzung entbehrlich ist. Wenn nicht feststeht, ob der Verkäufer wirklich von seiner Leistungspflicht befreit ist, sollte der Käufer ihm sicherheitshalber eine Frist zur Lieferung setzen.[38]

a) Geltendmachung

Rücktritt und Schadensersatz können formlos geltend gemacht werden. Aus Beweisgründen ist schriftliche Geltendmachung ratsam. **137**

Der Rücktritt ist gegenüber dem Verkäufer zu erklären (§ 349 BGB) und hat zur Folge, dass der Primäranspruch erlischt und der Kaufvertrag in ein Rückabwicklungsverhältnis umgewandelt wird. Die Geltendmachung des Anspruchs auf Schadensersatz statt der Leistung führt gem. § 281 Abs. 4 BGB gleichermaßen zum Ausschluss des Erfüllungsanspruchs. Das pauschale Verlangen nach Schadensersatz genügt hierfür allerdings nicht, da damit auch der Verzugsschaden gemeint sein könnte. Für den Verkäufer muss zweifelsfrei erkennbar sein, dass der Käufer „statt der Leistung" nunmehr Schadensersatz begehrt. Es ist zwar nicht erforderlich, wohl aber ratsam, die gesetzliche Terminologie zu verwenden, da in § 281 Abs. 4 BGB eine ähnliche Risikofalle steckt wie vormals in § 326 BGB a. F.

b) Verhältnis der Rechte zueinander

Nach dem erklärten Willen des Gesetzgebers ist der Schadensersatz ohne Berücksichtigung des Rücktritts zu berechnen. Auch dann, wenn der Käufer vom Vertrag zurückgetreten ist, sollen ihm nicht nur Ansprüche aus dem Rückabwicklungsverhältnis sondern darüber hinaus Schadensersatzansprüche wegen Nichterfüllung des Vertrages zustehen. Der Käufer kann daher vom Vertrag zurücktreten und gleichzeitig die Mehrkosten aus einem Deckungsgeschäft oder den entgangenen Gewinn aus einem gescheiterten Weiterverkauf ersetzt verlangen.[39] Er behält die Vorteile des Vertrages, ohne dafür seine eigene Leistung opfern zu müssen.[40] Vom Rücktritt im herkömmlichen Rechtsverständnis ist wenig übrig geblieben, da das im Vertrag festgelegte Austauschverhältnis nicht beseitigt sondern „wertmäßig" aufrechterhalten wird und in einen Schadensersatzanspruch gegen den Schuldner mündet.[41] **138**

Die richtige **Wahl** zwischen **Rücktritt und Schadensersatz** statt der Leistung kann eine Rolle spielen, wenn der Verkäufer dem Käufer das Recht eingeräumt hat, einen Teil des Neuwagenpreises durch Hereingabe des Altwagens zu ersetzen.

Beispiel:
Der Käufer des Neuwagens, der 20.000 Euro kostet, vereinbart mit dem Verkäufer Barzahlung von 15.000 Euro und Inzahlungnahme seines Altwagens im Wert von 4000 Euro zum Anrechnungspreis von 5000 Euro.

Sofern der Verkäufer im Beispielsfall die Verzögerung der Lieferung zu vertreten hat, besitzt der Käufer ein Wahlrecht zwischen Rücktritt und Schadensersatz statt der Leistung. Entscheidet er sich für den Rücktritt, kann er dem Verkäufer den Altwagen nicht mehr andienen, sondern muss dessen Wert nach der **Differenztheorie** als Rechnungsposten in die Schadensberechnung einstellen. Er behält den Altwagen und erhält Schadensersatz in Höhe

---

38 *Huber/Faust*, Schuldrechtsmodernisierung, S. 200.
39 Reg Entw. BT-Drucks. 14/6040, S. 93; Beschl. Empf. Rechtsausschuss, BT-Drucks. 14/7052, S. 249.
40 *Canaris*, JZ 2001, 499, 514; kritisch *Huber/Faust*, Schuldrechtsmodernisierung, S. 143.
41 *Huber/Faust*, Schuldrechtsmodernisierung, S. 143.

von 1000 Euro, berechnet aus der Differenz zwischen Anrechnungspreis und Fahrzeugwert. Wählt er den Anspruch auf Schadensersatz statt der Leistung, ist dieser nach der **Surrogationstheorie** zu berechnen und es steht ihm frei, seine Leistung in Form des Altwagens zu erbringen und den vereinbarten Wert der Gegenleistung in Höhe von 5000 Euro vom Verkäufer zu verlangen (s. auch Rn 516).

8. Verzögerungsschaden und Schadensersatz statt der Leistung

139 Die Frage, wie sich der infolge Verzugs entstandene Schaden zum Schadensersatz statt der Leistung verhält, wird von der Rechtsprechung zu klären sein. Die Mindermeinung wendet sich gegen eine Einbeziehung des Verzögerungsschadens in den Anspruch auf Schadensersatz statt der Leistung, weil sie keine Notwendigkeit erkennt, eine zeitliche Überschneidung beider Schadensarten für ausgeschlossen hält und eine Trennung als vorteilhaft ansieht, wenn das Ende des Verzugs z. B. wegen eines Leistungsverweigerungsrechts streitig ist.[42]

Nach h. M. – schon zum alten Recht – ist der Käufer so zu stellen, als hätte der Verkäufer rechtzeitig geleistet.[43] Diese Ansicht verdient den Vorzug, da nur sie dem Käufer einen Anspruch auf Ersatz des Ausfallschadens gewährt, wenn der Kaufgegenstand einen unbehebbaren Mangel aufweist. § 286 BGB versagt als Anspruchsgrundlage, weil der Verkäufer von seiner Leistungspflicht gem. § 275 BGB befreit ist und daher nicht in Verzug gesetzt werden kann (ausführlich Rn 347).

9. Schadensumfang und Schadensberechnung

140 Der Anspruch auf Schadensersatz statt der Leistung ist ein **Geldanspruch** und auf Ersatz des positiven Interesses gerichtet. Der Käufer ist so zu stellen, wie er stünde, wenn der Verkäufer ordnungsgemäß erfüllt hätte. **Typische Schadenspositionen** sind: Mehrkosten, die durch den Kauf eines anderen Fahrzeugs entstehen, Verlust eines auf den Altwagen gewährten Rabatts, Ausfallschaden bis zur Ersatzbeschaffung, entgangener Gewinn, Porto, Telekommunikationskosten, Bereitstellungskosten eines Anschaffungskredits, Rechtsverfolgungskosten, etwaige Steuernachteile.

Zur Höhe des Schadensersatzanspruchs im Fall der Nichtlieferung eines Importfahrzeugs entschieden das LG Köln[44] und das OLG Düsseldorf[45] der Verkäufer müsse dem Käufer die Mehrkosten ersetzen, die dieser für die Eindeckung mit einem Inlandsfahrzeug gleichen Typs und gleicher Bauart und Ausstattung aufgewendet habe.

Die Geltendmachung eines **abstrakten Schadens** in Höhe der Differenz zwischen dem Einkaufspreis und einem höheren Wiederverkaufswert ist nur im kaufmännischen Handelsverkehr, nicht jedoch für einen privaten Käufer zulässig.[46]

Umstritten ist, ob eine konkrete Schadensberechnung durch **Gegenüberstellung** des **Vertragspreises** und des **objektiven Verkehrswertes** bei einem Neuwagenkauf möglich ist. Während der 19. Zivilsenat des OLG Hamm[47] sich auf den Standpunkt gestellt hat, bei einem Schnäppchenkauf bestehe der Schaden in der Differenz zwischen Marktwert und

---

42 *Huber/Faust*, Schuldrechtsmodernisierung, S. 138.
43 BT-Drucks. 14/6040, S. 225; *Andres* in *Schimmel/Buhlmann,* Frankfurter Handbuch zum neuen Schuldrecht, S. 400 Rn 101; *Haas* in *Haas/Medicus/Rolland/Schäfer/Wendtland*, Das neue Schuldrecht, S. 222 Rn 245; a. A. *Palandt/Putzo*, BGB Erg.-Bd. § 437 Rn 36.
44 Urt. v. 19. 4. 2000, DAR 2000, 362.
45 Urt. v. 30. 8. 2001, DAR 2002, 212, 213.
46 BGH, NJW 1988, 2236; NJW-RR 2001, 985.
47 Urt. v. 13. 3. 1995, VersR 1996, 1119.

Kaufpreis, vertrat der 2. Senat des OLG Hamm[48] die Ansicht, ein Pkw – eventuell mit Ausnahme von Oldtimern – sei kein zur Kapitalanlage geeigneter wertbeständiger Vermögensgegenstand, wie etwa ein Grundstück,[49] sondern eine auf Abnutzung angelegte Gebrauchssache. Der ersparte Wertverlust, der den erhöhten Substanzwert praktisch aufhebe, sei bei der Schadensberechnung zu berücksichtigen, ansonsten der Käufer besser stünde als bei einer ordnungsgemäßen Vertragserfüllung. Die Argumentation des 2. Senats ist nicht schlüssig, da der Kaufpreis mit dem Wert des „unbenutzten" Fahrzeugs zu vergleichen ist. Was nachher mit dem Auto geschieht, hat bei der Schadensberechnung außer Betracht zu bleiben.

Zurückhaltung übt die Rechtsprechung, wenn es um den Ausgleich wegen **Vorenthaltung** der erwarteten **Nutzungsmöglichkeit** geht.[50] Es wird die Ansicht vertreten, die für das Schadensrecht entwickelte Rechtsprechung zur Vereitelung einer bereits durch entsprechende Vermögensdispositionen erkauften und erreichten Nutzungsmöglichkeit[51] könne nicht auf die Vereitelung einer geplanten zukünftigen Nutzung, die noch zu keiner Vermögensbindung geführt habe, übertragen werden. Die Vorenthaltung der Nutzungsmöglichkeit sei insbesondere dann **nicht** als **Vermögensschaden** zu qualifizieren, wenn der Käufer die Möglichkeit habe, noch sein bisheriges Fahrzeug zu nutzen oder mit dem vorhandenen Geld ein anderes Fahrzeug zu erwerben[52]. Der bloße Verlust an Sozialprestige ist als immaterielle Schadensposition nicht ersatzfähig.

10. Haftungsbeschränkung

Die Haftung des Verkäufers für vorsätzliches Verhalten kann im voraus nicht erlassen werden (§ 276 Abs. 3 BGB). Ein in AGB enthaltener Ausschluss der Haftung für grob fahrlässiges Verhalten scheitert an § 309 Nr. 7 b BGB.

In Abschn. IV NWVB sind die Ausschlüsse und Begrenzungen der Haftung des Verkäufers wegen Lieferverzuges speziell und abschließend geregelt. Diese Klausel verdrängt die in Abschn. VIII NWVB vorgesehenen allgemeinen Begrenzungen und Ausschlüsse der Haftung. Dies wird in Abschn. VIII, Ziff. 3 NWVB ausdrücklich klargestellt.

Die für den Geschäftsverkehr mit Verbrauchern vorgesehene **Haftungsbeschränkung** des Schadensersatzanspruchs statt der Leistung in Abschn. IV, Ziff. 2, S. 5 NWVB orientiert sich an der Rechtsprechung zur Vorschrift des § 11 Nr. 8 b AGB-Gesetz – welche von § 309 Nr. 8 a BGB wegen ihres unklaren Umfangs nicht übernommen wurde – und ist mit Blick auf die heutige Kontrollnorm von § 307 BGB an sich unbedenklich.[53] Die Haftungsgrenze wurde von vormals 10 %[54] auf 25 % des vereinbarten (Brutto-) Kaufpreises angehoben und steht damit in einem angemessenen Verhältnis zum vertragstypischen Schadensrisiko.[55]

---

48 Urt. v. 22. 6. 1995, OLGR 1996, 15.
49 BGH 18. 1. 1980, NJW 1980, 1742.
50 Dazu grundsätzlich *Köndgen,* AcP 177, 1 ff.
51 BGH 9. 7. 1986, NJW 1987, 50, 52; 5. 3. 1993, NJW 1993, 1793 ff.
52 OLG Hamm, 22. 6. 1995, OLGR 1996 15, 16.
53 BGH 18. 1. 1989, ZIP 1989, 311; *Palandt/Heinrichs,* Erg.- Bd. BGB, § 307 Rn 49 ff.; *Hensen* in *Ulmer/Brandner/Hensen,* § 11 Nr. 8 Rn 10, 14; *Soergel/Stein,* § 11 AGBG Rn 81, 82; *von Westphalen* in *Loewe/Graf von Westphalen/Trinkner,* § 11 Nr. 8 Rn 31; *Creutzig,* Recht des Autokaufs, Rn 4.2.7.3.
54 Diese Grenze hielt *Pfeiffer* in *Graf von Westphalen*, Vertragsrecht und AGB-Klauselwerke, Neuwagen, Rn 22 für unzureichend.
55 Zur Begrenzung der Haftung auf bestimmte Höchstsummen siehe BGH, 11. 11. 1992; NJW 1993, 335, 336; *Hoeren,* ZGS 2002, 68, 69.

Es fällt auf, dass der Anspruch auf **Ersatz vergeblicher Aufwendungen**, den das Gesetz dem Käufer in § 284 BGB alternativ zum Schadensersatzanspruch zur Verfügung stellt, in Abschn. IV, Ziff. 2, S. 4 und 5 NWVB nicht erwähnt wird. Daraus könnte man schließen, dass insoweit keine Regelung getroffen werden sollte. Dies hätte zur Folge, dass der Anspruch auf Aufwendungsersatz nicht auf 25 % des Kaufpreises begrenzt wäre.

Beim Kunden erweckt die Klausel jedoch eher den Eindruck, als habe er neben dem Rücktrittsrecht nur den Anspruch auf Schadensersatz. Da Zweifel der Auslegung zu Lasten des Verwenders gehen, ist nach dem Prinzip der kundenfeindlichsten Auslegung von einem Ausschluss des Anspruchs auf Ersatz der Verwendungen auszugehen. Das wirft die Frage nach der Wirksamkeit des Ausschlusses auf. Hierzu ist zunächst festzustellen, dass sich die Ansprüche auf Schadens – und Aufwendungsersatz nicht überdecken, wenngleich gewisse Überschneidungen nicht auszuschließen sind. Frustrierte Aufwendungen, deren Ersatz § 284 BGB dem Geschädigten zubilligt, haben nicht den Charakter von Schadensersatzansprüchen, jedenfalls nicht ohne gedankliche Hinzuziehung der Rentabilitätsvermutung, die aber nur dem Unternehmer, nicht dem Verbraucher hilft. Ein in AGB enthaltener Ausschluss des Anspruchs, den das Gesetz dem Geschädigten zusätzlich an die Hand gibt, kann in Anbetracht der Intention des Gesetzgebers daher nicht hingenommen werden. Er führt zu einer unangemessenen Benachteiligung des Käufers, der im Vertrauen auf die ausgebliebene Lieferung des Fahrzeugs Verwendungen getätigt aber ansonsten keinen Schaden erlitten hat.

Beispiel:
Anmietung eines Jahresstellplatzes für den bestellten Caravan in einer Ferienanlage.

Aus den zum Verzugsschaden dargelegten Gründen (siehe Rn 130) entfaltet der in Abschn. IV, Ziff. 2, S. 6 NWVB vorgesehene Totalausschluss der Haftung für leichte Fahrlässigkeit im unternehmerischen Geschäftsverkehr insoweit keine Wirksamkeit, als hiervon Schadensersatzansprüche statt der Leistung betroffen sind.[56] Würde man die Freizeichnung zulassen, könnte sich der Verkäufer seiner primären Leistungspflicht entziehen, ohne hierdurch irgendwelche Nachteile zu erleiden.

Aufgrund der Unwirksamkeit dieses wichtigen Bausteins bricht die gesamte Schadensersatzklausel von Abschn. IV, Ziff. 2 NWVB ab S. 4 in sich zusammen, und zwar einschließlich der Regelung von S. 7, die besagt, dass der Verkäufer in den vorstehend vereinbarten Grenzen haftet, falls ihm die Lieferung **während des Verzugs** durch Zufall unmöglich wird, es sei denn, der Schaden wäre auch bei rechtzeitiger Leistung eingetreten.[57]

II. Rechtsfolgen bei Überschreitung eines verbindlich vereinbarten Lieferzeitpunkts

Falls die Parteien einen verbindlichen Liefertermin oder eine verbindliche Lieferfrist vereinbart haben, entfällt die 6-wöchige Wartefrist und die Mahnung an den Verkäufer, innerhalb angemessener Frist die Lieferung auszuführen, ist entbehrlich. Um vom Vertrag zurücktreten oder Schadensersatz verlangen zu können, muss er dem Verkäufer zuvor eine angemessene Frist zur Lieferung setzen, es sei denn, diese ist entbehrlich. Alle übrigen Rechtsfolgen sind die gleichen wie bei der unverbindlichen Liefervereinbarung. *Graf von Westphalen*[58] moniert, dass die Verweisung in Abschn. IV, Ziff. 3, S. 2 NWVB auf

---

56 BGH 23. 2. 1994 NJW 1994, 1350; OLG Köln 21. 3. 1997, NJW-RR 1997, 1274; *Graf von Westphalen*, Praxis der Schuldrechtsreform, § 307 Rn 17; *ders.* BB 2002, 209, 216; *Jaeger*, MDR 1992, 96, 99; *Palandt/Heinrichs*, Erg. Bd. BGB, § 307 Rn 35 ff, 46 ff.
57 Nach Ansicht von *Pfeiffer*, in *Graf von Westphalen*, Vertragsrecht und AGB-Klauselwerke, Neuwagen, Rn 22, ist die in S. 7 vorgesehene Haftungsbegrenzung als solche ungültig.
58 ZGS 2002, 214, 215.

Ziff. 2, S. 3 bis 6 den Käufer im Unklaren lässt, wie er an einen den Verzugsschaden übersteigenden Schadensersatzanspruch kommen kann. Ob diese Kritik berechtigt ist, kann dahinstehen, da die Verweisung wegen der Unwirksamkeit der Bezugsnormen ohnehin ins Leere geht.

III. Rechtsfolgen bei Nichtlieferung zum Fixtermin

Bei Vereinbarung eines Leistungszeitpunktes mit Fixcharakter gewährt § 323 Abs. 2 Nr. 2 BGB dem Käufer ein sofortiges **Rücktrittsrecht bei Fristüberschreitung**. Verzug und Fristsetzung sind entbehrlich. Macht der Käufer bei nicht fristgerechter Lieferung von seinem Rücktrittsrecht Gebrauch, entfällt der Erfüllungsanspruch. Er kann stattdessen an dem Geschäft festhalten und Erfüllung sowie Ersatz des Verzugsschadens verlangen. Der Verkäufer besitzt keinen Anspruch darauf, dass ihm der Käufer nachträglich Gelegenheit einräumt, den Vertrag noch zu erfüllen.[59] Allerdings verfällt das Rücktrittsrecht des Käufers, wenn er es nicht alsbald nach Fälligkeit der Lieferung ausübt, so dass in diesem Fall die beiderseitigen Erfüllungspflichten fortbestehen.[60]

---

59 *Creutzig,* Recht des Autokaufs, Rn 4.3.6.
60 *Palandt/Heinrichs,* § 361 Rn 4 m. w. N.

I. Unmöglichkeit, Unzumutbarkeit der Lieferung und Störung der Geschäftsgrundlage

144 Die Fälle, in denen der Verkäufer von seiner Leistungspflicht befreit ist, weil ihm die Lieferung des Fahrzeugs in mangelfreier Ausführung nicht möglich (§ 275 Abs. 1 BGB) oder nicht zuzumuten ist (§ 275 Abs. 2 und 3 BGB), spielen im Neuwagenhandel keine allzu große Rolle.

I. Gesetzeslage

145 Abgesehen von der Haftungsbeschränkung des Verkäufers für den Fall, dass die Lieferung durch Zufall unmöglich wird, während er sich in Verzug befindet (Abschn. IV, Ziff. 2, S. 7 NWVB), enthalten die NWVB keine speziellen Regelungen zu den Rechtsfolgen der Unmöglichkeit und Unzumutbarkeit der Lieferung. Es gelten daher die allgemeinen gesetzlichen Vorschriften mit der Maßgabe, dass die daraus resultierenden Schadensersatzansprüche nicht den speziellen Ausschlüssen und Begrenzungen der Haftung für Lieferverzug unterliegen, sondern unter die Haftungsklausel von Abschn. VIII NWVB fallen.

Während § 275 Abs. 1 BGB die Unmöglichkeit als Einwendung statuiert, gewähren § 275 Abs. 2 und 3 dem Verkäufer die Einrede der Unzumutbarkeit. Der in Abs. 3 geregelte Fall der Unzumutbarkeit bei persönlicher Leistungserbringung ist für den Neuwagenkauf nicht relevant.

Unmöglichkeit bedeutet, dass die Lieferung für den Verkäufer oder für jedermann unmöglich ist. Eine „jedermann" unmögliche Leistung ist z. B. anzunehmen, wenn das vom Käufer bestellte Serienfahrzeug nicht mehr produziert wird und die Vorräte erschöpft sind.

Nach welcher Methode im Rahmen von § 275 Abs. 2 BGB das grobe Missverhältnis zwischen Aufwand und Leistungsinteresse zu ermitteln ist und wo die Grenzwerte liegen, wird die Rechtsprechung festlegen müssen. Im Schrifttum werden 110 bis 150 % des Leistungsinteresses vorgeschlagen, je nach Art des Vertretenmüssens.[1] Eine weitere Frage wird sein, ob unter dem Gesichtspunkt des Gläubigerschutzes immaterielle Interessen, wie z. B. eine geplante Urlaubsreise mit dem neuen Auto, berücksichtigt werden dürfen, da die Neuregelung von § 253 Abs. 2 BGB diese Ansprüche nicht mehr völlig ausblendet.[2]

In freier Konkurrenz zu § 275 Abs. 2 BGB steht das in § 313 BGB kodifizierte Rechtsinstitut des Wegfalls der Geschäftsgrundlage. Beide Vorschriften haben unterschiedliche Voraussetzungen. Während § 275 Abs. 2 BGB ein grobes Missverhältnis zwischen dem Leistungsinteresse des Gläubigers und den Anstrengungen erfordert, die der Schuldner unternehmen muss, lässt § 313 BGB es genügen, dass der benachteiligten Partei ein Festhalten am unveränderten Vertrag nicht zugemutet werden kann, dafür aber voraussetzt, dass die Abwesenheit des Leistungshindernisses die Vertragsgrundlage darstellt.

II. Änderung des Vertriebs und Einstellung der Produktion

146 Entscheidet sich der Hersteller nachträglich zum Direktvertrieb einer Fahrzeugserie unter Ausschaltung der Händlerorganisation, so wird ein hiervon betroffener Vertragshändler von seiner Lieferverpflichtung gegenüber dem Käufer nicht ohne weiteres entlastet. Vielmehr muss er geeignete Schritte gegenüber dem Hersteller unternehmen und im Prozessfall

---

[1] *Huber/Faust*, Schuldrechtsmodernisierung, S. 50.
[2] Befürwortend *Huber/Faust,* Schuldrechtsmodernisierung, S. 32.

Haftung ohne Verschulden

den Nachweis führen, dass er alle Möglichkeiten ausgeschöpft hat, um seine Lieferpflicht aus dem Kaufvertrag erfüllen zu können. Die Klausel „eigene Liefermöglichkeit vorbehalten" befreit ihn nicht von dieser Einwirkungspflicht auf den Hersteller.[3]

Für die unternehmerische Entscheidung des Fahrzeugherstellers, einen bestimmten Fahrzeugtyp nicht mehr zu produzieren, ist der Händler allerdings nicht verantwortlich.[4]

Falls der Hersteller seine Neufahrzeuge selbst verkauft, befreit ihn eine Produktionsänderung nicht von seiner Lieferpflicht, da die Aufrechterhaltung des Produktionsplanes nicht die Geschäftsgrundlage des Kaufvertrags darstellt.[5]

Nicht akzeptabel ist die in den AGB eines selbstverkaufenden Herstellers vorgesehene Freistellung beider Parteien von den Verpflichtungen aus dem Kaufvertrag für den Fall, dass der Kaufgegenstand zum vorgesehenen Liefertermin wegen Serienauslaufs nicht mehr lieferbar ist. Diese Klausel, in der sich der Verkäufer außerdem das Recht vorbehält, dem Käufer ein anderes Fahrzeug zum Kauf anzubieten, benachteiligt den Käufer unangemessen (§ 307 BGB). Aus § 275 Abs. 2 BGB folgt, dass die Dispositionsfreiheit des Herstellers dem Prinzip der Vertragstreue unterzuordnen ist, solange nicht die Voraussetzungen eines auffälligen Missverhältnisses zwischen dem Leistungsinteresse des Gläubigers und den Anstrengungen vorliegt, die dem Schuldner zuzumuten sind. Dem selbstverkaufenden Fahrzeughersteller ist ohne weiteres zuzumuten, entweder die Produktion einer Fahrzeugserie so lange aufrechtzuerhalten, bis er alle ihm vorliegenden Kaufaufträge erfüllt hat, oder einen Vertragsstopp zu verfügen, wenn er beabsichtigt, die Produktion einzustellen. Die Unangemessenheit der Klausel ist evident. Einerseits bindet sie den Käufer an den Kaufvertrag, während sie andererseits dem Hersteller völlig freie Hand bei der Entscheidung belässt, die Produktion zu einem beliebigen Zeitpunkt einzustellen und sich von seinen vertraglichen Pflichten zu lösen.

III. Haftung ohne Verschulden

Die von der Voraussetzung eines Verschuldens losgelöste Haftung aus Übernahme des Beschaffungsrisikos spielt bei der Gattungsschuld eine wichtige Rolle. Dieses Risiko kann der Verkäufer ebenso für eine Stückschuld übernehmen.[6]

Das Beschaffungsrisiko wirkt sich auf der Ebene der Primärpflichten aus und hat mit der Frage des Verschuldens nichts zu tun.[7]

Für den Neuwagenhandel ist die Problematik virulent, weil der Kauf eines beim Händler nicht vorrätigen, zumeist erst noch herzustellenden Neufahrzeugs die Lieferung einer der Gattung nach bestimmten Sache beinhaltet (Rn 222). Den Maßstab für die Beurteilung der Risikoübernahme bildet das durch die Art des Schuldverhältnisses determinierte Pflichtenprogramm,[8] das beim Kauf eines Neuwagens auf die Lieferung eines Fahrzeugs aus der betreffenden Produktion des Herstellers beschränkt ist.

Bereits aus dem Inhalt dieser Leistungspflicht und unabhängig von § 276 Abs. 1 BGB ergibt sich, dass die Schuld fortbesteht, solange die Lieferung aus der Gattung beschafft werden kann.[9] Dies spricht dafür, den Ausschluss des auf das Gelingen der Beschaffung gerichteten Risikos an § 307 Abs. 2 Nr. 1 BGB scheitern zu lassen.

---

3 BGH 1. 12. 1993, ZIP 1994, 136.
4 OLG Düsseldorf 10. 12. 1999, NJW-RR 2000, 721.
5 OLG Stuttgart 5. 10. 1987, NJW-RR 1988, 312.
6 *Coester/Waltjen*, AcP 183, 289; *Hoeren/Martinek*, Systematischer Kommentar zum Kaufrecht, S. 121 Rn 331.
7 *Hoeren/Martinek*, Systematischer Kommentar zum Kaufrecht, E Rn 332.
8 *Canaris*, JZ 2001, 518.
9 *Palandt/Heinrichs*, Erg.-Bd. BGB § 276 Rn 30.

Konkret besteht für den Händler die Pflicht, alle Hindernisse aus dem Weg zu räumen, die der Lieferung entgegen stehen. Eine Übernahme des Beschaffungsrisikos schließt das Produktionsrisiko allerdings nicht ein, es sei denn, dass der Verkäufer das Fahrzeug selbst herstellt. Handelt es sich bei dem bestellten Fahrzeugs um ein Standardmodell ohne besondere Ausstattungswünsche, muss sich der nicht selbst produzierende Verkäufer darum bemühen, das Fahrzeug bei einem anderen Händler zu besorgen, wenn der Hersteller die Produktion überraschend eingestellt hat.[10] Falls es dem Händler unmöglich ist, das Fahrzeug anderweitig zu beschaffen, haftet er dem Käufer allerdings nicht auf Schadensersatz statt der Leistung, wenn er trotz des Abschlusses eines kongruenten Deckungsgeschäftes mit dem Lieferanten von diesem „nachweislich" im Stich gelassen worden ist.[11]

IV. Haftungsausschluss und Haftungsbegrenzung

148 Da die Lieferung des Neufahrzeugs als primäre Leistungspflicht zu den vertragswesentlichen Pflichten gehört, kann sich der Verkäufer – auch wenn er kein Beschaffungsrisiko übernommen hat – von der Haftung wegen leicht fahrlässiger Nichterfüllung in AGB nicht wirksam freizeichnen.[12]

Abschn. VIII NWVB **begrenzt die Haftung** des Verkäufers für leicht fahrlässig verursachte Schäden auf den bei Vertragsschluss vorhersehbaren typischen Schaden. Unberechtigt ist der Vorwurf, die Klausel lasse den zugrundeliegenden Schuldmaßstab nicht erkennen[13]. Abschn. VIII, Abs. 1 NWVB, der von einer Haftung für leicht fahrlässig verursachte Schäden ausgeht, schließt mit einem Doppelpunkt ab und leitet auf diese Weise zu Abs. 2 über. Dadurch wird hinreichend deutlich, dass sich die Haftungsbeschränkung von Abs. 2 nur auf „leicht fahrlässig" verursachte Schäden bezieht.

Graf von Westphalen bezweifelt die Zulässigkeit einer Freizeichnung von der Haftung für eine unterhalb der Verschuldensgrenze liegende Verletzung vertragswesentlicher Pflichten in Anbetracht der Regelung von § 437 Nr. 3 BGB i. V. m. § 281 BGB. Es fällt schwer, diese Argumentation nachzuvollziehen, da eine Haftung – außer im Fall der Übernahme einer Garantie – regelmäßig ein Verschulden voraussetzt. Die Garantie ist aber eine Primärpflicht und keine Frage des Verschuldens und es liegt im Wesen der Garantie, dass die aus ihr resultierende verschuldensunabhängige Haftung nicht ausgeschlossen werden kann.

Auf ernsthafte Wirksamkeitsbedenken stößt die Regelung von Abschn. VIII, Ziff. 1, Abs. 3 NWVB für leicht fahrlässig durch einen Mangel verursachte Schäden, weil die Freizeichnung auch die Verletzungen solcher Pflichten erfasst, die für die Erreichung des Vertragszwecks als wesentlich angesehen werden.[14] Außerdem fehlt die nach § 309 Nr. 7 a BGB erforderliche Ausnahme für Verletzungen von Leben, Körper und Gesundheit.

Der Haftungsausschluss für entfernter liegende Schäden wird auch nach neuem Recht für grundsätzlich zulässig erachtet.[15] Schäden von Leben, Körper und Gesundheit (§ 309 Nr. 7 a BGB) sind als Folge einer Nichtlieferung wegen Unmöglichkeit und Unzumutbarkeit nicht vorstellbar, aber gleichwohl von der Haftungsbeschränkung in Abschn. VIII, Ziff. 1 Abs. 2 S. 1 ausgenommen, da die Klausel jedwede Art von Pflichtverletzungen erfasst.

---

10 *Canaris*, JZ 2001, 518.
11 BGH 12. 1. 1994, ZIP 1994, 461, 464; 26. 1. 1983, WM 1983, 308; 6. 3. 1968, BGHZ 49, 388 ff.
12 *Graf von Westphalen*, BB 2002, 209, 215.
13 *Graf von Westphalen*, ZGS 2002, 214, 217.
14 BGH 27. 9. 2000, NJW 2001, 292; *Pfeiffer*, ZGS 2002, 175, 177.
15 *Hoeren*, ZGS 2002, 68, 69 unter Hinweis auf die bisherige BGH-Judikatur und mit Blick auf Art. 74 UN-Kaufrecht.

V. Rechtsfolgen

Falls die Lieferpflicht des Verkäufers gem. § 275 Abs. 1 oder 2 BGB ausgeschlossen ist, **149** hat dies gem. § 326 Abs. 1 S. 1 Halbs. 1 BGB zur Folge, dass sein Anspruch auf den **Kaufpreis entfällt**. Er behält allerdings den Anspruch auf die Gegenleistung, wenn der Käufer den zum Ausschluss der Leistungspflicht führenden Umstand allein oder weit überwiegend zu vertreten hat oder wenn dieser Umstand zu einem Zeitpunkt eingetreten ist, zu welchem der Käufer in Annahmeverzug war (§ 326 Abs. 2 BGB).

Beispiel:
Das ordnungsgemäß gesicherte Neufahrzeug wird vom Betriebshof des Händlers nach Ablauf der 14-tägigen Bereitstellungsfrist und nach Setzung einer weiteren Abnahmefrist entwendet.

Gem. § 326 Abs. 5 BGB kann der Käufer vom Vertrag **zurücktreten**, wenn der Verkäufer nach § 275 Abs. 1, 2 BGB nicht zu leisten braucht. Einer vorherigen Fristsetzung bedarf es zwar nicht, sie ist jedoch ratsam, wenn der Käufer nicht sicher weiß, ob der Verkäufer wirklich von seiner Leistungspflicht befreit ist.

Ausgeschlossen ist der Rücktritt gem. § 323 Abs. 6 BGB, wenn der Umstand, der den Käufer zum Rücktritt berechtigen würde, **allein** oder **überwiegend vom Käufer verursacht** wurde. Während im Rahmen des Schadensersatzanspruchs statt der Leistung eine Mitverantwortlichkeit des Käufers durch eine angemessene Kürzung des Anspruchs gem. § 254 BGB (flexibel) berücksichtigt werden kann, ist zum Ausschluss des Rücktritts eine Verantwortungsquote des Käufers von 90 % mindestens aber von 80 % erforderlich.[16].

Liegt das zum Ausschluss der Leistungspflicht führende Hindernis schon bei Abschluss des Kaufvertrags über das Neufahrzeug vor (z. B. Einstellung der Fahrzeugproduktion), kann der Käufer gem. § 311 a Abs. 2 BGB nach seiner Wahl vom Verkäufer **Schadensersatz** statt der Leistung oder **Ersatz seiner vergeblichen Aufwendungen** verlangen, es sei denn, der Verkäufer beweist,[17] dass er das Leistungshindernis bei Vertragsschluss nicht kannte und seine Unkenntnis nicht zu vertreten hat. Die Haftung ist auf Ersatz des positiven Interesses gerichtet.[18]

Scheidet eine Haftung nach § 311 a BGB aus, weil der Verkäufer das anfängliche Leistungshindernis nicht kannte bzw. leicht fahrlässig nicht erkannt hat, stellt sich die Frage, ob die Haftungslücke durch analoge Anwendung von § 122 BGB geschlossen werden kann, weil andernfalls der Verkäufer günstiger stünde als im Fall eines unverschuldeten Irrtums (Rn 1434). Die Antwort darauf wird die Rechtsprechung geben müssen. Im Schrifttum sind die Meinungen geteilt.[19]

Ungeklärt ist, wie sich die Anwendbarkeit des § 311 a BGB bei anfänglichen Leistungshindernissen auf den Ersatz des „Mangelfolgeschadens" auswirkt, da dieser nicht unter den Begriff des Schadensersatzes „statt der Leistung" fällt. Eine Auseinandersetzung mit den unterschiedlichen dogmatischen Lösungsansätzen – vor allem wegen anfänglich unbehebbarer Sachmängel, aber auch darüber hinausgehend – erübrigt sich, da im Ergebnis die Haftung zu bejahen ist, sei es aus dem Gesichtspunkt der Verletzung nicht leistungsbezogener

---

16 *Palandt/Heinrichs*, BGB, Erg.-Bd., § 323 Rn 29.
17 *Dedek*, in *Henssler/Graf von Westphalen*, Praxis der Schuldrechtsreform, § 311 a Rn 16; *Dauner-Lieb* in *Dauner-Lieb/Heidel/Lepa/Ring*, Anwaltskommentar Schuldrecht, § 311 a Rn 5.
18 *Altmeppen*, DB 2001, 1399 ff., *ders.* DB 2001, 1821 ff.; *Canaris* DB 2001, 1815 ff.
19 Der Gesetzgeber hält die Haftung nach § 122 BGB für einen gangbaren Lösungsansatz, den *Canaris*, JZ 2001, 499, 507 befürwortet, während *Dauner-Lieb* in *Dauner-Lieb/Heidel/Lepa/Ring*, Anwaltskommentar Schuldrecht, § 311 a Rn 18, sowie *Dauner-Lieb/Dötsch*, DB 2001, 2535 ff., 2539 und *Dötsch*, ZGS 2002, 160, 164 die Analogie mangels vergleichbarer Interessenlage ablehnen.

149 Unmöglichkeit, Unzumutbarkeit der Lieferung und Störung der Geschäftsgrundlage

Schutzpflichten i. S. d. § 241 Abs. 2 BGB,[20] sei es aus § 280 Abs. 1 BGB evtl. i. V. m. § 437 Nr. 3 BGB.[21]

Für **nachträgliche Leistungshindernisse**, die zum Ausschluss der Leistungspflicht führen, haftet der Verkäufer dem Käufer nach den Vorschriften der §§ 275 Abs. 1, 283, 280, 281 BGB wahlweise auf Schadensersatz bzw. Aufwendungsersatz.

Beispiel:
Das vom Käufer als Einzelstück gekaufte Neufahrzeug wird vor Auslieferung gestohlen, weil ein Mitarbeiter des Autohauses versehentlich den Fahrzeugschlüssel im Zündschloss hat stecken lassen.

---

[20] *Schwab*, JuS 2002, 1, 7 ff.; kritisch *Harke* Jahrb. J.ZivRWiss 2001, S. 58; *Schapp*, JZ 2001, 583.
[21] *Dötsch*, ZGS 2002, 160 ff.

J. Lieferung und Übernahme des Neuwagens

I. Vertragspflichten

Beim Kauf stehen sich die Pflicht des Verkäufers zur **Übergabe und Übereignung** des Fahrzeugs frei von Sach- und Rechtsmängeln und die Pflicht des Käufers zur **Zahlung des Kaufpreises** gegenüber.

1. Abnahme

Abnahme ist ein tatsächlicher Vorgang, der die Übernahme des unmittelbaren Besitzes durch den Käufer betrifft. Dieser hat einen Anspruch darauf, den Besitz übertragen zu bekommen und zugleich eine entsprechende Pflicht, den Besitz zu übernehmen. Abnahme bedeutet weder, dass der Käufer die Kaufsache als Erfüllung annimmt (§ 363 BGB) noch deckt sich der Vorgang der kaufrechtlichen Entgegennahme der Sache mit der Abnahme im Werkrecht.[1]

Im Zweifel ist die **Abnahme des Fahrzeugs** eine Nebenpflicht des Käufers, da sie keine Gegenleistung für das verkaufte Fahrzeug darstellt.[2] In Abschn. V, Ziff. 1 NWVB wird sie jedoch in den Rang einer Hauptpflicht erhoben, an deren Nichterfüllung der pauschalierte Schadensersatzanspruch gem. Abschn. V, Ziff. 2 NWVB anknüpft. Auf eine Hauptpflicht weisen außerdem die Abnahmefrist und die Regelung von Abschn. V, Ziff. 1, S. 2 NWVB hin.[3] Im Ergebnis kommt es nicht mehr entscheidend darauf an, ob die Abnahme eine Haupt- oder Nebenpflicht des Käufers darstellt. Da § 323 BGB im Gegensatz zu § 326 BGB a. F. nicht voraussetzt, dass die verletzte Pflicht eine Hauptpflicht ist,[4] kann der Verkäufer im einen wie im anderen Fall vom Kaufvertrag zurücktreten, wenn der Käufer die Abnahme unberechtigt ablehnt.

Gem. Abschn. V, Ziff. 1 NWVB beträgt die dem Käufer eingeräumte Abnahmefrist vierzehn Tage. Die Frist beginnt mit dem Zugang der Bereitstellungsanzeige, die nicht (mehr) in schriftlicher Form erfolgen muss. Im Streitfall hat der Verkäufer nach allgemeinen Grundsätzen den Beweis zu führen, dass der Käufer die Bereitstellungsanzeige erhalten hat. Die Abnahmeklausel ist unbedenklich, da sie dem Käufer genügend Zeit für die Prüfung des Fahrzeugs und die zur Erfüllung des Kaufvertrages notwendigen Besorgungen lässt.[5]

Die Kosten der Abnahme hat der Käufer zu tragen.[6]

Die Übergabe des **Fahrzeugbriefs** gehört zur Hauptpflicht des Verkäufers, die im Fall des Eigentumsvorbehalts nach dessen Erlöschen zu erfüllen ist.[7] Unterbleibt die Aushändigung des Fahrzeugbriefes, ist der Käufer berechtigt, vom Vertrag zurückzutreten und Schadens- oder Aufwendungsersatz geltend zu machen.[8]

---

[1] *Martinek/Wimmer-Leonhardt* in *Hoeren/Martinek*, Systematischer Kommentar zum Kaufrecht, § 433 Rn 96.
[2] *Palandt/Putzo,* BGB, § 433 Rn 36.
[3] Zweifelnd *Pfeiffer*, ZGS 2002, 175, der ein Transparenzproblem darin sieht, dass der Kunde nicht weiß, welches die gesetzlichen Rechte sind.
[4] *Haas* in *Hass/Medicus/Rolland/Schäfer/Wendtland*, Das neue Schuldrecht, S. 182, Rn 76 m. w. N.
[5] Die bis zum 31. 12. 2001 gültigen NWVB sahen eine Abnahmefrist von lediglich acht Tagen vor.
[6] *Haas* in *Haas/Medicus/Rolland/Schäfer/Wendtland*, Das neue Schuldrecht, S. 182 Rn 78.
[7] Zur Rechtsnatur des Fahrzeugbriefs BGH 8. 5. 1978, NJW 1978, 1854 m. Anm. von *Schreiber,* JR 1979, 70.
[8] BGH 25. 6. 1953, NJW 1953, 1347; OLG Nürnberg 25. 4. 1967 – 3 U 93/66 – n. v.; *Creutzig*, Recht des Autokaufs, Rn 07 m. w. N.

2. Zahlung

152 Die Zahlungspflicht des Käufers setzt **Fälligkeit des Kaufpreises** gem. § 271 BGB voraus. Befindet sich das Fahrzeug zum Zeitpunkt der Fälligkeit des Kaufpreises nicht in einem mangelfreien Zustand, steht dem Käufer die Einrede des nicht erfüllten Vertrages nach § 320 BGB zur Seite.

In Abschn. III, Ziff. 1 NWVB ist vorgesehen, dass der Kaufpreis und Preise für Nebenleistungen bei **Übergabe des Kaufgegenstandes** und **Aushändigung oder Übersendung der Rechnung** zur Zahlung fällig sind. In einigen Vertragsmustern wurde die Klausel dahingehend ergänzt, dass die Zahlung „in bar" zu leisten ist. Der Klarstellung bedarf es jedoch nicht, da die Kaufpreiszahlung grundsätzlich in bar zu erfolgen hat, soweit nichts anderes vereinbart ist.[9] Eine andere Zahlungsweise kann sich allerdings daraus ergeben, dass der Verkäufer auf der Rechnung ein Konto benennt, auf das der Käufer mit befreiender Wirkung Zahlung leisten kann.[10] Bargeldlose Zahlungen durch Zahlungsanweisungen, Schecks oder Wechsel bedeuten keine Erfüllung der Zahlungspflicht und müssen vom Verkäufer nur nach besonderer Vereinbarung angenommen werden.

Die **Erteilung der Rechnung** ist eine Nebenpflicht, von deren Erfüllung die Pflicht zur Kaufpreiszahlung normalerweise nicht abhängt.[11] Da der Verkäufer jedoch hierzu gem. Abschn. III, Ziff. 1 NWVB verpflichtet ist, kann der Käufer den Kaufpreis gem. § 273 Abs. 1 BGB zurückhalten, bis ihm der Verkäufer die Rechnung ausgehändigt oder übersandt hat.[12] Da die Klausel nicht erkennen lässt, ob für die Übersendung der Zeitpunkt der Absendung der Rechnung oder der des Zugangs beim Empfänger maßgeblich sein soll, ist zugunsten des Käufers davon auszugehen, dass es auf den Zeitpunkt des Zugangs ankommt, da erst mit dem Zugang die Übersendung abgeschlossen ist.

Der **Abzug eines Skontos** wegen pünktlicher Zahlung ist beim Neuwagenverkauf nicht handelsüblich und ohne Absprache daher nicht zulässig.[13]

Haben die Parteien eine **Inzahlungnahme** vereinbart, ersetzt der Wert des Gebrauchtwagens einen Teil des Kaufpreises. An die Stelle der Barzahlung tritt kraft individualvertraglicher Abrede die Pflicht zur Übergabe des Gebrauchtwagens (dazu Rn 473). Die Hereingabe des Gebrauchtwagens ist als solche keine Barzahlung und steht ihr auch nicht gleich.[14]

Eine Kaufpreistilgung durch Aufrechnung ist nur zulässig, wenn die Gegenforderung des Käufers unbestritten ist oder ein rechtskräftiger Titel vorliegt (Abschn. III, Ziff. 2, Halbs. 1 NWVB). Die Klausel hält sich im Rahmen des nach § 309 Nr. 3 BGB Erlaubten.[15] Vom Aufrechnungsverbot nicht erfasst werden entscheidungsreife Forderungen,[16] weshalb eine Klausel, die den Ausschluss anordnet, keine Wirksamkeit entfaltet.[17]

---

9 *Martinek/Wimmer-Leonhardt* in *Hoeren/Martinek*, Systematischer Kommentar zum Kaufrecht, § 433 R. 84.
10 *Haas* in *Haas/Medicus/Rolland/Schäfer/Wendtland*, Das neue Schuldrecht, S. 181 Rn 73.
11 BGH 18. 12. 1989 BGHZ 79, 176, 178; *Pahlow*, JuS 2001, 236, 237.
12 *Martinek/Wimmer-Leonhardt* in *Hoeren/Martinek*, Systematischer Kommentar zum Kaufrecht, § 433 Rn 74.
13 *Martinek/Wimmer-Leonhardt* in *Hoeren/Martinek*, Systematischer Kommentar zum Kaufrecht, § 433 R. 86.
14 *Creutzig*, Recht des Autokaufs, Rn 3.1.2.
15 BGH 18. 4. 1989, ZIP 1989, 783, 784.
16 BGH 15. 2. 1978, WM 1978, 620; OLG Koblenz 16. 5. 1997, OLGR 1997, 185; OLG Düsseldorf 25. 10. 1996, NJW-RR 1997, 757; *Palandt/Heinrichs*, BGB Erg.-Bd. § 309 Rn 17.
17 *Soergel/Stein*, BGB, § 11 AGBG Rn 26.

Nicht ausgeschlossen ist das **Zurückbehaltungsrecht** wegen **bestrittener Gegenansprüche**, soweit es auf Ansprüchen aus dem Kaufvertrag beruht (Abschn. III, Ziff. 2, Halbs. 2 NWVB).

3. Erfüllungsort

Kraft gesetzlicher Regelung ist die Ablieferung[18] des Fahrzeugs durch den Verkäufer eine Holschuld des Käufers und als solche gem. § 269 BGB am **Betriebssitz des Verkäufers** zu erfüllen[19], während für die Zahlung des Kaufpreises als Schickschuld der Wohnsitz des Käufers maßgeblich ist. Die Zahlung des Kaufpreises ist aber dann am Betriebssitz des Verkäufers vorzunehmen, wenn sich dort der vertragscharakteristische Leistungsort befindet. Beim Neuwagenkauf steht die Fahrzeugübergabe im Mittelpunkt der Vertragsbeziehung, denn sie bildet den eigentlichen Schwerpunkt des Geschäfts. Hierauf weist die Regelung in Abschn. III, Ziff. 1 NWVB hin, welche besagt, dass der Kaufpreis bei Übergabe des Kaufgegenstandes oder Übersendung der Rechnung zur Zahlung fällig ist. Daraus folgt, dass sich die **Zahlungspflicht des Käufers** von einer **Schickschuld in eine Bringschuld** verwandelt und – ebenso wie die Abnahme des Fahrzeugs – am Betriebssitz des Verkäufers zu erfüllen ist.[20] Eine Klausel, die den Betriebssitz des Verkäufers als den Erfüllungsort für alle aus dem Kaufvertrag resultierenden beiderseitigen Pflichten bestimmt, entfaltet außerhalb des kaufmännischen Geschäftsverkehrs wegen Verstoßes gegen § 307 BGB allerdings keine Wirksamkeit.[21]

Sieht der Kaufvertrag vor, dass der Neuwagenpreis teilweise durch Inzahlungnahme des Gebrauchtfahrzeugs getilgt wird, hat der Käufer es am Betriebssitz des Verkäufers zu übergeben.[22]

Die Vereinbarung „Werksabholung durch den Käufer" ist als Abrede dahingehend zu verstehen, dass die Übergabe und Eigentumsverschaffung am Ort des Herstellers erfolgen soll.

4. Pflichten des Verkäufers im Zusammenhang mit der Auslieferung des Fahrzeugs

In dem werkseitig angelieferten Zustand ist ein Neuwagen üblicherweise nicht fahrbereit. Der Verkäufer muss daher die Betriebsbereitschaft durch Vornahme der Ablieferungsinspektion herstellen. Ihn trifft keine Pflicht, das Fahrzeug- über das im Rahmen der Ablieferungsinspektion erforderliche Maß hinausgehend – daraufhin zu überprüfen, ob es versteckte Konstruktions- und Fabrikationsmängel aufweist. Er genügt seiner Untersuchungspflicht, wenn er das Fahrzeug **in Augenschein nimmt** und **sichtbare Mängel abstellt**.[23] Zumindest eine „flüchtige Prüfung"[24] des Neufahrzeugs im Hinblick auf dessen Verkehrssicherheit darf aber vom Händler erwartet werden. Weiter gehende Kontrollen sind ihm üblicherweise nicht zuzumuten, denn er kann darauf vertrauen, dass das Produkt ordnungsgemäß hergestellt und einer sorgfältigen werkseitigen Prüfung vor Auslieferung unterzogen wurde.[25]

---

18 Erforderlich ist tatsächliche Aushändigung des Fahrzeugs – BGH 11. 10. 1996, DAR 1996, 21.
19 OLG Nürnberg 2. 11. 1995, NZV 1996, 194.
20 LG Bremen 30. 11. 1964, NJW 1965, 203; *Creutzig,* Recht des Autokaufs, Rn 3.1.4.
21 OLG Koblenz 14. 4. 1989, WM 1989, 892 zu § 9 AGB-Gesetz.
22 LG Baden-Baden, Urt. 23. 1. 1981 – 2 O 27/80 – n. v; *Creutzig,* Recht des Autokaufs, Rn 3.1.4.
23 BGH 25. 9. 1968, NJW 1968, 2238; 16. 7. 1977, NJW 1977, 1055 ff.; 18. 2. 1981, NJW 1981, 1269, 1270.
24 BGH 5. 7. 1978, DB 1978, 1878, 1880.
25 Weitergehend *Graf von Westphalen,* in *Henssler/Graf von Westphalen,* Praxis der Schuldrechtsreform, § 434 BGB Rn 79, der Veranlassung sieht, im Rahmen des Pflichtenkonzepts des § 241

Höhere Anforderungen an die **Untersuchungspflicht** sind bei Lieferung eines Neuwagens mit einer vom serienmäßigen Lieferangebot abweichenden Sonderausstattung zu stellen (Spezialreifen, Spoiler usw.). In einem solchen Fall gehört es zur selbstverständlichen Pflicht des Verkäufers, ein wirksam zum öffentlichen Verkehr zugelassenes Kfz bereitzustellen.[26] Er muss überprüfen, ob sich die ABE auf die Anbauteile erstreckt oder ob sie infolge der Umrüstung des Fahrzeugs mit nicht genehmigten Teilen erloschen ist. In gleicher Weise ist eine Reifenfachfirma, die Gebrauchtreifen verkauft, verpflichtet, diese auf ihr Alter und damit auf ihre Verkehrstüchtigkeit zu überprüfen.[27]

Eine Pflichtverletzung des Händlers i. S. v. § 241 Abs. 2 BGB liegt nicht vor, wenn er vor Übergabe des Neufahrzeugs und bei der Ablieferungsinspektion nicht kontrolliert, ob die **Reifen richtig montiert** sind.[28]

Übersieht der Händler bei Ausführung der vertraglich übernommenen Ablieferungsinspektion allerdings schuldhaft einen erkennbaren Fehler und verursacht dieser eine Beschädigung des Fahrzeugs, haftet er dem Käufer auf Ersatz des entstehenden Schadens. Dies entschied der BGH[29] zu Lasten eines Händlers, dessen Mitarbeiter bei Vornahme der Ablieferungsinspektion eine Verbeulung der Felge übersehen hatte, die ursächlich für einen Autounfall war, wobei der BGH nach den Grundsätzen über den Anscheinsbeweis die Ursächlichkeit zwischen Delle, Entweichen der Luft und Unfall bejahte.

Ein pflichtwidriges Verhalten ist anzunehmen, wenn der Händler an einem neuen, zur Auslieferung bereit stehenden Fahrzeug ohne Zustimmung des Käufers werkseitig nicht vorgesehene **Veränderungen** vornimmt. Wenn – wie geschehen – der Händler an einem fabrikneuen Luxuswagen Heck- und Frontspoiler demontiert hat und nicht den Verdacht ausräumen kann, das Fahrzeug in dem beschriebenen Zustand ausliefern zu wollen, zerstört er durch sein Verhalten die Vertrauensgrundlage des Vertrages. Unter solchen Umständen ist der Käufer gem. §§ 323 Abs. 2 Nr. 3 BGB berechtigt, vom Vertrag zurückzutreten.[30]

Für den objektiven Tatbestand der Verletzung von Schutz- und Rücksichtnahmepflichten trägt der Käufer die Beweislast. Dem Verkäufer bleibt der Nachweis vorbehalten, dass er die Pflichtverletzung, gemessen an § 276 BGB, nicht zu vertreten hat oder dass eine ihm zurechenbare Pflichtverletzung nicht vorliegt.[31]

5. Prüfrecht des Käufers und Recht auf Probefahrt

155   Der Käufer ist berechtigt, das Fahrzeug innerhalb der Abnahmefrist am vereinbarten Ort der Abnahme zu prüfen. Prüfungskosten, welche z. B. durch Einschaltung eines Gutachters entstehen, gehen zu seinen Lasten, es sei denn, dass die Parteien eine abweichende Vereinbarung getroffen haben.

Ersatzlos gestrichen wurde die Klausel von Abschn. V, Ziff. 2 NWVB a. F., welche besagte, dass eine etwaige Probefahrt vor Abnahme in den Grenzen üblicher Probefahrten bis

---

Abs. 2 BGB gegenüber einem Endverbraucher auf die Obliegenheiten/Pflichten zurückzugreifen, die der Händler nach § 377 HGB zu erfüllen hat.

26 BayObLG 16. 1. 1986, DAR 1986, 154.
27 OLG Nürnberg 5. 2. 2002, SP 2002, 214.
28 OLG Münster Urt. 12. 10. 1965 – 3 O 271/65 – n. v.; vgl. ferner BGH 15. 3. 1956, VersR 1956, 759 – Verkauf eines Motorrollers; oberflächliche Besichtigung und Probefahrt im üblichen Rahmen reichen aus –.
29 Urt v.. 18. 6. 1969, VersR 1969, 835 ff. mit Anm. *von Loewenstein,* NJW 1969, 2043 ff.
30 BGH 19. 10. 1977, DAR 1978, 46, der das Rücktrittsrecht seinerzeit aus dem Gesichtspunkt der positiven Vertragsverletzung herleitete.
31 *Graf von Westphalen,* in *Henssler/Graf von Westphalen,* Praxis der Schuldrechtsreform, § 434 BGB Rn 93.

Vertragspflichten 155

höchstens 20 km zu halten ist. Die Klausel gewährte dem Käufer nicht den Anspruch auf die Probefahrt, sie limitierte lediglich die Fahrstrecke.

Die **Vornahme einer Probefahrt** vor Abnahme des Neufahrzeugs ist im Neuwagenhandel seit jeher üblich, da der Käufer nur auf diese Weise feststellen kann, ob der Kaufgegenstand frei von Sachmängeln ist. Eine Sicht- und Funktionsprüfung des stehenden Fahrzeugs mit laufendem Motor liefert keine Erkenntnisse über Fahr- und Bremsverhalten, Spur- und Lenkgenauigkeit des Fahrzeugs, Leistung und Lautstärke des Motors, Schaltgängigkeit des Getriebes und Wind- und Nebengeräusche der Karosserie. Da das Prüfrecht des Käufers kraft Verkehrsübung die Vornahme einer Probefahrt im Neuwagenhandel einschließt, besitzt der Käufer darauf einen Rechtsanspruch. Die Fabrikneuheit des Neufahrzeugs wird durch eine Probefahrt mit einer Länge bis 20 km nicht beeinträchtigt (Rn 18). Falls Veranlassung besteht, dass der Käufer die Abnahme des Fahrzeugs verweigert, empfiehlt es sich, das Fahrzeug vorerst noch nicht auf den Käufer zuzulassen (§ 18 Abs. 1 StVG), sondern die Probefahrt mit roter Nummer oder einem Kurzzeitkennzeichen (§ 28 StVZO) durchzuführen.

An der Länge der Probfahrt bis 20 km hat der Wegfall der Klausel von Abschn. V, Ziff. 2 NWVB a. F. nichts geändert. Eine Fahrstrecke dieser Länge ist für die Prüfung eines Neufahrzeugs nach wie vor erforderlich. Eine über das übliche Maß hinausgehende Probefahrt ist dem Käufer nur gestattet, wenn er zuvor eine entsprechende Vereinbarung mit dem Verkäufer getroffen hat.[32]

Zur **Untersuchung** des Neufahrzeugs, die das Recht der Probefahrt einschließt, ist der Käufer berechtigt, nicht aber verpflichtet. Dies gilt auch für Kaufleute, da die gesetzliche Untersuchungs- und Rügepflicht bei beiderseitigen Handelsgeschäften (§ 377 HGB) nicht die Zeit vor Ablieferung der Ware betrifft. Die ihnen kraft Gesetzes auferlegte Pflicht, die Ware unverzüglich nach der Ablieferung zu prüfen und dem Verkäufer Mängel unverzüglich anzuzeigen, wird durch die NWVB nicht eingeschränkt.

Verursacht der Käufer oder dessen Beauftragter während der **Probefahrt** einen **Schaden** am Fahrzeug, haftet der Käufer nur bei grober Fahrlässigkeit und Vorsatz. Es gilt der gleiche Haftungsmaßstab wie bei der Probefahrt eines Kaufinteressenten mit einem Vorführwagen des Händlers. Wird die Probefahrt mit roten Kennzeichen oder Kurzzeitkennzeichen[33] durchgeführt, ist der Schaden durch die Versicherung des Händlers (Fahrzeugversicherung für Kfz-Handel und -Handwerk) abgesichert. Diese Versicherung muss auch dann eintreten, wenn das Fahrzeug bei Vornahme der Probefahrt bereits auf den Käufer zugelassen ist, eine Abnahme und Übergabe aber noch nicht stattgefunden haben, so dass es sich noch in der Obhut des Händlers befindet.[34] Schäden an anderen Rechtsgütern sind ebenfalls durch die Händlerversicherung gedeckt.

Da der Käufer für Fahrzeugschäden, die er bei Vornahme einer Erprobungsfahrt leicht fahrlässig verursacht hat, nicht haftet, trägt allein der Händler das Risiko, dass das Neufahrzeug wegen der Beschädigung und des Verbleibs einer merkantilen Wertminderung zum Unfallauto wird und seine fabrikneue Eigenschaft ein für allemal verliert. Der Käufer ist nicht verpflichtet, ein solches Fahrzeug abzunehmen, selbst wenn der Händler es technisch einwandfrei repariert hat.

---

32 *Creutzig*, Recht des Autokaufs, Rn 5.2.2.
33 *Hentschel*, Straßenverkehrsrecht, 36. Aufl., § 28 StVZO Rn 9; *Mindorf*, DAR 1985, 110 ff.; *Grohmann*, DAR 2001, 57 ff.
34 *Creutzig*, Recht des Autokaufs, Rn 5.6.3.

II. Gefahrübergang

156 Mit der Übergabe des Fahrzeugs auf den Käufer geht die Sach- und Preisgefahr auf den Käufer über. Erforderlich ist die Verschaffung unmittelbaren Besitzes. Von der Übergabe zu unterscheiden ist die Ablieferung des Fahrzeugs, welche die Verjährungsfrist in Lauf setzt (§ 438 Abs. 2 BGB). Kommt es zur Übergabe des Fahrzeugs sind regelmäßig die Voraussetzungen der Ablieferung erfüllt.[35] Annahmeverzug des Käufers steht einer Übergabe gleich (§ 446 S. 2 BGB),[36] reicht aber für eine Ablieferung nicht aus.[37]

Da der **Verkäufer** das Fahrzeug an seinem Betriebssitz bereitzustellen und dort die Eigentums- und Besitzverschaffung vorzunehmen hat, trägt er das **Risiko des Transports** nach dorthin sowie das **Risiko der Lagerung**. Bei vereinbarter Werksabholung geht die Gefahr mit der Aushändigung des Wagens durch das Werk auf den Käufer über.

Liefert der Händler das Fahrzeug ohne Verlangen des Käufers frei Haus, so geht die Gefahr des zufälligen Untergangs und der zufälligen Verschlechterung gem. § 446 BGB erst mit Übergabe des Fahrzeugs auf den Käufer über.[38] Erfolgt die Anlieferung beim Käufer auf dessen Anweisung, ist wie folgt zu differenzieren: Erfüllt der Neuwagenkauf nicht die Voraussetzungen eines Verbrauchsgüterkaufs, trägt der Käufer gem. § 447 BGB die Transportgefahr auch bei Lieferung innerhalb des Ortes. Handelt es sich um einen Verbrauchsgüterkauf, geht die Gefahr erst mit der Übergabe des Fahrzeugs an den Käufer auf diesen über, da § 447 BGB keine Anwendung findet (§ 474 Abs. 2 BGB).

Nach Ansicht des OLG Nürnberg[39] entspricht es der Interessenlage, dem **Käufer** eines Kraftfahrzeugs die Sach- und Gegenleistungsgefahr für **zufälligen Untergang** bereits dann zuzuweisen, wenn der Händler vor Auslieferung des Fahrzeugs einen **Sonderwunsch** des Käufers in Form der Anbringung einer Anhängerkupplung erfüllt und das Fahrzeug auf dem anschließenden Transport zur Abnahmestelle von einem Dritten beschädigt wird. Unter solchen Umständen ist der Käufer berechtigt, den in seiner Person entstandenen Schaden aus dem Gesichtspunkt der Schadensliquidation im Drittinteresse gegenüber dem Schädiger geltend zu machen.[40] Das Urteil des OLG Nürnberg ist nach der Schuldrechtsreform nur noch für Kaufverträge von Bedeutung, die nicht unter die Vorschriften des Verbrauchsgüterkaufs fallen.

1. Rechtswirkungen des Gefahrübergangs

157 Der Gefahrübergang
- löst die in § 446 BGB beschriebenen Folgen aus,
- markiert den für die Beurteilung der Sach- und Rechtsmängelfreiheit maßgeblichen Zeitpunkt,
- ist der Augenblick, in dem die primären Erfüllungsansprüche erlöschen und an ihre Stelle die modifizierten Rechte von § 437 BGB treten.

Die **Rechtsfolgen des § 446 BGB** bestehen darin, dass der Käufer ab Gefahrübergang die mit der Kaufsache verbundenen Lasten (Steuer, Versicherung usw.) übernimmt, die Sach- und Preisgefahr trägt und die Nutzungen ziehen darf.

---

35 *Wolff* in *Hoeren/Martinek*, Systematischer Kommentar zum Kaufrecht, § 438 Rn 20.
36 Kritisch *Huber* in *Huber/Faust*, Schuldrechtsmodernisierung, S. 294 Rn 15, nach dessen Ansicht die Gleichstellung von Verzug und Gefahrübergang nicht richtlinienkonform ist.
37 BGH 11. 10. 1995, NJW 1995, 3381.
38 OLG Nürnberg 25. 4. 1967 – 3 U 93/66 – n. v.
39 Urt. v. 2. 11. 1995, NZV 1996, 194.
40 *Soergel/Huber*, Bem. 26 vor § 446.

Von der **gesetzlichen Haftung** werden nur solche Sach- und Rechtsmängel erfasst, die zum Zeitpunkt des Gefahrübergangs vorhanden sind.[41] Darin liegt der Unterschied zur Haltbarkeitsgarantie, bei der die Garantiegesellschaft die Haftung für den Fortbestand der Mängelfreiheit während der Garantiezeit übernimmt.

Das Fehlen der vereinbarten Beschaffenheit muss latent (im Keim) vorhanden sein. Es ist nicht erforderlich, dass sich der Mangel zu diesem Zeitpunkt bereits auswirkt und für den Käufer erkennbar wird.[42]

Beispiele:
Abbrennen des Fahrzeugs wegen einer defekten Elektroverkabelung;
Motorschaden, verursacht durch das Reißen eines fehlerhaften Zahnriemens.

Trotz der geänderten Dogmatik ist davon auszugehen, dass sich die Verteilung der **Beweislast** nicht geändert hat. Nach Gefahrübergang muss nicht der Verkäufer beweisen, dass er seine Pflichten aus § 433 Abs. 1 S. 2 BGB ordnungsgemäß erfüllt hat. Vielmehr trägt der Käufer die Beweislast dafür, dass der Verkäufer ihm eine mangelhafte Sache übergeben hat.[43] Diese Rechtsfolge ergibt sich im Umkehrschluss aus § 476 BGB. Die dort vorgesehene Rückwirkungsvermutung wäre überflüssig, wenn der Verkäufer nach Gefahrübergang weiterhin die Beweislast für die ordnungsgemäße Vertragserfüllung tragen würde. Eine Verlagerung der Beweislast auf den Käufer findet ausnahmsweise nicht statt, wenn dieser das Fahrzeug nicht als Erfüllung i. S. v. § 363 BGB, sondern nur zum Zweck der Prüfung der vertragsgemäßen Beschaffenheit entgegen genommen hat. Die vorbehaltlose Entgegennahme der Kaufsache und die Kaufpreiszahlung sind ein Anzeichen dafür, dass der Käufer das Fahrzeug als Erfüllung angenommen hat.

Nach allgemeinen Grundsätzen trägt der Verkäufer die Beweislast, wenn er sich auf einen Ausschluss der Sachmängelhaftung gem. § 434 Abs. 1 S. 3, 2. Halbs. BGB beruft und geltend macht, er habe die öffentliche Äußerungen in der Werbung oder bei der Kennzeichnung nicht gekannt und nicht kennen müssen, diese sei im Zeitpunkt des Vertragsschlusses berichtigt worden oder habe die Kaufentscheidung nicht beeinflussen können.[44]

Da § 464 BGB a. F. ersatzlos gestrichen wurde, muss sich der Käufer, der ein mangelhaftes Fahrzeug abnimmt, obschon der den Mangel kennt, seine Rechte wegen des Mangels nicht (mehr) vorbehalten. Im Einzelfall wird zu prüfen sein, ob die **vorbehaltlose Abnahme** des Neufahrzeugs die konkludente Vereinbarung einer vom Kaufvertrag abweichenden Beschaffenheit beinhaltet, welche die Haftung des Verkäufers ausschließt.[45] Gegen missbräuchliche Geltendmachung von Sachmängelansprüchen nach vorbehaltloser Abnahme der Kaufsache wird der Verkäufer durch § 242 BGB geschützt.

Aus der Verknüpfung des Sachmängelrechts mit dem allgemeinen Leistungsstörungsrecht ergibt sich, dass die nicht rechts- und sachmängelfreie Lieferung die **Einrede des § 320 BGB** auslöst. Der Käufer kann die Einrede des nicht erfüllten Vertrages auch nach Gefahrübergang erheben, längstens bis zur Erbringung der vom Verkäufer geschuldeten

---

41 *Schmidt-Räntsch,* Das neue Schuldrecht, S. 274 Rn 839.
42 *Graf von Westphalen,* in *Henssler/Graf von Westphalen,* Praxis der Schuldrechtsreform, § 434 Rn 45.
43 *Büdenbender* in *Dauner-Lieb/Heidel/Lepa/Ring,* Anwaltkommentar Schuldrecht, § 435 Rn 23; *Martinek/Wimmer-Leonhardt* in *Hoeren/Martinek,* Systematischer Kommentar zum Kaufrecht, § 433 Rn 115.; kritisch und teilweise a. A. *Schimmel/Buhlmann,* Fehlerquellen im Umgang mit dem Neuen Schuldrecht, S. 99 ff.
44 *Graf von Westphalen,* in *Henssler/Graf von Westphalen,* Praxis der Schuldrechtsreform, § 434 Rn 46.
45 RegE, BT-Drucks. 14/6040, S. 205; *Huber* in *Huber/Faust,* Schuldrechtsmodernisierung, S. 371 Rn 168.

Nacherfüllung.⁴⁶ Falls der Anspruch auf Lieferung unmöglich ist, z. B. weil das Neufahrzeug einen reparierten Unfallschaden aufweist und deshalb nicht mehr fabrikneu ist, steht dem Käufer die Einrede des nichterfüllten Vertrages nicht zur Verfügung, da es an einem fälligen und durchsetzbaren Anspruch und damit an einer Tatbestandsvoraussetzung von § 320 BGB fehlt. Der Weg zum Freiwerden von der Pflicht zur Kaufpreiszahlung führt unter diesen Voraussetzungen nur über den Rücktritt.⁴⁷

Der Maßstab für die **Höhe des zurückzubehaltenden Kaufpreisanteils** ergibt sich aus der analog anzuwendenden Bestimmung von § 641 Abs. 3 BGB. Der Käufer ist hiernach berechtigt, den dreifachen Betrag des durch den Mangel der Sache verursachten Minderwertes einzubehalten.⁴⁸

159 Im Hinblick auf Sach- und Rechtsmängel ist der Gefahrübergang die entscheidende **Schnittstelle für die Rechte des Käufers**. Bis zum Gefahrübergang haftet der Verkäufer dem Käufer nach allgemeinem Leistungsrecht auf Vertragserfüllung. Bietet er dem Käufer ein mangelhaftes Fahrzeug an, stellt dies keine ordnungsgemäße Vertragserfüllung dar. Der Käufer kann das Fahrzeug zurückweisen, Zahlung ablehnen und unter den Voraussetzungen des § 323 BGB vom Vertrag zurücktreten. Ab dem Zeitpunkt des Gefahrübergangs wird der ursprüngliche Anspruch auf Vertragserfüllung durch die Rechte des § 437 BGB ersetzt. An die Stelle des primären Leistungsanspruchs tritt der Anspruch auf Nacherfüllung, der den Sekundärrechten auf Rücktritt, Minderung, Schadens- oder Aufwendungsersatz vorgelagert ist. Während der ursprüngliche Anspruch auf Lieferung eines mangelfreien Neufahrzeugs in der dreijährigen Regelfrist des § 195 BGB verjährt, unterliegen die Ansprüche des § 437 BGB wegen zum Zeitpunkt des Gefahrübergangs vorhandener Sachmängel der zweijährigen Verjährungsfrist gem. § 438 Abs. 1 Nr. 3 BGB.

Die Frage, ob der Käufer die Abnahme des Fahrzeugs wegen eines geringfügigen Mangels verweigern darf oder ob ihm dies nach § 242 BGB zu verwehren ist, stellt sich in Anbetracht der geänderten rechtlichen Rahmenbedingungen in einem neuen Licht. Eine Versagung des Rechts auf **Abnahmeverweigerung bei geringfügigen Mängeln** reibt sich mit der Bestimmung des § 475 BGB, wonach der in § 433 Abs. 1 BGB verbriefte Anspruch auf Verschaffung einer Sache frei von Sach- und Rechtsmängeln für den Verbrauchsgüterkauf zwingend vorgeschrieben ist. Flankiert wird dieser Anspruch durch den für den Bereich des Verbrauchsgüterkaufs ebenfalls obligatorischen Sachmängelbegriff des § 434 BGB, der – im Gegensatz zu § 459 Abs. 1 S. 2 BGB a. F. – geringfügige Mängel nicht ausgrenzt. Da geringfügige und bedeutungslose Fehler vom Gesetz als Mängel anerkannt werden, bleibt für eine Anwendung von § 242 BGB jedenfalls im Rahmen eines Verbrauchsgüterkaufs kein Anwendungsspielraum. Eine Verpflichtung zur Abnahme eines Neufahrzeugs, das einen geringfügigen Mangel aufweist, lässt sich nicht begründen, da andernfalls der Anspruch auf ordnungsgemäße Vertragserfüllung entwertet würde.⁴⁹ Wenn ein Mangel geringfügig ist, dann kann der Käufer erwarten, dass der Verkäufer ihn vor Gefahrübergang abstellt. Durch eine Pflicht zur Abnahme würde dem Käufer die Möglichkeit genommen, sich im Fall der Unbehebbarkeit des geringfügigen Mangels von der Sache zu trennen, da ihm die Rechte auf Ersatzlieferung und Rücktritt verschlossen sind.

160 Der Gefahrübergang ist nicht der maßgebliche Augenblick für die **Konkretisierung des Kaufgegenstandes** bei Lieferung einer mangelhaften Gattungssache. Die Konkretisierung

---

46 *Huber* in *Huber/Faust*, Schuldrechtsmodernisierung, S. 180, Rn 2; *Schimmel/Buhlmann,* Fehlerquellen im Umgang mit dem Neuen Schuldrecht, S. 96.
47 *Huber* in *Huber/Faust*, Schuldrechtsmodernisierung, S. 365 Rn 151 ff.
48 *Graf von Westphalen* in *Henssler/Graf von Westphalen*, Praxis der Schuldrechtsreform, § 434 Rn 95.
49 A. A. *Martinek/Wimmer-Leonhardt* in *Hoeren/Martinek*, Systematischer Kommentar zum Schuldrecht, § 433 Rn 101.

tritt vielmehr dadurch ein, dass der Käufer Mängelbeseitigung, Minderung oder Schadensersatz, der nicht Schadensersatz statt der Leistung ist, verlangt. Die mangelhafte Lieferung führt nicht zur Konkretisierung, wenn der Käufer Ersatzlieferung oder Schadensersatz statt der Leistung verlangt oder wenn er vom Vertrag zurücktritt.[50]

III. Berechtigte Abnahmeverweigerung

Da die Lieferung eines mangelfreien Neufahrzeugs zu den Hauptpflichten des Verkäufers gehört, sind die Rechtsfolgen weitgehend die gleichen wie im Fall des nicht auf einem Sach- oder Rechtsmangel beruhenden Lieferverzugs und der Nichterfüllung (Rn 236 ff., 334 ff.).

Ergibt die Prüfung, dass das vom Händler zur Auslieferung bereitgestellte Neufahrzeug nicht vertragsgemäß ist, kann der Käufer die **Abnahme verweigern**. Dieses Recht besteht auch bei nicht erheblichen Mängeln (Rn 159). Durch die berechtigte Verweigerung der Abnahme des mangelhaften Fahrzeugs kommt der Käufer nicht in Annahmeverzug (§ 294 BGB). Da keine ordnungsgemäße Vertragserfüllung des Verkäufers vorliegt, ist der Käufer berechtigt, den **Kaufpreis** zurückzuhalten.

Liegt ein **behebbarer** Mangel vor, kann der Käufer nach erfolgloser Fristsetzung gem. § 323 BGB vom Vertrag **zurücktreten**. Ist der Mangel unbehebbar, wie z. B. die Unfalleigenschaft eines Fahrzeugs, eröffnet § 326 Abs. 5 BGB dem Käufer die Möglichkeit des Rücktritts ohne vorhergehende Fristsetzung. Die Möglichkeit zum sofortigen Rücktritt besteht gem. § 323 Abs. 4 BGB auch dann, wenn offensichtlich ist, dass der Verkäufer innerhalb angemessener Frist weder die Mängel beseitigen noch ein anderes (mangelfreies) Neufahrzeug beschaffen kann.[51] Der in § 326 Abs. 1 S. 1 aufgestellte Grundsatz des automatischen Wegfalls des Anspruchs auf die Gegenleistung gilt gem. S. 2 nicht für den Fall der nicht vertragsgemäßen Leistung. Steht die Unmöglichkeit der Fehlerbehebung nicht fest, empfiehlt es sich für den Käufer, dem Verkäufer vor Erklärung des Rücktritts eine angemessene Frist zur ordnungsgemäßen Vertragserfüllung zu setzen.

Weiterhin haftet der Verkäufer dem Käufer auf **Schadensersatz** statt der Leistung mit der Möglichkeit der Exkulpation gem. § 280 S. 2 BGB. Im Hinblick auf etwaige Schadensersatzansprüche ist zu beachten, dass diese unabhängig von der Voraussetzung eines Verschuldens bestehen können, wenn der Verkäufer eine vom Käufer zu beweisende Beschaffungsgarantie übernommen hat. Allein aus der Übernahme der kaufrechtlichen Verpflichtung, ein der Gattung nach bestimmbares Serienfahrzeug zu liefern, lässt sich eine unbedingte Einstandspflicht des Verkäufers für die Bereitstellung eines „mangelfreien" Neufahrzeugs nicht ohne weiteres ableiten.[52] Die Haftung des Verkäufers auf Schadensersatz wegen mangelhafter Lieferung unterliegt den **Beschränkungen** der NWVB, soweit diese wirksam sind. Schadensersatzansprüche statt der Leistung wegen nicht vertragsgemäßer Leistung fallen unter die generelle Haftungsklausel von Abschn. VIII NWVB. Die auf Lieferverzug zugeschnittenen Spezialregelungen von Abschn. IV NWVB sind nicht einschlägig, da im Falle der Lieferung eines mangelhaften Fahrzeugs die Voraussetzungen eines Lieferverzugs erfüllt sein können aber nicht erfüllt sein müssen. Aus Abschn. VIII, Ziff. 3 NWVB ergibt sich im Wege des Umkehrschlusses, dass bei einem **Zusammentreffen von mangelhafter und verspäteter Lieferung** die allgemeinen Beschränkungen von Abschn. VIII NWVB maßgeblich sind. Die in Abschn. IV, Ziff. 2, S. 4 NWVB vorgesehene Haftungsbegrenzung auf 25 % des vereinbarten Kaufpreises für leichte Fahrlässigkeit fin-

---

50 *Huber* in *Huber/Faust*, Schuldrechtsmodernisierung, S. 334 Rn 53.
51 So schon BGH 27. 9. 1967, BB 1967, 1268; *Thamm*, BB 1971, 1543.
52 A. A. *Graf von Westphalen*, ZGS 2002, 154 ff. 159.

det somit keine Anwendung auf diejenigen Schadensersatzansprüche, die der Käufer berechtigterweise wegen eines vom Verkäufer zu vertretenden Mangels diesem gegenüber geltend macht, auch wenn zusätzlich die Voraussetzungen eines Lieferverzugs vorliegen.

Abgesehen von den in § 323 Abs. 2 Nr. 2 und Nr. 3 BGB vorgesehenen Ausnahmen erhält der Verkäufer bei behebbaren Mängeln grundsätzlich die Chance, das Fahrzeug innerhalb angemessener, vom Käufer zu bestimmender Frist in einen vertragsgemäßen Zustand zu versetzen. In Abschn. V, Ziff. 3 NWVB a. F. war vorgesehen, dass der Käufer die Abnahme ablehnen konnte, falls der Verkäufer die vom Käufer in der Abnahmefrist gerügten Mängel nicht innerhalb einer **Frist von 8 Tagen** vollständig beseitigt hatte. Obwohl diese Klausel aufgegeben wurde, liefert sie Hinweise zur Angemessenheit der Frist. Da die vom Handel ausbedungene Maximalfrist von 8 Tagen für die Mängelbeseitigung stets als ausreichend angesehen wurde und es hierüber niemals ernsthaft zum Streit gekommen ist, kann diese Zeitspanne weiterhin als Maßstab für die Länge der vom Käufer zu setzenden Frist dienen, zumindest im Sinne einer **Faustregel**. Für eine längere Frist besteht kein Bedürfnis. Es spricht allgemeiner Gepflogenheit, dass Neufahrzeuge vor der Auslieferung in der Werkstatt überprüft und hierbei festgestellte Mängel beseitigt werden. Aus diesem Grunde kommt es in der Praxis äußerst selten vor, dass einem Neuwagenkäufer ein Fahrzeug mit sichtbaren Mängeln zur Abnahme angeboten wird.

Der Verkäufer kommt in Lieferverzug, wenn die Zeit, die ihm für die vom Käufer angemahnte Mängelbeseitigung oder Beschaffung eines anderen mangelfreien Fahrzeugs verbleibt, ganz oder teilweise die Sechswochenfrist von Abschn. VI, Ziff. 2 NWVB überschreitet. Bei einer verbindlich vereinbarten Lieferzeit/Lieferfrist tritt der Verzug automatisch mit Ablauf der Sechswochenfrist ein, wenn nicht ein Ausnahmefall i. S. v. Abschn. IV, Ziff. 4 NWVB vorliegt.

Wenn der Verkäufer vor Ablauf der vereinbarten Lieferzeit bzw. vor Ausschöpfung der sanktionsfreien Wartefrist von sechs Wochen ein nicht mangelfreies Fahrzeug anbietet, stellt sich die Frage, ob der Käufer ihm die nicht verbrauchte Lieferfrist für die Erbringung einer vertragsgemäßen Leistung zubilligen muss oder ob er bereits vorher, nach erfolglosem Ablauf einer angemessenen Frist, vom Kaufvertrag zurücktreten und Schadensersatz statt der Leistung geltend machen kann. Der Lieferverzug und das Anbieten eines nicht mangelfreien Fahrzeugs sind zwei selbstständige, rechtlich nicht miteinander verknüpfte Vorgänge. Erklärt der Verkäufer, er sei zur Leistung bereit, verzichtet er konkludent auf die Ausschöpfung der ihm verbleibenden Lieferzeit und die damit für ihn verbundenen Vorteile. Er steht „im Wort" und kann dem Käufer die ursprünglich vereinbarte Lieferzeit nicht mehr entgegen halten. Wenn es ihm nicht gelingt, innerhalb angemessener Frist ein mangelfreies Fahrzeug anzubieten, ist der Käufer berechtigt, vom Vertrag zurückzutreten und Schadensersatz geltend zu machen.

IV. Nichtberechtigte Abnahmeverweigerung

Der Anspruch auf Abnahme eröffnet dem Verkäufer im Fall der unberechtigten Nichtabnahme die allgemeinen Rechtsbehelfe wegen Pflichtverletzung. Da § 323 BGB nicht voraussetzt, dass die verletzte Pflicht eine Hauptpflicht darstellt, ist der **Rücktritt** unter den dort genannten Voraussetzungen grundsätzlich und unabhängig davon zulässig, ob im konkreten Fall die Abnahme eine Nebenpflicht des Käufers darstellt oder ob ihr die Parteien den Rang einer Hauptpflicht vertraglich zuerkannt haben, wie dies gem. Abschn. V NWVB der Fall ist.[53] Unter der Voraussetzung des Verschuldens kann der Verkäufer wegen der Nicht-

---

53 BT-Drucks. 14/6040 S. 183; *Palandt/Heinrichs*, BGB Erg.-Bd. § 323 Rn 10.

abnahme des Fahrzeugs nach erfolglosem Fristablauf vom Käufer **Schadensersatz statt der Leistung** und **wegen Verzögerung** gem. §§ 280, 281, 286 BGB verlangen.[54]

Der Abnahmeverzug des Neuwagenkäufers setzt voraus:

1. **Bereitstellung** des Fahrzeugs durch den Händler am vereinbarten Abnahmeort,
2. **Zusendung** der **schriftlichen Bereitstellungsanzeige** an den Käufer[55],
3. **Nichtabnahme** des Fahrzeugs durch den Käufer innerhalb von 14 Tagen ab Zugang der Bereitstellungsanzeige[56],

Die Abnahmeverpflichtung des Käufers wird mit dem Zugang der Bereitstellungsanzeige fällig. Mit dem Ablauf der 14-tägigen Abnahmefrist tritt automatisch Verzug ein. Hierzu bedarf es nicht der Mahnung des Verkäufers, da sich der Leistungszeitpunkt ab dem Zugang der Bereitstellungsanzeige nach dem Kalender berechnen lässt (§§ 286 Abs. 2 Nr. 2; 296 BGB).

Die Abnahmeregelung in Abschn. V NWVB liegt nicht mehr auf Kollisionskurs mit der Zahlungsklausel von Abschn. III, Ziff. 1 NWVB, da die Kaufpreiszahlung frühestens bei Übergabe des Fahrzeugs fällig ist.

Nicht unbedenklich ist die Regelung von Abschn. V, Ziff. 1, S. 2 NWVB, welche besagt, dass der Verkäufer im Fall der Nichtabnahme von seinen gesetzlichen Rechten Gebrauch machen kann. Es fehlt nicht an der von *Pfeiffer*[57] beanstandeten Transparenz, weil der Kunde nicht weiß, welches die gesetzlichen Rechte sind, sondern an dem gebotenen Hinweis darauf, dass der Käufer die Abnahme eines nicht vertragsgemäßen Fahrzeugs verweigern darf und dem Verkäufer unter diesen Umständen die gesetzlichen Rechte nicht zustehen. In die Klausel sollte die Klarstellung aufgenommen werden, dass der Verkäufer die gesetzlichen Rechte im Fall der „unberechtigten" Nichtabnahme geltend machen kann.

1. Bereitstellung des Fahrzeugs und Bereitstellungsanzeige

Gem. § 294 BGB ist der Verkäufer verpflichtet, dem Käufer die Leistung so, wie sie zu bewirken ist, anzubieten. Der Verkäufer hat das Fahrzeug am vereinbarten Übergabeort in einem vertragsgemäßen Zustand zur Ablieferung bereitzustellen. Hierzu ist erforderlich, dass er das Neufahrzeug „verkaufsfertig" herrichtet, wozu insbesondere das Entwachsen und die Vornahme der Erstinspektion gehören.[58]

Wenn der Käufer gegenüber dem Verkäufer bestimmt und eindeutig erklärt hat, er werde das Fahrzeug nicht abnehmen, genügt für die Herbeiführung des Annahmeverzugs ein wörtliches Angebot (§ 295 BGB). Die Zusendung der Bereitstellungsanzeige und die an den Käufer gerichtete Aufforderung zur Vornahme einer **Mitwirkungshandlung** (Aufforderung zur Zulassung des Fahrzeugs beim zuständigen Straßenverkehrsamt) stehen einem wörtlichen Angebot gleich.[59] Eine Bereitstellung entfällt, wenn der Käufer vereinbarungswidrig die in der Bestellung offen gelassenen Ausstattungsdetails nicht bestimmt. Unter solchen Umständen ist es dem Händler nicht möglich, das Fahrzeug zu individualisieren.[60]

Auch bei einem **wörtlichen Angebot** setzt der Verzugseintritt voraus, dass der Verkäufer leistungsfähig, leistungsbereit und leistungswillig ist. Bei hartnäckiger Annahmeverweigerung des Käufers kann die Vorleistungspflicht des Verkäufers, bestehend in der Be-

---

54 *Haas* in *Hass/Medicus/Rolland/Schäfer/Wendtland*, Das neue Schuldrecht, S. 182 Rn 78.
55 Abschn. V, Ziff. 1, S. 1 NWVB.
56 Abschn. V, Ziff. 1, S. 2 NWVB
57 ZGS 2002, 175.
58 OLG Celle 4. 2. 1988, NJW 1988, 1675.
59 *Palandt/Heinrichs*, BGB Erg.-Bd. § 295 Rn 1.
60 LG Marburg 15. 8. 2001 – 2 O 91/01 – n. v.

reitstellung des Fahrzeugs in einem auslieferungsbereiten Zustand, nach Treu und Glauben entfallen. Sofern er eine Gattungsschuld zu erfüllen hat, muss er das Fahrzeug nicht aussondern. Es genügt, wenn er das Fahrzeug jederzeit kurzfristig beschaffen und dem Käufer in einem vertragsgemäßen Zustand anbieten kann.[61]

Eine Berufung des Käufers auf fehlende Bereitstellung des Fahrzeugs am vereinbarten Übergabeort ist nach Ansicht des OLG Düsseldorf treuwidrig, wenn der Käufer schon vorher erklärt hat, er könne das Auto wegen finanzieller Schwierigkeiten nicht abnehmen und der Händler in Anbetracht dessen und mangels eigener Abstellkapazitäten das Fahrzeug zunächst im zentralen Auslieferungslager belässt, um die weiteren Entschließungen des Käufers abzuwarten.[62]

Im Zuge der Neugestaltung der NWVB wurde die Regelung von Abschn. V, Ziff. 4, Abs. 2 S. 2 NWVB ersatzlos gestrichen, die den Verkäufer von der Bereitstellungspflicht bei Personenwagen mit nicht gängiger Ausstattung, bei im Verkaufsgebiet des Verkäufers selten verlangten Fahrzeugtypen und bei Nutzfahrzeugen befreite, wenn der Käufer die Abnahme ernsthaft und endgültig verweigerte oder offenkundig nicht zur Zahlung des Kaufpreises in der Lage war.[63] Im Endeffekt wurde der Anwendungsbereich von § 242 BGB durch die Klausel verengt, da der Verkäufer von der Pflicht zur Bereitstellung grundsätzlich nur freigestellt wurde, wenn das Fahrzeug die in Abschn. V, Ziff. 4, Abs. 2 NWVB beschriebenen Merkmale aufwies.[64]

2. Rechtswirkungen der unberechtigten Abnahmeverweigerung

a) Abnahmeverzug

164 Der Abnahmeverzug begründet als solcher keine Schadensersatzverpflichtung des Käufers. Die Rechtswirkungen sind in den §§ 300 bis 304 BGB abschließend geregelt. Gem. § 300 Abs. 1 BGB hat der Verkäufer während des Annahmeverzugs des Käufers nur **Vorsatz** und **grobe Fahrlässigkeit** zu vertreten. Die Haftungserleichterung betrifft nur die Haftung für das Fahrzeug und nicht die Verletzung sonstiger Pflichten. Wird das Fahrzeug nach Eintritt des Abnahmeverzugs zerstört, beschädigt oder ist die Lieferung aus einem anderen Grund, z. B. wegen Diebstahls, unmöglich geworden, so behält der Verkäufer seinen Kaufpreisanspruch, wenn ihm in Bezug auf die Aufbewahrung des Fahrzeugs nur leichte Fahrlässigkeit vorzuwerfen ist.[65] Der Fortbestand der Kaufpreisforderung setzt bei der Gattungsschuld allerdings voraus, dass der Verkäufer das Fahrzeug ausgesondert hat.[66] Hat ein Dritter die Beschädigung, den Untergang oder die Unmöglichkeit der Herausgabe des Fahrzeugs verschuldet, kann der Käufer vom Verkäufer Abtretung der Ansprüche gegen den Dritten verlangen. Im Falle beiderseits zu vertretender Unmöglichkeit, welche auf Seiten des Verkäufers grob fahrlässiges Verhalten erfordert, steht dem Verkäufer nach Auffassung des OLG Oldenburg[67] im Wege der Gesetzesanalogie ein um den eigenen Mitverschuldensanteil verkürzter Kaufpreisanspruch zu.

Der Verkäufer hat vom Käufer Ersatz der durch Annahmeverzug verursachten tatsächlichen **Mehraufwendungen** gem. § 304 BGB zu beanspruchen. Hierzu gehören die Kosten für das Unterstellen und die Pflege des Wagens, aber auch die Kosten für eine evtl. notwen-

---

61 *Palandt/Heinrichs*, BGB Erg.-Bd. § 295 Rn 3, § 297 Rn 2 m. w. N.
62 OLG Düsseldorf Urt. 2. 3. 1994 – 3 U 26/93 – n. v.
63 Dazu OLG Celle 16. 2. 1995, NJW-RR 1996, 50.
64 OLG Celle 4. 2. 1988, NJW 1988, 1657.
65 *Palandt/Heinrichs*, BGB Erg.-Bd. § 326 Rn 12.
66 BGH 18. 6. 1975, WM 1975, 918, 920; *Werheimer*, JuS 1993, 646.
67 Urt. v. 4. 6. 1975, NJW 1975, 1788; vgl. ferner OLG Zweibrücken 24. 4. 1941, DR 1941, 1729 mit Anm. von *Herschel*.

dige Diebstahlversicherung.[68] Besitzt der Verkäufer die Kaufmannseigenschaft, greift ergänzend § 354 HGB ein, wonach der Verkäufer, der das grundlos abgelehnte Fahrzeug in eigener Obhut behält, grundsätzlich auch Ersatz der ortsüblichen Lagerkosten verlangen kann. Bei Fremdeinlagerung haftet ihm der Käufer gem. § 373 HGB auf Ersatz der tatsächlich entstandenen Kosten.[69]

b) Zahlungsverzug

Aus dem Kontext der Regelungen von Abschn. III und V NWVB ergibt sich, dass die Abnahme – und folglich auch deren unberechtigte Verweigerung – eine Tatbestandsvoraussetzung für den Eintritt des Zahlungsverzugs darstellt. Da Fälligkeit des Kaufpreises außer dem Zugang der Rechnung die Übergabe des Fahrzeugs erfordert, gerät der Käufer mit der Kaufpreiszahlung in Schuldnerverzug, wenn folgende Voraussetzungen erfüllt sind:

1. Bereitstellung des Fahrzeugs durch den Verkäufer, sofern keine Befreiung,
2. Zusendung der Bereitstellungsanzeige an den Käufer,
3. Aushändigung oder Übersendung der Rechnung (Abschn. III, Ziff. 1 NWVB),
4. Ablauf der 14-tägigen Abnahmefrist (Abschn. V, Ziff. 1 NWVB),
5. Aufforderung des Verkäufers an den Käufer, den Kaufpreis zu entrichten (§ 286 BGB).

Den NWVB lässt sich nicht zweifelsfrei entnehmen, ob mit dem Ablauf der nach dem Kalender berechenbaren Abnahmefrist Zahlungsverzug eintritt. Daher bedarf es zur Herbeiführung des Zahlungsverzugs der Mahnung des Verkäufers, die nur dann entbehrlich ist, wenn der Käufer die Vertragserfüllung ernsthaft und endgültig verweigert. Die Weigerung des Käufers muss als sein letztes Wort aufzufassen sein.[70] Nur dann, wenn der Käufer eindeutig und endgültig zu erkennen gegeben hat, dass er weder eine Fristsetzung zur Erfüllung begehrt noch von einer ihm gesetzten Frist Gebrauch machen wird, eine Änderung dieser Einstellung nicht zu erwarten und eine Nachfristsetzung deshalb als leere und überflüssige Formsache zu betrachten ist, bedarf es ausnahmsweise keiner Aufforderung zur Zahlung des Kaufpreises. Die Erklärung des Käufers, er wolle kein Fahrzeug von dem Händler, genügt den Anforderungen nicht. Solange noch die Möglichkeit eines Sinneswandels beim Käufer besteht, darf der Händler nicht darauf verzichten, ihn durch Anmahnung umzustimmen.[71]

In Anbetracht des erweiterten, enumerativ gestalteten Ausnahmekatalogs von § 286 Abs. 2 BGB ist eine Mahnung nicht entbehrlich, wenn sich absehen lässt, dass der Käufer zur Zahlung des Kaufpreises innerhalb der Frist **offensichtlich nicht im Stande** ist, wie z. B. wegen einer bereits erfolgten Zahlungseinstellung oder einer bevorstehenden Insolvenz. Eine Verletzung der Leistungstreuepflicht des Käufers befreit als solche nicht von der Einhaltung der vorgeschriebenen Formalitäten, selbst wenn sie das Vertrauen des Verkäufers in die vertragsgemäße Erfüllung zerstört.[72]

Die **Rechtsfolgen** des Zahlungsverzugs sind in den NWVB nicht geregelt. Für den Zahlungsverzug gelten die **gesetzlichen Bestimmungen** der §§ 286 und 288 BGB.

Die 30-tägige Frist des § 286 Abs. 3 BGB wird im Bereich des Verbrauchsgüterkaufs nicht relevant, da die vom Handel verwendeten Bestellformulare keine Hinweise auf die Rechtsfolgen i. S. v. S. 1 enthalten.[73] Für Nichtverbraucher läuft die Frist ab Lieferung

---

68 OLG Düsseldorf 25. 7. 1963, BB 1964, 1320.
69 BGH 14. 2. 1996 WM 1996, 826.
70 BGH 18. 9. 1985, NJW 1986, 661; 18. 1. 1991, ZIP 1991, 506, 508.
71 OLG Hamm Urt. 7. 12. 1982 – 28 U 146/82 – n. v. zur Entbehrlichkeit der Ablehnungsandrohung gem. § 326 BGB a. F.; dazu Rn 504 ff. der Vorauflage m. w. N.
72 A. A. *Creutzig*, Recht des Autokaufs, Rn 5.4.6.
73 Dies ergab eine Auswertung der Kaufverträge der deutschen Fabrikatshändler.

des Fahrzeugs oder ab Zugang der Rechnung, je nachdem welcher Zeitpunkt später eintritt. Ohne Zugang der Rechnung beginnt weder die Frist des § 286 Abs. 3 BGB noch besteht für den Verkäufer die Möglichkeit, den Käufer durch Mahnung in Zahlungsverzug zu setzen. Dies liegt daran, dass die Kaufpreisfälligkeit sowohl die Übergabe des Fahrzeugs als auch die Aushändigung oder Übersendung der Rechnung voraussetzt.

Die Höhe der Verzugszinsen beträgt fünf Prozentpunkte über dem Basiszinssatz und bei Verkaufsgeschäften, an denen ein Verbraucher nicht beteiligt ist acht Prozentpunkte über dem Basiszinssatz.

c) Rücktritt

166 Lässt der Käufer die 14-tägige Frist zur Abnahme des Fahrzeugs und die ihm gesetzte Frist zur Zahlung des Kaufpreises verstreichen, ist der Verkäufer gem. § 323 Abs. 1 BGB berechtigt, vom Vertrag zurückzutreten. Erforderlich ist nur eine erfolglose Fristsetzung, nicht jedoch ein Verzug des Käufers.

Die Angemessenheit der Frist hängt von den Umständen des Einzelfalls ab. Eine Frist von 10 bis 14 Tagen ist i. d. R. ausreichend lang bemessen, wenn nicht besondere, dem Verkäufer bekannte Hinderungsgründe vorliegen, die eine längere Frist erforderlich machen, wie z. B. eine Urlaubsabwesenheit des Käufers oder ein Krankheitsfall. Probleme und Hindernisse im Zusammenhang mit der Beschaffung des Kaufpreises rechtfertigen keine Fristverlängerung.[74]

Ob eine Fristsetzung schon vor Fälligkeit möglich ist,[75] kann dahinstehen, da die Regelung in Abschn. V NWVB einen Rücktritt vor Ablauf der 14-tägigen Abnahmefrist verhindert und eine angemessene Nachfrist erst im Anschluss daran zu laufen beginnt.

Mit dem Zugang der Rücktrittserklärung erlöschen die beiderseitigen Erfüllungsansprüche und das Vertragsverhältnis ist nach Vorschriften des Rücktrittsrechts abzuwickeln (Rn 296 ff.).

d) Schadensersatz

167 Falls sich der Käufer nicht gem. § 280 Abs. 1 S. 2 BGB entlastet, haftet er dem Verkäufer auf **Schadensersatz** wahlweise auf **Aufwendungsersatz**. Außerdem hat er ihm den **Verzugsschaden** zu ersetzen. Die Schadensersatzansprüche werden durch den Rücktritt nicht ausgeschlossen (§ 325 BGB).

Der dem Rücktrittsrecht früher zugrunde liegende Gedanke, dass der Rücktritt das im Vertrag festgelegte Austauschverhältnis beseitigt, wurde im Zuge der Schuldrechtsreform aufgegeben. Der Rücktritt hat nur noch die Bedeutung, dass keine Naturalleistungen ausgetauscht werden, sondern der Vertrag in einen Schadensersatzanspruch mündet. Infolgedessen kann der Verkäufer, wenn er vom Vertrag zurücktritt, seine Naturalleistung in Form der Lieferung des Neuwagens nicht mehr erbringen und als Gegenleistung den vollen Kaufpreis zuzüglich etwaiger Folgeschäden als Schadensersatz verlangen. Diese Möglichkeit bewahrt er sich, wenn er nicht zurücktritt sondern den Schadensersatzanspruch in den Vordergrund stellt.[76]

---

74 OLG Düsseldorf, Urt. 2. 3. 1994 – 3 U 26/93 – n. v.
75 Verneinend *Dauner-Lieb in Dauner-Lieb/Heidel/Lepa/Ring*, Anwaltskommentar Schuldrecht, § 323 Rn 12.
76 *Faust* in *Huber/Faust*, Schuldrechtsmodernisierung, S. 142, 143; a. A. zum sog. Quasi-Erfüllungsanspruch BGH 6. 10. 1994, ZIP 1994, 1781; 25. 6. 1999, NJW 1999, 3115, 3116; a. A. BGH 9. 6. 1956, BGHZ 20, 338, 343; *Kaiser* NJW 2001, 2425; *Staudinger/Otto* BGB Neubearbeitung § 326 Rn 157.

Verlangt der Verkäufer Schadensersatz, steht es ihm frei, entweder den durch die Nichterfüllung entstandenen Schaden **konkret nachzuweisen** oder die **Schadenspauschale** in Höhe von 15 % des Kaufpreises gem. Abschn. V, Ziff. 2 NWVB geltend zu machen. Der **Verkäufer** hat das **Wahlrecht**, von einer Berechnungsart auf die andere überzugehen.[77] Die Unwirksamkeit der vereinbarten Pauschale sperrt nicht die konkrete Abrechnung.[78]

In Abweichung von der gesetzlichen Regelung von § 309 Nr. 5 b AGB-Gesetz ist der Verkäufer gem. Abschn. V, Ziff. 5 NWVB berechtigt, statt der Schadenspauschale einen konkret nachgewiesenen höheren Schaden geltend zu machen. Zur Frage der Wirksamkeit einer solchen Regelung sind die Auffassungen geteilt. Da die NWVB dem Käufer das Recht einräumen, einen nur unwesentlich geringeren Schaden nachzuweisen, stellt der Vorbehalt des Verkäufers, in Abweichung von der Pauschale einen nur **unwesentlich höheren** nachgewiesenen Schaden zu fordern, keine unangemessene Benachteiligung des Käufers dar, weil die Chancengleichheit gewahrt wird.[79]

aa) Konkrete Schadensberechnung

Im Rahmen der konkreten Schadensberechnung hat der Verkäufer neben dem **Nichterfüllungsschaden** auch den bis dahin entstandenen **Verzögerungsschaden** zu beanspruchen. Beim nachträglichen Übergang von der Geltendmachung des Verzögerungsschadens zum Schadensersatz statt der Leistung handelt es sich **nicht** um eine **Klageänderung**.[80]

Der **entgangene Gewinn** des Händlers besteht, konkret berechnet, in dem um ersparte Spezialunkosten geminderten Unterschiedsbetrag zwischen dem Einkaufs- und dem Verkaufspreis.[81] Zu den Spezialunkosten gehört z. B. eine an den Verkaufsangestellten gezahlte **Provision**. **Transportkosten** mindern die Gewinnspanne des Händlers beim Verkauf eines nicht vorrätigen Fahrzeugs nicht, wenn die Überführungskosten nach dem Inhalt des Kaufvertrags von dem Käufer zu tragen sind. Ersparte **fixe Kosten** sind nur zu berücksichtigen, wenn der Käufer substantiiert darlegt und beweist, dass bei der Durchführung des Kaufvertrags die fixen Kosten höher gewesen wären als bei der unterbliebenen Vertragserfüllung.[82] Der Schadensersatzanspruch ist i. d. R. nicht umsatzsteuerpflichtig, weshalb bei der Ermittlung des Schadensbetrages anhand von Bruttobeträgen ein entsprechender Abzug in Höhe der Umsatzsteuer vorzunehmen ist. Im Rahmen der konkreten Schadensberechnung sind das Standgeld[83] für ein beim Händler abgestelltes Gebrauchtfahrzeug des Käufers, welches in Zahlung genommen werden soll, Aufbewahrungskosten für das bereitgestellte Neufahrzeug sowie der Verzögerungsschaden zu berücksichtigen, der dem Verkäufer in der Zeit bis zum Ablauf der Abnahmefrist entstanden ist.

bb) Schadenspauschalierung

Gegen eine **Schadenspauschalierung** bestehen grundsätzlich keine rechtlichen Bedenken, wenn sich die Pauschale im Rahmen des nach dem **gewöhnlichen Lauf der Dinge** zu **erwartenden Schadens** bewegt, wobei auf eine generalisierende Betrachtungsweise für die betreffende Branche abzustellen ist. Ermittelt wird der zu erwartende Schaden im Neuwagenhandel anhand der durchschnittlichen **Händlermargen abzüglich ersparter Aufwendungen**.[84] Als ersparte Aufwendungen sind Verkäuferprovision sowie Kosten für Überga-

---

77 LG Köln 24. 4. 1986 – 21 O 550/85 – n. v.
78 OLG Celle 16. 2. 1995, NJW-RR 1996, 50.
79 *Ulmer/Brandner/Hensen,* § 11 Nr. 5 Rn 24 – wer pauschaliert, bindet sich.
80 OLG Hamm 12. 9. 1995, OLGR 1996, 13.
81 BGH 22. 2. 1989, BGHZ 107, 67.
82 BGH 22. 2. 1989, BGHZ 107, 67, 69, 70; OLG Düsseldorf, Urt. 2. 3. 1994 – 3 U 26/93 – n. v.
83 Nachweise aus der Rechtsprechung bei *Creutzig,* Recht des Autokaufs, Rn 5.5.9.
84 *Bitz,* DB 1979, 2409; *Reuter,* DB 1979, 2069; von *Westphalen* in *Löwe/Graf* von *Westphalen/Trinkner,* § 11 Nr. 5 Rn 57; *Kulich,* DB 1967, 456.

beinspektion, Reinigung des Fahrzeugs, Anmeldung, Durchführung der Erstinspektion und Erbringung von Sachmängelhaftung in Abzug zu bringen.[85]

Die Schadenspauschale beträgt gem. Abschn. V, Ziff. 2 NWVB **15 % des vereinbarten Kaufpreises.** Sie gilt im **kaufmännischen** wie im **privaten** Geschäftsverkehr[86] und findet auch dann Anwendung, wenn ein fabrikneues Nutzfahrzeug verkauft wird.[87]

Abzustellen ist auf die im Einzelfall jeweils getroffene **Preisvereinbarung.** Wenn der vereinbarte Kaufpreis die **Nebenleistungen** für Überführung und Zulassung beinhaltet – Formularverträge sehen dies manchmal vor –, sind auch diese Preisbestandteile in die Schadenspauschale einzubeziehen.

170 Die **Umsatzsteuer** gehört als rechtlich unselbstständiger Bestandteil zum Preis, weil unter dem vereinbarten Preis üblicherweise der Bruttopreis zu verstehen ist, es sei denn, dass sich ausnahmsweise aus den Umständen etwas anderes ergibt. Etwaige Hinweise darauf, dass für die Berechnung der Schadenspauschale der Nettopreis maßgeblich sein soll, lassen sich weder aus Abschn. V, Ziff. 2 NWVB herauslesen, noch ergibt sich diese Konsequenz aus anderen für das Neuwagengeschäft typischen allgemeinen Umständen. Nicht gefolgt werden kann der Rechtsansicht,[88] bei der Berechnung der 15 %-igen Schadenspauschale müsse regelmäßig vom Nettopreis ausgegangen werden. Der Einwand, es könne nicht Sinn und Zweck der Pauschalierung sein, dass der vertragsbrüchige Käufer dem Verkäufer auch noch indirekt einen Mehrwertsteuerbetrag zukommen lasse, den dieser nicht an die Steuerbehörde abführen müsse, ist im Grunde durchaus berechtigt, ändert aber nichts an der Tatsache, dass die vertragliche Vereinbarung trotzdem vorgeht. Da die Pauschale in den NWVB formularmäßig enthalten ist, kann die juristisch relevante Frage nur dahingehend lauten, ob bei bestehender Vorsteuerabzugsberechtigung des Verkäufers der Ansatz des Bruttopreises als Grundlage für die Berechnung der Schadenspauschale eine überraschende Klausel (§ 305 c BGB) ist oder ob die Regelung den Käufer unangemessen benachteiligt (§ 307 BGB). Letzteres ist nicht der Fall, da dem Käufer als Korrektiv der Nachweis eines tatsächlich geringeren Schadens verbleibt.[89] Eine im Berechnungsansatz überhöhte Pauschale kann nicht überraschend sein, da sie andernfalls unwirksam wäre und der Nachweis eines geringeren Schadens durch den Käufer keinen Sinn machen würde.

Die auf der Grundlage des Bruttopreises zu ermittelnde **Schadenspauschale** unterliegt ihrerseits **nicht** der **Umsatzsteuerpflicht**, weil sie kein Entgelt des Käufers für eine steuerbare Leistung des Verkäufers i. S. v. § 1 Abs. 1 Nr. 1 UStG darstellt.[90]

171 Bis heute behauptet sich die Ansicht, eine Pauschale von 15 % liege im Neuwagenhandel – im Gegensatz zum Gebrauchtwagengeschäft[91] – im Rahmen des gem. § 309 Nr. 5 a BGB nach dem gewöhnlichen Lauf der Dinge zu erwartenden Schadens.[92] Hierbei wird übersehen, dass die Gewinne im Neuwagenhandel schon vor Jahren erheblich geschrumpft sind

---

85 OLG Köln 17. 9. 1996, OLGR 1997, 3.
86 LG Mannheim, Urt. 28. 5. 1979 – 13 O 9/79 – n. v.
87 LG Hamburg, Urt. 19. 5. 1988 – 96 O 604/86 – n. v.
88 *Kohlndorfer,* ZfS 1994, 37, 38.
89 OLG Hamm 16. 9. 1993, OLGR 1993, 317; OLG Braunschweig 6. 4. 1979, BB 1979, 856.
90 BGH 11. 2. 1987, NJW 1987, 1690; anders verhält es sich dann, wenn als Schaden die infolge des Schadensersatzverlangens untergegangene Vergütungsforderung für tatsächlich erbrachte Leistungen ersetzt wird BGH 17. 7. 2001, DB 2002, 475.
91 BGH 27. 9. 1995, DAR 1996, 17 unter Hinweis auf die Grundsatzentscheidung vom 16. 6. 1982, WM 1982, 907; OLG Köln 27. 5. 1993, NJW-RR 1993, 1404; OLG Naumburg 19. 3. 1999, OLGR 1999, 366; AG Rendsburg 23. 12. 1994, ZfS 1995, 256; offen gelassen vom LG Wuppertal, Urt. 7. 3. 1995 – 16 S 173/94.
92 *Palandt/Heinrichs,* BGB Erg.-Bd. § 309 Rn 26; *Creutzig,* Recht des Autokaufs, Rn 5.5.4 mit zahlreichen Nachw.

und auf niedrigem Niveau stagnieren. Die Herstellermargen wurden von vormals durchschnittlich 17 % bis auf 14 % je nach Abnahmequote gekürzt, gelegentlich mit der Möglichkeit der Aufbesserung, nach Betriebstyp, Volumen, Kundenzufriedenheit, Betreuung, Leistung/Marktausschöpfung.[93]

Zur Schrumpfung der Gewinne hat außerdem beigetragen, dass der unter massivem Konkurrenzdruck stehende Neuwagenhandel gezwungen ist, erhebliche **Preisnachlässe** auf Neufahrzeuge zu gewähren. Diese Umstände, wie auch die **Zunahme der Parallelimporte** und der inzwischen institutionalisierte Verkauf von **Tageszulassungen**, haben dazu geführt, dass der Bruttoertrag seit Jahren deutlich unter 10 % gesunken ist und sich im Schnitt auf 7 % bis 9 % beläuft.[94] Die Aussage, der Vertragshändler eines Automobilhändlers „lebe" vom Neuwagengeschäft,[95] ist schon seit langem nicht mehr gültig. Aus den vom Zentralverband des deutschen Kraftfahrzeughandels ermittelten Durchschnittskosten des Neuwagenhandels ergibt sich, dass die Gewinnspanne in diesem Segment minimal ist. Danach beträgt das Netto-Ergebnis vor Steuer bei einem – heute bereits nicht mehr erzielbaren – Händlerrabatt von 17 % des Kaufpreises nach Abzug aller Kosten (Verkaufskosten, Personalkosten, Raumkosten, Gemeinkosten) 1,3 % des Kaufpreises.[96]

Der Abwärtstrend bei den Renditen hat sich auch in den letzten drei Jahren nach unten fortgesetzt. Dies liegt an unverändert **geringen Margen**, aber auch daran, dass Hersteller die **Standards erhöhen** und Autohändlern **Investitionen** abverlangen, wofür diese Fremdkapital benötigen, weil die Eigenkapitalquote mit derzeit 17 % zu gering ist. Das Ergebnis lässt sich an der rapide wachsenden Zahl der Händler-Insolvenzen ablesen, weil die Banken nicht bereit sind, mit neuem Geld zu helfen.[97]

Auf Grund der rapiden Abwärtsentwicklung der Gewinne im Neuwagenhandel kann die 15%-ige Schadenspauschale einer an § 309 Nr. 5 a BGB ausgerichteten Wirksamkeitskontrolle nicht mehr standhalten.[98]

Die **Rechtsprechung** hat bisher davor zurückgeschreckt, die „15%-Klausel" mit Rücksicht auf die **geänderten Verhältnisse** auf dem Neuwagenmarkt für unwirksam zu erklären. Das OLG Düsseldorf[99] vertrat in einer 1997 verkündeten Entscheidung die Ansicht, die Schadenspauschale von 15 % halte nach der Rechtsprechung einer Inhaltskontrolle gem. § 309 Nr. 5 a BGB stand. Eine Überprüfung dieser Aussage anhand von Fakten wurde vom OLG Düsseldorf allerdings nicht vorgenommen, da der Käufer weder eine geringere Gewinnspanne als 15 % plausibel dargelegt, noch ernsthaft die Angemessenheit der Pauschalierung in Abrede gestellt hatte. Als unbedenklich stufte das OLG Naumburg[100] die 15 %-Klausel in einem Urteil ein, das 1999 erlassen wurde. Auch diesmal hatte der Käufer nicht geltend gemacht, die vereinbarte Pauschale übersteige den nach dem gewöhnlichen Lauf der Dinge zu erwartenden Schaden. Das OLG Köln stellte in zwei Entscheidungen aus den Jahren 1996 und 1998[101] fest, dass sich die Pauschalierung trotz der mittlerweile

---

93 Autohaus 1998, Heft 8, 18.
94 Autohaus 1995, Heft 11, 26.
95 OLG Köln 27. 5. 1993, NJW-RR 1993, 1404; OLG Naumburg 19. 3. 1999, OLGR 1999, 366.
96 *Creutzig*, Recht des Autokaufs, Rn 5.5.3.
97 Autohaus 2002, Heft 4, 20.
98 Gänzlich aus dem Rahmen des nach dem gewöhnlichen Lauf der Dinge zu erwartenden Schadens fällt heutzutage eine Klausel, die dem Verkäufer für den Fall der Nichterfüllung des Neuwagenkaufvertrages eine Schadenspauschale von 20 % zubilligt – LG Koblenz, Urt. v. 24. 6. 1983, veröffentlicht in Autohaus 1983, 2390 ohne Angabe des Aktenzeichens.
99 Urt. 24. 10. 1997, OLGR 1998, 153.
100 OLG Naumburg 19. 3. 1999, NJW-RR 2000, 720, 721.
101 Urt. v. 17. 9. 1996, OLGR 1997, 3; Urt. v. 21. 9. 1998, OLGR 1999, 26.

gesunkenen Händlergewinne bei einer **generalisierenden Betrachtungsweise** für die Neuwagenbranche in dem Rahmen des nach dem gewöhnlichen Lauf der Dinge zu erwartenden Schadens bewegt.

Bei **Nichtabnahme** eines **Gebrauchtwagens** konnte der Verkäufer, der sowohl mit neuen als auch mit gebrauchten Fahrzeugen handelt (gemischter Handel), vom Käufer keine Pauschalentschädigung von 15 % verlangen. Insoweit erkennt die Rechtsprechung an, dass nach heutigen Erkenntnissen für Gebrauchtwagengeschäfte von Neuwagenhändlern in der Regel 15 % Gewinn nicht zu erzielen sind.[102] Der Gebrauchtwagenhandel ist häufig nur ein Anhängsel des Neuwagenhandels und ein Weg, dem Kunden beim Kauf eines Neuwagens versteckte Rabatte durch überhöhte Bewertung der in Zahlung genommenen Gebrauchtwagen zu gewähren.[103] Deshalb halten AGB, die eine Nichtabnahmeentschädigung von 15 % des Kaufpreises im gemischten Handel vorsehen, einer Inhaltskontrolle in der Regel nicht stand,[104] es sei denn, der Händler erbringt den Nachweis, dass nicht der Neuwagenhandel sondern das Gebrauchtwagengeschäft, in dem Gewinne von durchschnittlich 15 % erzielbar sind, sein Gewerbe prägt.[105]

Der **Nachweis,** dass ein **wesentlich niedrigerer** oder überhaupt kein Schaden entstanden ist, muss dem Käufer gem. § 309 Nr. 5 b AGB-Gesetz durch die Klausel ausdrücklich gestattet werden. Diesen verschärften gesetzlichen Anforderungen entspricht die Klausel von Abschn. V, Ziff. 2 NWVB.

172 Im kaufmännischen Geschäftsverkehr ist die ausdrückliche Zulassung des Gegenbeweises nicht erforderlich; es genügt, dass die Klausel den Gegenbeweis nicht ausschließt.[106] Eine Klausel, die den Verkäufer berechtigt, ohne weiteren Nachweis den pauschalierten Betrag zu fordern, enthält keinen konkludenten Ausschluss des Gegenbeweises.[107]

Der Verkäufer ist beweispflichtig dafür, dass die Pauschale dem **üblichen Schaden** entspricht, der nach dem gewöhnlichen Lauf der Dinge zu erwarten ist. Wenn der Käufer die Schadenshöhe bestreitet, weil er die für die Pauschalberechnung maßgeblichen Umstände nicht kennt und er keinen Zugang zu den Berechnungsfaktoren hat, muss der Verkäufer plausibel darlegen, dass die von ihm geltend gemachte Schadenspauschale von 15 % des Kaufpreises dem nach dem gewöhnlichen Lauf der Dinge zu erwartenden Schaden entspricht.[108] Die Anforderungen an die Beweisführung sind nicht sehr hoch. Dies liegt in der Natur einer Schadenspauschalierung, welche grundsätzlich losgelöst von dem Einzelfall gelten soll. Der Verkäufer ist nicht verpflichtet, seine Kalkulation offen zu legen.[109] Er erfüllt die an ihn gestellten Beweisanforderungen, wenn er ein verständlich aufgemachtes Zahlenwerk seiner Innung oder seines Verbandes vorlegt, so dass sich die Einholung eines Gutachtens erübrigt.[110] Das LG Köln[111] gab sich mit der unwiderlegten Behauptung des Herstellers und Verkäufers zufrieden, der Verkaufspreis des Fahrzeugs entspreche dem üblichen Marktpreis, da der Marktpreis – so die Begründung im Urteil – regelmäßig eine Spanne von 15 % Kosten für Vertrieb und dauerhaften Fortbestand der Produktion be-

---

102 Zur Höhe der Nichtabnahmepauschale im Gebrauchtwagenhandel Rn 939 ff.
103 OLG Celle 16. 10. 1997, OLGR 1998, 93.
104 LG Hamburg 26. 7. 1996, NJW-RR 1997, 560; AG Rendsburg 23. 12. 1994 ZfS 1995, 256; *Wolf/Horn/Lindacher*, AGBG, § 9 Rn G 65; *Ulmer/Brandner/Hensen*, AGBG, Anh. §§ 9–11 Rn 436.
105 OLG Celle 16. 10. 1997, OLGR 1998, 93.
106 *Palandt/Heinrichs*, BGB Erg.-Bd. § 309 Rn 32.
107 BGH 21. 12. 1995, ZIP 1996, 508, 510.
108 AG Rendsburg 23. 12. 1994, ZfS 1995, 256; *Wolf/Horn/Lindacher*, AGBG, §11 Nr. 5 Rn 22.
109 OLG Naumburg 19. 3. 1999, NJW-RR 2000, 720, 721.
110 *Ulmer/Brandner/Hensen*, § 11 Nr. 5 Rn 16.
111 Urt. v. 24. 2. 1984 – 89 O 195/83 – n. v.

inhalte. Eine Begutachtung in der Form, dass nur der Gutachter Einsicht in die erforderlichen Unterlagen erhält, ist prozessual nicht zulässig.[112]

Mit Einwendungen, die den konkreten Einzelfall betreffen, wie z. B. **Rabattgewährung,** Verkauf im Rahmen von **Sonderaktionen**, Einräumung von **Sonderkonditionen**, Verkauf zum **Selbstkostenpreis** usw., ist der Käufer grundsätzlich zu hören. Im Bestreitensfall trägt er die **Beweislast** für den behaupteten Nachlass. Eine **sekundäre Beweispflicht** des Verkäufers besteht nicht, da ihm die Aufdeckung von Betriebsinterna nicht zugemutet wird.[113] Ungeeignet ist ein Beweisantritt durch Sachverständigengutachten.[114] Alle Einwendungen, die besagen, dass der Verkäufer im Fall der Vertragserfüllung eine Gewinneinbuße erlitten hätte, sind erheblich. Da die Pauschale auf einem Schaden basiert, wie er nach dem gewöhnlichen Lauf der Dinge zu erwarten ist – also ohne Schmälerung des Gewinns – ist sie in dem Umfang der vom Käufer behaupteten Gewinneinbuße des Verkäufers herabzusetzen. Ohne entsprechende Angleichung des pauschalierten Schadens wäre der Verkäufer im Fall der Nichterfüllung des Kaufvertrages durch den Käufer besser gestellt, als er bei einer ordnungsgemäßen Vertragserfüllung stünde.[115]

Das LG Bonn vertrat in einer Entscheidung aus dem Jahr 1984[116] die Ansicht, eine **Rabattgewährung** sei bei der Schadensberechnung in der Weise zu berücksichtigen, dass die Berechnung der 15 %-Pauschale nicht anhand des Listenpreises, sondern anhand des rabattbereinigten Bruttokaufpreises zu erfolgen habe. Der auf diese Weise ermittelte Betrag dürfe nicht noch einmal um den eingeräumten Rabatt gekürzt werden, da ein solches Vorgehen zu einer doppelten Berücksichtigung des Rabatts führen würde. In die gleiche Richtung zielt die Argumentation von *Creutzig,*[117] die Vereinbarung eines Sonderrabattes reduziere den Kaufpreis, nicht die Pauschale. Dieses Aussage trifft nicht zu, jedenfalls nicht in derart verallgemeinerter Form. Wenn der Rabatt bereits in dem vereinbarten Preis steckt, kann er den Preis nicht noch zusätzlich vermindern. Geschmälert wird in Wahrheit nicht der Preis sondern der in ihm enthaltene Gewinn des Händlers. Dies geschieht durch die Gewährung des Sondernachlasses und nicht durch die Nichtabnahme des Fahrzeugs.[118] Der Händlergewinn beträgt wegen des – infolge der Gewährung des Nachlasses – heruntergesetzten Preises von Anfang an weniger als 15%. Würde man dem Händler gleichwohl die Schadenspauschale ungekürzt in Höhe von 15 % des rabattbereinigten Bruttokaufpreises zubilligen, wäre dieser besser als im Fall einer Vertragsdurchführung gestellt. Eine solche Vorgehensweise widerspräche fundamentalen schadensrechtlichen Prinzipien. Somit bleibt festzuhalten, dass eine

---

112 OLG Naumburg 19. 3. 1999, NJW-RR 2000, 720, 721.
113 OLG Naumburg 19. 3. 1999, OLGR 1999, 366.
114 OLG Naumburg 19. 3. 1999, OLGR 1999, 366.
115 OLG Celle 16. 2. 1995, NJW-RR 1996; 50 – Minderung des Gewinns von maximal 18,7 % um 7 % Rabatt auf 11,7 % –; OLG Köln 17. 9. 1996, OLGR 1997, 3 – Nachlass von 10 % –; 21. 9. 1998, OLG-RR 1999, 26- generell für den Fall, dass nach dem Vorbringen der Parteien des Kaufvertrages ein niedrigerer Schaden entstanden ist –; LG Berlin, Urt. 29. 9. 1980 – 52 S 113/80 – n. v. – 10 % nach Abzug von 3 % Skonto und 2 % Vermittlungsprovision –; AG Lüdenscheid, Urt. 15. 2. 1980 – 13 C 1561/79 – n. v. – 5 % nach Abzug eines sog. Wagenparkbesitzer-Rabattes von 10 % –; OLG Hamm, Urt. 8. 3. 1983 – 27 U 338/82 – n. v. – 10 % wegen starken Konkurrenzkampfes –; LG Hannover, Urt. 13. 1. 1987 – 26 O 60/86 – n. v. – 6 % bzw. 4 % als unstreitig gestellter Gewinn des Händlers bei Nachlässen von 11 % bzw. 13 %.; a. A. früher LG Düsseldorf Urt. 28. 11. 1979 – 2 O 200/79 – n. v. – Käufer kann nicht mit dem Einwand gehört werden, dem Verkäufer sei wegen Einräumung eines Großabnehmerrabattes von 10 % kein Schaden in Höhe von 15 %, sondern ein um 10 % ermäßigter Schaden in Höhe von 5 % entstanden –; LG Berlin 30. 3. 1981 – 52 S 310/80 – n. v. Sonderrabatte schmälern nicht die Schadenspauschale –.
116 Urt. v. 12. 10. 1994, MDR 1995, 363.
117 Recht des Autokaufs, Rn 5.5.5.
118 OLG Köln 17. 9. 1996, OLGR 1997, 3.

auf Rabattgewährung beruhende Gewinnschmälerung des Händlers rechnerisch korrekt nur durch eine Kürzung der Pauschale im Verhältnis 1 zu 1 umgesetzt werden kann.

Nicht anders verhält es sich, wenn der vereinbarte **Preis** den **Rabatt** rechnerisch **nicht beinhaltet**, so dass der Rabatt **gesondert abgezogen** werden muss. Auch in diesem Fall ist wegen der Rabattabsprache der Gewinn des Händlers von Anfang an geschmälert. Der Schadensersatzanspruch würde den Händler bereichern, wäre darin der Gewinn, den er im Fall einer Vertragsdurchführung nicht erzielen würde, ungekürzt in Höhe von 15 % enthalten. Eine Berechnung der Pauschale anhand des – um den Rabatt – gekürzten Kaufpreises schafft entgegen der Ansicht des LG Bonn[119] keinen adäquaten Ausgleich im Sinne einer hinreichenden Berücksichtigung der Gewinnschmälerung.

Nach Ansicht des OLG Köln ist der Rabattabzug auch dann vorzunehmen, wenn in der Schadenspauschale von 15 % ein **üblicherweise** (z. B. bei Barzahlung) **gewährter Rabatt** enthalten ist.[120] In der gleichen Entscheidung hat das OLG Köln die Pauschale von 15 % des Bruttokaufpreises nicht nur um den Sonderrabatt sondern außerdem um diejenigen **Aufwendungen** gekürzt, die der Verkäufer dadurch erspart hat, dass das Geschäft nicht zur Durchführung gelangte. Diese Vorgehensweise erweist sich als nicht schlüssig, da ersparte Aufwendungen bereits gewinnmindernd in der Klausel zu berücksichtigen sind, andernfalls sie nicht den nach dem gewöhnlichen Lauf der Dinge zu erwartenden Schaden widerspiegelt.

Muss sich der Verkäufer im Rahmen seines auf die Pauschale gestützten Schadensersatzbegehrens die Rabattgewährung entgegenhalten lassen, kommt es nicht darauf an, welcher Teil des Rabatts **Vorführwagennachlass** und welcher Teil **Nachlass auf den Neuwagenpreis** darstellt. Entscheidend ist allein, dass der Verkäufer bei Durchführung des Geschäfts einen um den Gesamtrabatt verminderten Gewinn erzielt hätte.[121]

Ein vereinbarter **Skontoabzug** ist bei der Schadensberechnung nach Meinung des OLG Karlsruhe[122] **nicht** zu Gunsten des Käufers zu **berücksichtigen**, da der mit der Skontoeinräumung bezweckte Erfolg einer schnelleren Zahlung innerhalb der Skontofrist durch eine an die Stelle der vertraglich geschuldeten Leistung tretende Schadensersatzleistung nicht mehr erreicht werden kann und es außerdem unbillig wäre, denjenigen, der seine Zahlungspflicht überhaupt nicht erfüllt, besser zu stellen als denjenigen, der zu spät zahlt und dadurch die Skontofrist versäumt.

173 Mit dem Vorbringen, der Verkäufer sei ungeachtet des entstandenen Schadens in der Lage gewesen, das Auto mit **Gewinn** an einen **Dritten** zu **verkaufen**, kann der Käufer seine Verpflichtung zur Zahlung der Schadenspauschale nicht abwenden.[123] Für den im **Handelsverkehr** tätigen **Verkäufer** streitet die **Vermutung**, dass er das Gewinn bringende Zweitgeschäft auch im Fall einer ordnungsgemäßen Erfüllung des Erstgeschäfts getätigt hätte. Die aus der Nichtabnahme des Fahrzeugs resultierende Schadensersatzverpflichtung kann der Käufer nur dadurch verhindern, indem er darlegt und beweist, dass der Verkäufer zur Erfüllung eines zusätzlichen Kaufvertrages nicht im Stande gewesen wäre.[124] Beachtlich ist daher der Einwand des Käufers, der Verkäufer habe durch den anderweitigen Verkauf keinen Schaden erlitten, weil die Nachfrage nach dem Modell größer als das ihm vom

---

119 Urt. v. 12. 10. 1994, MDR 1995, 363.
120 OLG Köln 17. 9. 1996, OLGR 1997, 3.
121 OLG Hamm 4. 6. 1992, OLGR 1992, 369.
122 Urt. v. 30. 9. 1993, MDR 1994, 31.
123 BGH 8. 10. 1969, NJW 1970, 29, 32; OLG Hamm, Urt. 7. 2. 1975 – 20 U 215/84 – n. v.; LG Hannover, Urt. 13. 1. 1987 – 26 O 60/86 – n. v.; LG Wuppertal 22. 9. 1966, NJW 1966, 1129; OLG Hamm, Urt. 6. 2. 1992 – 28 U 190/91 – n. v.; 4. 6. 1992, OLGR 1992, 369; 16. 9. 1993 OLGR 1993, 317.
124 BGH 29. 6. 1994, DAR 1994, 396.

Lieferanten zugeteilte Kontingent gewesen sei. Unter diesen Umständen kann der Verkäufer den Einwand des Käufers nicht mit der Behauptung entkräften, er hätte dem Zweitkäufer ein anderes Fahrzeug veräußert.[125]

An einem Schaden des Verkäufers fehlt es, wenn das nicht abgenommene Fahrzeug einen Ersatzkäufer gefunden hat, der anderenfalls ein solches Auto nicht erworben hätte.[126] Allein aus der Tatsache, dass der Verkäufer für das nicht abgenommene Fahrzeug einen anderen Käufer gefunden hat, lässt sich nicht im Wege freier Beweiswürdigung die Schlussfolgerung herleiten, dass dieser Käufer sonst kein derartiges Fahrzeug bestellt und die Lieferzeit abgewartet hätte. Der Verkäufer ist dem Käufer insoweit auskunftspflichtig.[127]

Weist der Käufer einen anderen Kaufinteressenten nach, wird er nicht ohne weiteres von seiner Schadensersatzverpflichtung gegenüber dem Verkäufer befreit. Seine Haftung entfällt nur unter der (weiteren) Voraussetzung, dass der Verkäufer der Vertragsüberleitung entweder zustimmt oder aber die Zustimmung treuwidrig verweigert und der Käufer außerdem beweist, dass der von ihm benannte Ersatzkäufer den Pkw nur für ihn übernehmen wollte, ansonsten aber ein derartiges Fahrzeug nicht gekauft hätte.[128]

Abschn. V, Ziff. 2 NWVB beinhaltet den bis dahin entstandenen **Verzögerungsschaden**,[129] wozu auch die Anwaltskosten gehören.[130] Ein nach Geltendmachung des pauschalierten Schadensersatzes entstandener Verzugsschaden, der dem Verkäufer z. B. dadurch entstehen kann, dass der Käufer das auf seinem Betriebsgelände abgestellte Gebrauchtfahrzeug nicht abholt, ist durch die Pauschale nicht abgegolten.

Dem Verkäufer ist der Anspruch auf Schadensersatz nach Treu und Glauben zu versagen, wenn er bereits bei Entgegennahme der Bestellung erkannt hat, dass der Käufer das Fahrzeug mangels eigener Zahlungsfähigkeit nicht abnehmen kann und er es gleichwohl beim Hersteller geordert hat.[131]

Aus der Nichterfüllung des Kaufvertrags resultierende Schadensersatzansprüche statt der Leistung können auch einem Dritten zustehen, wenn er dem Käufer die kurzfristige Liefermöglichkeit durch Vereinbarung eines Aufgeldes versprochen und verschafft hat. Ein vertragswidriges Verhalten des Käufers gegenüber dem Dritten liegt jedoch nicht vor, wenn das bereitgestellte Fahrzeug statt der verabredeten maximalen Laufleistung eine solche von mehr als 3000 km aufweist.[132]

---

125 *Ulmer/Brandner/Hensen,* AGBG, § 11 Nr. 5 Rn 22.
126 OLG Schleswig 4. 5. 1988, NJW 1988, 2247, 2248 m. w. N.
127 KG 30. 5. 1994, ZfS 1994, 330.
128 OLG Hamm 9. 7. 1987 – 28 U 268/86 – n. v.
129 OLG Hamm 13. 7. 1982, DAR 1982, 330.
130 *Creutzig,* Recht des Autokaufs, Rn 5.5.3.
131 LG Hamburg, Urt. 19. 5. 1988 – 96 O 604/87 – n. v.
132 OLG Düsseldorf 22. 11. 1991, OLGR 1992, 57.

K. Mängelfreiheit

I. Rechtliche Ausgangslage

175 Der Verkäufer ist gem. § 433 Abs. 1 BGB verpflichtet, dem Käufer ein Neufahrzeug frei von Sach- und Rechtsmängeln zu verschaffen. Der Sachmangel ist in § 434 BGB, der Rechtsmangel in § 435 BGB geregelt. Die nicht mangelfreie Lieferung ist eine Pflichtverletzung, die unverschuldet oder verschuldet sein kann.

Im Unterschied zu § 459 BGB a. F. wird in § 434 BGB nicht der Mangel sondern die Mangelfreiheit beschrieben. Weiterhin wurde die Unterscheidung zwischen Mangel und Zusicherung aufgegeben. Der früheren Zusicherungshaftung entspricht in modifizierter Form die heutige Haftung aus Garantie (§§ 276, 443 BGB). Für den Neuwagenkauf relevant ist der **Wegfall der Bagatellgrenze** (§ 459 Abs. 1 S. 2 BGB a. F.), denn es ist kein Grund ersichtlich, weshalb der Käufer einen unerheblichen Mangel hinnehmen soll, wenn der Verkäufer ihn beseitigen kann. Geringfügige Mängel schließen allerdings das Rücktrittsrecht aus (§ 323 Abs. 5 S. 2 BGB), sodass dem Käufer nur die Minderung bleibt.

§ 434 BGB enthält, wie zuvor schon § 459 BGB a. F., subjektive und objektive Elemente, jedoch wurde der subjektive Einschlag verstärkt.[1] Die Vorschrift ist mehrstufig aufgebaut. In erster Linie kommt es darauf an, welche **Beschaffenheit der Kaufsache** die Parteien **ausdrücklich oder konkludent vereinbart** haben. Soweit die Parteien keine Beschaffenheitsvereinbarung getroffen haben greifen für die Beurteilung der Sollbeschaffenheit subsidiär die objektiven Kriterien von § 434 Abs. 1 S. 2 und 3 BGB. Abgerundet wird der Begriff des Sachmangels durch die **fehlerhafte Montage** des Verkäufers, die Aushändigung einer **mangelhaften Montageanleitung,** die **Aliud-Lieferung** und die **Lieferung einer zu geringen Menge** (§ 434 Abs. 2 und 3 BGB).

Die **vertraglich vorausgesetzte Verwendung** (§ 434 Abs. 1 Nr. 1 BGB), welche im Gegensatz zur **vertraglich vereinbarten** steht, ist für den Neuwagenkauf ziemlich belanglos. Im Vergleich dazu liefert § 434 Abs. 1 Nr. 2 BGB wichtige Kriterien für die Beurteilung der Mangelfreiheit eines Neufahrzeugs. Am Maßstab dieser Vorschrift muss sich ein Neufahrzeug messen lassen, wenn die Parteien keine Vereinbarung über seine Beschaffenheit getroffen haben. Doch auch in den Fällen, in denen sich die Vertragschließenden auf eine bestimmte Beschaffenheit des Neufahrzeugs geeinigt haben, wird die Auslegung des Vertrages regelmäßig ergeben, dass die übliche Beschaffenheit des Fahrzeugs und dessen Eignung zur gewöhnlichen Verwendung, wie sie der Käufer nach Art der Sache erwarten kann, von der Vereinbarung konkludent mitumfasst ist.

II. Sachmängelrechte des Käufers wegen falscher oder irreführender Eigenschaftsangaben in öffentlichen Äußerungen

176 Zur Soll-Beschaffenheit des Neufahrzeugs gehören gem. § 434 Abs. 1 S. 3 BGB Eigenschaften, die der Käufer nach den **öffentlichen Äußerungen** des Verkäufers, des Herstellers (Teileherstellers, Importeurs und Quasi-Herstellers) oder seines Gehilfen in der Werbung oder bei der Kennzeichnung erwarten kann.

Dem liegt zugrunde, dass derjenige, der seine Kaufentscheidung von öffentlichen Äußerungen, insbesondere solchen des Herstellers abhängig macht, auf deren inhaltliche Richtigkeit soll vertrauen dürfen. Deshalb sind Werbeaussagen über Sacheigenschaften Be-

---

[1] *Westermann*, NJW 2002, 241 ff., 243.

standteil der jeweiligen Beschaffenheitsvereinbarung. Eine Abweichung der tatsächlichen Beschaffenheit der gelieferten Sache begründet einen Sachmangel, sodass dem Käufer die Rechte des § 437 BGB gegen den Verkäufer zustehen, es sei denn, dass dieser die Äußerung nicht kannte und auch nicht kennen musste, dass sie im Zeitpunkt des Vertragsschlusses in gleichwertiger Weise berichtigt war oder dass sie die Kaufentscheidung nicht beeinflussen konnte. Die vom Verkäufer zu beweisenden Ausnahmen sind für den heute noch überwiegend aus Einmarkenhändlern bestehenden Neuwagenhandel ohne praktische Bedeutung, da im Verkauf nur geschulte Fachverkäufer eingesetzt werden, die über aktuelle Produktinformationen verfügen.

Die Anwendung von § 434 Abs. 1 S. 3 BGB setzt voraus, dass die öffentliche Äußerung eine **konkrete Eigenschaft** der Kaufsache betrifft.

Beispiel:
Kraftstoffverbrauch des Kraftfahrzeugs.

Da die Vorschrift auf dem durch die Werbung hervorgerufenen Vertrauensschutz aufbaut, ist nicht erforderlich, dass über die Eigenschaft bei den Vertragsverhandlungen gesprochen wurde oder dass sie zum Vertragsinhalt gemacht worden ist.[2] Allgemein gehaltene Werbeaussagen mit reklamehaftem Inhalt sind nicht geeignet, die Haftung des Verkäufers zu begründen.

Da das wettbewerbsrechtliche Irreführungsverbot gem. § 3 UWG ein Desinformationsgebot nicht aber ein Informationsgebot beinhaltet, ist davon auszugehen, dass auch die **Nichterwähnung einer Eigenschaft** eine öffentliche Äußerung i. S. v. § 434 Abs. 1 S. 3 BGB darstellt, wenn das Unterlassen zu einem unrichtigen Gesamtinhalt der öffentlichen Werbung führt.[3]

Beispiel:
Nichterwähnung der Tageszulassung des Fahrzeugs.

Ob die falsche Werbeaussage die Kaufentscheidung tatsächlich beeinflusst hat, ist nach dem Wortlaut von § 434 Abs. 1 S. 3 BGB unerheblich.[4] Hinsichtlich des vom Verkäufer zu beweisenden Ausschlusstatbestandes kommt es allein darauf an, dass die Äußerung die Kaufentscheidung nicht beeinflussen „konnte".

Bei der Auslegung der abstrakten Möglichkeit zum Wecken des Kaufentschlusses i. S. v. § 434 Abs. 1 S. 3 BGB können Erkenntnisse der Rechtsanwendung zu § 3 UWG herangezogen werden. Abzustellen ist auf die **situationsbedingte Aufmerksamkeit eines Durchschnittsverbrauchers.**[5] Eine Werbeaussage ist danach nur zu beanstanden, wenn sie bei ungezwungener Betrachtungsweise geeignet ist, die wirtschaftliche Entscheidung des Publikums zu beeinflussen. Fehlt ihr diese Eignung, weil sie einen ganz nebensächlichen Punkt betrifft, scheidet ein Verstoß gegen § 3 UWG als wettbewerbsrechtlich irrelevant aus. Damit entfällt zugleich der Tatbestand einer unrichtigen Werbeaussage i. S. v. § 434 Abs. 1 S. 3 BGB.[6]

Der Konflikt zwischen einer mit dem Verkäufer vereinbarten Beschaffenheit und einer dazu in Widerspruch stehenden Werbeaussage des Herstellers/Importeurs ist im Sinn eines Vorrangs der Individualvereinbarung aufzulösen, während mit einer Werbeaussage kollidierende AGB des Kaufvertrages wohl durch die Werbung verdrängt werden.[7]

---

[2] *Graf von Westphalen* in *Henssler/Graf von Westphalen*, Praxis der Schuldrechtsreform, § 434 Rn 33.
[3] *Bernreuther*, WRP 2002, 368, 371.
[4] *Hoeren/Martinek*, Systematischer Kommentar zum Kaufrecht, § 434 Rn 81.
[5] *Bernreuther*, WRP 2002, 368, 387.
[6] *Mees*, WRP 2002, 135, 136.
[7] *Lehmann*, DB 2002, 1090, 1092.

Im Hinblick auf **Werbeaussagen des Fabrikatshändlers** kommt der Vorschrift von § 434 Abs. 1 S. 3 BGB geringe Bedeutung zu, da dessen eigene öffentliche Äußerungen typischerweise bei den Vertragsverhandlungen in Bezug genommen werden und damit zur vereinbarten Soll-Beschaffenheit gem. § 434 Abs. 1 S. 1 BGB gehören.[8] Angaben in ausliegenden Prospekten sind öffentliche Äußerungen. Fehlerhafte Prospektangaben über Eigenschaften des Fahrzeugs, z. B. über Leistungs- und Verbrauchswerte muss der Verkäufer gegen sich gelten lassen.

Die Werbung von Neufahrzeugen ist nicht die Domäne der Letztverkäufer. Beherrscht wird die Werbszene von den Autoherstellern und Autoimporteuren. Sie nutzen die Medien, um die eigene Marke, aber auch die neuen Modelle, nebst deren Ausstattungsvarianten und Eigenschaften in das Bewusstsein der Kunden zu rücken. Zu Rechtsstreitigkeiten wegen Irreführung durch fehlerhafte Beschaffenheitsangaben über Neufahrzeuge ist es dabei in der Vergangenheit – soweit ersichtlich – noch nicht gekommen.[9] Diese Ausgangslage lässt darauf schließen, dass die **Sachmängelhaftung wegen irreführender Werbung** für den Markenhandel ziemlich **bedeutungslos** sein wird.

In der Werbung des nicht selektiv strukturierten Autohandels sind irreführende Werbeangaben in der Vergangenheit allerdings des öfteren vorgekommen. Hier wurden z. B. nicht mehr neue Fahrzeuge als „fabrikneu" beworben, nicht bestehende Herstellergarantien versprochen und Auslaufmodelle nicht als solche offenbart.[10]

III. Rechtsmängel

177 Die Rechtsmängelhaftung ist für den Neuwagenkauf von geringer Bedeutung. Dies liegt zum einen an **seriösen Vertriebsstrukturen** im Fabrikatshandel, zum anderen daran, dass der gute Glaube an das Eigentum und die Verfügungsbefugnis des Verkäufers eines Neufahrzeugs weitreichend geschützt wird.[11]

Ein Neufahrzeug ist frei von Rechtsmängeln, wenn Dritte keine oder nur die im Kaufvertrag übernommenen Rechte gegen den Käufer geltend machen können (§ 435 BGB).

Rechtliche Mängel, die dem Fahrzeug zwar anhaften, Rechte Dritter jedoch nicht begründen, sind keine Rechtsmängel sondern Sachmängel.

Beispiel:
Das Neufahrzeug kann nicht zum Straßenverkehr zugelassen werden, weil der Hersteller und das Kraftfahrtbundesamt dem Käufer eines importierten Kraftfahrzeugs keine Unbedenklichkeitsbescheinigung ausstellen können.[12]

Den Rechtsmangel hat der Käufer zu beweisen. Die polizeiliche Beschlagnahme des Fahrzeugs wegen bestehenden Diebstahlverdachts begründet, auch wenn sie gem. § 94 StPO erfolgt, als solche noch keinen Rechtsmangel.[13]

---

8 *Boerner*, ZIP 2001, 2264, 2266.
9 *Bernreuther*, WRP 2002, 368, 377.
10 Rn 457 ff.
11 Rn 178.
12 Die Unbedenklichkeitsbestätigung besagt, dass das Fahrzeug nicht mit deutschem Fahrzeugbrief ausgeliefert wurde bzw. in den letzten fünf Jahren nicht in Deutschland angemeldet gewesen ist und nicht als gestohlen gemeldet wurde.
13 OLG Köln 25. 7. 2001, OLGR 2002, 169 m. w. N.

IV. Gutgläubiger Eigentumserwerb

Rechtliche Mängel werden, außer in Fällen des § 935 BGB, durch einen gutgläubigen Erwerb ausgeschlossen. Aus diesem Grunde spielt der Schutz des guten Glaubens im Zusammenhang mit § 434 Abs. 1 BGB eine wichtige Rolle. **178**

Bei dem Erwerb eines Neufahrzeugs von einem Vertragshändler sind an die Gutgläubigkeit des Käufers keine sehr hohen Anforderungen zu stellen. Der Käufer muss sich über das **Eigentum** (§ 932 BGB) und die **Verfügungsbefugnis** (§ 366 HGB) des Verkäufers im Regelfall keine Gewissheit durch Vorlage des Kfz-Briefes verschaffen,[14] wie das die ständige höchstrichterliche Rechtsprechung dem Erwerber eines gebrauchten Fahrzeugs abverlangt (dazu Rn 1791 ff.).[15] Das Fehlen des Kfz-Briefes kann auf mannigfachen Gründen beruhen und ist daher nicht ungewöhnlich.[16] Im regulären Geschäftsverkehr darf der Käufer darauf vertrauen, dass der Händler, der das Neufahrzeug im Besitz hat und es gegen vollständige Zahlung des Kaufpreises aus der Hand gibt, dazu von dem **Vorlieferanten** – auch bei vorbehaltenem Eigentum – **ermächtigt** ist.[17]

Der gute Glaube des Käufers wird nicht dadurch erschüttert, dass der Verkäufer ihn wegen der Übergabe des Kfz-Briefes vertröstet.[18] Es ist nicht ungewöhnlich, wenn der Händler den Kfz-Brief nicht sogleich zur Verfügung hat. Im Fall der Finanzierung muss er den Brief zunächst bei der Bank auslösen.

Für den Käufer besteht eine Nachforschungs- und Erkundigungspflicht, wenn **besondere Umstände** hierzu Veranlassung geben.[19]. Abzustellen ist auf das Gesamtbild des in zeitlichem Zusammenhang erfolgten Verkaufs.[20] Die Vorlage eines Blankobriefes entbindet den Käufer noch nicht von der Pflicht zu weiteren Nachforschungen, wenn der Verkäufer des Neufahrzeugs kein autorisierter Vertragshändler ist und weiteres Misstrauen erregende Besonderheiten hinzukommen, wie z. B. mehrere Jahre zurückliegende Eintragungen im Kfz-Brief.[21] Falls man, wie es das OLG Karlsruhe[22] getan hat, dem Käufer den Gutglaubensschutz auf Grund der Offenbarung des Verkäufers versagt, ihm sei der Zugang zum bankverwahrten Fahrzeugbrief verschlossen, kann der auf Herausgabe des Briefes gerichtete Anspruch des Herstellers unter Umständen daran scheitern, dass er sich der Mithilfe des Direkthändlers ohne vorausgegangene Prüfung der Seriosität und Bonität bedient hat.[23]

Im Bereich des **kaufmännischen Geschäftsverkehrs**, namentlich im **Massengeschäft**, sind verschärfte Anforderungen an die Sorgfaltspflicht der Käufer zu stellen, wenn er Fahrzeuge in großer Stückzahl kauft und mit den vertraglichen Verhältnissen, die zwischen seinem Händler und dessen Lieferanten bestehen, vertraut ist oder sich damit ohne Schwierigkeiten vertraut machen kann und von daher weiß bzw. wissen muss, dass der Händler in der Regel erst mit der Zahlung des Kaufpreises an seinen Lieferanten Eigentümer der Fahrzeuge wird. Zahlt der Käufer unter diesen Umständen den Kaufpreis vor Erhalt der Papiere und ohne sich ausreichende Kenntnisse über die wirtschaftlichen und finanziellen Verhältnisse des Händlers verschafft zu haben, wird sein guter Glaube an das Eigentum des Händlers und dessen Verfügungsbefugnis nicht geschützt, was zur Folge hat, dass er das Risiko

---

14 BGH 21. 9. 1959, BGHZ 30, 374, 380; OLG Düsseldorf 16. 5. 1990, VuR 1991, 241.
15 Zusammenfassend BGH 19. 5. 1996, NJW 1996, 2226, 2227.
16 BGH 21. 9. 1959, BGHZ 30, 374, 380.
17 BGH 21. 9. 1959, BGHZ 30, 374, 380; OLG Hamm 13. 1. 1964, NJW 1964, 2257; OLG Karlsruhe 7. 4. 1989, NZV 1989, 434; OLG Düsseldorf 16. 5. 1990, NJW-RR 1992, 381.
18 LG Darmstadt, 10. 4. 1997, DAR 1999, 265.
19 OLG Düsseldorf 16. 5. 1990, VuR 1991, 24
20 BGH 30. 10. 1995, NJW 1996, 314 .
21 OLG Nürnberg 6. 12. 2000, OLGR 2001, 131, 133.
22 OLG Karlsruhe 7. 4. 1989, NZV 1989, 434.
23 OLG Karlsruhe 7. 4. 1989, NZV 1989, 434 m. Anm. von *Roth*, a. a. O., 435.

des Kaufpreisverlustes trägt.[24]. Konkrete Veranlassung, die rechtlichen Verhältnisse zu überprüfen, besteht nach Ansicht des BGH,[25] wenn die Niederlassung eines Fahrzeugherstellers zwei Neufahrzeuge fremden Fabrikats aus Privathand unter Übernahme von Fahrzeugbriefen ankauft, die keine Haltereintragung aufweisen. Bei einem derart ungewöhnlichen Geschäft kommt der (fehlenden) Haltereintragung nicht automatisch – gleichsam als reziproke Folge der Rechtsprechung zum Gutglaubensschutz im Gebrauchtwagenhandel – eine nur untergeordnete Bedeutung zu.

Die aufgezeigten Grundsätze gelten auch im Fall des Verkaufs eines **Vorführwagens**, den die Rechtsprechung im Hinblick auf den Gutglaubensschutz einem Neuwagen gleichstellt.[26]

Gegenüber einem Sicherungsnehmer, dem der Händler das Fahrzeug unter Übergabe des Fahrzeugbriefs und Vereinbarung eines Besitzmittlungsverhältnisses i. S. v. § 930 BGB übereignet hat, ist der Käufer geschützt. Er kann den Herausgabeanspruch des Sicherungsnehmers durch sein aus dem Kaufvertrag mit dem Händler abgeleitetes Besitzrecht gem. § 986 Abs. 2 BGB abwehren.[27]

V. Beschaffenheit

179 Der Gesetzgeber hat den **Begriff der Beschaffenheit** nicht definiert, ihn jedoch weitgehend der Disposition der Parteien unterstellt, indem er den subjektiven Fehlerbegriff als den maßgeblichen Gesichtspunkt für die Mängelhaftung des Verkäufers gewählt hat. Aufgrund dieser Vorgabe muss der Grenzverlauf zwischen Sacheigenschaften und außerhalb der Sache liegenden Umständen konkret definiert werden.

Dabei geht es um die Frage, ob das Merkmal der Beschaffenheit weiterhin auf diejenigen Eigenschaften zu begrenzen ist, die der Sache „anhaften" und in ihr „wurzeln" oder ob er auch solche Umstände einschließt, die für die Brauchbarkeit und Wertschätzung zwar bedeutsam sind, jedoch ihren Grund nicht in der Sache haben.

Beispiel:
Die Größe der Garage veranlasst zum Kauf eines bestimmten Fahrzeugs.

Die Restriktionen der BGH-Rechtsprechung zu § 459 BGB a. F. werden in Anbetracht der nunmehr kategorisch herrschenden subjektiven Theorie nicht mehr als stimmig angesehen.[28] Deshalb wird die Forderung nach einem weiten Eigenschaftsbegriff laut, der alle tatsächlichen, wirtschaftlichen, sozialen und rechtlichen Beziehungen der Sache zur Umwelt, unabhängig davon einschließen soll, ob sie ihr unmittelbar innewohnen oder anhaften. *Graf von Westphalen*[29] will noch einen Schritt weiter gehen. Er steht auf dem Standpunkt, dass sich alle den Kaufvertragsabschluss begleitenden Erklärungen, Angaben, Hinweise, Ratschläge dem Begriff der Beschaffenheitsvereinbarung zuordnen lassen, wenn sie Gegenstand des Kaufvertrages und damit der Willenserklärungen der Parteien im Hinblick auf die vereinbarte Beschaffenheit sind. Unter der Diktion der strikten Erfüllungspflicht des Verkäufers, die Sache frei von Sach- und Rechtsmängeln zu liefern, erübrigt sich seines Erachtens die feinsinnige Unterscheidung zwischen dem Kaufvertrag und den Eigenschaften

---

24 OLG Frankfurt 25. 4. 1997, OLGR 1997, 121.
25 Urt. 30. 10. 1995, NJW 1996, 314.
26 OLG Frankfurt 8. 12. 1998, NJW-RR 1999, 927; OLG Karlsruhe 7. 4. 1989, NJW-RR 1989, 1461; LG Darmstadt 10. 4. 1997, DAR 1999, 265.
27 BGH 19. 4. 1990, DAR 1990, 302.
28 *Graf von Westphalen* in *Henssler/Graf von Westphalen*, Praxis der Schuldrechtsreform, § 434 Rn 14, 15; ebenso *Huber* in *Huber/Faust*, Schuldrechtsmodernisierung, S. 294, Rn 24.
29 *Henssler/Graf von Westphalen*, Praxis der Schuldrechtsreform, § 434 Rn 64 .

der Sache einerseits und den sie begleitenden Aufklärungs- und Hinweispflichten andererseits.

Es mag richtig sein, dass das praktische Bedürfnis nach einer Haftung des Verkäufers aus Verschulden bei Vertragsschluss, Garantie oder Beratungsvertrag dadurch an Bedeutung verloren hat, dass der Gesetzgeber die Verjährungsfrist für Sachmängelansprüche des Käufers von 6 Monaten auf 2 Jahre angehoben und statt der Arglisthaftung des § 463 BGB a. F. eine generelle Haftung des Verkäufers für die schuldhafte Schlechtlieferung geschaffen hat. Ausgedient hat auch die Haftung aus positiver Forderungsverletzung für Mangelfolgeschäden. Gleichwohl erscheint es nicht vertretbar, die unmittelbare und dauerhafte Verbindung zwischen Mangel und Kaufsache als Bezugspunkt des Sachmängelbegriffs aufzugeben.

Der Parteidisposition sind in Bezug auf den Mangelbegriff trotz dessen subjektiver Ausprägung Grenzen gesetzt, die sich aus der Verschiedenartigkeit der Rechtsfolgen herleiten. Die Unterschiede des Sachmängelrechts zum allgemeinen Leistungsstörungsrecht sind – trotz der Rückverweisungen in § 437 BGB – beachtlich.[30] Sie betreffen sowohl die Rechtsfolgen als auch die Verjährung. Ab dem Zeitpunkt des Gefahrübergangs stellt § 437 Ziff. 1 BGB dem Käufer als einzigen Rechtsbehelf zunächst nur die Nacherfüllung zur Verfügung, wenn das Fahrzeug einen Sachmangel aufweist. Dieser Anspruch verjährt im Gegensatz zum Primäranspruch in zwei statt drei Jahren. Erst wenn die Nacherfüllung gescheitert ist, hat der Käufer die Möglichkeit, vom Vertrag zurückzutreten oder den Kaufpreis zu mindern. Das Recht des Rücktritts ist ihm bei geringfügigen Mängeln verwehrt, deretwegen er die Abnahme jedoch hätte verweigern können. Als einziger Anspruch verbleibt die Minderung, wenn der Verkäufer den Mangel nicht verschuldet hat. Dieses Recht ist dem allgemeinen Leistungsstörungsrecht fremd.

Die Besonderheiten, die das Sachmängelrecht im Vergleich zum allgemeinen Leistungsstörungsrecht aufweist, erfordern einen restriktiven Umgang mit dem Begriff des Sachmangels, denn er ist der Schlüssel, der an der Schwelle des Gefahrübergangs das Tor zum Sachmängelrecht aufschließt. Wäre der Begriff des Sachmangels beliebig, hätte es der Verkäufer in der Hand, den Käufer durch eine vertragliche Ausweitung des Sachmangelbegriffs aus dem allgemeinen Recht der Leistungsstörungen zu drängen und ihm die speziellen Rechtsfolgen der Sachmängelhaftung aufzuzwingen, wie umgekehrt der Käufer sich die allgemeinen Leistungsstörungsrechte durch eine vertragliche Einengung des Sachmangelbegriffs bewahren könnte. Diese Gründe gebieten es, dem Begriff des Sachmangels weiterhin nur solche Vereinbarung der Parteien zuzuordnen, die sich auf die Kaufsache beziehen und Eigenschaften betreffen, die in ihr wurzeln und ihr unmittelbar und dauerhaft anhaften.

1. Vereinbarung der Beschaffenheit durch die vertragsschließenden Parteien

Die Soll-Beschaffenheit des Neufahrzeugs ergibt sich aus den Parteivereinbarungen, wozu auch die zum Vertragsinhalt erklärten ABG gehören. Sie wird mitbestimmt durch Eigenschaftsangaben in **öffentlichen Prospekten** und der **Werbung**, soweit sie für die Kaufentscheidung relevant sein können.[31]

Welche Vereinbarung die Parteien gem. § 434 Abs. 1 BGB im Hinblick auf die Beschaffenheit getroffen haben, ist anhand des Auslegungsstoffs zu ermitteln. Auskunft über den Vertragsinhalt geben in erster Linie der **schriftliche Kaufvertrag** und die dazugehörigen **AGB**.

---

30 A. A. *Huber* in *Huber/Faust,* Schuldrechtsmodernisierung, S. 294, Rn 24.
31 OLG Oldenburg 19. 2. 2002, OLGR 2002, 118.

Zwei Beispiele:

- Ist ein Neuwagen mit Bereifung „5-fach-Gürtel" bestellt, besitzt der Käufer Anspruch auf ein entsprechend bereiftes Reserverad und muss ein kleines „Notrad" nicht akzeptieren.[32]
- Handelt es sich bei dem Kaufgegenstand um ein Fahrzeug, das der Händler längere Zeit in seinem Betrieb ausgestellt hat, sind gewisse Schäden vertragsgemäß, die aufgrund der Ausstellung üblicherweise entstehen.[33]

Die Kaufvertragsurkunde erhebt den Anspruch auf Vollständigkeit und Richtigkeit. **Mündliche Absprachen**, die der Käufer im Fall des Bestreitens zu beweisen hat, sind grundsätzlich zu berücksichtigen und haben Vorrang vor entgegenstehenden AGB. Möglich sind auch **konkludent** oder **stillschweigend getroffene Absprachen.**

Im Verkaufsgespräch zugesagte Eigenschaften eines Neufahrzeugs, wie z. B. das Zuladegewicht eines Kraftfahrzeugs sind verbindlich, selbst wenn sie im Widerspruch zu Prospektangaben stehen.[34] Es gilt das Prinzip des Vorrangs der individuellen Information, das durch eine Schriftformklausel nicht suspendiert wird.

Die aktuellen NWVB enthalten weder **Regelungstexte zum Sachmangel** noch zu den Ansprüchen des Käufers. Abschn. VII, Ziff. 1 NWVB regelt nur noch die Verjährung der Sachmängelansprüche, welche zwei Jahre und bei Nutzfahrzeugen ein Jahr beträgt. Die Zweijahresfrist gilt auch außerhalb des Verbrauchsgüterkaufs. Nicht fortgeschrieben wurde die (Haltbarkeits-) Klausel von Abschn. VII, Ziff. 1 NWVB a. F. welche besagte, dass der Verkäufer für die Fehlerfreiheit Gewähr während der Dauer eines Jahres seit Auslieferung des Kaufgegenstandes leistet.[35]

Einseitige Erklärungen des Verkäufers reichen für § 434 Abs. 1 S. 1 BGB nicht aus. Erfolgen sie aber gegenüber dem Käufer, werden sie über dessen den Kaufvertrag herbeiführende Willenserklärung Bestandteil des Vertrages.[36]

Soweit Vereinbarungen über spezielle Beschaffenheitsmerkmale nicht vorliegen, gilt ergänzend die übliche Beschaffenheit und die Tauglichkeit zur gewöhnlichen Verwendung gem. § 434 Abs. 1 S. 2 Nr. 2 BGB als vereinbart, welche ihrerseits wiederum gem. S. 3 diejenigen Eigenschaften mitumfasst, die der Käufer nach den öffentlichen Äußerungen des Verkäufers, des Herstellers oder seines Gehilfen in der Werbung oder bei Kennzeichnung über bestimmte Eigenschaften der Sache erwarten kann. Damit sind Angaben und technische Spezifikationen in öffentlichen Prospekten sowie in Bezug genommene technische Regelwerke[37] und Normen regelmäßig Bestandteil der Beschaffenheitsvereinbarung der Parteien,[38] ohne dass es hierzu einer ausdrücklichen Einbeziehungsvereinbarung der Parteien bedarf. Es kommt nicht darauf an, ob öffentliche Prospekte bei den Vertragsverhandlungen vorgelegen haben. Von der regelmäßigen Einbeziehung der Prospekt- und Werbeangaben geht Abschn. IV, Ziff. 5, S. 1 NWVB aus, da andernfalls der Änderungsvorbehalt keinen Sinn machen würde.[39]

---

32 AG Hamburg 13. 7. 1982, DAR 1982, 403.
33 LG München I 16. 5. 2002 – 4 O 17.799/01 – n. v.
34 BGH 23. 5. 2001 – VIII ZR 279/99 –.
35 Die in der Klausel ursprünglich enthaltene Regelung, die den Stand der Technik zum Maßstab für den Fehlerbegriff erklärte, wurde vom BGH – Urt. 27. 9. 2000, DAR 2001, 64 ff. – wegen unangemessener Benachteiligung des Käufers verworfen.
36 *Huber* in *Huber/Faust,* Schuldrechtsmodernisierung, S. 294, Rn 27.
37 BGH ZIP 1996, 711, 713; NJW 1968, 2238, 2240.
38 *Graf von Westphalen* in *Henssler/Graf von Westphalen*, Praxis der Schuldrechtsreform, § 434 Rn 19.
39 Dazu Rn 195.

Wegen des subsidiären Einbezugs der üblichen Beschaffenheit und der Tauglichkeit zur gewöhnlichen Verwendung bleibt für „diesbezügliche" konkludente Vereinbarungen im Rahmen von § 434 Abs. 1 S. 1 BGB kein Anwendungsspielraum.

Angaben zum Neufahrzeug, die der Händler ausdrücklich unter Bezugnahme auf die Beschreibung des Herstellers macht, kann der Kunde im Regelfall nicht als **Garantie** i. S. v. § 443 Abs. 1 BGB auffassen, durch die eine verschuldensunabhängige Einstandspflicht des Verkäufers gem. § 276 BGB begründet wird.[40] Solche Erklärungen dienen der Information über Herstellerangaben des zu liefernden Fahrzeugs und beruhen nicht auf dem eigenen Wissen des Händlers.[41] Nur unter der Voraussetzung, dass sich der Händler ausdrücklich für das Vorhandensein einer bestimmten Eigenschaft des Neufahrzeugs stark sagt, ist die Übernahme einer Beschaffenheitsgarantie in Betracht zu ziehen. Allein die Erklärung, „der Käufer könne sich auf die mitgeteilten Verbrauchswerte des Kraftfahrzeugs verlassen, dieser überschreite den angegebenen Wert um allenfalls 0,5 l je 100 km, mit mehr brauche der Käufer nicht zu rechnen", reicht für die Annahme einer Garantie für einen bestimmten Kraftstoffverbrauch noch nicht aus.[42]

2. Eignung für die nach dem Vertrag vorausgesetzte Verwendung

Die in § 434 Abs. 1 S. 2 Nr. 1 BGB geregelte Mängelkategorie bewegt sich zwischen zwei Extremen, die beim Neuwagenkauf kaum vorstellbar sind. Es muss sich bei der Tauglichkeit der Sache für die nach dem Vertrag zumindest konkludent[43] vorausgesetzte Verwendung um eine Eigenschaft handeln, die nicht schon in der Beschaffenheitsvereinbarung enthalten ist, während auf der anderen Seite nicht erkennbare Motivationen des Käufers nicht ausreichen.[44] Erforderlich ist eine Übereinstimmung der Parteien über die konkrete Zweckeignung.[45]

Die Vorschrift ist hauptsächlich auf Alltagsgeschäfte zugeschnitten, die keine ausführlichen Vertragsverhandlungen erfordern und bei denen bestimmte Beschaffenheiten als selbstverständlich vorausgesetzt werden.[46] Der Kauf eines Neuwagens ist kein Routinegeschäft. Bevor es zum Vertragsabschluss über ein Neufahrzeug kommt, werden gewöhnlich die Vertragsmodalitäten ausführlich verhandelt und in diesem Zusammenhang auch die Verwendungsmöglichkeiten besprochen und zum Gegenstand der Beschaffenheitsvereinbarung gem. § 434 Abs. 1 S. 1 BGB gemacht.

Es ist gleichwohl nicht auszuschließen, dass § 434 Abs. 1 S. 2 Nr. 1 BGB im einen oder anderen Fall relevant werden kann.

Beispiel:
Der Käufer wünscht ein geländegängiges Fahrzeug, weil er an einer Rallye im Ausland teilnehmen möchte. Er berichtet dem Verkäufer von diesem Vorhaben anlässlich des Verkaufsgesprächs. Die Teilnahme an der Rallye scheitert jedoch, weil das Fahrzeug die Zulassungsvoraussetzungen des Landes nicht erfüllt, in dem die Veranstaltung stattfindet.

Im Beispielsfall ist die Eignung des Fahrzeugs für die Teilnahme an der Rallye keine einseitige Vorstellung des Käufers geblieben, sondern es liegt eine Übereinstimmung der Par-

---

40 *Graf von Westphalen* in *Henssler/Graf von Westphalen*, Praxis der Schuldrechtsreform, § 434 Rn 64.
41 BGH 14. 2. 1996, NZV 1996, 228.
42 BGH 18. 6. 1997, NZV 1997, 398, 400.
43 RegE, BT-Drucks. 14/6040, S. 213.
44 *Malzer* in *Hoeren/Martinek*, Systematischer Kommentar zum Kaufrecht, § 434 Rn 45.
45 *Huber* in *Huber/Faust*, Schuldrechtsmodernisierung, S. 300, Rn 30.
46 *Malzer* in *Hoeren/Martinek*, Systematischer Kommentar zum Kaufrecht, § 434 Rn 50.

teien über die Zweckeignung vor, die nicht zwangsläufig Bestandteil der Beschaffenheitsvereinbarung sein muss. Ergibt allerdings die Vertragsauslegung, dass der Verwendungszweck gem. § 434 Abs. 1 S. 1 BGB vereinbart wurde, bleibt für S. 2 Nr. 1 kein Anwendungsspielraum.

Falls sich ein Fahrzeugtyp ganz allgemein für eine bestimmte Verwendung eignet, wie z. B. ein Geländefahrzeug für Fahrten im Gelände, und die Parteien keinen besonderen Verwendungszweck vereinbaren, ist die Geländetauglichkeit des Fahrzeugs kein Kriterium der Zweckeignung i. S. v. § 434 Abs. 1 S. 2 Nr. 1 BGB, sondern Bestandteil der üblichen Beschaffenheit i. S. v. § 434 Abs. 1 S. 2 Nr. 2 BGB.[47].

Die Mängelkategorie der Verwendungsuntauglichkeit – mag sie vereinbart oder nur vorausgesetzt sein – ist für den Neuwagenkauf nicht sehr bedeutsam.

Beispiele hierzu aus der Rechtsprechung:
– Eignung eines Lastkraftwagens zum Transport von zwei Friesenpferden (BGH 2. 7. 1996, NJW-RR 1996, 1396),
– unzureichende Nutzbarkeit eines 57-sitzigen Busses wegen zu geringer Nutzlast (BGH 13. 11. 1956, LM Nr. 3 zu § 459 I BGB),
– eingeschränkte Tauglichkeit eines Tanklastzuges zum Transport handelsüblicher Flüssigkeiten (BGH 28. 4. 1971, NJW 1971, 1795),
– Nichteignung eines PKW zum Trailern eines Bootes (LG Köln 15. 12. 1995 – 21 O 285/95 n. v.),
– uneingeschränkte Eignung eines Fahrzeugs zum Betrieb mit Biodiesel (OLG Karlsruhe 29. 5. 2002, OLGR 2002, 248).

Falls der Verkäufer eine bestimmte Verwendungstauglichkeit ausdrücklich zusagt, ist eine Garantie im Sinne der Begründung einer vom Verschulden unabhängigen Haftung gem. § 276 BGB naheliegend. Voraussetzung hierfür ist aber, dass der Verkäufer dem Käufer zu erkennen gibt, er werde für sein Versprechen ohne „wenn und aber" einstehen. Insoweit gelten die gleichen Grundsätze, wie für die frühere Haftung des Verkäufers wegen Erteilung einer unrichtigen Zusicherung, so dass auf das Rechtsprechungsmaterial zu § 459 Abs. 2 BGB a. F. zurückgegriffen werden kann.

3. Tauglichkeit zur gewöhnlichen Verwendung und übliche Beschaffenheit

182 Soweit die Parteien weder eine bestimmte Beschaffenheit vereinbart noch eine konkrete Zweckeignung vorausgesetzt haben, sind gem. § 434 Abs. 1 S. 2 Nr. 2 BGB als objektive Kriterien für das Vorliegen eines Sachmangels die Eignung des Neuwagens für die gewöhnliche Verwendung und das Vorhandensein der üblichen Beschaffenheit eines Neuwagens als Maßstab heranzuziehen. Dabei ist auf den Erwartungshorizont eines Durchschnittskäufers abzustellen. Aufgrund des hohen Fertigungsstandards in der Automobilindustrie und dank massiver Herstellerwerbung besteht ein hohes Anspruchsniveau.

a) Gewöhnliche Verwendung

183 Ein Neufahrzeug muss sich für die Zwecke eignen, für die Fahrzeuge der gleichen Art gewöhnlich gebraucht werden.[48] Das Spektrum der gewöhnlichen Verwendung von Kraftfahrzeugen ist breit gefächert. Es erstreckt sich vom Gütertransport über die alltägliche Personenbeförderung bis hin zum Einsatz bei Rennveranstaltungen. Hat der Käufer Sonder-

---

47 A. A. *Graf von Westphalen* in *Henssler/Graf von Westphalen*, Praxis der Schuldrechtsreform, § 434 Rn 26.
48 *Graf von Westphalen* in *Henssler/Graf von Westphalen*, Praxis der Schuldrechtsreform, § 434 Rn 27.

Beschaffenheit 183

wünsche, die den Verwendungszweck beeinträchtigen, muss ihn der Verkäufer darauf hinweisen.[49] Meistens wird die gewöhnliche Verwendung bereits durch Konstruktion und Bauart des Kraftfahrzeugs vorgegeben. Dem Käufer verbleibt jedoch hinsichtlich der konkreten Benutzungsart ein gewisser Spielraum, der noch zur üblichen Verwendung gehört und den der Hersteller zur Vermeidung von Produkthaftungsrisiken berücksichtigen muss.

Um i. S. v. § 434 Abs. 1 Ziff. 2 BGB als mangelfrei gelten zu können, muss ein Kraftfahrzeug allen Beanspruchungen genügen, denen es im Rahmen des gewöhnlichen Gebrauchs ausgesetzt ist. Für Personenkraftwagen wie auch für die anderen Fahrzeugarten bedeutet dies, dass sie bei jeder Witterung, im Sommer wie im Winter, auf langen Reisen und kurzen Fahrstrecken, im fließenden und stockenden Verkehr, in gebirgigem Gelände oder auf ebenen Straßen stets betriebsbereit und verkehrssicher sein müssen. Selbst extreme Belastungen dürfen die Gebrauchstauglichkeit eines Kraftfahrzeugs nicht beeinträchtigen. Grenzbeanspruchungen, die im Zusammenhang mit einem gewöhnlichen Gebrauch vorkommen und nach der Lebenserfahrung voraussehbar sind, hat der Hersteller durch ausreichende Sicherheitszuschläge bei Konstruktion und Materialausstattung einzuplanen.[50] Den im Straßenverkehr täglich vorkommenden Notsituationen müssen Kraftfahrzeuge – gleich welcher Art – unbedingt gewachsen sein. Die Bremsen dürfen bei einer Vollbremsung zur Vermeidung eines Auffahrunfalls und bei Dauerbeanspruchung auf längeren Gefällstrecken nicht versagen und ein Pkw darf bei extremen Lenk- und Ausweichmanövern nicht umkippen. Genügt ein Fahrzeug diesen Anforderungen nicht, eignet es sich nicht für die gewöhnliche Verwendung und ist mangelhaft.

Beispiele aus der Rechtsprechung:

- fehlerhafte Lkw-Lenkung (OLG Karlsruhe 4. 3. 1964, BB 1964, 740),
- Konstruktionsfehler der Bremsanlage (BGH 28. 9. 1970, DB 1970, 1414),
- fehlerhafte Montage einer Motorroller-Lenkung (BGH 15. 3. 1956, VersR 1956, 256),
- Ausrüstung mit unpassenden Reifen (BGH 22. 6. 1971, DAR 1972, 16),
- Blockierneigung einer Bremsanlage infolge zu hoher Spreizstellung des Bremsnockens (RG 17. 1. 1940, RGZ 163, 21),
- unzureichender Traktor-Gelenkwellenschutz (BGH 17. 5. 1957, VersR 1957, 584),
- Schubstrebenbruch infolge Schweißung bei unzureichender Temperatur (BGH 17. 10. 1967, NJW 1968, 247),
- Blockieren der Hinterachse und Ausbrechen eines Personenkraftwagens beim Abbremsen aus hoher Geschwindigkeit (LG Ulm 25. 8. 1977 – 4 O 31/77 – n. v.).

Die Entscheidungsauswahl verdeutlicht, dass die Eignung eines Kraftfahrzeugs zur gewöhnlichen Verwendung in einem gefährlichen Maße beeinträchtigt wird, wenn es latente Konstruktions- oder Materialfehler aufweist, die dazu führen können, dass für die Betriebssicherheit wesentliche Teile ausfallen.[51] Schon der Verdacht kann für sich genommen einen Mangel darstellen, wenn er begründet ist und nicht vom Verkäufer ausgeräumt wird.[52]

Außerhalb des üblichen Gebrauchs liegenden Grenz- und Dauerbeanspruchungen – Einsatz bei Geländefahrten und Autorennen – braucht ein Kraftfahrzeug nicht gewachsen zu sein, wenn nicht die Parteien die Tauglichkeit für derartige Verwendungen gem. § 434 Abs. 1 S. 2 Nr. 1 BGB zum Inhalt des Vertrages gemacht haben.[53] Die gewöhnliche Verwendung, die den Maßstab für die Tauglichkeit der Kaufsache gem. § 434 Abs. 1 S. 2

---
49 BGH 2. 7. 1996, NJW-RR 1996, 1396.
50 BGH 16. 2. 1972, VersR 1972, 559.
51 *Löwe,* DAR 1978, 288, 292; *Graf von Westphalen,* NJW 1979, 838, 845.
52 *Soergel/Huber* BGB, § 459 Rn 59 a.
53 BGH 14. 6. 1984, NJW 1984, 2289; *Westermann,* MünchKomm, § 459 Rn 12.

Nr. 2 BGB darstellt, ist an einer Fahrweise zu messen, wie sie § 1 StVO vorschreibt. Das AG Sigmaringen[54] hat sie als „besonnen" bezeichnet und hinzugefügt, der Raser werde gewährleistungsrechtlich nicht besonders geschützt.

Die Übergänge zwischen fehlerhafter und fehlerfreier Beschaffenheit sind oftmals fließend, insbesondere, wenn es darum geht, Schwachstellen eines Modells von technischen Fehlern abzugrenzen. Allein die Tatsache, dass ein Fahrzeug im Vergleich zu Konkurrenzprodukten im Hinblick auf Verarbeitung und Fahrkomfort schlecht abschneidet, reicht für die Begründung eines Sachmangels nicht aus. Ein Fahrzeug mit einer Zusatzheizung, die bei niedrigen Temperaturen „klopft" ist nicht allein schon deshalb fehlerhaft, weil der Mitbewerber eine Pumpe entwickelt hat, die keine derartigen Geräusche entwickelt.

b) Funktionsbeeinträchtigungen

184 Funktionsmängel können – müssen aber nicht – gefährlich sein.[55] Es ist außerdem nicht erforderlich, dass sie einen Ausfall des Fahrzeugs oder einzelner Baugruppen verursachen. Vielmehr genügt es, dass die Eignung des Fahrzeugs für die gewöhnliche Verwendung durch funktionelle Fehler beeinträchtigt wird.

Da der Begriff des Sachmangels auch **geringfügige Funktionsbeeinträchtigungen** einschließt, ist es erforderlich, die Grenze zwischen vertragsgemäßer und nicht vertragsgemäßer Beschaffenheit neu zu definieren. Hierbei ist im Auge zu halten, dass der Sachmangelbegriff im Bereich des Verbrauchsgüterkaufs zwingendes Recht darstellt und Einschränkungen und Umgehungen jedweder Art verboten sind. Flankiert wird diese rechtliche Absicherung des Verbrauchers durch den Wegfall der Bagatellgrenze von § 459 Abs. 1 S. 2 BGB a. F., der nicht auf den Verbrauchsgüterkauf beschränkt ist. Diese rechtliche Ausgangslage verbietet es, zwischen vertragsgemäßer und nicht vertragsgemäßer Beschaffenheit des Kaufgegenstandes eine rechtsneutrale – eventuell aus § 242 BGB abgeleitete – Pufferzone einzubringen, um den Übergang von der vertragsgemäßen zur nicht mehr vertragsgemäßen Beschaffenheit abzufedern. Die Grenze ist schmal. Sie kann nicht breiter sein, als der technisch begründbare Übergang vom Nichtmangel zum Mangel. Für richterliches Ermessen bleibt wenig Raum.

Den Maßstab für die technische Beurteilung der vertragsgemäßen Funktionstauglichkeit des Fahrzeugs bildet der Serienstand. Dieser ist als Parameter allerdings ungeeignet, wenn alle Fahrzeuge der Serie mangelhaft sind. Weisen alle Fahrzeuge einer Modellreihe den gleichen Konstruktions- oder Fertigungsfehler auf, ist ein Vergleich mit anderen typgleichen Fahrzeugen unter Berücksichtigung des jeweiligen Standes der Technik vorzunehmen.

Der Serienstand von Vergleichsfahrzeugen, an denen der Kaufgegenstand sich messen lassen muss, weist naturgemäß eine gewisse Schwankungsbreite auf. Diese beruht auf Fertigungstoleranzen, die im Zuge der Serienproduktion zwangsläufig und unvermeidbar auftreten. Da produktionsbedingte Abweichungen „normal" sind, reichen sie zur Begründung eines Sachmangels nicht aus, so lange sie sich im Toleranzbereich halten.

Durch die Neugestaltung des Sachmangelbegriffs ist der Richter in einem weitaus stärkeren Maße als früher auf sachverständige Hilfe angewiesen, da nur ein Gutachter aufgrund seiner fachlichen Kompetenz beurteilen kann, ob geringfügige Funktionsbeeinträchtigungen, wie z. B. ein Windgeräusch, ein Klopfen des Motors oder ein Geräusch im Antriebs-

---

54 Urt. 14. 7. 2000, DAR 2000, 530, 531.
55 Es liegt in der Natur des Produkts „Kraftfahrzeug", dass Mängel gefährliche Auswirkungen haben können. *Beispiel aus der Praxis*: Defekt der manuellen Temporegelung, die sich nicht deaktivierte und den Hersteller zwang, die Fahrzeugserie zurückzurufen. Allein im Jahre 1999 unterstützte das Kraftfahrtbundesamt Automobilhersteller in 85 Fällen bei der Durchführung von Rückrufaktionen.

Beschaffenheit 185

strang einen Sachmangel darstellt oder ob sie, gemessen am Serienstand, noch im Toleranzbereich liegen.

Beispiele aus der Rechtsprechung zur funktionellen Fehlerhaftigkeit von Kraftfahrzeugen:

Fehler **bejaht:** 185

- Schlagen an der Hinterachse bzw. „Hoppeln" oder „Springen" beim Anziehen der Handbremse, Wassereintritt, dessen Ursache nicht behoben werden konnte (LG Freiburg 20. 3. 1974–6 O 191/72 – n. v.),
- Geräuschentwicklung des Getriebes im Drehzahlbereich unter 800 U/min mit treckerähnlichen Geräuschen und Rüttelerscheinungen (OLG Hamm 3. 12. 1976, NJW 1977, 809),
- starke Zugluft ab 50 km/h als erhebliche Minderung der Gebrauchstauglichkeit (OLG Düsseldorf 17. 1. 1986, NJW-RR 1987, 635),
- sporadisch auftretender Leistungsabfall des Motors bei einem in limitierter Auflage produzierten Nichtserienfahrzeug (LG Köln 14. 3. 1988 – 30 O 280/87 – n. v.),
- Herausspringen des ordnungsgemäß eingelegten Ganges als zwingender Hinweis auf einen Getriebemangel (LG Köln 3. 3. 1988 – 15 O 572/86 – n. v.),
- Nichtanspringen bzw. Schlechtanspringen des Motors bei bestimmten Temperaturen wegen eines fehlenden Hitzeschutzes zwischen Turbolader und Anlasser (LG Köln 16. 9. 1988 – 2 O 44/87 – n. v.),
- Poltergeräusche im vorderen Fahrwerksbereich, starke Fahr- und Windgeräusche und Ölverlust (LG Köln 2. 9. 1988 – 14 O 309/87 – n. v.),
- sich verstärkendes Vibrieren der Lenkung beim Abbremsen infolge einer die Verkehrssicherheit beeinträchtigenden Unwucht der Bremsscheiben als in Fachkreisen bekannte Schwachstelle (LG Köln 23. 11. 1988 – 30 O 224/86 – n. v.),
- starkes Vibrieren des Lenkrads zwischen 100 und 140 km/h bei nicht ermittelter Fehlerquelle (AG Kerpen 1. 7. 1987 – 3 C 1009/86 – n. v.),
- unüberhörbare hellfrequentierte Knirsch- und Klappergeräusche aus dem Armaturenbereich, die störend sind und sich vom allgemeinen Fahrgeräusch negativ abheben (LG Köln 31. 5. 1990 – 2 O 628/89 – n. v.),
- Dröhngeräusche bei einem Kleinwagen, die als Vibrationen auf der Beifahrerseite sowohl in der Bodengruppe als auch in der Stirnwand spürbar sind, bei normalem Fahrbetrieb häufig vorkommen und den Fahrkomfort beeinträchtigen (OLG Köln 19. 4. 1991, NJW-RR 1991, 1340),
- leichtes schleifendes und mahlendes, zum Teil knirschendes Geräusch von Motor und Getriebe ohne Funktionsbeeinträchtigung (LG Köln 4. 5. 1994 – 23 O 24/92 – n. v.),
- Undichtigkeit der Fahrertür und des hinteren Ausstellfensters bei einem Kleinwagen mit Wassereintritt bei starkem Regen, Reinigen mit Schlauch oder in der Waschstraße (OLG Koblenz 5. 3. 1992, DAR 1993, 348),
- unangenehme, laute Windgeräusche in Höhe des Fahrerkopfes ab 120 km/h (OLG Düsseldorf 12. 11. 1993, NZV 1994, 395),
- bei einer bestimmten Drehzahl auftretende Motorengeräusche einer ganzen Fahrzeugserie (OLG Oldenburg 11. 1. 1995, DAR 1995, 161),
- massive Geruchsbelästigung im Fahrgastinnenraum, die bei Bergfahrten nach mehr als 45 Minuten und Geschwindigkeiten von mehr als 150 km/h auftritt, zu starken Schleimhautreizungen führt und mit einem deutlichen Leistungsabfall des Motors und einem Hochschnellen des Drehzahlmessers verbunden ist (OLG Düsseldorf 16. 12. 1994, 14 U 95/94 – n. v.),

- Resonanzgeräusche und Vibrationen im Drehzahlbereich zwischen 800 und 1000 U/min (OLG München 4. 4. 1994, DAR 1994, 362),
- Geräusche am Armaturenbrett und im hinteren Fahrzeugteil, die während der Fahrt auftreten und sich von den üblichen Fahrgeräuschen abheben, sowie das „Verschlucken" des Motors beim Start und bei längeren Autobahnfahrten (OLG Nürnberg 28. 4. 1994, DAR 1994, 364),
- Lieferung eines Neufahrzeugs mit 6 Jahre alten Winterreifen (OLG Düsseldorf 10. 12. 1993, NZV 1994, 433),
- unzureichende Motorleistung eines Lastkraftwagens wegen eines Defekts am Turbolader (OLG Celle 2. 12. 1993, OLGR 1994, 49),
- Klopf- und Schabgeräusche eines Kleinwagens, die in unregelmäßigen Abständen auftreten und deren Ursache nicht feststellbar ist (OLG Düsseldorf 1. 2. 1993, OLGR 1993, 129),
- sporadisches Stehenbleiben des Fahrzeugs aus unerklärlichen Gründen (OLG Düsseldorf 17. 1. 1992, NJW-RR 1992, 821),
- Ölverlust wegen eines undichten Simmerings an der Ausrückwelle eines Motorrades (OLG Hamm 19. 10. 1994, ZfS 1994, 241),
- auffallend störende Antriebsdröhngeräusche und Vibrationen am Fahrzeugboden und am Schalthebel eines Geländewagens, die nicht dem Qualitätsstandard vergleichbarer Fahrzeuge und damit nicht dem Stand der Technik entsprechen (LG Freiburg 7. 4. 1995, DAR 1995, 291),
- nicht funktionierender Tempomat bei einem Geländewagen (LG Köln 13. 5. 1993 – 2 O 446/92 – n. v.),
- Anstoßen der hinteren Kante des Schiebedaches gegen den Dachrahmen, wodurch Scheuerstellen entstehen (LG Köln 10. 12. 1992 – 2 O 323/91 – n. v.),
- nicht vollständige Abriegelbarkeit der Zuluft im Fußraum (OLG Celle 8. 1. 1998, OLGR 1998, 221),
- starkes, nach Zeugenaussagen Übelkeitsgefühle verursachendes Lastwechselrucken, beruhend auf fehlender Dämpfung durch Drehmomentwandler und auf konstruktionsbedingter Aufhängung des Motors (OLG Celle 13. 2. 1996, OLGR 1996, 145),
- Undichtigkeiten der Karosserie, die es nach den Feststellungen des Gutachters verbieten, das Fahrzeug in einer Waschanlage zu waschen oder es bei starkem Regenfall zu benutzen, da sonst ungewöhnlich große Wassermengen in das Fahrzeuginnere gelangen; sie sind auch dann erhebliche Fehler, wenn sie sich mit geringem Aufwand beseitigen lassen (OLG Celle 24. 11. 1995, OLGR 1996, 100),
- Undichtigkeiten im unteren Bereich der Beifahrertür, so dass es bei einer Schrägstellung des Fahrzeugs zu einem starken Wassereintritt kommt (OLG Saarbrücken 26. 3. 1996, NJW-RR 1997, 1423),
- fehlerhafte Funktion der Motorelektronik, die zum Einschalten eines unwirtschaftlichen Notprogramms mit verminderter Leistung führt und das Aufleuchten der Kontrollleuchte zur Folge hat (LG Augsburg 10. 2. 1998, DAR 1998, 476),
- eingeschränkte Durchflussmengen am Einfüllstutzen des Kraftstoffbehälters, so dass sich der Kraftstoff gewissermaßen nur „schluckweise" einfüllen lässt sowie mangelhaft ausgebildete Rasterpositionen der Türfangeinrichtungen, die nicht verhindern, dass die Türen durch ihr Eigengewicht schon bei geringer Schräglage oder bei leichtem Druck zuschlagen (OLG Celle 23. 5. 1996, OLGR 1996, 209),
- nicht ausreichende Festigkeit des Lackes (OLG Naumburg 23. 12. 1996, OLGR 1997, 160),

Beschaffenheit

- Ausrüstung eines Personenkraftwagens mit einem ungeregelten statt mit einem geregelten Katalysator (AG Dortmund 29. 4. 1987, NJW-RR 1988, 1462),
- Knallgeräusche und Fehlzündungen eines Neuwagens (Saarländisches OLG 29. 6. 1999, ZfS 1999, 518 mit Anm. von *Diehl* a. a. O., 519),
- nicht vertragsgemäße Funktion der Funkfernbedienung, weil der Verriegelungsvorgang nicht durch dreimaliges Blinken der Blinkleuchten optisch bestätigt wird (OLG Oldenburg 10. 2. 2000, DAR 2000, 219),
- zu geringe Zuladung bei einem Reisemobil, so dass sie für den gewöhnlichen Gebrauch nicht ausreicht, laut Prospekt sollte die Zuladung von 1,6 t möglich sein, in Wahrheit betrug sie nur ca. 300 kg (OLG Nürnberg 14. 11. 2001, NJW-RR 2002, 628),
- krachende Geräusche im Bereich des Armaturenbretts und der Verkleidungen bei allen Fahrbedingungen, bei denen sich die Karosserie verwindet (Pfälzisches OLG Urt. 17. 2. 2000 – 4 U 202/98 –n. v.- unter Zubilligung einer Minderung von 10 % des Kaufpreises),
- Aufheulen des Motors durch erhöhte Drehzahl nach längerer Sonneneinstrahlung und Temperaturen von oberhalb 22 Grad, das noch vor dem Anfahren von selbst wieder verschwindet, wurde vom OLG Dresden als Fehler anerkannt, weil der Händler Beseitigung versprochen und Wandlung für den Fall der Nichtbehebung des Mangels ins Aussicht gestellt hatte (Urt. 2.11.2001, DAR 2002, 162).

Durch den Wegfall der Bagatellgrenze sind die nachfolgenden Entscheidungen, in denen die Fehlerhaftigkeit verneint wurde, nur noch bedingt als Vorlage oder Anhaltspunkt für vergleichbare Sachverhalte verwendbar. Legt man den Maßstab von § 434 BGB zugrunde, kommt man in einigen Fällen zu einem gegenteiligen Resultat. In eindeutigen Fällen sind Ergebnisänderungen kursiv angemerkt.

Fehler **verneint:**

- sich steigernder Ölverbrauch bzw. Ölverlust bei zunächst 1–2 l pro 1000 km (LG Bonn 22. 9. 1988 – 7 O 582/87 – n. v., *[Mangel nach § 434 BGB]*),
- spürbares Zittern und Schütteln eines Fahrzeugs mit Wählhebel des Automatikgetriebes in Fahrstellung bei laufendem Motor und betätigter Fußbremse (OLG Düsseldorf 10. 1. 1986 – 14 U 140/85 – n. v., *[Mangel nach § 434 BGB]*),
- relativ hoher Geräuschpegel und Vibrationen, beruhend auf einem Konstruktionsmangel (OLG Celle 7. 1. 1982 – 7 U 72/71 – n. v. *[Mangel nach § 434 BGB]*),
- Geruchsbelästigung durch ein dem Stand der Technik entsprechendes Katalysatorsystem, da der Ausstoß von Schwefelwasserstoff den Katalysatoren der heutigen Generation immanent ist (LG Stuttgart 17. 2. 1989 – 6 S 202/88 – n. v.),
- bauartbedingtes „Magerruckeln" im unteren Drehzahlbereich bei einem schadstoffarmen Fahrzeug, das sich durch Wahl eines niedrigeren Ganges und durch zügige Beschleunigung ausgleichen lässt (OLG Düsseldorf 19. 12. 1991, OLGR 1992, 77),
- um 10 % geringere Kraftstoff-Nachfüllmenge als das im Prospekt angegebene Tankvolumen (45 Liter statt 50 Liter; LG Köln 6. 11. 1990, DAR 1991, 461),
- Beschleunigungsloch in der Warmlaufphase nach dem Abschalten der Startautomatik im Geschwindigkeitsbereich von 40–50 km/h auf einer Fahrstrecke von 500 bis 600 Metern, das sich durch hochtouriges Fahren im niedrigeren Gang vermeiden lässt (LG Köln 4. 7. 1990 – 23 O 221/89 – n. v.),
- Kratzer in der Scheibe, der auch durch falsches Waschen entstanden sein kann, Klappergeräusche, erneutes Feuchtwerden der Scheiben, wenn sie nach Regen herunter- und wieder heraufgekurbelt werden (LG Köln 30. 12. 1993 – 21 O 232/93 – n. v.),

- eingeschränkte Wintertauglichkeit der Hinterradfelgen eines Sportwagens, auf die keine Winterreifen aufgezogen werden können (AG Würzburg 26. 1. 1995 – 15 C 215/94 – n. v.),
- konstruktiv bedingte Besonderheiten eines Sportwagens, welche die Verkehrssicherheit nicht beeinträchtigen (OLG Frankfurt 17. 5. 1991, DAR 1991, 381),
- Auftreten eines Bremsgeräusches beim Anrollen des Fahrzeugs auf abschüssiger Strecke bei nur teilweise gelöster Handbremse (LG Freiburg 2. 12. 1992, MDR 1992, 119),
- Vibrationsgeräusch von geringer Intensität bei einem Kleinwagen, das im Schubbetrieb auftritt und nur wahrnehmbar ist, wenn andere Nebengeräusche ausgeschaltet werden, auch wenn dessen Beseitigung mangels Klärung der Ursache nicht möglich ist (OLG Düsseldorf 21. 1. 1994, OLGR 1994, 277),
- völliger Kraftstoffverbrauch, bevor die Kraftstoffanzeige den absoluten Leerstand anzeigt, jedoch der Zeiger den roten Reservebereich durchlaufen hat und bereits links danebensteht (OLG Düsseldorf 29. 10. 1992, OLGR 1993, 81 *[Mangel nach § 434 BGB]*),
- Abtropfen von Regenwasser auf die Sitze, wenn bei einem Cabrio nach starkem Regen die Türen geöffnet werden (KG 22. 1. 1997, OLGR 1997, 173),
- Motorengeräusch, das bei einem Fahrzeug der Spitzenklasse nur in einem bestimmten Betriebszustand auftritt (Veränderung des Klangbildes beim Gaswegnehmen) und von einem unbefangenen Fahrzeugführer nicht oder kaum als störend empfunden wird (OLG Düsseldorf 23. 2. 1996, NJW-RR 1997, 1211),
- Wiedergabe von Verkehrsdurchsagen aufgrund werkseitiger Voreinstellung des mitgelieferten Autoradios mit geringer Lautstärke nach dem Einschalten der sog. TA-Funktion, wenn die gewünschte Lautstärke jedoch vor dem Einschalten der TA-Funktion individuell gewählt werden kann und diese Maßnahme nach jedem Zwischenhalt neu durchgeführt werden muss (OLG Düsseldorf 25. 8. 2000, OLGR 2001, 44),
- Überbelastung der Hinterachse eines Wohnmobils, die durch eine andere Verteilung der Zuladung vermieden werden kann (OLG Düsseldorf 15. 6. 2000, OLGR 2001, 180),
- Fehler eines Bordcomputers, der darin besteht, dass der Langzeitverbrauch, der Durchschnittsverbrauch und die Radiosender nicht angezeigt werden (LG Göttingen 18. 7. 2001 – 8 O 86/01- n. v.- *[Mangel nach § 434 BGB]*).

187 **Fahrkomfort** ist Bestandteil des Kriteriums der Eignung für die gewöhnliche Verwendung eines Neufahrzeugs und seine Beeinträchtigung ein Mangel im Rechtssinne. Der Mängelkategorie lassen sich beispielsweise störende Fahr- und Windgeräusche, unruhiger Motorlauf und Luftzug im Fahrzeuginneren zuordnen. Durch den Wegfall der Bagatellgrenze gewinnt diese Fehlerkategorie an Bedeutung. Mit Blick auf das gesteigerte Qualitätsbewusstsein hat sich das LG Köln[56] schon vor Jahren auf den Standpunkt gestellt, bei einem Neuwagen dürfe erwartet werden, dass untypische Motor- und Getriebegeräusche abgestellt werden können, auch wenn sie nur selten oder kurzfristig auftreten. Zwar werde der Fahrkomfort nur in geringem Maße tangiert, jedoch bleibe eine negative Abweichung von der gewöhnlichen Beschaffenheit in technischer Hinsicht, die einen Fahrzeugmangel darstelle. In die gleiche Richtung zielt eine Entscheidung des OLG München[57], das dem Klageantrag des Neuwagenkäufers auf Rückabwicklung des Kaufvertrages stattgab, weil der Sitz des Fahrzeugs ständig knarzte. Dies sei, so heißt es im Urteil, eine „nicht unerhebliche Beeinträchtigung des Fahrkomforts".

---

56 Urt. 4. 5. 1994 – 23 O 24/92 – n. v.
57 Urt. v. 30. 4. 1997, OLGR 1997, 148.

c) Übliche Beschaffenheit

Der in § 434 Abs. 1 S. 2 BGB verwendete Begriff der üblichen Beschaffenheit vereint **188** die Begriffe **Qualität** und **Leistungen** der EU-Richtlinie zum Verbrauchsgüterkauf.

Bei der Beantwortung der Frage, ob die Kaufsache eine übliche Beschaffenheit aufweist, ist auf das redliche und vernünftige Verhalten eines **Durchschnittskäufers** abzustellen. Dieser generell abstrakte Beurteilungsmaßstab schließt überzogene Qualitätsanforderungen ebenso aus wie ein unter dem Durchschnitt liegendes Qualitätsniveau.

Als **Vergleichsmaßstab** benennt § 434 Abs. 1 S. 2 BGB Sachen der gleichen Art wie die Kaufsache. Das bedeutet, dass ein Neuwagen nach Typ, Ausstattung, Preis usw. an seinesgleichen zu messen ist. Ein Fahrzeug der Oberklasse darf nicht mit einem preiswerten Kleinwagen verglichen werden und eine Limousine ist kein Maßstab für einen Geländewagen. Gemessen am Stand der Serie, der ein Neufahrzeug angehört, muss es von mittlerer Art und Güte sein (§ 243 Abs. 1 BGB).

d) Qualitätsmängel

Schlechte Verarbeitung und die **Verwendung defekter Materialien** und Teile sind die **189** Hauptursache für Qualitätsmängel. Diese können aber auch durch äußere Einwirkungen auf dem Transport oder im Betrieb des Verkäufers entstanden sein.

Wegen ihres häufigen Auftretens sind Qualitätsmängel von Neufahrzeugen eine wichtige Fallgruppe für die Sachmängelhaftung.

Die von der Werbung geschürten Erwartungen der Kundschaft in Bezug auf Material- und Verarbeitungsqualität neuer Kraftfahrzeuge sind hoch. Für viele Käufer ist das Auto nach wie vor kein gewöhnlicher Gebrauchsgegenstand, der ihnen Mobilität ermöglicht, sondern ein in besonderem Maße geschätztes, nicht selten mit Affektionsinteressen und Reputationserwartungen besetztes Wirtschaftsgut. Diese Sicht prägt die anspruchsvolle Erwartungshaltung im Hinblick auf den optisch und ästhetisch einwandfreien Zustand neuer Kraftfahrzeuge und bildet den Maßstab für die Beurteilung der Mangelfreiheit. Das Gesetz kommt dieser Anschauung des Geschäftsverkehrs entgegen.

Qualitätsmängel lassen sich vielfach bereits äußerlich erkennen. Mangelhafte Ausführung der Lackierung, Farbtondifferenzen, Tropfnasenbildung, Schmutzpartikeleinschluss im Lack, nicht fachgerechte Befestigung bzw. Einpassung von Fahrzeugteilen, Verschmutzung der Innenverkleidung, Rostbildung infolge langer Standzeit oder unsachgemäßer Lagerhaltung, Verwendung mangelhafter Materialien oder nicht ordnungsgemäßer Vorbehandlung der Karosseriebleche sind bekannte Erscheinungen. Für Qualitätsmängel gilt wie für Funktionsmängel: Geringfügige Fehler und Abweichungen vom Serienstandard, wie z. B. Webfehler im Sitzbezug oder ein Staubkorneinschluss im Fahrzeuglack, sind Mängel im Rechtssinn, für die der Verkäufer dem Käufer haftet. Von echten Qualitätsmängeln sind Qualitätsunterschiede zu unterscheiden. Eine mindere Qualität, die sich in einem niedrigen Preis niederschlägt, macht ein Produkt als solches nicht mangelhaft. Bei der Abgrenzung kommt es entscheidend darauf an, die richtige Sollbeschaffenheit zu definieren, an der die Istbeschaffenheit des Fahrzeugs zu messen ist.

Wegen des unterschiedlichen Qualitätsstandards der Fahrzeuge, je nachdem wo und vom wem sie hergestellt worden sind, der kaum noch überschaubaren Marken- und Modellvielfalt und der Eigen- und Besonderheiten eines jeden einzelnen Fahrzeugtyps besteht allzu leicht die Gefahr, dass der **Bezugsmaßstab** für die Beurteilung der Mangelhaftigkeit eines Neufahrzeugs aus dem Auge verloren wird. Eine gewisse Unsicherheit der Rechtsprechung ist insbesondere dann festzustellen, wenn es um die Beurteilung von Fahrzeugen geht, die im Ausland unter Bedingungen hergestellt worden sind, die dem deutschen Standard qualitativ nicht entsprechen. Es ist umstritten, ob unter solchen Umständen die in der Bundesrepublik Deutschland geltenden hohen Qualitätsanforderungen als Maßstab für die Fehlerfeststellung zu Grunde zu legen sind. Das OLG Düsseldorf hat diese Frage schon vor Jahren in einer Entscheidung bejaht, indem es ein in Großbritannien produziertes Fahrzeug unter anderem deshalb als nicht fabrikneu einstufte, weil der Ursprungslack keinen dem deutschen Standard entsprechenden Schutz gegen Korrosion bot.[58] Auf der gleichen Linie liegt ein Urteil des OLG Koblenz aus dem Jahre 1994.[59] Das Gericht sah es als ausschlaggebend an, dass der Käufer, der ein preiswertes ausländisches Fahrzeug erwirbt, eine technisch einwandfreie Ausführung erwartet, da der Preisvorteil gegenüber deutschen Fabrikaten primär als Ausdruck kostengünstiger Fertigung und größeren Entgegenkommens bei der Preisgestaltung verstanden werde, nicht aber als Akzeptanz einer minderen Qualität.

Nach gegenteiliger Meinung, die zwar maßgeblich durch den missverständlichen Wortlaut der ursprünglichen Gewährleistungsklausel von Abschn. VII, Ziff. 1 NWVB a. F. geprägt wurde, aber der Intention von § 434 BGB durchaus entspricht, kommt es bei der Beurteilung der Mangelhaftigkeit entscheidend darauf an, ob das Fahrzeug Abweichungen von der „normalen Beschaffenheit der Fahrzeuge desselben Typs aufweist".[60] Dabei ist die Einschränkung zu machen, dass die Mindestanforderungen nach dem jeweiligen Stand der Technik erfüllt sein müssen, andernfalls ein Fahrzeug, das diese Voraussetzungen nicht mitbringt, schon aus diesem Grund als fehlerhaft einzustufen ist. Der Umstand, dass alle Fahrzeuge der von einem ausländischen Hersteller produzierten Serie einem Vergleich mit den inländischen Qualitätsanforderungen nicht standhalten, weil z. B. die Geräuschentwicklung des Getriebes wesentlich lauter ist als bei deutschen Pkw-Fabrikaten, besagt aus Sicht des OLG Hamm[61] deshalb noch nicht, dass diese Fahrzeuge mangelhaft sind, da ein **niedriger Qualitätsstandard** als solcher noch **keinen Mangel** im Rechtssinn darstellt. Von einem Sachmangel i. S. v. § 434 BGB kann erst dann ausgegangen werden, wenn die Getriebegeräusche auf einen Defekt oder auf einen vorzeitig zu erwartenden Schaden hinweisen oder die gesamte Fahrzeugserie einen Konstruktions- oder Fabrikationsmangel aufweist. Liegen diese Voraussetzungen allerdings vor, kann sich der Händler seiner Sachmängelhaftung nicht durch die Berufung auf den geringeren Qualitätsstandard des Herstellerlandes entziehen. Ähnlich hat es das LG Köln[62] gesehen, nach dessen Ansicht der Verkäufer dem Käufer nicht für solche „Mängel" haftet, die noch innerhalb des – durch den niedrigen ausländischen Fertigungsstandard vorgegebenen – Toleranzbereichs liegen. Dies gilt jedoch nur unter der Voraussetzung, dass die Mindestanforderungen nach dem jeweiligen Stand der Technik erfüllt sind und die abweichende Beschaffenheit nicht aus diesem technisch definierten Rahmen herausfällt.

Beispiele für Qualitätsmängel aus der Rechtsprechung:

190 Mangel **bejaht**:

- weiterfressende Unterrostungen, beruhend entweder auf fehlerhafter Herstellung oder auf nicht fachgerechter Nachbesserung (OLG Hamm 24. 11. 1975, DAR 1976, 299),
- Roststellen unterhalb der Gummidichtungen des Motor- und Kofferraums, der hinteren Türen und des Windleitbleches (LG Frankfurt 22. 1. 1985, DAR 1985, 290),
- Wassereintritt wegen undichter Dachkonstruktion (LG Berlin 19. 10. 1978 – 4 O 262/77 – n. v.),
- Rostschäden, Kratzer, Verschmutzung, Rost in einem Scheinwerfer (BGH 27. 9. 1967, BB 1967, 1268),

---

58 OLG Düsseldorf Urt. 15. 10. 1981 – 6 U 216/80 – n. v.
59 Urt. 22. 3. 1994, ZfS 1994, 209.
60 OLG Hamm 11. 6. 1979 – 2 U 88/79 – n. v.
61 Urt. 11. 6. 1979 – 2 U 88/79 – n. v.
62 27. 1. 1984 – 11 S 219/83 – n. v.

Beschaffenheit

- Lack- und Chromschäden sowie Undichtigkeiten in erheblichem Umfang und gehäuft auftretend (LG Berlin 30. 9. 1975, NJW 1976, 151),
- Roststellen (LG Mannheim 29. 6. 1978, DAR 1979, 74; OLG Karlsruhe 22. 12. 1976, DAR 1977, 323),
- nicht endgültig beseitigte und gestoppte Rostbildung nach durchgeführter Ganzlackierung (LG Lahn-Gießen 16. 2. 1978 – 3 O 290/77 – n. v.),
- optische Beeinträchtigung der Aluminiumfelgen durch Flecken (LG Hannover 9. 1. 1985, DAR 1985, 122),
- innerhalb der Gewährleistungsfrist auftretende Rostschäden, die auf mangelhafter Lackierung beruhten und die umfangreiche Arbeiten und eine weit gehende Neulackierung erforderlich machten (OLG Saarbrücken 6. 11. 1993, MDR 1993, 213),
- Wasserdurchlässigkeit einer erneuerten, vormals trüben Windschutzscheibe (OLG Köln 20. 5. 1987, NJW 1987, 2520),
- Undichtigkeiten an den Seitentüren und am Schloss der Hecktür mit Eintritt geringer Wassermengen mit vom Gutachter geschätzten Reparaturkosten von etwa 120–150 DM (OLG Köln 16. 10. 1986 – 12 U 71/86 – n. v.),
- tropfenweise eindringendes Wasser durch die Türdichtung der Fahrertür im Bereich der Schlosssäule, wenn hierdurch Feuchtigkeitsschäden im Bereich des Teppichbodens weder entstanden noch künftig zu befürchten sind (LG Köln 12. 9. 1989 – 3 O 91/88 – n. v.).

Mangel **verneint**:

- Türundichtigkeit wegen unzulänglicher Gummidichtung (OLG Celle 7. 1. 1982 – 7 U 72/81 – n. v.; 0,5 cm langer Riss des Kunststoffbezugs der hinteren Sitzbank – LG Saarbrücken 9. 6. 1988 – 11 S 240/87 – n. v.),
- geringfügige Abweichungen bei den Spaltmaßen, welche die Gebrauchsfähigkeit nicht beeinträchtigen (OLG Celle 8. 1. 1998, OLGR 1998, 221),
- Anbringung von 2 Firmenschildern des Händlers (Länge 7,3 cm, Breite 3 cm) an beiden Vorderkotflügeln durch Bohrlöcher von jeweils 2 mm Durchmesser (OLG Nürnberg 23. 4. 1968 – 7 U 201/67 – n. v. mit Bejahung einer Beseitigungspflicht kraft entsprechender Vereinbarung).

Soweit in den vorstehenden Entscheidungen eine Fehlerhaftigkeit verneint wurde, geschah dies in allen Fällen aus Gründen der Unerheblichkeit i. S. v. § 459 Abs. 1 S. 2 BGB a. F., weshalb die Urteile aufgrund der Abschaffung der Bagatellgrenze nicht mehr repräsentativ sind.

Vom Verkäufer vor Auslieferung vorgenommene nachteilige Veränderungen des Fahrzeugs, wie z. B. der **Einbau gebrauchter Teile** führen, sofern sie nicht ganz unbedeutender Art sind, zu einem Verlust der fabrikneuen Eigenschaft.[63] Die übliche Beschaffenheit der Kaufsache ist zu verneinen, wenn der Händler in ein vom Herstellerwerk mit einem 1,7-Liter-Motor geliefertes Neufahrzeug entsprechend dem Kaufvertrag selbst einen neuen 1,5-Liter-Motor eingebaut hat.[64]

Die Beschaffenheit eines Neuwagens wird nicht allein dadurch mangelhaft, dass der Händler einzelne Teile abmontiert, weil er sie für ein anderes Fahrzeug benötigt, wenn er den Wagen anschließend wieder mit neuen Teilen ordnungsgemäß ausrüstet. Das Auswechseln einzelner Teile ist nicht unüblich. Solche Maßnahmen müssen insbesondere dann durchgeführt werden, wenn ein Neufahrzeug in fehlerhaftem Zustand vom Hersteller ausgeliefert worden ist und der Händler den Mangel entdeckt. Er ist in der Regel berechtigt

---

63 BGH 19. 10. 1977, DAR 1978, 46 ff.
64 OLG Schleswig 10. 1. 1967 – 2 O 80/66 – zitiert bei *Kulich,* Verkauf ohne Risiko, S. 43.

fehlerhafte Teile durch Neuteile zu ersetzen, wenn er über die personellen und technischen Voraussetzungen verfügt, um einen ordnungsgemäßen und den werkseitigen Anforderungen entsprechenden Austausch vornehmen zu können. Nach Ansicht des OLG Köln[65] darf der Verkäufer dem Käufer größere Reparaturen allerdings **nicht verheimlichen**, „denn auch bei vollständig reparierten und damit letztlich fehlerfrei übergebenen Neufahrzeugen sind Produktionsfehler und die Art und Weise ihrer Behebung jedenfalls dann ungefragt zu offenbaren, wenn es sich nicht um einfache Routinearbeiten wie das Auswechseln von Zündkerzen oder Glühbirnen handelt." Im konkreten Fall war der Zylinderkopf getauscht und dem Käufer unter Verheimlichung der Reparatur mitgeteilt worden, die Auslieferung verzögere sich, weil man noch nicht dazu gekommen sei, das Fahrzeug anzumelden.

e) Jeweiliger Stand der Technik

192 Ein wesentliches Merkmal für die Mängelfreiheit eines Neufahrzeugs besteht darin, dass es dem Stand der Technik[66] entsprechen muss. Es handelt sich um ein **begriffsimmanentes Kriterium** des Sachmangels, da es sich bei einem Neufahrzeug um ein technisches Produkt handelt, das sich am Stand der Technik messen lassen muss. Die frühere Gewährleistungsklausel, welche in Abschn. VII, Ziff. 1, S. 2 NWVB a. F. auf den Stand der Technik ausdrücklich Bezug nahm, wurde vom BGH[67] allerdings verworfen, weil sie den Stand der Technik zum Maßstab des Fehlers machte und den Fehlerbegriff dadurch in unzulässiger Weise verengte. Durch die Regelung wurde der Käufer benachteiligt, wenn die vereinbarte Beschaffenheit den Stand der Technik übertraf, obschon sie ihm – was auch der BGH in seiner Entscheidung nicht verkannte – im Regelfall zum Vorteil gereichte, weil sie ihm einen vertraglichen Anspruch auf den durch den Stand der Technik garantierten Mindeststandard gewährte.

Der Stand der Technik ist **absolut** und wird verkörpert durch den jeweils **aktuellen Status an Wissen und Erfahrung auf technischem Gebiet**. Beim Auto dient als Maßstab der technische **Entwicklungsstand der gesamten Automobilindustrie** und nicht der eines einzelnen Herstellers oder Herstellerlandes.[68]

Die Begründung des OLG Köln[69] hierzu auszugsweise im Wortlaut:

„Vielmehr kommt es auf den jeweils aktuellen Stand von Wissenschaft und Technik in der ‚gesamten' Automobilindustrie an. Deren aktueller Status an Wissen und Erfahrung auf technischem Gebiet bildet den Maßstab für die Fixierung der Sollbeschaffenheit im Sinne des Fehlerbegriffs des § 459 I S. 1 BGB, sofern der einzelne Vertrag keine individuelle abweichende Beschaffenheitsabrede enthält."

Als verfehlt erweist sich die vereinzelt vertretene Ansicht,[70] ein Sachmangel sei nicht anzunehmen, wenn alle Fahrzeuge der Serie damit behaftet seien. Dadurch wird der Begriff des Sachmangels in unzulässiger Weise relativiert und im Endeffekt die Sachmängelhaftung für alle jeweils einer ganzen Serie anhaftenden **Konstruktionsmängel ausgeschaltet**.

---

65 Beschl. 29. 11. 2000 11 U 85/00 – n. v.
66 Auf Grund der im Bundesgesetzblatt Nr. 40 vom 20. 7. 1979, 1013 verkündeten Verordnung über „Erteilung von Auskünften zum Stand der Technik" vom 16. 7. 1979 erteilt das Patentamt gegen Gebühr Auskünfte zum Stand der Technik. Der Antrag muss in deutscher Sprache abgefasst und in zwei übereinstimmenden Stücken eingereicht werden.
67 Urt. 27. 9. 2000, DAR 2001, 64 ff.
68 OLG Köln 16. 1. 1992, NJW-RR 1992, 1147; 1. 2. 1993, VRS Bd. 85/93, 249, Nr. 99; OLG Nürnberg 28. 4. 1994, DAR 1994, 364; OLG Düsseldorf 30. 12. 1993, OLGR 1994, 129; OLG Braunschweig 5. 3. 2001, OLGR 2001, 205.
69 Urt. 16. 1. 1992, NJW-RR 1992, 1147.
70 früher OLG Düsseldorf 10. 1. 1986 – 14 U 140/85 – n. v.; OLG Celle 7. 1. 1982 – 7 U 72/81 – n. v. ausdrücklich aufgegeben durch Urteil vom 23. 5. 1996, OLGR 1996, 209, 210.

Beschaffenheit

Diese Konsequenz ist mit geltendem Sachmängelrecht nicht zu vereinbaren. Der Stand der Technik des jeweiligen Herstellers kann, wenn er nicht dem allgemeinen Entwicklungsstand entspricht, ebenso wenig als Messlatte für die Fehlerfreiheit dienen wie etwa der Vergleich mit anderen – gleichermaßen mangelhaften – Serienfahrzeugen.[71] Der allein richtige Maßstab ist nicht der Stand der Serie, aus der das Fahrzeug stammt, sondern der Entwicklungsstand aller nach allgemeiner Zweckbestimmung und Fahrzeugklasse vergleichbaren Fahrzeuge.[72] Eine Regelung in AGB, die den technischen Standard des jeweiligen Herstellers als Maßstab für die Beurteilung der Fehlerfrage vorschreiben würde, wäre wegen unzulässiger Einschränkung des Fehlerbegriffs unwirksam.[73] Da der **allgemeine** Stand der Technik maßgebend ist, kommt es bei der Fehlerbeurteilung nicht darauf an, ob das betroffene Fahrzeug von dem durch Vergleichsfahrzeuge des gleichen Fabrikats vorgegebenen Streubereich markant abweicht.[74]

Der Verkäufer kann sich nicht darauf berufen, die vom Käufer als Mangel beanstandete Eigenschaft sei eine **serientypische Erscheinung**, wenn von dem Herstellerwerk an die Vertragswerkstätten ein Handbuch mit technischen Problemlösungen verbreitet worden ist, das konkrete Anweisungen zur Behebung des gerügten Mangels beinhaltet.[75]

Aus dem Postulat, dass ein Neufahrzeug dem Stand der Technik entsprechen muss, ergibt sich nicht die Pflicht des Herstellers, seine Produkte mit den allerneuesten Entwicklungen und sämtlichen technischen Errungenschaften auszustatten. Der Käufer kann nicht bei jedem Fahrzeug mit der **Umsetzung der neuesten technischen Entwicklungen** rechnen. Maßstab kann nur der Standard in der jeweils vergleichbaren Wagenklasse sein.[76]

Welchen Grad der Ausnutzung technischer Möglichkeiten der Käufer erwarten kann, richtet sich auch nach dem Lieferumfang. Wer sich z. B. für ein preiswertes Autoradio entscheidet, der kann nicht erwarten, dass die Lautstärke von Verkehrsdurchsagen dem jeweiligen Geräuschpegel im Innenraum des Fahrzeugs angepasst wird.[77]

Für den Fahrzeughersteller besteht allerdings die Verpflichtung, ungeeignete Konstruktionen und Materialien, die dem Stand der Technik widersprechen, aus der Produktion zu nehmen. Ansonsten bestimmt er Konstruktion, Ausrüstung und Fabrikationsvorgang in freier Entscheidung. Für ihn besteht kein Zwang zur vollen Ausnutzung der technischen Möglichkeiten. Statt einer aufwändigen kann er eine einfache und Kosten sparende Konstruktion wählen und die Ausstattung auf das unbedingt notwendige Maß reduzieren. Konstruktion und Ausführung müssen sach- und zweckgerecht sein und einen bestimmungsgemäßen, gefahrlosen Gebrauch ermöglichen. So darf z. B. der Käufer eines Mittelklassewagens mit einem Automatikgetriebe für 4 Vorwärtsgänge erwarten, „dass ihm die Automatik die Benutzung aller 4 Gänge ohne irgendwelche technischen Tricks wie zusätzliches Gasgeben ermöglicht".[78]

Der Stand der Technik muss nicht zwangsläufig an der optimalen technischen Lösung ausgerichtet sein. Für jedes technische Problem gibt es eine Bandbreite von Möglichkeiten der Auflösung. Daraus folgt für die juristische Beurteilung, dass wegen der Vielfalt der technischen Angebote, jedes einzelne dem Stand der Technik entsprechen kann, auch wenn es nicht das Beste sein muss. Im sensiblen Bereich des Fahrkomforts bei hochwertigen Fahrzeugen der sog. Premiumklasse kann es jedoch hier und da eng werden, wenn z. B.

---

71 OLG München 23. 1. 1995, OLGR 1995, 27, 28.
72 OLG Düsseldorf 23. 2. 1996, NJW-RR 1997, 1211.
73 OLG Köln 9. 5. 1986, DAR 1986, 320, 321.
74 OLG München 22. 4. 1994, DAR 1994, 362.
75 OLG Oldenburg 11. 1. 1995, OLGR 1995, 83.
76 OLG Düsseldorf 30. 12. 1993, OLGR 1994, 129.
77 OLG Düsseldorf 25. 9. 2000, OLGR 2001, 44.
78 OLG Köln 9. 5. 1986, DAR 1986, 320 ff.

die Zusatzheizung eines Herstellers bei bestimmten Außentemperaturen deutlich wahrnehmbare Klopfgeräusche entwickelt während das Konkurrenzprodukt dank eines weiter entwickelten technischen Konzepts diese Nebenerscheinung nicht aufweist. Im Beispielsfall ist bezüglich der Zusatzheizung ein Qualitätsunterschied vorhanden, der aber noch nicht die Qualität eines Sachmangels erreicht, weil er eine vertretbare, wenn auch verbesserungswürdige technische Lösung darstellt.

Bei **elektronischen Systemen**[79] kommt es nicht darauf an, ob der Hersteller jeweils die allerneuesten Software-Elemente verwendet hat. Entscheidend ist die Funktionsfähigkeit des Gesamtsystems. Eine aus der Zusammenstellung älterer Software-Versionen entstandene Konfiguration kann daher dem aktuellsten Stand der Technik entsprechen, wenn sie als langerprobt und in der Anwendung zuverlässig allein die sichere Gewähr für einen störungsfreien Betrieb bietet.[80]

194 Konstruktionsbedingte **Besonderheiten** und **Eigentümlichkeiten** sind keine Mängel, es sei denn, sie beeinträchtigen die Gebrauchstauglichkeit und Verkehrssicherheit.[81] Auch für **warentypische Eigenschaften** gilt, dass sie einerseits eine haftungsrelevante Fehlerhaftigkeit der Kaufsache zwar nicht schlechthin ausschließen, andererseits aber eine restriktive Handhabung des Mangelbegriffs einfordern.[82] Der Käufer muss gewisse **Konzessionen** hinnehmen, wenn er sich für einen Sportwagen, ein Geländefahrzeug oder ein puristisch gestyltes Kultauto entscheidet.

Aus diesem Grund ist bei einem **Cabriolet** ein Mangel zu verneinen, wenn nach starkem Regen beim Öffnen der Türen Wasser auf die Sitze tropft.[83] Dies ist wegen des Fehlens von Regenrinnen bauartbedingt nicht zu vermeiden und entspricht dem Stand der Technik.

Bei einem **Sportwagen** zwingt eine niedrige und offene Bauart zu Kompromissen, die der Käufer durch seine Kaufentscheidung akzeptiert. Die damit verbundenen Nachteile, vor allem die beengten Platzverhältnisse, haben als solche nicht die Qualität eines Mangels im Rechtssinn. **Bauartbedingte Eigenheiten** verstoßen auch dann nicht gegen den Stand der Technik, wenn z. B. der Scheibenwischer bei einer extrem geneigten und gekrümmten Windschutzscheibe auf einer Länge von einigen Zentimetern nicht fest auf der Scheibe aufliegt und einen etwa 2 cm breiten halbrunden Wasserstreifen stehen lässt, wenn sich die Tür nur mit verstärktem Andruck schließen lässt, wenn der Fußraum in der Weise beengt ist, dass der Schuh eines ungeübten Fahrers hängen bleiben kann,[84] wenn sich auf verbreiterte Hinterradfelgen, die eine optimale Übersetzung der hohen Motorleistung auf die Reifen bewirken und die Straßenlage verbessern, keine Winterreifen aufziehen lassen und das Umstellen auf die Winterausrüstung dadurch erschwert wird[85] oder wenn ein Geländewagen nicht die Fahreigenschaften eines normalen Pkw besitzt.[86]

Beispiele für Konstruktionsmängel:

– serienmäßige Überdimensionierung der Kupplung in einem Kraftfahrzeug der gehobenen Klasse, wodurch dessen Gebrauchstauglichkeit erheblich eingeschränkt wird (OLG München 23. 1. 1995, OLGR 1995, 27),

---

79 Zu den Haftungsfragen bei dem Einsatz von Telematik –Systemen *Berz/Dedy/Granich*, DAR 2000, 545 ff.
80 OLG Brandenburg 1. 12. 1998, NJW-RR 1999, 850 .
81 OLG Frankfurt 17. 5. 1991, DAR 1992, 381.
82 *Schünemann*, BB 1997, 2061.
83 KG 22. 1. 1997, OLGR 1997, 173.
84 OLG Frankfurt 17. 5. 1991, DAR 1992, 381.
85 LG Würzburg Urt. 5. 7. 1995- 44 S 538/95- n. v.
86 OLG Koblenz 30. 3. 1995, ZfS 1995, 418.

Beschaffenheit

- Durchhängen der Türen nach kurzer Nutzung wegen eines Konstruktionsmangels der Türscharniere (OLG Köln 13. 1. 1995, VersR 1995, 420),
- konstruktionsbedingte Schwergängigkeit des Schaltgetriebes bei einem Mittelklassewagen (OLG Düsseldorf 30. 12. 1993, OLGR 1994, 129),
- Kraftstoffaustritt in nicht geringfügiger Menge – bis zu 300 ml – beim automatischen Betanken wegen eines konstruktiv bedingt zu kurzen Tankeinfüllstutzens (LG Köln 29. 10. 1992 – 2 O 138/92 – n. v.).

Fehler, die auf technisch ungelösten Problemen beruhen, gehören zu den Entwicklungsrisiken und unterfallen nicht der Gewährleistung. Eines dieser Probleme ist z. B. die Verkokung der Ventile, die an Motoren aller Fabrikate hin und wieder in sehr unterschiedlicher Intensität auftritt. Nicht voll erforscht sind offensichtlich auch die komplexen Faktoren der Bildung von Schwefelwasserstoff bei den verschiedenen Katalysatorsystemen und die technischen Möglichkeiten der Geruchsvermeidung mit einem wirtschaftlich vertretbaren Aufwand.[87]

Ob und in welchem Umfang Autohersteller **Neuentwicklungen** wie z. B. ABS, Seitenairbag, elektronische Fahrwerkunterstützungssysteme, Kindersitzerkennung mit automatischer Ausschaltung des Airbags serienmäßig zu **berücksichtigen** haben, richtet sich nach den Umständen des Einzelfalles. Ein Auto ohne Bremskraftverstärker ist heute nicht mehr vorstellbar, während noch nicht alle Fahrzeuge mit Seitenairbag ausgerüstet werden. Für die Serienausrüstung spielt der Kaufpreis eine wichtige Rolle. Seine Relation zur Leistung stellt eines der Beurteilungskriterien für die Fehlerfreiheit des Kaufgegenstandes dar. Bei einem teuren Modell sind die Anforderungen an die technische Ausrüstung höher als bei einem Kleinwagen.

Auch bei preiswerten Fahrzeugen ist im Hinblick auf Konstruktion und Fabrikation die Einhaltung der Mindestvoraussetzungen unerlässlich. **Allgemein anerkannte Grundregeln** der Technik hat der Hersteller unbedingt zu beachten. Die bloße Möglichkeit zur Verbesserung der Konstruktion und Verarbeitung kann nur unter besonderen Umständen eine entsprechende Vornahmepflicht begründen. Eine solche Pflicht ist anzunehmen, wenn sich ein von der Konkurrenz entwickeltes System, das ein weitaus höheres Maß an Sicherheit bietet, auf dem Markt bewährt und durchgesetzt hat und die Übernahme in die serienmäßige Produktion ohne wesentliche Kostenerhöhung möglich und zumutbar erscheint. In diesem Zusammenhang lässt sich die Ausrüstung von Fahrzeugen der Mittelklasse mit einer Zweikreisbremsanlage beispielhaft anführen.

Der Hersteller hat außer technischen Regelwerken einschlägige Schutz- und Unfallverhütungsvorschriften zu beachten, denn sie sind Ausdruck des Standes der Technik zum Zeitpunkt ihres Erlasses und stellen die unterste Grenze des Erforderlichen dar.

Eine **Pflicht** zur **Neuentwicklung** von Konstruktion, Materialien, Fabrikationsmethoden usw., durch welche die Sicherheit bei nicht gefahrenfrei gestaltbaren Kraftfahrzeugen erhöht wird, lässt sich weder aus dem Deliktsrecht noch aus dem Sachmängelrecht herleiten. Dem Hersteller kann nicht zugemutet werden, Schutzvorrichtungen zur Gefahrenabwehr im Wege der Sonderanfertigung herzustellen, wenn nach dem Stand der Technik eine serienmäßige Produktion unmöglich ist. Nach Einführung von Verbesserungen im Konstruktions- und Fertigungsbereich kann weder vom Hersteller noch vom Händler verlangt werden, dass sie den Verkauf der aus der Vorserie stammenden Fahrzeuge stoppen, es sei denn, die überholte Ausführung hat sich als fehlerhaft und gefährlich erwiesen.

---

87 *Creutzig,* Recht des Autokaufs, Rn 7.1.5.

f) Änderungsvorbehalt

195 Gem. Abschn. IV, Ziff 5 NWVB bleiben Konstruktions- oder Formänderungen, Abweichungen im Farbton sowie Änderungen des Lieferumfangs seitens des Herstellers während der Lieferzeit vorbehalten, sofern sie unter Berücksichtigung der Interessen des Verkäufers für den Käufer zumutbar sind. Das in der Vorgängerklausel enthaltene Kriterium der Unerheblichkeit des Mangels wurde mit Blick auf § 308 Nr. 4 BGB gestrichen.

Es wird bezweifelt, ob die Klausel mit dem Prinzip der vertragsgemäßen Beschaffenheit der Ware beim Verbrauchsgüterkauf zu vereinbaren ist.[88] Für eine **Akzeptanz** des Änderungsvorbehalts sprechen praktische Erwägungen. Ihre sachliche Berechtigung findet die Klausel in der schwierigen Situation des Kraftfahrzeughändlers, der das Bindeglied zwischen dem Herstellerwerk und dem Kunden ohne Einwirkungsmöglichkeit auf den Produktionsgegenstand darstellt. Der hinter dem Händler stehende Hersteller ist seinerseits gezwungen, seine Produkte ständig weiterzuentwickeln, auf Kundenwünsche einzugehen und veränderten Produktionstechniken und gesetzlich vorgeschriebenen Änderungen zu entsprechen.[89] Daraus leitet sich sein Verlangen nach einem einseitigen Änderungsvorbehalt ab,[90] ohne den die technische Weiterentwicklung einer Fahrzeugserie zum Stillstand kommen würde, was in niemandes Interesse liegen kann.

Es ist davon auszugehen, dass die Abänderung der Kaufsache während der Lieferfrist vom Willen des Käufers getragen wird. Sie gereicht ihm zum Vorteil, weil er das bestellte Fahrzeug in der jeweils neuesten Version bekommt. In Anbetracht dessen wäre es verfehlt, wollte man die Veränderlichkeit des Kaufgegenstandes der Parteidisposition entziehen. Vor Nachteilen wird der Verbraucher durch das Kriterium der Zumutbarkeit hinreichend geschützt. Ein möglicher Konflikt zwischen §§ 475, 434 Abs. 1 BGB und der Abänderungsklausel ist daher zugunsten letzterer aufzulösen.

Sollte der Fall eintreten, dass Änderungen während der Lieferzeit zu einer Erhöhung des Kaufpreises führen oder dass sie sich auf Form, Ausstattung oder Lieferumfang nachteilig auswirken, wird man dem Käufer das Recht der Abnahmeverweigerung kaum verwehren können, wenn er sich auf Unzumutbarkeit beruft. Unter diesen Umständen muss der Verkäufer den Nachweis zu führen, dass die Änderung dem Käufer zumutbar ist.[91] Unabhängig davon ist es ihm verwehrt, Preissteigerungen bei einer vereinbarten Lieferfrist bis zu 4 Monaten an den Käufer weiterzugeben. Bei längeren Lieferfristen kann er vom Käufer einen höheren Kaufpreis nur verlangen, wenn er mit ihm eine Preisanpassung vereinbart hat[92] und eine Unzumutbarkeit i. S. v. Abschn. IV, Ziff. 5, S. 1 NWVB nicht vorliegt. An die Unzumutbarkeit dürfen keine hohen Anforderungen gestellt werden, andernfalls dem Händler die Möglichkeit eröffnet wäre, über Änderungen des Fahrzeugs in Ausstattung und Aussehen Preiserhöhungen nachträglich einseitig durchzusetzen.

Wird während der vereinbarten Lieferfrist von weniger als 4 Monaten eine Verteuerung dadurch herbeigeführt, dass das Fahrzeug mit einer gesetzlich vorgeschriebenen Zusatzausstattung ausgerüstet werden muss – z. B. mit Rücksitz-Sicherheitsgurten –, ist nach einer Entscheidung des AG Köln[93] die Weitergabe des erhöhten Preises an den Käufer nicht zu beanstanden, weil sich das Fahrzeug als solches nicht verteuert und außerdem die zur Preisanhebung führenden Umstände nicht der Sphäre des Herstellers/Händlers zuzurechnen sind.[94]

---

88 *Pfeiffer*, ZGS 2002, 175.
89 *Creutzig*, Recht des Autokaufs, Rn 4.5.4.
90 Vgl. BGH 11. 3. 1987, ZIP 1987, 713 ff.
91 OLG Hamm, 28. 10. 1982, DAR 1983, 79 f.; *Palandt/Heinrichs* BGB Erg.-Bd. § 308 Rn 24; *Creutzig*, Recht des Autokaufs, Rn 4.5.6.
92 *Schmid*, DAR 1981, 43 ff.
93 Urt. 16. 11. 1979 – 111 C 1201/79 – n. v.
94 *Creutzig*, Recht des Autokaufs, Rn 4.5.6.

Beschaffenheit

Da es sich bei der Frage der Zumutbarkeit der Änderungen und Abweichungen um einen dehnbaren Begriff handelt, lassen sich keine allgemeinen Regeln aufstellen. Die Bewertung muss dem Tatrichter überlassen bleiben. Die Erheblichkeit der Änderung ist – im Gegensatz zu früher – kein selbstständiges Beurteilungskriterium. Sie kann aber für die Frage der Zumutbarkeit durchaus von Bedeutung sein. Erhebliche Abweichungen sind eher unzumutbar als unerhebliche, jedoch können auch erhebliche zumutbar und unerhebliche unzumutbar sein.[95]

Anhaltspunkte für das Vorliegen unzumutbarer Änderungen liefern folgende Entscheidungen, in denen das Recht der Abnahmeverweigerung unter dem Gesichtspunkt der Erheblichkeit der Abweichung geprüft und bejaht wurde:

- Änderungen des **Hubraums** und der **Motorleistung**,[96]
- grundlegende **Konstruktionsänderungen**,[97]
- **Modellwechsel** im Sinne einer Veränderung des Aussehens,[98]
- **Normalfelgen** statt **Stahlsportfelgen**,[99]
- **fehlende Sonderausstattungsmerkmale** bei einem Fahrzeug der Luxusklasse (Skisack, CD-Wechsler, Fondeinzelsitze, Multikonturlinien im Fond), da Kunden, die sich ein Luxusauto kaufen, auf die kleinste Kleinigkeit achten,[100]
- eine **Farbänderung** jedenfalls dann, wenn die geänderte Farbe nicht in derselben Farbpalette verbleibt und z. B. ein Auto mit „grüner" statt mit „blauer" Farbe geliefert wird.[101]

Als nicht erheblich stufte der BGH[102] eine Farbänderung von „taiga" auf „resedagrün" ein.

Das OLG Köln[103] entschied, die wegen Fehlens der mitbestellten Zentralverriegelung von einer Fachwerkstatt vorgenommene **Nachrüstung** durch Einbau einer Zentralverriegelung sei dem Käufer nicht zuzumuten.

Die Montage eines Heckspoilers ist nach Ansicht des LG Bochum[104] eine erhebliche, dem Käufer nicht zumutbare Änderung, wenn das Fahrzeug laut Prospekt bei Vertragsabschluss nicht mit einem Spoiler ausgerüstet war.

g) Prospektangaben

Die zur Zeit des Vertragsabschlusses gültigen **Prospektangaben** werden unter den Voraussetzungen von § 434 Abs. 1 S. 2 Nr. 2 BGB Vertragsinhalt. Hierzu bedarf es weder einer Einbeziehungsvereinbarung der Parteien noch ist erforderlich, dass die betreffenden Unterlagen Gegenstand der Verhandlungen waren, der einen oder anderen Partei vorgelegen haben oder ihr übergeben worden sind.

Beispiel:[105]
Der Händler verkauft ein Fahrzeug, das er im Bestellformular mit der Eintragung „Aus-

---

95 *Schmitz,* DAR 1975, 141, 144; OLG Hamm 28. 10. 1982, DAR 1983, 79 f.
96 *Kulich,* Verkauf ohne Risiko, 102.
97 OLG Zweibrücken 20. 11. 1969, MDR 1970, 325.
98 LG Stuttgart 28. 1. 1959, BB 1959, 538; vgl. ferner *Creutzig,* Recht des Autokaufs, Rn 4.5.6.
99 LG Köln, Urt. 1. 2. 1979 – 1 S 332/78 – n. v.
100 OLG Hamm 21. 9. 1993, VersR 1995, 546, 547.
101 OLG Hamm 28. 10. 1982, DAR 1983, 79 f.
102 Urt. 19. 3. 1980, DB 1980, 1534.
103 Urt. 5. 12. 1986 – 19 U 135/86 – n. v.
104 Urt. 14. 1. 2001, DAR 2002, 170.
105 OLG Oldenburg 19. 2. 2002 OLGR 2002, 118.

stattung Basis" kennzeichnet und das nicht über ABS verfügt. Im Prospekt wirbt der Hersteller damit, dass zur Grundausstattung dieses Modells immer ABS gehöre.

Solche Prospektangaben wurden vor der Schuldrechtsreform durch Abschn. IV, Ziff. 5 NWVB a. F. konkludent in den Vertrag einbezogen. Die Klausel besagte, dass Angaben in bei Vertragsschluss gültigen Beschreibungen über Lieferumfang, Aussehen, Leistungen, Gewichte, Betriebsstoffverbrauch, Betriebskosten usw. des Kaufgegenstandes Vertragsinhalt und als annähernd zu betrachten sind. Bei den als **annähernd** bezeichneten Werten handelte es sich jedoch keineswegs um **allgemeine Anpreisungen** oder um **unverbindliche Vorgaben**[106], sondern um eine konkrete Beschreibung des Vertragsgegenstandes. Abschn. IV, Ziff. 5 NWVB a. F. stellte lediglich klar, dass Abweichungen, die sich im unvermeidbaren Schwankungsbereich industrieller Massenproduktion bewegen, der Kaufsache nicht ihre vertragsgemäße Beschaffenheit nehmen und sie nicht zu einer mangelhaften Sache machen.[107] Angesichts des hohen industriellen Standards der heutigen Autoproduktion sind die Unterschiede zwischen den Fahrzeugen der gleichen Serie äußerst gering.

Die sog. Annäherungsklausel wurde mit Blick auf den zwingenden Charakter von § 434 BGB für den Bereich des Verbrauchsgüterkaufs (§ 475 Abs. 1 BGB) ersatzlos gestrichen, obwohl von ihr eigentlich nicht die Gefahr einer Verwässerung des Mangelbegriffs und einer Verdrängung des Vorrangs der vertraglichen Beschaffenheitsvereinbarung ausging. Denn auch im Rahmen von § 434 BGB kann nur gelten, dass der Sachmangel dort beginnt, wo die Schwankungstoleranzen überschritten werden, die bei einer industriellen Produktion nicht bzw. nur mit einem unverhältnismäßigen Aufwand zu vermeiden sind.

197 Prospektangaben müssen wahr sein, auch wenn sie z. B. in den Fußnoten als unverbindlich deklariert werden. Als nicht vertragsgemäß bewertete das OLG Schleswig[108] ein Fahrzeug, das statt der im Prospekt zugesagten 66 kW nur 62,5 kW leistete und dessen Höchstgeschwindigkeit statt der angekündigten 155 km/h lediglich 148 km/h betrug. Das Gericht hielt eine Unterschreitung der Prospektangaben bis zu 5 % für äußerstenfalls zulässig. In dem gleichen Sinne entschied das AG Kiel unter Berufung auf die DIN 70.020, die eine Abweichung von höchstens 5 % zulässt.[109] Das OLG Rostock[110] hat sich ebenfalls der Ansicht angeschlossen, dass die **Abweichungstoleranzen** maximal **+/– 5 %** betragen dürfen und Leistungsdaten außerhalb der vertraglichen Mindestwerte, wie etwa eine erreichbare Höchstgeschwindigkeit von 161 km/h statt der angegebenen 171 km/h (Abweichung 6,3 %), automatisch dazu führen, dass die Kaufsache fehlerhaft ist. Demgegenüber meinte das LG Saarbrücken,[111] eine Minderleistung von 6 PS bei laut Prospekt 75 PS sei keine die Funktionstüchtigkeit beeinträchtigende Abweichung der Ist-Beschaffenheit von der Soll-Beschaffenheit. Eine Abweichung von 5 % hat auch das OLG Celle[112] bei Leistungsdefiziten des Motors mit Blick auf die Erheblichkeitsschwelle von § 459 Abs. 1 S. 2 BGB a. F. noch nicht ausreichend angesehen und den Grenzwert auf 10 % heraufgesetzt, weil seines Erachtens der durch die DIN vorgegebene Rahmen nur Empfehlungscharakter besitzt und deshalb nicht den alleinigen Maßstab darstellen kann.[113] Die an § 459 Abs. 1 S. 1 BGB a. F. ausgerichteten Entscheidungen sind durch den Wegfall der Bagatellgrenze überholt. Wel-

---

106 LG Braunschweig 30. 6. 1989, DAR 1989, 424; OLG Zweibrücken 21. 1. 1982, DAR 1982, 162; *Lempp*, Der Verkehrsjurist des ACE 2/96, S. 1.
107 *Creutzig*, Recht des Autokaufs, Rn 4.5.4.
108 Urt. 3. 9. 1980, DAR 1982, 101.
109 Urt. 14. 6. 1990 – 17 C 428/88 – n. v.
110 Urt. v. 19. 2. 1997, OLGR 1997, 281.
111 Urt. 9. 6. 1988 – 11 S 240/87 – n. v.
112 Urt. 28. 3. 2001, DAR 2002, 211.
113 Die Leistung des Motors ist nach EU-Vorgabe an der Schwungscheibe zu messen und eine Prüfung auf dem Rollenprüfstand nach DIN problematisch. Die Messung an der Schwungscheibe macht eine kostenaufwändige Demontage des Motors erforderlich.

Beschaffenheit

cher Toleranzwert der technischen Schwankungsbreite entspricht, die sich bei industrieller Anfertigung eines Neufahrzeugs mit einem vertretbaren wirtschaftlichen Aufwand nicht vermeiden lässt, wird sich anhand des jetzigen Mangelbegriffs von § 434 BGB erweisen müssen. Eine Schwankungsbereite von 5 % erscheint bereits sehr großzügig bemessen, denn die zugebilligte Toleranz beträgt insgesamt 10 %, da die 5 %-Abweichung in beide Richtungen geht.

h) Kraftstoffmehrverbrauch

Erhöhter Kraftstoffverbrauch ist nach wie vor ein häufiger Anlass für Auseinandersetzungen über die vertragsgemäße Beschaffenheit eines Kraftfahrzeugs. Nach heutiger Verkehrsauffassung stellt die Höhe des Kraftstoffverbrauchs eine Eigenschaft dar, welche die Wertschätzung eines Kraftfahrzeugs nachhaltig beeinflusst. Insbesondere Käufer von kleinen Fahrzeugen legen Wert auf einen sparsamen Verbrauch. Hersteller machen sich die Einstellung der Käufer in ihrer Werbung zu Nutze, indem sie den niedrigen Kraftstoffverbrauch hervorheben.[114] Der Verbrauch wurde in der Vergangenheit nach der DIN 70.030 bzw. den Kriterien für „Euro-Mix"[115] gemessen und pro 100 km im Stadtzyklus, bei 90 km/h und bei 120 km/h angegeben. Die zum 1. 1. 1997 in Kraft getretene **EG 93/116** basiert auf nur noch zwei Messbereichen, nämlich dem innerstädtischen und außerstädtischen Verkehr, die beim Gesamtverbrauch mit 36.4 % zu 63.6 % zu Buche schlagen.

198

Die nach EG 93/116 und DIN 70.030 ermittelten Verbrauchswerte und die **tatsächlichen Verbrauchswerte** sind selten identisch. Letztere werden nicht nur von der Bauart des Motors, sondern auch von individuellen Faktoren beeinflusst, wie z. B. vom Fahrstil des Kraftfahrzeugführers, der Verkehrsdichte, dem Verkehrsfluss, dem Gelände, der Witterung usw.[116], die sich nicht auf einen gemeinsamen Nenner in Gestalt einer technischen Norm bringen lassen.[117] Im Vergleich dazu handelt es sich bei den Verbrauchswerten nach EG 93/116 und DIN 70.030 um **Laborwerte**. Da die Bedingungen stets die gleichen sind, lässt sich mit diesen Messverfahren eine verlässliche Aussage über den Kraftstoffverbrauch eines jeden Motors gewinnen. Die Messverfahren ermöglichen es, die Verbrauchswerte verschiedener Motoren miteinander zu vergleichen. Über diese Funktion der Messmethoden werden Neuwagenkäufer selten aufgeklärt, so dass sie die Verbrauchsangaben in Kraftfahrzeugprospekten häufig als tatsächliche Verbrauchswerte missverstehen. Da aber für die Feststellung eines möglicherweise überhöhten Kraftstoffverbrauchs der nach EG 93/116 bzw. nach DIN 70.030 gemessene Verbrauch maßgeblich ist, muss die Vergleichsmessung unter Beachtung der dort vorgesehenen Bedingungen norm-/regelgerecht durchgeführt werden. Gemessen und berechnet wird der Kraftstoffverbrauch nach EG 93/116 anhand des Schadstoffvolumens und nicht nach der Durchflussmenge.

Eine Darstellung und Erörterung der umfangreichen instanzgerichtlichen Rechtsprechung[118] zum Thema der Fehlerhaftigkeit eines Neufahrzeugs wegen überhöhten Kraftstoffverbrauchs ist entbehrlich. Die Urteile sind allesamt durch die Schuldrechtsreform

---

114 OLG München 16. 12. 1986, NJW 1987, 3012.
115 Anh. I der Richtlinie 80/1268 EWG i. V. m. Nr. 2.4.1. des Anhangs III der Ratsrichtlinie 70/220/EWG.
116 *Reinking*, DAR 1990, 171.
117 BGH 18. 6. 1997, NZV 1997, 398, 399. .
118 OLG Zweibrücken Urt. 21. 1. 1982, DAR 1982, 162; Urt. 29. 6. 1983, DAR 1984, 87; OLG München 16. 12. 1996, NJW 1987, 3012; OLG Oldenburg 20. 5. 1988, NZV 1988, 225; OLG Saarbrücken 28. 1. 1992, – 4 U 171/ 91 – n. v.; 9. 6. 1988 – 11 S 240 / 87 – n. v.; OLG Düsseldorf 12. 3. 1992, 249; LG Aachen 26. 6. 1991, MDR 1992, 231; LG Köln 25. 10. 1990 – 2 O 76/ 88 – n. v.; 11. 1. 1995 – 20 O 212/93 – n. v.; LG Essen, 22. 2. 1989, VRS 1989, 8; LG Hechingen 19. 2. 1988, DAR 1988, 426; LG Braunschweig 30. 6. 1999, DAR 1989, 424 – alle Entscheidungen wurden in der 6. Auflage vorgestellt.

überholt. Das Gleiche gilt für die Grundsatzentscheidungen des BGH,[119] welche besagen, dass die Mangelgrenze bei einer Abweichung von 10 % zwischen dem angegebenen und dem tatsächlichen Verbrauch überschritten wird, wobei es auf den **Durchschnittswert der Fahrzyklen** ankommt, da alle Messverfahren davon ausgehen, dass ein Fahrzeug nur selten ausschließlich oder ganz überwiegend allein in einem Zyklus sondern ein Großteil der Wagen vielmehr zu etwa gleichen Anteilen in allen drei/zwei Fahrzyklen bewegt wird. Ob ein extremer Mehrverbrauch in nur einem Fahrzyklus – wie in dem vom OLG München im Jahre 1996[120] entschiedenen Fall, in dem die Abweichung bei 90 km/h Dauergeschwindigkeit 41,37 % betrug – zur Annahme der Fehlerhaftigkeit ausnahmsweise ausreicht, hat der BGH offen gelassen. Weder repräsentativ noch mit Blick auf § 434 BGB zielführend ist eine weitere Entscheidung des OLG München aus dem Jahre 1997,[121] in der ein um 20 % erhöhter Benzinverbrauch, der im Wesentlichen auf einer kurzen, vom Käufer nicht als Mangel beanstandeten Achsübersetzung beruhte, bei einem Lkw als vertragsgemäß bewertet wurde.

Eine **Absenkung des Grenzwertes auf unter 10 %**[122] hat der BGH abgelehnt, weil ein geringerer Mehrverbrauch seines Erachtens den Wert des Fahrzeugs nur unerheblich beeinträchtigen und im Hinblick auf die Reichweite nicht mehr als eine bloße Belästigung für den Käufer mit sich bringen würde. Diese Argumentation ist nach dem Wegfall der Erheblichkeitsgrenze hinfällig und der Toleranzwert zu senken.[123] Es kommt jetzt nicht mehr darauf an, welchen Grad der Wertminderung ein Fahrzeug durch einen überhöhten Kraftstoffverbrauch erfährt, sondern allein auf die Frage, welcher Mehrverbrauch aufgrund von Fertigungstoleranzen und aufgrund unvermeidbarer Ungenauigkeiten der Verbrauchswertemessung hinnehmbar ist. Diese beiden Punkte konnte der BGH unter dem Regime von § 459 Abs. 1 S. 2 BGB a. F. unberücksichtigt lassen, da ihre Aussagekraft auf die erreichbare Zuverlässigkeit der Hersteller- oder Verkäuferangaben beschränkt war und sie keine Auskunft über die Erheblichkeit des Mangels und die durch ihn verursachte Werteinbuße des Fahrzeugs gaben.

i) Umweltbezug als Sacheigenschaft

199 Der Umweltbezug ist eine Eigenschaft der Sache, sofern er in der Sache selbst seinen Grund hat und ihr nach den Anschauungen des Verkehrs für eine gewisse Dauer anhaftet.[124] Er kann tatsächlicher, wirtschaftlicher oder rechtlicher Art sein.[125]

Beispiele aus der Rechtsprechung zur Mängelkategorie des gestörten Umweltbezuges:
– die fehlende Zulassungseignung wegen unzureichender technischer Beschaffenheit (RG 4. 2. 1936, JW 1936, 1888),
– die nicht vorhandene Übereinstimmung von Motor- und Fahrgestellnummer mit den Eintragungen im Kfz-Brief (BGH 10. 7. 1953, NJW 1953, 1505; OLG Karlsruhe 1. 4. 1953, NJW 1953, 1246),
– das Erlöschen der Werksgarantie infolge von Zulassung auf einen Vorbesitzer (LG Bielefeld 18. 12. 1970, MDR 1971, 661),

---

119 Urt. v.1. 10. 1997, NZV 1998, 1213 im Anschluss an das Urteil vom 14. 2. 1996, NJW 1996, 1337 – 13 % Mehrverbrauch im Drittelmix –; ebenso OLG Düsseldorf 22. 12. 1995, OLGR 1996, 112.
120 Urt. v. 16. 12. 1996, NJW 1987, 3012.
121 Urt. 1.10.1997, OLGR 1998, 14.
122 Gefordert von *Reinking,* DAR 1990, 170.
123 So im Ergebnis auch *Dauner-Lieb/Arnold/Dötsch/Kitz* Das neue Schuldrecht, Fälle und Lösungen, S. 126, Fall 67.
124 BGH 12. 6. 1985, MDR 1985, 1020; *Staudinger/Honsell,* § 459 Rn 38 f.
125 *Soergel/Huber,* § 459 Rn 25 m. w. N.

Beschaffenheit

- die fehlende Wartungsfähigkeit in Vertragswerkstätten (LG Darmstadt 13. 7. 1979 – 1 O 68/79 – n. v.),
- die Produktionseinstellung entgegen der Annahme der Parteien, das Auto werde nach Übernahme des Herstellerwerkes durch ein anderes Unternehmen weiterproduziert (OLG Celle 24. 10. 1969, BB 1970, 9),
- unzutreffende Schadstoffklasse, so dass der Pkw entgegen der vertraglichen Vereinbarung nicht für die Dauer von drei Jahren von der Steuer befreit war (OLG Celle 29. 11. 2001 – OLGR 2002, 38).

Die Entscheidungsübersicht verdeutlicht die Tendenz zur **Aufweichung des Mangelbegriffs**. Einer Ausuferung der Sachmängelhaftung hat der BGH[126] durch die Forderung Einhalt geboten, der Fehlerbegriff „gestörter Umweltbezug" setze stets voraus, dass der nachteilige Umstand in der **Beschaffenheit der Kaufsache wurzeln** und ihr **unmittelbar anhaften** müsse. An diesen engen Abgrenzungskriterien ist im Rahmen von § 434 BGB festzuhalten (dazu Rn 199). Der enge Zusammenhang zwischen Umweltbezug und Kaufsache ist zu verneinen, wenn dem Neufahrzeug die vom Verkäufer zu beschaffende **Herstellergarantie** fehlt oder bei Übergabe des Fahrzeugs bereits teilweise abgelaufen ist.[127] Auf BGH-Kurs liegt ein Alturteil des OLG Hamm[128], das die **fehlende Übereinstimmung von Fahrgestell- und Motornummer** mit den Eintragungen in den Kfz-Papieren als einen außerhalb des Fahrzeugs liegenden Umstand bewertete.[129] Das OLG Stuttgart entschied, dass ein unter **Ausnutzung fremden Vertragsbruchs** gekauftes Auto allein wegen dieses Umstandes nicht als mangelhaft einzustufen ist, da die daraus resultierenden Nachteile nicht ihren Grund in der Beschaffenheit des Fahrzeugs sondern in der Art seiner Beschaffung haben[130] und nach zutreffender Ansicht des LG Köln[131] stellt ein vom Käufer genannter **Neuanschaffungspreis** des von ihm in Zahlung gegebenen Gebrauchtfahrzeugs keine Sacheigenschaft dar, weil ihm der unmittelbare Sachbezug fehlt.

Ein Sachmangel liegt auch dann nicht vor, wenn der Verkäufer dem Käufer den **Kraftfahrzeugbrief** nicht übergeben kann, z. B. weil dieser von der Bank zurückgehalten wird.[132] Im Fall der Vorenthaltung des Kraftfahrzeugbriefes stehen dem Käufer die Rechtsbehelfe des allgemeinen Leistungsstörungsrechts zur Seite. Nach erfolgloser Fristsetzung kann er vom Vertrag zurücktreten und Schadensersatz statt der Leistung geltend machen. Ist der Verkäufer außer Stande, den Kfz-Brief zu übergeben, weil ein anderer ihn unberechtigt zurückhält, hat der Käufer die Möglichkeit, seinen Herausgabeanspruch analog § 952 BGB dem Voreigentümer gegenüber – eventuell durch einstweilige Verfügung – zu verwirklichen.[133]

j) Eintragung eines Vorbesitzers im Kfz-Brief

Ein bis heute nicht gelöster Meinungsstreit hat sich an der Frage entzündet, ob die **Voreintragung** in den Kfz-Papieren einen Sachmangel des Kraftfahrzeugs darstellt, wenn der Vorbesitzer den Wagen tatsächlich nicht benutzt hat. Im Unterschied zum Fall der Nichtverschaffung des Kraftfahrzeugbriefes durch den Verkäufer geht es bei der Voreintragung

---

126 Urt. 24. 4. 1996, NJW 1996, 2025.
127 A. A. OLG Düsseldorf 8. 5. 1992, NJW-RR 1993, 57 bei teilweise abgelaufener Herstellergarantie; OLG Köln Urt. v. 4. 3. 1982 – 1 U 78/81 – n. v. bei Fehlen der Deutschlandgarantie eines Importfahrzeugs.
128 Urt. 24. 11. 1952, NJW 1953, 368.
129 Hierzu *Schlechterem,* NJW 1970, 1993.
130 OLG Stuttgart 5. 2. 1988, NJW-RR 1988, 623, 624.
131 Urt. 9.12.1999–2 O 247/99 – n. v.
132 *Creutzig,* Recht des Autokaufs, Rn 7.1.6.
133 OLG Stuttgart 10. 4. 1970, DAR 1971, 13; *Palandt/Bassenge,* BGB, § 952 Rn 7 m. w. N.

darum, dass der Wert des Fahrzeugs durch diese Maßnahme herabgesetzt wird. Allerdings wurzelt der Wertverlust nicht unmittelbar in der Beschaffenheit des Fahrzeugs, sondern in dem dazugehörigen Kraftfahrzeugbrief. Nur wenn man beide als Sacheinheit definiert, lässt sich der Sachverhalt der Mängelhaftung des Verkäufers zuordnen. Von einem Sachmangel des Fahrzeugs wäre bei dieser Betrachtungsweise folgerichtig auch im Fall der Nichtexistenz der Kraftfahrzeugpapiere auszugehen.

Das OLG Karlsruhe[134] vertrat die Ansicht, allein durch die **Voreintragung** werde ein Kraftfahrzeug seinem bestimmungsgemäßen Gebrauch als Verkehrsmittel zugeführt.[135] Begründung: Die Auswirkungen der Zulassung könnten nicht mit dem Ausprobieren von Kleidern verglichen werden, da die Voreintragung im Kfz-Brief eine Minderbewertung zwangsläufig zur Folge habe. Diese beruhe auf der Erfahrung, dass jede Voreintragung eine Erhöhung des Risikos beim Gebrauch infolge Fahrerwechsels und der nicht bekannten und nicht nachweisbaren Umstände wegen des Wechsels mit sich bringe.

Kritiker wandten ein, bei der Zulassung handele es sich nur um einen formalen Akt, durch den die Benutzung zu Verkehrszwecken ermöglicht werde, sie besage aber nicht, dass das betreffende Fahrzeug tatsächlich benutzt worden sei.[136]

Das **Risikoargument** versagt in der Tat, wenn feststeht oder durch eidesstattliche Versicherung des Händlers nachgewiesen werden kann, dass der Erstkäufer mit dem Fahrzeug überhaupt nicht gefahren ist und er es womöglich nicht einmal in Besitz hatte. Mitunter kommt es im Neuwagenhandel vor, dass ein Vertrag über ein bestelltes und bereits – im Wege der Serviceleistungen des Händlers – zugelassenes Fahrzeug aufgehoben wird, bevor die Übergabe erfolgt ist. Der Zweitkäufer eines solchen Fahrzeugs erwirbt nicht aus zweiter Hand, da es an einem Ersthandbesitz regelmäßig fehlt. Ein erhöhtes Risiko besteht nicht einmal dann, wenn dem Ersterwerber kurzfristig Besitz verschafft wurde, dieser den Wagen jedoch nicht benutzt hat, denn die bloße Innehabung der Herrschaftsgewalt allein bewirkt keinerlei Veränderung des Fahrzeugs und seines Zustands.[137]

201 Auf der anderen Seite verdient der Umstand Beachtung, dass die **Wertschätzung** eines Kraftfahrzeugs entscheidend von der Zahl der in den dazugehörigen Papieren eingetragenen Vorbesitzer abhängt[138] und dem „Zweiterwerber" im Fall des Weiterverkaufs ein Schaden in Form eines Mindererlöses entsteht. Aus diesem Grund hat die Rechtsprechung[139] Unfallbeteiligten, deren Ersthandfahrzeug total beschädigt wurde, zuweilen einen sog. „Zweithandzuschlag" zugebilligt, weil ein zum Wiederbeschaffungspreis gebraucht gekaufter Ersthandwagen infolge der Zulassung auf den Käufer zwangsläufig zum Zweithandwagen wird.

Der Marktwert eines „neuen" Zweithandwagens ist im Vergleich zu einem Auto ohne Händler-Voreintragung im Kfz-Brief zweifellos geringer.[140] Aus der Tatsache, dass der Wert eines Kraftfahrzeugs allein dadurch sinkt, dass es nicht mehr aus erster Hand weiterverkauft werden kann, hat das OLG Dresden[141] die einleuchtende Schlussfolgerung gezo-

---

134 Urt. 16. 6. 1971, DAR 1972, 17 f. und 22. 12. 1976, DAR 1977, 323.
135 A. A. LG Köln, Urt. 3. 11. 1982 – 13 S 207/82 – n. v., das die Fabrikneuheit eines etwa 1 ½ Monate nach Erstzulassung verkauften Fahrzeugs bejahte; differenzierend LG Bonn, 17. 2. 1972, NJW 1972, 1137; LG Köln, Urt. 11. 9. 1990 – 33 S 1/90- n. v.
136 *Andres,* NJW 1971, 2377 f.
137 LG Bonn, 17. 2. 1972, NJW 1972, 1137; *Andres,* NJW 1971, 2311 ff.; *Mezger,* BGB-RGRK § 459 Rn 14; *Palandt/Putzo,* § 459 Rn 28; *Westermann,* MünchKomm, § 459 Rn 38.
138 OLG Karlsruhe 16. 6. 1971, DAR 1972, 17 f.; OLG Dresden 14. 10. 1998, OLGR 1999, 87; *Henrichs,* NJW 1967, 1940.
139 OLG Köln 14. 2. 1974, NJW 1974, 2128; a. A. BGH 7. 3. 1978, DAR 1978, 281; OLG Düsseldorf 15. 12. 1976, NJW 1977, 719.
140 OLG Düsseldorf, 22. 11. 1984, NJW-RR 1986, 204; *Creutzig,* Recht des Autokaufs, Rn 7.1.6.
141 Urt. 14. 10. 1998, OLGR 1999, 87.

Beschaffenheit

gen, „fabrikneu gekauft" könne nur bedeuten „aus erster Hand" gekauft. Den mit der Zulassung einhergehenden Wertverlust machen sich Handel und Hersteller durch den Verkauf von Fahrzeugen mit Tages- und Kurzzeitzulassung zu Nutze, wobei sie unterschiedliche Zielrichtungen verfolgen (Rn 203).

Durch die Formaleintragung des Halters im Kraftfahrzeugbrief wird der Tag der Erstzulassung ein für allemal festgeschrieben. Eine Rückgängigmachung der Eintragung ist nur möglich, wenn sie infolge eines **Versehens der Zulassungsstelle** erfolgt ist, nicht aber, wenn sie vom Händler oder Erstkäufer veranlasst wurde. Selbst durch eidesstattliche Versicherung des Händlers, das Fahrzeug sei noch nicht zu Verkehrszwecken in Benutzung genommen worden, lässt sich die Eintragung nachträglich nicht mehr aus der Welt schaffen.

Der Tag der Erstzulassung war nach § 13 AKB a. F. in der Kaskoversicherung für die **Leistungserhöhung** auf den Listenpreis wichtig, da die damalige Zweijahresfrist mit diesem Ereignis in Lauf gesetzt wurde. Da zahlreiche Versicherer nach der Deregulierung die Neupreisentschädigung mit verkürzten Zulassungsfristen entweder beibehalten oder später wieder eingeführt haben, ist die Erstzulassung für das Kaskorecht nach wie vor bedeutsam.

Für die Neuwertversicherung gilt, dass eine Voreintragung im Kraftfahrzeugbrief nicht die Neuwageneigenschaft im versicherungsrechtlichen Sinne beseitigt, sofern das versicherte Kraftfahrzeug von dem voreingetragenen Halter tatsächlich nicht benutzt wurde.[142] Jedoch kann die Voreintragung dem Zweithalter insoweit zum Nachteil gereichen, als sich sein Anspruch auf Entschädigung in Höhe des Listenpreises um die Zeit verkürzt, die zwischen der Erstzulassung und dem Fahrzeugkauf verstrichen ist.[143]

k) Erstzulassung im Ausland

Außerhalb der Vertragshändlerkette importierte Fahrzeuge (Rn 448, 457) sind häufig bereits im **Ausland für kurze Zeit zugelassen** worden, bevor sie abgemeldet, in die Bundesrepublik Deutschland gebracht und dort verkauft werden. Da nur ein deutscher Kfz-Brief existiert, ist die Voreintragung des ausländischen Händlers nicht offenkundig, so dass die Zulassungsstelle in Unkenntnis der Vorgeschichte den deutschen Käufer als ersten Halter einträgt und es unterlässt, den Vermerk über die Neuwageneigenschaft in Kraftfahrzeugpapieren zu streichen. Die Zulassungsstellen in der Bundesrepublik Deutschland sind nur dann verpflichtet, Nachforschungen über die Zulassung im Ausland anzustellen, wenn sie Verdacht schöpfen. Bestätigt sich der Verdacht, ist die Auslandszulassung im deutschen Kfz-Brief zu vermerken.[144]

Das LG Saarbrücken[145] verneinte die Eigenschaft der Fabrikneuheit eines 5 Tage vor Verkauf in Frankreich erstmals zugelassenen Fahrzeugs.[146] Für die Richter war allein die Tatsache der formalen Zulassung des Fahrzeugs und nicht die bis zu dessen Übergabe an den deutschen Käufer – vermutlich durch die Überführung – zurückgelegte Laufleistung von 80 km entscheidend.

l) Fahrzeuge mit Tages- oder Kurzzulassung

Als Fahrzeug mit Tageszulassung wird ein Kraftfahrzeug bezeichnet, dass **einen Tag** auf den **Händler zugelassen** wurde, ohne dass dieser es benutzt hat. Bei **mehrtägiger Zulassung** (Kurzzeitzulassung) dürfen Fahrzeuge nicht als Tageszulassung bezeichnet und be-

---

142 BGH 14. 11. 1979, MDR 1980, 295.
143 *Soergel/Huber*, § 459 Rn 299.
144 Hierzu ausführlich *Creutzig* BB 1987, 283 ff.
145 Urt. 2. 4. 1979, DAR 1980, 19.
146 Ebenso *Creutzig*, Recht des Autokaufs Rn 1.1.2.10 sowie in BB 1987, 283 ff.

worben werden.¹⁴⁷ Händler erreichen durch die Tages- oder Kurzzeitzulassung von Neufahrzeugen auf ihren Namen höhere Abnahmequoten und steigen in der Bonusstaffel, während Hersteller bessere Produktions- und Absatzergebnisse vorweisen können. Bei der Zulassung für einen Tag oder eine kurze Zeit handelt es sich um eine Maßnahme der Verkaufsförderung, insbesondere von Auslaufmodellen und Ladenhütern. Solche Fahrzeuge werden vom Handel erheblich unter Listenpreis angeboten.

Fahrzeuge mit Tages- oder Kurzzulassung sind wegen der Voreintragung des Händlers **nicht fabrikneu.**¹⁴⁸ Die Gründe hat das OLG Dresden in einem sorgfältig begründeten Urteil,¹⁴⁹ das den Verkauf eines Fahrzeugs mit Kurzzeitzulassung von 5 Wochen betraf, zutreffend wie folgt zusammengefasst:

- Wertminderung durch Eintragung des Händlers im Kfz-Brief,
- Nachteile bei der Vollkaskoversicherung,
- Verkürzung der Frist für HU und AU.

Nicht mehr einschlägig ist das Argument, die Verjährungsfrist werde durch die Zulassung in Lauf gesetzt. Die für die Sachmängelhaftung des Verkäufers maßgebliche Verjährungsfrist des § 438 BGB beginnt mit der Ablieferung des Fahrzeugs und nicht schon mit der Zulassung. Hiervon abweichende Regelungen in Garantiebedingungen, die den Beginn der Garantiefrist an den Zeitpunkt der Zulassung binden, sind jedoch möglich.

Nach Ansicht des OLG Köln¹⁵⁰ darf der Käufer eines Fahrzeugs mit Tageszulassung trotz des Fehlens der Fabrikneuheit erwarten, dass es der aktuellen Modellreihe mit allen bisherigen Weiterentwicklungen und technischen Veränderungen entspricht. Ist dies nicht der Fall, muss ihn der Verkäufer hierüber aufklären. Die Angabe des Datums der Tageszulassung reicht hierzu nicht aus, da auch ein zurückliegendes Zulassungsdatum nicht besagt, dass es sich um ein modellveraltetes Fahrzeug handelt.¹⁵¹

Der Verkauf von Fahrzeugen mit Tages- oder Kurzzeitzulassung erfolgt gewöhnlich unter Verwendung von **Gebrauchtwagen-Verkaufsformularen**. Diese Praxis ist zu beanstanden, wenn die AGB einen Ausschluss der Sachmängelhaftung des Verkäufers vorsehen. Im Geschäftsverkehr mit **Privatkäufern** scheitert die Klausel an § 475 Abs. 1 BGB, wonach es dem Verkäufer im Rahmen eines Verbrauchsgüterkaufs grundsätzlich verwehrt ist, sich auf eine vor Mitteilung des Mangels mit dem Käufer getroffene Vereinbarung zu berufen, welche die dort genannten Käuferrechte einschränkt.

Ein in AGB enthaltener Ausschluss der Verkäuferhaftung, der beim Verbrauchsgüterkauf bereits gem. § 475 BGB unzulässig ist, kann im **unternehmerischen Verkehr** an § 307 BGB¹⁵² oder an dem Verbot von § 309 Nr. 8 b aa BGB scheitern, das auch zwischen Unternehmern gilt.¹⁵³ Die Anwendbarkeit dieser Vorschrift hängt davon ab, ob es sich bei einem unbenutzten Neufahrzeug mit Tageszulassung um eine **neu hergestellte** oder um

---

147 OLG Nürnberg 9. 9. 1997, OLGR 1998, 94.
148 *Soergel/Huber*, § 459 Rn 299; *Staudinger/Honsell*, § 459, Rn 90, *Creutzig*, Recht des Autokaufs, Rn 1.1.2.10 sowie BB 1987, 283, OLG Dresden 14. 10. 1998, OLGR 1999, 87 m. w. N. aus Rechtsprechung und Schrifttum; in der Tendenz auch der 8. Senat des BGH 26. 3. 1997, NJW 1997, 1847; auf einen gegenteiligen Standpunkt hat sich der für das Wettbewerbsrecht zuständige 1. Senat des BGH gestellt, Urt. 20. 2. 1986, NJW 1986, 1836.
149 Urt. 14. 10. 1998, OLGR 1999, 87.
150 OLG Köln 17. 4. 1998, NZV 1999, 46.
151 Zur Modellaktualität Rn 211.
152 BGH 26. 6. 1991, NJW 1991, 2631, 2632; 26. 1. 1993, NJW-RR 1993, 561.
153 *Palandt/Heinrichs*, BGB Erg.-Bd. § 309 Rn 60; *Hennrichs* in *Dauner-Lieb/Heidel/Lepa/Ring*, Anwaltkommentar Schuldrecht, § 309 Rn 26.

Beschaffenheit

eine gebrauchte Sache handelt. Auf diese Frage gibt es noch keine höchstrichterliche Antwort.

Vom LG Gießen[154] wurde die Neuheit eines Fahrzeugs mit Tageszulassung verneint und der Klausel, durch die der Verkäufer seine Sachmängelhaftung ausgeschlossen hatte, folgerichtig die Wirksamkeit attestiert. Die Entscheidung ist jedoch nicht repräsentativ, da sie den Verkauf eines Lagerfahrzeugs betrifft. Das OLG München[155] hat sich auf den Standpunkt gestellt, die Bezeichnung des Kaufgegenstandes als Gebrauchtfahrzeug sei ausreichend, um ein neu hergestelltes, unbenutztes und noch nicht auf einen Vorbesitzer zugelassenes Importfahrzeug dem Klauselverbot des § 309 Nr. 8 b aa BGB zu entziehen, sofern der Verkauf durch eine nicht der Händlerorganisation angeschlossene Verkäuferfirma erfolge sei. Im Gegensatz dazu meinte das LG Augsburg,[156] der Ausschluss der Sachmängelhaftung in AGB sei unwirksam, da die Tageszulassung für den Verkäufer allein den Sinn und Zweck habe, dem Käufer einen Rabatt zu gewähren, ohne mit den Bestimmungen des – 2001 abgeschafften – Rabattgesetzes in Konflikt zu geraten.

Ob eine Sache als „neu hergestellt" i. S. v. §§ 307, 309 Nr. 8 b aa BGB anzusehen ist, richtet sich nach dem **Schutzzweck der Norm** und den **Anschauungen des redlichen Verkehrs**. Ein Fahrzeug mit Tageszulassung, das noch nicht benutzt wurde und das mangels Gebrauchsentwertung im Geschäftsverkehr als neu angesehen wird, lässt sich dem Schutzzweck dieser Norm zwanglos zuordnen. Daher sind hohe Anforderungen an eine vertragliche Freistellung von dem in § 309 Nr. 8 b aa BGB verankerten Klauselverbot zu stellen. Dem Käufer, der das Fahrzeug als Unternehmer kauft, muss deutlich vor Augen geführt werden, dass er auf die Sachmängelrechte verzichtet.[157] Die Bezeichnung des Fahrzeugs als „Gebrauchtwagen" kann daher nicht genügen, um sich als Verkäufer der Sachmängelhaftung zu entziehen. Da allein die Ingebrauchnahme aus einer neuen Sache eine gebrauchte macht,[158] kann selbst in den Fällen, in denen ein unbenutztes Fahrzeug mit Tageszulassung nicht mehr dem neusten Modell entspricht oder gar Schäden aufweist, nicht davon ausgegangen werden, dass es sich nicht mehr um eine neu hergestellte Sache handelt.

4. Fabrikneuheit

Bei keinem anderen Produkt, außer beim Neuwagen, befassen sich Rechtsprechung und Schrifttum so intensiv mit der Frage, was unter der Eigenschaft „fabrikneu" zu verstehen ist. Ausgelöst wurde die Diskussion durch die Fälle, in denen entweder zwischen Herstellung und Verkauf ein längerer Zeitabstand lag oder in denen Hersteller die Technik und Ausstattung ihrer Fahrzeuge zwischenzeitlich geändert hatten.

Die Begriffe „fabrikneu" und „neu" werden sowohl im allgemeinen Sprachgebrauch als auch in der Rechtsprechung manchmal gleichgestellt.[159] Rechtlich sind sie nicht gleichbedeutend. Die Bezeichnung neu besagt ihrem Wortsinn nach lediglich, dass die Sache neu – aus neuen Materialien –[160] hergestellt wurde und unbenutzt ist.[161] Allein diese Kriterien,

---

154 Urt. 17. 7. 1991, NJW-RR 1992.
155 Urt. 19. 2. 1998, NJW-RR 1998, 1595.
156 Urt. 10. 2. 1998, DAR 1998, 476.
157 *Reinking/Eggert,* NZV 1999, 1 f.
158 Dies belegt § 357 Abs. 3 S. 1 BGB, der dem Widerrufsberechtigten die Wertminderung auferlegt, die darauf beruht, dass er die als neu empfangene Sache gebraucht zurückgibt, so dass sie nicht mehr als neu weiterverkauft werden kann – *Ring* in *Dauner-Lieb/Heidel/Lepa/Ring,* Anwaltkommentar Schuldrecht, § 357 Rn 34; BT-Drucks. 14/6040, S. 200.
159 *Mezger,* BGB-RGRK, § 459 Rn 14; so auch heute noch bzw. wieder OLG Koblenz 23. 7. 1998, DAR 1999, 262; 20. 11. 1998, NJW-RR 1999, 707.
160 *Staudinger/Honsell,* § 459 Rn 90.
161 Dazu Rn 15.

wonach ein Kfz, abgesehen von der Überführung, nicht benutzt und mithin seinem bestimmungsgemäßen Gebrauch als Verkehrsmittel noch nicht zugeführt worden sein darf,[162] genügen nicht den Anforderungen der Fabrikneuheit.

Unter den genannten Voraussetzungen ist ein Kraftfahrzeug nach der **Begriffsbestimmung** des BGH nur dann fabrikneu,

– wenn und solange das Modell des Kraftfahrzeugs unverändert weitergebaut wird, also keinerlei Änderungen in der Technik und Ausstattung aufweist,[163]
– durch Stehen keine Mängel entstanden sind,[164]
– nach Verlassen des Herstellerwerkes keine (erheblichen) Beschädigungen eingetreten sind, die vor Auslieferung an den Käufer nachgebessert werden.[165]

Das OLG Köln[166] hat als weiteres Kriterium hinzugefügt, dass das Fahrzeug vor der Übergabe an den Käufer keine längere „ungeklärte" Fahrtstrecke zurückgelegt haben darf. Das Beweislastrisiko, ob eine angezeigte Laufleistung von z. B. 150 km von der Überführungsfahrt oder von einer Benutzung im Straßenverkehr herrührt, trägt der Verkäufer.

a) Lagerdauer

205   Die Lagerdauer von Neufahrzeugen ist ein Thema, mit dem sich Rechtsprechung und Schrifttum im Zusammenhang mit der Fabrikneuheit von Fahrzeugen und der damit einhergehenden Aufklärungsproblematik und der heutigen Garantiehaftung zu befassen haben. Sie betrifft den Zeitraum von der Herstellung bis zum Verkauf und entspricht dem Fahrzeugalter.

Grundsätzlich lässt sich feststellen, dass nach der Verkehrsanschauung ein Kraftfahrzeug bei unverändertem Modell noch eine gewisse Zeit nach der Herstellung als fabrikneu angesehen wird.[167] Dabei macht es keinen Unterschied, ob das Kraftfahrzeug während des Zeitraums zwischen Herstellung und Verkauf beim Hersteller oder beim Händler eingelagert war.[168] Eine solche Betrachtungsweise berücksichtigt die Belange der Hersteller, die bei wechselnder Nachfrage gezwungen sind, Fahrzeuge vorübergehend auf Lager zu nehmen, um die Gleichmäßigkeit der Produktion sicherzustellen.[169]

In der Rechtsprechung und im Schrifttum herrscht die Meinung vor, dass eine Lagerdauer von bis zu **12 Monaten** die Fabrikneuheit eines Kraftfahrzeugs im Allgemeinen nicht beseitigt.[170]

Als weitaus schwieriger erweist sich die Festlegung der **maximal** zulässigen Lagerdauer. Zu der Frage, wie lange ein Neufahrzeug zwischen Herstellung und Verkauf längstens stehen darf, ohne dass darunter die Fabrikneuheit leidet, hat sich in der Rechtsprechung noch

---

162 Vgl. *Creutzig,* Recht des Autokaufs, Rn 1.1.2.
163 Urt. 22. 3. 2000, DAR 2000, 82; 6. 2. 1980, NJW 1980, 1097; OLG Köln 19. 10. 1987 – 12 U 9/87 – n. v.; 10. 1. 1990, DAR 1990, 457; LG Köln, Urt. 11. 4. 1991 – 2 O 472/90 – n. v.
164 Urt. 6. 2. 1980, NJW 1980, 1097.
165 Urt. 18. 6. 1980, DB 1980, 1836; s. hierzu die Rezension von *Eisenhardt* in JuS 1982, 170 ff.
166 Urt. 19. 10. 1987 – 12 U 9/87 – n. v.
167 OLG Zweibrücken 20. 11. 1969, MDR 1970, 325.
168 BGH 18. 6. 1980, DAR 2000, 82.
169 *Arning,* DAR 1972, 61.
170 OLG München 9. 2. 1965, DAR 1965, 272; OLG Zweibrücken 20. 11. 1969, MDR 1970, 325; OLG Frankfurt 21. 12. 1977, NJW 1978, 273; OLG Naumburg 21. 6. 1990, NZV 1991, 269; OLG Frankfurt 17. 12. 1997, OLGR 1998, 191; OLG Hamm 20. 4. 1998, NJW-RR 1998, 1212; LG Aachen 11. 11. 1977, NJW 1978, 273; LG Berlin 2. 3. 1965 – 3 O 10/65 – n. v.; *Creutzig,* Recht des Autokaufs, Rn 1.1.2.3; *Soergel/Huber,* § 459 Rn 298 f.; *Westermann,* MünchKomm, § 459 Rn 39 – n. v.; zur Frage der Fabrikneuheit eines Omnibusses im Falle längerer Lagerung einzelner Teile vgl. LG Stuttgart 24. 5. 1982 – 6 KfH O 39/82 – n. v.

Beschaffenheit

keine einheitliche Meinung herausgebildet. Es zeichnet sich allerdings die Tendenz ab, eine Lagerzeit von mehr als einem Jahr im Regelfall nicht zuzulassen.

Viele Urteile, die sich mit dem Thema befassen, wurden durch Besonderheiten des Einzelfalls geprägt. Das verdeutlicht folgende **Übersicht:**

- Das LG Kaiserslautern[171] vertrat vor Jahren die Ansicht, ein Zeitraum von etwa **einem Jahr** zwischen Herstellung und Verkauf mache aus einem Neuwagen keinen „**Ladenhüter**", selbst wenn er am Ende Lagermängel aufweise. Die Kammer vertrat die Ansicht, die Ladenhütereigenschaft setzte außer einer **Zustandsverschlechterung** durch die lange Standzeit weiterhin voraus, dass sich das Fahrzeug „in Konstruktion und Aussehen von den **laufenden Modellen unterscheidet** (objektive Umstände), so dass ein Fahrzeug dieser Art, gemessen an dem Inhalt der Willenserklärung des Käufers (subjektive Umstände), als andere Sache (aliud) anzusehen wäre". Diese auf eine Falschlieferung zugeschnittene Definition überspannt den Bogen, insofern ein Neufahrzeug selbst bei extrem langer Standzeit seine Eigenschaft der Fabrikneuheit nur unter der weiteren Voraussetzung verlieren soll, dass sich durch die Lagerhaltung der Fahrzeugzustand verschlechtert hat und das Fahrzeug zum Zeitpunkt des Verkaufs konstruktiv veraltet ist.

- Bei einem Fahrzeug, das **24 Monate** auf Lager gestanden hatte und erhebliche Mängel aufwies, konnte das OLG Frankfurt[172] keine Beeinträchtigung der Fabrikneuheit erkennen, da – so die damalige Argumentation – die behaupteten und teilweise unstreitigen Mängel auch bei weniger als zwei Jahre alten Neufahrzeugen anzutreffen seien. Dem Käufer werde außerdem nicht geschadet, da es ihm freistehe, bei Abschluss des Kaufvertrages eine Zusicherung des Händlers auf Lieferung eines Fahrzeugs neuester Produktion auszuhandeln.

- Im Gegensatz hierzu verneinte das LG Berlin[173] die Fabrikneuheit eines Fahrzeugs, das etwa **ein Jahr** in den Räumen des Verkäufers gestanden hatte und zum Zeitpunkt des Verkaufs gehäufte Mängel **in erheblichem Umfang** aufwies.

- Das OLG Braunschweig[174] entschied, ein Kfz sei grundsätzlich **nicht** mehr **fabrikneu**, wenn es etwa **ein Jahr** alt und **vor** den **Werksferien** hergestellt worden sei.

- Verneint wurde die Fabrikneuheit vom AG Mönchengladbach[175] bei einer Lagerdauer von **21 Monaten**, da nach dieser Zeit **nicht** mehr von einem **fabrikneuen** Fahrzeug „**im Sinne des Wortes**" die Rede sein könne.

- Das OLG Hamm vertrat im Jahre 1976[176] die Meinung, eine Lagerdauer von **18 Monaten** beeinträchtige nicht die Fabrikneuheit, und deshalb sei der Verkäufer auch nicht verpflichtet, den Käufer auf die Standzeit hinzuweisen.

- Mit der Begründung, dass nach der Verkehrsanschauung eine Lagerzeit von **14 1/2 Monaten** als **wertmindernder Faktor** anzusehen sei, billigte das LG Darmstadt[177] dem Käufer eine Wertminderung wegen Fehlens der Fabrikneuheit zu.

- In zwei Urteilen aus den „Achtziger-Jahren" stellte sich das OLG Hamm[178] auf den Standpunkt, ein Neuwagen, der zwischen Herstellung und Übergabe an den Käufer **ein Jahr oder länger** gestanden habe, sei nicht mehr als fabrikneu anzusehen, jedenfalls

---

171 Urt. 10. 12. 1968 – 4 O 203/68 – n. v.
172 Urt. 10. 3. 1970, OLGZ 1970, 409 ff.
173 Urt. 30. 9. 1975, NJW 1976, 151; ebenso schon KG 19. 12. 1968 – 2 U 2277/67 – zit. bei *Kulich*, Verkauf ohne Risiko, S. 32.
174 Urt. 12. 6. 1975, DAR 1976, 301.
175 Urt. 16. 6. 1976, NJW 1977, 110.
176 Urt. 17. 9. 1976, DB 1976, 2204.
177 Urt. 24. 7. 1980, DAR 1981, 15.
178 Urt. 21. 2. 1984 – 28 U 21/83 – n. v.; 14. 5. 1985, DAR 1985, 353; Urt. 7. 2. 1991 – 2 U 38/91 – n. v.

aber sei der Verkäufer unabhängig von der Fabrikneuheit verpflichtet, von sich aus über die erhebliche Standzeit eines solchen Fahrzeugs aufzuklären.

- Das OLG Düsseldorf[179] war der Meinung, dass ein Fahrzeug, das im Vergleich zum **Vorgängermodell** allenfalls **geringfügige Veränderungen** der Lackierung und in Bezug auf das Herstellungsverfahren der Nockenwelle aufweist, jedenfalls dann nicht mehr als fabrikneu bezeichnet werden darf, wenn seit der Herstellung mindestens **15 Monate** vergangen sind, wobei dem Umstand, dass es sich um ein Importfahrzeug handelt, das auf Umwegen nach Deutschland gelangt ist, keine Bedeutung beizumessen ist.

- Das OLG Naumburg[180] hat sich der Rechtsprechung des OLG Hamm[181] angeschlossen und einem neu hergestellten und unbenutzten aber **zwei Jahre** alten Fahrzeug die Eigenschaft der Fabrikneuheit aberkannt.

- Das OLG Frankfurt[182] entschied, bei einem ungebrauchten Neufahrzeug, das wenigstens **21 Monate** auf Halde gestanden habe, handele es sich nicht mehr um ein fabrikneues Auto. Eine Standzeit von einem Jahr oder länger sei dem Käufer eines Neuwagens grundsätzlich nicht zuzumuten. Verschweige der Verkäufer die Ladenhütereigenschaft, handele er arglistig.

- In zwei neueren Entscheidungen akzeptierte das OLG Frankfurt[183] eine Lagerdauer von **16 Monaten** und das OLG Celle[184] eine Lagerdauer von **14 Monaten**. Für das OLG Frankfurt war ausschlaggebend, dass das Fahrzeug nicht im Freien sondern in einer Ausstellungshalle des Händlers aufbewahrt worden war. Es legte in seiner Entscheidung als Stichtag für den Beginn der Frist jedoch nicht den Zeitpunkt der Produktion noch den Tag der Ankunft des Fahrzeugs in Deutschland fest, sondern die „Freigabe" durch die Deutschlandvertretung. Im Fall des OLG Celle war das Fahrzeug zum Zeitpunkt des Vertragsschlusses 12 Monate alt. Außerdem hatte der Käufer umfangreiche Sonderausstattung verlangt, was die Zeitspanne bis zur Übergabe verlängert hatte.

- Aus Sicht des OLG Bamberg[185] ist auch nach einer Standzeit von **18 Monaten** von der Neuheit eines Null-Kilometer-Fahrzeugs auszugehen, das der Händler unter Hinweis auf einen 10 Monate zuvor stattgefundenen Modellwechsel mit einem Nachlass von über 20% verkauft hat.

207 Die beiden grundsätzlichen Entscheidungen des BGH zur Problematik der Fabrikneuheit aus den Jahren 1980[186] wurden vereinzelt dahingehend missverstanden, die Dauer der Lagerung beeinträchtige als solche grundsätzlich nicht die fabrikneue Eigenschaft eines Kraftfahrzeugs.[187] Dies hat der BGH jedoch nicht gesagt. Er konnte die Frage, ob und nach welcher Zeit ein nichtbenutztes Kraftfahrzeug allein infolge Zeitablaufs seinen fabrikneuen Charakter verliert, auf sich beruhen lassen.[188] Einige Bemerkungen im BGH-Urteil deuten allerdings darauf hin, dass dem Händler/Hersteller nur eine **zeitlich begrenzte Lagerhaltung** zugebilligt werden kann. Dies ergibt sich zum einen aus den vom BGH zitierten Urteilen, welche die damals

---

179 Urt. 23. 7. 1992, OLGR 1993, 34.
180 Urt. 4. 10. 1993, VM 1994, 31.
181 Urt. 21. 2. 1984 – 28 U 21/83 – n. v.; 14. 5. 1985, DAR 1985, 353; Urt. 7. 2. 1991 – 2 U 38/91 – n. v.
182 Urt. 17. 12. 1997, OLGR 1998, 191.
183 Urt. 9. 6. 2000, OLGR 2000, 287.
184 Urt. 11. 7. 2001, OLGR 2001, 223.
185 21. 6. 2002, OLRG 2002, 328.
186 Urt. 6. 2. 1980, NJW 1980, 1097; Urt. 18. 6. 1980, DB 1980, 1836.
187 OLG Düsseldorf 15. 10. 1981, NJW 1982, 1156, 1157; OLG München 28. 6. 1983, DAR 1984, 60; *Hassinger* in „Autohaus" 1980, 1339; OLG Hamm 20. 3. 1980, DAR 1980, 285, 286; *Schmid*, DAR 1981, 43 ff.
188 Dies stellt das OLG Frankfurt in seinem Urteil vom 17. 12. 1997, OLGR 1998, 191 ausdrücklich fest.

herrschende Meinung widerspiegelten,[189] und zum anderen aus der Einschränkung, das zur Fabrikneuheit Gesagte gelte unter Berücksichtigung der Interessen von Käufer und Verkäufer auch dann, wenn das Kfz erst **einige Zeit nach** seiner **Herstellung verkauft** werde.[190] Hinter dieser behutsamen Formulierung, in der nicht von einer fixen nach Monaten oder Jahren bemessenen Lagerzeit, sondern von einem unbestimmten Zeitraum die Rede ist, verbirgt sich die – unausgesprochen gebliebene – Absicht des BGH, die Grenze der Lagerdauer offen zu halten, um im Einzelfall flexibel reagieren zu können. Der Begründung ist nicht zu entnehmen, dass der BGH das Fahrzeugalter als Kriterium der Fabrikneuheit aufgeben wollte.[191] Die gegenteilige Ansicht, die dem Verkäufer eine zeitlich unbegrenzte Lagerhaltung zubilligt,[192] würde zu einer unangemessenen Benachteiligung des Käufers führen.[193]

Nach der Verkehrsanschauung ist und bleibt die Lagerdauer für die **Wertschätzung** eines Kraftfahrzeugs von ausschlaggebender Bedeutung. Es macht einen großen Unterschied, ob ein Auto frisch vom Band oder erst nach längerer Standzeit verkauft wird.[194] Eine lange, selbst technisch unbedenkliche Standzeit ist für Neuwagenkäufer immer ein wertmindernder Faktor.[195] Seinem Wortsinn nach beinhaltet der Begriff „fabrikneu" ein **zeitliches Moment** im Sinne von „gerade hergestellt",[196] und einem Ladenhüter kann diese Eigenschaft nach Ablauf einer gewissen Zeit nicht mehr zugebilligt werden.[197]

208

Wie jedes andere technische Produkt unterliegt auch das Kraftfahrzeug dem natürlichen **Alterungsprozess**, der mit dem Verlassen des Produktionsbandes einsetzt. Es kommt zu Materialermüdungen, dem Beginn einer stetigen Zustandsverschlechterung.[198]

Längere Standzeiten auf Lager – ob in der Halle oder im Freien – führen zwangsläufig dazu, dass sich der **Allgemeinzustand** des Fahrzeugs und seiner Teile **verschlechtert**, was durch die Aufbringung von Schutzschichten und durch andere konservierende Maßnahmen zwar verlangsamt, aber nicht verhindert werden kann. Dies gilt vor allem für Gummiteile, Batterie und Schmiermittel. Luftfeuchtigkeit und Kondenswasser beschleunigen die Oxidation der Metallteile, und unter der Sonneneinstrahlung verbleicht und verschleißt die Polsterung.[199]

Die Reifen werden ebenfalls schadhaft, wenn sie längere Zeit gelagert werden. Es treten physikalische Veränderungen ein, welche die Verkehrstauglichkeit beeinträchtigen. Nach zweijähriger Lagerung besitzen Reifen nicht mehr die Qualität von Neureifen.[200] Aus diesem Grund kann einem Neufahrzeug die Fabrikneuheit insgesamt nicht mehr bescheinigt werden, wenn es mit den Erstreifen zwei Jahre auf Lager gestanden hat und in diesem Zustand ausgeliefert wird. Letztlich wird die Lebensdauer eines Kraftfahrzeugs verkürzt, je länger die Lagerhaltung dauert, und irgendwann ist der Zeitpunkt erreicht, in dem das Fahr-

---

189 OLG München 9. 2. 1965, DAR 1965, 272 und 26. 10. 1966, NJW 1967, 158 – in beiden Fällen betrug die Lagerhaltung nicht mehr als 12 Monate.
190 BGH 6. 2. 1980, NJW 1980, 1097.
191 So auch *Löwe/Graf von Westphalen/Trinkner,* Einl. zu § 11 Nr. 10 Rn 8.
192 *Schmid,* DAR 1981, 43, 44.
193 *Knippel,* DAR 1981, 145 ff.
194 *Knippel,* DAR 1981, 145 ff.
195 LG Darmstadt 24. 7. 1980 – 17 S 25/80 – n. v.
196 OLG Köln 23. 3. 1970, OLGZ 1971, 15 ff.
197 AG Mönchengladbach 16. 6. 1976, NJW 1977, 110; ebenso LG Darmstadt 24. 7. 1980 – 17 S 25/80 – n. v., bei einer Standzeit von 14 1/2 Monaten; ebenso OLG Hamm 2. 12. 1982, DAR 1983, 357 – 18 Monate Standzeit –; LG München 29. 8. 1990, NJW 1991, 182 – Verkauf von Lautsprecherboxen, die seit mehr als zwei Jahren vom Hersteller nicht mehr ausgeliefert wurden.
198 OLG Frankfurt 17. 12. 1997, OLGR 1998, 191.
199 *Arning,* DAR 1972, 61.
200 AG Worms 3. 12. 1992, DAR 1993, 303.

zeug infolge von Verschlechterung seinen fabrikneuen Charakter verliert. Selbst eine beschädigungsfreie Aufbewahrung unter optimalen Bedingungen kann das allein zeitbedingte Altern im Sinne des Älterwerdens und die damit einhergehende fortschreitende Beeinträchtigung der Fabrikneuheit nicht aufhalten.[201]

Am Beispiel der Reifen wird dieser Aspekt besonders deutlich. Laut Empfehlung vieler Hersteller sollen Reifen nicht älter als 6 Jahre sein. Haben Neufahrzeuge mit der Erstbereifung bereits 1 Jahr oder länger auf Lager gestanden, verkürzt sich die Benutzungszeit der Reifen entsprechend und beträgt statt der vorgesehenen 6 Jahre nur noch 5 Jahre oder weniger.

Angesichts der zahlreichen Faktoren, die sich bei längerer Standzeit negativ auf den Wert oder die Nutzungsdauer eines Fahrzeugs auswirken, ist eine **starre zeitliche Festlegung nicht möglich**. Vielmehr hängt die Beurteilung, nach welchem Zeitraum der Lagerung die Fabrikneuheit des Autos durch Alterung beeinträchtigt wird, von den konkreten Umständen des jeweiligen Einzelfalles ab. Bei der Abwägung sind außer der Standdauer zwischen Herstellung und Verkauf folgende Aspekte zu berücksichtigen: Art und Umfang der vom Hersteller oder Händler getroffenen Vorsorgemaßnahmen gegen Witterungseinflüsse bei Lagerhaltung im Freien, Allgemeinzustand des Fahrzeugs bei Verkauf, Erforderlichkeit und Ausmaß von Instandsetzungsarbeiten.

Die allgemeine Absatzlage spielt ebenfalls eine Rolle für die Dauer der Lagerhaltung. Angesichts konjunktureller Schwankungen und der dadurch bedingten Notwendigkeit der Hersteller, Fahrzeuge vorübergehend auf Vorrat zu produzieren, um eine gleichmäßige Auslastung der Betriebe und eine ununterbrochene Beschäftigung der Arbeitnehmer zu gewährleisten, erscheint es nach Abwägung aller widerstreitenden Interessen sinnvoll und vertretbar, den Zeitraum der Lagerung von Neufahrzeugen flexibel zu halten, um ihn erforderlichenfalls den jeweiligen wirtschaftlichen Gegebenheiten anzupassen.[202]

Der von der Rechtsprechung weithin akzeptierte **Zeitrahmen von bis zu einem Jahr** kann dabei aber als **Faustregel** gelten: Kürzere Lagerzeiten beseitigen im Regelfall nicht die Fabrikneuheit eines Neuwagens, sofern die übrigen Kriterien der Fabrikneuheit vorhanden sind.[203]

Veranlassung, **vom Regelfall abzuweichen**, kann bestehen, wenn der Verkäufer das Neufahrzeug in der Bestellung als „Lagerfahrzeug" ausweist. Das OLG Koblenz[204] entschied, die üblicherweise in Kauf zu nehmende Lagerdauer von bis zu einem Jahr verlängere sich unter diesen Umständen **auf 18 Monate**. Der Hinweis auf die Lagereigenschaft befreit den Händler nicht von seiner Verantwortung für die Modellaktualität des verkauften Kraftfahrzeugs.[205] Hat der Hersteller das betreffende Modell zwischenzeitlich mit einer wesentlich verbesserten Ausstattung, beispielsweise ABS, ausgerüstet, fehlt selbst einem als Lagerfahrzeug deklarierten Importauto die Eigenschaft der Fabrikneuheit.[206] Das AG Erkelenz[207] stellte sich auf den Standpunkt, bei einem Importfahrzeug aus Japan sei eine **Lagerzeit von 28 Monaten** für den Käufer unzumutbar, selbst wenn er bei Abschluss des Kaufvertrages gewusst habe (ohne allerdings das genaue Datum der Produktionseinstellung zu kennen), dass das Fahrzeug vom Hersteller nicht mehr produziert wurde. Trotz der besonderen Umstände müsse der Käufer eine Lagerzeit von maximal 12 Monaten hinnehmen.

---

201 OLG Köln 23. 3. 1970, OLGZ 1971, 15 ff.
202 Zust. *Creutzig,* Recht des Autokaufs Rn 1.1.2.3; a. A. *Knippel,* DAR 1981, 145 ff., der dem Hersteller das Risiko der Überproduktion aufbürden will, weil sie auf falscher Markteinschätzung beruht.
203 OLG Nürnberg 21. 6. 1990, NZV 1991, 269.
204 Urt. 13. 7. 1995 – 5 U 166 / 95 – n. v.
205 OLG Koblenz 22. 12. 1994, NZV 1995, 399.
206 OLG Koblenz 27. 6. 1996, MDR 1996, 1125.
207 Urt. 25. 4. 1997, ZfS 1997, 298.

Beschaffenheit

Eine **2½-jährige Lagerdauer eines EU-Importfahrzeugs** führt nach Meinung des OLG Schleswig[208] zum Verlust der Fabrikneuheit. Sie beeinträchtigt aber nicht die Neuwageneigenschaft des Fahrzeugs im Sinne der **„Neuheit"**, wenn das Modell vom Hersteller weiterhin weitgehend unverändert hergestellt wird und keine wesentlichen durch die Standzeit bedingten Mängel oder Schäden aufweist. Nach Ansicht des OLG Zweibrücken[209] unterliegt das Alter des Fahrzeugs nicht der Offenbarungspflicht des Verkäufers, wenn der Händler ein Fahrzeug als Nullkilometerfahrzeug unter Hinweis auf den Modellwechsel mit einem überdurchschnittlichen Abschlag verkauft und der Käufer weiß, dass er kein Neufahrzeug erwirbt. Die besonders günstigen Kaufkonditionen können ein Hinweis darauf sein, dass das Alter des Lagerfahrzeugs nicht zugesichert werden soll.

In untrennbarem Zusammenhang mit der Fabrikneuheit steht die Frage nach dem **Baujahr** eines Kraftfahrzeugs. Nur wer das Baujahr kennt, weiß, wie lange das Fahrzeug auf Lager gestanden hat. Unter Baujahr versteht man den Zeitpunkt, in dem die einzelnen Teile, die nach dem Sprachgebrauch das Fahrgestell bilden, zur Erfüllung ihrer Bestimmung endgültig zusammengesetzt werden. Seit 1959 gilt für Fahrzeuge, die nach dem 1. 10. eines Jahres gebaut werden, das darauf folgende Jahr als Baujahr.

209

Infolge der Änderung von § 59 Abs. 1 Ziff. 3 StVZO ist die **Pflicht** des Herstellers eines zulassungspflichtigen Kraftfahrzeugs zur **Angabe des Baujahrs** im Kfz-Brief **entfallen**.[210] Seither werden die Gebrauchtwagen-Marktpreise nicht mehr nach dem Jahr der Herstellung, sondern dem Jahr der Erstzulassung ausgerichtet.[211] Die Rechtsprechung hat sich der Entwicklung angepasst, indem sie dem Baujahr eines Fahrzeugs nur noch im Zusammenhang mit der Frage der zumutbaren Lagerdauer Bedeutung beimisst.[212]

Aus dem Wegfall der Pflicht zur Angabe des Baujahres ergibt sich für den Käufer die unerfreuliche Konsequenz, dass er von langen Fristen zwischen Herstellung und Verkauf nichts erfährt, ihm also **„wertbildende Faktoren"** verheimlicht werden,[213] da Fahrzeuge aus früherer Produktion wertmäßig allgemein niedriger eingestuft werden als solche aus der laufenden Serie, ungeachtet etwaiger konstruktiver oder ästhetischer Veränderungen.[214] Die Argumentation, das Baujahr habe gegenüber dem Jahr der Erstzulassung eines Kraftfahrzeugs an Bedeutung verloren, seit es nicht mehr im Kfz-Brief eingetragen werde und für die Altersgliederung der Kraftfahrzeuge der Tag der Erstzulassung maßgebend geworden sei, überzeugt nach wie vor nicht, weil die berechtigten wirtschaftlichen Interessen des Neuwagenkäufers keine hinreichende Berücksichtigung finden.[215]

Im Hinblick auf die Beweisführungspflicht befindet sich der Käufer in einer misslichen Lage. Da das **Fertigstellungsdatum** bei den meisten Fabrikaten allenfalls **verschlüsselt** im Kfz-Brief enthalten ist, muss der Käufer detektivische Kleinarbeit leisten, um herauszufinden, wann sein Auto tatsächlich gebaut wurde.[216] Hinweise auf das Produktionsdatum können manchmal den letzten Ziffern der **Reifenkennzeichnung** entnommen wer-

210

---

208 Urt. 21. 7. 1999 OLGR 1999, 412.
209 Urt. 5. 5. 1998, NJW-RR 1998, 1211.
210 VkBl. 1963, 223.
211 Siehe die monatlich erscheinenden DAT-Marktspiegel, herausgegeben von der Deutschen Automobil Treuhand, sowie die Schwacke-Marktberichte für Gebrauchtfahrzeuge.
212 BGH 6. 2. 1980, NJW 1980, 1097; OLG Frankfurt 21. 12. 1977, NJW 1978, 273; KG 7. 2. 1969, NJW 1969, 2145; OLG München 9. 2. 1965, DAR 1965, 272; LG Aachen 11. 11. 1977, NJW 1978, 273; *Creutzig,* Recht des Autokaufs, Rn 1.1.2.1; a. A. OLG Hamm 20. 3. 1980, VersR 1982, 248; OLG München 28. 6. 1983, DAR 1984, 60.
213 *Knippel,* DAR 1981, 145 ff.
214 OLG Braunschweig Urt. 12. 6. 1975, DAR 1976, 301; vgl. auch *Schneider,* Jur. Büro 1978, 74, der eine Zeitspanne von einem Jahr zwischen Herstellung und Verkauf als zu reichlich bemessen hält.
215 *Knippel,* DAR 1981, 145 ff.
216 *Arning,* DAR 1972, 61.

den.[217] Die dort eingeprägte **DOT-Nummer**[218], die seit Januar 2000 vierstellig ist, gibt Aufschluss über Woche und Jahr der Reifenherstellung; z. B. besagen die Ziffern „3501", dass die Herstellung in der 35. Woche des Jahres 2001 erfolgt ist. Von einem Autoverwerter, nicht aber von einem Privatkunden kann erwartet werden, dass er die DOT-Nummer kennt. Deshalb braucht der Käufer die bei einem Verwerter gekauften Reifen nicht von einem Fachbetrieb auf ihre Gebrauchstauglichkeit hin überprüfen zu lassen.[219]

Es kommt vor, dass bei Zahlenkombinationen der **Fertigungsmarkierungen** auf Bauteilen die letzten beiden Ziffern das Jahr und die drittletzte Ziffer den Fertigungsmonat wiedergeben (*Beispiel*: 421 = Januar 42. Woche 2001). Bei Kunststoffteilen und bei gegossenen Teilen werden **Produktionsmarken** eingestanzt oder eingegossen, die in der Regel aus einem runden Emblem mit eingestanzter Jahres- und Monatszahl bestehen. Der jüngste Punkt, im Uhrzeigersinn gesehen, gibt den Produktionsmonat an. Nach Auskunft des ADAC lassen Übereinstimmungen verschiedener Bauteile hinsichtlich des Produktionsdatums recht exakt auf das Herstellungsdatum des Gesamtfahrzeugs schließen, da die Zulieferung zeitnah zur Fahrzeugherstellung erfolgt (Just-in-Time-Prinzip).

Die internationale 17-stellige **Fahrzeug-Identifizierungsnummer**, die ab der 10. Stelle den Produktionszeitraum wiedergeben soll, wurde von vielen, aber nicht von allen Fahrzeugherstellern eingeführt, da hierzu in der Bundesrepublik Deutschland im Gegensatz zu den USA kein gesetzlicher Zwang besteht.[220] Der Buchstabe bzw. die Ziffer an der 10. Stelle gibt das Modelljahr an, das jedoch nicht mit dem Kalenderjahr identisch sein muss.[221] Nach Ausschöpfung des Alphabets im Jahr 2000, für das der Buchstabe Y stand, einigten sich die Hersteller auf eine Ziffernfolge, beginnend mit dem Modelljahr 2001. Für das Jahr 2001 steht an 10. Stelle der Fahrgestellnummer die Ziffer 1, für 2002 die Ziffer 2 usw.

Beispiel:
Fahrzeug – Identnummer WOLOTGF4818000.079
Es handelt sich um ein Fahrzeug des Modelljahres 2001.

Das Modelljahr kann je nach Hersteller/Fahrzeugmodell in ganz unterschiedlichen Monaten beginnen. Die Möglichkeit, den Monat der Produktion aus der Fahrzeug-Identnummer herauszulesen, hat nur der Hersteller.[222]

Auskünfte über das Alter erteilt auch das Kraftfahrt-Bundesamt. Es reicht dazu aus, dem Kraftfahrt-Bundesamt Hersteller und Fahrgestellnummer mitzuteilen. Zwar kann der Auskunft nicht immer exakt entnommen werden, wann das betreffende Fahrzeug hergestellt wurde, doch lässt der Verwendungsnachweis Rückschlüsse auf das ungefähre Fertigstellungsdatum zu. Auch auf der Windschutzscheibe eines Kraftfahrzeugs befinden sich manchmal Schlüsselzahlen, die das Datum der Herstellung bezeichnen.

Angesichts der Schwierigkeiten, das Fahrzeugalter zu ermitteln, ist ein **Auskunftsanspruch** des Käufers in Erwägung zu ziehen. Dabei muss berücksichtigt werden, dass der Verkäufer, zu dem allein der Käufer in Vertragsbeziehungen steht, regelmäßig nicht in der Lage sein dürfte, das Baujahr bekannt zu geben, da ihm entsprechende Unterlagen fehlen. Gegen den Hersteller könnte sich ein Auskunftsanspruch aus einer entsprechenden An-

---

217 *Romanovszky*, Kauf von neuen Kraftfahrzeugen, S. 10; *Creutzig*, Recht des Autokaufs, Rn 0.16.
218 Department of Transportation.
219 OLG Köln 7. 11. 2000 OLGR 2001, 45.
220 DAR 1985, 353 – Anm. der Schriftleitung zu dem dort veröffentlichten Urteil des OLG Hamm vom 14. 5. 1985.
221 Auskunft über die Bedeutung der Ziffern im Fahrzeugschein liefert der Beitrag „Was die Ziffern bedeuten" im Anhang des Autobild Bordbuchs Spezial 2/ 98.
222 Entnommen den Informationen aus der Fahrzeugtechnik des ADAC 17.06.4000, Stand 2/01.

Beschaffenheit

wendung von § 810 BGB ergeben. Voraussetzung hierfür wäre allerdings, dass die Aufzeichnungen des Herstellers, aus denen sich das Baujahr ergibt, nicht nur aus betriebsinternen Erfordernissen, sondern auch im Interesse des Käufers erfolgt sind. Insoweit erscheint eine weite Auslegung der Vorschrift zu Gunsten des Käufers gerechtfertigt.[223]

Mit einer **Wiedereinführung** der Herstellerverpflichtung, bei zulassungspflichtigen Fahrzeugen das Baujahr im Kfz-Brief zu vermerken, ist nach Lage der Dinge **nicht zu rechnen**. Es wird mithin bei dem für den Verbraucher unbefriedigenden Zustand verbleiben, dass er über das Herstellungsdatum seines Fahrzeugs im Unklaren gelassen wird. Die Appelle des ADAC und der Arbeitsgemeinschaft der Verbraucher blieben fruchtlos. Das Bundeswirtschaftsministerium ließ die interessierten Organisationen schon vor Jahren wissen, nach eingehender Prüfung des Fragenkomplexes mit allen Beteiligten bestehe kein dringendes Bedürfnis, die Angabe des Herstellungsdatums im Fahrzeugbrief (wieder) zwingend vorzuschreiben.

b) Modellaktualität

Ein weiteres Kriterium der Fabrikneuheit besteht darin, dass das **Modell** des Kraftfahrzeugs unverändert weitergebaut wird, also keinerlei Änderungen in der Technik und Ausstattung im Vergleich zu dem gelieferten Fahrzeug aufweist.[224]

Nicht nur unter Juristen, sondern selbst in Fachkreisen herrscht keine Klarheit darüber, was unter einem Fahrzeugmodell zu verstehen ist. Nach einer Definition des LG Stuttgart[225] ist für die Bezeichnung des Modells allein das Gesicht eines Autos maßgebend. Diese ausschließlich auf das Äußere des Fahrzeugs gerichtete Betrachtungsweise ist antiquiert. Sie wird den heutigen Verhältnissen des Automobilbaus allein nicht mehr gerecht, da viele Hersteller dazu übergegangen sind, ihre Produkte laufend konstruktiv und technisch zu verbessern, ohne gleichzeitig deren Form und äußere Gestaltung entscheidend zu verändern. Aus diesem Grund soll nach anderer Auffassung eine Modelländerung auch dann anzunehmen sein, wenn der Hersteller äußerlich nicht sichtbare technische Verbesserungen grundlegender Art vornimmt.[226] Dem hat sich der BGH[227] angeschlossen, indem er entschied, eine Modelländerung sei – auch bei einem unveränderten äußeren Erscheinungsbild des Kfz – dann gegeben, wenn mit der Änderung der Modellbezeichnung zugleich eine technische Änderung (größerer und leistungsstärkerer Motor) verbunden ist und das bisherige Modell nicht mehr gebaut wird. Für die Beurteilung, ob es sich bei einem Kraftfahrzeug um ein neues Modell handelt, ist der nationale Markt maßgeblich.[228]

Befragte Hersteller haben die Begriffe **Modell** bzw. **Modellwechsel** unterschiedlich definiert. Während ein Hersteller die Auffassung vertrat, die Bezeichnung könne jeweils nur modellspezifisch gesehen und daher nicht allgemein begrifflich dargestellt werden, formulierte ein anderer den Modellwechsel als Übergang von einem laufenden Modell auf ein Nachfolgemodell, wobei sich das Nachfolgemodell in seinem **äußeren Erscheinungsbild** und auch meist in technischer Ausstattung von seinem Vorgänger gleichen Namens unterscheide; im Gegensatz hierzu beschreibe der Begriff **Typwechsel** die Ablösung einer Modellreihe durch eine andere mit neuem Namen. Manche Hersteller differenzierten zwischen Modellwechsel und der Durchführung von Detailverbesserungen innerhalb der laufenden Serie. Beim Modellwechsel löst ihrer Meinung nach ein neuer Typ oder eine neue Version ein vorausgegangenes Modell ab. Als entscheidendes Kriterium wurde von vielen Herstel-

---

223 BGH 15. 12. 1965, BB 1966, 99.
224 BGH 6. 2. 1980, NJW 1980, 1097.
225 Urt. 28. 1. 1959, BB 1959, 538.
226 OLG München 9. 2. 1965, DAR 1965, 272; KG 7. 2. 1969, NJW 1969, 2145 ff.
227 Urt. 22. 3. 2000, DAR 2000, 82.
228 OLG Frankfurt, 9. 6. 2000, OLGR 2000, 287.

lern und Importeuren die Allgemeine Betriebserlaubnis genannt, die das Kraftfahrt-Bundesamt erteilt. Dieser Aspekt dürfte in der Tat am ehesten für die begriffliche Eingrenzung des Modellwechsels geeignet sein. Bei neuen Modellen bedarf es der Neuerteilung einer Allgemeinen Betriebserlaubnis, während bei Detailänderungen in der Mehrzahl der Fälle ein Nachtrag zur bereits bestehenden Allgemeinen Betriebserlaubnis vom Kraftfahrt-Bundesamt erteilt wird.

Detailänderungen dienen der **Typenverbesserung** (Modellpflege). Darunter versteht man die technische und konstruktive Weiterentwicklung eines Baumusters im Laufe der Produktion.[229] Die im Rahmen der Typenverbesserung vorgenommenen Änderungen sind Folge der von den Käufern beanstandeten oder werkseitig erkannten Schwachstellen eines Modells. Maßnahmen der Typenverbesserung dienen ferner dazu, ein Modell dem jeweils neuesten technischen Entwicklungsstand anzupassen. Die Zahl der durchschnittlichen Veränderungen im Laufe der Produktion eines Modells ist unterschiedlich und hängt ab von der technischen Entwicklung, den Kundenwünschen und von den Fortschritten in der Rationalisierung. Zu den Detailänderungen gehören auch die sog. „**face-liftings**", also die Veränderungen des Aussehens eines Kraftfahrzeugs. Nach Auskunft eines Importeurs japanischer Fahrzeuge werden bei einer angenommenen Lebenszeit eines Modells von etwa 5 Jahren durchschnittlich 3 bis 4 face-liftings vorgenommen. Solche Maßnahmen, wie z. B. Änderungen am Kühlergrill, an den Blinkleuchten, den Radkappen usw., sind nicht gleichbedeutend mit einem Modellwechsel.[230]

212 Lange Zeit galt, dass nur **erhebliche Veränderungen** einer in Produktion befindlichen Fahrzeugserie die Modellaktualität der bereits hergestellten, nicht geänderten Fahrzeuge beeinträchtigen. Als eine Veränderung von nicht hervorragender Bedeutung, sondern lediglich als eine technische Einzelverbesserung im Sinne betriebsinterner Modellpflege wertete das KG[231] die Änderung der Hinterachskonstruktion, welche die Fahreigenschaften des Autos verbesserte, ohne dass die ursprüngliche Konstruktion Funktionsstörungen aufwies. In dem gleichen Sinne entschied das OLG Zweibrücken,[232] das die Einführung eines Kurzhalsgetriebes als nicht grundlegende Konstruktionsverbesserung ansah, und das OLG Stuttgart[233] im Fall der Anbringung eines zusätzlichen Rücklichts. Obwohl sie in den erwähnten Entscheidungen grundsätzlich anerkennen, dass der Käufer beim Kauf eines neuen Wagens im Regelfall als selbstverständlich voraussetzt, ein technisch dem zum Lieferzeitpunkt auf dem Markt befindlichen neuesten Modell entsprechendes Auto zu erwerben, waren beide Gerichte nicht bereit, ihm Anspruch auf Lieferung eines Fahrzeugs mit allen technischen Neuheiten der zuletzt gefertigten, auf dem Markt befindlichen Bauserie einzuräumen. Zur Begründung verwiesen sie auf die Interessenlage der Hersteller, die ihres Erachtens darin besteht, kontinuierlich technische Verbesserungen einzuführen, ohne gleichzeitig dem Zwang unterworfen zu sein, die nicht mit diesen Änderungen ausgestatteten Fahrzeuge preislich herabsetzen zu müssen.

213 Diese Auffassung ist seit der grundsätzlichen Entscheidung des BGH vom 6. 2. 1980[234] überholt. Seither gilt, dass das vom Händler verkaufte Neufahrzeug **keinerlei Änderungen in Technik und Ausstattung** im Vergleich zur laufenden Modellreihe aufweisen darf, anderenfalls das Merkmal der Fabrikneuheit fehlt. Auf die Erheblichkeit der Änderung kommt es nach dieser Definition des BGH nicht an. Instanzgerichte sind dem BGH ge-

---

229 *Arning,* DAR 1972, 61.
230 Das OLG Hamm spricht von „Modelländerungen", Urt. 20. 3. 1980, DAR 1980, 285.
231 Urt. 7. 2. 1969, NJW 1969, 2145 ff.
232 Urt. 20. 11. 1969, MDR 1970, 325.
233 Urt. 26. 1. 1959, BB 1959, 338; ferner OLG München 9. 2. 1965, DAR 1965, 272, das auf bau- und fahrtechnisch bedeutsame Veränderungen abstellte.
234 NJW 1980, 1097.

Beschaffenheit

folgt,[235] haben aber manchmal die Einschränkung gemacht, dass die Änderung gegenüber den vorher produzierten Fahrzeugen erheblich sein muss, was etwa bei der Verbesserung wichtiger technischer Einzelheiten der Fall ist.[236]

Beispiele aus der Rechtsprechung:

- Verbesserung der Schraubenfedern, des Karosserieschutzes, der Thermostatanzeige, der elektrischen Vorwärmeeinstellung und Wegfall der 1000-km-Inspektion – AG Charlottenburg 28. 8. 1980, DAR 1980, 370 –
- Motoränderung, die es ermöglichte, das Fahrzeug statt mit Superbenzin mit Normalbenzin zu fahren – OLG Köln 2. 7. 1982, DAR 1982, 403 –
- Fehlen der in dem geänderten Modell serienmäßig vorhandenen Servolenkung – OLG Köln, Urt. 9. 11. 1983 – 2 U 70/83 n. v. –
- Verbesserung des Grundmodells durch Ausstattung mit Katalysator ohne Änderung der Typenbezeichnung – OLG Köln 10. 1. 1990, DAR 1990, 457 –
- Fehlen der seit dem 1. 1. 1990 nach § 50 Abs. 8 StVZO vorgeschriebenen Leuchtweitenregulierung trotz Vorhandenseins einer eintragungsfähigen Ausnahmegenehmigung – LG Köln, Urt. 11. 4. 1991 – 2 O 472/90 – n. v. –
- Ausrüstung der laufenden Modellreihe mit Wegfahrsperre und ABS; nicht aber eine geringfügige Veränderung der Lackierung und des Herstellungsverfahrens – OLG Zweibrücken 5. 5. 1998, NJW-RR 1998, 1211 –
- Fehlen des Kickstarters bei einem Motorroller der Vorjahresserie – AG Frankfurt 7. 2. 1997, NJW-RR 1998, 489 –
- Getriebemodifizierung bei einem Motorrad wegen Mängel der Vorserie; offen gelassen im Hinblick auf den Einbau eines Fahrerinformationsdisplays – LG Köln 10. 10. 1995, 4 O 395 / 94 –.

Der Entscheidung des BGH vom 6. 2. 1980[237] war zunächst noch nicht eindeutig zu entnehmen, ob entsprechend dem Leitsatz sowohl Änderungen in der Technik und der Ausstattung als auch durch längere Standzeit bedingte Mängel **zusammentreffen** müssen. Aus den Ausführungen im zweiten Urteil vom 18. 6. 1980[238] folgte jedoch zweifelsfrei, dass das Vorhandensein bereits eines der drei Kriterien (Lagermängel, Modellveralterung, Beschädigungen) die Fabrikneuheit beseitigt.[239]

Die vom BGH aufgestellten Grundsätze gelten uneingeschränkt für reimportierte Kraftfahrzeuge (Rn 448). Importfahrzeuge aus der Vorserie sind nicht fabrikneu.[240]

aa) Nicht vorrätige Fahrzeuge

Auf das Fehlen der Fabrikneuheit wegen Fehlens der Modellaktualität kann sich ein Käufer naturgemäß nicht berufen, wenn er mit dem Händler die Lieferung eines Fahrzeugs der nichtlaufenden Serie oder eines Auslaufmodells vereinbart hat.[241] Dem Kfz-Handel ist es nicht verwehrt, bei einem Modell- oder Typwechsel während der Übergangszeit Fahrzeuge der alten und der neuen Serie nebeneinander zu verkaufen und dabei die alten Modelle mit

---

235 OLG Hamm 20. 3. 1980, DAR 1980, 285; OLG Düsseldorf 15. 10. 1981, NJW 1982, 1156; LG Köln Urt. 8. 1. 1981 – 2 O 371/80 – n. v.; Urt. 6. 1. 1983 – 8 O 216/81 – n. v.
236 OLG Köln 10. 1. 1990, DAR 1990, 457.
237 NJW 1980, 1097.
238 DB 1980, 1836.
239 So auch OLG Düsseldorf 15. 10. 1981 – 6 U 216/80 – n. v.; OLG Köln 19. 10. 1987 – 12 U 9/87 – n. v.
240 OLG Koblenz 22. 12. 1994, NZV 1995, 399; 27. 6. 1996, NJW – RR 1997, 430; LG Köln 6. 12. 1984 – 2 O 166/84 – n. v.
241 LG Kaiserslautern 10. 12. 1968 – 4 O 203/68 – n. v.

Preisnachlass anzubieten. Allerdings müssen auch bei einem auslaufenden Modell die übrigen Kriterien der Fabrikneuheit erfüllt sein, d. h., das Fahrzeug muss unbenutzt sein und darf keine Lagermängel oder Beschädigungen aufweisen.[242]

Wird das Auto auf Bestellung gekauft, so hat der Käufer Anspruch auf Lieferung eines Modells, wie es zum Zeitpunkt des Vertragsschlusses produziert wird. Dies ergibt sich indirekt aus Abschn. IV, Ziff. 5 NWVB, wonach Änderungen während der Lieferzeit vorbehalten bleiben, die mit dem Vertragsschluss beginnt. Abschn. IV, Ziff. 5 NWVB gewährt dem Käufer keinen Rechtsanspruch auf ein Fahrzeug mit den neuesten Änderungen. Das bedeutet, dass der Käufer grundsätzlich das **Risiko des Veraltens eines Modells trägt**, wenn der Hersteller nach Vertragsschluss das Modell ändert oder erhebliche Verbesserungen an der laufenden Modellserie vornimmt. Dadurch wird die Rechtsprechung festgeschrieben, die im Widerstreit der beiderseitigen Interessen denen des Herstellers den Vorzug einräumt und ihm gestattet, die Fahrzeuge der alten Serie zu unveränderten Preisen abzusetzen, bevor das neue Modell auf den Markt kommt. Der Kunde, so entschied das LG Hamburg,[243] müsse eben damit rechnen, dass auf der nächsten Ausstellung ein neuer Fahrzeugtyp herauskommt. Diese Wertung ist sachangemessen. Zwar richtet sich das Interesse des Käufers darauf, das bei Auslieferung neueste Modell zu erhalten, jedoch ist es für den Verkäufer unzumutbar, bei langen Lieferzeiten, an deren Ende eine Modellverbesserung vorgenommen wird, die zwischenzeitlich produzierten Fahrzeuge nicht mehr als vertragsgemäß gelten zu lassen.[244] Letztendlich erhält der Käufer das Fahrzeug in der von ihm bestellten und gewünschten Ausstattung.

In Anbetracht der geschilderten Interessenlage hat sich das OLG Köln[245] auf den Standpunkt gestellt, für die Beurteilung der Fabrikneuheit sei nicht die betriebsinterne Umstellung der Produktion, sondern allein der Zeitpunkt der Auslieferung der neuen Modellserie an den Handel maßgeblich. Der Händler habe unter diesen Umständen nicht die Pflicht, den Kunden auf die Produktionsumstellung hinzuweisen. Diese Ansicht mag zutreffen, wenn der Hersteller die Produktionsumstellung geheim gehalten hat. Sie lässt sich jedoch nicht verallgemeinern und auf die Fälle übertragen, in denen der Hersteller das neue Modell bereits öffentlich angekündigt hat. Damit gibt er nämlich zu erkennen, dass er die noch nicht abgesetzten Fahrzeuge der Vorserie als Auslaufmodelle betrachtet.

Das OLG München[246] entschied vor Jahren, der Verkäufer sei nicht verpflichtet, den Käufer auf das Erscheinen eines neuen Modells innerhalb der vereinbarten Lieferfrist hinzuweisen. Ob diese Ansicht noch zeitgemäß ist, darf bezweifelt werden. Auf Nachfrage des Käufers ist er jedenfalls zur Erteilung richtiger Auskunft verpflichtet.

Älteren Datums ist auch ein Urteil des OLG Celle,[247] das dem Begehren des Käufers auf Rückabwicklung des Kaufvertrages stattgab, weil der Hersteller die **Produktion** des Fahrzeugtyps **eingestellt** hatte. Der Sachverhalt bot die Besonderheit, dass beide Parteien bei Vertragsschluss irrtümlich davon ausgegangen waren, die Produktion werde nach Werksübernahme von der übernehmenden Autofabrik fortgesetzt. Auf dem Boden des subjektiven Fehlerbegriffs, wonach die vorgestellte Fortsetzung der Produktion die Wertschätzung eines Autos positiv beeinflusst, erscheint das Urteil konsequent und rechtsfehlerfrei.[248]

Liefert der Händler ein Fahrzeug mit Ausstattungsvarianten, mit denen das Modell erst während der Lieferfrist ausgerüstet worden ist, gibt es in der Regel keine Schwierigkeiten.

---

242 OLG Düsseldorf 15. 10. 1981 – 6 U 216/80 – n. v.
243 Urt. 23. 11. 1960, BB 1961, 67.
244 *Schmid,* DAR 1981, 43 ff.
245 16. 7. 2002, OLGR 2002, 404 nicht rechtskräftig; siehe dazu auch Rn 72.
246 Urt. 26. 10. 1966, NJW 1967, 158.
247 Urt. 24. 10. 1969, BB 1970, 9.
248 A. A. *Creutzig,* Recht des Autokaufs, Rn 7.1.6.

Beschaffenheit

Der Käufer wird eine veränderte Beschaffenheit nicht rügen, nur weil das bereitgestellte Fahrzeug nicht mit der zum Zeitpunkt des Vertragsabschlusses gültigen – zum Zeitpunkt der Lieferung aber bereits veralteten – Herstellerbeschreibung übereinstimmt. Stattdessen wird er erfreut sein, ein Fahrzeug in der Version zu bekommen, in der es der Hersteller augenblicklich produziert. Gleichwohl braucht der Käufer eines Neufahrzeugs beliebige Änderungen innerhalb der Lieferfrist nicht zu akzeptieren. Sind die Änderungen und Abweichungen unzumutbar, kann er die Abnahme des Autos gem. Abschn. IV, Ziff. 5, S. 1 NWVB verweigern. Den Nachweis der Zumutbarkeit muss der Händler erbringen (Rn 195).

Aus den Vertragserklärungen kann sich ergeben, dass ein Kaufvertrag nur über das **Nachfolgemodell** geschlossen wurde. Diesen Erklärungsinhalt entnahm der BGH[249] der Formulierung „neue Ausführung" in der Bestellung eines Neuwagens, dessen Preis und Ausstattung im Zeitpunkt des Vertragsabschlusses noch nicht feststanden. Eine Entscheidung des OLG Karlsruhe[250] besagt, dass unter Berücksichtigung der Grundsätze von Treu und Glauben von dem Zustandekommen eines Vertrages über das Nachfolgemodell auszugehen ist, wenn der Käufer ein noch nicht in Produktion befindliches Nachfolgemodell zu einem Lieferzeitpunkt bestellt, in dem nur noch das Nachfolgemodell gefertigt wird. Dabei hat selbst eine von der Bestellung abweichende Auftragsbestätigung des Verkäufers außer Betracht zu bleiben, falls es dem Käufer – für den Verkäufer erkennbar – darum geht, die lange Lieferfrist für das neue Modell durch frühzeitige Bestellung abzukürzen.

Nach dem Vertrag kann gewollt sein, dass sich die Parteien auf eine **Regelausstattung** des Fahrzeugs geeinigt haben, die dem **aktuellen Angebot zum Zeitpunkt der Auslieferung** entsprechen soll. Von einem dahin gehenden Parteiwillen ist unter Umständen auszugehen, wenn bereits bei Vertragsschluss feststeht, dass die Fahrzeugausstattung geänderten Zulassungsvorschriften angepasst werden muss, die vor dem vereinbarten Liefertermin in Kraft treten.[251]

bb) Vorrätige Fahrzeuge

Früher wurde die Auffassung vertreten, bei vorrätigen Fahrzeugen sei es üblich, dass sie zwar dem neuesten Modell entsprächen, häufig aber über längere Zeit in den Verkaufsräumen gestanden hätten und nicht immer mit den aktuellsten Typverbesserungen ausgestattet seien, womit der Käufer rechnen müsse. Der Erwerber eines vorrätigen Fahrzeugs müsse, wenn er einen dem allerneuesten Stand entsprechenden Fahrzeugtyp erhalten wolle, mit dem Händler eine **Vereinbarung** treffen, durch welche die vertragsgemäße Beschaffenheit des zu liefernden Fahrzeugs näher eingegrenzt werde. Kritiker attestierten der Rechtsprechung Lebensfremdheit und hielten ihr entgegen, dass heutzutage jeder Kaufvertrag über ein technisches Produkt die Lieferung einer technisch auf dem letzten Stand befindlichen Ware beinhaltet.[252]

Soweit ersichtlich, vertraten ursprünglich nur das OLG Düsseldorf[253] und das OLG Köln[254] die Auffassung, der Erwerber eines vorrätigen Neuwagens habe grundsätzlich Anspruch auf Lieferung eines Kraftfahrzeugs mit allen technischen Neuheiten der zuletzt gefertigten und auf dem Markt befindlichen Bauserie. Das OLG Düsseldorf[255] bejahte die Fehlerhaftigkeit, weil das als Neuwagen verkaufte Fahrzeug nicht mit einer vom Hersteller

---

249 Urt. 19. 3. 1980, NJW 1980, 1680 ff.
250 Urt. 19. 10. 1977, DAR 1978, 13.
251 LG Köln 11. 4. 1991 – 2 O 472/90 – n. v.
252 *Weber,* NJW 1970, 340; *Michel,* JurBüro 1969, 897.
253 Urt. 13. 4. 1970, NJW 1971, 622.
254 Urt. 23. 3. 1970, OLGZ 1971, 15 ff.
255 Urt. 13. 4. 1970, NJW 1971, 622.

zwischenzeitlich eingeführten Doppel-Zweikreis-Bremsanlage und einer Rundum-Warnblinkanlage ausgestattet war. Während der Übergangszeit waren sowohl Fahrzeuge der Vorserie als auch die technisch verbesserten Modelle auf dem Markt zu gleichen Preisen angeboten worden. Das OLG Düsseldorf entschied, dass der Grundsatz, wonach der Käufer eines fabrikneuen Wagens regelmäßig ein auf dem neuesten Stand der Technik befindliches Modell erwerben will, auch dann zu gelten habe, wenn der Käufer das von ihm begehrte Modell bereits beim Händler vorfindet. In den Urteilsgründen wurde allerdings eingeräumt, dass beim Kauf eines Ausstellungswagens die Vertragsauslegung zu einem anderen Ergebnis führen kann, weil für den Käufer der Gedanke nahe liegt, das Auto könnte bereits vor einem länger zurückliegenden Zeitpunkt an den Händler geliefert worden sein.

Der BGH[256] hat sich dieser Meinung angeschlossen und zur Voraussetzung der Fabrikneuheit gemacht, dass das verkaufte, beim Händler vorrätige Neufahrzeug keinerlei Änderungen in der Technik und der Ausstattung im Vergleich zur laufenden Modellreihe aufweisen darf.

Die Tatsache, dass ein Neufahrzeug als **Ausstellungsstück** beim Händler einige Zeit gestanden hat, beeinträchtigt als solche nicht die Fabrikneuheit, da die Präsentation noch keine Benutzung darstellt.[257] Dies gilt auch dann, wenn ein Präsentationsfahrzeug in den Ausstellungsräumen des Händlers während eines Zeitraums von mehr als einem halben Monat nicht nur ernsthaften Kaufinteressenten vorgestellt wird, sondern potenziellen Kunden allgemein zugänglich ist. Eine andere Beurteilung ist freilich angezeigt, wenn ein Ausstellungsauto bereits **deutliche Gebrauchs- und Abnutzungsspuren** aufweist, die durch häufiges Probesitzen, Öffnen und Schließen der Türen, Anfassen und Betätigen der Bedienungselemente entstanden sind.[258]

c) Veränderungen, Lagermängel und Beschädigungen

216 Nicht ganz unerhebliche **Fahrzeugveränderungen,** die vor der Auslieferung vom Händler oder von einem Dritten vorgenommen werden, beseitigen die Neuwageneigenschaft. Der Käufer darf erwarten, dass das von ihm gekaufte Neufahrzeug komplett im Herstellerwerk produziert wurde.

Von einem fabrikneuen Fahrzeug kann nach der Definition des BGH[259] nur die Rede sein, wenn durch die **Lagerung keine Mängel** entstanden und nach dem Verlassen des Herstellerwerkes **keine nicht ganz unerheblichen Beschädigungen** eingetreten sind. Bezüglich lagerungsbedingter Mängel gilt wie bei Beschädigungen, dass nur solche, die erheblich sind, die Fabrikneuheit beseitigen, wobei es nicht entscheidend darauf ankommt, ob die durch Lagerung verursachten Mängel beim Hersteller oder beim Händler entstanden sind.

Auf die Frage, ob der Händler die infolge des Vorhandenseins von Lagermängeln beeinträchtigte Eigenschaft der Fabrikneuheit im Wege einer ordnungsgemäßen und den herstellerseitigen Anforderungen entsprechenden **Reparatur** vor Auslieferung des Fahrzeugs **wiederherstellen** kann, gibt der BGH keine klare Antwort. Aus den Gründen seiner Entscheidung vom 18. 6. 1980[260] lässt sich lediglich entnehmen, dass vom Händler durchgeführte Instandsetzungen zur Behebung einer nach Verlassen des Herstellerwerks eingetretenen Beschädigung des Kraftfahrzeugs dessen hierdurch beseitigte fabrikneue Eigenschaft nicht aufleben lassen, während eine nachträgliche Gesamtlackierung, die zur Behebung von

---

256 Urt. 6. 2. 1980, NJW 1980, 1097; a. A. für den Fall des Verkaufs eines hergestellten Fahrzeugs aus dem „Pool" des Herstellers LG Köln 16. 11. 1995 – 22 O 619/94 – n. v.
257 OLG Düsseldorf 12. 7. 1991, NJW-RR 1991, 1464.
258 LG München I 16. 5. 2002 – 4 O 17.799/01 – n. v.
259 Urt. 6. 2. 1980, NJW 1980, 1097; 18. 6. 1980, DB 1980, 1836.
260 DB 1980,1836.

Beschaffenheit

Produktionsmängeln erforderlich ist, die fabrikneue Eigenschaft nicht berührt. Fabrikneu bedeutet nämlich nicht, dass das Produkt **keine Herstellungsmängel** aufweisen darf. Das gilt auch dann, wenn es sich bei dem zu liefernden Fahrzeug um eine Gattungssache handelt, deren Beschaffenheit von mittlerer Art und Güte sein muss, da diese Voraussetzung auch dann erfüllt sein kann, wenn ein Fahrzeug einen Sachmangel aufweist. Eine Qualität von mittlerer Art und Güte, wie sie § 243 Abs. 1 BGB fordert, ist nicht gleichbedeutend mit Mängelfreiheit i. S. v. § 434 BGB.[261]

Das KG[262] sah es bei einem vor Auslieferung nachlackierten Fahrzeug als wesentlich an, dass die **Zweitlackierung** nach den gültigen Herstellungsrichtlinien des Produzenten vorgenommen worden war, wovon bei einer werkseitigen Zweitlackierung bis zum Beweis des Gegenteils stets auszugehen ist. Mängel der Zweitlackierung, wie Übernebelung des Lackes usw., erachtete das KG als nachbesserungsfähig und ohne Einfluss auf die Fabrikneuheit. Zu Rostschäden am Fahrzeug war es infolge fehlerhafter Erstlackierung noch nicht gekommen.

Das OLG Düsseldorf,[263] das über die Fabrikneuheit eines im Ausland hergestellten Fahrzeugs zu befinden hatte, an dem umfangreiche Nachlackierungsarbeiten durchgeführt worden waren, stellte in den Urteilsgründen fest, die Eigenschaft „fabrikneu" werde nur dann nicht beeinträchtigt, wenn vor dem ersten Auftreten erheblicher Rostschäden die produktionsbedingten Fehler der Werkslackierung durch ordnungsgemäße Nachlackierungsarbeiten behoben würden. Die Rostschäden wertete das OLG Düsseldorf in seiner Entscheidung als typische Erscheinung einer längeren Standzeit und zugleich als Folge mangelnden Korrosionsschutzes bei der ursprünglichen Lackierung, die durch die Nachbesserungsarbeiten nicht so beseitigt worden seien, wie dies einem fabrikneuen Fahrzeug deutschen Standards in dieser Preisklasse entspreche.

Das OLG Karlsruhe[264] verneinte die fabrikneue Eigenschaft eines Fahrzeugs, an dem verschiedene Lackschäden vor Auslieferung durch Teillackierung **unzureichend ausgebessert** worden waren, obschon eine Ganzlackierung erforderlich gewesen wäre. Nach der Verkehrsanschauung lege der Käufer auf eine makellose Lackierung der Karosseriebleche großen Wert, weil eine unversehrte Lackierung Korrosionsansätze bis auf die Blechschicht verhindere und sich die gefürchtete, wertmindernde Rostbildung bei ordnungsgemäßer Pflege der Karosserie erst nach Jahren bemerkbar mache. In dem gleichen Sinne entschied das LG Lahn-Gießen,[265] weil der Sachverständige nicht feststellen konnte, dass durch die nachträgliche Ganzlackierung die vormals vorhandene Unterrostung gestoppt oder beseitigt wurde. Das LG Mannheim[266] erkannte auf fehlende Fabrikneuheit eines Personenkraftwagens, der zahlreiche und umfangreiche Roststellen aufwies, und der BGH verneinte die fabrikneue Eigenschaft, weil das an den Händler gelieferte Fahrzeug anomal verschmutzt war, Rostansätze am Reflektor sowie ringsum Flecken und Kratzer aufwies.[267] Eine mögliche Nachbesserung wurde in den beiden zuletzt genannten Entscheidungen nicht erörtert.

Es gibt keinen vernünftigen Grund, dem Händler das Recht auf Beseitigung von Lagermängeln vor Fahrzeugauslieferung zu versagen. Voraussetzung hierfür ist allerdings, dass die durch Lagerung verursachten Schäden ordnungsgemäß und **ohne Verbleib einer Wert-**

---

261 A. A. *Graf von Westphalen*, ZGS 2002, 154, 159.
262 Urt. 29. 5. 1979 – 6 U 365/79 – n. v.
263 Urt. 15. 10. 1981 – 6 U 216/80 – n. v.
264 Urt. 22. 12. 1976, DAR 1977, 323.
265 Urt. 16. 2. 1978 – 3 O 290/77 – n. v.
266 Urt. 29. 6. 1978, DAR 1979/74.
267 BGH 27. 9. 1967, BB 1967, 1268; vgl. ferner OLG Karlsruhe 16. 6. 1971, DAR 1972, 17; LG Berlin 30. 9. 1975, NJW 1975, 151.

minderung behoben werden können. Falls das Fahrzeug durch Lagermängel bereits derart angegriffen ist, dass sich der vorherige, zum Zeitpunkt der Fertigstellung im Werk vorhandene Zustand im Wege einer Instandsetzung nicht mehr herstellen lässt, verbleibt es endgültig bei dem Verlust der fabrikneuen Eigenschaft.

Auch nach Übernahme des Fahrzeugs muss sich der Käufer wegen vorhandener Lagermängel auf eine Nachbesserung einlassen, wenn diese möglich ist, ohne dass eine Wertminderung zurückbleibt. Das Problem einer die Nacherfüllung überlagernden Zusicherungshaftung ist durch die Streichung von § 463 BGB a. F. im Zuge der Schuldrechtsreform aus der Welt geschafft.[268]

Ausgehend von der Vorstellung, dass nur solche **Beschädigungen** die Fabrikneuheit eines Neuwagens beeinträchtigen, die **nach dem Verlassen des Herstellerwerkes** eingetreten und vor Auslieferung an den Käufer beseitigt worden sind,[269] entschied das OLG Köln[270] ein Neufahrzeug sei auch dann nicht fabrikneu, wenn sich im Nachhinein nicht mehr feststellen lässt, ob das Kraftfahrzeug im Bereich des Kraftfahrzeughändlers oder des Herstellers beschädigt wurde. Abzulehnen ist die gegenteilige Ansicht des OLG Koblenz,[271] das eine abschließende Klärung der Ursachen und der Herkunft der Schäden verlangt und dem Käufer Beweislast auferlegt hat. Die dem Käufer zur Verfügung stehenden Mittel und Wege zur Aufklärung möglicher Schadensereignisse sind völlig unzureichend. Er ist überfordert, wenn ihm die Beibringung „beweiserheblichen Sachvortrags spezifischer Zielrichtung" abverlangt wird. Da der Verkäufer im Gegensatz zum Käufer den Vertriebsweg des Fahrzeugs kennt und er auf Grund vertraglicher Bindung vom Hersteller/Importeur Auskunft verlangen kann, muss ihm die Beweisführung aufgegeben und das Risiko der Unaufklärbarkeit zugewiesen werden.

218 Die vom BGH vorgenommene **Differenzierung**, die den Meinungsstreit zur Beweislast ausgelöst hat, ist **sachlich nicht berechtigt**. Es macht keinen Unterschied, ob der Schaden im Werk, auf dem Transport oder beim Händler eingetreten ist[272] und ob er vom Hersteller oder vom Händler beseitigt wurde.[273] Im einen wie im anderen Fall handelt es sich nach den Anschauungen des Verkehrs um ein **Unfallauto**, falls der Schaden **oberhalb der Bagatellgrenze** gelegen hat. Durch eine fachgerechte Reparatur ist dieser Makel, der den Wert mindert, nicht zu beseitigen. Er haftet dem Fahrzeug zeitlebens an. Die Beschädigung eines Neuwagens im Herstellerwerk fällt nicht unter die im Zuge der Serienproduktion unvermeidbaren Herstellungsmängel. Reparierte Vorschäden sind nach einhelliger Auffassung in Rechtsprechung und Schrifttum beim Verkauf gebrauchter Fahrzeuge offenbarungspflichtig.[274]

Der Ersterwerber, der das Fahrzeug als unfall- und beschädigungsfrei gutgläubig weiterveräußert, ist Sachmängelansprüchen seines Käufers ausgesetzt.

Die Pflicht zur Aufklärung besteht -erst recht- bei Veräußerung eines Neuwagens, da der Käufer nicht mit reparierten Vorschäden rechnet und davon ausgeht, ein fabrikneues Auto zu bekommen. In Anbetracht dessen kann die in einer älteren Entscheidung des

---

268 Siehe dazu die Ausführungen unter Rn 480 der Vorauflage sowie OLG Koblenz 27. 6. 1996, NJW-RR 1997, 430,431 und OLG Köln 7. 2. 1997, OLGR 1997, 127.
269 BGH 18. 6. 1980, DB 1980,1836.
270 Urt. 7. 2. 1997, OLGR 1997, 127.
271 4. 12. 1998, NJW-RR 1999, 702.
272 OLG München 19. 5. 1981 – 9 U 1291/81 – n. v. Auslieferung eines wegen Transportschadens zum Preis von 640 DM nachlackierten Neufahrzeugs.
273 In diesem Sinn OLG Nürnberg 11. 10. 1984, DAR 1985, 81 und LG München, Urt. 2. 2. 1984 – 6 S 1865/83 – n. v., zitiert in Autohaus 1986, 61, das allerdings der Ansicht ist, eine bloße Nachlackierung sei noch kein Hinweis auf einen bedeutenden Schaden.
274 BGH 3. 3. 1982, NJW 1982, 1386; 3. 12. 1986, NJW-RR 1987, 436.

Beschaffenheit 218

KG[275] vertretene Ansicht, die Fabrikneuheit eines Neuwagens werde selbst dann nicht beeinträchtigt, wenn, was immer wieder einmal vorkomme, „z. B. gerade produzierte Fahrzeuge auf dem Werksgelände zusammenstoßen", nicht geteilt werden.

Bereits **geringfügige Verformungen** im Blech der Ölwanne und des Getriebeschutzes, die für sich allein betrachtet minimal sind und mit einem geringen Reparaturaufwand von 145,32 Euro behoben werden können, fallen bei einem Neuwagen nicht mehr unter Bagatellen,[276] denn der Käufer eines neuen Kraftfahrzeugs erwartet ein unbenutztes und unbeschädigtes Autos, und diese Eigenschaften haben insbesondere im Hinblick auf den vereinbarten Kaufpreis für ihn erhebliche Bedeutung. Als erheblich bewertete das OLG Köln[277] die mangelhafte Einpassung und Lackierung eines nach Behauptung des Käufers erneuerten Kofferraumdeckels, dessen ordnungsgemäße Instandsetzung einen Kostenaufwand von 635,37 Euro verursacht hätte. Nach Meinung des OLG Hamm[278] stellen einige Lackmängel, verursacht durch Vogelkot, die Neuwageneigenschaft nicht in Frage, wenn sie vor Auslieferung des Fahrzeugs vom Händler beseitigt worden sind. Die Nachlackierung muss fachgerecht ausgeführt und darf weder technisch minderwertig noch optisch für einen Nichtfachmann erkennbar sein.

In einem Kaskoschadensfall hat das OLG Hamm[279] dem Käufer eines im Herstellerwerk anlässlich einer Testfahrt erheblich beschädigten und aus diesem Grund vom Händler stark verbilligt veräußerten Fahrzeugs die Neupreisentschädigung nach § 13 Abs. 2, 1 AKB mit der Begründung versagt, nach einheitlichem Sprachverständnis handele es sich bei einem Fahrzeug, das einen offenbarungspflichtigen Unfallschaden erlitten habe, begrifflich nicht um ein Neufahrzeug, selbst wenn der Unfallschaden zum Zeitpunkt des Fahrzeugerwerbs ordnungsgemäß behoben worden sei.

Das OLG Köln[280] entschied, dass ein Werksangehöriger, der seinen **Jahreswagen** verkauft, verpflichtet ist, den Käufer auf Karosseriearbeiten zur Behebung eines bei der Fertigung aufgetretenen Mangels (fehlerhaftes Spaltmaß von Karosserieteilen) hinzuweisen. Die Durchführung von Karosseriearbeiten an einem Fahrzeug sei ein so ungewöhnlicher Vorgang, dass der Käufer hierüber Aufklärung erwarten dürfe, da in Anbetracht der Reparaturspuren bei jedem potenziellen Käufer, der das Fahrzeug untersuche, der Verdacht aufkomme, einen Unfallwagen vor sich zu haben. Da die Offenbarungspflicht, die das OLG Köln vom Verkäufer verlangt, auch dann besteht, wenn die Reparatur ordnungsgemäß durchgeführt wurde, setzt das Urteil Maßstäbe, die für den Neuwagenhändler erst recht gelten. Aus der Bejahung einer Aufklärungspflicht über Reparaturen zur Behebung von **Fertigungsmängeln** ergibt sich im Wege des Umkehrschlusses, das einem solchen Fahrzeug nicht die Eigenschaft der Fabrikneuheit attestiert werden kann. Da das Verdachtsmoment der Unfalleigenschaft das entscheidende Kriterium für die Bejahung der Offenbarungspflicht von Fertigungsmängeln darstellt, sind die Anforderungen sehr streng.

Maßgeblicher **Zeitpunkt** für die Beschädigungsfreiheit – und damit auch für das Vorhandensein der Fabrikneuheit – ist der Zeitpunkt der Fahrzeugübergabe. In diesem Sinn ist eine bei Abschluss des Kaufvertrages über ein Fahrzeug aus laufender Produktion erteilte Beschaffenheitszusage des Verkäufers zu verstehen. Aus diesem Grund kommt es nicht darauf an, ob infolge einer vom Verkäufer nach Fahrzeugübergabe „heimlich" durch-

---

275 Urt. 29. 5. 1979 – 6 U 365/79 – n. v.; ebenso LG Köln 3. 5. 1978 – 9 S 399/77 – n. v. zur Auslieferung eines Neufahrzeugs mit einem reparierten Rahmenschaden.
276 OLG Oldenburg 31. 1. 1992, DAR 1992, 380.
277 Urt. 7. 2. 1997, OLGR 1997, 127.
278 Urt. 20. 4. 1998, NJW-RR 1998, 1212.
279 Urt. 15. 3. 1991, NZV 1992, 35.
280 Urt. 15. 6. 1999, OLGR 1999, 325.

geführten Nachbesserung die Eigenschaft der Fabrikneuheit wiederhergestellt worden ist.[281]

5. Montagemangel, mangelhafte Montageanleitung und Lieferung eines Aliud

219 Die neuen Mangelkategorien des § 434 Abs. 2 und 3 BGB spielen beim Neuwagenkauf eine untergeordnete Rolle.

a) Montagemangel

220 Nach § 434 Abs. 2 BGB liegt ein Sachmangel vor, wenn die vereinbarte Montage durch den Verkäufer oder seinen Erfüllungsgehilfen unsachgemäß durchgeführt worden ist. Unter Montage werden alle zum vertragsgemäßen Gebrauch der Kaufsache notwendigen Handlungen verstanden, z. B. deren **Zusammenbau, Anschluss, Einbau** und **Aufstellen.** Um ein Neufahrzeug in Gebrauch nehmen zu können, sind solche Maßnahmen nicht notwendig. Im Rahmen der Ablieferungsinspektion werden keine Montagearbeiten durchgeführt, sondern Leistungen erbracht, die dazu dienen, das Neufahrzeug in einen betriebsbereiten und übergabefertigen Zustand zu versetzen, z. B. Entwachsen der Karosserie, Entfernen der Schutzverpackung, Reinigen des Innenraums, Einfüllen und Kontrollieren des Öl- und Wasserstands, Schmieren beweglicher Teile, Vornahme von Einstellarbeiten und Funktionsüberprüfungen.

Leistungen i. S. v. § 434 Abs. 2 S. 1 BGB werden vom Händler dann erbracht, wenn er **Zubehörteile** montiert, die der Käufer mitbestellt hat oder zu einem späteren Zeitpunkt kauft.

Für die Anwendung des Kaufrechts kommt es darauf an, dass der Verkäufer die Montage vertraglich übernommen hat und dass diese durchgeführt wird.

Die Abgrenzung zwischen **Kauf mit Montageverpflichtung** und **Werkvertrag** ist trotz weitgehender Angleichung der Sachmängelrechte in mehrfacher Hinsicht bedeutsam. Einerseits kommt der Käufer nicht in den Genuss der werkvertraglichen Sonderregelung des Rechts auf Selbstvornahme und Vorschuss (§ 637 BGB), andererseits erlangt er den Vorteil, dass er das Wahlrecht zwischen Nachbesserung und Ersatzlieferung besitzt. Als Verbraucher genießt er außerdem die Vorteile des Verbrauchsgüterkaufs. Besonders günstig kann sich die Beweislastumkehr (§ 476 BGB) auswirken, da sie sich auch auf Montagefehler erstreckt. Insgesamt betrachtet überwiegen die Vorzüge des Kaufrechts.

Für § 434 BGB ist nicht entscheidend, ob die Montage **entgeltlich oder unentgeltlich** durchgeführt wird und ob sie eine Neben- oder Hauptpflicht darstellt. Die Vorschrift findet auch Anwendung, wenn es sich bei der vereinbarten Montage um eine Hauptpflicht handelt, die gleichrangig neben die Lieferpflicht aus dem Kaufvertrag tritt.[282]

Der Grenzverlauf zwischen Kauf mit Montageverpflichtung und Werkvertrag ist dennoch unklar, da die Begründung zum Regierungsentwurf[283] nicht deutlich erkennen lässt, ob es bei der kaufrechtlichen Sachmängelhaftung verbleibt, wenn die Montage den Schwerpunkt der vertraglich geschuldeten Leistung bildet. Der im Regierungsentwurf enthaltene Hinweis auf die Rechtsprechung des BGH[284] deutet darauf hin, dass unter diesen Voraussetzungen die Vorschriften des Werkvertragsrechts anzuwenden sind.[285] Als nicht zutref-

---
281 OLG Oldenburg 31. 1. 1992, DAR 1992, 380.
282 BT-Drucks. 14/6040 S. 215.
283 BT-Drucks. 14/6040 S. 215.
284 Urt. 22. 7. 1998, NJW 1998, 3197.
285 *Gruber*, VuR 2002, 120, 121.

Beschaffenheit

fend erweist sich in Anbetracht dessen die Aussage, von einem Kaufvertrag mit Montageverpflichtung sei regelmäßig auszugehen, wenn die Montageleistung vom Verkäufer erbracht werde.

Nicht anwendbar ist § 434 Abs. 2 S. 1 BGB, wenn die Parteien einen vom Kaufvertrag unabhängigen Montagevertrag schließen. Hierbei ist jedoch zu beachten, dass über eine Trennung von Kauf und Montage der für den Bereich des Verbrauchsgüterkaufs zwingende Charakter von § 434 Abs. 2 S. 1 BGB nicht unterlaufen werden darf.[286]

Unsachgemäß ist die Montage, wenn sie nicht der Vereinbarung entspricht. Hilfsweise ist auf die nach dem Vertrag vorausgesetzte Verwendung sowie darauf abzustellen, ob die Montage bei Sachen der gleichen Art üblich ist und nach Art der Sache zu erwarten war.[287] Von § 434 Abs. 2 S. 2 BGB werden außer der fehlerhaften Montage, etwa durch die unzureichende Befestigung eines Dachgepäckträgers am Fahrzeug, diejenigen Fallgestaltungen erfasst, in denen die Kaufsache durch den Montagefehler schadhaft wird, weil sich z. B. der Dachgepäckträger während der Fahrt löst und zerstört wird. Der Montagemangel erstreckt sich nicht auf Schäden an anderen Rechtsgütern,[288] die etwa dadurch entstehen, dass die Dachreling wegen der fehlerhaften Montage des Dachgepäckträgers verbeult oder ein nachfolgendes Fahrzeug von dem herunterfallenden Dachgepäckträger beschädigt wird. Für diese Schäden haftet der Verkäufer den Geschädigten nach den allgemeinen Vorschriften des Schuldrechts.[289]

Trotz der von § 434 Abs. 2 S. 1 BGB ausgehenden Faszination darf nicht übersehen werden, dass der Anwendungsbereich der Norm durch § 434 Abs. 1 BGB in all den Fällen eingeengt wird, in denen die fehlerhafte **Montage vor Gefahrübergang** durchgeführt wird. Übergibt der Verkäufer ein Fahrzeug, an das er vereinbarungsgemäß einen Dachgepäckträger montiert, hierbei jedoch einen Montagefehler gemacht hat, ist die aus Dachgepäckträger und Fahrzeug bestehende Kaufsache insgesamt mangelhaft . Von dem eigenständigen Tatbestand der fehlerhaften Montage werden somit nur die Fälle erfasst, in denen die Montage nach Gefahrübergang erfolgt, sei es aufgrund einer entsprechenden vertraglichen Abrede, sei es aus Kulanz.[290]

b) Mangelhafte Montageanleitung

Da es sich bei einem Neufahrzeug i. d. R. nicht um einen Kaufgegenstand handelt, der durch den Zusammenbau einzelner Teile durch den Käufer hergestellt wird, ist die mangelhafte Montageanleitung als Sachmangel für den Neuwagenkauf nicht von Bedeutung. Auf eine mangelhafte **Bedienungsanleitung** ist § 434 Abs. 2 S. 2 BGB nicht zugeschnitten und daher unanwendbar.[291] Aus der Lieferung einer mangelhaften Montage- oder Bedienungsanleitung können sich Schadensersatzansprüche nach §§ 241, 280 BGB gegen den Verkäufer und Produkthaftungsansprüche gem. §§ 823 ff. gegen den Hersteller unter dem Gesichtspunkt der Verletzung von Instruktionspflichten ergeben.[292]

Auf die richtige Montageanleitung kann es ankommen, wenn ein Fahrzeug als Selbstbausatz oder wenn Zubehör verkauft wird. Die unrichtige Montageanleitung ist als solche ein Mangel der Sache, so dass der Käufer schon vor der Montage die Rechte aus § 437 BGB

---

286 § 475 Abs. 1 S. 2 BGB
287 *Gruber,* VuR 2002, 120,121.
288 *Huber* in *Huber/Faust,* Schuldrechtsmodernisierung, S. 306 Rn 53; A. A. *Boerner,* ZIP 2001, 2264, 2266.
289 *Reinking,* DAR 2002, 15, 17.
290 *Büdenbender* in *Dauner-Lieb/Heidel/Lepa/Ring,* Anwaltkommentar Schuldrecht, § 434 Rn 17.
291 *Boerner,* ZIP 2001, 2264, 2267; *Palandt/Putzo,* BGB Erg.-Bd. § 434 Rn 48.
292 *Graf von Westphalen* in *Henssler/Graf von Westphalen,* Praxis der Schuldrechtsreform, § 434 Rn 53; *Malzer* in *Hoeren/Martinek,* Systematischer Kommentar zum Kaufrecht, § 434 Rn 89.

wahrnehmen und z. B eine einwandfreie Montageanleitung verlangen kann. Unrichtig ist eine Montageanleitung, wenn die Instruktionen sachlich falsch, ganz oder teilweise unleserlich, unvollständig, unverständlich oder missverständlich sind.[293] Dabei wird man auf den Empfängerhorizont abstellen müssen. Falls die Montageanleitung für Fachleute (z. B. Kfz-Mechaniker) bestimmt ist, dürfen gewisse Grundkenntnisse vorausgesetzt werden, so dass eine Information hierüber entbehrlich sein kann. Wenn sich die mangelhafte Montageanleitung nicht mehr in Form einer Fehlmontage auswirken kann, scheidet eine Sachmängelhaftung nach § 434 Abs. 2 S. 2 BGB aus.[294]

Es kommt im Rahmen von § 434 Abs. 2 S. 2 BGB nicht darauf an, dass die Sache vom Käufer montiert wird. Die Montage kann auch ein Dritter vornehmen, selbst der Verkäufer.[295]

Umstritten ist, ob es sich bei dem Ausschluss der Sachmängelhaftung wegen fehlerfreier Montage trotz Mangelhaftigkeit der Anleitung um eine Beweislastregelung handelt[296] oder ob die Ausnahme darauf beruht, dass es an einem kausal auf die Pflichtverletzung des Verkäufers zurückzuführenden Rechtsnachteil des Käufers fehlt.[297] Beides ist richtig: Es handelt sich um einen Ausschluss, beruhend auf fehlender Rechtsgutverletzung, den der Verkäufer zu beweisen hat.[298]

Für den Händler ist die richtige Montageanleitung genau so wichtig wie für den Kunden, denn auch seine Mitarbeiter sind auf diese Hilfe angewiesen, wenn sie Reparatur – oder Montagearbeiten vornehmen. Da die Anwendung von § 434 Abs. 2 S. 2 BGB nicht auf den Bereich des Verbrauchsgüterkaufs beschränkt wurde, findet der Sachmangelbegriff auch in der Rechtsbeziehung zwischen dem Händler und seinem Vorlieferanten Anwendung.

c) Falschlieferung

222 Da die Aliud – Lieferung der Lieferung einer mangelhaften Sache gem. § 434 Abs. 3 BGB gleichsteht, ist die Unterscheidung zwischen **Gattungs- und Stückschuld** für die Sachmängelhaftung von nachrangigem Interesse.

Erwirbt der Käufer ein konkretes Kraftfahrzeug ab Lager oder ein „nach Maß" zu produzierendes Kraftfahrzeug, handelt es sich im allgemeinen um einen Stückkauf.[299] Eine Falschlieferung ist beim Stückkauf in Betracht zu ziehen, wenn das vom Käufer ausgesuchte Fahrzeug vertauscht oder verwechselt worden ist. Dann hat der Käufer Anspruch darauf, dass ihm das richtige Fahrzeug im Austausch übergeben wird, wobei ihm unter den entsprechenden Voraussetzungen auch die weitergehenden Rechte von §§ 437 Nr. 2 und 3 BGB zur Verfügung stehen.[300]

Bei der Gattungsschuld liegt eine Aliud-Lieferung vor, wenn das Fahrzeug nicht die Eigenschaften der Gattung besitzt[301] und die erbrachte Leistung gegenständlich von der geschuldeten abweicht.[302] Der Nacherfüllungsanspruch zielt auf Lieferung eines Fahrzeugs,

---

293 *Reinking,* DAR 2002, 15, 17.
294 *Malzer* in *Hoeren/Martinek,* Systematischer Kommentar zum Kaufrecht, § 434 Rn 90.
295 *Westermann,* NJW 2002, 441, 444.
296 *Malzer* in *Hoeren/Martinek,* Systematischer Kommentar zum Kaufrecht, § 434 Rn 91.
297 *Graf von Westphalen* in *Henssler/Graf von Westphalen,* Praxis der Schuldrechtsreform, § 434 Rn 52.
298 *Huber* in *Huber/ Faust,* Schuldrechtsmodernisierung, S. 306 Rn 57.
299 *Creutzig,* Recht des Autokaufs, Rn 0.9.
300 *Graf von Westphalen* in *Henssler/Graf von Westphalen,* Praxis der Schuldrechtsreform, § 434 Rn 55.
301 *Staudinger/Honsell,* § 480 Rn 4
302 BGH 16. 5. 1984, NJW 1984, 1955.

Beschaffenheit

das die Merkmale der Gattung aufweist. Das im Austausch zu liefernde Fahrzeug muss von mittlerer Art und Güte sein, was aber nicht mit Mangelfreiheit gleichzusetzen ist.[303] Ein Fahrzeug von mittlerer Art und Güte (§ 243 Abs. 1 BGB) kann einen Mangel haben, wie umgekehrt ein mangelfreies Fahrzeug nicht von mittlerer Art und Güte sein muss.

Im Neuwagenbereich ist eine Gattungsschuld i. d. R. anzunehmen, wenn der Käufer ein nicht vorrätiges Fahrzeug beim Händler bestellt.[304] Die Vereinbarung, dass ein aus der Gattung zu lieferndes Fahrzeug bestimmte Beschaffenheitsmerkmale aufweisen soll, steht der Annahme einer Gattungsschuld nicht entgegen.[305] Dementsprechend ist eine Gattungsschuld anzunehmen, wenn die Bestellung einige als Sonderausstattung gewünschte Zubehörteile enthält, sofern das Fahrzeug nicht individuell bestimmt, sondern nach generellen Merkmalen beschrieben wird.[306] Bei der Bestellung eines vom Hersteller zunächst lediglich konzipierten Fahrzeugs aus einer sodann limitiert aufgelegten Serie handelt es sich ebenfalls um einen Gattungskauf.[307] Selbst die Vereinbarung, dass der Motor eines Serienfahrzeugs vor Fahrzeugauslieferung vom Händler getunt werden soll, macht nach Ansicht des OLG Düsseldorf aus der Gattungsschuld noch keine Speziesschuld.[308]

Die Grenzen zum Beschaffenheitsmangel sind fließend. Ob es sich um eine andere als die geschuldete Sache handelt, lässt sich jeweils nur im Einzelfall unter Heranziehung des Vertragsinhalts und der die Grenzen der Gattung bestimmenden Verkehrsanschauung beurteilen.[309] Beim Autokauf ist eine Aliud-Lieferung z. B. anzunehmen, wenn ein anderes als das bestellte Modell oder ein Kombi-Fahrzeug an Stelle einer Limousine bereitgestellt wird. Allein das Fehlen des Katalysators reicht nicht aus, um das Fahrzeug einer anderen Warengattung zuzuordnen.[310] Ein Aliud liegt dann vor, wenn statt der vertraglich vereinbarten Lieferung eines neuen Autos ein gebrauchtes Fahrzeug geliefert wird.[311]

In einem Grenzfall, in dem der Verkäufer das bestellte Taxifahrzeug mit Normal- statt mit Automatikgetriebe geliefert hatte, entschied das LG Hamburg,[312] der Erfüllungsanspruch des Käufers sei nicht erloschen, da dieser keine vertragsgemäße Leistung, sondern ein „Aliud" erhalten habe.

---

303 A. A. *Graf von Westphalen*, ZGS 2002, 154.
304 OLG Düsseldorf 2. 3. 1995, OLGR 1995, 142; OLG Stuttgart 28. 6. 2000, DAR 573,574; AG Köln, Urt. 9. 2. 1994 – 136 C 466/93 – n. v.; *Creutzig,* Recht des Autokaufs, Rn 0.9.
305 *Soergel/Huber,* vor § 459 Rn 24.
306 OLG Düsseldorf 2. 3. 1995, OLGR 1995, 142.
307 BGH 1. 12. 1993, ZIP 1994, 136, 137.
308 Urt. 30. 10. 1992 – 22 U 79/91 – Leitsätze in OLGR 1993, 129.
309 BGH 29. 3. 1978, NJW 1978, 2394.
310 OLG Hamm 1. 9. 1998, ZfS 1999, 17.
311 OLG Hamburg 24. 2. 1993, NJW-RR 1994, 1397; OLG Karlsruhe 8. 10. 1992, NJW-RR 1993, 631 – Vorführgerät –.
312 Urt. 22. 9. 1987 – 1 O 281/86 – n. v.

L. Nacherfüllung

I. Rechtsnatur des Anspruchs

223 Bei der Nacherfüllung handelt es sich um eine veränderte Form (wesensgleiches Minus) des ursprünglichen Erfüllungsanspruchs.[1] Insoweit unterscheidet sie sich von den in § 437 Nr. 2 und 3 BGB vorgesehenen sekundären Sachmängelrechten. Die Modifikationen des Nacherfüllungsanspruchs bestehen im Vergleich zum Erfüllungsanspruch z. B. darin, dass an die Stelle des Rücktritts die Ansprüche auf Beseitigung des Fehlers oder Lieferung einer fehlerfreien Sache treten, die unter die Verjährung von § 438 BGB fallen und für die die Ausschlussgründe der §§ 442, 445 BGB gelten. Die Nacherfüllung ist, ebenso wie der ursprüngliche Erfüllungsanspruch, auf den Inhalt des vertraglichen Schuldverhältnisses bezogen und im Grunde nichts anderes, als der Primäranspruch mit den Anpassungen, die nach der Zäsur des fehlgeschlagenen Erfüllungsversuchs zu machen sind.[2] Sie ist ein Bindeglied zwischen dem allgemeinen Leistungsstörungsrecht und den sekundären Sachmängelrechten in Form des Rücktritts, der Minderung und des Schadensersatzes.[3]

Die Nacherfüllung ist ein Anspruch in Händen des Käufers, dem spiegelbildlich das Recht des Verkäufers zur **zweiten Andienung** entspricht. Sie geht den in § 437 Nr. 2 und 3 BGB vorgesehenen Rechten auf Rücktritt, Minderung und Schadensersatz vor, was im Gesetz dadurch zum Ausdruck gelangt, dass der Käufer auf diese Rechte erst zugreifen kann, wenn er dem Verkäufer zuvor eine angemessene Frist zur Nacherfüllung bestimmt hat.

Der Anspruch auf Nacherfüllung setzt beim Neuwagenkauf voraus, dass der Verkäufer ein mangelhaftes Fahrzeug geliefert und seine Haftung für Sachmängel nicht in den gesetzlich zugelassenen Grenzen ausgeschlossen hat. Auf die Erheblichkeit des Mangels kommt es ebenso wenig an wie auf die Frage, ob der Verkäufer den Mangel zu vertreten hat. Eine Abnahme des Neufahrzeugs in Kenntnis eines Mangels und ohne Vorbehalt der Rechte führt nicht zum Anspruchsverlust. Zur Untersuchung des Fahrzeugs ist der Käufer nicht verpflichtet. Für Kaufleute gelten die in § 377 HGB verankerten Untersuchungs- und Rügepflichten. Der Anspruch auf Nacherfüllung ist unabhängig davon, ob ein Stück- oder Gattungskauf vorliegt.

Dem Gesetz ist nicht eindeutig zu entnehmen, wann sich der Erfüllungsanspruch in einen Nacherfüllungsanspruch verwandelt. Die Schnittstelle dürfte wohl durch den Gefahrübergang markiert werden, an den § 434 BGB anknüpft. Für den Neuwagenkauf bedeutet dies, dass der Augenblick maßgeblich ist, in dem der Verkäufer dem Käufer das Kraftfahrzeug in Erfüllung seiner kaufvertraglichen Verpflichtungen übergibt.[4]

Der Übergang des Erfüllungsanspruchs in einen Anspruch auf Nacherfüllung lässt sich vom Käufer nur durch Nichtabnahme der Kaufsache verhindern. Mit der Erklärung, er nehme die angebotene Leistung nicht als Erfüllung (§ 363 BGB) an, kann er allenfalls bewirken, dass die Beweislast dafür, dass das Fahrzeug bei Gefahrübergang mangelfrei war, beim Verkäufer verbleibt.[5]

---

1 *Haas* in *Haas/Medicus/Rolland/Wendtland*, Das neue Schuldrecht, S. 199 Rn 145.
2 *Ackermann*, JZ 2002, 384, 380.
3 *Andres* in *Schimmel/Buhlmann*, Frankfurter Handbuch zum neuen Schuldrecht, S. 464 Rn 60.
4 *Huber*, NJW 2002, 1004, 1005; *Haas* in *Haas/Medicus/Rolland/Wendtland*, Das neue Schuldrecht, S. 199 Rn 145.
5 Ausführlich dazu *Schimmel/Buhlmann*, Fehlerquellen im Umgang mit dem Neuen Schuldrecht, S. 98 ff., welche die Ansicht vertreten, dass die bloße Entgegennahme der Ware noch nicht bedeutet, dass der Käufer sie als Erfüllung annimmt.

II. Nachbesserung durch den Verkäufer oder durch eine andere Werkstatt

Gesetzliche Ansprüche auf Mängelbeseitigung kann der Käufer gem. Abschn. VII, Ziff. **224** 2 a NWVB außer beim Verkäufer auch bei anderen vom Hersteller/Importeur für die Betreuung des Kaufgegenstands anerkannten Betrieben geltend machen. Diese in Kaufverträgen über Neufahrzeuge regelmäßig anzutreffende Klausel gilt nicht für den Anspruch auf Ersatzlieferung. Der Anspruch auf Ersatzlieferung ist ausschließlich gegenüber dem Verkäufer geltend zu machen, da Abschn. VII, Ziff. 2 NWVB nur die **Abwicklung** einer **Mängelbeseitigung** regelt.

In Abschn. VII, Ziff. 2 b NWVB ist bestimmt, dass sich der Käufer an den „nächstgelegenen" vom Hersteller/Importeur für die Betreuung des Kaufgegenstandes zugelassenen Betrieb zu wenden hat, wenn das Fahrzeug wegen eines Sachmangels, der unter die gesetzliche Sachmängelhaftung fällt, betriebsunfähig wird. Die Klausel ist bedenklich, weil sie den Eindruck erweckt, der Käufer müsse eine Mängelbeseitigung durch diesen Betrieb zulassen. Dazu ist er nicht verpflichtet, wenn er die Wahl hat zwischen Mängelbeseitigung und Ersatzlieferung oder wenn die Nacherfüllung unmöglich, unzumutbar oder fehlgeschlagen ist. Durch die Klausel wird zumindest das Wahlrecht des Käufers eingeschränkt und darin liegt – wenn es sich um einen Verbrauchsgüterkauf handelt – ein Verstoß gegen § 475 Abs. 1 S. 1 BGB.[6] Eine Klarstellung, dass das Wahlrecht zwischen Mängelbeseitigung und Lieferung einer mangelfreien Sache und weitergehende Rechte des Verbrauchers durch die Verweisung an den Drittbetrieb nicht beeinträchtigt werden, könnte die Klausel retten, die (auch) dem Käufer zum Vorteil gereicht, weil sie ihm schnelle Hilfe ermöglicht.

Der handschriftliche Zusatz in dem schriftlichen Kaufvertrag über einen Importneuwagen, der besagt, dass der Service nach der Garantiezeit bei dem Verkäufer gemacht werden kann und vorher bei der Firma X in A, beinhaltet nach Meinung des BGH[7] eine Abänderung der AGB des Verkäufers, wonach normalerweise alle vom Hersteller autorisierten Betriebe Nachbesserung zu erbringen haben.

Die Rechtsbeziehung des Käufers zur Drittwerkstatt ist nicht als Werkvertrag im Sinne der §§ 631 ff. BGB zu bewerten. In diesem Bereich wird der vom Käufer in Anspruch genommene andere Betrieb bei der Abwicklung der Mängelbeseitigung eingeschaltet.[8] Daraus folgt für das Verhältnis der Vertragsparteien, dass die Pflicht des Verkäufers zur Nacherfüllung erst dann erlischt, wenn die Mängelbeseitigung von dem dritten Händler ausgeführt worden ist oder vom Käufer aus anderen Gründen nicht mehr verlangt werden kann.[9]

Verweigert der andere in Anspruch genommene Betrieb die kostenlose Vornahme der **225** Mängelbeseitigung, stellt sich die Frage, ob dem Käufer ein **einklagbarer Anspruch** auf Vornahme der Nachbesserung gegen die andere Werkstatt zusteht.

Es besteht folgende Ausgangslage:

In **gleich lautenden Händlerverträgen** verpflichten sich alle dem Vertriebssystem angehörenden Vertragshändler und Vertragswerkstätten gegenüber dem Hersteller/Importeur zur Mängelbeseitigung an allen Fahrzeugen der jeweiligen Marke gem. den vom Hersteller vorgeschriebenen Richtlinien. Jeder Betrieb erklärt sich dem Hersteller gegenüber bereit,

---

6 Zum Ausschluss des Wahlrechts durch AGB im kaufmännischen Geschäftsverkehr *Wolff* in Hoeren/Martinek, Syssstematischer Kommentar zum Kaufrecht, § 439 Rn 35; *Palandt/Putzo*, BGB Erg.-Bd. § 439 Rn 9.
7 Urt. 9. 7. 1986, NJW-RR 1987, 239.
8 BGH 10. 4. 1991, ZIP 1991, 733; 15. 5. 1985, ZIP 1985, 940; LG Köln 2. 11. 1988 – 13 S 134/88 – n. v.
9 BGH 10. 4. 1991, ZIP 1991, 733.

die Nachbesserung auch an solchen Fahrzeugen durchzuführen, die nicht bei ihm gekauft wurden. Diesbezügliche vertragliche Beziehungen der Händler untereinander bestehen nicht.

Der **Hersteller übernimmt** regelmäßig die bei Mängelbeseitigung anfallenden **Materialkosten** und **vergütet die Arbeit des Händlers**. Der Grund für diese Lastenverteilung ist darin zu sehen, dass sowohl der Hersteller als auch der Händler von einem gut funktionierenden, möglichst engmaschigen Servicenetz profitieren, weil es sich als absatzfördernd erweist. Darüber hinaus bietet das System Vorteile für den verkaufenden Händler, da seine Kunden die Nachbesserung auch bei anderen Vertragshändlern durchführen lassen können und er dadurch entlastet wird. Andererseits muss der heute verkaufende Vertragshändler damit rechnen, seinerseits morgen in der Rolle des Drittverpflichteten Nachbesserung an einem nicht von ihm verkauften Fahrzeug vornehmen zu müssen. Jeder Vertragshändler kann auf Grund dieser Reziprozität die Pflicht zur Mängelbeseitigung eingehen, ohne hierdurch Nachteile zu erleiden. Bedingung für die Funktionsfähigkeit des auf Gegenseitigkeit aufgebauten Systems ist dessen Lückenlosigkeit. Auf dieser Voraussetzung beruht der sog. Bündniseffekt.[10]

Im Hinblick auf die rechtliche Beurteilung dieses Systems wird die Auffassung vertreten,[11] es handele sich um **wechselseitige Verpflichtungserklärungen** der Händler untereinander. Der zu Lasten des anderen Vertragshändlers vereinbarten Klausel stehe eine ihr spiegelbildlich entsprechende Vereinbarung zu Gunsten des betroffenen Vertragshändlers in den vom Hersteller mit den anderen Vertragshändlern geschlossenen Verträgen gegenüber. Dieser Ansicht kann nicht gefolgt werden, weil sie auf eine dem deutschen Recht fremde **Verpflichtungsermächtigung** eines Händlers gegenüber dem anderen hinausläuft.[12] Eine Ermächtigung, im eigenen Namen einen anderen zu verpflichten, ist selbst dann unwirksam, wenn der Dritte sich mit dieser Belastung einverstanden erklärt.[13]

Weiterhin wäre es denkbar, dass zwischen dem Hersteller und dem Kunden ein vom Kaufvertrag zu unterscheidender **selbstständiger Garantievertrag** zu Stande kommt, in dem sich der Hersteller zur Nachbesserung verpflichtet. Ein solcher Vertrag könnte unter Einschaltung des Verkäufers als Vertreter oder Bote geschlossen werden und dem Kunden das Recht einräumen, vom Hersteller oder wahlweise von dem verkaufenden Händler Nachbesserung zu verlangen.[14] Da der Hersteller aber nicht selbst die Nachbesserung erbringen will, könnte er sich hierzu des Vertragshändlers als Erfüllungsgehilfen bedienen. Bei dieser Lösung stünde dem Käufer außer dem Anspruch gegen den verkaufenden Händler lediglich ein Nachbesserungsrecht gegen den Hersteller, nicht aber gegen den Dritthändler zu. Diese Rechtskonstruktion ist aber weder gewollt, noch lässt sie sich aus dem Neuwagen – Kaufvertrag und dem dahinter stehenden Vertrag zwischen Hersteller/Importeur und Händler ableiten. In Abschn. VII, Ziff. 2 a NWVB ist klar geregelt, dass der Käufer Ansprüche auf Mängelbeseitigung gegen den Verkäufer und gegen andere autorisierte Betriebe – also nicht gegen den Hersteller – geltend machen kann. Außerdem entspricht es nicht der Interessenlage des Herstellers, für Fehler der Werkstatt bei Vornahme der Nachbesserung gem. § 278 BGB einzustehen.

226 Für die rechtliche Bewertung der Verträge zwischen Händler und Hersteller bieten sich somit lediglich zwei Möglichkeiten an: zum einen der **„ermächtigende"** (unechte) Vertrag zu Gunsten des Käufers, zum anderen der **„berechtigende"** (echte) Vertrag zu Guns-

---

10 *Ulmer,* Der Vertragshändler, S. 326 Fn. 25.
11 *Ulmer,* Der Vertragshändler, S. 326 Fn. 25.
12 BGH 15. 5. 1985, NJW 1985, 2819; AG Charlottenburg 12. 4. 1979 – 5 C 749/78 – n. v.; AG Saarbrücken 3. 6. 1987 – 42 C 1/87 – n. v.
13 *Palandt/Heinrichs,* BGB Einf. vor § 328 Rn 10; *Peters* AcP 171, 243.
14 *Bader,* NJW 1976, 208 ff., 213.

ten des Käufers gem. § 328 BGB. Beim unechten **Vertrag zu Gunsten Dritter** steht dem Begünstigten kein eigenes Forderungsrecht zu. Der Verpflichtete ist von seinem Vertragspartner lediglich ermächtigt, mit befreiender Wirkung diesem gegenüber an den Dritten zu leisten. Der Kunde besitzt bei Annahme dieses Vertragstyps keinen eigenen Anspruch gegen den Dritthändler auf Durchführung der Nachbesserung. Allein der Hersteller kann den Dritthändler notfalls im Klageweg zwingen, die Nachbesserung vorzunehmen. Wertet man dagegen den Händlervertrag als echten Vertrag zu Gunsten Dritter, so können sowohl der Kunde als auch der Hersteller die Durchführung der Nachbesserung verlangen.[15]

Für die Abgrenzung dieser beiden rechtlichen Gestaltungsmöglichkeiten ist der **Händlervertrag auszulegen**. Da insoweit regelmäßig eine besondere Bestimmung fehlt, muss gem. § 328 Abs. 2 BGB auf die Umstände, insbesondere auf den Zweck des Vertrages und damit auf den Parteiwillen, abgestellt werden. Für ein **unmittelbares Forderungsrecht** des Käufers spricht die Regelung in Abschn. VII, Ziff. 2 a NWVB, die vorsieht, dass der Käufer Ansprüche auf Mängelbeseitigung auch gegenüber anderen autorisierten Betrieben „geltend machen" kann. Von einer Einschaltung des Herstellers ist nicht die Rede. Darüber hinaus entspricht es dem mit einem weiten Servicenetz verfolgten Zweck, dem Kunden gegenüber jedem Vertragshändler einen eigenen Anspruch auf Durchführung der Nachbesserung einzuräumen. Die mit diesem System für den Kunden verbundene Erleichterung würde weitgehend hinfällig, müsste er bei der Weigerung eines Händlers zuerst den möglicherweise weit entfernten Hersteller bewegen,[16] den Vertragshändler notfalls im Klageweg zur Nachbesserung anzuhalten.

Auf Grund dieser Umstände erscheint es **sachgerecht**, dem Kunden einen durch den Händlervertrag begründeten eigenen Nachbesserungsanspruch gegen jeden Vertragshändler zuzubilligen.[17]

Der Annahme eines echten Vertrages zu Gunsten Dritter i. S. d. § 328 BGB steht nicht entgegen, dass der Kunde im Zeitpunkt des Vertragsabschlusses noch nicht bestimmt ist. Es genügt insoweit dessen Bestimmbarkeit.[18] Unerheblich ist hierbei, dass nicht der Gläubiger des Händlers, nämlich der Hersteller, sondern der den Wagen verkaufende Händler den Dritten bestimmt, indem er mit diesem den Kaufvertrag abschließt. Der Hersteller kann die Ausübung seines Rechts, den Dritten zu bestimmen, auf den Händler übertragen.

Der hier vertretenen Auffassung kann auch nicht entgegengehalten werden, es bestünden zwischen Hersteller und Käufer keine vertraglichen Beziehungen, so dass es an dem zwischen Versprechensempfänger (Hersteller) und Dritten erforderlichen Valutaverhältnis fehle. Einerseits ist ein wirksames Valutaverhältnis für den Vertrag zu Gunsten Dritter

---

15 *Palandt/Heinrichs,* BGB vor § 328 Rn 1 und 6.
16 Dabei ist zu berücksichtigen, dass dem Käufer kein eigener Anspruch gegen den Hersteller auf ein Einschreiten gegenüber dem Vertragshändler zusteht.
17 In diesem Sinne wohl auch *Wolf* in *Wolf/Horn/Lindacher,* § 11 Nr. 10 a, Rn 7; a. A. OLG Koblenz 21. 7. 1998, OLGR 1998, 439; AG Charlottenburg 12. 4. 1979 – 5 C 748/78 – n. v., jedoch wegen fehlenden Sachvortrags mit der Begründung, dass das Vorliegen solcher Vereinbarungen, die sich als Verträge zu Gunsten Dritter darstellen, vermutet werden müsse, ohne dass auf diese Vermutung ein sicheres Urteil gestützt werden könne; *Creutzig,* Recht des Autokaufs, Rn 7.2.4; AG Saarbrücken 3. 6. 1987 – 42 C 1/87 – n. v. – vom Berufungsgericht aus anderen Gründen aufgehoben – mit der Begründung, Abschn. VII der NWVB könne nur so verstanden werden, dass die Gewährleistungspflicht ausschließlich den Verkäufer treffe, wenn der andere Vertragshändler im Verhältnis zum verkaufenden Händler und auch im Verhältnis zum Hersteller bzw. Importeur zwar verpflichtet sei, anerkannte Gewährleistungsansprüche zu erfüllen, aber keine eigene Entscheidungsbefugnis habe.
18 *Erman/Westermann,* § 328 Rn 6; *Soergel/Hadding,* § 328 Rn 33.

kein Wirksamkeitserfordernis,[19] andererseits reicht es aus, dass der in Anspruch genommene Händler als Zuwendungsgrund auf den zwischen verkaufendem Händler und Kunden geschlossenen Kaufvertrag Bezug nimmt.

227 Der BGH[20] hat sich zu dieser Problematik bisher nur beiläufig geäußert, ohne abschließend Stellung beziehen zu müssen. Er stellte fest, dass sich das Nachbesserungsrecht gegen den „anderen Betrieb" nicht schon aus Abschn. VII, Ziff. 2 NWVB herleiten lässt, da mit dieser Regelung ersichtlich nur die **Art und Weise** der „**Abwicklung**" des – gegen den Vertragspartner gerichteten – Nachbesserungsanspruchs formuliert und nicht etwa eine vertragliche Verpflichtung zu Lasten des anderen Betriebes geschaffen werde. Erforderlich zur Begründung einer Nachbesserungspflicht des anderen Betriebs sei dessen Zustimmung, und diese könne in dem zwischen den Vertragshändlern und dem Hersteller abgeschlossenen Händlervertrag zu finden sein. Eine Prüfung der Frage, ob die gleich lautenden Verträge zwischen Händlern und Herstellern eine entsprechende Verpflichtungserklärung beinhalteten, konnte der BGH dahinstehen lassen, da es hierauf nicht entscheidend ankam. In einer späteren Entscheidung stellte der BGH[21] ausdrücklich fest, dass die Rechtsbeziehungen der Beteiligten im Innenverhältnis, die dadurch gekennzeichnet sind, dass der vom Käufer in Anspruch genommene Dritte nur im Rahmen der Abwicklung der Gewährleistung für den Verkäufer tätig wird, **einem direkten Forderungsrecht** des Käufers gegen den anderen Vertragshändler **nicht im Wege stehen**.[22]

228 Gegenüber dem „anderen Betrieb", der nach seinem Vertrag mit dem Hersteller/Importeur an von ihm nicht selbst verkauften Fahrzeugen zur Mängelbeseitigung verpflichtet ist, besteht weder Anspruch auf Lieferung eines mangelfreien Fahrzeugs noch hat der Käufer das Recht, diesem gegenüber den Rücktritt vom Vertrag zu erklären oder die Minderung des Kaufpreises geltend zu machen.[23] Schlägt die Nachbesserung durch den „anderen Betrieb" fehl, muss sich der Käufer wegen der Geltendmachung der gesetzlichen Ansprüche mit seinem Vertragspartner auseinander setzen.

Der andere Betrieb hat – ebenso wie der Verkäufer- die Mängelbeseitigung kostenlos zu erbringen. Weigert sich der andere vom Käufer in Anspruch genommene Betrieb, die Arbeiten ohne Kostenberechnung vorzunehmen, obwohl dem Käufer ein Nacherfüllungsanspruch i. S. v. § 437 Abs. 1 Nr. 1 BGB zusteht, hat ihm der Verkäufer die **Mängelbeseitigungskosten** zu ersetzen.[24] Der Anspruch resultiert aus der Sachmängelhaftung des Kaufvertrages, bei deren Erfüllung der nachbessernde Betrieb (auch) für den Verkäufer tätig wird. Wenn man – der hier vertretenen Ansicht folgend- davon ausgeht, dass die in Anspruch genommene Drittwerkstatt durch die Vornahme der Mängelbeseitigung eine zugleich eigene Verpflichtung auf Grund Vertrages zu Gunsten Dritter zu erfüllen hat, haftet sie dem Käufer ebenfalls auf Erstattung der aufgewendeten Reparaturkosten, wenn sie dessen berechtigtes Nachbesserungsverlangen zurückgewiesen hat.

Eine **mangelhafte Durchführung** der Instandsetzung durch die andere Vertragswerkstatt muss sich der Verkäufer zurechnen lassen.[25] Die Kosten für die Beseitigung des von dem anderen Betrieb durch fehlerhafte Arbeit verursachten Schadens darf der Verkäufer dem Käufer daher nicht in Rechnung stellen. Durch widerspruchslose Zahlung einer solchen Rechnung gefährdet der Käufer seine Schadensersatzansprüche gegen den verant-

---

19 *Blomeyer,* Allgemeines Schuldrecht, § 42 III.
20 Urt. 15. 5. 1985, NJW 1985, 2819.
21 Urt. 10. 4. 1991, ZIP 1991, 733.
22 A. A. C*reutzig,* Recht des Autokaufs, Rn 7.2.4.
23 BGH 15. 5. 1985, NJW 1985, 2819.
24 BGH 10. 4. 1991, ZIP 1991, 733.
25 BGH 10. 4. 1991, ZIP 1991, 733; OLG Koblenz 21. 07. 1998, OLGR 1998, 438; LG Köln, Urt. 2. 11. 1988 – 13 S 134/88 – n. v.

wortlichen Drittbetrieb, weil er sich dem Vorwurf aussetzt, gegen die ihm obliegende Schadensminderungspflicht verstoßen zu haben.[26]

Wenn man nicht die Ansicht teilt, dass der „andere Betrieb" die Mängelbeseitigung aufgrund echten Vertrages zugunsten Dritter zu erbringen hat, ergibt sich aus der Verflechtung der Händler- Herstellerverträge mit den darin enthaltenen wechselseitigen Händler- Verpflichtungen zur Behebung von Sachmängeln in Verbindung mit den jeweiligen Neuwagen-Kaufverträgen zumindest eine Vereinbarung mit **Schutzwirkung zu Gunsten des Käufers**, der nicht nur berechtigt sondern unter bestimmten Voraussetzungen sogar verpflichtet ist, sich wegen der Abwicklung der Sachmängelhaftung einem anderen, ihm unbekannten Betrieb anzuvertrauen.[27]

Die Kriterien, die für die Annahme dieser Rechtsfigur von Rechtsprechung und Lehre entwickelt wurden, liegen vor. Dies gilt nicht nur für die erforderliche **Leistungsnähe** sondern auch für die **Schutzbedürftigkeit**, da der Käufer durch seine Ansprüche gegen den Verkäufer nicht umfassend gegen ein Verschulden der Drittwerkstatt geschützt wird. Eine Zurechnung des Fehlverhaltens der anderen Werkstatt findet nämlich nur insoweit statt, als die Durchführung der Mängelbeseitigung fehlerhaft erfolgt. Nicht erfasst werden solche Schäden, die bei der Nachbesserung durch den Dritthändler verursacht werden.[28] Für diese Schäden haftet der in Anspruch genommene Betrieb nach Deliktsrecht, das jedoch die Möglichkeit der Exkulpation nach § 831 BGB eröffnet und dem Käufer keinen umfassenden Vermögensschutz gewährt.[29]

Gem. Abschn. VII, Ziff. 2 a, Halbs. 2 NWVB hat der Käufer den Verkäufer zu unterrichten, wenn er Ansprüche auf Mängelbeseitigung bei anderen autorisierten Betrieben geltend macht. Die Aufnahme der **Informationspflicht** in die NWVB erfolgte im Anschluss an die vom BGH[30] getroffene Feststellung, dass sich der Verkäufer das Verhalten des anderen Betriebes zurechnen lassen muss, wenn er den Käufer ermächtigt hat, die Nachbesserung dort vornehmen zu lassen. Das Erfordernis der „unverzüglichen" Unterrichtung in „schriftlicher Form" wurde im Zuge der Neugestaltung der NWVB aus Anlass der Schuldrechtsreform gestrichen und stattdessen die Ergänzung vorgenommen, dass bei mündlichen Anzeigen von Ansprüchen dem Käufer eine schriftliche Bestätigung über den Eingang der Anzeige auszuhändigen ist.[31] Diese Regelung ist nicht nur ein Appell an den anderen Betrieb, sie beinhaltet auch einen Rechtsanspruch des Käufers, auf dessen Erfüllung er bestehen sollte, sich der Verkäufer eine fehlgeschlagene Mängelbeseitigung durch die Drittwerkstatt im der Rahmen von § 440 S. 2 BGB zurechnen lassen muss. Eine Verpflichtung des Käufers, die schriftliche Bestätigung über den Eingang der Mängelanzeige an den Verkäufer weiter zu leiten, wird durch die Klausel nicht statuiert.

Die Informationspflicht wird in Abschn. VII, Ziff. 2 a, Halbs. 2 NWVB inhaltlich nicht konkretisiert. Nach dem Regelungszweck der Klausel darf der Verkäufer jedoch erwarten, dass ihm der Käufer Name und Anschrift des in Anspruch genommenen Betriebes und die Mängel angibt.[32] Diese Angaben reichen für ihn aus, um der Sache nachzugehen und eventuell erforderliche Zusatzinformationen bei dem in Anspruch genommenen Betrieb einzuholen.

Ob es sinnvoll ist, den Käufer mit der Unterrichtungspflicht zu belasten, darf bezweifelt werden. Den Händlern stehen untereinander und über den Hersteller wesentlich effektivere

---

26 OLG Koblenz 21. 7. 1998, OLGR 1998, 438.
27 A. A. OLG Koblenz 21. 7. 1998, OLGR 1998, 438.
28 LG Köln 2. 11. 1988 – 13 S 134/88 – n. v.
29 *Palandt/Heinrichs*, BGB § 328 Rn 13.
30 Urt. 10. 4. 1991, NJW 1991, 1882.
31 Siehe die Kritik dazu unter Rn 647 der Vorauflage.
32 *Creutzig*, Recht des Autokaufs, Rn 7.2.6.

und schnellere Kommunikationsmöglichkeiten zur Verfügung, deren Einsatz ihnen durchaus zugemutet werden kann.

Da aus dem Kontext von Abschn. VII NWVB nicht hervorgeht, ob die Regelung von Ziff. 2 a Halbs. 2 auch im Rahmen von Ziff. 2 b gelten soll, geht die Unklarheit zu Lasten des Verwenders. Dies hat zur Folge, dass der Käufer den Verkäufer nicht zu unterrichten braucht, wenn das Kraftfahrzeug betriebsunfähig liegen bleibt und er sich hilfesuchend an den nächstgelegenen Händler wendet.

Die Information des Verkäufers gehört zu den Obliegenheiten, bei deren Verletzung der Käufer dem Verkäufer auf Schadensersatz haftet. Es fällt allerdings schwer, sich einen konkreten Haftungsfall vorzustellen, nachdem das Erfordernis der Unverzüglichkeit aufgegeben wurde. Da der Käufer seine Pflicht auch durch eine nachträgliche Unterrichtung erfüllen kann, ist der Zweck der Information nicht mehr darauf gerichtet, dem Verkäufer die Möglichkeit zu verschaffen, bei der Mängelbeseitigung durch den anderen Betrieb mitzuwirken.[33]

III. Berechtigte

230 Die Rechte wegen Sachmängeln besitzt der Käufer in seiner Eigenschaft als Partei des Kaufvertrages. Sie entspringen dem Vertragsverhältnis und finden ihre gesetzliche Verankerung in der sog. Nichterfüllungstheorie.[34]

Die gesetzliche **Sachmängelhaftung** ist auf das **Verhältnis der Vertragsparteien** beschränkt. Das bedeutet, dass der Verkäufer nur dem Käufer dafür haftet, dass die Kaufsache mangelfrei beschaffen ist. Gegenüber Dritten, z. B. einem Zweiterwerber des Fahrzeugs, besteht keine entsprechende Verantwortlichkeit des Verkäufers.[35]

Abschn. VII, Ziff. 3 NWVB, wonach ein Eigentumswechsel am Kaufgegenstand **Mängelbeseitigungsansprüche** nicht berührt, besagt nicht, dass die Ansprüche auf den Erwerber übergehen, wenn das Fahrzeug vor Ablauf der Verjährungsfrist verkauft wird.[36] Der Regelungsinhalt der Klausel erschöpft sich in der Feststellung, dass ein Eigentumswechsel die Ansprüche auf Mängelbeseitigung nicht zum Erlöschen bringt. Da die Klausel keinen Übergang des Nachbesserungsanspruchs auf den Rechtsnachfolger anordnet – und dies auch gar nicht könnte – verbleibt der Anspruch trotz Weiterveräußerung des Fahrzeugs beim Erstkäufer.

Da die gesetzlichen Sachmängelrechte, darunter der Nachbesserungsanspruch, nicht voraussetzen, dass der Erstkäufer das Eigentum am Kaufgegenstand behält,[37] hat die Klausel von Abschn. VII, Ziff. 3 NWVB allenfalls deklaratorischen Charakter. Trotz ihres fehlenden Regelungsgehalts ist sie nicht unbedenklich. Durch die an sich überflüssige Aussage, der Mängelbeseitigungsanspruch werde durch Eigentumswechsel nicht berührt, vermittelt sie den Eindruck, als würden die übrigen Rechte des Käufers auf Ersatzlieferung, Rücktritt, Minderung und Schadensersatz durch den Wechsel des Eigentums hinfällig, was natürlich nicht der Fall ist.

Um dem Rechtsnachfolger die Sachmängelrechte aus dem Neuwagenkauf zu verschaffen, bieten sich als Möglichkeiten die **Abtretung der Rechte** oder die **Erteilung der Ermächtigung** an, diese im Namen des Erstkäufers geltend zu machen. Zu verwerfen ist

---

33 Dies war nach Ansicht von *Creutzig*, Recht des Autokaufs, Rn 7.2.6. der Sinn der Vorgängerregelung von Abschn. VII, Ziff. 2 a, Halbs. 2 NWVB.
34 *Huber*, NJW 2002, 1004.1005.
35 So schon *Soergel/Huber* zu § 459 Rn 10.
36 So aber LG Köln 2. 11. 1988 – 13 S 134/88 – n. v. zur Vorgängerklausel.
37 A. A. *Creutzig*, Recht des Autokaufs, Rn 7.5.1.

Berechtigte

die Begründung eines Mängelbeseitigungsanspruchs des Folgeerwerbers über das Rechtsinstitut des Vertrages zu Gunsten Dritter, die für den Zweitkäufer den Vorteil böte, dass der Anspruch von den anlässlich des Weiterverkaufs getroffenen Vereinbarungen losgelöst wäre und sich der Nachweis der Abtretung erübrigen würde. Die Schaffung eines originären Anspruchs für den Folgekäufer ist in Abschn. VII, Ziff. 3 NWVB für den dort geregelten Anspruch auf Mängelbeseitigung nicht angelegt. Es fehlt an einer positiven Aussage, dass neben dem Erstkäufer auch ein Folgeerwerber anspruchsberechtigt sein soll.

Von Abschn. I, Ziff. 2 NWVB wird (auch) die Abtretung von Sachmängelansprüchen einschließlich des Anspruchs auf Mängelbeseitigung erfasst, da Abschn. VII, Ziff. 3 NWVB weder eine Abtretung des Mängelbeseitigungsanspruchs noch eine Freistellung des Erstkäufers von dem Zustimmungserfordernis enthält.

Unproblematisch ist die Abtretung des zweigeteilten Anspruchs auf **Nacherfüllung**. Da durch die Geltendmachung der Nachbesserung weder die Vertragsbeziehungen zwischen Verkäufer und Erstkäufer berührt noch der Bestand des Kaufvertrages gefährdet werden, sind sachliche Gründe für eine Versagung der Zustimmung zur Abtretung kaum vorstellbar. Welchen Weg der Kaufgegenstand nimmt, ist für den Verkäufer letztlich nicht von Interesse, weil er, unabhängig von der Eigentumslage, so oder so Mängel des Kaufgegenstandes zu beseitigen hat.[38] Ähnlich verhält es sich mit dem auf Lieferung eines anderen mangelfreien Fahrzeugs gerichteten Nacherfüllungsanspruch, dessen Vollziehung durch Austausch der Fahrzeuge den Bestand des ursprünglichen Kaufvertrages nicht beeinträchtigt.

Die Abtretung der **sekundären Sachmängelansprüche** des § 439 Nr. 2 und 3 BGB gibt dem Rechtsnachfolger die Möglichkeit, in den Bestand des zwischen den ursprünglichen Parteien geschlossenen Kaufvertrages einzugreifen. In Anbetracht dessen gab es Stimmen,[39] welche die Geltendmachung des Rücktritts oder der Minderung durch den Rechtsnachfolger gegenüber dem Erstverkäufer nicht zulassen wollten. Der BGH hat die Abtretung grundsätzlich für zulässig erklärt, allerdings verlangt, dass der Zedent einwilligt.[40] Heute ist die Abtretung sekundärer Sachmängelansprüche in vielen Geschäftsbereichen üblich, wie z. B. beim Bauträgervertrag und beim Leasingvertrag.[41]

Der in Abschn. I, Ziff. 2 NWVB vorgesehene **schriftliche Zustimmungsvorbehalt** zur Übertragung von Rechten des Käufers aus dem Kaufvertrag ist nicht zu beanstanden.[42] Da die Übergabe einer mangelfreien Sache eine Hauptpflicht des Verkäufers darstellt, kann ihm das Recht der Versagung der Zustimmung zur Abtretung von Sachmängelansprüchen nur zugestanden werden, wenn er hierfür im Einzelfall schwerwiegende sachliche Gründe ins Feld führt. Allein der Einwand, die Auseinandersetzung mit einem beliebigen – ihm möglicherweise unbekannten – Rechtsnachfolger sei nicht zumutbar, reicht für eine Verweigerung der Zustimmung nicht aus.

Eine ohne Zustimmung des Zedenten vorgenommene Abtretung ist unwirksam, kann aber genehmigt oder durch einseitige Zustimmung des Verkäufers mit ex nunc-Wirkung geheilt werden.[43]

Ob im Einzelfall eine **Abtretung** vorliegt, ist anhand der zwischen Erstkäufer, Zweitkäufer und Folgekäufern getroffenen Absprachen unter Würdigung der Gesamtumstände zu beurteilen. Wer unter Hinweis auf noch bestehende Sachmängelansprüche ein Fahrzeug

---

38 A. A. *Creutzig,* Recht des Autokaufs, Rn 7.5.1.
39 *Seetzen,* AcP 169, 352, 370.
40 BGH 1. 6. 1973, DB 1973, 1846.
41 BGH 24. 10. 1985, ZIP 1986, 234; 23. 6. 1976, NJW 1977, 200; 29. 3. 1974, NJW 1974, 1135.
42 BGH 25. 11. 1999, NJW-RR 2000, 1220, 1221.
43 *Palandt/Heinrichs,* BGB § 399 Rn 11 m. w. N.

weiterveräußert, überträgt diese **konkludent** auf seinen Rechtsnachfolger.[44] Falls der Weiterverkauf unter Ausschluss der Haftung für Sachmängel erfolgt, darf angenommen werden, dass hiervon noch bestehende Sachmängelansprüche gegen den Händler ausgenommen sind, da mit dem Ausschluss eine Haftung des Weiterverkäufers und nicht die Inanspruchnahme des Erstverkäufers verhindert werden soll.

Durch die wirksame Abtretung der Sachmängelansprüche an den Zweiterwerber erlangt dieser alle **Rechte des Ersterwerbers**. Tritt der Zweiterwerber wegen eines Sachmangels vom Kaufvertrag zurück, den der Erstkäufer mit dem Händler geschlossen hat, oder verlangt er Schadensersatz statt der ganzen Leistung, hat ihm der Händler den gesamten vom Erstkäufer entrichteten Kaufpreis abzüglich der Nutzungen herauszugeben. Dies kann dazu führen, dass der Erstattungsanspruch des Zweiterwerbers höher ist als der Betrag, den er für das Fahrzeug an den Ersterwerber bezahlt hat.[45] Aus diesem Grunde empfiehlt es sich für den Ersterwerber, seine Ansprüche nur in Höhe derjenigen Quote auf den Zweiterwerber zu übertragen, die dem Verhältnis zwischen Einkaufspreis und Verkaufspreis entspricht. Damit sichert sich der Ersterwerber eine Beteiligung an den Sekundäransprüchen von § 437 Nr. 2 und 3 BGB in entsprechender Höhe.

IV. Ausschlüsse und Beschränkungen des Nacherfüllungsanspruchs

1. Geschäftsverkehr mit Verbrauchern

232 Im Bereich des Verbrauchsgüterkaufs dürfen die Rechte des Käufers auf Nacherfüllung, Rücktritt und Minderung weder in AGB noch individualvertraglich eingeschränkt oder ausgeschlossen werden. Das Verbot erstreckt sich im Rahmen der Nacherfüllung auch auf das Wahlrecht des Käufers zwischen Beseitigung des Mangels und Lieferung einer mangelfreien Sache. Auf abweichende Vereinbarungen kann sich der Verkäufer gegenüber dem Käufer nicht berufen (§ 475 Abs. 1 S. 1 BGB).

Die NWVB, die für den Verbrauchsgüterkauf und den Geschäftsverkehr mit Unternehmern gleichermaßen gelten, enthalten keinerlei Einschränkungen des Nacherfüllungsanspruchs und des darin enthaltenen Wahlrechts. Auch der Käufer, der ein Neufahrzeug als Unternehmer erwirbt, hat grundsätzlich die freie Wahl zwischen der Nachbesserung und der Ersatzlieferung.

2. Geschäftsverkehr mit Unternehmern

233 Der Anspruch auf Nacherfüllung ist von so grundlegender Bedeutung, dass ihm **Leitbildcharakter** im Sinne von § 307 Abs. 1 BGB zukommt.[46] Das bedeutet, dass der Anspruch auf Nacherfüllung durch AGB im unternehmerischen Verkehr **nicht komplett** ausgeschlossen werden kann.

Eine Umgehung von § 307 Abs. 1 BGB kann vorliegen, wenn der Händler ein fast neues Fahrzeug unter Verwendung eines Gebrauchtwagenformulars an einen Unternehmer veräußert, dessen AGB einen Ausschluss der Sachmängelhaftung gem. § 444 BGB vorsehen. Das OLG Frankfurt[47] vertrat hierzu die Ansicht, der Ausschluss der Sachmängelhaftung sei nicht zu beanstanden, wenn das Fahrzeug eine Laufleistung von 200 km habe und die Erstzulassung zum Zeitpunkt des Verkaufs 17 Tage zurück liege. Bei einem solchen Fahrzeug

---

44 LG Berlin 18. 7. 2002 – 5 O 62/02 – n. v.
45 So geschehen im Fall des LG Berlin 18. 7. 2002 – 5 O 62/02 -n. v.
46 *Haas* in *Haas/Medicus/Rolland/Wendtland*, Das neue Schuldrecht, S. 199 Rn 145; *Canaris*, Schuldrechtsmodernisierung, 2002, XXV; a. A. offenbar *Palandt/Putzo*, BGB Erg.- Bd. § 439 Rn 3
47 Urt. 7.11.2000 –25 U 226/99-.

handele es sich trotz der „Fast-Neuwagen-Eigenschaft" um ein Gebrauchtfahrzeug, das nicht mit einem Neuwagen mit Tageszulassung zu vergleichen sei.

Durch die Rechtsprechung wird zu klären sein, ob der **Ausschluss des Wahlrechts** zwischen Nachbesserung und Ersatzlieferung in AGB zuzulassen ist, die für den unternehmerischen Geschäftsverkehr bestimmt sind. Der Ausschluss wäre nicht zulässig, wenn das Wahlrecht des Käufers einen wesentlichen Grundgedanken der gesetzlichen Regelung verkörpert.[48] Für eine Regelung im Sinne von § 307 Abs. 2 Nr. 2 BGB spricht, dass der Verkäufer bereits durch die Lieferung der mangelhaften Sache eine objektive Pflichtverletzung begangen hat, die es rechtfertigt, nunmehr dem Käufer das Heft des Handelns zu überlassen. Aus diesem Grunde liegt der Gedanke nahe, eine unangemessene Benachteiligung des Käufers anzunehmen, wenn sich der Verkäufer die Wahl der Nacherfüllung in AGB vorbehält oder diese von vornherein entweder auf Beseitigung des Mangels oder auf Lieferung einer mangelfreien Sache beschränkt.[49] Eine an § 475 BGB ausgerichtete Parallelwertung im Rahmen von § 307 Abs. 1 BGB wird jedoch überwiegend mit der Begründung abgelehnt, das Wahlrecht des § 439 Abs. 1 BGB entfalte **keine Leitbildwirkung**, da der Gesetzgeber das nur für den Verbrauchsgüterkauf zwingend vorgesehene Wahlrecht aus Gründen der Einheitlichkeit des Kaufrechts in § 439 Abs. 1 BGB aufgenommen habe.[50]

Wie schon zu § 476 a BGB a. F. ist auch im Rahmen von § 439 Abs. 2 BGB strittig, inwieweit der Verkäufer Kosten der Nacherfüllung in AGB auf den Käufer abwälzen kann. Da das Kostentragungsprinzip durch Streichung des Ausnahmetatbestandes von § 476 a S. 2 a. F. BGB verschärft wurde, ist davon auszugehen, dass zumindest die früheren Restriktionen beizubehalten sind, wenn man sich schon nicht dazu entschließen kann, die Grundwertung des § 439 Abs. 2 BGB komplett in § 307 BGB zu übernehmen. Exorbitant hohen Kosten der Nacherfüllung, die darauf beruhen, dass der Käufer das Fahrzeug an einen anderen Ort verbracht hat, kann der Verkäufer mit der Einrede der Unverhältnismäßigkeit gem. § 439 Abs. 3 BGB begegnen, so dass es eines vertraglichen Vorbehalts entsprechend § 476 a S. 2 BGB a. F. nicht bedarf.[51]

Die Schwelle des dem Verkäufer in § 439 Abs. 3 BGB zugebilligten Leistungsverweigerungsrechts darf nicht in AGB herabgesetzt werden, da andernfalls das Recht der Nacherfüllung ausgehöhlt würde, das auch im kaufmännischen Geschäftsverkehr Leitbildcharakter besitzt. Außerdem würde eine solche Abänderung den Käufer unangemessen benachteiligen.[52]

V. Wahlrecht des Käufers zwischen Beseitigung des Fehlers und Lieferung einer mangelfreien Sache

Das Wahlrecht hat zur Grundvoraussetzung, dass beide Arten der **Nacherfüllung möglich** sind. Kann beispielsweise eine Vorbeschädigung des Neufahrzeugs (Unfallschaden)

---

48 Bejahend *Schimmel/Buhlmann*, Fehlerquellen im Umgang mit dem Neuen Schuldrecht, S. 95 und 135; verneinend *Wolff* in *Hoeren/Martinek*, Systematischer Kommentar zum Kaufrecht, § 439 Rn 35.
49 *Graf von Westphalen* in *Henssler/Graf von Westphalen*, Praxis der Schuldrechtsreform, § 439 Rn 9.
50 *Wolff* in *Hoeren/Martinek*, Systematischer Kommentar zum Kaufrecht, § 439 Rn 35; *Canaris* Schuldrechtsmodernisierung 2002, XXXV; *Haas* in *Haas/Medicus/Rolland/Wendtland*, Das neue Schuldrecht, S. 199 Rn 145.
51 A. A. wohl *Graf von Westphalen* in *Henssler/Graf von Westphalen*, Praxis der Schuldrechtsreform, § 439 BGB Rn 19, der die Klausel für zulässig erachtet.
52 *Graf von Westphalen* in *Henssler/Graf von Westphalen*, Praxis der Schuldrechtsreform, § 439 BGB Rn 25.

nicht ohne Verbleib einer merkantilen Wertminderung beseitigt werden, kommt nur noch eine Ersatzlieferung in Betracht. Eine Ersatzlieferung scheidet ihrerseits wegen Unmöglichkeit aus, wenn die gesamte Fahrzeugserie mit einem unbehebbaren Konstruktionsmangel behaftet ist. Sind beide Arten der Nacherfüllung unmöglich, stehen dem Käufer sofort die Rechte nach § 437 Nr. 2 und 3 BGB zur Verfügung.

Weiterhin müssen beide Arten der Nacherfüllung **gleichwertig** sein. Eine Gleichwertigkeit ist zu verneinen, wenn im Fall der Reparatur eines Teiles ein höheres Anfälligkeitsrisiko besteht als bei dessen Austausch (dazu Rn 266).

Auf die Frage, ob dem Käufer ein **punktuelles Wahlrecht** zuzubilligen ist, wenn eine von mehreren Sachen oder nur ein Teil der Sache mangelhaft ist, gibt das Gesetz keine Auskunft.

Es bietet sich an, auf § 323 Abs. 5 BGB und die hierzu vorliegenden Materialien zurückzugreifen.

Überträgt man die vom Gesetzgeber gewollte Zulässigkeit des Einzelrücktritts, die sich aus § 323 Abs. 5 S. 1 BGB ableitet,[53] auf den Nachlieferungsanspruch, so folgt daraus, dass dem Käufer, der mehrere Fahrzeuge (**Sachmehrheit**) gekauft hat, von denen nur ein Fahrzeug mangelhaft ist, das Recht zuzubilligen ist, zwischen Nachlieferung eines mangelfreien Fahrzeugs und Mängelbeseitigung zu wählen. Ohne diese Zwischenlösung gäbe es für den Käufer im Fall der Unbehebbarkeit des Mangels an dem Einzelfahrzeug die Möglichkeit des Teilrücktritts oder Gesamtrücktritts, was für den Verkäufer nachteilig wäre, während sich im Fall der Behebbarkeit des Mangels das Wahlrecht des Käufers auf Mängelbeseitigung beschränken würde, so dass der Käufer den Nachteil hätte, da er schlechter stünde, als wenn er die Fahrzeuge einzeln gekauft hätte.

Die Alternativlösungen machen deutlich, dass ein punktuelles Wahlrecht nach Maßgabe von § 323 Abs. 5 BGB zuzulassen ist, wenn der Käufer mehrere Fahrzeuge gekauft hat, da sich die Lösung für beide Parteien als vorteilhaft herausstellen kann.

Kein Wahlrecht kann dem Käufer im Hinblick auf einzelne Teile (**Nebensache, Zubehör**) des Fahrzeugs zugestanden werden. Erweist sich z. B. das Radio als mangelhaft, hat er nicht das Recht, vom Verkäufer zu verlangen, dass dieser statt der Reparatur des Radios ein anderes mangelfreies Radio im Austausch in das Fahrzeug einbaut. Auch dies folgt aus § 323 Abs. 5 BGB, der dem Käufer nicht die Möglichkeit des Teilrücktritts eröffnet, wenn nur ein Teil des Fahrzeugs einen Sachmangel aufweist. Nicht anders verhält es sich bei der Nachlieferung, da es andernfalls der Käufer in der Hand hätte, dem Verkäufer die Art und Weise der Instandsetzung vorzuschreiben.

Streit hat sich an der Frage entzündet, ob der Käufer das Wahlrecht auch bei einem **Stückkauf** für sich in Anspruch nehmen kann. Ausgelöst wurde der Disput durch die Äußerung des Gesetzgebers, § 439 Abs. 1 BGB mache die Unterscheidung zwischen Stück- und Gattungskauf verzichtbar.[54] Diese Aussage ist jedoch nicht zutreffend. Vielmehr kommt es entscheidend darauf an, was die Parteien vereinbart haben. Was nicht Inhalt des Kaufvertrages ist, kann auch nicht Gegenstand des Nacherfüllungsanspruchs sein, denn der Anspruch aus § 439 Abs. 1 BGB ist nichts anderes, als der Primäranspruch in abgewandelter Form.[55]

Bei einem Neuwagenkauf ist im Zusammenhang mit § 439 Abs. 1 BGB somit jeweils die Vorfrage zu stellen, ob sich das Vertragsverhältnis nach dem Parteiwillen auf ein bestimmtes Neufahrzeug konzentriert hat oder ob der Kaufgegenstand ein beliebiges Neufahrzeug

---

53 BR-Drucks. 14/6857, S. 62.
54 BT-Drucks. 14/6040 S. 320.
55 *Ackermann*, JZ 2002, 378, 380.

aus einer laufenden Modellreihe in vom Käufer gewünschter Ausstattung sein sollte. Eine Speziesschuld kann nach den Umständen anzunehmen sein, wenn sich der Käufer für ein bestimmtes beim Händler vorrätiges Neufahrzeug mit speziellen Ausstattungsmerkmalen entscheidet. Bestellt er jedoch ein erst noch herzustellendes Serienfahrzeug nach Prospekt, liegt in der Regel ein Gattungskauf vor.

Die Regel, dass bei einem Stückkauf kein Ersatzlieferungsanspruch des Käufers besteht, wird durchbrochen, wenn statt des vom Käufer gekauften Neufahrzeugs ein anderes Fahrzeug ausgeliefert wird (Identitäts-Aliud). Aufgrund der Anordnung in § 434 Abs. 3 BGB handelt es sich bei der Aliud-Lieferung um einen Sachmangel, der nicht durch Nachbesserung sondern nur durch Lieferung des bestellten Fahrzeugs behoben werden kann. In diesem Fall steht die Ersatzlieferung nicht in Widerspruch zum Parteiwillen, vielmehr dient sie seiner Durchsetzung.[56] Der Nacherfüllungsanspruch unterscheidet sich vom ursprünglichen Erfüllungsanspruch allein dadurch, dass die Verjährungsfrist zwei statt drei Jahre beträgt. Da der Käufer durch die Pflichtwidrigkeit des anderen Vertragsteils mit Verkürzung der Verjährung bestraft wird, wollen *Schimmel/Buhlmann*[57] § 434 Abs. 3 BGB im Wege der teleologischen Reduktion auf Stückschulden grundsätzlich nicht anwenden.

1. Ausübung des Wahlrechts

Abgesehen von der Informationspflicht bei Inanspruchnahme einer anderen Vertragswerkstatt (Abschn. VII, Ziff. 2 a, S. 1 NWVB), dem Anspruch auf Aushändigung einer schriftlichen Bestätigung über den Eingang einer mündlichen Mängelanzeige (Abschn. VII, Ziff. 2 a, S. 2 NWVB) und der Verpflichtung des Käufers, sich an den nächstgelegenen dienstbereiten Betrieb zu wenden, wenn das Fahrzeug betriebsunfähig liegen bleibt (Abschn. VII., Ziff. 2 b NWVB), enthalten die NWVB **keine konkreten Regelungen** zur Geltendmachung und Durchführung der Nacherfüllung. Es gelten daher die gesetzlichen Bestimmungen. Abweichungen zum Nachteil des Käufers sind beim Verbrauchsgüterkauf nicht zulässig (§ 475 S. 1 BGB).

Die Nacherfüllung setzt die **Geltendmachung** des Anspruchs voraus.[58] Das Wahlrecht des Käufers ist ein Gestaltungsrecht und daher bedingungsfeindlich.[59] Es wird durch das formfreie Verlangen der Nacherfüllung des zu bezeichnenden Mangels ausgeübt. Der Käufer muss die Nacherfüllung nicht mit einer Fristsetzung verbinden. Eine solche ist jedoch Voraussetzung für den Rücktritt, die Minderung und den Anspruch auf Schadens- oder Aufwendungsersatz. Daher ist es sinnvoll, dem Verkäufer eine Frist zu setzen, innerhalb derer die Nacherfüllung zu erbringen ist.[60] Die Ausübung des Wahlrechts löst die Verpflichtung des Verkäufers zur Erbringung der Nacherfüllung aus, für die sich der Käufer entschieden hat.

Ist der Käufer unentschlossen, besteht für den Verkäufer die Möglichkeit, das **Wahlrecht** gem. § 264 Abs. 2 BGB **auf sich überzuleiten**, indem er dem Käufer eine Art der Nacherfüllung anbietet und ihm eine angemessene Frist zur Ausübung des Wahlrechts setzt.[61]

Falls ungewiss ist, ob der Käufer Anspruch auf die von ihm gewünschte Art der Nacherfüllung besitzt, kann es sinnvoll sein, dem **Verkäufer die Wahl zu überlassen**. Kommt es z. B. bei einem Serienfahrzeug nach kurzer Fahrtstrecke zu einem Motortotalschaden,

---

56 *Huber*, NJW 2002, 1004, 1006.
57 Fehlerquellen im Umgang mit dem Neuen Schuldrecht, S. 125.
58 KG 18. 1. 1989 – 3 U 3141/88 – n. v., zitiert bei *Creutzig,* Recht des Autokaufs, Rn 7.2.5.
59 *Palandt/Putzo*, BGB Erg.-Bd. § 439 Rn 7.
60 *Schimmel/Buhlmann,* Fehlerquellen im Umgang mit dem Neuen Schuldrecht, S. 134.
61 *Andres* in *Schimmel/Buhlmann,* Frankfurter Handbuch zum neuen Schuldrecht, S. 544 Rn 61.

hat der Käufer das Wahlrecht zwischen einer Ersatzlieferung und dem Einbau eines neuen Motors. Er weiß aber nicht, ob der Verkäufer den einen oder anderen Anspruch mit der Einrede der Unverhältnismäßigkeit zu Fall bringen kann. Durch die Auseinandersetzung mit dem Verkäufer über die Berechtigung des von ihm geltend gemachten Anspruchs verliert er wertvolle Zeit, in der die andere Art der Nacherfüllung erbracht werden könnte. Dem Verkäufer kann die Wahl des falschen Anspruchs ebenfalls zum Nachteil gereichen, wenn er längere Zeit benötigt, um anhand des Kostenvergleichs festzustellen, ob die vom Käufer verlangte Nacherfüllung verhältnismäßig ist. Teilt er dem Käufer erst gegen Ende der Nacherfüllungsfrist mit, dass er sich auf die Einrede der Unverhältnismäßigkeit beruft, besteht für ihn die Gefahr, dass der Käufer sich auf die andere Art der Nacherfüllung nicht mehr einzulassen braucht und sofort die Rechte gem. § 437 Nr. 2 und 3 BGB geltend macht.[62]

Die Ausübung des Wahlrechts ist unter den Voraussetzungen der §§ 119, 123 BGB anfechtbar. Irrt der Käufer über den Verbleib einer Wertminderung nach Durchführung von Lackierungsarbeiten handelt es sich nach – zweifelhafter – Ansicht des OLG Köln[63] um einen unbeachtlichen Motivirrtum. *Zitat*: „Sind dem Käufer alle relevanten Tatsachen bekannt, bezieht sich sein Irrtum allenfalls auf die Bewertung des ihm bekannten Sachverhalts, ob nämlich die als solche ordnungsgemäße Neulackierung einen merkantilen Minderwert und eine Aufklärungspflicht bei einem Weiterverkauf des Fahrzeugs begründet. Dem Verkäufer kann auch nicht zum Vorwurf gemacht werden, er habe einen Irrtum durch Täuschung hervorgerufen, da es ihm nicht verwehrt ist, seine eigene Bewertung von Tatsachen zu vertreten."

Weigert sich der Verkäufer zu Recht, die vom Käufer gewünschte Art der Nacherfüllung zu erbringen, muss ihn der Käufer zu der anderen Art der Nacherfüllung auffordern, bevor er zu den Rechtsbehelfen des § 437 Abs. 2 und 3 BGB übergehen kann.[64]

2. Wiederaufleben des Wahlrechts

236 Durch das berechtigte Verlangen der Nacherfüllung erlischt das Wahlrecht des Käufers. Ist die Leistungspflicht des Verkäufers hinsichtlich der vom Käufer gewählten Art der Nacherfüllung nach § 275 Abs. 1–3 BGB ausgeschlossen, geht seine Wahl ins Leere und ihm verbleibt die zweite Art der Nacherfüllung. Dies ergibt sich indirekt aus § 439 Abs. 3 BGB. Bei bestehender Ungewissheit kann der Käufer die andere Art der Nacherfüllung hilfsweise geltend machen. Der gestaltungsrechtliche Charakter des Wahlrechts steht dem nicht entgegen. Die Bedingung versetzt den Verkäufer nicht in eine ungewisse Lage, da er weiß, ob er die vom Käufer vorrangig verlangte Art der Nacherfüllung erbringen kann oder ob er insoweit von seiner Leistungspflicht befreit ist.

Falls der Käufer die andere Art der Nacherfüllung nicht hilfsweise begehrt, stellt sich die Frage, ob ihn der Verkäufer auf den Ausschluss seiner Leistungspflicht hinweisen und die andere Art der Nacherfüllung anbieten muss, oder ob er abwarten kann, bis dieser seine Wahl korrigiert. Die Beantwortung hängt davon ab, ob die Nacherfüllung objektiv unmöglich ist oder ob ein Fall der Unverhältnismäßigkeit bzw. Unzumutbarkeit vorliegt, den der Verkäufer nur im Wege der Einrede geltend machen kann. Ist die Nacherfüllung erkennbar objektiv unmöglich, wie z. B. die Beseitigung der Unfalleigenschaft eines Fahrzeugs oder die Behebung eines Serienmangels, besteht keine Aufklärungspflicht. Eine solche lässt sich aus § 241 Abs. 2 BGB nur ableiten, wenn sich die Unmöglichkeit der Nacherfüllung nicht schon aus der Natur des Schuldverhältnisses für den

---

62 *Haas* in *Haas/Medicus/Rolland/Wendtland*, Das neue Schuldrecht, S. 204, Rn 166.
63 Urt. 15. 9. 1998 – 22 U 265 / 97 – n. v.
64 *Schimmel/Buhlmann*, Fehlerquellen im Umgang mit dem Neuen Schuldrecht, S. 139.

Käufer ergibt.⁶⁵ Die Einrede der Unverhältnismäßigkeit ist vom Verkäufer unverzüglich zu erheben. Falls er sie schuldhaft verzögert, kann er den Käufer u. U. nicht mehr auf die andere Art der Nacherfüllung verweisen.⁶⁶

Von den Fällen der Unmöglichkeit, Unverhältnismäßigkeit und Unzumutbarkeit abzugrenzen ist der Sachverhalt, dass der Verkäufer die vom Käufer zu Recht verlangte Art der Nacherfüllung nicht oder nicht innerhalb angemessener Frist erbringt. Aus § 439 Abs. 1 BGB geht nicht hervor, ob der Käufer unter diesen Voraussetzungen die Möglichkeit hat, zu der anderen Form der Nacherfüllung überzugehen. *Wolff*⁶⁷ sieht – zu Recht – keinen Grund, den Käufer an seiner ursprünglichen Wahl festzuhalten und gestattet ihm den Übergang auf die zweite Art der Nacherfüllung. Der Käufer muss sich aber redlicherweise bis zum Ablauf einer von ihm gesetzten Frist an seinem ursprünglichen Verlangen festhalten lassen, da der Verkäufer möglicherweise schon Kosten auf sich genommen hat, um das ursprüngliche Nacherfüllungsbegehren des Käufers zu erfüllen. Hat der Käufer keine Frist gesetzt, wird man ihm das Recht des Wechsels auf die andere Art der Nacherfüllung wohl auch dann zubilligen müssen, wenn der Verkäufer die geforderte Nacherfüllung nicht innerhalb angemessener Frist erbringt oder ein Fall des Fehlschlags i. S. v. § 440 S. 1 BGB vorliegt. Zu der weiter greifenden Fallgestaltung, dass sich der Verkäufer – wenn auch vergeblich – nach Kräften bemüht hat, die vom Käufer gewählte Nacherfüllung zu erbringen und der sich daran anknüpfenden Frage, ob dem Käufer unter diesen Voraussetzungen ebenfalls noch die zweite Art der Nacherfüllung als Anspruch zur Verfügung steht, gibt es – soweit ersichtlich – noch keine Stellungnahmen in der juristischen Literatur. Dort lässt man es meist bei Feststellung bewenden, dass das Wahlrecht mit der Ausübung durch den Käufer (endgültig) erlischt.

3. Kein Wahlrecht des Käufers innerhalb der Nacherfüllung

Falls mehrere gleichwertige Varianten zur Beseitigung des Mangels zur Verfügung stehen, kann der Käufer dem Verkäufer die Vornahme konkreter Maßnahmen nicht vorschreiben. Innerhalb der gewählten Art der Nacherfüllung hat der Verkäufer freie Hand, da er keine bestimmte Art der Nachbesserung sondern nur deren Erfolg schuldet.⁶⁸

Zur Vornahme einer **bestimmten Art der Nachbesserung** ist der Verkäufer allerdings verpflichtet, wenn nur durch diese der Mangel nachhaltig beseitigt werden kann.⁶⁹

Da die **Wahl der Mittel** und die **Art und Weise** der Nachbesserung im Ermessen des Verkäufers steht, kann er frei darüber entscheiden ob mangelhafte Teile repariert oder durch Neuteile ersetzt werden, ob die Instandsetzung in eigener Werkstatt, durch einen anderen Händler, Zulieferer oder durch das Herstellerwerk erfolgen soll.

Falls Käufer und Verkäufer über die Art und Weise der Fehlerbeseitigung eine **Vereinbarung** treffen, sind beide daran so lange gebunden, als eine Nachbesserung möglich und zumutbar ist. Der Verkäufer handelt deshalb nicht treuwidrig, wenn er ein von der getroffenen Absprache abweichendes Nachbesserungsverlangen des Käufers zurückweist.⁷⁰ Auf eine vereinbarte Nachbesserung muss sich der Käufer nicht einlassen, wenn der Hersteller für die Reparatur Anweisungen erteilt hat, die keine wirksame Abhilfe gewährleisten.⁷¹ Das

---

65 *Schimmel/Buhlmann*, Fehlerquellen im Umgang mit dem Neuen Schuldrecht, S. 134.
66 *Haas* in *Haas/Medicus/Rolland/Wendtland*, Das neue Schuldrecht, S. 204, Rn 166.
67 *Hoeren/Martinek*, Systematischer Kommentar zum Kaufrecht, § 439 Rn 17.
68 LG Köln, Urt. 5. 2. 1992 – 13 S 178/91 – n. v.; *Huber*, NJW 2002, 1004,1006.
69 BGH 24. 4. 1997, DB 1997, 2170 .
70 BGH 30. 1. 1991, NJW-RR 1991, 870, 872.
71 OLG Köln 13. 1. 1995, VersR 1995, 420; OLG Karlsruhe 19. 2. 1987, NJW-RR 1987, 889.

Einverständnis des Käufers mit einer bestimmten Art der Nachbesserung beinhaltet in der Regel keinen Verzicht auf bestehende Sachmängelrechte.[72]

Beispiel:
Empfohlene Tieferlegung des Fahrzeugs zur Verbesserung der vom Käufer gerügten Straßenlage bei Kurvenfahrt.

VI. Zumutbare Art der Nacherfüllung

1. Nachbesserung

238 Wählt der Verkäufer eine dem Käufer **nicht zumutbare Art der Nachbesserung**, läuft er Gefahr, dass dieser zurücktritt oder Schadensersatz geltend macht. Eine nicht zumutbare Nachbesserung kann z. B. vorliegen, wenn die vom Verkäufer eingeleitete Mängelbeseitigung wesentlich mehr Zeit erfordert, als für die Durchführung alternativer Reparaturmaßnahmen notwendig wäre.[73]

Eine Unzumutbarkeit liegt insbesondere dann vor, wenn die vom Verkäufer ergriffene Maßnahme im Vergleich zu anderen zur Verfügung stehenden Möglichkeiten der Nachbesserung **nicht gleichwertig** ist und dem Käufer Veranlassung gibt, den Erfolg der Maßnahme anzuzweifeln.

Beispiele:
– Instandsetzung des Fahrzeugs mit unzulänglichen Mitteln oder durch nicht fachkundige Monteure,[74];
– Überpinseln von Lackschäden an Stelle einer gebotenen Teil- oder Ganzlackierung;
– Einbau von ungeeigneten Ersatzteilen;
– Vornahme einer behelfsmäßigen Reparatur statt einer erforderlichen Kompletterneuerung, z. B. Anschweißen eines beschädigten Rahmenlängsträgers bei einem Gebrauchtfahrzeug etwa 10 cm hinter der Vorderradaufhängung, obwohl die Werksvorschriften die Anschnittstelle vor der Vorderachsaufhängung vorsehen.[75]

Eine Reparatur, die nicht entsprechend den **Vorschriften des Herstellerwerks** durchgeführt wird, braucht der Käufer nicht zu akzeptieren.[76] Dies gilt auch dann, wenn sie technisch keinen Grund zur Beanstandung bietet. Allein durch die **Abweichung von Werksvorschriften** wird der Wert einer Reparaturleistung – wie auch der des ganzen Autos – erheblich beeinträchtigt.

Soweit ein **Austausch von Teilen** erforderlich ist, kann der Käufer verlangen, dass „Original-Ersatzteile" eingebaut werden, wenn der Hersteller die Verwendung dieser Teile vorschreibt. Darunter sind solche Teile zu verstehen, die entweder von der Autofabrik selbst konstruiert und hergestellt oder von einem Spezialunternehmen bezogen und von der Autofabrik einer irgendwie gearteten Nachkontrolle unterzogen werden und gleichermaßen für die Erstausrüstung wie als Ersatzteil Verwendung finden.[77]

Die GVO definiert in Art. 1 **Originalersatzteile** als Ersatzteile, die von gleicher Qualität sind wie die Bausteine, die für die Montage des Neufahrzeugs verwendet werden oder wurden und die nach den Spezifizierungen und Produktionsanforderungen hergestellt werden,

---

72 BGH 26. 9. 1996, WM 1997, 39.
73 *Huber*, NJW 2002, 1004, 1006.
74 LG Bonn, Beschl. 29. 5. 1964 – 11 W 6/64 – n. v.
75 OLG Karlsruhe 19. 2. 1987, NJW-RR 1987, 889.
76 BGH 30. 5. 1978, DAR 1978, 278.
77 BGH 16. 10. 1962, MDR 1963, 108 f.

Zumutbare Art der Nacherfüllung 238

die vom Kraftfahrzeug-Hersteller für die Herstellung der Bauteile oder Ersatzteile des fraglichen Kraftfahrzeugs vorgegeben wurden. Es wird bis zum Beweis des Gegenteils vermutet, dass Ersatzteile Originalersatzteile sind, sofern der Teilehersteller bescheinigt, dass diese Teile von gleicher Qualität sind wie die für die Herstellung des betreffenden Fahrzeugs verwendeten Bauteile und das sie nach den Spezifizierungen und Produktionsanforderungen des Kraftfahrzeug-Herstellers hergestellt wurden. Nicht zu den Original-Ersatzteilen gehören Schrauben, Muttern und sonstige Kleinteile. Die Vorgaben des Herstellers sind bei der Verwendung solcher Teile ebenfalls zu beachten.

Außer den Originalersatzteilen gibt es **qualitativ gleichwertige Ersatzteile**. Dabei handelt es sich um Ersatzteile, die von einem Unternehmen hergestellt werden, das jederzeit bescheinigen kann, dass die fraglichen Teile den Bauteilen, die bei der Montage der fraglichen Fahrzeuge verwendet werden oder wurden, qualitativ entsprechen. Diese Teile dürfen im Austausch gegen fehlerhafte dann verwendet werden, wenn der Hersteller/Importeur des Fahrzeugs nicht von der GVO-Option Gebrauch gemacht hat, seinen Vertragswerkstätten die ausschließliche Verwendung von Originalersatzteilen für die Durchführung von Sachmängelarbeiten vorzuschreiben.

Im Austausch **ersetzte Teile** werden gem. Abschn. VII, Ziff. 2 c NWVB **Eigentum des Verkäufers** und sind vom Käufer herauszugeben. Auch von dem anderen Betrieb, der auf Verlangen des Käufers Nachbesserung erbracht hat, kann der Verkäufer Herausgabe der ersetzten Teils verlangen.[78]

Bei Schadhaftigkeit eines Motors mit geringer Laufleistung ist dem Käufer der Austausch gegen einen **werksüberholten Gebrauchtmotor** nicht zuzumuten. Aus Anlass einer vom Händler zu vertretenden Beschädigung des Motors bei Vornahme der 1000-km-Inspektion billigte das AG Brühl[79] dem Käufer Anspruch auf Einbau eines Neuteilemotors zu. In den Urteilsgründen führte das Gericht aus, die Ersetzung durch Lieferung eines Austauschteilemotors – also eines gebrauchten Motors – sei nicht geeignet, den vormaligen Zustand wiederherzustellen.

Wenn sich ein Fehler erst nach längerer Zeit der Benutzung zeigt, ist der Verkäufer nicht berechtigt, für die Beseitigung des Mangels gebrauchte Ersatzteile zu verwenden.

Entgegenstehende Entscheidungen aus der Zeit vor der Schuldrechtsreform, die dem Verkäufer den Einbau werksmäßig überprüfter und überholter Teile gestatteten,[80] lassen sich auf das gesetzliche Recht der Mängelbeseitigung im Rahmen der Nacherfüllung nicht übertragen. Sie basieren auf der vertraglichen Gewährleistungsklausel, die der BGH[81] als unselbstständige Haltbarkeitsgarantie einstufte und die lediglich einen Ersatz von Teilen vorsah und dem Käufer nach ihrem insoweit unmissverständlichen Wortlaut keinen Anspruch auf Verwendung von Neuteilen zubilligte.

Bei der gesetzlichen Nacherfüllung geht es darum, dass ein bereits bei Gefahrübergang vorhandener Mangel beseitigt wird, wobei es nicht darauf ankommt, wann sich dieser Mangel bemerkbar macht. Es ist der Zustand herzustellen, der demjenigen eines bei Lieferung mangelfreien Fahrzeugs entspricht. Durch Verwendung gebrauchter Teile, – mögen sie auch noch so gut sein –, lässt sich eine derartige Sollbeschaffenheit des Kraftfahrzeugs nicht herbeiführen.

Außerdem entspricht es üblicher Gepflogenheit im Neuwagenhandel, dass für Sachmängelhaftungs- und Garantiearbeiten sowie für Arbeiten im Rahmen von Rückrufaktionen

---

78 *Creutzig*, Recht des Autokaufs, Rn 7.2.8.
79 Urt. 11. 12. 1978 – 2 C 269/78 – n. v.
80 LG Limburg Urt. 7. 2. 1992 – 4 O 465/90 – n. v.; LG Köln, 11. 1. 1996 – 6 S 271/95 – n. v. betreffend den Einbau eines Austauschgetriebes bei 8400 km .
81 Urt. 19. 06. 1996, DAR 1996, 361.

ausschließlich vom Hersteller gelieferte neue Originalersatzteile verwendet werden. Daran wird sich auch in Zukunft nichts ändern, da die GVO, die am 1. 10. 2002 in Kraft getreten ist, Herstellern und Importeuren gestattet, ihre Vertragswerkstätten zur Verwendung dieser Teile zu verpflichten.

2. Ersatzlieferung

239 Der Anspruch auf Lieferung einer mangelfreien Sache beinhaltet die Lieferung eines typgleichen Fahrzeugs mit identischer Ausstattung. Abweichungen können in den Grenzen von § 242 BGB zumutbar sein. Ist das gleiche Fahrzeug nicht nachlieferbar, weil etwa der Hersteller die Produktion eingestellt hat, liegt ein Fall der Unmöglichkeit vor, so dass sich der Nacherfüllungsanspruch des Käufers auf die Beseitigung des Mangels beschränkt. Die Lieferung eines gebrauchten Vorführfahrzeugs statt eines fabrikneuen kann der Käufer zurückweisen.[82]

Anders als beim Rücktritt bleibt der Kaufvertrag bei der Ersatzlieferung aufrechterhalten. Der Austausch der Fahrzeuge erfolgt nach Maßgabe der §§ 346 bis 348 BGB, d. h. der Käufer hat das mangelhafte Fahrzeug Zug-um-Zug gegen Lieferung des anderen (mangelfreien) Fahrzeugs zurückzugewähren. Weiterhin hat er die Nutzungen zu vergüten und Ersatz der Verwendungen/Aufwendungen zu beanspruchen.

Der vom Gesetzgeber gewollte **Nutzungsersatz** wird von *Schwab*[83] in Frage gestellt, weil der Verkäufer dadurch besser gestellt werde, als im Fall der mangelfreien Leistung. Da der Kaufvertrag bestehen bleibt und damit der Rechtsgrund für das Nutzungsrecht, hält *Schwab* es für gerechtfertigt, § 346 Abs. 1 BGB (soweit § 439 Abs. 4 BGB darauf verweist) teleologisch auf eine vorläufige Versagung des Anspruchs auf Nutzungsvergütung zu reduzieren. *Schwab* will dem Verkäufer den Anspruch erst später geben, wenn der Käufer die Nutzung gezogen hat, da ihm ein Vorteil erst dann entsteht, „wenn der Zeitraum, in dem er das fehlerhafte, und der Zeitraum, in dem er nachfolgend das fehlerfreie Fahrzeug genutzt hat, *zusammengenommen* die gewöhnliche Gebrauchsdauer eines fehlerfreien Fahrzeugs überschreiten." Dieser Ansicht kann nicht gefolgt werden, da sie verkennt, dass der Verkäufer im Austausch ein Fahrzeug zurückbekommt, dessen Wert nicht allein aufgrund des Mangels sondern auch durch den Gebrauch gemindert ist. Eben diese auf dem Gebrauch beruhende Minderung soll durch die Gebrauchsvorteile ausgeglichen werden, die der Käufer gem. § 346 Abs. 1 BGB nach der Anordnung von § 439 Abs. 4 BGB zum Zeitpunkt des Austausches der Fahrzeuge zu vergüten hat. Auf die Frage, ob der Käufer tatsächlich die Nutzungen aus dem mangelfreien Fahrzeug zieht, das er im Austausch erhält, kann es schon deshalb nicht ankommen, weil der Nutzungswert in dem (mangelfreien) Fahrzeug steckt, das der Käufer im Austausch bekommt. Ob er diese Nutzungen tatsächlich zieht, kann nicht entscheidend sein, da dieses Risiko nicht mehr in die Sphäre des Verkäufers fällt, der mit der Übergabe eines mangelfreien Fahrzeugs seine Pflicht aus dem Kaufvertrag endgütig erfüllt hat.

VII. Geltendmachung der Nacherfüllung

240 Von der in der Verbrauchsgüterkaufrichtlinie vorgesehenen Option, dem Käufer eine Ausschlussfrist für die Anzeige des Mangels zu setzen, hat der deutsche Gesetzgeber keinen Gebrauch gemacht. Eine Frist für das Verlangen der Nacherfüllung sieht das Kaufrecht ebenfalls nicht vor. Aus Gründen der Schadensgeringhaltung ist der Käufer allerdings ge-

---

82 So OLG Karlsruhe, NJW-RR 1993, 631 zum Fall der Lieferung eines gebrauchten Vorführgeräts statt eines neuen.
83 Jus 2002, 630, 636.

Geltendmachung der Nacherfüllung

halten, dem Verkäufer unter Anzeige des Mangels unverzüglich Gelegenheit zur Nacherfüllung einzuräumen, wenn die Gefahr besteht, dass durch Fortsetzung des Gebrauchs weitere Schäden entstehen. Der Verkäufer haftet dem Käufer nicht für Folgeschäden, die auf einer schuldhaft verspäteten Mängelanzeige beruhen.

Beispiel:
Weiterbenutzung eines Kraftfahrzeugs, obwohl die Warnlampe aufleuchtet.

Durch eine Verschleppung der Nacherfüllung bringt sich der Käufer unnötig in Beweisnot. Außerdem setzt er sich dem Vorwurf des rechtsmissbräuchlichen Verhaltens aus, der zum Anspruchsverlust führen kann.

Die Art und Weise der **Aufnahme des Mangels** durch die vom Käufer in Anspruch genommene Werkstatt steht in deren Belieben. Schriftliche Aufzeichnungen sind aus Gründen der Beweisführung ratsam. Der Käufer sollte sich eine Abschrift aushändigen lassen, damit er im Bestreitensfall belegen kann, dass die Werkstatt die Mängelrüge aufgenommen hat.

Einen **Reparaturauftrag** braucht der Käufer **nicht** zu **unterschreiben**, selbst wenn ihm zugesagt wird, dass keine Kostenberechnung erfolgt.[84] Aus der Geltendmachung von Sachmängelansprüchen durch Unterzeichnung eines Antrags mit dem Stempelaufdruck „Garantiearbeit – Altteile aufbewahren" lässt sich nicht die Erteilung eines Reparaturauftrags ableiten, selbst wenn das Antragsformular die vorgedruckte Klausel enthält, dass die Entscheidung über die Garantieansprüche dem Lieferwerk vorbehalten bleibt und der Kunde bei Ablehnung der Garantie die Reparaturkosten zu bezahlen hat. Zu diesem Ergebnis gelangte das AG Bremerhaven[85] auf Grund des Vorrangs der Individualabrede (§ 305 b BGB) gegenüber der hierzu in Widerspruch stehenden Kostenübernahmeklausel. Unterzeichnet der Käufer einen ihm vorgelegten Reparaturauftrag zu einem Zeitpunkt, in dem die 2-jährige Verjährungsfrist der Sachmängelansprüche noch nicht abgelaufen ist, kann nicht ohne weiteres angenommen werden, dass der Käufer Sachmängelansprüche wegen eines bei Gefahrübergang vorhandenen Mangels geltend macht. Die zur vormaligen Gewährleistungsklausel getroffene Feststellung des AG Köln,[86] der Händler könne sich unter diesen Umständen nicht auf einen Reparaturauftrag berufen, ist auf die gesetzliche Sachmängelhaftung nicht übertragbar.

Die Nacherfüllung betrifft den Mangel, den der Käufer festgestellt und dem Reparaturbetrieb angezeigt hat. Es kann sich um einen offensichtlichen, wahrnehmbaren oder versteckten Mangel handeln. Der Käufer trägt die Beweislast dafür, dass dieser im Zeitpunkt des Gefahrübergangs zumindest im Keim vorhanden war. Sofern er das Neufahrzeug im Rahmen eines Verbrauchsgüterkaufs erworben hat, kommt ihm die 6-monatige Beweislastumkehr zugute, es sei denn, sie ist mit der Art des Mangels unvereinbar (Rn 379).

Es fällt nicht in den Aufgabenbereich des Käufers, die Ursache des Mangels herauszufinden[87] und die Gründe seiner Entstehung anzugeben, denn er kann dem in Anspruch genommenen Betrieb ohnehin nicht vorschreiben kann, wie dieser eine etwaige Nachbesserung auszuführen hat.[88] Entbehrlich ist auch die Unterscheidung zwischen Konstruktions- oder Fabrikationsmängeln.[89]

Der Käufer genügt seiner Pflicht zur Mängelanzeige, wenn er das **Erscheinungsbild** des Fehlers hinreichend genau beschreibt,[90] so dass eine Überprüfung der Angaben auch im

---

84 OLG Köln 2. 4. 1985, NJW-RR 1986, 151.
85 Urt. 7. 2. 1979, DAR 1979, 281.
86 Urt. v. 27. 8. 1987 – 121 C 655/86 – n. v., vom Berufungsgericht aus anderen Gründen aufgehoben.
87 OLG Köln 1. 2. 1993, MDR 1993, 619.
88 LG Köln, Urt. 5. 2. 1992 – 13 S 178/91 – n. v.
89 A. A. OLG Düsseldorf 10. 11. 1995, NJW-RR 1998, 265.
90 BGH 3. 12. 1998, VII ZR 405 / 97, NJW 1999, 1330; BGH 23. 2. 1989, NJW-RR 1989, 667; 6. 10. 1988, DB 1989, 424 m. w. N.

Hinblick auf nicht auszuschließende Bedienungsfehler möglich ist.[91] Die Anzeige einer **Mangelerscheinung** umfasst alle hierfür ursächlich in Frage kommenden Fehler.[92] Einzelne Defekte, die auf einem **Grundmangel** beruhen, wie z. B. die Schadensanfälligkeit eines Getriebes wegen der auf einem Konstruktionsfehler beruhenden Gefahr eines Ölverlusts, sind keine isoliert zu behandelnden Sachmängel, sondern Teile eines einheitlichen Mangelkomplexes.

241 Diese Grundsätze – wie auch die durch eine Garantieklausel geschaffene Beweislastverteilung – wurden in einer Entscheidung des LG Köln[93] verkannt, in der das Gericht dem Käufer entgegenhielt, aus seiner durch konkrete Verbrauchsangaben untermauerten Behauptung, das Fahrzeug weise, gemessen an den Verbrauchsangaben des Herstellers, einen weit überhöhten Kraftstoffverbrauch auf, könne nicht zwingend auf das Vorliegen eines Material- oder Herstellungsfehlers geschlossen werden, weil dafür auch andere Gründe denkbar seien. Nach Ansicht des OLG Celle[94] erfasst die Rüge des Käufers, beschlagene Seitenfenster würden nicht sauber, wenn die Scheiben herunter- und sodann wieder heraufgefahren würden, weder unzureichende Fensterschachtabdeckungen, noch den Eintritt von Zugluft. Im Hinblick auf die mangelhaften Fensterschachtabdeckungen vermag die Begründung, diese dienten nicht dem Zweck der Säuberung der Scheiben sondern sie sollten das Eindringen gröberen Schmutzes in die Hohlräume der Türen verhindern, nicht zu überzeugen, da die Beschreibung der Mangelerscheinung auf die Fehlerursache mit hinreichender Genauigkeit hinweist.

In Ermangelung einer Untersuchungspflicht des Käufers kann es nicht zu seinen Lasten gehen, wenn die in Anspruch genommene Werkstatt eine von ihm **vermutete**, in Wahrheit jedoch nicht in Frage kommende **Fehlerquelle** ungeprüft als Ursache hinnimmt, immer vorausgesetzt, der Käufer beschreibt die Mangelerscheinung mit hinreichender Genauigkeit. Übernimmt der Händler die Verantwortung für die vom Käufer geschilderten Mangelerscheinungen, dann ist es seine Aufgabe, die Ursachen zu finden und zu beseitigen.[95]

Solange der Käufer nicht sicher ist, dass er die Ursache des Mangels kennt, sollte er die Mängelrüge nicht auf die vermutete Ursache beschränken, sondern den Mangel in seiner Erscheinungsform beschreiben, andernfalls er seine Sachmängelansprüche wegen anderer in Frage kommender Fehlerursachen gefährdet. Macht sich der **Fehler** nur an **einer Stelle bemerkbar**, ist er aber auch **an anderen Stellen vorhanden**, beschränkt sich die Mängelanzeige nicht auf die vom Käufer angezeigte Stelle. Vielmehr erstreckt sie sich auf alle in Frage kommenden Ursachen und erfasst den Mangel selbst in vollem Umfang.[96]

Beispiel:
Der Hinweis des Käufers auf eine Roststelle als erstes Anzeichen einer ungewöhnlichen Rostanfälligkeit des Autos infolge fehlerhaft vorbehandelter Karosseriebleche betrifft als Beschreibung einer Mangelerscheinung die Mangelursache als Ganzes und erfasst alle später auftretenden Roststellen.

Falls der Käufer eine Fehlererscheinung rügt, die als solche noch nicht die **Qualität eines Mangels** im Rechtssinne besitzt und der Grenzwert zum Mangel erst später erreicht bzw. überschritten wird, muss der Käufer beweisen, dass die Ursache als solche schon bei der ersten Mängelanzeige vorhanden war. Über einen derartigen Grenzfall hatte das LG

---

91 OLG Düsseldorf, 25. 9. 1998, OLGR 1999, 1; OLG Köln 28. 10. 1996, NJW-RR 1997, 1533; 18. 8. 1997, NJW-RR 1998, 1247 – jeweils zu den Anforderungen an die Spezifizierung der Rüge bei mangelhafter Standardsoftware/Hard- und Software.
92 BGH 18. 1. 1990, BGHZ 110, 99, 103.
93 Urt. 12. 10. 1988 – 26 S 107/88 – n. v.
94 Urt. 8. 1. 1998, OLGR 1998, 221.
95 BGH 18. 1. 1990, BGHZ 110/99.
96 BGH 6. 10. 1988, DB 1989, 424; 23. 2. 1989, NJW-RR 1989, 667.

Bonn[97] zu urteilen, in dem der Kläger Rückgängigmachung eines Neuwagenkaufvertrages wegen eines überhöhten Ölverbrauchs begehrte, der zunächst 1–2 l je 1000 km betragen hatte und damit nach Meinung des Gerichts noch im Toleranzbereich lag und erst später im Verlauf des Prozesses auf 4 l je 1000 km wegen einer nicht ausreichend befestigten Schelle angestiegen war. In den Gründen der Entscheidung führte das LG Bonn Folgendes aus:

„Allerdings ist der geringe Kostenaufwand nicht stets und allein maßgeblich, weil die Bedeutung des Fehlers als solche entscheidet. So kann ein an sich unerheblicher Mangel, etwa das Fehlen einer Schraube an einer Maschine, trotzdem erheblich sein, wenn er nicht leicht erkennbar und deshalb seine Beseitigung schwer möglich ist. Vorliegend kann es dahinstehen, ob der durch die Undichtigkeit an der Schelle entstandene erhöhte Ölverbrauch dem Kläger ein Recht zur Wandlung gegeben hätte, wenn die Beklagte diese einfachste Fehlerursache bei einem Nachbesserungsversuch gleichwohl nicht erkannt hätte; denn es steht nicht fest, dass die Schelle sich bereits gelöst hatte, als das Fahrzeug in die Werkstatt der Beklagten zwecks Nachbesserung verbracht worden ist. Vielmehr hat der Kläger zu diesem Zeitpunkt lediglich einen Ölverbrauch von bis zu 2 l gerügt. Erst im Laufe des Rechtsstreits hat er vorgebracht, der Ölverbrauch liege bei bis zu 4 l pro 1000 km, so dass anzunehmen ist, dass ein derartiger einen Mangel begründender Ölverbrauch erst im Laufe des Rechtsstreits aufgetreten ist, die Beklagte zu diesem Zeitpunkt aber keine Möglichkeit der Nachbesserung mehr hatte. Dies wäre aber gem. den AGB, die dem Kaufvertrag zu Grunde lagen, Voraussetzung zur Wandlung gewesen. Allenfalls bei Fehlschlagen der Nachbesserung wäre eine Wandlung in Betracht gekommen."

Die Auswirkungen einer **fahrlässigen Nichtfeststellung offensichtlicher Mängel** sind weitgehend die gleichen wie die einer verspäteten Mängelanzeige. Die Sachmängelansprüche des Käufers verfallen dadurch zwar nicht. Falls jedoch der Käufer das unreparierte Fahrzeug in Kenntnis des Mangels weiterbenutzt und dadurch weitere Schäden am Fahrzeug verursacht, hat der Verkäufer dafür im Rahmen der gesetzlichen Sachmängelhaftung nicht aufzukommen. Der Käufer muss sich entgegenhalten lassen, dass er seiner Pflicht zur Schadensminderung nicht nachgekommen ist.

VIII. Durchführung der Nacherfüllung

Die Nacherfüllung setzt außer ihrer Geltendmachung voraus, dass der Käufer dem in Anspruch genommenen Betrieb **tatsächlich Gelegenheit** zur Nachbesserung einräumt.[98]

Die in Anspruch genommene Werkstatt hat die Nacherfüllung **unverzüglich** im Rahmen der ihr zur Verfügung stehenden Möglichkeiten zu erbringen. Eine Nachbesserung ist ggf. vorrangig unter Zurückstellung nicht dringlicher Aufträge vorzunehmen.[99] Wie viel Zeit dem Verkäufer zur Vornahme der Nachbesserung oder Ersatzlieferung einzuräumen ist, hängt von den konkreten Umständen ab. Geringfügige Verzögerungen – bedingt etwa durch Arbeitsüberlastung oder Schwierigkeiten bei der Ersatzteilbeschaffung – hat der Käufer hinzunehmen.[100]

Für den Austausch des mangelhaften Fahrzeugs gegen ein anderes mangelfreies Neufahrzeug benötigt der Händler normalerweise mehr Zeit als für eine Reparatur oder Erneuerung des defekten Teils. Im Fall der Ersatzlieferung muss das Ersatzfahrzeug mit identischer Ausstattung bestellt und von der Autofabrik hergestellt und geliefert werden. Die hierfür erforderliche Zeit entspricht im Regelfall der ursprünglichen Lieferzeit, da der Händler keinen Einfluss auf den Herstellungsprozess hat und dem Hersteller nicht vorschreiben kann, die Produktion des Fahrzeugs aus Gründen der Sachmängelhaftung vorzuziehen. Dies wäre technisch ohnehin nicht möglich, da die Produktionsabläufe langfristig voraus-

---

97 Urt. 22. 9. 1988 – 7 O 582/87 – n. v.
98 KG 18. 1. 1989 – 3 U 3141/88 – n. v., zitiert bei *Creutzig,* Recht des Autokaufs, Rn 7.2.5.
99 *Creutzig,* Recht des Autokaufs, Rn 7.2.7.
100 LG Stuttgart 22. 12. 1977 – 21 O 174/77 – n. v.

geplant werden. Es lässt sich voraussehen, dass diese Situation manchen Käufer davon abhalten wird, sich für eine Ersatzlieferung zu entscheiden.

243 Die Klausel in Abschn. VII, Ziff. 2 b NWVB, die dem Käufer aufgibt, sich an den nächstgelegenen **dienstbereiten Betrieb** zu wenden, wenn das Fahrzeug wegen eines Sachmangels betriebsunfähig wird, besagt nicht, dass dieser Betrieb die Nacherfüllung zu erbringen hat. Wäre er hierzu verpflichtet, müsste er nach Wahl des Käufers entweder nachbessern oder ein anderes mangelfreies Fahrzeug im Austausch liefern. Dass eine derart weitreichende Verpflichtung des Drittbetriebs nicht gewollt ist, ergibt sich aus dem Kontext der in Abschn. VII, Ziff. 2 NWVB zusammengefassten Regelungen, welche allesamt nur die Abwicklung der Mängelbeseitigung und nicht den Austausch des mangelhaften Fahrzeugs gegen eine mangelfreies betreffen.

Die NWVB enthalten keine Regelungen zum **Erfüllungsort** der Nacherfüllung. Zur Ermittlung des Ortes der Leistung bedarf es des Rückgriffs auf die gesetzlichen Bestimmungen. Ein Hinweis auf den **Erfüllungsort der Nachbesserung** könnte sich aus dem Wegfall von § 476 a S. 2 BGB a. F. ergeben. Nach dieser Vorschrift war der Verkäufer von der Verpflichtung zur Übernahme erhöhter Aufwendungen freigestellt, die darauf beruhten, dass der Käufer den Kaufgegenstand an einen anderen Ort als den Wohnsitz oder seine gewerbliche Niederlassung verbracht hatte, es sei denn, das Verbringen entsprach dem bestimmungsgemäßen Gebrauch der Sache. Da § 439 Abs. 2 BGB keine entsprechende Einschränkung enthält, sind die Kosten der Nacherfüllung vom Verkäufer unabhängig davon zu tragen, wo sich die Sache befindet und aus welchen Gründen der Käufer sie dorthin verbracht hat. Für *Huber*[101] ergibt sich daraus, dass die Nacherfüllung grundsätzlich am jeweiligen Ort der Belegenheit der Sache zu erbringen ist. Aus der Entstehungsgeschichte von § 439 Abs. 2 BGB lässt sich diese Schlussfolgerung jedoch nicht ableiten. Die Streichung von § 476 a S. 2 BGB erfolgte allein deshalb, weil eine Beibehaltung der Regelung mit Art. 3 Abs. 4 der Verbrauchsgüterkaufrichtlinie nicht zu vereinbaren war. Die Richtlinie verlangte die Einführung einer unentgeltlichen Nacherfüllung außerhalb des Verweigerungsrechts des Verkäufers nach Art. 3 Abs. 3.[102]

In Ermangelung einer gesetzlichen Spezialregelung ist der Erfüllungsort nach § 269 BGB zu bestimmen. Zieht man bei der Auslegung Art. 3 Abs. 3 S. 3 der Verbrauchsgüterkaufrichtlinie heran, so folgt daraus nach Ansicht von *Haas*[103], dass die Nacherfüllung im Zweifel dort zu erfolgen hat, wo sich das Fahrzeug befindet. Da es sich hierbei nicht um eine Besonderheit des Verbrauchsgüterkaufs handelt, will *Haas* dieses Prinzip auf alle Kaufverträge anwenden. Diese Ansicht begegnet im Neuwagenhandel dem Einwand, dass Händlerfirmen mit eigener Werkstatt grundsätzlich nicht über eine materielle und personelle Ausstattung verfügen, die es erlaubt, Mängel dort zu beheben, wo sich ein Fahrzeug gerade befindet. Nur wenige Firmen verfügen über mobile Reparatureinrichtungen. Die für die Mängelbeseitigung erforderlichen Werkzeuge, Geräte und Diagnoseeinrichtungen befinden sich normalerweise in der zum Betrieb gehörenden Werkstatt. Außerdem ist es schon aus technischen Gründen in dem meisten Fällen nicht möglich, Mängelbeseitigungsmaßnahmen, wie z. B. Karosserie – und Lackierarbeiten, ambulant vorzunehmen. Schließlich entspricht es üblicher Gepflogenheit im Neuwagenhandel, erforderliche Maßnahmen der Mängelbeseitigung in der Werkstatt des Verkäufers auszuführen und nicht am jeweiligen Standort des Fahrzeugs.[104] Außerhalb der Werkstatt wird lediglich erste Hilfe bei kleinen Defekten geleistet. Aus diesen Gründen ist davon auszugehen, dass es sich bei dem **Betriebssitz**

---

101 NJW 2002, 1006.
102 *Schmidt-Räntsch*, Das neue Schuldrecht, Anwendungen und Auswirkungen in der Praxis, § 439 Rn 858.
103 *Haas/Medicus/Rolland/Schäfer/Wendtland*, Das neue Schuldrecht, S. 201, Rn 154.
104 OLG Düsseldorf, MDR 1976, 496; OLG Frankfurt, DB 1978, 2217.

des **Verkäufers** um den Ort handelt, an dem aufgrund der Natur des Schuldverhältnisses und nach der Verkehrssitte die Mängelbeseitigung zu erbringen ist.

Der Betriebssitz des Verkäufers ist schließlich auch der Ort, an dem **Ersatzlieferung** zu erfüllen ist, welche an die Stelle der fehlgeschlagenen Ersterfüllung tritt. Aus § 439 Abs. 2 BGB ergeben sich keine Hinweise darauf, dass sich der Erfüllungsort der Ersatzlieferung dorthin verlagert, wo sich das vom Käufer zurückzugebende mangelhafte Fahrzeug befindet. Der Regelungsgehalt von § 439 Abs. 2 BGB beschränkt sich darauf, dem Verkäufer die Kosten zuzuweisen.[105] Zu diesen Kosten gehören die Aufwendungen für den Transport und das Abschleppen des Fahrzeugs zum Verkäufer bzw. zu dem in Anspruch genommenen Betrieb.[106]

Durch Sachmängel verursachte weitere Schäden am Fahrzeug sind im Rahmen der Nacherfüllung ebenfalls zu beseitigen.[107]

Instandsetzungen haben nach Maßgabe der **Bestimmungen des Herstellers/Importeurs** für die Durchführung von Sachmängelarbeiten und nicht nach Maßgabe der Kfz-Reparaturbedingungen der Werkstatt zu erfolgen.[108]

Im Rahmen der Nachbesserung hat der Käufer **Mitwirkungspflichten**, die sich aus der Natur des Schuldverhältnisses ergeben und deren Grenzen und Umfang der tatrichterlichen Zumutbarkeitsprüfung unterliegen. Weigert sich der Käufer, im Rahmen seiner Mitwirkungspflicht zumutbare Beeinträchtigungen hinzunehmen, führt dies zum Annahmeverzug.[109] Vom Käufer kann verlangt werden, dass er ein mängelbehaftetes, aber noch betriebsfähiges Fahrzeug in der Werkstatt abliefert und es nach Fertigstellung abholt. Die hierdurch entstehenden Kosten hat ihm der Verkäufer zu ersetzen. Einem Neuwagenkäufer kann allerdings nicht zugemutet werden, dass er das Fahrzeug zur Nachbesserung beim Hersteller vorbei bringt, wenn die Entfernung dorthin größer als zum nächstgelegenen Vertragshändler ist.[110]

Der Käufer ist nicht berechtigt, die Reparatur wegen eines Sachmangels eigenständig vorzunehmen und hierfür Aufwendungsersatz vom Verkäufer zu verlangen. Eine analoge Anwendung von § 637 BGB[111] scheidet aus, da sich der Gesetzgeber ausdrücklich gegen die Aufnahme einer entsprechenden kaufrechtlichen Norm entschieden hat.[112]

IX. Kosten der Nacherfüllung

Der Verkäufer hat sämtliche **zum Zweck der Nacherfüllung** erforderlichen Kosten zu übernehmen, auch soweit sie beim Käufer entstehen.[113] Dies folgt aus § 439 Abs. 2 BGB. Die dortige Aufzählung der Transport-, Wege-, Arbeits- und Materialkosten ist beispielhaft. Durch das Wort „insbesondere" wird klargestellt, dass zusätzlich alle übrigen Kosten, die sich den genannten Aufwendungen nicht zuordnen lassen, vom Verkäufer getragen werden müssen, soweit sie zum Zweck der Nacherfüllung erforderlich sind.[114]

---

105 *Büdenbender* in D*auner-Lieb/Heidel/Lepa/Ring*, Anwaltkommentar Schuldrecht, § 439 Rn 12.
106 *Creutzig,* Recht des Autokaufs, Rn 7.2.3.
107 AG Bremerhaven 7. 2. 1979, DAR 1979, 281.
108 *Creutzig,* Recht des Autokaufs, Rn 7.2.7.
109 OLG Schleswig 22. 11. 2001, OLGR 2002, 378.
110 A. A. LG München 7. 12. 1960 – 10 O 347/60 – n. v., Entfernung betrug etwa 100 km.
111 Selbstvornahme
112 *Büdenbender,* in *Dauner-Lieb/Heidel/Lepa/Ring*, Anwaltkommentar Schuldrecht § 439 Rn 14.
113 BGH 25. 10. 1995, WM 1996, 174.
114 *Ulmer/Brandner/Hensen,* AGB, § 25 Rn 14; *Graf von Westphalen* in *Henssler/Graf von Westphalen*, Praxis der Schuldrechtsreform, § 439 Rn 11.

Das Schlagwort, der Verkäufer habe „**Nacherfüllung zum Nulltarif**"[115] zu erbringen, verleitet zu Missverständnissen. Vielfach wird übersehen, dass der Verkäufer ausschließlich die **zum Zweck,** nicht aber die **anlässlich** der Durchführung der Nacherfüllung anfallenden Aufwendungen zu tragen hat.[116] Außerdem sind die Aufwendungen des § 439 Abs. 2 BGB von Schadensersatzansprüchen wegen Verletzung vertraglicher Pflichten abzugrenzen.

Unzulässig sind AGB, die Aufwendungsersatzansprüche des Käufers ausschließen oder einschränken. Dies gilt auch für den kaufmännischen Geschäftsverkehr, sofern die Aufwendungen für die Reklamation gemessen an dem Kaufpreis nicht unwesentlich sind.[117] Außerdem sind Beschränkungen unter Kaufleuten nur aus triftigen Gründen zuzulassen, weil dem Käufer durch die Einräumung des Nacherfüllungsanspruchs der Zugriff auf die weiter gehenden Sachmängelansprüche zunächst abgeschnitten ist.[118]

Der Verpflichtung zur kostenlosen Beseitigung von Sachmängelansprüchen steht nicht entgegen, dass der Käufer auf Verlangen der Werkstatt einen schriftlichen **Reparaturauftrag** ohne Vorbehalt unterschreibt. Das OLG Düsseldorf[119] stellte hierzu fest, es sei

> „... allgemein bekannt, dass insbesondere Vertragswerkstätten in der Regel nur tätig werden, wenn ihnen ein schriftlicher Auftrag erteilt worden ist. Dies gilt auch dann, wenn Leistungen dem Auftraggeber nicht in Rechnung gestellt werden, etwa weil diese auf Grund einer Garantie- oder Kulanzleistung erfolgen. Sie werden dann in der dem Auftraggeber ausgehändigten Rechnung gerichtsbekannt mit o. B. aufgeführt."

Trotz dieser gerichtsbekannten Gebräuche ist zu empfehlen, im Reparaturauftrag den Vermerk **ohne Kostenberechnung** aufnehmen zu lassen und evtl. verlangte Reparaturkosten grundsätzlich nur unter Vorbehalt zu zahlen.

1. Arbeits- und Materialkosten

245 Die für die Beseitigung der Sachmängel aufzuwendenden Lohn- und Materialkosten sind in voller Höhe vom Verkäufer bzw. von der in Anspruch genommenen Fabrikatswerkstatt zu tragen.

2. Kosten für die Prüfung des Mangels

246 Zu den Kosten der Nachbesserung gehören auch die Prüfungskosten eines vom Käufer berechtigterweise geltend gemachten Mangels.

Falls sich die Mängelrüge des Käufers als unberechtigt erweist, taucht die Frage auf, wer die Kosten der Fahrzeugüberprüfung zu tragen hat. Grundsätzlich begründet die Geltendmachung vermeintlicher Sachmängelrechte keinen Schadensersatzanspruch des Verkäufers.[120] Es erscheint nicht unbillig, den Verkäufer mit den Kosten der Überprüfung zu belasten, da es ihm im Prinzip gestattet ist, die Hände in den Schoß zu legen und abzuwarten, bis ihm der Käufer nachweist, dass die Kaufsache fehlerhaft ist, und dies, obwohl er für die -in der Lieferung einer mangelhaften Sache liegende Pflichtverletzung – verantwortlich ist.[121]

---

115 *Jung,* DAR 1980, 353 ff.
116 *Löwe/Graf von Westphalen/Trinkner,* § 25 Rn 16.
117 BGH 25. 10. 1995, WM 1996, 174; *Graf von Westphalen* in *Henssler/Graf von Westphalen* Praxis der Schuldrechtsreform, § 439 Rn 15.
118 *Löwe/Graf von Westphalen/Trinkner,* § 11 Nr. 10 c Rn 19, 22 m. w. N.
119 Urt. 23. 6. 1994, OLGR 1994, 203.
120 BGH 7. 3. 1956, WM 1956, 601; OLG Düsseldorf 6 U 161/98; OLG Hamm 13 U 71/99 – der Presse entnommen.
121 LG Hamburg 5. 3. 1992, NJW-RR 1992, 1301.

Kosten der Nacherfüllung

Aufgrund seiner fachlichen **Kompetenz** kann der Händler meistens ohne großen Untersuchungsaufwand erkennen, ob eine Mängelrüge berechtigt ist oder ob die Qualitätsvorstellungen des Käufers an der Realität vorbeigehen. Er hat außerdem die Möglichkeit, den Kundendienst des Herstellers/Importeurs einzubeziehen. Liegt aus Sicht des Verkäufers kein Fehler vor, schaltet er aber gleichwohl einen Sachverständigen ein, der seine Ansicht bestätigt, muss er für die durchgeführte Maßnahme die Kosten übernehmen. Würde er es auf ein Prozessverfahren oder auf ein selbstständiges Beweisverfahren ankommen lassen, müsste allerdings der Käufer die Kosten tragen, wenn der Gutachter zu dem Ergebnis gelangt, dass kein Fehler vorliegt.

Eine Verpflichtung zur Erstattung **vergeblich aufgewendeter Überprüfungskosten** ist außerprozessual zu bejahen, wenn der Käufer durch die Geltendmachung der Nacherfüllung gegen **vertragliche Pflichten** verstoßen hat. Der Kreis der nebenvertraglichen Obliegenheiten umfasst die Pflicht des Käufers, den behaupteten Mangel im Hinblick darauf zu **untersuchen**, ob der Verkäufer dafür verantwortlich ist.[122] Eine generelle Untersuchungspflicht im Sinne der Erforschung der Mängelursachen ist dem Käufer nicht auferlegt. Da er aber die Beweislast dafür trägt, dass der Mangel bereits zum Zeitpunkt des Gefahrübergangs zumindest im Keim vorhanden war, ist er nicht von jeglichen Überprüfungspflichten freigestellt. Im Gegensatz zu solchen Mängeln, die durch eine Haltbarkeitsgarantie abgesichert sind,[123] kann der Käufer im Rahmen der gesetzlichen Sachmängelhaftung i. d. R. nicht davon ausgehen, dass innerhalb der Frist auftretende Mängel die Rechte nach § 437 BGB auslösen. Eine andere Beurteilung ist für solche Mängel angezeigt, die sich bei einem Verbrauchsgüterkauf innerhalb der ersten sechs Monate nach Gefahrübergang zeigen, da sie unter die **Rückwirkungsvermutung** von § 476 BGB fallen. Veranlassung zu einer Untersuchung besteht insbesondere, wenn ein Mangel nach einer Unfallreparatur oder einer Fehlbedienung des Fahrzeugs auftritt, da die Wahrscheinlichkeit, dass es sich um einen Sachmangel i. S. v. § 434 BGB handelt, durch derartige Ereignisse entkräftet wird. Weiterhin kann eine zum Ersatz der Mängelprüfungskosten verpflichtende Obliegenheitsverletzung vorliegen, wenn der Käufer **leichtfertig Mängel gerügt** hat, wobei es entscheidend auf die Umstände des Einzelfalls ankommt.

3. Transport-, Wege-, Abschleppkosten

Liefert der Käufer ein **fahrbereites Fahrzeug** zur Vornahme der Mängelbeseitigung in der Werkstatt ab, muss der Verkäufer ihm die für das Hinbringen und Abholen des Fahrzeugs aufgewendeten (Wege-)Kosten erstatten.[124] Zu den „zum Zwecke" der Nachbesserung notwendigen Aufwendungen gehören auch die Kosten für den Kraftstoff, der auf der Fahrt zur Werkstatt und auf der anschließenden Abholfahrt verbraucht wird.[125]

Durch die Regelung in Abschn. VII, Ziff. 2 b NWVB, die den Käufer an den nächstgelegenen Betrieb verweist, wenn das Fahrzeug wegen eines Sachmangels betriebsunfähig liegen bleibt, werden die Abschleppkosten begrenzt. Die Klausel ist trotz der Unabdingbarkeit von § 439 Abs. 2 BGB im Rahmen des Verbrauchsgüterkaufs nicht zu beanstanden, weil sie dem Käufer zum Vorteil gereicht. Die Senkung der Kosten wirkt sich im Rahmen von § 439 Abs. 3 BGB für ihn positiv aus.

---

[122] LG Hamburg 5. 3. 1992, NJW-RR 1992, 1301.
[123] Dazu BGH 19. 6. 1996, DAR 1996, 361.
[124] AG Wuppertal 25. 11. 1987, NJW-RR 1988, 1141; AG Dülmen 31.10. 1986, NJW 1987, 385; zur Berechnung vgl. *Jung,* DAR 1980, 353 ff.
[125] A. A. *Creutzig,* Recht des Autokaufs, Rn 7.2.8.3.

4. Zusätzliche Wartungskosten

248 Soweit infolge der Nachbesserung zusätzliche Wartungsarbeiten erforderlich werden, z. B. eine 1000-km-Inspektion nach Austausch des Motors, muss der Verkäufer die **Folgekosten** einschl. der Materialien und Öle tragen. Diese Aufwendungen sind kausal auf den Mangel zurückzuführen.

5. Porto- und Telefonkosten

249 Zur Vorschrift des § 476a BGB a. F. war die Ansicht vorherrschend, dass Kosten für **Reklamationen** und **Terminabstimmungen** von ihr nicht erfasst werden, weil sich diese Aufwendungen nicht auf die Kaufsache selbst beziehen.[126] Daran ist auch im Rahmen von § 439 Abs. 2 BGB festzuhalten.

6. Mietwagenkosten und Nutzungsausfall

250 Die Inanspruchnahme eines Mietwagens während der Reparaturzeit ist für die Vornahme der Nachbesserung nicht erforderlich; sie kann hinweggedacht werden, ohne dass die Möglichkeit der Reparatur entfiele. Die Anmietung eines Ersatzfahrzeugs geschieht **nicht zum Zweck der Reparatur**, sie ist vielmehr eine **Folge** derselben. Der Anspruch auf Ersatz der Mietwagenkosten fällt deshalb nicht unter die Regelung des § 439 Abs. 2 BGB. Dasselbe gilt für den Nutzungsausfall.[127] Dass die Kraftstoffkosten, die der Käufer mit einem Miet- oder Ersatzfahrzeug während der Reparaturzeit verbraucht, vom Verkäufer nicht erstattet werden müssen, leuchtet auf Grund der vorstehenden Ausführungen ein. Der Käufer müsste sich entgegenhalten lassen, dass er die gleichen Aufwendungen gehabt hätte, wenn er mit dem schadhaften Pkw gefahren wäre.[128]

Der Verkäufer ist weder kraft Gesetzes noch vertraglich verpflichtet, dem Käufer für die Zeit der Nacherfüllung ein Ersatzfahrzeug zu überlassen, weder entgeltlich noch unentgeltlich. Dennoch ist immer häufiger zu beobachten, dass Händler ihren Kunden aus Kulanz Kraftfahrzeuge für die Dauer der Nachbesserung zur Verfügung stellen. Darin liegt – sofern nichts anderes vereinbart wird – der **konkludente Abschluss eines Leihvertrages** mit einer stillschweigend vereinbarten Haftungsbeschränkung auf Vorsatz und grobe Fahrlässigkeit. Der Kunde darf, ebenso wie bei der Überlassung eines Vorführwagens für eine Probefahrt, wegen des erhöhten Unfallrisikos darauf vertrauen, dass das Ersatzfahrzeug vollkaskoversichert ist.[129]

Mietwagenkosten und Nutzungsausfall hat der Käufer als **Schadensersatz** zu beanspruchen, wenn der Verkäufer den Mangel zu vertreten hat. Der Verzögerungsschaden gehört beim Kauf eines Fahrzeugs zum Nichterfüllungsschaden und wird durch Lieferung einer

---

[126] *Soergel/Stein*, § 11 AGBG Rn 115; *Schlosser/Coester-Waltjen/Graba*, § 25 Rn 2; *Wolf/Horn/Lindacher*, § 11 Nr. 10c Rn 3; *Basedow*, MünchKomm, § 11 Nr. 10c Rn 171; *Creutzig*, Recht des Autokaufs, Rn 7.2.8.3.; a. A. OLG Köln, Urt. 9. 5. 1986 – 20 U 233/85 – n. v.; *Jung*, DAR 1980, 353 ff.

[127] *Löwe/Graf von Westphalen/Trinkner*, § 11 Nr. 10c Rn 12; *Creutzig*, Recht des Autokaufs, Rn 7.2.8.3; *Soergel/Huber*, § 476a Rn 17; LG Bochum, Urt. 30. 3. 1979 – 11 S 389/78 – n. v.; AG Recklinghausen 27. 6. 1978 – 14 C 120/78 – n. v.; AG Freiburg 10. 3. 1982 – 3 C 2/82 – n. v.; a. A. *Jung*, DAR 1980, 353 ff.; OLG Köln, Urt. 9. 5. 1986 – 20 U 233/85 – n. v., das dem Käufer sogar eine Nebenkostenpauschale von 30 DM zugebilligt hat.

[128] LG Bochum, Urt. 20. 3. 1979 – 11 S 389/78 – n. v.; *Creutzig*, Recht des Autokaufs, Rn 7.2.8.3.

[129] OLG Hamm 3. 2. 1993, NJW-RR 1993, 672; a. A. LG Köln, Urt. 7. 7. 1994 – 19 S 373/93 – n. v., allerdings für den Fall der Ersatzwagengestellung während der Zeit der Vornahme einer Reparatur auf Grund eines gesonderten Auftrags und nicht aus Anlass einer Garantiereparatur; a. A. LG Nürnberg Fürth 18. 1. 1996 – 2 S 9708 / 95 – n. v.

fehlerhaften Sache begründet.[130] Den Ausfallschaden hat der Verkäufer dem Käufer auch dann zu ersetzen, wenn er die Nacherfüllung verzögert oder das Fahrzeug anlässlich der Mängelbeseitigung beschädigt und sich dadurch die Ausfallzeit verlängert.

7. Verdienstausfall, entgangene Freizeit, Hotelkosten, Reisekosten

Einbußen in Form von Verdienst-, Gewinnausfall und entgangener Freizeit können dem Käufer entstehen, wenn sein Fahrzeug während einer Reise oder während des Urlaubs wegen eines Sachmangels in die Werkstatt muss. Bei diesen Positionen handelt es sich – wie auch bei Unterbringungs- und Reisekosten – um Folgeschäden, resultierend aus der Mangelhaftigkeit des Fahrzeuges. Sie sind keine Aufwendungen zur Ermöglichung der Nachbesserung. Der Verkäufer hat sie daher nicht nach § 439 Abs. 2 BGB zu übernehmen, sondern nur dann, wenn er dem Käufer auf Schadensersatz haftet.[131] **251**

8. Aufwendungen des Käufers zur Feststellung der Mangels

Die Kosten für die Fehlerfeststellung gehören zu den Nachbesserungsaufwendungen im Sinne des § 439 Abs. 2 BGB, denn sie fallen **zielgerichtet** im Hinblick auf die **Durchführung der Nacherfüllung** an.[132] Damit der Verkäufer seiner Nacherfüllungspflicht nachkommen kann, muss ihm der Käufer zunächst Gelegenheit zur Prüfung des Mangels geben, ehe er auf Kosten des Verkäufers Dritte einschaltet oder eigene Mittel einsetzt, um den Mangel feststellen zu lassen.[133] Eigene Maßnahmen zur Fehlerfeststellung sind normalerweise erst erforderlich, wenn der Verkäufer das Vorliegen eines Sachmangels bestreitet, einen Haftungsausschluss i. S. v. § 442 BGB behauptet oder selbst nicht in der Lage oder willens ist, die Ursache eines Mangels herauszufinden. Gelingt es dem Verkäufer trotz zweimaliger Untersuchung des Fahrzeugs nicht, die Ursache für Motoraussetzer festzustellen und lässt der Käufer daraufhin in einer anderen Werkstatt einen Motortest durchführen, durch den der Grund des Fehlers entdeckt wird, gehören die Kosten für den Motortest zu den erforderlichen Aufwendungen i. S. v. § 439 Abs. 1 BGB und sind vom Verkäufer zu ersetzen.[134] **252**

Falls der Käufer Aufwendungen zum Zweck der Mängelfeststellung tätigt, ohne dem Verkäufer zuvor Gelegenheit hierzu einzuräumen, muss dieser sich an den Fremdkosten insoweit beteiligen, als er **eigene Kosten erspart** hat.[135]

Art und Umfang der Aufwendungen des Käufers zum Zwecke der Mängelfeststellung müssen sich im **Rahmen des Erforderlichen** halten. Zu dem üblichen Aufwand gehören die Kosten für die Demontage und Vermessung des Fahrzeugs, die Erstellung des Gutachtens und die Anfertigung von Fotos. Die Auffassung, solche Kosten dienten lediglich der Vorbereitung des Prozesses, nicht aber der Vorbereitung der Mängelbeseitigung, ist abzulehnen.[136]

Da die Nacherfüllung zu den Ansprüchen gehört, die das Gesetz dem Käufer für den Fall der Lieferung einer mangelhaften Sache zur Verfügung stellt, findet eine entsprechende

---

130 BGH 21. 2. 1992, BGHZ 117, 260,2 62; 9. 7.1987; BGHZ 98, 212.
131 *Soergel/Huber*, § 476 a Rn 17.
132 BGH 23. 1. 1991, NJW 1991, 1604; OLG Hamm 15. 1. 1998, ZfS 1999, 60; *Löwe/Graf von Westphalen/Trinkner*, § 11 Nr. 10 c Rn 9; *Soergel/Huber*, § 476 a Rn 18; ablehnend *Staudinger/Coester-Waltjen*, § 11 Nr. 10 AGBG Rn 59; *Ulmer/Brandner/Hensen*, § 25 Rn 14; *Creutzig*, Recht des Autokaufs, Rn 7.2.8.3.
133 *Soergel/Huber*, § 476 a Rn 18; weitergehend im Sinne einer unbedingten Kostenerstattungspflicht des Verkäufers BGH 23. 1. 1991, NJW 1991, 1604.
134 AG Wuppertal 25. 11. 1987, NJW-RR 1988, 1141.
135 *Soergel/Huber*, § 476 a Rn 18.
136 A. A. *Creutzig*, Recht des Autokaufs, Rn 7.2.8.3.

Anwendung von § 439 Abs. 2 BGB auf Garantieleistungen nicht statt.[137] Der Garantiegeber kann im Rahmen der Garantie beliebig bestimmen, welche Kosten er übernimmt und ob bzw. in welchem Umfang sich der Käufer an den Aufwendungen beteiligen muss.[138] Die Übernahme einer Garantie stellt eine freiwillige Leistung dar, während die Haftung des Verkäufers für Sachmängel Händlerpflicht ist. Bei einer individualvertraglich vereinbarten Garantieübernahme stößt der formularmäßige Ausschluss der Mängelbeseitigungskosten allerdings an die Grenzen von § 307 Abs. 2 Nr. 2 BGB, da das Wesen eines Garantievertrages darin besteht, dass der Garant den Garantieempfänger von allen Nachteilen freistellt, die sich aus dem Garantiefall ergeben.[139]

X. Kostenbeteiligung des Käufers

253   Beim Werkvertrag ist anerkannt, dass das Prinzip der Unentgeltlichkeit der Nachbesserung eine Kostenbeteiligung des Käufers nicht ausschließt.[140] Da der kaufrechtliche Nacherfüllungsanspruch – jedenfalls soweit er die Mängelbeseitigung betrifft - dem werkvertraglichen Anspruch auf Nachbesserung nachgebildet ist und diesem, abgesehen von dem Recht der Selbstvornahme, inhaltlich und dogmatisch entspricht, sind keine Gründe ersichtlich, die einer Anwendung der Grundsätze des Werkrechts zur Kostenbeteiligung auf den kaufrechtlichen Anspruch der Mängelbeseitigung im Wege stehen.

Eine an das Werkrecht anlehnende Kostenbeteiligung wird für den Bereich des Verbrauchsgüterkaufs nicht durch § 475 Abs. 1 S. 1 BGB ausgeschlossen, da sie das in § 439 Abs. 2 BGB verankerte Prinzip der Unentgeltlichkeit nicht durchbricht, sondern es mit anderen Rechtsvorschriften harmonisiert.

Wenn der Neuwagenkäufer durch eigenes Fehlverhalten die Folgen eines Sachmangels vergrößert, indem er z. B. trotz aufleuchtender Warnlampe die Fahrt fortsetzt und dadurch aus einem Kolbendefekt einen Motortotalschaden herbeiführt, resultiert seine Pflicht zur Kostenübernahme des weiteren Schadens aus der Verletzung der Pflicht zur Schadensgeringhaltung gem. § 254 BGB.[141] Der Verkäufer hat unter diesen Umständen nur die Kosten für die Erneuerung des defekten Kolbens zu tragen.

Nicht anders verhält es sich, wenn dem Neuwagenkäufer durch die Nacherfüllung Kosten erspart bleiben, die er andernfalls hätte aufwenden müssen (**Sowieso-Kosten**).[142] Führt etwa ein schon bei Gefahrübergang vorhandener Mangel des Motors unmittelbar vor einem fälligen Wartungsdienst, bei dem frisches Öl und andere Schmiermittel hätten aufgefüllt und Filter getauscht werden müssen, zu einem Motortotalschaden, der die Erneuerung des Motors erforderlich macht, gehört die fällige Erstinspektion dieses Motors und das Einfüllen der Betriebsmittel zum technisch notwendigen Nachbesserungsaufwand. Durch die Maßnahme der Mängelbeseitigung bleibt dem Käufer die Vornahme des Wartungsdienstes erspart, die „sowieso" angefallen wäre. Diesen Vorteil muss er sich kostenmäßig zurechnen lassen. Dadurch wird das Unentgeltlichkeitsprinzip des § 438 Abs. 2 BGB nicht in Frage gestellt, da der Verkäufer im Beispielsfall lediglich verpflichtet gewesen wäre, den Motor zu erneuern, nicht aber Öl, Schmiermittel und Filter.

Es kann durchaus vorkommen, dass durch eine Mängelbeseitigung **andere Fehler zwangsläufig mitbeseitigt** werden, für die der Verkäufer nicht verantwortlich ist. Man

---

137 Zur Rechtslage vor dem 1. 1. 2002 *Ulmer/Brandner/Hensen*, § 25 Rn 10; *Soergel/Huber*, § 476 a Rn 10; *Reich*, NJW 1980, 1610; *Löwe/Graf von Westphalen/Trinkner*, § 11 Nr. 10 c Rn 16.
138 *Basedow*, MünchKomm, § 11 AGBG Rn 171.
139 *Soergel/Huber*, § 476 a Rn 10.
140 *Palandt/Sprau*, BGB § 633 Rn 6.
141 *Palandt/Putzo*, BGB, Erg.-Bd. § 439 Rn 13.
142 *Palandt/Putzo*, BGB, Erg.-Bd. § 635 Rn 7.

kann sich den Fall vorstellen, dass eine im Herstellerwerk nicht ordnungsgemäß eingepasste Frontscheibe erneuert werden muss, die aber inzwischen durch Steinschlag einen Riss bekommen hat und repariert werden müsste. Auch in diesem Fall erspart der Käufer Kosten, die er ohne die Sachmängelhaftung des Verkäufers hätte aufwenden müssen.[143] Denkbar ist aber auch, dass es sich bei dem zwangsläufig mitbeseitigten Mangel um einen Fehler handelt, den der Käufer nicht hätte beheben lassen, wie etwa Kratzer an der Seite des Fahrzeugs, die durch eine aus Gründen der Sachmängelhaftung notwendige Beilackierung behoben werden. In diesem Fall ist eine Kostenbelastung des Käufers aus dem Gesichtspunkt des Vorteilsausgleichs zweifelhaft, da er sich eine unerwünschte Bereicherung nicht aufdrängen lassen muss.[144]

Ein echter Vorteil entsteht dem Käufer, wenn im Zuge der Mängelbeseitigung abgenutzte Teile gegen Neuteile ausgetauscht werden, die den Wert des Fahrzeugs erhöhen.

Beispiel:

Zur Beseitigung des Mangels ist es notwendig, abgefahrene Reifen gegen neue zu tauschen. Unter diesen Voraussetzungen ist ein Abzug **„neu für alt"** gerechtfertigt.

Bei der **Ersatzlieferung** liegen die Dinge anders. Der Käufer bekommt im Austausch zwar ein neues völlig unverschlissenes Fahrzeug mit neuen Reifen usw., muss aber im Gegenzug für den Gebrauch des mangelhaften Fahrzeugs die bis dahin gezogenen Nutzungen vergüten, so dass für eine Zuzahlung kein Raum bleibt. Die Neuwertigkeit des anderen Fahrzeugs kann daher bei dem Vergleich der beiden Arten der Nacherfüllung nicht als Kriterium für deren „Ungleichwertigkeit" herangezogen werden. Für Verschlechterungen des Fahrzeugs hat der Käufer dem Verkäufer Wertersatz nach Maßgabe von § 346 Abs. 2 und 3 BGB zu leisten, soweit sie darauf beruhen, dass er nicht diejenige Sorgfalt beobachtet hat, die er in eigenen Angelegenheiten anzuwenden pflegt.

XI. Selbstbeseitigungsrecht

Vor der Schuldrechtsreform galt, dass der Käufer, dem der Verkäufer ein vertragliches Nachbesserungsrecht eingeräumt hatte, diesen daran festhalten konnte und im Fall des Verzuges und der Nichterfüllung zur Ersatzvornahme berechtigt war.[145] Daran hat sich durch die Aufnahme des gesetzlichen Anspruchs auf Nacherfüllung in § 437 Nr. 1 BGB nichts geändert. Dem Käufer wird lediglich das **Recht der Selbstvornahme** entsprechend § 637 BGB versagt, das nach dem ausdrücklich erklärten Willen des Gesetzgebers allein dem Besteller eines Werkvertrags zustehen soll. Der in § 637 BGB geregelte Anspruch erfordert im Gegensatz zu § 633 Abs. 3 BGB a. F. jedoch nicht mehr, dass sich der Unternehmer mit der Beseitigung des Mangels in Verzug befindet. Statt dessen baut das Recht zur Selbstvornahme auf dem Nacherfüllungsanspruch auf und hat nur noch zur Voraussetzung, dass der Besteller dem Unternehmer erfolglos eine Frist zur Nacherfüllung gesetzt hat.[146]

Letztendlich hat auch der Käufer die Möglichkeit, das Selbstbeseitigungsrecht durchzusetzen, ohne dass es darauf ankommt, ob sich der Verkäufer mit der Nacherfüllung in Ver-

---

143 *Palandt/Putzo*, BGB-Erg.-Bd. § 439 Rn 13.
144 A. A. AG Bad Hersfeld, 26. 1. 1999, NJW-RR 1999, 1211.
145 BGH 10. 4. 1991, ZIP 1991, 733; OLG Düsseldorf, 30. 1. 1997, NJW–RR 1997, 1419; *Soergel/ Huber,* § 462 Rn 68; *Westermann,* MünchKomm, § 462 Rn 11; *Basedow,* MünchKomm, § 11 Nr. 10 c AGBG Rn 174 f.; *Staudinger/Coester-Waltjen,* § 462 Rn 15 f; a. A. *Ulmer/Brandner/ Hensen,* § 11 Nr. 10 b Rn 55 unter Hinweis auf die besondere Rechtsnatur des der kaufrechtlichen Gewährleistung unterstellten Nachbesserungsrechts; differenzierend *Köhler,* JZ 1984, 393, 399 ff.; *Jauernig/Vollkommer,* BGB, § 462 Anm. 4.
146 *Palandt/Sprau*, BGB. Erg. Bd. § 637 Rn 1.

zug befindet. Er muss sich dazu allerdings einen Nachbesserungstitel gegen den Verkäufer verschaffen und sich zur Ersatzvornahme auf Kosten des Verkäufers durch das Gericht ermächtigen lassen. Das Verfahren ist langwierig und umständlich. Warum der Gesetzgeber den Käufer auf diesen umständlichen Weg verweist und ihm die einfachere Möglichkeit eines materiell-rechtlichen Ersatzvornahmerechts versagt, ist nicht nachvollziehbar.[147] Dass es in dem einen Fall um die Erzwingung eines rechtskräftig titulierten Anspruchs und in dem anderen um eine materiell-rechtliche Erweiterung kaufrechtlicher Sachmängelansprüche geht, ist kein überzeugendes Argument, das der Zubilligung eines Anspruchs auf Selbstvornahme im Kaufrecht entgegensteht.

Der **schadensrechtliche Ersatzvornahmeanspruch** setzt Verzug voraus und erfordert eine Mahnung nach Fälligkeit des Anspruchs. Einer Mahnung bedarf es nicht, wenn der Verkäufer die Nacherfüllung ernsthaft und endgültig ablehnt; setzt der Käufer trotzdem eine Frist, muss er ihren Ablauf abwarten, ehe er zur Selbstbeseitigung berechtigt ist.[148]

Falls sich der Käufer wegen der Nachbesserung nicht an den Verkäufer, sondern an einen **anderen** autorisierten **Vertragshändler** wendet, muss sich der Verkäufer dessen vorzugsbegründendes Verhalten zurechnen lassen, so als sei er selbst in Verzug gekommen, da nach Ansicht des BGH der in Anspruch genommene andere Vertragshändler im Rahmen der Abwicklung der Sachmängelhaftung für den Verkäufer tätig wird.[149] Wegen der **Zurechenbarkeit des Verhaltens der Drittwerkstatt** ist dem Käufer die Informationspflicht gem. Abschn. VII, Ziff. 2 a NWVB auferlegt, die ihren Zweck jedoch verfehlt, da die Information nicht unverzüglich zu erfolgen hat.

Ob der Käufer die Ersatzvornahme auch von einer **nicht autorisierten Werkstatt** vornehmen lassen darf, wenn sich der Verkäufer mit der Mängelbeseitigung in Verzug befindet, brauchte der BGH nicht zu entscheiden. Da der Käufer bei Inanspruchnahme einer vom Hersteller nicht autorisierten Werkstatt seine Sachmängelansprüche unter Umständen gefährdet (z. B. durch Wegfall der Beweislastumkehr des § 476 BGB), kann ihm nicht angeraten werden, im Falle des Verkäuferverzugs eine vom Hersteller nicht zugelassene Werkstatt einzuschalten.

Billigt man dem Käufer im Einklang mit der herrschenden Meinung unter der Voraussetzung des Verkäuferverzuges einen Anspruch in Höhe der Selbstvornahmekosten zu, muss man konsequenter Weise eine **Erzwingung der Nachbesserung** gem. § 510 b ZPO zulassen.[150] Nach dieser auf das amtsgerichtliche Verfahren zugeschnittenen Norm kann der Beklagte auf Antrag des Klägers für den Fall, dass er eine Handlung nicht binnen der vom Gericht gesetzten Frist vornimmt, zur Zahlung einer Entschädigung verurteilt werden. Das Gericht darf dem Kläger eine Entschädigung in Höhe der voraussichtlich anfallenden Ersatzvornahmekosten jedoch nur zubilligen, wenn ein derartiger Anspruch nach materiellem Recht besteht.[151] Die Vorschrift des § 510 b ZPO gewährt selbst keinen Entschädigungsanspruch materiell-rechtlicher Art; sie regelt lediglich einen Anwendungsfall der objektiven Klagehäufung mit der Besonderheit, dass der Entschädigungsanspruch unbedingt erhoben und rechtshängig wird, obwohl er materiell-rechtlich ein künftiger Anspruch und durch die Nichterfüllung des Hauptanspruchs bedingt ist.

---

147 BGH 10. 4. 1991, ZIP 1991, 733, 734.
148 BGH 10. 4. 1991, ZIP 1991, 733, 735; *Soergel/Huber*, § 462 Rn 68.
149 BGH 10. 4. 1991, ZIP 1991, 733, 735; die Frage, ob dem Käufer eventuell ein eigener Anspruch gegen den anderen Vertragshändler auf ordnungsgemäße Durchführung der Nachbesserung erwächst, wurde ausdrücklich offen gelassen, so dass die von *Creutzig* – Recht des Autokaufs, Rn 7.2.4 – aus dem Urteil gezogene Schlussfolgerung, der Käufer habe keinen einklagbaren Anspruch gegen den anderen Betrieb, aus der BGH-Entscheidung nicht ableitbar ist.
150 A. A. AG Kerpen 1. 7. 1987 – 3 C 1009/86 – n. v.
151 *Thomas/Putzo*, Anm. 5 zu § 510 b ZPO.

XII. Verletzung der Nacherfüllungspflicht

Soweit die Verletzungshandlung darin besteht, dass der Verkäufer die Nacherfüllung nicht, nicht ordnungsgemäß oder nicht rechtzeitig erbringt, hängt es von den Umständen des jeweiligen Einzelfalles ab, ob der Käufer dem Verkäufer eine weitere Chance zur Erbringung der Nacherfüllung einräumen muss, oder ob er berechtigt ist, ohne vorhergehende Fristsetzung (§ 440 BGB) vom Vertrag zurückzutreten, den Kaufpreis zu mindern oder Schadensersatz (§ 437 Abs. 2 und 3 BGB) geltend zu machen (dazu Rn 295 ff.).

Die Schwelle zu den Sekundäransprüchen ist unter den **Voraussetzungen eines Verschuldens** naturgemäß niedriger als in den Fällen, in denen die Nacherfüllung beim ersten Versuch misslingt, obwohl sich der Verkäufer nach Kräften bemüht hat und ihm ein Verschuldensvorwurf nicht gemacht werden kann. Die dem Verkäufer in § 440 Abs. 2 BGB zugebilligte Anzahl von 2 Fehlversuchen (Faustregel) gilt ausdrücklich nur für die Nachbesserung. Bei der Ersatzlieferung sind strengere Maßstäbe anzulegen, weil dem Käufer nicht zuzumuten ist, dass die Kaufsache zweimal hintereinander gegen eine andere ausgetauscht wird (Rn 278).

Die schuldhafte Verletzung der Nacherfüllungspflicht löst die Haftung nach den Vorschriften des allgemeinem Leistungsstörungsrechts aus.[152] Da die Folgen haftungsintensiv sein können, ist Vorsicht geboten.[153]

Schadensersatzansprüche wegen Nichterfüllung, Schlechterfüllung oder Verspätung der Nacherfüllung sowie Ansprüche auf Ersatz vergeblicher Aufwendungen sind verschuldensabhängig und an § 276 BGB zu messen.

Eine vom Verkäufer zu vertretende **Schlechterfüllung der Nacherfüllung**, die darin besteht, dass er den Mangel nicht beseitigt hat, berechtigt als solche noch nicht zur Geltendmachung des dadurch entstandenen Schadens. Der Käufer muss dem Verkäufer zuvor eine Frist für die Nacherfüllung setzen. Erst wenn diese Frist abgelaufen ist, kann er Ersatz der Kosten verlangen, die er für die Vornahme der Reparatur durch eine andere Werkstatt aufwenden muss.

Verweigert der Verkäufer die vom Käufer berechtigterweise gewählte Art der Nacherfüllung, haftet er ihm auf Schadensersatz. Er hat den Käufer so zu stellen, wie er bei ordnungsgemäßer Nacherfüllung stehen würde und muss ihm die Kosten ersetzen, die dieser für die Reparatur in einer anderen Werkstatt oder für die Beschaffung eines anderen mangelfreien Fahrzeugs aufwenden muss. Ebenso verhält es sich, wenn der Verkäufer die vom Käufer gewählte Art der Nacherfüllung ignoriert, indem er z. B. an Stelle der Lieferung eines mangelfreien Fahrzeugs den Mangel beseitigt. Gegenüber dem Käufer kann er sich auf die erfolgreiche Nachbesserung nicht berufen, da andernfalls das in § 439 Abs. 1 BGB verankerte Wahlrecht des Käufers, das für den Verkaufsgüterkauf zwingend vorgeschrieben ist, leer laufen würde. Der Käufer behält den Anspruch auf die andere Art der Nacherfüllung, den er in Anbetracht der Weigerung des Verkäufers im Wege der Ersatzvornahme durchsetzen kann. Für Korrekturen nach § 242 BGB bleibt kaum Spielraum.

Erleidet der Käufer einen **Ausfallschaden** in Form von Nutzungsausfall, Mietwagenkosten oder Gewinnausfall, ist zu unterscheiden, ob dieser für die Zeit der Nacherfüllung oder für die Zeit der Verzögerung der Nacherfüllung geltend gemacht wird. Soweit der Ausfall darauf beruht, dass der Käufer das Fahrzeug wegen des Mangels während der Zeit der Nacherfüllung nicht nutzen kann, haftet der Verkäufer dem Käufer nur dann auf Ersatz des Ausfallschadens, wenn er den Mangel verschuldet hat. Beim Neuwagenkauf ist dieser Fall die

---
152 *Huber* in *Huber/Faust*, Schuldrechtsmodernisierung, S. 332 Rn 48.
153 *Schimmel/Buhlmann*, Fehlerquellen im Umgang mit dem Neuen Schuldrecht, S. 138.

Ausnahme, da der Verkäufer das Fahrzeug meistens nicht selbst hergestellt hat und ohne konkrete Anhaltspunkte nicht zu dessen Untersuchung verpflichtet ist.

Gerät der Verkäufer mit der Nacherfüllung in **Verzug**, liegt darin ein selbstständiger Haftungstatbestand, kraft dessen er dem Käufer den Ausfallschaden ab Eintritt des Verzugs gem. §§ 437 Nr. 3, 280 Abs. 1 und 2, 286 BGB zu ersetzen hat.[154] Die Aufforderung zur Nacherfüllung beinhaltet die für den Verzugseintritt erforderliche Mahnung. Sie muss nicht mit einer Fristsetzung verbunden sein. Eine Mahnung ist nach Ansicht von *Wolff*[155] gem. § 286 Abs. 2 Nr. 4 BGB entbehrlich, wenn der Verkäufer den Mangel kennt.

1. Verletzung von Sorgfaltspflichten

256 Außer der schuldhaften Nichterfüllung und Verzögerung der Nacherfüllung kommen als Haftungstatbestände eine Beschädigung, Zerstörung und nicht berechtigte Zurückhaltung des Fahrzeugs sowie die Verletzung anderer Rechtsgüter in Betracht.

Der Verkäufer haftet dem Käufer gem. § 280 BGB auf Schadensersatz, wenn er bei der Vornahme von Nachbesserungsarbeiten infolge der Verletzung von Sorgfaltspflichten **Schäden** an dem **Fahrzeug** oder an **anderen Rechtsgütern** des Käufers verursacht.[156]

Bei der Haftung aus Verletzung von Sorgfaltspflichten im Zusammenhang mit Maßnahmen der Nachbesserung oder Ersatzlieferung gilt es, „einfache" Schadensersatzansprüche (§ 280 Abs. 1 BGB) von Schadensersatzansprüchen „statt der Leistung" (§ 281 BGB) voneinander abzugrenzen. Hierzu ein

Beispiel:
Der Verkäufer erneuert die Steuerkette, die er aber leicht fahrlässig nicht richtig einstellt, so dass es zu einem Motorschaden kommt. Außerdem fällt ihm der Schraubenschlüssel auf die Motorhaube, die dadurch beschädigt wird.

Der Fall wirft Probleme auf, die sich mit folgenden Fragestellungen umreißen lassen:
1. Hat der Verkäufer wegen der weiteren Schäden ein Recht auf Nacherfüllung oder haftet er dem Käufer auf Schadensersatz?
2. Hat der Käufer wegen der weiteren Schäden (wieder) das Wahlrecht zwischen Nachbesserung und Ersatzlieferung?
3. Kann sich der Verkäufer hinsichtlich der weiteren Schäden auf einen im Vertrag vereinbarten Haftungsausschluss für leichte Fahrlässigkeit berufen?
4. Welche Rolle spielt der (neue) Schaden an der Motorhaube für die Beurteilung der Zumutbarkeit einer nochmaligen Nachbesserung?
5. Gelten für die Schäden an Motor und Motorhaube die gleichen Verjährungsfristen?

257 Vor der Schuldrechtsreform wurde vereinzelt die Meinung vertreten, der anlässlich der Nachbesserung verursachte Schaden sei nicht Folge des ursprünglichen Mangels, sondern beruhe auf einem Fehlverhalten des Händlers. Eine andere rechtliche Bewertung sei nur dann angezeigt, wenn der ursprüngliche Mangel wegen Verweigerung oder Verzögerung der Nachbesserung durch den Händler Folgeschäden an dem Fahrzeug nach sich ziehe, wie z. B. das Abbrennen des Fahrzeugs infolge eines Vergaserdefektes. In einem solchen Fall bestehe ein unmittelbar kausaler Zusammenhang mit der ursprünglichen Fehlerhaftigkeit, so dass der sich weiterfressende Schaden von der Gewährleistung umfasst sei. Zwar komme auch hier als weitere Ursache ein vertragswidriges Verhalten des Händlers hinzu;

---
[154] *Schubel*, JuS 2002, 314, 319; *Huber* in *Huber/Faust*, Schuldrechtsmodernisierung, S. 332 Rn 48.
[155] In *Hoeren/Martinek*, Systematischer Kommentar zum Kaufrecht, § 437 Rn 58 m. w. N.
[156] BGH 29. 10. 1975, NJW 1976, 234, 235; OLG Köln 9. 7. 1980, OLGZ 1980, 468.

dieser Umstand habe jedoch nicht zur Folge, dass die speziellen Vorschriften der Sachmängelhaftung durch allgemeines Haftungsrecht verdrängt werden.

Im Beispielsfall handelt es sich nach herkömmlicher Denkart sowohl bei dem Motorschaden als auch dem Schaden an der Motorhaube um **unmittelbare Folgeschäden.** Der Unterschied besteht allein darin, dass sich der Motorschaden als **direkte Folge** der Mängelbeseitigung darstellt, während der Schaden an der Motorhaube **anlässlich der Reparatur** verursacht worden ist. Diese Unterschiede rechtfertigen es jedoch nach neuem Recht nicht, den Motorschaden als „Schaden statt der Leistung" und den Schaden an der Motorhaube als „Schaden neben der Leistung" zu qualifizieren. Dies würde nämlich bedeuten, dass der Käufer dem Verkäufer wegen des Motorschadens eine weitere Nachbesserungsmöglichkeit einräumen müsste, wobei unterstellt wird, dass die Zumutbarkeitsgrenze noch nicht überschritten ist, während der Käufer den Schaden an der Motorhaube zum Anlass nehmen könnte, vom Verkäufer Schadensersatz nach § 280 Abs. 1 BGB zu verlangen, ohne ihm Gelegenheit geben zu müssen, diesen Schaden zu beseitigen. Auf der anderen Seite könnte der Verkäufer sich wegen des Schadens an der Motorhaube auf einen vereinbarten Haftungsausschluss berufen oder sich exkulpieren, ohne dass dies Auswirkung auf das Schicksal der Sachmängelhaftung hätte.

Zur Vermeidung derart untragbarer Ergebnisse muss man sich von der Unterscheidung zwischen **Mangel- und Mangelfolgeschaden** endgültig verabschieden, da sie Verwirrung stiftet und unangebracht ist. Die Differenzierung passt nicht zum neuen Sachmängelrecht, weil sie verkennt, dass der Verkäufer, der entgegen der Wertung des § 433 Abs. 1 S. 2 BGB den Kaufvertrag nicht ordnungsgemäß erfüllt hat, für alle daraus resultierenden Schäden an der Sache verantwortlich ist.[157] Die Mangelhaftigkeit der Kaufsache ist aber nur der Auslöser für die dem Käufer im Sachmängelrecht zur Verfügung stehende Möglichkeit, sich vom Kaufvertrag durch Rücktritt oder durch Geltendmachung des Schadensersatzanspruchs statt der ganzen Leistung zu lösen. Die eigentliche Rechtfertigung der Rechte gründet nicht unmittelbar kausal auf dem Sachmangel, sondern auf dem endgültigen Ausbleiben einer sachmängelfreien Leistung, welche feststeht, wenn der Verkäufer die Nacherfüllung nicht leisten kann oder ein Leistungsverweigerungsrecht geltend macht oder der Käufer die Nacherfüllung nicht annehmen muss.[158]

Für die angebotene Lösung sprechen praktische Erwägungen, die nicht von der Hand zu weisen sind. Die Nacherfüllung, namentlich die Nachbesserung, bringt spezielle Gefahren mit sich, die darauf beruhen, dass der Käufer gezwungen ist, das Fahrzeug aus der Hand zu geben und es dem Verkäufer bzw. einer anderen Vertragswerkstatt vorübergehend anzuvertrauen. Da die Nacherfüllung allein dem Zweck dient, die fehlgeschlagene Ersterfüllung zu heilen, fallen zwangsläufig alle Ereignisse, die der Herbeiführung dieses Erfolges entgegenstehen, unter die Sachmängelhaftung. Somit hat der Verkäufer das Recht und die Pflicht, auch solche Schäden und Mängel zu beseitigen, die bei Vornahme der Nacherfüllung entstanden sind, immer vorausgesetzt, dass dadurch der vertragsgemäße Zustand des Fahrzeugs (wieder) hergestellt werden kann und keine Wertminderung zurückbleibt. Es gibt keinen vernünftigen Grund, den Verkäufer im Beispielsfall daran zu hindern, den Motorschaden und den Schaden an der Motorhaube zu reparieren. Für den durch Erweiterung des Reparaturumfangs entstehenden zusätzlichen Ausfallschaden hat der Verkäufer dem Käufer Ersatz zu leisten.

Auf eine Reparatur der weiteren vom Verkäufer anlässlich der Nacherfüllung verursachten Schäden muss sich der Käufer nicht einlassen, wenn die Beseitigung der Schäden nicht

---

157 *Graf von Westphalen* in *Henssler/Graf von Westphalen*, Praxis der Schuldrechtsreform § 434 Rn 80; § 437 Rn 18.
158 *Lorenz*, NJW 2002, 2497, 2504.

ohne Verbleib einer technischen oder merkantilen Wertminderung durchführbar ist. Unter diesen Umständen ist die Nacherfüllung unmöglich, so dass der Käufer sofort und ohne vorhergehende Fristsetzung auf die Sekundärrechte von § 437 Abs. 2 und 3 BGB zurückgreifen kann. Das Risiko des Fehlschlagens der Nacherfüllung verbleibt somit grundsätzlich beim Verkäufer.

Beispiel:
Auf einer Probefahrt im Zusammenhang der Nachbesserung verursacht der Verkäufer einen Unfall, bei dem das Fahrzeug erheblich beschädigt und zum Unfallwagen abgestempelt wird.[159]

Für Schäden, die der Verkäufer anlässlich der Nacherfüllung **an anderen Rechtsgütern** (Körperschaden, Höherstufungsschaden, Gutachterkosten usw.) schuldhaft verursacht, haftet er dem Käufer nach den allgemeinen Vorschriften auf Schadensersatz.

258 Gem. Abschn. VIII, Ziff. 1 NWVB haftet der Verkäufer für **leicht fahrlässig** verursachte, bei Vertragsabschluss vorhersehbare typische Schäden, wenn er **vertragswesentliche Pflichten** verletzt. Die Nacherfüllung gehört zu diesen Pflichten, weil sie für die Erreichung des Vertragszwecks als wesentlich anzusehen ist. Abschn. VIII, Ziff. 1, S. 3 NWVB enthält eine **Subsidiaritätsklausel**, die den Käufer vorrangig auf die eigene Versicherung verweist, und die Haftung des Verkäufers auf die Nachteile beschränkt, die dem Käufer durch die Inanspruchnahme der Versicherung z. B. in Form von Prämiennachteilen, entstehen. Gegen die Klausel werden Bedenken angemeldet[160], weil sie sich auch auf die Krankenversicherung bezieht und deshalb zu Haftungsbeschränkungen auch bei Körperschäden führt, deren Vereinbarkeit mit § 309 Nr. 7 a BGB zu verneinen ist. Eine Klarstellung, dass die Krankenversicherung von der Subsidiarität ausgenommen wird, würde letzte Zweifel beseitigen.

Schwerwiegenden Wirksamkeitsbedenken begegnet die Klausel von Abschn. VII, Ziff. 1, S. 4 NWVB, welche die Haftungsklausel insgesamt zu Fall bringen könnte. Indem sie besagt, dass für leicht fahrlässig durch einen Mangel verursachte Schäden nicht gehaftet wird, schließt sie, für sich betrachtet, nicht nur Schäden an Leben, Körper und Gesundheit aus, was mit § 309 Nr. 7 a BGB nicht zu vereinbaren ist, sondern sie versagt dem Käufer Schadensersatz auch insoweit, als die Schäden als unvermeidbare Folge des ursprünglichen Mangels am Fahrzeug auftreten (sog. Weiterfresserschäden).

Beispiel:
Ein defekter Kolben durchlägt den Zylinderkopf des Motors.

Solche Schäden sind vom **Mangelunwert** miterfasst. Ihr Ausschluss verstößt gegen § 309 Nr. 8 b aa BGB und im Bereich des Verbrauchsgüterkaufs gegen § 475 Abs. 1 Nr. 1 BGB. Für diese vom Mangelunwert erfassten Schäden ist der Verkäufer dem Käufer ohne Rücksicht auf Verschulden nach Sachmängelrecht verantwortlich.

Nach zutreffender Ansicht von *Pfeiffer*[161] ist die Klausel auch deshalb unwirksam, weil sie **vertragswesentliche Pflichten** des Verkäufers einschränkt und – wäre sie gültig- dazu führen würde, dass Ansprüche des Käufers auf Wertminderung, Abschleppkosten usw. ausgeschlossen würden. Die Verschaffung einer fehlerfreien Kaufsache gehört zu den Kardinalpflichten des Verkäufers und darauf ist die vertragstypische Erwartung des Käufers gerichtet. Der Sinn und Zweck der Nacherfüllung besteht allein in der Herstellung des vertragsgemäßen Zustands, der begrifflich Fehler- und Beschädigungsfreiheit einschließt. Wenn dieses Ziel wegen der Fahrzeugbeschädigung bei Vornahme einer Gewährleistungsreparatur und des Verbleibs einer Wertminderung nicht erreicht wird, kann es dem Verkäu-

---

159 OLG Düsseldorf Urt. v. 7. 3. 1996, ZfS 1997, 337.
160 *Pfeiffer*, ZGS 2002, 175, 176.
161 ZGS 2002, 176, 177.

fer nicht gestattet sein, sich von seiner Haftung für leichte Fahrlässigkeit durch AGB frei zu zeichnen, andernfalls der Käufer unangemessen übervorteilt würde.[162]

Bei grob fahrlässiger oder vorsätzlicher Verletzung der Nacherfüllungspflicht haftet der Verkäufer dem Käufer in jeder Hinsicht unbeschränkt.[163]

Verursacht ein **anderer Betrieb,** den der Käufer an Stelle des Verkäufers auf Mängelbeseitigung in Anspruch genommenen hat, einen Schaden am Fahrzeug, besitzt der Käufer Anspruch auf Beseitigung des Schadens und auf Zahlung einer Wertminderung. Der Anspruch richtet sich gegen den Verkäufer, für den der andere Betrieb im Rahmen der Mängelbeseitigung tätig geworden ist.[164] Den Anspruch auf Mängelbeseitigung hat auf Verlangen des Käufers gem. Abschn. VII, Ziff. 2 a NWVB auch der andere Betrieb zu erfüllen. Dieser haftet dem Käufer auf Zahlung der Minderung, wenn die Voraussetzungen einer unerlaubten Handlung vorliegen und eine Exkulpation nach § 831 BGB nicht stattfindet. Möglich ist auch, dass sich aus der Rechtsbeziehung zwischen dem anderen Betrieb und dem Hersteller ein vertragliche Schutzwirkung zugunsten des Käufers (ohne Exkulpationsmöglichkeit) ableiten lässt. Da sich die Vertragsverletzung gegen den begünstigten Käufer auswirkt, kann dieser die ihm zustehenden Ansprüche ohne Einschaltung des Herstellers selbstständig geltend machen.[165]

Falls eine Reparatur der von der Drittwerkstatt verursachten Schäden ohne Verbleib einer Wertminderung nicht möglich ist, hat der Käufer das Recht, an Stelle der Geltendmachung der Wertminderung vom Kaufvertrag zurückzutreten oder Schadensersatz statt der ganzen Leistung zu verlangen. Gegen die Drittwerkstatt bestehen insoweit keine Direktansprüche, da sie nicht Vertragspartei ist.

Verursacht der andere vom Käufer in Anspruch genommene Betrieb bei Vornahme der Nacherfüllung schuldhaft Schäden an **anderen Rechtsgütern** des Käufers, ist der Verkäufer hierfür ebenfalls verantwortlich, da er sich der Mithilfe des anderen Betriebes bei der Erfüllung seiner Nacherfüllungspflicht bedient.[166] Die Verantwortlichkeit des Verkäufers folgt aus der Regelung von Abschn. VII, Ziff. 2 NWVB, die für die „Abwicklung einer Mängelbeseitigung" vorsieht, dass der Käufer Ansprüche bei anderen vom Hersteller/Importeur für die Betreuung des Kaufgegenstandes anerkannten Betrieben geltend machen kann.

Die andere Werkstatt haftet dem Käufer für eine schuldhafte Rechtsgüterverletzung aus unerlaubter Handlung und eventuell wegen Verletzung von Schutzpflichten, die sie aufgrund ihrer Rechtsbeziehung zum Hersteller gegenüber dem Käufer zu wahren hat.[167] Auch bei der Inanspruchnahme einer anderen Werkstatt ist der Haftungsausschluss von Abschn. VIII, Ziff. 4 NWVB für leichte Fahrlässigkeit zu beachten.

2. Zurückspringen der Sachgefahr auf den Verkäufer

In engem Zusammenhang mit der Haftung des Verkäufers für eine Schlechterfüllung der Nachbesserung steht die Frage der Gefahrtragung während der Zeit, in der sich das Fahrzeug im Gewahrsam des Verkäufers befindet.

---

162 *Graf von Westphalen/Pfeiffer*, Vertragsrecht und AGB-Klauselwerke, Neuwagenkauf Rn 78; weiter gehend; a. A. *Creutzig,* Recht des Autokaufs Rn 813 .
163 BGH 29. 10. 1975, NJW 1976, 234.
164 BGH 10. 4. 1991, ZIP 1991, 733.
165 *Erman/Westermann*, § 328 Rn 6; *Esser/Schmidt,* § 48 III 3 d.
166 BGH vom 10. 4. 1991, ZIP 1991, 733; die in der Vorauflage vertretene Ansicht wurde wegen der Änderung der NWVB aufgegeben.
167 *Erman/Westermann*, § 328 Rn 6; *Esser/Schmidt,* § 48 III 3 d.

Beispiel:

Das auf dem Betriebsgelände des Verkäufers abgestellte Fahrzeug wird von einem herunterfallenden Ast beschädigt.

Den Lösungsweg weist § 346 Abs. 3 Nr. 3 BGB. Danach springt die Gefahr des zufälligen Untergangs und der zufälligen Verschlechterung beim gesetzlichen Rücktrittsrecht auf den Verkäufer zurück, wenn er seine Pflicht zur Verschaffung eines mängelfreien Fahrzeugs nicht vollständig erfüllt hat. Wer nicht ordnungsgemäß geleistet hat, darf nicht darauf vertrauen, dass der Gefahrübergang für den anderen Teil endgültig ist. Da die Leistungspflicht nicht mit dem Gefahrübergang endet sondern sich als Nacherfüllungspflicht fortsetzt, sind Zufallsereignisse in der Phase der Nacherfüllung dem Verkäufer zuzurechnen. In dem Dilemma, von zwei schuldlosen Beteiligten einem den Verlust auferlegen zu müssen, hat sich der Gesetzgeber zugunsten des Rücktrittsberechtigten entschieden.[168]

Aus der Gefahrenzuweisung leitet sich die Verpflichtung des Verkäufers zur Beseitigung des von ihm nicht verschuldeten Schadens ab. Ist die Beseitigung unmöglich oder kann sie der Verkäufer wegen Unverhältnismäßigkeit verweigern, ist der Käufer berechtigt, vom Vertrag zurückzutreten oder Schadensersatz statt der ganzen Leistung zu verlangen. Die Frage, ob unter solchen Voraussetzungen das Wahlrecht auf Lieferung eines anderen mangelfreien Fahrzeugs wieder auflebt, wird die Rechtsprechung beantworten müssen.

XIII. Unverhältnismäßigkeit der Nacherfüllung

1. Gesetzessystematik

262 § 439 Abs. 3 BGB gibt dem Verkäufer das Recht, dem Nacherfüllungsanspruch die **Einrede der Unverhältnismäßigkeit** entgegen zu setzen. Dieses Recht besteht unbeschadet des Leistungsverweigerungsrechts nach § 275 Abs. 2 und 3 BGB. Das Verhältnis beider Vorschriften ist dadurch gekennzeichnet, das § 439 Abs. 3 S. 1 BGB eine im Vergleich zu § 275 Abs. 2 BGB niedrigere Schwelle für die Begründung der Einrede des Verkäufers darstellt.[169] In § 275 Abs. 2 BGB wird ausdrücklich auf das Leistungsinteresse des Gläubigers abgestellt, während diese Weichenstellung in § 439 Abs. 3 BGB fehlt.[170]

Unter Zumutbarkeitskriterien räumt § 439 Abs. 3 i. V. m. § 275 Abs. 2 und 3 BGB dem Verkäufer das Recht zur Verweigerung der vom Käufer gewählten Art der Nacherfüllung in Form der **Einrede** ein, wenn die Nachbesserung oder Ersatzlieferung **faktisch und praktisch**, aufgrund **persönlicher Umstände** des in Person zur Nachlieferung verpflichteten Verkäufers oder **wirtschaftlich unmöglich** ist.[171] Das Leistungsverweigerungsrecht des § 275 Abs. 3 BGB ist für den Neuwagenkauf nicht relevant.

Die Vorschrift des § 439 Abs. 3 BGB ist **mehrstufig** aufgebaut. Auf der ersten Stufe sind die beiden Arten der Nacherfüllung im Hinblick darauf zu vergleichen, ob die eine oder andere unverhältnismäßig ist. Liegen die Voraussetzungen bei einer Art der Nacherfüllung vor, beschränkt sich der Anspruch des Käufers auf die zweite Art der Nacherfüllung. Sind beide Arten der Nacherfüllung unverhältnismäßig, kann der Käufer vom Kaufvertrag zurücktreten, den Kaufpreis mindern oder Schadensersatz statt der Leistung verlangen, soweit hierzu jeweils die weiteren Voraussetzungen vorliegen.

---

168 *Schmidt-Räntsch*, Das neue Schuldrecht, Anwendungen und Auswirkungen in der Praxis, S. 196 Rn 601.
169 BT-Drucks. 14/6040, S. 232.
170 *Huber*, NJW 2002, 1004, 1007, der jedoch wegen der Rechtsprechung zu § 633 Abs. 2 S. 3 BGB im Rahmen von § 439 Abs. 3 ebenfalls auf das Interesse des Gläubigers abstellen will.
171 *Schimmel/Buhlmann*, Frankfurter Handbuch zum Neuen Schuldrecht, S. 467 Rn 63.

Ausschlaggebend für die Einrede ist die **Unverhältnismäßigkeit der Kosten**. Als Kriterien für die Abwägung nennt § 439 Abs. 3 S. 2 BGB beispielhaft (insbesondere) den Wert der Sache in mangelfreiem Zustand und die Bedeutung des Mangels. Außerdem ist zu berücksichtigen, ob auf die andere Art der Nacherfüllung ohne erhebliche Nachteile für den Käufer zurückgegriffen werden kann. Ein Vergleich mit den Kosten der anderen Art der Nacherfüllung ist nicht ausdrücklich vorgesehen,[172] i. S. einer richtlinienkonformen Auslegung der Verbrauchsgüterkaufrichtlinie jedoch erforderlich. Für die Unverhältnismäßigkeitsprüfung der verbleibenden zweiten Art der Nacherfüllung gelten wiederum die Kriterien von § 439 Abs. 3 S. 1 BGB.

2. Methodik

Das Gesetz liefert in § 439 Abs. 3 BGB außer einigen Anhaltspunkten keine konkreten Hinweise darauf, wo die **Grenze der Unverhältnismäßigkeit** anzusiedeln ist. Mit der pauschalen Feststellung, entscheidend seien die Umstände des Einzelfalls,[173] und mit Extrembeispielen, dass z. B. wegen des erforderlichen Austausches einer Schraube keine neue Waschmaschine vom Käufer verlangt werden kann[174] ist den Parteien wenig geholfen.

Als ebenfalls nicht sonderlich hilfreich erweist sich die Methode der **Anknüpfung an die zu § 633 Abs. 2 S. 3 BGB a. F. gewonnenen Erkenntnisse**, die wegen ihres Bezugs zum jeweiligen Einzelfall nicht klar konturiert und strukturiert sind und die sich auf das Kaufrecht nur bedingt übertragen lassen, weil im Rahmen von § 439 Abs. 3 BGB weniger strenge Anforderungen zu stellen sind als im Werkrecht.[175] Dies liegt daran, dass der Verkäufer im Gegensatz zum Werkunternehmer die Sache – meistens – nicht selbst herstellt.

Nach höchstrichterlicher Rechtsprechung zu § 633 Abs. 2 S. 3 BGB a. F. gilt, dass der Werkunternehmer grundsätzlich das Erfüllungsrisiko für die von ihm versprochene Leistung ohne Rücksicht auf den dafür erforderlichen Aufwand zu tragen hat.[176] Das Verhältnis der Kosten der Nacherfüllung zum vereinbarten Werklohn ist außer Acht zu lassen.[177] Diese Risikoverteilung wird nicht dadurch verändert, dass der Unternehmer mangelhaft leistet.[178] Eine Unverhältnismäßigkeit ist nur dann zu bejahen, wenn einem objektiv geringen Interesse des Bestellers an einer mangelfreien Vertragsleistung ein ganz erheblicher und deshalb vergleichsweise unangemessener Aufwand gegenübersteht.[179]

Im Gegensatz zu § 633 Abs. 2 S. 3 BGB nennt § 439 Abs. 3 S. 2 BGB beispielhaft einige Anknüpfungspunkte für die Beurteilung der Unverhältnismäßigkeit. Danach sind bei der Abwägung zwischen Nachbesserung und Ersatzlieferung jeweils die Kosten für die Nacherfüllung mit dem Wert der Sache in mangelfreiem Zustand miteinander zu vergleichen, wobei die Bedeutung des Mangels und die Frage zu berücksichtigen sind, ob auf die andere Art der Nacherfüllung ohne erhebliche Nachteile für den Käufer zurückgegriffen werden könnte. Die Kriterien „Wert der Sache" und „Bedeutung des Mangels" sind nach dem Sinn der Vorschrift auch in § 439 Abs. 3 S. 3 BGB hineinzulesen, obwohl dort nur auf das Verweigerungsrecht gem. S. 1 Bezug genommen wird.

---

172 *Jordan/Lehmann*, JZ 2001, 952, 958 sehen darin einen Verstoß gegen Art 3 Abs. 3 Verbrauchsgüterkaufrichtlinie.
173 *Graf von Westphalen* in *Henssler/Graf von Westphalen*, Praxis der Schuldrechtsreform, § 439 Rn 16.
174 *Schmidt-Räntsch/Maifeld/Meier-Göring/Röcken*, Das neue Schuldrecht, § 439 S. 503.
175 Zum Werkrecht *Busche*, DB 1999, 1250 ff.
176 BGH 4. 7. 1996, NJW 1996, 3269, 3270.
177 OLG Düsseldorf, 10. 6. 1997, NJW-RR 1997, 1450, 1451.
178 BGH 4. 7. 1996, NJW 1996, 3269, 3270.
179 BGH Urt. 6.12.2001, NJW-RR 2002, 661, 662.

Der Vergleich zwischen § 438 Abs. 3 BGB und § 635 Abs. 3 BGB verdeutlicht, dass das in der Gebrauchstauglichkeit des Werkes bestehende Leistungsinteresse des Gläubigers, auf das der BGH im Werkrecht abstellt,[180] beim Kaufvertrag keine vergleichbar dominante Rolle spielt, weil es hier vor allem auf den Wert der Sache ankommt. Ob es in Anbetracht dieser Unterschiede vertretbar ist, auch im Rahmen von § 438 Abs. 3 BGB auf das Gläubigerinteresse abzustellen, erscheint daher zumindest zweifelhaft.[181]

3. Grenzwerte

264 Zur Gewinnung konkreter Anhaltspunkte für die Beurteilung der Unverhältnismäßigkeit ist es sinnvoll, danach zu fragen, ob das Gesetz Hinweise auf Grenzwerte liefert, deren Überschreitung dem Verkäufer nicht mehr zugemutet werden kann. Hierbei ist zu unterscheiden, ob der Verkäufer den Mangel **verschuldet** hat oder ob er dem Käufer wegen eines **unverschuldeten Mangels** auf Nacherfüllung haftet.

Ackermann[182] hat zutreffend darauf hingewiesen, dass das gesetzliche Höchstrisiko des Verkäufers einer Stückschuld (bei der sich allerdings nicht die Abwägungsproblematik i. S. v. § 439 Abs. 3 S. 1 BGB stellt) im Verlust des Kaufpreises besteht, wenn er den Mangel der Kaufsache nicht zu vertreten hat. Im schlimmsten Fall der unverschuldeten objektiven Unmöglichkeit wird der Verkäufer von seiner Leistungspflicht nach § 275 Abs. 1 BGB befreit und büßt den Kaufpreis nach § 326 Abs. 1 S. 1 BGB ein. Diese Rechtsfolgen treten z. B. ein, wenn das zur Auslieferung bereitgestellte Neufahrzeug zufällig zerstört worden ist. Der Kaufpreis – bzw. das Risiko des Kaufpreisverlustes – muss auch dann die Obergrenze für die vom Verkäufer aufzuwendenden Kosten darstellen, wenn sich das Fahrzeug wieder aufbauen lässt, da andernfalls die Ergebnisse von der Zufälligkeit abhängen würden, ob ein unüberwindbares oder überwindbares Leistungshindernis vorliegt.

Die Überlegungen sind auf die Gattungsschuld übertragbar, da die Anstrengungen, die der Verkäufer zur Beschaffung einer Gattungsware auf sich nehmen muss, die gleichen wie bei der Stückschuld sind. Solange die Leistung objektiv möglich ist, haftet der Verkäufer einer Gattungsware ohne Verschulden auf Lieferung der Sache nur unter der Voraussetzung, dass er ein Beschaffungsrisiko übernommen hat. Ansonsten hat er gem. § 276 BGB eine Unmöglichkeit der Lieferung nur bei Vorsatz und Fahrlässigkeit zu vertreten.[183]

Durch eine unverschuldete (vollständige) Nichterfüllung des Kaufvertrages über ein Neufahrzeug wird der Käufer i. d. R. in einem weitaus stärkeren Maße beeinträchtigt als durch die unverschuldete Lieferung eines mangelhaften Fahrzeugs. Es kann daher nicht sein, dass der Verkäufer, der unverschuldet ein mangelhaftes Neufahrzeug geliefert hat und zur Nacherfüllung verpflichtet ist, einem höheren Kostenrisiko ausgesetzt ist, als wenn er das Fahrzeug – z. B. wegen eines unbehebbaren Serienmangels - überhaupt nicht an den Käufer übergeben hat. Dies ergibt sich u. a. auch aus der Tatsache, dass die Opfergrenze von § 439 Abs. 3 BGB unter der von § 275 Abs. 2 BGB liegt.

Aus diesen Überlegungen folgt zwanglos, dass die Obergrenze, an der die Einrede der unverhältnismäßigen Kosten i. S. v. § 439 Abs. 3 S. 1 BGB auszurichten ist, den Preis nicht überschreiten kann, den der Käufer im „worst case" der Nichterfüllung verlieren würde.

265 Anders verhält es sich bei solchen Mängeln, die der Verkäufer verschuldet oder aufgrund der Übernahme einer Garantie gem. § 276 Abs. 1 S. 1 BGB ohne Rücksicht auf Verschulden zu vertreten hat. Vergleicht man die vom Verkäufer verschuldete mangelhafte Lieferung wiederum mit dem schlimmsten Fall einer vom Verkäufer verschuldeten vollständigen

---

180 BGH 6. 12. 2001, NJW-RR 2002, 661, 663.
181 A. A. *Huber*, NJW 2002, 1004, 1007.
182 JZ 2002, 378, 383.
183 *Hoeren*, in *Hoeren/Martinek*, Systematischer Kommentar zum Kaufrecht, S. 121 Rn 331.

Unmöglichkeit der Lieferung, so leuchtet sofort ein, dass das Verkäuferrisiko nicht durch den Verlust des Kaufpreises begrenzt wird. Der Verkäufer haftet dem Käufer für anfängliche Unmöglichkeit gem. § 311 a BGB, wenn er das Leistungshindernis (z. B. Unfalleigenschaft des Neuwagens) kannte oder infolge grober Fahrlässigkeit nicht erkannt hat und für nachträgliche Unmöglichkeit gem. § 283, 280 Abs. 1 BGB, wenn er das Leistungshindernis fahrlässig oder vorsätzlich herbeigeführt hat. Des weiteren ist er dem Käufer unabhängig von der Voraussetzung eines Verschuldens zum Schadensersatz verpflichtet, wenn er eine Beschaffungsgarantie übernommen hat. Entscheidet sich der Käufer unter diesen Voraussetzungen für die Geltendmachung des Schadensersatzanspruchs statt der ganzen Leistung, ist das Risiko des Verkäufers nicht auf den Verlust des Kaufpreisanspruchs begrenzt. Der Verkäufer muss dem Käufer darüber hinaus die Mehrkosten einer Ersatzbeschaffung, den Ausfallschaden und die Nebenkosten ersetzen. Der Schaden kann unter Hinzurechnung des verlorenen Kaufpreises durchaus 130 % des Neuwagenpreises – evtl. auch mehr – betragen, je nachdem, wie lange die Ersatzbeschaffung dauert und welchen Mehrpreis der Käufer für ein gleichwertiges Ersatzfahrzeug aufwenden muss.

Die Frage des Verschuldens spielt somit für die **Opfergrenze der Nacherfüllung** eine entscheidende Rolle. Für unverschuldete Mängel bildet der vereinbarte Preis die Obergrenze, für verschuldete Mängel liegt sie darüber. Dabei macht es keinen Unterschied, ob es sich bei dem Kaufgegenstand um eine Stückschuld oder um eine Gattungsschuld handelt.

Innerhalb des durch den Kaufpreis nach oben abgesteckten Rahmens will *Ackermann*[184] für unverschuldete Mängel bei der Stückschuld die Opfergrenze am **Minderungsbetrag** festmachen, liefert hierfür aber keine schlüssige Begründung. Die Minderung ist als Grenze der Nachbesserungspflicht ungeeignet, weil sie zu niedrig ist. Nimmt man als Beispiel ein nicht einwandfrei funktionierendes Navigationssystem eines Neuwagens, dessen Mangel mit einem Reparaturaufwand von 1000 Euro behoben werden kann, das den Wert des Fahrzeugs jedoch nur um 500 Euro mindert, wäre der Verkäufer jedweder Anstrengungen der Fehlerbehebung enthoben, würde man ihm die Möglichkeit eröffnen, die Nacherfüllung zu verweigern und sich durch Zahlung einer im Vergleich zu den Reparaturkosten preiswerten Minderung von 500 Euro der Verantwortung für den Mangel zu entledigen. Die Idee, die Grenze der Unverhältnismäßigkeit dort anzusetzen, wo die Reparaturkosten den Minderungsbetrag überschreiten, ist daher zu verwerfen. Sie wird dem Nacherfüllungsanspruch des Käufers, der im Sachmängelrecht Leitbildfunktion übernommen hat, nicht gerecht, da sie es dem Verkäufer zu leicht macht, sich der Pflicht zur Nachbesserung oder Ersatzlieferung zu entziehen.

Damit der Nacherfüllungsanspruch nicht leer läuft, muss die **Opfergrenze** für unverschuldete Mängel **über dem Minderwert** und über dem – noch niedrigeren – **Mangelunwert** angesetzt werden.

Eine weitergehende Konkretisierung der Grenzwerte birgt die Gefahr, dass der erforderliche Ermessensspielraum, den der Rechtsanwender im Einzelfall benötigt, um allen Aspekten von § 439 Abs. 3 BGB Rechnung zu tragen, zu sehr verengt wird.

Durchaus brauchbare Lösungsansätze für den Einzelfall haben *Bitter/Meidt*[185] erarbeitet, welche allerdings nicht zwischen einer Nacherfüllung wegen verschuldeter und einer solchen wegen unverschuldeter Mängel differenzieren. Sie schlagen vor, die Reparaturgrenze bei **150 % des Fahrzeugwertes** anzusetzen, eventuell auch bei 130%, wenn die Kaufsache wegen des Mangels völlig ohne Wert ist. Bei einem Neuwagenkauf kann dieser Fall eintreten, wenn der Käufer aufgrund eines Sachmangels einen Unfall mit Totalschaden verursacht. Dann stellt sich in der Tat die Frage, ob der Verkäufer 130 % oder 150 % für die Lie-

---

184 JZ 2002, 383 ff.
185 ZIP 2001, 2114, 2122.

ferung eines mangelfreien Fahrzeugs aufwenden muss, wenn er es nur noch zu einem Preis in dieser Höhe beschaffen kann. Aus den oben dargelegten Gründen wird man ihm diesen Aufwand nur zumuten können, wenn er den Mangel verschuldet hat.

Für den Regelfall, der darin besteht, dass der Mangel die Kaufsache nicht völlig entwertet, schlagen *Bitter/Meidt*[186] eine **Verdopplung des Mangelunwertes** vor. Diese Empfehlung, die – wie auch die übrigen Vorschläge – nur eine Faustregel[187] sein kann, ist für die Praxis sehr hilfreich. Sie kann – nach hier vertretener Ansicht – für unverschuldete Mängel wiederum nur mit der Maßgabe gelten, dass der Kaufpreis die Kappungsgrenze darstellt.

Für den Kostenvergleich der Nacherfüllungsalternativen wird ein **Grenzwert von 10 %** vorgeschlagen. Das bedeutet für den Neuwagenkauf, dass der Verkäufer die vom Käufer verlangte Art der Nacherfüllung zurückweisen kann, wenn sie die andere Art der Nacherfüllung um diesen Prozentwert überschreitet.

Bei der Abwägung der Unverhältnismäßigkeit der Nacherfüllungsalternativen ist die Frage zu berücksichtigen, ob auf die andere Art der Nacherfüllung **ohne erhebliche Nachteile für den Käufer** zurückgegriffen werden könnte. Solche Nachteile können darin bestehen, dass eine Ersatzlieferung wesentlich mehr Zeit als eine Mängelbeseitigung in Anspruch nimmt und zur Folge haben, dass der Verkäufer den Käufer nicht auf die kostengünstigere Art der Nacherfüllung verweisen darf.

Die **Gleichwertigkeit der Nacherfüllungsmöglichkeiten** ist Voraussetzung für eine Abwägung i. S. v. § 439 Abs. 3 S. 1 BGB und nicht erst im Zusammenhang mit der Frage zu prüfen, ob auf die andere Art der Nacherfüllung ohne erhebliche Nachteile für den Käufer zurückgegriffen werden könnte. Im Fall der Ungleichwertigkeit der Nacherfüllungsarten scheidet die nicht gleichwertige Art der Nacherfüllung von vornherein aus.

Das **Fehlen einer eigenen Reparaturwerkstatt** ist beim Neuwagenkauf kein Grund, der die Zurückweisung der Nacherfüllung durch den Verkäufer rechtfertigt. Vom Neuwagenverkäufer ist zu verlangen, dass er Vorkehrungen trifft, um dem Nachbesserungsbegehren des Käufers entweder Folge leisten zu können.[188] Hierzu ist er aufgrund des Vertrages mit dem Hersteller verpflichtet.[189] Falls der Verkäufer keine eigene Werkstatt unterhält, muss er dem Käufer entweder einen Betrieb benennen, bei dem er Sachmängel- und Garantieansprüche geltend machen kann, oder die Reparaturabwicklung mit diesem Betrieb selbst in die Hand nehmen.

---

186 ZIP 2001, 2114, 2122.
187 *Huber*, NJW 2002, 1008, 1004.
188 *Bitter/Meidt*, ZIP 2001, 2114, 2122.
189 Der Hersteller muss eine entsprechende Vereinbarung mit dem Händler treffen, damit er seine Fahrzeuge selektiv i. S. d. Kfz-GVO vertreiben kann.

M. Übergang von der Nacherfüllung zu den Sekundärrechten

Die Möglichkeit des Käufers, die in § 437 Nr. 2 und 3 BGB aufgezählten Rechte[1] geltend zu machen, beruht nicht unmittelbar auf dem Sachmangel, sondern auf dem endgültigen Ausbleiben der mangelfreien Leistung.[2] Diese steht dann fest, wenn der Verkäufer die Nacherfüllung wegen Unmöglichkeit bzw. Unverhältnismäßigkeit nicht erbringen kann oder muss (§§ 275, 438 Abs. 3 BGB) oder wenn der Käufer zur Annahme der Nacherfüllung nicht mehr verpflichtet ist (§§ 280, 281, 440 BGB).

I. Vorbehalt des Rücktritts und der Minderung in AGB

Eine in AGB vorgesehene Beschränkung der Rechte des Neuwagenkäufers auf Nacherfüllung ist nach § 309 Nr. 8 b bb BGB unwirksam, sofern ihm nicht ausdrücklich das Recht vorbehalten wird, bei Fehlschlagen der Nacherfüllung nach seiner Wahl den Kaufpreis zu mindern oder vom Vertrag zurückzutreten.

Die NWVB enthalten sinnvoller Weise keine diesbezüglichen Regelungen, denn die Vorschrift ist leerlaufend, soweit der Käufer eines Verbrauchsgüterkaufs durch § 475 BGB geschützt wird.[3] Im unternehmerischen Geschäftsverkehr besteht ebenfalls kein Klauselbedarf, da dort das Verbot gem. §§ 310 Abs. 1, 307 BGB anzuwenden ist.[4]

II. Fristsetzung

Die in § 437 Abs. 2 und 3 BGB genannten Rechte sind subsidiär. Sie haben zur Voraussetzung, dass der Käufer dem Verkäufer erfolglos eine angemessene Frist zur Nacherfüllung gesetzt hat (§§ 281 Abs. 1 S. 1, 323 Abs. 1 BGB). Für Schadensersatzansprüche, die nicht „statt" sondern „neben" der Leistung geltend gemacht werden, ist Fristsetzung nicht erforderlich.

Die Fristsetzung ist eine einseitige empfangsbedürftige Willenserklärung, deren Zugang der Käufer im Fall des Bestreitens beweisen muss. Ein Widerruf der Erklärung ist zulässig. Durch den Widerruf der Fristsetzung werden die Interessen des Verkäufers nicht beeinträchtigt, da die Verpflichtung zur Nacherfüllung weiterhin besteht.[5]

Eine Ablehnungserklärung ist nicht erforderlich. Ausreichend ist die **ernsthafte Aufforderung zur Nacherfüllung** unter Hinzufügung einer **angemessenen Frist**.[6] Damit dem Verkäufer klar vor Augen geführt wird, dass er nur durch eine fristgerechte Nacherfüllung die Sekundärrechte abwenden kann, muss die Aufforderung Beginn und Ende der Frist erkennen lassen. Anzugeben ist auch die Art der Nacherfüllung, es sei denn, der Käufer überlässt dem Verkäufer die Wahl. Behält sich der Käufer das Wahlrecht vor, fehlt die erforderliche Bestimmtheit der Leistungsaufforderung.[7]

---

1 § 437 BGB gibt einen Überblick über die Rechte, bildet aber selbst keine Anspruchsgrundlage.
2 *Lorenz*, NJW 2002, 2497, 2504.
3 *Palandt/Heinrichs*, BGB, Erg.-Bd. § 309 Rn 61.
4 *Staudinger/Coester/Waltjen*, AGBG, § 11 Rn 70; sowie BGH 25. 2. 1981, WM 1981, 558; 14. 7. 1993, ZIP 1993, 1394, 1397 zum vormaligen Wandlungsrecht.
5 *Wolff* in *Hoeren/Martinek*, Systematischer Kommentar zum Kaufrecht, § 40 Rn 6.
6 BT-Drucks. 14/6040, S. 185; die Konformität des Erfordernisses der Fristsetzung mit der EU-Verbrauchsgüterkaufrichtlinie wird bezweifelt von *Ernst/Gsell*, ZIP 2000, 1410, 1418; *Ernst*, ZRP 2001, 1, 9, da nach der Richtlinie der Ablauf einer angemessenen Frist ausreicht.
7 *Wolff* in *Hoeren/Martinek*, Systematischer Kommentar zum Kaufrecht, § 40 Rn 7.

Wenn sich die vom Käufer gewählte Art der Nacherfüllung als unmöglich erweist oder vom Verkäufer berechtigterweise abgelehnt wird, stellt sich die Frage, ob der Käufer dem Verkäufer hinsichtlich der verbleibenden Art der Nacherfüllung erneut eine angemessene Frist setzen muss oder ob sich die erste fehlgeschlagene Frist angemessen verlängert. Eine automatische Fristverlängerung erscheint nicht interessengerecht, da der Verkäufer nicht weiß, ob der Käufer die Ablehnung akzeptiert und mit der anderen -verbleibenden- Art der Nacherfüllung einverstanden ist. Er kann zwar sich für die Nacherfüllung bereithalten, muss aber abwarten, wie sich der Käufer entscheidet. Aus diesem Grunde erscheint es sinnvoll, eine **zweite Fristsetzung** zu verlangen[8] zumindest aber die Ursprungsfrist erst dann beginnen zu lassen, wenn der Käufer dem Verkäufer die Entscheidung mitteilt, dass er von der anderen Art der Nacherfüllung Gebrauch machen möchte.

Das Unterlassen der Frist ist unschädlich, wenn der Verkäufer die Nacherfüllung nicht innerhalb angemessener Frist nach Erhalt der Aufforderung des Käufers erbringt. Unter diesen Voraussetzungen ist von einem Fehlschlagen der Nachbesserung gem. § 440 S. 1 BGB auszugehen. Schon vor der Schuldrechtsreform war die Ansicht vorherrschend, dass es nach dem Eintritt des Fehlschlagens einer Fristsetzung nicht mehr bedarf, um den Weg für die Geltendmachung der gesetzlichen Gewährleistungsansprüche frei zu machen.[9] Versäumt der Käufer die Fristsetzung, begibt er sich lediglich der Möglichkeit, die Frist selbst zu bestimmen, er verbaut sich dadurch jedoch nicht die Möglichkeit des Zugriffs auf die in § 437 Abs. 2 und 3 BGB aufgeführten Rechte.[10]

Hinsichtlich der **Angemessenheit der Frist** kommt es nach Ansicht des Gesetzgebers vorrangig auf die Interessen des Käufers an.[11] Der Käufer muss dem Verkäufer die Zeit zugestehen, die dieser für die Nacherfüllungsmaßnahme benötigt. Verlangt er Ersatzlieferung, wäre eine übliche Frist von 10 bis 14 Tagen zu kurz, wenn die Lieferfrist 3 Monate beträgt und der Verkäufer nicht die Möglichkeit hat, ein anderes Fahrzeug in kürzerer Zeit zu beschaffen. Für die Praxis im Neuwagenbereich folgt daraus, dass die Ersatzlieferung häufig bereits daran scheitern wird, dass sie im Gegensatz zur Nachbesserung nicht kurzfristig erbracht werden kann.

270 Einer Fristsetzung bedarf es nicht, wenn die Nacherfüllung gem. § 275 Abs. 1 BGB **unmöglich** ist oder vom Verkäufer nach § 275 Abs. 2 und 3 BGB **verweigert** wird sowie in den **Fällen des § 440 BGB**. Die Aufschlüsselung von § 440 BGB ergibt, dass eine Fristsetzung nicht notwendig ist, wenn

– der Verkäufer die Nacherfüllung ernsthaft und endgültig verweigert (§ 281 Abs. 2, Alt. 1, § 323 Abs. 2 Nr. 1 BGB),
– besondere Umstände vorliegen, die unter Abwägung der beiderseitigen Interessen die sofortige Geltendmachung des Rücktritts/der Minderung rechtfertigen (§ 281 Abs. 2 Alt. 2, § 323 Abs. 2 Nr. 3 BGB),
– der Verkäufer die Leistung zu einem im Vertrag bestimmten Termin oder einer bestimmten Frist nicht bewirkt und der Käufer im Vertrag den Fortbestand seines Leistungsinteresses an die Rechtzeitigkeit der Leistung gebunden hat (§ 323 Abs. 2 Nr. 2 BGB),
– Verkäufer beide Arten der Nacherfüllung (berechtigterweise) wegen Unverhältnismäßigkeit der Kosten gem. § 439 Abs. 3 BGB abgelehnt hat,
– die Nacherfüllung fehlgeschlagen ist; das ist der Falle bei
  • objektiver und subjektiver Unmöglichkeit,

---
8 In diesem Sinne BT-Drucks. 14/6040, S. 324; a. A. *Wolff* in *Hoeren/Martinek*, Systematischer Kommentar zum Kaufrecht, § 40 Rn 12.
9 Siehe dazu die Ausführungen unter Rn 722, 723 der Vorauflage.
10 *Wolff* in *Hoeren/Martinek*, Systematischer Kommentar zum Kaufrecht, § 40 Rn 10.
11 BT-Drucks. 14/6040 S. 234.

- Unzulänglichkeit,
- unberechtigter Verweigerung,
- ungebührlicher Verzögerung,
- Unzumutbarkeit,

– die Nacherfüllung unzumutbar ist; die Unzumutbarkeit wird in § 440 BGB ausdrücklich (nochmals) genannt, weil nicht als sicher galt, ob Unzumutbarkeit, so wie sie in der Verbrauchsgüterkaufrichtlinie definiert wird, schon als ein Fall des Fehlschlagens der Nachbesserung anzusehen ist.[12]

III. Unmöglichkeit der Nacherfüllung

Die Unmöglichkeit der Nachbesserung wird in §§ 440, 439 BGB nicht ausdrücklich erwähnt, weil sich aufgrund der Dogmatik des Sachmängelrechts die Folgen bereits aus den allgemeinen Vorschriften ergeben. Der Vertrag ist wirksam, der Verkäufer aber von seiner Leistungspflicht gem. § 275 Abs. 1 BGB befreit. Dies gilt gleichermaßen für objektive wie subjektive Unmöglichkeit. Der Käufer hat unter diesen Voraussetzungen das sofortige Recht zum Rücktritt (§ 326 Abs. 5 BGB), ohne dass er dem Verkäufer eine Frist setzen muss. Bei Ungewissheit über die Unmöglichkeit ist Fristsetzung ratsam.

Unmöglichkeit der Nachbesserung ist anzunehmen, wenn Mängel im Wege der Nachbesserung **nicht technisch einwandfrei**[13] oder nicht **ohne Verbleib einer Wertminderung** beseitigt werden können.[14] Dies gilt insbesondere bei Fehlkonstruktionen[15] und schwer wiegenden Fabrikationsfehlern.[16] Unbehebbar sind z. B. außerhalb des serienmäßigen Streubereichs liegende Vibrationen des Lenkrads, die nicht auf einer Unwucht der Reifen oder der Fehlerhaftigkeit eines Teiles, sondern auf einer Summierung negativer Fertigungstoleranzen beruhen,[17] sowie Verbeulungen an Türen und Türschlössern infolge Verwendung zu dünner Karosserieblech.[18]

Es ist vorgekommen, dass bei einem Fahrzeug die Lenkung versetzt eingebaut wurde. Die Folge davon war, dass normierte Teile des Lenkgestänges nicht zueinander passten und sich bei Kurvenfahrten ein Schlagen der Lenkung bemerkbar machte. Darunter litt die Verkehrssicherheit des Autos. Der Mangel hätte zwar durch Sonderanfertigung von Einzelteilen abgestellt werden können, dem Käufer waren aber derartige, zu einem Wertverlust führende Reparaturmaßnahmen nicht zuzumuten.

Auf den Gesichtspunkt der Unmöglichkeit einer „wertminderungsfreien" Fehlerbehebung stellte das OLG Köln in einer Entscheidung ab,[19] in er es um die Rückgabe eines Fahrzeugs mit erheblichen Rostschäden und teilweise mangelhaft durchgeführter Nachlackierung ging. Aus den gleichen Überlegungen gab das OLG Köln bei anderer Gelegenheit einem Autohändler die Prozesskosten auf, der anlässlich einer Nachbesserungsmaßnahme

---

12 BT-Drucks. 14/6040, S. 233.
13 Zum Beispiel wegen Fehlkonstruktion, vgl. BGH 24. 1. 1963, NJW 1963, 1148.
14 OLG Düsseldorf 9. 11. 1995, OLGR 1996, 41; OLG Köln 7. 8. 1964, DB 1965, 140; *Ulmer/Brandner/Hensen,* § 11 Nr. 10 b Rn 43.
15 LG Ulm 25. 8. 1977 – 4 O 31/77 – n. v., Blockieren der Hinterachse beim Bremsen, das ein Ausbrechen des Fahrzeugs zur Folge hatte.
16 *Ulmer/Brandner/Hensen,* § 11 Nr. 10 b Rn 43; *Staudinger/Coester-Waltjen,* § 11 Nr. 10 AGBG Rn 44.
17 LG Köln 30. 11. 1979 – 79 O 301/78 – n. v.
18 AG Leverkusen 17. 10. 1977 – 25 C 159/77 – n. v.
19 Urt. v. 1. 3. 1974 – 9 U 86/73 – n. v.; ebenso LG Aschaffenburg 10. 3. 1971 – 2 O 200/70 – n. v., betr. die Lieferung eines vor Übergabe nachlackierten Fahrzeuges.

Schweißarbeiten am Wagendach ausgeführt hatte, die nicht geeignet waren, den Fehler wertminderungsfrei und vollständig zu beheben.[20]

Als eine zur einwandfreien Fehlerbeseitigung nicht geeignete Maßnahme bewertete das LG Essen[21] das Angebot des Verkäufers, Fehler der Erstlackierung in Form von grauen Streifen, die sich durch Beipolieren nicht hatten beseitigen lassen, durch eine **komplette Neulackierung** des Fahrzeugs beheben zu lassen. Auszug aus der Urteilsbegründung:

„Derjenige, der einen Neuwagen kauft, legt gerade Wert auf die Werkslackierung. Der Originallack ist auch für den Weiterverkauf ein wertbildender Faktor, unabhängig davon, ob die Beklagte über eine moderne Lackiererei verfügt. Eine Zweitlackierung ist auch bei noch so sorgfältiger Ausführung eben nicht mehr der Originallack, auf dessen ordnungsgemäßen Zustand der Käufer bei Auslieferung einen Anspruch hat. Einen Pkw mit einer Zweitlackierung braucht er nicht hinzunehmen."

Selbst wenn nach Durchführung der Arbeiten kein technischer oder merkantiler Minderwert verbleibt, muss der Käufer nach Ansicht des OLG Saarbrücken[22] eine weitgehende Neulackierung, die mit umfangreichen Aus- und Einbauten und der Zerlegung von Karosserieteilen verbunden ist, nicht akzeptieren, da der **Originalzustand** eines Neufahrzeugs durch solche Maßnahmen **erheblich verändert** wird.

Die Frage, ob der Käufer berechtigt ist, eine Nachlackierung abzulehnen, die den Wert des Fahrzeugs nicht beeinträchtigt, ließ das OLG Düsseldorf[23] dahinstehen. Nach dem Ergebnis der von ihm im Berufungsrechtszug durchgeführten Beweisaufnahme stand nämlich fest, dass die zur Fehlerbeseitigung erforderliche Werkstattlackierung des ganzen Fahrzeugs trotz technisch einwandfreier Nachbesserung nicht ohne **Verbleib eines merkantilen Minderwertes** durchgeführt werden konnte. Den merkantilen Minderwert, bestehend in der Differenz zwischen einem Neuwagen mit Neulackierung und einem Fahrzeug mit einem fehlerfreien Orginallack hatte der Sachverständige nach Rückfragen bei Kollegen seines Fachs und seriösen Autohändlern auf der Basis eines Neuwagenpreises von rund DM 35.000 mit DM 1.500 bemessen. Der Käufer, so heißt es im Urteil,

„befindet sich in einer Lage, die der eines Unfallfahrzeugs vergleichbar ist. Bietet er das Fahrzeug einem Fachhändler an, für den die Werkstattlackierung ... erkennbar ist, wird er Fragen über die Gründe der Neulackierung beantworten müssen. Die Erklärung, es hätten nur Lackschäden vorgelegen, wird im Fachhandel nicht alle Zweifel hinsichtlich der Qualität des Fahrzeugs ausräumen können. Es bleibt der Unsicherheitsfaktor, ob der Pkw nach der Lackierung wieder ordnungsgemäß zusammengebaut worden ist .... Verkauft der Kläger das Fahrzeug dagegen im privaten Direktgeschäft ... (sähe er sich) in der unangenehmen Lage, den Verdacht einer Unfallbeteiligung des Fahrzeugs – gegebenenfalls auch in einem Prozess – ausräumen zu müssen. Um dem vorzubeugen, wird er schon bei den Verkaufsgesprächen auf die Werkstattlackierung hinweisen. Der Senat hegt keinen Zweifel, dass sowohl der Händler als auch der private Käufer diese Information zum Anlass nehmen werden, eine Reduzierung des an sich angemessenen Kaufpreises durchzusetzen. Die absehbare Schmälerung des im Falle des Weiterverkaufs an sich erzielbaren Erlöses muss der Kläger als Käufer eines fabrikneuen Fahrzeugs aber nicht hinnehmen."

Diese auf fundierten Feststellungen des Gutachters beruhende Urteilsbegründung überzeugt, weil sie die Lebenswirklichkeit zutreffend einbezieht. Ein komplett in der Werkstatt nachlackiertes Neufahrzeug erfährt im Geschäftsverkehr eben nicht die gleiche Wertschätzung wie ein Fahrzeug mit Original-Werkslackierung.

Von einer Unmöglichkeit der Fehlerbeseitigung ist nach einer Entscheidung des LG Lahn-Gießen[24] auszugehen, wenn **Unterrostungen** durch eine Ganzlackierung nicht end-

---

20 Beschl. 7. 8. 1964, DB 1965, 140.
21 Urt. 7. 7. 1994 – 16 O 180/94 – n. v.
22 Urt. 6.11.1992, MDR 1993, 213.
23 Urt. 9.11.1995, OLGR 1996, 41.
24 Urt. 16. 2. 1978 – 3 O 290/77 – n. v.

gültig gestoppt und beseitigt werden können. Eine wertminderungsfreie Beseitigung der Mängel erfordert, dass fehlerhafte Normteile durch neue ersetzt werden und die Instandsetzung entweder im Herstellerwerk oder durch fachkundige Monteure des Vertragshändlers unter Beachtung der Herstellerrichtlinien erfolgt.

Der Verlust der Modellaktualität eines Neufahrzeugs und damit das Fehlen der »**fabrikneuen Eigenschaft**« lässt sich nicht mehr rückgängig machen.[25] Ein Auslaufmodell bleibt ein Auslaufmodell; daran vermag eine nachträgliche Umrüstung nichts zu ändern. Allenfalls bei **Lagermängeln** ist eine Beseitigung der Schäden und ein Aufleben der Fabrikneuheit vorstellbar. Hier wird aber sorgfältig zu prüfen sein, ob dem Käufer eine Mängelbeseitigung zuzumuten ist, da die Garantie des Neuwagenverkäufers das Vorhandensein der Fabrikneuheit zum Zeitpunkt des Gefahrübergangs betrifft (Rn 339), woran es fehlt, wenn ein Neufahrzeug erhebliche Lagermängel aufweist.

Unmöglich ist die Beseitigung einer **merkantilen Wertminderung**, die einem Fahrzeug mit einem reparierten Vorschaden auf Dauer anhaftet.[26] Ein konkludent als unfallfrei verkaufter Neuwagen kann nicht in einen vertragsgemäßen Zustand versetzt werden, wenn er einen Vorschaden aufweist, der zwar ordnungsgemäß beseitigt wurde, das Auto jedoch zum Unfallwagen abstempelt. Nach den von der Rechtsprechung zum Schadensrecht entwickelten Grundsätzen sind Schäden als wertminderungsrelevant einzustufen, wenn sie erheblich sind. Als nicht erheblich gelten **Bagatellschäden.** Das sind meist kleinere Verbeulungen und Lackschäden an nichttragenden Karosserieteilen, die mit geringem Kostenaufwand und ohne Verbleib einer technischen oder merkantilen Wertminderung behoben werden können.[27]

Bei minimaler Beschädigung des Neuwagens kann der Käufer die Nachbesserung nicht ausschlagen, wohl aber verlangen, dass die Instandsetzung durch fachkundige Monteure und nicht mit unzulänglichen Mitteln vorgenommen wird.[28] **Schäden unbekannten Ausmaßes**, die außerhalb des Herstellerwerkes in Stand gesetzt worden sind, braucht der Käufer nicht nachbessern zu lassen,[29] da er ein Neufahrzeug in dem Zustand erwerben will, in dem es das Herstellerwerk verlässt und Wert auf ein Fahrzeug legt, das keine **unbekannte Vorgeschichte** hat. Es macht einen vermögenswerten Unterschied aus, ob man einen nagelneuen oder einen nicht unerheblich reparierten Kraftwagen sein Eigen nennt.[30] Ein unfallfreies Fahrzeug erfährt nach allgemeiner Verkehrsanschauung eine besondere Wertschätzung, und es besteht ein erheblicher Preisunterschied zwischen einem solchen Auto einerseits und einem nicht unerheblich reparierten Fahrzeug andererseits.

IV. Verweigerung nach §§ 275 Abs. 2, 3; 439 Abs. 3 BGB

Der Verkäufer ist berechtigt, die Nacherfüllung unter den in § 275 Abs. 2 und 3, § 439 Abs. 3 BGB genannten Voraussetzungen zu verweigern. Da § 439 Abs. 3 BGB vergleichsweise geringere Anforderungen an die Einrede der Unverhältnismäßigkeit als § 275 Abs. 2 BGB stellt, läuft die allgemeine Vorschrift von § 275 Abs. 2 BGB weitgehend leer. Das

---

25 OLG Hamm 31. 3. 1983, BB 1983, 531.
26 BGH 18. 6. 1980, DB 1980, 1836; 27. 9. 1967, BB 1967, 1268, 1269.
27 BGH 20. 3. 1967, NJW 1967, 1222; 3. 3. 1982, NJW 1982, 1386; 3. 12. 1986, NJW-RR 1987, 436.
28 LG Bonn 29. 5. 1964 – 11 W 6/64 – n. v.
29 LG Köln Urt. 4. 7. 1979 – 9 S 361/78 – n. v; a. A. zuvor LG Köln Urt. 3. 5. 1978 – 9 S 399/77 – n. v., das dem Käufer eines vor Auslieferung erheblich vorbeschädigten Fahrzeugs (Rahmenschaden) das Recht auf Wandlung versagte und ihn auf das vertraglich vereinbarte Nachbesserungsrecht verwies.
30 BGH Urt. 4. 3. 1976, DAR 1976, 183.

Verweigerungsrecht des § 275 Abs. 3 BGB ist auf den Neuwagenkauf nicht zugeschnitten und insoweit bedeutungslos.

Eine berechtigte Verweigerung der Nacherfüllung durch den Verkäufer eröffnet dem Käufer grundsätzlich den Zugriff auf die in §§ 437 Nr. 2 BGB genannten Rechte, ohne dass es einer vorherigen Fristsetzung bedarf.

Hat der Verkäufer eine Art der Nachbesserung wegen unverhältnismäßiger Kosten abgelehnt, muss der Käufer ihm allerdings Gelegenheit geben, die andere Art der Nacherfüllung zu erbringen. Erst wenn der Verkäufer auch diese zu Recht aus Gründen der Unverhältnismäßigkeit ablehnt, schlagen die Sekundärrechte durch.

V. Fehlschlagen der Nachbesserung

273 Eine allgemein gültige Definition für das „Fehlschlagen" der Nachbesserung gibt es nicht. Ebenso wenig lassen sich feste, jeden Einzelfall erfassende Regeln aufstellen.[31] Im Allgemeinen liegen die Voraussetzungen des Fehlschlagens der Nachbesserung vor, wenn die Beseitigung des Fehlers **unmöglich** ist,[32] die Nachbesserung von dem Verkäufer oder dem in Anspruch genommenen Betrieb zu Unrecht **verweigert**, treuwidrig **unterlassen** oder unzumutbar **verzögert** wird oder wenn dem Käufer (weitere) Nachbesserungsversuche **nicht zuzumuten** sind.[33] Das Fehlschlagen i. S. d. § 440 BGB erfordert **kein Verschulden** des Verpflichteten.[34]

Außer bei objektiver Unmöglichkeit der Fehlerbeseitigung setzt das Fehlschlagen der Nachbesserung voraus, dass der Käufer den Fehler geltend gemacht, Nacherfüllung verlangt und dem in Anspruch genommenen Betrieb Gelegenheit zur Erbringung der Leistung eingeräumt hat.[35] Zumindest muss er dem Verkäufer die **Überprüfung** des behaupteten Mangels ermöglichen.[36] Dies gilt auch dann, wenn die Nacherfüllung in zulässiger Weise – z. B. durch Individualabrede im unternehmerischen Verkehr – ausgeschlossen worden sein sollte.[37]

Von einem Fehlschlagen der Nacherfüllung kann nicht ausgegangen werden, wenn der Händler fehlerhafte **Arbeiten** am Fahrzeug **außerhalb bestehender Haftung für Sachmängel** aus dem Kaufvertrag ausgeführt hat.

Beispiel:[38]

Obwohl die ursprünglich im Fahrzeug befindliche Kupplung mangelfrei ist, baut der Verkäufer auf Verlangen des Käufers eine neue Kupplung in das Fahrzeug ein, wobei er einen Montagefehler macht.

Das Fehlschlagen der Nacherfüllung führt – außer bei objektiver und wirtschaftlicher Unmöglichkeit[39] – nicht zum Ausschluss des Nacherfüllungsanspruchs. Statt der Geltendmachung der ihm nach § 440 BGB ab dem Zeitpunkt des Fehlschlagens zur Verfügung ste-

---

31 *Soergel/Huber*, § 462 Rn 67.
32 BGH 25. 2. 1981, NJW 1981, 1501; OLG Hamm 31. 1. 1983, DB 1983, 710.
33 BGH 19. 6. 1996, WM 1996, 1911; 29. 10. 1997, EBE 1998, 10; OLG Hamm 31. 1. 1983, BB 1983, 531; 13. 1. 1997, OLGR 1997, 158.
34 *Staudinger/Coester-Waltjen*, § 11 Nr. 10 Rn 49; *Schlosser/Coester-Waltjen/Graba*, § 11 Nr. 10 Rn 46.
35 KG 18. 1. 1989 – 3 U 314/88 – n. v., zitiert bei *Creutzig*, Recht des Autokaufs, Rn 7.4.1.
36 OLG Hamm 13. 1. 1997, OLGR 1997, 158.
37 LG Dortmund 28. 2. 1996, NJW-RR 1997, 1417 .
38 OLG Celle 29. 1. 1998, OLGR 1998, 171.
39 *Wolf* in *Wolf/Horn/Lindacher*, § 11 Nr. 10 b Rn 31.

henden Rechte aus § 437 Nr. 2 BGB kann der Käufer vom Verkäufer weiterhin Nacherfüllung verlangen.⁴⁰

Die **Beweislast** für das Fehlschlagen der Nacherfüllung trägt der **Käufer**,⁴¹ während dem Verkäufer der Nachweis obliegt, dass er das Fehlschlagen der Nacherfüllung nicht zu vertreten hat.

VI. Unberechtigte Ablehnung der Nacherfüllung

Eine Verweigerung der Nacherfüllung liegt vor, wenn der Händler die Nachbesserung – z. B. wegen irrtümlicher Nichtanerkennung des Mangels – ablehnt,⁴² wenn er den Mangel bestreitet⁴³ oder wenn er ihre Vornahme von nicht vereinbarten Voraussetzungen und Mitwirkungshandlungen des Käufers abhängig macht.⁴⁴ Verlangt der Händler vom Käufer, er solle das Fahrzeug zur Nachbesserung in seine Werkstatt bringen, anstatt die **Abholung** selbst anzubieten, so liegt darin noch keine treuwidrige und endgültige Ablehnung der Nacherfüllung, selbst wenn sich erweisen sollte, dass die Aufforderung zur Überstellung des Fahrzeugs unberechtigt sein sollte.⁴⁵ Der auf Mängelbeseitigung berechtigterweise in Anspruch genommene Händler hat keinen Anspruch darauf, dass der Käufer einen **Werkstattauftrag** unter Anerkennung der Reparaturbedingungen unterschreibt.⁴⁶ Um nämlich in den Genuss der Nacherfüllung zu kommen, braucht der Berechtigte keinen neuen Vertrag zu schließen, sondern nur die Rechte aus dem ursprünglichen Vertrag geltend zu machen.⁴⁷ Der Verkäufer kann ihm nicht entgegenhalten, er bekomme ohne Auftrag für die Arbeiten vom Hersteller/Importeur keine ausreichende Kostenerstattung. Im Verhältnis zum Käufer ist es allein Aufgabe des Verkäufers, die notwendigen finanziellen Mittel für eine fachgerechte Nachbesserung aufzubringen.⁴⁸ Diese von der Rechtsprechung zum vertraglichen Nachbesserungsrecht aufgestellten Regeln gelten auch für den gesetzlichen Anspruch auf Lieferung einer mangelfreien Sache. Entscheidet sich der Käufer für eine Nacherfüllung durch Lieferung eines anderen Fahrzeugs, ist er nicht verpflichtet, mit dem Händler hierüber einen Kaufvertrag abzuschließen.

Nach einer Entscheidung des OLG Hamm⁴⁹ zum vertraglich vereinbarten Nachbesserungsrecht ist von einer Verweigerung der Nacherfüllung auszugehen, wenn der Händler die Fehlerbeseitigung von einer **nicht berechtigten Kostenbeteiligung des Käufers** abhängig macht oder wenn er ihn unter der Zusage der Kostenübernahme an einen anderen Betrieb verweist. Das OLG Hamm sah es als die Aufgabe des Händlers an, notfalls einen Spezialbetrieb einzuschalten, wenn er selbst nicht über fachkundige Mitarbeiter verfügt, die in der Lage sind, den Mangel zu beseitigen. Von dieser Sichtweise ist auch im Rahmen der Vorschrift von § 439 Abs. 1 BGB auszugehen, die dem Verkäufer die Pflicht auferlegt, die Nacherfüllung zu erbringen. Der Verkäufer haftet dem Käufer auf **Vornahme** der Nacherfüllung und nicht auf **Kostenersatz**. Er ist allerdings nicht verpflichtet, den Mangel selbst zu beseitigen, sondern kann sich der Mithilfe Dritter bedienen.

---

40 *Hensen* in *Ulmer/Brandner/Hensen,* § 11 Nr. 10 b Rn 52, *Wolff* in *Hoeren/Martinek*, Systematischer Kommentar zum Kaufrecht, § 440 Rn 16.
41 BGH 21. 2. 1990, NJW-RR 1990, 886, 888; OLG Hamm 13. 1. 1997, OLGR 1997, 158 jeweils zum Fehlschlagen der Nachbesserung.
42 OLG Köln 14. 4. 1991, NJW-RR 1991, 1340.
43 OLG Koblenz 27. 6. 1996, NJW-RR 1997, 430.
44 *Wolf/Horn/Lindacher,* § 11 Nr. 10 b Rn 27.
45 BGH 30. 1. 1991, NJW-RR 1991, 870, 872.
46 BGH 30. 1. 1991, WM 1991, 1041, 1044.
47 OLG Köln 2. 4. 1985, DAR 1985, 384.
48 OLG Hamm 24. 11. 1975 – 2 U 86/75 – n. v.; *Creutzig,* Recht des Autokaufs, Rn 7.4.8.
49 OLG Hamm 25. 4. 1985, DAR 1985, 380.

VII. Nicht zumutbare Verzögerung

275   Bei der Verzögerung kommt es im Gegensatz zum Verzug nicht darauf an, dass der Verkäufer die zeitliche Verzögerung der Nacherfüllung zu vertreten hat. Auch eine **unverschuldete Verspätung** der Fehlerbeseitigung kann bei Überschreitung der Zumutbarkeitsgrenze dazu führen, dass der Käufer statt der Nacherfüllung zurücktreten, mindern oder Schadensersatz verlangen kann.

Allgemein **verbindliche Fristen**, innerhalb derer die Nacherfüllung vorzunehmen ist, lassen sich nicht aufstellen. Entscheidend sind die Umstände des Einzelfalls.[51] Angesichts des gut funktionierenden Kundendienstes, einer ausreichenden Ersatzteilbevorratung und der Möglichkeit, nicht vorrätige Teile kurzfristig zu beschaffen, sind für die Mängelbeseitigung kurze Fristen anzusetzen.[52] Eine Frist von **einer Woche**[53] bis **maximal drei Wochen**[54] dürfte im Regelfall ausreichend bemessen sein, es sei denn, dass besondere Umstände hinzutreten. Da keinerlei Erfahrungswerte vorliegen, welche Zeiten für die Beschaffung eines anderen mangelfreien Fahrzeugs benötigt werden, wird man auf die jeweils vereinbarten Lieferzeiten als Richtwerte zurückgreifen müssen.

Die Voraussetzungen einer unzumutbaren Verzögerung sind erfüllt, wenn der Verkäufer den Fehler nicht innerhalb einer dem Käufer zumutbaren Wartefrist beseitigt.[55] Die Verzögerung setzt notwendiger Weise eine Aufforderung zur Nacherfüllung voraus, die aber nicht mit einer Frist verbunden sein muss.[56]

Gleichwohl empfiehlt es sich für den Käufer, die Aufforderung grundsätzlich mit einer Frist zu verbinden. Auf diese Weise werden dem Verkäufer die Ernsthaftigkeit des Verlangens und die möglichen Konsequenzen vor Augen geführt. Außerdem eröffnet das Setzen einer Frist dem Käufer die Möglichkeit, nach deren erfolglosem Ablauf auf die in § 437 Nr. 2 und 3 BGB aufgeführten Sekundärrechte zuzugreifen und z. B. vom Verkäufer den Betrag im Wege des Schadensersatzes zu verlangen, den er für eine Reparatur durch eine andere Werkstatt aufbringen muss. Um klarzustellen, dass der Anspruch auf Nacherfüllung sofort fällig ist und der Verzug nicht erst mit Ablauf der Frist beginnt, wird geraten, eine entsprechende Formulierung zu wählen, aus der hervorgeht, dass die Nacherfüllung „sofort, unverzüglich usw." erbracht wird.[57]

Eine **schleppende Nacherfüllung** berechtigt den Käufer in der Regel nicht zum Rücktritt, zur Minderung oder zum Schadensersatz, es sei denn, der Vertrauensverlust ist aus-

---

50 BGH 30. 1. 1991, WM 1991, 1041, 1044; *Soergel/Huber*, § 462 Rn 67 Fn. 2 a.
51 *Löwe/Graf von Westphalen/Trinkner*, § 11 Nr. 10 b Rn 13; *Staudinger/Coester-Waltjen*, § 11 Nr. 10 AGBG Rn 47.
52 *Ulmer/Brandner/Hensen*, § 11 Nr. 10 b Rn 44.
53 *Löwe/Graf von Westphalen/Trinkner*, § 11 Nr. 10 b Rn 13.
54 *Wolf/Horn/Lindacher*, § 11 Nr. 10 b Rn 28.
55 *Wolf/Horn/Lindacher*, § 11 Nr. 10 b Rn 28.
56 *Palandt/Heinrichs* BGB Erg.-Bd. § 309 Rn 62; *Wolff* in Hoeren/Martinek, Systematischer Kommentar zum Kaufrecht, § 440 Rn 19.
57 *Andres* in Schimmel/Buhlmann, Frankfurter Handbuch zum neuen Schuldrecht, S. 482 Rn 101.

nahmsweise derart gravierend, dass dem Käufer unter Abwägung aller Umstände eine Fortsetzung der Nachbesserungsarbeiten billigerweise nicht zugemutet werden kann.[58]

VIII. Unzumutbarkeit der Nacherfüllung

Vor der Schuldrechtsreform wurde die trotz mehrfacher Versuche erfolglos gebliebene Nachbesserung der Unzumutbarkeit zugerechnet, die ihrerseits einen Unterfall des Fehlschlagens der Nachbesserung darstellte. In § 440 BGB hat der Gesetzgeber die Unzumutbarkeit der Nacherfüllung gesondert aufgeführt, weil er nicht sicher war, ob sie bereits von dem Fehlschlagen der Nacherfüllung erfasst wurde. Da die Unzumutbarkeit nun gesetzlich geregelt ist, wird man sie dem Fehlschlagen nicht mehr zuordnen können. Am Ergebnis ändert dies nichts, da sich Erfolglosigkeit und Unzumutbarkeit der Nachbesserung überlagern. 276

Unzumutbarkeit als Kriterium für das Fehlschlagen der Nacherfüllung ist ein dehnbarer Begriff. Sie ist nicht zu verwechseln mit der im Rahmen von § 439 Abs. 3 S. 2 BGB vorzunehmenden Prüfung, ob auf die andere Art der Nacherfüllung ohne erhebliche Nachteile für den Käufer zurückgegriffen werden könnte, obschon die Abwägungskriterien vergleichbar sind. Maßgebend für die Beurteilung der Unzumutbarkeit sind die Umstände des Einzelfalls unter Berücksichtigung der Grundsätze von Treu und Glauben.[59]

IX. Zerstörung der Vertrauensgrundlage

Der Verkäufer verliert das Recht der zweiten Andienung, wenn er die Vertrauensgrundlage zerstört hat.[60] Diese Voraussetzungen dürften insbesondere dann anzunehmen sein, wenn der Verkäufer Mängel **arglistig verschwiegen** oder **wissentlich unrichtige Zusagen** erteilt hat. Auch wegen schuldhafter **Verletzung von Nebenpflichten** kann die Vertrauensgrundlage erschüttert sein, z. B. durch die eigenmächtige Vornahme von werkseitig nicht vorgesehenen Veränderungen an einem auszuliefernden Fahrzeug.[61] 277

Die Übernahme einer **Garantie** für das Vorhandensein einer bestimmten Eigenschaft, die in Wahrheit nicht vorhanden ist, kann ebenfalls ein Grund für die Versagung des Rechts der Nacherfüllung sein.

Ein sofortiges Recht zur Rückgängigmachung des Kaufvertrages gestand das OLG Saarbrücken[62] einem Käufer zu, dessen Fahrzeug Rostschäden aufwies, die nur durch umfangreiche Arbeiten und eine weitgehende Nachlackierung behoben werden konnten.

X. Unzumutbarkeit weiterer Nachbesserungsversuche

§ 440 S. 2 BGB sieht vor, dass die Nachbesserung nach dem erfolglosen zweiten Versuch als fehlgeschlagen gilt. Hierbei handelt es sich um eine **Faustregel**, welche an die herrschende Meinung in Rechtsprechung und Schrifttum zu § 11 Nr. 10 b AGBG[63] anknüpft 278

---

58 LG Stuttgart 22. 12. 1977 – 21 U 174/77 – n. v.; OLG Hamburg 30. 9. 1982, VersR 1983, 741 – 6 Wochen Nachbesserung bei dringend benötigtem Pkw –.
59 BGH 17. 12. 1959 NJW 1960, 667, 669, mit Anm. v. *Mauss;* 21. 2. 1990, WM 1990, 886; 29. 10. 1997, EBE 1998, 10; *Schlosser/Coester-Waltjen/Graba,* § 11 Nr. 10 Rn 44 und 15 ff.; *Löwe/Graf von Westphalen/Trinkner,* § 11 Nr. 10 b Rn 10; *Staudinger/Coester-Waltjen,* § 11 Nr. 10 AGBG Rn 48.
60 *Ulmer/Brandner/Hensen,* § 11 Nr. 10 b Rn 45; *Soergel/Stein,* § 11 AGBG Nr. 111.
61 BGH 19. 10. 1977, DAR 1978, 46.
62 Urt. 6. 11. 1992, MDR 1993, 213.
63 BGH 29. 10. 1997, EBE 1998, 10; BGH 29. 10. 1975, NJW 1976, 234, 235; OLG Nürnberg 13. 5. 1983, BB 1983, 212; OLG Stuttgart 24. 2. 1983 – 7 U 248/82 – n. v., Rostmängel; OLG Hamm

und nicht unbedingt der Kodifizierung bedurft hätte. Wie schon zuvor bleibt es der Rechtsanwendung auch nach der Schuldrechtsreform überlassen, die Anzahl der dem Verkäufer zuzubilligenden Versuche den jeweiligen Gegebenheiten anzupassen, wobei insbesondere die Art der Sache, die Art des Mangels und die sonstigen Umstände zu berücksichtigen sind.

Die Faustregel von zwei vergeblichen Versuchen sieht § 440 S. 2 BGB nur für die Nachbesserung vor. Eine analoge Anwendung auf die **Ersatzlieferung** ist nicht zulässig. Macht der Käufer statt der Mängelbeseitigung den Anspruch auf Lieferung eines anderen mangelfreien Kraftfahrzeugs geltend, ist von einem Fehlschlagen der Nacherfüllung regelmäßig auszugehen, wenn das erste als Ersatz gelieferte Fahrzeug wiederum Mängel aufweist.[64] Unter diesen Umständen schwindet das Vertrauen des Käufers in die vertragsgemäße Beschaffenheit der Gattungssache.[65]

Klauseln, in denen sich der Verkäufer eine **bestimmte Anzahl** von Nachbesserungsversuchen vorbehält, benachteiligen den Käufer entgegen den Geboten von Treu und Glauben unangemessen, denn dieser müsste sich auf eine Mängelbeseitigung auch dann einlassen, wenn der Verkäufer die Vertrauensgrundlage schuldhaft zerstört hat oder einen zweiten Versuch hinnehmen, obwohl der erste durch grobes Verschulden des Verkäufers oder seiner Hilfspersonen fehlgeschlagen ist.[66] Auch im unternehmerischen Verkehr entfalten derartige Klauseln keine Wirksamkeit (§ 307 BGB).[67]

Die in § 440 S. 1 BGB genannten **Voraussetzungen für das Fehlschlagen** der Nachbesserung dürfen ebenfalls nicht durch AGB eingeschränkt werden. Wegen Verstoßes gegen §§ 307, 309 Nr. 8 b bb BGB unwirksam ist daher die Klausel, die das Recht auf Rücktritt, Minderung und Schadensersatz davon abhängig macht, dass der Verkäufer eine ihm gesetzte Frist verstreichen lässt, ohne den Mangel zu beheben.[68] Beim Verbrauchsgüterkauf scheitert eine solche Regelung an dem Verbot des § 475 Abs. 1 BGB, von dem auch abweichende Individualabsprachen erfasst werden.

Damit das Gericht die Unzumutbarkeit feststellen kann, müssen die hierfür relevanten Tatsachen **substantiiert** dargelegt werden. Es ist erforderlich, dass der Käufer wegen eines jeden Mangels im Einzelnen vorträgt, wann er ihn geltend gemacht hat und wie oft der Händler mit welchem Erfolg die Nachbesserung versucht hat. Nur ein spezifiziertes Vorbringen erlaubt dem Händler eine sachgerechte Klageerwiderung und verschafft dem Gericht die Beurteilungsmöglichkeit, ob weitere Nachbesserungsversuche unzumutbar sind.[69] Die pauschale Behauptung, ein Fahrzeug sei wegen der Mängel mehrfach in der Werkstatt gewesen, reicht nur dann aus, wenn der Verkäufer den Vortrag nicht bestreitet.[70]

Weitere Nacherfüllungsmaßnahmen sind für den Käufer unzumutbar, wenn es dem Händler nicht gelungen ist, einen an sich behebbaren Mangel in angemessener Frist zu beseitigen.[71] Ohne Bedeutung ist in diesem Zusammenhang, ob das **Misslingen der Nachbes-**

---

25. 4. 1985, DAR 1985, 380; LG Mannheim 29. 6. 1978 – 11 O 158/78 – n. v.; OLG Köln 1. 2. 1993, OLGR 1993, 130; OLG Koblenz 5. 3. 1992, DAR 1993, 348; OLG Celle 8. 1. 1998, OLGR 1998, 221; *Löwe/Graf von Westphalen/Trinkner,* § 11 Nr. 10 b Rn 9; *Creutzig,* Recht des Autokaufs, Rn 7.4.5.2.

64 OLG Hamburg 28. 2. 1974, MDR 1974, 577, 578.
65 *Ulmer/Brandner/Hensen,* § 11 Nr. 10 b Rn 46; *Löwe/Graf von Westphalen/Trinkner,* § 11 Nr. 10 b Rn 14 m. w. N.
66 OLG Düsseldorf 14. 9. 2001, NJW-RR 2002, 203.
67 BGH 29. 10. 1997, EBE 1998, 10; LG Offenburg 8. 4. 1997, NJW-RR 1997, 1421; AG Mannheim 24. 5. 1996, NJW-RR 1997, 560.
68 OLG Düsseldorf 14. 9. 2001, NJW-RR 2002, 203.
69 LG Köln, Urt. 14. 7. 1987 – 10 O 420/86 – n. v.
70 LG Köln 31. 5. 1990 – 2 O 628/89 – n. v.
71 LG Bonn 22. 9. 1977 – 8 O 159/77 – n. v.

serung auf **Herstellungsmängeln** oder auf einem **Unvermögen** des Händlers beruht,[72] denn in beiden Fällen hat der Händler kraft Gesetzes für die fehlgeschlagene Nachbesserung einzustehen.[73] Im Fall des Unvermögens wird dem Händler allerdings nicht der Beweis gelingen, dass er die Pflichtverletzung nicht zu vertreten hat (§ 280 Abs. 1 S. 2 BGB).

Im Rahmen der **Abwägung** der **beiderseitigen Interessen** kommt es in erster Linie auf **Art** und **Schwere des Mangels** an.[74] Es macht einen Unterschied, ob sich ein Fehler nur mehr oder weniger störend auswirkt, ob er zu einer Wertminderung führt oder ob er die Gebrauchstauglichkeit und die Verkehrssicherheit beeinträchtigt.[75] Weist ein Fahrzeug mehrere Mängel auf, so ist jeder nicht beseitigte Mangel auf Art, Schwere und Auswirkungen zu überprüfen und zusätzlich eine **Gesamtschau aller Mängel** vorzunehmen, wobei auch bereits beseitigte zu berücksichtigen sind.[76] Die Zumutbarkeitsgrenze ist weiter zu ziehen, wenn die vom Käufer beanstandeten Mängel zwar erheblich im Rechtssinn, nicht aber von erheblicher Bedeutung sind.[77]

Für die Gewichtung eines Mangels spielt es eine Rolle, ob die **Ursache** mühelos oder nur sehr schwer zu finden ist.[78] Lässt sie sich nur mit großem Aufwand oder nicht eindeutig ermitteln, ist dieser Umstand zu Gunsten des Händlers zu berücksichtigen, wenn der Mangel nur stört und nur den Wert der Kaufsache mindert. Beeinträchtigt der Fehler die **Gebrauchstauglichkeit** oder gar die **Verkehrssicherheit** des Fahrzeugs, haben die Interessen des Käufers Vorrang. Ihm ist nicht zuzumuten, dass an seinem Auto mehrmals oder längere Zeit „herumexperimentiert" wird. Bei der Ermessensentscheidung zur Frage der Zumutbarkeit/ Unzumutbarkeit sind **Anzahl und Dauer** der **Werkstattaufenthalte**[79] ebenso von Bedeutung wie die Frage, welche **Mühe und Sorgfalt** der Händler bei der Fehlersuche und dem Versuch der Beseitigung aufgewendet hat. Zu seinen Ungunsten kann sich auswirken, dass er oder von ihm eingeschaltete Kundendienstmitarbeiter des Herstellers/Importeurs, deren Handeln er sich zurechnen lassen muss, berechtigte **Beanstandungen** des Käufers **verharmlost, bagatellisiert** oder **als normal hingestellt** haben.[80] Eine gewisse **Zurückhaltung des Verkäufers** mit zunehmendem Zeitablauf gegenüber Reklamationen des Käufers ist nachvollziehbar und ohne Auswirkung auf die Zumutbarkeitsschwelle, wenn der Käufer kleinste Fehler, wie z. B. das Scheibenwischerblatt und die Beschichtung sowie den Blickwinkel des Außenspiegels beanstandet und teilweise nicht verifizierbare Rügen vorgebracht hat.[81] Auch die sonstigen **Begleitumstände** sind bei der Zumutbarkeitsprüfung zu berücksichtigen. Im Rahmen der Abwägung kann es durchaus eine Rolle spielen, dass der Verkäufer, ohne hierzu rechtlich verpflichtet zu sein, dem Käufer während der Zeit der Reparatur ein **Ersatzfahrzeug** kostenlos zur Verfügung gestellt oder nicht ordnungsgemäß arbeitende Teile großzügig ausgetauscht hat.[82]

Auf eine Nachbesserung braucht sich der Käufer nicht einzulassen, wenn das gelieferte Fahrzeug ein ganzes **Mängelpaket** (Zitronenauto) und nicht nur die Summe ganz geringfügiger Fehler aufweist.[83]

---

72 LG Köln 5. 9. 1989 – 3 O 91/88 – n. v.
73 OLG Hamm 24. 11. 1975, DAR 1976, 299.
74 LG Nürnberg-Fürth 18. 1. 1982 – 11 O 4408/81 – n. v.; *Ulmer/Brandner/Hensen,* § 11 Nr. 10 b Rn 40; *Löwe/Graf von Westphalen/Trinkner,* § 11 Nr. 10 b Rn 10.
75 LG Köln 2. 9. 1988 – 14 O 309/87 – n. v.
76 OLG Celle 8. 1. 1998, OLGR 1998, 221.
77 KG 18. 1. 1989 – 3 U 3141/88 – n. v.; *Creutzig,* Recht des Autokaufs, Rn 7.4.5.2.
78 LG Köln 2. 9. 1988 – 14 O 309/87 – n. v.
79 OLG Hamburg 14. 10. 1980, VersR 1981, 138; 30. 9. 1982, VersR 1983, 741.
80 OLG Köln 2. 9. 1988 – 14 O 309/87 – n. v.
81 OLG Celle 8. 1. 1998, OLGR 1999, 221.
82 LG Köln 1. 3. 1979 – 2 O 524/77 – n. v.
83 *Ulmer/Brandner/Hensen,* § 11 Nr. 10 b Rn 45.

Beispiel:[84]

Wasser im Kofferraum, mahlende Geräusche an der Vorderachse, defekte Scheinwerfer, allmählich erblindende Außenspiegel sowie – nach einem Werkstattaufenthalt – zusätzliche Kratzer im Lack eines Importautos im Wert von 25.000 DM .

Dem Verkäufer ist die Berufung auf das **Nachbesserungsrecht** nach **Treu und Glauben versagt**, wenn er

- eine Nachbesserung nur vortäuscht,
- die „Übertünchung" eines Sachmangels statt dessen Beseitigung betreibt, indem er an Stelle der vom Hersteller vorgesehenen Mängelbeseitigungsmaßnahmen lediglich Einstellarbeiten vornimmt,[85]
- beim ersten Nachbesserungsversuch oberflächlich und unsachgemäß vorgeht, indem er bei gerügtem Wassereintritt eine Dichtigkeitskontrolle durch Abspritzen des Wagens unterlässt und bei der unsachgemäßen Trocknung des Wagens weitere Schäden verursacht,[86]
- eindeutig Pfuscharbeit leistet,
- vorhandene Mängel bagatellisiert,[87] indem er sie z. B. als „Peanuts" abtut.[88]

Bei **gravierenden Mängeln**, welche die Substanz des Fahrzeugs angreifen, wie z. B. Wasserdurchlässigkeit der Karosserie, Lackmängel und Rostschäden, hat der Händler besondere Sorgfalt walten zu lassen.[89] Da – außer vielleicht bei Wasserdurchlässigkeit – die Fehler und ihre Ursachen auf der Hand liegen, ist vom Händler zu verlangen, dass solche Mängel im Zuge einer Nachbesserung ordnungsgemäß und dauerhaft von ihm abgestellt werden.[90] Hierzu das LG Mannheim[91] wörtlich:

> „Nachdem bereits bei Auslieferung des Fahrzeugs Roststellen vorhanden waren, die bei der 1000-km-Inspektion ausgebessert wurden, jedoch neue große Roststellen entstanden sind, ist den Klägern ein weiterer Nachbesserungsversuch nicht zumutbar, denn der Käufer eines fabrikneuen Wagens muss nicht damit rechnen, das Fahrzeug immer wieder in die Werkstatt geben zu müssen, um nach langer Zeit in den Genuss des Fahrzeugzustandes zu kommen, der nach dem Kaufvertrag von Anfang an hätte vorhanden sein müssen."[92]

Undichtigkeiten der Karosserie stellen bei einem Neufahrzeug immer einen erheblichen Fehler dar, auch wenn sich die Ursachen mit verhältnismäßig **geringem Kostenaufwand** beseitigen lassen.[93] Ein Fahrzeug, in das Wasser eindringt, kann weder in einer Waschanlage gewaschen noch bei starkem Regen benutzt werden. Seine Gebrauchstauglichkeit ist erheblich eingeschränkt, wenn durch eindringende Feuchtigkeit Scheiben und Brillengläser

---

84 OLG Köln 16. 1. 1992, NJW-RR 1992, 1147.
85 OLG Köln 13. 1. 1995, VersR 1995, 420.
86 LG Freiburg 20. 3. 1974 – 6 O 191/72 – n. v., zit. bei *Creutzig,* Recht des Autokaufs, Rn 7.4.5.2.
87 *Hensen,* in *Ulmer/Brandner/Hensen,* § 11 Nr. 10 b Rn 39; *Kötz,* MünchKomm, § 11 AGBG Rn 163, 164.
88 Saarländiches OLG 29. 6. 1999, ZfS 1999, 518.
89 LG Düsseldorf 30. 5. 1975 – 13 O 172/78 – n. v.
90 OLG Karlsruhe 22. 12. 1976, DAR 1977, 323; zustimmend *Ulmer/Brandner/Hensen,* § 11 Nr. 10 b Rn 40.
91 Urt. 29. 6. 1978 – 11 O 158/78 – n. v.
92 Ebenso OLG Nürnberg-Fürth 18. 1. 1982 – 11 O 4408/81 – n. v.; OLG Karlsruhe 22. 12. 1976, DAR 1977, 323; OLG Stuttgart 24. 2. 1983 – 7 U 248/82 – n. v. – zwei Nachbesserungsversuche bei Rost; offen gelassen wurde, ob ein Nachbesserungsversuch ausreichend gewesen wäre –; OLG Hamm 24. 11. 1975, DAR 1976, 299 und LG Bonn 22. 9. 1977 – 8 O 159/77 – n. v., jeweils zwei Versuche.
93 OLG Köln 16. 10. 1986 – 12 U 71/86 – n. v. – Beseitigungsaufwand 120–150 DM –; OLG Celle 24. 11. 1995, OLGR 1996, 100.

beschlagen. Undichte Stellen sind, wie die Erfahrung lehrt, oftmals außerordentlich schwer zu lokalisieren, und nicht immer verfügen Händler über die zur Fehlersuche notwendige Geräteausstattung. Weil die Schwierigkeiten bekannt sind, kann dem Käufer ein zweiter Reparaturversuch nicht zugemutet werden,[94] wenn der erste mit unzureichenden Mitteln ausgeführt wurde. Im Zweifel muss der Händler den Hersteller hinzuziehen und ihm notfalls das Fahrzeug zur Auffindung und Behebung der Fehlerursache überlassen. Gesteigerte Sorgfalt des Händlers ist geboten, da die Substanz des Fahrzeugs infolge Durchfeuchtung (**sich weiterfressender Schaden**) außerordentlich stark angegriffen wird und zur **Verkürzung der Lebensdauer** führende Spätfolgen meistens erst nach Ablauf der Gewährleistungsfrist auftreten.[95] Den vergeblichen Abdichtungsversuch einer ursprünglich trüben und deshalb schon vorher vom Händler ausgetauschten Windschutzscheibe bewertete das OLG Köln[96] als zweite Nachbesserung des ursprünglichen Mangels. Es mutete dem Käufer keine dritte Nachbesserung zu, wobei als erschwerend zu Lasten des Händlers ins Gewicht fiel, dass er den Mangel bei der ersten Instandsetzungsmaßnahme verursacht hatte und ihn folglich beim zweiten Versuch besondere Sorgfaltspflichten trafen.

Wegen möglicher **Spätfolgen** in Form von Rostschäden soll nach einer Entscheidung des LG Trier[97] dem Käufer bei einer an Treu und Glauben orientierten Betrachtungsweise ermöglicht werden, sich vom Vertrag zu lösen, wenn die Nachbesserung auch nur **ein einziges Mal erfolglos** versucht wurde. Den Einwand des Händlers, der klagende Käufer habe den Ort des Wassereintritts falsch geschildert, verwarf das Gericht mit der Begründung, er sei als Inhaber einer Fachfirma verpflichtet, die Ursachen des gerügten Mangels zu erforschen.

Falls Feuchtigkeit nur tropfenweise auf der Fahrerseite eindringt und weder die Substanz des Fahrzeugs angegriffen wird noch Folgeschäden zu befürchten sind, liegt nach Meinung des LG Köln[98] Rücktrittsreife vor, wenn der Käufer dem Verkäufer drei Mal die Möglichkeit zur Nachbesserung eingeräumt und sich der Verkäufer erfolglos um die Beseitigung des Mangels bemüht hat. Zu Ungunsten des Händlers fiel in diesem Falle erschwerend ins Gewicht, dass er bereits fünf Nachbesserungsversuche benötigt hatte, um eine vorhandene Undichtigkeit der Beifahrertür zu beseitigen.

Ein sehr **strenger Maßstab** an die Sorgfaltspflicht des Händlers ist anzulegen, wenn die Mängel die **Verkehrs- und Betriebssicherheit** des Fahrzeugs beeinträchtigen und Leben und Gesundheit der Insassen gefährden. Dies folgt zwingend aus der Abwägung der Rechtsgüter. Das OLG Düsseldorf[99] gab der Wandlungsklage eines Käufers statt, dessen mit einem Bremsendefekt behaftetes Fahrzeug einen Unfall erlitt. Den Beweis, dass der Unfall nicht auf dem Fehler des Bremssystems beruhte, konnte der Händler nicht führen. Er hatte auf Beanstandungen des Käufers das Fahrzeug zwei Mal untersucht, dabei jedoch den schwer lokalisierbaren Mangel nicht erkannt, weil dieser nur sporadisch in Form von Bremsunregelmäßigkeiten auftrat.

Auf einen zweiten Versuch zur Mängelbeseitigung muss es der Käufer nach einem bereits bei der ersten Nachbesserung vollzogenen **Austausch von Teilen** nicht ankommen lassen, wenn hinreichender Grund zu der Annahme besteht, dass auch das erneute Auswechseln nicht zu einer dauerhaften Lösung führt.[100]

---

94 Ebenso *Ulmer/Brandner/Hensen,* § 11 Nr. 10 b Rn 39 f.
95 OLG Celle 24. 11. 1995, OLGR 1996, 100; LG Köln 20. 2. 1986 – 2 O 372/85 – n. v.
96 20. 5. 1987, NJW 1987, 2520.
97 Urt. 1. 2. 1985 – 4 O 215/84 – n. v.
98 Urt. 5. 9. 1989 – 3 O 91/88 – n. v.
99 Urt. 25. 4. 1980 – 14 U 5/80 – n. v.
100 OLG Hamm 24. 9. 1969, MDR 1970, 231; *Creutzig,* Recht des Autokaufs, Rn 7.4.5.3.

Ein **zweiter Versuch** ist dem Käufer nach Ansicht des LG München[101] zuzumuten, wenn es der Werkstatt nicht gelungen ist, beim ersten Versuch ein Klappergeräusch zu beseitigen und außerdem der Innenraum des Fahrzeugs anlässlich der ersten Nachbesserungsmaßnahme beschädigt wurde (kleiner Kratzer, Verkeilen des Dichtgummis am Fensterheber und kleiner Riss im Leder der Rückbank).

Bei **funktionellen Mängeln**, deren Ursache schwer zu finden ist und durch welche die Gebrauchstauglichkeit des Fahrzeugs nicht völlig aufgehoben oder erheblich eingeschränkt wird, sind dem Verkäufer unter Umständen **mehr als zwei** Nachbesserungsversuche zuzubilligen.[102]

Ein **dritter Versuch** ist dem Käufer nicht zuzumuten, wenn es dem Verkäufer eines Motorrads bei zwei Reparaturversuchen nicht gelungen ist, Undichtigkeiten des Motors, die Ölverlust verursachen, zu beseitigen, obwohl die Ursache einfach zu finden und zu beheben war.[103] Der Umstand, dass die beiden Reparaturversuche an verschiedenen Stellen des Motors durchgeführt wurden, ändert nichts am Ergebnis.

Einen dritten Versuch versagte das OLG Köln[104] einem Händler, der behauptete, er habe mit dem Käufer eine Abrede dahin gehend getroffen, das Fahrzeug bei einem erneuten Auftreten des Mangels dem Werksinspektor vorzuführen. Das Gericht bewertete die behauptete Vereinbarung nicht als **vorläufigen Verzicht** des Käufers auf sein Recht auf Rückgängigmachung des Vertrages.[105] Eine aus § 242 BGB abzuleitende Bindung des Käufers an die Abrede hatte sich der Verkäufer durch sein Prozessverhalten „verscherzt", weil er nach Vorlage des Beweisgutachtens Nachbesserungsbereitschaft erklärt, diese aber davon abhängig gemacht hatte, dass zuvor der Käufer nicht nur den Beweis für das bereits vorprozessual behauptete Auftreten von Geräuschen, sondern auch zu deren Ursachen erbringen sollte.

Obwohl der Verkäufer bereits drei Mal vergeblich nachgebessert hatte, war für das LG Duisburg[106] die Grenze des Zumutbaren nicht erreicht, weil es die vom Käufer gerügte träge Beschleunigung des Fahrzeugs, die der Sachverständige nicht als technischen Mangel eingestuft und zu deren Behebung sich der Verkäufer bereit erklärt hatte, als Bagatelle ansah und bezüglich eines weiteren Mangels, der in einem vom Verkäufer zunächst bestrittenen fehlerhaften Kaltstartverhalten des Motors bestand, die Ansicht vertrat, der Käufer habe dem Verkäufer noch nicht hinreichend Gelegenheit zur Nachbesserung eingeräumt.

Auf einen **vierten Versuch** zur Mängelbeseitigung muss sich nach einer Entscheidung des LG Köln[107] ein Käufer nicht mehr einlassen, an dessen Fahrzeug das Blinkrelais infolge eines nicht isolierten Kabelstücks und dadurch verursachte Kurzschlüsse wiederholt ausgefallen war. Der vom Gericht beauftragte Gutachter behob den Defekt mit wenigen Handgriffen. Eine andere Kammer des LG Köln sah die Grenze der Zumutbarkeit nach sieben erfolglosen Instandsetzungsversuchen als noch nicht erreicht an, obschon der Gutachter weder die Ursache des auffälligen Mangels (gelegentliches Aussetzen des Anlassers) herausfinden noch den Umfang der zur Beseitigung erforderlichen Arbeiten klären konnte.[108]

---

101 Urt. 16. 5. 2002 – 4 O 17.799/01 – n. v. –
102 *Hensen* in *Ulmer/Brandner/Hensen*, § 11 Nr. 10b Rn 40; OLG Karlsruhe 22. 12. 1976, DAR 1977, 323; OLG München 26. 6. 1981 – 19 U 4088/80 – n. v., Kinderkrankheiten entschuldigen nicht.
103 OLG Hamm 19. 10. 1994, ZfS 1995, 33.
104 Urt. 1. 2. 1993, OLGR 1993, 130.
105 Ebenso OLG Köln 9. 10. 1992, OLGR 1993, 1.
106 Urt. 3. 3. 1993 – 3 O 133/92 – n. v.
107 Urt. 8. 11. 1979 – 75 O 432/77 – n. v.
108 LG Köln 1. 3. 1979 – 2 O 524/77 – n. v.

Auch dem vor Einleitung des Prozessverfahrens vom Händler eingeschalteten Ingenieur des Herstellerwerks war dies nicht gelungen. Der Kläger stand den weiteren Nachbesserungsversuchen auf Grund der Vorgeschichte aus gutem Grund skeptisch gegenüber und musste zu Recht befürchten, dass auch künftige Mängelbeseitigungsmaßnahmen nicht zum Erfolg führen würden. Gleichwohl erkannte die Kammer nach Abwägung aller Umstände, die Grenze des Zumutbaren sei noch nicht überschritten, „wenngleich sie fast erreicht sein dürfte". Dieses inzwischen nicht mehr taufrische Urteil fällt völlig aus dem Rahmen und kann sicherlich nicht als Maßstab für vergleichbare Fälle dienen.

Anders gelagert sind die Fälle, in denen das Vertrauen des Käufers in das Produkt durch das Auftreten einer Vielzahl kleiner und immer neuer Mängel erschüttert wird.[109] Es sind die sog. **Montagsautos** (auch Zitronenauto genannt) die an immer neuen abstellbaren Mängeln kranken. Kaum ist ein Mangel beseitigt, tritt der nächste auf oder es macht sich ein bereits als behoben geglaubter Fehler wieder bemerkbar. Wer ein solches Fahrzeug sein Eigen nennt, hat allen Grund, dem Ablauf der Verjährungsfrist und dem ihr vorgelagerten Ende der Beweislastumkehr beim Verbrauchsgüterkauf mit Bangen entgegenzusehen, weil er danach mit dem Auftreten weiterer Mängel rechnen muss. Der Käufer befindet sich in einer misslichen Lage, da einem Montagsauto diese Eigenschaft nicht anzusehen ist. Ihm hilft es wenig, wenn Rechtsprechung und Schrifttum unter einem Montagsauto ein Produkt verstehen, das bei seiner Herstellung nicht die erforderliche Sorgfalt erfahren hat, weshalb mit dem Auftreten immer neuer, auf unsachgemäße Ver- und Bearbeitung zurückzuführender Ausfälle gerechnet werden muss.[110] Genau genommen ist ein Montagsauto wegen seiner auf Qualitätsmängeln beruhenden Fehleranfälligkeit **insgesamt mangelhaft** und irreparabel, so dass, genau genommen, ein Fall der **Unmöglichkeit** der Nachbesserung vorliegt.[111] Da jedoch der Käufer immer erst im Nachhinein weiß, dass er ein Montagsauto mit irreparabler Fehleranfälligkeit gekauft hat, ist er gezwungen, dem Verkäufer beim Auftreten der ersten Mängel Gelegenheit zur Nacherfüllung einzuräumen. Dies führt im Endeffekt dazu, dass das Fehlschlagen der Nachbesserung letztlich doch unter dem Aspekt der Unzumutbarkeit weiterer Nachbesserungsmaßnahmen beurteilt wird. Mit der retrospektiv gewonnenen Erkenntnis, dass es sich um ein Montagsauto handelt, ist dem Käufer ebenso wenig geholfen, wie mit der daraus abgeleiteten Feststellung, unter diesen Umständen sei eine Nachbesserung schon von „vornherein" unzumutbar,[112] weil das Auto als solches eine „Zumutung" für den Käufer darstellt.[113] Deutet sich an, dass die Mangelhaftigkeit eines Neufahrzeugs in seiner Mangelanfälligkeit besteht, ist es für den Käufer ratsam, sogleich den Anspruch auf Ersatzlieferung geltend zu machen und sich nicht auf eine Mängelbeseitigungsmaßnahme einzulassen.

Als berechtigt erweist sich die Kritik, die Rechtsprechung arbeite mit dem **Schlagwort** vom **„Montagsauto"**, obwohl sie bislang nicht geklärt habe, welche Kriterien für eine solche Kategorisierung maßgeblich sind und wer am Ende darüber zu befinden hat, das Gericht oder der Kfz-Sachverständige.[114] Schlechte Verarbeitungsqualität, Fehleranfälligkeit und unsichere Zukunftsprognose sind die maßgeblichen Gesichtspunkte, die das Bild vom Montagsauto prägen. Diese **Kriterien** sind zu **unscharf** für eine Definition im Sinne einer technisch und rechtlich verwendbaren Arbeitsgrundlage, derer es allerdings bedarf, da sich der

---

109 OLG Celle 8. 1. 1998, OLGR 1998, 221.
110 OLG Frankfurt 2. 10. 1989, NZV 1990, 70; OLG Köln 16. 1. 1992, NJW – RR 1992, 1147; OLG Düsseldorf 12. 9. 1997, NJW-RR 1998, 846.
111 *Lempp*, Der Verkehrsjurist des ACE 4/1996, 1 ff., 4.
112 OLG Köln Urt. 1. 2. 1993, OLGR 1993, 130.
113 *Ulmer/Brandner/Hensen,* § 11 Nr. 10 b Rn 45.
114 *Lempp*, Der Verkehrsjurist des ACE 4/1996, 1. ff., 4.

Fall des Montagsautos über die Variante des Fehlschlags wegen „Unzumutbarkeit weiterer Nachbesserungsversuche" nur unbefriedigend lösen lässt.

Die von Rechtsprechung praktizierte und in § 440 S. 2 BGB Gesetz gewordene Faustformel, die besagt, dass dem Käufer- namentlich beim Auftreten der immer gleichen Mängel – normalerweise nicht mehr als zwei Nachbesserungsversuche zuzumuten sind, lässt sich auf das Montagsauto, bei dem sich im Laufe der Zeit immer neue Fehler bemerkbar machen, nicht übertragen. Wegen der Besonderheiten ist bei einem Montagsauto das Augenmerk nicht so sehr auf die Anzahl der Nachbesserungsversuche zu richten, als vielmehr darauf, welche **Fehlerhäufigkeit** dem Käufer eines Neufahrzeugs zugemutet werden kann. Eine zahlenmäßige Eingrenzung der hinzunehmenden Fehler, wie sie in den USA praktiziert wird, wäre zu wünschen,[115] da sie zur Rechtssicherheit beitragen und den Begriff des Montagsautos schärfer konturieren würde.

Das OLG Frankfurt[116] hat, ohne sich allerdings auf die hinnehmbare Fehlerzahl bei einem Neuwagen zahlenmäßig festzulegen, zum Thema Montagsauto entschieden, dass weitere Maßnahmen der Fehlerbeseitigung für den Käufer bereits dann unzumutbar sein können, wenn zwar jeder Fehler für sich genommen mangels Erheblichkeit noch nicht zur Rückgängigmachung des Kaufvertrages berechtigen würde, jedoch die unterschiedlichen Fehler innerhalb „**kürzester Frist**" aufgetreten sind. In die gleiche Denkrichtung zielt ein Urteil des LG Köln,[117] das bei Vorliegen eines ganzen Mängelpakets nicht so sehr auf die Art und Schwere der einzelnen Defekte als vielmehr darauf abgestellt hat, ob dem Käufer nach den gesamten Umständen die erneute Überlassung des Fahrzeugs an die Werkstatt zur Mängelbehebung noch zugemutet werden kann. Beide Urteile liefern brauchbare Hinweise für die heute im Rahmen von §323 Abs. 5 S. 2 BGB vorzunehmende Beurteilung der Erheblichkeit einer in der Lieferung mangelhafter Ware liegenden Pflichtverletzung. Mehrere kleine Fehler können zusammen erheblich sein, auch wenn jeder einzelne für sich betrachtet geringfügig ist.

Trotz einer beachtlichen Zahl überwiegend neu aufgetretener Fahrzeugmängel – wie auslaufendes Öl aus der Hydraulik an der Heckklappe, defekte Elektronik des Schiebedaches, Loch in der Dämmung der Motorhaube, fehlende Grundierung der Heckklappe, loser Griff an der Innenseite der Heckklappe, gelöster Griff an der Beifahrertür, abplatzender Lack an diversen Stellen, defektes Außenthermometer – versagte das OLG Düsseldorf[118] dem Käufer eines Vorführwagens (mit Restlaufgewährleistung) Sachmängelansprüche, weil es nicht feststellen konnte, dass die Mängel auf minderwertiger Produktion und nicht auf Verschleiß oder unsachgemäßer Behandlung beruhten. Bei einem Verbrauchsgüterkauf kommt dem Neuwagenkäufer in einem solchen Fall die Beweislastumkehr zu Hilfe, wenn die Mängel in den ersten sechs Monaten auftreten. Im unternehmerischen Verkehr kann dem Käufer mit dem Erfahrungssatz geholfen werden, dass das Auftreten zahlreicher Mängel innerhalb kurzer Frist eine schlechte Verarbeitung des Neufahrzeugs indiziert, wenn keine konkreten Hinweise auf eine Überbeanspruchung oder eine Fehlbedienung hindeuten.

283   In **Mischfällen** kommt es vor, dass nachgebesserte Mängel erneut auftreten und neue hinzukommen, die abgestellt werden können. Das LG Hildesheim[119] mutete dem Käufer eines Neuwagens einen zweiten Nachbesserungsversuch wegen eines erneuten Getriebedefektes nicht mehr zu, weil nach der ersten erfolglosen Getriebereparatur Defekte am Nebelscheinwerfer, an der Motorhaubenverriegelung und am Sensor der Zündung als weitere

---

115 *Lempp*, Der Verkehrsjurist des ACE 4/1996, 1. ff., 4.
116 Urt. 2. 10. 1989, NZV 1990, 70.
117 Urt. 16. 12. 1987 – 23 O 218/87 – n. v.
118 Urt. 12. 9. 1997, NJW-RR 1998, 843.
119 Urt. 9. 2. 1990 – 2 O 464/89 – n. v.

Mängel neu aufgetreten waren. Zu dem gleichen Ergebnis gelangte das OLG Koblenz.[120] Es hatte über das Schicksal eines Montagsautos zu befinden, das eine Vielzahl behobener Sachmängel aufwies und an dem ein weiterer wesentlicher Mangel hinzugetreten war, den der Verkäufer nicht kurzfristig beseitigen konnte, da es für ihn schwierig war, das benötigte Ersatzteil zu besorgen.

XI. Fehlschlagen der Nachbesserung bei Inanspruchnahme einer anderen Werkstatt

Mit Blick auf § 440 S. 2 BGB stellt sich die Frage, ob der Käufer vor Geltendmachung der Rechte der Sekundärstufe dem Verkäufer zumindest (noch) eine Gelegenheit zur Nacherfüllung gewähren muss, wenn die von einer anderen Vertragswerkstatt erbrachte Nachbesserung bereits fehlgeschlagen ist. Da der Käufer im Rahmen der Abwicklung der Gewährleistung gem. Abschn. VII, Ziff. 2 a NWVB berechtigt ist, Ansprüche auf Mängelbeseitigung bei jedem vom Hersteller/Importeur anerkannten Betrieb geltend zu machen und sich der Verkäufer das **Verhalten des anderen Betriebes zurechnen lassen** muss,[121] besteht kein Grund, dem Verkäufer einen hierauf gerichteten Anspruch nach Treu und Glauben zuzubilligen.[122] Es steht im Belieben des Käufers, an welchen autorisierten Betrieb er sich wegen der Beseitigung von Mängeln wendet. Eine Obliegenheit dahingehend, im Fall des Auftretens von Sachmängeln vorrangig den Verkäufer auf Nachbesserung in Anspruch zu nehmen, sehen die NWVB nicht vor. Geht es nach dem Willen der Verfasser der GVO, wird sich der Reparatursektor, der die Mängelbeseitigung im Rahmen der Sachmängelhaftung einschließt, mittelfristig ohnehin vom Handel auf selbstständige Werkstätten verlagern, so dass die Nachbesserung demnächst in vielen Fällen nicht mehr vom Verkäufer erbracht werden kann. Gem. Abschn. VII, Ziff. 2 a NWVB ist der andere Betrieb dem Verkäufer in jeder Hinsicht gleichgestellt. Aus der Tatsache, dass der Verkäufer dem Käufer die Möglichkeit verschafft, außer bei ihm auch bei anderen autorisierten Vertragshändlern nachbessern zu lassen, ergibt sich, dass er damit zugleich auch die Verpflichtung übernehmen will, für die Fehler anderer aufzukommen.[123] Durch die dem Käufer in Abschn. VII., Ziff. 2 a S. 1, Halbs. 2 NWVB auferlegte **Informationspflicht** werden die Konsequenzen der Zurechnung fremden Verhaltens gemildert, da der Verkäufer die Möglichkeit besitzt, der anderen Werkstatt bei der Nachbesserung mit Rat und Tat zur Seite zu stehen, vorausgesetzt, dass ihn die Information des Käufers rechtzeitig erreicht.

Aufgrund der Neuregelung der Informationspflicht, die im Gegensatz zu früher nicht mehr schriftlich und vor allem nicht mehr unverzüglich erfolgen muss, erscheint es nicht gerechtfertigt, dem Käufer den Durchgriff auf die in § 437 Nr. 2 und 3 BGB aufgeführten Rechte zu versagen, wenn er es pflichtwidrig unterlassen hat, den Verkäufer von der Mängelbeseitigungsmaßnahme durch den anderen Betrieb in Kenntnis zu setzen. Das Informationsversäumnis des Käufers kann für das Fehlschlagen der Mängelbeseitigung nicht kausal werden, da der Käufer seine Unterrichtungspflicht auch dann erfüllt, wenn er den Verkäufer nachträglich von der Inanspruchnahme des anderen Betriebs in Kenntnis setzt, zu einem Zeitpunkt also, in dem für den Verkäufer nicht mehr die Möglichkeit besteht, auf die Reparatur Einfluss zu nehmen.[124]

---

120 Urt. 22. 3. 1994, ZfS 1994, 209.
121 BGH 10. 4. 1991, NJW 1991, 1882.
122 A. A. *Creutzig*, Recht des Autokaufs, Rn 7.4.6; LG Aachen 25. 11. 1987 – 11 O 303/87 – n. v.; 31. 5. 1989 – 11 O 433/88 – n. v.; LG Düsseldorf 13. 3. 1980 – 3 O 699/79 – n. v.
123 A. A. früher LG Stuttgart 6. 12. 1977 – 21 O 174/77 – n. v.
124 A. A. zur Vorgängerklausel *Creutzig*, Recht des Autokaufs, Rn 7.4.6. sowie Rn 725 Vorauflage.

XII. Rechtslage nach erfolgreicher Nacherfüllung

285 Hat der Verkäufer erfolgreich nacherfüllt, entstehen die Rechte auf Rücktritt oder Minderung und Schadensersatz statt der Leistung erst gar nicht.[125] Ersatz des Verzögerungsschadens kann der Käufer auch nach erfolgreicher Nacherfüllung verlangen, wenn der Verkäufer den Mangel zu vertreten hat oder wenn er mit der Mängelbeseitigung in Verzug geraten ist.[126] Außerdem hat ihm der Verkäufer die zum Zweck der Nacherfüllung getätigten Aufwendungen zu ersetzen. Im Fall der Lieferung eines anderen mangelfreien Fahrzeugs ist der Käufer zur Rückgabe des mangelhaften Fahrzeugs und zur Vergütung der Gebrauchsvorteile verpflichtet (Rn 239).

XIII. Rechtslage nach gescheiterter Nacherfüllung

286 Falls die Nachbesserung nicht zum Erfolg geführt hat, stehen dem Käufer die Sekundärrechte des Rücktritts und der Minderung zur Wahl. Er kann stattdessen an dem Anspruch auf Nacherfüllung festhalten, sofern kein Fall der Unmöglichkeit oder Unverhältnismäßigkeit vorliegt. Gem. § 325 BGB schließt der Rücktritt Schadensersatzansprüche nicht aus. Sobald der Käufer den Schadensersatzanspruch geltend macht, ist der Anspruch auf Erfüllung ausgeschlossen. Wegen der gestaltungsrechtlichen Wirkung des Rücktritts und der Minderung ist ein nachträglicher Wechsel von einem auf das andere Recht nicht möglich. Dem Käufer bleibt es jedoch unbenommen, die Minderung hilfsweise für den Fall geltend zu machen, dass der Rücktritt an der Erheblichkeitsschwelle scheitern sollte. Der Verkäufer kann nach dem Scheitern der Nacherfüllung die Sekundärrechte nicht einseitig durch nochmaliges Anbieten der Nachbesserung oder Ersatzlieferung abwenden. Ein im Prozess erklärtes Anerkenntnis des Verkäufers, den Fehler zu beseitigen, geht ins Leere.[127]

XIV. Mängelbeseitigung nach gescheiterter Nacherfüllung
1. Mit Zustimmung des Käufers

287 Die Problematik der Auswirkungen einer nachträglichen Nacherfüllung auf das Schicksal der Sachmängelansprüche ist durch den gestaltungsrechtlichen Charakter des Rücktritts und der Minderung entschärft worden, da die problematische Zeitpanne zwischen Geltendmachung und Vollzug der vormaligen Rechte auf Wandlung und Minderung weggefallen ist.

Stimmt der Käufers einer nochmaligen Maßnahme der Mängelbeseitigung zu, obwohl die Nacherfüllung bereits gescheitert ist, liegt darin ein **vorläufiger Verzicht** auf die Geltendmachung der Sekundärrechte. Falls er einer Nachbesserung, die in seiner Gegenwart erfolgt, nicht erkennbar widerspricht und sich stattdessen auf die fotografische Dokumentation des Reparaturvorgangs beschränkt, ist davon auszugehen, dass er der Maßnahme **konkludent zustimmt**.[128] Gestattet der Käufer dem Verkäufer trotz des Scheiterns der Nacherfüllung eine nochmalige Nachbesserung, erhält der Verkäufer nur eine **einmalige Chance** zur Mängelbeseitigung.[129]

---

125 BGH 17. 12. 1997, NJW-RR 1998, 680.
126 *Andres* in *Schimmel/Buhlmann*, Frankfurter Handbuch zum neuen Schuldrecht, S. 470 Rn 71.
127 AG Aachen 16. 1. 1978 – 14 C 343/77 – n. v.
128 BGH 19. 6. 1996, WM 1996, 1915.
129 OLG Hamm 15. 1. 1998, ZfS 1999, 60.

2. Ohne Zustimmung des Käufers

Nach seinem Wortlaut setzt § 437 BGB voraus, dass dem Käufer die dort genannten **288** Rechte zustehen, wenn die Sache mangelhaft ist. Das bedeutet, dass der Mangel nicht nur bei Gefahrübergang sondern auch noch zu dem Zeitpunkt vorhanden sein muss, in dem der Käufer die Sekundärrechte geltend macht. Das Erfordernis des Fortbestehens der Mangelhaftigkeit ergibt sich im Umkehrschluss aus § 440 BGB. Die Entbehrlichkeit der Fristsetzung macht nur Sinn, wenn der Mangel, um dessen Beseitigung es geht, noch vorhanden ist.

Dem Gesetz ist nicht zu entnehmen, wie sich die Rechtslage verhält, wenn der Verkäufer den Mangel **eigenmächtig** gegen den erklärten Willen des Käufers zu einem Zeitpunkt beseitigt, in dem das Scheitern der Nacherfüllung feststeht, der Käufer sein Wahlrecht zwischen Rücktritt, Minderung und Schadensersatz aber noch nicht ausgeübt hat.

Beispiel:
Der Käufer erklärt im Anschluss an die zweite fehlgeschlagene Mängelbeseitigung, er dulde keine weiteren Arbeiten an dem Fahrzeug und werde die Sache seinem Anwalt übergeben. Bevor dieser sich meldet, hat der Verkäufer den Mangel beseitigt.

Der Sachverhalt ähnelt der früheren Fallgruppe der Mangelbeseitigung in der Zeit zwischen Erklärung und Vollzug der Wandlung, wobei der Unterschied darin besteht, dass die unerwünschte Nacherfüllung in der Zeit des Übergangs vom Primäranspruch zu den Sekundärrechten erfolgt.

Der BGH hat die Auswirkungen des Mangelwegfalls auf das vormalige Wandlungsrecht als **strittige Frage** bezeichnet, auf die er keine Antwort geben musste.[130] Heute spricht alles dafür, dem Käufer trotz der Mangelbeseitigung die Sekundärrechte zuzubilligen, da dem Verkäufer die Eigenmacht nicht zum Vorteil gereichen darf. Der Gesetzgeber hat die Entscheidungsbefugnis über die Sachmängelansprüche dem Käufer zugewiesen. Dieser soll über die Art der Nacherfüllung, die Vorgehensweise nach dem Scheitern der Nacherfüllung und über den Sekundäranspruch frei entscheiden können. Für den Bereich des Verbrauchsgüterkaufs sind diese gesetzlichen Vorgaben allesamt zwingend. Der eigenmächtige Eingriff des Verkäufers in das Wahlrecht ist daher nicht schutzwürdig.

XV. Wegfall des Mangels nach dem Scheitern der Nacherfüllung

Fällt ein Mangel in der Zeit zwischen dem Scheitern der Nacherfüllung und der Geltend- **289** machung der Sekundärrechte von selbst weg, fehlt im Regelfall das Rechtsschutzinteresse an einer weiteren Rechtsverfolgung von Sachmängelansprüchen.

Allerdings ist – wie schon unter dem Regime von § 459 BGB a. F. – im Rahmen von § 434 BGB davon auszugehen, dass zeitlich befristete Defekte durchaus Mängelqualität besitzen, wenn sie den Wert oder die Verwendungstauglichkeit des Fahrzeugs beeinträchtigen,[131] wobei es auf die Frage der Erheblichkeit des Mangels nicht mehr ankommt. Daraus folgt, dass der Wegfall des Mangels nach einer gewissen Zeit nicht schlechthin zum Untergang der Sachmängelrechte führen kann. Ereignet sich der Wegfall des Mangels in der eingangs beschriebenen Phase, die der früheren Zeitspanne zwischen Geltendmachung und Vollzug des Gewährleistungsanspruchs entspricht, wird man dem Käufer einen Anspruch auf Wertminderung zumindest insoweit belassen müssen, als der Wert des Fahrzeugs durch

---

130 Zuletzt Urt. v. 17. 12. 1997, NJW-RR 1998, 680.
131 BGH 20. 10. 2000, NJW 2001, 66; 10. 7. 1953, BGHZ 10, 242; OLG Frankfurt 9. 5. 1988 BB 1988, 1554.

dessen vorübergehende Mangelhaftigkeit beeinträchtigt wurde.[132] Außerdem besitzt der Käufer Anspruch auf Ersatz des Ausfallschadens, sofern der Verkäufer den Mangel zu vertreten hat.

XVI. Nachbesserung nach Rücktritt, Minderung oder Geltendmachung von Schadensersatz statt der Leistung

1. Mit Zustimmung des Käufers

Falls der Käufer der nachträglichen (erfolgreichen) Fehlerbeseitigung zustimmt oder diese genehmigt, scheidet eine Weiterverfolgung der Sekundärrechte grundsätzlich aus, da das Zugeständnis an den Verkäufer, nachträglich noch einmal nachbessern zu dürfen, einen **Verzicht** auf diese Rechte beinhaltet.[133] Ansprüche auf Ersatz des **Verspätungsschadens** werden von diesem Verzicht nicht ohne weiteres miterfasst. Die gleiche Rechtslage besteht, wenn der Käufer vorbehaltlos darin einwilligt, dass sich ein vom Verkäufer mit der Mängelbehebung beauftragter **Dritter** das Fahrzeug anschaut[134] oder dass es im Zuge einer **Rückrufaktion** des Herstellers repariert wird.[135]

An die **Zustimmung** zu einer nachträglichen Fehlerbeseitigung ist der **Käufer gebunden**. Er kann sich von ihr unter den Voraussetzungen von § 323 Abs. 1 BGB lösen. Auch wenn die Vertrauensgrundlage entfällt, kann er von seiner Zustimmung Abstand nehmen. Diese Voraussetzungen liegen vor, wenn der Geschäftsführer der Werkstatt berechtigte Reklamationen des Käufers als „Peanuts" abtut, da dem Käufer unter solchen Umständen keinerlei Vertrauen mehr abverlangt werden kann.[136] Die Vereinbarung der nachträglichen Fehlerbeseitigung und der mit ihr einhergehende vorläufige Verzicht auf die Weiterverfolgung der Sekundäransprüche wird hinfällig, wenn die Nachbesserung nicht gelingt.

2. Ohne Zustimmung des Käufers

Erfolgt die nachträgliche Nachbesserung **ohne Zustimmung** des Käufers, also eigenmächtig, bleibt die durch die Rücktrittserklärung des Käufers geschaffene Rechtslage davon unberührt,[137].

Im Fall einer vom Käufer geltend gemachten **Minderung** kann eine andere Beurteilung angezeigt sein. Der Käufer erlangt durch die nachträgliche Beseitigung des Mangels zweifellos einen Vorteil, da das Fahrzeug in seinem Besitz verbleibt. Es würde daher befremden, wenn er den Anspruch auf Minderung trotz des Mangelwegfalls in vollem Umfang behalten dürfte. Zur Vermeidung einer mit den Vorschriften der Sachmängelhaftung nicht in Einklang zu bringenden ungerechtfertigten Bereicherung wird vorgeschlagen, dem Käufer die Minderung insoweit zuzuerkennen, als der Mangel den Gebrauch des Fahrzeugs vorübergehend beeinträchtigt hat.[138] Sofern eine Gebrauchsbeeinträchtigung nicht vorgelegen hat, verliert der Käufer allerdings den Anspruch auf Minderung.

---

132 BGH 20. 10. 2000, NJW 2001, 66 m. w. N.
133 BGH 8. 11. 1983, NJW 1984, 2287; WM 19. 6. 1996, 1915, NJW – RR 1998, 680; OLG Hamm, Urt. 19. 6. 1979 – 2 U 88/79 – n. v.
134 OLG Köln 9. 10. 1992, NJW-RR 1993, 565; 1. 2. 1993, OLGR 1993, 130.
135 OLG München 23. 4. 1997, OLGR 1999, 202.
136 Saarländisches OLG 29. 6. 1999, ZfS 1999, 518.
137 BGH 10. 7. 1953, BGHZ 10, 242, 244; OLG Köln 22. 10. 1999 – 20 U 68/99 –n. v.; *Soergel/Huber*, § 459 Rn 90 jeweils zur Wandlung.
138 *Soergel/Huber*, § 459 Rn 90; *Reinking* in „Jahrbuch Verkehrsrecht 2000," herausgegeben von *Himmelreich*, S. 367 ff., 377.

3. Fehlerbeseitigung durch den Käufer

Die Beseitigung des Mangels durch den Käufer nach Erklärung des Rücktritts beinhaltet weder einen Verzicht auf die Ansprüche aus dem Rückabwicklungsverhältnis noch steht dem Festhalten an den Rücktrittsfolgen der Einwand der unzulässigen Rechtsausübung in Form des Verbots widersprüchlichen Verhaltens entgegen.[139] Der Verkäufer hat dem Käufer die Verwendungen und anderen Aufwendungen für die Fehlerbeseitigung zu ersetzen, da § 347 BGB die Zeitspanne vom Empfang des Fahrzeugs bis zur endgültigen Rückabwicklung des Vertrages betrifft.[140]

292

4. Fehlerbeseitigung durch den Gutachter

Immer wieder kommt es vor, dass Sachmängel im selbstständigen Beweisverfahren oder im Laufe des Prozessverfahrens vom Gutachter beseitigt werden, wie etwa ein loses Kabel im Pkw, das die Blinkleuchte außer Betrieb setzt, ein defektes Potentiometer der Drosselklappe, das Zündaussetzer des Motors zur Folge hat[141] oder ein verstopfter Tankdeckel, der den Kraftstoffzufluss zum Motor stört, so dass dieser sporadisch nicht anspringt oder nach kurzer Laufzeit ausgeht.[142] Es gilt auch in diesen Fällen, dass die Rücktrittsfolgen nicht entfallen, wenn der Gutachter den Mangel beseitigt hat, wobei es nicht entscheidend darauf ankommt, ob er mit oder ohne Zustimmung oder nachträgliche Billigung des Käufers gehandelt hat[143]

293

5. Schranke des § 242 BGB

Dem Käufer ist die Rückabwicklung des Kaufvertrages zu versagen, wenn sich die Weiterverfolgung des Anspruchs als **unzulässige Rechtsausübung** darstellt.[144]

294

Auf die durch § 242 BGB gezogenen Grenzen ist besonders dann zu achten, wenn ein Mangel ohne Zutun der Parteien nach Erklärung des Rücktritts von selbst wegfällt.[145]

Nach einer Entscheidung des OLG Düsseldorf[146] zum früheren Wandlungsrecht muss sich der Käufer den Vorwurf **widersprüchlichen Verhaltens** entgegenhalten lassen, wenn er nach Geltendmachung des Rückabwicklungsverlangens wegen einer Undichtigkeit des Faltdaches seines Cabrios andere zur Erhaltung oder Wiederherstellung der Benutzbarkeit des Fahrzeugs nicht unbedingt notwendige Sachmängelarbeiten vornehmen lässt, wie z. B. die Erneuerung der Gummidichtungen zur Abdichtung des Hardtops und den Austausch des knarrenden und faltigen Fahrersitzes und dadurch auch eine Dichtigkeit des Faltdaches erreicht wird. Durch sein Verhalten gibt der Käufer zu erkennen, dass er trotz gerichtlicher Geltendmachung der Rückabwicklungsansprüche einer Klaglosstellung durch Beseitigung der Mängel nicht ablehnend gegenübersteht.

Eine unzulässige Rechtsausübung liegt nach Ansicht des OLG Karlsruhe[147] nicht vor, wenn der Käufer an dem geltend gemachten Anspruch auf Rückabwicklung des Kaufver-

---

139 BGH 8. 2. 1984, NJW 1984, 1525.
140 *Palandt/Heinrichs* BGB, Erg.-Bd., § 347 Rn 2.
141 OLG Hamm 28. 4. 1995, ZfS 1995, 296.
142 LG Köln 10. 11. 1993 – 26 S 44 /93 – n. v.
143 OLG Düsseldorf 19. 12. 1997, NJW-RR 1998, 1587; Urt. v. 28. 4. 1995, ZfS 1995, 296; a. A. OLG Düsseldorf, Urt. 19. 12. 1997, NJW-RR 1998, 1587, sämtlich zum Wegfall des Wandlungsrechts zwischen Geltendmachung und Vollzug.
144 BGH 22. 2. 1984 BGHZ 90, 198, 204; 19. 6. 1996 WM 1996, 1915; OLG Köln 16. 10. 1986 – 12 U 71/86 – n. v.
145 *Westermann,* MünchKomm-BGB, § 459 Rn 31.
146 Urt. 10. 11. 1995, NJW-RR 1998, 265.
147 Urt. v. 24. 4. 1998, NJW-RR 1999, 279.

trages festhält, obwohl sich der von ihm beanstandete zu hohe Ölverbrauch, den das Gericht auf Grund des eingeholten Gutachtens als erheblich einstufte, im Laufe der Zeit auf 0,2 l/1000 km normalisiert hat.

Zum Wandlungsrecht entschied das OLG Köln, allein die Möglichkeit, dass die erfolgreiche Nachbesserungsmaßnahme des Verkäufers vor Zugang des Wandlungsschreibens vorgenommen wurde, rechtfertige es nicht, dem Käufer das Recht auf Rückgängigmachung des Kaufvertrages unter dem Gesichtspunkt der unzulässigen Rechtsausübung zu versagen.[148] Diese Aussage geht sehr weit. Es erscheint eher angebracht, anhand der aufgezeigten Kriterien zu differenzieren, ob die Nachbesserung vor oder nach dem Scheitern der Nacherfüllung durchgeführt wurde und ob sie mit oder ohne Zustimmung des Käufers erfolgte. Steht fest, dass ein bei Gefahrübergang vorhandener Mangel weggefallen ist, ohne dass sich die näheren Umstände im Prozessverfahren aufklären lassen, geht die Unaufklärbarkeit zu Lasten des Käufers, der nach allgemeinen Beweisgrundsätzen die Beweislast für das Scheitern der Nacherfüllung trägt.

---

148 OLG Köln 22. 10. 1999 – 20 U 68/99 – n. v.

N. Die sekundären Sachmängelrechte

Als Ansprüche auf der Sekundärebene stehen dem Käufer das Recht auf Rücktritt oder Minderung zur Wahl (§ 437 Nr. 2 BGB). Weiterhin besitzt der Käufer Anspruch auf Schadensersatz oder Aufwendungsersatz (§ 437 Nr. 3 BGB). Den Anspruch auf Schadens- oder Aufwendungsersatz kann der Verkäufer zu Fall bringen, wenn er beweist, dass er den Mangel nicht zu vertreten hat (§ 280 Abs. 1 S. 2 BGB). Mit der Geltendmachung des Rücktritts und mit Verlangen nach Schadensersatz statt der Leistung erlöschen die primären Leistungspflichten (§ 281 Abs. 4 BGB). Für den Rücktritt ist diese Folge nicht ausdrücklich angeordnet, weil sie als selbstverständlich vorausgesetzt wird.[1] Die Minderung ist der Sache nach nichts anderes als ein teilweiser Rücktritt,[2] der zum Erlöschen der Kaufpreisforderung in Höhe des geminderten Betrages führt. Im Hinblick auf die Erstattung des gezahlten Mehrbetrages verweist § 441 Abs. 4 BGB folgerichtig auf die entsprechende Anwendung rücktrittsrechtlicher Vorschriften. Der Rücktritt schließt Schadensersatzansprüche nicht aus (§ 325 BGB).

Wegen eines unerheblichen Mangels kann der Käufer weder vom Vertrag zurücktreten (§ 323 Abs. 5 S. 2 BGB) noch Schadensersatz statt der ganzen Leistung fordern (§ 281 Abs. 1 S. 3 BGB). Das Minderungsrecht und der Anspruch auf Schadensersatz statt der Leistung werden durch die Unerheblichkeit des Mangels nicht ausgeschlossen (§ 441 Abs. 1 S. 2 BGB).

Im Gegensatz zur Wandlung und Minderung nach altem Recht benötigt der Käufer zur Herbeiführung der Rechtsfolgen des Rücktritts und der Minderung nicht, die Zustimmung des Verkäufers. Die Verkäufer hat nicht die Möglichkeit, den **rechtlichen Vollzug** einer berechtigten Rücktritts- oder Minderungserklärung hinauszuzögern, was natürlich nicht bedeutet, dass er sich nicht gegen die **Durchführung** des Rücktritts und der Minderung zur Wehr setzen kann. Die vorbehaltlose Abholung des Fahrzeugs war zu Zeiten der Wandlung nicht als konkludente Einverständniserklärung des Verkäufers zu werten.[3] Nach heutigem Recht ist es naheliegend, ein solches Verhalten als Zustimmung des Verkäufers mit dem erklärten Rücktritt zu werten. Gleiches dürfte gelten, wenn der Verkäufer nach Abweisung seiner Kaufpreisklage auf Grund des vom Käufer erklärten Rücktritts die Kaufsache zurücknimmt.[4]

Eine Folge aus der dogmatischen Umgestaltung der Sachmängelrechte des § 437 Nr. 2 BGB in Gestaltungsrechte besteht darin, dass der Übergang vom Rücktritt auf die Minderung und umgekehrt von der Minderung auf den Rücktritt nicht mehr möglich ist, sobald der Käufer das eine oder andere Recht geltend gemacht hat. Er kann aber zurücktreten und die Minderung hilfsweise geltend machen, wenn zweifelhaft ist, ob der von ihm gerügte Mangel erheblich ist. Stellt sich heraus, dass der Mangel unter der Erheblichkeitsschwelle liegt, geht die Rücktrittserklärung von Anfang an ins Leere und es greift die Minderung.

Das **Nebeneinander** von Rücktritt, Minderung, Schadensersatz statt der Leistung und Schadensersatz statt der ganzen Leistung ist verwirrend. Schadensersatz statt der ganzen Leistung und Rücktritt sind nebeneinander möglich. Erklärt oder verlangt der Käufer das eine oder andere, muss er das Fahrzeug zurückgeben.[5] Minderung und Rücktritt vom ganzen Vertrag schließen sich aus. Eine Kombination von Minderung und Schadensersatz statt

---

1 BT-Drucks. 14/6040; *Arnold*, JURA 2002, 154, 156; *Gaier*, WM 2002, 1, 4.
2 *Faust* in *Huber/Faust*, Schuldrechtsmodernisierung, S. 240 Rn 8.
3 OLG Bamberg 27. 4. 1998, OLGR 1998, 265 – n. v.
4 A. A. zur Wandlung BGH 8. 3. 1995, ZIP 1995, 653.
5 *Faust* in *Huber/Faust*, Schuldrechtsmodernisierung, S. 147 Rn 202.

der Leistung ist in der Regel sinnlos, da sich bei einem vorteilhaften Vertrag die Geltendmachung des Schadensersatzanspruchs statt der Leistung, bei einem unvorteilhaften die Minderung als die jeweils günstigere Lösung anbieten. Eine Kombination von Schadensersatz statt der ganzen Leistung und Minderung ist ausgeschlossen, während eine Kombination des Schadensersatzanspruchs statt der Leistung mit einem Rücktritt wiederum möglich aber sinnlos ist. Bei unerheblichen Mängeln ist nur Minderung und Schadensersatz statt der Leistung möglich. Kleiner Schadensersatz und Minderung sind nur in Ausnahmefällen sinnvoll miteinander zu verbinden.[6] Einen Teilrücktritt sieht das Gesetz nicht vor.

I. Rücktritt

296   Die Rücktrittserklärung bewirkt die Umgestaltung des Kaufvertrages in ein Rückabwicklungsverhältnis.[7] Die Rücktrittsfolgen und die daraus resultierenden Ansprüche werden im Rücktrittsrecht geregelt und es bedarf nicht mehr der Heranziehung der Vorschriften des Eigentümer-Besitzer-Verhältnisses.[8] Rückabwicklungsansprüche fallen nicht unter die Verjährung von § 438 BGB, sondern unterliegen der dreijährigen Verjährung von § 195 BGB.[9]

1. Ausschluss des Rücktritts wegen Unerheblichkeit des Mangels

297   Gem. § 323 Abs. 5 S. 2 BGB kann der Käufer nicht zurücktreten, wenn die Pflichtverletzung bestehend in der Nichtverschaffung einer mangelfreien Sache „unerheblich" ist. Die Beweislast für die Unerheblichkeit der Pflichtverletzung trägt der Verkäufer, da es sich bei der Unerheblichkeit um eine rechtsvernichtende Einwendung im Sinne eines Ausschlussgrundes (§ 441 BGB) handelt (s. Rn 1388).

Die **Abgrenzung** zwischen unerheblichen und erheblichen Mängeln (Pflichtverletzungen) ist im Gesetz nicht geregelt. Nach der Gesetzesbegründung handelt es sich um diejenigen Fälle, die früher unter § 459 Abs. 1 S. 2 BGB a. F. fielen.[10] Aufgrund dessen wird überwiegend die Ansicht vertreten, dass der Begriff des unerheblichen Mangels eng auszulegen sei.[11]

Im Ergebnis bleibt es dabei, dass die Bedeutung des Mangels nach der Verkehrsanschauung und den Umständen des Einzelfalles zu würdigen ist.[12] Die Rechtsprechung zur Abgrenzung zwischen erheblichen und nicht erheblichen Fehlern i. S. v. § 459 Abs. 1 BGB a. F. (siehe dazu Rn 425 und 691 der Vorauflage) lässt sich im Rahmen von § 323 Abs. 5 BGB fruchtbar machen. Es ist aber durchaus möglich, dass sich die **Grenzwerte nach oben verschieben.** Von einer nicht erheblichen Pflichtverletzung wird im Regelfall auszugehen sein, wenn ein Mangel leicht erkennbar und mit geringen Kosten zu beseitigen ist.[13] Bei der Bewertung eines Mangels darf dessen Bedeutung für die Gebrauchstauglichkeit der Kaufsache nicht aus dem Auge verloren werden. Ist der Mangel nur schwer zu beheben, spricht dieser Umstand für Erheblichkeit.[14] Geringe technische Mängel, welche die Verkehrssicherheit und Betriebsbereitschaft eines Kraftfahrzeugs gefährden, sind nach der

---

6 *Faust* in *Huber/Faust*, Schuldrechtsmodernisierung, S. 147, 148 Rn 203, 204.
7 BGH 24. 6. 1983, NJW 1984, 42; *Palandt/Heinrichs*, BGB Erg.-Bd., Einf. v. § 346 Rn 6.
8 *Arnold*, JURA 2002, 154.
9 *Reinking*, ZGS 140, 141.
10 Reg. Entw. BT-Drucks. 14/6040 ff. S. 222; *Haas* BB 2001, 1313, 1316; *Schimmel/Buhlmann*, Fehlerquellen im Umgang mit dem Neuen Schuldrecht, S. 142.
11 *Huber* in *Huber/Faust*, Schuldrechtsmodernisierung, S. 342 Rn 75.
12 *Haas* in *Haas/Medicus/Rolland/Schäfer/Wendtland*, Das neue Schuldrecht, S. 206, Rn 173.
13 BGH 11. 12. 1956, BB 1957, 92.
14 BGH 14. 2. 1996, NJW 1996, 1337 m. w. N.

Verkehrsanschauung keine Bagatellen. Bei mehreren Mängeln ist die Gesamtschau ausschlaggebend.[15]

Da das Gesetz den **Mangel als Pflichtverletzung** definiert, darf der Blick nicht allein auf die Art und Schwere des Mangels gerichtet werden. Bei der Abgrenzung ist auch zu berücksichtigen, ob der Verkäufer den Mangel arglistig verschwiegen oder Untersuchungspflichten verletzt hat. Nach der Intention des Gesetzgebers ist insbesondere dann, wenn der Verkäufer eine **Garantie** übernommen hat, regelmäßig von einer nicht unerheblichen Pflichtverletzung auszugehen.[16] Auch der **Grad des Verschuldens** und die Gesamtumstände können bei einer Pflichtverletzung nicht unberücksichtigt bleiben.[17] Das Verschulden kann zum einen darin bestehen, dass der Verkäufer ein mangelhaftes Fahrzeug geliefert hat, zum anderen darin, dass er es nicht geschafft hat, den Mangel im Rahmen der Nacherfüllung abzustellen. Folgt man der hier vertretenen Ansicht, ist ein geringfügiger technischer Mangel im Rahmen von § 323 Abs. 5 BGB u. U. als erheblich einzustufen, wenn er auf einem **erheblichen Fehlverhalten** des Verkäufers beruht.

An folgendem Sachverhalt, über den das OLG Oldenburg[18] nach altem Recht zugunsten des Käufers entschied, lässt sich die Problematik der Weichenstellung von § 323 Abs. 5 BGB *beispielhaft* verdeutlichen:

Bei einem Fahrzeug der gehobenen Mittelklasse konnte zunächst das Heckklappenschloss mit der Zentralverriegelung nicht geöffnet werden. Im Anschluss an die insoweit erfolgreiche Nachbesserung öffnete sich die Heckklappe selbstständig während der Fahrt und es drang Wasser ein, weil sie nicht mittig eingepasst war. Nach dem Versetzen der Heckklappe traten Wind-, Abroll- und Regengeräusche von der rechten Seite der Kofferraumklappe her auf. Als Mangel blieb schließlich ein an sich geringfügiger technischer Defekt zurück, der darin bestand, dass die Funkfernbedienung den Verriegelungsvorgang nicht mehr durch dreimaliges Aufleuchten der Blinkleuchten optisch bestätigte.

Einen interessanten Ansatz für die rein technische Abgrenzung zwischen unerheblichen und erheblichen Mängeln liefert die Frage, ob der Käufer das Fahrzeug in Kenntnis des Mangels zu einem niedrigeren Preis erworben oder ob er vom Kauf Abstand genommen hätte.[19] Ob diese **Testfrage**, die es ermöglicht, den hypothetischen Parteiwillen nachträglich zu verwirklichen, den richtigen Ansatz für die gem. § 323 Abs. 5 BGB vorzunehmende Bewertung der Pflichtverletzung darstellt, muss mit einem Fragezeichen versehen werden. Obwohl sie zu vernünftigen Ergebnissen führt, weil dem Käufer keine Sache wider seinen Willen aufgedrängt wird, lässt sich mit diesem Ansatz die Forderung des Gesetzgebers, den Mangelbegriff eng auszulegen, möglicherweise nicht verwirklichen. Nach Ansicht von *Wolff*[20] erscheint es aber nicht unwahrscheinlich, dass die unerhebliche Pflichtverletzung im Rahmen § 323 Abs. 5 S. 2 BGB weiter gefasst wird als die unerhebliche Wert- und Tauglichkeitsminderung nach § 459 Abs. 1 S. 2 BGB a. F., da eine Wertminderung weniger stark ins Gewicht fällt, wenn die Gebrauchstauglichkeit nur unerheblich oder gar nicht beeinträchtigt ist.

Die Abschaffung der Bagatellgrenze und der Ausschluss des Rücktritts bei unerheblichen Pflichtverletzungen vereinfacht die Rechtsanwendung und erhöht die Rechtssicherheit. Das früher uneingeschränkt bestehende Wahlrecht des Käufers zwischen Wandlung

---

15 *Wolff* in *Hoeren/Martinek*, Systematischer Kommentar zum Kaufrecht, § 37 Rn 18.
16 Reg. Entw., BT – Drucks. 14/6040, S. 223; *Wolff* in *Hoeren/Martinek*, Systematischer Kommentar zum Kaufrecht, § 437 Rn 22.
17 A. A. *Graf von Westphalen* in *Henssler/Graf von Westphalen*, Praxis der Schuldrechtsreform, § 437 Rn 25, nach dessen Ansicht ein objektiver Maßstab anzulegen ist.
18 Urt. 10. 2. 2000, DAR 2000, 219.
19 *Jud*, Jb. J.ZivR.Wiss. 2001, 205, 222.
20 *Hoeren/Martinek*, Systematischer Kommentar zum Kaufrecht, § 37 Rn 22.

und Minderung, das von der Frage der Erheblichkeit des Mangels losgelöst war, verlockte dazu, die Erheblichkeitsschwelle je nach Ergebniswunsch zu senken oder anzuheben. Zur Vermeidung unbilliger Ergebnisse wurde das Wahlrecht zuweilen der Kontrolle von § 242 BGB unterworfen, was jedoch nicht unumstritten war.[21]

Die folgenden drei *Beispiele* verdeutlichen die Unwägbarkeiten der früheren Rechtsprechung im Hinblick auf die Beurteilung der Erheblichkeitsschwelle und die sich daraus ergebenden Konsequenzen:

– Das OLG Celle[22] entschied, eine mangelhafte Türdichtung, durch die Feuchtigkeit in das Fahrzeuginnere eindringt, sei ein unerheblicher Mangel i. S. v. § 459 Abs. 1 S. 2 BGB a.F.
– Das OLG Saarbrücken[23] billigte in einem vergleichbaren Fall dem Käufer wegen einer vom Verkäufer nicht behobenen Undichtigkeit der Fahrertür das Recht auf Rückgängigmachung des Kaufvertrages zu, weil es den Fehler als erheblich ansah, obwohl dieser lediglich darauf beruhte, dass beim zweiten Nachbesserungsversuch die Türdichtfolie mangelhaft verklebt worden war.
– Das OLG Düsseldorf[24] beschritt den – oben angedeuteten – Mittelweg, indem es das Wandlungsbegehren des Käufers eines Neufahrzeugs, das mit einer weniger komfortablen Wegfahrsperre der Vorserie ausgestattet war, an der Schranke des § 242 BGB scheitern ließ, ihm jedoch zum Ausgleich eines etwaigen Mindererlöses bei einem späteren Verkauf des Fahrzeugs eine nach § 287 ZPO auf DM 500 geschätzte Minderung des Kaufpreises zusprach.

Der Schlechterfüllung einer unerheblichen Pflicht ist der Nichterfüllung einer unerheblichen Nebenpflicht gleichgestellt.[25]

Beispiel:

Hat der Verkäufer dem Käufer als Zugabe zum Neuwagen einen Wochenendaufenthalt in einem Wellness-Hotel versprochen, kann der Käufer nicht vom Neuwagenkauf zurücktreten, wenn der Hotelaufenthalt nicht möglich war, weil das Hotel zwischenzeitlich geschlossen wurde.

2. Ausschluss des Rücktritts nach § 323 Abs. 6 BGB

Ausgeschlossen ist der Rücktritt gem. § 323 Abs. 6 BGB, wenn der Grund für den Sachmangel allein oder überwiegend vom Käufer verursacht wurde.

In Bezug auf die Mangelhaftigkeit des Fahrzeugs zum Zeitpunkt des Gefahrübergangs ist eine Verantwortlichkeit des Käufers kaum vorstellbar, da er in der Phase der Herstellung, des Transports und der Lagerung des Fahrzeugs beim Händler normalerweise nicht die Möglichkeit besitzt, auf die Beschaffenheit der Kaufsache einzuwirken.

Das Rücktrittsrecht ist dem Käufer nach Ansicht von *Lorenz*[26] verwehrt, wenn er zwar nicht den Mangel wohl aber die **Unmöglichkeit der Nacherfüllung allein** oder **weit überwiegend** zu vertreten hat. Durch diese im Gesetzgebungsverfahren nicht erkannte und diskutierte Konstellation kann es Situationen geben, in denen – wie nach altem Recht gem. § 351 BGB a. F.- das Rücktrittsrecht ausgeschlossen ist, weil der Käufer das Fahrzeug zerstört oder dem Verkäufer die Möglichkeit der Nacherfüllung genommen hat. Die von Lo-

---

21 Dazu Rn 692 der Vorauflage.
22 Urt. 7. 1. 1982 – 7 U 72/81 – n. v.; siehe auch OLG Frankfurt 20. 1. 1994, NJW-RR 1994, 1340.
23 Urt. 26. 3. 1996, NJW-RR 1997, 1423.
24 Urt. 23.4. 1998, OLGR 1998, 239; siehe auch OLG Hamm 25. 6. 1987, NJW-RR 1988, 1461.
25 *Palandt/Heinrichs*, BGB Erg.- Bd. §§ 323 Rn 32.
26 NJW 2002, 2497.2499.

Rücktritt

renz aufgedeckte Rechtslage erscheint eindeutig, auch wenn sie nicht gewollt sein sollte und sich nicht nahtlos in das Rücktrittsrecht einfügt.

Erkennt man an, dass § 323 Abs. 6 BGB im Hinblick auf den Rücktritt wegen Mangelhaftigkeit der Kaufsache auch die Phase der Nacherfüllung einschließt und insoweit nicht allein auf den Zeitpunkt des Gefahrübergangs fixiert ist, dann ergeben sich daraus für den Bereich des Neuwagenkaufs beachtliche Konsequenzen. Dem Käufer ist das Recht des Rücktritts zu versagen, wenn er vor dem Scheitern der Nacherfüllung einen Unfall verschuldet, bei dem das Fahrzeug irreparabel beschädigt wird, so dass die Nacherfüllung durch Mängelbeseitigung nicht mehr durchgeführt werden kann. Eine vom Käufer zu verantwortende Ausweitung eines schon bei Gefahrübergang vorhandenen Fahrzeugmangels kann zu dem gleichen Ergebnis führen, wenn der weitergehende Schaden als Ursache für den Rücktritt überwiegt.

Beispiel:

Herbeiführung eines irreparablen Motorschadens durch Weiterfahrt trotz aufleuchtender Warnleuchte wegen eines auf Undichtigkeit der Ölwanne beruhenden Ölverlusts.

Eine Veräußerung des Fahrzeugs muss nicht zwangsläufig zur Unmöglichkeit der Nacherfüllung führen, während dies bei einer Entwendung in der Regel der Fall sein dürfte.

Das Rücktrittsrecht geht nicht verloren wenn sich der Umstand, der die Mängelbeseitigung unmöglich macht, in einer Zeit eintritt, in der sich der Verkäufer mit der Nacherfüllung in Verzug befindet oder die Nacherfüllung bereits fehlgeschlagen ist.

Ebenso verhält es sich, wenn der Käufer statt Mängelbeseitigung berechtigterweise die Lieferung eines anderen Fahrzeugs vom Verkäufer verlangt hat, da die Unmöglichkeit der Nachbesserung die Erfüllung des Ersatzlieferungsanspruchs nicht unmöglich macht. Umgekehrt kann eine Nachbesserung durchaus möglich sein, wenn eine Ersatzlieferung daran scheitert, dass der Hersteller die Produktion des Modells inzwischen eingestellt hat. An diesen Beispielen wird deutlich, dass die rechtlichen Auswirkungen davon abhängen, für welche Art der Nacherfüllung sich der Käufer entschieden hat. Ein Gleichlauf der Rechtsfolgen lässt sich herbeiführen, indem man dem Käufer gestattet, von der unmöglich gewordenen Art der Nacherfüllung auf die andere noch mögliche Art überzuwechseln.

Die schuldhafte Verweigerung der Mängelbeseitigung durch den Käufer fällt nicht unter § 323 Abs. 6 BGB, da ihm unter diesen Umständen die Möglichkeit des Rücktritts ohnehin nicht zur Verfügung steht.

3. Ausschluss des Rücktritts wegen Anspruchsverwirkung

Eine Verwirkung des Rücktrittsrechts kann anzunehmen sein, wenn der Käufer einen Mangel nach Ablieferung feststellt und meldet, das Fahrzeug jedoch in Benutzung nimmt und seine Rechte erst unmittelbar vor Ablauf der 2-jährigen Verjährungsfrist geltend macht. In einem ähnlich gelagerten Fall, in dem der Käufer ein Kraftfahrzeug 2 Jahre genutzt und 18.000 Fahrkilometer zurückgelegt hatte, entschied das OLG Köln,[27] der Käufer habe mögliche Gewährleistungsansprüche wegen eines vom Verkäufer nicht umfänglich offenbarten Unfallschadens gem. § 242 BGB verwirkt. Begründung:

„Der Beklagte konnte nach Ablauf von 2 Jahren (Zeitmoment) und der Tatsache, dass der Kläger in Kenntnis aller Umstände das Fahrzeug 2 Jahre lang nutzte (Umstandsmoment), ohne irgendwelche Rechte gegen den Beklagten geltend zu machen, obwohl er sich nach Abschluss des Kaufvertrages im Zusammenhang mit den Reparaturarbeiten an den Beklagten gewandt hatte, davon ausgehen, dass er, selbst wenn er den Vorunfall verschwiegen haben sollte, deswegen nicht mehr in Anspruch genommen werden sollte."

---

27 Urt. 1. 6. 2001 – 3 U 213/00 – n. v.

4. Möglicher Ausschluss des Rücktritts wegen vom Käufer zu vertretender Unmöglichkeit der Fahrzeugrückgabe

300 Eine vom Käufer vor Erklärung des Rücktritts verschuldete Verschlechterung oder ein von ihm verschuldeter Untergang des Fahrzeugs schließt nach dem Willen des Gesetzgebers das Rücktrittsrecht grundsätzlich nicht aus.

Im Vertrauen darauf, dass der Verkäufer seine Pflicht zur Lieferung einer mangelfreien Sache ordnungsgemäß erfüllt hat, darf der Käufer mit der Kaufsache beliebig umgehen. Es fehlt an einem vorwerfbar pflichtwidrigen Verhalten gegenüber dem Verkäufer, wenn er davon ausgeht, dass das Fahrzeug Bestandteil seines Vermögens geworden ist und sich daran voraussichtlich nichts ändert. Verursacht er z. B. einen Unfall mit Totalschaden, bei dem das Fahrzeug beschädigt wird, verletzt er damit nur seine eigenen Interessen und nicht die des künftigen Rückgewährgläubigers.[28]

Als Rechtsfolge eines vom Käufer verschuldeten Untergangs oder einer Verschlechterung des Fahrzeugs ordnet § 346 Abs. 2 Nr. 3 BGB an, dass der Käufer dem Verkäufer Wertersatz zu leisten hat. Diese Verpflichtung entfällt gem. § 346 Abs. 3 Nr. 3 BGB, wenn der Käufer eigenübliche Sorgfalt beachtet hat. Allerdings muss er dem Verkäufer eine verbleibende Bereicherung nach § 346 Abs. 3 S. 2 BGB herausgeben.

Der Grundsatz, dass der Untergang der Kaufsache den Rücktritt nicht sperrt, erfährt eine wesentliche **Einschränkung** durch § 323 Abs. 6 BGB, der die vom Käufer zu vertretende Unmöglichkeit der Rückgabe mit dem Verlust des Rücktrittsrechts sanktioniert, wenn durch den Untergang der Sache zugleich die Nacherfüllung unmöglich wird[29] (dazu Rn 298).

Weiterhin ist zu beachten, dass der Käufer, sobald er den **Rücktrittsgrund kennt oder kennen muss**, nicht mehr darauf vertrauen kann, dass er die Kaufsache auf Dauer behält. Unter diesen Umständen verlagert sich das Pflichtenprogramm aus dem Rückabwicklungsverhältnis bereits in die Zeit vor Erklärung des Rücktritts und es gehört quasi zu den „vorvertraglichen" Pflichten des späteren Rücktrittsschuldners, auf die Belange des Rücktrittsgegners Rücksicht zu nehmen und mit der Kaufsache sorgfältig umzugehen.[30] Verschuldet der Käufer in dieser Phase den Untergang des Fahrzeugs, haftet er dem Verkäufer auf Schadensersatz gem. §§ 346 Abs. 4, 280 Abs. 1 BGB.

II. Gesamtrücktritt und Teilrücktritt

301 Der Wegfall der §§ 469, 470 BGB a. F. hat zu Regelungslücken geführt, für die das Rücktrittsrecht nur zum Teil Lösungen anbietet. Die Vorschrift von § 469 S. 1 BGB betraf die Wandlung beim **Verkauf mehrerer Sachen** und gestattete die Einzelwandlung, wenn nur eine Sache mangelhaft war. Daran hat sich nichts geändert. Nach Auffassung des Gesetzgebers ist ein Teilrücktritt möglich, wenn sich die Mangelhaftigkeit nur auf eine einzelne von mehreren Sachen bezieht. Dies ergibt sich im Wege des Umkehrschlusses aus § 323 Abs. 5 S. 1 BGB, der die Teilleistung betrifft. Für die **Schlechtleistung** kann – so heißt es im Gesetzesentwurf[31] – nichts anderes gelten, wenn sie sich auf einen abtrennbaren, selbstständigen Teil der Leistung bezieht. Sowohl für den Teilrücktritt als auch für den Rücktritt vom ganzen Vertrag gilt dann die Erheblichkeitsschwelle des § 323 Abs. 5 S. 2 BGB.

---

28 *Gaier,* WM 2002, 2, 12.
29 *Lorenz,* NJW 2002, 2497, 2499.
30 BT-Drucks 14/6040, S. 195; *Gaier,* WM 2002, 2, 12; *Arnold,* JURA 2002, 154, 158.
31 BR.-Drucks. 14/6857, S. 62.

Das bedeutet konkret, dass der Käufer sich im Wege des Teilrücktritts von einem mangelhaften Fahrzeug trennen kann, wenn er durch einen einheitlichen Vertrag mehrere Fahrzeuge gekauft hat, von denen nur ein Fahrzeug einen Sachmangel aufweist. Zum Rücktritt vom ganzen Vertrag ist er berechtigt, wenn der Mangel des einzelnen Fahrzeugs die Gesamtleistung erheblich beeinträchtigt. Diese Voraussetzungen sind z. B. erfüllt, wenn von 50 Fahrzeugen, die für einen Firmenfuhrpark in der Farbe „zart-lila" bestellt worden sind, 40 Fahrzeuge eine einwandfreie Lackierung aufweisen, während die Lackierung der restlichen 10 Fahrzeuge erheblich von der bestellten Farbe abweicht. Dem Unternehmer ist mit 40 farblich einwandfreien Fahrzeugen nicht gedient, wenn er 50 Stück benötigt. Er kann vom ganzen Vertrag zurücktreten, falls es dem Verkäufer nicht gelingt, die Farbmängel zu beseitigen. Auf die Frage, ob sich das Ergebnis aus § 323 Abs. 5 S. 1 oder S. 2 BGB ableitet, kommt es nicht entscheidend an, da sich das fehlende Interesse an der Teilleistung von 40 fehlerfreien Fahrzeugen im Sinne von S. 1 und die Erheblichkeit des Mangels im Sinne von S. 2, die darin besteht, dass von 50 Fahrzeugen 40 mangelhaft sind, komplett überdecken.[32] In Zweifelsfällen ist es naheliegend, das Kriterium des fehlenden Interesses an der Teilleistung in die Erheblichkeitsprüfung hinein zu projizieren.

Als weitaus problematischer erweist sich das Unterfangen, die der Reform geopferte Regelung von § 470 S. 2 BGB a. F. durch das neue Rücktrittsrecht zu lösen. Sie sah vor, dass bei Mangelhaftigkeit einer Nebensache, wie z. B. eines Autoradios,[33], einer Alarmanlage,[34] eines Autotelefons, eines CD-Wechslers, einer Navigationsanlage[35] oder eines Dachgepäckträgers, nur in Ansehung dieser Nebensache Wandlung verlangt werden konnte. Für die Fälle der mangelhaften Nebensache bietet § 323 Abs. 5 BGB keinen Lösungsansatz. Das bedeutet, dass ein Teilrücktritt nicht möglich ist. Stattdessen kann der Käufer nur Minderung und/oder Schadensersatz statt der Leistung verlangen. Rücktritt vom Kaufvertrag und Schadensersatz statt der ganzen Leistung kommen nur in Betracht, wenn der Mangel der Nebensache im Hinblick auf das Fahrzeug als Ganzes nicht unerheblich ist. Fehlt es an dieser Voraussetzung, wird dem Käufer, sofern eine Fehlerbehebung unmöglich ist, ein mangelhaftes Teil endgültig aufgedrängt. Falls sich der Mangel beseitigen lässt, kann er die Reparatur auf Kosten des Verkäufers durch eine andere Werkstatt beheben lassen, vorausgesetzt, dass dieser seiner Nacherfüllungspflicht nicht nachkommt.

III. Rücktritt wegen Nicht- und Schlechterfüllung von Zugabeversprechen und Nebenleistungen

Die Problematik des Teilrücktritts gewinnt durch den Wegfall des Rabattgesetzes und der Zugabeverordnung an Relevanz. Der Autohandel hat sich der geänderten rechtlichen Situation durch Gewährung attraktiver Zugaben zügig angepasst, da die Rabattmargen ausgereizt waren. Aufgrund des Wandels ist absehbar, dass es auf diesem Feld zu Störfällen kommt. Das Interesse ist insbesondere auf die Fälle zu richten, in denen sich die Erfüllung des Zugabeversprechens als undurchführbar oder die Zugabe als mangelhaft erweist. Ein weiterer Problembereich betrifft die Ausstrahlungen des Mangels der Hauptsache auf das Schicksal der Zugabe.

---

32 Kritisch *Canaris*, Beck'sche Gesetzesdokumentationen, Schuldrechtsmodernisierung, 2002, Einf. S. XXII.
33 OLG Köln 22. 4. 1998, OLGR 1999, 276.
34 OLG Düsseldorf 27. 10. 1995, OLGR 1996, 53.
35 OLG Karlsruhe 5. 9. 2001 -1 U 42/01-.

Ausgangspunkt der Betrachtung ist die Frage nach der Art des die Zugabe betreffenden Vertrages und seine rechtliche Verbindung mit dem Kaufvertrag über das Neufahrzeug. In Anlehnung an § 1 der aufgehobenen Zugabeverordnung lässt sich nach allgemeinem Sprachgebrauch eine Zugabe als Ware oder Dienstleistung definieren, die ohne besondere Berechnung zu einer entgeltlich abgegebenen Hauptware/Hauptleistung hinzugegeben wird und deren Erwerb vom Abschluss des Vertrages über die Hauptware/Hauptleistung abhängig ist. Vor diesem Hintergrund ist zu unterscheiden zwischen angekündigten, ausgehandelten und belohnenden Zugaben, da sie unterschiedliche Auswirkungen auf das Rücktrittsrecht des Käufers haben.[36]

Unter **angekündigter Zugabe** wird eine Zugabe verstanden, die ein Unternehmer dem Kunden für den Fall des Abschlusses eines Hauptvertrages über eine Ware oder Dienstleistung in der Werbung rechtsverbindlich anbietet. Gibt der Kunde daraufhin ein Kaufangebot ab, so kommt gleichzeitig die Abrede über die Zugabe zustande. Bei dem Zugabevertrag handelt es sich um einen einseitig verpflichtenden Vertrag eigener Art, der nicht Bestandteil des entgeltlichen Hauptvertrages ist. Da einerseits der Kunde die Zugabe nur bekommt, weil er die Hauptware kauft und andererseits der Unternehmer die Zugabe nur zusammen mit der Hauptware gewährt, sind beide Verträge eng miteinander verbunden. Diese Verbindung kann so beschaffen sein, dass beide Rechtsgeschäfte miteinander stehen und fallen sollen. Ob eine solche Verknüpfung wirklich gewollt ist, muss anhand der Umstände des Einzelfalls überprüft werden. Zu weit geht die Aussage, dass beide Verträge stets auf Gedeih und Verderb miteinander verbunden sind.[37]

Am Beispiel des Autokaufs mit dem Zugabe- Versprechen eines zweitägigen Hotelaufenthalts, der daran scheitert, dass das Hotel zwischenzeitlich schließen musste, gelangt *Köhler*[38] zu dem Ergebnis, dass der Käufer berechtigt ist, vom Kaufvertrag über das Auto wegen Wegfalls der Geschäftsgrundlage zurückzutreten, wenn der Verkäufer weder ein Ersatzhotel anbietet noch bereit ist, eine Geldentschädigung zu zahlen. Diese Lösung vermag nicht zu überzeugen, weil Hauptleistung und Zugabe ungleichwertig sind und eine Vertragsanpassung i. S. v. § 313 Abs. 1 BGB durchaus möglich ist, etwa durch die Herabsetzung des Kaufpreises für das Auto um den Wert, den der Käufer für den Hotelaufenthalt hätte aufwenden müssen. Falls der Hotelaufenthalt zwar stattgefunden hat jedoch mangelhaft war, kann diesem Umstand durch eine Herabsetzung des Kaufpreises um den Minderwert des Hotelaufenthalts Rechnung getragen werden. Die Möglichkeit eines Rücktritts nach § 313 Abs. 3 BGB ist nur dann ernsthaft in Betracht zu ziehen, wenn die Möglichkeit der Vertragsanpassung nicht besteht.

Bei einer **ausgehandelten Zugabe** ist der Lösungsansatz in §§ 437 Nr. 2, 323 Abs. 5 BGB zu suchen, da die Zugabe Inhalt des Kaufvertrages über die Ware wird und die Hauptleistung entsprechend erweitert. Erweist sich die Nebenleistung wegen der Hotelschließung als undurchführbar, kann in Bezug auf die Hauptleistung ein Fall der Schlechtleistung i. S. v. § 323 Abs. 5 S. 2 BGB oder eine Teilleistung nach S. 1 vorliegen. Nach dem Willen des Gesetzgebers ist diese Fallvariante unter S. 2 zu subsumieren, so dass das Schicksal des Kaufvertrages über das Auto von der Erheblichkeit der Pflichtverletzung abhängt, die in der Nichterfüllung oder Schlechterfüllung des Zugabeversprechens besteht. Die Nichterfüllung einer **unerheblichen Nebenpflicht** ist der Schlechterfüllung einer unerheblichen Pflicht gleichgestellt.[39]

Belohnende Zugaben sind solche, die der Verkäufer dem Käufer nach Vertragsschluss einseitig gewährt. Es besteht keine rechtliche Abhängigkeit der Zugabe vom Hauptvertrag.

---

36 *Köhler*, BB 2001, 1589, 1590.
37 *Köhler*, BB 2001, 1589, 1590.
38 BB 2001, 1589, 1590.
39 *Palandt/Heinrichs*, BGB Erg.-Bd., § 323 Rn 32.

Die belohnende Zugabe ist eine **Schenkung.** Demnach richten sich die Ansprüche des Käufers nach § 524 BGB, wenn die Zugabe einen Mangel aufweist. Der Verkäufer haftet somit nur, wenn er einen Mangel der Zugabe arglistig verschweigt.

Die **Sachmängelhaftung** des Verkäufers **aus dem Kaufvertrag über das Fahrzeug** schlägt bei der angekündigten Zugabe über § 313 BGB auf den Zugabevertrag in unterschiedlicher Weise durch. Die Geltendmachung der Nacherfüllung wirkt sich auf den Zugabevertrag nicht aus. Gleiches gilt für die Minderung, es sei denn, der Käufer mindert auf Null.[40] Tritt der Käufer wegen des Sachmangels vom Neuwagenkauf zurück, entfällt die Geschäftsgrundlage für das Zugabeversprechen. Da eine Anpassung des Zugabevertrages nicht möglich ist, hat der Käufer auf Verlangen des Verkäufers die Zugabe nach den Vorschriften des Rücktrittsrechts zurückzugewähren (§ 313 BGB). Falls der Verkäufer den Mangel der Hauptsache zu vertreten hat, ist er verpflichtet, den Käufer so zu stellen, wie dieser im Fall einer ordnungsgemäßen Erfüllung des Kaufvertrages stünde. Folglich hat er dem Käufer den Wert der Zugabe im Wege des Schadensersatzes zu ersetzen.

Bei der ausgehandelten Zugabe sind die Rechtsfolgen die gleichen wie bei der angekündigten Zugabe. Der Unterschied besteht darin, dass sich die Rechtsfolgen aus § 437 Nr. 2 und 3 BGB ergeben.

IV. Das Rückgewährschuldverhältnis

Die empfangenen Leistungen sind gem. § 346 Abs. 1 BGB in Natur Zug um Zug zurückzugewähren. Der Verkäufer hat den Kaufpreis zu erstatten und der Käufer das Fahrzeug einschließlich des mitverkauften Zubehörs und der Fahrzeugpapiere zurückzugeben.

Der Inhalt der Rückgewährpflicht ist umstritten. Aus der Formulierung von § 346 Abs. 1 BGB, wonach die empfangenen Leistungen zurückzugewähren sind, folgert die Rechtsprechung, dass der Rückgewährschuldner lediglich die Rücknahme der in seinen Händen befindlichen Sache **ermöglichen** muss, er jedoch **keinen Anspruch** darauf besitzt, dass der Berechtigte sie zurücknimmt.[41] Daraus folgt, dass der Gläubiger durch die Nichtannahme der Sache **nicht in Schuldnerverzug** gerät, obwohl hierfür ein praktisches Bedürfnis besteht.[42]

Die Rückzahlung des Kaufpreises stellt **keine Leistung im umsatzsteuerlichen Sinn** dar, weil sich der wirtschaftliche Gehalt des Vorgangs darin erschöpft, einen bereits vollzogenen Leistungsvorgang wieder rückgängig zu machen. Demzufolge fällt keine Umsatzsteuer an.[43]

Die das Fahrzeug betreffende Rückgabepflicht umfasst die Rückübereignung und die Besitzverschaffung. Gezogene Nutzungen und Zinsen sind von den Parteien zu vergüten sowie solche, die sie nach den Regeln einer ordnungsgemäßen Wirtschaft hätten erzielen können (Rn 313, 314). Außerdem hat der Verkäufer dem Käufer Verwendungs- und Aufwendungsersatz gem. § 347 Abs. 2 BGB zu leisten (Rn 308, 310).

Falls der Käufer einen Teil des Kaufpreises durch Hereingabe des **Altfahrzeugs** beglichen hat, geht die vereinbarte Ersetzungsbefugnis durch die Rückgängigmachung des Kaufvertrages ins Leere.[44] Der Kaufvertrag ist in der Form rückgängig zu machen, in der sich der Austausch der Leistungen vollzogen hat. Der Verkäufer hat die empfangene Leistung – bestehend aus dem in bar gezahlten Kaufpreisanteil und dem in Zahlung gegebenen

---
40 *Köhler,* BB 2002, 1589, 1591.
41 BGH 9. 3. 1983 BGHZ 87, 104, 110.
42 *Hager* in *Dauner-Lieb/Heidel/Lepa/Ring*, ANWALTKOMMENTAR Schuldrecht, § 346 Rn 20.
43 OLG Köln 12. 10. 1979 – 19 U 58/79 – n. v.
44 BGH 30. 11. 1983, NJW 1984, 429.

Altwagen – zurückzugewähren. Falls die Mietsonderzahlung eines Leasingvertrages durch Hingabe des Gebrauchtfahrzeugs geleistet wurde, besitzt der Leasingnehmer nach dem Rücktritt vom Neuwagenkaufvertrag ebenfalls nur Anspruch auf Herausgabe des Fahrzeugs. Die Auszahlung der Mietsonderzahlung kann er nicht verlangen.[45] Ein zwischenzeitlich eingetretener Wertverlust des Gebrauchtfahrzeugs hat der Verkäufer dem Käufer zu ersetzen, es sei denn, dass er die in der Lieferung des mangelhaften Neufahrzeugs bestehende Pflichtverletzung nicht zu vertreten hat.[46] Kann der Neuwagenhändler das Gebrauchtfahrzeug nicht mehr zurückgeben, muss er dem Käufer den objektiven Wert des Fahrzeugs gem. § 346 Abs. 2 BGB ersetzen.

1. Wertersatz statt Herausgabe

304 Die in § 346 Abs. 2 BGB vorgesehene verschuldensunabhängige Wertersatzpflicht ist das Kernstück des reformierten Rücktrittsrechts. Rücktrittsberechtigter und Rücktrittsgegner werden gleichbehandelt. Dadurch wird verhindert, dass der Rücktritt wegen des Untergangs der Sache ausgeschlossen ist.[47] Die Wertersatzpflicht knüpft – außer bei einem Verbrauch der Sache[48] – an das ungeschriebene Tatbestandsmerkmal des Schuldners zur Rückgewähr an. Um einen Anspruch auf die Rückgabe des Fahrzeugs auszuschließen, ist eine Unmöglichkeit i. S. v. § 275 BGB zumindest für den zur Rückgewähr verpflichteten Käufer vorauszusetzen, wofür eine Vermutung spricht, wenn er das Fahrzeug **veräußert, umgebaut** oder es mit dem **Recht eines Dritten** belastet hat. Steht im Einzelfall fest, dass der Käufer die Herausgabe des Fahrzeugs ohne weiteres durch einen Rückkauf ermöglichen kann, bleibt die Verpflichtung zur Herausgabe des Fahrzeugs bestehen.

Ungeklärt ist, welche **Bemühungen** er unternehmen muss, um das Fahrzeug von dem Dritten zurückzuerwerben. Hierzu wird die Ansicht vertreten, der Käufer sei nicht verpflichtet, irgendwelche Anstrengungen auf sich zu nehmen, da der Verkäufer die Sache freiwillig aus der Hand gegeben habe und durch den Anspruch auf Wertersatz ausreichend geschützt werde.[49] Nach gegenteiliger – wohl überwiegender – Ansicht ist die von § 346 Abs. 2 Nr. 2 und 3 BGB ausgehende Vermutung der Unmöglichkeit erst dann widerlegt, wenn sich der Rücktrittsberechtigte – ohne dabei die durch § 275 Abs. 2 BGB definierte Opfergrenze überschreiten zu müssen – vergeblich um den Rückerwerb bemüht hat.[50]

Für die Einwendung der Herausgabeunmöglichkeit (§ 275 Abs. 1, 2 BGB) trägt der Käufer die **Beweislast**. Im Verfahren ist der Verkäufer der Ungewissheit ausgesetzt, ob er die Sache oder Wertersatz erhält. Zur Abwendung dieser Belastung wird vorgeschlagen, dem Verkäufer die Möglichkeit einzuräumen, dem Käufer für die Rückgabe der Sache eine angemessene Frist zu setzen, nach deren Ablauf er die Rücknahme der Sache verweigern kann.[51]

Von § 346 Abs. 2 Nr. 2 und 3 BGB wird der Fall der **anderweitigen Unmöglichkeit der Herausgabe** nicht ausdrücklich erfasst. Das bedeutet allerdings nicht, dass der Käufer, dem das Fahrzeug gestohlen wurde, von seiner Verpflichtung zum Wertersatz befreit ist. Dieses Ergebnis würde der Intention des Gesetzgebers widersprechen, der dem Rückgewährschuldner grundsätzlich das Risiko der Rückgabe auferlegen wollte.[52] Die Wertersatz-

---

45 OLG Frankfurt 28. 3. 2002, OLGR 2002, 171.
46 A. A. nach altem Recht OLG Frankfurt 28. 3. 2002, OLGR 2002, 171.
47 *Lorenz* in *Schulze/Schulte-Nölke*, S. 343.
48 Dazu *Benicke*, ZGS 2002, 369 ff.
49 *Benicke*, ZGS 2002, 369, 371.
50 *Gaier*, WM 2002, 1, 9; *Schwab*, JuS 2002, 630, 632; *Hager* in *Dauner-Lieb/Heidel/Lepa/Ring*, Anwaltkommentar Schuldrecht, § 346 Rn 34.
51 *Benicke*, ZGS 2002, 369, 371.
52 *Arnold*, JURA 2002, 154, 157.

pflicht ist daher aus der entsprechenden Anwendung von § 346 Abs. 2 BGB herzuleiten, wobei es im Ergebnis nicht darauf ankommt, ob die Analogie der Nr. 2[53] oder der Nr. 3 entnommen wird.[54]

Für den Kfz-Bereich sind die Regelungstatbestände von § 346 Abs. 2 Nr. 3 BGB von erheblicher praktischer Bedeutung. Danach hat der Käufer Wertersatz zu leisten, wenn sich das Fahrzeug **verschlechtert** hat oder **untergegangen** ist. Eine für Kraftfahrzeuge typische Verschlechterung besteht z. B. darin, dass als Unfallfolge eine **merkantile Wertminderung** zurückbleiben kann. Für die durch eine bestimmungsgemäße Ingebrauchnahme eingetretene Wertminderung braucht der Käufer keinen Wertausgleich zu leisten.[55] Der Weitergebrauch des Fahrzeugs fällt nicht unter die Ingebrauchnahme. Ein durch Weiterbenutzung herbeigeführter Wertverlust des Fahrzeugs wird durch die Nutzungsvergütung ausgeglichen, für deren Berechnung der Wertverlust die Grundlage darstellt. Insoweit fällt § 346 Abs. 2 Nr. 3 BGB als Rechtsgrundlage des Anspruchs aus. Nach dem Regelungsinhalt dieser Vorschrift erhält der Käufer einen Ausgleich nur für einen Wertverlust, der auf einen bestimmungswidrigen Gebrauch des Fahrzeugs zurückzuführen ist. Ein **bestimmungswidriger Gebrauch** ist anzunehmen, wenn ein Kraftfahrzeug während der Zeit der Überlassung einem im Vergleich zu seiner Laufleistung übermäßigen Verschleiß ausgesetzt ist, z. B. durch den Einsatz bei Rennveranstaltungen. Die Schwierigkeiten der Abgrenzung zwischen einer auf Normalgebrauch und einer auf Fehlgebrauch beruhenden Wertminderung sind im Leasingrecht bestens bekannt. Dort kommt es bei der Zustandsbewertung am Vertragsende darauf an, ob sich das Leasingfahrzeug eines Vertrages mit Kilometerabrechnung in einem seinem Alter und seiner Fahrleistung entsprechenden Erhaltungszustand befindet. Es bietet sich an, auf die im Leasingrecht entwickelten Bewertungsmodelle zurückzugreifen wenn es darum geht, die auf einem bestimmungswidrigen Gebrauch beruhende Wertminderung eines Kraftfahrzeugs zu ermitteln.

Zweifellos gehört bei einem Kraftfahrzeug die Teilnahme am öffentlichen Straßenverkehr zum bestimmungsgemäßen Gebrauch. Umstritten ist, ob unter den Begriff des bestimmungsgemäßen Gebrauchs **Schadensereignisse** fallen, die sich **anlässlich der Teilnahme am öffentlichen Straßenverkehr** ohne Verschulden des Käufers ereignen, wie z. B. die Verwicklung des Fahrzeugs in einen Verkehrsunfall, bei dem es beschädigt wird.[56] Der Unfall gehört nicht zu der regulären Abnutzung eines Kraftfahrzeugs, auf die § 346 Abs. 2 S. 1 Nr. 3 BGB abzielt. Vielmehr handelt es sich um eine Begleiterscheinung des bestimmungsgemäßen Gebrauchs i. S. d. Verwirklichung eines Betriebsrisikos, das für die Benutzung eines Kraftfahrzeugs durchaus typisch sein mag, das aber nicht zwangsläufig dazugehört. Aus diesem Grund ist die Forderung nach einer engen Auslegung von § 346 Abs. 2 S. 1 Nr. 3 BGB zu unterstreichen.

Da nach dem Gesetzeswortlaut die Verpflichtung zum Wertersatz „insoweit" besteht, als das Fahrzeug untergegangen ist oder sich verschlechtert hat, kommt ein **anteiliger Wertersatz** in Betracht, wenn das Fahrzeug im gegenwärtigen (verschlechterten) Zustand zurückgegeben werden kann. Unter diesen Voraussetzungen kann der Verkäufer keinen vollen Wertersatz verlangen, noch kann der Käufer seine Herausgabepflicht des beschädigten Fahrzeugs durch Zahlung vollen Wertersatzes abwenden. Die Grenzen zwischen erheblicher Verschlechterung und Untergang sind fließend. Problemfälle im Überschneidungsbereich zwischen Totalschaden mit geringem Restwert und erheblicher Beschädigung las-

---

53 *Kaiser*, JZ 2001, 1357, 1362.
54 *Arnold*, JURA 2002, 154, 157.
55 Kritisch *Schwab*, JuS 2002, 630, weil der säumige Käufer von dieser Regelung profitiert.
56 Bejahend *Schwab*, JuS 2002, 633; *Kaiser*, JZ 2001, 1057, 1061, verneinend *Gaier* WM 2000, 1, 8, *Dauner-Lieb/Arnold/Dötsch/Kitz*, Fälle zum neuen Schuldrecht, 2002, S. 250.

sen sich nur anhand der konkreten Umstände des Einzelfalls unter Beachtung der Grundsätze von Treu und Glauben lösen.

2. Höhe des Wertersatzes

305   Nach § 346 S. 2 BGB ist der **objektive Wert** des Fahrzeugs zu ersetzen,[57] wobei nach h. M. auf die Verhältnisse im Zeitpunkt des Leistungsaustausches abzustellen ist.[58] Bei der Berechnung ist der Kaufpreis zugrunde zu legen, was aber nicht bedeutet, dass dieser an die Stelle des Wertersatzes tritt. Weil der den Rücktrittsfall auslösende Mangel den Wert des Fahrzeugs mindert, kann der Verkäufer nur Wertersatz in Höhe des nach § 441 Abs. 3 BGB **geminderten Kaufpreises** verlangen. Da es weiterhin darum geht, den vor Vertragsschluss bestehenden Zustand wieder herzustellen, können weder der einen noch der anderen Partei die Vorteile des Geschäfts erhalten bleiben. Aus diesem Grund müssen bei der Ermittlung des Wertersatzes die im Kaufpreis enthaltenen **Gewinnanteile** des Verkäufers ebenfalls vom Kaufpreis abgezogen werden.[59] Würde man den Gewinn nicht herausnehmen, hätte dies zur Folge, dass der Verkäufer durch den Wertersatz besser gestellt wäre, als wenn er das noch vorhandene Fahrzeug vom Käufer zurückbekäme.[60]

Die Gesetzeskorrektur von § 346 Abs. 2 S. 2 Halbs. 2 BGB, welche dem Darlehensnehmer die Möglichkeit einräumt, einen geringeren Wert des erlangten Vorteils nachzuweisen, zwingt weder zur Aufgabe dieses Verfahrens der Wertermittlung noch dazu, die Vorschrift des § 346 Abs. 2 S. 2 BGB auf vertragliche Rücktrittsverhältnisse zu beschränken.[61] Sie ist eher ein Beleg dafür, dass die Wertermittlung nicht an der Gegenleistung festklebt und Spielraum für derartige Abzüge gewährt.[62]

Ein Abrücken vom Kaufpreis erscheint insbesondere dann geboten, wenn der Verkäufer für das untergegangene Altfahrzeug einen **überhöhten Anrechnungspreis** gezahlt hat. Nach Ansicht des OLG Düsseldorf[63] ist der Anspruch des Käufers unter diesen Umständen auf den geringeren Verkehrswert zu beschränken, wenn der Verkäufer das Altfahrzeug im Rahmen einer Verschrottungsaktion in Zahlung genommen und dafür eine über dem Verkehrswert liegende Verschrottungsprämie geboten hat, da – so die Begründung – der Käufer nur im Zusammenhang mit dem Kaufvertrag über das Neufahrzeug den Vorteil habe erzielen können.

Im Fall des Untergangs und der anderweitigen Unmöglichkeit der Herausgabe des Fahrzeugs muss der Käufer dem Verkäufer die **gezogenen Nutzungen** nicht zusätzlich vergüten, da sie in der Kaufpreissumme enthalten sind, die der Verkäufer – gemindert um den Mangelunwert und die Gewinnanteile – vom Käufer zurückerhält. Im Fall der Herausgabe des verschlechterten Fahrzeugs und der Zahlung eines ergänzenden Wertausgleichs sind die Nutzungsvorteile allerdings zu Gunsten des Verkäufers zu berücksichtigen, da dieser andernfalls keinen Ausgleich für die Wertminderung erhalten würde, die das Fahrzeug durch die Benutzung erfahren hat, während auf der anderen Seite der Käufer um die Nutzungen ungerechtfertigt bereichert wäre. Die Anordnung der Herausgabe einer verbleibenden Bereicherung ergibt sich aus § 346 Abs. 3 S. 2 BGB.

---

57 *Arnold*, JURA 2002, 154, 157.
58 *Palandt/Heinrichs*, BGB Erg.-Bd. § 346 Rn 10.
59 *Gaier*, WM 2002, 1, 9; *Arnold*, JURA 2002, 154, 157; *Palandt/Heinrichs*, BGB Erg.-Bd. § 346 Rn 10.
60 A. A. *Benicke*, ZGS 2002, 369, 374.
61 *Hager* in *Dauner-Lieb/Heidel/Lepa/Ring*, Anwaltkommentar Schuldrecht, § 346 Rn 39, 40.
62 A. A. *Schmidt-Kessel*, ZGS 2002, 315.
63 Urt. 24. 4. 1998, OLGR 1999, 30, 31.

3. Wegfall der Wertersatzpflicht

Die strenge, von der Voraussetzung eines Verschuldens unabhängige Wertersatzpflicht **306** wird durch die Befreiungstatbestände von § 346 Abs. 3 Nr. 1–3 BGB entschärft. Eine Verwirklichung der Tatbestandvoraussetzungen von Nr. 1 ist z. B. anzunehmen, wenn das Neufahrzeug in einen Sportwagen umgerüstet wird, der für die Teilnahme an Rennveranstaltungen bestimmt ist. § 346 Abs. 3 Nr. 2 BGB regelt vor allem diejenigen Fälle, in denen entweder der Sachmangel oder eine fehlerhafte Nacherfüllung zur Verschlechterung oder zum Untergang des Fahrzeugs geführt haben.[64] Keine große praktische Bedeutung hat die Ausnahmeregelung von § 346 Abs. 3 Nr. 2 Alt. 2 BGB, welche besagt, dass es bei der Wertersatzpflicht des Käufers verbleibt, wenn der Schaden bei ihm gleichfalls eingetreten wäre.

Beispiel:

Das Fahrzeug wird bei einem Hochwasser, von dem sowohl das Grundstück des Käufers als auch der Betrieb des Verkäufers betroffen sind, während einer Nachbesserungsmaßnahme auf dem Betriebsgelände des Verkäufers durch Wassereintritt beschädigt.

Den wichtigsten Fall des Zurückspringens der Sachgefahr auf den Verkäufer enthält § 346 Abs. 3 Nr. 3 BGB. Danach ist der zum Rücktritt berechtigte Käufer von der Pflicht zum Wertersatz freigestellt, wenn die **Verschlechterung** oder der **Untergang** bei ihm eingetreten ist und er diejenige Sorgfalt beobachtet hat, die er in eigenen Angelegenheiten anzuwenden pflegt. Die Regelung wird als „zu weit geraten" kritisiert, weil sie den Rücktrittsberechtigten auch dann bevorzugt, wenn der Rücktrittsgegner für den Rücktrittsgrund nicht verantwortlich ist, wie z. B. im Fall eines Rücktritts wegen Störung der Geschäftsgrundlage. Aus diesem Grund sollte nach Ansicht von *Gaier*[65] eine Anwendung der Vorschrift aufgrund teleologischer Reduktion in diesen Fällen unterbleiben. Als nicht berechtigt erweist sich der Einwand, der Berechtigte werde auch dann privilegiert, wenn er sein Rücktrittsrecht kenne oder fahrlässig nicht erkannt habe,[66] weil er unter diesen Voraussetzungen dem Rücktrittsgegner für eine Verschlechterung oder einen Untergang der Kaufsache nach §§ 346 Abs. 4, 280 ff. BGB auf **Schadensersatz** haftet (dazu Rn 326).[67]

In § 346 Abs. 3 BGB ist – wie schon in Abs. 2 – die **anderweitige Herausgabeunmöglichkeit** nicht geregelt. Eine Ausweitung des Anwendungsbereichs der Vorschrift auf diese Fallgruppe ist jedoch angezeigt, so dass auch die Fälle der Veräußerung und Entwendung des Fahrzeugs erfasst werden. Eine Veräußerung des Fahrzeugs vor Kenntniserlangung des Rücktrittsgrunds rechtfertigt in der Regel nicht den Vorwurf eines Verschuldens jenseits der Sorgfaltspflichten, die der Käufer in eigenen Angelegenheiten anzuwenden pflegt.[68]

Die in § 346 Abs. 3 Nr. 3 BGB enthaltene Regelung, die auf den Eintritt der Verschlechterung bzw. des Untergangs beim **Berechtigten** abstellt, meint damit nicht ausschließlich die Person des Rücktrittsberechtigten. Falls dieser das Fahrzeug unter Abtretung der Sachmängelansprüche an einen Dritten veräußert hat, ist dieser Berechtigter i. S. der Vorschrift. Zum Kreis des Berechtigten gehören auch Familienangehörige, Mitarbeiter eines Betriebes und Mieter, denen der Käufer das Fahrzeug überlassen hat.[69]

Im Fall der Befreiung vom Wertersatz hat der Käufer dem Verkäufer eine verbleibende **Bereicherung** herauszugeben, wobei er sich diesem gegenüber auf Entreicherung berufen

---

64 BT- Drucks. 114/1640 S. 198.
65 WM 2002, 1, 11; a. A. *Arnold*, JURA 154,159.
66 *Krebs*, DB 2000, Beil. 14, S. 13; *Hager* in *Ernst/Zimmermann*, Zivilrechtswissenschaft und Schuldrechtsreform, 2001, S. 436.
67 *Gaier*, WM 2002, 1, 11; kritisch *Arnold*, JURA 154, 158.
68 *Arnold*, JURA 154, 159.
69 *Arnold*, JURA 154, 159; *Herold*, Das Rückabwicklungsschuldverhältnis aufgrund vertraglichen oder gesetzlichen Rücktritts, S. 160.

kann, da es sich bei § 346 Abs. 3 S. 2 BGB um eine Rechtsfolgenverweisung handelt.[70] Etwaige **Schadensersatzansprüche gegen Dritte** aus §§ 7, 18 StVG, 823 ff. BGB sind an den Verkäufer abzutreten.

Das OLG Bremen[71] hat sich in einer Entscheidung auf den Standpunkt gestellt, der Käufer sei nicht verpflichtet, seine Kaskoversicherung in Anspruch zu nehmen bzw. Ansprüche daraus an den Verkäufer abzutreten, da dies nicht zu einem Ausgleich einer unrichtig gewordenen Verteilung von Vermögenswerten zwischen den Parteien, sondern – wegen der Beitragsrückstufung – zu einem Schaden des Käufers führen würde. Dieser Ansicht kann nicht zugestimmt werden. Der Verlust des Schadensfreiheitsrabattes macht § 285 BGB nicht unanwendbar.[72] Zur Herbeiführung eines gerechten Ausgleichs ist allerdings erforderlich, das dem Verkäufer zustehende Surrogat in Form der Versicherungsleistung um die vom Käufer gezahlten Prämien und um den Beitragsschaden zu kürzen.[73]

Kommt es im Rahmen der **Teilnahme am allgemeinen Straßenverkehr** zu einem Unfall mit Teil- oder Totalschaden, dann ergibt sich der **Prüfungsmaßstab** für die **eigenübliche Sorgfalt** aus den verkehrsrechtlichen Vorschriften. Werden allgemeingültige Vorschriften fahrlässig verletzt, dann liegt immer auch ein Verstoß gegen die Sorgfalt vor, die es in eigenen Angelegenheiten nach § 277 BGB zu beachten gilt. § 277 BGB ist kein Privileg i. S. einer Freistellung von solchen Pflichten, die für jedermann gelten.[74]

Das bedeutet, dass die Wertersatzpflicht des Käufers regelmäßig nicht entfällt, wenn er unter Verletzung verkehrsrechtlicher Vorschriften einen Unfall verschuldet, bei dem der Kaufgegenstand beschädigt oder zerstört wird. Von der Verpflichtung zum Wertersatz bleibt er nur dann freigestellt, wenn er den Unfall nicht verschuldet hat oder wegen der von dem Fahrzeug ausgehenden Betriebsgefahr haftet. In Fällen des Mitverschuldens wird man ihm die Verpflichtung zum Wertersatz nur in Höhe seines Haftungsanteils zurechnen können. Soweit die Schäden vom dem anderen Unfallbeteiligten ganz oder teilweise zu tragen sind, ist er verpflichtet, die ihm aus dem Schadensereignis gegen Dritte zustehenden Ansprüche auf Verlangen an den Verkäufer abzutreten (§ 285 BGB).

Hängt das zur Verschlechterung oder zum Untergang des Fahrzeugs führende Ereignis nicht mit der Teilnahme am allgemeinen Straßenverkehr zusammen, sind die Maßstäbe an die **Sorgfaltspflichten unscharf** und für den Verkäufer schwer einschätzbar.

Beispiel:
Der Käufer bringt das Fahrzeug zur Vornahme von Nachbesserungsarbeiten zum Händler und wirft den Schlüssel in den Briefschlitz einer Glastür, woraufhin Unbekannte den Schlüssel herausfischen und das Fahrzeug entwenden.[75]

Die Beweislast dafür, dass er in eigenen Angelegenheiten nicht sorgfältiger zu verfahren pflegt, trägt der Käufer.[76] Das Haftungsprivileg des § 346 Abs. 3 Nr. 3 BGB gilt grundsätzlich nicht, wenn der Käufer die Verschlechterung und den Untergang des Fahrzeugs grob fahrlässig verschuldet hat.

---

70 BT-Drucks. 14/6040, S. 196.
71 Urt. 22. 6. 1993 – 3 U 25/93 – n. v.
72 BGH 4. 3. 1955, VersR 1955, 225.
73 BGH 4. 3. 1955, VersR 1955, 225; a. A. *Soergel/Huber*, § 467 Rn 62; *Soergel/Wiedemann*, § 281 Rn 37.
74 BGH 20. 12. 1966, BGHZ 46, 313, 317; 10. 7. 1974, BGHZ 51, 57; OLG Hamm 20. 1. 1992, NJW 1993, 542, 543.
75 Dieser Sachverhalt liegt dem Urteil des OLG Hamm vom 2. 11. 1999, OLGR 2000, 152, zugrunde, das das Verhalten des Klägers nicht als grob fahrlässig bewertete; a. A. OLG Düsseldorf 2. 5. 2000 – 4 U 68/99-; OLG Köln 31. 10. 2000- 9 U 65/00- n. v.
76 *Palandt/Heinrichs*, BGB, § 277 Rn 5.

4. Notwendige Verwendungen und andere Aufwendungen

Den Verwendungs- und Aufwendungsersatz regelt § 347 Abs. 2 BGB sowohl für die Zeit vor als auch die Zeit nach Erklärung des Rücktritts bis zur endgültigen Rückabwicklung.[77] Die Vorschrift differenziert zwischen notwendigen Verwendungen und anderen Aufwendungen. **307**

Anspruchsberechtigt ist nur der Käufer, der das Fahrzeug zurückgibt oder/und Wertersatz leistet. Soweit er eine Bereicherung (z. B. einen Veräußerungserlös) nach § 346 Abs. 2 S. 2 BGB an den Verkäufer herauszugeben hat, reduzieren die Aufwendungen den Bereicherungsanspruch des Verkäufers, so dass für eine nochmalige Berücksichtigung im Rahmen von § 347 Abs. 2 BGB kein Raum bleibt.[78]

a) Notwendige Verwendungen

Notwendige Verwendungen sind Vermögensaufwendungen, die nach einem objektiven Maßstab zum Zeitpunkt der Vornahme zur Erhaltung, Wiederherstellung oder Verbesserung der Sache dienen.[79] Der Ersatzanspruch setzt nicht voraus, dass die Aufwendungen zu einer Wertsteigerung oder dauerhaften Werterhaltung beigetragen haben. Denn die Regelung des § 347 Abs. 2 S. 1 BGB betrachtet, ebenso wie § 994 BGB,[80] die Verwendungen nicht unter dem Blickwinkel des dem Rücktrittsgegner verschafften Vorteils als vielmehr unter dem Gesichtspunkt, welches Vermögensopfer der Rücktrittsberechtigte zum Zweck der Erhaltungs- oder Verbesserungsmaßnahme auf sich genommen hat. **308**

Im Gegensatz zu § 994 Abs. 1 BGB werden von § 347 Abs. 2 S. 1 BGB auch die **gewöhnlichen Erhaltungskosten** von dem Anspruch auf Ersatz der notwendigen Verwendungen miterfasst, da der Rückgewährschuldner im Rahmen dieser Vorschrift auch die Nutzungen herausgeben bzw. vergüten muss.[81] Der Mitberücksichtigung der gewöhnlichen Erhaltungskosten liegt die Überlegung zugrunde, dass der Verkäufer diese Aufwendungen ebenfalls hätte tragen müssen, wäre das Fahrzeug in seinen Händen geblieben. Aus diesem Grund hängt die Ersatzpflicht nach § 347 Abs. 2 S. 1 BGB nicht davon ab, ob und in welchem Umfang sie zu einer Erhöhung des Wertes der Kaufsache beigetragen haben.[82] Gewöhnliche Erhaltungskosten sind z. B. Kosten für Inspektionen einschließlich des Ersatzes für normalen Verschleiß sowie für Reparaturen zur Beseitigung von Schäden infolge bestimmungsgemäßer Verwendung.[83]

Die Kosten, die der Käufer für den Betrieb des Fahrzeugs aufwendet, fallen weder unter notwendige Verwendungen noch unter den gewöhnlichen Erhaltungsaufwand. Zu den **Betriebskosten** gehören z. B. die Kosten für Kraftstoff, Öle, Schmiermittel, Park- und Mautgebühren, Kraftfahrzeugsteuer und Versicherungsbeiträge.

Die notwendigen Verwendungen von § 994 S. 1 BGB unterscheiden sich begrifflich nicht von denen des § 347 Abs. 2 S. 1 BGB. Der Unterschied der beiden Vorschriften besteht insoweit allein darin, dass die gewöhnlichen Erhaltungsaufwendungen durch § 994 Abs. 1 S. 2 BGB ausgeklammert werden. Die **Notwendigkeit** der Verwendung ist daher

---

77 *Palandt/Heinrichs* BGB Erg.-Bd. § 347 Rn 2.
78 *Gaier*, WM 2002, 1, 7; *Hager* in *Dauner-Lieb/HeidelLepa/Ring*, Anwaltkommentar Schuldrecht, § 347 Rn 11.
79 BGH 24. 11. 1995, WM 1996, 599; zu eng OLG Celle 10. 11. 1994, NJW-RR 1995, 1527, das nur solche Verwendungen als notwendig ansieht, die zur Verhütung des Untergangs oder der Verschlechterung der Sache erforderlich sind.
80 BGH 24. 11. 1995, WM 1996, 599; OLG Karlsruhe 14. 11. 1997, OLGR 1998, 62.
81 *Arnold*, JURA 2002, 154, 159.
82 *Gaier*, WM 2002 1, 7.
83 *Palandt/Bassenge*, BGB § 994 Rn 7.

auch im Rahmen von § 347 Abs. 2 S. 1 BGB[84] nach einem **objektiven Maßstab** „ex ante" zu beurteilen.[85] Die Maßnahme muss von Anfang an zur Erhaltung des Fahrzeugs und seiner Funktionstauglichkeit objektiv erforderlich sein. Ob die Verwendung zu einem bei Rückgabe der Sache noch fortdauernden Nutzen geführt hat oder ob der Versuch, die Kaufsache dadurch zu erhalten oder zu verbessern von Anfang an fehlgeschlagen ist, spielt für ihre rechtliche Beurteilung keine Rolle. Was erforderlich ist, wird von den Erkenntnis- und Einflussmöglichkeiten des Fahrzeugbesitzers mitbestimmt. Zu berücksichtigen ist dabei seine **Abhängigkeit von Fachleuten**, die er zur ordnungsgemäßen Erhaltung des Fahrzeugs hinzuziehen muss.[86]

Nach allgemeiner Ansicht gehören Kosten für das **Unterstellen** und **Aufbewahren** des mangelhaften Fahrzeugs bis zu dessen Rückgabe zu den notwendigen Verwendungen, da sie eine Maßnahme betreffen, die zur Erhaltung des Wertes des Fahrzeugs objektiv erforderlich ist.[87] Da die gewöhnlichen Erhaltungskosten unter den Begriff der notwendigen Verwendungen zu subsumieren sind, kommt es für die Erstattung von Unterstell- und Aufbewahrungskosten im Anwendungsbereich von § 347 Abs. 2 S. 1 BGB nicht auf die hypothetische Frage an, ob das Fahrzeug **zusätzlich** an Wert verloren hätte, wenn es nicht in einer Garage, einem Carport oder auf einer Parkfläche außerhalb des öffentlichen Verkehrsraums untergestellt worden wäre.[88] Die Kosten für das Unterstellen und Aufbewahren gehören zu den Aufwendungen, die vor allem der Käufer eines neuen Kraftfahrzeugs im Interesse der Sacherhaltung auf sich nimmt. Würde er das Fahrzeug im öffentlichen Verkehrsraum abstellen, wäre das Risiko des Diebstahls und der Beschädigung ungleich höher als bei der Aufbewahrung in einer Garage oder auf einem gesicherten Gelände. Auf eine abweichende Interessenlage des Verkäufers kommt es nicht an. Entscheidend ist allein, ob die vom Käufer ergriffene Maßnahme eine nach allgemeiner Verkehrsanschauung gewöhnliche Aufwendung darstellt. An dieser Voraussetzung mag es freilich fehlen, wenn ein altes geringwertiges Fahrzeug trotz vorhandenen öffentlichen Parkraums in einer angemieteten Garage untergestellt wird.[89]

Die **Garagenmiete** für ein Neufahrzeug ist vom Verkäufer im Regelfall zu übernehmen, wenn die Anmietung eigens zum Zweck seiner Aufbewahrung erfolgt.[90] Stellt der Käufer das Fahrzeug in seiner eigenen oder in einer schon vorher angemieteten Garage unter, tätigt er keine Aufwendung, die er sonst nicht gehabt hätte.[91] Sofern er Kaufmann ist, erhält er für die Lagerung in eigenen Räumen gem. § 354 HGB Ersatz,[92] andernfalls kann er in solchen Fällen Verwendungsersatz nur unter der Voraussetzung fordern, dass er die anderweitige entgeltliche Verwertung der Eigenleistung, nämlich die Vermietung der Garage an einen Dritten, nachweist.[93] Falls der Verkäufer nach erklärtem Rücktritt mit der Rücknahme des Fahrzeugs in Verzug gerät, entsteht dadurch kein zusätzlicher – mit dem Verwendungs-

---

84 Zweifelnd *Arnold*, JURA 2002, 154, 159.
85 BGH 24. 11. 1995, WM 1996, 599.
86 OLG Karlsruhe 14. 11. 1997, OLGR 1998, 62.
87 BGH 11. 1. 1978, WM 1978, 326, 327; OLG Köln 7. 7. 1987 – 9 U 8/87 – n. v.; OLG Nürnberg 17. 10. 1980, VersR 1981, 138; LG Köln 20. 11. 1986 – 4 O 149/86 – n. v.; 24. 6. 1987 – 26 S 389/86 – n. v.; a. A. LG Augsburg 4. 6. 1976, DAR 1977, 71; LG Köln 11. 4. 1979 – 73 O 288/ 78 – n. v.; AG Köln 10. 4. 1991 – 203 C 641/90 – n. v.
88 Von dieser Voraussetzung wollte *Huber* in *Soergel/Huber*, § 467 Rn 122 die Erstattung der Unterstellkosten abhängig machen.
89 AG Köln 7. 2. 1990 – 122 C 599/89 – n. v.
90 A. A. AG Köln 10. 4. 1991 – 203 C 641/90 – n. v.
91 OLG Celle 18. 5. 1995, DAR 1995, 404, 406; OLG Köln 7. 7. 1987 – 9 U 8/87 – n. v.; OLG Nürnberg 17. 10. 1980, VersR 1981, 138; *Soergel/Huber*, § 467 Rn 122.
92 *Staudinger/Honsell*, § 467 Rn 32.
93 OLG Köln 7. 7. 1987 – 9 U 8/87 – n. v.; OLG Nürnberg 13. 1. 1966, NJW 1966, 738 m. w. N.; LG Köln 15. 4. 1982 – 6 S 9/82 – n. v.

Das Rückgewährschuldverhältnis

ersatzanspruch konkurrierender – Schadensersatzanspruch auf Ersatz von Unterstell- und Aufbewahrungskosten. Bei Annahmeverzug hat der Verkäufer gem. § 304 BGB nur die **Mehraufwendungen** des Käufers für die Aufbewahrung und Erhaltung des Autos sowie für das erfolglose Angebot zu erstatten.

Verwendungsersatz für Reparaturen hat der Käufer zu beanspruchen, wenn er dem Rat der Fachleute gefolgt ist. Erklärt der Mitarbeiter einer Fachwerkstatt, dass eine bestimmte Reparatur zur Erhaltung des Fahrzeugs durchgeführt werden muss, so ist diese Maßnahme als objektiv erforderlich anzusehen.[94] Um die Notwendigkeit von Reparaturen verlässlich beurteilen zu können, empfiehlt *Huber*[95] die Testfrage, ob der Verkäufer, wenn der Käufer die Reparatur nicht vorgenommen hätte, die Reparatur selbst durchführen müsste, um die zurückgegebene Sache ihrem Wert entsprechend verwerten zu können.

Als **notwendige Verwendungen** wurden von der Rechtsprechung anerkannt: **309**
- Reparatur einer schadhaften Bremsanlage, defekter Radlager und Stoßdämpfer,[96]
- Instandsetzung des Zündschlosssteckers, Temperaturschalters, Auspuffs,[97]
- Instandsetzung defekter Bremsen eines bis zum Vollzug der Wandlung vom Käufer weiterbenutzten Pkw,[98]
- Austausch des Ventilators und des Luftfilters,[99]
- Reparatur des Motors, Tausch einer defekten Achsschwinge,[100]
- Einbau einer neuen Auspuffanlage zusammen mit dem Austausch des Ölfilters, der Zündkerzen und der Vornahme des Ölwechsels,[101]
- Austausch eines Hauptbremszylinders,[102]
- Untersuchungskosten gehören ausnahmsweise zu den ersatzfähigen Verwendungen, wenn sie dazu dienen, einen Fehler zu finden, um das Fahrzeug vor weiterem Schaden zu bewahren.[103]

Nicht als notwendige Verwendungen anerkannt wurden:[104] **310**
- Eigenkosten für die Abholung des Fahrzeugs im Werk,[105]
- Die Kosten für die Nummernschilder und Zulassung,[106]
- Steuer- und Versicherungskosten, weil sie nicht der Erhaltung, sondern dem Betrieb des Fahrzeugs dienen.[107] Anders zu beurteilen ist allerdings der Fall, dass der Käufer die Steuer und die Versicherungsprämie ausschließlich deshalb aufwendet, um ein nicht be-

---

94 OLG Karlsruhe 14. 11. 1997, OLGR 1998, 62.
95 *Soergel/Huber,* § 467 Rn 122.
96 OLG Köln 7. 7. 1987 – 9 U 8/87 – n. v.; LG Bonn 28. 4. 1989 – 13 O 482/88 – n. v.
97 OLG Köln 31. 10. 1985 – 12 U 55/85 – n. v.
98 OLG Köln 7. 7. 1987 – 9 U 8/87 – n. v.
99 LG Köln 19. 1. 1989 – 22 O 582/87 – n. v.
100 LG Bonn, 4. 8. 1989 – 18 O 7/89 – n. v.
101 LG Köln, 16. 12. 1991 – 9 O 398/91 – n. v.
102 OLG Karlsruhe 14. 11. 1997, OLGR 1998, 62.
103 *Soergel/Huber,* § 467 Rn 122; OLG Celle 19. 2. 1910, OLGE 22, 230; OLG Frankfurt 9. 6. 1913; SeuffArch 68 Nr. 209; weitergehend im Sinne einer generellen Ersatzverpflichtung des Verkäufers *Walter,* Kaufrecht, S. 194.
104 Die folgenden Entscheidungen aus der Zeit vor der Schuldrechtsreform sind zu § 994 Abs. 1 BGB ergangen. Da § 994 Abs. 1 S. 2 BGB dem Besitzer gewöhnliche Erhaltungskosten für die Zeit, in der ihm die Nutzungen verbleiben, nicht zuerkannt, lassen sich die Urteile nur bedingt auf die heutige Regelung von § 347 Abs. 2 S. 1 BGB übertragen, die dem Käufer Anspruch auf gewöhnliche Erhaltungskosten gewährt.
105 OLG Celle, 18. 5. 1995, DAR 1995, 404, 405.
106 LG Köln 16. 12. 1991 – 9 O 398/91 – n. v.; a. A. OLG Köln 9. 5. 1986, DAR 1986, 320 ff.
107 *Staudinger/Honsell,* § 467 Rn 22.

triebsfähiges Fahrzeug mangels anderweitiger Einstellmöglichkeit im öffentlichen Verkehrsraum abstellen zu dürfen,
- Kosten für die **erste Inspektion**, die der Käufer als Nutzer des Fahrzeugs zu tragen hat,[108]
- Kosten für Reifenersatz und Hauptuntersuchung gem. § 29 StVZO,[109]
- Kosten für eine Begutachtung oder für eine Vermessung des Fahrzeugs zum Zweck der Durchsetzung der Wandlung[110], da sie der Kaufsache nicht unmittelbar zugute kommen,
- Einbau- und Montagekosten, es sei denn, dass sie zur Erhaltung des Fahrzeugs ausnahmsweise erforderlich sind,[111]
- Vornahme von Reparaturarbeiten zur Wiederherstellung der Verkehrssicherheit an einem abgemeldeten Fahrzeug, das bis zur Rückgabe nicht mehr benutzt werden soll,[112] sowie die Bestückung eines solchen Fahrzeugs mit neuen Reifen,
- Vollständige Instandsetzung eines altersschwachen Gebrauchtfahrzeugs zur Herstellung der Fahrbereitschaft, da sie zwar nützlich aber nicht notwendig ist,[113]
- Anschaffung von vier M + S-Reifen.[114]

Eigenleistungen, die der Erhaltung, Wiederherstellung oder Verbesserung der Sache dienen, sind nach der vom BGH[115] zu § 994 BGB vertretenen – auf § 347 Abs. 2 S. 1 BGB insoweit übertragbaren – Ansicht als notwendige Verwendungen anzuerkennen, unabhängig davon, ob der Besitzer sie im Rahmen seines Gewerbes oder Berufes erbracht hat. Da Kfz-Käufer normalerweise nicht über die erforderliche Ausrüstung und die notwendigen Kenntnisse und Fähigkeiten verfügen, um Kfz-Reparaturen fachgerecht ausführen zu können, ist das BGH – Urteil für den Neuwagenbereich nicht relevant.

Verwendungsersatzansprüche, die dem Käufer nach § 347 Abs. 2 BGB zustehen, erlöschen nicht in der für das Eigentümer- Besitzer -Verhältnis maßgeblichen Verfallfrist von einem Monat nach Rückgabe des Fahrzeugs (§ 1002 BGB).

b) Andere Aufwendungen

311   Durch die von § 347 Abs. 2 S. 2 BGB angeordnete Ersatzpflicht für andere vom Käufer getätigte Aufwendungen wurde ein unbefriedigender Rechtszustand beseitigt, der darin bestand, dass Ansprüche des Käufers wegen nützlicher Verwendungen grundsätzlich ausgeschlossen waren.[116]

Aufwendungen sind begrifflich weitergehend als Verwendungen. Sie schließen freiwillige Vermögensopfer eines anderen ein, die im Unterschied zu den Verwendungen nicht der Kaufsache zugute kommen müssen. Darunter fallen – für sich genommen – auch Vertragskosten i. S. v. § 467 S. 2 BGB a. F., deren Ersatz jedoch regelmäßig daran scheitern dürfte, dass der Verkäufer durch solche Aufwendungen nicht bereichert wird.[117]

Andere Aufwendungen bekommt der Käufer nach § 347 Abs. 2 S. 2 BGB nur ersetzt, wenn der Verkäufer durch sie bereichert wird. Es bietet sich an, auf die Kriterien zurück-

---

108 OLG Köln 9. 5. 1986, DAR 1986, 320 ff.; *Creutzig,* Recht des Autokaufs, Rn 7.4.16.; a. A. OLG Frankfurt 25. 11. 1987, DAR 1988, 242, 243.
109 OLG Köln 31. 10. 1985 – 12 U 55/85 – n. v.
110 LG Bonn 4. 8. 1989 – 18 O 7/89 – n. v.
111 A. A. KG 15. 3. 1913, OLGE 28, 138, 139 – Kosten für den Einbau des gekauften Bootsmotors und für den Kauf der dazugehörigen Schraube als notwendige Verwendung auf den Motor.
112 OLG Düsseldorf 15. 10. 1981, NJW 1982, 1156.
113 OLG Celle 10. 11. 1994, NJW-RR 1995, 1527.
114 OLG Celle 18. 5. 1995 DAR 1995, 404, 406.
115 Urt. 24. 11. 1994, WM 1996, 599. .
116 Siehe dazu Rn 791 ff. der Vorauflage.
117 *Gaier,* WM 2002, 1, 7.

zugreifen, die für die Feststellung der Werterhöhung im Rahmen von § 996 BGB und im Zusammenhang mit der Verwendungskondiktion erörtert werden. Dabei geht es vor allem darum, den Verkäufer als Rücktrittsgegner davor zu schützen, Wertsteigerungen ausgleichen zu müssen, die ihm nichts nützen.[118] Die Diskussion zu der Frage, ob die Werterhöhung nach objektiven oder subjektiven Gesichtspunkten oder nach beiden zu bemessen ist, findet ihre Fortsetzung in § 347 Abs. 2 S. 2 BGB.

Es wird vorgeschlagen, den Wert des Erlangten durch den subjektiven Maßstab zu begrenzen oder dem Verkäufer zu gestatten, sich der aufgedrängten Bereicherung durch Gestattung der Wegnahme zu entziehen,[119] was allerdings dazu führen würde, dass § 347 Abs. 2 S. 2 BGB leer läuft.

Das Problem des Wertersatzes für subjektiv **unerwünschte Verwendungen** wird gemeinhin überschätzt, da sie objektiv nicht zu einer Werterhöhung und damit auch nicht zu einer Bereicherung des Verkäufers führen. Dies gilt in besonderem Maße für den Kraftfahrzeugbereich, wo manche Käufer die Neigung verspüren, ihr Fahrzeug mit allerlei Zubehör auszurüsten, um ihm dadurch eine individuelle Note zu geben. Aufwendungen dieser Art, wie z. B. Tieferlegung des Fahrwerks, Sonderlackierungen, Veränderungen der Abgasanlage und der Karosserie sowie Tuning-Maßnahmen am Motor. Solche Maßnahmen sind keineswegs immer geeignet, den objektiven Wert eines Kraftfahrzeugs zu erhöhen. Je nach Art der Umgestaltung kann sogar eine Verschlechterung i. S. v. § 346 Abs. 2 Nr. 3 BGB vorliegen, für die der Verkäufer jedoch keinen Wertersatz bekommt, da sich in ihr meistens die eigenübliche Sorgfalt des Käufers widerspiegelt.

Beispiele aus der Rechtsprechung für die Gewährung eines bereicherungsrechtlichen Ausgleichsanspruchs für nützliche Verwendungen nach altem Recht:

– Komplette Neulackierung eines Fahrzeugs vor Kenntniserlangung des die Rückgängigmachung des Kaufvertrages rechtfertigenden Grundes,[120]
– Anbringung von Sportfelgen mit entsprechenden Reifen sowie leistungssteigernde Veränderungen des Motors,[121]
– Anbringung einer **Anhängerkupplung**, die je nach Verwendungszweck des Fahrzeugs aus der Sicht des Käufers sinnvoll und im Einzelfall sogar unerlässlich sein kann,[122]
– Anschaffung eines **Wagenhebers**,[123]
– Ausstattung eines Fahrzeugs mit **Fußmatten,** neuen **Reifen** und neuen **Rückleuchten**.[124]

5. Verzinsung des Kaufpreises

Für die Kaufsumme erzielte Zinsen sind vom Verkäufer nach § 346 Abs. 1 BGB herauszugeben bzw. zu vergüten. Die in § 347 Abs. 1 S. 3 BGB a. F. angeordnete Verzinsung ab Empfang der Geldsumme wurde ersatzlos gestrichen. Die Zinsen sind aus dem vollen Betrag des gezahlten Kaufpreises zu berechnen und nicht aus dem nach Abzug der Gebrauchsvorteile verbleibenden Restbetrag.[125]

---

118 *Graf von Westphalen* in *Henssler/Graf von Westphalen*, Praxis der Schuldrechtsreform, § 347 Rn 4.
119 *Gaier*, WM 2002, 1, 7; *Arnold*, JURA 2002, 154, 160; *Medicus*, MünchKomm, § 996 Rn 9.
120 OLG Köln, 7. 7. 1987 – 9 U 8/87 – n. v.
121 OLG Nürnberg, 11. 4. 1978, DAR 1978, 324.
122 OLG Köln 9. 5. 1986, DAR 1986, 320 ff.
123 LG Köln 19. 1. 1989 – 22 O 582/87 – n. v.
124 LG Osnabrück, Urt. 5. 2. 1990 – 7 O 364/89 – n. v.
125 A. A. LG Köln 2. 9. 1988 – 14 O 309/87 – n. v.

Hat der Verkäufer kein Nutzungen in Form von Zinsen aus dem empfangenen Kaufpreis gezogen, ist er dem Käufer gem. § 347 Abs. 1 S. 1 BGB zum Ersatz derjenigen Zinsen verpflichtet, die er nach den Regeln einer ordnungsgemäßen Wirtschaft hätte erzielen können. Für den Käufer ergibt sich die Notwendigkeit, im Prozess zur Erzielbarkeit der Zinsen substantiiert unter Beweisantritt vorzutragen.

6. Vergütung der Gebrauchsvorteile
a) Gezogene Nutzungen

313 Zu den gezogenen Nutzungen, die der Käufer gem. § 346 Abs. 1 BGB herausgeben muss, gehören die Vorteile, die ihm aus dem Gebrauch der Sache erwachsen sind. Diese zeichnen sich aus durch den infolge der Benutzung des Fahrzeugs ermöglichten Zeitgewinn sowie durch die Vermittlung rascher Beweglichkeit. Beiden Faktoren misst die Rechtsprechung wirtschaftlichen Wert bei.[126] Da die Gebrauchsvorteile nicht in Natur herausgegeben werden können, hat der Käufer ihren **Wert zu vergüten**. Die Verpflichtung aus § 346 Abs. 1 BGB betrifft sowohl die Zeit vor als auch die Zeit nach der Erklärung des Rücktritts.[127] Der Käufer kann dem Anspruch des Verkäufers auf Vergütung der Gebrauchsvorteile nicht den Einwand der Entreicherung entgegenhalten.[128]

Verweigert der Verkäufer nach wirksamer Erklärung des Rücktritts die Rücknahme des Fahrzeugs und die Rückzahlung des Kaufpreises, ist der Käufer gezwungen das Fahrzeug bis zur Beendigung des Rückabwicklungsverfahrens weiter zu benutzen, wenn er nicht über die finanziellen Mittel für einen Ersatzkauf verfügt. In einem solchen Fall stellt sich die Frage, ob der Käufer die von ihm **unfreiwillig gezogenen (aufgedrängten) Gebrauchsvorteile** gleichwohl vergüten muss. Das Gesetz gibt darauf keine Antwort, so dass der Interessenkonflikt unter Beachtung der jeweiligen Umstände des Falles nach Billigkeitsgesichtspunkten zu lösen ist. Sowohl das OLG Braunschweig[129] als auch das OLG Düsseldorf[130] haben sich auf den Standpunkt gestellt, dass sich der Käufer für die Nutzung der Kaufsache Gebrauchsvorteile anrechnen lassen muss, selbst wenn die lange Nutzungsdauer darauf beruht, dass der andere Vertragsteil die Rückgängigmachung des Kaufvertrages rechtsgrundlos abgelehnt hat. Im Gegensatz dazu versagte das OLG Köln[131] dem Verkäufer Anspruch auf Nutzungsentschädigung, weil dieser sich geweigert hatte, eine mangelhafte Schrankwand abzuholen, so dass dem Käufer nichts anderes übrig geblieben war, als die Schrankwand bis zu ihrer Entfernung weiterzubenutzen, obwohl ihm die Benutzung in hohem Maße unerwünscht war und für ihn nach Lage der Dinge eher eine Last darstellte.

Auf dem Boden dieser Rechtsprechung führt die Abwägung der Interessen der Parteien eines rückabzuwickelnden Kaufvertrages zwangsläufig zu dem Ergebnis, dass der Käufer trotz des Bestehens der Zwangslage dem Anspruch des Verkäufers nicht mit dem Einwand begegnen kann, die Weiterbenutzung des Fahrzeugs sei ihm aufgedrängt worden. Er muss sich entgegen halten lassen, dass er die Nutzungen tatsächlich gezogen, einen Vorteil erlangt und eine entsprechende Wertminderung des Fahrzeugs herbeigeführt hat. Allein die Unerwünschtheit des Gebrauchs kann bei der Abwägung der beiderseitigen Interessen wegen ihres ausschließlich subjektiven Charakters nicht entscheidend ins Gewicht fallen.

---

126 BGH 30. 9. 1963, NJW 1964, 542; *Füchsel,* DAR 1968, 37; OLG Köln 19. 12. 1966, NJW 1967, 570.
127 *Arnold,* JURA 2002, 154, 159.
128 *Hager* in *Dauner-Lieb/Heidel/Lepa/Ring,* Anwaltkommentar Schuldrecht, § 348 Rn 21 m. w. N.
129 Urt. 3. 5. 1996, OLGR 1996, 133.
130 Urt. 2. 6. 1995 NJW-RR 1996, 46.
131 Urt. 13. 1. 1970, OLGZ 1970, 495.

Das Rückgewährschuldverhältnis 314, 315

Nach dem Grundgedanken des Rücktrittsrechts, wie er in § 346 Abs. 1 BGB zum Ausdruck gelangt, kann dem Käufer ein unentgeltlicher Gebrauch des Fahrzeugs nicht zugestanden werden.[132]

b) Nicht gezogene Nutzungen

Unter den Voraussetzungen von § 347 Abs. 1 BGB ist der Rückgewährschuldner verpflichtet, für nicht gezogene Nutzungen vor und nach Erklärung des Rücktritts ebenfalls Wertersatz zu leisten. Diese Vorschrift ist, soweit es um die Sachnutzung geht, für den Autokauf bedeutungslos. Bereits in der Kommentierung zu § 467 BGB a. F. hat Huber[133] zutreffend darauf aufmerksam gemacht, dass es bei einer (nur) zum Gebrauch bestimmten Sache nicht zur ordnungsgemäßen Bewirtschaftung gehört, sie auch wirklich zu benutzen. Außerdem würde der Anspruch auf Ersatz nicht gezogener Gebrauchsvorteile an § 347 Abs. 1 S. 2 BGB sowie unter den Voraussetzungen des Annahmeverzugs an § 302 BGB scheitern.[134]

314

c) Bemessung der Gebrauchsvorteile

Der **Wert** der vorübergehenden Benutzung eines Fahrzeugs ist nicht exakt berechenbar und deshalb analog § 287 Abs. 2 ZPO zu **schätzen**.[135] Das Ergebnis hängt entscheidend davon ab, welche Schätzungsgrundlagen zur Bemessung der Gebrauchsvorteile herangezogen werden.

315

Als überwunden können die früher vereinzelt unternommenen Versuche angesehen werden, die Gebrauchsvorteile entweder an den **fiktiven Mietwagenkosten** für vergleichbare Fahrzeugtypen[136] oder an den für das Schadensrecht geltenden Tabellen für Nutzungsausfall auszurichten.[137]

Eine prozentuale **Anlehnung an Mietwagensätze** begegnet dem berechtigten Einwand, dass die Interessenlage des privaten Autohalters weder der eines Mieters noch der eines potenziellen Vermieters[138] gleichkommt. Es fehlt jede Ähnlichkeit zwischen einem voll erfüllten – später rückgängig gemachten – Kaufvertrag einerseits und einem Mietvertrag andererseits, da dem Käufer die Kaufsache nach der Anlage des Vertrages nicht nur zur temporären Benutzung, sondern zum endgültigen Verbleib überlassen wird.[139] Gegen eine Berechnung des Wertes der Gebrauchsvorteile anhand der Nutzungsausfalltabelle von *Küppersbusch/Rädel/Splitter* spricht die Überlegung, dass es bei der Nutzungsvergütung anders als im Schadensrecht nicht darum geht, den Entzug einer Gebrauchsmöglichkeit zu entschädigen, sondern vielmehr darum, den wirtschaftlichen Wert eines tatsächlichen

---

132 OLG Köln 22. 6. 1979, OLGZ 1980, 210, 211; OLG Braunschweig 3. 5. 1996, OLGR 1996, 133; OLG Düsseldorf, 2. 6.1995 NJW-RR 1996, 46; *Koller*, DB 1974, 2458; *Soergel/Huber,* § 467 Rn 172 – grundsätzlich keine Sonderregeln für „aufgedrängte" Gebrauchsvorteile –.
133 *Soergel/Huber,* § 467 Rn 174; ähnlich *Staudinger/Gursky,* § 987 Rn 18; a. A. LG Mainz,. 10. 12. 1985, NJW-RR 1986, 350.
134 *Soergel/Huber,* § 467 Rn 174.
135 BGH 26. 6. 1991, WM 1991, 1800, 1801 zur Gebrauchsvergütung bei Benutzung eines Bettes; OLG München 22. 2. 1989, DAR 1989, 187 m. w. N.; OLG Zweibrücken 25. 10. 1984, DAR 1986, 89; *Kaufmann*, DAR 1990, 294.
136 BGH 3. 6. 1969, VersR 1969, 828, 829; 26. 6. 1991, WM 1991, 1800; 17. 5. 1995, WM 1995, 1145 sowie BGH 25. 10. 1995, BB 1996, 18 für den Fall der bereicherungsrechtlichen Rückabwicklung eines nicht wirksam zustande gekommenen oder angefochtenen Kaufvertrages; *Füchsel*, DAR 1968, 38; a. A. früher BGH 15. 4. 1966, BGHZ 45, 212, 220.
137 LG Nürnberg 18. 1. 1982 – 11 O 4408/81 – n. v.; a. A. früher LG Oldenburg 9. 2. 1977, MDR 1977, 928, 929; vgl. ferner *Thielmann*, VersR 1970, 1074.
138 BGH 3. 6. 1969, VersR 1969, 628 ff.
139 BGH 26. 6. 1991, WM 1991, 1800, 1803.

Gebrauchs zu vergüten.[140] Aus diesem Grund ist der Anspruch des Verkäufers auf Nutzungsvergütung, im Gegensatz zu dem Anspruch des Geschädigten auf Nutzungsausfallentschädigung nicht an die Voraussetzung der ständigen Verfügbarkeit des Fahrzeugs für die eigenwirtschaftliche Lebenshaltung geknüpft.[141]

Leasingraten für vergleichbare Fahrzeuge sind ebenfalls kein brauchbarer Vergleichsmaßstab,[142] da sie von der Laufzeit des Vertrages, dem Refinanzierungsaufwand, der Höhe des kalkulierten Restwertes und weiterhin davon abhängen, ob der Leasingnehmer außer den Raten eine Sonderzahlung leisten muss.

316 Der richtige Anknüpfungspunkt für die Bemessung der Gebrauchsvorteile ist der **Kaufpreis**. Er verkörpert den Gesamtnutzungswert einer jeden zum Gebrauch bestimmten Sache. Mit der Bezahlung des Kaufpreises erkauft sich der Käufer „die Nutzbarkeit bis zur Gebrauchsuntauglichkeit".[143] Die analog § 287 Abs. 2 ZPO zu schätzenden Gebrauchsvorteile können im Fall des Rücktritts nicht höher sein als der Gebrauchswert der Sache insgesamt. Der Anschaffungswert bildet somit die Obergrenze für die Gebrauchswertvergütung. Um nämlich in den Genuss des gesamten Gebrauchswertes zu kommen, den ein Fahrzeug verkörpert, braucht der Käufer außer den laufenden Unterhaltskosten, die bei der Bemessung der Gebrauchsvorteile außer Betracht zu bleiben haben,[144] lediglich den Kaufpreis aufzuwenden.

Gewerbliche Kunden müssen, um in den Genuss der Fahrzeugnutzung zu kommen, aus eigenen Mitteln nur den Nettokaufpreis aufbringen. Die Mehrwertsteuer ist für sie wegen der Berechtigung zum Vorsteuerabzug ein auszuscheidender Preisbestandteil von neutraler Bedeutung. Gleichwohl ist auch bei dem zum Vorsteuerabzug berechtigten Käuferkreis die Schätzung der Gebrauchsvorteile grundsätzlich an dem Bruttopreis des Fahrzeugs und nicht an dem Nettopreis auszurichten. Der Gebrauchswert eines Fahrzeugs wird nämlich durch dessen **Bruttopreis** verkörpert, den sowohl der **private** als auch der **gewerbliche Käufer** entrichten müssen.[145] Dass Letzterer die Umsatzsteuer ganz oder zum Teil absetzen kann, ändert nichts an der Höhe des Kaufpreises, der sich im Zweifel auch im Geschäftsverkehr zwischen vorsteuerabzugsberechtigten Unternehmern als Bruttopreis versteht, es sei denn, dass sich aus den konkreten Umständen im Einzelfall etwas anderes ergibt.[146] Es kommt für die Bewertung des Gebrauchsnutzens entscheidend auf das Verhältnis der Vertragsparteien zueinander an. In ihrem Verhältnis hat der Käufer, ob vorsteuerabzugsberechtigt oder nicht, stets den Bruttokaufpreis zu entrichten. Dass nur der Ansatz des Bruttopreises richtig sein kann, folgt aus der Überlegung, dass der Verkäufer bei vollständiger Aufzehrung des Gebrauchswertes weniger als den Kaufpreis zurückerhalten würde, andererseits aber den Bruttopreis an den Käufer zurückzahlen müsste.[147]

317 Nimmt man den Gebrauchswert, den ein Fahrzeug insgesamt durch seine **Nutzbarkeit bis zur Gebrauchsuntauglichkeit** verkörpert, als Maßstab für die Bemessung der Gebrauchsvorteile, so folgt daraus zwangsläufig, dass vom Käufer der Teil des Gebrauchswertes zu vergüten ist, den er durch die tatsächliche Benutzung des Fahrzeugs aufgezehrt hat. Die Zeit der

---

140 LG Nürnberg 18. 1. 1982 – 11 O 4408/81 – n. v.; *Kaufmann,* DAR 1990, 294.
141 BGH 9. 7. 1986, VersR 1986, 1103; OLG Saarbrücken 30. 3. 1990, NZV 1990, 312; a. A. offenbar *Creutzig,* Recht des Autokaufs Rn 7.4.11.2 .
142 *Soergel/Huber,* § 467 Rn 174.
143 BGH 26. 6. 1991, WM 1991, 1800, 1803.
144 OLG Hamm 20. 3. 1980, BB 1981, 1853; OLG Stuttgart 24. 2. 1983 – 7 U 248/82 – n. v.; OLG Köln 20. 4. 1989 – 12 U 209/88 – n. v.; *Soergel/Huber,* § 467 Rn 164.
145 So ausdrücklich BGH 26. 6. 1991, WM 1991, 1800, 1802.
146 BGH 26. 6. 1991, WM 1991, 1800, 1801; 15. 2. 1973, BGHZ 60, 199, 203; OLG Düsseldorf 27. 2. 1976, NJW 1976, 1268.
147 BGH 26. 6. 1991, WM 1991, 1800, 1802.

Inhaberschaft des Fahrzeugs spielt dabei keine Rolle.[148] Nicht der Besitz des Fahrzeugs, sondern dessen Nutzung bis zur tatsächlichen Rückgabe begründet den Anspruch auf Vergütung der Gebrauchsvorteile. Falls der Käufer das Fahrzeug wegen der Mängel nicht in Gebrauch genommen hat oder nicht in Gebrauch nehmen konnte, sind ihm tatsächlich keine Gebrauchsvorteile zugeflossen, so dass der Verkäufers keinen Anspruch auf Nutzungsentschädigung besitzt.[149] Aus diesem Grund wäre es verfehlt, die Gebrauchsvorteile beim Rücktritt vom Neuwagenkauf zeitanteilig durch einen dem Verhältnis von tatsächlicher und möglicher Benutzungszeit entsprechenden Teil des Kaufpreises zu bestimmen.[150] Das zu erwartende „Lebensalter" eines Neufahrzeugs ist folglich kein brauchbarer Anknüpfungspunkt für die Ermittlung der Gebrauchsvorteile. Das Gleiche gilt für die steuerliche Wertabschreibungszeit,[151] zumal diese nicht unbedingt der tatsächlichen Gebrauchsdauer entspricht.[152]

Bei einem Kraftfahrzeug verkörpert die **zu erzielende Gesamtfahrleistung** den in ihm steckenden Gebrauchswert.[153] Der Käufer erwirbt gleichsam eine Portion Mobilität, die er durch die Benutzung des Fahrzeugs Stück für Stück aufzehrt. Folglich sind die vom Käufer bis zur Rückgabe mit dem Fahrzeug zurückgelegten Kilometer der einzig richtige Anknüpfungspunkt für die Bemessung der Gebrauchsvorteile.[154]

Bis zu diesem Punkt gibt es keine ernsthaften Meinungsverschiedenheiten in Rechtsprechung und Schrifttum, zumal der BGH[155] wiederholt bestätigt hat, dass sich die Lebensdauer eines Autos, diejenige Zeit also, in der es genutzt werden kann, in der bei normaler Beanspruchung zu erwartenden Gesamtfahrleistung widerspiegelt.

Weiterhin ist zu beachten, dass der Gebrauchsvorteil während der anfänglichen Zeit der Nutzung nicht höher ist als in der nachfolgenden Zeit.[156] Der gleich bleibende Gebrauchswert des Fahrzeugs wird durch dessen Benutzung nach und nach „linear" aufgezehrt. Anders verhält es sich mit dem Wertverlust des Fahrzeugs. Er ist insbesondere in der Anfangsphase der Benutzung eines Neufahrzeugs außerordentlich hoch, danach wird der Wertschwund immer geringer, je länger ein Fahrzeug benutzt wird. Der durch Benutzung eintretende Wertverlust des Fahrzeugs ist durch einen „degressiven" Verlauf gekennzeichnet, während der im Fahrzeug steckende **Gebrauchswert linear aufgezehrt** wird. Zwischen Gebrauchswertaufzehrung einerseits und Wertverlust andererseits besteht mithin keine Kongruenz. Wie nicht anders zu erwarten, erweist sich die festgestellte Diskrepanz als der Punkt, an dem der eigentliche Meinungsstreit zur Höhe der Gebrauchsvorteile beginnt; die einen wollen den Käufer, die anderen den Verkäufer mit dem Risiko des anfänglich höheren Wertverlustes belasten.

Die Forderung, der Käufer sei über die analog § 287 Abs. 2 ZPO vorzunehmende Gebrauchswertschätzung an dem erhöhten „**Anfangs-Wertverlust**" des Fahrzeugs zumindest zu beteiligen,[157] beruht auf der irrigen Vorstellung, **Gebrauchswert** und **Wertverlust** seien

---

148 *Kaufmann,* DAR 1990, 294.
149 LG Köln 8. 1. 1992, VuR 1992, 89.
150 BGH 26. 6. 1991, WM 1991, 1800, 1803 im Falle der Rückgängigmachung eines „Bettenkaufs".
151 OLG Stuttgart 24. 2. 1983 – 7 U 248/82 – n. v.; a. A. OLG Hamm 8. 7. 1990, NJW 1970, 2296.
152 BGH 22. 6. 1983, NJW 1983, 2194.
153 BGH 17. 5. 1995, WM 1995, 1145.
154 OLG Köln 20. 5. 1987, NJW 1987, 2520; 20. 4. 1989 – 12 U 209/88 – n. v.; 12. 10. 1979 – 19 U 58/79 – n. v., 2. 7. 1982, DAR 1982, 403; OLG Zweibrücken 25. 10. 1984, DAR 1986, 89; OLG Bremen 21. 12. 1979, DAR 1980, 373; OLG Nürnberg 17. 4. 1980, DAR 1980, 345; OLG Hamm 20. 3. 1980, BB 1981, 1853; 10. 12. 1987, NJW-RR 1988, 1140.
155 Urt. 22. 6. 1983, NJW 1983, 2194; Urt. 17. 5. 1995, WM 1995, 1145.
156 *Soergel/Huber,* § 467 Rn 165.
157 So z. B. OLG Celle 10. 1. 1991, NZV 1991, 230, 231; *Kaufmann,* DAR 1990, 294, 295; und schon früher OLG Frankfurt 9. 7. 1969, NJW 1969, 1967; OLG Düsseldorf 15. 10. 1981 – 6 U 216/80 – n. v.; LG Ulm 25. 8. 1977 – 4 O 31/77 – n. v.; LG Darmstadt 13. 7. 1979 – 1 O 68/79 – n. v.

in jeder Phase der Benutzung identisch, obwohl dies, wie gezeigt, nicht der Fall ist. Allerdings hat die Rechtsprechung dieses Problem bislang nicht herausgearbeitet. Die Argumente, es handele sich bei dem erhöhten Wertverlust um ein typisches Risiko der Sachmängelhaftung, der Käufer dürfe wegen einer Schlechtleistung des Käufers nicht in überhöhte Kfz-Haltungskosten gestürzt werden,[158] die Rückgabe des Fahrzeugs falle nicht in den Verantwortungsbereich des Käufers, sondern in den des Verkäufers,[159] und demzufolge könne der durch Benutzung eingetretene Wertverlust zwangsläufig nur auf der Grundlage einer „anteiligen linearen Wertschwundberechnung" ermittelt werden,[160] treffen sämtlich nicht „ins Schwarze". Das LG Köln,[161] das die sog. degressive Berechnung des Wertschwundes abgelehnt hat, ist dem eigentlichen Problem näher gerückt. In den Urteilsgründen heißt es:

> „In dem Verhältnis zwischen den Parteien des Kaufvertrages fällt auch ein im Ergebnis vom Hersteller herrührender Mangel in den Verantwortungsbereich des Verkäufers. Im Falle der Wandlung ist es daher angebracht, die vom Käufer zu erstattenden Gebrauchsvorteile nach den vom Käufer ersparten Abnutzungskosten zu berechnen. Zwar ... wird bei dieser Abrechnungsmethode der tatsächlich auf Seiten des Verkäufers eingetretene Verlust nicht ausreichend abgedeckt, aber auf der anderen Seite wird der Käufer auch nicht etwa bereichert, was nicht die Folge einer Rückabwicklung des Kaufvertrages sein darf. Andere Vorteile als die der ersparten Abnutzungskosten entstehen auf Seiten des Käufers nicht, da er schließlich die Sache zurückgibt und ihn der eingetretene Wertverlust auch nicht während der Dauer der Nutzung in irgendeiner Weise bereichert hat. Es ist aber nicht gerechtfertigt, den Käufer an diesen Verlusten zu beteiligen, da es allein in der Sphäre des Verkäufers liegt, dass der Käufer die Sache nicht behalten kann oder will."

Es geht, worauf *Huber*[162] völlig zutreffend hingewiesen hat, allein „um Erstattung der Gebrauchsvorteile des Käufers, nicht um Schadensersatz". Im Licht dieser Ausführungen wird deutlich, dass die **Methode der linearen Wertschwundberechnung** keine unangebrachte Sanktionserwägung zum Nachteil des Verkäufers darstellt, wie sie *Kaufmann*[163] vermutet und deshalb eine Beteiligung des Käufers an dem höheren Wertverlust der ersten Zeit jedenfalls dann für angebracht hält, wenn die Mängel die Gebrauchsfähigkeit des Fahrzeugs nicht beeinträchtigen. Auf diesen Standpunkt hat sich das OLG Celle[164] in einer Entscheidung gestellt, indem es aus dem Grundgedanken des früheren Wandlungs- und heutigen Rücktrittsrechts die Verpflichtung der Parteien ableitete, sich gegenseitig so zu stellen, als ob der Kaufvertrag nicht geschlossen worden wäre. Demzufolge gehe der Rückgewähranspruch auf Wiederherstellung des früheren Zustandes, und die beiderseitigen Leistungen seien in ihrem ursprünglichen Wert zurückzuführen. Übersehen wurde bei dieser Argumentation, dass die Herausgabe der Gebrauchsvorteile nur solche Verträge betrifft, deren Hauptpflicht auf eine Gebrauchsüberlassung gerichtet ist.[165] Für die vom BGH[166] befürwortete lineare – und zugleich gegen die degressive – Wertschwund-Berechnungsmethode spricht weiterhin der Vergleich von § 503 Abs. 2 S. 3 BGB mit § 346 Abs. 1 BGB. Nur beim Teilzahlungskauf ist bei der Bemessung der Nutzungsvergütung auf die inzwischen eingetretene **Wertminderung** der Sache Rücksicht zu nehmen, womit dem Darlehensgeber ein Ausgleich dafür geschaffen wird, dass er neben dem Rücktritt keinen Schadensersatz sondern nur Aufwendungsersatz (§ 503 Abs. 2 S. 2 BGB) vom Käufer verlangen kann.[167]

---

158 OLG Nürnberg 17. 4. 1980, DAR 1980, 345; KG 10. 1. 1980, DAR 1980, 245.
159 OLG München 22. 2. 1989, DAR 1989, 187; OLG Köln 2. 7. 1982, DAR 1982, 402 ff.; 20. 4. 1989 – 12 U 209/88 – n. v.
160 OLG Köln 20. 4. 1989 – 12 U 209/88 – n. v.; OLG München, 22. 2. 1989, DAR 1989, 187.
161 Urt. 10. 3. 1982 – 19 S 375/81 – n. v.
162 *Soergel/Huber*, § 467 Rn 165.
163 DAR 1990, 294, 295.
164 Urt. 10. 1. 1991, NZV 1991, 230, 231.
165 *Soergel/Hadding*, § 346 Rn 7; *Soergel/Huber*, § 467 Rn 159.
166 Urt. 17. 5. 1995, WM 1995, 1145.
167 Dieser Aspekt wurde vom OLG Dresden 12. 11. 1997, DAR 1997, 68, 70 nicht berücksichtigt.

Das Rückgewährschuldverhältnis

Da der anteilige lineare Wertverzehr des Anschaffungspreises die Grundlage für die Bemessung der Gebrauchsvorteile darstellt, bleibt für eine anteilige Berücksichtigung des **Unternehmergewinns** und der **allgemeinen Geschäftsunkosten** kein Raum.[168] Es geht nicht um die Festsetzung einer Gewinn bringenden Miete, sondern um bloße Wertminderung, und diese beinhaltet – soweit der Käufer sie als Ausgleich für den Gebrauch vergüten muss – bereits den anteiligen Gewinn des Verkäufers.[169]

Eine Berücksichtigung der dem Verkäufer durch den Abschluss des Kaufvertrags entstandenen **Vermögenseinbuße**, etwa in Form einer Verzinsung des eingesetzten Kapitalwertes,[170] findet bei der Bemessung der Gebrauchsvorteile nicht statt, da das Gesetz dem Verkäufer gem. § 347 S. 2 i. V. m. § 987 BGB nur einen Wertersatzanspruch und keinen Schadensersatzanspruch zubilligt.[171]

Die **Gebrauchsvergütung** ist ihrerseits **nicht verzinslich**.[172] Das Gesetz ordnet eine Herausgabe der Nutzungen in Form von Zinsen nur für die empfangene Hauptleistung an, nicht aber für gezogene Nutzungen, deren Wert der Käufer vergüten muss.

Die zu vergütenden Gebrauchsvorteile sind **Entgelt** für eine **Gebrauchsüberlassung** und kein Schadensersatz. Deshalb unterliegen sie der **Umsatzsteuer,** gleichviel, ob der Verkäufer sie isoliert oder im Wege der Verrechnung mit dem von ihm zu erstattenden Kaufpreis geltend macht.[173]

Soweit es um die Ermittlung des Gesamtnutzungswertes einer für den Gebrauch bestimmten Sache geht, wird kaum noch ernsthaft in Frage gestellt, dass der Zeitraum der „Nutzbarkeit bis zur Gebrauchsuntauglichkeit"[174] zu Grunde zu legen ist.

Mit einer auf den Zeitraum von 4 Jahren **verkürzten** linearen **Wertschwundberechnung**, wie sie das KG in einem Fall[175] praktiziert hat, weil statistischen Erhebungen zufolge Neuwagenkäufer ihre Fahrzeuge nicht bis zur Schrottreife nutzen, sondern diese nach ca. vier Jahren weiterveräußern, lassen sich keine sachgerechten Resultate erzielen. Das auf der Differenz zwischen Anschaffungspreis und Verkehrswert des Fahrzeugs nach 4 Jahren basierende Berechnungsmodell **belastet** diejenigen **Käufer** überproportional, die ihr mangelhaftes Fahrzeug bis zum Abschluss des Rückabwicklungsverfahrens weiterbenutzen müssen, weil sie nicht über das Geld für einen im Stadium des Prozessverfahrens ohnehin riskanten Ersatzkauf verfügen. Benachteiligt werden auch diejenigen, die ihr Neufahrzeug dem Anschaffungszweck entsprechend bis zur völligen Wertaufzehrung benutzen möchten. Ferner bleibt unberücksichtigt, dass manch einer, der sich nach einer gewissen Zeit der Benutzung von seinem Fahrzeug trennt, durch einen günstigen Privatverkauf oder durch eine vorteilhafte Inzahlunggabe einen höheren als den in Marktberichten ausgewiesenen Preis erzielt. Der Gebrauchswert, der in einem Fahrzeug steckt und der durch den Anschaffungspreis verkörpert wird, kann schließlich nicht davon abhängen, ob der Käufer das Fahrzeug bis zum Schrottwert abnutzt oder ob er es vorher verkauft.[176]

Gegen die durchgängige lineare Berechnungsmethode wurde eingewandt[177], sie berücksichtige nicht, dass ein Fahrzeug auch am Ende einer normalen Entwicklung einen

---

168 BGH 26. 6. 1991, WM 1991, 1800, 1803; a. A. OLG Frankfurt 9. 7. 1969, 1967; *Creutzig,* Recht des Autokaufs, Rn 7.4.11.
169 BGH 26. 6. 1991, WM 1991, 1800, 1803.
170 So OLG Celle 10. 1. 1991, NZV 1991, 230, 232.
171 *Soergel/Huber,* § 467 Rn 158; a. A. *Creutzig,* Recht des Autokaufs, Rn 7.4.11.
172 BGH 26. 6. 1991, WM 1991, 1800, 1803.
173 BGH 12. 1. 1994, ZIP 1994, 461, 472.
174 BGH 26. 6. 1991, WM 1991, 1800, 1803; *Soergel/Huber,* § 467 Rn 166.
175 Urt. v. 10. 1. 1980, DAR 1980, 245.
176 *Soergel/Huber,* § 467 Rn 166.
177 *Klimke,* DAR 1984, 69 ff. und DAR 1986, 301 f.

gewissen **Restwert** repräsentiert, der bei noch fahrbereiten Autos kaum unter 10% absinkt.[178] Dem ist entgegenzuhalten, dass Personenkraftwagen im Durchschnitt nach etwa 11.8 Jahren aus dem Verkehr gezogen werden, weil sie nicht mehr fahrbereit und verkehrssicher sind. Ein Verkaufserlös ist für ältere Fahrzeuge nur dann erzielbar, wenn sie „gut im Schuss" sind oder wenn es sich um Liebhaberstücke handelt. Fahrzeuge, die diese Kriterien nicht erfüllen, werden kostenpflichtig entsorgt oder ins Ausland verbracht. Falls am Ende ausnahmsweise ein Verwertungserlös verbleibt, wird er in aller Regel durch vorausgegangene **Reparaturaufwendungen kompensiert**, die – genau genommen – dem Anschaffungspreis hinzugerechnet werden müssen. So sieht es im Grund auch das OLG Düsseldorf,[179] das die zu erwartende Nutzungsdauer eines stark beanspruchten Kippkastens, der bereits nach der Hälfte der 10 bis 12-jährigen Nutzungsdauer des dazugehörigen Sattelaufliegers hätte generalüberholt oder erneuert werden müssen, aus eben diesem Grunde halbiert hat. Soweit gegen die lineare Berechnungsmethode eingewandt wurde, sie gehe von der etwas weltfremden Vorstellung aus, die einmalige Investition des Anschaffungspreises reiche aus, um das Fahrzeug dann bis zur Leistungsgrenze zu nutzen,[180] ist übersehen worden, dass z. B. die Aufwendungen für Reifen, Wartung und Pflege zu den Betriebskosten gehören, durch die das Fahrzeug normalerweise keine Wertsteigerung erfährt. Soweit die Aufwendungen der Werterhaltung und nicht nur dem reinen Betrieb des Fahrzeugs dienen, wie z. B. die Kraftstoffkosten, können sie ebenso wie Reparaturaufwendungen evtl. über den Restwert hereingeholt werden. Auch von daher ist es gerechtfertigt, den Restwert ebenso wie die aufgewendeten Betriebs- und Reparaturkosten bei der Berechnung der Gebrauchsvorteile außer Betracht zu lassen, da sie sich gegenseitig aufheben.

Das lineare Berechnungsmodell ermöglicht eine **flexible Handhabung**, ist praktikabel und trägt den individuellen Gegebenheiten Rechnung.[181] Den von Fahrzeug zu Fahrzeug unterschiedlichen Abschreibungswerten wird durch die prozentuale Anlehnung an den jeweils gezahlten Kaufpreis entsprochen.[182]

Bei der linearen Berechnungsmethode muss vernünftigerweise die Einschränkung gemacht werden, dass der **anteilige lineare Wertschwund** für die Zeit der Nutzung die **Differenz** zwischen **Anschaffungspreis** und **Verkehrswert** des Fahrzeugs in mangelfreiem Zustand zum Zeitpunkt der Rückgabe **nicht überschreiten** darf, andernfalls der Käufer benachteiligt würde.[183] Sind z. B. nach linearer Wertschwundberechnung 50% des Anschaffungspreises aufgebraucht und liegt der Verkehrswert des Autos – in mangelfreiem Zustand – noch bei 60% des Anschaffungspreises, so hat der vom Kauf zurücktretende Käufer eine Gebrauchsvergütung von nur 40% des Kaufpreises zu entrichten.

320   Die absolute **Obergrenze** entspricht dem „Verbrauch" der **Anschaffungskosten**. Sie sind verbraucht, wenn die wirtschaftliche Nutzung beendet ist.[184]

Fahrten, die der Käufer mit dem Fahrzeug **zur Vornahme von Maßnahmen der Mängelbeseitigung** durchgeführt hat, sind bei der Berechnung der Gebrauchsvorteile nicht zu

---

178 Davon geht auch die Schwacke-Liste „Gebrauchsvorteil für Pkw; Geländewagen und Transporter" herausgegeben von der Schwacke-Bewertung GmbH & Co KG, Osnabrück, 1997 aus, indem sie zur Erzielung einer mathematischen Lösung für die Ermittlung der Gebrauchsvorteile bei älteren Fahrzeugen eine Restlaufleistung von 10% der Gesamtlaufleistung ansetzt.
179 Urt. 25. 4. 1996, OLGR 1997, 250.
180 *Klimke,* DAR 1984, 69 ff. und DAR 1986, 301 ff.
181 *Thilenius,* DAR 1981, 102, 104.
182 OLG Hamm 20. 3. 1980, BB 1981, 1853.
183 OLG Hamm 21. 1. 1982, MDR 1982, 580; *Soergel/Huber,* § 467 Rn 170.
184 OLG Koblenz 4. 10. 1991, NJW-RR 1992, 688; LG Darmstadt, 22. 12. 1992 – 20 O 555/92 – n. v.

Das Rückgewährschuldverhältnis

berücksichtigen, da sie der Verkäufer kostenmäßig gem. § 439 Abs. 2 BGB zu übernehmen hat.[185]

Sobald erkennbar wird, dass durch Anwendung der linearen Berechnungsmethode die eine oder andere Partei übervorteilt wird, sind entsprechende Korrekturen bei der Schätzung gem. § 287 Abs. 2 ZPO angebracht.[186] Abweichungen vom Linearmodell können auch bei einem Rücktritt von einem Kaufvertrag über ein Sonderfahrzeug im Einzelfall angebracht sein, wie etwa bei Fahrschul-, Taxi- und Mietfahrzeugen.

Da die Methode der linearen Wertschwundberechnung auf einer normalen Gebrauchstauglichkeit der Kaufsache basiert, sind die vom Käufer zu vergütenden **Gebrauchsvorteile** zu **kürzen**, falls die **Mängel die Gebrauchstauglichkeit** oder den Fahrkomfort des Fahrzeugs **einschränken**. Andernfalls würde der Verkäufer trotz des Fehlers und der dadurch eingeschränkten Gebrauchsmöglichkeit des Fahrzeugs Vorteile aus der Nutzungsvergütung erlangen. Lackschäden und kleinere Blechschäden beeinträchtigen weder die Nutzungsmöglichkeit noch den Komfort.[187] Nicht jede Beeinträchtigung des Komforts berechtigt zur Kürzung der Nutzungsentschädigung. Gewisse Komforteinbußen, wie etwa Knallgeräusche eines Automatikgetriebes, hat der rücktrittsberechtigte Käufer hinzunehmen, denn diese begründen im Normalfall erst das Recht zum Rücktritt.[188]

Beipiele aus der Rechtsprechung:

- Das OLG Köln[189] hielt wegen starker **Beeinträchtigung** des **Fahrkomforts** durch Schaltstöße eines Automatikgetriebes eine Nutzungsvergütung von nur 0,15 DM je km bei einem Neukaufpreis von etwa 34.000 DM für angemessen;
- Das OLG Celle[190] kappte die – nach Meinung der Verfasser allerdings zu hoch angesetzte – Gebrauchsvergütung wegen echter und **nachhaltiger Einbuße der Nutzungsmöglichkeit** um einen Pauschalbetrag von 4000 DM, weil dem Käufer beim Ausfall des elektronischen Steuergeräts für den Motor eine Fahrt auf der Autobahn nur mit einer maximalen Geschwindigkeit von 40 km/h möglich war;[191]
- Das OLG Düsseldorf[192] schätzte die durch Benutzung gezogenen Gebrauchsvorteile für ein Fahrzeug, das neu 46.440 DM gekostet und mit dem der Käufer 47.178 km zurückgelegt hatte, auf 11.740 DM, weil es mit einem Fehler in Form einer **starken Geruchsbelästigung** behaftet war, die im Fahrgastraum bei längeren Bergfahrten und Geschwindigkeiten von mehr als 150 km/h auftrat und zu starken Schleimhautreizungen führte und die mit einem deutlichen Leistungsabfall des Motors und einem Hochschnellen des Drehzahlmessers verbunden war. Im Fall einer Vergütung von 0,67% des Anschaffungspreises je 1000 km hätte der Käufer 14.660 DM, mithin einen Mehrbetrag von 2920 DM, für die Fahrzeugbenutzung bezahlen müssen.

Eine **transparente** und **gleichmäßige** Kappung der Nutzungsvergütung lässt sich dadurch erreichen, dass der Berechnung an Stelle des Neuanschaffungspreises der infolge

---

185 OLG Hamm 22. 9. 1981 – 28 U 131/81 – n. v.; OLG Köln 10. 1. 1992, DAR 1993, 349; OLG Düsseldorf 16. 12. 1994 – 14 U 95/94 – n. v.; *Soergel/Huber*, § 467 Rn 170.
186 *Rädel*, DAR 1985, 312.
187 OLG Köln 30. 1. 2002, DAR 2002, 453.
188 OLG Hamm 29. 6. 1993, OLGR 1993, 333.
189 Urt. 9. 5. 1986, DAR 1986, 320 ff.
190 Urt. 10. 1. 1991, NZV 1991, 230, 232.
191 Ablehnend OLG Hamm 10. 12. 1987, NJW-RR 1988, 1140; OLG Braunschweig, Urt. 7. 10. 1993 – 2 U 128/93 – n. v.; restriktiv *Soergel/Huber*, § 467 Rn 170.
192 Urt. 16. 12. 1994 – 14 U 95/94 – n. v.

der Mängel **geminderte Wert** des Neufahrzeugs **zu Grunde gelegt** wird.[193] Dieses – verfeinerte – Berechnungsmodell setzt voraus, dass die durch die gebrauchsrelevanten Mängel verursachte Wertminderung bekannt ist oder von einem Gutachter bzw. im Wege gerichtlicher Schätzung ermittelt werden kann.

Probleme bereitet die Schätzung des Minderwertes, wenn **Gebrauchsminderung und Mangelunwert auseinander klaffen**. Der Gebrauchswert eines Autos, das nicht anspringt oder dauernd stehen bleibt, ist „gleich Null". Dabei kann es durchaus sein, dass sich der zu Grunde liegende Fehler, wäre er bekannt, mit wenigen Handgriffen und einem geringen Kostenaufwand beseitigen ließe. In einem solchen Fall schlägt die durch die Gebrauchsmängel verursachte objektive Minderung des Fahrzeugwertes betragsmäßig kaum zu Buche. Die Wertminderung eines Fahrzeugs, bei dem in sämtlichen Fahrphasen **Ruckelerscheinungen** auftraten, schätzte das OLG Köln[194] auf der Grundlage eines Neuanschaffungspreises von 45.250 DM auf runde 5000 DM.

Eine Herabsetzung des Bruttokaufpreises um den Betrag des mängelbedingten Minderwertes erscheint äußerst fragwürdig, wenn der Mangel nicht die Gebrauchstauglichkeit des Fahrzeugs sondern **allein** dessen **Wert beeinträchtigt**, wie z. B. eine mangelhafte Lackierung. Das Unbehagen, ein mit wertbeeinträchtigenden Fehlern behaftetes Fahrzeug zu benutzen, beruht nicht auf einer Einschränkung der Gebrauchstauglichkeit und des Fahrkomforts. Es ist affektiver Natur und von daher rechtlich irrelevant. Die Kompromisslösung des OLG Köln,[195] den mängelbedingten Minderwert unter solchen Umständen nicht allzu hoch zu bemessen, vermag nicht zu überzeugen.

321 Die mathematische Formel für die Berechnung der Gebrauchsvorteile lautet:

$$\text{Gebrauchsvorteil} = \frac{\text{Bruttokaufpreis} \times \text{gefahrene Kilometer}}{\text{erwartete Gesamtlaufleistung}}$$

Sie wird vom BGH[196] auch für die Berechnung der Gebrauchsvorteile bei Kaufverträgen über Gebrauchtfahrzeuge verwendet, dort allerdings mit der Maßgabe, dass der Divisor in der voraussichtlichen **Restlaufleistung** besteht. Die Restlaufleistung ist die Differenz zwischen Gesamtfahrleistung und den gefahrenen Kilometern.

Bei dem Rücktritt von einem Kaufvertrag über ein **Neufahrzeug** dürfen die bis zum Rücktritt zurückgelegten Kilometer nicht in Abzug gebracht werden, da die Formel auf der im Zeitpunkt der Fahrzeugübergabe zu erwartenden **Gesamtfahrleistung** aufbaut.[197]

Nach der Formel beträgt die Nutzungsvergütung bei einer voraussichtlichen Gesamtfahrleistung von 150.000 km 0,67% des Kaufpreises je gefahrene 1000 km. Bei einer Gesamtlaufleistung von 200.000 km verringert sie sich auf 0,5% und bei 300.000 km auf 0,33% des Kaufpreises.

Bei der zu erwartenden Gesamtfahrleistung eines Kraftfahrzeugs kommt es nicht auf das Fahrverhalten eines bestimmten Käuferkreises, sondern allein darauf an, für welche **Fahrleistung** der Hersteller das Auto bei sachgerechter Fahrweise ausgelegt hat.[198] Hinweise auf die zu erwartende Fahrleistung können sich aus Werbeaussagen des Herstellers/Importeurs, aus dem Betriebsheft des Fahrzeugs, aus den Garantieunterlagen und aus statistischen Er-

---

[193] OLG Köln, 18. 2. 1998, OLGR 1998, 378; NJW-RR 18. 2. 1998; 1999, 774, 775; 10. 1. 1992, DAR 1993, 349; OLG Düsseldorf, 2. 4. 1993 – 14 U 193/92 – n. v.; 16. 12. 1994 – 14 U 95/94 – n. v.; *Staudinger/Kaiser* BGB 1995, § 347 Rn 62; *Gaier*, WM 2002, 1, 6.
[194] Urt. 10. 1. 1992, DAR 1993, 349.
[195] Urt. 18. 2. 1998, OLGR 1998, 378 .
[196] Urt. 7. 5. 1995, DAR 1995, 323; OLG Saarbrücken 20. 9. 1989, NJW-RR 1990, 493; OLG Dresden 12. 11. 1997, DAR 1999, 68; s. dazu *Kaufmann*, DAR 1990, 294, 295.
[197] A. A. *Creutzig*, Recht des Autokaufs, Rn 7.4.11.3.
[198] So zutreffend OLG Köln 20. 4. 1989 – 12 U 209/88 – n. v.

hebungen ergeben.[199] Entgegen der in früheren Auflagen vertretenen Auffassung kann die vom Käufer konkret geplante Benutzung des Fahrzeugs für die Ermittlung der zu erwartenden Gesamtfahrleistung nicht maßgebend sein.[200] Nutzt er ein Fahrzeug intensiv, indem er z. B. binnen kurzer Zeit sehr viele Fahrkilometer zurücklegt, so erhöhen sich die zu vergütenden Gebrauchsvorteile in gleichem Maße. Ein Fehlgebrauch des Fahrzeugs, der zu Schäden führt oder die vom Hersteller konzipierte Gesamtfahrleistung verkürzt, die bei einem normalen Gebrauch erreichbar wäre, hat zur Folge, dass der Käufer für die Verschlechterung Wertersatz gem. § 346 Abs. 2 Nr. 3 BGB und eventuell Schadensersatz gem. § 346 Abs. 4 BGB ab Kenntniserlangung des Rücktrittsgrundes bzw. ab Erklärung des Rücktritts leisten muss.

In der Rechtsprechung hat sich ein Vergütungssatz von 0,67% – nach anfänglich 1 % – des Bruttokaufpreises je angefangene 1000 km verfestigt, der jedoch nicht mehr die wirkliche Lebensdauer eines Kraftfahrzeugs widerspiegelt.[201] Aus diesem Grund wurde auf die Fortführung und Aktualisierung der bis zur 5. Auflage unter Rn 820 abgedruckten Entscheidungssammlung verzichtet.

322

Eine **schematische Anwendung des 0,67 %-Wertes** würde die Zielvorgabe einer möglichst wirklichkeitsnahen Bemessung der Gebrauchsvorteile verfehlen, da die erzielbare Gesamtfahrleistung von Fall zu Fall verschieden ist. Die **Gesamtfahrleistung** muss daher in jedem **Einzelfall** ermittelt werden, sei es im Wege einer gerichtlichen Schätzung, anhand konkreter Anhaltspunkte, sei es durch Einschaltung eines Gutachters. Nicht gefolgt werden kann dem OLG Braunschweig,[202] das auf dem Standpunkt steht, man komme der Einzelfallgerechtigkeit nicht entscheidend näher, wenn man die Ermittlung der Gebrauchsvorteile künftig in die Hand von Sachverständigen legen wollte, da die Kosten einer solchen Vorgehensweise bei einer Gesamtbetrachtung die Vorteile im Einzelfall wieder einholen würden. Einzelfallgerechtigkeit, die es anzustreben gilt, darf nicht an der Kostenfrage Halt machen.

Personenkraftwagen der mittleren und gehobenen Klasse erreichen auf Grund des hohen Qualitätsstandards heutzutage **Gesamtfahrleistungen von 200.000 bis 300.000 km.** Diese Laufleistungserwartungen entsprechen den in Datenbanken gespeicherten Zahlenwerten.[203] Es ist eine Erfahrungstatsache, dass viele Käufer ihre Kaufentscheidung an diesen Werten ausrichten.

Beispiele aus der Rechtsprechung:

– Das OLG Celle entschied,[204] dass die bei einem Fahrzeug der **Luxusklasse** (ohne besondere Reparaturen) zu erwartende Gesamtfahrleistung höher als sonst üblich auf **200.000 km** zu veranschlagen ist und gelangte zu einem Vergütungssatz von 0,5 % des Kaufpreises pro gefahrene 1000 km.

– In Anbetracht der geänderten Fakten schätzte das OLG Hamm[205] anlässlich der Rückabwicklung eines Gebrauchtwagenkaufs die für die Berechnung der Gebrauchsvorteile erreichbare Gesamtlaufleistung eines Fahrzeugs der Luxusklasse wegen guter Verarbeitungsqualität, eines langlebigen, **großvolumigen Motors** und des dazu noch verhältnismäßig geringen Alters auf **300.000 km**.

---

199 OLG Köln 20. 4. 1989 – 12 U 209/88 – n. v.
200 In diesem Sinne OLG München 22. 2. 1989, DAR 1989, 187.
201 *Beispiele*: OLG Braunschweig 6. 8. 1998, OLGR 1998, 274; LG Bonn, 21. 10. 1997, NJW-RR 1998, 846; weitere Nachweise bei *Creutzig*, Recht des Autokaufs, Rn 7.4.11.2, der auf einer angenommenen Gesamtfahrleistung von 150.000 km basiert.
202 Urt. 6. 8. 1998, OLGR 1998, 274.
203 Schwacke-Liste, Gebrauchsvorteil 1997, VI.
204 Urt. 18. 5. 1995, DAR 1995, 404, 406.
205 Urt. 17. 12. 1996, DAR 1997, 111.

– Durch Urteil vom 19. 7. 2001 bestätigte das OLG Hamm[206] die von der Vorinstanz vorgenommene Berechnung der Gebrauchsvorteile auf der Grundlage einer Gesamtfahrleistung von **250.000** km (ergibt 0,4 % pro 1000 km) bei einem Diesel-Fahrzeug der gehobenen Mittelklasse.

– Das OLG Koblenz erkannte früh, dass die Gesamtfahrleistungen von Personenkraftwagen angestiegen sind und legte deshalb bei der Berechnung der Gebrauchsvorteile für ein **Mittelklassefahrzeug** eine Laufleistungserwartung von **170.000 km** zugrunde.[207]

– In einer Entscheidung aus dem Jahre 1998 stellt der 10. Senat des OLG Koblenz fest, dass bei hochwertigen Fahrzeugen der **Oberklasse** der Ansatz einer zu erwartenden Gesamtlaufleistung von 150.000 km zu niedrig und stattdessen ein Wert von **200.000 km** realistisch sein dürfte, so dass der Nutzungsausgleich 0,5 % statt 0,67 % des Kaufpreises je 1000 Laufleistung beträgt.

– Zu dem gleichen Ergebnis gelangte das OLG Stuttgart[208] im Fall der Rückgängigmachung eines Kaufvertrages über ein **Diesel- Fahrzeug**, weil es davon ausging, dass bei Fahrzeugen mit einem Dieselmotor eine Laufleistung von **200.000 km** üblicherweise erreicht wird.

– Auch das OLG Dresden[209] hat die im Wege der Vorteilsausgleichung zu berücksichtigenden Gebrauchsvorteile auf der Grundlage einer Gesamtlaufleistung von **200.000 km** berechnet. Die Parteien hatten übereinstimmend vorgetragen, dass diese Laufleistung mit dem Fahrzeug **normalerweise erreicht** werde.

– Das OLG Braunschweig[210] berechnet jetzt ebenfalls das Entgelt mit 0,5 % des Kaufpreises je gefahrene 1000 km bei einem Dieselfahrzeug mit hoher jährlicher Laufleistung, wobei eine Gesamtlaufleistung von **200.000 km** zugrunde gelegt wird.

– Das OLG Oldenburg[211] geht bei einem Fahrzeug der gehobenen Mittelklasse von einer Gesamtkilometerleistung von **250.000** km aus.

Das LG Bonn[212] beharrte im Fall der Rückabwicklung eines Kaufvertrages über ein Fahrzeug der Oberklasse auf dem Anrechnungssatz von 0,67%. Eine **Differenzierung nach Fahrzeugklassen**, so lautet seine Begründung, würde wegen der damit einhergehenden Zweifelsfragen bei der Abgrenzung zu einer gewissen **Rechtsunsicherheit bzw. Rechtszersplitterung** führen. Es bedürfe einer Klassifizierung auch deshalb nicht zwingend, da eine Angleichung des Qualitätsstandards bei allen modernen Automobilen zu beobachten sei und diese eher auf eine ansteigende Laufleistung auch von Mittelklassefahrzeugen hindeute. Das Ergebnis ist nicht sachgerecht [213] und die Argumentation widersinnig. Es besteht kein Grund, an dem Wert von 0,67 % bei Fahrzeugen der Oberklasse allein deshalb festzuhalten, weil sich die Gesamtfahrleistung von Mittelklassefahrzeugen zwischenzeitlich erhöht hat. Der zu beobachtende Anstieg der Laufleistungserwartung „auch" bei den Mittelklassefahrzeugen gibt vielmehr Veranlassung, den Vergütungssatz für beide Fahrzeugklassen zu senken. Damit würde sich – ebenso wie im Fall einer allerdings nicht mehr zu rechtfertigenden Beibehaltung des Wertes von 0,67 % – eine mit Zweifelsfragen behaftete Differenzierung nach Fahrzeugkategorien erübrigen.

---

206 Az. 2 U 40/01 -n.v-.
207 Urt. 25. 6. 1992, VersR 1993, 1492.
208 Urt. 5. 8. 1998, DAR 1998, 393.
209 Urt. 12. 11. 1997, DAR 1999, 68, 69.
210 Urt. 5. 3. 2001, OLGR 2001,205; a. A. OLG Braunschweig 6. 8. 1998, OLGR 1998, 274.
211 10. 2. 2000, DAR 2000, 219.
212 Urt. 21. 10. 1997, NJW-RR 1998, 846.
213 Laut Schwacke-Liste beträgt die zu erwartende Gesamtlaufleistung des – streitgegenständlichen – Fahrzeugs je nach Motorisierung 190.000 km bis 260.000 km, so dass der Unterschied zur Berechnung mit einem Faktor von 150.000 km 0,09 DM bis maximal 0,14 DM pro km ausmacht.

Bei **Lastkraftwagen** und **Omnibussen** sind die zu erwartenden Gesamtlaufleistungen höher als bei Personenkraftwagen. Sie liegen zwischen 500.000 km und 800.000 km.[214] Von einem Geländewagen hat das LG Freiburg[215] eine Gesamtlaufleistung von 150.000 km erwartet. Bei einem Motorrad ist das OLG Schleswig[216] von einer voraussichtlichen Gesamtfahrleistung von 80.000 km ausgegangen. Das OLG Hamm[217] hat einem Motorradverkäufer eine Nutzungsvergütung von 0,19 DM pro km zuerkannt. Für die Bemessung der Nutzungsvergütung eines Reisemobils wurde die Gesamtfahrerwartung des Käufers vom OLG München auf 200.000 km geschätzt.[218]

d) Geltendmachung der Gebrauchsvorteile

Der Anspruch des Verkäufers auf Vergütung der Nutzungen wird mit dem Rücktritt fällig. Von § 346 Abs. 1 BGB werden auch diejenigen Gebrauchsvorteile erfasst, die der Käufer nach Erklärung des Rücktritts bis zur Rückgabe des Fahrzeugs zieht. Sie sind sowohl im Fall des Rücktritts als auch im Rahmen des Schadensersatzes statt der ganzen Leistung vom Verkäufer geltend zu machen. Aus § 281 Abs. 5 BGB ergibt sich, dass sie nicht (mehr) nach den Grundsätzen der Vorteilsausgleichung von Amts wegen zu beachten sind, wenn der Käufer Schadensersatz statt der ganzen Leistung fordert. Die ihm zustehenden Gegenansprüche kann der Verkäufer dem Käufer entweder im Wege der **Einrede** gem. §§ 348, 320 BGB, durch **Aufrechnung**,[219] durch **Hilfsaufrechnung**[220] oder durch **Widerklage** geltend machen. Versäumt er es, den Anspruch auf Nutzungsvergütung in das Prozessverfahren über den Rücktritt einzubringen, tritt mangels Rechtskrafterstreckung kein Rechtsverlust ein.

Erklärt der Verkäufer die Aufrechnung mit seinem Anspruch auf Nutzungsvergütung, so wird dadurch seine bis dahin bestehende Verpflichtung zur Herausgabe der aus dem vollen Kaufpreis gezogenen bzw. nach den Regeln einer ordnungsgemäßen Wirtschaft erzielbaren Zinsen weder aufgehoben noch eingeschränkt. Da der Käufer Anspruch auf Erstattung des Kaufpreises nebst erzielter/erzielbarer Zinsen besitzt, werden durch die Aufrechnung mit Gebrauchsvorteilen zunächst die aufgelaufenen Zinsen und danach die Hauptforderung getilgt (§ 367 BGB).[221]

Dem die Rückabwicklung des Kaufvertrags betreibenden Käufer ist aus Kostengründen anzuraten, den mit der Klage zurückverlangten Kaufpreis um den Betrag der bis dahin gezogenen **Gebrauchsvorteile zu kürzen**. Falls er beabsichtigt, das Auto während der Prozessdauer weiterzubenutzen, sollte er die Gebrauchsvergütung vorsorglich bis auf den Zeitpunkt der voraussichtlichen Klagezustellung an die Gegenpartei berechnen. Wegen des während der Prozessdauer anwachsenden Anspruchs des Verkäufers auf Nutzungsvergütung ist eine Anpassung der Klageforderung in der letzten mündlichen Verhandlung zu empfehlen. In Höhe des durch Verrechnung mit Gebrauchsvorteilen aufgezehrten Klagebetrages sollte der Käufer die Klage aus Kostengründen keinesfalls zurückziehen, sondern den Rechtsstreit insoweit – notfalls einseitig – für erledigt erklären. Erledigung an Stelle von Klagerücknahme kommt auch dann in Betracht, wenn der Verkäufer mit den während der Prozessdauer entstandenen Gebrauchsvorteilen – hilfsweise – gegen die Klageforde-

---

214 *Creutzig*, Recht des Autokaufs, Rn 7.4.11.3.
215 Urt. 7. 4. 1995, DAR 1995, 291.
216 Urt. 2. 5. 1986, DAR 1987, 87.
217 19. 10. 1994, ZfS 1995, 133.
218 Urt. 20. 4. 1993 – 25 U 5214/91 – zit. von *Creutzig,* Recht des Autokaufs, Rn 7.4.11.2.
219 BGH 26. 6. 1991, WM 1991, 1800f; 2. 2. 1994 NJW 1994, 1004, 1006, OLG Köln 30. 1. 2002, DAR 2002, 453.
220 OLG Köln 18. 2. 1998, OLGR 1998, 378; OLG Düsseldorf, Urt. 16. 12. 1994, 14 U 95/94 – n. v.
221 *Soergel/Huber*, § 467 Rn 180.

rung aufrechnet.[222] Das Gericht hat über die Kosten nach billigem Ermessen zu entscheiden. Dringt der Käufer mit der Klage durch, sind die Kosten des durch – Verrechnung mit der während der Prozessdauer entstandenen Nutzungsvergütung – erledigten Teils der Klage dem Verkäufer aufzuerlegen,[223] da die Weiterbenutzung des Fahrzeugs während der Prozessdauer zulässig ist (Rn 324) und es im Rahmen der Kostenentscheidung bei ganz oder teilweise erledigter Hauptsache nicht darauf ankommt, wer die Erledigung herbeigeführt hat.[224]

Zu vergüten sind die Gebrauchsvorteile bis zum **Tag der Rückgabe** des Fahrzeugs.[225] Für den Käufer, der die Rückgängigmachung des Kaufvertrages gerichtlich durchgesetzt hat, stellt sich das Problem, dass die Durchführung der Rückabwicklung regelmäßig erst nach Schluss der letzten mündlichen Verhandlung auf Grund des vorläufig vollstreckbaren oder rechtskräftigen Urteils durchgeführt wird. Zwischen letzter mündlicher Verhandlung, Urteilsverkündung und Zustellung der vollstreckbaren Urteilsausfertigung liegen nicht selten 1–2 Monate. Hinzu kommt die Zeit, die der Gerichtsvollzieher zur Ausführung der Vollstreckung benötigt.

Um mögliche Schwierigkeiten aus dem Weg zu gehen, sollte der Käufer entweder die Benutzung des Fahrzeugs ab dem Zeitpunkt der letzten mündlichen Verhandlung einstellen oder die bis zur Rückgabe des Fahrzeugs voraussichtlich noch anfallenden Gebrauchsvorteile von der Klageforderung in Abzug bringen.

Eine **Tenorierung**, welche die Höhe der Gebrauchsvergütung von der Laufleistung des Fahrzeugs zum Zeitpunkt der tatsächlichen Rückgabe abhängig macht, ist nicht unbedenklich. Das LG Köln hat es in einem Fall abgelehnt, den Neuwagenverkäufer zur Kaufpreisrückzahlung abzüglich eines Vergütungssatzes von z. B. 0,14 DM je km zu verurteilen, da nach seiner Meinung Geldansprüche auf einen festen Betrag lauten müssen und sich nicht erst aus anderen Umständen ergeben dürfen, wie z. B. der Kilometerleistung eines Personenkraftwagens zum Zeitpunkt der Vollstreckung.[226] Es erscheint vertretbar, derartige formale Bedenken praktischen Erwägungen unterzuordnen und eine über den Zeitpunkt der letzten mündlichen Verhandlung hinausweisende Tenorierung zuzulassen, etwa im Sinne des von *Kaufmann*[227] unterbreiteten Vorschlags:

> *„Der Beklagte wird verurteilt, Zug um Zug gegen Rückgabe des Fahrzeugs an den Kläger den Kaufpreis abzüglich eines Betrages zu zahlen, der sich wie folgt berechnet: 0,20 Euro x Tachometerstand im Zeitpunkt der Rückgabe des Fahrzeugs an den Beklagten."*

Ein entsprechend dieser Vorlage durchformulierter Urteilstenor ist eindeutig und für die Parteien hilfreich. Sie können, ebenso wie der Gerichtsvollzieher, die Höhe der **Gebrauchswertvergütung** anhand des Kilometerzählers **mühelos ermitteln**.[228]

Dringend abzuraten ist von einem Antrag auf Rückzahlung des Kaufpreises Zug um Zug gegen Vergütung der gezogenen, – betragsmäßig nicht bezifferten – Nutzungen.[229] Der Gerichtsvollzieher kann die Höhe der Gegenleistung aus dem Urteil nicht ablesen, so dass die Vollstreckung an diesem Mangel scheitert.

---

222 *Zöller/Vollkommer*, ZPO 23. Aufl., § 91 a Rn 58 Stichwort Aufrechnung m. w. N.
223 LG Köln 23. 11. 1988 – 30 O 224/86 – n. v.
224 *Thomas/Putzo*, ZPO, 24. Aufl., § 91 a Anm. 22.
225 *Creutzig*, Recht des Autokaufs, Rn 7.4.13 m. w. N.
226 LG Köln 25. 6. 1981 – 15 O 502/80 – n. v.
227 DAR 1990, 294, 296.
228 *Kaufmann*, DAR 1990, 294, 296; gebilligt vom OLG Karlsruhe 29. 5. 2002, OLGR 2002, 248.
229 So geschehen im Falle des OLG Oldenburg 20. 5. 1988, NZV 1988, 225.

7. Abwicklung des Rückgewährschuldverhältnisses
a) Weiterbenutzung des Fahrzeugs nach Erklärung des Rücktritts

Die Aussage, nach Erklärung des Rücktritts gebe es im Regelfalls keinen Grund, die Sache weiter zu benutzen[230] und dies sei gar verboten,[231] trifft auf das Rückgewährschuldverhältnis eines gescheiterten Neuwagenkaufs nicht zu. Dort ist es die Regel, dass der Käufer das Auto weiter benutzt, wenn der Händler die von ihm verlangte Rückabwicklung des Kaufvertrages verweigert und es auf ein Prozessverfahren ankommen lässt. Der Grund besteht ganz einfach darin, dass die meisten Käufer nicht über die finanziellen Mittel für die Anschaffung eines Ersatzfahrzeugs verfügen. Dem Gesetz lässt sich weder eine Aussage zur Zulässigkeit des Weitergebrauchs entnehmen[232] noch ein Verbot.

324

Es bietet sich an, auf die Rechtsprechung zum Wandlungsausschluss wegen der Weiterbenutzung des Fahrzeugs nach Geltendmachung der Wandlung bis zu deren Vollzug zurückzugreifen, da die rechtliche Ausgangslage mit dem heutigen Recht vergleichbar ist. In Betracht zu ziehen ist eine Verwirkung der Rechte aus dem Rückgewährschuldverhältnis, wenn der Käufer mit dem Fahrzeug nach Erklärung des Rücktritts bzw. Geltendmachung des Schadensersatzanspruchs statt der ganzen Leistung mit der Sache dergestalt verfährt, dass nach Treu und Glauben anzunehmen ist, er wolle sie behalten.[233]

Der **normale Weitergebrauch** des Fahrzeugs durch den Käufer erfüllt nicht den Tatbestand der Verwirkung. Vielmehr ist davon auszugehen, dass die Weiterbenutzung des Fahrzeugs im Interesse des Verkäufers liegt.

Im Rahmen der Abwägung der Interessen ist zugunsten des Käufers zu berücksichtigen, dass er durch die nicht berechtigte Zurückweisung des Rücktritts in eine **Zwangslage** gerät, da sein Kapital beim Verkäufer gebunden wird und er nicht über die finanziellen Mittel für den Erwerb eines Ersatzfahrzeugs verfügt. Es kommt hinzu, dass er die Dauer des Prozessverfahrens nicht abschätzen kann und keine Gewissheit hat, ob er mit der Klage tatsächlich durchdringt.

Auf der anderen Seite gerät der **Verkäufer** durch den berechtigten Rücktritt des Käufers mit der Rückzahlung des Kaufpreises in **Schuldnerverzug.** Er haftet dem Käufer auf Ersatz des Verzugsschadens, der den Ausfallschaden,[234] Kreditzinsen und Kreditgebühren für die Beschaffung eines Ersatzfahrzeugs umfasst und der weitaus höher sein kann, als der durch die Weiterbenutzung des mangelhaften Fahrzeugs eintretende Wertverlust. Bietet der Käufer dem Verkäufer die Rücknahme des Fahrzeugs in verzugbegründender Weise an, gerät dieser in **Annahmeverzug** und muss dem Käufer die Mehraufwendungen für die Aufbewahrung gem. § 304 BGB ersetzen.

Da der Käufer im Regelfall nicht abschätzen kann, ob sich der Verzugsschaden oder der Wertverlust des Fahrzeugs nachteiliger für den Verkäufer auswirkt, erfüllt er eigentlich nur seine Schadensminderungspflicht, wenn er sich zur Weiterbenutzung des Fahrzeugs nach Erklärung des Rücktritts entschließt.

In die Gesamtwürdigung ist auch das den Rücktritt bzw. Schadensersatz auslösende Verhalten des Verkäufers einzubeziehen. Es macht einen Unterschied, ob er sich bei dem Versuch der Fehlerbehebung große Mühe gegeben hat und dem Rücktritt nur deshalb nicht zustimmen kann, weil ihm vom Hersteller „die Hände gebunden sind", oder ob er auf den berechtigten Rücktritt des Käufers entweder überhaupt nicht eingeht oder ihn mit fadenschei-

---
230 *Gaier*, WM 2002, 1, 13.
231 *Faust* in *Huber/Faust*, Schuldrechtsmodernisierung, S. 256 Rn 53.
232 *Gaier* WM 2002, 1, 13.
233 *Staudinger/Honsell*, § 467 Rn 17.
234 OLG Koblenz 8. 10. 1985, MDR 1986, 317; OLG Hamm 3. 12. 1976, NJW 1977, 809.

niger Begründung zurückweist. Hierzu hat das OLG Köln[235] in einer das Wandlungsrecht betreffenden Entscheidung folgendes ausgeführt:

> *„Gänzlich unbedenklich ist insoweit, dass der Kläger den Pkw bis zum Wandlungsbegehren in üblicher Weise weiterbenutzt hat (10.000 km). Aber auch der danach noch eine Zeit lang fortgesetzte Gebrauch (20.000 km) lässt die Geltendmachung des Wandlungsrechts nicht wegen des Zeitablaufs (Gebrauchszeit insgesamt 7 Monate) und der sonstigen Umstände als treuwidrig erscheinen. Er ist nämlich einmal vom Beklagten dadurch mitverursacht worden, dass dieser auf das Wandlungs- bzw. Schadensersatzbegehren des Klägers nicht eingegangen ist. Zum anderen – und das ist entscheidend – entsprach der Weitergebrauch letztlich aber auch den Interessen des Beklagten, weil er auf diese Weise Ersatz von Gebrauchsvorteilen in erheblicher Höhe verlangen kann."*

Dem Käufer kann mithin eine bloße, den Rahmen des Üblichen nicht überschreitende Weiterbenutzung des Wagens nicht als illoyales, widersprüchliches Verhalten zum Vorwurf gemacht werden kann, weil die Weiterbenutzung für den Verkäufer regelmäßig günstiger als die Beschaffung eines Ersatzfahrzeugs ist und die Interessen des Verkäufers dadurch gewahrt werden, dass ihm der Käufer Wertersatz für die gezogenen Gebrauchsvorteile schuldet.[236]

325 Es müssen besondere Umstände hinzutreten, will man dem Käufer die Rechte aus dem Rückgewährschuldverhältnis mit dem Einwand der unzulässigen Rechtsausübung wegen widersprüchlichen Verhaltens abschneiden.[237] Für die Beurteilung spielen **Art und Intensität** der Weiterbenutzung eine wichtige, jedoch nicht allein ausschlaggebende Rolle. Es kann – wie früher bei der Wandlung – im Rahmen der Gesamtwürdigung entscheidend darauf ankommen,

– ob der Gebrauch notwendig oder durch überwiegende Interessen des Käufers gerechtfertigt war,[238]
– ob der Käufer etwa nur auf Freizeitgenuss hätte verzichten müssen,[239]
– ob die Benutzung zu einer wesentlichen oder zu einer nur unwesentlichen Verschlechterung geführt hat,
– ob eine Stilllegung und Ersatzbeschaffung möglich und zumutbar war, welcher Aufwand hierfür angefallen wäre und ob der Verkäufer für den Mehraufwand hätte aufkommen müssen,
– ob der Verkäufer wegen seines Anspruchs auf Nutzungsentschädigung an baldiger Rückgewähr nicht interessiert war,[240]
– ob der Käufer durch sein objektiv nach Treu und Glauben zu wertendes Verhalten zum Ausdruck gebracht hat, das Auto behalten zu wollen, etwa durch die Vornahme einer aufwändigen oder nicht notwendigen Reparatur,[241]
– ob sich der Verkäufer einem offensichtlich berechtigten Rücktritt des Käufers widersetzt hat.[242]

---

235 Urt. v. 7. 7. 1987 – 9 U 8/87 – n. v.
236 BGH 2. 2. 1994, NJW 1994, 1004, 1005.
237 *Soergel/Huber,* § 467 Rn 49.
238 BGH 8. 2. 1984, NJW 1984, 1526.
239 OLG Hamm 25. 6. 1987, NJW-RR 1988, 1461 – Verzicht auf Freizeitgenuss rechtfertigt nicht die Weiterbenutzung einer Yacht.
240 BGH 19. 1. 1978, WM 1978, 324; OLG Köln 7. 7. 1987 – 9 U 8/87 – n. v.; OLG Koblenz 8. 10. 1985, MDR 1986, 316; so wohl auch *Gaier,* WM 2002, 1, 13, der dem Käufer die Weiterbenutzung der Sache gestatten will, wenn sie im Interesse des Rückgewährgläubigers liegt.
241 BGH 8. 2. 1984, NJW 1984, 1525.
242 OLG Koblenz 8. 10. 1985, MDR 1986, 316.

Darlegungs- und beweispflichtig für den rechtsvernichtenden Einwand der unzulässigen Rechtsausübung ist der **Verkäufer**.[243]

Eine Verwirkung der Ansprüche ist bei einer den Rahmen des Üblichen nicht überschreitenden Weiterbenutzung des Fahrzeugs nach einer Entscheidung des OLG München[244] auch bei einer hohen Fahrleistung von 90.000 km nicht anzunehmen. Im Gegensatz hierzu entschied das OLG Frankfurt,[245] der Käufer verwirke sein Recht auf Rückabwicklung des Kaufvertrages, wenn er das gekaufte Fahrzeug 15 Monate weiterbenutzt und damit rund 50.000 km zurückgelegt hat. Von einer Anspruchsverwirkung ist nach einem Urteil des OLG Hamm[246] auszugehen, wenn der Käufer den Mangel sechs Monate nach Kauf feststellt, jedoch erst 2 1/2 Jahre später nach einer Fahrstrecke von ca. 60.000 Kilometern und nach Eintritt erheblicher Beschädigungen vom Verkäufer die Rückabwicklung des Kaufvertrages verlangt. Aus Sicht des BGH[247] stellt die Weiterverfolgung des Anspruchs auf Rückgängigmachung des Kaufvertrages eine unzulässige Rechtsausübung dar, wenn der Käufer das Auto monatelang benutzt, ohne den Mangel zu bemerken und ohne Nachteile zu erleiden, und der Fehler vor der Geltendmachung des Rückabwicklungsverlangens beseitigt wird.

Die **Nichtweiterbenutzung** des Fahrzeugs nach Erklärung des Rücktritts kann dem Käufer nicht nach § 347 Abs. 1 BGB entgegen gehalten werden. Es ist, worauf *Gaier*[248] zutreffend hinweist, im Ansatz verfehlt, aus der Regelung zum Ersatz nicht gezogener Nutzungen ein Recht zur Nutzung trotz sich abzeichnender Rückabwicklung zu folgern. Aus dieser Vorschrift lässt sich erst recht keine Verpflichtung zur Weiterbenutzung nach Erklärung des Rücktritts ableiten (siehe Rn 314).

b) Leistungsstörungen im Rückabwicklungsverhältnis

aa) Beschädigung und Untergang des Fahrzeugs

Durch den Rücktritt verwandelt sich der Kaufvertrag in ein Rückabwicklungsverhältnis. **326** Ab diesem Zeitpunkt ist der Käufer verpflichtet, mit dem Fahrzeug sorgfältig umzugehen. Die gleiche Pflicht trifft den Händler im Hinblick auf ein Gebrauchtfahrzeug, das der Käufer in Zahlung gegeben hat. Jeder haftet dem anderen gem. § 346 Abs. 4 BGB auf Schadensersatz, wenn das eine oder andere Fahrzeug durch unsorgfältigen Umgang beschädigt oder zerstört wird.[249]

Dem Käufer wird man das Haftungsprivileg des § 346 Abs. 3 S. 1 Nr. 3 BGB spätestens ab Erklärung des Rücktritts nicht mehr zubilligen können, da der Vertrauenstatbestand, die Sache auf Dauer zu behalten, ab diesem Zeitpunkt nicht mehr vorhanden ist.[250]

Die Sorgfaltspflichten, für deren Verletzung der zum Rücktritt berechtigte Käufer dem Verkäufer auf Schadensersatz haftet, können bereits mit der Kenntnis bzw. fahrlässigen Unkenntnis des Rücktrittsgrundes entstehen. Sobald er nämlich weiß oder wissen muss, dass er die Kaufsache an den Verkäufer herausgeben muss, kann der Käufer nicht mehr nach Belieben mit ihr umgehen.[251] Es besteht ab diesem Zeitpunkt eine dem vertraglichen Rücktritt vergleichbare Situation.[252] Ob die für die Haftung erforderlichen Beweise von dem hierfür

---

243 BGH 8. 2. 1984, NJW 1984, 1525.
244 Urt. v. 22. 4. 1994, DAR 1994, 362.
245 Urt. 23. 7. 1993, NJW-RR 1994, 120.
246 Urt. 20. 4. 1998, NJW-RR 1998, 1212.
247 Urt. 22. 2. 1984, NJW 1984, 2287.
248 WM 2002, 1 ff.
249 *Arnold,* JURA 2002, 154,158.
250 *Faust* in *Huber/Faust,* Schuldrechtsmodernisierung, S. 256 Rn 52.
251 *Gaier,* WM 2002, 1, 14.
252 BT-Drucks. 14/6040, S. 195.

beweispflichtigen Verkäufer jemals beigebracht werden können, erscheint äußerst unwahrscheinlich, da die Haftung außer den objektiven Voraussetzungen des Rücktritts einen Rücktrittswillen des Käufers zum Zeitpunkt der Kenntniserlangung bzw. fahrlässigen Nichterkennung voraussetzt.

bb) Schuldnerverzug

327 Mit Anmahnung des Rückgewähranspruchs kommt der Rückgewährschuldner in Schuldnerverzug.

Der Verzugseintritt setzt nicht voraus, dass der Käufer die Rückgabe des Fahrzeugs anbietet. Erhebt der Verkäufer aber die Einrede der Zug um Zug-Leistung, verhindert er damit den Verzugseintritt. Voraussetzung hierfür ist, dass er selbst zur ordnungsgemäßen Leistungserbringung bereit ist. Daran mangelt es, wenn sich der Verkäufer mit der Rücknahme des Fahrzeugs in Gläubigerverzug befindet.

Während des Verzugs hat der Käufer Verzugszinsen gem. § 288 Abs. 1 BGB zu beanspruchen. Einen weitergehenden Verzugsschaden muss ihm der Verkäufer nach § 288 Abs. 4 BGB ersetzen. Dieser kann darin bestehen, dass der Käufer die Kosten eines fortlaufenden Kredits tilgen muss, den er zur Finanzierung des mangelhaften Fahrzeugs aufgenommen hat,[253] dass er ein Darlehen für die Beschaffung eines Ersatzfahrzeugs aufnehmen oder Rechtsverfolgungskosten für die Geltendmachung der Forderungen aus dem Rückgewährschuldverhältnis aufwenden muss.

Zur Zahlung von Nutzungsausfall und zum Ersatz der Mietwagenkosten ist der Verkäufer verpflichtet, wenn der auf ein Fahrzeug angewiesene Käufer das von ihm Zug um Zug gegen Kaufpreiserstattung herauszugebende Fahrzeug wegen des Mangels nicht benutzen kann, sich die Ausfallzeit nicht durch die Inanspruchnahme von Taxis oder öffentlicher Verkehrsmittel überbrücken lässt und dem Käufer der Erwerb eines Ersatzfahrzeugs nicht möglich ist, weil er hierfür weder die finanziellen Mittel noch die Möglichkeit der Geldbeschaffung durch Kreditaufnahme besitzt.[254]

Entgangene Nutzungen, die der Käufer **freiwillig** in Kauf genommen hat, weil er sich ein Ersatzfahrzeug hätte anschaffen können, sind nach Meinung des OLG Frankfurt[255] vom Verkäufer nicht zu ersetzen. Es hält die für das Schadensrecht entwickelten Grundsätze zur Nutzungsausfallentschädigung nicht für anwendbar, weil die Zuerkennung des Anspruchs auf Nutzungsausfall an den Umstand geknüpft ist, dass jemand seine eigene Sache nicht nutzen kann oder dass ihm im Verhältnis zum Anspruchsgegner nach den vertraglichen Beziehungen die Nutzung gebührt. In den Fällen des bereits erklärten aber noch nicht vollzogenen Rücktritts beruht das für diesen Fall dem Käufer in gewissen Grenzen zuerkannte Recht zur Weiterbenutzung des Fahrzeugs nicht darauf, dass ihm auf Grund seiner Eigentümerstellung das Nutzungsrecht zusteht, sondern darauf, dass ihm ein Weg zur Schadensgeringhaltung eröffnet und ihm die Benutzung eines an sich herauszugebenden Fahrzeugs aus besonderen Gründen gestattet wird. Ihm „gebühren" die Nutzungen an sich aber nicht mehr, so dass ihm wegen des Ausfalls dieser (Weiter-) Benutzungsmöglichkeit kein Anspruch auf Entschädigung zusteht. Der Käufer ist in diesem Stadium auch nicht schutzlos. Er kann sich entweder umgehend ein neues Kraftfahrzeug kaufen oder **tatsächlich entstandene Nachteile** als Verzugsschaden geltend machen (Taxikosten oder dergleichen).

Das Gesetz eröffnet dem Rückgewährpflichtigen nicht mehr – wie früher § 354 BGB a. F. – die Möglichkeit, die Unwirksamkeit des Rücktritts durch qualifizierte Fristsetzung herbeizuführen, wenn der Berechtigte mit der Rücknahme der Sache in Verzug kommt.

---

253 LG Köln, 4. 5. 1994 – 23 O 24/92 n. v.
254 OLG Frankfurt 25. 3. 1998- 13 U 263/96 – n. v.
255 Urt. 25. 3. 1998- 13 U 263/96 – n. v.

Der Rücktritt vom Rücktritt ist ausgeschlossen, da die Vorschriften über den gegenseitigen Vertrag (außer §§ 320, 322 BGB), im Rahmen des Rückgewährschuldverhältnisses keine Anwendung finden.[256] Ob sich die Regelungslücke durch eine analoge Anwendung von § 323 BGB schließen lässt,[257] wird die Rechtsprechung früher oder später klären müssen.

Statt des Rücktritts besteht die Möglichkeit, den Anspruch auf Rückgewähr nach einer Fristsetzung durch einen Anspruch auf Schadensersatz abzulösen,[258] der, von weiteren Schäden abgesehen, den Wert des zurückzugebenden Fahrzeugs umfasst, den der Rückgewährpflichtige durch einen Gutachter schätzen lassen oder durch einen Deckungsverkauf realisieren kann.

cc) Annahmeverzug

Der Verkäufer besitzt nicht nur einen Anspruch auf Rückgabe des mangelhaften Neuwagens, sondern hat zugleich die **Pflicht, das Fahrzeug zurückzunehmen** (§ 433 Abs. 2 BGB analog). Das Gleiche gilt für den Käufer im Hinblick auf die Rücknahme des in Zahlung gegebenen Altwagens.

Zur Herbeiführung des **Annahmeverzugs** ist es erforderlich, dass der Rückgewährpflichtige der anderen Partei die **Fahrzeugrückgabe anbietet** und der Berechtigte ablehnt oder eine ihm gesetzte Rücknahmefrist nicht wahrt.[259] Der **Annahmeverzug** setzt, abgesehen vom Fall des § 299 BGB, ein Verschulden nicht voraus.[260]

Der Käufer ist – vorbehaltlich einer hiervon abweichenden Parteivereinbarung – nicht verpflichtet, das mangelhafte Neufahrzeug beim Verkäufer vorbeizubringen.[261] Ein **wörtliches Angebot** genügt, da **Erfüllungsort** für die Rückgabe des Fahrzeugs und die Rückzahlung des Kaufpreises in der **Regel der Wohn- und Betriebssitz des Käufers** ist (Rn 329). Der Verkäufer kommt aber nicht in Annahmeverzug, wenn der Käufer unter Fristsetzung die Rückzahlung des Kaufpreises verlangt und lediglich in Aussicht stellt, nach Eingang des Geldes das Kfz herauszugeben.[262] Ist der Verkäufer bereit, das vom Käufer angebotene Fahrzeug anzunehmen, verweigert er jedoch bestimmt und eindeutig die Erfüllung seiner Zahlungspflichten, reicht ein wörtliches Angebot des Käufers aus, um den Annahmeverzug des anderen Teils herbeizuführen.[263]

Die **Rechtsfolgen** des Annahmeverzugs sind in §§ 300 bis 304 BGB geregelt. Nach Begründung des Annahmeverzugs hat der Käufer im Hinblick auf das Fahrzeug[264] nur **Vorsatz** und **grobe Fahrlässigkeit** zu vertreten. Setzt er sich durch eine vorsätzliche oder grob fahrlässige Pflichtverletzung außer Stande, seine Rückgabepflicht zu erfüllen, endet der Annahmeverzug des Verkäufers.[265] Dieser kann die Beendigung des Annahmeverzugs gegenüber dem aus dem Urteil vollstreckenden Käufer mit der Vollstreckungsabwehrklage geltend machen.[266]

---

256 *Palandt/Heinrichs*, BGB Erg.-Bd., § 348 Rn 1.
257 Wohl befürwortend *Gaier*, WM 2002, 1, 14.
258 *Gaier*, WM 2002, 1, 14.
259 OLG Nürnberg 11. 4. 1978, DAR 1978, 324, 325.
260 BGH 11. 4. 1957, BGHZ 24, 91, 96; OLG Hamm 25. 2. 1997, OLGR 1997, 301; *Palandt/Heinrichs*, BGB § 293 Rn 10.
261 LG Ulm 20. 8. 1990, NJW-RR 1991, 190.
262 AG Köln 2. 12. 1988 – 111 C 717/87 – n. v.
263 BGH 15. 11. 1996, NJW 1997, 581.
264 *Palandt/Heinrichs*, BGB § 300 Rn 2.
265 *Thode*, MünchKomm, § 293 Rn 13; *Erman/Battes*, Vorbem. zu § 293 Rn 14; LG Köln 17. 1. 1985 – 15 O 284/84 – n. v.
266 *Zöller/Stöber*, ZPO § 756 Rn 16.

Nicht grob fahrlässig handelt nach Meinung des LG Köln[267] ein Käufer, der einen gebrauchten Wagen mehrere Monate lang auf dem eingefriedeten Gelände einer Vertragswerkstatt stehen lässt, ohne sich um das Auto zu kümmern. Selbst wenn die Umzäunung an mehreren Stellen unterbrochen ist, soll nach einer anderen Entscheidung des LG Köln[268] bei einem nicht ohne weiteres zugänglichen Abstellgelände eine grobe Fahrlässigkeit des Käufers nicht anzunehmen sein. Es stellt keinen Verstoß gegen die Sorgfaltspflicht dar, wenn der Käufer das Fahrzeug auf der Straße abstellt und nicht eigens eine Garage anmietet.[269] Wird das Fahrzeug vom Käufer in einer Halle aufbewahrt und damit von äußeren Witterungseinflüssen geschützt, muss er es weder mit einem Karosserieschutz versehen noch den Feuchtigkeitsgrad der Halle untersuchen, denn schuldhaft handelt er nur dann, wenn er es in vorwerfbarer Weise einer über das normale Maß hinausgehenden Gefahr ausgesetzt hat.[270]

Wird das Fahrzeug dem Sachverständigen nach Erklärung des Rücktritts zur Begutachtung im Rahmen eines selbstständigen Beweisverfahrens übergeben und bewahrt dieser das Auto im Einvernehmen mit dem Käufer während des anschließenden Prozesses auf, muss sich der Käufer dessen Verschulden über § 278 BGB zurechnen lassen. Diese Rechtsfolge tritt allerdings dann nicht ein, wenn sich der Verkäufer mit der Rücknahme des Fahrzeugs in Annahmeverzug befindet, da der Sachverständige in diesem Fall als Lagerhalter und nicht als Erfüllungsgehilfe des Käufers tätig wird.[271]

Der Käufer besitzt gegen den Verkäufer einen Anspruch auf Ersatz von **Mehraufwendungen**, die er für das erfolglose Angebot und für die Aufbewahrung und Erhaltung des Fahrzeugs bis zu dessen Rückgabe machen muss (§ 304 BGB).[272] Stellt der Käufer das Fahrzeug in einer von ihm bereits vor Erklärung des Rücktritts angemieteten Garage unter, beruht die Mietzinsverpflichtung nicht auf einem späteren Annahmeverzug des Verkäufers.[273] Eine ersatzpflichtige Mehraufwendung liegt aber dann vor, wenn der Käufer nachweist, dass er ohne Annahmeverzug den Mietvertrag gekündigt hätte oder dass er für das normalerweise in der Garage abgestellte Zweitfahrzeug wegen des Annahmeverzugs eine andere Garage angemietet hätte. Im Rahmen der Schadensminderungspflicht ist der Käufer gehalten, für das Fahrzeug einen preiswerten Stellplatz zu besorgen.[274]

Wegen der Mehraufwendungen steht dem Käufer ein Zurückbehaltungsrecht zu, und der Verkäufer muss, um den Annahmeverzug zu beenden, nicht nur die Urteilssumme, sondern auch Mehraufwendungsersatz anbieten.[275]

8. Erfüllungsort

329 Erfüllungsort für die Zug um Zug zurück zu gewährenden Leistungen ist – sofern eine anders lautende Vereinbarung nicht getroffen wurde – nach überwiegender Meinung der Ort, an dem sich das vom Käufer zurückzugebende Fahrzeug vertragsgemäß befin-

---

267 Urt. 22. 1. 1975 – 16 O 37/73 – n. v.
268 Urt. 24. 6. 1987 – 26 S 289/86 – n. v.
269 OLG Bremen 22. 6. 1993 – 3 U 25/93 – n. v.
270 OLG Köln 14. 4. 2000, NZV 2001, 219, 220.
271 LG Hamburg 9. 1. 1992, SeuffArch. 68 Nr. 35 – kein Verlust des Wandlungsrechts, wenn das Auto durch Verschulden des Garagenbesitzers, bei dem der Käufer es während des Rechtsstreits untergestellt hat, wesentlich verschlechtert wird; *Soergel/Huber*, § 467 Rn 29.
272 OLG Hamm 25. 2. 1997, OLGR 1997, 301; LG Köln 21. 9. 1989 – 15 O 419/88 – n. v.
273 AG Köln 7. 2. 1990 – 122 C 599/89 – n. v.
274 OLG Hamm 25. 2. 1997, OLGR 1997, 301.
275 *Palandt/Heinrichs*, § 304 Rn 2.

det.[276] Nach dem typischen Parteiwillen ist das der **Wohnort** oder der **Betriebssitz des Käufers**, und zwar dort, wo das Fahrzeug nach dem Inhalt des Vertrags seinen tatsächlichen Standort hat.[277]

Bei der Rückgabeverpflichtung des Käufers handelt es sich um eine **Holschuld** (§ 269 BGB). Die **Zahlungspflicht des Verkäufers** wird zur **Bringschuld**, weil der Käufer die Herausgabe des Fahrzeugs von der Erstattung des Kaufpreises abhängig machen darf.

Schafft der Käufer das Fahrzeug nachträglich zu einem anderen als dem vertraglich vereinbarten oder vorausgesetzten Bestimmungsort, besteht für den Verkäufer keine Verpflichtung, es dort abzuholen.[278] Die Transportkosten sind gem. § 439 Abs. 2 BGB vom Verkäufer allerdings dann zu übernehmen, wenn sie noch im Rahmen der Nacherfüllung angefallen sind, z. B. weil das Fahrzeug an einem anderen als dem vertraglich vereinbarten Bestimmungsort wegen eines Sachmangels betriebsunfähig liegen geblieben ist.

Der Ort, an dem sich das Fahrzeug zuletzt befunden hat, bleibt Erfüllungsort, wenn der Käufer das Fahrzeug bereits an den Verkäufer herausgegeben hat.[279]

Der Verkäufer hat sowohl die Kosten der Rücknahme des mangelhaften Neufahrzeugs[280] als auch die Kosten für den Rücktransport des vom Käufer in Zahlung gegebenen Altwagens zu tragen.[281] Eine Klausel, die den Käufer mit den Kosten des Rücktransports belastet, ist unwirksam.[282]

V. Minderung

1. Voraussetzungen

Die Voraussetzungen der Minderung stimmen mit denen des Rücktritts weitgehend überein. Beide Ansprüche setzen voraus, dass die Kaufsache mangelhaft ist und dass der Käufer dem Verkäufer erfolglos eine angemessene Frist zur Nacherfüllung gesetzt hat, es sei denn, dass eine Fristsetzung nach § 440 BGB entbehrlich ist. Das Minderungsrecht besteht im Gegensatz zum Rücktritt auch bei unerheblichen Mängeln (§ 323 Abs. 5 S. 2 BGB). Neu ist, dass der Käufer auch wegen eines Rechtsmangels Minderung verlangen kann.

Eine Geltendmachung der Minderung im Wege der Einrede ist nicht erforderlich, da dem Käufer als Surrogat die Einrede des nicht erfüllten Vertrages zur Seite steht.[283] Neben der Minderung kann der Käufer vom Verkäufer Schadensersatz verlangen, da die Alternativität aufgehoben wurde.[284]

---

276 BGH 9. 3. 1983, BB 1983, 793 ff. m. w. N.; OLG Stuttgart 23. 10. 1998, NJW-RR 1999, 1576; OLG Nürnberg 25. 6. 1974, NJW 1974, 2237; *Soergel/Wolf*, § 269 Rn 30; *Palandt/Heinrichs*, § 269 Rn 16; *Palandt/Putzo,* BGB § 467 Rn 4; *Staudinger/Selb*, BGB 13. Bearb., § 269 Rn 14; *Staudinger/Kaiser*, BGB, § 346 Rn 50; *Jauernig/Vollkommer*, § 269 Rn 8; *Soergel/Huber*, § 433 Rn 259 m. w. N.; *Zöller/Vollkommer*, ZPO § 29 Rn 25; *Hager* in *Dauner-Lieb/Heidel/Lepa/Ring*, Anwaltkommentar Schuldrecht, § 346 Rn 24.
277 BGH 9. 3. 1983, BGHZ 87, 104, 111.
278 BGH 9. 3. 1983, BB 1983, 793.
279 *Staudinger/Honsell*, § 465 Rn 26.
280 OLG Stuttgart 23. 10. 1998, NJW-RR 1999, 1576.
281 LG Köln 8. 1. 1992, VuR 1992, 89.
282 BGH 9. 3. 1993, BB 1983, 793; OLG Stuttgart 23. 10. 1998, NJW-RR 1999, 1576; OLG Stuttgart 23. 10. 1998, NJW-RR 1999, 1576; *Ulmer/Brandner/Hensen*, Anh. §§ 9- 11 Rn 341.
283 § 320 BGB
284 *Haas* in *Haas/Medicus/Rolland/Schäfer/Wendtland*, Das neue Schuldrecht, S. 216, 219.

2. Gestaltungsrechtlicher Charakter der Minderung

331 Da die Minderung ein Gestaltungsrecht ist,[285] geht das „ius variandi" dadurch verloren, dass der Käufer die Minderung erklärt, ohne dass es auf das Einverständnis des Verkäufers ankommt.[286]

Der Käufer trägt das Risiko einer Fehleinschätzung des Mangels. Erklärt er die Minderung, weil er den Mangel fälschlich als nicht erheblich einstuft, kann er nicht mehr zurücktreten, wie – im umgekehrten Fall – er nicht mehr mindern kann, wenn er den Rücktritt wirksam erklärt hat. Nach Vornahme des Gestaltungsrechts ist es verbraucht; zur Wiederherstellung des Rechtsverhältnisses bedarf es der rechtsgeschäftlichen Neubegründung.[287]

Wenn allerdings die Minderung unwirksam ist, behält der Käufer die Chance des Rücktritts. Umgekehrt verbleibt ihm das Recht auf Minderung, wenn der erklärte Rücktritt ins Leere geht, z. B. weil der Mangel nicht erheblich ist.

Aus der dogmatischen Umgestaltung der Minderung ergibt sich als weitere Konsequenz, dass bei einer Mehrheit von Käufern oder Verkäufern die Minderung nur von allen oder gegen alle erklärt werden kann.[288]

Da die Minderung des Käufers unmittelbar die Höhe des Kaufpreises ändert,[289] muss sie sich **klar** und **unzweideutig** aus der Erklärung des Käufers ergeben. Der Kaufpreisanspruch des Verkäufers wird entsprechend reduziert. Hat der Käufer mehr als den geminderten Kaufpreis gezahlt, steht ihm hinsichtlich des Mehrbetrages ein **Rückforderungsrecht** nach § 441 Abs. 4 S. 1 BGB zu.

Wegen des rechtsgestaltenden Charakters der Minderungserklärung sollte der Käufer angeben, welchen Betrag bzw. welchen prozentualen Teil des Kaufpreises er als Minderung verlangt.[290] Er kann die **Bezifferung** allerdings auch zu einem **späteren Zeitpunkt nachholen**, wenn der Betrag erst noch ermittelt werden muss.[291] Unklar sind die Rechtswirkungen einer nicht bezifferten Minderung. Die Minderungserklärung kann allein wegen der fehlenden Angabe des Betrages nicht als bloße Ankündigung einer demnächst erfolgenden Minderung mit Bezifferung aufgefasst werden, wenn der Käufer keinen Zweifel daran lässt, dass er eine Kaufpreisherabsetzung begehrt.[292] Andererseits kann man sich eine Umgestaltung des Kaufvertrages mangels konkreter Angabe des Minderungsbetrages kaum vorstellen. Aus diesem Grunde ist es nahliegend, die rechtliche Tragweite einer zunächst unbezifferten Minderung auf den Verlust des Wahlrechts zu beschränken und von einer Umgestaltung des Kaufvertrages erst dann auszugehen, wenn der Käufer die Minderung betragsmäßig beziffert hat.

Durch die Minderung werden nur Ansprüche wegen des **gerügten Mangels abgegolten**. Zeigt sich danach ein weiterer Mangel, kann der Käufer unter den Voraussetzungen der

---

285 Kritisch im Hinblick auf die richtlinienkonforme Ausgestaltung *Schlechtriem* in *Ernst/Zimmermann*, Zivilrechtswissenschaft und Schuldrechtsreform, S. 205, 221; *H. P. Westermann* in *Schulze/Schulze-Nölke*, Die Schuldrechtsreform vor dem Hintergrund des Gemeinschaftsrechts, S. 109, 127.
286 *Krebs*, DB 2000, Beil. 14, 1, 19.
287 *Palandt/Heinrichs* BGB, Überbl. v. § 104 Rn 17.
288 *Graf von Westphalen* in *Henssler/Graf von Westphalen*, Praxis der Schuldrechtsreform, § 441 Rn 7.
289 *Büdenbender* in *Dauner-Lieb/Heidel/Lepa/Ring* Anwaltskommentar Schuldrecht § 441 BGB Rn 7.
290 *Palandt/Putzo,* BGB Erg.-Bd. § 441 Rn 10.
291 *Palandt/Putzo* BGB, Erg.-Bd. § 441 Rn 10.
292 In diesem Sinne wohl *Graf von Westphalen*, in *Henssler/Graf von Westphalen*, Praxis der Schuldrechtsreform, § 441 BGB Rn 3.

Minderung

§ 441 BGB erneut mindern oder – sofern § 323 Abs. 5 S. 2 BGB nicht entgegensteht – vom Vertrag zurücktreten. Die wegen des vorhergehenden Mangels geltend gemachte Minderung schließt den Rücktritt nicht aus. Im Fall des Rücktritts ist der Anspruch auf Kaufpreiserstattung um die vom Käufer bereits empfangene Minderung zu kürzen.

Da das Rücktrittsrecht im Gegensatz zur Minderung einen erheblichen Mangel voraussetzt, kann bei der Bewertung eines später auftretenden weiteren Mangels der vorhergehende, durch Minderung abgegoltene Mangel nicht unberücksichtigt bleiben. Dies muss insbesondere dann gelten, wenn der Käufer berechtigterweise geltend macht, dass er sich in Kenntnis des neuen Mangels nicht auf eine Minderung eingelassen hätte, weil beide Mängel – zusammen betrachtet – als erheblich i. S. v. § 323 Abs. 5 S. 2 BGB einzustufen sind. Durch eine isolierte Bewertung einzelner unerheblicher Mängel, die nur in der Summe erheblich sind, würde der Anwendungsbereich von § 437 Nr. 2 BGB unzulässig eingeschränkt. Für den Bereich des Verbrauchsgüterkaufs läge darin eine Umgehung von § 475 Abs. 1 BGB. Es sind daher grundsätzlich alle Mängel, einschließlich der bereits durch Minderung abgegoltenen, daraufhin zu prüfen, ob sie in der **Gesamtschau** den Rücktritt gem. § 323 Abs. 5 S. 2 BGB rechtfertigen. Die Zufälligkeit, die darin besteht, dass mehrere bei Gefahrübergang vorhandene Mängel nicht zeitgleich sondern nacheinander auftreten, kann und darf dem Käufer nicht zum Nachteil gereichen.

Falls der Käufer eine zu hohe Minderung verlangt, wird der Kaufpreis lediglich in dem Umfang herabgesetzt, in dem die Minderung berechtigt ist. Die **fehlerhafte Bezifferung** führt nicht zur Unwirksamkeit des Minderungsverlangens. In Höhe des überschießenden Betrages läuft die Minderung ins Leere und entfaltet keine Gestaltungswirkung. Wenn der Verkäufer hiergegen nichts unternimmt, führt das überhöhte Minderungsverlangen zu einer rechtsgrundlosen Bereicherung des Käufers, die der Verkäufer nach §§ 812 ff. BGB herausverlangen kann.

Falls der Käufer einen zu geringen Betrag geltend macht, wird das Minderungsrecht wegen des betreffenden Mangels nur zum Teil verbraucht und das Rechtsverhältnis nur insoweit umgestaltet. Die Fehleinschätzung zur Höhe der Minderung kann nicht zur Folge haben, dass der unverbrauchte Betrag verfällt, es sei denn, dass der Käufer darauf ausdrücklich oder konkludent verzichtet. Dem Käufer bleibt somit die Möglichkeit erhalten, die **Minderung nachträglich aufzustocken**, wenn er erfährt, dass seine Berechnung zu niedrig ausgefallen ist.

Wegen der Anbindung der Gestaltungswirkung an die jeweilige Bezifferung der Minderung bestehen keine Bedenken gegen die Geltendmachung einer Teilminderung. Nicht zu beanstanden ist der an den Ausgang eines Beweis- oder Begutachtungsverfahrens anknüpfende Vorbehalt der Geltendmachung einer weiteren Minderung.[293] Dieser Vorbehalt ist mit der Rechtsnatur der Minderung zu vereinbaren, da er keine unzulässige Bedingung für das vorläufige Minderungsverlangen darstellt.

Unbedenklich ist die Geltendmachung einer Minderung für den Fall, dass der Verkäufer den Mangel nicht innerhalb einer bestimmten Frist beseitigt. Es handelt sich um eine für Gestaltungsrechte zulässige Potestativbedingung, deren Eintritt oder Nichteintritt vom Willen des Verkäufers abhängt[294].

Muss der Käufer befürchten, dass ein vom ihm erklärter Rücktritt möglicherweise an der Hürde von § 323 Abs. 5 S. 2 BGB scheitert, ist bei drohendem Verjährungseintritt die **hilfsweise Geltendmachung der Minderung** zu empfehlen. Er kann stattdessen Rücktritt und Minderung alternativ erklären und dem Verkäufer das Wahlrecht überlassen.[295] Dazu kann

---
293 *Palandt/Putzo* BGB, Erg.- Bd. § 441 Rn 10.
294 *Palandt – Heinrichs*, BGB § 158 Rn 13 m. w. N.
295 *Wolff* in *Hoeren/Martinek*, Systematischer Kommentar zum Kaufrecht, § 441 Rn 10.

3. Berechnung der Minderung

332 Die Minderung ist gem. § 441 Abs. 3 BGB – wie zuvor nach § 472 Abs. 1 BGB a. F. – in der Weise zu ermitteln, dass Kaufpreis entsprechend dem Verhältnis des Wertunterschieds zwischen mangelfreier und mangelhafter Sache herabgesetzt wird (relative Methode). Der Zeitpunkt, auf den es für die Bemessung der Minderung ankommt, ist der des Vertragsschlusses. Die Beweislast für die Minderung trägt der Käufer, für den die Vermutung streitet, dass der Wert des Neufahrzeugs nicht unter dem Kaufpreis liegt. Für die gegenteilige Behauptung ist der Verkäufer beweispflichtig.[296]

Die Berechnungsformel lautet unverändert:

$$\text{Geminderter Preis} = \frac{\text{Wert der mangelhaften Sache} \times \text{vereinbarter Preis}}{\text{Wert der mangelhaften Sache}}$$

Von den drei Faktoren, bestehend aus Kaufpreis, Wert des Fahrzeugs in mangelfreiem Zustand und Wert des Fahrzeugs in mangelhaftem Zustand, sind beim Neuwagenkauf im Regelfall zwei deckungsgleich, nämlich der Kaufpreis und der Wert des Fahrzeugs in mangelfreiem Zustand zum Zeitpunkt des Kaufs.[297] Unter diesen Voraussetzungen kann die Minderung u. U. dadurch vollzogen werden, dass der Kaufpreis um den Betrag gekürzt wird, den der Käufer zur Beseitigung des Mangels aufwenden muss.[298] Nach Meinung des LG Köln[299] gilt die Gleichstellung unabhängig von der Höhe des Neuwertes, da dieser stets um den Betrag der aufzuwendenden Reparaturkosten gemindert ist.

Der Nachbesserungsaufwand entspricht jedoch nicht immer oder zwangsläufig dem Nachbesserungsaufwand. Aus diesem Grunde hat es der Gesetzgeber abgelehnt, den Minderungsbetrag von den Kosten der Nachbesserung abhängig zu machen.[300] Bei nicht notwendigen Instandsetzungsmaßnahmen z. B. wegen optischer Fehler können die Aufwendungen für die Nacherfüllung die Wertminderung übersteigen. *Beispiel:* Lackschäden, die sich nur durch eine Ganzlackierung beseitigen lassen.[301]

Zwischen dem Sachmangelbegriff und der Minderung besteht eine Inkongruenz, die bei nicht erheblichen Mängeln zu dem Ergebnis führen kann, dass der Käufer im Fall des Scheiterns der Nachbesserung keinen Anspruch auf Minderung besitzt. Dies liegt daran, dass der durch das Fehlen der vertragsgemäßen Beschaffenheit definierte Sachmangel nicht erfordert, dass Wert oder Gebrauchstauglichkeit des Fahrzeugs durch ihn beeinträchtigt werden, während der Anspruch auf Minderung voraussetzt, dass die Sache aufgrund des Mangel im Wert gemindert ist.

Beispiel:

Der Käufer, dem ein Neufahrzeug mit beige/brauner statt anthrazit/schwarzer Lederinnenausstattung geliefert worden war, hatte mit dem Händler eine Umrüstung vereinbart, von der er sich nach Fristsetzung mit Ablehnungsandrohung nach § 326 BGB a. F. lossagte und anschließend Minderung geltend machte.

---

296 *Wolff* in *Hoeren/Martinek*, Systematischer Kommentar zum Kaufrecht, § 441 Rn 22.
297 *Palandt/Putzo,* zu § 472 BGB a. F. Rn 8.
298 AG Leverkusen 17. 10. 1977 – 25 C 159/77 – n. v.
299 Urt. 27. 1. 1984 – 11 S 219/83 – n. v.
300 BT-Drucks. 14/6040, S. 235.
301 OLG Düsseldorf 9. 11. 1995, OLGR 1996, 41.

Minderung

Das LG Köln,[302] das in zweiter Instanz über diesen Sachverhalt zu entscheiden hatte, wies die Klage ab und führte im Urteil hierzu aus, dass

> *„derartige Farbabweichungen reine Geschmacksfragen betreffen und sich wertmäßig nicht niederschlagen. Die Beklagte (Verkäuferin) schuldet dem Kläger (Käufer) unter dem Gesichtspunkt der Minderung daher nichts; insbesondere hat sie nicht die vom Kläger unter Bezugnahme auf das Gutachten bezifferten Kosten von 14.174 DM für einen Austausch der Innenausstattung zu erstatten".*

Die Geltendmachung der Minderung kann – wie das Beispiel zeigt – zur Falle werden, da wertneutrale Geschmacksmängel von der Minderung ausgeschlossen sind. Ist das Rücktrittsrecht mangels Erheblichkeit eines wertneutralen Mangels ausgeschlossen, muss der Käufer auf Nacherfüllung bestehen und diese notfalls im Klagewege durchsetzen.

Falls der Wert des Fahrzeugs durch eine zur Fehlerbehebung erforderliche Ganzlackierung beeinträchtigt wird, kann die merkantile Wertminderung den Maßstab für die Minderung im Sinne von § 441 BGB darstellen.[303]

Erweist sich ein Mangel als unbehebbar, können die dem Käufer hierdurch entstehenden Mehrkosten einen Anhaltspunkt für die Berechnung der Minderung bilden. Von dieser Überlegung ausgehend verurteilte das AG Mülheim/Ruhr[304] einen Neuwagenhändler zur Zahlung des Differenzbetrages zwischen Normal- und Superbenzin für die voraussichtliche Lebensdauer des verkauften Fahrzeugs, dessen Motor beim Gebrauch von Normalbenzin klingelte und nachdieselte, während der Mangel bei Benutzung von Superbenzin verschwand. Im Gegensatz hierzu vertrat das LG Köln[305] den Standpunkt, bei der Position „erhöhte Benzinkosten" handele es sich um einen Mangelfolgeschaden, der sich auf eine Minderung nicht auswirken könne.

Falls sich die Minderung wegen konstruktiv bedingter Unbehebbarkeit eines Mangels weder über Reparatur- noch über Mehrkosten bestimmen lässt, bleibt die Möglichkeit der **freien Schätzung** gem. § 441 Abs. 3 S. 2 BGB.[306] Im Schätzwege bewertete das AG Köln[307] die Minderung eines Pkw, der neu rd. 30.000 DM gekostet hatte und dessen Tankvolumen bei eingebautem Tank etwa 4 l (56 l statt 60 l) unter der Prospektangabe des Herstellers lag, mit einem Betrag von 1000 DM.[308] Auf eine unzureichende Substantiierung der Minderung hat das Gericht den Käufer hinzuweisen.[309]

Eine Mitverantwortlichkeit des Käufers für den Mangel ist bei der Bemessung der Minderung durch eine angemessene Herabsetzung des Minderungsbetrages entsprechend dem Rechtsgedanken des § 254 BGB zu berücksichtigen.[310]

4. Durchführung der Minderung

Für die Abwicklung der Minderung sind die Rücktrittsvorschriften der §§ 346 Abs. 1, 347 Abs. 1 BGB entsprechend anzuwenden.

---

302 Urt. 10. 6. 1997 – 11 S 121 / 96 – n. v.
303 OLG Düsseldorf 9. 11. 1995, OLGR 1996, 41, das die Wertminderung bei einem Neuwagenpreis von DM 35.000 DM mit DM 1500 ansetzte und sich dabei auf die Schätzung eines Gutachters bezog.
304 Urt. 21. 2. 1980 – 10 C 333/79 – n. v.
305 Urt. 17. 10. 1984 – 20 O 178/81 – n. v.
306 Früher wurde die Schätzung des Minderungsbetrages nach § 287 ZPO nicht als zulässig angesehen, *Palandt/Putzo*, § 472 Rn 5 BGB a. F., aber gleichwohl praktiziert.
307 Urt. 13. 9. 1989 – 137 C 434/88 – n. v.
308 Aufgehoben aus anderen Gründen vom LG Köln 6. 11. 1990, DAR 1991, 461.
309 BVerfG 28. 6. 1994, NJW 1994, 848.
310 BT-Drucks. 14/6040, S. 235.

Hat der Käufer bereits den gesamten Kaufpreis gezahlt, steht ihm hinsichtlich des Mehrbetrages ein **Rückforderungsanspruch gem. § 441 Abs. 4 S. 1 BGB** zu.[311] Der Anspruch erfasst auch die gezogenen Zinsen und diejenigen Zinsen, die der Verkäufer nach den Regeln einer ordnungsmäßigen Wirtschaft hätte ziehen können.) Einen festen Zinsanspruch besitzt der Käufer jedoch nicht, so dass er zur Höhe und zur Erzielung bzw. Erzielbarkeit der Zinsen vortragen und Beweis antreten muss.

Sofern der Käufer den Kaufpreis nur teilweise beglichen hat, ist die Minderung verhältnismäßig auf den bezahlten und den offenen Kaufpreisteil zu verteilen. In gleicher Weise ist bei der Stundung zu verfahren. Die Zulassung einer anderweitigen Bestimmung durch den Käufer[312] stößt auf Bedenken, da sie die Änderung vereinbarter Fälligkeiten durch einseitige Erklärung des Käufers ermöglichen würde.

Erfüllungsort für die Minderung ist der Betriebssitz des Verkäufers,[313] es sei denn, die Parteien haben einen anderen Ort als Erfüllungsort vereinbart.

VI. Schadensersatz

1. Grundlagen

334 Das Schadensersatzrecht wird schwerpunktmäßig im Rahmen des Gebrauchtwagenkaufs behandelt, da es dort sein Zuhause hat (Rn 1407 ff.).

Den **NWVB** lässt sich nicht entnehmen, dass die Haftung des Verkäufers für von ihm zu vertretende Mängel ausgeschlossen sein soll. Abschn. VII **NWVB**, der sich mit dem Sachmangel befasst, enthält definitiv keine die Verkäuferhaftung einschränkenden oder ausschließenden Regelungen, wie sie in Abschn. VIII vorgesehen sind. Aus dem Kontext der Regelungen von Abschn. VII und VIII geht weder ausdrücklich noch konkludent hervor, dass die in Abschn. VIII vorgesehenen Ausschlüsse und Beschränkungen auch für die in Abschn. VII geregelten Sachmängelrechte anwendbar sein sollen. Die wegen Verstoßes gegen § 309 Nr. 7 a BGB ohnehin unwirksame Klausel von Abschn. VIII, Ziff. 1, Abs. 3, die besagt, dass für leicht fahrlässig durch einen Mangel des Kaufgegenstandes verursachte Schäden nicht gehaftet wird, verstärkt diesen Eindruck. Doch soweit muss man nicht vordringen, da sich die Intransparenz bereits daraus ergibt, dass Abschn. VII den Eindruck erweckt, als seien die dortigen Regelungen zur Sachmängelhaftung vollständig und abschließend.

Es ist zu unterscheiden zwischen Schadensersatzansprüchen **statt** der Leistung und solchen **neben** der Leistung. Die Unterscheidung in Mangelschäden und Mangelfolgeschäden eignet sich wegen der Unschärfe der Begriffe nur bedingt zur Kennzeichnung der beiden Schadensgruppen, wenngleich sie eine grobe Orientierung ermöglicht.[314] Schadensersatz statt der Leistung kann der Käufer vom Verkäufer nur unter der zusätzlichen Voraussetzung von § 281 Abs. 1 S. 1 BGB verlangen, d. h. er muss ihm zunächst eine angemessene Frist zur Nacherfüllung setzen, es sei denn, eine Fristsetzung ist nach §§ 440, 281 Abs. 2 BGB entbehrlich. Für die Geltendmachung von Schadensersatzansprüchen **neben** der Leistung ist eine Fristsetzung grundsätzlich nicht notwendig. Führen Mängel des Fahrzeugs zu einer Verletzung von anderen Rechtsgütern, kann der Käufer sofort nach § 280 Abs. 1 BGB liquidieren. Die Geltendmachung des Schadensersatzes statt der ganzen Leistung setzt ebenso wie der Rücktritt einen erheblichen Mangel voraus (§ 281 Abs. 1 S. 3 BGB).

---

311 Es handelt sich bei dieser Vorschrift um eine eigenständige Anspruchsgrundlage – *Büdenbender* in *Dauner- Lieb/ Heidel/Lepa/Ring*, Anwaltkommentar Schuldrecht, § 441 Rn 7.
312 So *Westermann*, MK, § 472 Rn 11 m. w. N.
313 *Palandt/Putzo*, § 472 Rn 4; *Palandt/Heinrichs*, § 269 Rn 15.
314 *Schubel*, JuS 2002, 313, 319.

Unterschiedlich sind die haftungsrechtlichen Konsequenzen, je nachdem, ob eine vom Verkäufer zu vertretende Pflichtverletzung im Hinblick auf die Lieferung der mangelhaften Sache (§ 433 Abs. 1 S. 2 BGB) vorliegt oder ob das Vertretenmüssen darin besteht, dass der Verkäufer die Nacherfüllung nicht bzw. nicht ordnungsgemäß erbracht hat.[315] In beiden Fällen setzt der Anspruch auf Schadensersatz voraus, dass der Verkäufer die zum Scheitern der Erfüllung/Nacherfüllung führenden Umstände zu vertreten hat. Den Entlastungsnachweis hat der Verkäufer gem. § 280 Abs. 1 S. 2 BGB zu führen.

2. Schadensersatzhaftung im Neuwagenhandel

Für den Neuwagenmarkt ist die Schadensersatzhaftung des Verkäufers weit weniger bedeutsam als für den Gebrauchtwagenverkauf. Dies liegt u. a. daran, dass vom Handel nicht generell erwartet werden kann, dass er industriell hergestellte Neufahrzeuge daraufhin überprüft, ob sie Konstruktions- und Fertigungsfehler aufweisen. Zur Untersuchung ist der Verkäufer eines Neufahrzeugs nur ausnahmsweise bei besonders hochwertigen oder fehleranfälligen Produkten verpflichtet, sowie auch dann, wenn er eine besondere Fachkunde besitzt.[316] Produktionsfehler des Herstellers muss er sich nicht nach § 278 BGB zurechnen lassen, da er dem Käufer nicht die Herstellung sondern nur die Verschaffung des Neufahrzeugs schuldet.[317] Nur wenn der Hersteller seine Produkte im eigenen Namen verkauft, haftet er dem Käufer auch wegen solcher Mängel auf Schadensersatz, die auf einer von ihm zu vertretenden fehlerhaften Konstruktion oder Produktion beruhen.

Neben der haftungsrelevanten Produktverantwortlichkeit des selbstverkaufenden Herstellers bleibt im Bereich des Neuwagenhandels durchaus Raum für die Anwendung des Schadensersatzrechts, zum einen, weil die Haftung aus Garantieübernahme (früher Zusicherung) und aus arglistigem Verhalten nach der Schuldrechtsreform weitgehend unverändert fortbesteht, zum anderen, weil der Verkäufer nicht nur für Pflichtverletzungen haftet, die mit der Lieferung des mangelhaften Fahrzeugs zusammenhängen, sondern auch für solche, die in der Nicht- oder Schlechterfüllung der Nachbesserung oder Ersatzlieferung bestehen.

Die in der Lieferung des mangelhaften Neufahrzeugs liegende Pflichtverletzung hat der Verkäufer zu vertreten, wenn er für die vertragsgemäße Beschaffenheit des Neufahrzeugs eine Garantie übernimmt, Mängel kennt und verschweigt oder fahrlässig nicht erkennt oder ihm ein sonstiges fahrlässiges Handeln im Hinblick auf die Lieferung eines nicht mangelfreien Neufahrzeugs vorzuwerfen ist, wie z. B. die Versäumung einer Untersuchung des Fahrzeugs trotz handgreiflicher Anhaltspunkte für das Vorliegen eines Sachmangels. Eine Verschuldenshaftung im Zusammenhang mit der Lieferung eines mangelhaften Neufahrzeugs kann ferner darauf zurückzuführen sein, dass der Händler Sorgfaltspflichten beim Transport, bei der Lagerung und bei Vornahme der Ablieferungsinspektion und der Übergabe des Neufahrzeugs nicht beachtet.

3. Haftung ohne Verschulden (Garantie)

Vereinzelt wird die Meinung vertreten, der Verkäufer übernehme mit der Verpflichtung, eine **Gattungssache** zu liefern, eine **verschuldensunabhängige Haftung** für deren mangelfreie Beschaffenheit.[318]

---

315 *Lorenz,* NJW 2002, 2504.
316 BGH 25. 9. 1968, NJW 1968, 2238; BT-Drucks. 16/6040, S. 210.
317 *Wolff* in *Hoeren/Martinek,* Systematischer Kommentar zum Kaufrecht § 437 Rn 36; *Schubel,* JuS 2002, 313, 318.
318 *Graf von Westphalen* ZGS 2002, 154 ff.

Abgeleitet wird die strenge Haftung aus dem in §§ 433 Abs. 1 S. 2; 243 Abs. 1 BGB verankerten Pflichtenprogramm, kraft dessen der Verkäufer einer Gattungssache eine mangelfreie Sache von **mittlerer Art und Güte** zu liefern hat. Auf der Suche nach dem dogmatischen Leitfaden des neuen Haftungssystems wird jedoch verkannt, dass der verschuldensunabhängigen Haftung des Verkäufers einer Gattungssache Grenzen gesetzt sind. Die Ansicht begegnet dem Einwand, dass das Versprechen des Verkäufers, eine Gattungssache zu liefern, nicht die konkludente Übernahme einer vom Verschulden unabhängigen Haftung für deren mangelfreien Zustand beinhaltet.[319] Im Fall der Lieferung einer mangelhaften Sache stehen dem Käufer die Rechte auf Nacherfüllung, Rücktritt und der Minderung zur Verfügung, die ein Verschulden nicht voraussetzen und ihm den – vom Gesetzgeber zuerkannten – Schutz gewähren.[320]

Die Gleichsetzung der Pflicht zur Lieferung einer Sache von **mittlerer Art und Güte** (§ 243 BGB) mit der die Pflicht zur Lieferung einer **mangelfreien Sache** (§ 433 BGB) beruht auf einem dogmatischen Fehlansatz. Eine Sache von mittlerer Art und Güte kann durchaus mangelhaft sein, wie umgekehrt eine an sich mangelfreie Sache nicht unbedingt von mittlerer Art und Güte sein muss. Aus § 243 Abs. 1 BGB folgt daher nicht, dass der Verkäufer mit Eingehung der Gattungsschuld die Garantie für die Beschaffung einer mangelfreien Sache übernimmt. Das Argument, der Verkäufer könne das Beschaffungsrisiko unter dem Regime des § 434 Abs. 3 BGB sogar durch Lieferung einer anderen Sache erfüllen, was nie und nimmer dem Willen der Parteien entspreche,[321] wird durch die Tatsache widerlegt, dass eine „andere Sache" niemals von mittlerer Art und Güte der (aus)bedungenen Gattung sein kann.

Allein mit dem Versprechen, ein der Gattung nach bestimmtes Neufahrzeug zu liefern, übernimmt der Händler gegenüber dem Käufer eines Neufahrzeugs somit keine Garantiehaftung i. S. v. § 276 BGB für die Mängelfreiheit der Kaufsache. Zur Herbeiführung einer verschuldensunabhängigen Haftung bedarf es der Feststellung eines besonderen rechtsgeschäftlichen Garantiewillens.[322]

337   Es bietet sich an, die **Garantiehaftung** an den Kriterien auszurichten, welche die Rechtsprechung zur **Rechtsfigur der Zusicherung** herausgearbeitet hat. Die Zusicherung hat durch die ersatzlose Streichung von § 463 BGB a. F. und die Einführung der Verschuldenshaftung für Sachmängel unter Einschluss der jetzigen Garantiehaftung gem. § 276 BGB ihre Bedeutung zwar weitgehend eingebüßt, was aber nicht heißen kann, dass sich die Maßstäbe der Abgrenzung zwischen einfacher Beschaffenheitsvereinbarung und Übernahme einer Garantie (früher Zusicherung) verändert haben. Im Vordergrund steht sowohl bei der früheren Zusicherung als auch bei der heutigen Garantie die alles entscheidende Frage, ob der Verkäufer in vertragsgemäß bindender Weise seine Bereitschaft zu erkennen gegeben hat, für das Vorhandensein einer Eigenschaft der Kaufsache und die Folgen ihres Fehlens ohne Rücksicht auf Verschulden unter allen Umständen einstehen zu wollen, dafür also zu garantieren.[323] Außer physischen Eigenschaften der Kaufsache können auch deren tatsächlichen, wirtschaftlichen, sozialen und rechtlichen Beziehungen zu ihrer Umwelt für die Brauchbarkeit und den Wert bedeutsam und deshalb garantiefähige Eigenschaften sein, jedoch müssen die **Beziehungen ihren Grund in der Beschaffenheit der Kaufsache selbst haben**, von ihr ausgehen, ihr für eine gewisse Dauer anhaften und nicht lediglich

---

319 *Canaris*, DB 2001, 1815; *Lorenz*, NJW 2002, 2497, 2504.
320 *Dauner-Lieb/Dötsch*, DB 2001, 2535 ff; *Palandt/Heinrichs*, BGB, Erg.-Bd. § 276 Rn 32.
321 *Graf von Westphalen*, ZGS 2002, 154, 157.
322 *Lorenz*, NJW 2002, 2497, 2504.
323 BGH 5. 7. 1972, NJW 1972, 1706; 25. 6. 1975, NJW 1975, 1693; 10. 7. 1991, NJW-RR 1991, 1401.

Schadensersatz

durch Heranziehung von Umständen in Erscheinung treten, die außerhalb der Sache liegen.[324]

Der Verkäufer kann eine Eigenschaft entweder **ausdrücklich** (mündlich oder schriftlich) oder **stillschweigend** oder durch **schlüssiges Verhalten** garantieren. Die Wertung ist unter Einbezug aller zum Vertragsschluss führenden Umstände vom Empfängerhorizont aus vorzunehmen, wobei das Vertrauen, das der Käufer der Sachkunde des Verkäufers entgegenbringen darf, eine maßgebliche Rolle spielt.[325]

Die Zusicherungshaftung wurde in der Vergangenheit zuweilen extensiv praktiziert, um entweder Sachmängelausschlüsse oder Verjährungshemmnisse zu überwinden. Angesichts der auf zwei Jahre verlängerten Verjährungsfristen für Neufahrzeuge (§ 438 Abs. 1 Nr. 3 BGB) und der Unzulässigkeit des Ausschlusses der Sachmängelhaftung in AGB beim Verbrauchsgüterkauf (§ 475 Abs. 1 BGB) sind derartige Anstrengungen nach neuem Recht entbehrlich. Als Garantien können aber nach wie vor Erklärungen des Händlers außerhalb der Vertragsurkunde in Betracht kommen, wie z. B. in Werbeanzeigen oder auf Verkaufsschildern.[326] In der Regel handelt es sich bei solchen externen Erklärungen über Lieferumfang, Aussehen und Leistungen eines Neufahrzeugs um schlichte Beschaffenheitsangaben. Für solche Angaben haftet der Verkäufer dem Käufer nur dann verschuldensunabhängig, wenn er für die Richtigkeit der Angabe ausdrücklich oder konkludent eine Garantie übernimmt.

Mit Blick auf die Zusicherungshaftung des Verkäufers hat der BGH[327] wiederholt hervorgehoben, beim Verkauf neu hergestellter beweglicher Sachen stelle eine stillschweigende Zusicherung die Ausnahme dar. Vorsicht mit der Annahme einer Zusicherung sei besonders in den Fällen geboten, in denen die Erklärung des Verkäufers, aus der eine Zusicherung hergeleitet werden soll, zugleich der Bezeichnung der Kaufsache dient.[328]

Trotz dieser selbst angemahnten Zurückhaltung hat der BGH – gefolgt von den Instanzgerichten – **keine** sonderlich **strengen Anforderungen** an das Vorliegen einer Eigenschaftszusicherung beim Neuwagenkauf gestellt. Seines Erachtens ist die konkludente Übernahme einer verschuldensunabhängigen Haftung zu bejahen, wenn der Käufer auf das Vorhandensein einer bestimmten Eigenschaft des zu erwerbenden Neufahrzeugs erkennbar in kaufentscheidender Weise Wert legt, etwa durch die Bemerkung, für ihn komme nur der Erwerb eines Neufahrzeugs mit Antiblockiersystem in Betracht, und der Verkäufer daraufhin einen vorrätigen Neuwagen mit dem verlangten Ausstattungsmerkmal anbietet.[329] Ein solches Verhalten ist grundsätzlich geeignet, beim Käufer den Eindruck zu erwecken, der Verkäufer übernehme die Garantie für das Vorhandensein der Eigenschaft.

Der Rechtsfigur der **konkludenten Zusicherung** hat sich die Rechtsprechung im Zusammenhang mit der Eigenschaft der **Fabrikneuheit** eines Kraftfahrzeugs stets besonders großzügig bedient. Es entspricht seit Jahren nahezu einhelliger Auffassung, dass im Fall der Verwendung eines Neuwagenbestellformulars nach Treu und Glauben und mit Rücksicht auf die Verkehrssitte die Erklärung des Verkäufers dahin zu verstehen ist, dass er ein fabrikneues Fahrzeug liefern, sich dafür stark machen und eine entsprechende Zusicherung erteilen will.[330] Der Verwendung des Begriffs „fabrikneu" bedarf es hierzu nicht, da ein Käufer,

---
324 BGH 28. 3. 1990, NJW 1990, 1659 m. w. N.
325 BGH 10. 7. 1991, NJW-RR 1991, 1401.
326 OLG Köln 19. 10. 1971, NJW 1972, 162; OLG München 26. 4. 1974, DAR 1974, 296.
327 Urt. 14. 2.1996, NJW 1996, 1337; Urt. 28. 11. 1994, DAR 1995, 111 m. w. N.
328 BGH 20. 3. 1996, NJW-RR 1996, 951.
329 BGH 28. 11. 1994, DAR 1995, 111.
330 BGH 22. 3. 2000, DAR 2000,82 ff.; 18. 6. 1980, DB 1980, 1836; OLG Koblenz 25. 10. 1973, VRS 43, 281; OLG Hamm 15. 10. 1981 – 6 U 216/81 – n. v.; OLG Köln 23. 3. 1970, OLGZ 1971, 15; 2. 7. 1982, DAR 1982, 403; 10. 1. 1990, DAR 1990, 457; OLG Karlsruhe 16. 6. 1971, BB 1971,

der ein als „neues Kraftfahrzeug" bezeichnetes Fahrzeug erwirbt, dies regelmäßig in der selbstverständlichen Erwartung tut, dass das zu liefernde Fahrzeug fabrikneu ist.[331] In Anbetracht dieser traditionellen Rechtsprechung ist zu erwarten, dass die Verpflichtung des Verkäufers zur Lieferung eines Neufahrzeugs auch künftig im Sinne der Übernahme einer verschuldensunbhängigen Haftung für die Fabrikneuheit ausgelegt wird. Allein die Tatsache, dass die Rechtsfigur der Zusicherung im Zuge der Schuldrechtsmodernisierung gestrichen und durch die inhaltsgleiche Garantie ersetzt wurde, zwingt nicht zu einer anderen Sichtweise, da sich weder die tatsächlichen Gegebenheiten noch die Auslegungsgrundsätze geändert haben.

Die Frage wird aber sein, ob es aus dogmatischen Gründen sinnvoll ist, an der konkludenten Garantie der Fabrikneuheit festzuhalten, da die Grenzen zwischen vertragsgemäßer Beschaffenheit und Garantie verwischt werden. Bei der Abwägung ist zu berücksichtigen, dass das Bedürfnis nach einer Ergebniskorrektur über die Rechtsfigur der Garantiehaftung nicht mehr in dem gleichen Maße wie früher besteht. Somit ist die Beibehaltung der Rechtsprechungsgrundsätze zur Zusicherung in gleichem Maße erträglich wie ihre Abschaffung. Dogmatisch verdient die Abschaffung den Vorzug. Die Rechtsprechung hat jetzt die Chance, die Zurückhaltung mit der Rechtsfigur der konkludenten Garantie zu üben, die sie immer schon gefordert aber aus guten Gründen nicht eingehalten hat (Rn 1066).

Sollte die bisherige Rechtsprechungspraxis zur konkludenten Zusicherung im Zusammenhang mit der Garantiehaftung ihre Fortsetzung finden, wird daran festzuhalten sein, dass eine „konkludente Garantie" der Fabrikneuheit auch dann vorliegt, wenn der Verkäufer des Neuwagens kein Vertragshändler der betreffenden Marke ist.[332] Selbst wenn der Handel mit Neufahrzeugen nicht zu dem eigentlichen Gewerbe des Verkäufers gehört, wie beispielsweise der gelegentliche Verkauf importierter Nobelfahrzeuge durch ein Möbelhaus,[333] kann allein durch die Bezeichnung des Kraftfahrzeugs als Neuwagen eine vom Verschulden unabhängige Haftung des Verkäufers gem. § 276 Abs. 1 BGB begründet werden. In Anbetracht der Tatsache, dass beim Verkauf eines Neufahrzeugs dessen Fabrikneuheit konkludent garantiert wird, ist der Verkäufer darlegungs- und beweispflichtig dafür, dass er den Käufer über diejenigen Eigenschaften des Fahrzeugs aufgeklärt hat, welche die Fabrikneuheit der Kaufsache beeinträchtigen.[334]

339 Um den Verkäufer vor der strengen Haftung des § 463 BGB a. F. zu bewahren, hat sich das OLG Koblenz[335] auf den Standpunkt gestellt, **neu und fabrikneu** seien im gängigen Sprachgebrauch dasselbe. Bei anderer Gelegenheit entschied wiederum das OLG Koblenz,[336] dass der Käufer nicht von der Fabrikneuheit ausgehen könne, wenn sich ein auf eigener Achse überführtes Importfahrzeug zum Zeitpunkt der Auslieferung in einem schwer beschädigten und unzulänglich reparierten Zustand befindet.

Nach Ansicht des OLG Bamberg[337] kann von einer Zusicherung der Eigenschaft „fabrikneu" nicht ausgegangen werden, wenn der Käufer auf einen 10 Monate zuvor stattgefundenen Modellwechsel hingewiesen wurde.

1336; 19. 10. 1987 – 12 U 9/ 87 – n. v.; LG Berlin 30. 9. 1975, NJW 1976, 151 ff.; KG 29. 5. 1979 – 6 U 365/89 – n. v.; *Mezger,* BGB-RGRK § 459 Rn 26.
331 BGH 22. 3. 2000, DAR 2000, 82.
332 OLG Düsseldorf 8. 5. 1992, NJW-RR 1993, 57.
333 BGH 26. 3. 1997 – VIII ZR 115/96 – dazu EWiR § 559 BGB 1/97, 537 – *Reinking* –.
334 OLG Köln 3. 11. 1998 – 22 U 55/ 98 – n. v.
335 Urt. 23. 7. 1998, DAR 1999, 262.
336 Urt. 20. 11.1998, NJW-RR 1999, 702
337 21. 6. 2002, OLGR 2002, 328.

Schadensersatz

In einer Entscheidung bewahrte selbst der BGH[338] den Verkäufer vor den unangemessenen Folgen des § 463 BGB a. F., indem er den Neuwagenbegriff relativierte. Die Bezeichnung „Neuwagen" besage nicht, dass das Fahrzeug noch nicht auf einen Vorbesitzer zugelassen worden sei, wenn beide Parteien wissen, dass der Pkw bereits fünf Monate vor dem Verkauf an einen anderen Kunden ausgeliefert wurde, entschied er.

Das OLG Schleswig[339] vertrat die Ansicht, von einer Zusicherung der Fabrikneuheit sei nicht auszugehen, wenn der Verkäufer ein als **„EU-Importwagen/Neuwagen"** ausgeschildertes Kraftfahrzeug verkauft und dabei kein Neuwagen-Vertragsformular sondern eine Bestellung für gebrauchte Fahrzeuge verwendet, die den Vermerk „ohne Garantie" enthält und in der zusätzlich vermerkt ist, dass das Fahrzeug keine Werksgarantie hat und stattdessen eine Zusatzgarantie bis 36 Monate gegen Zuzahlung von DM 350 gewährt wird. Vertragsgegenstand ist unter diesen Umständen allerdings ein Neufahrzeug und nicht etwa ein Gebrauchtwagen.

Die Erklärung des Verkäufers, ein Fahrzeug sei **werksneu**, besagt aus Sicht des OLG Celle[340] nicht, dass es die Kriterien der Fabrikneuheit erfüllt, wenn der Käufer weiß, dass die Produktion des Fahrzeugs seit mehr als 12 Monaten eingestellt ist.

Abgesehen von den konkludent versprochenen Eigenschaften der „Neuheit" und der „Fabrikneuheit" sind **Beschaffenheitsgarantien** beim Neuwagenkauf weitaus seltener anzutreffen als im Gebrauchtwagenhandel (Rn 1070). Das liegt daran, dass der Neuwagenkäufer auf Grund von Herstellerbeschreibungen des Fahrzeugs (vor)informiert ist und über die Beschaffenheit des Autos Bescheid weiß. Für gesonderte Erklärungen durch den Händler bleibt daher wenig Raum. Dies gilt allemal für den Regelfall, der darin besteht, dass das Neufahrzeug nach Katalog und Preisliste über den Händler bestellt und erst später vom Hersteller ausgeliefert wird.[341]

Beispiele aus der Rechtsprechung zur Zusicherungs-/Garantieproblematik beim Neuwagenkauf, in denen die Zusicherung **bejaht** wurde:

– Angabe der Produktionszeit – OLG München 28. 6. 1983, DAR 1984, 60 –.
– Schadstofffreiheit (geregelter Katalysator) –AG Dortmund 29. 4. 1987, NJW-RR 1988, 1462 –.
– Schadstoffarmut – AG Witten 20. 1. 1988, DAR 1988, 424 und AG Essen 29. 1. 1987, NJW-RR 1987, 828 –.
– „Geregelter Kat" besagt, dass der Verkäufer auch für Schadstoffarmut und damit verbundene Steuerfreiheit einsteht – OLG Köln 16.2. 2000, DAR 2000, 309; a. A. OLG Hamm 29. 6. 1998 – 32 U 7/98 – n. v.
– Vorhandensein eines Antiblockiersystems – BGH 28. 11. 1994, DAR 1995, 111; OLG Köln 3. 11. 1998 – 22 U 55/98 – n. v. –,
– Zusage der Ausrüstung eines Neufahrzeugs mit einer Anhängerkupplung auf Grund der Mitteilung des Käufers, er benötige diese, um mit dem Pkw unter Mitführung seines Bootes in Urlaub fahren zu können – LG Köln 15. 12. 1995 -21 O 285 7 95- n. v.
– Die Angabe, das Fahrzeug könne ohne rechtliche Probleme ohne Fahrerlaubnis betrieben werden, ist eine Zusicherung und hat zur Folge, dass der Käufer einen Streit über die Zulässigkeit des Fahrens ohne Fahrerlaubnis nicht dulden muss – OLG München 10. 11. 2000, DAR 2001, 274; siehe dazu auch BayObLG 12. 12. 2000, DAR 2001, 173; VG Hamburg 13. 11. 2000, DAR 2001, 235 – motorisierter Krankenfahrstuhl –.

---

338 Urt. v. 26. 3. 1997 – VIII ZR 115/96 – dazu EWiR § 559 BGB 1/97, 537 – *Reinking*- .
339 Urt. v. 21. 7. 1999, ZIP 1999,2143; dazu EwiR § 459 BGB 2/2000, 67 – Reinking – .
340 Urt. 24. 2. 1994, OLGR 1995, 35.
341 BGH 28. 11. 1994, DAR 1995, 111.

– Betrifft der Kaufvertrag die Lieferung eines Serienfahrzeugs, das vom Händler getunt werden soll, so dass der Motor ca. 300 PS leistet und sich dadurch die Höchstgeschwindigkeit auf ca. 270 km/h erhöht, ist anzunehmen, dass es sich bei den Angaben des Verkäufers zur erreichbaren Leistung und Höchstgeschwindigkeit trotz der ca.- Einschränkungen um Zusicherungen im Rechtssinn handelt, da es nach den Gesamtumständen dem Käufer erkennbar darauf angekommen ist, ein Fahrzeug zu bekommen, dass diese Eigenschaften auch tatsächlich aufweist. Ein Geschwindigkeitsdefizit von 6,66 % (252 km/h gegenüber 270 km/h) ist unter diesen Umständen als erhebliche Abweichung einzustufen – OLG Düsseldorf 30. 10. 1992, leitsatzmäßig veröffentlicht in OLGR 1993, 129 –.

341 Zusicherung wurde **verneint:**

– Eine Eigenschaftszusicherung liegt nicht vor, wenn der Verkäufer eines Geländewagens im Verkaufsgespräch erklärt, es handele sich nicht um einen gewöhnlichen Geländewagen, sondern um ein Auto, das wie jeder andere Pkw ruhig gefahren werden könne – OLG Koblenz 30. 3. 1995, ZfS 1995, 418 –.

– Besonders günstige Kaufkonditionen und die Aufklärung des Käufers über einen Modellwechsel können ein Hinweis darauf sein, dass das Alter eines Lagerfahrzeugs nicht Gegenstand einer Zusicherung sein soll – OLG Zweibrücken 5. 5. 1998, NJW-RR 1998, 1211–.

– Beim Verkauf einer neuen Sache wird deren Fehlerfreiheit vom Verkäufer in der Regel weder stillschweigend noch konkludent zugesichert – OLG Köln 14. 2. 1997, OLGR 1997, 138 –.

– Die Angabe „Schadstoffklasse Euro 2" enthält nicht die Zusicherung für eine bestimmte steuerliche Einstufung. Diese bestimmt sich allein nach den Kriterien der Finanzbehörden – OLG Bremen 14. 6. 2001–5 U 1/01-; OLG Koblenz 7. 11. 2001–3 W 729/01 –.

Gewöhnlich bietet der Handel mit neuen **Importfahrzeugen** ein breiteres Feld für Garantien, da die Vorgeschichte der Autos vielfach unbekannt und aus den Fahrzeugpapieren nicht ablesbar ist. In dieser Sparte betreffen Zusagen der Händler typischerweise das Vorhandensein und die Dauer von Werksgarantien, die Wartungsfähigkeit der Fahrzeuge in deutschen Vertragswerkstätten,[342] die Nichtzulassung im Ausland und die noch nicht erfolgte Inbetriebnahme zu Verkehrszwecken. Die Erklärung des Verkäufers, die ausländische Umsatzsteuer sei bezahlt und diese werde auf die Einfuhrumsatzsteuer angerechnet, stellt keine Beschaffenheitsgarantie dar, da es sich nicht um eine der Kaufsache anhaftende und von ihr ausgehende Eigenschaft handelt.[343]

4. Arglistiges Verschweigen

342 Durch Einführung der generellen Schadensersatzhaftung des Verkäufers für von ihm zu vertretende Sachmängel hat der Haftungstatbestand des arglistigen Verschweigens von Mängeln seine Sonderstellung eingebüßt. Der Tatbestand der Arglist ist **nicht** mehr **haftungsbegründend**. Gleichwohl werden durch arglistiges Verhalten die rechtlichen Weichen in vielerlei Hinsicht gestellt.

Nach wie vor scheitert der Ausschluss der Sachmängelhaftung, wenn der Verkäufer einen Mangel arglistig verschwiegen hat (§ 444 BGB). Weiterhin suspendiert Arglist die Haftungsfreistellung des Verkäufers für solche Mängel, die dem Käufer infolge grober Fahrlässigkeit unbekannt geblieben sind, macht die unterbliebene Mängelrüge des Käufers unschädlich (§ 377 HGB) und verlängert die Sachmängelhaftung auf drei Jahre (§ 195 BGB). Schließlich ist ein arglistiges Verhalten des Verkäufers bei der Unzumutbarkeitsprü-

---

342 LG Darmstadt, Urt. 13. 7. 1979 – 1 O 68/69 – n. v.
343 BGH 28. 3. 1990, NJW 1990, 1655 – zur Zusicherung.

fung im Rahmen von §§ 439 Abs. 3, 440 BGB und bei der Beurteilung der Schwere der Pflichtverletzung im Rahmen von § 323 Abs. 5 BGB zu berücksichtigen. Die Möglichkeit der Anfechtung wegen arglistiger Täuschung gem. § 123 BGB, die nicht auf Sachmängel beschränkt ist, wird durch die kaufrechtlichen Vorschriften nicht verdrängt.[344]

Die Möglichkeiten des arglistigen Verschweigens von Mängeln sind beim Neuwagenkauf im Gegensatz zum Gebrauchtwagenkauf naturgemäß begrenzt. Maßgeblicher Zeitpunkt für die Arglist ist der Vertragsschluss. Dies wird aus § 442 Abs. 1 S. 2 BGB hergeleitet, der an S. 1 anschließt.[345] Im Gegensatz zu früher[346] besteht keine Notwendigkeit, auf den Zeitpunkt des Gefahrübergangs abzustellen, wenn es sich bei dem Kaufgegenstand um eine nicht vorrätige Gattungssache handelt, da die Sachmängelansprüche des Käufers nicht ausgeschlossen werden, wenn ihm ein Mangel der Sache bei Gefahrübergang infolge grober Fahrlässigkeit unbekannt geblieben ist.

Beispiele aus der Rechtsprechung :

1. Arglistiges Verhalten wurde **bejaht:** **343**
   - Der Verkäufer verschweigt, dass sich ein Tanklastwagen nicht zu dem vom Käufer beabsichtigten **Verwendungszweck** – Transport chemischer Flüssigkeiten – eignet.[347]
   - Der Verkäufer verheimlicht eine lange **Standzeit** des Fahrzeugs zwischen Herstellung und Verkauf.[348]
   - Auf **Vorschäden,** die im Werk, auf dem Transport oder beim Händler eingetreten sind und die vor Auslieferung repariert wurden, wird nicht hingewiesen.[349]
   - Der Verkäufer weist bei Verkauf eines Wohnmobil-Prototyps zwar auf das Vorhandensein von **Lackschäden**, nicht aber darauf hin, dass der Lack insgesamt infolge abweichender thermischer Ausdehnungskoeffizienten auf Dauer nicht haften bleibt, obwohl er das Ausmaß der Schäden an einem Vergleichsfahrzeug bereits einmal miterlebt hat.[350]
   - Dem Käufer wird verschwiegen, dass ein aus den USA importierter **Pkw keinen Getriebeölkühler** besitzt, mit dem über die deutsche Tochtergesellschaft des Herstellers importierte vergleichbare Fahrzeuge serienmäßig ausgestattet sind.[351].
   - Der Verkäufer spiegelt dem Käufer eines Wohnmobils durch Übergabe einer fotokopierten Beschreibung vor, in dem Fahrzeug befinde sich eine **Klimaanlage** mit dem üblichen inländischen Standard des Chassis-Herstellers, während das Fahrzeug in Wirklichkeit nur mit einer Einfachklimaanlage ohne Pollenfilter ausgestattet ist.[352]
2. Ein Arglistverhalten **ohne direkten Sachmangelbezug** wurde in folgenden Fällen bejaht: **344**

---

344 Von der Anfechtung wegen arglistigen Verschweigens eines Sachmangels ist jedoch abzuraten, da es sich bei der Anfechtung um das schwächere Recht handelt, dazu Rn 1714 f.
345 *Palandt/Putzo* BGB, Erg.-Bd., § 442 Rn 12.
346 BGH 5. 4. 1989, NJW 1989, 2051, 2052.
347 BGH 28. 4. 1971, NJW 1971, 1795
348 OLG Hamm 14. 5. 1985, DAR 1985, 353; OLG Naumburg 14. 10. 1993, VM 1994, 31
349 OLG Oldenburg, 18. 10. 2000, OLGR 2001, 50 zum Verkauf eines Dienstwagens mit 550 km und einem zum Sparpreis von 417,60 DM nicht ganz einwandfrei reparierten Schaden am Seitenteil, dessen Behebung laut Gutachten 1217,19 DM gekostet hätte; LG Köln 4. 7. 1979 – 9 S 361/78 – n. v.
350 OLG Köln, Urt. 8. 6. 1993 – 24 U 215/92 – n. v.
351 OLG Düsseldorf 28. 2. 1993, NJW-RR 1993, 1463.
352 LG Kassel, 6. 8. 2001 – 9 O 414/01 – n. v.

- Der Händler bietet einen Neuwagen zu einem Sonderpreis an und verschweigt, dass dieser „**Sonderpreis**" **über** der **unverbindlichen Preisempfehlung** des Herstellers oder Importeurs liegt.[353]
- Bei Verkauf eines Neuwagens wird vom Verkäufer der Eindruck erweckt, er erteile eine die gesamte Händler- und Service-Organisation des Herstellers bindende **Werksgarantie**, in Wirklichkeit aber nur Garantieansprüche gegen sich selbst begründen kann.[354]
- Der Verkäufer täuscht eine **Bestellung ab Werk** vor, obwohl in Wahrheit ein auf Lager stehendes Kfz geliefert werden soll.[355]
- Ein Vertragshändler, der ein Neufahrzeug japanischer Herkunft nicht über die deutsche Vertriebsgesellschaft des Herstellers, sondern aus dem EG-Raum als „Grauimport" bezogen hat, klärt den Käufer hierüber nicht auf, obwohl er weiß, dass im Fall der Einfuhr über Parallelimport **nicht sichergestellt** ist, dass die **Gewährleistungsansprüche** innerhalb der Garantiezeit von allen Vertragshändlern **befriedigt werden**, wie dies bei einer Einfuhr durch die Vertriebsgesellschaft des Herstellers der Fall ist.[356]

345 3. Ein arglistiges Verhalten wurde **verneint**:
- Bei dem Verkauf eines **Lagerfahrzeugs**, das nicht als Neufahrzeug angeboten, sondern unter Hinweis auf einen Modellwechsel mit einem überdurchschnittlichen Abschlag von 25 % auf den früheren Neupreis und zusätzlicher Inzahlungnahme eines älteren Fahrzeugs als Nullkilometerfahrzeug verkauft wird, unterliegt das **Fahrzeugalter nicht** der **Offenbarungspflicht** des Verkäufers, wenn es den Gebrauchswert des Fahrzeugs nicht beeinträchtigt.[357]
- Allein der Umstand, dass ein in Deutschland gekauftes und dort auszulieferndes Fahrzeug im **Ausland hergestellt** worden ist, rechtfertigt nicht den Vorwurf eines arglistigen Verhaltens, da es dem Käufer in der Regel nur entscheidend darauf ankommt, dass das Fahrzeug den in der Bundesrepublik Deutschland geltenden Zulassungsbestimmungen und den kaufvertraglichen Vereinbarungen entspricht und der Händler die Gewähr dafür leistet, dass das Fahrzeug den jeweiligen Stand der Technik aufweist.[358]
- In der Regel besteht **keine Aufklärungspflicht** des einen **Nachlass** von 30% gewährenden Verkäufers über eine nach Abschluss der Verhandlungen, aber vor Unterzeichnung des Kaufvertrages erfolgte erhebliche Senkung des Herstellerpreises, es sei denn, die Erwartung des Käufers, er erhalte eine Ware mit einem erheblich über dem Kaufpreis liegenden Marktwert, war für den Kaufentschluss nicht nur mitentscheidend, sondern für den Verkäufer erkennbar ausschlaggebend.[359]
- Verkauft ein Autohändler neue **Autoreifen**, die ihm erst kurz zuvor geliefert wurden und dem neusten auf dem Markt befindlichen Modell entsprechen, so kann nicht allein aus dem zwei Jahre zurückliegenden Herstellungsdatum ein arglistiges Verhalten abgeleitet werden.[360]

---

[353] OLG Frankfurt 12. 5. 1982, DAR 1982, 294.
[354] OLG Hamm 20. 3. 1980, BB 1981, 1853.
[355] OLG Düsseldorf 21. 8. 1969, DB 1969, 1935.
[356] LG Düsseldorf 26. 2. 1987, DAR 1987, 385.
[357] OLG Zweibrücken 5. 5. 1998, NJW-RR 1998, 1211.
[358] OLG Köln 16. 2. 1995, OLGR 1995, 140, 141.
[359] BGH 13. 7. 1983, ZIP 1983, 1073.
[360] AG Witten, 21. 5. 2002, NJW-RR 2002,1348; zum Verkauf alter Reifen OLG Köln 7. 11. 2000, DAR 2001, 81.

5. Schadensersatz statt der Leistung, statt der ganzen Leistung

Durch den Anspruch auf **Schadensersatz statt der Leistung** soll der Käufer so gestellt **346** werden, als habe der Verkäufer ordnungsgemäß geleistet. Er behält das Fahrzeug und bekommt als Schadensersatz für die ausgebliebene Leistung (Nacherfüllung) entweder die Wertminderung oder die Reparaturkosten.[361] Entscheidet er sich für die Reparaturkosten, muss er einen Abzug neu für alt hinnehmen, wenn ihm durch die Behebung des Mangels ein Vorteil erwächst.[362] Ersatzfähig sind weiterhin Vermögensschäden des Käufers, sofern sie in unmittelbarem Zusammenhang mit dem Mangel stehen (Nutzungsausfall, Mietwagenkosten, entgangener Gewinn, Kosten zur Feststellung des Mangels, usw.). Ausfallschaden hat der Käufer auch für die Zeit zu beanspruchen, in der sich das Fahrzeug wegen der Mängelbeseitigung in der Werkstatt befunden hat.[363] Wenn der Käufer das trotz des Schadens bzw. Mangels verkehrssichere Fahrzeug allein zum Zweck der Beweissicherung abgemeldet hat und deshalb nicht nutzen kann, besitzt er allerdings keinen Anspruch auf Ersatz des Ausfallschadens,[364] da er durch diese Verhaltensweise gegen seine Schadensminderungspflicht verstößt.

Der Schadensersatzanspruch **statt der ganzen Leistung** besteht in der Nichterfüllung der Vertragspflicht, mängelfrei zu liefern. Er umfasst den Mangelschaden und etwaige Folgeschäden, z. B. Mehrkosten der Ersatzbeschaffung.[365] Der Käufer hat die Wahl, entweder entgangenen Gewinn (§§ 280, 281 BGB) oder nutzlos gewordene Aufwendungen[366] und Vertragskosten zurückzufordern.[367] Im einen wie im anderen Fall muss er sich gezogene Nutzungen im Wege der Vorteilsausgleichung anrechnen lassen.

Die Herausgabe des Fahrzeugs hat Zug um Zug gegen Zahlung der Schadensersatzleistung zu erfolgen. Falls der Käufer ein Gebrauchtfahrzeug **in Zahlung** gegeben hat, muss ihm der Verkäufer außer dem bar gezahlten Kaufpreisanteil den **Anrechnungspreis** für das Altauto ersetzen.[368] Sein Anspruch richtet sich auf die Herstellung des gleichen wirtschaftlichen Erfolges, der ohne das schädigende Ereignis eingetreten wäre. Durch die Zubilligung eines Zahlungsanspruchs bleibt dem Käufer der Vorteil eines **günstigen Anrechnungspreises** für den Altwagen erhalten (ausführlich Rn 486).

Erfüllungsort für die Abwicklung der Ansprüche ist der Wohnsitz des Käufers, da der Verkäufer das Fahrzeug dort abzuholen hat.[369]

Sofern zusätzlich die Voraussetzungen eines **Betruges** erfüllt sind, haftet der Verkäufer dem Käufer aus **unerlaubter Handlung** gem. § 823 Abs. 2 i. V. m. § 263 StGB. Der Käufer ist so zu stellen, wie er stehen würde, wenn er nicht getäuscht worden wäre.[370] Auf Ersatz des positiven Interesses hat der getäuschte Käufer deliktsrechtlich keinen Anspruch.[371]

---

361 *Wolff* in *Hoeren/Martinek*, Systematischer Kommentar zum Kaufrecht, § 437 Rn 45 m. w. N.
362 BGH 6. 12. 1995, DAR 1996, 141.
363 OLG Frankfurt 6. 5. 1992, NZV 1992, 190 m. Anm. *Eggert;* OLG Düsseldorf 19. 3. 1993, OLGR 1993, 193.
364 OLG Düsseldorf 19. 3. 1993, OLGR 1993, 193.
365 Zur Streitfrage, ob Folgeschäden Bestandteil des Anspruchs auf Schadensersatz statt der Leistung oder neben der Leitung sind siehe Rn 1483 ff.
366 jetzt § 284 BGB
367 BGH 21. 4. 1978, NJW 1978, 1806.
368 BGH 28. 11. 1994, DAR 1995, 111.
369 LG Lüneburg 28. 2. 1991, MDR 1991, 992; LG Münster Beschl. 29. 6. 1995 – 15 O 160/95 – n. v.
370 **negatives Interesse**
371 BGH 25. 11. 1997, VersR 1998, 245.

6. Typische Schadenspositionen
a) Nutzungsausfall

347 Strittig ist, ob ein **Nutzungsausfallschaden**, der auf der Lieferung eines mangelhaften Fahrzeugs beruht, aus § 280 Abs. 1 BGB folgt oder ob die Voraussetzungen von § 286 BGB erfüllt sein müssen. Überwiegend wird die Ansicht vertreten, der wegen des Sachmangels zu leistende Schadensersatz schließe den Verzögerungsschaden ein, soweit dieser durch die in der mangelhaften Lieferung liegende Pflichtverletzung verursacht worden ist.[372]

Die Gegenmeinung hält es nicht für interessegerecht, dem Käufer einen Anspruch auf Ersatz des Ausfallschadens schon ab Lieferung zuzubilligen, sondern erst ab dem Zeitpunkt der Mahnung.[373] Außerdem bestehe für eine Einbeziehung des Verzögerungsschadens in den Nichterfüllungsschaden keine Notwendigkeit, da sich beide Schadensarten klar voneinander abgrenzen lassen.[374]

Die praktischen Auswirkungen des Disputs werden am Beispiel der Verpflichtung zu einer unmöglichen Leistung signifikant.

Beispiel:
Der Verkäufer veräußert ein Neufahrzeug mit einem Konstruktionsmangel.

Wenn sich der Serienmangel nicht beheben lässt, ist der Verkäufer von seiner Leistungspflicht gem. § 275 BGB befreit. Der Käufer hat unter diesen Umständen nicht die Möglichkeit, den Verkäufer in Verzug zu setzen, so dass § 286 BGB als Anspruchsgrundlage für einen Ausfallschaden ausfällt. Hat der Verkäufer den Konstruktionsmangel zu vertreten, weil er das Fahrzeug selbst hergestellt hat oder als Händler von dem Konstruktionsmangel wusste, haftet er dem Käufer nach § 311 a BGB auf Schadensersatz, der nach h. M. den Ausfallschaden mitumfasst. Bliebe dem Käufer der Anspruch auf Ersatz des Ausfallschadens versagt, ergäbe sich daraus die Konsequenz, dass der Verkäufer im Fall des Verkaufs einer unbehebbar mangelhaften Sache besser stünde, als wenn der Mangel behebbar wäre, da nur im letzteren Fall für den Käufer die Möglichkeit besteht, den Verkäufer mit der Erfüllung/ Nacherfüllung in Verzug zu setzen. Da eine unterschiedliche Behandlung der beiden Fälle nicht zu rechtfertigen ist und es nicht dabei bleiben kann, dass nur der Verkäufer Nutzungsausfall zu leisten hat, der eine Sache mit einem behebbaren Mangel liefert, weil nur er in Verzug geraten kann, führt kein Weg daran vorbei, den Ausfallschaden als Teil des Nichterfüllungsschaden zu behandeln.

Hiervon abzugrenzen ist der Fall, dass der Verkäufer die mangelhafte Lieferung nicht zu vertreten hat, wohl aber die Verzögerung der Nacherfüllung. In diesem Fall folgt der Anspruch auf Ersatz des Ausfallschadens aus § 286 BGB, da es an einer konkurrierenden Anspruchsgrundlage fehlt, die eine Ersatzpflicht allein wegen der unverschuldeten Lieferung einer mangelhaften Sache statuiert. Falls die Mangelbeseitigung unmöglich ist, gerät der Verkäufer wegen § 275 BGB nicht in Verzug.

Die frühere Streitfrage,[375] ob beim Schadensersatz statt der ganzen Leistung (großer Schadensersatz) der **Nutzungsausfall** zum ersatzfähigen Schaden gehört, hat sich dadurch erledigt, dass der Rücktritt die Geltendmachung von Schadensersatzansprüchen nicht mehr ausschließt. Das Gleiche hat zu gelten, wenn der Käufer statt des Rücktritts den Anspruch auf Schadensersatz statt der ganzen Leistung geltend macht. Trotz der angestrebten Rück-

---

[372] BT-Drucks. 14/6040, S. 225; *Andres* in *Schimmel/Buhlmann*, Frankfurter Handbuch zum neuen Schuldrecht, S. 400 Rn 101; *Haas* in *Haas/Medicus/Rolland/Schäfer/Wendtland*, Das neue Schuldrecht, S. 222 Rn 245; a. A. *Palandt/Putzo*, BGB Erg.-Bd. § 437 Rn 36.
[373] *Wolff* in *Hoeren/Martinek*, Systematischer Kommentar zum Kaufrecht, § 437 Rn 56.
[374] *Huber/Faust*, Schuldrechtsmodernisierung, S. 138.
[375] OLG Düsseldorf., 19. 3. 1993, OLGR 1993, 193.

abwicklung verbleiben dem Käufer somit die Nutzungen, da der Gebrauchsverlust allein durch die Erstattung des Kaufpreises nicht ausgeglichen würde.[376]

b) Vertragskosten

Zu den Schadensersatzansprüchen gehören außer dem eigentlichen Mangelschaden auch die **Vertragskosten**, zu deren Ersatz der Verkäufer vor der Reform nach § 467 S. 2 BGB a. F. verpflichtet war. Die **Haftungslücke** wird durch Schadensersatzhaftung allerdings nur unzureichend kompensiert, da diese i. d. R. ein Verschulden voraussetzt und in den durch §§ 276, 307 bis 309, 475 Abs. 3 BGB gezogenen Grenzen ausgeschlossen werden kann. **348**

Der Schadensersatzanspruch des Käufers umfasst sämtliche Kosten, die er im Zusammenhang mit dem Vertragsabschluss, der Abnahme des Fahrzeugs, der Durchführung des Vertrags und dessen Beendigung aufgewendet hat. Dazu zählen typischerweise Telefongebühren, Fahr- und Reisekosten, Vermittlungshonorare, Vertreterkosten, Kosten der Bestellung, Aufwendungen für die Untersuchung des Fahrzeugs durch eine Werkstatt oder einen Gutachter im Zusammenhang mit der Abnahme des Fahrzeugs, Abholkosten, Einbau- und Montagekosten, Anmeldegebühren, Kosten für Nummernschilder, Überführungskosten,[377] Transportkosten vom Verkäufer zum Käufer, falls sich die Notwendigkeit des Transports aus dem Kaufvertrag ergibt, Gebühren für eine Verzollung, Beträge, die der Käufer für eine Anschlussgarantie aufgewendet hat sowie Gutachterkosten für die Mängelfeststellung, soweit sie nicht bereits unter § 439 Abs. 1 BGB fallen.

c) Rechtsanwaltsgebühren

Die **Gebühren des Anwalts**, den der Käufer mit der Prüfung der Rechtslage und der Geltendmachung seiner Rechte beauftragt, sind vom Verkäufer im Wege des Schadensersatzes zu übernehmen, wenn die Inanspruchnahme eines Rechtsanwalts erforderlich war. Dies ist für den Bereich der unerlaubten Handlung wie auch für vertragliche Schadensersatzansprüche aus positiver Vertragsverletzung oder Verschuldens bei Vertragsschluss seit langem anerkannt. Hier gilt, dass dem Geschädigten auch die bei der Verfolgung seiner Schadensersatzansprüche entstehenden Rechtsanwaltskosten als adäquater und dem Schädiger zurechenbarer Folgeschaden zu ersetzen sind.[378] Es sind keine Gründe erkennbar, die einer Anwendung dieser Grundsätze auf die Geltendmachung von Schadensersatzansprüchen wegen Sachmängeln entgegenstehen. **349**

In Anbetracht der **komplizierten Rechtsmaterie** ist die Einschaltung eines Anwalts erforderlich, zumal dann, wenn der Käufer geschäftsunerfahren ist. Der Käufer kann zwar selbst den Rücktritt erklären, Minderung geltend machen und Schadensersatz verlangen. Doch damit ist ihm nicht geholfen, wenn er nicht weiß, welche dieser Rechte er gegenüber dem Verkäufer besitzt, ob ein Mangel erheblich ist, ob die Voraussetzungen eines Fehlschlagens der Nacherfüllung vorliegen und wie die Minderung und die Rückabwicklung des Vertrages durchgeführt und Schadensersatzansprüche durchgesetzt werden.[379] Er ist daher auf anwaltliche Hilfe angewiesen. Nur so lässt sich die Waffengleichheit herstellen, die notwendig ist, wenn ein juristisch nicht geschulter Käufer einem kundigen Verkäufer gegenübersteht, für den der Streitstoff eine Alltagsfrage seines Arbeits-

---

376 So früher schon OLG Frankfurt, 6. 2. 1992, NZV 1993, 190.
377 Sie sind, wenn sie nicht zum Preis gehören, dem Käufer im Fall der Selbstabholung des Fahrzeugs in Höhe der tatsächlich entstandenen – und nicht in Höhe der vom Händler üblicherweise berechneten – Kosten zu erstatten, OLG Köln 9. 5. 1986, DAR 1986, 320 – insoweit n. v. –.
378 Grundsätzlich BGH 30. 4. 1986, NJW 1986, 2243, 2244, *Palandt/Heinrichs* BGB § 249 Rn 21 m. w. N.
379 LG Nürnberg-Fürth 27. 1. 1982, MDR 1982, 668.

gebietes darstellt.[380] Das AG Köln[381] entschied zu § 467 S. 2 BGB a. F., die Inanspruchnahme anwaltlicher Hilfe sei gerechtfertigt, wenn an einem Neuwagen innerhalb einer kurzen Zeitspanne zahlreiche Mängel auftreten, die der Verkäufer trotz dreimaliger Gelegenheit zur Nachbesserung nicht beseitigt.

Nur dann, wenn eine einfache Rechtslage vorliegt und es nach Lage der Dinge der Einschaltung eines Rechtanwalts nicht bedarf, muss der Verkäufer die Anwaltskosten nicht übernehmen. Ein solcher Fall liegt vor, wenn die Parteien des Kaufvertrages zum Zweck der Feststellung streitiger Mängel einen Sachverständigen beauftragen und sich nach dem Vorliegen des Gutachtens über die Rückabwicklung des Kaufvertrages grundsätzlich einig sind[382] und nur noch über die Modalitäten der Rückabwicklung verhandeln.[383]

d) Finanzierungskosten

350 Kosten, die der Käufer zur **Finanzierung des Kaufpreises** aufgewendet hat, sind nach h. M. im Rahmen des Schadensersatzes statt der Leistung (kleiner Schadensersatz) nicht vom Verkäufer zu ersetzen.[384] Anders verhält es sich beim Anspruch auf Schadensersatz statt der ganzen Leistung (großer Schadensersatz).[385] Wenn der Käufer das Fahrzeug nicht behält, soll er die vergeblich aufgewendeten Finanzierungskosten zurückerhalten, die er im Vertrauen auf den Bestand des Kaufvertrages getätigt hat.

Es wäre konsequent, wenn der Käufer, der sich auf die Geltendmachung des kleinen Schadensersatzanspruchs beschränkt, zumindest in Höhe des Mangelunwertes die anteiligen Finanzierungskosten vom Verkäufer beanspruchen könnte. Denn auch er hat die Finanzierung des Gesamtkaufpreises im Vertrauen auf eine ordnungsgemäße Vertragserfüllung im Sinne der Lieferung einer mangelfreien Sache getätigt.

Ob Finanzierungskosten weiterhin unter Schadensersatz oder unter Aufwendungsersatz gem. § 284 BGB fallen, wird die Rechtsprechung klären müssen.

7. Schadensersatz neben der Leistung

351 Die Haftung des Verkäufers erfasst außer dem eigentlichen Mangelschaden und dessen Kompensation durch den Anspruch auf Schadensersatz statt der Leistung auch solche Schäden, die durch den Mangel an anderen Rechtsgütern entstehen, z. B. durch einen Unfall mit Körperschaden des Käufers wegen schadhafter Bremsanlage; Aufwendungen zum Zweck der Inbetriebnahme des Altwagens wegen Mangelhaftigkeit des Neuwagens, Kosten eines Rechtsstreits mit dem Abnehmer des mangelhaften Neufahrzeugs. Fehlt es an einem Verschulden des Verkäufers – weil für ihn z. B. keine Veranlassung bestand, das Fahrzeug auf Bremsmängel hin zu untersuchen – verbleiben dem Käufer Ansprüche gegen den Hersteller aus unerlaubter Handlung und nach dem Produkthaftungsgesetz (Rn 566).

In Zusammenhang mit der Haftung des Verkäufers für Mangelfolgeschäden wird die Frage diskutiert, ob nach Änderung des Sachmängelrechts Raum bleibt für eine Fortführung der BGH – Rechtsprechung zur Figur des sich **„weiterfressenden" Schadens**, durch die das Interesse des Käufers an der Sacherhaltung (Integritätsinteresse) geschützt wird (dazu Rn 642 ff.). Vor der Schuldrechtsreform diente sie u. a. dem Zweck, über die kurze Verjährungsfrist des § 477 BGB a. F. hinwegzuhelfen. Die Achillesferse der Rechtskonstruktion

---

380 LG Aachen 28. 9. 1988 – 7 S 192/88 – n. v.
381 Urt. 11. 2. 1992 – 115 C 608/91 – n. v.
382 OLG München 22. 2. 1989, DAR 1989, 187.
383 LG Düsseldorf, Urt. 15. 6. 1988 – 23 S 193/87 – n. v.
384 BGH 28. 6. 2002, V ZR 188/01.
385 BGH 17. 5. 1995, NJW 1995, 2159.

des Weiterfresserschadens ist die Abgrenzung zwischen Mangel und Mangelfolgeschaden und die hierzu entwickelte Theorie der „Stoffungleichheit" des Schadens, deren praktische Umsetzung dogmatisches Unbehagen verursacht. Trotz dieser Bedenken und der Entschärfung der Verjährungsproblematik ist an der Rechtsfigur des Weiterfresserschadens festzuhalten, da nach wie vor verjährungsrechtliche Divergenzen bestehen, vor allem aber deshalb, weil sich die Ansprüche nicht gegen den Händler, sondern gegen den verantwortlichen Hersteller richten.[386]

8. Ersatz vergeblicher Aufwendungen

An Stelle des Anspruchs auf Schadensersatz kann der Käufer vom Verkäufer Ersatz vergeblicher Aufwendungen gem. §§ 437 Nr. 3, 284 BGB verlangen, die er im Vertrauen auf den Erhalt des Fahrzeugs getätigt hat. Auf die Rentabilität der frustrierten Aufwendungen kommt es nicht an. Die Rentabilitätsvermutung wurde durch die Zweckdienlichkeitsvermutung ersetzt.[387] Ein Problem ergibt sich aus der **Alternativität** des Anspruchs auf Aufwendungsersatz zum Schadensersatzanspruch. Treffen beide zusammen, müsste sich der Käufer für den günstigeren Anspruch entscheiden, würde aber zwangsläufig den anderen Anspruch verlieren.

352

Beispiel:
Der Käufer mietet einen Stellplatz für den Lkw auf dem Wochenmarkt und zahlt hierfür im Voraus die Jahresgebühr. Infolge des Rücktritts vom Kaufvertrag wegen vom Verkäufer zu vertretender Mangelhaftigkeit des Fahrzeugs entsteht dem Käufer ein Gewinnausfallschaden, den er zusammen mit den frustrierten Aufwendungen in Höhe der Stellplatzmiete gegenüber dem Verkäufer geltend macht.

Man wird nicht umhin kommen, dem Käufer beide Ansprüche zuzubilligen, denn sonst stünde er schlechter als vor der Schuldrechtsreform.

9. Hinweise zum Verfahren und zur Vollstreckung

a) Zuständiges Gericht

Für die Klage aus dem Rückgewährschuldverhältnis nach Erklärung des Rücktritts ist das **Wohnsitzgericht des Käufers** zuständig, da die Rückgewährpflichten an dessen Wohnsitz zu erfüllen sind (Rn 329). Ob dieses Gericht auch dann zuständig ist, wenn der Käufer den Anspruch auf **Schadensersatz statt der ganzen Leistung** geltend macht, wird die Rechtsprechung zu klären haben. Der Erfüllungsort als Anknüpfungspunkt für den Gerichtsstand (§ 29 ZPO) weist eher auf die Zuständigkeit des Gerichts am Betriebssitz der Verkäuferfirma hin, da an diesem Ort die Zahlung der Schadensersatzsumme zu erfüllen ist (§ 269 BGB). Ob sich daran etwas ändert, wenn der Käufer in der Klage die Herausgabe des Fahrzeugs Zug um Zug gegen Zahlung des Schadensersatzes anbietet, erscheint zweifelhaft, da der Gegenanspruch (§ 281 Abs. 5 BGB) das Verfahren nicht beherrscht. Gleichwohl ist eine Gleichbehandlung des Rücktritts und des Schadensersatzanspruchs anzustreben, da einerseits der Schadensersatzanspruch statt der ganzen Leistung die Rückabwicklung einschließt und andererseits der Rücktritt weitergehende Schadensersatzansprüche nicht sperrt. Die Kombination des Rücktritts mit dem Anspruch auf Schadensersatz läuft praktisch auf das gleiche Ergebnis hinaus, wie die Geltendmachung des Anspruchs auf Schadensersatz statt der ganzen Leistung. Aus der Geschäftsverbin-

353

---

386 *Lorenz*, JZ 2001, 742; *Graf von Westphalen* in *Henssler/Graf von Westphalen*, Praxis der Schuldrechtsreform, Vorbem. Kaufvertragsrecht, S. 462, Rn 10.
387 *Wolff* in *Hoeren/Martinek*, Systematischer Kommentar zum Kaufrecht, § 437 Rn 68.

dung mit **Kaufleuten** ist gem. Abschn. IX NWVB ausschließlicher Gerichtsstand der Sitz des Verkäufers.

Streitigkeiten im Zusammenhang mit einem Fahrzeugkauf, den ein Mitarbeiter des Herstellers unter Inanspruchnahme der Vorzugskonditionen für **Werksangehörige** mit seinem Arbeitgeber geschlossen hat, fallen in die ausschließliche Zuständigkeit des **Arbeitsgerichts.** Die Möglichkeit des verbilligten Einkaufs stellt eine Nebenleistung des Arbeitgebers im Sinne der Zuständigkeitsregel des § 2 Abs. 1 Nr. 4 a ArbGG dar, weil sie auf dem Arbeitsverhältnis beruht und dem Austauschverhältnis von Arbeit und Entgelt unterfällt. Aus der Intention des Gesetzgebers, arbeitsgerichtliche Fragen weitestgehend der Beurteilungskompetenz der ordentlichen Gerichte zu entziehen, hat das OLG Braunschweig[388] die Schlussfolgerung gezogen, die Zuständigkeitsnorm betreffe nicht nur Ansprüche auf Abschluss des Vertrages mit seinen sozialen Vorzugsleistungen, sondern sei auf sämtliche Ansprüche aus einem solchen Vertrag, also auch auf Ansprüche wegen Sachmängeln, zu erstrecken. Falls der Werksangehörige das Fahrzeug unter Ausschöpfung der Vorzugsbedingungen nicht direkt bei seinem Arbeitgeber, sondern bei einem Händler gekauft hat, sind die ordentlichen Gerichte zuständig.

b) Prozessuale Vorgehensweise

354 Auf die Klage aus dem Rückgewährschuldverhältnis finden die §§ 320, 322 BGB Anwendung (§ 347 BGB). Die auf Rückzahlung des Kaufpreises gerichtete Klage muss nicht das „Zug um Zug-Angebot" der Gegenleistung enthalten. Bei Nichterhebung der Einrede des nichterfüllten Vertrags ergeht Versäumnisurteil gegen den Verkäufer, selbst wenn der Käufer die Erbringung der Gegenleistung nicht behauptet.[389]

Verzug des Verkäufers im Hinblick auf die Rücknahme des Fahrzeugs hat materiellrechtlich nicht zur Folge, dass der Käufer nunmehr Erstattung des Kaufpreises verlangen kann, ohne seinerseits **Zug um Zug** den Pkw herausgeben zu müssen.[390] Die gegenteilige Schlussfolgerung[391] lässt sich nicht aus §§ 274 Abs. 2, 322 BGB ableiten, da es sich bei diesen Bestimmungen nicht um materiell-rechtliche Normen sondern um solche handelt, die prozessuale und vollstreckungsrechtliche Folgen der Geltendmachung des Zurückbehaltungsrechts regeln.[392] Aus diesem Grunde empfiehlt es sich, den Klageantrag von vornherein mit der Maßgabe zu stellen, dass die Rückzahlung des Kaufpreises Zug um Zug gegen Herausgabe des Fahrzeugs erfolgt.

Wird der Antrag auf Zug um Zug-Leistung **hilfsweise** gestellt, können sich daraus fatale Kostenfolgen ergeben. Das LG Bonn[393] belastete den Käufer, der den Eventualantrag gestellt hatte, zu Recht mit der Hälfte der Prozesskosten, obwohl er mit seinem Wandlungsbegehren obsiegte.

Begründung:

„Die Kosten des Hauptantrags waren dem Kläger in vollem Umfange aufzuerlegen, da er mit diesem Antrag aus den dargestellten Gründen unterlegen ist. Die Streitwerte für Haupt- und Hilfsantrag bewertet die Kammer gem. den geltend gemachten Zahlungsansprüchen in gleicher Höhe, weshalb der Kläger auf Grund seines Unterliegens mit dem Hauptantrag die Kosten des Rechtsstreits zu 50% zu tragen hat."

---

388 Beschl. 10. 2. 1993, DAR 1993, 390.
389 *Palandt/Heinrichs,* BGB, § 322 Rn 2, 3.
390 BGH 22. 3. 1984, BGHZ 90, 354; BGH 6. 12. 1991, BGHZ 116, 244 (248); OLG Köln 12. 6. 1995, NJW-RR 1996, 500.
391 *Doms,* NJW 1984, 1340.
392 *Schibel,* NJW 1984, 1945.
393 Urt. 28. 4. 1989 – 13 O 482/88 – n. v.

Einen **unbedingt** gestellten Zahlungsantrag kann der beklagte Verkäufer unter Vorbehalt der Gegenleistung des Käufers anerkennen. Ein entsprechendes Anerkenntnisurteil im Sinne von § 307 ZPO darf das Gericht nur erlassen, wenn der klagende Käufer seinen Antrag der Einschränkung anpasst, womit er seinerseits das Gegenrecht des Verkäufers anerkennt.[394]

Es empfiehlt sich, **Verschlechterungen** des herauszugebenden Fahrzeugs zur Vermeidung späteren Streits in das Prozessverfahren einzubringen, z. B. durch einen auf Herausgabe des Fahrzeugs und auf Zahlung von Wertersatz gerichteten Zug um Zug-Antrag. Als sinnvoll kann sich ein **Feststellungsantrag** erweisen, dass für eine bestimmte vor Erklärung des Rücktritts eingetretene Verschlechterung des Fahrzeugs wegen des Privilegs von § 346 Abs. 3 S. 1 Nr. 3 BGB vom Käufer Wertersatz nicht zu leisten ist.

Zur Vereinfachung und Beschleunigung des Zugriffs in der Zwangsvollstreckung ist es ratsam, im Klageverfahren bereits **feststellen zu lassen**, dass sich der Verkäufer mit der **Rücknahme** des Fahrzeugs in **Annahmeverzug** befindet.[395] Die im Urteilstenor enthaltene Feststellung des Annahmeverzugs der Gegenpartei versetzt den Käufer in die Lage, sofort wegen des Zahlungsanspruchs zu vollstrecken, ohne selbst „noch einmal" die Gegenleistung anbieten zu müssen. Das Urteil ist eine öffentliche Urkunde im Sinne der §§ 756, 765 ZPO und als solche zum Nachweis des Annahmeverzugs geeignet. Zwar darf der Gerichtsvollzieher auch dann vollstrecken, wenn der Annahmeverzug aus dem Tatbestand oder aus den Gründen des Urteils ersichtlich ist,[396] jedoch kann es hierüber leicht zu Meinungsverschiedenheiten kommen. Weigert sich der Gerichtsvollzieher, die Zwangsvollstreckung vorzunehmen, bleibt dem Käufer nichts anderes übrig, als im Wege der Erinnerung nach § 766 ZPO vorzugehen. Für den Käufer, der die Rückabwicklung des Kaufvertrags geltend macht, lässt sich ohne entsprechende Antragstellung nicht sicherstellen, dass das Gericht in den Entscheidungsgründen den Annahmeverzug mit einer für den Gerichtsvollzieher ausreichenden Deutlichkeit feststellt. Aus diesem Grund ist das **Rechtsschutzinteresse** für den auf Feststellung des Annahmeverzugs gerichteten Antrag **zu bejahen**.[397] Der Gläubiger soll bei einmal eingetretenem Annahmeverzug des zur Zug um Zug-Erfüllung verurteilten Schuldners generell nicht mehr auf ein erneutes Angebot der ihm obliegenden Leistung angewiesen sein, auch wenn ihm dies unschwer möglich wäre.[398]

Sofern nicht ein schon vom Gericht festzustellender Annahmeverzug des Verkäufers vorliegt, der ein erneutes Anbieten des Fahrzeugs im Rahmen der Zwangsvollstreckung entbehrlich macht, ist ein die Feststellung beinhaltender Klageantrag zu empfehlen, dass die Verpflichtung zur Rückgabe des Fahrzeugs – entsprechend der materiellen Rechtslage – am **Wohnsitz des Käufers** zu erfüllen ist.[399]

Geht das Fahrzeug während des Prozesses unter, ist eine **Klageanpassung** erforderlich. Statt des Fahrzeugs kann der Verkäufer dessen Wiederbeschaffungswert als Schadensersatz gem. §346 Abs. 4 BGB geltend machen, wenn der Rückgewährpflichtige das zum Untergang führende Ereignis verschuldet hat, wobei die Haftungserleichterungen des § 300 BGB zu beachten sind. Hat der Käufer das Ereignis nicht zu vertreten, muss er eine verbleibende Bereicherung gem. § 346 Abs. 3 S. 2 BGB anbieten oder den Antrag auf Zug um Zug-Leistung zurücknehmen, wenn eine Bereicherung nicht eingetreten ist.

---

394 BGH 5. 4. 1989, ZIP 1989, 736, 737.
395 BGH 19. 4. 2000; EBE 2000, 180,181; *Doms,* NJW 1984, 1340; *Schibel,* NJW 1984, 1945.
396 *Thomas/Putzo,* ZPO, § 756 Rn 8.
397 BGH 19. 4. 2000; EBE 2000, 180,181.
398 OLG Köln 20. 4. 1989 – 12 U 209/88 – n. v.; LG Köln 20. 11. 1986 – 4 O 143/86 – n. v.
399 *Soergel/Huber,* § 467 Rn 142.

c) Zwangsvollstreckung aus dem Zug um Zug-Urteil

355 Bei einem Zug um Zug-Urteil erwächst die **Zahlungspflicht** des Verkäufers, nicht aber die Rückgabepflicht des Käufers in **Rechtskraft**. Deshalb gibt das Urteil nur dem Käufer die Möglichkeit zur Zwangsvollstreckung.[400]

Die Erbringung der Gegenleistung kann nur durch öffentliche oder öffentlich beglaubigte Urkunden (§ 415 ZPO) nachgewiesen werden. Deshalb ist davor zu warnen, das Fahrzeug ohne gleichzeitigen Empfang der Gegenleistung aus der Hand zu geben. Eine **privatschriftliche Übergabebestätigung reicht für §§ 756, 765 ZPO nicht aus**. Ist allerdings zwischen den Parteien unstreitig, dass der Verkäufer das Fahrzeug vom Käufer zurückerhalten hat, so kann er den Käufer im Zwangsvollstreckungsverfahren nicht mehr auf die Erbringung eines Nachweises darüber durch öffentliche oder öffentlich beglaubigte Urkunden verweisen. Damit würde er gegen den Grundsatz von **Treu und Glauben** verstoßen, der auch im Zwangsvollstreckungsrecht Anwendung findet.[401]

Ergibt sich aus dem Urteil, dass bezüglich des Fahrzeugs eine **Holschuld** vorliegt, reicht im Rahmen der Zwangsvollstreckung ein **wörtliches Angebot des Gerichtsvollziehers** im Hinblick auf die Gegenleistung aus.[402] Dies erleichtert die Zwangsvollstreckung namentlich in den Fällen, in denen der Verkäufer an einem anderen, weit entfernten Ort wohnt oder in denen das Fahrzeug nicht angemeldet bzw. nicht fahrbereit ist und folglich nicht auf eigener Achse überführt werden kann.

Hat der Verkäufer das Fahrzeug laut Urteil beim Käufer abzuholen, kann sich der Käufer gem. **§ 887 ZPO** vom Prozessgericht ermächtigen lassen, den Rücktransport auf Kosten des Verkäufers durchzuführen. Er kann stattdessen dem Verkäufer eine Nachfrist zur Vornahme der Abholung setzen und anschließend die Kosten des Rücktransports im Wege des **Schadensersatzes** geltend machen. Im Verfahren vor dem Amtsgericht besteht für ihn die Möglichkeit, den Anspruch gem. **§ 510 b ZPO** einzufordern.[403]

356 Bei der Vollstreckung aus einem Zug um Zug-Urteil, das weder die Feststellung des Annahmeverzuges enthält noch die Rücknahme des Fahrzeugs als Holschuld ausweist, ist es erforderlich, dass das **Fahrzeug** und – auch ohne ausdrücklichen Urteilsausspruch – der dazugehörige **Kfz-Brief** dem Verkäufer **tatsächlich angeboten** werden. Das im Urteil bezeichnete Auto muss vorhanden und als die geschuldete Gegenleistung identifizierbar sein.

Es ist umstritten, welche Rechtsbehelfe den Parteien zur Verfügung stehen, wenn das zurückzugebende Fahrzeug Schäden und Mängel aufweist. Hierzu wird die Meinung vertreten, ein ordnungsgemäßes Angebot liege nicht vor – und dies sei im Zwangsvollstreckungsverfahren mit dem Rechtsbehelf der Erinnerung gem. § 766 ZPO geltend zu machen[404] –, wenn sich ein Fahrzeug in einem desolaten Zustand befinde[405] oder einen nach Urteilsverkündung entstandenen Unfallschaden aufweise.[406] Den Vorzug verdient die – allerdings nicht herrschende – Ansicht, die eine etwaige Mangel- oder Schadhaftigkeit des angebotenen Fahrzeugs im Rahmen der Zwangsvollstreckung außer Betracht lassen will und den Gläubiger auf den Weg der **Zwangsvollstreckungsgegenklage** verweist. Sie entspricht dem Prinzip der formalisierten Zwangsvollstreckung und geht richtigerweise davon aus,

---

[400] *Palandt/Heinrichs*, BGB, § 274 Rn 4.
[401] LG Hannover 18. 2. 1985, DGVZ 1985, 171; LG Köln 30. 1. 1991 – 10 T 24/91 – n. v.
[402] AG Sinzig 15. 10. 1986, NJW-RR 1987, 704.
[403] *Soergel/Wiedemann*, § 283 Rn 33.
[404] BGH, 4. 6. 1973, NJW 1973, 1792; OLG Celle, Beschl. 7. 7. 1999, NJW-RR 2000, 928; KG 3. 2. 1989, NJW-RR 1989, 638; LG Kassel 13. 9. 1985, DGVZ 1985, 172; AG Pirmasens 26. 7. 1974, MDR 1975, 62.
[405] AG Bremen 17. 3. 1977, DGVZ 1977, 157; *Schneider*, DGVZ 1978, 65 ff.
[406] LG Bonn 10. 5. 1983, DGVZ 1983, 187.

Schadensersatz

dass die Prüfungskompetenz des Gerichtsvollziehers durch den Inhalt des Urteils begrenzt wird.[407] Die Gegenmeinung zwingt dazu, im Vollstreckungsverfahren notfalls unter Hinzuziehung eines Sachverständigen Beweis über den Zustand des Autos zu erheben.[408] Hierzu ist das Vollstreckungsverfahren weder bestimmt noch geeignet. Stellt sich heraus, dass das Fahrzeug Mängel aufweist, ist über die Frage, ob der Rückgewährpflichtige Wert- oder Schadensersatz zu leisten hat, ohnehin in einem neuen Prozessverfahren zu entscheiden, wenn sich die Parteien hierüber nicht einigen.

Besteht die Befürchtung, dass der Gerichtsvollzieher den Verkäufer nicht antrifft und er ihm deshalb die Gegenleistung nicht wirksam anbieten kann, ist es ratsam, wenn der Gerichtsvollzieher die **Gegenleistung** gem. § 299 BGB eine angemessene Zeit vorher **ankündigt**.[409] Erscheint der zur Zahlung Zug um Zug gegen Rücknahme des Fahrzeugs verurteilte Verkäufer nicht zu diesem Termin, gerät er in Annahmeverzug.[410]

Die **Aufbewahrung** des Autos wird für den Käufer bei fruchtloser Zwangsvollstreckung zum Problem. Oft fehlt der notwendige Platz für die Aufbewahrung, und im öffentlichen Verkehrsraum darf ein abgemeldetes Auto nicht abgestellt werden. In solchen Fällen stehen Käufer vor der Frage, wie sie sich von dem Auto trennen können, ohne ihre Rechte aus dem Urteil zu verlieren.

357

Eine Umwandlung des Rückgewähranspruchs in einen Schadensersatzanspruch[411] hilft dem Käufer nicht weiter, da er den Urteilsspruch dadurch entwertet und gezwungen ist, ein weiteres mit Kosten- und Zeitaufwand verbundenes Prozessverfahren anzustrengen, falls der Verkäufer den Schadensersatzanspruch zurückweist.

In Betracht zu ziehen ist eine **Pfändung des Fahrzeugs**, das der Käufer zurückzugeben hat. Die Pfändung **gläubigereigener Sachen** wird mit unterschiedlicher Begründung allgemein bejaht.[412] Ein Vorgehen nach § 808 ZPO scheitert allerdings daran, dass der Verkäufer keinen Gewahrsam besitzt. Der Gerichtsvollzieher kann den für die Pfändung nach § 808 ZPO erforderlichen Gewahrsam nicht herbeiführen, da er nicht befugt ist, das Fahrzeug an den zur Annahme bereiten, jedoch nicht zahlungswilligen Verkäufer zu übergeben. Es besteht aber die Möglichkeit, dass der bei der Vollstreckung anwesende Käufer das Fahrzeug dem Verkäufer übergibt, um es anschließend sofort pfänden zu lassen.[413]

Gem. § 809 ZPO können Sachen gepfändet werden, die sich im **Gewahrsam des Vollstreckungsgläubigers** befinden. Da beim Gläubigergewahrsam nicht die Vermutung gilt, dass die Sachen, die er in seinem Gewahrsam hat, auch zu seinem Vermögen gehören, wird die Ansicht vertreten, der Gerichtsvollzieher müsse deren Zugehörigkeit zum Schuldnervermögen prüfen.[414] Das Gesetz liefert hierfür allerdings keinen Anhalt. Bei der Vermögenszuordnung ist eine wirtschaftliche Betrachtung angezeigt.[415] Würde man den Beurtei-

---

407 LG Hamburg 3. 11. 1982, DGVZ 1984, 10; *Stein/Jonas,* § 756 Anm. 3; *Baumbach/Lauterbach,* § 756 Anm. 2; *Schilken,* AcP 181, 355 ff.
408 *Zöller/Stöber*, ZPO, § 756 Rn 8.
409 *Zöller/Stöber,* ZPO, § 756 Rn 8 m. w. N.
410 LG Hamburg 13. 4. 1984, DGVZ 84, 115.
411 *Gaier*, WM 2001, 1, 14.
412 Vgl. *Baumbach/Lauterbach/Albers/Hartmann,* 60.Aufl., § 804 Rn 6; MK/*Schilken* 2. Aufl. § 804 Rn 16; *Furtner,* MDR 1963, 445; *Blomeyer* in Festschrift für *von Lübtow* 1970, S. 803 ff., 828.
413 *Paschold,* DGVZ 1994, 107 m. w. N.
414 MK/*Schilken* 2. Aufl., § 809 Rn 3; *Münzberg* in Stein/Jonas, § 809 Rn 4; *Paschold*, DGVZ 1994, 107, 108 m. w. N.; a. A. *Zöller/Stöber* 23. Auf., § 809 Rn 7.
415 LG Bochum 18. 9. 1929, DGVZ 1929, 55 hierzu: „ ... der Gläubiger kann seine eigenen Gegenstände pfänden, wenn er hierfür ein berechtigtes Interesse nachweist. Dieses liegt hier vor, da er ja verpflichtet ist, dem Schuldner das Eigentum zu übertragen, es sich wirtschaftlich also bereits um Eigentum des Schuldners handelt"....

lungsspielraum auf die dingliche Rechtslage reduzieren, wäre die Pfändung gläubigereigener Sachen grundsätzlich ausgeschlossen.[416]

Der Käufer kann beim Vollstreckungsgericht beantragen, dass ihm das Fahrzeug zum Verkehrswert gem. der Schätzung eines Gutachters in **Anrechnung auf die titulierte Forderung** zugewiesen wird. Der Anordnung einer anderen Art der Verwertung gem. § 825 ZPO steht nicht entgegen, dass der Käufer das Eigentum an der zurückzugebenden Sache bereits besitzt.[417] Die andere Art der Verwertung stellt gegenüber der öffentlichen Versteigerung eine Ausnahme dar und ist daher nicht wahlweise neben der öffentlichen Versteigerung zulässig, sondern nur, wenn sie vorteilhafter erscheint. Dies ist der Fall, wenn die öffentliche Versteigerung keinen dem Wert der Sache entsprechenden Erlös erwarten lässt und die andere Art der Verwertung dem schutzwürdigen Interesse des Schuldners auf weitgehende Tilgung der Forderung entspricht.

Textvorschlag für den Zwangsvollstreckungsauftrag:

Namens des Gläubigers beauftragen wir Sie, die Zwangsvollstreckung gegen den Schuldner vorzunehmen und im Zuge dieser Vollstreckung das in Händen des Gläubigers befindliche Fahrzeug vom Typ..., Fahrgestell-Nr.... zu pfänden. Wir werden beim Vollstreckungsgericht nach Ausbringung der Pfändung beantragen, dass das Fahrzeug abweichend von § 814 ZPO dem Gläubiger zu dem von ihm gebotenen Anrechnungspreis in Höhe des Verkehrswertes gem. beigefügtem Gutachten zugewiesen wird. Zwecks Vorlage beim Vollstreckungsgericht bitten wir um Erteilung einer Bescheinigung, dass im Falle der öffentlichen Versteigerung voraussichtlich ein geringerer als der vom Sachverständigen geschätzte Verkehrswert erzielt wird.

Textvorschlag für den Antrag gem. § 825 ZPO:

Namens des Gläubigers beantragen wir zu beschließen, dass der ausweislich des Protokolls des Gerichtsvollziehers Nett am 2. 4. 2000 gepfändete Personenkraftwagen der Marke..., Fahrgestell-Nr. ... dem Gläubiger unter Anrechnung des vom Kfz-Sachverständigenbüro „NEUTRAL UND SACHKUNDIG" mit Gutachten vom 15. 3. 2000 geschätzten Verkehrswertes (Gutachten anbei) von Euro 10.000 auf die durch Urteil des LG Köln Aktenzeichen titulierte Hauptforderung von Euro 18.500 nebst 6,5% Zinsen seit dem 15. 8. 2002 zugewiesen wird.

Für den Käufer besteht außerdem die Möglichkeit, sich der lästigen Aufbewahrungspflicht durch **öffentliche Versteigerung** des Fahrzeugs (Selbsthilfeverkauf) gem. § 383 ff. BGB zu entledigen.[418] Der Gerichtsvollzieher verfährt hierbei nicht nach den Bestimmungen der Pfändungsversteigerung (§§ 814 ff. ZPO) sondern ausschließlich nach den §§ 383–386 BGB.

Bei **unbekanntem Aufenthalt des Verkäufers** (§ 132 Abs. 2 BGB) ist die öffentliche Versteigerung gem. § 383 ff. BGB auch ohne die Voraussetzung eines Gläubigerverzugs zulässig. Die Berechtigung hierzu folgt aus § 383 Abs. 1 S. 2 BGB in Verbindung mit § 372 S. 2 BGB. Als ein in der Person des Gläubigers liegender Umstand im Sinne von § 372 S. 3 BGB ist der unbekannte Aufenthalt des Anderen allgemein anerkannt.[419] Die sonst grundsätzlich erforderliche Androhung der Versteigerung darf unterbleiben, da sie untunlich ist, wenn sie öffentlich zugestellt werden muss.[420]

---

416 Dies verkennt *Paschold*, DGVZ 1994, 107, 110, der die Kaufsache im Fall des Rücktritts nicht dem Vermögen des Schuldners zurechnet, weil das Urteil nur die schuldrechtliche, nicht aber die dingliche Wirkung des Ursprungsvertrages aufhebt, so dass der Vollstreckungsschuldner mangels Übergabe weder Gewahrsam noch Eigentum erwirbt.
417 *Lüke,* JuS 1970, 630.
418 *Paschold*, DGVZ 1995, 5.
419 *Weber*, BGB – RGRK § 372 Rn 10; *Heinrichs*, MK, § 372 Rn 7.
420 *Weber*, BGB – RGRK, § 384 Rn 6.

O. Verjährung der Ansprüche des Käufers wegen Sachmängeln

I. Verjährungsregelung in den NWVB

Abschn. VII, Ziff 1, Abs. 1 NWVB sieht vor, dass Ansprüche des Käufers wegen Sachmängeln in **zwei Jahren** ab Ablieferung verjähren. Die Frist entspricht der gesetzlichen Verjährungsfrist des § 438 Abs. 1 Nr. 3 BGB.

Von der Zweijahresfrist abweichende Verjährungsfristen, wie z. B. die dreijährige Verjährung für Ansprüche aus § 441 Abs. 4 BGB (Erstattung der Minderung), werden durch Abschn. VII, Ziff. 1, Abs. 1 NWVB nicht auf zwei Jahre verkürzt. Eine solche Abänderung wäre mit Blick auf die für den Verbrauchsgüterkauf zwingende Regelung von § 475 BGB unwirksam.

Von der Möglichkeit, die Frist im Geschäftsverkehr mit Unternehmern auf 1 Jahr zu verkürzen, haben die Verbände bei Ausarbeitung der NWVB keinen Gebrauch gemacht. Da sich die Regelung in Abschn. VII, Ziff. 1, Abs. 1 NWVB – anders als § 438 Abs. 1 BGB – nicht auf die in § 437 Nr. 1–3 BGB bezeichneten Ansprüche beschränkt, erstreckt sie sich auf alle in Frage kommenden Sachmängelansprüche einschließlich der Ansprüche aus Garantie.

Für **Nutzfahrzeuge** gilt eine Verjährungsfrist von einem Jahr, es sei denn, der Käufer schließt den Vertrag zu einem Zweck, der weder seiner gewerblichen noch seiner selbstständigen beruflichen Tätigkeit zugerechnet werden kann. Die Option, für Nutzfahrzeuge eine Kilometerbegrenzung vorzunehmen, sehen die NWVB nicht (mehr) vor. Sie wäre verjährungsrechtlich ohnehin irrelevant und würde nur im Falle der Übernahme einer Haltbarkeitsgarantie Sinn machen.

Gem. Abschn. VII, Ziff. 1, Abs. 3 NWVB bleiben bei **arglistigem Verschweigen** von Mängeln oder der Übernahme einer Garantie für die Beschaffenheit weitergehende Ansprüche unberührt. Daraus ergibt sich für die Verjährung, dass Ansprüche aus Arglist der regelmäßigen Verjährungsfrist von drei Jahren unterliegen (§ 438 Abs. 3 BGB) und Verjährungsfristen in Garantien von mehr oder weniger als zwei Jahren vorrangig sind.

Die Verjährung der Ansprüche des Käufers wegen Rechtsmängeln sind in den NWVB nicht explizit geregelt, so dass insoweit die gesetzlichen Vorschriften eingreifen. Die Verjährungsfrist für Rechtsmängel, die einen Herausgabeanspruch eines Dritten begründen, verjähren gem. § 438 Abs. 1 Nr. 1 a BGB in 30 Jahren.

Die Verjährungsfrist beginnt mit der **Ablieferung**[1] des Fahrzeugs durch den Händler. Die Ablieferung setzt voraus, dass der Verkäufer in Erfüllung des Kaufvertrages dem Käufer das Fahrzeug so überlassen hat, dass dieser es dort, wo es sich befindet, untersuchen kann.[2] Die Übergabe hat am vereinbarten Ort zu erfolgen. Treffen die Parteien keine Vereinbarung, ist der Ort der gewerblichen Niederlassung des Händlers Erfüllungsort und es liegt eine Holschuld des Käufers vor. Bei der Holschuld ist abgeliefert, wenn der Verkäufer das Neufahrzeug an den Käufer **tatsächlich übergibt**. Abnahmeverzug des Käufers reicht für eine Ablieferung nicht aus.[3]

Verjährungsbeginn für die dreijährige Regelverjährung bei **Arglist** ist der Schluss des Jahres, in dem der Anspruch entstanden ist und der Käufer von den anspruchsbegründenden

---
1 Der Begriff der Auslieferung wird in den NWVB nicht mehr verwendet.
2 BGHZ 93, 338 ff., 345.
3 BGH, NJW 1995, 3381.

Umständen oder der Person des Schuldners Kenntnis erlangt oder ohne grobe Fahrlässigkeit erlangen müsste (§ 199 Abs. 1 BGB). Die rechtspolitisch verfehlte[4] Höchstfrist der Arglistverjährung beträgt taggenau zehn Jahre ab Entstehung des Anspruchs. Ein arglistiges Verhalten, durch das der Anspruch entsteht, kann bei Abschluss des Kaufvertrages oder später bei Ablieferung des Fahrzeugs vorliegen. *Beispiel:* Der Verkäufer verschweigt dem Käufer beim Übergabetermin, dass das Fahrzeug nach Abschluss des Kaufvertrages erheblich beschädigt wurde.

Von der Verjährungsregelung in Abschn. VII, Ziff 1, Abs. 1 bis 3 NWVB werden alle **Sachmängelansprüche** des Käufers erfasst. Dem Problem, dass der Rücktritt und die Minderung als Gestaltungsrechte der Verjährung nicht unterliegen und folglich in § 438 Abs. 1 S. 1 BGB keine Erwähnung finden, hilft § 218 BGB ab. Dies wird in § 438 Abs. 4 und 5 BGB ausdrücklich klargestellt. Die Umgestaltung des Vertrages durch Rücktritt oder Minderung ist nach diesen Vorschriften ausgeschlossen, wenn der zu Grunde liegende Nacherfüllungsanspruch verjährt ist.[5]

Die Verjährungsfrist von 2 Jahren gilt auch für **Ansprüche aus § 439 Abs. 2 BGB**, die außer den Arbeits- und Materialkosten insbesondere die Transport- und Wegekosten umfassen. Ihr verjährungsrechtliches Schicksal ist mit dem des Hauptanspruchs untrennbar verbunden. Ist der auf Nacherfüllung gerichtete Hauptanspruch verjährt, sind es auch die Begleitansprüche (§ 217 BGB).

359 **Ansprüche aus dem Rückabwicklungsverhältnis** verjähren nicht innerhalb der zweijährigen Verjährungsfrist. Sie entstehen erst mit dem Rücktritt, durch den der Kaufvertrag in ein Rückgewährschuldverhältnis umgestaltet wird, haben den Charakter selbstständiger Rechte und unterliegen deshalb der regelmäßigen Verjährung gem. § 195 BGB.[6] In **drei Jahren** verjähren somit die beiderseitigen Ansprüche auf Rückgewähr der empfangenen Leistungen und auf Wertersatz, der Anspruch des Verkäufers auf Herausgabe der gezogenen Nutzungen (§ 346 Abs. 1 BGB) und der Anspruch des Käufers auf Ersatz der Verwendungen (§§ 347, 348 BGB, dazu Rn 308 ff.).

Falls die Parteien über die Wirksamkeit des Rücktritts streiten, ist es ratsam, die Begleitansprüche auf Ersatz der **Nutzungen** und **Verwendungen** mit der Hauptklage rechtshängig zu machen, da andernfalls die Gefahr besteht, dass sie während des Prozesses verjähren. Anders als bei der früheren Wandlung wird der Kaufvertrag bereits in dem Augenblick in ein Rückgewährschuldverhältnis umgestaltet, in dem der Käufer berechtigterweise den Rücktritt erklärt, so dass die regelmäßige Verjährungsfrist mit dem Schluss des Jahres beginnt, in dem die Rücktrittserklärung erfolgt ist. Im Falle der gerichtlichen Geltendmachung der Wandlung nach altem Recht entstanden die Ansprüche auf Nutzungsvergütung/Verwendungsersatz erst mit dem Vollzug des gewährleistungsrechtlichen Hauptanspruchs durch Urteil oder durch Vergleich, so dass eine Verjährung während der Prozessdauer ausgeschlossen war.

Zur Mängelbeseitigung eingebaute Teile werden in die bestehende Verjährung einbezogen (Abschn. VII, Ziff. 2 d NWVB).[7] Für den Lauf der einheitlichen Verjährungsfrist ist es unerheblich, wann und wie häufig Teile im Zuge der Nacherfüllung ausgewechselt werden.[8]

---

4 *Mansel,* NJW 2002, 89, 94.
5 *Westermann,* NJW 2002, 241, 250.
6 BGH 24. 11. 1982, BGHZ 85, 367; 8. 7. 1987, NJW-RR 1987, 1338; 8. 3. 1995, ZIP 1995, 633, 634 *Hager* in *Dauner-Lieb,Heidel/Lepa/Ring,* ANWALTKOMMENTAR Schuldrecht, § 346 BGB Rn 25; *Wolff* in *Hoeren/Martinek,* Systematischer Kommentar zum Kaufrecht, § 438 Rn 8; *Reinking,* ZGS 2002, 140, 141.
7 OLG Hamm 26. 3. 1985, DAR 1985, 381.
8 *Creutzig,* Recht des Autokaufs, Rn 7.2.10.

II. Verjährung der Ansprüche des Käufers aus Verletzung der Nacherfüllungspflicht

Die aus der Verletzung der Nacherfüllung (Nichtvornahme, Verspätung, mangelhafte Nachbesserung, Ersatzlieferung) resultierenden Ansprüche des Käufers sind eindeutig mängelbezogen und unterliegen der zweijährigen Verjährungsfrist des § 438 Abs. 1 Nr. 3 BGB. Diese Frist gilt auch für Ansprüche wegen nicht ordnungsgemäßer Vornahme einer Ablieferungsinspektion.[9]

360

Maßgeblicher Zeitpunkt für den Beginn der Verjährung ist die Auslieferung des Fahrzeugs und nicht der Zeitpunkt der Erkennbarkeit des Mangels.[10] Dieser Zeitpunkt bleibt auch dann maßgeblich, wenn der Käufer z. B. Schadensersatzansprüche darauf stützt, der Verkäufer habe die im Rahmen der Sachmängelhaftung übernommene Nachbesserungspflicht nicht oder nicht rechtzeitig erfüllt.

Nicht mängelbezogene Pflichtverletzungen im Zusammenhang mit der Nacherfüllung, die Schadensersatzansprüche nach § 280 Abs. 1, 241 Abs. 2 BGB auslösen, verjähren in der Regelfrist des § 195 BGB nach 3 Jahren,[11] während auf Mangelfolgeschäden die objektive Verjährungsregelung des § 438 Abs. 1 Nr. 3 BGB von 2 Jahren Anwendung findet.[12] Der Vorschlag, alle aus der Mangelhaftigkeit der Sache resultierenden Ansprüche der zweijährigen Verjährungsregelung des § 438 Abs. 1 Nr. 3 BGB zu unterwerfen, auch wenn sie nicht mängelbezogen sind, würde die Vereinheitlichung zwar fördern, lässt sich aber weder aus dem Gesetz ableiten noch dogmatisch begründen.[13]

In der Literatur gibt es Stimmen,[14] die einen **Neubeginn der Verjährung** fordern, wenn der Verkäufer die Sache **mangelhaft nachgebessert** hat, z. B. durch Einbau eines neuen, wiederum mangelhaften Motors oder Vornahme einer Lackierung, deren Mangelhaftigkeit sich erst einige Zeit später durch Abblättern der Farbe bemerkbar macht. Die neue Frist soll beginnen, wenn der Verkäufer die nachgebesserte Sache an den Käufer zurückgibt. Dahinter steht die Überlegung, dass der Käufer durch das Weiterlaufen der ursprünglichen Verjährungsfrist benachteiligt würde, weil ihm u. U. nicht genügend Zeit bleibt, um die Mängel der Nachbesserung aufzudecken und seine darauf gestützten Ansprüche rechtzeitig gegenüber dem Verkäufer geltend zu machen. Dogmatisch ist ein Neubeginn der Verjährung schwerlich zu begründen, da sich die Nacherfüllung unter dem Dach des fortlaufenden Vertrages abspielt und außer im Fall des Anerkenntnisses keine neuen Verjährungsfristen in Gang setzt. Die Nacherfüllung als solche ist wohl nicht geeignet, den Tatbestand eines Anerkenntnisses zu begründen.[15] Letztlich wird die Rechtsprechung darüber zu entscheiden haben, ob die Forderung nach einem Neubeginn der Verjährung berechtigt ist oder ob die Interessen des Käufers dadurch hinreichend gewahrt werden, dass die im Zusammenhang mit der Nacherfüllung stattfindenden Verhandlungen die Verjährung hemmen (siehe dazu Rn 364), so dass dem Käufer gem. § 203 BGB regelmäßig eine Beobachtungsfrist von mindestens drei Monaten verbleibt, und der Käufer außerdem die Möglichekeit besitzt,

---

9 BGH 29. 11. 1972, NJW 1973, 276; 15. 6. 1967, NJW 1967, 2005; *Erman/Grunewald*, § 477 Rn 2; LG Koblenz 5. 3. 1980 – 1 HO 96/79.
10 BGH 2. 6. 1980, NJW 1980, 1950.
11 BGH 5. 4. 1967, BGHZ 47, 312 ff., 319; 28. 4. 1976, NJW 1976, 1353 zur Vorgängerregelung von § 477 BGB a. F.
12 *Mansel/Budzikiewicz*, Das neue Verjährungsrecht, § 5 Rn 20, 21; *Wolff* in *Hoeren/Martinek*, Systematischer Kommentar zum Kaufrecht, § 438 Rn 7.
13 *Mansel/Budzikiewicz*, Das neue Verjährungsrecht, § 5 Rn 22.
14 *Haas* in *Haas/Medicus/Rolland/Schäfer/Wendtland*, Das neue Schuldrecht, Seite 242, Rn 332; weitergehend *Graf von Westphalen*, ZGS 2002, 19 ff.
15 A. A. *Graf von Westphalen*, ZGS 2002, 19,21.

mit dem Verkäufer eine Verlängerung der Verjährungsfrist wegen des Mangels zu vereinbaren.[16]

III. Konkurrierende Verjährungsfristen

361 Abschn. VII, Ziff. 1, Abs. 1 NWVB besagt, dass Ansprüche des Käufers wegen Sachmängeln in zwei Jahren ab Auslieferung verjähren. Da die Klausel keine Einschränkungen enthält, muss davon ausgegangen werden, dass sie die Verjährung für alle in Frage kommenden Ansprüche einheitlich und losgelöst von dem Rechtsgrund ihrer Entstehung regelt.

Falls eine Regelung im Sinne von Abschn. VII, Ziff. 1 NWVB von den Parteien des Kaufvertrages nicht vereinbart worden ist, stellt sich die Frage, ob die Verjährungsregelung von § 438 Abs. 1 Nr. 3 BGB auf konkurrierende **Ansprüche aus Deliktsrecht** zu erstrecken ist oder ob dem Käufer die längere Verjährungsfrist des § 195 BGB zugute kommt. Der Gesetzgeber hat die Lösung des Problems bewusst der Rechtsprechung überlassen.[17] Obwohl einheitliche Fristen wünschenswert wären, favorisiert die h. M. im Schrifttum die Beibehaltung der **freien Anspruchskonkurrenz.** Es ist wohl damit zu rechnen, dass sich die Rechtsprechung dieser Auffassung anschließt und an der alten Linie festhält.[18]

Eine vergleichbare verjährungsrechtliche Problemlage besteht für Ansprüche aus **culpa in contrahendo** (§§ 280, 311 Abs. 2, 241 Abs. 2 BGB) und aus Beratungsverträgen. Betreffen die Ansprüche den Sachmangel, erscheint eine entsprechende Anwendung von § 438 Abs. 1 Nr. 3 BGB vertretbar, geht es um Mangelfolgeschäden, ist die kenntnisabhängige Regelverjährung nach §§ 195, 199 BGB angezeigt.[19]

Ansprüche aus sog. **Weiterfresserschäden** fallen trotz ihres Sachmangelbezugs nicht unter die zweijährige Verjährungsfrist des § 438 Abs. 1 Nr. 3 BGB, weil sie sich nicht gegen den Verkäufer sondern gegen den Hersteller richten. Folglich ist auch die Regelung von Abschn. VII, Ziff. 1, Abs. 1 NWVB nicht einschlägig.[20] Da die Ansprüche deliktsrechtlicher Natur sind, gilt die Regelverjährung von 3 Jahren gem. §195 BGB.[21]

IV. Hemmung der Verjährung

1. Prinzip und Wirkungsweise

362 Hemmung der Verjährung bewirkt, dass der Zeitraum, in der die Verjährung gehemmt ist, in die Verjährungsfrist nicht eingerechnet wird (§ 209 BGB). Die Verjährungsfrist verlängert sich entsprechend. Gehemmt wird die Anspruchsverjährung nur im Hinblick auf diejenigen Mängel, deretwegen der Käufer vom Verkäufer Nacherfüllung verlangt.[22] Die

---

16 Dazu *Reinking*, ZGS 2002, 140 ff.
17 BT-Drucks. 14/6040, S. 229.
18 *Mansel/Budzikiewicz*, Das neue Verjährungsrecht, § 5 Rn 139 ff. m. w. N.; Graf von *Westphalen* in *Henssler/Graf von Westphalen*, Praxis der Schuldrechtsreform, Vorb. Rn 11, § 434 Rn 92; a. A. *Geiger*, JZ 2001, 1417, 1420; *Mansel*, NJW 2002, 89, 94.
19 *Mansel*, NJW 2002, 89, 95.
20 Zur Frage, ob die Rechtsprechung zu den Weiterfresserschäden aufgrund der verlängerten Verjährungsfristen für Sachmängelansprüche ihre Daseinsberechtigung verloren hat, *Mansel* NJW 2002, 89 ff., 95; *Westermann*, NJW 2002, 241 ff., 259; *Graf von Westphalen* in *Henssler/Graf von Westphalen*, Praxis der Schuldrechtsreform, Vorbem. Kaufvertragsrecht, Rn 10; sowie Rn 351.
21 *Graf von Westphalen,* in *Henssler/Graf von Westphalen*, Praxis der Schuldrechtsreform, § 309 BGB Rn 65, § 438 Rn 15.
22 BGH 20. 11. 1996, EBE 1997, 44.

Hemmung der Verjährung 362

Hemmungswirkung erstreckt sich auf alle Mängelansprüche, die auf dasselbe vom Käufer gerügte Erscheinungsbild des Mangels zurückzuführen sind[23] (dazu Rn 240).

Von der Hemmung werden **konkurrierende Ansprüche** (z. B. aus unerlaubter Handlung) und alternative Ansprüche[24] (Nachbesserung/Nachlieferung) miterfasst. Über § 218 BGB wirkt sich eine Hemmung des Nacherfüllungsanspruchs auf den Rücktritt und die Minderung aus, die als Gestaltungsrechte von Haus aus der Verjährung nicht unterliegen. Nebenleistungen (z. B. Zinsen, Nutzungen) verjähren mit dem Hauptanspruch (§ 217 BGB).

Näherer Betrachtung bedarf die Frage, wie sich die Rechte des Käufers auf **Nacherfüllung, Rücktritt, Minderung und Schadensersatz verjährungsrechtlich zueinander verhalten.** Durch die Erklärung des Rücktritts oder die Geltendmachung der Minderung wird der Kaufvertrag ganz oder teilweise in ein Abwicklungsverhältnis umgestaltet. Die aus dem umgestalteten Rechtsverhältnis resultierenden Ansprüche fallen unter die regelmäßige Verjährung von drei Jahren (§ 195 BGB), denn die zweijährige Verjährung von § 438 Abs. 1 Nr. 3 BGB hat ausgedient.[25] Im Gegensatz dazu wird der Kaufvertrag durch die Geltendmachung von Schadensersatzansprüchen nicht umgestaltet. Lediglich der Anspruch auf Erfüllung wird hinfällig, wenn der Käufer vom Verkäufer Schadensersatz statt der Leistung verlangt (§ 281 Abs. 4 BGB). Für Schadensersatzansprüche wegen Sachmängeln bleibt auch nach ihrer Geltendmachung durch den Käufer die zweijährige Verjährungsfrist von § 438 Abs. 3 BGB maßgeblich. Gleiches gilt für Ansprüche auf Nacherfüllung. Aus dieser Konstellation ergibt sich für den Käufer die Notwendigkeit, eine Hemmung der Verjährung der Ansprüche auf Schadensersatz und Nacherfüllung innerhalb der Zweijahresfrist in geeigneter Weise herbeizuführen, während für den Rücktritt und die Minderung deren fristgerechte Geltendmachung ausreicht.

Rechnet man die dem Käufer in den Fällen des Rücktritts und der Minderung zugebilligten Fristen zusammen, hat er im günstigsten Fall mehr als 5 Jahre Zeit, um diese Ansprüche gegenüber dem Verkäufer durchzusetzen. Ob dieses Ergebnis vom Gesetzgeber beabsichtigt wurde, darf in Anbetracht des in § 213 BGB angestrebten Gleichlaufs der Verjährung von Sachmängelansprüchen bezweifelt werden.

Die unterschiedlichen langen Verjährungsfristen können zur Falle werden. Deutlich wird dies an folgendem *Beispiel*:

Der Käufer erklärt wegen eines vom Verkäufer nicht beseitigten Mangels kurz vor Ablauf der Zweijahresfrist von § 438 Abs. 3 BGB den Rücktritt vom Kaufvertrag und erhebt gegen den Verkäufer, der mit dem Rücktritt nicht einverstanden ist, Klage auf Rückzahlung des Kaufpreises. Im Prozessverfahren stellt sich heraus, dass der Mangel des Neufahrzeugs unerheblich ist, so dass der Käufer wegen § 323 Abs. 5 S. 2 BGB vom Vertrag nicht zurücktreten konnte. Der Käufer ändert daraufhin die Klage und verlangt nunmehr eine Minderung. Der Verkäufer beruft sich auf Verjährung.

Es stellt sich die Frage, ob die Rücktrittserklärung des Käufers eine Verjährungshemmung des Anspruchs auf Nacherfüllung bewirkt hat, so dass § 281 Abs. 1 S. 1 BGB durch § 438 Abs. 5 BGB ausgeschaltet ist, und der Käufer auch nach Ablauf der zweijährigen Frist an Stelle des Rücktritts noch auf die Minderung zugreifen kann. Eine Direktanwendung von § 213 BGB scheitert daran, dass die Erklärung des Rücktritts wegen ihrer Unwirksamkeit die Verjährung des zugrunde liegenden Nacherfüllungsanspruchs nicht gehemmt hat (auch nicht über § 218 Abs. 1 BGB), so dass auch keine Hemmung des dem Käufer alternativ zustehenden Anspruchs auf Minderung eintreten konnte. Eine entsprechende Anwendung von § 213 BGB im Interesse des Käufers ist ein Wagnis, auf das sich die Rechtsprechung vielleicht einlässt (sicher ist das nicht), um einen Gleichlauf der Fristen herbeizuführen.

---

23 OLG Köln, 31. 3. 1995, VersR 1996, 1373.
24 *Mansel* in *Dauner-Lieb/Heidel/Lepa/Ring*, Anwaltkommentar Schuldrecht, § 213 BGB Rn 4.
25 *Hager* in *Dauner-Lieb,Heidel/Lepa/Ring*, Anwaltkommentar Schuldrecht, § 346 BGB Rn 25.

In Anbetracht der bestehenden Ungewissheiten ist dem Käufer zu empfehlen, den alternativ zur Verfügung stehenden Anspruch – im Beispielsfall ist das der Anspruch auf Minderung – von Anfang an hilfsweise geltend zu machen, wenn er nicht sicher sein kann, ob er mit dem Hauptanspruch durchdringt.

2. Gesetzliche Hemmungstatbestände

Spezielle Regelungen der Verjährungshemmung sehen die NWVB nicht mehr vor. Von den gesetzlichen Vorschriften zur Verjährungshemmung sind für den Neuwagenkauf relevant:

§ 203 BGB – Schwebende Verhandlungen der Parteien über den Anspruch oder die den Anspruch begründenden Umstände,

§ 204 BGB – Maßnahmen der Rechtsverfolgung (Klage, Mahnbescheid usw.),

§ 205 BGB – Vereinbarung eines Rechts der vorübergehenden Leistungsverweigerung,

§ 206 BGB – Höhere Gewalt.

Zu den Maßnahmen der Rechtsverfolgung, die vor der Schuldrechtsmodernisierung zur Unterbrechung der Verjährung führten, jetzt aber nur noch eine Verjährungshemmung bewirken, sind neu hinzugekommen:

– Der Antrag auf Erlass einer einstweiligen Verfügung oder eines Arrestes (§ 204 Abs. 1 Nr. 9 BGB).

– Die Veranlassung der Bekanntgabe des erstmaligen Antrags auf Gewährung von Prozesskostenhilfe (§ 204 Abs. 1 Nr. 14 BGB). An die Begründetheit und Vollständigkeit des Antrags auf Prozesskostenhilfe sind keine hohen Anforderungen zu stellen.[26] Die Festlegung der Mindestanforderungen hat der Gesetzgeber der Rechtsprechung überlassen.[27]

– Das Begutachtungsverfahren (§ 402 Abs. 1 Nr. 8 BGB), das dem selbstständigen Beweisverfahren gleichgestellt wird. Die Einzelheiten dieses in § 204 Nr. 8 BGB geregelten Verfahrens sind unklar, insbesondere was den Zeitpunkt des Beginns der Hemmungswirkung und deren Beendigung betrifft.[28] Aus diesem Grund sind vertragliche Absprachen zur Verjährungshemmung hilfreich.

Das selbstständige Beweisverfahren, geregelt in § 204 Abs. 1 Nr. 7 BGB, ist ein allgemeiner Hemmungstatbestand, der alle der Verjährung unterworfenen Ansprüche erfasst.

3. Nacherfüllung und Verjährungshemmung infolge von Verhandlungen

Die verjährungsrechtlichen Auswirkungen der außergerichtlichen Geltendmachung von Nacherfüllungsansprüchen sind noch weitgehend ungeklärt. Unter dem Blickwinkel der Verjährungshemmung infolge von Verhandlungen kann teilweise auf die Rechtsprechung und Lehre zur Vorschrift des § 639 Abs. 2 BGB a. F. zurückgegriffen werden,[29] welche auf Kaufverträge mit einem vereinbarten Nachbesserungsrecht entsprechend angewendet wurde,[30] um den Käufer nicht zu zwingen, durch Klage oder in anderer Weise die Verjährung zu

---

26 *Mansel* in *Dauner-Lieb/Heidel/Lepa/Ring*, Anwaltkommentar Schuldrecht, § 294 BGB Rn 42.
27 BT-Drucks. 14/ 6040, S. 116 ff.
28 Dazu *Graf von Westphalen* in *Henssler/Graf von Westphalen*, Praxis der Schuldrechtsreform, § 204 BGB Rn 50.
29 *Mansel*, NJW 2002, 89, 98.
30 BGH 8. 2. 1984, WM 1984, 479; 6. 6. 1984, WM 1984, 1092; 8. 7. 1997, WM 1987, 1200; OLG Köln 31. 3. 1995, VersR 1996, 1419; OLG Frankfurt 30. 6. 1982, BB 1983, 151; *Soergel/Huber*, § 476a Rn 20.

unterbrechen, obwohl der Verkäufer gewillt ist, seiner Nachbesserungspflicht nachzukommen.[31]

§ 639 Abs. 2 BGB a. F. erforderte eine Übereinkunft der Parteien über die Prüfung und Beseitigung des Mangels durch den Unternehmer.[32] Die gleiche Situation besteht, wenn sich Käufer und Händler im Rahmen der Nacherfüllung gem. § 439 BGB darauf verständigen, dass letzterer das Fahrzeug prüft und den vom Käufer gerügten Mangel abstellt. Unter diesen Umständen ist davon auszugehen, dass der Lauf der Verjährungsfrist durch Verhandlungen i. S. v. § 203 BGB bis zum nächsten nach Treu und Glauben zu erwartenden Verhandlungsschritt[33] gehemmt ist, der – wie in § 639 Abs. 2 BGB a. F. nachzulesen ist – darin bestehen kann, dass der Verkäufer das Ergebnis der Prüfung mitteilt, den Mangel für beseitigt erklärt oder die Beseitigung des Mangels ablehnt.

Mansel[34] steht auf dem Standpunkt, dass Verhandlungen i. S. v. § 203 BGB bei der Nachbesserung selten stattfinden. Für den Bereich des Neuwagenkaufs kann dies nicht bestätigt werden. Wenn an einem neuen Kraftfahrzeug ein Mangel auftritt, kommt es im Regelfall zu Gesprächen zwischen den Parteien. Dabei geht es in erster Linie um die Beschreibung des Mangels, die Klärung der Ursachen, die Aufnahme der Reklamation durch den Händlerbetrieb und die Modalitäten der Nacherfüllung. Da der Begriff der Verhandlungen großzügig auszulegen ist, wie das Fallmaterial zu § 852 Abs. 2 BGB a. F. eindeutig belegt[35], wird zwanglos von „Verhandlungen über den Anspruch oder die den Anspruch begründenden Umstände" im Sinne von § 203 BGB auszugehen sein, wenn ein Meinungsaustausch über den Mangel stattgefunden und der Händler seine Bereitschaft zur Prüfung des Fahrzeugs erklärt hat.

Mit dem Ende der Verhandlungen endet auch die Hemmung der Verjährung. Die Verhandlungen können einvernehmlich beendet werden oder durch einseitige Erklärungen der Parteien. Die Beendigung von Verhandlungen kann sich auch aus dem Verhalten einer Partei ergeben. Wenn der Käufer dem in Anspruch genommenen Betrieb keine Gelegenheit zur Nachbesserung einräumt, ist dies ein Zeichen dafür, dass er auf eine Fortsetzung schwebender Verhandlungen keinen Wert legt. Schlafen die Verhandlungen ein, endet die Hemmung in dem Zeitpunkt, in dem der nächste Schritt nach Treu und Glauben zu erwarten gewesen wäre.[36]

Lehnt der Verkäufer von vornherein eine Nacherfüllung ab, wird die Verjährung allein aufgrund der Geltendmachung der Nacherfüllung durch den Käufers nicht gehemmt.[37] Die Verweigerung von Verhandlungen über den Mangel und dessen Beseitigung muss durch ein klares und eindeutiges Verhalten zum Ausdruck gelangen.[38] Brauchbare Hinweise hierzu liefert die Rechtsprechung, die sich mit der Frage befasst hat, unter welchen Voraussetzungen ein Verhalten die Erklärung beinhaltet, der Fehler sei beseitigt oder es liege kein Fehler vor:[39]

– Die Erklärung des Werkstattleiters, er hoffe, den Fehler nunmehr abgestellt zu haben, ließ das OLG Köln[40] als Erklärung im Sinne einer Fehlerbeseitigung gelten, weil sich

---

31 BGH 8. 2. 1984, BB 1984, 1897.
32 BGH 20. 11. 1996, EBE 1997, 44.
33 BGH, NJW 1986, 1337, 1338; *Mansel*, NJW 2002, 89, 98.
34 NJW 2002, 89, 98.
35 Darauf ist bei der Auslegung von § 203 BGB zurückzugreifen *Mansel* in *Dauner-Lieb/Heidel/Lepa/Ring*, Anwaltkommentar Schuldrecht, § 203 BGB Rn 4.
36 BGH, NJW 1986, 1337, 1338.
37 *Graf von Westphalen* in *Henssler/Graf von Westphalen*, Praxis der Schuldrechtsreform, § 203 BGB Rn 112.
38 BGH, NJW 1998, 2819, 2820.
39 Diese Frage war für die Verjährungsregelung in Abschn. VII, Ziff. 10 der bis zum 31. 12. 2001 gültigen NWVB relevant.
40 Urt. 15. 9. 1998 – 22 U 265 /97 – n. v.

der Äußerung nicht entnehmen lasse, dass er etwa nicht von der Beseitigung des Fehlers ausgegangen sei. Da eine solche Äußerung beim Käufer eher den Eindruck erweckt, dass die Werkstatt ihrer Sache nicht ganz sicher ist, ob sie den Fehler tatsächlich beseitigt hat, kann der Käufer sie nicht als einseitige Beendigung der Verhandlungen auffassen.

— Nach Ansicht des LG Köln[41] reicht es für eine Beendigung der Verjährungshemmung aus, wenn die auf Nachbesserung in Anspruch genommene Werkstatt im Anschluss an den vergeblichen Versuch, eine Kostenübernahme durch den Hersteller/Importeur herbeizuführen, dem Käufer eine **Reparaturrechnung übersendet**. Ein solches Verhalten könne bei verständiger Würdigung so zu deuten sein, dass der Händler damit habe zum Ausdruck bringen wollen, ein Fehler sei nicht vorhanden gewesen. Auf der gleichen Linie liegt eine Entscheidung des OLG Stuttgart,[42] das den Rechnungsvermerk „Kostenübernahme aus Kulanz abgelehnt, da Kundenverschulden" als abschließende Erklärung zum Anspruch ansah.

— Nicht als das „letzte Wort" zum Anspruch bewertete das OLG Saarbrücken die Erklärung, die Fehlersuche sei erfolglos geblieben, es sei aber **vorsorglich eine neue Dichtung eingebaut** worden.[43]

— Kommen Käufer und Werkstatt überein, in puncto Nachbesserung **nichts mehr zu unternehmen**, endet nach Meinung des OLG Köln[44] die Hemmung der Verjährung. Der einverständliche Entschluss steht einer einseitigen Erklärung der Werkstatt – es sei nicht mehr nachzubessern – gleich.

4. Rechtsprechung zur Hemmung

Die Verjährungsfrist ist gehemmt, wenn die Parteien ein Stillhalteabkommen verabreden, dass mit einer Klage wegen der Sachmängelansprüche gewartet werden soll, bis diese als Widerklage im Rahmen des durch Mahnbescheid bereits eingeleiteten Verfahrens auf Kaufpreiszahlung geltend gemacht werden können.[45]

Verschiedene Nachbesserungstermine, die sich über Wochen erstrecken und denen jeweils schwebende Verhandlungen über den Anspruch zu Grunde liegen, bewirken keine Verjährungshemmung während des gesamten Zeitraums, wenn der in Anspruch genommene Händler jeweils am selben Tag, an dem sich das Fahrzeug in seiner Werkstatt befunden hat, zu dem Ergebnis gelangt ist, es sei nichts zu veranlassen.[46] Die Einzeltermine sind nur dann zu einem einheitlichen, sich über den gesamten Zeitraum hinziehenden Nachbesserungsversuch zusammenzufassen, wenn beide Parteien die verschiedenen Einzelakte bei ihren Verhandlungen als Einheit betrachtet haben.[47]

Die bloße Erstellung und Einreichung eines Kulanzantrags an den Fahrzeughersteller ist nicht geeignet, eine Verjährungshemmung herbeizuführen.[48] Die Verweisung auf den Kulanzweg beinhaltet konkludent die Erklärung des Verkäufers, dass er zur Nachbesserung nicht verpflichtet ist.

Eine Hemmung der Verjährung tritt auch dann nicht ein, wenn der Händler der Ansicht ist, ein Mangel liege nicht vor, und er dem auf Nacherfüllung beharrenden Käufer anheim

---

41 Urt. 7. 6. 1989 – 13 S 71/87 – n. v.
42 Urt. 5.11.1997 – 4 U 131/97 –
43 Urt. 26. 3. 1996, NJW-RR 1996, 1423.
44 OLG Köln, Urt. 31. 3. 1995, VersR 1996, 1419.
45 OLG Köln 31. 3. 1995, VersR 1996, 1373 zur Zurückstellung der Wandlungsklage.
46 OLG Köln 31. 3. 1995, VersR 1996, 1419.
47 BGH 19. 2. 1992, NJW 1992, 1236.
48 OLG Frankfurt 4. 6. 1986, DAR 1986, 323 zu § 639 Abs. 2 BGB a. F.

stellt, einen neutralen Sachverständigen mit der Untersuchung des Fahrzeugs zu beauftragen.[49]

Eine vom Generalimporteur fabrikneuer Kraftfahrzeuge nach dem Ausscheiden des Verkäufers aus dem Händlernetz abgegebene Erklärung, die Garantie für den Motor werde um ein Jahr verlängert, erstreckt sich aus der insoweit maßgeblichen Sicht des Käufers auch auf die vom Verkäufer zugesagte Sachmängelhaftung, wenn nur noch der Generalimporteur dem Käufer als Ansprechpartner zur Verfügung steht und dieser die Sachmängelhaftung von der Fristverlängerung nicht ausdrücklich ausschließt.[50]

5. Verjährungshemmung durch Verhandlungen mit einem Dritthändler

Da die NWVB dem Neuwagenkäufer in Abschn. VII, Ziff. 2 a und b das Recht zubilligen, Ansprüche auf Mängelbeseitigung auch bei anderen vom Hersteller/Importeur für die Betreuung des Kaufgegenstandes anerkannten Betrieben geltend zu machen, stellt sich die Frage, ob **Verhandlungen mit der Drittwerkstatt**, soweit sie die Voraussetzungen von § 203 BGB erfüllen, die Verjährung wegen des gerügten Mangels unterbrechen. Der BGH entschied zur Vorgängerklausel, der Verkäufer müsse sich das Verhalten der Drittwerkstatt bei der Nachbesserung zurechnen lassen, wenn er sich ihrer Mithilfe bei der Erfüllung von Sachmängelansprüchen bedient.[51] Aus dem Urteil lässt sich ableiten, dass Verhandlungen des Käufers mit dem Dritthändler über den Anspruch und die ihn begründenden Umstände die Verjährungsfrist der Sachmängelansprüche aus dem Kaufvertrag hemmen. Für den Händler kommt diese Rechtsfolge nicht überraschend, da dem Käufer in Abschn. VII, Ziff. 2 a NWVB die Verpflichtung auferlegt ist, ihn von der Inanspruchnahme der Drittwerkstatt zu unterrichten.

Fraglich kann allenfalls sein, ob dem Käufer die Berufung auf die Verjährungshemmung zu versagen ist, wenn er seine **Unterrichtungspflicht** verletzt hat. Unbestreitbar hat der Händler ein großes Interesse daran, über das verjährungsrechtliche Schicksal der das Fahrzeug betreffenden Sachmängelansprüche informiert zu sein. Er benötigt die Angaben, um die Verjährungsfristen berechnen zu können. Richtige Fristnotierungen sind besonders wichtig für seine Rückgriffsrechte gegenüber dem Lieferanten beim Verbrauchsgüterkauf. Aufwendungen für verjährte Sachmängelansprüche muss der Lieferant nämlich nicht ersetzen. Andererseits ist die Klausel, die den Käufer mit der Unterrichtungspflicht belastet, wegen ihres überraschenden Inhalts nicht unbedenklich. Des weiteren fällt es schwer, die Klausel mit § 475 Abs. 1 BGB in Einklang zu bringen. Nicht von der Hand zu weisen ist schließlich auch der Gedanke, dass es eigentlich in den Aufgabenbereich der über den Hersteller verbundenen autorisierten Händler fällt, die erforderlichen Informationen in solchen Fällen untereinander auszutauschen.

In Anbetracht der Schlagkraft der Gegenargumente erscheint es kaum vertretbar, dem Käufer die Verjährungshemmung zu versagen, wenn er Ansprüche auf Mängelbeseitigung bei einer Drittwerkstatt geltend macht und mit dieser entweder in verjährungshemmender Weise verhandelt oder die Verjährung durch ein vereinbartes Begutachtungsverfahren vorübergehend zum Stillstand bringt, ohne den Verkäufer hiervon zu informieren.

6. Hemmungsabreden

Bei dem Blick auf die Verjährungshemmung wegen schwebender Verhandlungen über den Nacherfüllungsanspruch darf freilich nicht übersehen werden, dass die Geltendma-

---
49 OLG Köln 24. 11. 1994, OLGR 1995, 113.
50 OLG Celle 2. 12. 1993, OLGR 1994, 49.
51 BGH 10. 04. 1991, ZIP 1991, 733, 735.

chung der Nacherfüllung nicht in jedem Fall zu Verhandlungen im Sinne eines Meinungsaustauschs über den Anspruch oder die ihn begründenden Umstände führt. Der Käufer kann die Nacherfüllung schlicht einfordern, sei es schriftlich oder mündlich. In diesem Falle ist an eine **stillschweigende Hemmungsabrede** für die Zeit der Nacherfüllung zu denken.[52]

Da die durch eine stillschweigende oder ausdrückliche Abrede herbeigeführte Verjährungshemmung i. S. von § 202 Abs. 2 BGB **ohne Ablaufhemmung endet**, kann dem Käufer, der die Fehlerbeseitigung am Ende der Verjährungsfrist geltend macht, unter Umständen nur unter Zuhilfenahme von § 242 BGB geholfen werden, wenn die Nachbesserung das Ende der Verjährung überdauert. Zur Vermeidung derartiger Risiken empfiehlt es sich, bei der vertraglichen Festlegung des Endes der Verjährungshemmung eine Nachfrist einzukalkulieren, damit genügend Zeit für die Prüfung der Nacherfüllung und die Einleitung weiterer Maßnahmen verbleibt.

7. Ablaufhemmung

368 Am Ende der durch **Verhandlungen** herbeigeführten Hemmung der Verjährung beginnt eine **dreimonatige Ablaufhemmung** gem. § 203 S. 2 BGB. Relevant ist die Frist, wenn Verhandlungen über Nachbesserungsarbeiten kurz vor Ende der Verjährungsfrist aufgenommen werden. In der verbleibenden Frist von 3 Monaten kann der Käufer das Fahrzeug beobachten, um sich von dem Erfolg der Nachbesserung ein Bild zu machen. Falls neue Teile in das Fahrzeug eingebaut wurden, hat er Gelegenheit für die Überprüfung, ob das neue Teil als solches mangelfrei ist.[53]

Äußert der Käufer im Anschluss an eine durchgeführte Nachbesserung, die von ihm gerügten Fehler seien ordnungsgemäß beseitigt worden, beendet er damit etwaige bis dahin schwebende Verhandlungen i. S. von § 203 BGB. Seine Erklärung schließt die Geltendmachung von weiteren Ansprüchen wegen der gerügten Mängel jedoch nicht aus, wenn sich innerhalb der Frist der Ablaufhemmung herausstellt, dass die Fehler nicht nachhaltig beseitigt wurden.[54]

Die dem Käufer zugebilligte Überlegungs- und Beobachtungsfrist entschärft die Problematik des Endes der Verjährungshemmung, verleitet aber auch zu Missbrauch. Der Käufer gewinnt dadurch, dass er unmittelbar vor Ablauf der zweijährigen Verjährungsfrist mit dem Verkäufer Verhandlungen wegen eines Mangels aufnimmt, einen Zeitvorteil von mindestens weiteren drei Monaten.

Die Ablaufhemmung im Anschluss an **Maßnahmen der Rechtsverfolgung** i. S. v. § 204 BGB beträgt **sechs Monate** und beginnt mit der Rechtskraft der Entscheidung oder mit der anderweitigen Beendigung des Verfahrens. Die Frist ist bedeutsam für Verfahren, die, wie z. B. das selbstständige Beweisverfahren und das Prozesskostenhilfeverfahren nicht mit einer Sachentscheidung enden. Gerät das Verfahren in Stillstand, tritt an die Stelle der Beendigung des Verfahrens die letzte Verfahrenshandlung der Parteien, des Gerichts oder der sonst mit dem Verfahren befassten Stelle. Ein Verfahrensstillstand aus triftigem Grund beendet nicht die Hemmungswirkung. Falls ein triftiger Grund nicht vorliegt oder zweifelhaft ist, ob ein von beiden Parteien gewollter Prozessstillstand einen wichtigen Grund darstellt, ist es ratsam, eine Hemmung der Verjährung etwa bis zum Ausgang eines Musterprozesses zu vereinbaren.[55]

---

52 *Mansel*, NJW 2002, 89, 98.
53 OLG Hamm 26. 3. 1985, DAR 1985, 381.
54 In diesem Sinne OLG München, 22. 9. 1983, MDR 1984, 141 zur vertraglich vereinbarten Beobachtungsfrist von drei Monaten in den bis zum 31. 12. 2002 gültigen NWVB.
55 *Mansel* in *Dauner-Lieb/Heidel/Lepa/Ring*, ANWALTKOMMENTAR Schuldrecht, § 205 BGB Rn 59.

Für Rückgriffsansprüche des Verkäufers gegen seinen Lieferanten tritt die Verjährung frühestens zwei Monate nach dem Zeitpunkt ein, in dem der Unternehmer die Ansprüche des Verbrauchers erfüllt hat. Da die Ablaufhemmung fünf Jahre beträgt, steht dem Verkäufer längstens dieser Zeitrum für den Regress zur Verfügung[56]

V. Neubeginn der Verjährung durch Anerkenntnis und Lieferung eines anderen Fahrzeugs

Für die rechtsförmliche Anspruchserhebung hat der Gesetzgeber im Zuge der Schuldrechtsreform das Prinzip der Verjährungsunterbrechung durch die Verjährungshemmung ersetzt. Übrig geblieben sind das Anerkenntnis und die Vornahme oder Beantragung einer gerichtlichen oder behördlichen Vollstreckungshandlung. Diese Umstrukturierung des Verjährungsrechts weist darauf hin, dass die Verjährungsunterbrechung die Ausnahme sein soll und eine restriktive Handhabung angezeigt ist.

Für den Neuwagenkauf ist § 212 Abs. 1 Nr. 1 BGB von Interesse, wonach u. a. die Verjährung erneut beginnt, wenn der Verkäufer dem Käufer gegenüber den Anspruch „in anderer Weise anerkennt".

Ob in der Vornahme einer Nachbesserung ein Anerkenntnis des vom Käufer geltend gemachten Nacherfüllungsanspruchs steckt, ist unter Würdigung der Gesamtumstände zu entscheiden. Der Verpflichtete darf seine Leistung nicht nur aus Kulanz oder zur möglichen Beilegung einer streitigen Auseinandersetzung anbieten.[57] Aus Sicht des Käufers muss der Verkäufer in dem Bewusstsein handeln, zur Nachbesserung verpflichtet zu sein. Erheblich sind vor allem der Umfang, die Dauer und die Kosten der Mängelbeseitigungsarbeiten. Es darf sich nicht um die Vornahme nur unwesentlicher Nachbesserungsarbeiten handeln.[58]

Andererseits erfordert ein Anerkenntnis keine rechtsgeschäftliche Erklärung des Verkäufers.[59] Es genügt ein schlüssiges Verhalten, aus dem sich klar und unzweideutig das Bewusstsein von dem Bestehen des Anspruchs ergibt, angesichts dessen der Käufer darauf vertrauen darf, dass sich die andere Partei nicht nach Ablauf der Verjährungsfrist alsbald auf Verjährung berufen wird.[60]

Die Rechtsprechung sah die Voraussetzungen eines Anerkenntnisses vor der Schuldrechtsreform als erfüllt an,

– wenn der Verkäufer erklärt, er werde das Fahrzeug anhand des vom Käufer vorgelegten Gutachtens unter Hinzuziehung eines Kundendienst-Mitarbeiters des Herstellers prüfen und habe für die Mängelbeseitigung einen Zeitraum von einem Monat vorgesehen,[61]
– wenn der Verkäufer im Anschluss an besonders eindringliche Hinweise des Käufers auf die Pflicht zur Mängelbeseitigung zwei Nachbesserungsversuche unternimmt.[62]
– wenn der Verkäufer unter den genannten Voraussetzungen insgesamt vier Nachbesserungen in dem Bewusstsein vorgenommen hat, hierzu auf Grund bestehender Sachmängelhaftung verpflichtet zu sein.[63]

---

56 *Heß*, NJW 2002, 253 ff., 259.
57 BGH 2. 6. 1999, DAR 1999, 500; 8. 7. 1987, NJW 1988, 254 ff.
58 BGH 2. 6. 1999, DAR 1999, 500.
59 BGH 6. 4. 1965, NJW 1965, 1430.
60 BGH 8. 7. 1987, NJW 1988, 254 f.; 3. 12. 1987, NJW-RR 1988, 684; 30. 9. 1993, NJW-RR 1994, 373; OLG Köln 13. 3. 1998, NJW-RR 1998, 1587.
61 BGH 3. 12. 1987, NJW-RR 1988, 684.
62 OLG Hamm 24. 10. 1989 – 26 U 111/89 – n. v.; siehe auch OLG Köln 31. 3. 1995, VersR 1996, 1373.
63 BGH 2. 6. 1999, DAR 1999, 500.

Anknüpfend an diese Rechtsprechung zu § 208 BGB a. F. vertritt *Graf von Westphalen*[64] die Ansicht, die Nacherfüllung durch Mängelbeseitigung oder Lieferung einer neuen Sache erfülle regelmäßig den Tatbestand eines Anerkenntnisses und führe zu einem Neubeginn der zweijährigen Verjährung. Der Verkäufer erwecke durch sein Verhalten in den Augen des Käufers immer und notwendigerweise den Eindruck, als sei er zu dieser Nacherfüllung vertraglich verpflichtet.[65]

370 Die **Rechtskonstruktion des Anerkenntnisses** führt zu einer erheblichen zeitlichen Ausweitung der Verjährung und wirft die Frage auf, ob auf die Rechtsprechung zu § 208 BGB a. F. uneingeschränkt zurückzugreifen ist.

In Anbetracht der tiefgreifenden Umgestaltung des Schuldrechts bestehen hiergegen Bedenken. Bereits vor der Schuldrechtsreform galt, dass sich allein aus der Tatsache, dass der Händler die vom Käufer gewählte Art der Nacherfüllung erbringt, ein stillschweigendes Anerkenntnis nicht regelmäßig ableiten lässt. Die widerspruchslose Entgegennahme eines berechtigten Anspruchs und dessen Erfüllung ließ der BGH[66] nicht immer und ohne weiteres ausreichen.

Zum 1. 1. 2002 hat der Gesetzgeber die Unterbrechung der Verjährung auf zwei Fälle reduziert und die Hemmungstatbestände ausgeweitet. Die Hemmung ist zum Regelfall avanciert und der Rechtsgedanke des § 639 Abs. 2 BGB in § 203 BGB verallgemeinert worden. Der Grund hierfür bestand in der Erkenntnis, dass sich die aus der Unterbrechung ergebende Folge – nämlich die Ingangsetzung einer neuen Verjährungsfrist – nicht immer sachlich gerechtfertigt war.[67] Aus der tiefgreifenden Umstrukturierung des Verjährungsrechts ergibt sich, dass das Anerkenntnis, das zusammen mit Vollstreckungshandlungen die Reform überlebt und seine verjährungsunterbrechende Wirkung beibehalten hat, in einem anderen Licht zu sehen ist. Vor der Schuldrechtsreform bot das Anerkenntnis die Möglichkeit, nachteilige Folgen aus der zu kurz geratenen Verjährung des Kauf- und Werkvertragrechts abzuwenden. Durch die Verlängerung der Verjährungsfrist für Sachmängel auf zwei Jahre hat diese Funktion des Anerkenntnisses ausgedient. Eine restriktive Anwendung dieser Rechtskonstruktion ist deshalb angezeigt.

Es kann im Ergebnis auch nicht richtig sein, dass der Verkäufer, der in Erkenntnis der Mangelhaftigkeit der Sache seine Verpflichtung zur Nacherfüllung ordnungsgemäß nach Wahl des Käufers erfüllt, allein dadurch verjährungsrechtliche Nachteile erleidet. Andernfalls müsste ihm geraten werden, seine Pflicht zur Nacherfüllung regelmäßig mit der Erklärung zu verbinden, ein Anerkenntnis im Sinne von § 212 Abs. 1 Nr. 1 BGB sei damit nicht verbunden.

Graf von Westphalen[68] steht auf dem Standpunkt, das Anerkenntnis vollziehe sich bei der Ersatzlieferung auf der Ebene eines Individualvertrages, weil gem. § 439 Abs. 4 BGB einvernehmlich eine Rückabwicklung des alten Vertrages vorgenommen werde. Darin kann ihm nicht gefolgt werden. In § 439 Abs. 4 BGB wird nur die Rückgewährpflicht des Käufers entsprechend den Rücktrittsvorschriften angeordnet, weil verhindert werden soll, dass er die neue Sache bekommt und die mangelhafte behält. Eine direkte Anwendung der Vorschriften scheidet aus, weil der Käufer bei der Geltendmachung seines Nacherfüllungsanspruchs gerade nicht zurücktritt.[69] Diese gesetzliche Regelung wird bei der Ersatzlieferung

---

64 ZGS 2002, 19 ff.
65 *Graf von Westphalen* in *Henssler/Graf von Westphalen*, Praxis der Schuldrechtsreform, § 439 Rn 9; *ders.* in ZGS 2002, 19 ff., 21.
66 BGH 15. 6. 1967, NJW 1967, 2005 ff. zu § 639 Abs. 2 BGB a. F.
67 BT-Drucks. 14/6040, S. 91.
68 ZGS 2002, 19, 22.
69 *Büdenbender* in *Dauner-Lieb/Heidel/Lepa/Ring*, Anwaltkommentar Schuldrecht, § 439 BGB Rn 15.

nicht durch einen individuellen Rücktrittsvertrag ersetzt oder ausgeschaltet. Vielmehr bleibt der ursprüngliche Vertrag in vollem Umfang aufrecht erhalten und es findet lediglich ein Austausch der mangelhaften gegen eine neue mangelfreie Sache statt. Hierzu bedarf es keines neuen Individualvertrages.

Trotz dieser rein dogmatischen Bedenken erscheint es nicht gerechtfertigt, dem Käufer die Verjährungsfrist von 2 Jahren für die Ersatzsache zu versagen. Zwischen der Ersatzlieferung und der fehlgeschlagenen Erstlieferung besteht nämlich kein Unterschied. Im einen wie im anderen Fall bekommt der Käufer eine Sache, die er nicht kennt und von der er nicht weiß, ob sie mangelfrei ist. Um dies verlässlich beurteilen zu können, benötigt er eine gewisse Zeit für die Beobachtung sowie für die Geltendmachung von Ansprüchen. Diese Zeit hat der Gesetzgeber beim Verbrauchsgüterkauf für neu hergestellte Sachen zwingend auf zwei Jahre festgelegt, beginnend mit der Ablieferung gem. § 438 Abs. 2 BGB. Erhält der Käufer im Zuge des Austausches statt der mangelhaften eine mangelfreie Sache, so ist es naheliegend, den Zeitpunkt der Ablieferung der mangelfreien Sache als den für die Verjährung maßgeblichen Zeitpunkt zugrunde zu legen, ab dem die Verjährung für die neue Sache beginnt. Nur über eine solche auf teleologischem Wege erreichbare Ergebniskorrektur lässt sich sicherstellen, dass der Käufer im Rahmen eines Verbrauchsgüterkaufs auch hinsichtlich der anderen Sache den ihm vom Gesetzgeber unabdingbar zuerkannten Schutz der Beweislastumkehr erhält. Die Vorschrift von § 476 BGB würde leer laufen, wenn man den Vorteil der Umkehrung der Beweislast nur auf die mangelhafte bezöge, welche aufgrund des Austausches gegen eine andere mangelfreie Sache nicht mehr Vertragsgegenstand ist.

Bei der Mängelbeseitigung besteht keine der Ersatzlieferung vergleichbare Interessenlage, die es erfordert, die Verjährung mit jeder Nachbesserung wegen des gerügten Mangels neu beginnen zu lassen. Der Käufer wird durch die Hemmung der Verjährung gem. § 203 BGB und die sich daran anschließende Ablaufhemmung von 3 Monaten sowie die Möglichkeit der Vereinbarung längerer Verjährungsfristen hinreichend geschützt.

Ein auf bestimmte Mängel beschränktes – im Einzelfall tatsächlich erklärtes – Anerkenntnis unterbricht nicht die Verjährung für andere Fehler. Der Grundsatz, dass das Anerkenntnis eines Anspruchs wegen eines Sachmangels die Unterbrechung der Verjährung der anderen – vertraglichen und gesetzlichen – Ansprüche bewirkt[70], wurde in § 213 BGB gesetzlich verankert. Ein Anerkenntnis des Rücktritts und der Minderung ist zur Herbeiführung der Unterbrechungswirkung nicht erforderlich, da die einseitige Erklärung des Käufers für die Umgestaltung des Kaufvertrags ausreicht.

Die Hemmung der Verjährung schließt eine gleichzeitige Unterbrechung nicht aus. Beide können zusammentreffen.[71] Falls die Unterbrechung gleichzeitig mit der Hemmung oder später eintritt, beginnt die neue Verjährung erst mit dem Ende der Hemmung.

Beispiel:
Zwischen den Parteien schweben Verhandlungen wegen eines vom Käufer gerügten Mangels, so dass die Verjährung gem. § 203 BGB gehemmt ist. Im Verlauf dieser Verhandlungen erkennt der Verkäufer den vom Käufer geltend gemachten Anspruch auf Nacherfüllung an. Durch das Anerkenntnis wird die Verjährungsfrist zusätzlich unterbrochen. Mit dem Ende der Verhandlungen endet die Hemmung der Verjährung und es beginnt die neue Verjährungsfrist.

---

70 BGH 22. 5. 1963, LM Nr. 6 zu § 477 BGB.
71 BGH 23. 11. 1989, NJW 1990, 826 m. w. N.

VI. Verlängerung der Verjährungsfrist

371 Die Rechtsprechung wird klären müssen, in welchen zeitlichen Grenzen verjährungsverlängernde Vereinbarungen von Ansprüchen wegen Sachmängeln zulässig sind. Da Verjährungsfristen dazu bestimmt sind, nach einer gewissen Zeit den Rechtsfrieden herzustellen und Rechtssicherheit zu schaffen, sind erhebliche Verlängerungen problematisch. Eine Frist von 36 Monaten ist im Rahmen von § 438 Abs. 1 Nr. 3 BGB ein denkbarer Grenzwert.[72]

Beim Verbrauchsgüterkauf können verlängerte Verjährungsfristen für Sachmängelansprüche des Käufers eine Beschränkung der Rückgriffsansprüche (§§ 478, 479 BGB) bewirken, da der Lieferant den Letztverkäufer nur in dem Umfang freistellen muss, in dem dieser dem Verbraucher haftet. Dabei ist auf die gesetzliche Haftung abzustellen. Wird die gesetzlich in § 475 Abs. 1 BGB festgelegte und gegenüber dem Verbraucher nicht auszuschließende Haftung vom Händler dadurch erweitert, dass er dem Käufer eine längere als im Gesetz vorgesehene Verjährungsfrist einräumt, handelt er auf eigenes Risiko. Die verjährungsrechtliche Privilegierung des § 479 BGB muss dem Händler aus den gleichen Gründen versagt bleiben, wenn er Sachmängelansprüche nach eingetretener Verjährung erfüllt.[73]

Eine Verlängerung der Verjährung kann dadurch herbeigeführt werden, dass die Parteien des Kaufvertrages einen vom Käufer geltend gemachten Anspruch auf Nacherfüllung oder Schadensersatz durch einen eigenständigen neuen Vertrag ersetzen. Hiervon ging das OLG Köln[74] in einem Fall aus, in dem sich der Händler im Einverständnis mit dem Käufer verbindlich verpflichtet hatte, einen Mangel bis zu einem bestimmten Termin zu beseitigen. Das OLG Köln nahm – aufgrund damaligen Gewährleistungsrechts – an, mit der Einigung sei ein Vertrag über den Vollzug des Nachbesserungsanspruchs zustande gekommen, auf den die Regelverjährung anzuwenden sei.

VII. Verkürzung der Verjährungsfrist

372 Gegenüber einem Verbraucher, der ein Neufahrzeug erwirbt, ist die zweijährige Verjährung vor Mitteilung des Mangels gem. § 475 Abs. 2 BGB unabdingbar. Die Parteien haben somit nicht Möglichkeit, die Zweijahresfrist in AGB oder durch eine Individualabsprache zu verkürzen.

Für den Kaufvertrag hat das Klauselverbot von § 309 Nr. 8 b ff. BGB durch § 475 Abs. 2 BGB an Bedeutung eingebüßt, diese jedoch keineswegs verloren, da es sich ganz allgemein auf Ansprüche gegen den Verwender wegen eines Mangels bezieht und folglich alle Ansprüche erfasst, die – unabhängig von der gesetzlichen Grundlage – unmittelbar aus der Mangelhaftigkeit der Sache erwachsen.[75]

Für sonstige Ansprüche, die nicht direkt der Mangelhaftigkeit der Sache entspringen, sondern im Rahmen eines mangelhaften Kaufvertrages auftreten (z. B. vertragliche Ansprüche wegen Verletzung einer Schutzpflicht gem. §§ 280, 241 Abs. 2 BGB), wirkt eine zu kurze Verjährungsfrist wie eine Ausschlussfrist, die ihrerseits den Charakter einer Haftungsfreizeichnung annehmen kann. Werden die Rechte des Verbrauchers dadurch ungebührlich eingeschränkt, scheitert die Klausel an § 307 Abs. 2 Nr. 1 BGB. Hierzu wird die

---

72 *Graf von Westphalen* in *Henssler/Graf von Westphalen*, Praxis der Schuldrechtsreform, § 438 BGB Rn 23.
73 *Mansel*, NJW 2002, 89 ff., 95.
74 Urt. v. 29. 3. 1995, OLGR 1995, 162.
75 BT-Drucks. 14/6040, S. 190; *Hennrichs* in *Dauner-Lieb/Heidel/Lepa/Ring*, Anwaltkommentar Schuldrecht, § 309 BGB Rn 31.

Ansicht vertreten, dass eine moderate Verkürzung auf ein Jahr, gerechnet vom Zeitpunkt der Kenntniserlangung von Schadensgrund und Schädiger, vertretbar erscheint.[76]

Im Geschäftsverkehr zwischen Unternehmern ist das dem Händler gegenüber seinem Lieferanten (Hersteller/Importeur/Großhändler) zustehende Rückgriffsrecht des § 478 BGB zu beachten. Werden Rückgriffsansprüche nicht tangiert, darf die Verjährungsfrist für Ansprüche des Käufers wegen Sachmängeln des Neufahrzeugs außerhalb des Verbrauchsgüterkaufs AGB-mäßig verkürzt werden (§ 309 Nr. 8 b ff. BGB). Eine formularmäßige Verkürzung auf ein Jahr wird für vertretbar gehalten. Eine Verjährungsfrist in AGB von weniger als einem Jahr widerspricht der Regelung von § 438 Abs. 1 Nr. 3 BGB, die einen beträchtlichen Gerechtigkeitsgehalt aufweist.[77] Ob besondere Umstände geeignet sind, im Einzelfall eine Verjährungsfrist von weniger als einem Jahr ohne Verletzung von § 307 Abs. 2 Nr. 1 BGB zu rechtfertigen, ist offen. Für den Neuwagenbereich stellt sich das Problem nicht, da es keine sachlichen Gründe dafür gibt, die Verjährungsfrist derart drastisch zu erleichtern.

VIII. Rechtsmissbräuchliche Berufung auf die Einrede der Verjährung

Durch die Verlängerung der Verjährungsfrist und die Verjährungshemmung infolge schwebender Verhandlungen sind die von der Rechtsprechung entwickelten **Ausweichlösungen** weitgehend entbehrlich geworden.[78] Dies gilt insbesondere für die Nichtzulassung der Einrede der Verjährung wegen treuwidrigen Verhaltens.[79] Doch auch nach neuem Recht kann sich im Einzelfall die Notwendigkeit ergeben, dem Verkäufer die Einrede wegen Rechtsmissbrauchs abzuschneiden.

Ein Verstoß gegen Treu und Glauben ist naheliegend, wenn der Verkäufer den Käufer veranlasst hat, von rechtzeitiger Klageerhebung abzusehen. In subjektiver Hinsicht ist hierfür nicht erforderlich, dass er den Käufer absichtlich über das Ende der Verjährung hingehalten hat.

Mit der Verjährungseinrede kann der Verkäufer auch dann kein Gehör finden, wenn der Käufer im Vertrauen auf eine ordnungsgemäße Fehlerbeseitigung im Rahmen der angebotenen Nachbesserung einstweilen von der gerichtlichen Geltendmachung seiner Ansprüche Abstand genommen hat.[80]

Hat der Verkäufer lediglich aus Kulanz nach Verjährungseintritt einen Mängelbeseitigungsversuch unternommen, verstößt er nicht gegen Treu und Glauben, wenn er sich in einem anschließenden Prozess auf Verjährung beruft.[81]

Falls sich ein durch Nachbesserung scheinbar behobener Sachmangel einige Zeit später wieder zeigt, kann die Verjährungseinrede gegen Treu und Glauben im redlichen Geschäftsverkehr verstoßen. Mit dieser Begründung wies das LG Köln[82] die Verjährungseinrede eines Händlers zurück, der kurze Zeit vor Eintritt der Verjährung an einem Fahrzeug eine Volllackierung vorgenommen hatte, die sich nach einem halben Jahr als mangelhaft

---

76 *Graf von Westphalen* in *Henssler/Graf von Westphalen*, Praxis der Schuldrechtsreform, § 309 BGB Rn 66.
77 *Graf von Westphalen* in *Henssler/Graf von Westphalen*, Praxis der Schuldrechtsreform, § 438 BGB Rn 22.
78 *Mansel*, NJW 2002, 89, 98.
79 Dazu BGH NJW 1999, 1101, 1103.
80 LG Bonn 22. 9. 1977 – 8 O 159/77 – n. v.
81 LG Mönchengladbach, 2. 8. 1994, DAR 1995, 26.
82 Urt. 18. 10. 1979 – 6 O 279/78 – n. v.

entpuppte. Die heutige Ablaufhemmung von § 203 S. 2 BGB würde dem Käufer in einem solchen Fall nicht weiterhelfen.

IX. Selbstständiges Beweisverfahren und Begutachtungsverfahren

374 Für den Neuwagenkäufer ist die Herbeiführung der Verjährungshemmung durch Klage oder Mahnbescheid wenig sinnvoll, solange der Mangel ungeklärt oder umstritten ist. Stattdessen bieten sich das selbstständige Beweisverfahren (§ 204 Abs. 1 Nr. 9 BGB) und das im Zuge der Schuldrechtsmodernisierung neu hinzu gekommene Begutachtungsverfahren (§ 402 Abs. 1 Nr. 8 BGB) an. Die Vereinbarung einer Verlängerung der Verjährungsfrist führt in der Sache nicht weiter.

Die Einzelheiten des Begutachtungsverfahren, das dem selbstständigen Beweisverfahren gleichgestellt ist, sind unklar, insbesondere was den Zeitpunkt des Beginns der Hemmungswirkung und deren Beendigung betrifft.[83] Aus diesem Grund sind zusätzliche vertragliche Absprachen zur Verjährungshemmung hilfreich.[84] Von der Hemmung werden alle Ansprüche erfasst, zu deren Klärung das Verfahren beitragen soll.

Das selbstständige Beweisverfahren, geregelt in § 204 Abs. 1 Nr. 7 BGB, ist ein allgemeiner Hemmungstatbestand, der alle der Verjährung unterworfenen Ansprüche erfasst. Während vor der Schuldrechtsreform die Unterbrechung der Verjährung bereits mit dem Eingang des Gesuchs bei Gericht eintrat, beginnt die Hemmung der Verjährung seit dem 1. 1. 2002 erst mit der **Zustellung**[85] der Antragsschrift. Es gilt die Vorwirkung des § 270 Abs. 3 ZPO, wonach die Einreichung des Antrags die Verjährung hemmt, wenn die Zustellung demnächst erfolgt.[86] Der Antragsteller muss alles Zumutbare tun, damit die alsbaldige Zustellung erfolgen kann.

Im Gegensatz zu früher[87] hemmt ein **unzulässiger** Antrag die Verjährung nicht, wenn bis zur Behebung des Verfahrensmangels soviel Zeit verstreicht, dass die Zustellung eine Vorwirkung nicht mehr entfalten kann. Andererseits wird durch die Zustellung eines unzulässigen Antrags die Verjährung gehemmt.

Das selbstständige Beweisverfahren endet mit dessen sachlicher Erledigung oder durch Rücknahme oder Zurückweisung des Antrags.

Im Fall der Einholung eines schriftlichen Gutachtens endet das Verfahren mit der Übergabe des Gutachtens an die Parteien.[88] Erläutert oder ergänzt der Sachverständige sein Gutachten, tritt die Beendigung der Unterbrechungswirkung mit dem Verlesen des Protokolls der mündlichen Erläuterung oder dem Zugang der schriftlichen Ergänzung ein.[89] Der Antrag auf Ergänzung oder Erläuterung des Gutachtens muss binnen angemessener Frist im engen zeitlichen Zusammenhang mit dem Zugang des Gutachtens gestellt werden[90].

Mit der Beendigung des selbstständigen Beweisverfahrens beginnt die sechsmonatige Ablaufhemmung gem. § 204 Abs. 2 S. 1 BGB.

---

83 Dazu *Graf von Westphalen* in *Henssler/Graf von Westphalen*, Praxis der Schuldrechtsreform, § 204 BGB Rn 50.
84 *Mansel* in *Dauner-Lieb/Heidel/Lepa/Ring*, Anwaltkommentar Schuldrecht, § 204 BGB Rn 21.
85 Zur Zustellung *Gehrlein*, Zivilprozessrecht nach der ZPO-Reform 2002, S. 65 Rn 2.
86 BGH NJW 1994, 1073.
87 Z. B. BGH 20. 1. 1983, NJW 1983, 1901.
88 BGH 20. 2. 2002, NJW 2002, 1640.
89 BGH 3. 12. 1992, NJW 1993,851; Saarländisches OLG 20. 4. 1999, OLGR 2000,26.
90 Weitere Einzelheiten zum Beweissicherungsverfahren s. Rn 1358.

X. Übergangsrecht

Die Übergangsvorschriften von Art. 229 §§ 5–7 EGBGB ermöglichten eine rasche Umstellung auf neues Recht. Vor dem 1. 1. 2002 laufende Verjährungen sind in neues Recht übergeleitet worden. Von diesem Grundsatz gibt es zwei wichtige Ausnahmen: Für Verträge, die vor dem 31.12.2000 abgeschlossen wurden, gilt auch nach dem 1. 1. 2002 die kurze Verjährungsfrist des § 477 BGB. Für Ansprüche, die nach neuem Recht schneller als nach altem verjähren (z. B. aus pVV), ordnet Art. 229 § 6 Abs. 4 S. 1 EGBGB an, dass die kurze Frist frühestens am 1.1. 2002 anläuft.

Für die Unterbrechung und Hemmung der Verjährung gilt das Stichtagsprinzip. Wurde die laufende Verjährung vor dem 1. 1. 2002 durch Maßnahmen der Rechtsverfolgung unterbrochen, wird die Verjährung seit dem 1. 1. 2002 nach § 204 BGB gehemmt. Spezielle Probleme, wie z. B. die verjährungsrechtlichen Auswirkungen der Rücknahme einer Altklage nach dem 1. 1. 2002 haben sich inzwischen durch Zeitablauf erledigt.[91]

---

[91] Ausführlich dazu und zum Regress des Verkäufers bei Belieferung vor dem 1. 1. 2002 *Heß*, NJW 2002, 253 ff.

P. Der Neuwagenkauf als Verbrauchsgüterkauf

376　Von wenigen Ausnahmen abgesehen gelten die NWVB sowohl für Kaufverträge mit Unternehmern als auch mit Verbrauchern. Infolgedessen partizipieren Unternehmer weitgehend an dem Verbraucherschutz, den das Gesetz für den Verbrauchsgüterkauf in §§ 474 ff. BGB zwingend vorschreibt. Hier wie da beträgt die Verjährungsfrist für Sachmängel zwei Jahre. Von der in Abschn. VII, Abs. 2 NWVB vorgesehenen Möglichkeit, die Verjährung der Sachmängelansprüche für Nutzfahrzeuge auf 1 Jahr zu verkürzen, haben nicht alle Hersteller/Händler Gebrauch gemacht. Inhaltlich unterliegt die Sachmängelhaftung im unternehmerischen Verkehr keinerlei Einschränkungen.

Im kaufmännischen Geschäftsverkehr trifft den Käufer die Untersuchungs- und Rügepflicht (§ 377 HBG). Die Sonderbestimmungen für Garantien (§ 477 BGB) und Beweislastumkehr (§ 476 BGB) gelten kraft Gesetzes nur gegenüber Verbrauchern. Diese sind beweispflichtig für die Behauptung, dass es sich bei dem Kaufvertrag um einen Verbrauchsgüterkauf handelt. Für Wiederverkäufer ist die Regressvorschrift des § 478 BGB bedeutsam, auf deren Ausschluss sich der Vorlieferant nicht berufen kann, wenn er dem Händler keinen gleichwertigen Ausgleich eingeräumt hat.

1. Die wichtigen Einzelregelungen des Verbrauchsgüterkaufs

a) Zwingend vorgeschriebene Anwendung kaufrechtlicher Vorschriften

377　Die kaufrechtlichen Vorschriften der §§ 433 – 435, 437, 439 – 443 BGB sind insoweit zwingend, als sich der Verkäufer auf eine zum Nachteil des Käufers vor Anzeige des Mangels getroffene Vereinbarung nicht berufen kann. Mit der nachteiligen Vereinbarung verbundene Regelungsinhalte, die dem Verbraucher zum Vorteil gereichen, werden von dem Ausschluss nicht erfasst. Aus § 475 Abs. 1 BGB und der Nichteinbeziehung von § 444 BGB ergibt sich das Verbot des Ausschlusses der Sachmängelhaftung. In den Grenzen von §§ 307 – 309 BGB abdingbar sind Ansprüche auf Schadensersatz.

b) Mindestfristen der Verjährung

378　Die Verjährungsfrist für Sachmängel von zwei Jahren darf im Neuwagenhandel nicht im Voraus verkürzt werden (§ 475 Abs. 2 BGB). Eine maßvolle Verlängerung der Verjährungsfrist ist unbedenklich.

c) Beweislastumkehr

379　Die Beweislastumkehr wird schwerpunktmäßig im Rahmen des Gebrauchtwagenkaufs behandelt, weil zu erwarten ist, dass hauptsächlich dort die Probleme auftreten werden (Rn 1337 ff.).

Die Vermutung des § 476 BGB, dass ein Neufahrzeug bereits bei Gefahrübergang mangelhaft war, wenn sich innerhalb von sechs Monaten seit Gefahrübergang ein Mangel zeigt, ist mit dem Gegenbeweis der Unvereinbarkeit nach Art der Sache nicht zu entkräften. Auch mit dem Einwand, die Rückwirkungsvermutung sei mit der Art des Mangels unvereinbar, wird sich der Verkäufer eines Neufahrzeugs schwer tun. Zeigt sich etwa kurze Zeit nach Gefahrübergang, dass die Elektronik des Fahrzeugs nicht mehr funktioniert, weil sich Nagetiere im Motorraum eingenistet und die Kabelstränge zerstört haben,[1] wird man nicht sagen können, dass dieser Mangel nach allgemeiner Lebenserfahrung nicht schon zum Zeit-

---

[1] So geschehen im Fall des BGH 19. 6. 1996, DAR 1996,361.

punkt des Gefahrübergangs „im Keim" vorhanden gewesen sein kann. Es ist nämlich durchaus möglich, dass die Tiere schon bei Gefahrübergang im Auto nisteten. Auch das Platzen eines Reifens oder das Zerspringen der Frontscheibe können Folge eines schon bei Gefahrübergang vorhandenen Mangels sein, so dass es bei der Beweislastumkehr bleibt, wenn die Ursache des Schadens nicht aufgeklärt werden kann.

Im Zusammenhang mit der Beweislastumkehr stellt sich eine vergleichbare Problematik wie bei der Verjährung. Es geht um die Frage, ob die Nacherfüllung durch Lieferung eines anderen Neufahrzeugs die 6-monatige Beweislastumkehr erneut in Lauf setzt (s. dazu auch Rn 370). Schon vom Wortlaut her steht § 476 BGB einer solchen Praxis nicht im Wege, weil die Beweislastumkehr an den Gefahrübergang knüpft. Der das mangelhafte Fahrzeug betreffende Gefahrübergang wird durch den späteren Umtausch aufgehoben und durch die Übergabe des anderen Fahrzeugs ersetzt. Im Übrigen gebietet die rechtspolitische Zielvorgabe von § 476 BGB den Neubeginn der Beweislastumkehr, da andernfalls die Rechte des Verbrauchers verkürzt würden. Würde man ihm den Vorteil der Beweislastumkehr im Hinblick auf das Ersatzfahrzeug versagen, müsste ihm geraten werden, sich nicht auf die Lieferung eines anderen – unbekannten – Fahrzeugs einzulassen und auf Mängelbeseitigung zu bestehen. Dadurch wiederum würde das freie Wahlrecht des Verbrauchers zwischen Nachbesserung und Nachlieferung beeinträchtigt. Es spricht somit alles für einen Neubeginn der Beweislastumkehr mit der Übergabe des Ersatzfahrzeugs.

d) Garantien

Garantien des Verkäufers oder Dritter unterliegen strengen Sonderbestimmungen gem. § 477 BGB (Transparenz- und Angabepflichten). Wichtig ist der Hinweis auf die gesetzlichen Ansprüche sowie darauf, dass sie durch die Garantie nicht eingeschränkt werden. Aus Art. 6 Abs. 2 Verbrauchsgüterkaufrichtlinie ergibt sich, dass ein genereller Hinweis nicht ausreicht.[2] Erforderlich ist die Benennung der Rechte sowie die Klarstellung, dass der Käufer diese geltend machen kann, wenn das Fahrzeug bei Gefahrübergang nicht mangelfrei war.[3] An das Transparenzerfordernis sind hohe Anforderungen zu stellen, insbesondere wenn der Verkäufer selbst die Garantie erteilt. Sieht die Garantie z. B. eine Kostenteilung des Käufers vor oder enthält sie Einschränkungen und Ausschlüsse oder erfordert die Garantie gewisse Verhaltensweisen des Käufers, darf nicht der Eindruck erweckt werden, all dies gelte auch für die gesetzlichen Ansprüche.

e) Rückgriffsrecht des Unternehmers

Gem. § 478 BGB hat der Letztverkäufer ein Rückgriffsrecht gegen seinen Vorlieferanten, wenn und soweit er einem Verbraucher aus dem Verkauf des Neufahrzeugs wegen eines Sachmangels haftet. Große Bedeutung besitzt der Regress für das Rechtsverhältnis zwischen dem Neuwagenhändler und seinem Vorhändler oder Hersteller. Die gesetzlichen Vorgaben liefern den **Mindeststandard** für die vertragliche Ausgestaltung der Abwicklung von Sachmängelansprüchen auf der dem Wiederverkauf vorgelagerten Vertragsebene.

Die Vorschrift des § 478 BGB enthält **mehrere Regelungstatbestände**. Während Abs. 1 die Geltendmachung der Mängelrechte des Wiederverkäufers dadurch erleichtert, dass es für Rücktritt und Schadensersatz keiner Fristsetzung bedarf, enthält Abs. 2 eine eigenständige Anspruchsgrundlage für Aufwendungsersatz. Durch Abs. 3 wird die von § 476 BGB ausgehende Beweislastumkehr in das Regressverhältnis hinein projiziert, die jedoch erst mit dem Übergang der Gefahr auf den Verbraucher beginnt. Gem. Abs. 4 kann sich der Vorlieferant auf eine vor Mitteilung des Mangels getroffene Vereinbarung, die das Rückgriffs-

---

2 *Bohne* in *Hoeren/Martinek,* Systematischer Kommentar zum Kaufrecht, § 477 Rn 6.
3 *Palandt/Putzo,* BGB Erg.-Bd. § 477 Rn 8.

recht einschränkt, nicht berufen, wenn er dem Händler keinen gleichwertigen Ersatz eingeräumt hat. Umgehungen sind unzulässig. Ausgenommen vom Regress ist der Ausschluss oder die Beschränkung von Schadensersatzansprüchen, soweit dies gem. § 307 BGB zulässig ist, da der Letztverkäufer seinerseits die Möglichkeit besitzt, Schadensersatzansprüche des Käufers wegen der Sachmängel auszuschließen.

Schon im Vorfeld ihrer rechtlichen Bewährungsprobe wirft § 478 BGB viele Fragen auf, zu denen es noch keine gültigen Antworten gibt.

Meinungsdifferenzen zum Grund und zur Höhe des **Aufwendungsersatzes** sind voraussehbar. Es steht außer Frage, dass der Hersteller/Vorlieferant dem Händler nur die Aufwendungen ersetzen muss, die dieser gegenüber seinem Käufer im Rahmen des Verbrauchsgüterkaufs zwingend tragen muss. Der Anspruch erfasst nur die reinen Aufwendungen und nicht die Gewinnanteile des Händlers, es sei denn, es handelt sich um Fremdleistungen. Soweit der Verkäufer den Kaufpreis an den Käufer erstattet hat, muss ihm sein Lieferant den Betrag in voller Höhe ersetzen.

Für **Kulanzleistungen** kann der Händler keinen Regress fordern. Der Rückgriff ist ferner ausgeschlossen, wenn der Händler Aufwendungen tätigt, die – gemessen an § 439 Abs. 3 BGB – **unverhältnismäßig** sind[4] oder wenn er den Rücktritt durch eine Verletzung der Nacherfüllungspflicht **allein** oder **überwiegend verschuldet** hat.[5] Der Vorlieferant hat nur für die eigenen Mängel einzustehen und seine Verantwortlichkeit wird durch gesonderte Beschaffenheitsvereinbarungen nicht erweitert. *Beispiel:* Verkauft der Händler ein bei ihm längere Zeit auf Lager stehendes Fahrzeug als fabrikneu, obwohl der Hersteller inzwischen das Modell geändert hat, kann er sich nicht beim Hersteller schadlos halten, wenn der Käufer vom Vertrag zurücktritt. Bei dem Mangelbegriff ist auf den Zeitpunkt des Gefahrübergangs vom Hersteller auf den Händler abzustellen, da im Rahmen von § 478 BGB das Verursacherprinzip gilt.[6]

Beim Regress wegen Schadensersatzansprüchen ist eine **Anrechnung des Mitverschuldens** nach § 254 BGB in Betracht zu ziehen, wenn der Händler nicht alles Erforderliche für eine erfolgreiche Nacherfüllung unternommen hat.[7] Eine Anrechnung des Mitverschuldens findet beim Rücktritt insoweit nicht statt (§§ 346 Abs. 1, 323 Abs. 6 BGB).

Nicht zu den Aufwendungen von § 439 BGB gehören **Rechtsverfolgungskosten** des Verbrauchers, die dieser aufwenden muss, um seine Ansprüche wegen der Sachmängel gegenüber dem Händler durchzusetzen.[8]

Wenn es um die Frage geht, auf welche Weise ein „**gleichwertiger Ausgleich**" möglich ist, stößt man auf Ratlosigkeit. Eine Pauschalierung der Ersatzleistungen oder eine Rabattierung des Kaufpreises gegen Ausschluss der Rechte aus § 478 BGB schaffen keinen angemessenen Ausgleich. Eine Regelung im Vertrag, die es dem Händler untersagt, bestimmte Produkte nicht an Endverbraucher zu veräußern, ist für den Bereich des Neuwagenhandels nicht vorstellbar.

In der Rechtsbeziehung des Händlers zu seinem Lieferanten liegt regelmäßig ein Handelskauf vor, so dass der Händler gem. § 377 HGB verpflichtet ist, das **Fahrzeug zu prüfen** und **Mängel unverzüglich zu rügen**, um seine Mängelrechte nicht zu verlieren. Dies gilt gem. Abs. 3 auch für Mängel, die sich erst später zeigen. Daraus folgt für § 478 BGB, dass sich der Mangel mit der Geltendmachung durch den Verbraucher zeigt und dadurch die Pflicht des Händlers entsteht, seinem Lieferanten den Mangel unverzüglich anzuzei-

---

4 *Matthes*, NJW 2002, 2505, 2507.
5 *Büdenbender* in *Dauner-Lieb/Heidel/Lepa/Ring,* Anwaltkommentar Schuldrecht, § 478 Rn 33.
6 *Matthes*, NJW 2002, 2205, 2506.
7 *Schulte-Nölke*, ZGS 2002, 33 ff., 40.
8 *Matthes*, NJW 2002, 2505, 2509.

Der Neuwagenkauf als Verbrauchsgüterkauf

gen.[9] Unterlässt er diese Anzeige, gilt die Ware als genehmigt.[10] Begrenzungen des Schadensersatzes im Rechtsverhältnis des Händlers zu seinem Lieferanten zwingen den Händler, eine entsprechende wirksame Regelung in den Kaufvertrag mit seinem Kunden aufzunehmen. Das Zusammenspiel der Klauseln von Abschn. VII und VIII NWVB wie auch die Singularregelung von Abschn. VIII NWVB halten in ihrer gegenwärtigen Ausgestaltung einer Wirksamkeitskontrolle nicht stand (Rn 148).

Die Verjährung der Aufwendungsersatzansprüche gem. § 478 Abs. 2 BGB beträgt gem. § 479 BGB **zwei Jahre ab Ablieferung** des Fahrzeugs und tritt frühestens **zwei Monate** nach dem Zeitpunkt ein, in dem der Unternehmer die Ansprüche des Verbrauchers erfüllt hat. Die Ablaufhemmung wiederum endet **spätestens 5 Jahre** nach dem Zeitpunkt, in dem der Lieferant die Sache an den Unternehmer geliefert hat. Es ist die Einschränkung zu machen, dass die verjährungsrechtliche Privilegierung des Unternehmers gegenüber dem Lieferanten nur gilt, solange der Unternehmer die Gewährleistungsansprüche des Käufers infolge noch nicht eingetretener Verjährung erfüllt hat.[11]

---

9 *Matthes*, NJW 2002, 2505, 2508.
10 Zu den Folgen des Rügeversäumnisses *Müller*, ZIP 2002, 1178 ff.
11 *Mansel*, NJW 2002, 89 ff., 95.

Q. Versorgung des Käufers mit Ersatzteilen

382 Für den Käufer spielt die Erwartung einer langfristigen reibungslosen Belieferung mit Ersatzteilen eine vielfach kaufentscheidende Rolle. Nach mehr oder weniger langer Nutzung verschleißen zwangsläufig Fahrzeugteile und müssen durch neue ersetzt werden, da eine Reparatur der Teile nicht möglich ist oder nicht lohnt. Auch bei einer unfallbedingten Beschädigung des Kraftfahrzeugs ist der Halter auf Ersatzteile angewiesen. Er darf deshalb erwarten, dass die für seine Belange zuständige Werkstatt die benötigten Teile auf Lager hat oder beschaffen kann.[1] Wegen ihrer Modellgebundenheit sind solche Ersatzteile auf dem freien Markt selten zu beschaffen. Außerdem legen viele Käufer Wert auf **Originalteile**, von denen sie ein höheres Maß an Präzision und Güte erwarten. Um also ein Kfz während der allgemein recht langen Lebensdauer wirtschaftlich optimal nutzen zu können, ist der Käufer auf die Möglichkeit der Ersatzteilbelieferung angewiesen, anderenfalls bei Nichtlieferbarkeit eines einzelnen Teiles der noch im Fahrzeug steckende Gebrauchswert verloren ginge.

Die im Schrifttum gehegte Befürchtung,[2] durch technischen Fortschritt und Modellwechsel in immer kürzeren Zeitabständen werde die **Ersatzteilbevorratung** gefährdet, hat sich auf dem Gebiet des Kfz-Handels bis heute nicht bewahrheitet. Hersteller und Händler haben längst die Gewinnträchtigkeit des Ersatzteilgeschäfts erkannt. Sie unterhalten ausreichende Ersatzteillager, so dass Kundenwünsche selbst auf lange Sicht befriedigt werden können. Darüber hinaus werden Hersteller und Händler durch die Markt- und Konkurrenzsituation zur Bereithaltung von Ersatzteilen angehalten, sei es aus Gründen der Imagepflege, sei es aus Gründen der Qualitätskontrolle.[3] Selbst bei älteren Fahrzeugen, deren Produktion längst eingestellt wurde, **funktioniert** bei bestehender Nachfrage die Ersatzteilbeschaffung über Firmen, die sich hierauf spezialisiert und damit eine Marktlücke geschlossen haben.

Es sind allerdings durchaus Fälle denkbar, in denen die Problematik der Ersatzteilbevorratung aktuell werden kann, etwa wenn infolge eines Konstruktions- oder Fabrikationsfehlers plötzlich eine außergewöhnlich starke Nachfrage entsteht oder wenn auf Herstellerseite das Interesse an der Ersatzteilproduktion erlahmt,[4] weil es sich zu einem reinen Zusatzgeschäft entwickelt.

I. Rechtsgrundlage der Ersatzteilbeschaffungspflicht

383 Die Sicherstellung von Ersatzteilen für die Beseitigung solcher Mängel, die unter die gesetzliche, auf den Zeitpunkt des Gefahrübergangs bezogene Verkäuferhaftung fallen, ergibt sich als zwangsläufige Folge aus den kaufrechtlichen Bestimmungen zur Sachmängelhaftung.

Die Pflicht des Verkäufers zur Ersatzteilbelieferung für nach Gefahrübergang auftretende Mängel, die von der Sachmängelhaftung des Verkäufers nicht erfasst werden, stellt sich mangels einer ausdrücklichen Vereinbarung im Kaufvertrag oder einer entsprechenden Konsignationsabrede (hierunter ist ein Ersatzteilbestand zu verstehen, den der Hersteller dem Betreiber der von ihm gelieferten Maschinen oder Anlagen zur Verfügung stellt, damit er jederzeit die für die Reparatur benötigten Ersatzteile entnehmen kann) als eine **nachver-**

---

1 *Vollert,* Nachwirkungen des Kraftfahrzeugkaufs, S. 157.
2 *Rodig,* BB 1971, 854 ff.
3 *Finger,* NJW 1970, 2049.
4 *Finger,* NJW 1970, 2049.

tragliche **Nebenleistungspflicht** im Rahmen des Kaufvertrages dar. Mangels einer besonderen Vereinbarung zwischen den Vertragsparteien ergibt sich diese Nebenpflicht entweder aus dem Prinzip von Treu und Glauben i. S. d. § 242 BGB oder aus ergänzender Vertragsauslegung gem. §§ 133, 157 BGB. Es handelt sich wohl nicht um eine aus § 241 Abs. 2 BGB herzuleitende Nebenpflicht, da diese Vorschrift nur auf solche Pflichten zugeschnitten ist, die an die Hauptleistung in Form von Aufklärungs- und Schutzpflichten anknüpfen.[5] Nach dem Willen des Gesetzgebers vereint § 241 Abs. 2 BGB die Rechtsinstitute der culpa in contrahendo und der positiven Vertragsverletzung. Inhaltliche Änderungen wurden mit der gesetzlichen Kodifizierung nicht bezweckt.[6] Das Verhältnis von ergänzender Vertragsauslegung und dispositivem Recht, wozu auch § 242 BGB gehört, hängt davon ab, ob es sich bei dem fraglichen Vertrag um eine typische, im BGB geregelte Vertragsgestaltung handelt oder um einen atypischen Vertrag. Da der Kaufvertrag ein typischer Vertrag ist, findet zur Konkretisierung der daraus folgenden Nebenpflichten zunächst dispositives Recht Anwendung.[7] Im Rahmen der nachvertraglichen Pflicht i. S. d. § 242 BGB ist der Verkäufer gehalten, alles ihm Zumutbare zur Erhaltung des Leistungserfolgs zu unternehmen, um so dem Leistungszweck Bestand zu verleihen.[8] Daraus folgt, dass der Verkäufer eines hochwertigen technischen Produkts während der gewöhnlichen Betriebsdauer des Kaufgegenstandes dem Käufer die zur Erhaltung der Funktionsfähigkeit notwendigen, von anderer Seite nicht zu beschaffenden Ersatzteile gegen Bezahlung liefern muss.[9] Die Nebenpflicht ist einklagbar, im Wege der Ersatzvornahme gem. § 887 ZPO vollstreckbar und begründet im Fall der Verletzung Schadensersatzansprüche des Berechtigten nach den Grundsätzen der sog. „culpa post pactum finitum".[10]

II. Anspruchsverpflichtete

Umstritten ist die Frage, gegen wen sich der Anspruch des Käufers auf Belieferung mit Ersatzteilen richtet, ob gegen den Hersteller/Importeur oder lediglich gegen den verkaufenden Vertragshändler.

Diejenigen, die dem **Hersteller/Importeur** die Belieferung des Kunden mit Ersatzteilen zur Aufgabe machen, können hierfür vernünftige wirtschaftliche Gründe ins Feld führen. Der Hersteller verfügt im Rahmen seiner Qualitätsregelung und der Rückmeldungen vom Markt über verlässliche Daten zur Verschleiß- und Fehlerrate, die es ihm ermöglichen, den voraussichtlichen Bedarf an Ersatzteilen auf der Basis der Gesamtproduktion des jeweiligen Modells in den Grenzen statistischer Genauigkeit vorauszuberechnen und die Produktion entsprechend einzurichten.[11]

Die vor diesem Hintergrund angestellten Bemühungen im Schrifttum, dem Kunden einen Anspruch gegen den Hersteller/Importeur zu verschaffen, stoßen jedoch auf nicht überwindbare **rechtliche Schwierigkeiten**. Unmittelbare vertragliche Ansprüche bestehen nur zwischen den Parteien des Kaufgeschäfts. An der Lebenswirklichkeit vorbei geht die

---

5 *Palandt/Heinrichs*, BGB, Erg.-Bd. § 241 Rn 7.
6 *Dedek* in *Graf von Westphalen/Henssler*, Praxis der Schuldrechtsreform, § 241 Rn 3.
7 Vgl. zum Verhältnis von dispositivem Recht und ergänzender Vertragsauslegung *Larenz*, NJW 1963, 737.
8 *Erman/Werner*, § 242 Rn 58.
9 AG München 6. 5. 1970, NJW 1970, 1852; *Finger*, NJW 1970, 2049; nach Auffassung von *Vollert*, Nachwirkungen des Kraftfahrzeugkaufs, 171, bildet eine „entsprechende Erwartung" ferner die Geschäftsgrundlage des Vertrages, deren Aufrechterhaltung als Inhalt des Nachwirkungsstadiums relevant ist.
10 *Vollert*, Nachwirkungen des Kraftfahrzeugkaufs, S. 172.
11 *Leenen*, Probleme der Hersteller- und Händlerhaftung bei der Versorgung des Kunden mit Ersatzteilen, Gutachten erstellt im Auftrag des ADAC, 5, n. v.

von *Greulich*[12] in Betracht gezogene und von ihm selbst als allzu konstruiert verworfene Annahme einer **stillschweigenden Abtretung** aller Ansprüche – auch der aus den Nachwirkungen des Vertrages – des Händlers gegen den Hersteller/Importeur an den Käufer. Die Rechtskonstruktion der antizipierten Abtretung scheitert an mangelnder Bestimmtheit. Freilich kann der Händler die ihm aus dem Einkaufsvertrag mit dem Hersteller/Importeur zustehenden Ansprüche auf Belieferung mit Ersatzteilen kraft ausdrücklicher Vereinbarung an den Käufer abtreten und von der eigenen Haftung freizeichnen. Geschieht dies durch AGB, entfaltet der eigene Haftungsausschluss allerdings keine Wirksamkeit, wenn es zu einer Überlagerung von Ansprüchen aus Sachmängelhaftung und Nachbelieferung kommt, der Händler also seine Pflicht zur Mängelbeseitigung nicht ohne gleichzeitige Gestellung von Ersatzteilen erfüllen kann (§ 309 Nr. 8 b aa BGB).

Eine **Regresslösung**, hergeleitet aus der Rechtsbeziehung zwischen Händler und Hersteller, gestützt auf den Rechtsgedanken des § 285 BGB und kombiniert mit einer aus entsprechenden Werbeaussagen des Herstellers unter Heranziehung des Rechtsgedankens des § 122 BGB abgeleiteten, quasi – (nach)vertraglichen Vertrauensbeziehung soll nach Meinung von *Vollert*[13] die Haftungsbrücke zum Hersteller schlagen. Der Lösungsvorschlag, mit dem der Hersteller als wirtschaftlicher Träger der Ersatzteilbevorratung in die Haftung genommen werden soll, wirkt konstruiert und begegnet vielerlei rechtlichen Bedenken, wie etwa dem Einwand, dass eine Weitergabe des Regressanspruchs als Surrogat nur insoweit in Frage kommen kann, als dem Käufer aus der Vertragsbeziehung zum Verkäufer Ansprüche gegen diesen zustehen.

Rechtlich nicht haltbar ist auch der Vorschlag einer Anspruchsbegründung über die Rechtsfigur der **Schadensliquidation im Drittinteresse**.[14] Die Anwendung scheitert zum einen daran, dass es an der von der Rechtsprechung geforderten Interessenverknüpfung kraft mittelbarer Stellvertretung oder bestehender Obhutspflicht fehlt,[15] zum anderen daran, dass eine Schadensverlagerung nicht stattfindet.[16]

Aus den **Werbeaussagen** der Hersteller kann in aller Regel ein rechtsgeschäftlicher Verpflichtungswille gegenüber dem Kunden nicht entnommen werden, da sie inhaltlich zu unbestimmt sind,[17] und zwar sowohl im Hinblick auf den angesprochenen Personenkreis (Händler, Erstkäufer, Zweiterwerber) als auch im Hinblick auf den Zeitraum der Ersatzteilproduktion.

Für eine aus **wirtschaftlicher Vernunft** gebotene Durchgriffslösung im Sinne einer unmittelbaren Anspruchsbegründung des Kunden gegen den Hersteller/Importeur treten *Finger*[18] und *Canaris*[19] ein. Während *Canaris* die Leistungsverpflichtung aus einem von dem Kaufvertrag zu trennenden **Vertrauensverhältnis** zwischen dem Produzenten und dem Endabnehmer herleitet, bedient sich *Finger* einer echten Nebenpflicht im Verhältnis Hersteller/Kunde, deren dogmatische Begründung er in dem Vertrauensgedanken, dem sozialen Kontakt bzw. in dem Rechtsgüterkontakt zu finden glaubt. Beide Auffassungen stoßen auf grundsätzliche dogmatische Bedenken.

---

12 BB 1955, 208, 209.
13 Nachwirkungen des Kraftfahrzeugkaufs, S. 189 ff.
14 *Greulich*, BB 1955, 208, 209.
15 *Rodig*, BB 1971, 854, 855.
16 *Leenen*, Probleme der Hersteller- und Händlerhaftung bei der Versorgung des Kunden mit Ersatzteilen, Gutachten erstellt im Auftrag des ADAC, 16, unter Hinweis auf BGH 10. 7. 1963, BGHZ 40, 91.
17 *Leenen*, Probleme der Hersteller- und Händlerhaftung bei der Versorgung des Kunden mit Ersatzteilen, Gutachten erstellt um Auftrag des ADAC, 3.
18 NJW 1970, 2051.
19 JZ 1968, 494, 502.

Umfang und Grenzen

Nebenleistungspflichten können nur im Verhältnis der Vertragsparteien zueinander bestehen und lassen sich nicht auf außerhalb des Vertrages stehende Dritte übertragen.[20] Ein Anspruch aus Vertrag zu Gunsten Dritter scheitert ebenfalls, weil sich der Hersteller gegenüber dem Händler, nicht aber gegenüber dem Kunden zur Nachlieferung bereit erklärt.

Wegen dieser Bedenken lässt sich eine **Ersatzteilbelieferungspflicht** des nicht zugleich als Verkäufer auftretenden **Herstellers/Importeurs nicht begründen.** Verpflichtet ist allein der Händler kraft des Kaufvertrages mit seinem Kunden.

III. Umfang und Grenzen

Der Nebenverpflichtung des Händlers sind **zeitliche** und **sachliche Grenzen** gesetzt.[21] **385** Die zeitliche Grenze liegt heute bei ca. **12 Jahren**, je nach Qualität und Ausstattung der Fahrzeuge.[22] Dementsprechend müssen sich Hersteller auf eine Sicherstellung der Ersatzteilversorgung während dieses Zeitraums eingestellt haben, andernfalls sie ihren Garantieverpflichtungen nicht nachkommen könnten. Die Frist ist vom Zeitpunkt der Auslieferung des letzten Fahrzeugs der Modellreihe an zu berechnen.[23] Im Einzelfall kann die zu erwartende Dauer der Belieferung durch entsprechende Werbeaussagen verlängert werden und den Zeitraum von 12 Jahren deutlich überschreiten.[24]

Die Pflicht des Händlers zur Belieferung seiner Kunden mit Ersatzteilen während der durchschnittlichen gewöhnlichen Nutzungsdauer beinhaltet **nicht die Pflicht** zu eigener **Kalkulation** oder **Vorratshaltung**,[25] vielmehr beschränkt sie sich auf die Beschaffung des benötigten Teils, wozu der Händler auf Grund seiner Einkaufsverträge oder des Vertragshändler-Vertrages in der Lage ist. Selbst wenn es an einer entsprechenden vertraglichen Regelung zwischen Händler und Hersteller fehlen sollte, so müssen hier die gleichen Grundsätze wie im Verhältnis zwischen Händler und Kunde zur Anwendung gelangen; d. h., der Hersteller hat seinen Vertragshändler kraft selbstständiger **Nebenpflicht**, die sich **aus den Einkaufsverträgen** ableitet, während der voraussichtlichen betriebsgewöhnlichen Nutzungsdauer mit Ersatzteilen zu versorgen. Kommt der Hersteller seiner Pflicht nicht nach, z. B., weil er nicht für ausreichenden Vorrat gesorgt oder die Produktion vorzeitig wegen Unwirtschaftlichkeit eingestellt hat, soll sich der Händler nach Meinung von *Leenen*[26] gegenüber seinen Kunden nicht auf nachträgliche objektive Unmöglichkeit – wegen

---

20 Vgl. die Kritik von *Leenen,* Probleme der Hersteller- und Händlerhaftung bei der Versorgung des Kunden mit Ersatzteilen, Gutachten erstellt im Auftrag des ADAC, 4, 6; *Soergel/Huber,* § 433 Anh. I, Rn 24 a.
21 AG München 6. 5. 1970, NJW 1970, 1852; *Finger,* NJW 1970, 2049; *Leenen,* Probleme der Hersteller- und Händlerhaftung bei der Versorgung des Kunden mit Ersatzteilen, Gutachten erstellt im Auftrag des ADAC, 13; kritisch *Rodig,* BB 1971, 855, der die in den Abschreibungstabellen des Bundesfinanzministeriums festgelegte **Nutzungsdauer** zu Grunde legen will, hierzu BFH 26. 7. 1991, DAR 1992, 154, wonach in Anlehnung an Abschn. 38 Abs. 1 S. 5 LStR von einer AfA für Pkw von 12,5 v. H. der Anschaffungskosten entsprechend einer achtjährigen Nutzungsdauer auszugehen ist, wenn nicht der Steuerpflichtige eine kürzere Nutzungsdauer nachweist.
22 Nach Auskunft des VDA beträgt die durchschnittliche Lebensdauer eines Pkw 11,8 Jahre.
23 A. A. *Staudinger/Köhler,* § 433 Rn 154, wonach bei Verkauf eines Auslaufmodells von einem Ausschluss der Ersatzteilbelieferungspflicht auszugehen sein soll.
24 16 Jahre etwa angesichts der Originalwerbung aus dem Jahre 1966, der Käufer könne für sein längst ausgelaufenes Modell 1966 im Jahre 1982 selbstverständlich Ersatzteile erhalten – *Vollert,* Nachwirkungen des Kraftfahrzeugkaufs, S. 186.
25 *Leenen,* Probleme der Hersteller- und Händlerhaftung bei der Versorgung des Kunden mit Ersatzteilen, Gutachten erstellt im Auftrag des ADAC, S. 9.
26 Probleme der Hersteller- und Händlerhaftung bei der Versorgung des Kunden mit Ersatzteilen, Gutachten erstellt im Auftrag des ADAC, S. 9.

Erschöpfung des Vorrats – berufen können, da anderenfalls der Käufer einer willkürlichen Ersatzteilpolitik schutzlos ausgesetzt wäre.

Dieser Standpunkt ist nicht unbedenklich, weil das Risiko auf den Händler verlagert wird. Falls der Händler alles in seiner Macht Stehende getan hat, um die Ersatzteilbelieferung sicherzustellen, kann ihm bei vom Hersteller zu vertretender Erschöpfung des Vorrats nicht die Berufung auf § 275 BGB abgeschnitten werden. Wenn aber der Händler aus den genannten Gründen seiner Lieferpflicht nicht nachkommen kann, muss er die ihm gegenüber dem Hersteller zustehenden Ansprüche an den Kunden abtreten.

Der Umfang der Beschaffungspflicht während des Zeitraums von 12 Jahren bestimmt sich nach den Grundsätzen von Treu und Glauben unter Abwägung der beiderseitigen Interessen. Die Ersatzteilbelieferungspflicht kann **nicht auf Verschleißteile beschränkt** werden.[27] Würden all jene Teile ausgenommen, die nach der Erfahrung die Lebensdauer der Hauptsache erreichen,[28] wäre der Kundenschutz ernsthaft gefährdet. Es ist eine bekannte Tatsache, dass Kraftfahrzeuge nach mehr oder weniger langer Nutzung eine erhöhte Reparaturanfälligkeit aufweisen und vielfach Teile betroffen sind, die nicht zu den klassischen Verschleißteilen – auch nicht im weiteren Sinn – gehören.

386 Jeder Hersteller weiß, dass bei serienmäßiger Fertigung mit einer statistisch ermittelbaren vorzeitigen Schadensquote von Nicht-Verschleißteilen zu rechnen ist. Er hat diesem Umstand durch ausreichende Ersatzteilbevorratung auch solcher Teile Rechnung zu tragen, die zwar oftmals, aber nicht immer das Lebensalter des Fahrzeugs erreichen. Ferner wird man vom Hersteller verlangen dürfen, dass er die zu erwartende **Unfallhäufigkeit** bei der Ersatzteilbevorratung einkalkuliert und ein bestimmtes Kontingent der üblicherweise stark nachgefragten Teile wie Kotflügel, Abschlusshauben für Motor und Kofferraum, Stoßstangen usw. auf Lager nimmt. In den Grenzen des voraussichtlichen Bedarfs hat der Hersteller dem Händler für die Belieferung mit Ersatzteilen einzustehen. Unwirtschaftlichkeit der Ersatzteilproduktion entlastet den Hersteller ebenso wenig wie die Berufung auf unzureichende Versorgung durch Zulieferfirmen, für deren Nachlässigkeiten er gem. § 278 BGB einzustehen hat.[29] Bei unerwartet hoher Ausfallquote eines Teils infolge eines ursprünglichen Konstruktions- oder Fertigungsmangels hat der Hersteller, falls der Vorrat an Ersatzteilen erschöpft ist, die Nachproduktion aufzunehmen.[30] Zu einem späteren **Nachbau** des Ersatzteils ist der Hersteller ferner verpflichtet, wenn er den voraussichtlichen Bedarf von vornherein falsch berechnet hat.[31]

Umfang und Grenzen der Ersatzteilbeschaffungspflicht des Händlers gegenüber seinen Kunden bestimmen sich im Wesentlichen nach den vorstehend aufgezeigten Grundsätzen, die im Verhältnis zwischen Hersteller und Händler gelten.[32] Allerdings besitzt der Käufer keinen Anspruch auf Lieferung einer beliebigen Anzahl von Ersatzteilen, sondern nur in dem von der Notwendigkeit des Einzelfalls geforderten Umfang.[33] Vom Käufer ist der übliche aus der Preisliste des Herstellers ablesbare Preis zu zahlen; ein überhöhtes Entgelt etwa wegen eines Nachbaus durch einen Spezialbetrieb braucht er nicht zu entrichten, andernfalls das Ersatzteilbeschaffungsrisiko kostenmäßig auf ihn verlagert würde.[34] Hat der

---

27 *Vollert,* Nachwirkungen des Kraftfahrzeugkaufs, S. 176; a. A. *Rodig,* BB 1971, 854, 855.
28 A. A. *Finger,* NJW 1970, 2050.
29 *Finger,* NJW 1970, 2050.
30 *Finger,* NJW 1970, 2050.
31 *Vollert,* Nachwirkungen des Kraftfahrzeugkaufs, S. 177.
32 Vgl. zur Frage der Wirksamkeit einer Lieferbeschränkung, soweit die Lieferung davon abhängig gemacht wird, dass dem von der Lieferfirma bereitgestellten Kundendienst ein entsprechender Reparaturauftrag erteilt wird, *Keese,* BB 1972, 817 ff.
33 *Vollert,* Nachwirkungen des Kraftfahrzeugkaufs, S. 179.
34 *Vollert,* Nachwirkungen des Kraftfahrzeugkaufs, S. 178.

Hersteller auf der Basis des voraussichtlichen Bedarfs die Ersatzteilversorgung sichergestellt und kann er später eine unerwartet aufkommende, außerhalb seines Verantwortungsbereichs liegende Nachfrage nicht befriedigen, wird er von seiner Ersatzteilbelieferungspflicht gegenüber dem Händler frei. Braucht aber der Hersteller an den Händler nicht mehr zu liefern, so entfällt auch die Beschaffungspflicht des Händlers, von dem redlicherweise keine größeren Anstrengungen als vom Hersteller verlangt werden können. Die Pflicht zur Ersatzteilversorgung unterliegt der Grenze der **wirtschaftlichen Unzumutbarkeit**, an die bei Monopolstellung strenge Voraussetzungen zu knüpfen sind und der wirtschaftlichen Leistungsfähigkeit des Verpflichteten, dessen interne betriebswirtschaftliche Kostenüberlegungen allerdings nicht zu berücksichtigen sind.[35]

Durch die Verlagerung der Ersatzteilbeschaffungspflicht auf den Händler wird das Risiko der Nichtbeschaffbarkeit nicht auf den Handel überwälzt. Macht sich ein Händler wegen Unmöglichkeit der Ersatzteilbelieferung schadensersatzpflichtig, kann er beim **Hersteller Regress** nehmen, ohne dass es hierzu einer Deckungsabrede mit dem Hersteller bedarf, wonach dieser auch die Kosten ungenügender Ersatzteilproduktion in sein Kalkül aufnehmen muss.[36]

Der Anspruch auf Belieferung mit Ersatzteilen steht dem **Erstkäufer** zu. Die Auffassung, der Hersteller könne die Belieferung mit Original-Ersatzteilen von der Bedingung abhängig machen, dass der Käufer einem autorisierten Händler einen Reparaturauftrag erteilt,[37] findet weder in den NWVB noch im Gesetz Rückhalt und ist abzulehnen, da sie die Entscheidungsfreiheit des Käufers in einer Weise einengt, die durch die Sachumstände nicht zu rechtfertigen ist. Für einen Belieferungsanspruch des **Zweiterwerbers** mit Ersatzteilen **fehlt** es an einem **originären Verpflichtungsgrund** des Händlers. Es besteht die Möglichkeit, dass der Erstkäufer die ihm zustehenden Rechte auf Ersatzteilbelieferung bei Verkauf des Fahrzeugs an den Erwerber abtritt, wobei auch an eine regelmäßig mitvereinbarte stillschweigende Abtretung zu denken ist.[38] Allerdings bedarf die Abtretung zu ihrer Wirksamkeit der Zustimmung des Händlers gem. Abschn. I, Ziff. 2 NWVB. Versagt der Händler seine Zustimmung ohne triftigen Grund, kann dieses Verhalten treuwidrig sein, da der typische Schutzzweck des Zustimmungsvorbehalts durch die Abtretung des Nachbelieferungsanspruchs gegen Entgelt nicht betroffen wird.

Der nachvertragliche Anspruch auf Bereitstellung von Ersatzteilen verjährt gem. § 195 BGB in drei Jahren. § 438 BGB ist aufgrund seines Wortlauts nicht anwendbar. Diese Vorschrift bezieht sich ausschließlich auf die in § 437 BGB genannten Ansprüche des Käufers. Eine analoge Anwendung des § 438 BGB scheidet mangels einer Regelungslücke aus.

Eine **Freizeichnung** von der Verpflichtung zur Ersatzteilbeschaffung ist grundsätzlich zulässig; zu beachten sind die Grenzen des § 138 BGB sowie für den Fall der formularmäßigen Freizeichnung die Regelungen der §§ 305 c Abs. 1, 307 Abs. 1 u. 2 BGB. Im Insolvenz- und Vergleichsverfahren entfällt die Pflicht der Ersatzteilbelieferung.[39]

IV. Ansprüche aus Verletzung der Ersatzteilbeschaffungspflicht

Schadensersatzansprüche gegen den Hersteller scheiden aus, weil insoweit keine vertraglichen Beziehungen bestehen.

---

35 *Vollert*, Nachwirkungen des Kraftfahrzeugkaufs, S. 182.
36 *Leenen*, Probleme der Hersteller- und Händlerhaftung bei der Versorgung des Kunden mit Ersatzteilen, Gutachten erstellt im Auftrag des ADAC, S. 11.
37 *Keese*, BB 1972, 817; *Creutzig*, Recht des Autokaufs, Rn 0.8.2.
38 *Rodig*, BB 1971, 210.
39 *Vollert*, Nachwirkungen des Kraftfahrzeugkaufs, S. 210 ff.

Als mögliche Verletzungstatbestände des Händlers kommen **Verzug** und **Unmöglichkeit** in Betracht. Ein Schadensersatzanspruch des Käufers wegen Verzugs setzt neben dem Bestehen einer Verschaffungspflicht voraus, dass der Käufer den Anspruch geltend macht und dem Händler eine angemessene Frist zur Leistungsbewirkung setzt. Die Angemessenheit der Frist hängt von zahlreichen Faktoren ab, z. B. davon, ob und wann die Produktion des Modells eingestellt wurde, ob es sich um ein im Inland oder Ausland hergestelltes Modell handelt, ob das benötigte Ersatzteil selten oder häufig verlangt wird und ob es aus der Eigenproduktion des Herstellers stammt oder von einem Zulieferer gefertigt wird.[40]

Mit dem Ablauf der angemessenen Frist wird der Anspruch des Käufers fällig und der Händler kommt durch Mahnung in Verzug, was zur Folge hat, dass er dem Käufer bei Vorsatz und grober Fahrlässigkeit[41] auf Ersatz des **Verzugsschadens** gem. §§ 280 Abs. 2, 286 BGB haftet, z. B. bei Betriebsunfähigkeit des Kfz infolge des mangelhaften Teils auf Ersatz der Kosten für die Inanspruchnahme eines Mietwagens. Auf mangelndes Verschulden kann sich der Verkäufer zur fristgemäßen Beschaffung nicht berufen, so lange die Leistung aus der Gattung objektiv möglich ist.[42]

Ein Anspruch auf Schadensersatz statt der ganzen Leistung setzt außer einem Interessewegfall voraus, dass der Käufer der Erfüllung der Ersatzteilbelieferung bei Abschluss des Kaufvertrages vertragsentscheidende Bedeutung beigemessen hat.

Falls die Umstände ergeben, dass wegen Unmöglichkeit der Ersatzteilbeschaffung die Hauptleistung – nämlich die Lieferung des Wagens – für den Käufer nicht von Interesse ist, wird man ihm zubilligen müssen, wahlweise nach §§ 326 Abs. 5, 323 BGB vom Vertrag zurückzutreten oder nach §§ 280, 281 BGB Schadensersatz statt Leistung der ganzen Verbindlichkeit zu verlangen. Diese Rechte sind jedoch in sehr engen Grenzen zu halten und nur zu gewähren, wenn dem Käufer unter angemessener Berücksichtigung der beiderseitigen Belange ein Festhalten am Vertrag redlicherweise nicht zugemutet werden kann. Eine Unzumutbarkeit wird z. B. dann anzunehmen sein, wenn der Händler bereits kurz nach Ablauf der Verjährungs-/Garantiefrist wesentliche Ersatzteile nicht zu beschaffen vermag.[43]

V. Nachvertragliche Wartungs- und Reparaturpflicht

388 Allein die Bereitstellung von Ersatzteilen reicht nicht aus, um die Verkehrs- und Betriebssicherheit eines Kraftfahrzeugs während seiner betriebsgewöhnlichen Nutzungsdauer zu gewährleisten. Es muss außerdem sichergestellt sein, dass die benötigten Ersatzteile montiert und fällige **Wartungsdienste** und **Reparaturen** ordnungsgemäß und fachgerecht durchgeführt werden. Auf diesen Service, den nur leistungsfähige Betriebe mit geschultem Personal erbringen können, ist der Käufer eines Kraftfahrzeugs angewiesen. Aus diesem Grund befürwortet das juristische Schrifttum eine nachvertragliche Wartungs- und Reparaturpflicht, die sich, da es im Regelfall an einer ausdrücklichen Vereinbarung im Kaufvertrag fehlt, ebenso wie die Pflicht zur Ersatzteilversorgung, als nachwirkende Nebenpflicht aus dem Kraftfahrzeug-Kaufvertrag ergibt, entweder durch ergänzende Vertragsauslegung gem. § 157 BGB unter Heranziehung der NWVB – dort insbesondere der Regelungen

---

40 *Leenen*, Probleme der Hersteller- und Händlerhaftung bei der Versorgung des Kunden mit Ersatzteilen, Gutachten erstellt im Auftrag des ADAC, S. 14; ein Auto besteht aus etwa 6000 Teilen, hiervon produziert die Autofabrik nur etwa die Hälfte.
41 Vgl. Abschn. VIII, Ziff. 1 NWVB und die hiergegen vorgebrachten Wirksamkeitsbedenken unter Rn 138.
42 *Palandt/Heinrichs*, BGB Erg.-Bd., §276 Rn 30.
43 *Leenen*, Probleme der Hersteller- und Händlerhaftung bei der Versorgung des Kunden mit Ersatzteilen, Gutachten erstellt im Auftrag des ADAC, S. 19.

Nachvertragliche Wartungs- und Reparaturpflicht   388

von Abschn. VII, Ziff. 2 a und b – oder im Wege der Anpassung über das Rechtsinstitut der Störung der Geschäftsgrundlage gem. § 313 BGB.

Vom Umfang her wird die nachvertragliche Pflicht zur Wartung und zur Vornahme von Reparaturen durch zwei Pflichtenkreise gekennzeichnet. Einerseits sind die Voraussetzungen für die Erbringung der Wartungs- und Reparaturdienste durch **Errichtung eines Netzes von Vertragswerkstätten** mit geeigneter materieller und personeller Ausstattung zu schaffen, was wirtschaftlich nur der Hersteller leisten kann. Andererseits geht es um die **Vornahme** der konkret anstehenden nachvertraglichen **Wartungs- oder Reparaturmaßnahme**, die nicht vom Hersteller, sondern vom Händler zu erbringen ist, so dass es nicht schwer fällt, dessen Anspruchsverpflichtung als Nachwirkung aus dem Kaufvertrag zu begründen. Eine tragfähige Anspruchsverpflichtung des Herstellers dahingehend, den Händler bei der Erbringung nachvertraglicher Wartungs- und Reparaturdienste zu unterstützen und ein Kundendienstnetz aufzubauen, lässt sich zwar aus der Vertragsbeziehung zwischen Händler und Kraftfahrzeugkäufer juristisch begründen, jedoch nicht glaubwürdig darstellen. Da der Hersteller weder bei der Durchführung des Kraftfahrzeug-Kaufvertrages noch bei der Erbringung von Nebenleistungen aus dem Kaufvertrag als Erfüllungsgehilfe des Händlers fungiert, können dem Händler Versäumnisse des Herstellers nicht angelastet werden, es sei denn, dass ausnahmsweise ein Eigenversagen des Händlers vorliegt.

Die nachvertragliche Wartungs- und Reparaturpflicht des Händlers erstreckt sich auf die **betriebsgewöhnliche Nutzungsdauer** des Kraftfahrzeugs von 12 Jahren und unterliegt der sachlichen Grenze des Bedarfs, wobei dem Käufer angemessene Wartezeiten zuzumuten sind.[44] Sie ist im Fall der Weigerung des Händlers einklagbar und entgeltlich, es sei denn, der Händler hat die Wartungs- bzw. Reparaturmaßnahme kostenlos zu erbringen. Die Pflicht der nachvertraglichen Wartung und Reparatur erstreckt sich auch auf solche Fahrzeuge, die nach Auslieferung – etwa durch Tuning-Maßnahmen – verändert worden sind. Der Händler ist berechtigt, für die Wartung solcher Fahrzeuge ein höheres Entgelt zu fordern, sofern infolge der Veränderungen ein Mehraufwand an Arbeit und Material anfällt.[45]

---

44 Hierzu, wie auch zur nachvertraglichen Wartungspflicht insgesamt, *Vollert,* Nachwirkungen des Kraftfahrzeugkaufs, S. 220 ff.
45 *Vollert,* Nachwirkungen des Kraftfahrzeugkaufs, S. 232.

R. Wettbewerb und Werbung

I. Wettbewerbsrechtliche Ausgangslage

389 Die Werbung im Autohandel bietet oft Anlass zur Beanstandung. Im Mittelpunkt der juristischen Betrachtung stehen Handlungen zu Zwecken des Wettbewerbs, die entweder ganz allgemein gegen die **guten Sitten** (§ 1 UWG), gegen das Verbot der **Irreführung** (§ 3 UWG) oder gegen das **Sonderveranstaltungsrecht** (§ 7 UWG) verstoßen. Weitere Schwerpunkte wettbewerbswidrigen Handelns in der Automobilbranche sind Verstöße gegen das Ladenschlussgesetz und das Gesetz über Einheiten im Messwesen (MessEinhG) sowie irreführende Werbemaßnahmen im Zusammenhang mit dem Parallelimport von Neufahrzeugen aus EU-Mitgliedsstaaten durch freie Händler (Rn 456 ff.).

II. Typische Verstöße im Zusammenhang mit der Kfz-Werbung

1. Leistungs- und Verbrauchswerte, Tachoangaben, Maßeinheiten

390 Angaben zur Leistung eines Kraftfahrzeugs haben unter Benutzung der Maßeinheit „Kilowatt", abgekürzt **„kW"**, zu erfolgen.[1]

Der Gebrauch der **„PS" – Maßeinheit** ist – mit Ausnahme der Fälle des § 1 Abs. 3 und 4 MessEinhG – auf Grund der bis zum **3. Dezember 2009** verlängerten Übergangsregelung[2] im geschäftlichen Verkehr zulässig, wenn **zusätzlich der „kW-Wert"** angegeben und hervorgehoben wird.

Durch die ausschließliche Verwendung der „PS"-Maßeinheit ohne gleichzeitige „kW"-Angabe in der Werbung werden die angesprochenen Verkehrskreise **nicht irregeführt**, da die Verbraucher wissen, dass „PS" und „kW" unterschiedliche Maßeinheiten sind, auch wenn sie sich unter Angaben dieser Art häufig nichts vorstellen können.[3] Eine Werbung für Fahrzeuge unter ausschließlicher Angabe der „PS"-Zahl verstößt jedoch gegen § 1 UWG, wenn der Verletzer **bewusst und planmäßig** handelt.[4] Der zu missbilligende Wettbewerbsvorteil wird darin gesehen, dass nach der Lebenserfahrung nicht unerhebliche Teile des Verkehrs ihr Augenmerk in besonderem Maß auf Anzeigen mit den vertrauten „PS"-Angaben richten, weil sie mit der Leistungsangabe „kW" noch nicht vertraut sind oder diese Maßeinheit nicht in „PS" umrechnen können.

Wie bei den Leistungsdaten dürfen Angaben zum **Tachometerstand** gem. § 1 Abs. 1 MessEinhG mit der Längeneinheit **Meilen** nur bei gleichzeitig hervorgehobener Angabe der gesetzlich vorgeschriebenen Einheit „km" beworben werden. Wer den Tachostand nur in Meilen angibt, verstößt nach Ansicht des OLG Hamm[5] gegen §§ 1 und 3 UWG, weil er dem Verbraucher, der nicht in der Lage ist, Meilen in Kilometer umzurechnen und der sich deshalb nur an der angegebenen Zahl orientiert, die niedriger ist als die entsprechende Kilometerzahl, ein günstigeres Verhältnis von Preis und Leistung suggeriert. Im Ge-

---

1 § 1 Abs. 1 des Gesetzes über Einheiten im Messwesen – BGBl. I 1985, 409 – i. V. m. § 1, 3 der Ausführungsverordnung, konkretisiert durch die Anlagen 1, lfd. Nr. 49 u. 2 zu § 1 der Ausführungsverordnung – BGBl. I 1985, 2272 ff.
2 Zweite Verordnung zur Änderung der Einheitenverordnung, BGBl. I 2000, 214.
3 BGH 4. 3. 1993, DAR 1993, 296 und schon vorher OLG Koblenz 10. 9. 1990, MDR 1991, 58; KG 7. 3. 1991, NJW-RR 1992, 103.
4 BGH 7. 10. 1993, ZfS 1994, 128.
5 Urt. v. 3. 5. 1993, NJW-RR 1994, 45.

gensatz dazu entschied der BGH,[6] dass die nach dem Gesetz über Einheiten im Messwesen unzulässige Verwendung der Maßangabe **„Zoll"** für Alufelgen nur bei Vorliegen besonderer Umstände wettbewerbswidrig ist.

Eine Irreführung wurde nicht angenommen, wenn in der Kfz-Werbung der **Kraftstoffverbrauch** für ein Auto unter Bezugnahme auf die bis zum 1. 1. 1997 gültige DIN 70.030 nur für eine Geschwindigkeit von 90 km/h, nicht jedoch für die anderen Geschwindigkeiten angegeben worden war. In Fortschreibung dieser Rechtsprechung dürfte eine Werbung zulässig sein, die den Kraftstoffverbrauch nach EG 93/116 entweder nur für den innerstädtischen oder nur für den außerstädtischen Verkehr angibt. Es ist aber stets klarzustellen, welche Kraftstoffart (Super, Normal oder Super Plus) getankt werden muss, wenn Fahrzeuge für beide Kategorien beworben werden.[7]

2. Modell- und Markenbezeichnungen

Die Annäherung an eine fremde **Kfz-Modellbezeichnung „SL"** und ihre Werbung damit verstößt gegen § 1 UWG, wenn sie erfolgt, um Gütevorstellungen, die der Verkehr mit den unter der Marke vertriebenen Erzeugnissen verbindet, in unlauterer Weise auszunutzen und wenn sie den guten Ruf des schutzfähigen, nicht durch Kennzeichnungsschwäche entwerteten Warenzeichens in wettbewerbswidriger Weise beeinträchtigt.[8] Nicht wettbewerbswidrig sind die Bezeichnungen S 80, C 70, V 70, da eine Verwechslungsgefahr mit dem konkurrierenden Kennzeichnungssystem C 220, S 280, E 300 nicht besteht.[9] Ob der **Nachbau eines Sportwagens** unter **Verwendung der Marke** ohne Zustimmung des Markeninhabers gegen § 1 UWG verstößt, wurde vom OLG Stuttgart[10] offen gelassen, das jedoch eine Verletzung des Markenrechts gem. § 14 Abs. 2 Nrn. 1 und 2, Abs. 3 MarkenG bejahte und dem Markeninhaber im Verfügungsverfahren einen Herausgabeanspruch des Fahrzeugs an den Gerichtsvollzieher zubilligte.

3. Tages- und Kurzzulassung

Die Werbung mit **Tageszulassung** ist grundsätzlich zulässig.[11] Nach Meinung des OLG Köln[12] erwartet der Verbraucher auch bei einer Werbung für Tageszulassungen, dass sie Fahrzeuge der **aktuellen Modellreihe** betrifft, die alle bislang an der Serie vorgenommenen Weiterentwicklungen und technischen Veränderungen aufweisen. Die Werbung ist irreführend i. S. v. § 3 UWG, wenn die auf diese Weise angebotenen Fahrzeuge bereits überholten Modellreihen angehören und der Werbende hierüber nicht hinreichend aufklärt. Die **Angabe des Datums der Tageszulassung** reicht allein zur Aufklärung nicht aus, da auch ein zurückliegendes Zulassungsdatum nicht besagt, dass es sich um Fahrzeuge einer nicht mehr aktuellen Modellreihe handelt. Eine Werbung mit dem Hinweis „Tageszulassung mit 0 km" ist aus Sicht des BGH[13] nicht irreführend, auch wenn das Fahrzeug sechs Tage lang zugelassen war, da es dem Verbraucher bei Tageszulassungen nicht darauf ankommt, wie viele Tage es zugelassen war, sondern, ... dass es – dem Sinn der so genannten Tageszulassung entsprechend – noch nicht im Straßenverkehr genutzt wurde.

---

6 Beschl. v. 23. 2. 1995, DB 1995,1397.
7 BGH 24. 1. 1985, DAR 1985, 220.
8 BGH 6. 12. 1990, NJW 1991, 3214.
9 OLG Köln 13. 6. 2001 – 6 U 115/00 –.
10 Urt. v. 24. 3. 2000, NJW-RR 2001, 257.
11 OLG Köln, Beschl. v. 14. 2. 1986 – 6 U 165/85 – n. v.
12 Urt. v. 17. 4. 1998, NZV 1999, 46.
13 Urt. v. 13. 1. 2000, WRP 2000, 1129.

Fahrzeuge, die eine sog. **Kurzzulassung** besitzen, dürfen **nicht** als „fabrikneu" beworben werden. Dasselbe gilt für Fahrzeuge, die nicht dem aktuellen Modell des Herstellers entsprechen und/oder eine Laufleistung von 70 km und mehr aufweisen.[14]

4. Steuerbefreiung

394   Ob es bei einer Werbung unter Hinweis auf eine **Steuerbefreiung** bzw. Steuerermäßigung (Stichwort: schadstofffrei bzw. schadstoffarm) der Klarstellung der zeitlichen Befristung bedarf, wird unterschiedlich beurteilt. Das OLG Karlsruhe[15] meinte hierzu, im Geltungsbereich des UWG sei die zeitliche Begrenzung der staatlichen Steuerbefreiung umweltfreundlicher Kraftfahrzeuge gemeinhin bekannt, weil sie anders nie zur Erörterung gestanden habe, so dass keine Irreführungsgefahr i. S. v. § 3 UWG bestehe.[16]

5. Garantie

395   Ein Verstoß gegen das Irreführungsverbot des § 3 UWG hat das LG Frankfurt/Oder[17] angenommen, weil der Händler es unterlassen hatte, auf die Kilometerbeschränkung der beworbenen **Anschlussgarantie** von 3 Jahren hinzuweisen. Als irreführend erweist sich auch die Verwendung des Begriffs Garantie, wenn sich dahinter keine Leistung des Händlers sondern die **Reparaturkostenversicherung** einer Versicherungsgesellschaft verbirgt.[18]

6. Vergleichende Werbung

396   Vergleichende Werbung, die Mitbewerber erkennbar macht, ist grundsätzlich zulässig,[19] wobei die EU- Richtlinie 97/55[20] als Maßstab bei der Anwendung von § 1 UWG dient. Sie muss sachlich und darf nicht herabsetzend sein. Ein Anlocken der Kunden, auf die beworbene Marke umzusteigen, ist noch keine Herabsetzung der Fahrzeuge des namentlich benannten Konkurrenten, wenn die Anzeige kein Werturteil über dessen Produkte beinhaltet.[21] Die Angabe einer oder mehrerer relevanter, nachprüfbarer und typischer Eigenschaften des beworbenen Neufahrzeugs ist zulässig, wie etwa der Hinweis auf die Dichte des eigenen Vertragshändlernetzes und die Gegenüberstellung des eingeräumten Preises bei Inzahlungnahme.[22] Der Hinweis auf das „ausgezeichnete" Neufahrzeug in Verbindung mit der ADAC-Pannenstatistik verstößt gegen § 3 UWG, wenn es nicht als Bestes ausgezeichnet wurde und das Konkurrenzmodell, dessen Inzahlungnahme versprochen wird, in der Pannenstatistik noch nicht erfasst ist, weil es erst später herausgekommen ist.[23]

---

14 LG Hannover, Beschl. v. 28. 4. 1995 – 2 O 67/95 – n. v.
15 Urt. v. 18. 10. 1990, DAR 1991, 145.
16 A. A. LG Köln 12. 3. 1986 – 31 O 143/86 – n. v. sowie 31 O 413/91; ferner *Zirpel/Preil*, Werben ohne Abmahnung, S. 59 unter Hinweis auf KG, 11 D 1992, 290 und LG Berlin, 11 D 1992, 56.
17 MDR 1996, 206 zitiert von *Zirpel/Preil*, Werben ohne Abmahnung, S. 58.
18 OLG Frankfurt 21. 12. 1995, NJW-RR 1996, 1386.
19 BGH 15. 10. 1998, WM 1999, 397.
20 ABlEG L 290, S. 18.
21 OLG Saarbrücken 2. 6. 1999, OLGR 1999, 445.
22 OLG Saarbrücken 2. 6. 1999, OLGR 1999, 445; zur Irreführungsgefahr bei vergleichender Werbung *Bullinger/Emmerich*, WRP 2002, 608 ff.
23 LG Dortmund 23. 2. 1999, NJW-RR 1999, 1346.

7. Fabrikneuheit

Wer mit dem Begriff „**fabrikneu**" für ein **Auslaufmodell** wirbt, das nicht mehr in der bisherigen Form gebaut wird, verstößt gegen § 3 UWG, weil die Werbung irreführend ist.[24]

397

8. Sonstige Verstöße

Wirbt die Vertriebsgesellschaft eines weltweit tätigen Automobilherstellers mit „meistverkaufter Mini-Van: weltweit über 6 Millionen Fahrzeuge", liegt eine relevante Irreführung vor, wenn die angegebene Verkaufszahl nicht den für den europäischen Markt beworbenen Fahrzeugtyp, sondern den Weltumsatz mit verschiedenen Fahrzeugmodellen von unterschiedlicher, den jeweiligen Absatzmärkten angepasster Beschaffenheit wiedergibt und der Absatz des in der Werbung vorgestellten Fahrzeugtyps nur einen Bruchteil des Weltumsatzes ausmacht.[25]

398

Die Werbeaussage **TÜV-Abnahme** verstößt gegen das Irreführungsverbot, wenn die beworbene Leistung nicht von Prüfingenieuren des Technischen Überwachungsvereins durchgeführt werden.[26]

Bei einer Werbung des Händlers mit dem Hinweis, das **limitierte Sondermodell** einer Pkw-Serie sei da, darf der Leser erwarten, dass die entsprechenden Sondermodelle beim Händler tatsächlich vorrätig sind und dort besichtigt, geprüft und Probe gefahren werden können. Die Werbung ist nicht in dem Sinne zu verstehen, die Sondermodelle könnten sofort gekauft und mitgenommen werden.[27]

Der Verpflichtung, die **gewerbliche Tätigkeit** deutlich zu machen, genügt nicht, wer in der Werbung seine Telefonnummer mit dem Zusatz „Hdl." oder „Fa" angibt, ohne die Firma zu nennen.[28] Durch die fehlende Angabe der Rechtsform des werbenden Autohauses (GmbH-Zusatz) in einer Neuwagenanzeige wird der potenzielle Kunde nicht irregeführt, da es ihm völlig gleichgültig ist, ob er ein Fahrzeug von einem Einzelkaufmann, einer Personen- oder einer Kapitalgesellschaft erwirbt.[29] Die Angabe der Rechtsform ist allerdings zwingend, wenn das Autohaus außerhalb bestehender Vertragsbeziehungen Geschäftsbriefe verschickt.

Werbung mittels **Telefax** ist nur erlaubt, wenn sie ausdrücklich vom Adressaten angefordert wurde oder dieser in laufender Geschäftsverbindung mit dem Versender steht.[30]

Bei **Gewinnspielen** ist zu beachten, dass die Teilnahme nicht vom Kauf einer Ware abhängig gemacht werden darf.[31] Die Teilnehmer dürfen keinem psychologischen Kaufzwang ausgesetzt sein.[32] Verboten ist eine Werbung durch **Einsatz von Laien** wegen der damit

---

24 LG Frankfurt/Main 28. 7. 1982, BB 1982, 982, 1748; zur Werbung für Auslaufmodelle BGH 3. 12. 1998, NJW 1999,2190; 3. 12. 1998 NJW 1999, 2193; OLG Karlsruhe 14. 08. 2001, NJW-RR 2002, 250.
25 OLG Köln 13. 11. 1998, OLGR 1999, 53.
26 LG München I, 29. 6. 2001, WRP 2002,127.
27 SchlHOLG 26. 9. 1995, OLGR 1995, 10.
28 OLG Hamm 30. 8. 1983, WRP 1984, 51; 13. 3. 1984, WRP 1984, 630; KG 13. 2. 1987, NJW-RR 1988, 878.
29 OLG Celle 4. 11.1998, OLGR 1999, 127.
30 LG Augsburg 30. 1. 2001, WRP 2002, 587; s. ferner BGH 25. 10. 1995, WRP 1996, 100 sowie zur Telefonwerbung BGH 27. 1. 2000, WRP 2000, 722; 25.1. 2001, WRP 2001, 1068, 1073; *Mees*, WRP 2002, 135, 137.
31 BGH 16. 3. 1989, GRUR 1989,434.
32 BGH 29. 6. 1989, GRUR 1989, 757.

einhergehenden Gefahr der unsachlichen Beeinflussung und Belästigung von Personen im Privatbereich.[33]

Eine Werbung, die den Verbraucher wegen seiner Herkunft, seines Geschlechts, seines Alters oder seiner Behinderung diskriminiert, verstößt gegen § 1 UWG.[34]

III. Werbung mit Preisen

1. Händlerwerbung

a) Neutrale Preisinformation oder Angebot

399 Händler müssen nicht unter Angabe von Preisen werben, es sei denn, die Werbung ist so konkret gestaltet, dass ein **Angebot** i. S. v. § 1 Abs. 1 S. 1, 1. Alt. PAngVO oder eine Werbung „unter Angabe von Preisen" i. S. d. 2. Alt. von § 1 Abs. 1 S. 1 PAngVO vorliegt.[35] Den Anforderungen eines Angebots i. S. dieser Vorschrift entspricht eine Zeitungsanzeige des Händlers, die über Fabrikat, Fahrzeugtyp, Fabrikneuheit und Lackart informiert und außerdem den pauschalen Hinweis auf „alle Extras" enthält.[36]

Bei der Nennung einer **unverbindlichen Preisempfehlung** (s. Rn 406) des Herstellers bzw. Importeurs in einer Händler-Werbeanzeige ist zu unterscheiden, ob sie lediglich eine **neutrale Information** über den Inhalt der Preisempfehlung darstellt oder ob darin die **Bekanntgabe des eigenen Händler-Grundpreises** zu erblicken ist. Nur wenn letzteres der Fall ist, handelt es sich um eine zur Endpreisangabe verpflichtende Werbung „unter Angabe von Preisen" i. S. d. 2. Alt. von § 1 Abs. 1 S. 1 PAngVO.[37] Bei der Abgrenzung kommt es entscheidend auf den Gesamteindruck der Werbung an.[38] Die Erwähnung der unverbindlichen Preisempfehlung des Herstellers oder Importeurs bedeutet nicht ohne weiteres, dass es sich um den Verkaufspreis des werbenden Händlers handelt. Im Bereich des Kfz-Handels wissen Kunden, dass Händler an die unverbindliche Preisempfehlung des Herstellers oder Importeurs nicht gebunden sind und ihren Preis selbst bilden. Sie gehen deshalb auch nicht ohne weiteres davon aus, dass der Händler, der in einer Werbeanzeige für Kraftfahrzeuge auf eine unverbindliche Preisempfehlung hinweist, den angegebenen Preis als eigenen Preis tatsächlich fordert.[39] Da der angesprochene Verkehr bei Werbeanzeigen von Kraftfahrzeughändlern heutzutage allerdings daran gewöhnt ist, Preisangaben zu begegnen, bei denen es sich um die **Einzelpreise des Händlers** handelt, muss dieser in der Anzeige deutlich machen, dass es sich um eine neutrale Unterrichtung über den Inhalt einer Preisempfehlung des Herstellers/Importeurs handelt. Allein die Angabe, dass es sich bei dem in Fettdruck angegebenen Preis um den unverbindlich empfohlenen Preis des Herstellers/Importeurs handelt, reicht nach Ansicht des OLG Köln[40] für die Annahme, es handele sich um eine neutrale Information, nicht aus, wenn die Anzeige keine Preisgegenüberstellung und keinerlei Hinweise darauf enthält, dass der Händler einen von der Preisempfehlung abweichenden Preis fordert.

---

33 BGH 14. 5. 1992, NJW 1992, 2419.
34 *Steinbeck,* ZIP 2001, 1741 ff. 1747; *Berneke,* WRP 2001, 615, 619; *Heermann,* WRP 2001, 883, 886; *Cordes,* WRP 2001, 867, 874.
35 BGH 23. 6. 1983, NJW 1983, 2705; KG 30. 1. 1987, WRP 1987, 630 ff.
36 KG 19. 1. 1981, WRP 1981, 212.
37 BGH 23. 6. 1983, NJW 1983, 2705.
38 BGH 16. 12. 1982; GRUR 1985, 983, 984.
39 BGH 23. 5. 1990, DAR 1990, 427.
40 Urt. v. 11. 08. 2000, VuR 2001, 446.

b) Wettbewerbsrelevante Verstöße gegen die Preisangabepflicht

Der Verstoß gegen die in § 1 PAngVO vorgeschriebene **Preisangabepflicht** ergibt für sich noch nicht, dass das Verhalten des Verletzers auch nach den Maßstäben des § 1 UWG wettbewerbswidrig ist. Da es sich bei den Vorschriften der PAngVO nach verbreiteter Ansicht um wertneutrale Bestimmungen handelt, begründet deren Verletzung nur und erst dann einen **Wettbewerbsverstoß**, wenn sich der Wettbewerber bewusst und planmäßig über sie hinwegsetzt, obwohl für ihn erkennbar ist, dass er dadurch einen sachlich nicht gerechtfertigten Vorsprung im Wettbewerb vor gesetzestreuen Mitbewerbern erlangen kann.[41]

400

c) Überführungs- und Anmeldekosten

Sofern die Voraussetzungen für eine Preisangabepflicht i. S. v. § 1 Abs. 1 PAngVO vorliegen, müssen **Verbraucherendpreise** unter Einschluss aller Preisbestandteile, wie Mehrwertsteuer, Überführungskosten usw., angegeben werden.

401

Der Einbeziehung der Überführungskosten in den Endpreis bedarf es nicht, wenn der Kunde die Möglichkeit besitzt, die Überführung selbst vorzunehmen. Auf die fakultativen Überführungskosten ist jedoch gesondert hinzuweisen, da die von der Werbung angesprochenen Adressaten, die sich für den Kauf eines Kraftfahrzeugs interessieren, daran gewöhnt sind, dass sie Preisangaben begegnen, zu denen keine Aufschläge mehr hinzukommen.

Irreführend i. S. v. § 3 UWG ist die Werbung für Kraftfahrzeuge mit Inklusivpreisangabe, wenn lediglich aus einem klein gedruckten Hinweis zu ersehen ist, dass die **Transportkosten zusätzlich** berechnet werden.[42] Das OLG Frankfurt,[43] das die Meinung vertrat, im Fall einer **fakultativen Überführung** sei die Einbeziehung der Frachtkosten in den Endpreis nicht erforderlich, verlangte vom Händler einen derart deutlich gestalteten Hinweis, dass sich die Vorstellung, bei dem angebotenen „Inklusivpreis" handele es sich um den Endpreis, auch für den flüchtigen Betrachter gar nicht erst bilden kann. Eines unmissverständlichen Hinweises auf die gesonderte Berechnung der Frachtkosten (z. B. durch Sternchen am Preis mit Hinweis „zzgl. Fracht") bedarf es auch dann, wenn der Werbende zahlreiche Filialen betreibt, bei denen **Frachtkosten** in **unterschiedlicher Höhe** anfallen.[44] Eine „Circa-Preisangabe" ist nicht zulässig, da § 1 Abs. 6 PAngVO verlangt, dass der Endpreis wahr und genau beziffert wird.[45]

Ein wettbewerbsrechtlich relevanter Verstoß liegt vor, wenn ein Kfz-Händler in der Werbung für importierte und reimportierte Kraftfahrzeuge **Preise ab Auslieferungslager** im Ausland angibt und lediglich in einer unscheinbaren Anmerkung darauf hinweist, dass zu diesen Preisen noch die üblichen Kosten für die Anmeldung und die Abnahme nach § 29 StVZO hinzukommen.[46] Gegen § 1 Abs. 1 PAngVO verstößt, wer in einer überregionalen inländischen Zeitung für im Inland benutzte, jedoch nur für den Export bestimmte Fahrzeuge mit Nettopreisen wirbt und sich die Anzeige an das breite Publikum und nicht ausschließlich an den in § 7 Abs. 1 Nr. 1 PAngVO genannten Personenkreis richtet.[47]

---

41 BGH 16. 12. 1982, WRP 1983,358.; BGH 16. 12. 1987, GRUR 1983, 443,445; OLG Köln 11. 8. 2000, VuR 2001, 446, 449; *Köhler/Piper* UWG, § 1 PAngVO Rn 15, 16 und § 1 UWG Rn 344 jeweils m. w. N.; a. A. OLG Frankfurt 25. 6. 1987, NJW-RR 1987, 1523 ff. OLG Hamm 15. 3. 1988, GewA 1988, 278; OLG Koblenz 5. 9. 1988, NJW-RR 1989, 104.
42 OLG Köln 11. 08. 2000, VuR 2001, 46.
43 Beschluss v. 17. 2. 1985, DAR 1985, 384.
44 OLG Stuttgart, 22. 8. 1997, OLGR 1997, 40.
45 *Völker*, Preisangaberecht, § 1 PAngVO, Rn 41 m. w. N.
46 BGH 16. 12. 1982, WRP 1983, 358.
47 KG 16. 5. 1988, WRP 1989, 95.

d) Mehrwertsteuer

402 Der Hinweis darauf, dass der angegebene Preis die Mehrwertsteuer beinhaltet, stellt als solcher noch keinen Wettbewerbsverstoß dar.[48] Als nicht mehr zeitgemäß erweist sich die Ansicht des OLG Düsseldorf, eine solche Werbung verunsichere das Publikum, und durch die damit einhergehende unzulässige Behinderung der Mitbewerber verschaffe sich der Werbende einen unlauteren, nicht gerechtfertigten Vorteil im Wettbewerb.[49] Allein durch den zusätzlichen Hinweis auf die im Preis enthaltene Mehrwertsteuer wird heutzutage niemand irregeführt, denn das Publikum weiß, dass die Mehrwertsteuer Preisbestandteil ist.[50] Ein Verstoß gegen § 3 UWG liegt nur dann vor, wenn der Hinweis auf die im Preis enthaltene Mehrwertsteuer in der Textgestaltung in besonderem Maß hervorgehoben wird.[51] Denn erst auf Grund der besonderen Betonung der objektiv richtigen Selbstverständlichkeit erwartet jedenfalls ein nicht ganz unerheblicher Teil der angesprochenen Verkehrskreise einen besonderen Vorteil, der bei der Ware der Mitbewerber nicht ohne weiteres zu erhalten ist. Blickfangmäßig herausgestellt ist der Mehrwertsteuer-Hinweis, wenn er vom übrigen Werbetext abgesetzt und der Kaufpreisangabe unmittelbar zugeordnet oder durch eine „Sternchen-Anmerkung" hervorgehoben wird.[52] Eine Irreführung liegt nicht vor, wenn der Zusatz „inklusive Mehrwertsteuer" im Fließtext der Werbeanzeige oder kleingehalten und unauffällig in der untersten Zeile einer ganzseitigen Werbeanzeige erscheint.

e) Ankündigung von Preisnachlässen

403 Rabattankündigungen verstoßen gegen das Irreführungsverbot (§ 3 UWG), wenn mit Nachlässen auf Normalpreise, – deren Angabe § 1 Abs. 1 S. 1 PAngVO vorschreibt – geworben wird, die der Unternehmer nicht ernstlich, nicht über längere Zeit oder nicht in letzter Zeit verlangt hat (künstlich überhöhte Preise),[53] wenn bei vergleichender Werbung der eigene Preis nicht auf der Grundlage ernsthafter Kalkulation als angemessener Verbraucherpreis ermittelt wurde und nicht oder nicht mehr als Verbraucherendpreis in Betracht kommt oder wenn durch in kurzen Abständen aufeinander folgende Preisänderungen der Eindruck erweckt wird, es würden für einen kurzen Zeitraum besondere Preisvorteile geboten (Preisschaukelei).[54]

f) Alternative Kaufanreize

404 Neue Vertriebsmodalitäten, Werbemethoden und Verkaufsförderaktionen, wie z. B. Anrechnung von **Bonuspunkten**, Kauf im Rahmen eines **Paybacksystems** und das von der Rechtsprechung kritisch beäugte[55] **Powershopping**[56] eignen sich nicht oder nur bedingt für den Automobilhandel. Auf diesem Sektor dominieren **Kopplungsangebote** und **unent-**

---

48 OLG München 10. 11. 1984 – 6 W 2136/84 – n. v.; KG 25. 6. 1985 – 4 U 1404/85 – n. v.; OLG Karlsruhe 11. 6. 1986, WRP 1986, 563.
49 Urt. v. 14. 7. 1988, WRP 1989, 99 ff.
50 OLG Hamm 25. 2. 1988, NJW-RR 1989, 35; 1. 12. 1988, NJW-RR 1989, 620; OLG Karlsruhe 5. 8. 1987, WRP 1988, 184; LG Koblenz 16. 10. 1987, WRP 1988, 138.
51 BGH 22. 2. 1990, NJW-RR 1990, 1254 – Neufahrzeug –; 22. 2. 1990, NJW-RR 1990, 1255 – Gebrauchtfahrzeug –; 5. 7. 1990, NJW-RR 1990, 1256; 15. 11. 1990, WRP 1990, 221.
52 BGH 22. 2. 1990, NJW-RR 1990, 1255.
53 BGH 29. 2. 1996, GRUR 1996, 796, 798.
54 BGH 14. 12. 1973, GRUR 1974, 341,343; *Dittmer* BB 2002, 1961,1962.
55 OLG Köln 1. 6. 2001, ZIP 2001,1214 – Verstoß gegen § 1 UWG-: zustimmend Lindacher EWiR 2001, 831; kritisch *Hucke* ZUM 2001,770; *Lange* WRP 2001, 888; *Leible/Sosnitza*, CR 2001, 547.
56 Beim Powershopping werden Waren limitiert und unter der Voraussetzung einer bestimmten, noch zu findenden Anzahl von Käufern zu einem festen Preis oder in mehreren von der Zahl der Kaufinteressenten abhängigen Preisstufen angeboten.

geltliche Zugaben, wie z. B. Steuerbefreiung, Übernahme von Versicherungskosten, Inzahlungnahmeversprechen und Garantien. Für die Kundenbindung an das Autohaus eignen sich Gutscheine für Service Angebote, etwa für eine bestimmte Anzahl von Fahrzeugwäschen, Treue-Boni und Anreize für die Vermittlung von Neukunden.

g) Kopplungsangebote

In der Werbung für kombinierte Warenangebote wird zwischen offenen und verdeckten Kopplungsgeschäften differenziert. Ein **offenes Kopplungsangebot** ist dann gegeben, wenn der Verkäufer mehrere branchenfremde Waren unter Angabe richtig kalkulierter Einzelpreise zu einem der Summe der Einzelpreise entsprechenden Gesamtpreis offeriert. Es ist wettbewerbsrechtlich unbedenklich und gibt nur dann Anlass zur Beanstandung, sofern im Einzelfall besondere negative Momente, wie etwa ein übermäßiger Lockeffekt oder eine fehlende oder schwache Gebrauchsnähe der Waren hinzukommen. Beim **verdeckten Kopplungsangebot** erfolgt das Angebot mehrerer zusammengestellter Waren ohne ausdrückliche Angabe der Einzelpreise. Solche Angebote mit alleiniger Angabe des Gesamtpreises werden – unabhängig von der Frage, ob der Gesichtspunkt des Gebrauchs- und Funktionszusammenhangs oder der Gebrauchsnähe der angebotenen Waren für die Frage der Zulässigkeit des Kopplungsangebots von Bedeutung sein kann – jedenfalls dann als wettbewerbswidrig eingestuft, wenn die Einzelpreise nicht bekannt sind und der Käufer sie trotz längeren Suchens nach Vergleichsobjekten nicht in Erfahrung bringen kann, weil er keine Anhaltspunkte für deren Berechnung hat und er deshalb die Preisgestaltung des Angebots nicht mit Konkurrenzangeboten vergleichen kann.[57]

Eine **Warenkombination** bestehend aus einem Kleinwagen, einem Motorroller, einem Color-Drucker, einer Spiegelreflex-Kamera, einem Handy – alternativ bestehend aus einem Kleinwagen, einem Notebook (Produktneuheit), einem Card Phone, einer Digital Kamera –, jeweils verbunden mit einer Berlin-Reise, stufte das OLG Karlsruhe[58] als wettbewerbsgemäß ein. Es beanstandete allerdings die fehlenden Hinweise darauf, dass es sich bei dem Drucker um ein Auslaufmodell handelte und dass es für den Erwerb des Kleinwagens eines mit einem Dritten gesondert abzuschließenden Kaufvertrages bedurfte. Im Gegensatz dazu verwarf das OLG Köln[59] die Werbung insgesamt wegen Verstoßes gegen § 3 PAngVO i. V. m. §§ 1 und 3 UWG, weil angesprochene Interessenten faktisch keinerlei Möglichkeit hätten, die Einzelpreise auch nur einigermaßen zuverlässig oder näherungsweise in Erfahrung zu bringen.

Die unterschiedlichen Bewertungen des gleichen Kopplungsangebots beruhen im Wesentlichen darauf, dass das OLG Karlsruhe sein **Verbraucherleitbild** an einem kaufinteressierten und informationswilligen Kunden ausgerichtet hat, während dem OLG Köln ein preislich desorientierter Käufer als Vorbild diente. Hinsichtlich des im Vordergrund stehenden Kleinwagens war das OLG Köln der Ansicht, der hierfür maßgebliche Listenpreis sei zwar relativ mühelos herauszufinden, doch damit sei dem Kunden nicht gedient, da der Listenpreis vom Handel nicht wirklich verlangt werde. Um die tatsächlich geforderten Preise in Erfahrung zu bringen, müsse er selbst vor Ort bei einem oder mehreren Händlern unter Vorgabe von Kaufinteresse recherchieren und der dazu erforderliche Aufwand an Zeit, Mühen und Kosten sei ihm nicht zuzumuten. Demgegenüber hat das OLG Karlsruhe zu Recht darauf abgestellt, dass der dem Kunden zu ermöglichende Preisvergleich diesen nicht in die Lage versetzen muss, den überhaupt **günstigsten Preis** zu ermitteln. Seines Erachtens reicht es zu den Zwecken des Preisvergleichs für den Kunden aus, einen **ungefähren**

---

57 BGH 30. 11. 1995, GRUR 1996, 363, 364.
58 Urt. v. 14. 8. 2002 NJW-RR 2002, 250 ff.
59 Urt. v. 15. 2. 2002, WRP 2002, 472 ff.

Marktüberblick zu gewinnen, um das Warenangebot im Spektrum der bei anderen Händlern erzielbaren Preise einordnen zu können.[60]

Falls eine Kopplungswerbung für Auto und Urlaub eine **gezielte Preisverschleierung** enthält, die nur durch den Verschleiernden selbst beseitigt werden kann, steht der Verstoß gegen §§ 1 Abs. 1 PAngVO, 1 UWG außer Frage.[61]

Für die **Bestimmbarkeit des Werts der Nebenleistung** reicht die Angabe der wesentlichen wertbildenden Faktoren aus. Daran fehlt es, wenn das an die im Vordergrund stehende Hauptleistung gekoppelte Angebot einer Urlaubsreise weder Angaben über den Zielort noch über den Zeitpunkt der Reise enthält.[62]

Die Rechtsprechung, wonach Kopplungsangebote, die nur den Gesamtpreis der gekoppelten Waren erkennen lassen, jedenfalls dann gegen § 1 UWG verstoßen, wenn der Verkehr die Einzelpreise nicht ohne weiteres in Erfahrung bringen kann, ist nach Ansicht des OLG Frankfurt[63] auch auf die – früher in der Zugabeverordnung geregelten – Fälle zu übertragen, in denen eine **Nebenleistung unentgeltlich** zu einer entgeltlichen Hauptleistung angeboten wird. Da ein Kaufmann „nichts zu verschenken" hat, ist für den Verbraucher ohne weiteres erkennbar, dass die Nebenleistung – ungeachtet ihrer Darstellung als unentgeltlich – in Wahrheit in dem Preis der Hauptleistung enthalten ist. Bei dieser Betrachtungsweise stellt sich letztlich die Verknüpfung von entgeltlicher Hauptleistung und unentgeltlicher Nebenleistung als eine Art verdecktes Kopplungsangebot dar, weil nicht ausgewiesen wird, mit welchem Anteil die Nebenleistung im angegebenen Preis für die Hauptleistung enthalten ist.

h) Unverbindliche Preisempfehlung

406 Bei der Händlerwerbung mit der **unverbindlichen Preisempfehlung** des Herstellers bzw. Importeurs darf diese nicht abgekürzt oder verändert werden. Bezeichnungen wie „Werbepreis" oder „Listenpreis" oder „Richtpreis", „Preis laut Liste" oder „Neupreis"[64] sind ebenso unzulässig wie etwa die Abkürzung „UPE", da in allen Fällen nicht klar ist, ob es sich um die unverbindliche Preisempfehlung des Herstellers oder um den kalkulierten Händlerpreis handelt. Aus den genannten Gründen verstößt auch die werbende Bezugnahme eines Händlers auf eine unverbindliche Preisempfehlung des Herstellers gegen § 3 UWG, wenn sie durch die Formulierung „empfohlener Preis"[65] oder durch Kurzform eUPE (ehemalige unverbindliche Preisempfehlung)[66] entstellt wird.

Auf die „**Unverbindlichkeit**" ist unbedingt **hinzuweisen**.[67] Wer mit unverbindlicher Preisempfehlung des Herstellers wirbt, muss sich zur Vermeidung von Irreführungen vergewissern, ob eine Preisempfehlung vorliegt[68] und ob sie gem. **§ 23 GWB zulässig** ist.[69]

---

60 In diesem Sinne auch *Pluskat,* WRP 2002, 789 ff.
61 OLG Hamm 22. 6. 1989, NJW-RR 1990, 2134.
62 OLG Frankfurt 31. 10. 2001, NJW-RR 2002, 835.
63 Beschluss v. 31. 10. 2001, NJW-RR 2002, 835.
64 OLG Stuttgart 28. 4. 1997, NJW-RR 1998, 622.
65 BGH 28. 9. 1979, NJW 1980, 288.
66 OLG Frankfurt – 6 U 221/00.
67 BGH 28. 9. 1979, NJW 1980, 288; OLG Stuttgart 22. 5. 1981, WRP 1982, 169; OLG Düsseldorf 9. 7. 1981, WRP 1982, 224; KG 17. 1. 1984, WRP 1984, 688; LG Hamburg 4. 1. 1989, NJW-RR 1990, 243.
68 OLG Frankfurt 10. 9. 1999, OLGR 1999, 320.
69 OLG Karlsruhe 27. 1. 1999, OLGR 1999, 307; kartellrechtlich betrachtet, wird der empfohlene Preis vom Hersteller in der Erwartung ausgesprochen, dass er dem von der Mehrheit der Empfänger voraussichtlich geforderten Preis entspricht.

Mondpreis- Empfehlungen sind unzulässig, da der Verbraucher davon ausgeht, dass es sich bei dem unverbindlich empfohlenen Preis um einen vom Hersteller aufgrund verständiger und ernsthafter Kalkulation als angemessen errechneten, durchschnittlichen Verbraucherpreis handelt, der den auf dem Markt allgemein üblich gewordenen Durchschnittspreis für die Ware nicht in einem solchen Maß übersteigt, das er nur noch eine Phantasiegröße darstellt.[70] Geht man im Neuwagenhandel von einer möglichen Tendenz zur Überhöhung der Preise aus, dann kann die unverbindliche Preisempfehlung als Preisobergrenze dienen, während die Preisuntergrenze in gewissen Bereichen unaufklärbar bleibt, weil insoweit keine vollkommene Markttransparenz herrscht. Die beiden Grenzwerte sind die Richtschnur für den Kaufpreis, an der sich der Konsument orientieren kann.[71] Zu weit geht die Feststellung des OLG Köln, die unverbindlich empfohlenen Listenpreise der Automobilhersteller würden in Wirklichkeit so „nie" gefordert.[72] Es gibt durchaus Konstellationen, in denen der Listenpreis verlangt und berechnet wird, wie z. B. im Fall der Finanzierung des Fahrzeugs durch die Herstellerbank, der Inzahlungnahme des Altfahrzeugs und beim Abschluss eines Leasingvertrages.

Irreführend wirbt, wer einer nur ihm gegenüber ausgesprochenen unverbindlichen Preisempfehlung einen eigenen niedrigeren Hauspreis gegenüberstellt, denn in diesem Fall gibt es keine Mehrheit von Empfehlungsempfängern und keinen Markt, für den die Empfehlung eine Orientierungshilfe darstellen könnte.[73]

i) Preisgegenüberstellungen

Preisgegenüberstellungen mit werbemäßiger Hervorhebung des niedrigeren Preises sind grundsätzlich gestattet. Der **frühere Preis**, der dem aktuellen gegenübergestellt wird, muss **richtig** sein, andernfalls eine Irreführung i. S. v. § 3 UWG vorliegt. Eine Werbung mit durchgestrichenem Neupreis verstößt nach Ansicht des OLG Schleswig[74] nicht gegen § 3 UWG, obwohl die Bezugsgröße mehrdeutig ist, da mit ihr die unverbindliche Preisempfehlung ebenso gut gemeint sein kann, wie der frühere Eigenpreis des Händlers. Bei einer Gegenüberstellung des eigenen Preises mit der unverbindlichen Preisempfehlung des Herstellers/Importeurs dürfen die Überführungskosten in die unverbindliche Preisempfehlung nicht einbezogen werden, während der eigene Preis sie beinhalten muss.[75] Falls der Hersteller/Importeur die unverbindliche Preisempfehlung für ein Auslaufmodell aufgehoben hat, darf weder mit einer Gegenüberstellung des eigenen Verkaufspreises mit der früheren unverbindlichen Preisempfehlung geworben noch die Differenz zwischen dem neuen und alten Modell als Ersparnis bezeichnet werden.[76] Die Werbung unter Hinweis auf Preisvorteile eines Sondermodells, das über ein gewisses Ausstattungspaket verfügt, ist nicht zu beanstanden, wenn über das Zubehör eine unverbindliche Preisempfehlung existiert.[77] Es ist unzulässig, den Preisvergleich durch künstliches Aufblähen des Herstellerpreises zu verfälschen, z. B. dadurch, dass ein komplett angebotenes Herstellermodell mit Zusatzausstattung einem Basismodell gegenübergestellt wird, bei dem die Zusatzausstattung anhand der Ausstattungsliste einzeln hinzugerechnet wird.[78]

---

70 *Baumbach/Hefermehl*, 22. Aufl., § 3 UWG Rn 312.
71 *Pluskat*, WRP 2002, 789, 795.
72 *Pluskat*, WRP 2002, 789, 795.
73 BGH 28. 6. 2001, NJW-RR 2002, 349.
74 Urt. v. 5. 2. 2002, OLGR 2002, 158.
75 *Zirpel/Preil*, Werben ohne Abmahnung, S. 23 m. w. N.
76 *Zirpel/Preil*, Werben ohne Abmahnung, S. 33.
77 OLG Frankfurt 18. 4. 1985, BB 1985, 2268.
78 OLG Nürnberg 9. 9. 1997–3 U 3710/96.

j) Inzahlungnahme des Altwagens

408 Als irreführend i. S. v. § 3 UWG beanstandete das OLG Köln[79] eine Händlerwerbung, in der die **Inzahlungnahme von Gebrauchtgegenständen** zu **Höchstpreisen** angekündigt wurde. Eine solche Werbung ist nach Meinung des erkennenden Senats dahingehend zu verstehen, die werbende Firma sei bereit, Altfahrzeuge zu Preisen zu übernehmen, die von keinem Mitbewerber übertroffen würden. Im Gegensatz dazu vertrat das OLG Düsseldorf[80] die Ansicht, die Werbung mit Höchstpreisen für gebrauchte Gegenstände erwecke nicht den Eindruck, der Werbende wolle in jedem Einzelfall sogar noch den Preis überbieten, den sein zahlungswilligster Mitbewerber gewähren würde und in jedem Falle einen höheren Preis als jeder der in Frage kommenden Konkurrenten zahlen.

k) Teilzahlung und Drittfinanzierung

409 Beim Teilzahlungsgeschäft und bei einem Verbundgeschäft aus Kauf- und Darlehensvertrag muss der **effektive Jahreszins** angegeben werden, wenn unter Angabe von Preisen (z. B. Monatsraten) für die Finanzierung geworben wird. Die Bezeichnung „effektiver Jahreszins" darf nicht verändert und allenfalls geringfügig abgekürzt (z. B. „effekt. Jahreszins") werden.[81] Die Angabe „Effektivzins" ist wegen Verstoßes gegen § 1 UWG i. V. m. § 4 PAngVO unzulässig.[82] Ein bewusster und planmäßiger Verstoß gegen § 4 PAngVO liegt jedoch nicht vor, wenn die Anzeigenabteilung eines Zeitungsverlages gegen die Weisung des Autohändlers die Abkürzung „ effekt. Zins" verwendet.[83] Der Autohändler ist nicht verpflichtet, sich vor Veröffentlichung der Anzeige einen Vorabdruck vorlegen zu lassen. Er muss sich den Fehler der Anzeigenabteilung nicht zurechnen lassen.

Die Pflicht zur Angabe des effektiven Jahreszinses gilt auch für den Händler, der den Kredit nicht selbst gewährt sondern lediglich vermittelt.[84] Ob der Händler auf die Tätigkeit als **Kreditvermittler** hinweisen muss, ist umstritten.[85] Nach Ansicht des BGH[86] liegt bei fehlendem Hinweis auf die Vermittlertätigkeit des Händlers dann kein Wettbewerbsverstoß vor, wenn keine Vermittlungsprovision gezahlt wird, die den Käufer mit zusätzlichen Kosten belastet.

Eine **Endpreisangabe** wird dem werbenden Händler nicht abverlangt, wenn er für die Darlehensgewährung durch einen Dritten wirbt. Adressat der sich aus der PAngVO ergebenden Verpflichtung zur Angabe des Finanzierungsendpreises ist allein der Darlehensgeber, der die Leistung in Form der Darlehensgewährung erbringt und in Rechnung stellt.[87] Dies gilt auch dann, wenn Kauf – und Darlehensvertrag eine wirtschaftliche Einheit i. S. v. § 358 Abs. 3 BGB bilden und der Kauf des Fahrzeugs durch ein konzernverbundenes Unternehmen finanziert wird.[88]

Die **Werbung** eines Motorrad-Einzelhändlers **mit günstigen Darlehenskonditionen** ist kein Lockvogelangebot. Sie kann aber im Einzelfall eine wettbewerbswidrige Preisunterbietung mit der Folge der Marktstörung darstellen, wobei auf den Fahrzeugmarkt und nicht

---

79 Urt. v. 15. 11. 1985, WRP 1986, 425, ferner OLG Braunschweig 18. 2. 1999, Nieders.Rpfl. 2000, 18.
80 Urt. v. 21. 4. 1988, NJW-RR 1989, 39 ff.
81 BGH 20. 10. 1988, BB 1989, 105; weitere Beispiele aus der Rechtsprechung bei *Zirpel/Preil* Werben ohne Abmahnung, S. 75.
82 BGH 8. 2. 1996, BB 1996, 1032.
83 OLG München, 17. 11. 2000,– 6 U 69, 2000 – n. v.
84 OLG Naumburg 6. 2. 1997, OLGR 1997, 386.
85 *Zirpel/Preil*, Werben ohne Abmahnung, S. 75 m. w. N.
86 26. 9. 1996, MD 1997, 315.
87 BGH 11. 6. 1992 DB 1992, 2187; 4. 11. 1993, GRUR 1994, 224.
88 BGH 4. 11. 1993, GRUR 1994, 224.

auf den Kreditmarkt abgestellt werden muss.[89] Nicht irreführend ist die Werbung für einen finanzierten Kauf, wenn der beworbene Finanzierungspreis den Barpreis nicht übersteigt. Dies gilt nach Auffassung des OLG Hamm[90] auch dann, wenn der Händler im Fall der Barzahlung regelmäßig Rabatt gewährt und darauf in der Bewerbung des Finanzierungskaufs nicht hinweist. Das OLG Frankfurt[91] hat sich auf den Standpunkt gestellt, der Verbraucher werde irregeführt, wenn ein Kfz-Händler mit einem günstigen effektiven Jahreszins werbe, ohne darauf hinzuweisen, dass bei Inanspruchnahme des günstigen Zinssatzes, die von ihm geforderten Kaufpreise der unverbindlichen Preisempfehlung entsprechen, während sie bei Nichtinanspruchnahme des beworbenen Kredits unter der unverbindlichen Preisempfehlung liegen.

Das Erfordernis einer **Anzahlung** muss in der Werbung erwähnt werden. Eine auf dem fehlenden Hinweis beruhende Irreführung wird nicht dadurch ausgeschlossen, dass der Kunde im Verkaufsgespräch über die Finanzierungsmodalitäten aufgeklärt wird.[92]

Beim **Kopplungsgeschäft** verstößt die konzerneigene Finanzierungsbank nicht gegen § 1 UWG, wenn sie in der Verkaufswerbung des Herstellers zinsgünstige Darlehen mit einem niedrigen effektiven Jahreszins anbietet.[93] Es fehlt an der für § 1 UWG erforderlichen Verlockung mit zusätzlichen, unsachlichen Mitteln. Die Anlockwirkung, die allein von einem günstig gestalteten Preis ausgeht, ist als solche nicht sittenwidrig.

l) Sonstige Verstöße

Hinweise auf **bevorstehende Preiserhöhungen** sind irreführend,[94] weil sie den Eindruck erwecken, der Händler sei gezwungen, die Preiserhöhung an den Käufer weiterzugeben. Eine nach § 3 UWG unzulässige Werbung mit Selbstverständlichkeiten liegt vor, wenn der Händler einen viermonatigen Preisschutz besonders hervorhebt.[95] Hinweise darauf, dass der **Preis verhandelbar** ist, sind unter den in § 1 Abs. 1 S. 2 PAngVO genannten Voraussetzungen grundsätzlich gestattet[96] und nach dem Wegfall des Rabattgesetzes unbedenklich.

Ein Werben mit **Preisen unter der Einstandsgrenze** ist nicht grundsätzlich unzulässig, sondern nur dann, wenn besondere sittenwidrige Umstände hinzukommen, wie z. B. Vertragsbruch, Verdrängung von Mitbewerbern, Aufhebung des Wettbewerbs.[97] Die Ankündigung der gezielten Preisunterbietung der Eröffnungsangebote eines Mitbewerbers um generell 10% geht über den allgemeinen Preiswettbewerb hinaus und stellt eine unzulässige Behinderung dar.[98]

Die Werbung für ein Kraftfahrzeug mit einem „**ab ... DM**"-**Preis** oder einem „**von ... bis ... DM**"-**Preis** ist nach Auffassung des OLG Stuttgart[99] nicht zu beanstanden, wenn lediglich die Typenbezeichnung angegeben ist, bei der verkehrswesentliche Detailangaben fehlen. Solche Preisangaben enthalten lediglich den Hinweis auf einen bestimmten Umfang der von der Werbung erfassten Angebote, deren billigstes zu dem genannten „ab"-Preis erworben werden kann und deren teuerstes den „bis"-Preis erreicht. Bei dieser Art der Wer-

---

89 OLG Hamm 29. 4. 1993, NJW-RR 1994, 107, 109.
90 Urt. v. 29. 4. 1993, NJW-RR 1993, 107, 109.
91 Urt. v. 17. 12. 1981, WRP 1982, 277.
92 Rechtsprechungsnachweise bei *Zirpel/Preil* Werben ohne Abmahnung, S. 76.
93 BGH 28. 4. 1994, NJW 1994, 2152.
94 LG Essen, Urt. v. 9. 1. 1987 – 42 O 162 / 86 – n. v.
95 BGH 24. 10. 1980, DB 1981, 468.
96 *Zirpel/Preil*, Werben ohne Abmahnung, S. 27 m. w. N.
97 *Steinbeck*, ZIP 2001, 1741, 1746 m. w. N.
98 OLG Karlsruhe 13. 3. 2002, WRP 2002, 750.
99 Urt. v. 27. 3. 1987, NJW-RR 1988, 358.

bung muss sichergestellt sein, dass tatsächlich Fahrzeuge zu dem niedrigsten Preis erhältlich sind.

Unternehmer dürfen ihren Kunden unterschiedliche Preise gewähren, müssen dabei aber das **Diskriminierungsverbot** beachten.

Eine einheitliche Preisangabe ist in einer **Händlergemeinschaftswerbung** unzulässig, da sie eine **verbotene Preisabsprache** darstellt.[100] Preisinformationen z. B. durch Nennung der unverbindlichen Preisempfehlung sind erlaubt. Die Gemeinschaftswerbung muss entweder den eigenen Verkaufspreis oder aber einen Hinweis enthalten, dass der genaue Endpreis bei den aufgeführten Händlern zu erfragen ist.[101]

Das Verbot der blickfangmäßigen Hervorhebung einzelner Waren aus einem Gesamtsortiment (§ 6 d UWG a. F.) gilt seit dem 1. 8. 1994 nicht mehr. Das Wettbewerbsrecht toleriert in zunehmendem Maß die aggressive Werbung mit Preisen.[102]

Versteigerungen von Neufahrzeugen sind unüblich, erfreuen sich bei Gebrauchtfahrzeugen jedoch zunehmender Beliebtheit. Die Werbung für die Versteigerung von Gebrauchtfahrzeugen mit der Ankündigung wöchentlich erfolgender Preisreduzierungen verstößt gegen die guten Sitten im Wettbewerb.[103] Ein Inserat, in dem alle 15 Sekunden Preissenkungen um 300 DM versprochen wurden „bis der erste zuschlägt" beinhaltet nach Ansicht des OLG München[104] kein übertriebenes Anlocken von Kunden, wenn der Zuschlag für den Teilnehmer nicht verpflichtend ist, der Kaufvertrag vielmehr erst hinterher geschlossen wird. Bei dieser Art der Versteigerung mit fallenden Preisen steht der Teilnehmer nicht unter dem Druck der Chance, da der eigentliche Vertragsschluss in die Phase der Besichtigung verlagert wird.

2. Herstellerwerbung

Im Gegensatz zu Händlern dürfen Hersteller und Importeure mit **„Preisen ab Werk"** werben. Eine Werbung des Herstellers/Importeurs mit Endpreisen scheitert daran, dass die Überführung/Bereitstellung des Fahrzeugs eine Leistung des Händlers darstellt, für die der Hersteller eine Preisempfehlung nicht aussprechen darf.[105] Zur Angabe des Endpreises ist der Hersteller/Importeur ausnahmsweise verpflichtet, wenn er in einer Gemeinschaftsanzeige für ein Fahrzeug wirbt und dabei diejenigen Vertragshändler benennt, bei denen es bestellt werden kann.[106]

Damit Hersteller und Importeure von der nach § 38 a GWB zugelassenen Preisempfehlung nicht praktisch ausgeschlossen werden, verpflichtet die PAngVO nur denjenigen zur Endpreisangabe, der die Ware oder Leistung selbst dem Endverbraucher anbietet.[107] Sofern der Hersteller mit Preisen wirbt, hat er in den Werbematerialien deutlich zum Ausdruck zu bringen, dass die Frachtkosten zusätzlich berechnet werden. Dies kann geschehen durch Vermerke wie „unverbindliche Preisempfehlung des Herstellers ab Werk" oder „ab Auslieferungslager" oder „ohne Überführungskosten".

---

100 LG Berlin, Urt. v. 27. 3. 1987 – 91 O 2687 – n. v.
101 BGH 2. 3. 1989, GRUR 1989, 606; KG 30. 1. 1987, WRP 1987, 630.
102 Zum wettbewerbswidrigen Anlocken durch blickfangmäßig herausgestellte Ankaufspreise für in Zahlung gegebene Fahrzeuge aus ehemaliger DDR-Produktion s. OLG Köln 30. 12. 1994, NJW-RR 1995, 1507.
103 OLG Köln 23. 6. 1999, OLGR 2000, 59.
104 Urt. v. 14. 12. 2000, OLGR 2001, 170.
105 *Boest,* NJW 1985, 1440.
106 BGH 23. 5. 1990, DAR 1990, 427.
107 *Boest,* NJW 1985, 1440.

Ein Alleinimporteur darf Publikumswerbung mit günstigen Finanzierungsmöglichkeiten.[108] beim Kauf von Motorrädern betreiben, wenn er und die beigetretenen Händler der Bank Zinszuschüsse gewähren. Darin liegt keine nach § 15 GWB unzulässige Beschränkung der Vertragshändler bei der Ausgestaltung ihrer Verträge.[109]

IV. Ladenschlussgesetz

Im Kfz-Handel ist es, wie auch in anderen Branchen, üblich und zulässig, Verkaufsräume bzw. das Ausstellungsgelände außerhalb der Ladenschlusszeiten geöffnet zu halten, um dem Publikum die Möglichkeit zu geben, sich in Ruhe die ausgestellten Kraftfahrzeuge anzusehen. Bei Öffnungszeiten, die außerhalb der gesetzlichen Ladenöffnungszeiten des § 3 Abs. 1 S. 1 LSchlG liegen,[110] muss ausdrücklich darauf hingewiesen werden, dass kein geschäftlicher Verkehr i. S. d. Ladenschlussgesetzes stattfindet. Die Formulierung, dass außerhalb der gesetzlich zulässigen Ladenöffnungszeiten keine Beratung und kein Verkauf stattfindet, wird als ausreichend angesehen. Nicht genügend sind Ankündigungen wie „Sonntags Besichtigung von 10 Uhr bis 12 Uhr"[111], „Sonntags von 10 Uhr bis 12 Uhr (nur Besichtigung)"[112], „Sonntag- Tag der offenen Tür"[113], „Sonderschau"[114], „Besichtigung auch Samstag und Sonntag".[115]

Probefahrten dürfen während der Ladenschlusszeiten nicht durchgeführt werden. Das KG[116] hat eine solche Probefahrt ausnahmsweise als zulässig angesehen, da sie innerhalb der Ladenöffnungszeit vereinbart und außerhalb des Betriebsgeländes begonnen worden war. Die Entscheidung ist wegen ihrer Besonderheiten nicht repräsentativ.[117] In der Werbung für eine Besichtigungsmöglichkeit außerhalb der Ladenöffnungszeiten ist ausdrücklich darauf hinzuweisen, dass keine Probefahrten stattfinden. Der Hinweis muss nach Schriftgröße und Platzierung so gestaltet sein, dass er nicht überlesen werden kann.[118] Kündigt die Werbung besondere Informationsmöglichkeiten in Form von Vergleichstestfahrten und Probefahrten an und ergibt sich aus dem Gesamteindruck der Anzeige, dass diese Fahrten auch außerhalb der gesetzlich vorgeschriebenen Ladenöffnungszeiten durchgeführt werden können, reicht der Hinweis, dass außerhalb der Geschäftszeit keine Beratung und kein Verkauf stattfinden, zur Verneinung eines Wettbewerbsverstoßes nicht aus. Erforderlich ist in diesen Fällen ein ausdrücklicher Hinweis darauf, dass nach Ladenschluss keine Vergleichstestfahrten oder Probefahrten durchgeführt werden.[119]

---

108 2,9% effektiver Jahreszins bei einer Laufzeit von 12 Monaten, 3,9% bei 24 Monaten und 4,9% bei 36 Monaten.
109 BGH 6. 10. 1992, NJW-RR 1993, 550, der darin auch keinen Verstoß gegen das Rabattgesetz und die Zugabeverordnung erkennen konnte, welche 2001 außer Kraft gesetzt wurden.
110 Die aktuellen Ladenschlusszeiten, in denen Verkaufsstellen geschlossen sein müssen, sind Sonn- und Feiertage, montags bis freitags bis 6 Uhr morgens und ab 20 Uhr abends, sonnabends bis 6 Uhr morgens und ab 16 Uhr, an den vier aufeinander folgenden Samstagen vor dem 24. Dezember bis 6 Uhr morgens und ab 18 Uhr und am 24. Dezember, wenn dieser Tag auf einen Werktag fällt bis 6 Uhr morgens und ab 14 Uhr.
111 OLG Köln 14. 11. 1980, WRP 1982, 166.
112 OLG Köln 12. 6. 1981, WRP 1982, 168; a. A. OLG Hamburg 2. 4. 1992, WRP 1992, 572.
113 OLG Düsseldorf 7. 2. 1985, WRP 1985, 345.
114 OLG Köln 7.5. 1986, WRP 1986, 505.
115 OLG München MD 1990, 81; a. A. LG Koblenz, Beschl. 8. 7. 1993 – 4 HO 159 / 93.
116 Urt. v. 11. 11. 1986, WRP 1981, 582.
117 *Zirpel/Preil*, Werben ohne Abmahnung, S. 87.
118 OLG Köln 7. 5. 1986 WRP 1986, 505.
119 LG Münster 29. 6. 1984 – 23 O 143/84 – zitiert in ZLW-Merkblatt Nr. 3; OLG Köln 20. 9. 1984, WRP 1984, 712.

Während der Öffnung der Verkaufsräume zur Besichtigung der Fahrzeuge außerhalb der Ladenöffnungszeiten dürfen weder Betriebsinhaber noch Verkaufspersonal in der Verkaufsstelle anwesend sein. Vorhandenen Aufsichtspersonen ist es untersagt, Verkaufsgespräche zu führen und Angebote zu erläutern.[120] Prospekte dürfen ausgelegt werden, nicht jedoch Bestellkarten[121]. Nach Ansicht des OLG Köln[122] darf ein ADAC-Pannenkurs während der Ladenschlusszeit in den Verkaufsräumen eines Autohändlers durchgeführt werden.

Die Werkstatt ist keine Verkaufsstelle und fällt daher nicht unter das Ladenschlussgesetz. Falls sie während der Ladenschlusszeit geöffnet ist, dürfen keine Ersatzteile über den Ladentisch verkauft werden.

V. Besondere Verkaufsveranstaltungen und Sonderangebote

413 Das in § 7 UWG geregelte Verbot der Sonderveranstaltungen wurde von der Aufhebung des Rabattgesetzes und der Zugabeverordnung nicht berührt. Der Gesetzgeber ist davon ausgegangen, dass der Schutz der Verbraucher und Wettbewerber vor den Gefahren der hier geregelten Wertreklame durch die Vorschriften des UWG hinreichend gesichert wird.[123] Rabatte und Zugaben, die grundsätzlich als zulässige Maßnahmen der Absatzförderung anerkannt werden,[124] sind nunmehr daran zu messen, ob mit ihnen Sonderveranstaltungen angekündigt oder durchgeführt werden. Mit dieser Einschränkung bleibt die bisherige Rechtsprechung zu § 7 UWG weiterhin anwendbar.

Das gem. § 7 Abs. 1 UWG entscheidende Kriterium ist die Vornahme einer **außerhalb des regelmäßigen Geschäftsverkehrs** stattfindenden Verkaufsveranstaltung, die der Beschleunigung des Warenabsatzes dient und den Eindruck der Gewährung besonderer Kaufvorteile hervorruft. Der Eindruck der **Gewährung besonderer Vorteile** kann vor allem durch den **Anschein zeitlicher Begrenzung** hervorgerufen werden. Eine nach dem Kalender angegebene Zeitdauer ist nicht erforderlich. Der Eindruck, es werde eine nur vorübergehende, besonders günstige Gelegenheit zum Einkauf geboten, kann sich aus der Fassung der Ankündigung oder aus sonstigen Umständen ergeben. So wird mit der Werbeaussage, der Betrieb befinde sich 3 Jahre am Ort und aus diesem Grunde habe man die Preise „hammerstark" reduziert, nach Ansicht des OLG Stuttgart[125] bereits eine unzulässige Sonderveranstaltung angekündigt. Eine Preissenkung von 10% ist bei Fehlen einer zeitlichen Befristung nach Ansicht des LG Chemnitz[126] aber noch nicht als verbotene Sonderveranstaltung anzusehen. Anders verhielt es sich mit dem Versprechen der befristeten Einräumung eines Rabattes von 20% auf alle Waren bei EC-Kartenzahlung, mit dem ein Warenhaus aus Anlass der Euroeinführung zum 1.1.2002 warb. Das LG Düsseldorf[127] sah darin einen Verstoß gegen § 7 Abs. 1 UWG und verbot die Aktion. In dem gleichen Sinne entschied das LG Dortmund,[128] dass die Werbung „Der Knüller, Rabattgesetz gefallen! Sie erhalten bei uns auf alle Teppiche auf den jeweils ausgezeichneten Preis nochmals 20% Rabatt" als unzulässige Sonderveranstaltung bewertete. Diese Urteile eröffneten erneut die Diskussion über die hergebrachten, nicht unkritisierten Sonderveranstaltungsvorschriften.[129] Auf euro-

---

120 BGH 26.3.1976, WRP 1976, 466.
121 OLG Frankfurt 4.10.1979, WRP 1979, 873.
122 Urt. v. 20.1.1986, WRP 1986, 302.
123 *Köhler*, GRUR 2001, 1067.
124 *Heermann*, WRP 2001, 615, 619.
125 Urt. v. 2.12.2001, WRP 2002, 357.
126 Urt. v. 2.1.2002, WRP 2002, 589.
127 Urt. v. 27.3.2002, 34 O 13/02, 34 O 14/02, ZIP-Aktuell, Heft 14/2002 A 27 Nr. 84.
128 Urt. v. 11.10.2001, WRP 2002, 263.
129 *Vortmann* ZRP 2002, 56; *Münker*, WRP 2002, 355.

päischer Ebene liegt ein Vorschlag für eine Verordnung des Europäischen Parlaments und des Rates über Verkaufsförderung im Binnenmarkt vor,[130] der u. a. Verbote von Rabatten im Vorfeld von Saisonschlussverkäufen untersagt und damit auf die Hinfälligkeit von § 7 UWG hindeutet.[131]

Dem Verbot des § 7 Abs. 1 UWG unterliegen nur Verkaufsveranstaltungen, nicht aber befristete **Aktionen im Dienstleistungsbereich**, wie etwa die Vornahme von Motorinspektionen, Haupt- und Abgasuntersuchungen.

Sonderangebote gehören nicht zu den besonderen Verkaufsveranstaltungen. Für sie ist charakteristisch, dass sie einzelne, nach Güte und Preis gekennzeichnete Waren (nicht ganze Warensorten, Warengruppen oder Sortimente) betreffen, deren Angebote sich in den regelmäßigen Geschäftsbetrieb des Unternehmens einfügen (§ 7 Abs. 2 UWG).

Eröffnungsverkäufe sind unzulässige Verkaufsveranstaltungen, wenn allgemein „Eröffnungspreise" oder ein „Eröffnungsverkauf" angeboten werden, da hierdurch der Eindruck erweckt wird, das gesamte Warenangebot sei während der Zeit der Eröffnung verbilligt.[132] Da im Kraftfahrzeughandel saisonale Preisschwankungen in größerem Umfang nicht vorkommen, sind **Saisonangebote** i. d. R. unzulässige Sonderveranstaltungen, wobei es allenfalls bei Cabriolets, Caravans[133] und Motorrädern[134] denkbar ist, dass den im Winter nachgebenden Preisen durch „Winterpreise" Rechnung getragen wird.[135] Nach dem Wegfall des Verbots der Befristung von Sonderangeboten sind **Wochen- und Monatsangebote** zulässig, sofern einzelne Fahrzeuge als Sonderangebote beworben werden, die sich in den regelmäßigen Geschäftsbetrieb des Unternehmens einfügen.[136] Bei zu knapper Befristung, wie z. B. „Tag der großen Gelegenheiten" kann eine solche Werbung wegen übertriebenen Anlockens gegen § 1 UWG verstoßen.

VI. Jubiläumsverkäufe

Jubiläumsverkäufe dürfen gem. § 7 Abs. 3 Nr. 2 UWG erstmals nach Ablauf von 25 Jahren seit Bestehen des Geschäfts abgehalten werden. Sie müssen in dem Monat beginnen, in der den Tag der Unternehmensgründung fällt und dürfen nicht länger als zwölf zusammenhängende Werktage dauern. Ein verpasstes Jubiläum kann nicht zu einem späteren Zeitpunkt nachgeholt werden und ein verfrühter Jubiläumsverkauf verbraucht den Anspruch.[137] Maßgeblich für die Berechnung der 25-jährigen Frist ist der Tag der Unternehmensgründung und nicht der Tag des Abschlusses oder der Übernahme des Händlervertrages. Ein Inhaberwechsel beeinträchtigt nicht den Lauf der Frist. Ein Firmenjubiläum des Herstellers/Importeurs berechtigt den Händler nicht zum Jubiläumsverkauf. Der Verkauf eines Sondermodells, das der Hersteller aus Anlass seines Jubiläums herausgebracht hat, darf vom Händler nicht als Jubiläumsverkauf veranstaltet werden.[138]

Ein Handelsunternehmen darf außerhalb des 25-Jahresrhythmus von § 7 Abs. 3 UWG auf einen **Firmengeburtstag** (z. B. 20-jähriges Bestehen) hinweisen, sofern dadurch nicht

---

130 KOM 2001, 546 endg.; dazu *Göhre* WRP 2002, 36.
131 *Pluskat*, WRP 2002, 789, 798.
132 BGH 11. 3. 1977, WRP 1977, 400.
133 KG 14. 6. 1987, WRP 1984, 145.
134 KG 5. 10. 1982, WRP 1983, 342.
135 *Zirpel/Preil*, Werben ohne Abmahnung, S. 101.
136 Zur Rechtslage vor dem 1. 8. 1994 Fn. 101 auf S. 147 der Vorauflage.
137 LG Essen 7. 5. 1987, WRP 1988, 136.
138 KG 22. 5. 1987, WRP 1988, 103.

der Eindruck erweckt wird, aus diesem Anlass seien die Preise insgesamt oder für besondere Angebote gesenkt worden.[139]

VII. Rücktrittsrecht des Käufers gem. § 13 a UWG

415 Gem. § 13 a UWG hat der Käufer das Recht, vom Vertrag zurückzutreten, wenn er durch unwahre oder zur Irreführung geeignete Angaben in der Werbung zum Vertragsabschluss bestimmt wurde. Die Vorschrift des § 13 a UWG schützt den Käufer nicht nur vor unrichtiger und irreführender Werbung des Händlers, sie gewährt ihm das Rücktrittsrecht auch dann, wenn der Hersteller/Importeur falsche oder irreführende Werbeangaben gemacht hat, wie etwa zum Kraftstoffverbrauch, zur Leistung des Motors und zur Höchstgeschwindigkeit des Fahrzeugs. Aus der Erklärung des Käufers muss deutlich hervorgehen, dass er sich vom Vertrag lösen will; auf den Wortlaut kommt es nicht an.[140]

Die praktische Bedeutung von §13 a UWG war aufgrund der Möglichkeiten, die das BGB dem Käufer durch das Anfechtungsrecht, die c. i. c.-Haftung und das Gewährleistungsrecht (alter Fassung) bot, schon immer gering[141]. Durch Erweiterung des Sachmangelbegriffs im Zuge der Schuldrechtsreform wurde der Anwendungsbereich der Vorschrift zusätzlich verengt. Im Unterschied zu § 13 a UWG setzt § 434 Abs. 1 S. 3 BGB nicht voraus, dass die Werbung irreführend oder unwahr sein muss. Die Vorschrift des § 13 a UWG hat ihre eigenständige Bedeutung insoweit behalten, als die Verjährungsfrist für das Rücktrittsrecht drei Jahre beträgt und dem Käufer ermöglicht, ohne vorhergehende Fristsetzung vom Vertrag zurückzutreten.

---

139 BGH 14. 11. 1996, GRUR 1997, 476.
140 OLG Zweibrücken 2. 7. 1996, NJW-RR 1997, 175.
141 *Köhler* in *Köhler/Pieper,* UWG 2. Aufl., §13 a Rn 1

S. Steuern

I. Umsatzsteuer

Der vorsteuerabzugsberechtigte Käufer kann die **Umsatzsteuer** mit dem Finanzamt verrechnen. Seit dem 1. 4. 1999 beträgt der Vorsteuerabzug für Geschäftsfahrzeuge, die auch privat genutzt werden, nur noch 50% (§ 15 Abs. 1 UStG). Der als Vorsteuer nicht absetzbare Anteil ist bei der AFA zu berücksichtigen (ausf. Rn 425). **416**

Sofern der Käufer den Kauf des Fahrzeugs über eine zum Automobilkonzern gehörende Bank finanziert, bekommt der Händler von dieser nicht den vollen Kaufpreis ausbezahlt, wenn er wegen der besonderen Konditionen, welche die Bank dem Käufer einräumt, an der Finanzierung beteiligt wird (Händleranteil). Nach verbreiteter Ansicht mindert der **Händleranteil** bei einer solchen Finanzierung zwar den Verkaufserlös, nicht aber die **Bemessungsgrundlage** für die Umsatzsteuer. Für die Berechnung der Umsatzsteuer – so die Argumentation – sei das Entgelt maßgeblich, das der Käufer als Leistungsempfänger entrichten müsse, und dieser zahle den vollen Kaufpreis.[1]

Der Händler darf die Umsatzsteuer nachträglich mindern, wenn er beim Verkauf eines Neuwagens einen **Gebrauchtwagen** hereinnimmt und diesen unter dem Einstandspreis weiterveräußert.

Erhält der Neuwagenverkäufer von seinem Hersteller eine sog. „Abwrackprämie", wenn er beim Verkauf eines Neufahrzeugs ein Altauto in Zahlung nimmt und nachweislich verschrottet, ist die Prämie beim Händler als Preisnachlass für die Fahrzeuglieferung zu behandeln. Sobald die Gutschrift vorliegt, muss der Händler seinen Vorsteuerabzug für den entsprechenden Voranmeldungszeitraum korrigieren.[2]

Falls der Neuwagenkäufer seinen geleasten Gebrauchtwagen in Zahlung geben will, wird bei der Ablösung des Leasingvertrages – aus Gründen, deren Darlegung zu weit führen würde – in der Weise verfahren, dass die Leasinggesellschaft das Fahrzeug an den Händler veräußert, dieser es an den Neuwagenkäufer verkauft, der es anschließend an den Händler mit der Maßgabe zurückverkauft, dass der zuvor ausgehandelte Preis auf den Neuwagenpreis angerechnet wird. Das FG Rheinland Pfalz[3] versagte einem Händler die Anwendung der **Differenzbesteuerung**, weil es den Verkauf des Kraftfahrzeugs an den Neuwagenkäufer sowie den Rückkauf durch den Händler als **Umgehungsgeschäft** bewertete. Die Lieferung des Fahrzeugs sei nur zwischen der Leasinggesellschaft und dem Händler erfolgt und unterliege daher der Regelbesteuerung.[4]

II. Werks-, Großabnehmer- und Mitarbeiterrabatte

Werksangehörigen-Nachlässe[5] sind als geldwerte Vorteile zu versteuern, soweit sie den **417**
Freibetrag übersteigen. Ausgangsgröße ist der **Listenpreis** abzüglich eines Pauschalabzugs, der nach Ansicht des FG Niedersachsen[6] nicht über 4% liegen darf.

---

1 FG Münster, 13. 2. 1995–15 K 1099/93 – n. v.
2 Verfügung der OFD Münster v. 8. 6. 1999, BB 1999, 1355.
3 Urt. v. 19. 1. 1998 – 5 K 2903 / 96
4 Nach gegenteiliger Ansicht des 1. Senats des FG Rheinland Pfalz, Urt. v. 28. 9. 1998 – 1 K 1613 / 98
  – n. v., ist § 42 AO auf die Umsatzsteuer nicht anwendbar.
5 Zur Höhe der sog. Werksrabatte *Creutzig*, Recht des Autokaufs, Rn 2.1.6 sowie zur Unwirksamkeit der Rückzahlungsklausel BAG 26. 5. 1993, NJW 1994, 213.
6 Urt. v. 28. 6. 1995 – IX – 40 / 95 – n. v.

Mitarbeiter von **Großkunden**, denen auf Grund von Rahmenabkommen mit Herstellern Preisnachlässe gewährt werden, sind verpflichtet, die erlangten Preisvorteile zu versteuern, da sie zum Arbeitslohn gehören. Diesen Personen wird im Gegensatz zu den Werksangehörigen kein pauschaler Freibetrag zugebilligt. Sie erfüllen nicht die Voraussetzung des Erwerbs von Firmenprodukten bzw. der Inanspruchnahme sonstiger Vorteile des „eigenen" Arbeitgebers. Für diejenigen Arbeitnehmer, die auf Grund bestehender Rahmenabkommen Preisnachlässe erhalten, gilt grundsätzlich, dass die Differenz zwischen dem für Privatkunden am Abgabeort üblichen Endpreis und dem vom Arbeitnehmer zu zahlenden Endpreis versteuert werden muss, wobei ihnen ein üblicher steuerfreier Rabatt von 4 % zugestanden wird.[7]

Preisnachlässe, die der Hersteller einem Vertragshändler gewährt und die dieser beim Verkauf an seine Mitarbeiter weitergibt, bleiben lohnsteuerfrei, wenn sie nicht **„unüblich"** hoch sind. Als Bemessungsgrundlage dient der **„übliche Endpreis"**. Als üblicher Endpreis kann der Listenpreis abzüglich der Hälfte des Preisnachlasses angesetzt werden, der im Durchschnitt den Kunden eingeräumt wird.[8] Dieser wird ermittelt, indem sämtliche Verkaufserlöse des jeweiligen Modells in den letzten drei Monaten zusammengerechnet und durch die Zahl der Fahrzeuge geteilt werden.[9]

Beispiel:[10]

Bruttolistenpreis		15.000 Euro
Durchschnittlicher Preisnachlass	14 %	
Davon 50 % auf den Listenpreis,	7 %	1.050 Euro
Bruttowarenwert		13.950 Euro
Einkaufspreis Mitarbeiter		15.000 Euro
./. Mitarbeiterrabatt (18 %)		2.700 Euro
Zahlbetrag		12.300 Euro
Geldwerter Vorteil		1.650 Euro

Arbeitnehmer können die Finanzierungskosten für einen Pkw-Kauf nicht als Werbungskosten geltend machen, wenn der beim Kauf gewährte Personalrabatt versteuert wurde. Dies gilt selbst bei beruflicher Nutzung des Fahrzeugs, da die Kilometerpauschalen einen Schuldzinsen – Anteil mit abgelten.[11]

III. Berücksichtigung der privaten Nutzung eines Geschäftswagens bei der Einkommensteuer

418 Die nichtunternehmerische Nutzung von Geschäftsfahrzeugen ist als **Entnahme** bzw. **geldwerter Vorteil** zu versteuern (§ 4 Abs. 5 S. 1 Nr. 6, § 6 Abs. 1 Nr. 4 S. 2 und 3 EStG). Hiervon betroffen sind Steuerpflichtige, die ein zum Betriebsvermögen gehörendes Kraftfahrzeug auch für private Zwecke nutzen. Für die Ermittlung des geldwerten Vorteils, der dem Arbeitnehmer durch die private Nutzung eines Geschäftswagens als **Arbeitslohn** gem. § 19 Abs. 1 S. 1 Nr. 1 EStG zufließt, enthält § 8 Abs. 2 EStG eine entsprechende Regelung.[12]

---

7 Verfügung der OFD Frankfurt zu S 2334 A – 85-St II 30, BB 1994, 917; zu den Begriffen Abgabeort, üblicher Preis, Hauspreis s. Steuer-Erfahrungsaustausch Kraftfahrzeuggewerbe 3/95 S. 7, 8.
8 Schreiben des Bundesfinanzministeriums vom 28. 8. 1998 – IV B 6 – S 2334 – 88/98, DB 1998, 1890.
9 Steuererfahrungsaustausch 4/2001, 14, 15.
10 Entnommen Steuer-Erfahrungsaustausch 4/2001, S. 15.
11 FG Rheinland – Pfalz 15. 3. 1996–3 K 2078/95 –, EFG 1996, 913.
12 Dazu *Juchum*, DAR 1996, 159, 160.

Auch Miet- und Leasingfahrzeuge, die zu mehr als 50 % für betrieblich veranlasste Fahrten genutzt werden, fallen unter die Regelung von § 6 Abs. 1 Nr. 4 S. 2 und 3 EStG. Die Anwendung des § 4 Abs. 5 S. 1 Nr. 6 a EStG setzt voraus, dass das Kraftfahrzeug für Fahrten zwischen Wohnung und Arbeitsstätte oder für Familienheimfahrten genutzt wird. Hierzu zählen auch Familienheimfahrten anlässlich betrieblich veranlasster doppelter Haushaltsführung nach Ablauf der Zweijahresfrist.

Nicht jede Überlassung eines Kraftfahrzeugs an einen Mitarbeiter für Fahrten zwischen Wohnung und Arbeitsstätte ist als Arbeitslohn zu erfassen. Die Gestellung eines Fahrzeugs hat keinen Entlohnungscharakter, wenn sie sich als notwendige Begleiterscheinung betriebsfunktionaler Zielsetzungen erweist.[13] Diese Voraussetzungen liegen z. B. vor, wenn der Arbeitgeber seinem Mitarbeiter einen Werkstattwagen zur Durchführung von Reparaturen an Energieversorgungseinrichtungen im Rahmen einer Wohnungsrufbereitschaft zur Verfügung gestellt, mit dem dieser auch die Fahrten zwischen Wohnung und Arbeitsstätte durchführt.[14]

1. Pauschalierung nach der 1 % (künftig 1,5 %) Methode

Der **Entnahmewert** bzw. der geldwerte Vorteil eines Arbeitnehmers, der ein Geschäftsfahrzeug privat nutzt, kann gem. § 6 Abs. 1 Nr. 4 S. 2 EStG aus Vereinfachungsgründen pauschal mit **monatlich 1 % (künftig 1,5 %)** des **inländischen**, auf volle Hundert Euro abzurundenden **Listenpreises** im Zeitpunkt der **Erstzulassung** (gemeint ist der Zeitpunkt der Erstzulassung des konkreten Fahrzeugs zum Straßenverkehr und nicht der Zeitpunkt der Erstzulassung des Fahrzeugtyps) zuzüglich der Kosten für die Sonderausstattung einschließlich Umsatzsteuer angesetzt werden. Unberücksichtigt bleiben vom Kfz-Händler auf den Listenpreis gewährte Nachlässe. Vom BFH[15] wurde die typisierende 1 %-Regelung als verfassungskonform befunden.

Die **Überführungskosten** sind **nicht Bestandteil des Listenpreises**. Der inländische Brutto-Listenpreis ist auch für EG-Importe zu Grunde zu legen.[16] Sonderausstattungen reimportierter Fahrzeuge, die sich im inländischen Listenpreis nicht niederschlagen sind zusätzlich zu berücksichtigen. Eine geringwertigere Ausstattung ist anhand des inländischen Vergleichsfahrzeugs angemessen zu berücksichtigen. Vom Listenpreis abzuziehen sind nur betrieblich nutzbare Ausstattungen, wie z. B. der zweite Pedalsatz eines Fahrschulwagens und die Werbefläche eines Firmenfahrzeugs. Das Autotelefon ist keine Sonderausstattung. Bei aus Sicherheitsgründen gepanzerten Fahrzeugen ist vom Listenpreis des Normalfahrzeugs auszugehen.

Die 1 %-Methode ist auf ein vom Arbeitnehmer geleastes Fahrzeug anzuwenden, wenn der Arbeitgeber die gesamten Kosten trägt und im Innenverhältnis allein die Nutzung bestimmt.[17]

Steht ein Fahrzeug **mehreren Arbeitnehmern** zur privaten Nutzung zur Verfügung, ist der nach § 6 Abs. 1 Nr. 4 S. 2 EStG ermittelte Vorteil entsprechend der Zahl der Nutzungsberechtigten aufzuteilen.[18] Besteht ein **Fahrzeugpool**, auf den mehrere Arbeitnehmer zugreifen können, besteht die Möglichkeit, die 1 %-Beträge für jedes einzelne Fahrzeug zu er-

---

13 BFH 4. 6. 1993 BStBl. II 1993, 687, 689.
14 BFH 25. 5. 2000, DAR 2001, 236.
15 Urt. v. 1. 3. 2002, DAR 2001, 380.
16 BMF-Schreiben v. 21. 1. 2002, DB 2002, 240; Verfügung der OFD Koblenz v. 2.12.1997, DStR 1998, 167.
17 BFH 6. 11. 2001, NJW 2002, 1671.
18 BFH 15. 5. 2002, DAR 2002, 426 ff.

mitteln, die Einzelbeträge zu addieren und den Gesamtbetrag anschließend durch die Zahl der berechtigten Arbeitnehmer zu dividieren.[19]

Gehören **mehrere Fahrzeuge** zum Betriebsvermögen, ist das Fahrzeug mit dem höchsten Listenpreis zugrunde zu legen, wenn der Steuerpflichtige glaubhaft macht, dass die betrieblichen Kraftfahrzeuge, die zur Privatsphäre des Steuerpflichtigen gehören, nicht privat genutzt werden. Bei **Personalgesellschaften** wird der pauschale Nutzungswert für den Gesellschafter angesetzt, dem die Nutzung zuzurechnen ist. Die Pauschalmethode zur Ermittlung des Nutzungsansatzes und der nicht abziehbaren Betriebsausgaben ist auch dann anzuwenden, wenn das Kraftfahrzeug nur gelegentlich zu Privatfahrten oder zu Fahrten zwischen Wohnung und Betriebsstätte genutzt wird.

Die bloße Behauptung, das Kraftfahrzeug werde nicht für Privatfahrten genutzt und Privatfahrten würden ausschließlich mit anderen Fahrzeugen durchgeführt, reicht für einen **Ausschluss der Pauschalbesteuerung** nicht aus.[20]

420 Die „Ein-Prozent-Regelung" ist die einzige gesetzlich vorgesehene Pauschalierungsmethode. Sie gilt für **neu** wie **gebraucht** angeschaffte Geschäftsfahrzeuge, selbst wenn diese bereits steuerlich abgeschrieben sind. Der Wert der nach § 6 Abs. 1 Nr. 4 S. 2 EStG zu berücksichtigenden Privatnutzung und der Betrag der nach § 4 Abs. 5 S. 1 Nr. 6 EStG nicht abziehbaren Betriebsausgaben können die für das Kraftfahrzeug tatsächlich entstandenen Aufwendungen übersteigen. Wird dies im Einzelfall nachgewiesen, sind die Nutzungen und die nicht absetzbaren Betriebsausgaben höchstens mit dem Betrag der Gesamtkosten des Kraftfahrzeugs anzusetzen.

Beispiel:
Bei einem Anschaffungspreis von € 50.000 beträgt der Wertansatz für die jährliche Nutzung € 6000. Betragen die tatsächlichen Aufwendungen jedoch nur € 5000, wird die Nutzungswertpauschale durch diesen Betrag begrenzt.

Umstritten ist, ob aufgewendete Reparaturkosten, denen eine Schadensersatzleistung von dritter Seite gegenübersteht, bei der Ermittlung der tatsächlichen Aufwendungen zu berücksichtigen sind. Nach Ansicht von *Scheich*[21] sind sie nicht als Teil der tatsächlich entstandenen Aufwendungen für das Kraftfahrzeug zu betrachten, da andernfalls das verfassungsgemäß vorgegebene Nettolohnprinzip im Steuerrecht verletzt würde. Bei mehreren privat mitbenutzten Geschäftsfahrzeugen können die zusammengefassten pauschal ermittelten Wertansätze auf die nachgewiesenen tatsächlichen Gesamtaufwendungen dieser Fahrzeuge begrenzt werden. Zulässig ist aber auch eine fahrzeugbezogene Deckelung der Kosten.[22] Die Ermittlung des privaten Nutzungsanteils muss bei mehreren Fahrzeugen nicht einheitlich erfolgen. Es besteht ein Wahlrecht zwischen der „Ein-Prozent-Regelung" und dem Nachweis der Privatnutzung durch Fahrtenbuch.[23] Daher empfiehlt es sich, für Betriebsfahrzeuge mit geringer Privatnutzung ein Fahrtenbuch zu führen und es für privat stark frequentierte Fahrzeuge bei der „Ein-Prozent-Regelung" zu belassen.

Erhält ein Mitarbeiter, der ein Betriebsfahrzeug auch privat benutzt, eine monatliche Pauschale für Wagenpflege in Höhe von umgerechnet ca. 15 Euro, so handelt es sich um einen steuerfreien Auslagenersatz, auch wenn eine Einzelrechnung nicht vorliegt. Aus Sicht des BFH, der dies entschied,[24] handelt es sich um einen kleinen Betrag, der „den erfahrungs-

---

19 BFH 15. 5. 2002, DAR 2002, 426, 428.
20 BMF-Schreiben v. 21. 1. 2002, DB 2002, 240.
21 DAR 2001, 238, 239.
22 BMF-Schreiben v. 21. 1. 2002, BB 2002, 239, 242.
23 BFH 3. 8. 2000, DB 2000, 2351.
24 Urt. v. 26. 7. 2001 – VI R 122/98.

gemäß durchschnittlich monatlich anfallenden Aufwand für Wagenpflege nicht übersteigt".

Tendenziell wirkt sich die Pauschalierung bei Fahrzeugen mit einem Listenpreis oberhalb von 52.000 DM für den privaten Nutzer eines Geschäftswagens ungünstig aus.[25]

2. Fahrten zwischen Wohnung und Betriebs-/Arbeitsstätte

Zum 1. 1. 2001 hat der Gesetzgeber eine verkehrsmittelunabhängige Entfernungspauschale eingeführt. Diese beträgt für die ersten 10 Kilometer der Entfernung zwischen Wohnung und Arbeitsstätte 0,36 Euro und für jeden weiteren Kilometer 0,40 Euro. Für die Entfernung ist die kürzeste Straßenverbindung zwischen Wohnung and Arbeitsstätte maßgebend. Hat ein Arbeitnehmer mehrere Wohnungen, können Fahrten von und zu der von der Arbeitsstätte weiter entfernt liegenden Wohnung nur berücksichtigt werden, wenn sich dort der Lebensmittelpunkt der Lebensinteressen des Berufstätigen befindet. Die Entfernungspauschale wird nur einmal am Tag angesetzt, es sei denn, der Steuerpflichtige steht in mehreren Dienstverhältnissen.[26]

Der Höhe nach ist die Entfernungspauschale begrenzt. Bei der Benutzung eines eigenen oder eines vom Arbeitgeber überlassenen Geschäftswagens darf der Ansatz der Entfernungspauschale zu einem höheren Betrag führen, sofern der Steuerpflichtige nachweist, dass er das Fahrzeug tatsächlich in dem entsprechenden Umfang benutzt hat.

Durch die Entfernungspauschale werden sämtliche Aufwendungen (Versicherung, Haftpflicht, Garagenmiete, Jobticket usw.) mit Ausnahme der Unfallkosten[27] für Fahrten zwischen Wohnung und Arbeitsstätte – sowie für Familienheimfahrten – abgegolten. Behinderte haben die Möglichkeit, ihre tatsächlichen Aufwendungen geltend zu machen. Anstelle der Entfernungspauschale können von jedem Steuerpflichtigen höhere Aufwendungen für öffentliche Verkehrsmittel geltend gemacht werden. Steuerfreie Zuschüsse des Arbeitgebers, wozu auch Sachbezüge durch Gestellung eines Fahrzeugs gehören, sind auf die Pauschale anzurechnen.

Der Entnahmewert von 1 % des Listenpreises deckt die Aufwendungen für Fahrten zwischen Wohnung und Betriebsstätte nicht ab. Aus diesem Grunde sind für diese Fahrten nicht absetzbare Aufwendungen in Höhe des positiven Unterschiedsbetrages zwischen 0,03 % des Listenpreises je Kalendermonat für jeden Entfernungskilometer und dem Kilometerpauschbetrag nach § 9 Abs. 1 S. 3 oder Abs. 2 EStG anzusetzen.

Beispiel für ein Fahrzeug mit einem Listenpreis von 50.000 Euro:

1% von 50.000 Euro × 12 Monate	6000 Euro
+ (0,03% von 50.000 Euro) × 20 km	
(Entfernung zwischen Wohnung und Betrieb/Arbeitsstätte) × 12 Monate	3600 Euro
− 20 Arbeitstage pro Monat × 0,36 Euro × 20 km × 12 Monate	1728 Euro
zu versteuernder Privatanteil	7872 Euro

3. Familienheimfahrten

Die verkehrsmittelunabhängige Entfernungspauschale gilt auch für Familienheimfahrten, dort bereits ab dem ersten Kilometer mit 0,40 Euro und ohne Höchstbegrenzung. Auch Mitfahrer können die Pauschale geltend machen, unabhängig davon ob und in welchem Umfang sie selbst gefahren sind.[28]

---

25 *Juchum,* DAR 1996, 158.
26 *Niermann,* DAR 2001, 285 mit Berechnungsbeispiel.
27 *Niermann,* DAR 2001, 285, 287.
28 *Niermann,* DAR 2001, 285, 287.

Für Familienheimfahrten ist der Zuschlag aus dem positiven Unterschiedsbetrag zwischen 0,002 % des Listenpreises mal Entfernungskilometer und der Kilometerpauschale zu ermitteln.[29]

Beispiel:
Ein Unternehmer/Arbeitnehmer nutzt den Geschäftswagen mit einem Listenpreis von 50.000 Euro für eine Familienheimfahrt, bei der die Entfernung zwischen Betriebsstätte/Beschäftigungsort 400 Kilometer beträgt.

Entnahme 1 % des Listenpreises	600 Euro
Zzgl. 0,002 % des Listenpreises (1 Euro) × 400	400 Euro
Zwischensumme	1.000 Euro
Abzüglich 400 × 0,40 Euro je Entfernungskilometer	160 Euro
Zu versteuernder Betrag	840 Euro

IV. Pauschale Kilometersätze bei Benutzung eines privaten Fahrzeugs für dienstliche Zwecke

423 Soweit bei Arbeitnehmern Fahrtkosten mit dem Privatfahrzeug als Reisekosten anerkannt werden, können die Fahrtkosten mit pauschalen Kilometersätzen angesetzt werden. Sie betragen bei einem Kraftwagen 0,30 Euro, bei einem Motorrad oder Motorroller 0,13 Euro, bei einem Moped oder Mofa 0,08 Euro und bei einem Fahrrad 0,05 Euro je Fahrkilometer. Diese Sätze erhöhen sich für jede Person, die aus beruflicher Veranlassung mitgenommen wird um 0,02 Euro bei Inspruchnahme eines Kraftfahrzeugs und um 0,01 Euro bei Inspruchnahme eines Motorrades oder eines Motorrollers.[30]

V. Vollkostenabrechnung mit Fahrtenbuch

424 An Stelle der Pauschalberechnung ist eine Vollkostenrechnung mit ordnungsgemäßem **Fahrtenbuch** zulässig. Die Führung des Fahrtenbuches kann nicht auf einen repräsentativen Zeitraum beschränkt werden. Die Eintragungen sind fortlaufend vorzunehmen. Ein elektronisches Fahrtenbuch ist anzuerkennen, wenn sich daraus dieselben Erkenntnisse ergeben wie aus einem manuell geführten Fahrtenbuch. Beim Ausdrucken elektronischer Aufzeichnungen müssen nachträgliche Veränderungen der aufgezeichneten Angaben technisch ausgeschlossen sein, zumindest aber dokumentiert werden.[31]

Im Fahrtenbuch sind die dienstlich und privat zurückgelegten Fahrtstrecken gesondert und laufend nachzuweisen. Um von der Finanzverwaltung anerkannt zu werden, muss das Fahrtenbuch mindestens folgende Aufzeichnungen enthalten:

– Datum, Kilometerstand zu Beginn und am Ende jeder einzelnen betrieblich/beruflich veranlassten Fahrt,
– Reiseziel, Reisezweck und aufgesuchte Geschäftspartner,
– Aufzeichnung von Umwegen.

Auf einzelne dieser Angaben kann verzichtet werden, soweit wegen der besonderen Umstände im Einzelfall die betriebliche/berufliche Veranlassung der Fahrten ausreichend dar-

---

29 § 9 Abs. 1 S. 3 Nr. 5, S. 4 und 5 oder Abs. 2 EStG; § 8 Abs. 2 S. 5 EStG.
30 Zu pauschalen Kilometersätzen für behinderte Arbeitnehmer und für Fahrtkosten wegen eines Wohnungswechsels bei Beginn und innerhalb der Zweijahresfrist am Ende einer doppelten Haushaltsführung BMF-Schreiben v. 20. 8. 2001, BB 2001, 1885.
31 BMF-Schreiben v. 21. 1. 2002, DB 2002, 240, 242.

gelegt sind und Überprüfungsmöglichkeiten nicht beeinträchtigt werden. Erleichterungen sind insbesondere möglich für Handelsvertreter, Kurierfahrer, Automatenlieferanten und andere Steuerpflichtige, die regelmäßig aus betrieblichen/beruflichen Gründen große Strecken zurücklegen sowie für Taxifahrer und Fahrlehrer.[32]

Bei Vorlage des Fahrtenbuchs werden die Anteile der betrieblichen und privaten Nutzung des Kraftfahrzeugs anhand der tatsächlichen Fahrleistung ermittelt und bei der Versteuerung entsprechend berücksichtigt.

VI. Umsatzsteuerliche Behandlung bei gemischter Nutzung
1. Nichtunternehmerische Nutzung eines Geschäftswagens

Seit dem 1.4. 1999 ist der Vorsteuerabzug für Betriebsfahrzeuge, die auch privat genutzt werden, auf **50 % der Umsatzsteuer** beschränkt.[33] Die Limitierung des Vorsteuerabzugs betrifft sowohl die Anschaffungskosten als auch die laufenden Kosten wie z.B. Garagenmiete, Kraftstoffe, Reparaturen. Als Ausgleich für die Kürzung des Vorsteuerabzugs wurde die Eigenverbrauchsbesteuerung abgeschafft. Ausschließlich betrieblich genutzte Fahrzeuge sind von der Regelung nicht betroffen, auch dann nicht, wenn sie für Fahrten zwischen Wohnung und Betriebsstätte genutzt werden, da solche Fahrten keine private Verwendung des Fahrzeugs darstellen.

Betriebsfahrzeuge i. S. d. Neuregelung sind solche, die für das Unternehmen nach dem 31. 3. 1999 erworben wurden, wobei es allein auf den Zeitpunkt der Lieferung ankommt. Sie müssen zu mindestens 10 % unternehmerisch genutzt werden. Eine geringere Nutzung schließt den Vorsteuerabzug bei den Anschaffungskosten aus. Die Ermittlung des Privatanteils erfolgt nach dem Verhältnis der privat gefahrenen Kilometer zu den Gesamtkilometern.

Der **nicht abziehbare 50%-Anteil** der Vorsteuer bei den Anschaffungskosten **erhöht die Bemessungsgrundlage für die Abschreibung** (AFA) des Fahrzeugs. Bei den **Nebenkosten** kann der nicht abziehbare Teil der Vorsteuer **sofort als Betriebsausgabe** geltend gemacht werden.

Gem. § 15 a Abs. 3 UStG besteht die Möglichkeit, den Vorsteuerabzug innerhalb von fünf Jahren zu ändern, falls entweder ein gemischt genutztes Fahrzeug nur noch betrieblich eingesetzt wird oder wenn der umgekehrte Fall eintritt, dass ein bisher ausschließlich unternehmerisch genutztes Fahrzeug auch privat genutzt wird.

Für privat vom Händler mitbenutzte Vorführfahrzeuge, die nicht zum Anlagevermögen sondern zum Umlaufvermögen gehören, kann der Vorsteuerbetrag in voller Höhe gegenüber dem Finanzamt angesetzt werden. Ein Vorführfahrzeug ist – abweichend vom Regelfall[34] – dem Umlaufvermögen zuzuordnen, wenn es auf die speziellen Wünsche eines Kunden zugeschnitten ist und nach kurzer Zeit der Benutzung an diese weiterveräußert werden soll.[35]

Die **Entnahme** eines **unter Geltendmachung des Vorsteuerabzugs angeschafften Betriebsfahrzeugs** unterliegt grundsätzlich in vollem Umfang der **Umsatzbesteuerung**. Es erfolgt jedoch eine Korrektur des Vorsteuerabzugs, wenn der Unternehmer ein privat mit-

---

[32] Einzelheiten dazu BMF-Schreiben v. 21. 1. 2002, DB 2002, 240, 242.
[33] Die EU hat die Halbierung des Vorsteuerabzugs am 28. 2. 2000 genehmigt; AB1EG Nr. L 59 v. 4. 3. 2000.
[34] Die Finanzverwaltung – Abschn. H 32 Einkommensteuer-Richtlinien, Stichwort „Vorführ- und Dienstwagen" – und der BFH Urt. v. 17. 11. 1981, BStBl. 1982 II, 344 qualifizieren den Vorführwagen als Anlagevermögen
[35] Steuer-Erfahrungsaustausch Kraftfahrzeuggewerbe 7/2000, 8 ff.

benutztes Betriebsfahrzeug innerhalb von fünf Jahren veräußert, da durch den Verkauf die Privatnutzung entfällt. Die Vorsteuerbeschränkung auf 50 % ist für den noch nicht verbrauchten Zeitraum rückgängig zu machen.

Die **Entnahme** eines **ohne Vorsteuerabzug angeschafften betrieblich genutzten Fahrzeugs** ist nicht umsatzsteuerbar. Dies gilt auch dann, wenn Vorsteuer für Reparaturaufwand geltend gemacht wurde.[36] Die Entnahme ist nur dann umsatzsteuerpflichtig, wenn die Aufwendungen zu einem Bestandteil des Fahrzeugs geworden sind, der bei der Entnahme nicht verbraucht ist. Die Umsatzsteuerpflicht betrifft unter diesen Voraussetzungen lediglich den Entnahmewert des Bestandteils und nicht das gesamte Fahrzeug. Die Auffassung des Bundesfinanzministeriums, ein Bestandteil sei anzunehmen, wenn die seit Erwerb aufgewandten Reparatur- und Pflegekosten 20 % der Anschaffungskosten nicht überschreiten, wurde vom EuGH verworfen. Er entschied, es müsse im Einzelfall geprüft werden, ob Bestandteile eingefügt wurden oder nicht. Da es sich bei Reparatur- und Wartungsarbeiten um Dienstleistungen und nicht um Lieferungen handele, seien sie keine Bestandteile.

Die private Nutzung von Fahrzeugen, die **vor dem 1. 4. 1999** angeschafft wurden, unterliegt weiterhin der vollen Umsatzbesteuerung. Eine Reduzierung des Vorsteuerabzugs der laufenden Kosten auf 50 % findet bei den vor dem Stichtag angeschafften Fahrzeugen nicht statt.

Bemessungsgrundlage für die Umsatzsteuer ist der **Wert der Nutzungsentnahme**. Der BFH[37] hat es allerdings abgelehnt, die einkommensteuerrechtliche 1 %-Regelung auch für die Umsatzsteuer zu übernehmen. Nach seiner Ansicht ist der Wert der Nutzungsentnahme nach § 6 EStG für das Umsatzsteuerrecht grundsätzlich kein geeigneter Maßstab, um die Kosten auf die Privatfahrten und die unternehmerischen Fahrten aufzuteilen, da der Entnahmewert vom Listenpreis des Fahrzeugs ausgeht und weder die tatsächlich auf den Betrieb des Fahrzeugs fallenden Kosten noch die konkreten Nutzungsverhältnisse im Einzelfall berücksichtigt.

Bei Arbeitnehmern bildet der nicht durch den Barlohn abgegoltene Teil der Arbeitsleistung die Bemessungsgrundlage für die Umsatzbesteuerung. Der aus dem Listenpreis abgeleitete lohnsteuerliche Wert darf der Umsatzbesteuerung nicht zu Grunde gelegt werden.[38]

Durch den Wegfall des Verwendungseigenverbrauchs ab dem 1. 4. 1999 wurde dem UStG die Grundlage für eine Umsatzbesteuerung der Aufwendungen für Fahrten zwischen Wohnung und Arbeitsstätte und Familienheimfahrten entzogen. Daraus folgt, dass die Umsatzsteuer auch dann nicht anfällt, wenn der Arbeitnehmer solche Fahrten mit einem Betriebsfahrzeug zurücklegt, das vor dem Stichtag 1. 4. 1999 angeschafft wurde.

2. Unternehmerische Nutzung eines dem Privatvermögen zugeordneten Fahrzeugs

Nach für die deutsche Finanzverwaltung verbindlicher Ansicht des EuGH[39] kann der Unternehmer frei entscheiden, ob er ein sowohl unternehmerisch als auch privat genutztes Fahrzeug umsatzsteuerrechtlich dem Unternehmens- oder dem Privatvermögen zuordnen möchte. Um die Vorsteuer aus den laufenden Kosten geltend zu machen, braucht er das Fahrzeug nicht (mehr) dem Unternehmensvermögen zuzuordnen. Die Vorsteuer auf die Be-

---

36 EuGH 17. 5. 2001, – C 322/99 – und – C 323/99 –, DStR 2001, 715.
37 Urt. v. 11. 3. 1999, UR 1999,281; 4. 11. 1999 – V R 35/99.
38 BFH Urt. v. 11. 3. 1999 – V R 78/98.
39 Urt. v. 8. 3. 2001 – C 415/98.

triebskosten kann er auch dann geltend machen, wenn das unternehmerisch mitbenutzte Fahrzeug zum Privatvermögen gehört, was bei einer betrieblichen Nutzung von weniger als 10 % automatisch der Fall ist.

VII. Investitionszulage und Kraftfahrzeugsteuer

Die Anschaffung neuer betrieblicher Lkw und Nutzfahrzeuge wird im Gegensatz zur Anschaffung betrieblicher Pkw in den neuen Bundesländern staatlich gefördert. Mittelständische Handwerks- und Gewerbebetriebe haben Anspruch auf eine im Jahr nach der Anschaffung eines Nutzfahrzeugs fällige Investitionszulage in Höhe von 10 % der Anschaffungskosten. Als Anschaffungszeitpunkt gilt der Zeitpunkt der Zulassung. Die Gewährung der Investitionszulage hat der Gesetzgeber davon abhängig gemacht, dass das geförderte Wirtschaftsgut drei Jahre zum Anlagevermögen eines Betriebes in den neuen Ländern gehören und dort verbleiben muss. Die Verbleibsvoraussetzungen sind strittig.[40]

Die **Abgrenzung** zwischen **Personenkraftwagen** und **Nutzfahrzeugen** ist von ausschlaggebender Bedeutung für die Frage, ob der Käufer Anspruch auf Bewilligung einer Investitionszulage besitzt.

Zu den nicht zu fördernden Pkw gehören solche Fahrzeuge,
– die nach ihrer Bauart und Ausstattung zur Beförderung von nicht mehr als neun Personen geeignet sind,
– deren zulässiges Gesamtgewicht 2,8 t beträgt und die wahlweise zur Personen – oder Güterbeförderung eingesetzt werden können und der dazu erforderliche Umbau ohne größeren Aufwand mit Bordwerkzeugen zu bewerkstelligen ist,
– Wohnmobile, auch wenn sie ein zulässiges Gesamtgewicht von mehr als 2,8 t aufweisen.[41]

Für Pkw, die als solche zugelassen wurden, jedoch einem Lkw ähneln, ist die Investitionszulage zu gewähren. Diese Voraussetzungen liegen vor, wenn der Laderaum des Fahrzeugs auf Grund unzureichender Beleuchtung, fehlender Heizung sowie mangels Sitzgelegenheiten und Sicherheitsgurten nicht zur Personenbeförderung geeignet ist. Als **förderungswürdig** wurden anerkannt,
– ein zu einem Werkstattwagen umgebauter Kleinbus,[42]
– ein Hochtransporter mit einem von der Fahrerseite abgeteilten Laderaum ohne Heizung und Lüftung sowie lediglich zwei zu öffnenden Seitenfenstern,[43]
– ein Kastenwagen, der nur beim Fahrer- und Beifahrersitz Fenster aufweist[44],
– Wohnwagenanhänger, die von einer Elektroinstallationsfirma auf Baustellen eingesetzt werden.[45]

---

40 Dazu BFH 12. 4. 1994, BStBl. II 1994, 576; FG Münster 24. 6. 1992, EFG 1993, 247.
41 BFH 17. 12. 1997, DAR 1999, 520; für Beschränkung des zulässigen Gesamtgewichts auf bis zu 2.8 t BMF-Schreiben vom 28. 8. 1991, BStBl. I 1991, 768 Tz 37.
42 BFH 17. 3. 1989, BFH/NV 1990, 731.
43 BFH 16. 7. 1993, BStBl. II 1994, 304.
44 FG Thüringen 14. 7. 1993, EFG 1993, 742.
45 FG Thüringen 25. 4. 1996, EFG 1996, 1002.

Als **Pkw** wurden eingestuft

- ein mit zwei Sitzbänken ausgestatteter Transporter,[46]
- ein Kombi, der trotz des Umbaus durch einen Malermeister noch zum Personentransport geeignet war,[47]
- Wohnmobile mit einem zulässigen Gesamtgewicht über 2,8 t.[48]

428 Die Abgrenzung zwischen Pkw und Lkw spielt auch eine entscheidende Rolle für die **Kraftfahrzeugsteuer.**[49] Nach § 2 Abs. 2 S. 1 KraftStG sind Personenkraftwagen nach Bauart und Einrichtung zur Beförderung von Personen bestimmte Kfz mit nicht mehr als acht Fahrgastplätzen einschließlich der sog. Kombinationskraftwagen, die geeignet und bestimmt sind, wahlweise vorwiegend der Beförderung von Personen oder vorwiegend der Beförderung von Gütern zu dienen. Lkw – andere Fahrzeuge i. S. v. § 8 Nr. 2 KraftStG – sind Kfz, die nach ihrer Bauart und Einrichtung zur Beförderung von Gütern bestimmt sind.

Ob ein Personen-, ein Kombinations- oder ein Lastkraftwagen vorliegt, ist anhand der Bauart und Einrichtung des Fahrzeugs zu beurteilen. Dabei ist die **objektive Beschaffenheit** des Fahrzeugs unter Berücksichtigung der **Merkmale in ihrer Gesamtheit** zu bewerten, wie z. B. Zahl der Sitzplätze, erreichbare Höchstgeschwindigkeit, Größe der Ladefläche, Ausstattung des Fonds mit Sitzen und Sicherheitsgurten oder für deren Einbau geeignete Befestigungspunkte, Fahrgestell, Motorisierung, Gestaltung der Karosserie und äußeres Erscheinungsbild. Die Einstufung der Verkehrsbehörde hat keine bindende Wirkung, lässt aber zuverlässige Rückschlüsse auf die richtige kraftfahrzeugtechnische Beurteilung zu. Weiterhin spielt die Konzeption des Herstellers eine Rolle.[50]

Entscheidungen des BFH zur Abgrenzung von Pkw und Lkw aus den letzten Jahren:

- BFH 1. 8. 2000, DAR 2001, 90 – Umbau, 2800 kg Gesamtgewicht, 3 Sitzplätze 6,29 qm Ladefläche, Trennwand zwischen Fahrgastraum und Laderaum, Fenster verklebt – **Steuer Lkw.**
- BFH 29. 7. 1997, NV 1998, 217 – Umbau, keine hintere Sitzbank und Sitzgurte, Abtrennung zum Fahrgastraum – **Steuer Lkw.**
- BFH 5. 4. 1998, BStBl. II 1998, 489 – Umbau, nur Fahrersitz, Trennwand zwischen Fahrgastzelle und Laderaum, Ladefläche von mehr als 50 % der Gesamtfläche, hintere Seitenfenster verklebt – **Steuer Pkw, Zulassung Lkw.**
- BFH 29. 4. 1997, BStBl. II 1997, 627 – Umbau, keine Rücksitzbank, Abtrennung zur Sicherung von Ladegut – **Steuer Pkw, Zulassung Lkw.**
- BFH 5. 5. 1998, BStBl. 1998, 489 – Umbau, nur Fahrersitz, Trennwand zwischen Lade- und Fahrgastraum, Ladefläche von mehr als 50 % der Gesamtfläche, hintere Seitenfenster verblecht – **Steuer Pkw, Zulassung Lkw.**

---

46 FG Brandenburg 23. 1. 1996, EFG 1996, 670.
47 FG Leipzig 3. 9. 1992, EFG 1993, 54.
48 FG Brandenburg 14. 12. 1994, EFG 1995, 819.
49 Zur Verfassungsmäßigkeit der Staffelung der Steuersätze nach Schadstoffemissionen BFH 5. 3. 2002, DAR 2002, 371; Zur Verfassungsmäßigkeit der niedrigen Besteuerung nicht schadstoffarmer Motorräder und Oldtimer BFH 4. 2. 2002, DAR 2002, 373 sowie zur Verfassungsmäßigkeit des KraftStÄndG 1997 BFH 21. 2. 2002, DAR 2002, 274.
50 BFH 1. 8. 2000, DAR 2001, 90 ff.

Investitionszulage und Kraftfahrzeugsteuer **428**

Die Neigung der Finanzgerichte, umgebaute Pkw steuerlich als Lkw anzuerkennen, war in der Vergangenheit nicht sehr ausgeprägt.[51] Möglicherweise leitet das BFH-Urteil vom 1. 8. 2000[52] eine Trendwende ein.

---

51 Ablehnend z. B. FG München 21. 7. 1999, EFG 1999, 1308; FG Schleswig-Holstein 21. 9. 1999, EFG 2000, 99; FG Köln 11. 3. 1999, EFG 1999, 801; FG München 12. 8. 1999, EFG 1999, 671; FG München 2. 2. 2000, EFG 2000, 1211- nicht rechtskräftig; FG München 2. 2. 2000, EFG 2000, 1038 – nicht rechtskräftig; FG Saarland 23. 9. 1999, EFG 1999, 1308; FG Düsseldorf 6. 4. 2000, EFG 2000, 706; FG Köln 22. 3. 1999, EFG 1999, 801; FG Niedersachsen 11. 5. 2000, EFG 2000, 1209; a. A. FG Düsseldorf 17. 8. 2000, EFG 2000, 1278- nicht rechtskräftig; FG Nürnberg 3. 8. 2000, EFG 2000, 1203 – nicht rechtskräftig; FG Rheinland-Pfalz 18. 2. 1999, EFG 2000, 706 – nicht rechtskräftig.
52 DAR 2001, 90.

T. EU-Neuwagenkauf

I. Marktlage

429 Immer häufiger nutzen Autokäufer die Preisvorteile des Europäischen Binnenmarktes. Viele von ihnen kaufen direkt im Ausland, andere schalten Importvermittler ein. Auch der deutsche Fabrikatshandel verbessert seine Geschäfte in zunehmendem Maße mit günstigen Import/ Reimport-Einkäufen. Für viele Händler ist der Handel mit EU-Fahrzeugen (Parallelimport) bereits zu einer unerlässlichen Maßnahme der Existenzsicherung geworden.

Anreiz für Importgeschäfte bieten die zum Teil erheblichen **Preisunterschiede** für Neufahrzeuge in EU-Ländern und die Tatsache, dass die Mehrwertsteuer in fast allen EU-Mitgliedsstaaten über dem zurzeit gültigen Inlandsatz von 16 % liegt. Die Differenzen bei den Abgabepreisen beruhen auf ungleichen Wettbewerbssituationen, Kaufkraftschwankungen und verschiedenartigen Steuersystemen. Bevorzugte Länder für den Parallelimport sind Frankreich, Niederlande, Belgien, Dänemark, Italien und Spanien, allesamt Länder mit hohen Mehrwertsteuersätzen.

Durch den Import/Reimport von Neufahrzeugen lassen sich Preisvorteile bis zu 30 % erzielen. Über die Abgabepreise von Neufahrzeugen in anderen EU-Mitgliedstaaten informiert die Europäische Kommission zwei Mal jährlich durch Herausgabe einer Preisliste.[1]

Durch die Mehrwertsteuervorteile auf Grund der geringeren Inlandsbesteuerung und die teilweise konkurrenzlosen Niedrigpreise von Neufahrzeugen in anderen EU-Staaten verringern sich die Preisunterschiede zu jungen inländischen Gebrauchtwagen. Dies hat zur Folge, dass der Gebrauchtwagenhandel stagniert, weil sich viele Kunden eher für den Kauf eines reimportierten Neuwagens als für den Kauf eines fast preisgleichen jungen Gebrauchtwagens entscheiden.

II. Direktkauf durch den Verbraucher

430 Der Kauf eines Neufahrzeugs im Ausland und dessen Einfuhr nach Deutschland ist nicht ganz einfach. Herstellern ist der Parallelimport ein Dorn im Auge, weil dadurch ihre inländischen Abgabepreise unter Druck geraten. Sie haben deshalb nichts unversucht gelassen, den Import/Reimport neuer Kraftfahrzeuge zu unterbinden.

Aktionen der Hersteller, die den freien Warenverkehr in unzulässiger Weise einschränkten und eindeutig gegen das **Diskriminierungsverbot** verstießen, haben private Endverbraucher in der Vergangenheit deutlich zu spüren bekommen. Aus Angst vor Sanktionen waren grenznah gelegene Vertragshändler im Ausland oft nicht bereit, Neufahrzeuge an Kunden anderer EU-Staaten zu veräußern. In Schweden existieren noch heute Exportpreislisten, die weit über dem schwedischen Nettowarenwert liegen und in Finnland wird die Autosteuer von 100 % verlangt, obwohl sie bei einem Export nicht fällig wird.[2] Auch bei der Realisierung von Sachmängel- und Garantieansprüchen haben Käufer von EU-Fahrzeugen in der Vergangenheit schlechte Erfahrungen gemacht. Sie mussten bei Inanspruchnahme inländischer Vertragshändler mit Wartezeiten, Ausreden und manchmal sogar mit Ablehnung rechnen. Für Besitzer von Importfahrzeugen gab es ungewöhnliche Verzögerungen

---

1 Informationen zum Import von EU-Neufahrzeugen enthält der „EU-Import Ratgeber PKW" von *Albrecht*, 3. Aufl. 9/1997, 2. Überarbeitung 7/98, erschienen im Viking Verlag sowie der von der Verbraucher-Zentrale NRW herausgegebene Ratgeber „Autokauf ohne Grenzen".
2 *Albrecht*, Der EU-Importratgeber PKW, S. 44.

bei der Beschaffung von Ersatzteilen, Umrüstsätzen und Fahrzeugunterlagen. Sie konnten nicht einmal sicher sein, dass sie über Rückrufaktionen informiert wurden.

Deutsche Autohersteller sollen mit ausländischen Vertragshändlern Vereinbarungen über Bonuszahlungen, Margenregelungen, Genehmigungsvorbehalte usw. geschlossen haben, um auf diese Weise Verkäufe von Neufahrzeugen an Endverbraucher aus anderen Mitgliedsstaaten zu verbieten oder zu beschränken. Diese Zuwiderhandlungen wurden von Seiten der EU-Kommission durch Verhängung von Bußgeldern in beachtlicher Höhe geahndet.[3]

Seit einiger Zeit haben sich die Verhältnisse aufgrund der **Kfz-GVO** und des strikten Durchgreifens der EU-Kommission zu Gunsten der Verbraucher positiv geändert. Die aktuelle Kfz-GVO[4], die am 1. 10. 2002 in Kraft getreten ist, gibt der Kommission weiterhin die Möglichkeit, Verstöße gegen Art. 81 Abs. 1 EGV mit der Verhängung von **Geldbußen** zu ahnden (Art. 15, 16 VO 17/62).[5]

1. Preisvergleich

Bei einem Preisvergleich in Euro zwischen dem deutschen und dem ausländischen Preis ist zunächst der **ausländische Nettopreis** zu ermitteln, was aufgrund der unterschiedlichen Steuersysteme in den EU-Mitgliedsstaaten teilweise nur mit komplizierten Umrechnungsformeln möglich ist. Dies gilt insbesondere für die Niederlande, Spanien und Dänemark.[6] Zu dem errechneten ausländischen Nettopreis kommt die deutsche Mehrwertsteuer i. H. v. zur Zeit 16 % hinzu. Der auf diese Weise gewonnene Bruttopreis ist mit dem deutschen Listenpreis vergleichbar. Dieser vermindert sich um die Nachlässe, die bei einem Kauf des gleichen Fahrzeugs von einem deutschen Vertragshändler gewährt werden und die nicht erst seit dem Wegfall des Rabattgesetzes die 3 %-Marge weit übersteigen. Bei dem Preisvergleich müssen dann noch die Aufwendungen berücksichtigt werden, die durch den Import des Fahrzeugs in Form von Bereitstellungs-, Überführungs- und Zulassungskosten entstehen, zu denen eventuell noch Kosten für die Unbedenklichkeitsbescheinigung und die Umrüstung des Autos hinzukommen.

2. Kaufvertrag

Es empfiehlt sich, das Neufahrzeug bei einem Vertragshändler zu kaufen und von ihm die Übergabeinspektion durchführen zu lassen.

Wichtige Bestandteile des Kaufvertrags sind Ausstattungsdetails des Fahrzeugs, Name und Anschrift des Verkäufers sowie Ort und Datum der Fahrzeugübergabe. Außerdem ist in der Urkunde anzugeben, dass es sich um ein Neufahrzeug handelt. Kundendienstscheckheft und Garantieurkunde sind vom Verkäufer auszufüllen, abzustempeln und zu unterschreiben. Der Käufer benötigt für Einfuhr, Zulassung und Versteuerungsverfahren den Kaufvertrag, die Rechnung und – sofern kein Kfz-Brief existiert – ein Ursprungszeugnis, das dem deutschen Kfz-Brief entspricht sowie das „Certificate of Conformity" (COC), das eine europaweite Zulassung beinhaltet (Rn 434).

---

3 S. ABl EG Nr. L 124 vom 25. 4. 1998, S. 60; dazu *Creutzig* EuZW 1998, 293; *ders.* DAR 1999, 16.
4 Nr. 1400/2002
5 Der Grundbetrag für einen schweren Verstoß beträgt 50 Millionen Euro. Für jedes Jahr, in dem der regelwidrige Zustand andauert, kommen 10 % des Grundbetrages hinzu.
6 Interessenten können die Umrechnungsformeln bei den Verbraucherzentralen erfragen; für den Kauf eines Neufahrzeugs in den Niederlanden ist die Broschüre „Autokauf ohne Grenzen" zu empfehlen, die von der Verbraucherzentrale NRW in Düsseldorf herausgegeben wird.

3. Transport

433 Für den Transport des Fahrzeugs darf das deutsche „rote Kennzeichen" oder ein „Kurzzeitkennzeichen" – außer in Österreich und Italien – nicht benutzt werden.[7] In Bayern werden rote Kennzeichen zwar für den Fahrzeugtransport von Deutschland nach Italien, nicht aber für die Überführung eines Fahrzeugs von Italien nach Deutschland ausgegeben. Als Ausweichmöglichkeiten bieten sich an:

- Verwendung des ausländischen Ausfuhrkennzeichens (Zollnummer) inklusive Versicherung, das jedoch nur in Spanien und Dänemark ohne weiteres und mit der entsprechenden Versicherung zu bekommen ist,
- Transport auf einem Anhänger, bei dem das transportierte Fahrzeug gegen Abschluss einer entsprechenden Zusatzversicherung mitversichert ist,
- Vereinbarung mit dem Verkäufer, dass das Fahrzeug an der Grenze übergeben wird.

4. Zulassung

434 Für die Zulassung sind folgende Unterlagen erforderlich: Gültige Ausweispapiere, Deckungskarte der Versicherung, Leerbrief, Nachweis über die Zahlung der Einfuhrumsatzsteuer, Originalrechnung des Verkäufers, Fahrzeugpapiere (Brief oder Ursprungszeugnis) sowie eventuell eine Unbedenklichkeitsbescheinigung des Herstellerwerkes oder des Kraftfahrtbundesamtes und ein Datenblatt.

Die **Unbedenklichkeitsbescheinigung** des Kraftfahrtbundesamtes besagt, dass das Fahrzeug in den letzten fünf Jahren in Deutschland nicht angemeldet gewesen ist und nicht als gestohlen gemeldet wurde. Die Unbedenklichkeitsbescheinigung des Herstellers dient als Nachweis dafür, dass das Fahrzeug vom Werk nicht mit einem deutschen Brief ausgeliefert wurde. Wenn die im Rahmen des Zulassungsverfahrens mit der Erteilung der Einzelbetriebserlaubnis beauftragte Prüfstelle nicht die Möglichkeit des Zugriffs auf die Fahrzeugdaten besitzt, muss der Käufer ein Datenblatt besorgen und vorlegen. Im Datenblatt sind alle technischen Fahrzeugdaten verzeichnet. Die Unterlage erhält der Käufer auf Anforderung vom Herstellerwerk/Importzentrum.

Seit dem 1. Januar 1996 ist für Neufahrzeuge eine europaweit gültige Zulassung, das sog. „Certificate of Conformity" (COC), zu beantragen. In Deutschland wird das COC gewöhnlich als EU-Betriebserlaubnis bezeichnet. Mit der COC wird ein Fahrzeug in jedem EU-Land ohne weitere Prüfung zugelassen. Eine Untersuchung nach § 21 StVZO ist für EU-Importfahrzeuge mit EU-Typengenehmigung entbehrlich. Auf der Grundlage der COC wird der Leerbrief (ein nicht ausgefüllter Fahrzeugbrief) ausgestellt. Dieser muss entweder bei der Zulassungs- oder Abnahmestelle beantragt werden. Letztere leitet den Leerbrief an die Zulassungsstelle weiter.

Umfangreiche Umrüstaktionen, wie sie bei Fahrzeugen vorkommen, die aus den USA eingeführt werden, sind bei EU-Importen nicht nötig. Grenznahe Prüfstellen sind geeignete Ansprechpartner, soweit es um die Frage geht, welche Teile eines Fahrzeugs umgerüstet werden müssen. Mit der Vornahme der Umrüstung sollte grundsätzlich nur eine Vertragswerkstatt beauftragt werden, andernfalls Garantieansprüche verfallen können. Aus dem gleichen Grund ist ausschließlich die Verwendung von Originalteilen anzuraten.

Zu den Fahrzeugteilen, die manchmal um- oder nachgerüstet werden müssen, gehören Scheinwerfer, Nebelschlussleuchten, Abschlephaken, Felgen, Abgasanlage und Leuchtweitenregulierung. Der Einbau einer Leuchtweitenregulierung ist nicht notwendig, wenn

---

[7] *Albrecht,* Der EU-Import-Ratgeber PKW, S. 28; zum Missbrauch roter Kennzeichen *Grohmann,* DAR 2001, 57 ff.

5. Einfuhrumsatzsteuer

Die Einfuhrumsatzsteuer entsteht mit dem Tag des Erwerbs (§ 13 Abs. 1 Nr. 7 UStG). Der private Käufer muss das Formular „Umsatzsteuererklärung zur Fahrzeugeinzelbesteuerung" ausfüllen, das er bei seinem heimischen Finanzamt bekommt. Die Frist für die Einreichung des ausgefüllten Formulars und die Zahlung der Umsatzsteuer beträgt 10 Tage. Unternehmer, die das Fahrzeug für ihren unternehmerischen Bereich erwerben, haben den Erwerb im Allgemeinen Umsatzbesteuerungsverfahren zu versteuern.

435

6. Risiken

Der Käufer eines EU-Neuwagens muss damit rechnen, dass er im Fall des Weiterverkaufs des Fahrzeugs einen geringeren Kaufpreis erzielt, als er für ein auf dem deutschen Markt erworbenes Fahrzeug gleichen Typs und gleicher Ausstattung bekommen würde. Sachmängelansprüche i. S. v. § 434 Nr. 2 und 3 BGB besitzt er nur gegenüber seinem Vertragspartner, den er im Streitfall in Deutschland nicht verklagen kann. In der Vergangenheit mussten Käufer von EU-Fahrzeugen Wartezeiten bei Nachbesserungs- und Reparaturarbeiten in Kauf nehmen und außerdem befürchten, dass sie von stillen Rückrufaktionen und Kulanzmaßnahmen ausgeschlossen wurden.

436

III. Einschaltung eines Importvermittlers

1. Situation

Beim Kauf ausländischer Fahrzeuge spielen seit Jahren Importvermittler eine wichtige Rolle. Die Preise, zu denen sie Fahrzeuge besorgen, liegen nach wie vor erheblich unter den Inlandspreisen. Deutsche Vertragshändler können nicht mithalten. Sie müssen Neufahrzeuge zu den Preisen einkaufen, welche die Hersteller für den Inlandsmarkt festgelegt haben. Außerdem mussten sie in der Vergangenheit Werkstätten und Ersatzteillager unterhalten, Vorführwagen bereitstellen und vieles mehr, um die ihnen auferlegten Pflichten insbesondere im Hinblick auf die Erbringung von Sachmängel- und Garantiearbeiten erfüllen zu können, während die nicht in das Vertriebssystem der Herstellers eingebundene Importbranche mit geringem Aufwand erhebliche Gewinne erzielte.[8]

437

Dementsprechend groß war die Verärgerung der Fabrikatshändler und ihrer Verbände über die Tätigkeit der freien Importeure. Sie bezeichneten den grenzüberschreitenden Fahrzeugvertrieb außerhalb des Vertragshändlernetzes als „Grauimport" und der freie, nicht mit den Pflichten der Vertragshändler-Solidargemeinschaft belastete Importeur war ein „grauer Händler". Die mit dieser Bezeichnung hervorgerufene Assoziation eines rechtswidrigen Handelns stimmt jedoch nicht. Die Importvermittlung ist rechtlich zulässig und wird von der EU-Kommission begrüßt, da sie den Wettbewerb fördert. Aus diesem Grund hat OLG Köln[9] die werbliche Verwendung des Begriffs „Grauimport" in Bezug auf die Importvermittlung untersagt.

Die Lage hat sich in letzter Zeit entspannt und wird sich im Lauf der Zeit weiter normalisieren, da Automobil- Hersteller ihren Händlern nicht mehr aufgeben können, eigene Werkstätten zu unterhalten. Diese haben daher die Möglichkeit, sich auf den Verkauf zu konzentrieren und den Werkstattbereich durch sog. Subcontracting auszulagern.

---

8 *Creutzig*, Recht des Autokaufs, Rn 7.1.4.2.
9 Urt. v. 24. 4. 1996, VRS 1997, 201.

2. Freier Warenaustausch und selektiver Vertrieb

438 Art. 81 Abs. 1 EGV garantiert den freien Warenaustausch. Verboten sind „alle Vereinbarungen zwischen Unternehmen, Beschlüsse von Unternehmensvereinigungen und aufeinander abgestimmte Verhaltensweisen, welche den Handel zwischen Mitgliedsstaaten zu beeinträchtigen geeignet sind und eine Verhinderung, Einschränkung oder Verfälschung des Wettbewerbs innerhalb des Gemeinsamen Marktes bezwecken oder bewirken."

Dem grenzüberschreitenden Handel mit neuen Kraftfahrzeugen werden durch die **Kfz-GVO** vom 17. 7. 2002 (EG 1400/2002) Grenzen gesetzt, die den Handlungsspielraum der freien Händler einengen. Die Kfz- GVO gestattet – wie schon die vorausgegangenen Verordnungen – den selektiven Vertrieb über den Fabrikatshandel. Kfz-Hersteller dürfen mit ihren Händlern vereinbaren, dass Neuwagen aus der eigenen Produktion zum Zweck des Weiterverkaufs nur an einen oder mehrere Händler in einem Vertragsgebiet geliefert werden und die dem Vertriebsnetz angeschlossenen Händler verpflichtet sind, die Fahrzeuge zu vertreiben. Die **Zulassung des selektiven Vertriebs** wird im Wesentlichen damit begründet, Kraftfahrzeuge seien keine Wegwerfartikel, sondern langlebige Wirtschaftsgüter und auf Grund des hohen technischen Standards im Interesse der Produkt- und Verkehrssicherheit auf ein qualifiziertes, leistungsfähiges und flächendeckendes Servicenetz angewiesen. Dementsprechend billigt die Kommission Regelungen über einen ausschließlichen und selektiven Vertrieb, wissend, dass viele Vertragshändler ohne das selektive Vertriebsnetz in ihrer Existenz gefährdet wären.

Die Kfz- GVO gestattet die Ergreifung von Maßnahmen, die den Schutz des selektiven Vertriebssystems bezwecken. Die wohl wichtigste Schutzmaßnahme besteht darin, dass Automobil-Hersteller, die sich für den selektiven und gegen den exklusiven Vertrieb entschieden haben, (Rn 8) ihren Vertragshändlern untersagen dürfen, fabrikneue Fahrzeuge an Personen zu verkaufen, die diese Fahrzeuge nicht für den Eigengebrauch, sondern zum Zweck des Weiterverkaufs verwenden wollen. Der Verkauf an Wiederverkäufer, die dem gleichen Vertriebsnetz angehören, darf allerdings nicht unterbunden werden.[10] Das Gleiche gilt für den Erwerb von Ersatzteilen, die ein Vertragshändler von einem anderen kauft, um sie bei Reparaturen oder Wartungsarbeiten selbst zu verwenden. Abgerundet wird der Schutz des selektiven Vertriebs durch die Autoherstellern eingeräumte Befugnis, ihre Vertragshändler zu verpflichten, Endverbrauchern, die einen Vermittler – also einen freien Importeur – eingeschaltet haben, Fahrzeuge nur zu verkaufen, wenn sie den Vermittler bevollmächtigt haben. Dies ergibt sich aus Ziff. 14 der Gründe zur Kfz-GVO. Die Ansicht, eine erlaubte Vermittlungstätigkeit im Sinn der Kfz- GVO sei nur unter der Voraussetzung anzunehmen, dass der Anstoß zum Tätigwerden vom Endverbraucher ausgehe und demzufolge eine Einkaufsvermittlung allenfalls gelegentlich denkbar sei,[11] wird von der EU-Kommission nicht geteilt.[12]

Die Kfz-GVO regelt nur die vertraglichen Beziehungen der Hersteller (Lieferanten) zu ihren Händlern. Daraus hat der EuGH[13] zutreffend gefolgert, dass die Verordnung einen Wirtschaftsteilnehmer, der weder zugelassener Wiederverkäufer des Vertriebsnetzes des Herstellers einer bestimmten Kraftfahrzeugmarke noch bevollmächtigter Vermittler i. S. d. Verordnung ist, nicht daran hindert, der Tätigkeit des Parallelimports und des unabhängigen Weiterverkaufs von Neufahrzeugen dieser Marke nachzugehen.[14] Damit beschränkt sich das Verteidigungsinstrumentarium des Vertragshandels auf das innerstaatliche Wettbe-

---

10 Art. 4 Abs. 1 c GVO
11 *Creutzig,* Recht des Autokaufs, Rn 7.1.4.3.
12 Klarstellung vom 18. 12. 1991, EWS 1992, 26.
13 Urt. v. 20. 2. 1997, ZIP 1997, 1978.
14 Kritisch *Creutzig* EuZW 1997, 375.

Einschaltung eines Importvermittlers

werbsrecht des Schleichbezugs (Rn 442) und der vom BGH[15] weitgehend entschärften irreführenden Werbung.

Nach den Vorstellungen der EU-Kommission ist unter der Vermittlertätigkeit der freien Importeure jede Art der Importunterstützung zu verstehen, bei welcher der einkaufende Endverbraucher dem verkaufenden Vertragshändler gegenüber identifiziert wird und das neue Fahrzeug nach der Auslieferungsinspektion unverzüglich an den Endverbraucher unter Inanspruchnahme der Unterstützungsleistungen des Importvermittlers ausgeliefert wird.

Aus dem Rahmen der Vermittlertätigkeit fallen Aufkäufe von Neufahrzeugen, die auf Lager genommen werden und für die Kunden erst noch gesucht werden müssen. Eine Vermittlertätigkeit liegt nach Auffassung der Kommission nicht mehr vor, wenn der Importeur Neufahrzeuge im eigenen Namen und für eigene Rechnung einkauft und die auf Grund eines bestehenden Deckungskaufs zwischen einem Endverbraucher und Vermittler bestehende Verpflichtung des Vermittlers, das neue Fahrzeug unverzüglich an den Endverbraucher auszuliefern, dem Vertragshändler gegenüber nachgewiesen wird. Auf Grund der Kfz-GVO haben es Automobilhersteller in der Hand, den inländischen Markt durch entsprechende vertragliche Vereinbarungen mit ihren ausländischen Vertragshändlern gegen unzulässige Importgeschäfte abzusichern. Hierzu ist es erforderlich, dass die Einhaltung der mit ausländischen Vertragspartnern getroffenen Absprachen von ihnen überwacht wird. Es liegt nahe, inländischen Vertragshändlern gegenüber ihren Herstellern einen entsprechenden Anspruch auf Vornahme der Kontrolle als Nebenpflicht aus dem Händlervertrag zuzubilligen.

3. Schutz des selektiven Vertriebs

a) Vertragliche Schutzvereinbarungen

Die Kfz-GVO gewährt weder dem Hersteller noch dem einzelnen Vertragshändler einen Unterlassungsanspruch gegen den freien Importeur, wenn dessen Aktivitäten den durch die Kfz-GVO abgesteckten Freiraum überschreiten.[16] Ein Anspruch auf Unterlassung kann aber nach innerstaatlichem Wettbewerbsrecht begründet sein.[17]

AGB zur Absicherung selektiver Vertriebssysteme sind zulässig. Als nicht unangemessen i. S. d. jetzigen Regelung von § 307 Abs. 1, 2 BGB bewertete der BGH die Verbotsklausel, die dem Käufer den Weiterverkauf vor Erhalt des Fahrzeugs untersagte.[18] Billigung fand ebenfalls die Formularregelung, nach deren Inhalt es dem Käufer des fabrikneuen – noch nicht zugelassenen – Fahrzeugs verboten war, sein Verfügungsrecht einem Wiederverkäufer zu übertragen.[19] In beiden Fällen räumte der BGH dem Ziel des Verkäufers, Vertriebsbindungen und das Händlernetz vor Einmischungen zu schützen, Vorrang ein vor dem bloßen Veräußerungsinteresse des Käufers. Das Weiterveräußerungsverbot vor Erhalt des Wagens war in der zuerst genannten Entscheidung mit einem Rücktrittsrecht gekoppelt, wodurch – wegen der Erzwingbarkeit des Rücktritts gem. § 350 BGB – etwaige Belastungen des Käufers weitgehend abgeschwächt wurden. Ob ein formularmäßiges Weiterveräußerungsverbot ohne Rücktrittsklausel den Anforderungen von § 307 Abs. 1, 2 BGB standhält, wurde vom BGH nicht entschieden. Offen geblieben ist auch, ob ein in AGB enthaltenes Verfügungsverbot vor Zulassung des Fahrzeugs als noch angemessen angesehen werden kann, wenn dem Käufer der Weiterverkauf nicht nur an einen Wiederverkäufer, sondern generell untersagt wird.

---

15 Urt. v. 15. 7. 1999; 19. 8. 1999, DAR 1999, 501.
16 EuGH 20. 2. 1997, ZIP 1997, 1978.
17 *Creutzig*, Recht des Autokaufs, Rn 1.3.4; Thüringer OLG 23. 7. 1997, WRP 1997, 980.
18 BGH 7. 10. 1981, NJW 1982, 178 ff.
19 BGH 24. 9. 1980, NJW 1981, 117 ff.

Als zulässig i. S. d. § 18 Abs. 1 Nr. 3 GWB befand das OLG Stuttgart[20] die Verpflichtungserklärung des Käufers, das Fahrzeug nur zur Eigennutzung zu erwerben und ohne Zustimmung des Verkäufers nicht vor Ablauf von drei Monaten nach Zulassung und einer Fahrleistung von weniger als 1000 km weiterzuveräußern. Die formularmäßige Kombination des zeitlich oder kilometermäßig limitierten Weiterveräußerungsverbots mit einem Vertragsstrafeversprechen bzw. einer Verpflichtung des Käufers zur Zahlung eines pauschalierten Schadensersatzbetrages von z. B. 10 % für den Fall der Zuwiderhandlung wurde von mehreren Instanzgerichten als zulässig angesehen.[21]

Diese Rechtsprechungspraxis wird durch ein Urteil neueren Datums vom OLG Dresden[22] fortgeschrieben. Darin wird einer Klausel die Wirksamkeit bescheinigt, die den Käufer dazu verpflichtet, das Fahrzeug vier Monate lang nicht zu gewerblichen Zwecken weiterzuverkaufen und bei einem Verstoß hiergegen eine Vertragsstrafe in Höhe von 15 % des Nettokaufpreises zu zahlen. Sie verschafft dem Verkäufer sowohl Anspruch gegen den Käufer auf Zahlung der verwirkten Vertragsstrafe als auch Anspruch auf Unterlassung des Weiterverkaufs zu gewerblichen Zwecken innerhalb der ersten vier Monate.

440 Einige Hersteller haben die zum 1. 1. 2002 empfohlenen NWVB durch Aufnahme eines formularmäßigen Verkaufsverbots individuell ergänzt.

Zwei *Beispiele*:

– Übertragungen von Rechten und Pflichten des Käufers aus dem Kaufvertrag sowie Weiterverkauf des Kaufgegenstandes vor Erhalt bedürfen der schriftlichen Zustimmung des Verkäufers (zulässig).
– Der Käufer verpflichtet sich, die Ansprüche aus dem Kaufvertrag nicht abzutreten und das Fahrzeug nicht innerhalb von 4 Monaten ab Erhalt des Fahrzeugs weiterzuverkaufen. Dies gilt nicht, sofern unvorhergesehene oder außergewöhnliche Umstände eintreten, bei denen ein Behalten des Fahrzeugs unzumutbar wäre (z. B. bei erheblichen Beschädigung des Fahrzeugs durch einen Unfall) oder wenn der Verkäufer der Abtretung oder dem Verkauf vorher zustimmt. Wird das Fahrzeug entgegen der vorstehenden Regelung zu gewerblichen Zwecken oder an einen gewerblichen Wiederverkäufer verkauft, ist der Käufer dem Verkäufer zur Zahlung einer Vertragsstrafe von 15 % des Nettokaufpreises verpflichtet.[23]

Die Einräumung eines Vorkaufs- oder Rückkaufsrechts in AGB zu Gunsten des Verkäufers für den Fall einer Veräußerung des Neufahrzeugs in den ersten 12 Monaten nach Erstzulassung stellt nach Meinung des OLG Köln[24] eine Vertragskonstruktion dar, die trotz der langen Bindung des Käufers als solche unbedenklich ist. Wenn aber der Verkäufer außerdem als Rückkaufpreis verbindlich den Neuwagenpreis abzüglich einer Nutzungsentschädigung von 1 % je gefahrene 1000 km festlegt, ist die Klausel nach § 307 Abs. 1, 2 BGB insgesamt unwirksam. Der Käufer wird durch sie unangemessen benachteiligt, weil die schematische Berechnung zur Folge haben kann, dass der zu zahlende Rückkaufspreis erheblich unter dem Marktwert liegt und der Käufer deshalb gezwungen ist, entweder sein Fahrzeug zu einem unangemessen niedrigen Preis zu veräußern oder aber mit dem Verkauf bis zum Ablauf der Jahresfrist zu warten.[25]

---

20 Urt. v. 14. 4. 1989 – 2 U 88/88 – n. v. zit. bei *Creutzig*, Recht des Autokaufs, Rn 1.3.4.
21 OLG München, Urt. v. 28. 11. 1986 – 23 U 3706/86 – n. v.; LG Essen, Urt. v. 19. 6. 1986 – 16 O 164/86 – n. v.; LG Koblenz, Urt. v. 13. 2. 1986 – 2 HO 32/85 – n. v.; OLG Düsseldorf, Urt. v. 1. 8. 1986 – 16 U 41/86 – n. v., sämtlich zit. bei *Creutzig,* Recht des Autokaufs, Rn 1.3.4.
22 Urt. v. 20. 3. 2001–14 U 299/01 – n. v.
23 Die Klausel wurde vom LG Stuttgart 4. 9. 2002 – 180.145/02 – n. v., für wirksam befunden.
24 Urt. v. 13. 1. 1993, NJW-RR 1993, 824.
25 OLG Köln, 13. 1. 1993, NJW-RR 1993, 824.

Einschaltung eines Importvermittlers

Mit der Vereinbarung einer **Halteklausel**, die dem Käufer den Weiterverkauf eines Luxusfahrzeugs auf die Dauer von zwölf Monaten untersagte, ihm jedoch die Möglichkeit bot, das Fahrzeug provisionspflichtig über den Verkäufer zu vermarkten, musste sich das HansOLG in einer Entscheidung jüngeren Datums befassen.[26] Es entschied, das Weiterveräußerungsverbot verstoße gegen § 307 Abs. 1, 2 BGB, weil es die freie Verfügungsbefugnis des Käufers und den Grundsatz der Vertragsfreiheit in erheblichem Maße beeinträchtige und beides nicht durch ein berechtigtes Interesse des Verwenders aufgewogen werde. Der Senat konnte die Gefahr der Entstehung eines „grauen" Marktes durch Verkauf eines mehrere Monate alten und viele Kilometer gelaufenen Kraftfahrzeugs nicht erkennen. Ein solcher Markt bestehe nur für den Handel mit fabrikneuen Fahrzeugen, heißt es im Urteil. Über das Ziel schieße die Regelung, die dem Käufer den Verkauf nur über den Händler und nur aus „wirtschaftlichen Gründen" erlaube, da es vielfältige Gründe für den privaten wie auch für den gewerblichen Käufer (Wechsel der Geschäftsführung oder der Außendarstellung des Unternehmens, Umstrukturierung des Fuhrparks, etc.) geben könne, das Fahrzeug vor Ablauf eines Jahres weiterzuverkaufen. Die AGB-Kontrolle scheitere schließlich auch nicht daran, dass die beanstandete Halteklausel nicht in einem vorgedruckten Formular, sondern in einem aus dem Computer gezogenen Textbaustein enthalten sei.

Aus dem Verbot des Weiterverkaufs folgt keine Pflicht des Käufers, das Fahrzeug auf seine Person zuzulassen. Eine **Klausel**, die eine Zulassungspflicht auf den Käufer vorschreibt, kann nach Meinung des BGH[27] nur im Fall des Fahrzeugverkaufs an einen gewerblichen Wiederverkäufer akzeptiert werden. In allen anderen Fällen entfaltet eine solche Regelung wegen Verstoßes gegen § 307 Abs. 1, 2 BGB keine Wirksamkeit, da sie die Belange des Käufers in unzumutbarer Weise zu Gunsten des Verkäufers missachtet. Aus dem gleichen Grund sind AGB-Regelungen ungültig, die eine Bevollmächtigung des Verkäufers für den Zulassungsantrag vorsehen. Die Gründe des Käufers, eine Zulassung des Fahrzeugs auf seinen Namen nicht oder nicht sogleich zu beantragen, haben Priorität vor den Interessen des Verkäufers, selbst wenn der „graue Markt" ohne die Zulassungspflicht nicht wirksam bekämpft werden kann.

In dem Bestreben, den Schwarzhandel mit Kaufverträgen zu verhindern, ist eine Reihe von Händlern schon vor Jahren dazu übergegangen, Käufer durch **Individualabreden** zu verpflichten, Fahrzeuge auf ihren eigenen Namen zuzulassen und sie nicht vor Ablauf einer bestimmten Frist von z. B. 6 Monaten zu veräußern. Die Wirksamkeit solcher Vereinbarungen stößt auf erhebliche Bedenken, weil die rechtsgeschäftliche und finanzielle Handlungsfreiheit des Käufers in einer durch die Sachumstände nicht gerechtfertigten Weise eingeschränkt wird. Darüber hinaus erleidet der Käufer, der – gleich aus welchen Gründen – den Wagen sofort weiterveräußern will, einen Schaden durch die Zulassung des Fahrzeugs auf seinen Namen. Das individuell vereinbarte Veräußerungsverbot mit Zulassungsverpflichtung führt in vielen Fällen zu einer einseitigen und unbilligen Benachteiligung der wirtschaftlich schwächeren Partei. Es erscheint nach den Grundsätzen von Treu und Glauben geboten, der Individualabrede die Wirksamkeit jedenfalls dann zu versagen, wenn sie dem Käufer quasi als Bedingung für den Vertragsabschluss vom Händler aufgezwungen wird.

Eine **verbotswidrige Weiterveräußerung** des Fahrzeugs durch den Käufer ist uneingeschränkt wirksam gem. § 137 BGB. Aus der mit dem Käufer getroffenen Vereinbarung kann der Verkäufer gegen den Zweiterwerber keine Rechte ableiten. Der vertragsbrüchige Erstkäufer besitzt keine – notfalls abtretbaren – Ansprüche gegen den Zweiterwerber.[28]

---

26 Urt. v. 29. 5. 2002, NJW-RR 2002, 1428.
27 Urt. v. 7. 10. 1981, NJW 1982, 178 ff.
28 A. A. *Creutzig*, Recht des Autokaufs, Rn 1.3.5.

Dem Händler ist allein der Ersterwerber wegen Verstoßes gegen das Weiterveräußerungsverbot zum Schadensersatz verpflichtet.[29] Der Anspruch betrifft den Schaden, den der Händler durch die Verletzung des selektiven Vertriebssystems erleidet. Da eine Naturalrestitution in Ermangelung einer rechtlichen Durchgriffsmöglichkeit gegen den Zweiterwerber ausscheidet[30] und die Schadensbezifferung auf praktische Schwierigkeiten stößt, kann sich die Vereinbarung einer angemessenen Vertragsstrafe als hilfreich erweisen.

b) Gesetzlicher Schutz

442 Schutz vor Eingriffen in das Vertriebssystem durch professionelle Wiederverkäufer, die der Händlerkette nicht angehören, gewährt § 1 UWG.

Die Verschaffung vertriebsgebundener Ware, die vom Hersteller im Rahmen seines Vertriebssystems ausschließlich zur Abgabe an Endverbraucher bestimmt ist durch einen vertraglich nicht gebundenen Außenseiter ist als solche nicht unzulässig. Wettbewerbswidrig handelt nur derjenige, der sich die unter die Vertriebsbindung fallende Ware durch sittenwidrigen **Schleichbezug** oder durch **Verleiten zum Vertragsbruch** verschafft. Erfolgt der Warenbezug durch bloße **Ausnutzung fremden Vertragsbruches**, liegt ein Wettbewerbsverstoß nur vor, wenn der Außenstehende dadurch einen ungerechtfertigten Vorsprung im Wettbewerb erlangt.

Schleichbezug setzt einen unlauteren Angriff auf die Entschließungsfreiheit des Herstellers voraus, etwa durch Täuschung eines gebundenen Lieferanten über das Vorliegen einer Bindung oder über eine verhängte Liefersperre, durch Vorschieben eines Strohmannes zur eigenen Tarnung[31] oder durch Zusammenwirken mit einem ungetreuen Angestellten. Es widerspricht guten kaufmännischen Sitten, ein vom Hersteller geschaffenes, auf Lückenlosigkeit angelegtes und grundsätzlich schützenswertes Vertriebssystem mit dem Mittel der Täuschung um die beabsichtigte Wirkung bringen zu wollen.[32] Das bloße Unterlassen des Hinweises auf eine bestehende Wiederverkaufsabsicht reicht zur Annahme des Schleichbezuges allerdings nicht aus, da im Geschäftsverkehr nach Treu und Glauben eine dem Käufer obliegende spontane Aufklärungspflicht über Wiederverkaufsabsichten nicht ohne weiteres besteht.[33] Wenn aber ein außerhalb des Händlernetzes stehender Kraftfahrzeughändler gegenüber einem gebundenen Händler behauptet, er sei lediglich Verkaufsvermittler und ihn dadurch zur Lieferung des Fahrzeugs veranlasst, erfüllt er durch diese Handlungsweise den Tatbestand des Schleichbezuges, sofern er gegenüber dem Endabnehmer als Verkäufer des Fahrzeugs auftritt.[34]

Die Missachtung einer Vertriebsbindung ist auch dann wettbewerbswidrig, wenn ein nicht autorisierter Kraftfahrzeughändler einen gebundenen Vertragshändler über seine Absicht täuscht, das bei ihm bestellte Neufahrzeug nach einer sog. Tageszulassung weiterzuveräußern.[35] Der zivilrechtliche Befund, dass es sich bei einem Kraftfahrzeug mit Tageszulassung möglicherweise nicht mehr um ein neues, jedenfalls nicht um ein fabrikneues Auto handelt (Rn 203 ff.), räumt den Vorwurf der Sittenwidrigkeit des Wettbewerbshandelns nicht aus. Im Hinblick auf § 1 UWG kommt es vielmehr entscheidend darauf an, dass dem gebundenen Händler nach dem Inhalt des Vertrages mit dem Hersteller untersagt ist, einem nicht autorisierten Händler einen Neuwagen zu verkaufen, wenn er weiß, dass

---

29 *Erman/Palm*, § 137 Rn 9.
30 A. A. *Creutzig*, Recht des Autokaufs, Rn 1.3.5, der dem Händler einen gegen den Erstkäufer gerichteten Anspruch auf Rückgängigmachung des Kaufvertrages mit dem Zweitkäufer zubilligt.
31 BGH 14. 7. 1988, DAR 1988, 380.
32 BGH 5. 12. 1991, NJW-RR 1992, 427, 428.
33 BGH 21. 2. 1991 – I ZR 115/90 – n. v.
34 BGH 5. 12. 1991, NJW-RR 1992, 427, 428.
35 BGH 30. 6. 1994, NJW-RR 1994, 1326.

Einschaltung eines Importvermittlers

dieser die Absicht hat, das Auto nach einer kurzen Zulassung an einen Endabnehmer weiterzuverkaufen.

Die von der Rechtsprechung zum Schleichbezug bei Bestehen der Vertriebsbindung entwickelten Rechtsgrundsätze gelten unmittelbar für Verkaufssysteme mit Händlerbindungen, bei planmäßig eingesetzter Täuschung, aber auch für den **Eigenvertrieb** über Niederlassungen.[36] Von diesem Sonderfall abgesehen genießen Eigenvertriebssysteme keinen so weitreichenden Schutz gegen Außenseiter wie vertikale Vertriebssysteme.[37]

Ein zum Zweck des sog. Schleichbezuges durch den Drittunternehmer über einen **Strohmann** geschlossener Kaufvertrag ist – da ernstlich gewollt – kein Scheingeschäft und verstößt selbst bei einseitig geplanter rechtswidriger Verwendung nicht gegen § 138 Abs. 1 BGB.[38] Der Strohmann ist dem verkaufenden Hersteller nach Ansicht des OLG Schleswig[39] schadensersatzpflichtig, selbst wenn letzterer dem Hintermann den Schleichbezug durch einstweilige Verfügung untersagt hat und die Erfüllung des Kaufvertrages hieran gescheitert ist.

Das Schadensersatzbegehren des Wiederverkäufers wegen Nichtbelieferung kann der Neuwagenhändler nicht durch einen c. i. c.-Gegenanspruch mit der Begründung zu Fall bringen, er sei nichtsahnend zum Abschluss des Vertrages veranlasst worden, durch dessen Erfüllung er sich gegenüber dem Hersteller vertragsbrüchig mache, da für den Käufer keine Verpflichtung besteht, die Wiederverkaufsabsicht zu offenbaren. Wenn Hersteller und Vertragshändler mit Graumarktgeschäften vertraut sind und entsprechende Zusatzvereinbarungen zum Händlervertrag und einen Leitfaden zum Graumarktgeschäft erarbeitet haben, gleichwohl aber auf Nachfragen zur Wiederverkaufsabsicht trotz gegebenen Anlasses verzichten, können sie nicht auf eine Offenbarungspflicht des Käufers vertrauen.[40]

Ein **Verleiten zum Vertragsbruch** liegt vor, wenn sich der Außenseiter nicht auf den bloßen Ankauf der Ware beschränkt, sondern es zu Wettbewerbszwecken bewusst darauf anlegt, dass ein gebundener Händler vertragsbrüchig wird. Einem Parallelimporteur untersagte das Thüringische OLG,[41] Neufahrzeuge durch Verleiten zum Vertragsbruch oder durch Ausnutzen eines Vertragsbruchs von Angehörigen der Händler-Vertriebsorganisation zu erwerben und diese sodann im Rechtsverkehr zum Verkauf anzubieten.[42]

Während es nach herrschender Ansicht beim Schleichbezug auf eine **Lückenlosigkeit der Vertriebsbindung** sowohl im gedanklichen Aufbau als auch in der praktischen Durchführung nicht ankommt,[43] wird eine solche bei Verleitung zum Vertragsbruch allgemein verlangt.[44] Der EuGH[45] hat entschieden, dass das EU-Wettbewerbsrecht der deutschen Rechtsprechung zur Lückenlosigkeit nicht entgegensteht. Bei der Beurteilung der praktischen Lückenlosigkeit ist auf die tatsächlichen Marktverhältnisse und nicht allein auf die Frage abzustellen, ob Verkaufsakte von Personen vorliegen, die gedanklich zum Vertriebssystem gehören. Lückenhaft ist ein Vertriebssystem immer dann, wenn gebundene Waren auf dem Markt über unvermeidbare Einzelfälle hinaus auch außerhalb des Systems erhältlich sind.[46] Ein nicht mit Vertragsstrafe oder durch Androhung der Aufhebung der Liefer-

---

36 BGH 14. 7. 1988, DAR 1988, 380.
37 BGH 7. 2. 1991, NJW-RR 1991, 1257.
38 OLG Schleswig 4. 5. 1988, NJW 1988, 2247.
39 Urt. v. 4. 5. 1988, NJW 1988, 2247.
40 BGH 26. 2. 1992, ZIP 1992, 483.
41 Urt. v. 23. 4. 1997, WRP 1997, 980.
42 In diesem Sinne auch LG Kiel 25. 3. 1997 -15 O 2/97 – n. v. zit. von *Creutzig*, Recht des Autokaufs, Rn 1.3.4.
43 BGH 30. 6. 1994, NJW-RR 1994, 1326.
44 BGH 19. 3. 1992, NJW-RR 1992, 1065, 1066 m. w. N.
45 Urt. v. 5. 6. 1997, NJW 1997, 2667; dazu *Niebling* WiB 1997, 977.
46 BGH 7. 2. 1991, NJW-RR 1991, 1257.

verpflichtung bewehrtes Verbot, Neufahrzeuge nicht an nicht autorisierte Wiederverkäufer zu vertreiben, reicht zur Absicherung der Lückenlosigkeit des Vertriebssystems nach Ansicht des OLG Dresden[47] selbst dann nicht aus, wenn das Verbot mit der Androhung der fristlosen Kündigung für den Fall des Verstoßes gekoppelt ist.

Besteht für die gebundene Ware ein multinationales Bindungssystem, so kann die dem inländischen Händler auferlegte Vertriebsbindung schon dann nicht mehr als lückenlos angesehen werden, wenn für den inländischen Außenseiter die Möglichkeit besteht, die Ware aus anderen Ländern, insbesondere aus Ländern der Europäischen Gemeinschaft, ungehindert zu beziehen.[48] Dem Hersteller wird abverlangt, dass er das Vertriebsbindungssystem ständig überwacht und aufgedeckte Verstöße verfolgt. Dabei genügt es, wenn er ein System schafft, das ihn in die Lage versetzt, auftretende Lücken schnell aufzudecken und wieder zu schließen. Um die Lückenlosigkeit des System sicherzustellen, muss er die Maßnahmen auf alle Länder erstrecken, in denen das Vertriebssystem besteht.

Das **Ausnutzen eines fremden Vertragsbruchs** erfordert für die Annahme eines Verstoßes gegen § 1 UWG, dass besondere, die Unlauterkeit begründende Umstände hinzukommen müssen.

4. Vertragsdurchführung

444 Nach der Kfz-GVO besteht für freie Importeure wenig Handlungsspielraum. Sie dürfen nicht im eigenen Namen Neufahrzeuge an- und verkaufen oder auf Lager nehmen. Erlaubt ist ihnen lediglich eine Vermittlertätigkeit. Sie müssen für jedes Fahrzeug, das sie vermitteln, auf Verlangen des Herstellers einen Käufer nachweisen, einen Kaufvertrag mit dessen Unterschrift vorlegen oder eine Vollmacht für den Kauf des Fahrzeugs vorweisen und unter Umständen eine Ausweiskopie und eine Meldebestätigung des Käufers beibringen. Gleichwohl ist zu beobachten, dass freie Händler keine Probleme haben, Importfahrzeuge zu beschaffen. Viele dieser Fahrzeuge stehen auf Lager und werden von freien Importeuren im eigenen Namen verkauft.

Da abzusehen ist, dass Importvermittler wegen der – zur Zeit noch vorhandenen – unterschiedlichen Steuerverhältnisse in den EU-Mitgliedsstaaten und der von Land zu Land stark variierenden Werksabgabepreise auch in naher Zukunft auf dem Binnenmarkt EU-Neuwagen preiswert anbieten werden, sind viele Fabrikatshändler dazu übergegangen, Fahrzeuge nicht mehr nur bei ihren inländischen Herstellern und Importeuren zu ordern, sondern zusätzlich bei Fabrikatshändlern im EU-Ausland preiswert Quereinkäufe zu tätigen. Dadurch verschaffen sie sich dringend benötigte Preis- und Renditevorteile. Außerdem legen sie die Quellen des freien Marktes trocken und zwingen Hersteller und Importeure zur Harmonisierung der Abgabepreise. Durch Reimporte und Quereinkäufe geraten feste Vertriebsstrukturen in Bewegung.

In seiner Funktion als Importvermittler wickelt der freie Händler den Kauf und die Einfuhr des Fahrzeugs für den Kunden komplett ab. Im Vermittlungsvertrag ist dies eindeutig festzulegen. Die wichtigsten Punkte sind: Vereinbarung eines Festpreises und eines konkreten Liefertermins, Verpflichtung des Vermittlers zur Übergabe eines vom ausländischen Vertragshändler abgestempelten Service- und Garantieheftes, Zulassung in Deutschland oder Übergabe des Fahrzeugs in einem zulassungsfertigen Zustand, Anmeldung und Entrichtung der vom Käufer geschuldeten Umsatzsteuer durch den Vermittler. Die Abwicklung des gesamten Importvorgangs inklusive der Beschaffung aller notwendigen Dokumente liegt in der Risikosphäre des Reimporteurs.[49]

---

47 Urt. v. 16. 6. 1998, OLGR 1998, 372.
48 BGH 19. 3. 1992, NJW-RR 1992, 1065, 1066.
49 OLG Frankfurt 22. 9. 1997, ADAJUR-Archiv, Dok.-Nr. 31.931.

Einschaltung eines Importvermittlers

Aus den Umständen des Einzelfalles, insbesondere aus den AGB und der Interessenlage kann sich ergeben, dass der Vermittlungsvertrag als Kaufvertrag zwischen dem Vermittler und seinem Kunden zu werten ist.[50] Dem steht nicht entgegen, dass der Vertrag als Vermittlungsauftrag bezeichnet und entsprechend gestaltet ist, da diese Formularien nach der Kfz-GVO notwendig sind. Wird aus dem Vermittlungsvertrag ein Eigengeschäft, haftet der Vermittler dem Käufer auf Schadensersatz, wenn er seinen Verkäuferpflichten nicht nachkommt.

5. Steuerrechtliche Fragen

Bei einem innergemeinschaftlichen Erwerb gilt ein Fahrzeug umsatzsteuerrechtlich seit dem 1. 1. 1995 als neu, wenn die erste Inbetriebnahme (Erstzulassung) zum Zeitpunkt des Erwerbs nicht mehr als **sechs Monate** zurückliegt oder die **Laufleistung weniger als 6000 km** beträgt. Für diese Art von Fahrzeugen, zu denen echte Neufahrzeuge und junge Gebrauchtwagen gehören, findet § 25 a UStG (Differenzbesteuerung) bei EU-Lieferungen keine Anwendung.

Ein innergemeinschaftlicher Erwerb liegt vor, wenn der erworbene Gegenstand bei der Lieferung an den Erwerber aus dem Gebiet eines anderen EU-Mitgliedsstaates in das Inland gelangt. Der Lieferer des Gegenstandes muss grundsätzlich Unternehmer sein und die Lieferung im Rahmen seines Unternehmens ausführen. Lediglich bei der Anschaffung eines neuen Kraftfahrzeugs setzt der innergemeinschaftliche Erwerb nicht voraus, dass der Fahrzeuglieferant Unternehmer ist und die Lieferung im Rahmen seines Unternehmens vornimmt. Auch Privatpersonen treten als Unternehmer auf, wenn sie ein EU-Neufahrzeug über die Grenze liefern. Der Erwerber muss gem. § 1 a UStG ein Unternehmer oder eine juristische Person sein. Durch § 1 b UStG werden allerdings Fahrzeugkäufe durch Privatpersonen ebenfalls als innergemeinschaftlicher Erwerb definiert.

Daraus folgt, dass der innergemeinschaftliche Erwerb eines neuen Fahrzeugs grundsätzlich auch bei Privatpersonen der **Erwerbsbesteuerung** unterliegt. Abweichend von den für andere Waren geltenden Grundsätzen zur Mehrwertsteuerregelung erfolgt die Besteuerung sog. „neuer Beförderungsmittel" nicht im Ursprungsland, sondern im **Bestimmungsland**. Für die Besteuerung sind somit die Vorschriften des Landes anzuwenden, in dem sich der Wohn- oder Betriebssitz des Käufers befindet.

Der EU-ausländische Verkäufer hat den Umsatz als **steuerfreie Lieferung** zu behandeln. Weist er dennoch die EU-ausländische Umsatzsteuer aus, verliert das Geschäft dadurch nicht den Charakter eines innergemeinschaftlichen Erwerbs. Die vom Käufer in Deutschland zu entrichtende Umsatzsteuer wird in diesem Fall nicht auf der Basis des ausländischen Nettopreises berechnet. Maßgeblich ist der an den EU-ausländischen Verkäufer insgesamt gezahlte Kaufpreis. Der Käufer ist berechtigt, die Umsatzsteuer als Vorsteuer in dem EU-Mitgliedsstaat des Verkäufers im Rahmen des Vorsteuer-Vergütungsverfahrens geltend zu machen. Hierzu benötigt er einen Fiskalvertreter, wenn er in dem Ausfuhrstaat keine Betriebsstätte unterhält. Das Erstattungsverfahren kann 12 Monate und länger dauern. Eine Rückerstattung findet nicht statt, wenn der EU-ausländische Verkäufer die vereinnahmte Umsatzsteuer nicht abgeführt hat.[51]

Die Zahlung der **Erwerbssteuer** hat innerhalb von **10 Tagen** nach der Einfuhr des Fahrzeugs zu erfolgen. Beim Kauf von einem Zwischenhändler, der eine Scheinfirma betreibt, besteht kein Vorsteueranspruch.[52] Daher sollte sich der Käufer vergewissern, ob der Lieferant tatsächlich zum Umsatzsteuerausweis berechtigt ist.

---

50 OLG Düsseldorf 30. 8. 2001, DAR 2002, 212.
51 Steuer-Erfahrungsaustausch Kfz-Gewerbe 6/95, S. 7.
52 BGH 19. 10. 1999–5 StR 178/99.

Bei einer innergemeinschaftlichen Lieferung gilt der Vertrauensschutz des § 6 a Abs. 4 UStG, wenn der Betroffene die „Sorgfalt eines ordentlichen Kaufmanns" beachtet hat. Diese Voraussetzungen wurden vom FG Nürnberg[53] in einem Fall bejaht, in dem die vom beklagten Kraftfahrzeughändler in ein anderes EU-Land verkauften hochwertigen Sportwagen in Deutschland verblieben waren. Der Händler hatte sich vom Bundesamt für Finanzen die Gültigkeit der Umsatzsteuer- Identifikationsnummer sowie den Namen und die Anschrift des Antragstellers bestätigen lassen, eine Kopie des Ausweises aufbewahrt, den Beruf und Gewerbezweig des Käufers notiert und sich von ihm die Bestätigung der unternehmerischen Nutzung geben lassen. Als unerheblich wertete das FG Nürnberg, dass der Händler die Bestätigung über die Ausfuhr erst nachträglich erhalten hatte.

Bei der Inlandsversteuerung ist zu unterscheiden, ob der deutsche Autohändler das EU-Neufahrzeug vermittelt oder im eigenen Namen verkauft. Wird er als Vermittler tätig, muss der Käufer das Neufahrzeug der Umsatzbesteuerung zuführen (diese Aufgabe kann ihm der Vermittler natürlich abnehmen), während der Vermittler lediglich die **Umsatzsteuer** auf die **Provision** schuldet. Tritt der Händler gegenüber dem deutschen Käufer jedoch selbst als Verkäufer des EU-Neufahrzeugs auf, so muss dieser Inlandslieferung zwangsläufig ein innergemeinschaftlicher Erwerb des Händlers vorgeschaltet sein, auf Grund dessen er zur Zahlung der **Umsatzsteuer** auf den **Kaufpreis** verpflichtet ist. Beim Eigenverkauf erteilt der Händler dem deutschen Käufer eine Inlandsrechnung, welche die Umsatzsteuer ausweist. Handelt es sich bei dem ausländischen Verkäufer um eine Privatperson ohne Umsatzsteuer-Identifikationsnummer, so besitzt er Anspruch auf Erstattung der in seinem Mitgliedsstaat bei dem erstmaligen Erwerb des Fahrzeugs von ihm entrichteten Mehrwertsteuer, wenn er das neue Fahrzeug wieder verkauft.

Beim Vermittlungsgeschäft lässt sich im Gegensatz zur Eigenlieferung die Offenlegung der Gewinnmarge häufig nicht vermeiden. Wegen dieser unliebsamen Begleiterscheinung ist die Eigenlieferung die für den Kfz-Handel interessantere Variante. Sie bietet auch dem Käufer, insbesondere wegen der einfacheren Durchsetzung von Sachmängel- und Garantieansprüchen, größere Vorteile als das Vermittlungsgeschäft. Aus dem Dilemma weist eine Verfügung der Oberfinanzdirektion Rostock[54] einen Ausweg, insofern der deutsche Autohändler auch in sog. Besorgungsfällen von einem steuerpflichtigen innergemeinschaftlichen Erwerb mit anschließender steuerpflichtiger Inlandslieferung an den deutschen Käufer ausgehen darf, wenn der EU-ausländische Autohändler die an den privaten deutschen Käufer gerichtete Rechnung ohne Ausweis der Mehrwertsteuer direkt dem deutschen Händler übergibt, dieser die Rechnung als eigene behält und für den Verkauf des Fahrzeugs dem deutschen Käufer seinerseits eine Rechnung mit Ausweis der deutschen Umsatzsteuer ausstellt.[55]

6. EU-Neufahrzeug

Mit der Öffnung des europäischen Marktes ist die Neuwageneigenschaft von EU-Fahrzeugen in den Blickpunkt des juristischen Interesses gerückt.[56] Der zivilrechtliche Begriff „Neuwagen" weist keinerlei Übereinstimmung mit der steuerrechtlichen Definition auf.

Die Erklärung des Verkäufers, er liefere ein Neufahrzeug, kann im Fall des Verkaufs eines außerhalb der Vertragshändlerkette importierten Fahrzeugs als Garantie für die Neu-

---

53 Urt. v. 27. 6. 2001 – II 363/2000 – nicht rechtskräftig – Az. BFH V B 123/01.
54 Verfügung vom 20. 1. 1994, Az. S 7103 A/S 7303 A-St 331 in Umsatzsteuer-Rundschau 1994, 284.
55 Ausführlich Steuer-Erfahrungsaustausch Kraftfahrzeuggewerbe 11/94, S. 5 ff. sowie 6/95, S. 7, 8.
56 *Both,* DAR 1998, 91.

Einschaltung eines Importvermittlers

wageneigenschaft zu würdigen sein. Ein vom Verschulden unabhängiger Einstandswille des Verkäufers wird nicht dadurch ausgeschlossen, dass der Verkauf durch ein Unternehmen erfolgt, das sich nur gelegentlich mit dem Handel von Neufahrzeugen befasst.[57] Sofern sich aus dem Vertrag keine gegenteiligen Hinweise ergeben, garantiert der Verkäufer damit konkludent die Fabrikneuheit des Fahrzeugs i. S. der Modellaktualität, der Beschädigungsfreiheit und des Nichtvorhandenseins von Lagermängeln (Rn 204).

Geteilt sind die Meinungen zu der Frage, ob die Sollbeschaffenheit eines EU-Neuwagens der eines inländischen Fahrzeugs des gleichen Typs entsprechen muss. In einer Entscheidung des OLG Köln[58] wird hierzu festgestellt, aus der Bezeichnung EU- Neuwagen ergebe sich für den Käufer lediglich, „dass das Fahrzeug über ein EU-Land importiert worden ist – mit einer für den deutschen Käufer ersichtlich günstigeren Preisgestaltung". Dem Begriff sei nicht zu entnehmen, dass es sich dabei um ein in Deutschland nicht mehr aktuelles oder sonst nicht gängiges Modell handelt. Diese Auffassung war zuvor schon vom LG Koblenz[59] vertreten worden. Es hatte das Fehlen von Ausstattungsmerkmalen, welche die in der Bundesrepublik Deutschland über den autorisierten Handel vertriebenen Fahrzeuge des gleichen Modells aufweisen, als Sachmangel bewertet und den Einwand des Händlers, er habe das Auto als EU-Fahrzeug angeboten, mit der Begründung zurückgewiesen, diese Bezeichnung sei für den durchschnittlichen Kunden eines Kfz-Händlers unverständlich. Im Gegensatz dazu hat sich das LG Paderborn[60] auf den Standpunkt gestellt, es sei allgemein bekannt, dass reimportierte Fahrzeuge nicht zwangsläufig über die gleiche Ausstattung verfügen, wie die für den Inlandsmarkt bestimmten Fahrzeuge. Dieser Ansicht ist entgegenzuhalten, dass Importfahrzeuge keineswegs immer Ausrüstungsdefizite aufweisen, sondern nur gelegentlich. Es kann auch nicht festgestellt werden, dass die Erwartungshaltung der Käufer von EU – Fahrzeugen nicht darauf gerichtet ist, ein Fahrzeug zu erwerben, das dem inländischen Standard entspricht. Die günstigen Preise von EU – Fahrzeugen beruhen nämlich nicht auf Ausrüstungsdefiziten im Vergleich zu Inlandsfahrzeugen, sondern auf unterschiedlichen Abgabepreisen und unterschiedlichen Mehrwertsteuersätzen in den EU-Mitgliedsstaaten. Schließlich werben Parallelimporteure damit, dass die von ihnen angebotenen EU-Neufahrzeuge die gleichen Ausrüstungs- und Ausstattungsmerkmale aufweisen, wie die vom inländischen Fabrikatshandel angebotenen Fahrzeuge des gleichen Typs.[61] Von einer Gleichwertigkeit des Importfahrzeugs mit einem Inlandsfahrzeug muss das OLG Düsseldorf[62] zwangsläufig ausgegangen sein, als es entschied, der Käufer eines Importfahrzeugs habe im Fall der Nichterfüllung des Kaufvertrages als Schaden den Kaufpreis zu beanspruchen, den er für ein vergleichbares Fahrzeug bei einem deutschen Vertragshändler aufwenden müsse. Der Importeur wurde vom OLG Düsseldorf persönlich in die Haftung genommen, weil aus den Unterlagen nicht klar und eindeutig hervorging, ob ein Vermittlungsvertrag oder ein Kaufvertrag geschlossen worden war, weshalb Auslegungszweifel zu seinen Lasten gingen.

Wenn für die Neuwageneigenschaft eines außerhalb der Händlerkette importierten EU-Neuwagens die gleichen – strengen – Maßstäbe wie für Inlandfahrzeuge gelten, ist es inkonsequent und mit dem angestrebten freien Warenverkehr innerhalb der EU-Mitgliedsstaaten nicht zu vereinbaren, dem Verkäufer eines EU- Fahrzeugs die Verpflichtung aufzuerlegen, die **Importwageneigenschaft** als solche zu offenbaren. Allein die Tatsache des günstigen Einkaufspreises reicht zur Begründung einer entsprechenden Aufklärungspflicht

---

57 BGH 26. 3. 1997, NZV 1997, 306.
58 Urt. v. 14. 7. 1998, 15 U 155/97.
59 Urt. v. 1. 6. 1994 – 2 O 113/83 –zit. in Autohaus 1986, 218.
60 Urt. v. 3. 12. 1992 – 5 S 196/92 – n. v.
61 OLG Köln 14. 7. 1998–15 U 155/97.
62 Urt. v. 30. 8. 2001, DAR 2002, 212, 213.

nicht aus.[63] Die Tatsache, dass es sich um ein Importfahrzeug handelt, darf der Händler allerdings nicht verschweigen, wenn das Fahrzeug bereits im Ausland zugelassen wurde,[64] da dieser Umstand die Fabrikneuheit beeinträchtigt oder wenn das Fahrzeug in seiner Ausstattung von den nach der StVZO in der Bundesrepublik Deutschland erforderlichen Standards abweicht.[65]

448 Der Neuwagenbegriff und die von der Garantiehaftung mitumfasste Fabrikneuheit sind „relativer Natur", wie die wachsende Zahl der Gerichtsentscheidungen zu diesem Komplex belegt. Es kommt – wie immer bei Auslegungsfragen – darauf an, was die Parteien des Kaufvertrages unter dem Begriff EU-Neuwagen verstanden haben. Am Beispiel der Auslandszulassung von EU-Importfahrzeugen lässt sich die Aufweichung der Begriffe verdeutlichen.

Bereits vor Jahren hat sich der Wettbewerbssenat des BGH[66] auf den Standpunkt gestellt, der formale Akt der **Zulassung** eines Kraftfahrzeugs auf den **ausländischen Vertragshändler** beeinträchtige als solcher nicht die Neuheit der Kaufsache; diese entfalle erst mit der Benutzung des Fahrzeugs zum Zweck der Teilnahme am Straßenverkehr. Auf der anderen Seite stand immer außer Frage, dass eine ausländische **Erstzulassung** des Fahrzeugs auf einen **Endverbraucher** die Eigenschaft der Fabrikneuheit des Fahrzeugs beseitigt. Dies hat der 8. Zivilsenat des BGH[67] im Kern durch die Aussage bestätigt, beim Verkauf eines vor über fünf Monaten an einen anderen Kunden ausgelieferten Pkw sei der Gebrauch des Wortes Neuwagen an sich nicht mehr gerechtfertigt. Auch wenn kein Erfahrungssatz existiere, dass ein sog. grauer Import immer nur über eine Tageszulassung möglich sei, könne der Neuwagenbegriff nicht ohne weiteres dahingehend verstanden werden, dass das Fahrzeug noch nicht auf einen Vorbesitzer zugelassen worden sei, wenn – wie im konkreten Fall geschehen – der Händler das Auto bei Verkauf als ein bereits im Ausland an einen anderen Kunden ausgeliefertes „Neufahrzeug mit Werkskilometern" bezeichnet. Wegen der Vielzahl möglicher individueller Fallgestaltungen kann die Erklärung, es handele sich um einen Neuwagen, nicht ein für alle Mal begrifflich festgelegt werden.

Die Begriffe neu und fabrikneu sind nach Ansicht des OLG Koblenz[68] im allgemeinen Sprachgebrauch dasselbe. Auch das OLG Schleswig[69] vermengt den Begriff der **Neuheit** eines Fahrzeugs mit **Elementen der Fabrikneuheit**. Es vertritt die Ansicht, die Neuwageneigenschaft werde durch ein Fahrzeugalter von 2 ½ Jahren (Zeitraum zwischen Herstellung und Verkauf) nicht beeinträchtigt, wenn der Hersteller das Modell weitgehend unverändert weiterbaut und das Fahrzeug keine wesentlichen durch die Standzeit bedingten Mängel aufweist. Seines Erachtens ist der Verkäufer unter diesen Umständen nicht verpflichtet, das Alter des Fahrzeugs ungefragt zu offenbaren. Auf der gleichen Linie liegt eine Entscheidung des OLG Koblenz,[70] die besagt, dass dem Käufer eines reimportierten Fahrzeugs eine Lagerdauer von ca. 2 ½ Jahren nicht zugemutet werden kann, wenn es, gemessen am Produktionsstand zum Zeitpunkt des Verkaufs veraltet ist. Eine Lagerzeit von 28 Monaten mutete das AG Erkelenz[71] dem Käufer eines japanischen Fahrzeugs allerdings nicht mehr zu, obwohl ihm der Verkäufer offenbart hatte, dass das Fahrzeug nicht mehr produziert wurde.

---

63 OLG Köln 16. 2. 1995, NZV 1995, 485.
64 OLG Saarbrücken 30. 3. 1999, NJW-RR 1999, 1063.
65 AG St. Ingbert 7. 1. 1999, ZfS 1999, 104.
66 Urt. v. 20. 2. 1986, WRP 1986, 324; kritisch *Creutzig*, BB 1987, 283.
67 Urt. v. 26. 3. 1997, NZV 1997, 306; dazu EWiR § 459 BGB 1/97, S. 537 *Reinking*.
68 Urt. v. 23. 7. 1998, DAR 1999, 262.
69 Urt. v. 21. 7. 1999, OLGR 1999, 412.
70 Urt. v. 27. 6. 1996 NJW-RR 1997, 430.
71 Urt. v. 25. 4. 1997, ZfS 1997, 298.

7. Vertragsgegenstand und Aufklärungspflichten

Verwendet ein nicht autorisierter Händler beim Verkauf eines als „EU-Importwagen/ Neuwagen" deklarierten unbenutzten, im Ausland zum öffentlichen Straßenverkehr zugelassenen Kraftfahrzeugs mit 200 Werkskilometern statt eines Neuwagenverkaufsformulars eine Bestellung für gebrauchte Fahrzeuge, die den Vermerk „ohne Garantie" enthält und in der zusätzlich vermerkt ist, dass das Fahrzeug keine Werksgarantie hat und stattdessen eine Zusatzgarantie bis 36 Monate gegen Zuzahlung von 350 DM gewährt wird, ist die Lieferung eines „Neufahrzeugs" Vertragsgegenstand. Das OLG Schleswig,[72] das diese Entscheidung traf, machte allerdings die Einschränkung, dass bei einem Verkauf unter solchen Begleitumständen nicht anzunehmen ist, der Verkäufer übernehme hinsichtlich der Fabrikneuheit eine vom Verschulden unabhängige Einstandspflicht i. S. d. heutigen § 276 Abs. 1 S. 1 BGB.

Aufklärungspflichten,[73] bei deren Verletzung der Verkäufer eines importierten Fahrzeugs dem Käufer auf Schadensersatz haftet, bestehen vor allem:
- Wenn für das Fahrzeug keine Herstellergarantie besteht bzw. vom Verkäufer nicht beschafft werden kann.[74]
- Wenn die Herstellergarantie und die Sachmängelhaftung durch eine Auslandszulassung oder eine bereits längere Zeit zurückliegende Auslieferung des Fahrzeugs entsprechend verkürzt ist.[75] Die Offenbarungspflicht besteht auch bereits dann, wenn die Fristverkürzung den für die Werbung unbeachtlichen Zeitraum von zwei Wochen unterschreitet.[76]
- Wenn das Importfahrzeug Ausrüstungsunterschiede im Vergleich zu Inlandsfahrzeugen aufweist.[77]
- Wenn zu erwarten ist, dass inländische Vertragswerkstätten die Vornahme von Wartungsdiensten und Reparaturen verweigern oder erschweren.[78]

Das Fehlen einer vom Verkäufer zu beschaffenden Herstellergarantie oder deren zeitliche Verkürzung stellt keinen Sachmangel, wohl aber eine Pflichtverletzung nach § 241 Abs. 2 BGB dar. Insoweit kommt eine Haftung des Verkäufers aus §§ 280, 282 BGB in Betracht.[79]

Allein der Umstand, dass ein in Deutschland gekauftes und ausgeliefertes Fahrzeug im Ausland hergestellt worden ist, stellt regelmäßig keinen Grund dar, der den Käufer berechtigt, die Kaufvertragserklärung gem. § 123 BGB anzufechten.[80]

Wird der Kaufgegenstand vom Verkäufer als importiertes/reimportiertes Lagerfahrzeug bezeichnet, handelt es sich grundsätzlich um ein neues Fahrzeug, das allerdings vor nicht unerheblicher Zeit hergestellt worden ist. Der Käufer muss sich aber nicht mit jeder belie-

---

[72] Urt. v. 21. 7. 1999, OLGR 1999, 412; dazu EWiR § 459 BGB 1999, *Reinking*; ähnlich OLG Koblenz 20. 11. 1999, NJW-RR 1999, 702 – wonach ein aus den USA importiertes Fahrzeug noch als Neufahrzeug anzusprechen sein kann, wenn es eine schwere und nur unzulänglich reparierte Beschädigung aufweist.
[73] Zur Aufklärung in der Werbung Rn 456 ff.
[74] BGH 24. 4. 1996, NJW 1996, 2025.
[75] OLG Saarbrücken 30. 3. 1999, 1063.
[76] BGH 15. 7. 1999, DAR 1999, 501.
[77] LG Bad Kreuznach, Urt. v. 2. 5. 1983 – 5 O 133/82, zit. in Autohaus 1983, 2387; ebenso LG Köln 2. 4. 1984 – 84 O 45/84 – Autohaus 16/1984, 111- Hinweispflicht, dass die Ausstattung nicht mit der inländischen Mindestausstattung übereinstimmt, für welche die unverbindliche Preisempfehlung des Herstellers gilt –, LG Limburg 8. 6. 1984 – 6 O 45/84 – Autohaus 16/1984, 111.
[78] Dazu EuGH 13. 10. 1993, ZIP 1993, 93.
[79] BGH 24. 4. 1996, NJW 1996, 2025 zur positiven Vertragsverletzung.
[80] OLG Köln 16. 2. 1995, NZV 1995, 485.

bigen Lagerdauer abfinden und ein Auto abnehmen, dass – gemessen am laufenden Produktionsstand – veraltet ist.[81]

Zur Anfechtung des Kaufvertrages wegen arglistiger Täuschung ist der Käufer berechtigt, wenn ihn der Verkäufer eines aus den USA importierten Fahrzeugs nicht ungefragt auf das Fehlen des Ölkühlers hingewiesen hat, mit dem die von der Tochtergesellschaft des Herstellers importierten vergleichbaren Fahrzeuge serienmäßig ausgestattet waren. Der Vermerk im Kaufvertrag „Spezifikation wie USA" entlastet den Verkäufer nicht, weil er nichts über die Aufklärung des Käufers über den fehlenden Ölkühler besagt.[82]

8. Garantie

450   Die Freistellung vom selektiven Vertrieb hat gem. Ziff. 17 der Gründe zur Kfz-GVO (EG Nr. 1400/2002) zur Voraussetzung, dass zugelassene Händler mit eigener Werkstatt und zugelassene Werkstätten **„Gewähr, unentgeltlichen Kundendienst und Kundendienst im Rahmen von Rückrufaktionen"** in dem vom Hersteller veranlassten Mindestumfang unabhängig davon zu leisten haben, wo das Fahrzeug im Gemeinsamen Markt verkauft worden ist. Die Bezeichnungen „Gewähr" und „unentgeltlicher Kundendienst" sind unscharf. Mit Gewähr ist die Sachmängelhaftung des Verkäufers gemeint, wie sich aus den weiteren Gründen in Ziff. 17 zur Kfz-GVO ergibt. Unentgeltlicher Kundendienst betrifft die Vornahme von **Garantiearbeiten** und von **Kulanzmaßnahmen** des Herstellers/Importeurs.

Sofern der freie Importeur als Einkaufsvermittler i. S. d. EU-Verordnung tätig wird, indem er als **offener Stellvertreter** für einen bestimmten Endverbraucher unter Vorlage von dessen Vollmacht beim autorisierten Händler auftritt, steht die aus dem Händlervertrag resultierende Garantieverpflichtung des inländischen Fabrikatshändlers außer Frage, da der Ankauf des Fahrzeugs über den autorisierten Fachhandel erfolgt und eine Verletzung des selektiven Vertriebssystems nicht vorliegt.[83]

Um zu verhindern, dass Arbeiten zur Vornahme von Garantieansprüchen für außerhalb der selektiven Vertriebswege erworbene Fahrzeuge geleistet werden, haben inländische Vertragshändler in der Vergangenheit die Erbringung von Garantieleistungen davon abhängig gemacht, dass der Kunde entweder eine vom ausländischen Verkäufer ausgefüllte Garantieurkunde oder ein von diesem **abgestempeltes Serviceheft** mit dem Vermerk über die ordnungsgemäße Vornahme der Ablieferungsinspektion vorlegt. Mit dem Hinweis, der Verkäufer habe das Kundendienstscheckheft nicht korrekt ausgefüllt, können sich Automobilhersteller und die mit ihnen verbundenen Vertragshändler aus Sicht der EU-Kommission ihrer Verpflichtung zur Vornahme von Garantiearbeiten nicht entziehen. Ein solches Verhalten wurde im Interesse der Importauto-Besitzer von ihr wie folgt gerügt:

„Sollte das Kundendienstheft für den Verbraucher nicht erkennbar von einem der Hersteller-Vertragshändler inkorrekt ausgefüllt worden sein, so handelt es sich um ein Problem, das das Vertragsverhältnis zwischen Hersteller und Vertragshändler betrifft. Das Vertragsverhältnis zwischen Hersteller und Verbraucher ist dadurch nicht berührt. Folglich hat der Verbraucher innerhalb des Vertriebsnetzes uneingeschränkt Anspruch auf Anerkennung der Herstellergarantie und damit auch auf eine sofortige Garantieabwicklung."

Nach Ansicht der EU-Kommission[84] ist der Garantieanspruch des Käufers völlig unabhängig davon, ob der autorisierte Händler berechtigt war, das Auto an den nicht autorisier-

---

81 OLG Koblenz 27. 6. 1996, NJW-RR 1997, 430; ähnlich OLG Schleswig 21. 7. 1999, OLGR 1999, 412.
82 OLG Düsseldorf 28. 5. 1993, NJW-RR 1993, 1463.
83 *Creutzig,* Recht des Autokaufs, Rn 7.1.4.2.
84 Pressemitteilung der EU-Kommission vom 7. 6. 1994, zitiert bei *Creutzig,* Recht des Autokaufs, Rn 7.1.4.2.

Einschaltung eines Importvermittlers

ten Händler (Importvermittler ohne Kundenvollmacht) zu verkaufen. Es gibt keine Hinweise darauf, dass die Kommission ihre Meinung in diesem Punkte geändert hat. Die auszugsweise zitierte Rüge der EU-Kommission[85] schränkt die Aussage nicht ein, da darin zu den Auswirkungen einer vertragswidrigen Fahrzeugabgabe durch ausländische Vertragshändler auf die Garantie nicht Stellung genommen wird.[86]

Die Tatsache, dass nach Feststellung des EuGH[87] die Kfz-GVO für unabhängige Händler nicht gilt und diese folglich nicht daran hindert, fabrikneue Fahrzeuge an Endverbraucher zu verkaufen, entwertet nicht den Aussagegehalt der Pressemitteilung der EU-Kommission. Adressaten dieser Erklärung sind Hersteller und Vertragshändler, die von der Möglichkeit der Freistellung Gebrauch gemacht haben. Diese sollen nach der Kfz-GVO den Vorzug der Freistellung nur unter der Voraussetzung erhalten, dass sie auf alle ihre Fahrzeuge Garantie geben, unabhängig davon, ob sie vom autorisierten Handel in vertragsgemäßer oder in vertragswidriger Weise verkauft worden sind. Der Anspruch auf Garantie setzt somit einen ordnungsgemäßen Vertrieb i. S. d. Kfz-GVO nicht voraus. Von daher ist es Herstellern und Vertragshändlern grundsätzlich verwehrt, die Erbringung von Garantieleistungen an die Bedingung der Übergabe eines ordnungsgemäß ausgefüllten Garantieheftes zu knüpfen, um auf diese Weise vertragswidrige Verkaufsgeschäfte an Wiederverkäufer zu verhindern, die der Vertriebsorganisation nicht angeschlossen sind.[88]

Nach deutschem Zivilrecht führt der Verstoß des ausländischen Vertragshändlers gegen das Verbot des Verkaufs von Neufahrzeugen an gewerbsmäßige Wiederverkäufer außerhalb des Vertragshändlernetzes i. d. R. weder zur Unwirksamkeit des Kaufvertrages noch zum Wegfall der Garantieverpflichtung,[89] da ein Zuwiderhandeln gegen vertragliche Absprachen als solches nicht unter § 134 BGB fällt.

Nach Meinung von *Creutzig*[90] wird die dem autorisierten Handel auferlegte Pflicht zur kostenlosen Vornahme von Garantiearbeiten hinfällig, wenn ein Fahrzeug von einem der Händlerkette nicht angeschlossenen Importeur unter Verletzung des selektiven Vertriebssystems weiterverkauft wird. Dies begründet er damit, die Bezugs- und Absatzbindung des autorisierten Fachhandels sei die Geschäftsgrundlage der Garantie. Seines Erachtens entfällt die Geschäftsgrundlage, wenn ein Händler aus der Solidargemeinschaft der Fabrikatshändler „ausbricht" und unter Verletzung der mit dem Hersteller getroffenen Vereinbarung Fahrzeuge an außenstehende Wiederverkäufer veräußert.

Diese Argumentation vermag nicht zu überzeugen, weil der Fortbestand der Garantie nach dem in Ziff. 17 der Gründe zur Kfz-GVO unmissverständlich erklärten Willen der Kommission nicht davon abhängt, dass das Fahrzeug vertragsmäßig i. S. d. Kfz-GVO an den Endverbraucher veräußert wird. Außerdem sind die den Schutz des selektiven Vertriebs betreffenden Absprachen zwischen Hersteller und Handel weder aus Sicht dieser Personen noch in den Augen der Käufer Geschäftsgrundlage für Ansprüche aus der Garantie. Es kann auch nicht die Rede davon sein, der Käufer wisse, dass ein nicht autorisierter Verkäufer nicht berechtigt sei, eine Herstellergarantie an ihn weiterzugeben.[91] Schließlich enthalten Garantiezusagen keinen Ausschluss für den Fall der Weiterveräußerung des Fahrzeugs

---

85 ADAC-Motorwelt 7/95, S. 52.
86 A. A. *Creutzig*, Recht des Autokaufs, Rn 7.1.4.2.
87 Urt. v. 20. 2. 1997, EuZW 1997, 374.
88 A. A. *Creutzig*, Recht des Autokaufs, Rn 7.1.4.2.
89 BGH 26. 2. 1992, ZIP 1992, 483; OLG Schleswig 4. 5. 1988, NJW 1988, 2247; LG Trier 28. 2. 1985 – 6 O 186/84 – veröffentlicht in Autohaus 1985, 55; a. A. *Creutzig,* Recht des Autokaufs, Rn 7.1.4.2 unter Hinweis auf BGH 14. 7. 1988, DAR 1988, 380 für den Fall planmäßig eingesetzter Täuschungsmittel.
90 Recht des Autokaufs, Rn 7.1.4.2.
91 A. A. *Creutzig*, Recht des Autokaufs, Rn 7.1.4.2.

durch einen der Händlerkette nicht angeschlossenen gewerblichen Verkäufer. Das Gegenteil ist festzustellen: Berechtigte aus der Garantie sind regelmäßig der Eigentümer oder Halter und keineswegs nur der Erstkäufer. Viele Garantien enthalten außerdem den Hinweis, dass Garantieansprüche durch Eigentumswechsel nicht berührt werden. Dem Käufer kann nicht entgegengehalten werden, der Vertragshändler habe dadurch, dass er die Garantieurkunde nicht ordnungsgemäß ausgefüllt und abgestempelt habe, gegenüber dem Erstkäufer kein annahmefähiges Angebot auf Abschluss des Garantievertrages abgegeben und dadurch dem Willen des Herstellers entsprochen, der darauf gerichtet sei, den selektiven Vertrieb zu schützen. Eine Versagung der Garantie kann nicht dem wirklichen oder mutmaßlichen Willen des Herstellers entsprechen, da er dadurch gegen die Kfz-GVO verstoßen und den Verlust der Freistellung riskieren würde. Eine Versagung der Garantie darf er als Zwangsmittel zum Schutz des selektiven Vertriebssystems nicht einsetzen. Außerdem muss er sich das Fehlverhalten des Vertragshändlers, der das Garantieheft pflichtwidrig nicht oder nicht ordnungsgemäß ausgefüllt und übergeben hat, über § 278 BGB zurechnen lassen.

Die Garantie verpflichtet denjenigen, der sie erteilt hat. In einigen Fällen ist dies der Verkäufer in anderen der Hersteller oder Importeur. Die inländische Tochtergesellschaft ist für Ansprüche aus der Werksgarantie einer ausländischen Automobilfirma nicht passivlegitimiert, wenn das Fahrzeug im EU-Ausland gekauft und im Wege einer Importvermittlung nach Deutschland verbracht wurde.[92] Ein unmittelbares Forderungsrecht des Käufers gegen die Inlandstochter wird nicht dadurch begründet, dass das Tochterunternehmen üblicherweise die gegen den ausländischen Fahrzeughersteller gerichteten Ansprüche aus der Herstellergarantie abwickelt, da ein solches Verhalten weder auf eine Schuldübernahme noch auf einen Schuldbeitritt hindeutet. Sofern die Pflichten aus der Herstellergarantie in der Bundesrepublik Deutschland zu erfüllen sind, kann der Käufer eines **Verbrauchsgüterkaufs** den Hersteller gem. Art. 16 EuGVVO (früher Art. 14 EuGVÜ) an seinem **Wohnsitzgericht** verklagen, wenn dieser seinen Sitz in einem anderen EU-Mitgliedsstaat hat. Für diejenigen Käufer, die **keine Verbraucher** sind, ist Art. 5 EuGVVO (früher Art. 5 EuGVÜ) einschlägig. Aus der Vorschrift ergibt sich, dass die Klage auf Erfüllung der Garantieansprüche bei dem **ausländischen Gericht** einzureichen ist, in dessen Bezirk sich der Betrieb des Herstellers befindet.

452 In der Praxis stellt sich manchmal die Frage, ob dem Käufer eines außerhalb der Händlerkette importierten Fahrzeugs aus der Herstellergarantie rechtlich durchsetzbare Ansprüche auf Mängelbeseitigung gegen inländische Vertragshändler erwachsen. Das KG[93] hat derartige Ansprüche verneint und ausgeführt, der Abschluss des Garantievertrages allein sei nicht geeignet, dem Käufer einen unmittelbaren Anspruch gegen einen beliebigen Fabrikatshändler zu verschaffen, da es nach § 328 BGB Verträge zu Gunsten Dritter, nicht aber zu Lasten Dritter gebe. Zwar könnten dem Käufer unmittelbare Ansprüche gegen jeden beliebigen Vertragshändler aus dem Vertrag zwischen Hersteller und Händler in Verbindung mit der Garantieurkunde erwachsen, da jedoch der Käufer den Inhalt des Vertragshändlervertrages naturgemäß nicht kenne, sei „es sinnvoll, den Garantieanspruch in jedem Fall als gegen den Aussteller der Garantiekarte gerichtet zu gewähren".

Die Ausführungen lassen ahnen, dass es schwierig ist, eine zivilrechtliche Nachbesserungsverpflichtung des deutschen Fabrikatshändlers gegenüber dem Käufer eines Importfahrzeugs schlüssig zu begründen. Für einen Rechtsanspruch – und gegen ein bloßes Reflexrecht – spricht die Tatsache, dass alle Hersteller, soweit sie Garantien auf Fahrzeuge erteilen, ihre der Vertriebskette angeschlossenen Händler im In- und Ausland verpflichten,

---

92 So zutreffend LG Saarbrücken 27. 4. 1989, NJW-RR 1989, 1085; a. A. LG München 20. 10. 1998 – 32 S 5636/98 – n. v.
93 Urt. v. 16. 5. 1983 – 12 U 4837/82 – veröffentlicht in Autohaus 1983, 1685.

Garantiearbeiten an Neufahrzeugen aus der eigenen Produktion vorzunehmen, wo auch immer sie verkauft worden sind. In Anbetracht der Lückenlosigkeit des aus gleichlautenden Verpflichtungserklärungen bestehenden Systems liegt es nahe, aus der Summe der Vertragshändlerverträge über die Rechtskonstruktion des Vertrages zu Gunsten Dritter ein unmittelbares Forderungsrecht des Käufers gegen beliebige mit der Betreuung des Kaufgegenstandes autorisierte inländische Vertragswerkstätten abzuleiten.[94]

Eigene Garantiezusagen der Importvermittlers verpflichten nur diesen, nicht aber andere Fabrikatshändler oder den Hersteller. Nicht bindend und außerdem wegen Verstoßes gegen § 309 Nr. 8 b aa BGB unwirksam sind Verweisungen in AGB eines freien Importeurs auf die Erfüllung von Garantieansprüchen durch den autorisierten Fachhandel, sofern hierzu die materiellen Anspruchsvoraussetzungen fehlen. Erweist sich das Garantieversprechen als unzutreffend, ist der Käufer berechtigt, den Kaufvertrag wegen arglistiger Täuschung gem. § 123 BGB anzufechten.[95] Den Tatbestand der arglistigen Täuschung verwirklicht der Importeur dadurch, dass er beim Käufer den Eindruck erweckt, als verfüge er über dieselben Rechte und Möglichkeiten wie ein autorisierter Händler.

Häufig kommt es vor, dass Käufer von EU-Fahrzeugen nicht in den vollen zeitlichen Genuss der Garantie gelangen, da die Fristen mit der Zulassung des Fahrzeugs im Ausland, spätestens mit der Übergabe des Neuwagens an den Importeur zu laufen beginnen.[96] Gegenüber der zur Mängelbeseitigung verpflichteten inländischen Vertragswerkstatt kann sich der Käufer nicht auf eine hiervon abweichende Garantiezusage des freien Importeurs berufen.

Das Fehlen der von einem freien Importeur versprochenen Werksgarantie oder deren zeitliche Verkürzung ist kein Fehler des Fahrzeugs i. S. v. § 434 BGB. Insoweit kommt eine Haftung des Verkäufers aus Verschulden bei Vertragsverhandlungen oder positiver Vertragsverletzung in Betracht[97], da eine Werksgarantie die Wertschätzung eines Autos beeinflusst.[98]

9. Sachmängelhaftung

Der Mindeststandard der Sachmängelhaftung wurde durch die **Verbrauchsgüterkaufrichtlinie** für Kaufverträge zwischen Unternehmern (als Verkäufer) und Verbrauchern (als Käufer) europaweit festgelegt. Verbraucher haben, soweit die Richtlinie umgesetzt wurde,[99] in allen EU-Ländern inhaltlich gleiche Mindestrechte, wenn der Verkäufer seiner Verpflichtung zur Lieferung eines mangelfreien Fahrzeugs nicht nachkommt. Für den Geschäftsverkehr zwischen Unternehmern gibt es keine entsprechende Harmonisierung des Sachmängelrechts.

Den gesetzlich garantierten **Standard der Sachmängelansprüche** des Verbrauchers darf der Händler nicht einschränken oder ausschließen. Hersteller und Importeure haben daher nicht die Möglichkeit, außerhalb des Geltungsbereichs von Garantien, deren Erteilung ihnen freigestellt ist, Art und Umfang der Sachmängelhaftung einzuschränken oder auszuschließen, die Vertragshändler kraft Gesetzes zu erbringen haben.

Dies gilt auch für die Sachmängelhaftung von Fahrzeugen, die über Importvermittler an Käufer in andere Mitgliedstaaten verkauft werden, wobei es – wie schon bei der Garantie –

---

94 Ausführlich Rn 225 ff.; ablehnend *Creutzig,* Recht des Autokaufs, Rn 7.1.4.
95 OLG Hamburg 17. 9. 1986, DB 1986, 2428; OLG Köln 4. 3. 1982 – 1 U 78/81 – n. v. – Fehlen der Deutschlandgarantie – a. A. LG Aachen 2. 5. 1986 – 5 S 65/86 – n. v.
96 BGH 20. 2. 1986, ZIP 1986, 531.
97 BGH 24. 4. 1996, NJW 1996, 2025.
98 BGH 20. 2. 1986, ZIP 1986, 531.
99 Dies ist noch nicht in allen EU-Mitgliedstaaten geschehen.

nicht darauf ankommt, ob die Importvermittlung unter Beachtung oder Missachtung der Kfz-GVO erfolgt ist. Die Unmaßgeblichkeit des GVO-Regelungswerks für die Sachmängelhaftung ergibt sich für den Bereich des Verbrauchsgüterkaufs bereits aus der Tatsache, dass gesetzliche Sachmängelrechte der Verbraucher in EU-Mitgliedsstaaten nicht eingeschränkt werden dürfen, sowie weiterhin daraus, dass die Vorschriften der GVO für Außenstehende, zu denen Importvermittler und deren Auftraggeber gehören, keine Rechtswirkungen entfalten.

Wenn zwischen der Erstauslieferung des Fahrzeugs durch den ausländischen Vertragshändler und der Fahrzeugübergabe durch den Importeur an den Verbraucher eine gewisse Zeit verstreicht, werden die **Verjährungsfristen** der Sachmängelansprüche und die **Dauer der Beweislastumkehr** entsprechend verkürzt.

454   Ein **Fahrzeugimport** unter **Verletzung vertraglicher Vereinbarungen**, die auf der Kfz-GVO beruhen, führt im Geschäftsverkehr mit Unternehmern und Nichtverbrauchern weder zu einer Unwirksamkeit des Kaufvertrages noch zu einem Wegfall oder Verlust der gesetzlichen Sachmängelrechte. Falls ein ausländisches Mitglied der Händlerkette vertragsbrüchig wird, leidet darunter zwar das auf Gegenseitigkeit aufgebaute Solidarsystem, jedoch entfalten Verstöße einzelner Händler gegen das feinmaschig gesponnene Vertragsnetz der Solidargemeinschaft, namentlich solche gegen die Bezugs- und Absatzbindung, rechtliche Auswirkungen ausschließlich im Innenverhältnis der Beteiligten.

Auf die Rechte aus § 313 BGB kann sich der auf Mängelbeseitigung in Anspruch genommene Drittbetrieb gegenüber dem Käufer nicht berufen. Es ist bereits fraglich, ob das vertragsgemäße Verhalten eines jeden der Solidargemeinschaft angeschlossenen Händlers die **Geschäftsgrundlage** des Händlervertrages darstellt. Jedenfalls aber wiegt der Verkauf eines Neuwagens an einen gewerblichen Wiederverkäufer oder einen vollmachtlosen Importvermittler nicht derart schwer, dass dadurch die Geschäftsgrundlage gestört wird. Weder dem in Anspruch genommenen Betrieb noch dem Hersteller entsteht durch die Mängelbeseitigung ein Schaden, da diese auch im Fall eines vertragsgemäßen Fahrzeugvertriebs i. S. d. Kfz-GVO hätte erbracht werden müssen.

Soweit Hersteller ihren Kunden die Möglichkeit einräumen, Mängelbeseitigung bei anderen, von ihnen bzw. dem Importeur für die Betreuung des Kaufgegenstandes anerkannten Betrieben geltend zu machen, unterliegt dieses Recht **nicht der nationalen Beschränkung** des Landes, in dem das Fahrzeug verkauft wurde. Der Käufer, der ein Neufahrzeug von einem Vertragshändler in einem EU-Mitgliedsstaat erwirbt, kann von jeder autorisierten Vertragswerkstatt in jedem anderen EU-Mitgliedsstaat dieser Staaten Mängelbeseitigung verlangen. Nach hier vertretener Ansicht wird durch die – allen der Absatzkette angeschlossenen Vertragshändlern und Reparaturbetrieben auferlegte – Verpflichtung zur Mängelbeseitigung an Produkten der jeweiligen Fahrzeugmarke – ein unmittelbares Forderungsrecht des Käufers im Sinne eines Vertrages zu Gunsten Dritter – und nicht lediglich ein Reflexrecht – begründet (Rn 225).

Der Sachmängelhaftung inländischer Vertragshändler für im Ausland produzierte Fahrzeuge steht nicht entgegen, dass sie zu ausländischen Herstellern **keine unmittelbaren vertraglichen Beziehungen** unterhalten, wenn der Vertrieb der Fahrzeuge über inländische Importeure erfolgt. In diesen Fällen werden die vertraglichen Bindungen zum Hersteller, aus denen sich die Verpflichtung zur Mängelbeseitigung ableitet, über die **Importgesellschaft** hergestellt. Die Pflicht zur Mängelbeseitigung besteht für alle Fahrzeuge der Herstellermarke und ist unabhängig davon, auf welchem Vertriebsweg die Produkte an die Endkunden gelangt sind. Nicht GVO-konform wäre eine Beschränkung der Mängelbeseitigungspflicht auf diejenigen Fahrzeuge, die der Handel vom autorisierten Importeur bezieht.

Obwohl Käufer von EU-Importfahrzeugen nach hier vertretener Ansicht Rechtsanspruch auf Mängelbeseitigung besitzen, hatten sie es – in der Vergangenheit – manchmal schwer, ihre Ansprüche zu realisieren. Immer wieder kam es vor, dass inländische Vertragshändler Nachbesserung entweder verweigerten oder durch lange Wartezeiten faktisch vereitelten oder falsche Auskünfte über Voraussetzungen und Dauer der Gewährleistung/Garantie erteilten. Es gab Hersteller, die ihren Vertragshändlern per Rundschreiben mitteilten, dass für „Grauimporte" eine Mängelbeseitigung nicht zu erbringen sei.[100]

Die Situation hat sich durch das konsequente Einschreiten der EU-Kommission zugunsten der Käufer von Importfahrzeugen geändert. Da die Kommission die Möglichkeit hat, Freistellungen zu entziehen und Bußgelder in beachtlicher Höhe zu verhängen, wenn sich Hersteller nicht an die Vorschriften der Kfz-GVO halten, sind derartige Missstände nicht mehr anzutreffen.

Die Rechte der Käufer von Importfahrzeugen gegen vom Hersteller zugelassene inländische Reparaturbetriebe sind auf die Beseitigung von Sachmängeln beschränkt. Wegen der weitergehenden Sachmängelrechte auf Ersatzlieferung, Rücktritt, Minderung und Schadensersatz muss sich der Käufer an seinen Vertragspartner halten, also entweder an den ausländischen Händler oder an den Importeur, falls dieser den Verkauf im eigenen Namen getätigt hat.

Bei einem Direkterwerb vom ausländischen Händler gilt materielles und prozessuales Auslandsrecht. Kaufverträge über Kraftfahrzeuge für private Zwecke sind gem. Art. 2 a vom Anwendungsbereich des CISG ausgenommen. Der Erwerber genießt nicht den Schutz der AGB-Vorschriften der §§ 305 ff. BGB, da er als inländischer Kunde die auf Abschluss des Kaufvertrages gerichtete Willenserklärung im Ausland abgibt. Das Sachmängelhaftungsrecht und die Verjährungsfristen sind – außerhalb des Verbrauchsgüterkaufs- nach wie vor von Land zu Land verschieden.[101]

Käufern von EU-Importfahrzeugen, die Probleme mit der Realisierung von Sachmängelansprüchen haben, ist anzuraten, vor Einleitung gerichtlicher Schritte im Ausland die Dienste der grenzüberschreitenden Verbraucherberatungsstellen[102] in Anspruch zu nehmen, deren Aufgabe darin besteht, zwischen Endverbraucher und dem Sachmängelhaftungsträger außergerichtlich zu vermitteln.[103]

10. Eigenhaftung des Importeurs

Sachmängelhaftungsansprüche gegen den Importeur bestehen nicht, wenn dieser lediglich als Importvermittler für den Käufer tätig geworden ist. Die Freistellung von der Verkäuferhaftung setzt voraus, dass der Importeur seine Vermittlertätigkeit im Vertrag klar zum Ausdruck gebracht hat. Auslegungszweifel gehen zu seinen Lasten. Dies hat zur Folge, dass der Importvermittler dem Käufer wie ein Verkäufer für die ordnungsgemäße Erfüllung des Kaufvertrages haftet.[104] Als Verkäufer kann er sich von der gesetzlichen Sachmängelhaftung durch AGB nicht wirksam freizeichnen (§ 309 Nr. 8 b aa BGB), auch nicht etwa dadurch, dass er den Käufer in seinen Verkaufsbedingungen auf die Ansprüche gegen den ausländischen Vertragshändler verweist.[105]

Findige Importeure haben jahrelang Risiken der Gewährleistung umgangen, indem sie von ihnen importierte EU-Fahrzeuge auf den „eigenen" Namen zugelassen und anschließend als Gebrauchtfahrzeuge mit 0-km-Fahrleistung unter Vereinbarung eines Ausschlus-

---

100 *Albrecht,* Die EU-Import-Ratgeber Anleitung, S. 43.
101 *Creutzig* DAR 1999, 529.
102 Federführend ist die Verbraucherberatung in Kehl a. Rhein, die als Clearing Stelle eingerichtet wurde.
103 *Johnen,* VuR 1995, 77 f.
104 OLG Düsseldorf 30. 8. 2001, DAR 2002, 212.
105 OLG Hamburg 17. 9. 1986, DB 1986, 2428.

ses der Haftung für Sachmängel weiterverkauft haben. Diese Art der Ausschaltung der eigenen Sachmängelhaftung ist im Bereich des Verbrauchsgüterkaufs nicht mehr möglich. Sie scheitert an dem Verbot der Haftungsfreizeichnung (§ 475 Abs. 1 S. 1 BGB), das auch durch eine Individualvereinbarung nicht unterlaufen werden kann. Verschärft wird die Eigenhaftung des selbstverkaufenden Importhändlers durch die Beweislastregelung des § 476 BGB. Der Vereinbarung eines Haftungsausschlusses kommt somit nur noch bei einem Verkauf an einen Nichtverbraucher in Betracht.

Doch auch im Geschäftsverkehr mit diesen Personen ist der Haftungsausschluss zum Scheitern verurteilt, wenn sich aus dem Vertrag und den Umständen ergibt, dass in Wahrheit die Lieferung eines **Neufahrzeugs Vertragsgegenstand** ist. Der formularmäßige Ausschluss der gesetzlichen Sachmängelhaftungsansprüche scheitert an § 309 Nr. 8 b aa BGB, der im Verkehr zwischen Unternehmern gem. § 307 BGB entsprechend anzuwenden ist.[106] „Neu hergestellt" im Sinne dieser Vorschrift bedeutet nicht, dass die verkaufte Sache „fabrikneu" sein muss.[107] Mit einer für den Import außerhalb der vom Hersteller eingerichteten Vertriebswege (sog. Parallelimport) notwendigen Tageszulassung ist ein AGB-mäßiger Haftungsausschluss für Sachmängel nicht zu rechtfertigen.[108] Grundsätzlich haben es die Parteien zwar in der Hand, das Klauselverbot des § 307 Nr. 8 b aa BGB auszuschalten, jedoch reicht hierzu eine formularmäßige Deklarierung als Gebrauchtwagen nicht aus, wenn es sich in Wahrheit um ein Neufahrzeug handelt, da andernfalls die Norm ihren Zweck verfehlen würde.[109]

Falls der Importeur **Mängelbeseitigung** durch inländische Vertragshändler verspricht, ist er gegenüber dem Käufer zum Ersatz der Mängelbeseitigungskosten verpflichtet, wenn sich die vom Käufer in Anspruch genommene Vertragswerkstatt weigert, diese kostenlos zu erbringen.[110]

Ähnlich verhält es sich mit dem Versprechen, das Fahrzeug sei in Vertragsstätten wartungsfähig. Das LG Darmstadt[111] entschied, der Käufer sei berechtigt, vom Vertrag zurückzutreten, wenn auch nur ein einziger Vertragshändler die Vornahme von Wartungs- und Inspektionsarbeiten zurückweist. Es bewertete die **Wartungsfähigkeit** des Fahrzeugs als Sacheigenschaft, was man in Anbetracht des erforderlichen unmittelbaren Sachbezugs auch anders sehen kann.

11. Freie Importeure im Wettbewerb

456   Das Wettbewerbsverhalten der freien Importeure gibt oft Anlass zur Beanstandung. Stein des Anstoßes sind in erster Linie verkürzte Garantiezeiten und Erstzulassungen im Ausland, die aus den Kfz-Papieren nicht hervorgehen, nicht zutreffende Garantiezusagen, vom deutschen Standard abweichende Ausstattungen, fehlende Wartungsfähigkeit und Probleme bei der Ersatzteilbeschaffung.

---

106 *Palandt/Heinrichs*, BGB Erg.-Bd., § 309 Rn 60 m. w. N.; BGH 23. 11. 1994, WM 1995, 160; 19. 6. 1996, DAR 1996, 361, 361.
107 OLG Schleswig 21. 7. 1999, OLGR 1999, 412.
108 *Reinking/Eggert*, NZV 1999,7, 12; die Entscheidung des LG Gießen vom 17. 7. 1991, NJW-RR 1992, 186 steht dem nicht entgegen, da die Billigung des Haftungsausschlusses durch das Gericht im konkreten Fall im Wesentlichen darauf beruhte, dass das Fahrzeug mit Tageszulassung erheblich verschmutzt und zu einem extrem niedrigen Preis verkauft worden war.
109 Ebenso *Creutzig*, Recht des Autokaufs Rn 7.1.4.2; a. A. OLG München Urt. v. 19. 2. 1998–8 U 4547/ 97 – n. v.
110 OLG Düsseldorf 30. 1. 1997, NJW-RR 1997, 1419.
111 Urt. v. 13. 7. 1979 – 1 O 68/79 – n. v.

a) Verkürzte Garantie und Auslandszulassung

Mit Blick auf die Erwägungsgründe und die Zielrichtung des EG-Vertrages, die darauf gerichtet ist, den Verbraucherschutz zu verbessern sowie Wettbewerbsverzerrungen und Hindernisse für den freien Waren- und Dienstleistungsverkehr zu beseitigen, stellte der EuGH,[112] fest, dass die Werbung keinen **Hinweis** auf die **Tatsache des Parallelimports** als solchen enthalten muss und auch keine Aufklärungspflicht darüber besteht, dass es sich um ein nicht für die Erstauslieferung im Inland produziertes Fahrzeug handelt. Der unterlassene Hinweis auf die Auslandszulassung des importierten Fahrzeugs ist als solcher für den EuGH ebenfalls nicht irreführend. Seines Erachtens verliert ein Fahrzeug nicht durch die Zulassung, sondern erst durch die Inbetriebnahme die Neuwageneigenschaft.[113] Das EuGH-Urteil überlässt es der nationalen Gerichtsbarkeit, anhand der Umstände im Einzelfall zu überprüfen, ob die Werbung mit Rücksicht auf die Verbraucher, an die sie sich wendet, insoweit irreführend ist, als sie einerseits die Zulassung verschweigt und andererseits dieser Umstand möglicherweise geeignet ist, eine nicht unerhebliche Anzahl von Verbrauchern von ihrer Kaufentscheidung abzuhalten.

Auf der Grundlage der EuGH-Vorgabe entschied der BGH,[114] dass ein Händler, der in Zeitungsanzeigen für aus dem EU-Ausland importierte Neufahrzeuge wirbt, auf eine Verkürzung der Garantie nur dann hinweisen muss, wenn die Auslandszulassung, mit der die Garantie zu laufen beginnt, zum Zeitpunkt der Werbung bereits mehr als **zwei Wochen** zurückliegt.

b) Nicht zutreffende Garantiezusagen

Schon bei einer nur geringfügigen Einschränkung der Garantie von weniger als zwei Wochen durch eine Auslandszulassung darf der Händler das Fahrzeug nicht als Fahrzeug mit Jahresgarantie bezeichnen.[115] Die Werbung mit „Ein Jahr Werksgarantie" ist unter diesen Umständen irreführend und verstößt gegen § 3 UWG.[116] Da ein nicht unbeachtlicher Teil der in Betracht kommenden Verbraucherkreise die angebotene Garantiezusage des „Herstellers" erwartet, stellt eine zeitlich ergänzende Händler-Garantie keinen gleichwertigen Ersatz dar.[117] Dem Parallelimporteur ist es verwehrt, mit Hinweisen wie „Garantie in eigener Werkstatt", „Garantie durch eigene Werkstatt" oder „volle Werksgarantie" zu werben.[118] Er darf beim Kunden nicht den Eindruck erwecken, eine die gesamte Händler- und Serviceorganisation des Herstellers bindende Werksgarantie zu erteilen, wenn er in Wirklichkeit nur Garantieansprüche gegen sich selbst begründen kann.[119]

Ein Importeur, der japanische Fahrzeuge aus den USA nach Deutschland importiert, muss in der Anzeigenwerbung nicht auf Abweichungen seiner Garantiebestimmungen von denen der deutschen Vertriebsgesellschaft des japanischen Herstellers hinweisen, wenn erhebliche Abweichungen nicht vorliegen.[120]

---

112 Urt. v. 16. 1. 1992, ZIP 1992, 719 ff.; ebenso BGH 28. 10. 1993, DAR 1994, 70.
113 So auch schon BGH 20. 2. 1986, ZIP 1986, 531; kritisch *Creutzig*, BB 1987, 283.
114 Urt. v. 15. 7. 1999 DAR 1999, 501; abweichend von BGH 20. 2. 1986, WRP 1986, 324.
115 LG Landshut 11. 1. 1979 –KK O 3/79 –n. v., zitiert bei *Creutzig*, Rechts des Autokaufs, Rn W40.
116 OLG Dresden 21. 1. 1997, ADAJUR-Archiv Dok.-Nr. 5562.
117 OLG Karlsruhe 22. 7. 1987, WRP 1988, 120.
118 LG Düsseldorf 30. 3. 1984–36 O 48/84 – n. v. zit. in Autohaus 16/1984, 111.
119 OLG Hamm 20. 3. 1980, DAR 1980, 285; OLG Köln 24. 1. 1997 ADAJUR-Archiv Dok.-Nr. 28.033.
120 OLG Stuttgart 26. 11. 1993 – 2 U 5/92 – n. v.

c) Abweichende Ausstattung

459 Ursprünglich verlangte der BGH[121] vom Importeur, dass er in der Werbung unübersehbar auf Ausrüstungsunterschiede des Importfahrzeugs hinweist, sofern diese nicht ganz unerheblich sind. Als erheblich bewertete er das Fehlen elektrisch verstellbarer Außenspiegel und eines Dreiwegekatalysators. Für ihn war entscheidend, dass sich die beteiligten Verkehrskreise eine Ausstattung des Importfahrzeugs vorstellen, wie sie die für den inländischen Markt bestimmten Fahrzeuge aufweisen. Der EuGH[122] ist der Ansicht des BGH entgegengetreten, indem er feststellte, es sei grundsätzlich nicht irreführend, wenn ein Parallelimporteur Kraftfahrzeuge, die für die Erstauslieferung auf einem ausländischen Markt ausgerüstet sind, als preisgünstige Neuwagen anbietet, ohne auf die geringerwertige Ausstattung im Vergleich zu entsprechenden, für den heimischen Markt hergestellten Modellen hinzuweisen. Eine Irreführung ist unter diesen Voraussetzungen nur dann anzunehmen, wenn feststeht, dass ein großer Teil der Kunden bei Abschluss des Kaufvertrages unaufgeklärt bleibt, wenn also nachweislich ein erheblicher Teil der Werbeadressaten die Kaufentscheidung in Unkenntnis des Defizits trifft. Dieser Ansicht hat sich der BGH[123] angeschlossen. Er entschied, dass Unterschiede in der Serienausstattung in wesentlichen Merkmalen, wie Beifahrer-Airbag und geteilte Rücksitzbank in der Werbung für einen EU-Neuwagen nicht angegeben werden müssen, es sei denn, der Verkehr kennt die Ausstattung „als selbstverständlichen Bestandteil" der Serienausstattung. Damit hat er das Verbot der irreführenden Werbung und die daraus abzuleitende Aufklärungspflicht des Parallelimporteurs zurücktreten lassen, „so weit einerseits die beim Verbraucher hervorgerufenen, nicht als besonders gravierend erscheinenden Fehlvorstellungen regelmäßig vor der Kaufentscheidung ausgeräumt werden und andererseits ein Verbot der Tätigkeit von Parallelimporteuren nicht unerheblich beeinträchtigen würde".[124]

Im Wettbewerbsrecht ist das Augenmerk folglich darauf zu richten, welche Ausstattung der Verbraucher bei einem EU-Importfahrzeug als selbstverständlich voraussetzt und ob sichergestellt ist, dass er vor seiner Kaufentscheidung über bestehende Ausstattungsdefizite vom Verkäufer aufgeklärt wird.

Wenn der Parallelimporteur, ohne hierzu verpflichtet zu sein, bereits in der Werbung auf eine vom inländischen Standard abweichende Ausstattung des importierten Neufahrzeugs hinweist, müssen die Angaben zutreffend sein. Das ist nicht der Fall, wenn er ein nur auf die Hinterräder wirkendes Blockierverhinderungssystem als Hinterrad-ABS bezeichnet.[125]

d) Garantie und Ersatzteilversorgung

460 Soweit nach deutschem Recht verlangt wird, dass der Importeur den Käufer über die Verweigerung von Reparaturen im Rahmen der Sachmängelhaftung bei Parallelimporten aufklären muss, bedeutet dies keine unzulässige Behinderung des durch Art. 28 EGV garantierten freien Warenverkehrs.[126]

Die Erwägung, dass das Verbot der irreführenden Werbung zurückzutreten hat, wenn dadurch der freie Warenverkehr beeinträchtigt wird, gilt nicht für solche Importgeschäfte, auf die Art. 28 EGV keine Anwendung findet. Importeure von Fahrzeugen außerhalb der EU unterliegen daher einer strengeren Wettbewerbskontrolle. Wer als Händler importierte Fahrzeuge bewirbt, die auf dem europäischen Markt über die Hersteller-Vertriebsorganisa-

---

121 Urt. v. 5. 12. 1991, NJW-RR 1992, 427.
122 Urt. v. 16. 1. 1992, ZIP 1992, 719 m. Anm. *Heinemann*, a. a. O., 720 ff.
123 Urt. v. 19. 8. 1999, DAR 1999, 501.
124 BGH 19. 8. 1999, DAR 1999, 501, 502.
125 OLG Stuttgart, 26. 11. 1993–2 U 5/92 – n. v.
126 EuGH 13. 10. 1993, ZIP 1993, 1818.

Einschaltung eines Importvermittlers

tion nicht verkauft werden oder aus den USA stammen, muss sowohl darauf hinweisen, dass Ersatzteile in der Bundesrepublik Deutschland nicht erhältlich sind und die in Deutschland sonst übliche Garantie von 3 Jahren bis maximal 100.000 km nicht besteht,[127] als auch darauf, dass weder eine Versorgung mit Ersatzteilen durch die deutsche Handelsorganisation des Herstellers noch eine Betreuung der Fahrzeuge in Bezug auf Wartung und Sachmängelhaftung durch die Vertragshändler in Deutschland sichergestellt ist.[128]

e) Rechtsprechung zu Einzelfragen

Das OLG München[129] verbot einem nicht autorisierten Händler die Verwendung der NWVB, da dies irreführend i. S. v. § 3 UWG sei, denn er trete gegenüber dem Käufer nicht als Verkäufer, sondern nur als Vermittler auf.[130]

Nach Ansicht des OLG Hamburg[131] erweist sich der Hinweis des Verkäufers, ein Fahrzeug sei „sofort lieferbar", als irreführend, wenn er es auf Bestellung des Käufers erst noch aus Frankreich importieren muss.

Es ist nicht irreführend, wenn die Werbung keinen Hinweis auf die fehlende Vertragshändler-Eigenschaft enthält.[132]

Wer sich als freier Importeur beim Ankauf von Fahrzeugen der Mithilfe von Mittelsmännern bedient, die als Endverbraucher auftreten oder vorgeben, im Auftrag eines Endverbrauchers zu handeln, ohne von diesem wirklich beauftragt zu sein, handelt unlauter im Sinn von § 1 UWG und darf auf solche Weise beschaffte Fahrzeuge nicht zum Verkauf anbieten.[133]

In Bezug auf den gebundenen ausländischen Vertragshändler, dem gegenüber der freie Importeur vorgibt, lediglich Verkaufsvermittler zu sein und den er dadurch zur Lieferung des Fahrzeugs veranlasst, liegt ein wettbewerbswidriges Handeln in Form des Schleichbezuges vor, wenn er gegenüber dem Endabnehmer als Verkäufer auftritt.[134]

Der Weiterverkauf eines durch Schleichbezug erworbenen Fahrzeugs verstößt gegen § 1 UWG, da das wettbewerbswidrige Verhalten fortwirkt und der getätigte Einkauf auf Dauer mit dem Makel der Wettbewerbswidrigkeit behaftet bleibt.[135]

---

127 LG Erlangen, 16. 10. 1993, ZAP 1993, Fach 1, S. 150.
128 LG Berlin Urt. v. 5. 7. 1993 – 6 U 199/92 – n. v.; ebenso OLG Karlsruhe 23. 7. 1993 – 6 U 199/92 –.
129 Urt. v. 28. 1. 1988, WRP 1988, 393.
130 Zustimmend *Creutzig*, Recht des Autokaufs, Rn 2.1.10; a. A. LG Aachen, Urt. v. 2. 5. 1986 – 5 S 65/86 – n. v.
131 Urt. v. 26. 1. 1978, WRP 1978, 906.
132 OLG Rostock 19. 7. 1995, OLGR 1996, 8.
133 LG Saarbrücken 26. 5. 1983 – 7 O 63/83 – Autohaus 1983, 2385; LG Mannheim 10. 2. 1983 – 7 O 17/83 –, Autohaus 1983, 2387.
134 BGH 5. 12. 1991, NJW-RR 1992, 427.
135 BGH 5. 12. 1991, NJW-RR 1992, 427.

U. Automobilimport aus Ländern außerhalb der EU sowie Automobilexport in diese Länder

I. Import

462 Wer in einem EFTA-Land (European Free Trade Association) ein Fahrzeug erwirbt, um es nach Deutschland zu bringen, muss im Kaufland keine nationale Kaufsteuer entrichten. Wenn die Steuer gleichwohl verlangt wird, ist deren Rückerstattung mit dem Verkäufer zu vereinbaren.

Für einen Fahrzeugimport aus einem EFTA-Staat benötigt der Käufer bei einem Kaufpreis über 6000 Euro als **Präferenznachweis** eine Warenverkehrsbescheinigung „Eur 1", die beim Fahrzeughändler oder der ausländischen Zollbehörde erhältlich ist. Der Präferenznachweis kann nur für Fahrzeuge ausgestellt werden, die in einem EU- oder EFTA-Land produziert worden sind. Liegt der Kaufpreis unter dem Betrag von 6000 Euro, kann die Warenverkehrsbescheinigung „Eur 1" durch eine einfache Ursprungserklärung ersetzt werden. Mit ihr erklärt der Ausführer auf der Kaufrechnung bzw. auf dem Lieferschein, dass die Voraussetzungen für die Präferenzbehandlung vorliegen. Sie muss den Ausstellungsort, das Datum sowie den vollständigen Namen des Ausstellers enthalten. Die Gültigkeitsdauer sowohl der Warenverkehrsbescheinigung als auch die der Ursprungserklärung beträgt vier Monate ab dem Datum der Ausstellung. Bei der Einfuhr ist das Fahrzeug an der deutschen Grenze anzumelden. Der deutsche Zoll erstellt eine entsprechende Bescheinigung zur Vorlage bei der Kfz-Zulassungsstelle.

Auch für die USA gilt, dass **Exportgeschäfte nicht umsatzsteuerpflichtig** sind. Aus dem Exportpapier muss der Exporteur hervorgehen. Für US-Importfahrzeuge ist ein Zoll von 10% aus dem Kaufpreis und den Frachtkosten zum Verzollungsort zu entrichten. Aus dem Gesamtbetrag zuzüglich der weiteren Transportkosten zum Wohnort des Käufers wird die Einfuhrumsatzsteuer errechnet. Für außerhalb der Vertriebskette importierte US-Fahrzeuge bestehen i. d. R. keine Garantieansprüche gegen die deutschen Vertretungen.[1]

II. Export

463 Wer in Deutschland ein Fahrzeug erwirbt, um es in ein Land außerhalb des EU-Raums zu verbringen, muss zunächst die **Umsatzsteuer** entrichten. Gegen Vorlage des Exportnachweises erstattet das Finanzamt bzw. der Zoll die Umsatzsteuer an den Verkäufer. Dieser ist seinerseits nicht ohne weiteres verpflichtet, den empfangenen Mehrwertsteuerbetrag an den Käufer weiterzugeben. Aus diesem Grund ist der Käufer gut beraten, wenn er mit dem Verkäufer eine **Rückerstattungsverpflichtung** bei Abschluss des Kaufvertrages vereinbart.

Der Käufer benötigt für den Export eine **Ausfuhrerklärung**, die das Grenzzollamt gegen Vorführung des Fahrzeugs erteilt. Falls der Fahrzeugwert den Betrag von 500 Euro nicht überschreitet, ist eine Ausfuhrerklärung entbehrlich. An der Grenze des Importlandes muss das Fahrzeug zur Einfuhrzollabfertigung angemeldet werden. Es empfiehlt sich, das Abwicklungsverfahren zuvor mit der Zollbehörde des Einfuhrlandes abzuklären.

---

[1] Über weitere Einzelheiten des Im- und Exports von Kraftfahrzeugen informiert der ADAC in seinen „Grenzverkehr-Broschüren".

V. Der Neufahrzeugkauf mit Hereinnahme eines Gebrauchtfahrzeuges

I. Rechtstatsächliches

1. Zahlen, Fakten und Interessen

Bei keinem anderen Produkt spielt der Kauf „neu gegen alt" eine so herausragende Rolle wie beim Automobil. Im Jahr 2001 ersetzten 70% der Käufer fabrikneuer Pkw/Kombis mit dem Kauf eines Neufahrzeugs ein anderes Fahrzeug.[1] 48% der Vorwagen wurden beim Neuwagenhändler/Werksniederlassung in Zahlung gegeben. Den Rest übernahmen – von der Verschrottung abgesehen – Leasinggesellschaften, private Käufer und der reine Gebrauchtwagenhandel.[2] Der erzielte Verkaufs- oder Inzahlunggabeerlös (Verrechnungspreis) lag 2001 bei durchschnittlich 11.500 DM,[3] bei einem durchschnittlichen Neuwagenpreis von 41.000 DM, was einem Eigenmittelanteil in Form eines Sachwertes von ca. 28% entspricht.

Die Bereitschaft der Neuwagenhändler zur Inzahlungnahme des Vorwagens ist unterschiedlich hoch. In Abhängigkeit von der Marke des Neufahrzeugs liegt die Bandbreite der Inzahlungnahmequote zwischen 31% und 54%.[4] Bei 3,34 Mio. Neuwagenverkäufen (Pkw/Kombis) im Jahr 2001 sind dies ca. 1,5 Mio. Inzahlungnahmen.

Für den Verkauf fabrikneuer Pkw/Kombis hat die Inzahlungnahme von Gebrauchtfahrzeugen eine **Schlüsselfunktion.** Während bis in die siebziger Jahren noch 90% der Käufer ihren neuen Pkw bar bezahlt haben, reichen die eigenen Ersparnisse heute nur noch in den wenigsten Fällen aus, um damit den Neuwagenkauf zu finanzieren. Im Durchschnitt belaufen sie sich auf 47,8 %, während der Erlös aus dem Vorwagenverkauf insgesamt (also nicht nur durch Inzahlunggaben) 17,7,% beträgt.[5] Durch die Inzahlunggabe konnte im Durchschnitt ein Anteil von fast 30% des Neuwagenpreises finanziert werden. Das zeigt den hohen Stellenwert dieser Finanzierungsmöglichkeit.

Diese Zahlen und Fakten machen deutlich: Für sämtliche drei Seiten – Hersteller, Händler und Käufer – ist die Inzahlungnahme eine **wirtschaftliche Notwendigkeit.** Ohne sie würde der Absatz von Neufahrzeugen nicht funktionieren. Händler, die Hereinnahmen generell ablehnen, haben bei den heutigen Wettbewerbsbedingungen auf dem Neuwagensektor keine Überlebenschance. Die Inzahlungnahme ist zwar in den meisten Fällen nicht erwünscht, an ihr führt aber kein Weg vorbei. Hersteller und Händler müssen an dieser Form der Kaufpreisfinanzierung interessiert sein. Dass sie es auch tatsächlich sind, beweisen die vielfältigen Werbeaktivitäten und Verkaufsförderungsprogramme, bei denen die Hereinnahme von Altfahrzeugen ein wesentlicher Bestandteil ist. Zur **wettbewerbsrechtlichen Problematik** s. OLG Köln 30. 12. 1994, VRS 89, 357; KG, Urt. v. 26. 1. 1995, 25 U 6523/94; OLG Braunschweig 18. 2. 1999, NdsRpfl. 2000, 138.

Die Hereinnahme von Altwagen fördert nicht nur nachhaltig den Absatz von Neufahrzeugen. Für den Händler bietet sie zugleich die Möglichkeit zu einem erfolgreichen Gebrauchtwagenverkauf, wodurch nicht zuletzt Kapital für das Neufahrzeuggeschäft freigesetzt wird. Ein gutes Gebrauchtwagengeschäft wirkt sich in mehrfacher Hinsicht positiv auf den Handel mit Neufahrzeugen aus. Der Gebrauchtwagenkäufer von heute ist der Neu-

---

1 DAT-Veedol-Report 2002, S. 19.
2 DAT-Veedol-Report 2002, S. 20.
3 DAT-Veedol-Report 2002, S. 20.
4 DAT-Veedol-Report 2002, S. 20.
5 DAT-Veedol-Report 2002, S. 22.

wagenkunde von morgen (Gesichtspunkt der Kundenbindung und der Vertrauensbildung). Schließlich profitieren auch das Werkstattgeschäft und der Verkauf von Zubehör von einem aktiven Gebrauchtwagengeschäft. Das **Interesse des Kfz-Handels** an der Inzahlungnahme von Altfahrzeugen ist damit weitaus stärker und vielschichtiger, als der BGH es – abweichend von BGHZ 46, 338, 340 und BGHZ 83, 334 – in der Entscheidung vom 30. 11. 1983[6] sieht.

Aus der Sicht des Neuwagenkäufers hat die Inzahlunggabe in erster Linie **Finanzierungsfunktion.** Der in seinem Altwagen steckende Tauschwert wird „finanzierungshalber" aktiviert.[7] Darüber hinaus werden dem Neuwagenkäufer eigene Verkaufsbemühungen und Veräusserungsrisiken abgenommen. Dadurch gewinnt er Zeit und Geld. Ein Verkauf auf einem der anderen Teilmärkte (Privatmarkt, reiner Gebrauchtwagenhandel) brächte meist einen geringeren Erlös. Anders als bei einer Inzahlunggabe wird beim Privatverkauf allerdings in der Regel – auch nach In-Kraft-Treten der Schuldrechtsreform – ein Gewährleistungsausschluss ausdrücklich vereinbart (so z. B. im ADAC-Mustervertrag). Die Haftungsentlastung beim Privatverkauf ist aber nur vordergründig weitreichender als bei einer Inzahlunggabe. Denn die Rechtsprechung stellt den Inzahlunggeber durch die Konstruktion stillschweigender Haftungsausschlüsse (vgl. Rn 1580) im Ergebnis im gleichen Umfang haftungsfrei. Aufgrund der beruflichen Sachkunde und des technischen Apparates des Neuwagenhändlers dürfte die Entlastung vom Sachmängelrisiko faktisch sogar ein Stück weiter reichen als beim Verkauf an eine Privatperson.

Wer von den Beteiligten, wozu auch die Hersteller/Importeure und die Leasinggesellschaften gehören, das stärkere Interesse an einem Neuwagenkauf mit Inzahlungnahme hat, lässt sich seriös nicht feststellen. Die Vor- und Nachteile sind unvergleichbar. Jede Seite hat ihren spezifischen Nutzen, dessentwegen etwaige Nachteile in Kauf genommen werden. Diesen Nutzen gilt es zu ermitteln, wenn danach gefragt werden muss, etwa im Wege ergänzender Vertragsauslegung, was die Parteien bei einer angemessenen Abwägung ihrer Interessen nach Treu und Glauben als redliche Vertragspartner vereinbart hätten.

2. Heutige Erscheinungsformen und Vertragsgestaltungen

465   Meist steht die Hingabe eines Altfahrzeugs in Verbindung mit dem Erwerb – Kauf oder Leasing – eines **fabrikneuen Kraftfahrzeugs.** Die Konstellation „**Gebraucht auf Gebraucht**" ist vergleichsweise selten.[8] Denn die Vorwagen von Gebrauchtfahrzeugkäufern gehen vorwiegend an private Käufer. Immerhin werden 30% vom Handel in Zahlung genommen oder frei angekauft.[9] Beispiele aus der **Rechtsprechung** für „Gebraucht auf Gebraucht": BGH NZV 1997, 432; BGHZ 89, 126 = NJW 1984, 429; BGH NJW 1972, 46; OLG Frankfurt NJW 1974, 1823; OLG Düsseldorf OLGR 1993, 285; LG Wuppertal NJW-RR 1997, 1416; s. auch KG NJW 1983, 2326 (Agentur); BGH NJW 1982, 1699 (Agentur auf Agentur); AG Langen ZfS 1995, 457; OLG Koblenz VRS 102/02, 174 (Doppelkauf).

Das Geschäft, dessen Bestandteil die Inzahlungnahme ist, ist in der Regel **bilateral.** Ausnahmsweise entsteht eine **Drei-Personen-Beziehung,** etwa wenn der Fahrzeughersteller zugleich als Verkäufer auftritt (z. B. DaimlerChrysler, BMW), er die Hereinnahme und Vermarktung des Altwagens aber seinem Verkaufsvermittler (Agenten) überlässt.[10] Auch bei einem Neufahrzeugkauf über einen (vermittelnden) Unterhändler kann eine Drei-Perso-

---

6 BGHZ 89, 126 = NJW 1984, 429 = WM 1984, 58.
7 *Dubischar,* JuS 1985, 19.
8 Die Quote im Handel beträgt zur Zeit (2002) ca. 20%.
9 DAT-Veedol-Report 2002, S. 19.
10 Vgl. OLG Hamm OLGR 1993, 98.

nen-Beziehung entstehen. Typischerweise ist dies beim **finanzierten Kauf** der Fall. Nicht strukturell abweichend, sondern einzelfallbedingt ist die Sonderkonstellation im Fall BGH NJW 1996, 2504, wo eine **Leasinggesellschaft** in einen Kauf mit Inzahlungnahme eingestiegen ist. Zu einem Fall des **Händlerleasings** mit Inzahlungnahme s. OLG Frankfurt OLGR 2002, 171.

Wird ein **geleastes Kfz in Zahlung gegeben**, muss der Leasinggeber als Eigentümer in das Geschäft eingebunden werden. Auch dadurch kann sich eine vom Regelfall abweichende Fallgestaltung ergeben. Problematisch ist die **steuerliche Behandlung** eines solchen Geschäfts. Die Finanzbehörden bestehen zunehmend auf Anwendung der Regelbesteuerung. Die von vielen Kfz-Betrieben praktizierte Differenzbesteuerung wird als unzulässiges Umgehungsgeschäft eingestuft. Um beim späteren Verkauf die Differenzbesteuerung an Stelle der Regelbesteuerung anzuwenden, wird ein Kurz-Verkauf des von der Leasinggesellschaft zum Restwert angekauften Fahrzeugs an den privaten Neuwagenkäufer zwischengeschaltet.[11]

In der Zeit zwischen 1967 und 1991 hat der Kfz-Handel gebrauchte Fahrzeuge von Privatpersonen regelmäßig nach dem so genannten **Agenturmodell** hereingenommen. Durch das am 1. 7. 1990 in Kraft getretene Zweite Gesetz zur Änderung des UStG hat sich die steuerliche Ausgangslage grundlegend geändert. Mit Einführung der **Differenzbesteuerung** (§ 25 a UStG) ist die agenturweise Hereinnahme von Altwagen weithin gegenstandslos geworden. In der Regel besteht keine steuerliche Notwendigkeit mehr, gebrauchte Kraftfahrzeuge von Privatpersonen nur „zur Vermittlung" hereinzunehmen. Der Kfz-Handel praktiziert seit 1990 wieder, wie bis 1968, die traditionelle „echte" Inzahlungnahme. Nur in Ausnahmefällen weicht man auf eine Agentur und – noch seltener – auf eine Verkaufskommission aus (s. Rn 972 ff.).[12] Durch die Verschärfung der Verkäuferhaftung im Zuge der **Schuldrechtsreform** ist mit einer Zunahme von Agenturgeschäften zu rechnen (dazu Rn 976 ff.).

466

25 Jahre globales Agenturgeschäft haben zu einer Zivilrechtsjudikatur geführt, die für die Beziehung Neuwagenkäufer/Händler von bleibendem Wert ist. Wenn das heutige Modell der Inzahlungnahme auch ein anderes ist: Der Konfliktstoff ist im Kern der gleiche geblieben. Daher empfiehlt es sich, die Rechtsprechung zur Agentur-Inzahlungnahme in Fällen „echter" Inzahlungnahme ergänzend heranzuziehen. Zu den Einzelheiten s. Rn 1011 ff.

Zur Unterscheidung von der agenturweisen Übernahme des Altwagens hat man die „echte" Inzahlungnahme als „fest" bezeichnet, weil der Anrechnungspreis ein **verbindlicher Festpreis** ist. Hereinnahmen zum **Schätzwert** kommen heute nur noch vereinzelt vor (zur Auslegung von Schätzpreisklauseln s. Rn 961). Vor Einführung des Agenturgeschäfts mit Vereinbarung einer „unteren Preisgrenze" als Mindestverkaufspreis (auch er war letztlich „fest", da garantiert) waren beide Arten der Preisberechnung üblich. Dass Inzahlungnahmen zum Festpreis statt zum Schätzwert nicht sittenwidrig sind und auch keinen Verstoß gegen die Generalklausel in § 1 UWG darstellen, hat der BGH bereits am 20. 5. 1960[13] entschieden. Schon damals hat er auf die rabattrechtliche Problematik von verschleierten Preisnachlässen durch überhöhte Anrechnungspreise hingewiesen.[14]

Dokumentation: Nur wenige Kfz-Händler verfahren heute noch so wie im Ausgangsfall BGHZ 46, 338. Seinerzeit (1962) war lediglich im Neuwagen-Vertragsformular notiert worden: „Fahrzeug ... wird mit 4.800 DM in Zahlung genommen, Rest per Scheck bei Übernahme". Solche Kurzfassungen der Inzahlungnahme-Vereinbarung haben im Laufe

---

11 Zur steuerlichen Problematik vgl. FG Rheinland-Pfalz 19. 1. 1998, 5 K 2903/96, n. v.
12 Offenkundig unrichtig die Einschätzung von *Palandt/Putzo*, Ergbd., § 480 Rn 7.
13 NJW 1960, 1853.
14 Vgl. auch BGH 10. 7. 1986, WM 1986, 1533; OLG Hamburg 18. 10. 1962, BB 1963, 165.

der Jahre, bedingt auch durch das stark formalisierte und bürokratisierte Agenturgeschäft, einer **Zwei-Formulare-Version** Platz gemacht.

467 So wie zu Zeiten des Agenturgeschäfts die Hereinnahme des Altwagens in einem getrennten Vermittlungsauftrag bemerkenswert ausführlich und gründlich fixiert wurde, wird heute ein separates Formular **„Gebrauchtwagen-Ankauf"** („Ankaufvertrag" oder „Ankaufschein") benutzt. Zum Teil wird es zeitgleich mit dem Neuwagenbestellschein ausgefüllt, zum Teil erst bei Auslieferung des Neufahrzeugs. In Aufbau und Text gleichen die meisten „Ankaufverträge" dem handelsüblichen Bestellschein für den Gebrauchtfahrzeugverkauf. Wie dort hat man ein besonderes Augenmerk auf die Themen „Unfallfreiheit/bestimmter Unfallvorschaden" und „Gesamtfahrleistung" gelegt. Dass die Angaben zu diesen zentralen Punkten Zusicherungen bzw. Beschaffenheitsgarantien sind, geht aus den gängigen Ankaufformularen expressis verbis nicht hervor. Es ist also eine Frage der Auslegung im Einzelfall, ob nur eine Beschaffenheitsvereinbarung getroffen worden ist oder ob der Autohauskunde – wie im Ausgangsfall BGHZ 46, 338 („unfallfrei") – eine Garantie übernommen hat. Die Vertragsgestaltungsmacht liegt eindeutig beim Händler. Er entscheidet nicht nur darüber, ob und in welcher Weise und zu welchem Zeitpunkt das Geschäft schriftlich fixiert wird. Allein schon durch seine vorformulierten Texte ist er auch für den Vertragsinhalt federführend.[15]

Haftungsfreistellungen, wie sie für den Händler in seiner Eigenschaft als Verkäufer bis zum In-Kraft-Treten der Schuldrechtsreform selbstverständlich waren, sind in den üblichen Formularen nicht vorgesehen. Individualabreden über Haftungsausschlüsse werden erfahrungsgemäß nur ganz vereinzelt getroffen, noch seltener schriftlich festgehalten.

Eine irgendwie geartete Beschränkung ihrer Sachmängelhaftung können selbst marktstarke Neufahrzeugkäufer in aller Regel nicht durchsetzen. Meist unterbleibt schon der Versuch einer solchen Absicherung. Hat man sich über den Anrechnungspreis verständigt, liegt alles Weitere in den Händen des Händlers.

468 Neben dem „Ankaufschein" oder als Ersatz dafür kommen so genannte **Bewertungsbogen** oder **Bewertungsprotokolle** zum Einsatz. Mit Hilfe dieser Dokumente werden die wesentlichen Fahrzeugdaten festgehalten und der Reparaturbedarf errechnet. Der Kunde muss die Richtigkeit seiner Angaben versichern und – wichtig für die rechtliche Bewertung – durch seine Unterschrift bekräftigen.

Zusätzlich zur Eingangsbewertung nehmen viele Händler bei der Ablieferung des Altfahrzeugs eine **Nachbewertung** vor. Auch sie wird – zumal mit Rücksicht auf die neuartige Beweislastumkehr (§ 476 BGB) – immer öfter dokumentiert.

Zwischen Erstbewertung des Altfahrzeugs und seiner endgültigen Ablieferung können – je nach Lieferzeit für den Neuwagen – mehrere Monate liegen. In der Zwischenzeit hat der Autohauskunde sein Fahrzeug weiterbenutzt. Es besteht also die Gefahr der Verschlechterung. Zur Begrenzung des Weiterveräußerungsrisikos werden dem Altwageneigentümer besondere Aufklärungspflichten auferlegt, vielfach im Ankaufformular. Zumal bei längerer „Wartezeit" kommt auch die Vereinbarung einer Höchststrecke in Betracht. Zur Klausel „in der Zwischenzeit aufkommende Schäden gehen zu Lasten des derzeitigen Fahrzeughalters" s. OLG Stuttgart, Urt. v. 2. 4. 1987, 7 U 308/86, n. v. (Nockenwellenschaden nach Abschluss der Hereinnahmevereinbarung/Agentur). Der dem Neuwagenkäufer mitgeteilte und im Bestellschein vermerkte Ankauf-/Eintauschpreis beruht, wenn Abweichende nicht vereinbart ist, auf dem zum Zeitpunkt der Erstbewertung aktuellen Zustand. Das ist auch dem Neuwagenkäufer bewusst.

---

15 Vgl. auch OLG Frankfurt 28. 3. 2002, OLGR 2002, 171 – Ankaufschein als Quasi-Übergabebescheinigung.

Die **Verbindung** der Altwagen-Hingabe mit dem Neuwagenkauf bzw. dem Kauf eines **469** „neuen" Gebrauchten wird heute nicht mehr so sorglos wie in den fünfziger und sechziger Jahren hergestellt. Die handelsüblichen Formulare für den Neuwagenkauf („verbindliche Bestellung eines neuen Kraftfahrzeugs") enthalten in der Spalte „Zahlungs- und Finanzierungs-Vereinbarung" bzw. in der Rubrik „Zahlungsweise" mitunter eine eigene **Inzahlungnahmeklausel,** z. B. durch einen Hinweis wie „Eintauschwagen gemäß Hausschätzung …". In den aktuellen Neuwagen-Verkaufsbedingungen (NWVB) bleibt die Inzahlungnahme hingegen nach wie vor unerwähnt. Von „Ersetzungsbefugnis" bzw. „Leistung an Erfüllungs Statt", so die Schlüsselworte des BGH, ist im gesamten Vertragswerk des Kfz-Handels nirgendwo die Rede. Nicht anders ist die Lage bei der Konstellation „Gebraucht auf Gebraucht".

Dass die Altwagen-Hereinnahme in einer bestimmten Beziehung zum Neufahrzeugverkauf steht, ergibt sich zum einen aus der Preisgestaltung/Preisabrede im Neuwagenbestellschein, zum anderen aus Vermerken wie „Verrechnung mit …" oder „Gutschrift auf …." im Ankaufschein. Die Verknüpfung beider Geschäfte wird mitunter ausdrücklich durch eine Klausel hergestellt wie z. B. „Dieser Ankaufvertrag wird erst mit der Erfüllung des gleichzeitig von mir/uns als Käufer an die Firma ….. gerichteten Kaufantrages wirksam."

Die Hereinnahme des Altfahrzeugs wird vom Händler üblicherweise nicht separat bestä- **470** tigt. Gegenstand der **schriftlichen Bestätigung** ist die Annahme der Neuwagen-Bestellung mit ihrem – notfalls durch Auslegung zu ermittelnden – Inhalt.[16] Zum Zustandekommen des Gesamtgeschäfts, zur Frage der Aufrechterhaltung einzelner Bestandteile und ähnlichen Fragen s. Rn 517 ff.

II. Auslegung und Qualifizierung

1. Auslegungsgegenstände

Als Gegenstand der Vertragsauslegung kommen folgende **Urkunden** in Frage: **471**

– Neuwagen-Bestellschein („Kaufantrag") bzw. – beim Kauf eines „neuen" Gebrauchten – die Gebrauchtwagen-Bestellung
– Auftragsbestätigung des Händlers
– Ankaufformular Altwagen („Ankaufschein")
– Bewertungsbogen/Zustandsbericht Altwagen
– Nachbewertungsbogen/Ablieferungsschein
– Rechnung des Autohauses.

Schon aus dem Neuwagen-Bestellschein und dem „Ankaufschein" geht meist mit hinreichender Deutlichkeit hervor, dass der Neuwagenkauf und die Hingabe des Altfahrzeugs nach dem Willen der Parteien nicht zufällig nebeneinander, sondern in einem **gewollten Zusammenhang** stehen. Typischerweise soll kein Teil für sich allein gelten, sondern gemeinsam miteinander stehen oder fallen.[17]

Bei nur bruchstückhafter Dokumentation der Parteierklärungen kommt es auf die Gesamtumstände und die beiderseitige Interessenlage an. Ein Indiz für eine Verknüpfung von „neu" und „alt" ist neben der Identität der Beteiligten insbesondere der zeitliche Rahmen, in dem Alt- und Neuwagen den Besitzer wechseln sollen.

---

16 Zur Bedeutung eines formularmäßigen Bestätigungsvorbehalts s. BGH 11. 10. 1967, NJW 1968, 32.
17 Zur Notwendigkeit eines „Einheitswillens" beim kombinierten Vertrag s. BGH NJW 1987, 2004, 2007 – Computer.

Die Vertragsurkunden haben die Vermutung der Vollständigkeit und Richtigkeit für sich. **Mündliche Nebenabreden**[18] muss derjenige beweisen, der sich darauf beruft. An die Widerlegung der Vollständigkeitsvermutung zu Gunsten eines Autohändlers stellt das OLG Köln hohe Anforderungen.[19]

Eine **Schriftformklausel** steht der Wirksamkeit mündlich getroffener Individualabreden, die nach § 305 b BGB Vorrang genießen, nicht entgegen.[20] Sie kann auch durch eine nachträgliche mündliche Abrede außer Kraft gesetzt werden. Bedenklich ist die Ansicht des OLG Düsseldorf,[21] einen angebotenen Zeugen (Beweisthema: mündliche Vereinbarung eines höheren Anrechnungsbetrages) deshalb nicht zu vernehmen, weil die Behauptung fehle, das Formerfordernis durch Vertragsänderung außer Kraft gesetzt zu haben. Die Entscheidung berücksichtigt nicht die spezifische AGB-Problematik (damals §§ 4, 9 AGBG) und die einschlägige Rechtsprechung des BGH.[22]

2. Auslegungs- und Einordnungsversuche

472 Während es meist keine großen Schwierigkeiten macht, den tatsächlichen Inhalt der getroffenen Vereinbarungen jedenfalls im Kern beweiskräftig festzustellen,[23] herrscht bei der rechtlichen Bewertung nach wie vor einige Unsicherheit. Dabei bemühen sich Rechtsprechung und Lehre[24] seit fast 40 Jahren um eine Bewältigung der vielfältigen Rechtsfragen, die die Inzahlungnahme gebrauchter Kraftfahrzeuge aufwirft.

Das Spektrum der Auslegungs- und Einordnungsversuche ist ungewöhnlich breit. Im Wesentlichen beruhen die Meinungsverschiedenheiten auf einer **unterschiedlichen Bewertung der Interessenlage.** Hauptgrund dafür sind erhebliche Unklarheiten über empirische Fakten. Fehlvorstellungen über die tatsächlichen Marktverhältnisse durchziehen die Diskussion wie ein roter Faden. Veränderungen des Marktgeschehens werden vielfach ignoriert oder unterschätzt. Dogmatische Differenzen, beispielsweise im Zusammenhang mit der Rechtsnatur von Ersetzungsbefugnis und der Leistung an Erfüllungs Statt, spielen demgegenüber nur eine untergeordnete Rolle.

a) Die Grundkonzeption des BGH: Kaufvertrag mit Ersetzungsbefugnis

473 Sein grundlegendes Urteil vom 18. 1. 1967,[25] mit dem der BGH sich für die Annahme eines einheitlichen Kaufvertrages mit Ersetzungsbefugnis entschieden hat, hat er im Jahre

---

18 Unter „Nebenabrede" im Sinne von Schriftform- und Bestätigungsklauseln versteht der BGH auch die Vereinbarung einer Inzahlungnahme, Urt. v. 11. 10. 1967, NJW 1968, 32.
19 Urt. v. 8. 7. 1969, JMBl. NW 1970, 154.
20 St. Respr., vgl. BGH 23. 5. 2001, VIII ZR 279/99.
21 Urt. v. 10. 10. 1991, EWiR § 125 BGB 1/91, 1055 *(Teske)*.
22 Zuletzt Urt. v. 23. 5. 2001, VIII ZR 279/99; ferner NJW 1986, 3131; NJW 1986, 1809; s. aber auch NJW 1968, 32 – Bestätigungsklausel, heute überholt.
23 Ein Ausnahmefall ist Gegenstand der Entscheidung BGH 29. 3. 2000, NJW 2000, 2508.
24 Literaturverzeichnis: *Schmidt,* DAR 1964, 201; *Laufs,* NJW 1965, 1232; *Pfister,* MDR 1968, 361; *Dubischar,* JZ 1969, 175; *ders.,* JuS 1985, 15; *Mayer-Maly,* Festschrift für Larenz, 1973, 673; *Espenhain,* WM 1978, 1107; *ders.,* Diss. Kiel, 1982; *Oehler,* JZ 1979, 787; *Honsell,* Jura 1983, 523; *Schulin,* JA 1983, 161; *ders.,* JZ 1984, 379; *Schwark,* JR 1984, 239; *Rupp/Fleischmann,* NJW 1984, 2802; *Walz/Wienstroh,* BB 1984, 1693; *Behr,* AcP 185 (1985), 401.
25 BGHZ 46, 338 = NJW 1967, 553 = LM § 433 Nr. 26 m. Anm. *Braxmeier,* DAR 1967, 107.

1983 bekräftigt und gegen die zahlreich erhobenen Einwände verteidigt.[26] Bis heute hält er an dieser Lösung als Generallinie fest.[27] Hiernach ist dem Käufer die **Ersetzungsbefugnis** eingeräumt, seinen Altwagen für den vertraglich festgesetzten Teil des Kaufpreises an Erfüllungs Statt zu leisten.

Damit lehnt der BGH sowohl einen **Doppelkauf mit Verrechnungsabrede** als auch einen **typengemischten Kauf-Tausch-Vertrag** ab. Beides ist im Schrifttum befürwortet worden.[28] Auch die ältere OLG-Rechtsprechung war mitunter andere Wege als der BGH gegangen.[29] Nunmehr hat sich das **OLG Oldenburg** (14. ZS) durch Urteil vom 28. 7. 1994[30] ausdrücklich von der Linie des BGH distanziert und sich mit der inzwischen h. M. in der Literatur für die Annahme eines typengemischten Vertrages ausgesprochen.[31] Ebenso jetzt LG Wuppertal NJW-RR 1997, 1416 (Kauf eines gebrauchten Pkw gegen Hingabe eines Krades).

Einen einheitlichen Kaufvertrag mit Ersetzungsbefugnis des Käufers nimmt der BGH **nur im Regelfall** an. Schon in der Ausgangsentscheidung BGHZ 46, 338 = NJW 1967, 553 weist er darauf hin, dass „bei entsprechender Interessenlage" auch eine abweichende Regelung möglich sei. Als Beispiel skizziert er folgende Situation: Dem Neuwagenkäufer kommt es darauf an, das gesamte Geschäft davon abhängig zu machen, seine Gegenleistung gerade durch die Hingabe seines Gebrauchtwagens erbringen zu können. Bei einer Vollzahlerquote von 90%, wie sie bis in die siebziger Jahre üblich war, konnte der BGH eine solche Situation vernachlässigen. Angesichts der gestiegenen Neuwagenpreise und der geringen Kapitalausstattung beim Durchschnittskäufer (s. Rn 464) kommt es dem Erwerber heute genau auf das an, worin der BGH, seinerzeit zu Recht, eine Ausnahme gesehen hat: den teilweisen Ersatz der Kaufpreiszahlung durch Hingabe des Altwagens. In realistischer Einschätzung der Dinge stellt der BGH bereits im Jahre 1982 fest,[32] dass ein Neuwagenkäufer „häufig den Neuwagen nur bei gleichzeitiger Veräußerung des Altwagens bezahlen kann oder will". So verhält es sich heute in der Regel, wobei das wirtschaftliche Unvermögen zur Vollzahlung, nicht der mangelnde Wille, der wahre Grund ist.[33]

474

Der Fall, der gegenwärtig als **verkehrstypisch** gelten kann, ist durch folgende Merkmale gekennzeichnet:

475

– Kauf eines fabrikneuen Pkw bzw. Kombis
– Hingabe eines im Eigentum des Neufahrzeugkäufers stehenden Altfahrzeugs
– Beteiligung eines Kfz-Händlers auf der einen, einer Privatperson auf der anderen Seite
– Unvermögen des Neuwagenkäufers zur Bezahlung des gesamten Neuwagenpreises
– Deutliches Übergewicht des Baranteils gegenüber dem Inzahlungnahmepreis
– Dokumentation des Gesamtgeschäfts in zwei Formularen.

---

26 Urt. v. 30. 11. 1983, BGHZ 89, 126 = NJW 1984, 429.
27 Urt. v. 19. 6. 1996, NJW 1996, 2504; Urt. v. 28. 11. 1994, BGHZ 128, 111 = NJW 1995, 518 (Vorinstanz OLG Celle OLGR 1994, 129); s. auch BGH (I. ZS) 10. 7. 1986, WM 1986, 1533 unter IV.
28 Favorisiert wird die Konstruktion „Mischvertrag", s. Fn. 55. Dem BGH folgen u. a. *Soergel/Huber*, vor § 433 Rn 215; *Reinicke/Tiedtke*, Rn 861; *Erman/Grunewald*, § 515 Rn 5.
29 Vgl. OLG Braunschweig 8. 1. 1909, OLGR 20 (1910), 184; OLG Hamburg 18. 10. 1962, BB 1963, 165; OLG Köln 16. 5. 1972, DAR 1973, 326 (letztlich offen gelassen so wie auch von OLG Hamm NJW 1975, 1520).
30 NJW-RR 1995, 689.
31 Anders der 13. ZS des OLG Oldenburg, Urt. v. 24. 4. 1995, 13 U 1/95, n. v.
32 Urt. v. 21. 4. 1982, BGHZ 83, 334, 339 = NJW 1982, 1700; ähnlich OLG Hamm schon 1975 (NJW 1975, 1520, 1521).
33 Ähnlich der Befund des OLG Hamm schon 1975, s. NJW 1975, 1520, 1521.

Die Annahme eines einheitlichen Kaufvertrages mit bloßer Ersetzungsbefugnis ist sicherlich dadurch begünstigt worden, dass im Ausgangsfall BGHZ 46, 338 die Inzahlungnahme nur unter den „Zahlungsbedingungen" im Neuwagen-Bestellschein festgehalten war.[34] Diese Gestaltung ist heute atypisch. Vorwiegend wird das Geschäft mit Hilfe von **zwei getrennten Formularen** dokumentiert (Näheres dazu s. Rn 466 ff.). Für eine solche Gestaltung hat sich der BGH entgegen weitverbreiteter Ansicht noch nicht festgelegt. Denn in BGHZ 83, 334 = NJW 1982, 1700 lässt er es ausdrücklich offen, ob auch in einem solchen Fall ein einheitlicher Kaufvertrag mit Ersetzungsbefugnis oder zwei selbstständige Kaufverträge („Doppelkauf") mit Verrechnungsabrede anzunehmen sind.[35]

Ohne nähere Begründung bejaht das OLG Düsseldorf[36] einen **einheitlichen Kaufvertrag mit Ersetzungsbefugnis** auch bei der „Zwei-Verträge-Version"; ebenso das OLG Celle, dessen Urteil v. 6. 1. 1994[37] der BGH in diesem Punkt mangels Revisionsangriffs nicht nachzuprüfen brauchte.[38] Von einem **einheitlichen Leasingvertrag mit Ersetzungsbefugnis** geht das OLG Frankfurt[39] in einem „Zwei-Formulare-Fall" aus, wobei der Ankaufschein aber lediglich „das Gepräge einer bloßen Übergabebescheinigung" hatte.

Fehlt eine Verklammerung („Finalnexus"), so ist von zwei rechtlich und wirtschaftlich selbstständigen Verträgen (Doppelkauf) auszugehen. Ein zunächst verbundenes Geschäft kann **nachträglich** in zwei selbstständige Teile zerlegt werden, z. B. aus steuerlichen Gründen. Die Darlegungs- und Beweislast für eine solche „Entklammerung" trägt die Partei, die sich auf die Vertragsänderung beruft. Wenn der Neufahrzeughändler aus Gefälligkeit dem Kunden gegenüber im Nachhinein mit einer getrennten Zahlung einverstanden ist, muss das nicht unbedingt eine Trennung in zwei rechtlich und wirtschaftlich selbstständige Verträge bedeuten. Der Kunde kann aus Abschreibungsgründen daran interessiert sein, den gesamten Neuwagenpreis noch im alten Jahr zu zahlen, während der Eingang der Zahlung des Autohauses im neuen Jahr erfolgen soll. Das LG Essen[40] hat in einem solchen Fall zwei getrennte Kaufverträge angenommen.

476 Als **weitere Ausnahme** mit einer vom Regelfall abweichenden Interessenbewertung hat der BGH den Fall einer **atypischen Wertrelation** zwischen Geldleistung und Sachwert angesprochen.[41] Ein Wertverhältnis, aus dem sich ein Übergewicht der Sachleistung ergebe, könne, müsse aber nicht ein Indiz für eine vom Regelfall abweichende Interessenlage sein. Dementsprechend hat der BGH selbst in einem Wertverhältnis von 6000 DM („neuer" Gebrauchter) zu 4750 DM (Altwagen) keinen hinreichenden Grund für eine vom Regelfall abweichende Deutung des Geschäfts gesehen.[42]

Raum für alternative Lösungen sieht der BGH außerdem bei **Geschäften außerhalb des Kfz-Handels**. Da die Konstruktion „einheitlicher Kaufvertrag mit Ersetzungsbefugnis" weitgehend das Ergebnis einer Interessenbewertung ist, kann sich bei einem Geschäft zwi-

---

34 Zur Vermutung des „Einheitlichkeitswillens" bei dieser Konstellation s. BGH 25. 3. 1987, NJW 1987, 2004, 2007.
35 Andererseits spricht der BGH unter II, 2 b der Urteilsgründe von einer „Trennung in zwei selbstständige Verträge mit Verrechnungsabrede"; s. auch *Hiddemann*, WM 1982, Sonderbeilage Nr. 5, S. 9 (Nebeneinander von zwei selbstständigen Verträgen sogar in Fällen wie BGHZ 46, 338).
36 Urt. v. 22. 11. 1993, MDR 1994, 347 = OLGR 1994, 45; vgl. auch OLG Düsseldorf 28. 7. 1993, OLGR 1993, 285 und Urt. v. 24. 4. 1998, NZV 1998, 466.
37 OLGR 1994, 129; ebenso Urt. v. 15. 12. 1994, OLGR 1995, 85; v. 26. 1. 1996, OLGR 1996, 182 (4. ZS).
38 Vgl. BGH NJW 1995, 518.
39 Urt. v. 28. 3. 2002, OLGR 2002, 171.
40 Urt. v. 18. 4. 1996, 4 O 576/95, n. v. – rechtskräftig.
41 Urt. v. 30. 11. 1983, BGHZ 89, 126 = NJW 1984, 429.
42 Urt. v. 30. 11. 1983, BGHZ 89, 126 = NJW 1984, 429.

schen Privatpersonen oder zwischen zwei Unternehmen außerhalb der Kfz-Branche in der Tat eine andere Lösung anbieten (zum Privatgeschäft s. auch Rn 924).

b) Kritik an der BGH-Rechtsprechung

Die Lösung des BGH – einheitlicher Kaufvertrag mit Ersetzungsbefugnis – ist im Laufe der Jahre brüchig geworden. Die ökonomischen Rahmenbedingungen haben sich entscheidend verändert, und zwar auf beiden Seiten. Im Mittelpunkt der Kritik steht die **Interessenbewertung** durch den BGH. Sie ist nicht mehr zeitgemäß. In einem Punkt hat sich der BGH zwischenzeitlich selbst korrigiert, indem er die Vorstellung aufgegeben hat, die Inzahlungnahme sei lediglich ein „Entgegenkommen" des Händlers.[43] In BGHZ 89, 126 = NJW 1984, 429 nimmt er, völlig zu Recht, auch das Eigeninteresse des Händlers in den Blick. Bemerkenswert ist auch die Richtungsänderung in dem kurz zuvor ergangenen Urteil BGHZ 83, 334 = NJW 1982, 1700.

Der BGH hat es bislang versäumt, aus dieser **Neubewertung der Interessenlage** die gebotenen Konsequenzen zu ziehen. Infolgedessen muss er sich den Vorwurf gefallen lassen, mit der Konstruktion einer Ersetzungsbefugnis berechtigte Verbraucherinteressen zu vernachlässigen. Denn selbst für den Fall der unverschuldeten Zerstörung oder des Diebstahls des Altwagens belastet der BGH den Käufer mit einer Nachzahlungspflicht. Im statistischen Durchschnittsfall liegt der Betrag mit 6000 € deutlich über der jährlichen Sparleistung eines Arbeitnehmerhaushaltes. Ein Anspruch auf Nachzahlung kann dem Händler nach der BGH-Konstruktion zudem aus der Mangelhaftigkeit des Altwagens erwachsen. Dieses Risiko hat der BGH zwar durch die Annahme eines stillschweigenden Haftungsausschlusses begrenzt, bislang jedoch nur bei so genannten Verschleißmängeln.[44] Ob der stillschweigende Gewährleistungsausschluss auch andere Mängel erfasst, insbesondere verborgene Unfallvorschäden, ist offen. Die Instanzgerichte bejahen nicht selten einen umfassenden Haftungsausschluss.[45] In diese Richtung deutet auch die Rechtsprechung des BGH zur agenturweisen Hereinnahme von Altwagen.[46] Es bleibt abzuwarten, wie der BGH sich für einen Fall der „echten" Inzahlungnahme entscheiden wird. Schon um seine Grundkonzeption nicht aufgeben zu müssen, wird er geneigt sein, den gutgläubigen, keine Garantie gewährenden Neuwagenkäufer von der Sachmängelhaftung freizustellen. Bei dieser Sicht ist es im Ergebnis gleichgültig, wie der Gesamtvertrag rechtlich eingeordnet wird.

In welchem Umfang dem Händler das Recht zur (isolierten) Rückgabe bzw. Nichtannahme des Altwagens zugestanden wird, entscheidet mit über die Akzeptanz der BGH-Konstruktion. Zurzeit ist dieses Problem nicht befriedigend gelöst. Da Neuwagenkäufer, selbst marktstarke, ihre Mängelhaftung üblicherweise nicht ausdrücklich ausschließen, sehen sie sich immer wieder Nachzahlungsforderungen mit dem Verlangen nach Rücknahme des Altwagens ausgesetzt. Dann droht die Gefahr, dass das Geschäft nachträglich in einen ungewollten und oftmals nicht finanzierbaren Barkauf verwandelt wird.

Berechtigt ist ferner der Einwand, die Deutung der Inzahlungnahme-Vereinbarung als Ersetzungsbefugnis mit einer Leistung an Erfüllungs Statt werde der **Vertragswirklichkeit** nicht gerecht. Diese lebensfremden Begrifflichkeiten finden sich an keiner Stelle des gesamten Vertragswerkes, obgleich derartige Bezeichnungen für den Kfz-Händler günstig wären und er sie als Formularverwender in den Vertrag einführen könnte (zur Textierung und Dokumentation s. Rn 466 ff.). Mit Blick auf den Altwagen ist in den heutigen Formularen vielmehr von „Ankauf" oder von „Eintauschwagen" die Rede. In realistischer Ein-

---

43 So in BGHZ 46, 338, vgl. auch BGH NJW 1960, 1853, 1854.
44 Urt. v. 21. 4. 1982, BGHZ 83, 334 = NJW 1982, 1700.
45 Vgl. Rn 1580.
46 Vgl. Urt. v. 5. 4. 1978, NJW 1978, 1482 = WM 1978, 756; Urt. v. 31. 3. 1982, NJW 1982, 1699 = WM 1982, 710.

schätzung des wahren Geschehens geht die Finanzverwaltung von einem Tausch mit Baraufgabe aus. Gewiss geht es beiden Seiten typischerweise nicht um einen Fahrzeugtausch, sondern in erster Linie um den Erwerb bzw. die Veräußerung eines Neufahrzeugs. So gesehen ist die Inzahlunggabe des Altwagens in der Tat kein „gleichwertiger Bestandteil"[47] des Geschäftes. Was aber heißt „gleichwertig"? Damit kann das Wertverhältnis zwischen Neuwagen und Altwagen angesprochen sein.[48] Mit „ kein gleichwertiger Bestandteil" kann aber auch der Stellenwert von „neu" und „alt" gemeint sein, wobei die Neuanschaffung bei natürlicher Betrachtungsweise eindeutig im Vordergrund zu stehen pflegt.

Diese Wertschätzung der Beteiligten ist indes die eher emotionale Seite der Vertragswirklichkeit. Bei nüchterner Beurteilung wichtiger ist die heute nicht mehr bestreitbare Tatsache, dass Neuwagenkäufer typischerweise **von vornherein** die Gegenleistung für den Neuwagen nur teilweise in Geld, zum anderen Teil aber durch den Altwagen erbringen wollen. Irgendetwas zu „ersetzen" oder eine „Ersatzleistung" zu erbringen, ist nicht ihr Ziel. Ein derartiges Ansinnen würde ebenso auf Unverständnis stoßen wie die Einstufung der Inzahlungnahme als bloße „Nebenabrede" (BGHZ 89, 126). In den Augen der Neufahrzeugkäufer setzt sich ihre Leistung von Anfang an aus **Geld und Altfahrzeug** zusammen. Sie als ursprüngliche Voll-Geldschuld einzuschätzen, geht schon seit Jahren an der Realität vorbei. Der typische Neuwagenkäufer will, wie dem Händler bewusst ist, einen Teil des Neufahrzeugs mit seinem Altwagen „bezahlen". Das ist mit der Annahme einer „Ersetzungsbefugnis" nicht zu vereinbaren.[49]

479   Zu bedenken ist auch: Wegen des harten Wettbewerbs auf dem Neufahrzeugmarkt ist der Händler häufig gezwungen, für den Altwagen des Kunden mehr zu bieten, als er tatsächlich wert ist. Die Inzahlungnahmepreise liegen seit Jahren deutlich über den Verkehrswerten. Damit gewährt der Händler, wirtschaftlich gesehen, einen verdeckten Rabatt auf den Neuwagen. Entgegen *Huber*[50] ist es also nicht so, dass der Neuwagenkäufer das Angebot des Händlers zum „Listenpreis" annimmt, um sich anschließend in einer „Zusatzvereinbarung" über die Inzahlungnahme des Altwagens zu verständigen. Ob mit oder ohne Inzahlungnahme: Zum „Listenpreis" werden Neufahrzeuge schon lange nicht mehr verkauft. Heute gibt es nur noch die Unverbindliche Preisempfehlung (UPE), die durch so genannte Hauspreise regelmäßig unterschritten wird. Die Höhe des offenen Preisnachlasses hängt wesentlich davon ab, ob der Kunde Vollzahler ist oder seinen Altwagen verwertet sehen will. Im letzteren Fall rückt der Anrechnungsbetrag in das Zentrum der Vertragsverhandlungen. Der Neuwagenpreis ohne Hingabe eines Altwagens wird im Allgemeinen gar nicht erst ausgehandelt.[51] Er interessiert allenfalls als Ausgangsgröße. Verhandelte man über ihn, wäre er oftmals niedriger als der Gesamtpreis mit Inzahlungnahme.[52] Auch diese wirtschaftliche Seite des Geschäfts spricht gegen die Annahme einer Ersetzungsbefugnis, bei der die Zahlung des vollen Kaufpreises die primär geschuldete Leistung des Neuwagenkäufers ist.

480   Rückt man von dieser Konstruktion ab und sieht man die Hingabe des Altwagens als einen von zwei Bestandteilen der Hauptleistungspflicht des Käufers an, lassen sich auch die mit dem **„verdeckten" Preisnachlass** verbundenen Probleme sachgerecht lösen. Angesichts der heutigen Marktverhältnisse sollte dieser Aspekt nicht unterschätzt werden. Erhebliche Beträge stehen auf dem Spiel. Bei Annahme einer Ersetzungsbefugnis läuft der Käufer Gefahr, den ausgehandelten Vorteil einzubüßen, ohne dass ihn ein Verschulden

---

[47] BGHZ 89, 126, 130.
[48] Zur Bedeutung dieser Relation vgl. *Mayer-Maly*, FS Larenz 1973, 673.
[49] *Pfister*, MDR 1968, 361.
[50] *Soergel/Huber,* vor § 433 Rn 215.
[51] Anders im Fall OLG Celle 15. 12. 1994, OLGR 1995, 85; s. auch BGH 10. 7. 1986, WM 1986, 1533.
[52] Im Fall OLG Celle OLGR 1995, 85 waren es 10%.

Auslegung und Qualifizierung

an der Vertragsstörung trifft. Ohne Einfluss auf die Preisvereinbarung ist es, wenn der Händler den verdeckten Preisnachlass nach dem Weiterverkauf offenlegt, die Neuwagenrechnung „berichtigt" und sich die Mehrwertsteuerdifferenz vom Finanzamt zurückholt. Ein Erstattungsanspruch des Kunden in gleicher Höhe besteht nicht, obgleich er die „gesetzliche Umsatzsteuer" schuldet. Der Händler ist nicht ungerechtfertigt bereichert.

Soweit der BGH die Hingabe des Gebrauchtwagens als Leistung an Erfüllungs Statt beurteilt, bestehen außerdem dogmatische Bedenken. Die Vereinbarung über die Annahme der Ersatzleistung stellt seiner Meinung nach einen entgeltlichen Veräußerungsvertrag dar.[53] Der Gläubiger verzichtet aufgrund eines neuen Austauschvertrages gegen Hingabe der Ersatzleistung auf einen bestimmten Teil seiner ursprünglichen Forderung; er erwirbt also die Ersatzleistung im Austausch gegen die primär geschuldete Leistung. An einer Primärleistung des Käufers fehlt es indessen, wenn man mit dem BGH davon ausgeht, der Händler sei zur Annahme des Altwagens verpflichtet. Folglich ist auch ein Austauschvertrag nicht denkbar.[54] **481**

Zuzugeben ist dem BGH freilich, dass seine Konstruktion von einem einheitlichen Kaufvertrag mit Ersetzungsbefugnis eine bessere Antwort auf die Frage gibt, ob dem Händler ein **fester Anspruch auf Lieferung des Altfahrzeugs** zusteht. Das wird auch in der Lehre überwiegend verneint. Dabei läuft es dem Interesse des Neuwagenkäufers keineswegs zuwider, dem Händler im Rahmen des Gesamtgeschäfts einen Anspruch auf Lieferung seines Fahrzeugs einzuräumen. Eine andere Verwendung als die Inzahlunggabe ist erfahrungsgemäß nicht beabsichtigt. Beide Seiten gehen als selbstverständlich davon aus, dass der Altwagen im Zuge der Auslieferung des Neufahrzeugs übergeben wird. Den handelsüblichen „Ankaufschein" wörtlich genommen, hat der Händler sogar einen eigenen Lieferanspruch. Da dieser Aspekt für die Beteiligten, wenn überhaupt, nur ein Nebenaspekt ist, sollte er es auch bei der Bestimmung der Rechtsnatur und dem sonstigen Rechtsfolgeprogramm sein.

c) Mischvertrag aus Kauf und Tausch

Dem mutmaßlichen Parteiwillen und vor allem der Interessenlage wird am ehesten die Ansicht gerecht, wonach es sich **im Normalfall** der Inzahlungnahme um einen gemischten Vertrag aus Kauf und Tausch handelt, ergänzt um die – praktisch kaum bedeutsame – Befugnis des Käufers, statt seinen Altwagen abzuliefern den festgelegten Anrechnungsbetrag zu zahlen.[55] Die Vereinbarung der Inzahlungnahme ist keine bloße Nebenabrede („Zusatzvereinbarung") des Neuwagenkaufs, gleichviel, ob die Parteien das Geschäft in einem oder in zwei Formularen erfasst haben. Selbst wenn der Händler keinen Anspruch auf Lieferung des Altwagens erwirbt, kann aufgrund der Pflicht zur Annahme des Altwagens von einer aus Geld und Fahrzeug zusammengesetzten (Primär-)Leistung des Neuwagenkäufers ge- **482**

---

53 Urt. v. 18. 1. 1967, BGHZ 46, 338, 342; s. auch OLG Oldenburg (14. ZS) 28. 7. 1994, NJW-RR 1995, 689, das für diese – bestrittene – Ansicht die Verf. in Anspruch nimmt.
54 So auch OLG Oldenburg (14. ZS) 28. 7. 1994, NJW-RR 1995, 689, 690.
55 So jetzt auch OLG Oldenburg (14. ZS) 28. 7. 1994, NJW-RR 1995, 689; LG Wuppertal 28. 6. 1996, NJW-RR 1997, 1416; früher schon OLG Hamburg 18. 10. 1962, BB 1963, 165 und die h. M. im Schrifttum, vgl. *Staudinger/Mader,* § 515 Rn 11; *Medicus,* Rn 756; *Walter,* Kaufrecht, S. 306; *Larenz,* SchR, Bd. II, Hbd. 1, § 42 I; *Mayer-Maly,* FS Larenz 1973, 673, 681; *Gernhuber,* Erfüllung, § 10, 2; *Honsell,* Jura 1983, 523, 524; *Schulin,* JA 1983, 161, 164; *Pfister,* MDR 1968, 361, 362 f.; *Espenhain,* Diss., Kiel, 1982, 150; *ders.,* WM 1978, 1107; *H. W. Schmidt,* DAR 1964, 201; ähnlich auch *Leenen,* Typus und Rechtsfindung, 1971, S. 159, 161 und *Behr,* AcP 185, 401, die zur Annahme eines besonderen Vertragstyps („Verkehrstyps", so *Behr*) gelangen; abweichend auch *Dubischar,* JZ 1969, 175; *ders.,* JuS 1985, 15 und in AK-BGB, § 366 Rn 4; gegen BGH auch *Reich* in AK-BGB § 433 Rn 33; unentschieden *H. P. Westermann* in MüKo (3. Aufl.), § 433 Rn 27 und in *Erman,* § 364 Rn 4, s. aber auch *ders.,* JZ 2001, 541.

sprochen werden. Vorzuziehen ist die Konstruktion „Mischvertrag" auch deshalb, weil sie für eine erheblich größere Zahl praktischer Fallgestaltungen einen einheitlichen Rahmen liefert als die vom BGH „für den Regelfall" angebotene Alternative. Das breite Spektrum der vom BGH aufgezeigten Ausnahmefälle – besonders problematisch die Fallgruppe „atypische Wertverhältnisse" (s. Rn 476) – schafft Rechtsunsicherheit.

483 Die mit der **Schuldrechtsreform** verbundenen Änderungen geben Anlass, die Tragfähigkeit der Annahme eines typengemischten Vertrages zu überprüfen. Nicht von vornherein ausgeschlossen ist, dass ein Doppelkauf (mit Verrechnungsabrede) die zeitgemäßere Lösung darstellt. Das Zusammentreffen von Verbraucher- und Nicht-Verbraucherkauf gehört zu den auffälligsten Neuerungen. Der Hauptunterschied zur früheren Rechtslage besteht darin, dass der Händler bei einem Weiterverkauf des Altfahrzeugs im eigenen Namen und für eigene Rechnung seine Sachmängelhaftung nicht mehr ausschließen darf, wenn der Abnehmer ein Verbraucher ist (§ 475 I BGB). Bei einem Unternehmer-Käufer ist eine umfassende Freizeichnung nach wie vor möglich und üblich. Ältere Gebrauchtfahrzeuge (ab etwa 6 Jahren), insbesondere Fremdfabrikate, werden von den Autohäusern vorzugsweise an Händler abgegeben. Ein wichtiger Aspekt ist insoweit die Garantiefähigkeit. Hier liegt die Altersgrenze bei 6–7 Jahren. Die von den Neuwagenkäufern abgegebenen Vorwagen waren im Jahr 2001 im Schnitt 6,3 Jahre alt und hatten eine Gesamtlaufleistung von 104.800 km.[56]

Vor diesem Hintergrund hält sich die Belastung des Neufahrzeughandels, die ihm das **neue Kaufrecht** bei der Vermarktung in Zahlung genommener Altwagen auferlegt, in erträglichen Grenzen. Soweit diese Fahrzeuge ins eigene Angebot übernommen und an Verbraucher veräußert werden, bleibt als Alternative zu einem Eigengeschäft mit Freizeichnungsverbot ein Agenturverkauf. Dabei ist wieder zu unterscheiden zwischen einem Verbraucher-Verbraucher-Geschäft und (bei Firmenwagen) einem Unternehmer-Verbraucher-Kauf, also einem Verbrauchsgüterkauf. Zur Frage der missbräuchlichen Rechtsformwahl („Umgehungsgeschäft") s. Rn 976 ff. Auch wenn man in diesem Punkt zu Lasten des Handels einen strengen Maßstab anlegt, kann in der reformbedingten Schlechterstellung hinsichtlich der „Eintauschwagen" kein hinreichender Grund gefunden werden, die hier befürwortete Konstruktion eines Mischvertrages aus Kauf und Tausch zu verwerfen. Auch auf der anderen Seite des Geschäfts, dem Neuwagenteil, gibt es dafür keinen dies rechtfertigenden Anlass. Mit Blick auf den zu liefernden Neuwagen hat sich die Rechtsposition des Händlers de facto nicht wesentlich verschlechtert. Der bislang vertraglich eingeräumte Nachbesserungsanspruch hat einem gesetzlichen Anspruch auf Nacherfüllung Platz gemacht. Was einige, bei weitem nicht alle, Neufahrzeughändler stärker als bisher belastet, ist die neue Verjährungsfrist von zwei Jahren im Vergleich zur früheren „Werksgarantie" von oft nur einem Jahr.

484 Die Einordnung als Mischvertrag aus Kauf und Tausch hat Konsequenzen für die **Beweislastverteilung:** Der Händler muss bei einer (Nach-)Zahlungsklage beweisen, dass ein reiner Kauf (mit Ersetzungsbefugnis) über das von ihm gelieferte Fahrzeug zu Stande gekommen ist. Andererseits hat der Altwageneigentümer, der für sein Fahrzeug Zahlung verlangt, zu beweisen, dass der Händler es unabhängig von der Neuwagenbestellung angekauft hat und verrechnungsfrei bezahlen soll.[57]

485 Bei einer **Inzahlungnahme im Dreiecksverhältnis** (Hersteller/Händler/Käufer) liegen zwei rechtlich selbstständige, wirtschaftlich aber miteinander verbundene Kaufverträge vor. Die Trennung zwischen Hersteller und Verkaufsvermittler kommt in diesem Ausnahmefall schon in den Vertragsformularen klar zum Ausdruck. Für das Neuwagengeschäft ist

---

[56] DAT-Veedol-Report 2002, S. 19.
[57] Zur Beweislastverteilung bei einem Streit über Inzahlunggabe oder Agentur s. OLG Hamm NJW 1976, 53.

der Hersteller, für das Gebrauchtwagengeschäft sein Vertreter/Vermittler als Vertragspartner des Kunden ausgewiesen. Typisch ist diese Sonderform beim Kauf von Neufahrzeugen der Marke Mercedes Benz, soweit sie nicht über Werksniederlassungen vertrieben werden. So lag es auch im Fall OLG Hamm OLGR 1993, 98. Der 28. ZS nimmt einen **Doppelkauf mit Verrechnungsabrede** an. Das hat zur Folge: Der Neuwagenkäufer erlangt keinen Anspruch auf Auszahlung des Kaufpreises für sein Altfahrzeug, auch dann nicht, wenn das Neuwagengeschäft mit dem Hersteller wider Erwarten scheitert. In einem solchen Fall hat die Inzahlungnahmevereinbarung „keine Gültigkeit".[58] Dieses richtige Ergebnis sollte nicht unter Rückgriff auf § 158 BGB begründet werden. Man kann mit „Störung der Geschäftsgrundlage" (jetzt § 313 BGB) oder direkt mit einer ergänzenden Vertragsauslegung argumentieren.

Wie beim bilateralen Kauf mit Inzahlungnahme verzichtet der Neuwagenverkäufer, hier der Hersteller, auf Vollzahlung des Kaufpreises. Sein Anspruch ist beschränkt auf Leistung des Baranteils. Auf das Altfahrzeug hat er keinen Zugriff. Anders als im Zwei-Personen-Verhältnis dürfte der Händler als Käufer des Altfahrzeugs einen eigenen Lieferanspruch haben, vorausgesetzt, dass beide Verträge wirksam sind. Notwendig ist es nicht, ihm diese Rechtsposition einzuräumen. Denn die Auslieferung des Neufahrzeugs erfolgt in der Regel Zug um Zug gegen Hingabe des Altwagens und Zahlung des Baranteils. Die gesamte Abwicklung des Geschäfts liegt in den Händen des vom Hersteller eingesetzten Vertreters. Aus Sicht des Kunden macht es keinen gravierenden Unterschied, ob er das Fahrzeug direkt vom Hersteller oder von einem Händler kauft.

3. Vertragsstörungen
a) Sachmängelhaftung
aa) Mangel des Neufahrzeugs
Nacherfüllungsphase: 486

Solange der Neufahrzeugkäufer lediglich Nacherfüllung verlangen kann, also noch keine „Rücktrittsreife" besteht, ist die Rechtslage mit Blick auf das Altfahrzeug wenig problematisch. Es ist mit Übernahme des Neuwagens regelmäßig abgeliefert worden, kann mithin nicht mehr zurückgehalten werden. Ist der Käufer ausnahmsweise noch im Besitz seines Altwagens, kann er dessen Ablieferung selbst bei Annahme einer entsprechenden Leistungspflicht bis zur vollständigen Nacherfüllung verweigern (§ 320 BGB).

In der Nacherfüllungsphase treffen den Neufahrzeughändler hinsichtlich des übernommenen Altfahrzeugs keine besonderen Sorgfaltspflichten. Das Verwertungsrisiko liegt weiterhin bei ihm. Ein Nacherfüllungsverlangen löst noch kein Verbot des Weiterverkaufs aus. Wenn der Händler, wie im Regelfall, mit einem Fehlschlagen der Nacherfüllung und damit mit einer Rückabwicklung nicht zu rechnen braucht, darf er seine Bemühungen um einen Weiterverkauf fortsetzen, insoweit also auch verkaufsfördernde Veränderungen am Fahrzeug vornehmen. Allein wegen der Möglichkeit einer Rückabwicklung besteht keine Verpflichtung, die Verkaufsbemühungen zu beenden und das Fahrzeug für eine etwaige Rückgabe an einem sicheren Ort bereit zu stellen.[59] Anders können die Dinge liegen, wenn der Händler weiß oder wissen muss, dass er sein Recht auf zweite Andienung aus tatsächlichen und/oder rechtlichen Gründen nicht wird realisieren können. Kennen und Kennenmüssen (Fahrlässigkeit sollte genügen) sind nicht auf die potenzielle Rücktrittserklärung des Käufers zu beziehen. Bezugspunkt sind die in seiner Sphäre liegenden Umstände, die eine

---

58 OLG Hamm 1. 12. 1992, OLGR 1993, 98.
59 Vgl. auch OLG Frankfurt 28. 3. 2002, OLGR 2002, 171, 173 – Leasing mit Inzahlungnahme.

Nacherfüllung scheitern lassen können, also die sachlichen Voraussetzungen der Rückabwicklung.

488 **Rücktritt vom Vertrag:** Erklärt der Neufahrzeugkäufer wegen eines (erheblichen) Mangels des Neuwagens berechtigterweise den Rücktritt, so sind die ausgetauschten Leistungen gem. §§ 437 Nr. 2, 323, 346, 348 BGB grundsätzlich in natura Zug um Zug zurückzugewähren. Die Vertragsparteien sind so zu stellen, als wäre das Gesamtgeschäft nicht geschlossen worden. Folglich hat der Käufer den Neuwagen und der Händler das empfangene Geld (Baranteil mit Verzinsung/Wertersatz nach § 347 Abs. 1 S. 1 BGB) sowie den Altwagen zurückzugeben. Zur **bereicherungsrechtlichen Rückabwicklung** im Leasingfall s. Rn 501.

Solange die Rückgabe des Altwagens noch möglich ist, hat der **lediglich rücktrittsberechtigte** Neuwagenkäufer – in Ermangelung einer abweichenden Vereinbarung – nicht das Recht, statt seines Altwagens den dafür angerechneten Betrag zu verlangen. Das war bis Anfang der achtziger Jahre strittig. Für die Praxis ist der Meinungsstreit durch die Entscheidung des BGH vom 30. 11. 1983[60] beendet worden. Sie zog die richtige Konsequenz aus der Annahme eines einheitlichen Geschäfts und entsprach dem Grundgedanken der Wandelung alten Rechts. Die Auffassung des BGH[61] hat auch die Zustimmung derer gefunden, die das Geschäft, abweichend von seiner Konstruktion, als typengemischten Vertrag qualifizieren.

An dieser Art der Rückabwicklung bei noch vorhandenem Altfahrzeug ist unter der Geltung des **neuen Rechts** festzuhalten. Dadurch, dass an die Stelle der Wandelung der Rücktritt getreten ist, hat sich in der Sache nichts geändert.[62]

Der Neufahrzeughändler schuldet die Rückgewähr des in Zahlung genommenen Altwagens in dem Zustand, in dem er sich tatsächlich befindet. Hat er inzwischen einen **Wertverlust** erlitten, kommt es für einen Ausgleichsanspruch des Käufers auf die Gründe für die Wertminderung an (zum Anspruch auf Wert- und Schadensersatz s. Rn 490 ff.).

Den – höheren – Anrechnungspreis konnte der lediglich zur Wandelung (nicht wahlweise zum Schadensersatz nach § 463 BGB a. F.) berechtigte Neuwagenkäufer bei noch möglicher Rückgabe nur kraft einer entsprechenden Vereinbarung beanspruchen. Wurde der Anrechnungspreis als „Anzahlung" bezeichnet und formularmäßig vereinbart, dass diese vom Verkäufer im Falle der Vertragsauflösung zurückzuzahlen sei,[63] so kam es auf den vereinbarten Anrechnungspreis an. Im Zweifel war und ist der Vertrag nicht in dieser Weise zu deuten.

489 Eine andere Auslegung könnte bei Inzahlungnahme eines Altwagens geboten sein, für den der Händler vom Hersteller/Importeur eine **Abwrackprämie** oder eine vergleichbare Vergütung erhält und dem Neufahrzeugkäufer als Kaufanreiz verspricht. Doch auch in diesem Sonderfall muss es dabei bleiben: Solange der Händler den Altwagen noch zurückgeben kann, geht seine Rückgewährpflicht auf den Baranteil und den Altwagen, d. h. dem Neuwagenkäufer kommt die Prämie nicht zugute. Der Fall unterscheidet sich also nicht von dem Normalfall der Inzahlungnahme mit verdecktem Rabatt (zur Situation bei einer Verschrottung vor Rücktritt s. Rn 493).

---

60 BGHZ 89, 126 = NJW 1984, 429.
61 Bestätigt durch BGH 28. 11. 1994, NJW 1995, 518; BGH 7. 5. 1997, NZV 1997, 432; BGH 19. 6. 1996, NJW 1996, 2504; s. auch BGH 28. 5. 1980, NJW 1980, 2190 (kommissionsweise Hereinnahme).
62 Vgl. auch *Hager*, Anwaltskommentar Schuldrecht, § 346 Rn 18.
63 So im Fall BGHZ 89, 126, s. S. 136.

Statt der Rückgewähr des Altfahrzeugs hat der Händler als Rückgewährschuldner in be- **490** stimmten Fällen **Wertersatz** zu leisten (§ 346 Abs. 2 BGB). Praxisrelevant ist insbesondere der Fall der **(Weiter)Veräußerung**, jetzt in § 346 Abs. 2 Nr. 2 BGB geregelt.

Nach bisher geltendem Recht konnte dem Neuwagenkäufer im Fall der Veräußerung ein **Anspruch auf Schadensersatz** nach den §§ 467, 347 S. 1, 989 BGB a. F. zustehen.[64] Auszahlung des Anrechnungsbetrages unter Mitnahme des „verdeckten" Rabatts konnte er hiernach nur verlangen, wenn dieser Betrag seinem Schaden entsprach.[65] Für die Schadensbemessung war grundsätzlich der objektive Wert des Fahrzeugs maßgebend,[66] und zwar im Zeitpunkt des Wandlungsverlangens, nicht etwa zur Zeit des Kaufs oder der Ablieferung des Altfahrzeugs.[67] Entgegen *Huber*[68] kann nicht im Wege des Anscheinsbeweises davon ausgegangen werden, dass der Anrechnungsbetrag mit dem wirklichen Wert übereinstimmt. Erfahrungsgemäß ist der Verkehrswert/Zeitwert häufig erheblich niedriger als der Inzahlungsnahmepreis. Verdeckte Preisnachlässe sind seit Jahren an der Tagesordnung, je nach konjunktureller Lage mal mehr, mal weniger. Erwägenswert ist indessen, dem Neuwagenhändler die **Darlegungs- und Beweislast** dafür aufzuerlegen, dass sein Hereinnahmepreis überhöht war. Zur Grundlage der Schadensschätzung (§ 287 ZPO) konnte der (Weiter-)Veräußerungserlös gemacht werden, wobei dann besondere und allgemeine Verkaufskosten (Reparaturen, TÜV, AU, Aufbereitung etc.) abzuziehen waren. Die allgemeinen Verkaufskosten schätzt die Finanzverwaltung auf bis zu 15% des Verkaufspreises.

Nach Ansicht des OLG Celle[69] bemisst sich der Schaden nach dem Wiederbeschaffungswert, was bei einem privaten Kunden der Händlerverkaufspreis einschließlich Umsatzsteuer sei. Wenn ein Ersatzwagen nicht oder umsatzsteuerfrei beschafft wird, bestünde nach § 249 II BGB n. F. nur ein Anspruch auf den Netto-Händlerverkaufspreis. Das OLG Celle wendet aber § 251 BGB an. Er schreibt eine Netto-Regulierung nicht vor.

Einen **Anspruch auf Auskehrung des Veräußerungserlöses** hat der BGH im Fall fester Inzahlungnahme zwar nicht ausdrücklich, aber doch indirekt verneint.[70] Was er für die Kombination Neuwagenkauf/Kommission bzw. Neuwagenkauf/Agentur angenommen hat,[71] kann nicht verallgemeinert werden.[72] Demgegenüber haben *Reinicke/Tiedtke*[73] einen Anspruch auf den Verkaufserlös aus § 281 BGB a. F. hergeleitet.[74]

Nach neuem Recht steht dem Neufahrzeugkäufer im Fall einer Weiterveräußerung sei- **491** nes Altwagens vor Rücktrittserklärung grundsätzlich weder ein Schadensersatzanspruch noch ein Anspruch auf Auszahlung des Erlöses als Surrogat iSd § 285 BGB zu. Was er beanspruchen kann, ist **Wertersatz nach § 346 Abs. 2 BGB**. In Nr. 2 wird die Veräußerung ausdrücklich genannt. Auf Grund der Veräußerung muss die Rückgabe unmöglich sein. Ein bloßer Verkauf reicht nicht aus; das dingliche Geschäft muss hinzukommen, wobei ein Verkauf unter Eigentumsvorbehalt genügt.

---

64 BGH 30. 11. 1983, BGHZ 86, 126, 135 (insoweit in NJW 1984, 429 nicht abgedruckt); die Rede ist von „Wertersatz", gemeint ist aber Schadensersatz.
65 Für Gleichsetzung *Rupp/Fleischmann*, NJW 1984, 2802; ebenso OLG Koblenz 5. 3. 1992, ZfS 1992, 410 = DAR 1993, 348; OLG München 9. 1. 1992, NJW-RR 1992, 1148 (Klavier).
66 So auch OLG Hamm 1. 2. 1994, NZV 1994, 226 = NJW-RR 1994, 882 für einen (reinen) Fahrzeugtausch.
67 OLG Düsseldorf 24. 4. 1998, NJW-RR 1998, 1752 = NZV 1998, 466.
68 *Soergel/Huber*, § 467 Rn 85.
69 Urt. v. 31. 10. 2001, MDR 2002, 274 = OLGR 2001, 343.
70 BGHZ 89, 126, 135 unter III.
71 Urt. v. 28. 5. 1980, NJW 1980, 2190.
72 Anders *Hager*, Anwaltskommentar Schuldrecht, § 346 Rn 18 unter unrichtiger Berufung auf *Staudinger/Kaiser*.
73 Kaufrecht, 5. Aufl., S. 289.
74 Ebenso *Walter*, S. 305.

492 Fraglich ist, wie der Wertersatz bemessen werden muss, nach der vertraglichen Bewertung des Altwagens oder nach seinem objektiven Wert (Zeitwert bzw. Wiederbeschaffungswert). Gemäß § 346 Abs. 2 S. 2 BGB ist der Berechnung des Wertersatzes die Gegenleistung, sofern im Vertrag bestimmt, zugrundezulegen. Das hilft hier nicht recht weiter. Die vertraglich vereinbarte Gegenleistung für den mangelhaften Neuwagen ist nach Ansicht des BGH „im Regelfall" eine volle Geldschuld, nach hier vertretener Auffassung eine aus Geld und Altwagen zusammengesetzte Leistung. Eine Gegenleistung für den nicht mehr rückgabefähigen (mängelfreien) Altwagen ist gegenständlich nicht vorhanden. Bei einem reinen Tausch wäre es das andere Fahrzeug mit Mangel. Bei einer Mischung aus Kauf und Tausch muss die Höhe des Wertsersatzes nach der **vertraglichen Bewertung des Altfahrzeugs** bemessen werden. Das ist der Anrechnungsbetrag (zur Ermittlung s. Rn 499 f.). Die gemeinsamen Wertvorstellungen der Parteien haben Vorrang vor den objektiven Wertverhältnissen. Diese Orientierung liegt dem § 346 Abs. 2 S. 2 BGB zugrunde.

Gegen die Verpflichtung des Neufahrzeughändlers, bei Unmöglichkeit der Rückgabe in Natur Wertersatz in Höhe des Anrechnungsbetrages zu leisten, kann nicht ins Feld geführt werden, der Neuwagenkäufer profitiere unangemessen von der Weiterveräußerung. Kann er sein Fahrzeug nicht mehr zurückerhalten, fehlt es ihm als „Finanzierungsmittel" bei einem Deckungskauf. Dieser Nachteil wird kompensiert, wenn man den Anrechnungsbetrag bei der Bemessung des Wertersatzes zugrunde legt.

493 Ist der Altwagen nicht weiterveräußert, sondern im Zeitpunkt der Rücktrittserklärung schon **verschrottet** (eine Umgestaltung iSv § 346 Abs. 2 Nr. 2 BGB), darf der Neuwagenkäufer im Fall einer ihm gewährten **Abwrackprämie** nicht auf den oft erheblich niedrigeren Zeitwert verwiesen werden.[75] Dieser Betrag reicht erfahrungsgemäß nicht aus, um ein gleichwertiges Ersatzfahrzeug zu beschaffen. Abgesehen davon hat der „seriöse" Fachhandel, die einzig zumutbare Einkaufsquelle, derart alte Gebrauchtwagen erfahrungsgemäß nicht im Angebot. Im Übrigen würde auch die berechtigte Erwartung des Neuwagenkäufers enttäuscht, dass der günstige Anrechnungspreis so etwas wie ein „Festpreis" ist. Deshalb ist er und nicht der Zeitwert/Verkehrswert für die Höhe des Wertersatzanspruchs maßgebend. Ebenso wie im Normalfall des verdeckten Rabatts entscheidet die vertragliche Bewertung. Wer mit dem OLG Düsseldorf[76] grundsätzlich auf den – niedrigeren – Verkehrswert abstellt, muss der Frage nachgehen, ob der Käufer in dem für die Wertbemessung maßgeblichen Zeitpunkt (Rücktrittserklärung) eine Verschrottungsprämie bei einem anderen Autohaus hätte erzielen können.

494 Sollte der Händler nach einer Weiterveräußerung den **Besitz am Altwagen ausnahmsweise zurückerworben** haben, weil der Altwagenkäufer seinerseits den Rücktritt erklärt hat oder weil sich der Händler kulanterweise zur Rücknahme bereit erklärt hat, gilt Folgendes: Den Anrechnungspreis kann der vom Vertrag zurücktretende Neuwagenkäufer aus den oben (Rn 488) genannten Gründen nicht verlangen. Die Alternative kann nur lauten: Rückgabe des Altwagens und Ausgleich für etwaigen Wertverlust oder Erstattung des gesamten Fahrzeugwertes. Für beide Lösungen sprechen gute Gründe. Gesetzeskonformer ist die Rückabwicklung, die den Neuwagenkäufer wieder in den Besitz seines Altwagens bringt. Nach der Grundentscheidung des Gesetzgebers soll der Käufer beim gesetzlichen Rücktritt als Nachfolger der Wandelung so gestellt sein, als hätte er sich auf den Vertrag nicht eingelassen. Sofern die Ausgangssituation wiederhergestellt werden kann, hat sich die Rückabwicklung nach den tatsächlichen Gegebenheiten zu richten. So zu tun, als sei der wieder im Besitz des Händlers befindliche Altwagen rechtlich nicht mehr vorhanden, ist umso weni-

---

75 Anders für den Schadensersatzanspruch OLG Düsseldorf 24. 4. 1998, NJW-RR 1998, 1752 = NZV 1998, 466.
76 Urt. v. 24. 4. 1998, NJW-RR 1998, 1752 = NZV 1998, 466.

ger gerechtfertigt, als der Neuwagenkäufer etwaige Werteinbußen nicht in jedem Fall entschädigungslos hinzunehmen braucht.

Behauptete der Neuwagenkäufer, der Händler könne den Altwagen nicht mehr herausgeben, z. B. wegen zwischenzeitlicher Veräußerung, und wollte er mit diesem Vortrag Auszahlung des Anrechnungsbetrages erreichen, so hatte er nach bisher geltendem Recht das Unvermögen des Händlers zur Rückgabe zu beweisen.[77] An dieser **Beweislastverteilung** hat sich für das neue Recht nichts geändert. Wer Wertersatz verlangt, muss die Voraussetzungen dafür nach Grund und Höhe beweisen. Hinsichtlich des Verbleibs des Altwagens trägt der Händler eine **sekundäre Darlegungslast**.

Der in § 346 Abs. 2 Nr. 2 BGB gleichfalls genannte Fall der **Umgestaltung** wird bei der Inzahlungnahme eines Kraftfahrzeugs kaum praktisch werden, sieht man einmal von der „Verschrottung" ab (dazu oben Rn 493). Erst wenn eine neue Sache, also ein anderes Auto oder ein Klumpen Blech, entstanden ist, kann von einer „Umgestaltung" gesprochen werden; also nicht schon beim Einbau eines anderen Motors, bei einer Neulackierung oder einer ähnlichen Maßnahme. Was der Händler beseitigen kann, hat er zu entfernen. Weigert er sich, kann er sich schadensersatzpflichtig machen (§§ 346 Abs. 4, 280 Abs. 1 BGB). Für notwendige Verwendungen steht ihm ein eigener Ersatzanspruch zu (§ 347 Abs. 2 BGB). **495**

Ein Wertersatzanspruch entsteht nach § 346 Abs. 2 Nr. 3 BGB auch, wenn das in Zahlung genommene Fahrzeug **„untergegangen"** ist oder sich **„verschlechtert"** hat. Von der Pflicht zum Wertersatz ausdrücklich ausgenommen ist diejenige Verschlechterung, die durch die **„bestimmungsgemäße Ingebrauchnahme"** entstanden ist. Eine Minderung des Wertes und/oder des Zustands durch **Probefahrten** oder durch die **Ausstellung des Fahrzeugs** im Händlerbetrieb löst also noch keine Wertersatzpflicht aus, erst recht keinen Anspruch auf Schadensersatz. Ein allein auf **Standzeit** beruhender **Wertverlust** des Altwagens ging schon nach altem Recht grundsätzlich zu Lasten des Käufers, obgleich er die Rückabwicklung bei Mangelhaftigkeit des Neufahrzeugs nicht zu verantworten hat.[78] **496**

Den Neuwagenkäufer das Wertverlustrisiko tragen zu lassen, wird man besonders dann als Härte empfinden, wenn die Rücknahme erst Jahre nach Übergabe des Altwagens erfolgt. Immer längere Garantiefristen beim Neufahrzeugkauf und/oder die Dauer gerichtlicher Auseinandersetzungen um die Berechtigung zum Rücktritt können zu einem spürbaren Nachteil für den Käufer führen. Nach altem Recht war das ein „Ausfluss der gesetzgeberischen Grundentscheidung in den Vorschriften der §§ 467, 346 ff. BGB", mit denen dem Käufer ein Ausgleich für alle Nachteile nicht eingeräumt wurde (BGHZ 89, 126, 134).[79] Das schloss jedoch in Härtefällen nicht aus, den Begriff der Verschlechterung in § 347 S. 1 BGB a. F. „großzügig" auszulegen oder eine vertragsrechtliche Korrektur anhand der typischen Interessenlage vorzunehmen. Das neue Recht ist nicht weniger flexibel.

Vom verschuldensunabhängigen Anspruch auf Wertersatz wegen Verschlechterung ist der schuldabhängige **Anspruch auf Schadensersatz** streng zu trennen. Wegen Verletzung einer Pflicht aus dem Rückgewährschuldverhältnis kann der Händler nach Maßgabe der §§ 280 bis 283 BGB haften (§ 346 IV BGB). Eine Pflicht zur sorgsamen Behandlung des übernommenen Altfahrzeugs entsteht erst, wenn der Händler weiß oder wissen muss, dass die Rücktrittsvoraussetzungen vorliegen. An die Stelle der eigenüblichen Sorgfalt tritt jetzt der Haftungsmaßstab des § 276 BGB. Das hat Auswirkungen auf die Aufbewahrung (zur ähnlichen Situation beim Vermittlungsauftrag mit nur möglicher Rückgabepflicht **497**

---

77 So BGH 19. 6. 1996, NJW 1996, 2504 unter III, 1; OLG Düsseldorf 22. 11. 1993, MDR 1994, 347 = OLGR 1994, 45.
78 BGH 30. 11. 1983, BGHZ 89, 126 NJW 1984, 429; so auch *Soergel/Huber*, § 467 Rn 85.
79 Vgl. auch BGH 28. 11. 1994, NJW 1995, 518; OLG Frankfurt 28. 3. 2002, OLGR 2002, 171 – Leasing.

s. Rn 992). Das Unterlassen eines Weiterverkaufs des im Zeitpunkt der Rücktrittserklärung noch vorhandenen Fahrzeugs kann dem Händler selbst bei einem günstigen Kaufangebot nicht als Pflichtverletzung angelastet werden. Zu erwägen ist, ihm eine Informationspflicht aufzuerlegen. Nach erklärtem Rücktritt ist es grundsätzlich Sache des Inzahlunggebers, sich um das Altfahrzeug zu kümmern. Bei ungeklärter Sach- und Rechtslage hinsichtlich des Neufahrzeugs ist ein Teilvergleich über den Altwagen sinnvoll (Veräußerung durch den Händler oder Sofortrücknahme durch den Käufer).

Eine Entwertung des Fahrzeugs durch bloßen (bestimmungsgemäßen) **Gebrauch** löst zwar keinen Wertersatzanspruch aus (§ 346 II,3 BGB). Für einen Gebrauch, z. B. Probefahrten, schuldet der Händler jedoch gemäß § 346 I BGB eine **Nutzungsvergütung** (zur Berechnung s. Rn 1399).

498 **Schadensersatz statt der ganzen Leistung:** Bei einer Rückabwicklung im Wege des „großen" Schadensersatzes (§§ 437 Nr. 3, 280 I, III, 281 BGB) gelten gegenüber einer Vertragsliquidierung durch bloßen Rücktritt **Sonderregeln**. Jedenfalls entsprach das nach **altem Recht** im Verhältnis zwischen dem Anspruch aus § 463 BGB a. F. und der Wandelung herrschender Meinung. Machte der Neuwagenkäufer den auf Rückabwicklung gerichteten „großen" Schadensersatz geltend, z. B. wegen Fehlens einer zugesicherten Eigenschaft, so konnte er außer dem bar gezahlten Kaufpreisteil auch den für seinen Altwagen auf den Kaufpreis angerechneten Geldbetrag verlangen; auch eine „Verschrottungsprämie" blieb ihm erhalten. Diese käufergünstige Abrechnung war unabhängig davon, ob der Altwagen noch im Besitz des Händlers war oder nicht. Auch insoweit unterschied sich die schadensersatzrechtliche Lösung von der Abwicklung bei Wandelung. An dieser Differenzierung, die der Bundesgerichtshof überzeugend begründet hat,[80] ist für das **neue Recht** festzuhalten.

499 Die **Höhe des Anrechnungsbetrages** ist immer wieder ein Streitpunkt. Mitunter steht im Ankaufvertrag (Ankaufschein) etwas anderes als im Bestellschein für den Neuwagen bzw. den neuen Gebrauchten. Autohäuser versuchen diese Divergenz mit buchungstechnischen oder steuerlichen Gründen zu erklären. Den hereinzunehmenden Altwagen weisen sie in der Neufahrzeugbestellung mit einem deutlich niedrigeren Betrag aus, als es mit dem Kunden zuvor vereinbart ist. Die Differenz wird dann als Nachlass auf den Neuwagen (z. B. „Sondernachlass") deklariert. Neben dem Betrag für den Altwagen steht verschiedentlich ein Zusatz wie „Differenzbesteuerung".

Die **Differenzbesteuerung und der verdeckte Preisnachlass** stellen Autohäuser vor erhebliche Probleme. **Umsatzsteuerlich** ist der Verkauf eines Neufahrzeugs unter Inzahlungnahme eines Gebrauchtwagens ein **Tausch mit Baraufgabe**. Der eingetauschte Gebrauchtwagen wird mit seinem tatsächlichen Wert angesetzt. Wird nun ein verdeckter Preisnachlass gewährt, geht nicht der höhere Inzahlungnahmepreis, sondern der niedrigere tatsächliche Wert in die Bemessungsgrundlage für den Neufahrzeugumsatz ein.[81] Wird das in Zahlung genommene Gebrauchtfahrzeug unter Anwendung der Differenzbesteuerung weiterverkauft, so bemisst sich dieser Umsatz nach der Differenz zwischen Verkaufpreis und Einkaufspreis. Liegt der Verkaufspreis für den in Zahlung genommenen Altwagen unter dem Einkaufspreis (wird mit dem tatsächlichen Wert gleichgesetzt), hat der Händler also ein „Minusgeschäft" gemacht, kann ein verdeckter Preisnachlass beim Neufahrzeug umsatzsteuermindernd geltend gemacht werden.

500 **Zivilrechtlich** ist entscheidend, was die Parteien tatsächlich vereinbart haben. Die steuerlichen Aspekte sind für einen Durchschnittskunden nicht verständlich. Für die notwendige Klarheit hat der Händler zu sorgen. Seine Erklärungen in den Vertragsurkunden haben die Vermutung der Richtigkeit und Vollständigkeit für sich. Diese Vermutungswirkung ent-

---

80 Urt. v. 28. 11. 1994, BGHZ 128, 111 = NJW 1995, 518.
81 *Mielke/Reiß/Tehler*, Umsatzsteuer im Kfz-Gewerbe, 4. Aufl., S. 69.

fällt jedoch, wenn im Neuwagenbestellschein und im Ankaufschein widersprüchliche Angaben stehen. Doch selbst wenn sie vordergründig miteinander harmonieren, erscheint es nicht gerechtfertigt, dem Neufahrzeugkäufer die Beweisführungspflicht dafür aufzuerlegen, dass er mit dem Autohaus einen höheren Anrechnungsbetrag als schriftlich fixiert ausgehandelt hat. Vielmehr ist es Sache des Autohauses, die Gründe für die konkrete Preisgestaltung substanziiert zu erläutern und insbesondere darzulegen, warum auf den Neuwagenpreis ein vermeintlich offener Nachlass bewilligt worden ist. Bleiben trotz näherer Darlegungen des Autohauses Zweifel am wirklich Gewollten, muss in die Beweisaufnahme eingetreten werden. Wenn erwiesen ist, dass die Parteien sich mündlich auf den höheren Anrechnungspreis verständigt haben, ist dieser auch dann maßgebend, wenn der Autohausangestellte im Neufahrzeug-Bestellschein einen niedrigeren Betrag verbunden mit einem offenen Nachlass notiert hat.[82] Bleibt die mündliche Preisabsprache ungeklärt, sollte man dem Autohaus die Beweislast für seine Behauptung auferlegen, dass der (ausgewiesene) niedrigere Betrag der tatsächlich vereinbarte Anrechnungspreis ist. Aus der Sicht der Kunden wird bei Inzahlungnahmen ein Rabatt nicht offen, sondern „verdeckt" gewährt, nämlich durch Überbewertung der Altfahrzeuge.

Wegfall der Geschäftsgrundlage und bereicherungsrechtliche Rückabwicklung: **501**
Nach st. Rspr. hat bei **Leasingverträgen** der Vollzug der Wandelung des Kaufvertrages den Wegfall der Geschäftsgrundlage für den Leasingvertrag zur Folge gehabt. Die Rückabwicklung vollzog sich nach Bereicherungsrecht. Diesen Ausgangspunkt (zur modifizierten Fortgeltung nach neuem Recht s. Rn 828 ff.) hat das OLG Frankfurt auch in einem Fall des **Händlerleasings** mit Inzahlungnahme gewählt.[83] Entsprechend den Rückabwicklungsregeln im Wandelungsfall hat es dem Leasingnehmer/Inzahlunggeber bei noch abholbereitem (und von ihm auch abgeholtem) Altwagen keinen Anspruch auf Rückzahlung der durch Hingabe des Altwagens „ersetzten" Mietsonderzahlung gegeben. Der Rückgewähranspruch sei trotz zwischenzeitlichen Wertverlustes auf den Altwagen in Natur gerichtet. Das erscheint konsequent. Zum Anspruch des Inzahlunggebers auf Schadensersatz bei Beschädigung seines Fahrzeugs s. Rn 490 ff.

Bereicherungsrechtliche Rückabwicklung nach Arglistanfechtung: Dass ein Neufahrzeugkäufer arglistig getäuscht wird, kommt höchst selten vor. Anders liegen die Dinge beim Kauf eines Gebrauchtwagens. Bei der Konstellation „Gebraucht auf Gebraucht" ist eine Rückabwicklung nach erfolgreicher Anfechtung wegen arglistiger Täuschung deshalb durchaus praxisrelevant. Zu den Einzelheiten s. Rn 1724.

bb) Mangel des Gebrauchtfahrzeugs

Die unterschiedlichen Vertragskonstruktionen können besonders dann zu unterschied- **502**
lichen Ergebnissen führen, wenn das in Zahlung gegebene Gebrauchtfahrzeug einen Mangel i. S. d. § 434 BGB hat. Zu den einzelnen Erscheinungsformen von Sachmängeln s. Rn 1242 ff., zur praktisch wichtigsten Fallgruppe der Inzahlungnahme eines Unfallfahrzeugs s. Rn 1681 ff.

Bevor der Händler auf die Rechtsbehelfe der zweiten Ebene (Minderung, Rücktritt, Schadensersatz) zurückgreifen kann, muss er infolge der **Kaufrechtsnovellierung** das Recht des Inzahlunggebers auf zweite Andienung beachten. Nachlieferung scheidet von vornherein aus (s. Rn 1368 ff.). Nachbesserung kommt nur bei behebbaren Mängeln in Frage, also nicht bei Unfallvorschäden und zu hoher Gesamtfahrleistung, den beiden wichtigsten Fällen. Da der Inzahlunggeber bei einem unbehebbaren Mangel von seiner Mängelbeseitigungspflicht gem. § 275 Abs. 1 BGB frei gestellt ist (s. Rn 1379), kann der Neuwagen-

---

[82] LG Kleve 14. 4. 2000, 5 S 2/00, n.v.
[83] Urt. v. 28. 3. 2002, OLGR 2002, 171.

händler in einem solchen Fall sofort, d. h. ohne vorherige Fristsetzung, Minderung oder Rücktritt und/oder Schadensersatz verlangen. Zur Rechtslage bei möglicher Mängelbeseitigung s. Rn 224 ff.

503 Bei Annahme eines **Doppelkaufs** erstrecken sich die Sachmängelrechte des Inzahlungnehmers nur auf das Gebrauchtfahrzeug. Das Neufahrzeuggeschäft bleibt unberührt, gleichviel, welches der verschiedenen Rechte ausgeübt wird.

504 Dagegen führt der **Rücktritt des Händlers** wegen Mangelhaftigkeit des Altwagens zur Rückabwicklung des **gesamten Vertrages,** wenn man einen **einheitlichen Tauschvertrag** annimmt. Macht der Händler anstelle des Rücktritts von seinem Recht auf **Minderung** Gebrauch, ist zu beachten, dass die Wertansätze (Tauschpreise) bloße Rechnungsposten sind; die Minderung wird danach beim Tausch nicht unter Zugrundelegung des Anrechnungsbetrages für den Gebrauchtwagen, sondern in Bezug auf den Neuwagenpreis ermittelt.

505 Bei Annahme eines **Mischvertrages aus Kauf und Tausch** erfasst der **Rücktritt** wiederum den ganzen Vertrag,[84] da ein einheitlicher Vertrag auch nur einheitlich stehen und fallen soll.[85] Der Verknüpfungswille der Parteien aus der Phase des Vertragsabschlusses wirkt also bei der Rückabwicklung fort, sofern diese sich nach Rücktrittsregeln vollzieht. Das ist systemgerecht. Es kommt nicht darauf an, ob der Händler an Stelle des Rücktritts Schadensersatz statt der ganzen Leistung oder eine bereicherungsrechtliche Rückabwicklung verlangen könnte, solange er sich ausdrücklich für Rücktritt und gegen die alternativen Rechtsbehelfe entscheidet.[86] Im Zweifel will der Händler die für ihn beste Lösung. Zu beachten ist neuerdings, dass der Anspruch auf Schadensersatz durch einen zuvor erklärten Rücktritt nicht ausgeschlossen wird (§ 325 BGB). Zur Anspruchswahl und zur richterlichen Fragepflicht s. Rn 1487 ff.

506 **Rücktrittsrechtliche Abwicklung** bei Annahme eines typengemischten Vertrages: Der Händler kann nicht – unter Rückgängigmachung nur des „Altwagenteils" – Zahlung des Verrechnungsbetrages verlangen. Vielmehr hat er den Altwagen zurückzugeben und den Barzahlungsbetrag zurückzuzahlen, eventuell abzüglich einer Nutzungsvergütung. Demgegenüber schuldet der Neufahrzeugkäufer die Rückgabe des Neuwagens mit Vergütung gezogener Nutzungen.[87]

507 Will der Händler das Neufahrzeuggeschäft nicht zur Disposition stellen, was in der Regel seinem Interesse entspricht, kann er an Stelle des Rücktritts in analoger Anwendung der Vorschrift über die **Minderung** (§ 441 BGB) einen Wertausgleich in Geld beanspruchen. Der vereinbarte Anrechnungsbetrag für den Altwagen (s. dazu Rn 499) wird dann in dem Verhältnis herabgesetzt, in dem der Wert des mangelhaften Wagens den Wert des mangelfreien Wagens unterschreitet. Dabei bleibt dem Käufer, wenn er für seinen Wagen einen besonders günstigen Preis erzielt hat, ein entsprechender Vorteil (verdeckter Rabatt) erhalten.[88] Statt der Minderung kann der Händler auch den „**kleinen**" **Schadensersatz** wählen (§§ 437 Nr. 3, 280 I, III, 281 oder § 311 a II BGB). Auch in diesem Fall bleibt das Gesamtgeschäft bestehen.

508 Nach der **Konstruktion des BGH**[89] – einheitlicher Kaufvertrag mit Ersetzungsbefugnis – stehen dem Händler gem. § 365 BGB in Ansehung des Gebrauchtwagens die Rechte eines

---

84 So für die Wandelung OLG Oldenburg (14. ZS) 28. 7. 1994, NJW-RR 1995, 689; LG Wuppertal 28. 6. 1996, NJW-RR 1997, 1416 für die Arglistanfechtung nach § 123 BGB.
85 *Pfister,* MDR 1968, 361, 363; OLG Oldenburg (14. ZS) 28. 7. 1994, NJW-RR 1995, 689.
86 Vgl. OLG Oldenburg 28. 7. 1994, NJW-RR 1995, 689 – Haftung aus § 459 Abs. 2 BGB a. F.
87 OLG Oldenburg (14. ZS) 28. 7. 1994, NJW-RR 1995, 689.
88 *Pfister,* MDR 1968, 361, 365 mit Berechnungsbeispiel in Fn. 52; s. auch *Honsell,* Jura 1983, 523, 525.
89 Urt. v. 18. 1. 1967, BGHZ 46, 338; v. 30. 11. 1983, BGHZ 89, 126.

Auslegung und Qualifizierung

Käufers zu. Sein Kunde hat wie ein Verkäufer „Gewähr zu leisten". Damit sind jetzt die Rechtsbehelfe des § 437 BGB gemeint. Erklärt der Händler den **Rücktritt**, so erfasst dieses Gestaltungsrecht nur das Gebrauchtwagengeschäft, d. h. lediglich die mit der Hingabe des Altwagens eingetretene Rechtsfolge wird rückgängig gemacht. Da die Kaufpreisforderung nach der Inzahlungnahme in Höhe des Anrechnungsbetrages nach § 364 Abs. 1 BGB erloschen ist, hatte der Händler bei der früheren Wandelung an sich nur einen Anspruch auf Wiederbegründung dieser erloschenen Teilkaufpreisforderung. Im Rechtsstreit konnte er jedoch nach der Herstellungstheorie unmittelbar auf Erfüllung des neu zu begründenden Anspruchs klagen.[90] Der Käufer musste also im Falle der Wandelung wegen eines Mangels an seinem Altfahrzeug den **vollen Neuwagenkaufpreis** zahlen. Die Ablösung der Wandelung durch den Rücktritt hat daran im Ergebnis nichts geändert.

Um diese „Nachschusspflicht" des Inzahlunggebers generell, zumindest aber betragsmäßig zu begrenzen, haben Rechtsprechung und Schrifttum **vielfältige Lösungen** entwickelt. Die Haftung des Autohauskunden für Sachmängel an seinem Altfahrzeug war und ist das **Kardinalthema** des Kaufs/Leasings mit Inzahlungnahme. Vor allem hier muss sich die Leistungsfähigkeit einer jeden Vertragsqualifizierung erweisen. Auch die im Regelfall für vorzugswürdig erachtete Konstruktion eines Mischvertrages aus Tausch und Kauf kann aus sich selbst heraus, unter Verzicht auf Wertungskorrekturen, nicht auf sämtliche Gewährleistungsfragen eine befriedigende Antwort geben. So ist unter der Geltung des alten Rechts für die Variante „Mischvertrag" nicht geklärt gewesen, welche Auswirkungen **Schadensersatzansprüche des Händlers** haben. Rechtsprechung aus der Zeit unmittelbar vor der Schuldrechtsreform liegt lediglich für den Fall der Wandelung[91] und für die bereicherungsrechtliche Rückabwicklung nach Arglistanfechtung vor.[92]

Zumindest im Fall von Schadensersatzansprüchen des Händlers, die auf einem **vorsätzlichen Verhalten** des Inzahlunggebers beruhen, ist es auch bei Annahme eines typengemischten Vertrages angemessen, dem Händler einen Anspruch auf „Nachzahlung" gegen Rücknahme des Altfahrzeugs zu geben. Von dem Grundsatz, dass der Gläubiger bei einem Schadensersatzanspruch nicht besser gestellt sein darf als im Fall der Erfüllung, ist insoweit eine Ausnahme zu machen. In einem Fall **arglistiger Täuschung** über einen Unfallvorschaden kann es demnach offen bleiben, welcher der verschiedenen Konstruktionen zu folgen ist. Anders liegen die Dinge, wenn der Inzahlunggeber den Sachmangel/Pflichtverletzung **nicht zu vertreten** hat, er aber schuldunabhängig einstandspflichtig ist. Zwischen beiden Konstellationen liegen die Fälle der **Fahrlässigkeit** und des vermuteten Verschuldens, neuerdings ausreichend für eine Schadensersatzhaftung des Verkäufers/Inzahlunggebers.

Ausgangspunkt der Überlegungen muss die Tatsache sein, dass Autohauskunden ihre Altfahrzeuge gewöhnlich **ohne ausdrückliche Haftungsfreizeichnung** in Zahlung geben (Näheres dazu s. Rn 467). Angesichts dieser – vor allem für private Inzahlunggeber – misslichen Ausgangslage war es naheliegend, den gesetzlichen Haftungsausschluss bei grober Fahrlässigkeit (§ 460 BGB a. F.) großzügig zu ihren Gunsten einzusetzen (dazu Rn 1549) und darüber hinaus stillschweigend bzw. konkludent vereinbarte Freizeichnungen in Betracht zu ziehen. Zur Entwicklung und zum Stand der Rechtsprechung in dieser zweiten Frage s. Rn 1580. Einher ging diese Entwicklung damit, an die Offenbarungspflicht des Inzahlunggebers keine strenge Anforderungen zu stellen (s. dazu Rn 1681 ff.). Zurückhaltend war man auch in der Annahme von Eigenschaftszusicherungen.[93]

---

90 BGH 18. 1. 1967, BGHZ 46, 338; OLG Frankfurt 28. 5. 1974, NJW 1974, 1823; OLG Oldenburg (13. ZS) 24. 4. 1995 – 13 U 1/95, n. v. – Arglistfall.
91 OLG Oldenburg NJW-RR 1995, 689.
92 Vgl. dazu LG Wuppertal NJW-RR 1997, 1416.
93 Die Angabe „unfallfrei" hat der BGH jedoch ohne Zögern als Zusicherung behandelt, BGHZ 46, 338 = NJW 1967, 553.

Den Käufer mit einer „Nachschusspflicht" zu belasten, ist nicht in jedem Fall unbillig. Immerhin hat er mit der Lieferung des mangelhaften Altwagens den entscheidenden Grund für die Vertragsstörung gesetzt. Dieser Gesichtspunkt schlägt jedenfalls dann zu seinen Lasten durch, wenn er den Händler arglistig getäuscht hat oder wenn er ihm eine unrichtige Garantie gegeben hat, also in Fällen, in denen nach altem Recht ein Schadensersatzanspruch aus § 463 BGB begründet war. Bei Annahme einer umfassenden – konkludent vereinbarten – **Freizeichnung** kann der Händler Sachmängelrechte praktisch nur bei arglistiger Täuschung oder bei unrichtiger Beschaffenheitsgarantie geltend machen (§ 444 BGB). Das bedeutet andererseits nicht, dass der Händler seine schadensersatzrechtlich legitimierte Nachforderung an einem höheren Preis als dem Vertragspreis ausrichten darf, etwa am Listenpreis.

512 Für den **Beginn der Verjährung** der Sachmängelansprüche des Händlers kommt es auf die Ablieferung des Altfahrzeugs an,[94] selbst wenn es dem Händler vor Übernahme des Neufahrzeugs übergeben worden ist. Näheres zur Verjährung s. Rn 1590 ff.

b) Leistungsstörungen vor Geschäftsabwicklung
aa) Unmöglichkeit der Lieferung des Gebrauchtfahrzeugs

513 Der Auffassung des BGH zufolge schuldet der Käufer als Gegenleistung für den Neuwagen ausschließlich eine Geldleistung. Kann er von seiner Ersetzungsbefugnis keinen Gebrauch machen, weil z. B. das Gebrauchtfahrzeug in der Zeit zwischen Vertragsabschluss und Vertragserfüllung zerstört worden ist, lässt dieser Umstand die Pflicht zur Zahlung des vollen Kaufpreises grundsätzlich unberührt. Nach der BGH-Konstruktion wird ein Käufer selbst bei einem unverschuldeten Totalschaden seines Altwagens nicht von seiner Geldschuld befreit,[95] auch nicht im Fall des Diebstahls oder eines anderweitigen Verlustes. Begründet wird dies damit, dass die Störung in der Sphäre des Käufers eingetreten ist.

Die regelmäßig nicht einkalkulierte und von den meisten Verbrauchern finanziell nicht ohne weiteres zu verkraftende Belastung will *Behr*[96] durch ein Recht zum Rücktritt auffangen. Mit Rücksicht auf das wirtschaftliche Gesamtkonzept, das dem Kauf „neu gegen alt" zugrunde liegt, erscheint dieser Vorschlag sachgerecht. Der hiergegen vorgebrachte Einwand, es gehe nicht um Verschulden, sondern um die Betriebsgefahr des Autos, die der Halter zu Recht trage,[97] ist nicht stichhaltig. Das dem Halter in § 7 StVG zugewiesene, seit dem 1.8. 2002 gesteigerte Haftungsrisiko betrifft nur die Haftung für Schäden an anderen Rechtsgütern, nicht aber am eigenen Auto.

Erlangt der Käufer Schadensersatz vom Schädiger oder einer Versicherung, kann der Händler bei Annahme eines typengemischten Vertrages nach § 285 BGB Herausgabe des Surrogats verlangen. Da das Altfahrzeug nach der BGH-Lösung nicht der geschuldete Gegenstand ist, kommt hiernach nur eine analoge Anwendung des § 285 BGB in Betracht. Macht der Händler von seiner „Ersetzungsbefugnis" Gebrauch, bleibt seine Verpflichtung zur Lieferung des Neufahrzeugs bestehen, vorausgesetzt, dass sein Anspruch voll erfüllt wird.[98]

514 Geht man von einem **gemischten Vertrag** aus, ist es dem Händler im Falle nicht zu vertretender Zerstörung oder des Verlusts des Altwagens verwehrt, den Käufer auf Vollzahlung des Neuwagenkaufpreises in Anspruch zu nehmen. Ein solcher Anspruch hat, anders als nach der BGH-Lösung, zu keinem Zeitpunkt bestanden. Er kann nicht dadurch entste-

---

[94] OLG Saarbrücken 13. 6. 2000, OLGR 2000, 525; OLG Stuttgart 8. 10. 1999, 2 U 71/99, n. v.
[95] BGH 18. 1. 1967, BGHZ 46, 338; *Soergel/Huber,* vor § 433 Rn 213.
[96] AcP 185 (1985), 401, 418.
[97] *Soergel/Huber,* vor § 433 Rn 215, Fn. 17.
[98] Vgl. auch *Schulin,* JA 1983, 161, 165.

hen, dass dem Neuwagenkäufer die Übergabe seines Altwagens aus Gründen, die er nicht zu vertreten hat, nachträglich unmöglich geworden ist. Da der Altwagen als Tauschteil Leistungsgegenstand war, liegt ein Fall der **Teilunmöglichkeit** vor. Sie strahlt auf den Vertragsrest aus.[99] Der Anspruch des Händlers ist insgesamt ausgeschlossen (§ 275 I BGB). Seine Rechte bestimmen sich nach den §§ 280, 283–285, 311 a und 326 BGB (§ 275 IV BGB).

Bei Annahme eines **Doppelkaufs** sind die Rechtsfolgen nachträglicher Unmöglichkeit auf den Kauf zu beschränken, der von der Störung betroffen ist. Bei Zerstörung des Altfahrzeugs behält der Händler seinen Anspruch auf Bezahlung des Neuwagenpreises, so wie nach der BGH-Konstruktion. Zu erwägen ist eine Vertragsanpassung gemäß § 313 BGB.

bb) Verzug und Unmöglichkeit der Lieferung des Neufahrzeugs

Kann der Händler das bestellte Neufahrzeug nicht oder nicht rechtzeitig liefern, bestimmen sich die Rechte des Kunden vorrangig nach den vertraglichen Vereinbarungen einschließlich der Allgemeinen Geschäftsbedingungen. Zur Rechtslage bei einem Neufahrzeugkauf ohne Verbindung mit einer Inzahlungnahme siehe Rn 129 ff. Die dort für den jeweiligen Grundfall entwickelte Lösung ist für den entsprechenden Sonderfall mit Inzahlungnahme interessengerecht zu modifizieren. Zur Frage, ob der Verkäufer in Lieferverzug gerät, wenn er zwar im Besitz des in Zahlung genommenen Wagens ist, aber den Fahrzeugbrief noch nicht in Händen hat, s. OLG Düsseldorf OLGR 2000, 446

Wählt der Käufer den **Anspruch auf Schadensersatz statt der Leistung,** hat er zwei Berechnungsmöglichkeiten: Er kann sich damit begnügen, die Wertdifferenz der gegenseitig geschuldeten Leistungen zu verlangen. Dies ist für ihn dann von Vorteil, wenn der Gebrauchtwagen mit einem seinen Verkehrswert übersteigenden Betrag in Zahlung genommen wurde. Hat er dagegen ein besonderes Interesse daran, seinen Gebrauchtwagen abzugeben, ist er berechtigt, seine Leistung – Übereignung des Gebrauchtwagens und Zahlung des Differenzbetrages – zu erbringen und von dem Händler Schadensersatz in Höhe des Neuwagenpreises zu verlangen. Dabei ist als Schadensposition der vereinbarte Preis für die Inzahlungnahme und nicht der tatsächliche Wert des Gebrauchtwagens anzusetzen.[100]

In Fällen des Lieferverzugs sind die Haftungsbegrenzungen im Abschn. IV Ziff. 2 der Neuwagenverkaufsbedingungen zu beachten. Wenn dort der „vereinbarte Kaufpreis" als Bezugsgröße der Haftungsbeschränkung genannt wird, so ist dies bei Annahme eines einheitlichen Kaufvertrages mit Ersetzungsbefugnis der volle Bruttokaufpreis.

Erklärt der Käufer den **Rücktritt,** so ist er mit seinem Recht, Schadensersatz zu verlangen, nicht ausgeschlossen (§ 325 BGB). Eine Rücktrittserklärung verbunden mit der Forderung, den vereinbarten Anrechnungspreis gegen Übereignung des Gebrauchtfahrzeugs zu zahlen, ist im zweiten Punkt das Verlangen nach Schadensersatz.

cc) Scheitern des Neuwagengeschäfts wegen Ablehnung der Käuferofferte und sonstige Abschlussprobleme

In der Regel treffen die Parteien schon bei der Neuwagenbestellung eine Absprache über die Inzahlungnahme. Dabei wird der Anrechnungsbetrag festgelegt und zumindest im Bestellschein notiert (Näheres zum Geschäftsablauf und zur Preisabsprache s. Rn 467 ff.). Übergeben wird das Altfahrzeug regelmäßig zu einem späteren Zeitpunkt, meist bei Auslieferung des Neuwagens. Die Annahme der Käuferofferte („Bestellung eines neuen Kraftfahrzeugs") wird auch in Fällen mit Inzahlungnahme regelmäßig **schriftlich bestätigt,** entweder durch Unterschrift der „Verkäufer-Firma" direkt auf dem Neuwagenbestellschein (sog. Direktbestätigung) oder durch ein separates Schreiben des Autohauses innerhalb

---

[99] *Medicus*, BürgR Rn 756.
[100] LG Köln 21. 3. 1979, 73 O 94/78, n. v.; s. auch Rn 138.

der Annahmefrist (vgl. Abschn. I,1 S. 2 NWVB). Der Vertragsabschluss wird also in der Regel nicht bis zur Auslieferung des Neuwagens in der Schwebe gehalten (2. Alternative im Abschn. I, 1 S. 2 NWVB).

518 Abweichend von den handelsüblichen Formularen können sich die Parteien sowohl über die Verbindung von „neu" und „alt" als auch über den Zeitpunkt des Vertragsschlusses anderweitig einigen, ungeachtet einer Schriftformklausel auch durch mündliche Absprache oder durch konkludentes Verhalten. Diese Frage steht im Zentrum der Entscheidung des OLG Düsseldorf vom 30. 5. 2000.[101] In zutreffender Bewertung des Geschäftsablaufs und der beiderseitigen Interessenlage hat der Senat die Auffassung des LG korrigiert, der Kaufvertrag sei ohne schriftliche Bestätigung des Händlers zustande gekommen. Bestellung und Kaufvertrag sind, dem durchschnittlichen Verbraucher erkennbar,[102] zwei verschiedene Dinge.

519 An die Feststellung einer Einigung außerhalb des geschäftsüblichen, durch Formular und AGB näher ausgestalteten Rahmens sind strenge Anforderungen zu stellen. Autohäuser haben gerade in Fällen mit Inzahlungnahme ein berechtigtes Interesse daran, das Zustandekommen des Gesamtgeschäfts von einer schriftlichen Bestätigung der Geschäftsleitung abhängig zu machen. Kritischer Punkt ist die Höhe des Eintauschpreises/Anrechnungsbetrags. Insoweit möchte man sich das letzte Wort vorbehalten, nicht zuletzt aus steuerlichen Gründen. Verkaufsangestellte unterhalb der Ebene der Geschäftsleitung benötigen zur wirksamen Vertretung des Autohauses einer **Vertretungsmacht,** die sich nicht bereits aus einer analogen Anwendung des § 56 HGB ergibt.[103]

520 Für die Annahme eines verbindlichen Geschäftsabschlusses außerhalb der üblichen Bahnen und vorformulierter Regeln kann die Entgegennahme des Altwagens mit Schlüsseln und Papieren im Anschluss an die Unterzeichnung der Neuwagenbestellung zweifellos ein Indiz sein, zumal dann, wenn das Neufahrzeug vorrätig ist oder seine Auslieferung unmittelbar bevorsteht. Von Bedeutung kann insoweit auch sein, dass der Autohauskunde dem Verkaufsberater sogleich nach Unterzeichnung des Bestellscheins seinen Personalausweis und die Versicherungsdoppelkarte zur Fahrzeuganmeldung ausgehändigt hat (so im Fall OLG Düsseldorf, a. a. O.). Eine frühzeitige Übernahme des Altfahrzeugs kann sogar für ein eigenes Interesse des Händlers am Altfahrzeug sprechen und die Annahme eines Ankaufs unabhängig von dem Neuwagengeschäft nahe legen (zu diesem Aspekt s. OLG Hamm NJW 1975, 1520, 1521).

521 Die Vertragsabschlussfreiheit des Neufahrzeughändlers wird nicht dadurch eingeschränkt, dass er sich zur Inzahlungnahme des Kundenfahrzeugs bereit erklärt hat. Folglich lässt selbst eine objektiv grundlose Nichtannahme der Neuwagenbestellung die Inzahlungnahme scheitern,[104] gleichviel, ob man einen einheitlichen Kaufvertrag mit Ersetzungsbefugnis, einen typengemischten Vertrag oder zwei getrennte Kaufverträge mit Verrechnungsabrede annimmt. Abweichend hiervon hat das OLG Hamburg in einem Sonderfall (Übergabe des Altwagens vor schriftlicher Entschließung des Händlers) entschieden, der Händler habe den Altwagen zu behalten und den Anrechnungspreis in bar auszuzahlen.[105] Die Nebenabrede über die Inzahlungnahme stehe unter der Bedingung, dass der Neuwagenkauf zu Stande komme. Wenn der Händler die Annahme der Käuferofferte ohne triftigen

---

101 MDR 2001, 86 = DAR 2001, 305.
102 Das Neuwagenformular ist auf der Vorderseite im Fettdruck unübersehbar als „Bestellung" gekennzeichnet.
103 Vgl. BGH 4. 5. 1988, ZIP 1988, 1188 = JR 1990, 59 mit Anm. *Kothe.*
104 So auch OLG Celle 15. 12. 1994, OLGR 1995, 85; OLG Hamm 1. 12. 1992, OLGR 1993, 98 (aber Dreiecksbeziehung).
105 Urt. v. 22. 10. 1970, MDR 1971, 134.

Grund ablehne, müsse er sich nach § 162 BGB so behandeln lassen, als sei es zum Abschluss des Neuwagenkaufvertrages gekommen.

Selbst auf der Grundlage der BGH-Konstruktion (BGHZ 46, 338), der das OLG Hamburg ausdrücklich folgt, ist seine Entscheidung nicht überzeugend (ablehnend auch OLG Celle OLGR 1995, 85). Neuwagengeschäft und Inzahlungnahme sind nicht durch eine Bedingung im Rechtssinn miteinander verknüpft. Beide Teile sind vielmehr Bestandteile eines einheitlichen Vertrages, sei es nun Kauf oder eine Mischung aus Kauf und Tausch. Bei Annahme zweier getrennter Kaufverträge, die lediglich durch eine Verrechnungsabrede miteinander verbunden sind, ist mit dem OLG Hamm (NJW 1975, 1520) in der Durchführung des Neuwagengeschäfts die **Geschäftsgrundlage** für das Altwagengeschäft zu sehen.[106]

In richtiger Einschätzung der Abschlussfreiheit stellt das OLG Celle[107] den Händler davon frei, die Ablehnung der Neuwagenbestellung näher zu begründen. Der Händler kann sich jeglicher (schriftlicher) Stellungnahme enthalten. Gegen unredliches Händlerverhalten ist der Besteller/Altwageneigentümer nach c. i. c.-Regeln hinreichend geschützt. Seinem Schutz dient ferner die Klausel, wonach der Händler ihn unverzüglich zu unterrichten hat, wenn die Bestellung nicht angenommen wird (Abschn. I, 1 a. E. NWVB).

Solange die Parteien sich über das Zustandekommen des (schuldrechtlichen) Gesamtgeschäfts noch nicht einig geworden sind, bleibt der Autohauskunde Eigentümer seines Altfahrzeugs; dies auch dann, wenn er es dem Verkäufer bereits übergeben hat.[108]

In Fällen des **finanzierten Kaufs** und bei der **Kombination Leasing/Inzahlungnahme** steht dem Verbraucher ein **Widerrufsrecht** zu. Welchen Folgen die Ausübung dieses Rechts auf das Gesamtgeschäft hat, ist in den handelsüblichen Vertragsunterlagen nicht näher bestimmt. Insbesondere fehlt zumeist ein Klausel, wonach der Widerruf des Kunden zur Aufhebung des Vertrages über den Ankauf des Fahrzeugs führt. Auf dem Boden der BGH-Lösung ist sie ebenso entbehrlich wie bei Annahme eines typengemischten Vertrages. Freilich kann eine solche Klausel insoweit relevant sein, als es um die Qualifizierung des Geschäfts geht. Sinn macht sie mit Blick auf das Widerrufsrecht eigentlich nur im Fall des Doppelkaufs bzw. bei rechtlicher Trennung von Leasing und Ankauf.

dd) Erfüllungsverweigerung durch Neufahrzeugkäufer

Lehnt der Neufahrzeugkäufer die Erfüllung des wirksam abgeschlossenen Gesamtgeschäfts ab, kann der Händler nach seiner Wahl auf Erfüllung klagen oder Schadensersatz verlangen. Er kann auch vom Vertrag zurücktreten, wodurch sein Anspruch auf Schadensersatz nicht ausgeschlossen wird (§ 325 BGB). Ausgangspunkt der Beurteilung ist die Rechtsstellung des Händlers in einem Fall ohne Inzahlungnahme.

Insoweit wird für den Verkauf eines fabrikneuen Fahrzeugs auf die Ausführungen unter Rn 162 ff. verwiesen. Wie im umgekehrten Fall der Leistungsstörung in der Sphäre des Händlers als Schuldner unterliegen jetzt seine Gläubigerrechte bestimmten Modifikationen.

Die **Erfüllungsklage** hat der Händler auf der Grundlage der BGH-Konstruktion (einheitlicher Kaufvertrag mit Ersetzungsbefugnis) auf Zahlung des vollen Neuwagenkaufpreises zu richten, Zug um Zug gegen Abnahme des Neufahrzeugs. Sein Auto als Ersatzsache hinzugeben, ist bei Annahme einer Ersetzungsbefugnis Sache des Beklagten. Bis zur Beendigung der Zwangsvollstreckung kann er damit warten.

---

106 Vgl. auch OLG Hamm OLGR 1993, 98.
107 Urt. v. 15. 12. 1994, OLGR 1995, 85.
108 OLG Celle BB 1956, 1166; anders auch hier OLG Hamburg MDR 1971, 134, 135.

Richtigerweise muss dem Händler – schon zur Vermeidung von Kostennachteilen – gestattet sein, die Ersetzungsbefugnis des Beklagten an sich zu ziehen, indem er auf Zahlung des Baranteils und Lieferung des Altfahrzeugs klagt, hilfsweise (für den Fall der Nichtlieferung) auf Zahlung des Anrechnungsbetrages.[109] Für die Befürworter eines typengemischten Vertrages ist das ohnehin der richtige Weg.

---

[109] Erwägungswert ist, dem Händler durch Fristsetzung die Möglichkeit zu eröffnen, die Ersetzungsbefugnis auf sich überzuleiten.

W. Garantien im Neuwagenhandel

I. Beschaffenheitsgarantie, Haltbarkeitsgarantie und Garantiehaftung

Der Garantie haftet seit jeher eine bemerkenswerte Unschärfe an.[1] Durch die Kodifizierung der Rechtsfigur der Garantie im Kaufrecht hat sich daran wenig geändert, da bewusst auf eine inhaltliche Konkretisierung verzichtet wurde.[2] Die Grenzen zwischen unverbindlicher **Anpreisung**, Garantie i. S. d. **Übernahme einer vom Verschulden unabhängigen Haftung** (früher Zusicherung), **Beschaffenheitsgarantie**, **Haltbarkeitsgarantie** (§ 443 Abs. 1 BGB) und einem **selbstständigen Garantievertrag** sind weiterhin fließend.

Mit der Beschaffenheits- und Haltbarkeitsgarantie i. S. v. § 443 BGB nicht zu verwechseln ist die **Garantiehaftung gem. § 276 BGB**, die sich – wie schon nach altem Recht die „Zusicherung" –, auf den Zeitpunkt des Gefahrübergangs bezieht und zum Inhalt hat, dass der Verkäufer unabhängig von einem Verschulden für das Vorhandensein einer bestimmten Eigenschaft zu diesem Zeitpunkt einstehen will. Sie spielt beim Neuwagenkauf insbesondere im Zusammenhang mit der Haftung des Verkäufers für das Vorhandensein der Fabrikneuheit eines Neuwagens eine bedeutende Rolle (Rn 332).

Einfache **Beschaffenheitsgarantien**, bei denen die Haftung des Garantiegebers auf die mangelfreie Beschaffenheit des Fahrzeugs im Zeitpunkt des Gefahrübergangs beschränkt ist[3] und die sich von der in § 276 BGB vorgesehenen Garantiehaftung durch vertragliche Abänderung der Rechtsfolgen unterscheiden,[4] sind im Neuwagenhandel nicht anzutreffen. Dort steht die **Haltbarkeitsgarantie** im Blickpunkt des Interesses der Beteiligten.

Bei der **Abgrenzung** zwischen Sachmängelhaftung und Haltbarkeitsgarantie wird oft nicht verstanden, dass von der Sachmängelhaftung nur diejenigen Mängel erfasst werden, die zum Zeitpunkt des Gefahrübergangs vorhanden sind, während sich die Haltbarkeitsgarantie auf die während der Garantiezeit auftretenden Mängel erstreckt.[5] In der Presseberichterstattung zur Schuldrechtsreform wurden diese Unterschiede nicht dargestellt, so dass in der Öffentlichkeit der Eindruck entstanden ist, als sei die zweijährige Verjährungsfrist mit der Garantie gleichzusetzen.

Zu Überschneidungen zwischen Garantie und Sachmängelhaftung kommt es auch im Rahmen von § 444 BGB. Es ist ungeklärt und höchst umstritten, ob der Anwendungsbereich der Norm alle Arten von Garantien erfasst oder ob er auf unselbstständige Garantien zu beschränken ist.[6] Für den Einbezug selbstständiger Garantien[7] spricht die Erwägung, dass es auf die Art der Garantie nicht entscheidend ankommen kann, da der Regelung von § 444 BGB das Verbot des widersprüchlichen Verhaltens zugrunde liegt.[8] Eine Beschränkung des Haftungsausschlusses durch die Garantie kann unter dieser Voraussetzung lediglich in dem Umfang stattfinden, in dem sich Garantie und gesetzliche Sachmängelhaftung des Verkäufers überdecken.

---

1 *Winkelmann* in *Schimmel/Buhlmann,* Frankfurter Handbuch zum neuen Schuldrecht, S. 501 Rn 156.
2 Reg.-Entw., BT-Drucks. 14/6040, S. 239; *Faust,* ZGS 2002, 271, 272.
3 *Haas* in *Haas/Medicus/Rolland/Schäfer/Wendtland,* Das neue Schuldrecht, S. 256 Rn 391.
4 *Winkelmann* in *Schimmel/Buhlmann,* Frankfurter Handbuch zum neuen Schuldrecht, S. 501 Rn 162.
5 *Haas* in *Haas/Medicus/Rolland/Schäfer/Wendtland,* Das neue Schuldrecht, S. 255, Rn 388.
6 *Hilgard/Kraayvanger,* MDR 2002, 679 ff.; *Jaques,* BB 2002, 417; *Knott,* ZGR 2002, 249, 255; *Seibt/Rasch/Reiche,* ZGR 2002, 256, 259.
7 BGH 13. 6. 1996, NJW 1996, 2569; OLG Naumburg 18. 5. 2000, OLGR 2001, 144.
8 *Faust,* ZGS 2002, 271, 272; s. ferner *Hermanns* ZIP 2002, 696, 698.

Außerhalb des kaufrechtlichen Systems von Garantie und Sachmängelhaftung schreibt die Europäische Abgasrichtlinie EG 98/69 für „Euro 3-Fahrzeuge" vor, dass Fahrzeug-Hersteller die Einhaltung der Grenzwerte über die Dauer von 5 Jahren oder bis zu einer Laufleistung von 80.000 km gewährleisten müssen (Gewährleistung für Dauerhaltbarkeit). Sollte während dieser Dauer/Laufleistung ein gewährleistungspflichtiger Schaden an den emissionsmindernden Teilen des Motor-Systems und der Einspritz- oder Zündanlage auftreten, der durch Aufleuchten der vorgeschriebenen EOBD-Kontrolle (On-Board-Diagnose-System) signalisiert wird, hat der Hersteller/Händler die Reparatur kostenlos zu erbringen.

II. Kaufbegleitende Neuwagengarantien

1. Bestandsaufnahme

528 Die Auswertung einer repräsentativen Anzahl von Neuwagen-Verträgen[9] ergab, dass mehrere Händler, welche unterschiedliche Fabrikate vertraten, noch mit Verkaufsbedingungen aus der Zeit vor der Schuldrechtsreform arbeiteten. Durch Weiterverwendung der Gewährleistungsklausel übernehmen sie gegenüber ihren Kunden eine Haltbarkeitsgarantie auf die Dauer eines Jahres, was ihnen möglicherweise nicht bewusst ist.

Die meisten deutschen Kraftfahrzeughersteller haben die Schuldrechtsreform zum Anlass genommen, sich von der einjährigen Haltbarkeitsgarantie, die in der vormaligen Gewährleistungsklausel steckte,[10] zu verabschieden. Statt dessen verweisen sie ihre Kunden auf die gesetzlichen Sachmängelansprüche aus dem Kaufvertrag und dienen ihnen für die Zeit nach Ablauf der kaufrechtlichen Verjährungsfrist mehr oder weniger hilfreiche Anschlussgarantien an. Dadurch hat sich die Rechtsposition der Neuwagenkäufer deutscher Fabrikate erheblich verschlechtert. Ihnen ist allein der Verkäufer für die Mängelfreiheit des Fahrzeugs im Zeitpunkt der Übergabe haftbar und sie haben keinen garantierten Anspruch darauf, dass das Fahrzeug eine bestimmte Zeit lang mängelfrei bleibt. Nur wenn die Voraussetzungen eines Verbrauchsgüterkaufs vorliegen, bekommt der Käufer durch die nicht auszuschließende Beweislastumkehr (§ 276 BGB) einen der Haltbarkeitsgarantie vergleichbaren Schutz, der allerdings auf sechs Monate begrenzt ist.

529 Im Gegensatz zu deutschen Kfz-Herstellern haben viele ausländische Konkurrenten ihre anlässlich der Schuldrechtsreform verkündeten Garantie-Versprechen in die Tat umgesetzt. Japanische Hersteller geben ihren Kunden – entweder selbst oder über die Importgesellschaft – eine 36-monatige Haltbarkeitsgarantie, die bei drei von vier Fabrikaten auf 100.000 km beschränkt ist. Ein Hersteller gewährt eine bestimmte Baugruppen und einzelne Teile des Fahrzeugs umfassende Haltbarkeitsgarantie. Garantiegeber in allen Fällen ist entweder der Hersteller oder der Importeur.

Auf französische Fabrikate bekommt der Käufer eine von der Kilometerleistung des Fahrzeugs unabhängige einjährige Haltbarkeitsgarantie dafür, dass „das Fahrzeug und seine Teile frei sind von Fehlern und Fabrikationsmängeln" bzw. für „alle Fertigungs- und Materialfehler". Garantiegeber ist nicht der Hersteller oder Importeur, sondern ausschließlich der Händler. Die französischen Garantien entsprechen inhaltlich weitgehend der vor der Schuldrechtsmodernisierung üblichen Gewährleistungsklausel, welche besagte, dass der Verkäufer gegenüber dem Käufer eine Gewährleistung für die fehlerfreie Beschaffenheit des Fahrzeugs während der Dauer eines Jahres übernimmt.[11]

---

9 Sie wurde im August 2002 durchgeführt.
10 BGH 19. 6. 1996, DAR 1996, 361.
11 Abschn. VII, Ziff. 1 NWVB a. F.; dazu Rn 532 ff. der Vorauflage.

Der Überblick verdeutlicht, dass es die „typische Neuwagengarantie", wie sie durch die Gewährleistungsklausel jahrelang verkörpert wurde, nicht mehr gibt. Die heutige Angebotspalette ist bunt gemischt und reicht von Null-Garantie bis zur freiwilligen Haftung für mehrjährige Haltbarkeit. Es wäre zu wünschen, wenn sich die Neuwagenbranche auf eine Mindest-Haltbarkeitsgarantie von zwei Jahren verständigen könnte, die aus Anlass der Schuldrechtsreform von fast allen versprochen wurde. Offenbar hat man zu jener Zeit die Verjährungsfrist gemeint und von Garantie geredet, ohne auf den Unterschied hinzuweisen. An dieser Strategie hält die Autoindustrie fest. Anlässlich einer im Juli/August 2002 durchgeführten Umfrage gaben alle befragten Hersteller/Importeure an, die Garantiedauer betrage mindestens 2 Jahre. Viele meinten damit jedoch die Verjährungsfrist.[12]

2. Typische Regelungen in Neuwagengarantien

In Neuwagengarantien sind die Einzelheiten nicht immer umfassend und verständlich geregelt. Es gibt aber auch vorbildliche Garantien, die den Anforderungen von § 477 Abs. 1 BGB entsprechen und in denen alle Angaben über Umfang, Dauer, Reichweite, Einschränkungen, Ausschlüsse und Geltendmachung der Ansprüche einfach und klar dargestellt sind.

Die Dauer der Garantien liegen zwischen einem Jahr und vier Jahren und gelten i. d. R. auch für den Rechtsnachfolger. Bei Durchrostungsgarantien betragen die Mindestzeiten 6 Jahre. Einige namhafte Hersteller garantieren eine Durchrostungsfreiheit bereits für die Dauer von 12 Jahren. Garantiegeber können der Hersteller, der Importeur, der Verkäufer oder eine Garantiegesellschaft sein. Die Garantie beginnt mit Lieferung oder dem Tag der Erstzulassung, je nachdem welcher Zeitpunkt früher liegt. Inhalt der Garantie ist die Fehlerfreiheit des Fahrzeugs und seiner Teile während der Garantiezeit. Manchmal wird – darüber hinausgehend – Pannenhilfe und Mobilitätsschutz gewährt. Einschränkungen können die Art der Garantieleistung betreffen. Unsachgemäße Behandlung, Reparaturen in nicht autorisierten Werkstätten, Einbau nicht genehmigter Teile, Nichtvornahme vorgeschriebener Wartungsdienste schließen die Garantie aus. Von der Garantie sind normaler Verschleiß, Wartungen, Einstellungen sowie Schäden, die auf äußeren Einwirkungen oder nicht genehmigten Veränderungen des Fahrzeugs beruhen, i. d. R. ausgenommen.

Korrosionsschutzgarantien werden manchmal davon abhängig gemacht, dass der Käufer eine spezielle Karosserie – Inspektion durchführen lässt. Sie gelten nicht für Bauteile, die nicht Bestandteil der Karosserie sind, wie Räder und mechanische Bauteile. Ausschlüsse sind vorgesehen für Schäden, die auf nicht sachgemäßer Wartung, nicht fachgerechter Reparatur der Karosserie, auf Zerstörung der Hohlraumversiegelung und darauf beruhen, dass der Einbau nicht zugelassener Teile Korrosionserscheinungen verursacht hat.

Für die Geltendmachung der Ansprüche genügt die unverzügliche Mängelanzeige an den Verkäufer oder einen anderen Vertragshändler unter Vorlage der Garantieurkunde, der Nachweis über die Ausführung der vom Hersteller vorgeschriebenen Wartungsmaßnahmen und das Verlangen der Nachbesserung. Der Anspruch ist regelmäßig auf Nachbesserung beschränkt, wobei der in Anspruch genommenen Werkstatt die Entscheidung vorbehalten bleibt, ob defekte Teile ausgetauscht oder instand gesetzt werden.

3. Beschaffenheits- und Haltbarkeitsgarantie

Die Garantie kann für die Beschaffenheit der Kaufsache und dafür, dass sie diese für eine bestimmte Dauer behält, vom **Verkäufer** oder von einem **Dritten** übernommen werden (§ 443 BGB).

---

12 Autohaus 17/2002, S. 110.

Ob es sich bei der Beschaffenheits- und Haltbarkeitsgarantie um unselbstständige Garantien oder selbstständige Garantieverträge handelt, ist umstritten, im Ergebnis aber ohne Auswirkung.[13]

Der Gegenstand der Garantie, ihre Wirkungen und die Zurechnung von Werbung sind keiner gesetzlichen Regelung unterworfen, sondern im Wege der Auslegung den Parteivereinbarungen zu entnehmen.[14] Daraus folgt, dass der Anspruch aus der Garantie **vertraglicher** und nicht gesetzlicher **Natur** ist.[15]

Enthält die Garantie keinen Hinweis darauf, dass von ihr nur solche Mängel erfasst werden sollen, die im Zeitpunkt des Gefahrübergangs bereits vorhanden sind, dann wird **im Zweifel** anzunehmen sein, dass der Hersteller eine sog. **Bestands-** oder **Haltbarkeitsgarantie** übernommen hat.[16] Eine bei Verkauf beweglicher Sachen vereinbarte Garantie, deren Dauer die Verjährungsfrist des § 438 Abs. 1 Nr. 3 BGB überschreitet, bedeutet im Regelfall, dass alle während der Garantiezeit auftretenden Mängel Garantieansprüche auslösen.[17]

4. Garantien Dritter

532 Als Dritte kommen der Hersteller oder eine Garantiegesellschaft in Betracht. Ihre Garantie entsteht nicht kraft Gesetzes, ausgelöst durch den Kaufvertrag und die Garantiezusage.[18] Vielmehr bedarf es hierzu entweder der Rechtskonstruktion eines Vertrages zu Gunsten Dritter zwischen dem Hersteller und dem Händler[19] oder – was eher einleuchtet und den Käufer vor Einwendungen aus der Vertragsbeziehung zwischen Händler und Hersteller schützt[20] – der Begründung unmittelbarer vertraglicher Beziehungen zwischen dem Hersteller und dem jeweiligem Käufer.[21] Beim Neuwagenkauf geschieht dies gewöhnlich durch **Übergabe einer Garantieurkunde** oder eines Wartungsheftes mit den darin abgedruckten Garantiebedingungen.[22] Die Erklärungen stellen ein rechtlich bindendes Angebot des Herstellers dar, das der Käufer – da eine Antwort nicht erwartet bzw. auf den Zugang der Antwort verzichtet wird – regelmäßig stillschweigend annimmt.[23]

Klausel*beispiel* einer Haltbarkeitsgarantie ohne Kilometerbegrenzung:

Der Hersteller/Importeur/Händler gibt für jedes fabrikneue Fahrzeug seiner Marke eine Garantie für die Dauer eines Jahres, gerechnet vom Tage der Lieferung an den Endabnehmer oder dem Tag der Erstzulassung, je nachdem, welcher Tag früher liegt, ohne Begrenzung der Kilometerleistung dafür, dass das Fahrzeug und seine Teile frei von Mängeln sind.

---

13 *Wolff* in *Hoeren/Martinek,* Systematischer Kommentar zum Kaufrecht, § 443 Rn 13 m. w. N.
14 *Wolff* in *Hoeren/Martinek,* Systematischer Kommentar zum Kaufrecht, § 443 Rn 18, 32, 35.
15 A. A. *Büdenbender* in *Dauner-Lieb/Heidel/Lepa/Ring* Anwaltkommentar Schuldrecht, § 443 Rn 3.
16 Vgl. *Loebell,* BB 1972, 1237; *Graf von Westphalen,* NJW 1980, 2227 ff.
17 In diesem Sinne BGH 20. 12. 1978, NJW 1979, 645 zu § 477 BGB a. F.
18 *Palandt/Putzo,* BGB Erg.-Bd., § 443 Rn 10; a. A. *Büdenbender* in *Dauner-Lieb/Heidel/Lepa/Ring* ANWALTKOMMENTAR Schuldrecht, § 443 Rn 3.
19 BGH 28. 6. 1979, NJW 1979, 2036.
20 *Haas* in *Haas/Medicus/Rolland/Schäfer/Wendtland,* Das neue Schuldrecht, S. 254, Rn 385; differenzierend *Graf von Westphalen* in *Henssler/Graf von Westphalen,* Praxis der Schuldrechtsreform § 443 Rn 20; *Wolff* in *Hoeren/Martinek,* Systematischer Kommentar zum Kaufrecht, § 443 Rn 15,16.
21 BGH 24. 6. 1981, NJW 1981, 2248; *Lehmann* BB 1980, 964, 968.
22 OLG Düsseldorf 14. 5. 1993, OLGR 1994, 1.
23 BGH 23. 3. 1988, DAR 1988, 204; 12. 11. 1980, NJW 1981, 275; *von Westphalen* in *Löwe/Graf von Westphalen/Trinkner,* § 11 Nr. 10 a Rn 54; *Creutzig,* Recht des Autokaufs Rn 7.1.2.

Klausel*beispie*l einer Haltbarkeitsgarantie mit Kilometerbegrenzung:

Der Hersteller/Importeur/Händler garantiert dem Endabnehmer eines fabrikneuen Kraftfahrzeugs eine dem jeweiligen Stand der Technik entsprechende Fehlerfreiheit in Werkstoff und Werkarbeit für die Dauer von drei Jahren, maximal 100.000 Kilometer. Die Garantie beginnt mit dem Tag der Erstzulassung oder – falls das Fahrzeug nicht sogleich zugelassen wird – mit der Übergabe an den Endabnehmer und endet mit Ablauf von 12/24/36 Monaten.

5. Verhältnis von Garantie und Sachmängelhaftung

Die Haltbarkeitsgarantie des Verkäufers oder eines Dritten tritt gleichrangig neben die Sachmängelhaftung des Verkäufers und ist nicht etwa subsidiär in dem Sinne, dass der Käufer vor Geltendmachung von Garantieansprüchen zunächst den Händler zur Behebung des Sachmangels auffordern muss.[24] Aufgrund bestehender Anspruchskonkurrenz hat der Käufer die **freie Wahl**, wen er (zuerst) in Anspruch nehmen will.[25] Falls der Hersteller oder an seiner Stelle der Importeur, eine umfassende Fahrzeuggarantie erteilt hat, ist es dem Händler aufgrund der ihm durch § 437 BGB auferlegten eigenen Sachmängelhaftung verwehrt, den Käufer wegen der Realisierung seiner Ansprüche auf die vorherige gerichtliche Inanspruchnahme des Garantiegebers zu verweisen.[26]

Formularregelungen in Kaufverträgen, die den Käufer auf die Ansprüche aus der Garantie verweisen und einen Ausschluss von Ansprüchen wegen eines Sachmangels gegen den Verkäufer oder dessen nur subsidiäre Pflicht zur Behebung des Sachmangels vorsehen, sind unwirksam.[27] Sie verstoßen gegen das **Drittverweisungsverbot** (§ 309 Nr. 8 b aa BGB), das auch im Geschäftsverkehr zwischen Unternehmern anzuwenden ist.[28]

AGB, denen zufolge sich der Verkäufer zur Sachmängelhaftung in einem vom Hersteller festgelegten Umfang verpflichtet, sind nur akzeptabel, wenn der vom BGB vorgeschriebenen Mindeststandard der Sachmängelhaftung gewahrt bleibt und die sich daraus ergebenden Rechte des Käufers nicht eingeschränkt werden. Für den rechtlich nicht vorgebildeten Durchschnittskunden muss die Garantie deutlich machen, dass dem Käufer im Fall des Scheiterns der Nachbesserung/Ersatzlieferung die weitergehenden Ansprüche auf Rücktritt, Minderung und Schadensersatz zustehen.[29] Nimmt der Verkäufer im Rahmen der Sachmängelhaftung Bezug auf den vom Hersteller festgelegten Umfang der Garantie, kann er gegenüber dem Käufer nicht mit Einwendungen durchdringen, die sich aus seinen Rechtsbeziehungen zum Hersteller ergeben. Er darf sich gegenüber dem Käufer also nicht darauf berufen, der Hersteller habe die Sachmängelhaftung abgelehnt und sei ihm gegenüber nicht zur Kostenerstattung bereit.[30]

Sehen die Garantiebedingungen vor, dass die Entscheidung über Garantieansprüche dem Lieferwerk vorbehalten bleibt und bessert der aus Garantie in Anspruch genommene Vertragshändler nach, so kann er bei Ablehnung der Garantie nach Meinung des AG Bremerhaven[31] Werklohn für die Arbeiten selbst dann nicht verlangen, wenn die Garantiebestim-

---

24 BGH 19. 6. 1997, NJW 1997, 3376, 3377; 23. 03. 1988, BGHZ 82, 85, 86; 12. 11. 1980, NJW 1981, 275.
25 OLG Stuttgart 7. 11. 1995, NJW- RR 1997, 1553; OLG Hamm 24. 11. 1975 – 2 U 86/75 – n. v.
26 OLG Hamburg 17. 9. 1986, DB 1986, 2428; LG Frankfurt 11. 1. 1978 – 2/6 O 286/77 – n. v.
27 *Graf von Westphalen* in *Henssler/Graf von Westphalen*, Praxis der Schuldrechtsreform, § 443 Rn 32.
28 *Palandt/Heinrichs*, BGB Erg.-Bd. § 309 Rn 60.
29 *Graf von Westphalen* in *Henssler/Graf von Westphalen*, Praxis der Schuldrechtsreform, § 443 Rn 32.
30 A. A. AG Köln 9. 2. 1978 – 111 C 5709/76 – n. v.
31 Urt. v. 7. 2. 1979, DAR 1979, 281.

535 Die **Vermischung von Sachmängelhaftung und Garantie** durch den Händler kann dazu führen, dass er sich die Konsequenzen der Sachmängelhaftung entgegenhalten lassen muss, obwohl der Käufer Ansprüche aus der Werksgarantie geltend gemacht hat. In diesem Sinne entschied das OLG Dresden,[32] weil der Gebietsleiter des Herstellers eine Reparaturmaßnahme vorgeschlagen und zugesagt hatte, dass eine Wandlung befürwortet werde, wenn die Maßnahme versagen sollte. Als die Nachbesserung tatsächlich gescheitert war, hatte der Händler die Wandlung mit der Begründung abgelehnt, die Werksgarantie kenne nur die Nachbesserung. Diesen Einwand ließ das OLG Dresden nicht gelten. Dadurch, dass die Wandlung in Aussicht gestellt worden sei, habe das Autohaus dem Käufer zu verstehen gegeben, dass der Mangel im Rahmen der Sachmängelhaftung (Gewährleistung) behandelt werde.

6. Hinweis auf die gesetzlichen Rechte

536 Das Nebeneinander von Garantie und Sachmängelhaftung muss dem Käufer klar gemacht werden. Erforderlich ist der deutlich gestaltete Hinweis auf die gesetzlichen Rechte sowie darauf, dass sie durch die Garantie nicht eingeschränkt werden.[33] Diese Forderung der Rechtsprechung findet ihren gesetzlichen Niederschlag in der Vorschrift des § 477 Abs. 1 Nr. 1 BGB, deren Anwendungsbereich allerdings auf den **Verbrauchsgüterkauf** beschränkt ist.

Im **Geschäftsverkehr zwischen Unternehmern** folgt das Klarstellungserfordernis aus dem **Transparenzgebot** von § 307 Abs. 1 S. 2 BGB.[34] Ein allgemein verständlicher und deutlich hervorgehobener Hinweis auf die gesetzlichen Rechte sowie darauf, dass sie durch die Garantie nicht eingeschränkt werden, wird vor allem deshalb verlangt, weil der Begriff der Garantie einen mehrdeutigen Inhalt besitzt[35] und der Kunde wegen der vielfältigen Verzahnungen von Garantie und Sachmängelhaftung Schwierigkeiten hat, das eine von dem anderen zu unterscheiden. Zur allgemeinen Verwirrung trägt bei, dass Autohersteller in ihren Garantieerklärungen – und in der sie betreffenden Werbung – oftmals den Anschein erwecken, die gesamte Abwicklung der Garantie- Sachmängelhaftung liege in ihrer Hand.[36] Der schlichte Hinweis darauf, dass die gesetzliche Sachmängelhaftung durch die Garantiebedingungen nicht berührt wird, reicht daher nicht aus, um die durch die Garantie begründete Vermutung zu entkräften, durch sie werde auch die Sachmängelhaftung abschließend geregelt.

537 Eine Auswertung der Neuwagengarantien ergab, dass der für den Verbrauchsgüterkauf in § 477 Abs. 1 Nr. 1 BGB vorgeschriebene und auch im unternehmerischen Geschäftsverkehr erforderliche Hinweis auf die gesetzlichen Rechte des Käufers sowie darauf, dass sie durch die Garantie nicht eingeschränkt werden, in den meisten Fällen fehlte. Dies ist nicht zu beanstanden, wenn der Verkäufer selbst die Garantie erteilt und diese die Sachmängelhaftung nach Art und Umfang als „Minus" einschließt. Die Garantiebedingungen dürfen jedoch keine Ausschlüsse und Einschränkungen zum Nachteil des Verbrauchers enthalten, welche die nach § 475 Abs. 1 S. 1 BGB unabdingbaren Vorschriften des Verbrauchers ein-

---

32 Urt. v. 20. 11. 2001, DAR 2002, 162.
33 BGH 10. 12. 1980, NJW 1981, 867; OLG München 6. 3. 1986, EWiR 1986, 327 – *Hensen* –; OLG Hamburg 19. 9. 1986 – 5 U 40/86 – zitiert in ZIP 19/1986 A 147 V.
34 *Graf von Westphalen* in *Henssler/Graf von Westphalen*, Praxis der Schuldrechtsreform, § 443 Rn 33.
35 *Müller*, ZIP 1981, 707.
36 *Tonner*, NJW 1984, 1730, 1733.

schränken oder gegen §§ 307–309 BGB verstoßen, wie etwa die Klausel, dass sich die Neuwagengarantie nicht auf direkte oder indirekte Folgen aus einem eventuellen Garantieschaden erstreckt. Im Zusammenhang mit den kaufrechtlichen Sachmängelansprüchen verstößt diese Regelung gegen § 309 Nr. 7 a BGB.

Die Rechtsfolgen, die sich aus der Verletzung der Hinweispflichten ergeben, sind noch nicht abschließend geklärt. Der fehlende Hinweis führt nicht zur Unwirksamkeit der Garantie,[37] da andernfalls dem Käufer lediglich die gesetzlichen Sachmängelansprüche verbleiben würden. Für den Verbrauchsgüterkauf wird dies in § 477 Abs. 3 BGB ausdrücklich klargestellt. Der Garantiegeber hat somit die Garantie in dem von ihm erteilten Umfang zu erfüllen. Ob er dem Käufer darüber hinaus für die Folgen der Nichterfüllung der Hinweispflicht auf Schadensersatz haftet, ist fraglich, da es sich bei der Garantie um eine privatautonome freiwillige Leistung handelt. Von daher erscheint es unbedingt notwendig, die Verletzung mit einer auf das Erfüllungsinteresse gerichteten Schadensersatzforderung zu sanktionieren.[38] Zu einer solchen sehr weitreichenden Haftung kann aber die Auslegung der Garantieerklärung führen, die im Fall einer Missachtung von § 477 Abs. 1 S. 1 BGB zu Lasten des Garantiegebers und zugunsten des Garantienehmers zu erfolgen hat.[39] Der BGH hat schon vor Jahren angedeutet, dass diejenigen Hersteller, die irreführende Garantiebedingungen verwenden, mit entsprechenden **haftungsrechtlichen Sanktionen** rechnen müssen.[40]

538

Das LG Göttingen[41] hat aus der Kombination einer zwölfmonatigen Herstellergarantie im Serviceheft mit einer zeitlich nicht bestimmten Sachmängelhaftung des Verkäufers für die Mangelfreiheit des Neufahrzeugs eine **Rechtsscheinhaftung** des Herstellers abgeleitet, weil sie den Eindruck vermittelt, als wolle der Händler für innerhalb eines Jahres auftretende Mängel einstehen. Für den durch die Garantiebestimmungen in Verbindung mit den AGB des Händlers erweckten Rechtsschein habe der Hersteller den Käufer aus dem Gesichtspunkt der Vertrauenshaftung so zu stellen, als hätte der Händler eine Sachmängelhaftung von einem Jahr übernommen und den Kaufpreis gegen Rücknahme des Fahrzeugs bei Fehlschlagen der Nachbesserung an den Käufer erstattet.

7. AGB-Kontrolle

Obwohl die Garantie eine freiwillige Leistung darstellt, für die das Gesetz keine Vorgaben macht, sind AGB der **Inhaltskontrolle** nicht gänzlich entzogen. Die Garantiezusage des Herstellers/Händlers ist am Maßstab der §§ 305, 307–309 BGB zu messen. Zu beachten ist insbesondere das Verbot überraschender Klauseln und das Transparenzgebot.[42]

539

Die Kontrolle erstreckt sich allerdings nicht auf die **vertragliche Festlegung des unmittelbaren Leistungsgegenstandes**, da nach dem Willen des Gesetzgebers insoweit die privatautonome Gestaltungsfreiheit vorgeht.[43] Der nicht selbst verkaufende Hersteller, der sich freiwillig zur Übernahme einer Garantie für seine Produkte entschließt, hat bei der Ausgestaltung der Garantiebedingungen weitgehend freie Hand. Er allein bestimmt Inhalt und Umfang seiner Garantie. Nicht zu beanstanden ist folglich eine Klausel, welche die Dreijahresgarantie für Neuwagen von der negativen Anspruchsvoraussetzung abhängig macht,

---

37 *Palandt/Heinrichs* BGB Erg.-Bd. § 477 Rn 14.
38 *Graf von Westphalen* in *Henssler/Graf von Westphalen*, Praxis der Schuldrechtsreform, § 443 Rn 30; a. A. *Palandt/Heinrichs* BGB Erg.-Bd., § 477 Rn 14.
39 *Büdenbender* in *Dauner-Lieb/Heidel/Lepa/Ring*, Anwaltkommentar Schuldrecht, § 477 Rn 10.
40 BGH 23. 3. 1988, DAR 1988, 204 ff.
41 Beschl. v. 6. 12. 1991 – 8 O 128/91 – n. v.; s. dazu auch OLG Bremen 21. 1. 1999, OLGR 1999, 169.
42 *Haas* in *Haas/Medicus/Rolland/Schäfer/Wendtland*, Das neue Schuldrecht, S. 258, 400.
43 BGH 9. 11. 1989, NJW 1990, 761; 19. 11. 1991, NJW 1992, 688; 20. 10. 1992, NJW 1993, 1128; OLG Nürnberg 27. 2. 1997, NJW 1997, 2186.

dass die vorgeschriebenen Inspektions- und Wartungsdienste von einem autorisierten Vertragshändler durchgeführt werden müssen.[44]

540 Der **Kontrollfreiheit** sind dort Grenzen gesetzt, wo Garantiebedingungen das Hauptleistungsversprechen unter bestimmten Voraussetzungen wieder einschränken, verändern oder ausschalten[45] oder die Einschränkungen dem jeweiligen Schutzzweck der AGB und den berechtigten Erwartungen des Kunden widersprechen.[46] Überraschende Klauseln, wie etwa der Ausschluss von Schadensersatzansprüchen jeglicher Art, werden missbilligt, weil sie sich auf etwaige Ansprüche aus Produkthaftung und Garantieübernahme i. S. v. § 276 BGB erstrecken und der Käufer aus dem Garantievertrag eine zusätzliche Leistung des Herstellers erwartet, nicht aber eine ihm nachteilige Haftungsfreizeichnung.[47] Unzulässig ist die in einem Garantievertrag enthaltenen Klausel, welche bestimmt, dass für Ansprüche aus der Garantie das ausländische Recht des Herstellerlandes Anwendung finden soll.[48]

Der kontrollfreie Raum endet schließlich dort, wo der Hersteller durch seine Garantiebedingungen beim Kunden falsche Vorstellungen über dessen Rechte wegen eines Sachmangels gegenüber dem Käufer hervorruft, denn es ist „nicht der Sinn der Vorschrift des § 9 AGB-Gesetz (jetzt § 307 BGB), dem Verwender von AGB einen kontrollfreien – faktischen – Einfluss auf ein Vertragsverhältnis zwischen dem Kunden und einem Dritten zu ermöglichen".[49]

541 **Irreführend** i. S. d. höchstrichterlichen Rechtsprechung ist die Einräumung eines Nachbesserungs- oder Nachlieferungsanspruchs durch einen Fachhändler nach Wahl des Herstellers in Verbindung mit der Klausel, dass weitergehende Ansprüche ausgeschlossen sind, namentlich solche auf Rücktritt vom Vertrag, Minderung oder Schadensersatz. Solche und ähnliche Garantiebedingungen, die beim Kunden den Eindruck erwecken, er könne gegen den Verkäufer keine weitergehenden Ansprüche wegen eines Sachmangels geltend machen, sind gem. § 307 Abs. 1 S. 1 BGB unwirksam.[50] Die unangemessene Benachteiligung des Käufers besteht darin, dass er – irritiert durch die Garantiebedingungen – von der Durchsetzung seiner Rechte gegen den Verkäufer abgehalten wird. Im Rahmen von § 307 Abs. 1 S. 1 BGB kommt es auf einen entsprechenden Vorteil des Verwenders von AGB ebenso wenig an wie darauf, dass dem Kunden Nachteile nicht im Verhältnis zum Klauselverwender sondern in der Rechtsbeziehung zu einem Dritten drohen.

Garantiebedingungen müssen nicht den Anforderungen des § 309 Nr. 8 b aa ff. BGB entsprechen. Der Ansicht,[51] beim gleichzeitigen Vorhandensein von Sachmängelhaftung und Herstellergarantie trete die Sachmängelhaftung des Händlers zurück und stehe bei der Geltendmachung von Mängelansprüchen aus der Sicht des Käufers nicht im Vordergrund des Regelungsinteresses, kann nicht gefolgt werden, da sie weder der Lebenswirklichkeit entspricht noch eine Stütze im Gesetz findet. Der auf Kauf-, Werk- und Werklieferungsverträge zugeschnittene Anwendungsbereich von § 309 Nr. 8 b aa ff. BGB kann daher nicht auf Garantiezusagen erstreckt werden.

---

44 OLG Nürnberg 27. 2. 1997, NJW 1997, 2186.
45 BGH 23. 6. 1993, NJW 1993, 2369.
46 BGH 16. 11. 1992, NJW 1993, 2442.
47 *Graf von Westphalen* in *Löwe/Graf von Westphalen/Trinkner*, § 11 Nr. 10 a Rn 54; *Creutzig*, Recht des Autokaufs, Rn 7.1.2.
48 OLG Hamm, 24. 11. 1975 – 2 U 86/75 – n. v.; *Creutzig*, Recht des Autokaufs, Rn 7.1.2.
49 BGH 23. 3. 1988, BGHZ 82, 90.
50 BGH 23. 3. 1988, DAR 1988, 204.
51 *Graf von Westphalen*, DAR 1982, 51 ff.; *ders.* in *Löwe/Graf von Westphalen/Trinkner*, § 11 Nr. 10 a Rn 55, 58, 59.

8. Inanspruchnahme eines anderen Vertragshändlers

Die Erteilung einer Garantie verpflichtet den Hersteller nicht zur Errichtung eines lückenlosen Kundendienstnetzes und gibt dem Käufer **keinen rechtlich durchsetzbaren Direktanspruch** gegen jeden beliebigen Vertragshändler. Der in Anspruch genommene Vertragshändler kann jedoch ausnahmsweise aus dem Hersteller-Händler-Vertrag zur Vornahme der Garantiearbeiten verpflichtet sein, wenn dieser eine Direktbegünstigung des Käufers im Sinne eines Vertrages zu Gunsten Dritter enthält.[52] Ein solcher Anspruch ist allerdings eher theoretischer Natur, da der Käufer den Inhalt des Vertrages zwischen Hersteller und Händler in aller Regel nicht kennt.

Soweit Kfz-Hersteller selbst oder über den jeweiligen Verkäufer eine Haltbarkeitsgarantie erteilen, räumen sie ihren Kunden stets die Möglichkeit ein, Fahrzeuge bei einem anderen Vertragshändler reparieren zu lassen, wenn der Betriebssitz des Verkäufers mehr als z. B. 50 km entfernt ist. Verweigert der in Anspruch genommene Händler die Vornahme der Garantiearbeiten aus der Herstellergarantie, richtet sich der **Anspruch aus** der **Garantie** unmittelbar **gegen** den **Garantiegeber** (Hersteller, Verkäufer oder Garantiegesellschaft), der zwar nicht selbst nachzubessern braucht, wohl aber die Nachbesserung durch einen hierzu bereiten Vertragshändler durchführen lassen muss. Der Klageantrag hat folglich auf Nachbesserung des Fehlers durch eine vom Garantiegeber zu bezeichnende Vertragswerkstatt zu lauten. Die inländische Tochtergesellschaft eines ausländischen Fahrzeugherstellers ist – vorbehaltlich einer hiervon abweichenden Bestimmung im Garantievertrag – für Ansprüche aus der Herstellergarantie nicht passiv legitimiert. Aufgrund dessen ist die Klage gegen den Hersteller zu richten. Er kann an dem inländischen Wohnsitzgericht des Käufers verklagt werden, wenn der Hersteller die Garantiepflicht in der Bundesrepublik Deutschland zu erfüllen hat.[53]

Das LG München hat sich in einer nicht repräsentativen Entscheidung[54] auf den Standpunkt gestellt, dass der **Vertragshändler**, der das Fahrzeug verkauft hat, als der für die Sachmängelhaftung zuständige und im Streitfall **passiv legitimierte Ansprechpartner** anzusehen ist, wenn die inländische Tochtergesellschaft eines ausländischen Herstellers ihre Garantieverpflichtung nicht von vornherein ablehnt. Die Kammer bezog sich auf die Begründung des Urteils der Vorinstanz,[55] welche die Passivlegitimation des Vertragshändlers für Garantieansprüche aus Art. 5 Abs. 1 der EG-Verordnung Nr. 1475/95 hergeleitet und dabei den Regelungszweck der EG-Verordnung (Gruppenfreistellungsverordnung) und deren zivilrechtliche Tragweite verkannt hatte (dazu Rn 438). Die Kfz-GVO gestattet Autoherstellern unter engen Voraussetzungen den selektiven Vertrieb, sie enthält aber keinerlei Regelungen oder Aussagen zur Passivlegitimation des Vertragshändlers in Garantiefällen.

9. Nichterfüllung der Rechte aus der Garantie

Falls der Garantiegeber die Rechte aus der Garantie nicht erfüllt, kann der Käufer **Leistungsklage** gegen ihn erheben oder die Rechte aus dem allgemeinen **Leistungsstörungsrecht** geltend machen. Allein mit einem Rücktritt vom Garantievertrag ist dem Käufer nicht gedient. Er kann, wenn die Nachbesserung misslingt, vom Garantieverpflichteten Schadensersatz verlangen. Die Voraussetzungen von § 440 BGB, die bei einem Nacherfüllungsanspruch eine Fristsetzung entbehrlich machen, sind als ein besonderer Umstand i. S. v. § 281 Abs. 2 BGB anzusehen, der das **sofortige Schadensersatzverlangen** rechtfertigt.[56]

---

52 Vgl. hierzu *Graf von Westphalen,* NJW 1980, 2227, 2228.
53 LG Saarbrücken 27. 4. 1989, NJW-RR 1989, 1085.
54 Urt. v. 20. 10. 1998 – 32 S 5636 / 98 – n. v.
55 AG München, 28. 1. 1998 – 251 C 27.949/96 – n. v.
56 *Haas* in *Haas/Medicus/Rolland/Schäfer/Wendtland,* Das neue Schuldrecht, S. 258, Rn 402.

Der Schadensersatzanspruch umfasst außer den Kosten, die der Käufer für die Beseitigung des Fehlers durch eine andere Werkstatt aufwenden muss, die weiteren durch Nichterfüllung der Garantie verursachten Schäden, wozu insbesondere der Ausfallschaden zählt.

544 Die **Rechtsbehelfe des Kaufrechts** stehen dem Garantienehmer normalerweise gegenüber dem Garantieverpflichteten nicht zur Verfügung. In nur einem der überprüften Garantieverträge billigt der aus der Garantie verpflichtete Verkäufer dem Garantienehmer das Recht zu, im Fall des Fehlschlagens der Nachbesserung, nach seiner Wahl Kaufpreisherabsetzung oder Rückgängigmachung des Kaufvertrages zu verlangen. Ohne eine solche Regelung im Garantievertrag kann der Berechtigte normalerweise weder vom Kaufvertrag zurücktreten noch den Kaufpreis mindern, wenn der Garantiegeber nur die übliche Verpflichtung übernommen hat, innerhalb der Garantiezeit auftretende Mängel durch eine Vertragswerkstatt beseitigen zu lassen.[57]

545 Im Fall der objektiven **Unmöglichkeit** der **Fehlerbeseitigung** ist eine Haftung gem. § 311 a Abs. 2 BGB in Betracht zu ziehen, wenn das Leistungshindernis schon bei Abschluss des Garantievertrages vorlag und der Garantiegeber hiervon Kenntnis hatte oder hätte haben müssen. Bei der Berechnung der Schadenshöhe steht der Garantieberechtigte jedoch vor einem unlösbaren Problem, denn er muss die Kosten einer nicht möglichen Reparatur beziffern. Schadensersatzansprüche nach § 311 a BGB führen daher kaum weiter.

Ein **Durchschlagen** der Unmöglichkeit der Fehlerbeseitigung **auf den Kaufvertrag** ist in Betracht zu ziehen, wenn der Erfolg der Mängelbeseitigung versprochen wird und die hierauf gerichtete Garantie entweder Bedingung des Kaufvertrages ist oder dessen Geschäftsgrundlage darstellt. Unter solchen Voraussetzungen wäre im Fall des Scheiterns der Mängelbeseitigung der Kaufvertrag entweder wegen Nichteintritts der Bedingung hinfällig oder der Käufer könnte nach § 313 Abs. 3 BGB zurücktreten, wenn eine Vertragsanpassung nicht möglich oder unzumutbar ist. Eine Rückabwicklung des Kaufvertrages aus dem Gesichtspunkt des Wegfalls der Geschäftsgrundlage wegen Unmöglichkeit der Fehlerbeseitigung hat das OLG Bremen[58] erwogen, in concreto aber verworfen, weil der vom Käufer gerügte Mangel nach „dem Stand der Technik", worauf sich die Garantie bezog, nicht beseitigt werden konnte.

10. Beweislast

546 Der Garantienehmer muss die **Anspruchsvoraussetzungen** der Garantie[59] und den Mangel beweisen. Bei der Beschaffenheitsgarantie erstreckt sich die Beweislast auf das Vorhandensein des Mangels zum **Zeitpunkt des Gefahrübergangs**, während der Käufer, dem eine Haltbarkeitsgarantie erteilt wurde, lediglich den Beweis zu führen hat, dass der Mangel **innerhalb der Garantiezeit aufgetreten** ist.

Für den Käufer streitet bei der Haltbarkeitsgarantie die **Vermutung** des § 443 Abs. 2 BGB, dass ein während der Garantiefrist auftretender Mangel die Rechte aus der Garantie begründet. Den Garantiegeber trifft die Beweislast dafür, dass der Mangel nicht unter die Garantie fällt und z. B. auf einem Verschulden des Käufers oder einem sonstigen von außen auf das Fahrzeug einwirkenden Ereignis beruht.[60]

---

57 OLG Düsseldorf 14. 5. 1993, OLGR 1994, 1.
58 Urt. v. 21. 1. 1999, OLGR 1999, 169.
59 Zu den negativen Anspruchsvoraussetzungen OLG Frankfurt 27. 2. 1997, NJW 1997, 3376.
60 BGH 23. 11. 1994, DAR 1995, 111.

11. Verjährung der Garantieansprüche

Nur wenige Neuwagengarantien enthalten Regelungen zur Verjährung der Garantieansprüche, welche nicht unter § 438 Abs. 1 Nr. 3 BGB fallen, da der Anwendungsbereich dieser Norm auf Ansprüche aus § 437 BGB beschränkt ist.[61] Anzutreffen sind Regelungen, welche besagen, dass 547

– Ansprüche wegen Mängeln mit dem Auslaufen der Garantie verjähren,
– die Verjährung mitgeteilter Fehler bis zum nächsten zumutbaren Reparaturtermin gehemmt wird,
– Ansprüche wegen Fehlern, die Gegenstand von Beseitigungsmaßnahmen waren, drei Monate nach Erklärung der Werkstatt verjähren, der Fehler sei behoben oder nicht vorhanden, nicht jedoch vor Ablauf der Garantiefrist.

Falls die Verjährung in AGB nicht geregelt ist, gilt die regelmäßige dreijährige Verjährungsfrist des § 195 BGB für Ansprüche aus einer **Haltbarkeitsgarantie**.[62] Für Ansprüche aus einer **Beschaffenheitsgarantie** wird eine entsprechende Anwendung von § 438 BGB erwogen, wenn ein enger Zusammenhang mit der Sachmängelhaftung besteht.[63]

Die vereinbarte Garantiefrist ist eine **Ausschlussfrist** und nicht zu verwechseln mit der gesetzlichen **Verjährungsfrist**.[64] Der Beginn der Verjährungsfrist war früher eine Auslegungsfrage,[65] die sich erledigt hat. Die Frist beginnt nach § 199 Abs. 1 BGB mit dem Auftreten des Mangels und der Kenntnis des Käufers hiervon bzw. der grob fahrlässigen Unkenntnis.[66] Die Höchstgrenze von 10 Jahren bemisst sich nach dem Zeitpunkt des Auftretens des Mangels. Der Lauf der Verjährungsfrist ist unabhängig von der Dauer der Garantie.

Wenn die Garantiefrist länger als die Verjährungsfrist ist, kann es passieren, dass Ansprüche aus der Garantie **innerhalb der laufenden Garantiefrist verjähren**, wenn sie in der Anfangszeit auftreten und vom Käufer bemerkt werden. Hierzu hat der BGH[67] unter dem Regime von § 477 BGB a. F. festgestellt, dass die Übernahme einer Garantie nicht automatisch eine Verlängerung der Verjährungsfrist auf mindestens die Dauer der Garantiezeit beinhaltet. Diese höchstrichterliche Aussage, der sich das OLG Hamm[68] seinerzeit zu Recht widersetzt hat, weil die Garantie sonst wertlos wäre, ist nach wie vor im Auge zu halten. Durch das im Zuge der Schuldrechtsmodernisierung geänderte Verjährungsrecht hat sich die Lage zwar entschärft, aber das Problem ist geblieben.

Die Frage der **Einzel- oder Gesamtwirkung** verjährungsrelevanter Tatsachen i. S. d. § 425 BGB stellt sich für die Haltbarkeitsgarantie, soweit sich der Nachbesserungsanspruch aus der Garantie und der gesetzliche Anspruch auf Beseitigung des Mangels inhaltlich überlagern. Eine **Gesamtwirkung** ist interessegerecht und daher **zu bejahen**.[69] Andernfalls müsste der Käufer zweigleisig mit dem Verkäufer und dem Hersteller verhandeln. Eine sol- 548

---

61 *Haas* in *Haas/Medicus/Rolland/Schäfer/Wendtland*, Das neue Schuldrecht, S. 261 Rn 415.
62 *Haas* in *Haas/Medicus/Rolland/Schäfer/Wendtland*, Das neue Schuldrecht, S. 256 Rn 391.
63 *Graf von Westphalen* in *Henssler/Graf von Westphalen* Praxis der Schuldrechtsreform, § 443 Rn 47 ff.; *Wolff* in *Hoeren/Martinek* Systematischer Kommentar zum Kaufrecht, § 443 Rn 43.
64 *Littbarski*, JuS 1983, 345 ff.
65 Dazu BGH. 20. 12. 1978, NJW 1979, 645; OLG Köln 20. 8. 1993, NJW-RR 1994, 120; OLG Hamm 21. 12. 1979, MDR 1980, 399.
66 *Haas* in *Haas/Medicus/Rolland/Schäfer/Wendtland*, Das neue Schuldrecht, S. 261 Rn 415.
67 Urt. v. 20. 12. 1978, NJW 1979, 645.
68 Urt. v. 21. 12. 1979, MDR 1980, 399; ebenso LG Köln 11. 4. 1979 – 73 O 288/78 – n. v.; ablehnend KG 24. 11. 1980 – 12 U 1984/80.
69 *Haas* in *Haas/Medicus/Rolland/Schäfer/Wendtland*, Das neue Schuldrecht, S. 260 Rn 410; a. A. OLG Hamburg 26. 7. 1996, OLGR 1996, 273 nach dessen Ansicht ein Neubeginn der Verjährung nur die Verjährungsfrist des heutigen § 438 Abs. 1 Nr. 3 BGB betrifft.

che Vorgehensweise wäre lebensfremd, da der Neuwagenverkäufer regelmäßig für Sachmängelansprüche wie auch für Garantieansprüche als alleiniger Ansprechpartner in Betracht kommt.

Im Hinblick auf den Nachbesserungsanspruch bewirkt eine Verjährungshemmung der Ansprüche aus der Haltbarkeitsgarantie somit zugleich eine Verjährungshemmung der Sachmängelansprüche. Umgekehrt werden von der Hemmungswirkung der Sachmängelansprüche daneben bestehende Garantieansprüche erfasst.

III. Anschlussgarantien

1. Bestandsaufnahme

549 Die Mehrzahl der Hersteller/Importeure bietet Neuwagenkunden die Möglichkeit zum Abschluss von sog. Anschlussgarantien an, die in Kraft treten, wenn die Neuwagengarantie ausläuft bzw. die zweijährige Verjährungsfrist des § 438 Abs. 1 Nr. 3 BGB endet. Die Kosten sind i. d. R. **nicht im Neuwagenpreis enthalten** und vom Käufer gesondert zu vergüten. Das Preisniveau wird maßgeblich vom Leistungsumfang, dem Fahrzeugtyp und der Garantiedauer bestimmt. Zur Zeit liegen die Spitzenpreise bei rund 1100 Euro.[70]

Garantien gegen **Durchrostung**, deren Laufzeiten 6–12 Jahre betragen, gehören nicht zu den Anschlussgarantien, da sie bereits mit der Übergabe des Fahrzeugs wirksam werden. Das gleiche gilt für Lackgarantien, bei denen die Garantiezeiten überwiegend bei 3 Jahren und in einem Fall bei 7 Jahren liegen.[71]

Aufgrund der Tatsache, dass die meisten deutschen Hersteller ihre Klientel seit dem 1. 1. 2002 auf die gesetzliche Sachmängelhaftung des Verkäufers verweisen und keine Haltbarkeitsgarantie ab Lieferung bzw. Erstzulassung des Neufahrzeugs gewähren, entsteht eine **Haftungslücke** bis zum Wirksamwerden der Anschlussgarantie. Die Verjährungsfrist, deren Ablauf die Anschlussgarantie in Vollzug setzt, betrifft ausschließlich Ansprüche wegen bei Gefahrübergang vorhandener Mängel. Von der gesetzlichen Haftung nicht erfasst werden folglich jene Mängel, die nach Gefahrübergang innerhalb der Zweijahresfrist des § 437 Abs. 1 Nr. 3 BGB auftreten. Wegen des Garantielochs, in das der Kunde hineinfällt, ist die Bezeichnung Anschlussgarantie verfehlt und irreführend.

Anschlussgarantien, die an das Ende der Verjährungsfrist für Sachmängelansprüche anknüpfen, treten nach 2 Jahren in Kraft. Bei Fahrzeugen japanischer Herkunft, die gewöhnlich mit dreijährigen Haltbarkeitsgarantien ausgestattet sind, wird die Anschlussgarantie erst mit Beginn des vierten Jahres wirksam, es sei denn, dass für die Neuwagengarantie ein Kilometerlimit von 100.000 km vereinbart ist und diese Laufleistung bereits vor Ablauf der dreijährigen Frist erreicht wird.

Ein französischer Hersteller gewährt eine Anschlussgarantie, die an die Haltbarkeitsgarantie von einem Jahr anschließt und im zweiten Jahr wirksam wird. Die Garantiezeit ist im Vergleich zu anderen Garantiemodellen insgesamt relativ kurz. Dafür bekommt der Käufer aber einen wesentlich effektiveren Schutz als bei einer Kombination aus gesetzlicher Sachmängelhaftung mit nachfolgender Anschlussgarantie.

Die Garantiedauer von Anschlussgarantien beträgt ein Jahr oder zwei Jahre, je nach Wahl des Käufers. Japanische Hersteller bieten nur Anschlussgarantien mit einer Laufzeit von zwei Jahren an, wobei drei von vier Herstellern die Garantie bis zu einer Laufleistung der Fahrzeuge von maximal 150.000 km gewähren, je nachdem, was zuerst eintritt.

---

70 Übersicht aller Neuwagen-Anschlussgarantien in Autohaus 17/2002, S. 110 ff. Stichwort „Entgegenkommend".
71 Autohaus 17/2002 S. 110 ff.

Anschlussgarantien

Für deutsche Fabrikate und solche aus EU-Mitgliedsstaaten wird die Anschlussgarantie vom jeweiligen Händler gewährt, der das Fahrzeug verkauft, während bei japanischen Fahrzeugen meistens der Hersteller, manchmal aber auch eine Garantieversicherung als Garantiegeber firmiert. Fabrikatshändler eines französischen Herstellers übernehmen gegenüber dem Käufer eine subsidiäre Garantie, indem sie den Käufer berechtigen und verpflichten, alle Rechte aus der Garantie im eigenen Namen gegenüber der Garantieversicherung geltend zu machen und diese stets vorrangig in Anspruch zu nehmen.

2. Vertragsabschluss

Der Vertrag über die Anschlussgarantie ist entweder **zeitgleich** mit dem Neuwagenkauf abzuschließen oder **spätestens bis zum Auslaufen der Neuwagengarantie** bzw. der Verjährungsfrist des § 438 Abs. 1 Nr. 3 BGB.

Der **Vertragsschluss** findet unmittelbar zwischen dem Garantiegeber und dem Käufer statt. Übernimmt ein Dritter die Garantie, wird der Vertrag vom Verkäufer vermittelt. Die Rechtskonstruktion des begünstigenden Vertrages zugunsten Dritter scheidet aus, da die Anschlussgarantie keine freiwillige und kostenfreie Nebenleistung des Garantiegebers zum Kaufvertrag darstellt.

3. Garantieleistung

Zwischen Ansprüchen aus der gesetzlichen **Sachmängelhaftung** und der **Neuwagengarantie** einerseits und Ansprüchen aus der **Anschlussgarantie** andererseits kann es zu inhaltlichen und zeitlichen Überschneidungen kommen. Deshalb sind die Ansprüche strikt auseinander zu halten.

Der Garantienehmer einer Anschlussgarantie besitzt in erster Linie **Anspruch auf kostenlose Fehlerbeseitigung,** wobei der Garantieumfang regelmäßig auf den Zeitwert des Fahrzeugs im Zeitpunkt des Schadenseintritts beschränkt ist. Ansprüche auf Rückgängigmachung des Kaufvertrages (Rücktritt), Herabsetzung des Kaufpreises (Minderung) und Schadensersatzansprüche sind regelmäßig ausgeschlossen.

Komfortable Vertragsvarianten bieten dem Käufer **Mobilitätsschutz** dergestalt, dass der Garantiegeber nicht nur die Aufwendungen zum Zwecke der Reparatur ersetzt, wie z. B. die Abschleppkosten, Fahrtkosten zur Werkstatt und Telefonkosten, sondern auch diejenigen Unkosten, die dem Garantienehmer aus Anlass des Garantiefalls entstehen. Die Mobilitätspakete beinhalten z. B. Übernachtungskosten, Kosten für die Heimfahrt mit öffentlichen Verkehrsmitteln und Mietwagenkosten, wobei die Ansprüche des Garantienehmers zeitlich und betragsmäßig begrenzt sind (z. B. 50 Euro pro Tag bzw. 100 Euro pro Tag im Ausland bis höchstens drei Tage). Mietwagen dürfen Typ und Klasse des zu reparierenden Fahrzeugs nicht übersteigen. Ihr Einsatz bedarf u. U. der Freigabe durch die Vertragswerkstatt und ist auf das Pannenland beschränkt.

Die den Garantiemangel betreffende **Primärleistung** des Garantiegebers kann darin bestehen, dass er dem Garantienehmer entweder die kostenlose **Vornahme der Reparatur** oder aber **Kostenersatz** in Höhe der erforderlichen oder tatsächlich aufgewendeten Reparaturkosten schuldet. Die Pflicht zur Reparaturvornahme, gekoppelt mit Pannenhilfe, ist typisch für die Händler-Eigengarantie. Sie gibt dem Berechtigten Anspruch auf eine fachgerechte, den Herstellerrichtlinien entsprechende Instandsetzung. Bei allen Reparaturen ist grundsätzlich die kostengünstigste zu wählen. Durch den Garantiefall ausgelöste zusätzliche Wartungsarbeiten gehören selten zum Leistungspaket. Hersteller-Anschlussgarantien sind, sofern sie dem Garantienehmer Anspruch auf Reparaturvornahme gewähren, dadurch gekennzeichnet, dass Garantiearbeiten nicht vom Garantiegeber, sondern von Vertragshändlern erbracht werden. Anspruchsverpflichtet bleibt aber allein der Garantiegeber, so dass im Streitfall die Klage nur gegen ihn zu richten ist.

553 Falls die Garantie einen Anspruch des Garantienehmers auf **Kostenersatz** vorsieht, hat ihm der Garantiegeber die für die Reparatur aufgewendeten Lohn- und Materialkosten sowie die Kosten für die im Mobilitätspaket vorgesehenen Leistungen zu erstatten. Der die Lohnkosten betreffende Anspruch richtet sich manchmal nach den Arbeitszeitwerten des Herstellers und wird durch diese begrenzt. Große Unterschiede gibt es beim Materialkostenersatz. Häufig werden bei diesen Kosten Begrenzungen oder Abzüge vorgenommen, die vom Typ des Fahrzeugs oder dessen Laufleistung abhängen. Bei einigen Garantiemodellen wird der Ersatz der Materialkosten ab einer Laufleistung von 50.000 km stufenweise um 10 % pro 10.000 km gesenkt, so dass er ab 100.000 km nur noch 40 % beträgt. Andere Garantiemodelle sehen eine betragsmäßig festgelegte Selbstbeteiligung des Garantienehmers vor. Manchmal wird dem Garantienehmer ein ungekürzter Erstattungsanspruch für Materialkosten in Höhe der unverbindlichen Preisempfehlung des Herstellers zugebilligt.

4. Rechtliche Einordnung

554 In rechtlicher Hinsicht handelt es sich bei Anschlussgarantien, die dem Garantienehmer einen **Anspruch auf Fehlerbeseitigung** gewähren, um selbstständige Garantieverträge, die sich dem eingeschränkten Regelungsbereich von § 443 BGB nicht zuordnen lassen, da sie weder an eine bestimmte Beschaffenheit der Kaufsache anknüpfen noch in einem engen inhaltlichen Zusammenhang mit dem Sachmangelbegriff stehen.[72] Auch der unmittelbare zeitliche Zusammenhang mit dem Abschluss des Kaufvertrages fehlt jedenfalls dann, wenn der Käufer die Möglichkeit hat, den Vertrag zu einem späteren Zeitpunkt abzuschließen. Wenn die Verträge gleichwohl (wenn auch nicht immer) den Hinweis darauf enthalten, dass sie nur eine Ergänzung der Rechtsansprüche aus dem Kaufvertrag darstellen und diese durch die Garantie nicht beeinträchtigt oder eingeschränkt werden, so liegt dies daran, dass diese Garantien nicht nur als Anschlussgarantien sondern auch als Gebrauchtwagengarantien verwendet werden. Im Zusammenhang mit dem Gebrauchtwagenkauf an einen Verbraucher ist die Belehrung gem. § 477 Abs. 1 S. 2 Nr. 1 BGB zwingend erforderlich.

Da die Anschlussgarantie dem Garantienehmer Anspruch auf Reparaturvornahme gewährt, liegt ihre **werkvertragliche Prägung** auf der Hand. Geschuldet wird eine fachgerechte Reparatur durch Ersatz oder Instandsetzung des Bauteils nach Wahl der Werkstatt.

555 Auf **Kostenerstattung** gerichtete Anschlussgarantien können, je nach vertraglicher Ausgestaltung, Nebenabreden zum Kaufvertrag oder eigenständige Versicherungsverträge oder ein Gesamtpaket aus beidem sein. Da sich der Garantiegeber in üblicher Weise rückversichert, passt er die Regelungen der Anschlussgarantie den Bestimmungen des Versicherungsvertrages an. Umgekehrt gelten die Versicherungsbedingungen für die Neuwagen-Anschlussgarantie auch für die Neuwagen-Anschlussgarantieversicherung, bei der sich der Garantiegeber schadlos hält oder die Ansprüche aus der Garantie unmittelbar mit dem Garantienehmer abwickelt.

Wenn der Händler die Abwicklung von Ansprüchen aus der Garantie auf die Versicherung übertragen hat, liegt der Schwerpunkt der Leistung auf der Verschaffung von Versicherungsschutz. Der Versicherungsschutz hat einen eigenständigen Charakter gegenüber der Lieferung des Fahrzeugs. Daraus folgt, dass der Abschluss der Garantieversicherung als Vermittlung von Versicherungen umsatzsteuerfrei ist (§ 4 Nr. 10 b UStG), da insoweit keine eigene Leistung des Verkäufers vorliegt.[73]

---

72 *Wolff* in *Hoeren/Martinek*, Systematischer Kommentar zum Kaufrecht, § 443 Rn 7.
73 Gerichtsbescheid des BFH im Verfahren V 67/01; FG Rheinland Pfalz, 19. 12. 2001–1 K 2539/99 – nicht rechtskräftig, zit. in Steuer-Erfahrungsaustausch 7/2002, S. 6; FG Nürnberg, zit. in Steuer-

Manchmal liegt ein Gesamtpaket aus den Komponenten „Verschaffung von Versicherungsschutz" und „Gewährung von Eigengarantie" vor. Auch in diesen Fällen, in denen der Kunde nicht nur Versicherungsschutz gegenüber der Garantieversicherung besitzt, sondern auch einen Reparaturanspruch gegen den Händler, ist die Versicherungsvermittlung nicht mit Umsatzsteuer zu belegen, weil das Gesamtpaket durch die Leistung „Verschaffung von Versicherungsschutz" geprägt wird.[74]

5. Inhaltliche Gestaltung im Detail

Die Abwicklung von Garantieschäden erfolgt entweder durch den Garantiegeber oder direkt durch den hierzu bevollmächtigten **Garantieversicherer.** 556

Anspruchsberechtigt aus der Garantie ist in erster Linie der **Käufer**. Falls dieser das Fahrzeug veräußert, wird der **Rechtsnachfolger** durch die Garantie in dem gleichen Umfang wie der Erstkäufer geschützt. Dies ist jedoch nicht immer der Fall. Es gibt Anschlussgarantien, die grundsätzlich nicht übertragbar sind und solche, bei denen die Übertragung der Rechte und Pflichten aus der Anschlussgarantie nur für den Fall ausgeschlossen wird, dass das Fahrzeug an einen gewerblichen Wiederverkäufer verkauft wird. Wieder andere machen die Übertragung auf den Rechtsnachfolger davon abhängig, dass dem Garantiegeber bzw. dessen Versicherer der Verkauf unter Vorlage der Ummeldebestätigung angezeigt wird.

Bei allen Fabrikaten hat der Garantienehmer das Recht, das Fahrzeug auch von einer **anderen autorisierten Werkstatt** reparieren zu lassen, zumindest dann, wenn der garantiegebende Händler mehr als 50 km entfernt ist. 557

In **räumlicher Hinsicht** enthalten Anschlussgarantien beachtliche Einschränkungen. Sie gelten nicht für außereuropäische Länder und manchmal nur für das Gebiet der Bundesrepublik Deutschland mit der Maßgabe der Garantieerstreckung auf Europa, sofern sich das Fahrzeug nur vorübergehend (beispielsweise maximal 60 Tage) außerhalb des Gebietes der Bundesrepublik Deutschland im europäischen Ausland befindet.

Der Umfang von Anschlussgarantien ist im Gegensatz zu den meisten Neuwagengarantien auf **einzelne Baugruppen** und **bestimmte Teile** des Fahrzeugs begrenzt. Zu den garantiegeschützten Baugruppen eines Fahrzeugs gehören i. d. R. der Motor inklusive aller mit dem Ölkreislauf in Verbindung stehenden Innenteile, das Getriebe, das Achs- und Verteilergetriebe, die Kraftübertragungswellen, die Lenkung, die Bremsen, die Kraftstoffanlage mit Vergaser und Turbolader, die elektrische Anlage, das Kühlsystem sowie die Fahrdynamik- und Sicherheitssysteme und manchmal auch die Abgasanlage. Die Kupplung ist meistens nicht Gegenstand der Garantie. Ausgeschlossen werden Karosserieteile, Polster, Lack und Reifen. Der Einbeziehung von Karosserieteilen bedarf es nicht unbedingt, da alle namhaften Autohersteller langjährige Korrosionsgarantien gewähren. 558

Schäden im Ausland müssen dem Garantiegeber telefonisch gemeldet und der Reparaturumfang mit ihm abgestimmt werden. Der Garantienehmer ist verpflichtet, die Kosten für die im Ausland durchgeführte Reparatur vorzulegen, die ihm der Garantiegeber in Höhe der garantiefähigen Kosten gegen Rechnungsvorlage erstattet.

Erfahrungsaustausch 6//2002, S. 8; a. A. OFD Koblenz, DB 1996, 2260; DB 1997, 1110; DStR 1999, 323.
74 FG Brandenburg 25. 2. 2002 – 1 K 767/00 – nicht rechtskräftig, zit. in Steuer-Erfahrungsaustausch 7/2002, S. 7.

6. Ausschlüsse, Einschränkungen, Nebenpflichten

559 Anschlussgarantien schützen nicht jedes Fahrzeug. Von der Garantie werden **Kraftfahrzeuge ausgeschlossen**, die für Renneinsätze bestimmt sind, sowie Taxis, Mietwagen, gewerblich genutzte Fahrzeuge mit mehr als 3,5 Tonnen sowie Polizei-, Militär-, Rettungs- oder Feuerwehrfahrzeuge.

Eine Klausel, wonach die Übernahme der von dem Händler berechtigterweise in den Kaufvertrag über ein Kraftfahrzeug einbezogene Garantie eines Dritten von diesem innerhalb einer Frist von 10 Tagen abgelehnt werden kann, ist gem. § 308 Nr. 3 BGB unwirksam, wenn die Voraussetzungen des Ablehnungsrechts nicht geregelt sind.[75]

560 Mit Vorliebe machen Garantiegeber die Leistung davon abhängig, dass die vorgeschriebenen **Inspektionen und Wartungsarbeiten** durchgeführt werden. Eine Garantieklausel dieses Inhalts entzieht sich der AGB-Kontrolle, da sie den Leistungsgegenstand beschreibt, welcher der vertraglichen Dispositionsfreiheit der Parteien unterliegt[76]. Es handelt sich um eine (negative) Anspruchsvoraussetzung im Sinne einer Einschränkung des Hauptleistungsversprechens und nicht um einen rechtsvernichtenden Einwand. Dies ergibt sich unter anderem aus der Überlegung, dass mit der Einhaltung der vorgeschriebenen Inspektions- und Wartungsdienste nicht nur eine Gefahrminderung im Sinne einer Vermeidung des Garantiefalls sondern außerdem eine Kundenbindung an die Vertragswerkstatt bezweckt wird. Garantieansprüche entfallen bei Nichtvornahme der Inspektions- und Wartungsarbeiten unabhängig davon, ob zwischen der Unterlassung und dem am Fahrzeug eingetretenen Schaden ein **ursächlicher Zusammenhang** besteht.[77] Es bedarf hierzu nicht des Hinweises in der Klausel, dass der Rechtsverlust unabhängig von einem möglichen Kausalzusammenhang eintritt.[78] Angesichts der Tatsache, dass die Einhaltung vorgeschriebener Inspektions- und Wartungsintervalle zu den (negativen) Anspruchsvoraussetzungen gehört, weil der Garant Inhalt und Reichweite der Garantie bestimmt,[79] verbleibt ein allenfalls geringer Spielraum für Ergebniskorrekturen über § 242 BGB, falls der Käufer Inspektions- und Wartungsfristen lediglich zeitlich überschritten hat.[80]

Es gibt andere – durchaus kundenfreundlich ausgerichtete – Garantien, die vorsehen, dass der Garantiegeber nur dann von seiner Leistungspflicht befreit ist, wenn die Nichtvornahme der Kontroll- und Wartungsdienste für den Mangel ursächlich gewesen ist. Diese Klausel macht die Einhaltung der vom Hersteller vorgeschriebenen Dienste nicht zur Voraussetzung des Garantieanspruchs. Statt dessen ist die Nichteinhaltung der Kontroll- und Wartungsdienste ein Ausschlussgrund, den der Garantiegeber zu beweisen hat, wenn er sich darauf beruft.

561 Der Garantieberechtigte hat bei Eintritt des Garantiefalls zahlreiche **Nebenpflichten** zu beachten. Er muss den Garantieverpflichteten unverzüglich über die Geltendmachung von Garantieansprüchen informieren. Weiterhin ist er dem Garantiegeber auskunftspflichtig, muss das Fahrzeug unverzüglich einer Vertragswerkstatt vorführen, wenn ein möglicher Garantieschaden festgestellt wird, hat dem Garantiegeber die Untersuchung des Kraftfahrzeugs zu gestatten, muss dessen Anweisungen befolgen, die Reparatur von einer durch den Hersteller anerkannten Reparaturwerkstatt durchführen lassen und die Reparaturrechnung beim Garantiegeber bzw. bei der Versicherung einreichen. Die gerne verwendete Klausel, die den Garantiegeber von der Leistung aus der Garantie freistellt, wenn der Käufer einer

---

75 AG Forchheim 15. 2. 1999, NJW-RR 2000, 725.
76 OLG Nürnberg 27. 2. 1997, NJW 1997, 2186.
77 OLG Nürnberg 27. 2. 1997, NJW 1997, 2186; OLG Düsseldorf 24. 10. 1996, OLGR 1997, 145.
78 OLG Düsseldorf 24. 10. 1996, OLGR 1997, 145.
79 BGH 12. 11. 1980, NJW 1981, 275 f.
80 Mit dieser Thematik befasst sich *Koos*, WRP 1998, 22 ff.

dieser Pflichten nicht nachkommt, führt zu einer unangemessenen Benachteiligung des Käufers. Es handelt sich um Nebenpflichten, deren Verletzung die Gegenleistung nicht unmittelbar tangiert. Durch die Sanktion, die den Garantieberechtigten seines Anspruchs aus der Garantie völlig beraubt, tritt eine erhebliche Äquivalenzstörung ein, die nach § 307 Abs. 1 S. 1 BGB nicht hingenommen werden kann.

Im Rahmen der Reparaturkostenversicherung besteht nach der sog. Relevanzrechtsprechung eine Leistungsfreiheit bei einer folgenlos gebliebenen **Obliegenheitsverletzung** nach Eintritt des Versicherungsfalls nur unter der Voraussetzung, dass dem Versicherungsnehmer ein erhebliches Verschulden zur Last fällt und der Verstoß generell geeignet ist, die Interessen des Versicherers ernsthaft zu gefährden.[81] Ein erhebliches Verschulden ist zu verneinen, wenn der Versicherungsnehmer die schadhaften Teile aufbewahrt und sie dem Versicherer von Anfang an zur Untersuchung zur Verfügung hält.[82]

Da **natürlicher Verschleiß** nicht die Qualität eines Sachmangels hat, werden Verschleißreparaturen nicht von der Garantie erfasst. Die Grenze zwischen Verschleiß und Mangel ist allerdings fließend.

Verbrauchsteile (Zündkerzen, Reifen, Dichtungen) sind ebenfalls von der Garantie ausgeschlossen. Einige Garantiegeber gewähren ihren Kunden allerdings Anspruch auf kostenlosen Ersatz dieser Teile, falls der Austausch im Zusammenhang mit der Reparatur eines garantiegeschützten Teils vorgenommen werden muss.

Auf **natürlichem Verschleiß beruhende Mängel** werden in einigen Verträgen vom Garantieschutz ausgeschlossen, selbst wenn der Garantienehmer die vorgeschriebenen Inspektionen und Wartungsdienste pünktlich und lückenlos hat vornehmen lassen. Durch derartige Formularregelungen werden Garantien inhaltlich weitgehend ausgehöhlt, so dass ihre wirksame Einbeziehung in den Vertrag auf Bedenken stößt. Für den Garantienehmer macht eine Garantie nur dann einen Sinn, wenn sie ihn vor allen denkbaren Fehlern schützt, die bei einem vertragsmäßigen Gebrauch innerhalb der Garantiezeit – aus welchen Gründen auch immer – auftreten können. Besagen die Bedingungen der Reparaturkostenversicherung, dass eine Entschädigung zu leisten ist, falls eines der versicherten Teile innerhalb der vereinbarten Versicherungsdauer seine Funktionsfähigkeit verliert, dann ist die Leistungspflicht nach einer Entscheidung des OLG Köln[83] zu bejahen, wenn ein Verschleißvorgang, der bei Beginn der Vertragsdauer schon relativ weit fortgeschritten ist, erst während der Vertragszeit zum Verlust der Funktionsfähigkeit und zur Erforderlichkeit einer Reparatur führt.

Fehler, die auf **äußeren Einwirkungen** beruhen, wie etwa Unfallschäden, Glasbruch und mutwillige Beschädigung, gehören von Natur aus nicht zum Leistungsumfang der Garantie. Vertraglich ausgeschlossen sind regelmäßig alle Schäden, die auf unzureichende Wartung, falsche Bedienung, unsachgemäße Behandlung, Überbeanspruchung, nicht genehmigte oder überprüfte Veränderungen, Nichtbeachtung von Kontrollanzeigen, Wasser- oder Ölmangel, Frost, Verwendung ungeeigneter Betriebsmittel, Nichtbeachtung der Hinweise des Herstellers, Überschreiten der Achs- und Anhängelasten, Fahrzeugweiterbenutzung trotz erkennbarer Reparaturbedürftigkeit und andere vergleichbare Fehlbehandlungen des Fahrzeugs zurückzuführen sind. Zu beachten ist weiterhin der Ausschluss von Marderschäden und solchen Mängeln, für die ein Dritter dem Garantienehmer haftet (z. B. aus einem Reparaturauftrag).

Es bestehen grundsätzlich keine Ansprüche aus der Garantie, wenn der **Kilometerzähler** des Fahrzeugs ohne Information des Garantiegebers ausgetauscht, abgeklemmt oder verän-

---

81 BGH 21. 4. 1993, VersR 1993, 830.
82 OLG Köln 19. 10. 1999, OLGR 2000, 167.
83 Urt. v. 19. 10. 1999, OLGR 2000, 167.

dert worden ist. Zum Verfall von Garantieansprüchen kann auch die Versäumung der Anmelde- und Einreichungsfristen führen, die in seriösen Verträgen nicht mehr anzutreffen sind.[84]

7. Problemfelder und Störfälle

563   Anschlussgarantien enthalten – soweit ersichtlich – keine Regelungen über eine vorzeitige Vertragsbeendigung. Formularregelungen, die den Garantiegeber berechtigen, bei vorsätzlichen Verstößen des Garantienehmers gegen Vertragsbestimmungen die Garantie frist- und entschädigungslos zu kündigen, sind nicht (mehr) anzutreffen. (Dazu Rn 608 Vorauflage.)

Geht das durch eine Anschlussgarantie versicherte Fahrzeug ohne Verschulden des Garantienehmers unter, bevor die Garantie in Kraft tritt, ist der Berechtigte wegen **Wagniswegfalls** von der Verpflichtung zur Zahlung der Prämie befreit. Handelt es sich bei der Anschlussgarantie nicht um einen Versicherungsvertrag sondern um eine Eigenleistung des Garantiegebers, liegt ein Fall der **Unmöglichkeit** vor. Der Garantiegeber kann wegen des Untergangs des Fahrzeugs die Garantieleistung nicht mehr erbringen und verliert gem. § 326 Abs. 1 BGB den Anspruch auf die Gegenleistung. Der Garantienehmer hat die Möglichkeit, gem. § 326 Abs. 5 BGB vom Vertrag ohne vorhergehende Fristsetzung zurückzutreten und ein im Voraus gezahltes Entgelt vom Garantiegeber gem. §§ 326 Abs. 4, 346 BGB zurückzufordern.[85] Einer Klausel, die Anspruch auf Rückzahlung des Entgelts ausschließt, ist die Wirksamkeit wegen unangemessener Benachteiligung des Garantienehmers zu versagen.[86] Nicht zu beanstanden ist eine Klausel, die dem Garantiegeber für den Fall des Interessewegfalls eine angemessene Geschäftsgebühr zubilligt.

Dem Garantienehmer stehen im Fall der **Nichterfüllung** der Ansprüche aus der Garantie die Leistungsklage auf Vornahme der Reparatur oder auf Zahlung der Reparaturkosten sowie die Rechte aus dem allgemeinen Leistungsstörungsrecht zur Seite.

Im Fall der unverschuldeten **Reparaturverzögerung** stellt sich die Frage, ob dem Garantienehmer in entsprechender Anwendung von §§ 634 Nr. 2, 637 Abs. 1 BGB ein Recht auf Ersatzvornahme zuzubilligen und dem Garantiegeber eine entsprechende Verpflichtung zum Ersatz der erforderlichen Aufwendungen aufzuerlegen ist. Man wird dem Garantienehmer das Recht der Selbstvornahme wohl versagen müssen, weil es im Gegensatz zu § 633 Abs. 2 und 3 BGB a. F. Verzug nicht voraussetzt. Der Anspruch aus § 637 BGB knüpft an die Nacherfüllungspflicht des Unternehmers an, die dem Sachmängelrecht des Werkvertrags entspringt und dem Garantievertrag fremd ist. Falls es sich bei der Anschlussgarantie ausnahmsweise um eine Nebenleistung kaufvertraglicher Prägung handelt, scheitert ein Anspruch auf Selbstvornahme wohl auch daran, dass das Gesetz dem Käufer diesen Anspruch versagt.

Häufig beinhalten Anschlussgarantien AGB, die den Käufer verpflichten, den Schaden nach Möglichkeit zu mindern. Diese dem Käufer abverlangte Verhaltensweise sei – so heißt es in einem Vertrag – „Bedingung für die Gültigkeit der Garantie". Der Klausel fehlt die erforderliche Transparenz und sie schießt wegen der Sanktion des Totalverlusts der Garantieansprüche bei bloßem Mitverschulden des Garantienehmers weit über das Ziel hinaus. Ihr kann wegen unangemessener Benachteiligung des Garantienehmers eine Wirksamkeit nicht bescheinigt werden. Das gleiche gilt für die – in einem anderen Vertrag vorgefundene – Klausel, die den Garantiegeber von der Leistungspflicht freistellt, wenn der Garantieneh-

---

84 Diese verlangen vom Garantienehmer lediglich, dass er den Mangel unverzüglich meldet.
85 *Reinking,* DAR 1995, 1 f.
86 *Reinking,* DAR 1995, 1 ff., 6.

mer den Schaden nicht „nach Möglichkeit" gemindert und die Einholung von Weisungen des Garantiegebers unterlassen hat.

8. Beweislage

Der Garantieberechtigte trägt die Beweislast dafür, dass der Garantiegeber ihm eine wirksame Anschlussgarantie gewährt hat, dass der Mangel in der Garantiezeit aufgetreten ist und dass er unter die Garantie fällt. Welche weiteren Tatsachen **anspruchsbegründender** Natur sind und welche **rechtsvernichtenden** Charakter besitzen, kann nur im Einzelfall anhand des jeweiligen Garantievertrages festgestellt werden.

Die ordnungsgemäße Wartung des Fahrzeugs ist i. d. R. eine negative Anspruchsvoraussetzung und daher vom Garantienehmer zu beweisen, während die Beweislast für solche Umstände, die den Garantieanspruch zu Fall bringen (z. B. unsachgemäße Behandlung, Gewalteinwirkung) beim Garantiegeber liegt. Dieser muss auch den Ursachenzusammenhang zwischen Ausschlusstatbestand und Mangel beweisen, wenn der Garantieausschluss die Kausalität erfordert.

Behauptet der Garantiegeber, es liege kein Garantiefall vor, trägt er hierfür die Beweislast, da es sich um einen rechtsvernichtenden Einwand handelt.[87] Sofern die Anschlussgarantie unter § 443 BGB fällt, greift zugunsten des Garantienehmers die Beweisvermutung von Abs. 2, dass ein während ihrer Geltungsdauer auftretender Sachmangel die Rechte aus der Garantie begründet.

564

9. Verjährung

Die vertraglich festgelegten Verjährungsfristen für Garantieansprüche sind von Fall zu Fall verschieden. Sie liegen zwischen **6 und 12 Monaten** ab Schadenseintritt oder generell nach Ablauf der Garantie. Falls der Garantievertrag keine Regelung zur Verjährung enthält, gilt die **3-jährige Verjährungsfrist** des § 195 BGB.

565

---

[87] BGH 19. 6. 1996, DAR 1996, 361; 23. 11. 1994, DAR 1995, 111, 112; *Limbach,* MDR 1967, 87, 88; *Winterfeld,* DAR 1985, 65, 70.

X. Produkthaftung

I. Gegenstand und Entwicklung der Produkthaftung

566 Die Produkthaftung betrifft die Haftung für Körper-, Gesundheits- und Sachschäden, die durch ein fehlerhaftes Produkt verursacht worden sind. Gegen derartige Folgeschäden, so der allgemeine Befund vor In-Kraft-Treten des Schuldrechtsmodernisierungsgesetzes (SMG) und des Zweiten SchadÄndG, boten die vertraglichen Haftungssysteme dem Eigentümer und Benutzer von Kraftfahrzeugen keinen ausreichenden Schutz. In den meisten Fällen fehlt es schon an einer vertraglichen Beziehung zwischen Hersteller und Endverbraucher. In der Bundesrepublik beliefern nur wenige Pkw-Hersteller[1] Endabnehmer unmittelbar, und zwar über ihre Werksniederlassungen und deren Zweigbetriebe. Die Mehrzahl der Produzenten vertreibt fabrikneue Pkw und Kombis über Händler/Unterhändler oder Importgesellschaften (Vertragshändlersystem). Ein Verschulden des Herstellers kann seinem Vertragshändler nicht zugerechnet werden; § 278 BGB ist unanwendbar.

1. Verschuldensunabhängige Haftung

567 Im Rahmen der Sachmängelhaftung alten Rechts haftete der Verkäufer grundsätzlich nicht für **Mangelfolgeschäden.** Eine Ausnahme machte die Rechtsprechung in Sonderfällen der **Zusicherungshaftung.**[2] Damit war dem Käufer eines fabrikneuen Kraftfahrzeugs nur in ganz seltenen Fällen geholfen, zumal nach Abschnitt IV, Ziff. 5 NWVB a. F. die Angaben in den bei Vertragsabschluss gültigen Beschreibungen keine Eigenschaftszusicherungen waren. Ein Anspruch auf Ersatz von Mangelfolgeschäden konnte dem Käufer ferner unter dem Gesichtspunkt der **Arglisthaftung** zustehen. Als weitere Anspruchsgrundlage kam schließlich **pVV** in Betracht. Voraussetzung war eine zumindest fahrlässige Schlechtlieferung oder eine schuldhafte Verletzung einer Nebenpflicht.

Den Vorteilen, die die bisherige Vertragshaftung bot, nämlich unbedingte Einstandspflicht für das Verschulden von Erfüllungsgehilfen, Umkehr der Beweislast zu Gunsten des Geschädigten gemäß § 282 BGB und Haftung für Vermögensschäden, standen bis zu den **Reformen des Jahres 2002** im Schuld- und Schadensrecht vielfältige Nachteile gegenüber: lediglich der Vertragspartner wurde geschützt, also nicht der Folgekäufer oder Benutzer des mangelhaften Fahrzeugs, kein Ersatz des eigentlichen Mangelschadens bei Fahrlässigkeit, kein Schmerzensgeld, kurze Verjährung gemäß § 477 Abs. 1 BGB a. F. und Freizeichnungsmöglichkeiten in den Grenzen des AGB-Gesetzes.

Angesichts der zahlreichen Lücken im Schutz insbesondere von **Endverbrauchern** hat die Rechtsprechung mit der **deliktischen Produzentenhaftung** eine eigenständige Haftungsordnung entwickelt. Die vertragsrechtlichen Lösungsversuche – Vertrag mit Schutzwirkung zu Gunsten Dritter, Schadensliquidation im Drittinteresse – sind seit dem **Hühnerpesturteil** vom 26. 11. 1968[3] überholt. Seither entspricht es gefestigter Rechtsprechung, dass sich die Haftung des Warenherstellers, der nicht zugleich Verkäufer ist, allein nach außervertraglichen Regeln beurteilt.

568 Das (Richter-)Recht der deliktischen Produzentenhaftung wird in Teilbereichen ergänzt durch das **Produkthaftungsgesetz** (ProdHaftG). Es soll den Verbraucherschutz verbessern, auf eine gesetzliche Basis stellen und EU-weit vereinheitlichen. Aus deutscher Sicht war es weitgehend überflüssig. Angesichts der verschärften Deliktshaftung bestand, natio-

---

1 DaimlerChrysler, BMW, Citroen, Peugeot, Daewoo u. a.
2 Grundlegend BGH 29. 5. 1968, BGHZ 50, 200.
3 BGHZ 51, 91 = NJW 1969, 269.

nal gesehen, kein besonderer Regelungsbedarf. Demgemäß sind die neuen Vorschriften über die Produkthaftung „weitgehend bedeutungslos".[4] Soweit ersichtlich, ist in den ersten zehn Jahren seit Inkrafttreten des – inzwischen bereits mehrfach geänderten – ProdHaftG kein einziger Hersteller von Kraftfahrzeugen (allein) auf der Grundlage dieses Gesetzes verurteilt worden.[5]

Eine **wichtige Änderung** hat das am 1. 8. 2002 in Kraft getretene 2. SchadÄndG mit sich gebracht: Bei einem Schadensfall nach dem 31. 7. 2002 kann der Geschädigte auch Ersatz für seinen **immateriellen Schaden** verlangen (§ 8 ProdHaftG).

Das Produkthaftungsgesetz gewährt nur einen EU-einheitlichen Mindestschutz,[6] sodass weitergehende Ansprüche gegen den Hersteller und andere Verantwortliche grundsätzlich unberührt bleiben, vgl. § 15 Abs. 2 ProdHaftG. Es besteht **Anspruchsnormenkonkurrenz**.[7] Zum Nebeneinander von verschuldensunabhängiger und deliktischer Produkthaftung s. auch Rn 599.

In nationales Recht umgesetzt ist inzwischen auch die EU-Richtlinie 92/59 vom 29. 6. 1992 über die allgemeine Produktsicherheit.[8] Auf der Grundlage dieser Richtlinie, gegen die die Bundesregierung erfolglos vor dem Europäischen Gerichtshof geklagt hatte, ist das **Produktsicherheitsgesetz** (ProdSG) erlassen worden.[9] Seine Hauptbedeutung für den Kfz-Bereich liegt in der Regelung über den **Rückruf** (§ 9 ProdSG), dazu s. Rn 614ff.

II. Die Haftung für fehlerhafte Produkte nach dem Produkthaftungsgesetz

1. Verschuldensunabhängige Haftung

Für Schäden, die durch fehlerhafte Produkte verursacht werden, haften der Hersteller und die ihm gleichgestellten Personen ohne Rücksicht auf Verschulden.[10] Haftungsbegründender Umstand ist das Inverkehrbringen eines fehlerhaften Produktes, dessen Gefahrträchtigkeit dem Hersteller im Schadensfall zugerechnet wird.

Lediglich bei den so genannten **Ausreißerschäden** bringt das ProdhaftG eine gewisse Verbesserung gegenüber der deliktsrechtlichen Produzentenhaftung. Bisher musste der Geschädigte mit einer Exkulpation durch den Hersteller rechnen. Dieses Prozessrisiko ist ihm jetzt abgenommen. Die Haftung für „Ausreißer" im Fabrikationsbereich ist nicht etwa nach § 1 Abs. 2 Nr. 5 ProdHaftG ausgeschlossen.[11] Bei der verschuldensunabhängigen Produkthaftung, aber auch nur hier, ist der „Ausreißer-Einwand" damit praktisch unerheblich.[12]

---

4 *Honsell,* JuS 1995, 21.
5 Zur Haftung eines Importeurs einer Fahrradnabe s. OLG Dresden 23. 5. 1996, VersR 1998, 59; vgl. auch OLG Koblenz 24. 6. 1999, DB 1999, 2565 = EWiR § 1 ProdHaftG 1/99, 1181 *(Foerste)* – Waschmaschinenhersteller.
6 Allgemeines zum ProdHaftG bei *Kullmann,* Produkthaftungsgesetz, S. 21 ff.
7 *Diederichsen,* Probleme der Produzentenhaftung, DAV, 1988, S. 9, 17.
8 ABl. Nr. L 228 vom 11. 8. 1992, S. 24 ff.
9 *Schönfelder,* Nr. 27 a.
10 Zur Rechtsnatur der Haftung nach dem ProdHaftG s. *Marburger,* AcP 192, 1, 10 ff.
11 BGH 9. 5. 1995, NJW 1995, 2162 – Mineralwasserflasche II; OLG Dresden 23. 5. 1996, VersR 1998, 59.
12 Vgl. *Groß,* VersR 1996, 657, 661.

2. Der nach dem Produkthaftungsgesetz haftende Personenkreis

571 Außer dem **Hersteller** des Endproduktes haften der Hersteller des fehlerhaften Einzelteiles (Teilehersteller), der Erzeuger des Grundstoffes, der **Quasi-Hersteller,** derjenige also, der sich durch Anbringung seines Waren- oder Erkennungszeichens als Hersteller ausgibt, sowie der **Importeur,** der fehlerhafte Produkte aus Drittstaaten[13] in die EU einführt. Für die Annahme der Quasi-Herstellereigenschaft genügt bereits die Ausstattung des Produkts.[14] Hersteller i. S. d. ProdHaftG ist auch derjenige, der lediglich die **Endmontage** besorgt.[15]

Die Einbeziehung des Quasi-Herstellers in den Kreis der nach § 4 ProdHaftG verantwortlichen Personen ist für **Tuning-Unternehmen** bedeutsam, die Serienfahrzeuge anderer Hersteller verändern und mit ihrem Erkennungszeichen versehen. Sie sind dem Geschädigten als Quasi-Hersteller auch dann haftbar, wenn dieser den tatsächlichen Hersteller des Serienfahrzeuges kennt. Der Händler wird durch die Anbringung seines Firmenschildes am Fahrzeug nicht zum Quasi-Hersteller, da er sich dadurch nicht als Hersteller, sondern als Vertreiber des Produktes ausgibt.[16]

572 Den **Händler/Lieferanten** trifft grundsätzlich keine Haftung nach dem ProdhaftG. Eine Ausnahme ist in § 4 Abs. 3 ProdHaftG geregelt.[17] Eine Inanspruchnahme des Händlers wegen **Nichtfeststellbarkeit des Herstellers** oder Importeurs des von ihm gelieferten Neufahrzeugs ist unter den gegebenen Umständen eher unwahrscheinlich. Die subsidiäre Lieferantenhaftung, die eine Reihe von Fragen aufwirft, etwa hinsichtlich ihrer rechtlichen Qualifikation, des Umfangs, der Einstandspflicht und der Rechtsfolgen bei nachträglicher Benennung, kann den Neuwagenhändler allenfalls dann treffen, wenn es ihm nicht gelingt, den verantwortlichen Teilehersteller innerhalb der Monatsfrist zu benennen. Allerdings ist strittig, ob die Vorschrift des § 4 Abs. 3 ProdHaftG bei Nichtfeststellbarkeit des Teileherstellers[18] überhaupt Anwendung findet.[19] Zur Frage einer kaufrechtlichen Nebenpflicht OLG Bamberg, NJW 1998, 2228.

3. Haftungsvoraussetzungen

573 Die Haftung nach dem ProdhaftG setzt voraus, dass diejenige Sache, die durch das fehlerhafte Produkt beschädigt wurde, gewöhnlich für den **privaten Ge- oder Verbrauch** bestimmt und hierzu hauptsächlich von dem Geschädigten verwendet worden ist. Die Zweckbestimmung ist aufgrund der **Verkehrsanschauung** zu ermitteln,[20] während es bei der Beurteilung, ob die Sache hauptsächlich zum privaten Ge- oder Verbrauch verwendet worden ist, auf die tatsächliche Nutzung der Sache ankommt. Falls eine Zuordnung aus der Art der Sache nicht möglich ist, da diese sowohl für private als auch für gewerbliche Zwecke benutzt werden kann, wie z. B. bei Personenkraftwagen und Personalcomputern, so ist die Bestimmung für mehrere Zwecke unschädlich, wenn die tatsächliche Nutzung hauptsächlich der Befriedigung persönlicher Interessen dient.[21] Auf die konkrete Nutzung im Zeitpunkt des Schadensfalls kommt es nicht an; entscheidend ist die hauptsächliche Nutzung. Ein Haftungsfall im Sinn des ProdhaftG liegt auch dann vor, wenn ein hauptsächlich privat ge-

---

13 Z. B. der Tschechischen Republik, dazu OLG Dresden VersR 1998, 59.
14 *Rolland,* Produkthaftungsrecht, § 4 Rn 26.
15 OLG Dresden 23. 5. 1996, VersR 1998, 59 – Fahrrad.
16 *Taschner,* NJW 1986, 611, 613.
17 Dazu OLG Bamberg 25. 2. 1997, NJW 1998, 2228 = BB 1998, 664.
18 Zum maßgeblichen Zeitpunkt s. OLG Düsseldorf 7. 4. 2000, OLGR 2000, 194.
19 Dafür *Rolland,* Produkthaftungsrecht, § 4 Rn 78.
20 *Rolland,* Produkthaftungsrecht, § 1 Rn 81.
21 *Rolland,* Produkthaftungsrecht, § 1 Rn 80.

Die Haftung für fehlerhafte Produkte nach dem Produkthaftungsgesetz

nutztes Fahrzeug auf einer Geschäftsfahrt durch ein anderes mit einem Fehler behaftetes Produkt beschädigt wird. Da die Art und Weise der Verwendung zu den anspruchsbegründenden Voraussetzungen im Sinn von § 1 ProdHaftG gehört, trägt der Geschädigte die **Beweislast** für die vorwiegend private Nutzung.[22]

Die Haftung des § 1 Abs. 1 S. 1 ProdHaftG knüpft, anders als § 823 Abs. 1 BGB, nicht an das Eigentum, sondern an die „Sache" an, sodass der Schutz der Sache alle von der Rechtsordnung absolut geschützten rechtlichen Beziehungen umfassen kann. Daraus folgt, dass im Fall der Entziehung der Sache oder der Beeinträchtigung ihres Gebrauchs[23] der **Besitzer** zur Geltendmachung des ihm entstandenen Nutzungsausfalls berechtigt ist, während dem **Eigentümer** der Anspruch auf Erstattung der Reparatur- bzw. Wiederbeschaffungskosten zusteht. Da bei Finanzierungsleasingverträgen der Leasingnehmer kraft leasingtypischer Vertragsgestaltung regelmäßig die Verpflichtung zur Instandhaltung des Leasingobjektes übernimmt, ist ihm gem. § 1 Abs. 1 S. 1 ProdHaftG ein unmittelbarer Anspruch auf Erstattung der Reparaturkosten gegen den verantwortlichen Hersteller zuzubilligen.[24] Andere als die in § 1 Abs. 1 S. 1 ProdHaftG ausdrücklich genannten Rechtsgüter sind nach dem ProdhaftG nicht geschützt.[25]

574

Der Sachschaden darf sich nicht auf das fehlerhafte Produkt selbst beschränken. Die beschädigte Sache muss eine „andere" sein als das fehlerhafte Produkt (vgl. § 1 Abs. 1 S. 2 ProdHaftG). Was im Verhältnis zum schadensauslösenden fehlerhaften Produkt die „**andere Sache**" ist, entscheidet sich nach der **Verkehrsauffassung**.[26] Danach wird sich in aller Regel, so die Amtliche Begründung weiter,[27] das komplette Endprodukt „als die eine Sache darstellen, die eine andere Sache des Geschädigten beschädigt hat". Im Einzelfall auftretende Abgrenzungsprobleme soll die Rechtsprechung lösen.

Mit Rücksicht auf den Wortlaut des § 1 Abs. 1 S. 2 ProdHaftG und die Gesetzesmaterialien lehnt die herrschende Meinung es ab, die Rechtsprechung des BGH zu den „**Weiterfresserschäden**" (dazu Rn 642 ff.) im Bereich des ProdHaftG anzuwenden. Das hat zur Konsequenz: Der Fahrzeughersteller haftet nicht für eine Beschädigung des Autos, die durch ein defektes Einzelteil, beispielsweise den Gaszug, verursacht wurde. Mit einer gewissen Berechtigung weist *Sack*[28] indessen darauf hin, dass das fehlerhafte Produkt im Sinn von § 1 Abs. 1 S. 2 ProdHaftG nicht gleichbedeutend mit dem gelieferten Endprodukt (Gesamtprodukt) sein muss. Das fehlerhafte Produkt könne auch der Gaszug sein, das Fahrzeug mithin die „andere Sache". Eine Stütze findet diese Argumentation in § 2 ProdHaftG, der als Produkte auch **Teile** anderer Sachen definiert. Schließlich kennt das ProdhaftG auch die Haftung des **Teileherstellers** für fehlerhafte (Teil-)Produkte, §§ 1 Abs. 1, 4 Abs. 1 ProdHaftG. Aus der Sicht des Herstellers von Gaszügen kann es sich bei den mit seinen Produkten bestückten Autos durchaus um „andere Sachen" handeln. Es kommt jedoch weder auf die Sicht des Teileherstellers noch auf die des Herstellers des Endprodukts an. Maßgebend ist die **Verkehrsauffassung**.[29] Danach ist der Schaden am Endprodukt Auto auch dann kein Schaden an einer anderen Sache i. S. d. § 1 Abs. 1 S. 2 ProdHaftG, wenn er durch

575

---

22 *Palandt/Thomas*, § 1 ProdHaftG, Rn 25; *Baumgärtel*, § 823 Anh. C IV, Rn 1.
23 Dazu BGH 6. 12. 1994, NJW-RR 1995, 342 – Gewindeschneidemittel II; s. auch *Brüggemeier*, JZ 1994, 578.
24 Einschränkend *Rolland*, Produkthaftungsrecht, § 1 Rn 50.
25 *Rolland*, Produkthaftungsrecht, § 1 Rn 47.
26 Amtl. Begründung zu § 1, abgedruckt bei *Kullmann*, Aktuelle Rechtsfragen der Produkthaftpflicht, 4. Aufl., S. 178.
27 A. a. O.
28 VersR 1988, 439; VGT 1988, 245, 254.
29 Dazu *Marburger*, AcP 192, 1, 9; *von Westphalen*, Jura 1992, 511, 513.

ein funktional abgrenzbares Teilprodukt wie ein Gaszug verursacht wurde. Soweit die Haftung des Fahrzeugherstellers in Rede steht, ist demnach der h. M. zu folgen.

576   Problematischer ist die **Haftung des Teileherstellers**. Die „andere Sache", für deren Beschädigung der **Zulieferer** einstandspflichtig ist, ist nicht das Auto ohne fehlerhaftes Teilprodukt, sondern eine Sache außerhalb des Fahrzeugs.[30] Anders ist es selbstverständlich, wenn das Teilprodukt nicht vom Endproduktersteller, sondern vom Fahrzeugeigentümer oder seiner Werkstatt (als Ersatzteil) eingebaut worden ist. Vermutlich wird die Rechtsprechung diese Unterscheidung nicht machen und den Teilehersteller haften lassen, wenn sein fehlerhaftes Teilprodukt andere Teile der Gesamtsache beschädigt oder zerstört hat. Mit dem Wortlaut der §§ 2, 4 Abs. 1 ProdHaftG lässt sich das zwar in Einklang bringen, nicht aber mit dem Sinn und Zweck der (Teil-)Produzentenhaftung.

4. Fehlerbegriff im Sinne des Produkthaftungsgesetzes

577   Ein Produktfehler liegt nach § 3 ProdHaftG nicht – wie im Gewährleistungsrecht – in einer Beeinträchtigung des Äquivalenzinteresses, sondern in nicht erfüllten Sicherheitsanforderungen. Dabei ist nicht auf den individuellen Empfängerhorizont des Eigentümers bzw. Benutzers abzustellen, sondern auf die **objektiv berechtigte Sicherheitserwartung** eines durchschnittlichen Verbrauchers.[31]

Bei einem Produkt wie einem Personenwagen kommt es darauf an, ob es die von der **Allgemeinheit** nach der **Verkehrsauffassung** für erforderlich gehaltene Sicherheit bietet. Das Fahrzeug muss so beschaffen sein, dass es Leib und Leben des Benutzers oder eines Dritten nicht beeinträchtigt und andere Sachen nicht beschädigt. Maßstab hierfür ist die berechtigte Erwartung unter Berücksichtigung aller Umstände, insbesondere der „Darbietung" durch den Hersteller und des billigerweise zu erwartenden Gebrauchs zum Zeitpunkt des Inverkehrbringens. Totale Sicherheit gibt es weder beim Auto in seiner Gesamtheit noch bei seinen Einzelteilen. Ein solcher Sicherheitsstandard kann von der Allgemeinheit berechtigterweise nicht erwartet werden. Bei **Spezialfahrzeugen** für einen eng begrenzten Personenkreis entscheidet nicht die allgemeine Verbrauchererwartung. Maßgeblich ist der jeweilige Benutzerkreis. Ein auf dem allgemeinen Markt angebotener Sportwagen wie z. B. der Audi TT der ersten Generation ist kein Spezialfahrzeug in diesem Sinn.

578   Welches Maß an Sicherheit berechtigterweise erwartet werden kann, hängt auch vom **Preis des Fahrzeugs** ab. Denn erhöhte Sicherheit hat ihren Preis.[32] Ein Billig-Auto muss nicht über technische Superlative verfügen. Auch ein Spar-Pkw kann zwar theoretisch mit ABS, Airbag usw. ausgestattet werden; dies wäre aber, worauf *Schmidt-Salzer*[33] zutreffend hingewiesen hat, von der Konzeption des Fahrzeugs her ein „Fremdkörper, der nicht in das wirtschaftlich-konstruktive Gesamtbild passt". Bei einem preiswerten Pkw müssen Konstruktion und Ausstattung zwar den sicherheitstechnischen Grundanforderungen genügen („Basissicherheit"). Kein Fahrzeughersteller ist aber dazu verpflichtet, alle vorhandenen technischen Möglichkeiten auszuschöpfen. Andererseits darf er nicht mehr an Sicherheit versprechen, als er effektiv produziert hat.

579   Die **Darbietung** im Sinne von § 3 Abs. 1 a ProdHaftG ist die Summe der schriftlichen, mündlichen und sonstigen Äußerungen zu Eigenschaften, Funktionen, Anwendungen, Zu-

---

30 So mit überzeugenden Argumenten – gegen die h. M. – *Marburger,* AcP 192, 1, 8 f.; ebenso *Tiedtke,* NJW 1990, 2961; *Honsell,* JuS 1995, 211; in der Sache nicht anders *Erman/Schiemann,* § 823 Rn 125; zum Problem s. auch *von Westphalen,* Jura 1992, 511; *Kullmann,* Aktuelle Rechtsfragen der Produkthaftpflicht, 4. Aufl., S. 159.
31 BGH 9. 5. 1995, NJW 1995, 2162; *Kullmann,* Produkthaftungsgesetz, S. 67; s. auch § 6 ProdSG.
32 BGH 17. 10. 1989, NJW 1990, 906 = ZIP 1990, 516, 517 – Pferdebox.
33 Der Sachverständige, 1988, 236, 238.

verlässigkeit und Sicherheit des Produkts „Auto" in Wort und Bild, insbesondere in Anzeigen, Werbeschriften, Werbespots, Prospekten, Betriebs-, Bedienungs- und Wartungsanleitungen. Von Bedeutung sind ferner (mündliche) Erklärungen autorisierter Mitarbeiter in Vertrieb und Kundendienst. Zur Instruktionsverantwortung des Fahrzeugherstellers s. Rn 607 ff. Die „Darbietung", insbesondere durch Werbung, in Verbindung mit dem „Charakter" und dem Preis des Fahrzeugs gibt Auskunft darüber, welche Zielgruppe der Hersteller bevorzugt ansprechen möchte.

580 Der **Gebrauch,** mit dem herstellerseits billigerweise gerechnet werden kann, schließt eine extreme Beanspruchung sowie eine missbräuchliche Handhabung in gewissen Grenzen ein, wie etwa das Fahren auf unbefestigten Straßen, im Gelände und unter „sportlichen Bedingungen" (Fahren im Grenzbereich). Die aus nicht völlig fernliegendem Fehlgebrauch und Überbeanspruchung resultierenden Gefahren muss der Hersteller bei der Konstruktion und Fabrikation durch entsprechende Sicherheitszuschläge einkalkulieren und in der Betriebsanleitung darstellen.[34] Fahrweisen, mit denen er billigerweise rechnen muss, sind stets solche, die er durch seine eigene „Darbietung" hervorgerufen hat. Wer zum Fahren im Grenzbereich animiert, hat für die dazu erforderliche Sicherheit zu sorgen. Andernfalls ist sein Fahrzeug fehlerhaft.

581 Für die Beurteilung der Fehlerhaftigkeit nach dem ProdHaftG ist der **Zeitpunkt des Inverkehrbringens** maßgeblich. Ein Fahrzeug ist noch nicht für den Verkehr freigegeben, wenn es von Werksangehörigen entweder auf dem Werksgelände oder im öffentlichen Verkehr nur getestet wird.[35] Andererseits setzt ein Inverkehrbringen nicht voraus, dass das Fahrzeug in die Warenabsatzkette gegeben wird. Es genügt, wenn der Hersteller das Auto anderen Personen außerhalb des Produktionsbereichs zur Nutzung überlässt[36] oder sich in anderer Weise willentlich der Herrschaftsgewalt über das Produkt begibt.[37]

Spätere Produktverbesserungen oder Verschärfungen der Sicherheitsanforderungen machen ein ursprünglich fehlerfreies Fahrzeug nicht nachträglich zu einem fehlerhaften.[38] Unterlassungen des Herstellers in der Zeit nach Fahrzeugauslieferung können indes unter dem Gesichtspunkt „Verletzung der Produktbeobachtungspflicht" zur deliktischen Haftung führen, s. Rn 614 ff.

582 Die von der Rechtsprechung im Zusammenhang mit der **deliktischen Produkthaftung** herausgearbeiteten **Fehlerkategorien** (Konstruktions-, Fabrikations- und Instruktionsfehler, s. Rn 600 ff.) spielen nach dem ProdhaftG an sich keine Rolle. Gleichwohl sind sie bei der Fehlerprüfung nach § 3 ProdHaftG eine brauchbare Hilfe.[39] Freilich lässt sich nicht jeder Fehler im Sinne dieser Vorschrift einer der traditionellen Kategorien zuordnen. Eine starre Fixierung darauf wäre verfehlt.

583 Eine **Produktbeobachtungspflicht** mit ihren Ablegern (Warn- und Rückrufpflichten) ist im Produkthaftungsgesetz nicht geregelt.[40] Sie bleibt für die deliktische Produkthaftung reserviert (s. Rn 614 ff.). Im Rahmen des § 3 ProdHaftG wird sie allenfalls insoweit relevant, als es zu den „berechtigten Erwartungen" im Sinne dieser Vorschrift gehört, dass der Hersteller aus Rückmeldungen vom Markt in Form von Reklamationen, Unfällen usw. Konsequenzen für die künftige Herstellung seiner Fahrzeuge zieht.[41]

---

34 Zur Instruktionsverantwortung s. Rn 607 ff.
35 *Kullmann,* Probleme der Produzentenhaftung, DAV, 1988, 33, 56.
36 *Kullmann,* a. a. O.
37 *Kullmann,* a. a. O.
38 S. auch § 3 II ProdHaftG.
39 Vgl. *Wieckhorst,* VersR 1995, 1005; *Staudinger/Oechsler,* ProdhaftG, Einl. Rn 37 ff.
40 *Rolland,* Produkthaftungsrecht, § 1 Rn 191.
41 *Palandt/Thomas,* § 3 ProdHaftG, Rn 9, 16; abw. *Koch,* Produkthaftung, Arge Verkehrsrecht, 2001, S. 115.

5. Haftungsausschlüsse und Haftungsbeschränkungen

584 Für **Entwicklungsrisiken** und hieraus resultierende Entwicklungsfehler kann der Hersteller gemäß § 1 Abs. 2 Nr. 5 ProdHaftG nicht haftbar gemacht werden. Das Gesetz bietet insoweit einen unzureichenden Opferschutz.[42] Dass der auf einem Entwicklungsrisiko beruhende Schaden sozusagen schicksalhaft an dem Opfer hängen bleiben soll, lässt sich weder mit versicherungsrechtlichen Problemen noch mit der innovationshemmenden Wirkung einer benutzerfreundlichen Gesetzesregelung rechtfertigen. Immerhin hat sich der Rat der EG vorbehalten, über den Haftungsausschluss bei Entwicklungsrisiken 1995 erneut zu entscheiden. Geändert hat sich nichts.

Gemäß § 1 Abs. 2 Nr. 5 ProdHaftG ist die Haftung für **Entwicklungsfehler** nicht generell ausgeschlossen, sondern nur für solche **Konstruktionsfehler**,[43] die zum Zeitpunkt des Inverkehrbringens zwar vorhanden, aber nach dem **Stand von Wissenschaft und Technik** nicht erkannt werden konnten. Der Stand von Wissenschaft und Technik wird verkörpert durch die Summe an Wissen und Technik, die allgemein, also nicht nur in der Branche und innerhalb Deutschlands, sondern international anerkannt ist und zur Verfügung steht, auch ohne praktische Bewährung.[44]

585 Hat der Hersteller den vorhandenen Stand von Wissenschaft und Technik bei der Konstruktion und Fertigung nicht beachtet, kann er sich auf den Haftungsausschluss gem. § 1 Abs. 2 Nr. 5 ProdHaftG nicht berufen.[45] Seine Haftung entfällt nur unter der Voraussetzung, dass die spezifische Produktgefahr von der Verbrauchererwartung einkalkuliert wurde.[46] Die Nichterkennbarkeit des Fehlers nach dem Stand von Wissenschaft und Technik ist ein objektiver Ausschlussgrund der Haftung und vom Hersteller im Streitfall gem. § 1 Abs. 4 ProdHaftG zu beweisen.

586 **Freizeichnungsverbot:** Die Haftung nach dem ProdHaftG kann im voraus weder ausgeschlossen noch beschränkt werden. Das Freizeichnungsverbot betrifft alle nach dem ProdhaftG verantwortlichen Personen. Verboten sind auch Umgehungen, etwa in Form der Verkürzung von Verjährungsfristen, der Statuierung von Ausschlussfristen für die Geltendmachung des Schadens, die Abänderung der Beweislast zum Nachteil des Geschädigten und die Relativierung eigener Verkehrssicherungspflichten. Das Freizeichnungsverbot und das Verbot der Umgehung gilt sowohl für Haftungsausschlüsse in AGB als auch für entsprechende Individualabreden. Auch die Freizeichnung eines gesamtschuldnerisch mithaftenden Herstellers ist eine Haftungsbeschränkung im Sinn von § 14 ProdHaftG und als solche nichtig.

Die Haftung kann auch nicht durch eine interne Verlagerung von Verkehrssicherungspflichten, etwa in Form von Qualitätssicherungsvereinbarungen,[47] ausgeschlossen oder beschränkt werden. Die Doppelhaftung von Zulieferer und Endprodukthersteller ist mithin unabdingbar. Im Verhältnis zum Endprodukthersteller genießt der Zulieferer allerdings das Haftungsprivileg des § 1 Abs. 3 ProdHaftG; seine Verantwortlichkeit entfällt, wenn das Teilprodukt aufgrund einer Anweisung unter Anleitung des Endproduktherstellers fehlerhaft geworden ist oder wenn der Fehler durch die Art und Weise des Einbaus in das Endprodukt eingetreten ist. Beispiel: Anbringung von Reifen, die bis zu einer Höchstgeschwindigkeit von 180 km/h ausgelegt sind, an einem 200 km/h schnellen Auto.

---

42 *Mehnle,* Probleme der Produzentenhaftung, DAV, 1988, 100, 103.
43 Für Fabrikationsfehler gilt der Haftungsausschluss nicht, BGH 9. 5. 1995, NJW 1995, 2162 – Mineralwasserflasche II.
44 Zur Auslegung s. auch BGH 9. 5. 1995, NJW 1995, 2162 – Mineralwasserflasche II.
45 Dazu *Landscheidt,* NZV 1989, 169, 174.
46 *Kullmann,* Probleme der Produzentenhaftung, DAV, 1988, 33, 58.
47 Vgl. *Kreifels,* ZIP 1990, 489, 495.

6. Beweisführung und Beweislastverteilung

Für den Fehler, den Schaden und den ursächlichen Zusammenhang zwischen Fehler und Schaden trägt **grundsätzlich der Geschädigte** die Beweislast (§ 1 Abs. 4 S. 1 ProdHaftG). Hingegen hat der **Hersteller** die Beweislast für die **Entlastungsgründe** in § Abs. 2 und 3 ProdHaftG. Soweit die haftungsbegründenden Merkmale zur Beweislast des Geschädigten stehen, gilt § 286 ZPO mit den bekannten Beweiserleichterungen des deutschen Haftungsrechts. Grundlegende Unterschiede zur deliktischen Produkthaftung bestehen nicht (dazu Rn 652 ff.).

Beispiel:

Der Fahrzeugeigentümer, der nach einem Unfall den Hersteller mit der Begründung auf Schadensersatz in Anspruch nimmt, der **Fahrerairbag** sei trotz eines heftigen Aufpralls nicht ausgelöst worden, muss darlegen und notfalls beweisen: ein Unfallgeschehen, bei dem der Airbag nach den Angaben des Herstellers ausgelöst wird, ferner, dass er trotz gegebener Auslösesituation nicht gezündet hat und er, der Kläger, dadurch zu Schaden gekommen ist. Macht der Fahrzeugeigentümer einen Fall grundloser Zündung geltend (Fehlzündung), so hat er lediglich das Fehlen einer bestimmungsgemäßen Auslösesituation darzulegen und zu beweisen. Welcher technische Defekt zur Fehlzündung geführt hat, braucht er nicht zu beweisen. Beim Fehlen einer Auslösesituation spricht der Beweis des ersten Anscheins für die Annahme eines werkseitigen Fehlers. Der Hersteller kann den Anscheinsbeweis dadurch erschüttern, dass er vorschriftswidrige Eingriffe in das Airbagsystem, z. B. durch eine Werkstatt, nachweist.[48]

Eine beachtliche **Beweislastverschiebung** zu Lasten des Herstellers ergibt sich daraus, dass er bei einem Streit über Tatsachen, die geeignet sind, seine Haftung auszuschließen, die Beweislast trägt (§ 1 Abs. 4 S. 2 ProdHaftG). Beispiel: Erleidet ein neuwertiges Auto einen Totalschaden, weil der Hinterreifen platzte, und kommt als Ursache entweder ein Materialfehler der Karkasse oder ein Fahrfehler in Betracht, so haftet der Hersteller, wenn ihm der Nachweis nicht gelingt, dass der Reifen beim Verlassen des Werkes einwandfrei war oder dass der Schaden durch den Fahrfehler entstanden ist. Grundsätzlich trifft den Hersteller der Vollbeweis, d. h., der Richter muss davon überzeugt sein, dass die tatsächlichen Umstände eines Entlastungstatbestandes mit an Sicherheit grenzender Wahrscheinlichkeit vorliegen.[49]

7. Mitverschulden

Auswirkungen hat es sowohl im Hinblick auf den Schadenseintritt als auch in Bezug auf die Schadenshöhe, da die Verweisung in § 6 ProdHaftG auf § 254 BGB beide Absätze einschließt.[50] Fehlt die für das Mitverschulden erforderliche Zurechnungsfähigkeit bei Minderjährigen, Taubstummen oder infolge krankhafter Störung der Geistestätigkeit, so findet § 829 BGB entsprechende Anwendung,[51] falls es die Billigkeit ausnahmsweise gebietet.[52] Eine Mithaftung aus Billigkeitsgründen entfällt normalerweise, wenn der nach dem ProdHaftG verantwortliche Schädiger haftpflichtversichert ist, was auf dem Kfz-Sektor meistens der Fall ist.[53] Auch eine mitwirkende Betriebsgefahr, etwa nach §§ 7, 18 StVG, ist dem Geschädigten entsprechend § 254 BGB zuzurechnen;[54] diese Grundsätze gelten auch im Rahmen von § 6 ProdHaftG.[55]

---

48 Vgl. auch *Kluth*. WiB 1997, Heft 14.
49 *Staudinger/Oechsler*, ProdHaftG, § 1 Rn 170; *Arens*, ZZP 104, 123, 130.
50 *Rolland*, Produkthaftungsrecht, § 6 Rn 4.
51 BGH 10. 4. 1962, BGHZ 37, 102.
52 BGH 24. 6. 1969, NJW 1969, 1762.
53 OLG Karlsruhe 24. 11. 1989, DAR 1990, 137.
54 BGH 13. 4. 1956, BGHZ 20, 259.
55 *Rolland*, Produkthaftungsrecht, § 6 Rn 12.

590 Im Hinblick auf die **Schadenshöhe** obliegen dem Geschädigten die nach § 254 Abs. 2 BGB gebotenen Warn-, Abwendungs- und Minderungspflichten, wobei er sich ein Verschulden von Hilfspersonen nach vorherrschender Meinung[56] nur zurechnen lassen muss, wenn diese im Rahmen eines bestehenden Schuldverhältnisses zum Schaden beigetragen haben. Ein Verschulden der mit der Feststellung oder Beseitigung eines Schadens beauftragten Person (Gutachter u. Reparaturwerkstatt) muss sich der Geschädigte auch im Rahmen des ProdHaftG grundsätzlich nicht zurechnen lassen. Diese Personen sind nicht seine Erfüllungsgehilfen.[57]

8. Gesamtschuldnerschaft

591 Haben mehrere Hersteller für denselben Schaden aufzukommen, haften sie gem. § 5 S. 1 ProdHaftG gesamtschuldnerisch. Als **Gesamtschuldner** kommen in Betracht: der Hersteller des Endproduktes, der Hersteller eines fehlerhaften Teilproduktes, der Quasi-Hersteller, der Importeur und unter den Voraussetzungen des § 4 Abs. 3 S. 1 der Lieferant, wenn man davon ausgeht, dass die Haftung des Letzteren auch dann bestehen bleibt, wenn der Hersteller nachträglich bekannt wird.[58] Die in § 5 S. 1 ProdHaftG angeordnete gesamtschuldnerische Haftung betrifft ausschließlich den Fall der Verantwortlichkeit mehrerer Hersteller nebeneinander. Falls der Hersteller und ein Dritter für denselben Schaden aufzukommen haben, gilt die Regelung von § 6 Abs. 2 ProdHaftG, die besagt, dass der Hersteller unabhängig von der Haftung eines Dritten stets für den ganzen Schaden aufzukommen hat. Eine gesamtschuldnerische Haftung zwischen dem Hersteller und einem daneben verantwortlichen Dritten nach allgemeinem Deliktsrecht wird durch § 6 Abs. 2 ProdHaftG nicht gesperrt.

592 Die für das **Außenverhältnis** mehrerer verantwortlicher Hersteller geltende Gesetzesregel des § 5 S. 1 ProdHaftG erfordert, dass mehrere Hersteller für denselben Schaden einzustehen haben. An dieser Voraussetzung fehlt es, wenn sich der Schaden abgrenzen und dem jeweils verantwortlichen Hersteller konkret zuordnen lässt. Auf der anderen Seite bedeutet gesamtschuldnerische Haftung für denselben Schaden nicht zwangsläufig, dass jeder der verantwortlichen Hersteller auf denselben Schadensbetrag haftet. Insoweit können die Haftungsanteile durchaus unterschiedlich zu bewerten sein.[59]

593 Für den **Innenausgleich** mehrerer verantwortlicher Hersteller und der ihnen gleichgestellten Personen ist § 5 S. 2 ProdHaftG einschlägig. Der Anspruch ist auf Befreiung von der Leistungspflicht in dem Umfang gerichtet, den der Ausgleichspflichtige im Innenverhältnis zu tragen hat; nach Befriedigung des Geschädigten verwandelt er sich in einen Zahlungsanspruch. Für den Ausgleich im Verhältnis der nach außen gesamtschuldnerisch verantwortlichen Hersteller gelten vorrangig die zwischen ihnen getroffenen Vereinbarungen. Fehlen vertragliche Regelungen über den Schadensausgleich, so hängt die Haftungsverteilung im Innenverhältnis abweichend von der Regel des § 426 Abs. 1 S. 1 BGB davon ab, inwieweit der Schaden vorwiegend von dem einen oder dem anderen Teil verursacht worden ist.[60]

9. Verjährung

594 Gemäß § 12 ProdHaftG verjähren Ansprüche nach diesem Gesetz in 3 Jahren. Fristbeginn ist der Zeitpunkt, in dem der Geschädigte von dem Schaden, dem Fehler und der Person des Ersatzpflichtigen Kenntnis erlangt oder Kenntnis hätte erlangen müssen. Im Gegensatz

---

56 BGH 3. 7. 1951, BGHZ 3, 46.
57 BGH 29. 10. 1974, BGHZ 63, 183.
58 Vgl. *Rolland,* Produkthaftungsrecht, § 4 Rn 95.
59 Vgl. *Rolland,* Produkthaftungsrecht, § 5 Rn 9.
60 Zu den Einzelheiten des Regresses s. *Wandt,* BB 1994, 1436 ff.

zu § 852 BGB a. F. und auch abweichend von § 199 I BGB n. F. reicht bereits eine (leicht) fahrlässige Unkenntnis des Ersatzberechtigten aus. Ihm wird abverlangt, dass er sich im Rahmen des Zumutbaren sachkundig macht und sich die für die Durchsetzung seiner Ansprüche erforderlichen Kenntnisse verschafft. Ausreichend für den Fristbeginn ist ein Kenntnisstand, der ihn in die Lage versetzt, eine schlüssige Feststellungsklage zu erheben, was besonders für die Fälle bedeutsam sein kann, in denen der Schaden nicht endgültig feststeht.[61] Letzte Klarheit über den Produktfehler im Sinn der Kenntnis aller haftungsbegründenden Umstände wird nicht vorausgesetzt.[62] Mit zumutbarem Aufwand muss sich der Geschädigte um die Person des Ersatzpflichtigen bemühen; lässt er es daran fehlen, so beginnt die Verjährungsfrist in dem Zeitpunkt zu laufen, in dem er bei zumutbarer Anstrengung kundig geworden wäre.[63]

Solange wegen des zu leistenden Schadensersatzes zwischen dem Schädiger und dem Ersatzberechtigten verhandelt wird, ist die Verjährung gem. § 12 Abs. 2 ProdHaftG **gehemmt,** bis die Fortsetzung der Verhandlungen von der einen oder anderen Seite verweigert wird. Einseitige Verhandlungsbereitschaft reicht nicht aus, jedoch ist im Zweifel von einer Verhandlungsbereitschaft beider Seiten auszugehen. Die Hemmungswirkung betrifft das Verhältnis der verhandelnden Parteien und erstreckt sich nicht auf Ansprüche des Geschädigten gegen andere nach dem Produkthaftungsgesetz oder aus einem anderen Rechtsgrund ersatzpflichtige Personen.[64]

10. Erlöschen von Ansprüchen

Ansprüche nach dem ProdHaftG erlöschen grundsätzlich 10 Jahre nach dem Zeitpunkt, in dem der Hersteller das fehlerhafte Produkt in Verkehr gebracht hat (§ 13 ProdHaftG). Das Erlöschen des Anspruchs ist von Amts wegen zu beachten.[65] Den Zeitpunkt des Inverkehrbringens hat der Hersteller zu beweisen, weshalb Dokumentation angeraten wird.[66] Es kommt darauf an, zu welchem Zeitpunkt das konkret mit einem Produktfehler behaftete Fahrzeug, das den Schaden verursacht hat, vom Hersteller in Verkehr gebracht worden ist. Dies gilt auch dann, wenn sämtliche Fahrzeuge einer Serie mit dem gleichen Produktmangel behaftet sind. Aus § 13 ProdHaftG ergeben sich keine Anhaltspunkte dafür, dass im Fall eines Serienmangels die Ausschlussfrist mit der Auslieferung des ersten oder letzten fehlerhaften Produktes zu laufen beginnen soll.[67]

Da für das Inverkehrbringen eines Kraftfahrzeuges der Zeitpunkt als maßgeblich angesehen wird, in dem es mit dem Willen des Herstellers das Werk als Produktionsstätte endgültig verlässt (Werktorprinzip), und zwischen Werksauslieferung und Weiterverkauf, insbesondere in Zeiten schwacher Nachfrage, oft sehr viel Zeit vergeht, verkürzt sich die Haftung des Fahrzeugherstellers nach dem Produkthaftungsgesetz entsprechend. Folgt man der überwiegend vertretenen Auffassung, die davon ausgeht, dass bei einem Teilprodukt die Auslieferung an den Hersteller des Endproduktes als Zeitpunkt für das Inverkehrbringen des Teilproduktes anzusehen ist,[68] so ergibt sich daraus zwangsläufig, dass die Haftung des Herstellers eines fehlerhaften Teilproduktes stets kürzer ist als die Haftung des verantwortlichen Herstellers des Endproduktes. Der dem Geschädigten daraus entstehende Zeitnachteil wird allerdings dadurch kompensiert, dass ihm der Hersteller des Endprodukts für

---

61 BGH 20. 9. 1983, NJW 1984, 661.
62 *Rolland,* Produkthaftungsrecht, § 12 Rn 11.
63 BGH 17. 3. 1966, VersR 1966, 632, 634.
64 *Rolland,* Produkthaftungsrecht, § 12 Rn 17; abw. BGH 1. 12. 1964, MDR 1965, 198.
65 *Palandt/Thomas,* ProdHaftG, § 13 Rn 1.
66 *Hollmann,* DB 1985, 2439, 2441.
67 *Rolland,* Produkthaftungsrecht, § 13 Rn 5.
68 *Taschner,* Produkthaftung, 1986, Art. 7; *Rolland,* Produkthaftungsrecht, § 1 Rn 95.

die Fehlerhaftigkeit des Teilproduktes verantwortlich bleibt, auch wenn der Fehler für ihn nicht erkennbar war.

598 Die Ausschlussfrist des § 13 ProdHaftG greift nicht ein, wenn über den Anspruch ein Rechtsstreit oder ein Mahnverfahren anhängig ist. Rechtshängigkeit ist nicht erforderlich.[69] Der Antrag auf Anordnung des selbstständigen Beweisverfahrens leitet keinen Rechtsstreit ein und verhindert folglich nicht den Verlust des Anspruchs gem. § 13 Abs. 1 S. 1 ProdHaftG. Vor dem Erlöschen nach 10 Jahren bewahrt sind rechtskräftig festgestellte, auf anderen Vollstreckungstiteln beruhende sowie außergerichtlich anerkannte oder verglichene Ansprüche.

III. Deliktische Produkthaftung

1. Nebeneinander von verschuldensunabhängiger und deliktischer Produkthaftung

599 Die von der Rechtsprechung als Sondergebiet des Rechts der unerlaubten Handlung entwickelte deliktische Produkthaftung bleibt durch das ProdhaftG grundsätzlich unberührt (vgl. § 15 Abs. 2 ProdHaftG). Es herrscht – wie im Verhältnis zwischen Vertrags- und Deliktsrecht – **Anspruchsnormenkonkurrenz**. In der Praxis liegt das Schwergewicht weiterhin eindeutig bei der Haftung aus unerlaubter Handlung. Dass Geschädigte ihre Klagen in Schadenfällen vor dem 31.7. 2002 vorzugsweise auf deliktsrechtliche Tatbestände stützten, hat eine Reihe von Gründen: Ansprüche aus §§ 823 ff. BGB umfassten **Schmerzensgeld** (§ 847 BGB a. F.), waren (und sind) **ohne Selbstbehalt** und **ohne Höchstgrenze** zu realisieren, galten zumindest nach bisheriger Rechtsprechung grundsätzlich auch für Schäden an der Sache selbst („Weiterfresserschäden") und sind schließlich nicht beschränkt auf Schäden an „Privatsachen" (§ 1 Abs. 1 S. 2 ProdHaftG).

Nicht nur der Haftungsumfang war und ist weiter, auch der Kreis der deliktsrechtlich haftenden Personen ist größer, als er durch § 4 ProdHaftG für die verschuldensunabhängige Produkthaftung gezogen wird. Das gilt insbesondere für die gerade im Kfz-Bereich wichtige **Haftung von Importeuren und Vertriebsgesellschaften,** aber auch für die Einstandspflicht von Vorständen und Geschäftsführern von Herstellerfirmen. Darüber hinaus kennt die deliktische Produkthaftung mit der Produktbeobachtungspflicht und den daraus abgeleiteten Warn- und Rückrufpflichten besondere Verkehrspflichten, die im ProdHaftG keine Regelung gefunden haben.

2. Die einzelnen Fehlerkategorien

600 Im Rahmen der deliktischen Produkthaftung wird traditionell zwischen **drei Fehlerkategorien** unterschieden: Konstruktionsfehler, Fabrikationsfehler und Instruktionsfehler. Sie korrelieren mit unterschiedlichen Verantwortlichkeiten bzw. Verantwortungsbereichen.[70] Ein **weiterer Haftungstatbestand** ist die Verletzung der Produktbeobachtungspflicht mit ihren Ablegern (Warn-, Hinweis- und Rückrufpflichten).

a) Konstruktionsfehler

601 Auf Verletzung der Konstruktionsverantwortung beruhende Fehler stehen bei der Produkthaftung im Vordergrund. Konstruktionsfehler unterlaufen in der Phase des Entwurfs und der Planung und haften jeweils einer ganzen Serie an.[71] Den Forschungs- und Entwick-

---

69 *Rolland,* Produkthaftungsrecht, § 13 Rn 15.
70 Vgl. *Kullmann,* NZV 2002, 1, 4 ff.
71 *Kullmann,* Produkthaftungsgesetz, S. 69.

Deliktische Produkthaftung

lungsabteilungen hat der Hersteller den Zugang zu möglichst allen neuen Erkenntnissen von Wissenschaft und Technik auf dem jeweiligen Arbeitsgebiet zu ermöglichen und dafür eine Betriebsfachdokumentation einzurichten.[72]

Als wesentliche Kriterien, nach denen sich das „Pflichtenheft" des **Herstellers von Kraftfahrzeugen** im Stadium der Konstruktion und Planung beurteilt, sind zu nennen: sach- und zweckgerechte, betriebssichere Konstruktion des Fahrzeugs und seiner Bedienungselemente auch für voraussehbare Not- und Sonderfälle, Vorkehrungen gegen Gewöhnungsgefahren[73] und gegen nicht fernliegende Fehlbedienung,[74] ferner Beachtung des jeweiligen Standes der Technik, aller technischen Regeln[75] und der gültigen Unfallverhütungsvorschriften, Einbau von Sicherheitseinrichtungen, Auswahl fehlerfreier Bestandteile, Beachtung der Leistungsgrenzen der Produktionsverfahren, Auswertung und Berücksichtigung von Testergebnissen sowie Einsatz von Kontrollverfahren.[76]

Der Fahrzeughersteller muss weiterhin sicherstellen, dass die Produktion eines Fahrzeugs erst aufgenommen wird, wenn die Entwicklung ausgereift und der Prototyp erprobt ist.[77] Art und Umfang der Erprobung sind gesetzlich nicht vorgeschrieben. Wann ein Fahrzeug serienreif ist, liegt im Ermessen des Herstellers. Anlaufschwierigkeiten müssen durch geeignete Maßnahmen vor Serienbeginn entdeckt und vermieden werden.[78]

Den klassischen Fall der Fehlkonstruktion einer **Bremsanlage** hatte das **RG**[79] zu entscheiden: Die Kraftdroschke des Klägers war auf andere Fahrzeuge aufgefahren, weil sich der Bremsnocken überspreizt und ein Blockieren eines Rades bewirkt hatte. Die Annahme eines Konstruktionsfehlers hat das RG ebenso wenig beanstandet wie die Feststellung eines ursächlichen Zusammenhangs zwischen Fehler und Unfallschaden. Im Zentrum seiner Entscheidung stehen Ausführungen zur (vom Berufungsgericht bejahten) **Haftung aus § 826 BGB,** insbesondere zur Kenntnis im Betrieb einer GmbH. Bemerkenswerterweise wird auf die Möglichkeit einer Haftung wegen Eigentumsverletzung (§ 823 Abs. 1 BGB) mit keinem Wort eingegangen. Nach heutigem Rechtsverständnis handelt sich um einen Fall aus der Gruppe der „Weiterfresserschäden" (dazu Rn 642 ff.).

Konstruktive Mängel an der Bremsvorrichtung haben auch den **BGH** wiederholt beschäftigt.[80] Die Bedeutung des Urteils vom 28. 9. 1970[81] liegt in beweisrechtlichen Erwägungen. Verklagt worden war eine Fahrzeugherstellerin, die zugleich als Verkäuferin aufgetreten war (mutmaßlich Mercedes-Benz). Der Kläger war bei einem Überholmanöver auf der Autobahn zum Abbremsen gezwungen worden, wodurch sein Pkw ins Schleudern geriet und umkippte. Das Berufungsgericht hatte die Klage abgewiesen. Hauptbegründung: Kein Nachweis eines Verschuldens. Hilfsbegründung: Unfallursächlichkeit der behaupteten Fehlkonstruktion der Bremsanlage nicht nachgewiesen. In beiden Punkten hat der BGH das angefochtene Urteil beanstandet und heute noch gültige Beweisregeln aufgestellt. Zum Beweisrechtlichen s. Rn 652 ff.

---

72 *Kullmann,* Probleme der Produzentenhaftung, DAV, 1988, 33, 38 f.
73 Vgl. OLG Celle 23. 3. 1983, VersR 1984, 276.
74 OLG Köln 1. 3. 1990, NJW-RR 1991, 285.
75 Anerkannte Regeln der Technik enthalten als bereichsunabhängige Grundnormen die DIN V 8418 und DIN V 66.055.
76 *Schmidt-Salzer,* ProdH., Bd. 3, Rn 4.656.
77 BGH 10. 3. 1970, VersR 1970, 469; 23. 6. 1952, VersR 1952, 357.
78 Zum Ganzen *Beuler,* Qualitätssicherung – eine Managementaufgabe, in: Auto 2000, S. 111.
79 Urt. v. 17. 1. 1940, RGZ 163, 21.
80 Urt. v. 28. 9. 1970, BB 1970, 1414 = JZ 1971, 29 = LM § 433 BGB Nr. 36; v. 17. 5. 1957, VersR 1957, 584; v. 22. 6. 1971, DAR 1972, 16.
81 BB 1970, 1414.

Als weitere Beispiele aus der Rechtsprechung für Fehler in der Konstruktionsphase sind zu nennen: Bruch einer Mopedgabel, bedingt durch konstruktiv fehlerhafte Biegung und Kerbung,[82] Lenkradbruch eines Kinderfahrrades infolge nicht werkstoffgerechter Konstruktion,[83] durch Motorschwingungen verursachtes Abbrechen eines unzureichend befestigten Ölablassrohres,[84] Verminderung der Haftfähigkeit des Reifens durch Austritt von Öldämpfen.[85]

603 Die Erteilung der **Allgemeinen Betriebserlaubnis** gem. §§ 20, 22 StVZO schließt weder die zivilrechtliche[86] noch die strafrechtliche[87] Eigenverantwortlichkeit des Herstellers aus; sie begründet allenfalls eine tatsächliche Vermutung dafür, dass das Fahrzeug den gesetzlichen Anforderungen entspricht.[88] Der Hersteller darf folglich nicht darauf vertrauen, die Zulassungsbehörde werde etwaige Mängel entdecken und die Zulassung verweigern.[89]

604 Aus der Tatsache, dass ein Auto den gesetzlichen Anforderungen entspricht, folgt keineswegs zwingend, dass Konstruktionsfehler ausgeschlossen sind. Den gegenteiligen Standpunkt vertrat das LG Köln.[90] Es versagte einem Geschädigten Ersatzansprüche, der bei einem selbstverschuldeten Unfall verletzt worden war, weil ihm der im Herstellerprospekt als „integrierter Überrollbügel" bezeichnete Teil des Daches keinen Schutz geboten hatte. Der aus gefalztem Blech bestehende Teil des Daches, der keine Konstruktions- und Fabrikationsmerkmale eines Überrollbügels besaß, war beim Überschlag zusammengeknickt und hatte den Kläger an der Schulter getroffen. Einen Konstruktionsfehler verneinte das Gericht u. a. mit folgender Begründung:

„Ein Konstruktionsfehler liegt vor, wenn ein Produkt nicht den gängigen technischen Anforderungen entspricht. Abzustellen hierbei ist auf die jeweils geltenden Regeln der Technik. Das vom Kläger erworbene Fahrzeug entsprach diesen Regeln, wie auch der Kläger einräumt. In der Bundesrepublik Deutschland müssen nämlich offene Pkw, und zwar auch offene Geländewagen, nicht mit einem Überrollbügel ausgerüstet sein. Ein Überrollbügel kann demnach nicht zu den notwendigen technischen Voraussetzungen gerechnet werden, da die Anforderungen hier nicht schärfer gefasst werden können, als sie sich etwa aus der Straßenverkehrszulassungsordnung ergeben."

Das Urteil verkennt, dass durch § 20 StVZO die öffentlich-rechtliche Kontrolle im Hinblick auf Konstruktion und Ausstattung eines Fahrzeugs sichergestellt, nicht aber dem Hersteller das Risiko einer Fehlkonstruktion abgenommen wird.

Bereits die Konstruktionsverantwortung, nicht erst die Instruktionspflicht des Herstellers, wird dadurch eingeschränkt, dass der potenzielle Benutzer die Gefahr kennt, die mit dem Gebrauch der Sache verbunden ist. **Gefahrenkenntnis** kann also davon entbinden, die Gefahr durch konstruktive Maßnahmen abzuwenden.[91]

---

82 LG Lindau 26. 4. 1955, VersR 1955, 428.
83 LG Frankfurt 28. 4. 1989, NJW-RR 1989, 1193; s. auch OLG Frankfurt 8. 6. 1993, NJW-RR 1994, 800.
84 OLG Nürnberg 4. 11. 1987, NJW-RR 1988, 378.
85 OLG Frankfurt 6. 3. 1986, 12 U 73/85, abgedr. bei *Kullmann/Pfister,* Produzentenhaftung, Kz. 7502/1.
86 BGH 13. 7. 1956, VersR 1956, 625.
87 BGH 31. 8. 1951, NJW 1952, 233.
88 BGH 7. 10. 1986, NJW 1987, 372; v. 9. 12. 1986, NJW 1987, 1009 – Honda; ähnlich schon RG 17. 1. 1940, RGZ 163, 21.
89 BGH 9. 12. 1986, NJW 1987, 1009 – Honda.
90 Urt. v. 19. 2. 1986, 19 S 240/85, n. v.
91 *Kullmann,* NJW 2002, 30 unter Hinweis auf OLG Koblenz 21. 3. 2001, 1 U 898/96, n. v. – Hubstapler.

b) Fabrikationsfehler

Fehler dieses Typs stammen aus der Fabrikation (Fertigung) und sind auf ungenügende Erfüllung der Fabrikationsverantwortung zurückzuführen. Vom Hersteller wird verlangt, dass er seine Produkte möglichst fehlerfrei fabriziert. Hierzu muss er die erforderlichen personellen und materiellen Voraussetzungen schaffen. Weil bei industrieller Fertigung stets mit einer mehr oder minder großen **Ausreißerquote** gerechnet werden muss, hat der Hersteller die von ihm gefertigten Stücke zu kontrollieren. Umfang und Intensität der Kontrollen bestimmen sich nach der Gefährlichkeit des Produktes unter Beachtung des Verwendungszweckes und nach der vorhersehbaren Fehlerhäufigkeit.[92] Lässt sich eine Fehlerfreiheit nur durch Einsatz von Maschinen bewerkstelligen, gehört deren Anschaffung zu den Organisationspflichten des Herstellers.[93] Technische Anlagen zur Produktsteuerung, Roboter und Computer müssen eine exakte und fehlerfreie Produktion gewährleisten.[94] Sicherzustellen ist eine „beherrschte Fertigung".[95] Dazu gehört bei Kraftfahrzeugen, die in Serie hergestellt werden, eine Endkontrolle, die sich an die Fabrikation unmittelbar anschließt. 605

Betriebs- und Verkehrssicherheit eines Kraftfahrzeugs – und damit Leib und Leben seiner Insassen – hängen entscheidend von den Bremsen, der Lenkung sowie von den Rädern und Reifen ab. Bei Fertigung und Kontrolle dieser Teile muss vom Hersteller ein gesteigertes Maß an Sorgfalt erwartet werden; stichprobenartige Kontrollen reichen hier nicht aus.[96]

Die Kontroll- und Prüfeinrichtungen müssen dem Stand der Technik und den gesetzlichen Bestimmungen entsprechen.[97]

Als **Musterbeispiel** eines Fabrikationsfehlers ist der Schubstreben-Fall zu nennen.[98] Eine im Betrieb eines Fahrzeugteile-Herstellers fehlerhaft geschmiedete Schubstrebe war bei normaler Beanspruchung des Fahrzeugs unter gewöhnlichen Einsatzbedingungen gebrochen, was einen Unfall mit Personenschaden zur Folge hatte. 606

Weitere Beispiele aus der **Rechtsprechung:** fehlerhafte Montage einer Motorroller-Lenkung,[99] einer Lkw-Lenkung,[100] mangelhafte Schweißung einer Fahrradgabel,[101] Defekt an Fahrradnabe[102] und unzureichende Befestigung einer Hohlschraube an einer Lkw-Kraftstoffanlage.[103] Ein Kfz-Hersteller verletzt seine Organisationspflicht, wenn er für eine neu konstruierte Bremseinrichtung keine neuen Prüfstände zur Verfügung stellt, obwohl auf den bisherigen Prüfständen eine zuverlässige Prüfung nicht mehr möglich ist.[104]

c) Instruktionsfehler

Die Sorgfaltspflichten, die der Hersteller bei der Instruktion wahrzunehmen hat, werden durch Gesetze, Rechtsverordnungen und in Bezug genommene technische Regeln konkretisiert, sie enthalten jedoch kein abschließendes Verhaltensprogramm.[105] 607

---

92 *Schmidt-Salzer,* ProdH. Bd. 3, Rn 4903.
93 BGH 26. 11. 1968, BGHZ 51, 91 = NJW 1969, 269 – Hühnerpest.
94 *Kullmann,* Probleme der Produzentenhaftung, DAV, 1988, 33, 40.
95 *Beuler,* a. a. O., Fn. 82.
96 BGH 17. 10. 1967, DAR 1968, 17; v. 28. 10. 1958, VersR 1959, 104.
97 BGH 28. 9. 1970, VersR 1971, 80 = BB 1970, 1414 – Konstruktonsfehler der Bremsanlage.
98 BGH 17. 10. 1967, NJW 1968, 247 = DAR 1968, 17.
99 BGH 15. 3. 1956, VersR 1956, 259.
100 OLG Karlsruhe 4. 3. 1964, BB 1964, 740.
101 BGH 21. 4. 1956, VersR 1956, 410.
102 OLG Dresden 23. 5. 1996, VersR 1998, 59.
103 OLG Frankfurt 10. 2. 1998, r + s 1999, 369.
104 BGH 17. 3. 1981, BGHZ 80, 186; s. auch BGH 28. 9. 1970, BB 1970, 1414 = VersR 1971, 80.
105 BGH 7. 10. 1986, NJW 1987, 372 – Verzinkungsspray.

Die Instruktionsverantwortlichkeit des Herstellers[106] besteht **grundsätzlich** nur im Rahmen der Verbrauchererwartung,[107] wobei der Hersteller von Kraftfahrzeugen Inhalt und Umfang seiner Instruktionen nach der am wenigsten informierten Benutzergruppe auszurichten hat.[108]

608 Die Eigenheiten und typischen Gefahren eines Kraftfahrzeugs, insbesondere von Personenkraftwagen, können angesichts des Führerscheinzwanges, der großen Zahl von Wiederkäufern und allgemein aufgrund des besonderen Verhältnisses der Deutschen zum Auto als weitgehend bekannt vorausgesetzt werden. Ein **Fahrzeughersteller** muss die Endabnehmer deshalb weder über allgemeines Erfahrungswissen[109] noch über abstrakte Gefahren und normale Verschleißerscheinungen informieren.[110] Dasselbe gilt für Gefahrenquellen, die offen vor Augen liegen.[111] Entbehrlich ist z. B. der Hinweis darauf, dass die Geschwindigkeit eines Kraftfahrzeugs durch Betätigung des Gaspedals erhöht wird. Von selbst versteht sich auch die Wirkungsweise der üblichen Bremsvorrichtungen. Gleiches gilt für das Verhalten von „normalen" (allgemeingebräuchlichen) Kraftfahrzeugen während einer Kurvenfahrt. **Grundkenntnisse** über die Gesetzmäßigkeiten der Physik darf ein Fahrzeughersteller als bekannt voraussetzen.

609 Auf **Fahranfänger** (Führerscheinneulinge) braucht ein Hersteller von Kraftfahrzeugen nicht besonders Rücksicht zu nehmen. Ein Grundkurs für Führerscheinneulinge ist in der Betriebsanleitung entbehrlich. Erst recht bedarf es keiner speziellen Aufklärungsbroschüre, die einem ungeübten Käufer bei Auslieferung des Fahrzeugs auszuhändigen ist. Grundsätzlich genügt auch hier eine **allgemein gehaltene Instruktion** in Form der marktüblichen **Betriebsanleitungen**.[112] Wer sich an das Steuer eines technisch einwandfreien, dem allgemeinen Sicherheitsstandard genügenden Kraftfahrzeugs setzt, trägt grundsätzlich selbst die Verantwortung dafür, dass er dabei nicht zu Schaden kommt und auch Dritte nicht in Gefahr bringt (Gesichtspunkt der Selbstverantwortung des Verbrauchers, s. dazu auch BVerfG NJW 1997, 249).

610 **Fahrzeughersteller** sind aus Rechtsgründen in der Regel nicht dazu verpflichtet, ihre **Vertragshändler** dazu zu veranlassen, Neufahrzeugkäufer in Bedienung und Technik (mündlich) einzuweisen. Was heute vor Fahrzeugauslieferung allgemein Kundendienst ist (mit zweifelhaftem Instruktionserfolg), geht über das rechtlich Erforderliche hinaus. Eine andere Frage ist es, ob der Letztverkäufer im Einzelfall dazu verpflichtet sein kann, einem erkennbar überforderten Fahrzeugkäufer gezielt „Nachhilfe" zu erteilen, um Gefahren von ihm abzuwenden (dazu Rn 638). Nach der **neueren Rechtsprechung des BGH**[113] müssen auch Fahrzeughersteller nunmehr davon ausgehen, dass für sie neben den Endverbrauchern auch die Letztverkäufer als **Instruktionsadressaten** in Betracht kommen können. Zur eigenen Instruktionsverantwortung von **Vertriebshändlern** s. BGH NJW 1995, 1286.

---

106 Zu den Grundsätzen s. BGH 18. 5. 1999, NJW 1999, 2815 – Papierreißwolf; BGH 9. 6. 1998, NJW 1998, 2905 – Feuerwerkskörper.
107 BGH 14. 5. 1996, NJW 1996, 2224.
108 BGH 4. 2. 1986, NJW 1986, 1863 – Überrollbügel; BGH 5. 5. 1992, NJW 1992, 2016 – Silokipper; LG Duisburg 24. 1. 1999, DAR 1999, 550 – Gebrauchsanleitung bzgl. Inspektionen; vgl. auch OLG Düsseldorf 29. 11. 1996, NJW 1997, 2333 – Mountain-Bike.
109 BGH 4. 2. 1986, NJW 1986, 1863.
110 OLG Celle 10. 7. 1985, NJW-RR 1986, 25.
111 BGH 17. 5. 1957, VersR 1957, 584.
112 Zur vertraglichen Pflicht des Verkäufers zur Übergabe einer Gebrauchsanweisung s. *Krebber*, AcP 201 (2001), 333.
113 Urt. v. 9. 6. 1998, NJW 1998, 2905 – Feuerwerkskörper.

Im Rahmen der Instruktionspflicht hat der Hersteller auch solche **Unvorsichtigkeiten** zu berücksichtigen, mit denen nach der Lebenserfahrung zu rechnen ist. Nur wenn es um die Verwirklichung von Gefahren geht, die sich aus einem vorsätzlichen oder äußerst leichtfertigen **Fehlgebrauch** ergeben, entfällt eine Warn- und Hinweispflicht.[114] Bei **Sportwagen,** die für den allgemeinen Markt, also nicht für den Motorsport bestimmt sind, kann aufgrund besonderer Umstände, z. B. Aussagen und Anpreisungen in der Werbung, die Verpflichtung des Herstellers bestehen, potenzielle Erwerber über die Leistungsfähigkeit und Leistungsgrenzen gezielt zu informieren, etwa in der Betriebsanleitung.[115] **611**

Der BGH[116] hat wiederholt darauf hingewiesen, dass ein Hersteller immer dann, wenn sich aus der Bewerbung eines Produkts durch ihn Einsatzmöglichkeiten ableiten, bei denen sich dieses Produkt – für den Nutzer nicht ohne weiteres erkennbar – als gefährlich erweisen kann, zu Hinweisen und Warnungen verpflichtet ist. Besondere Gefahren für Autofahrer ergeben sich aus der suggestiven Wirkung moderner Präsentationen von Neuerscheinungen auf Automobilmessen und in der TV-Werbung.

Bei Fahrzeugen, die mit **Rückhaltesystemen** (Gurten, Airbags, Gurtstraffer) ausgestattet sind, muss der Hersteller darauf hinweisen, dass nach einer gewissen Gebrauchsdauer des Fahrzeugs Teile dieser Einrichtung ausgetauscht und im Falle eines Unfalls mit Airbag-Auslösung die Anlage u. U. komplett erneuert werden muss. Ein besonderes Problem stellt die Deaktivierung von Beifahrer-Airbags dar. In Abstimmung mit den Automobilherstellern, dem TÜV und den Bundesländern hat das Bundesverkehrsministerium Empfehlungen veröffentlicht. Sie richten sich an die Industrie, an die Werkstätten und die Fahrzeughalter (siehe auch § 35 a Abs. 8 StVZO). **612**

Die turnusmäßige Erneuerung des **Zahnriemens,** eines besonders gefahrträchtigen Teils in ca. 75 % aller Motoren, muss nicht Gegenstand eines ausdrücklichen Hinweises in der Gebrauchsanleitung sein, wenn der Hersteller in geeigneter Weise hervorgehoben hat, dass die vorgeschriebenen Inspektionen regelmäßig durchzuführen sind.[117] Zur Haftung des Fahrzeugherstellers wegen unzureichender Wartungsrichtlinien in Bezug auf den Zahnriemen unter dem Gesichtspunkt der Verletzung der Produktbeobachtungspflicht s. LG München I DAR 1999, 127. Zu weiteren „Zahnriemen-Fällen" s. Rn 621, 645.

Verschärfte Warnpflichten bestehen, sobald dem Hersteller Gefahrenquellen bekannt werden. So ist z. B. ein Unternehmer, der Anbausätze für Sicherungseinrichtungen von Kraftfahrzeugen herstellt und diese mit Anbauanleitungen in Verkehr gebracht hat, die eine unsachgemäße und sicherheitsgefährdende Montage vorsehen, nach Aufdeckung dieses Sachverhaltes u. a. verpflichtet, in den neuen Anbauanleitungen durch deutliche, nicht zu übersehende Hinweise auf die richtige Montageart aufmerksam zu machen.[118] Zur Produktbeobachtungspflicht und den sich daraus ergebenden Warn- und Hinweispflichten s. Rn 614 ff. **613**

Zur Beweislastverteilung und zur Beweisführung im (ursprünglichen) Instruktionsbereich s. Rn 654.

3. Produktbeobachtungspflicht und Rückrufprobleme

Die Pflicht des **Herstellers** zur sachgerechten Instruktion des Produktbenutzers ist nicht das letzte Glied in der Kette der Herstellerpflichten, m. a. W.: Die Gefahrabwendungs- **614**

---

114 BGH 18. 5. 1999, NJW 1999, 2815 – Papierreißwolf.
115 Zur (kaufrechtlichen) Problematik „AUDI TT" vgl. AG Sigmaringen 14. 7. 2000, DAR 2000, 530 und LG Hechingen (Berufungsinstanz) 29. 8. 2001, NZV 2001, 479.
116 Z. B. NJW 1996, 2224 – Schmiermittel.
117 LG Duisburg 24. 1. 1999, DAR 1999, 550.
118 BGH 4. 2. 1986, NJW 1986, 1863 – Überrollbügel.

pflichten enden nicht am Werktor. Sie setzen sich, wie schon das **Reichsgericht** betont hat,[119] nach der Produktauslieferung fort. Allerdings ging es in dem RG-Fall nicht um ein Problem der Produktbeobachtung im heutigen Sinne. Entscheidend war die Frage, welche Pflichten ein Hersteller bzw. Verkäufer eines Pkw hat, wenn er nach Auslieferung eines Kfz Kenntnis von einem Konstruktionsfehler an der Bremsanlage erlangt. Wer, wenn auch vielleicht unwissend, eine Gefahr für den allgemeinen Verkehr gesetzt hat, muss, sobald er die Gefahr erkennt, alles tun, was ihm den Umständen nach zugemutet werden kann, um sie abzuwenden. Entzieht er sich dem und lässt er einer solchen Gefahr, nachdem er sie erkannt hat, freien Lauf, so verstößt sein Verhalten gegen die guten Sitten. Er haftet deshalb nach **§ 826 BGB**.[120]

a) Produktbeobachtung und Konsequenzen

615 Produktbeobachtung zielt darauf ab, die Kenntnis zu gewinnen, um bestehenden Produktgefahren angemessen begegnen zu können. Die **Grundzüge** dieser „nachmarktlichen" Pflicht sind in BGHZ 80, 199 – Apfelschorf II – definiert.[121] In einer Reihe weiterer Entscheidungen hat der BGH seine Rechtsprechung konkretisiert.[122]

616 Der **BGH** unterscheidet zwischen **aktiver** und **passiver** Produktbeobachtung(-spflicht). Die Pflicht des Herstellers zur aktiven Produktbeobachtung besteht im Aufbau einer Betriebsorganisation zur Beschaffung von Informationen über die Bewährung des Produkts bei seinem Einsatz in der Praxis und deren Auswertung. Passive Produktbeobachtung bedeutet demgegenüber die Überprüfung von Beanstandungen des Produktes.[123]

Unter die Produktbeobachtungspflicht fallen nicht nur neu eingeführte Produkte, sondern auch diejenigen, die sich auf dem Markt bereits bewährt haben.[124]

In zeitlicher Hinsicht muss sich die Verpflichtung zur Beobachtung des Produkts – sie setzt ohne konkreten Anlass mit der Auslieferung ein – auf die betriebsgewöhnliche Nutzungsdauer erstrecken. Das ist bei einem heutigen Pkw ein Zeitraum von durchschnittlich 12 Jahren (1975: 9,4).

617 Die Aufmerksamkeit des **Fahrzeugherstellers** hat sich insbesondere, aber nicht nur, auf **sicherheitsrelevante Teile,** wie z. B. die Bremsen, die Reifen, die Lenkung usw., zu richten. Da der Hersteller bei **Neukonstruktionen** trotz gründlicher Erprobung stets damit rechnen muss, dass bei längerer Benutzung Fehler auftreten, hat er durch geeignete Maßnahmen Vorsorge zu treffen, dass er über Anzeichen für einen Produktmangel unverzüglich unterrichtet wird.[125]

618 Vom **Autohersteller** wird verlangt, dass er seine Vertragshändler und Vertragswerkstätten anhand eines Pflichtenkataloges zur Durchführung von Produktbeobachtungsmaßnahmen und Meldung von Produktmängeln verpflichtet. Dazu gehört auch die Beobachtung der Benutzergewohnheiten hinsichtlich des Produktes und seiner Zusatzausstattung sowie die Kontrolle, ob die Bedienungsanleitung sowie Warnhinweise verstanden und befolgt werden. Es muss auch sichergestellt sein, dass der Hersteller über einen etwaigen Fehlgebrauch

---

119 Urt. v. 17. 1. 1940, RGZ 163, 21 – Bremsanlage.
120 RG 17. 1. 1940, RGZ 163, 21.
121 Dazu und zur weiteren Entwicklung *Birkmann,* DAR 1990, 124; ders. DAR 2000, 435; *Kullmann,* BB 1987, 1957; *Kunz,* BB 1994, 450; *Michalski,* BB 1998, 961.
122 Urt. v. 9. 12. 1986, NJW 1987, 1009 – Honda; v. 7. 12. 1993, NJW 1994, 517 – Gewindeschneidemittel; v. 27. 9. 1994, NJW 1994, 3349 – Atemüberwachungsgerät.
123 BGH 7. 12. 1993, NJW 1994, 517 = ZIP 1994, 213; kritisch zu dieser Unterscheidung *Brüggemeier,* JZ 1994, 578; s. auch *Foerste,* NJW 1994, 909.
124 BGH 17. 3. 1981, BGHZ 80, 199 – Apfelschorf II.
125 *Schmidt-Salzer,* ProdH., Bd. 3, Rn 4.1002; *von Westphalen,* BB 1971, 152, 156; OLG Karlsruhe 22. 6. 1977, VersR 1978, 530.

Deliktische Produkthaftung

oder eine Überbeanspruchung des Fahrzeugs informiert wird. Unterlässt der Hersteller Anordnungen in diesem Bereich der Qualitätssicherung, haftet er dem geschädigten Benutzer wegen unzureichender Produktbeobachtung, auch wenn ihn hinsichtlich der Erprobung und der Produktkontrolle im konkreten Fall kein Verschulden trifft.[126]

Die Pflicht zur Produktbeobachtung schließt ein, die Entwicklung bei den wichtigsten Konkurrenzprodukten zu verfolgen.[127] Sie erstreckt sich auch auf die von **fremden Firmen** produzierten und gelieferten **Zubehörteile,**[128] selbst wenn der Endprodukthersteller sie nicht eingebaut oder mitgeliefert und deren Einbau auch nicht empfohlen hat. Diese sehr weitgehende Produktbeobachtungspflicht trifft nicht nur den Fahrzeughersteller, sondern auch die in der Bundesrepublik Deutschland ansässige **Vertriebsgesellschaft** eines ausländischen Herstellers.[129] Zur (passiven) Produktbeobachtungspflicht eines **Alleinimporteurs** von Lkw s. auch OLG Frankfurt, r + s 1999, 369 und OLG Frankfurt, NZV 1996, 147 = VersR 1996, 982. Zur Produktbeobachtungspflicht des **Vertragshändler**s. Rn 638.

Bezüglich **notwendiger Zubehörteile,** die den Betrieb des Fahrzeugs erst möglich machen, und solcher, die konstruktionstechnisch bereits vorgesehen sind, z. B. durch Bohrlöcher, Haltevorrichtungen, genügt es nicht, wenn der Hersteller den Zubehörmarkt nur im Auge behält. Vielmehr muss er die Zubehörteile durch Versuche, Testfahrten o. ä. selbst überprüfen. Reifen, Felgen und auch das Lenkrad sind, wenn überhaupt, notwendiges Zubehör; zum konstruktionstechnisch vorgesehenen Zubehör gehören z. B. Dachgepäckträger, Schneeketten, Antennen, Packtaschen bei Motorrädern. Im Hinblick auf **allgemeingebräuchliche Zubehörteile** verdichtet sich die Pflicht der Produktbeobachtung zu einer Überprüfungspflicht, wenn konkreter Anlass besteht, dass das Zubehörteil in Verbindung mit dem eigenen Produkt dem Benutzer gefährlich werden kann.[130] **619**

Die Produktbeobachtungspflicht bei allgemeingebräuchlichen Zubehörteilen, die die Gebrauchs- und Verkehrssicherheit in Frage stellen können, verlangt vom Hersteller schon vor dem Eintreffen der ersten Hiobsbotschaften gewisse Anstrengungen. Er genügt seiner Produktbeobachtungspflicht nicht, wenn er die Zubehörteile lediglich im Auge behält. Vielmehr muss er organisatorisch über Vertrieb, Mitarbeiter usw. sicherstellen, dass er von etwaigen Schadensfällen sofort Kenntnis erhält. Unter Umständen muss er bereits in diesem Stadium stichprobenartige Überprüfungen vornehmen.

Welche **Maßnahmen** der **Hersteller** ergreifen muss, wenn er nach Inverkehrbringen einen Fehler seines Produkts erkennt oder sich ein entsprechender Verdacht ergibt, hängt von den Umständen des Einzelfalls ab, insbesondere von dem Ausmaß der Gefahr und der Qualität der auf dem Spiel stehenden Rechtsgüter. **Er muss alles tun, was ihm den Umständen nach zugemutet werden kann,** so schon das RG.[131] Nach ihrer Zielrichtung lassen sich **zwei Kategorien** von Sicherheitsmaßnahmen unterscheiden: **Warnungen** und **Hinweise** zur selbstverantwortlichen Gefahrsteuerung auf Seiten des gefährdeten Personenkreises, zum anderen **Rückrufe** bzw. **Austauschaktionen** als direkte Einwirkung auf die Gefahrenquelle. **620**

Warnungen und Hinweise als Ausfluss der Produktbeobachtung können im Einzelfall zur Gefahrbekämpfung genügen. Bei weniger gefährlichen Fehlern sind nach dem **Grundsatz der Verhältnismäßigkeit** die wirtschaftlichen Belange des Herstellers besonders zu berücksichtigen. Drohen nur Sachschäden oder sonstige Vermögensschäden, kann die Ab- **621**

---

126 BGH 28. 9. 1970, BB 1970, 1414 – Bremsen.
127 BGH 17. 10. 1989, ZIP 1990, 516.
128 BGH 9. 12. 1986, NJW 1987, 1009 – Honda; BGH 27. 9. 1994, WM 1994, 2288 – Atemüberwachungsgerät.
129 BGH 9. 12. 1986, NJW 1987, 1009 – Honda.
130 BGH 9. 12. 1986, NJW 1987, 1009 – Honda; dazu *Kullmann*, BB 1987, 1957.
131 Urt. v. 17. 1. 1940, RGZ 163, 21.

wägung ergeben, dass eine **Rückrufaktion** wirtschaftlich unvertretbar ist. In solchen Fällen genügt der **Hersteller** seiner Gefahrenabwendungspflicht, wenn er die Öffentlichkeit oder den ihm bekannten Erwerberkreis warnt, sobald sich der Verdacht der Gefährlichkeit aufgrund von Untersuchungen verdichtet hat.[132]

Das Bestehen einer – nachträglichen – **Warnpflicht** als praktische Konsequenz der Produktbeobachtungspflicht wird – im Gegensatz zur **Rückrufpflicht** (dazu Rn 624 ff.) – allgemein anerkannt.[133] Zur Warnung ist der für die Verkehrssicherung verantwortliche Unternehmer auch dann verpflichtet, wenn er den Fehler nicht verschuldet hat.[134] Auslöser „nachmarktlicher" Warn- und Hinweispflichten ist das nachträgliche Erkennen einer konkreten Produktgefahr, die abzuwenden im Einflussbereich des Produktverantwortlichen liegt.[135]

Das Unterlassen gebotener Warnhinweise kann schadensersatzpflichtig machen, wie der Bundesgerichtshof in einer Reihe von Entscheidungen festgestellt hat (z. B. BGHZ 80, 199 = NJW 1981, 1606 – Apfelschorf; BGHZ 99, 167 = NJW 1987, 1009 – Honda; BGH NJW-RR 1995, 342 – Gewindeschneidemittel II).[136] Nach Ansicht des LG München I haftet ein Fahrzeughersteller wegen Verletzung der Produktbeobachtungspflicht, wenn er in seinen Wartungsrichtlinien nicht auf die Notwendigkeit turnusmäßiger Erneuerung bzw. Überprüfung des **Zahnriemens** hinweist;[137] zu den praktisch sehr bedeutsamen „Zahnriemen-Fällen" s. auch Rn 645.

622 Die **Warnung** muss detailliert unter Darstellung der erforderlichen Schutzmaßnahmen erfolgen, damit der Benutzer des Produkts die drohenden Gefahren und Risiken in ihrer ganzen Tragweite hinreichend genau abschätzen und ihnen selbstverantwortlich begegnen kann.[138] Hinweise, die der Gefahrvermeidung dienen, sind besonders kenntlich zu machen durch räumliche Trennung vom übrigen Text, durch Rahmung, Fettschrift, Unterstreichung oder Hinweise wie „Vorsicht oder Achtung". Angesichts des internationalen Benutzerkreises erscheinen bei Kraftfahrzeugen Piktogramme besonders informativ. Warnhinweise dürfen auf keinen Fall zwischen Werbung, Anwendungsvorschlägen usw. verschwinden.[139] Es kann genügen, die Vertragshändler zu informieren, damit sie sich der Sache bei der nächsten Inspektion annehmen. Je nach Grad der Gefährdung und des Umfangs des Wartungsintervalls kann aber eine zusätzliche Information des Endabnehmers geboten sein.[140]

623 Bei drohenden Gesundheits- und Körperschäden entsteht die **Warnpflicht** bereits bei einem **ernst zu nehmenden, wenn auch nicht dringenden Verdacht**.[141] Falls ein einwandfreies Produkt lediglich mit fehlender oder fehlerhafter Instruktion in Verkehr gebracht worden ist und dies bei der Produktbeobachtung erkannt wird, lässt sich die Gefahr in der Regel durch Nachlieferung einer vollständigen und richtigen Instruktion beseitigen.[142] Zu Lasten des Herstellers geht das Risiko, dass die der Gefahrenbeseitigung dienende Instruktion den Benutzer nicht oder nicht rechtzeitig erreicht.[143]

---

132 BGH 17. 3. 1981, NJW 1981, 1603 – Apfelschorf I.
133 BGHZ 99, 167 = NJW 1987, 1009 – Honda.
134 BGH 17. 3. 1981, NJW 1981, 1603 – Apfelschorf I.
135 Ausführlich dazu *Rettenbeck,* Die Rückrufpflicht in der Produkthaftung, 1994 S. 70 ff.
136 Zur Beweislastverteilung s. Rn 655.
137 Urt. v. 7. 10. 1998, DAR 1999, 127; vgl. auch LG Duisburg 24. 1. 1999, DAR 1999, 550.
138 BGH 7. 10. 1986, NJW 1987, 372 – Verzinkungsspray.
139 BGH 9. 12. 1986, BGHZ 99, 167 = NJW 1987, 1009 – Honda.
140 Vgl. OLG Frankfurt 24. 10. 1995, NZV 1996, 147 = VersR 1996, 982 – erforderliche Umrüstung einer Lkw-Kraftstoffanlage.
141 BGH 17. 3. 1981, NJW 1981, 1603 – Apfelschorf I; BGH 27. 9. 1994, NJW 1994, 3349 – Atemüberwachungsgerät.
142 BGH 4. 2. 1986, NJW 1986, 1863 – Überrollbügel.
143 *Rolland,* Produkthaftungsrecht, Teil II, Rn 47.

b) Rückrufpflicht

Im Kfz-Bereich haben Rückrufaktionen trotz generell verbesserter Verkehrs- und Betriebssicherheit erheblich zugenommen. Von 50 Rückrufen im Jahr 1995 ist die Zahl auf 113 im Jahr 2001 angestiegen.[144] Das hat mehrere Gründe: kürzere Modellzyklen mit entsprechend kürzeren Entwicklungszeiten bei gleichzeitiger Zunahme innovativer Technik (vor allem im Elektronikbereich); zunehmende Modellvielfalt (Variantenreichtum) mit größerer Fehleranfälligkeit im Konstruktions- und Fabrikationsbereich, ferner die Verbreiterung der Produktpalette bei zahlreichen Herstellern, z. B. DaimlerChrysler (A-Klasse, Smart) und Audi (TT). Zudem verfolgen die Hersteller und Importeure von Pkw/Kombis seit einigen Jahren eine **offensive Rückrufpolitik**. „Rückrufe sind salonfähig geworden", so *A. Demmel* vom ADAC.[145]

Unter welchen Voraussetzungen sich die Gefahrabwendungspflicht zur Rückrufpflicht verdichtet, ist in der **Rechtsprechung** noch nicht geklärt, weder allgemein noch im Hinblick auf die besondere Situation im Kfz-Bereich.[146] Bislang ist kein einziger Fahrzeughersteller oder sonstiger Träger der Produktverantwortung (Zulieferer, Importeur) mit der Begründung zum Schadensersatz verurteilt worden, er habe eine bestehende Rückrufpflicht verletzt.[147] Es ist auch noch keinem Betroffenen gelungen, einen (Individual-)Anspruch auf Rückruf (Rücknahme) eines Automobils gerichtlich durchzusetzen. Die von der Rechtsprechung entschiedenen Fälle waren meist so gelagert, dass Zulieferer von schadhaften Teilen von ihren Abnehmern auf **Ersatz von Rückrufkosten** in Anspruch genommen wurden. Es ging also um **Regresslagen** und ähnliche Konstellationen.[148]

In seinem Beschluss vom 18. 3. 1986[149] hat der **BGH** offen gelassen, ob und gegebenenfalls unter welchen Voraussetzungen den Abnehmern technischer Geräte gegen den Hersteller eines zu deren Fabrikation verwendeten Zuliefererteils deliktische Ansprüche auf Rückruf und Austausch zustehen, wenn ihnen aufgrund von Mängeln des Zuliefererteils Schäden entstehen können. Soweit lediglich das Äquivalenzinteresse betroffen und der Eintritt weitergehender Schäden nicht ernsthaft zu befürchten ist, ist ein Rückrufanspruch nach Ansicht des BGH ausgeschlossen.[150]

Zu unterscheiden ist zwischen **repressivem** Rückruf – die Rechtsgutsverletzung ist schon eingetreten – und dem **präventiven** Rückruf (die Rechtsgutsverletzung steht unmittelbar bevor). Schwerpunktmäßig geht es bei dem Produktrückruf um Prävention und damit um einen Sachverhalt, der nicht in die Zuständigkeit der §§ 823, 249 BGB fällt. Unterschieden wird ferner zwischen der **Verkehrspflicht** zum Rückruf – bei Verletzung Haftung aus § 823 I BGB, ggf. auch aus § 823 II BGB i. V. m. § 6 ProdSG – und dem **Anspruch** des Eigentümers bzw. Benutzers auf Rückruf des fehlerhaften bzw. fehlerverdächtigen Produkts.[151]

---

144 Der Spiegel 36/2002, S. 143.
145 Auto Bild v. 7. 1. 2000.
146 Dazu *Bodewig*, DAR 1996, 341 mit Nachw. der umfangreichen Literatur; allgemein zur Rückrufproblematik *Rettenbeck*, Die Rückrufpflicht in der Produkthaftung, 1994.
147 *Lempp*, Der Verkehrsjurist/ACE, 4/2001.
148 Vgl. BGH 12. 2. 1992, NJW 1992, 1275 – Ersatz von Nachbesserungs-, nicht Rückrufkosten; OLG Karlsruhe 30. 5. 1985, VersR 1986, 1125 mit Nichtannahmebeschluss des BGH v. 18. 3. 1986, VersR 1986, 1127; OLG München 4. 3. 1992, VersR 1992, 1135 = OLGR 1992, 51; OLG Karlsruhe NJW-RR 1995, 594; OLG Düsseldorf 31. 5. 1996, NJW-RR 1997, 1344; OLG München 18. 2. 1998, NJW-RR 1999, 1657.
149 VersR 1986, 1125, 1127.
150 Beschluss v. 18. 3. 1986, VersR 1986, 1125, 1127; Urteil vom 12. 2. 1992, NJW 1992, 1225, 1227 unter Ziff. 4.
151 Vgl. *Foerste* in: Produkthaftungshandbuch, Bd. 2, § 39 Rn 1; kritisch zu dieser Unterscheidung nach Pflicht und Anspruch *Michalski*, BB 1998, 964.

626 Ein dem Käufer zustehender **Individualanspruch** auf Beseitigung eines Fahrzeugmangels, der das Äquivalenz- und Nutzungsinteresse des Erwerbers beeinträchtigt, besteht lediglich im Rahmen kaufrechtlicher Sachmängelhaftung (Nachbesserung) und (selbstständiger) Garantieverpflichtungen. Um eine deliktsrechtliche Handlungspflicht auszulösen, muss das Integritätsinteresse des Eigentümers/Benutzers oder eines Dritten betroffen sein. Darüber herrscht im Grundsatz weitgehend Einigkeit. Strittig ist, ob die Rückrufpflicht auf Fälle drohender Personenschäden zu beschränken ist (vgl. § 9 ProdSG) oder ob sie auch bei reinen Sachschäden einsetzen muss, gegebenenfalls an dem „unsicheren" Produkt selbst. Eine Differenzierung auf der Rechtsgüterebene erscheint nicht sachgerecht. Filter- und Steuerungsfunktion haben die Gesichtspunkte der Erforderlichkeit, der Zumutbarkeit und der Verhältnismäßigkeit.

627 Während die deliktsrechtliche Rückrufpflicht des Produktherstellers im Grundsatz anerkannt ist,[152] lehnt die h. M. einen damit korrespondierenden Individualanspruch auf Erfüllung dieser Pflicht ab, und zwar sowohl zur Schadensverhütung als auch zur Mängelbeseitigung.[153] Das OLG Düsseldorf[154] scheint zwar die Existenz eines Anspruchs zu bejahen („deliktischer Rückruf- und Austauschanspruch gegen den Hersteller"). Die Frage der Anspruchsinhaberschaft war indes für die Entscheidung unerheblich, weil eine Regressforderung im Streit war.

628 **§ 9 ProdSG** mit dem behördlich angeordneten Rückruf läuft im Kfz-Bereich praktisch leer. Soweit ersichtlich, ist noch kein einziger Pkw auf der Grundlage dieser Vorschrift zurückgerufen worden. Auf die deliktsrechtliche Verantwortlichkeit des Herstellers bzw. Importeurs ist § 9 ProdSG ohne Einfluss.[155] Verfehlt wäre die Annahme, ein Hersteller könne mit einem objektiv notwendigen Rückruf warten, bis die zuständige Behörde aktiv wird. Eher theoretisch erscheint die Möglichkeit, dass ein Endverbraucher einen Anspruch gegen die Behörde auf Einschreiten hat.[156] Insgesamt lässt sich feststellen, dass die Kfz-Rückrufproblematik jedenfalls im Verhältnis zwischen Fahrzeughersteller/Importeur einerseits und dem gefährdeten Personenkreis andererseits aus einer Reihe von faktischen Gründen bei weitem nicht die Bedeutung hat, die ihr im Schrifttum seit Mitte der siebziger Jahre beigemessen wird.

4. Der aus deliktischer Produkthaftung verantwortliche Personenkreis

629 Die einschränkende Umschreibung des haftenden Personenkreises in § 4 ProdHaftG gilt nicht für die deliktische Haftung nach § 823 I BGB.[157] Wer insoweit als Haftender in Betracht kommt, ist unabhängig davon zu bestimmen.[158]

---

152 Näheres bei *Foerste* in: Produkthaftungshandbuch, Bd. 1, § 24 Rn 258 ff.; *ders.*, a. a. O., Bd. 2, § 39 mit umfangreichen Nachweisen.
153 OLG München 18. 2. 1998, NJW-RR 1999, 1657 (ohne nähere Begründung); *Foerste* in: Produkthaftungshandbuch, Bd. 2, § 39; abw. *Koch*, Produkthaftung, Arge Verkehrsrecht, 2001, S. 118 ff; s. auch *Vieweg/Schrenk*, Jura 1997, 561; *Spindler*, NJW 1999, 3741; *Bodewig*, DAR 1996, 341.
154 Urt. v. 31. 5. 1996, NJW-RR 1997, 1344.
155 Allgemein zur Bedeutung des ProdSG für die Produkthaftung *Wagner*, BB 1997, 2541; *Foerste* in: Produkthaftungshandbuch, Bd. 2, § 91 Rn 1 ff.
156 Dafür *Vieweg/Schrenk*, Jura 1997, 561.
157 BGH NJW 1993, 655, 656.
158 Zu den Trägern der haftungsrechtlichen Produktverantwortung im Kfz-Bereich s. *Kremer*, DAR 1996, 134.

a) Die Verantwortung des Endproduktherstellers

Gefahrabwendungspflichten treffen in erster Linie den **Hersteller,** also denjenigen, der das Produkt in eigener Verantwortung industriell oder handwerklich anfertigt und in Verkehr bringt. Der Warenhersteller trägt grundsätzlich die **weitestgehende** (umfassende) Verantwortung für einen Produktfehler, der in seinem „Tätigkeits- und Wissensbereich" entstanden ist,[159] und zwar von der Konzeptphase bis zur Fertigung und sogar darüber hinaus (Produktbeobachtungspflicht). Zu den Einzelpflichten von Fahrzeugherstellern im Konstruktions-, Fabrikations-, Instruktions- und Beobachtungsbereich s. Rn 600 ff. **630**

Für den Hersteller eines Endprodukts mit hohem Qualitätsanspruch ist der Qualitätsstand der Zulieferteile von elementarer Bedeutung. Mehr als 50% der Einzelteile eines Pkw werden von Lieferanten (Zulieferern) eingekauft, Tendenz steigend. Heutzutage werden mehr und mehr komplette Systeme (Baugruppen) direkt ans Band geliefert (z. B. Armaturenbretter, Achsen, Lenkungen und Bremsen). Oftmals werden diese Systeme von den Zulieferern selbst in die Fahrzeuge eingebaut. Der Aufstieg von Zulieferern zu so genannten **Systempartnern** verlangt eine Neuverteilung der Verantwortungssphären. **631**

Grundsätzlich fällt es in den Verantwortungsbereich des jeweiligen Folge- und Endherstellers, die für den eigenen Fertigungsprozess geeigneten Materialien auszuwählen.[160] Das **Verwendungsrisiko** liegt bei ihm als dem Käufer. Er ist – unabhängig von § 377 HGB – verpflichtet, **Zulieferteile** im Hinblick auf ihre Verwendbarkeit und ihre fehlerfreie Beschaffenheit zu überprüfen.[161]

Umfang und Intensität der **Prüfungspflichten** lassen sich nicht generell festlegen. Maßgebend sind die Umstände des Einzelfalls. Wegen der Arbeitsteilung bei der industriellen Fertigung sind die Kontrollpflichten des **Endproduktherstellers** im Allgemeinen wesentlich strenger als die des Teileherstellers. Eine vollständige Wiederholung aller Kontrollmaßnahmen wird dem Hersteller des Endproduktes nicht abverlangt, da dies unwirtschaftlich wäre und vielfach seine fachliche Kompetenz übersteigen würde. Ein gesteigertes Maß an Sorgfaltspflichten trifft den Endprodukthersteller dann, wenn Einzelteile nach seinen Vorgaben von einem so genannten Auftragsfertiger hergestellt werden.[162] **632**

Falls die Tätigkeit des **Endproduktherstellers** vornehmlich darin besteht, von Spezialfirmen angelieferte Teile zusammenzubauen, kann die Eigenhaftung des Endherstellers u. U. völlig entfallen, weil seine Kontroll- und Überprüfungspflichten im Hinblick auf etwaige Konstruktions- und Fabrikationsmängel der zugelieferten Teile im Vergleich zu denen des Zulieferers abgeschwächt sind.[163] Bezieht der Hersteller des Endproduktes Teile von einer als zuverlässig bekannten Zulieferfirma, welche die Qualität und Tauglichkeit ihrer Produkte bescheinigt, reduziert sich die Pflicht des Herstellers auf die Prüfung, ob die Lieferung der Bestellung entspricht.[164] **633**

Zur Abgrenzung der Verantwortungsbereiche zwischen Endhersteller des kompletten Fahrzeugs oder von Einzelteilen wie einer Zentralverriegelung und dem jeweiligen Vorlieferanten s. auch BGH NJW 1996, 2224 (Haftung eines Schmiermittelherstellers); BGH NJW 1992, 1225 – Kondensatoren und BGH NJW 1998, 1942 – Transistoren.

Schon im Vorfeld hat der **Endprodukthersteller** dafür zu sorgen, dass er grundsätzlich nur solche Teile erwirbt, die nach Einfügen in sein Produkt oder in Verbindung mit ihm für den späteren Benutzer nicht gefährlich werden können. Die Verhaltenspflichten in diesem

---
159 St. Rspr., z. B. BGH NJW 1994, 517 unter II, 2 b, aa.
160 BGH 14. 5. 1996, NJW 1996, 2224.
161 BGH 14. 6. 1977, BB 1977, 1117; *Rolland,* Produkthaftungsrecht, Teil II, Rn 71.
162 BGH 3. 6. 1975, NJW 1975, 1827.
163 BGH 14. 6. 1977, BB 1977, 1117; OLG München 16. 5. 1955, VersR 1955, 410.
164 OLG Köln 15. 3. 1989, NJW-RR 1990, 414.

Stadium fasst der BGH in dem Urteil vom 27. 9. 1994, NJW 1994, 3349, zusammen (Atemüberwachungsgerät).

b) Die Verantwortung des Zulieferers

634   Der **Zulieferer von Fahrzeugteilen,** die er selbst produziert hat, ist auch deliktsrechtlich Hersteller. Wie jeder Produzent hat er dafür einzustehen, dass das von ihm gefertigte Produkt im Rahmen des bestimmungsgemäßen Gebrauchs auch in der Weiterverarbeitung durch andere in vollem Umfang fehlerfrei und ohne Gefährdung des Eigentums Dritter eingesetzt werden kann.[165] Das hat zur Konsequenz, dass er sowohl dem Abnehmer seines Produkts als auch dem Endabnehmer des Fahrzeugs deliktisch haften kann.[166]

Der Unternehmer, der auftragsgemäß nur die Fabrikation einzelner Produkte oder Produktteile für den Endprodukthersteller nach dessen Vorgaben hinsichtlich Konstruktion und Materialauswahl übernimmt, trägt in erster Linie die Fabrikationsverantwortung. Sorgfaltspflichten im Sinne einer die Konstruktion des Einzelteils betreffenden Gefahrenabwehr entstehen für ihn aber nicht nur, wenn die Konstruktion Fabrikationsfehler zur Folge haben kann. Vielmehr muss er zur Gefahrenabwehr auch immer dann beitragen, wenn die Gefährlichkeit der Konstruktion für ihn erkennbar ist und Grund zu der Annahme besteht, dass der für die Konstruktion Verantwortliche keine ausreichende Vorsorge getroffen hat.[167]

c) Die Verantwortung von Importeuren und Vertriebsgesellschaften

635   Nicht nur Endprodukt- und Teilehersteller sowie die so genannten Quasi-Hersteller sind produktrechtlich verantwortlich. Auch andere in den Warenabsatz eingeschaltete Unternehmen können sich wegen Verletzung von Verkehrssicherungspflichten schadensersatzpflichtig machen. Je nach Funktion werden ihnen unterschiedliche Pflichten zugewiesen. Ausgehend von der Überlegung, dass die deliktische Haftung nicht nur an die „Herstellung", sondern ebenso an das „In-Verkehr-Bringen" anknüpft, wird die Forderung erhoben, auch **Vertriebsgesellschaften** und **Importeure** in die deliktische Produkthaftung stärker als bisher einzubeziehen.[168] Diese Unternehmen haften aber grundsätzlich nur für die Verletzung **händlerspezifischer Verkehrspflichten** im Bereich des Warenabsatzes. Selbst mit dem Hersteller verbundene **Vertriebsgesellschaften** können deliktsrechtlich mit diesem nicht gleichgestellt werden.[169]

636   **Importeurhaftung:** Der Importeur ausländischer Kraftfahrzeuge steht dem Hersteller nicht gleich; er haftet nicht als Quasi-Hersteller, wenn er wie ein Hersteller auftritt,[170] auch dann nicht, wenn zwischen ihm und dem Hersteller eine wirtschaftliche Verflechtung besteht. Selbst konzerneigene **Vertriebsgesellschaften,** die an Stelle des ausländischen Herstellers die ABE nach § 20 StVZO erhalten haben, sind für Konstruktions- und Fabrikationsfehler grundsätzlich nicht nach § 823 BGB haftbar.[171]

Bezieht ein Importeur die Waren von einem großen und renommierten Auslandsunternehmen, darf er sich darauf verlassen, dass sie von ihrer Konstruktion her ausreichend Si-

---

165 BGH 14. 5. 1996, NJW 1996, 2224.
166 BGH 17. 10. 1967, DAR 1968, 17 – Schubstrebe.
167 BGH 9. 1. 1990, ZIP 1990, 514.
168 *Kossmann,* NJW 1984, 1664; *Weitnauer,* NJW 1968, 1593; zur Händlerhaftung vor allem *Möllers,* JZ 1999, 24; *Johannsen/Rademacher,* BB 1996, 2636.
169 *Kullmann,* Aktuelle Rechtsfragen der Produkthaftpflicht, 4. Aufl., 1993, S. 62 f. mit Rspr.
170 BGH 7. 12. 1993, NJW 1994, 517 = ZIP 1994, 213.
171 BGHZ 99, 167 = NJW 1987, 1009 – Honda; s. auch *Kullmann,* Aktuelle Rechtsfragen der Produkthaftpflicht, 4. Aufl., 1993, S. 62 mit w. Nachw. aus der Rspr.; *ders.,* Probleme der Produzentenhaftung, DAV, 1988, S. 33, 43 f.; ders., NJW 2000, 1915.

cherheit bieten.[172] Zur **Untersuchung** der Ware auf gefahrenfreie Beschaffenheit ist der Importeur nur verpflichtet, wenn hierzu aus besonderen Gründen Anlass besteht, z. B. bei der Einfuhr von Gütern aus Entwicklungsländern oder einem Staat mit niedrigerem technischem Standard, als er in Deutschland besteht.[173] Allein die Tatsache, dass die Ware aus einem Nicht-EU-Land stammt, begründet noch keine Untersuchungspflicht des Importeurs.[174] Andererseits ist es ohne weiteres möglich, dass erhöhte Sorgfalts- und Überprüfungspflichten im Hinblick auf solche Produkte bestehen, die aus EU-Mitgliedsstaaten eingeführt werden, wenn hierfür besondere Gründe bestehen. Alleinimporteure kann auch die Pflicht zur **Produktbeobachtung** treffen.[175] Zumindest die Pflicht zur so genannten **passiven Produktbeobachtung** hat ein Importeur, der ein im Ausland (incl. EU-Staaten) hergestelltes Produkt einführt und hier mit eigenem Markenzeichen in den Verkehr bringt.[176]

Durch die Bestimmungen des Gerätesicherheitsgesetzes, die als Schutzgesetze im Sinne von § 823 Abs. 2 BGB gelten, wird der **Importeur** haftungsrechtlich nicht ohne weiteres einem Hersteller gleichgestellt. Allerdings muss sich der Importeur vergewissern, dass die von ihm eingeführten Produkte den anerkannten Regeln der Technik sowie den einschlägigen DIN-Normen, VDE-Bestimmungen usw. entsprechen. Für verborgene oder nur schwer zu entdeckende Konstruktionsfehler trifft ihn mangels Untersuchungspflicht regelmäßig keine Haftung. Für Schäden, die auf Fabrikationsmängeln beruhen, muss er nur einstehen, falls **begründeter Anlass** zur Untersuchung der Ware bestanden hat. Der im Schrifttum[177] erhobenen Forderung nach verschärften Verhaltenspflichten des Importeurs im Hinblick auf Konstruktions- und Fertigungsmängel wurde vom BGH[178] nicht entsprochen. Er verweist auf das Übereinkommen über die gerichtliche Zuständigkeit und die Vollstreckung gerichtlicher Entscheidungen in Zivil- und Handelssachen vom 1. 2. 1973, das seiner Meinung nach eine ausreichende Rechtsverfolgung gegen den Hersteller ermöglicht. Soweit es um die Einfuhr aus so genannten Drittstaaten geht, z. B. Fahrzeuge aus Japan oder Korea, hat § 4 Abs. 2 ProdHaftG den Verbraucherschutz zusätzlich verstärkt. **637**

d) Die Verantwortung des Vertriebshändlers

Nach § 5 ProdSG hat der Händler dazu beizutragen, dass nur sichere Produkte in den Verkehr gebracht werden. Verletzt er diese Pflicht, kann er seinem Kunden nicht nur kaufvertragsrechtlich, sondern auch nach § 823 I BGB oder gemäß § 823 II BGB i. V. m. § 5 ProdSG zum Schadensersatz verpflichtet sein.[179] Bei Kenntnis der Gefahrensituation kommt zudem eine Haftung nach § 826 BGB in Betracht. Ist das vom Händler ausgelieferte Fahrzeug fehlerfrei und sicher, ist ein Unsicherheitsfaktor aber in der Person des Käufers begründet, können den Kfz-Händler Fürsorge- und Schutzpflichten treffen. Eine besondere Gefahrenquelle besteht darin, dass ein Auto in die Hand einer Person gelangen kann, die es nicht sicher beherrscht. Unsicherheiten am Steuer haben vielfältige Gründe (mangelnde Erfahrung eines Fahranfängers, neue Technik, ältere Menschen u. a.). Diesen Gefahren muss der für das Fahrzeug Verantwortliche beim Verkauf, spätestens bei der Auslieferung, in zumutbarer Weise begegnen.[180] **638**

---

172 BGH 11. 12. 1979, NJW 1980, 1219 – Klappfahrrad.
173 LG Frankfurt 24. 3. 1986, NJW-RR 1986, 658.
174 OLG Zweibrücken 27. 4. 1987, NJW 1987, 2684.
175 BGH 7. 12. 1993, NJW 1994, 517 = ZIP 1994, 213 m. w. N.; OLG Frankfurt 10. 2. 1998, r+s 1999, 369 – Lkw; dazu *Birkmann,* DAR 2000, 435, 436.
176 BGH 7. 12. 1993, NJW 1994, 517, JZ 1994, 574 m. krit. Anmerkung *Brüggemeier;* OLG Frankfurt 10. 2. 1998, r+s 1999, 369 – Volvo.
177 *Kossmann,* NJW 1984, 1664.
178 Urt. v. 11. 12. 1979, NJW 1980, 1219; Urt. v. 7. 12. 1993, NJW 1994, 517.
179 Einzelheiten zur Händlerhaftung bei *Möllers,* JZ 1999, 24 ff.
180 Grundsätzliches dazu in BGH NJW 1979, 2309; s. auch BGH JZ 1999, 48.

Für Fehler im **Konstruktions- und Herstellungsbereich** braucht der Händler grundsätzlich nicht einzustehen, da der Produzent weder sein Erfüllungs- oder Verrichtungsgehilfe noch sein Organ ist.[181] Von einer aktive **Produktbeobachtungspflicht** ist der Vertriebshändler gleichfalls freigestellt. Anders verhält es sich mit der passiven Produktbeobachtungspflicht.[182] Eine **Prüf- und Untersuchungspflicht** zum Schutz des Integritätsinteresses trifft den Händler nur, wenn aus besonderen Gründen dazu Anlass besteht.[183] Insgesamt gilt: Die deliktische Haftung des Handels für Verletzung von **Vertriebspflichten** ist noch weitgehend ungeklärt, was wohl an der Schwierigkeit liegt, die Vertriebsfehler, d. h. die Pflichten der Vertriebshändler, zu definieren. Die für Herstellungsfehler typische Schuldvermutung gibt es für Vertriebsfehler nicht.[184]

5. Geschützte Rechtsgüter, insbesondere der Schutz des Eigentums

639 **Grundvoraussetzung** für einen Anspruch aus § 823 Abs. 1 BGB ist die Verletzung eines der in dieser Vorschrift genannten Rechtsgüter: Leben, Körper, Gesundheit, Freiheit, Eigentum oder ein „sonstiges Recht". Im Kraftfahrzeugbereich, der „eigentlichen Heimat" *(Diederichsen)* der deliktischen Produkthaftung, geht es vorwiegend um den Schutz immaterieller und materieller **Integritätsinteressen.** Aufgabe des Deliktsrechts ist es nicht, Verkehrserwartungen, insbesondere Nutzungs- und Werterwartungen, zu schützen (so genanntes Nutzungs- und Äquivalenzinteresse).[185] Das ist Sache des Vertragsrechts.

Diese unterschiedlichen Schutzrichtungen zu trennen, macht vor allem mit Blick auf den Tatbestand der **Eigentumsverletzung** (§ 823 Abs. 1 BGB) beträchtliche Schwierigkeiten, wie vor allem die Diskussion über die Fälle mit so genannten „Weiterfresserschäden" zeigt (dazu Rn 642 ff.).

a) Der Tatbestand der Eigentumsverletzung (§ 823 Abs. 1 BGB)

640 Nach ständiger Rechtsprechung des BGH setzt eine Eigentumsverletzung **keinen Eingriff in die Substanz** der Sache voraus. Auch eine bloße Beeinträchtigung des bestimmungsgemäßen Gebrauchs kann den Tatbestand der Eigentumsverletzung begründen.[186] Auf Kraftfahrzeuge übertragen heißt das, dass schon eine Fehlfunktion wie das Nachlassen der Bremswirkung eine Eigentumsverletzung darstellen kann.[187]

Da § 823 Abs. 1 BGB an die **Verletzung** des Eigentums anknüpft, kommt es für die deliktische Haftung nicht auf den Zeitpunkt der schadensstiftenden Handlung an. Derjenige, der im **Zeitpunkt des Unfalls** Fahrzeugeigentümer ist, hat daher bei einer unsachgemäßen Reparatur einen Anspruch aus § 823 Abs. 1 BGB, selbst wenn er zur Zeit der Reparatur mit dem Auto noch nichts zu tun hatte.[188]

Für den Tatbestand der Eigentumsverletzung ist es unerheblich, wie lange und für welche Zwecke der Eigentümer die Sache im Besitz hatte und ob die eigentliche Gebrauchsbeeinträchtigung bei seinem Abnehmer bzw. Auftraggeber eingetreten ist.[189]

---

181 BGH 21. 6. 1967, NJW 1967, 1903; v. 5. 5. 1981, NJW 1981, 2250.
182 Vgl. *Birkmann,* DAR 2000, 435, 436 mit Hinweisen auf OLG-Rechtspr.; s. auch LG München I 7. 10. 1998, DAR 1999, 127 – Zahnriemen.
183 St. Rspr., zur Untersuchungspflicht des Gebrauchtfahrzeughändlers s. Rn 1449 ff.
184 *Kossmann,* NJW 1984, 1664; *Weitnauer,* NJW 1968, 1593; *Möllers,* JZ 1999, 24.
185 BGH (VIII. ZS) 12. 2. 1992, BGHZ 117, 183 = NJW 1992, 1225; Urt. v. 12. 12. 2000, NJW 2001, 1346 (VI.ZS).
186 BGH 7. 12. 1993, NJW 1994, 517 = JZ 1994, 574 mit krit. Anm. *Brüggemeier* – Gewindeschneidemittel I.
187 Näheres dazu bei Koch, Produkthaftung, Arge Verkehrsrecht, 2001, S. 121 ff.
188 BGH 15. 12. 1992, NJW 1993, 655 – Handbremse.
189 BGH 6. 12. 1994, NJW-RR 1995, 342 – Gewindeschneidemittel II.

Eine Eigentumsverletzung kann auch dadurch verursacht werden, dass ein Endprodukthersteller **mangelhafte Teilprodukte** mit einwandfreien Teilprodukten zu einer neuen (Gesamt-)Sache verbindet. Verhältnismäßig unproblematisch ist dabei die Konstellation, dass schon durch das Zusammenfügen Schäden an dem bis dahin unversehrten (Teil-)Produkt entstanden sind. Dann haftet der für den Fehler verantwortliche Unternehmer in gleicher Weise wie zum Beispiel der Hersteller eines **Kfz-Ersatzteils**, dessen schädliche Eigenschaften sich nach dem Einbau in ein Fahrzeug ausgewirkt haben.[190]

641

Eine „neue deliktsrechtliche Haftungsdimension"[191] weist demgegenüber die folgende Konstellation auf: Nicht der Ein- oder Anbau mangelhafter Teile, sondern erst später vorgenommene Reparaturarbeiten an der Gesamtsache haben bis dahin unversehrte Teile in Mitleidenschaft gezogen. Beispiel: Ein Hersteller elektronischer Regler für ABS-Bremsanlagen baute schadhafte **Kondensatoren** ein. Da die Bremsanlagen nicht funktionierten, musste er die Regler zurücknehmen. Beim Auswechseln der schadhaften Kondensatoren entstanden Schäden an anderen Teilen der Regler. Der BGH[192] hat eine Eigentumsverletzung bejaht. Ausdrücklich offen hat er gelassen, ob diese Verletzung „bereits durch die Verbindung mit den fehlerhaften Kondensatoren oder erst mit deren Ausbau eingetreten ist", bejahend jetzt BGH NJW 1998, 1942 – Transistoren. Sowohl im Kondensatorenfall als auch im Transistorenfall hat der BGH den deliktsrechtlichen Schutz wohl überzogen. Fallgestaltungen dieser Art („Quasi-Weiterfresserschäden") lassen sich mit dem Vertragsrecht sachgerecht lösen.[193]

b) Haftung für Schäden an der Kaufsache selbst („Weiterfresserschäden")

Schäden an dem fehlerhaften Produkt selbst sind nach dem ProdHaftG (§ 1 Abs. 1 S. 1) von der Ersatzpflicht ausgenommen. Dahinter steht die – in der Amtlichen Begründung (BR-Drucks. 101/88, S. 28) formulierte – Vorstellung, solche Schäden seien durch die Spezialregelungen in den §§ 459 ff., 633 ff. BGB a. F. zufriedenstellend zu regulieren. Genau dies war, bis in die siebziger Jahre hinein, die vorherrschende Auffassung zum Verhältnis zwischen deliktischer Produkthaftung und Vertragshaftung. Zudem war man allgemein der Meinung, die Auslieferung einer Kaufsache mit einem mangelhaften Einzelteil könne schon tatbestandsmäßig keine Eigentumsverletzung i. S. v. § 823 I BGB darstellen.[194] Dieser Satz gilt heute nur noch insoweit, als ein Sachmangel als solcher noch keine Eigentumsverletzung bedeutet.

642

aa) Die Rechtsprechung des Bundesgerichtshofs

Dass auch das Kaufobjekt selbst infolge des Mangels Gegenstand einer Eigentumsverletzung sein kann, steht für die Rechtsprechung seit Mitte der Siebziger außer Frage.

643

Die **Kehrtwende** hat der VIII. ZS des **BGH** mit dem vielbeachteten **Schwimmerschalter-Urteil**[195] eingeleitet. Beide Vorinstanzen hatten die Klage abgewiesen. Kaufrechtliche Schadensersatzansprüche waren verjährt. Unter dem Gesichtspunkt der unerlaubten Handlung war die Klage nach Ansicht des Berufungsgerichts schon nicht schlüssig. Dem ist der BGH nicht gefolgt. Entscheidend sei, dass die in der Mitlieferung des schadhaften Schalters liegende Gefahrenursache sich erst nach Eigentumsübertragung zu einem über diesen Man-

---

190 Zu dieser Fallgruppe gibt es eine gefestigte Rechtsprechung, s. die Nachweise in BGHZ 117, 183, 188 = NJW 1992, 1225 – Kondensatoren.
191 *Kullmann,* NJW 1994, 2671.
192 Urt. v. 12. 2. 1992, BGHZ 117, 183 = NJW 1992, 1225; s. auch BGH 26. 2. 1991, NJW-RR 1992, 283 – Möbellack.
193 Näheres dazu bei *Franzen,* JZ 1999, 702.
194 Für das RG war eine Prüfung unter diesem Gesichtspunkt ersichtlich abwegig, vgl. Urt. v. 17. 1. 1940, RGZ 163, 21 – Bremsnockenfall.
195 BGHZ 67, 359 = NJW 1977, 379.

gel hinausgehenden Schaden herausgebildet habe und dadurch das im Übrigen mangelfreie Eigentum des Erwerbers an der Anlage insgesamt verletzt worden sei.

Wenig später bekräftigte der VIII. ZS seinen Standpunkt, indem er die Verurteilung eines **Kraftfahrzeughändlers** zum Schadensersatz wegen Nichterfüllung im Ergebnis bestätigte.[196] Der Beklagte hatte an den Kläger einen **gebrauchten Sportwagen** verkauft, der vom Vorbesitzer vorschriftswidrig bereift worden war. Bei einer Fahrt des Klägers platzte ein **Hinterreifen,** der für die Felge nicht zugelassen war. Wie im Schwimmerschalterfall waren kaufvertragliche Schadensersatzansprüche **verjährt.** Dennoch hatte die Klage auch hier aus § 823 I BGB Erfolg. Kernsatz der Urteilsbegründung: Der geltend gemachte Schaden sei mit dem Mangel der vorschriftswidrigen Bereifung **nicht stoffgleich.**

Fortentwickelt und modifiziert wurde die Rechtsprechung des VIII. ZS durch eine Reihe von Entscheidungen des für Streitigkeiten aus unerlaubter Handlung zuständigen **VI. ZS des BGH.** Grundlegend und bis heute maßgebend ist sein Urteil vom 18. 1. 1983 im **„Gaszug-Fall".**[197] Streitgegenstand war eine Klage eines VW-Käufers gegen das Herstellerwerk. Zur Begründung brachte er vor, aufgrund eines Fabrikationsfehlers sei der Gaszug „hängen geblieben", wodurch das Fahrzeug beim Rückwärtsfahren unerwartet beschleunigt und gegen einen Zaun geraten sei. Anspruch auf Ersatz der Reparaturkosten für den eigenen Wagen, nicht für den Gartenzaun, war dem Kläger in beiden Tatsacheninstanzen mit der Begründung versagt worden, von einer Eigentumsverletzung im Sinne eines „Weiterfresserschadens" könne nicht ausgegangen werden. Dem ist der BGH nicht gefolgt. Er hat entschieden:

„Dem Käufer einer Sache können gegen deren Hersteller auch dann deliktische Schadensersatzansprüche aus Eigentumsverletzung zustehen, wenn diese Sache nach ihrem Erwerb infolge eines fehlerhaft konstruierten oder mit Herstellungsfehlern versehenen Einzelteils beschädigt wird" (Leitsatz a).

„Für deliktische Schadensersatzansprüche ist jedoch kein Raum, wenn sich der geltend gemachte Schaden mit dem Unwert, welcher der Sache wegen ihrer Mangelhaftigkeit von Anfang an anhaftete, deckt" (Leitsatz b).

Für die im Leitsatz b erwähnte „Deckungsgleichheit" hat sich der – vom VIII. ZS eingeführte – Begriff der **„Stoffgleichheit"** eingebürgert. Fortan diente er (stets in Anführungszeichen gesetzt) als das entscheidende **Abgrenzungskriterium.** Danach ist zu fragen, ob der geltend gemachte (eingetretene) Schaden mit dem Unwert „stoffgleich" ist, welcher der Sache von Anfang an anhaftete. Entscheidend ist mithin der Vergleich des geltend gemachten Schadens mit dem im Augenblick des Eigentumsübergangs dem Produkt anhaftenden **„Mangelunwert".**

Unter „Mangelunwert" versteht der BGH die im Mangel verkörperte Entwertung der Sache für das Äquivalenz- und Nutzungsinteresse des Erwerbers.[198] Bei welchen Fallgestaltungen völlige „Stoffgleichheit" vorliegt und wann sie zu verneinen ist, hat der BGH in einer Reihe von Entscheidungen, vorwiegend aus dem Kfz-Bereich, durch **Bildung von Fallgruppen** und Aufstellung konkreter Zusatzkriterien herausgearbeitet.[199] Ergänzende Erläuterungen und weitere Abgrenzungshilfen geben *Steffen* (VersR 1988, 977) und *Kullmann* (BB 1985, 409).

---

196 NJW 1978, 2241 = BB 1978, 1491 = DB 1978, 1878; dazu *Kraft,* JuS 1980, 408.
197 BGHZ 86, 256 = NJW 1983, 810.
198 Z. B. Urt. v. 14. 5. 1985, NJW 1985, 2420 – Kompressor.
199 Zusammenfassend im „Austauschmotorenfall", NJW 1992, 1678 unter 2 a; zuletzt BGH NJW 1998, 1942 – Transistoren und BGH 12. 12. 2000, NJW 2001, 1346 – Schlacke.

Deliktische Produkthaftung

bb) Die Rechtsprechung der Instanzgerichte (nur Kfz-Fälle)

Nach Maßgabe der BGH-Grundsätze entschied das AG Köln,[200] richtig wertend, dass bei **644** von Anfang an vorhandener Fehlerhaftigkeit eines **Getriebes** bezüglich der Fahrstufen schnell/langsam „Stoffgleichheit" vorliege und eine Produzentenhaftung ausscheide, und zwar selbst dann, wenn die Mangelhaftigkeit einer technisch definierten Funktionsgruppe des Getriebes zuzuordnen sei. Denn, so das Gericht wörtlich,

> „bei natürlicher Betrachtungsweise kann aber ein Getriebe nur als Einheit betrachtet werden, auch wenn es aus mehreren Funktionsgruppen besteht; war die Funktion schnell/langsam des Getriebes defekt, so war damit das Getriebe insgesamt mangelhaft".

Verneint wurde die Deliktshaftung vom OLG Düsseldorf[201] in einem Fall, in dem es zu einer **Motorblockade** gekommen war, weil die **Pleuel-Halbschalen** nicht zu den jeweils dazugehörigen Pleueln montiert worden waren und Materialablagerungen im Lager Druckstellen an den Pleuellagern sowie Abrieb am Hauptlager und Kolben zur Folge hatten. Der 6. Zivilsenat bejahte „Stoffgleichheit" und wies die Klage ab. Zur Begründung führte er aus, dass die Annahme, der Käufer habe ein fehlerfreies Auto mit fehlerfreiem Motor, aber fehlerhaften Pleueln erworben, die dann die fehlerfreien Teile des Motors beeinträchtigt und so das Eigentum des Käufers verletzt hätten, jeder natürlichen und wirtschaftlichen Betrachtungsweise widerspreche (angesichts der BGH-Entscheidung im Austauschmotorenfall, NJW 1992, 1678, zumindest zweifelhaft).

Um die Frage der „Stoffgleichheit" geht es ferner in der Entscheidung des 22. ZS des OLG Düsseldorf vom 31. 5. 1996.[202] Gestritten wurde um die Erstattung von Rückrufkosten aus Anlass einer Rückrufaktion der Porsche AG. Kunstoff-Kugelpfannen für Tempostate waren durch Stahlkugelgelenkstangen ersetzt worden.

Das AG Kiel[203] billigte einem Fahrzeughalter Schadensersatz aus dem Gesichtspunkt der Produzentenhaftung zu, weil er die Geschwindigkeit des Autos wegen eines **Bremsversagens** vor einer Kurve nicht ausreichend vermindern konnte und mit den Rädern mehrfach gegen die Bordsteinkante prallte, wobei die Achsen zu Schaden kamen. Ursächlich für den Unfall war eine schadhafte **Manschette des Hauptbremszylinders** infolge fehlerhafter Erstmontage. Das Gericht verneinte die Deckungsgleichheit zwischen dem Mangel der Bremse und dem Schaden an der Achse.

Das Landgericht Saarbrücken[204] und das Landgericht Köln[205] hatten über Ansprüche von Käufern zu urteilen, deren **Fahrzeugmotoren** infolge Zerreißens von konstruktionsmäßig zu schwach ausgelegten **Steuerketten** beschädigt worden waren. Beide Berufungskammern bejahten die Stoffgleichheit zwischen Mangel und Schaden mit der Begründung, die Steuerkette und die durch ihren Riss beschädigten Motorteile seien Teile derselben technischen und funktionsmäßigen Einheit, nämlich des Motors. Es würde jeder natürlichen und wirtschaftlichen Betrachtungsweise widersprechen, wenn man annehmen wollte, der Käufer habe ein fehlerfreies Fahrzeug mit fehlerfreiem Motor, aber fehlerhafter Steuerkette erworben, wodurch dann die fehlerfreien Teile des Motors beeinträchtigt worden seien. Beide LG-Entscheidungen stehen nicht im Einklang mit der BGH-Rechtsprechung.

Was für die Steuerkette gilt, kann bei einem Defekt am **Zahnriemen** mit anschließender **645** Beschädigung anderer Motorteile bis hin zum „Totalschaden" des gesamten Aggregats nicht anders beurteilt werden. Steuerkette (BMW, DB, Jaguar und Porsche setzen aus-

---

200 Urt. v. 7. 12. 1984, 123 C 240/84, n. v.; bestätigt durch LG Köln.
201 Urt. v. 10. 1. 1985, WM 1985, 1079.
202 NJW-RR 1997, 1344.
203 Urt. v. 22. 4. 1984, DAR 1984, 28.
204 Urt. v. 5. 12. 1988, 13 S 14/88, n. v.
205 Urt. v. 6. 4. 1990, 12 S 456/89, n. v.

schließlich auf sie) und Zahnriemen (nicht zu verwechseln mit dem Keilriemen) sind von ihrer Zweckbestimmung her gesehen (Nockenwellenantrieb) alternative Bauteile. In Zukunft wollen Kfz-Hersteller, die zur Zeit noch Zahnriemen einsetzen, zur Steuerkette wechseln (z. B. Golf V).

Zahnriemen/Steuerketten-Fälle innerhalb der Frist einer Haltbarkeitsgarantie sind in der Regel unproblematisch. Bei nur „einfacher" gesetzlicher Gewährleistung an Stelle einer vertraglichen (Haltbarkeits-)Garantie[206] kann schon ein Neuwagenkäufer nach Ablauf der ersten sechs Monate in Beweisnot geraten,[207] erst recht ein Zweit- oder Drittbesitzer. In Fällen nach Ablauf von Garantie- und Gewährleistungsfristen bleiben Kfz-Eigentümern, abgesehen von Kulanz, zumeist nur geringe Möglichkeiten, ihren häufig beträchtlichen Schaden abzuwälzen. **Händler** als Verkäufer/Inspektionsfirma können ebenso wie **Werkstätten** wegen fehlerhafter Wartung oder wegen eines Informationsverschuldens auf vertraglicher Grundlage zum Schadensersatz verpflichtet sein.[208] Außerdem kommt eine Haftung unter dem Gesichtspunkt des „Weiterfresserschadens" in Betracht. Sie kann auch den **Hersteller** treffen,[209] ferner eine Werkstatt, die ohne vom Autobesitzer beauftragt worden zu sein, als autorisierter „Dritthändler" Garantie- bzw. Gewährleistungsarbeiten durchgeführt hat.[210]

„Stoffgleichheit" ist nach den Kriterien der BGH-Rechtsprechung zu verneinen, wenn der Zahnriemen als solcher bei Gefahrübergang beschädigt war (z. B. durch einen Anriss) und sein späteres Zerreißen zum Ausfall des gesamten Motors geführt hat.[211] Ebenso liegt es, wenn der Zahnriemen oder die Steuerkette bei Übergabe unzureichend gespannt war. Häufig versagen Zahnriemen nicht infolge einer äußeren Beschädigung oder ungenügender Spannung. Vielmehr sind die von dem Riemen angetriebenen Aggregate ursächlich für den Ausfall, wie z. B. die Wasserpumpe. Denkbar ist auch, dass ausgetretenes Öl auf den Zahnriemen gelangt, weshalb dieser überspringt oder durchrutscht. Wegen der Komplexität des Schadensbildens und der Schadensursachen ist ein technisches Gutachten meist unerlässlich. Hauptgrund für Motorausfälle nach „Zahnriemenschaden" sind Versäumnisse bei der Wartung (Nichteinhaltung von Wechselintervallen). Kfz-Eigentümer davor zu bewahren, ist in erster Linie Sache der Hersteller (zur Instruktionsverantwortung s. Rn 607 ff.).

646 Auf der Linie der BGH-Rechtsprechung liegt die Entscheidung des OLG Köln v. 16. 11. 1990:[212] Der **Motor** eines Lkw war durch einen **Ventilbruch** beschädigt worden. Der Ventilbruch beruhte auf einem Materialfehler. Das OLG Köln bewertete die Zerstörung des Motors als die Verwirklichung eines den Unwert des Nutzungs- und Äquivalenzinteresses übersteigenden, mithin nicht „stoffgleichen" Schadens. Der Ventilfehler, so heißt es in der Urteilsbegründung, habe zunächst nur einen begrenzten Minderwert des Motors verursacht, der mit verhältnismäßig geringem Aufwand von ca. 1000,– DM zu beseitigen gewesen sei. Keine Rolle spiele der Umstand, dass dem Motor von Anfang an infolge des Fehlers eine weitergehende Zerstörung gedroht habe. Sei nämlich ein behebbarer Mangel nur auf einen Teil des Produktes beschränkt und führe er erst später zu dessen Zerstörung, dann besitze der von dem Fehler nicht erfasste Teil des Motors einen davon unabhängigen Wert.

---

206 Zur heutigen Situation beim Neufahrzeugverkauf s. Rn 527 ff.
207 *Schattenkirchner*, 40. VGT, 2002, S. 81, 85.
208 LG München I 7. 10. 1998, DAR 1999, 127 – GOLF GTI 16 V, EZ 3/87.
209 LG München I 7. 10. 1998, DAR 1999, 127.
210 OLG Koblenz 21. 7. 1998, MDR 1999, 35 = OLGR 1998, 439 – kein Zahnriemenfall; zur (vom OLG verneinten) Frage des Vertrages mit Schutzwirkung zugunsten des Autokäufers s. Rn 224 ff.
211 Vgl.auch *Schattenkirchner*, a. a. O.
212 NJW-RR 1991, 740.

Deliktische Produkthaftung

Ein **Motorschaden** ist auch Gegenstand der Entscheidung des AG Köln vom 13. 1. **647**
1993.[213] Vier Jahre nach der Erstzulassung war an einem Dieselmotor eines Pkws ein irreparabler Schaden eingetreten, weil der fehlerhaft konstruierte **Kühlwasserschlauch** im Laufe der Zeit durchgescheuert war. Darin hat das Gericht – in Anlehnung an die Entscheidung des BGH im Kompressorfall[214] – eine Verletzung des Integritätsinteresses des Klägers gesehen. Das deckt sich mit BGH NJW 1992, 1678 – Austauschmotor; vgl. auch OLG Koblenz MDR 1999, 35 = OLGR 1998, 439 (fehlerhafter Einbau eines Austauschmotors im Zuge von Nachbesserungsarbeiten einer – vertragsrechtlich nicht haftenden – Drittfirma).

Dem Urteil des OLG Frankfurt vom 10. 2. 1998[215] liegt der Fall zugrunde, dass an einem **648**
Volvo-LKW ein Brandschaden dadurch entstanden sein soll, dass die vom Kraftstofffilter zur Einspritzpumpe führende **Kraftstoffleitung** nicht ordnungsgemäß mit dem erforderlichen Drehmoment angezogen gewesen sein soll. Das OLG hat zwar eine passive Produktbeobachtungspflicht des Alleinimporteurs bejaht, im Ergebnis aber eine Haftung verneint.[216]

cc) Stellungnahme

Angesichts der Schwächen des bisherigen Kaufrechts, insbesondere mit Blick auf die **649**
nicht mehr zeitgemäße Verjährungsregelung, war der Rechtsfortbildung des BGH im Grundsatz zuzustimmen. Müßig erscheint aus heutiger Sicht die Frage, ob es in den beiden Ausgangsfällen (Schwimmerschalter und Hinterreifen) sinnvoller gewesen wäre, den Hebel bei § 477 BGB a. F. anzusetzen, statt mit einer festgefügten Judikatur zum deliktsrechtlichen Eigentumsschutz zu brechen. Dass beide Entscheidungen **verjährungsrechtlich** motiviert sind, kann nicht zweifelhaft sein. Auslöser der Rechtsprechung zu den „Weiterfresserschäden" war jedenfalls nicht das Fehlen einer – jetzt eingeführten – Fahrlässigkeitshaftung für Mangelschäden.

Rückblickend ist zu sagen, dass der Schwimmerschalterfall und der Hinterreifenfall richtig entschieden worden sind. Gleiches gilt für das Gaszug-Urteil. Weniger überzeugend sind die Abgrenzungen und Wertungen des BGH im Kompressor- und im Austauschmotorfall, was auch mit den komplexen technischen Sachverhalten zu tun hat.

Das **Schuldrechtsmodernisierungsgesetz 2002** hat der Rechtsprechung des BGH nicht **650**
den Boden entzogen, wie vielfach – unter Wiederholung alter, aber auch mit neuen Argumenten – behauptet wird.[217] Richtig ist zwar, dass die Rechte des Käufers bei Lieferung einer sachmangelhaften Sache erheblich verstärkt worden sind, auch mit Blick auf die Schadensersatzhaftung des Verkäufers. Beseitigt ist vor allem die kurze Verjährung von 6 Monaten, der wahre Auslöser der „Weiterfresserschadens-Rechtsprechung". Indessen sind die kaufrechtliche Verjährungsfrist und die deliktsrechtliche Frist nur vordergründig zusammengewachsen. So machen Gebrauchtfahrzeughändler flächendeckend von der Möglichkeit der Verkürzung auf ein Jahr Gebrauch. In Länge und vor allem im Beginn gibt es nach wie vor erhebliche Diskrepanzen, worin manche einen Anreiz für ein Ausweichen auf die Deliktshaftung, andere einen Grund für den Vorrang der kaufrechtlichen Verjährung sehen.

---

213 118 C 289/91, n. v.
214 NJW 1985, 2420.
215 r+s 1999, 369 m. NA-Beschl. des BGH v. 6. 10. 1998, VI ZR 85/98.
216 Vgl. auch *Birkmann*, DAR 2000, 435, 436.
217 *Brüggemeier*, WM 2002, 1376, 1384; *Grigoleit*, ZGS 2002, 78; *Mansel* in: Anwaltskomm. Schuldrecht, § 195 Rn 54; *Mansel/Budzikiewicz*, § 5 Rn 139 ff; *Foerste*, ZRP 2001, 342; *Malzer* in SKK, Vorbem. zu den §§ 434 ff. Rn 26 ff.

Wie auch immer: Eigentliches Anliegen der „Weiterfresserschadendoktrin" ist nicht die Korrektur der kurzen kaufrechtlichen Verjährung gewesen. Ihre Legitimation findet sie keineswegs in rein verjährungsrechtlichen Zwecküberlegungen. Vielmehr ging es dem BGH vor allem darum, die Reichweite deliktischer Haftung gegenüber der vertraglichen Haftung abzugrenzen. Dieses Grundproblem stellt sich nach der Schuldrechtsreform nicht anders als zuvor. Für die nachgeordnete Frage der Eigentumsverletzung (§ 823 I BGB) gilt das Gleiche. M. a. W.: Die Änderungen des Kaufrechts lassen die Vorschriften des Deliktsrechts unberührt. In autonomer Auslegung des § 823 I BGB führt weiterhin kein Weg an der Feststellung vorbei, dass bei einem weiterfressenden Mangel eine Eigentumsverletzung vorliegen kann.

Wo die Grenze zwischen vertraglicher und deliktischer Haftung verläuft, bestimmt sich auch nicht in Abhängigkeit davon, ob der Verkäufer bei Fahrlässigkeit für Mangelschäden vertraglich auf Schadensersatz haftet, wie es ab dem 1. 1. 2002 erstmals der Fall ist. Das ist eine längst fällige kaufrechtsinterne Neuerung ohne Ausstrahlung auf das Deliktsrecht.

Ein triftiger Grund für die Aufgabe der BGH-Rechtsprechung zur „Weiterfresserproblematik" kann schließlich nicht darin gefunden werden, dass dem Verkäufer neuerdings ein Recht auf zweite Andienung zusteht. Zum einen ist dieser Gesichtspunkt aus dem bisherigen Werkvertragsrecht bekannt.[218] Zum anderen ist die Befürchtung, das Nacherfüllungsrecht des Verkäufers könne unterlaufen werden, eher theoretischer Natur. In den einschlägigen Fällen aus dem Kfz-Bereich wäre eine Nacherfüllung entweder aus tatsächlichen Gründen nicht in Betracht gekommen oder unter dem Gesichtspunkt der Unzumutbarkeit ausgeschieden.

Bei dieser Sachlage wird der BGH, wie überwiegend prognostiziert,[219] an seiner Rechtsprechung zu den „Weiterfresserschäden" aller Voraussicht nach im Grundsatz festhalten. Auf den Willen des Reformgesetzgebers kann er sich dabei nur bedingt berufen. Aus guten Gründen hat er sich in dieser Frage nicht exponiert und die weitere Behandlung der Rechtsprechung überlassen.[220]

651 Für die Rechtspraxis wird das **Hauptproblem** weiterhin weniger im Grundsätzlichen als darin liegen, anhand der Kriterien des BGH zu sachgerechten Abgrenzungen zu gelangen. Selbst Obergerichte stehen der Abgrenzungsproblematik immer wieder ziemlich hilflos gegenüber, trotz oder vielleicht auch gerade wegen einer Rechtsprechung des BGH, die in einer mitunter verwirrenden Vielfalt einzelne Entscheidungskriterien aufzeigt. Die Umsetzung in der täglichen Praxis, auch der beratenden, erfordert nicht nur genaueste Kenntnis der einschlägigen BGH-Entscheidungen. Sie setzt auch technischen Sachverstand voraus, den ein nicht spezialisierter Jurist erfahrungsgemäß nicht mitbringt.

Wie stark der BGH die **Praxis überfordert,** zeigt beispielhaft der Austauschmotoren-Fall,[221] in dem LG und OLG die Klage wegen „Stoffgleichheit" abgewiesen haben. Von ungleich höherem Schwierigkeitsgrad sind Fallgestaltungen, wie sie dem Kondensatoren-Urteil[222] und dem Transistorenfall[223] zu Grunde liegen. Nicht ohne Grund hat der **40. VGT (2002)** an den BGH appelliert, seine Abgrenzungskriterien zu verdeutlichen.

---

218 Vgl. BGH 7. 11. 1985, NJW 1986, 922, 924.
219 *Palandt/Heinrichs*, Ergbd. § 195 Rn 15; *Büdenbender* in: Anwaltskomm. Schuldrecht, § 437 Rn 26; *Pfeiffer*, a. a. O.; Neues Schuldrecht/*Wendtland*, Kap. 2 Rn 60, 71; *Staudinger*, ZGS 2002, 145; *Huber/Faust*, Kap. 14 Rn 31; letztlich unentschieden *Westermann*, NJW 2002, 250; für eine Fortgeltung jetzt auch *Graf von Westphalen*, Praxis der Schuldrechtsreform, § 434 Rn 92 ff.
220 BT-Drucks. 14/6040, S. 228.
221 Urt. v. 24. 3. 1992, NJW 1992, 1678 = VersR 1992, 758.
222 BGH NJW 1992, 1225.
223 BGH NJW 1998, 1942.

Bei der Arbeit am konkreten Fall empfiehlt es sich, auf die so genannte **Funktionsgruppentheorie** zurückzugreifen. Sie liefert brauchbare Abgrenzungskriterien. Der erforderliche Bewertungsspielraum bleibt erhalten, wie etwa bei der Frage, ob beim Motor eines Kraftfahrzeugs auch die Aggregate wie Lichtmaschine, Anlasser, Vergaser zur Funktionseinheit gehören und ob bei einem Schadensübergriff von einer Funktionsgruppe auf die andere bezüglich des Schadens an der anderen Funktionsgruppe stets von fehlender „Stoffgleichheit" auszugehen ist. Werden statt der Funktionsgruppen das Wertverhältnis zwischen Mangel und Schaden und die ursprüngliche Behebbarkeit des Mangels – die Erkennbarkeit ist unzweifelhaft kein Kriterium – in den Vordergrund der Überlegungen gerückt, wird die Grenze zwischen „stoffgleichen" und „stoffungleichen" Mängeln/Schäden verwischt. In Zweifelsfällen sollte man völlige „Stoffgleichheit" verneinen. Bejaht hat der BGH sie bisher nur im Hebebühnen-Fall.[224]

Erwägenswert ist, die Besonderen Bedingungen für die Zusatz-Haftpflichtversicherung für Kraftfahrzeug, Handel und Handwerk für die Abgrenzung heranzuziehen. Die Teileliste zu § 4 (1) a hat sich in der Praxis bewährt.[225]

6. Beweisfragen

Die Entwicklung der deliktischen Produkthaftung zu einem eigenständigen Bereich des Deliktsrechts ist im Wesentlichen auf die Rechtsprechung zur Beweislastverteilung zurückzuführen. Der BGH hat die reguläre Beweislastverteilung in vielfältiger Weise zu Gunsten Geschädigter modifiziert. Obgleich mit dem Inkrafttreten des ProdHaftG mit seinen spezifischen Beweisregeln (dazu Rn 587 f.) ein wesentlicher Grund für die Einführung richterrechtlicher Beweiserleichterungen entfallen ist, hält der BGH an seinen – die unteren Instanzen häufig überfordernden – Beweisgrundsätzen zur deliktischen Produzentenhaftung unverändert fest. Statt eines Abbaus von Beweisprivilegien ist sogar eine Verschärfung zu Lasten bestimmter Hersteller zu beobachten (zur Befundsicherungspflicht als Vehikel für eine Beweislastumkehr s. Rn 658).

Bei einer Schadensersatzklage, gestützt auf die deliktische Produkthaftung nach § 823 I BGB, hat der Geschädigte nur noch in folgenden Punkten die **Darlegungs- und Beweislast:**

– Eigenschaft des in Anspruch genommenen Unternehmens als Hersteller oder sonst deliktsrechtlich Verantwortlichem (Zulieferer, Importeur u. a.)

– Vorhandensein eines Produktfehlers (Konstruktions-, Fabrikations-, Instruktions- oder Produktbeobachtungsfehler)

– Entstehung (Verursachung) des Produktfehlers im Verantwortungsbereich des verklagten Herstellers, „Fehler-Bereichsbeweis" als erste Stufe des Kausalitätsnachweises[226]

– haftungsbegründender Kausalzusammenhang zwischen – zugeordnetem (s. o.) – Produktfehler und Rechtsgutsverletzung (Körperverletzung, Sachbeschädigung u. a.) – zweite Stufe des Kausalitätsnachweises[227]

– haftungsausfüllende Kausalität zwischen Rechtsgutsverletzung und dem geltend gemachten Schaden, der ebenso wie die Kausalität nach § 287 ZPO zu beurteilen ist.

Für so genannten **ursprüngliche Instruktionsfehler** gilt grundsätzlich nichts anderes als für Konstruktions- und Fabrikationsfehler. Insoweit hat der Geschädigte lediglich den

---

224 Urt. v. 18. 1. 1983, VersR 1983, 346; s. auch *Kullmann,* NZV 2002, 1, 2.
225 Vgl. auch *Späte,* AHB, 1993, § 4 Rn 264.
226 BGHZ 51, 91, 104 – Hühnerpest; BGHZ 104, 323 – Limonadenflasche I.
227 St. Rspr., z. B. BGHZ 104, 323 – Limonadenflasche I; OLG Frankfurt 8. 6. 1993, NJW-RR 1994, 800 – Fahrradlenker; zu den Anforderungen an die Darlegungspflicht s. BGH 10. 1. 1995, NJW 1995, 1160 – Holzschutzmittel.

Beweis zu führen, dass eine nicht erfolgte Instruktion nötig bzw. eine erteilte Instruktion objektiv unrichtig war.[228] Es ist dann Sache des Herstellers, entsprechende Tatsachen vorzutragen und zu beweisen, die auf seine Schuldlosigkeit schließen lassen.[229] Diese Beweislastverteilung setzt aber den vom Geschädigten zu führenden Nachweis einer fehlerhaften Instruktion im Zeitpunkt des Inverkehrbringens voraus. Sie ist nicht mehr gerechtfertigt, wenn offen ist, ob der Hersteller schon zu diesem Zeitpunkt Anlass zu Warnungen, Verwendungshinweisen und dergleichen hatte. Vom Nachweis einer objektiven Pflichtwidrigkeit im Instruktionsbereich wird ein Produktgeschädigter nicht entlastet, wenn er dem Hersteller einen erst **nach neueren Erkenntnissen** aufgedeckten „Instruktionsfehler" vorwerfen kann.[230] Eine Beweiserleichterung kommt hier nur bezüglich der „inneren" Sorgfalt in Frage.[231]

Bei Instruktionsfehlern hat der Geschädigte auch zu beweisen, dass der Schaden bei ausreichender Instruktion nicht eingetreten wäre.[232] Doch kann, so der BGH,[233] eine tatsächliche Vermutung dafür bestehen, dass dann, wenn auf bestimmte Gefahren deutlich und für Adressaten plausibel hingewiesen worden ist, dies auch beachtet worden wäre. Der Instruktionspflichtige kann diese Vermutung dann entkräften.

655 Ähnliche Schwierigkeiten wie bei Fehlern im Bereich der Instruktionsverantwortung ergeben sich bei der prozessualen Behandlung von Verstößen gegen **Produktbeobachtungspflichten.** Die Notwendigkeit der Produktbeobachtung und die Erforderlichkeit geeigneter Maßnahmen zur Gefahrenabwendung hat der Geschädigte zu beweisen. Das ist bei einer Pflicht vom Typus der Produktbeobachtungspflicht mit daraus abgeleiteter Warnpflicht nichts anderes als der Nachweis objektiver Pflichtwidrigkeit. Auch soweit die **Kausalität** zwischen unterbliebener bzw. unzureichender Warnung vor der Produktgefahr im Streit ist, trägt grundsätzlich der Geschädigte die Beweislast.[234] Im Honda-Urteil[235] ist der BGH davon als selbstverständlich ausgegangen. Andernfalls wäre sein Hinweis überflüssig gewesen, dass die Beweiserleichterungen bei vertraglichen Aufklärungspflichtverletzungen im Bereich der Deliktshaftung nicht ohne weiteres Anwendung fänden.

Auf **vertraglichem Sektor** hat die höchstrichterliche Rechtsprechung den Beweisschwierigkeiten Aufklärungsgeschädigter auf unterschiedliche Weise Rechnung getragen. Die dabei angewandten Mittel reichen von der Anwendung des § 287 ZPO (statt § 286 ZPO) über den Anscheinsbeweis und den Rückgriff auf die Lebenserfahrung sowie auf „tatsächliche Vermutungen" bis zur Verlagerung der Beweislast auf den Aufklärungspflichtigen.[236]

Welchen Weg der BGH bei Verstößen gegen die Produktbeobachtungspflicht gehen wird, ist nicht sicher. Vermutlich wird er den Geschädigten vom Kausalitätsnachweis nicht freistellen, ihm aber mit einer „tatsächlichen Vermutung" helfen.[237] *Birkmann* gibt zu erwägen, in besonders gelagerten Fällen entsprechend den Grundsätzen im „Limonadenfla-

---

228 *Kullmann,* NJW 1992, 2669, 2677.
229 BGH 31. 1. 1995, NJW 1995, 1286 – Kindertee III; v. 18. 5. 1999, NJW 1999, 2815 – Papierreißwolf; OLG Düsseldorf 29. 11. 1996, NJW 1997, 2333 – Mountain-Bike; *Kullmann,* NJW 1992, 2669, 2677.
230 BGH 17. 3. 1981, NJW 1981, 1603 – *Apfelschorf/Derosal.*
231 BGH 17. 3. 1981, NJW 1981, 1603.
232 BGH 12. 11. 1991, ZIP 1992, 38 – Kindertee I.
233 BGH, a. a. O., Fn. 232.
234 Vgl. *Birkmann,* DAR 1990, 124; *Kunz,* BB 1994, 450, 452.
235 NJW 1987, 1009.
236 Vgl. *Stodolkowitz,* VersR 1994, 11 m. Nachw.
237 Wie bei „ursprünglichen" Instruktionsfehlern, vgl. BGH 12. 11. 1991, ZIP 1992, 38 – Kindertee I; in diese Richtung jetzt BGH 7. 12. 1993, ZIP 1994, 213, 217; s. auch BGH 6. 12. 1994, NJW-RR 1995, 342 (Anscheinsbeweis).

schen-Urteil" eine Beweislastumkehr zu Gunsten des Produktgeschädigten vorzunehmen.[238]

Dagegen bestehen Bedenken. Die Beweissituation ist nicht vergleichbar. In den Mehrwegflaschen-Fällen geht es unter dem Aspekt **„Befundsicherungspflicht"** um die Frage, ob ausnahmsweise dem Hersteller die Beweislast dafür aufzubürden ist, dass er sein Produkt fehlerfrei in den Verkehr gebracht hat. Dies kann man zwar als erste Stufe des Kausalitätsbeweises bezeichnen,[239] weil zu klären ist, ob der Fehler im Bereich des beklagten Herstellers seine Ursache hat. Besser spräche man von Herkunft oder Entstehung. Insoweit mag eine **Beweislastumkehr in Ausnahmefällen** gerechtfertigt sein. Auf die Klärung der Kausalität zwischen einer unterlassenen Warnung und einem bestimmten Schaden kann dieser Gedankengang nicht übertragen werden. Insoweit ist der Geschädigte „näher dran". Ihm kann allenfalls zugute gehalten werden, sich bei ausreichender Warnung so verhalten zu haben, wie es ein vernünftiger Mensch in seiner Lage getan hätte. Unvernünftiges Verhalten hat dann der Produktbeobachtungspflichtige zu beweisen.

Nach den **allgemeinen Beweislastgrundsätzen** hätte der Geschädigte auch die **Rechtswidrigkeit** der behaupteten Rechtsgutsverletzung und ein **Verschulden** des Herstellers zu beweisen. Davon entbindet ihn die Rechtsprechung in Form einer **Beweislastumkehr,** sofern zu seinen Gunsten davon auszugehen ist,[240] dass der Produktfehler aus dem Verantwortungsbereich des Beklagten stammt. Dann, aber auch nur dann, braucht ein Produktgeschädigter nicht zu beweisen:

– das Verschulden des Herstellers i. S. v. § 276 BGB („innere Sorgfalt")[241]
– die objektive Pflichtwidrigkeit („äußere Sorgfalt") im Hinblick auf Konstruktions- und Fabrikationsfehler (= Rechtswidrigkeit i. S. v. § 823 I BGB)[242]
– den ursächlichen Zusammenhang zwischen (objektiver) Pflichtwidrigkeit und Produktfehler.[243]

Soweit dem Geschädigten die Beweisführungspflicht nicht abgenommen ist, hilft ihm die Rechtsprechung in oft großzügiger Weise mit **Beweisvermutungen** und **Anscheinsbeweisregeln.**[244] So schloss der BGH[245] beispielsweise aus dem Fehlen von Brems- und Blockierspuren am Unfallort prima facie auf das Vorliegen eines Konstruktionsmangels der **Bremsanlage**. In einem anderen Fall ließ er zum Nachweis des ursächlichen Zusammenhangs zwischen Fehlerhaftigkeit des Kfz und Herstellerverantwortung die Feststellung genügen, dass die Hinterradfelge vor dem Unfall eine Verbeulung aufwies, die beim Einschlagen der Lenkung ein Entweichen der Luft ermöglicht hatte.[246] Bei Unfällen im Zusammenhang mit **Reifenschäden** ist der Nachweis eines Konstruktions- oder Fabrikationsfehlers mit Hilfe der Anscheinsbeweisregeln kaum zu führen.[247] Zur Beweisproblematik in Reifenfällen s. Rn 664, s. auch Rn 1787.

---

238 DAR 1990, 124, 129 ff.
239 So *Birkmann,* DAR 1989, 281, 282.
240 Entweder Nachweis oder non liquet mit Beweislastverteilung zu Lasten des Herstellers bei unterlassener Befundsicherung.
241 Grundlegend BGHZ 51, 91 – Hühnerpest; Erweiterung auf Kleinbetriebe in BGH 19. 11. 1991, ZIP 1992, 410.
242 BGHZ 51, 91 mit Klarstellung in BGH NJW 1981, 1603, 1605 und BGH NJW 1996, 2507.
243 Dazu *Baumgärtel,* § 823 Anh. C III, Rn 25.
244 Vgl. *Kullmann,* Aktuelle Rechtsfragen der Produkthaftpflicht, 2. Aufl., S. 73 ff.; *Rolland,* Teil II, S. 370; *Baumgärtel,* § 823 Anh. C III, Rn 15, 22.
245 Urt. v. 28. 9. 1970, BB 1970, 1414, JZ 1971, 29; inzwischen durch ABS überholt.
246 Urt. v. 18. 6. 1969, DAR 1969, 240.
247 Vgl. *Kullmann*, NZV 2002, 7 mit Hinweisen auf unveröffentlichte OLG-Rechtspr.

Wenn überhaupt, hilft der Anscheinsbeweis dem Geschädigten auf der Stufe „Fehler-Bereichsbeweis". Beim Nachweis des (eigentlichen) Ursachenzusammenhangs zwischen schädlichen Eigenschaften eines Produkts und einer Rechtsgutsverletzung kommt der Anscheinsbeweis im Allgemeinen nicht zum Zuge.[248] Denn es wird meist an einem typischen Geschehensablauf fehlen (wie im Fall OLG Frankfurt NJW-RR 1994, 800 – Fahrradlenker).

658 In **Ausnahmefällen** entlastet der BGH einen Produktgeschädigten sogar von dem Nachweis, dass der Produktfehler im Verantwortungsbereich des Herstellers entstanden ist; er braucht dann den so genannten **Fehler-Bereichsnachweis** nicht zu erbringen. Vielmehr ist es Sache des beklagten Herstellers, seinerseits nachzuweisen, dass er das Produkt fehlerfrei in den Verkehr gebracht hat (vergleichbar der Regelung in § 1 Abs. 4 S. 2 ProdHaftG). Eine solche **Beweislastumkehr** zu Lasten des Herstellers nimmt der BGH an, wenn der Hersteller „aufgrund der ihm im Interesse des Verbrauchers auferlegten Verkehrssicherungspflicht gehalten war, das Produkt auf seine einwandfreie Beschaffenheit zu überprüfen und den Befund zu sichern, er dieser Verpflichtung aber nicht nachgekommen ist".[249]

659 Die **Überprüfungs- und Befundsicherungspflicht** ist nicht gleichzusetzen mit der Pflicht des Herstellers zur üblichen **Warenendkontrolle.**[250] Die Endkontrolle ist als Qualitätsprüfung Bestandteil der allgemeinen Verkehrssicherungspflicht, ebenso die Wareneingangskontrolle bei Zulieferungen. Fahzeughersteller, die auf diese bewährten Qualitätssicherungsmaßnahmen verzichten, mögen pflichtwidrig handeln. Allein das genügt jedoch nicht, um eine Beweislastumkehr beim Fehler-Bereichsbeweis zu rechtfertigen.[251] Eine so weitgehende Beweiserleichterung auf dieser Ebene setzt einen Verstoß gegen eine besondere Befundsicherungspflicht voraus.

Wie der BGH ferner klargestellt hat,[252] geht es bei der Befundsicherungspflicht nicht um eine „Beweiserhaltungspflicht" des Herstellers, auch nicht um eine Dokumentationspflicht in dem Sinne, dass die einzelnen Prüfungen zu dokumentieren und die Befunde aufzubewahren sind. Befundsicherung im Sinne der BGH-Rspr. bedeutet vielmehr die Sicherstellung eines Kontrollverfahrens zur „signifikanten Verringerung des Produktrisikos"[253] **in bestimmten Ausnahmefällen.**

660 Ob und inwieweit **Hersteller von Kraftfahrzeugen** und **Fahrzeugteilen** zur „Befundsicherung" verpflichtet sind, hat die Rechtsprechung noch nicht ausdrücklich entschieden. Der Spruchpraxis des VI. Zivilsenats in den Mehrwegflaschen-Fällen[254] und den ergänzenden Erläuterungen und Hinweisen von *Kullmann*[255] und *Birkmann*[256] kann Folgendes entnommen werden: Eine Befundsicherung, deren Unterlassen eine Beweislastumkehr begründen kann, kommt **nur unter besonderen Umständen** in Betracht. Das bedeutet sicher nicht, dass es immer um geplatzte Mehrwegflaschen oder um vergleichbare Produkte mit besonderem Wiederverwendungsrisiko gehen muss. Vorausgesetzt wird ein Produkt, „das erhebliche Risiken für den Verbraucher in sich trägt, die in der Herstellung geradezu

---

248 *Kullmann,* NJW 1994, 1698, 1706; s. auch *Baumgärtel,* § 823 Anh. C III, Rn 22 m. w. N.
249 BGHZ 104, 323 = NJW 1988, 2611 – Limonadenflasche I.
250 OLG Düsseldorf 18. 12. 1998, r+s 2000, 430.
251 BGHZ 104, 323, NJW 1988, 2611 unter 2 b, aa; OLG Düsseldorf 18. 12. 1998, r+s 2000, 430; *Birkmann,* DAR 1989, 281.
252 Urt. v. 8. 12. 1992, VersR 1993, 367, ZIP 1993, 440 – Mineralwasserflasche I.
253 BGH 9. 5. 1995, ZIP 1995, 1094, 1097 – Mineralwasserflasche II.
254 BGHZ 104, 323, NJW 1988, 2611; BGH NJW 1993, 528 = ZIP 1993, 440; BGH ZIP 1995, 1094; s. auch BGH NJW-RR 1993, 988.
255 NJW 1994, 1698, 1704; NJW 2000, 1912, 1916; *ders.* in: Probleme der Produzentenhaftung, 1988, S. 33, 44 f.
256 DAR 1989, 281.

Deliktische Produkthaftung

angelegt sind und deren Beherrschung deshalb einen Schwerpunkt des Produktionsvorgangs darstellt".[257]

Dass dem Gesamtprodukt Kraftfahrzeug diese „besondere Schadenstendenz" bisher nicht bescheinigt worden ist, besagt in diesem Zusammenhang nicht viel. Es genügt, wenn bestimmte Einzelteile sie aufweisen. Nur so genannte „Sicherheitsteile" sollen unter die Befundsicherungspflicht des Kfz-Herstellers fallen können.[258] *Kullmann*[259] wirft aber mit Recht die Frage auf, ob dies für alle sicherheitsrelevanten Teile gilt, wie *Birkmann*[260] vorschlägt. **661**

Da die Verkehrs- und Betriebssicherheit eines Kraftfahrzeuges von einer großen Zahl von Einzelteilen ganz unterschiedlicher Sicherheitsbedeutung abhängig ist, liegt es nahe, nach dem Grad der Gefahrenträchtigkeit zu differenzieren. Für sämtliche Fahrzeugteile, die irgendwie sicherheitsrelevant sind, ein betriebsinternes Controlling im Sinne einer „Statussicherung" zu verlangen, dürfte zu weit gehen. Auch die Befundsicherungspflicht besteht nur in den Grenzen des technisch Möglichen und wirtschaftlich Zumutbaren.

Der Motor und seine Einzelteile sind zwar für die Betriebssicherheit von Fahrzeugen und damit auch für deren Verkehrssicherheit von Bedeutung. Ein plötzlicher Ausfall des Motors kann eine gefährliche Verkehrssituation heraufbeschwören, z. B. beim Überholen. Dass ein klemmender Gaszug zu einem Unfall führen kann, ist gerichtsbekannt. Dennoch wird man die Antriebsaggregate einschließlich Nebenaggregate ebenso wie Kupplung und Getriebe von der „Befundsicherung" ausnehmen müssen. Dass Hersteller auch und gerade diese Fahrzeugteile einer systematischen Qualitätssicherung unterziehen,[261] beruht nicht auf einer „besonderen Schadenstendenz". Qualitätsprobleme können, müssen nicht Sicherheitsprobleme sein. Der Anwendungsbereich der „Befundsicherung" im Automobilbau kann damit von vornherein nur mit einem engbegrenzten Ausschnitt der modernen Qualitätssicherung deckungsgleich sein. **662**

Unzweifelhaft kommt bestimmten Baugruppen und Bauteilen eine gesteigerte Bedeutung für die Betriebs- und Verkehrssicherheit zu. Im Wesentlichen handelt es sich um diejenigen Teile, die Gegenstand der Hauptuntersuchung nach § 29 StVZO sind: die Bremsanlagen, die Lenkanlagen, die lichttechnischen Einrichtungen, Bereifung/Räder und das Fahrgestell mit Aufbau einschließlich Achsen.

Die besondere Sicherheitsrelevanz der vorgenannten Fahrzeugteile reicht für sich allein nicht aus, um deren Hersteller bzw. den Endproduktehersteller zu „Befunderhebungen" und „Befundsicherungen" zu verpflichten. Es muss gleichzeitig um Fälle gehen, in denen nach Inverkehrgabe des Produkts nicht mehr sicher festgestellt werden kann, ob der Fehler schon vorher vorlag.[262] Nur dann besteht für den Geschädigten die **Beweisnot,** die dem BGH Anlass für die Umkehr der Beweislast gegeben hat.

Bei **fabrikneuen** Kraftfahrzeugen und Fahrzeugteilen ist die Aufklärung der Herkunft von Produktfehlern vergleichsweise unproblematisch.[263] **Konstruktionsfehler** sind, wenn sie als solche feststehen, im Allgemeinen unschwer zuzuordnen. Wenn sie in verschiedenen Herstellersphären ihre Ursache haben können, hilft dem Geschädigten § 830 I, **663**

---

257 BGH 8. 12. 1992, ZIP 1993, 440 = NJW 1993, 528; s. auch OLG Düsseldorf 18. 12. 1998, r+s 2000, 430 – Feuerlöschanlage.
258 *Kullmann,* NJW 1994, 1698, 1705.
259 NJW 1994, 1698, 1705.
260 DAR 1989, 281, 283.
261 Instruktiv *Beuler* in: Auto 2000, 1986, S. 111 ff. Allgemein zur Qualitätssicherung *Anhalt,* Handbuch der Produzentenhaftung, Bd. 3, Teile 27–29.
262 BGH 7. 6. 1988, BGHZ 104, 323 NJW 1988, 2611 – Limonadenflasche I; BGH 8. 12. 1992, NJW 1993, 528 – Mineralwasserflasche I.
263 *Kullmann,* NJW 2000, 1915; *ders.* NZV 2002, 6 ff.

2 BGB.²⁶⁴ Diese Regelung gilt auch bei **Fabrikationsfehlern.** In diesem Bereich sind die Beweisschwierigkeiten von Geschädigten allerdings ungleich größer. Denn es kommen **alternative Kausalverläufe** in Betracht, die außerhalb des Einfluss- und Gefahrenbereichs des beklagten Herstellers liegen. Der Mangel kann auf Bedienungs- oder Wartungsfehlern beruhen. Er kann seinen Grund auch in unzulänglichen Reparaturarbeiten oder im „Tuning" haben. Häufig scheiden diese Alternativen jedoch von vornherein aus oder sind nicht ernsthaft in Erwägung zu ziehen. **Materialfehler** wie **Haarrisse** an einer Schubstrebe für eine Pkw-Hinterachse sind typischerweise auf Mängel im Fertigungsprozess des (Teile-)Herstellers zurückzuführen. Sie fallen deshalb nicht unter die Beweislastumkehr.²⁶⁵ Auch **Bruchschäden** weisen darauf hin, dass die Ursache im Werkstoff und/oder in der Konstruktion liegt. Es kommt auch ein Fehler bei der Montage im Werk in Frage. Werkstatteinwirkung und Fehler aus der Sphäre des Fahrzeugbenutzers sind regelmäßig auszuschließen.

664 Ausgesprochen komplex ist das Kausalitätsproblem bei **Reifenschäden.** Das Platzen eines Autoreifens kann mehrere Ursachen haben: Fertigungsfehler, unsachgemäße Lagerung, normale Alterung, Fahren mit zu niedrigem Luftdruck oder zu geringer Profiltiefe.²⁶⁶ Trotz verfeinerter Untersuchungsmethoden und Verfahrenstechniken gelingt es nicht immer, Ursache und Entstehungszeitpunkt von Reifenschäden zuverlässig aufzuklären. Ob eine Beweiserleichterung in Form der Beweislastumkehr die richtige Konsequenz daraus ist, erscheint indes fraglich (zur kaufrechtlichen Beweislastumkehr nach § 476 BGB s. Rn 1337 ff.). Denn die Beweisschwierigkeiten beruhen zu einem guten Teil auf Umständen aus dem Einflussbereich des Fahrzeugbenutzers. Insofern unterscheiden sich Reifenschäden von Materialfehlern bei Mehrwegflaschen, bei denen Schadensursachen im Verbraucherbereich nie ernsthaft zur Diskussion standen. Eine Parallele zu den Mehrwegflaschen-Fällen besteht freilich bei der Verwendung runderneuerter Reifen. Denn auch hier besteht die Gefahr einer Vorschädigung. Im Automobilbau sind runderneuerte Altreifen indes kein Thema. Sie kommen, wenn überhaupt noch, im Ersatzteilgeschäft zum Verkauf (zur Haftung für Reifenschäden s. auch Rn 1787).

Aufs Ganze gesehen wird die „besonders schwer und unsicher zu bestimmende Befundsicherungspflicht"²⁶⁷ weder im Automobilbau selbst noch im Bereich der Zulieferer praktische Bedeutung gewinnen.²⁶⁸ Damit bleibt es im Rahmen der deliktischen Produkthaftung dabei: Fahrzeuggeschädigte müssen die Fehlerhaftigkeit des Produkts im Augenblick des Inverkehrbringens beweisen. Insoweit scheidet eine Beweislastumkehr regelmäßig aus. Darin unterscheidet sich die Beweislastverteilung von derjenigen nach dem ProdHaftG (dazu Rn 587).

7. Haftungsfreizeichnung

665 Während die Ersatzpflicht des Herstellers nach § 14 ProdHaftG weder ausgeschlossen noch beschränkt werden kann, ist es nach dem AGB-Gesetz nicht ausdrücklich verboten gewesen, die Haftung für Schäden aus unerlaubter Handlung auszuschließen bzw. zu beschränken. Grenzen zogen die §§ 11 Nr. 7, 9 AGB-Gesetz. Im Grundsatz hat sich daran durch die Neuregelung des AGB-Rechts nichts geändert.

---

264 *Baumgärtel,* § 823 Anh. C III, Rn 16; zur Anwendbarkeit im Rahmen der Instruktionshaftung s. BGH NJW 1994, 932.
265 *Kullmann,* NJW 1994, 1698, 1705 (Fn. 69).
266 Vgl. auch BGH 9. 5. 1995, NZV 1995, 310.
267 *Arens,* ZZP 104, 135.
268 Siehe auch *Schwung,* 40. VGT (2002), S. 99 mit einem interessanten Hinweis auf Statements von Mitgliedern des 6. Senats des BGH.

Deliktische Produkthaftung

Vertragliche und deliktsrechtliche Ansprüche konkurrieren typischerweise miteinander, wenn der Geschädigte direkt vom Hersteller gekauft oder mit ihm einen Werk- bzw. Werklieferungsvertrag abgeschlossen hat. Beispiele für diese Anspruchskonkurrenz sind der Schwimmerschalter-Fall[269] und der Silokipper-Fall.[270] Im Hinterreifen-Fall[271] standen vertragliche und deliktische Schadensersatzansprüche eines Gebrauchtfahrzeugkäufers gegen einen Vertragshändler nebeneinander. Doch auch hier war zu klären, ob sich der formularmäßige Gewährleistungsausschluss (Abschnitt VII der damaligen Gebrauchtwagenverkaufsbedingungen) auf die Delikthaftung (für einen „Weiterfresserschaden") erstreckte. Dabei war der Besonderheit Rechnung zu tragen, dass der beklagte Vertragshändler einen „technisch einwandfreien" Zustand des Sportwagens zugesichert hatte.

Vor der Inhaltskontrolle steht die **Auslegung.** Vorrangig ist deshalb zu prüfen, ob eine Freizeichnungsklausel den geltend gemachten Anspruch aus unerlaubter Handlung überhaupt erfasst. Darüber entscheidet die Auslegung im Einzelfall.[272] Die maßgeblichen Auslegungsgrundsätze hat der BGH im Silokipper-Fall[273] zusammengefasst. Sie gelten seiner Meinung nach auch im kaufmännischen Verkehr. **666**

Soweit fabrikneue Fahrzeuge auf der Grundlage der Neuwagenverkaufsbedingungen im Direktbezug vom Hersteller erworben werden (DaimlerChrysler, mitunter auch BMW u. a.), sind die Klauseln im Abschnitt VIII zu beachten. Diese mit „Haftung" überschriebenen Bedingungen sind – ebenso wie in den geänderten Gebrauchtwagen-AGB – deutlich abgesetzt von dem Regelungskomplex „Sachmangel" im Abschnitt VII. Insoweit besteht eine Parallele zu den Bedingungswerken in den Fällen BGH NJW 1979, 2148 – Kartonmaschine und BGH NJW 1992, 2016 – Silokipper. Dem Transparenzgebot, jetzt in § 307 I,2 BGB verankert, dürfte damit Genüge getan sein.[274] Ob die aus Gründen der Schuldrechtsreform neugefassten Klauseln einer Inhaltskontrolle auch im Übrigen standhalten, bleibt abzuwarten. **667**

---

269 BGHZ 67, 359 = NJW 1977, 379.
270 BGH NJW 1992, 2016.
271 BGH NJW 1978, 2241.
272 BGH NJW 1992, 2016 – Silokipper.
273 NJW 1992, 2016.
274 Dazu BGHZ 67, 359 – Schwimmerschalter und BGH NJW 1978, 2241 – Hinterreifen.

Y. Der finanzierte Kauf

668 Beim finanzierten Neuwagenkauf rangiert die **Drittfinanzierung** (Verbund von Kauf und Darlehensvertrag) klar vor dem nicht zweckgebundenen **Personaldarlehen**. Eine Kreditierung des Kaufpreises durch den Verkäufer in Form des **Teilzahlungskaufs** kommt nur noch selten vor. Zweckgebundene Darlehen von Herstellerbanken mit niedrigen Zinsen müssen nicht günstiger sein als die Aufnahme eines Personaldarlehens mit höheren Zinssatz bei der Hausbank, da bei einer vom Händler vermittelten Drittfinanzierung durch die herstellereigene Bank i. d. R. keine Preisnachlässe auf den Neuwagenpreis gewährt werden, die bei einer Eigenfinanzierung durch den Käufer üblicherweise vom Handel eingeräumt werden.

I. Personaldarlehen

1. Begriff

669 Die Finanzierung erfolgt in der Form, dass sich der Käufer bei einem Geldinstitut oder einem sonstigen Dritten ohne Mitwirkung des Verkäufers ein Darlehen (§ 488 BGB) zur freien Verwendung beschafft. Im Verhältnis zwischen Verkäufer und Käufer liegt ein **Barkauf** vor. Die Beweislast, dass eine Einigung über einen Barkauf erzielt worden ist, trifft grundsätzlich den die Barzahlung verlangenden Verkäufer.[1] Die Möglichkeit der Finanzierung ist regelmäßig nicht Geschäftsgrundlage des Kaufvertrages über das Kraftfahrzeug.[2] Auch eine Anfechtung wegen Irrtums über die Finanzierungsmöglichkeit ist unbeachtlich, denn die enttäuschte Erwartung des Käufers, ein Darlehen zum Zwecke der Autofinanzierung zu erhalten, stellt einen typischen Motivirrtum dar.

Die in einer Finanzierungsvereinbarung enthaltene Klausel, die besagt, dass der Restkaufpreis finanziert werden soll, hat nicht ohne weiteres die Bedeutung einer auflösenden **Bedingung** des Kaufvertrages.[3] Weder der Wortlaut der Klausel noch die Tatsache, dass der Käufer ohne die vorgestellte Möglichkeit der Finanzierung vom Kauf Abstand genommen hätte, lassen eine solche Auslegung zu.[4]

Beim Darlehensvertrag ist das im Zuge der Schuldrechtsreform neu hinzu gekommene außerordentliche Kündigungsrecht bei Gefährdung der Rückerstattung des Darlehens (§ 490 Abs. 1 BGB) zu beachten, das neben das allgemeine Recht zur Kündigung von Dauerschuldverhältnissen aus wichtigem Grund (§ 314 BGB) getreten ist. Die Kündigungsmodalitäten sind unterschiedlich, je nachdem ob die Darlehensvaluta bereits ausgezahlt wurde oder ob dies noch nicht geschehen ist.[5]

2. Verbraucherdarlehensvertrag

670 Die Vorschriften der §§ 491 ff. BGB setzen voraus, dass ein entgeltlicher Darlehensvertrag (§ 488 BGB) zwischen einem Unternehmer als Darlehensgeber und einem Verbraucher als Darlehensnehmer geschlossen wird.

Da die Vorschriften zum Verbraucherdarlehen – ebenso wie die Vorschriften zum Zahlungsaufschub und einer sonstigen Finanzierungshilfe – alle natürlichen Personen schützen

---

1 BGH 19.3. 1980, DAR 1980, 211.
2 Vgl. OLG Oldenburg 4.6. 1975, NJW 1975, 1788; LG Hamburg 6.12. 1951, BB 1952, 11.
3 A. A. KG 11.1. 1971, NJW 1971, 1139.
4 *Hereth*, NJW 1971, 1704; *Rutkowsky*, NJW 1971, 1075; ferner OLG Düsseldorf 25.7. 1963, NJW 1963, 2079.
5 Dazu und zu den notwendigen Anpassungen in AGB *Witttig/Wittig*, WM 2002, 145 ff.

Personaldarlehen

sollen, die mit der Inanspruchnahme des Darlehens nicht eine bereits ausgeübte gewerbliche oder selbstständige berufliche Tätigkeit fördern wollen, hat der 6. Senat des BGH[6] die Anwendbarkeit des Verbraucherkreditgesetzes auf den Darlehensvertrag mit einer **Gesellschaft Bürgerlichen Rechts** (GBR), zu der sich mehrere natürliche Personen zusammengeschlossen haben, ausdrücklich bejaht. Die Einbindung des Verbraucherkreditgesetzes in das BGB hat daran nichts geändert, weil die einschlägigen Vorschriften inhaltlich nicht geändert wurden. Das Urteil des 2. Zivilsenates vom 29. 1. 2001[7], das der GBR Teilrechtsfähigkeit zuerkennt, steht der Anwendung der Vorschriften zum Verbraucherdarlehen nicht entgegen. Mit dieser Entscheidung hat sich der 6. Senat eingehend auseinandergesetzt und festgestellt, dass sich Teilrechtsfähigkeit der GBR und Schutzzweck der Vorschriften zum Verbraucherdarlehen nicht zwangsläufig ausschließen. Im Interesse des Verbraucherschutzes wie auch aus Gründen der Rechtssicherheit und Rechtsklarheit ist die Einbeziehung der GBR in den Schutzbereich der Vorschriften zum Verbraucherdarlehen zu begrüßen. Wollte man dies nicht so sehen, müsste im Einzelfall überprüft werden, ob kooperative Merkmale oder personale Strukturen der jeweiligen GBR dominieren, um dann zwischen Gemeinschaften und BGB-Innengesellschaften ohne Rechtsfähigkeit und BGB-Außengesellschaften mit Rechtsfähigkeit zu differenzieren.[8]

Auf Idealvereine sind die Bestimmungen über das Verbraucherdarlehen, den Zahlungsaufschub und die sonstigen Finanzierungshilfen (§§ 491 ff., 499 ff. BGB) nicht anwendbar. Sie sind keine natürlichen Personen und können daher nicht Verbraucher sein.[9] Mangels Ausübung einer gewerblichen oder selbstständigen beruflichen Tätigkeit gehören sie dem Kreis der Unternehmer ebenfalls nicht an. Sie nehmen folglich weder an dem Verbraucherschutz teil, noch müssen sie ihn gewähren.

Verbraucher, die der Schuld eines anderen aus einem Darlehensvertrag beitreten,[10] dessen Schuld übernehmen oder in den Vertrag als weitere Darlehensnehmer eintreten, werden durch die Vorschriften über Verbraucherdarlehensverträge ebenfalls geschützt (s. Rn 766). Im Falle des Schuldbeitritts gilt der Schutz allerdings nur, wenn der Beitretende dies als Verbraucher tut.[11] Nicht erforderlich ist, dass der andere Darlehensnehmer das Darlehen ebenfalls als Verbraucher in Anspruch nimmt.

Bei der fristlosen Kündigung und beim Rücktritt partizipiert auch der mitverpflichtete Unternehmer an dem besonderen Schutz, den die Vorschriften der §§ 491 ff. BGB dem Verbraucher gewähren. Eine wegen Nichtbeachtung der Voraussetzungen des § 498 BGB gegenüber dem Verbraucher unwirksame Kündigung hat zur Folge, dass die gegenüber dem mitverpflichteten Unternehmer erklärte- an sich wirksame- Kündigung ins Leere geht, da die Kündigung des Darlehensvertrages wirksam nur einheitlich gegenüber mehreren Darlehensnehmern erklärt werden kann.[12]

Der sich verbürgende Verbraucher wird durch die Vorschriften zum Verbraucherdarlehen nicht geschützt, was u. a. damit begründet wird, dass es bei der Bürgschaft an der notwendigen Entgeltlichkeit des Vertrages fehlt.[13]

---

6 Urt. v. 23. 10. 2001, ZIP 2001, 2224.
7 NJW 2001, 1056.
8 BGH 23. 10. 2001, ZIP 2001, 2234.
9 EuGH 22. 11. 2001, EuZW 2002, 32.
10 Die „selbstschuldnerische Mitverpflichtung" einer Partei spricht für einen Schuldbeitritt – Thüringer OLG (Jena) 3. 5. 1999; OLGR 2000, 32 –.
11 *Palandt/Putzo*, BGB Erg-Bd., § 491 Rn 11.
12 BGH 28. 6. 2000, NJW 2000, 3133, 3135.
13 BGH, 21. 04. 1998, BGHZ 138, 321 m. w. N.; *Palandt/Putzo*, Erg.- Bd., §491 Rn 12; *Erman/Rebmann*, BGB, §1 VerbrKrG Rn 31; a. A. *Bülow*, VerbrKrG §1 Rn 109.

Bei der Mithaftung Dritter, namentlich bei der Übernahme einer Bürgschaft, ist die im Anschluss an die Entscheidung des BVG[14] vom BGH geprägte Rechtsprechung zur Sittenwidrigkeit im Auge zu halten.[15] Sie setzt eine krasse finanzielle Überforderung voraus, welche i. d. R. vorliegt, wenn der Mithaftende im Fall seiner Inanspruchnahme nicht einmal die laufenden Zinsen der Hauptschuld aufbringen kann.[16] Erforderlich ist weiterhin, dass die Bank die Überforderung erkennt und in sittlich anstößiger Weise die emotionale Beziehung des Mithaftenden zu dem Hauptschuldner ausnutzt, wovon bei Ehepartnern oder nahen Angehörigen normalerweise ausgegangen werden kann.[17] Ein auf einen freien Willensentschluss hindeutendes Handeln ist allerdings grundsätzlich zu bejahen, wenn der Darlehensnehmer und die mithaftende Person ein gemeinsames Interesse an der Darlehensaufnahme haben oder dem Mithaftenden aus der Verwendung der Darlehensvaluta unmittelbare und ins Gewicht fallende Vorteile erwachsen sind.[18] Die von der Rechtsprechung entwickelten Grundsätze zur Sittenwidrigkeit von Mithaftung und Bürgschaft sind auch dann anzuwenden, wenn das Darlehen nicht von einer Bank sondern von einem anderen Darlehensgeber in Ausübung seiner gewerblichen oder selbstständigen beruflichen Tätigkeit gewährt wird.[19] Auf Gesellschafter, die für Verbindlichkeiten der GmbH eine Mithaftung oder Bürgschaft übernehmen, ist die geschilderte Rechtsprechung jedoch nicht übertragbar, es sei denn, der GmbH-Gesellschafter hat nur Strohmannfunktion und nur aus emotionaler Verbundenheit gehandelt und beides war für die kreditgebende Bank evident.[20] Der finanziell überforderte Ehegatte kann weder unter dem Gesichtspunkt der Nichtigkeit der Mitverpflichtung noch nach dem Tode des anderen Ehepartners wegen Wegfalls der Geschäftsgrundlage eine Änderung der tatsächlichen Verhältnisse im Wege der Vollstreckungsabwehrklage geltend machen.[21]

672 Zum Verbraucherdarlehen wird vorherrschend die Ansicht vertreten, dass die gewerbliche oder selbstständige berufliche Tätigkeit des Unternehmers nicht in der Gewährung von Darlehen bestehen oder darauf zumindest schwerpunktmäßig ausgerichtet sein muss.[22] Somit führt auch eine nur gelegentliche Gewährung von Darlehen im Zusammenhang mit der gewerblichen oder beruflichen Tätigkeit zur Anwendung der Vorschriften über den Verbraucherdarlehensvertrag. Das mag befremden, da nur von einem Personenkreis, der berufs- oder gewerbsmäßig Darlehen gewährt, erwartet werden kann, dass er sich mit den Vorschriften über den Verbraucherdarlehensvertrag auskennt. Es ist jedoch die erklärte Absicht des Gesetzgebers, den Verbraucher möglichst umfassend zu schützen, weshalb er den Anwendungsbereich von § 491 Abs. 1 BGB durch Bezugnahme auf § 14 BGB offen formuliert und von einer Beschränkung auf Banken, Sparkassen oder sonstige Kreditinstitute abgesehen hat.

673 Auf Kaufleute, Handwerker, Landwirte, selbstständige Gewerbetreibende und Freiberufler finden die Vorschriften zum Verbraucherdarlehen keine Anwendung, wenn sie das Darlehen in Ausübung ihrer gewerblichen oder selbstständigen beruflichen Tätigkeit aufnehmen. In der Phase der Existenzgründung wird ihnen der Schutz der Vorschriften über

---

14 Urt. v. 19. 10. 1993, NJW 1994, 36.
15 BGH 14. 11. 2000, BGH-Report 2001, 132 ff. m. w. N.
16 Ständige Rechtsprechung, zuletzt BGH 4. 12. 2001, ZIP 2002, 210; BGH 14. 11. 2000, BGH-Report 2001, 132.
17 BGH 8. 10. 1998, WM 1998, 2327, 2328.
18 BGH 14. 11. 2000, BGH-Report 2001, 133, 135.
19 BGH 13. 11. 2001, ZIP 2002, 123.
20 BGH 15. 1. 2002, DB 2002, 630 ff.
21 OLG Köln 28. 2. 2002, ZAP 2002, 806 sowie zur Problematik der Unzulässigkeit der Zwangsvollstreckung gem. § 79 Abs. 2 BVerfGG bei sittenwidrigen Bürgschaftsverträgen *Weber*, NJW 2001, 474 m. w. N.
22 *Palandt/Putzo*, BGB Erg.-Bd., § 491, Rn 6; a. A. OLG Düsseldorf 10. 2. 1995, NJW-RR 1996, 759.

das Verbraucherdarlehen jedoch zuteil, wenn sie sich als natürliche Person das Darlehen für die Aufnahme einer gewerblichen oder selbstständigen beruflichen Tätigkeit gewähren lassen, es sei denn, der Nettodarlehensbetrag übersteigt **50.000 Euro** (§ 507 BGB). Die Beweislast, dass die Inanspruchnahme des Darlehens noch in der Existenzgründungsphase erfolgt ist, trägt – entgegen der früheren Regelung von § 1 Abs. 1 VerbrKrG – der Darlehensnehmer.[23]

Umstritten ist, ob bei Aufnahme **mehrerer Darlehen** zur Existenzgründung die Nettodarlehensbeträge zu **addieren** sind. Das Brandenburgische OLG[24] hat eine Addition verneint.[25]

Die **Erweiterung** einer bereits ausgeübten gewerblichen oder selbstständigen beruflichen Tätigkeit führt nicht zur Anwendung der § 491 ff. BGB.[26] Bei **Aufnahme** einer weiteren gewerblichen oder selbstständigen beruflichen Tätigkeit ist der Existenzgründer dem Verbraucher nur unter der Voraussetzung gleichgestellt, dass die bereits ausgeübte Tätigkeit mit der neuen Tätigkeit nicht im Zusammenhang steht und davon klar abgegrenzt ist.[27] Zu der Frage, ob ein Existenzgründungsdarlehen angenommen werden kann, wenn der Darlehensnehmer **zuvor** bereits **in der gleichen Branche tätig** war, gehen die Meinungen auseinander[28]. Das OLG Köln[29] hat zutreffend darauf hingewiesen, dass die aufgegebene Selbstständigkeit in der Vergangenheit einer Existenzgründung nicht im Wege steht. Allerdings kann ein Existenzgründungsdarlehen nicht angenommen werden, wenn die frühere Existenz ohne „deutliche Zäsur" fortgesetzt werden soll.[30] Die **Kontinuität** ist deutlich **unterbrochen**, wenn ein Gastwirt nach einer Krankheit in einem anderen Ort eine neue Gaststätte eröffnet[31] oder wenn der Darlehensnehmer, bevor er in der gleichen Branche ein neues Geschäft eröffnet, im Angestelltenverhältnis gearbeitet hat.[32]

Die Bestimmungen über den Verbraucherdarlehensvertrag regeln nur den **entgeltlichen** Darlehensvertrag (§ 491 Abs. 1 BGB). Ein **geringfügiges Entgelt** von lediglich 95,90 DM (49,03 Euro) bei einem Gesamtpreis von 31.976 DM (16.344,55 Euro) reicht nach Ansicht des OLG Köln[33] aus, wohingegen beim finanzierten Kauf rundungsbedingte „Pfennigsbeträgeabweichungen" nicht genügen. Ergibt die bei mehreren wirtschaftlich zusammenhängenden Verträgen anzustellende Gesamtbetrachtung, dass die Ratenzahlungsabrede unter

---

23 *Bülow*, NJW 2002, 1145, 1147.
24 Urt. v. 5. 5. 1999; OLGR 1999,443, der gleichen Auffassung *Staudinger/Kessal-Wulf*, BGB, § 3 VerbrKrG Rn 9; *Steppeler*, VerbrKrG, S. 37; *Reinking/Nießen*, ZIP 1991, 79, 80.
25 Für eine Addition der Nettokreditbeträge, sofern sie eine wirtschaftliche Einheit bilden, sind *Ulmer*, MK-BGB, 3. Aufl., § 3 VerbrKrG Rn 10; *Bülow*, VerbrKrG, 3. Aufl., § 3 Rn 43; *Scholz* VerbrKrG Rn 88; *Bruchner/Ott/Wagner-Wieduwilt*, VerbrKrG § 3 Rn 18; differenzierend *Vortmann*, ZIP 1992, 323 im Sinne einer Anwendung der Vorschriften über das Verbraucherdarlehen nur auf den die Wertgrenze übersteigenden Darlehensvertrag, wenn mehrere Darlehen nacheinander bewilligt werden; *Graf von Westphalen/Emmerich/Rottenburg*, VerbrKrG, 2. Aufl., § 3 Rn 27 bei Vorliegen eines Einheitlichkeitswillens.
26 *Martis*, MDR 1998, 1189.
27 BGH 3. 11. 1999, NJW-RR 2000, 719; 22. 12. 1999, NJW-RR 2000, 1221 jeweils m. w. N.; zur Anwendung der Vorschriften über das Verbraucherdarlehen bei Gründung eines zweiten Unternehmens s. BGH 14. 12. 1994, BB 1995, 217; 4. 5. 1994, WM 1994, 1390, ebenso OLG Nürnberg 17.1. 1995, WM 1995, 481.
28 Verneinend *Vortmann*, ZIP 1992, 229, 231; *Scholz*, DB 1993, 261, 263, *Bülow*, VerbrKrG § 1 Rn 39, 41; bejahend *Graf von Westphalen/Emmerich/von Rottenburg*, VerbrKrG § 1 Rn 58.
29 Urt. v. 5. 12. 1994, ZIP 1994, 1931.
30 SchlHOLG 21. 11. 1997, OLGR 1998, 41.
31 OLG Köln 5. 12. 1994, ZIP 1994, 1931.
32 OLG Celle 4. 1.1995, NJW-RR 1996, 119.
33 Urt. v. 16. 3. 1994, OLGR 1994, 157.

dem Barpreis liegt, finden die Vorschriften über den Verbraucherdarlehensvertrag keine Anwendung.[34]

Die Vorschriften über den Verbraucherdarlehensvertrag gelten nicht für Kleindarlehen bis 200 Euro (§ 491 Abs. 2 Nr. 1 BGB), für Arbeitgeberdarlehen, sofern die Zinsen unter den marktüblichen Sätzen liegen (§ 491 Abs. 2 Nr. 2 BGB), sowie für Förderdarlehen, die aufgrund der Wohnungsbaugesetze bzw. des Wohnungsförderungsgesetzes aus öffentlichen Mitteln bewilligt und durch private Darlehensverträge von öffentlich-rechtlichen Anstalten an Verbraucher zu unter den marktüblichen Zinssätzen liegenden Konditionen vergeben werden (§ 491 Abs. 2 Nr. 3 BGB).

676 Beim Verbraucherdarlehensvertrag sind die gem. § 492 Abs. 1 S. 1 BGB gebotene Schriftform, die Angabeerfordernisse des § 492 Abs. 1 S. 5 BGB und die Widerrufsbelehrung (§§ 355 Abs. 2, 495 Abs. 1, 2 S. 2 BGB) zu beachten. Diese in § 492 BGB festgelegten Formalien müssen auch bei Erteilung einer Vollmacht zum Abschluss eines Verbraucherkreditvertrages eingehalten werden, da im Fall der Vertretung nicht der Vertreter sondern der Vertretene durch die Vorschriften zum Verbraucherdarlehen geschützt wird und deshalb für ihn bei Vollmachterteilung bereits erkennbar sein muss, welche finanziellen Belastungen auf ihn zukommen.[35] Die zu § 4 Abs. 1 S. 4 VerbrKrG früher notwendige teleologische Reduktion von § 167 Abs. 2 BGB ist aufgrund der Neuregelung von § 492 Abs. 4 S. 1 BGB nicht mehr erforderlich.

a) Schriftform

677 Soweit nicht eine strengere Form vorgeschrieben ist – was beim formfrei abschließbaren Autokauf nicht der Fall ist – bedarf der Darlehensvertrag der Schriftform des § 126 Abs. 1 BGB. Die AGB des Darlehensgebers müssen entweder in der Vertragsurkunde enthalten oder mit dieser **verbunden** sein.[36] Eine Bezugnahme auf AGB des Darlehensgebers durch Hinweis, sichtbaren Aushang oder Ermöglichung der Kenntnisnahme i. S. d. § 305 Abs. 2, Abs. 3 BGB reicht nicht aus,[37] es sei denn, dass die AGB des Darlehensgebers bereits im Rahmen bestehender Geschäftsverbindung zwischen Darlehensgeber und Darlehensnehmer für alle Geschäftssparten vereinbart worden sind.

Das schriftliche Angebot ist vom Darlehensnehmer **eigenhändig** zu unterzeichnen. Die Annahme kann abweichend von § 126 BGB getrennt erklärt werden. Der Darlehensgeber muss nicht eigenhändig unterschreiben, wenn er die **Annahmeerklärung** mit Hilfe einer **automatischen Einrichtung** erstellt. Ausdrücklich ausgeschlossen ist die elektronische Form (§ 126 a BGB). Textform (§ 126 b BGB) scheidet ebenfalls aus, da sie in § 492 BGB nicht vorgesehen ist.

Falls der Darlehensgeber die **Annahme** nicht im Beisein des Verbrauchers erklärt, muss er ihm die Annahmeerklärung im Original oder in einer Ausfertigung zusenden, wenn nicht der Verbraucher gem. § 151 S. 1 2. Alt. BGB auf den Zugang der Annahmeerklärung verzichtet hat. Der Verzicht kann ausdrücklich oder konkludent erklärt werden oder sich aus den Umständen ergeben. Ein Verzicht durch AGB ist im Geltungsbereich der Vorschriften über das Verbraucherdarlehen unwirksam.[38]

---

34 LG Karlsruhe 14. 7. 1998, NJW-RR 2000, 1442.
35 Zur etwa wortgleichen Vorgängernorm von § 4 Abs. 1 S. 4 VerbrKrG LG Frankfurt. 30. 11. 1999, DB 2000, 316, 317.
36 Zur Art der Verbindung BGH 24. 9. 1997, BB 1998, 288 – körperliche Verbindung nicht unbedingt erforderlich.
37 BGH 13.11. 1963, BGHZ 40, 255, 262
38 OLG Düsseldorf 23. 3. 1999, OLGR 1999, 318 noch zum VerbrKrG; a. A. *Münstermann/Hannes*, VerbrKrG § 4 Rn 195.

Personaldarlehen

Gemessen an § 147 Abs. 2 BGB ist eine Frist von zwei Monaten für die Annahme des Antrags über ein Standarddarlehen zur Finanzierung eines Pkw-Kaufs zu lang.[39]

Der Verzicht auf den **Zugang** der Annahmeerklärung enthebt den Darlehensgeber nicht von seiner Verpflichtung, dem Verbraucher eine Abschrift des Darlehensvertrages auszuhändigen, die mit dem Original übereinstimmen muss. Eine Verletzung dieser Pflicht führt jedoch nicht zur Nichtigkeit des Vertrages oder zu dessen schwebender Unwirksamkeit[40]. Stattdessen besitzt der Verbraucher einen klagbaren Anspruch auf **Aushändigung** und gegenüber Zahlungsansprüchen des Darlehensgebers ein **Zurückbehaltungsrecht** nach § 273 BGB.[41]

b) Angabeerfordernisse

In § 492 Abs. 1 S. 5 BGB sind die Mindestangaben festgelegt, die im Verbraucherdarlehensvertrag geregelt sein müssen. Dazu gehören **678**

– der Nettodarlehensbetrag,
– der Gesamtbetrag aller vom Verbraucher zur Tilgung des Darlehens sowie zur Zahlung der Zinsen und sonstigen Kosten zu entrichtenden Teilzahlungen, wenn der Gesamtbetrag bei Abschluss des Darlehensvertrages für die gesamte Laufzeit der Höhe nach feststeht,
– die Art und Weise der Rückzahlung des Darlehens,
– der Zinssatz und alle sonstigen Kosten des Darlehens,
– der effektive Jahreszins bzw. der anfängliche effektive Jahreszins mit den Änderungsvoraussetzungen während der Laufzeit des Darlehens,
– die Kosten einer Restschuld- oder sonstigen Versicherung,
– die zu bestellenden Sicherheiten.

Nettodarlehensbetrag ist der Auszahlungsbetrag, den entweder der Verbraucher oder ein Dritter erhält und auf den der Effektivzins berechnet wird. Da er alle sonstigen Gebühren, Spesen, Versicherungsprämien usw. nicht beinhaltet, entspricht er dem Barzahlungspreis.[42]

Damit der Verbraucher die auf ihn zukommende Belastung überschauen kann, sind der **Gesamtbetrag**, der vom Darlehensnehmer zu zahlen ist und die **Art und Weise der Rückzahlung des Darlehens** im Darlehensvertrag festzulegen. Die Höhe der einzelnen Raten -und ihre jeweilige Fälligkeit – darf keinesfalls offen gelassen werden, selbst wenn der Verbraucher die Höhe aufgrund des Gesamtbetrags der Zahlungen und der Anzahl der – gleichbleibenden – Raten durch einfache Division ermitteln kann.[43] Der **Teilzahlungsplan** muss also Auskunft über Höhe, Fälligkeit und Anzahl der Tilgungsraten geben.[44]

Der **laufzeitabhängige Zinssatz** kann als Monats- oder Jahreszins angegeben werden. Hierbei sind laufzeitabhängige und auf den ursprünglichen Darlehensbetrag bezogene Gebühren für das Darlehen und ein mit niedrigen Zinsen kombiniertes Disagio wie Zinsen zu behandeln. Zu den im Einzelnen zu bezeichnenden Kosten des Darlehens gehören Vermittlungs- und Bearbeitungsgebühren, Spesen und Provisionen sowie die Courtage des Darlehensvermittlers und dessen laufzeitabhängige Vergütung in Form des sog. Packing.[45]

---

[39] OLG Düsseldorf, 23. 3. 1999, OLGR 1999, 318.
[40] *Bülow*, VerbrKrG § 4 Rn 33.
[41] *Vortmann*, VerbrKrG § 4 Rn 7; *v. Westphalen/Emmerich/v.Rotenburg*, VerbrKrG § 4 Rn 38.
[42] *Graf von Westphalen/Emmerich/von Rottenburg*, VerbrKrG §4 Rn 47 ff.
[43] OLG Düsseldorf 24. 11. 1998, OLG-Report 1999, 294, 295 m. w. N.
[44] OLG Karlsruhe 27. 10. 1998, WM 1999, 222.
[45] *Vortmann*, VerbrKrG §4 Rn 16; gegen Offenlegung, sofern im Zinssatz des Darlehensgebers enthalten, sind *Münstermann/Hannes*, § 4 Rn 213.

Der vom Darlehensgeber anzugebende **„effektive Jahreszins"** soll dem Verbraucher den Vergleich mit anderen Darlehensangeboten ermöglichen. Bei Darlehen mit veränderbaren Konditionen während der Laufzeit lässt der effektive Jahreszins keine eindeutige Bewertung zu, und auch bei Darlehen mit festen Konditionen kann die Preiswürdigkeit nicht allein am Effektivzins abgelesen werden, weil die Vergleichszahl jeweils nur für ein Jahr angegeben wird.[46]

Die **Kosten der Restschuldversicherung** sind nach Maßgabe von § 6 Abs. 3 Nr. 5 PAngVO in die Berechnung des Effektivzinses einzubeziehen.[47]

Die Restschuldversicherung ist eine **Risikolebensversicherung**, die auf Arbeitsunfähigkeit und Krankentagegeld erweitert werden kann und deren Versicherungsprämie als Einmalbetrag bei Vertragsabschluss erhoben und zu den gleichen Bedingungen wie das Hauptdarlehen mitkreditiert wird. Zu den sonstigen Versicherungen i. S. v. § 492 Abs. 1 S. 5 Nr. 6 BGB gehört die Kapitallebensversicherung, die üblicherweise aus einem Festdarlehen gespeist wird, bei dem während der Laufzeit keine Kapitaltilgung stattfindet, so dass der Verbraucher langfristig mit hohen Zinsen belastet wird.[48] Die zu bestellenden Sicherheiten in Form von Forderungsabtretungen, Bürgschaften, Sicherungsübereignungen, Lohnabtretungen usw. sind im Darlehensvertrag lediglich anzugeben, ihrer schriftlichen Niederlegung in der Vertragsurkunde bedarf es nicht. Insoweit reicht es aus, dass die Gestellung der Sicherheit außerhalb des Darlehensvertrages erfolgt.

679 Fehlt eine der in § 492 Abs. 1 S. 5 BGB vorgeschriebenen Angaben oder die Schriftform insgesamt, ist der Darlehensvertrag – außer beim Fehlen der Angabe über die zu bestimmenden Sicherheiten – **nichtig**. Trotz der Mängel wird der Verbraucherdarlehensvertrag **gültig**, soweit der Verbraucher das Darlehen empfängt (§ 494 Abs. 2 S. 1 BGB). Eine formwidrige Mithaftung Dritter zu einem Verbraucherdarlehensvertrag wird durch die Darlehensauszahlung an den anderen Darlehensnehmer allerdings nicht geheilt.[49] Auch eine formnichtige Vollmacht wird dadurch nicht geheilt.[50]

Die in § 494 Abs. 2, 3 BGB angeordneten Sanktionen für fehlende oder fehlerhafte Angaben sind erträglich. Der dem Darlehensvertrag zugrunde gelegte Zinssatz ermäßigt sich auf 4 %, wenn im Darlehensvertrag die Angaben zum Nominal- und zum Effektivzins oder zur Gesamtbelastung **gänzlich fehlen**. Nicht angegebene Kosten werden vom Verbraucher nicht geschuldet. Dem Darlehensgeber ist es verwehrt, Zinsen und Kosten zum Nachteil des Verbrauchers zu ändern, wenn er versäumt hat, die Änderungsfaktoren im Darlehensvertrag anzugeben. Außerdem kann der Darlehensgeber bei hierüber fehlenden Angaben keine Sicherheiten fordern, wenn nicht der Nettodarlehensbetrag 50.000 Euro übersteigt.

680 Bei fehlerhafter Angabe des effektiven Jahreszinses (15 % statt 10 %) schuldet der Verbraucher den um die Differenz zwischen dem angegebenen und dem wirklichen effektiven Jahreszins (5 %) verminderten Nominalzins. Dies kann zur Folge haben, dass durch Anpassung des Nominalzinses die Grenze des gesetzlichen Zinssatzes von 4 % unterschritten wird oder dass sich der neu ausgerechnete, dem reduzierten Nominalzins entsprechende Effektivzins unter dem falsch angegebenen Effektivzins liegt, so dass in diesen Fällen die Frage der Gesetzeskorrektur durch den Gesetzesanwender auftaucht. Nach Ansicht von *Bülow*[51] ist die Regelung von § 494 Abs. 3 BGB verbindlich und eine Ergebniskorrektur unangebracht, weil die falsche Angabe des effektiven Jahreszinses für den Verbraucher gefähr-

---

46 *Seibert*, Handbuch zum Verbraucherkreditgesetz, § 4 Rn 9.
47 *Bülow*, VerbrKrG § 4 Rn 106.
48 Vgl. *Seibert*, Handbuch zum Verbraucherkreditgesetz, § 4 Rn 14.
49 OLG Karlsruhe 27. 10. 1998, WM 1999, 222.
50 *Palandt/Putzo*, BGB Erg.-Bd., § 494 Rn 6.
51 VerbrKrG § 6 Rn 72.

c) Widerruf

Dem Darlehensnehmer eines Verbraucherdarlehensvertrages steht gem. § 495 Abs. 1 BGB ein Widerrufsrecht i. S. d. § 355 BGB zu.[52]

Im Zuge einer ersten Gesetzesnachbesserung wurde die Fiktion des § 495 Abs. 2 S. 1 BGB mitsamt Belehrungserfordernis abgeschafft. Danach galt der Widerruf des Verbraucherdarlehens als nicht erfolgt, wenn der Darlehensnehmer das empfangene Darlehen nicht innerhalb von zwei Wochen nach Erklärung des Widerrufs bzw. Auszahlung des Darlehens an den Darlehensgeber zurückzahlte. Das Gesetz gestattet jetzt nur noch eine vertragliche Regelung gleichen Inhalts, wenn es sich nicht um ein Haustürgeschäft oder um ein verbundenes Geschäft handelt. Die Vereinbarung ist allerdings nur dann wirksam, wenn sie in einer gesonderten schriftlichen Vereinbarung getroffen oder in die vom Darlehensnehmer zu unterzeichnende Vertragserklärung nach § 492 Abs. 1 S. 5 BGB aufgenommen oder deutlich hervorgehoben wird. Die Regelung ist Übergangsrecht und nur bis zum 30. 6. 2005 gültig.[53]

Durch nachträgliche Gesetzeskorrektur von § 346 Abs. 2 S. 2 BGB wurde sichergestellt, dass der Verbraucher im Zuge der Abwicklung des widerrufenen Verbraucherdarlehensvertrages nicht den vertraglich geschuldeten Zins zahlen muss, wenn er nachweist, dass er einen geringeren oder überhaupt keinen Gebrauchsvorteil hatte. Bei Erzielung eines geringeren Vorteils muss er den geringeren Zins bei fehlendem Vorteil überhaupt keinen Zins als Wertersatz leisten.[54]

d) Kündigung

Unter den Voraussetzungen von § 498 BGB kann der Darlehensgeber im Falle des Zahlungsrückstandes das Darlehen kündigen. Eine Kündigung gegenüber mehreren Darlehensnehmern kann nur einheitlich erfolgen. Ist die Kündigung gegenüber einem Darlehensnehmer unwirksam, bewirkt die gegenüber dem anderen Darlehensnehmer erklärte – wirksame – Kündigung nicht die Beendigung des Darlehensvertrages.[55]

Das Recht zur Kündigung und zum Rücktritt setzt voraus, dass sich der Verbraucher mit mindestens zwei aufeinander folgenden Raten ganz oder teilweise in **Verzug** befindet und der **relative Zahlungsrückstand** von Verträgen mit einer Laufzeit bis zu 3 Jahren 10 vom Hundert, von Verträgen mit einer über 3 Jahre währenden Laufzeit 5 vom Hundert des Nennbetrages des Darlehens beträgt und der Darlehensgeber dem Verbraucher eine **zweiwöchige Zahlungsfrist** mit der Erklärung gesetzt hat, dass er bei Nichtzahlung innerhalb der Frist die gesamte Restschuld verlange. Eine voraussichtliche Aussichtslosigkeit der Mahnung und eine sich abzeichnende Erfüllungsverweigerung des Schuldners machen eine **qualifizierte Mahnung** nicht entbehrlich.[56]

Eine Fristsetzung des Darlehensgebers, die besagt, dass der rückständige Betrag innerhalb von zwei Wochen bei ihm **eingehen** muss, genügt nicht den Anforderungen von § 498 Abs. 1 Nr. 2 BGB.[57] Bei der Zahlung handelt es sich um eine Schickschuld, bei

---

52 Zu den Voraussetzungen der Widerrufsbelehrung sowie den einzelnen Folgen des Widerrufsrechts Rn 93 ff.
53 *Meinhof*, NJW 2002, 2273 ff.
54 Dazu *Fischer*, ZAP 2002, 917, 923.
55 BGH 28. 6. 2000, NJW 2000, 3133, 3135.
56 OLG Rostock 13. 9. 1999, OLGR 2000, 2.
57 OLG Düsseldorf 20. 2. 1997, NJW-RR 1998, 780; *Bülow*, VerbrKrG §12 Rn 28.

683 Geteilt sind die Meinungen zu der Frage, ob in der **Zahlungsaufforderung** nach § 498 Abs. 1 Nr. 2 BGB die nach § 498 BGB berechnete **Restschuld** angegeben werden muss.[58]

Die Verwendung des Wortes „Kündigung" ist nicht Voraussetzung für eine wirksame Androhung i. S. v. § 498 Abs. 1 BGB.[59] Es überwiegt die Auffassung, dass die Kündigung der Nachfristsetzung **zeitlich nachfolgen** muss, da der verbraucherschützende Zweck der Nachfristsetzung durch eine Verbindung der Nachfristsetzung mit der Kündigung unterlaufen würde. Insbesondere würde das Gesprächsangebot des § 499 Abs. 1 S. 2 keinen Sinn ergeben.[60] Die Kündigung muss nach Ablauf der nach § 498 Abs. 1 Nr. 2 BGB gesetzten Frist innerhalb einer weiteren angemessenen Frist erfolgen, für deren Dauer § 626 Abs. 2 S. 1 BGB einen brauchbaren Anhaltspunkt liefert.[61]

Soweit § 498 Abs. 1 S. 2 BGB vorsieht, dass der Darlehensgeber dem Verbraucher spätestens mit der Fristsetzung ein **Gespräch** über die Möglichkeit einer einverständlichen Regelung anbieten soll, handelt es sich nicht um eine zwingende Kündigungsvoraussetzung. Allerdings kann ein Verstoß gegen diese Vorschrift wegen Verletzung einer Nebenpflicht des Vertrages zu Schadensersatzansprüchen führen.[62]

684 Der Verbraucher besitzt im Falle der Kündigung gem. § 498 Abs. 2 BGB einen Anspruch auf **Gutschrift** der nicht verbrauchten **laufzeitabhängigen Kosten des Darlehens** (z. B. Vertragsüberwachungskosten) und der **nicht verbrauchten Zinsen**, die – sofern sie im Bruttobetrag des Darlehens für die gesamte Laufzeit des Vertrages enthalten sind – auf das durch die Kündigung markierte vorzeitige Vertragsende staffelmäßig zurückgerechnet werden müssen.[63]

Im Verhältnis zu Personen, die als Verbraucher die **Mithaftung** z. B. durch Schuldbeitritt übernommen haben, (s. Rn 766) muss die Kündigung den erhöhten Anforderungen des § 498 Abs. 1 BGB entsprechen, um deren Zahlungspflicht auszulösen.[64] Die Entscheidung ist konsequent in Anbetracht der Tatsache, dass Darlehensvertrag und Schuldbeitritt zwei selbstständige Verträge darstellen, die im Hinblick auf Vertragsinhalt, Formvorschriften und Kündigungsvoraussetzungen nach unterschiedlichen Kriterien zu beurteilen sind. Der von § 498 BGB angestrebte Schutz des Verbrauchers würde leer laufen, wenn mithaftende Personen (soweit sie sich nicht verbürgt haben) von dem Anwendungsbereich der Norm ausgenommen wären. Der Darlehensgeber wird dadurch nicht unbillig beschwert,

---

58 Bejahend OLG Düsseldorf 10. 1. 1995, WM 1995, 1530, 1532; *Luwowski/Peters/Gössmann*, VerbrKrG Rn 237; wohl auch *Palandt/Putzo*, BGB Erg.Bd., § 498 Rn 6; verneinend OLG Köln 21. 7. 1999, OLGR 1999, 412; *Habersack*, MK-BGB, 3. Aufl., § 12 VerbrKrG Rn 16 a. E.; *Staudinger/ Kessal – Wulf*, BGB, § 12 VerbrKrG Rn 18; *Graf von Westphalen/ Emmerich/Rottenburg*, VerbrKrG, 2. Aufl., § 12 Rn 46; *Descher*, VerbrKrG und Bankenpraxis, Rn 340.
59 OLG Köln 21. 7. 1999, OLGR 1999, 412.
60 Ebenfalls noch zu dem im Wesentlichen wortgleichen § 12 VerbrKrG: OLG Düsseldorf 17. 7. 1997, OLGR 1997, 274; LG Bonn 14. 4. 1997, NJW-RR 1998, 779; *Habersack* MK-BGB, 3. Aufl., § 12 VerbrKrG Rn 20; *Bülow*, VerbrKrG § 12 Rn 30; *Graf von Westphalen/Emmerich/Rottenburg*, VerbrKrG § 12 Rn 61; a. A. *Erman/Klingsporn/Rebmann*, BGB, § 12 VerbrKrG Rn 32; *Münstermann/Hannes*, § 12 VerbrKrG Rn 660, 661.
61 OLG Köln 21. 7. 1999, OLGR 1999, 412; *Staudinger/Kessal-Wulf*, BGB, 13. Aufl., § 12 VerbrKrG Rn 23.
62 *Graf von Westphalen* in *Henssler/Graf von Westphalen*, Praxis der Schuldrechtsreform, § 498 Rn 8; *Reiff* in *Dauner-Lieb//Heidel/Lepa/Ring*, Anwaltkommentar Schuldrecht, § 498 Rn 8.
63 Zur Abzinsung und zu den ersparten Kosten nach Kündigung eines Leasingvertrages Rn 894 ff.
64 BGH 28. 6. 2000, NJW 2000, 3133, 3135; OLG Karlsruhe 25. 2. 1997, NJW-RR 1998, 1438; OLG Celle 29. 1. 1997 NJW-RR 1997, 1144, 1146.

da ihm seine Kündigungs- und Schadensersatzmöglichkeiten gegenüber dem Darlehensnehmer ungeschmälert erhalten bleiben.

Weder der Widerruf des Darlehensvertrages durch den Verbraucher noch die Kündigung und der Rücktritt des Darlehensgebers wirken sich auf die Rechtsbeziehung zwischen Verkäufer und Käufer aus. Deshalb ist das Personaldarlehen, auch wenn es unter die Schutzvorschriften des Verbraucherdarlehens fällt, eine rechtlich relativ unproblematische Finanzierungsvariante.

II. Teilzahlungskauf

Der klassische Abzahlungskauf, bei dem der Verkäufer dem Kunden die Möglichkeit gewährt, den zu entrichtenden Kaufpreis durch Teilzahlungen zu leisten, wird vom Neuwagenhandel heutzutage nur noch selten angeboten. **685**

Für Teilzahlungsgeschäfte gelten die allgemeinen Vorschriften zum Darlehensvertrag entsprechend (§§ 488 ff. BGB). Sonderreglungen sieht das BGB für Verträge zwischen einem Unternehmer und einem Verbraucher vor. Das Teilzahlungsgeschäft ist eine sonstige Finanzierungshilfe i. S. v. § 499 Abs. 2 BGB, bei dem die in §§ 500 bis 504 BGB geregelten Besonderheiten zu beachten sind. Die NWVB enthalten – im Gegensatz zu früher – keine ergänzenden Regelungen zum Teilzahlungsgeschäft.

1. Teilzahlungsabrede

Der Teilzahlungskauf erfordert eine Teilzahlungsabrede. Sie setzt voraus, dass der Kaufpreis nicht in einer Summe, sondern in **mindestens zwei Raten** zu leisten ist. Die Voraussetzungen einer Teilzahlungsabrede sind nicht erfüllt, wenn **686**

- nach der vertraglich vorgesehenen Übergabe nur ein Betrag, nämlich der ganze Restbetrag zu zahlen ist,[65]
- ein Teil des Kaufpreises bis zu dem in dem Agenturvertrag geregelten Verkauf des vom Käufer übergebenen Gebrauchtwagens gestundet und im Falle der Unverkäuflichkeit in einer Summe bar zu entrichten ist,[66]
- der Verkäufer dem Käufer nach ursprünglich vereinbarter Barzahlung unter Verzicht auf einen Teilzahlungszuschlag Ratenzahlung im Hinblick auf den Restkaufpreis gewährt,[67]
- der Kaufpreis insgesamt nachträglich gestundet wird,[68]
- der Kaufpreis in Teilbeträgen anzusparen, zu zahlen und erst danach die Kaufsache zu übergeben ist,[69]
- ein über den Restkaufpreis ausgestellter Wechsel prolongiert wird.[70]

---

[65] BGH 22. 2. 1978, NJW 1978, 1315.
[66] BGH 15. 11. 1978, DAR 1979, 285, 286.
[67] BGH 31. 10. 1984, WM 1985, 24, 28.
[68] BGH 15. 11. 1978, WM 1979, 73; a. A. *Palandt/Putzo*, BGB Erg.-Bd., §499 Rn 7; *Reinicke/Tiedtke*, ZIP 1997, 217.
[69] KG 16. 6. 1988, NJW-RR 1988, 1403.
[70] BGH 19.3. 1980, DAR 1980, 211; *Münstermann/Hannes*, VerbrKrG §11 Rn 582.; nach Auffassung des AG Kappeln, Urt. v. 25.5. 1982 – 3 C 396/ 81– n. v., ist ein Bargeschäft anzunehmen, wenn ein Teil des Kaufpreises durch Inzahlungnahme eines Gebrauchtwagens, ein Teil in bar und der Rest durch Wechsel beglichen werden soll.

2. Teilzahlungsgeschäfte zwischen einem Unternehmer und einem Verbraucher

a) Widerruf

687 Sofern die Anwendungsvoraussetzungen der §§ 499 Abs. 2, Alt. 2, 501 BGB vorliegen, ist beim einfachen Teilzahlungskauf darauf zu achten, dass der Verbraucher über sein **Widerrufs- bzw. Rückgaberecht** ordnungsgemäß **belehrt** wird (dazu Rn 93).

§ 501 BGB verweist ausdrücklich auf die entsprechende Anwendung der Vorschriften über verbundene Verträge und den Einwendungsdurchgriff (§§ 358, 359 BGB). Dies mag auf den ersten Blick befremden, weil der Verbraucher es bei einem Teilzahlungskauf nur mit einem Vertragspartner zu tun hat. Beim Teilzahlungskauf gewährt der Erbringer der Leistung selbst (und nicht ein Dritter) die Finanzierung in Form einer Teilzahlungsabrede.[71] Nach dem Verständnis des Gesetzgebers ist die Teilzahlungsabrede nicht Teil des Kaufvertrages. Die Verweisung auf die entsprechende Anwendung der §§ 358, 359 BGB beruht vielmehr auf der Vorstellung, dass der Kaufvertrag nicht, jedenfalls nicht ohne entsprechende vertragliche Verknüpfung (z. B. durch eine auflösende Bedingung), automatisch mit dem Widerruf der Finanzierungsabrede entfällt. Umgekehrt besteht allerdings keine vergleichbare Situation: Handelt es sich z. B. bei dem Kaufvertrag um ein Haustürgeschäft mit nachträglicher Finanzierungsabrede, die ihrerseits nicht unter § 312 BGB fällt, wird mit dem Widerruf des Kaufvertrags auch die Teilzahlungsabrede hinfällig, weil sie ohne Kaufvertrag keinen Sinn macht.

Im Hinblick auf die Widerrufsbelehrung ergibt sich aus der Verweisung auf **verbundene Geschäfte** (§§ 501, 358, 359 BGB), dass der Verkäufer den Verbraucher eines Teilzahlungsgeschäfts auf die Rechtsfolgen hinweisen muss, die sich aus § 358 Abs. 1 und Abs. 2 S. 1 und 2 BGB ergeben (s. Rn 715). Fehlt der Hinweis, ist die Belehrung unrichtig mit der Folge, dass die zweiwöchige Widerrufsfrist nicht in Lauf gesetzt wird.

Die Rückabwicklung des vom Käufer widerrufenen Teilzahlungskaufs erfolgt nach den gesetzlichen Rücktrittsbestimmungen in der Modifikation der §§ 357 Abs. 1 S. 2, Abs. 2–4, 358 Abs. 4 BGB.

Der Verbraucher hat das von ihm empfangene Fahrzeug an den Verkäufer herauszugeben und die Nutzungen zu vergüten. Letzterer muss dem Käufer notwendige und nützliche Verwendungen nach Maßgabe von § 347 BGB ersetzen, wobei die sich aus dem Widerruf ergebenden wechselseitigen Verpflichtungen der Parteien gem. § 348 BGB Zug um Zug zu erfüllen sind. Erfüllungsort für die Rückgewähr ist der Ort, wo sich das Fahrzeug dem Vertrag entsprechend befindet.[72] Da dies i. d. R. der Wohnsitz des Käufers ist, muss der Verkäufer das Fahrzeug dort abholen.

Die Nutzungsvergütung ist, wie im Fall des Rücktritts wegen Mangelhaftigkeit der Kaufsache, auf der Grundlage einer zeitanteiligen **linearen Wertminderung** zu ermitteln, die sich bei einem Kraftfahrzeug aus der Relation der zu erwartenden Gesamtfahrleistung zur tatsächlich zurückgelegten Fahrstrecke errechnet.[73]

Nach § 357 Abs. 3 S. 1 BGB, wohin der Weg über §§ 501, 358 Abs. 2 BGB führt, muss der Verbraucher entgegen § 346 Abs. 2 S. 2 Nr. 3 BGB für die durch die **bestimmungsgemäße Ingebrauchnahme** der Sache entstandene Verschlechterung Wertersatz leisten, wenn ihn der Unternehmer spätestens bei Vertragsschluss auf diese Rechtsfolge hingewiesen und eine Möglichkeit, sie zu vermeiden, aufgezeigt hat (Rn 715). Der Hinweis muss deutlich gestaltet und unmissverständlich sein. Eine Regelung in AGB genügt diesem Er-

---

71 *Schmidt* in *Henssler Graf von Westphalen*, Praxis der Schuldrechtsreform, § 501 Rn 2.
72 *Hager* in *Dauner-Lieb/Heidel/Lepa/Ring*, Anwaltkommentar Schuldrecht, § 346 Rn 24.
73 *Palandt/Heinrichs* BGB Erg. Bd., § 346 Rn 10 m. w. N.; ausführlich dazu Rn 315 ff.

fordernis nicht.[74] Soweit die Verschlechterung ausschließlich auf der Prüfung des Fahrzeugs beruht, besteht keine Verpflichtung zum Wertersatz (Rn 101).

Der in § 357 Abs. 3 S. 3 BGB angeordnete Ausschluss der Haftungsprivilegierung von § 346 Abs. 3 Nr. 3 BGB ist für den Teilzahlungskauf relevant. Hat der Käufer aufgrund ordnungsgemäßer Belehrung durch den Verkäufer oder anderweitig Kenntnis davon erlangt, dass er den Teilzahlungskauf widerrufen kann, ist er gehalten mit dem Fahrzeug sorgfältig umzugehen, so lange ihm das Widerrufsrecht zusteht. Die Wahrung eigenüblicher Sorgfalt bewahrt ihn nicht vor der **Verpflichtung zum Wertersatz** für eine Verschlechterung oder einen Untergang des Fahrzeugs.

Für eine **vor Erklärung des Widerrufs** eintretende Unmöglichkeit der Herausgabe oder Verschlechterung des Fahrzeugs haftet der Käufer dem Verkäufer nicht auf Schadensersatz, da weitergehende Ansprüche des Verkäufers gem. § 357 Abs. 4 BGB – mit Ausnahme solcher aus § 826 BGB[75] – ausgeschlossen sind.

b) Angabeerfordernisse und Rechtsfolgen bei Verstößen

688 Der das Darlehen gewährende Verkäufer muss die Angabeerfordernisse von § 502 Abs. 1 S. 1 BGB beachten. Die von beiden Parteien zu unterzeichnende Vertragsurkunde, die der Käufer in Abschrift erhält, muss Auskunft geben über

– den Barzahlungspreis,
– den Teilzahlungspreis,
– Betrag, Zahl und Fälligkeit der einzelnen Teilzahlung,
– den effektiven Jahreszins,
– die Kosten einer Versicherung, die im Zusammenhang mit dem Darlehensvertrag abgeschlossen wird, sowie die Vereinbarung eines Eigentumsvorbehalts oder einer anderen zu bestellenden Sicherheit.

Sowohl die Angabe eines Barzahlungspreises als auch die des effektiven Jahreszins sind bei Teilzahlungsgeschäften zwischen einem Unternehmer und einem Verbraucher nicht erforderlich, wenn der Unternehmer **ausschließlich** gegen Teilzahlung tätig wird.

Bei Teilzahlungsgeschäften im Fernabsatz gilt § 502 Abs. 2 BGB, wonach die erforderlichen Angaben dem Verbraucher auch schon vor Vertragsschluss in Textform mitgeteilt werden können.

Die Pflicht zur Angabe des **Barzahlungs- und Teilzahlungspreises** soll dem Käufer ermöglichen, durch Vergleich auf einfache und schnelle Weise die Mehrkosten zu ermitteln, die auf Grund der Ratenzahlung von ihm getragen werden müssen.

689 Unter Barzahlungspreis ist der Preis zu verstehen, den der Käufer zu entrichten hätte, wenn der Preis spätestens bei Übergabe in voller Höhe fällig wäre. Der Barzahlungspreis umfasst als **Bruttopreis** die **Mehrwertsteuer** und hat diese auch dann zu enthalten, wenn der Käufer zum Vorsteuerabzug berechtigt ist.[76] Ein Barzahlungsnachlass muss nicht abgezogen werden. Während die Angabe eines zu niedrigen Barzahlungspreises unschädlich ist,[77] hat die Angabe eines zu hohen Barzahlungspreises wegen Nichtwahrung der in § 502 Abs. 1 S. 1 Nr. 1 BGB vorgeschriebenen Formvorschriften Vertragsungültigkeit zur Folge, die jedoch durch Übergabe der Sache mit der Maßgabe geheilt wird, dass im Zweifel der Marktpreis als der Barzahlungspreis gilt.

---

74 *Ring* in *Dauner-Lieb/Heidel/Lepa/Ring*, Anwaltkommentar Schuldrecht, § 357 Rn 27.
75 *Palandt/Heinrichs* BGB Erg.-Bd., § 357 Rn 15.
76 BGH 26. 6. 1991, WM 1991, 1800, 1802.
77 *Vortmann*, VerbrKrG § 4 Rn 35.

690 Unter dem **Teilzahlungspreis** ist der Gesamtbetrag von Anzahlung und aller vom Käufer zu entrichtenden Raten einschl. Zinsen und sonstiger Kosten (Gebühren, Provisionen, Spesen, Bearbeitungsgebühren) zu verstehen.[78]

Der Kfz-Käufer ist beim Teilzahlungskauf i. d. R verpflichtet, eine **Vollkaskoversicherung** abzuschließen.[79] Daraus wird im Schrifttum die Schlussfolgerung abgeleitet, die Kosten der Kaskoversicherung seien **angabepflichtig**.[80] Die Pflicht zum Abschluss einer Sachversicherung bei Gewährung eines Realdarlehens erweist sich jedoch nicht als ein taugliches Kriterium für die Beurteilung des von §§ 492 ff. BGB geforderten Zusammenhangs, weil der Sachversicherung der unmittelbare Bezug zur Darlehensrückführung fehlt.[81] Für den Darlehensgeber kommt erschwerend hinzu, dass er – ohne Mithilfe des Darlehensnehmers – von sich aus nicht in der Lage ist, die Versicherungskosten zu ermitteln, da sie vom Beitragssatz der jeweiligen Versicherung, dem individuellen Schadensfreiheitsrabatt des Darlehensnehmers, der gewünschten Deckungssumme und der Höhe der Selbstbeteiligung abhängen und daher mal höher mal niedriger sind.

691 Das Fehlen der gem. § 502 Abs. 1 S. 1 Nr. 6 BGB erforderlichen **Angabe über Sicherheiten** hat **keine Nichtigkeit** des Vertrages zur Folge. Stattdessen entfällt lediglich die Verpflichtung des Verbrauchers zur Bestellung der Sicherheit (§ 502 Abs. 3 S. 5 BGB). Es ist- wie schon zuvor unter dem Regime von § 6 VerbrKrG[82] – unklar, ob die in § 494 Abs. 2 S. 6 BGB vorgesehene Limitierung von 50.000 Euro für § 502 Abs. 3 S. 5 BGB entsprechend gilt. Nach Lage der Dinge, insbesondere wegen des Fehlens einer Begründung[83] für eine von § 494 Abs. 2 S. 6 BGB abweichende Regelung, ist davon auszugehen, dass der Gesetzgeber die Begrenzung auf 50.000 Euro beim Teilzahlungsgeschäft übersehen hat. Die dem Verkäufer beim Teilzahlungskauf gebotene Möglichkeit der Vereinbarung eines Eigentumsvorbehalts, die bei schlichter Darlehensgewährung nicht besteht, rechtfertigt nicht den Verzicht auf eine entsprechende Limitierung in § 502 Abs. 3 S. 5 BGB. Letztlich wird die Rechtsprechung darüber entscheiden müssen, ob diese Vorschrift auf Teilzahlungsgeschäfte entsprechend anzuwenden ist.

692 Nach wie vor umstritten ist die Frage, ob der Verbraucher bereits bestellte **Sicherheiten** vom Darlehensgeber **zurückverlangen** kann, wenn die Angabe über die Sicherheiten im Darlehensvertrag fehlt. Es wird die Ansicht[84] vertreten, diese Folge könne nicht eintreten, da das Gesetz bei fehlender schuldrechtlicher Verpflichtung lediglich das Einfordern nichtbestellter Sicherheiten verbiete. Eine solchermaßen eingeschränkte Lesart von § 502 Abs. 3 S. 5 BGB ergibt sich weder zwingend aus dem Wortlaut der Norm noch entspricht sie dem Sinn und Zweck der Gesetzesvorschrift, die ohne weiteres umgangen werden könnte, würde man die Kondiktion rechtsgrundlos bereits bestellter Sicherheiten nicht zulassen.[85]

693 Die **Vereinbarung eines Eigentumsvorbehalts** ist wirksam, auch wenn sie nicht in der Vertragsurkunde angegeben wird.[86]

---

78 *Münstermann/Hannes*, VerbrKrG § 4 Rn 237; *Vortmann*, VerbrKrG § 4 Rn 36.
79 *Seibert*, Handbuch zum Verbraucherkreditgesetz, § 4 Rn 14.
80 *Münstermann/Hannes*, VerbrKrG § 4 Rn 226; *Hemmerle/von Rottenburg*, WM 1993, 181, 185; *Bülow*, VerbrKrG § 4 Rn 108, aber nur, wenn der Darlehensgeber die Darlehensgewährung vom Abschluss einer solchen Versicherung abhängig macht.
81 *Graf von Westphalen/Emmerich/von Rottenburg*, VerbrKrG § 4 Rn 142; *Reinking/Nießen*, ZIP 1991, 79, 82 und ZIP 1991, 634, 635.
82 *Münstermann/Hannes*, VerbrKrG § 6 Rn 316.
83 BT-Drucks. 14/6040, S. 257; *Schmidt-Räntsch*, Das neue Schuldrecht, S. 620.
84 *Münstermann/Hannes* VerbrKrG § 6 Rn 306.
85 *Seibert*, Handbuch zum Verbraucherkreditgesetz, § 6 Rn 8.
86 *Seibert*, Handbuch zum Verbraucherkreditgesetz, § 6 Rn 8; *Münstermann/Hannes*, VerbrKrG § 6 Rn 317.

694 Ob **fehlerhafte Angaben** i. S. d. § 502 Abs. 1 S. 1 Nr. 1–5 BGB die Nichtigkeit des Teilzahlungsvertrages zur Folge haben, lässt sich dem Gesetz nicht entnehmen. Aus § 502 Abs. 3 S. 6 BGB folgt, dass die **fehlerhafte Angabe** des effektiven oder des anfänglichen effektiven Jahreszinses nicht zur Unwirksamkeit des Vertrages führt. Hieraus und aus § 502 Abs. 3 S. 1 BGB, wonach nur das völlige Fehlen der dort genannten Angaben zur Nichtigkeit des Darlehensvertrages führt, lässt sich die Schlussfolgerung ableiten, dass die Fehlerhaftigkeit anderer nach dem Vertrag zu erbringender Angaben, wie etwa zum Teilzahlungspreis und zu den Kosten einer Versicherung, die Wirksamkeit des Darlehensvertrages nicht beeinträchtigen. Die Sanktion für den Darlehensgeber besteht darin, dass er sich nach allgemeinen Rechtsgrundsätzen an zu niedrigen Angaben festhalten lassen muss.[87]

Fehlen Angaben zum Teilzahlungspreis und zum effektiven Jahreszins **völlig**, ist der Barzahlungspreis im Heilungsfall höchstens mit dem gesetzlichen Zinssatz von 4 % (§ 246 BGB) zu verzinsen. Diese Rechtsfolge tritt nicht ein, wenn während der Laufzeit eines Verbraucherdarlehens ein variabler Jahreszins ohne Angabe des effektiven Jahreszinses in einen langjährigen Festzins abgeändert wird.[88] Ob bei fehlerhafter Angabe die sonstigen Kosten, wie etwa die Bearbeitungs- und Antragsgebühren, entsprechend § 494 Abs. 2 S. 2 BGB erhalten bleiben, da dort nur der Nominalzinssatz auf den gesetzlichen Zinssatz ermäßigt wird, oder ob sie ersatzlos wegfallen, worauf der Wortlaut von §502 Abs. 3 S. 3 BGB hindeutet, muss der Klärung durch die Rechtsprechung vorbehalten bleiben.[89] Eine im Barzahlungspreis enthaltene Anzahlung des Verbrauchers fällt nicht unter die Verzinsungsregelung, die selbstverständlich nur den finanzierten Betrag betrifft.

Bei **fehlerhafter Angabe** des **effektiven Jahreszinses** bzw. des anfänglichen effektiven Jahreszinses bereitet die Anpassung sowohl bei Verbraucherdarlehensverträgen als auch bei Teilzahlungsverträgen erhebliche Probleme, da die Gesetzesregelung unklar ist.[90] Für Darlehensverträge i. S. v. § 499 Abs. 2 BGB, welche die Lieferung einer Sache oder die Erbringung einer Leistung gegen Teilzahlungen vorsehen, ist der **Teilzahlungspreis** um den Vomhundertsatz zu **vermindern**, um den der effektive Jahreszins vom Darlehensgeber zu niedrig angegeben wurde (§ 502 Abs. 3 S. 6 BGB). Bezieht man den Vomhundertsatz – wie es der Gesetzestext nahe legt – auf die Differenz zwischen dem angegebenen und dem effektiven Jahreszins, so müsste man zunächst die prozentuale Differenz zwischen tatsächlicher und angegebener Effektivzinsangabe ermitteln und den Teilzahlungspreis im zweiten Schritt entsprechend vermindern.

Diese Berechnungsmethode führt allerdings, wie das folgende von *Errens*[91] gebildete *Beispiel* zeigt, zu einem vom Gesetzgeber offensichtlich nicht gewollten Ergebnis: Effektiver Jahreszins 10 %, angegebener Jahreszins 7 %, Differenz 3 %, macht 30%. Bei einem Teilzahlungspreis von 18.000 Euro, reduziert um 30 %, beträgt der angepasste Teilzahlungspreis 12.600 Euro.

695 Es war die Absicht des Gesetzgebers, den Darlehensgeber am zu niedrig angegebenen Effektivzins festzuhalten.[92] Diese Zielvorgabe wurde durch die in § 502 Abs. 3 S. 6 BGB übernommene Gesetzesformulierung von § 6 Abs. 3 VerbrKrG allerdings verfehlt, die

---

87 *Münstermann/Hannes*, VerbrKrG § 6 Rn 321; a. A. *Seibert*, Handbuch zum Verbraucherkreditgesetz, § 6 Rn 6.
88 OLG Hamburg 10.3. 1994, ZIP 1994, 452.
89 Für eine Ermäßigung lediglich der Zinsen unter Aufrechterhaltung der Kosten sind *Münstermann/Hannes,* VerbrKrG § 6 Rn 312.
90 Zur Zinsanpassung bei Verbraucherdarlehensvertrag *Münstermann/Hannes,* VerbrKrG § 6 Rn 323.
91 Anwaltsblatt 1990, 78.
92 Amtl. Begr. des Gesetzentwurfs zum VerbrKrG, BT-Drucks. 11/5462, S. 21; *Reinking/Bexen,* DAR 1990, 289, 292.

eine Auslegung nur dahingehend zulässt, dass der Teilzahlungspreis um die Prozentpunkte zu verringern ist, die der Differenz zwischen dem richtigen und dem angegebenen Effektivzins entspricht.[93] Beträgt, wie im Beispielsfall, der effektive Jahreszins 10 % und der angegebene 7 %, so ist der Teilzahlungspreis um 3 % auf 97 % zu verringern.[94] Gegen diese Berechnungsmethode wird berechtigterweise unter Hinweis auf die Absicht des Gesetzgebers eingewandt, der Teilzahlungspreis enthalte nicht nur Zinsen und Kosten, sondern auch den Barzahlungspreis inkl. einer etwa geleisteten Anzahlung.[95] Gleichwohl lässt der insoweit eindeutige Gesetzeswortlaut keinen Spielraum für eine Verminderung des Teilzahlungspreises um den Betrag zu, der sich als Differenz zwischen einer Berechnung des effektiven Jahreszinses laut Vertrag einerseits und der richtigen, höheren Berechnung des effektiven Jahreszinses andererseits darstellt.[96] Die in § 502 Abs. 3 S. 6 BGB vorgesehene Anpassung kann dazu führen, dass der auf der Grundlage des neuen Teilzahlungspreises hochgerechnete effektive Jahreszins über dem fälschlich angegebenen liegt sowie ferner dazu, dass der nunmehr vom Verbraucher geschuldete Preis unter dem Barzahlungspreis liegt. Da eine Unterschreitung des Barzahlungspreises über das Ziel hinausschießen würde, weil der Teilzahlungskäufer besser stünde als ein Barzahlungskäufer, erscheint es angebracht, die Kappungsgrenze der Zinskorrektur beim Barpreis anzusetzen, während die Unterschreitung des gesetzlichen Zinssatzes hinnehmbar ist, weil dieser keine dem Darlehensgeber garantierte Größe, sondern lediglich eine Höchstmarge darstellt.[97]

Die in § 502 Abs. 3 S. 6 BGB für den Fall der Heilung der Vertragsnichtigkeit vorgesehenen Konsequenzen betreffen ausschließlich Darlehensverträge, die eine Lieferung oder eine andere Leistung gegen Teilzahlungen zum Gegenstand haben. Bei der entgeltlichen Stundung ist die Zinsanpassung wegen fehlerhafter Angabe des effektiven Jahreszinses gem. § 499 Abs. 1 BGB nach § 494 Abs. 3 BGB vorzunehmen.

c) Verzugsschaden

696 Gerät der Teilzahlungskäufer durch Überschreitung der für die Raten vereinbarten Fälligkeitstermine in Verzug, haftet er dem Verkäufer auf Ersatz des Verzugsschadens. Sofern der Schaden nicht konkret nachweisbar ist, kann er abstrakt durch Zugrundelegung der marktüblichen **Brutto-Sollzinsen** nach einem der Geschäftsstruktur der Bank entsprechenden Durchschnittssatz berechnet werden.[98] Eine Schadensberechnung durch Fortschreibung des vertraglich vereinbarten Zinssatzes wird – außer im Falle einer vom Darlehensnehmer verschuldeten vorzeitigen Fälligkeit[99] – nicht zugelassen.[100]

Für Verbraucherdarlehensverträge sehen §§ 501, 497 Abs. 1 S. 1 BGB i. V. m. § 288 Abs. 1 BGB einen **pauschalen Regelverzugszins** von 5 Prozentpunkten über dem Basiszinssatz vor, wobei es den Parteien unbenommen bleibt, einen höheren oder einen niedrigeren Schaden nachzuweisen. Den abstrakten Verzugsschaden in Höhe von 5 % über dem Basiszinssatz kann der Teilzahlungsverkäufer gegenüber Nichtverbrauchern unmittelbar gem. § 288 Abs. 1 BGB geltend machen; zur Begründung dieser Schadensposition bedarf es nicht der Anlehnung an § 497 Abs. 1 S. 1 BGB.[101]

---

93 Zutreffend *Seibert*, Handbuch zum Verbraucherkreditgesetz, § 6 Rn 12.
94 *Bülow*, VerbrKrG § 6 Rn 73.
95 *Münstermann/Hannes*, VerbrKrG § 6 Rn 325.
96 *Münstermann/Hannes*, VerbrKrG § 6 Rn 325.
97 *Bülow*, VerbrKrG § 6 Rn 73 m. w. N.
98 BGH 28. 4. 1988, NJW 1988, 1967.
99 *Vortmann*, VerbrKrG §11 Rn 14.
100 BGH 28. 4. 1988, NJW 1988, 1967, *Münstermann/Hannes,* VerbrKrG §11 Rn 582.
101 So noch BGH 8. 10. 1991, ZIP 1991, 1479; 3. 5. 1995, ZIP 1995, 909 zum VerbrKrG.

Teilzahlungskauf

Macht der Teilzahlungsverkäufer von der Pauschalregelung Gebrauch, kann er daneben einen konkreten Verzugsschaden, z. B. in Form entgangenen Gewinns nicht geltend machen.[102]

Rückzahlungsansprüche aus Darlehensverträgen gleich welcher Art sind keine Entgeltsforderungen, weil die Rückzahlung nicht im Gegenseitigkeitsverhältnis zur erbrachten Leistung steht.[103] Daher hat der Verkäufer bei einem Teilzahlungskauf mit einem Unternehmer keine Verzugszinsen in Höhe von 8 Prozentpunkten über dem Basiszins gem. § 288 Abs. 2 BGB zu beanspruchen.

Die vom Darlehensgeber getroffene und vom Darlehensnehmer akzeptierte Wahl entweder für die pauschale Regelung der §§ 501, 497 Abs. 1 S. 1 BGB oder für die konkrete Berechnung verbietet es dem Darlehensgeber, nachträglich eine Neuabrechnung der Zinsen auf der Grundlage der jeweils anderen Berechnungsmethode vorzunehmen.[104] Solange die eine oder andere Abrechnung jedoch noch nicht vom Darlehensnehmer anerkannt worden ist, bestehen keine Bedenken gegen einen Wechsel der Abrechnungsart; auch können die nach beiden Berechnungsmodellen errechneten Zinsen im Prozessfall haupt- und hilfsweise geltend gemacht werden.

Der **Verzugsschaden** ist **gesondert zu verbuchen** und seinerseits bei Zahlungsverzug des Verbrauchers bis zur Höhe des gesetzlichen Zinssatzes (§ 246 BGB) von 4 % zu verzinsen. Daneben darf der Darlehensgeber nicht noch zusätzlich Ersatz besonderer **Aufwendungen,** z. B. der Mahn- und Aufforderungsgebühren, geltend machen.[105] Teilleistungen des Teilzahlungskäufers nach Eintritt des Verzuges, die zur Tilgung der gesamten fälligen Schuld nicht ausreichen, sind in Abweichung von § 367 Abs. 1 BGB zunächst auf die Kosten zu verrechnen, worunter die Prozess- und Vollstreckungskosten zu verstehen sind, sodann auf den geschuldeten Betrag, bestehend aus der Summe der rückständigen Zahlungen inkl. der darin enthaltenen vertraglich vereinbarten Zinsen und Kosten, und schließlich auf die Zinsen, womit die nach Eintritt des Verzuges angefallenen und gesondert zu verbuchenden Zinsen i. S. v. § 497 Abs. 1 S. 1 und Abs. 2 S. 2 BGB gemeint sind.[106] Es ist gesetzlich nicht geregelt, in welcher Reihenfolge die Zinsen zu verrechnen sind. Eine am Gesetzeszweck orientierte Auslegung zu Gunsten des Verbrauchers führt zu einer vorrangigen Verrechnung der höheren Zinsen des § 497 Abs. 1 S. 1 BGB.[107]

Für die Zinsen gilt die regelmäßige **Verjährungsfrist** von 3 Jahren (§ 195 BGB). Der Lauf der Frist ist aber ab dem Eintritt des Verzugs gem. § 497 Abs. 3 S. 3 BGB gehemmt, da sich wegen der in § 497 Abs. 3 S. 1 vorgesehenen Verrechnung die Tilgung der Ansprüche des Darlehensgebers i. d. R. über einen längeren Zeitraum erstreckt und in dieser Zeit eine Verjährung der Ansprüche auf Darlehensrückzahlung und Zinsen eintreten könnte.

---

102 Statt aller *Habersack* MK BGB 3. Aufl., § 11 VerbrKrG Rn 11, 22 sowie OLG Zweibrücken 24. 7. 2000, OLGR 2001, 91.
103 *Schulte-Nölke* in *Dauner-Lieb/Heidel/Lepa/Ring*, Anwaltkommentar Schuldrecht, § 286 Rn 46 m. w. N.
104 *Münstermann/Hannes*, VerbrKrG §11 Rn 601.
105 *Münstermann/Hannes*, VerbrKrG § 11 Rn 597.
106 Insoweit nicht ganz zutreffend *Seibert*, Handbuch zum Verbraucherkreditgesetz, §11 Rn 14.
107 *Münstermann/Hannes*, VerbrKrG § 11 Rn 620; missverständlich *Seibert*, Handbuch zum Verbraucherkreditgesetz, § 11 Rn 15.

d) Kündigung des Teilzahlungsgeschäfts

aa) Teilzahlungsgeschäft zwischen einem Unternehmer und einem Verbraucher

698 Wenn der Verbraucher mit den Raten in Zahlungsverzug gerät, kann der Verkäufer die Restschuld durch **Kündigung des Darlehens** fällig stellen. Gem. §§ 498, 501 BGB setzt die Kündigung voraus, dass sich der Käufer mit zwei aufeinander folgenden Teilzahlungen ganz oder teilweise in Verzug befindet und der rückständige Betrag mindestens 10%, bei einer Laufzeit der Teilzahlungen von mehr als drei Jahren mindestens 5% des Teilzahlungspreises beträgt **und** der Verkäufer dem Käufer vor der Kündigung erfolglos eine zweiwöchige Frist zur Zahlung des rückständigen Betrags mit der Androhung, bei Nichtzahlung innerhalb der Frist die gesamte Restschuld zu verlangen, gesetzt hat.

Der Verkäufer soll dem Käufer spätestens mit der Fristsetzung ein Gesprächsangebot bezüglich einer einverständlichen Regelung unterbreiten (§ 498 Abs. 1 S. 2 BGB). Dabei handelt es sich lediglich um eine Empfehlung. Das Gesprächsangebot ist weder Wirksamkeitsvoraussetzung für die Fristsetzung noch für die Kündigung.[108]

Hat der Verkäufer nach Verstreichen der Nachfrist das Darlehen gekündigt, ist er berechtigt, vom Käufer die Zahlung der abgezinsten, um die laufzeitabhängigen Kosten bereinigten **Restschuld** zu fordern.

Vor der Schuldrechtsreform war umstritten, ob sich die Verjährung der Ansprüche aus dem Darlehen bei einem verbundenen Geschäft nach den darlehensrechtlichen oder den kaufrechtlichen Verjährungsregelungen richtet.[109] Diese wegen §§ 501, 359 BGB auch für Teilzahlungsgeschäfte relevante Fragestellung hat sich durch die Gleichschaltung der Verjährungsfristen erledigt. Die Hemmungsregelung von § 497 Abs. 3 S. 3 BGB wird durch den kaufrechtlichen Verbund nicht ausgeschaltet. Dies ergibt sich aus § 501 BGB, der die Vorschrift von § 497 BGB für anwendbar erklärt.

bb) Teilzahlungsgeschäft mit einem Nichtverbraucher

699 Den Teilzahlungskauf und den Zahlungsaufschub gibt es auch im Geschäftsverkehr mit Nichtverbrauchern. In der Bewilligung der Ratenzahlung/Stundung und dem Ausschluss von § 271 BGB liegt eine Darlehensgewährung, die das BGB – außerhalb des Geschäftsverkehrs mit Verbrauchern – nicht gesondert regelt.

Gerät der Nichtverbraucher bei einem Teilzahlungskauf/Zahlungsaufschub mit der Zahlung der Raten oder des gestundeten Betrages in Verzug, richtet sich die Kündigung des Verkäufers nach § 490 Abs. 1 BGB. Nach dieser Bestimmung besitzt der Verkäufer vor Auszahlung des Darlehens „im Zweifel stets" nach Auszahlung des Darlehens „in der Regel" ein außerordentliches Kündigungsrecht, wenn nach Vertragsschluss[110] in den Vermögensverhältnissen des Darlehensnehmers oder in der Werthaltigkeit einer für das Darlehen gestellten Sicherheit eine wesentliche Verschlechterung eintritt oder einzutreten droht. Bei einem Teilzahlungskauf ist von einer Darlehensauszahlung ab dem Zeitpunkt der Übergabe der Sache auszugehen. Eine Kündigung nach § 314 BGB ist trotz der Verweisung in § 490 Abs. 3 BGB bei einem Teilzahlungsgeschäft nicht möglich, da es sich nicht um ein Dauerschuldverhältnis handelt.[111]

Wann eine wesentliche Verschlechterung der Vermögenslage der Darlehensnehmers eintritt oder einzutreten droht, ist eine Tatfrage. Die Nichtzahlung des Käufers kann vie-

---

108 *Palandt/Putzo*, BGB Erg.-Bd., § 498 Rn 8; *Bülow*, VerbrKrG §12 Rn 40.
109 OLG Stuttgart, 19. 2. 2001, NJW-RR 2002, 856 m. w. N.
110 *Reiff* in *Dauner-Lieb/Heidel/Lepa/Ring*, Anwaltkommentar Schuldrecht, § 490 Rn 3.
111 *Palandt/Putzo*, BGB Erg.-Bd., § 501, Rn 2, 3.

lerlei Gründe haben, z. B. eine vorübergehende Liquiditätsenge wegen des Ausbleibens von Kundenzahlungen, eine Zurückhaltung der Raten wegen strittiger Mängel oder eine ungeklärte Aufrechnungslage. Da der Verkäufer die Gründe für das Ausbleiben der Zahlungen nicht kennt und seine Möglichkeiten zur Aufdeckung der Hintergründe begrenzt sind, dürfen die Anforderungen an seine Darlegungspflicht nicht überspannt werden. Bei Nichtzahlung der Raten über einen längeren Zeitraum spricht der erste Anschein zumindest für eine drohende Verschlechterung der Vermögenslage. Es ist dem Verkäufer unter diesen Umständen nicht zuzumuten, dass er den Gründen des Zahlungsverzugs nachgeht, um herauszufinden, ob beim Käufer Vermögenslosigkeit vorliegt bzw. einzutreten droht oder ob Unlust zur Zahlung oder taktische Erwägungen den Käufer dazu veranlasst haben, die Zahlungen einzustellen. Allein die Tatsache, dass sich der Käufer mit mehreren Raten in nicht unerheblicher Höhe in Verzug befindet, dürfte deshalb für eine fristlose Kündigung genügen. Dass dieses Ergebnis richtig ist, zeigt der Vergleich mit den Vorschriften über das Verbraucherdarlehen, deren Zweck darin besteht, den Verbraucher in besonderem Maße zu schützen. Da der Verbraucher den weitest gehenden Schutz genießt, stoßen die Rechte des Nichtverbrauchers dort auf ihre Grenzen, wo auch der Verbraucherschutz endet. Konkret bedeutet dies, dass die außerordentliche Vertragskündigung spätestens zuzulassen ist, sobald die relative Rückstandssumme des § 498 Abs. 1 Nr. 1 BGB erreicht wird, da andernfalls der Nichtverbraucher besser gestellt wäre als ein Verbraucher.[112]

Durch die Beschränkung auf den Regelfall bleibt Raum für Ausnahmen, in denen es unbillig wäre, dem Darlehensgeber ein außerordentliches Kündigungsrecht zuzusprechen.[113] Ein Ausschluss des außerordentlichen Kündigungsrechts ist z. B. vorstellbar, wenn der Käufer unverschuldet in eine vorübergehende finanzielle Notlage geraten ist.

Da die Voraussetzungen des außerordentlichen Kündigungsrechts wegen Verschlechterung des Vermögens oder der Werthaltigkeit einer Sicherheit unklar sind, empfiehlt es sich, das außerordentliche Kündigungsrecht wegen Zahlungsverzugs im Geschäftsverkehr mit Nichtverbrauchern AGB-vertraglich auszugestalten, wie dies bei Banken und Sparkassen üblich ist.[114] Eine Klausel, die den Verkäufer zur Kündigung berechtigt, wenn sich der Käufer mit zwei aufeinander folgenden Raten in Verzug befindet, dürfte sachangemessen und unbedenklich sein.

e) Rücktritt vom Vertrag

aa) Verbraucherdarlehensverträge

Die Rücktrittsvoraussetzungen sind die gleichen wie bei der Kündigung, da § 503 Abs. 2 S. 1 BGB auf § 498 BGB verweist. Der Verkäufer hat das Wahlrecht zwischen Kündigung oder Rücktritt.

Die Vorschriften über das Teilzahlungsgeschäft, an dem ein Verbraucher auf Käuferseite beteiligt ist, schließen als „lex specialis" andere gesetzliche Rücktrittsrechte wegen Zahlungsverzugs aus und sperren auch die Vereinbarung eines von der gesetzlichen Regelung abweichenden vertraglichen Rücktrittsrechts (§ 506 BGB).

Wenn der Darlehensgeber beabsichtigt, vom Vertrag zurückzutreten, muss er dem Verbraucher an Stelle der in § 498 Abs. 1 S. 1 BGB vorgesehenen Kündigung den **Rücktritt androhen**. Eine Kündigungsandrohung reicht als Warnung für einen Rücktritt des Darle-

---

112 So im Ergebnis *Freitag*, WM 2001, 2374.
113 *Palandt/Putzo*, BGB Erg.-Bd., Rn 8; im Erg. auch *Schmidt* in *Henssler/Graf von Westphalen*, Praxis der Schuldrechtsreform, § 490 Rn 9.
114 *Schmidt* in *Henssler/Graf von Westphalen*, Praxis der Schuldrechtsreform, § 490 Rn 1.

hensgebers nicht aus, da die Rechtswirkungen des Rücktritts, insbesondere was das Schicksal der Sache betrifft, weitreichender als bei der Kündigung sind.[115]

Die für die Auslösung der Rücktrittsfiktion maßgebliche **Wiederansichnahme** erfordert nicht, dass der Verkäufer das Fahrzeug in unmittelbaren Besitz nimmt. Die Begründung mittelbaren Besitzes reicht aus, wenn die Herausgabe auf Verlangen des Verkäufers an einen Dritten erfolgt, der ihm den Besitz mittelt.[116] Nach h. M. löst bereits ein ernsthaftes und begründetes Rückgabeverlangen oder eine Herausgabeklage die Fiktion von § 502 Abs. 2 S. 4 BGB aus.[117] Es genügt aber nicht, wenn der Darlehensgeber heimlich die Nummernschilder und Zulassungspapiere eines Kraftfahrzeugs wegnimmt[118] oder das Lenkrad eines Schleppers entfernt,[119] weil der Käufer durch solche Maßnahmen zwar die Nutzungsmöglichkeit, nicht aber den Besitz verliert. Gegenüber einem neben dem Teilzahlungskäufer mithaftenden Gesamtschuldner, der aus dem Darlehensvertrag kein Recht auf Besitz und auf Nutzung des Fahrzeugs hat, findet § 503 Abs. 2 S. 4 BGB keine Anwendung.[120]

Die **Rücktrittsfiktion** ersetzt nur die **Rücktrittserklärung** des Teilzahlungsverkäufers.[121] Darüber hinaus müssen für die Annahme eines wirksamen Rücktritts die Voraussetzungen der §§ 503 Abs. 2, 498 Abs. 1 BGB erfüllt sein.

Die unwiderlegliche Vermutung, dass in der Wiederansichnahme des Fahrzeugs die Erklärung des Rücktritts liegt, greift gem. § 503 Abs. 2 S. 4 Halbs. 2 BGB nicht ein, wenn sich die Parteien – bei Vertragsschluss oder später – darüber geeinigt haben, dass der Verkäufer dem Verbraucher den gewöhnlichen Verkaufswert (§ 813 Abs. 1 S. 1 ZPO) im Zeitpunkt der Wegnahme vergütet.

Unter dem **gewöhnlichen Verkaufswert** ist nach überwiegend vertretener Ansicht[122] der gegenüber dem Letztverbraucher erzielbare Verkaufspreis und nicht der Händlereinkaufspreis zu verstehen. Das OLG Köln[123] hat sich auf den Standpunkt gestellt, es sei den Parteien unbenommen, abweichend von § 503 Abs. 2 S. 4 BGB zu vereinbaren, dass der Darlehensgeber den Händlereinkaufspreis zugunsten des Darlehensnehmers auf die Darlehensforderung des Kreditgebers verrechnet. Falls sich die Parteien nicht auf die Vergütung des gewöhnlichen Verkehrswertes geeinigt haben, ist der Darlehensgeber zur bestmöglichen Verwertung verpflichtet.

Da der Darlehensgeber die Verwertung zur Deckung der Darlehensforderung verwendet, handelt er zum eigenen Nutzen. Der erzielte Verkaufserlös ist umsatzsteuerlich Entgelt und kein durchlaufender Posten und daher mit Umsatzsteuer zu belegen.[124]

701 Im Zuge der **Abwicklung** nach erfolgtem Rücktritt hat der Käufer das Fahrzeug an den Verkäufer herauszugeben, Zug um Zug (§ 348 BGB) gegen Erstattung des empfangenen Geldes. Im Fall der Inzahlungnahme des Altfahrzeugs ist dieses vom Verkäufer zurückzu-

---

115 *Seibert*, Handbuch zum Verbraucherkreditgesetz, § 9 Rn 1.
116 *Palandt/Putzo*, BGB Erg.-Bd., § 503 Rn 13; *Bülow*, VerbrKrG §13 Rn 41.
117 BGH 19. 10. 1978, WM 1979, 223; *Schmidt* in *Henssler/Graf von Westphalen*, Praxis der Schuldrechtsreform, § 490 Rn 1; a. A. *Palandt/Putzo*, BGB Erg.-Bd., § 503 Rn 14, der das Herausgabeverlangen als eine schlüssige Rücktrittserklärung i. S. v. § 349 BGB bewertet.
118 OLG Celle 7. 6. 1968, BB 1968, 1308.
119 OLG Kiel 6. 2. 1957, BB 1957, 692.
120 BGH 12. 9. 2001, ZIP 2001, 1992.
121 OLG Oldenburg 30. 8. 1995, NJW-RR 1996, 564; OLG Köln 5. 9. 1997, OLGR 1998, 1; *Bülow*, VerbrKrG § 13 Rn 36; *Palandt/Putzo* BGB Erg.-Bd., § 503 Rn 15; a. A. *Habersack* MK-BGB, § 13 VerbrKrG Rn 47 m. w. N.
122 OLG Stuttgart 7. 11. 1995, NJW-RR 1996,593, ebenso OLG Oldenburg 7. 1. 1997, DAR 1997, 203; *Seibert*, VerbrKrG § 13 Rn 12.
123 Urt. v. 5. 9. 1997, OLGR 1998, 1.
124 BFH 17. 7. 1980 BStBl. II 1980, 673.

geben bzw. der Anrechnungspreis zu erstatten, falls der Verkäufer es inzwischen weiterverkauft hat.

Ist eine Herausgabe des Neuwagens wegen Weiterveräußerung oder Untergangs (Unfall mit Totalschaden, Entwendung) nicht möglich oder hat sich der Zustand des Fahrzeugs über das durch die bestimmungsgemäße Ingebrauchnahme hinausgehende Maß verschlechtert, muss der Teilzahlungskäufer dem Verkäufer **Wertersatz** nach § 346 Abs. 2 BGB leisten. Die Wahrung eigenüblicher Sorgfalt befreit ihn nicht von dieser Pflicht, da er nicht Rücktrittsberechtigter gem. § 346 Abs. 3 S. 1 Nr. 3 BGB ist.

Falls der Käufer die Verschlechterung oder den Untergang des Fahrzeugs zu vertreten hat, haftet er dem Verkäufer gem. § 346 Abs. 4 BGB auf **Schadensersatz**; der Anspruch wegen Verschlechterung folgt aus § 280 BGB, der wegen Untergangs aus §§ 280 Abs. 3, 283 BGB. Nach Ansicht von *Heinrichs*[125] gilt dies auch dann, wenn der Rücktritt für ihn zum Zeitpunkt des Schadensereignisses nicht vorausehbar war, da er den Rücktritt zu vertreten hat. Verzögert der Käufer die Herausgabe des Fahrzeugs, kann der Verkäufer nach § 281 BGB vorgehen und Ersatz des Verspätungsschadens gem. §§ 280 Abs. 2, 286 BGB verlangen.

In gleicher Weise wie der Käufer hat der **Verkäufer** Wertersatz zu leisten, wenn er das in Zahlung genommene Gebrauchtfahrzeug aus den in § 346 Abs. 2 S. 1 Nr. 2 und 3 BGB genannten Gründen nicht herausgeben kann. Er genießt als Rücktrittsberechtigter jedoch das Privileg des § 346 Abs. 3 S. 1 Nr. 3 BGB und haftet dem Käufer nur dann auf Schadensersatz gem. Abs. 4, wenn er weiß oder wissen muss, dass die Rücktrittsvoraussetzungen vorliegen (Rn 326).

Der Verkäufer hat vom Käufer Ersatz der infolge des Vertrags gemachten Aufwendungen zu beanspruchen. Grundlage des Anspruchs ist § 503 Abs. 2 S. 2 BGB. Die durch das Teilzahlungsgeschäft entstandenen Aufwendungen sind vom Verkäufer konkret aufzuschlüsseln und im Einzelnen zu belegen. Eine Pauschalierung der Aufwendungen ist unzulässig, da sie nicht erkennen lässt, ob sie sich im Rahmen des § 503 Abs. 2 S. 2 BGB bewegt.[126]

Zu den erstattungsfähigen Aufwendungen gehören die Vertragsabschlusskosten. Sie umfassen die Formularkosten, Portokosten, Telefongebühren, für den konkreten Vertrag aufgewendete Reisekosten, verauslagte Restschuldversicherungsprämien, Auskunftskosten zur Adressenermittlung nach Vertragsabschluss und Vermittlungsprovisionen, soweit letztere nicht zu den allgemeinen Geschäftsunkosten gehören und vom Unternehmer nicht bereits nach § 87 a HGB zurückverlangt werden können.[127] Vom Käufer zu ersetzen sind ferner die Vertragsüberwachungskosten, Kosten der Aufenthaltsermittlung des Verbrauchers sowie die Mehrwertsteuer, diese jedoch nur, wenn der Darlehensgeber nicht zum Vorsteuerabzug berechtigt ist.[128] Beitreibungskosten und Finanzierungskosten, die aufgrund des Verzuges entstehen, sind nur nach Maßgabe von § 497 Abs. 1 BGB zu ersetzen.

Nach § 503 Abs. 2 S. 2 BGB nicht zu erstatten sind Bearbeitungsgebühren,[129] Finanzierungs- und Verwertungskosten[130] und die vom Darlehensgeber aufgewendeten Kosten für

---

125 *Palandt/Heinrichs*, BGB Erg.-Bd., § 346 Rn 17; früher bereits BGH 29. 1. 1993 NJW-RR 1993, 627.
126 BGH 24. 5. 1982, WM 1982, 873, 875 zur Vorvorgängerregelung des § 2 AbzG; LG Hannover 16. 2. 1958, NJW 1959, 677; *Paulusch,* WM 1986, Sonderbeilage 10, S. 10.
127 BGH 9. 7. 1959, WM 1959, 1038; OLG Oldenburg 4. 5. 1977 – 8 U 238/76 – zitiert von *Münstermann/Hannes,* VerbrKrG § 13 Rn 711; *Palandt/Putzo*, BGB Erg.-Bd., § 503 Rn 8.
128 *Münstermann/Hannes,* VerbrKrG § 13 Rn 711 m. w. N.
129 BGH 21. 5. 1975, WM 1975, 739, 740; 24. 5. 1982, BB 1982, 1139, 1140.
130 BGH 20. 2. 1967, BB 1967, 519.

die Einholung von Auskünften zur Bonität des Verbrauchers, Letztere deshalb nicht, weil sie auch im Falle der Ablehnung des Darlehensgeschäfts zu Lasten des Darlehensgebers angefallen wären.[131]

Geteilt sind die Meinungen zu der Frage, ob der Käufer verpflichtet ist, dem Verkäufer die Kosten für den Rücktransport der Sache nach § 503 Abs. 2 S. 2 BGB zu ersetzen, da der dort geregelte Aufwendungsersatz nur die „infolge" des Teilzahlungskaufs gemachten Aufwendungen betrifft.[132]

703 Der Käufer besitzt gegen den Verkäufer gem. § 347 Abs. 2 BGB einen Anspruch auf Ersatz der **notwendigen Verwendungen** und der **anderen Aufwendungen**, wozu die zur Erhaltung des Fahrzeugs erforderlichen Reparaturen aber auch die gewöhnlichen Erhaltungskosten zählen (Rn 308).

Für die Zeit der Überlassung der Sache hat der Verbraucher dem Teilzahlungsverkäufer im Falle des Rücktritts die Nutzungen zu vergüten, bei deren Bemessung – anders als beim Widerruf und beim Rücktritt wegen eines Mangels- auf die inzwischen **eingetretene Wertminderung** Rücksicht zu nehmen ist (§ 503 Abs. 2 S. 3 BGB). Eine vorherige Pauschalierung der Überlassungsvergütung ist unwirksam.

Vergütungspflichtig sind **tatsächlich gezogene** sowie **schuldhaft nicht gezogene Nutzungen** (§ 347 Abs. 1 S. 1 BGB). Das Privileg des § 347 Abs. 1 BGB, wonach der Käufer bei Ziehung der Nutzungen nur für diejenige Sorgfalt einzustehen hat, die er in eigenen Angelegenheiten anzuwenden pflegt (§ 277 BGB), kommt ihm im Fall des Rücktritts wegen Zahlungsverzugs nicht zugute, da es nur für den Rücktrittsberechtigten gilt und für diesen auch erst ab Kenntniserlangung vom Rücktrittsrecht.[133]

Der **Wert der Nutzungen** entspricht zeitanteilig nicht der monatlichen Teilzahlungsrate.[134] Die Nutzungsvergütung lässt sich auch nicht anhand von Vergleichsmieten ermitteln, da fabrikneue Fahrzeuge von privaten Käufern nicht zum Zweck der Vermietung angeschafft werden, es folglich keinen üblichen Mietzins gibt.[135] Die Methode der linearen Wertschwundberechnung eignet sich ebenfalls nicht für die Berechnung der Nutzungsvergütung im Rahmen von § 503 Abs. 2 S. 3 BGB, weil sie nicht auf die inzwischen eingetretene tatsächliche Wertminderung Rücksicht nimmt. Diese ist in der ersten Zeit wesentlich höher als danach. Allein durch die Zulassung und Ingebrauchnahme im Straßenverkehr verliert ein Neufahrzeug bis zu 20 % seines Wertes. Dieser degressive Verlauf des Wertverlustes ist bei der Berechnung der Nutzungsvergütung zu berücksichtigen.

Die **degressive Wertschwundberechnung** macht einen konkreten Vergleich zwischen dem Wert des Fahrzeugs zum Zeitpunkt der Übergabe an den Verbraucher (beim Neufahrzeug ist der Wert regelmäßig identisch mit dem Listenpreis) und dem Wert zum Zeitpunkt der Rücknahme durch den Darlehensgeber erforderlich.[136] Dadurch werden alle wertbeeinflussenden Faktoren erfasst, wozu in erster Linie die Anzahl der gefahrenen Kilometer,[137] die Dauer der Nutzung, der allgemeine Pflege- und Erhaltungszustand zum Zeitpunkt der

---

131 LG Nürnberg-Fürth 20. 2. 1967–11 S 60/67 – zitiert bei *Münstermann/Hannes,* VerbrKrG § 13 Rn 712.
132 Ablehnend OLG Nürnberg 25. 6. 1974, WM 1974, 1174; befürwortend OLG Karlsruhe 11. 3. 1970, MDR 1970, 587, jeweils zur Vorgängernorm von § 13 Abs. 2 VerbrKrG.
133 *Muthers* in *Henssler/Graf von Westphalen,* Praxis der Schuldrechtsreform, § 347 Rn 3.
134 *Seibert,* Handbuch zum Verbraucherkreditgesetz, § 13 Rn 4.
135 Bei Sachen, die vermietet werden, kann nach Ansicht des BGH 22.12. 1955, BGHZ 19, 330, 333 der gewöhnliche Mietzins der Berechnung zugrundegelegt werden, der kalkulatorisch außer dem Wertverlust die Unkosten des Vermieters, dessen Gewinn und eine Verzinsung des Anlagekapitals beinhaltet.
136 *Palandt/Putzo,* BGB Erg.-Bd., § 503 Rn 11.
137 OLG Frankfurt 9. 7. 1969, NJW 1969, 1966, 1967.

Rückgabe und ein möglicherweise erhöhter Abnutzungs- und Verschleißgrad des Fahrzeugs gehören. Nicht zu berücksichtigen sind die vom Verkäufer aufgewendeten Finanzierungskosten,[138] und ein allgemeiner Preisrückgang. Umstritten ist, ob auch ein Wertverlust infolge Veralterung oder Modellwechsel zu berücksichtigen ist.[139] Die konkrete Wertdifferenz stellt im Allgemeinen die obere Grenze der Nutzungsvorteile dar, wobei manchmal noch die Verzinsung des Anlagekapitals hinzugerechnet wird.[140]

Einen durch **Beschädigung des Fahrzeugs eingetretenen erhöhten Wertverlust** kann der Darlehensgeber nicht über die bei der Nutzungsvergütung zu berücksichtigende Wertminderung vom Verbraucher gem. § 503 Abs. 2 S. 3 BGB ersetzt verlangen. Hierfür haftet der Verbraucher dem Verkäufer auf Wertersatz gem. § 346 Abs. 2 S. 1 Nr. 3 BGB, wenn ihn kein Verschuldensvorwurf trifft, andernfalls auf Schadensersatz gem. § 346 Abs. 4 BGB nach Maßgabe der §§ 280 bis 283 BGB.

Etwaige **Ersatzansprüche**, die dem Verbraucher gegen Dritte, z. B. gegen einen Unfallbeteiligten, dessen Versicherung oder gegen die Vollkaskoversicherung zustehen, hat der Käufer auf Verlangen an den Teilzahlungsverkäufer abzutreten (§ 285 BGB). Der Anspruch auf das Surrogat besteht unabhängig von der Haftung auf Schadensersatz und wird daher nicht durch die – auf die Anwendung der §§ 280 bis 283 BGB eingeschränkte- Verweisungsregelung des § 346 Abs. 4 BGB ausgeschlossen.[141]

Verlangt der Teilzahlungsverkäufer das Auto nach Eintritt der **Kaufpreisverjährung** heraus, kann er die Nutzungsvergütung nur bis zur Höhe des vom Verbraucher gezahlten Kaufpreisanteils zur Verrechnung stellen; darüber hinausgehende Ansprüche bestehen nicht, weil der Verbraucher beim Teilzahlungskauf sonst schlechter stehen würde als ein Barzahlungskäufer.[142]

Durch Rücknahme und Verwertung des Fahrzeugs im Anschluss an eine **unwirksame Rücktrittserklärung** wird dem Verkäufer die Erfüllung des (fortbestehenden) Vertrages unmöglich. Wegen dieser Pflichtverletzung kann nunmehr der Käufer vom Vertrag zurücktreten und vom Verkäufer Schadensersatz verlangen. Die bei der Rückabwicklung zu berücksichtigende Nutzungsvergütung ist unter diesen Umständen nicht nach den Grundsätzen der Vorschriften über das Verbraucherdarlehen (§ 503 Abs. 2 S. 3 BGB) zu ermitteln, sondern auf der Basis der linearen Wertabschreibung (§ 346 Abs. 1 BGB), was zur Folge hat, dass der Verkäufer das Risiko des anfänglich höheren Wertverlustes trägt.[143]

bb) Verträge mit Nichtverbrauchern

Gerät der Käufer eines Teilzahlungsgeschäfts, das nicht unter die Vorschriften des Verbraucherdarlehens fällt, mit den Ratenzahlungen in Rückstand, hat der Verkäufer die Möglichkeit, nach § 323 BGB vom Vertrag zurückzutreten und Schadensersatz statt der ganzen Leistung zu verlangen. Für das Rücktrittsrecht des § 323 BGB ist – anders als bei § 503 Abs. 2 S. 1 BGB- ein Verzug i. s. v. § 286 BGB nicht erforderlich. Sowohl das Rücktrittsrecht als auch der Schadensersatzanspruch setzen voraus, dass der Verkäufer dem Käufer erfolglos eine angemessene Frist zur Zahlung gesetzt hat oder eine Fristsetzung nach gem. § 323 Abs. 2 BGB entbehrlich war, wie etwa im Fall der ernsthaften und endgültigen Zahlungsverweigerung.

---

138 BGH 11.4. 1973, NJW 1973, 1078.
139 *Habersack*, MK-BGB, VerbrKrG § 13 Rn 31 m. w. N.
140 OLG Frankfurt 9. 7. 1969, NJW 1969, 1966, 1967; *Graf von Westphalen/Emmerich/von Rottenburg*, VerbrKrG §13 Rn 46.
141 *Palandt/Heinrichs,* BGB Erg.- Bd., § 346 Rn 20.
142 BGH 4. 7. 1979, DB 1979, 1838; s. auch BGH 25. 9. 2001, ZIP 2001, 2124.
143 OLG Oldenburg 30. 8. 1995, NJW-RR 1996, 564.

Die Berechnung der Nutzungsvergütung erfolgt auf der Grundlage der linearen Wertschwundmethode, die den durch die bestimmungsgemäße Inbetriebnahme des Fahrzeugs entstandenen tatsächlichen Wertverlust nicht ausgleicht. Da der Rücktritt auf eine Pflichtverletzung des Käufers zurückzuführen ist, hat dieser dem Verkäufer in Höhe der Differenz zwischen Nutzungsvergütung und Wertminderung des Fahrzeugs einen Wertausgleich zu zahlen.[144] Der zahlungssäumige Nichtverbraucher haftet dem Teilzahlungsverkäufer im Endeffekt auf den gleichen Betrag, den der Verbraucher eines Teilzahlungsgeschäfts dem Verkäufer nach § 503 Abs. 2 S. 3 BGB als Nutzungsvergütung schuldet.

cc) Vorzeitige Zahlung

706 Falls der Verbraucher seine Verbindlichkeiten aus dem Teilzahlungsgeschäft vorzeitig ablöst, vermindert sich der Teilzahlungspreis kraft Gesetzes um die Zinsen und sonstigen laufzeitbedingten Kosten, die bei gestaffelter Berechnung auf die Zeit nach der vorzeitigen Erfüllung anfallen würden (§ 504 S. 1 BGB). Diese Rechtsfolge tritt nach § 504 S. 3 BGB jedoch erst nach Ablauf der ersten neun Monate ein. Da der Teilzahlungsverkäufer Zinsen und laufzeitbedingte Kosten für die ersten 9 Monate grundsätzlich in voller Höhe zu beanspruchen hat, ist der Teilzahlungskäufer gut beraten, wenn er die Restschuld nicht vor Ablauf dieser Sperrfrist abträgt.

III. Zweckgebundene Drittfinanzierung

707 Bei dieser Finanzierungsvariante gewährt nicht der Verkäufer, sondern ein **Dritter** das Darlehen. Der Unterschied zum Personalkredit besteht darin, dass das Darlehen dem Darlehensnehmer nicht zur freien Verfügung steht. Er erhält das Darlehen entweder mit der vertraglichen Bindung, es für den Neuwagenkauf zu verwenden oder die Auszahlung erfolgt unmittelbar vom Darlehensgeber an den Verkäufer. Letzteres ist der Grundtyp des sog. B-Geschäfts, dass beim drittfinanzierten Neuwagenkauf den Regelfall darstellt, wenn die Darlehensgewährung vom Händler vermittelt wird. Der fremdfinanzierte Neuwagenkauf besteht aus zwei Rechtsgeschäften mit unterschiedlichen Vertragspartnern, dem **Darlehensvertrag** einerseits und dem **Kaufvertrag** andererseits. Aus der rechtlichen Aufspaltung ergeben sich spezielle Risiken und Gefahren für den Verbraucher, denen §§ 358, 359 BGB begegnet. Die Trennung des **wirtschaftlich einheitlichen Geschäfts** darf nicht dazu führen, dass der Verbraucher schlechter gestellt wird, als er ohne Aufspaltung stehen würde.[145] Im Übrigen sind auf das verbundene Verbraucherdarlehen die §§ 491 ff. BGB sowie die Rücktrittsfiktion bei Rücknahme der Sache (§ 503 Abs. 2 S. 4, 5 BGB) anzuwenden.

1. Vertragspraxis nach neuem Recht

708 Von elf ausgewerteten repräsentativen Darlehensverträgen für Verbundgeschäfte, die im August 2002 vom Autohandel verwendet wurden, war ein Finanzierungsvertrag noch nicht auf das neue Recht umgestellt. Drei der zehn verbleibenden Finanzierungsverträge enthielten **separate Formularvordrucke** für den Geschäftsverkehr einerseits mit Verbrauchern und andererseits mit Unternehmern.

Die restlichen sieben Verträge waren **für Verbraucher und Unternehmer gleichermaßen bestimmt**. Alle enthielten sie eine auf der Vorderseite des Antrags mehr oder weniger deutlich hervorgehobene Widerrufsbelehrung, die laut Aussage der Händler bei Verwendung des Formularvordrucks für einen Darlehensvertrag mit einem Unternehmer durchgestrichen werden sollte. Die für den Verbraucherdarlehensvertrag vorgesehenen AGB wur-

---

144 Palandt/Heinrichs, BGB Erg.-Bd., § 346 Rn 17.
145 BGH 5. 4. 1962, BGHZ 37, 94, 99; 26. 3. 1979, BGHZ 66, 165 ff.

den in diesen **Mischverträgen** jeweils mit den Worten eingeleitet, „Handelt es sich bei dem Darlehensnehmer um einen Verbraucher" oder „Unterliegt der Darlehensvertrag den Regelungen zum Verbraucherdarlehensvertrag gem. §§ 491 ff." Infolge der Verbindung beider Vertragsarten in einem Antragsformular waren die AGB teils unübersichtlich teils unverständlich. Dem Verbraucher wird bei dieser Art der Vertragsgestaltung abverlangt, im Einzelnen zu überprüfen, welche Regelungen für ihn zutreffen, womit er i. d. R. überfordert ist. Daher sind Zweifel angebracht, ob eine solche Mixtur von AGB den Anforderung von § 307 Abs. 1 S. 2 BGB gerecht wird.

Die **Vertragsabschlussmodalitäten** waren nicht immer zufriedenstellend geregelt. Unter den ausgewerteten Verträgen befanden sich einige, aus denen die Dauer der Antragsbindung nicht ablesbar war. In einem Antrag fand sich die Klausel, dass die Bank den Antrag – ggf. mit geändertem Zahlungsplan – bestätigt. Andere Formulare sahen eine Bindung des Antragstellers an das Angebot von 4 Wochen mit Bestätigungsverpflichtung der Bank innerhalb dieser Frist vor. In sechs von zehn Verträgen verzichtete der Darlehensnehmer auf den Zugang der Annahmeerklärung des Darlehensgebers.

Die **Widerrufsbelehrungen** waren teilweise unvollständig und unwirksam. In fünf Fällen fehlte die Belehrung des Verbrauchers darüber, dass der Widerruf auch durch Rücksendung der Sache (hier Rückgabe des PKW) ausgeübt werden kann und dass zur Einhaltung der Widerrufsfrist die rechtzeitige Absendung genügt (§ 355 Abs. 1 S. 2 BGB).

Es erstaunte, dass immerhin (bzw. lediglich) fünf der ausgewerteten Verträge im Zusammenhang mit der Widerrufsbelehrung den Hinweis gem. § 357 Abs. 3 S. 1 BGB auf die Verpflichtung des Darlehensnehmers zur Zahlung von **Wertersatz** für den Fall der bestimmungsgemäßen Ingebrauchnahme des Fahrzeugs enthielten.

Zwei Beispiele:
– Die Kreditnehmer haben im Fall des Widerrufs des Kreditvertrags Wertersatz für die durch die bestimmungsgemäße Ingebrauchnahme des Fahrzeugs entstandene Verschlechterung, insbesondere für die durch die Zulassung des Fahrzeugs entstandene Wertminderung zu leisten. Diese Rechtsfolge kann dadurch vermieden werden, dass der Gebrauch ausschließlich auf die Prüfung des Fahrzeugs beschränkt wird und die Zulassung erfolgt, wenn die Kreditnehmer sich entschlossen haben, von ihrem Widerrufsrecht keinen Geberauch zu machen.
– Durch die Zulassung entsteht ein Wertverlust in Höhe von ca. 20 %. Im Fall des Widerrufs und der daraus resultierenden Rückabwicklung des Vertrages ist diese Wertminderung vom Darlehensnehmer zu tragen. Diese Rechtsfolge kann der Darlehensnehmer vermeiden, wenn er den Pkw erst nach Ablauf der Widerrufsfrist zulässt.

Von der Verwendung der letzteren Klausel ist abzuraten, da sie nicht den gesetzlichen Anforderungen entspricht. Auf die Zulassung des Fahrzeugs kommt es nach § 357 Abs. 3 S. 1 BGB nicht entscheidend an, sondern auf die bestimmungsgemäße Ingebrauchnahme. Selbst wenn man davon ausgeht, dass die Zulassung eine notwendige Voraussetzung für eine bestimmungsgemäße Ingebrauchnahme eines Kraftfahrzeugs darstellt, was keineswegs so sein muss, so hat der Darlehensnehmer im Fall des Widerrufs den durch die eigentliche Benutzung des Fahrzeugs herbeigeführten Wertverlust nicht auszugleichen, da er insoweit nicht belehrt wurde.

Die nach § 502 BGB erforderlichen **Angaben** waren in allen Darlehensverträgen enthalten.

Fast alle Verträge sahen vor, dass der Darlehensnehmer für den Fall einer Beschädigung des Fahrzeugs seine **Ansprüche gegen den Schädiger** und dessen Versicherer an den Darlehensgeber überträgt. Diese Regelung geht in Ordnung, da der Darlehensgeber Sicherungseigentümer des Fahrzeugs ist. Über das Ziel schossen jedoch Regelungen, welche vorsahen, dass der Darlehensnehmer „alle Ansprüche" auf den Darlehensgeber überträgt oder – wie in einem Fall – „einschließlich des Anspruchs auf Nutzungsausfallentschädigung". Der Darlehensgeber hat Nutzungsausfall nicht zu beanspruchen, da das Nutzungsrecht ausschließlich dem Darlehensnehmer zusteht. Deshalb verstößt die Abtretungsklausel gegen § 307 Abs. 1 BGB.

Die **Kündigungsregelungen** waren nicht zu beanstanden. In den AGB aller Antragsformulare wurde zwischen Verbraucherdarlehensverträgen und allgemeinen Darlehensverträgen differenziert und auf die einschlägigen gesetzlichen Regelungen der §§ 498, 489 BGB verwiesen. Die wichtigen Gründe für eine Kündigung gem. § 490 BGB waren exemplarisch aufgeführt und ließen Raum für weitere Gründe.

2. Verbundene Verträge

709 Nach der Legaldefinition des § 358 Abs. 3 BGB sind ein Vertrag über die Lieferung einer Ware oder die Erbringung einer anderen Leistung und ein Verbraucherdarlehensvertrag miteinander verbunden, wenn das Darlehen ganz oder teilweise der Finanzierung des anderen Vertrages dient und beide Verträge eine wirtschaftliche Einheit bilden. Verbundene Verträge zwischen Unternehmern und mit Nichtverbrauchern werden von § 358 BGB nicht erfasst, wohl aber solche mit Existenzgründern bis 50.000 Euro. Verbraucher, die sich ein Darlehen zur Finanzierung eines Neufahrzeugs für die Aufnahme einer gewerblichen oder selbstständigen beruflichen Tätigkeit gewähren lassen, werden durch die Sonderbestimmungen über verbundene Verträge geschützt, während dies bei Gründern eines Idealvereins nicht der Fall ist, wenn sie ein Neufahrzeug zum Transport Behinderter kaufen. Von § 358 BGB nicht erfasst werden Handwerker, Kleingewerbetreibende, Freiberufler, die unter Geltung des Abzahlungsgesetzes noch an dem Schutz partizipierten, den die Rechtsprechung in Form des subsidiären Einwendungsdurchgriffs und des c. i. c.-haftungsbewehrten Belehrungsschutzes über die Aufspaltungsrisiken zur Verfügung stellte. Seit dem Inkrafttreten des VerbrKrG, das im Zuge der Schuldrechtsmodernisierung in das BGB integriert wurde, steht dieser Personenkreis – außer in der Existenzgründungsphase – aktiv und passiv im Lager der Unternehmer.

710 Der Begriff der wirtschaftlichen Einheit erfordert, dass das Darlehen der Finanzierung des Kaufs dient. Im umgekehrten Verhältnis gilt dies nicht. Nach der Formulierung von § 358 Abs. 3 S. 1 BGB muss, wie schon zuvor im Rahmen von § 9 Abs. 1 S. 1 VerbrKrG, **die Zweckgebundenheit** des Darlehens **positiv festgestellt** werden.[146]

Das Verbundgeschäft zwischen Darlehen und Kauf setzt weiterhin voraus, dass beide Verträge eine **wirtschaftliche Einheit** bilden. Nach der Legaldefinition von § 358 Abs. 3 S. 2 BGB spricht die Vermutung für das Vorliegen eines wirtschaftlich einheitlichen Geschäfts, wenn sich der Darlehensgeber bei der Vorbereitung oder dem Abschluss des Verbraucherdarlehensvertrages der Mitwirkung des Verkäufers bedient.[147]

Mit dem Begriff der wirtschaftlichen Einheit knüpft der Gesetzgeber an die Rechtsprechung an, die – unterstützt vom juristischen Schrifttum – bereits unter Geltung des Abzahlungsgesetzes dieses Rechtsinstitut entwickelt hat.

Im Jahre 1967 entschied der BGH, das Kriterium eines einheitlichen wirtschaftlichen Vorgangs sei anzunehmen, wenn sich Kauf- und Darlehensvertrag aus der Sicht des Käufers als Teilstücke eines wirtschaftlich einheitlichen Vorgangs darstellen, mit dem das Ziel verfolgt wird, den Erwerb des Kaufgegenstandes gegen Ratenzahlungen zu ermöglichen.[148]

---

146 *Emmerich* in *Graf von Westphalen/Emmerich/Kessler*, VerbrKrG § 9 Rn 34 ff.
147 *Heinrichs* in *Palandt/Heinrichs*, BGB Erg.-Bd., § 358 Rn 15 ist der Auffassung, dass es sich um eine unwiderlegliche Vermutung handelt.
148 8 Entscheidungen des BGH v. 20. 2. 1967, BGHZ 47, 224 ff.

Zweckgebundene Drittfinanzierung 710

Beide Verträge müssen sich entweder wechselseitig bedingen oder der eine seinen Sinn erst durch den anderen erhalten.[149]

Die **Verbindungselemente** lassen sich tatbestandsmäßig nicht abschließend beschreiben und können nur von Fall zu Fall verschieden sein.[150]

Ein entscheidendes Kriterium für die Annahme der wirtschaftlichen Einheit besteht in der nunmehr legaldefinierten **Zweckbindung** des Darlehens an die Finanzierung eines ganz bestimmten Kaufs, wobei in Abgrenzung zum reinen Personaldarlehen allerdings ein planmäßiges Zusammenwirken von Verkäufer und Geldgeber hinzutreten muss.[151]

Die Planmäßigkeit des Handelns erfordert nicht, dass
- der Darlehensgeber dem Verkäufer die Darlehensformulare überlässt,[152]
- der Verkäufer die Darlehensverhandlungen mit dem Darlehensgeber führt,[153]
- eine auf Dauer angelegte Geschäftsverbindung zwischen Verkäufer und Darlehensgeber besteht,[154]
- eine Sicherungsübereignung des Fahrzeugs vorgenommen wird,[155]
- das Fahrzeug in den Darlehensvertrag aufgenommen oder darin erwähnt wird.[156]

Solche Umstände weisen als **Indizien** mehr oder weniger deutlich auf das Bestehen eines wirtschaftlich einheitlichen Vorgangs hin, sie sind jedoch nicht obligatorisch.

Der Blick auf die Entwicklung der Rechtsprechung zum drittfinanzierten Kauf verdeutlicht, dass der BGH die Anforderungen an die wirtschaftliche Einheit zwischen Kauf- und Darlehensvertrag nicht überspannt hat:
- Im Urteil vom 25. 3. 1982[157] vertrat er die Ansicht, die Zuführung der Darlehensmöglichkeit durch den Verkäufer, die Direktauszahlung der Darlehenssumme an den Verkäufer ohne vorherigen Nachweis der erbrachten Lieferung sowie die Behandlung des Kauf- und Darlehensvertrages als Einheit durch die Parteien (Bezeichnung des Kunden als „Käufer/Darlehensnehmer" im Rahmen des Darlehensvertrages) reiche für die Annahme eines wirtschaftlich einheitlichen Vorgangs aus.
- In den Entscheidungsgründen zum Urteil vom 25. 5. 1983[158] hob er hervor, die wirtschaftliche Einheit beider Geschäfte werde durch den Ausschluss des Käufers von der freien Verfügung über die durch das Darlehen erfolgten Mittel und die Direktvalutierung an den Verkäufer zum Ausdruck gebracht.
- In den Gründen der Entscheidung vom 4. 4. 1984[159] forderte er, Kauf- und Darlehensvertrag müssten, um eine wirtschaftliche Einheit darzustellen, derart innerlich miteinander verbunden sein, dass kein Geschäft ohne das andere geschlossen worden wäre.[160]

---

149 BGH 20. 2. 1967, BGHZ 47, 253, 255.
150 BGH 25. 3. 1982, BGHZ 83, 301, 304.
151 *Von Marschall*, Gutachten zur Reform des finanzierten Abzahlungskaufs, 1978, S. 204; *Grundlach*, Konsumentenkredit und Einwendungsdurchgriff, S. 240, 245; *Weber*, ZRP 1982, 310; *Vortmann*, VerbrKrG § 9 Rn 12; *Münstermann/Hannes*, VerbrKrG § 9 Rn 464.
152 BGH 25. 3. 1982, BGHZ 83, 301, 304.
153 BGH 25. 3. 1982, BGHZ 83, 301 ff.
154 BGH 20. 2. 1967, BGHZ 47, 224 ff.; 5. 7. 1971, NJW 1971, 2303 m. Anm. von *Löwe*, a. a. O.; BGH 25. 3. 1982, BGHZ 83, 301 ff.; *Wolff*, WM 1980, 998.
155 BGH 6. 12. 1979, NJW 1980, 938 sowie BGH 25. 3. 1982, BGHZ 83, 301 ff.
156 BGH 25. 3. 1982, BGHZ 83, 301 ff.
157 BGHZ 83, 301 ff.
158 WM 1983, 786, 787.
159 BGHZ 91, 37, 43.
160 In diesem Sinne später OLG Hamm 14. 10. 1988, NJW-RR 1989, 369.

– Das Urteil vom 15. 1. 1987[161] bot vom Sachverhalt her die Besonderheit, dass die – der Lieferung des Fahrzeugs vorausgegangene – Finanzierungsabrede erst 4 Wochen nach Abschluss des Kaufvertrages getroffen worden war.[162] Der BGH stellte sich auf den Standpunkt, die wirtschaftliche Einheit beider Geschäfte ergebe sich in diesem Fall unmittelbar aus der Darlehensurkunde, da die Darlehensgeberin ein Formular verwendet hatte, das für finanzierte Abzahlungsgeschäfte bestimmt war.

– In der Entscheidung vom 23. 6. 1988[163] bejahte er die wirtschaftliche Einheit des Geschäftsvorgangs wegen des engen zeitlichen Zusammenhangs zwischen Kauf- und Darlehensvertrag, der wechselseitigen Bedingtheit beider Verträge[164] und der vereinbarten Direktauszahlung des Darlehens an den Verkäufer.[165]

Nach Ansicht des OLG Köln[166] ist das Kriterium der wirtschaftlichen Einheit allein schon dadurch erfüllt, dass Kauf- und Darlehensantrag aufeinander Bezug nehmen. Es genügt aber nicht, dass der Neuwagenhändler dem Verbraucher lediglich ein Kreditinstitut empfiehlt, mit dem dieser sodann ohne seine Mitwirkung einen Finanzierungsvertrag abschließt. Unter diesen Umständen ist eine wirtschaftliche Einheit selbst dann nicht anzunehmen, wenn der Händler dem Verbraucher die Finanzierungsunterlagen aushändigt und die Bank auf Anweisung des Käufers die Darlehensvaluta direkt an den Händler überweist.[167]

Nicht repräsentativ ist die Entscheidung des OLG Celle, das sich auf den Standpunkt gestellt hat, der Annahme eines verbundenen Geschäfts stehe nicht entgegen, dass der Darlehensvertrag erst Monate später nach dem Abschluss des Kaufvertrages geschlossen worden sei.[168]

711 Durch eine **nachträgliche Umgestaltung** eines Barverkaufs in ein drittfinanziertes Verbundgeschäft gefährdet der Verkäufer seine unbedingten Erfüllungsansprüche, da sie dem Käufer die Möglichkeit eröffnet, den Antrag auf Gewährung eines Verbraucherdarlehens zu widerrufen und dadurch dem Kaufvertrag den Boden zu entziehen.[169] Dagegen kann sich der Händler schützen, indem er mit dem Verbraucher vereinbart, dass es bei dem Barkauf bleibt, falls der Darlehensvertrag nicht wirksam zustande kommen oder vom Darlehensnehmer widerrufen werden sollte. Ins Leere geht allerdings die Berufung des Käufers auf das Widerrufsrecht, wenn ihm der Verkäufer acht Monate nach Vertragsabschluss an Stelle der vereinbarten Barzahlung die Gewährung eines Darlehens durch seine Hausbank vermittelt und der Käufer dieses Entgegenkommen zum Anlass genommen hat, den Kaufvertrag durch rechtsmissbräuchliche Ausnutzung des Widerrufsrechts zu Fall zu bringen.[170]

Der Verbund zwischen Verbraucherdarlehen und Kaufvertrag erstreckt sich nicht – jedenfalls nicht ohne Zustimmung des Darlehensgebers – auf einen **Kaufvertrag** über ein **zweites Fahrzeug**, das der Darlehensnehmer unter Verwendung einer an ihn gezahlten Kaskoentschädigung für das untergegangene Erstfahrzeug erwirbt.[171] Dies folgt aus § 359 S. 2 BGB, wonach sich der Darlehensgeber nachträgliche Vereinbarungen zwischen

---

161 NJW 1987, 1698; ebenso BGH 11. 10. 1995, DAR 1996, 189.
162 Zur nachträglichen Verbindung des Kaufvertrages mit dem Darlehensvertrag vgl. BGH 29. 3. 1984, NJW 1984, 1765 ff.; OLG Frankfurt 16. 12. 1986, NJW 1987, 848; OLG Celle 18. 5. 1995, DAR 1995, 404.
163 NJW 1989, 163.
164 So auch im Fall des OLG Stuttgart 21. 3. 1989, NJW 1989, 887.
165 OLG Düsseldorf 18. 11. 1994, OLGR 1995, 49.
166 Urt. v. 5. 12. 1994, ZIP 1995, 21.
167 BGH 15. 5. 1990, NJW-RR 1990, 1072.
168 OLG Celle 18. 5. 1995, DAR 1995, 404.
169 BGH 30. 5. 1985, WM 1985, 1103.
170 LG Trier 22. 4. 1993, WM 1994, 436.
171 OLG Düsseldorf 23. 3. 1999, OLGR 1999, 318.

Verkäufer und Käufer, soweit sie nicht auf Mängeln der Kaufsache beruhen, nicht entgegenhalten lassen muss.

Falls der Vertrag über das mit dem Kauf verbundene Verbraucherdarlehen nicht zu Stande kommt, entfällt der Kaufvertrag. Dies folgt aus dem Schutzzweck der Vorschrift des § 358 BGB, die entsprechend anzuwenden ist, wenn in Bezug auf den Darlehensvertrag noch keine zwei sich deckenden Willenserklärungen vorliegen.[172] Es ist daher weder auf das Rechtsinstitut einer Störung der Geschäftsgrundlage (§ 313 BGB) zurückzugreifen noch bedarf es der Feststellung, dass der Kaufvertrag durch das Nichtzustandekommen des Darlehensvertrags auflösend[173] bedingt ist oder aufschiebend bedingt durch den Abschluss des Darlehensvertrages geschlossen wurde. Da es auf eine derartige Verknüpfung i. S. v. § 158 BGB zwischen Kauf- und Darlehensvertrag nicht ankommt, sind die Gründe für das Scheitern der Finanzierung rechtlich irrelevant. Es stellt sich insbesondere nicht die Frage, ob der Käufer das Zustandekommen des Darlehensvertrages treuwidrig verhindert hat, was nach Ansicht des LG Gießen[174] nicht anzunehmen ist, wenn der Verbraucher sich gegenüber der Bank weigert, weitere Belege zur Beurteilung seiner Zahlungsfähigkeit einzureichen. 712

a) Angabeerfordernisse

Die Schuldrechtsreform hat keine Klarheit geschaffen, ob auf drittfinanzierte Geschäfte die Formvorschriften für Verbraucherdarlehensverträge im Allgemeinen (§ 492 BGB) oder für Teilzahlungsverträge (§ 501 BGB) Anwendung finden.[175] Für die Anwendung von § 501 BGB sprechen die besseren Argumente, namentlich die hiernach erforderliche Angabe des Teilzahlungspreises im Interesse einer möglichst umfassenden Information des Verbrauchers. 713

b) Widerrufsbelehrung

Für das Widerrufsrecht verbundener Verträge enthält § 358 BGB Sonderregelungen, die neben §§ 355, 356 BGB zu beachten sind. 714

Zusätzlich zu den in § 355 Abs. 2 BGB vorgeschriebenen Angaben (Rn 93) muss die Widerrufsbelehrung den Verbraucher gem. § 358 Abs. 5 BGB auf die Rechtsfolgen nach den Abs. 1 und 2 S. 1 hinweisen. Dem Verbraucher ist klar zu machen, dass er an den verbundenen Darlehensvertrag nicht mehr gebunden ist, wenn er die auf den Abschluss des Kaufvertrages gerichtete Willenserklärung widerruft (§ 358 Abs. 1 BGB) wie er umgekehrt an den verbundenen Kaufvertrag nicht mehr gebunden ist, wenn er seine auf Abschluss des Darlehensvertrages gerichtete Willenserklärung (§ 358 Abs. 2 S. 1 BGB) widerruft.

Durch die Regelung von § 358 Abs. 5 BGB wird das Widerrufsrecht nicht begründet. Die Vorschrift knüpft lediglich an Widerrufsrechte an, die das BGB dem Verbraucher im Darlehensrecht und an anderer Stelle, z. B. beim Haustür- und Fernabsatzgeschäft, zur Verfügung stellt, und regelt die Auswirkung des Widerrufs des einen Vertrages auf den jeweils anderen.[176]

---

172 Zutreffend SchlHOLG 25. 2. 1998, OLGR 1998, 197; *Habersack*, MK-BGB, § 9 VerbrKrG Rn 81; *Bülow*, VerbrKrG § 9 Rn 23; *Martis* MDR 1999, 65, 67.
173 LG Gießen 18. 9. 1998, NJW-RR 1997, 1081.
174 Urt. v. 18. 9. 1996, NJW-RR 1997, 1081.
175 Zu dieser Streitfrage AG Halle/Westfalen 22. 7. 1992 WM 1992, 1980; *Münstermann/Hannes*, VerbrKrG § 4 Rn 233; *Bülow*, VerbrKrG § 4 Rn 114.
176 Unter dem Regime von § 9 Abs. 2 S. 2 BGB war lediglich geregelt, dass mit dem Widerruf des Kreditvertrags der verbundene Vertrag hinfällig wurde, nicht aber der umgekehrte -jetzt in § 358 Abs. 1 BGB – geregelte Fall.

Adressat des Widerrufs ist im Fall von § 358 Abs. 1 BGB der Verkäufer, im Fall von § 358 Abs. 2 S. 1 der Darlehensgeber. Auf die Adressaten muss in der Belehrung gem. § 358 Abs. 5 BGB nicht gesondert hingewiesen werden, da sie aus den Einzelbelehrungen über das Widerrufsrecht des Kauf- bzw. Darlehensvertrages hervorgehen (müssen). Die in § 358 Abs. 5 BGB vorgeschriebenen Hinweise sind auf die Rechtsfolgen zu beschränken.

Erfolgt der Widerruf durch die einer Rücksendung gleichgestellte Rückgabe[177] des Fahrzeugs, muss erkennbar sein, auf welchen Vertrag sich der konkludente Widerruf bezieht.[178] Beim Neuwagenkauf betrifft der Widerruf im Regelfall den Darlehensvertrag, da ein Widerrufsrecht in Bezug auf den verbundenen Kaufvertrag die Ausnahme darstellt.

§ 358 Abs. 2 S. 2 BGB bestimmt, dass der Verbraucher den Darlehensvertrag nicht nach § 495 BGB widerrufen kann, wenn ihm ein Widerrufsrecht hinsichtlich der auf Abschluss des verbundenen Kaufvertrags gerichteten Willenserklärung zusteht. Widerruft er dennoch den Darlehensvertrag, so gilt dieser Widerruf gem. § 358 Abs. 2 S. 3 BGB als Widerruf des mit dem Darlehensvertrag verbundenen Kaufvertrags. Dadurch ist sichergestellt, dass ein Widerruf des falschen Vertrages dem Verbraucher nicht schadet.

715 Amtliche Musterbelehrung[179]

Belehrung für das finanzierte Geschäft

Haben Sie diesen Vertrag durch ein Darlehen finanziert und widerrufen Sie den finanzierten Vertrag, sind Sie auch an den Darlehensvertrag nicht mehr gebunden, wenn beide Verträge eine wirtschaftliche Einheit bilden. Dies ist insbesondere anzunehmen, wenn wir gleichzeitig Ihr Darlehensgeber sind oder wenn sich Ihr Darlehensgeber im Hinblick auf die Finanzierung unserer Mitwirkung bedient. Wenn uns das Darlehen bei Wirksamwerden des Widerrufs oder der Rückgabe bereits zugeflossen ist, können Sie sich wegen der Rückabwicklung nicht nur an uns, sondern auch an den Darlehensgeber halten.

Belehrung für den Darlehensvertrag

Widerrufen Sie diesen Darlehensvertrag, mit dem Sie Ihre Verpflichtungen aus einem anderen Vertrag finanzieren, so sind Sie auch an den anderen Vertrag nicht gebunden, wenn beide Verträge eine wirtschaftliche Einheit bilden. Dies ist insbesondere anzunehmen, wenn wir zugleich auch Ihr Vertragspartner im Rahmen des anderen Vertrages sind, oder wenn wir uns bei Vorbereitung und Abschluss des Darlehensvertrages der Mitwirkung Ihres Vertragspartners bedienen. Können Sie auch den anderen Vertrag widerrufen, so müssen Sie den Widerruf gegenüber Ihrem diesbezüglichen Vertragspartner erklären.

Wird mit diesem Darlehensvertrag die Überlassung einer Sache finanziert, gilt Folgendes: Wenn Sie diese Sache im Fall des Widerrufs ganz oder teilweise nicht oder nur in verschlechtertem Zustand zurückgeben können, haben Sie dafür ggf. Wertersatz zu leisten. Dies gilt nicht, wenn die Verschlechterung der Sache ausschließlich auf deren Prüfung – wie Sie Ihnen etwa im Ladengeschäft möglich gewesen wäre – zurückzuführen ist. Im Übrigen können Sie die Wertersatzpflicht vermeiden, indem Sie die Sache nicht wie ein Eigentümer in Gebrauch nehmen und alles unterlassen, was deren Wert beeinträchtigt. Paketversandfähige Sachen sind (auf Kosten und Gefahr Ihres Vertragspartners) zurückzusenden. Nicht paketversandfähige Sachen werden bei Ihnen abgeholt. Wenn Ihrem Vertragspartner das Darlehen bei Wirksamwerden des Widerrufs oder der Rückgabe bereits zugeflossen ist, könne Sie sich wegen der Rückabwicklung nicht nur an diesen, sondern auch an uns halten.

Die amtliche Belehrung für den Darlehensvertrag enthält keinen Hinweis darauf, dass das Widerrufsrecht des Darlehensvertrages gem. § 358 Abs. 2 S. 1 BGB ausgeschlossen ist, wenn der Verbraucher den verbundenen Kaufvertrag gem. § 358 Abs. 1 BGB widerru-

---

177 Zur Rückgabe ohne Widerruf nach altem Recht OLG Düsseldorf 9. 8. 1994, NJW-RR 1995, 747.
178 *Palandt/Heinrichs*, BGB Erg.-Bd., § 355 Rn 8.
179 Abgedr. in ZAP 2002, 961, 962.

fen kann. Der Grund besteht darin, dass die Hinweispflicht in Abs. 5 allein die Rechtsfolgen betrifft, die sich aus den vorhergehenden Abs. 1 und 2 ergeben.[180]

Der Neuwagenkunde, der den Vertrag als Verbraucher abgeschlossen hat, kann durchaus ein Interesse daran haben, dass der Kaufvertrag bestehen bleibt, wenn er von seinem Widerrufsrecht hinsichtlich des Darlehensvertrages Gebrauch macht. In diesem Fall ist eine teleologische Reduktion von § 358 Abs. 2 S. 3 BGB dahingehend vorzunehmen, dass der Verbraucher den Widerruf auf den Darlehensvertrag beschränken kann.[181] Dabei ist allerdings auf die Interessenlage des Verkäufers Rücksicht zu nehmen. Hat er das Fahrzeug z. B. nur wegen der Finanzierung durch die Bank des Herstellers zu einem besonders günstigen Preis angeboten, kann ihn der Verbraucher daran nicht festhalten, nachdem er sich vom Darlehensvertrag durch Ausübung des Widerrufsrechts gelöst hat.

Wenn der Verkäufer die Vertragsverhandlungen für den Darlehensgeber geführt hat, ist er berechtigt, den Widerruf des Darlehensvertrages für diesen als Empfangsbote in Empfang zu nehmen.[182]

c) Rückabwicklung nach Widerruf

Kauf- und Darlehensvertrag sind direkt oder entsprechend § 357 BGB abzuwickeln.   716

§ 358 Abs. 4 S. 2 BGB stellt klar, dass (auch) im Fall des Widerrufs des verbundenen Kaufvertrags dem Verbraucher aus der Rückabwicklung des hinfälligen Darlehensvertrages Zinsen und Kosten nicht auferlegt werden dürfen, da hierdurch das Widerrufsrecht erschwert würde.

Nach dem Widerruf des Darlehensvertrages erfolgt die **Rückabwicklung** mit der Maßgabe, dass der Darlehensgeber in sämtliche Rechte und Pflichten des Verkäufers hinsichtlich der Rückabwicklung des Kaufvertrages eintritt, sofern der Netto-Darlehensbetrag dem Verkäufer bereits zugeflossen ist (§ 358 Abs. 4 S. 3 BGB). Diese Regelung ist nicht anwendbar, wenn der Neuwagenkäufer den mit dem Darlehensvertrag verbundenen Kaufvertrag nach § 358 Abs. 1 BGB widerruft.[183]

Für die Beantwortung der Frage, ob die **Nettodarlehenssumme** dem Verkäufer bereits **zugeflossen** ist, kommt es nicht auf den – für die Fristberechnung maßgeblichen – Zeitpunkt der Absendung des Widerrufs an, sondern auf den Zeitpunkt des Zugangs beim Empfänger. Bei Zahlung durch Scheckhingabe ist der Zeitpunkt der Einlösung maßgeblich.[184]

Die gem. § 358 Abs. 4 S. 3 BGB vorgeschriebene bilaterale Rückabwicklung zwischen Darlehensgeber und Verbraucher soll letzteren vor dem Risiko der Insolvenz des Verkäufers sowie vor den Gefahren schützen, die mit einer Rückabwicklung im Dreiecksverhältnis verbunden sind.[185] Aus diesem Grund findet nach dem Zufluss der Darlehensvaluta die Abwicklung des Darlehensvertrages und des Kaufvertrages ausschließlich zwischen dem Verbraucher und dem Darlehensgeber statt. Letzterer muss eine vom Verbraucher aus eigenen Mitteln an den Verkäufer geleistete Anzahlung[186] an den Verbraucher zurückzahlen und hat Anspruch darauf, dass der Verbraucher das Fahrzeug Zug um Zug gegen Zahlung an ihn herausgibt oder unter den Voraussetzungen von § 346 Abs. 2 und 3 BGB Wertersatz leistet.

---

180 A. A. *Graf von Westphalen* in *Henssler/Graf von Westphalen,* Praxis der Schuldrechtsreform, § 358 Rn 11.
181 *Palandt/Heinrichs,* BGB Erg.-Bd., §358 Rn 9.
182 BGH 11. 10. 1995, DAR 1996, 18, OLG Düsseldorf 18. 11. 1994, ZIP 1993, OLGR 1995,49.
183 *Palandt/Heinrichs,* BGB Erg.-Bd., § 358 Rn 4.
184 BGH 11. 10. 1995, DAR 1996, 18, 20.
185 BGH 11. 10. 1995, DAR 1996, 18 f.; *Groß* ZIP 1993, 1071, 1072; *Stauder,* Festschrift für Bosch, S. 983 ff., 996; *Schmidt-Räntsch,* Das neue Schuldrecht, S. 410.
186 BGH 11. 10. 1995, DAR 1996, 18, 20 m. w. N.

Ein gegen den Verbraucher gerichteter Anspruch auf Rückzahlung des Darlehensbetrages besteht nicht, auch wenn das Darlehen nicht direkt, sondern über den Verbraucher an den Verkäufer geflossen ist.

Unmittelbare Ansprüche gegen den Verkäufer sind dem Verbraucher im Fall der Insolvenz des Darlehensgebers zuzubilligen, da andernfalls das angestrebte Ziel der Risikoentlastung verfehlt würde. Infolgedessen kann die Regelung von § 358 Abs. 4 S. 3 BGB nicht im Sinne einer befreienden Schuldübernahme zu verstehen sein.[187]

Der Darlehensgeber ist aufgrund seines gesetzlich angeordneten Eintritts in das kaufrechtliche Rückabwicklungsverhältnis verpflichtet, dieses in der Weise abzuwickeln, als wäre er selbst der Verkäufer des Neuwagens. Er muss das Neufahrzeug zurücknehmen, einen vom Verkäufer in Zahlung genommenen Gebrauchtwagen an den Verbraucher herausgeben, Verwendungen und andere Aufwendungen des Verbrauchers ersetzen und sowohl die Nutzungsvergütung als auch eine durch bestimmungsgemäße Ingebrauchnahme des Neufahrzeugs entstandene Verschlechterung (§§ 358, 357 Abs. 3 BGB) mit dem Verbraucher abrechnen.

Gesetzlich nicht geregelt sind die **Rechtsfolgen** im Verhältnis zwischen **Darlehensgeber und Verkäufer** für den Fall des Widerrufs nach Auszahlung der Netto-Darlehenssumme, weshalb der Darlehensgeber gut beraten ist, wenn er dem Verkäufer entweder die Netto-Darlehenssumme erst nach Ablauf der Widerrufsfrist zur Verfügung stellt oder mit diesem eine Rückgriffsregelung vereinbart.[188]

Besteht weder eine Rückgriffsvereinbarung zwischen Darlehensgeber und Verkäufer noch eine gesamtschuldnerische Mithaftung des Verkäufers für die Verbindlichkeiten des Käufers aus dem Darlehensvertrag, dann richtet sich nach h. M. im Widerrufsfall die Rückabwicklung zwischen Darlehensgeber und Verkäufer nach **Bereicherungsrecht**.[189]

717 Da der Verbraucher nach neuem Recht verschuldensunabhängig Wertersatz für Untergang, Verschlechterung und anderweitige Unmöglichkeit der Herausgabe des Neufahrzeugs zu leisten hat und ihm – ordnungsgemäße Belehrung gem. § 357 Abs. 3 S. 3 BGB vorausgesetzt – das Haftungsprivileg von § 346 Abs. 3 S. 1 Nr. 3 BGB nicht zuteil wird, muss sich der Darlehensgeber insoweit nicht mehr beim Verkäufer schadlos halten, wozu es einer entsprechenden Haftungsvereinbarung bedarf[190]. Haftungs- und Freistellungsvereinbarungen zwischen Darlehensgeber und Verkäufer sind bei zweifelhafter Bonität des Verbrauchers aber nach wie vor sinnvoll.

Ein dem Händler vom Verbraucher erteilter Auftrag, das Darlehen über den Altwagen abzulösen, um dessen Inzahlungnahme für den Kauf eines Neufahrzeugs zu ermöglichen, ist in seiner Wirksamkeit unabhängig von dem Bestand des Kaufvertrages über den Neuwagen und des damit verbundenen Darlehensvertrages[191] und wird durch den Widerruf nicht hinfällig.

---

187 A. A. *Münstermann/Hannes,* VerbrKrG § 9 Rn 508.
188 *Seibert,* Handbuch zum Verbraucherkreditgesetz, § 9 Rn 7; *Münstermann/Hannes,* VerbrKrG § 9 Rn 509.
189 Im Einzelnen ist vieles strittig und ungeklärt, vgl. hierzu *Münstermann/Hannes,* VerbrKrG § 9 Rn 509; *Dauner -Lieb,* WM 1991, Beilage Nr. 6, 21; *Graf von Westphalen/Emmerich/von Rottenburg,* VerbrKrG § 9 Rn 117, 123 f.; *Bruchner/Ott/Wagner-Wieduwilt,* VerbrKrG § 9 Rn 88 f.; *Ulmer/Habersack,* VerbrKrG § 9 Rn 55; *Canaris,* Bankrecht, Rn 1412, 1512; *Palandt/Heinrichs,* BGB Erg.-Bd., §359 Rn 7; *Bülow,* VerbrKrG § 9 Rn 74 ff., der die bilaterale Abwicklung in die Rückgriffsebene von § 358 Abs. 4 S. 3 BGB hineinprojizieren möchte, um dadurch dogmatische Klarheit zu schaffen.
190 *Münstermann/Hannes,* VerbrKrG § 9 Rn 509.
191 LG Gießen 19. 10. 1994, ZfS 1995, 375.

Falls der Neuwagenverkäufer gegenüber dem Darlehensgeber die gesamtschuldnerische Haftung für die Verbindlichkeiten des Käufers übernommen hat, ist diese Vereinbarung ergänzend dahin auszulegen, dass dem Darlehensgeber ein Anspruch auf Rückzahlung des Nettodarlehensbetrages und eine marktübliche Verzinsung für die Zeit der Kapitalüberlassung zustehen soll, wenn der Käufer seine Vertragserklärung wirksam widerruft.[192] Eine Mitverantwortlichkeit des Darlehensgebers wegen fehlerhafter Widerrufsbelehrung, die dazu führt, dass der Käufer sein Widerrufsrecht längere Zeit nach Abgabe seiner Vertragserklärung noch wirksam ausüben kann, hat zur Folge, dass er vom Verkäufer marktübliche Zinsen erst ab Verzugsbeginn verlangen kann.

3. Einwendungsdurchgriff
a) Vertragsnichtigkeit

Das von der Rechtsprechung entwickelte Rechtsinstitut des Einwendungsdurchgriffs wurde bereits in § 9 Abs. 3 S. 1 VerbrKrG positivrechtlich anerkannt und zu Gunsten des Verbrauchers durch **Aufgabe des Subsidiaritätsprinzips** verstärkt. Auch der nunmehr in § 359 BGB gesetzlich geregelte Einwendungsdurchgriff ist nicht an die Voraussetzung geknüpft, dass dem Verbraucher die Inanspruchnahme des Verkäufers unmöglich bzw. unzumutbar sein muss. Dieser ist ohne weiteres berechtigt, die Rückzahlung des Darlehens zu verweigern, soweit Einwendungen aus dem verbundenen Kaufvertrag ihn gegenüber dem Verkäufer zur Verweigerung seiner Leistung berechtigen würden. Eine partielle Subsidiarität gilt für das Nacherfüllungsrecht des Käufers. Der Käufer kann dem Darlehensgeber die Einwendung erst entgegenhalten, wenn die **Nacherfüllung** fehlgeschlagen ist (§ 359 S. 3 BGB.

Bei dem Einwendungsdurchgriff handelt es sich um ein **Verteidigungsinstrument** zur Abwendung der laufenden Darlehensverpflichtungen. Soweit Einwendungen unmittelbar auf dem Darlehensvertrag beruhen, bedarf es nicht der Heranziehung von § 359 S. 1 BGB.[193]

Der Begriff der Einwendung ist nicht im engen rechtstechnischen Sinn zu verstehen, da er die von **Amts wegen zu beachtenden Einwendungen** ebenso erfasst wie die vom Verbraucher geltend zu machenden **Einreden**.[194] Aus diesem Grunde kann der Verbraucher gem. § 359 S. 1 BGB dem Darlehensgeber die dreijährige Verjährungsfrist des Kaufpreisanspruchs entgegenhalten.[195] Das Durchschlagen der kaufrechtlichen Verjährung auf den verbundenen Darlehensvertrag ist für die Praxis insoweit relevant, als die Verjährung der Ansprüche auf Rückzahlung des Darlehens und der Zinsen gem. § 497 Abs. 3 S. 3 BGB gehemmt wird, sobald der Darlehensnehmer mit den Raten in Verzug gerät, während ein Verzug der Kaufpreiszahlung auf den Lauf der Verjährungsfrist keinen Einfluss hat.

Die kaufvertragliche Einwendung, die den Verbraucher berechtigt, die Darlehensraten zurückzuhalten, kann **vorübergehender** oder **dauernder Natur** sein.

Als Einwendungen aus dem verbundenen Kaufvertrag kommen in Betracht: Sittenwidrigkeit des Kaufvertrages, Geschäftsunfähigkeit des Käufers, Vertragsanfechtung, vollständige oder teilweise Nichterfüllung, Lieferverzug, Störung der Geschäftsgrundlage, Rücktritt, Minderung, Schadensersatzansprüche statt der Leistung, wegen Pflichtverletzung, aus unerlaubter Handlung und Aufwendungsersatzansprüche.

---

192 BGH 25. 5. 1993, ZIP 1993, 994.
193 *Reinicke/Tiedtke*, ZIP 1992, 217, 223.
194 *Münstermann/Hannes*, VerbrKrG § 9 Rn 515 ff.; *Palandt/Heinrichs*, BGB Erg.-Bd., § 359 Rn 3.
195 BGH 25. 9. 2001, ZIP 2001, 2124, 2126; OLG Stuttgart NJW-RR 2002, 856.

Vom Einwendungsdurchgriff nicht erfasst werden solche Einwendungen, die sich aus einem Änderungsvertrag ergeben, den die Parteien des Kaufvertrages nach dem Zustandekommen des Darlehensvertrages geschlossen haben.

aa) Nichtigkeit des Kauf- und Darlehensvertrages

719 Als Ursachen für eine Doppelnichtigkeit kommen Geschäftsunfähigkeit, Anfechtung und Sittenwidrigkeit in Betracht.

Im Fall des sog. Doppelmangels stellt sich nicht die Frage, ob der Käufer dem Darlehensgeber die Einwendung der Nichtigkeit des Kaufvertrages nach § 359 BGB entgegen halten kann. Da auch der Darlehensvertrag nichtig ist, besteht schon aus diesem Grund für den Verbraucher keine vertragliche Verpflichtung, das an den Verkäufer geflossene Darlehen zurückzuzahlen. Ein aus dem Kaufvertrag abgeleitetes Leistungsverweigerungsrecht benötigt er nicht, da der Darlehensgeber keinen Anspruch auf die Leistung i. S. v. § 359 BGB besitzt.

720 Zur **Rückabwicklung wegen Doppelmangels** gibt es ein vielfältiges Meinungsangebot, das vorrangig die Frage betrifft, ob dem Darlehensgeber ein Direktanspruch gegen den Verkäufer zuzubilligen ist oder ob die Rückabwicklung „über Dreieck" zu erfolgen hat.[196]

Die Ansicht, eine Kondiktion des dem Käufer gegen den Verkäufer wegen der Direktvalutierung zustehenden Bereicherungsanspruchs sei unzulässig, ist seit der Abschaffung des Abzahlungsgesetzes überholt, da das Konditionsverbot aus §§ 1 b, 1 d AbzG abgeleitet wurde.[197]

Die vereinzelt vertretene Meinung, dem Darlehensgeber sei ein unmittelbarer Bereicherungsanspruch gegen den Verkäufer einzuräumen, weil die Zahlung der Darlehensvaluta eine Leistung an den Verkäufer darstelle,[198] begegnet dem Einwand, die Direktzahlung an den Verkäufer erfolge auf Anweisung des Käufers und für diesen, so dass der Darlehensgeber nur aus abgetretenem Recht gegen den Verkäufer vorgehen könne.[199]

Mehrheitlich wird der vermittelnde Standpunkt[200] vertreten. Danach soll die Abwicklung grundsätzlich „**über Dreieck**" rückabgewickelt werden. Nur wenn der Käufer das Kraftfahrzeug noch nicht erhalten hat, wird dem Darlehensgeber gestattet, den Verkäufer unmittelbar auf Rückzahlung des Darlehens in Anspruch zu nehmen. Die Kompromisslösung verdient den Vorzug, da bei der sog. „Kondiktion der Kondiktion" die Einwendungen aus der jeweiligen Vertragsbeziehung erhalten bleiben (§ 404 BGB). Bedeutung erlangt dieser Aspekt, insbesondere bei einem bereits vollzogenen Leistungsaustausch. Dem Käufer können z. B. Erstattungsansprüche gegen den Darlehensgeber wegen schon geleisteter Raten zustehen. Gegen den Verkäufer ist ein Anspruch auf Herausgabe eines in Zahlung gegebenen Altwagens oder ein Anspruch auf Wertersatz im Fall des bereits erfolgten Weiterverkaufs möglich. Bei nur teilweiser Finanzierung kommt u. U. ein Anspruch auf Rückzahlung des geleisteten Barpreises in Betracht. Lediglich im Fall des Nichtbestehens von Gegenansprüchen auf Seiten des Käufers erscheint es gerechtfertigt, dem Darlehensgeber den Durchgriff auf den Verkäufer zu gestatten, da eine Schutzbedürftigkeit des Käufers nicht erkennbar ist.

---

[196] Vgl. *Lieb,* MK-BGB, § 812 Rn 132 ff.; *Reuter-Martinek,* Ungerechtfertigte Bereicherung, S. 499 ff.; *Soergel/Hönn,* Anh. zu § 6 AbzG Rn 70 ff.
[197] BGH 29. 3. 1984, NJW 1984, 1755.
[198] *Soergel/Mühl,* § 812, Rn 90; *Reuter-Martinek,* Ungerechtfertigte Bereicherung, S. 505.
[199] *Canaris,* Bankvertragsrecht, Rn 1412.
[200] Vgl. BGH 7. 2. 1980, NJW 1980, 1155, 1158; *Soergel/Hönn,* Anh. zu § 6 AbzG, Rn 27 m. w. N.

bb) Nichtigkeit des Darlehensvertrages

Bei Nichtigkeit des Darlehensvertrages bleibt nach der Trennungstheorie der **Kaufvertrag wirksam**, es sei denn, die Wirksamkeit des Kaufvertrages wurde auflösend oder aufschiebend bedingt von dem wirksamen Zustandekommen des Darlehensvertrags abhängig gemacht.

Das Problem des Einwendungsdurchgriffs stellt sich nicht, da § 359 BGB grundsätzlich nur Einwendungen gegen die Rückzahlung des Darlehens zulässt. Einwendungen aus dem Darlehensvertrag kann der Käufer dem Verkäufer nach dieser Vorschrift nicht entgegenhalten.

Durch Auszahlung der Darlehensvaluta aus dem unwirksamen Darlehensvertrag erlangt der Käufer rechtsgrundlos die Befreiung von der Kaufpreisverbindlichkeit. Folglich hat er dem Darlehensgeber die Nettokosten des Darlehens gem. § 812 Abs. 1 S. 1 BGB zu ersetzen, zuzüglich 50 % der Kosten für eine etwaige Restschuldversicherung.[201] Den Betrag muss der Käufer nach § 817 S. 2 BGB ratenweise innerhalb der im Darlehensvertrag vereinbarten Laufzeit zurückzahlen.[202]

Von einer zur Darlehenssicherung bestellten Bürgschaft des Verkäufers werden Bereicherungsansprüche des Darlehensgebers gegen den Darlehensnehmer miterfasst, wenn der Bürge eigene wirtschaftliche Interessen verfolgt und ihm die Darlehensvaluta letztlich auch zugute kommt.[203]

cc) Nichtigkeit des Kaufvertrages

Die Einwendung, der Kaufvertrag sei nichtig, berechtigt den Käufer, die Rückzahlung des Darlehens zu verweigern, sofern die Voraussetzungen eines Verbundgeschäfts zwischen Kauf und Darlehen vorliegen.

Damit ist nicht gesagt, dass der Käufer bereits geleistete Ratenzahlungen vom Darlehensgeber im Wege des sog. **Rückforderungsdurchgriffs** zurückverlangen kann.

Ein Rückzahlungsanspruch analog § 358 Abs. 4 S. 3 BGB kommt nicht in Betracht, da diese Vorschrift eine **Spezialregelung** enthält, die nur im Fall des Widerrufs Anwendung findet.[204] Beim Einwendungsdurchgriff tritt der Darlehensgeber nicht in Rechte und Pflichten aus dem Kaufvertrag ein.

Sofern die Nichtigkeit des Kaufvertrags auf **Sittenwidrigkeit** oder einer **Anfechtung** des Käufers wegen arglistiger Täuschung beruht, könnte der Gedanke nahe liegen, auf die vor dem Inkrafttreten des VerbrKrG praktizierte Rechtsprechung zum „subsidiären" Einwendungsdurchgriff zurückzugreifen, die dem Käufer unter diesen Voraussetzungen den Haftungsdurchgriff auf den Darlehensgeber gestattete.[205] Eine solche Vorgehensweise wäre aber nur zulässig, wenn § 359 BGB eine Regelungslücke enthielte, wofür es keine Hinweise gibt.

Somit wird die Frage virulent, ob sich der Anspruch des Darlehensnehmers auf Rückzahlung der von ihm geleisteten Zahlungen unmittelbar aus § 359 S. 1 BGB ableiten lässt. Grundsätzlich gewährt diese Vorschrift dem Käufer eines Verbundgeschäfts nur ein Abwehrrecht und keinen Anspruch (Rn 734). Der Haftungsdurchgriff auf den Darlehensgeber wird dem Verbraucher jedoch ausnahmsweise gestattet, wenn der finanzierte Vertrag nichtig ist.[206] Im Fall der Nichtigkeit des verbundenen Vertrages besteht die Einwendung ma-

---

201 BGH 12. 2. 1987, NJW 1987, 2076 ff. m. w. N.
202 BGH 16. 6. 1989, NJW 1989, 3217; *Palandt/Thomas,* BGB, § 817 Rn 23.
203 BGH Urt. v. 12. 2. 1987, NJW 1987, 2076.
204 A. A. *Vortmann,* VerbrKrG § 9 Rn 47.
205 BGH 7. 2. 1980, NJW 1980, 1155, 1158; 19. 9. 1985, NJW 1986, 43.
206 *Palandt/Heinrichs,* BGB Erg.-Bd., § 359 Rn 7 m. w. N.

teriellrechtlich von Anfang an. Da der Käufer den Kaufpreis nicht schuldet, erfolgt die Auszahlung der Darlehensvaluta ohne Rechtsgrund und stellt keine Leistung an den Käufer dar.[207] Die trotz Bestehens der rechtshindernden Einwendung an den Darlehensgeber geleisteten Raten kann der Verbraucher daher gem. § 813 Abs. 1 S. 1 BGB von diesem zurückfordern.[208]

b) Nichterfüllung des Kaufvertrages
aa) Voraussetzungen und Ausschluss des Einwendungsdurchgriffs

723 Da beim Kauf eines Neuwagens keine Vorleistungspflicht des Käufers vereinbart wird, ist der Kaufpreis erst bei Lieferung des Fahrzeugs fällig. Zahlt der Darlehensgeber die Darlehensvaluta vor Eintritt der Fälligkeit an den Verkäufer, handelt er pflichtwidrig.

Die vorzeitige Auszahlung des Darlehens an den Verbraucher zwecks Weitergabe an den Verkäufer verpflichtet den Darlehensgeber zur **Aufklärung** des Verbrauchers über die besonderen Risiken.[209] Kommt er der Aufklärungspflicht nicht nach, haftet er dem Käufer aus dem Gesichtspunkt der Verletzung vertraglicher Pflichten gem. § 241 Abs. 2 BGB. Diese Schadensersatzansprüche kann der Käufer dem Darlehensgeber unmittelbar entgegenhalten. Er benötigt hierzu nicht den Einwendungsdurchgriff des § 359 S. 1 BGB.

Beim Neuwagenkauf erfolgt die Auszahlung des Darlehens durch den Darlehensgeber regelmäßig erst nach Erhalt der Bestätigung, dass der Verbraucher das Fahrzeug vom Verkäufer erhalten hat. Solange der Verkäufer seine Lieferverpflichtung nicht erfüllt hat und dem Darlehensgeber die Empfangsbestätigung des Käufers nicht vorweisen kann, ist die Auszahlung des Darlehens blockiert, so dass eine Rückzahlungsverpflichtung des Verbrauchers aus dem Darlehensvertrag nicht entsteht. Für eine Anwendung von § 359 S. 1 BGB bleibt kein Raum, da diese Vorschrift das Bestehen einer fälligen Rückzahlungsverpflichtung aus dem Darlehensvertrag voraussetzt.

Der Einwendungsdurchgriff ist dem Käufer versagt, wenn er die Nichterfüllung des Kaufvertrages zu vertreten hat, da ihm unter diesen Voraussetzungen keine – wie auch immer gearteten – Ansprüche gegen den Verkäufer zustehen, die er dem Darlehensgeber entgegen halten könnte. Der Käufer kann sich auf den Schutz von § 359 BGB auch dann nicht berufen, wenn er die Auszahlung des Darlehens vor Lieferung des Fahrzeugs ausdrücklich gewünscht hat[210] oder wenn er das Fahrzeug auf eigenen Wunsch dem Verkäufer zur Verwahrung überlassen hat und die für einen späteren Zeitpunkt vorgesehene Herausgabe daran gescheitert ist, dass zwischenzeitlich über das Vermögen des Verkäufers das Insolvenzverfahren eröffnet wurde.[211] Einer Geltendmachung von Einwendungen aus dem Kaufvertrag gegenüber dem Darlehensgeber steht § 242 BGB entgegen, wenn Käufer und Verkäufer in kollusorischem Zusammenwirken durch eine fingierte Empfangsbestätigung die Auszahlung des Darlehens an den Verkäufer herbeigeführt haben.[212]

Die Abgabe einer **unrichtigen Empfangsbestätigung** des Käufers muss nicht zwangsläufig zum Ausschluss des Einwendungsdurchgriffs führen. Es kommt jeweils auf die Umstände des Einzelfalls an. Wenn etwa der Verkäufer dem Verbraucher vorspiegelt, er benötige dessen Empfangsbestätigung, um das Fahrzeug beim Hersteller abholen zu können, und verwendet er diese nur, um an die Darlehensvaluta heranzukommen, muss sich der Dar-

---

207 OLG Dresden 3. 11. 1999, NZM 2000, 207; *Münstermann/Hannes,* VerbrKrG § 9 Rn 515; *Staudinger* NZM 2000, 692.
208 *Bülow,* VerbrKrG § 9 Rn 102.
209 *Vortmann* VerbrKrG, § 9 Rn 48.
210 *Münstermann/Hannes,* VerbrKrG § 9 Rn 517; *Canaris,* Bankvertragsrecht, Rn 1439.
211 BGH 18. 12. 1969, WM 1970, 219.
212 *Münstermann/Hannes,* VerbrKrG § 9 Rn 517 m. w. N.

lehensgeber das Fehlverhalten des Händlers gem. § 278 BGB direkt entgegenhalten lassen, so dass es auch in diesem Fall wiederum nicht des Rückgriffs auf § 359 S. 1 BGB bedarf.[213]

bb) Rückabwicklung

Sofern dem Verkäufer im Fall einer von ihm zu vertretenden teilweisen oder vollständigen Nichterfüllung des Kaufvertrages die Gegenleistung in Form des Kaufpreises bereits zugeflossen ist, sind die Vertragsverhältnisse abzuwickeln. Auf die Frage, wie dies zu geschehen hat, gibt § 359 BGB keine Auskunft, so dass auf allgemeine Rechtsgrundsätze zurückgegriffen werden muss.

Der **Rücktritt des Verbrauchers** vom Kaufvertrag begründet gegenüber dem Darlehensgeber gem. § 359 S. 1 BGB ein endgültiges Leistungsverweigerungsrecht im Hinblick auf alle zum Zeitpunkt der Rücktrittserklärung ausstehenden Darlehensraten.

Ein Rückforderungsdurchgriff gegen den Darlehensgeber ist nicht zuzulassen. Die bis zur Erklärung des Rücktritts geleisteten Raten kann der Verbraucher somit nicht vom Darlehensgeber zurückverlangen.[214]

Wegen des endgültigen Leistungsverweigerungsrechts des Verbrauchers im Hinblick auf alle ausstehenden Darlehensraten kann der Fortfall des Darlehensvertrages nicht ernsthaft in Betracht gezogen werden. Sein Schicksal ist „qua legem" durch Aufgabe der Trennungstheorie mit dem Kaufvertrag auf „Gedeih und Verderb" verbunden, so dass mit dem Erlöschen der Rückzahlungspflicht des Verbrauchers der Darlehensvertrag zwangsläufig endet.[215] Zur Begründung dieser Rechtsfolge bedarf es, anders als beim Leasingvertrag,[216] nicht des Rückgriffs auf das in § 313 BGB verankerte Rechtsinstitut des Wegfalls der Geschäftsgrundlage.[217]

Die Anspruchsverteilung stellt sich materiellrechtlich durchaus überschaubar dar. Nach Erklärung des Rücktritts wegen teilweiser oder vollständiger Nichterfüllung des Kaufvertrages steht dem Verkäufer das Auto zu, das der Verbraucher an ihn zurückgeben muss. Im Gegenzug ist der Verkäufer verpflichtet, den Kaufpreis zuzüglich nachgewiesener Zinsen zurückzuzahlen. Der Rückaustausch der Leistungen hat gem. § 347 BGB Zug um Zug zu erfolgen. Im Verhältnis zwischen Darlehensgeber und Verbraucher steht der vom Verkäufer zu erstattende Kaufpreis, soweit er mit dem Darlehen bezahlt wurde, dem Darlehensgeber zu, jedoch nur in Höhe des noch ausstehenden Nettodarlehensbetrages zuzüglich der Zinsen gem. §§ 347, 288 BGB. Anspruch auf Verrechnung mit dem offenen Bruttodarlehensbetrag besteht nicht, da andernfalls das in § 359 S. 1 BGB vorgesehene Zurückbehaltungsrecht des Verbrauchers unterlaufen würde. Falls der vom Verkäufer nach Verrechnung mit der Nutzungsvergütung zu erstattende Kaufpreis zur Ablösung des Nettodarlehensbetrages nicht ausreicht, ist der Käufer verpflichtet, den Differenzbetrag auszugleichen. Folgt man der hier vertretenen Ansicht, dass der Rückforderungsdurchgriff nicht zuzulassen ist, hat der Darlehensgeber die in den gezahlten Raten enthaltenen Zinsen und Darlehenskosten zu beanspruchen. Der Verkäufer muss dem Käufer im Falle des Rücktritts die zeitanteiligen Zinsen und Darlehenskosten nicht ersetzen.[218]

---

213 BGH 11. 7. 1963, BGHZ 40, 65, 69; 20. 2. 1967, 47, 230; *Canaris,* Bankvertragsrecht, Rn 1440; *Vortmann,* VerbrKrG § 9 Rn 40.
214 *Palandt/Heinrichs,* BGB Erg.-Bd., § 359 Rn 7 m. w. N.; ausführlich dazu Rn 734.
215 *Münstermann/Hannes,* VerbrKrG § 4 Rn 527.
216 Vgl. BGH 16. 9. 1981, BB 1981, 2093.
217 A. A. OLG Düsseldorf 23. 4. 1996, NJW-RR 1996,1265; *Ott* in *Bruchner/Ott/Wagner-Wieduwilt,* VerbrKrG § 9 Rn 129.
218 LG Hagen 23. 7. 1993, NJW-RR 1994, 1260.

Abrechnungsbeispiel für die Rückabwicklung nach erklärtem Rücktritt

Kaufpreis des Autos	10.000 Euro
Baranzahlung des Verbrauchers	2.000 Euro
Darlehensbetrag brutto	9.000 Euro
Darlehensbetrag netto	8.000 Euro
Laufzeit des Darlehensvertrages	10 Monate
Monatsrate	900 Euro
Rücktritt nach	2 Monaten
Gebrauchsvorteile	500 Euro

Es haben zu beanspruchen:

1.
der Verkäufer das Auto und die Gebrauchsvergütung von 500 Euro

2.
der Verbraucher die Anzahlung von 2000 Euro zuzüglich Zinsen seit dem Tag der Zahlung abzüglich der Gebrauchsvorteile in Höhe von 500 Euro sowie abzüglich 2 Netto-Darlehensraten von je 800 Euro

3.
der Darlehensgeber 6400 Euro (restliche Nettodarlehenssumme von 8 Raten zu je 800 Euro) zuzüglich nachgewiesener Zinsen seit Zahlung an den Verkäufer.

726 Geht man davon aus, dass die Direktauszahlung des Darlehens an den Verkäufer eine Leistung des Darlehensgebers an den Verbraucher darstellt,[219] besitzt der Darlehensgeber **keinen** unmittelbaren Erstattungsanspruch gegen den Verkäufer. Diesen Anspruch hat er nach vermittelnder Ansicht nur ausnahmsweise, wenn der Verkäufer das Auto noch nicht ausgeliefert hat und dem Verbraucher keine Gegenansprüche wegen gezahlter Darlehensraten oder einer geleisteten Anzahlung zustehen, da in diesem Fall die Interessen des Verkäufers gewahrt werden und auf Seiten des Verbrauchers eine Schutzbedürftigkeit nicht erkennbar ist. Soweit das Forderungsrecht die dem Verbraucher materiellrechtlich zustehenden Ansprüche überschreitet, liegt im Verhältnis zum Darlehensgeber eine ungerechtfertigte Bereicherung vor, die diesen berechtigt, den Anspruch zu kondizieren und den Verkäufer aus abgeleitetem Recht in Anspruch zu nehmen (sog. Kondiktion der Kondiktion).

727 Die **praktische Durchsetzung** des zweigeteilten Anspruchs stößt auf erhebliche Probleme, da die Kaufpreiserstattung grundsätzlich nur Zug um Zug gegen Rückgabe des Fahrzeugs zu erfolgen hat, das sich regelmäßig in Händen des Verbrauchers befindet. Mit dem Sicherungsinteresse der Bank nicht vereinbar ist die vollständige Rückabwicklung des Kaufvertrages durch den Verbraucher mit anschließendem Innenausgleich zwischen Verbraucher und Darlehensgeber. Ein denkbarer Weg wäre folgender: Der Darlehensgeber erstattet dem Verbraucher die von diesem geleistete Anzahlung abzüglich der Gebrauchsvorteile Zug um Zug gegen Abtretung der Kaufpreisrückzahlungsansprüche, nimmt das Fahrzeug entgegen und wickelt anschließend das Kaufvertragsverhältnis mit dem Verkäufer eigenständig ab. Die Bank würde zwar das Insolvenzrisiko des Verkäufers tragen, das ihr jedoch zuzumuten ist, weil sie auf Grund der ihr zugänglichen Informationen dieses Risiko weitaus besser als der Verbraucher abschätzen kann, insbesondere wenn sie Geschäftsbeziehungen zum Verkäufer unterhält.

---

219 *Vortmann*, VerbrKrG § 9 Rn 57; *Münstermann/Hannes*, VerbrKrG § 9 Rn 509; *Erman/Klingsporn/Rebmann*, VerbrKrG § 9 Rn 15; a. A. wohl BGH 17. 9. 1996, NJW 1996, 3414.

cc) Verzug

Der Verzugsfall entspricht einer zeitlich begrenzten Nichterfüllung, so dass weitgehend **728** die gleichen Überlegungen wie zur teilweisen und vollständigen Nichterfüllung gelten. Solange sich der Verkäufer in Lieferverzug befindet, gelangt das Darlehen mangels Vorleistungspflicht des Käufers normalerweise nicht zur Auszahlung, und es entsteht auf Seiten des Verbrauchers noch keine Rückzahlungsverpflichtung aus dem Darlehensvertrag. Falls das Darlehen dem Verkäufer trotz des Lieferverzuges ausnahmsweise zugeflossen ist, besteht für den Verbraucher keine Rückzahlungsverpflichtung, wenn er die Darlehensauszahlung nicht zu verantworten hat. Liegt ein Fehlverhalten des Darlehensgebers vor, handelt es sich bei dem Zurückbehaltungsrecht um eine aus dem Darlehensvertrag resultierende und nicht um eine aus dem Kaufvertrag abgeleitete Einwendung i. S. v. § 359 S. 1 BGB des Verbrauchers.

Beim Einwendungsdurchgriff ist der **Verzögerungsfall,** der den Käufer zum Rücktritt (§ 323 BGB) oder zum Schadensersatz statt der Leistung (§§ 281, 280 Abs. 1, 2 BGB) berechtigt, vom in §§ 280 Abs. 1, 2, 286 BGB **geregelten Verzugsschadensfall** zu unterscheiden.

Der auf Lieferverzug beruhende Schaden berechtigt den Käufer im Verhältnis zum Darlehensgeber zur Geltendmachung des Einwendungsdurchgriffs. Unabhängig davon kann **729** der Käufer mit seinen Schadensersatzansprüchen gegen Ansprüche des Verkäufers aufrechnen, bei Vereinbarung der NWVB jedoch nur unter der Voraussetzung, dass seine aus §§ 280 Abs. 1, 2, 286 BGB resultierenden Gegenforderungen unbestritten oder rechtskräftig tituliert sind (Abschn. III, Ziff. 2 NWVB). Eine Aufrechnung gegenüber dem Verkäufer ist jedoch nur möglich, solange die Kaufpreisforderung besteht. Diese erlischt gem. § 362 Abs. 1 BGB in dem Zeitpunkt, in dem der Verkäufer die Darlehensvaluta erhält. Hat der Verbraucher die Kaufpreisforderung des Verkäufers durch Aufrechnung teilweise zum Erlöschen gebracht und zahlt der Darlehensgeber gleichwohl die volle Darlehenssumme an den Verkäufer aus, so ist dieser in Höhe des zur Aufrechnung gestellten Gegenanspruchs ungerechtfertigt bereichert. Dem Rückzahlungsbegehren des Darlehensgebers kann der Verbraucher den Bereicherungseinwand im Wege des Einwendungsdurchgriffs entgegenhalten. Des Rückgriffs auf § 359 S. 1 BGB bedarf es wiederum nicht, wenn die Auszahlung des Darlehensbetrags auf ein Verschulden des Darlehensgebers oder auf ein Fehlverhalten des Verkäufers zurückzuführen ist, das sich der Darlehensgeber aber über § 278 BGB zurechnen lassen muss.

Die aufgrund des Verzugsschadens bestehende Aufrechnungslage zwischen Käufer und **730** Verkäufer erlischt bei nicht erfolgter Aufrechnung mit der Tilgung des Kaufpreises. Im Verhältnis zwischen Verbraucher und Darlehensgeber ist gedanklich von einer **fortbestehenden Aufrechnungslage** auszugehen, weil im Rahmen des Einwendungsdurchgriffs i. S. v. § 359 S. 1 BGB auf diejenigen Einwendungen abgestellt werden muss, die der Verbraucher dem Verkäufer im Falle der Vereinbarung eines einfachen Teilzahlungskaufs entgegenhalten könnte. Bei Vereinbarung eines Teilzahlungskaufs wäre der Kaufpreis lediglich in Höhe der bereits geleisteten Raten erloschen, mit der Folge, dass auch die Aufrechnungslage weiterhin bestanden hätte. Die Fiktion des Fortbestands der zwischen Verkäufer und Käufer tatsächlich nicht mehr bestehenden Aufrechnungslage im Verhältnis zwischen Käufer und Darlehensgeber ist deshalb logische Konsequenz des für den Einwendungsdurchgriff initialen Dogmas, dass der Verbraucher durch die rechtliche Aufspaltung des wirtschaftlich einheitlichen Geschäfts nicht schlechter stehen soll als beim Teilzahlungskauf. Das Gleichstellungsgebot hat der Gesetzgeber als Grundprinzip in § 359 S. 1 BGB übernommen und durch Verwendung des Konjunktivs zum Ausdruck gebracht. Dort wird dem Verbraucher das Recht zugebilligt, die Rückzahlung des Darlehens zu verweigern, soweit Einwendungen aus dem verbundenen Kaufvertrag ihn gegenüber dem Verkäufer zur Verweigerung seiner Leistung berechtigen „würden".

Es besteht folglich kein Bedürfnis für eine Erstreckung der **Aufrechnungsbefugnis** auf die Rechtsbeziehung zwischen **Verbraucher** und **Darlehensgeber** im Rahmen von § 359 S. 1 BGB, die ohnehin nur durch eine Ersetzung der fehlenden Gegenseitigkeit durch das Merkmal der „wirtschaftlichen Einheit" zu bewerkstelligen wäre.[220] Denn die Aufrechnung ist als eine trotz Kaufpreistilgung in der Rechtsbeziehung zwischen Verbraucher und Darlehensgeber fortbestehende Einwendung zu behandeln, die sich aus dem Vergleichsgeschäft eines hypothetischen Teilzahlungskaufs ableitet.

Wenn der Verbraucher seine Aufrechnungsbefugnis wegen des Verzugsschadens gegenüber dem Darlehensgeber im Wege des Einwendungsdurchgriffs geltend macht, hat dies eine entsprechende **Verminderung der Rückzahlungsbelastung** aus dem Darlehensvertrag zur Folge. Die praktische Umsetzung erfolgt in der Weise, dass sich die vom Verbraucher zurückzuzahlende restliche Darlehensvaluta insgesamt um den Aufrechnungsbetrag vermindert und die Darlehensraten unter Beibehaltung der Fälligkeitstermine neu zu berechnen sind.[221] Gegen den sofortigen Einbehalt der Darlehensraten bis zur Höhe der aufrechenbaren Gegenforderung spricht, dass der finanzierende Käufer besser gestellt würde als ein Barkäufer, da letzterer den geminderten Kaufpreis sofort bezahlen müsste. Mit dem Einwendungsdurchgriff hat der Gesetzgeber jedoch keine Bevorzugung des finanzierenden Käufers bezwecken, sondern vielmehr dessen Schlechterstellung vermeiden wollen.[222]

Eine **Aufrechnung** des Verbrauchers **gegenüber dem Verkäufer** mit Gegenansprüchen kommt nach Auszahlung des Darlehens nicht mehr in Betracht, da die Kaufpreisforderung getilgt ist. Der Käufer kann an Stelle der Geltendmachung des Einwendungsdurchgriffs gegenüber dem Darlehensgeber den Verkäufer wegen seiner Gegenforderungen auf Zahlung in Anspruch nehmen. Hat er allerdings wegen seiner Gegenansprüche von dem Einwendungsdurchgriff gegenüber dem Darlehensgeber Gebrauch gemacht, fehlt es in seiner Person an einem Fortbestand des Schadens. Der Schaden verlagert sich durch den Einwendungsdurchgriff auf den Darlehensgeber, dem allerdings kein eigenes Forderungsrecht gegen den Verkäufer zusteht, es sei denn, ihn verbindet mit dem Verkäufer ein sog. Einreichervertrag mit einer entsprechenden Rückgriffsklausel. Da Anspruchsberechtigung und Schaden auseinander fallen, ist daran zu denken, dem geschädigten Darlehensgeber einen Anspruch nach den Grundsätzen der **Drittschadensliquidation** gegen den Verkäufer zuzubilligen.

dd) Schadensersatzansprüche

731 Schadensersatzansprüche des Käufers können auf **Verzug, Nichterfüllung, Verschulden bei Vertragsschluss, positiver Vertragsverletzung, unerlaubter Handlung**, einem **Garantieversprechen** und auf der Lieferung eines mit **Sach- oder Rechtsmängeln** behafteten Fahrzeugs beruhen. In all diesen Fällen ist der Käufer berechtigt, dem Darlehensgeber die Einwendung gem. § 359 S. 1 BGB entgegenzuhalten.

Die Auswirkungen der Geltendmachung des Schadensersatzanspruchs auf den Kaufvertrag sind verschieden, je nachdem ob der Käufer Schadensersatz statt der Leistung oder Schadensersatz statt der ganzen Leistung oder Schadensersatz neben der Leistung verlangt. Im Bereich der Sachmängelhaftung setzt der Anspruch auf Schadensersatz statt der Leistung voraus, dass die Nacherfüllung unmöglich oder gescheitert ist.

---

220 A. A. *Münstermann/Hannes*, VerbrKrG § 9 Rn 528.
221 *Münstermann/Hannes*, VerbrKrG § 9 Rn 528.
222 *Münstermann/Hannes*, VerbrKrG § 9 Rn 528.

Die Geltendmachung des Schadensersatzanspruchs statt der Leistung (Rn 346) führt nicht zur Rückabwicklung des Kaufvertrages. Der in der Zahlung eines entsprechenden Geldbetrages bestehende Schadensersatzanspruch statt der Leistung spiegelt sich als Einwendung im Rahmen von § 359 S. 1 BGB wieder und berechtigt den Käufer, die Raten entsprechend zu kürzen. Der Darlehensgeber muss sich im Innenverhältnis mit dem Verkäufer auseinandersetzen.

Der Anspruch auf Schadensersatz statt der „ganzen" Leistung (Rn 346) ermöglicht dem Käufer die Geltendmachung des gesamten Schadens, den er durch die vom Verkäufer zu vertretende Nichtleistung erlitten hat. Da der Anspruch des Verkäufers auf die Gegenleistung (Kaufpreiszahlung) entfällt, muss der Käufer das Fahrzeug auf Verlangen Zug um Zug gegen Zahlung der Schadensersatzleistung wegen der ganzen Leistung zurückgeben und die Nutzungen vergüten. Durch Einbindung des Anspruchs auf Schadensersatz wegen der ganzen Leistung in die Rechtsfigur des Einwendungsdurchgriffs ergeben sich weitgehend die gleichen Rechtsfolgen wie beim Rücktritt (dazu Rn 296 ff.).

Schadensersatzansprüche neben der Leistung (z. B. Körperschaden, verursacht durch einen Mangel des Fahrzeugs) berechtigen den Käufer ebenfalls zum Einwendungsdurchgriff. Das Gleiche gilt für den Ersatz von Aufwendungen gem. § 284 BGB, die der Käufer im Vertrauen auf die Leistung des Verkäufers gemacht hat und dies auch billigerweise tun durfte.

Einwendungen, die auf Ansprüchen außerhalb des Kaufvertrags beruhen, berechtigen den Verbraucher nicht zur Zurückhaltung der Darlehensraten. Nach § 359 S. 1 BGB ist es erforderlich, dass sich die Einwendung aus dem Kaufvertrag ergibt und nicht aus einem anderen Vertragsverhältnis. Ein Reparaturauftrag ist im Gegensatz zur Montageverpflichtung gem. § 434 Abs. 2 S. 1 BGB nicht Bestandteil des Kaufvertrages. Bei Nebenabreden zum Kaufvertrag kommt es darauf an, ob der Darlehensgeber von ihnen Kenntnis hat oder ob er sich die Kenntnis des Verkäufers zurechnen lassen muss.[223] Auf Ansprüche gegen Dritte kann sich der Käufer gegenüber dem Darlehensgeber nicht berufen, da sie ihn nicht zur Verweigerung seiner Leistung gegenüber dem Verkäufer berechtigen würden.

Falls bei dem Kaufvertrag ausnahmsweise die Geschäftsgrundlage i. S. d. § 313 BGB gestört ist, erscheint es in Anbetracht der Schutzfunktion der Vorschriften über das Verbraucherdarlehen vertretbar, die daraus resultierenden Ansprüche des Verbrauchers dem verbundenen Kaufvertrag zuzurechnen und dem Verbraucher den Einwendungsdurchgriff zuzubilligen, weil anderenfalls sein Schutz vor den Aufspaltungsrisiken unzureichend wäre.

ee) Ansprüche des Käufers wegen Sach- und Rechtsmängeln

In der Phase der Nacherfüllung ist der Käufer des Neuwagens nicht berechtigt, die Rückzahlung des Darlehens zu verweigern. Dies folgt aus der in § 359 S. 3 BGB angeordneten Subsidiarität. Das **Leistungsverweigerungsrecht** des Käufers gem. § 320 BGB, das ihm auch nach Gefahrübergang zusteht,[224] schlägt somit nicht auf den mit einem Kaufvertrag verbundenen Darlehensvertrag durch. Erst wenn der Verbraucher vom Kaufvertrag zurückgetreten ist, den Kaufpreis gemindert oder Schadensersatz statt oder neben der Leistung geltend gemacht hat, kann er die Einwendung dem Darlehensgeber entgegen halten.

Da der Kaufvertrag durch die berechtigte Geltendmachung des **Rücktritts** in ein Rückabwicklungsverhältnis umgestaltet wird,[225] entsteht die Einwendung mit dem Zugang der

---

223 *Münstermann/Hannes,* VerbrKrG § 9 Rn 518 m. w. N.
224 *Graf von Westphalen* in *Henssler/Graf von Westphalen,* Praxis der Schuldrechtsreform, § 434 Rn 95; *Schimmel/Buhlmann,* Fehlerquellen im Umgang mit dem Neuen Schuldrecht, S. 96; a. A. *Palandt/Putzo* BGB Erg.-Bd., § 437 Rn 49; nicht eindeutig *Müller* in *Hoeren/Martinek,* Systematischer Kommentar zum Kaufrecht, S. 85 Rn 214.
225 *Wolff* in *Hoeren/Martinek,* Systematischer Kommentar zum Kaufrecht, § 437 Rn 25.

Rücktrittserklärung. Damit hat sich die vor der Schuldrechtsreform kontrovers diskutierte Streitfrage erledigt, ob vom Verbraucher zu verlangen ist, dass er den Gewährleistungsanspruch (der Wandlung) nicht nur geltend macht, sondern auch gegenüber dem Verkäufer notfalls gerichtlich durchsetzt.[226]

Erweist sich der Rücktritt als unberechtigt, entfällt die Einwendung rückwirkend. Unter diesen Voraussetzungen ist der Käufer verpflichtet, die einbehaltenen Raten an den Darlehensgeber auszukehren und Verzugszinsen zu entrichten. Durch die schuldhafte Geltendmachung eines **unbegründeten Rücktrittsrechts** macht sich der Käufer nach § 280 BGB schadensersatzpflichtig, weil darin die Verletzung einer Schutzpflicht i. S. v. § 241 Abs. 2 BGB liegt. Bei einem schwerwiegenden Verschulden kann der Darlehensgeber den Darlehensvertrag kündigen.[227]

Wenn der Verkäufer den Rücktritt nicht akzeptiert, muss der Käufer die Ansprüche aus dem Rückabwicklungsverhältnis nicht gerichtlich durchsetzen. Da er das Recht hat, die Ratenzahlung einzustellen, liegt das Heft des Handelns beim Verkäufer und beim Darlehensgeber. Der Verkäufer kann die Unwirksamkeit des vom Käufer erklärten Rücktritts gerichtlich feststellen lassen und der Darlehensgeber die ausstehenden Darlehensraten einklagen. Bei einer Teilfinanzierung ist dem Käufer zu empfehlen, den von ihm gezahlten Kaufpreisanteil notfalls im Klagewege vom Verkäufer zurückzufordern, da ihn die berechtigte Geltendmachung des Einwendungsdurchgriffs gegenüber dem Darlehensgeber zwar von der Zahlung der noch ausstehenden Darlehensraten befreit, ihm aber keinen Anspruch auf Erstattung der bereits geleisteten Zahlungen gegen den Verkäufer verschafft. Die Vorschriften über das Verbraucherdarlehen nehmen ihm die **Prozessführungslast** nicht ab.[228] Für den Käufer besteht die Gefahr, dass seine Ansprüche gegen den Verkäufer verjähren, wenn er keine verjährungshemmenden Schritte einleitet.

Wegen der **Vorgreiflichkeit der Sachmängelansprüche** für die Beurteilung der Frage, ob der Verbraucher berechtigterweise von dem Einwendungsdurchgriff Gebrauch gemacht hat, ist in Anlehnung an die höchstrichterliche Leasing-Rechtsprechung ein Zahlungsprozess des Darlehensgebers gegen den Verbraucher bis zum rechtskräftigen Abschluss eines gleichzeitig anhängigen Prozesses über die Sachmängelrechte zwischen Verbraucher und Verkäufer auszusetzen.[229]

733 Die Ausführungen zum Rücktritt gelten entsprechend für die **Minderung**. Die Minderungserklärung bewirkt als Gestaltungserklärung die Anpassung des Kaufpreises an das durch den Mangel gestörte Äquivalenzverhältnis, ohne dass es der Zustimmung des Verkäufers bedarf. Im Rahmen des Einwendungsdurchgriff spiegelt sich die Minderung des Kaufpreises durch eine entsprechende Verminderung der Rückzahlungsverpflichtung aus dem Darlehen wieder, und zwar sowohl bezogen auf das Kapital als auch die hierauf entfallenden Zinsen. Dabei ist die Minderung der Darlehensrückzahlung der Laufzeit des Darlehensvertrages anzupassen. Der Verbraucher ist somit nicht berechtigt, die Raten so lange einzuhalten, bis der auf das Darlehen umgerechnete Minderungsbetrag erreicht ist. Vielmehr müssen die Raten auf der Grundlage der geminderten Darlehensvaluta neu berechnet werden, wobei die vom Verbraucher bereits geleisteten Überzahlungen zu berücksichtigen sind.[230]

---

226 Bejahend *Reinicke/Tiedtke,* ZIP 1992, 217, 223; sowie zur vergleichbaren Rechtslage beim Leasingvertrag selbst nach neuem Recht *Beckmann* FLF 2001, 46, 48 – für den Leasingvertrag-, verneinend *Lieb,* WM 1991, 1533, 1539; *Reinking/Nießen,* ZIP 1991, 634, 636.
227 *Graf von Westphalen,* ZIP 2001, 2258, 2261.
228 *Lieb,* WM 1991, 1533, 1538.
229 BGH 19. 2. 1986, NJW 1986, 1744, 1746; *Tiedtke,* JZ 1991, 907, 910.
230 *Münstermann/Hannes,* VerbrKrG § 9 Rn 527.

ff) Kein Rückforderungsdurchgriff gegen den Darlehensgeber

Zu der Frage, ob § 359 S. 1 BGB dem Verbraucher im Fall der Rückabwicklung eines **734** verbundenen Kaufs einen Anspruch gegen den Darlehensgeber auf **Rückzahlung** der geleisteten **Darlehensraten** einschließlich der darin enthaltenen Zins – und Kostenteile gewährt, sind die Meinungen im Schrifttum geteilt.[231] Die Rechtsprechung zu diesem für die Praxis äußerst wichtigen Thema ist uneinheitlich und eine höchstrichterliche Stellungnahme liegt bislang nicht vor.

Das LG Hagen[232] und das LG Kleve[233] haben sich vor einigen Jahren auf den Standpunkt gestellt, dass der Käufer vom Darlehensgeber eines mit dem Kauf verbundenen Darlehens keine Erstattung oder Freistellung wegen der zeitanteiligen Zinsen und Kosten verlangen kann, da schlechterdings nicht einzusehen sei, warum der Käufer, der den Kaufpreis ganz oder teilweise über ein Verbunddarlehen aufbringt, im Fall einer Rückgängigmachung des Kaufvertrages wegen eines Mangels überhaupt nichts dafür bezahlen soll, dass er bis dahin fremdes Kapital eingesetzt hat.[234] Den dogmatischen Schlüssel zu dieser Entscheidung lieferte ihnen die Erkenntnis, dass Finanzierungskosten und Zinsen keine Vertragskosten i. S. v. § 467 BGB a. F. waren, die der Verkäufer ersetzen musste, so dass es an einer Anspruchsnorm für den Zinsanspruch fehlte.[235] Durch die ersatzlose Streichung von § 467 BGB a. F. im Zuge der Schuldrechtsreform ist zwar die Frage hinfällig, ob Zinsen Vertragskosten sind, das eigentliche Problem damit aber noch keineswegs vom Tisch.

Das LG Braunschweig[236] und das OLG Düsseldorf[237] haben dem Käufer über die Rechtskonstruktion des Rückforderungsdurchgriffs einen Anspruch gegen den Darlehensgeber auf Rückzahlung der geleisteten Darlehensraten einschließlich der darin enthaltenen Zins- und Kostenanteile gewährt. Ihres Erachtens wäre der Käufer eines Verbundgeschäfts aus Kauf und Darlehen bei Nichtzulassung des Rückforderungsdurchgriffs schlechter gestellt als ein Barkäufer, denn er müsste ohne entsprechende Gegenleistung zusätzlich Zinsen und Darlehenskosten zahlen. Wegen der Mehrbelastung sei es gerechtfertigt, ihm die Möglichkeit der Rückführung der gezahlten Raten von der finanzierenden Bank einzuräumen.

Diese auf Billigkeitserwägungen abstellende Begründung erweist sich bei näherer Betrachtung als nicht tragfähig, da der Käufer beim Verbundgeschäft im Ergebnis nicht **735** mehr als ein Barkäufer aufwendet. Letzterer bindet sein Kapital durch die Fahrzeuganschaffung und begibt sich der Möglichkeit, das Geld anderweitig ertragreich zu verwenden. Für diesen Schaden in Form entgangener Kapitalnutzung bekommt der Barkäufer vom Verkäufer keinen adaequaten Ersatz. Das OLG Düsseldorf[238] hat diesem Einwand unter Berufung auf *Vollkommer*[239] entgegen gehalten, der Käufer habe beim Verbundgeschäft zwischen

---
231 Dagegen *Bülow,* VerbrKrG § 9 Rn 115; *Lieb,* WM 1991, Beilage 6, 22, 30; *Lieb,* WM 1991, 1533; *Palandt/Heinrichs,* BGB Erg.-Bd., § 359 Rn 7; *Scholz,* Verbraucherkreditverträge, Rn 372 ff.; befürwortend *Vollkommer,* Festschrift für Merz, S. 595, 606; *Günzler* in *Schimmel/Buhlmann,* Frankfurter Handbuch zum neuen Schuldrecht, Rn 129, 130; *Emmerich* in *Hadding/Hopt,* Verbraucherkreditgeschäfte im Verbraucherkreditgesetz, S. 67; *ders.* in *Graf v. Westphalen/Emmerich/von Rottenburg,* VerbrKrG § 9 Rn 184.
232 Urt. v. 23. 7. 1993, NJW-RR 1994, 1260.
233 Urt. v. 3. 8. 1993, FLF 1993, 228.
234 Ebenso LG Bochum 27.4. 2001, NJW-RR 2002, 349, 350.
235 Gleicher Ansicht LG Bonn 14. 4. 1993, BB 1993, 1319; LG Köln 4. 5. 1994 – 23 O 24/92 – n. v.; LG Bochum 27. 4. 2001, NJW-RR 2002, 349, 350; LG Zweibrücken 26. 10. 1999, NJW-RR 2001, 167, das dem Käufer die Finanzierungskosten weder nach § 467 BGB a. F. noch nicht aus dem Gesichtspunkt der positiven Vertragsverletzung und als Teil des Nichterfüllungsschaden zugebilligt hat.
236 Urt. v. 16. 6. 1994, NJW 1994, 2701.
237 Beschl. 23. 4. 1996, NJW-RR 1996, 1265.
238 Beschl. 23. 4. 1996, NJW-RR 1996, 1265.
239 Festschrift für *Merz,* S. 595, 606.

Darlehen und Kaufvertrag mangels Einsatzes eigenen Kapitals keinen Zinsanspruch gem. § 347 S. 3 BGB a. F. (§ 346 Abs. 1 Alt. 2 BGB) und werde damit durch die Zubilligung eines Anspruchs auf Rückzahlung der geleisteten Raten nicht doppelt bevorzugt.[240] Bei dieser Argumentation wurde übersehen, dass dem Käufer eines verbundenen Kaufs die Zinsen insoweit zustehen, als er den in der Darlehenssumme enthaltenen Kaufpreisanteil durch die von ihm geleisteten Raten getilgt hat.[241] Auch mit dem früheren subsidiären Einwendungsdurchgriff, wie er unter Geltung des Abzahlungsgesetzes von der Rechtsprechung entwickelt wurde, lässt sich entgegen der Ansicht des LG Braunschweig[242] ein Anspruch des Käufers gegen den Darlehensgeber auf Rückzahlung der geleisteten Darlehensraten inklusive der Zins- und Kostenanteile heute nicht mehr begründen, da die subsidiäre Haftung seinerzeit an wesentlich strengere Voraussetzungen geknüpft war.[243]

Zum Verständnis des Einwendungsdurchgriffs muss man sich vor Augen halten, dass mit dieser Rechtskonstruktion ausschließlich verhindert werden soll, dass der Darlehensnehmer eines verbundenen Geschäfts nach den Vorschriften über das Verbraucherdarlehen schlechter gestellt wird als bei einem Teilzahlungskauf, wo er es nur mit einem Vertragspartner zu tun hat. Aus diesem Grund verzichtet § 359 S. 1 BGB auf das Subsidiaritätsprinzip, indem er dem Verbraucher die Einwendungen unabhängig von der Leistungsfähigkeit des Verkäufers gewährt. Umgekehrt soll und darf der Verbraucher durch den Einwendungsdurchgriff keine Besserstellung erfahren, welche aber im Fall der Zulassung des Rückforderungsdurchgriffs eintreten würde. Im Fall der Insolvenz des Verkäufers könnte er sich beim Darlehensgeber schadlos halten, während er Teilzahlungskäufer in gleicher Situation nur die Insolvenzquote bekäme.[244] Dieses Ergebnis ist mit § 359 S. 1 BGB nicht zu rechtfertigen, der den Käufer eines Verbundgeschäfts vor den Aufspaltungsgefahren schützen soll, dessen Zweck aber nicht darin besteht, ihm einen zweiten Schuldner in Gestalt des Darlehensgebers an die Hand zu geben.

Rechtsdogmatisch wird dieses Ergebnis durch die Tatsache untermauert, dass der Einwendungsdurchgriff als Verteidigungsinstrument und nicht als Angriffswaffe ausgestaltet ist. Der Käufer kann sich mit dem Leistungsverweigerungsrecht gegen das Rückzahlungsverlangen des Darlehensgebers wehren. Einen Anspruch auf Erstattung von bereits geleisteten Zahlungen gewährt § 359 S. 1 BGB nicht.[245]

Nicht nur der Wortlaut von § 359 S. 1 BGB, sondern auch die Entstehungsgeschichte der Rechtsfigur des Einwendungsdurchgriffs stehen einer Zulassung des Haftungsdurchgriffs auf den Darlehensgeber eindeutig entgegen. Es war das erklärte Ziel des Gesetzgebers, den Einwendungsdurchgriff unter Weglassung der Subsidiaritätsvoraussetzungen im Gesetz zu verankern. Er hatte nicht die Absicht, eine neue Verbundqualität zu schaffen, die dem Verbraucher die Möglichkeit eröffnete, den Darlehensvertrag mit dem Verteidigungsinstrument des Einwendungsdurchgriffs rückwirkend zu zerschlagen.[246] Durch Verzicht auf eine positivrechtliche Regelung hat der Gesetzgeber die Zulassung des Rückforderungsdurchgriffs nicht offengelassen,[247] sondern sich in Kenntnis des Problems bewusst dagegen entschieden.[248]

---

240 Dieser Ansicht war das LG Hagen Urt. v. 23. 7. 1993, MDR 1994, 251.
241 S. nachfolgendes Beispiel zur Wandlung mit Erläuterung.
242 Urt. v. 16. 6. 1994, NJW 1994, 2701.
243 Hierzu BGH 5. 4. 1962, BGHZ 37, 94, 99; 9. 2. 1978, NJW 1978, 1427; 21. 6. 1979, NJW 1979, 2511, 2512; 7. 2. 1980, NJW 1980, 1155, 1157; 25. 3. 1982, NJW 1982, 1694, 1696; 19. 9. 1985, NJW 1986, 43; 8. 11. 1979, DB 1980, 298, 299; 25. 5. 1983, WM 1983, 786, 787.
244 *Scholz*, Verbraucherkreditverträge, Rn 372.
245 *Franz*, Einwendungsdurchgriff gem. § 9 Abs. 3 VerbrKrG, S. 202.
246 *Lieb*, MK-BGB, § 813 Rn 2.
247 LG Bochum 27.4. 2001, NJW-RR 2002, 349, 350.
248 *Franz*, Der Einwendungsdurchgriff gem. § 9 Abs. 3 Verbraucherkreditgesetz, S. 289.

Zweckgebundene Drittfinanzierung

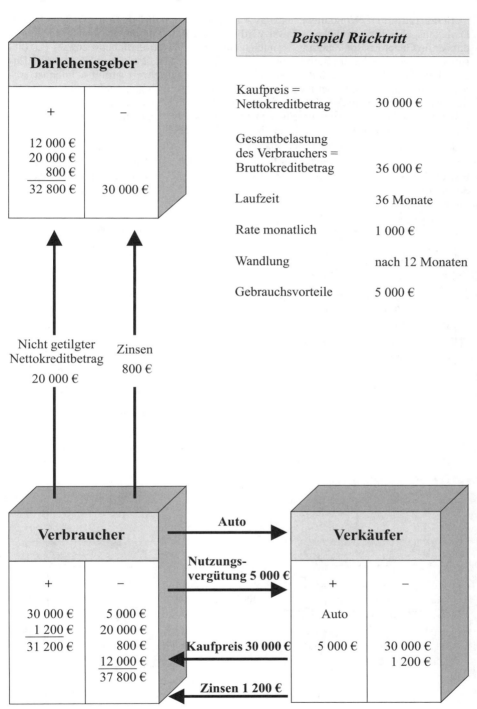

Erläuterung: Der Verkäufer erhält das Auto vom Käufer zurück. Den Kfz-Brief hat der Darlehensgeber herauszugeben. Dieser wird die Aushändigung davon abhängig machen, dass er im Gegenzug die Zahlung des noch nicht getilgten Nettodarlehensbetrages (20.000 Euro) und die nach diesem Betrag gem. § 346 Abs. 1 Alt. 2 BGB erzielten Zinsen (800 Euro) erhält. Soweit der Nettodarlehensbetrag vom Darlehensnehmer getilgt worden ist, stehen ihm die Zinsen zu. Er hat ferner den nach Abzug des noch nicht getilgten Nettodarlehensbetrages verbleibenden Kaufpreis vom Verkäufer zu beanspruchen und muss im Gegenzug die Gebrauchsvorteile vergüten. Die bis zum Rücktritt angefallenen anteiligen Darlehenskosten (2000 Euro) verbleiben beim Darlehensgeber.

737 Die Berechnung der Minderung, die im Rahmen des Einwendungsdurchgriffs nur zu einer Herabsetzung der vereinbarten Ratenzahlung führt und den Verbraucher nicht zum Einbehalt des gesamten Minderungsbetrages berechtigt,[249] verdeutlicht das nun folgende Schaubild:

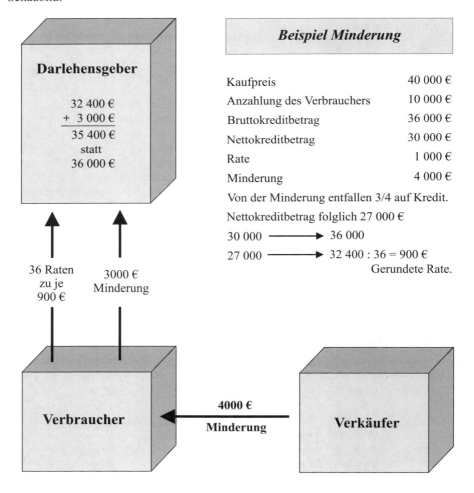

---
249 *Münstermann/Hannes,* VerbrKrG § 9 Rn 527.

Erläuterung: Dem Darlehensgeber stehen $^3/_4$ der Minderung zu, mithin 3000 Euro, da der Käufer $^1/_4$ des Kaufpreises selbst bezahlt hat. Der Käufer hat $^1/_4$ der Minderung und somit 1000 Euro zu beanspruchen. Der dem Darlehensgeber zufließende Minderungsbetrag von 3000 Euro mindert das Volumen des Darlehens entsprechend. Die Nettodarlehenssumme beträgt nach Abzug der Minderung 27.000 Euro. Dieser Betrag entspricht einer Bruttodarlehenssumme von 32.400 Euro und einer Monatsrate von etwa 900 Euro.

Sofern der Darlehensnehmer die Minderung erst später im Anschluss an eine fehlgeschlagene Nacherfüllung geltend macht, verbleiben dem Darlehensgeber die bis dahin entstandenen Darlehenskosten aus dem ungeschmälerten Darlehensbetrag. Die künftigen Raten sind auf der Grundlage des vereinbarten Vertragszinses unter Berücksichtigung des bereits getilgten Nettodarlehens neu zu berechnen. Erhält der Darlehensgeber im Beispielsfall die Minderung von 3000 Euro in 12 Monaten, so beträgt die Nettodarlehenssumme unter Berücksichtigung der Minderung 17.000 Euro. Der Vertragszins beträgt – linear berechnet – 6,66 %. Bezogen auf eine Nettodarlehenssumme von 1000 Euro betragen die Zinsen für die restliche 24-monatige Vertragszeit – wiederum linear berechnet – 1122 Euro, so dass sich die Bruttodarlehenssumme auf 19.244 Euro und die Rate ab dem 13. Vertragsmonat auf 801,83 Euro beläuft.

4. Verbundene Verträge außerhalb des Geltungsbereichs von § 358 BGB

Die gesetzlichen Regelungen über verbundene Geschäfte betreffen ausschließlich Verträge zwischen einem Unternehmer als Verkäufer oder Erbringer einer Leistung und einem Verbraucher. Für andere Verbundgeschäfte, namentlich solchen zwischen Unternehmern, enthält das BGB keine Sonderbestimmungen.

Die Erkenntnis, dass der Käufer durch die Aufspaltung des wirtschaftlich einheitlichen Vorgangs in zwei selbstständige Verträge nicht schlechter als bei einem einfachen Abzahlungskauf gestellt werden darf, bei dem er nur einem Vertragspartner gegenübersteht,[250] veranlasste die Rechtsprechung, unter der Geltung des Abzahlungsgesetzes zum Schutz des Käufers den sog. subsidiären Einwendungsdurchgriff[251] und die verschuldensabhängige c. i. c.-Haftung wegen fehlerhafter Belehrung über die Aufspaltungsrisiken zu entwickeln.[252]

Durch die beiden Rechtsinstitute wurden mit Ausnahme von Vollkaufleuten[253] auch **Kleinkaufleute, Handwerker, Kleingewerbetreibende** und **Freiberufler** geschützt, die seit dem Inkrafttreten des VerbrKrG an dem speziellen Verbraucherschutz nicht mehr partizipieren, den heutzutage das BGB nur noch einem Verbraucher gewährt, der einen Vertrag über die Lieferung einer Ware oder die Erbringung einer sonstigen Leistung in Verbindung mit einem Verbraucherdarlehensvertrag abschließt (§ 358 Abs. 3 BGB). Weder der **subsidiäre Einwendungsdurchgriff** noch der haftungsbewehrte **Belehrungsschutz** wurden durch das VerbrKrG und die spätere Schuldrechtsreform abgeschafft.[254] Sie sind auch nicht automatisch hinfällig oder überflüssig geworden, da das BGB die vorhandenen Deckungslücken gegenüber dem angesprochenen Personenkreis nicht schließt.

---

250 BGH 5. 4. 1962, BGHZ 37, 94, 99; 26. 3. 1979, BGHZ 66, 165 ff.
251 Insolvenz: BGH 5. 4. 1962, BGHZ 37, 94, 99; Unerreichbarkeit: BGH 9. 2. 1978, NJW 1978, 1427; ferner BGH 21. 6. 1979, NJW 1979, 2511, 2512; 7. 2. 1980, NJW 1980, 1155, 1157; 25. 3. 1982, NJW 1982, 1694, 1696; 21. 9. 1982, WM 1984, 634, 635; 19. 9. 1985, NJW 1986, 43;. *Wolf*, WM 1980, 1003; *Weber*, ZRP 1982, 305, 310.
252 Z. B. BGH 29. 10. 1956, BGHZ 22, 90; BGH 20. 11. 1986, NJW 1987, 1813 ff.
253 BGH 29. 10. 1956, BGHZ 22, 90.
254 *Graf von Westphalen/Emmerich/von Rottenburg*, VerbrKrG § 9 Rn 126 ff; *Reinking*, VGT 1993, 185 ff., 193; *ders.*, FLF 1993, 174.

Auch wenn sich an der geschilderten rechtlichen Ausgangslage eigentlich nichts geändert hat, muss doch festgestellt werden, dass die unter der Geltung des Abzahlungsgesetzes entwickelte Rechtsprechung offenbar in Vergessenheit geraten ist. Belehrungen über Aufspaltungsrisiken sind in Darlehensverträgen heutzutage nicht mehr anzutreffen. Bezeichnend ist weiterhin, dass seit Inkrafttreten des VerbrKrG keine Entscheidungen veröffentlicht wurden, die sich mit der Thematik des subsidiären Einwendungsdurchgriffs und der Haftung wegen fehlender Belehrung über die Aufspaltungsrisiken eines Verbundgeschäfts befassen. In Anbetracht dessen wird in dieser Auflage von einer Darstellung dieser komplizierten Rechtsmaterie abgesehen und auf die Ausführungen unter Rn 273 ff. der Vorauflage verwiesen.

a) Rechtliche Verknüpfung

739 Losgelöst von der Frage, ob der subsidiäre Einwendungsdurchgriff weiter lebt, ist nach wie vor von Interesse, wie sich verbundene Verträge außerhalb des Regelungsbereichs von § 358 BGB rechtlich zueinender verhalten.

Im Fall der Unwirksamkeit des Kauf- oder Darlehensvertrags findet § 139 BGB keine Anwendung.[255] Auf dem Boden der Trennungstheorie ist auf die §§ 158 ff. BGB und hilfsweise auf § 313 BGB zurückzugreifen.

Nach verbreiteter Meinung ist der Kaufvertrag **auflösend bedingt** durch das Zustandekommen des Darlehensvertrags, wenn im Einzelfall keine gegenteiligen Anhaltspunkte vorliegen.[256] Es macht im Ergebnis keinen wesentlichen Unterschied, ob man statt einer auflösenden Bedingung eine aufschiebende Bedingung annimmt, ob man die Rechtskonstruktion der Störung der Geschäftsgrundlage[257] bemüht oder davon ausgeht, die Finanzierung sei ein Regelungspunkt des Kaufvertrages, der nicht zustande kommt, solange der Käufer die Bedingungen der Bank, mit welcher der Verkäufer zusammenarbeitet, nicht akzeptiert hat.[258] In allen Fällen wird der Kaufvertrag hinfällig, wenn es – ohne dass der Käufer dies zu vertreten hat – nicht zum Abschluss des Darlehensvertrages kommt.

740 Die Anfechtung des Kaufvertrages, z. B. wegen arglistiger Täuschung, erstreckt sich nicht ohne weiteres auf den Darlehensvertrag, dessen Anfechtung dem Darlehensgeber gegenüber zu erklären ist.[259] Aus diesem Grunde empfiehlt es sich für den arglistig getäuschten Käufer, vorsorglich **beide Verträge anzufechten**.[260] Bei der Anfechtung des Darlehensvertrags stellt sich allerdings die Frage, ob der täuschende Verkäufer im Verhältnis zum gutgläubigen Darlehensgeber als Dritter i. S. d. § 123 Abs. 2 S. 1 BGB anzusehen ist. Die Rechtsprechung hat dies im Normalfall des finanzierten Abzahlungsgeschäftes stets verneint und damit die Anfechtung des Darlehensvertrags wegen arglistiger Täuschung grundsätzlich bejaht,[261] da der Verkäufer als Abschlussgehilfe der Bank bezüglich des Darlehensvertrags anzusehen ist.[262] Freilich kann die Anfechtung nur wegen

---

255 A. A. früher OLG Karlsruhe 5. 4. 1954, MDR 1957, 161.
256 *Staudinger/Hopt/Mülbert*, BGB, 12. Auf., Vorb. §§ 607 ff. Rn 477; OLG Köln 31. 10. 1984, ZIP 1985, 22, 25; *Weitnauer*, JZ 1968, 204.
257 OLG Frankfurt 12. 7. 1977, BB 1977, 573.
258 LG Essen 16. 4. 1958, NJW 1958, 869.
259 BGH 20. 2. 1967, BGHZ 47, 224.
260 Wie in BGH 5. 7. 1971, NJW 1971, 2303.
261 BGH 17. 11. 1960, BGHZ 33, 302; 20. 2. 1967, BGHZ 47, 224.
262 BGH 20. 2. 1967, BGHZ 47, 224; *Emmerich,* JuS 1971, 273 ff.; *Weber,* ZRP 1982, 305 ff.

solcher Täuschungen zugelassen werden, die in unmittelbarer Beziehung zu dem Darlehensvertrag stehen, wie z. B. unrichtige Angaben über die wirtschaftliche Belastung. Sofern der Händler einen Mangel des Fahrzeugs arglistig verschwiegen hat, kann der Käufer nur den Kaufvertrag, nicht aber auch zusätzlich den Darlehensvertrag gem. § 123 BGB anfechten.[263]

---

263 In der Rechtsprechung und im Schrifttum wird nicht genügend differenziert; der BGH 5. 7. 1971, NJW 1971, 2303 meinte, dass eine Anfechtung des Darlehensvertrages nur möglich sei, wenn die Voraussetzung für die Anfechtung des Kaufvertrags erfüllt sei.

Z. Autoleasing

I. Entstehung und Entwicklung

741 Kraftfahrzeugleasing wurde erstmals von der Ford-Motor-Company in den Vereinigten Staaten während des Korea-Krieges praktiziert. Knappe Geldmittel bei starker Kraftfahrzeugnachfrage für die gewerbliche Nutzung waren ausschlaggebend für die Wahl des Leasinggeschäfts als – neues – Vertriebsmittel.

In der Bundesrepublik Deutschland gibt es Kraftfahrzeugleasing seit **40 Jahren**. Die Entwicklung auf dem deutschen Markt ist durch vier Jahrzehnte **Wachstum** gekennzeichnet. Die anfänglichen Zweifel sind gewichen und haben einer positiven Einstellung Platz gemacht. Immerhin ist es durch Leasing gelungen, fast die Hälfte der von außen finanzierten Unternehmensinvestitionen zu generieren.[1] Selbst in Zeiten schwacher Konjunktur konnte sich das Leasing gut behaupten. Die Investitionen in das Kraftfahrzeugleasing sind seither trotz verhaltener Autokonjunktur in den Jahren 2000 und 2001 stetig gestiegen.[2]

Das **private Kraftfahrzeugleasing** erlebte 1983 seinen Durchbruch. Der Bestand an privat genutzten Leasingfahrzeugen wuchs damals innerhalb eines Jahres um das Achtfache auf 200.000 Einheiten an. Ursächlich für diesen Boom waren Kooperationsverträge zwischen Herstellern und Leasingfirmen sowie gezielte Subventionsmaßnahmen der Hersteller (Null-Leasing) zum Zwecke der Absatzförderung.

Obwohl die gesamten Neuzulassungen im Jahr 2000 um 10,4 % auf 3.740.522 Stück abnahmen, konnte der Marktanteil des Leasings auf 28,7 % gesteigert werden. Er lag 1998 bei 25,2 % und 1999 bei 26,5 %. Von den im Jahr 2000 insgesamt 1.072.000 neu zugelassenen Leasingfahrzeugen waren 963.000 Pkw und Kombi und 109.000 Lkw, Busse, leichte Nutzfahrzeuge und Anhänger. Davon entfielen 298.300 Neuverträge auf freie Leasingfirmen und 773.700 Neuverträge auf herstellerabhängige Leasingfirmen.[3] Rund 4/5 der Neuverträge wurden mit Unternehmern abgeschlossen. Die meisten Kunden kamen aus dem Bereich der sonstigen Dienstleistungen, gefolgt vom verarbeitenden Gewerbe und dem Handel. Das **private Leasinggeschäft**, das in 1999 noch einen Zuwachs von 10 % verzeichnen konnte, verlor im darauf folgenden Jahr gut 2 %. Die zwölf zum Arbeitskreis der Banken und Leasinggesellschaften gehörenden Finanzierungsinstitute, die ihre Zahlen für 2001 vorgelegt haben, konnten das Vorjahresniveau halten. Während das gewerbliche Leasing um ca. 1,5 % anstieg, konnte das Neuvolumen beim Privatleasing von 213.034 auf 221.371 Neuabschlüsse gesteigert werden. Die Stückzahl beim **Gebrauchtwagenleasing** stieg von 63.138 auf 66.306 Einheiten. Da im Jahr 2003 überdurchschnittlich viele Leasingverträge auslaufen, werden mehr Neuabschlüsse als in den Vorjahren erwartet.[4]

Im **Wettbewerb** mit freien Leasinggesellschaften haben Leasinganbieter der Automobilwirtschaft mit einem Marktanteil von ca. 72 % deutlich die Oberhand. Fehlgeschlagen sind allerdings ihre Bemühungen, dem Handel zu untersagen, eigene Leasinggeschäfte zu tätigen, Leasingverträge an Fremdfirmen zu vermitteln und diese mit Fahrzeugen zu beliefern, es sei denn, dass der Kunde dies ausdrücklich wünschte oder von der Konkurrenz erfolgreich beworben worden ist. Zum Scheitern verurteilt war auch der Versuch, Vertragshändler zu verpflichten, Kraftfahrzeuge an freie Leasinggeber nur dann zu veräußern, wenn sie für Leasingnehmer mit Wohn- oder Betriebssitz im Vertragsgebiet des jeweiligen Händ-

---
1 *Städtler*, FLF 2002, 197.
2 Übersicht bei *Städtler*, FLF 2002, 75 ff., 77.
3 *Städtler*, FLF 2002, 75, 77.
4 FLF 2002, 173.

lers bestimmt waren. Auf Vorlage des BGH entschied der EuGH[5], dass derartige Verbote und Vereinbarungen gegen EU-Recht verstoßen, da sie den Zugang von Konkurrenten zu Leasinggeschäften beschränken, die Handlungsfreiheit der Händler einschränken und den deutschen Markt abschotten.

Dem Automobilhersteller ist es allerdings nicht verwehrt, die mit ihm verbundenen Leasingfirmen durch Gewährung von Sonderzuschüssen und sog. Abverkaufshilfen zu unterstützen. Der Ausschluss freier Leasinggesellschaften von solchen Aktionspreisen stellt weder eine Diskriminierung noch eine unbillige Behinderung dar.[6]

II. Rechtsnatur des Kraftfahrzeugleasingvertrages

1. Finanzierungsleasing

In der Bundesrepublik Deutschland wird das Kraftfahrzeugleasing ausschließlich als Finanzierungsleasing praktiziert. Finanzierungsleasing bedeutet **mittel – bis langfristige Gebrauchsüberlassung** gegen Entgelt mit einem **primären Finanzierungsinteresse** auf Seiten des Leasinggebers. Für den Finanzierungsleasingvertrag ist charakteristisch,

– dass der Vertrag für eine feste unkündbare Laufzeit abgeschlossen wird,
– dass der Leasingnehmer das Investitionsrisiko trägt,
– dass der Leasingnehmer dem Leasinggeber Amortisation schuldet.[7]

Scheitert der Leasingnehmer mit seinem wirtschaftlichen Plan, ist er nicht berechtigt, den Leasingvertrag aus wichtigem Grund zu kündigen. Auch eine Anpassung des Vertrages wegen Störung der Geschäftsgrundlage (§ 313 BGB) kann er vom Leasinggeber nicht verlangen.[8]

Soweit ersichtlich haben sich Rechtsprechung und Lehre bislang nicht mit der Frage befasst, ob dem Leasingnehmer im Falle des **unverschuldeten Interessenwegfalls** am Leasingfahrzeug (z. B. wegen Krankheit oder Fahruntauglichkeit) gegen den Leasinggeber nach dem Gebot der gegenseitigen Rücksichtnahme bzw. allgemein aus Treu und Glauben ein Anspruch auf vorzeitige Ablösung des Leasingvertrages gegen angemessene Vorfälligkeitsentschädigung zuzubilligen ist. Eine Anlehnung an die höchstrichterliche Rechtsprechung zur vorzeitigen Ablösung eines Festzinskredits wegen anderweitiger Verwertung des beliehenen Objekts[9] erscheint fraglich, da der Gesetzgeber das vom BGH entwickelte Recht der Vertragsmodifizierung in § 490 Abs. 2 BGB als Sonderkündigungsrecht kodifiziert und ausdrücklich auf solche Darlehensverträge beschränkt hat, die durch ein Grund- oder Schiffspfandrecht gesichert sind.[10] Die Situation des Leasingnehmers ist mit der eines Darlehensnehmers i. S. v. § 490 Abs. 2 BGB aber durchaus vergleichbar, wenn er nicht mehr die Möglichkeit besitzt, das Leasingfahrzeug zu nutzen. Er hat unter diesen Umständen berechtigterweise ein Interesse daran, das ihm lästige Fahrzeug vorzeitig zurückzugeben und seine finanziellen Belastungen durch dessen alsbaldige Verwertung zu mindern. Dem Leasinggeber entsteht dadurch kein Nachteil, da seine Kosten inklusive Gewinn in vollem Umfang vom Leasingnehmer zu tragen sind. Es geht – wie bei einem dinglich gesicherten Festzinskredit – eigentlich nicht um eine Vertragsauflösung, sondern nur um eine Modifizierung des Vertragsinhalts ohne Reduzierung des Leistungsinhalts. Durch die Ver-

---
5 Urt. v. 24. 10. 1995, ZIP 1995, 1766, 1769.
6 BGH 12. 11. 1991, KZR 2/90; OLG Frankfurt 22. 3. 1990, NJW-RR 1992, 1133.
7 BGH 24. 4. 1996, DAR 1996, 318, 320.
8 OLG Dresden 26. 7. 1995, OLGR 1996, 90 zum Wegfall der Geschäftsgrundlage.
9 BGH 1. 7. 1997, ZIP 1997, 1641 ff. mit Anm. v. Köndgen, ZIP 1997, 1645 und BGH ZIP 1997, 1646 ff.; zur Berechnung *Grönwoldt/Bleuel*, DB 1997, 2062.
10 Kritisch *Reiff* in *Dauner-Lieb/Heidel/Lepa/Ring* Anwaltskommentar Schuldrecht, § 490 Rn 10.

tragsanpassung wird lediglich die vertragliche, zeitlich begrenzte Erfüllungssperre durch Vorverlegung des Erfüllungszeitpunktes beseitigt.[11]

Eine vollständige **Übernahme des Restwertrisikos** durch den Leasingnehmer ist nicht erforderlich.[12] Zur Annahme eines Finanzierungsleasingvertrages genügt es, wenn der Leasingnehmer das Risiko einer Verschlechterung durch Mängel, Schäden oder übermäßige Abnutzung trägt, während das **Risiko der Marktgängigkeit** des Fahrzeugs und das der **richtigen internen Kalkulation** des Restwertes dem Leasinggeber verbleibt. Aus diesem Grunde gehören Kraftfahrzeug – Leasingverträge mit Kilometerabrechnung zwischen einem Unternehmer mit einem Verbraucher zu den Finanzierungsleasingverträgen i. S. v. § 500 BGB. Sie sind typischerweise auf Vollamortisation ausgerichtet.[13] Dabei kommt es nicht darauf an, dass Aufwand und Kosten des Leasinggebers ganz überwiegend durch die Zahlungen des Leasingnehmers amortisiert werden.[14] Es reicht vielmehr aus, dass ein so wesentlicher Teil durch die Zahlung der Leasingraten ausgeglichen wird, dass die Vollamortisation ohne erneutes Verleasen an weitere Leasingnehmer erreicht wird, eine „Amortisationslücke" für den Leasinggeber also nicht zu erwarten ist.[15]

743 Das Gegenstück zum Finanzierungsleasing ist das **Operatingleasing.** Bei dieser Vertragsform mit unbestimmter Dauer trägt der **Leasinggeber** das **Investitionsrisiko.** Operatingleasing-Verträge sind von kurzer Vertragsdauer und jederzeit kündbar.[16] Aufwand und Kosten des Leasinggebers werden durch die Zahlungen des Leasingnehmers und den Verwertungserlös nicht vollständig amortisiert, so dass zur Herbeiführung einer Vollamortisation die Leasingsache nach Rückgabe erneut verleast werden muss.[17] Operatingleasing bietet für den Leasingnehmer den Vorteil, dass das Leasingobjekt – einfacher als etwa bei einem Kauf – ausgetauscht werden kann, wenn es sich technisch nicht mehr auf dem neuesten Stand befindet.[18]

Die Interessenlage beim Finanzierungsleasing hat der BGH[19] wie folgt beschrieben:

> *„Beim reinen Mietvertrag schuldet der Vermieter Gebrauchsüberlassung und Erhaltung. Beim Leasingvertrag tritt zur Gebrauchsüberlassung die Finanzierungsfunktion hinzu. Beides ist, wie in der Rechtsprechung des erkennenden Senates von Anfang an betont worden ist, auf die individuellen Investitionsbedürfnisse des Leasingnehmers zugeschnitten. In der Finanzierungsfunktion wurzelt das Amortisationsprinzip, das den entscheidenden Unterschied zum reinen Mietvertrag ausmacht. Das Amortisationsprinzip akzeptiert der Leasingnehmer, wenn er sich zur Verwirklichung eines Investitionsvorhabens durch Leasing des Investitionsgutes entschließt. Das Risiko, damit den richtigen Weg beschritten zu haben und durch die allein von ihm bestimmte Auswahl des Leasingobjekts dem innerbetrieblichen Zweck der Investition optimal gerecht zu werden, trägt der Leasingnehmer von Hause aus."*

Das Vorhandensein eines „überwiegenden" Finanzierungsinteresses auf Seiten des Leasinggebers ist kein notwendiges Kriterium für das Finanzierungsleasing. Es kann durchaus ein anderes Interesse dominierend sein, wie z. B. das der Absatzförderung. Die Unterschei-

---

11 BGH 1. 7. 1997, ZIP 1997, 1641 ff.
12 So bereits BGH 15. 10. 1986, WM 1987, 38.
13 BGH 24. 4. 1996, DAR 1996, 318; OLG Hamm 4. 6. 1996, OLGR 1996, 169 zustimmend bzw. gleicher Ansicht *Groß*, DAR 1996, 446, *Engel* MDR 00, 797; *Godefroid*, BB 1997, Beilage 6 S. 22 ; *Reinking/Nießen*, ZIP 1991, 634, 637; *Müller Sarnowski*, DAR 1992, 81 ff; ablehnend bzw. a. A. *Hartleb*, Anm. WiB 1996, 699; *Kammel*, Anm. EWiR 1996, 767; *Martinek/Oechsler*, ZIP 1993, 81 f; *Slama* WM 1991, 569, 570; *Graf von Westphalen* NZM 1998, 607.
14 So noch BGH 24. 4. 1996, DAR 1996, 318.
15 BGH 11. 3. 1998, NJW 1998,1637 m. w. N.
16 *Palandt/Putzo*, BGB, Einf. v. § 535 Rn 40.
17 BGH 11. 3. 1998, NJW 1998, 1637.
18 *Runge/Bremser/Zöller*, Leasing, S. 31.
19 Urt. v. 4. 7. 1990, ZIP 1990, 1133.

dung in echte und unechte Finanzierungsleasingverträge, also in solche mit einem primären oder sekundären Finanzierungsinteresse, hält der BGH nicht für bedeutsam. Beide Vertragstypen unterliegen seiner Meinung nach der gleichen zivilrechtlichen Beurteilung, weil es aus der insoweit maßgeblichen Sicht des Leasingnehmers keinen Unterschied macht, ob er sich die erhofften Vorteile des Leasings von einem markengebundenen oder einem „neutralen" Leasinggeber verschafft.[20] Außerdem würde die generalisierend abstrakte Abgrenzung der Vertragstypen auf praktisch kaum überwindbare Schwierigkeiten stoßen, denn es fehlt aus Sicht des BGH[21] an brauchbaren Kriterien dafür, wann angesichts der vielfältigen Vertragsgestaltungen ein Händlerleasing an Stelle eines ausschließlich vom Finanzierungsinteresse geprägten sog. „echten" Leasinggeschäfts anzunehmen sein soll.[22]

Hinter der Leasinggesellschaft steht die refinanzierende Bank/Sparkasse, die nach außen nicht in Erscheinung tritt. Sie gewährt der Leasinggesellschaft Kredit für die Anschaffung der Leasingfahrzeuge. Im Gegenzug überträgt ihr die Leasinggesellschaft die Forderungen aus den Leasingverträgen und das Sicherungseigentum an den Fahrzeugen. Die Forderungsübertragung erfolgt durch regresslosen Forderungsverkauf (**Forfaitierung**) gem. § 453 BGB, d. h. der Leasinggeber trägt das Veritätsrisiko, während die Bank das Risiko der Bonität übernimmt. Gegen die Wirksamkeit der Globalabtretung und die Sicherungsübereignung bestehen keine rechtlichen Bedenken.[23]

Umstritten ist, ob die Abtretung auch das Kündigungsrecht einschließt. Der BGH[24] hat grundsätzlich die Abtretung von Gestaltungsrechten einschließlich des Kündigungsrechts des Vermieters bejaht und daraus gefolgert, dass eine unwirksame Abtretung in eine Ermächtigung zur Ausübung des Kündigungsrechts umgedeutet werden kann. Darauf aufbauend entschied das OLG Naumburg[25], dass das Recht des Leasinggebers, den Vertrag fristlos zu kündigen, mit der Abtretung der Rechte aus dem Leasingvertrag auf das refinanzierende Kreditinstitut übergeht und eine Kündigung des Leasinggebers unwirksam ist, da ihm das Kündigungsrecht nicht mehr zusteht.[26] Im Fall der wirksamen fristlosen Kündigung hat der Leasingnehmer das Fahrzeug gegen Offenlegung der Abtretung an das refinanzierende Institut herauszugeben.

a) Vollamortisationsvertrag

Beim Finanzierungsleasing stehen zwei Modelle zur Wahl, entweder der Vollamortisationsvertrag (full-pay-out-leasing) oder der Teilamortisationsvertrag (non-full-pay-out-leasing). Von Vollamortisationsverträgen spricht man, wenn die Summe der Leasingraten sämtliche Investitions- und Nebenkosten des Leasinggebers während der unkündbaren Grundmietzeit von 40 % bis 90 % der betriebsgewöhnlichen Nutzungsdauer deckt.[27] Die Einzelheiten hierzu regelt der Leasingerlass des Bundesministers der Finanzen vom 19. 4. 1971.[28] Vollamortisationsverträge sind beim Kraftfahrzeugleasing unüblich. Es gibt sie vereinzelt für Nutzfahrzeuge, wenn die Vertragspartner wegen des intensiven Gebrauchs des Leasingobjekts von einer völligen Wertaufzehrung während der Vertragszeit ausgehen.[29]

---

20 BGH 22. 1. 1986, NJW 1986, 1335 ff.
21 Urt. v. 3. 7. 1985, ZIP 1985, 935.
22 Vgl. *Graf von Westphalen,* Leasingvertrag, Rn 172 ff.; differenzierend *Berger,* Typus und Rechtsnatur des Herstellerleasing, Hamburger Beiträge zum Handels-, Schifffahrts- und Wirtschaftsrecht, S. 25 ff.
23 SchlHOLG 15. 12. 2000, OLGR 2001, 99.
24 Urt. v. 10. 12. 1997, 896, 897 NJW 1998, 896.
25 Urt. v. 10. 12. 1999, NJW-RR 2001, 423.
26 Offen gelassen vom SchlOLG 15. 12. 2000, OLGR 2001, 99.
27 *Runge/Bremser/Zöller,* Leasing, S. 207.
28 Abgedruckt bei *Reinking,* Autoleasing, S. 241.
29 *Reuß* in *Hagemüller/Stoppok,* S. 111.

b) Teilamortisationsvertrag

745 Beim Teilamortisationsvertrag werden die Gesamtinvestitionen des Leasinggebers während der Grundmietzeit durch die Zahlungen des Leasingnehmers **nicht voll amortisiert**. Mit den Raten und einer etwa vereinbarten Leasingsonderzahlung tilgt der Leasingnehmer nicht den gesamten Kaufpreis des Fahrzeuges sondern nur dessen im Voraus kalkulierten Wertverzehr zuzüglich Kosten und Gewinn des Leasinggebers. Aus diesem Grund sind die Raten eines Leasingvertrages geringer als die Raten einer vergleichbaren Anschaffungsfinanzierung.

Beim Teilamortisationsvertrag **trägt** der **Leasingnehmer** ebenfalls das Risiko der **Vollamortisation**. Die Aufwendungen des Leasinggebers werden aber nicht schon durch die Leasingsonderzahlung und die Leasingraten ausgeglichen, sondern erst durch die Erzielung des Restwertes oder die am Vertragsende vom Leasingnehmer zu entrichtende Abschlusszahlung.[30]

Teilamortisationsverträge mit offenem Restwert (open-end-Leasing) sind – mit Ausnahme der Kilometerverträge – beim Autoleasing die Regel. Ihre Ausgestaltung wird maßgeblich geprägt von dem nach wie vor einschlägigen **Teilamortisationserlass** des Bundesministers der Finanzen aus dem Jahre 1975 und den dort vorgegebenen 3 Grundtypen.[31] Es sind dies

– der Leasingvertrag mit **Andienungsrecht** des Leasinggebers, jedoch ohne Erwerbsrecht des Leasingnehmers,
– der Leasingvertrag mit **Restwertabrechnung,** Aufteilung des Mehrerlöses und Übernahme des Restwertrisikos durch den Leasingnehmer,
– der kündbare Leasingvertrag mit **Abschlusszahlung** und Anrechnung des Verwertungserlöses.

Alle drei Vertragsvarianten haben die Vereinbarung einer unkündbaren Grundmietzeit von **mindestens 40 % und höchstens 90 % der betriebsgewöhnlichen Nutzungsdauer** des Leasingfahrzeugs gemeinsam. Zur Risikobegrenzung erfordern sie eine sorgfältige Restwertschätzung.[32] Für den Leasingnehmer empfiehlt sich der Abschluss einer Restschuldversicherung für den Fall von Zahlungsstörungen durch Notlagen[33] und eine vertragliche Absicherung des Vollamortisationsrisikos.

aa) Leasingvertrag mit Andienungsrecht des Leasinggebers

746 Bei dieser Vertragsvariante behält sich der Leasinggeber das Recht vor, dem Leasingnehmer das Fahrzeug am Vertragsende zum Kauf anzudienen. Der Leasingnehmer ist zum Kauf verpflichtet, besitzt aber kein eigenes Erwerbsrecht. Als Kaufpreis wird bei Vertragsbeginn in aller Regel entweder der Restbuchwert oder der kalkulierte Restwert vereinbart.

Der Leasinggeber wird von seinem Andienungsrecht Gebrauch machen, wenn der tatsächliche Wert des Autos am Vertragsende unter dem kalkulierten Restwert liegt. Besteht Aussicht, auf dem Markt einen höheren als den kalkulierten Preis für das Leasingfahrzeug zu erzielen, wird er das Fahrzeug selbst verwerten. Somit hat der Leasinggeber einerseits kein Risiko und andererseits die Chance, an einer Wertsteigerung zu partizipieren. Er begibt sich dieser Möglichkeit, wenn er sein Andienungsrecht an die refinanzierende Bank abtritt.

---

30 BGH 4. 7. 1990, ZIP 1990, 1133; *Eckstein,* BB 1986, 2144; *Graf von Westphalen,* ZIP 1983, 1021 ff.; *Wolf/Eckert,* Handbuch des gewerblichen Miet- und Pachtrechtes, Rn 1784 ff.
31 Abgedruckt in Anhang, Anlage 3.
32 Dazu *Beyer,* FLF 1997, 102.
33 *Reker,* FLF 1998, 185.

bb) Vertrag mit Aufteilung des Mehrerlöses und Verlagerung des Restwertrisikos auf den Leasingnehmer

Das beim Leasingvertrag mit Restwertabrechnung nach Ablauf der Grundmietzeit vom Leasingnehmer zurückzugebende Auto wird vom Leasinggeber verwertet. Einen etwaigen Mindererlös hat der Leasingnehmer auszugleichen. Von einem **Mehrerlös** erhält er **75 %**, während die restlichen **25 % des Mehrerlöses** dem Leasinggeber – aus steuerlichen Gründen – zustehen. Diese Vertragsart erfreut sich beim Kfz-Leasing großer Beliebtheit. Hersteller-Leasinggesellschaften bevorzugen jedoch eindeutig den Vertrag mit Kilometerabrechnung.

cc) Kündbarer Vertrag mit Schlusszahlung

Dem Leasingnehmer wird diesem Vertragsmodell das **Recht** eingeräumt, den Leasingvertrag nach Ablauf der Grundmietzeit von 40 % der betriebsgewöhnlichen Nutzungsdauer unter Einhaltung einer im Vertrag festgelegten Frist **zu kündigen**. Die vom Leasingnehmer garantierte Vollamortisation wird durch Entrichtung einer zum Kündigungstermin fälligen **Abschlusszahlung** erreicht, deren Höhe so bemessen ist, dass sie unter Berücksichtigung der bis dahin gezahlten Raten zuzüglich 90 % des Verwertungserlöses den Gesamtaufwand des Leasinggebers abdeckt. Je später der Kündigungszeitpunkt liegt, umso geringer ist die Schlusszahlung. Erlasskonforme kündbare Kfz-Leasingverträge sind selten geworden. Viele Leasingfirmen haben das Vertragsmodell aus dem Verkehr gezogen, als bekannt wurde, dass der BGH[34] Regelungen in AGB, die dem Leasinggeber Vollamortisation trotz Kündigung gewährten, für unwirksam erklärt hatte.

Anfangs vertrat der BGH die Meinung, der Leasingnehmer werde unangemessen benachteiligt, weil ihn solche Formularregelungen entgegen dem gesetzlich verankerten Leitbild des Mietvertrages mit erheblichen Leistungspflichten trotz Beendigung des Nutzungsverhältnisses belasten und sein Kündigungsrecht erschweren. Diesen Standpunkt hat er später revidiert, indem er (an) erkannte, dass die Abschlusszahlung den Rückfluss der vom Leasinggeber zu Gunsten des Leasingnehmers eingesetzten Kreditmittel beinhaltet, die das Kündigungsrecht des Leasingnehmers nicht durch eine Schadensersatzregelung erschwert.[35]

An **AGB**, die den Leasingnehmer im Falle der Kündigung mit einer Abschlusszahlung belasten, stellt die Rechtsprechung trotz grundsätzlicher Billigung der Vollamortisationsgarantie bei transparenter Vertragsgestaltung nach wie vor sehr **strenge, aber durchaus erfüllbare Anforderungen**.[36] AGB zur Abschlusszahlung müssen hinreichend durchschaubar sein und erkennen lassen, welche Ausfälle und Nachteile der Leasinggeber in seine Berechnung einbezieht und ob er auch alle ihm durch die Kündigung des Vertrages entstehenden Vorteile berücksichtigt hat.[37]

Soweit der BGH allerdings meint, eine in AGB vorgesehene Anrechnung des Erlöses von nur 75 % auf die Schlusszahlung entspreche beim kündbaren Vertragsmodell nicht dem Teilamortisationserlass aus dem Jahre 1975 und führe zu einer unangemessen hohen Vergütung für den Leasinggeber,[38] wird hiergegen eingewendet,[39] die im Teilamortisa-

---

34 Urt. v. 31. 3. 1982, NJW 1982, 870.
35 Urt. v. 12. 6. 1985, NJW 1985, 2253 ff.; Urt. v. 19. 3. 1986, NJW 1986, 1746 ff.; Urt. v. 4. 7. 1990; ZIP 1990, 1133, 1135; s. auch *Lieb,* DB 1986, 2167 ff.; *ders.* in DB 1988, 946 ff.
36 *Eckstein,* BB 1986, 2144, 2146.
37 BGH 19. 3. 1986, NJW 1986, 1746 ff.; OLG Hamm, 14. 3. 1986, NJW-RR 1986, 927, 930; OLG Hamburg, 22. 10. 1986, NJW-RR 1987, 51.
38 Urt. v. 19. 3. 1986, NJW 1986, 1746 ff.
39 *Eckstein,* BB 1986, 2144.

tionserlass vorgesehene Aufteilung sei nur für die Frage der steuerlichen Zurechnung des Objektes maßgeblich, so dass es dem Leasinggeber zivil- und steuerrechtlich freigestellt sein müsse, jeden unterhalb der steuerlich relevanten Höchstgrenze von 90 % liegenden Wert zur Anrechnung auf die Abschlusszahlung mit dem Leasingnehmer vertraglich zu vereinbaren. Die vorgebrachte Kritik ist berechtigt, da der Teilamortisationserlass des Bundesministers der Finanzen keine für die Bewertung der Unangemessenheit i. S. v. § 307 BGB verbindlichen Vorgaben enthält und grundsätzlich auch ein Unterschreiten der Höchstwerte zulässt. Aus steuerlichen Gründen besteht dazu aber keine Notwendigkeit. **Abweichende Verteilungsregelungen** in AGB zu Lasten des Leasingnehmers dienen mithin ausschließlich der Gewinnmaximierung des Leasinggebers. Sie vermitteln ein „schiefes Bild" über die Gesamtbelastungen und führen zu der vom Leasingnehmer selten von vornherein durchschauten Konsequenz, dass er den nicht anrechenbaren Teil des Erlöses, der als Rechnungsposten in die Schlusszahlung einfließt, bezahlen muss. Deshalb sind derartige Regelungen überraschend, so dass ihre wirksame Einbeziehung in den Vertrag zweifelhaft ist. Jedenfalls aber benachteiligen sie den Leasingnehmer unangemessen i. S. v. § 307 Abs. 1 S. 1 BGB.

Das Modell des kündbaren Leasingvertrages mit Schlusszahlung ist für Leasinganbieter nicht attraktiv. Im Fall der fristlosen Kündigung des Leasingvertrages wegen Zahlungsverzuges des Leasingnehmers gilt nämlich die Einschränkung, dass der vom Leasingnehmer zu leistende Schadensersatz den **entgangenen Gewinn** des Leasinggebers nur **bis zum Zeitpunkt** einer nach dem Vertrag zulässigen **ordentlichen Kündigung** erfasst. Den entgangenen Gewinn für die nachfolgende Zeit bis zum Eintritt der nach dem Vertrag vorgesehenen Vollamortisation muss der Leasingnehmer dem Leasinggeber nicht ersetzen. Nach höchstrichterlicher Rechtsprechung[40] fehlt die Kausalität zwischen fristloser Kündigung und Gewinnausfallschaden. Dabei hat sich der BGH von der Erwägung leiten lassen, dass dem Leasingnehmer billigerweise keine Gegenleistung für einen Zeitraum angelastet werden darf, in dem ihm der Gebrauch der Leasingsache nicht mehr möglich ist und der Leasinggeber das zurückfließende Kapital – nicht nur die Leasingsache selbst – anderweitig Gewinn bringend nutzen kann. Eine Regelung in AGB mit weiter gehenden Ansprüchen zu Gunsten des Leasinggebers benachteiligt den Leasingnehmer unangemessen und ist unwirksam, weil sie den durch die vorzeitige Vertragsbeendigung entstehenden Vorteil der anderweitigen Kapitalnutzungsmöglichkeit als wesentlichen Teil des leasingtypischen Amortisationsprinzips nicht berücksichtigt. Es ist dem Leasinggeber folglich verwehrt, den für die gesamte Vertragslaufzeit kalkulierten Gewinn rechnerisch in die unkündbare Vertragszeit hineinzuverlagern.[41]

dd) Leasingvertrag mit Kilometerabrechnung

Die von Leasinggesellschaften angebotenen Kfz-Vertragsmodelle sind nicht ausnahmslos erlasskonform. Eine beim Kfz-Leasing häufig anzutreffende nicht erlasskonforme Vertragsvariante ist das Leasing mit Kilometerabrechnung, bei dem die Leasinggesellschaft das Verwertungsrisiko trägt.[42] Bei Vertragsbeginn wird die **Kilometerleistung** für die Dauer der Überlassung des Fahrzeugs **festgelegt**. Das Nutzungsentgelt deckt den geschätzten Wertverzehr des Autos während der Vertragszeit sowie die Aufwendungen und den Gewinn des Leasinggebers. Es beinhaltet außerdem Risikozuschläge, da sich der Wertverlust des Fahrzeugs während der Vertragszeit im Voraus kalkulatorisch nicht exakt vorausberechnen lässt. Die Leasingraten sind bei diesem Vertragsmodell zwangsläufig etwas höher als bei den erlasskonformen Vertragsvarianten mit Restwertabsicherung durch den Leasingnehmer.

---

40 BGH 10. 10. 1990, NJW 1991, 221.
41 BGH 10. 10. 1990, NJW 1991, 221.
42 vgl. *Graf von Westphalen*, Leasingvertrag, Rn 1207.

Auf der Grundlage der vereinbarten Laufleistung wird der Vertrag am Vertragsende abgerechnet. Überschreitet oder unterschreitet die während der Vertragszeit mit dem Fahrzeug zurückgelegte Laufleistung das vereinbarte Kilometerlimit einschließlich der üblichen Freigrenzen von Plus – Minus 2000–2500 km, sind **Mehrkilometer** und **Minderkilometer** auszugleichen. Die vertraglich festgelegten Kilometersätze, die der Leasingnehmer für Mehrkilometer entrichten muss, liegen im Regelfall über den Kilometersätzen, die er im Falle der Nichterreichung des Limits vom Leasinggeber zu beanspruchen hat.

Das Kilometerleasing ist sowohl für gewerbliche als auch für private Kunden interessant. Weil der Leasinggeber das Marktwertrisiko und das der zutreffenden internen Restwertkalkulation trägt,[43] sind die Risiken überschaubar und die Kosten transparent.

AGB in Leasingverträgen mit Kilometerabrechnung, die zwar eine Vergütungspflicht des Leasingnehmers für den Fall der Überschreitung der vertraglich festgelegten Kilometerleistung vorsehen, jedoch umgekehrt keine Erstattungspflicht des Leasinggebers bei Nichterreichen des Kilometerlimits enthalten, sind in Anbetracht der Konzeption des Leasingvertrages auf Kilometerbasis derart überraschend, dass die wirksame vertragliche Einbindung solcher Klauseln an § 305 c BGB scheitern dürfte, jedenfalls aber benachteiligen sie den Leasingnehmer wegen ihrer Einseitigkeit unangemessen und sind deshalb gem. § 307 Abs. 1 S. 1 BGB unwirksam.

Wegen ihres überraschenden Inhalts nicht wirksam in den Vertrag einbezogen wird eine Klausel, die den Leasinggeber berechtigt, bei vorzeitiger Vertragsbeendigung eine **Umstellung** von **Kilometer- auf Restwertabrechnung** vorzunehmen, wenn der Vertrag in seinem individuell gestalteten Teil keinen Hinweis auf den Wechsel der Abrechnungsart enthält.[44]

Leasinganbieter machen in zunehmendem Maße von der Möglichkeit Gebrauch, dem Leasingnehmer eines Vertrages mit Kilometerabrechnung das Restwertrisiko für den Fall der vorzeitigen Vertragsbeendigung wegen Zahlungsverzugs oder wegen Untergangs und wesentlicher Verschlechterung des Leasingfahrzeugs aufzuerlegen. Klauseln dieses Inhalts werden wegen ihres überraschenden Inhalts nicht wirksam in den Vertrag einbezogen. Die Verlagerung des Restwertrisikos auf den Leasingnehmer ist nur dann wirksam, wenn der Vertrag in seinem individuell gestalteten Teil einen deutlich hervorgehobenen Hinweis auf den Wechsel der Abrechnungsart enthält.

Klauselbeispiel:

„Der angegebene Restwert ist nur bei vorzeitiger Vertragsbeendigung von Bedeutung. In diesem Fall steht dem Leasinggeber ein Schadensersatzanspruch entsprechend Abschn. X der Allgemeinen Geschäftsbedingungen für das Leasing von Fahrzeugen zu."

Der Leasingnehmer ist verpflichtet, das Fahrzeug am Vertragsende in einem dem Alter und der **vertragsgemäßen** Fahrleistung entsprechenden **Erhaltungszustand** zurückzugeben. AGB in Leasingverträgen mit Kilometerabrechnung sehen vor, dass das Fahrzeug bei Rückgabe in einem dem Alter und der vertragsmäßigen Fahrleistung entsprechenden Erhaltungszustand, frei von Schäden sowie verkehrs- und betriebssicher sein muss,[45] gefolgt von der Klarstellung, dass normale Verschleißspuren nicht als Schäden gelten. Entspricht der tatsächliche Zustand des Fahrzeugs am Vertragsende nicht dem vertraglich vereinbarten Soll-Zustand, hat der Leasingnehmer eine dadurch bedingte Wertminderung auszugleichen (ausführlich dazu Rn 870, 875).

Ein **Recht** des Leasingnehmers **auf Erwerb** des Fahrzeugs nach Ablauf der Vertragszeit wird aus steuerlichen Gründen regelmäßig **ausgeschlossen.**

---

43 BGH 24. 4. 1996, DAR 1996, 318.
44 BGH 15. 10. 1986, ZIP 1986, 1566, 1569; SchlHOLG 29. 5. 1998, OLGR 1998, 410.
45 Nach LG München 3. 3. 1999, DAR 1999, 268 ist die Klausel unwirksam.

Kraftfahrzeugleasingverträge mit Kilometerabrechnung sind Finanzierungsleasingverträge.[46] Werden solche Verträge zwischen einem Unternehmer und einem Verbraucher abgeschlossen, findet § 500 BGB Anwendung. Diese Vorschrift verweist auf diejenigen Verbraucherschutznormen, die auf den Verbraucherleasingvertrag anzuwenden sind.[47]

Das **wirtschaftliche Eigentum** an dem Leasingfahrzeug wird dem Leasinggeber zugerechnet, da er die Verwertungsrisiken trägt und die Chance der Wertsteigerung besitzt.

Leasingverträge mit Kilometerabrechnung können **erlasskonforme Vertragselemente** beinhalten oder mit erlasskonformen Vertragsmodellen kombiniert werden. Derartige Vertragsgestaltungen verlangen ein **hohes Maß an Transparenz.** Allein die Erwähnung der vom Leasingnehmer zu leistenden Zahlungen im Zusammenhang mit der vereinbarten Vertragsdauer, dem kalkulierten Restwert und einer vereinbarten Gesamtfahrleistung ist verwirrend, da die Angabe der Gesamtfahrleistung nur Sinn bei Abschluss eines Leasingvertrages mit Kilometerabrechnung macht und sich nicht mit der Angabe des Restwertes vereinbaren lässt, auf den es bei einem Leasingvertrag mit Kilometerabrechnung nicht ankommt. In Anbetracht der Unverträglichkeit dieser Angaben in einem einzigen Leasingvertrag kann beim Leser der Eindruck entstehen, dass ein Restwertausgleich erst bei Überschreitung der angegebenen Laufleistung stattfindet, ein solcher jedoch bei Einhaltung des Kilometerlimits entfällt, weil in diesem Fall der kalkulierte Restwert erreicht wird.[48]

Eine vergleichbare Problematik besteht im Fall der **Kombination** eines Leasingvertrages mit **Andienungsrecht** mit einem **Kilometerabrechnungsvertrag**. Gegen die Wirksamkeit einer solchen Vertragsgestaltung bestehen grundsätzlich keine Bedenken. Da sich Andienungsrecht und Kilometerabrechnung gegenseitig ausschließen, können sie nur alternativ und nicht kumulativ vereinbart werden.[49] Übt der Leasinggeber das Andienungsrecht aus, kann er vom Leasingnehmer nicht zusätzlich eine Ausgleichszahlung wegen gefahrener Mehrkilometer verlangen. Auf der anderen Seite besitzt der Leasingnehmer keinen Anspruch auf Vergütung der Minderkilometer, da die Minderlaufleistung durch den Erwerb des infolge geringerer Nutzung höherwertigen Autos hinreichend ausgeglichen wird.

2. Transparente Vertragsgestaltung

Da dem durchschnittlichen Leasingnehmer eines erlasskonformen Leasingvertrages das komplizierte Wechselspiel zwischen Leasingraten, kalkuliertem Restwert und Verpflichtung zur Deckung eines Mindererlöses nicht bekannt ist, wird dem Leasinggeber eine **transparente Vertragsgestaltung** abverlangt, welche die Zweistufigkeit der Vollamortisationsgarantie durch Zahlung des Leasingentgelts und Absicherung des Restwertes verdeutlichen muss.[50] Die Transparenz speziell im Hinblick auf die Restwertgarantie ist vor allem deshalb zu verlangen, weil die Verpflichtung des Leasingnehmers zum Restwertausgleich nicht schon immanent aus dem allgemeinen leasingtypischen Prinzip der Vollamortisation folgt.[51] Das Transparenzgebot gilt für alle erlasskonformen Vertragsvarianten.

Weitergehende Aufklärungspflichten des Leasinggebers über Inhalt, Risiken und wirtschaftliche Folgen des Kraftfahrzeugleasingvertrages bestehen nicht, es sei denn, der Leasinggeber erkennt, dass der Leasingnehmer von falschen Vorstellungen ausgeht.[52]

---

46 BGH 24. 4. 1996, DAR 1996, 318; 11. 3. 1998, EBE 1998, 134.
47 Dazu *Reinking* DAR 2002,145 ff.
48 BGH 9. 5. 2001 EWiR 2001, 1089 *Reinking*.
49 OLG Düsseldorf 14. 4. 1994, NJW-RR 1994, 1337.
50 *Graf von Westphalen*, Der Leasingvertrag, Rn 165.
51 BGH 9. 5. 2001 EWiR, § 535 BGB 23/2001,1089 *Reinking*.
52 BGH 11. 3. 1987, WM 1987, 627, 629.

Die Restwertabsicherung beinhaltet einen Entgeltanspruch, der eine Hauptleistungspflicht darstellt.[53] Aus dem Transparenzgebot folgt, dass sich Hauptleistungspflichten aus dem Vertrag selbst und nicht allein aus den AGB ergeben müssen. Es bedarf deshalb zumindest eines Hinweises im eigentlichen Vertragstext, dass eine Nachbelastung erfolgt, falls der Veräußerungserlös unter dem kalkulierten Restwert liegt.[54] Der Leasingnehmer muss sich darauf verlassen können, dass es nicht des Studiums der AGB bedarf, um im Wesentlichen erfassen zu können, welche Verpflichtungen durch den Vertragsabschluss auf ihn zukommen.[55]

Zu empfehlen ist eine drucktechnisch hervorgehobene Schrift und eine klare Abrechnungsregelung in den AGB.

Formulierungsbeispiel:

Der Leasingnehmer garantiert den kalkulierten Restwert von Euro 5000 zuzüglich Mehrwertsteuer.[56]

Allein das Einsetzen des kalkulierten Restwertes in die Rubrik Fahrzeugabrechnung (als Alternative zur Kilometerabrechnung) in Verbindung mit der fett gedruckten Formulierung „kalkulierter Netto-Rücknahmewert" und einer hierzu in Klammern gefassten Erläuterung „Vereinbarter Mindestwert bei Fahrzeugrücknahme" lässt die Übernahme eines Restwertrisikos nicht mit hinreichender Klarheit erkennen, da sie auch als bloße Rechnungsgröße verstanden werden kann, die der Leasinggeber ebenso wie den Gesamtfahrzeugpreis bekannt machen will.[57] Dasselbe gilt für eine Vertragsurkunde, welche die Überschrift „Autoleasing- Antrag mit Restwertabrechnung" trägt und auf der ersten Seite lediglich die Angabe des kalkulierten Restwertes enthält. Ihr kann der Leasingnehmer nicht entnehmen, dass er nach Beendigung der Vertragszeit eine Abschlusszahlung aufbringen muss, sofern der angegebene Restwert nicht erzielt wird.[58] Nach Ansicht des OLG Oldenburg[59] lässt der bloße Hinweis im Vertragstext, dass die vom Leasingnehmer während der Vertragsdauer zu zahlenden Leasingraten nicht die vollen Amortisationskosten sowie die Nebenkosten decken, nicht erkennen, dass außer den ausdrücklich genannten noch weitere Zahlungsverpflichtungen auf den Leasingnehmer zukommen können. Für die Richter weist die Angabe einer jährlichen Fahrleistung darauf hin, dass der angenommene Restwert nach der Erfahrung des Leasinggebers derjenige ist, der sich bei Vertragsablauf tatsächlich realisieren lässt und der Leasingnehmer folglich nicht mit einer Nachbelastung rechnen muss.

Die mit der **Restwertgarantie** korrespondierende **Abrechnungsklausel** muss in Verbindung mit dem übrigen Vertragsinhalt alle Angaben enthalten, derer es zur Berechnung des nach der Klausel geschuldeten Betrages bedarf. Die Offenlegung der Kalkulation ist allerdings nicht erforderlich.[60]

Eine in AGB enthaltene Klausel, die besagt, dass der Leasingnehmer eine Minusdifferenz zwischen dem kalkulierten Restwert und dem tatsächlich am Vertragsende erzielten Nettoerlös auszugleichen hat, genügt allein nicht dem Transparenzgebot.[61] Es reicht auch nicht, dass sich die Vollamortisationsgarantie des Leasingnehmers aus einem nicht näher

---

53 BGH 10. 7. 1996, NJW 1996, 2860, 2861; OLG Hamm 6. 10. 1995, NJW-RR 1996, 502, 503.
54 OLG Oldenburg 2. 4. 1998–14 U 48/ 97 – n. v.
55 OLG Oldenburg 18. 12. 1987 NJW-RR 1987, 1003,1005; OLG Karlsruhe 23. 4. 1986, NJW-RR 1986, 1112, 1113.
56 BGH 4. 6. 1997, DAR 1997, 406; OLG Hamm 6. 10. 1995, OLGR 1996, 1; OLG Celle 22. 5. 1996, OLGR 1996, 219.
57 LG Oldenburg 31. 7. 1998, NJW-RR 1999, 1209; a. A. SchlHOLG 30. 6. 2000, OLGR 2001,101.
58 LG Neuruppin 18. 2. 2000, DAR 2000, 314.
59 Urt. v. 2. 4. 1998–14 U 48/ 97 – n. v.
60 BGH 4. 6. 1997, DAR 1997, 406.
61 OLG Karlsruhe 23. 4. 1986, NJW-RR 1986, 1112 ff.

erläuterten Computerprogramm ergibt.[62] Nur unter der Voraussetzung, dass der Leasinggeber den Leasingnehmer ausdrücklich auf die Restwertgarantie hingewiesen hat oder dass diese klar und eindeutig aus dem Vertrag hervorgeht, ist die Ausgleichsklausel weder überraschend i. S. d. § 305 c BGB noch verstößt sie gegen § 307 Abs. 1 S. 2 BGB.[63]

752 Geteilt sind die Ansichten zu der Frage, ob eine Abrechnungsklausel in Verbindung mit einem eingangs der Vertragsurkunde enthaltenen Hinweis, dass die unter Berücksichtigung des Restwertes ermittelten, vom Leasingnehmer in der Grundmietzeit zu entrichtenden Leasingraten den Aufwand des Leasinggebers für die Anschaffung und Überlassung des Leasingfahrzeugs nicht abdecken, den Anforderungen an das Transparenzgebot genügt. Während das OLG Oldenburg[64] sich auf den Standpunkt gestellt hat, eine solche Regelung trage eher zur Verwirrung als zur Klarstellung bei, da sie dem Kunden die irrige Vorstellung suggeriere, die Leasingraten seien so kalkuliert, dass der Restwert am Vertragsende in jedem Fall erzielt werde, hat das OLG Karlsruhe[65] die Meinung vertreten, die Klausel sei leasingtypisch und deshalb nicht überraschend.

Das AG Hamburg hat in einem beachtlichen Urteil[66] die in Teilamortisationsverträgen mit Restwertabrechnung üblicherweise verwendete **Klausel,** die dem Leasingnehmer von einem Mehrerlös nur 75 % zubilligt, ihn aber zum Ausgleich des vollen Mindererlöses verpflichtet, trotz ihres systemimmanenten Regelungscharakters als überraschend bewertet, weil sie an den im Vertrag ausgewiesenen, vom Leasinggeber einseitig **ohne Offenlegung** der **konkreten Kalkulationsgrundlagen** ermittelten Gebrauchtwagenerlös anknüpft, ohne auf den Fall beschränkt zu sein, dass dieser Verkaufserlös von dem Leasinggeber auch realistisch eingeschätzt worden ist. Die Befürchtung des Gerichts, dass der Leasingnehmer andernfalls für willkürlich kalkulierte „Gebrauchtwagenerlöse" einstehen müsste, die von vornherein keine Realisierungschance haben, ist nicht ganz unbegründet. Insbesondere ein zu gering eingeschätzter Restwert schadet dem Leasingnehmer, da er einerseits hohe Raten zahlen muss, andererseits aber von dem Mehrerlös nur 75 % erhält. Der Restwert ist somit ein Kalkulationsfaktor, der sich auf die Gesamtbelastung des Leasingnehmers auswirkt.

Dennoch erscheint es nicht gerechtfertigt, der Klausel aus diesem Grunde die Wirksamkeit zu versagen, „da es sich bei dem im Leasingvertrag vereinbarten Restwert gerade wegen der mit der künftigen Wertentwicklung verbundenen Risiken nicht um eine prognostische Angabe handelt, sondern um eine kalkulatorische Größe, die aus der Aufteilung des Amortisationsaufwands auf die Leasingraten, die Sonderzahlung und den kalkulierten Restwert resultiert.[67] Gegen Missbrauch wird der Leasingnehmer durch § 242 BGB geschützt. Einen willkürlich eingesetzten Fantasiepreis braucht er nach Treu und Glauben nicht gegen sich gelten zu lassen.[68]

753 Besonders **strengen Maßstäben** unterliegt das Transparenzerfordernis beim Leasingvertrag mit **Andienungsrecht**. Es wird verlangt, dass die vom Leasingnehmer garantieartig geschuldete Vollamortisation derart klar, eindeutig und unmissverständlich im Leasingvertrag niedergelegt sein muss, dass sie einer individualvertraglichen Vereinbarung gleichkommt und dem Teilamortisationsvertrag das Gepräge gibt.[69] Der Grund für diese hohen Anforderungen besteht darin, dass Amortisations- und Gebrauchsdauer nicht deckungsgleich sind, wie dies bei den übrigen Teilamortisationsmodellen der Fall ist, und dass der

---

62 OLG Köln 6. 2. 1995, NJW 1995, 2044.
63 OLG Hamm 6. 10. 1995, ZfS 1996, 95.
64 Urt. v. 18. 2. 1987, NJW 1987, 1003 ff.
65 Urt. v. 27. 3. 1987, NJW-RR 1987, 1006 ff.
66 Urt. v. 30. 7. 1990, NJW-RR 1991, 507.
67 OLG Celle 22. 5.1996, OLGR 1996, 219.
68 LG Bochum 30. 9. 1986, NJW-RR 1987, 123.
69 LG Mönchengladbach 28. 1. 1994, NJW-RR 1994, 1479.

Leasingnehmer gezwungen ist, einen Kaufvertrag über ein Fahrzeug abzuschließen, dessen Verkehrswert nicht dem vertraglich vereinbarten Restwert/Kaufpreis entspricht. Ihm wird durch das Andienungsrecht ein Wirtschaftsgut aufgezwungen, mit dem er schlimmstenfalls nichts mehr anfangen kann.

Die **Kombination** eines drucktechnisch auf der Vorderseite des Leasingvertrags hervorgehobenen **Andienungsrechts** mit einem kleingedruckten **Selbstverwertungsrecht** des Leasinggebers und der Verpflichtung des Leasingnehmers zum Ausgleich eines Mindererlöses ist missverständlich und wegen ihres überraschenden Inhalts gem. § 305 c BGB nicht Vertragsbestandteil.[70] Durch den Vorbehalt der Selbstverwertung werden die Vorteile des Leasingvertrages mit Andienungsrecht zunichte gemacht, die darin bestehen, dass der Leasingnehmer, der das ihm angediente Fahrzeug anschließend weiter verkauft, einen eventuellen Mehrerlös für sich behalten kann, während ihm nach dem Restwertmodell nur 75 % davon zustehen. Ein weiterer Vorzug besteht darin, dass der Leasingnehmer nicht zu einem kurzfristigen Verkauf zu möglicherweise schlechten Bedingungen gezwungen ist, wie dies bei einer Verwertung durch den Leasinggeber der Fall ist.

Durch Verwendung von Formularsätzen für **mehrere Leasingvarianten** kommt es immer wieder zu Irritationen, die in dem Vorwurf münden, der konkreten Vertragsgestaltung fehle die notwendige Transparenz. Vorsicht ist vor allem bei der Angabe der Gesamtfahrleistung in einem Leasingvertrag mit Restwertabrechnung geboten. Die Eintragung der Gesamtfahrleistung macht nur Sinn im Zusammenhang mit dem Abschluss eines Leasingvertrages mit Kilometerabrechnung. Sie lässt sich nicht mit der Angabe des Restwertes vereinbaren, auf den es bei einem Leasingvertrag mit Kilometerabrechnung nicht ankommt, da der Leasinggeber das Restwertrisiko trägt. Angesichts der Unvereinbarkeit der beiden Angaben ist es nicht fernliegend, dass durch die verunglückte Kombination beim Leser der Eindruck erweckt wird, dass ein Restwertausgleich erst bei Überschreitung der angegebenen Gesamtfahrleistung erfolgt, bei deren Einhaltung jedoch entfällt, weil in diesem Fall der kalkulierte Restwert noch erreicht wird.[71] Um solche Missverständnisse beim Leasingnehmer nicht aufkommen zu lassen, bedarf es des deutlich gestalteten Hinweises darauf, dass die Restwertabrechnung auch im Fall einer Unterschreitung der im Vertrag angegebenen Gesamtfahrleistung stattfindet und dass die Angabe des Restwertes für den Vertrag mit Kilometerabrechnung keine Bedeutung hat.

3. Steuerliche Aspekte

Das Finanzierungsleasinggeschäft wird vom **Steuerrecht geprägt**. Es sind in erster Linie die vom Leasingnehmer angestrebten und vom Leasinggeber gepriesenen **Steuervorteile**, die das Leasing interessant machen.

a) Betriebsausgaben und Bilanzierung

Gewerbetreibende und Freiberufler haben die Möglichkeit, Leasingraten und Sonderzahlungen als abzugsfähige Betriebsausgaben sofort geltend zu machen. Selbst degressive Leasingraten können sie in vollem Umfang als Aufwand ansetzen.[72] Leasingfahrzeuge werden in Höhe der Anschaffungskosten von Leasingfirmen aktiviert und sind für Leasingnehmer bilanzneutral.

Die Absetzung für Abnutzung (AfA) erfolgt beim Leasinggeber nach der betriebsgewöhnlichen Nutzungsdauer.[73]

---

70 OLG Nürnberg 8. 6. 1999, NJW-RR 2000, 278.
71 BGH 9. 5. 2001 EWiR, § 535 BGB 23/2001, 1089 *Reinking*.
72 BFH Urt. v. 28. 2. 2001 – I R 51/00.
73 Zur AFA BFH 27. 7. 1991, DB 1991, 2633; *Graf von Westphalen,* DB 1992, 2379.

b) Vorsteuerabzug

756 Die **Nutzungsüberlassung** im Rahmen eines Leasingvertrages ist eine **sonstige Leistung** i. S. d. § 1 Abs. 1 Nr. 1 UStG und unterliegt in voller Höhe der Umsatzsteuer. Zum Vorsteuerabzug berechtigte Unternehmer können die Umsatzsteuer bei rein betrieblicher Nutzung in voller Höhe als Vorsteuer in Abzug bringen. Die in einer Leasingsonderzahlung enthaltene Umsatzsteuer ist ebenfalls sofort abzugsfähig. Eine unternehmensfremde Nutzung von maximal 5% ist für den vollen Vorsteuerabzug unschädlich.

Wird ein nach dem 31. März 1999 für betriebliche Zwecke geleastes Fahrzeug auch für nichtunternehmerische Zwecke verwendet, so ist gem. § 15 Abs. 1 b UStG nur der hälftige Vorsteuerabzug möglich. Diese Beschränkung gilt sowohl für die Leasingraten als auch für die laufenden Unterhaltskosten des Fahrzeugs. Von der Regelung sind in erster Linie Gewerbetreibende und Freiberufler betroffen, wenn sie für unternehmerische Zwecke geleaste Fahrzeuge privat mitbenutzen. Der Vorsteuerabzug ist nach § 15 Abs. 1 b UStG auch dann auf die Hälfte beschränkt, wenn ein GmbH-Gesellschafter, der nicht zugleich deren Geschäftsführer ist, ein für die GmbH geleastes Fahrzeug für private Zwecke verwendet, da es sich um eine nichtunternehmerische Nutzung handelt.[74]

Für geleaste Kraftfahrzeuge, die Angestellten zur Nutzung überlassen werden, kann der volle Vorsteuerabzug geltend gemacht werden. Diese Regelung findet auch dann Anwendung, wenn ein GmbH-Geschäftsführer im Rahmen seines Anstellungsvertrages ein für unternehmerische Zwecke geleastes Fahrzeug für private Fahrten verwendet. Die Privatnutzung ist Vergütung für geleistete Dienste, bei der die nicht durch Barlohn abgegoltene Arbeitsleistung die Bemessungsgrundlage für die Umsatzsteuer bildet.

All-Inclusive-Leasingraten sind insgesamt umsatzsteuerpflichtig, da eine einheitliche Leistung vorliegt. Im Leasingentgelt enthaltene Leistungen, die nicht umsatzsteuerpflichtig sind, wie z. B. Versicherungsbeiträge und Kraftfahrzeugsteuer, werden mit Umsatzsteuer belegt. Eine Trennung in umsatzsteuerpflichtiges und umsatzsteuerfreies Entgelt ist nur durch Aufspaltung der Leasingleistung möglich.[75]

c) Gewerbeertragsbesteuerung

757 Da die Leasingraten beim Leasinggeber der Gewerbeertragsbesteuerung unterworfen sind, fällt beim Leasingnehmer keine **Gewerbeertragssteuer** an.[76]

Refinanzierungskredite, die der Leasinggeber aufnimmt, sind bei mittelfristiger Finanzierung von mehr als zwölf Monaten als **Dauerschulden** anzusehen. Die Dauerschuldzinsen werden dem Gewerbeertrag zugerechnet; hierauf ist Gewerbesteuer zu entrichten. Bemessungsgrundlage für die Gewerbeertragssteuer ist der Gewinn aus dem Gewerbebetrieb. Dieser erhöht sich beim Einsatz von mittel- bis langfristigen Fremdmitteln um die Zinsen für die Dauerschulden.

Die **Gewerbesteuerpflicht** des Leasinggebers **entfällt**, wenn er seine Forderungen gegen den Leasingnehmer an die refinanzierende Bank im Rahmen einer **Forfaitierung** verkauft. Bei der Forfaitierung, die auch durch AGB rechtswirksam vereinbart werden kann[77], erfolgt der Forderungsankauf regresslos. Die Bank übernimmt das Risiko der Einbringlichkeit, während die Leasinggesellschaft für den rechtlichen Bestand der Forderung sowohl im Zeitpunkt des Verkaufs als auch für die Dauer des Leasingvertrages haftet. Die Leasinggesellschaft trägt insbesondere das Risiko des Widerrufs der auf Vertragsabschluss gerichte-

---

74 Steuer-Erfahrungsaustausch 8/99, S. 6, 8.
75 Steuer-Erfahrungsaustausch 10/2001, S. 3.
76 *Bordewin*, Leasing im Steuerrecht, 2. Aufl., S. 101 ff.; zu den steuerlichen Entlastungswirkungen beim Leasing *Michalski/Schmitt,* Der Kfz-Leasingvertrag, Rn 299 ff.
77 OLG Celle 18. 6. 1997, DB 1997, 2216.

ten Willenserklärung des Leasingnehmers und das der Störung der Geschäftsgrundlage durch Rückgängigmachung des Kaufvertrags. Das mit der Forfaitierung von Forderungen aus Leasingverträgen angestrebte Ziel, die Gewerbesteuerlast zu mindern, wird nicht erreicht, wenn die Abtretung nur sicherheitshalber erfolgt und die Bank nicht, wie beim echten Forderungskauf, das Risiko der Uneinbringlichkeit übernimmt.[78]

d) Privatleasing

Der **private Leasingnehmer** hat für **Fahrten zwischen Wohnung und Arbeitsstätte** mit einem geleasten Pkw, dessen laufende Kosten, Wertverzehr und Sachrisiko er trägt, die Kilometerpauschale des § 9 Abs. 1 Nr. 4 EStG zu beanspruchen.[79] Nutzt er das Leasingfahrzeug auch für berufliche Zwecke, kann er die Kosten in Höhe des beruflichen Anteils als Werbungskosten geltend machen. Zu den sofort abziehbaren Werbungskosten gehört auch eine bei Vertragsbeginn zu erbringende Leasing-Sonderzahlung. In Höhe des beruflichen Nutzungsanteils ist sie Entgelt für die Gebrauchsüberlassung und nicht Teil der Anschaffungskosten.[80]

Für den privaten Leasingnehmer kann die Nutzung eines vom Arbeitgeber geleasten Fahrzeugs anstelle einer Lohnerhöhung von Vorteil sein. Der geldwerte Nutzen ist steuerlich auf Seiten des Leasingnehmers zu berücksichtigen. Der Leasingnehmer hat die **Wahl** zwischen

– der **Pauschalbesteuerung mit 1 %** (künftig 1,5 % vorgesehen) des inländischen Listenpreises laut unverbindlicher Preisempfehlung des Herstellers/Importeurs zuzüglich der Kosten für Sonderausstattung und Umsatzsteuer pro Monat und

– dem **Einzelnachweis** der **anteiligen Kosten** für Privatfahrten anhand eines Fahrtenbuches. Für Fahrten zwischen Wohnung und Arbeitsstätte sind zusätzlich 0,03 % des Listenpreises pro Monat für jeden Entfernungskilometer als Sachbezug zu berücksichtigen. Familienheimfahrten im Rahmen einer steuerlich anzuerkennenden doppelten Haushaltsführung sind, soweit sie keine abzugsfähigen Betriebsausgaben oder Werbungskosten darstellen, mit 0,002 % pro Entfernungskilometer anzusetzen.

4. Wirtschaftliches Eigentum

Die mit dem Leasing angestrebten Steuervorteile sind nur unter der Voraussetzung erzielbar, dass das **Leasingfahrzeug dem Vermögen des Leasinggebers zugerechnet** wird. Das Leasingfahrzeug muss wirtschaftliches Eigentum des Leasinggebers sein.

Nach der vom BFH im Jahre 1970 geprägten Definition ist als wirtschaftlicher Eigentümer derjenige anzusehen, der auf Grund seiner tatsächlichen Herrschaftsgewalt über das Wirtschaftsgut den bürgerlich-rechtlichen Eigentümer – wirtschaftlich betrachtet – auf Dauer von der Einwirkung auf das Wirtschaftsgut ausschließen kann, so dass der Herausgabeanspruch des Eigentümers gem. § 985 BGB wirtschaftlich keine Bedeutung mehr besitzt.[81]

Das Urteil des BFH hat Eingang in die Gesetzesregelung des § 39 Abs. 2 Ziff. 2 S. 1 AO gefunden, die wie folgt lautet:

> „Übt ein anderer als der Eigentümer die tatsächliche Herrschaft über ein Wirtschaftsgut in der Weise aus, dass er den Eigentümer im Regelfall für die gewöhnliche Nutzungsdauer von der Einwirkung auf das Wirtschaftsgut wirtschaftlich ausschließen kann, so ist ihm das Wirtschaftsgut zuzurechnen."

---

78 BFH 5. 2. 1987, BB 1987, 953 ff.
79 BFH 11. 9. 1987, DAR 1988, 67.
80 BFH 5. 5. 1994, DAR 1994, 413.
81 Urt. v. 26. 1. 1970, BStBl. II 1970, 264 ff.

Eine Zurechnung des wirtschaftlichen Eigentums beim Leasingnehmer findet nur unter der Voraussetzung statt, dass ihm der **wirtschaftliche Gehalt** des Fahrzeugs, der aus Substanz und Ertrag besteht, vollständig und auf Dauer zusteht, so dass er die Chance der Wertsteigerung besitzt und zugleich das Risiko der Wertminderung trägt.[82]

Die damalige Grundsatzentscheidung des BFH war der Anlass für die Schaffung der beiden **Leasingerlasse vom 19. 4. 1971**[83] **und 22. 12. 1975**,[84] die fortan das Leasing prägten. Die an den Vertragsmustern der Erlasse ausgerichteten Leasingverträge werden als „erlasskonform" bezeichnet.

Durch **erlasskonforme Vertragsgestaltung** lässt sich sicherstellen, dass die Zurechnung des wirtschaftlichen Eigentums beim Leasinggeber tatsächlich stattfindet. In dem für das Kraftfahrzeugleasing maßgeblichen Teilamortisationserlass aus dem Jahre 1975 sind die Grenzwerte der Vertragszeit von 40 % bis 90 % der betriebsgewöhnlichen Nutzungsdauer und die vertragsspezifischen Anrechnungsquoten der Parteien am Verwertungserlös und am Mehrerlös verbindlich festgelegt.[85] Eine Verschiebung der Grenzwerte zu Lasten des Leasinggebers kann dessen Stellung als wirtschaftlicher Eigentümer gefährden.

Das wirtschaftliche **Eigentum** des Leasinggebers, das die Chance der Wertsteigerung mit umfassen muss, wird **ausgehöhlt**, wenn der Vertrag mit Mehrerlösregelung vorsieht, dass ein über dem kalkulierten Restwert liegender Fahrzeugerlös dem Leasingnehmer in voller Höhe – anstatt in Höhe von nur 75 % gem. Teilamortisationserlass – zufließen soll. Ohne Einfluss auf die steuerliche Behandlung ist eine Verschiebung der Eckwerte zu Lasten des Leasingnehmers, wie etwa eine Regelung beim Vertragsmodell mit Aufteilung des Mehrerlöses, welche besagt, dass ein am Vertragsende erzielter Mehrerlös an den Leasingnehmer in Höhe von lediglich 60 % – anstatt in Höhe von 75 % gem. Teilamortisationserlass – auszuzahlen ist.

760 Neuerdings wird die Ansicht vertreten, durch das geänderte Haftungsrecht für Mängel der Kaufsache werde das wirtschaftliche Eigentum des Leasinggebers gefährdet, da er während der zweijährigen Verjährungsfrist ständig der **Gefahr der drohenden Nichterfüllung** des Leasingvertrages ausgesetzt sei.[86] Vom Innehaben wirtschaftlichen Eigentums könne jedenfalls dann nicht mehr die Rede sein, wenn demLeasingnehmer kraft leasingtypischer Abtretungskonstruktion die Verpflichtung auferlegt sei, die Ansprüche auf Nacherfüllung gegenüber dem Verkäufer geltend zu machen. Unter diesen Umständen scheide der Leasinggeber aus der praktischen Nacherfüllung aus und seine Funktion beschränke sich auf die Finanzierung der Sache.[87]

Für das Kraftfahrzeugleasing treffen diese Befürchtungen nicht zu, da durch die Schuldrechtsreform die Position des Leasinggebers, soweit sie das Innehaben des wirtschaftlichen Eigentums betrifft, **nicht geschwächt** wurde. Eingetreten ist eher das Gegenteil, da die einjährige Haltbarkeitsgarantie auf Neufahrzeuge von den meisten Herstellern abgeschafft wurde. Somit stehen dem Leasingnehmer eines Neufahrzeugs nicht mehr automatisch die Rechte des § 437 BGB zur Verfügung, wenn nach Gefahrübergang ein Fehler des Fahrzeugs auftritt. Vielmehr muss er beweisen, dass der Mangel schon bei Gefahrübergang vor-

---

82 *Döllerer,* BB 1971, 535, 536.
83 *Reinking,* Autoleasing, S. 241.
84 Anhang Anlage 3.
85 *Eckstein,* BB 1986, 2144, 2146.
86 *Graf von Westphalen,* ZIP 2001, 2258 ff., 2263.
87 *Meinecke,* AcP 190, 358, 359.

handen war. Die Beweislastumkehr des § 476 BGB greift nicht ein, da der Leasinggeber seine Leasingfahrzeuge nicht als Verbraucher sondern als Unternehmer einkauft (Rn 379).

Als nicht stets erlasskonform erweisen sich die in der täglichen Praxis verwendeten Vertragsmuster. Bei Abweichungen von den im Teilamortisationserlass vorgegebenen Modellen ist die Frage, wem das wirtschaftliche Eigentum zusteht, anhand der konkreten Umstände des Einzelfalles zu beantworten.[88] Stellt sich heraus, dass das wirtschaftliche Eigentum dem Leasingnehmer zuzurechnen ist, ergeben sich daraus fatale steuerliche Konsequenzen für den Leasingvertrag. Er ist im Nachhinein steuerlich komplett „umzupolen". Hiervon wird der private Leasingnehmer allerdings nicht betroffen, da er keine Steuervorteile durch das Leasing erlangt.

5. Typologische Einordnung des Finanzierungsleasingvertrags

a) Grundsätzliches

Da der Finanzierungsleasingvertrag im Zuge der Schuldrechtsreform gesetzlich nicht geregelt wurde, bleibt dessen **zivilrechtliche** Zuordnung umstritten. Es handelt sich um ein Problem von eminenter praktischer Bedeutung,[89] weil sich die Bestimmung der Rechtsnatur des Leasingvertrages vorgreiflich auswirkt auf die Inhaltskontrolle von AGB, die ergänzende Vertragsauslegung zur Schließung von Lücken innerhalb der Vertragsabsprachen und die Beurteilung der Sittenwidrigkeit.

Um eine typologische Einordnung vornehmen zu können, bedürfen die vertragscharakteristischen Momente des Kraftfahrzeugleasinggeschäftes näherer Betrachtung.

Der **Leasinggeber** übernimmt in der Dreier-Beziehung zwischen ihm, dem Leasingnehmer und dem Hersteller/Händler die **Finanzierungsfunktion** in Form von Kunden- bzw. Absatzfinanzierung, indem er den Kaufpreis für das im eigenen Namen und auf eigene Rechnung erworbene Fahrzeug an den Händler zahlt und sich diesen Betrag nebst Kosten und Gewinn vom Leasingnehmer durch Leasingraten erstatten lässt. Seine Aufgabe erschöpft sich jedoch nicht in der bloßen Finanzierung, auch wenn der Finanzierungsaspekt beim freien Leasing eindeutig dominiert, während beim markengebundenen Leasing durchaus andere Interessen des Leasinggebers vorrangig sein können. Zu seinen vertraglichen Hauptpflichten gehört auch die Pflicht, dem Leasingnehmer für die Dauer einer festen, unkündbaren Vertragszeit den Gebrauch des Fahrzeugs in einem für den Vertragszweck geeigneten Zustand zu überlassen.[90] Das ist mehr als bloße Gebrauchsfinanzierung.[91] Der wirtschaftliche Unterschied zur reinen Vermietung liegt darin, dass der Leasinggeber durch die Vorfinanzierung in Form des Sacherwerbs kein eigenes unternehmerisches Interesse im Sinne einer ihn unmittelbar betreffenden Investitionsentscheidung verfolgt. Der Anstoß zum Kauf kommt i. d. R. vom Leasingnehmer, der sich das Fahrzeug beim Händler aussucht und anschließend den Antrag auf Abschluss des Leasingvertrages an den Leasinggeber richtet.

Im **Spannungsfeld** zwischen **Finanzierungsinteresse** des Leasinggebers und **Nutzungsinteresse** des Leasingnehmers, das mit der Gebrauchsüberlassungspflicht des Leasinggebers korrespondiert, liegt die Problematik des Finanzierungsleasingvertrags und sei-

---

88 Zum Kilometerabrechnungsvertrag *Graf von Westphalen*, Leasingvertrag, Rn 1232.
89 *Sannwald*, Der Finanzierungsleasingvertrag über bewegliche Sachen mit Nichtkaufleuten, S. 72; *Seifert*, DB-Beilage 1/83, 10.
90 BGH 27. 2. 1985, WM 1985, 573 ff.; OLG Schleswig 14. 8. 1987, NJW-RR 1987, 1398, 1399.
91 A. A. *Canaris*, Bankvertragsrecht, Rn 1719; *ders.*, NJW 1982, 305 f.; *Lieb*, JZ 1982, 561 ff.; *ders.*, DB 1988, 946 ff.; *Papapostolou*, Die Risikoverteilung beim Finanzierungsleasingvertrag über bewegliche Sachen, S. 36 ff.

ner rechtlichen Qualifizierung. Das Mit- und Nebeneinander von Gebrauchsüberlassungs- und Finanzierungsinteresse hat der BGH wie folgt beschrieben:

> *„Im Unterschied zu einem zur Finanzierung eines Sacherwerbs geschlossenen Kreditvertrages mit einer Bank, bei dem der Darlehensnehmer außer seiner Rechtsbeziehung zum Darlehensgeber ein eigenes Kaufvertragsverhältnis zum Veräußerer hat, beschränken sich die Rechtsbeziehungen beim Finanzierungsleasing für den Leasingnehmer auf den Vertrag mit dem Leasinggeber. Dieser hat sich, anders als die Kreditbank bei einer Sicherungsübereignung, kein Sicherungseigentum, sondern Volleigentum vorbehalten, das er nicht nur bei Vertragsstörungen, sondern gerade auch bei normalem Ablauf des Vertrages in Anspruch nimmt, sofern nicht auf Grund einer besonderen Abrede ein sich dem Vertragsverlauf selbstständig anschließender Eigentumserwerb durch den Leasingnehmer vereinbart ist. Diese Vertragskonstruktion und die Zuordnung des Leasinggutes zum Vermögen des Leasinggebers verbieten es, in der formularmäßigen Haftungsfreizeichnung mit Abtretung von Gewährleistungsansprüchen eine Risikozuweisung zu sehen, der zufolge ... die Frage der Benutzbarkeit der Leasingsache völlig vom Bestand und vom Verlauf des Leasingvertrages gelöst würde. Anderenfalls stünde der Verpflichtung des Leasingnehmers zur Zahlung der Leasingraten kein Vertragspartner mit äquivalenten Leistungspflichten gegenüber."*[92]

Auf der anderen Seite entspricht es der typischen Gestaltung von Leasingverträgen, dass der Leasingnehmer zur Unterhaltung und **Instandhaltung** des Fahrzeugs verpflichtet ist. Er trägt sämtliche mit dem Kraftfahrzeug und seinem Betrieb in Zusammenhang stehenden Lasten und Risiken, namentlich die Gefahr des **zufälligen Untergangs** und der **zufälligen Verschlechterung** ab Übernahme des Fahrzeugs. Auch die **Geltendmachung** von **Sachmängelansprüchen** liegt in seiner Hand. Der Leasinggeber tritt üblicherweise die ihm gegen den Lieferanten zustehenden Sachmängelansprüche unter gleichzeitiger Freizeichnung von der eigenen Haftung an den Leasingnehmer ab. Markengebundene Leasinggeber übernehmen manchmal eine eigene Haftung für Sach- und Rechtsmängel in dem Umfang der ihnen selbst aus dem Erwerb des Fahrzeugs zustehenden Ansprüche gegen den Verkäufer bzw. Hersteller. Ein Erwerbsrecht des Leasingnehmers ist regelmäßig ausgeschlossen. Der Leasingnehmer muss das Fahrzeug, dessen Halter er während der Vertragszeit ist,[93] am Vertragsende zurückgeben, es sei denn, die Parteien einigen sich nachträglich auf einen Kauf des Fahrzeugs durch den Leasingnehmer oder der Leasinggeber macht beim Vertragsmodell mit Andienungsrecht von dieser Option Gebrauch.

b) Rechtsnatur

762 Die Wesensmerkmale des Kraftfahrzeugleasingvertrages bestehen, wie gezeigt, darin, dass der Leasinggeber den **Sacherwerb finanziert** und der Leasingnehmer ein **zeitlich befristetes Gebrauchsrecht** erhält. Während dieser Zeit trägt der Leasingnehmer sämtliche mit dem Eigentum verbundenen Lasten, Pflichten und Risiken, obschon bei leasingtypischer Vertragsgestaltung nicht ihm, sondern ausschließlich dem Leasinggeber das rechtliche und wirtschaftliche Eigentum zusteht. Vor diesem Hintergrund kann ernsthaft nur die Frage diskutiert werden, ob nach dem Leitbild des Vertrages Kauf- oder Mietrecht oder beides in Kombination Anwendung findet.

Abzulehnen ist die Konstruktion des Rechtskaufs als **Kauf einer Nutzungsmöglichkeit**,[94] weil der Leasinggeber dem Leasingnehmer nicht ein Recht, sondern den Gebrauch der Sache verschafft. Wäre die Gebrauchsüberlassung als Rechtskauf einzuordnen, würde der Miete als selbstständigem Vertragstypus ihre eigenständige Bedeutung genommen.[95]

---

92 Urt. v. 27. 2. 1985, WM 1985, 573 ff.
93 BGH 9. 11. 1982, NJW 1983, 1492.
94 A. A. *Plathe*, BB 1970, 601, 605; *Fikentscher*, Schuldrecht, (1992) Rn 831; *Ebenroth*, JuS 1978, 588, 593.
95 *Flume*, DB 1972, 1, 6.; *Sonnenberger*, NJW 1983, 2217 f.

Die Annahme eines **Darlehensvertrages** scheitert daran, dass es an der dem Typus „Darlehen" eigentümlichen Pflicht zur Übereignung fehlt und der Anspruch auf Rückgewähr von Sachen gleicher Art, Menge und Güte durch die Rückgabeverpflichtung des überlassenen Fahrzeugs ersetzt wird.[96] Auch eine Typisierung als Gelddarlehen entfällt, da sich die Vorfinanzierung in der Sphäre des Leasinggebers abspielt und der Leasingvertrag auf Gebrauchseinräumung des Leasinggutes und nicht auf Überlassung von Geld abzielt.[97] Die Bestimmung des § 56 Abs. 1 Nr. 6 GewO, welche die Vermittlung von Darlehensgeschäften im Reisegewerbe verbietet, es sei denn, sie stehen im Zusammenhang mit einem Warenkauf oder dem Abschluss eines Bausparvertrages, ist folglich für Finanzierungsleasingverträge nicht einschlägig.[98]

Als **Geschäftsbesorgungsvertrag** mit darlehensrechtlichen Elementen[99] lässt sich der Kraftfahrzeugleasingvertrag ebenfalls nicht qualifizieren. Gegenüber der Pflicht zur Gebrauchsüberlassung treten die Elemente der Geschäftsbesorgung (Kapitalbeschaffung, Führen von Vertragsverhandlungen usw.) völlig in den Hintergrund. Der Leasinggeber nimmt vorrangig eigene und nicht fremde Interessen wahr.[100] Basis seines Geschäftsinteresses ist das legitime eigene Gewinnstreben und das damit untrennbar in Zusammenhang stehende wirtschaftliche Eigeninteresse am Leasingfahrzeug.[101] Außerdem widerspricht schon der formale Verbleib des Eigentums an dem Fahrzeug beim Leasinggeber der für die Geschäftsbesorgung typischen Rechtsfolge der §§ 675, 667.[102]

Die Rechtsfigur des **Mietkaufs**[103] scheitert beim Autoleasing daran, dass dem Leasingnehmer regelmäßig kein Ankaufsrecht eingeräumt wird. Ein Andienungsrecht gibt dem Leasingnehmer keine Option und reicht zur Annahme eines Mietkaufs nicht aus.

Weil beim Leasinggeschäft das Eigentum am Fahrzeug dem Leasinggeber verbleibt, finden **kaufrechtliche Vorschriften** keine unmittelbare Anwendung,[104] da der Sachkauf maßgeblich von der Eigentumsverschaffungspflicht des Verkäufers gekennzeichnet ist.

Mit der u. a. von *Lieb* nachhaltig geforderten Behandlung des Leasinggeschäfts als Vertrag **„sui generis"**[105] ist wenig geholfen. Es lässt sich sicherlich nicht abstreiten, dass der Kraftfahrzeugleasingvertrag mit keinem der im BGB normierten Vertragsmodelle vollständig in Übereinstimmung zu bringen ist. Er enthält als mietvertragliche Elemente die Pflicht des Leasinggebers zur Gebrauchsüberlassung und die des Leasingnehmers zur Zahlung der Leasingraten. Bei anderen bedeutenden Typusmerkmalen fehlt diese Kongruenz. In Abweichung vom gesetzlich geregelten Mietvertrag trägt der Leasingnehmer die Erhaltungspflicht. Die Regelungen über Gefahrtragung und Gewährleistung verweisen in das Kauf-

---

96 Dazu *Larenz,* Schuldrecht II/1, § 51, I.
97 *Sannwald,* Der Finanzierungsleasingvertrag über bewegliche Sachen mit Nichtkaufleuten, S. 84; *von Westphalen*, Leasingvertrag, Rn 91 f.
98 BGH 2. 11. 1988, ZIP 1989, 44.
99 *Koch/Haag,* BB 1968, 93, 95 ff.; *Canaris,* NJW 1982, 305 ff.; *ders.* AcP 190 (1990), 410 ff. (452).; *ders.* ZIP 1993, 401 ff.; *Konzen,* WuB II 2. Leasing 8.85.
100 *Seifert,* DB-Beilage 1/83, S. 4.
101 *Lieb,* DB 1988, 946, 950; *Papapostolou,* Die Risikoverteilung beim Finanzierungsleasingvertrag über bewegliche Sachen, 56 ff.
102 *Wagner,* BB 1969, 109; *Sannwald,* Der Finanzierungsleasingvertrag über bewegliche Sachen mit Nichtkaufleuten, S. 83; BGH 27. 2. 1985, WM 1985, 573 ff.; *Koch,* Störungen beim Finanzierungs-Leasing, 1981, S. 92 ff.; *Wolf,* JuS 2002, 335, 336.
103 Siehe hierzu *Stoppok,* in *Hagenmüller/Stoppok,* S. 15.
104 *Graf von Westphalen,* BB 1988, 1829; *Wolf,* JuS 2002, 335 m. w. N.; a. A. *Littmann,* DStR 1970, 261, 263.
105 DB 1988, 946, 951; *ders.,* WM 1991, 1533, *Runge,* DB-Beilage 21/78, 6; *Ploetz,* Der Leasing-Vertrag, 94; *Klaas,* NJW 1968, 1502 ff; *Martinek,* Moderne Vertragstypen, Bd. I, 86 ff.; *Krebs* in *Dauner-Lieb/Heidel/Lepa/Ring* Anwaltskommentar Schuldrecht, § 311 Rn 16.

recht und werden mit der Finanzierungsleistung des Leasinggebers gerechtfertigt. Ähnlichkeiten mit dem finanzierten Kauf sind unverkennbar, zumal nicht selten auf Anbieterseite das Absatzinteresse dominiert und viele Kunden unter Leasing eine Art Durchgangsfinanzierung verstehen. Infolge der kompletten Verlagerung der mit dem Eigentum des Fahrzeugs verbundenen Pflichten auf den Leasingnehmer wird das mietrechtliche Synallagma aufgelöst und der Leasingvertrag weitgehend kaufrechtlichen Bestimmungen angenähert.

Trotz der gezeigten Einordnungsschwierigkeiten beim Leasingvertrag ist die Rechtsfigur des Vertrages „sui generis" zu verwerfen. Der Leasingvertrag würde bei Annahme dieser Rechtskonstruktion seine Rechtfertigung „in sich selbst" finden, und jede für den Leasingnehmer noch so nachteilige Regelung wäre sanktioniert. Es entfiele die Leitbildfunktion der gesetzlich festgelegten Vertragsmodelle, und die wirtschaftlich stärkere Partei hätte es in der Hand, die Schattenseiten des Kaufs mit denen der Miete in der für sie idealsten Weise zu kombinieren. Die Vorstellung, dass viele Händler und erst recht ihre Kunden nicht wissen, was Leasing eigentlich ist, verbietet die Annahme der von *Lieb*[106] aufgestellten These, die Abbedingung des zentralen § 536 BGB sei kontrollfrei hinzunehmen, weil die Leistungspflichten und der Leistungsumfang von vornherein klargestellt seien. Wegen der Komplexität des Leasinggeschäfts, seinen verschiedenen Vertragsebenen und zahlreichen Gefahren und Risiken nicht nur für den Leasingnehmer, sondern für alle Beteiligten, ist es schier unmöglich, die wechselseitigen Leistungspflichten und den Leistungsumfang in der Weise transparent darzustellen, dass sich jedermann, ähnlich wie beim Kauf, ein umfassendes Bild von der Geschäftsform machen kann. Aus diesem Grunde kann es nicht der offenen Rechtsfortbildung vorbehalten bleiben, völlig losgelöst von gesetzlichen Vorbildern den Weg zu weisen.[107]

763 Der BGH[108] und die im Schrifttum[109] vorherrschende Meinung qualifizieren den Leasingvertrag als – wenn auch nicht in allen Punkten typischen – **Mietvertrag**, weil das vom Leasingnehmer zu zahlende Entgelt die Gegenleistung für die Überlassung des Gebrauchs des Leasinggegenstandes darstellt. Soweit Regelungen des Leasingvertrages vom Grundtypus der Miete abweichen, werden sie der besonderen Bedeutung des Leasinggeschäftes, insbesondere seiner Finanzierungsfunktion, zugeschrieben. Das als „Markstein"[110] in der Entscheidungspraxis des BGH bezeichnete Urteil vom 12. 6. 1985[111] hat zu einer Akzentverschiebung geführt, insoweit erstmals höchstrichterlich anerkannt wurde, dass dem Leasinggeber aus jedem Teilamortisationsvertrag Anspruch auf Vollamortisation zusteht. Die durch das Grundsatzurteil des BGH eingeleitete Rechtsprechung hat bewirkt, dass die leasingtypische Betrachtungsweise, namentlich die **Finanzierungskomponente**, stärker neben das bis dahin dominierende Leitbild des Mietvertrages getreten ist.[112] Dieser Entwicklung hat der Gesetzgeber dadurch Rechnung getragen, dass er den Finanzierungsleasingvertrag zwischen einem Unternehmer und einem Verbraucher als sonstige Finanzie-

---

106 DB 1988, 946, 954.
107 A.A. *Krebs* in *Dauner-Lieb/Heidel/Lepa/Ring,* Anwaltskommentar Schuldrecht, § 311 Rn 16.
108 Urt. v. 16. 9. 1981, BB 1981, 2093 ff.; 2. 12. 1981, DB 1982, 482; 28. 10. 1981, MDR 1982, 485 ff.; 2. 11. 1988, NJW 1989, 4604; 7. 1990, NJW 1990, 3016 ff.
109 *Graf von Westphalen* BB 1988, 1829; *ders.* Leasingvertrag, Rn 111 f.; *Reinicke/Tiedtke* BB 1982, 1142, 1146; *Flume,* DB 1972, 3 ff.; *Döllerer,* BB 1971, 535, 539; *Emmerich* JuS 1990, 1, 4; *Hiddemann,* WM 1978, 834 ff.; *Blomeyer,* NJW 1978, 973; *Meilicke,* BB 1964, 691; *Seifert,* DB-Beilage 1/83, S. 2 ff.; *Sannwald,* Der Finanzierungsleasingvertrag über bewegliche Sachen mit Nichtkaufleuten, S. 89; *Berger,* Typus und Rechtsnatur des Herstellerleasing, S. 48 ff.; *Soergel/Kummer,* BGB, 12.Aufl., Vorb. § 535 Rn 91; *Erman/Jendrek,* nach § 536 Rn 15; *Wolf,* JuS 2002, 335, 336; ferner Überblick bei *Knebel,* WM 1993,1026.
110 *Eckstein,* BB 1986, 2144, 2145.
111 ZIP 1985, 868 ff.
112 *Lieb,* DB 1986, 2167, 2168.

rungshilfe definiert und im Recht der Finanzdienstleistungen (§ 500 BGB – vormals § 3 Abs. 2 Nr. 1 VerbrKrG) platziert hat. Im Interesse des Verbraucherschutzes hat der 25. Deutsche Verkehrsgerichtstag empfohlen, bei der rechtlichen Beurteilung von Leasingverträgen die Leitbildfunktion des Mietrechts nicht aus dem Auge zu verlieren. Diese Einordnung vermittelt ein hohes Maß an Rechtssicherheit und gewährleistet eine interessengerechte Berücksichtigung des Parteiwillens im Einzelfall.[113]

6. Leasingvertrag zwischen einem Unternehmer und einem Verbraucher

Finanzierungsleasing ist eine **sonstige Finanzierungshilfe** (§ 499 Abs. 2 BGB). Deshalb wird der Verbraucher, der mit einem Unternehmer einen Kraftfahrzeugleasingvertrag abschließt in besonderem Maße geschützt. Aufgrund der zentralen Verweisungsnorm von § 500 BGB sind folgende Verbraucherschutzvorschriften entsprechend anzuwenden:

- § 492 Abs. 1 S. 1–4 BGB – Schriftformzwang
- § 492 Abs. 2 BGB – Definition des effektiven Jahreszinses
- § 492 Abs. 3 BGB – Aushändigung der Vertragserklärungen
- § 495 I BGB – Widerrufsrecht
- § 496 BGB – Verbot des Einwendungsverzichts, Wechsel- und Scheckverbot
- § 497 BGB – Behandlung von Verzugszinsen, Anrechnung von Teilleistungen
- § 498 BGB – Gesamtfälligstellung wegen Zahlungsverzugs
- § 358 BGB – Leasing und Kauf als verbundene Verträge
- § 359 BGB – Einwendungsdurchgriff.

Außer privaten Leasingnehmern partizipieren an dem besonderen Verbraucherschutz diejenigen Personen, die den Leasingvertrag für die Aufnahme einer gewerblichen oder selbstständigen beruflichen Tätigkeit schließen (**Existenzgründer**), es sei denn, dass der Nettodarlehensbetrag, der dem Kaufpreis des Fahrzeugs entspricht, den Betrag von 50.000 Euro übersteigt (§ 507 BGB).

Das Vorliegen eines Verbraucher-Leasingvertrages hat der sich darauf berufende Leasingnehmer/Existenzgründer zu **beweisen.** Im Zuge der Schuldrechtsreform wurde der Grundsatz, dass im Zweifelsfall ein Verbrauchergeschäft anzunehmen und das VerbrKrG anzuwenden ist, bewusst aufgegeben. Der Leasinggeber trägt bei einem Leasingvertrag mit einem Existenzgründer lediglich die Beweislast für die Behauptung, der Nettokreditbetrag übersteige die Summe von 50.000 Euro.[114] Ob für Kaufleute die Vermutung des § 344 HGB gilt, ist umstritten, wird aber überwiegend bejaht.[115]

Unklar ist, ob bei sog. **Mischnutzung** auf den **Schwerpunkt der Nutzung** abzustellen ist. Vor der Schuldrechtsreform wurde dies überwiegend bejaht,[116] weil die Auffassung vorherrschte, eine Teilung des Vertrages, wie sie *Bülow*[117] befürwortete, sei faktisch nicht durchführbar. Zur Rechtfertigung wurde die vergleichbare Regelung von § 609a Abs. 1 Nr. 2 BGB a. F. herangezogen und auf die Gesetzesbegründung zu § 1 VerbrKrG verwie-

---

113 *Wolf*, JuS 2002, 335, 336.
114 *Reiff* in *Dauner-Lieb/Heidel/Lepa/Ring*, Anwaltskommentar Schuldrecht, § 507 Rn 7.
115 *Ulmer*, MK-BGB, § 1 Rn 3; *Bülow*, VerbrKrG, 3. Aufl., § 1 Rn 49; *ders.*, NJW 1999, 3454; *Kessal-Wulf* in *Staudinger*, BGB, 13. Aufl., § 1 VerbrKrG Rn 42; verneinend *Röhricht/Graf von Westphalen*, HGB, § 1 Rn 30.
116 OLG Düsseldorf 18. 4. 2000, OLGR 2001, 195; *Ulmer*, MK-BGB, 3. Aufl., § 1 VerbrKrG Rn 49, 50; *Kessal-Wulf* in *Staudinger*, BGB, 13. Aufl., § 1 VerbrKrG.
117 VerbrKrG, 3. Aufl., § 1 Rn 137.

sen, in der es heißt, diejenigen Kreditnehmer seien aus dem Schutzbereich des Gesetzes herauszunehmen, deren Kredit „ganz oder überwiegend" Zwecken einer Gewerbe- oder Berufstätigkeit diene.

Gestützt auf diese Begründung entschied das OLG Düsseldorf,[118] das VerbrKrG sei anwendbar, wenn die private Nutzung eines auf den Gaststättenbetrieb geleasten Fahrzeugs überwiegt, weil es sich für den Einsatz im Betrieb nicht eignet. Dies gelte unabhängig davon, ob der Leasingnehmer die Kosten des für Renommierzwecke oder aus privatem Fahrvergnügen angeschafften Fahrzeugs steuerlich als Werbungskosten abgesetzt habe. Das OLG Naumburg vertrat die gleiche Ansicht, indem es sich auf den Standpunkt stellte, die im VerbrKrG enthaltenen Regelungen zum Schutze des Verbrauchers seien nicht anwendbar, wenn ein Fahrzeug nach dem Inhalt des Leasingvertrages für gewerbliche Zwecke angeschafft und nur gelegentlich für private Zwecke benutzt wird.[119] Andernfalls würde der Anwendungsbereich dieser Normen eine vom Gesetzgeber so nicht beabsichtigte Ausweitung erfahren, da viele gewerblich genutzte Fahrzeuge gelegentlich auch privat mitbenutzt werden.

Im Gegensatz zu § 609 a Abs. 1 Nr. 2 a. F. BGB regelt § 13 BGB den Mischfall nicht ausdrücklich. Nach Auflösung von § 1 VerbrKrG kann auch die damalige Gesetzesbegründung zu dieser Vorschrift nicht mehr herangezogen werden. Aufgrund dieser neuen Situation wird die Rechtsprechung die **Mischfallproblematik** neu entscheiden müssen. Das Schrifttum ist geteilter Meinung. Zum Begriff des Verbrauchers überwiegt die Ansicht, bereits eine teilweise gewerbliche/freiberufliche Nutzung nehme dem Geschäft den Charakter eines Verbrauchervertrages.[120]

766 Der besondere Verbraucherschutz wird nicht nur privaten Leasingnehmern gewährt, sondern auch den Personen, die als Verbraucher die **Mithaftung** für die Erfüllung der Pflichten aus dem Leasingvertrag übernehmen, sei es durch Schuldbeitritt, Schuldübernahme, Restwertgarantie oder als zweiter Leasingnehmer. Ihr Schutzbedürfnis ist dem des Leasingnehmers vergleichbar, wenn nicht sogar größer, weil sie trotz Mitverpflichtung keine Rechte gegen den Leasinggeber erlangen.[121] Normadressat des durch §§ 499, 500 BGB eröffneten Verbraucherschutzes für Leasingverträge zwischen Unternehmern und Verbrauchern ist nicht nur der einzelne Verbraucher, sondern auch eine Mehrzahl von natürlichen Personen, die sich zu einer GbR zusammengeschlossen haben und in Verfolgung ihres nicht kommerziellen Gesellschaftszwecks (z. B. Fahrgemeinschaft) einen Leasingvertrag über ein Kraftfahrzeug abschließen.[122] Dem steht nicht entgegen, dass der GbR eine beschränkte Rechtsfähigkeit zuerkannt wird, weil sie allein dadurch nicht den Status einer juristischen Person erlangt.[123] Keine natürliche Person ist ein Idealverein, so dass § 500 BGB auf ihn keine Anwendung findet.[124]

Ein **Bürgschaftsvertrag**, der zur Sicherung der Ansprüche aus dem Leasingvertrag abgeschlossen wird, fällt nicht unter die EG- Verbraucherkredit- Richtlinie (87/102/EWG des Rates vom 22. 12. 1986). Er ist keine sonstige Finanzierungshilfe. Dies gilt auch dann, wenn weder der Bürge noch der Leasingnehmer im Rahmen ihrer unternehmerischen Tätigkeit gehandelt haben.[125]

---

118 Urt. v. 18. 4. 2000, OLGR 2001, 196.
119 Urt. v. 11. 12. 1997, NJW-RR 1998,1351.
120 *Reiff*, in *Dauner-Lieb/Heidel/Lepa/Ring,* Anwaltskommentar Schuldrecht, § 489 Rn 13.
121 BGH 5. 6. 1996 NJW 1996, 2156, 2157; 12. 11. 1996, NJW 1997, 654.
122 BGH 23. 10. 2001, ZIP 2001, 2224; siehe auch Rn 670.
123 BGH 29. 1. 2001, ZIP 2001, 330.
124 EuGH, 22. 11. 2001, EuZW 2002, 32.
125 EuGH 23. 3. 2000, WM 2000, 713.

Wenn ein Verbraucher und ein Unternehmer **gemeinsam ein Kraftfahrzeug leasen**, gelten die Verbrauchervorschriften, auf die § 500 BGB verweist, nur für den Verbraucher. Dabei kommt es zwangsläufig zu gewissen Ausstrahlungen des Verbraucherschutzes auf das Vertragverhältnis des Leasinggebers mit dem Unternehmer. Eine gegenüber dem Unternehmer erklärte fristlose Kündigung des Leasingvertrages ist nur dann wirksam, wenn die Kündigung gegenüber dem Verbraucher den Anforderungen von § 498 BGB entspricht.[126] Dies liegt daran, dass eine gegenüber einer Mehrheit von Personen auszusprechende Kündigung nur einheitlich erklärt werden kann.[127]

III. Gefahrtragung

1. Sachgefahr

Die Verlagerung der Sach- und Preisgefahr auf den Leasingnehmer ist für Leasingverträge typisch. Gefahrtragungsklauseln besagen, dass der Leasingnehmer dem Leasinggeber für **Untergang, Verlust, Beschädigung** und **Wertminderung** des Fahrzeugs ohne Verschulden – auch für **zufällige** und **auf höherer Gewalt** beruhende Ereignisse – haftet, es sei denn, den Leasinggeber trifft ein Verschulden. Durch die Pflicht zum Abschluss einer Vollkaskoversicherung werden die mit der Verlagerung der Sachgefahr auf den Leasingnehmer verbundenen Risiken abgeschwächt. Rechtsprechung[128] und Schrifttum[129] billigen die Verlagerung der Sachgefahr auf den Leasingnehmer und sehen darin trotz der erheblichen Abweichung von der mietrechtlichen Normallage keinen Verstoß gegen § 307 Abs. 2 BGB. Im Vordergrund steht dabei die Erwägung, dass der Leasinggeber das Fahrzeug vorrangig im Interesse des Leasingnehmers erwirbt und es ihm zum Gebrauch zur Verfügung stellt. Weil das Interesse an der Sache und an ihrer Benutzung weit überwiegend beim Leasingnehmer liegt, erscheint es gerechtfertigt, ihn hinsichtlich der Ansprüche wegen Sach- und Rechtsmängeln wie einen Käufer zu behandeln und die Abweichung vom gesetzlichen Mietrecht zu akzeptieren.[130]

Gefahrtragungsregelungen unterliegen der Einschränkung, dass das Risiko nur so lange beim Leasingnehmer liegt, wie sich das Fahrzeug in seiner **Obhut** befindet. Deshalb entfällt seine Haftung aus Gefahrübernahme, wenn er das Fahrzeug berechtigterweise zum Zwecke der Nachbesserung zurückgibt.[131] Wegen fehlender Einwirkungsmöglichkeit auf das Fahrzeug trägt der Leasingnehmer nicht das mit dem Transport verbundene Risiko des Verlusts, der Zerstörung und Beschädigung.[132] Er wird von seiner Gegenleistungspflicht befreit, wenn das Auto bei Anlieferung untergeht.[133]

Die **Risikoverlagerung** auf den Leasingnehmer wird nicht dadurch aufgehoben, dass der Händler das Leasingfahrzeug eigenmächtig an sich nimmt und die Herausgabe verweigert. Der Händler handelt nicht als Erfüllungsgehilfe des Leasinggebers, weshalb eine Risikozurechnung beim Leasinggeber nicht stattfindet.[134]

---

126 BGH 28. 6. 2000, NJW 2000, 3133 ff., 3135; OLG Hamm, 14. 2. 1997, OLGR 1997, 101 ff.
127 BGH 26. 11. 1957, NJW 1958, 421; 28. 6. 2000, NJW 2000, 3133, 3135.
128 BGH 8. 10. 1975, WM 1975, 1203; 9. 3. 1977, WM 1977, 473; 22. 1. 1986, ZIP 1986, 439, 442.
129 *Graf von Westphalen*, Der Leasingvertrag, Rn 873 ff.; *Schmidt* in *Ulmer/Brandner/Hensen*, AGBG, Anhang §§ 9–11, Rn 465; *Staudinger/Coester*, § 9 AGBG, Rn 175.
130 BGH 30. 9. 1987, ZIP 1987, 1390, 1392.
131 BGH 27. 2. 1985, WM 1985, 573, 575.
132 *Sannwald*, Der Finanzierungsleasingvertrag über bewegliche Sachen mit Nichtkaufleuten, S. 121; *Schlosser/Coester-Waltjen/Graba*, § 9 Rn 96.
133 *Ulmer/Schmidt*, DB 1983, 2558 ff.
134 BGH 30. 9. 1987, ZIP 1987, 1390 ff.; *Wolf*, Die Rechtsprechung des BGH zum Leasing in Kfz-Leasing, herausgegeben von der Arbeitsgemeinschaft der Verkehrsrechtsanwälte, S. 82, 83.

Zwischen der Verlagerung der Sachgefahr auf den Leasingnehmer und dessen Pflicht, eine Kaskoversicherung für das Fahrzeug abzuschließen, besteht ein enger sachlicher Zusammenhang. Da dem Leasingnehmer regelmäßig die Verpflichtung auferlegt wird, das Leasingfahrzeug im Falle der Beschädigung instand zu setzen, sofern ein Reparaturschaden vorliegt, hat er Anspruch darauf, dass ihm der Leasinggeber entweder die auf Grund der Abtretung vereinnahmte **Entschädigungsleistung** des Versicherers/Schädigers zur Verfügung stellt oder die Ersatzleistung selbst für die Reparatur verwendet. Der Leasinggeber muss durch entsprechende Gestaltung der AGB des Leasingvertrages sicherstellen, dass dem Leasingnehmer, der die Sachgefahr trägt, auch tatsächlich alle mit der Beschädigung im Zusammenhang stehenden Ersatz- und Versicherungsleistungen zufließen. Fehlt eine Regelung über die Weiterleitung der Ersatzansprüche, sei es per Abrechnung,[135] sei es per Abtretung[136], entfaltet die Gefahrtragungsklausel wegen Verstoßes gegen § 307 Abs. 1 BGB keine Rechtswirksamkeit.[137] In Anbetracht der Verpflichtung des Leasinggebers zur Herausgabe der Reparaturentschädigung an den Leasingnehmer kann eine in den AGB des Leasingvertrages enthaltene Regelung, wonach der Leasingnehmer dem Leasinggeber die (zukünftigen) Ersatzansprüche gegen Dritte abtritt, vor § 307 Abs. 1 S. 1 BGB nur bestehen, wenn der Leasinggeber im Gegenzug verpflichtet ist, seinerseits die Ersatzansprüche – entweder nach Instandsetzung des Fahrzeugs oder (bei Totalschaden/Verlust) Zug um Zug gegen Befriedigung seines Ausgleichsanspruchs – an den Leasingnehmer abzutreten.[138]

2. Preisgefahr

768 Außer der Sachgefahr trägt der Leasingnehmer regelmäßig auch die **Preisgefahr**. Seine Pflicht zur Zahlung der Leasingraten bleibt bei Verlust und Zerstörung und Beschädigung des Fahrzeugs bestehen.

Die in AGB vorgesehene Verlagerung der Preisgefahr auf den Leasingnehmer wird unter Hinweis auf die typische Art der Vertragsgestaltung beim Leasinggeschäft und die dem Kauf unter Eigentumsvorbehalt vergleichbare Gefahrtragungsregelung des § 446 BGB höchstrichterlich gebilligt.[139]

Die Erstreckung der Gegenleistungsgefahr auf eine fremdverschuldete, zufällige und auf höherer Gewalt beruhende Teil- oder Totalbeschädigung des Leasingfahrzeugs wird von Rechtsprechung und Lehre gebilligt. Nach Ansicht des BGH[140] ist eine Klausel, die dem Leasingnehmer diese Risiken zuweist, gesetzeskonform, weil das darin zum Ausdruck kommende Sicherungsbedürfnis des Leasinggebers derart überwiegt, dass das Interesse des Leasingnehmers dahinter zurückzutreten hat.

Die vollständige Verlagerung der Sach- und Preisgefahr auf den Leasingnehmer stieß auf Kritik. Im Schrifttum wurde der Vorschlag diskutiert, die Gegenleistungsgefahr aufzuteilen und dem Leasinggeber das Risiko der Erzielung eines Geschäftsgewinns für die Zeit nach dem Untergang des Leasingguts zuzuweisen.[141] Es gab Stimmen, die der Klausel wegen Verstoßes gegen § 309 Nr. 2 a BGB (früher § 11 Nr. 2 a AGB-Gesetz) den Boden entziehen

---

135 OLG Düsseldorf 22. 6. 1983, ZIP 1983, 1092.
136 OLG Hamburg 30. 10. 1998, MDR 1999, 420.
137 OLG Düsseldorf 22. 6. 1983, ZIP 1983, 1092; OLG Hamburg 30. 10. 1998, MDR 1999, 420; *Ulmer*, DB 1983, 2558, 2561.
138 OLG Köln 14. 7. 1995, OLGR 1996, 1.
139 BGH 22.1. 1986, NJW 1986, 1335 ff.; 15. 10. 1986, NJW 1987, 377 ff.
140 Urt. v. 13. 7. 1976, DB 1976, 1858.
141 *Flume*, DB 1972, 53, 58; *Schlosser/Coester-Waltjen/Graba*, § 9 Rn 96; *Frank*, Finanzierte Verträge zwischen Miete und Kauf, S. 65.

wollten,[142] während wieder andere sich[143] dafür aussprachen, der Klausel wegen Verstoßes gegen § 307 Abs. 1 S. 1 BGB (früher § 9 Abs. 1 S. 1 AGB-Gesetz) die Wirksamkeit zu versagen und dem Leasinggeber die Verpflichtung aufzuerlegen, aus Mitteln der Versicherungsleistung ein Ersatzfahrzeug zu beschaffen.

Die Rechtsprechung hat sich immer wieder um eine angemessene Lösung bemüht. Das LG Hanau[144] versagte der Klausel die Wirksamkeit wegen unangemessener Benachteiligung des Leasingnehmers im Totalschadensfall. Gleicher Ansicht war das LG Berlin,[145] das eine Klausel, die dem Leasingnehmer die Gefahr des Untergangs und des Diebstahls aufbürdete, als unwirksam ansah, weil der Leasingnehmer nach dem Inhalt des Vertrages nicht berechtigt war, das Fahrzeug am Vertragsende zu erwerben.

Der BGH[146] hat der Kritik Beachtung geschenkt und der Risikoverlagerung durch AGB Grenzen gesetzt, indem er den mit der Gefahrverlagerung zwangsläufig verbundenen Ausschluss des außerordentlichen Kündigungsrechts, das dem Leasingnehmer bei Gebrauchsstörungen gem. § 543 Abs. 2 Nr. 1 BGB an sich zusteht, nur bei Reparaturwürdigkeit des Fahrzeugs gelten lässt. Eine Klausel, die dem Leasingnehmer die Sachgefahr auch für den Fall der **Reparaturunwürdigkeit** des Fahrzeugs zuweist, benachteiligt ihn unangemessen und ist unwirksam. Die Rechtsfolge der Unwirksamkeit kann der Leasinggeber nur dadurch abwenden, dass er dem Leasingnehmer für den Fall des „völligen Verlustes, des Untergangs oder einer nicht unerheblichen Beschädigung" des Fahrzeugs ein **kurzfristiges Kündigungsrecht** einräumt.[147] Dem Leasinggeber ist es gestattet, das Recht der außerordentlichen Kündigung an die Verpflichtung des Leasingnehmers zur Zahlung eines Ausgleichsbetrages in Höhe der noch nicht amortisierten Vertragskosten zu koppeln. Die Zahlungsklausel muss hinreichend durchschaubar sein und alle dem Leasinggeber infolge vorzeitiger Beendigung des Vertrages zufließenden Vorteile berücksichtigen.

Leasinggesellschaften haben ihre AGB dieser BGH-Judikatur individuell angepasst. Es gibt Vertragsmuster, die beiden Parteien ein außerordentliches Kündigungsrecht zum Ende des jeweiligen Vertragsmonats einräumen, in dem sich der Schaden ereignet hat[148] und die weiterhin vorsehen, dass eine Kündigung wegen erheblicher Beschädigung des Fahrzeugs innerhalb einer bestimmten Frist zu erfolgen hat, bei deren Versäumung der Leasingnehmer zur Reparatur des Fahrzeugs und zur Fortzahlung der Leasingraten verpflichtet bleibt. Anzutreffen sind aber auch Vertragsregelungen, die besagen, dass der Leasingvertrag automatisch endet, wenn das Leasingfahrzeug einen Totalschaden erleidet, erheblich beschädigt oder entwendet wird, es sei denn, dass es im Falle der Entwendung vor Eintritt der Leistungspflicht des Kaskoversicherers wieder aufgefunden wird.

Obwohl die Anforderungen an eine rechtswirksame Gestaltung der Gefahrverlagerungsklausel seit Jahren bekannt sind, gibt es nach wie vor Leasinggesellschaften, die **unwirksame AGB verwenden.**[149] Sie schaden sich damit selbst, weil sie ihren Anspruch auf Vollamortisation aufs Spiel setzen.

---

142 *Schmid,* NJW 1979, 19.
143 *Schmidt-Salzer,* AGB, Rn F. 186.
144 Urt. v. 10. 10. 1978, MDR 1978, 315.
145 Urt. v. 16. 9. 1982, DB 1982, 2452.
146 Urt. v. 25. 10. 1986, ZIP 1986, 1566; Urt. v. 11. 12. 1991, NJW 1992, 683.
147 BGH 25. 10. 1986, ZIP 1986, 1566.
148 Das OLG Celle 9. 8. 1995, ZfS 1996, 56, 57 hält es für zweifelhaft, ob ein dem Leasingnehmer eingeräumtes Recht, die Auflösung des Leasingvertrags zu Beginn des auf das Ereignis folgenden Monats zu verlangen, einem kurzfristigen Kündigungsrecht, wie es der BGH fordert, gleichzustellen ist.
149 So etwa im Fall des BGH 11. 12. 1991, NJW 1992, 683, in dem die Ansprüche des Leasinggebers daran scheiterten, dass er dem Leasingnehmer ein Verschulden am Diebstahl nicht nachweisen

Die Rechtsprechung zur Gefahrverlagerungsklausel mit Kündigungsvorbehalt bei Verlust, Untergang oder erheblicher Beschädigung gilt nur für Kraftfahrzeug-Leasingverträge, da bei anderen Leasingobjekten eine vergleichbare Interessenlage nicht besteht.[150] Der Vertragszweck, bestehend in der Nutzungsmöglichkeit des Fahrzeugs, ist bei Totalschaden, Verlust und erheblicher Beschädigung besonders gefährdet, weil der Ausfall zu weiteren Schäden führt. Für andere Gegenstände besteht keine annähernd vergleichbare Interessenlage. Auf Grund dessen hat das OLG Celle[151] entschieden, dass die Gefahrverlagerungsklausel eines Leasingvertrages über ein Autotelefon kein kurzfristiges Kündigungsrecht enthalten muss.

Eine erhebliche Beschädigung ist nach Ansicht des BGH nicht erst dann zu bejahen, wenn der Reparaturkostenaufwand 80 % des Zeitwertes beträgt.[152] Er hat Zweifel, ob eine Begrenzung des Kündigungsrechts auf Fälle, in denen die Reparaturkosten mehr als 2/3 des Zeitwertes betragen, nicht ebenfalls zu hoch angesetzt ist.[153] Die vom Verband der Automobilindustrie empfohlenen Leasing-AGB[154] gewähren dem Leasingnehmer ein vorzeitiges Kündigungsrecht für den Fall, dass die schadensbedingten Reparaturkosten mehr als 60 % des Wiederbeschaffungswertes des Fahrzeugs betragen. Ob dieser von zahlreichen Leasinggesellschaften übernommene Wert die Erheblichkeitsgrenze zutreffend markiert, wurde höchstrichterlich bislang nicht entschieden.[155]

770 Der BGH hat im Lauf der Zeit die **strengen Anforderungen** an eine wirksame Gestaltung der Gefahrverlagerungsklausel **gelockert.**[156] Er entschied – abweichend von dem vorhergehenden Urteil[157] –, dass eine Klausel, die dem Leasingnehmer das außerordentliche Kündigungsrecht nur für den Fall des Untergangs und des Verlusts des Leasingfahrzeugs nicht aber auch für den Fall der erheblichen Beschädigung (wirksam) einräumt, in einen zulässigen und einen unzulässigen Regelungsteil aufgeteilt werden darf, wenn der unbedenkliche Teil der Klausel nicht nur nach dem Wortlaut aus sich heraus verständlich, sondern seinem Regelungsgehalt nach auch sinnvoll bleibt. Durch **Aufspaltung der Klausel** gelangte der BGH zu dem angestrebten Ergebnis, dass der Leasingnehmer die Sach- und Gegenleistungsgefahr in den Fällen des Untergangs, der Zerstörung und des Abhandenkommens zu tragen hatte, während sie im Fall der reparablen Beschädigung beim Leasinggeber verblieb. Da das Fahrzeug gestohlen worden war, billigte er dem Leasinggeber Anspruch auf Ausgleich der noch nicht amortisierten Vertragskosten gegen den Leasingnehmer zu.

Auf eine wenn auch nicht gravierende Änderung der Rechtsprechung zur AGB-mäßigen Gefahrverlagerung im Sinne einer Auflockerung der Anforderungen deutet ein weitere Entscheidung des BGH aus dem Jahre 1998 hin.[158] Darin vertritt der BGH die Ansicht, dass der Leasingnehmer durch eine ihm AGB-mäßig auferlegte Verpflichtung, in Fällen des Untergangs, Verlusts oder Diebstahls sowie des Eintritts ausbesserungsfähiger oder nicht ausbesserungsfähiger Beschädigungen das Leasingfahrzeug zu reparieren oder zu ersetzen oder es Zug um Zug gegen Zahlung der noch geschuldeten restlichen Raten und des kalkulierten Restbuchwertes in jeweils abgezinster Höhe zu Eigentum zu erwerben, nicht schlechter ge-

---

konnte; ferner BGH 6. 3. 1996, ZfS 1996, 336; 9. 10. 1996, NZV 1997, 72; OLG München 13. 1. 1995, OLGR 1995, 134, 135; OLG Düsseldorf 16. 1. 1997, DB 1997, 1071.
150 BGH 30. 9. 1987, ZIP 1987, 1390.
151 Urt. v. 9. 8. 1995, ZfS 1996, 56.
152 BGH 25. 3. 1998, DAR 1998, 234, 235.
153 Urt. v. 15. 10. 1996, WM 1997, 38.
154 5. 12. 1994, BAnz. 1994, 12.144.
155 BGH 25. 3. 1998, DAR 1998, 234, 235.
156 Urt. v. 25. 3. 1998, DAR 1998, 234.
157 BGH 9. 10. 1996, NZV 1997, 72.
158 BGH 15. 7. 1998, DAR 1998, 444; kritisch *Reinking* LM 1998, Nr. 160 zu § 535 BGB.

stellt wird, als er stünde, wenn ihm der Leasinggeber ein außerordentliches Kündigungsrecht für den Fall des Ereigniseintritts eingeräumt hätte.

Falls eine Risikozuweisungsklausel den genannten Anforderungen nicht entspricht, ist sie – soweit eine Aufspaltung in einen wirksamen und einen unwirksamen Regelungsteil nicht in Betracht kommt – wegen Verstoßes gegen § 307 Abs. 1 S. 1 BGB hinfällig und es gelten die mietrechtlichen Bestimmungen. Gem. § 543 Abs. 2 Nr. 1 BGB ist der Leasingnehmer berechtigt, den Leasingvertrag wegen dauernden Gebrauchsentzugs **fristlos** zu **kündigen**, wenn sich das kraft Gesetzes dem Leasinggeber auferlegte Risiko der Gefahrtragung verwirklicht.[159] Einer vorherigen Abmahnung oder Fristsetzung bedarf es nicht, da der Leasinggeber keine Abhilfe schaffen kann. Auf eine Ersatzlieferung muss sich der Leasingnehmer nicht einlassen, da sich die Rechtsbeziehungen aus dem ursprünglich gelieferte Fahrzeug beschränken. Eine Frist oder Abmahnung versprechen somit offensichtlich keinen Erfolg (§ 543 Abs. 3 Nr. 1 BGB). Mit dem Eintritt des Ereignisses verliert der Leasinggeber seinen Anspruch auf die Gegenleistung gem. § 326 Abs. 1 BGB, da er seine Pflicht zur Gebrauchsüberlassung nicht mehr erfüllen kann (§ 275 Abs. 1 BGB).[160]

Falls das Leasingfahrzeug gestohlen, nach wenigen Tagen wieder aufgefunden und anschließend fachgerecht repariert worden ist, liegt nach Meinung des BGH[161] noch kein wichtiger Grund für eine sofortige Kündigung vor, wobei die Tatsache, dass das Fahrzeug von einem Rechtsanwalt geleast und von den Dieben möglicherweise auf der Fahrtstrecke von etwa 35 km zur Begehung weiterer Straftaten benutzt wurde, nicht erschwerend ins Gewicht fällt.

Im Fall der **Vortäuschung eines Diebstahls** des Leasingfahrzeugs durch den Leasingnehmer ist der Leasinggeber berechtigt, eine darauf gestützte außerordentliche Vertragskündigung wegen arglistiger Täuschung mit der Folge anzufechten, dass der Leasingvertrag fortbesteht und der Leasinggeber an die vorzeitige Abrechnung des Leasingvertrages nicht mehr gebunden ist.[162]

IV. Sachmängelhaftung

1. Eigenhaftung des Leasinggebers

Es kommt vor, dass Leasingfirmen gegenüber ihren Kunden eine eigene Haftung für Sach- und Rechtsmängel in dem Umfang übernehmen, wie sie der Verkäufer/Hersteller gewährt. Wegen der Geltendmachung und Abwicklung der Nacherfüllungsansprüche muss sich der Leasingnehmer allerdings an den Verkäufer oder an eine autorisierte Vertragswerkstatt wenden. Darin liegt keine Abtretung eigener Ansprüche, sondern allenfalls eine Ermächtigung, Sachmängelansprüche der Leasinggesellschaft geltend zu machen.[163] Ansonsten sind die Rechtsbeziehungen zwischen Leasinggeber und Leasingnehmer bilateraler Natur, was zu begrüßen ist, da sie transparent und einfach zu durchschauen sind.

Eine Klausel, die das Recht auf Rücktritt vom Leasingvertrag oder Minderung des Leasingentgelts davon abhängig macht, dass der Leasingnehmer nach mindestens einer fehlgeschlagenen Nachbesserung den Leasinggeber zuvor schriftlich zur eigenen Mängelbeseitigung aufzufordern hat, ist nach Ansicht des OLG Schleswig[164] weder überraschend noch benachteiligt sie den Leasingnehmer unangemessen. Misst man die Klausel an der Forde-

---

159 *Braxmeier,* WM Sonderbeilage 1/1988, 15.
160 AG Siegburg, Urt. v. 18. 4. 1994 – 3 C 256/93 – n. v.
161 Urt. v. 25. 10. 1986, ZIP 1986, 1566.
162 OLG Köln 24. 6. 1994, OLGR 1994, 209.
163 SchlHOLG 29. 5. 1998, OLGR 1998, 410.
164 Urt. v. 29. 5. 1998, OLGR 1998, 410.

rung des BGH, wonach der Leasinggeber dem Leasingnehmer als Ausgleich für den Ausschluss der mietrechtlichen Haftung die Rechte verschaffen muss, die dieser besäße, wenn er das Fahrzeug statt zu leasen gekauft hätte, kann man ihr in Anbetracht der offenen Regelung von § 440 S. 2 BGB die Wirksamkeit nun wirklich nicht bescheinigen, da sie dem Leasingnehmer ausnahmslos „mindestens zwei" Nachbesserungsversuche zumutet (Rn 278).

2. Freizeichnung des Leasinggebers (Abtretungskonstruktion)

772 Überwiegend schließen Kraftfahrzeugleasinggesellschaften in ihren AGB die Haftung aus §§ 535, 536, 536 c BGB für Sach- und Rechtsmängel aus, indem sie ersatzweise ihre Sachmängel – und Garantieansprüche aus dem Kaufvertrag auf den Leasingnehmer übertragen. Die Kombination aus Haftungsausschluss und Abtretung (sog. Abtretungskonstruktion) wird als eine sachgerechte, der Interessenlage der Parteien entsprechende Regelung angesehen, die dem Finanzierungsleasing sein typisches, insoweit vom Leitbild des Mietvertrages abweichendes Gepräge gibt.[165]

Die übliche formularmäßige Freizeichnung des Leasinggebers von der mietrechtlichen Haftung für Fahrzeugmängel bei gleichzeitiger Abtretung der Ansprüche aus dem Kaufvertrag erstreckt sich nach dem sprachlichen Zusammenhang nicht ohne weiteres auf die Hauptansprüche des Leasinggebers aus dem Kaufvertrag und die daraus resultierenden Rechte im Fall der **Nichtlieferung** und des **Verzuges**.[166] Für die Geltendmachung dieser Ansprüche fehlt dem Leasingnehmer die Aktivlegitimation, wenn sie nicht ausdrücklich zum Gegenstand der Abtretung/Ermächtigung gemacht worden sind.[167]

a) Übertragbarkeit der Sachmängelrechte

773 Vor der Schuldrechtsreform war man sich über die Abtretbarkeit von Gewährleistungsansprüchen weitgehend einig.[168] Als überholt galt die Ansicht, die Ansprüche wegen Sach- und Rechtsmängeln seien mit den Primäransprüchen aus dem Kauf derart verknüpft, dass der Käufer sie nicht isoliert abtreten könne.[169]

Aufgrund der dogmatischen Umgestaltung des Kaufrechts ist die Abtretbarkeit von Sachmängelansprüchen erneut in Frage gestellt worden.[170] Die Diskussion betrifft das Rücktritts- und das Minderungsrecht. Keinen Bedenken begegnet die Abtretung der Ansprüche auf Nacherfüllung, Schadensersatz oder Aufwendungsersatz, da sie nicht den Charakter von Gestaltungsrechten haben.[171]

Die aufgekommenen **Zweifel** zur Abtretbarkeit von Gestaltungsrechten sind **unbegründet**. Nach wie vor gilt, dass Gestaltungsrechte ohne gleichzeitige Abtretung sämtlicher Rechte und Pflichten aus dem Kaufvertrag auf Dritte übertragen werden können, wenn sie wesensmäßig nicht untrennbar mit dem Hauptrecht verbunden sind.[172] Die leasingtypische Abtretungskonstruktion berücksichtigt, dass Gestaltungsrechte nur zusammen mit der Forderung abgetreten werden können, andernfalls sie dem Zedenten verbleiben.[173] Rück-

---

165 BGH 16. 9. 1981, NJW 1982. 105 ff; 24. 4. 1985, NJW 1985, 1547.
166 BGH 27. 6. 1990, NJW-RR 1990, 1462; OLG Köln 12. 7. 1990, NJW-RR 1991, 1463;.
167 OLG Köln 3. 11. 1995, NJW-RR 1996, 559 zur Abtretbarkeit *Godefroid*, BB, Beilage Heft 27, 2002, 2, 4.
168 *Palandt/Heinrichs*, BGB, § 413 Rn 7 m. w. N.
169 *Seetzen*, AcP 169, 352 ff., 370; Übersicht bei BGH 1. 6. 1973, DB 1973, 1846.
170 Zweifelnd *Graf von Westphalen* ZIP 2001, 2258, 2260; *ders.*, ZGS 2002, 64 ff; befürwortend *Beckmann* FLF 2002, 46, 48, *Zahn* DB 2002, 985; *Reinking* ZGS 2002, 230; dazu auch Rn 231.
171 *Zahn*, DB 2002, 985.
172 *Palandt/Heinrichs*, BGB § 413 Rn 7 m. w. N.
173 BGH, NJW 1985, 2640, 2641.

Sachmängelhaftung

tritt und Minderung sind, wie sich u. a. aus §§ 438 Abs. 4, 218 Abs. 1 BGB ergibt, mit dem auf Nacherfüllung gerichteten Primäranspruch aufs Engste verbunden. Die Funktion des Rücktritts wegen eines Sachmangels ist die Gleiche wie früher der Rücktritt des § 326 BGB a. F., dessen Abtretbarkeit der BGH[174] ausdrücklich bejaht hat. Im einen wie im anderen Fall führt die Rücktrittserklärung zum Erlöschen der Erfüllungs- bzw. Nacherfüllungspflicht und wandelt den Vertrag in ein Rückgewährschuldverhältnis um. Da der Leasinggeber die Rechtsfolgen aus der Geltendmachung der Sachmängelansprüche aus dem Kaufvertrag gegen sich gelten lassen muss,[175] kann er diese Rechtsfolge nicht ausschließen.

Durch die Abtretung gibt der Leasinggeber das Recht auf, über den Fortbestand des Vertrages zu entscheiden, wenn die Nacherfüllung gescheitert ist. Er behält jedoch seine Stellung als Käufer. Aufgrund dessen hat er die Rückzahlung des Kaufpreises zu beanspruchen, wenn der Leasingnehmer aus abgetretenem Recht vom Kaufvertrag zurücktritt. Weiterhin ist es seine Pflicht, das Fahrzeug an den Verkäufer herauszugeben[176] oder Wertersatz zu leisten (§ 346 Abs. 2 BGB). Auch eine vom Leasingnehmer aus abgetretenem Recht geltend gemachte Minderung hat der Leasinggeber zu beanspruchen. Im Verhältnis zum Leasingnehmer ist er verpflichtet, die Leasingraten und evtl. den Restwert dem geminderten Kaufpreis anzupassen.

Verneint man trotz allem die Abtretbarkeit des Rücktritts- und des Minderungsrechts, ist die Abtretungsklausel gem. § 140 BGB in eine **Ermächtigung** umzudeuten, wie dies der BGH[177] am Beispiel der Wandlungsbefugnis des Käufers zu einer Zeit getan hat, als deren Abtretbarkeit noch umstritten war.[178] Aufgrund der Ermächtigung ist der Leasingnehmer berechtigt, die Gestaltungsrechte und die sich daraus ergebenden Forderungen **im eigenen Namen** geltend zu machen und in **gewillkürter Prozessstandschaft** einzuklagen.[179]

Durch die Ermächtigung wird der Leasingnehmer nicht in die Lage versetzt, vom Verkäufer den Schaden zu beanspruchen, der **ihm selbst** infolge der Schlechtlieferung entstanden ist. Da er nur den beim Leasinggeber entstandenen Schaden einfordern kann, ist die Abtretungskonstruktion die weitaus bessere Lösung, zumal sie dem Willen der Beteiligten entspricht.[180]

b) Wirksamkeit der Abtretungskonstruktion

Durch den Ausschluss der eigenen Haftung des Leasinggebers für Fahrzeugmängel mit gleichzeitiger Abtretung der Sachmängel- und Garantieansprüche aus dem Liefergeschäft bzw. mit der Ermächtigung zur Geltendmachung dieser Ansprüche wird der Leasingnehmer nicht unangemessen benachteiligt. Auch im Geschäftsverkehr mit Verbrauchern verstößt die Klausel nicht gegen § 307 Abs. 1 S. 1 BGB.[181] Durch Abtretung der kaufrechtlichen Ansprüche wegen Fahrzeugmängeln werden die schutzwürdigen Belange des Leasingnehmers hinreichend gewahrt. Gerechtfertigt wird die Beschränkung des Leasingnehmers auf die Sachmängelhaftung nach kaufrechtlichem Vorbild mit dessen „Sachnähe" zum Leasingobjekt. In der Regel ist er es, der das Auto nach seinen Vorstellungen aussucht und dessen Tauglichkeit für die eigenen Zwecke und Bedürfnisse prüft und bestimmt. Aus

---

174 Urt. v. 1. 6. 1973, DB 1973, 1846.
175 BGH NJW 1985, 129, 130.
176 BGH NJW 1977, 848, 850.
177 Urt. v. 23. 2. 1977, DB 1977, 813, 814.
178 *Zahn* DB 2002, 985, 986.
179 *Sannwald*, Der Finanzierungsleasingvertrag über bewegliche Sachen mit Nichtkaufleuten, S. 169; *Reinicke/Tiedtke*, BB 1982, 1142.
180 *Zahn*, DB 2002, 985, 986; *Reinking* ZGS 2002, 231.
181 BGH 16. 9. 1981, NJW 1982, 105 ff; 20. 6. 1984, ZIP 1984, 1101; 24. 4. 1985, NJW 1985, 1547 ff.

diesem Grunde kann er weitaus besser als die meist erst später eingeschaltete Leasinggesellschaft beurteilen, ob das Auto frei von Sachmängeln ist. Es ist deshalb sachangemessen, ihn mit den Rechten auszustatten, die er besäße, wenn er das Fahrzeug gekauft hätte.

Nach Ansicht des OLG Koblenz[182] wird der typischen Interessenlage auch dann entsprochen, wenn mit der Freizeichnungsklausel lediglich ein **schuldrechtlicher Anspruch** des Leasingnehmers auf Abtretung begründet wird. Durch das ihm zustehende Zurückbehaltungsrecht im Falle der Verweigerung der Abtretung wird der Leasingnehmer ausreichend geschützt.

Die Freizeichnung des Leasinggebers von der Sachmängelhaftung in AGB verstößt nicht gegen § 309 Nr. 8 b BGB. Durch Verwendung des Begriffs „Werkleistungen" in § 309 Nr. 8 b BGB anstelle der Übernahme des (weitergehenden) Begriffs „Leistungen" aus der Vorgängernorm des § 11 Nr. 10 a AGB-Gesetz hat der Gesetzgeber in Anlehnung an die Rechtsprechung[183] klar gestellt, dass Miet-, Pacht- und Leasingverträge nicht unter das Klauselverbot der Vorschrift fallen.[184]

c) Uneingeschränkte Übertragung der Ansprüche und Zurechnung der Folgen

775 Die Interessen des Leasingnehmers werden nur durch eine **unbedingte Übertragung** der kaufrechtlichen **Mängelansprüche** gewahrt.[185] Entscheidet sich der Leasinggeber anstelle der Abtretung für die Ermächtigungskonstruktion, muss er dem Leasingnehmer seine Rechte wegen der Fahrzeugmängel **unwiderruflich** überlassen.[186] Formularregelungen im Leasingvertrag, durch welche die kaufrechtliche Haftung für Fahrzeugmängel und deren Auswirkungen auf den Leasingvertrag eingeschränkt oder außer Kraft gesetzt werden, widersprechen der erforderlichen Äquivalenz im Leasingvertrag und verstoßen – auch im kaufmännischen Geschäftsverkehr – gegen § 307 Abs. 1 S. 1 BGB.[187] Nicht wirksam ist eine Regelung in AGB, die eine Abtretung der Sachmängel-, Garantie- und Schadensersatzansprüche einschließlich der Befugnis zum Rücktritt vorsieht, in der sich der Leasinggeber jedoch unabhängig davon die **eigene Rechtsverfolgung vorbehält**. Das Gleiche gilt für eine Vertragsklausel, durch die der Leasinggeber dem Leasingnehmer **subsidiäre Sachmängelrechte** einräumt, diese jedoch einer mit der Fahrzeugübergabe beginnenden Verjährungsfrist unterwirft. Die Regelung entwertet die Rechtsposition des Leasingnehmers, dessen Ansprüche bereits vor dem Eintritt des Rückgriffsfalles verjährt sein können.[188] Nicht zu beanstanden ist die Klausel in einem Leasingvertrag mit einem Unternehmer, in der dem Leasingnehmer nur der Anspruch auf Beseitigung des Fehlers abgetreten wird und ihm als Ersatz für das Rücktrittsrecht, das dem Leasinggeber vorbehalten bleibt, die Möglichkeit eingeräumt wird, gegenüber dem Leasinggeber die Rückgängigmachung des Leasingvertrages zu verlangen, wenn die Nachbesserung fehlgeschlagen ist.[189]

Das **Risiko** der ordnungsgemäßen und fristgerechten **Geltendmachung** der Sachmängelansprüche trägt der Leasingnehmer. Wegen der weitreichenden, von Fall zu Fall unterschiedlichen Auswirkungen, die sich aus der Geltendmachung von Sachmängelansprüchen auf den Leasingvertrag ergeben, ist nach Ansicht des KG[190] ein rechtliches Interesse des

---

182 Urt. v. 7. 12. 2000, OLGR 2001, 124, 125.
183 BGH 24. 4. 1985, NJW 1985, 1547 ff.
184 *Krebs* in *Dauner-Lieb/Heidel/Lepa/Ring*, Anwaltskommentar Schuldrecht, § 309 Rn 25 BGB.
185 BGH 17. 12. 1986, NJW 1987, 1072; 27. 4. 1988, NJW 1988, 2465.
186 BGH 17. 12. 1986, NJW 1987, 1072.
187 BGH 13. 3. 1991, ZIP 1991, 519, 523.
188 OLG Frankfurt 31. 3. 1992, NJW-RR 1991, 1527.
189 OLG Celle 8. 11.1995, VersR 1996, 1115 .
190 Urt. v. 10. 4. 2000 OLGR 2000,219.

Leasingnehmers anzuerkennen, das **selbstständige Beweisverfahren** zur Festestellung von Mängeln des geleasten Fahrzeugs auch gegenüber dem Leasinggeber zu beantragen, der seine Vermieterhaftung unter Abtretung der Sachmängelansprüche gegen den Händler wirksam ausgeschlossen hat. Versäumt der Leasingnehmer die fristgerechte Geltendmachung der Mängel innerhalb der Verjährungsfrist, bleibt er trotz Mangelhaftigkeit des Leasingfahrzeugs der Leasinggesellschaft gegenüber zur Zahlung der Leasingraten verpflichtet.[191]

d) Grenzen der Freizeichnung

Die Freizeichnung des Leasinggebers von der Vermieterhaftung ist mit Blick auf § 307 BGB nur wirksam, wenn die abgetretenen Ansprüche aus dem Kaufvertrag die **Interessen** des Leasingnehmers in **„angemessener Weise"** wahren.[192] Mit der Frage, welche konkreten Anforderungen an die abgetretenen Sachmängelansprüche zu stellen sind, haben sich Rechtsprechung und Schrifttum nicht näher befasst. Durch die allgemein für zulässig erachtete Ersetzung der mietrechtlichen durch die kaufrechtliche Sachmängelhaftung wird die Rechtsposition des Leasingnehmers im Vergleich zu der eines Mieters erheblich geschwächt. Während der Vermieter für die Tauglichkeit der Mietsache während der gesamten Vertragsdauer einzustehen hat, haftet der Verkäufer nur für die Mangelfreiheit der Kaufsache zum Zeitpunkt des Gefahrübergangs. Die haftungsrechtliche Herabstufung des Leasingnehmers auf das Anspruchsniveau eines Käufers ist aber nur hinnehmbar, wenn ihm der Leasinggeber tatsächlich diejenigen Rechte verschafft, die er besäße, wenn er das Fahrzeug selbst vom Händler gekauft hätte.

e) Ausschluss von Schadensersatzansprüchen

Nicht zu überzeugen vermag die Ansicht, die geänderte Dogmatik der Sachmängelhaftung verbiete dem Verkäufer, die Haftung auf Schadensersatz statt Erfüllung gem. § 437 Nr. 3 BGB AGB-mäßig in den Grenzen von § 276 Abs. 1 und 3, § 444 BGB auszuschließen, da dieser Anspruch nicht mehr alternativ sondern kumulativ gegeben sei und ein kardinales, unverzichtbares Recht des Käufers (Leasingnehmers) beinhalte, aus dessen Perspektive der Lieferant des Leasinggutes regelmäßig das Beschaffungsrisiko übernehme,[193] das beim Gattungskauf eine vom Verschulden unabhängige Haftung des Verkäufers für die Lieferung einer mangelfreien Sache beinhalte.[194] Sie beruht auf der Vorstellung, eine Gattungssache besitze, nur wenn sie mangelfrei sei, die von § 243 BGB geforderte Beschaffenheit, was jedoch nicht richtig ist. Eine Sache kann durchaus von mittlerer Art und Güte sein, wenn sie einen Mangel aufweist. Ein Kraftfahrzeug ist hierfür das beste Beispiel: Das absolut perfekte und fehlerlose Auto gibt es nicht und wird es nicht geben, so sehr sich die Automobilindustrie anstrengen mag. Um eine vom Verschulden unabhängige Haftung des Verkäufers auf Schadens- oder Aufwendungsersatz anzunehmen, reicht die Verpflichtung zur Lieferung einer Gattungssache somit nicht aus. Erforderlich ist vielmehr die Feststellung, dass der Verkäufer eine Garantie für die Mangelfreiheit übernommen hat, wovon im Fall des Verkaufs eines Neufahrzeuges normalerweise nicht auszugehen ist.

f) Ausschluss des Wahlrechts zwischen Nachbesserung und Nachlieferung in AGB?

Da sich die Ausgestaltung der kaufrechtlichen Sachmängelansprüche außerhalb des Verbrauchsgüterkaufs der Parteidisposition nicht entzieht, wird in Bezug auf den Leasingver-

---

191 BGH 23. 2. 1977, DB 1977, 813.
192 BGH 19. 2. 1986, DB 1986, 1168.
193 *Graf von Westphalen*, ZIP 2001, 2258, 2262.
194 *Graf von Westphalen*, ZGS 2002, 154, 157.

trag die Frage erörtert, ob ein Ausschluss des Ersatzlieferungsanspruchs in AGB zuzulassen ist, wobei nicht entscheidend sein kann, ob sich der Ausschluss aus dem Kaufvertrag oder aus dem Leasingvertrag ergibt.

Leasingfirmen haben ein Interesse daran, einen Austausch der Leasingsache wegen der weitreichenden Auswirkungen auf den Leasingvertrag möglichst zu vermeiden. Sie befürchten, dass der Anspruch auf Nachlieferung die mit dem Leasingvertrag angestrebte Vollamortisation gefährdet, weil der Leasinggeber dem Verkäufer die gezogenen Nutzungen des mangelhaften Fahrzeugs vergüten muss und diese Aufwendungen nicht an den Leasingnehmer weitergeben kann.[195] Eine Verlagerung der Kosten auf den Leasingnehmer scheitert daran, dass dieser als Gegenleistung für die Nutzung die Leasingraten entrichtet hat, die er vom Leasinggeber, anders als beim Rücktritt, nicht zurückfordern kann, da dem Leasingvertrag durch die Ersatzlieferung nicht die Geschäftsgrundlage entzogen wird. Durch die Höherwertigkeit der Ersatzsache wird dieser Nachteil nicht unbedingt ausgeglichen.[196]

Die Problematik des Ausschlusses der Ersatzlieferung ist mit der gleich gelagerten Fragestellung beim Kaufvertrag eng verknüpft. Sie betrifft dort allerdings nur Kaufverträge außerhalb des Verbrauchsgüterkaufs, da § 475 BGB zwingend vorschreibt, dass sich der Unternehmer gegenüber dem Verbraucher auf eine von §§ 437, 439 BGB abweichende, vor Anzeige des Mangels getroffene Vereinbarung nicht berufen kann. Zum Kaufvertrag außerhalb des Verbrauchsgüterkaufs wird überwiegend die Ansicht vertreten, das Wahlrecht entfalte im Gegensatz zum Nacherfüllungsanspruch keine **Leitbildwirkung,** so dass der Ausschluss des Wahlrechts bzw. die Beschränkung auf das Recht der Mangelbeseitigung außerhalb des Verbrauchsgüterkaufs nicht gegen § 307 Abs. 2 Nr. 1 BGB verstoße (Rn 233).

Die Interessenlage des Leasingvertrags gebietet keine andere Sichtweise, da der Leasinggeber dem Leasingnehmer nur die Rechte verschaffen muss, die der Leasingnehmer nach Kaufrecht zu beanspruchen hat. Gestattet das Kaufrecht im **unternehmerischen Verkehr** den Ausschluss des Wahlrechts der Nacherfüllung, ist diese Rechtslage auch für den Leasingvertrag zu akzeptieren. In rechtlicher Hinsicht wird dieses Ergebnis durch die Tatsache untermauert, dass das Finanzierungsleasing dem Leitbild des Mietrechts untersteht, dem ein Anspruch des Mieters auf Austausch der mangelhaften Mietsache gegen eine mangelfreie fremd ist. Infolgedessen lässt sich aus der Abtretungskonstruktion, bestehend in dem Ausschluss der mietrechtlichen und deren Ersetzung durch die kaufrechtliche Sachmängelhaftung, eine Verpflichtung des Leasinggebers zur Verschaffung eines kaufrechtlichen Ersatzlieferungsanspruchs nicht ableiten. Vor diesem Hintergrund ist der Einwand nicht von der Hand zu weisen, das Nachlieferungsrecht sei speziell auf die Interessenlage der Parteien des Kaufvertrages zugeschnitten und ein Fremdkörper in dem Dreiecksverhältnis der an dem Leasingvertrag beteiligten Parteien. Nach Ansicht von *Zahn*[197] entsteht dem Leasingnehmer durch die Versagung des Nachlieferungsanspruchs kein Nachteil, da seine Stellung nicht mit der eines Käufers zu vergleichen sei und er eben nur ein zeitlich begrenztes Nutzungsrecht habe.

Das letzte Wort zu diesem Thema hat die Rechtsprechung. Sollte sich der Ausschluss des Wahlrechts in kaufrechtlichen AGB außerhalb des Verbrauchsgüterkaufs als nicht zulässig erweisen, hat das Gleiche für den Leasingvertrag zwischen Unternehmern zu gelten. Es gibt keinen Grund, im Leasingrecht andere Maßstäbe als im Kaufrecht anzulegen, da allein schon durch die allgemein für zulässig erachtete Ersetzung der mietrechtlichen durch die kaufrechtliche Sachmängelhaftung die Rechtsposition des Leasingnehmers im Vergleich

---

195 *Zahn*, DB 2002, 985, 991.
196 *Zahn*, DB 2002, 985, 986; *Reinking* DAR 2002, 496 f. sowie Rn 827.
197 DB 2002, 985, 992.

Sachmängelhaftung 779

zu der eines Mieters **erheblich geschwächt** wird. Während der Vermieter für die Tauglichkeit der Mietsache während der gesamten Vertragsdauer verantwortlich ist, haftet der Leasinggeber aufgrund der Abtretung der kaufrechtlichen Ansprüche nur für die Mangelfreiheit der Leasingsache zum Zeitpunkt des Gefahrübergangs. Die haftungsrechtliche Herabstufung des Leasingnehmers auf das Anspruchsniveau eines Käufers ist daher nur hinnehmbar, wenn der Leasinggeber dem Leasingnehmer „zumindest" die Rechte verschafft, die dieser besäße, wenn er das Fahrzeug selbst vom Händler gekauft hätte. Jedwede Außerkraftsetzung kaufrechtlich zwingender Sachmängelrechte widerspricht der erforderlichen Äquivalenz und verstößt – auch im Geschäftsverkehr mit Unternehmern – gegen § 307 Abs. 2 Nr. 1 BGB.[198] Wenn die Nacherfüllung zum Leitbild der kaufrechtlichen Sachmängelhaftung gehört, sind hiervon abweichende Regelungen im Rahmen der Abtretungskonstruktion auch im Geschäftsverkehr mit Unternehmern nicht hinnehmbar[199] und wegen Verstoßes gegen § 307 Abs. 1 S. 1 BGB unwirksam.

Für **Verbraucherleasingverträge** ist die Frage nach der Zulässigkeit des Ausschlusses des Ersatzlieferungsanspruchs schon heute entscheidungsreif, da § 475 BGB eine solche vor Mängelanzeige getroffene Vereinbarung für den Verbrauchsgüterkauf grundsätzlich verbietet. Eine für die Beurteilung vorgreifliche Entscheidung der Rechtsprechung muss also nicht abgewartet werden. Bereits aus der vorstehend geschilderten höchstrichterlichen Judikatur folgt, dass die Regelungen zum Verbrauchsgüterkauf 1:1 auf den Leasingvertrag zwischen einem Unternehmer und einem Verbraucher zu übertragen sind, da die Abtretung der kaufrechtlichen Sachmängelansprüche unbedingt und uneingeschränkt zu erfolgen hat. Der dem Verbraucher durch § 475 BGB zuerkannte Schutz ist daher auch im Rahmen eines Leasingvertrages zu wahren. Der Umstand, dass die Anwendung der kaufrechtlichen Sachmängelhaftung auf einer vertraglichen Vereinbarung und nicht auf einem Kaufvertrag zwischen dem Leasingnehmer und dem Händler beruht, zwingt nicht zu einer anderen Sichtweise, wenn – wie im Fall der leasingtypischen Abtretungskonstruktion – stärkere mietrechtliche Gewährleistungsrechte durch schwächere kaufrechtliche Sachmängelrechte ersetzt werden. Würde man den Ausschluss des Wahlrechts der Nacherfüllung zulassen, liefe § 475 BGB leer und darin läge eine unzulässige Umgehung i. S. v. § 475 Abs. 1 S. BGB. Der Verbraucher eines Leasingvertrages ist zumindest in gleichem Maße schutzwürdig wie bei einem Verbrauchsgüterkauf. Im Vergleich zu einem „gewöhnlichen" Käufer hat er sogar ein gesteigertes Interesse an der Nutzung einer mangelfreien Sache, da die Nutzungsdauer die Verjährungsfrist des § 438 Abs. 1 Nr. 3 BGB i. d. R. überdauert.[200]

Der auf Lieferung einer anderen Sache gerichtete Nacherfüllungsanspruch des Verbrauchers erweist sich bei näherem Hinsehen nicht als das prophezeite „Trojanische Pferd"[201] im Leasingvertrag, denn es ist nicht zu erwarten, dass die befürchtete Vollamortisationseinbuße in der Praxis öfter vorkommt oder gar zum Regelfall wird. Dies liegt daran, dass die Ersatzlieferung als Alternative zur Fehlerbeseitigung im Neuwagenhandel häufig an der Einrede des § 439 Abs. 3 BGB scheitern wird, da sich die Kosten beliebig darstellen lassen und die Grenzen der Unverhältnismäßigkeit zwischen Nachbesserung und Nachlieferung eng sind.[202] Außerdem kann der Leasinggeber eine von ihm aufzuwendende Nutzungsvergütung durch eine vertragliche Regelung auffangen, welche besagt, dass am Vertragsende von dem auf der Höherwertigkeit des Ersatzfahrzeugs beruhenden Mehrerlös die Nutzungsvergütung abgezogen wird, die er dem Händler für den Gebrauch der mangelhaften Sache

---
198 BGH 13. 3. 1991, ZIP 1991, 519, 523; 27. 4. 1988, NJW 1988, 2465; 17. 12. 1986, NJW 1987, 1072.
199 *Beckmann* FLF 2002, 46, 51.
200 *Graf von Westphalen*, ZIP 2001, 2258, 2259.
201 *Zahn*, DB 2002, 985.
202 Dazu *Bitter/Meidt*, ZIP 2001, 2114, 2122 sowie Rn 262 ff.

vergütet hat und der verbleibende Betrag zwischen den Parteien entsprechend der im Leasingvertrag vorgesehenen Quote aufgeteilt wird. Denkbar ist auch eine individualvertragliche Regelung dahingehend, dass der Leasingvertrag mit allen Rechten und Pflichten erst mit der Übergabe des Ersatzfahrzeugs in Vollzug gesetzt wird und der Leasingnehmer bis dahin lediglich die Nutzungsentschädigung für das mangelhafte Fahrzeug zahlt, die der Verkäufer zu beanspruchen hat.[203]

3. Rücktritt vom Leasingvertrag und Minderung

780 Vor der Schuldrechtsreform galt, dass dem Leasingvertrag die Geschäftsgrundlage durch die Wandlung des Kaufvertrags[204] und durch eine vom Leasingnehmer erklärte wirksame Anfechtung des Kaufvertrages rückwirkend entzogen wurde.[205] Die gleiche Rechtsfolge trat auch dann ein, wenn der Lieferant einen mit den Parteien des Leasingvertrages vereinbarten **Umtauschvertrag** nicht erfüllte, da die für den Fall der Schlechtlieferung geltenden Sachmängelansprüche im Falle der Nichterfüllung des neuen Kaufvertrages dem Leasingnehmer nicht weiterhalfen.[206] In all diesen Fällen entfielen automatisch alle mit dem Leasingvertrag in Zusammenhang stehenden wechselseitigen Verpflichtungen und die bereits ausgetauschten Leistungen waren nach Bereicherungsrecht zurückzugewähren.

Da das Rechtsinstitut der „Störung der Geschäftsgrundlage" institutionalisiert wurde, ist die Rechtsprechung den gesetzlichen Modifikationen anzupassen. Für die Anwendbarkeit von § 313 BGB kommt es – entgegen dem Wortlaut – nicht darauf an, ob sich die Umstände nach oder vor Vertragsschluss geändert haben. Erfasst werden auch solche Änderungen, die sich vorher ereignet haben und erst nach Vertragsschluss zutage treten.[207] Im Unterschied zu früher[208] erfolgt die Anpassung an die geänderten Verhältnisse **nicht automatisch** kraft Gesetzes und ist folglich nicht mehr von Amts wegen zu beachten. Erforderlich ist, dass die benachteiligte Partei, der das Festhalten am Vertrag nicht zugemutet werden kann, den Anspruch auf Anpassung, Aufhebung oder Rückgängigmachung des Leasingvertrages geltend machen muss, wenn der Leasingvertrag keine konkreten Regelungen beinhaltet.[209]

Geprägt von der BGH-Rechtsprechung zum Wegfall der Geschäftsgrundlage sehen Kraftfahrzeugleasing-Vertragsmuster üblicherweise eine automatische Umwandlung des Leasingvertrages in ein Rückgewährschuldverhältnis für den Fall vor, dass der Leasingnehmer berechtigterweise wegen eines Mangels den Rücktritt vom Kaufvertrag erklärt.

Klauselbeispiel:

Verlangt der Leasingnehmer den Rücktritt vom Kaufvertrag und erklärt sich der Verkäufer einverstanden oder wird der Verkäufer aufgrund der Rücktrittsklage des Leasingnehmers rechtskräftig verurteilt, entfällt die Verpflichtung des Leasingnehmers zur Zahlung von Leasingraten. Der Leasinggeber erstattet dem Leasingnehmer die bis dahin gezahlten Leasingraten und etwaige gezahlte Sonderzahlungen jeweils zuzüglich Zinsen in gesetzlicher Höhe sowie etwaige vom Verkäufer erstattete Nebenkosten.

---

203 *Reinking*, ZGS 2002, 231, 233; DAR 2002, 496 f.
204 BGH 23. 2. 1977, BGHZ 68, 126; 16. 9. 1981, BB 1981, 2093; 25. 10. 1989, NJW 1990, 314; OLG Hamm 2. 12. 1982, BB 1983, 337; *Tiedke*, JZ 1991, 19 ff.; a. A. *Lieb*, DB 1988, 2495, 2496; *Schröder*, JZ 1989, 717.
205 *Sannwald*, Der Finanzierungsleasingvertrag über bewegliche Sachen mit Nichtkaufleuten, S. 182.
206 BGH 30. 7. 1997, DB 1997, 1970.
207 *Krebs* in *Dauner-Lieb/Heidel/Lepa/Ring*, Anwaltskommentar Schuldrecht, § 309 Rn 25 BGB; Reg Entw., BT-Drucks. 14/1640, S. 174.
208 *Palandt/Heinrichs*, BGB, § 242 Rn 130.
209 Zur Prozessualen Behandlung des Wegfalls der Geschäftsgrundlage *Schmidt-Kessel/Baldus*, NJW 2002, 2076.

Sachmängelhaftung

Fehlt eine vertragliche Regelung im Sinne einer rückwirkenden Vertragsaufhebung, ist mit Blick auf die Regelung von § 313 Abs. 3 BGB die Frage zu stellen, ob dem Leasingnehmer, der wegen eines Mangels vom Kaufvertrag wirksam zurückgetreten ist, hinsichtlich des Leasingvertrages ein **Rücktrittsrecht** oder nur ein **Kündigungsrecht** zusteht. Nach dem Gesetzeswortlaut besitzt die benachteiligte Vertragspartei eines nicht anpassungsfähigen Dauerschuldverhältnisses statt des Rücktrittsrechts lediglich ein Recht auf Kündigung.

Mit der Ersetzung des Rücktrittsrechts durch ein Recht auf Kündigung für Dauerschuldverhältnisse, zu denen Leasingverträge zweifellos gehören, wollte der Gesetzgeber bisher allgemein anerkannte Grundsätze „ohne substantielle Änderungen" im BGB verankern.[210] Daraus folgt, dass die in § 313 Abs. 3 S. 2 BGB für Dauerschuldverhältnisse vorgesehene Kündigung die Möglichkeit des Rücktritts gem. S. 1 nicht ausschließt. Wie früher ist der Rücktritt zuzulassen, wenn die besonderen Voraussetzungen hierfür vorliegen.

Die Besonderheit der leasingtypischen Abtretungskonstruktion erfordert nach ständiger höchstrichterlicher Rechtsprechung,[211] dass der Leasingvertrag rückwirkend aufgehoben wird, wenn der Käufer wirksam vom Kaufvertrag zurückgetreten ist. Die Überlassung eines mangelfreien Fahrzeugs gehört zu den Hauptpflichten des Leasinggebers. Wenn er diese Pflicht nicht erfüllt, besitzt er keinen Anspruch auf die Gegenleistung. Durch die in § 313 Abs. 3 S. 2 BGB vorgesehene Möglichkeit der Kündigung würde die Äquivalenzstörung nicht beseitigt, da der Leasinggeber die bis zur Kündigung gezahlten Leasingraten behalten dürfte, obwohl er seiner Gebrauchsverschaffungspflicht nicht nachgekommen ist. Da der Leasingnehmer nicht für etwas bezahlen muss, was er nicht bekommen hat, kann ihm nur durch Zubilligung des Rücktrittsrechts geholfen werden. Ein nur für die Zukunft wirkendes Recht auf Kündigung schafft keinen angemessenen Interessenausgleich. Deshalb ist einer Klausel, die dem Leasingnehmer für den Fall des Rücktritts vom Kaufvertrag nur die Möglichkeit der Kündigung des Leasingvertrages gewährt, wegen Verstoßes gegen § 307 Abs. 1 S. 1 BGB die Wirksamkeit zu versagen.[212]

Dem Leasingvertrag wird die Grundlage nicht nur im Fall des Rücktritts vom Kaufvertrag entzogen, sondern auch dann, wenn der Leasingnehmer stattdessen vom Verkäufer Schadensersatz statt der ganzen Leistung verlangt. Im Unterschied zum Rücktritt wird der Kaufvertrag allerdings nicht schon durch das einseitige Schadensersatzverlangen des Leasingnehmers in ein Rückgewährschuldverhältnis umgestaltet. Die Geschäftsgrundlage entfällt erst mit dem Anerkenntnis des Anspruchs durch den Verkäufer oder dessen rechtskräftige Verurteilung und ist, da eine Vertragsanpassung ausscheidet, vom Leasingnehmer durch Rücktritt vom Leasingvertrag geltend zu machen, sofern nicht bereits der Leasingvertrag einen Wegfall des Leasingvertrages vorsieht.

Im Fall der Minderung ist eine Vertragsanpassung nach § 313 Abs. 1 BGB durch entsprechende Neuberechnung der Leasingraten und Neufestsetzung des kalkulierten Restwertes vorzunehmen.[213]

Da die Rechtsfolgen aus einer Störung der Geschäftsgrundlage nicht automatisch eintreten, sondern entweder einen Anspruch auf Vertragsanpassung oder ein Recht auf Rücktritt und Kündigung begründen, den der Leasingnehmer als benachteiligte Partei geltend machen muss, liegt der Gedanke nahe, dem Leasinggeber eine entsprechende Aufklärungspflicht aufzuerlegen. Dies würde jedoch zu weit führen, da das Rechtsinstitut der Geschäftsgrundlage im Zuge der Reform in das BGB integriert wurde und keine Spezialität des Leasingrechts darstellt.

---

210 *Huber/Faust*, Schuldrechtsmodernisierung, S. 234 Rn 11.
211 Z. B. BGH 23. 2. 1977, BGHZ 68, 126; 16. 9. 1981, BB 1981, 2093; 25. 10. 1989, NJW 1990, 314.
212 BGH 16. 9. 1981, NJW 1982, 105 ff.
213 Berechnungsbeispiel bei *Reinking*, Autoleasing, S. 132, 133.

4. Verbraucherleasingvertrag

782 Nach hier vertretener Auffassung folgt aus § 475 Abs. 1 BGB für den Kraftfahrzeugleasingvertrag über ein Neufahrzeug zwischen einem Unternehmer und einem Verbraucher, dass die AGB des Kaufvertrages den Anforderungen von § 309 Nr. 8 b BGB entsprechen müssen.

Da die vom Neuwagenhandel verwendeten NWVB keine Einschränkungen der Sachmängelrechte enthalten, die nach § 309 Nr. 8 b BGB verboten sind, ist ihre Verwendung für Verbraucherleasingverträge insoweit unbedenklich.

Die Abtretungskonstruktion scheitert an § 307 Abs. 1 S. 1 BGB, wenn der Leasinggeber dem Leasingnehmer lediglich die Rechte aus der Herstellergarantie überträgt, die den Anforderungen der Sachmängelhaftung des Verkäufers nicht genügen. Die Garantie gewährt dem Käufer im Regelfall nur Anspruch auf Beseitigung des Mangels. Gemessen an der für den Verbrauchsgüterkauf zwingend vorgeschriebenen Haftung des Verkäufers für Sach- und Rechtsmängel bietet die Garantie keinen ausreichenden Käuferschutz und ist als Kompensation für den leasingtypischen Ausschluss der Vermieterhaftung ungeeignet.[214]

Durch den **Verbrauchsgüterkauf** haben sich die **Rahmenbedingungen** der Abtretungskonstruktion grundlegend verändert. Legt man beim Verbraucherleasingvertrag die Vorschriften des Verbrauchsgüterkaufs als zwingenden Maßstab zugrunde – woran aus den oben dargelegten Gründen kein Weg vorbeiführt – so erlangt der Leasingnehmer durch die Abtretung der Sachmängelansprüche des Leasinggebers keinen angemessenen Ausgleich für die mietrechtlichen Gewährleistungsansprüche, wenn der Leasinggeber das Fahrzeug als Unternehmer eingekauft hat. Unter diesen Voraussetzungen bekommt der Leasingnehmer nur die Sachmängelrechte eines Unternehmers. Die Rechte des Unternehmers unterscheiden sich beim Neuwagenkauf zwar nicht wesentlich von denen des Verbrauchers, da die NWVB nur wenige Einschränkungen und Ausschlüsse für Nutzfahrzeuge vorsehen.[215]

Dennoch sind sie nicht gleichwertig, weil der Verbraucher, der seine Sachmängelrechte von einem Unternehmer ableitet, nicht in den Genuss der so wichtigen Beweislastumkehr (§ 476 BGB) gelangt. Dieser Anspruch setzt die Verbrauchereigenschaft des Käufers voraus, die der Leasinggeber nicht besitzt. Um dieses Defizit an Verbraucherschutz auszugleichen, ist zu verlangen, dass der Leasinggeber mit dem Verkäufer die Geltung der Vorschriften des Verbrauchsgüterkaufs aushandelt oder dem Leasingnehmer den Vorteil der Beweislastumkehr anderweitig verschafft, etwa durch eine Haltbarkeitsgarantie auf die Dauer von mindestens 6 Monaten.

Welche Rechte der Verbraucher vom Leasinggeber über die Abtretungskonstruktion erlangt, hängt entscheidend davon ab, auf welche Weise der Leasinggeber Partei des Kaufvertrages geworden ist (Rn 808). Bei einem dem Kauf **nachgeschalteten Leasingvertrag** ist die Situation eindeutig. Der Leasinggeber übernimmt den Kaufvertrag in seiner jeweiligen Beschaffenheit. Hat der Leasingnehmer den Kauf als Verbraucher getätigt, bekommt der Leasinggeber, obwohl er Unternehmer ist, die Sachmängelrechte eines Verbrauchers, die er sodann wieder auf den Leasingnehmer überträgt. Ob die gleiche Situation besteht, wenn der Leasinggeber in einen zwischen dem Händler und Verbraucher ausgehandelten Vertrag eintritt, wird die Rechtsprechung klären müssen. Es geht um die Frage, ob sich durch den **Parteiwechsel** die Grundstruktur des Vertrages in der Weise verändert, dass aus dem Verbrauchsgüterkauf ein Nichtverbrauchsgüterkauf wird. Ein solcher Wechsel ist nur vorstellbar, wenn der Leasinggeber zu einem Zeitpunkt eintritt, in dem es noch nicht

---

214 *Michalski/Schmitt*, Der Kfz-Leasingvertrag, Rn 212.
215 *Reinking* DAR 2002, 145, 46.

zum Vertragsschluss zwischen Leasingnehmer und Händler gekommen ist. Hat jedoch der Leasingnehmer den Kaufvertrag bereits auflösend bedingt mit dem Händler abgeschlossen und tritt der Leasinggeber erst jetzt in den Vertrag ein, bekommt er die Sachmängelrechte, die der aus dem Vertrag austretende Verbraucher bis zu diesem Zeitpunkt innehatte. Ganz anders wiederum verhält es sich, wenn der Kaufvertrag zwischen Leasinggeber und Händler dem Leasingvertrag **zeitlich vorgelagert** ist. In diesem Fall erlangt der Verbraucher Sachmängelrechte eines Unternehmers, wenn der Leasinggeber den Kaufvertrag über das Leasingfahrzeug als Unternehmer abgeschlossen und mit dem Händler keine hiervon abweichenden Absprachen getroffen hat.

Künftig wird somit im Einzelfall zu prüfen sein, ob die Sachmängelrechte des Leasingnehmers den Anforderungen der §§ 474 ff. BGB entsprechen. Eine unwirksame Abtretungsklausel hat die fatale Folge, dass der Leasinggeber dem Leasingnehmer während der gesamten Dauer des Leasingvertrages für die Mangelfreiheit des Fahrzeugs nach mietrechtlichen Vorschriften haftet.[216]

5. Unternehmerleasingvertrag

Im Geschäftsverkehr zwischen Unternehmern findet § 309 Nr. 8 b BGB keine unmittelbare Anwendung. Die Verbotstatbestände sind jedoch gem. §§ 310 Abs. 1 S. 2, 307 Abs. 1 und 2 BGB zu würdigen. Die NWVB enthalten zur Sachmängelhaftung für Unternehmer und ihnen gleichgestellte juristische Personen des öffentlichen Rechts und öffentlich-rechtliche Sondervermögen die Sonderregelung, dass die Verjährungsfrist für neue Nutzfahrzeuge ein Jahr beträgt. Diese Fristverkürzung ist, gemessen an § 309 Nr. 8 b BGB gesetzeskonform und daher im Rahmen der Abtretungskonstruktion unbedenklich.

Die in Abschn. VII, Ziff. 2 e NWVB a. F. enthaltene Klausel, welche vorsah, dass der Verkäufer die Abschleppkosten für Nutzfahrzeuge über 5 t nicht tragen musste, wenn der Käufer Kaufmann war und der Vertrag zum Betrieb seines Gewerbes gehörte, wurde im Zuge der Überarbeitung der NWVB anlässlich der Schuldrechtsreform fallen gelassen. Die Frage, ob einem Unternehmer gegenüber die Auferlegung von Abschleppkosten durch AGB abweichend von § 309 Nr. 8 b cc zulässig ist, wenn sich die Aufwendungen im Rahmen halten, bedarf deshalb keiner Vertiefung.

Zwei weitere Sonderregelungen, welche die aktuellen NWVB für den Geschäftsverkehr mit Unternehmern enthalten, betreffen den Haftungsausschluss für Schadensersatzansprüche statt der Leistung wegen eines leicht fahrlässig verschuldeten Lieferverzugs (Abschn. IV, Ziff. 2 NWVB) und den Eigentumsvorbehalt (Abschn. VI, Ziff. 1, Abs. 2 NWVB). Da sie die Sachmängelansprüche des Käufers nicht betreffen, sind sie für die Beurteilung der Angemessenheit im Rahmen der Abtretungskonstruktion bedeutungslos.

6. Gebrauchtfahrzeugleasing

Bei einem **Verbraucherleasingvertrag** über ein Gebrauchtfahrzeug, das die Leasinggesellschaft unter Vereinbarung eines **Haftungsausschlusses** mit ihrem Lieferanten eingekauft hat, läuft die Abtretungskonstruktion leer, da der Ausschluss der mietrechtlichen Gewährleistung nicht durch kaufrechtliche Sachmängelansprüche ausgeglichen wird. Es ist nicht anzunehmen, dass die Abtretungskonstruktion unter solchen Umständen vor § 307 Abs. 1 BGB bestehen kann, da im Leistungsaustauschverhältnis eine massive Äquivalenzstörung vorliegt, die aufgrund der Ausstrahlung des Verbrauchsgüterkaufs auf den Verbraucherleasingvertrag von einem Tatbestand begleitet wird, der dem einer Umgehung i. S. v. § 475 Abs. 1 S. 2 BGB gleichkommt. Aus diesen Gründen ist zu verlangen, dass der Lea-

---

216 Dazu *Graf von Westphalen* ZGS 2002, 64, 67.

singgeber dem Verbraucher die Rechte verschafft, die dieser besäße, wenn er das Fahrzeug, anstatt es zu leasen, käuflich erworben hätte.[217]

Im **Geschäftsverkehr mit Unternehmern** besteht keine vergleichbare Problemlage. Gegenüber einem Unternehmer kann der Verkäufer die Sachmängelhaftung in den Grenzen des § 444 BGB ausschließen. Weiterhin gelten für den Gebrauchtwagenkauf nicht die Klauselverbote der §§ 308 Nr. 8 b, 307 BGB. In Anbetracht dieser rechtlichen Ausgangslage wird man dem Haftungsausschluss des Leasinggebers die rechtliche Anerkennung nicht versagen können. Der BGH hat die Abtretungskonstruktion im Zusammenhang mit dem Abschluss eines Leasingvertrages über ein Neufahrzeug mit der Überlegung gerechtfertigt, der Leasingnehmer könne sich im Fall einer etwaigen Mangelhaftigkeit der Leasingsache beim Verkäufer bzw. Hersteller schadlos halten. Bei einem Gebrauchtfahrzeugkauf scheidet diese Möglichkeit aus, wenn der Verkäufer seine Haftung für Sach- und Rechtsmängel in zulässiger Weise ausgeschlossen hat. Da der Leasinggeber dem Leasingnehmer als Ausgleich für den Ausschluss der Vermieterhaftung die Käuferrechte verschaffen muss, die ihm als Käufer zustehen, kann ein im Kaufrecht zulässiger Haftungsausschluss nicht allein deshalb unzulässig sein, weil er sich im Rahmen eines Leasingvertrages auswirkt. Der mietrechtliche Charakter des Leasingvertrages erfordert wegen der kaufrechtlichen Ausgestaltung der Sachmängelrechte nicht zwingend eine subsidiäre Haftung des Leasinggebers. Der Unternehmer, der sich auf einen solchen Vertrag einlässt, wird durch den Ausschluss der Sachmängelhaftung nicht überfordert. Er weiß, auf welche Risiken er sich einlässt, wenn er einen solchen Leasingvertrag schließt. Er kann vom Vertrag Abstand nehmen oder sich für ein Fahrzeug entscheiden, dass nicht unter Ausschluss der Sachmängelhaftung vom Leasinggeber eingekauft wurde.

Beim **Sale-and-lease-back-Leasing** besteht die Besonderheit, dass der Leasingnehmer durch die Abtretung die Sachmängelrechte zurückerhält, die er als Verkäufer zu erfüllen hat. Da sich Rechte und Pflichten aufheben, ist eine Freizeichnung des Leasinggebers von der Vermieterhaftung unbedenklich.

V. Leasingtypische Vertragsgestaltungen

1. Netto-/Bruttoleasing

785 Beim **Netto-Leasingvertrag**, der am **häufigsten** praktizierten **Vertragsform**, hat der Leasinggeber dem Leasingnehmer den Gebrauch der Leasingsache für die Vertragszeit zu ermöglichen. Es handelt sich um ein Dauerschuldverhältnis, bei dem die Gebrauchsüberlassungspflicht nicht schon mit der Besitzverschaffung erfüllt ist. Der Leasinggeber hat die fortdauernde Verpflichtung, dem Leasingnehmer das Leasinggut während der Vertragszeit zu belassen und ihn nicht ohne rechtfertigenden Grund an der Nutzung zu hindern.[218] Für das auf die Gebrauchsüberlassung beschränkte Finanzierungsleasing (Nettoleasing) ist typisch, dass der Leasingnehmer während der Vertragszeit alle das Fahrzeug betreffenden Pflichten und Lasten in Form der Betriebskosten und Aufwendungen für die Wartung, Instandhaltung und Instandsetzung des Fahrzeugs trägt. Die Pflicht zur Instandhaltung stellt die natürliche Ergänzung zur Gefahrtragung dar, so dass an ihre AGB-mäßige Verlagerung auf den Leasingnehmer im Hinblick auf § 307 Abs. 1 S. 1 BGB die gleichen – strengen – Anforderungen wie bei der Gefahrverlagerungsklausel zu stellen sind, d. h., dem Leasingnehmer muss für den Fall des völligen Verlustes bzw. der erheblichen Beschädigung ein vorzeitiges Kündigungsrecht eingeräumt werden.[219] Zu den Betriebskosten gehören Kraft-

---

217 Ebenso *Halm/Krahe*, PVR 2002, 158,160.
218 BGH 30. 9. 1987, NJW 1988, 198 ff.
219 *Graf von Westphalen,* Der Leasingvertrag, Rn 934.

Leasingtypische Vertragsgestaltungen

stoffkosten, Steuern, Versicherungsbeiträge, Rundfunkgebühren sowie Kosten für Wartung, Abgas- und Hauptuntersuchung gem. § 29 StVZO. Verschleißreparaturen, wie z. B. die Erneuerung der Bremsbeläge und der Austausch der Reifen, sind Bestandteil der Instandhaltungspflicht. Die Instandsetzungspflicht betrifft die Reparatur von Beschädigungen und die Behebung von Mängeln des Fahrzeugs.

Für den sog. Brutto-Leasingvertrag ist typisch, dass der Leasinggeber außer der Gebrauchsüberlassung Nebenleistungen erbringt, die den Einsatz und Unterhalt des Fahrzeugs betreffen und den individuellen Bedürfnissen des Leasingnehmers angepasst sind. Im Flottenbereich geht der Trend vom klassischen Finanzierungsleasing hin zum externen Fuhrparkmanagement durch die Leasinggesellschaft. Das Angebotsbündel der Leasinggesellschaften beinhaltet alle mit der Anschaffung, dem Betrieb und der Verwertung eines Fahrzeugs zusammenhängenden Leistungen, wie z. B. Beschaffung und Versicherung des Fahrzeugs, Fahrzeugverwertung, Abwicklung von Sachmängelansprüchen und Garantieleistungen, Reifenersatz, Rundfunkgebühren, Steuern, Versicherungen, Verschleißreparaturen, Unfallabwicklung, Erstellung von Kostenübersichten, Einweisung der Fahrzeugführer, Fahrerkontrolle, Abrechnung von Privatfahrten.

2. Versicherungspflicht

Der Leasingnehmer eines Netto-Leasingvertrags ist üblicherweise verpflichtet, eine gesetzliche Haftpflichtversicherung mit Mindestdeckungssumme sowie eine Vollkaskoversicherung zu den AGB für die Kraftverkehrsversicherung abzuschließen, es sei denn, er macht von einem Versicherungsangebot des Leasinggebers Gebrauch oder der Leasinggeber versichert seine Fahrzeuge selbst. Für den Fall, dass der Leasingnehmer seiner Pflicht zum Abschluss der erforderlichen Versicherung nicht nachkommt, behalten sich Leasinggesellschaften das Recht vor, eine entsprechende Versicherung als Vertreter für den Leasingnehmer abzuschließen.

Der zum Abschluss einer Vollkaskoversicherung verpflichtete Leasingnehmer hat entweder den Versicherer zu beauftragen, einen **Sicherungsschein** zu Gunsten des Leasinggebers zu erteilen oder den Leasinggeber zu ermächtigen, für sich einen Sicherungsschein über die Fahrzeugvollversicherung zu beantragen. Durch den Sicherungsschein wird eine „Versicherung für fremde Rechnung" begründet. Mit der Ausgabe des Sicherungsscheins erlangt der Leasinggeber sämtliche Rechte aus dem Versicherungsvertrag[220] und zusätzlich die Möglichkeit, mit dem Versicherer abweichende und ergänzende Regelungen zu schließen, die ihn vor einer Versagung des Versicherungsschutzes, z. B. wegen Nichtzahlung der Erstprämie durch den Leasingnehmer schützen.

Aufgrund der durch die Sicherungsbestätigung hergestellten Rechtsbeziehung ist der Versicherer dem Leasinggeber zur Auskunft über das Versicherungsverhältnis verpflichtet. Die vom Leasinggeber gewünschte Auskunft hat den Zweck, ihm eine Grundlage für seine Entscheidung zu geben, ob ihm die Versicherung ausreichende Sicherheit bietet. Die Auskunft muss daher vollständig und richtig sein. Demzufolge ist der Versicherer mit Erteilung des Sicherungsscheins verpflichtet, dem Leasinggeber solche Umstände mitzuteilen, die für die Werthaltigkeit des Versicherungsanspruchs von wesentlicher Bedeutung sind. Diese Informationspflicht erfüllt der Versicherer nicht schon durch den Hinweis auf die Möglichkeit der Verrechnung rückständiger Versicherungsbeiträge mit der Entschädigungsleistung, wenn für den Leasinggeber weder aus dem Sicherungsschein noch aus den sonstigen Umständen erkennbar ist, dass noch weitere Fahrzeuge versichert sind und sich die Verrechnungsmöglichkeit auch auf darauf entfallende Prämienanteile erstreckt.[221]

---

220 BGH 6. 7. 1988, VersR 1988, 949.
221 BGH 6. 12. 2000, BGH-Report 2001, 131, 132; *Römer*, VersR 1998, 1313 ff.

Die mit dem Abschluss eines Kraftfahrzeugleasingvertrags übernommene Pflicht des Leasingnehmers zum Abschluss einer Kaskoversicherung lebt wieder auf, wenn das gestohlene und abgemeldete Leasingfahrzeug in einem beschädigten aber reparaturfähigen Zustand wieder aufgefunden wird.[222]

3. Obhuts- und Verhaltenspflichten

787 Im Interesse der **Sacherhaltung** werden dem Leasingnehmer verschiedenartige Verhaltens- und Obhutspflichten in Bezug auf die Leasingsache auferlegt. Er darf das Fahrzeug nicht verkaufen, verpfänden, verschenken oder einem Dritten zur Sicherheit übereignen. Weiterhin ist es ihm nicht gestattet, das Fahrzeug zu verändern. Beschriftungen des Fahrzeugs hat er am Vertragsende zu entfernen. Eine Verwendung als ziehendes Fahrzeug oder als Fahrschulwagen bedarf der Genehmigung des Leasinggebers. Untersagt ist die Gebrauchsüberlassung an Dritte, außer an Familien- und Betriebsangehörige, sowie die Untervermietung. Ein formularmäßiges Verbot der Untervermietung verstößt wegen der für Finanzierungsleasingverträge typischen, auf volle Amortisation der Gesamtkosten gerichteten Interessenlage nicht gegen § 307 Abs. 1 S. 1 BGB.[223] Handelt der Leasingnehmer dem Verbot der Fahrzeugüberlassung an Dritte zuwider, muss er sich deren Fehlverhalten über § 278 BGB zurechnen lassen.[224]

4. Kraftfahrzeughalter

788 Eingetragener Halter des Fahrzeugs ist der **Leasingnehmer**, da er das Fahrzeug für eigene Rechnung in Gebrauch hat und die Verfügungsgewalt besitzt.[225] Der Leasinggeber ist bei üblicher Vertragsgestaltung nicht Mithalter, weil er während der Vertragszeit keinen Einfluss auf den Einsatz des Fahrzeugs nehmen kann. Der Fahrzeugbrief verbleibt im Besitz der Leasinggesellschaft. AGB, die ihm dieses Recht gewähren, sind nicht zu beanstanden, da sie ihrem berechtigten Sicherungsinteresse dienen.

VI. Sittenwidrigkeit von Finanzierungsleasingverträgen

789 Ob der Lösungsansatz für die Beurteilung der Sittenwidrigkeit eines Finanzierungsleasingvertrags im **Darlehensrecht** oder im **Mietrecht** zu suchen ist, war jahrelang ein Streitthema.

Befürworter einer analogen Anwendung der von der Rechtsprechung entwickelten Prüfungskriterien zur Sittenwidrigkeit von Ratenkrediten argumentierten, der Leasinggeber finanziere wie eine Kreditbank und habe an dem Leasingobjekt kein eigentliches Interesse,[226] Ratenkredit und Konsumentenleasing seien aus Sicht des Kunden austauschbare Finanzierungsformen,[227] denn in beiden Fällen zahle der Leasing-/Darlehensnehmer die gesamten Herstellungs- und Anschaffungskosten einschließlich aller Neben- und Finanzierungskosten und einen angemessenen Gewinn.[228]

Vertreter des mietrechtlichen Lösungsmodells beriefen sich in erster Linie darauf, Leasingverträge seien, auch soweit es sich um Finanzierungsleasingverträge handele, ihrer

---

222 OLG München 13. 1. 1995, NJW-RR 1996, 48.
223 BGH 4. 7. 1990, ZIP 1990, 1133, 1135.
224 OLG Hamm 23. 6. 1987 NJW-RR 1987, 1142.
225 BGH 22. 3. 1983, NJW 1983, 1492 ff.; OLG Hamm 14. 11. 1994, NJW 1995, 2223.
226 OLG Karlsruhe 24. 10. 1985, NJW-RR 1986, 217.
227 *Schmidt/Schumm,* DB 1989, 2109.
228 *Graf von Westphalen,* Der Leasingvertrag, Rn 596.

Sittenwidrigkeit von Finanzierungsleasingverträgen

Grundstruktur nach Miete und nicht Darlehen,[229] und außerdem erbringe der Leasinggeber im Rahmen des Finanzierungsleasingvertrages weitaus mehr Leistungen als ein Darlehensgeber und nehme im Vergleich zu diesem auch größere Risiken auf sich.[230] Das mietrechtliche Modell stieß ebenfalls auf Ablehnung. Wegen des Fehlens von Vergleichsmieten wurde es als nicht praktikabel kritisiert.

Ein speziell auf Finanzierungsleasingverträge zugeschnittener Lösungsansatz sah vor, bei der Beurteilung der Sittenwidrigkeit ausschließlich auf den Gewinn des Leasinggebers abzustellen und eine Sittenwidrigkeit im Falle einer Überschreitung des üblichen Gewinns um mehr als das Doppelte zu bejahen.[231]

Der BGH[232] hat sich auf den Standpunkt gestellt, dass sowohl das mietrechtliche als auch das kreditrechtliche Modell geeignete Lösungsansätze bieten. Die mietrechtlichen Beurteilungsmaßstäbe verdienen den Vorzug, wenn Vergleichsmieten vorhanden oder durch Gutachten feststellbar sind. Unter diesen Voraussetzungen kann von einem auffälligen Missverhältnis zwischen dem üblichen und dem vereinbarten Entgelt ausgegangen werden, wenn das vereinbarte Entgelt das übliche Entgelt um das Doppelte übersteigt. Eine Quote von 61,53 % reicht für die Überschreitung der Wuchergrenze nicht aus.[233]

Da sich beim Kraftfahrzeugleasing bis heute keine Vergleichsmieten herausgebildet haben und von einem Sachverständigen nicht ermittelt werden können, führt der mietrechtliche Lösungsansatz nicht zum Ziel. Deshalb ist nach Ansicht des BGH[234] im zweiten Schritt auf das **kreditrechtliche Prüfungsschema** zurückzugreifen. Seines Erachtens sind die leasingtypischen Merkmale beim Finanzierungsleasing mit dem drittfinanzierten Kauf vergleichbar, weil es wirtschaftlich weitgehend die gleichen Funktionen wie dieser erfüllt, so dass es auf die rechtliche Einkleidung des Finanzierungsleasingvertrags nicht entscheidend ankommt. Aus kreditrechtlicher Perspektive liegt ein auffälliges Missverhältnis zwischen Leistung und Gegenleistung regelmäßig vor, wenn der effektive Vertragszins den marktüblichen effektiven Vergleichszins relativ um 100 % oder absolut um 12 % übersteigt. Der effektive Jahreszins wird bei einer Laufzeit bis zu 48 Monaten nach der Uniformmethode (effektiver Jahreszins gleich Vertragskosten mal 2400 geteilt durch Nettokredit mal Laufzeit plus1) und bei längeren Laufzeiten anhand des Tabellenwerks von *Sievi/Gillardon/Sievi* ermittelt.[235] Als Nettokredit ist i. d. R. der Kaufpreis zugrunde zu legen, den der Leasinggeber an den Händler gezahlt hat und der dem Anschaffungswert entspricht.[236] Zuschläge bei dem Schwerpunktzins und bei den Kosten sind dann vorzunehmen, wenn der Leasinggeber im Einzelfall höhere Kosten darlegt und diese erforderlichenfalls beweist. Der BGH schlägt für diese Fallgruppe vor, den sonst marktüblichen durchschnittlichen Bearbeitungssatz von 2,5 % auf 3 % oder eventuell auf 3,5 % anzuheben. Den Besonderheiten von Teilamortisationsverträgen, bei denen der kalkulierte Restwert erst am Vertragsende realisiert wird und bei denen der Leasingnehmer häufig eine Sonderzahlung zu Vertragsbeginn zu leisten hat, trägt nach Ansicht des BGH die von *Schmidt/Schumm*[237] vorgeschlagene mathematische Formel Rechnung. Die Berechnung des effektiven Jahreszinses bei einem

---

229 OLG Hamm 23. 6. 1987–7 U 15/87 – n. v.; 28. 6. 1994, NJW-RR 1994, 1467; OLG Celle 11. 4. 1990, NdsRpfl. 1990, 249.
230 OLG München 28. 1. 1981, NJW 1981, 1104; OLG Saarbrücken 10. 11. 1987, NJW-RR 1988, 243.
231 *Reinking/Nießen,* NZV 1993, 49 f.
232 Urt. v. 11. 1. 1995, NJW 1995, 1019.
233 OLG Hamm 28. 6. 1994, NJW-RR 1994, 1467.
234 Urt. v. 11. 1. 1995, NJW 1995, 1019 ff.
235 Für verbundene Leasingverträge verweisen §§ 500, 492 Abs. 2 BGB auf § 6 der Verordnung zu Regelung von Preisangaben.
236 OLG Dresden 8. 12. 1999, NJW-RR 2000, 1305.
237 DB 1989, 2109, 2112.

Finanzierungsleasingvertrag mit Sonderzahlung und kalkuliertem Restwert hat der BGH anhand der abgewandelten Uniformmethode mathematisch gut nachvollziehbar in seinem Urteil vom 30. 1. 1995[238] dargestellt, das sich als Mustervorlage für die Überprüfung derjenigen Kfz-Leasingverträge eignet, bei denen der Leasingnehmer das Restwertrisiko trägt.

791 Aus einer Vertragsgestaltung, die es dem Leasinggeber ermöglicht, einen zusätzlichen Gewinn durch einen über dem kalkulierten Restwert liegenden Verwertungserlös zu erzielen, lässt sich ein objektives Missverhältnis zwischen Leistung und Gegenleistung nicht ableiten. Derartige Vertragsregelungen sind beim Finanzierungsleasing gängig und, da sie keine unerträgliche Störung der Vertragsparität zu Lasten des Leasingnehmers beinhalten, völlig unbedenklich.[239] Die Entscheidung des OLG Dresden,[240] die besagt, dass ein Restwert bei der Beurteilung des auffälligen Missverhältnisses zwischen Leistung und Gegenleistung dann zu berücksichtigen ist, wenn sich seine spätere Realisierung schon bei Vertragsschluss sicher vorhersehen lässt und den Gewinn des Leasinggebers, dessen Aufwendungen an sich bereits durch die Zahlungen des Leasingnehmers voll amortisiert werden, zusätzlich steigert, ist auf das Kraftfahrzeugleasing nicht übertragbar, da dort regelmäßig erst durch die Erzielung des Restwertes die Vollamortisation herbeigeführt wird.

Weicht der dem Leasingvertrag zu Grunde gelegte Anschaffungsaufwand eklatant vom Verkehrswert der Leasingsache ab, so ist bei der Berechnung der niedrigere Verkehrswert als Nettokreditbetrag zu Grunde zu legen, wenn der Leasingnehmer an der Festlegung des Kaufpreises nicht maßgeblich beteiligt war und der Leasinggeber nicht darlegt und beweist, dass er das gewünschte Leasingobjekt nicht günstiger erwerben konnte.[241]

War – umgekehrt – der Leasinggeber an den Kaufvertragsverhandlungen und der Festlegung des Kaufpreises nicht beteiligt, kann ein grobes Missverhältnis zwischen dem Wert der Ware und ihrem Kaufpreis zur Sittenwidrigkeit des Kaufvertrages führen, die den Wegfall der Geschäftsgrundlage des Leasingvertrages zur Folge hat.[242] Für den Bereich des Neuwagenkaufs ist dieser Fall wegen der dort herrschenden Preistransparenz äußerst unwahrscheinlich.

Für die Feststellung der Sittenwidrigkeit eines Finanzierungsleasingvertrags über eine bewegliche Sache ist außer einem objektiv auffälligen Missverhältnis zwischen Leistung und Gegenleistung eine verwerfliche Gesinnung des Leasinggebers erforderlich. Handelt es sich beim Leasingnehmer um einen Verbraucher, wird zu seinen Gunsten die verwerfliche Gesinnung des anderen Vertragsteils vermutet, wenn objektiv die Tatbestandsvoraussetzungen von § 138 Abs. 1 BGB erfüllt sind. Diese Vermutung gilt nicht, wenn der Leasingnehmer Kaufmann oder Unternehmer ist.[243] Für diese Personen bleibt es bei der allgemeinen Beweislastregel, dass derjenige, der sich auf Sittenwidrigkeit beruft, auch die subjektiven Voraussetzungen darzulegen und zu beweisen hat.[244]

Die von Amts wegen zu beachtende Sittenwidrigkeit erstreckt sich auf den gesamten Leasingvertrag. Beide Parteien haben die empfangenen Leistungen zurückzugewähren. Der Leasingnehmer muss das Fahrzeug zurückgeben und die Nutzungen vergüten, die nach der linearen Wertschwundmethode zu berechnen sind (Rn 317), der Leasinggeber

---

238 DAR 1995, 200.
239 BGH 30. 1. 1995, DAR 1995, 200.
240 Urt. v. 8. 12. 1999, NJW-RR 2000, 1305, 1306.
241 BGH 30. 1. 1995 CR 1995, 527, 528; OLG Köln 31. 5. 1996, NJW-RR 1997, 1549; OLG Dresden 8. 12. 1999, NJW-RR 2000, 1305, 1306; *Büschgen/Beckmann*, Praxishandbuch Leasing, S. 149; *Wolf/Eckert*, Handbuch des gewerblichen Miet-, Pacht- und Leasingrechts, Rn 1873 ff.
242 OLG Nürnberg 4. 7. 1995, WM 1996, 497.
243 BGH 19. 2. 1991 NJW 1991, 1810, 1811; 11. 1. 1995, NJW 1995, 1019, 1022.
244 OLG Nürnberg 4. 7. 1995, WM 1996, 497; OLG Düsseldorf 22. 2. 1996, OLGR 1996, 261.

muss die Leasingraten an den Leasingnehmer in voller Höhe zurückzahlen. Refinanzierungskosten und Verwaltungsaufwand darf er nicht einbehalten, da er darauf keinen Anspruch besitzt.

Unabhängig von der Frage, ob der Leasingvertrag als solcher sittenwidrig ist, kann die Mitverpflichtung eines Dritten – z. B. durch Schuldbeitritt – sittenwidrig sein, wenn er sich dazu verleiten lässt, gegen sein eigenes Interesse Verpflichtungen zu übernehmen, die ihn finanziell eindeutig überfordern[245] und durch die ein unerträgliches Ungleichgewicht zwischen den Vertragspartnern hervorgerufen wird, das die Verpflichtung des Dritten rechtlich nicht mehr hinnehmbar erscheinen lässt.[246] Die Rechtskraft eines Vollstreckungsbescheids wird allein aufgrund einer Sittenwidrigkeit des Rechtsgeschäfts nicht durchbrochen. Hierzu ist das Hinzutreten besonderer Umstände erforderlich, die eine Ausnutzung des Titels in hohem Maße unbillig und geradezu unerträglich erscheinen lassen.[247] Die Sittenwidrigkeit muss eindeutig und schwerwiegend sein.[248]

VII. Preisangaben, Nachlässe, Zugaben und Wettbewerb

1. Preisangaben

Während das Rabattgesetz und die Zugabenverordnung mit Wirkung zum 25. 7. 2001 außer Kraft gesetzt wurden, ist die Preisangabenverordnung bestehen geblieben. Ihre Zielvorgabe besteht darin, dem Kunden die Möglichkeit des Preisvergleichs zu erhalten und dadurch seine Position zu stärken. Um in Preisverhandlungen eintreten zu können, benötigt er die Angabe des Endpreises.[249] In Anbetracht dessen macht es Sinn, weiterhin wahre und transparente Preisangaben zu fordern, auch wenn sich der Unternehmer daran nicht zu halten braucht, weil er beliebig Rabatte einräumen und Zugaben gewähren darf.[250] Fehlende oder unklare Preisangaben können Bußgeldsanktionen oder einen Verstoß gegen § 1 UWG nach sich ziehen.

Zu den Preisbestandteilen eines Kfz-Leasingvertrages gehören die Sonderzahlung, die Leasingraten, die Überführungskosten und der kalkulierte Restwert. Welche Angaben ein Leasingangebot enthalten muss, ist nicht klar. Zur Sonderzahlung wird die Meinung vertreten, der Leasinggeber sei nicht verpflichtet, hierauf in hervorgehobener Weise aufmerksam zu machen,[251] da der interessierte Verbraucher wisse, dass neben den monatlichen Raten weitere Zahlungen zu leisten sind. Der Hinweis auf die Sonderzahlung ist aber dann erforderlich, wenn eine niedrige Monatsrate blickfangmäßig hervorgehoben wird.[252] Bei nicht nur fakultativ angebotener Überführung muss auf die Überführungskosten in der Werbung hingewiesen werden, wenn sie zusätzlich zu der Sonderzahlung und den Monatsraten zu zahlen sind.[253] Um sich eine Preisvorstellung machen zu können, benötigt der Kunde außerdem Angaben zur Laufzeit des Leasingvertrages[254] und zur Kilometerleistung beim Leasingvertrag mit Kilometerabrechnung. Angaben zum Restwert sind bei realistischer Restwertschätzung

---

245 BGH 26. 4. 1994, NJW 1994, 1726, 1727.
246 BGH 18. 9. 1997 NJW 1997, 3372, 3373.
247 BGH 24. 7. 1987, MDR 1988,126; 22. 12. 1987, MDR 1988,398, OLG Köln 25. 2. 1997, WM 1997,1095 OLG Nürnberg 8. 3. 1999, ZIP 1999, 918; Brandenburgisches OLG 27. 7. 2000, OLGR 2001, 1 ff.
248 BGH 24. 7. 1988, MDR 1988, 126.
249 *Steinbeck*, ZIP 2001, 1741 ff., 1748; *Köhler/Piper* PAngVO, Einf. Rn 7.
250 A. A. *Piper*, WRP 1994, 433, 434.
251 OLG Frankfurt 31. 3. 1988, WRP 1988, 615; 6. 5. 1993, NJW-RR 1994, 107.
252 LG Köln, 19. 6. 1985–84 O 21 7 85- zit. v. *Zirpel/Preil*, Werben ohne Abmahnung, S. 81.
253 BGH 2. 3. 1989, GRUR 1989, 606; OLG Frankfurt 6. 11. 1997, OLGR 1998, 80.
254 So auch *Zirpel/Preil*, Werben ohne Abmahnung, S. 83.

nicht erforderlich. Entbehrlich ist auch der Hinweis auf die Verpflichtung des Leasingnehmers, dass er für das Leasingfahrzeug eine Vollkaskoversicherung abschließen muss.[255]

Das OLG Frankfurt[256] entschied, bei einem Leasingangebot über Motorräder müsse der Endpreis bei nicht nur fakultativ angebotener Überführung auch die Überführungskosten beinhalten, der Verstoß gegen § 1 PAngVO sei aber nicht geeignet, den Wettbewerb in relevanter Weise zu beeinflussen, da der Leasinggeber in dem Leasingangebot unübersehbar auf die hinzukommenden Überführungskosten hingewiesen habe.

Für Händler, die Leasingverträge vermitteln, besteht keine Verpflichtung zur Angabe von Endpreisen.[257] Von dieser Verpflichtung ist auch der Importeur befreit, wenn er für Leasingangebote wirbt, ohne selbst Anbieter zu sein, da die korrekte Preisangabe nur demjenigen abverlangt wird, der den Preis gegenüber dem Verbraucher festsetzt bzw. von ihm fordert. Aus diesem Grund liegt nach Ansicht des OLG Frankfurt[258] ein Verstoß weder gegen § 1 PAngVO noch gegen § 3 UWG vor, wenn ein Importeur in der Zeitungswerbung für seine Konditionen mit der Angabe „31 % Mindestanzahlung" wirbt, ohne die Bezugsgröße zu benennen.

Wenn der Leasinggeber dem Leasingnehmer eine Kaufoption einräumt und das Leasinggeschäft dazu nutzt, einen angestrebten Erwerbsvorgang durch günstige Zwischenfinanzierung zu ermöglichen, ist er verpflichtet, den Endpreis anzugeben, der alle Leistungsbestandteile umfassen muss. Dazu gehören die Sonderzahlung, die Leasingraten und – beim Vertrag mit offenem Restwert – auch der kalkulierte Restwert. Außerdem hat der Leasinggeber für den teilweise durch das Leasinggeschäft kreditierten Kaufpreis den „effektiven Jahreszins"[259] anzugeben und gegenüber einem Verbraucher die Angaben gem. § 492 Abs. 1 S. 5 Nr. 1–7 BGB zu machen.

Eine Werbung für Autoleasing, die dem aufgeschlüsselten Leasingendpreis den damit identischen „unverbindlich empfohlenen" Preis des Herstellers bzw. Importeurs gegenübergestellt, erweckt beim Kunden nicht den Eindruck, der Händler mache sich den Importeurpreis als Barpreis zu eigen.[260] Bezieht sich der werbende Händler in einem Leasingangebot auf die „Unverbindliche Preisempfehlung des Importeurs", ist diese Angabe zugleich als Angabe des eigenen Händlerpreises zu verstehen. Es liegt folglich eine Irreführung des Verkehrs i. S. d. § 1 UWG vor, wenn zu dem als unverbindliche Preisempfehlung genannten Betrag noch die Überführungskosten hinzutreten.[261] Eine Irreführung ist auch dann gegeben, wenn die Werbung für ein Leasingangebot einen Vergleich zwischen der unverbindlichen Preisempfehlung des Herstellers und den damit betragsmäßig übereinstimmenden Gesamtleasingkosten enthält, der tatsächliche Kaufpreis aber unter der unverbindlichen Preisempfehlung liegt.[262]

2. Gewährung von Nachlässen und Zugaben

793 Seit der Abschaffung des Rabattgesetzes und der Zugabeverordnung ist die Gewährung von Nachlässen und Zugaben im Zusammenhang mit Leasingverträgen an den allgemeinen Vorschriften des UWG namentlich am Merkmal der Sittenwidrigkeit (§ 1 UWG) und am Verbot irreführender Werbung (§ 3 UWG) zu messen.[263]

---

255 *Zirpel/Preil*, Werben ohne Abmahnung, S. 82.
256 Urt. v. 6. 11. 1997, OLGR 1998, 80.
257 *Zirpel/Preil*, Werben ohne Abmahnung, S. 84.
258 Beschl. v. 6. 5. 1993, NJW-RR 1994, 107.
259 OLG Frankfurt 25. 6. 1987, NJW-RR 1987, 1523; 31. 3. 1988, NJW-RR 1988, 1001.
260 OLG Karlsruhe 17. 12. 1986, WRP 1987, 684 ff.
261 BGH 2. 3. 1989, NJW-RR 1989, 939, 940.
262 KG, MD 1990, 279 .
263 *Dittmer*, BB 2002, 1961, ff., 1962.

Preisnachlässe auf Leasingfahrzeuge sind beliebig zulässig, soweit die Lauterkeitsregeln des UWG beachtet werden.[264] Das unter dem Regime des Rabattgesetzes missbilligte Null-Leasing,[265] das dem Leasingnehmer die Möglichkeit bietet, das Fahrzeug am Vertragsende zu erwerben, ist jetzt unbedenklich.[266]

Leasingangebote dürfen – wie schon bisher – Wartungsarbeiten und Verschleißkosten ebenso einschließen[267] wie die Kosten für die Haupt- und Abgasuntersuchung.[268] Dem Händler ist es nicht mehr verwehrt, für von ihm vermittelte Leasingangebote mit dem Versprechen zu werben, er werde während der dreijährigen Laufzeit des Leasingvertrages sämtliche Reparaturkosten übernehmen.[269]

3. Irreführende Werbung

Händler, die Leasingverträge vermitteln, müssen nach Ansicht des OLG Karlsruhe[270] auf die Vermittlereigenschaft hinweisen. Erwecken sie den unzutreffenden Eindruck, sie selbst würden die Funktion des Leasinggebers übernehmen, liegt darin eine wettbewerbsrechtlich relevante Irreführung.[271]

Ein Verstoß gegen § 3 UWG ist nach Meinung des OLG Frankfurt a. M.[272] auch dann anzunehmen, wenn ein Kfz-Händler für ein Leasinggeschäft ohne Kaufoption mit der Angabe eines Restkaufwertes wirbt.

VIII. Auswirkungen der Insolvenz auf den Leasingvertrag

Der Eintritt der Insolvenz beim Leasingnehmer sperrt das Kündigungsrecht des Leasinggebers wegen Zahlungsverzugs oder wesentlicher Vermögensverschlechterung. Hiervon abweichende Regelungen im Leasingvertrag sind unzulässig. Unberührt bleiben die Kündigungsrechte des Leasinggebers wegen sonstiger Vertragsverletzungen. Das Kündigungsverbot wirkt ab dem Zeitpunkt, in dem der Antrag auf Eröffnung des Insolvenzverfahrens gestellt wird. Es gilt auch dann, wenn sich der Leasingnehmer zu diesem Zeitpunkt bereits mit der Zahlung der Leasingraten in Verzug befunden hat (§ 112 InsO). Eine vor Antragstellung erfolgte Kündigung bleibt wirksam mit der Folge, dass der Leasinggeber die Leasingsache aussondern kann (§ 47 InsO). Die Kündigungssperre greift nicht, wenn der vorläufige Insolvenzverwalter während des Eröffnungsverfahrens mit der Entrichtung der Leasingraten in Verzug gerät.

Der Insolvenzverwalter hat ein Wahlrecht. Er kann im Falle der Insolvenz des Leasingnehmers entweder die Erfüllung des Leasingvertrages ablehnen oder Vertragsfortsetzung verlangen. Entscheidet er sich für die Vertragsfortsetzung, schuldet er die künftigen Leasingraten und eine etwaige Abschlusszahlung als Masseschuld, während die rückständigen Raten einfache Insolvenzforderungen bleiben. Weigert er sich, den Vertrag fortzusetzen, haftet er dem Leasinggeber auf Schadensersatz wegen Nichterfüllung. Bei diesem An-

---

264 *Dittmer*, BB 2001, 1961 ff. 1962.; zur früheren Rechtslage siehe OLG Hamm 15. 4. 1997, OLGR 1997, 248.
265 OLG Frankfurt, 26. 9. 1985, DB 1986, 741.
266 Für das Null-Leasing ist charakteristisch, dass das Leasingentgelt, bestehend aus Sonderzahlung, Leasingraten und kalkuliertem Restwert, dem Anschaffungspreis entspricht und der Leasingvertrag somit eine versteckte zinsfreie Stundung des Kaufpreises beinhaltet.
267 OLG Frankfurt Beschl. 19. 5. 1994–6 W 41/91- n. v.
268 OLG Frankfurt 29. 2. 1996 – 6 U 15/95 n. v.
269 A. A. zur Zeit der Geltung der ZugabeVO, OLG Karlsruhe 8. 4. 1998, OLGR 1999, 66.
270 Urt. v. 17. 12. 1986 WRP 1987,684 f.
271 OLG Karlsruhe 8. 4. 1998, OLGR 1999, 66.
272 Urt. v. 31. 3. 1988, NJW-RR 1988, 1001.

spruch handelt es sich um eine einfache Insolvenzforderung. Bei Insolvenz des Leasingnehmers steht die Entschädigungsleistung des Kaskoversicherers dem Leasinggeber zu, der ein Aussonderungsrecht geltend machen kann.[273]

796 Im Fall der Insolvenz des Leasinggebers hat der Verwalter grundsätzlich die Wahl zwischen Vertragsfortsetzung und Erfüllungsverweigerung (§ 103 InsO). Damit soll die Möglichkeit einer für die Masse günstigen Verwertung der Sache erreicht werden. Dem Anwendungsbereich des § 103 InsO sind jedoch Leasingverträge über bewegliche Gegenstände dann nicht unterstellt, wenn sie einem Dritten, der ihre Anschaffung oder Herstellung finanziert hat, zur Sicherheit übertragen wurden (§ 108 Abs. 1 S. 2 InsO). Den Ausschlag für diese als insolvenzzweckwidrig kritisierte[274] Ausnahmeregelung gab die Refinanzierungspraxis, von der das Leasinggeschäft lebt. Zum Hintergrund: Zur Zeit, in der die Konkursordnung galt, waren Vorausverfügungen über Leasingraten „konkursfest". Dies lag daran, dass es sich bei Leasingraten, die auf die unkündbare Vertragszeit oder einen möglichen Verlängerungszeitraum entfallen, nach höchstrichterlicher Rechtsprechung nicht um befristete, von dem Fortbestand des Vertrages abhängige Forderungen handelt, sondern um „betagte" Forderungen, die bereits mit Vertragsschluss entstehen aber erst später fällig werden.[275] Daraus ergab sich für § 21 Abs. 1 KO die Konsequenz, dass eine vor Eröffnung des Konkursverfahrens über das Vermögen des Leasinggebers zum Zwecke der Refinanzierung des Leasingvertrages an die Bank vorgenommene Forderungsabtretung auch nach der Konkurseröffnung wirksam blieb, so dass der Rückfluss des Geldes durch den Konkurs nicht gefährdet wurde.

In Anbetracht der geschilderten Situation entsprach es der Intention des Gesetzgebers, an diesem Rechtszustand auch im Rahmen der Insolvenzordnung festzuhalten. Das Ziel wurde im Zuge der Novellierung des § 108 InsO durch die Einfügung von Abs. 1 S. 2 erreicht. Er besagt, dass auch solche Miet- und Pachtverträge mit Wirkung für die Insolvenzmasse fortbestehen, die der Schuldner als Vermieter oder Verpächter eingegangen ist und die sonstige Gegenstände betreffen, die einem Dritten, der ihre Herstellung finanziert hat, zur Sicherheit übertragen worden sind. Durch die weit gehende Angleichung an die unter der Geltung der Konkursordnung bestehende Rechtslage ist die Refinanzierung für Leasingfirmen weiterhin darstellbar.

Allerdings wirft die aus Sicht der Leasingbranche „verunglückte" Fassung des § 108 S. 2 InsO Zweifelsfragen auf. Unklar bleibt beispielsweise, ob § 108 Abs. 1 S. 2 InsO auch auf die Fälle der für das Leasing typischen Doppelstock-Finanzierung Anwendung findet, bei der eine Besitzgesellschaft des Leasinggebers Eigentum an der Leasingsache erwirbt, diese im Rahmen eines Leasingvertrages der Leasinggesellschaft überlässt, die sie ihrerseits dem Leasingnehmer per Leasingvertrag zum Gebrauch zur Verfügung stellt.[276] Der Vorschrift des § 108 Abs. 1 S. 2 InsO lässt sich weiterhin nicht entnehmen, ob sie sich auch auf Vertragsbestandteile außerhalb der eigentlichen Gebrauchsüberlassung erstreckt, wie z. B. auf Wartungen und Serviceleistungen, ob sie im Falle einer nachträglichen Einschaltung der Refinanzierungsgesellschaft, einer Umschuldung von einer auf die andere Refinanzierungsbank und bei einer Auslandsfinanzierung gilt.[277] Nicht insolvenzfest ist die Finanzierung des Leasingvertrages aus Eigenmitteln der Leasinggesellschaft, da § 108 Abs. 1 S. 2 InsO voraussetzt, dass ein „Dritter" finanziert, dem das Leasingobjekt zur Sicherheit übertragen wird.[278]

---

273 OLG Frankfurt, 7. 8. 2001, NZV 2002, 44.
274 *Breuer*, Das Regelinsolvenzverfahren, NJW Beilage 1/99, S. 1 ff., 13.
275 BGH 14. 12. 1989, NJW 1990, 1113 ff.; 28. 3. 1990, ZIP 1990, 646 ff.
276 Bejahend *Seifert*, FLF 1998, 164, 168.
277 Bejahend auch insoweit *Seifert*, FLF 1998, 164, 168.
278 *Seifert*, FLF 1998, 164, 169.

IX. Vertragsdurchführung

1. Abschluss des Leasingvertrages

Kraftfahrzeugleasingverträge sind grundsätzlich formfrei, werden aber regelmäßig in schriftlicher Form unter Einbeziehung der Leasing-AGB geschlossen. Eine aktuelle Verbandsempfehlung zur Verwendung von Allgemeinen Geschäftsbedingungen für das Leasing von Neufahrzeugen liegt zur Zeit nicht vor.

797

2. Schriftform für Verträge zwischen Unternehmern und Verbrauchern

Kraftfahrzeugleasingverträge mit Verbrauchern sind nur wirksam, wenn sie in schriftlicher Form abgeschlossen werden (§§ 500, 492 Abs. 1 S. 1 BGB). Das Gebot der Schriftform gilt gem. § 507 BGB auch für Verträge mit sog. Existenzgründern, wenn der Anschaffungspreis des Leasinggegenstandes den Betrag von 50.000 Euro nicht übersteigt.

798

In Anlehnung an das vor dem 1. 1. 2002 bestehende Recht hat der Gesetzgeber die Anforderungen an die Schriftform aus Praktikabilitätsgründen erleichtert.[279] Zum einen können Angebot und Annahme jeweils getrennt schriftlich erklärt werden, zum anderen bedarf die Annahmeerklärung des Leasinggebers nicht der eigenhändigen Unterschrift, wenn sie mit Hilfe einer automatischen Einrichtung erstellt wird (§ 492 Abs. 1 S. 3 und 4 BGB). Wegen der erforderlichen Schriftform ist eine konkludente Annahme einer inhaltlich vom Angebot abweichenden Annahmeerklärung des Leasinggebers nicht möglich.[280] Der Abschluss des Leasingvertrages in elektronischer Form wird – wegen der unzureichenden Warnfunktion – durch § 492 Abs. 1 S. 2 BGB ausgeschlossen.

Die Vertragsangaben müssen, unabhängig davon, ob sie handschriftlich angefertigt, gedruckt, kopiert oder ob sie in sonstiger Weise vervielfältigt wurden, vollständig in einer Urkunde enthalten sein. Besteht der Vertrag aus mehreren Blättern, bedarf es keiner körperlichen Verbindung der einzelnen Blätter, wenn sich deren Einheit aus fortlaufender Paginierung, fortlaufender Nummerierung der einzelnen Bestimmungen, einheitlicher graphischer Gestaltung, inhaltlichem Zusammenhang des Textes oder vergleichbaren Merkmalen zweifelsfrei ergibt.[281] Bei Anlagen, die lediglich unwesentliche Nebenpunkte betreffen, ist es unschädlich, wenn sie mit dem Leasingvertrag keine Einheit bilden.[282]

Die für den Leasingvertrag relevanten **Regelungen des Kaufvertrages** sind wichtige **Bestandteile** des Leasingvertrages und müssen daher grundsätzlich in der Vertragsurkunde enthalten sein.[283] Ein Hinweis auf den Kaufvertrag und die dazu gehörenden AGB reicht allerdings aus, wenn der Leasingnehmer den Kaufvertrag selbst abgeschlossen und die Abschrift der Vertragsurkunde vom Händler erhalten hat (sog. Eintrittsmodell). Unter diesen Umständen ist es nicht erforderlich, dass der schriftliche Kaufvertrag mitsamt den AGB dem Leasingvertrag – nochmals – beigefügt wird.

Die Unterschrift der Parteien muss den gesamten Vertragstext räumlich abschließen. Sofern die AGB des Leasinggebers auf der Rückseite der Vertragsurkunde abgedruckt sind, ist auf deren Geltung vor der Unterschriftsrubrik deutlich hinzuweisen.[284]

Die schriftliche Form ist für alle Vertragsangaben vorgeschrieben. In dem Leasingvertrag ist das Leasingfahrzeug genau zu bezeichnen. Weiterhin sind die Leasingraten, die

---

279 Zur Schriftform für Verträge, die vor dem 1. 5. 1993 geschlossen wurden BGH 26. 5. 1999, NJW 1999, 2664; OLG Düsseldorf 18. 4. 2000, OLGR 2001, 195, 196.
280 OLG Düsseldorf 18. 4. 2000, OLGR 2001, 195, 196 m. w. N.
281 BGH 24. 9. 1997, BB 1998, 288.
282 BGH 30. 6. 1999, NJW 1999, 2591, 2592.
283 *Michalski/Schmitt*, Der Kfz.- easingvertrag, S. 64 Rn 108.
284 *Schölermann/Schmid-Burgk*, DB 1991, 1968, 1969.

Sonderzahlung, der kalkulierte Restwert, die Vertragsdauer sowie sämtliche Nebenabreden, die nach dem Willen der Parteien Vertragsinhalt werden sollen, schriftlich anzugeben.[285] Eine Vertragsübernahmevereinbarung genügt der Schriftform nur dann, wenn die schriftliche Übernahmeerklärung des Verbrauchers den Inhalt des zu übernehmenden Vertrages vollständig wiedergibt.[286] Das Schriftformerfordernis erstreckt sich auf die Einräumung einer Kaufoption, die der zum Rückkauf des Leasingfahrzeugs verpflichtete Händler dem Leasingnehmer einräumt, da der Leasingvertrag und der anschließende Erwerbsvorgang als wirtschaftlich einheitliches Finanzierungsgeschäft erscheinen.

Ausgenommen von dem Schriftformzwang sind solche Nebenabreden, die den Verbraucher ausschließlich begünstigen.[287] Insoweit ist die Wahrung der Schriftform zwar nicht vorgeschrieben, aus Gründen der Beweisführung aber anzuraten.

Finanzierungsleasingverträge müssen die Angaben des § 492 Abs. 1 S. 5 BGB nicht enthalten. Die Ausnahmeregelung ist dadurch gerechtfertigt, dass diese Verträge in erster Linie der Miete zuzuordnen sind.[288] Von den Angaben und dem damit einhergehenden Erfordernis der Schriftform wird der Leasinggeber nach dem Schutzzweck der Norm nicht befreit, wenn der Leasingvertrag in Verbindung mit der Einräumung einer Kaufoption von vornherein nur das Teilstück eines finanzierten Erwerbsvorgangs in Form einer Durchgangs- oder Ballonfinanzierung darstellt.[289]

Wird die schriftliche Form nicht gewahrt, ist der Leasingvertrag gem. § 494 Abs. 1 BGB unwirksam. Ob dem Vertrag die Wirksamkeit insgesamt oder nur zum Teil zu versagen ist, wenn die schriftliche Form nur teilweise eingehalten wurde, ist im Einzelfall nach § 139 BGB zu beurteilen. Nicht schriftlich getroffene Nebenabreden mit dem Händler, die nach dem Willen der Parteien Vertragsinhalt werden sollen, können zur Nichtigkeit des Vertrages nach § 139 BGB führen, wenn der Händler die Vertragsverhandlungen als Vertreter des Leasinggebers geführt hat,[290] wovon aber im Regelfall nicht ausgegangen werden kann.[291]

3. Widerruf bei Verbraucher-Leasingverträgen

a) Nicht verbundene Leasingverträge

799 Der durch die Verbrauchervorschriften geschützte Leasingnehmer kann seine auf Abschluss des Leasingvertrages gerichtete Willenserklärung innerhalb von zwei Wochen schriftlich widerrufen (§§ 500, 495, 355 BGB).[292]

Für nicht i. S. v. § 358 Abs. 3 BGB verbundene Kauf- und Leasingverträge bewirkt der Widerruf des einen Vertrages nicht automatisch den Wegfall des anderen.

Deshalb ist es ratsam, beide Verträge durch aufschiebende oder auflösende **Bedingung** derart miteinander zu verknüpfen, dass der eine mit dem anderen steht oder fällt. Eine konkludent vereinbarte wechselseitige Bedingtheit ist naheliegend, wenn der Kaufantrag eine Finanzierung durch Leasing vorsieht.[293]

---

285 *Zahn,* DB 1991, 81 ff., Fn. 82.
286 BGH 26. 5. 1999, MDR 1999, 982.
287 *Seibert,* Handbuch zum Verbraucherkreditgesetz, § 4 Rn 1; *Münstermann/Hannes,* VerbrKrG § 4 Rn 198.
288 BGH ZIP 1989, 377; 1995, 383, 386 dazu EWiR 1995, 335 *Reinking.*
289 BGH 12. 9. 2001, ZIP 1992 ff., 2001.
290 *Zahn,* DB 1991, 81, 82.
291 Vgl. BGH 26. 3. 1986, NJW 1986, 1809; 4. 11. 1987, ZIP 1988, 165, 168 sowie BGH 15. 3. 1989, ZIP 1989, 650 ff.
292 Zum Widerrufsrecht s. Rn 92.
293 BGH 9. 5. 1990, NJW-RR 1990, 1009 ff.

Vertragsdurchführung

Außerhalb der Verbraucherschutzvorschriften ist die vertragliche Einräumung eines der Vorschrift des § 355 BGB nachgebildeten Widerrufsrechts möglich. Davon ist auszugehen, wenn die Leasinggeberin in den Vertrag einen Passus über die Ausübung des Widerrufs aufnimmt, obwohl sie weiß, dass es sich bei ihrem Vertragspartner nicht um einen Verbraucher handelt. Es gelten die Regelungen des vertraglichen Widerrufs, soweit diese von den gesetzlichen Vorschriften abweichen.[294]

b) Verbundene Verträge

Es wird die Ansicht vertreten, die Anwendung der Regeln über verbundene Geschäfte auf das Finanzierungsleasing beruhe auf einem Redaktionsversehen des Gesetzgebers, da er keine Begründung hierzu geliefert habe und sich auch aus den Motiven zu § 358 ff. BGB nicht entnehmen lasse, dass er einen Paradigmenwechsel habe vornehmen wollen. Aus diesem Grunde sei eine korrigierende Auslegung von § 500 BGB vorzunehmen.[295] Dem kann nicht gefolgt werden. Es ist zwar richtig, dass der BGH den Durchgriff stets über das Rechtsinstitut des Wegfalls der Geschäftsgrundlage zugelassen hat. Deshalb benötigte er nicht den Einwendungsdurchgriff des § 9 Abs. 3 VerbrKrG, der erst später in Kraft trat. Das Rechtsinstitut des Wegfalls der Geschäftsgrundlage gilt nach der BGH – Rechtsprechung für Verbraucher und Unternehmer gleichermaßen, während die jetzigen Vorschriften der §§ 358, 359 BGB, welche die Nachfolge von § 9 VerbrKrG angetreten haben, ausschließlich auf Verträge mit Verbrauchern anwendbar sind. Ihr Regelungsinhalt reicht weiter als die Folgen, die sich aus dem Rechtsinstitut des Wegfalls der Geschäftsgrundlage ergeben.

Nach hier vertretener Ansicht ist ein Verbund zwischen Leasing- und Kaufvertrag i. S. v. §§ 500, 358 Abs. 3 BGB anzunehmen, wenn der Leasingvertrag ganz oder teilweise der Finanzierung des Kaufvertrages dient und beide Verträge eine wirtschaftliche Einheit bilden.

Diese Voraussetzungen sind i. d. R. erfüllt, wenn der Verbraucher gleichzeitig eine Fahrzeugbestellung und einen Leasingantrag unterschreibt und von vornherein geplant ist, dass der Leasinggeber den Kaufvertrag übernimmt (sog. **Eintrittsmodell**).[296] Beim Verbraucher wird dadurch der Eindruck erweckt, dass ihm – ähnlich wie bei einem finanzierten Kauf – zwei Vertragspartner gegenüberstehen und ihm der Leasinggeber, der sich der Mitwirkung des Händlers bedient, die Leasingfinanzierung nur zur Tilgung der Kaufpreisforderung ermöglicht.[297]

Falls ein Verbundgeschäft vorliegt, wird gem. § 358 Abs. 1 BGB mit dem Widerruf des als Haustür- oder Fernabsatzgeschäft geschlossenen Kaufvertrages die auf Abschluss des Leasingvertrages gerichtete Willenserklärung des Verbrauchers hinfällig, wie umgekehrt gem. § 358 Abs. 2 S. 2 BGB mit dem Widerruf des Leasingvertrages die auf Abschluss des Kaufvertrages gerichtete Willenserklärung entfällt. Der Widerruf des Kaufantrags hat gegenüber dem Widerruf des Leasingantrags Vorrang. Unwägbarkeiten für den Verbraucher werden durch § 358 Abs. 2 S. 3 BGB in der Weise bereinigt, dass ein an den falschen Adressaten gerichteter Widerruf unschädlich ist. Widerruft er statt des Kaufantrags den Leasingantrag, gilt Ersterer als widerrufen.

---

294 OLG Braunschweig 9. 9. 2002 -7U 19/02- n. v.
295 *Schäfer* in *Haas/Medicus/Rolland/Schäfer/Wendtland*, Das neue Schuldrecht, S. 337 Rn 52, *Habersack* BKR 2001, 72, 76.
296 *Reinking*, DAR 2002, 145, 147.
297 OLG Frankfurt 10. 3. 1993, NJW-RR 1993, 880; OLG Rostock, 13. 1.1996, OLGR 1996, 89; OLG Düsseldorf 6. 11. 1992, ZIP 1993, 1069; *Groß*, VGT 1993, 199, 201; *Reinecke/Tiedtke*, ZIP 1992, 217, 227; *Canaris*, ZIP 1993, 409 ff.

In der Belehrung über den Widerruf des mit einem Kaufvertrag verbundenen Leasingvertrages muss auf die Rechtsfolgen nach § 358 Abs. 1, 2 S. 1 und 2 BGB hingewiesen werden, andernfalls die Widerrufsfrist nicht zu laufen beginnt.[298]

c) Rückabwicklung nach Widerruf

801 Die Rückabwicklung eines in Vollzug gesetzten Leasingvertrages nach wirksamer Ausübung des Widerrufsrechts richtet sich nach §§ 346 ff. BGB. Der Rückgewähranspruch des Leasingnehmers erfasst die von ihm geleisteten Raten und die Sonderzahlung. Der Leasinggeber hat Herausgabe des Fahrzeugs, Wertersatz für die durch bestimmungsgemäße Ingebrauchnahme entstandene Verschlechterung (§ 357 Abs. 3 S. 1 BGB) und Vergütung der gezogenen Nutzungen zu beanspruchen. Die Nutzungsvergütung bemisst sich anhand des anteiligen linearen Wertverlusts, wobei die zu erwartende Gesamtfahrleistung des Fahrzeugs und die vom Leasingnehmer bis zum Widerruf zurückgelegte Fahrtstrecke in Relation zu setzen sind (Rn 317).

4. Angebot und Annahme

802 Die für Leasingverträge gebräuchlichen Vertragsmuster sehen in ihren AGB vor, dass Leasingnehmer von Neufahrzeugen an den Leasingantrag vier Wochen und bei Nutzfahrzeugen 6 Wochen gebunden sind, während die Frist für Leasingfahrzeuge über Vorführwagen und gebrauchte Fahrzeuge 10 Tage bzw. 2 Wochen für Nutzfahrzeuge beträgt. Die Frist für die Annahme des Leasingantrags beginnt nicht schon mit der Übergabe des vom Leasingnehmer unterzeichneten Antrags an den Lieferanten, sondern erst mit dem Eingang beim Leasinggeber.[299]

Ob die außerordentlich langen Annahmefristen von 4 bis 6 Wochen für Neufahrzeuge der AGB-Kontrolle des § 308 Abs. 1 Nr. 1 BGB standhalten, erscheint zweifelhaft angesichts der heutzutage vorhandenen Kommunikationsmöglichkeiten, die es erlauben, Auskünfte über die Bonität des Kunden und die Lieferbarkeit des Fahrzeugs binnen kürzester Frist einzuholen. Hinzu kommt, dass der Leasingnehmer in dem Zeitpunkt der Abgabe seines Angebotes an den Leasinggeber i. d. R. das Fahrzeug bereits ausgewählt und die Frage der Lieferbarkeit mit dem Händler abgestimmt hat, so dass sich diesbezügliche Recherchen erübrigen.[300] Billigt man dem Händler eine Frist von zwei Wochen für die Annahme des Kaufantrags über ein nicht vorrätiges Neufahrzeug zu, benötigt der Leasinggeber allenfalls eine Frist von einer weiteren Woche, um das Angebot des Leasingnehmers anzunehmen oder abzulehnen. Auf Bedenken stoßen Bindungsklauseln mit Annahmefristen von 4 bis 6 Wochen auch deshalb, weil sie nicht zwischen vorrätigen Neufahrzeugen und solchen differenzieren, die der Händler beim Hersteller erst noch beschaffen muss. Falls ein Neufahrzeug sofort lieferbar ist, besteht für den Leasinggeber keine Notwendigkeit für einen mehrwöchigen Annahmevorbehalt. Durch die Verwendung einer unwirksamen Bindungsklausel begibt sich der Leasinggeber in die Gefahr, das bindende Angebot des Kunden wegen nicht fristgerechter Annahme (§ 147 Abs. 2 BGB) zu verlieren.

Üblich sind Annahmeklauseln, die den Vertragsabschluss an die Voraussetzung knüpfen, dass der Leasinggeber innerhalb der Bindungsfrist die Annahme des Antrags schriftlich bestätigt oder das Fahrzeug an den Leasingnehmer übergeben hat. Wenn der Leasingnehmer auf den Zugang der Annahmeerklärung verzichtet hat, kommt der Vertrag mit der fristgerechten Annahme des Leasingantrags durch den Leasinggeber zustande.[301] Ein Verzicht

---

298 OLG Rostock, 13. 1.1996, OLGR 1996, 89.
299 OLG Rostock 13. 9. 1999, OLGR 2000, 2.
300 *Sannwald,* Der Finanzierungsleasingvertrag über bewegliche Sachen mit Nichtkaufleuten, S. 113.
301 OLG Rostock 13. 9. 1999, OLGR 2000, 2.

Vertragsdurchführung

auf den Zugang ist auch bei einem Verbraucher-Leasingvertrag zulässig.[302] Im Geschäftsverkehr zwischen Kaufleuten hat die schriftliche Annahmeerklärung des Leasinggebers nicht den Charakter eines kaufmännischen Bestätigungsschreibens.[303]

Mit Ablauf der Bindungsfrist erlischt das Angebot des Leasingnehmers.[304] Die verfristete Bestätigung des Leasinggebers stellt ein neues Angebot dar, von dessen konkludenter Annahme auszugehen ist, wenn der Leasingnehmer die Leistungen des Leasinggebers in Anspruch nimmt.[305] Nach Ansicht des OLG Celle[306] ist eine konkludente Annahme nicht – ohne weiteres – anzunehmen, wenn dem Leasingnehmer das Fahrzeug, das er über einen Zeitraum von ca. 3 Wochen benutzt hat, bereits vor dem Zugang einer inhaltlich von seinem Angebot abweichenden Annahmeerklärung des Leasinggebers ausgehändigt wurde. Im Falle einer unwesentlichen Abweichung der Annahmeerklärung von dem Vertragsangebot besteht für den Leasingnehmer nur ausnahmsweise, wenn es die Umstände nach Treu und Glauben gebieten, die Verpflichtung, das neue Angebot ausdrücklich zurückzuweisen.[307]

Wegen der gesetzlich vorgeschriebenen Schriftform, deren Verletzung den Vertrag unheilbar nichtig macht, kommt für Leasingverträge zwischen Unternehmern und Verbrauchern eine konkludente Annahme des Angebots (etwa durch Ingebrauchnahme des Leasingfahrzeugs) nicht in Betracht. Die vom Gesetzgeber vorgeschriebene Schriftform kann durch die Übergabe des Leasingfahrzeugs nicht geheilt werden.[308] Zur Herstellung einer rechtswirksamen Vertragsbeziehung ist es erforderlich, dass die Parteien einen neuen Vertrag schließen, der den Formerfordernissen des § 492 Abs. 1 S. 1–4 BGB entspricht.[309]

5. Funktion und Rechtsstellung des Händlers bei den Vertragsverhandlungen

Nicht nur beim markengebundenen Leasing, sondern auch in Fällen, in denen freie Leasinggesellschaften mit Autohandelsfirmen zusammenarbeiten, sind es meistens die Händler, welche die Verhandlungen über den Abschluss des Leasingvertrages mit dem Kunden führen. Unter ihrer Mitwirkung werden die Antragsunterlagen für den Leasingvertrag abschlussreif vorbereitet und der Leasinggesellschaft anschließend zur Prüfung und Annahme vorgelegt.

803

Wird ein Händler im Stadium der Vertragsanbahnung in dieser Weise tätig, handelt er als **Erfüllungsgehilfe** des Leasinggebers, wenn seine auf Abschluss des Leasingvertrages gerichtete Tätigkeit mit Wissen und Wollen des Leasinggebers geschieht.[310] Es kommt nicht entscheidend darauf an, ob zwischen der Leasinggesellschaft und dem Händler eine ständige Geschäftsbeziehung besteht oder ob zwischen ihnen nur eine mehr oder weniger lockere Vertriebskooperation vereinbart wurde. Der Händler ist, negativ abgegrenzt, nur dann nicht Erfüllungsgehilfe des Leasinggebers,

---

302 *Bülow*, VerbrKrG § 4 Rn 33.
303 OLG Köln 12. 6. 1995, VersR 1996, 718.
304 Zum Erlöschen des verspätet eingereichten Antrags auf Übernahme eine Bürgschaft KG 6. 10. 1999, NJW-RR 2000, 1307.
305 BGH 8. 3. 1995, DAR 1995, 284.
306 Urt. v. 30. 3. 1996, OLGR 1996, 110.
307 LG Gießen 17. 4. 1996, NJW-RR 1997, 1210.
308 OLG Frankfurt 17. 7. 2001 – 25 U 243/00 – n.v.
309 *Schölermann/Schmid-Burgk*, DB 1991, 1968.
310 BGH 3. 7. 1985, BGHZ 95, 170, 177; 4. 11. 1987, NJW-RR 1988, 1622; 15. 6. 1988, NJW 1988, 2463; 28. 9. 1988, NJW 1989, 287.

– wenn sich der Leasingnehmer die Leasingfinanzierung auf eigene Faust besorgt,[311]
– wenn Händler und Leasingnehmer zum Nachteil des Leasinggebers kollusorisch oder deliktisch zusammenwirken,[312]
– wenn der Leasinggeber nach Abschluss des Kfz-Kaufvertrages erstmals eingeschaltet wird und es erst danach durch seinen Eintritt in den ausgehandelten Kaufvertrag zu dem für das Finanzierungsleasing typischen Dreiecksverhältnis kommt.[313]

Der höchstrichterlichen Rechtsprechung, die besagt, dass der Händler, der die Vertragsverhandlungen mit Wissen und Wollen der Leasinggesellschaft führt, als deren Erfüllungsgehilfe anzusehen ist, haben sich Instanzgerichte angeschlossen.[314] Im Schrifttum findet sie aber nicht nur Beifall, sie stößt auch auf Ablehnung.[315] Ihr wird entgegen gehalten, der Leasinggeber habe nicht die Möglichkeit, den Händler zu kontrollieren, und sei bezüglich des beabsichtigten Vertragsinhalts auf die Information durch den Leasingnehmer und den Händler angewiesen. Der Leasingnehmer müsse deshalb selbst darauf achten, dass alles, was er mit dem Händler ausgehandelt hat, auch tatsächlich zum Inhalt des Leasingvertrages gemacht wird. Außerdem lasse sich die Rechtsansicht des BGH nicht mit der Lebenswirklichkeit in Übereinstimmung bringen, die darin besteht, dass die Leasinggesellschaft in aller Regel in einen zwischen dem Leasingnehmer und dem Händler fertig ausgehandelten Vertrag eintritt. Trotz dieser beachtlichen Argumente hat sich die Gegenmeinung nicht gegen die mittlerweile gefestigte BGH-Rechtsprechung durchsetzen können.

Der mit der Führung der Vertragsverhandlungen vom Leasinggeber betraute Kraftfahrzeughändler handelt normalerweise nicht als dessen **Vertreter**, auch nicht nach den Grundsätzen der Duldungs- oder Anscheinsvollmacht. Selbst die Tatsache, dass sie die Leasingunterlagen unterschriftsreif vorbereiten, reicht für die Annahme einer Duldungs- oder Anscheinsvollmacht nicht aus, weil sich die mit ihnen zusammen arbeitenden Leasinggesellschaften die Antragsannahme in ihren Vertragsformularen grundsätzlich vorbehalten.[316]

Der Lieferant, der mit Wissen und Wollen des Leasinggebers die Vertragsverhandlungen führt, handelt als dessen Vertrauensperson und als dessen Repräsentant und ist nicht „Dritter" i. S. v. § 123 Abs. 2 BGB.[317] Er ist Wissensvertreter des Leasinggebers und dies hat zur Folge, dass sich der Leasinggeber die Kenntnis des Händlers zurechnen lassen muss.[318] Die Zurechnung findet auch im Fall einer vom Händler verübten arglistigen Täuschung des Leasinggebers statt, es sei denn, Leasingnehmer und Händler haben deliktisch oder kollusorisch zum Nachteil des Leasinggebers zusammengewirkt.[319] Als Erfüllungsgehilfe des Leasinggebers ist der Kraftfahrzeughändler für die Entgegennahme eines Widerspruchs gegen ein kaufmännisches Bestätigungsschreiben zuständig.[320]

Das Rechtsverhältnis, kraft dessen der Händler als Erfüllungsgehilfe des Leasinggebers im Rahmen der Vorverhandlungen anzusehen ist, endet mit dem Abschluss des Leasingvertrages.[321] Falls der Händler an späteren Vertragsübernahmeverhandlungen zwischen dem

---

311 OLG Düsseldorf, 16. 3. 1989, ZIP 1989 A 59 Nr. 225; *Bernstein,* DB Spezial 1988, 20 ff.
312 OLG Frankfurt 6. 5. 1986, NJW 1987, 2447 ff.
313 OLG Düsseldorf, 16. 3. 1989, ZIP 1989 A 59 Nr. 225; *Bernstein,* DB Spezial, 1988, 20 ff.
314 Z. B. OLG Frankfurt 9. 3. 1990, NJW-RR 1990, 1207; OLG Koblenz 11. 11. 1988, NJW-RR 1989, 436.
315 *Seifert,* FLF 1989, 105.
316 BGH 26. 3. 1986, NJW 1986, 1809; 4. 11. 1987, ZIP 1988, 165 ff.
317 BGH 28. 9. 1988, NJW 1989, 287.
318 OLG Köln 12. 6. 1995, VersR 1996, 718; OLG Köln 16. 7. 2002, DAR 2002, 513.
319 OLG Frankfurt 6. 5. 1986, NJW 1987, 2447 ff.
320 OLG Köln 12. 6. 1995, VersR 1996, 718.
321 BGH 31. 5. 1989, ZIP 1989, 1337 ff.

Vertragsdurchführung

Leasingnehmer und einem Dritten mitwirkt, handelt er nicht mehr in dieser Funktion, es sei denn, dass er hierzu einen Auftrag des Leasinggebers erhalten hat[322] oder dass nach den Umständen von einem Fortbestand der Erfüllungsgehilfenschaft auszugehen ist.[323]

a) Haftung des Leasinggebers für das Fehlverhalten des Verkäufers

Schuldhafte Pflichtverletzungen des als Erfüllungsgehilfe in die Vertragsverhandlungen eingeschalteten Lieferanten muss sich der Leasinggeber zurechnen lassen.

804

Der Kraftfahrzeughändler ist verpflichtet, den Leasingnehmer darauf hinweisen, dass der Leasingvertrag unabhängig von solchen Vereinbarungen gilt, die zusätzlich zwischen ihm und dem Kunden getroffen worden sind.[324] Unterlässt er den Hinweis, liegt das **Aufklärungsverschulden**, für das der Leasinggeber einzustehen hat, in der **willkürlichen Trennung** wirtschaftlich und rechtlich zusammengehörender Vorgänge, ohne dass dies für den Leasingnehmer durchschaubar ist.[325] Aus dem Gesichtspunkt einer Verletzung von Aufklärungspflichten kann der Leasinggeber auch dann zum Schadensersatz verpflichtet sein, wenn der als Verhandlungsgehilfe in Erscheinung tretende Kraftfahrzeughändler dem Leasingnehmer in Abweichung von dem schriftlichen Inhalt des Leasingvertrages erklärt, er könne nach Ablauf der Vertragszeit die Leasingsache käuflich erwerben.[326] Belehrungs- und Beratungspflichten obliegen dem Händler, der die Vertragsverhandlungen mit Wissen und Wollen des Leasinggebers führt, auch in Bezug auf das Leasingobjekt und dessen Verwendbarkeit.[327]

Den durch die Verletzung von Aufklärungspflichten entstandenen **Vertrauensschaden** hat der Leasinggeber dem Leasingnehmer zu ersetzen. Er hat ihn so zu stellen, als wäre die Vertragsverletzung nicht erfolgt. Der Leasingnehmer kann dem Leasinggeber seinen Anspruch auf Schadensersatz im Wege der Einrede entgegenhalten. Führt die Verletzung vorvertraglicher Beratungs- und Aufklärungspflichten dazu, dass der Leasinggeber seiner Hauptpflicht zur Verschaffung eines gebrauchstauglichen und funktionstüchtigen Leasinggutes nicht nachkommen kann, ist der Leasingnehmer so zu stellen, als wäre er zum Rücktritt vom Leasingvertrag berechtigt.[328]

Eine Haftung des Leasinggebers gegenüber dem Leasingnehmer gem. § 278 BGB für die Verletzung von Aufklärungs- und Hinweispflichten durch den Lieferanten kommt nur unter der Voraussetzung in Betracht, dass der Lieferant im Rahmen der vom Leasinggeber **übertragenen Aufgabe** tätig geworden ist.[329] Eine zwischen Leasingnehmer und Lieferant ge-

---

322 BGH 31. 5. 1989, ZIP 1989, 1337 ff.
323 Hierzu OLG Köln 31. 5. 1991; EWiR 1991, 869 *Reinking,* das die Zurechnung fälschlich nach den für die Annahme einer Anscheins- bzw. Duldungsvollmacht geltenden Grundsätzen vorgenommen hat.
324 BGH 3. 7. 1985, BGHZ 95, 170 ff. – fehlender Vermerk eines qualifizierten Rücktrittsrechts im Leasingvertrag für den Fall, dass die vorhandene Software nicht ordnungsgemäß in der EDV-Anlage arbeiten sollte; 28. 9. 1988, NJW 1989, 287 – unterlassener Hinweis auf Full-Service-Absprache; OLG Frankfurt 9. 3. 1990, NJW-RR 1990, 1207 – kein Hinweis auf ein vorzeitiges Kündigungsrecht für den Fall des Misslingens eines vereinbarten Individualprogramms; OLG Düsseldorf 14. 12. 1999, OLGR 2001, 2 – fehlender Vermerk im Leasingvertrag über Verpflichtung des Lieferanten eines Anzeigegeräts zur Lieferung von Werbedisketten.
325 OLG Düsseldorf 14. 12. 1999, OLGR 2001, 2.
326 BGH 4. 11. 1987, NJW-RR 1988, 1622, 15. 6. 1988, NJW 1988, 2463 – Einräumung eines Erwerbsrechts vom Händler.
327 OLG Hamburg 20. 10. 1987, NJW-RR 1988, 438; OLG Koblenz 11. 11. 1988, NJW-RR 1989, 436.
328 Urt. v. 11. 11. 1988, NJW-RR 1989, 436 – Nichterstellung eines Pflichtenheftes.
329 OLG Düsseldorf 19. 12. 1991, OLGR 1992, 154 – betreffend eine Sondervereinbarung zwischen Händler und Leasingnehmer über die Vergabe von Unfallbegutachtungen; ferner OLG Düsseldorf 16. 3. 1989, DB 1989, 974; 9. 11. 1989, MDR 1990, 628; 14. 12. 1999, OLGR 2001, 2 ff.

troffene Vereinbarung über den Austausch der Leasingsache gegen eine modernere während der Vertragslaufzeit, die zum Gegenstand des Leasingvertrages gemacht worden ist, begründet nach einer Entscheidung des OLG Frankfurt[330] auf Seiten des Leasingnehmers weder einen Erfüllungsanspruch gegen den Leasinggeber noch ein Recht zur fristlosen Kündigung, wenn der Lieferant den Austausch verweigert oder der Anspruch gegen ihn nicht durchsetzbar ist. Aus Sicht des OLG Köln[331] muss sich der Leasinggeber das Handeln des Lieferanten zurechnen lassen, wenn dieser – wie schon in früheren Fällen praktiziert – mit dem Leasingnehmer die Stornierung eines laufenden Leasingvertrages vereinbart, ohne dass diesmal der angestrebte erweiterte Leasingvertrag über eine andere Leasingsache zu Stande kommt.

b) Haftung im Rechtsverhältnis zwischen Leasinggeber und Verkäufer

805 Im Verhältnis zum Leasinggeber macht sich der Händler schadensersatzpflichtig, wenn er seine Pflichten als Leasingvermittler verletzt. Eine schuldhafte Pflichtverletzung liegt noch nicht vor, wenn der Händler, ohne gegen ein ausdrückliches Verbot des Leasinggebers zu verstoßen, bei unklaren Leasing-AGB dem Leasingnehmer eine Erwerbszusage erteilt und der Vertrag daran scheitert.[332] Falls der Leasinggeber die Kaufverhandlungen führt, besteht für den Händler keine Verpflichtung, den Leasinggeber ungefragt auf eine erhebliche Abweichung des Kaufpreises vom Listenpreis hinzuweisen.[333] Die Voraussetzungen einer arglistigen Täuschung liegen vor, wenn sich der Leasinggeber nach dem Listenpreis erkundigt und ihm der Händler eine unrichtige Auskunft erteilt.

c) Eigenhaftung des Händlers gegenüber dem Leasingnehmer

806 Falls der Käufer dem Händler die Auswahl der Leasinggesellschaft überlassen hat, ist dieser verpflichtet, die Interessen des Käufers zumindest insoweit zu wahren, dass Zahlungen des Käufers an die Leasinggesellschaft nicht erkennbar gefährdet sind. Verletzt er diese Pflicht, indem er eine unseriöse Leasinggesellschaft einschaltet, haftet er dem Käufer unter dem Gesichtspunkt eines **Auswahlverschuldens** auf Erstattung einer an die Leasingfirma geleisteten und bei dieser nicht mehr realisierbaren Leasingsonderzahlung.[334]

Der Verkäufer macht sich gegenüber dem Käufer schadensersatzpflichtig bei **Überschreitung** des ihm vom Leasinggeber eingeräumten **Handlungsspielraums**.[335] Die Voraussetzungen einer unmittelbaren Haftung sind erfüllt,[336] wenn der Verkäufer mit dem Leasingnehmer eines mehrjährigen Leasingvertrages ein einmaliges Kündigungsrecht vereinbart, ohne den Leasinggeber hiervon in Kenntnis zu setzen oder wenn im Vertrag ausdrücklich bestimmt ist, dass der Leasinggeber aus der Sondervereinbarung nicht verpflichtet sein soll.[337]

d) Haftung des Leasinggebers gegenüber der refinanzierenden Bank

807 Der Leasinggeber haftet der refinanzierenden Bank für den Bestand der abgetretenen Forderung aus dem Leasingvertrag entsprechend den Regeln über den Sachkauf (**Veritäts-**

---

330 Urt. v. 22. 10. 1985, NJW 1986, 2509.
331 Urt. v. 31. 5. 1991, EWiR 1991, 869 *Reinking*.
332 OLG Hamm 6. 7. 1989, ZIP 1989, A 119, Nr. 433.
333 OLG Düsseldorf 28. 7. 1988, ZIP 1988, 1405.
334 LG Konstanz Urt. v. 8. 1. 1994–5 O 28/93, bestätigt vom OLG Karlsruhe 27. 7. 1995 – 9 U 59/94 – n. v.
335 OLG Düsseldorf 19. 12. 1991, OLGR 1992, 154 – betreffend eine Sondervereinbarung zwischen Händler und Leasingnehmer über die Vergabe von Unfallbegutachtungen.
336 OLG Düsseldorf 16. 3. 1989, DB 1989, 974.
337 OLG Düsseldorf, 9. 11. 1989, MDR 1990, 628.

Vertragsdurchführung 808

haftung). Kann der Leasinggeber die Forderung nicht verschaffen, stehen der refinanzierenden Bank die Rechte aus § 437 Nr. 2, 3 BGB zur Wahl. Allein das Versprechen des Leasinggebers, die Forderung zu übertragen, reicht zur Begründung einer verschuldensunabhängigen Haftung nach § 311 a Abs. 2 BGB nicht aus. Vielmehr verbleibt es bei dem in § 276 BGB vorgesehenen Auslegungsraster, an dem die Parteivereinbarungen im Einzelfall zu messen sind.[338]

Das Rücktrittsrecht steht der refinanzierenden Bank auch dann zu, wenn der Leasingnehmer wegen eines Mangels von dem Kaufvertrag zurückgetreten ist und dem Leasingvertrag dadurch die Geschäftsgrundlage entzogen hat.[339] In solchen Fällen des **nachträglichen Wegfalls** der Forderungen aus dem Leasingvertrag haftet der Leasinggeber der refinanzierenden Bank außerdem auf Schadensersatz, wenn es ihm nicht gelingt, den Entlastungsbeweis nach § 280 Abs. 1 S. 2 BGB zu führen oder wenn sich aus den Gesamtumständen ergibt, dass er eine verschuldensunabhängige Einstandspflicht für den Forderungsbestand übernommen hat.

Falls wegen **kollusiven Zusammenwirkens** zwischen Lieferant und Leasingnehmer überhaupt keine Leasingforderungen begründet worden sind, ist die refinanzierende Bank berechtigt, vom Leasingvertrag zurückzutreten.[340] Rechtlich unerheblich ist, dass sich der Leasingnehmer gegenüber der Leasinggesellschaft nach Treu und Glauben nicht auf die von ihm selbst herbeigeführte Nichtigkeit berufen kann, weil dieser subjektive und nur auf den Handelnden beschränkte Einwand nicht zur Überwindung der allgemein gültigen Rechtsfolge der Nichtigkeit gem. § 117 Abs. 1 BGB führt.

6. Abschluss des Kaufvertrages

Der Kauf des Leasingfahrzeugs erfolgt durch den Leasinggeber, der beim Fuhrpark- und 808
Flottenleasing häufig auch die Vertragsmodalitäten mit dem Händler aushandelt. In anderen Fällen führt nicht die Leasinggesellschaft die Kaufverhandlungen sondern der Leasingnehmer. Dieser wählt das Fahrzeug aus, bestimmt Farbe und Ausstattungsmerkmale und vereinbart die Vertragsmodalitäten (Preis, Inzahlungnahme des Altwagens, Rabatte, Einräumung einer Kaufoption) mit dem Händler.

Der anschließende **Erwerbsvorgang** kann auf unterschiedliche Art und Weise vollzogen werden. Es besteht die Möglichkeit, dass der Leasinggeber den Kaufvertrag auf der Grundlage der vom Leasingnehmer ausgehandelten Bedingungen im eigenen Namen mit dem Händler abschließt. Ebenso gut kann es sein, dass der Leasinggeber **in den Kaufvertrag eintritt,** den der Leasingnehmer und der Händler bereits abgeschlossen haben oder dass er diesen **Vertrag mit allen Rechten und Pflichten übernimmt.**[341] Die Vertragsübernahme wiederum kann entweder durch dreiseitige Vereinbarung zwischen dem ausscheidenden, dem verbleibenden und dem eintretenden Teil oder aber durch einen zweiseitigen Vertrag zwischen dem ausscheidenden und dem eintretenden mit Zustimmung des verbleibenden Teils vereinbart werden.[342]

Im Regelfall stellt die Vereinbarung zwischen dem Händler und dem Leasinggeber über die Abwicklung eines bereits mit dem Leasingnehmer geschlossenen Kaufvertrages eine **befreiende Schuldübernahme** gem. § 414 BGB dar.[343] Der Leasinggeber, der die Kauf-

---
338 *Graf von Westphalen* in *Henssler/Graf von Westphalen,* Praxis der Schuldrechtsreform, § 453 Rn 2.
339 BGH 25. 10. 1989, NJW 1990, 175.
340 LG Frankfurt 19. 9. 2001, ZIP 2001, 2093 nicht rechtskräftig.
341 *Lieb,* WM 1991, 1533, 1535; *Bernstein,* DB Spezial 1988, 20 ff.
342 BGH NJW 1999, 2664; OLG Braunschweig 9. 9. 2002–7 U 10/02 n. v.
343 BGH 9. 5. 1990, NJW-RR 1990, 1009; OLG Rostock, 13. 1. 1996, OLGR 1996, 89 ff; OLG Hamm 10. 3. 1998, OLGR 1998,165; einschränkend BGH 25. 11. 1992, WM 1993, 213 im Sinne eines

preisschuld an den Händler zahlt, ist nicht Erfüllungsgehilfe des Leasingnehmers sondern Dritter i. S. v. § 267 Abs. 1 S. 1 BGB. Von dieser Auslegungsregel ist auch dann auszugehen, wenn sich der Leasinggeber an Stelle einer befreienden Schuldübernahme durch Erfüllungsübernahme (§ 329 BGB) zur Tilgung der Kaufpreisschuld des Leasingnehmers verpflichtet hat.[344]

Im Flottengeschäft kommt es vor, dass der Leasingnehmer zuerst einen Leasingvertrag abschließt und sich anschließend das Fahrzeug aussucht. Leasingvertragsformulare, die einen **nachgeschalteten Kauf** des Autos durch den Leasingnehmer vorsehen, enthalten üblicherweise den Hinweis, dass der Leasingvertrag unter der auflösenden Bedingung des rechtswirksamen Zustandekommens des Kaufvertrages zwischen Leasinggeber und Händler steht. Ferner wird dem Leasingnehmer beim nachgeschalteten Kfz-Erwerb vom Leasinggeber aufgetragen, mit dem Händler zu vereinbaren, dass die Zahlung des Kaufpreises erst nach Lieferung und Übernahmebestätigung erfolgt und dass das Eigentum an dem Fahrzeug direkt auf den Leasinggeber übertragen wird.

809 Über die **rechtliche Verknüpfung** zwischen **Kauf- und Leasingvertrag** geben die Vertragsunterlagen selten eine klare Auskunft. In Kraftfahrzeugbestellungen stößt man auf unprofessionelle und unbeholfene Eintragungen (z. B. „auf Finanzierungsbasis per Leasingvertrag" oder „Leasing über ... Monate"), die eine gewisse Ratlosigkeit ihrer Verfasser verraten. Welche Vertragsgestaltung die Parteien gewählt haben, ist daher aufgrund der konkreten Umstände im Einzelfall im Wege einer Gesamtbetrachtung zu beurteilen.

Mit dem Vermerk **„Zahlung auf Leasingbasis"** musste sich das AG München[345] befassen. Die Verkäuferin war der Ansicht, es sei Aufgabe des Kunden, seiner „Zahlungspflicht durch Leasing" nachzukommen, und das Scheitern des Leasingvertrages sei sein Risiko. Das Amtsgericht gelangte im Wege der Auslegung zu dem Ergebnis, dass die Verkäuferfirma einen Leasingvertrag vermitteln wollte und der Kunde lediglich als Leasingnehmer auftreten sollte, denn andernfalls hätte die Zahlungsvereinbarung auf Leasingbasis keinen Sinn gehabt, „da beim Leasingvertrag Käufer und damit Kaufpreisschuldner nicht der Leasingnehmer, sondern eben der Leasinggeber" ist. So sah es auch das OLG Düsseldorf[346] in einem Fall, in dem die Bezugnahme auf den Leasingvertrag in dem Kaufvertrag unter der Rubrik „Zahlungsbedingungen und sonstige Vereinbarungen" durch den maschinenschriftlichen Eintrag „Leasing über 36 Monate über die P. Bank, mtl. Rate 519,37 DM incl. MwSt, Restwert 15.000 DM" hergestellt worden war. Seines Erachtens wird der Widerspruch zwischen Fahrzeugbestellung und Leasingantrag nach der sog. Vertragsübernahme-Theorie dadurch aufgelöst, dass der Leasingantrag vom Leasinggeber angenommen wird.

Den handschriftlichen Eintrag „Leasing 10.000,00 DM Anz. 36 Raten" in der Zahlungsrubrik der Fahrzeugbestellung bewertete der BGH[347] im Hinblick auf § 267 BGB als Verzicht des Verkäufers auf die Befugnis, der Leistung des Barkaufpreises durch einen Leasinggeber widersprechen zu können. Er stellte, ohne darüber letztlich entscheiden zu müssen, ausdrücklich fest, dass es naheliegend sei, der Leasingklausel zusätzlich einen Regelungsgehalt des Inhalts beizumessen, dass der **Kaufvertrag** in seinem Bestand **durch das Nichtzustandekommen des Leasingvertrages auflösend bedingt** sein sollte.[348] Zu

---

zumindest anzunehmenden Schuldbeitritts, falls in den AGB der Leasinggesellschaft bestimmt ist, dass ausschließlich der Leasingnehmer Partei des bereits abgeschlossenen Kaufvertrages bleiben soll.
344 OLG Dresden 26. 4. 1995, NJW-RR 1996, 625.
345 Urt. v. 8. 11. 1983 – 10 C 16337/83 – n. v.
346 Urt. v. 3. 12. 1993, NZV 1994, 431.
347 Urt. v. 9. 5. 1990, NJW-RR 1990, 1009 ff.
348 BGH 9. 5. 1990, NJW-RR 1990, 1009, 1111.

Vertragsdurchführung 810

dem gleichen Ergebnis war zuvor schon das OLG Köln[349] gelangt, das über den Eintrag „Abwicklung Leasing 42 Monate, 35.000 km p. a., Leasingrate netto DM 663,60" zu befinden und dabei offen gelassen hatte, ob es sich bei der Verknüpfung zwischen Kauf- und Leasingvertrag um eine auflösende oder aufschiebende Bedingung handelt, da es auf diese Unterscheidung im Ergebnis nicht ankam. Das LG Zweibrücken[350] hat sich für die Annahme einer auflösenden Bedingung im Sinne eines Wegfalls des Kaufvertrages für den Fall der Nichtannahme des Leasingantrags durch den Leasinggeber entschieden, wenn sich die Beteiligten bei der Bestellung darüber einig sind, dass der Käufer nicht bar zahlen kann, das Fahrzeug deshalb an Stelle einer Finanzierung geleast werden soll und dies durch einen Hinweis auf die Leasingkonditionen in der Neuwagenbestellung zum Ausdruck gebracht wird.

Die rechtliche Verquickung zwischen Kauf- und Leasingantrag kann nach dem Willen der Parteien auch durchaus so gestaltet sein, dass der **Kaufvertrag durch** den **Leasingvertrag ersetzt** werden soll. In diesem Sinne ist nach Ansicht des OLG Düsseldorf[351] ein handschriftlicher Eintrag „Leasing über Bank" in Verbindung mit einer vorformulierten Klausel im Kaufantrag zu verstehen, welche besagt, dass der Kaufvertrag auflösend bedingt ist für den Fall, dass ein Leasingvertrag über das entsprechende Fahrzeug abgeschlossen wird. Falls der Kaufvertrag unter der auflösenden Bedingung des Zustandekommens des Leasingvertrages steht, trägt der Käufer das Risiko des Bedingungseintritts. Er hat dafür zu sorgen, dass es zum Abschluss des Leasingvertrages kommt. Wird der Leasingvertrag nicht geschlossen, kann sich der Käufer vom Kaufvertrag nur unter der Voraussetzung lösen, dass der Verkäufer den Bedingungseintritt wider Treu und Glauben verhindert hat. 810

Der Hinweis auf die „Finanzierung durch Leasing" im Kaufvertrag mag unter Umständen dahingehend auszulegen sein, dass sich der Käufer – ähnlich wie bei Beschaffung eines Personalkredits – um einen Leasinggeber als Geldgeber bemühen soll. Die Erwähnung des Leasingvertrages in der Neuwagenbestellung besagt dann lediglich, dass sich der Händler mit der Vertragsübernahme durch den vom Käufer alleinverantwortlich auszuwählenden Leasinggeber **vorsorglich einverstanden** erklärt.[352] Ob der Händler auch ohne einen solchen Vermerk verpflichtet ist, einen vom Käufer nachträglich gestellten Leasinggeber zu akzeptieren und einer Vertragsübernahme zuzustimmen, hängt von den Umständen des Einzelfalles ab.

Im Verhältnis der Parteien des Kaufgeschäfts zueinander ist die in einem formularmäßigen Kaufauftrag des Leasinggebers verwendete Bedingung, der zufolge der Leasinggeber von allen Verpflichtungen frei bleibt, solange die Übernahmebestätigung für die vom Lieferanten zu erbringende Leistung nicht vorliegt, nicht als Bedingung für die Wirksamkeit des Kaufvertrages auszulegen, sondern nur als Vorleistungspflicht des Lieferanten und als Fälligkeitsregelung für den Kaufpreis.[353]

Den vom Leasingnehmer normalerweise angestrebten Wegfall seiner kaufvertraglichen Bindung für den Fall der Nichtannahme seines Leasingantrags durch den Leasinggeber hat der Gesetzgeber für den Verbraucher durch § 358 Abs. 2 S. 1 BGB sichergestellt. Schon vor der Schuldrechtsreform wurde dieses Ergebnis durch entsprechende Anwendung von § 9 Abs. 3 VerbrKrG erzielt.[354] Die Vorschrift des § 358 BGB ist jedoch nur unter der Voraus-

---

349 Urt. v. 22. 10. 1987, DAR 1988, 273.
350 Urt. v. 14. 2. 1995, NJW-RR 1995, 816.
351 Urt. v. 1. 12. 1995, OLGR 1996, 78.
352 BGH 9. 5. 1990, NJW-RR 1990, 1009 ff.
353 BGH 17. 2. 1993, DAR 1993, 177.
354 OLG Rostock 13. 1. 1996, OLGR 1996, 89; LG Gießen 18. 9. 1996, BB 1997, 960; *Zahn,* DB 1991, 687, 688; *ders.* 1991, 2171, 2175; *Schmid-Burgk/Schölermann* BB 1991, 566, 568; *Seifert,* FLF 1991, 54, 55; *Scholz* DB 1991, 215, 216; *Lieb,* WM 1991, 1533, 1536; *Emmerich* in *von*

setzung anwendbar, dass ein **Verbundgeschäft** i. S. v. § 358 Abs. 3 BGB vorliegt, was keineswegs immer der Fall sein muss, wenn ein Verbraucher mit einem Unternehmer einen Leasingvertrag über ein Kraftfahrzeug schließt.

Zur Erzielung einer effektiven rechtsgeschäftlichen Umsetzung wird Leasingfirmen geraten, eine Regelung in den Vertrag mit dem Kraftfahrzeughändler aufzunehmen, die besagt, dass die Verpflichtung zum Eintritt in den Kaufvertrag des Leasingnehmers bzw. die Verpflichtung zur Übernahme dieses Vertrages aufgehoben wird, wenn der Kaufvertrag des Leasingnehmers wegen des Widerrufs des Leasingvertrags entfällt.[355] Dem Leasingnehmer ist eine vertragliche Klarstellung des Inhalts zu empfehlen, dass der Kaufvertrag nur für den Fall des wirksamen Zustandekommens des Leasingvertrages Bestand hat; andernfalls läuft er Gefahr, auf dem ungewollten Kaufvertrag sitzen zu bleiben, wenn die Voraussetzungen eines verbundenen Geschäfts nicht vorliegen oder zweifelhaft sind.

7. Übernahme des Fahrzeugs

811 Der Leasinggeber ist verpflichtet, dem Leasingnehmer den Besitz des Kraftfahrzeugs zu verschaffen. Die Auslieferung der Kaufsache erfolgt beim Kraftfahrzeugleasing üblicherweise durch den Händler, der insoweit als Erfüllungsgehilfe des Leasinggebers handelt, ohne dass dafür eine ständige Geschäftsbeziehung erforderlich ist.[356]

Durch die Abnahme verlagert sich die **Beweislast** für Sachmängel auf den Leasingnehmer, wenn er das ihm vom Händler angebotene Fahrzeug als Erfüllung angenommen hat.[357] Ein Vorbehalt der Rechte wegen bei Gefahrübergang vorhandener Mängel ist wegen des Wegfalls von § 464 BGB a. F. nicht erforderlich, aber gleichwohl ratsam. Erweist sich nämlich die Abtretungsklausel als nicht wirksam, greifen die mietrechtlichen Gewährleistungsbestimmungen, die den Vorbehalt der Rechte erfordern (§ 536 b S. 3 BGB; s. Rn 812).

Mit der Übergabe des Fahrzeugs an den Leasingnehmer endet die Verantwortlichkeit des Leasinggebers für ein Verschulden des Lieferanten. Sie lebt später nicht dadurch wieder auf, dass der Händler das Fahrzeug zum Zweck der Vornahme von Nachbesserungsarbeiten vorübergehend wieder an sich nimmt.[358] Die Änderung des Rechts der Sachmängelhaftung gibt keine Veranlassung zur Aufgabe dieser Rechtsansicht. Obwohl die Nachbesserung nach neuem Recht zur Erfüllungspflicht gehört, wird der Händler insoweit nicht als Erfüllungsgehilfe des Leasinggebers tätig. Dies folgt im Umkehrschluss aus § 359 S. 3 BGB, der dem Leasingnehmer das Recht der Zurückhaltung der Leasingraten erst ab dem Zeitpunkt zubilligt, in dem die Nacherfüllung fehlgeschlagen ist. Vorher kann er dem Leasinggeber Einwendungen, die mit der Nacherfüllung zusammenhängen, nicht entgegenhalten. Wäre der Händler in der Phase der Nacherfüllung Gehilfe des Leasinggebers, dürfte dem Leasingnehmer der Durchgriff auf den Leasinggeber nicht abgeschnitten werden. Was für verbundene Verträge gilt, muss allemal für nicht verbundene Verträge sowie für den Geschäftsverkehr zwischen Unternehmern gelten, da § 359 S. 3 BGB die stärkste Ausprägung des Verbraucherschutzes darstellt. Durch die Rücknahme der mangelhaften Kaufsache im Zusammenhang mit der Lieferung einer anderen mangelfreien Sache wird zwischen den Parteien des Leasingvertrages ebenfalls keine Rechtsbeziehung begründet, aufgrund derer der Händler – ähnlich wie bei der Erstauslieferung – wieder als Erfüllungsgehilfe des Leasinggebers tätig wird, da sich der Austausch der Fahrzeuge im Rahmen des fortdauernden Lea-

---

Westphalen/Emmerich/von Rottenburg, Verbraucherkreditgesetz, § 9 Rn 211 f.; *Reinicke/Tiedtke,* ZIP 1992, 217, 227; *Reinking/Nießen,* ZIP 1991, 79, 86; *dies.,* ZIP 1991, 634, 638.
355 *Lieb,* WM 1991, 1533, 1536.
356 OLG Bremen 17. 1. 1989, ZIP 1989, 579.
357 *Palandt/Heinrichs,* BGB § 363 Rn 3 m. w. N.
358 BGH 30. 3. 1987, NJW 1988, 198 ff.

Vertragsdurchführung

singvertrages vollzieht, dessen haftungsrechtliche Konzeption von § 359 S. 3 BGB bestimmt wird.

Durch Übernahme des Fahrzeugs erfüllt der Leasingnehmer zwei ihm auferlegte Pflichten, zum einen die kaufrechtliche Abnahmepflicht des § 433 Abs. 2 BGB, bestehend in der Entgegennahme der Sache, durch die der Verkäufer vom Besitz der Sache befreit wird, zum anderen die im Leasingvertrag vorgesehene Abnahme, deren schriftliche Bestätigung dem Leasingnehmer üblicherweise abverlangt wird.[359] Während die kaufrechtliche Abnahme den Leasinggeber als Partei des Kaufvertrages betrifft und der Leasingnehmer insoweit als dessen Erfüllungsgehilfe tätig wird,[360] handelt es sich bei der leasingvertraglichen Abnahme um eine eigene Vertragspflicht des Leasingnehmers. Vertragsmuster sehen manchmal vor, dass mit der Abnahme des Fahrzeugs der Leasingvertrag in Lauf gesetzt wird. Häufiger ist allerdings die Regelung anzutreffen, dass die Leasingzeit mit dem – zwischen Verkäufer und Leasingnehmer- vereinbarten Tag der Übergabe des Fahrzeugs beginnt oder z. B. zwei Wochen nach Anzeige der Bereitstellung, wenn eine Vereinbarung über den Übergabezeitpunkt nicht zustande kommt.

Wegen des ersatzlosen Wegfalls von § 464 BGB a. F. muss sich der Leasingnehmer die Geltendmachung der an ihn abgetretenen Rechte bei Abnahme des Fahrzeugs gegenüber dem Verkäufer nicht mehr vorbehalten, wenn das Fahrzeug einen Sach- oder Rechtsmangel aufweist, den er bei Abschluss des Kaufvertrages nicht kannte. Im Gegensatz zum Kaufrecht ist der Vorbehalt im Mietrecht weiterhin erforderlich (§ 536 b S. 3 BGB). Unterlässt der Mieter den **Vorbehalt**, verliert er die Rechte auf Minderung sowie auf Schadens- und Aufwendungsersatz. Aus dieser Konstellation ergibt sich die Frage der Anwendbarkeit von § 536 b S. 3 BGB auf Finanzierungsleasingverträge. In Anbetracht des leasingtypischen Ausschlusses mietrechtlicher Sach- und Rechtsmängelansprüche und deren Ersetzung durch kaufrechtliche Ansprüche macht ein Vorbehalt der Rechte aus dem Leasingvertrag keinen Sinn, denn er würde Ansprüche betreffen, die dem Leasingnehmer ohnehin nicht zustehen. Das Vorbehaltserfordernis des § 536 b S. 3 BGB könnte für den Leasingnehmer dann zum Stolperstein werden, wenn die Abtretungskonstruktion entweder daran scheitert, dass die kaufrechtlichen Sach- und Rechtsmängelansprüche die ausgeschlossenen Ansprüche aus dem Mietrecht nicht angemessen ersetzen,[361] oder dass die Abtretungskonstruktion gegen das in § 307 Abs. 1 S. 2 BGB verankerte Transparenzgebot verstößt.[362] In diesen Fällen greift – als Folge der Sanktion von § 306 Abs. 2 BGB – die Eigenhaftung des Leasinggebers gem. §§ 535 ff. BGB ein, die während der gesamten Vertragszeit andauert und nicht auf die zweijährige Frist des § 438 Nr. 3 BGB beschränkt ist. Es leuchtet ein, dass es mit den Grundsätzen von Treu und Glauben nicht zu vereinbaren wäre, würde man den Leasinggeber von der Eigenhaftung freistellen, nur weil der Leasingnehmer im Vertrauen auf die Wirksamkeit der Abtretungskonstruktion den mietrechtlichen Vorbehalt i. S. v. § 536 b S. 3 BGB nicht erklärt hat.

In den Fällen, in denen Leasinggeber (unter Ausschluss weitergehender mietrechtlicher Ansprüche) gegenüber Leasingnehmern eine kaufrechtliche Eigenhaftung für Sach- und Rechtsmängel in dem Umfang übernehmen, wie sie der Handel gewährt, erscheint es ebenfalls nicht gerechtfertigt, vom Leasingnehmer zu fordern, dass er sich seine Rechte vorbehält, wenn das Fahrzeug zum Zeitpunkt der Ablieferung einen Mangel aufweist. Wer als Leasinggeber einerseits nur die Haftung eines Verkäufers übernehmen möchte, muss sich andererseits auch wie ein Verkäufer behandeln lassen. Durch Verkopplung der kaufrechtlichen Haftung mit dem mietrechtlichen Vorbehaltserfordernis würde die vertragliche

---
359 LG Köln 8. 1. 1991 – 2 O 402/89 – n. v.
360 *Graf von Westphalen,* Leasingvertrag, Rn 517.
361 *Reinking*, DAR 2002, 147.
362 *Graf von Westphalen*, ZGS 2002, 64 ff., 67.

Äquivalenz der beiderseitigen Pflichten und Rechte empfindlich gestört, so dass einer Klausel, die solches regelt, die Wirksamkeit wegen Verstoßes gegen § 307 Abs. 1 S. 1 BGB versagt werden müsste.

Da der Leasingnehmer das Risiko der fristgerechten und ordnungsgemäßen Geltendmachung der Sach- und Rechtsmängelansprüche trägt, besteht für ihn keine vertragliche Nebenpflicht, den Leasinggeber von der Mangelhaftigkeit des Fahrzeugs ungefragt in Kenntnis zu setzen, solange die Nacherfüllung nicht gescheitert ist. Eine Regelung im Leasingvertrag, die den Leasingnehmer verpflichtet, den Leasinggeber schon vorher über Mängel und Maßnahmen der Nacherfüllung zu informieren, dient der berechtigten Interessenwahrung des Leasinggebers und ist daher zu empfehlen.

Klauselbeispiel:

Der Leasingnehmer ist verpflichtet, den Leasinggeber über bei Auslieferung des Fahrzeugs vorhandene Mängel und über jede Geltendmachung von Ansprüchen wegen Fahrzeugmängeln unverzüglich und umfassend zu informieren.

Für den Leasingnehmer besteht weder eine Verpflichtung zur Abnahme des Fahrzeugs noch zur Unterzeichnung der Abnahmeerklärung, wenn das vom Händler angebotene Fahrzeug mangelhaft ist.[363] Erweist sich die Abnahmeverweigerung des Leasingnehmers als **unberechtigt**, weil seine Behauptung, das Fahrzeug sei mangelhaft, nicht der Wahrheit entspricht, haftet er dem Leasinggeber unter den Voraussetzungen der §§ 280, 281 BGB auf Schadensersatz.[364]

Die in Leasing-AGB enthaltenen **Schadenspauschalen** liegen teilweise bei 15 % des Bruttokaufpreises,[365] teilweise auch darunter.

a) Übernahmebestätigung

813 Für das Rechtsverhältnis zwischen den Parteien des Leasingvertrages stellt sich die Übernahmebestätigung des Leasingnehmers über den Erhalt des Fahrzeugs als **Quittung** dar, die gem. § 368 S. 1 BGB grundsätzlich schriftlich zu erteilen ist. Sie besagt weder, dass der Leasingnehmer die Leasingsache als vertragsgemäß und fehlerfrei anerkennt, noch beinhaltet sie einen Verzicht auf Einwendungen wegen mangelhafter oder unvollständiger Lieferung.[366] In Bezug auf das Kaufvertragsverhältnis zwischen Leasinggeber und Händler hat die Übernahmebestätigung des Leasingnehmers keinen Erklärungswert, da der Leasingnehmer für den Leasinggeber lediglich als Erfüllungsgehilfe und nicht als Vertreter tätig wird. Insbesondere stellt die vom Leasingnehmer unterzeichnete Übernahmebestätigung im Kaufvertragsverhältnis mit dem Händler keine Anerkennung oder Genehmigung der Leistung als fehlerfrei dar.[367]

Als Schuldner der Gebrauchsüberlassung besitzt der Leasinggeber Anspruch auf Erteilung der Quittung mit einem von ihm vorgegebenen Wortlaut, wenn er ein besonderes rechtliches Interesse daran hat. Ein solches Interesse besteht nicht, wenn der Leasingnehmer die Quittung mit einem Inhalt erteilt, der demjenigen der vom Leasinggeber verlangten Form der Sache nach entspricht. Die Berufung des Leasinggebers auf den von ihm vertraglich vorgegebenen Text der Abnahmebestätigung verstößt unter diesen Umständen gegen Treu und Glauben.[368]

---

363 LG Köln, 8. 1. 1991 – 3 O 402/89 – n. v.
364 OLG Hamm 11. 1. 1999, ZfS 1999, 240 – Anspruch des Leasinggebers auf Ersatz der Prozesskosten, entstanden durch einen Rechtsstreit gegen den Lieferanten in mehreren Instanzen –.
365 Gebilligt von AG Duisburg 22. 11. 1995 – 50 C 368 / 95 n. v.
366 BGH 1. 7. 1987, NJW 1988, 204 ff.
367 BGH 27. 6. 1990, NJW-RR 1990, 1462.
368 BGH 17. 2. 1993, DAR 1993, 177 – 10. 10. 1994, WM 1995, 111.

Vertragsdurchführung

Die Übernahmebestätigung dient dem Händler als Nachweis dafür, dass der Leasingnehmer das Fahrzeug erhalten hat. Gegen Vorlage der Empfangsquittung ist der Leasinggeber zur Zahlung des Kaufpreises an den Händler verpflichtet. Er kann die Zahlung gem. § 320 BGB verweigern, wenn der Händler ein mangelhaftes Fahrzeug übergibt.[369] Die Abtretung der Sachmängelansprüche an den Leasingnehmer steht dem nicht entgegen.[370] Unterschreibt der Leasingnehmer eine Empfangsquittung vor Erhalt des Leasingfahrzeugs, schließt dieser Umstand deren Beweiswert als Quittung nicht aus.[371]

Eine Klausel, die für den Fall der Erteilung einer unrichtigen Übernahmebestätigung eine unbedingte Zahlungspflicht begründet, benachteiligt den Leasingnehmer unangemessen und entfaltet wegen Verstoßes gegen § 307 Abs. 1 S. 1 BGB keine Wirksamkeit.[372] Quittiert der Leasingnehmer eine Übernahmebestätigung, obwohl der Händler die Lieferung nicht oder nicht vollständig erbracht hat, wird zwar seine Verpflichtung zur Zahlung des Leasingentgeltes hierdurch nicht begründet, wohl aber macht er sich gegenüber dem Leasinggeber schadensersatzpflichtig.[373] Er haftet dem Leasinggeber für den Schaden, den dieser dadurch erleidet, dass er sich seines Zurückbehaltungsrechts begeben hat und den Kaufpreis nach Rückgängigmachung des Kaufvertrages über den Leasinggegenstand wegen der Insolvenz des Lieferanten nicht zurückerhält und kann seinerseits von dem Leasinggeber die Kosten des mit dem Lieferanten geführten Rechtsstreits nicht ersetzt verlangen.[374]

Dem Leasingnehmer ist es verwehrt, sich auf einen Wegfall seiner Verpflichtung zur Zahlung der Leasingraten zu berufen, wenn der Lieferant seine Hauptleistungspflicht nur teilweise erfüllt hat, das Leasingobjekt aber gleichwohl benutzbar ist, wie z. B. beim Fehlen des Benutzerhandbuches zur Computer-Hardware oder des Betriebs-, Inspektions- und Wartungsheftes zu einem Pkw.[375] Zur Zahlung der Leasingraten in (zunächst) voller Höhe ist der Leasingnehmer ferner verpflichtet, wenn er sich mit dem Leasinggeber auf den Beginn der Vertragslaufzeit in Kenntnis dessen einigt, dass die Lieferung noch nicht vollständig ist und eine Nachlieferung erfolgen soll. Dem Leasingnehmer kann jedoch die Einrede des nicht erfüllten Vertrages von dem Zeitpunkt an zustehen, an dem die Nachlieferung ausbleibt.[376]

Die **Schadensersatzverpflichtung** des Leasingnehmers wegen Erteilung einer unrichtigen Abnahmebestätigung entfällt nach Meinung von *Eckert*[377], wenn der Händler, der die Auslieferung des Fahrzeuges an den Leasingnehmer vorzunehmen hat, als Erfüllungsgehilfe für den Leasinggeber handelt – wovon im Regelfall auszugehen ist –, weil die durch die unrichtige Abnahmebestätigung herbeigeführte Leistungsstörung primär der Sphäre des Händlers zuzurechnen ist, für die der Leasinggeber über § 278 BGB einzustehen hat. Auf das gleiche Ergebnis läuft eine Entscheidung des OLG Bremen[378] hinaus, welche besagt, dass der Leasinggeber dem Leasingnehmer für das Verschulden des Händlers auf Schadensersatz haftet, sich der Leasingnehmer jedoch wegen der **unrichtigen Lieferbestätigung** ein **Mitverschulden** an dem beim Leasinggeber entstandenen Schaden anrechnen lassen muss. Im Fall eines kollusiven Zusammenwirkens zwischen Leasingnehmer und Händler ist eine gleichrangige Haftung beider gegenüber dem Leasinggeber angebracht. Auf die Vorausset-

---

369 *Graf von Westphalen* in *Henssler/Graf von Westphalen* Praxis der Schuldrechtsreform, Vorbem. S. 458 Rn 4; ausführlich dazu Rn 158.
370 BGH 1. 10. 1994, WM 1995, 111.
371 OLG München 10. 1. 1992, NJW-RR 1993, 123.
372 BGH 7. 1987, NJW 1988, 204 ff.
373 BGH 1. 7. 1987, NJW 1988, 204 ff.
374 OLG Düsseldorf 12. 6. 1996 BB 1997, 544.
375 BGH 5. 7. 1989, ZIP 1989, 1333.
376 BGH 29. 5. 1991, NJW 1991, 2135.
377 ZIP 1987, 1510 ff.
378 Urt. v. 17. 1. 1989, ZIP 1989, 579.

zung eines Zusammenwirkens zum Nachteil des Leasinggebers soll es nach Meinung des OLG Düsseldorf[379] nicht entscheidend ankommen, wenn der Leasingnehmer gleichzeitig mit der Unterzeichnung des Leasingvertrages wahrheitswidrig schriftlich erklärt hat, den Leasinggegenstand erhalten zu haben. Der zusammen mit dem Verkäufer gesamtschuldnerisch haftende Leasingnehmer kann verlangen, dass die Zahlung Zug um Zug gegen Abtretung der dem Leasinggeber gegen den Verkäufer zustehenden Erstattungsansprüche in Höhe des zu Unrecht gezahlten Kaufpreises zu erfolgen hat, wodurch sichergestellt wird, dass der Leasinggeber den ihm entstandenen Schaden nicht doppelt ersetzt erhält.

b) Untersuchungs- und Rügepflicht

815 Die Untersuchungs- und Rügeobliegenheit des § 377 HGB, die der Leasinggeber zu erfüllen hat, wenn der Kauf für beide Teile einen Handelskauf darstellt, wird nicht dadurch hinfällig, dass der Händler das Fahrzeug auf Anweisung des Leasinggebers an einen nicht kaufmännischen Leasingnehmer aushändigt. In der Rechtsbeziehung zum Leasinggeber ist der Leasingnehmer allerdings ohne besondere Abrede nicht verpflichtet, das Kraftfahrzeug zu untersuchen und eine etwaige Mangelhaftigkeit oder Unvollständigkeit der Lieferung unverzüglich gegenüber dem Verkäufer zu rügen.[380]

8. Unmöglichkeit und Verzug

816 Bei einer Unmöglichkeit der Fahrzeuglieferung gelten die allgemeinen Regeln des Schuldrechts. Der Leasingnehmer ist von der Zahlung der Leasingraten gem. § 326 Abs. 1 BGB befreit und kann gem. § 326 Abs. 5 BGB ohne vorherige Fristsetzung vom Leasingvertrag zurücktreten. Falls der Leasinggeber die Unmöglichkeit zu vertreten hat, haftet er dem Leasingnehmer bei anfänglicher Unmöglichkeit gem. §§ 311 a Abs. 2; 241 Abs. 2, 280 BGB und bei nachträglicher Unmöglichkeit gem. §§ 280 Abs. 1, 3, 283 BGB auf Schadensersatz. Die Rechtsfolgen des Lieferverzugs werden üblicherweise durch AGB geregelt. Dabei ist festzustellen, dass vornehmlich markengebundene Anbieter die Verzugsfolgen den Regelungen der NWVB angepasst haben, mit denen Vertragshändler arbeiten. Die Leasing-AGB unterscheiden zwischen verbindlichen und unverbindlichen Lieferfristen/Lieferterminen und sehen für letztere eine sanktionslose Fristüberschreitung von 6 Wochen vor. Außerdem beschränken sie die Haftung des Leasinggebers für leichte Fahrlässigkeit auf 5 % des Fahrzeugpreises für den Verzögerungsschaden und 25 % des Fahrzeugpreises für den Nichterfüllungsschaden (dazu Rn 130, 141).

Ein formularmäßiger Haftungsausschluss des Leasinggebers für nicht vollständige bzw. nicht rechtzeitige Gebrauchsverschaffung entfaltet wegen Verstoßes gegen § 307 Abs. 1 S. BGB keine Wirksamkeit, weil der den Leasingnehmer unangemessen benachteiligt.[381]

Scheitert der Finanzierungsleasingvertrag ohne Verschulden des Leasingnehmers, weil der Händler das Auto nicht liefert, steht dem Leasinggeber weder ein Anspruch auf Erstattung der von ihm an die Refinanzierungsbank zu zahlenden Bereitstellungsprovision noch eine Nichtabnahmeentschädigung zu.[382] AGB im Leasingvertrag, die den Leasingnehmer zum Ersatz der Aufwendungen des Leasinggebers verpflichten, führen zu einer schweren Störung des Verhältnisses zwischen Leistung und Gegenleistung und sind wegen Verstoßes gegen § 307 Abs. 2 Nr. 1 BGB unwirksam.[383]

---

379 Urt. v. 22. 2. 1990, NJW-RR 1990, 666.
380 BGH 24. 1. 1990, ZIP 1990, 650.
381 LG Mannheim 8. 10. 1984, BB 1985, 144.
382 BGH 9. 10. 1985, NJW 1986, 179.
383 BGH 9. 10. 1985, NJW 1986, 179.

Vertragsdurchführung

Der erweiterte Sachmangelbegriff, der in § 434 Abs. 3 BGB auch die Mankolieferung erfasst, verändert die Auswirkungen einer unvollständigen Lieferung auf das Schicksal des Leasingvertrages. Vor der Schuldrechtsreform galt, dass eine rechtskräftig abgewiesene Klage auf Rückgängigmachung des Kaufvertrages wegen eines Fehlers der Kaufsache einer außerordentlichen Kündigung des Leasingvertrages aus dem Gesichtspunkt der Vorenthaltung des vertragsgemäßen Gebrauchs der Leasingsache wegen unvollständiger Lieferung nicht entgegen stand.[384] Durch die Rechtskraft des Urteils wurde der Leasingnehmer nur mit seinen gegen den Leasinggeber gerichteten Mängelansprüchen ausgeschlossen, jedoch verblieb ihm das Kündigungsrecht des § 542 BGB a. F., soweit die Nichtgewährung des vertragsgemäßen Gebrauchs nicht auf einer Mangelhaftigkeit der Leasingsache, sondern auf deren unvollständiger Verschaffung beruhte. Da der Gesetzgeber die unvollständige Lieferung dem Begriff des Sachmangels nach § 434 Abs. 3 BGB zugeordnet hat, ist dem Leasingnehmer das Kündigungsrecht des § 543 Abs. 2 Nr. 1 BGB zu versagen. Er kann statt dessen vom Kaufvertrag zurücktreten und den Leasingvertrag wegen Wegfalls der Geschäftsgrundlage nach § 313 BGB rückwirkend zu Fall bringen (dazu Rn 780).

Die üblichen Abtretungsklauseln in Leasingverträgen sind auf Sachmängelansprüche **817** beschränkt.

Klauselbeispiel:

Gegen den Leasinggeber stehen dem Leasingnehmer Ansprüche und Rechte wegen Sachmängeln nicht zu. An deren Stelle tritt der Leasinggeber sämtliche Ansprüche hinsichtlich Sachmängeln aus § 437 BGB in der jeweiligen Ausgestaltung des dem Leasingvertrag zugrunde liegenden Kaufvertrages sowie etwaige Garantieansprüche gegen den Verkäufer/Dritten an den Leasingnehmer ab. Der Anspruch auf Erfüllung des Kaufvertrags (§ 433 Abs. 1 S. 2 BGB), Ansprüche hinsichtlich Rechtsmängeln sowie Ansprüche eines dem Leasinggeber entstandenen Schadens sind nicht an den Leasingnehmer abgetreten.

Ob durch eine Klausel, die eine Freistellung des Leasinggebers von seiner Pflicht zur Verschaffung einer gebrauchstauglichen Leasingsache bei gleichzeitiger Abtretung sämtlicher Erfüllungsansprüche aus dem Liefervertrag an den Leasingnehmer vorsieht, wesentliche Rechte oder Pflichten, die sich aus der Natur des Leasingvertrages ergeben, derart eingeschränkt werden, dass die Erreichung des Vertragszwecks gefährdet ist (§ 307 Abs. 2 Nr. 2 BGB), wurde höchstrichterlich noch nicht entschieden. In seinem Urteil vom 7. 10.1992 hat der BGH[385] allerdings angedeutet, dass durch Abtretung sämtlicher Erfüllungsansprüche aus dem Kaufvertrag an den Leasingnehmer die vertragswesentliche Verpflichtung des Leasinggebers zur Gebrauchsverschaffung wohl nicht ausgehöhlt wird. In den Urteilsgründen führt er dazu aus, eine ordnungsgemäße Vertragserfüllung sei durch Freizeichnung des Leasinggebers nicht ausgeschlossen, da es der Leasingnehmer in der Hand habe, die Erfüllung des Kaufvertrages aus abgetretenem Recht zu erzwingen, die Verzugsfolgen geltend zu machen oder nach § 326 BGB a. F. gegen den Verkäufer vorzugehen. Die mit dem Scheitern der Erfüllungsansprüche aus dem Kaufvertrag verbundenen Risiken trage im Endeffekt der Leasinggeber, da das Ergebnis der unter dem Gesichtspunkt der Leistungsstörung geführten Auseinandersetzung des Leasingnehmers mit dem Verkäufer für ihn, wie auch für den Leasingnehmer, bindend sei. Scheitere die Erfüllung des Kaufvertrages aus Gründen, die der Leasingnehmer nicht zu vertreten habe, (z. B. Insolvenz des Verkäufers, Rücktritt des Leasingnehmers vom Kaufvertrag), werde – wie beim Rücktritt wegen eines Sachmangels – rückwirkend die Geschäftsgrundlage des Kaufvertrages zerstört.[386]

---

[384] BGH 7. 10. 1993, ZIP 1993, 130 f.
[385] NJW 1993, 122.
[386] BGH 30. 7. 1997, DB 1997, 1970; OLG München 10. 1. 1992, BB 1992, 2388.

818 Die Feststellung, dass die Risiken der Nichterfüllung des Kaufvertrages letztendlich den Leasinggeber treffen, kann nicht darüber hinwegtäuschen, dass das Recht des Leasingnehmers, sich vom Leasingvertrag zu lösen oder Schadensersatz zu verlangen durch die in AGB auferlegte Pflicht zur Geltendmachung der kaufrechtlichen Erfüllungsansprüche ganz erheblich eingeschränkt wird. Dem Leasingnehmer droht ein völliger Rechtsverlust, wenn er sich mit dem Händler im Streitfall nicht prozessual auseinander setzt. Außerdem wird ihm das Recht abgeschnitten, sich gegenüber dem Leasinggeber auf die Einrede des nicht erfüllten Vertrages (§ 320 BGB) zu berufen. Da das Leistungsverweigerungsrecht des § 309 Abs. 1 Nr. 2 BGB derartigen Einschränkungen nicht unterworfen sein soll, ist eine Klausel, die den Leasinggeber von seiner Gebrauchsverschaffungspflicht freistellt und ihm gestattet, sämtliche Erfüllungsansprüche aus dem Kaufvertrag auf den Leasingnehmer zu verlagern, nach hier vertretener Ansicht nicht hinnehmbar. Eine solche Regelung lässt sich nicht mit dem Regelungszweck von § 309 Abs. 1 Nr. 8 a BGB in Übereinstimmung bringen, da die Verschaffung einer gebrauchstauglichen Sache zu den Kardinalpflichten des Leasinggebers gehört, bei deren Erfüllung er sich des Lieferanten als seines Erfüllungsgehilfen bedient. Infolgedessen fällt eine mit Kosten und Risiken verbundene, eventuell auf gerichtlichem Wege mit dem Lieferanten auszutragende Auseinandersetzung in den eigentlichen Aufgabenbereich des Leasinggebers. Es kann ihm daher nicht gestattet sein, das Vertragslösungsrecht des Leasingnehmers einzuschränken oder auszuschließen, wenn der unter seiner Verantwortung handelnde Verkäufer seiner Lieferpflicht nicht nachkommt.

9. Leasingentgelt

819 Das Leasingentgelt besteht in erster Linie aus den Leasingraten, die der Leasingnehmer in der unkündbaren Vertragszeit an den Leasinggeber zu entrichten hat. Die Sonderzahlung ist ebenfalls Bestandteil des Leasingentgelts, sofern sie nicht zur Tilgung des Kaufpreises verwendet wird und das Finanzierungsvolumen von vornherein entsprechend vermindert. Hinzu kommen Ausgleichszahlungen, die der Leasingnehmer am Vertragsende als Abschlusszahlung beim kündbaren Vertrag, als Restwertausgleich beim Vertrag mit Übernahme des Restwertrisikos und als Kaufpreis beim Vertrag mit Andienungsrecht zu erbringen hat.

Zu den Kalkulationsfaktoren, auf deren Basis die Leasingraten berechnet werden, gehören der Anschaffungspreis und der kalkulierte Restwert, die Sonderzahlung, die Kosten der Refinanzierung, die Verwaltungskosten für Anbahnung, Überwachung und Beendigung des Vertrages, die Steuern, der Risikozuschlag und der Gewinn.[387]

Der in der unkündbaren Vertragszeit eintretende kalkulierte Wertverlust des Fahrzeugs entspricht der Differenz zwischen dem Neuanschaffungspreis und dem geschätzten Restwert. Die Refinanzierungskosten beinhalten Zins- und Tilgungsanteile. Da der kalkulierte Restwert nicht getilgt wird, sind die hierauf berechneten Refinanzierungszinsen bis zum Vertragsende in voller Höhe zu entrichten. Die Höhe des Refinanzierungszinses ist für die Abzinsung der Leasingraten im Falle einer vorzeitigen Vertragsbeendigung von Bedeutung. Der Vertragszins des Leasingvertrages beinhaltet außer dem Refinanzierungszins die Nichtfinanzierungskosten, bestehend aus den Verwaltungskosten und dem Gewinn des Leasinggebers. Die Differenz zwischen dem Refinanzierungszins und dem regelmäßig darüber liegenden Vertragszins gibt Auskunft über die Höhe der Nichtfinanzierungskosten.

Die Leasingrate, in Prozent zum Neuanschaffungspreis ausgedrückt, wird als Leasingfaktor bezeichnet.

---

[387] Zur Berechnung *Michalski/Schmitt*, Der Kfz-Leasingvertrag, Rn 303 ff.

Die mathematische Formel lautet:

$$\frac{\text{Rate} \times 100}{\text{Neuanschaffungspreis}}$$

Der Leasingfaktor macht Leasingangebote mit gleicher Laufzeit vergleichbar.

a) Erfüllungsort, Fälligkeit und Verzug

Sofern die Parteien nichts anderes vereinbart haben, ist Erfüllungsort für die Zahlung des Leasingentgelts der Wohn- bzw. Betriebssitz des Leasingnehmers bei Abschluss des Leasingvertrages.[388]

820

Leasingvertragsmuster sehen vor, dass die Leasingraten jeweils im Voraus zum Monatsersten oder spätestens bis zum dritten Werktag zu entrichten sind. Die erste Rate und die vereinbarte Sonderzahlung sind entweder bei Vertragsbeginn oder bei Übernahme des Fahrzeugs oder spätestens 2 Wochen nach Anzeige der Bereitstellung des Fahrzeugs zu leisten.

Da für die Zahlung der Leasingraten eine Zeit nach dem Kalender bestimmt ist, bedarf es zur Herbeiführung des Verzugs nicht der Mahnung (§ 286 Abs. 1 Nr. 1 BGB). Der **Verzug** tritt durch nicht rechtzeitige Zahlung der Leasingrate ein, es sei denn, der Leasingnehmer weist nach, dass er die Verspätung nicht zu vertreten hat (§ 286 Abs. 4 BGB). Falls der Leasinggeber vom Leasingnehmer bevollmächtigt wurde, die monatlich zu zahlenden Raten von seinem Konto einzuziehen und die Abbuchung infolge eines Versehens des Leasinggebers unterblieben ist, kommt der Leasingnehmer nur in Verzug, wenn er nicht innerhalb einer vom Leasinggeber gesetzten Frist die Zahlung erbringt.[389]

Mit der ersten Rate und der Sonderzahlung gerät der Leasingnehmer, ohne dass es einer Mahnung bedarf, in Verzug, wenn die Voraussetzungen von § 286 Abs. 2 Nr. 2 BGB erfüllt sind. Eine kalendermäßige Berechenbarkeit i. S. dieser Vorschrift ist anzunehmen, wenn beispielsweise die erste Rate und die Sonderzahlung spätestens 2 Wochen nach Zugang der Bereitstellungsanzeige zu zahlen sind.[390] Eine Anknüpfung an ein kalendermäßig weder bestimmtes noch berechenbares Ereignis wie z. B. die Übergabe oder die Zulassung des Kraftfahrzeugs reicht zur Herbeiführung des Verzugs nicht aus. Ungeklärt ist, ob vertragliche Vereinbarungen, welche die Fälligkeit ohne jegliche Frist vom Eintritt eines solchen Ereignisses abhängig machen, im allgemeinen Geschäftsverkehr außerhalb des Anwendungsbereichs der Zahlungsverzugsrichtlinie zulässig sind.[391]

Für Leasingverträge, an denen ein Verbraucher nicht beteiligt ist, beträgt der in § 288 Abs. 2 BGB geregelte gesetzliche Verzugszinssatz acht Prozentpunkte über dem Basiszinssatz.[392] Höhere Zinsen kann der Leasinggeber aus vertraglicher Vereinbarung (§ 288 Abs. 3 BGB) und als Schadensersatz (§ 288 Abs. 4 BGB) verlangen.[393]

Gegenüber einem Verbraucher beläuft sich der gesetzliche Verzugszinssatz für das rückständige Leasingentgelt auf 2,5 % über dem Basiszins (§ 497 Abs. 1 S. 2 BGB). Dem Ver-

---

388 BGH, Beschl. v. 30. 3. 1988, NJW 1988, 914; *Zöller/Vollkommer,* ZPO, § 29 Rn 25.
389 OLG Düsseldorf 13. 10. 1988, – 10 U 37/88 –, zitiert in ZIP 1988/A 162/572.
390 *Beckmann,* FLF 2002, 46 ff., 52; *Hertel,* DNotZ, 2001, 914.
391 *Schulte-Nölke* in *Dauner-Lieb/Heidel/Lepa/Ring,* Anwaltskommentar Schuldrecht, § 286 Rn 33, 34 m. w. N.
392 Der aktuelle Basiszinssatz ist abrufbar unter http://www.bundebank.de oder in den Monatsberichten der Deutschen Bundesbank.
393 *Beckmann,* FLF 2002 46 ff., 52.

braucher und dem Leasinggeber eröffnet § 497 Abs. 1 S. 3 BGB die Möglichkeit, einen niedrigeren oder höheren Schaden nachzuweisen.

Teilleistungen des Verbrauchers, der sich mit den Raten in Verzug befindet, sind zunächst auf die Kosten der Rechtsverfolgung, sodann auf die Hauptleistung und schließlich auf die Zinsen zu verrechnen (§ 497 Abs. 3 S. 1 BGB). Die Verzugszinsen dürfen daher nicht in ein Kontokorrentverhältnis mit dem geschuldeten Leasingentgelt gestellt werden.[394] Durch § 497 Abs. 2 S. 2 BGB wird der Verzugsschaden in Bezug auf die Verzugszinsen in Abweichung von § 289 S. 2 BGB durch den gesetzlichen Zinssatz von 4 % (§ 246 BGB) begrenzt.

b) Leasingsonderzahlung

821 Die Leasingsonderzahlung, die im Geschäftsverkehr mit privaten Kunden üblich ist, liegt zwischen 20 % und 30 % des Pkw-Anschaffungspreises. Durch die zu Beginn der Vertragslaufzeit zu erbringende Sonderzahlung wird sowohl das Kreditrisiko des Leasinggebers als auch die Kreditverbindlichkeit des Leasingnehmers reduziert.[395] Die Sonderzahlung wirkt sich günstig auf die Höhe des insgesamt vom Leasingnehmer zu zahlenden Leasingentgelts aus. Je höher die dem Kunden abverlangte Leasingsonderzahlung ist, umso niedriger sind die Leasingraten.

Über die Art und Weise der Verrechnung der Sonderzahlung geben Vertragsmuster selten eine klare Auskunft.[396] Dies gilt auch für die vom VDA empfohlenen Leasing-AGB, die zwar den Hinweis enthalten, dass die Leasingsonderzahlung nicht als Kaution dient und durch sie Leasingraten nicht getilgt werden, die sich aber über die Verrechnungsweise der Leasingsonderzahlung und die Rückvergütung im Fall einer vorzeitigen Vertragsbeendigung ausschweigen.

In steuerlicher Hinsicht gehört die Sonderzahlung zu den sofort abziehbaren Werbungskosten des Leasingnehmers, da sie als Entgelt für die Nutzungsüberlassung zu bewerten und nicht den Anschaffungskosten zuzurechnen ist.[397] Bilanzsteuerlich ist sie eine Vorauszahlung. Der durch sie gebildete Rechnungsabgrenzungsposten ist auf die Grundmietzeit gleichmäßig verteilt aufzulösen.

Zivilrechtlich wird die Sonderzahlung von Leasinggesellschaften wie eine Vorauszahlung behandelt, die sie gleichmäßig auf die Leasingraten verteilen. Die Verrechnungsanteile werden im Leasingvertrag nicht ausgewiesen, weil sie in den Raten, die der Leasingnehmer zu zahlen hat, bereits berücksichtigt sind und diese nicht (nochmals) vermindern.

822 Falls AGB des Leasingvertrages keine Regelung zur Verrechnung der Leasingsonderzahlung enthalten, ist sie zu Gunsten des Leasingnehmers als Vorauszahlung auf die künftigen Leasingraten zu qualifizieren. Davon ist nach Ansicht des OLG Düsseldorf[398] jedenfalls dann auszugehen, wenn sich aus der Anschaffungsrechnung ergibt, dass der Lieferant die von der Leasinggesellschaft an ihn weitergeleitete Sonderzahlung auf den Kaufpreis des Leasingfahrzeugs angerechnet hat. Infolgedessen besitzt der Leasingnehmer bei vorzeitiger Vertragsbeendigung wegen eines von ihm nicht verschuldeten Untergangs des Fahrzeugs Anspruch darauf, dass ihm der Leasinggeber den noch nicht durch Verrechnung mit den künftigen Leasingraten verbrauchten Teil der Sonderzahlung erstattet, wobei der Anspruch allerdings weiterhin voraussetzt, dass der Leasinggeber die Sach- und Preisgefahr nicht

---

394 Zur Titulierung von Verzugszinsen *Münzberg*, WM 1991, 170; *Braun*, WM 1991, 1325.
395 *Godefroid*, BB-Beilage 1993, Nr. 8, S. 15, 18.
396 Zur Auslegung von Klauselbeispielen *Müller-Sarnowski*, DAR 1998, 229.
397 BFH 5. 5. 1994, DAR 1994, 413.
398 Urt. v. 16. 1. 1997, OLGR 1997, 169.

Vertragsdurchführung

wirksam auf den Leasingnehmer verlagert hat.[399] Den nicht durch Verrechnung verbrauchten Anteil einer anfänglichen Sonderzahlung hat der Leasinggeber an den Leasingnehmer auch dann zurückzuzahlen, wenn der Leasingnehmer nach unwirksamer Kündigung des Leasingvertrages das Fahrzeug an den Leasinggeber herausgibt.[400]

In den AGB des Leasingvertrages bedarf es der **Klarstellung**, ob der Anrechnungspreis, den der Leasingnehmer für sein Altfahrzeug vom Händler eingeräumt bekommt, den Kaufpreis des Leasingfahrzeugs und damit den Finanzierungsaufwand des Leasinggebers „von vornherein" reduziert[401] oder ob der Anrechnungspreis eine Sonderzahlung im Sinne einer Vorauszahlung von Leasingraten zusätzlich zu den vereinbarten Leasingraten darstellt. Ohne Erläuterung in den AGB ist die Art der Verrechnung für den Kunden nicht durchschaubar.[402] Da der Kunde erwartet, dass der Kaufpreis des Leasingfahrzeugs durch den Anrechnungspreis vorab teilweise getilgt wird und sich der Finanzierungsaufwand verringert, muss er eine Behandlung der Sonderzahlung als Vorauszahlung auf das Leasingentgelt nicht gegen sich gelten lassen, wenn die AGB diesbezüglich keine klare und durchschaubare Regelung enthalten.

Ergibt sich eindeutig aus dem Vertrag, dass der Anrechnungspreis für das Altfahrzeug als Leasingsonderzahlung zu verwenden ist, liegt in rechtlicher Hinsicht eine **doppelte Ersetzung** vor.[403] Im Verhältnis zwischen Leasinggeber und Händler wird ein Teil des Neuwagenpreises durch das Gebrauchtfahrzeug des Leasingnehmers ersetzt. Durch diesen Preisvorteil wird im Verhältnis zwischen Leasingnehmer und Leasinggeber die Leasingsonderzahlung ganz oder zum Teil ersetzt. Im Fall des Scheiterns der vereinbarten Inzahlungnahme ist der volle Kaufpreis vom Leasinggeber in bar an den Händler zu entrichten. Der Leasinggeber besitzt seinerseits einen Zahlungsanspruch gegen den Leasingnehmer in Höhe des Anrechnungspreises.

Scheitert der Leasingvertrag daran, dass Kauf- und/oder Leasingvertrag von vornherein unwirksam sind oder später durch Anfechtung, Rücktritt oder aus anderen Gründen entfallen, ist die Rückzahlung der Sonderzahlung vom Leasinggeber zu erstatten, auch wenn der Leasingnehmer die Zahlung an den Lieferanten geleistet hat.[404] Im Fall des Widerrufs ist § 358 Abs. 4 S. 3 BGB zu beachten, wenn Leasingvertrag und Kaufvertrag ein Verbundgeschäft darstellen.

Ist nach dem Inhalt des Vertrages davon auszugehen, dass es sich bei der Sonderzahlung um eine Vorauszahlung handelt, schuldet der Leasingnehmer im Falle einer gesetzlichen Anhebung der Umsatzsteuer für die noch nicht verrechneten Anteile der Sonderzahlung den erhöhten Mehrwertsteuersatz, wenn der Vertrag eine entsprechende Anpassungsregelung enthält.[405]

c) Änderungen des Leasingentgelts

Im allgemeinen Geschäftsverkehr sind Änderungsvorbehalte in AGB, die für den Fall der Erhöhung der Kraftfahrzeug-Anschaffungskosten nach Vertragsabschluss eine entsprechende Anhebung des Entgelts vorsehen, nicht grundsätzlich unzulässig. Um jedoch vor § 307 BGB bestehen zu können, muss eine **Preisänderungsklausel** sowohl die Umstände, die den Leasinggeber zur Erhöhung des Entgelts berechtigen, als auch das Ausmaß der Erhöhung deutlich machen. Weiterhin ist erforderlich, dass dem Kunden das Recht einge-

---

399 OLG Düsseldorf 16. 1. 1997, OLGR 1997, 169.
400 OLG Rostock 13. 9. 1999, OLGR 2000, 2.
401 Davon gehen offenbar *Michalski/Schmitt*, Der Kfz-Leasingvertrag, S. 126, Rn 227 aus.
402 *Müller-Sarnowski*, DAR 1998, 228, 229.
403 BGH 18. 1. 1967, BGHZ 46, 338.
404 AG Düsseldorf 30. 4. 1998, NJW-RR 1998, 1673 .
405 *Müller-Sarnowski*, DAR 1998, 228; *Reinking*, Autoleasing, S. 110 .

räumt wird, vom Vertrag Abstand zu nehmen, falls der Preis stärker als die Lebenshaltungskosten steigt.[406] Eine an sich zulässige Preisanpassungsklausel darf vom Leasinggeber nicht dazu benutzt werden, sich von einem – vom Leasingnehmer ausgehandelten – günstigen Preis zu lösen oder einen Irrtum über den bei Vertragsschluss gültigen Preis auf den Kunden abzuwälzen.

Die Zulässigkeit des Änderungsvorbehalts wegen Erhöhung des Kaufpreises hat das OLG Düsseldorf[407] bei Verträgen mit Verbrauchern in Zweifel gezogen, da § 492 Abs. 1 S. 5 Nr. 5 BGB Veränderungen des Zinssatzes oder anderer preisbestimmender Faktoren nur mit Wirkung für die Zukunft anspricht. Die Bedenken sind jedoch nicht begründet, da diese Bestimmung auf Verbraucher- Leasingverträge nicht anzuwenden ist. Außerdem stellt sich eine Änderung des Kaufpreises nach Abschluss des Leasingvertrages – ex post betrachtet – als eine zukünftige dar. Schließlich hat der Gesetzgeber zur Änderung der preisbestimmenden Faktoren in der Begründung zur Vorgängernorm von § 492 Abs. 1 S. 5 Nr. 5 BGB (§ 4 Abs. 1 S. 2 Nr. 1 e VerbrKrG) auf die Anwendung der allgemeinen Grundsätze über die Zulässigkeit von Preisanpassungsklauseln hingewiesen.[408]

Weil Leasingverträge Dauerschuldverhältnisse sind, findet die in § 309 Abs. 1 Nr. 1 BGB vorgesehene **Sperrfrist von 4 Monaten** für Preiserhöhungen **keine Anwendung**.

AGB in Leasingverträgen, die den Leasinggeber berechtigen, das Leasingentgelt zu erhöhen, falls sich die **Refinanzierungsverhältnisse** in der Zeit bis zur Annahme des Leasingantrags durch die Leasinggesellschaft nachteilig verändern, benachteiligen den Leasingnehmer unangemessen und sind grundsätzlich unzulässig. Unterschiedliche Standpunkte werden zu der Frage vertreten, ob der Leasinggeber das Risiko einer Veränderung der Geldmarktverhältnisse dem Leasingnehmer durch AGB zuweisen darf, die in die Zeit zwischen Abschluss des Leasingvertrages und späterer Anschaffung des Fahrzeugs fällt. Im Schrifttum wird die Ansicht vertreten,[409] es sei die Aufgabe des Leasinggebers, von vornherein mit seinem Kreditgeber die Refinanzierungsbedingungen auszuhandeln und langfristig festzulegen. Gegenteilig entschied das OLG Frankfurt,[410] das dem Leasinggeber das Recht zubilligte, das Veränderungsrisiko der Refinanzierungsbedingungen durch eine Anpassungsklausel aufzufangen.

Eine in AGB vorgesehene Anpassung der Leasingraten für den Fall, dass sich während der Vertragszeit die **Umsatzsteuer** ändert, ist sachangemessen und wirksam. Ebenfalls unbedenklich sind AGB, die den Leasinggeber eines Bruttoleasingvertrages berechtigen, die Leasingraten anzupassen, falls sich die Kosten für **Nebenleistungen** (Versicherungsprämien, Kfz-Steuer, Reparaturkosten, Gebühren für HU und AU) erhöhen, sofern die Anhebungen den von der Rechtsprechung gestellten allgemeinen Anforderungen[411] entsprechen.

10. Forderungsabsicherung

a) Haftung Dritter

824 Leasinggesellschaften sichern ihre Ansprüche aus Leasingverträgen ab, indem sie Dritte, z. B. **Ehepartner**, **Geschäftsführer**, **Gesellschafter** der GmbH und **Verkäufer** in Mithaftung nehmen. Händlern wird häufig die Verpflichtung auferlegt, das Leasingfahrzeug am Vertragsende oder auch im Falle einer vorzeitigen Vertragsbeendigung zum kalkulierten Restwert oder zum Verkehrswert zurückzukaufen (s. Rn 878).

---

406 BGH 1. 2. 1984 BGHZ 90,69; OLG Düsseldorf 18. 4. 2000, OLGR 2001, 195, 197; sowie Rn 56.
407 Urt. v. 18. 4. 2000, OLGR 2001, 195, 197.
408 BT-Drucks. 11/5462 S. 20.
409 *Sannwald*, Der Finanzierungsleasingvertrag über bewegliche Sachen mit Nichtkaufleuten, S. 145.
410 Urt. v. 14. 5. 1985, BB 1986, 696.
411 BGH 7. 10. 1981, BB 1982, 146.

Auf Personen, die

- der Schuld des Leasingnehmers beitreten,
- die Schuld des Leasingnehmers im Wege einer vom Leasinggeber genehmigten befreienden Schuldübernahme übernehmen,
- als weitere Leasingnehmer im Wege einer dreiseitigen Vereinbarung in den Leasingvertrag eintreten,
- einen Leasingvertrag übernehmen,

finden die Verbraucherschutzvorschriften, auf die § 500 BGB verweist, entsprechende Anwendung, wenn sie die Verpflichtung als **Verbraucher** übernommen haben.[412] Es ist nicht erforderlich, dass der Leasingnehmer ebenfalls die Verbrauchereigenschaft besitzt.

An dem Verbraucherschutz partizipieren auch Gesellschafter und Geschäftsführer, selbst wenn sie Alleingeschäftsführer sind oder als Gesellschafter die Mehrheit halten.[413] Eine selbstschuldnerische Mitverpflichtung spricht i. d. R. für die Annahme eines Schuldbeitritts und gegen eine Bürgschaft.[414]

Nach h. M. sind die in § 500 BGB genannten Vorschriften zum Verbraucherdarlehen auf **Bürgschaften** nicht entsprechend anwendbar.[415] Eine höchstrichterliche Entscheidung liegt bisher allerdings nur zur Verbraucher-Bürgschaft vor, die der Forderungsabsicherung aus einem **Leasingvertrag mit einem Unternehmer** dient.[416] Zu der Frage, ob auch solche Bürgschaften vom Verbraucherschutz ausgeschlossen sind, die ein Verbraucher zur Absicherung von Forderungen aus einem Leasingvertrag zwischen einem Unternehmer und einem Verbraucher übernommen hat, musste der BGH bisher noch nicht Stellung nehmen. Der EuGH[417] hat allerdings festgestellt, dass Bürgschaftsverträge nicht in den Geltungsbereich der Verbraucherkredit-Richtlinie[418] fallen, wenn weder der Bürge noch der Kreditnehmer/Leasingnehmer im Rahmen seiner Erwerbstätigkeit gehandelt hat. Die Mehrheit der deutschen Instanzgerichte lehnt es ab, Verbraucher-Bürgschaften, mit denen Forderungen aus sog. Verbraucher-Leasingverträgen abgesichert werden, wie Verbraucherdarlehen zu behandeln.[419] Der Bürge sei – so wird argumentiert – in geringerem Maße schutzwürdig als derjenige der einer fremden Schuld beitrete, da er durch die Schriftform gewarnt wird und im Falle der Aufgabe von Sicherheiten Befreiung von der Bürgschaft verlangen

---

412 BGH 5. 6. 1996, WM 1996,1258; 10. 7. 1996, WM 1996,1781; 12. 11. 1996, WM 1997,158; 25. 2. 1997, EBE 1997,122; 30. 7. 1997, EBE 1997, 316; OLG München 30. 5. 1996, OLGR 1996, 173; OLG Oldenburg 9. 5. 1996, OLGR 1996, 145; OLG Hamm 14. 2. 1997, OLGR 1997, 101, OLG Düsseldorf 20. 2. 1997, OLGR 1997,89; 10. 6. 1997, OLGR 1997,233; OLG Celle 29. 1. 1997, OLGR 1997,61; OLG Naumburg 4. 12. 1998, OLGR 1999,270; *Bülow/Artz*, ZIP 1998,629; *Bülow*, ZIP 1997, 400; *Schmid-Burgk* DB 1997,513; a. A. nur OLG München 20. 7. 1999, OLGR 1999, 361.
413 BGH 25. 2. 1997, EBE 1997,122.
414 Thüringer OLG 3. 5. 1999, OLGR 2000,32.
415 *Ulmer* MK BGB § 1 VerbrKrG Rn 37; *Staudinger/Kessal-Wulf*, § 1 VerbrKrG Rn 23; *Seeker*, WuB I E 2, § 7 VerbrKrG 2 S. 96; *Reiff* in *Dauner-Lieb/Heidel/Lepa/Ring*, Anwaltskommentar Schuldrecht, § 491 Rn 5; *Zahn* DB 1992, 1029; *Koch*, FLF 1998, 203; a. A. z.B. *Graf von Westphalen*, DB 1998, 295; *ders.* in *Westphalen/Emmerich/Rottenburg*, § 1 VerbrKrG Rn 80 ff.; *Bülow*, VerbrKrG, § 1 Rn 100; *ders.*, ZIP 1999, 1613 m. w. N.; *Reinking* Autoleasing, S. 61, 82.
416 BGH 21. 4. 1998, DB 1998,1179.
417 Urt. v. 23. 3. 2000, WM 2000, 713.
418 87/102/EWG des Rates vom 22. 12. 1986.
419 OLG Stuttgart 22. 7. 1997, OLGR 1997,36; 18. 2. 1998, OLGR 1998,147; OLG Rostock 8. 1. 1998 OLGR 1998,180; OLG Düsseldorf 18. 8. 1997, ZIP 1997, 2005; OLG Frankfurt a. M. 15. 12. 1997, OLGR 1998, 147 und 21. 1. 1998 OLGR 1998, 218; a. A. LG Köln 2. 10. 1997, ZIP 1997, 2007.

kann.⁴²⁰ Diese Begründung vermag nicht zu überzeugen, da der Schuldbeitritt eines Verbrauchers zu einem Kraftfahrzeugleasingvertrag ebenfalls der Schriftform bedarf⁴²¹ und in Anbetracht der wirtschaftlichen Zielsetzung und dem daraus abzuleitenden Schutzbedürfnis der mithaftenden Personen kein wesentlicher Unterschied zwischen Bürgschaft und Schuldbeitritt besteht.⁴²²

Soweit mithaftende Personen an dem Verbraucherschutz der §§ 491 ff. BGB partizipieren, ist zu beachten, dass die **Widerrufsfrist** erst mit dem **Zeitpunkt der Haftungserklärung** zu laufen beginnt und eine entsprechende Belehrung zu erfolgen hat (dazu Rn 96. Nimmt der Leasinggeber das Fahrzeug in der Zeit zurück, in der das Widerrufsrecht des Beitretenden noch nicht erloschen ist, kann der Schuldbeitritt nicht mehr wirksam werden.⁴²³

Eine **Kündigung** gegenüber einem mitverpflichteten Verbraucher ist nur unter den Voraussetzungen von § 498 BGB wirksam.⁴²⁴ Eine gegenüber dem Leasingnehmer wirksame Kündigung berührt, wenn sie dem Beitretenden gegenüber nicht den Anforderungen von § 498 BGB genügt, nicht die weiterhin bestehende Erfüllungspflicht des aufgrund des Schuldbeitritts haftenden Dritten.⁴²⁵ Das Gleiche gilt, wenn von mehreren Leasingnehmern nur einer den Vertrag als Verbraucher abgeschlossen hat und das Fahrzeug ganz oder überwiegend für die ausgeübte selbstständige Tätigkeit eines anderen Leasingnehmers bestimmt ist.⁴²⁶ Da gegenüber einer – aus Unternehmern und Verbrauchern bestehenden – Mehrheit von Leasingnehmern nur **einheitlich gekündigt** werden kann, hat eine gegenüber einem Verbraucher – z. B. wegen Nichtbeachtung der Kündigungserfordernisse von § 498 BGB – unwirksame Kündigung zur Folge, dass die Kündigung insgesamt unwirksam ist.⁴²⁷

b) Abtretung von Ansprüchen auf Lohnzahlung

825 Unwirksam ist eine im Leasingvertrag enthaltene formularmäßige **Vorausabtretung** des pfändbaren Teils gegenwärtiger und zukünftiger Lohn-, Gehalts-, Pensions- und damit in Zusammenhang stehender Ansprüche des Leasingnehmers an den Leasinggeber. Sie engt den wirtschaftlichen Spielraum des Leasingnehmers unangemessen ein und verschafft dem Leasinggeber ein Druckmittel, mit dessen Hilfe er unberechtigte und zweifelhafte Forderungen durchzusetzen vermag. Es fehlt insbesondere an einem adäquaten Sicherungsbedürfnis, weil der Leasinggeber während der Zeit der Gebrauchsüberlassung Eigentümer des Leasingfahrzeugs bleibt.⁴²⁸

11. Auswirkungen der Sachmängelhaftung auf den Leasingvertrag

a) Keine Leistungsverweigerung bei Lieferung eines mangelhaften Fahrzeugs

826 Vor der Schuldrechtsreform galt, dass der Leasingnehmer nach Abnahme des Leasingfahrzeugs nicht berechtigt war, die Leasingraten wegen eines Fehlers der Leasingsache zu-

---

420 *Schmid-Burgk*, DB 1997, 513.
421 BGH 12. 11. 1996, WM 1997, 158.
422 *Bülow*, VerbrKrG § 1 Rn 100; *ders.*, ZIP 1999, 1613 m. w. N.
423 OLG Koblenz 9. 10. 1997, OLGR 1998, 257.
424 OLG Hamm 14. 2. 1997, OLGR 1997, 102.
425 OLG Naumburg 4. 12. 1998, OLGR 1999, 270; *Graf von Westphalen*, MDR 1997, 310.
426 OLG Celle 29. 1. 1997; OLGR 1997, 61, 62; OLG Karlsruhe 25. 2. 1997, NJW-RR 1998, 1438.
427 Zuletzt BGH 28. 6. 2000, NJW 2000, 3133.
428 OLG Celle 12. 1. 1994, NJW-RR 1994,562; a. A. AG Essen 2. 3. 1995 – 19 C 676/94 zur Lohnabtretung und Übereignung des finanzierten Fahrzeugs unter Berufung auf LG Essen 3. 2. 1993 –10 S 517/92 – n. v.

Vertragsdurchführung

rückzuhalten. Dies war die logische Folge des Ausschlusses des mietrechtlichen Minderungsrechts und dessen Ersetzung durch die kaufrechtliche Gewährleistung. Dem Leasinggeber konnte der Leasingnehmer Sachmängelansprüche erst entgegen halten, wenn er sie gegenüber der Lieferfirma im Wege der Klage geltend gemacht oder bereits durch Wandlung oder Minderung durchgesetzt hatte.

Seit der Änderung des Sachmängelrechts wird die Frage erörtert, ob dem Leasingnehmer, der ein mangelhaftes Fahrzeug erhalten hat, ein Leistungsverweigerungsrecht gegenüber dem Leasinggeber zusteht.[429] Ausgelöst wurde die Diskussion durch die Tatsache, dass die Verschaffung einer mangelfreien Sache zur Erfüllungspflicht des Verkäufers gehört und der Käufer ihm die Einrede des § 320 BGB entgegenhalten kann, wenn er eine mangelhafte Sache geliefert hat. Darauf aufbauend vertritt *Graf von Westphalen*[430] die Ansicht, das kaufrechtliche Leistungsverweigerungsrecht schlage auf den Leasingvertrag durch, so dass im Verhältnis zwischen Leasinggeber und Leasingnehmer ebenfalls von einer Nichterfüllung auszugehen sei.

Dieser Ansicht muss die Gefolgschaft versagt bleiben. Durch die Schuldrechtsreform wurde das Binnenverhältnis zwischen den Parteien des Leasingvertrages nicht verändert und aus der dogmatischen Umgestaltung des Kaufrechts ergibt sich keine Veranlassung, dem Leasingnehmer nunmehr das Recht zuzubilligen, im Fall der Lieferung einer mangelhaften Sache die Leasingraten zurückzuhalten. Die gegenteilige Auffassung lässt sich auch aus der – durch die Reform überholten – Rechtsprechung des BGH nicht ableiten.

Es stimmt zwar, dass der BGH[431] dem Leasingnehmer nach altem Recht ein Zurückbehaltungsrecht bei unvollständiger Lieferung zugebilligt hat. Aus damaliger Sicht war diese Entscheidung konsequent, weil die unvollständige Lieferung keine Gewährleistungsansprüche auslöste. Da die Mankolieferung heute einen Sachmangel der Kaufsache darstellt (§ 434 Abs. 3 BGB), werden daraus resultierende Ansprüche des Leasinggebers von der Abtretung mit umfasst.

Einem Leistungsverweigerungsrecht des Leasingnehmers steht § 359 S. 3 BGB eindeutig entgegen. Danach kann der Verbraucher eines verbundenen Vertrages die Rückzahlung des Darlehens erst verweigern, wenn die Nacherfüllung fehlgeschlagen ist. Diese Vorschrift findet gem. § 500 BGB auf verbundene Leasingverträge zwischen Unternehmern und Verbrauchern Anwendung und gilt – wegen der geringeren Schutzbedürftigkeit „erst recht" – für nicht verbundene Leasingverträge und solche zwischen Unternehmern.[432]

Würde man dem Leasingnehmer hinsichtlich der Leasingraten ein Zurückbehaltungsrecht zubilligen, stünde er besser als bei einem Barkauf oder einem finanzierten Kauf. Im Fall des finanzierten Kaufs sperrt § 359 S. 3 BGB die Einrede des nicht erfüllten Vertrages, beim Barkauf erlischt das Zurückbehaltungsrecht mit der Zahlung des Kaufpreises. Weiterhin ist zu berücksichtigen, dass der Leasinggeber im Stadium der Nacherfüllung nicht die Möglichkeit besitzt, seinerseits gegenüber dem Verkäufer ein Zurückbehaltungsrecht geltend zu machen, da er zu diesem Zeitpunkt im Regelfall den Kaufpreis gegen Erhalt der Abnahmebestätigung bereits an den Lieferanten gezahlt hat.

Obwohl nach hier vertretener Ansicht der gesetzlich abgesteckte Rahmen keinen Anwendungsspielraum für § 320 BGB belässt, erscheint es angesichts der kontroversen Diskussion ratsam, behutsam mit der Verwendung von Klauseln umzugehen, die das Zurückbehaltungsrecht des Leasingnehmers einschränken. Sollte einer solchen Klausel die Wirk-

---

429 *Beckmann* FLF, 2002, 46 ff., 50; *Zahn* DB 2002, 985, 986; *Graf von Westphalen,* ZIP 2001, 2258 ff.; *ders.*, ZGS 2002, 64, 67; *Reinking* ZGS 2002, 232.
430 ZIP 2001, 2258 ff.
431 Urt. v. 7. 7. 1989 ZIP 1989, 1333, 1336; Urt. v. 7. 10. 1992, NJW 1993, ZIP 1993, 130 ff.
432 *Zahn* DB 2002, 986.

samkeit von der Rechtsprechung versagt werden, würde die Abtretungskonstruktion in sich zusammenbrechen und die Vermieterhaftung aufleben. Der Leasinggeber wäre verpflichtet, während der Laufzeit des Leasingvertrages auftretende Fahrzeugmängel auf seine Kosten zu beseitigen.[433]

b) Nacherfüllung

827 Beim Neuwagenkauf hat der Käufer beim Auftreten eines Sachmangels zunächst die Wahl zwischen **Beseitigung des Mangels** und **Lieferung eines anderen mangelfreien Fahrzeugs** (Rn 234). Sofern der Leasingvertrag ein Gebrauchtfahrzeug zum Gegenstand hat, beschränkt sich die Nacherfüllung i. d. R. auf die Beseitigung des Mangels, da die Nachlieferung eines anderen Fahrzeugs nicht möglich ist.

Welche Auswirkungen sich auf den Leasingvertrag ergeben, wenn der Leasingnehmer eines Neufahrzeugs wegen eines Sachmangels die Lieferung eines anderen mangelfreien Fahrzeugs verlangt, ist weitgehend ungeklärt und höchst umstritten.

Nicht zu überzeugen vermag die Ansicht, die Nachlieferung habe die gleichen Rechtsfolgen wie der Rücktritt, da die Rückabwicklung des Kaufvertrages dem Leasingvertrag die Geschäftsgrundlage entziehe.[434] Durch die Einräumung des Ersatzlieferungsanspruchs soll die Primärleistungspflicht des Verkäufers im Interesse einer Aufrechterhaltung des Kaufvertrages gestärkt werden. Aus diesem Grund wird die Lieferung des anderen (mangelfreien) Fahrzeugs – ebenso wie die Nachbesserung – im Rahmen des **fortbestehenden Kaufvertrages** vollzogen. Aus § 439 Abs. 4 BGB ergibt sich ganz klar, dass lediglich für die Rückgewähr der mangelhaften Sache die dort genannten Vorschriften des Rücktrittsrechts anzuwenden sind. Eine Erstattung des Kaufpreises findet bei der Ersatzlieferung nicht statt und es wird auch keine Pflicht zur erneuten Kaufpreiszahlung Zug um Zug gegen Lieferung des anderen mangelfreien Fahrzeugs begründet.[435] Für die Richtigkeit der hier vertretenen Ansicht spricht nicht zuletzt die Tatsache, dass die Ersatzlieferung die Dauer des Leasingvertrages nicht verlängert.

Den Anspruch auf Ersatzlieferung hat der sie beanspruchende Leasingnehmer kraft abgetretenen Rechts durchzusetzen und abzuwickeln. Die gem. § 346 Abs. 1 BGB herauszugebenden Nutzungen werden vom Leasinggeber geschuldet. Im Innenverhältnis ist der Leasingnehmer nicht verpflichtet, dem Leasinggeber die Nutzungen zu ersetzen, da sie durch die Leasingraten abgegolten werden, die der Leasingnehmer nicht zurückhalten darf, solange die Nacherfüllung nicht fehlgeschlagen ist.[436]

Das Recht auf Ersatzlieferung hat Leasingfirmen stark verunsichert. Sie empfinden den Anspruch als Fremdkörper in dem Dreiecksverhältnis der am Leasingvertrag beteiligten Personen, weil er speziell auf die Interessenlage der Parteien des Kaufvertrages zugeschnitten ist. Nicht ganz unbegründet ist ihre Befürchtung, der Ersatzlieferungsanspruch könnte die mit dem Leasingvertrag angestrebte **Vollamortisation** gefährden, da die Nutzungsentschädigung, die sie zu tragen haben, durch die Höherwertigkeit des Ersatzfahrzeugs nicht in jedem Fall ausgeglichen wird.[437] Allein dieser Aspekt reicht aber nicht aus, um dem Leasingnehmer – insbesondere demjenigen eines Verbraucher-Leasingvertrages – den kaufrechtlichen Anspruch auf Lieferung eines anderen mangelfreien Fahrzeugs zu versagen (Rn 779).

---

433 *Graf von Westphalen* ZGS 2002, 64, 67.
434 *Graf von Westphalen*, ZIP 2001, 2258, 2260.
435 *Beckmann*, FLF 2002, 46, 50; *Zahn*, DB 2002, 985, 987.
436 *Zahn* DB 2002, 985, 987.
437 *Zahn* DB 2002, 985, 987.

Vertragsdurchführung

Die Leasingpraxis bemüht sich darum, das Problem durch entsprechende Vertragsgestaltung zu bewältigen. Es gibt verschiedene Lösungsansätze, die der **AGB-Kontrolle** jedoch meistens nicht standhalten. Unangemessen und intransparent ist die Klausel, welche die Parteien verpflichtet, den Vertrag in der Weise anzupassen, dass die Interessen beider Seiten gewahrt werden. Sie erweckt den Eindruck, als sei der Leasingnehmer verpflichtet, im Fall der Ersatzlieferung zusätzliche Kosten zu tragen. AGB, die besagen, dass der Leasingvertrag mit allen Rechten und Pflichten erst mit der Übergabe des Ersatzfahrzeugs in Vollzug gesetzt wird, der Leasinggeber dem Leasingnehmer die bis dahin gezahlten Leasingraten inkl. Sonderzahlung jeweils zuzüglich Zinsen in gesetzlicher Höhe erstattet und der Leasingnehmer den Leasinggeber von der an den Verkäufer zu entrichtenden Nutzungsentschädigung freistellt, verstoßen gegen §§ 307 Abs. 1 S. 1, 308 Nr. 1 BGB, da sie dem Leasingnehmer eine nicht kalkulierbare Vertragsdauer aufzwingen und sich der Leasinggeber für die Erbringung der mangelfreien Leistung eine unangemessen lange Frist vorbehält. Durch Einräumung der Option, die Leasingraten bis zur Lieferung des mangelfreien Fahrzeugs einzubehalten, werden die rechtlichen Bedenken nicht ausgeräumt, da sich die Vertragsdauer entsprechend verlängert. Zu einer zusätzlichen und daher nicht zumutbaren Kostenbelastung des Leasingnehmers können AGB führen, nach denen der Leasingnehmer die – vom Leasinggeber geschuldete – Nutzungsvergütung zu tragen hat und als Gegenleistung dafür den erhöhten Nettowert am Vertragsende bekommt. Die zusätzliche Kostenbelastung tritt dann ein, wenn am Vertragsende ein höherer Wert nicht erzielt werden kann. Angemessen sind Regelungen, in denen sich die Leasingfirmen den Anspruch wegen der Höherwertigkeit des Ersatzfahrzeugs als Ausgleich für die Nutzungsentschädigung vorbehalten.[438] Sie bergen allerdings ein Restrisiko, das sich durch AGB nicht ausschließen lässt und das sich immer dann verwirklicht, wenn die Nutzungsentschädigung den auf dem Höherwert beruhenden Anteil des Verwertungserlöses übersteigt.[439]

Vom Verkäufer im Zuge der Nachlieferung zu erstattende notwendige **Verwendungen** oder **andere Aufwendungen** (§ 347 Abs. 2 BGB), die der Leasinggeber als Käufer vom Verkäufer zu beanspruchen hat, stehen im Innenverhältnis der Parteien des Leasingvertrages dem Leasingnehmer zu, soweit sie bei ihm angefallen sind und er die Kosten getragen hat.

c) Rücktritt wegen Störung der Geschäftsgrundlage des Leasingvertrages

Der Leasinggeber, der den Leasingnehmer in seinen AGB wirksam auf die Geltendmachung abgetretener Sachmängel – und Garantieansprüche aus dem Kauf verwiesen hat, muss nach gefestigter höchstrichterlicher Rechtsprechung die sich daraus ergebenden **rechtlichen Folgen verbindlich** hinnehmen und kann nicht im Leasingverhältnis das Fehlen von Mängeln erneut geltend machen.

828

In Bezug auf den Kaufvertrag entfaltet der Rücktritt seine Rechtswirkungen, sobald die Rücktrittserklärung dem Verkäufer zugegangen ist.[440] Zur Herbeiführung der Rücktrittsfolgen aus dem Kaufvertrag kommt es nicht darauf an, dass der Verkäufer sich mit dem Rücktritt einverstanden erklärt.

Es wird die Ansicht vertreten, der Rücktritt vom Leasingvertrag wegen Wegfalls der Geschäftsgrundlage sei nicht schon ab dem Zeitpunkt der Erklärung des Rücktritts vom Kaufvertrag möglich, sondern erst dann, wenn der Rücktritt vom Kaufvertrag durch Anerkenntnis des Verkäufers, dessen rechtskräftige Verurteilung oder durch Feststellung der Rücktrittsforderung zur Insolvenztabelle „vollzogen" sei.[441] Dogmatisch steht außer Frage,

---

438 *Beckmann*, FLF 2002, 46, 51.
439 Ausführlich zu dieser Problematik *Reinking*, DAR 2002, 496.
440 *Wolff* in *Hoeren/Martinek*, Systematischer Kommentar zum Kaufrecht § 437 Rn 22.
441 *Beckmann*, FLF 2002, 46, 48; *Godefroid*, BB, Beilage Heft 27, 2002, 2, 7.

dass der Kaufvertrag durch die einseitige Rücktrittserklärung in ein Rückabwicklungsverhältnis umgestaltet wird. Aus diesem Grund wird auch die Geschäftsgrundlage des Leasingvertrages bereits in dem Augenblick gestört, in dem der Leasingnehmer den Rücktritt vom Kaufvertrag gegenüber dem Verkäufer erklärt. Allein die Tatsache, dass der Verkäufer den Rücktritt zurückweist und sich auf ein Prozessverfahren einlässt, ändert nichts an diesem Befund.[442]

829 Für den Leasingnehmer besteht durchaus die Gefahr, dass sein Rücktritt vom Leasingvertrag scheitert, wenn er mit dem Rücktritt vom Kaufvertrag keinen Erfolg hat, weil der Mangel nicht besteht, nicht bewiesen werden kann oder unerheblich ist (§ 323 Abs. 5 BGB). Allein dies ist kein Grund, der es rechtfertigt, dem Leasingnehmer das Recht des Rücktritts vom Leasingvertrag zu versagen, so lange nicht „objektiv" feststeht, dass sein Rücktritt vom Kaufvertrag wirksam ist. Das Risiko, mit einem Recht nicht durchzudringen, besteht generell in allen Verfahren. Die leasingtypische Verknüpfung der Sachmängelrechte aus dem Kaufvertrag mit dem Schicksal des Leasingvertrages verlangt nicht nach einer Sonderbehandlung. Überhaupt sind die Konsequenzen, die sich aus der Zulassung des Rücktritts vom Leasingvertrag sofort im Anschluss an den Rücktritt vom Kaufvertrag ergeben, keineswegs gravierender als nach altem Recht, obwohl man dies auf den ersten Blick vermuten möchte. Bereits vor der Schuldrechtsreform galt, dass der Leasingnehmer, der die Wandlung des Kaufvertrages verlangte, berechtigt war, die Leasingraten zurückzuhalten, zwar nicht schon ab dem Zeitpunkt der Erklärung der Wandlung, wohl aber ab dem Zeitpunkt der Klageerhebung und mithin bereits vor Vollzug des Wandlungsrechts.[443] Der Erhebung der Wandlungsklage wurde der Zeitpunkt gleichgestellt, in dem fest stand, dass die Durchsetzung der Wandlung für den Käufer unmöglich oder unzumutbar war. Nach Abschnitt VIII, Ziff. 4 Abs. 2 der Leasing-AGB des VDA war der Leasingnehmer berechtigt, die Leasingraten bereits ab Erklärung der Wandlung zurückzuhalten, wenn er spätestens innerhalb von sechs Wochen die Wandlungsklage einreichte. Es besteht keine Veranlassung, diese Rechtspraxis aufzugeben, da die Ausgangslage trotz der dogmatischen Veränderungen gleich geblieben ist. Der rechtliche Unterschied besteht allein darin, dass vor der Reform darüber gestritten wurde, ob der Käufer das Recht hatte, den Kaufvertrag durch die Wandlung in ein Rückgewährschuldverhältnis umzuwandeln, während es heute um die Feststellung geht, ob durch den Rücktritt die Umgestaltung des Kaufvertrages in ein Rückgewährschuldverhältnis bereits stattgefunden hat und die beiderseits ausgetauschten Leistungen von den Parteien zurückzugewähren sind.

Ein vom Leasinggeber eingeleitetes Klageverfahren auf Zahlung der Leasingraten ist wegen der Vorgreiflichkeit des die Sachmängel betreffenden Prozesses zwischen Leasingnehmer und Verkäufer nach § 148 ZPO auszusetzen.[444] Das Gleiche hat – umgekehrt – für eine auf § 313 Abs. 3 BGB gestützte Klage des Leasingnehmers zu gelten, mit der er die Rückabwicklung des Leasingvertrages verlangt. Das Verfahren ist auszusetzen, so lange zwischen dem Leasingnehmer und dem Verkäufer ein Rücktrittsprozess wegen der Mängel schwebt.

Auf die Ansprüche aus dem Rückabwicklungsverhältnis kann sich der Leasingnehmer **einredeweise** berufen, wenn der Verkäufer aus – vom Leasinggeber – abgeleitetem Recht die Leasingraten geltend macht.[445]

Der Zeitpunkt, in dem der Rücktritt vom Kaufvertrag auf den Leasingvertrag durchschlägt, hängt davon ab, ob es sich um einen verbundenen oder einen nicht verbundenen Leasingvertrag zwischen einem Unternehmer und einem Verbraucher oder um einen Leasingvertrag zwischen Nichtverbrauchern handelt. Liegt ein Verbundgeschäft vor, bewirkt

---

442 *Graf von Westphalen*, ZIP 2002, 2258, 2261.
443 BGH 19. 2. 1986, NJW 1986, 1744.
444 BGH 19. 2. 1986 NJW 1986, 1744 ff.
445 BGH 5. 12. 1984, WM 1985, 226 zur früheren Wandlungseinrede.

der Rücktritt vom Kaufvertrag dessen Umgestaltung in ein Rückgewährschuldverhältnis. Damit entfällt die **Geschäftsgrundlage** des Leasingvertrages, die den Leasingvertrag jedoch nicht automatisch zum Erlöschen bringt. Erforderlich ist, dass der Leasingnehmer den Rücktritt gegenüber dem Leasinggeber erklärt. Ab dem **Zugang des Rücktritts** beim Leasinggeber erlischt der Leasingvertrag und mit ihm die Pflicht des Leasingnehmers zur Zahlung der Leasingraten. Ebenso verhält es sich bei einem Leasingvertrag mit einem Nichtverbraucher. Die frühere Rechtsprechung des BGH,[446] wonach der Leasingnehmer ab Klageerhebung zum Einbehalt der Leasingraten berechtigt war, ist aufgrund der geänderten Dogmatik für das Rücktrittsrecht nicht mehr verwendbar.

Falls der Leasing- und Kaufvertrag ein **Verbundgeschäft** i. S. v. § 358 Abs. 3 BGB darstellen, ist der Leasingnehmer berechtigt, die Zahlung der Leasingraten einzustellen, wenn die Nacherfüllung fehlgeschlagen ist.[447] Die Erklärung des Rücktritts ist nach dem Wortlaut von § 359 S. 3 BGB hierzu nicht erforderlich. Vom Leasingnehmer ist aber zu verlangen, dass er sich für ein Recht entscheidet, da hiervon der Einwendungsdurchgriff abhängt. Fällt die Wahl des Leasingnehmers auf das Minderungsrecht, kann er die Raten nicht in voller Höhe, sondern nur zum Teil einbehalten. Es bleibt ihm auch nach dem Fehlschlagen der Nacherfüllung unbenommen, den Nacherfüllungsanspruch weiterzuverfolgen, sofern keine Unmöglichkeit oder Unverhältnismäßigkeit vorliegt. Ob er auch in diesem Fall wegen des Fehlschlagens der vorausgegangenen Nacherfüllung berechtigt ist, die Leasingraten ganz oder teilweise einzubehalten, ist noch völlig ungeklärt. Die Rechtsprechung wird weiterhin darüber zu befinden haben, ob der Verkäufer – gegebenenfalls auf Druck des Leasinggebers – die Möglichkeit hat, das Wahlrecht nach § 264 BGB auf sich überzuleiten. **830**

Wenn der Leasingnehmer vertraglich die **Pflicht zur Geltendmachung/Durchsetzung** der Sachmängelansprüche aus dem Kaufvertrag übernommen hat, ist ihm das Zurückbehaltungsrecht nach § 242 BGB zu versagen, wenn er trotz Fehlschlagens der Nacherfüllung die ihm zur Wahl stehenden Sachmängelansprüche aus dem Kaufvertrag in vertragswidriger Weise nicht weiterverfolgt. Hierbei sind die Grenzen von § 359 S. 3 BGB für verbundene Verträge zu beachten.

Die Problematik des sog. Rückforderungsdurchgriffs[448] bei verbundenen Verträgen mit Verbrauchern ist für das Kraftfahrzeugleasing nicht von Bedeutung. Dies liegt daran, dass die Rechtsprechung dem Leasingnehmer, unabhängig von der Verbrauchereigenschaft und dem Verbundmerkmal grundsätzlich die Möglichkeit eröffnet, die geleisteten Zahlungen vom Leasinggeber wegen Fehlens der Geschäftsgrundlage über § 313 Abs. 3 BGB zurückzufordern.

Wegen des Erfordernisses der unbedingten und vorbehaltlosen Abtretung der Sachmängelrechte ist der Leasingnehmer berechtigt, diese ohne Mitwirkung des Leasinggebers gegen den Verkäufer durchzusetzen. Der Leasinggeber darf die Art und Weise der Anspruchsverfolgung **nicht von** der Einhaltung bestimmter **Abwicklungsmodalitäten abhängig** machen, wenn hierdurch die Sachmängelansprüche des Leasingnehmers eingeschränkt werden. Die Ansprüche wegen Sachmängeln erlöschen nicht zwangsläufig mit der Kündigung des Leasingvertrages, es sei denn, die Abtretung wurde vertraglich an den Fortbestand des Leasingvertrages geknüpft.[449] Eine rechtskräftige Verurteilung des Händlers, die **nicht notwendigerweise** auf Grund **streitiger Verhandlung** ergangen sein muss, sondern auch auf Säumnis des Händlers beruhen kann,[450] muss der Leasinggeber ebenso gegen sich gel- **831**

---

446 Urt. v. 19. 2. 1986, NJW 1986, 1744.
447 Zum Begriff des Fehlschlagens *Palandt/Heinrichs*, BGB Erg.-Bd., § 359 Rn 3 sowie Rn 273 ff.
448 *Palandt/ Heinrichs*, BGB Erg.-Bd., § 359 Rn 7 m. w. N. sowie zuletzt LG Bochum 27. 4. 2001, NJW-RR 2002, 349.
449 BGH 13. 3. 1991, ZIP 1991, 519, 522; Pfälzisches OLG 3. 2. 2000, – 4 U 202/98- .
450 BGH 13. 3. 1991, ZIP 1991, 519; OLG Düsseldorf 23. 11. 1989, NJW 1990, 1143.

ten lassen wie eine außergerichtlich zwischen Leasingnehmer und Händler **einverständlich vollzogene Rückgängigmachung des Kaufvertrages**. Der Leasinggeber kann sich nicht darauf berufen, ihm sei keine Gelegenheit zur Mitwirkung und Wahrung seiner Rechte eingeräumt worden.[451] Mit allen Einwendungen, die sich gegen die Feststellung von Mängeln und das Recht zur Geltendmachung solcher Mängel richten, ist er ausgeschlossen, und er wird auch nicht damit gehört, Mängelansprüche seien durch rügelose Abnahme verfallen oder die Verjährung sei schon vor Beginn des Prozessverfahrens wegen der Sachmängel eingetreten.[452] Eine zwischen Leasingnehmer und Händler – kollusorisch zum Nachteil des Leasinggebers – vereinbarte Rückgängigmachung des Kaufvertrages führt allerdings nicht zum Wegfall der Geschäftsgrundlage des Leasingvertrages,[453] weshalb dem Leasingnehmer das Rücktrittsrecht des § 313 Abs. 3 BGB unter diesen Umständen versagt werden muss. Zur Annahme eines kollusorischen Zusammenwirkens reicht allein der Umstand, dass der Leasinggeber ein Versäumnisurteil gegen sich ergehen lässt, nicht aus.[454]

Sachgerecht und im Rahmen der Angemessenheitskontrolle nicht zu beanstanden ist eine Formularregelung, die den Leasingnehmer verpflichtet, den Leasinggeber über die Geltendmachung von Gewährleistungsansprüchen zu unterrichten. Verletzt der Leasingnehmer seine **Unterrichtungspflicht**, kann dem Leasinggeber daraus ein auf Freistellung von den Folgen des Rücktritts gerichteter Schadensersatzanspruch erwachsen, zu dessen Substantiierung der Leasinggeber vortragen muss, was er bei rechtzeitiger Mitteilung zur Vermeidung des ihm durch den Rücktritt entstandenen Schadens unternommen hätte.[455]

Der Leasinggeber kann den Rücktritt nach dem Scheitern der Nacherfüllung nicht dadurch abwenden, dass er dem Leasingnehmer im Austausch ein mangelfreies **Ersatzfahrzeug** anbietet.[456] Durch eine Klausel im Leasingvertrag, die das Rücktrittsrecht des Leasingnehmers durch einen Anspruch auf Lieferung eines anderen mangelfreien Fahrzeugs des gleichen Typs ersetzt, werden die Interessen des Leasingnehmers nicht angemessen gewahrt, da § 439 Abs. 1 BGB dem Leasingnehmer diesen Anspruch bereits auf der vorgelagerten Anspruchsebene der Nacherfüllung gegen den Verkäufer zubilligt. Wenn feststeht, dass die Nacherfüllung des Kaufvertrages fehlgeschlagen ist, greifen die Rechte der zweiten Stufe, ohne dass es dem Leasingnehmer allerdings verwehrt ist, den bereits einmal gescheiterten Nacherfüllungsanspruch weiter zu verfolgen.

d) Rückabwicklung des Leasingvertrages

832 Durch den Rücktritt verwandelt sich der Leasingvertrag in ein Rückabwicklungsverhältnis, das nach den Rücktrittsvorschriften abzuwickeln ist. Eine Rückabwicklung nach Bereicherungsrecht[457] findet nicht mehr statt.

aa) Rückzahlung des Leasingentgelts und der Zinsen

833 Der Leasinggeber hat die Leasingraten und die Sonderzahlung an den Leasingnehmer zurückzuzahlen. Von der Verpflichtung zur Zahlung der Leasingraten ist der Leasingnehmer rückwirkend befreit, auch wenn er das Fahrzeug bereits in Benutzung genommen hat. Ihm ist nicht zuzumuten, zeitweilig ein mangelhaftes Auto zu fahren, dafür aber dennoch

---

451 BGH 27. 2. 1985, WM 1985, 573.
452 BGH 13. 3. 1991, ZIP 1991, 519.
453 BGH 27. 2. 1985, WM 1985, 573.
454 BGH 13. 3. 1991, ZIP 1991, 519.
455 BGH 13. 3. 1991, ZIP 1991, 521.
456 BGH 2. 12. 1981, BB 1982, 208.
457 BGH 25. 10. 1989, NJW 1990, 314 ff.

die für die Nutzungszeit vorgesehenen und für eine mangelfreie Sache berechneten Raten entrichten zu müssen.[458]

Der Leasingnehmer schuldet dem **Leasinggeber** weder **Aufwendungsersatz** noch Ersatz des **Gewinnausfalls**, da andernfalls das den Leasingvertrag beherrschende Äquivalenzprinzip gestört wäre.[459] Für den Leasingnehmer besteht insbesondere keine Verpflichtung, die Kosten der fehlgeschlagenen Refinanzierung zu ersetzen oder einen Ausgleich für den Kapitaleinsatz zu leisten, den der Leasinggeber an seiner Stelle getätigt hat.[460] Bei dem ersparten Kapitaleinsatz handelt es sich nicht um eine Position, um die der Leasingnehmer bereichert ist. Abrechnungsklauseln in AGB, mit denen sich Leasingfirmen Ersatzansprüche gleich welcher Art gegen Leasingnehmer für den Fall des Rücktritts vom Kaufvertrag wegen eines Sachmangels einräumen lassen, sind grundsätzlich ungültig.[461]

Aus der Ersetzung der bereicherungsrechtlichen Rückabwicklung durch die rücktrittsrechtliche Lösung folgt, dass der Leasinggeber dem Leasingnehmer die aus der Sonderzahlung und den Raten erzielten Zinsen herausgegeben muss (§ 346 Abs. 1 BGB) und einen Wegfall der Bereicherung gem. § 818 Abs. 3 BGB nicht mehr geltend machen kann. Weiterhin schuldet er dem Leasingnehmer diejenigen Zinsen, die er bei Wahrung eigenüblicher Sorgfalt gem. § 347 Abs. 1 BGB hätte erzielen können.[462] Da ihm ein Anspruch auf Aufwendungsersatz grundsätzlich nicht zusteht, darf er den Zinsanspruch des Leasingnehmers nicht mit den zur Finanzierung des Leasingfahrzeugs aufgewendeten Zinsen verrechnen. Allerdings hat er die Zinsen zu beanspruchen, die der Verkäufer ihm als Käufer des Fahrzeugs gem. §§ 346 Abs. 1, 347 Abs. 1 BGB schuldet, wodurch ein gewisser Ausgleich geschaffen wird.

bb) Herausgabe des Fahrzeugs und Vergütung der Gebrauchsvorteile

Der Leasingnehmer ist Zug um Zug gegen Erstattung des Leasingentgeltes und etwaiger Zinsen verpflichtet, das Fahrzeug herauszugeben und die Nutzungen zu vergüten, da insoweit eine Herausgabe nicht möglich ist.

Ist das Fahrzeug **untergegangen** oder hat es sich **verschlechtert**, muss der Leasingnehmer dem Leasinggeber in dem Umfang Wertersatz leisten, in dem letzterer dem Verkäufer Wertersatz schuldet (Rn 304 ff.) Für die Freistellung von der Verpflichtung zum Wertersatz stellt § 346 Abs. 3 S. 3 Nr. 3 BGB darauf ab, dass die Verschlechterung oder der Untergang beim „Berechtigten" eingetreten ist, obwohl dieser diejenige Sorgfalt beachtet hat, die er in eigenen Angelegenheiten anzuwenden pflegt. Beim Leasingvertrag mit Abtretungskonstruktion ist es wegen des Rücktrittserfordernisses von § 313 Abs. 3 BGB durchaus denkbar, dass nur auf einer der beiden Rücktrittsebenen die Voraussetzungen einer Haftungsfreistellung vorliegen. Aus der Aufspaltung der beiden Rückabwicklungsverhältnisse könnte sich ergeben, dass der Leasinggeber, der bei der Auswahl des Leasingnehmers die erforderliche Sorgfalt i. S. v. § 346 Abs. 3 S. 1 Nr. 3 BGB gewahrt hat, im Fall des Untergangs oder der Verschlechterung des Fahrzeugs von seiner Wertersatzverpflichtung gegenüber dem Verkäufer frei wäre, obwohl der Leasingnehmer den Unfall verschuldet hat und sich gegenüber dem Leasinggeber nicht auf das Haftungsprivileg des § 346 Abs. 3 Nr. 3 BGB berufen kann. Daraus ergibt sich die Fragestellung, ob sich der Leasinggeber ein haftungsrelevantes

---
[458] BGH 5. 12. 1984, WM 1985, 226.
[459] BGH 16. 9. 1981, BB 1981, 2093; 25. 10. 1989, NJW 1990, 314.
[460] BGH 16. 9. 1981, NJW 1982, 105, 107; 9. 10. 1985, NJW 1986, 179; 25. 10. 1989, NJW 1990, 314; OLG Koblenz 6. 7. 1984, WM 1984, 1259 f; a. A. OLG Braunschweig 7. 10. 1993 – 2 U 128/93 – n. v.
[461] *Schmidt* in *Ulmer/Brandner/Hensen,* Anh. §§ 9–11, Rn 463; *Ulmer/Schmidt,* DB 1983, 2558 ff., 2562.
[462] *Huber/Faust* Schuldrechtsmodernisierung, S. 261 Rn 66.

Verschulden des Leasingnehmers i. S. v. § 346 Abs. 3 S. 1 Nr. 3 BGB zurechnen lassen muss oder ob sich seine Verpflichtung gegenüber dem Verkäufer darauf beschränkt, eine verbleibende Bereicherung, bestehend in dem eigenen Wertersatzanspruch gegen den Leasingnehmer, auf den Verkäufer gem. § 346 Abs. 3 S. 2 BGB zu übertragen. Bei der Beantwortung dieser Frage geht es darum, wem von beiden das Risiko der Insolvenz des Leasingnehmers zuzuweisen ist. Da der Begriff des Berechtigten i. S. v. § 346 Abs. 3 S. 2 BGB weit auszulegen ist und außer der Person des Rücktrittsberechtigten dessen Angehörige, Angestellte und Mieter erfasst, erscheint es – vorbehaltlich einer hiervon abweichenden vertraglichen Regelung im Einzelfall – gerechtfertigt, dem Leasinggeber das Verschulden des Leasingnehmers zuzurechnen.

Der gegen den Leasingnehmer gerichtete Anspruch des Leasinggebers auf Ersatz der an den Verkäufer gezahlten Nutzungsvergütung folgt aus § 346 Abs. 1 BGB. Bei der Nutzungsvergütung handelt es sich nicht um Aufwendungsersatz i. S. v. § 347 Abs. 1 BGB, da sie weder eine notwendige noch eine nützliche Verwendung auf das Fahrzeug darstellt.

835 Die **Höhe der Nutzungsvergütung** bemisst sich nach dem Umfang der tatsächlichen Nutzung im Verhältnis zur voraussichtlichen Gesamtnutzungsdauer des Fahrzeugs. Zu vergüten ist derjenige Teil des Fahrzeugwerts, der dem Anteil der Nutzungsdauer durch den Leasingnehmer an der voraussichtlichen Gesamtnutzungsdauer entspricht (lineare Teilwertabschreibung).[463] Da die Berechnungsgrundlagen (Gesamtnutzungsdauer und tatsächliche Nutzung) im Rückabwicklungsverhältnis zwischen Leasinggeber und Leasingnehmer die gleichen sind wie im Rückabwicklungsverhältnis zwischen Leasinggeber und Verkäufer, sind die Beträge identisch. Die Nutzungsvergütung, die der Leasingnehmer dem Leasinggeber schuldet, entspricht derjenigen, die der Leasinggeber dem Verkäufer zu vergüten hat.

Für den Umfang der Nutzungen und die Höhe der Vergütung ist in dem Rechtsverhältnis zwischen den Parteien des Kaufvertrages der Verkäufer beweispflichtig, während die **Beweislast** in der Rechtsbeziehung zwischen den Parteien des Leasingvertrages beim Leasinggeber liegt. Da der Leasinggeber normalerweise zu dem Umfang der Benutzung des Leasingfahrzeugs aus eigener Kenntnis nichts vortragen kann, ist es Aufgabe des Leasingnehmers, einer pauschalen Nutzungsbehauptung des Leasinggebers substantiiert entgegenzutreten.

Das Risiko der **Insolvenz** des **Verkäufers** trägt der Leasinggeber, und zwar sowohl im kaufmännischen als auch im nichtkaufmännischen Geschäftsverkehr. Dem Leasinggeber ist es verwehrt, seine Aufwendungen für die Anschaffung des Fahrzeugs gegenüber dem Anspruch des Leasingnehmers auf Erstattung des Leasingentgelts bereicherungsmindernd geltend zu machen, wenn er seinen Anspruch auf Kaufpreisrückzahlung gegenüber dem Händler nicht realisieren kann, da andernfalls die für den Wegfall der Geschäftsgrundlage maßgebende Risikoverteilung ohne praktische Auswirkung bliebe.[464] Daraus folgt zwangsläufig, dass AGB, die das Risiko der Händlerinsolvenz auf den Leasingnehmer verlagern, an § 307 Abs. 1 S. 1 BGB scheitern.[465]

---

463 Reg.-Entw., BT-Drucks. 14/6040, S. 193; BGH 25. 10. 1989, NJW 1990, 314 ff.; *Kaiser* JZ 2001, 1057, 1066; *Huber/Faust*, Schuldrechtsmodernisierung, S. 258 Rn 57 sowie Rn 317.
464 BGH 20. 6. 1984, BB 1984, 2019; 25. 10. 1989, NJW 1990, 314; 13. 3. 1991, ZIP 1991, 519; a. A. *Schröder*, JZ 1989, 717 ff.; kritisch wegen der durch § 438 BGB verlängerten Verjährungsfristen *Hager* in *Dauner-Lieb/Heidel/Lepa/Ring*, Anwaltskommentar Schuldrecht, § 346 Rn 16.
465 BGH 13. 3. 1991, ZIP 1991, 519, 523.

cc) Einzelfragen

Bei der Rückabwicklung kommt es unweigerlich zur Überlagerung der beiden Rückgewährschuldverhältnisse aus dem Kaufvertrag und aus dem Leasingvertrag. Dies liegt daran, dass sich das vom Leasinggeber an den Händler herauszugebende Fahrzeug regelmäßig in Händen des Leasingnehmers befindet und dass der Leasinggeber dem Händler Nutzungen vergüten muss, für die im Verhältnis der Parteien des Leasingvertrages der Leasingnehmer als Nutznießer aufzukommen hat. Als sinnvoll erweist sich daher eine Rückabwicklungspraxis, welche vorsieht, dass der Leasingnehmer das Fahrzeug direkt beim Händler abliefert und im Gegenzug der Leasingnehmer das um die Nutzungsvergütung gekürzte Leasingentgelt vom Leasinggeber zurückbekommt, dem der Händler den Kaufpreis abzüglich der zu vergütenden Nutzungen zu erstatten hat.[466]

836

Aus der Abtretungskonstruktion – wie auch aus der Ermächtigungskonstruktion – ergibt sich für den im Wege der Leistungsklage gegen den Verkäufer vorgehenden Leasingnehmer die Notwendigkeit, den Klageantrag dahingehend zu formulieren, dass die Rückzahlung des Kaufpreises zuzüglich der Zinsen an den Leasinggeber zu erfolgen hat, Zug um Zug (§ 348 BGB) gegen Herausgabe des Leasingfahrzeugs an den Verkäufer. Falls der Leasingnehmer lediglich auf Feststellung der Wirksamkeit des von ihm erklärten Rücktritts klagt, hat er das Fahrzeug an den Leasinggeber als den Eigentümer herauszugeben, da der Kaufpreis bei dem Verkäufer verbleibt und es nicht Zweck der Klage sein kann, dem Verkäufer zusätzlich zu dem Kaufpreis auch noch die Leasingsache zu verschaffen.[467]

Der Leasingnehmer besitzt keinen eigenen Rückzahlungsanspruch gegen den Verkäufer, soweit er einen Teil des Kaufpreises in bar oder durch Hereingabe seines Altwagens beglichen hat, da er dadurch nicht Partei des rückabzuwickelnden Kaufvertrages geworden ist. Er muss Zahlung an den Leasinggeber beantragen, wenn dieser nicht bereit ist, den Anspruch auf ihn zu übertragen.

Der Leasinggeber hat gegen den Verkäufer Anspruch auf Herausgabe der Zinsen, die dieser aus dem Kaufpreis erzielt hat oder nach den Regeln einer ordnungsgemäßen Wirtschaft hätte erzielen können. Wegen des ersatzlosen Wegfalls der Regelverzinsung nach § 347 S. 3 BGB a. F. muss der Leasingnehmer Höhe und Erzielbarkeit der Zinsen konkret darlegen und unter Beweis stellen. Versäumt er die Geltendmachung des Zinsanspruchs, kann darin eine – Schadensersatzansprüche des Leasinggebers begründende – Pflichtverletzung liegen, durch die der Leasingnehmer seine gegen den Leasinggeber gerichteten Ansprüche auf Herausgabe der erzielten und erzielbaren Zinsen aufs Spiel setzt.

Der Leasingnehmer besitzt bei Zahlungsunfähigkeit des Verkäufers keinen Anspruch gegen den Leasinggeber auf Erstattung der **Kosten des Prozesses**, den er wegen der Sachmängel mit dem Verkäufer geführt hat. Da die Geltendmachung von Sachmängelansprüchen in den Aufgabenbereich des Leasingnehmers fällt, trägt der Leasinggeber insoweit nicht das Risiko der Insolvenz des Verkäufers. Die Prozesskosten sind vom Leasinggeber nur dann zu ersetzen, wenn der Leasingnehmer den Prozess wegen der Sachmängel ausdrücklich im Auftrag des Leasinggebers geführt hat oder die Voraussetzungen einer Geschäftsführung ohne Auftrag vorgelegen haben. Von einer Geschäftsführung ohne Auftrag ist auszugehen, wenn sich der Leasinggeber nicht wirksam von seiner Sachmängelhaftung freigezeichnet hat.[468]

Notwendige Verwendungen und nützliche Aufwendungen, die der Leasingnehmer auf das Fahrzeug gemacht hat, sind vom Verkäufer nach § 347 Abs. 2 BGB zu ersetzen, letztere

---

[466] *Reinicke/Tiedtke,* BB 1982, 1143; *Graf von Westphalen,* Leasingvertrag, Rn 723 ff., 734.
[467] OLG Düsseldorf 23. 11. 1989, NJW-RR 1990, 1143 – zur Klage auf Zustimmung zur Wandlung –.
[468] Vgl. hierzu BGH 25. 10. 1989, NJW 1990, 314, 317; 10. 11. 1993, MDR 1994, 273.

nur insoweit, als der Verkäufer durch diese bereichert ist. Da dem Leasingnehmer lediglich abgeleitete Sachmängelrechte aus dem Kaufvertrag zwischen dem Leasinggeber und Verkäufer zustehen, besitzt er keine eigenen Ansprüche auf Ersatz von Aufwendungen, die er getätigt und für die er die Kosten getragen hat. Deshalb muss er im Hinblick auf diese Ansprüche beantragen, dass die Zahlung an den Leasinggeber zu erfolgen hat. Die vom Leasingnehmer getätigten und vom Verkäufer zu ersetzenden Aufwendungen sind im Abrechnungsverhältnis zwischen Leasinggeber und Leasingnehmer zu berücksichtigen. Sie fallen unter den Insolvenzschutz, d. h. der Leasinggeber kann sich gegenüber dem Leasingnehmer nicht darauf berufen, er habe die Aufwendungen beim Händler nicht realisieren können.

Erweist sich den Rücktritt als unbegründet, hat der Leasingnehmer die einbehaltenen Leasingraten an den Leasinggeber zuzüglich der angefallenen Zinsen auszuzahlen. Außerdem haftet er dem Leasinggeber auf Schadensersatz gem. §§ 241 Abs. 2, 276, 280 BGB, wenn er nicht beweist, dass er die Pflichtverletzung nicht zu vertreten hat.[469]

12. Minderung

837 Da der Leasinggeber i. d. R. den vollen Kaufpreis gezahlt hat, ist die Differenz zum geminderten Kaufpreis vom Verkäufer gem. § 441 Abs. 4 S. 1 BGB zu erstatten. Leasing-AGB sehen vor, dass der aus abgetretenem Recht oder aus erteilter Ermächtigung gegen den Verkäufer vorgehende Leasingnehmer nicht berechtigt ist, Zahlung der Minderung an sich selbst zu verlangen.

Infolge des vorzeitigen Kapitalrückflusses in Höhe der Minderung verringert sich der Finanzierungsaufwand des Leasinggebers. Auf Verlangen des Leasingnehmers ist diesem Umstand durch Anpassung des Leasingvertrages an die geänderten Verhältnisse gem. § 313 Abs. 1 BGB Rechnung zu tragen. Sie erfolgt in der Weise, dass das Leasingentgelt entsprechend dem Verhältnis des Wertunterschieds des Fahrzeugs in mangelhaftem und mangelfreien Zustand herabgesetzt wird. In der Regel fällt die Minderung des Leasingentgelts höher aus als die Kaufpreisminderung, weil es außer dem Anschaffungspreis weitere Kostenfaktoren des Leasinggebers beinhaltet.[470]

Beispiel:

Muss der Leasingnehmer für ein mangelfreies Fahrzeug mit Wert von 12.500 Euro ein Leasingentgelt von 15.000 Euro zahlen, beträgt das Leasingentgelt für das mangelhafte Fahrzeug mit Wert von 11.000 Euro dementsprechend 13.200 Euro. Der Minderung des Kaufpreises von 1500 Euro entspricht eine Minderung des Leasingentgelts von 1700 Euro.

Da der Leasingnehmer das Leasingentgelt in Raten zahlt, kann er nicht verlangen, dass der Leasinggeber die Minderung des Leasingentgelts an ihn sogleich in voller Höhe auskehrt. Zur Erzielung eines sachgerechten Ergebnisses ist eine den vereinbarten Zahlungsmodalitäten des Leasingvertrages entsprechende Verteilung der Minderung auf die gesamte Laufzeit des Leasingvertrages erforderlich.

Das bedeutet, dass der Leasingnehmer eine sofortige Auszahlung der Minderung nur insoweit zu beanspruchen hat, als die tatsächlich geleisteten Zahlungen über dem geschuldeten Leasingentgelt liegen. Die zum Zeitpunkt der Vertragsanpassung noch nicht fälligen Leasingraten sind im Wege der Anpassung an das geminderte Leasingentgelt herabzusetzen. Außerdem ist bei Verträgen mit offenem Restwert die Vertragsabrechnung am Ende der Laufzeit auf der Grundlage des geminderten Fahrzeugwertes vorzunehmen.[471] Dieser

---

469 *Graf von Westphalen*, ZIP 2001, 2258, 2261.
470 BGH 17. 12. 1986, ZIP 1987, 240, 243.
471 Berechnungsbeispiel bei *Reinking*, Autoleasing, 3. Aufl. S. 132, 133.

Vertragsdurchführung

Korrektur bedarf es nicht, wenn die Vertragsanpassung vorsieht, dass dem Leasingnehmer die Minderung des Leasingentgelts über entsprechend herabgesetzte Leasingraten in voller Höhe zufließen soll.

Eine Vertragsklausel, welche die Neuberechnung des Leasingentgelts anhand des geminderten Kaufpreises auf die noch ausstehenden Leasingraten und den Restwert beschränkt, ist zu beanstanden. Sie benachteiligt den Leasingnehmer, da er die Überzahlung nicht sogleich zurückerhält. Die Unausgewogenheit einer solchen Anpassung wird durch die stärkere Kürzung der noch ausstehenden Raten zwar gemildert jedoch nicht ausgeglichen.

Falls sich der Leasinggeber von seiner Sachmängelhaftung z. B. wegen Verwendung veralteter AGB nicht wirksam freigezeichnet hat, ist der Leasingnehmer berechtigt, die Minderung der Leasingraten ohne vorherige Inanspruchnahme des Verkäufers unmittelbar gegenüber dem Leasinggeber geltend zu machen.[472] Ein solches Vorgehen stellt allerdings eine unzulässige Rechtsausübung dar, wenn dem Leasinggeber wegen verspäteter Mängelanzeige ein Schadensersatzanspruch gegen den Leasingnehmer zusteht.[473]

Soweit es darum geht, den Leasingvertrag dem geminderten Kaufpreis anzupassen, erlebt der durch die Schuldrechtsreform überholte Theorienstreit zur Rechtsnatur der Gewährleistungsansprüche[474] im Rahmen von § 313 Abs. 1 BGB eine Renaissance. Es wird bereits wieder darüber diskutiert, ob die Anpassung an die veränderten Verhältnisse nach der Vertragstheorie, der Herstellungstheorie,[475] der Theorie des richterlichen Gestaltungsaktes oder nach der gemischten Theorie zu vollziehen ist. Eine auf Erbringung der angepassten Leistung gerichtete Klage wäre einerseits prozessökonomisch, weil sie eine zweite Klage entbehrlich macht, andererseits aber auch riskant wegen der Gefahr der Fehleinschätzung des Anspruchs.[476] Deshalb ist zur Leistungsklage zu raten, wenn sich die Parteien im Verhandlungswege nicht einigen können.[477]

838

Wie schon beim Rücktritt stellt sich im Zusammenhang mit der Minderung die Frage, ab welchem **Zeitpunkt** der Leasingnehmer dem Leasinggeber die Einwendung durch Zurückhaltung bzw. Kürzung der Leasingraten entgegen halten kann. Es besteht eine Ausgangslage, die der eines Teilrücktritts ähnelt. Durch die Geltendmachung der Kaufpreisminderung wird der Kaufpreis herabgesetzt, ohne dass es der Zustimmung des Verkäufers bedarf. Im zweiten Schritt ist es dem Leasingnehmer jedoch verwehrt, das Leasingentgelt durch einseitige Gestaltungserklärung dem geminderten Kaufpreis anzugleichen. Er besitzt stattdessen einen schuldrechtlichen Anspruch, den er notfalls gerichtlich gegen den Leasingnehmer durchsetzen muss. Bis zur Reform war er berechtigt, dem Leasinggeber die Einwendung der Minderung ab **Erhebung der Minderungsklage gegen den Verkäufer** bzw. ab dem Zeitpunkt entgegen zu halten, in dem feststand, dass die Durchsetzung des Anspruchs gegen den Verkäufer unmöglich oder unzumutbar war.[478] Es ist kein Grund ersichtlich, von dieser Rechtsprechung abzurücken. Für verbundene Kauf- und Leasingverträge enthält § 359 S. 3 BGB die Sonderregelung, dass der Leasingnehmer dem Leasinggeber die Einwendung der Minderung bereits entgegen halten kann, wenn die **Nacherfüllung fehlgeschlagen** ist. AGB in Leasingverträgen, die dem Leasingnehmer eines verbundenen Leasingvertrages dieses Recht versagen, entfalten nach § 307 Abs. 2 BGB keine Wirksamkeit.

---

472 *Graf von Westphalen*, ZGS 2002, 64, 67.
473 BGH 17. 12. 1986, WM 1987, 349.
474 Siehe dazu *Palandt/Putzo*, BGB § 465 Rn 3 ff.
475 Diese favorisiert der Gesetzgeber Reg.-Entw., BT-Drucks. 14/6040, S. 176.
476 *Muthers* in *Graf von Westphalen*, Praxis der Schuldrechtsreform, § 313 Rn 27. ff. 33; *Teichmann*, BB 2001, 1491.
477 *Huber/Faust*, Schuldrechtsmodernisierung, S. 232 Rn 9.
478 BGH 19. 2. 1986, NJW 1986, 1744.

Die rechtlichen Konsequenzen einer unbegründeten Minderung sind die gleichen wie beim Rücktritt. Der Leasingnehmer muss die einbehaltenen Leasingraten nebst Zinsen an den Leasinggeber auszahlen und haftet diesem im Fall des Verschuldens auf Schadensersatz.

13. Schadensersatz und Aufwendungsersatz

839 Schadensersatzansprüche wegen Sachmängeln werden von der Abtretungskonstruktion erfasst. Mit dem Leasinggeber vereinbarte Haftungsausschlüsse und Haftungsbegrenzungen des Verkäufers wirken auch gegenüber dem Leasingnehmer. *Graf von Westphalen*[479] vertritt die Ansicht, dass die Ermächtigungskonstruktion an § 307 Abs. 2 Nr. 1 BGB scheitert, weil sie nicht den Eigenschaden des Leasingnehmers kompensiert und diesen mit seinem Nichterfüllungsschaden allein lässt. Im Gegensatz zur Abtretung versetzt die Ermächtigung ihn nicht in die Lage, den Schaden geltend zu machen, der bei ihm selbst entstanden ist.

Auf den Bestand des Leasingvertrages wirken sich die Schadensersatzansprüche „statt" der Leistung aus, da sie den Erfüllungsanspruch zum Erlöschen bringen (§ 281 Abs. 4 BGB). Das Gleiche gilt für Ansprüche wegen vergeblicher Aufwendungen, die der Leasingnehmer im Vertrauen auf die Mangelfreiheit der Kaufsache getätigt hat. Im Gegensatz dazu führen Schadensersatzansprüche „neben" der Leistung (z. B. Köper- und Gesundheitsschäden, Nutzungsausfall, Mietwagenkosten, Ersatz von Reise- und Unterbringungskosten) nicht zu einer Störung der Geschäftsgrundlage des Leasingvertrages.

Ähnlich wie beim Rücktritt entzieht der Anspruch auf Schadensersatz statt der „ganzen" Leistung dem Leasingvertrag die Geschäftsgrundlage. Im Unterschied zum Rücktritt wird der Kaufvertrag durch das einseitige Verlangen des Leasingnehmers nach Schadensersatz nicht in ein Rückgewährschuldverhältnis umgestaltet. Abgesehen von diesen dogmatischen Feinheiten ist die Interessenlage jedoch in beiden Fällen die Gleiche. Folglich ist es gerechtfertigt, dem Leasingnehmer in Bezug auf den Leasingvertrag ein Rücktrittsrecht gem. § 313 Abs. 3 BGB zuzubilligen, wenn er die Rückgängigmachung des Kaufvertrages im Wege des Schadensersatzes statt der ganzen Leistung gegenüber dem Verkäufer durchgesetzt hat.[480]

Zur Geltendmachung der Einwendung gegenüber dem Leasinggeber ist der Leasingnehmer ab Anerkennung des Anspruchs durch den Verkäufer, spätestens ab Erhebung der Schadensersatzklage[481] gegen ihn berechtigt, bei verbundenen Kauf- und Leasingverträgen bereits ab dem Fehlschlagen der Nacherfüllung (§ 359 S. 3 BGB).

Zwischen dem kleinen Schadensersatzanspruch (statt der Leistung) und der Minderung besteht in etwa das gleiche Verhältnis wie zwischen dem Rücktritt und dem großen Schadensersatz (statt der ganzen Leistung). Sowohl bei der Minderung wie beim kleinen Schadensersatz erhält der Leasinggeber vom Verkäufer einen Geldbetrag zurück, der seinen Finanzierungseinsatz verringert. Dieser veränderten Situation ist durch entsprechende Vertragsanpassung nach § 313 Abs. 1 BGB Rechnung zu tragen.

14. Unfall

a) Mitwirkende Betriebsgefahr und Verschulden

840 Da der Leasinggeber zwar Eigentümer, nicht aber Halter des Leasingfahrzeugs ist, muss er sich die ihm zustehenden Ansprüche gegen Fahrer, Halter und Versicherer anderer am Unfall beteiligter Kraftfahrzeuge nicht um den Haftungsanteil der vom Leasingfahrzeug ausgehenden **Betriebsgefahr** kürzen lassen.[482] Die Neufassung von § 17 StVG hat an dieser

---
479 ZIP 2001, 2258, 2263.
480 *Graf von Westphalen*, ZIP 2001, 2258, 2263.
481 BGH 19. 2. 1986, NJW 1986, 174.
482 BGH 22. 3. 1983, BGHZ 87, 132, 136; 26. 11. 1985, NJW 1986, 1044; ebenso OLG Hamm 14. 11.

Vertragsdurchführung 841

Rechtslage nichts verändert. Durch die zusätzliche Regelung von § 17 Abs. 3 S. 3 StVG wird lediglich vermieden, dass der Idealfahrer Regressansprüchen des Eigentümers des anderen Unfallfahrzeugs, der selbst nicht Halter ist (z. B. Leasinggeber), ausgesetzt ist, ohne sich hiervon befreien zu können.[483] Eine entsprechende Anwendung von § 9 StVG dergestalt, dass nicht nur das im Gesetzestext erwähnte Verschulden des Fahrers, sondern auch eine vom Leasingfahrzeug ausgehende Betriebsgefahr berücksichtigt wird,[484] lehnt der BGH ab. Er verweist den Leasinggeber auf die Möglichkeit, beim Leasingnehmer im Rahmen des Gesamtschuldnerausgleichs Regress zu nehmen.

Ein **Verschulden** des Leasingnehmers muss sich die Leasinggesellschaft nicht zurechnen lassen, wenn sie als Eigentümerin des Fahrzeugs deliktsrechtliche Ansprüche gegenüber dem Unfallbeteiligten geltend macht, da der Leasingnehmer nicht ihr Verrichtungsgehilfe ist. Wohl aber findet eine Verschuldenszurechnung gem. § 9 StVG statt, wenn sie ihre Ansprüche aus der Gefährdungshaftung herleitet. Denn nach § 9 StVG hat sich im Rahmen der Gefährdungshaftung der Leasinggeber als Eigentümer der beschädigten Sache das Verschulden des Leasingnehmers, der die tatsächliche Gewalt über das Fahrzeug ausübt, wie eigenes Mitverschulden zurechnen zu lassen, wobei die Haftungsabwägung nach § 254 BGB erfolgt.[485]

b) Verhaltenspflichten

Falls der Leasingnehmer das Risiko der Sachgefahr übernommen hat, darf er nach überwiegend vertretener Ansicht[486] davon ausgehen, dass der Leasinggeber hinsichtlich der Schäden des Leasingfahrzeugs an polizeilichen Feststellungen zum Unfallhergang nicht interessiert ist und keinen Wert darauf legt, dass er an der Unfallstelle verweilt. Mangels **Wartepflicht** erfüllt der Leasingnehmer durch sein Entfernen von der Unfallstelle somit nicht den Tatbestand des § 142 StGB und es liegt keine Verletzung der Aufklärungspflicht zum Nachteil der Kaskoversicherung vor (§ 7 Abs. 5 Nr. 4 AKB, § 6 Abs. 3 VVG), die zum Wegfall des Versicherungsschutzes führen würde. Die gleichen Grundsätze gelten für den Repräsentanten des Leasingnehmers.[487]

841

Die **Verhaltenspflichten** des Leasingnehmers nach einem Unfall sind im Leasingvertrag festgelegt und von Fall zu Fall verschieden. Üblich sind Regelungen, die den Leasingnehmer verpflichten,

– dem Leasinggeber den Unfall unverzüglich zu melden,[488]
– Reparatur oder Verwertung des Fahrzeugs mit dem Leasinggeber abzustimmen,
– Abschriften der Schadensmeldung, des Gutachtens und der Reparaturrechnung an den Leasinggeber zu senden,
– die Schadensregulierung mit dem Schädiger und/oder dem Kaskoversicherer vorzunehmen.

1994, NJW 1995, 2233; a. A. LG Hamburg 21. 2. 1985, VersR 1986, 583; LG Nürnberg 30. 5. 2001, DAR 2002, 517, unter Berufung auf BGH 18. 11. 1999, VersR 2000, 356.
483 *Steiger*, DAR 2002, 377, 382.
484 In diesem Sinne *Klimke,* VersR 1988, 329.
485 OLG Hamm 4. 11. 1994, NJW 1995, 2233 m. w. N.
486 OLG Hamm 5. 12. 1989, NZV 1990, 197; 6. 12. 1991, NJW-RR 1992, 925; 14. 5. 1997, NZV 1998,33; OLG Hamburg 9. 3. 1990 NZV 1991, 33; OLG Frankfurt 30. 3. 1990 NZV 1991,34; *Hallmayer*, NZV 1999,105 ff. m. w.N.; a. A. OLG Oldenburg NZV 1991, 35; OLG Karlsruhe 5. 12. 1991, VersR 1992,691; LG Köln 5. 12. 1991, r + s 1994, 248.
487 OLG Hamm 14. 5. 1997, OLGR 1997, 304.
488 Hat der Leasinggeber weder vom Leasingnehmer noch vom Versicherer Kenntnis von dem Unfall erhalten, ist er ohne Hinzutreten besonderer Umstände nicht verpflichtet, das Fahrzeug vor einem Weiterverkauf auf Unfallschäden zu untersuchen – OLG Nürnberg, NJW-RR 1999, 1208 ff.

Der Leasinggeber muss den Leasingnehmer bei der Durchsetzung der Ansprüche unterstützen und ihm die hierfür erforderlichen Unterlagen zur Verfügung stellen.[489]

Falls der Leasinggeber den Leasingnehmer die Verpflichtung auferlegt hat, **Schadensersatzansprüche** gegenüber dem Schädiger und dem Kaskoversicherer geltend zu machen, ist der Leasingnehmer im Teilschadensfall regelmäßig verpflichtet, die von ihm empfangene Ersatzleistung für die Reparatur des Fahrzeugs zu verwenden und eine Wertminderung an den Leasinggeber weiterzuleiten.

Der Leasingnehmer muss die Versicherung darüber informieren, dass es sich um ein Leasingfahrzeug handelt.[490] Gibt er wahrheitswidrig an, er sei Eigentümer des Fahrzeugs und nicht zum Vorsteuerabzug berechtigt, ist der Kaskoversicherer wegen Obliegenheitsverletzung leistungsfrei.[491]

c) Ansprüche

842 Da der Leasingnehmer die Sach- und Preisgefahr trägt, ist er nicht berechtigt, die Zahlung der Leasingraten für die Zeit einzustellen, in der er das Leasingfahrzeug wegen der Unfallschäden nicht benutzen kann. Ein Zurückbehaltungsrecht steht ihm dann zu, wenn der Leasinggeber die Sach- und Preisgefahr nicht wirksam auf den Leasingnehmer verlagert hat.[492]

Beschädigt ein **Dritter** das Leasingfahrzeug, sind Leasinggeber und Leasingnehmer hinsichtlich des Fahrzeugschadens nebeneinander materiell anspruchsberechtigt. Das Forderungsrecht des Leasinggebers folgt aus **Eigentumsverletzung** gem. § 823 Abs. 1, 2 BGB, § 7 StVG, das des Leasingnehmers aus **Besitzverletzung**,[493] da unmittelbarer Besitz gem. §§ 823 Abs. 2, 854 BGB zu den geschützten Rechtsgütern im Recht der unerlaubten Handlung gehört und außerdem unter den Schutz der Haftung des § 7 Abs. 1 StVG fällt. Fahrzeugspezifische (zukünftige) Ersatzansprüche des Leasingnehmers gegen Dritte werden üblicherweise im Wege der Vorausabtretung auf den Leasinggeber übertragen. AGB, die eine solche Abtretung vorsehen, verstoßen nach Ansicht des OLG Köln[494] nicht gegen § 307 BGB, wenn der Leasinggeber verpflichtet ist, diese Ansprüche Zug um Zug gegen Befriedigung seines Anspruchs auf Instandsetzung des Fahrzeugs im Reparaturschadensfall oder auf Ausgleichszahlung im Totalschadensfall zurückzuübertragen. Dieser Regelung bedarf es allerdings nur insoweit, als nicht bereits ein gesetzlicher Forderungsübergang gem. § 426 Abs. 2 BGB stattfindet.

Ansprüche gegen die **Kaskoversicherung** besitzt allein der Leasinggeber. Der Leasingnehmer ist zwar Versicherungsnehmer aber nicht Rechtsinhaber der Forderungen, da die von ihm abgeschlossene Kaskoversicherung im Hinblick auf das Eigentümerinteresse an der Leasingsache als Fremdversicherung zu Gunsten des Leasinggebers zu bewerten ist. Er kann über die Rechte, die dem Leasinggeber als Inhaber des Sicherungsscheins gem. § 75 Abs. 1 VVG zustehen, zwar formell verfügen, besitzt aber nicht die materielle Rechtszuständigkeit.[495]

Im **Innenverhältnis** ist der Leasingnehmer dem Leasinggeber für Fahrzeugschäden verantwortlich. Seine Anspruchsverpflichtung resultiert aus der leasingtypischen Übernahme der Sachgefahr. Im Verschuldensfall haftet der Leasingnehmer dem Leasinggeber

---

489 OLG Koblenz 31. 10. 1995, NJW-RR 1996, 174.
490 BGH 6. 7. 1988, NZV 1988, 217.
491 OLG Koblenz, 10. 11. 1995 –1 O 396 / 95 n. v.
492 BGH 9. 10. 1996, NZV 1997, 72.
493 *Hohloch,* NZV 1992, 1 f., 6, 7 m. w. N.
494 Urt. v. 14. 7. 1995, OLGR 1996, 1.
495 *Nitsch,* NZV 2002, 44; OLG Hamm 5. 12. 1997, VersR 1999, 45; OLG Frankfurt 7. 8. 2001, NZV 2002, 44 sowie Rn 786.

außerdem nach Deliktsrecht. Die Halterhaftpflicht des Leasingnehmers (§ 7 StVG) kommt dem Leasinggeber allerdings nicht zugute, da sie nur Schäden deckt, die an „anderen Sachen" oder bei anderen Personen entstehen.[496] Bei einer Mitverantwortlichkeit haften der Leasingnehmer und der Dritte dem Leasinggeber gesamtschuldnerisch. Für den Innenausgleich zwischen dem Schädiger und dem Leasingnehmer gilt § 426 Abs. 1 BGB.

Der **Kaskoversicherer** und der **Leasingnehmer** haften dem Leasinggeber ebenfalls als **Gesamtschuldner**. Im Fall einer Mithaftung des Leasingnehmers ist die Quotenbevorrechtigung des Leasingnehmers gegenüber der Kaskoversicherung (§ 67 Abs. 1 S. 2 VVG) zu beachten.[497] Bei nur geringem Mitverschulden des Leasingnehmers an dem Unfall bedarf es einer sorgfältigen Abwägung zwischen dem Vorteil, den der Leasingnehmer durch eine Inanspruchnahme der Kaskoversicherung erlangt und dem damit verbundenen Nachteil in Form der Höherstufung der Versicherungsprämien. Der Leasinggeber hat auf die Interessen des Leasingnehmers bei der Schadensregulierung Rücksicht zu nehmen.

Ersatzansprüche des – durch Versicherung für fremde Rechnung – versicherten Leasinggebers gegen den berechtigten Fahrer des Leasingfahrzeugs unterliegen dem Forderungsübergang des § 67 VVG, da durch den bei grober Fahrlässigkeit des Fahrers zugelassenen Rückgriff für den Versicherer dasselbe Ergebnis herbeigeführt wird, das bestehen würde, wenn der Leasinggeber als Eigentümer des Leasingfahrzeugs den Schaden selbst grob fahrlässig herbeigeführt hätte.[498]

Gegenüber dem Leasinggeber kann die Haftung des beim Leasingnehmer angestellten Fahrers des Leasingfahrzeugs nicht nach Maßgabe der von der Rechtsprechung entwickelten Grundsätze zur **gefahrgeneigten Arbeit** beschränkt werden.[499] Nach einer Entscheidung des OLG Köln[500] ist § 67 VVG entsprechend anzuwenden, wenn der Leasingnehmer gegen seine Verpflichtung verstoßen hat, für das geleaste Fahrzeug eine Vollkaskoversicherung zu unterhalten. Das bedeutet, dass Schadensersatzansprüche, die dem Leasinggeber gegen den Leasingnehmer zustehen, auf den Kaskoversicherer übergehen, wenn dieser aufgrund des Sicherungsscheins Leistungen an den Leasinggeber erbracht hat und der Leasingnehmer dadurch von seiner Zahlungsverpflichtung frei geworden ist. Hierbei wird allerdings übersehen, dass die Pflichtwidrigkeit des Leasingnehmers die Leistungsfreiheit des Kaskoversicherers bewirkt, weil sich der Leasinggeber das Verhalten des Leasingnehmers zurechnen lassen muss.[501] Der Leasinggeber besitzt allerdings die Möglichkeit, sich gegen grob fahrlässiges Verhalten des Leasingnehmers durch entsprechende Vereinbarungen mit der Kaskoversicherung abzusichern.

d) Geltendmachung des Schadens

In der Regel wird der **Leasingnehmer** vom Leasinggeber – widerruflich – **ermächtigt** und **verpflichtet**, alle Ansprüche aus dem Schadensfall, und zwar sowohl die eigenen Ansprüche als auch die des Leasinggebers, im eigenen Namen und auf eigene Rechnung gegenüber dem Schädiger und/oder gegenüber dem Kaskoversicherer geltend zu machen. Aufgrund der Ermächtigung ist der Leasingnehmer berechtigt, die Ansprüche des Leasinggebers in **gewillkürter Prozessstandschaft** gerichtlich geltend zu machen.[502] Erklärt der Leasinggeber wegen eines Unfalls (oder Diebstahls) die fristlose Kündigung des Leasing-

---

496 *Hohloch*, NZV 1992, 1 f., 5.
497 Berechnungsbeispiel dazu bei *Reinking*, Autoleasing, 3. Aufl., S. 184.
498 OLG Köln 3. 6. 1996, VersR 1997, 57.
499 BGH 19. 9. 1989, DAR 1989, 416.
500 Urt. v. 19. 9. 1995, OLGR 1996, 224.
501 In diesem Sinne OLG Köln 14. 6. 1984, VersR 1986, 229.
502 OLG Hamm 5. 12. 1997, OLGR 1999, 45 m. w. N.

vertrages, wird dadurch eine dem Leasingnehmer unter Widerrufsvorbehalt erteilte Ermächtigung bzw. eine Verpflichtung zur Geltendmachung der Versicherungsleistung aus der Kaskoversicherung hinfällig.[503]

Manche Leasingfirmen nehmen die Schadensregulierung selbst in die Hand. Sofern sich ihre Aktivitäten auf die Geltendmachung der fahrzeugspezifischen Ersatzansprüche beschränken, bestehen dagegen keine rechtlichen Bedenken. Sie sind verpflichtet, bei Eintritt des Versicherungsschadens alles Zumutbare zu unternehmen, damit die Versicherungssumme ihrer Zweckbestimmung beiden Parteien zugute kommt.[504] Akzeptiert der Leasinggeber eine zu geringe Entschädigung des Schädigers/Versicherers, kann er vom Leasingnehmer am Vertragsende keinen vollen Restwertausgleich verlangen.[505]

Nicht zulässig ist die Übernahme der **kompletten Schadensregulierung** durch den Leasinggeber, da sie eine Besorgung fremder Rechtsangelegenheiten darstellt und gegen Art. 1 § 1 RBerG verstößt. Die Geltendmachung von Nutzungsausfall, Mietwagenkosten, entgangenem Gewinn, Reise- und Unterbringungskosten ist die „ureigenste Angelegenheit" des Leasingnehmers, da diese Positionen allein ihn und nicht den Leasinggeber betreffen.[506] Hat sich der Leasinggeber die Schadensregulierung vorbehalten, wird der Schädiger durch die Zahlung der Entschädigung an den Leasingnehmer als Besitzer des Fahrzeugs von seiner Zahlungspflicht nur befreit, wenn er nicht weiß und ihm nicht infolge grober Fahrlässigkeit unbekannt geblieben ist, dass es sich um ein Leasingfahrzeug handelt, das im Eigentum des Leasinggebers steht. Das Bestehen einer Vollkaskoversicherung für ein kleines Fahrzeug ist kein zwingender Hinweis darauf, dass sich das Fahrzeug im Eigentum eines Dritten befindet oder dass es mit Sicherungsrechten dritter Personen belastet ist.[507]

e) **Teilschadensfall**

aa) **Reparaturkosten**

845   Im Teilschadensfall schuldet der verantwortliche **Schädiger** Ersatz der **Reparaturkosten**. Seine Ersatzpflicht erstreckt sich nach h. M.[508] auch auf die **Umsatzsteuer**, sofern der Leasingnehmer auf Grund des Leasingvertrages verpflichtet ist, die Reparatur des Leasingfahrzeugs vornehmen zu lassen, er dieser Verpflichtung tatsächlich nachkommt (§ 249 Abs. 2 S. 2 BGB) und die auf die Reparaturkosten entfallende Umsatzsteuer nicht im Wege des Vorsteuerabzugs mit dem Finanzamt verrechnen kann.[509]

Auch der **Kaskoversicherer** hat nach verbreiteter Ansicht[510] dem Leasingnehmer die **Umsatzsteuer** unter diesen Voraussetzungen zu ersetzen. Dafür spricht, dass die Kaskover-

---

503 OLG Köln 7. 7. 1992, BB 1992, 2105.
504 OLG Koblenz 31. 10. 1995, NJW-RR 1996, 175.
505 OLG Dresden 16. 6. 1999, OLGR 1999, 364.
506 LG Nürnberg-Fürth 17. 2. 1993 – 3 O 651 / 93 – n. v., das allerdings – rechtsirrtümlich – davon ausgeht, der Leasinggeber sei nicht einmal zur Geltendmachung des Fahrzeugschadens berechtigt, da der Schädiger ihm – wegen seines gegen den Leasingnehmer gerichteten Anspruchs auf Vollamortisation – den Einwand fehlenden Schadens entgegenhalten könne.
507 KG 4. 3. 1976, VersR 1976, 1160 .
508 OLG Frankfurt 17. 6. 1997, NZV 1998, 31; LG Stade 10. 12. 1986, DAR 1987, 123; AG Schorndorf 20. 1. 1987, DAR 1987, 123; AG Freiburg 31. 10. 1986, NJW-RR 1987, 345; AG Stuttgart 15. 6. 1987, DAR 1988, 98; AG Fürstenfeldbruck 4. 3. 1986, DAR 1987, 59; *Bethäuser*, DAR 1987, 107; *Paul*, FLF 1984, 175; *Hohloch*, NZV 1992, 1 f., 7; a. A. AG Bad Homburg 20. 11. 1984, ZfS 1985, 43, 44; *Dörner*, VersR 1978, 884, 892.
509 Ausführlich dazu *Reinking* DAR 1998, 333.
510 LG Hannover 24. 4. 1997, NJW 1997, 2760; LG Bad Kreuznach 26. 11. 1996, DAR 1997, 113; a. A. z. B. OLG Hamm 2. 11. 1994, r + s 1995,88; LG Hamburg 7. 7. 1994, VersR 1995, 411; weitere Nachweise zu beiden Meinungen bei *Reinking*, DAR 1998, 334.

Vertragsdurchführung

sicherung als reine Sachversicherung außer dem Sachinteresse des Leasinggebers auch das Sacherhaltungsinteresse des Leasingnehmers abdeckt, wenn ihm, wie beim Kfz-Leasing üblich, die Gefahr für Untergang, Verlust und Beschädigung aufgebürdet wird. Darunter ist das Interesse des Leasingnehmers zu verstehen, im Falle des Ereigniseintritts vom Leasinggeber wegen des Fahrzeugschadens nicht in Anspruch genommen zu werden. Die Freistellung würde nicht erreicht, wenn der mit der Instandhaltungspflicht belastete Leasingnehmer, der die Mehrwertsteuer nicht mit dem Finanzamt verrechnen kann, diese im Reparaturfall selbst aufbringen müsste.[511]

Schädiger und Kaskoversicherer müssen die Umsatzsteuer dann nicht zahlen, wenn der zum Vorsteuerabzug berechtigte Leasingnehmer nach Vornahme der Reparatur ausdrücklich erklärt, er mache nicht seinen Anspruch geltend, sondern den des – vorsteuerabzugsberechtigten – Leasinggebers.[512].

Im Restitutionsfall besitzt der Leasingnehmer nicht die Dispositionsbefugnisse eines Eigentümers, da ihm regelmäßig die Verpflichtung auferlegt ist, das Fahrzeug instandsetzen zu lassen und mit der Durchführung der Reparatur einen vom Hersteller anerkannten Betrieb zu beauftragen. Die fiktive Abrechnung, die zur Folge hat, dass der Geschädigte gem. § 249 Abs. 2 S. 2 BGB grundsätzlich den um die Umsatzsteuer reduzierten Betrag bekommt, spielt für das Kfz-Leasing keine Rolle. Das Gleiche gilt für die nicht oder nur zum Teil umsatzsteuerpflichtige Reparatur, sei es durch Eigenleistung, sei es unter Zuhilfenahme fremder Arbeitsleistung. Auf die mit solchen Instandsetzungen zusammenhängenden Besonderheiten umsatzsteuerlicher Art muss daher nicht eingegangen werden.[513]

Durch § 249 Abs. 2 S. 2 BGB ist die Rechtsprechung überholt, die dem nicht zum Vorsteuerabzug berechtigten Leasingnehmer den Anspruch auf Erstattung der Umsatzsteuer ausnahmsweise versagte, wenn dieser sich mit dem Leasinggeber darauf verständigte, das Fahrzeug nicht reparieren zu lassen und stattdessen den Leasingvertrag zu beenden, da ihm unter diesen Voraussetzungen die Zahlung der Mehrwertsteuer erspart blieb.[514]

Solange die Rechtsprechung nicht abschließend geklärt hat, ob bei Erstattung der Mehrwertsteuer im Teilschadensfall auf die Person des Leasingnehmers oder auf die des Leasinggebers abzustellen ist, besteht für den Leasinggeber nicht die Pflicht, den nicht zum Vorsteuerabzug berechtigten Leasingnehmer vor Abschluss des Leasingvertrages darauf hinzuweisen, dass die Kaskoversicherung die Mehrwertsteuer unter Umständen nicht ersetzt.[515] Auch die Kaskoversicherung ist nicht gehalten, den Leasingnehmer hierauf aufmerksam zu machen.[516]

Der Leasinggeber hat eine an ihn gezahlte **Reparaturentschädigung** für die Wiederherstellung des Fahrzeugs **bereitzustellen** und ist nicht berechtigt, den Geldbetrag zurückzuhalten und mit rückständigen Leasingraten zu verrechnen.[517] Es ist dem Leasinggeber verwehrt, aus einem Zahlungstitel gegen den Leasingnehmer den Anspruch auf Auszahlung der Kaskoentschädigung zu pfänden. Die Pfändung geht ins Leere, da die Rechte aus dem Versicherungsvertrag gem. § 75 VVG dem Leasinggeber und nicht dem Leasingnehmer zustehen.[518]

---

511 *Reinking* DAR 1998, 333, 334.
512 LG München 13. 10. 1983, ZfS 1984, 100.
513 Siehe dazu z. B. *Bollweg*, ZfS Sonderheft 2002, 1, 3.
514 OLG Saarbrücken 13. 1. 1995, ZfS 1995, 95.
515 LG Braunschweig 31. 5. 1996, NJW-RR 1998, 342.
516 LG Hamburg 7. 7. 1994, VersR 1995, 411.
517 BGH 12. 2. 1985, DAR 1985, 223.
518 LG Köln 8. 5. 1996–26 S 200/95 – n. v.

bb) Wertminderung

846 Die Wertminderung hat der Leasinggeber als Eigentümer des Leasingfahrzeugs zu beanspruchen. Er ist verpflichtet, zu Gunsten des Leasingnehmers eine empfangene Wertminderung am **Vertragsende** zu **berücksichtigen**, wenn er das Restwertrisiko auf den Leasingnehmer verlagert hat,[519] denn die garantieartige Absicherung des Restwertes erfasst auch den merkantilen Minderwert.[520]

Beim **Vertrag mit Restwertabrechnung** ist die Wertminderung dem Veräußerungserlös in voller Höhe hinzuzurechnen und der Mehrerlös in Höhe von 75 % an den Leasingnehmer auszukehren.

Aus der Tatsache, dass beim **Vertrag mit Abschlusszahlung** der Restwert mit nur 90 % angerechnet wird, ergibt sich zwangsläufig eine entsprechende Kürzung der anrechenbaren Wertminderung auf 90%. Ist der anrechenbare Teil des Veräußerungserlöses unter Hinzurechnung des anrechenbaren Teils der Wertminderung höher als die Differenz zwischen den Gesamtkosten des Leasinggebers und dem entrichteten Leasingentgelt, so steht dem Leasinggeber bei erlasskonformer Vertragsgestaltung der Differenzbetrag in vollem Umfang zu, d. h. der Leasingnehmer wird an einem Wertminderungsüberschuss nicht beteiligt.

Beim **Vertrag mit Andienungsrecht** besitzt der Leasingnehmer Anspruch gegen den Leasinggeber auf Auszahlung der Wertminderung, wenn der Leasinggeber ihm das Fahrzeug andient. Macht der Leasinggeber von dem Andienungsrecht keinen Gebrauch, ist es gerechtfertigt, ihm die Wertminderung endgültig zu belassen, da er das Risiko der Verwertung auf sich nimmt.

Beim **Leasingvertrag mit Kilometerabrechnung** trägt der Leasinggeber das Verwertungsrisiko. Da die Unfalleigenschaft des Fahrzeugs den Veräußerungserlös schmälert, gebührt dem Leasinggeber die Wertminderung. Zu der Frage, ob dem Leasingnehmer bei dieser Vertragsart ein Anspruch auf anteilige Wertminderung in Höhe der Differenz zwischen der Wertminderung zum Schadenszeitpunkt und zum Zeitpunkt der Vertragsbeendigung zuzubilligen ist, wenn der Vertrag keine eindeutige Regelung enthält, gehen die Meinungen auseinander.[521]

Da die Wertminderung stets von den konkreten Umständen des Einzelfalls abhängt, verstößt eine **Pauschalierung** gegen § 309 Abs. 1 Nr. 5 BGB.[522]

cc) Sonstige Ansprüche

847 Die Ersatzpflicht des Schädigers umfasst die **Abschlepp- und Gutachterkosten** sowie alle weiteren **Auslagen**.

Die **Rechtsverfolgungskosten** gehören zum ersatzpflichtigen Schaden, wobei es keinen Unterschied macht, ob der Leasingnehmer eigene Ansprüche aus Besitzverletzung oder befugtermaßen solche des Leasinggebers aus Verletzung des Eigentums im Wege gewillkürter Prozessstandschaft geltend macht.[523] Mit umfasst von dem Erstattungsanspruch werden auch die **Anwaltskosten**, die durch eine Kaskoregulierung entstanden sind, zu deren Vornahme der Leasinggeber den Leasingnehmer ermächtigt und verpflichtet hat.[524]

---

519 *Dittrich,* Kfz-Leasing, herausgegeben von der Arbeitsgemeinschaft der Verkehrsrechtsanwälte im Deutschen Anwaltsverein, S. 11.
520 *Michalski/Schmitt,* Der Kfz-Leasingvertrag, Rn 179.
521 Befürwortend *Reinking,* Autoleasing, S. 173; ablehnend *Hohloch,* NZV 1992, 1, 6.
522 *Ulmer/Brandner/Hensen,* AGB-Gesetz, § 11 Nr. 5 Rn 13 ff.; *Michalski/Schmitt,* Der Kfz-Leasingvertrag, Rn 180.
523 LG Kaiserslautern 22. 2. 1991, DAR 1993, 196; AG München 21. 12. 1983, ZfS 1984, 101.
524 LG Bielefeld 8. 8. 1989, NJW-RR 1989, 1431; LG Kaiserslautern 22. 2. 1991, DAR 1993, 196.

Der Schädiger muss dem Leasingnehmer weiterhin die Kosten für die unfallbedingte **Anmietung eines Ersatzfahrzeugs** ersetzen, wobei ersparte Eigenkosten zu berücksichtigen sind. Verzichtet der Leasingnehmer auf ein Mietfahrzeug, sind vom Schädiger die aktuellen Tagessätze für Nutzungsausfall auf der Grundlage der Tabellen *Küppersbusch/ Seifert/Splitter*[525] zu vergüten.[526] Der Leasinggeber besitzt keinen Anspruch auf Nutzungsentschädigung. Eine Klausel, die ihm Nutzungsausfall für den Fall zubilligt, dass dem Leasingnehmer keine Nutzungsmöglichkeit verblieben ist, benachteiligt den Leasingnehmer unangemessen und ist daher unwirksam.[527]

Weiterhin kann der Leasingnehmer vom ersatzpflichtigen Schädiger entgangenen Gewinn für die Ausfallzeit gem. § 252 BGB verlangen. Insoweit gelten die allgemeinen Grundsätze.

Der Leasingnehmer besitzt keinen Anspruch auf die Leasingraten, die er aufgrund wirksamer Übernahme der Sach- und Preisgefahr an den Leasinggeber in der Zeit entrichten muss, in der er das Fahrzeug wegen des Unfalls nicht benutzen kann.[528]

f) Totalschaden und erhebliche Beschädigung

aa) Auswirkung auf den Leasingvertrag

Im Fall des Totalschadens, des Verlusts und der erheblichen Beschädigung des Fahrzeugs ist der Leasingnehmer zur außerordentlichen **Vertragskündigung** berechtigt (Rn 768). Eine erhebliche Beschädigung liegt vor, wenn die Reparaturkosten 60 % des Wiederbeschaffungswertes des Leasingfahrzeugs überschreiten.[529] Da das außerordentliche Kündigungsrecht mit einer Verpflichtung zur Ausgleichszahlung verbunden sein darf, die den Vollamortisationsanspruch des Leasinggebers absichert, wird dem Leasingnehmer das Kündigungsrecht auch dann zugebilligt, wenn er das Unfallereignis mit- oder alleinverschuldet hat.

Die **Kündigungsmodalitäten** sind dem jeweiligen Leasingvertrag zu entnehmen. Üblich ist die Einräumung eines **beiderseitigen Kündigungsrechts** zum Ende des jeweiligen Vertragsmonats sowie für den Fall der erheblichen Fahrzeugbeschädigung die Zubilligung einer Kündigungsfrist von drei Wochen, bei deren Versäumung der Leasingnehmer zur Reparatur des Fahrzeugs verpflichtet bleibt. Weist der Leasinggeber den Leasingnehmer auf die vorzeitige Vertragsablösung hin, nachdem das Leasingfahrzeug Totalschaden erlitten hat, und teilt er ihm den Verkaufserlös für das Leasingfahrzeug mit, so kann darin eine konkludente Kündigung des Leasingvertrages liegen.[530] Unwirksam ist eine Klausel, die dem Leasingnehmer ein kurzfristiges Kündigungsrecht nur unter der Voraussetzung einräumt, dass die Reparaturkosten 80 % des Zeitwertes überschreiten.[531]

Die **Ausgleichszahlung** ist nach verbreiteter Meinung mit **Umsatzsteuer** zu belegen, wenn der Leasingnehmer sie auf Grund seines vertraglichen Vollamortisationsversprechens zu leisten hat.[532] Fraglich ist, ob die Umsatzsteuer auch dann anfällt, wenn der Leasingnehmer dem Leasinggeber die Ausgleichszahlung als **Schadensersatz** schuldet. Es ist

---

525 DAR 2001, 97.
526 BGH 18. 5. 1997 BGHZ 56, 214, 219.
527 OLG Düsseldorf 7. 11. 1991, BB 1991, 2471.
528 BGH 23. 10. 1990, NJW-RR 1991, 280, 281; 5. 11. 1991, NJW 1992, 553.
529 *Berninghaus* in *Büschgen*, Praxishandbuch Leasing, 1998, § 12 Rn 119; *Engel*, ZAP 2001, 73, 77 Nr. 2.
530 OLG Düsseldorf 12. 2. 1998, OLGR 1998, 220.
531 BGH 25. 3. 1998, DAR 198, 234.
532 SchlHOLG 29. 11. 1996, OLGR 1997, 137; OLG Frankfurt 3. 11. 1998–14 U 272/97 – FLF 1999, 82 mit Anm. V. *Struppek*; weitere Rechtsprechungsnachweise bei *Reinking* DAR 1998, 333.

allgemein anerkannt, dass Schadensersatzleistungen grundsätzlich umsatzsteuerfrei sind.[533] Diese Aussage gilt jedoch nicht mehr uneingeschränkt. Die Entscheidung, ob es sich bei der Entschädigungszahlung um einen steuerrechtlich nicht steuerbaren Schadensersatz oder um eine steuerbare sonstige Leistung handelt, hängt maßgeblich davon ab, ob die Zahlung mit einer Leistung in Wechselbeziehung steht, ob also ein Leistungsaustausch im Sinne einer inneren Verknüpfung von Leistung und Gegenleistung stattgefunden hat. Auf die rechtliche Einordnung des Anspruchs, auf die früher abgestellt wurde,[534] kommt es aus neuerlicher Sicht des BGH[535] nicht allein und ausschlaggebend an. Seines Erachtens stellt eine auf Nichterfüllung gestützte Schadensersatzforderung i. S. v. § 326 BGB a. F. (Schadensersatz statt Leistung) einen steuerbaren Umsatz dar, soweit mit ihr als Schaden die infolge des Schadensersatzverlangens untergegangene Vergütungsforderung für tatsächlich erbrachte Leistungen verfolgt wird. Misst man die Ausgleichszahlung an dieser Vorgabe, ist es naheliegend, sie der Entgeltsforderung umsatzsteuerrechtlich gleich zu stellen. Beide sind dazu bestimmt, die Vollamortisation herbeizuführen, die Leistung also zurückzugeben, mit der die Leasinggesellschaft durch Anschaffung und Finanzierung der Leasingsache in Vorlage getreten ist. Der Höhe nach sind beide Forderungen vollkommen identisch.

Zivilrechtlich ist die Unterscheidung zwischen Entgelt und Schadensersatz für die Höhe der Verzinsung bedeutsam. Handelt es sich bei dem Ausgleichsanspruch um eine **Entgeltforderung**, unterliegt er gem. § 288 Abs. 2 BGB dem erhöhten Verzugszinssatz von 8 % über dem Basiszins. Schuldet der Leasingnehmer den Ausgleich als Schadensersatz, kann der Leasinggeber gem. § 288 Abs. 1 BGB nur den normalen Verzugszinssatz von 5 % über dem Basiszins verlangen.[536]

849 Im **Überschneidungsbereich** zwischen **Teil- und Totalschaden** sind die Interessen der Parteien des Leasingvertrages nicht unbedingt gleich gelagert. Für den Leasinggeber erweist sich eine vorzeitige Vertragsbeendigung unter Umständen als vorteilhaft. Da ihm der Leasingnehmer ohnehin Ersatz der noch nicht amortisierten Kosten des Leasingvertrages schuldet hat er an einer Reparatur des Fahrzeugs kein sonderliches Interesse. Für ihn kann eine Beendigung des laufenden Vertrages und der Abschluss eines neuen Leasingvertrages weitaus attraktiver als eine Instandsetzung sein. Im Gegensatz dazu ist dem Leasingnehmer daran gelegen, dass das Leasingfahrzeug repariert und der Leasingvertrag bis zum regulären Vertragsende fortgesetzt wird.[537] Ein vorzeitiges Vertragsende bedeutet für ihn ein höheres Kostenrisiko, da die Entschädigungsleistung in den meisten Fällen nicht zur Abdeckung des Betrages ausreicht, den er zur Herbeiführung der Vollamortisation des Leasingvertrages aufzubringen hat. Finanzielle Nachteile, die dem Leasingnehmer im Falle einer vorzeitigen Vertragsbeendigung drohen, sind vom Leasinggeber bei der Entscheidung zu berücksichtigen, ob der Leasingvertrag im Falle der erheblichen Beschädigung des Fahrzeugs beendet oder fortgesetzt werden soll. Eine Kündigung, die berechtigten Interessen des Leasingnehmers widerspricht, verstößt gegen Treu und Glauben und kann vor § 242 BGB nicht bestehen.

Die Abgrenzung zwischen Teil- und Totalschaden bereitet bei Leasingfahrzeugen erhebliche Probleme. Beim privaten Kfz-Leasing wird sie zusätzlich durch ungleiche Parameter erschwert, da die Brutto-Reparaturkosten dem Netto-Wiederbeschaffungswert gegenüber-

---

533 BFH, DB 1995, 2252 m. w. N. 10. 12. 1998, BFH/NV 1999, 987 ff.; BGH 11. 2. 1987, NJW 1987, 1690 ff.
534 BGH 11. 2. 1987, NJW 1987, 1690 ff.; 22. 10. 1997, NJW-RR 1998, 803 ff.
535 Urt. v. 17. 7. 2001, DB 2002, 475.
536 Zur Problematik des Anspruchs und der Verzinsung *Beckmann*, Finanzierungsleasing, 2. Aufl., Rn 371 ff.; *ders.*, FLF 2002, 46, 52.
537 OLG München 1. 12. 1999, DAR 2000, 121.

Vertragsdurchführung

stehen. Zur Erzielung tragbarer Ergebnisse ist es daher notwendig, entweder Netto- oder Bruttopreise miteinander zu vergleichen.

Die Abgrenzungsprobleme beruhen weiterhin darauf, dass die Frage, ob die Rechtsprechung zur **Opfergrenze von 130 %**[538] auf Leasingfahrzeuge Anwendung findet, bis heute höchstrichterlich nicht geklärt wurde.[539] Der BGH[540] hat zwar entschieden, dass auch bei Beschädigung eines **gewerblich genutzten Fahrzeugs** die Wiederbeschaffungskosten nicht die Grenze des Herstellungsaufwandes i. S. v. § 249 BGB bilden. Für ihn war ausschlaggebend, dass der Geschädigte, bei dem es sich um einen Taxiunternehmer handelte, Einfluss auf die Fahrer und deren Fahrweise (30 Fahrer für 15 Taxis) nehmen konnte. Offen gelassen hat er die Frage, ob eine Ausnahme von der 130 %-Rechtsprechung für gewerblich genutzte Fahrzeuge solcher Unternehmer zu machen ist, die keinen Einfluss auf die jeweiligen Fahrer und deren Fahrweise haben, wie es etwa im Mietwagengeschäft der Fall ist. In Anbetracht des vom BGH stets betonten Integritätsinteresses stellt sich für die – im Urteil nicht erwähnte – Kategorie der Leasingfahrzeuge die Frage, ob die üblichen Rahmenbedingungen zur Nutzung, Instandhaltung, Wartung, Pflege und Behandlung des Leasingfahrzeugs in Verbindung mit den Kontrollrechten des Leasinggebers und dessen Kündigungsrecht bei vertragswidrigem Gebrauch für eine Anhebung der Opfergrenze auf 130 % ausreichen. Wegen der vielfältigen Verhaltenspflichten und Obliegenheiten des Leasingnehmers und seinem auf der Restwertgarantie beruhenden Eigeninteresse an der ordnungsgemäßen Erhaltung des Leasingfahrzeugs ist es wohl nicht gerechtfertigt, ihn mit einem Fahrzeugmieter gleichzustellen und die vom BGH in Erwägung gezogene Ausnahmeregelung für Mietfahrzeuge auf Leasingfahrzeuge zu übertragen.

In Anbetracht der zutreffenden Erwägung, dass der Leasingnehmer die Ausgleichszahlung allein durch Instandsetzung des Fahrzeugs abwenden kann und nur er ein Interesse an der Weiterbenutzung des Fahrzeugs besitzt, hat ihm das OLG München[541] einen Anspruch auf Ersatz des Integritätsinteresses aus eigenem Recht zugebilligt. Aus dem Leasingvertrag ergebe sich die Nebenpflicht, dass der Leasinggeber auf die wirtschaftlichen Interessen des Leasingnehmers eingehen müsse, heißt es im Urteil.

Die Rechtsprechung zur **Schadensberechnung** auf **Neuwertbasis** ist auch auf neuwertige Leasingfahrzeuge[542] anzuwenden.[543] Die Besonderheit, dass wegen der leasingtypischen Abtretungskonstruktion der Schaden in Form der Gefährdung von Sachmängelansprüchen nicht dem Leasinggeber erwächst, sondern beim Leasingnehmer eintritt, kann dem Schädiger nicht zum Vorteil gereichen, wenn der Leasinggeber seinen eigenen Schaden geltend macht.[544]

Nach Ausspruch der Kündigung ist der Leasingvertrag abzuwickeln. Dabei darf der Leasinggeber nicht besser gestellt werden, als er bei einem kündigungsfreien Vertragsverlauf stehen würde.[545] Dementsprechend sind die dem Leasinggeber infolge der vorzeitigen Vertragsbeendigung entstehenden Vorteile in Form des vorzeitigen Kapitalrückflusses und der

---

538 BGH 15. 10. 1991, NJW 1992, 302; 17. 3. 1992, DAR 1992, 259 – Eigenreparatur –.
539 Dazu *Reinking* DAR 1997, 425.
540 Urt. v. 8. 12. 1998, VersR 1999, 245, 246; ebenso OLG Düsseldorf 10. 3. 1997, SP 1997, 194; LG Mühlhausen 9. 9. 1998; DAR 1999, 29.
541 Urt. v. 1. 12. 1999, DAR 2000, 121.
542 Es gilt die Faustregel, dass von der Neuwertigkeit eines Fahrzeugs auszugehen ist, wenn seine Fahrleistung 1000 km nicht überschreitet und die Erstzulassung nicht länger als einen Monat zurückliegt.
543 OLG Köln 11. 12. 1984, ZfS 1985, 357; OLG Nürnberg 7. 6. 1994, r + s 1994, 337; OLG Hamm 11. 4. 1994, r + s 1994, 338.
544 OLG Nürnberg 7. 6. 1994, r + s 1994, 337.
545 BGH 19. 3. 1986, WM 1986, 673, 674.

ersparten Verwaltungskosten bei der Abrechnung zu Gunsten des Leasingnehmers zu berücksichtigen (Rn 894 ff.).

bb) Fälligkeit der Ausgleichszahlung

850 Bei den Ansprüchen ist zwischen dem **Sachwertanspruch** und dem weiter gehenden **Vollamortisationsanspruch** zu unterscheiden. Welchen Anspruch der Leasinggeber gegenüber dem Leasingnehmer geltend macht, ist notfalls im Wege der Auslegung zu ermitteln. Der Sachwertanspruch betrifft das Eigentumsinteresse des Leasinggebers an der Erhaltung des Fahrzeugs, während der Vollamortisationsanspruch die Anschaffungskosten, die Neben- und Finanzierungskosten und den Gewinn umfasst.

Falls der Leasingnehmer sämtliche Rechte aus der Vollkaskoversicherung oder etwaige Schadensersatzansprüche gegen Dritte wegen Beschädigung des Leasingfahrzeugs an den Leasinggeber **erfüllungshalber abgetreten** hat, muss sich der Leasinggeber wegen der Sachwertansprüche **zunächst** an die **Versicherung** oder den **Schädiger** halten. Ein sofortiges Vorgehen gegen den Leasingnehmer scheitert daran, dass die Forderung nicht fällig ist. Sie wird erst fällig, wenn der Leasinggeber seine Sachwertansprüche erfolglos gegenüber der Kaskoversicherung geltend gemacht hat.[546] Ob eine vergleichbare Rechtslage besteht, wenn der Leasingnehmer an Stelle der Abtretung eine Fahrzeugvollversicherung als Fremdversicherung zu Gunsten des Leasinggebers abgeschlossen und dieser von der Kaskoversicherung einen Sicherungsschein erhalten hat, ist umstritten. Während das OLG Koblenz[547] auf dem Standpunkt steht, auch dies könne im Einzelfall erfüllungshalber geschehen, vertritt das OLG Düsseldorf[548] die Ansicht, der Sicherungsschein verpflichte die Leasinggesellschaft nicht, die Rechte aus dem Versicherungsvertrag – notfalls gerichtlich – geltend zu machen, wenn der Leasingnehmer erkennbar kein Interesse an der Weiterverfolgung des Anspruchs habe.

Von einer **Stundung** des Anspruchs gegen den Leasingnehmer ist nach Ansicht des OLG Koblenz[549] in den Fällen, in denen der Leasingnehmer die Ansprüche erfüllungshalber an den Leasinggeber abgetreten hat, nicht auszugehen, wenn nach dem Vertrag allein der Leasingnehmer verpflichtet ist, die Ansprüche zu Gunsten des Leasinggebers beim Versicherer oder Schädiger geltend zu machen. Dann trifft den Leasinggeber allerdings die vertragliche Nebenpflicht, dem Leasingnehmer die zur Durchsetzung der Ansprüche erforderlichen Unterlagen (insbesondere die Anschaffungsrechnung) zur Verfügung zu stellen. Verletzt er seine Mitwirkungspflicht, muss er dem Leasingnehmer den daraus entstehenden Schaden ersetzen.

Wenn der Leasingnehmer die Ansprüche des Leasinggebers begleicht, gehen dessen Schadensersatzansprüche gegen den Schädiger auf ihn über.[550] Hat der Leasinggeber vergeblich versucht, aus den abgetretenen Ansprüchen Befriedigung zu erlangen, muss er im Fall einer Inanspruchnahme des Leasingnehmers diesen, soweit nicht bereits ein gesetzlicher Forderungsübergang erfolgt ist, durch Abtretung der Ansprüche oder im Wege gewillkürter Prozessstandschaft in die Lage versetzen, gegen die Kaskoversicherung oder gegen den Schädiger und dessen Haftpflichtversicherung vorzugehen.[551]

Die Abtretung der Ansprüche aus der Kaskoversicherung erfolgt nicht – jedenfalls nicht ohne entsprechende Vereinbarung – zur Absicherung des Vollamortisationsanspruchs des Leasinggebers.[552] Da aber der Sachwertanspruch in dem weitergehenden Vollamortisa-

---

546 BGH 11. 12. 1991, NJW 1992, 683.
547 Urt. v. 31. 10. 1995, NJW-RR 1996, 174, 175.
548 Urt. v. 29. 4. 1996, OLGR 1996, 266.
549 31. 10. 1995, NJW-RR 1996, 174.
550 BGH 23. 10. 1990, DAR 1991, 54.
551 OLG Hamburg 29. 9. 1995, OLGR 1995, 17; das OLG Köln 14. 7. 1995, OLGR 1996, 1 macht die Wirksamkeit der Abtretung von der Rückabtretung abhängig.
552 BGH 11. 12. 1991, NJW 1992, 683.

tionsanspruch mitenthalten ist, wird der auf Vollamortisation gerichtete Anspruch des Leasinggebers ebenfalls erst nach erfolgloser Inanspruchnahme der Kaskoversicherung fällig.[553]

Kommen die Parteien des Leasingvertrages überein, die Kaskoversicherung nicht in Anspruch zu nehmen, wird der Ausgleichsanspruch bereits im Zeitpunkt der Einigung fällig.

cc) Ansprüche gegen den ersatzpflichtigen Schädiger
α) Fahrzeugschaden

Im Hinblick auf den Fahrzeugschaden ist die Haftung des Schädigers auf den **Wiederbeschaffungswert** des Fahrzeugs begrenzt.[554] Der Leasingnehmer hat – vorbehaltlich einer hiervon abweichenden Vereinbarung – das unfallbeschädigte Fahrzeug an den Leasinggeber zurückzugeben. Die Transportkosten, die im Zusammenhang mit der Rückführung des Fahrzeugs zum Leasinggeber zwecks Verwertung anfallen, sind nicht unfallbedingt und daher vom Schädiger nicht zu ersetzen.

851

Ein gegen den Schädiger gerichteter Anspruch auf Erstattung der zum Zeitpunkt des Unfalls nicht amortisierten Kosten des Leasinggebers besteht nicht, auch nicht insoweit, als sie den Gewinn des Leasinggebers enthalten, den der Schädiger dem Leasinggeber eigentlich gem. § 252 BGB ersetzen müsste, wenn dieser das Risiko der Preisgefahr nicht auf den Leasingnehmer verlagert hätte.[555] Für die Schadensbemessung ist aus Sicht des BGH[556] allein der Kauf- bzw. der Wiederbeschaffungswert des Fahrzeugs der maßgebliche Anknüpfungspunkt und nicht der Tauschwert der vereitelten Nutzung.[557] Außerdem fehlt die Kausalität zwischen dem schädigenden Ereignis und der auf dem Leasingvertrag beruhenden Vollamortisationsgarantie des Leasingnehmers.[558]

Da der Leasingnehmer nicht zur **Naturalrestitution** im Sinne der Beschaffung eines gleichwertigen Ersatzfahrzeugs und dessen Einbringung in den Leasingvertrag verpflichtet ist,[559] muss er – anders als bei einer von ihm beauftragten Reparatur – nicht die Umsatzsteuer aufbringen. Er haftet der üblicherweise zum Vorsteuerabzug berechtigten Leasinggesellschaft grundsätzlich auf Geldersatz in Höhe des **Netto-Wiederbeschaffungswertes** und kann folglich vom Schädiger nur diesen Betrag ersetzt verlangen.[560]

Der **Restwert**, den der Leasingnehmer im Fall der unfallbedingten vorzeitigen Vertragsbeendigung ablösen muss, wird durch die Wiederbeschaffungskosten abgegolten und stellt keinen gesonderten Schadensposten dar.[561] Auch durch die vorzeitige **Fälligstellung** der **Leasingraten** entsteht dem Leasingnehmer wegen der Verpflichtung des Leasinggebers zur Abzinsung und zur Erstattung der ersparten Verwaltungskosten kein Haftungsschaden.[562] Der Leasingnehmer besitzt weder Anspruch auf Ersatz der Kosten, die durch den Abschluss eines Folge-Leasingvertrages entstehen, noch hat der Schädiger ihm die Kosten

---

553 OLG Koblenz 9. 12. 1991, FLF 1992, 144, 145; *Michalski/Schmitt,* Der Kfz-Leasingvertrag, Rn 183.
554 BGH 23. 10. 1990, NJW-RR 1991, 280; 5. 11. 1991, NJW 1992, 553.
555 A. A. zum Gewinnausfallschaden *Reinking,* ZIP 1984, 1319 f.
556 Urt. v. 5. 11. 1991, NJW 1992, 553.
557 A. A. *Köndgen,* AcP 1977, 1, 17; KG 9. 1. 1975, MDR 1975, 579; OLG Frankfurt 10. 11. 1983, ZfS 1984, 5; OLG Köln 18. 9. 1985, NJW 1986, 1816.
558 *Michalski/Schmitt,* Der Kfz-Leasingvertrag, Rn 195.
559 BGH 14. 7. 1993, ZIP 1993, 1315.
560 BGH 6.7. 1988, DAR 1988, 341, 342; 14. 7. 1993, DAR 1993, 385; OLG Düsseldorf 27. 10. 1998, DAR 1999, 68; *Knappmann* in *Prölss/Martin,* VVG., § 13 Rn 12.; *Reinking,* DAR 1998, 333; a. A. OLG Hamm 14. 9. 2000, DAR 2001, 79; LG Itzehoe 30. 10. 2001, DAR 2002, 517.
561 BGH 5. 11. 1991, NJW 1992, 553.
562 BGH 5. 11. 1991, NJW 1992, 553.

zu ersetzen, die der Leasingnehmer hätte aufwenden müssen, um ein gleichwertiges Fahrzeug für den Rest der ursprünglich vorgesehenen Vertragszeit zu leasen.

β) **Sonstige leasingspezifische Schäden**

852 Ein vom Schädiger zu ersetzender **Haftungsschaden** kommt insoweit in Betracht, als dem Leasingnehmer durch die Pflicht zur sofortigen Zahlung der abgezinsten Leasingraten und des abgezinsten Restwertes gegenüber der ursprünglichen Zahlungsverpflichtung Mehrkosten entstehen, z. B. durch die Notwendigkeit einer **Kreditaufnahme**.[563] Auch soweit die mit dem Leasingvertrag verbundenen **steuerlichen Vorteile** des Leasingnehmers geschmälert werden, billigt ihm der BGH[564] einen entsprechenden Schadensersatzanspruch gegen den Schädiger zu. Im Übrigen besitzt der Leasingnehmer, wie auch beim Teilschaden, Anspruch auf Vergütung des Ausfallschadens und der Nebenkosten.

Die **deliktsrechtlichen Ansprüche wegen der Fahrzeugschäden**, die dem Leasinggeber und dem Leasingnehmer gegen den Schädiger zustehen, verjähren in der regelmäßigen Verjährungsfrist von drei Jahren. Unterlassene Nachforschungen des Leasinggebers reichen zwar für die Annahme einer positiven Kenntnis nicht aus,[565] können aber dazu führen, dass sich der Leasinggeber dem Vorwurf ausgesetzt sieht, er habe grob fahrlässig versäumt, sich von den anspruchsbegründenden Umständen und der Person des Schädigers Kenntnis zu verschaffen (§ 199 Abs. 1 BGB). Eine den Verjährungsbeginn auslösende grobe Fahrlässigkeit ist anzunehmen, wenn sich der Leasinggeber der Möglichkeit einer ohne weiteres zu beschaffenden oder sich aufdrängenden Kenntnis verschlossen hat.[566]

Der gegen den Leasingnehmer gerichtete Vollamortisationsanspruch des Leasinggebers gehört zum Erfüllungsanspruch[567] und unterliegt ebenfalls der dreijährigen Regelverjährung. Die Frist, die auch dann maßgeblich ist, wenn der Leasingnehmer das vorzeitige Vertragsende zu vertreten hat, beginnt mit dem Schluss des Jahres, in dem die Kündigung zugegangen ist. Auf den Zeitpunkt der Rückgabe der Leasingsache und deren Verwertung kommt es nicht an.[568]

dd) **Ansprüche gegen die Kaskoversicherung**

853 Die Kaskoversicherung dient, wie oben bereits ausgeführt wurde (Rn 850), nicht der Absicherung des Vollamortisationsinteresses. Versichert wird das **Sachinteresse** des Leasinggebers und das damit einhergehende **Sacherhaltungsinteresse** des Leasingnehmers, das durch das Interesse des Leasinggebers an dem Erhalt der Sache begrenzt wird.[569]

Im Kasko-Totalschadensfall sind für die Bemessung der Entschädigungsleistung die **Verhältnisse des Leasinggebers** als maßgeblich anzusehen.[570] Die vom Kaskoversicherer zu erbringende Versicherungsleistung kann folglich nicht den Betrag übersteigen, den der Leasinggeber für den Erwerb eines neuen Fahrzeugs aufwenden muss.

---

563 BGH 5. 11. 1991, NJW 1992, 553.
564 Urt. v. 5. 11. 1991, NJW 1992, 553.
565 *Von Gerlach*, DAR 1997, 229 zu § 852 BGB a. F.
566 *Mansel* in *Dauner-Lieb/Heidel/Lepa/Ring*, Anwaltskommentar Schuldrecht, § 199 BGB Rn 58.
567 BGH 10. 7. 1996, NJW 1996, 2860.
568 OLG Hamm 7. 1. 1997, NJW-RR 1997, 1144.
569 OLG Düsseldorf 27. 10. 1998, DAR 1998, 68.
570 BGH 6. 7. 1988, NZV 1988,216; 5. 7. 1989, NJW 1989, 3021;14. 7. 1993, DAR 1993, 385; OLG Hamm 2. 11. 1994, NJW-RR 1995, 1057; OLG Köln 17. 9. 1996, OLGR 1996, 19; OLG Dresden 18. 9. 1996 r + s 1997, 378; OLG Düsseldorf 27. 10. 1998, DAR 1999, 68.

Vertragsdurchführung 854

Daraus folgt,

- dass der Kaskoversicherer nur zur Zahlung der Nettoentschädigung verpflichtet ist, wenn der Leasinggeber die Umsatzsteuer im Wege des Vorsteuerabzugs geltend machen kann,[571]
- dass die vom Leasinggeber erzielbaren Einkaufsrabatte sowohl bei der Beurteilung der Frage, ob ein Kasko-Totalschaden vorliegt, als auch bei der Neupreisentschädigung zu berücksichtigen sind,
- dass eine Neupreisentschädigung nur dann stattfindet, wenn der Leasinggeber die Reinvestition tätigt und nachweist.[572]

Die Versicherungsleistung, die der Kaskoversicherer zu erbringen hat, reicht in vielen Fällen nicht zur Deckung der Schlusszahlung und ist meist geringer als der vom Leasingnehmer für den Ersatzkauf aufzubringende Kaufpreis, da der Leasinggeber über die günstigeren Einkaufsmöglichkeiten verfügt und regelmäßig zum Vorsteuerabzug berechtigt ist.

Es gibt allerdings Vertragsmodelle, bei denen Leasinganbieter von vornherein auf die Zahlung der Differenz zwischen Abrechnungswert und Wiederbeschaffungswert verzichten, weil die Leasingraten so kalkuliert sind, dass sie dieses Risiko beinhalten. Bei anderen Vertragsmodellen machen Leasinganbieter den Verzicht davon abhängig, dass der Wiederbeschaffungswert innerhalb einer vertraglich bestimmten Frist von der Versicherung gezahlt wird.

Klauselbeispiel:

Der Leasinggeber verzichtet bei Untergang, Verlust oder von der Versicherung anerkanntem wirtschaftlichen Totalschaden auf die Differenz zwischen Abrechnungswert und Wiederbeschaffungswert, wenn die Versicherungsleistung mindestens in Höhe des Wiederbeschaffungswertes dem Leasinggeber in drei Monaten zugeflossen ist.

Umstritten ist, wer den **Mehrerlös** bei der heute nur noch selten anzutreffenden, eingeschränkten Neupreisversicherung zu beanspruchen hat, sofern der Leasingvertrag keine Regelung enthält. Die Ansicht, bei allen erlasskonformen Vertragsmodellen – außer beim Vertrag mit Mehrerlösbeteiligung – stehe dem Leasinggeber der Mehrerlös in vollem Umfang zu, verkennt, dass die Neupreisentschädigung, soweit sie den Wiederbeschaffungswert übersteigt, kein Surrogat i. S. d. § 285 BGB darstellt, sondern auf dem Versicherungsvertrag beruht, den der Leasingnehmer abzuschließen und auf den er die Versicherungsprämien zu entrichten hat. Deshalb erscheint es unbillig, ihn an dem Mehrerlös nicht teilhaben zu lassen, soweit dieser den Vollamortisationsbetrag übersteigt.

15. Entwendung des Fahrzeugs

Der Diebstahl eines Leasingfahrzeugs begründet keine höhere Wahrscheinlichkeit für einen vorgetäuschten Versicherungsfall. Für den Versicherer, der eine betrügerische Vorteilserlangung behauptet, gelten strenge Beweisanforderungen, da das Geld nicht an den Leasingnehmer sondern an den Leasinggeber zur Auszahlung gelangt.[573] Im Prozess mit

---

571 Nach Ansicht des OLG Frankfurt – Urt. v. 19. 1. 2000, OLGR 2000, 209 – ist bei der Frage der Vorsteuerabzugsberechtigung auch dann auf die Person des Leasinggebers abzustellen, wenn der Leasingnehmer bei Abschluss des Leasingvertrages eine Vorab-Sonderzahlung von 64,9 % des Anschaffungspreises an den Verkäufer geleistet hat, sofern er selbst vom Leasinggeber die Vertragsaufhebung verlangt und die im Leasingvertrag vorgesehene Möglichkeit, das Leasingfahrzeug durch ein gleichwertiges zu ersetzen, nicht genutzt hat.
572 A. A. OLG Frankfurt 18. 1. 1996, OLGR 1996, 87, das den Abschluss eines neuen Leasingvertrages über ein vergleichbares Neufahrzeug durch den Leasingnehmer einer Neuanschaffung gleichgestellt hat; gleicher Ansicht OLG Hamburg 24. 4. 1998, OLGR 1998, 222.
573 BGH 23. 10. 1996, VersR 1997, 55.

dem Leasingnehmer trägt der Leasinggeber die Darlegungs- und **Beweislast** für das äußere Bild des behaupteten Diebstahls.[574] Dem Leasinggeber ist es verwehrt, ohne konkreten Tatsachenvortrag geltend zu machen, der Leasingnehmer habe die Unmöglichkeit der Rückgabe des Fahrzeugs zu vertreten, wenn der Kaskoversicherer den Schaden durch Zahlung unmittelbar an den Leasinggeber bereits reguliert hat.[575] Falls der Leasinggeber im Wege des Vergleichs eine zu geringe Entschädigung des Kaskoversicherers akzeptiert hat, kann er vom Leasingnehmer keinen vollen Restamortisationsausgleich verlangen. Er muss sich bei der Regulierung des Kaskoschadens – ebenso wie bei der Verwertung des Fahrzeugs – um die Erzielung des bestmöglichen Ergebnisses bemühen.[576]

Der Diebstahl des Leasingfahrzeugs berechtigt den Leasingnehmer, sich **vorzeitig vom Vertrag zu lösen**.[577] Der Leasinggeber kann den Leasingvertrag ebenfalls durch außerordentliche Kündigung beenden, wenn er sich das Kündigungsrecht vertraglich ausbedungen hat. Bei der vertraglichen Ausgestaltung des Kündigungsrechts bedarf es einer Regelung für den Fall, dass das Leasingfahrzeug vor Eintritt der Leistungsverpflichtung des Versicherers wieder aufgefunden wird.

Klauselbeispiel:

Wird das Fahrzeug im Fall der Entwendung vor dem Eintritt der Leistungsverpflichtung des Versicherers wieder aufgefunden, setzt sich der Leasingvertrag auf Verlangen eines der Vertragspartner zu den bisherigen Bedingungen fort. In diesem Fall hat der Leasingnehmer die zwischenzeitlichen Leasingraten innerhalb von 1 Woche ab Geltendmachung des Fortsetzungsverlangens nachzuzahlen.

Im Falle der Wiederauffindung des Fahrzeugs innerhalb der vierwöchigen Frist kann der Leasinggeber das Fortsetzungsverlangen des Leasingnehmers nicht durch Nachschieben des Kündigungsgrundes „Entwendung des Fahrzeugs" unterlaufen.[578]

Bei der **Abrechnung** des wegen Diebstahls vorzeitig gekündigten Kraftfahrzeugleasingvertrages sind die Leasingraten für die ursprüngliche Vertragslaufzeit nicht nur um die ersparten Verwaltungskosten sondern auch um die in den Raten enthaltenen **Gewinnanteile zu vermindern**, da dem Leasingnehmer sowohl der weitere Sachgebrauch als auch die mittelbare Kapitalnutzung entzogen wird, während auf der anderen Seite der Leasinggeber das zurückfließende Kapital anderweitig nutzen und damit Gewinn erzielen kann.[579] Irgend ein Grund, ihm auch für die verkürzte Vertragsdauer den auf die volle Vertragsdauer kalkulierten Gewinn ungeschmälert zuzubilligen, ist angesichts der Bedeutung des Zeitfaktors für die Leistung des Leasinggebers nicht ersichtlich.[580] Abzuzinsen sind die um die ersparten Verwaltungskosten und Gewinnanteile gekürzten Leasingraten. Eine Abzinsung der ungekürzten Raten mit nachfolgendem Abzug der ersparten Verwaltungskosten und Gewinnanteile[581] würde dem Leasingnehmer ungerechtfertigte Vorteile verschaffen.

Die Rechtsfolgen der Kündigung wegen Entwendung sind weitgehend die gleichen wie bei einem Totalschaden und einer erheblichen Beschädigung des Leasingfahrzeugs. Der Ausgleichsanspruch des Leasinggebers wird mit der Kündigung fällig.[582]

---

574 OLG Dresden 16. 6. 1999, OLGR 1999, 364.
575 OLG Celle 7. 4. 1999, OLGR 1999, 225.
576 OLG Dresden 16. 6. 1999, OLGR 1999, 364.
577 Zur Kündigung bei einem vom Leasingnehmer verschuldeten Diebstahl sowie zur Verpflichtung zum Abschluss einer Kaskoversicherung nach Wiederauffindung des Fahrzeugs OLG München 13. 1. 1995, OLGR 1995, 134.
578 OLG Hamm 12. 12. 1997, OLGR 1998, 62.
579 OLG Celle 7. 4.1999, OLGR 1999,225.
580 BGH 19. 3. 1986, NJW 1986, 1746, 1748.
581 So die Vorgehensweise des OLG Celle, 7. 4. 1999, OLGR 1999, 225.
582 OLG Düsseldorf 29. 4. 1996, OLGR 1996, 265.

Vertragsdurchführung

An eine vorzeitige Abbrechung des Leasingvertrages ist der Leasinggeber nicht gebunden, wenn ihm der Leasingnehmer den Verlust der Leasingsache durch Diebstahl vorgetäuscht hat. Eine vom Versicherer auf Grund des vorgetäuschten Diebstahls erbrachte Zahlung muss er nicht zu Gunsten des Leasingnehmers berücksichtigen.[583]

Sofern der Leasinggeber die Sach- und Preisgefahr nicht wirksam auf den Leasingnehmer verlagert hat, muss er den Beweis führen, dass der Leasingnehmer den Verlust des Fahrzeugs zu vertreten hat. Gelingt ihm dieser Beweis nicht, geht seine auf die Verletzung vertraglicher Pflichten gestützte fristlose Kündigung ins Leere.[584]

Bei **rechtsgrundloser Zahlung** an den Leasinggeber richtet sich der Rückforderungsanspruch des Kaskoversicherers gegen den Leasingnehmer, da dieser durch die Versicherungsleistung insoweit bereichert ist, als er dadurch Befreiung von seiner Schadensersatzverpflichtung gegenüber dem Leasinggeber erlangt.[585] Allerdings kommen dem Kaskoversicherer, der die Versicherungsleistung zurückfordert, nicht die Beweiserleichterungen zugute, die dem eine Diebstahlentschädigung beanspruchenden Versicherungsnehmer zugebilligt werden. Er muss darlegen und im Streitfall beweisen, dass der seiner Zahlung zu Grunde liegende Versicherungsfall „Entwendung" nicht stattgefunden hat.[586]

16. Reguläre Vertragsbeendigung

a) Beendigung durch Kündigung oder Zeitablauf

Leasingverträge, die auf bestimmte Zeit eingegangen wurden, enden gem. § 542 Abs. 2 BGB mit **Ablauf** der vereinbarten Grundmietzeit. Um einen unbefristeten Finanzierungsleasingvertrag zu beenden, bedarf es gem. § 542 Abs. 1 BGB grundsätzlich der **Kündigung** oder einer einvernehmlichen **Aufhebungsvereinbarung**. **855**

Beim Vertragsmodell mit Abschlusszahlung ist eine Kündigung erforderlich, wenn der Leasingnehmer den Vertrag vorzeitig nach Ablauf der Grundmietzeit beenden möchte. Ist die Vertragslaufzeit unbestimmt, besteht das Kündigungserfordernis auch dann, wenn der Leasingnehmer eine Ausgleichszahlung nur bis zum Eintritt der Vollamortisation zu leisten hat[587] oder wenn die nach dem Vertrag für die Kalkulation der Raten zu Grunde gelegte Nutzungsdauer des Leasinggegenstandes abgelaufen ist.[588] AGB, die den Leasingnehmer zur Weiterzahlung der Leasingraten nach Erreichen der Vollamortisation verpflichten, sind weder überraschend noch benachteiligen sie den Leasingnehmer unangemessen, da dieser es in der Hand hat, sich vor der Heranziehung zur Zahlung weiterer Leasingraten durch rechtzeitige Kündigung zum Ende der im Vertrag unterstellten Nutzungsdauer zu schützen und ihm – auch als Nichtkaufmann – die Überwachung des Vertragsablaufs zuzumuten ist.[589]

Erklärt ein vom Leasingnehmer mit der Beendigung des Leasingvertrages beauftragter Anwalt an Stelle der Kündigung den Rücktritt vom Leasingvertrag, gefährdet er durch die Wahl des falschen Begriffs den Erfolg des Gestaltungsversuchs, wenn der buchstäbliche Ausdruck der Erklärung mehrere Deutungen zulässt.[590]

---

583 OLG Köln 24. 6. 1994, VersR 1995, 54.
584 BGH 11. 12. 1991, NJW 1992, 683.
585 BGH 2. 11. 1988, ZIP 1989, 313; 10. 3. 1993, DAR 1993, 223; a. A. OLG Köln 24. 6. 1994, VersR 1995, 54.
586 BGH 14. 7. 1993, DAR 1993, 223.
587 BGH 20. 9. 1989, ZIP 1989, 1461; OLG Hamm 11. 1. 1999, OLGR 1999, 165.
588 BGH 8. 11. 1989, ZIP 1990, 173.
589 BGH 20. 9. 1989, ZIP 1989, 1461.
590 BGH 4. 6. 1996, NJW 1996, 2648.

b) Herausgabe des Fahrzeugs

856 Der Leasingnehmer hat das Fahrzeug am Vertragsende an den Leasinggeber zurückzugeben. Der für die Zahlung der Leasingraten maßgebliche **Erfüllungsort** ist, sofern die Parteien keine hiervon abweichende Regelung vereinbart haben, zugleich Erfüllungsort für die Rückgabe des Fahrzeugs und die Abwicklung/Abrechnung des Leasingvertrages am Vertragsende.[591] Sehen AGB vor, dass der Leasingnehmer das Auto an einem vom Leasinggeber bestimmten Ort zurückzugeben hat, kann darin eine unangemessene Benachteiligung des Leasingnehmers liegen, wenn die Entfernung zum Händler wesentlich größer als zum Leasinggeber ist.

c) Sicherstellung des Fahrzeugs durch den Leasinggeber

857 Falls der Leasingnehmer seiner Rückgabepflicht nicht nachkommt, darf der Leasinggeber das Fahrzeug nicht **eigenmächtig** in Besitz nehmen.

Das OLG Koblenz[592] hat sich auf den Standpunkt gestellt, dass AGB, die den Leasinggeber berechtigen, das Fahrzeug bei Vorliegen eines wichtigen Grundes schon vor Zugang der Kündigungserklärung vom Leasingnehmer herauszuverlangen, und die weiterhin vorsehen, dass der Leasingnehmer für diesen Fall auf sein Besitzrecht verzichtet und die Wegnahme des Fahrzeugs gestattet, nicht gegen allgemeine Rechtsgrundsätze verstoßen und wirksam sind. Dahinter steckt die Überlegung, dass es bei einem Kraftfahrzeug sehr schnell zu einer Verschlechterung kommen kann, die ein rasches Einschreiten des Leasinggebers erfordert. Im Gegensatz dazu hat das OLG Hamm[593] die Ansicht vertreten, dass derartige Formularregelungen an § 307 Abs. 1 BGB scheitern, weil sie den Leasingnehmer unangemessen benachteiligen. Nimmt der Leasinggeber, gestützt auf eine unwirksame Rücknahmeklausel, das Leasingfahrzeug gegen den Willen des Leasingnehmers in Besitz, liegt darin eine verbotene Eigenmacht, die den Leasingnehmer zur fristlosen Vertragskündigung berechtigt.[594]

d) Einstweilige Verfügung auf Herausgabe des Leasingfahrzeugs

858 Geteilt sind die Meinungen zu der Frage, ob die schlichte Weiterbenutzung des Leasingfahrzeugs nach Ablauf des Vertrages einen **Verfügungsgrund** i. S. v. § 935 ZPO darstellt, der die Sicherstellung des Fahrzeugs im Wege der einstweiligen Verfügung rechtfertigt. Es wird die Auffassung vertreten, eine Gefährdung des Herausgabeanspruchs setze voraus, dass der Leasingnehmer die Sache übermäßig benutzt und sie dadurch in ihrer Substanz verändert,[595] da der Leasinggeber die mit der schlichten Weiterbenutzung des Fahrzeugs verbundenen Risiken vertraglich in Kauf nehme[596] und sich durch die Nichtrückgabe nur die dem Leasingvertrag von vornherein innewohnende typische Gefahr einer Leistungsstörung verwirkliche.[597] Nach gegenteiliger Ansicht liegt bereits in der bloßen Weiterbenutzung der Sache und dem damit verbundenen Wertverlust eine Gefährdung der Anspruchsverwirklichung, die den Erlass einer einstweiligen Verfügung rechtfertigt.[598]

---

591 *Baumbach/Hartmann,* ZPO, § 29, Rn 26, 28; AG Ratingen 30. 3. 1995 – 9 C 1795/94 – n. v.
592 Beschluss – 8 W 398/88 – n. v.
593 Urt. v. 20. 12. 1991, NJW-RR 1992, 502.
594 OLG Hamm 20. 12. 1991, NJW-RR 1992, 502.
595 OLG Frankfurt, 8. 12. 1959 NJW 1960, 827; OLG Köln 25. 1. 1988, ZIP 1988, 445 ff. sowie 10. 11. 1997, NJW-RR 1997, 1588; LG Rottweil 2. 5. 1990–1 O 449/90 – n. v.; *Stein/Jonas,* ZPO, § 935 Rn 12; *Thomas/Putzo,* ZPO, § 935 Rn 7; *Schuschke,* Vollstreckung und vorläufiger Rechtsschutz II, § 935 Rn 13 Fn. 57.
596 OLG Köln 25. 1. 1988, ZIP 1988, 445 ff.
597 LG Rottweil 2. 5. 1990 – 1 O 449/90 – n. v.
598 OLG Düsseldorf 7. 12. 1983, MDR 1984, 411; LG Ravensburg 16. 4. 1986, NJW 1987, 139; LG Braunschweig/Kreisg. Arnstadt 21. 1. 1993, MDR 1993, 757; *Zöller/Vollkommer,* ZPO, § 935 Rn 13; *Reinking,* Autoleasing, S. 146.

Für Kraftfahrzeuge gilt in besonderem Maße, dass sie durch Weiterbenutzung an Wert verlieren, da mit jedem gefahrenen Kilometer ein Stück Sachsubstanz verbraucht wird. Dieser Wertverlust ist ungleich höher als die Werteinbuße, die ein Fahrzeug durch Aufbewahrung in der Pfandkammer erleidet.[599] Deshalb verdient die Meinung den Vorzug, die den schlichten Weitergebrauch als Grund für den Erlass einer einstweiligen Verfügung auf Herausgabe des Fahrzeugs an den Leasingnehmer genügen lässt.[600]

e) Unmöglichkeit der Herausgabe

Ist der Leasingnehmer außer Stande, das Fahrzeug zurückzugeben, hat er dem Leasinggeber **Wertersatz** zu leisten. Falls er die Sach- und Preisgefahr nicht übernommen hat, entfällt seine Haftung, wenn er beweist, dass er das zur Unmöglichkeit führende Ereignis nicht zu vertreten hat. Der Leasinggeber muss zunächst versuchen, aus den an ihn erfüllungshalber abgetretenen Ansprüchen gegen die Kaskoversicherung Befriedigung zu erlangen. Solange er diesen Versuch nicht unternommen hat, fehlt es – außer im Hinblick auf eine möglicherweise vereinbarte Selbstbeteiligung – an der Fälligkeit der Wertersatzforderung gegen den Leasingnehmer.[601] Welche Anstrengungen der Leasinggeber auf sich nehmen muss, um die Ansprüche gegenüber der Kaskoversicherung durchzusetzen, hängt von den Gegebenheiten des Einzelfalls ab. Eine von vornherein aussichtslose Klage muss er nicht erheben.[602]

f) Wegfall der Rückgabepflicht

Von der Rückgabepflicht wird der Leasingnehmer befreit, wenn er sich mit dem Leasinggeber über einen Ankauf des Fahrzeugs einigt. Zum Abschluss des Kaufvertrages kann es dadurch kommen, dass entweder der Leasinggeber von einem **Andienungsrecht** oder der Leasingnehmer von einer **Kaufoption** Gebrauch macht. Bei einem Vertrag mit Restwert „Null" entfällt die Herausgabepflicht, wenn trotz Bestehens einer Rückgabeklausel in AGB nach den Umständen davon auszugehen ist, dass die Leasingsache dem Leasingnehmer verbleiben soll.[603]

Bei einem Vertrag mit Andienungsrecht ist zu beachten, dass der Kaufvertrag über das Fahrzeug mit der Andienung durch den Leasinggeber zu Stande kommt, wobei dahinstehen kann, ob die Vereinbarung des Andienungsrechts bei Vertragsbeginn ein Kaufangebot des Leasingnehmers darstellt, das der Leasinggeber am Vertragsende annehmen kann oder ob sie bereits einen aufschiebend bedingten Kaufvertrag beinhaltet, bei dem die aufschiebende Bedingung in der Ausübung des Andienungsrechts gegenüber dem Leasingnehmer besteht.[604]

Zur Herbeiführung des Zahlungsverzugs aus dem – durch Ausübung des Andienungsrechts zu Stande gekommenen – Kaufvertrag muss der Leasinggeber dem Leasingnehmer – außer der Anmahnung der Zahlung den Besitz an dem Leasingfahrzeug einräumen. Falls er das Fahrzeug in Besitz genommen hat, genügt ein **wörtliches Angebot** nur, wenn der Leasingnehmer entweder erklärt hat, dass er die Leistung nicht annehmen werde oder wenn er sich verpflichtet hat, das Fahrzeug beim Leasinggeber abzuholen (§ 295 S. 1 BGB). Andernfalls muss der Leasinggeber dem Leasingnehmer das Fahrzeug tatsächlich anbieten, so dass dieser nur noch zuzugreifen braucht.[605]

---

599 A. A. offenbar OLG Köln 25. 1. 1988, ZIP 1988, 445.
600 Ausführlich *Reinking,* Autoleasing, S. 146.
601 BGH 11. 12. 1991, ZIP 1992, 179.
602 BGH 11. 12. 1991, ZIP 1992, 179.
603 OLG Hamm 9. 11. 1993, NJW-RR 1994, 631.
604 BGH 16. 10. 1996, NJW 1997, 452, 453.
605 BGH 29. 11. 1995 NJW 1996, 923.

Von dem Kaufvertrag kann sich der Leasinggeber unter den Voraussetzungen des § 323 BGB lösen, wenn der Leasingnehmer die fällige Kaufpreisschuld nicht erfüllt, wobei das Merkmal der Fälligkeit i. S. v. fällig und einredefrei zu verstehen ist.[606] Im Gegensatz zu § 326 BGB a. F. setzt § 323 BGB Verzug nicht voraus. Die Voraussetzungen des Rücktritts sind somit erfüllt, wenn der Leasinggeber dem Leasingnehmer erfolglos eine angemessene Zahlungsfrist gesetzt und ihm wörtlich angeboten hat, das Fahrzeug Zug um Zug gegen Zahlung zu übergeben.[607]

Nicht unter die Restwertgarantie fällt das **Bonitäts-** oder **Insolvenzrisiko** desjenigen, dem der Leasinggeber das Fahrzeug angedient hat. Vorbehaltlich einer anderslautenden vertraglichen Regelung haftet der Leasingnehmer dem Leasinggeber nicht auf Ersatz des Schadens, den dieser dadurch erleidet, dass eine andere Person, der er das Fahrzeug angedient hat, die Erfüllung des Kaufvertrages schuldig bleibt.[608]

Ungeklärt ist, ob eine vertragliche **Abwälzung** des Bonitäts- und Verwertungsrisikos auf den Leasingnehmer in AGB wirksam vereinbart werden kann.[609] In Anbetracht der Tatsache, dass die Vornahme der Verwertung des Leasingfahrzeugs in den eigentlichen Aufgabenbereich des Leasinggebers fällt, der dadurch die Chance der Erzielung eines zusätzlichen Gewinns erlangt, ist eine Klausel, die dem Leasingnehmer das Erfüllungsrisiko zuweist, derart ungewöhnlich, dass ihre wirksame Einbeziehung in den Vertrag zweifelhaft erscheint. Durch eine solche Regelung wird der Leasingnehmer jedenfalls in einer Weise benachteiligt, die gemessen an § 307 Abs. 1 BGB, nicht hinnehmbar ist. Da der Leasingnehmer keine rechtliche Handhabe besitzt, auf die Art und Weise der Verwertung Einfluss zu nehmen, kann ihm nicht zugemutet werden, dass er gleichwohl die Verwertungsrisiken übernimmt. Einer Klausel, die ihm diese Gefahren zuweist, ist daher die Wirksamkeit zu versagen.

Die Vereinbarung eines **Andienungsrechts** in Verbindung mit einer **Ausgleichsklausel für Mehr- und Minderkilometer** in einem Kraftfahrzeugleasingvertrag ist alternativ und nicht kumulativ zu verstehen, da sich die Regelungen gegenseitig ausschließen. Nur wenn das Leasingfahrzeug am Vertragsende vom Leasingnehmer an die Leasinggesellschaft zurückzugeben ist, weil diese von ihrem Andienungsrecht keinen Gebrauch gemacht hat, findet ein Kilometerausgleich statt. Hat jedoch der Leasingnehmer das Fahrzeug im Wege der Andienung vom Leasinggeber erworben, entfällt eine Abrechnung der Mehr- und Minderkilometer.[610]

g) Rechtsfolgen bei Verstoß des Leasingnehmers gegen die Rückgabepflicht

861 Der Leasingnehmer, der das Fahrzeug am Vertragsende nicht zurückgibt, macht sich gegenüber dem Leasinggeber wegen Vorenthaltung **schadensersatzpflichtig** (§ 546 a BGB) und evtl. strafbar (§ 248 b StGB).[611]

Allein in der Nichtrückgabe liegt noch kein Vorenthalten i. S. v. § 546 a Abs. 1 BGB. Erforderlich ist, dass der Leasingnehmer das Fahrzeug gegen den Willen des Leasinggebers zurückhält.[612] Eine Aufforderung zur Rückgabe schafft die erforderliche Klarheit, dass

---

606 BT-Drucks. 14/6857, S. 46 ff.; *Dauner-Lieb* in *Dauner-Lieb/Heidel/Lepa/Ring*, Anwaltskommentar Schuldrecht, § 323 Rn 8.
607 A. A. BGH 29. 11. 1996, NJW 1996, 923 zu § 326 BGB a. F.
608 BGH 16. 10. 1996, NJW 1997, 452, 453.
609 Offengelassen vom BGH 16. 10. 1996, NJW 1997, 452, 453.
610 OLG Düsseldorf 14. 4. 1994, NJW-RR 1994, 1337.
611 OLG Schleswig 20. 1. 1989, DAR 1989, 350; a. A. AG München 31. 10. 1985, NStZ 1986, 458; *Schmidthäuser* NStZ 1986, 460.
612 OLG Koblenz 16. 2.1989, ZAP EN-Nr. 425/89.

Vertragsdurchführung

der Leasinggeber auf eine pünktliche Rückgabe Wert legt.[613] Die Voraussetzungen eines Vorenthaltens sind nicht erfüllt, wenn es der Leasinggeber unter Verletzung der ihm selbst auferlegten Mitwirkungspflicht versäumt, den Ort zu bestimmen und mitzuteilen, an dem der Leasingnehmer das Fahrzeug zurückzugeben hat.[614] Da der Leasingnehmer unter diesen Umständen mit der Ablieferung des Fahrzeugs, bei der es sich um eine Bringschuld handelt,[615] nicht in Verzug gerät, haftet er dem Leasinggeber lediglich bereicherungsrechtlich auf Ersatz der schuldhaft nicht gezogenen Nutzungen in Höhe des objektiven Mietwertes, wenn er das Fahrzeug einem Dritten unentgeltlich zum Gebrauch überlässt.[616]

Nach gefestigter höchstrichterlicher Spruchpraxis[617] hat der Leasinggeber für die Dauer der Vorenthaltung die vereinbarte **Leasingrate** als **Mindestentschädigung** zu beanspruchen, wobei es nicht darauf ankommt, ob dem Leasinggeber aus der Vorenthaltung des Autos ein Schaden erwachsen ist oder ob der Leasingnehmer einen entsprechenden Nutzen ziehen können. Die Entschädigung i. S. v. § 546 a Abs. 1 BGB ist steuerlich Leasingentgelt und umfasst auch die Umsatzsteuer, sofern der Leasinggeber für die Umsatzsteuer optiert hat.[618]

Der BGH versteht § 546 a Abs. 1 BGB[619] als Druckmittel zur Erzwingung der Herausgabe der Sache. Aus seiner Sicht wird der Leasingnehmer durch die Anwendung dieser Bestimmung auf Leasingverträge nicht über Gebühr belastet, da es an ihm liegt, die Rechtsfolgen des § 546 Abs. 1 BGB durch Herausgabe der Leasingsache jederzeit zu vermeiden oder zu beenden. Von dieser Überlegung ausgehend entschied das OLG Hamm,[620] der Leasingnehmer werde von der Zahlung der Nutzungsentschädigung in Höhe der bisherigen Leasingraten nicht dadurch befreit, dass zwischen dem Wert der Leasingsache und der Höhe der Leasingrate ein auffälliges **Missverhältnis** besteht.

Die BGH-Rechtsprechung stößt immer wieder auf – berechtigte – **Kritik**, da sie das Amortisationsprinzip, durch das sich der Leasingvertrag vom reinen Mietvertrag unterscheidet, nicht in ausreichendem Maße berücksichtigt. Die Vorschrift des § 546 a Abs. 1 BGB gewährt einen Schadensersatzanspruch, dessen Umfang in Höhe des Mietzinses festgelegt ist, weil der Mietzins i. d. R. dem Nutzungswert der Mietsache entspricht. Aus diesem Grund überzeugt bei der Miete das Argument, der Mieter, der die Sache dem Vermieter nach Beendigung des Vertrages vorenthalte, dürfe nicht besser gestellt werden als bei einer Fortdauer des Mietvertrages.

Beim Leasingvertrag besteht jedoch eine andere Situation. Der **objektive Wert der Nutzung**, der beim Mietvertrag i. d. R. dem Mietzins entspricht, kann der auf ganz anderer Grundlage kalkulierten Leasingrate nicht ohne weiteres gleichgestellt werden.[621] Letztere ist berechnet auf der Grundlage der Wertdifferenz zwischen Neuanschaffungspreis und kalkuliertem Restwert. Nach dem regulären Ende des Vertrages ist der durch die Weiterbenutzung eintretende Wertschwund geringer als während der vorausgegangenen Vertragszeit. Dies liegt daran, dass das Leasingfahrzeug nicht gleichmäßig (linear) an Wert verliert, sondern anfangs stark, später weniger (degressiv).

---

613 BGH 31. 3. 1982, NJW 1982, 1747, 1748.
614 OLG Düsseldorf 14. 11. 2000, OLGR 2001, 220.
615 OLG Düsseldorf 14. 11. 2000, OLGR 2001, 220.
616 OLG Hamm 12. 7. 1988, ZIP 1989, 45.
617 BGH 22. 3. 1989, ZIP 1989, 647; 5. 4. 1978, NJW 1978, 1432; 31. 3. 1982, NJW 1982, 1747 ff.
618 BGH 11. 5. 1988, WM 1988, 1277; 22. 3. 1989, NJW 1989, 1730, 1732; 6. 12. 1995, WM 1996, 463; OLG Hamm 28. 6. 1979, OLGZ 1980, 21 ff.
619 Die Vorschrift entspricht § 557 Abs. 1 BGB a. F., wurde jedoch auf alle Mietsachen erweitert.
620 Urt. v. 11. 1. 1999, ZfS 1999, 240 gegen OLG Köln Beschl. v. 16. 9. 1992, WM 1993, 1053.
621 So früher OLG Hamm 12. 7. 1988, ZIP 1989, 45; LG Hamburg 12. 2. 1986, NJW-RR 1986, 473 ff.; *Tiedtke,* ZIP 1989, 1437 ff.

Infolgedessen sind die – auf der Grundlage eines geringeren Wertverzehrs errechneten – Leasingraten eines Folge- oder Anschlussleasingvertrages zwangsläufig niedriger als die des vorhergehenden Vertrages. Das Argument des BGH, der sich vertragstreu verhaltende Leasingnehmer werde schlechter gestellt als derjenige, der das Auto am Vertragsende nicht zurückgebe, wenn man letzteren nicht zur Fortzahlung der Leasingraten gem. § 546a Abs. 1 BGB zwinge, ist beim Leasingvertrag mit Übernahme des Restwertrisikos durch den Leasingnehmer nicht stichhaltig, weil der Leasingnehmer den durch Weiterbenutzung entstehenden Wertverlust letztendlich durch die Zahlung des geringeren Restwertes ausgleichen muss. Der Leasinggeber würde doppelt entschädigt, wenn er darüber hinaus die ungekürzten Leasingraten bekäme. Dies hat auch das OLG Frankfurt[622] so gesehen, aber gleichwohl entschieden, der Vorteil zwinge den Leasinggeber nicht, die Leasingrate nach unten anzupassen. Nach Meinung des LG Köln[623] muss es bei den ursprünglich vereinbarten Leasingraten verbleiben, weil es andernfalls der Leasingnehmer in der Hand hätte, durch Kündigung eine neue Vereinbarung über die Höhe der Raten zu erzwingen. Auch dieses Argument überzeugt nicht, weil es nicht um eine Abänderung der ursprünglich vereinbarten Höhe der Leasingrate geht, sondern um die Neufestsetzung der Nutzungsentschädigung für die Weiterbenutzung der Leasingsache nach Vertragsablauf bzw. nach Eintritt der Vollamortisation.

Da nicht einzusehen ist, dass der Leasinggeber für die Zeit der Vorenthaltung mehr erhält, als er bekommen würde, wenn er einen auf der Grundlage des Restwertes kalkulierten neuen Leasingvertrag abschließen würde, haben sich Instanzgerichte der BGH-Rechtsprechung widersetzt.[624] Folgt man dem BGH und misst man der pauschalierten Nutzungsentschädigung des § 546a Abs. 1 BGB eine der Vertragsstrafe vergleichbare Sanktionswirkung bei, muss sich deren Höhe im Rahmen der **Billigkeit** halten. Diese Einschränkung musste das OLG Köln[625] in einem extrem gelagerten Fall vornehmen, in dem die monatliche Leasingrate mehr als das Zweieinhalbfache des vom Leasinggeber selbst angegebenen Restwertes betrug.

Für das Verhältnis zwischen der Leasinggesellschaft und einem unrechtmäßigen Besitzer stellen die §§ 985 ff. BGB eine die sonstigen Vorschriften verdrängende Sonderregelung dar. Daraus ergibt sich, dass der Besitzer des Leasingfahrzeugs, der positiv weiß, dass er kein Recht zum Besitz hat, der Leasinggesellschaft **Nutzungsausfall** für die Zeit der Vorenthaltung schuldet, dessen Höhe nach Ansicht des Saarländischen OLG[626] an den Sätzen der Nutzungsausfalltabelle auszurichten ist. Die Tabellensätze sind wohl nicht der richtige Ansatz für die gesamte Dauer der Vorenthaltung, da die Leasinggesellschaft das Fahrzeug im Fall rechtzeitiger Rückgabe nicht selbst benutzt, sondern es entweder verwertet oder erneut verleast hätte.

h) Rückgabeprotokoll

863 AGB von Kraftfahrzeugleasingverträgen enthalten üblicherweise die Regelung, dass bei Ablieferung des Fahrzeugs über dessen Zustand ein gemeinsames Protokoll angefertigt und von beiden Vertragsparteien oder ihren Bevollmächtigten unterzeichnet wird. Das Rückgabeprotokoll dient dem Leasingnehmer als **Beleg** für die Ablieferung des Fahrzeugs. Dem Leasinggeber erleichtert das Zustandsprotokoll die Beweisführung im Hinblick auf Veränderungen, Schäden und Mängel des Fahrzeuges. Es fällt in seinen Aufgabenbereich, die er-

---

622 Urt. v. 23. 6. 1987, VersR 1987, 1197.
623 Urt. v. 23. 9. 1992, NJW-RR 1993, 822.
624 Z. B. LG Hannover 26. 1. 1994, NJW-RR 1994, 739.
625 Beschl. v. 16. 9. 1992, WM 1993, 1053.
626 Urt. v. 5. 11. 1997, OLGR 1998, 214 – die Nutzungsentschädigung belief sich bei einem Tagessatz von 71 DM und einer Vorenthaltungsdauer von ca. 14 Monaten auf insgesamt ca. 30.000 DM.

Vertragsdurchführung

forderliche Beweissicherung zu treffen.[627] Im Streitfall muss er außerdem beweisen, dass die im Protokoll aufgeführten Mängel und Schäden in der Zeit entstanden sind, in der sich das Fahrzeug im Besitz des Leasingnehmers befunden hat.[628]

Eine Verpflichtung des Leasingnehmers zum **Unterschreiben** des Protokolls besteht nicht. Seine Unterschrift stellt weder ein Anerkenntnis der im Rücknahmeprotokoll aufgeführten Mängel dar, noch werden dadurch Einwendungen des Leasingnehmers gegen den dort beschriebenen Fahrzeugzustand abgeschnitten.[629] Für den Leasinggeber bedeutet die vorbehaltlose Unterzeichnung des Rückgabeprotokolls, dass er auf weiter gehende Ansprüche verzichtet.[630] Diese Rechtsfolge tritt auch dann ein, wenn ein vom Leasinggeber eingeschalteter Händler das Protokoll vorbehaltlos unterschrieben hat. Der Händler, dem das Leasingfahrzeug nach Vertragsablauf zu übergeben ist, handelt als Erfüllungsgehilfe des Leasinggebers.[631]

i) Begutachtung

Für Streitfälle, in denen sich die Parteien über den Wert des Fahrzeugs oder den durch **864** Mängel, Schäden und Überbeanspruchung verursachten Minderwert nicht einigen können, sehen Leasing-AGB – in Anlehnung an Abschn. XVI, Ziff. 3 Abs. 3 der empfohlenen Musterbedingungen des VDA – vor, dass auf Veranlassung des Leasinggebers mit Zustimmung des Leasingnehmers ein öffentlich bestellter und vereidigter Sachverständiger oder ein unabhängiges Sachverständigenunternehmen beauftragt wird, die erforderlichen Feststellungen zu treffen, ohne dass dadurch der Rechtsweg ausgeschlossen wird. Eine solche Klausel lässt nach Meinung des LG Kassel[632] nicht erkennen, was mit ihr gewollt ist. Es kann sich um eine Schlichtungsklausel, eine materiell-rechtliche Fälligkeitsvoraussetzung oder um eine vertragliche Pflicht handeln, das Gutachten nur mit Zustimmung des Leasingnehmers einzuholen. Da keine Variante eindeutig den Vorzug verdient, ist die Klausel zu Lasten der Leasinggesellschaft als **Zulässigkeitsvoraussetzung** für die Klage auszulegen, was zur Folge hat, das die Klage abzuweisen ist, wenn der Leasinggeber das Gutachten ohne Zustimmung des Leasingnehmers eingeholt hat.

Bei der Regelung von Abschn. XVI, Ziff. 3 Abs. 3 der VDA-Leasingbedingungen handelt es sich nicht um eine Schiedsgutachterklausel im engeren Sinne,[633] da sie die Feststellungen des Sachverständigen **nicht** als für beide Seiten **verbindlich** vorschreibt. Da sie aber den Eindruck erweckt, sie sei letztverbindlich und nur durch den Nachweis der offenbaren Unrichtigkeit i. S. v. § 319 BGB zu entkräften, werden – auch insoweit – Bedenken gegen ihre Wirksamkeit angemeldet.[634] Zur Auswahl des Sachverständigen hat der Leasing-Arbeitskreis des 35. Verkehrsgerichtstages 1997 ein für den Leasinggeber verbindliches Vorschlagsrecht des Leasingnehmers empfohlen.[635]

Eine **Schiedsgutachterklausel** verstößt nicht gegen § 309 Nr. 12 BGB. Sie ist aber zu **865** beanstanden, wenn sie keinen ausdrücklichen Hinweis auf die Bedeutung der Schätzung des Sachverständigen als Schiedsgutachter enthält,[636] oder wenn sich der Leasinggeber

---

[627] LG Frankfurt 25. 7. 1988, NJW-RR 1988, 1132 ff.
[628] LG München 28. 2. 1997, DAR 1998, 203.
[629] LG Frankfurt 25. 7. 1988, NJW-RR 1988, 1134.
[630] OLG Celle 16. 7. 1997, OLGR 1997, 224.
[631] LG Dortmund 4. 6. 1997, NJW-RR 1998, 707.
[632] Urt. v. 11. 9. 1998, DAR 1998, 477.
[633] Siehe dazu *Palandt/Heinrichs* BGB § 317 Rn 8 und § 319 Rn 4.
[634] *Von Westphalen*, Der Leasingvertrag, Rn 1292, 1134; *Müller-Sarnowski*, DAR 1999, 269.
[635] VGT 1997,10.
[636] LG Frankfurt a. M. 25. 7. 1988, NJW-RR 1988, 1132; *Graf von Westphalen* in *Löwe/Graf von Westphalen/Trinkner*, Bd. III, Brosch. 18.2 Rn 7.

die Wahl des Gutachters vorbehält, ohne dass der Leasingnehmer die Möglichkeit der Ablehnung hat, so dass Neutralität, vollständige Unabhängigkeit und Sachkunde des Gutachters in Frage stehen.[637] Das Recht des Leasingnehmers, das Gutachten anzufechten, darf nicht eingeschränkt werden und die Nachteile, die dem Leasingnehmer durch ein möglicherweise unrichtiges Gutachten entstehen können, dürfen nicht unverhältnismäßig sein.[638]

Besagt die Schiedsgutachterklausel, dass der Leasingnehmer am Vertragsende dem Leasinggeber die Differenz zwischen dem kalkulierten Restwert und dem von einem Gutachter geschätzten geringeren Händlereinkaufspreis zahlen muss, ist sie nach einer Entscheidung des OLG Frankfurt[639] nicht unwirksam, wenn dem Leasingnehmer das Recht eingeräumt wird, dem Leasinggeber einen Käufer vorzuschlagen, der das Fahrzeug zum Marktpreis erwirbt, da er hierdurch in die Lage versetzt wird, die für ihn nachteilige Folge der Verbindlichkeit des Gutachtens zu vermeiden. Macht der Leasingnehmer von seinem Käufervorschlagsrecht Gebrauch, darf der Leasinggeber dann allerdings nicht auf der Grundlage des Schiedsgutachtens abrechnen. Vom LG Frankfurt a. M.[640] wurde die Schiedsgutachterklausel eines Leasingvertrages mit Kilometerabrechnung als „nicht wirksam" eingestuft, weil sie die Beweislast zum Nachteil des Leasingnehmers auf den Einwand der offenbaren Unrichtigkeit reduzierte und ihm den Rechtsweg abschnitt.[641]

866 **Offenbare Unrichtigkeit** liegt vor, wenn sich einem sachkundigen und unbefangenen Beobachter – sei es auch erst nach eingehender Prüfung – offensichtliche Fehler aufdrängen, die das Gesamtergebnis verfälschen oder wenn Ausführungen des Sachverständigen so lückenhaft sind, dass selbst der Fachmann das Ergebnis aus dem Zusammenhang des Gutachtens nicht überprüfen kann.[642] Strukturelle Defizite, wie sie bei der Begutachtung von Leasingfahrzeugen tagtäglich vorkommen, hat das AG Frankfurt a. M.[643] in einem bemerkenswerten Urteil sorgfältig herausgearbeitet. Das Gericht verneinte die Verbindlichkeit der „Gebrauchtfahrzeug-Bewertung" des Gutachters wegen offensichtlicher Unrichtigkeit, weil sie sich u. a. nicht mit dem Regelungsgehalt der Leasing-AGB deckte, die Dokumentation der Schäden fehlte, Reparaturkosten über den Daumen gepeilt und Wertverbesserungen „neu für alt" nicht berücksichtigt worden waren und weil sie unsinnige Bewertungen enthielt, wie etwa den Ansatz eines Minderwertes von 500 DM für eine defekte, nicht reparable Cassetten-Klappe des Autoradios, dessen Gesamtwert lediglich 180 DM betrug.

Hinsichtlich des vom **Schiedsgutachter einzuhaltenden Verfahrens** ist zu fordern, dass dieser der anderen Seite rechtliches Gehör und damit Gelegenheit zu gewähren hat, Anträge, Bedenken und Zweifel ausreichend und gleichgewichtig vorzubringen.[644] Vom Leasing-Arbeitskreis des 35. Verkehrsgerichtstages wurde Leasingfirmen empfohlen, dem Leasingnehmer vertraglich zuzugestehen, sich bei der Begutachtung rechtliches Gehör zu verschaffen.[645]

---

637 *Graf von Westphalen,* DAR 1984, 337 ff.; *Staudinger/Schlosser,* § 9 AGBG Rn 153.
638 *Palandt/Heinrichs,* BGB Erg.-Bd., § 307 Rn 144 m. w. N.
639 Urt. v. 24. 1. 1989, DB 1989, 522; der gleichen Ansicht LG Köln 20. 3. 1991 – 4 O 596/90 – n. v.
640 Urt. v. 8. 3. 1994 -2/12 O 381/92 – n. v.; a. A. LG Frankfurt a. M. Urt. v. 22. 9.1995 – 3/11 S 5 / 95 -n. v.
641 So auch *Müller- Sarnowski,* DAR 1997, 146; 1999, 269.
642 BGH 16. 11. 1987, NJW-RR 1988, 506.
643 Urt. v. 11. 11. 1997, DAR 1998, 356.
644 LG Frankfurt a. M. 25. 7. 1988, NJW-RR 1988, 1132 m. w. N.; *Palandt/Heinrichs,* BGB Erg.-Bd., § 307 Rn 144; *Staudinger/Schlosser,* § 9 AGBG, Rn 153 ff.; a. A. LG Frankfurt a. M. 23. 6. 1987, DB 1987, 2195, 2196.
645 VGT 1997, 10.

j) Zustandsklausel

AGB von Kraftfahrzeug-Leasingverträgen besagen, dass sich das Fahrzeug bei Rückgabe in einem unveränderten, dem Alter und der vertragsgemäßen Fahrleistung entsprechenden, verkehrs- und betriebssicheren Erhaltungszustand befinden muss und keine Schäden und Mängel aufweisen darf. Die Wirksamkeit der – vom BGH[646] nicht beanstandeten – Klausel wurde vom LG München wiederholt[647] **mangels hinreichender Transparenz** verneint. Als nicht objektivierbar und daher als Unterscheidungsmaßstab unbrauchbar wird in den Urteilsgründen insbesondere das Kriterium „eines dem Alter und der vertragsgemäßen Fahrleistung entsprechenden Erhaltungszustandes" kritisiert. Außerdem – so meint das LG München – könnten dem Tatbestandsmerkmal der Schadens- und Mängelfreiheit sämtliche Zustandsbeeinträchtigungen unterlegt werden, darunter auch solche Veränderungen und Verschlechterungen, die der Leasingnehmer gem. der analog geltenden Regelung des § 538 BGB nicht zu vertreten hat, soweit sie durch den vertragsgemäßen Gebrauch herbeigeführt worden sind. Die in einigen Leasingverträgen enthaltene Klarstellung, dass normale Verschleißspuren nicht als Schäden gelten, ist wohl nicht geeignet, die Bedenken des LG München auszuräumen. Die Anforderungen an die Transparenz, so wie sie das LG München versteht, sind praktisch unerfüllbar.[648] Der Versuch, die Grenzen zwischen Verschleiß und Mängeln in AGB zu konkretisieren, ist – wie die Quadratur des Kreises – von vornherein zum Scheitern verurteilt ist.

867

Das will nicht heißen, dass die Argumente, die das LG München zur Begründung der Unwirksamkeit der Klausel heranzieht, ohne weiteres von der Hand zu weisen sind. Das angesprochene Problem der fehlenden Objektivierbarkeit der Kriterien lässt sich allerdings nicht durch eine pauschale Verwerfung der Klausel lösen, sondern nur durch eine Konkretisierung und Verfeinerung der **Abgrenzungskriterien** anhand von Arbeitshilfen (z. B. Checklisten, Richtwerten, Minderwert-Tabellen). Auf diese Weise ist es möglich, die für die praktische Umsetzung notwendige Transparenz herzustellen, die der 37. Verkehrsgerichtstag per Resolution gefordert hat.[649]

Es wird immer wieder verkannt, dass die Klausel „frei von Schäden" nicht in dem Sinne zu verstehen ist, dass der Leasingnehmer nur für solche Schäden haftet, die durch einen vertragswidrigen Gebrauch entstanden sind.[650] Aufgrund leasingtypischer Übernahme der Sachgefahr hat der Leasingnehmer völlig unabhängig von der Art des Gebrauchs für alle Schäden des Fahrzeugs aufzukommen, auch soweit sie auf Zufall und höherer Gewalt beruhen.[651] Für die Haftung aus Gefahrübernahme kommt es nicht darauf an, ob ein Mangel das Endstadium eines fortschreitenden Verschleißes darstellt (Durchrostung des Auspuffs) oder ob er durch normalen Gebrauch (Steinschlag) oder durch Fehlgebrauch (Überbeanspruchung des Motors) entstanden ist.

k) Fahrzeugbewertung und Zustandsbeurteilung

Bei einem Leasingvertrag mit offenem Restwert hat der Sachverständige die Aufgabe, den **Fahrzeugwert** (Händlereinkaufs-/Händlerverkaufspreis) zu ermitteln. Dazu benötigt er außer dem Fahrzeug die Papiere mit den Fahrzeugdaten, die Ausstattungsliste und das Rückgabeprotokoll.

868

---

646 Urt. v. 1. 3. 2000, DAR 2000, 302 ff. mit Anm. *Reinking* in LM Nr. 164 Bl. 1 zu § 553 BGB.
647 Urt. v. 3. 2. 1999, DAR 1999, 268; 27. 1. 2000, DAR 2000, 363, 364.
648 *Engel*, ZAP 2001, Fach 4 S. 665.
649 VGT 97, 10; hierzu *Müller-Sarnowski*, DAR 1999, 269 sowie ausführlich zur Zustandsbewertung *Reinking* NZV 1997, 5 ff.
650 LG München 9. 10. 1996, DAR 1998, 16; LG Gießen 25. 1. 1995, NJW-RR 1995, 687; AG Korbach 27. 7. 1999, DAR 2001, 172.
651 BGH 1. 3. 2000, DAR 2000, 302, 304.

Bei einem Leasingvertrag mit Kilometerabrechnung geht es darum, dass der Sachverständige den **Istzustand** des Fahrzeugs feststellt, diesen mit dem **Sollzustand** vergleicht und den Minderwert ermittelt, der sich aus der Abweichung ergibt. Da sich die vertraglich vereinbarte Nutzung des Leasingfahrzeugs und dessen Sollzustand, in dem es der Leasingnehmer abzuliefern hat, aus dem Leasingvertrag ergibt, müssen dem Gutachter diese Unterlagen zur Verfügung gestellt werden.

Nicht beseitigte **Veränderungen** des Fahrzeugs, wie etwa Bohrlöcher für die Anbringung von Zubehör und Beschriftungen, sind bei der Bemessung der Wertminderung zu berücksichtigen. Keinen Einfluss auf die Höhe der Wertminderung haben solche Verwendungen, die den Wert des Fahrzeugs erhöhen. Da der Leasinggeber nicht zum Wertersatz verpflichtet ist, darf eine auf Veränderung beruhende Werterhöhung des Fahrzeugs nicht mit der Wertminderung verrechnet werden. Dem Leasingnehmer steht insoweit nur ein Recht der Wegnahme zur Seite. Eine Veränderung des Fahrzeugs durch den fachgerechten Einbau einer Dachantenne, der es erforderlich machte, ein Loch in das Dach zu bohren, hat das LG Gießen[652] nicht als wertmindernd eingestuft.

Zu den **normalen Gebrauchsspuren**, die durch die Leasingraten abgegolten werden, gehören nicht nur solche, die durch das Fahren entstehen. Auch äußere Einwirkungen auf das Fahrzeug bei seiner Benutzung im fließenden und ruhenden Verkehr sind normal, wie kleine Steinschlagspuren auf der Windschutzscheibe, kleine Schrammen und Kratzer am Tankdeckel und an den Tür- und Kofferraumgriffen.

Die Ermittlung des vertragsgemäßen Zustands und die Abgrenzung zu einem auf Übermaß- oder Fehlgebrauch beruhenden erhöhten Verschleißzustand ist außerordentlich schwierig, zumal die auf eine vertragswidrige Benutzung zurückzuführenden Spuren nicht zwangsläufig die Qualität von Mängeln und Schäden haben müssen, was zuweilen verkannt wird.[653] Zum einen fehlen konkrete Vorgaben zur Sollbeschaffenheit des Fahrzeugs im Leasingvertrag, zum anderen ist das Spektrum des vertragsgemäßen Gebrauchs eines Kraftfahrzeugs im Straßenverkehr sehr breit gefächert. Noch innerhalb der vertragsgemäßen Nutzung liegende Gebrauchsspuren können von Fall zu Fall unterschiedlich sein, je nachdem, ob das Leasingfahrzeug im Stadtverkehr, im Langstreckendienst, im Gebirge oder im Flachland gefahren worden ist. Jenseits der auf übervertraglicher Nutzung beruhenden und schwerlich abgrenzbaren **Gebrauchsspuren** beginnen die **Mängel** und **Schäden**, für die der Leasingnehmer ohne Rücksicht auf Verschulden und unabhängig davon haftet, ob sie auf einer vertragsgemäßen oder auf einer vertragswidrigen Benutzung beruhen. Prüfungsmaßstab für die Verkehrs- und Betriebssicherheit ist § 29 StVZO.

869 *Beispiele aus der Rechtsprechung:*

- Verschrammte Stoßstangen, eingedellte Karosserieteile und verformte Abschlussbleche sind keine typischen altersgerechten Beschädigungen. Dasselbe gilt für das zersprungene Rücklichtglas und die zerrissenen und brandbeschädigten Sitzbezüge und das Fehlen eines Teils der Luftführung.[654]
- Leichte Schrammen, Kratzer und Beulen gehören im Rahmen eines Leasingvertrages zur vertragsgemäßen Abnutzung und stellen keinen Schaden des Leasinggebers dar.[655]
- Kratzer am Dach und an den Hauben, leichte Einbeulungen an drei Türen und dem Seitenteil hinten sind typische Gebrauchsspuren für ein in dichtem Verkehr und bei knappem Verkehrsraum genutztes Fahrzeug.[656]

---

652 Urt. v. 25. 1. 1995, NJW-RR 1995, 688.
653 LG Frankfurt 25. 7. 1988 NJW-RR 1988, 1132 ff.; LG München 9. 10. 1996, DAR 1998, 19.
654 LG Kassel 8. 1. 1999 – 10 S 530/98 – n. v.
655 LG Gießen 25. 1. 1995, NJW-RR 1995, 687.
656 LG München 9. 10. 1996, DAR 1998, 19.

Vertragsdurchführung

- Undichtigkeit des Ventildeckels und kleine Lackschäden an der Heckschürze sind normale Gebrauchsspuren, während punktgroße, auf Steinschlag beruhende Ausplatzungen an der Windschutzscheibe, eine mechanische Einwirkung auf den Katalysator, ein Riss des Blinkleuchtenglases, eine sichtbare Deformation des Felgenhorns einer Felge, fünfmarkgroße Lackabplatzungen an der Frontverkleidung und großflächige Beulen mit scharfkantigen Eindrücken als Mängel anzusehen sind.[657]
- Dellen an den Seitenwänden, starke Schrammspuren am Stoßfänger und an der Tür, Steinschlag auf der Windschutzscheibe, kleine Dellen an der Tür sind Schäden, die allein durch das Fahren nicht entstanden sein können.[658]
- Oberflächliche Lack- und Blechschäden, die bereits aufgrund geringer Berührung eintreten können, sind keine übervertragliche Nutzung eines Pkw.[659]

Für die übermäßige Benutzung und darauf zurückzuführende Schäden und für die Abgrenzung zu den auf normaler Abnutzung und auf normalem Verschleiß beruhenden Reparaturerfordernissen trägt der **Leasinggeber** die **Beweislast**.[660] Er muss detailliert darlegen, welche Abnutzungen noch im Rahmen des normalen Verschleißes liegen und welche als Mängel im Rechtssinne zu qualifizieren sind, weil sie auf übermäßiger Abnutzung beruhen.[661] Ein Gutachten, das die Schadenskosten ohne jegliche Begründung auflistet, genügt den Anforderungen nicht. Da es die Aufgabe des Leasinggebers ist, den Anspruch schlüssig und substantiiert darzulegen, reicht es nicht aus, wenn er sich zur Begründung des Anspruchs auf das Zeugnis des Sachverständigen beruft, den er mit der Erstellung des Gutachtens beauftragt hat.[662]

l) Wertminderung

Wenn das Leasingfahrzeug sich nicht in einem dem Alter und der Fahrleistung entsprechenden mangel- und beschädigungsfreien Zustand befindet und sein Wert hierdurch gemindert ist, hat der Leasingnehmer den **Minderwert** auszugleichen. Da der Minderwertausgleich keine (echte) Schadensersatzleistung darstellt, sondern zur Gegenleistung gehört, ist er Entgelt i. S. v. § 1 UStG und mit Umsatzsteuer zu belegen.

Zum Ersatz der Reparaturkosten ist der Leasingnehmer nicht verpflichtet.[663] Eine Klausel, die den Leasingnehmer mit den Instandsetzungskosten belastet, verstößt gegen § 307 BGB, weil ein „Verkauf zum Zeitwert erfolgen könnte und die Reparaturkosten zusätzlich vom Leasingnehmer zu zahlen wären".[664]

Die Wertminderung ist im Wege des Vergleichs mit einem typ- und altersgleichen Fahrzeug zu ermitteln.[665] Hierbei sind die zur Behebung der Mängel und Schäden erforderlichen Aufwendungen zu berücksichtigen. Die **Relation** zwischen **Instandsetzungsaufwand** und **Minderwert** hängt maßgeblich von dem Typ und dem Alter des Vergleichsfahrzeugs ab. Für die Höhe des Minderwertes ist weiterhin von Bedeutung, ob die Schäden ins Auge fallen und ob sie die Funktion des Fahrzeugs beeinträchtigen. Falls ein defektes Radio bereits mehrere Jahre alt ist, dürfen nicht die Kosten für ein neues Radio angesetzt werden.[666]

---

657 LG Frankfurt a. M. 8. 3. 1994 – 2/12 O 381/92 n. v.
658 AG Bergheim 21. 3. 1996 – 21 C 229/95 – n. v.
659 AG Osnabrück 5. 2. 1999, DAR 1999, 556.
660 LG Hamburg 29. 3. 1989, NJW-RR 1989, 883, 884.
661 LG Frankfurt 16. 9. 1997, NJW-RR 1998, 349.
662 AG Korbach 27. 7. 1999, DAR 2001, 172.
663 LG Frankfurt 16. 9. 1997, NJW-RR 1998, 349.
664 LG Köln 15. 4. 1994 – 17 O 1/94 – n. v.
665 LG Frankfurt 16. 9. 1997, NJW-RR 1998, 349.
666 AG Frankfurt 11. 11. 1997, DAR 1998, 356.

Kosten der **Aufbereitung** des Fahrzeugs für den Verkauf, wie z. B. Fahrzeug-„Make-up"[667], Vermessungskosten, Unterbodenschutz, Hohlraumversiegelung[668], Reinigungspauschale usw. gehören nicht zum Minderwert. Das Gleiche gilt für die Kosten, die dem Leasinggeber dadurch entstehen, dass er eine vom Leasingnehmer vor Ablieferung des Fahrzeugs versäumte Inspektion nachholen muss. Die Kosten hierfür hat der Leasingnehmer aus dem Gesichtspunkt der Verletzung vertraglicher Pflichten in voller Höhe zu ersetzen und nicht nur in Höhe der Wertminderung, da die Ausgleichsklausel sich nur auf solche Schäden bezieht, die das Fahrzeug unmittelbar betreffen.[669]

Die Pflicht zur Instandhaltung des Fahrzeugs während der Vertragszeit **kollidiert** mit der Abrechnungsklausel. Während der Leasingnehmer im Rahmen der Instandhaltung die Reparaturkosten aufwenden muss, schuldet er dem Leasinggeber nur den geringeren Wertminderungsausgleich, wenn er seiner Instandhaltungspflicht nicht nachkommt und das Fahrzeug in einem unreparierten Zustand zurückgibt. Dem vertragsuntreuen Leasingnehmer ermöglicht die Klausel, eine Schadensersatzleistung, die er von einem Schädiger oder von der Versicherung erhalten hat, in Höhe der Differenz zwischen Reparaturkosten und Wertminderung zu vereinnahmen. Durch eine das Spannungsverhältnis auflösende Änderung ihrer AGB sollten Leasingfirmen diesen Missstand abstellen. In Anbetracht der jetzigen Regelung ist es nicht gerechtfertigt, bei der Ermittlung der Wertminderung von den zur Herstellung der Verkehrssicherheit notwendigen Reparaturkosten Abzüge „neu für alt" vorzunehmen.[670] Würde man den Abzug gestatten, müsste dieser Vorteil auch dem Leasingnehmer zugestanden werden, der sich vertragstreu verhält und in Befolgung seiner Instandsetzungspflicht das Fahrzeug vor Ablieferung reparieren lässt. Ein Bonus- statt Malussystem könnte vielleicht ein Anreiz für den Leasingnehmer sein, das Fahrzeug in einem gut erhaltenen und gepflegten Zustand zurückzugeben.

m) Verwertung

871   Bei Verträgen mit offenem Restwert fällt die Verwertung des Fahrzeugs in den Aufgabenbereich des Leasinggebers. Da sich die Höhe des erzielten Restwertes auf das Abrechnungsverhältnis auswirkt und der Leasingnehmer das Restwertrisiko trägt, ist der Leasinggeber zur **bestmöglichen** Fahrzeugverwertung verpflichtet.[671] Diese Pflicht erfüllt er nicht ausnahmslos schon durch Veräußerung an einen Händler. Eigene Verkaufsbemühungen werden nicht dadurch hinfällig, dass der Leasinggeber über keine eigene Verkaufsorganisation verfügt.[672] Der Leasinggeber muss anderen Möglichkeiten der Erzielung eines höheren Erlöses nachgehen, ist aber nach Ansicht des LG Darmstadt[673] nicht verpflichtet, sich um private Interessenten zu bemühen. Eine Verletzung der Sorgfaltspflicht ist noch nicht anzunehmen, wenn der erzielte Erlös aus einem Fahrzeugverkauf an den Händler weniger als 10 % unter dem Händlerverkaufswert liegt.[674] Ob der Leasinggeber im Einzelfall die Pflicht zur bestmöglichen Verwertung gewahrt oder verletzt hat, ist vom Standpunkt eines mit zumutbarer Sorgfalt handelnden Leasinggebers und unter Berücksichtigung der ihm zum Zeitpunkt der Verwertung offenen Erkenntnismöglichkeiten zu beurteilen.[675] Für

---

667 AG München 28. 2. 1997, DAR 1998, 203.
668 LG Kassel 8. 1. 1999 – 10 S 530/98- n. v.
669 AG Bergheim Urt. v. 21. 3. 1996–21 C 229/95 – n. v.
670 So AG Frankfurt 11. 11. 1997, DAR 1998, 356; LG Kassel 8. 1. 1999 – 10 S 530/98 – n. v.
671 Grundsätzlich BGH 3. 7. 1985, NJW 1985, 2258; 10.10. 1990, NJW 1991, 221.
672 OLG Celle 18. 12. 1996, OLGR 1997, 99; a. A. OLG Düsseldorf 16. 1. 1997, OLGR 1997, 143 zu dem Fall, dass die Leasinggeberin – eine Sparkasse – sich nicht gewerblich mit dem An- und Verkauf von Fahrzeugen befasste.
673 Urt. v. 14. 11. 1997, ADAJUR-Archiv Dok.-Nr. 41699.
674 BGH 10. 10. 1990, NJW 1991, 221; OLG Köln 14. 11. 1994, NJW-RR 1995, 817; OLG Brandenburg, 31. 8. 2000, DAR 2001, 161, 162.
675 BGH 10. 10. 1990, NJW 1991, 221.

Vertragsdurchführung 871

die Behauptung, der Leasinggeber habe die Pflicht zur bestmöglichen Verwertung verletzt, trägt der Leasingnehmer die Beweislast.[676]

Zur bestmöglichen Verwertung gibt es eine Vielzahl von Gerichtsentscheidungen.[677] Sie sind ein Beweis dafür, dass die Restwerterwartungen der Leasingnehmer oftmals nicht erfüllt werden. Die Bandbreite der Urteile beginnt beim Händlerverkaufswert[678] und endet beim Händlereinkaufswert, der sich in Anbetracht des gegenwärtigen Überangebots auf dem Gebrauchtwagenmarkt zum Regelfall entwickelt.[679]

Der BGH[680] hat die Anforderungen an die Verwertungsanstrengungen des Leasinggebers zurückgeschraubt, indem er entschied, dieser verstoße nicht gegen § 254 BGB, wenn er das zum Händlereinkaufspreis veräußerte Fahrzeug zuvor dem **Leasingnehmer** zu **denselben Bedingungen** zum Erwerb **angeboten** habe.

Daran anknüpfend hat die Leasingbranche ihre Verwertungspraxis umgestellt. Leasingfirmen räumen ihren Kunden regelmäßig das Recht auf **Benennung eines Käufers** ein. Außerdem machen sie von der Möglichkeit Gebrauch, dem Leasingnehmer das Leasingfahrzeug zum Schätzpreis nach Einholung eines Schätzgutachtens zum Kauf anzubieten.[681] Dadurch erhält er die Chance zur Erzielung eines höheren Verwertungserlöses.[682] Weder durch das Recht auf Benennung eines Drittkäufers noch durch das Recht auf Selbstankauf zum Schätzpreis wird dem Leasingnehmer der Händlereinkaufspreis als Mindestpreis garantiert, da in beiden Fällen eine Unterschreitung dieses Preises durchaus möglich ist.

Die von der Rechtsprechung initiierte Entwicklung hat dazu geführt, dass sich die **Verwertungsprobleme** auf den Leasingnehmer verlagert haben, der in der Kürze der ihm zur Verfügung stehenden Zeit oftmals keinen Käufer findet und nicht das Geld hat, um das Fahrzeug selbst anzukaufen. Außerdem verfügt der Leasingnehmer, insbesondere der private, i. d. R. weder über die zur Erzielung eines günstigen Verkaufserlöses notwendigen Geschäftsverbindungen und Erfahrungen noch über das erforderliche Verhandlungsgeschick. Folglich sind seine Verkaufschancen weitaus ungünstiger als die der Leasinggesellschaft. Vor diesem Hintergrund darf die vom LG Frankfurt a. M.[683] vertretene Ansicht bezweifelt werden, die Veräußerung von Gebrauchtwagen gehöre zu den alltäglichen Geschäften des Durchschnittsbürgers und dieser könne sich schon während seines Besitzes und bereits vor Schätzung um Interessenten bemühen. Es wird verkannt, dass die Verwertung in den Aufgabenbereich des Leasinggebers fällt und der Leasingnehmer lediglich im Rahmen von § 254 BGB – kraft Gesetzes[684] – zur Mitwirkung verpflichtet ist. Die Begründung einer Pflicht des Leasingnehmers zum Selbstankauf des Fahrzeugs widerspricht außerdem dem Grundprinzip des Leasingvertrages, da die aus steuerlichen Gründen unzulässige Einräu-

---

676 OLG Hamm 28. 06. 1994–7 U 53/93 –, teilweise veröffentlicht in NJW-RR 1994, 1467.
677 Siehe *Reinking*, Autoleasing, S. 152 ff.
678 OLG Koblenz 10. 3. 1994, NJW 1995,1227; OLG Brandenburg 10. 12. 1997, NJW-RR 1998, 1671; LG Meiningen 25. 2. 1997, DAR 1997, 203.
679 OLG Frankfurt 11. 3. 1998, OLGR 1998,207; 5. 2. 1997 – 23 U 63/96 –n. v; OLG Karlsruhe 4. 9. 1997- 19 U 83 /96 –n. v.; OLG Düsseldorf 16. 1. 1997, NJW-RR 1998, 701; 24. 4. 1997 –10 U 147/96 –n. v. OLG Köln 21. 4. 1994 – 18 U 107/93 – n. v.; OLG Frankfurt, 9. 2. 1996, OLGR 1996,86; OLG Hamm 14. 8. 1997- 33 U 51/97- n. v.; OLG München 27. 3. 1996,– 7 U 5613/96 – n. v.
680 Urt. v. 4. 6. 1997, NJW 1997, 3166 ff.; ebenso OLG Frankfurt Urt. v. 11. 3. 1998 OLGR 1998, 207; 15. 10. 1997 – 23 U 259/96 – n. v.; OLG Hamm 15. 10. 1997 – 23 U 259/96 – n. v.; OLG Braunschweig 14. 7. 1999 – 3 U 287/98 – n. v.; *Nitsch* FLF 2001, 75 ff., *ders.*, NZV 2001, 160 ff.
681 *Nitsch*, NZV 1999, 405, 409.
682 *Engel/Paul*, Leasing in der anwaltlichen Praxis, 1999, § 13.
683 24. 1. 1989 NJW-RR 1989, 435, 436.
684 *Nitsch* NZV 2001, 160, 162.

mung einer Kaufoption aus Gründen der Schadensminderung[685] regelmäßig unterlaufen wird.

872 Während der BGH dem Leasingnehmer immerhin noch die Chance der **Eigenverwertung** einräumt, bevor er dem Leasinggeber das Recht zubilligt, es zum Schätzpreis an einen Händler zu veräußern, hat sich das OLG Karlsruhe[686] auf den Standpunkt gestellt, der Käufer habe kein Recht zur Käuferbenennung, wenn ihm der Händlereinkaufspreis auf jeden Fall gutgebracht werde. Nach Ansicht des OLG Frankfurt[687] ist nicht zu beanstanden, dass bei der Endabrechnung nur der Händlereinkaufswert berücksichtigt wird, da andernfalls die Kosten des Verkaufs einschließlich der Gewinne in die Kalkulation der Leasingraten einfließen würden und dann auf diesem Umweg vom Leasingnehmer zu tragen wären.

Ein Anbieten zur Eigenverwertung des Fahrzeugs ist entbehrlich, wenn sich der Leasingnehmer als **unzuverlässiger und illiquider Vertragspartner** erwiesen hat[688] oder wenn er zum Ankauf offenkundig wirtschaftlich nicht in der Lage ist.[689] Auf einen Verkauf des Fahrzeugs an einen vom Leasingnehmer namhaft gemachten Interessenten braucht sich der Leasinggeber nicht einzulassen, wenn nach verlässlicher Auskunft erhebliche Zweifel an seiner Zahlungsfähigkeit bestehen.[690] Falls der Leasinggeber ein dem Leasingnehmer eingeräumtes Käufervorschlagsrecht übergangen oder eine unangemessen kurze Frist zur Drittkäuferbenennung bzw. zum Eigenerwerb gesetzt hat, besitzt er keinen Anspruch gegen den Leasingnehmer auf Zahlung der Differenz zwischen dem fest kalkulierten Restwert und dem tatsächlichen Verwertungserlös, den er durch Verkauf an einen Händler zum Händlereinkaufspreis erzielt.[691]

Unwirksam sind AGB, in denen die Pflicht des Leasinggebers zur bestmöglichen Verwertung eingeschränkt wird. Die Klausel, die den Leasingnehmer an eine Verwertung zum Händlereinkaufspreis bindet, ohne ihm die Möglichkeit der Eigenverwertung einzuräumen, scheitert an § 307 Abs. 2 Nr. 1 BGB, da sie sich mit § 254 BGB nicht vereinbaren lässt.[692] Die Feststellung des Händlereinkaufspreises aufgrund einer nach § 307 BGB unwirksamen Berechnungsklausel ist für den Leasingnehmer nicht verbindlich, weshalb der Leasingnehmer verlangen kann, dass der Abrechnung der höhere Schätzbetrag zugrundegelegt wird, den ein von ihm beauftragter Gutachter ermittelt hat.[693]

Die Länge der dem Leasingnehmer einzuräumenden Frist für die Käuferbenennung oder den Selbsterwerb hängt von den Umständen des Einzelfalls ab. Es muss berücksichtigt werden, dass der Leasingnehmer i. d. R. nicht so marktkundig ist wie der Leasinggeber und dass er die Gelegenheit haben muss, sich umzusehen und mehrfach zu inserieren.[694] Eine Frist von mindestens **zwei Wochen** wird allgemein für ausreichend erachtet.[695] Nach Ansicht des OLG Brandenburg[696] reicht diese Frist dann nicht aus, wenn sie dem Leasingnehmer 13 Tage vor Weihnachten eingeräumt wird. Eine Klausel, die den Beginn der Frist für die Benennung eines Drittkäufers durch den Leasingnehmer auf das Datum des Aufforde-

---

685 *Nitsch*, FLF 2001, 75.
686 Urt. v. 9. 5. 1995–8 U 218 / 94 – n. v.
687 Urt. v. 5. 2. 1997- 23 U 63/96- n. v.
688 OLG Hamm 30. 1. 1998, OLGR 1998, 89.
689 OLG Brandenburg 23. 2. 2000, NJW-RR 2001, 277.
690 OLG Düsseldorf 10. 10. 1996, BB 1997, 13.
691 SchlHOLG 3. 07. 1998, OLGR 1998, 354; OLG Bremen 17. 2. 2000, DAR 2001, 161, 162.
692 AG Hamburg 23. 9. 1998, DAR 1999, 510; AG München 9. 12. 1998, ZfS 1999, 381.
693 AG München 9. 12. 1998, ZfS 1999, 380.
694 OLG Brandenburg 23. 2. 2000, NJW-RR 2001, 277.
695 OLG Karlsruhe 4. 9. 1997–19 U 83/95 – n. v.; OLG Dresden 11. 11. 1998, OLGR 1998, 207; *Nitsch*, FLF 2001, 75, 76.
696 Urt. v. 23. 2. 2000, NJW-RR 2001, 277.

Vertragsdurchführung

rungsschreibens festlegt, entfaltet wegen Verstoßes gegen § 307 Abs. 1 BGB keine Wirksamkeit, da sich nicht ausschließen lässt, dass die Frist unzulässig verkürzt wird.[697] Auch eine nicht auf AGB gestützte Aufforderung zur Benennung eines Kaufinteressenten im nachgelagerten Schriftverkehr, mit der dem Leasingnehmer eine Frist von 14 Tagen „ab Datum des Schreibens" gesetzt wird, ist zu kurz, weil sich die Frist um die Postlaufzeit des Schreibens verringert und dem Leasingnehmer praktisch keine Möglichkeit verbleibt, sich mit Erfolg um einen Käufer zu bemühen.[698]

Höchstrichterlich wurde bisher nicht geklärt, ob eine Klausel zulässig ist, die eine Abrechnung auf der Basis des Händlereinkaufspreises vorschreibt, sofern sich die Parteien über einen anderen Wert des Fahrzeugs nicht einigen können.[699] In der täglichen Praxis ist es nicht sehr wahrscheinlich, dass sich die Parteien auf einen höheren Preis als den Händlereinkaufspreis verständigen. Deshalb wird die Bindung des Käufers an den Händlereinkaufspreis durch die vorgesehene Einigungsmöglichkeit – im Vergleich zum Recht der Käuferbenennung – nur unzureichend kompensiert, weshalb der Klausel die Wirksamkeit nach § 307 Abs. 1 BGB zu versagen sein dürfte.

Hin und wieder taucht die Frage auf, ob der Leasinggeber, der eine dem Käufer günstige **Rückkaufverpflichtung** des Händlers nicht wahrnimmt, gegen seine Pflicht zur bestmöglichen Verwertung verstößt. Nach Ansicht des OLG Frankfurt[700] kann der Leasingnehmer daraus keine Rechte für sich herleiten, wenn er über das Bestehen der Rückkaufvereinbarung nicht aufgeklärt worden ist. Das Gericht hat zutreffend erkannt, dass die Rückkaufverpflichtung ausschließlich der Absicherung des Leasinggebers und nicht der Freistellung des Leasingnehmers vom Restwertrisiko dient. Infolgedessen kann der Leasingnehmer weder aus eigenem noch aus abgeleitetem Recht verlangen, dass der Händler das Leasingfahrzeug zum kalkulierten Restwert erwirbt. Aus der Zweckbestimmung der Rückkaufvereinbarung ergibt sich für den Leasinggeber, dass auch er nicht verpflichtet ist, gegenüber dem Händler den Rückkauf durchzusetzen, um den Leasingnehmer vor Nachteilen zu bewahren. Aus diesen Gründen ist es nicht vertretbar, die Rückkaufvereinbarung zwischen Leasinggeber und Verkäufer in die allgemeine Pflicht des Leasinggebers zur bestmöglichen Verwertung hinein zu verlagern, da andernfalls allein der zum Rückkauf verpflichtete Dritte das Restwertrisiko tragen würde.

Das OLG Oldenburg[701] hat sich auf den Standpunkt gestellt, der Leasinggeber sei jedenfalls dann gehalten, die Rückkaufverpflichtung – notfalls im Klageweg – durchzusetzen, wenn der für die Leasinggesellschaft bei Abschluss des Leasingvertrages auftretende Autohändler zu erkennen gegeben hat, dass eine Rückkaufverpflichtung existiert, die ihn verpflichtet, das Leasingfahrzeug zum fest kalkulierten Restwert zurückzunehmen. Der Schutz des Leasingnehmers wäre ausgehöhlt -heißt es im Urteil- „wenn es dem Leasinggeber freistände, ob er eine sich letztlich zugunsten des Leasingnehmers auswirkende Vereinbarung durchsetzt oder nicht." Von der Durchsetzung der Rückkaufverpflichtung ist der Leasinggeber allerdings befreit, wenn die Maßnahme keinen Erfolg verspricht, etwa weil der Verpflichtete mittlerweile insolvent geworden oder der Aufenthaltsort unbekannt ist.

Übergibt der gekündigte Leasingnehmer das Auto direkt an den Leasingnehmer eines neuen Vertrages, darf der Leasinggeber nach Ansicht des OLG Köln[702] entsprechend sei-

---

697 OLG Celle 18. 12. 1996, NJW-RR 1997, 1008.
698 OLG Brandenburg 23. 2. 2000, NJW-RR 2001, 277; OLG Dresden 11. 11. 1998 NZV 1999, 423; kritisch *Nitsch*, NZV 2001, 160, 162.
699 OLG Koblenz 10. 3. 1994, VersR 1995, 587; a. A. OLG Hamm 30. 10. 1992 – 30 U 26/92 – n. v. und OLG Frankfurt 19. 11. 1992 – 15 U 64/91 – n. v.; 14. 7. 1995, DAR 1995, 444.
700 Urt. v. 21. 3. 1997, WiB 1997,1107.
701 Urt. v. 2. 4. 1998- 14 U 48/97 -n. v.
702 Urt. v. 15. 3. 1993, NJW-RR 1993, 1016.

nen AGB der Vertragsabrechnung an Stelle des Veräußerungserlöses den von einem vereidigten Sachverständigen ermittelten Händlereinkaufspreis zu Grunde legen, wenn der Leasingnehmer von seinem vertraglich vorgesehenen Vorschlagsrecht keinen Gebrauch macht und der gekündigte Leasingnehmer das Fahrzeug direkt an den Leasingnehmer des neuen Vertrages übergibt. Die Abrechnung auf der Basis des vom Gutachter ermittelten Händlereinkaufspreises dürfte nicht zulässig sein, wenn der Leasinggeber dem neuen Leasingvertrag einen höheren als den vom Gutachter geschätzten Verkehrswert zu Grunde gelegt hat.

874 Unbedenklich ist eine als **Individualabrede** getroffene Verwertungsregelung, die den Leasinggeber berechtigt, das Fahrzeug nach Vertragsende an den Kfz-Handel zu veräußern und den dabei erzielten Preis der Vertragsabrechnung zu Grunde zu legen.[703] Der Händler hat aber auch in diesem Fall die Pflicht, anderen Möglichkeiten zur Erzielung eines höheren Erlöses nachzugehen, vor allem dann, wenn ihm vom Leasingnehmer weitere Interessenten genannt werden.[704] Inwieweit er sich selbst um andere Interessenten bemühen muss, hängt von den Umständen des Einzelfalles ab, insbesondere von der Marktgängigkeit des Leasingobjektes und dem durch die Suche nach den anderen Interessenten voraussichtlich entstehenden Zeit- und Kostenaufwand.

Wenn der Leasinggeber vor der Verwertung der Leasingsache eine **Reparatur** durchführen lässt, muss er auf Grund des Gebots der bestmöglichen Fahrzeugverwertung auf die Belange des Leasingnehmers Rücksicht nehmen (§ 254 BGB). Die im Hinblick auf die Veräußerung des Leasinggegenstandes getätigten Reparaturaufwendungen darf er nur dann zu Lasten des Leasingnehmers berücksichtigen, wenn sie erforderlich waren, um die Sache überhaupt verwerten zu können bzw. – bei einer möglichen Veräußerung in nicht repariertem Zustand – entweder zu einem unvergleichbar höheren Verwertungserlös geführt haben oder der Leasinggeber bei seiner Entscheidung für die Durchführung der Reparatur unverschuldet davon ausgehen durfte, der Reparaturaufwand werde einen entsprechend höheren Verwertungserlös erbringen.[705]

n) Abrechnung

aa) **Leasingverträge mit Kilometerabrechnung**

875 Bei dieser Vertragsart werden auf der Grundlage der vereinbarten Vergütungssätze **Mehr-** und **Minderkilometer** abgerechnet. Der vom Leasingnehmer zu leistende Ausgleich betrifft ausschließlich die in der Vertragszeit überzogene Fahrleistung, es sei denn, die Klausel enthält auch für die Zeit nach Vertragsablauf eine Vergütungsregelung. Der Verwertungserlös findet keine Anrechnung, da der Leasinggeber das Verwertungsrisiko bei dieser Vertragsart trägt. Aus dem gleichen Grunde hat der Leasingnehmer keinen Anspruch darauf, dass eine unfallbedingte Wertminderung, die der Verursacher an den Leasinggeber gezahlt hat, bei der Abrechnung zu seinen Gunsten berücksichtigt wird. Nach h.M betrifft der Schaden in Form der Wertminderung das Eigentum und nicht dessen Gebrauchswert, so dass der Leasingnehmer nicht geschädigt ist.[706]

Einen wichtigen Abrechnungsposten bildet die **Wertminderung** für vom Leasingnehmer zu tragende Schäden. Ob es sich bei dieser Position um einen Erfüllungs- oder Schadensersatzanspruch handelt, ist nicht abschließend geklärt. Für eine Zuordnung zu den Erfüllungsansprüchen spricht die Überlegung, dass der Leasingnehmer den Wertminderungsausgleich auch ohne Verschulden zu leisten hat, während im Falle eines vorhandenen Ver-

---

703 OLG Köln 14. 11. 1994, NJW-RR 1995, 817.
704 OLG Köln 14. 11. 1994, NJW-RR 1995, 817.
705 BGH 27. 11. 1991, NJW-RR 1992, 378, DAR 1992, 146.
706 *Hohloch*, NZV 1992, 1 ff.; kritisch *Reinking*, Autoleasing, S. 186.

schuldens der Schadensersatzcharakter der Ausgleichszahlung nicht von der Hand zu weisen ist. Die Frage hat an Bedeutung verloren, da die Wertminderung im einen wie im anderen Fall mit Umsatzsteuer zu belegen ist. Denn auch als Schadensersatz behält sie den Charakter einer Ersatzleistung für die ursprüngliche auf Vollamortisation gerichtete Leistung und ist mit dieser betragsmäßig identisch (Rn 848).

Kosten für die Begutachtung des Fahrzeugs und für die Ermittlung des Minderwertes sind, sofern der Vertrag eine entsprechende Regelung enthält, vom Leasingnehmer zu tragen.

bb) Leasingverträge mit offenem Restwert

Die **Abrechnung** erfolgt **nach** der **Verwertung**. Vorher ist der Ausgleichsanspruch nicht fällig.[707] Eine vom Leasinggeber empfangene Wertminderung ist, zu Gunsten des Leasingnehmers zu berücksichtigen. Sie wird dem Verwertungserlös hinzugerechnet. Dies hat zur Folge, dass der Leasingnehmer die Wertminderung nur zum Teil bekommt. Beim Vertrag mit Restwertabrechnung erhält er 75 % des Mehrerlöses und beim Vertrag mit Abschlusszahlung 90 %.

876

Da die Verwertung ein **Eigengeschäft** des **Leasinggebers** darstellt, ist es dem Leasinggeber verwehrt, den Leasingnehmer mit den Verwertungskosten zu belasten, es sei denn, der Leasingvertrag enthält eine entsprechende Vereinbarung.[708] Eine Verlagerung der Gutachterkosten auf den Leasingnehmer in AGB wird als zulässig erachtet, da die Ermittlung des Fahrzeugwertes in erster Linie in seinem Interesse liegt.[709] Falls im Vertrag eine Einschaltung des Gutachters nur für den Fall vorgesehen ist, dass die Parteien sich nicht über den vom Leasingnehmer auszugleichenden Minderwert einigen, ist eine AGB, die eine Teilung der Gutachterkosten vorsieht, nicht angemessen, weil sie den obsiegenden Leasingnehmer benachteiligt. Sachgerecht ist eine Regelung i. S. v. § 14 Nr. 5 AKB.

Insolvenz- und **Bonitätsrisiken** des Verwertungsgeschäfts trägt der Leasinggeber.[710] Einen Rücktritt des Käufers vom Kaufvertrag kann er dem Leasingnehmer nur entgegenhalten, wenn er das Erfüllungsrisiko wirksam auf den Leasingnehmer verlagert hat. Liegen diese Voraussetzungen vor, muss der Leasinggeber darlegen, dass ein Bestehen auf Erfüllung oder Schadensersatz wegen Nichterfüllung aussichtslos erscheint.[711]

Den Verwertungserlös darf der Leasinggeber nicht für die Tilgung rückständiger Leasingraten verwenden,[712] sondern muss ihn mit seinem Ausgleichsanspruch gegen den Leasingnehmer verrechnen.

Für den Leasingnehmer besteht ausnahmsweise keine Verpflichtung, die Differenz zwischen dem tatsächlich erzielten und einem höher kalkulierten Restwert auszugleichen, wenn es sich bei dem kalkulierten Restwert um einen willkürlich eingesetzten Fantasiepreis handelt.[713]

Die Ausgleichszahlung ist mit **Umsatzsteuer** zu belegen, da sie zur Erfüllungspflicht gehört. Dabei macht es keinen Unterschied, ob sie auf den schlechten Erhaltungszustand des Leasingfahrzeugs, auf dessen übermäßige Abnutzung oder auf einen Verfall der Preise auf dem Gebrauchtwagensektor zurückzuführen ist. Beruht die Zahlungspflicht auf einer Fahr-

---

707 OLG Hamm 6. 10. 1995, OLGR 1996, 1, 3.
708 BGH 10. 10. 1990, NJW 1991, 221; *Graf von Westphalen*, Der Leasingvertrag, Rn 1096.
709 OLG Düsseldorf 12. 6. 1998, OLGR 1999, 46, 47; differenzierend *Graf von Westphalen*, Der Leasingvertrag, Rn 1095.
710 BGH 16. 10. 1996, NJW 1997, 452.
711 LG Frankfurt a. M. 3. 9. 1996, NJW-RR 1997, 692.
712 OLG Frankfurt 22. 9. 1986, NJW-RR 1987, 372.
713 LG Bochum 30. 9. 1986, NJW-RR 1987, 123.

zeugbeschädigung, die der Leasingnehmer zu vertreten hat, ist sie zivilrechtlich zwar als Schadensersatzleistung einzuordnen, die jedoch umsatzsteuerrechtlich ein Entgelt darstellt, weil sie in ursächlichem Zusammenhang mit der Leistung steht und mit dieser betragsmäßig identisch ist. Die in der Vorauflage vertretene Auffassung, als Schadensersatzleistung sei die Ausgleichszahlung nicht der Umsatzsteuer unterworfen, kann in Anbetracht der geänderten BGH-Rechtsprechung[714] nicht aufrechterhalten bleiben.

cc) Leasingverträge mit Andienungsrecht

877 Der Leasingnehmer ist zur Zahlung des vereinbarten **Bruttokaufpreises** gegen Rechnungserteilung verpflichtet, wenn der Leasinggeber von seinem Andienungsrecht Gebrauch macht. Übt der Leasinggeber das Andienungsrecht nicht aus, trägt er alle mit der Verwertung des Fahrzeugs zusammenhängenden Risiken. Eine Abrechnung mit dem Leasingnehmer entfällt.

Gegenüber einem Unternehmer kann der Leasinggeber die Sachmängelhaftung in den Grenzen von § 444 BGB ausschließen.

Handelt es sich bei dem Leasingnehmer um einen **Verbraucher**, fällt der Andienungskauf unter die **Vorschriften des Verbrauchsgüterkaufs**. Es stellt sich die Frage, ob der Leasinggeber dem Leasingnehmer nach Ablauf des Leasingvertrages ein zweites Mal dafür einzustehen hat, dass das Fahrzeug frei von Sachmängeln ist. Für *Graf von Westphalen*[715] gibt es keinen Grund, die Sachmängelhaftung des Leasinggebers anzuzweifeln. Selbst eine Freizeichnung des Leasinggebers von der Schadensersatzhaftung statt der Leistung will er nicht zulassen, weil das Rücktrittsrecht keine ausreichende Kompensation darstellt.

Folgt man dieser Ansicht, wird der Leasinggeber von seiner Haftung nur befreit, wenn er den Nachweis erbringt, dass der Leasingnehmer den Mangel kannte oder ihn infolge grober Fahrlässigkeit nicht erkannt hat. Für Leasingverträge aus der Zeit vor dem 1. 1. 2002, bei denen das Andienungsrecht nach dem 1. 1. 2002 ausgeübt wird, kann dem Leasinggeber nicht mit einer Vertragsanpassung geholfen werden, da keine Störung der Geschäftsgrundlage i. S. v. § 313 BGB vorliegt.[716]

Es befremdet, dass der Leasinggeber für dieselbe Sache zweimal hintereinander die Sachmängelhaftung übernehmen soll – das erste Mal auf Grund des Leasingvertrages, das zweite Mal auf Grund des Kaufvertrages – und dies, obwohl sich das Fahrzeug regelmäßig seit Beginn des Leasingvertrages im ausschließlichen Gewahrsam des Leasingnehmers befindet und der Leasinggeber praktisch nicht die Möglichkeit besitzt, auf den Zustand des Fahrzeugs Einfluss zu nehmen. Er bekommt das Leasingfahrzeug – wenn überhaupt – letztmalig bei der Erstauslieferung durch den Händler zu Gesicht.

Der Andienungskauf unterscheidet sich vom üblichen Kaufvertrag dadurch, dass der Kaufgegenstand bei oder nach Ausübung des Andienungsrechts nicht (nochmals) vom Leasinggeber an den Leasingnehmer übergeben wird. Ein Gefahrübergang, wie ihn § 434 Abs. 1 BGB erfordert, findet nicht ein zweites Mal statt. Der dem Kaufvertrag zurechenbare Gefahrübergang wird beim Leasingvertrag mit Andienungsrecht bereits in dem Augenblick vollzogen, in dem der Verkäufer die Leasingsache an den Leasingnehmer ausliefert und dadurch den Leasingvertrag in Vollzug setzt. Aus Sicht des späteren Kaufs handelt es sich um einen antizipierten Gefahrübergang. Für diese Rechtskonstruktion spricht, dass der Gefahrübergang dispositiver Natur ist und im Fall einer Übergabe der Sache vor Eintritt der Wirksamkeit eines aufschiebend bedingten Kaufvertrags eine Rückbeziehung gem. § 159 BGB konkludent als vereinbart anzusehen ist.[717]

---

714 Urt. v. 17. 7. 2001, DB 2002, 475; dazu Rn 848.
715 ZGS 2002, 89 ff.
716 *Graf von Westphalen*, ZGS 2002, 89, 92.
717 *Palandt/Putzo*, BGB Erg.-Bd., § 446 Rn 11; zweifelnd *Godefroid*, BB, Beilage Heft 27, 2002, 2, 9.

Vertragsdurchführung

Aus der zeitlichen Vorverlagerung folgt, dass Ansprüche wegen eines bei Gefahrübergang vorhandenen Sachmangels im Augenblick der Andienung bereits verjährt sind, da die Laufzeit des Leasingvertrages im Regelfall die gesetzliche Verjährungsfrist des § 438 Abs. 1 Nr. 3 BGB überdauert.[718]

o) Fahrzeugrückkauf durch den Verkäufer

Risiken der Verwertung und eines etwaigen Wertverlustes schalten Leasingfirmen aus, indem sie Händler verpflichten, die von ihnen gelieferten Fahrzeuge am regulären Vertragsende – evtl. auch im Falle einer vorzeitigen Beendigung des Leasingvertrages – zum kalkulierten Restwert oder zum Händlereinkaufspreis zurückzukaufen.[719]

878

Rückkaufvereinbarungen sind nicht als **Ausfallgarantie** oder **Ausfallbürgschaft** auszulegen, sondern als Wiederverkaufsrecht des Leasinggebers, mit dem er – wirtschaftlich betrachtet – eine Erfüllungsgarantie in Bezug auf die noch ausstehende Gegenleistung aus dem Leasingvertrag anstrebt.[720] Von der Haftung für Sachmängel ist der Leasinggeber allerdings nicht befreit[721] Eine analoge Anwendung der in § 457 Abs. 2 S. 2 BGB vorgesehenen Haftungsfreistellung auf das gesetzlich nicht geregelte Wiederverkaufsrecht scheitert an der erforderlichen Rechtsähnlichkeit. Während für das Wiederverkaufsrecht im Leasingvertrag ausschließlich das Interesse des Leasinggebers an dem Zustandekommen des Wiederkaufvertrages maßgeblich ist, beruht die Freistellung des Wiederverkäufers gem. § 457 Abs. 2 S. 2 BGB in erster Linie auf der Erwägung, dass es zum Wiederverkauf ausschließlich im Interesse und auf Veranlassung des Wiederverkäufers kommt.[722] Einer analogen Anwendung des § 457 Abs. 2 S. 2 BGB auf das im Interesse des Leasinggebers vereinbarte Wiederverkaufsrecht steht außerdem die Vorschrift des § 34 Abs. 4 GewO im Wege, welche die gewerbsmäßige Einräumung eines Wiederverkaufsrechts untersagt. Im Rahmen der Vertragsautonomie steht es dem Leasinggeber natürlich frei, mit dem Händler eine Haftungsfreistellung für unverschuldete Verschlechterungen und unwesentliche Veränderungen zu vereinbaren. Der Leasinggeber ist ohne Hinzutreten besonderer Umstände nicht verpflichtet, das Leasingfahrzeug vor der Veräußerung an den Händler auf Unfallschäden hin zu untersuchen, die ihm vom Leasingnehmer oder der Kaskoversicherung nicht gemeldet wurden.[723]

Als Wiederverkäufer hat der Leasinggeber die schuldrechtliche Pflicht, dem zum Rückkauf verpflichteten Händler das **Eigentum** und den **unmittelbaren Besitz** am Fahrzeug zu verschaffen.[724] Eine Freizeichnung von der Besitzverschaffungspflicht in AGB ist mit § 307 Abs. 2 Nr. 1 BGB nicht zu vereinbaren.[725] Der Händler wird durch die Übernahme des Risikos der Beschädigung, des Untergangs und des Verlusts der Leasingsache erheblich belastet. Sachliche Gründe für die Risikoverlagerung sind nicht ersichtlich. Es kommt hinzu, dass der zum Rückkauf verpflichtete Händler im Gegensatz zum Leasinggeber nicht die Möglichkeit besitzt, den Einsatz des Leasingfahrzeugs vertraglich festzulegen, den Leasingnehmer im Hinblick darauf zu kontrollieren und eine vertragswidrige Benutzung zu unterbinden. Tragbar sind die mit der Überbürdung der Sachgefahr verbundenen Nachteile

---

718 Ausführlich *Reinking* ZGS 2000, 229, 234.
719 Erstreckt sich die **Rückkaufverpflichtung** des Lieferanten auch auf den Fall, dass der Leasingvertrag notleidend wird, bedarf es zur Herbeiführung der Bedingung einer wirksamen Kündigung des Leasingvertrages – BGH 13. 12. 1989, DAR 1990, 96 –.
720 BGH 31. 1. 1990, NJW 1990, 2546 ff.
721 BGH 31. 1. 1990, NJW 1990, 2546.
722 BGH 31. 1. 1990, NJW 1990, 2546 ff.; a. A. OLG Frankfurt 6. 10. 1987, NJW 1988, 1923.
723 OLG Nürnberg 14. 1. 1999, NJW-RR 1999, 1208.
724 OLG Karlsruhe 4. 7. 1997, OLGR 1997, 49.
725 Offen gelassen vom OLG Karlsruhe 4. 7. 1997, OLGR 1997, 49.

nach Ansicht des OLG Hamburg[726] für den Händler allenfalls dann, wenn ihm der Leasinggeber zugleich alle mit dem Untergang und Verlust der Leasingsache in Zusammenhang stehenden Ersatzansprüche gegen Schädiger und Kaskoversicherung abtritt. Zumindest diese Voraussetzung muss erfüllt sein, damit die Klausel nicht an § 307 BGB scheitert. Durch nachträgliche Abtretung der Ansprüche kann eine Unwirksamkeit der Klausel nicht geheilt werden.[727]

879 Im Zusammenhang mit der Rückkaufverpflichtung wird die Frage eines gutgläubigen Erwerbs virulent, wenn der Leasinggeber das Leasingfahrzeug an die refinanzierende Bank sicherungsübereignet hat. Das OLG Hamburg[728] entschied, dass der Leasingnehmer, dem der Leasinggeber das Fahrzeug am Vertragsende zum Kauf anbietet, als **gutgläubig** anzusehen ist, solange ihm die Sicherungsübereignung nicht offenbart wird und keine anderen Umstände darauf hindeuten, dass der Leasinggeber nicht mehr Eigentümer des Fahrzeugs ist. Auf den Autohändler, der sich zum Rückkauf des Leasingfahrzeugs verpflichtet hat, ist das Urteil nicht übertragbar. Er weiß, dass sich Leasingfirmen refinanzieren und ihre Fahrzeuge regelmäßig an die Bank zur Sicherung übereignen und kann deshalb nicht auf den Fortbestand des Eigentums vertrauen. Deshalb sollte er den Kaufpreis grundsätzlich nur **Zug um Zug** gegen Aushändigung des **Kfz-Briefes** begleichen.[729]

Falls sich der Händler zum Rückkauf des Fahrzeugs auch für den Fall der **vorzeitigen Beendigung** des Leasingvertrages verpflichtet hat, ist die wirksame Kündigung des Leasingvertrages durch den Leasinggeber Bedingung für das Entstehen der Rückkaufpflicht.[730] Der Leasinggeber muss bei einem Leasingvertrag zwischen einem Unternehmer und einem Verbraucher die Kündigungsvoraussetzungen des § 498 BGB wahren. Eine ernsthafte und endgültige Zahlungsverweigerung des Leasingnehmers macht eine qualifizierte Nachfristsetzung i. S. v. § 498 Abs. 1 Nr. 2 BGB nicht entbehrlich.[731] Durch Rückkauf des Fahrzeugs vom Leasinggeber im Falle vorzeitiger Vertragsbeendigung erlangt der Händler keine Ansprüche aus dem Rechtsinstitut der Schadensliquidation im Drittinteresse[732] gegen den Leasingnehmer. Zur Begründung von Ansprüchen in der Person des Händlers bedarf es der Abtretung durch den Leasinggeber.[733]

Dem Leasingnehmer erwachsen aus der Rückkaufverpflichtung des Lieferanten keine Rechte und Pflichten. Er kann weder verlangen, dass der Leasinggeber die Vereinbarung offen legt und diese am Vertragsende realisiert,[734] noch ist er verpflichtet, dem Lieferanten den Nichterfüllungsschaden zu ersetzen,[735] den dieser durch eine vorzeitige vom Leasingnehmer zu vertretende Vertragsbeendigung erleidet.

---

726 Urt. v. 30. 10. 1998, OLGR 1999, 22.
727 OLG Düsseldorf 22. 6. 1983, ZIP 1983, 1092.
728 Urt. v. 19. 2. 1999, OLGR 1999, 241.
729 Zum gutgläubigen Erwerb von Leasinggütern BGH 13. 5. 1996, MDR 1996, 906 – gutgläubiger Erwerb nur bei Vorlage des Kfz-Briefes –; LG Schwerin 14. 4. 1998, DB 1999, 278 – bei leasingtypischen Wirtschaftsgütern kann die Eigentumsvermutung nicht mehr ohne weiteres an den Besitz geknüpft werden –; OLG Düsseldorf 18. 11. 1998, NJW-RR 1999, 615 – zum guten Glauben an die Verfügungsbefugnis des § 366 Abs. 1 HGB und den Anhaltspunkten für eine Nachforschungspflicht–; *Palandt/Bassenge*, BGB, § 932 Rn 12, 12 a. m. w. N.
730 BGH 13. 12. 1989 DAR 1990, 96.
731 OLG Dresden 29. 7. 1998, OLGR 1998, 425.
732 Dazu *Palandt/Heinrichs*, BGB Vorb. § 249 Rn 112 ff.
733 OLG Düsseldorf 26. 1. 1989, NJW-RR 1989, 884 ff.
734 OLG Frankfurt 21. 3. 1997, FLF 1998, 172; a. A. OLG Oldenburg 2. 4. 1998–14 U 48/97 – n. v. unter der Voraussetzung, dass der Verkäufer auf die Existenz der Rückkaufverpflichtung hingewiesen und dadurch beim Leasingnehmer den Eindruck erweckt hat, er müsse nicht mit einer Nachbelastung rechnen.
735 OLG Celle 22. 5. 1996 OLGR 1996, 181.

Der zum Rückkauf verpflichtete Händler kann bei drohenden Verlusten aus einzelnen Geschäften Rückstellungen bilden und diese im Rahmen einer Durchschnittsberechnung zusammenfassen. Eine Saldierung von Verlusten aus einzelnen Rücknahmegeschäften mit den zu erwartenden Gewinnen aus anderen Rücknahmegeschäften ist mit Rücksicht auf den Grundsatz der Einzelbewertung unzulässig.[736] Sieht der Vertrag mit der Leasinggesellschaft vor, dass der Autohändler Mehr- und Minderkilometer unmittelbar mit dem Leasingnehmer abrechnet, sind Zahlungen des Leasingnehmers für Mehrkilometer bzw. Zahlungen des Autohändlers für Minderkilometer wie Zahlungen zwischen dem Autohaus und dem Leasinggeber zu betrachten, so dass sich der Kaufpreis entsprechend erhöht oder mindert.[737]

17. Vorzeitige Vertragsbeendigung

Zur vorzeitigen Vertragsbeendigung kann es durch **fristlose Kündigung** der einen oder anderen Vertragspartei, durch **Tod** des Leasingnehmers oder durch einvernehmliche **Ablösevereinbarung** kommen.[738] Beim sog. kündbaren Leasingvertrag mit Abschlusszahlung liegt die vorzeitige Vertragsbeendigung durch Kündigung nach Ablauf der Grundmietzeit in der Natur des Vertrages. 880

a) Außerordentliche Vertragskündigung des Leasingnehmers

Zu den **wichtigen Gründen**, die den Leasingnehmer bzw. dessen Erben zur außerordentlichen Vertragskündigung berechtigen, gehören außer den Fällen des Verlusts, des Untergangs und der wesentlichen Beschädigung des Leasingfahrzeugs (Rn 768) vor allem 881

– die Besitz- und Gebrauchsstörung,
– der Tod des Leasingnehmers.

aa) Störung des Rechts auf Besitz und Gebrauch

Im Fall der Beeinträchtigung des Gebrauchs- oder Besitzrechts ist die fristlose Kündigung gem. §§ 543 Abs. 1 und 2 BGB erst nach erfolglosem Ablauf einer angemessenen Abhilfefrist oder nach erfolgloser Abmahnung zulässig, wenn nicht eine Ausnahme i. S. v. Abs. 2 vorliegt. Im Vergleich zu § 314 BGB handelt es sich bei § 543 BGB um die vorrangige Spezialnorm,[739] die in Abs. 1 das Verschulden als Abwägungskriterium hervorhebt und in Abs. 2 zwei Beispiele für das Vorliegen eines wichtigen Grundes benennt. Ein Verstoß gegen die Gebrauchsüberlassungspflicht ist anzunehmen, 882

– wenn der Leasinggeber das Fahrzeug auf Grund einer wegen Verstoßes gegen § 498 BGB unwirksamen fristlosen Kündigung an sich nimmt und die Herausgabe verweigert,[740]
– wenn er die Sachgefahr nicht wirksam auf den Leasingnehmer verlagert hat und er seiner Instandsetzungspflicht nicht nachkommt,[741]
– wenn er von der Vermieterhaftung für Sachmängel nicht wirksam freigezeichnet hat und sich weigert, Fahrzeugmängel zu beseitigen.[742]

---

736 BFH 15. 10. 1997, DStR 1998, 480.
737 Steuer- Erfahrungsaustausch 6/2002, S. 6.
738 Der Lieferant, der sich mit dem Leasingnehmer über die Ablösung des Leasingvertrages geeinigt hat und sich anschließend an den Leasinggeber wegen der Ablösung des Leasingvertrages auf eigene Kosten wendet, handelt hierbei zugleich als Vertreter des Leasingnehmers – OLG Frankfurt 16. 2. 1988, NJW-RR 1989, 885, 886.
739 Börstinghaus, ZAP Nr. 9 2002, S. 515,525.
740 OLG Hamm 14. 2. 1997 OLGR 1997,101; OLG Düsseldorf 20. 2. 1997 OLGR 1997, 89.
741 BGH 6. 3. 1996, ZfS 1996, 336; 9. 10. 1996, NZV 1997, 72.
742 BGH 13. 3. 1991, NJW-RR 1991, 1202.

In allen diesen Fällen verliert der Leasinggeber den Anspruch auf die Gegenleistung ab dem Zeitpunkt des Zugangs der Kündigung und ist verpflichtet, den noch nicht verbrauchten Teil einer Sonderzahlung an den Leasingnehmer zu erstatten.[743]

bb) Tod des Leasingnehmers

883 Im Todesfall des Leasingnehmers sind seine Erben und der Leasinggeber berechtigt, den Leasingvertrag innerhalb einer Überlegungsfrist von einem Monat, nachdem sie von dem Tod des Leasingnehmers Kenntnis erlangt haben, mit der gesetzlichen Frist zu kündigen (§ 580 BGB).[744] Bei monatlicher Zahlung der Leasingraten beträgt die Frist 3 Tage (§ 580 a Abs. 3 Nr. 2 BGB). Umstritten ist, ob ein **Ausschluss** des Kündigungsrechts durch AGB zulässig ist.[745] Seinem berechtigten Amortisationsinteresse kann der Leasinggeber durch Umgestaltung der dispositiven Vorschrift des § 580 BGB in der Weise Geltung verschaffen, dass er das Kündigungsrecht der Erben an eine Ausgleichszahlung in Höhe der noch nicht amortisierten Kosten koppelt. Dabei muss er beachten, dass er keinen Anspruch auf die in den Leasingraten enthaltenen Gewinnanteile für die Zeit nach der Kündigung besitzt.[746] Unwirksam ist eine Klausel, die den Leasinggeber im Falle des Todes des Leasingnehmers berechtigt, den Leasingvertrag fristlos zu kündigen und Schadensersatz wegen vorzeitiger Vertragsbeendigung zu verlangen.[747] Sie zwingt die Erben zum Schadensersatz, auch wenn sie gewillt sind, den Vertrag fortzusetzen.

b) Außerordentliche Vertragskündigung des Leasinggebers

884 Abgesehen von den Fällen des Verlusts, des Untergangs und der wesentlichen Beschädigung des Leasingfahrzeugs kommen für den **Leasinggeber** als Gründe für eine fristlose Kündigung in Betracht:
— vertragswidriger Gebrauch des Fahrzeugs,
— Verletzung von Vertragspflichten,
— Vermögensverschlechterung und Zahlungsverzug.

aa) Vertragswidriger Gebrauch und Vertragsverletzungen

885 Die fristlose Kündigung wegen vertragswidrigen Gebrauchs ist gem. § 543 Abs. 3 Nr. 2 BGB erst nach erfolglosem Ablauf einer angemessenen Abhilfefrist oder erfolgloser Abmahnung zulässig, es sei denn, sie erscheint aus Sicht des Leasinggebers als nutzlose Förmelei. Eine im Leasingvertrag vorgesehene Abmahnung ist nicht entbehrlich, wenn sich der Leasingnehmer, der die Raten immer pünktlich gezahlt hat, aber keine sinnvolle Verwendung für das Fahrzeug (Lkw) mehr zu haben meint, vom Vertrag lossagt und das Fahrzeug beim Lieferanten abstellt.[748] Vor allem für den Kraftfahrzeug-Leasingvertrag ist die Abmahnung wegen der einschneidenden Folgen der fristlosen Kündigung sehr bedeutsam. Der Leasinggeber kann seinen Anspruch auf volle Amortisation sofort durchsetzen, während der Leasingnehmer im Gegenzug das Nutzungsrecht verliert und eine meist beträchtliche Ausgleichszahlung leisten muss. Einer Abmahnung bedarf es vor Ausspruch der frist-

---

743 OLG Düsseldorf 16. 1. 1997, DB 1997, 1071.
744 LG Gießen 11. 4. 1986, NJW 1986, 2116 ff.; *Graf von Westphalen,* Der Leasingvertrag, Rn 1016 zur Vorgängernorm von § 569 BGB a. F.; kritisch *Gerken* DB 1997, 1703.
745 Bejahend *Graf von Westphalen*, Der Leasingvertrag, Rn 1016; *Gerken*, DB 1997, 1703, 1704; a. A. *Palandt/Weidenhoff*, BGB § 580 Rn 3.
746 LG Wuppertal 18. 11. 1998, NJW-RR 1999, 493.
747 OLG Düsseldorf 7. 6. 1990, NJW-RR 1990, 1469.
748 OLG Dresden, 1. 12. 1999, OLGR 2000, 63.

losen Kündigung nicht, wenn der Leasingnehmer das Fahrzeug mehrfach unter Alkoholeinfluss und ohne im Besitz eines Führerscheins zu sein, benutzt hat.[749]

Ein wichtiger Grund für eine fristlose Kündigung des Leasingvertrages liegt nicht vor, wenn der Leasingnehmer die Kfz-Haftpflicht- und Vollkaskoversicherung preisgünstiger mit einer anderen als der im Leasingvertrag vorgesehenen Versicherungsgesellschaft abschließt, da Zweck und Durchführung des Leasingvertrages durch die Wahl einer anderen Versicherung nicht gefährdet werden.[750] Der Leasinggeber ist zur außerordentlichen Kündigung des Leasingvertrages nicht bereits dann berechtigt, wenn der Leasingnehmer die Sicherungsbestätigung zum Nachweis des Bestehens der Kfz-Versicherung auf einmalige Anfrage nicht innerhalb einer gesetzten Frist nachweist.[751] Versagt die Kaskoversicherung den Versicherungsschutz, weil sie den vom Leasingnehmer behaupteten Diebstahl des Fahrzeugs nicht als erwiesen ansieht, lässt sich allein damit eine Pflichtverletzung aus dem Leasingvertrag und eine darauf gestützte fristlose Kündigung nicht begründen. Vielmehr muss der Leasinggeber konkret darlegen, aus welchen Gründen dem Leasingnehmer die erleichterte Beweisführung eines versicherten Diebstahls unmöglich ist. Auch die nach dem Abhandenkommen des Fahrzeugs vom Leasingnehmer verweigerte Fortzahlung der Leasingraten rechtfertigt eine fristlose Kündigung des Leasinggebers dann nicht, wenn er die Sach- und Preisgefahr nicht wirksam auf den Leasingnehmer abgewälzt hat und den Beweis schuldig bleibt, dass der Leasingnehmer den Fahrzeugverlust zu vertreten hat.[752]

bb) Erhebliche Vermögensverschlechterung

Eine erhebliche Vermögensverschlechterung des Leasingnehmers ist ein Grund, der die außerordentliche Vertragskündigung rechtfertigt.[753] Die für Verbraucher-Leasingverträge einschlägige Vorschrift des § 498 BGB findet auf eine solche Kündigung keine Anwendung. Unwirksam ist eine Formularregelung, die besagt, dass der Leasinggeber zur fristlosen Kündigung des Leasingvertrages berechtigt sein soll, wenn „sonstige Umstände" vorliegen, aus denen sich eine wesentliche Verschlechterung oder eine erhebliche Gefährdung des Vermögens des Leasingnehmers ergibt. Weil ungünstige Umstände nicht zwingend darauf schließen lassen, dass der Leasingnehmer die geschuldeten Leasingraten zum Fälligkeitszeitpunkt nicht aufbringen kann, benachteiligt die Klausel den Leasingnehmer entgegen den Geboten von Treu und Glauben unangemessen und verstößt i. S. v. § 307 Abs. 2 Nr. 1 BGB gegen wesentliche Grundgedanken der gesetzlichen Regelung.[754]

886

Formularregelungen, die den Leasinggeber zur fristlosen Kündigung berechtigen, wenn gerichtliche oder außergerichtliche Insolvenzverfahren über das Vermögen des Leasingnehmers beantragt oder eröffnet werden, scheitern an § 112 InsO, der eine Kündigungssperre ab Beantragung des Insolvenzverfahrens vorsieht.[755] Im kaufmännischen Geschäftsverkehr ist eine Klausel nicht zu beanstanden, die den Leasinggeber zur fristlosen Vertragskündigung berechtigt, falls in das Vermögen des Leasingnehmers vollstreckt wird. Lässt der Leasingnehmer es auf Zwangsvollstreckungsmaßnahmen ankommen, ist dies ein Anzeichen dafür, dass er gerichtlich ausgeurteilte Leistungen nicht freiwillig erfüllen kann.

---

749 OLG Düsseldorf 16. 1. 1997, DB 1997, 1072.
750 AG Gießen, 44 C 1718/94, der Presse entnommen.
751 OLG Koblenz 8. 1. 2002, OLGR 2002, LS 26.
752 BGH 11. 12. 1991; ZIP 1992, 179 – die gegenteilige aus § 538 BGB hergeleitete Beweislastverteilung betrifft nur diejenigen Fälle, in denen die Mietsache durch Mietgebrauch Schaden erlitten hat.
753 OLG Hamm 5. 6. 1998, OLGR 1998, 277.
754 BGH 8. 10. 1990, ZIP 1990, 1406.
755 OLG Rostock 6. 10. 1998, OLGR 1999, 101; *Engel/Völckers*, Leasing in der Insolvenz, 1999, S. 279 ff.; *Engel* BB, Leasing-Berater, Beil. 6 zu Heft 18/1999, S. 23 ff.

cc) Zahlungsverzug

887 Der **Zahlungsverzug** des Leasingnehmers ist der Grund, der am Häufigsten dazu führt, dass Leasingverträge vorzeitig enden. Das Kündigungsrecht besteht unter den Voraussetzungen des § 543 Abs. 2 Nr. 3 BGB. Diese Vorschrift ist nicht zwingend, so dass der Leasinggeber mit dem Leasingnehmer abweichende Kündigungsvoraussetzungen wirksam vereinbaren kann.

Eine Klausel in einem Leasingvertrag, die dem Leasinggeber das Recht der fristlosen Kündigung zubilligt, wenn sich der Leasingnehmer mit zwei aufeinander folgenden Leasingraten in Rückstand befindet, verstößt gegen § 307 Abs. 2 Nr. 1 BGB, da sie mit dem wesentlichen Grundgedanken des § 543 Abs. 2 Nr. 3 BGB nicht zu vereinbaren ist.[756] Zahlungsrückstand reicht für die fristlose Kündigung nicht aus. Erforderlich ist, dass sich der Leasingnehmer mit der Zahlung in Verzug befindet. Das Kündigungsrecht des Leasinggebers entfällt nicht, wenn der Leasingnehmer vor Zugang der Kündigung eine von zwei rückständigen Raten entrichtet, und danach die Ratenzahlung endgültig einstellt.[757] Falls der Leasingnehmer bei Vertragsbeginn eine Depotzahlung geleistet hat, die den Zahlungsrückstand überschreitet, muss der Leasinggeber beweisen, dass diese nicht zur Tilgung von Ratenrückständen bestimmt war.[758]

c) Kündigung des Verbraucher – Leasingvertrages

888 Die Kündigungsvoraussetzungen eines Leasingvertrages zwischen einem Unternehmer und einem Verbraucher sind in § 498 BGB geregelt. Sie sind auch gegenüber denjenigen Verbrauchern zu erfüllen, die der Schuld des Leasingnehmers aus dem Leasingvertrag beigetreten sind oder zusammen mit anderen Personen ein Fahrzeug geleast haben, auch wenn diese selbst nicht unter den Schutz von § 498 BGB fallen.[759] Von § 498 BGB abweichende Vereinbarungen im Leasingvertrag sind unwirksam (§ 506 BGB).

Jahrelang herrschte Unsicherheit, wie die **relative Rückstandssumme** (§ 498 Abs. 1 Nr. 1 BGB) eines Finanzierungsleasingvertrages zu berechnen ist,[760] bis der BGH durch Urteil vom 14. 2. 2001[761] entschied, dass es allein auf die **Summe der Brutto-Leasingraten** ankommt.

Das Urteil ist maßgeblich von der pragmatischen Überlegung geprägt, dass mögliche Wartezeiten von sechs, neun oder gar mehr Monaten, die sich im Fall der Einbeziehung des kalkulierten Restwertes und/oder einer vereinbarten Leasing-Sonderzahlung ergeben, nicht hinnehmbar sind, da die Gefahr, mit den Forderungen auszufallen, für den Leasinggeber umso größer wird, je länger er mit der Kündigung warten muss und die Leasingsache, die nicht selten die einzige Sicherheit für ihn darstellt, durch den Weitergebrauch zunehmend entwertet wird oder ganz verloren geht. Um zu tragbaren Ergebnissen zu gelangen, müsste nach Ansicht des BGH im Fall einer Berücksichtigung des kalkulierten Restwertes und der Sonderzahlung eine Ergebniskorrektur durch gleichmäßige Verteilung der Beträge auf die Leasingraten vorgenommen werden, was dazu führen würde, dass die Wartezeit

---

[756] OLG Hamm 20. 12. 1991, NJW-RR 1992, 502.
[757] OLG Köln 30. 6. 1995, BB 1996, 80.
[758] OLG Dresden, 9. 12. 1998–8 U 2369/98 -n. v.
[759] OLG Hamm 14. 2. 1997 OLGR 1997, 101; OLG Düsseldorf 20. 2. 1997 OLGR 1997,89; OLG Celle 29. 1. 1997, NJW-RR 1997, 1144.
[760] Übersicht zum Stand der Meinungen *Engel* BB 1997, Beil. 6 S. 24,25; *Engel/Paul*, Handbuch Kraftfahrzeugleasing, S. 331; *Godefroid* BB 1993, Beilage 8 S. 15,17; *ders.*, BB 1994 Beilage 6, S. 14, 20; *Groß*, FLF 1993, 132, 136; *ders.*, DAR 1996, 438; *Müller-Sarnowski*, BB 1994, 446; *Graf von Westphalen*, Leasingvertrag, Rn 1783 ff., 1802 ff.; *Reinking* Autoleasing, S. 144.
[761] ZIP 2001, 641 m. w. N.

Vertragsdurchführung

10 % bzw. 5 % der Laufzeit des Vertrages betrüge und mit derjenigen identisch wäre, die sich ergibt, wenn man nur die realen Brutto-Leasingraten zu Grunde legt.[762]

Die Ermittlung der Rückstandssumme auf der Basis der Summe der Brutto-Leasingraten unter Außerachtlassung des Restwertes (und einer eventuell vereinbarten Sonderzahlung) wie auch die Vergleichsrechnung auf der Grundlage fiktiv höherer Raten haben einen Haken: In beiden Fällen ist zwar die Wartezeit die gleiche, nicht aber die Höhe des rückständigen Betrages. Da die relative Rückstandssumme nach der klaren und eindeutigen Regelung von § 498 BGB keiner „zeitlichen" Limitierung im Sinne einer prozentualen Anbindung an die Dauer der Darlehensrückzahlung unterliegt, erweist sich die vom BGH vorgenommene Auslegung mit Blick auf § 506 BGB als nicht unbedenklich.[763]

In dem BGH-Urteil wird nicht berücksichtigt, dass der vom Leasinggeber regelmäßig mitfinanzierte Restwert und die mitfinanzierte Sonderzahlung während der Vertragslaufzeit durch die Zahlungen des Leasingnehmers nicht getilgt werden, was zwangsläufig dazu führt, dass die zur fristlosen Kündigung erforderliche relative Rückstandssumme bei einem Leasingvertrag mit Teilamortisation zwangsläufig später als bei einem Darlehen erreicht wird. Hinsichtlich des Tilgungsverlaufs ähneln Finanzierungsleasingverträge mit Teilamortisationscharakter einer Ballonfinanzierung, bei der anfangs geringe, später hohe Raten zu zahlen sind. Warum die Frist bei einem nicht auf Vollamortisation gerichteten Finanzierungsleasingvertrag kürzer als bei einer Ballonfinanzierung sein soll, will nicht unbedingt einleuchten.

Der Gesetzgeber hat in § 498 Abs. 1 Nr. 1 BGB eine Kündigungshürde aufgestellt, die sich am Teilzahlungspreis oder am Nennbetrag orientiert. Diese gesetzlich zwingend vorgeschriebenen Anknüpfungskriterien hätte der BGH nicht übergehen dürfen, da das vom Leasinggeber gewährte Darlehen regelmäßig den Restwert – und manchmal auch die Sonderzahlung – erfasst.[764]

d) Vorübergehende Inbesitznahme des Fahrzeugs

Nicht immer haben Leasingfirmen ein Interesse daran, das Vertragsverhältnis durch fristlose Kündigung zu beenden, selbst wenn hierzu die Voraussetzungen formell vorliegen. Die vorzeitige Vertragsbeendigung ist insbesondere dann nicht sinnvoll, wenn sich der Leasingnehmer erkennbar nur **vorübergehend** in **finanziellen Schwierigkeiten** befindet. Deshalb behalten sich Leasinggesellschaften in ihren AGB manchmal das Recht vor, dem Leasingnehmer den Gebrauch des Fahrzeugs „vorübergehend" bis zum Ausgleich des Zahlungsrückstandes, zur Sicherung ihrer vertraglichen Ansprüche zu entziehen. Eine derartige Klauselgestaltung hat der BGH in einer Einzelfallentscheidung als noch mit dem Leitbild der Miete vereinbar und demzufolge als nicht überraschend und unangemessen bewertet,[765] in späteren Entscheidungen jedoch ausdrücklich klargestellt, dass der Leasinggeber den Anspruch auf die Leasingraten für die Zeit der Vertragsentziehung verliert, wenn er die Sache ohne vertragliches oder gesetzliches Recht vorzeitig an sich nimmt, da er hierdurch seine Gebrauchsüberlassungspflicht verletzt.[766] Die Gebrauchsüberlassung umfasst als Dauerschuldverhältnis außer der Besitzverschaffung die Pflicht des Leasinggebers, den Leasingnehmer nicht im Gebrauch zu stören und ihn bei Störungen durch Dritte zu unterstützen.[767] Eine Bestimmung im Leasingvertrag, die besagt, dass der Leasingnehmer bei so-

---

762 *Ball in Wolf/Eckert/Ball*, Handbuch des gewerblichen Handbuchs des Miet-, Pacht- und Leasingrechts, 8. Aufl., Rn 2142.
763 *Reinking*, EwiR 10/2001 S. 503.
764 *Groß* DAR 1996, 438 ff, 447; *Graf von Westphalen*, Der Leasingvertrag, Rn 1793.
765 BGH 1. 3. 1978, WM 1978, 406.
766 BGH 28. 10. 1981, WM 1981, 1378; 30. 9. 1987, ZIP 1987, 1390.
767 BGH 30. 9. 1987, ZIP 1987, 1390.

fortiger Zahlung aller rückständigen und künftigen Raten den Leasinggegenstand wiedererlangen kann, rettet die Besitzentziehungsklausel nicht. Derjenige Leasingnehmer, der nicht einmal die bis zur Kündigung fälligen Raten zahlen kann, ist normalerweise außer Stande, die bis zum Ende des Vertrages zu leistenden Leasingraten aufzubringen. Die Klausel beinhaltet ein in Wahrheit nicht realisierbares Recht, das die durch eine Besitzentziehung herbeigeführte Äquivalenzstörung nur scheinbar mildert.[768]

e) Kündigungsschaden

890 Im Fall einer von ihm **schuldhaft** veranlassten, wirksamen fristlosen Kündigung haftet der Leasingnehmer dem Leasinggeber auf **Schadensersatz**,[769] es sei denn, die Kündigung erfolgt zu einem Zeitpunkt, in dem das Widerrufsrecht des Leasingnehmers noch nicht erloschen ist.[770] Es handelt sich um einen **Anspruch eigener Art**, der mit dem Wirksamwerden der Kündigung entsteht.[771] Der Schaden des Leasinggebers besteht hauptsächlich darin, dass die nach dem Vertrag angestrebte und vom Leasingnehmer garantierte Vollamortisation nicht erreicht wird. Obwohl es sich bei dem Anspruch um eine Schadensersatzforderung handelt, ist er einem umsatzsteuerpflichtigen Entgelt gleichgestellt und daher mit Umsatzsteuer zu belegen.[772]

Falls der Leasingnehmer das Fahrzeug nach Ausspruch der Kündigung nicht zurückgibt und keine Zahlungen leistet, kann der Leasinggeber im Wege der Klageänderung an Stelle des Schadensersatzanspruchs nur die Nutzungsentschädigung in Höhe der Leasingraten gem. § 546a BGB verlangen.[773] Die vom Leasingnehmer gem. § 546a BGB geschuldete Nutzungsentschädigung ist umsatzsteuerpflichtig.[774]

Der Anspruch des Leasinggebers auf Ersatz der zum Kündigungszeitpunkt noch **nicht amortisierten Kosten** ist Teil seines Erfüllungsanspruchs, falls der Leasingnehmer das kündigungsauslösende Ereignis nicht zu vertreten hat, wie etwa bei Diebstahl und Totalbeschädigung des Fahrzeugs durch Dritte oder im Falle des Todes des Leasingnehmers. Ist diese Voraussetzung erfüllt, besitzt der Leasinggeber keinen Anspruch auf die in den ausstehenden Leasingraten enthaltenen Gewinnanteile, da dem Leasingnehmer sowohl der weitere Sachgebrauch als auch die Kapitalnutzung entzogen wird, während der Leasinggeber das zurückfließende Kapital zum Zwecke der Gewinnerzielung verwenden kann.[775]

Die Rechtsprechung hat bisher keine abschließende Antwort auf die Frage gegeben, ob ein Verbraucher dem Leasinggeber aus dem Gesichtspunkt der Pflichtverletzung auf Schadensersatz haftet, wenn er sich weigert, den Vertrag weiterhin zu erfüllen und der Leasinggeber daraufhin das Fahrzeug zurücknimmt, ohne jedoch eine wirksame Kündigung auszusprechen. Nach Meinung des OLG Rostock,[776] der der BGH im Revisionsverfahren nicht entgegen getreten ist,[777] widerspricht eine Ausdehnung der Haftung auf die Folgen des Zahlungsverzugs des Verbrauchers dem Normzweck von § 498 BGB, da dieser eine

---

768 BGH 28. 10. 1981, MDR 1982, 485 ff.
769 BGH 4. 4. 1984, NJW 1984, 2687; zur Ausfallhaftung des Lieferanten OLG Nürnberg 19. 5. 1988, NJW-RR 1989, 114 ff.
770 BGH 12. 6. 1996, ZIP 1996,1336; OLG Dresden 8. 9. 1999, DAR 1999, 542.
771 BGH 3. 6. 1992, ZIP 1992, 930.
772 BGH 17. 7. 2001, DB 2002, 475.
773 SchlHOLG 8. 5. 1998, OLGR 1998, 237 .
774 BGH 8. 3. 1995, DAR 1995, 284, 285; 11. 2. 1987, ZIP 1987, 517; OLG Hamm 5. 6. 1986, ZIP 1986, 1473, 1475.
775 BGH 19. 3. 1986, NJW 1986, 1748; OLG Celle 7. 4. 1999, OLGR 1999, 225.
776 Urt. v. 13. 9. 1999, OLGR 2000, 2, 8.
777 Urt. v. 28. 6. 2000, NJW 2000, 3133, 3137.

vorangehende Warnung des Schuldners erfordert. Im Fall einer Bejahung der Haftung hat sich ein darauf gestützter Schadensersatzanspruch in den Grenzen von § 498 BGB zu halten, da der Leasinggeber, der das Leasinggut zurückfordert und zurückerhält, ohne den Leasingvertrag wirksam gekündigt zu haben, nicht besser stehen darf, als er nach wirksamer fristloser Kündigung stünde. Für die Zeit bis zur Rückgabe des Fahrzeugs ist der Vertrag in der Weise abzurechnen, dass der Leasingnehmer dem Leasinggeber den auf die Nutzungszeit entfallenden Anteil des Amortisationsaufwandes zu vergüten hat. Hierbei ist nach Ansicht des OLG Rostock der Verkaufserlös anzurechnen und der nicht verbrauchte Teil der Sonderzahlung dem Leasingnehmer zugunsten des Leasingnehmers zu berücksichtigen.[778]

aa) Pauschalierte Schadensberechnung

Schadensklauseln in Leasingverträgen haben sich nicht bewährt. Kaum eine der sog. kombinierten Verfallklauseln, die den Leasinggeber im Fall des Zahlungsverzugs des Leasingnehmers zur außerordentlichen Vertragskündigung, Rücknahme des Leasingfahrzeugs und Fälligstellung des Restamortisationsschadens berechtigen, hat der **strengen richterlichen AGB-Kontrolle** standgehalten.[779] Selbst die vom BGH[780] am Beispiel eines kündbaren Leasingvertrages mit Abschlusszahlung seinerzeit erteilten Hinweise zur AGB-konformen Klauselgestaltung entsprechen nicht mehr dem heutigen Stand der Rechtsprechung. Insofern gilt inzwischen als gesichert, dass außer den Zinsvorteilen infolge des vorzeitigen Kapitalrückflusses ersparte laufzeitabhängige Kosten zu Gunsten des Leasingnehmers in der Klausel ebenso berücksichtigt werden müssen[781] wie die Tatsache, dass dem Leasinggeber ein Anspruch auf entgangenen Gewinn nur bis zum nächstmöglichen ordentlichen Kündigungszeitpunkt zuzubilligen ist.[782]

bb) Konkrete Schadensberechnung

Im Fall der Unwirksamkeit einer pauschalierten Schadensberechnung kann der Leasinggeber den Schaden konkret ermitteln.[783] Die Berechnung muss **nachvollziehbar** sein, andernfalls eine auf sie gestützte Klage unschlüssig ist.[784] Für den Leasinggeber empfiehlt es sich, die einzelnen Abrechnungsschritte darzulegen und sich nicht darauf zu beschränken, die für die Berechnung erforderlichen Daten vorzutragen. Nach Ansicht des LG Frankfurt a. M.[785] genügt der Leasinggeber durch die Darlegung der Berechnungsdaten seiner Substantiierungspflicht, wenn sich das rechnerische Ergebnis mit Hilfe eines handelsüblichen Taschenrechners nachvollziehen lässt.

---

778 Urt. v. 13. 9. 1999, OLGR 2000, 2,7.
779 BGH 5. 4. 1978, BB 1978, 682 ff.; 28. 10. 1981, MDR 1982, 485 ff.; 31. 3. 1982, BB 1982, 1078; 10. 10. 1990, NJW 1991, 221; 22. 11. 1995, WM 1996,311; OLG Köln 6. 2. 1995, NJW 1995,2044; ferner siehe *Quittnat*, BB 1979, 1530; *Ulmer/Brandner/Hensen*, Anh. §§ 9–11 Rn 467; *Ziganke*, BB 1982, 706; *Klamroth*, BB 1982, 1949.
780 Urt. v. 12. 6. 1985, ZIP 1985, 868 f.
781 BGH 10. 10. 1990, NJW 1991, 221; 11. 1. 1995, ZIP 1995, 286, 287; 4. 6. 1996, NJW 1996, 2648, 2651; OLG Köln 9. 2. 1994, ZIP 1995, 46, 49.
782 BGH 19. 3. 1986, ZIP 1986, 576; 10. 10. 1990, NJW 1991, 221; OLG Köln 9. 2. 1994, ZIP 1995, 46, 49.
783 BGH 22. 11. 1995, WM 1996, 311, 315; erfolgt die konkrete Berechnung erst in zweiter Instanz, hat der Leasinggeber die Kosten des Berufungsverfahrens zu tragen, auch wenn er aufgrund der Nachberechnung weitgehend obsiegt, OLG Celle 19. 5. 1999, OLGR 1999, 299.
784 OLG Koblenz 21. 11. 1996, OLGR 1997, 137; LG Köln 28. 3. 1996- 8 O 505/95 – n. v.
785 Urt. v. 17. 9. 1996, NJW-RR 1997, 434.

cc) Schadensumfang

893 Da sich der zur Kosten- und Gewinndeckung vom Leasingnehmer aufzubringende Betrag in der Summe aller Leasingraten für die vereinbarte Vertragszeit zuzüglich des kalkulierten Restwertes widerspiegelt, besteht der Schaden des Leasinggebers im Fall der vorzeitigen Vertragsbeendigung wegen Zahlungsverzuges des Leasingnehmers in erster Linie in der Summe der jeweils **ausstehenden Leasingraten** zuzüglich des **kalkulierten Restwertes**. Zum Schaden gehört auch der in den ausstehenden Leasingraten enthaltene **Gewinn**,[786] den der Leasinggeber beim Vertragsmodell des kündbaren Leasingvertrages mit Abschlusszahlung jedoch längstens bis zu dem Zeitpunkt einer nach dem Vertrag zulässigen ordentlichen Kündigung vom Leasingnehmer zu beanspruchen hat.[787] Eine Sonderzahlung ist Teil des Amortisationsanspruchs des Leasinggebers und folglich bei der konkreten Schadensberechnung nach einer vom Leasingnehmer veranlassten fristlosen Kündigung des Leasingvertrages in vollem Umfang zu Gunsten des Leasingnehmers zu berücksichtigen.[788]

Hinzu kommen weiterhin die durch die vorzeitige Vertragsbeendigung bedingten **Mehraufwendungen** des Leasinggebers, wie etwa eine Vorfälligkeitsentschädigung, die der Leasinggeber der Bank wegen der vorzeitigen Rückführung der Refinanzierungsmittel schuldet,[789] Sicherstellungs- und Reparaturaufwendungen, so weit sie erforderlich sind, um das Fahrzeug überhaupt veräußern zu können oder um einen höheren Verwertungserlös zu erzielen[790] und Rechtsverfolgungskosten. Mehraufwendungen sind im Gegensatz zur Ausgleichszahlung echte Schadensersatzpositionen und deshalb nicht mit Umsatzsteuer zu belegen. Da es sich bei der Abwicklung eines notleidend gewordenen Leasingvertrages für den Leasinggeber um eine Routineangelegenheit handelt, muss nach Ansicht des OLG Köln[791] der Leasingnehmer bei einem auswärtigen Prozess des Leasinggebers aber weder dessen Reisekosten zu dem auswärtigen Prozessvertreter noch dessen Aufwendungen für die beratende Tätigkeit eines an seinem Betriebssitz ansässigen Anwalts übernehmen. Kosten für Wartungs- und Inspektionsdienste, die erst nach der Rückgabe des Fahrzeugs und einer weiteren Fahrleistung vorzunehmen sind, muss der Leasingnehmer nicht – auch nicht anteilig – übernehmen.[792]

Zu Gunsten des Leasingnehmers sind die **Vorteile** zu berücksichtigen, die dem Leasinggeber durch die vorzeitige Vertragsbeendigung erwachsen und die hauptsächlich darin bestehen, dass er auf Grund des vorzeitigen Kapitalrückflusses Zinsen und Verwaltungskosten einspart.

dd) Abzinsung

894 Die ausstehenden Leasingraten und der Restwert sind jeweils zum Nettowert auf den Zeitpunkt des durch die fristlose Kündigung vorzeitig markierten Vertragsendes abzuzinsen. Hierbei muss der **Refinanzierungssatz** zu Grunde gelegt werden, der vom Leasinggeber bei der Kalkulation der Leasingraten angewendet worden ist,[793] und den dieser im Streit-

---

[786] A. A. OLG Koblenz 21. 11. 1996, OLGR 1997,137, das die BGH-Rechtsprechung insoweit allerdings missversteht.
[787] BGH 19. 3. 1986, ZIP 1986, 576; 10. 10. 1990, NJW 1991, 221; a. A. OLG Stuttgart 8. 9. 1987, NJW-RR 1988, 501; *Reinking*, ZAP 1991 Fach 4 R, S. 13; kritisch *Ebenroth*, JZ 1991, 198, 199.
[788] BGH 11. 1. 1995, ZIP 1995, 286 zur Unwirksamkeit einer widersprüchlichen Anrechnungsklausel LG Köln 4. 3. 1998, ADAJUR-ArchivDok.-Nr. 30467 – Leitsatz veröffentlicht in DAR 2001, Heft 4, IV.
[789] BGH 24. 4. 1985, NJW 1985, 1539; 16. 5. 1990, ZIP 1990, 863; OLG Köln 15. 3. 1993, NJW-RR 1993, 1016; OLG Celle 3. 11. 1993, NJW-RR 1994, 1334, 1336.
[790] BGH 27. 11. 1991, NJW- RR 1992, 378; OLG Dresden, 11. 11. 1998, OLGR 1999, 207.
[791] Beschl. 10. 8. 1989–17 W 366/89 – n. v.
[792] A. A. OLG Stuttgart 6. 2. 1996 – 6 U 112 /95 – n. v.
[793] BGH 22. 11. 1995 WM 1996,311; 20. 1. 1986, WM 1986, 480; 10. 10. 1990, NJW 1991, 221.

Vertragsdurchführung 894

fall darlegen und beweisen muss.[794] Die Festlegung eines mit dem tatsächlichen Refinanzierungszins nicht übereinstimmenden Abzinsungssatzes in AGB benachteiligt den Leasingnehmer unangemessen, wenn der Zinssatz, auf dessen Grundlage die Leasingraten kalkuliert sind, weit darüber liegt.[795]

Eine rechnerisch exakte Abzinsung setzt voraus, dass die Leasingraten vor Abzinsung um die darin enthaltenen Gewinn- und Verwaltungskostenanteile des Leasinggebers bereinigt werden, die sich aus der Differenz zwischen dem Vertragszins und dem Refinanzierungszins ergeben. Die **Gewinnanteile** sind **nicht Gegenstand der Refinanzierung**. Deshalb sind sie mit dem Wiederanlagezins abzuzinsen. Eine Abzinsung der in den Leasingraten anteilig enthaltenen Verwaltungskosten entfällt, weil sie im Wege des Vorteilsausgleichs gesondert verrechnet werden.[796]

Finanziert der Leasinggeber eine Vielzahl von Leasingverträgen durch einen **Großkredit**, genügt es zur Darlegung der Refinanzierung im Einzelfall, dass sich der Leasingvertrag dem Kredit zeitlich zuordnen lässt.[797] Eine Schätzung durch das Gericht ist mangels greifbarer Anhaltspunkte nicht zulässig.[798] Die Abzinsung wird nicht dadurch entbehrlich, dass ein Prozessverfahren das reguläre Vertragsende überdauert, da die ersparten Refinanzierungskosten betragsmäßig nicht mit den Verzugszinsen übereinstimmen und letztere dem Zinseszinsverbot des § 289 BGB unterliegen.[799] Wenn der Leasingnehmer das Fahrzeug trotz berechtigter fristloser Kündigung des Leasinggebers bis zum regulären Vertragsende behält, besteht faktisch die gleiche Situation, als wäre der Vertrag nicht gekündigt. Das bedeutet, dass der Leasinggeber nach den üblichen Vertragsdaten abrechnen kann und die Abzinsungsproblematik keine Rolle spielt, da dem Leasinggeber keine Vorteile durch vorzeitigen Kapitalrückfluss entstehen.[800]

Gegen eine Abzinsung auf der Basis des Wiederanlagezinses nach der sog. „Blue-Book-Methode" ist nichts einzuwenden, wenn der Leasinggeber für die Finanzierung Eigenmittel eingesetzt hat.

Für die Abzinsung gibt es **keine allgemein gültige Formel**, da jede Berechnung eines Abzinsungsbetrages nur zu einem Annäherungswert führt, dessen Maßgeblichkeit der Tatrichter wie bei einer Schadensschätzung analog § 287 ZPO zu beurteilen hat.[801] Eine Abzinsung der Leasingraten und des Restwertes nach der Rentenbarwertmethode ist allgemein anerkannt und üblich,[802] da sie im Vergleich zu linearen Berechnungsmodellen zu genaueren Ergebnissen führt.[803]

Bei der Abzinsung der Leasingraten ist die **vorschüssige Rentenbarwertformel** anzuwenden, wenn die Leasingraten nach dem Inhalt des Vertrages monatlich im Voraus zu zah-

---

794 OLG Celle 30. 8. 1995, OLGR 1996, 96.
795 BGH 29. 1. 1986, WM 1986, 480; *Braxmeier*, Die Rechtsprechung des BGH zu Miete und Pacht einschl. Leasing, WM-Sonderbeilage Nr. 1/88, 12.
796 Ausführlich *Reinking*, Autoleasing, S. 151.
797 OLG Celle 17. 12. 1997, DAR 1999, 361.
798 BGH 22. 11. 1995 WM 1996, 311; OLG Celle 30. 8. 1995, OLGR 1996, 49; OLG Naumburg 11. 12. 1997, OLGR 1998, 210; a. A. SchlHOLG 21. 11. 1997, OLGR 1998, 41, das den Refinanzierungssatz bei unsubstantiiertem Sachvortrag der Leasinggesellschaft auf 13,25 % geschätzt hat.
799 *Kranemann*, ZIP 1997, 1404; a. A. OLG Hamm 23. 6. 1987, NJW-RR 1987, 1140.
800 SchlOLG 15. 12. 2000, OLGR 2001, 99, 100.
801 BGH 6. 6. 1984, WM 1984, 1217; 10. 10. 1990, NJW 1991, 221.
802 OLG Karlsruhe 5. 2. 1998, OLGR 1998, 213; OLG Frankfurt 16. 2. 1994, VersR 1995, 53; OLG Naumburg 13. 2. 1997, OLGR 1998, 58; OLG Celle 5. 1. 1994, NJW-RR 1994, 743; OLG Stuttgart 23. 2. 1996 – 6 U 112/95; OLG Köln 9. 2. 1994, OLGR 1995, 49 und Urt. v. 18. 7. 1996 – 18 U 30/95 –n. v., das allerdings versehentlich die falsche (nachschüssige) Formel verwendet.
803 OLG Celle 3. 11.1993, NJW-RR 1994, 1334, 1336.

len sind, während die nachschüssige Rentenbarwertformel von einer nachträglichen Fälligkeit der Leasingraten zum Monatsende ausgeht.

895 **aaa) Abzinsung der Leasingraten**

Refinanzierungssatz $= p$
Restlaufzeit $= n$
Abzinsungsfaktor $= q = 1 + \dfrac{p}{1200}$

Rentenbarwertmethode (vorschüssig)

$$\text{Barwert} = \text{Rate} \cdot \frac{1}{q^{n-1}} \cdot \frac{q^n - 1}{q - 1}$$

Rentenbarwertmethode (nachschüssig)

$$\text{Barwert} = \text{Rate} \cdot \frac{1}{q^n} \cdot \frac{q^n - 1}{q - 1}$$

Blue-Book-Methode

$$\text{Rate} \cdot \frac{1 - \dfrac{1}{\left(1 + \frac{p}{1200}\right)^n}}{\dfrac{p}{1200}} = \text{abgezinster Restwert}$$

896 **bbb) Abzinsung des Restwertes**
Rentenbarwertmethode

$$\text{Restwert} = \frac{\text{abgezinster Restwert}}{q^n}$$

Für den Verbraucher-Leasingvertrag ist gem. § 498 Abs. 2 BGB für die Abzinsung die **Zinsstaffelmethode** zwingend vorgeschrieben. Da die Rentenbarwertformel genauere Ergebnisse als die Zinsstaffelmethode liefert, bestehen gegen ihre Verwendung im Zusammenhang mit § 498 Abs. 2 BGB keine Bedenken.

ee) Ersparte Kosten

897 Laufzeitabhängige Kosten, die der Leasinggeber im Fall der vorzeitigen Kündigung einspart, sind bei der Abrechnung zu Gunsten des Leasingnehmers zu berücksichtigen. Kostenfaktoren der Leasingkalkulation, die von der vorzeitigen Vertragsbeendigung nicht betroffen sind, muss der Leasinggeber betragsmäßig aufschlüsseln und nachweisen. Er genügt den Beweisanforderungen nicht durch die Angabe der allgemeinen Betriebskosten, da diese auf einer Mischkalkulation beruhen.[804] Legt der Leasinggeber seine Kalkulationsgrundlagen nicht offen, bietet sich die Möglichkeit der Schätzung gem. § 287 ZPO an.[805]

Zu den Aufwendungen, die bei einer vorzeitigen Vertragsbeendigung wegfallen, gehören in erster Linie die **Kosten** der **Vertragsüberwachung** für die restliche Laufzeit des Vertrages, nicht jedoch die bereits verbrauchten Vertragsüberwachungs- und Vertragsabschlusskosten sowie die ohnehin anfallenden Kosten der Vertragsbeendigung.[806] Der Anteil der Kosten für die Durchführung und Überwachung eines Kraftfahrzeugleasingvertrages

---

804 OLG Hamburg 20. 10. 1986, NJW-RR 1987, 51 ff.
805 OLG Köln 31. 1. 1990, VersR 1992, 242; OLG Frankfurt 16. 2. 1994, VersR 1995, 53.
806 OLG Hamburg 22. 10. 1986, NJW-RR 1987, 51 ff.; OLG Köln 15. 3. 1993, NJW-RR 1993, 1016, 1017; OLG Celle 3. 11. 1993, NJW-RR 1994, 1334, 1336.

Vertragsdurchführung 897

für die gesamte Vertragszeit liegt bei 20 %[807] bis 30 %[808] der Verwaltungskosten, die als Nichtfinanzierungskosten bezeichnet werden. Der Angabe des Leasinggebers, die Ersparnis der laufzeitabhängigen Kosten betrage 30 % der restlichen Nichtfinanzierungskosten, kann das Gericht im Wege der Schätzung folgen, sofern der Parteivortrag im Einzelfall keine weitere Sachaufklärung erfordert.[809]

Berechnungsbeispiel für die Ermittlung der ersparten laufzeitabhängigen Vertragskosten:

42 Raten · 832,79 Euro	34.977,18 Euro
Leasingsonderzahlung	7.407,91 Euro
kalkulierter Restwert	30.426,19 Euro
	72.811,28 Euro
abzüglich Kaufpreis	57.407,91 Euro
Vertragskosten	15.403,37 Euro

Aufteilung der Vertragskosten in Finanzierungskosten (FK) und Nichtfinanzierungskosten (NFK)

$$FK = KE \cdot \left(\frac{1+p}{1200}\right)^n - KE$$

KE = Kapitaleinsatz 50.000 Euro (57.407,91 Euro − 7.407,91 Euro)
p = Refinanzierungssatz 4,55%
N = Vertragslaufzeit 42 Monate

$$FK = 50\,000 \cdot \left(\frac{1+4{,}555}{1200}\right)^n - 50\,000$$

FK = 8.613,90 Euro
NFK = 6.789,47 Euro (15.403,37 Euro − 8.613,90 Euro)

Nichtfinanzierungskosten (NFK)

Gewinn 50%[810] von 6.789,47 Euro	= 3.394,70 Euro

Laufzeitunabhängig:

Verwaltungsaufwand 50% von 6.789,47 Euro	= 3.394,70 Euro
Abschlusskosten 50%	= 1.697,35 Euro
Beendigungskosten 30%[811]	= 1.018,41 Euro

Laufzeitabhängig:

Überwachungsaufwand 20%	= 678,94 Euro
Verteilung 1260 Tage (42 Monate)	
791 Tage	= 446,24 Euro
nicht verbraucht	= 232,70 Euro

---

807 OLG Stuttgart 8. 9. 1987, NJW-RR 1988, 501.
808 OLG Köln 9. 2. 1994, ZIP 1995, 46, 48.
809 OLG Celle 7. 4. 1999, OLGR 1999, 225.
810 Zulässige Schätzung des Gerichts und des Leasinggebers, sofern keine hiervon abweichende Darlegung erfolgt, OLG Stuttgart 8. 9. 1987, NJW-RR 1988, 501, 502; OLG Celle 7. 4. 1999, OLGR 1999, 225, 228.
811 In Abweichung von den in dieser Beispielsrechnung zu Grunde gelegten Werten kann die Aufteilung im Wege der Schätzung z. B. 40 % Abschlussaufwand, 30 % laufzeitunabhängiger Abwicklungsaufwand und 30 % laufzeitabhängiger Überwachungsaufwand betragen – OLG Stuttgart 8. 9. 1987, NJW-RR 1988, 501, 502; OLG Celle 7. 4. 1999, OLGR 1999, 225, 228.

Das Beispiel verdeutlicht, dass die **laufzeitabhängigen Kosten** im Vergleich zum Vertragsvolumen relativ **gering** sind. In Anbetracht des gebotenen Vorteilsausgleichs erscheint es gleichwohl nicht vertretbar, die Ersparnisse einfach zu ignorieren und dies damit zu begründen, der ordnungsgemäß bediente Leasingvertrag erfordere, da die Verwaltung durch EDV erfolge, keinen nennenswerten Verwaltungsaufwand, während der Not leidende Leasingvertrag zu erheblichen Aufwendungen führen könne.[812]

Von der Möglichkeit, die ersparten Aufwendungen gem. § 287 ZPO zu **schätzen**, macht die Rechtsprechung in zunehmendem Maße Gebrauch. Die Schätzungen liegen je nach Vertragsvolumen zwischen 10 Euro und 25 Euro monatlich.[813] Wird der Vorteilsausgleich durch eine Kürzung der Leasingraten vor Abzinsung vollzogen, beträgt der geschätzte Wert i. d. R. 3 %.[814]

f) Verwertung des Fahrzeugs

898 Auch im Fall einer vorzeitigen Vertragsbeendigung ist der Leasinggeber verpflichtet, das Fahrzeug **bestmöglich** zu **verwerten** (Rn 871 ff).

Höhere Verwertungskosten, als sie im Fall einer vertragsgemäßen Beendigung des Leasingvertrages entstanden wären, sind dem Leasinggeber auf Nachweis vom Leasingnehmer zu ersetzen.[815] Über das Ziel schießt eine Entscheidung des OLG Köln,[816] welche besagt, dass der Leasinggeber, der die Abwicklung des vorzeitig beendeten Leasingvertrages vollständig einem Dritten übertragen hat, dem Leasingnehmer die dadurch entstandenen Kosten auferlegen darf, wobei er sich die in den Leasingraten anteilig enthaltenen Abwicklungskosten anrechnen lassen muss. Die Abwicklung des Leasingvertrages fällt sowohl bei der regulären als auch bei der vorzeitigen Vertragsbeendigung in den Aufgabenbereich des Leasinggebers. Überlässt er sie einem Dritten, gehen die Mehrkosten zu seinen Lasten, da für eine Kostenverlagerung auf den Leasingnehmer die Rechtsgrundlage fehlt. Der Leasingnehmer hat dem Leasinggeber die Mehrkosten nur insoweit zu ersetzen, als diese ursächlich auf die vorzeitige, vom Leasingnehmer zu vertretende Vertragsbeendigung zurückzuführen sind, wie z. B. die Kosten für die Abholung und Sicherstellung des vom Leasingnehmer nicht abgelieferten Fahrzeugs. Nach Ansicht des OLG Frankfurt[817] ist die in einer Klausel vorgesehene Möglichkeit der Schätzung durch einen öffentlich bestellten Sachverständigen und der Abzug der Schätzkosten vom Schätzwert nicht zu beanstanden.

Erfolgt die Verwertung durch ein **weiteres Verleasen**, steht der Barwert des neuen Vertrages einem Verkaufserlös gleich.[818] Im Unterschied zum Verkauf bleibt dem Leasinggeber der Restwert beim weiteren Verleasen erhalten. Er amortisiert dessen – dem Anschaffungsaufwand – gleichgestellten Wert aus den von dem neuen Leasingnehmer zu zahlenden Leasingraten und dem vereinbarten Restwert.[819]

---

812 So OLG Hamm 28. 6. 1994–7 U 53/93 –, teilweise veröffentlicht in NJW-RR 1994, 1467.
813 OLG Celle 13. 11. 1996, OLGR 1997, 51; OLG Stuttgart 23. 2. 1996 –6 U 112/95 –n. v.; OLG Köln 21. 4. 1994- 18 U 197/93 – n. v.; OLG Düsseldorf 12. 6. 1998, BB 1998, 2179.
814 OLG Köln 18. 7. 1996 – 18 U 30/95 –n. v.; OLG Hamm 8. 1. 1997 –30 U 177/96 – n. v.; OLG Naumburg 23. 10. 1997 –7 U 808/97 – n. v.
815 OLG Celle 3. 11. 1993, NJW-RR 1994, 1334, 1336.
816 Urt. v. 9. 2. 1994, ZIP 1995, 46, 48.
817 Urt. v. 24. 2. 2000 ADAJUR-Archiv Dok.-Nr. 41813 – Leitsatz in DAR, Heft 4 2001, IV.
818 LG Siegen 3. 5. 1991, NJW-RR 1991, 1142; OLG Celle 3. 11. 1993, NJW-RR 1994, 1334, 1336.
819 OLG Celle, 3. 11. 1993, NJW-RR .

Vertragsdurchführung

g) Abrechnung

Der vom Leasinggeber durch Verwertung des Fahrzeugs erzielte **Erlös** ist auf die Schadensersatzforderung des Leasingnehmers **anzurechnen**, wobei das Vertragsende den maßgeblichen Zeitpunkt darstellt.[820] Eine Anrechnung des Verwertungserlöses auf **rückständige Leasingraten**, die aus der ungekündigten Vertragszeit herrühren, muss der Leasingnehmer nicht gegen sich gelten lassen.[821] Durch die Verpflichtung zur Anrechnung des Verwertungserlöses ist sichergestellt, dass der Leasingnehmer den geldwerten Vorteil erlangt, der darin besteht, dass der Wert der Sache zum Zeitpunkt der früheren Rückgabe den auf das reguläre Vertragsende kalkulierten Restwert übersteigt. Falls eine Verwertung des Fahrzeugs – etwa infolge einer nicht vom Leasingnehmer zu vertretenden Zerstörung – nicht mehr möglich ist und dieser Umstand nicht in die Risikosphäre des Leasingnehmers fällt, muss der Wertunterschied eventuell durch Gutachten festgestellt und zu Gunsten des Leasingnehmers berücksichtigt werden.[822]

Der Ermittlung der Wertdifferenz bedarf es nicht, wenn der Kaskoversicherer zwischenzeitlich Versicherungsleistungen in einer die Wertdifferenz übersteigenden Höhe an den Leasinggeber erbracht hat, da in diesem Fall die Versicherungsleistung in voller Höhe auf die Ausgleichszahlung anzurechnen ist. Dem Zahlungsanspruch des Leasinggebers kann der Leasingnehmer die Rückabtretung von noch nicht realisierten Versicherungsansprüchen im Wege der Einrede entgegenhalten.[823] Enthält der Leasingvertrag keine eindeutige Regelung dahingehend, dass der Leasingnehmer auch nach der Beendigung des Leasingvertrages noch mit der Beitreibung der Versicherungsforderung belastet sein soll, fällt es in den Aufgabenbereich des Leasinggebers, die Ansprüche aus einer Vollkaskoversicherung zu realisieren. Deshalb kann er sich dem Leasingnehmer gegenüber weder auf einen verspäteten Zahlungseingang noch auf eine zu geringe Höhe der Versicherungssumme berufen.[824] Eine Investitionszulage, die der Leasinggeber erhalten hat, ist auf die vom Leasingnehmer zu leistende Ausgleichszahlung nicht anzurechnen, da sie dem Leasinggeber als Inhaber des Anspruchs zusteht.[825]

Die Anrechnung des erzielten Verwertungserlöses auf die Ausgleichszahlung hängt von den vertraglichen Vereinbarungen ab.

aa) Leasingvertrag mit Abschlusszahlung

Beim erlasskonformen Leasingvertrag mit Abschlusszahlung beträgt der dem Leasingnehmer anzurechnende **Erlösanteil 90%**. Falls sich der Leasinggeber im Vertrag ein Andienungsrecht ohne Nachzahlungspflicht vorbehalten hat, ist der Leasingnehmer allerdings mit 100% – statt mit nur 90% – am Verwertungserlös zu beteiligen.[826]

bb) Leasingvertrag mit Restwertabrechnung

Eine Anrechnung des Verwertungserlöses zu **100%** findet beim **Leasingvertrag mit Restwertabrechnung** mit der Maßgabe statt, dass der Leasingnehmer von einem Mehrerlös 75% erhält. Eine Klausel, wonach der Gebrauchtwagenerlös im Fall der Abrechnung bei vorzeitiger Beendigung nur mit 90% zu berücksichtigen sein soll, lässt sich weder aus einer leasingtypischen Interessenlage noch aus steuerlichen Gründen rechtfertigen

---

820 OLG Köln 15. 3. 1993, NJW-RR 1993, 1017.
821 OLG Frankfurt 22. 9. 1986, NJW-RR 1987, 372.
822 BGH 8. 3. 1995, DAR 1995, 284, 286.
823 BGH 8. 3. 1995, DAR 1995, 284, 286.
824 OLG Köln 7. 7. 1992, OLGR 1992, 309.
825 OLG Naumburg 25. 9. 1997, NJW-RR 1998, 1585 .
826 OLG Celle 3. 11. 1993, NJW-RR 1994, 1334, 1337.

und ist unwirksam, weil sie den Leasingnehmer unangemessen benachteiligt.[827] Soweit der höhere Verwertungserlös allein darauf zurückzuführen ist, dass der Vertrag vorzeitig beendet wurde, hat der Leasingnehmer den Unterschiedsbetrag in vollem Umfang zu beanspruchen, da die im Leasingerlass vom 22. 12. 1995[828] vorgesehene Verteilungsquote ausschließlich den Mehrerlös betrifft, der nach Ablauf der „vereinbarten" Vertragszeit erzielt wird.[829]

cc) Leasingvertrag mit Andienungsrecht

902 Beim Leasingvertrag mit Andienungsrecht beträgt die Anrechnungsquote **100 %**, da der Leasingnehmer das Restwertrisiko trägt. Dem Leasingnehmer steht ein Mehrerlös in voller Höhe zu. Eine Klausel, die ihm nur „90 % des Netto-Verwertungserlöses nach Abzug der Kosten" zubilligt, ist wegen Verstoßes gegen § 307 BGB unwirksam.[830]

dd) Nicht erlasskonformer Leasingvertrag

903 Sofern nicht der Leasinggeber das Verwertungsrisiko übernommen hat, ist bei der Abrechnung eines nicht erlasskonformen Leasingvertrages der Verwertungserlös mit **100 %** zugunsten des Leasingnehmers zu Grunde zu legen.[831]

ee) Leasingvertrag mit Kilometerabrechnung

904 Im Fall der vorzeitigen Beendigung eines Leasingvertrages mit Kilometerabrechnung muss sich der Leasinggeber an der ursprünglichen Vertragskalkulation festhalten lassen. Er darf **nicht auf** eine **Restwertabrechnung umstellen** und auf diese Weise nachträglich das Marktwertrisiko auf den Leasingnehmer verlagern.[832] Wegen ihres überraschenden Inhalts wird eine Umstellungsklausel nicht wirksam in den Vertrag einbezogen,[833] jedenfalls nicht ohne deutlichen Hinweis auf den Abrechnungswechsel im Vertrag.[834]

Der infolge vorzeitiger Vertragsbeendigung **höhere Fahrzeugwert** ist bei der Abrechnung zu Gunsten des Leasingnehmers zu berücksichtigen. Der Vorteilsausgleich kann ausnahmsweise entfallen, wenn die Marktgängigkeit des Fahrzeugs durch ausstehende Reparaturen erheblich beeinträchtigt wird.[835]

Eine konkrete Schadensberechnung anhand der **Mehr- und Minderkilometer**[836] **führt nicht zu sachgerechten Ergebnissen**, da die Höherwertigkeit des Leasingfahrzeugs nicht allein auf der geringeren Fahrleistung, sondern auch auf dem niedrigeren Fahrzeugalter beruht. Die Regelung, dass der Leasingnehmer eine Gutschrift für Minderkilometer erhält, greift nur bei ordnungsgemäßer Beendigung des Leasingvertrages ein.[837] Die Vergütungssätze für Mehr- und Minderkilometer sind nicht am Wertverlust des Fahrzeugs orientiert

---

827 BGH 26. 6. 2002, ZIP 2002, 1402.
828 BB 1976, 72.
829 BGH 26. 6. 2002, ZIP 2002, 1402, 1405.
830 KG 13. 12. 2001, OLGR 2002, 49 m. w. N.
831 OLG Köln 24. 1. 1990, WM 1990, 1257.
832 BGH 22. 1. 1986 WM 1986,458,461; 12. 6. 1985 WM 1985, 860,862; *Graf von Westphalen,* Der Leasingvertrag, Rn 1265.
833 SchlHOL 31. 7. 1997, OLGR 1997, 119; LG Berlin 22. 1. 1996, DB 1996, 724.
834 OLG Celle 5. 1. 1994, NJW-RR 1994, 743; offen gelassen vom BGH 11. 1. 1995, ZIP 1995, 286, der nicht Stellung nehmen musste, weil er die Klausel aus anderen Gründen für unwirksam erachtete.
835 OLG Celle 17. 9. 1997, NJW-RR 1998, 704, 706.
836 Praktiziert vom SchlHOL 31. 1. 1997, OLGR 1997,119.
837 OLG Frankfurt 24. 02. 2000 ADAJUR -Archiv Dok.-Nr. 41813 – Leitsatz in DAR, Heft 4/2001, IV.

Vertragsdurchführung 904

und auf das reguläre Vertragsende kalkuliert. Gegen eine Abrechnung auf Kilometerbasis spricht entscheidend die Überlegung, dass die Kilometerleistung des Fahrzeugs im Zeitpunkt des Wirksamwerdens der fristlosen Kündigung nichts darüber aussagt, welchen Kilometerstand das Fahrzeug im Zeitpunkt des vertraglich vorgesehenen Vertragsendes gehabt hätte, da der Leasingnehmer beim nicht ordentlich kündbaren Kilometerleasingvertrag berechtigt ist, das Fahrzeug während der Vertragslaufzeit während unterschiedlicher Zeiträume unterschiedlich häufig zu nutzen.[838]

Im Rahmen der nach § 249 BGB gebotenen Betrachtung ist die infolge vorzeitiger Vertragsbeendigung entstandene **Vermögenslage** des Leasinggebers mit derjenigen zu **vergleichen**, die im Fall einer regulären Vertragsbeendigung bestehen würde. Der Wert des Fahrzeugs zum Zeitpunkt des Wirksamwerdens der außerordentlichen Vertragskündigung und dessen Wert zum Zeitpunkt des vertraglich vereinbarten Vertragsendes sind gegenüberzustellen. Auf den vom Leasinggeber tatsächlich erzielten Wert kommt es nicht an. Maßgeblich ist der vom Gutachter ermittelte Wert bei Rückgabe.[839] Bei der Ermittlung des fiktiven Fahrzeugwertes zum vertraglich vereinbarten Endzeitpunkt ist von einer normalen Beanspruchung und Einhaltung des Kilometerlimits auszugehen.[840] Der Berücksichtigung des intern kalkulierten Restwertes bedarf es nicht, da der Leasinggeber das Verwertungsrisiko trägt und keinen Ausgleichsanspruch gegen den Leasingnehmer besitzt.[841] Es besteht keine Verpflichtung des Leasinggebers, das Fahrzeug bis zum Zeitpunkt der ordentlichen Vertragsbeendigung stehen zu lassen und Anstrengungen hinsichtlich eines möglichen Verkaufs zu unterlassen.[842]

In der Praxis besteht die auf dem Vergleich der Vermögenslagen basierende Schadensberechnung hauptsächlich darin, dass sie einen Wertansatz einschließt, der nur im Wege einer **vorausschauenden Schätzung** bestimmt werden kann. Deshalb ist eine **vorläufige** Abrechnung zu erstellen. Erforderliche Korrekturen sind vorzunehmen, sobald die vereinbarte Vertragszeit abgelaufen ist.[843] Bei Vorlage eines Gutachtens über den Wert des Fahrzeugs am vereinbarten Vertragsende durch den Leasinggeber genügt der Leasingnehmer seiner Darlegungspflicht nicht durch einfaches Bestreiten. Erforderlich ist substantiiertes Bestreiten, wobei er sich auf die allgemein zugänglichen Marktberichte und Bewertungslisten beziehen kann.[844]

Eine Vereinbarung, die vorsieht, dass der Vertrag im Fall der fristlosen Kündigung auf die **verkürzte Laufzeit umgestellt** wird, ermöglicht dem Leasinggeber, bereits vor Ablauf der regulären Vertragszeit eine endgültige Abrechnung zu erstellen. Um dem Transparenzgebot zu genügen, muss sich aus der Klausel ablesen lassen, an welchen Restwert der Leasinggeber bei seiner Kalkulation anknüpft und in welchem Umfang sich das Leasingentgelt durch eine Verkürzung der Vertragsdauer ändert.[845]

Für den Schaden, der dem Leasinggeber dadurch entsteht, dass er eine mit dem Verkäufer vereinbarte Rückkaufvereinbarung nach Ablauf der regulären Vertragsdauer nicht mehr erfüllen kann, ist der Leasingnehmer nicht verantwortlich, da er die Gewähr für die Rest-

---

838 OLG Celle 5. 1. 1994, NJW-RR 1994, 743.
839 OLG Celle 19. 5. 1999, OLGR 1999, 299.
840 OLG Celle 5. 1. 1994, NJW-RR 1994, 743.
841 OLG Celle 5. 1. 1994, NJW-RR 1994, 743; BGH 11. 1. 1995, ZIP 1995, 286, 287; vgl. auch *Graf von Westphalen*, Leasingvertrag, Rn 1268.
842 OLG Frankfurt 24. 2. 2000 ADAJUR -Archiv Dok.-Nr. 41813 – Leitsatz in DAR, Heft 4/2001, IV.
843 KG 10. 2. 1997 OLGR 1997, 181; OLG Celle 22. 5. 1996, OLGR 1996,181; 17. 12. 1997, NJW-RR 1998,706,707 – dazu *Reinking* EWiR 21/1998, S. 45.
844 OLG Celle 19. 5.1999, OLGR 1999, 299.
845 OLG Stuttgart Urt. v. 6. 2. 1996 – 6 U 112/95 – n. v.

werterwartung des Leasinggebers nur insoweit übernimmt, als diese durch solche Faktoren bestimmt wird, die das Fahrzeug unmittelbar betreffen. Deshalb ist es dem Leasinggeber verwehrt, der Abrechnung den mit dem Verkäufer vereinbarten Kaufpreis an Stelle des tatsächlichen Fahrzeugwertes zu Grunde zu legen.[846]

X. Verjährung

1. Sach- und Rechtsmängelansprüche

905 Die Verjährung der Ansprüche wegen Sachmängeln aus abgetretenem Recht verjähren gem. § 438 Abs. 1 Nr. 3 BGB in zwei Jahren (ausführlich Rn 358 ff.). Die 30-jährige Verjährungsfrist für Rechtsmängel (§ 438 Abs. 1 Nr. 1 BGB) ist für das Kraftfahrzeugleasing nicht relevant. In den Verkaufbedingungen für Neufahrzeuge ist eine Verkürzung der zweijährigen Verjährungsfrist nicht vorgesehen. Außerhalb des Verbrauchsgüterkaufs wäre eine Herabsetzung der Verjährungsfrist der Sachmängelhaftung für Neufahrzeuge in AGB auf ein Jahr zulässig (§ 309 Nr. 8 b ff BGB).

Für Gebrauchtfahrzeuge darf die Verjährungsfrist sowohl individualvertraglich als auch durch AGB in den Grenzen von § 307 BGB beliebig herabgesetzt werden. Falls die abgetretenen Ansprüche den Vorschriften des Verbrauchsgüterkaufs unterliegen, wovon i. d. R. nicht auszugehen ist, da der Leasinggeber das Fahrzeug als Unternehmer einkauft, darf die Mindestfrist von einem Jahr nicht unterschritten werden (§ 475 Abs. 2 BGB). Die NWVB sehen vor, dass die Ansprüche des Käufers wegen Sachmängeln in einem Jahr ab Ablieferung verjähren, ohne zu differenzieren, ob der Käufer das Fahrzeug als Unternehmer oder als Verbraucher erworben hat. Für gebrauchte Leasingfahrzeuge, die der Leasinggeber über den Kraftfahrzeughandel bezieht, beträgt die Verjährungsfrist somit regelmäßig ein Jahr.

2. Leasingentgelt

906 Ansprüche des Leasinggebers auf **Leasingentgelt** und **Zinsen** verjähren gem. § 195 BGB in drei Jahren, beginnend in dem Schluss des Jahres, in dem die Ansprüche entstanden sind (§ 199 Abs. 1 BGB). Die Verjährung dieser Ansprüche ist jedoch – wegen der von § 367 Abs. 1 BGB abweichenden Anrechnung in § 497 Abs. 3 S. 1 BGB – vom Eintritt des Verzuges an bis zur Titulierung gem. § 197 Abs. 1 Nr. 3–5 BGB gehemmt, längstens auf die Dauer von 10 Jahren seit ihrer Entstehung (§§ 500, 497 Abs. 3 S. 3 BGB).

Bei titulierten Ansprüchen ist zu unterscheiden zwischen bereits fälligen und künftig fällig werdenden Ansprüchen. Für erstere gilt die 30-jährige Frist. Sind zukünftig fällig werdende wiederkehrende Ansprüche tituliert, beträgt die Verjährungsfrist gem. § 197 Abs. 2 BGB drei Jahre. Der Aspekt, dass die dreijährige Frist unter der Voraussetzung des Verzugs von der Verjährungshemmung des § 497 Abs. 3 S. 3 BGB überlagert wird,[847] ist für das Kraftfahrzeugleasing wegen der relativ kurzen Vertragszeiten ohne Bedeutung. Hiervon abgesehen hat der Leasinggeber die Möglichkeit, die dreijährige Verjährungsfrist durch Vollstreckungshandlungen gem. § 212 Abs. 1 Nr. 2 BGB zu unterbrechen mit der Folge, dass die Frist neu zu laufen beginnt.

3. Ausgleichsanspruch/Kündigungsschaden

907 Da der Ausgleichsanspruch beim Vertrag mit Restwertabrechnung als Erfüllungsanspruch und nicht als Ersatzanspruch i. S. d. § 548 BGB zu bewerten ist, unterliegt er sowohl

---

846 KG 10. 2. 1997, OLGR 1997,181, 182; OLG Celle 17. 12. 1997, OLGR 1998, 47, 48.
847 *Palandt/Heinrichs*, BGB Erg.-Bd., § 197 Rn 14.

im Fall der **planmäßigen**[848] als auch im Fall der **vorzeitigen Vertragsbeendigung**[849] der dreijährigen Regelverjährung von § 195 BGB.[850] Dies gilt auch dann, wenn der Ausgleichsbetrag darauf beruht, dass der Leasingnehmer das Fahrzeug in einem vertragswidrig schlechten Zustand zurückgegeben hat.

Obwohl beim Leasingvertrag mit Kilometerabrechnung der Leasinggeber das Restwertrisiko trägt, soweit es die richtige interne Vertragskalkulation und die Marktgängigkeit des Fahrzeugs betrifft, versteht der BGH[851] den Minderwertausgleich, den der Leasingnehmer für Mängel, Schäden und Veränderungen des Leasingfahrzeugs zu leisten hat, nicht als Ersatzanspruch i. S. v. § 548 Abs. 1 BGB, sondern als Teil der leasingtypischen Amortisation und unterwirft ihn der für den Erfüllungsanspruch geltenden Verjährung, die seit dem 1. 1. 2002 drei Jahre beträgt. Seines Erachtens ist die Haftung des Leasingnehmers für den ordnungsgemäßen Zustand der Sache ein Hinweis darauf, dass auch der Kraftfahrzeugleasingvertrag mit Kilometerabrechnung „typischerweise" auf Vollamortisation angelegt ist, was sich auch daran zeigt, dass der Anspruch ein Verschulden nicht erfordert.

Bei planmäßiger Beendigung des Leasingvertrages wird der Anspruch des Leasinggebers auf Restwertausgleich nach Ansicht des OLG Hamm[852] erst mit der **Verwertung** des Fahrzeugs fällig, da frühestens ab diesem Zeitpunkt feststeht, ob und in welcher Höhe ein vom Leasingnehmer auszugleichender Minderwert verbleibt. Im Fall der vorzeitigen Vertragsbeendigung entsteht der Schadensersatzanspruch mit der **Kündigung** des Leasingvertrages[853] und nicht erst im Zeitpunkt der Rückgabe und Verwertung des Fahrzeugs.[854] Somit läuft die Verjährungsfrist ab dem Schluss des Jahres, in dem die Kündigung erklärt worden ist.

4. Ausgleich der Mehr- und Minderkilometer

Die vertraglich festgelegte **Vergütung für Mehr- und Minderkilometer** verjährt in der Regelfrist von drei Jahren. Beim Kilometerausgleich geht es um eine nachträgliche Korrektur des Nutzungsentgelts wegen Über- bzw. Unterschreitung der festgelegten Fahrleistung, die eine wesentliche Prämisse für die Bemessung des Leasingentgelts darstellt.[855] Die Vergütungsregelungen für Mehr- und Minderkilometer gehören somit zu den Hauptpflichten im Rahmen der Abwicklung des Leasingvertrages nach seiner Beendigung.[856]

5. Herausgabeanspruch

Der schuldrechtliche Anspruch des Leasinggebers auf Rückgabe des Leasingfahrzeugs verjährt in der dreijährigen Regelfrist des § 195 BGB. Stützt der Leasinggeber den An-

---

848 BGH 10. 7. 1996, NJW 1996, 2860; a. A. z. B. OLG Koblenz 12. 4. 1990, WM 1991, 2001, 2005; OLG München 14. 9. 1993, NJW-RR 1994,738; OLG Hamburg 8. 12. 1995, OLGR 1996, 178; LG Hamburg 20. 9. 1995, WM 1996, 501; kritisch *Koos* DZWir 1998, 119; zu weiteren Einzelfragen *Engel* DB 1997, 763.
849 BGH 22. 1. 1986, NJW 1986, 1334, 1335; 13. 4. 1994, NJW-RR 1994, 889.
850 *Beckmann*, FLF 2002, 46, 47.
851 Urt. v. 1. 3. 2000, NJW-RR 2000, 1303; Anm. v. *Reinking* in LM H. 7/2000 § 553 N.154; LG Heidelberg 14. 10. 1998, FLF 1999, 32; *Groß*, DAR 1996, 438, 441; a. A. *Reinking*, Autoleasing, 3. Aufl., S. 207 ff.; *Graf von Westphalen*, Der Leasingvertrag, 5. Aufl., Rn 1116 ff; *Zahn/Bahmann*, Kfz.-Leasingvertrag, Rn 393.
852 Urt. v. 6. 10. 1995, NJW-RR 1996, 502.
853 BGH 3. 6. 1992, ZIP 1992, 930.
854 OLG Hamm 7. 1. 1997, NJW-RR 1997, 1144.
855 *Paul*, BB 1987, 1411, 1412.
856 LG Köln, Urt. v. 9. 2. 1984 – 24 O 186/83 – n. v.; *Godefroid/Salm*, BB, Beilage 6 zu Heft 18/1995, 21, 23.

spruch auf Rückgabe auf sein Eigentumsrecht an dem Leasingfahrzeug, beträgt die Verjährungsfrist 30 Jahre gem. § 197 Abs. 1 Nr. 1 BGB.

6. Aufwendungsersatz und Gestattung der Wegnahme

910   **Ansprüche** des Leasingnehmers auf Ersatz von Aufwendungen und/oder Gestattung der Wegnahme einer Einrichtung verjähren gem. § 548 BGB in 6 Monaten nach der Beendigung des Leasingvertrages.[857]

---

[857] OLG Frankfurt 5. 1. 1982, BB 1982,1385; *Meyer auf der Heyde,* BB 1987, 489 f.; *Börstinghaus,* ZAP Nr. 9, 2002, S. 515, 518.

Teil 2

An- und Verkauf gebrauchter Kraftfahrzeuge

A. Das gebrauchte Kraftfahrzeug

I. Der Gebrauchtfahrzeugbegriff

Automobile, pars pro toto, werden üblicherweise in Neuwagen und Gebrauchtwagen eingeteilt. Da es kaufrechtlich eine dritte Kategorie nicht gibt, ist unter einem Gebrauchtwagen jedes Kraftfahrzeug zu verstehen, das nicht unter den Neuwagenbegriff fällt (s. hierzu Rn 14 ff.). **Halbjahres- und Jahreswagen**[1] sind ebenso Gebrauchtwagen wie **Vorführ-, Dienst- und Direktionswagen**. Rechtlich können sogar so genannte **Tageszulassungen** als Gebrauchtfahrzeuge einzustufen sein. Dies hängt von der Fragestellung ab. Überhaupt empfiehlt es sich, das Begriffspaar Neuwagen/Gebrauchtwagen oder allgemeiner: neu und gebraucht, stets mit Blick auf das konkrete Sachproblem zu sehen. Welcher Maßstab gilt, hängt nicht allein von den Kategorien des deutschen Rechts ab. Die Abgrenzung hat auch eine europarechtliche Dimension, beispielsweise beim Verbrauchsgüterkauf.

Im Kaufrecht kann unter Gebrauchtwagen etwas anderes zu verstehen sein als im Versicherungsrecht.[2] Wiederum anders können die Dinge im Wettbewerbs- und Steuerrecht[3] liegen. **Bastler- und Schrottfahrzeuge** sowie sog. Unfallreste (Totalschäden) unter den kaufrechtlichen Gebrauchtwagenbegriff zu subsumieren ist nach der Verkehrsauffassung sicherlich richtig.[4] Als was ein Kraftfahrzeug verkauft worden ist, ob z. B. als „Jahreswagen", „Unfallwagen", als „Oldtimer" oder als „Youngtimer", kann für die Feststellung der Vertragswidrigkeit (§ 434 BGB) von ausschlaggebender Bedeutung sein. Grundsätzlich ist es den Vertragsparteien unbenommen, ein Fahrzeug als „gebraucht" zu verkaufen, das objektiv noch neu oder neuwertig ist. Das ist Ausdruck ihrer autonomen Definitionsmacht. Entscheidend ist das wirklich Gewollte, nicht die Bezeichnung des Objekts. Wenn ein neues Fahrzeug an einen Verbraucher als „gebraucht" verkauft wird, um die Verjährungsfrist von zwei auf ein Jahr abkürzen zu können, so ist das eine Umgehung des § 475 Abs. 2 BGB.

II. Marktüberblick
1. An- und Verkauf gebrauchter Pkw/Kombi

Gebrauchte Pkw/Kombi werden heute im Wesentlichen auf folgenden Teilmärkten vermarktet:

- Privatmarkt (privates Direktgeschäft)
- Neuwagenhandel mit Gebrauchtwagenabteilung (Fabrikatshändler)
- Reiner Gebrauchtwagenhandel (ohne Neuwagengeschäft)

---

1 Zum Begriff Jahreswagen vgl. OLG Köln 7. 3. 1989, NJW-RR 1989, 699.
2 Vgl. z. B. BGH 14. 11. 1979, VersR 1980, 159, 160 (zu § 13 AKB).
3 Vgl. §§ 1 b, 25 a UStG.
4 *Hörl*, DAR 1986, 99.

Die Entwicklung dieser drei Teilmärkte in den Jahren 1994 bis 2001 verdeutlicht folgende Grafik:

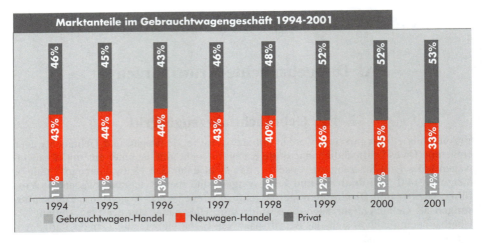

Auf den beiden Teilmärkten mit Beteiligung von Händlern bzw. Herstellern (Werksniederlassungen) sind vor allem fünf Bezugsquellen zu unterscheiden:
- Inzahlungnahme/Ankauf von Privat
- andere Händlerbetriebe
- Jahreswagen/Vorführwagen
- Mietwagen/Leasingrückläufer
- Versteigerungen.

2. An- und Verkauf gebrauchter Nutzfahrzeuge

913 Jährlich werden auf dem deutschen Markt über 300.000 Lkw und rund 17.000 Sattelzugmaschinen sowie gut 6.000 Omnibusse gebraucht gekauft. Dieser Handel ist ein Sondermarkt mit eigenen Regeln. Aus zivilrechtlicher Sicht stehen Fragen der Finanzierung, des Gutglaubenserwerbs und der Sachmängelhaftung im Vordergrund.

3. An- und Verkauf sonstiger Kraftfahrzeuge (Wohnmobile, Wohnwagen, Zweiräder u. a.)

914 Für den Verkauf von Wohnmobilen (Reisemobilen), Wohnanhängern gelten ebenso wie für den Handel mit Motorrädern prinzipiell die gleichen Regeln wie für den Pkw-Verkauf.

B. Das private Direktgeschäft

I. Der Vertragsschluss

Etwa jeder zweite gebrauchte Pkw/Kombi wird von Privat an Privat verkauft. Während der Kauf vom Kfz-Händler weitgehend formalisiert ist, zeichnet sich das private Direktgeschäft durch seine Vielfalt in der Vertragsgestaltung aus. Die Verträge werden in der Regel frei ausgehandelt. Mündliche Nebenabreden spielen beim Privatgeschäft eine große – häufig die entscheidende – Rolle.

1. Form des Vertrages

Auch Privatleute pflegen ihre Gebrauchtfahrzeuge auf Grund eines schriftlichen Vertrages zu verkaufen. Nur etwa 15% wechseln den Besitzer ohne schriftlichen Vertrag. Vorwiegend unter Verwandten, Freunden und guten Bekannten wird auf Schriftlichkeit verzichtet. Es gibt auch regionale Besonderheiten. Zum Zustandekommen eines Kaufvertrages durch Fax-Bestellung (nach Zeitungsinserat) mit Annahme nach § 151 BGB s. OLG Köln 9. 1. 2002, 17 U 75/01, n. v. (kein privates Direktgeschäft).

Im Allgemeinen ist es der Verkäufer, der besonderen Wert auf eine Fixierung des Vereinbarten legt. In seiner ungewohnten Rolle als Verkäufer greift er gerne auf Formulierungshilfen zurück, insbesondere auf Musterverträge der Automobilverbände. Der **ADAC** hat sein Vertragsformular wiederholt geändert, zuletzt aus Anlass der **Schuldrechtsreform**. Mitunter benutzen private Verkäufer auch im Handel erhältliche Formularvordrucke. Formularverträge finden ferner beim Verkauf auf privaten Automärkten Verwendung. Inhaltlich entsprechen sie häufig dem ADAC-Mustervertrag. Zur Frage, wer Verwender i. S. v. § 305 Abs. 1 BGB ist, s. Rn 1574.

2. Besichtigung und Probefahrt

Der Kauf eines gebrauchten Kraftfahrzeugs von Privat ist typischerweise ein Kauf nach Besichtigung und Probefahrt.

Nach Treu und Glauben mit Rücksicht auf die Verkehrssitte kann der Verkäufer eine uneingeschränkte Bindung des Kaufinteressenten in der Regel erst erwarten, wenn dieser den Wagen geprüft hat. Die Klausel „vorbehaltlich, dass eine Probefahrt keine technischen Mängel ergibt" stellt nach Ansicht des LG Berlin eine **aufschiebende Bedingung** dar.[1] Ob ein Kauf auf Probe i. S. v. § 495 BGB, ein Kauf zur Probe oder ein beiderseits fest abgeschlossener Kauf mit Rücktrittsvorbehalt vorliegt, ist Auslegungssache. Wenn der Verkäufer an der Probefahrt teilnimmt und diese im Zuge der Verhandlungen, etwa im unmittelbaren Anschluss an die Besichtigung, stattfindet, so ist vor Durchführung der Probefahrt noch kein Kaufvertrag zustande gekommen, auch kein aufschiebend bedingter.[2] Etwas anderes wird gelten, wenn der Käufer das Fahrzeug bereits besichtigt und Probe gefahren hat, er sich jedoch das Recht vorbehalten hat, es durch eine Werkstatt oder einen Sachverständigen, z. B. den ADAC, überprüfen zu lassen. Hier wird – wie im Fall LG Berlin MDR 1970, 923 – ein Kauf unter einer aufschiebenden Bedingung zu bejahen sein. Dafür, dass ein Kaufvertrag ohne Bedingung zustande gekommen ist, ist der **Verkäufer beweispflich-**

---
1 Urt. v. 27. 5. 1970, MDR 1970, 923.
2 OLG Hamm 16. 1. 1981, MDR 1981, 580, steht nicht entgegen, da der Käufer bereits einige Tage vor der Probefahrt das Bestellformular unterschrieben hatte.

tig, sofern er kaufvertragliche Rechte geltend macht.³ Zur Darlegungs- und Beweislast beim Kauf auf Probe vgl. OLG Frankfurt OLGR 1994, 253; KG OLGR 1996, 169.

3. Haftung bei Unfällen während der Probefahrt

917   Allein durch die Überlassung des zum Verkauf angebotenen Fahrzeugs zum Zwecke einer Probefahrt kommt auch bei Anbahnung eines privaten Direktgeschäfts in der Regel noch keine vertragliche Beziehung zustande. Die Annahme eines Leihvertrages oder eines „Probefahrtvertrages" entspricht nicht der Lebenswirklichkeit. Verursacht der Probefahrer einen Unfall, so sind als **Anspruchsgrundlagen** nur die §§ 280 I, 311 II, 241 II BGB (früher c. i. c.) und § 823 BGB in Betracht zu ziehen.

Sofern dem Kaufinteressenten oder seinem Begleiter (Erfüllungsgehilfe, so LG Braunschweig NZV 1995, 491) ein unfallsächliches Verschulden zur Last fällt, wird er sich u. a. mit dem Einwand verteidigen, die Haftung für leichte (einfache) Fahrlässigkeit sei **stillschweigend ausgeschlossen** worden. Ein ausdrücklicher Haftungsverzicht kommt praktisch nie vor. Für grobe Fahrlässigkeit oder gar Vorsatz haftet auch der von Privat kaufende Probefahrer selbstverständlich ohne jegliche Einschränkung. Zweifelhaft kann seine Verantwortlichkeit nur für **leicht fahrlässig** herbeigeführte Schäden sein.

Im Ergebnis ist man sich darin einig, den Kaufinteressenten, der einen privat angebotenen Kraftwagen Probe fährt, einem größeren Haftungsrisiko auszusetzen als den Kunden eines Kfz-Händlers (zur Problematik beim Kauf vom Händler vgl. Rn 937). Er soll grundsätzlich auch für **einfache Fahrlässigkeit** einzustehen haben.[4] Begründet wird dies mit dem Unterschied in der Interessen- und Risikolage, insbesondere damit, dass es dem privaten Anbieter – anders als einem Kfz-Händler – nicht zumutbar sei, „lediglich mit Rücksicht auf den beabsichtigten Verkauf des Wagens eine Fahrzeugvollversicherung abzuschließen".[5] Dementsprechend könne der Probefahrer „grundsätzlich nicht davon ausgehen, dass eine Fahrzeugvollversicherung bestehe".[6] Diese obiter dicta hat der **BGH** in der Entscheidung vom 8. 1. 1986[7] wiederholt. Eine abschließende Stellungnahme zur Haftung des privaten Kaufinteressenten für einen leicht fahrlässig verursachten Unfallschaden bei einer Probefahrt mit einem direkt von Privat angebotenen Kfz steht noch aus. Sein Urteil vom 18. 12. 1979[8] ist nicht einschlägig. Der bei der Probefahrt ums Leben gekommene Verkäufer war ein freiberuflich tätiger Kraftfahrzeugmeister. Ihm sei der Abschluss einer Versicherung gegen Personenschäden durchaus zuzumuten gewesen, so der BGH, ebenso wie der Abschluss einer Kaskoversicherung für mögliche Schäden am Fahrzeug. Damit gehört dieser Fall zur Gruppe „Probefahrt beim Kauf vom gewerblichen Kfz-Händler" (vgl. dazu Rn 937).

Missglückte Fahrten bei Anbahnung eines privaten Direktgeschäfts sind Gegenstand der Entscheidungen des OLG Schleswig vom 3. 6. 1981[9] und des OLG Zweibrücken vom 27. 4. 1990.[10] Beide Gerichte verneinen zu Recht unter Hinweis auf die besondere Interessen- und Risikolage eine stillschweigend vereinbarte Haftungsfreistellung des Probefahrers. Im Fall des OLG Schleswig war der Pkw bereits knapp fünf Jahre zum Straßenverkehr zugelassen,

---

3 BGH 10. 6. 2002, NJW 2002, 2862.
4 OLG Köln 20. 11. 1995, NJW 1996, 1288; OLG Schleswig 3. 6. 1981, VersR 1982, 585; OLG Zweibrücken 27. 4. 1990, NZV 1990, 466; *Jox*, NZV 1990, 53, 55; vgl. auch *Fuchs*, AcP 191 (1991), 331, 342; *M. J. Schmidt*, JR 1980, 138; *Ströfer*, NJW 1979, 2553.
5 BGH 10. 1. 1979, NJW 1979, 643, 644.
6 BGH 10. 1. 1979, NJW 1979, 643.
7 NJW 1986, 1099.
8 NJW 1980, 1681.
9 VersR 1982, 585.
10 NZV 1990, 466.

Der Vertragsschluss 917

sodass der beklagte Probefahrer nicht mehr von der Existenz einer Fahrzeugvollversicherung ausgehen konnte. Aber auch bei einem weniger alten Pkw kann sich der Kaufinteressent nicht ohne weiteres darauf verlassen, dass Vollkaskoschutz besteht. Eine Ausnahme wird man bei Jahreswagen machen müssen. Sie werden üblicherweise von den Werksangehörigen vollkaskoversichert.

Das OLG Zweibrücken[11] hat einen Gebrauchtwageninteressenten für schadensersatzpflichtig gehalten, der sich mit dem Einwand verteidigt hat, in Kenntnis der Einschränkung des Vollkasko-Versicherungsschutzes (ausgenommen war eine wertvolle, beim Unfall beschädigte Sonderausstattung) von der Probefahrt abgesehen zu haben. Der private Anbieter sei nicht verpflichtet gewesen, den Beklagten über den Umfang der bestehenden Kaskoversicherung „detailliert" aufzuklären, dies selbst dann nicht, wenn man von einem Leihverhältnis ausgehe. Im Übrigen, so das OLG Zweibrücken in einer Hilfserwägung, habe nicht festgestellt werden können, dass der Beklagte im Falle einer Risikoaufklärung auf die Probefahrt mit dem weniger als zwölf Monate alten Fahrzeug verzichtet hätte oder vorsichtiger gefahren wäre.

Atypisch ist der Sachverhalt, über den das OLG Köln durch Urteil vom 20. 11. 1995[12] entschieden hat. Der Pkw war bei einem Autohaus zum Privatverkauf ausgestellt. Dem Urteil sind wichtige Grundsätze zur **Darlegungs- und Beweislast** zu entnehmen.

Wenn auch die **typische Interessenlage** beim privaten Direktgeschäft regelmäßig gegen die Annahme einer stillschweigend vereinbarten Haftungsfreistellung spricht, diese Konstruktion erscheint dogmatisch ohnehin fragwürdig,[13] so kann sich jedoch **ausnahmsweise** aus den konkreten Umständen des Einzelfalls eine solche Haftungsbeschränkungsabrede ergeben. Eine langjährige Freundschaft genügt nach Ansicht des OLG Schleswig[14] nicht, auch nicht in Verbindung mit der Tatsache, dass dem Kfz-Eigentümer bei Antritt der Probefahrt alle unfallerhöhenden Risiken (Glatteis, mangelndes Vertrautsein mit dem Fahrzeugtyp) bekannt waren. Im Hinblick auf einen stillschweigend (besser: konkludent) vereinbarten Haftungsverzicht kann es aber nach der Rechtsprechung von Bedeutung sein, dass der private Kfz-Eigentümer den Interessenten zu einer Probefahrt überredet hat oder sie ihm gar, wie im Fall BGH NJW 1979, 643, trotz seines Sträubens und offenkundiger Unsicherheit aufgedrängt hat. Die Annahme einer vertraglichen Haftungsbeschränkung im Vorfeld des eigentlichen Vertrages wird freilich immer dem Einwand ausgesetzt sein, den Rechtsbindungswillen der Beteiligten letztlich zu fingieren. Eine **Sondersituation** liegt auch dann vor, wenn der Kaufinteressent keine eigentliche Probefahrt macht, sondern das Fahrzeug im Auftrag oder lediglich mit Zustimmung des Verkäufers zu einer TÜV- oder ADAC-Prüfstelle fährt, um es dort untersuchen zu lassen. Denkbar ist auch eine Überführungsfahrt zu einer Werkstatt.[15]

Bei nicht nachweisbarer Haftungsfreistellung bleibt dem Probe fahrenden Unfallverursacher nur der **Einwand des Mitverschuldens** nach § 254 I BGB. Hier kommt es ganz auf die Umstände des konkreten Falles an. Zu Lasten des Anbieters geht es in der Regel, wenn er sich nicht über die Personalien des „Probefahrers" vergewissert und insbesondere von einer Vorlage des Führerscheins absieht, bevor er sein Fahrzeug aus den Händen gibt.[16] Ein Beispiel für eine angemessene Abwägung der beiderseitigen Verursachungsanteile ist das Ur-

---

11 NZV 1990, 466.
12 NJW 1996, 1288 = VersR 1996, 1420.
13 Vgl. *Ströfer*, NJW 1979, 2553; *M. J. Schmidt*, JR 1980, 138.
14 VersR 1982, 585.
15 Vgl. OLG Frankfurt 18. 11. 1997, NJW 1998, 1232, nur bedingt einschlägig.
16 Zur Frage der groben Fahrlässigkeit i. S. v. § 61 VVG s. OLG Frankfurt 26. 11. 1997, OLGR 1998, 125; OLG Düsseldorf 23. 2. 1999, OLGR 1999, 450; OLG Frankfurt 8. 6. 2001, NJW-RR 2002, 30; s. auch BGH 26. 11. 1996, NJW 1997, 660.

teil des OLG Schleswig vom 3. 6. 1981.[17] Hinzuweisen ist ferner auf die Bewertungen von Verschulden und Mitverschulden in der unter Rn 86. mitgeteilten Judikatur.

Verjährung des Schadensersatzanspruchs tritt analog § 606 BGB in sechs Monaten ab Rückgabe des Wagens ein, gleichviel, ob der Anspruch auf c. i. c. oder § 823 BGB gestützt ist.[18]

II. Das Pflichtenprogramm
1. Verpflichtungen des Verkäufers
a) Übergabe

918 Der Verkäufer ist verpflichtet, dem Käufer das Fahrzeug zu übergeben (abzuliefern) und ihn damit zum **unmittelbaren Besitzer** zu machen (§ 433 I,1 BGB). Die Vertragsparteien können auch vereinbaren, dass der Käufer zusammen mit einer am Kaufvertrag nicht beteiligten Person, z. B. Ehefrau oder Freundin, **Mitbesitz** (§ 866 BGB) erwirbt. Im Zweifel will der Verkäufer den Besitz nur auf seinen Vertragspartner übertragen.

Die **Aushändigung des Fahrzeugbriefes** steht der Übergabe des Fahrzeugs nicht gleich. Der Brief ist kein Traditionspapier.[19] Die Besitzverschaffungspflicht des Verkäufers ist erst mit dem Erwerb der tatsächlichen Herrschaft des Käufers über das Fahrzeug erfüllt. Wesentliches Indiz für den Besitzerwerb ist die „Schlüsselgewalt". Wer die Fahrzeugschlüssel in den Händen hat, ist regelmäßig Alleinbesitzer.[20] Das OLG Köln hat Mitbesitz sogar in einem Fall bejaht, in dem die führerscheinlose Freundin des Käufers nur den Zweitschlüssel besaß.[21] Seiner Besitzverschaffungspflicht genügt der Verkäufer auch dadurch, dass er den Wagen im Einverständnis mit dem Käufer vorläufig behält und dem Käufer **mittelbarer Besitz** eingeräumt wird.

Liefert der Verkäufer das Fahrzeug nicht oder nicht rechtzeitig ab, so kann der Käufer auf Herausgabe klagen. Außer Vertragserfüllung kann er **Ersatz seines Verzögerungsschadens** verlangen, § 280 II i. V. m. § 286 BGB. Dazu rechnen höhere Kfz-Steuer und höhere Versicherungsprämien für den bisherigen Altwagen. Hat sich der Käufer auf Grund der Vorenthaltung des Fahrzeugs einen Ersatzwagen gemietet, sind auch die Mietwagenkosten zu ersetzen (abzüglich Eigenersparnis). Die Rechtsprechung zum Unfallhaftpflichtrecht ist auch insoweit analogiefähig, als es um den in der Praxis wichtigeren Fall der „abstrakten" Nutzungsausfallentschädigung geht.

Bei verspäteter Herausgabe des Fahrzeugbriefs hat der BGH eine Entschädigung wegen vorenthaltener Gebrauchsmöglichkeit ausdrücklich anerkannt.[22] Zugleich hat er zu verstehen gegeben, dass er den Fall verspäteter Übergabe des Fahrzeugs ebenso beurteilen werde. Dies wäre nur folgerichtig, wobei es nicht darauf ankommen kann, ob der Käufer den Kaufpreis schon ganz oder teilweise bezahlt hat.[23] Bei der Bemessung der Nutzungsausfallentschädigung orientiert sich die Rechtsprechung auch in den Vertragsfällen an der Tabelle

---

17 VersR 1982, 585.
18 Vgl. BGH 21. 5. 1968, NJW 1968, 1472 – Probefahrt mit Kraftwagen vom Händler; vgl. auch BGH 18. 2. 1964, NJW 1964, 1225; BGH 24. 6. 1992, NJW 1992, 2413.
19 BGH 8. 5. 1978, NJW 1978, 1854; vgl. auch *Schlechtriem*, NJW 1970, 1993, 2088.
20 Zustimmend SchlHOLG 28. 2. 1997, OLGR 1997, 152.
21 Urt. v. 10. 7. 1986, 18 U 48/86, n. v.; s. auch OLG Köln 21. 6. 1996, NJW-RR 1997, 1420 – Eheleute in Gütertrennung.
22 Urt. v. 15. 6. 1983, NJW 1983, 2139.
23 Anders OLG Hamm 22. 6. 1995, OLGR 1996, 15 zu § 326 BGB a. F.; vgl. auch BGH 20. 10. 1987, NJW 1988, 484 (Verweigerung der Herausgabe eines reparierten Pkw).

Sanden/Danner/Küppersbusch (DAR 2002, 3 ff.). Für ältere Fahrzeuge gilt eine Sonderregelung.[24]

Entzieht der Verkäufer dem Käufer den Besitz durch Wegnahme des Fahrzeugs oder durch Abmontieren der Nummernschilder, so hat er gleichfalls eine Nutzungsentschädigung zu zahlen. Diese kann den Wert des verkauften Fahrzeugs übersteigen.[25]

Wahlweise kann der nichtbelieferte Käufer auch **vom Vertrag zurücktreten** oder **Schadensersatz statt der Leistung** verlangen (§§ 323, 280 I, III, 281 I BGB). Voraussetzung dafür ist grundsätzlich eine erfolglose Fristsetzung. Bei einem günstigen Kaufpreis („Schnäppchen") besteht der Nichterfüllungsschaden in der Differenz zum höheren Marktpreis.[26] Zu weiteren Einzelheiten der Schadensberechnung bei Lieferverzug bzw. – unmöglichkeit s. Rn 936.

Die Rechte des Käufers bei Diebstahl oder Zerstörung bzw. Beschädigung des Fahrzeugs zwischen Vertragsabschluss und Übergabe, also vor Gefahrübergang, richten sich jetzt nach den in § 275 IV BGB genannten Vorschriften.[27] Zur Anspruchskonkurrenz, zur Schadensberechnung und zum Anspruch nach § 281 BGB auf das Surrogat (jetzt § 285 BGB) vgl. auch BGH NJW 1991, 1675; NJW 1995, 1737 (jeweils Grundstückskauf).

b) Übereignung

Die Eigentumsübertragung bestimmt sich nach §§ 929 ff. BGB. Zum Eigentumserwerb bei Eheleuten (Gütertrennung) vgl. OLG Köln NJW-RR 1997, 1420. Auch bei gutgläubigem Erwerb erfüllt der Verkäufer seine Eigentumsverschaffungspflicht. Zum Erwerb des Eigentums vom Nichtberechtigten und zu den Rechtsfolgen bei fehlgeschlagener Übereignung s. Rn 1790 ff.; zum stillschweigenden Eigentumsvorbehalt s. OLG Düsseldorf OLGR 1997, 4.

c) Aushändigung der Kfz-Papiere

Zur Vertragserfüllung gehört auch die Aushändigung von **Fahrzeugbrief** und **Fahrzeugschein.** Ferner hat der Käufer einen Anspruch auf Überlassung sonstiger Fahrzeugdokumente wie Betriebsanleitung, Service-Heft (Kundendienstscheckheft), Garantiebelege, Betriebserlaubnis für bestimmte Fahrzeugteile (§ 22 StVZO), Anhängerschein, letzter Bericht über die regelmäßige Fahrzeughauptuntersuchung im Sinne von § 29 StVZO („TÜV-Bericht"), AU-Schein und eine etwaige Bescheinigung über Fahrzeugstilllegungen.

Für einen Teil dieser Dokumente ergab sich die Herausgabepflicht des Verkäufers aus § 444 BGB a. F. Dies galt insbesondere für den Fahrzeugbrief. Bei ihm handelt es sich um eine „zum Beweis des Rechts dienende Urkunde" im Sinne dieser Vorschrift. Bei Urkunden, die nicht zum Beweis des Eigentums dienen, ist es eine Frage des Einzelfalls, ob der Verkäufer sie mit dem Fahrzeug auszuhändigen hat. Maßgeblich sind Treu und Glauben und die Verkehrssitte. Nach der ersatzlosen Streichung des § 444 BGB ist der Kaufvertrag die unmittelbare Grundlage des Herausgabeanspruchs.

Seinem Wortlaut nach war § 444 BGB a. F. nicht anwendbar, sofern der Verkäufer den Fahrzeugbrief nicht in seinem Besitz hatte. Es bestand und besteht keine Notwendigkeit, dem Käufer ein unbedingtes Herausgaberecht gegen den Verkäufer zu geben.[28] Da der Käufer mit dem Erwerb des Eigentums am Fahrzeug auch **Eigentümer des Fahrzeugbriefes**

---

[24] BGH 20. 10. 1987, NJW 1988, 484; vgl. auch *Danner/Küppersbusch,* NZV 1989, 11.
[25] OLG Hamm 8. 9. 1988, NJW-RR 1989, 55 = DB 1988, 2456.
[26] OLG Hamm 10. 3. 1995, VersR 1996, 1119.
[27] Einzelfälle und Lösungen nach altem und neuem Recht bei *Dauner-Lieb,* Das neue Schuldrecht, S. 30 ff (Fälle 5,6,8).
[28] OLG Hamm 30. 9. 1999, OLGR 2000, 211 – Immobilienkauf.

wird (§ 952 BGB analog), hat er gegen den Dritten einen Herausgabeanspruch aus § 985 BGB. Den Verkäufer trifft die Nebenpflicht, den Käufer bei der Verwirklichung dieses Anspruchs zu unterstützen. Im Fall des mittelbaren Besitzes hat er seinen eigenen Herausgabeanspruch an den Käufer abzutreten. Bei Fahrzeugen, für die kein Brief, sondern nur eine **Betriebserlaubnis** ausgestellt ist, z. B. Bagger und ähnliche Arbeitsmaschinen, gilt § 952 BGB gleichfalls zu Gunsten des Fahrzeugeigentümers.[29]

921 Die Pflicht zur Übergabe des **Fahrzeugbriefes** ist – wie der BGH bereits Anfang der fünfziger Jahre festgestellt hat[30] – eine **Hauptpflicht** des Verkäufers. Der Käufer kann für die Verschaffung des Fahrzeugbriefes eine Nachfrist setzen und nach Ablauf vom Vertrag zurücktreten oder Schadensersatz statt der Leistung verlangen.[31] Zum ersatzfähigen **Verzugsschaden** gehört auch die vorenthaltene Nutzungsmöglichkeit.[32] Für die Anwendung der Sachmängelvorschriften ist entgegen OLG Stuttgart[33] auch dann kein Raum, wenn ein Dritter die Herausgabe des Fahrzeugbriefes verweigert. Zum Schadensersatzanspruch des Käufers, wenn ihm das – für die Abwicklung von Garantieansprüchen – wichtige **Serviceheft** (Kundendienstscheckheft) nicht ausgehändigt werden kann, siehe AG Oberhausen DAR 2000, 124.[34]

Zu den Rechten des Käufers bei **fehlender Übereinstimmung** zwischen den Eintragungen im Fahrzeugbrief und der tatsächlichen Beschaffenheit des verkauften Fahrzeuges siehe Rn 1298 ff.

Ebenso wie für den Kaufvertrag ist die Übergabe des Briefes auch für das **dingliche Geschäft** ohne Bedeutung. Sie ersetzt insbesondere nicht den Erwerb des unmittelbaren Besitzes an dem Fahrzeug.[35]

Mitunter erhält der Käufer den Fahrzeugbrief schon, bevor er den Kaufpreis vollständig bezahlt hat, z. B. zum Zwecke der Ummeldung des Fahrzeugs. An sich ist der Verkäufer bei einem Verkauf unter Eigentumsvorbehalt berechtigt, den Brief bis zur endgültigen Bezahlung des Kaufpreises zurückzubehalten. Er ist lediglich verpflichtet, durch Vorlage des Briefes beim Straßenverkehrsamt die Zulassung des Fahrzeugs auf den Käufer zu ermöglichen (§ 23 StVZO). Gibt er ihn unvorsichtigerweise früher aus der Hand, so kann darin ein Verzicht auf sein Vorbehaltseigentum zu sehen sein. In der Überlassung des Briefes nur zum Zwecke der Zulassung liegt ein solcher Verzicht noch nicht.[36] Ebensowenig ist dieser Vorgang als Ermächtigung des Verkäufers zu sehen, dass der Käufer nunmehr über das vorbehaltene Eigentum frei verfügen könne.[37]

d) Die Pflicht des Verkäufers zur mangelfreien Lieferung

922 Der Verkäufer hat dem Käufer das Fahrzeug **frei von Sach- und Rechtsmängeln** zu verschaffen (§ 433 I,2 BGB). Die Lieferung einer mangelfreien Sache ist nach neuem Kaufrecht eine Leistungspflicht des Verkäufers. Zu den Rechten des Käufers bei Verletzung dieser Pflicht – Pflichtverletzung iSv § 280 I BGB – s. Rn 1366 ff. und Rn 1789.

---

29 KG 2. 2. 1996, MDR 1996, 795.
30 Urt. v. 25. 6. 1953, NJW 1953, 1347; vgl. auch BGH 15. 6. 1983, NJW 1983, 2139.
31 OLG Oldenburg 16. 12. 1998, NJW-RR 2000, 507 – kein Privatgeschäft.
32 BGH 15. 6. 1983, NJW 1983, 2139; BGH 20. 10.1987, NJW 1988, 484 (Reparaturfall).
33 Urt. v. 10. 4. 1970, DAR 1971, 13.
34 Verkauf eines reimportierten Neuwagens.
35 BGH 8. 5. 1978, NJW 1978, 1854.
36 Anders in dem Sonderfall BGH 20. 5. 1958, NJW 1958, 1231.
37 OLG Hamburg 20. 2. 1986, NJW-RR 1987, 1266; vgl. auch *Schmidt,* DAR 1963, 321.

e) Nebenverpflichtungen

Zum Schutz des Käufers hat die Rechtsprechung eine Vielzahl von Nebenverpflichtungen des Verkäufers entwickelt. Für den Gebrauchtfahrzeugkauf von besonderer Bedeutung, allerdings weniger für das private Direktgeschäft, sind leistungsbezogene Aufklärungs-, Beratungs-, Hinweis- und Untersuchungspflichten. Das Pflichtenprogramm eines privaten Verkäufers weicht in zahlreichen Punkten von demjenigen eines gewerblichen Verkäufers ab. Auf die Gemeinsamkeiten und Unterschiede wird bei den jeweiligen Sachfragen näher eingegangen.

2. Verpflichtungen des Käufers

a) Kaufpreiszahlung

Wann und wie der Kaufpreis zu zahlen ist, richtet sich in erster Linie nach der konkreten Vereinbarung der Vertragspartner, hilfsweise nach den gesetzlichen Bestimmungen (§§ 270, 271, 320 BGB). Behauptet der Käufer eine **Stundungsabrede,** trifft ihn die Beweislast.[38] Zur Abrede, der Vertrag werde erst mit Scheckeinzug „rechtskräftig", s. OLG Düsseldorf 1. 3. 1985, NJW 1985, 2484.[39] Zur Klausel „Anzahlung... DM, Rest bei Abholung" s. OLG Köln 14. 6. 1995, NZV 1996, 66 = VRS 90, 10.

Die **Inzahlunggabe** von Gebrauchtwagen („Gebraucht gegen Gebraucht") spielt beim privaten Direktgeschäft keine große Rolle. Gibt der Käufer ausnahmsweise seinen Altwagen „in Zahlung", hängt es von der Auslegung der Vertragserklärungen unter Berücksichtigung der beiderseitigen Interessenlage ab, ob man einen Tauschvertrag mit Zuzahlabrede, zwei selbstständige Kaufverträge mit Verrechnungsvereinbarung oder einen einheitlichen Kaufvertrag mit Ersetzungsbefugnis[40] annimmt. Denkbar ist auch, in der Inzahlungnahme des Altwagens die Geschäftsgrundlage für den Kaufvertrag zu sehen mit der Folge einer Nachverhandlungspflicht. Schließlich ist die gleichfalls käufergünstige Lösung in Betracht zu ziehen, die Wirksamkeit des Kaufvertrages an die Bedingung zu knüpfen, dass der Altwagen vom Verkäufer übernommen und von ihm auch akzeptiert wird. In jedem Einzelfall ist dem Ausnahmecharakter privater Inzahlungnahme Rechnung zu tragen. Bei der Auslegung ist vor allem zu berücksichtigen, dass sich zwei gleich starke Vertragsparteien gegenüberstehen. Wesentliche Indizien bei der Ermittlung des Parteiwillens sind das Verhältnis von Wert und Gegenwert und die Höhe des Barzahlungsbetrages. Die Einordnung als Kauf oder Tausch hängt im Übrigen entscheidend davon ab, ob derjenige Vertragsteil, der einen bestimmten Betrag bar zu zahlen hat, nur das Recht oder auch die Pflicht zur Hingabe seines Altwagens hat. Eine Sachleistungspflicht des Barzahlers wird im Zweifel nicht gewollt sein. Vom früheren **VerbrKrG** wurden Kredite unter Privatleuten nicht erfasst. Daran hat sich durch die Integration dieser Regelungen in das BGB (§§ 491 ff.) nichts geändert.

b) Abnahme des Fahrzeugs

Nach § 433 II BGB ist der Käufer verpflichtet, das Kaufobjekt abzunehmen. Da diese Pflicht keine Gegenleistung für die verkaufte Sache ist, wird sie **grundsätzlich** als bloße **Nebenpflicht** eingestuft. Sie kann ausnahmsweise aber auch **Hauptleistungspflicht** sein. Das hängt vom Inhalt des Vertrages und von der Interessenlage ab. Beim Kauf eines Fahrzeugs aus privater Hand sprechen gute Gründe dafür, die Abnahmepflicht ausnahmsweise nicht als Nebenpflicht anzusehen. Dem Privatverkäufer ist erkennbar daran gelegen, seinen Wagen so schnell wie möglich abzugeben. Er will von seinen vielfältigen Pflichten als Kfz-

---

38 KG 25. 2. 1995, OLGR 1996, 265.
39 Vgl. auch OLG Düsseldorf 24. 4. 1996, OLGR 1997, 4.
40 Dazu Rn 472 ff.

Halter frei gestellt sein. Während er das Ende der Steuerpflicht und der Haftpflicht selbst herbeiführen kann, hängt das Erlöschen der Haltereigenschaft von der Mitwirkung des Käufers ab. Erst wenn der Verkäufer die tatsächliche Verfügungsgewalt über das Fahrzeug verloren hat,[41] ist er nicht mehr Halter. Angesichts der besonderen Verantwortlichkeit des Kfz-Halters (§ 7 I StVG) hat der Verkäufer ein besonderes Interesse an einem raschen Besitzwechsel. Andere Gründe, z. B. Platzmangel wegen Erwerbs eines anderen Wagens, können dieses Interesse verstärken.

Da bei Nichtabholen in der Regel auch Zahlungsverzug vorliegt,[42] kam es schon nach altem Recht auf die genaue dogmatische Einordnung der Abnahmepflicht meist nicht an. Nunmehr wird in § 323 I BGB nicht mehr vorausgesetzt, dass die verletzte Pflicht eine Hauptpflicht ist, m. a. W.: Auch die Verletzung einer (leistungsbezogenen) Nebenpflicht ermöglicht den **Rücktritt**. Mit der Ausübung des Rücktrittsrechts ist der Anspruch auf **Schadensersatz statt der Leistung** (§§ 280 I, III, 281 BGB) nicht ausgeschlossen (§ 325 BGB).

Im Rahmen seiner Schadensminderungspflicht ist der Verkäufer gehalten, sich alsbald um den Weiterverkauf des Fahrzeugs zu bemühen, insbesondere bei „Saisonfahrzeugen" wie Cabriolets.[43] Zur Anwendbarkeit des § 254 II BGB im Rahmen des § 326 BGB a. F. s. auch BGH NJW 1997, 1231. Die Weiterbenutzung des Fahrzeugs durch den Verkäufer wirkt sich schadensmindernd aus.[44]

Abzunehmen und zu bezahlen hat der Käufer das Fahrzeug nur, wenn es sich in vertragsgemäßem Zustand befindet (zur Beweislast s. Rn 1329 ff.). Bei Rechts- oder Sachmängeln besteht grundsätzlich keine Abnahmeverpflichtung, sondern ein Zurückweisungsrecht (vgl. Rn 1762 ff.). Zum Einfluss vertraglicher und gesetzlicher Haftungsausschlüsse s. Rn 1539 ff.

Ort und **Zeit** der Abnahme bestimmen sich nach den vertraglichen Vereinbarungen. Beim Kfz-Kauf unter Privatleuten ist es im Allgemeinen Sache des Käufers, das Fahrzeug beim Verkäufer abzuholen.

c) Überführungsfahrt

926   Bei einem Unfall während der Überführungsfahrt[45] ist darauf abzustellen, wer die Überführungsfahrt tatsächlich vorgenommen hat. Ist es der Verkäufer, so haftet er als **Halter** gegenüber Dritten, gleichviel, ob er oder der Käufer die Überführungskosten zu tragen hat. Der Verkäufer verliert seine Haltereigenschaft, wenn der Wagen vom Käufer oder einem Beauftragten des Käufers überführt wird. Sie geht nicht erst mit der Ummeldung (Neuzulassung) auf den Käufer über. Eine Überführungsfahrt darf auch ohne Betriebserlaubnis (Zulassung) unternommen werden (§ 28 I StVZO). Dann muss aber ein rotes Kennzeichen mitgeführt werden. Beim Kauf von Privat ist es in der Regel der Käufer, der ein solches Kennzeichen beantragt hat. Wird es ausnahmsweise vom Verkäufer zur Verfügung gestellt, darf der Käufer darauf vertrauen, dass Haftpflichtversicherungsschutz besteht. Ein privater Verkäufer ist in der Regel nicht verpflichtet, den Käufer von sich aus auf die Begrenzung des Versicherungsschutzes auf die Überführungsfahrt ausdrücklich hinzuweisen (s. auch Rn 867/ändern); auch nicht darauf, dass kein Vollkasko-Schutz besteht.[46]

---

41 Dazu BGH 26. 11. 1996, NJW 1997, 660.
42 So z. B. im Fall OLG Köln 31. 1. 1990, OLGZ 1990, 341 = JMBl.NW 1990, 173.
43 OLG Köln 31. 1. 1990, OLGZ 1990, 341 = JMBl.NW 1990, 173.
44 OLG Köln 31. 1. 1990, OLGZ 1990, 341 = JMBl.NW 1990, 173; vgl. auch OLG Oldenburg 4. 6. 1975, NJW 1975, 1788.
45 Zum Begriff s. § 28 I StVZO.
46 OLG Karlsruhe 19. 3. 1998, NJW-RR 1999, 779 = OLGR 1999, 42.

d) Ummeldung/Kfz-Steuer/Haftpflichtversicherung

Nach § 27 III, 2 StVZO hat der Erwerber unverzüglich für die **Neuzulassung** des Fahrzeugs zu sorgen, indem er einen neuen Fahrzeugschein, ggf. auch ein neues Kennzeichen, beantragt. Immer mehr Käufer versäumen es, das Fahrzeug auf den eigenen Namen zuzulassen. Neben dieser öffentlich-rechtlichen Pflicht besteht die **kaufvertragliche Nebenpflicht** zur unverzüglichen Ummeldung. In Kaufverträgen zwischen Privatleuten wird diese Pflicht häufig ausdrücklich festgehalten, so z. B. im **ADAC-Mustervertrag** (Wochenfrist). Auch ohne ausdrückliche Fixierung ist sie als (stillschweigend) vereinbart anzusehen. Während die öffentlich-rechtliche Meldepflicht des Erwerbers dazu dient, das Fahrzeugregister des Kraftfahrbundesamtes auf dem neuesten Stand zu halten, geht es dem Verkäufer darum, den Halterwechsel so schnell wie möglich auch nach außen hin zu dokumentieren. Wenn der Käufer die Ummeldung unterlässt, läuft der Verkäufer Gefahr, für Fehlverhalten des Käufers oder Dritter verantwortlich gemacht zu werden. Kennzeichenanzeigen können auf ihn zurückfallen, weil die Zulassungsstelle die Kartei noch nicht berichtigt hat. Er kann auch mit den Kosten der Zwangsabmeldung belastet werden. Polizeirechtlich bleibt er für das Fahrzeug verantwortlich, wenn die Ummeldung unterbleibt und das Fahrzeug herrenlos wird. Von seiner eigenen Anzeigepflicht (§ 27 III, 1 StVZO) kann sich der Verkäufer allerdings nicht dadurch befreien, dass er den Käufer privatrechtlich zur Meldung verpflichtet.[47]

Ist eine Ummeldung wegen fehlender TÜV-Abnahme nicht möglich oder wird sie dadurch verzögert, muss der Käufer das Fahrzeug notfalls abmelden (vorübergehend stilllegen).[48]

Eine – individuell vereinbarte – **Vertragsstrafe** von 5 € (10,– DM) für jeden Tag schuldhafter Säumnis hat die Rechtsprechung als angemessen anerkannt.[49] Ist die Vertragsstrafe in einem Formularvertrag enthalten, ist § 309 Nr. 6 BGB einschlägig, vorausgesetzt, der Verkäufer ist Verwender des Vertragsformulars (dazu Rn 1574).

Auf die **Kfz-Steuerpflicht** des Verkäufers hat die Ummeldung des Käufers ebenso wenig Einfluss wie auf die **Haftpflichtversicherung.** Die Steuerpflicht endet in dem Zeitpunkt, in dem die Anzeige des Verkäufers mit der Empfangsbestätigung des Käufers (vgl. § 27 III, 1 StVZO) bei der Zulassungsstelle eingeht. Der Verkäufer hat es also selbst in der Hand, wie lange er Kfz-Steuer zu zahlen hat. Wenn er die Empfangsbestätigung des Käufers nicht beibringen kann, bleibt er so lange Steuerschuldner, bis der Käufer das Auto auf sich ummeldet oder der Wagen aus dem Verkehr gezogen wird. In diesem Fall bleibt dem Verkäufer nur die Möglichkeit, sich mit dem Finanzamt auf einen Zeitpunkt für die Beendigung der Steuerpflicht zu einigen. Nach § 5 IV KfzSteuerG kann das Finanzamt die Steuerpflicht aufheben, wenn der Steuerschuldner glaubhaft macht, dass das Fahrzeug von ihm nicht mehr genutzt wird und er die Abmeldung des Fahrzeugs nicht schuldhaft verzögert hat.

Nicht selten wird dem Käufer im **Innenverhältnis** die Pflicht auferlegt, die Kfz-Steuer vom Tag der Auslieferung des Fahrzeugs an zu zahlen. Auch ohne einen solchen (deklaratorischen) **Schuldbeitritt** hat der Verkäufer eine gesetzliche Handhabe, den Käufer auf Erstattung weitergezahlter Kfz-Steuer zu verklagen, § 446 S. 2 BGB i. V. m. § 426 BGB. Aus § 280 I BGB lässt sich ein solcher Anspruch nicht herleiten, weil zwischen dem Unterlassen oder dem Verzögern der Ummeldung und dem Fortbestehen der Steuerpflicht kein ursächlicher Zusammenhang besteht.

---

47 LG Wuppertal 5. 5. 1980, VersR 1980, 1179; VGH Baden Württemberg, 5 S 2104/95.
48 AG Düsseldorf 10. 3. 1988, 50 C 389/87, n. v. (Motorrad).
49 AG Düsseldorf 10. 3. 1988, 50 C 389/87, n. v. (Motorrad); AG Essen 1. 6. 1987, 29 C 158/87, n. v. (Pkw).

Was die **Prämien für die Haftpflichtversicherung** angeht, so endet die Beitragspflicht des Verkäufers (= Versicherungsnehmer) weder durch die Veräußerungs- noch durch die Erwerbsanzeige im Sinne von § 27 III, 1, 2 StVZO; auch nicht durch die Mitteilung des Verkäufers an den Haftpflichtversicherer gemäß § 6 I AKB. Der Verkäufer haftet mit dem Erwerber als Gesamtschuldner für den Beitrag, der auf das laufende Versicherungsjahr entfällt. Im **Innenverhältnis** kann der Verkäufer auch ohne ausdrücklichen Schuldbeitritt des Käufers Prämienerstattung verlangen (§ 446 S. 2 BGB analog i. V. m. § 426 BGB oder kraft stillschweigenden Schuldbeitritts). Die Kosten einer bestehenden Fahrzeugversicherung (Teil- oder Vollkasko) kann der Verkäufer hingegen nur bei einer ausdrücklichen Übernahmeerklärung auf den Käufer abwälzen.

Nach Übergabe des Fahrzeugs ist es grundsätzlich Sache des Käufers, für einen wirksamen Haftpflichtschutz zu sorgen.[50] Ein bestehender Haftpflichtversicherungsvertrag geht auf den Käufer über, sobald er Eigentum an dem Fahrzeug erwirbt (§§ 158 h, 69 VVG).[51] Ein Unfall vor Eigentumsübergang (z. B. beim Verkauf unter Eigentumsvorbehalt) ist für den Käufer, der schon Halter ist, im Hinblick auf die Regressgefahr nur kritisch, sofern der Versicherungsvertrag erloschen war.[52]

---

50 BGH 7. 3. 1984, NJW 1984, 1967; BGH 26. 10. 1988, NJW-RR 1989, 211 = WM 1989, 26.
51 BGH 7. 3. 1984, NJW 1984, 1967; BGH 26. 10. 1988, NJW-RR 1989, 211 = WM 1989, 26.
52 Zur Aufklärungspflicht des Verkäufers s. Rn 1304 ff., 1692.

C. Der Unternehmer-Verbraucher-Kauf (Verbrauchsgüterkauf)

I. Die Marktsituation

Beim Unternehmer-Verbraucher-Geschäft dominiert eindeutig der Verkauf durch den professionellen Kfz-Handel („Händlereigengeschäft"). **Unternehmer i. S. d. § 14 I BGB** sind aber nicht nur Kraftfahrzeughändler und die Werksniederlassungen der Hersteller/Importeure. Jeder, der ein gebrauchtes Kfz in Ausübung seiner gewerblichen oder selbstständigen beruflichen Tätigkeit verkauft, ist im Sinne des Gesetzes Unternehmer, also selbst der kleine Handwerksbetrieb und der Freiberufler, der seinen Geschäftswagen an einen **Verbraucher** verkauft.

Aus der Perspektive des privaten Käufers wird der professionelle Gebrauchtwagenhandel üblicherweise in **zwei Bereiche** untergliedert: den reinen GW-Handel und den Neuwagenhandel mit Gebrauchtwagenabteilung. Die Entwicklung dieser beiden Teilmärkte zeigt die Grafik unter Rn 912. Für den Neuwagenhändler ist die Vermarktung von – meist in Zahlung genommenen – Gebrauchtfahrzeugen nur eines von mehreren Standbeinen, während der reine GW-Händler ausschließlich gebrauchte Fahrzeuge vermarktet und infolgedessen keinen oder nur einen bescheidenen Werkstattbetrieb unterhält.

Die Anteile auf sämtlichen drei Teilmärkten werden – abgesehen von fortbestehenden strukturellen Unterschieden in „Ost" und „West" – vor allem von zwei Faktoren bestimmt: dem Fahrzeugalter und der Fahrzeugmarke. Gebrauchte Pkw/Kombis aus dem Angebot der Vertragshändler und der Werksniederlassungen sind im Durchschnitt 3,6 Jahre alt und 49.100 km gelaufen und kosteten im Jahr 2001 21.150 DM (DAT-Veedol-Report 2002, S. 50, Kennzahlen 2001).

Die Vermarktung gebrauchter Pkw/Kombi durch den Neuwagenhändler mit Gebrauchtwagenabteilung gleicht sich in mehrfacher Hinsicht immer stärker dem Handel mit fabrikneuen Fahrzeugen an. Die angebotenen Autos sind, nicht zuletzt wegen der Umwälzungen durch die Schuldrechtsreform, deutlich jünger als früher („junge Gebrauchte") und damit erheblich teurer. Für die Privatkundschaft von heute gilt in weiten Teilen die Devise: „gebraucht bezahlen, neu fahren".

Ebenso wie der Neufahrzeugsektor ist der Vertrieb gebrauchter Pkw/Kombi zur Zeit im Umbruch. Traditionelle Vertriebswege verlieren zunehmend an Bedeutung, auch durch das **Internet**. Bei einzelnen Internet-Funktionen wie z. B. Marktüberblick, Wunschfahrzeug-Spezifizierung, Einholung von Finanzierungs- und Versicherungsangeboten rechnet man langfristig mit einem Anteil von nahezu 100%. Inzwischen werden zwar ca. 30% der Gebrauchtfahrzeuggeschäfte über das Internet angebahnt,[1] wobei die zahlreichen Autobörsen und die händlereigenen Homepages eine zentrale Rolle spielen. **Vertragsabschlüsse per Internet** (Online-Verkäufe) – außerhalb von Internet-Auktionen (s. dazu Rn 1058) – sind zumindest im Bereich des Verbraucherkaufs nach wie vor singulär.[2] Bei dieser Zurückhaltung wird es nach Einschätzung von Marktbeobachtern voraussichtlich bleiben. Informationskanal und Suchsystem ja, Vertriebsweg nein – so lautet die Prognose.

---

1 *Lederer*, Autohaus 17/2002, S. 42.
2 Zur derzeitigen Situation s. *Backu*, DAR 2001, 106; s. auch das Fachbuch „Autohandel im Internet, Geschäftsmodelle und Strategien für den deutschen Markt", Autohaus Verlag, 2000.

II. Der Kaufvertrag zwischen einem Kfz-Händler und einem Verbraucher

1. Die Allgemeinen Geschäftsbedingungen

929 Der Kaufvertrag wird üblicherweise formularmäßig auf der Grundlage der „Geschäftsbedingungen für den Verkauf von gebrauchten Fahrzeugen und Anhängern" (GWVB) abgeschlossen.[3] Dem Verkauf von **Vorführwagen,** rechtlich Gebrauchtfahrzeuge, werden mitunter auch die **Neuwagenverkaufsbedingungen** (NWVB) zugrunde gelegt.[4] Andererseits verwendet man beim Verkauf von **Tageszulassungen** (Kurzzulassungen, vgl. dazu Rn 203) Verkaufsformulare für das Gebrauchtwagengeschäft.

Die Gebrauchtwagen-Verkaufsbedingungen (GWVB) sind aus Anlass der **Schuldrechtsreform** grundlegend neu gestaltet worden. Das Klauselwerk, das der Zentralverband Deutsches Kraftfahrzeuggewerbe e. V. (ZDK) unverbindlich zur Anwendung empfohlen hat, ist im Bundesanzeiger veröffentlicht und diesem Buch als Anlage beigefügt. Neben den verbandsempfohlenen GWVB gibt es auf dem Markt eine Vielzahl von Musterverträgen mit Allgemeinen Geschäftsbedingungen. Besonders bunt ist das Bild auf dem Teilmarkt „reiner Gebrauchtwagenhandel".

Auch die neuen ZDK-GWVB orientieren sich stark an den (gleichfalls reformierten) **Neuwagen-Verkaufsbedingungen** (NWVB). Mehrere Klauseln sind identisch. Die nachfolgende Kommentierung beschränkt sich auf diejenigen Klauseln, für die es in den NWVB keine Parallele gibt. Im Übrigen werden sie nur erläutert, soweit **Besonderheiten** des Gebrauchtwagenhandels dies erfordern.

a) Einbeziehung in den Kaufvertrag

930 Die vom ZDK empfohlenen Bedingungen für das Eigengeschäft sind in der Fassung und Gestaltung, wie sie von den Fachverlagen vertrieben werden, weder unleserlich noch unübersichtlich.[5] Sie werden deshalb gem. § 305 II BGB Bestandteil des Kaufvertrages, es sei denn, dass sie dem Käufer nicht oder – wie im (Agentur-)Fall OLG Frankfurt NJW 1989, 1095 = DAR 1989, 66 – nicht vollständig ausgehändigt worden sind. Um die Lesbarkeit für den Kunden zu verbessern, hat man die „umseitigen AGB" auf zwei Blättern abgedruckt. Üblicherweise sind diese beiden Blätter Bestandteil eines **mehrteiligen Durchdrucksatzes.** Die Formularsätze für Eigengeschäfte „mit Garantie" sind fünfblättrig, weil die Garantiebedingungen hinzukommen. Bei einem Eigengeschäft „ohne Garantie" besteht der Formularsatz aus vier Blatt. Zwei davon sind für den Kunden bestimmt. Sie sind meist zusammengeleimt, um sicherzustellen, dass dem Kunden auch beide Blätter ausgehändigt werden. Gleichwohl kommt es hier immer wieder zu Problemen.

Nach Meinung des OLG Frankfurt[6] geht es zu Lasten des Händlers, wenn ihm nicht der Nachweis gelingt, dass die AGB dem Kunden vollständig ausgehändigt worden sind. Darauf, dass sie in seinem Betrieb ausgehängt sind, kann sich der Händler nicht berufen. Anders als die Kfz-Reparaturbedingungen werden die Verkaufsbedingungen im Allgemeinen auch nicht durch Aushang zur Kenntnis gebracht. Die Übergabe der kompletten AGB – bei

---

3 Zur Geschichte dieser AGB vgl. *von Brunn,* NJW 1956, 306; *ders.,* DAR 1967, 149; *ders.* in: „Die formularmäßigen Vertragsbedingungen der deutschen Wirtschaft", 1956, S. 146 ff.; *Ernst,* Zur Bilanz der Diskussion um die Allgemeinen Geschäftsbedingungen nach dem AGB-Gesetz, konkretisiert am Beispiel der Geschäftsbedingungen für den Verkauf von gebrauchten Kraftfahrzeugen, Diss. Bremen, 1979, S. 194 ff.
4 So z. B. in den Fällen BGH NJW-RR 1991, 870 und OLG Düsseldorf OLGR 1995, 143.
5 Für ein früheres Klauselwerk s. OLG Hamm 3. 7. 1986, 23 U 35/86, n. v.
6 Urt. v. 2. 11. 1988, NJW 1989, 1095 – DAR 1989, 66.

Geschäften **„mit Garantie"** einschließlich der Garantiebedingungen – kann der Händler durch Zeugnis seines zuständigen Verkaufsangestellten beweisen.

Wird ein Fahrzeug „mit Gebrauchtwagen-Garantie gemäß den beigefügten Garantiebedingungen" verkauft, müssen auch diese Bedingungen ausgehändigt werden.[7] Zum Verkauf „mit Garantie" s. Rn 1185 ff.

b) Vertragsabschluss

aa) Traditionelle Abschlusstechnik

Trotz verstärkten Einsatzes neuer Kommunikationsmedien steht der Kauf im Autohaus nach wie vor eindeutig im Vordergrund.

Mit der Unterzeichnung des **Bestellformulars** („verbindliche Bestellung") durch den Kaufinteressenten ist entgegen weitverbreiteter Meinung (z. B. OLG Brandenburg OLGR 1997, 88) der Kaufvertrag in der Regel noch nicht geschlossen. Er gibt lediglich ein **Angebot** zum Abschluss eines Kaufvertrages ab.[8] Er selbst erhält eine Durchschrift. Die formularmäßige Bestätigung, eine Durchschrift der Bestellung erhalten zu haben, verstößt gegen § 11 Nr. 15 b AGBG a. F., jetzt § 309 Nr. 12 b BGB.[9]

Nach Abschn. I, 1 ZDK-AGB ist der Besteller **höchstens bis 10 Tage** an sein Angebot **gebunden,** bei Nutzfahrzeugen bis 2 Wochen. Selbst eine Bindung von 14 Tagen ist beim Kauf gebrauchter Personenwagen und Kombis noch **nicht unangemessen** i. S. v. § 10 Nr. 1 AGBG, jetzt § 308 Nr. 1 BGB,[10] wohl aber eine Frist von 4 Wochen.[11] Die bisherigen Einschätzungen sind durch den Einsatz moderner Kommunikationsmittel fragwürdig geworden.

Der Käufer ist nicht befugt, sich einseitig von seiner Bestellung zu lösen, wenn er das Bestellformular unterschrieben hat, ohne zuvor das Fahrzeug besichtigt oder eine Probefahrt gemacht zu haben, und eine nachträgliche Prüfung nicht zu seiner Zufriedenheit verlaufen ist. Während des Laufs der Bindungsfrist (Abschn. I, 1 ZDK-AGB) kann er sein Angebot nur dadurch zunichte machen, dass er es anficht (§§ 119, 123 BGB, s. Rn 1705 ff. und Rn 1712 ff.) oder sich auf ein Verschulden bei den Vertragsverhandlungen beruft. Zur Möglichkeit, Mängelansprüche (§§ 437 ff. BGB) vorab geltend zu machen, s. Rn 159.

Der Kaufvertrag ist **abgeschlossen,** wenn der Händler oder sein Vertreter die **Annahme** der Bestellung innerhalb der Annahmefrist **schriftlich bestätigt** oder das **Fahrzeug ausliefert** (vgl. Abschn. I, 1 ZDK-AGB). Mitunter heißt es auch: „Das Kaufangebot gilt als angenommen, wenn der Verkäufer es nicht innerhalb der Annahmefrist abgelehnt hat." Auch diese Vertragsabschlussklausel ist unbedenklich.[12]

Die schriftliche Annahmeerklärung des Händlers muss dem Kaufinteressenten innerhalb der Annahmefrist auch **zugegangen** sein.[13] Der Händler muss den **Zugang und die Rechtzeitigkeit beweisen.** Zur Rechtslage bei Nichtabholen eines Einschreibebriefs und allge-

---

7 Dazu BGH 23. 11. 1994, NJW 1995, 516.
8 Durch Rückgabe des unterschriebenen Bestellscheins wird das Angebot wirksam (§ 145 BGB).
9 BGH 29. 4. 1987, NJW 1987, 2012, 2014.
10 OLG Köln 27. 5. 1993, NJW-RR 1993, 1404 = OLGR 1993, 205; *Löwe/Graf von Westphalen/ Trinkner,* Bd. III, Broschüre 42, Rn 2 zu 42.2; *Wolf/Horn/Lindacher,* § 9 G 52; *Bunte,* Handbuch der AGB, 1981, 254; *Eggert,* BB 1980, 1827; OLG Hamm 16. 1. 1981, MDR 1981, 580; a. A. AG Diepholz 20. 5. 1987, MDR 1987, 936 (Agenturkauf); *Ernst,* a. a. O., S. 208; zur Bindungsfrist beim Neuwagenkauf vgl. BGH 13. 12. 1989, WM 1990, 186 und hier Rn 28 ff.
11 LG Wuppertal 7. 3. 1995, 16 S 173/94, n. v.; vgl. auch LG Berlin 6. 3. 1987, VuR 1988, 50.
12 OLG Köln 21. 3. 1984, 24 U 238/83, n. v.; *Ulmer/Brandner/Hensen,* § 10 Nr. 1, Rn 2; *Walchshöfer,* WM 1986, 1041.
13 Zur Rechtslage bei verspäteter Annahme s. AG Korbach 2. 7. 1993, NJW-RR 1994, 374.

mein zu Fragen des Zugangs einer schriftlichen Händlerbestätigung vgl. BGH 26. 11. 1997, NJW 1998, 976.[14] Dieser Fragenkreis ist von großer praktischer Bedeutung, weil Besteller von Gebrauchtfahrzeugen oftmals einwenden, eine Auftragsbestätigung nicht erhalten zu haben (zur Rechtslage bei Abnahmeverweigerung s. Rn 938 ff.).

Eine schriftliche Bestätigung kann bereits auf dem Bestellschein erfolgen („Direktbestätigung"). Vielfach ist dort eine spezielle Rubrik für die Bestätigung der „Verkäufer-Firma" vorgesehen. Sie kann auch in einem Schreiben gesehen werden, durch das eine Rücktrittserklärung des Kaufinteressenten zurückgewiesen wird.[15] Nach Meinung des LG Hamburg stellt ein nicht unterschriebener Stempel „Bestellung angenommen" keine schriftliche Annahmeerklärung dar.[16]

Die vertraglich vorgesehene **Schriftform** für die Annahmeerklärung können die Parteien einverständlich aufheben, indem sie sich **mündlich** auf das Zustandekommen des Vertrages **einigen**.[17] An eine vom formalisierten Regelfall abweichende Einigung sind strenge Anforderungen zu stellen. Zur Beweislastverteilung s. BGH 28. 1. 1981, NJW 1981, 922, 923. Eine Anzahlung kann ein Indiz für eine Bindung sein

Verweigert der Kaufinteressent die erforderlichen Mitwirkungshandlungen für die Fahrzeugauslieferung und vereitelt er so deren Annahmewirkung (siehe Abschnitt I,1 der GWVB), muss er sich analog § 162 BGB so behandeln lassen, als wäre der Kaufvertrag zustande gekommen.[18]

Bei **Nichtannahme der Bestellung** ist der Verkäufer nach den neuen GWVB verpflichtet, den Kunden unverzüglich davon zu unterrichten (Parallele zum Neufahrzeugkauf).

Häufiger Streitpunkt vor Gericht sind im Zusammenhang mit der **Passivlegitimation** Fragen aus dem **Recht der Stellvertretung**. Dazu, wer in einem Kfz-Betrieb/Autohaus wen vertritt, siehe die Ausführungen zur Wissenszurechnung (Rn 1630 ff.). Zu weiteren Vertretungsfragen s. Rn 1051. und Rn 1178. Übersehen wird mitunter die gesetzliche Ermächtigung nach **§ 56 HGB**. Sie gilt auch für den kaufmännischen Verkauf eines gebrauchten Kraftfahrzeugs, jedoch nicht für den Ankauf und auch nicht für eine Inzahlungnahme (BGH NJW 1988, 2109). Die gesetzlich angenommene **Vertretungsmacht des Ladenangestellten** erstreckt sich auf sämtliche Erklärungen, die mit dem Verkauf eines Gebrauchtfahrzeugs üblicherweise zusammenhängen, insbesondere auf Angaben zu wesentlichen Beschaffenheitsmerkmalen wie Gesamtfahrleistung und Unfallfreiheit. Insoweit sind auch Garantieübernahmen (Beschaffenheitsgarantien) von § 56 HGB gedeckt. Sofern die handelsrechtlichen Spezialvorschriften keine Anwendung finden, kann auf die allgemeinen Regeln zur **Anscheins- und Duldungsvollmacht** zurückgegriffen werden.

bb) Vertragsabschluss unter Einsatz von Fernkommunikationsmitteln

932   Ein Vertrag zwischen einem Unternehmer und einem Verbraucher über ein gebrauchtes Kraftfahrzeug ist ein **Fernabsatzvertrag** iSd § 312 b BGB, wenn er unter ausschließlicher Verwendung von Fernkommunikationsmitteln (FKM) abgeschlossen worden ist. Gleichgültig ist, ob die Parteien gleichartige oder unterschiedliche Kommunikationsmittel benutzen.

---

14 Dazu *Franzen,* JuS 1999, 429.
15 OLG Hamm 16. 1. 1981, MDR 1981, 580 = Autohaus 1982, 648.
16 Urt. v. 17. 4. 1990, 71 O 435/89, n. v.
17 Dazu OLG Hamm 10. 1. 1992, OLGR 1992, 77; OLG Köln 16. 2. 1995, OLGR 1995, 140 – Neufahrzeugkauf; OLG Düsseldorf 30. 5. 2000, MDR 2001, 86 = DAR 2001, 305 – Neufahrzeugkauf mit Inzahlungnahme; LG Düsseldorf 17. 10. 1979, 23 S 113/79, n. v.
18 OLG Hamm 10. 1. 1992, OLGR 1992, 77.

Ein **Online-Vertrag** zwischen einem Unternehmer als Verkäufer und einem Verbraucher als Käufer (Verbrauchsgüterkauf) ist, abgesehen von der Plattform „Internet-Auktion" (dazu Rn 1058), nach wie vor eine seltene Ausnahme. Was zunimmt, sind Geschäftsabschlüsse, die über das Internet angebahnt werden (Gebrauchtwagenbörsen, Händler-Websites) und ohne persönlichen Kontakt zustande kommen, sei es per E-Mail, Fax oder Telefon (die einzelnen FKM zählt § 312 b II BGB auf). Auch solche Verträge fallen unter den Begriff „Fernabsatzvertrag".[19]

Fernkommunikationsmittel müssen **ausschließlich** zum Einsatz gekommen sein. Sobald ein direkter persönlicher Kontakt zwischen Verkäufer und Käufer stattgefunden hat, kann die „Fernabsatzkette" unterbrochen sein. Bestellt ein Kunde ein in der Zeitung oder im Internet angezeigtes Fahrzeug[20] nach einer Probefahrt per E-Mail oder Telefon, ist der Vertrag nicht ausschließlich unter Verwendung von FKM zustande gekommen. Es gelten die allgemeinen Regeln des BGB. Ein Widerrufsrecht steht dem Käufer nicht zu.

Zu beachten ist der **Ausnahmetatbestand in § 312 b I BGB**, wonach die Regeln über den Fernabsatzvertrag nicht anwendbar sind, wenn der Vertrag nicht im Rahmen eines **für den Fernabsatz organisierten Vertriebs- oder Dienstleistungssystems** erfolgt. Das Vertriebssystem der Kfz-Betriebe, die mit gebrauchten Kraftfahrzeugen handeln, ist typischerweise nicht auf einen Verkauf im Wege des Fernabsatzes angelegt. Es dominiert nach wie vor der traditionelle Direktvertrieb mit Unterzeichnung des Bestellscheins im Autohaus. Allerdings spricht bei einem Vertragsschluss unter ausschließlicher Verwendung von FKM eine **gesetzliche Vermutung** für das Vorhandensein eines Fernabsatzsystems. Diese Vermutung muss der Unternehmer widerlegen, z. B. durch den Nachweis eines systemfremden Gelegenheitsgeschäfts.

Schickt ein Interessent auf eine Anzeige eines Fahrzeughändlers hin eine **Bestellung per Fax,** kann der Kaufvertrag zustande kommen, ohne dass dem Besteller gegenüber die Annahme erklärt wird. Es genügt ein interner Annahmevermerk.[21]

c) Schriftformklauseln

Die aktuellen GWVB, die der ZDK zur Anwendung empfohlen hat, verzichten auf eine allgemeine Schriftformklausel. Die früher übliche Klausel hat den bezweckten Schutz nicht erreicht. Zur Problematik von Schriftformklauseln s. Rn 1177.

d) Zirkaklauseln

Die Klausel, dass Angaben über Leistungen, Betriebskosten, Öl- und Kraftstoffverbrauch etc. als annähernd zu betrachten sind, ist in den aktuellen GWVB nicht mehr enthalten. Dabei hatte der BGH in der grundlegenden Entscheidung vom 8. 10. 1969[22] eine solche Klausel ausdrücklich für zulässig erklärt. Soweit formularmäßige Zirkaklauseln heute noch vorkommen, können sie vor allem bei der Frage Bedeutung gewinnen, ob eine (erhebliche) Abweichung der Ist- von der Soll-Beschaffenheit vorliegt. Auch ohne ausdrückliche Zirkaklausel kann die Soll-Beschaffenheit unter dem Vorbehalt geringfügiger Abweichungen zu sehen sein, so z. B. bei Angaben über die Kilometerlaufleistung (Gesamtfahrleistung), vgl. Rn 1105.

---

19 Näheres bei *Backu*, DAR 2001, 106.
20 Zur Frage der Garantie/Zusicherung bzw. Beschaffenheitsvereinbarung s. LG Köln 10. 1. 2002, DAR 2002, 272; LG Bielefeld 29. 12. 2000, DAR 2001, 409 Ls. – Autoscout 24; Näheres zur Einbeziehungsproblematik unter Rn 1173.
21 OLG Köln 9. 1. 2002, 17 U 75/01, n. v.
22 NJW 1970, 29.

e) Zahlung/Fälligkeit/Aufrechnung

935 Die umfangreiche Vorgängerklausel im Abschnitt III der ZDK-AGB a. F. ist erheblich gestrafft und umformuliert worden.

Ebenso wie in den Neuwagen-Verkaufsbedingungen fehlt weiterhin eine Regelung zum Thema „Preise". Preisrechtliche Fragen spielen denn auch beim GW-Geschäft eine vergleichsweise untergeordnete Rolle. Auf die Ausführungen zum Neufahrzeugkauf kann deshalb verwiesen werden (Rn 43 ff.).

Ob **Nebenleistungen** wie z. B. die Zulassung (Ummeldung) vereinbart sind, ergibt sich meist aus dem „Bestellschein" (Kaufvertragsformular). Wird ein Autohaus vom Käufer mit der Zulassung beauftragt, kann es Erstattung der amtlichen Gebühren und eine Pauschale für sein eigenes Tätigwerden verlangen, es sei denn, dass ausdrücklich Kostenfreiheit vereinbart worden ist.[23]

Im Abschnitt II,1 der **aktuellen ZDK-AGB** neu geregelt ist die **Fälligkeit**. Übergabe des Fahrzeugs und die Aushändigung bzw. Übersendung der Rechnung müssen zusammenkommen, um die Fälligkeit des Kaufpreises und der Preise für Nebenleistungen zu begründen.

Die Klausel „Die Verkaufsangestellten des Verkäufers sind nur bei schriftlicher Ermächtigung zur Annahme von Zahlungen befugt" verstößt gegen § 9 I u. II Nr. 1 AGBG = § 307 BGB.[24] Auf die Vereinbarung von **Inzahlungnahmen** mit Festlegung eines bestimmten Verrechnungspreises erstreckt sich diese Klausel, meist auf der Formularvorderseite abgedruckt, schon ihrem Wortlaut nach nicht, s. auch Rn 519.

Der Preis, den der Händler bzw. sein Verkaufsangestellter in den Bestellschein eingesetzt hat, ist auch dann für ihn verbindlich, wenn er irrtümlich um einige tausend Euro zu niedrig beziffert worden ist. Die **Anfechtung** des Händlers gem. **§ 119 I BGB** ist unbeachtlich.[25] Während der Annahmefrist hat der Händler allerdings die Möglichkeit der Preiskorrektur. Nach Zustandekommen des Vertrages ist es in der Tat nur in engen Grenzen möglich, ein Schreibversehen zu berichtigen.

Nach altem Recht war eine **Nachbesserung** nur dann von Bedeutung für den Verzug des Käufers mit der Erfüllung seiner Zahlungspflicht, wenn sie ausnahmsweise vereinbart worden war. So konnte selbst ein bestehender Zahlungsverzug dadurch geheilt werden, dass die Vertragspartner eine Nachbesserung vereinbarten (vgl. OLG Hamm OLGR 1998, 217). Ein Garantievertrag mit einem Dritten stand einer solchen Nachbesserungsvereinbarung nicht ohne weiteres gleich. Nach dem **neuen Kaufrecht** ist der Verkäufer bei einem behebbaren Mangel grundsätzlich zur Nacherfüllung verpflichtet; im Fall des Verkaufs eines gebrauchten Fahrzeugs freilich (nur) in Form der Nachbesserung (dazu Rn 1378 ff.). Zu den sich daraus ergebenden Konsequenzen für den Zahlungsanspruch des Verkäufers s. Rn 1767 ff.

Die **Neufassung des § 249 BGB** per 1. 8. 2002 hat die Frage aufgeworfen, ob ein Kfz-Händler beim Verkauf eines **differenzbesteuerten Fahrzeugs** die **kaufvertragliche Nebenpflicht** hat, den Käufer über die Höhe des – in der Rechnung nicht ausgewiesenen – **Umsatzsteueranteils** zu informieren. Als Schadensersatzgläubiger kann der Käufer auf diese Information angewiesen sein. Denn ohne Nachweis, dass Umsatzsteuer bei der Ersatzbeschaffung in einer bestimmten Höhe tatsächlich angefallen ist, wird der KH-Versicherer auf Nettobasis regulieren. Dass der Händler den Umsatzsteueranteil in der Rechnung nicht ausweisen darf, besagt noch nicht, dass er ihn auch sonst geheim halten muss. Gegen

---

23 OLG Hamm 3. 6. 1998, DAR 1998, 354 = OLGR 1998, 222.
24 KG 3. 2. 1988, 23 U 2930/87, n. v.
25 So das OLG Oldenburg 22. 6. 1999, 5 U 41/99, n. v.

eine separate Auskunft ist steuerrechtlich nichts einzuwenden. Deshalb ist eine Auskunftspflicht des Händlers aus § 242 BGB zu bejahen.[26]

Die in einem Kaufvertrag ausgewiesene **Umsatzsteuer kann zurückgefordert werden**, wenn beide Vertragsparteien irrtümlich davon ausgegangen sind, dass der Vertrag der Umsatzsteuer unterliegt.[27] Der Irrtum kann z. B. darauf beruhen, dass das Fahrzeug zum Betriebsvermögen des Händlers gerechnet wurde, während es in Wirklichkeit zum Privatvermögen gehörte.

f) Lieferung und Lieferverzug

Anders als beim Kauf eines fabrikneuen Kraftfahrzeugs besteht beim Gebrauchtwagenkauf zumeist kein Bedürfnis, eine Lieferfrist festzulegen, die erst mit Vertragsabschluss beginnt. Gebrauchtwagen-Kaufverträge kommen im gewerblichen Handel in der Mehrzahl erst durch die Auslieferung des Fahrzeugs zustande. In der Auslieferung liegt die Annahme des Kaufangebots, sofern der Händler – wie meist – von einer „Direktbestätigung" oder einer schriftlichen Bestätigung abgesehen hat (vgl. Abschn. I, 1 ZDK-AGB und oben Rn 931).

Heißt es im Bestellformular „Lieferung binnen drei Tagen" oder „Lieferfrist eine Woche", so führt dies zu einer **Verkürzung** der Zehntagesfrist nach Abschn. I, 1 ZDK-AGB. Solche Lieferfristen beginnen bereits mit der Unterzeichnung des Bestellformulars, nicht erst mit der schriftlichen Bestätigung des Händlers. Die übliche Formulierung „Lieferung sofort" bedeutet hingegen „sofort" nach Vertragsabschluss, d. h. der Händler darf die ihm eingeräumte Annahmefrist von zehn Tagen voll ausschöpfen. Bei der Angabe eines konkreten Datums als Termin der Auslieferung handelt es sich um ein **Fixgeschäft** iSv § 361 BGB a. F.

Ohne ausdrückliche Kennzeichnung als „unverbindlich" ist von einer **verbindlichen Bestimmung** der Leistungszeit auszugehen. Dass diese Individualabrede gem. Abschn. III Ziff.1 ZDK-AGB **schriftlich** zu treffen ist, ist mit Blick auf § 9 AGBG a. F. (jetzt § 307 BGB) nicht zu beanstanden.[28] Ob ein Käufer sich mit Erfolg darauf berufen kann, ihm sei mündlich ein verbindlicher Lieferzeitpunkt zugesagt worden, hat der BGH in der NWVB-Entscheidung vom 7. 10. 1981[29] offen gelassen. Die Frage ist zu bejahen, weil eine individuelle mündliche Erklärung des Händlers oder eines vertretungsbefugten Angestellten stets Vorrang vor der formularmäßigen Schriftformklausel hat (§ 305 b BGB). Die Beweislast für die mündliche Lieferzusage trifft allerdings den Käufer.[30]

Während der Händler bei einer **verbindlichen** Leistungszeit schon durch deren Überschreiten (ohne Mahnung) **in Verzug** gerät (vgl. Abschn. III Ziff. 3 ZDK-AGB und § 286 II,1 BGB), hat der Käufer bei einem **unverbindlichen Lieferzeitpunkt** noch eine „**Wartefrist**" von zehn Tagen, bei Nutzfahrzeugen zwei Wochen, einzuhalten, eher er den Händler durch eine Aufforderung zur Lieferung in Verzug setzen kann (vgl. Abschn. III Ziff. 2 S. 1 ZDK-AGB). Diese Regelung ist als AGBG-konform angesehen worden.[31] Daran ist für das neue Recht festzuhalten.

Bei einer **unverbindlichen Lieferfrist** ist zunächst zu beachten, dass sie erst mit Vertragsabschluss beginnt (vgl. Abschn. III Ziff. 1 S. 2 GWVB). Die Frist schon mit Unterzeichnung des Bestellscheins in Lauf zu setzen, besteht kein Bedürfnis. Der Käufer hat

---
26 So auch *Steiger,* DAR 2002, 377; s. auch *Heß,* ZfS 2002, 367, 369.
27 OLG Jena 7. 11. 2000, OLGR 2002, 330.
28 BGH 7. 10. 1981, NJW 1982, 331.
29 NJW 1982, 331.
30 BGH 28. 1. 1981, NJW 1981, 922, 923.
31 *Eggert,* BB 1980, 1827; s. auch *Wolf/Horn/Lindacher,* § 9 Rn G 58.

sich auf einen „unverbindlichen" Lieferzeitpunkt eingelassen. Damit hat er nichts in der Hand. Dass dieser Nachteil auch noch nach Ablauf der unverbindlichen Frist bzw. nach Verstreichen des unverbindlichen Liefertermins fortwirkt, indem dem Händler bis zum Eintritt des Verzugs eine Schonfrist von zehn Tagen zugebilligt wird, bedeutet keine unangemessene Benachteiligung des Käufers.[32] Die Zehntagefrist (bei Nutzfahrzeugen zwei Wochen) beginnt zu laufen, wenn der unverbindliche Liefertermin verstrichen bzw. die unverbindliche Lieferfrist abgelaufen ist. Die praktische Bedeutung dieser Klausel ist beim Gebrauchtwagenkauf, anders als beim Neuwagenkauf, verhältnismäßig gering.

Was die **Rechte des Käufers** bei Lieferverzug angeht, so macht es keinen Unterschied, ob ein unverbindlicher oder ein verbindlicher Liefertermin bzw. Lieferfrist nicht eingehalten worden ist. Von Bedeutung ist diese Differenzierung nur für den Eintritt des Verzugs. Strukturell stimmt die Regelung der **Verzugsfolgen** mit den entsprechenden Klauseln in den Neuwagenverkaufsbedingungen NWVB überein. Auf die Kommentierung unter Rn 129 ff. wird verwiesen, ergänzend auf Rn 918. Zur Frage der konkreten oder abstrakten Schadensberechnung s. auch BayVerfGH 6. 4. 2001, NJW-RR 2001, 1645. Zur Schadensberechnung bei Nichtlieferung eines Import- bzw. Re-Importfahrzeugs s. OLG Düsseldorf NJW 2002, 523 und LG Köln DAR 2000, 362 (jeweils Neuwagen).

g) Probefahrt und Testfahrt

937 Die früher gebräuchliche Klausel, wonach der Käufer berechtigt ist, das Fahrzeug „innerhalb von acht Tagen nach Zugang der Bereitstellungsanzeige am vereinbarten Abnahmeort zu prüfen", lief in der Praxis weitgehend leer. In den aktuellen AGB ist sie nicht mehr enthalten. Verzichtet hat man auch auf eine km-Begrenzung der Probefahrt. Beim Kauf eines gebrauchten Kfz findet typischerweise vor der Unterzeichnung des Bestellformulars eine mehr oder weniger gründliche „Sichtprüfung" statt. Eine technische Kontrolle ist einem Durchschnittskunden häufig gar nicht möglich. Probefahrten haben für ihn immer weniger Erkenntniswert. Bei jungen Gebrauchten vom Fachhandel wird zunehmend auf eine Probefahrt verzichtet. Zur Frage der groben Fahrlässigkeit i. S. v. § 442 I,2 BGB s. Rn 1549.

Verursacht der Kaufinteressent bei einer **Probefahrt** bzw. **Testfahrt** einen **Unfall**, so gelten im Wesentlichen die gleichen Grundsätze wie bei einem Unfall, den ein potenzieller Neuwagenkäufer mit einem fabrikneuen Fahrzeug oder einem Vorführwagen[33] verursacht hat. Auf die Ausführungen unter Rn 81 ff. wird verwiesen, ergänzend auf Rn 917.

Zur Bedeutung einer Erklärung wie „Motor jetzt in Ordnung", abgegeben vom Verkäufer im Anschluss an eine Reparatur nach einer Probefahrt, s. OLG Hamm OLGR 1996, 223. Zur Rechtslage bei einem Unfall während der **Überführungsfahrt** mit einem **roten Kennzeichen,** vom Händler zur Verfügung gestellt, s. OLG Karlsruhe NJW-RR 1999, 779 = OLGR 1999, 42. Erst bei **endgültiger Übergabe** an den Erwerber scheidet ein nicht zugelassenes Fahrzeug des Händlers aus dem Haftungsverband einer Haftpflicht- und Fahrzeugversicherung für den Kfz-Handel aus.[34]

h) Nichtabnahme/Schadenspauschalierung

938 Gemäß Abschnitt IV Ziff.1 GWVB ist der Käufer verpflichtet, den Kaufgegenstand innerhalb von acht Tagen ab Zugang der Bereitstellungsanzeige abzunehmen.

Beim Kauf eines Gebrauchtfahrzeugs vom Händler ist die **Pflicht zur Abnahme** – anders als beim privaten Direktgeschäft (s. Rn 925) – in der Regel nur eine **Nebenpflicht.**[35]

---

32 Vgl. auch BGH 7. 10. 1981, NJW 1982, 331.
33 Dazu OLG Düsseldorf 17. 9. 1993, OLGR 1994, 148.
34 OLG Hamm 11. 11. 1998, NJW-RR 1999, 538.
35 Vgl. auch OLG Oldenburg 4. 6. 1975, NJW 1975, 1788.

Das Interesse des Händlers, den Wagen loszuwerden, damit er in seiner Halle oder auf seinem Ausstellungsgelände Platz gewinnt, macht die Abnahmepflicht noch nicht zur Hauptleistungspflicht. Der Gefahr, durch einen „Steher" in den Augen der Kundschaft einen Imageverlust zu erleiden, kann der Händler vorbeugen, indem er ein Schild „verkauft" an dem Fahrzeug anbringt oder es aus dem Blickfeld des Publikums entfernt.

Mit Blick auf § 9 AGBG war es nicht zu beanstanden, dass der Händler die Abnahmepflicht des Käufers **formularmäßig** zu einer **Hauptpflicht** ausgestaltet hat.[36] Diesen Weg ist man in den früheren ZDK-AGB gegangen, indem man an die Nichtabnahme des Fahrzeugs die Rechtsfolgen aus § 326 BGB a. F. geknüpft hat. Im aktuellen Bedingungswerk heißt es nur noch: Im Falle der Nichtabnahme kann der Verkäufer von seinen gesetzlichen Rechten Gebrauch machen (IV Ziff. 1 S. 2). Zum Anspruch auf Schadensersatz statt der Leistung und zum Rücktrittsrecht wird auf die Kommentierung der entsprechenden Klausel in den NWVB verwiesen (Rn 162 ff.).

Schadenspauschalierung: 939

Seit der flächendeckenden Ablösung des Agenturgeschäfts durch das Händler-Eigengeschäft im Jahr 1990 sind Pauschalierungsabreden wieder fester Bestandteil von Gebrauchtwagen-Verkaufsbedingungen. Die Klausel im Abschn. IV Ziff. 2 der **aktuellen ZDK – AGB** lautet:

„Verlangt der Verkäufer Schadensersatz, so beträgt dieser 10 Prozent des Kaufpreises. Der Schadensersatz ist höher oder niedriger anzusetzen, wenn der Verkäufer einen höheren oder der Käufer einen geringeren Schaden nachweist."

Die bemerkenswerte **Reduzierung von 15 auf 10 Prozent** soll den Bedenken gegen die Angemessenheit der bisherigen Pauschalierungsabrede Rechnung tragen,[37] ist also keine Konsequenz aus der Gewinnminderung durch die Schuldrechtsreform. Damit räumt die Kfz-Wirtschaft indirekt ein, dass diese Bedenken berechtigt waren. Ersichtlich war und ist der Markenhandel nicht in der Lage, einen Schaden von durchschnittlich 15 % schlüssig nachzuweisen. Ein solcher Nachweis lässt sich auf diesem Marktsektor auch nicht führen, erst recht nicht nach In-Kraft-Treten der Schuldrechtsreform, die die Rendite im Gebrauchtwagenhandel weiter hat schrumpfen lassen.

Auch die jetzige 10%-Klausel hält einer Inhaltskontrolle nach § 309 Nr. 5 a BGB nicht stand, wenn sie in den AGB eines typischen Autohauses (Neuwagenhandel mit Gebrauchtwagenabteilung) steht (Näheres unter Rn 941).

Beim Kauf gebrauchter **Pkw** (einschließlich Kombi, Vans und Geländefahrzeuge) vom 940 **Neuwagenhändler mit Gebrauchtwagenabteilung** hat die h. M. die bisher handelsübliche 15%-Klausel zu Recht für unwirksam gehalten.[38] Sie verstieß gegen **§ 11 Nr. 5 a AGBG**, weil die Pauschale von 15% höher war als der nach dem gewöhnlichen Lauf der Dinge zu erwartende Schaden.

Das BGH-Urteil vom 8. 10. 1969[39] stand dem nicht entgegen. Es ist überholt. Ohnehin war es zu keinem Zeitpunkt im Sinn einer Grundsatzentscheidung maßgeblich. Zu einer

---

36 Zum Problem vgl. AGB-Klauselwerke/*Pfeiffer* in: Gebrauchtwagenkauf Rn 27.
37 *Frings-Ness*, kfz-betrieb, Spezial v. 22. 11. 2001, S. 22.
38 vgl. OLG Celle 16. 10. 1997, OLGR 1998, 93; OLG Köln 27. 5. 1993, NJW-RR 1993, 1404 = OLGR 1993, 205; LG Oldenburg 7. 11. 1997, MDR 1998, 714 = BB 1998, 1280; LG Hamburg 26. 7. 1996, NJW-RR 1997, 560; AG Rendsburg 23. 12. 1994, ZfS 1995, 256; ebenso *Eggert*, BB 1980, 1826, 1829; *Palandt/Heinrichs*, Ergbd., § 309 Rn 27; *Ulmer/Brandner/Hensen*, Anh. §§ 9–11 Rn 436 und § 11 Nr. 5 Rn 29; lediglich Zweifel bei *Wolf/Horn/Lindacher*, § 9 Rn G 65, s. auch § 11 Nr. 5 Rn 24; a. A. OLG Köln 19. 4. 1996, 3 U 248/92, n. v. – nach Zurückverweisung durch BGH NJW 1994, 2478.
39 NJW 1970, 29

einschlägigen **BGH-Entscheidung** ist es in der Folgezeit nicht gekommen. In seinem Urteil vom 29. 6. 1994[40] hat der BGH lediglich auf die im Schrifttum geäußerten Bedenken hingewiesen; einer eigenen Stellungnahme hat er sich enthalten, weil das Berufungsgericht zur generellen Angemessenheit des Pauschbetrages von 15% keine Feststellungen getroffen hatte. Das OLG Köln (3. ZS) hat dies inzwischen nachgeholt. Nach Einholung eines Sachverständigengutachtens ist es zu dem Ergebnis gelangt, dass die 15%-Klausel nicht zu beanstanden sei.[41]

Demgegenüber hat sich der 12. Zivilsenat des OLG Köln – ohne Beweiserhebung – gegen die Zulässigkeit der 15%-Klausel für den Fall ausgesprochen, dass ein Pkw von einem Neuwagenhändler mit Gebrauchtwagenabteilung gekauft worden ist.[42] Die Entscheidung ist rechtskräftig geworden, nachdem die Klägerin (BMW-Vertragshändlerin) auf die Einlegung der (zugelassenen) Revision verzichtet hat.

Zu Recht hat das OLG Köln (12. ZS) zwischen dem Verkauf fabrikneuer und gebrauchter Kfz differenziert. Die Erwägungen, mit denen die 15%-Pauschale **im Neufahrzeughandel** (in fragwürdiger Weise) gerechtfertigt wird (dazu Rn 171), können auf den Gebrauchtwagenverkauf nicht ohne weiteres übertragen werden. Das bedarf keiner weiteren Begründung. Geboten ist aber auch eine weitere **Differenzierung,** nämlich zwischen Neuwagenhändler mit Gebrauchtwagenabteilung, dem so genannten Marken- oder Fabrikatshändler, einerseits und dem reinen Gebrauchtwagenhändler (ohne Neufahrzeughandel) andererseits. Bei der Ermittlung des **branchenüblichen Durchschnittsschadens** sind beide Teilmärkte getrennt in den Blick zu nehmen. Denn die Kosten- und Ertragssituation ist auch bei generalisierender Betrachtung nicht miteinander zu vergleichen. Beide Märkte lassen sich auch ohne weiteres voneinander abgrenzen, so dass kein Grund besteht, die Besonderheiten des Teilmarktes „Markenhandel" nicht schon bei der Angemessenheitskontrolle nach § 309 Nr. 5 a BGB zu berücksichtigen.

941 Mit Blick auf den Teilmarkt „ Markenhandel" führt kein Weg an der Erkenntnis vorbei, dass die Ertragslage sich seit Jahren verschlechtert hat. Das hat vor allem **strukturelle Gründe.** Im Markenhandel kommt der Bestand an gebrauchten Pkw/Kombis ganz überwiegend durch **Inzahlungnahmen** beim Neuwagenverkauf und dem Verkauf junger Gebrauchter zustande.[43] Der **freie Zukauf** von Privat oder von Kfz-Händlern ist die Ausnahme, mag dieser Beschaffungsweg in den letzten Jahren auch ausgebaut worden sein. Aufs Ganze gesehen zu vernachlässigen sind auch Leasingrückläufer und ehemalige Mietfahrzeuge (buy-back).

Setzt sich der Gebrauchtwagenbestand des Markenhandels aber in erster Linie aus in Zahlung genommenen Fahrzeugen zusammen, so muss ein Phänomen Beachtung finden, das üblicherweise mit **„verdeckter Rabatt"** beschrieben wird. Überhöhte Inzahlungnahmepreise schmälern den Erlös des Händlers, sei es aus dem Neufahrzeugverkauf, sei es aus dem Weiterverkauf des hereingenommenen Altwagens. An sich sind verdeckte Preisnachlässe in Form unrealistischer Hereinnahmepreise dem Neuwagengeschäft zuzuordnen. Ohne den harten Wettbewerb auf dem Neuwagenmarkt wäre der Händler nicht zu übertäuerten Hereinnahmen gezwungen. Schadensrechtlich ist der Veranlassergedanke irrelevant. Gegenstand der Pauschalierung ist der Anspruch auf Schadensersatz statt der Leistung (§§ 280 I, III, 281 BGB).

---

40 BGHZ 126, 305 = NJW 1994, 2478 = EWiR § 252 BGB 1/94, 847 *(Reinking).*
41 Urteil vom 19. 4. 1996, 3 U 248/92, n. v.
42 Urt. v. 27. 5. 1993, NJW-RR 1993, 1404.
43 Für etwa 85% der Händler ist die Inzahlungnahme der Hauptbeschaffungsweg, vgl. VEEDOL/ AUTOHAUS GW-Fachhandelsstudie '93, S. 28/29.

Der Schaden gewerblicher Verkäufer liegt nicht nur, aber im Wesentlichen im ausgebliebenen Bruttogewinn. Ob ein Gewinn erzielt worden wäre, ergibt sich aus einem Vergleich von Einkaufspreis (Hereinnahmepreis) und Verkaufspreis. Das Motiv für Preiszugeständnisse auf der Hereinnahmeseite muss bei der Ermittlung des zu pauschalierenden Schadens ausgeklammert werden. Keinesfalls geht es an, die aus verdeckten Rabatten resultierenden Verluste bei der Festlegung der Schadenspauschalen in beiden Geschäftsbereichen zu ignorieren. Verfehlt ist auch, einen versteckten Rabatt vom Kaufpreis abzuziehen und die 15% von dem so verringerten Betrag zu berechnen.[44]

Reine Gebrauchtwagenhändler haben eine andere Kostenstruktur als Neuwagenhändler mit Gebrauchtwagenabteilung. Sie können billiger einkaufen, weil der Altfahrzeugankauf nicht im Zusammenhang mit einem Neufahrzeugverkauf steht. Brutto- und Nettoerträge auf diesem Teilmarkt, der nur ca. 20% des gewerblichen Handels abwickelt, lassen sich nur schwer abschätzen. Betriebswirtschaftliche Analysen liegen nicht vor. Wenn nicht alles täuscht, ist eine Bruttospanne von 15–20% bei Pkw/Kombis zu hoch gegriffen. **942**

Für die **heutige Gerichtspraxis** bedeutet dies: Eine Schadensersatzklage eines **Markenhändlers** oder einer **Werksniederlassung** wegen Nichtabnahme eines gebrauchten **Pkw/Kombis/Vans**, die nur auf die 10%-Klausel in Abschn. IV Ziff. 2 der neuen ZDK-AGB oder auf eine vergleichbare Klausel gestützt wird, ist ohne weitere Darlegung **unschlüssig**. Ein Versäumnisurteil kann nicht ergehen.[45] Für die – substanziierte – Behauptung eines branchentypischen Durchschnittsschadens in Höhe des Pauschbetrages ist der Händler als Verwender beweispflichtig.[46] Als Beweismittel kommt das Gutachten eines Wirtschaftsprüfers oder eine Auskunft der örtlichen Industrie- und Handelskammer in Frage. **943**

Da es einem **Markenhändler** bei den derzeitigen Marktgegebenheiten kaum gelingen dürfte, einen branchenüblichen Durchschnittsschaden selbst in Höhe von 10% des Verkaufspreises zu beweisen, empfiehlt sich für ihn eine **konkrete Schadensberechnung.** Dieser Weg ist ihm in Abschn. IV Ziff. 2 ZDK-AGB in zulässiger Weise[47] ausdrücklich vorbehalten. Bei der konkreten Schadensberechnung ist der Händler nicht an die 10%-Grenze gebunden. Zur Schadensberechnung im Einzelnen s. Rn 951.

Beim Kauf eines Pkw/Kombi/Geländewagen von einem **reinen Gebrauchtwagenhändler** ist eine pauschale Nichtabnahmeentschädigung von bis zu 15% ohne nähere Darlegung schlüssig. Es ist Sache des Käufers, den Einwand einer überhöhten Pauschale substanziiert zu begründen. Daran sind keine hohen Anforderungen zu stellen, weil der Käufer keinen Einblick in die geschäftliche Situation des Händlers hat.

Unwirksam ist eine Pauschalierungsklausel auch dann, wenn sie dem Käufer nicht ausdrücklich den Nachweis gestattet, ein Schaden sei überhaupt nicht entstanden oder wesentlich niedriger als die Pauschale, siehe jetzt **§ 309 Nr. 5 b BGB**. Diesem (neu formulierten) Erfordernis trägt die Klausel Abschn. IV Ziff. 2 ZDK-AGB hinreichend Rechnung, obgleich sie nur den Fall des geringeren Schadens anspricht. Unerwähnt bleibt der Fall, dass überhaupt kein Schaden entstanden ist. **944**

Ohne **ausdrücklichen Vorbehalt** ist eine Pauschalierungsklausel **jetzt nicht mehr wirksam**, selbst wenn nach dem Wortlaut und dem erkennbaren Sinn die Möglichkeit offen gehalten wird, im konkreten Fall nachzuweisen, dass kein oder ein geringerer Schaden entstanden ist. Die vom BGH nach altem Recht nicht beanstandete Klausel „Bei Abnahmever-

---

44 So aber OLG Köln 19. 4. 1996, 3 U 248/92, n. v.
45 OLG Celle 16. 10. 1997, OLGR 1998, 93 zu einer 15%-Klausel; großzügiger OLG Düsseldorf 24. 10. 1997, NZV 1998, 159 – Neuwagenverkauf.
46 Str., vgl. BGH 3. 11. 1999, NJW-RR 2000, 719 m. w. N.; wie hier *Palandt/Heinrichs*, Ergbd., § 309 Rn 29; s. auch *Weyer*, NJW 1977, 2237.
47 Vgl. BGH 16. 6. 1982, NJW 1982, 2316, 2317; OLG Köln 27. 5. 1993, NJW-RR 1993, 1404.

zug des Käufers ist der Verkäufer nach einer angemessenen Nachfristsetzung, verbunden mit einer Ablehnungsandrohung, berechtigt, Schadensersatz in Höhe von 15% des Kaufpreises zu verlangen",[48] ist heute nicht mehr zu halten.

945 Im Fall einer wirksamen Schadenspauschalierung ist der Käufer darlegungs- und beweispflichtig dafür, dass kein oder ein geringerer Schaden entstanden ist.[49] Zu einer Offenlegung seiner Kalkulation ist der Händler nicht verpflichtet; ihn trifft keine „sekundäre Darlegungslast".[50] Im Rahmen des **Gegenbeweises** kann der Käufer im Allgemeinen nicht damit gehört werden, der Händler habe deshalb keinen Schaden erlitten, weil er das Fahrzeug anderweitig zum gleichen oder gar einem höheren Preis verkauft habe. Zu Gunsten des Händlers wird nämlich vermutet (§ 252 BGB), dass er bei ordnungsgemäßer Erfüllung des ersten Kaufvertrages dem Zweitkunden ein anderes gleichwertiges Fahrzeug verkauft hätte.[51] Dann hätte er aus beiden Geschäften Gewinn gezogen. Grundlage dieser Vermutung ist die – fragwürdige – Annahme, dass es sich bei einem gebrauchten Pkw um eine marktgängige Ware handelt. Nach dem gewöhnlichen Lauf der Dinge ist eine solche Ware jederzeit zum Marktpreis absetzbar. Auf in großen Stückzahlen gebaute Serienfahrzeuge in gängiger Farbe und ohne Sonderausstattung mag dies zutreffen. Auf noch schwächerer Tatsachenbasis ruht die weitere Vermutung, die der BGH gleichfalls dem § 252 S. 2 BGB entnimmt, dass nämlich der Zweitkunde ein anderes gleichwertiges Fahrzeug gekauft hätte. Da der vertragsbrüchige Käufer keinen Einblick in den Lagerbestand und die geschäftliche Situation des Händlers hat, muss dieser zunächst darlegen, in welcher Weise das Zweitgeschäft möglich gewesen wäre. Alsdann ist es Sache des Käufers, darzutun, dass der Händler zur Erfüllung eines zusätzlichen Vertrages mit jenem Kunden nicht imstande gewesen wäre.

946 Der auf Zahlung einer Schadenspauschale in Anspruch genommene Käufer kann sich mit dem Einwand des **Mitverschuldens** verteidigen. Hat der Händler gegen seine **Schadensminderungspflicht** (§ 254 II BGB) verstoßen (vgl. auch Rn 925), besteht ein Schadensersatzanspruch nicht in voller Höhe. Dem Händler bleibt nur der Einzelnachweis.

950 **Berechnung der Pauschale:** Ausgangsbasis ist der **tatsächlich vereinbarte Kaufpreis** nach Abzug etwaiger Skonti oder sonstiger Nachlässe. Zur Auswirkung offener und versteckter Rabatte s. Rn 172. Das Entgelt für vereinbarte Nebenleistungen, z. B. Zulassung oder Einbau eines Radios, bleibt unberücksichtigt. Was die **Umsatzsteuer** angeht, so kommt es darauf an, ob das Auto unter Anwendung der Differenzbesteuerung oder nach der Regelbesteuerung verkauft worden ist. Beim Ausfüllen der „Zahlungsvereinbarung Bargeschäft" hat der Händler zwei Möglichkeiten: Verkauf unter Anwendung der Differenzbesteuerung nach § 25 a UStG oder Verkauf mit Regelbesteuerung. Mit dem Ankreuzen eines der beiden vorgedruckten Kästchen legt er fest, ob er die Umsatzsteuer nur auf die positive Differenz oder auf den gesamten Wagenwert bezahlen muss. Bei einem Verkauf nach der Differenzbesteuerung besteht ein Verbot, die Umsatzsteuer auszuweisen. Infolgedessen enthalten die Bestellscheine in der Rubrik „Zahlungsvereinbarungen und Bargeschäft" den Hinweis: „Für Vorsteuerabzugsberechtigte kein Umsatzsteuerausweis möglich, § 25 a UStG". Bemessungsgrundlage der Schadenspauschale ist in diesem Fall der **Rechnungsbetrag**.[52] Verzichtet der Händler auf die Anwendung der Differenzbesteuerung

---

48 Urt. v. 31. 10. 1984, NJW 1985, 320 (Möbelhandel).
49 OLG Naumburg 19. 3. 1999, NJW-RR 2000, 720 = MDR 1999, 1441 = OLGR 1999, 366 – Neufahrzeugkauf.
50 OLG Naumburg 19. 3. 1999, MDR 1999, 1441 = OLGR 1999, 366 – Neufahrzeugkauf.
51 BGH 29. 6. 1994, NJW 1994, 2478 = EWiR § 252 BGB 1/94, 847 *(Reinking);* früher schon BGH 8. 10. 1969, NJW 1970, 29; s. auch BGH 22. 12. 1999, NJW 2000, 1409.
52 Stets für Nettobetrag *Kohlndorfer,* ZfS 1994, 37; im Ergebnis auch (mit Hilfe der Unklarheitenregel) OLG Celle 5. 4. 1995, OLGR 1995, 182; s. auch Rn 170.

und optiert er für die Regelbesteuerung, zählt die Umsatzsteuer von zur Zeit 16% zum vereinbarten Kaufpreis im Sinne der Pauschalierungsklausel.

Die Schadenspauschale ihrerseits unterliegt nicht der Umsatzsteuer, weil sie kein Entgelt gem. § 1 Abs. 1 Nr. 1 UStG darstellt.[53]

Schadensberechnung ohne Pauschale: Machte der Kraftfahrzeughändler seinen Schaden ohne Rückgriff auf eine Pauschalierungsabrede allein auf gesetzlicher Grundlage geltend, galt nach altem Recht Folgendes: Anspruchsgrundlage war § 326 BGB oder – bei unberechtigter Erfüllungsverweigerung vor Verzugseintritt – positive Forderungsverletzung.[54] Nach **neuem Recht** folgt der Anspruch aus §§ 280 I, III, 281 BGB. Schon die ernsthafte und endgültige Ankündigung des Käufers, bei Bereitstellung das Fahrzeug nicht abzuholen, verletzt seine Pflicht zur Leistung.

951

Als Schadensersatz wegen Nichterfüllung kann der Händler die **Differenz** zwischen seinem Interesse an der Vertragserfüllung und der von ihm ersparten Gegenleistung verlangen, m. a. W.: Er ist so zu stellen, wie er bei ordnungsgemäßer Vertragserfüllung durch den Käufer (Zahlung und Fahrzeugabnahme) gestanden hätte.[55]

Ermittlung und Berechnung des Nichterfüllungsschadens: Im Vordergrund steht der **entgangene Gewinn.** Durch den Vertragsbruch des Käufers entgeht dem Händler zunächst der **vereinbarte Kaufpreis.** Dieser kann sich auch bei einem Gebrauchtwagengeschäft aus einem Barenteil und einem Anrechnungswert für einen Altwagen des Käufers zusammensetzen („Gebraucht auf Gebraucht"). Der Barbetrag ist ein Nettobetrag, sofern das Fahrzeug unter Anwendung der Differenzbesteuerung[56] verkauft worden ist. Bestandteil des Kaufpreises kann, muss aber nicht die Prämie für eine Garantie (Reparaturkostenversicherung) sein. Tritt der Händler selbst als Garantiegeber auf, gehört der Aufpreis für die Garantie zum Verkaufspreis des Fahrzeuges. Bei einer nur vermittelten Garantie ist die Versicherungsprämie hingegen kein Bestandteil des Verkaufspreises.

Der vereinbarte Verkaufspreis (Vertragspreis), der auch bei einer Inzahlungnahme in voller Höhe in die Schadensberechnung eingeht, kann in Beziehung gesetzt werden zu a) dem (billigeren) Einkaufspreis, b) dem (niedrigeren) Kaufpreis aus einem tatsächlichen Deckungsverkauf oder c) dem (niedrigeren) Marktpreis aus einem künftigen – gem. § 252 BGB vermuteten – Deckungsgeschäft.

Macht der Händler die Differenz zwischen Vertragspreis und billigerem Einkaufspreis als entgangenen Gewinn geltend, stellt sich meist das Problem des sog. **verdeckten Preisnachlasses.** Denn die Hereinnahme des nicht abgenommenen Fahrzeugs steht im Zweifel im Zusammenhang mit einem Neufahrzeugverkauf. Durch einen überhöhten Inzahlungnahmepreis wird auf das Neufahrzeug häufig ein „verdeckter Preisnachlass" gewährt. Dessen Bedeutung für die Schadensberechnung haben die Gerichte noch nicht geklärt. Umsatzsteuerlich ist das Problem gelöst. Sowohl bei der Ermittlung des Entgelts für den Neuwagen als auch bei der Differenzbesteuerung ist der tatsächliche („gemeine") Wert des hereingenommenen Gebrauchtwagens anzusetzen.[57]

Bei der Berechnung des entgangenen Gewinns wird man richtigerweise auf den konkreten Einstandspreis abzustellen haben. Wer um eines anderen Geschäftes willen eine Ware zu teuer einkauft, kann sich auch gegenüber einem vertragsbrüchigen Käufer nicht auf

---

53 BGH 11. 2. 1987, NJW 1987, 1690; OLG Celle 5. 4. 1995, OLGR 1995, 182; *Kohlndorfer,* ZfS 1994, 37.
54 OLG Köln 27. 5. 1993, NJW-RR 1993, 1404.
55 BGH 22. 2. 1989, BGHZ 107, 67 = NJW 1989, 1669; BGH 20. 5. 1994, NJW 1994, 2480; BGH 22. 12. 1999, NJW 2000, 1409; abw. *Knütel,* AcP 202, 591 ff.
56 Dazu Rn 971.
57 Steuer-Erfahrungsaustausch Kraftfahrzeuggewerbe 1/95, S. 7.

einen fiktiven Einkaufspreis zurückziehen. Bei der Ermittlung des tatsächlichen Einkaufspreises sind auch die Kosten für Reparaturen und diejenigen Aufwendungen des Händlers zu berücksichtigen, die er zum Zwecke des Verkaufs in das Fahrzeug investiert, z. B. TÜV-Abnahme, AU, Kat-Umrüstung, allgemeine Aufbereitung, Werbung etc. Von diesen speziellen Verkaufskosten sind die allgemeinen Geschäftsunkosten zu trennen. Sie bleiben außer Betracht.

Einige Schwierigkeiten bereitet die Schadensberechnung bei einem **Weiterverkauf** des nicht abgeholten Fahrzeugs an einen Zweitkunden. Ein solcher **Deckungsverkauf** zum selben Preis führt in der Regel nicht zum Wegfall des Schadens. Denn zu Gunsten eines Kraftfahrzeughändlers wird vermutet, dass er dem Zweitkunden ein anderes gleichwertiges Fahrzeug aus seinem Bestand verkauft und damit aus zwei Geschäften Gewinn gezogen hätte.[58] Einen **Mindererlös** aus dem Deckungsverkauf kann der Händler ersetzt verlangen,[59] wobei er freilich mit dem Einwand rechnen muss, gegen seine Schadensminderungspflicht (§ 254 II BGB) verstoßen zu haben.

Gründe für einen Mindererlös sind vielfältig: Überbewertung beim Erstgeschäft, Preisverfall während der Standzeit, weitere Eintragung im Fahrzeugbrief u. a. Erzielt der Händler hingegen – wie im Fall OLG Köln NJW-RR 1993, 1404 – einen **Mehrerlös**, so beurteilt sich die Anrechnung nach den Grundsätzen des BGH-Urteils vom 6. 6. 1997.[60] Eine (seltene) Steigerung des Zeitwerts zwischen Erstverkauf und Deckungsverkauf kommt dem Käufer zugute. Anders ist es, wenn der Mehrerlös auf überobligationsmäßigen Anstrengungen des Verkäufers oder auf einem außergewöhnlichen Erwerbsinteresse des „Deckungskäufers" beruht.

In den Einzelheiten weitgehend ungeklärt ist, ob und inwieweit der Differenzbetrag zwischen Einkaufs- und Verkaufspreis (Rohgewinn) um bestimmte Posten gekürzt werden muss, und was ein Kfz-Händler zusätzlich zu seinem entgangenen Rohgewinn an Schadenspositionen geltend machen kann. Nicht abzuziehen sind die **allgemeinen Geschäftskosten**.[61] Sie bleiben dem Händler durch den Vertragsbruch des Käufers nicht erspart. Eine Vermutung spricht dafür, dass sie unabhängig davon angefallen sind. **Ersparte Aufwendungen** können hingegen sein: Transportkosten, Verkäuferprovision und sonstige Kosten, die bei der vertragsgemäßen Abwicklung des Geschäfts angefallen wären.

Zum ersatzfähigen Schaden des Händlers gehören außer dem entgangenen Gewinn die **nutzlosen Vermarktungsaufwendungen** (Instandsetzungsaufwand, z. Zt. durchschnittlich 250 Euro pro Pkw; Aufwand für Aufbereitung, z. Zt. ca. 100 Euro; Kosten für Werbung einschließlich Inserate), ferner die Kosten für die regelmäßige **Pflege** des nicht abgenommenen Fahrzeugs, schließlich die Kosten für die **Finanzierung** des Gebrauchtwagenbestandes, die bei pünktlicher Zahlung des vereinbarten Kaufpreises zumindest anteilig vermieden worden wären.[62]

Offen gelassen hat das OLG Köln,[63] ob der Händler auch ein **Standgeld** beanspruchen kann. Im Parallelfall des Werkstattrechts ist dies allgemein anerkannt. Für die Nichtabnahme eines gekauften Fahrzeugs kann nichts anderes gelten.[64] Die Höhe des Standgeldes ist gem. § 287 ZPO zu schätzen. Dabei ist zu berücksichtigen: Aufbewahrung im Freien oder in einer Halle, Größe des Fahrzeugs, Lage des Betriebes (Großstadt oder ländliche Ge-

---

58 BGH 29. 6. 1994, NJW 1994, 2478; s. auch *Pohlmann,* NJW 1995, 3169.
59 LG Hamburg 26. 7. 1996, NJW-RR 1997, 560.
60 NJW 1997, 2378.
61 BGH 22. 2. 1989, BGHZ 107, 67 = NJW 1989, 1669.
62 OLG Köln 27. 5. 1993, NJW-RR 1993, 1404.
63 NJW-RR 1993, 1404.
64 Siehe auch BGH NJW 1996, 1464 mit Hinweis auf §§ 304 BGB, 354 HGB.

gend). Bei einem normalen Pkw dürfte zurzeit (2002) ein Tagessatz von 5 Euro angemessen sein.[65]

i) Eigentumsvorbehalt

Auch in den Gebrauchtwagen-Verkaufsbedingungen Stand 2002 nehmen die Bestimmungen über den Eigentumsvorbehalt breiten Raum ein. Praktische Bedeutung haben sie nicht. Da die einzelnen Regelungen den Klauseln in den Neuwagenverkaufsbedingungen entsprechen, wird auf deren Kommentierung verwiesen (Rn 108 f.). Ergänzend wird auf eine Entscheidung des OLG Hamburg[66] hingewiesen, wonach in der Übergabe des Fahrzeugbriefs kein stillschweigender Verzicht auf den Eigentumsvorbehalt liegt, wenn der Käufer einen ungedeckten Scheck gegeben hat.[67]

j) Haftung für Sachmängel

Was früher mit zwei kurzen Sätzen im Abschnitt VII („Gewährleistung") geregelt war, erstreckt sich in den heutigen AGB über eine halbe Seite. Zu den einzelnen Neuregelungen im Abschn. VI („Sachmangel") s. Rn 1544 (Verbraucherkauf) und Rn 1558 ff. (Verkauf an Nichtverbraucher).

k) Freizeichnung von der (allgemeinen) Haftung auf Schadensersatz

Früher war es unbedenklich, ja sogar ein Gebot der Transparenz, Gewährleistung und (allgemeine) Haftung in getrennten Klauselkomplexen zu regeln. Diese Trennung war auch mit Blick auf § 139 BGB von Vorteil. Mit Rücksicht auf die Integration der Sachmängelhaftung in das allgemeine Leistungsstörungsrecht sind Bedenken gegen die Beibehaltung der bisherigen Klauselsystematik angemeldet worden. Eine Trennung sei heute kaum möglich.[68]

Klar war, dass der schlicht mit „Haftung" überschriebene Abschnitt VIII der früheren ZDK-AGB nicht unverändert fortbestehen konnte. Gegenstand der Neuregelung im Abschn. VII („Haftung") sollen sämtliche Schadensersatzansprüche „aufgrund der gesetzlichen Bestimmungen nach Maßgabe dieser Bedingungen" sein. Das schließt an sich Schadensersatzansprüche aus der Sachmängelhaftung ein. Nach neuem Kaufrecht kann ein Verkäufer auch bei (leichter) Fahrlässigkeit wegen Lieferung eines sachmangelhaften Fahrzeugs auf Schadensersatz haften. Arglist oder Zusicherung sind nicht mehr exklusive Haftungsvoraussetzungen. Andererseits ruft der mit „Sachmangel" betitelte Abschnitt VI den Eindruck einer erschöpfenden und abschließenden Regelung hervor. Darin ist jedoch weder der Anspruch auf „einfachen" Schadensersatz nach den §§ 437 Nr. 3, 280 I BGB noch der Anspruch auf Schadensersatz statt der Leistung (§§ 437 Nr. 3, 280 I, III, 281, 283, 311 a II BGB) expressis verbis geregelt. Die Verkürzung der Verjährung von zwei Jahren auf ein Jahr bezieht sich auf sämtliche Sachmängelansprüche und schließt damit auch die Schadensersatzansprüche ein. Was an dieser Stelle fehlt, ist der notwendige Hinweis, dass diese Beschränkung der Haftung nicht für Schadensersatzansprüche aus Sachmängelhaftung gilt, soweit für die Verletzung von Leben, Körper und Gesundheit und für grobes Verschulden gehaftet wird (§ 309 Nr. 7 a, und Nr. 7 b BGB). Zu den Folgen dieses Versäumnisses s. auch Rn 334.

Die Unbeschränkbarkeit eines Anspruchs auf Schadensersatz wegen Verletzung von Leben, Körper und Gesundheit sprechen die ZDK-AGB lediglich im Abschn. VII („Haftung")

---

65 Vgl. Rn 1010.
66 Urt. v. 20. 2. 1986, NJW-RR 1987, 1266.
67 Siehe auch BGH VRS 15, 1; OLG Düsseldorf 24. 4. 1996, OLGR 1997, 4.
68 So *Hoeren/Martinek/Hoeren*, SKK, Teil 3 Rn 57.

an. Die in § 309 Nr. 7 b BGB geregelten Fälle des groben Verschuldens mussten als klauselfeste Tatbestände nicht ausdrücklich angesprochen werden, weil die Freizeichnung gemäß Ziff.1 des Abschn. VII von vornherein nur für leicht fahrlässig verursachte Schäden gilt. Daraus folgt im Umkehrschluss, dass bei grober Fahrlässigkeit und erst recht bei Vorsatz unbeschränkt gehaftet wird.

Was jedoch am Abschn. VII auffällt, ist das Fehlen der Klausel: „Für leicht fahrlässig durch einen Mangel des Kaufgegenstandes verursachte Schäden wird nicht gehaftet". Im Entwurf der GWVB war diese Klausel enthalten. In die Neuwagenverkaufsbedingungen ist sie aufgenommen worden, nicht jedoch in die Parallelregelung für den Gebrauchtfahrzeugverkauf. Der Grund für diese unterschiedliche Behandlung ist nicht bekannt. Näheres zum Problem der Freizeichnung von der „allgemeinen" Haftung unter Rn 1778.

l) Schiedsgutachterverfahren

955 Im Kfz-Handwerk seit 1970 eine bewährte Einrichtung, hat das Schiedsgutachterverfahren im Gebrauchtwagenhandel bis 1980 eher ein Schattendasein geführt. Mit seiner Integration in die ZDK-AGB 1980 ist der Anwendungsgrad dieses in der heutigen Zeit besonders wichtigen Instruments außergerichtlicher Streitbeilegung deutlich gestiegen.

Die Schiedsgutachterklausel in Abschn. VIII der neuen ZDK-AGB ist in jeder Hinsicht bedenkenfrei. Sie ist weder überraschend i. S. v. § 305 c Abs. 1 BGB, noch bedeutet sie eine unangemessene Benachteiligung des Käufers i. S. d. § 307 BGB. Zunächst ist zu beachten, dass die Anrufung der Schiedsstelle für keine der beiden Vertragsparteien obligatorisch, sondern **fakultativ** ist. Sie erweckt beim Käufer auch nicht den Eindruck, dass der Rechtsweg ausgeschlossen sei.[69] Dem steht die Fakultativ-Klausel („können") in Ziff. 1 entgegen. Im Übrigen heißt es in Ziff. 2 ausdrücklich, dass der Rechtsweg durch die Entscheidung der Schiedsstelle nicht ausgeschlossen wird.

Auch wenn der Händler die Schiedsstelle ordnungsgemäß angerufen hat, braucht sich der Käufer auf dieses Verfahren nicht einzulassen. Es besteht keine Pflicht zur Stellungnahme auf die Anrufungsschrift. Der mündlichen Verhandlung kann der Käufer fernbleiben, ohne eine Erschwerung bei der Verfolgung seiner Rechte befürchten zu müssen. Die Entscheidung der Schiedskommission nach Lage der Akten kann ihn nicht daran hindern, seinerseits den Rechtsweg zu beschreiten.

Während sich der Händler dem Spruch der Schiedskommission (kraft der Siegelordnung o. ä.) von vornherein unterwirft, entfaltet er gegenüber dem Käufer keine bindende Wirkung. Abschn. VIII Ziff. 2 ZDK-AGB macht deutlich, dass der Käufer das Recht hat, das Schiedsgutachten in vollem Umfang nachprüfen zu lassen, also nicht nur in den Grenzen des § 319 BGB.[70]

Da der Spruch der Schiedskommission auch unterhalb der Schwelle offenbarer Unbilligkeit i. S. v. § 319 I BGB keine bindende Wirkung für den Käufer hat, ist die personelle Besetzung der Kommission für ihn nicht entscheidend.

Auf Kritik ist die Regelung in Abschn. IX, 4 ZDK-AGB a. F. gestoßen, wonach die Geschäfts- und Verfahrensordnung nur auf Verlangen der Parteien von der Schiedsstelle ausgehändigt wird.[71] Die Bedenken überzeugen nicht, weil der Käufer in der Anrufung der Schiedsstelle frei ist und die Entscheidung ihn auch nicht zu binden vermag. An die Einbeziehung der Verfahrensordnung sind deshalb nur geringe Anforderungen zu stellen.[72]

---

69 Vgl. auch BGH 14. 7. 1987, NJW 1987, 2818 (Reparatur-AGB) und BGH 10. 10. 1991, BB 1992, 90 (Fertighaus-AGB).
70 Vgl. auch *Gottwald/Reichenberger/Wagner*, NZV 2000, 6.
71 *Löwe/Graf von Westphalen/Trinkner*, a. a. O., Schiedsgutachten, Rn 14.
72 So auch *Wolf/Horn/Lindacher*, § 9 S. 19.

m) Gerichtsstand

Die Klauseln über den Gerichtsstand im Abschn. IX decken sich im Wesentlichen mit den Vorgängerbestimmungen im Abschn. X der alten GWVB. Hinzu gekommen ist die Klausel, wonach in allen nicht geregelten Fällen bei Ansprüchen des Verkäufers gegenüber dem Käufer dessen Wohnsitz als Gerichtsstand gilt. Diese Klarstellung ist zu begrüßen.

956

2. Finanzierter Verbraucherkauf

Auch beim Kauf eines gebrauchten Pkw reichen die Eigenmittel häufig nicht aus, um den Kaufpreis zu bezahlen (im Jahr 2001 durchschnittlich 21.150 DM). Der Finanzierungsanteil bleibt naturgemäß deutlich hinter dem des Neufahrzeugkaufs zurück (18% zu 27%). Finanzierungs- und Leasinggeschäfte sind aber auch auf dem Gebrauchtfahrzeugsektor ständig auf dem Vormarsch. Ein professioneller Gebrauchtwagenhandel ohne solche Dienstleistungen ist nicht mehr vorstellbar.

957

Ein wesentlicher Unterschied zum finanzierten Absatz von Neufahrzeugen besteht darin, dass die Hersteller/Importeure sich mit Subventionen in Form günstiger Zinssätze zurückhalten. Gleichwohl arbeiten die meisten Vertragshändler auch bei der Gebrauchtwagenfinanzierung mit den Banken des jeweiligen Herstellers zusammen. Herstellerunabhängige Spezialbanken und die örtlichen Universalbanken und Sparkassen teilen den Rest unter sich auf.

In rechtlicher Hinsicht macht es keinen wesentlichen Unterschied, ob die Anschaffung eines fabrikneuen oder eines gebrauchten Kraftfahrzeugs finanziert wird. Deshalb wird auf die Ausführungen unter Rn 668 ff. verwiesen.

III. Der Kaufvertrag zwischen einem sonstigen Unternehmer und einem Verbraucher

Unternehmer iSv §§ 474, 14 BGB sind nicht nur gewerbliche Fahrzeugverkäufer. Auch **Leasinggesellschaften** und **Autovermieter** verkaufen ihre Gebrauchtfahrzeuge als Unternehmer, ebenso **Handwerksbetriebe** und **Freiberufler**, die ihre gebrauchten Geschäftsfahrzeuge absetzen. Sind ihre Abnehmer Verbraucher, so gelten die Vorschriften über den Verbrauchsgüterkauf (§§ 474 ff. BGB) grundsätzlich in gleicher Weise wie beim Händler-Verbraucher-Geschäft.

958

Die prinzipielle Gleichstellung von unternehmerischen „Gelegenheitsverkäufern" mit professionellen Autohändlern wirft eine Reihe von Fragen auf. Sie werden im Zusammenhang mit dem jeweiligen Sachproblem erörtert.

D. An- und Verkäufe zwischen Unternehmern

959 Praktisch ohne Beteiligung von Verbrauchern werden Geschäfte über **gebrauchte Nutzfahrzeuge** abgewickelt. Die insoweit geltenden Sonderregeln kommen dort zur Sprache, wo das konkrete Sachproblem behandelt wird.

Bei der Vermarktung von Pkw/Kombis gibt es vielfältige Formen von „B2B – Geschäften", z. B. Autovermieter an Kfz-Händler, Leasinggesellschaften an Kfz-Händler und Kfz-Händler untereinander.

Bei Verkäufen „Unternehmer an Unternehmer" ist die Vertragsgestaltungsfreiheit ähnlich unbegrenzt wie beim privaten Direktgeschäft. So kann die Sachmängelhaftung vollständig ausgeschlossen werden. Bei Formularverträgen sind die Beschränkungen zu beachten, die § 309 Nr. 7 a und b BGB mittelbar für Schadensersatzansprüche aus Sachmängelhaftung fordert, s. Rn 1567. Der vom ADAC für Unternehmer-Unternehmer-Verkäufe bereitgestellte Mustervertrag trägt diesem Erfordernis Rechnung. Im Übrigen ist § 444 BGB mit den klassischen Gebrauchtwagenthemen „arglistiges Verschweigen" (dazu s. Rn 1612 ff.) und „Zusicherung/Garantie einer Eigenschaft" (dazu s. Rn 1063 ff.) zu beachten.

E. Verkauf Verbraucher an Unternehmer

1. Die Marktsituation

Soweit gebrauchte Personenkraftwagen nicht verschrottet oder direkt an Privat verkauft werden (zum privaten Direktgeschäft s. Rn 915 ff.), werden sie hauptsächlich vom Kfz-Handel übernommen, sei es durch Ankauf, sei es zur Vermittlung. Echte Kommissionsgeschäfte sind nach wie vor sehr selten.

Die Abgabe von Gebrauchtfahrzeugen an den Handel ist zumeist mit dem Erwerb eines anderen Fahrzeugs (Neu- oder Altwagen) gekoppelt (vgl. Rn 464 ff.). Am „freien" Ankauf privatgenutzter Pkw/Kombis sind die Markenhändler mit Gebrauchtwagenabteilung erfahrungsgemäß wenig interessiert. Weit stärker ist das Interesse von Kfz-Betrieben, die ausschließlich mit Gebrauchtfahrzeugen handeln. „Erstklassige Gebrauchte gesucht" oder „Wir suchen ständig gute Gebrauchte" lauten die gängigen Anzeigen nicht immer seriöser Händler. Kontakte mit Privatleuten kommen auch auf deren eigene Verkaufsanzeigen zustande.

2. Der Ankauf mit Schätzwert-Klausel

a) Inhalt und Auslegung von Schätzwert-Klauseln

Typischer Bestandteil von Ankaufverträgen waren in früheren Jahren Preisklauseln wie
- „Der Kfz-Ankauf erfolgt zum DAT-Schätzpreis abzüglich 50%/40%/30%/20%",
- „zum DAT-Schätzpreis-Händlereinkauf abzüglich 3000,00 DM",
- „zum DAT-Schätzwert-Händlereinkauf mit bzw. ohne MWSt".

Seit Anfang der neunziger Jahre haben Schätzwertklauseln dieser Art an Bedeutung verloren. Sie sind jedoch auch heute noch anzutreffen.[1]

Den ohne klarstellenden Zusatz zumindest missverständlichen Begriff „DAT-Schätzpreis" bzw. „DAT-Schätzwert" hat die Rechtsprechung händlergünstig im Sinne von **Händlereinkaufswert** ausgelegt; dies sogar bei einer Klausel wie „Der Ankauf erfolgt zum DAT-Schätzpreis abzüglich 50%/40%/30%/20%".[2] Schon bei einer Individualabrede dieses oder eines ähnlichen Inhalts bestehen hiergegen Bedenken, erst recht bei einer **formularmäßigen** Preisklausel. Die Rechtsprechung hat mit der Formel vom „Transparenzgebot" geholfen. Dazu und zur Inhaltskontrolle s. Rn 964 ff.

Mitunter enthalten Schätzwert-Klauseln den Zusatz „gültiger Schätzwert". Im Zusammenhang mit einer DAT-Schätzung bedeutete dies zweierlei: zum einen Aktualität der Schätzung, zum anderen deren Endgültigkeit. Nach dem DAT-Schätzverfahren war als „endgültig" festgestellt nur derjenige Schätzwert anzusehen, der nach einem Einspruchsverfahren[3] bestätigt oder neu festgelegt worden ist.[4]

b) Sittenwidrigkeit

In der Regel verstößt eine Schätzpreisklausel selbst dann nicht gegen die guten Sitten (§ 138 BGB), wenn vom Händler-Einkaufspreis noch ein bestimmter Prozentsatz abgezo-

---
1 ADAC-Motorwelt 9/2002, S. 42 ff.
2 BGH 18. 5. 1983, NJW 1983, 1854 = WM 1983, 731; AG Berlin-Schöneberg 9. 7. 1981, AH 1982, 757.
3 Vgl. dazu *Eggert/Reinking/Hörl*, S. 141 f.
4 OLG Hamm 19. 2. 1981, 28 U 166/80, n. v.

gen wird. Abschläge von 10–30% liegen noch deutlich unter dem Grenzwert, bei dem ein auffälliges Missverhältnis zwischen Leistung und Gegenleistung anzunehmen ist. Auch unter Berücksichtigung der Unerfahrenheit des privaten Autobesitzers in seiner ungewohnten Rolle als Verkäufer, ja selbst bei einer gewissen wirtschaftlichen Bedrängnis, ist ein Verstoß gegen § 138 BGB in diesen Fällen nicht zu bejahen. Die kritische Grenze dürfte erst überschritten sein, wenn nach Abzug des Prozentwertes oder eines festen Euro-Betrages weniger als die Hälfte des Marktpreises (Verkaufswert) übrigbleibt. In die Sittenwidrigkeitsprüfung ist der gesamte Vertragsinhalt einschließlich der AGB einzubeziehen. Zu berücksichtigen sind auch die den Vertragsschluss begleitenden Umstände. Nicht selten unterschreiben private Fahrzeugbesitzer Vertragsformulare, ohne zu wissen, worauf sie sich einlassen.

c) Rechtsnatur der Schätzwertklausel

963 Es handelt sich um einen Fall der Leistungsbestimmung durch einen Dritten i. S. v. § 317 I BGB. Schätzwert-Klauseln sind daher als **Schiedsgutachtenabrede** zu qualifizieren.[5]

d) Inhaltskontrolle gemäß § 307 BGB

964 Mit dem **BGH** ist davon auszugehen, dass Schätzwert-Klauseln der Inhaltskontrolle unterliegen.[6] Preisabreden sind ihr zwar grundsätzlich entzogen. Anders ist es aber, wenn das Wie der Preisfindung klauselartig festgelegt wird.[7]

Ob die formularmäßige „DAT-Schätzwert"-Klausel den privaten Autoverkäufer unangemessen i. S. v. § 9 AGBG a. F. benachteiligt, hat der BGH in seinem grundlegenden Urteil vom 18. 5. 1983[8] nicht abschließend geprüft. Zum einen war der Verkäufer über die Bedeutung der Klausel vor Vertragsabschluss aufgeklärt worden, wenn auch nur über den Inhalt, nicht aber über die Rechtsfolgen dieser Abrede, speziell deren Bindungswirkung. Deshalb brauchte sich der BGH mit dem **Transparenzerfordernis** nicht abschließend auseinander zu setzen. Zum anderen fehlte es in jenem Fall an einem hinreichenden Vortrag von Tatsachen, die auf eine wirtschaftliche oder rechtliche Abhängigkeit zwischen Händler und Schiedsgutachter hindeuteten. Mangels tatrichterlicher Feststellungen war der BGH der Prüfung enthoben, ob der Sachverständige, der den DAT-Schätzwert ermitteln soll, neutral, vollständig unabhängig und sachkundig ist.

aa) Zum Transparenzgebot

965 Auch ohne besondere Aufklärung des privaten Autoanbieters über Inhalt und Tragweite der Schätzwert-Klausel ist dem Transparenzgebot (jetzt § 307 I, 2 BGB) Genüge getan, wenn die Klausel den klarstellenden Zusatz „Händlereinkaufswert" oder „Händlerverkaufswert" enthält. Mit diesen Begriffen sollte ein durchschnittlicher Verbraucher etwas anzufangen wissen. Sie ermöglichen es ihm, sein Preiserzielungsrisiko abzuschätzen. In der Praxis geht es allerdings weniger um ein Verständnisproblem als vielmehr um die Vorfrage der Risikoaufklärung (s. Rn 969).

Ohne den erläuternden Hinweis auf die Art des Preises (EK oder VK) ist die Preisbildung intransparent, selbst wenn die Klausel – wie im BGH-Fall[9] – gestaffelte Abzugsbeträge (20%–50%) aufweist. Die prozentualen Abzüge deuten an sich darauf hin, dass sie mit

---

5 Ganz h. M., vgl. BGH 18. 5. 1983, NJW 1983, 1854.
6 Urt. v. 18. 5. 1983, NJW 1983, 1854.
7 Vgl. *Ulmer/Brandner/Hensen*, Anh. §§ 9–11, Rn 436; *Köndgen,* NJW 1989, 943, 948.
8 NJW 1983, 1854.
9 NJW 1983, 1854.

dem Verkaufswert in Zusammenhang stehen. Je höher der Abschlag ist, desto stärker muss auch für einen Laien der Eindruck sein, Ausgangspunkt der Rechenoperation sei der Händlerverkaufswert oder der objektive Verkehrswert (Marktpreis), jedenfalls nicht der Einkaufswert. Ein Abzug von nur 20% deutet schon eher auf den Händlereinkaufswert als Basisgröße hin. Dieser berücksichtigt nämlich nur die durchschnittliche Handelsspanne. Der ankaufende Händler hat jedoch ein berechtigtes und dem Kunden auch einleuchtendes Interesse daran, anstelle der Durchschnittsmarge seine eigene geschäfts- und fahrzeugspezifische Handelsspanne in Ansatz zu bringen. Ein Fabrikatshändler mit Werkstattbetrieb, der einen Gebrauchtwagen seines Fabrikats ankauft, hat wegen der voraussichtlich kürzeren Standzeit und damit geringeren Finanzierungskosten und des geringeren Wertverlustes eine andere Kostensituation als ein Fremdfabrikatshändler oder ein reiner Gebrauchtwagenhändler. Da diese Kalkulationsüberlegungen dem Durchschnittskunden insgesamt fremd sind, bringen die prozentualen Abzüge nur dann einen Zugewinn an Transparenz, wenn eindeutig klar ist, wovon wie viel abgezogen wird.

bb) Zum Neutralitätsaspekt

Die gebotene Unabhängigkeit des Schiedsgutachters ist nicht nur unter wirtschaftlichen Gesichtspunkten zu beurteilen. Auch sonstige Bindungen sachlicher oder rechtlicher Natur können Zweifel daran wecken, dass der vorgesehene Schiedsgutachter unabhängig und unbeeinflusst von sachfremden Erwägungen tätig wird.[10]

Eine unangemessene Benachteiligung des privaten Autoverkäufers durch DAT-Schätzwertklauseln ist in den 70er Jahren heftig diskutiert worden. Aus **heutiger Sicht** steht die Behauptung, DAT-Sachverständige würden Gebrauchtwagen fast immer zu Gunsten der Händler schätzen, unbewiesen im Raum. Eine breit angelegte Untersuchung der Stiftung Warentest[11] hat sogar ergeben: Die Werte im DAT-Marktspiegel unterscheiden sich nur unerheblich von den Eintragungen im Schwacke-Marktbericht, der für sich seit jeher in Anspruch nimmt, „neutral" und „unabhängig" zu sein.

e) Unverbindlichkeit des Schätzwertes gemäß § 319 BGB analog

Unverbindlich ist der Schätzwert, wenn er **offenbar unrichtig** ist. Dieser Fall wird der offenbaren Unbilligkeit gleichgestellt. Offenbare Unrichtigkeit verlangt mehr als bloße Unrichtigkeit der Schätzung. Offenbar unrichtig ist sie erst dann, wenn sie „den Grundsatz von Treu und Glauben in grober Weise verletzt und wenn sich ihre Unrichtigkeit dem Blick eines sachkundigen und unbefangenen Beurteilers sofort aufdrängen muss".[12] Diese Formel ist wegen ihrer Unschärfe nur schwer zu handhaben. Schwierigkeiten bereitet vor allem das normative Element des § 242 BGB, das in der Entscheidung des BGH vom 2. 2. 1977[13] allerdings nicht mehr erwähnt wird. Bei gutachterlichen Wertermittlungen und Schätzungen liegt die Möglichkeit eines gewissen Spielraums („Streubereich") in der Natur der Sache.[14] Das Schätzergebnis muss, um offenbar unrichtig zu sein, erheblich außerhalb des an sich üblichen Toleranzbereichs entsprechender Schätzungen liegen. Das wird bei Abweichungen in einer Größenordnung von unter 15% regelmäßig zu verneinen sein.[15]

Die offenbare Unrichtigkeit des Schätzergebnisses hat grundsätzlich derjenige zu **beweisen,** der sie geltend macht. Eine Beweislastumkehr erscheint jedoch geboten, wenn der

---

10 So BGH 18. 5. 1983, NJW 1983, 1854.
11 test 3/1979; vgl. auch test 6/1982.
12 BGH 14. 12. 1967, WM 1968, 307; vgl. auch BGH 24. 9. 1990, NJW-RR 1991, 228.
13 NJW 1977, 801; vgl. auch BGH 25. 1. 1979, NJW 1979, 1885; BGH 16. 11. 1987, NJW-RR 1988, 506.
14 BGH 1. 4. 1987, NJW-RR 1987, 917 (zu § 64 VVG).
15 BGH 1. 4. 1987, NJW-RR 1987, 917.

Händler den Wagen in Kenntnis der Abweichung von der Preisvorstellung des Verkäufers veräußert hat, ohne diesen vorher davon zu unterrichten, und das Fahrzeug infolgedessen nicht mehr für eine Nachschätzung zur Verfügung steht (Rechtsgedanke aus § 444 ZPO). Der Nachweis der offenbaren Unrichtigkeit der Schätzung wird dem Verkäufer erfahrungsgemäß nur selten gelingen.[16] Nach Auffassung des BGH genügt der Verkäufer seiner Darlegungs- und Beweislast nicht schon dadurch, dass er auf unterschiedliche Schätzwerte hinweist. Auch die Behauptung, die Schätzorganisation weigere sich, Einzelheiten der Wertermittlung bekannt zu geben, ist nicht ausreichend.

f) Irrtumsanfechtung

968 Um von dem Kaufvertrag loszukommen, müsste der Verkäufer darlegen und beweisen, dass er – abweichend von dem urkundlich belegten Tatbestand seiner Erklärung – die Vorstellung hatte, das Fahrzeug entweder überhaupt nicht oder zum Festpreis oder für einen Betrag in Höhe des Verkehrswertes zu verkaufen.[17] Diese inneren Tatsachen zu beweisen, ist selbst für unerfahrene Privatpersonen mit erheblichen Schwierigkeiten verbunden. Haben ausnahmsweise beide Seiten die Erwartung gehegt, der Schätzwert werde deutlich über dem festgesetzten Betrag liegen, so führt dieser beiderseitige Motivirrtum nach verbreiteter Meinung zum Wegfall der Geschäftsgrundlage.[18]

g) Aufklärungsverschulden

969 Das Hauptproblem in Fällen dieser Art ist ein Informationsproblem. Privatpersonen haben häufig die Vorstellung, sich mit ihrer Unterschrift noch nicht fest zu binden, insbesondere keinen Kaufvertrag mit ungünstiger Preisklausel abzuschließen. Diese Fehlvorstellung wird erfahrungsgemäß durch die Begleitumstände und die „Überredungskunst" des Händlers erzeugt.

Nach Ansicht des OLG Frankfurt[19] ist ein Gebrauchtwagenhändler, der Fahrzeuge zum Schätzpreis abzüglich eines bestimmten Prozentsatzes ankauft, nur zur Information über die Bedeutung der Schätzung des Händler-Einkaufswertes verpflichtet, d. h. er muss den Kunden von sich aus, also ungefragt, darüber unterrichten, dass der Händler-Einkaufswert bereits Gewinn und Kosten des Händlers berücksichtigt.[20] Zum Schutz der **Entschließungsfreiheit** des Verbrauchers ist eine derartige Aufklärung das notwendige Minimum. Dem Fahrzeugeigentümer muss klar gemacht werden, worauf er sich einlässt.

Wer trotz eines ausdrücklichen und verständlichen Hinweises einen prozentualen Abschlag vom Schätzpreis akzeptiert, ist nicht schutzwürdig. Dem aufgeklärten Kfz-Eigentümer ist es unbenommen, vom Verkauf Abstand zu nehmen oder eine untere Preisgrenze festzusetzen oder den Vertrag erst dann zu unterzeichnen, wenn sein Fahrzeug geschätzt worden ist. Auch ein Rücktrittsvorbehalt bietet Schutz; ebenso eine Rückfrage beim ADAC o. a.

Wenn der Händler – von sich aus oder auf ausdrückliches Befragen des Verkäufers – eine unrichtige oder unvollständige Auskunft gegeben hat (z. B. der Schätzpreis werde in jedem Fall den Betrag X übersteigen, die Schätzung sei ohne jedes Risiko), haftet er aus Verschulden bei den Vertragsverhandlungen.[21] Die Schadensersatzpflicht des Händlers kann sich auch aus §§ 823 II, 826 BGB ergeben. Darüber hinaus kann der Verkäufer zur An-

---

16 So z. B. im Fall LG Hamburg NJW 1970, 2064.
17 BGH 18. 5. 1983, NJW 1983, 1854.
18 So auch die Vorinstanz zu LG Hamburg NJW 1970, 2064.
19 Urt. v. 26. 5. 1982, MDR 1982, 847.
20 Anders AG Berlin-Schöneberg 9. 7. 1981, AH 1982, 757 (ohne Nachfrage keine Aufklärungspflicht).
21 LG Frankfurt 18. 6. 1976, 2/10 O 126/76, n. v.

Die Marktsituation

fechtung gem. § 123 BGB berechtigt sein. Sie erfasst im Zweifel auch die dingliche Seite des Geschäfts.

Ist strittig, ob und inwieweit eine Aufklärung stattgefunden hat, trägt der Händler die Beweislast. Mit der üblichen Vertragsurkunde allein ist der Beweis nicht geführt. Auf der anderen Seite muss der Händler nicht beweisen, den Anbieter durch mündliche Zusatzerklärungen aufgeklärt zu haben. Die Aufklärung kann selbstverständlich auch schriftlich erfolgen. Dass der Anbieter sich auch bei pflichtgemäßer Unterrichtung auf die Schätzwertklausel eingelassen hätte, hat der Händler darzulegen und zu beweisen.[22]

Bei schuldhafter Verletzung der Informationspflicht kann der Verkäufer verlangen, dass der Vertrag rückgängig gemacht wird. Sofern das Fahrzeug bereits übergeben ist, ist der Händler zur Herausgabe, bei pflichtwidriger Vorenthaltung auch zum Ersatz entgangener Gebrauchsvorteile, verpflichtet.[23] Die Herausgabepflicht erstreckt sich auf die Fahrzeugpapiere. Bei Unmöglichkeit der Herausgabe, z. B. wegen Weiterverkaufs, hat der Ankäufer den Verkehrswert des Fahrzeugs zu ersetzen.

Mitunter haben Kaufinteressenten gar nicht die Absicht, den Anbieter an dem Ergebnis der Schätzung festzuhalten. Ihnen ist mehr daran gelegen, sich den Wunsch, vom Vertrag loszukommen, gut bezahlen zu lassen, entweder in Form einer festen oder prozentualen Abstandszahlung und/oder durch Übernahme der Schätzkosten, Zahlung von Standgeld, Arbeitslohn, Vorführkosten usw. Manche Fahrzeugeigentümer gehen auf solche Angebote ein, weil sie darin die günstigere Alternative sehen. Kommt es zu keiner Einigung über die Auflösung des Vertrages, verlangen Händler bisweilen unter Berufung auf formularmäßige Klauseln eine „Abstandszahlung". Dabei kann es sich um eine unzulässige Vertragsstrafe handeln.[24] Auch als Pauschalierung von Schadensersatzansprüchen sind derartige Klauseln nicht frei von Bedenken. Kontrollmaßstab ist jetzt § 309 Nr. 5 BGB.

---

22 Zur Kausalitätsvermutung s. BGH 8. 4. 2001, NJW 2001, 2021.
23 Vgl. BGH 14. 7. 1982, NJW 1982, 2304 (gekündigter Vermittlungsauftrag).
24 Vgl. AG Frankfurt 1. 12. 1978, DAR 1979, 286.

F. Das Vermittlungsgeschäft

I. Die steuerrechtlichen Rahmenbedingungen

971 Mit Wirkung ab 1. Juli 1990 ist, im Vorgriff auf eine EU-Richtlinie, eine nationale Sonderregelung für die Besteuerung der Umsätze im Handel mit Gebrauchtfahrzeugen eingeführt worden. Es handelt sich um die so genannte **Differenz- oder Margenbesteuerung** nach § 25 a UStG. Bemessungsgrundlage ist nicht, wie üblicherweise gemäß § 10 I UStG, das Entgelt, sondern nur die Differenz zwischen Einkaufspreis und Verkaufspreis.[1]

Ab 1. Januar 1995 gilt die Differenzbesteuerung nicht mehr allein für gebrauchte Kraftfahrzeuge innerhalb Deutschlands, sondern für sämtliche gebrauchten Gegenstände innerhalb der EU. Diese **Neuregelung** geht zurück auf die vom Rat der Europäischen Union am 14. Februar 1994 verabschiedete „Richtlinie 94/5/EG". Die praktischen Auswirkungen für den deutschen Kfz-Handel sind gering. Im **Inlandsgeschäft** sind zwei Neuerungen zu beachten: Der Händler kann auch ein zunächst als Betriebsfahrzeug angeschafftes Fahrzeug nach betrieblicher Nutzung unter Inanspruchnahme der Differenzbesteuerung weiterverkaufen. Der Grundsatz, dass eine Verrechnung positiver und negativer Margen unzulässig ist, wird durch § 25 a UStG n. F. bei Einkünften unter 500,- Euro eingeschränkt, eine Neuregelung, die beim Hereinnehmen von Schrottautos akut werden kann.[2] Für Lieferungen ins **EU-Ausland** ist die neue Abgrenzung zwischen Neufahrzeug und Gebrauchtfahrzeug in § 1 b UStG zu beachten. Der Kreis „neuer Fahrzeuge" wurde durch eine Änderung der Kriterien vergrößert. Nicht mehr neu, sondern gebraucht ist ein Kfz jetzt erst dann, wenn es mehr als 6 Monate zugelassen ist oder eine höhere km-Leistung als 6000 km hat.

II. Auswirkungen der Differenzbesteuerung auf den Handel mit Gebrauchtfahrzeugen

1. Die Marktsituation ab 1. 7. 1990

972 Die Gründe, die 1969/70 zur Praxis des so genannten Agenturgeschäfts geführt haben, sind mit Inkrafttreten des § 25 a UStG (1. 7. 1990) entfallen. Von Sonderfällen abgesehen, gibt es für den Kfz-Händler **keinen steuerlichen Zwang** mehr, die Rolle des Vermittlers zu übernehmen. Doch so wie es schon vor 1968 (Änderung des UStG) vereinzelt Agenturgeschäfte gegeben hat, ist dieser Geschäftstyp trotz der Differenzbesteuerung in geringem Umfang weiterhin praktiziert worden. **Neuen Auftrieb** könnte das Agenturgeschäft durch die verbraucherfreundliche **Reform des Kaufrechts** zum 1. 1. 2002 erhalten. Bisher kann eine „Flucht in das Agenturgeschäft" nicht festgestellt werden. Zu groß scheint der Abschreckungseffekt des § 475 Abs. 1 BGB zu sein. Zur Problematik der „anderweitigen Gestaltung" im Sinne dieser Verbraucherschutzvorschrift s. Rn 976 ff. Für ein generelles Ausweichen auf das Agenturgeschäft fehlt im Übrigen auch der erforderliche wirtschaftliche Druck. Der steuerliche Zwang der Umsatzsteuerregelung in den Jahren 1968–1990 war allemal größer als das heutige Mängelrisiko beim Händlereigengeschäft. Wenn nicht alles täuscht, wird das Agenturgeschäft auch in der Zeit nach dem 1. 1. 2002 nur punktuell zum Einsatz kommen. Für eine allgemeine Umgehungsstrategie gibt es keine konkreten Anzeichen.

---

1 Zu den vielfältigen Detailproblemen (z. B. bei Inzahlungnahmen, Garantien, Vermittlerprovisionen) s. *Mielke/Reiß/Tehler*, Umsatzsteuer im Kfz-Gewerbe, 4. Aufl. 2000.

2 Vgl. Steuer-Erfahrungsaustausch Kraftfahrzeuggewerbe, 11/94, S. 8.

Soweit es um den früheren Hauptanwendungsfall des Agenturgeschäfts geht, nämlich **973** die **Koppelung eines Neuwagenkaufs mit einer Gebrauchtwagenhereinnahme,** traten Kfz-Händler bis Ende 2001 praktisch nur noch als Eigenhändler auf. Wurden sie in diesem Bereich weiterhin als Agent (Vermittler) tätig, so liefen sie angesichts der ab 1988 verschärften Rechtsprechung des BFH[3] Gefahr, steuerlich wie Eigenhändler eingestuft zu werden. Zur Abgrenzung Vermittlung/Eigengeschäft s. Vfg. OFD Hannover v. 28. 8. 1997, Az. 7110–7 – StH 532; S 7110–3 – StO 355. Steuerlich weniger brisant war und ist die Situation für den Kfz-Händler bei der sog. **reinen Agentur.** Hier ist der Vermittlungsauftrag isoliert erteilt worden. Es besteht kein Zusammenhang mit dem Erwerb eines anderen Fahrzeugs. Doch auch in diesen Fällen kann der vermittelnde Händler steuerlich als Eigenhändler angesehen werden. Agenturschädlich ist z. B. der Verzicht des Händlers auf einseitige Beendigung des Vermittlungsvertrages, es sei denn aus wichtigem Grund. Ein Beweisanzeichen dafür, dass er wirtschaftlich gesehen das Verkaufsrisiko übernommen hat, kann auch darin liegen, dass er schon bei Abschluss des Agenturauftrags den sog. Mindestverkaufspreis voll oder teilweise an seinen Kunden ausgezahlt hat, ohne einen etwaigen Rückzahlungsanspruch abzusichern.

Von der Änderung des UStG unberührt sind die sog. **Gelegenheitsvermittlungen** ge- **974** blieben. Im gewerblichen Bereich sind es vorwiegend Reparaturbetriebe und Tankstellen, die beim Absatz gebrauchter Pkw eingeschaltet werden. Der Vermittlungsauftrag wird meist nur mündlich erteilt. Gelegentlich werden Privat-Pkw in Autohäuser gestellt, um sie dort an den Mann zu bringen. Zu diesem Sonderfall vgl. OLG Köln NJW 1996, 1288. Keine Gelegenheitsvermittler sind die organisierten **Jahreswagen-Vermittler** (vgl. Rn 1100). Völlig neu ist die Konzeption der Fa. Private Cars GmbH aus Münster i. W. Deutschlandweit will dieses Unternehmen Gebrauchtwagen aus privater Hand über Kfz-Händler an Privatkunden vermitteln. Der Kaufvertrag soll unter Einschaltung des Händlers als Vermittler zwischen dem (privaten) Verkäufer und dem (privaten) Käufer zustande kommen, so wie früher beim „klassischen" Agenturgeschäft. Ein Gütesiegel des TÜV und eine Garantie einer Versicherungsgesellschaft runden das Konzept ab.

Einen speziellen Geschäftszweig bilden Vermittlungsgeschäfte im Zusammenhang mit Import- bzw. Re-Importfahrzeugen, s. Rn 1694.

2. Vertragsrechtliche Konsequenzen

Zivilrechtlich sind Vermittlungsgeschäfte nach wie vor möglich und infolge allgemei- **975** ner Vertragsgestaltungsfreiheit grundsätzlich zulässig. § 25 a UStG enthält unbestritten kein Verbot i. S. v. § 134 BGB. Wegen der hauptsächlich aus steuerlichen Gründen gewählten „Einkleidung" der Verträge ist das gesamte **Agenturgeschäft alter Art** vielfach als **Schein- oder Umgehungsgeschäft** disqualifiziert worden.[4] Man hat den Kfz-Händler so behandeln wollen, als habe er das Fahrzeug im eigenen Namen und für eigene Rechnung erworben; vor allem wollte man ihn nicht aus seiner Verkäuferhaftung entlassen.

Demgegenüber hat der **Bundesgerichtshof** in ständiger Rechtsprechung die steuerlich motivierte Vertragsgestaltung „Agenturvertrag" (Vermittlungsauftrag) sowohl bei isolierter als auch bei einer an einen Neufahrzeugkauf gekoppelten Hingabe eines Altwagens akzeptiert.[5]

---

3 Nachweise bei *Eggert,* NZV 1989, 456, 458, Fn. 43.
4 *Walz/Wienstroh,* BB 1984, 1693; *Haase,* JR 1981, 324; *Honsell,* Jura 1983, 523; *Staudinger/Schlosser,* § 9 AGBG, Rn 132; *Rixecker,* DAR 1986, 110; *Köndgen,* Selbstbindung ohne Vertrag, 1981, S. 408 f. („Fehlgebrauch der Rechtsform").
5 Grundlegend Urt. v. 5. 4. 1978, NJW 1978, 1482; für isolierten Vermittlungsauftrag s. BGH 24. 11. 1980, NJW 1981, 388.

In der Rechtsprechung[6] war und ist allgemein anerkannt, dass ein **Scheingeschäft** nicht schon deshalb vorliegt, weil zur Ersparnis von Umsatzsteuer eine Vertragsgestaltung gewählt worden ist, die den Händler als Vertragspartei ausschaltet. Die ausdrücklich und unmissverständlich erklärte Rechtsfolge –Kaufvertrag ohne Beteiligung des Händlers – mochte zwar aus der Sicht der Käufer nicht optimal, vielleicht sogar unerwünscht sein. Rechtlich kam es jedoch auf den erklärten Willen an. In Geltung gesetzt werden sollte eine Gestaltung ohne Vertragsbeteiligung des Händlers. Ein auch nur stillschweigendes Einverständnis der Parteien über den Scheincharakter anzunehmen, war eine Fiktion.

An dieser Rechtslage hat sich durch die **Einführung des § 25 a UStG** im Ergebnis nichts geändert. Gewiss ist die steuerliche Ausgangssituation seither grundlegend anders. Von Sonderfällen[7] abgesehen, gibt es **keine steuerliche Notwendigkeit** mehr, einen Altwagen von einem Nichtunternehmer nur zur Vermittlung zu übernehmen, statt ihn anzukaufen oder „fest" in Zahlung zu nehmen. Ein Kfz-Händler, der gleichwohl mit seinem Kunden einen „Agenturvertrag" abschließt, kann dafür verschiedene Gründe außerhalb des Steuerrechts haben (vgl. Rn 979). Sie sind zivilrechtlich grundsätzlich zu respektieren. Die Grenzen ziehen §§ 134, 138 BGB. Seit dem 1. 1. 2002 neu hinzu gekommen ist das verbraucherschutzrechtliche Umgehungsverbot gemäß § 475 Abs. 1 S. 2 BGB (dazu im Folgenden).

3. Vermittelter Kauf und Verbraucherschutz

976 Von einer positiven Regelung dahin, dass die Vorschriften über den Verbrauchsgüterkauf generell und ausnahmslos auch dann gelten, wenn ein Unternehmer eine bewegliche Sache im Auftrag eines Kunden an einen Verbraucher verkauft, hat der Gesetzgeber vernünftigerweise Abstand genommen. Entsprechende Forderungen[8] gingen zu weit, weil sie die Vertragsfreiheit von Unternehmer und Verbraucher unangemessen einschränkten. Zur Umsetzung von **Art. 7 Abs. 1 der Verbrauchsgüterkaufrichtlinie** genügt – als flankierende Maßnahme zur Anordnung zwingenden Rechts in § 475 Abs. 1 S. 1 BGB – ein **allgemeines Umgehungsverbot** wie es in § 475 Abs. 1 S. 2 formuliert ist.

Diese Schutzbestimmung gegen eine Umgehung war für den nationalen Gesetzgeber so selbstverständlich, dass er von einer näheren Erläuterung abgesehen hat. Verhindert werden soll, so die **amtliche Begründung**, dass die dem Verbraucher gewährten Rechte durch eine Vereinbarung „**mittelbar" außer Kraft** gesetzt werden. Anwendungsbeispiele werden von den Gesetzesverfassern – anders als seinerzeit bei § 18 VerbrkrG – nicht genannt, nicht einmal andeutungsweise. Insbesondere fehlt jeglicher Hinweis auf Kommissionsgeschäfte und vermittelte Verkäufe als etwaige „**anderweitige Gestaltungen".**

Dabei war das mit dem Kennwort „Agenturgeschäft" beschriebene Problem dem Reformgesetzgeber durchaus bekannt. Im Vorfeld der Schuldrechtsreform hat es ausführliche Diskussionen gegeben, beispielsweise auf dem 39. Verkehrsgerichtstag 2001. Damals wurde der Gesetzgeber aufgefordert, zu verhindern, dass der Unternehmer „seine Haftung nach den neuen Vorschriften durch missbräuchliche Agenturverträge und ähnliche Vertragsgestaltungen umgeht". Agenturverträge sollten also **nicht generell verboten** bzw. nicht generell als Umgehungsgeschäfte eingestuft werden. Beschränkt wurde die Forderung des Arbeitskreises ausdrücklich auf „**missbräuchliche" Agenturverträge**. Bei den Beratungen hatte sich nämlich herausgestellt, dass der lediglich vermittelte Verkauf eines gebrauchten Kraftfahrzeugs in bestimmten Sondersituationen – auch aus Verbrauchersicht – eine wirtschaftlich vernünftige Alternative zum Händler-Eigengeschäft darstellen kann. Folglich sollte den Beteiligten, wozu auch der (private) Vorbesitzer gehört, ein gewisser

---

6 Nachweise bei *Schulze-Osterloh,* AcP 190, 139.
7 Vgl. Rn 972, 979.
8 *Reinking,* DAR 2001, 10; zurückhaltender in DAR 2002, 22.

Gestaltungsspielraum erhalten bleiben. In diese Richtung tendierte auch *Hermanns* in ihrem Referat auf dem Verkehrsgerichtstag 2001. Ähnlich wie im Rahmen des § 42 AO sei danach zu fragen, ob vernünftige oder wirtschaftlich verständliche Gründe für die gewählte Gestaltung ersichtlich seien.[9]

Dass ein Kaufvertrag ohne Beteiligung des (vermittelnden) Kfz-Händlers, abgeschlossen zwischen dem Verbraucher und einem Dritten, den Verbraucher schlechter stellen kann als ein Verbrauchsgüterkauf moderner Prägung, ist unbestreitbar. Das Ausmaß der Benachteiligung hängt selbstverständlich vom Inhalt des vermittelten Vertrages ab, insbesondere davon, ob die Sachmängelrechte des Verbrauchers verkürzt worden sind. Wenn das **Freizeichnungsverbot beim Verbrauchsgüterkauf** der Hauptgrund – wenn nicht gar das einzige Motiv – für ein Ausweichen auf einen Agenturverkauf mit Freizeichnungserlaubnis ist, wird sich die Umgehungsfrage auf die Themen „Sachmängelhaftung" und „Passivlegitimation" konzentrieren. Diese Fragestellung ist nicht neu. Neu ist nur der **zwingende Charakter** bestimmter Vorschriften des modernisierten Kaufrechts. Der Disposition der Parteien entzogen sind die §§ 433 bis 435, 437, 439 bis 443 BGB.

Gleich eine ganze Reihe dieser zwingenden Vorschriften kann vom Ansatz her „umgangen" sein, wenn an die Stelle eines Händlereigengeschäfts, also eines Verbrauchsgüterkaufs, ein vermittelter Verkauf mit einem Nichtunternehmer als Verkäufer tritt und dessen Sachmängelhaftung ausgeschlossen worden ist. Das ist die **typische Konstellation** auf der Verkaufsseite der Dreiecksbeziehung „Agenturgeschäft".

Um im schwierigen Spannungsverhältnis zwischen Vertragsfreiheit und zwingendem Verbraucherrecht nicht entscheiden zu müssen, was im konkreten Fall Vorrang hat, wird die Rechtsprechung den Hebel nicht gleich bei dem Umgehungsverbot des § 475 I,2 BGB ansetzen. Umgehungsversuchen kann in der Tat schon durch **Gesetzesauslegung** und mit dem Mittel der **Analogie** wirksam begegnet werden.[10] Nach *Teichmann*[11] soll das Problem der Umgehung sich mit Auslegung und Analogie sogar vollständig decken. *Repgen* bezweifelt demgemäß die Notwendigkeit eines Umgehungsverbots. Wie durch „anderweitige Gestaltung" zwingende Vorschriften über den Verbrauchsgüterkauf umgangen werden könnten, kann er sich nur schwer vorstellen.[12]

Gesetzesauslegung und Analogie helfen nicht weiter, wenn ein Verbraucher einen Kaufvertrag mit einem anderen Verbraucher abgeschlossen hat. Auf diese Konstellation ist § 474 BGB mit seiner Legaldefinition des Verbrauchsgüterkaufs weder direkt noch entsprechend anwendbar. Erfolgversprechender ist eine (ergänzende) Vertragsauslegung. Die **Auslegung der Vertragserklärungen** nach §§ 133, 157 BGB kann ergeben, dass der Käufer nicht – wie es den äußeren Anschein hat – mit einem unbekannten Dritten, sondern mit dem Händler einen – verdeckten – (Verbrauchsgüter)Kaufvertrag abgeschlossen hat (dazu s. Rn 1016). Denkbar ist auch ein Auslegungsergebnis, dass den Händler zum Partner eines (selbstständigen) Garantievertrages oder eines ähnlichen Rechtsverhältnisses neben dem Kaufvertrag macht (dazu s. Rn 1017 ff.). Einen weiteren, in der Praxis bewährten Ansatz liefert das **Prinzip der Offenkundigkeit** (§ 164 BGB), s. dazu Rn 1016. Ein Rückgriff allein auf **§ 242 BGB** („individueller Rechtsmissbrauch") dürfte sich angesichts der speziellen Regelung in § 475 I,2 BGB methodisch verbieten. Gleichfalls zum Scheitern verurteilt ist eine Heranziehung des **§ 117 BGB**. Diskutiert wurde diese Norm ohnehin vorwiegend im Zusammenhang mit der hier nicht interessierenden Vorderseite des Agenturgeschäfts, dem Verhältnis zwischen Vorbesitzer und Händler.

---

9 Veröffentlichungen des 39. VGT, S. 123 = zfS 2001, 440.
10 Vgl. *Bartels*, WM 2002, 1905 m. w. N.
11 Die Gesetzesumgehung, 1962, S. 105.
12 Kein Abschied von der Privatautonomie, S. 106.

979 Wenn alle Auslegungskunst versagt, stellt sich den Gerichten die außerordentlich schwierige Aufgabe, in richtlinienkonformer Auslegung des § 475 Abs. 1 BGB den zwingenden Geltungsanspruch der gesetzlichen Kaufrechtsregelungen durch direkten Rückgriff auf das Umgehungsverbot zu sichern. Aus dem Umgang mit vergleichbaren Umgehungsverboten, etwa in § 7 AGBG a. F. (jetzt § 306a BGB), § 5 HTWG, § 18 VerbrkrG oder § 651m BGB, wird man zwar einigen Nutzen ziehen können.[13] Ohne zusätzliche Wertungen, welche die Verbrauchsgüterkaufrichtlinie im Allgemeinen und den Gebrauchtwagenhandel im Besonderen einbeziehen, wird es eine sachgerechte Lösung aber nicht geben können.

Eine Umgehung, so wird allgemein formuliert, liegt vor, wenn eine vom Gesetz verbotene Regelung bei gleicher Interessenlage durch eine andere rechtliche Gestaltung erreicht werden soll, die objektiv nur den Sinn haben kann, das gesetzliche Verbot zu unterlaufen.[14] Eine **Umgehungsabsicht** im Sinne eines subjektiv vorwerfbaren Verhaltens ist nicht erforderlich. Auch das ist allgemein anerkannt.[15] Strittig ist dagegen, ob der Umgehungstatbestand von sämtlichen subjektiven Merkmalen losgelöst ist, also eine rein objektive Betrachtungsweise gilt. Selbst wenn auf Seiten des Unternehmers der Wille vorausgesetzt wird, mit der Verkaufsvermittlung zwingendes Recht zu vermeiden,[16] wird diese engere Sichtweise in der praktischen Rechtsanwendung kaum zu einem anderen Ergebnis führen. Dreh- und Angelpunkt ist die Frage, ob die **objektiven Umgehungsvoraussetzungen** festgestellt werden können. Die **Darlegungs- und Beweislast** trägt insoweit der Verbraucher. Die Rechtsprechung wird ihm mit Erleichterungen helfen, wobei auch an eine sekundäre Darlegungslast des Händlers zu denken ist.

Die Schwierigkeit besteht darin, diejenigen Tatsachen herauszukristallisieren, die den objektiven Umgehungstatbestand auszufüllen geeignet sind. Was der Anwalt des Verbrauchers **nicht** vorzutragen braucht, lässt sich eher beschreiben. Dass eine besondere **Umgehungsabsicht** nicht behauptet werden muss, ist bereits gesagt. Zur Vortragslast des Verbrauchers gehört auch nicht, dass der Händler oder gar der gesamte Handel **systematisch** den Agenturverkauf einsetzt, um Fahrzeuge an Verbraucher ohne vertragliche (klauselfeste) Mängelhaftung abzusetzen. Nicht einmal eine **Mehrfachverwendung** wie im AGB-Recht gehört zum Umgehungstatbestand, auch keine Wiederholungsgefahr. Ziel des § 475 I,2 BGB ist es, Umgehungsfälle von vornherein zu verhindern. Schon der erste Versuch kann unter das Verbot fallen. M. a. W.: Der Händler kann nicht mit Erfolg einwenden, bis zu dem streitigen Agenturverkauf kein einziges Geschäft dieser Art abgeschlossen zu haben und auch in Zukunft davon keinen Gebrauch machen zu wollen.

In Anlehnung an *Haas*[17] wird der Verbraucher geltend machen, die Interessenlage keines der Beteiligten sei so, dass ein Kaufvertrag durch den Händler nur vermittelt werden solle. Diese Behauptung, mehr eine Bewertung, zielt auf das Merkmal „**gleiche Interessenlage**" in der Definition des Begriffs „Umgehungsgeschäft". Genau hier liegt der Kern des Problems. Zu fragen ist, ob bei wirtschaftlicher Betrachtungsweise das angestrebte Geschäft (vermittelter Verkauf mit Haftungsausschluss) mit dem gesetzlich untersagten Geschäft (Händlereigengeschäft mit Haftungsausschluss) gleichwertig ist.

Haas[18] kann nicht gefolgt werden, wenn er meint, die Interessenlage keines der Beteiligten sei so, dass nur ein Kaufvertrag durch den Händler vermittelt werden soll. Das hieße,

---

13 Einen Überblick über die Judikatur zu verbraucherschutzrechtlichen Umgehungsverboten geben *Gramlich/Zerres*, ZIP 1998, 1299; zur Gesamtproblematik s. Sieker, Umgehungsgeschäfte, 2001.
14 *Palandt/Heinrichs*, Ergbd., § 306a Rn 2.
15 BGH 15. 1. 1990, NJW 1990, 982; s. auch BGH 25. 6. 2002, NJW 2002, 3317.
16 So *Palandt/Putzo* für § 5 HausTWG, Rn 2.
17 Das neue Schuldrecht, Kap. 5 Rn 455.
18 Das neue Schuldrecht, Kap. 5 Rn 455.

dass ein Kfz-Händler immer dann, wenn er einen Gebrauchtwagen als Vermittler/Kommissionär an einen Verbraucher verkauft, wie ein Eigenhändler zu behandeln wäre. In dieser Allgemeinheit ist das nicht richtig. Vorzuziehen ist eine **differenzierende Betrachtungsweise**. Ein vermittelter Verkauf, der kein Verbrauchsgüterkauf ist,[19] kann eine „anderweitige Gestaltung" sein, er muss es aber nicht.

Die **Interessenlage des bisherigen Eigentümers**: Er hat zwar regelmäßig kein Interesse an einer bloßen Vermittlung seines Fahrzeugs. Sein Wunsch, es zu einem festen Preis zu veräußern bzw. in Zahlung zu geben, stößt in der Realität jedoch an Grenzen. Insoweit ist zunächst die umsatzsteuerliche Seite in den Blick zu nehmen. Land- und Forstwirte beispielsweise geben ihre Fahrzeuge aus rein steuerlichen Gründen „in Agentur". Die Wahl eines Vermittlungs- oder Kommissionsgeschäfts kann außerdem – schon aus Sicht des Altfahrzeugeigentümers – wirtschaftliche Gründe haben. So ist denkbar, dass mit Rücksicht auf Alter und Zustand des Fahrzeugs ein Verkauf bzw. eine feste Inzahlunggabe ausscheidet. Bei Fahrzeugen, die nicht mehr garantiefähig sind, tun Händler sich erfahrungsgemäß mit einem Ankauf schwer. Eine Hereingabe zur Vermittlung kann in solchen Fällen eine wirtschaftlich sinnvolle Alternative sein.

Zur **Interessenlage des Händlers**: Gewiss möchte ein Händler seine Autos mit Gewinn weiterveräußern (so *Haas*, a. a. O.). Das ist aber unreflektiertes Wunschdenken. Entscheidend ist sein rechtliches Wollen im Rahmen der tatsächlichen Gegebenheiten. Aus wirtschaftlich anerkennenswerten Gründen kann er daran interessiert sein, an Stelle eines Veräußerungserlöses lediglich eine (kaum niedrigere) Vermittlungsprovision zu erzielen. Zumal bei älteren Fremdfabrikaten ohne Möglichkeit einer Reparaturkostenversicherung kann ein Verkauf ohne Beschränkung der Sachmängelhaftung „finanzieller Selbstmord" (*Baur*, DAR 1962, 321) sein, wirtschaftlich schlicht unvernünftig, wie der BGH es zutreffend gesehen hat.

Es sind aber nicht nur Mängelrisiken, die einen Händler dazu bewegen können, von einem An- und Verkauf im eigenen Namen und für eigene Rechnung abzusehen. Bei der Analyse seiner Interessenlage müssen beide Seiten des Agenturgeschäfts in den Blick genommen werden. Das Agenturgeschäft ist eine Dreiecksbeziehung, zu deren Ausgestaltung das Verhältnis Lieferant/Händler wesentlich beiträgt. Um einen größeren Spielraum bei der Gestaltung und Durchsetzung des Hereinnahmepreises zu haben (Vermeidung fester Ankaufspreise) oder um steuerlichen Sondersituationen (z. B. Erwerb von Land- und Forstwirten) Rechnung zu tragen, kann die Wahl des Händlers auf eine Agenturlösung fallen. Auch die mangelnde Bereitschaft oder Fähigkeit, einen größeren Gebrauchtwagenbestand vorzufinanzieren, kann ein plausibler Grund für den Abschluss von Agenturgeschäften sein. Richtig ist andererseits, dass ein Händler zur Vermittlung hereingenommene Fahrzeuge nicht notwendigerweise als Vermittler verkaufen muss. Soweit von seinem Vermittlungsauftrag gedeckt, kann er auch den Selbsteintritt wählen, um sodann in eigenem Namen und für eigene Rechnung zu verkaufen.

Ob er als Vermittler oder als Verkäufer am Rechtsverkehr teilnimmt, liegt grundsätzlich im freien Ermessen des Händlers. Dieses Wahl- und Bestimmungsrecht, das Bestandteil der Vertragsfreiheit ist, wird durch die Verbrauchsgüterkaufrichtlinie nicht eingeschränkt.[20] Es wäre marktwirtschaftlich wie verbraucherschutzrechtlich verfehlt, den Warenumsatz mit Verbraucherbeteiligung dergestalt kanalisieren zu wollen, dass Verbraucher-Käufern Unternehmer-Verkäufer oktroyiert werden.

---

19 Wenn auch der Auftraggeber ein Unternehmer ist, kommt ein Verbrauchsgüterkauf ohne Händlerbeteiligung zustande. Darin dürfte keine Umgehung liegen.
20 *Repgen*, a. a. O., S. 87.

Zur **Interessenlage des Verbrauchers**: Auch ein Verbraucher ist in der Entscheidung frei, ein Fahrzeug von einem Kfz-Händler oder von einer anderen Person zu kaufen. So wie es keinen Kaufzwang gibt, gibt es keinen „Verkäuferzwang". Das Interesse des Verbrauchers soll laut *Haas*[21] darauf gerichtet sein, im Fall der Mangelhaftigkeit Rechte gegenüber dem Händler, nicht gegenüber dem Vorbesitzer, zu haben. Das ist nur vordergründig richtig. Zum einen wird das Recht des Verbrauchers auf freie Wahl seines Vertragspartners missachtet. Er kann durchaus daran interessiert sein, sein „Wunschauto" nicht direkt vom Händler zu kaufen. Dafür können vor allem finanzielle Gründe sprechen. Das Angebot der Vertragshändler (Neuwagenhändler mit Gebrauchtwagenabteilung) enthält fast nur noch „junge" Gebrauchte (bis 4 Jahre). Sie sind entsprechend teuer. Es gehört zu den unsozialen Folgen der Schuldrechtsreform, dass Verbrauchern die Möglichkeit beschnitten worden ist, preiswerte, aber „werkstattgeprüfte" Altfahrzeuge vom seriösen Fachhandel zu erwerben. Wenn vor diesem Hintergrund ein Kfz-Händler einen „Billigwagen" auf dem Vermittlungswege abgibt, kann damit auch dem Interesse des Verbrauchers gedient sein.

Hinzu kommt: Gebrauchte Kraftfahrzeuge werden – anders als Neufahrzeuge – überwiegend außerhalb des professionellen Handels vermarktet, d. h. die Mehrheit der Verbraucher kontrahiert aus freien Stücken, vorwiegend aus Kostengründen, nicht mit Kfz-Händlern, sondern mit anderen Marktteilnehmern (s. Rn 912). Dass ein Händler einen Kaufvertrag lediglich vermittelt, führt also nicht zu einer marktwidrigen Sonderbeziehung. Durch die strenge Sachwalterhaftung (s. dazu Rn 1021 ff.) ist der Verbraucher rechtlich und wirtschaftlich sogar deutlich besser gestellt als beim privaten Direktgeschäft. Denn beim vermittelten Verkauf stehen ihm zwei Schuldner gegenüber, einmal der Vorbesitzer als Verkäufer, zum anderen der Händler als „Sachwalter". Durch eine Angleichung der Sachwalterhaftung an die schuldunabhängige Verkäuferhaftung hat die bisherige Rechtsprechung ein Verbraucherschutzniveau erreicht, das trotz Verkaufs unter Gewährleistungsausschluss kaum hinter dem jetzt gesetzlich verankerten Verbraucherschutz mit dem Verbot der Freizeichnung zurückbleibt.

980 Wie die nähere Analyse zeigt, müssen die Interessen der Beteiligten nicht alternativlos auf den Geschäftstyp „Verbrauchsgüterkauf" gerichtet sein. Eine dem Rechnung tragende freie Rechtsformwahl kann nicht im Nachhinein, z. B. beim Auftreten eines Mangels, durch Annahme einer „anderweitigen Gestaltung" konterkariert werden. Der Verbraucher, seine Aufklärung im konkreten Fall vorausgesetzt, verhielte sich treuwidrig. Hat ausschließlich und allein der Händler ein Interesse an einem vermittelten Verkauf, kommt es auf die Gründe dafür an. Wenn sie nach sorgfältiger Einzelfallprüfung keine Anerkennung finden können, also ein **Missbrauchsfall** vorliegt, wird der Händler sich wie ein Eigenhändler nach den Regeln des Verbrauchsgüterkaufs behandeln lassen müssen. Daran ist zu denken, wenn er ein Fahrzeug aus seinem Betriebsvermögen zunächst an einen Angehörigen oder an einen Mitarbeiter veräußert, um es anschließend in deren Namen an einen Verbraucher weiterzuverkaufen. Unter dem Gesichtspunkt des Umgehungsverbots unbedenklich sind hingegen Agenturgeschäfte über Jahreswagen und Vermittlungen durch Tankstellenpächter und ähnliche Gelegenheitsvermittler.

III. Die Rechtsbeziehung der am Vermittlungsgeschäft Beteiligten zueinander

1. Die Eigentümer-Unternehmer-Beziehung

981 Bei der zivilrechtlichen Beurteilung dieser ersten Seite des Geschäfts ist zu unterscheiden, ob der Vermittlungsauftrag isoliert erteilt worden ist oder ob er im Zusammenhang mit

---

[21] Das neue Schuldrecht, Kap. 5 Rn 455.

dem Erwerb eines anderen Fahrzeugs steht. Die rechtliche Bewertung ist auf allen Ebenen grundverschieden. Rechtsprechung und Schrifttum haben sich in den Jahren 1969–1990 vorwiegend mit der **„eigenartigen Gemengelage"**[22] bei dem Koppelungsgeschäft, der sog. unechten Inzahlungnahme, befasst. Nach Einführung der Differenzbesteuerung laufen die meisten Streitfälle aus diesem Bereich unter anderem Vorzeichen. Die **echte Inzahlungnahme** (s. Rn 464 ff.) hat das Agenturmodell praktisch **abgelöst.** „Reine" oder „freie" Vermittlungsgeschäfte, schon in der Vergangenheit zahlenmäßig von untergeordneter Bedeutung, sind durch die Neuregelung des Steuerrechts noch weiter zurückgegangen. Auch sie werden jedoch nicht völlig aus dem Wirtschaftsleben verschwinden.

a) Verdeckter Kaufvertrag, Kommission oder Vermittlungsvertrag?

Da es auf den **wirklichen Willen** der Vertragsbeteiligten ankommt, entscheidet nicht die **982** Überschrift auf dem Vertragsformular oder eine sonstige Eigenqualifizierung. Bisweilen werden Kraftfahrzeuge „in Kommission" genommen, ohne dass damit eine Verkaufskommission i. S. d. §§ 383 ff. HGB gewollt ist.[23] Umgekehrt kann bei einer „agenturweisen Hereinnahme" unter Verwendung von Begriffen wie „Vermittler" oder „Agent" in Wirklichkeit ein Kaufvertrag oder eine Verkaufskommission gewollt sein.[24] Die Begriffe Vermittlung und Agentur sind im Gegensatz zu Kauf und Kommission rechtlich farblos. Einen Vermittlungsvertrag kennen BGB und HGB ebenso wenig wie einen Agenturvertrag. Die Möglichkeit, dass die Vertragsparteien ihren wahren Willen ungenau oder gar unzutreffend artikuliert haben, ist insbesondere in Betracht zu ziehen, wenn das Geschäft ausnahmsweise nur mündlich abgeschlossen oder – wie im Fall BGH NJW 1980, 2191 – lediglich bruchstückhaft fixiert ist.

Heute, mehr als zehn Jahre nach Einführung der Differenzbesteuerung, spricht keine tatsächliche Vermutung mehr dafür, dass die Beteiligten statt eines Eigengeschäftes einen Vermittlungsvertrag schließen wollten. In Zweifelsfällen sind außer dem Vertragsformular folgende Urkunden für die Auslegung bedeutsam: Wertermittlungsbericht, sofern vom Kunden unterschrieben, Neuwagenbestellformular, dort insbesondere die Rubrik „Zahlungsweise", die Auftragsbestätigung für den Neuwagen, die Neuwagenrechnung und etwaige Werkstattaufträge des Vorbesitzers. Zur Bedeutung irreführender Werbeaussagen s. Rn 985.

Gegen einen Vermittlungsauftrag kann, muss aber nicht, die Tatsache sprechen, dass der Unternehmer einen bestimmten Betrag, z. B. den vereinbarten Mindesterlös, schon vor dem Weiterverkauf an seine Kunden ausgezahlt hat.[25] Diese Handhabung kann den Vorbesitzer in seiner Vorstellung bestärken, seinen Wagen schon verkauft zu haben. Ob eine solche Zahlung in Erfüllung eines unbedingten oder bedingten Kaufvertrages erfolgt ist oder als Vorauszahlung auf die künftige Verbindlichkeit des Händlers aus §§ 675, 670 BGB oder als zinsloses Darlehen oder gar als „Sicherheitsleistung" (Kaution) zu werten ist, hängt zunächst von der Eigenqualifikation der Zahlung durch die Parteien ab. Bei Auslegungszweifeln kann nicht mehr von einem Vermittlungsvertrag als steuerlich wünschenswerter Vertragsgestaltung ausgegangen werden. Durch die Einführung der Differenzbesteuerung stehen die Beteiligten bei einem Festankauf oder fester Inzahlungnahme steuerlich nicht schlechter als bei einem Agenturauftrag, bei dem gleichfalls nur eine Marge, nämlich die Vermittlungsprovision, zu versteuern ist.

Im Fall der unechten Inzahlungnahme („gebundene" Agentur) ist der Vermittlungsvertrag überwiegend als **Geschäftsbesorgungsvertrag mit Dienstvertragscharakter** ange- **983**

---

22 So *Behr,* AcP 185, 415.
23 Zur Abgrenzung zwischen Kauf und Kommission s. BGH 27. 2. 1991, NJW-RR 1991, 994.
24 Vgl. auch OLG Oldenburg 16. 12. 1998, NJW-RR 2002, 507 – Nutzfahrzeughandel.
25 Vgl. BGH 18. 6. 1980, NJW 1980, 2184; v. 24. 11. 1980, NJW 1981, 388.

sehen worden.[26] Diese zutreffende Qualifizierung kann für den selbstständig abgeschlossenen Vermittlungsauftrag („freie" Agentur) im Regelfall übernommen werden.[27] Anders ist es, wenn sich die geschuldete Tätigkeit des Vermittlers in der Benennung eines Kaufinteressenten erschöpft, der Eigentümer im Besitz seines Fahrzeugs bleibt und die Verkaufsverhandlungen zu führen hat. In diesem Ausnahmefall ist **Maklerrecht** anzuwenden.[28]

Als entgeltlicher Geschäftsbesorgungsvertrag unterliegt der Vermittlungsvertrag in erster Linie den in § 675 BGB zitierten Bestimmungen des Auftragsrechts. In zweiter Linie sind – mit großer Vorsicht – dienstvertragsrechtliche Vorschriften und die §§ 383 ff. HGB heranzuziehen. Der praktische Nutzen einer Vertragseinordnung ist freilich verhältnismäßig gering. Welche gesetzlichen Regelungen man auch für anwendbar erklärt: Überlagert werden sie meist von Allgemeinen Geschäftsbedingungen.

b) Rechte und Pflichten aus dem Vermittlungsvertrag

aa) Die Pflichten des Vermittlers

α) Vorvertragliche Aufklärungs- und Beratungspflichten

984 Informationspflichten in Gestalt von Aufklärungs-, Belehrungs- und Beratungspflichten können schon vor Abschluss des Vertrages bestehen. Die Ablösung des Agenturgeschäfts nach Einführung der sog. **Differenzbesteuerung** hat die Frage aufgeworfen, ob der Händler gegen eine vorvertragliche Pflicht verstößt, wenn er – ohne steuerliche Notwendigkeit – einen Agenturvertrag mit dem Altwageneigentümer abschließt. Zu erwägen ist, dem Händler eine ausdrückliche **Aufklärungs- und Belehrungspflicht** aufzuerlegen. Zu der Zeit, als das Agenturgeschäft bundesweit millionenfach im Jahr praktiziert wurde, hat man den Händler nicht für verpflichtet gehalten, seine Kunden über die Vertragsgestaltung ausdrücklich aufzuklären und zu belehren. Die gängigen Vertragsformulare waren klar und eindeutig. Die Kfz-Agentur war ein typisches Massengeschäft mit hohem Bekanntheitsgrad. Nicht nur bei Werksangehörigen oder sonstigen Personen aus der Kfz-Branche konnte und durfte der Händler voraussetzen, dass das Agenturgeschäft in seinen Grundzügen bekannt ist. Nur wenn er konkrete Anhaltspunkte dafür hatte, dass bei seinen Kunden eine Fehlvorstellung oder ein Missverständnis vorliegt, war eine spezielle Informationspflicht in Betracht zu ziehen.[29]

985 Auch nach Ablösung des Agenturgeschäfts trifft den Kfz-Händler **keine generelle Pflicht,** den Altwageneigentümer über die **Rechtsformwahl** ausdrücklich aufzuklären und zu belehren. Er schuldet auch einem privaten Kunden **grundsätzlich keine Beratung** darüber, welche Risiken und Chancen mit der einen oder anderen Rechtsform verbunden sind. Soweit es um die Rechtsformwahl geht, nimmt ein Kfz-Händler auch kein besonderes Vertrauen in Anspruch. Wenn überhaupt, so wird ihm dies wegen seiner beruflichen Rolle als Kfz-Fachmann und wegen seines technischen Apparates (Werkstatt) entgegengebracht. In vertragsrechtlichen Angelegenheiten kann und darf der Händler davon ausgehen, dass sein Kunde in der Lage ist, seine Interessen selbst wahrzunehmen. Stellt er allerdings fest, dass er von der angestrebten Rechtsbeziehung und deren Folgen eine falsche Vorstellung hat, so ist er nach Treu und Glauben zur Aufklärung verpflichtet. Für eine generelle Aufklärungspflicht besteht umso weniger Grund, als der BGH solche Agenturen, die mit einem

---

26 OLG Stuttgart 28. 3. 1988, NJW-RR 1988, 891 = DAR 1988, 346; *Behr*, AcP 185, 415; *Schulin*, JA 1983, 161.
27 Vgl. BGH 24. 11. 1980, NJW 1981, 388 („auf Vermittlung des Verkaufs gerichtete Geschäftsbesorgung"), s. auch BGH 14. 7. 1982, NJW 1982, 2304 und OLG Stuttgart 28. 3. 1988, NJW-RR 1988, 891.
28 Vgl. AG Tettnang 25. 3. 1988, NJW-RR 1988, 1141.
29 Vgl. auch OLG Hamm 30. 4. 1975, NJW 1976, 53 m. Anm. *Medicus*.

Neufahrzeugkauf verknüpft sind, im Ergebnis wie „feste" Inzahlungnahmen behandelt hat.[30] Der isolierten („freien") Agentur hat er freilich Konkordanz von Form und Inhalt bescheinigt.[31] Insbesondere trägt der Altwageneigentümer bei diesem Geschäftstyp das Absatz- und Preisrisiko.[32]

Eine Aufklärungspflicht kann sich aus vorangegangenen Werbeaussagen ergeben, die private Kfz-Eigentümer in die Irre geführt haben, z. B. eine Anzeige wie „Kaufe alle... Modelle ab Bj. 1994 bar" oder „Ankauf zu Höchstpreisen". Den Eindruck, ein Ankäufer, kein Vermittler, zu sein, schafft die Firma nicht dadurch aus der Welt, dass sie dem privaten Kunden einen „Auftrag zur Vermittlung" zur Unterschrift vorlegt. Erforderlich ist eine konkrete Aufklärung. Sie muss den Vermittlungscharakter des Geschäfts unmissverständlich deutlich machen.

Zentraler Punkt des Vermittlungsauftrags ist die Vereinbarung über den Verkaufspreis. Hier ist eine Kollision handfester Interessen programmiert, sofern der Vermittler sich den vollen Mehrerlös als Provision versprechen lässt. Die Mehrerlös-Provisionsabrede war bis Mitte 1990 allgemein üblich. Was die Ausnahme sein sollte, war zur Regel geworden. **986**

Pflichtwidrig handelt der Vermittler, wenn er das Preislimit unrealistisch hoch ansetzt, sodass das Fahrzeug deshalb unverkäuflich ist. Dass ein Vermittler es darauf anlegt, ein Agenturfahrzeug möglichst lange in seinem Betrieb stehen zu lassen, macht nur bei einer günstigen Standgeldvereinbarung einen Sinn. Die dem Geschäftszweck diametral zuwiderlaufende Absicht, den Wagen nach Ablauf einer bestimmten Zeit an den Eigentümer zurückzugeben, kann überdies durch eine Abgeltungsklausel begründet sein, aufgrund derer der Vermittler einen Anspruch auf pauschalierten Ersatz von Aufwendungen zu haben glaubt. Im seriösen Fachhandel sind derartige Klauseln heute nicht mehr anzutreffen. Sie wären mit §§ 305 c I, 309 Nr. 5, 307 BGB unvereinbar.[33]

Der Vermittler mit Werkstattbetrieb ist ferner verpflichtet, das Fahrzeug vor Abschluss des Vertrages zu prüfen und den Auftraggeber auf erkennbare Gewährleistungsrisiken hinzuweisen. Sofern dessen Angaben zu den Fragen nach dem Zustand des Fahrzeugs für den Vermittler als Fachmann erkennbar unrichtig sind, z. B. in Bezug auf Unfallschäden, hat er auf eine Korrektur hinzuwirken. Dies gehört zu seiner Fürsorgepflicht, weil die kaufrechtliche Gewährleistungspflicht allein den Auftraggeber trifft. Der Vermittler kann zwar unter bestimmten Voraussetzungen auch persönlich aus c. i. c. haften (Sachwalterhaftung).[34] Seine Eigenhaftung tritt aber nicht an die Stelle, sondern neben die Verkäuferhaftung. Deshalb hat der Auftraggeber ein berechtigtes Interesse daran, sein Gewährleistungsrisiko so gering wie möglich zu halten. Ausdruck dieses Interesses ist seine Weisung, das Fahrzeug nur unter Ausschluss der Gewährleistung zu verkaufen. **987**

β) Pflicht zur Verkaufsvermittlung

Den Verkauf als solchen schuldet ein Vermittler nicht. Er verspricht lediglich, mit dem Ziel tätig zu werden, einen Kaufvertrag abzuschließen. Die Pflicht, dieses Geschäft für den Fahrzeugeigentümer zu besorgen, wird dem Vermittler in der Regel nicht ausdrücklich auferlegt. Gleichwohl kann es keinem Zweifel unterliegen, dass der gewerbsmäßig tätige Kfz-Vermittler – ähnlich einem alleinbeauftragten Makler – verpflichtet ist, sich um den Ab- **988**

---

30 Urt. v. 5. 4. 1978, NJW 1978, 1482; v. 28. 5. 1980, NJW 1980, 2190.
31 Urt. v. 24. 11. 1980, NJW 1981, 388.
32 BGH 24. 11. 1980, NJW 1981, 388.
33 Vgl. AG Lübeck 2. 6. 1981, DAR 1982, 72 (195,– DM pro Monat); LG München I 14. 3. 1997, DAR 1998, 394.
34 Dazu Rn 1021 ff.

schluss eines Kaufvertrages zu bemühen.³⁵ Der Auftraggeber kann erwarten, dass der Vermittler das Auto in seinem Geschäftsbetrieb in der verkehrsüblichen Weise anbietet, Interessenten wirbt, mit ihnen verhandelt, Probefahrten unternimmt und im Rahmen der technischen Möglichkeiten Pflege- und kleinere Instandsetzungsarbeiten durchführt. Bei einer **Gelegenheitsvermittlung** ist für diese Erwartung kein Raum.

Das Risiko des Fehlschlagens der Verkaufsbemühungen geht bei der **„freien" Agentur** zu Lasten des Auftraggebers. Der Nur-Vermittler übernimmt weder das Absatz- noch das Preisrisiko. Insbesondere hat er dem Auftraggeber grundsätzlich nicht dafür einzustehen, dass der vereinbarte Mindesterlös (untere Preisgrenze) auch wirklich erzielt wird. Erst recht übernimmt er keine „Mindestpreisgarantie", wie sie der BGH im Falle der **agenturweisen Inzahlungnahme** angenommen hat.³⁶

989 Wenn der Vermittler sich nicht in der gebotenen Weise um den Verkauf bemüht oder seine Bemühungen grundlos einstellt, kann er seinem Vertragspartner unter dem Gesichtspunkt der **früheren pVV** zum Schadensersatz verpflichtet sein. Daneben kann der Auftraggeber ein Recht zur **Kündigung aus wichtigem Grund** haben. Sein Schaden besteht in der eingetretenen Wertminderung und in dem Verlust der Absatzchance. Eine feste Verkaufsmöglichkeit wird in der Regel kaum zu beweisen sein. Schon der Nachweis einer schuldhaften Verletzung der Absatzpflicht dürfte dem Auftraggeber außerordentlich schwerfallen. Die Grundsätze über den Anscheinsbeweis helfen ihm nicht. Das OLG Hamm wendet § 287 I ZPO an.³⁷

990 Ob der Vermittler berechtigt ist, sich zur Erfüllung seiner Absatzpflicht eines **weiteren Vermittlers** (Untervermittler) zu bedienen, hängt von den Umständen des Einzelfalls ab. Mitunter kann die Weitergabe des Fahrzeugs an einen anderen Kfz-Unternehmer geboten sein, um das Fahrzeug in angemessener Frist zu dem vereinbarten Mindestverkaufspreis zu veräußern. Den **Jahreswagen-Vermittlungen** am oder in der Nähe des Sitzes der Hersteller bleibt oft nichts anderes übrig, als auf andere Regionen auszuweichen. Geht man von § 675 BGB aus, so müsste eine Delegation gestattet sein. Denn auf den dies verbietenden § 664 BGB wird hier gerade nicht verwiesen. Bei einem Geschäftsbesorgungsvertrag mit Dienstvertragscharakter ist indes der inhaltsgleiche § 613 S. 1 BGB zu beachten. Hiernach ist der Auftragnehmer im Zweifel zur persönlichen Ausführung des Auftrags verpflichtet. Da das personale Element bei der Kfz-Vermittlung nur von untergeordneter Bedeutung ist, wird man die Befugnis zur Einschaltung eines **Untervermittlers** in den meisten Fällen bejahen müssen.³⁸ Von einem Handelsbrauch kann man nach Ablösung des Agenturgeschäfts durch Einführung der Differenzbesteuerung nicht mehr sprechen. Auf ein etwaiges Vetorecht hat der Auftraggeber jedenfalls dann verzichtet, wenn er nach Auftragserteilung – noch vor Abschluss des Kaufvertrages – einen Betrag in Höhe des vereinbarten Mindestverkaufspreises als Sicherheit erhalten hat.

991 Der **Untervermittlungsauftrag** kann sowohl im Namen des Fahrzeugeigentümers als auch im Namen des Obervermittlers abgeschlossen sein. Früher, vor dem 1. 7. 1990, kam es üblicherweise zu einer unmittelbaren Vertragsbeziehung zwischen Ober- und Unterver-

---

35 BGH 31. 3. 1982, NJW 1982, 1699 (Verkauf eines Jahreswagens unter Hereinnahme eines zu vermittelnden Gebrauchtfahrzeugs); OLG Hamm 22. 8. 1973, NJW 1974, 1091; OLG Hamm 30. 4. 1975, NJW 1976, 54 m. Anm. *Medicus;* OLG Hamm 31. 10. 1977, DAR 1978, 104.
36 Urt. v. 5. 4. 1978, NJW 1978, 1482. Bei einer „Mindestpreisgarantie" stellt sich die Frage der Vermittlungs- bzw. Verkaufspflicht nicht. Ungewöhnlich daher die auf §§ 242, 162 BGB zurückgreifende Begründung des OLG Düsseldorf OLGR 1992, 97.
37 Urt. v. 22. 8. 1973, NJW 1974, 1091.
38 Vgl. auch OLG Nürnberg 23. 9. 1977, MDR 1978, 490; *Walz/Wienstroh,* BB 1984, 1693, 1699; OLG Köln 5. 5. 1989, NJW-RR 1989, 1084.

mittler auf der Grundlage eines formularmäßigen Untervermittlungsvertrages. Bei **Jahreswagen-Vermittlungen** wurde und wird häufig die andere Alternative gewählt.

γ) Obhuts- und Fürsorgepflichten

Der geschäftsmäßig handelnde Kfz-Vermittler hat das hereingenommene Fahrzeug pfleglich zu behandeln, sorgfältig zu verwahren und insbesondere gegen Diebstahl und unbefugte Benutzung zu sichern und zu versichern.[39] Auch die Kfz-Schlüssel und die Kfz-Papiere sind deshalb sorgfältig aufzubewahren. Besondere Vereinbarungen werden insoweit nur ausnahmsweise getroffen. Was Inhalt und Umfang der Obhutspflicht angeht, kann man sich an der Rechtsprechung zum Kfz-Reparaturvertrag orientieren. Die Interessen- und Risikolage ist vergleichbar.

Der Kfz-Vermittler haftet grundsätzlich für die im Verkehr erforderliche Sorgfalt (§ 276 II BGB). Eine Haftungserleichterung analog §§ 690, 277 BGB ist nicht gerechtfertigt.[40] Die Übernahme des Fahrzeugs zur Vermittlung liegt auch im Interesse des Vermittlers. Er wird nicht unentgeltlich tätig. Auf der anderen Seite haftet der Vermittler nicht für einen zufälligen Verlust oder eine zufällige Verschlechterung des Fahrzeugs. Der in § 390 I HGB verankerte Verschuldensgrundsatz wurde durch die Klausel Ziff. VII, 1 S. 1 ZDK-AGB alter Fassung[41] ausdrücklich unterstrichen, allerdings mit einer für die Beweislastverteilung wesentlichen Nuance.

Nach den bis Mitte 1990 üblichen Formularverträgen bestand keine Verpflichtung des Vermittlers zum Abschluss einer **Vollkaskoversicherung.** Mitunter wird diese Pflicht individuell oder – wie im Fall BGH NJW 1979, 643 – formularmäßig sogar expressis verbis ausgeschlossen. Anders als § 390 II HGB enthielten die ZDK-AGB keine ausdrückliche Freistellung. Die Versicherungsfrage scheint man bewusst ausgeklammert zu haben. Auch auf der Vorderseite des Auftragsformulars wurde das Thema „Vollkaskoversicherung" nicht angesprochen. Die bestehende Vertragslücke hat der BGH mit seiner Entscheidung vom 8. 1. 1986[42] geschlossen. Hiernach darf ein Neuwagenkunde, der seinen Altwagen in Agentur gibt, grundsätzlich davon ausgehen, der Händler werde von sich aus für eine Vollkaskoversicherung sorgen. Voraussetzung für diese Erwartung ist, dass der Händler zur Frage der Versicherung keine oder nur eine unzureichende Erklärung abgegeben hat. Ein formularmäßiger Hinweis dürfte nicht genügen. Zu empfehlen ist ein gesonderter Stempelaufdruck oder ein durch Fettdruck und/oder Einrahmung hervorgehobener Hinweis wie z. B. „Achtung, Fahrzeug wird nicht vollkaskoversichert!"

Das vom BGH im Wege der (ergänzenden) Vertragsauslegung gefundene Ergebnis steht nicht im Einklang mit der Wertung des Gesetzgebers in § 390 II HGB. Hiernach ist der Kommissionär zum Abschluss einer Sachversicherung nur auf Anweisung des Kommitenten verpflichtet. Die Anweisung kann auch konkludent erfolgen, was der BGH nicht geprüft hat. Der mit einer Versicherungspflicht verbundenen Risikoentlastung des Fahrzeugeigentümers bedarf es im Übrigen nicht, sofern der Vermittler in der Rolle des Quasi-Käufers gesehen wird. Wer ihm das Absatzrisiko aufbürdet, muss ihn auch die Gefahr der zufälligen Beschädigung oder des zufälligen Verlustes tragen lassen.

Auf dem Boden der BGH-Entscheidung vom 8. 1. 1986[43] wird bei der **„freien" Agentur** eine Versicherungspflicht des Vermittlers erst recht zu bejahen sein. Das Interesse des Fahr-

---

39 Vgl. OLG Hamm 2.7. 1998, NJW-RR 1999, 777 = OLGR 1998, 308; OLG Celle 21. 11. 1991, NZV 1992, 404; LG Konstanz 30. 6. 1994, 6 S 37/94, n. v.
40 Anders bei unentgeltlicher Unterstellung eines Händlerfahrzeugs auf dem Gelände eines anderen Händlers, vgl. OLG Köln 15. 3. 1996, OLGR 1996, 223.
41 Abgedruckt in der 4. Aufl., S. 538, 539.
42 NJW 1986, 1099 = EWiR 3/86, 337 *(Reinking)*.
43 NJW 1986, 1099 = EWiR 3/86, 337 *(Reinking)*.

zeugeigentümers an der Erhaltung der Sachsubstanz ist bei diesem Vertragstyp ungleich stärker ausgeprägt als im Falle einer Agentur in Verbindung mit einem Neuwagenkauf. Dies beruht auf der unterschiedlichen Risikolage in Bezug auf Absatz und Erlös. Die Erwägungen des BGH in dem Urteil vom 8. 1. 1986[44] lassen sich in jedem Fall auf den Vermittler mit Werkstattbetrieb übertragen. Für ihn ist der Abschluss einer Vollkaskoversicherung ohne weiteres möglich und zumutbar. Anders kann es bei reinen **Jahreswagen-Vermittlungen** und bei einer Vermittlung durch einen Tankstellenpächter sein. Jahreswagen-Vermittlungen werden nicht selten von Kleingewerbetreibenden, z. B. von Arbeitslosen aus der Kfz-Branche und Hausfrauen, betrieben. Der Abschluss einer betriebsgebundenen Vollkaskoversicherung kann hier nicht ohne weiteres unterstellt werden. Der hohe Wert von Jahreswagen ist kein Argument, die Versicherungspflicht dem Vermittler zuzuschieben. Entsprechend dem Grundgedanken des § 390 II HGB ist es in erster Linie Sache des Eigentümers, für einen ausreichenden Versicherungsschutz zu sorgen. Das gilt erst recht für den Sonderfall, dass ein Autohändler lediglich den Wagen in seiner Halle ausstellt und Interessenten mit dem Eigentümer in Verbindung bringt.[45]

Unterlässt der Vermittler pflichtwidrig den Abschluss einer Vollkaskoversicherung, so muss er den Auftraggeber im Falle einer **Beschädigung des Fahrzeugs,** z. B. bei einer **Probefahrt,** wegen positiver Vertragsverletzung so stellen, als habe er eine solche Fahrzeugversicherung abgeschlossen.[46] Der Eigentümer hat Anspruch auf Ersatz des Schadens, der im Rahmen der Vollkaskoversicherung erstattet wird. Daraus folgt, dass der Vermittler dem Auftraggeber auch diejenigen Einwendungen entgegenhalten darf, die einem Vollkaskoversicherer zustünden.

Bei Einschaltung eines **Untervermittlers** muss der Obervermittler die Versicherungspflicht ggf. delegieren. Er handelt fahrlässig, wenn er darauf vertraut, der Untervermittler werde von sich aus eine Vollkaskoversicherung abschließen. Dem Obervermittler obliegt es in jedem Fall, für eine ausreichende Transportversicherung zu sorgen.

δ) Pflichten bei Abschluss des Kaufvertrages

993 Gegenstand des „Auftrags zur Vermittlung eines Kfz-Verkaufs" ist der Verkauf eines bestimmten Fahrzeugs im Namen und für Rechnung des Auftraggebers. Ein weisungswidriger Verkauf im eigenen Namen und für eigene Rechnung (Eigengeschäft) kann den Vermittler wegen Pflichtverletzung schadensersatzpflichtig machen (§§ 280 I, 241 II BGB). Er hat den Fahrzeugeigentümer so zu stellen, wie er bei auftragsgemäßer Ausführung des Geschäfts gestanden hätte. Durch das unzulässige Eigengeschäft darf der Eigentümer nicht schlechter, aber auch nicht besser abschneiden.

994 Bei einem Verkauf im Namen und für Rechnung des Vermittlers kann ein so genannter **Selbsteintritt** vorliegen. Auch ohne ausdrückliche Erlaubnis ist der Vermittler berechtigt, den Verkaufsauftrag durch Selbsteintritt auszuführen. Denn dem Eigentümer ist es im Allgemeinen gleichgültig, ob sein Wagen an einen Dritten verkauft oder von dem Vermittler selbst kaufweise übernommen wird. Haftungsrechtlich ist ein Selbsteintritt für den Eigentümer/Auftraggeber sogar günstiger, weil er ihm in der Person des Vermittlers einen sachkundigen Käufer beschert. Diesem gegenüber sind Aufklärungs- und Hinweispflichten von geringerer Intensität als bei einem vermittelten Verkauf an eine Privatperson, die sich ihrerseits auf eine gesteigerte Aufklärungspflicht des sachkundig vertretenen Agenturverkäufers berufen kann. Bei einem Verkauf von Privat an einen Kfz-Händler wird zudem mit stillschweigenden Gewährleistungsausschlüssen argumentiert. Auch der gesetzliche Haftungs-

---

44 NJW 1986, 1099 = EWiR 3/86, 337 *(Reinking).*
45 OLG Köln 20. 11. 1995, NJW 1996, 1288.
46 BGH 8. 1. 1986, NJW 1986, 1099 = EWiR 3/86, 337 *(Reinking).*

ausschluss wegen Kenntnis oder grober Fahrlässigkeit (§ 442 BGB) kommt im Falle des Selbsteintritts eher zum Zuge als bei einem Verkauf an einen unkundigen Privatmann.

Die strengen **Vorschriften über den Verbrauchsgüterkauf** verleiten dazu, den Fahrzeugverkauf zu **„privatisieren"**, d. h. aus einem Unternehmer-Verbraucher-Geschäft ein reines Privatgeschäft mit dann zulässigem Gewährleistungsausschluss zu machen. Wenn ein Kfz-Vermittler einen agenturweise hereingenommenen Wagen nicht auf dem allgemeinen Markt zum (vermittelten) Kauf anbietet, sondern ihn an seine **Ehefrau** oder einen **Mitarbeiter** verkauft, damit er von diesen Privatpersonen weiterverkauft wird, so umgeht er damit nicht seine Verkäuferhaftung, sondern lediglich die Vermittler-Eigenhaftung. Im Verhältnis zum Auftraggeber ist diese Verfahrensweise mangels konkreter Verkaufsanweisung nicht zu beanstanden. Zum Umgebungsverbot des § 475 I BGB s. Rn 976 ff.

Der Auftraggeber hat einen Anspruch darauf, dass der Selbsteintritt zu den gleichen Preisbedingungen erfolgt, die bei einem vermittelten Verkauf an einen Dritten zu gelten hätten. Diesem berechtigten Anliegen, dem das Kommissionsrecht mit den §§ 400, 401 HGB Rechnung trägt, galt die Klausel Ziff. I, 3 ZDK-AGB a. F.[47]

Darüber, wie der Selbsteintritt zu erklären ist, gaben die früher üblichen Vertragsformulare keine Auskunft. Sie regelten auch nicht die Frage der Abrechnung nach Selbsteintritt. Als Richtschnur kann § 405 HGB herangezogen werden.

Ein eigenmächtiges **Unterschreiten des vereinbarten Preislimits** macht den Vermittler, der keine Preisgarantie gegeben hat, wegen Vertragsverletzung schadensersatzpflichtig.[48] Der Auftraggeber hat Anspruch auf eine Abrechnung zu den ursprünglich festgelegten Konditionen, es sei denn, der Vermittler kann beweisen, dass der Auftraggeber ihn über wesentliche Wertbemessungsfaktoren getäuscht hat. In einem solchen Fall muss sich der Auftraggeber so behandeln lassen, als habe er der Preisherabsetzung zugestimmt.

Ohne abweichende Sondervereinbarung mit dem Auftraggeber hat der Vermittler die Pflicht, mit dem Abnehmer des Gebrauchtwagens **Barzahlung** zu vereinbaren. Im Falle der Scheckzahlung verstößt der Vermittler gegen seine Interessenwahrnehmungspflicht, wenn er das Fahrzeug ausliefert, ohne sich vorher davon überzeugt zu haben, dass der Scheck gedeckt ist. Zumindest den Fahrzeugbrief hat er bis zur Scheckgutschrift zurückzuhalten. Zur Haftung des Vermittlers gegenüber dem **Käufer** bei weisungswidriger Weitergabe des zur Begleichung des Kaufpreises bestimmten Schecks vgl. BGH MDR 1992, 228. Ohne ausdrückliche Zustimmung des Auftraggebers darf der Vermittler den Kaufpreis auch nicht teilweise stunden. Er darf auch nicht eigenmächtig an Zahlung Statt einen Gebrauchtwagen des Käufers hereinnehmen, weder per Agentur („Agentur auf Agentur") noch im Wege der „Inzahlungnahme auf Agentur".[49]

Garantie- und Gewährleistungszusagen: Die Anweisung, sich von jeglicher Sachmängelhaftung freistellen zu lassen, war Kernbestandteil der meisten Agenturaufträge. Der Vermittler hatte die Pflicht, das Agenturfahrzeug „unter Ausschluss jeglicher Gewährleistung" zu verkaufen. Garantien und Gewährleistungszusagen im Namen des Auftraggebers durfte er nur kraft **besonderer Ermächtigung** erteilen.

Die schrittweise Verbesserung der Rechtsposition des Käufers durch Maßnahmen des Kfz-Handels (Einräumung eines Nachbesserungsanspruchs durch die ZDK-Initiative 1980, Gewährung von Garantien aufgrund der ZDK-Konzeption 1988) ist nicht ohne Einfluss auf den Inhalt der Vermittlungsaufträge geblieben. Ob der Vermittler mit oder ohne Garantie verkaufen soll, hängt von der Vereinbarung mit dem Auftraggeber ab, wie sie insbesondere

---

47 Siehe auch OLG Stuttgart 28. 3. 1988, DAR 1988, 346.
48 Vgl. auch FG Rheinland-Pfalz 25. 4. 1979, UR 1980, 52.
49 Zur dinglichen Rechtslage bei Weiterveräußerung des in Zahlung genommenen Altwagens durch den Vermittler im eigenen Namen vgl. OLG Köln 16. 10. 1991, VRS 82, 100.

im Auftragsformular dokumentiert ist. Je nach Vereinbarung mit dem Auftraggeber wird der Vermittler „beauftragt und ermächtigt", das Agenturfahrzeug mit Garantie oder unter Gewährleistungsausschluss zu verkaufen. Die Pflicht zum Verkauf mit Garantie entfällt, wenn der Vermittler den Zusatz „und beauftragt" aus der Klausel „ermächtigt und beauftragt, das Fahrzeug mit Garantie zu verkaufen" im Einverständnis mit dem Auftraggeber streicht.

Beeinflusst wird der Inhalt von Vermittlungsaufträgen auch durch die **Vorschriften über den Verbrauchsgüterkauf**. Wenn nämlich der Auftraggeber ein **Unternehmer** iSv § 14 BGB ist, gelten für den (vermittelten) Verkauf an einen **Verbraucher** die besonderen Schutzbestimmungen der §§ 474 ff. BGB. Ein Verkauf unter Ausschluss der Sachmängelhaftung ist nicht zulässig. Anders liegen die Dinge bei einem Verkauf an einen Unternehmer.

997 Unter der Herrschaft des **Agenturgeschäfts alter Art** war es von großer praktischer Bedeutung, ob der Vermittler **auftragswidrig** handelt, wenn er geschäftstypische Erklärungen wie „TÜV neu..." oder „werkstattgeprüft" oder „fahrbereit" in den Kaufvertrag aufnimmt. Dadurch konnte er sich seinem Auftraggeber gegenüber schadensersatzpflichtig machen. Im Falle vollmachtlosen Handelns war er zudem der **Schadensersatzhaftung nach § 179 BGB** ausgesetzt. Anlässlich der „TÜV-neu"-Entscheidung des BGH vom 24. 2. 1988[50] wurde diese Thematik im Schrifttum kontrovers diskutiert.[51] Für den BGH war die Frage nach der **Vertretungsmacht** des Vermittlers/Abschlussvertreters nur ein Randthema. Denn die Vollmachtlosigkeit – in Form der **Vollmachtsüberschreitung** – stand auf Grund der Bindungswirkung des rechtskräftigen Urteils des OLG Schleswig vom 16. 7. 1985 fest. Es war im Vorprozess zwischen Käufer und privatem Verkäufer ergangen.[52] Nach Auffassung des OLG Schleswig hat der Händler die Erklärung „TÜV neu 85" ohne Vollmacht des Auftraggebers/Verkäufers abgegeben. Das LG Kiel hatte dies in erster Instanz anders gesehen.[53]

Wie der BGH die Vollmachtsfrage selbst beurteilt, ist bislang nicht erkennbar geworden.

998 Das OLG Hamburg hat einen Kfz-Händler für schadensersatzpflichtig gehalten, der das Fahrzeug seines Auftraggebers als „fahrbereit" verkauft hat.[54] Damit habe der Händler gegen die von ihm übernommene Verpflichtung verstoßen, den Pkw unter Ausschluss jeder Gewährleistung zu verkaufen. In der Erklärung „fahrbereit" sei eine Eigenschaftszusicherung i. S. v. § 459 II BGB a. F. zu sehen (vgl. dazu Rn 1091 ff.). Da der klagende Auftraggeber einen Schaden geltend gemacht hat, spricht einiges dafür, dass ihm die Erklärung seines Vertreters „fahrbereit" entweder nach § 164 BGB oder aufgrund eines Rechtsscheintatbestandes zugerechnet worden ist. Andernfalls hätte er keinen Schaden gehabt.

Nach Ansicht des LG Verden/Aller macht sich ein Vermittler bereits dadurch schadensersatzpflichtig, dass er es unterlässt, einen Gewährleistungsausschluss mit dem Käufer zu vereinbaren.[55] Aus der Klausel im Vermittlungsvertrag, wonach der Vermittler für im Auftrag des Verkäufers durchgeführte Instandsetzungsarbeiten in begrenztem Umfang einen Gewährleistungsanspruch einräumen darf, hat die Kammer im Wege des Umkehrschlusses gefolgert, dass das Fahrzeug im Übrigen unter Gewährleistungsausschluss zu verkaufen war. Im Ergebnis ist diese Auslegung richtig. Die Vollmachtsfrage spielte in diesem Fall

---

50 BGHZ 103, 275 = NJW 1988, 1378 = JZ 1988, 920 m. Anm. *Huber.*
51 *Huber,* JZ 1988, 923; *Tiedtke,* JuS 1988, 848; *H. H. Jacobs,* NJW 1989, 696; *Eggert,* NJW 1990, 549; *G. Müller,* BB 1990, 2136.
52 Az. 3 U 144/84, n. v.
53 Urt. v. 30. 4. 1984, 2 O 265/83, n. v.
54 Urt. v. 15. 4. 1991, MDR 1991, 1039.
55 Urt. 24. 5. 1989, DAR 1990, 24.

keine Rolle, weil der Vermittler weder eine Garantie noch eine ausdrückliche oder stillschweigende Eigenschaftszusicherung alten Rechts gegeben hatte.

Auf dem Boden des subjektiven Fehlerbegriffs, nach dem ein Fehler dann vorliegt, wenn die Beschaffenheit der Sache von einer Vereinbarung der Parteien abweicht, ist danach zu fragen, ob der Vermittler für die Beschaffenheitsvereinbarung i. S. v. § 434 I, 1 BGB Vollmacht hatte oder nicht. Ein vollmachtloses Handeln hat das Kammergericht einem Vermittler bescheinigt, der „seinem" Kunden versprochen hat, „Getriebegeräusche werden behoben"[56] (ähnlich OLG Celle OLGR 1994, 33).

Mit dem Rückgang des Agenturgeschäfts seit **Einführung der Differenzbesteuerung** hat die Frage, was der Händler in seiner Eigenschaft als Vermittler und Abschlussvertreter im **Innenverhältnis** zu seinem Auftraggeber darf und im **Außenverhältnis** zum Käufer kann, erheblich an praktischer Bedeutung verloren. Das kann sich aus Anlass der **Schuldrechtsreform** wieder ändern. Zunächst ist bei einem vermittelten Verkauf zu klären, ob der Vermittler überhaupt eine Erklärung mit Drittbezug abgegeben hat. Er kann sich auch „aus den Umständen" ergeben (§ 164 I, 2 BGB). Die steuerliche Notwendigkeit, Erklärungen mit Fremdwirkung abzugeben, ist zwar – von Sonderfällen abgesehen – unter der Geltung des § 25 a UStG entfallen. Gleichwohl hat der Kfz-Händler nach wie vor ein berechtigtes Interesse daran, die Wirkungen seiner Erklärungen in der Person seines Auftraggebers eintreten zu lassen.

Nur wenn der Vermittler nicht in eigenem Namen, sondern im Namen des Auftraggebers gehandelt hat, stellt sich die Frage der **Vertretungsmacht.** Sie kann auf einer ausdrücklich oder konkludent erteilten Vollmacht beruhen. Ausdrückliche Vollmachten zur Erteilung von „Eigenschaftszusicherungen" (§ 459 II BGB a. F.) waren schon in der bisherigen Agenturpraxis selten. Wird der Händler „beauftragt und ermächtigt", das Fahrzeug „mit Garantie" zu verkaufen, so steht die Vertretungsmacht außer Zweifel. Problematisch waren nach altem Recht die **stillschweigenden** bzw. **konkludenten Eigenschaftszusicherungen,** bei denen sich der Vermittler im Allgemeinen nicht auf eine ausdrückliche Vollmacht stützen konnte.

Soweit die im Auftragsformular unter „Fahrzeugbeschreibung und -zustand laut Angaben des Auftraggebers" notierten Daten und Eigenschaften des Fahrzeugs, z. B. die Gesamtfahrleistung, zum Gegenstand des Kaufvertrages gemacht werden, bleibt der Vermittler im Rahmen seines Auftrags und damit auch seiner Vertretungsmacht.[57] Zur Weiterleitung dieser Informationen ist er nicht nur berechtigt, sondern sogar verpflichtet. In den Kaufvertrag („Bestellschein") hat er die gleichen Angaben aufzunehmen, die Gegenstand des Vermittlungsvertrages mit dem Auftraggeber sind. Dies gilt auch für Einschränkungen, etwa bei einer Information über die **Gesamtfahrleistung.**[58]

Soweit es um die nächste Hauptuntersuchung, kurz **TÜV**, geht, gibt es mit Blick auf Auftrag und Vollmacht keine Probleme, wenn der Vermittler lediglich das Datum aus dem Auftragsformular im Bestellschein wiederholt. Häufig wird hier aber anders verfahren. Agenturfahrzeuge haben bei der Hereinnahme meist verhältnismäßig „alte" Plaketten. Da die Käufer gesteigerten Wert auf eine „frische" Plakette legen, sorgen die Händler für eine erfolgreiche Hauptuntersuchung, meist in ihrem eigenen Betrieb („Werkstatt-TÜV"). Damit setzen sie sich nicht in Widerspruch zu ihrem Verkaufsauftrag. Sie sind auch berechtigt, in ihrer Werbung, in Verkaufsanzeigen, auf dem Verkaufsschild und vor allem im Bestellschein auf den Tatbstand einer bei Auslieferung des Fahrzeugs „frischen" Prüfplakette hinzuweisen.[59] So ist eine Erklärung im Kaufantrag „TÜV neu 02" von der Vollmacht ge-

---

56 Urt. v. 29. 1. 1987, 22 U 2877/86, n. v.
57 So auch *Soergel/Huber,* § 459 Rn 318; *G. Müller,* BB 1990, 2136.
58 Dazu OLG Frankfurt 28. 6. 1989, NZV 1990, 24.
59 So auch *Soergel/Huber,* § 459 Rn 318.

deckt.⁶⁰ Gleiches gilt für verkaufsfördernde Erklärungen wie „werkstattgeprüft" oder „von Meisterhand geprüft".

Der Auftraggeber, Verkäufer im Rechtssinn, kann bei dem Händler Regress nehmen, wenn und soweit diese Erklärungen unrichtig sind. Grundlage ist ein Anspruch aus §§ 280 I, 241 II BGB (früher pFV). Der Händler braucht zwar nicht jede Angabe seines Auftraggebers über den Fahrzeugzustand und sonstige Eigenschaften generell auf Richtigkeit zu überprüfen. Bei greifbaren Anhaltspunkten für eine Fehlinformation muss er jedoch nachfragen und ggf. auf eine Korrektur hinwirken. Bei Zusagen, die wie „TÜV neu..." oder „werkstattgeprüft" aus seiner eigenen Sphäre stammen, ist er für deren Richtigkeit auch im Verhältnis zu seinem Auftraggeber verantwortlich. Soweit die **Rechtsprechung** eine **Vollmachtsüberschreitung** bejaht, hat sie die Anweisung des Vorbesitzers, das Fahrzeug „unter Ausschluss jeder Gewährleistung" zu verkaufen, mitunter überbewertet.⁶¹ Die Haftungsfreistellung ist zwar wesentlicher Bestandteil der von einer Privatperson erteilten Vollmacht. Daraus kann aber nicht geschlossen werden, dass der Vermittler sich jeglicher Informationen über das Fahrzeug zu enthalten hat. Ein solches Verhalten läge nicht im wohlverstandenen Interesse des Auftraggebers. Mit Schweigen kann man heute kein Auto verkaufen. Überschritten ist die Vollmacht indessen, wenn das Fahrzeug unter Ausschluss der Sachmängelhaftung verkauft werden soll, der Vermittler aber eine **Einjahresgarantie** für Motor, Getriebe und Hinterachse gewährt (OLG Celle, Urt. v. 5. 10. 1993, OLGR 1994, 33). Allerdings muss in einem solchen Fall an ein Eigenhandeln des Vermittlers gedacht werden.

ε) Pflichten nach Abschluss des Kaufvertrages

1000   In Anlehnung an § 384 II HGB bestimmte Ziff. IV, 2 ZDK-AGB a. F., dass der Vermittler verpflichtet ist, dem Auftraggeber unverzüglich den Verkauf anzuzeigen, ihm die Anschrift des Käufers mitzuteilen und über Kaufpreis, verauslagte Pflege- und Instandsetzungsaufwendungen und seine Provision Rechnung zu legen. Nach dem Gesetz besteht eine **Rechnungslegungspflicht** nur bei ausdrücklichem Verlangen des Auftraggebers, §§ 675, 666 BGB. Die §§ 86 II, 94 I HGB sind nicht anzuwenden. Für den Fall, dass der Vermittlungsauftrag keine Regelung über die Abrechnungspflicht des Vermittlers enthält, wird zu erwägen sein, ob sie nicht stillschweigend kraft Handelsbrauchs als vereinbart anzusehen ist. Der Vermittler hat den sich aus der Agenturabrechnung ergebenden Überschuss unverzüglich an den Auftraggeber auszuzahlen (§ 675, 667 BGB). Zur Rechtslage bei der Aufrechnung durch die Finanzierungsbank mit der Folge, dass sich das Schuldenkonto des Vermittlers verringert, vgl. LG München I, NJW-RR 1991, 762.

Mitunter herrscht zwischen dem Auftraggeber und dem Vermittler Streit über die Höhe des vereinbarten Mindestverkaufspreises („untere Preisgrenze"). Beruft sich der Auftraggeber auf eine vom Vertragstext abweichende mündliche Preisvereinbarung, so soll er damit nach Auffassung des OLG Düsseldorf auch bei einer nur formularmäßigen Schriftformklausel keinen Erfolg haben, es sei denn, er hat substanziiert und unter Beweisantritt behauptet, dass die Parteien das Formerfordernis übereinstimmend abbedungen haben.⁶² Die Entscheidung kann nicht überzeugen. Selbst wenn die Schriftformklausel nicht gegen § 9 AGBG verstoßen haben sollte, was zweifelhaft erscheint,⁶³ so hatte sie doch nach § 4 AGBG (jetzt § 305 b BGB) hinter die mündliche Individualvereinbarung zurückzutreten.

---

60 A. A. OLG Schleswig 16. 7. 1985, 3 U 144/84, n. v.
61 So z. B. OLG Schleswig 16. 7. 1985, 3 U 144/84, n. v.; KG 29. 1. 1987, 22 U 2877/86, n. v. („Getriebegeräusche beseitigen"); OLG Hamburg 15. 4. 1991, MDR 1991, 1039 („fahrbereit"); zutreffend dagegen LG Köln 22. 8. 1990, MDR 1991, 55 („steuerbefreit").
62 Urt. v. 10. 10. 1991, EWiR § 125 BGB 1/91, 1055 *(Teske)*.
63 Vgl. auch Rn 1177.

Bei **Mängelrügen des Käufers** hat der Vermittler in erster Linie die Interessen seines 1001
Auftraggebers wahrzunehmen. Regulieren von vermeintlichen Gewährleistungsansprüchen aus bloßer Kulanz – ohne Zustimmung des Auftraggebers – geht zu Lasten des **Vermittlers**. Gesichtspunkte wie Rufwahrung und Kundenbindung sind nachrangig gegenüber dem Interesse des Auftraggebers, den Ausschluss der Sachmängelhaftung durchzusetzen. Der Vermittler tut in jedem Fall gut daran, den Auftraggeber rechtzeitig in die Regulierungsverhandlungen einzuschalten und sich mit ihm abzustimmen. Zur Entgegennahme von Anfechtungs-, Rücktritts- oder Minderungserklärungen ist der Vermittler berechtigt.[64] Alles weitere ist von seinem Verkaufsauftrag nicht gedeckt, insbesondere darf er Mängel nicht zu Lasten des Verkäufers anerkennen oder gar sein Einverständnis zur Rückwicklung erklären.[65] Als „Sachwalter" des Verkäufers hat er vielmehr unter Zurückstellung eigener Interessen alles daran zu setzen, den Kaufvertrag in vollem Umfang aufrechtzuerhalten. Soweit er persönlich in Anspruch genommen wird, darf er sich freilich – unter Wahrung der Auftraggeberinteressen – auf eine Schadensregulierung einlassen.

Für den **Innenausgleich** kommt es in diesen Fällen entscheidend darauf an, ob der Ver- 1002
mittlungsauftrag im Zusammenhang mit einem Kaufvertrag über ein anderes Fahrzeug steht oder nicht. Von der Vertragsgestaltung und insbesondere der Verrechnungsabrede hängt es ab, ob der Auftraggeber/Käufer oder der Vermittler/Händler den Nachteil aus dem gestörten Agenturverkauf zu tragen hat. Während der Nur-Vermittler weder das Absatz- noch das Gewährleistungsrisiko zu tragen hat, ist der Vermittler, der zugleich Verkäufer ist, mit beiden Risiken belastet, d. h. er kann den Nachteil aus dem gestörten Agenturverkauf grundsätzlich nicht zum Auftraggeber durchstellen. Dies wirkt sich bis in die Rückabwicklungsphase hinein aus, wenn der Auftraggeber den gekoppelten Kaufvertrag rückgängig machen will, dazu s. Rn 1011 ff.

bb) Die Pflichten des Auftraggebers
α) Die Pflicht zur Provisionszahlung

Die früher üblichen Formularvordrucke für den Vermittlungsauftrag sahen für die Pro- 1003
vision vier verschiedene Varianten vor:

a) Festbetragsprovision,

b) bestimmter Prozentsatz vom Verkaufserlös,

c) Teil des Mehrerlöses (Differenz zwischen Mindestverkaufspreis und tatsächlichem Verkaufspreis),

d) voller Mehrerlös als Provision.

Die ersten drei Möglichkeiten hatten nur geringe praktische Bedeutung. Sie waren vorwiegend aus optischen Gründen in den Vordruck aufgenommen worden. In mehr als 90% aller Agenturfälle wurde die für den Vermittler günstigere **Mehrerlös-Provisionsregelung** (oben d) vereinbart. Die Höhe der Provision wird weder in Abweichung von gesetzlichen Vorschriften noch in deren Ergänzung festgelegt, weshalb die Abrede nicht kontrollfähig ist.

Haben es die Vertragsparteien ausnahmsweise unterlassen (z. B. aus Vergesslichkeit), eine ausdrückliche Vereinbarung über die Höhe der Provision zu treffen, treten nicht etwa die Dissensfolgen der §§ 154, 155 BGB ein. Nach der Auslegungsregel des § 612 II BGB (vgl. auch § 653 II BGB) ist die Mehrerlös-Regelung als vereinbart anzusehen. Soweit überhaupt noch Agenturgeschäfte abgeschlossen werden, ist sie üblich.

---

64 Für das Außenverhältnis gilt § 55 IV HGB.
65 LG Mainz 30. 4. 1981, 1 O 376/80, n. v.; vgl. auch OLG Köln 15. 12. 1982, MDR 1983, 489; LG Freiburg 6. 5. 1980, MDR 1980, 847 (agenturweise Inzahlungnahme).

Nach den ZDK-Bedingungen wurde die vereinbarte Provision mit der Zahlung des Kaufpreises durch den Käufer **fällig.** Praktische Bedeutung hatte diese Klausel z. B. insoweit, als sie die Fälligkeit nicht von der Erteilung der Agenturabrechnung abhängig machte. Der Vermittler durfte einen etwaigen Mehrerlös sofort nach Eingang des Kaufpreises für sich vereinnahmen und auf seinem Provisionskonto verbuchen.

Nach Ziff. V, 2 der früher vom ZDK empfohlenen Bedingungen hat der Vermittler auch dann Anspruch auf die **volle Provision,** wenn ein von ihm ordnungsgemäß abgeschlossener Kaufvertrag aus einem vom Auftraggeber zu vertretenden Grund nicht ausgeführt worden ist. Eine solche Regelung verstößt weder gegen § 307 BGB noch – als Schadenspauschalierungsklausel verstanden – gegen § 309 Nr. 5 BGB.[66] Sie steht im Einklang mit § 326 II BGB (früher § 324 I), der auch für Geschäftsbesorgungsverträge mit Dienstvertragscharakter gilt. Konkrete Ausgestaltung hat diese allgemeine Gefahrtragungsregelung in § 396 I, S. 2 2. Hs. HGB gefunden. Dieser Bestimmung liegt eine objektive Risikozurechnung zugrunde. Stammt das Ausführungshindernis, nur darum geht es (nicht um Abschlusshindernisse), aus dem Risikobereich des Auftraggebers, wie z. B. im Fall des Eigenverkaufs, so ist es gerecht und billig, dem Vermittler auch den vollen „Lohn" zuzubilligen. Bis auf die Abwicklung des Kaufvertrages hat er alles getan.

β) Sonstige Pflichten des Auftraggebers

1004 Der Auftraggeber ist verpflichtet, die ihm gestellten Fragen nach der Beschaffenheit seines Fahrzeugs wahrheitsgemäß und vollständig zu beantworten. Der Umfang der Informations- und Aufklärungspflicht hängt entscheidend davon ab, ob der Vermittlungsvertrag in Verbindung mit dem Kauf eines anderen Fahrzeugs steht oder nicht. Ungleich intensiver ist diese Pflicht im Fall der „gebundenen" Agentur. Anders als bei der Nur-Vermittlung trägt der Händler hier das Absatzrisiko und – in Form der Mindestpreisgarantie – auch das Preisrisiko. Vom Absatzrisiko kann er sich nur unter ganz besonderen Voraussetzungen (Arglist und Fehlen einer zugesicherten Eigenschaft) befreien.

Gelingt dem Vermittler/Händler der Nachweis der **arglistigen Täuschung** (zur Offenbarungspflicht bei Unfallschäden vgl. Rn 1681), so stehen ihm drei Rechtsbehelfe zur Auswahl: Schadensersatzanspruch aus §§ 280 I, 241 II, 311 II BGB bzw. aus §§ 826, 823 II BGB, Anfechtung gem. § 123 BGB und Kündigung aus wichtigem Grund. Sein Schadensersatzverlangen kann er mit der Arglistanfechtung oder der Kündigung aus wichtigem Grund kombinieren.

Im Zuge der Gleichsetzung von Ankauf- und Agenturmodell ist auch die Figur der **Eigenschaftszusicherung** „umfunktioniert" worden. Eine fahrlässig falsche Eigenschaftszusicherung iSv § 459 II BGB a. F. löste einen Anspruch des Vermittlers aus Verschulden bei Vertragsschluss aus. Daneben stand ihm das Recht zu, den Vermittlungsvertrag aus wichtigem Grund zu kündigen. Ob er diese Befugnis sogar bei einer unverschuldet unrichtigen Eigenschaftszusicherung alter Art hatte, war vom BGH offen gelassen worden.[67] Bejahend OLG Köln 6. 2. 1985, 24 U 170/84, n. v.; OLG Schleswig 29. 9. 1989, 14 U 40/88, n. v.; vgl. auch KG 9. 6. 1983, NJW 1983, 2326.

γ) Nachvertragliche Pflichten des Auftraggebers

1005 In der Zeit zwischen Auftragserteilung und Ablieferung des Fahrzeugs kann sich dessen Zustand erheblich verschlechtern. Erfahrungsgemäß wenden Altwageneigentümer nicht mehr viel an Kosten auf, sobald sie einen Abnehmer gefunden haben. Um der **Verschlechterungsgefahr** zu begegnen, kann der Vermittler die Fahrstrecke bis zur Übergabe limitie-

---

66 So auch OLG Stuttgart 28. 3. 1988, NJW-RR 1988, 891 = DAR 1988, 346.
67 Vgl. Urt. v. 31. 3. 1982, NJW 1982, 1699

ren. In Ziff. II, 2 ZDK-AGB a. F. wurden dem Auftraggeber zahlreiche Pflichten auferlegt. Mit Blick auf § 9 AGBG a. F. war dies unbedenklich. Pflichtverletzungen zwischen Abschluss des Vermittlungsvertrages und der Fahrzeugübergabe begründeten eine Haftung aus **positiver Vertragsverletzung**.[68] Die c. i. c.-Haftung kam zum Zuge, wenn der Beginn des Vermittlungsverhältnisses ausnahmsweise mit der Hereinnahme des Altwagens zusammenfiel. Im Ergebnis hat sich daran durch das neue Schuldrecht nichts geändert.

cc) Zur Kündigung des Vermittlungsvertrages

Anders als die feste Inzahlungnahme ist der Agenturauftrag – zumindest nach außen hin – nicht auf einen sofortigen Leistungsaustausch angelegt. Er ist als **Dauerschuldverhältnis** ausgestaltet, gleichviel, ob die Hingabe des Altwagens im Zusammenhang mit dem Erwerb eines Neuwagens steht oder nicht. Nach den früher üblichen Vertragsformularen war der Agenturauftrag auf unbestimmte Zeit, mindestens jedoch für die Dauer von sechs Monaten erteilt. Vor Ablauf dieser Frist war eine Kündigung nur aus wichtigem Grund zulässig. Nach Ablauf von sechs Monaten konnten beide Vertragspartner mit einer Frist von einer Woche jederzeit kündigen, so Ziff. VIII ZDK-AGB a. F.

α) Kündigung durch Auftraggeber

Die formularmäßige Beschränkung des Rechts auf jederzeitige Kündigung (§§ 675, 621 Nr. 5 BGB) ist nicht zu beanstanden, sofern die Laufzeit sechs Monate nicht wesentlich übersteigt. Wirksamkeitsvoraussetzung ist freilich, dass dem Auftraggeber ausdrücklich das Recht eingeräumt wird, den Vermittlungsvertrag vorzeitig durch Kündigung aus wichtigem Grund zu beenden. In Ziff. VIII ZDK-AGB hatte man diesen Hinweis vorsorglich aufgenommen. Dass der Beginn der sechsmonatigen Bindungsfrist nicht präzise festgelegt worden war, begegnete keinen durchgreifenden Bedenken. An sich beginnt die Frist mit Abschluss des Vermittlungsvertrages, nicht erst mit Übergabe des Fahrzeugs und/oder des Fahrzeugbriefes.

Unter welchen tatsächlichen Voraussetzungen der Auftraggeber einen **wichtigen Grund** zur Kündigung hat, kann nur unter Berücksichtigung aller Einzelfallumstände beantwortet werden. Von einem Verschulden seines Vertragspartners hängt die Befugnis zur außerordentlichen Kündigung grundsätzlich nicht ab. Es genügt, dass ihm ein Festhalten am Vermittlungsvertrag nach Treu und Glauben nicht mehr zuzumuten ist. Bei der Abwägung des Beendigungsinteresses des Auftraggebers mit dem Fortsetzungsinteresse des Vermittlers kommt es wiederum entscheidend darauf an, ob der Vermittlungsvertrag im Zusammenhang mit einem Neuwagenkauf steht oder nicht.

Bis zur Übergabe seines Fahrzeugs darf sich der **Auftraggeber,** der zugleich Käufer ist, einseitig von dem Vermittlungsvertrag lossagen, allerdings nur um den Preis der Zahlung des vollen Entgeltes für den gekauften Wagen. Unter dieser Voraussetzung besteht sogar ein freies Kündigungsrecht, und zwar über den Zeitpunkt der Ablieferung des eigenen Altwagens hinaus. Wenn die AGB das jederzeitige Kündigungsrecht des Auftraggebers für eine bestimmte Zeit ausschließen, so haben sie dabei den Fall vor Augen, dass sich der Altwagenbesitzer vom Gesamtgeschäft lösen will. Mit der Anhebung der Kündigungsschwelle soll in Wirklichkeit die Lossagung vom Neuwagenkaufvertrag erschwert werden. Eine Kündigung des Auftraggebers mit dem Ziel, auch den Neuwagenkaufvertrag zu Fall zu bringen, wird nur in ganz engen Grenzen anzuerkennen sein. Wider Erwarten eingetretener Eigenbedarf genügt nicht, etwa nach Verlust eines Zweitwagens, den der Auftraggeber bis zur Auslieferung des Neufahrzeugs benutzen wollte.[69] Auch der Umstand, dass der

---

[68] Vgl. auch OLG Stuttgart 28. 3. 1988, DAR 1988, 346.
[69] Anders für die „freie" Agentur OLG Bamberg 27. 4. 1981, 4 U 123/80, n. v.

Auftraggeber selbst einen Käufer gefunden hat, der mehr als den Mindestverkaufspreis bietet, rechtfertigt keine Kündigung aus wichtigem Grund. Die Zumutbarkeitsgrenze kann indes überschritten sein, wenn man den Auftraggeber/Neuwagenkäufer bei unverschuldetem Verlust oder schwerer Beschädigung seines Altwagens am Neuwagengeschäft festhält.[70]

Im Falle der „freien" Vermittlung bestimmt der Gedanke der Fremdnützigkeit die Abwägung. Der Nur-Vermittler hat als reiner Geschäftsbesorger in erster Linie die Interessen seines Auftraggebers zu wahren. Sein Provisionsinteresse ist sekundär. Angesichts dieser Interessenlage genügt bei der „freien" Agentur ein berechtigter Eigenbedarf zur Kündigung aus wichtigem Grund.[71] Ausreichend ist auch die Möglichkeit, einen höheren Erlös bei anderweitiger Veräußerung zu erzielen.

β) Kündigung durch Vermittler

1008 Nach Ziff. VIII ZDK-AGB a. F. konnte der Vermittler während der sechsmonatigen Mindestlaufzeit des Vertrages nur aus wichtigem Grund, in der Folgezeit frei kündigen. Die anderen Klauselwerke enthielten einen ähnlichen Kündigungsvorbehalt. Bei Agenturgeschäften nach Einführung der Differenzbesteuerung hat man an dieser Regelung festgehalten.

Im Fall der **agenturweisen Inzahlungnahme** hat der BGH die übliche Kündigungsregelung entscheidend **eingeschränkt**: Der Neuwagenhändler darf den Agenturvertrag zu keinem Zeitpunkt frei kündigen. Stets muss ein **wichtiger Grund** vorliegen.[72] Gleiches gilt für den gewerblichen Verkäufer eines „neuen" Gebrauchtwagens bei agenturweiser Hereinnahme eines Altwagens („Gebraucht auf Gebraucht").[73]

Unter welchen Voraussetzungen der **Vermittler/Neuwagenhändler** ein Recht zur Kündigung aus wichtigem Grund hat, ist in der Judikatur weitgehend geklärt. Übereinstimmung besteht darin, dass die bloße Unverkäuflichkeit des Agenturfahrzeugs kein ausreichender Kündigungsgrund ist. Auch die Tatsache, dass der Händler die untere Preisgrenze nicht einhalten kann, genügt für sich allein genommen noch nicht. Grundsätzlich kann der Händler auch nicht damit gehört werden, das Fahrzeug sei deshalb unverkäuflich oder nur zu einem niedrigeren Preis abzusetzen, weil es mit Mängeln behaftet sei. Das Risiko „einfacher" Mangelhaftigkeit liegt bei der Agentur-Inzahlungnahme auf Seiten des Händlers.[74] Dabei macht es keinen Unterschied, ob der Sachmangel technischer Natur ist (z. B. Motorschaden, Durchrostung), ob es sich um einen verborgenen Unfallschaden oder um eine unzulässige Fahrzeugumrüstung handelt.[75]

Gegen all diese Störfälle kann sich der Händler durch eine fachkundige Untersuchung unter Einsatz seines technischen Apparates einschließlich Probefahrt weitgehend absichern. Die Zuweisung des Risikos für „einfache" Fehlerhaftigkeit beruht letztlich auf den gleichen Erwägungen, mit denen der BGH einen stillschweigend vereinbarten Gewährleistungsausschluss für sog. Verschleißmängel bei der „klassischen", jetzt wieder dominierenden Inzahlungnahme bejaht.[76] Wer dem vermittelnden Neuwagenhändler schon bei „einfa-

---

70 Dazu *Behr,* AcP 185, 401.
71 Z. B. Verlust des „Ersatzwagens" durch Unfall, dazu OLG Bamberg 27. 4. 1981, 4 U 123/80, n. v.
72 BGH 31. 3. 1982, NJW 1982, 1699 = DB 1982, 1510; BGH 5. 4. 1978, NJW 1978, 1482; OLG Köln 15. 12. 1982, MDR 1983, 489; OLG Hamburg 11 W 23/89, n. v.
73 BGH 31. 3. 1982, NJW 1982, 1699 (Jahreswagen), dazu *Honsell,* Jura 1983, 523.
74 Das ist die Quintessenz der BGH-Rspr., vgl. *Eggert,* NZV 1989, 546.
75 Zustimmend OLG Schleswig 29. 9. 1989, 14 U 40/88, n. v.
76 Urt. v. 21. 4. 1982, NJW 1982, 1700; kritisch dazu *Schack,* NJW 1983, 2806; zustimmend *Honsell,* Jura 1983, 523.

cher" Mangelhaftigkeit ein Rückgaberecht gibt,[77] vernachlässigt zu sehr die Interessen des privaten Auftraggebers.

Als wichtiger Kündigungsgrund allgemein anerkannt ist **arglistiges Verschweigen** eines Mangels bzw. arglistiges Vortäuschen von wertbildenden Eigenschaften (z. B. Kilometerlaufleistung, Unfallfreiheit).[78] Somit zeigt sich auch hier eine Angleichung an die Rechtslage bei fester Inzahlungnahme. Zur Offenbarungspflicht des Auftraggebers bei Unfallschäden s. Rn 1681 ff.

Ein Verschulden des Auftraggebers unterhalb der Arglistschwelle kann bei der Agentur-Inzahlungnahme ein Kündigungsrecht grundsätzlich nicht begründen, d. h. selbst eine grob fahrlässige Fehlinformation gibt dem Neuwagenhändler kein Recht zur Kündigung aus wichtigem Grund, es sei denn, dass die Information Garantiecharakter hat.

Neutralisiert wird ein Haftungsausschluss nicht nur im Fall arglistiger Täuschung (jetzt § 444 BGB). Auch beim **Fehlen einer garantierten Eigenschaft** kann der Verkäufer sich darauf nicht berufen (§ 444 BGB). Deshalb hat der BGH mit Recht erwogen, die Kündigungsbefugnis des Vermittlers auf diesen Fall auszudehnen.[79] Letztlich ist diese Frage offen geblieben. Das OLG Köln[80] und das OLG Schleswig[81] haben bei unrichtiger Zusicherung i. S. v. § 459 II BGB a. F. einen wichtigen Grund zur Kündigung bejaht. Auf ein Verschulden soll es nicht ankommen.

Auf der Grundlage dieser Rechtsprechung wird der Vermittler/Händler im Prozess bestrebt sein, Zustandsangaben des Auftraggebers zu Beschaffenheitsgarantien i. S. v. § 444 BGB aufwerten zu lassen. Im Zweifel will der private Auftraggeber – für den Vermittler erkennbar – keine Haftung für einen bestimmten Zustand seines Fahrzeugs übernehmen. Die Überlegungen, mit denen die Rechtspraxis bis zur Schuldrechtsreform stillschweigende Eigenschaftszusicherungen professioneller Verkäufer zu Gunsten privater Gebrauchtwagenkäufer außerordentlich großzügig bejaht (vgl. dazu Rn 1063 ff.), waren nur bedingt übertragbar.

Ein wichtiger Grund zur Kündigung liegt auch vor, wenn der Händler das Mängelrisiko **auf den Kunden zurückverlagert** hat und dieser sich endgültig weigert, die Kosten der Mängelbeseitigung zu übernehmen bzw. einer Herabsetzung der unteren Preisgrenze zuzustimmen. Eine solche Risikoverlagerung ist z. B. in der bei Auftragserteilung (vor Fahrzeugübergabe) getroffenen **Individualabrede** zu sehen, dass „in der Zwischenzeit aufkommende Schäden zu Lasten des derzeitigen Halters gehen".[82] Aufgekommen im Sinne dieser Klausel ist der Schaden erst, wenn er für einen Kfz-Fachmann bemerkbar ist. Er hätte ihm bei sorgfältiger Prüfung des Fahrzeugs auffallen müssen.[83]

„**Freie" Vermittlung:** Während bei der Agentur-Inzahlungnahme kaufrechtliche Züge eindeutig dominieren, erschöpft sich die „freie" Vermittlung in einer primär fremdnützigen Geschäftsbesorgung des Vermittlers. Elemente des Austauschgeschäftes sind diesem Geschäftstyp auch in der Variante mit Mehrerlösabrede wesensfremd. Anders als der vermittelnde Neuwagenhändler hat der reine Vermittler in der Regel keine Kenntnis von den Dispositionen seines Auftraggebers im Hinblick auf eine Ersatzwagenbeschaffung. Insoweit braucht er auf die Interessen seines Vertragspartners – Gefahr einer Finanzierungslücke, drohender

---

77 So *Rupp/Fleischmann,* NJW 1984, 2802.
78 BGH 5. 4. 1978, NJW 1978, 1482; OLG Köln 6. 2. 1985, 24 U 170/84, n. v.; vgl. auch BGH 31. 3. 1982, NJW 1982, 1699; OLG Köln 15. 12. 1982, MDR 1983, 489.
79 Urt. v. 31. 3. 1982, NJW 1982, 1699.
80 Urt. v. 6. 2. 1985, 24 U 170/84, n. v.
81 Urt. v. 29. 9. 1989, 14 U 40/88, n. v.
82 OLG Stuttgart 2. 4. 1987, 7 U 308/86, n. v.
83 OLG Stuttgart 2. 4. 1987, 7 U 308/86, n. v.

Doppelbesitz von Neu- und Altwagen – grundsätzlich keine Rücksicht zu nehmen. Vielmehr ist es Sache des Auftraggebers, durch individuelle Zusatzvereinbarungen seine Interessen zur Geltung zu bringen. Die Risiken und Lasten würden zu Ungunsten des Nur-Vermittlers unangemessen verteilt, wollte man ihm auch nach Ablauf der Mindestvertragszeit nur ein außerordentliches Kündigungsrecht zubilligen, während der Auftraggeber seinen Wagen ohne Angabe von Gründen zurückholen darf. Eine Einschränkung des Kündigungsrechts ist demnach nur bei einem Vermittlungsvertrag geboten, der mit einem Ersatzkauf kombiniert ist. Der Nur-Vermittler kann nach Ablauf der Mindestlaufzeit des Vertrages jederzeit kündigen.

Vor diesem Zeitpunkt ist eine Kündigung nur aus wichtigem Grund zulässig (Ziff. VIII ZDK-AGB a. F.). Formularbedingungen, die dem Vermittler ein freies Kündigungsrecht ab Vertragsabschluss einräumen, dürften heute nicht mehr auf dem Markt sein. Eine solche Klausel ist nicht zu beanstanden, sofern auch dem Auftraggeber die Befugnis zur jederzeitigen Kündigung gegeben wird.

Wegen der im Vergleich mit der Agentur-Inzahlungnahme andersartigen Pflichten- und Risikostruktur ist dem Beendigungsinteresse des Nur-Vermittlers schon bei mängelbedingter Unverkäuflichkeit des Altwagens der Vorrang vor dem Fortsetzungsinteresse des Auftraggebers einzuräumen. Der Nur-Vermittler darf das Fahrzeug sofort zurückgeben, wenn er nachträglich Mängel feststellt, die einem Verkauf zum vereinbarten Preislimit dauerhaft entgegenstehen. Ein Verschulden des Auftraggebers muss nicht hinzukommen.

Eigene Sorgfaltswidrigkeiten des **Nur-Vermittlers** können das Kündigungsrecht allerdings zunichte machen, z. B. eine fahrlässige Überbewertung oder eine ungenügende Untersuchung. Zu erwägen wird auch sein, ob dem Nur-Vermittler ein minderschwerer Eingriff in das Auftragsverhältnis zuzumuten ist. Bei behebbaren Mängeln kann es durchaus genügen, dem Vermittler ein Recht zur Herabsetzung des Preislimits in Höhe der Reparaturkosten zu geben, d. h. den – nicht garantierten – Mindestpreis zu senken.

γ) Rechtsfolgen bei berechtigter Kündigung (Rückabwicklungsprobleme)

1009 Durch die Kündigung wird der Vermittlungsvertrag nur für die Zukunft beendet. Die **Verkaufsvollmacht** erlischt (§ 168 BGB). Die Abwicklung des Geschäfts richtet sich mangels vertraglicher Sonderregeln in erster Linie nach Auftragsrecht. Daneben sind die §§ 985 ff. BGB anwendbar.[84] Für die Lösung von Konfliktfällen kommt es auch hier entscheidend darauf an, ob der Vermittlungsvertrag isoliert oder im Zusammenhang mit einem Kaufvertrag über ein anderes Fahrzeug abgeschlossen war.

αα) „Freie" Vermittlung

1010 Der Vermittler ist gem. §§ 675, 667 BGB zur **Herausgabe des Fahrzeugs** verpflichtet. Dem Auftraggeber, der zugleich Eigentümer ist, steht daneben ein Herausgabeanspruch aus § 985 BGB zu.[85] Mit Beendigung des Vermittlungsvertrages ist das Besitzrecht des Vermittlers erloschen. Auch die ihm überlassenen Fahrzeugpapiere und sonstige Dokumente hat er vollständig herauszugeben. Kommt der Vermittler mit der Erfüllung seiner Herausgabepflicht in Verzug, so kann der Auftraggeber/Eigentümer auch Ersatz seines „abstrakten" **Nutzungsausfalls** verlangen.[86] Die Kritik[87] an der eigentümerfreundlichen Rechtsprechung des VIII. Zivilsenats hat seit der Entscheidung des Großen Zivilsenats des BGH vom 9. 7. 1986[88] noch weniger Berechtigung.

---

84 Zur Anspruchskonkurrenz BGH 14. 7. 1982, NJW 1982, 2304; dazu *Schirmer,* JuS 1983, 265.
85 BGH 14. 7. 1982, NJW 1982, 2304.
86 BGH 14. 7. 1982, NJW 1982, 2304; vgl. auch BGH 20. 10. 1987, NJW 1988, 484.
87 Z. B. *Schirmer,* JuS 1983, 265.
88 BGHZ 98, 212 = NJW 1987, 50.

Die Rechtsbeziehung der am Vermittlungsgeschäft Beteiligten zueinander 1010

Die in der Sphäre des Vermittlers gefahrenen Kilometer sind dem Auftraggeber nur insoweit zu vergüten, als die Fahrstrecke über das für Probefahrten übliche Maß hinausgeht. Bei der Bemessung dieses Schadens kann man trotz dogmatischer Bedenken diejenigen Grundsätze heranziehen, die zur Vergütung der Gebrauchsvorteile im Rücktrittsfall (früher Wandlung) entwickelt worden sind (vgl. Rn 1397 ff.).

Kann der (Nur-)Vermittler den Altwagen nicht mehr oder nur **in beschädigtem Zustand** zurückgeben, so kann dies zum **Wegfall seines Kündigungsrechts** führen. Auf die Kündigungsbefugnis des Auftraggebers ist ein solcher Sachverhalt ohne Einfluss. Das Recht des Vermittlers zur Kündigung ist in entsprechender Anwendung des § 351 BGB a. F. ausgeschlossen gewesen, wenn er sich mit der Kündigung in Widerspruch zu seinem eigenen früheren Verhalten begibt. Nach Wegfall des früher in § 351 BGB geregelten Ausschlussgrundes wird man direkt auf § 242 BGB zurückgreifen können. Als Alternative bietet sich eine schadensersatzrechtliche Lösung an.

Dafür, dass der Wagen nicht oder nicht in unbeschädigtem Zustand zurückgegeben werden kann, muss der Vermittler verantwortlich sein. Dies ist z. B. bei unbefugter Einschaltung eines Untervermittlers der Fall, ferner bei eigenmächtigem Verkauf unter Preislimit oder bei einem Verstoß gegen die Weisung, nur unter Gewährleistungsausschluss zu verkaufen. Gleiches gilt bei schuldhafter Zerstörung oder Beschädigung des Fahrzeugs im Betrieb des Vermittlers oder auf einer Probefahrt. Zu den Obhuts- und Fürsorgepflichten des Vermittlers s. Rn 992.

Ein zufälliger Verlust oder eine zufällige Beschädigung des Fahrzeugs ließ die Kündigungsbefugnis des Vermittlers unberührt (§ 350 BGB a. F. analog). Daran hat sich im Ergebnis nichts geändert.

Gegenansprüche des (Nur-)Vermittlers: Bei Beendigung des Vermittlungsvertrages vor Abschluss des Kaufvertrages über den Altwagen steht ihm unter keinem rechtlichen Gesichtspunkt die vereinbarte Provision zu, gleichgültig, wer von beiden gekündigt hat. Die volle Provision kann der Vermittler selbst dann nicht verlangen, wenn der Auftraggeber den Kündigungsgrund zu vertreten hat. Für Verträge auf der Grundlage der ZDK-AGB ergab sich dies mittelbar aus der Regelung unter Ziff. VI. Bestätigt wird dieses Ergebnis durch die Provisionsklausel unter Ziff. V. In Anlehnung an § 396 I, 2, 2. Hs. HGB wird dort eine Provision nur für den Fall ausbedungen, dass ein bereits vermittelter Verkauf nicht ausgeführt worden ist.[89] Die volle Provision zuzubilligen liefe auf den Ersatz des positiven Interesses hinaus. Ein etwaiger Schadensersatzanspruch des Vermittlers aus c. i. c. ist jedoch auf den Ersatz des Vertrauensschadens beschränkt.

Die Pflicht des Auftraggebers zum **Aufwendungsersatz** war in den ZDK-AGB ausdrücklich geregelt. Gemäß Ziff. VI hat der Vermittler Anspruch auf Ersatz aller Aufwendungen „aus Anlass des Auftrags", sofern der Auftraggeber die Unvermittelbarkeit des Fahrzeugs zu vertreten hat. Zu diesen Aufwendungen zählen z. B. Pflege- und Instandsetzungskosten, ferner Kosten der Insertion, der TÜV- Prüfung und Abgasuntersuchung (AU). Zu erstatten sind auch die Kosten aus Anlass einer berechtigten Untervermittlung, z. B. Transport- und Versicherungskosten. Die Kosten für die Einholung eines Gutachtens zur Schadensfeststellung gehören nicht hierher. Sie sind nicht aus Anlass des Auftrags entstanden. Nicht erstattungspflichtig sind auch die Gemeinkosten des Vermittlers. Dazu rechnen auch die Lagerkosten. **Standgeld** kann der Vermittler erst verlangen, wenn der Auftraggeber mit der Abholung seines Fahrzeugs in Verzug gerät. § 396 II HGB steht dem nicht entgegen. Ein Tagessatz von mehr als 10 Euro dürfte bei einem Pkw unangemessen sein.[90] Neuere Urteile, die mehr geben, sind nicht bekannt geworden, auch nicht im Werkstattrecht.

---

89 Vgl. auch OLG Stuttgart 28. 3. 1988, DAR 1988, 346.
90 Vgl. AG Lübeck 2. 6. 1981, DAR 1982, 72 (195,– DM pro Monat).

Klauseln, die an die Regelung in §§ 675, 667 BGB, 396 I, II HGB anknüpfen, sind grundsätzlich nicht zu beanstanden. Bedenken können sich im Einzelfall aus der Höhe von Aufwendungspauschalen ergeben. Die auf dem Markt verbliebenen Vertragsformulare geben insoweit nur selten Anlass zur Kritik.

Der Vermittler kann die Herausgabe des Altwagens samt Fahrzeugpapieren gem. § 273 BGB verweigern, bis der Auftraggeber die geschuldeten Aufwendungen ersetzt hat. Macht er sein **Zurückbehaltungsrecht** geltend, kommt er mit der Erfüllung seiner Herausgabepflicht nicht in Verzug.

ββ) Agenturweise Inzahlungnahme (Koppelungsgeschäft)

1011 Bei der Kombination Agenturvertrag/Neuwagengeschäft hat der Vermittler nach wirksamer Kündigung des Agenturvertrages einen Anspruch auf **Zahlung des gestundeten Restkaufpreises** bzw. – bei Leasing – auf Leistung der „Sonderzahlung". Das Neuwagengeschäft bleibt von der „Mängelkündigung" des Händlers unberührt. Ihm wird nicht etwa die Geschäftsgrundlage entzogen. Die Rechtsprechung des BGH zum Kündigungsrecht des Händlers verteilt die Risiken der Vertragsparteien abschließend, auch und gerade mit Blick auf das Neuwagengeschäft. Auch unter Billigkeitsgesichtspunkten ist es nicht geboten, den arglistigen Neuwagenkäufer von seiner Pflicht zur Deckung des restlichen Kaufpreises freizustellen. Gleiches gilt für den schuldlosen Käufer, dessen Garantieerklärung sich als falsch herausgestellt hat. Der Grund für das Scheitern des Vermittlungsvertrages liegt auch hier in seiner Sphäre.

Mit der vorzeitigen Beendigung des Vermittlungsvertrages wird der gestundete Kaufpreis **fällig.** Bei der sog. Darlehenskonstruktion (Gewährung eines zinslosen Darlehens) ist es im Ergebnis nicht anders. Der Neuwagenerwerber (Käufer oder Leasingnehmer) kann die Erfüllung ablehnen, bis der Händler das Agenturfahrzeug zur Rücknahme angeboten hat (§ 273 BGB). Die Ausübung des Zurückbehaltungsrechts hindert den Eintritt von **Zahlungsverzug.** Es werden weder Verzugs- noch Prozesszinsen geschuldet.

1012 Ist nicht das Agenturfahrzeug, sondern der **Neuwagen mangelhaft,** so gilt für die Kombination **Kaufvertrag/Agenturvertrag** Folgendes:

Das Nachbesserungsverlangen des Neuwagenkäufers ist ohne Einfluss auf den Fortbestand des Agenturvertrages. Auch aus der Durchführung der Nachbesserungsarbeiten oder der Lieferung eines Ersatzfahrzeugs erwächst dem Händler kein Recht zur Kündigung des Vermittlungsvertrages oder zu einer Nachverhandlung über den Mindestverkaufspreis. Erst wenn der (Neuwagen-)Kaufvertrag rückgängig gemacht wird, sei es durch Rücktritt, sei es – vergleichsweise selten – im Wege des Schadensersatzes statt der ganzen Leistung (dazu Rn 295 ff.), kann jede Partei den Vermittlungsvertrag kündigen. Das außerordentliche Kündigungsrecht entsteht bereits mit dem Verlangen des Auftraggebers nach Rückabwicklung, nicht erst mit der Zustimmung des Händlers.

Verlangt der (Neuwagen-)Käufer Rückgängigmachung des Kaufvertrages **vor Weiterverkauf** des Altwagens, ist die Rückabwicklung des Geschäfts verhältnismäßig unproblematisch. Der Vermittlungsauftrag endet durch Kündigung oder durch einverständliche Vertragsaufhebung, hilfsweise wegen Wegfalls der Geschäftsgrundlage.[91] Der **Händler** braucht sich nicht länger um den Verkauf des Altwagens zu bemühen. Bei Rücknahmeverzug kann er Standgeld verlangen. Ein Anspruch auf Aufwendungsersatz steht ihm nur bei einem unberechtigten Verlangen nach Rückabwicklung zu.

1013 Der **Käufer/Auftraggeber** ist nicht nur zur Rücknahme seines Altfahrzeugs verpflichtet; er hat auch ein Recht auf Rückgabe, §§ 675, 667, 985 BGB. Einen etwaigen Wertverlust

---

91 Vgl. auch BGH 28. 5. 1980, NJW 1980, 2190 unter 4 a.

infolge einer längeren Standzeit muss der Käufer im Fall des Rücktritts hinnehmen. Günstiger ist seine Rechtsposition bei einem Anspruch auf den „großen" Schadensersatz. Während der nur zum Rücktritt berechtigte Käufer seinen Altwagen in natura zurücknehmen muss und lediglich den bar gezahlten Kaufpreisteil zurückverlangen kann,[92] haftet der zum „großen" Schadensersatz verpflichtete Händler schärfer: Statt des Altwagens kann der Käufer außer dem bar gezahlten Kaufpreisteil auch den Anrechnungsbetrag (vereinbarter Mindestverkaufspreis) verlangen.[93] Näheres dazu unter Rn 498 ff.

Noch nicht völlig geklärt ist die Rechtslage, wenn der Käufer Rückabwicklung des Neuwagenkaufvertrags **nach Weiterveräußerung** seines Altwagens verlangt. Für die Kombination Neuwagenkauf/Kommissionsvertrag hat der BGH entschieden, dass der (wandlungsberechtigte) Käufer bereits ab dem Zeitpunkt des Weiterverkaufs des Altwagens den Verkaufserlös bzw. den angesetzten Mindestverkaufspreis beanspruchen kann, dies jedenfalls bei einem Verkauf zum Mindestpreis oder zu einem höheren Betrag. Ein etwaiger Mehrerlös soll dem Händler verbleiben, es sei denn, die Parteien haben ausnahmsweise eine andere Provisionsvereinbarung als die (früher) übliche Mehrerlösabrede getroffen.[94]

Wie sich eine Weiterveräußerung des Altwagens im Fall eines Kommissionsverkaufs unter Mindestverkaufspreis auswirkt, ist ebenso offen geblieben wie die Rechtslage bei der ehemaligen Standardkombination Neuwagenkauf/Agenturvertrag. Nur noch von geringem Interesse ist heute auch die Frage, welchen Einfluss ein Rückerwerb des Altwagens durch den Händler auf das Abwicklungsverhältnis zwischen ihm und seinem Auftraggeber hat. Seitdem Kfz-Händler Altfahrzeuge ganz überwiegend wieder fest in Zahlung und nicht mehr in Agentur nehmen, sind die Rückabwicklungsprobleme ein gutes Stück entschärft (zu den Einzelheiten s. Rn 486 ff.). Abzuwarten bleibt, ob das **neue Kaufrecht** zu einer Renaissance des Agenturgeschäfts führt.

δ) Rechtsfolgen bei unberechtigter Kündigung

Bei unberechtigter Kündigung durch den Vermittler kann der Auftraggeber seinen Kündigungsschaden liquidieren, d. h., er ist so zu stellen, wie er ohne die ungerechtfertigte Kündigung gestanden hätte. Den vereinbarten Mindestverkaufspreis kann er nur ersetzt verlangen, wenn ihm der Nachweis gelingt, dass der Vermittler das Fahrzeug ohne die Kündigung verkauft hätte. Das OLG Hamm hält in einem solchen Fall § 287 I ZPO für anwendbar.[95] Auf jeden Fall hat der Vermittler die eingetretene Wertminderung auszugleichen.

2. Die Unternehmer-Erwerber-Beziehung

a) Die Eigenhaftung des Unternehmers aus Kaufvertrag

Das Agenturgeschäft ist darauf angelegt, dass der Kaufvertrag nicht mit dem Kfz-Unternehmer, sondern zwischen Voreigentümer und Erwerber, meist zwei Privatpersonen, zustande kommt. Grundvoraussetzung der steuerlichen Anerkennung eines Agenturgeschäftes war und ist es, dass der Händler **im fremden Namen** und **für fremde Rechnung** gehandelt hat. Die personale Zuordnung beurteilt sich nach § 164 BGB in Verbindung mit den allgemeinen Auslegungsregeln (§§ 133, 157 BGB).

Zu prüfen ist, an wen sich das **Vertragsangebot** des Kaufinteressenten richtet, ob an den handelnden Unternehmer oder an einen Dritten. Bei Verwendung eines Bestellscheins „verbindliche Bestellung Vermittlungsgeschäft" oder eines im Fettdruck mit „Auftrag" über-

---

92 BGH 30. 11. 1983, BGHZ 89, 126 = NJW 1984, 429; s. auch BGH 28. 5. 1980, NJW 1980, 2190.
93 BGH 28. 11. 1994, NJW 1995, 518.
94 BGH Urt. v. 28. 5. 1980, NJW 1980, 2190 unter 4 b.
95 Urt. v. 22. 8. 1973, NJW 1974, 1091.

schriebenen Formulars geht das Angebot zwar erkennbar in Richtung eines Dritten, zumal dann, wenn dessen Personalien in der Formularzeile „Verkäufer" aufgeführt sind (wie im Fall BGH NJW 1980, 2184). Immer wieder kommt es jedoch bei geschäftsunerfahrenen, aber auch bei an sich geschäftsgewandten Personen zu Fehlvorstellungen darüber, wer ihr wirklicher Vertragspartner ist.

Der Wille des Händlers, im Namen des Vorbesitzers/Auftraggebers zu handeln und das Kaufangebot für ihn anzunehmen, muss für den Kaufinteressenten erkennbar hervorgetreten sein – **Prinzip der Offenkundigkeit** –, andernfalls wird der Händler selbst als Vertragspartei angesehen. Dem Käufer muss klar sein, dass er das Fahrzeug nicht von dem Händler, sondern von einem Dritten über den Händler kauft. Die Eintragung im Kaufvertrag und/oder im Zeitungsinserat oder auf dem Verkaufsschild, den Wagen „im Kundenauftrag" (i. A. oder KA) zu verkaufen, legt für sich allein genommen die Stellvertretung noch nicht offen. Dieser Hinweis zwingt nicht zu dem Schluss, der Unternehmer wolle **im Namen eines Dritten** verkaufen.[96] Er lässt auch die Annahme einer **Verkaufskommission** zu (im eigenen Namen für fremde Rechnung). Hinreichend offene Stellvertretung ist hingegen zu bejahen, wenn der Händler den Kaufinteressenten einen Bestellschein „Vermittlungsgeschäft" unterschreiben lässt, in welchem er selbst unübersehbar als Vermittler/Vertreter und ein Dritter als Verkäufer aufgeführt sind.[97] Die bis Mitte 1990 gängigen Bestellscheine (Kaufanträge) waren drucktechnisch so konzipiert, dass die erforderliche Offenkundigkeit der Stellvertretung nur in Ausnahmefällen aus den Begleitumständen des Geschäfts ermittelt zu werden brauchte.

Ein solcher Ausnahmefall (Eigenhandeln) lag bei Verwendung des Bestellformulars („verbindliche Bestellung Vermittlungsgeschäft") nicht schon dann vor, wenn der Händler bestimmte Fahrzeugteile, z. B. Motor oder Getriebe, selbst repariert oder ausgewechselt und dies dem Kaufinteressenten bei den Vertragsverhandlungen mitgeteilt hat.[98] Auch die Tatsache, dass der Händler bereits vor Verkauf mit seinem Auftraggeber vorläufig abgerechnet hat (Auszahlung eines Betrages in Höhe des vereinbarten Mindesterlöses), ist aus der maßgeblichen Sicht des Erwerbers noch kein zwingendes Anzeichen für ein Eigengeschäft des Händlers.[99]

Die gebotene Offenkundigkeit der Stellvertretung kann selbst dann noch gewahrt sein, wenn der Name des privaten Verkäufers im Bestellschein „Vermittlungsgeschäft" völlig fehlt, aus welchem Grund auch immer. Ist aufgrund der sonstigen Umstände hinreichend deutlich, dass der Händler im Namen eines Dritten handeln wollte, so sind Name und Anschrift dieser Person entbehrlich.[100] Die Fremdbezogenheit bleibt hingegen im Dunkeln, wenn der Händler – versehentlich oder bewusst – einen „Auftrag zur Vermittlung eines Kfz" unterschreiben lässt.[101]

Bei Verwendung eines Formulars für ein Eigengeschäft[102] ist es Sache des Kfz-Betriebs, die tatsächlichen Umstände darzulegen und zu beweisen, die entgegen dem **äußeren Anschein** ein Vertreterhandeln begründen sollen. Diese Umstände müssen spätestens im Zeitpunkt der Unterzeichnung des Bestellscheins (Kaufvertrag) vorliegen, **nachträgliche Zusätze** und **Änderungen** von Seiten des Händlers, in der Praxis ständig zu beobachten („Ver-

---

96 Zustimmend LG Duisburg 17. 10. 2001, 2 O 238/00, n. v.
97 BGH 29. 1. 1975, BGHZ 63, 382 = NJW 1975, 642.
98 BGH 17. 3. 1976, DB 1976, 954.
99 BGH 18. 6. 1980, NJW 1980, 2184; OLG Hamburg 9. 12. 1977, DAR 1978, 336.
100 OLG Hamm 25. 2. 1986, VRS 71, 321; OLG Hamm 30. 5. 1979, AH 1979, 2643; OLG Hamburg 9. 12. 1977, DAR 1978, 336; a. A. LG Freiburg 3. 8. 1982, 9 S 76/82, insoweit in MDR 1983, 667 nicht abgedruckt.
101 LG Mönchengladbach 13. 9. 1979, 6 O 111/79, n. v.
102 So im Fall OLG Frankfurt NJW 1989, 1095.

mittlungsfalle"), sind rechtlich ohne Bedeutung. An die Pflicht des Kfz-Betriebs, den Kunden über die angeblich gewollte Rollenverteilung aufzuklären, sind bei Verwendung eines **„unrichtigen" Vordrucks** gesteigerte Anforderungen zu stellen. Denn Kfz-Betriebe (ausgenommen Jahreswagenvermittlungen oder als „Agentur" firmierende Unternehmer) treten seit 1990 nahezu ausnahmslos als Eigenhändler und nicht als bloße Vermittler auf (s. auch Rn 972). Seit Anfang 2002 ist freilich eine Zunahme an Verkaufsvermittlungen zu beobachten.

Beweislast: Wird der Händler als Verkäufer in Anspruch genommen, z. B. auf Nachbesserung oder auf Schadensersatz statt der Leistung verklagt, so muss im Streitfall er **beweisen,** dass er entweder ausdrücklich im Namen des Vorbesitzers aufgetreten ist oder dass sein Vertreterwille erkennbar aus den konkreten Begleitumständen hervorging.[103]

b) Die Eigenhaftung aus einem sonstigen Vertrag

Neben dem im fremden Namen abgeschlossenen Kaufvertrag kann ein **Direktvertrag** mit dem Händler abgeschlossen worden sein. In Betracht kommen vor allem **Garantie-, Reparatur-, Beratungs-** und **Auskunftsverträge.** Das OLG Frankfurt hat einem Händler eine vertragliche Eigenhaftung auferlegt, weil er erklärt hatte, auf den Motor des Fahrzeugs eine Garantie für 5000 km zu geben.[104] Zum Zwecke der Verkaufsförderung habe sich der Händler selbst verpflichten wollen.

1017

Obgleich die Übernahme von Garantie oder Gewährleistung durch den Vermittler persönlich grundsätzlich agenturschädlich ist, d. h., der Händler wird steuerlich als Eigenhändler angesehen, kann im Einzelfall durchaus ein selbstständiger Garantievertrag mit dem Vermittler abgeschlossen worden sein. Dies ist immer eine Frage der Auslegung. Steuerliche Implikationen sind dabei zweitrangig. Maßgebend ist der objektive Erklärungswert aus der Sicht eines durchschnittlichen Kaufinteressenten. Im Übrigen haben die Finanzgerichte und die Finanzverwaltungen den Grundsatz der Agenturschädlichkeit von händlereigenen Garantien und Gewährleistungszusagen wiederholt durchbrochen. Nach Auffassung des BFH liegt auch dann kein Eigengeschäft des Vermittlers vor, wenn dieser zusätzlich in eigenem Namen eine (begrenzte) Garantie auf den Motor übernimmt.[105] Im Einzelfall bedarf es stets sorgfältiger Prüfung, ob ein Dritter (Voreigentümer oder Garantieunternehmen) oder der Vermittler selbst Garantiegeber ist.

Wenn der **Vorbesitzer** dem Vermittler zusammen mit dem Vermittlungsauftrag einen **Werkstattauftrag** zur Ausführung bestimmter Reparaturarbeiten erteilt hat, kann der Käufer aus diesem Vertrag grundsätzlich keine Rechte herleiten. Gleiches gilt für einen gesonderten Reparaturauftrag. Ersatzansprüche stehen dem Vorbesitzer zu. Der Reparaturvertrag, für den im Zweifel die allgemeinen Reparaturbedingungen des Händlers gelten, entfaltet **keine Schutzwirkung** zu Gunsten des potenziellen Käufers. Ihn darin einzubinden, läuft auf eine Fiktion des Parteiwillens hinaus. Eine solche Konstruktion ist auch nicht notwendig. Denn der Käufer kann sich die Ansprüche des Vorbesitzers (vor allem auf Schadensersatz aus § 634 Nr. 4 BGB) abtreten lassen oder unmittelbar gegen den Vorbesitzer aus der Sachmängelhaftung vorgehen. Bei Mangelfolgeschäden, z. B. aus einem Unfall, war Letzteres früher wenig hilfreich. Eine den Vorbesitzer bindende Zusicherung i. S. v. §§ 459 II, 463 S. 1 BGB a. F. wurde meistens verneint, selbst wenn der Vermittler den Käufer auf die von ihm ausgeführten Reparaturarbeiten ausdrücklich hingewiesen hatte, also nicht nur Erklärungen abgegeben hatte wie „werkstattgeprüft" oder „TÜV neu...". Bei diese Sachlage rückt ein Schadensersatzanspruch aus § 634 Nr. 4 BGB in den Vordergrund.

1018

---

103 BGH 1. 4. 1992, NJW-RR 1992, 1010; OLG Bremen 2. 7. 1968, DAR 1968, 269 = MDR 1968, 1007.
104 Urt. v. 9. 3. 1977, 19 U 126/76, n. v.
105 Urt. v. 29. 9. 1987, BB 1988, 192 (Jahreswagen).

Er kann nicht mit dem Argument verneint werden, der Vorbesitzer habe keinen eigenen Schaden. Der Schaden des Käufers wird insoweit zum eigenen Schaden des Vorbesitzers/ Verkäufers, als dieser unter dem Gesichtspunkt der Sachmängelhaftung und aus den §§ 823 I, 831 BGB ersatzpflichtig ist. Infolgedessen kommt hier auch **keine Drittschadensliquidation** in Betracht.

Der Vorbesitzer/Verkäufer dürfte in jedem Fall verpflichtet sein, dem Käufer die Ansprüche aus dem Reparaturvertrag mit dem Vermittler **abzutreten.** Unabhängig von einer eigenen Schadensersatzhaftung ist dies eine kaufvertragliche Nebenpflicht. Eine stillschweigende oder konkludente Abtretung im Rahmen des Kaufvertrages anzunehmen, erscheint bedenklich.

Bei Schlechterfüllung des Werkstattauftrags, z. B. bei einer **mangelhaften Reparatur** der Bremsanlage, ist stets zu prüfen, ob der Vermittler gegenüber dem Käufer eine **eigene** Gewährleistung oder Garantie übernommen hat. Eine solche begrenzte Risikoübernahme wäre nicht agenturschädlich. Gleichwohl waren sie in der früheren Agenturpraxis äußerst selten. Wenn überhaupt, sind **stillschweigende Haftungszusagen** zu Gunsten des Käufers zu erwägen. Dass der Vermittler das Agenturfahrzeug im Auftrag des Vorbesitzers instand gesetzt hat, kann noch keine vertragliche Haftung gegenüber dem Käufer begründen, selbst wenn er von diesen Arbeiten Kenntnis hatte. Zu verlangen ist eine konkrete Erklärung des Vermittlers mit Bezug auf die Reparaturarbeiten. Insoweit genügen Kurzinformationen wie „werkstattgeprüft" oder „TÜV neu 10/02".

Fraglich ist nur, ob der Vermittler solche Erklärungen im eigenen Namen oder namens des Vorbesitzers abgegeben hat. Mit der h. M.[106] ist in diesen Fällen ein Vertreterhandeln zu bejahen (vgl. auch Rn 997). Es gibt keinen zwingenden Grund, bei geschäftstypischen Angaben wie „werkstattgeprüft" statt einer Fremd- eine Eigenwirkung anzunehmen. Wenn der Händler den Kaufvertrag ausdrücklich namens des Vorbesitzers abschließt, signalisiert er damit Fremdwirkung ohne Wenn und Aber. Ohne konkrete Anhaltspunkte im Erklärungsverhalten des Vermittlers kann der Kaufinteressent nicht davon ausgehen, der Vermittler wolle auch nur für einen Teil des Geschäfts eine eigene Verpflichtung übernehmen. Allein das Interesse des Erwerbers, anstelle des nur dem Namen nach bekannten Vorbesitzers den Kfz-Händler als Fachmann zum Vertragspartner zu haben, kann entgegen *Jacobs*[107] noch kein vertragliches Band entstehen lassen. Bloße Interessen – zumal einseitige – sind im Rahmen der Prüfung nach § 164 I BGB von untergeordneter Bedeutung. Es geht auch nicht darum, eine Haftungslücke zu Gunsten des Käufers zu schließen. Nach der Rechtsprechung kann der Käufer den Vermittler aus Verschulden bei Vertragsschluss (dazu vgl. Rn 1021 ff.) und aus § 179 BGB (dazu vgl. Rn 1045) persönlich in Anspruch nehmen.

1019 Keine vertragliche Eigenhaftung des Vermittlers begründen auch Erklärungen wie z. B. „Verkäufer garantiert Unfallfreiheit" oder „Fahrzeug hatte laut Angabe des Vorbesitzers nur kleineren Blechschaden". Gleiches gilt für die üblichen Informationen über den Kilometerstand bzw. die Gesamtfahrleistung. In all diesen Fällen kommt aber eine persönliche Haftung des Vermittlers aus §§ 280 I, 311 III, 241 II BGB in Betracht, s. Rn 1021 ff.

1020 Auch bei Agenturverkäufen kam es früher immer wieder vor, dass dem Käufer bei oder nach Abschluss des Kaufvertrages bestimmte Reparaturen, Nach- oder Umrüstungen zugesagt wurden. Solche Zusatzabreden machen der Rechtsprechung schon beim Eigengeschäft erhebliche Schwierigkeiten (vgl. Rn 1318 ff.). Das Agenturgeschäft führte zu weiteren Komplikationen. Die Fragen lauteten: Eigenhandeln oder Vertreterhandeln? Handeln mit oder ohne Vertretungsmacht (einschl. Anscheins- und Duldungsvollmacht, ferner § 56

---

106 *Huber*, JZ 1988, 923, 925; *Soergel/Huber*, § 459 Rn 316, 322 f.; *Eggert*, NJW 1990, 549; *G. Müller*, BB 1990, 2136; a. A. *H. H. Jacobs*, NJW 1989, 696; vgl. auch *Tiedtke*, JuS 1988, 848.
107 NJW 1989, 696.

HGB)? Teilnichtigkeit der „Sondervereinbarung" oder Gesamtnichtigkeit des Kaufvertrages?

Ein Großteil dieser Fragen wird in der (unveröffentlichten) Entscheidung des Kammergerichts vom 29. 1. 1987[108] behandelt. Es ging darum, ob die Erklärung des Vermittlers im Bestellschein „Getriebegeräusche werden behoben" dem verklagten Privatverkäufer zuzurechnen ist. LG und KG haben die Klage abgewiesen. Fraglich sei schon, ob die Vereinbarung namens des Beklagten getroffen worden sei. In jedem Fall fehle es aber an der erforderlichen Vertretungsmacht. In vergleichbaren Fällen wurde ähnlich entschieden.[109] Insgesamt neigt die Rechtsprechung dazu, den Vorbesitzer bei „Sondervereinbarungen" zu schonen und den Vermittler in die Alleinhaftung zu nehmen.

c) Die Vermittler-Eigenhaftung nach §§ 280 I, 311 III BGB

Seit der Grundsatzentscheidung des BGH vom 29. 1. 1975[110] wird die persönliche Haftung des Vermittlers in erster Linie unter dem Gesichtspunkt des **Verschuldens bei Vertragsschluss** erörtert. Während der BGH den Haftungsgrund zunächst ausschließlich, zumindest aber vorrangig in der **Inanspruchnahme besonderen Vertrauens** bzw. in der „**Sachwalterstellung**" des Vermittlers gesehen hat,[111] hat er in späteren Entscheidungen mit dem **wirtschaftlichen Eigeninteresse** als Zurechnungsgrund argumentiert.[112] Dass der Tatbestand „Inanspruchnahme besonderen Vertrauens" gleichrangig im Sinne einer Alternativität neben dem wirtschaftlichen Eigeninteresse steht, zeigen die BGH-Entscheidungen vom 28. 1. 1981[113] und vom 29. 1. 1997[114].

1021

In dem Dilemma, dem sich die Gerichte nach der globalen Einführung des Kfz-Agenturgeschäfts ausgesetzt sahen, erschien die c. i. c.-Lösung trotz ihrer dogmatischen Brüchigkeit als brauchbarer Kompromiss. Sie war freilich eine Notlösung. Durch die Änderung des Umsatzsteuerrechts (vgl. Rn 971) und durch das Umschalten des Kfz-Handels auf Eigengeschäfte hat sie an Legitimation verloren.

Auf den Vermittler als quasi-vertraglichen Anspruchsgegner zu verzichten und sich mit dessen Haftung aus den §§ 179, 823 ff. BGB zu begnügen, ist für den Käufer keineswegs unerträglich, nicht einmal unzumutbar. Unter dem Aspekt der Schutzbedürftigkeit und Schutzwürdigkeit des Käufers besteht keine Notwendigkeit für eine vertragliche Doppelhaftung von Vermittler und Verkäufer. Warum der Agentur-Gebrauchtwagenkäufer zwei vertraglich Haftende haben musste, hatte die h. M. schon früher nicht befriedigend beantworten können. Heute fällt die Antwort noch schwerer. Gleichwohl hat die Rechtsprechung trotz veränderter Rahmenbedingungen auch noch in jüngster Zeit ohne Zögern auf die c. i. c.-Konstruktion zurückgegriffen.[115]

Mit **§ 311 Abs. 3** hat der **Reformgesetzgeber** eine Vorschrift in das BGB aufgenommen, die bei **Inanspruchnahme besonderen Vertrauens** ein Schuldverhältnis auch zu einer solchen Person entstehen lässt, die nicht Vertragspartei sein soll. Dass damit auch

---

108 22 U 2877/86.
109 OLG Schleswig 16. 7. 1985, 3 U 144/84, n. v. („TÜV neu..."); OLG Düsseldorf 20. 2. 1992, ZfS 1993, 14 = OLGR 1992, 154 (selbständiger Werkvertrag mit Vermittler ohne Wandlungsbefugnis nach § 634 BGB).
110 BGHZ 63, 382 = NJW 1975, 642 = WM 1975, 309.
111 So BGHZ 63, 382 = NJW 1975, 642; DB 1976, 954; NJW 1977, 1914 = WM 1977, 1048.
112 Urt. v. 14. 3. 1979, NJW 1979, 1707; vorsichtiger Urt. v. 28. 1. 1981, NJW 1981, 922.
113 NJW 1981, 922.
114 NJW 1997, 1233.
115 OLG Köln 13. 7. 2000, 18 U 266/99, n. v.; OLG Hamm 20. 1. 1997, OLGR 1997, 120; OLG Dresden 12. 11. 1997, DAR 1999, 68; OLG Rostock 3. 2. 1999, DAR 1999, 218.

die Fallgruppe „Eigenhaftung des Kfz-Vermittlers" erfasst wird, steht prinzipiell außer Frage.

aa) Besonderes Vertrauen und Sachwalterstellung

1022 Der sprachlich wie sachlich auf Kfz-Händler wenig passende Begriff **Sachwalter** ist schon deshalb fehl am Platz, weil der Kfz-Händler zugleich Vertreter des Altwageneigentümers ist und damit eindeutig auf der Anbieterseite steht.[116] Auch sein wirtschaftliches Eigeninteresse (dazu Rn 1025) spricht gegen eine qualifizierte Vertrauensstellung, jedenfalls macht es nicht besonders vertrauenswürdig. In Gebrauchtwagenhändlern Träger „besonderen Vertrauens" zu sehen, fällt ohnehin nicht leicht. Die Vertrauensbeziehung ist beim Agenturkauf nicht stärker als beim Eigengeschäft, eher schwächer, weil „im Kundenauftrag" Distanz zum Kaufobjekt signalisiert. Es heißt zwar allgemein: **„Gebrauchtwagenkauf ist Vertrauenssache."** Der Kauf eines gebrauchten Autos ist aber nicht notwendigerweise eine Sache „besonderen Vertrauens".[117]

Aus der maßgeblichen Sicht des Kaufinteressenten bestehen zwischen den einzelnen Gruppen von Kfz-Vermittlern erhebliche Unterschiede. Die Erwartung, die ein **Vertragshändler** beim agenturweisen Verkauf eines Autos seiner Hausmarke erweckt, unterscheidet sich deutlich von der Redlichkeitserwartung in einen **reinen Gebrauchtwagenhändler,** der sein Verkaufsbüro in einem auf einem Hinterhof abgestellten Wohnwagen unterhält oder sich in einer ehemaligen Tankstelle ohne Werkstattbetrieb etabliert hat. Beim Ankauf über derart „unseriös" wirkende Vermittler/Händler ist in der Regel keine der **beiden Fallgestaltungen** zu bejahen, die der BGH[118] bei der Beschreibung der besonderen Vertrauensbeziehung unterscheidet. Gleiches gilt für einen **Tankstellenpächter,** der als **Gelegenheitsvermittler** tätig wird, indem er Gebrauchtwagen auf seinem Gelände zum Verkauf ausstellt. Von besonderem Vertrauen kann auch bei einem **Werkstattinhaber,** der für seine Kunden nur die Verkaufsverhandlungen übernommen hat, keine Rede sein.[119] Anders mag es sein, wenn er – wie im Fall OLG Hamm DAR 1996, 499 = OLGR 1996, 244 – Reparaturarbeiten durchgeführt hatte. Bei den sog. **Jahreswagenvermittlungen** tritt die Person des Vermittlers weitgehend in den Hintergrund. Eine besondere Vertrauenswerbung unterbleibt, weil das Kaufobjekt für sich selbst wirbt.

Ob ein Fall der Inanspruchnahme besonderen Vertrauens i. S. v. **§ 311 Abs. 3 BGB n. F.** zu bejahen ist, hängt von einer **Gesamtwürdigung** der konkreten Umstände ab, unter denen es zum Kaufvertrag gekommen ist. Maßgeblich sind insbesondere: die **Bezeichnung des Unternehmens** (z. B. „Autohaus...", „Gebrauchtwagencenter"), seine **Größe,** die **technische und personelle Ausstattung** des Betriebs, seine **Werbung** (z. B. „Meisterbetrieb" oder „alle Fahrzeuge werkstattgeprüft") und schließlich das **konkrete Verhandlungsverhalten** des Vermittlers/Händlers und seines Personals.[120] Voraussetzung der besonderen Vertrauensbeziehung ist es nicht, dass der Kaufinteressent bereits einmal einen Gebrauchtwagen bei demselben Händler erworben hat. Eine dauerhafte Geschäftsverbindung kann andererseits vertrauensbildend wirken.

Ohne individuell gesetzte Vertrauensumstände verdichtet sich die allgemeine Redlichkeitserwartung zum besonderen Vertrauen erst durch solche Maßnahmen wie das ZDK-

---

116 Zum Begriff „Sachwalter" s. BGH 11. 7. 1988, NJW 1989, 293; BGH 29. 1. 1997, 1233; *Schautes/Mallmann,* JuS 1999, 537.
117 So schon die Ausgangsentscheidung BGHZ 63, 382 = NJW 1975, 642.
118 Urt. v. 29. 1. 1997, NJW 1997, 1233 unter II, 2 b; dazu *Radke/Mand,* Jura 2000, 243.
119 A. A. LG Köln 15. 12. 1987, 14 O 242/86, n. v.
120 Die Angestellten selbst haften nicht aus c. i. c., auch nicht bei einer Verkaufsprovision, sondern nur nach den §§ 823 ff. BGB; vgl. OLG Köln 16. 5. 1986, 19 U 8/86, n. v.; s. auch BGH 4. 7. 1983, WM 1983, 950.

Die Rechtsbeziehung der am Vermittlungsgeschäft Beteiligten zueinander

Vertrauenssiegel oder Werbeaussagen wie „alle Fahrzeuge werkstattgeprüft", „durch Meisterhand geprüft" oder „auf alle Fahrzeuge ein Jahr Garantie".[121] Eine gesteigerte Verlässlichkeitserwartung begründet insbesondere das **ZDK-Vertrauenssiegel**. Es soll dem Interessenten signalisieren, dass der Händler sein Gebrauchtwagengeschäft mit der Sorgfalt eines ordentlichen Kaufmanns führt.[122]

Besonderes Vertrauen kann auch durch individuelle Umstände wie eine **fachkundige Beratung** und Aufklärung über den Zustand des Gebrauchtwagens, durch Hinweise auf eine eigene Inspektion und/oder Probefahrt hervorgerufen werden. Zu würdigen sind auch Erklärungen wie „bis zur Lieferung wird das Fahrzeug noch technisch und optisch durchgearbeitet"[123] oder „TÜV-fertig" gemacht. Vertrauensfördernd sind ferner Garantien, Nachbesserungsversprechen, die Übergabe des ZDK-Zustandsberichts (inzwischen überholt) oder – wie im Fall BGH DB 1976, 954 – der händlereigene Einbau von Ersatzteilen wie Motor und Getriebe oder eine Unfallreparatur (OLG Hamm DAR 1996, 499 = OLGR 1996, 244). Aus Erklärungen des Vermittlers wie „Voreigentümer hat das Fahrzeug generalüberholt" oder „Fahrzeug ist vom Voreigentümer restauriert"[124] oder „Voreigentümer hat Unfallfreiheit bescheinigt" lässt sich ein besonderes persönliches Vertrauen hingegen nicht herleiten.[125] Solche Erklärungen enthalten eine subjektive Einschränkung. Dies gilt auch für die geschäftstypischen Informationen über bestimmte Unfallschäden und über die Gesamtfahrleistung. Hier fehlt nur selten der Zusatz „laut Verkäufer". Der Vermittler gibt diese Informationen nur weiter. Sie stammen – für den Käufer erkennbar – vom Vorbesitzer. Auf ihn stützt sich ein etwaiges Vertrauen in die sachliche Richtigkeit dieser Angaben, mag er dem Käufer auch persönlich unbekannt bleiben. Contraindiziell ist auch eine individualvertragliche Erklärung wie „Wir geben keinerlei Garantie" o. ä.[126]

Um die persönliche Haftung des Vermittlers vertrauensrechtlich zu begründen, genügt es nicht, dass er in besonderem Maße Vertrauen für sich selbst (§ 311 Abs. 3 BGB) in Anspruch genommen hat. Der Käufer muss auch besonderes Vertrauen **entgegengebracht** haben,[127] d. h., das für sich persönlich in Anspruch genommene Vertrauen muss sich in den Vertragsverhandlungen mit dem Vermittler auch tatsächlich niedergeschlagen haben. Es muss für den Kaufentschluss nicht nur kausal geworden sein, sondern das Verhalten des Käufers „maßgeblich beeinflusst" haben.[128] An diese Rechtsprechung knüpft § 311 Abs. 3 S. 2 BGB an, wenn es heißt, durch die Inanspruchnahme des besonderen Vertrauens müssten die Vertragsverhandlungen oder der Vertragsschluss erheblich beeinflusst worden sein.

Die erhebliche Beeinflussung der Vertragsverhandlungen oder des Vertragsschlusses muss der Käufer behaupten und beweisen. Insoweit kommt ihm eine **Darlegungs- und Beweiserleichterung** zugute. Denn nach der Lebenserfahrung ist davon auszugehen, dass einem Kfz-Vermittler, der „besonderes Vertrauen" für sich in Anspruch nimmt, dieses Vertrauen auch entgegengebracht wird. Ein Vertrauensbeweis des Käufers wird häufig in einem **Unterlassen eigener Vorsichtsmaßnahmen** liegen. Wer ausnahmsweise einen eigenen Sachverständigen zur Besichtigung und Probefahrt mitbringt, wer den Kauf von einer Diagnose in einer Fremdwerkstatt oder von einer Begutachtung durch einen neutralen

---

121 Auch die Vorlage eines Spezialkatalogs kann vertrauensbildend wirken, vgl. OLG Frankfurt 2. 11. 1988, NJW 1989, 1095.
122 Näheres zum ZDK-Vertrauenssiegel s. Rn 1168.
123 Vgl. BGH 28. 1. 1981, NJW 1981, 922.
124 Dazu KG 4. 7. 1991, 16 U 1422/91, n. v.
125 So auch KG 4. 7. 1991, 16 U 1422/91, n. v.
126 Vgl. LG Köln 17. 12. 1990, 32 O 275/90, n. v.
127 Besonders deutlich BGH 28. 1. 1981, NJW 1981, 922; s. auch BGH 7. 12. 1992, NJW-RR 1993, 342.
128 BGH 29. 1. 1997, NJW 1997, 1233.

Sachverständigen abhängig macht, offenbart nicht notwendigerweise sein Misstrauen und wenn ja, dann vielleicht zu Beginn der Kaufverhandlungen, nicht unbedingt auch am Ende. Eigene Vorsichtsmaßnahmen des Käufers und ein Vertrauenserweis schließen sich nicht aus. Von der Realität ein Stück weit entfernt ist die Einschätzung *Wiedemanns*[129], einem Gebrauchtwagenhändler bringe niemand besonderes persönliches Vertrauen entgegen. Es geht nicht um ein Vertrauen in die Person des Vermittlers, sondern um das Vertrauen in seine berufliche Sachkunde.

1024 In seinem besonderen Vertrauen muss der Kaufinteressent auch **schutzwürdig** sein, d. h., es ist auch danach zu fragen, ob er seinem Verhandlungspartner **besonderes Vertrauen schenken durfte**. Mit diesem normativen Element wird die Vertrauenshaftung Dritter in solchen Fällen ausgeschlossen, in denen die „Vertrauensperson" erkennbar außerhalb ihres gesetzlichen oder vertraglichen Aufgabenbereichs tätig geworden ist.[130] Dieser Gesichtspunkt hat in den Gebrauchtwagenfällen bislang keine Rolle gespielt. Insbesondere hat man nicht darauf abgestellt, ob der Vermittler bei der Inanspruchnahme besonderen Vertrauens im Rahmen seiner Vertretungsmacht gehandelt hat.

In seinem besonderen Vertrauen soll auch derjenige **nicht schutzwürdig** sein, der „Erkenntnismöglichkeiten innerhalb der eigenen Sphäre außer Acht gelassen hat".[131] Wer eigene Erkenntnismöglichkeiten besitzt, ist von den Angaben seines Vertragspartners weniger abhängig, braucht ihm also nicht „besonders" zu vertrauen. Auch von dieser Möglichkeit des Haftungsausschlusses, die auf dem Gedanken des venire contra factum proprium beruht, hat die Rechtsprechung für den Bereich des Altwagenhandels noch keinen Gebrauch gemacht. Dabei kann diese Frage durchaus akut werden, z. B., wenn ein Kfz-Mechaniker oder Kfz-Sachverständiger einen Gebrauchtwagen agenturweise erwirbt. Der richtige Platz für diesen Gesichtspunkt dürfte bei der Kausalität des besonderen Vertrauens für die Verhandlungen und deren Ergebnis sein (s. Rn 1032).

bb) Eigenhaftung wegen wirtschaftlichen Eigeninteresses

1025 Aus der Neuregelung in § 311 Abs. 3 BGB könnte der Schluss gezogen werden, dass ein wirtschaftliches Eigeninteresse, mag es noch so stark sein, keine tragfähige Grundlage bildet, um ein Schuldverhältnis zu einem Dritten entstehen zu lassen. In Wirklichkeit lässt § 311 Abs. 3 BGB diese Frage offen.[132] Neben der Fallgestaltung „Inanspruchnahme besonderen Vertrauens" bleibt Raum für andere Entstehungsgründe („insbesondere ..."). Der Gesetzgeber wollte die Eigenhaftung Dritter, soweit vom BGH anerkannt, nicht beschränken und Weiterentwicklungen durch die Rechtsprechung nicht blockieren.

Was die Vertreterhaftung wegen wirtschaftlichen Eigeninteresses angeht, ist die bisherige Entwicklung der Rechtsprechung allein schon auf dem vergleichsweise schmalen Sektor der Kfz-Fälle nicht ohne Verwerfungen verlaufen. Das ganze Ausmaß an Rechtsunsicherheit offenbart ein Blick auf das sonstige Entscheidungsmaterial (vgl. BGH NJW 1994, 2220; DB 2002, 1878). Das **Provisionsinteresse** von Vermittlern bzw. Vertretern ist nach Meinung des BGH als ein nur mittelbares Interesse für sich allein nicht geeignet, die persönliche Haftung aus culpa in contrahendo zu begründen.[133] Unter Berufung auf diese Rechtsprechung hat das Kammergericht das Provisionsinteresse des Kfz-Vermittlers nicht

---

[129] NJW 1984, 2286
[130] BGH 22. 4. 1981, WM 1981, 876.
[131] BGH 22. 4. 1981, WM 1981, 876.
[132] *Canaris*, JZ 2001, 499, 520.
[133] Urt. v. 23. 10. 1985, NJW 1986, 586 (Handelsvertreter); BGH 11. 10. 1988, ZIP 1988, 1576; BGH 17. 10. 1989, WM 1989, 1923; BGH 17. 6. 1991, MDR 1992, 232; vgl. auch BGH 29. 1. 1997, NJW 1997, 1233.

genügen lassen.¹³⁴ Welche Intensität das wirtschaftliche Eigeninteresse haben muss, lässt sich trotz einer umfangreichen Kasuistik¹³⁵ bis heute nicht sicher einschätzen.

Die auf den Agenturverkauf als **Geschäftstyp** gemünzte Aussage des BGH, der Vermittler habe wirtschaftlich die Verkäuferposition inne,¹³⁶ legt die Annahme nahe, dass der BGH nicht nach Art und Inhalt der Provisionsabrede unterscheidet; auch nicht danach, ob der Vermittlungsauftrag in Verbindung mit einem Kaufvertrag über einen Neuwagen oder einen „neuen" Gebrauchten steht.¹³⁷ Dem BGH schien bereits der Umstand zu genügen, dass der Kfz-Händler aus steuerlichen Gründen seine Verkäuferrolle gegen den Vermittlerstatus getauscht hat. Eine **Sondersituation** bestünde hiernach bei **Gelegenheitsvermittlern** wie z. B. Tankstellenpächtern, reinen Jahreswagenvermittlern und auch bei Vermittlern auf privaten Automärkten.¹³⁸ Die Rechtsformwahl ist in diesen Fällen anders motiviert. Von einer solchen Kategorisierung hat der BGH bislang abgesehen. Das Eigeninteresse des Vermittlers hat er vielmehr aus **konkreten Einzeltatsachen** hergeleitet, z. B. der Vorab-Auszahlung eines Betrages in Höhe des unteren Preislimits,¹³⁹ der seinerzeit üblichen Mehrerlösvereinbarung („Mehrerlös ganz") oder der Klausel im Kaufvertrag „Barzahlung an Vermittler".¹⁴⁰

In der Entscheidung vom 17. 3. 1976 hat der BGH¹⁴¹ ein Indiz für das „starke wirtschaftliche Interesse" darin gesehen, dass der Vermittler den Altwagen in Anrechnung auf den Preis für einen Neuwagen hereingenommen hat. Bei dieser früher typischen Konstellation – unechte Inzahlungnahme – war das wirtschaftliche Interesse des Händlers am Absatz des Altwagens in der Tat besonders stark ausgeprägt. Denn nach Ansicht des BGH übernahm der Händler hier eine Garantie für den vereinbarten Mindestverkaufspreis. Der Sache nach handelte es sich um einen Festpreis mit der Folge, dass der Händler das Absatzrisiko trug. Gleichwohl gab der BGH in Fällen des Kaufs über Neuwagenhändler dem Vertrauensgedanken mit der Figur des Sachwalters den Vorzug. Zur Interessenbewertung beim **bankfinanzierten Agenturverkauf** s. OLG Dresden DAR 1999, 68.

In der Rechtsprechung des BGH stark an Boden gewonnen hat die Formel von der **„Tätigkeit in gleichsam eigener Sache"** (procurator in rem suam). So heißt es in mehreren BGH-Entscheidungen zum alten Recht, der Vertreter/Vermittler hafte wegen eines eigenen Interesses nur dann persönlich, wenn er „dem Verhandlungsgegenstand besonders nahe steht, also wirtschaftlich betrachtet gleichsam in eigener Sache verhandelt".¹⁴² Er müsse zumindest in einer Weise aufgetreten sein, die seine Gleichstellung mit einem künftigen Vertragspartner rechtfertige. In BGH DB 1976, 954 wird der Akzent auf das „Nahestehen" gesetzt und das wirtschaftliche Interesse als Indiz hierfür gesehen. Wieder anders lautet die Formel in BGH NJW 1981, 2810, wo von der Beeinflussung der Vertragsverhandlungen wegen eigenen wirtschaftlichen Interesses gesprochen wird. In mehreren Gebrauchtwagenfällen hat der BGH andererseits wieder die eigenständige Bedeutung des Kriteriums „Eigeninteresse" betont.¹⁴³

---

134 Urt. v. 4. 7. 1991, 16 U 1422/91, n. v.; anders OLG Köln 18. 12. 1991, OLGR 1992, 49, für eine „VW-Vermittlung", die den sog. Mehrerlös als Provision beansprucht hat; OLG Hamburg 1. 4. 1992, NJW-RR 1992, 1399 = BB 1992, 1888.
135 Vgl. *Soergel/Wiedemann,* vor § 275 Rn 221 ff.
136 Urt. v. 28. 1. 1981, NJW 1981, 922.
137 Ähnlich OLG Hamm 20. 1. 1997, OLGR 1997, 120.
138 Dazu LG Oldenburg 3. 12. 1986, DAR 1987, 122; zur Jahreswagenvermittlung s. LG Bremen 13. 10. 1983, DAR 1984, 91.
139 Urt. v. 14. 3. 1979, NJW 1979, 1707; vgl. auch OLG Koblenz 1. 7. 1987, NJW-RR 1988, 1137.
140 Urt. v. 28. 1. 1981, NJW 1981, 922.
141 DB 1976, 954.
142 BGH 29. 1. 1997, NJW 1997, 1233.
143 Urt. v. 29. 6. 1977, NJW 1977, 1914; v. 14. 3. 1979, NJW 1979, 1707; v. 28. 1. 1981, NJW 1981, 922.

Der für den Kauf beweglicher Sachen zuständige VIII. Zivilsenat hat es dann später – unter Modifizierung seiner früheren Auffassung – so formuliert: „Der Vertreter muss dem Verhandlungsgegenstand besonders nahe stehen, weil er wirtschaftlich selbst stark an dem Vertragsabschluss interessiert ist und aus dem Geschäft eigenen Nutzen erstrebt."[144] Erforderlich sei eine so enge Beziehung zum Gegenstand der Vertragsverhandlung, dass der Vertreter als eine Art „procurator in rem suam" wirtschaftlich gleichsam in eigener Sache beteiligt ist.[145] Er müsse als **wirtschaftlicher Herr des Geschäfts** anzusehen sein.

1027 Bemerkenswert an der Entscheidung des VIII. Senats des BGH vom 23. 10. 1985[146] ist die neuerliche Öffnung des Erklärungsansatzes in Richtung § 242 BGB. Auch *Paulusch* meint, dass die Eigenhaftung des Vertreters in der Alternative „wirtschaftliches Eigeninteresse" wohl nur als Ausfluss des Grundsatzes von Treu und Glauben zu begründen sei.[147] **Kernsatz des BGH:** „Demjenigen, der bei von ihm maßgeblich beeinflussten Verhandlungen seinen eigenen wirtschaftlichen Nutzen in einer Weise verfolgt, als sei er gleichsam in eigener Sache tätig, muss es dennoch nach dem Grundsatz von Treu und Glauben verwehrt sein, sich auf seine Unzuständigkeit zu berufen, wenn er bei den Vertragsverhandlungen einen für den anderen Teil schädlichen Fehler begangen hat."[148] Zurechnungsgrund für die Eigenhaftung ist hiernach nicht so sehr das wirtschaftliche Interesse, jedenfalls dieses nicht allein, sondern das Verbot widersprüchlichen Verhaltens.[149]

Dieser **neue Erklärungsversuch** ruft Fragestellungen in Erinnerung, die aus der Diskussion über den Charakter des Agenturverkaufs als Schein- und Umgehungsgeschäft bekannt sind. Der BGH hat sich mit Recht gegen eine nur formale Rechtsposition des Kfz-Vermittlers ausgesprochen.[150] Die wirtschaftliche Zielsetzung des Agenturgeschäfts prägt nach seiner Ansicht nicht nur die Form, sondern auch den Inhalt der beiden Rechtsgeschäfte, aus denen sich das Gesamtgeschäft (Hereinnahme und Verkauf) zusammensetzt. Ohne damit gegen das Gebot von Treu und Glauben zu verstoßen, darf ein Kfz-Händler die Rechtsform „Agentur" wählen und die sich daraus ergebenden Rechte in Anspruch nehmen (zur Problematik bei Verbraucherbeteiligung s. Rn 976 ff.).

Die rechtliche Anerkennung der vertraglichen Rollenverteilung bedeutet nun nicht, dass die wirtschaftlichen Rollen mit den vertraglichen deckungsgleich sind. Alleiniger oder zumindest hauptsächlicher Nutznießer des Geschäfts kann durchaus der Vermittler/Vertreter sein. Wie stark sein wirtschaftliches Interesse am Vertragsschluss ist, ist sicherlich von Bedeutung. Je stärker es ist, desto mehr wird er das Geschäft zu seinem eigenen machen und den Verkäufer in den Hintergrund drängen. Wirtschaftlich der Herr des Geschäfts ist in Fällen der „unechten Inzahlungnahme" regelmäßig der Kfz-Händler, nicht sein Auftraggeber/Neufahrzeugkäufer. Anders liegen die Dinge bei einer reinen Agentur. Bei diesem Geschäftstyp erschöpft sich das Eigeninteresse des Vermittlers darin, eine möglichst hohe Provision zu erzielen. Das Absatzrisiko trägt er nicht. Im Sinne der BGH-Rechtsprechung ist sein wirtschaftliches Interesse demnach nur ein „mittelbares".

Sofern der verkürzend mit „wirtschaftliches Eigeninteresse" umschriebene Sachverhalt erfüllt ist, bedarf es keiner weiteren Feststellungen zu einem irgendwie gearteten Vertrauen. Zur Begründung eines Schuldverhältnisses mit Pflichten nach § 241 II BGB genügt das qualifizierte Eigeninteresse. Zusätzliche Begründungselemente können sich aus der besonderen Sachkunde ergeben, auch wenn deren eigentlicher Platz im Vertrauensbereich liegt.

---

144 Urt. v. 23. 10. 1985, NJW 1986, 586; v. 29. 1. 1992, WM 1992, 699.
145 Vgl. auch BGH 2. 3. 1988, NJW 1988, 2234; 29. 1. 1997, NJW 1997, 1233.
146 NJW 1986, 586.
147 WM 1986, Sonderbeilage 10, S. 31.
148 NJW 1986, 586; vgl. auch BGH NJW 1988, 2234.
149 Siehe aber auch BGH 5. 10. 2001, NJW 2002, 208, 212.
150 Urt. v. 5. 4. 1978, NJW 1978, 1482; v. 24. 11. 1980, NJW 1981, 388.

cc) Haftungsbegründende Pflichtwidrigkeiten des Vermittlers

Kfz-Vermittler wurden bisher nicht für jedes Fehlverhalten persönlich aus culpa in contrahendo haftbar gemacht. Zum einen mussten die Pflichten, aus denen eine Haftung wegen enttäuschten Verhandlungsvertrauens hergeleitet werden sollte, solche des Vermittlers **persönlich** sein.[151] Zum anderen musste es sich um **spezielle „Vertrauenspflichten"** handeln, d. h., eine persönliche Haftung des Vermittlers aus c. i. c. war unter dem Vertrauensaspekt nur zu rechtfertigen, wenn und insoweit er die qualifizierte Verlässlichkeitserwartung des Kunden enttäuscht und ihm hierdurch Schaden zugefügt hatte. Das konnte auch durch ein Verhalten **nach Abschluss des Kaufvertrages** geschehen.[152]

Die **Rechtsprechung** hat den vertrauensrechtlichen Ansatz für die Erklärung der Eigenhaftung des Kfz-Vermittlers nicht konsequent durchgehalten. Denn mit der c. i. c.-Haftung erfasste sie – unabhängig vom Haftungsgrund – den gleichen Kreis von Leistungsstörungen, für die der Vermittler, wäre er Verkäufer im Rechtssinn, nach den §§ 459 ff. BGB a. F. oder nach den Vorschriften über die Rechtsmängelhaftung hätte einstehen müssen. Soweit die Sachmängelhaftung eine Schadensersatzpflicht ohne Verschulden des Verkäufers vorsah (§ 463 S. 1 BGB a. F.), wurde der Unterschied zur c. i. c.-Haftung durch einen **hohen Sorgfaltsmaßstab** nivelliert.

Nunmehr ist die Sachmängelhaftung in das allgemeine Leistungsstörungsrecht integriert. Verkäuferhaftung und Eigenhaftung des Vermittlers sind damit auch rechtlich zusammen gewachsen. Der Pflichteninhalt ist freilich nach wie vor ungleich. Während es eine primäre (Haupt)Leistungspflicht des Verkäufers ist, die Kaufsache mangelfrei zu liefern, beurteilt sich das „Pflichtenheft" des Vermittlers nach **§ 241 II BGB**.

Die **Hauptanwendungsfälle der Eigenhaftung** des Vermittlers aus c. i. c. waren nach altem Recht:

- schuldhaft falsche Angaben über den Fahrzeugzustand,
- schuldhaft unterlassene Aufklärung über wesentliche Eigenschaften des Fahrzeugs,
- Verstoß gegen Untersuchungspflichten.

Bei **Arglist des Vermittlers** bedurfte es an sich nicht des Rückgriffs auf die c. i. c.-Haftung. Hier standen dem Käufer die deliktsrechtlichen Ansprüche gegen den Vermittler zur Verfügung, §§ 823 II, 826 BGB. Gleichwohl konnte der arglistig getäuschte Käufer den Vermittler auch aus c. i. c. in Anspruch nehmen.[153]

An die **Aufklärungspflicht** des Kfz-Vermittlers sind grundsätzlich die gleichen **strengen Anforderungen** zu stellen wie an einen Eigenhändler. Zu den Voraussetzungen der Arglisthaftung des Verkäufers und den einzelnen Fallgruppen siehe Rn 1612 ff. Die Anforderungen sind nicht etwa deshalb geringer, weil der Verkäufer im Rechtssinn ein Privatmann ohne die einem Händler eigene Sachkunde ist.

Auch bei der **Fahrlässigkeitshaftung** ist nicht der Verkäufer, sondern der Vermittler selbst die maßgebliche Bezugsperson für die Bestimmung der Sorgfaltsanforderungen. Vom Ansatz her genügt bereits **leichte Fahrlässigkeit**. Wann der Vorwurf der Fahrlässigkeit bei unzureichender Aufklärung des Käufers über Eigenschaften des Kaufgegenstandes

---

151 BGH 29. 1. 1975, BGHZ 63, 382 = NJW 1975, 642; v. 22. 4. 1981, WM 1981, 876.
152 BGH 29. 1. 1997, NJW 1997, 1233; OLG Dresden 9. 12. 1998, 8 U 2864/98, n. v.
153 BGH 29. 1. 1975, BGHZ 63, 382 = NJW 1975, 642 (Unfall verschwiegen); OLG Düsseldorf 30. 6. 1978, MDR 1979, 56 (Unfall); BGH 14. 3. 1979, NJW 1979, 1707 (Rostanfälligkeit verschwiegen); OLG Koblenz 1. 7. 1987, NJW-RR 1988, 1137 (Bagatellisierung eines Unfallschadens); OLG Hamburg 1. 4. 1992, BB 1992, 1888; OLG Düsseldorf 16. 4. 1992, DAR 1993, 347 (Unfallfreiheit „ins Blaue hinein"); OLG Köln 26. 3. 1993, DAR 1993, 350 = NJW-RR 1993, 1138; OLG Hamm 20. 1. 1997. OLGR 1997, 120 (Unfallfreiheit ins Blaue hinein).

gerechtfertigt ist, konnte die Rechtsprechung bis zur Einführung der Sachwalterhaftung regelmäßig offen lassen. Für nur fahrlässiges Verschweigen eines Sachmangels haftete der **Verkäufer** nicht aus c. i. c.[154] Gleiches galt nach h. M. für nur fahrlässige Angaben über den Zustand der Sache.[155] In beiden Fällen war die culpa-Haftung des Verkäufers durch die Sonderregelung der §§ 459 ff. BGB a. F. ausgeschlossen. Im Anwendungsbereich der **rechtlich selbstständigen** Sachwalterhaftung war die Fahrlässigkeitsfrage von **zentraler Bedeutung.**

Um den Käufer beim Agenturkauf nicht schlechter zu stellen als beim Direktkauf vom Händler, hat der BGH **hohe Anforderungen** an die Sorgfalt des Kfz-Vermittlers gestellt.[156] Angesichts des strengen Maßstabs, den der BGH entgegen dem OLG Köln[157] und dem OLG Bremen[158] glaubte anlegen zu müssen, lief diese Rechtsprechung im praktischen Ergebnis auf eine Art **Garantiehaftung** des Kfz-Vermittlers hinaus. Verschiedene Instanzgerichte haben den BGH missverstanden und eine verschuldensunabhängige Haftung des Vermittlers angenommen.[159] Eine käufergünstige **Verteilung der Beweislast** kam dem nahe.[160]

1030 Um bei **unrichtigen Zustandsangaben** ohne nachweisbare Arglist zum **haftungsnotwendigen Verschulden** zu gelangen, rekurrierte die Rechtsprechung auf **Prüf- und Untersuchungspflichten** des Vermittlers. Typisch war folgender Gedankengang:

„Sichert der Vermittler eine Eigenschaft des Fahrzeugs zu, haftet der Verkäufer ohne Rücksicht auf Verschulden. Der Vermittler handelt in einem solchen Fall fahrlässig, wenn er das Fahrzeug auf das Vorhandensein der zugesicherten Eigenschaft nicht ausreichend untersucht."[161]

Was bisher als Pflichtverletzung des vermittelnden Kfz-Händlers gegenüber dem Käufer angesehen worden ist, das erfüllt **nach neuem Recht** den Tatbestand der Pflichtverletzung i. S. v. § 280 I iVm § 241 II BGB. Gesicherte Anwendungsfälle sind: das fahrlässige und erst recht das vorsätzliche (arglistige) Verschweigen von Umständen, die für den Kaufentschluss von erheblicher Bedeutung sind, ferner schuldhaft falsche Fehlinformationen über die Beschaffenheit des Fahrzeugs, kurz: sämtliche **Informationspflichtverletzungen**, die zu einem nicht erwartungsgerechten Vertrag führen. Das schließt die Eigentumsfrage ein, d. h. die Eigenhaftung des Vermittlers greift auch dann ein, wenn er dem Käufer ein **gestohlenes Fahrzeug** vermittelt, dessen Herkunft er bei gehöriger Sorgfalt hätte erkennen müssen. Zur Untersuchungspflicht insoweit s. BGH NJW 1980, 2184.

1031 **Darlegungs- und Beweislast:** Der Käufer braucht lediglich den objektiven Tatbestand der Pflichtverletzung vorzutragen und notfalls zu beweisen. Dass der Vermittler die Pflichtverletzung nicht zu vertreten hat, steht zu seiner Beweislast. Wenn er namens des Verkäufers eine Garantie iSv § 276 I BGB übernommen hat, die Zusage aber unrichtig ist, ist für seine Haftung am Verschuldenserfordernis festzuhalten. Nach der bisherigen Rechtsprechung hat auch ein Kfz-Vermittler (Sachwalter) nicht unabhängig von einem Verschulden gehaftet. Bei unvorsätzlich falschen Zusicherungen hat die Rechtsprechung Fahrlässigkeit vorzugsweise mit der Verletzung einer Untersuchungspflicht begründet. Dadurch, dass der

---

154 St. Rspr., z. B. BGHZ 88, 130.
155 BGHZ 88, 130; *Soergel/Huber*, vor § 459, Rn 211 ff., 221.
156 Grundlegend Urt. v. 17. 3. 1976, DB 1976, 954; vgl. auch BGH 25. 5. 1983, NJW 1983, 2192.
157 Urt. v. 15. 10. 1975, BB 1976, 106 (insoweit nicht abgedruckt).
158 Urt. v. 9. 9. 1966, DAR 1968, 128.
159 Z. B. LG Bochum 20. 10. 1979, DAR 1981, 15.
160 OLG München 27. 5. 1992, OLGR 1992, 97.
161 OLG Düsseldorf 1. 8. 1986, 14 U 71/86, n. v. („fahrbereit"); ähnlich BGH 3. 11. 1982, NJW 1983, 217 (BMW 1602-Fall); BGH 17. 3. 1976, DB 1976, 954 (Angaben über Laufleistung eines selbst eingebauten Motors); OLG Hamm 25. 2. 1986, VRS 71, 321 („werkstattgeprüft"); OLG Düsseldorf 16. 4. 1992, OLGR 1992, 277 („unfallfrei")

Vermittler sich **nach neuem Recht** entlasten muss, wird seine Eigenhaftung erheblich verschärft.

dd) Kausalitätsfragen

Ob zur Darlegung des Schadensersatzanspruches aus c. i. c. auch die Behauptung gehört, das konkrete Fehlverhalten sei für den Kaufentschluss **ursächlich** gewesen, wird vom BGH nicht einheitlich gesehen. Der VIII. ZS scheint Kausalität für den „Vertragsabschluss" zu fordern.[162] Es komme darauf an, ob der Käufer den Vertrag bei zutreffender Unterrichtung nicht oder zumindest nicht mit dem vereinbarten Inhalt geschlossen hätte. Dieser hypothetische Sachverhalt sei zwar nicht einem Beweis, wohl aber einem Wahrscheinlichkeitsurteil zugänglich. Verblieben dabei Unsicherheiten, ob es zu einem Abschluss des Vertrages mit dem konkreten Inhalt gekommen wäre, so gehen diese zu Lasten derjenigen Vertragspartei, die nicht oder unrichtig aufgeklärt habe.

Nach dieser Ansicht dürfte zur Schlüssigkeit einer Eigenhaftungsklage die Behauptung des Käufers gehören, das Fahrzeug bei pflichtgemäßem Verhalten des Vermittlers nicht, jedenfalls nicht zu den konkreten Bedingungen gekauft zu haben. Hierfür soll eine tatsächliche, die **Darlegungslast** erleichternde Vermutung sprechen. Sie zu widerlegen wird dem Vermittler auferlegt.[163] Diesen Gegenbeweis kann er mit der Behauptung antreten, auch bei korrekter Information hätte der Käufer das Fahrzeug zu den gleichen Bedingungen gekauft. In der Praxis wird über diese Frage so gut wie nie Beweis erhoben. Meist fehlt es bereits an der erforderlichen Behauptung. Wird sie ausnahmsweise aufgestellt, bleibt dem Vermittler praktisch nur die Parteivernehmung als Beweismittel.

Durch die **Schuldrechtsreform** hat sich an dieser Verteilung der Darlegungs- und Beweislast nichts geändert. Die Kausalität der Pflichtverletzung wird in § 311 Abs. 3 S. 2 BGB nicht angesprochen. § 280 Abs. 1 S. 1 BGB bezieht sich auf den ursächlichen Zusammenhang zwischen Pflichtverletzung und Schaden. Besteht dieser in einem ungünstigen Vertragsabschluss, kann am Kausalitätserfordernis kein Zweifel bestehen.

ee) Vermögensschaden

Voraussetzung für einen Anspruch aus c. i. c. war ferner der Eintritt eines Vermögensschadens. Dass die Dispositionfreiheit beeinträchtigt war, genügte der Rechtsprechung nicht. Ein Vermögensschaden war mit dem Abschluss eines Vertrages nicht unbedingt gleichzusetzen. Der Vertrag musste für den Käufer wirtschaftlich nachteilig sein. Das war zweifelhaft, wenn das Fahrzeug den Kaufpreis wert war. Entgegen der bisherigen Rechtsprechung[164] ist es der Wille des Reformgesetzgebers, dass nunmehr auch das **reine Dispositionsinteresse** geschützt wird. Der Eintritt eines Vermögensschadens ist also nicht mehr Anspruchsvoraussetzung.

ff) Ausschluss und Beschränkung der Eigenhaftung des Vermittlers
α) Keine Verdrängung durch die Sachmängelhaftung

Nach ständiger Rechtsprechung wurde die Schadensersatzhaftung des **Verkäufers** aus c. i. c. durch die Regelung der §§ 459 ff. BGB a. F. verdrängt, sofern er nicht eine zusätzliche Beratung des Käufers übernommen hatte. Letzteres ist beim Gebrauchtwagenkauf re-

---

162 Urt. v. 28. 3. 1990, JZ 1990, 1075 m. Anm. *Tiedtke*.
163 BGH 17. 3. 1976, DAR 1976, 186 unter IV, 3; BGH 16. 1. 1985, NJW 1985, 1769, 1771 unter 4; s. auch BGH 26. 9. 1997, NJW 1998, 302 (Eigentumswohnung); BGH 4. 4. 2001, NJW 2001, 2163 (GmbH-Geschäftsanteil).
164 Vgl. BGH 26. 9. 1997, NJW 1998, 302 (Eigentumswohnung); s. aber auch OLG Köln 18. 3. 1994, NJW-RR 1995, 51.

gelmäßig nicht der Fall. Diese **Sperrwirkung der Sachmängelhaftung** schlug auf die c. i. c.-Eigenhaftung des Vermittlers nicht durch. Begründet wurde dies mit der **rechtlichen Selbstständigkeit** der vertragsähnlichen Eigenhaftung.[165] Die gebotene **Gleichstellung** von Vermittler und Verkäufer nahm der BGH auf einer anderen Ebene vor, indem er den Vermittler im Ergebnis nicht strenger haften ließ als den Verkäufer. An dieser richtigen Sichtweise hat sich durch die **Schuldrechtsreform** nichts geändert.

β) Auswirkung gesetzlicher Haftungsausschlüsse und -begrenzungen

1035   Der gesetzliche Haftungsausschluss gem. **§ 442 Abs. 1 BGB** kann auch die Sachwalterhaftung zunichte machen.[166] Zu den Anwendungsfällen des § 442 BGB beim Gebrauchtfahrzeugkauf s. Rn 1539 ff.

Im Anwendungsbereich des § 442 Abs. 1 BGB ist für den Einwand des Vermittlers aus § 254 Abs. 1 BGB kein Raum, d. h., dem Käufer steht ein uneingeschränkter Schadensersatzanspruch aus §§ 280 Abs. 1, 311 Abs. 3, 241 Abs. 2 BGB (früher c. i. c.) auch dann zu, wenn er den Sachmangel aus **leichter Fahrlässigkeit** nicht erkannt hat. In Garantie- und Arglistfällen schadet ihm sogar grobe Fahrlässigkeit nicht.

Außerhalb des Anwendungsbereichs des § 442 BGB ist dem Vermittler der **Einwand mitwirkenden Verschuldens** bei der Schadensentstehung (§ 254 I BGB) nicht abgeschnitten. So kann er sich auf Fahr- und Bedienungsfehler des Käufers berufen.

Ohne Einschränkung zulässig ist der Einwand des Mitverschuldens, soweit es um die **Schadenshöhe** geht.

γ) Auswirkung vertraglicher Haftungsbeschränkungen

1036   Im konkreten Fall ist zunächst zu prüfen, ob und inwieweit sich der **Verkäufer,** also der Auftraggeber des Händlers, von seiner Haftung freigezeichnet hat. Derzeit gibt es noch keinen allgemein verbreiteten Vertragstext mit Bedingungen, die speziell auf den vermittelten Verkauf zugeschnitten sind. Sollte das neue Kaufrecht zu einer Wiederbelebung des Agenturgeschäfts führen, wird ein eigenständiges Formular „Verbindliche Bestellung/Vermittlungsgeschäft" nicht lange auf sich warten lassen.

Wenn und insoweit die **Sachmängelhaftung des Verkäufers** wirksam ausgeschlossen oder begrenzt worden ist (s. dazu Rn 1539 ff.), kommt dies auch dem Vermittler zugute. Der BGH begründet diese Wirkung mit der recht lapidaren Feststellung, die Vermittlerhaftung gehe nicht weiter als die vertragliche Verkäuferhaftung.[167] Vergleichsmaßstab ist dabei die konkrete Haftung des Verkäufers/Auftraggebers, nicht die hypothetische Haftung des Händlers bei einem Eigengeschäft. Ob es sich bei dieser **Gleichstellung** um Vertragsauslegung oder um eine reine Billigkeitserwägung handelt, hat der BGH offen gelassen. Im Ergebnis ist ihm zuzustimmen.[168] Der Käufer verdient beim Agenturkauf keinen stärkeren Schutz als beim Direktkauf vom Händler. Umgekehrt – und das ist der entscheidende Gedanke – darf der Händler in seiner Eigenschaft als Vermittler nicht schlechter gestellt sein als beim Eigengeschäft.

Aus dieser „analogen" Anwendung von Freizeichnungsklauseln auf die Eigenhaftung des Vermittlers folgt im Einzelnen: Soweit der Verkäufer sich mit Erfolg auf eine Beschränkung oder einen Ausschluss seiner Sachmangelhaftung berufen kann, darf der Vermittler dies in gleicher Weise. Soweit die verkäuferschützende Freizeichnungsklausel nicht greift,

---

165 BGH 29. 1. 1975, BGHZ 63, 382 = NJW 1975, 642; v. 28. 1. 1981, NJW 1981, 922.
166 BGH 28. 1. 1981, NJW 1981, 922; OLG Koblenz 1. 7. 1987, NJW-RR 1988, 1137; OLG Köln 11. 5. 1990, NJW-RR 1990, 1144 zu § 460 BGB a. F.
167 Urt. v. 29. 1. 1975, BGHZ 63, 382, 387 = NJW 1975, 642; v. 25. 5. 1983, NJW 1983, 2192.
168 So auch die h. L.

aus welchem Grund auch immer, vermag sie auch den Vermittler nicht zu schützen. In dem typischen Fall des Verkaufs unter – zulässigem – Gewährleistungsausschluss (keine Anwendbarkeit des § 475 Abs. 1 BGB) bedeutet dies praktisch: In den Anwendungsfällen des **§ 444 BGB**, also bei arglistiger Täuschung und im Fall einer Beschaffenheitsgarantie, kann sich der Vermittler ebenso wenig wie der Verkäufer auf eine Haftungsbeschränkung berufen.

Die auch zu seinen Gunsten aufgenommene Haftungsbegrenzungsklausel im **Abschn. VIII, 1 ZDK-AGB a. F.** brachte dem Vermittler jedenfalls in den Fällen der Sachwalterhaftung keine Entlastung. So hat das OLG Düsseldorf einen Vermittler zum Ersatz von Mietwagenkosten verurteilt, ohne sich mit der Frage der Haftungsbegrenzung nach Abschn. VIII, 1 auseinanderzusetzen.[169] Offensichtlich herrschte die Meinung vor, die Sachwalterhaftung sei etwas anderes als die dort geregelte „Haftung".

In das neue Klauselwerk (Stand 1. 1. 2002) übernommen hat man die bisher in Nr. 5 des Abschnitts VIII geregelte Ausschlussklausel (jetzt VII,4). Hiernach ist die persönliche Haftung der gesetzlichen Vertreter, Erfüllungsgehilfen und Betriebsangehörigen des Verkäufers für von ihnen durch leichte Fahrlässigkeit verursachten Schäden ausgeschlossen. Diese Klausel kann ihrem Sinn und Zweck nach nicht auf die Eigenhaftung des Vermittlers bezogen werden.

Vom Ansatz her können sich auch **Schriftform-, Bestätigungs-** und ähnliche **Klauseln**[170] zu Gunsten des Vermittlers auf seine persönliche Haftung auswirken, immer vorausgesetzt, dass diese Klauseln in den Kaufvertrag einbezogen[171] und wirksam sind.

gg) Rechtsfolgen bei persönlicher Haftung des Vermittlers

Die **kaufrechtlichen Sachmängelansprüche** (§ 437 BGB) kann der Käufer nur gegenüber seinem Vertragspartner, nicht auch gegenüber dem Vermittler, geltend machen. Ein Einfallstor für die **Passivlegitimation** des Vermittlers ist § 475 I,2 BGB mit dem Tatbestand der „anderweitigen Gestaltung" (s. dazu Rn 976 ff.). Bleibt dieses Tor verschlossen, ist der Vermittler persönlich nicht zur **Nachbesserung** verpflichtet, selbst wenn ihm dies möglich wäre. Umgekehrt hat der Vermittler kein Recht dazu, statt Schadensersatz in Geld zu leisten, den Mangel selbst zu reparieren oder dem Käufer einen Ersatzwagen anzubieten („zweite Andienung"). Solche Lösungen, wirtschaftlich oft vernünftiger, sind nur durch eine entsprechende Vereinbarung herbeizuführen.

1037

Die Gestaltungsrechte **Rücktritt und Minderung** bestehen gleichfalls nur gegenüber dem Verkäufer. Bezogen auf den Vermittler persönlich sind sie wirkungslos. Er ist nicht passivlegitimiert. Er kann aber Empfangsvollmacht haben oder zumindest Empfangsbote sein. Bei den Rechtsbehelfen Nacherfüllung, Rücktritt und Minderung für einen inhaltlichen Gleichlauf der Dritthaftung mit der Verkäuferhaftung zu plädieren, macht keinen Sinn. Für eine so weitgehende Angleichung der Rechtsfolgen besteht auch kein praktisches Bedürfnis. Dank seiner Flexibilität hält das Schadensersatzrecht angemessene Lösungen bereit.

Die bisherige c. i. c.- Schadensersatzhaftung ging, ganz allgemein, nicht nur in Dritthaftungsfällen, grundsätzlich auf das **negative Interesse**.[172] Dem ist der **BGH** bei der persönlichen Haftung des Kfz-Vermittlers gefolgt.[173] Dabei hat er nicht nach dem Haftungsgrund (Inanspruchnahme besonderen Vertrauens oder wirtschaftliches Eigeninteresse) unter-

---

169 Urt. v. 1. 8. 1986, 14 U 71/86, n. v.
170 Siehe dazu Rn 1174 ff.; vgl. auch BGH 28. 1. 1981, NJW 1981, 922.
171 Dazu OLG Frankfurt 2. 11. 1988, NJW 1989, 1095.
172 BGH 24. 6. 1998, NJW 1998, 2900.
173 Grundlegend BGHZ 63, 382 = NJW 1975, 642.

schieden, auch nicht nach der Art der Pflichtwidrigkeit oder nach dem Grad des Verschuldens. Auch die schwierige Abgrenzung zwischen Mangel- und Mangelfolgeschaden war im Bereich der rechtlich selbstständigen „Sachwalterhaftung" kein Thema.

Die Rechtsprechung ließ den Käufer bisher – dogmatisch nicht unbedenklich – zwischen **zwei Möglichkeiten der Schadensersatzleistung** (Schadensberechnung) frei wählen, ähnlich wie bei der Schadensersatzhaftung des Verkäufers nach § 463 BGB a. F., die jedoch auf Ersatz des positiven Interesses gerichtet war.

1038 Selbst bei nur fahrlässiger Pflichtverletzung des Vermittlers hielt man den Käufer für berechtigt, **Aufhebung und Rückabwicklung des Kaufvertrages** zu verlangen. Diese „große" Lösung war in zweifacher Hinsicht bedenklich. Sie kollidierte mit § 123 BGB, wenn es um bloße Fahrlässigkeit ging. Im Übrigen war die Rückabwicklung eines Vertrages mit einem Dritten von vornherein problematisch, nicht zuletzt vollstreckungsrechtlich. Bedenken in dieser Hinsicht ließen die Praxis unbeeindruckt. So wurde dem Vermittler beispielsweise der Einwand abgeschnitten, die Rückabwicklung des unerwünschten Vertrages sei Sache der beiden Vertragsparteien.

Es ist nicht zu erwarten, dass die Rechtsprechung die Eigenhaftung des Vermittlers unter dem **Einfluss der Schuldrechtsreform** gegenüber dem bisherigen Rechtszustand begrenzen wird. In welcher Weise die Dritthaftung ausgestaltet ist, lässt der Reformgesetzgeber offen. **Zentralnorm** ist § 280 Abs. 1 BGB. Danach kann der Gläubiger Ersatz desjenigen Schadens verlangen, der ihm durch die Pflichtverletzung entstanden ist. Schadensersatz statt der Leistung (früher Nichterfüllungsschaden) könnte einem Käufer, wenn überhaupt, nur unter zusätzlichen Voraussetzungen zugebilligt werden.

Wenn die Rechtsprechung den Vermittler schadensersatzrechtlich mit dem Verkäufer auf eine Stufe stellt, wovon auszugehen ist, dann nur zu den verkäuferschützenden Kautelen, die im Verhältnis Käufer/Verkäufer gelten. Ausgenommen ist das Recht zur „zweiten Andienung". Was zu beachten ist, ist die Bagatellklausel in § 281 Abs. 1 S. 3 BGB, d. h. bei einer nur unerheblichen Pflichtverletzung kann der Käufer nicht die auf Rückabwicklung gerichtete „große" Lösung fordern.

α) Die „große" Lösung

1039 Eine erhebliche Pflichtverletzung vorausgesetzt (dazu Rn 1385 ff.), kann der Käufer Rückabwicklung des Kaufvertrages verlangen. Er ist zwar nicht verpflichtet, von sich aus die **Rückgabe des Fahrzeugs** anzubieten. Es empfiehlt sich aber eine Klage auf Rückzahlung des Kaufpreises Zug um Zug gegen Rückgabe des Fahrzeugs (zur Prozesstaktik s. auch Rn 1044). Der Vermittler hat nämlich ein Zurückbehaltungsrecht (§ 273 BGB), das er ohne Abtretung geltend machen kann.

War der Käufer außerstande, das Fahrzeug **im ursprünglichen Zustand** zurückzugeben, so war der Anspruch auf Aufhebung und Rückabwicklung des Vertrages unter den gleichen Voraussetzungen **ausgeschlossen**, die zum Verlust des Wandlungsrechts oder des „großen" Schadensersatzanspruchs aus § 463 BGB a. F. führten. Diese Ausschlusstatbestände sind jetzt auf einer anderen Ebene von Bedeutung (s. Rn 1400, 1531).

Auch der Einwand der **Verwirkung** kommt in Betracht,[174] s. auch Rn 1532.

Die **Gebrauchsvorteile**, die dem Käufer durch die Benutzung des Fahrzeugs zugeflossen sind, wirken sich bei der Schadensberechnung gem. § 249 BGB schadensmindernd aus. Der Vermittler muss sie aber im Wege der Aufrechnung geltend machen, obgleich eine **Vorteilsausgleichung** stattfindet.[175] Zur Begründung s. Rn 1515 f. Werden Verkäufer

---

[174] Vgl. OLG Koblenz 1. 7. 1987, NJW-RR 1988, 1137.
[175] OLG Koblenz 1. 7. 1987, NJW-RR 1988, 1137; OLG Köln 24. 2. 1989, 19 U 214/88, n. v.

und Vermittler zusammen auf Schadensersatz oder auf Rückabwicklung nach Rücktritt (Verkäufer) und Schadensersatz (Vermittler) verklagt, sind jeweils beide Ansprüche zu kürzen. Zur Berechnung des Vorteils s. Rn 1517 ff.

Außer der Rückzahlung des Kaufpreises konnte der Käufer bei der „großen" Lösung **Ersatz von Aufwendungen** verlangen, die infolge der Vertragsaufhebung nutzlos sind. Erstattet wurden – ähnlich wie bei der Wandlung oder dem „großen" Schadensersatz aus § 463 BGB a. F. – insbesondere folgende Positionen: **1040**

– Abschlusskosten, z. B. Kosten der Reise zum Betrieb des Vermittlers,
– Kosten einer vom Händler vermittelten Garantie,
– Transportkosten,
– Neuzulassungskosten (Ummeldekosten),[176]
– Kosten einer Abnahme nach § 29 StVZO,[177]
– Finanzierungskosten,[178]
– Garagenkosten,
– Kosten der Schadensfeststellung (Gutachterkosten),[179]
– Abschleppkosten,[180]
– Standgelder,
– Kosten für notwendige Reparatur- und Wartungsarbeiten,[181]
– Mietwagenkosten für die Reparaturzeit,[182]
– Stillegungskosten,[183]
– Umrüstungskosten (Anhängerkupplung usw.),
– außergerichtliche Anwaltskosten,[184]
– fixe Betriebskosten (Näheres dazu Rn 1508 f.).

All diese Schadenspositionen sind auch **nach neuem Recht** erstattungsfähig. Die Frage kann nur sein, ob der Vermittler als Nichtvertragspartei aus § 284 BGB oder aus § 280 Abs. 1 BGB haftet. Konsequenterweise müsste die Rechtsprechung auf § 280 BGB zurückgreifen. Denn Schadensersatz statt der Leistung als Alternative zum Aufwendungsersatz nach § 284 BGB kann von einem Vermittler nicht verlangt werden. **1041**

β) Die „kleine" Lösung

Die **zweite Möglichkeit** der Schadensberechnung war folgende: Der Käufer blieb beim Vertrag stehen, behielt sein Fahrzeug und liquidierte seinen „kleinen" Schaden. Er konnte den Betrag ersetzt verlangen, um den er im Vertrauen auf die Richtigkeit der Angaben des **1042**

---

176 A. A. OLG Hamm 9. 2. 1983, 19 U 182/82, n. v. (allgemeine Betriebskosten, die der Kunde tragen muss, da er den Wagen genutzt hat); für Erstattungsfähigkeit der Kosten der Ummeldung des Ersatzfahrzeugs OLG Zweibrücken 4. 7. 1984, DAR 1985, 59; vgl. auch LG Bremen 13. 10. 1983, DAR 1984, 91.
177 OLG Zweibrücken 4. 7. 1984, DAR 1985, 59.
178 Vgl. BGH 29. 1. 1975, BGHZ 63, 382 = NJW 1975, 642; BGH 17. 5. 1995, WM 1995, 1145 unter II, 1; OLG Dresden 12. 11. 1997, DAR 1999, 68.
179 Vgl. BGH 29. 1. 1975, BGHZ 63, 382 = NJW 1975, 642; OLG Hamm 9. 9. 1996, DAR 1996, 499; OLG Hamm 20. 1. 1997, OLGR 1997, 120.
180 LG Berlin 5. 12. 1990, 22 O 366/90, n. v.
181 OLG Koblenz 1. 7. 1987, NJW-RR 1988, 1137.
182 OLG Düsseldorf 1. 8. 1986, 14 U 71/86, n. v.
183 BGH 29. 1. 1975, BGHZ 63, 382 = NJW 1975, 642.
184 AG Köln 21. 10. 1987, 120 C 180/87, n. v.

Vertreters/Vermittlers das Fahrzeug **zu teuer** erworben hat.[185] Der **Mindestschaden** des Käufers bestand in der Zahlung eines **überhöhten Kaufpreises**. Wie bei der Minderung wurde der Kaufpreis herabgesetzt. Auszugleichen war der Wertunterschied zwischen dem mangelfreien und dem mangelhaften Fahrzeug. Einig war man sich darin, dass der Käufer statt des Minderwerts einfach die Instandsetzungskosten ersetzt verlangen durfte.[186]

Dieser Ansatz ist durch die **Schuldrechtsreform** nicht in Frage gestellt worden. Erstattungsfähig sind sämtliche Vermögenseinbußen, die auf die Pflichtverletzung ursächlich zurückgehen, abgesehen von dem reinen Mangelschaden (Minderwert) z. B. die Kosten für den Einbau eines Austauschmotors oder eines Austauschgetriebes.[187] Nach den Grundsätzen der Vorteilsausgleichung sind ggf. Abzüge wegen **neu für alt** zu machen. Zu ersetzen sind ferner die Kosten für die Inanspruchnahme eines Mietwagens für die Dauer der Reparatur.[188] Zu beachten sind etwaige Haftungsbegrenzungsklauseln.

Der Schaden des Käufers kann auch in Aufwendungen (z. B. Steuerzahlungen) bestehen, von denen der Vermittler fälschlich behauptet hat, sie würden nicht anfallen oder seien schon bezahlt.[189] Wegen weiterer Einzelheiten der Schadensberechnung wird auf die vergleichbare Situation beim „kleinen" Schadensersatz verwiesen (Rn 1491 ff.). Eine besondere Fallgruppe bilden jetzt die „vergeblichen Aufwendungen" i. S. v. § 284 BGB (s. dazu Rn 1538).

Trotz des Unterschieds im rechtlichen Ansatz ist somit eine weitgehende **Angleichung auch in den Rechtsfolgen** zu konstatieren. Eine Verpflichtung des Vermittlers zum Ersatz **entgangenen Gewinns** hat die Rechtsprechung allerdings noch nicht angenommen; auch nicht bei Arglist, was aber zu befürworten ist, weil der Gewinnverlust Teil des zu ersetzenden Vertrauensschadens sein kann.[190]

hh) Verjährung

1043 Schadensersatzansprüche wegen Verschuldens bei Vertragsschluss verjähren jetzt nicht mehr in 30, sondern **grundsätzlich** in 3 Jahren, § 195 BGB. Bei gleichzeitiger Verlängerung der kaufrechtlichen Verjährung von 6 Monaten auf 2 Jahre (mit der Möglichkeit der Abkürzung auf 1 Jahr) ist der Abstand damit erheblich geschrumpft. Das wirft die Frage auf, ob die **Angleichung** der Verjährung des Anspruchs aus Dritthaftung an die kaufrechtliche Verjährung noch gerechtfertigt ist.

Nach **altem Recht** hat man zugunsten des Vermittlers die kurze Frist des § 477 BGB a. F. allerdings nur dann maßgeblich sein lassen, wenn die Pflichtwidrigkeit in einer unterlassenen oder falschen Aufklärung bestand und diese eine zusicherungsfähige Eigenschaft der Kaufsache betraf.[191] Die analoge Anwendung des § 477 I BGB a. F. wurde nicht nur mit dem (fragwürdig gewordenen) rechtspolitischen Sinn dieser Vorschrift begründet. Auch aus Gründen der Akzessorietät sah man sich zu einer Anpassung an die gewährleistungsrechtliche Verjährung veranlasst. Bei arglistigem Verschweigen von Fehlern oder arglistigem Vorspiegeln von Eigenschaften galt auch für die Eigenhaftung des Händlers die Drei-

---

185 BGH 11. 10. 1991, DB 1992, 322 (V. ZS) – Eigenhaftung des Vertreters eines Grundstücksverkäufers; BGH 28. 3. 1990, DAR 1990, 263 (VIII. ZS) = JZ 1990, 1075 m. Anm. *Tiedtke* (c. i. c.-Haftung des Verkäufers einer Motoryacht).
186 Wie bei der Minderung und dem „kleinen" Schadensersatz aus § 463 BGB a. F., vgl. OLG Karlsruhe 30. 3. 1979, OLGZ 1979, 431; OLG Köln 20. 1. 1987, 15 U 136/86, n. v.
187 OLG Düsseldorf 1. 8. 1986, 14 U 71/86, n. v.
188 OLG Düsseldorf 1. 8. 1986, 14 U 71/86, n. v.
189 Vgl. BGH 28. 3. 1990, DAR 1990, 263.
190 *Stoll*, JZ 1999, 96.
191 BGH 28. 3. 1990, DAR 1990, 263 = JZ 1990, 1075 m. Anm. *Tiedtke*.

Die Rechtsbeziehung der am Vermittlungsgeschäft Beteiligten zueinander

ßigjahresfrist des früheren § 195 BGB,[192] und zwar unabhängig davon, dass konkurrierende Ansprüche aus § 823 II BGB i. V. m. § 263 StGB, § 826 BGB innerhalb von drei Jahren verjährten (§ 852 BGB). Selbst bei nur fahrlässigem Verschweigen durfte sich der Händler nicht auf die kurze Verjährung des § 477 I BGB a. F. berufen, wenn die unterlassene Aufklärung auf einem Organisationsmangel beruhte.[193]

Trotz erheblich veränderter Verjährungsfristen im **neuen Schuldrecht** ist an der bisherigen Gleichschaltung im Prinzip festzuhalten. Durchschlagend ist der Gesichtspunkt der Akzessorietät.

Eine Verjährung des Sachmangelanspruchs gegen den Verkäufer ist ohne Einfluss auf die Verjährung des Anspruchs aus Verschulden bei Vertragsschluss (jetzt §§ 280 Abs. 1, 311 Abs. 3, 241 Abs. 2 BGB), sofern man mit der h. M. ein Gesamtschuldverhältnis annimmt (§ 425 II BGB).[194]

Wegen der weiteren Einzelheiten zur Verjährung (Beginn, Hemmung, Neubeginn) wird auf Rn 1590 ff. verwiesen. Um die Verjährung des Anspruchs gegen den Vermittler zu hemmen, muss ein selbstständiges Beweisverfahren (s. dazu Rn 1358 ff.) auch gegen ihn geführt werden (§ 425 II BGB).

ii) Prozessuale Durchsetzung (Prozesstaktik)

Das Nebeneinander von Verkäuferhaftung und Vermittler-Eigenhaftung hat in der Vergangenheit auch prozessual zu einer ganzen Reihe von Komplikationen geführt. Im **Ausgangspunkt** herrschte Einigkeit darin, dass Verkäufer und Vermittler als **Gesamtschuldner** haften.[195] Daran ist festzuhalten. Der Käufer hat die **freie Wahl,** wen er in Anspruch nimmt. Die Haftung des Vermittlers hängt insbesondere nicht davon ab, dass der Verkäufer insolvent oder unauffindbar ist.

1044

Zur Blütezeit des Agenturgeschäfts (1970–1990) waren in der Gerichtspraxis **zwei Varianten** etwa gleich stark vertreten: die Alleinklage gegen den Händler/Vermittler und die Gesamtklage gegen den Verkäufer/Voreigentümer und den Vermittler. Klagen nur gegen den Verkäufer/Voreigentümer waren selten. Sie waren insbesondere dann riskant, wenn sie nur auf eine schuldlos unrichtige Eigenschaftszusicherung i. S. v. § 459 II BGB a. F. gestützt werden konnten. Der Käufer lief hier Gefahr, den Prozess schon deshalb zu verlieren, weil die behauptete Zusicherung von der Verkaufsvollmacht nicht gedeckt war.[196] Bei nachweisbar arglistiger Täuschung, z. B. über Unfallvorschäden, war und ist es hingegen ratsam, nur den Voreigentümer als Vertragspartner in Anspruch zu nehmen. Dessen eigene Kenntnis ist neben der des Vermittlers maßgeblich (§ 166 I, II BGB).[197]

Verkäufer und Vermittler als Gesamtschuldner zusammen zu verklagen ist in mehrfacher Hinsicht gefährlich. Zweifelhaft kann schon sein, ob beide Schuldner denselben **Gerichtsstand** haben. Ihr allgemeiner Gerichtsstand deckt sich nicht immer. Klammerwirkung kann § 29 I ZPO entfalten. Er ist auf eine Klage aus c. i. c. jedenfalls dann anwendbar, wenn es zu einem Vertragsschluss gekommen ist.[198] Bei einer Klage gegen beide besteht

---

192 BGH 29. 6. 1977, NJW 1977, 1914.
193 OLG Oldenburg 8. 11. 1990, NJW 1991, 1187 = MDR 1991, 249 (teilweise wenig verständliche Erwägungen).
194 Dazu Rn 1044.
195 BGH 29. 6. 1977, NJW 1977, 1914; OLG Karlsruhe 30. 3. 1979, OLGZ 1979, 413; OLG Koblenz 1. 7. 1987, NJW-RR 1988, 1137; OLG Hamm 9. 9. 1996, DAR 1996, 499 = OLGR 1999, 244.
196 Vgl. dazu Rn 996 ff.
197 Näheres dazu Rn 1052.
198 LG Berlin 5. 12. 1990, 22 O 366/90, n. v. (Erfüllungsort = Wohnsitz des Käufers); vgl. auch LG Kiel 18. 8. 1988, NJW 1989, 840 (fehlender Vertrag); gegen eine analoge Anwendung des § 29 ZPO *Busche,* DRiZ 1989, 370; vgl. auch *Küpper,* DRiZ 1990, 445.

ferner ein **größeres Kostenrisiko** als bei einer Alleinklage. Verkäufer und Vermittler werden nicht selten von verschiedenen Anwälten vertreten. Zu bedenken ist auch, dass Verkäufer und Vermittler als Zeugen ausfallen, wenn beide Partei sind. Selbst nach Erlass eines Teilurteils ist der ausgeschiedene Beklagte hinsichtlich der Kosten weiterhin am Verfahren beteiligt. Schließlich sind die Schwierigkeiten zu berücksichtigen, die aus einer **unterschiedlichen Schadensberechnung** und der daraus sich ergebenden Tenorierung resultieren. Sie können sich bis in das **Vollstreckungsverfahren** fortpflanzen, z. B. bei „doppelter" Zug-um-Zug-Verurteilung. Bei Abwägung aller Vor- und Nachteile wird sich der vom Käufer beauftragte Anwalt im Zweifel für eine Alleinklage gegen den auch wirtschaftlich potenteren Kfz-Vermittler entscheiden. In diesem Fall wie auch bei einer Klage nur gegen den Verkäufer muss von beiden Prozessparteien eine **Streitverkündung** in Betracht gezogen werden. Ein Lehrbeispiel ist insoweit der sog. TÜV-Fall BGH NJW 1988, 1378.

d) Eigenhaftung aus § 179 BGB

1045 Die TÜV-Entscheidung des BGH vom 24. 2. 1988[199] hat mit § 179 BGB eine Haftungsnorm in den Blick gerückt, die beim Kfz-Agenturgeschäft bis dahin wenig Beachtung gefunden hatte. Nur selten wurden Händler als **Vertreter ohne Vertretungsmacht** auf Schadensersatz oder gar auf Erfüllung verklagt.

Der Vermittler/Vertreter hat seine **Vertretungsmacht nachzuweisen**, wenn der Käufer vollmachtloses Handeln behauptet. Der Vermittlungsauftrag enthält in der Regel zugleich die **Verkaufsvollmacht**. Es handelt sich um eine **Innenvollmacht**. Im Bestellschein (Kaufantrag) wird sie dem Käufer gegenüber lediglich kundgetan, nicht originär erteilt.

In der Praxis geht es nicht so sehr um vollmachtloses Handeln als vielmehr um den – gleichzustellenden – Tatbestand der **Vollmachtsüberschreitung.** Zu diesem Problemkreis, der seit dem 1. 1. 2002 wieder von größerer Bedeutung ist, s. Rn 997.

Kann eine wirkliche Vollmacht nicht festgestellt werden, bleibt zu prüfen, ob Vertretungsmacht nach §§ 54, 56 HGB oder nach den Grundsätzen über die Anscheins- und Duldungsvollmacht bestanden hat.

Eine von dem Vertretenen nicht genehmigte Vollmachtsüberschreitung hat zur Folge, dass entweder der gesamte Kaufvertrag oder nur die vollmachtlos getroffene Sondervereinbarung unwirksam ist. Dies ist ein Problem des § 139 BGB. Bei Beschaffenheitsgarantien, die von der Vollmacht nicht gedeckt sind, ist im Zweifel Gesamtnichtigkeit des Kaufvertrages anzunehmen.[200]

1046 Der endgültig vollmachtlose Händler/Vermittler ist dem Käufer entweder zur Vertragserfüllung oder zum Schadensersatz verpflichtet (§ 179 I BGB). Diese Haftungsfolgen treten auch bei bloßer Überschreitung der Vollmacht ein,[201] gleichviel, ob das Geschäft ganz oder nur teilweise unwirksam ist. Wenn der Käufer nach § 179 I BGB Erfüllung verlangen kann, steht ihm auch der Anspruch auf Nacherfüllung zu. Statt Erfüllung/Nacherfüllung kann der Käufer sogleich, d. h. ohne vorherige Fristsetzung, Schadensersatz fordern. Der Anspruch ist auf das positive Interesse gerichtet (Schadensersatz statt der Leistung).

Von Vorteil ist es für den Vermittler/Vertreter, wenn er beweisen kann, von dem Vollmachtsmangel keine Kenntnis gehabt zu haben. Dann braucht er nur das Vertrauensinteresse zu ersetzen (§ 179 II BGB). Gerade bei stillschweigenden „Zusicherungen" (Beschaffenheitsgarantien) wie der TÜV-Klausel hat der Händler hier eine gute Verteidigungschance. Zum Ausschluss seiner Haftung wegen fahrlässiger Unkenntnis des Käufers (§ 179 III BGB) s. BGH NJW 2000, 1407.

---

199 BGHZ 103, 275 = NJW 1988, 1378 = JZ 1988, 920 m. Anm. *Huber*.
200 *Huber*, JZ 1988, 923, 925; *G. Müller*, BB 1990, 2136; vgl. auch *Tiedtke*, JuS 1988, 848.
201 BGHZ 103, 275 = NJW 1988, 1378.

Der auf die Vollmachtlosigkeit zurückzuführende Schaden des Käufers kann darin liegen, dass er mit seinen Sachmängelansprüchen gegen den Verkäufer ausfällt, insbesondere mit einem Schadensersatzanspruch aus §§ 437 Nr. 3, 280, 281, 311 a II BGB. Zu prüfen ist daher, ob der Verkäufer bei vorhandener Vertretungsmacht einstandspflichtig gewesen wäre. Im TÜV-Fall hat der BGH dies bejaht (§ 463 S. 1 BGB a. F.).[202]

Verkauft ein Gebrauchtwagenhändler als Vertreter ohne Vertretungsmacht ein Fahrzeug mit einem offenbarungspflichtigen Mangel und verweigert der Vertretene die Genehmigung des Kaufvertrages, so haftet auch der gutgläubige Vertreter nach § 179 BGB auf Schadensersatz.[203]

e) Vermittlerhaftung aus Delikt

Im Rahmen der §§ 823 ff. BGB bestehen keine Unterschiede zur Händlerhaftung beim Eigengeschäft (s. Rn 1780 ff.). Von besonderer Bedeutung ist § 826 BGB.[204]

Angestellte des Kfz-Vermittlers haften nur nach den §§ 823 ff. BGB, nicht auch nach den §§ 280 I, 311 III BGB, selbst wenn sie aufgrund einer Provisionsvereinbarung mit dem Arbeitgeber ein wirtschaftliches Eigeninteresse am Vertragsabschluss haben.[205] Zur „Vertrauenshaftung" eines angestellten Vertreters s. OLG Köln VersR 1998, 606 (Teppichhandel).

f) Ansprüche des Vermittlers gegen den Käufer

Typischerweise bestehen zwischen dem Vermittler und dem Käufer keine unmittelbaren Rechtsbeziehungen (s. Rn 1016). Aus der Rolle des „wirtschaftlichen Verkäufers" („Quasi-Verkäufers"), die der BGH dem Vermittler entgegen den Intentionen und Vereinbarungen der Beteiligten zudiktiert, erwachsen dem Vermittler im Verhältnis zum Käufer nur Pflichten, keine eigenen Rechte. Insbesondere steht ihm persönlich **kein Anspruch auf Zahlung des Kaufpreises** zu. Zu Unrecht hat der BGH aus der Klausel im Bestellschein „Barzahlung an Vermittler" eine Gläubigerposition des Vermittlers hergeleitet.[206] Auch bei einer Vorab-Auszahlung eines Betrages in Höhe des vereinbarten Mindestverkaufspreises an den Auftraggeber (als Sicherheitsleistung oder als zinsloses Darlehen) bleibt es dabei: Inhaber des Anspruchs auf Zahlung des Kaufpreises soll allein der Auftraggeber/Vorbesitzer sein.

Der Kaufpreis kann allerdings voll oder nur zum Zwecke des Inkasso an den Vermittler **abgetreten** sein (Inkassozession). Zur Verjährung nach altem Recht s. LG Osnabrück 10. 7. 1990, 12 S 82/90, n. v. In der Praxis verzichtet man auf derartige Abtretungen, weil sie agenturschädlich sind. Der früher übliche Vermittlungsauftrag enthielt nur eine **Inkassovollmacht** (vgl. Abschn. IV, 3 ZDK-AGB a. F.). Dementsprechend hieß es in dem Bestellschein (Kaufantrag), den der Käufer unterzeichnet, „... vom Verkäufer ermächtigt, ... den Kaufpreis in Empfang zu nehmen". Diese Inkassovollmacht berechtigt den Vermittler nicht, die Kaufpreisforderung im Wege der **gewillkürten Prozessstandschaft** einzuklagen.[207] Eine Zahlungsklage aus eigenem (materiellem) Recht scheitert ohnehin am Mangel der Aktivlegitimation.[208]

---

202 BGHZ 103, 275 = NJW 1988, 1378; a. A. *Tiedtke*, JuS 1988, 848, 851.
203 So OLG Köln 31. 1. 1990, NJW-RR 1990, 760.
204 Vgl. OLG Düsseldorf 24. 6. 2002, 1 U 208/01, n. v. – Verkauf eines gestohlenen Pkw.
205 OLG Köln 16. 5. 1986, 19 U 8/86, n. v.; vgl. auch BGH 4. 7. 1983, WM 1983, 950; OLG Köln 14. 2. 1997, VersR 1998, 606 – Teppichhandel.
206 Urt. v. 28. 1. 1981, NJW 1981, 922.
207 LG Hamburg 3. 6. 1988, 72 O 50/88, n. v.; a. A. LG Essen 23. 11. 1977, 1 S 615/77, n. v.
208 So auch AG Waldshut-Tiengen, mitgeteilt in Autohaus 1981, 2685.

Die früher strittige Frage, ob der Vermittler aus eigenem oder abgetretenem Recht **pauschalierten Schadensersatz** geltend machen darf, hat bereits dadurch an Bedeutung verloren, dass Schadenspauschalen beim Agenturverkauf praktisch nicht mehr vereinbart werden. Aus eigenem Recht steht dem Vermittler ein Schadensersatzanspruch wegen Nichterfüllung des Kaufvertrages nicht zu. Er kann auch nicht den Verzögerungsschaden nach §§ 280 II, 286 BGB liquidieren. Gleiches gilt für Aufwendungen, z. B. Standgeld, unter dem Gesichtspunkt des Gläubigerverzugs (§ 304 BGB). Alle diese Ansprüche sind vertragsbezogen und daher im Verhältnis der Vertragspartner abzuwickeln. Es besteht auch kein Bedürfnis, dem Vermittler eine „Quasi-Aktivlegitimation" einzuräumen. Er kann sich etwaige Ansprüche gegen den Käufer ohne weiteres abtreten lassen. Bei der Abtretung von Schadensersatzansprüchen ist zu bedenken, dass der Auftraggeber möglicherweise gar keinen eigenen Schaden erlitten hat. Davor kann ihn z.B. die sog. Mindestpreisgarantie schützen.

Zu erwägen ist, dem Vermittler einen eigenen Anspruch aus Verschulden bei den Vertragsverhandlungen zu geben, etwa für den Fall, dass der Kaufinteressent die Vertragsverhandlungen ohne triftigen Grund abbricht, indem er zunächst den Eindruck erweckt hat, das Fahrzeug kaufen zu wollen.[209] Im Hinblick auf die Dritthaftung des Vermittlers (vgl. Rn 1021) wäre es an sich ein Gebot der Symmetrie, den Vermittler auch umgekehrt, nämlich zu seinen Gunsten, in das Schuldverhältnis nach § 311 III BGB einzubeziehen.

3. Die Vorbesitzer-Erwerber-Beziehung

1049 In dem Dreiecksverhältnis Vorbesitzer – Händler – Erwerber macht die kaufrechtliche Seite die geringsten Schwierigkeiten. Herrscht Klarheit darüber, dass der Kaufvertrag zwischen dem privaten Vorbesitzer und dem Käufer und nur zwischen diesen beiden Personen zustande gekommen ist, gibt es nur wenige Probleme, deren Grund gerade in dieser spezifischen Vertragssituation liegt. Zur Problematik „anderweitige Gestaltung"/Umgehungsgeschäft s. Rn 976 ff. Bestreitet der als Verkäufer in Anspruch genommene Vorbesitzer ein Handeln in seinem Namen und/oder die Vertretungsmacht, ist der Käufer für beides beweispflichtig.[210] Die Fremdbezogenheit (§ 164 I BGB) kann er meist schon durch Vorlage des Bestellscheins (Kaufantrags) beweisen, vgl. Rn 1016. Schwieriger kann der Nachweis der Bevollmächtigung sein (vgl. Rn 997 ff.).

a) Kaufvertrag kein Scheingeschäft

1050 Heute ist in der Rechtsprechung allgemein anerkannt, dass ein Scheingeschäft nicht schon deshalb vorliegt, weil zur Ersparnis von Umsatzsteuer eine Vertragsgestaltung gewählt worden ist, die den Händler als Vertragspartei ausschaltet.[211] Seit **Einführung der Differenzbesteuerung** zum 1. 7. 1990 besteht im Allgemeinen keine steuerliche Notwendigkeit mehr zum Abschluss eines vermittelten Kaufvertrages. Übernimmt ein Kfz-Händler gleichwohl ausnahmsweise die Vermittlerrolle, so ist dies in den Grenzen der §§ 134, 138, 475 BGB zu respektieren. Die erklärte Rechtsfolge – Kaufvertrag ohne Beteiligung des Händlers – ist zwar aus der Sicht des Erwerbers zumeist unerwünscht. Vom Preis einmal abgesehen, würde er als Verbraucher lieber direkt vom Händler kaufen, nicht zuletzt wegen des Freizeichnungsverbots. Sein vorrechtliches Wünschen ist jedoch für die Auslegung seiner Erklärungen unbeachtlich. Rechtlich kommt es auf seinen erklärten Willen an. Zum Tatbestand **„anderweitige Gestaltung"** in § 475 I, 2 BGB s. Rn 976 ff.

---

209 Vgl. BGH 22. 2. 1989, NJW-RR 1989, 627.
210 Vgl. OLG Hamm 20. 9. 1993, NJW-RR 1994, 439.
211 BGH 18. 6. 1980, NJW 1980, 2184; OLG Koblenz 1. 7. 1987, NJW-RR 1988, 1137.

b) Vertretungsfragen

1051 Der Kfz-Vermittler war beim „klassischen" Agenturgeschäft zugleich **Abschlussvertreter**. Er hatte **Verkaufsvollmacht**. Zur Erteilung der Vollmacht und zu deren Umfang bei Garantieerklärungen und ähnlichen Abreden s. Rn 996 ff. Die Vertretungsmacht kann sich auch aus §§ 54, 56 HGB ergeben. Sie sind auf den Kfz-Vermittler und sein Verkaufspersonal entsprechend anzuwenden.[212] Die fehlende Vollmacht kann auch durch eine Anscheins- oder Duldungsvollmacht ersetzt werden. Insoweit ist die Rechtsprechung aber sehr zurückhaltend.[213] Im Innenverhältnis verbotene Stundungszusagen (Kreditverkauf) und Hereinnahmen von Altwagen („Agentur auf Agentur" bzw. „Inzahlungnahme auf Agentur") wird man dem Voreigentümer/Verkäufer nach §§ 54, 56 HGB zurechnen müssen, Gutgläubigkeit des Käufers vorausgesetzt. Zum Widerrufsrecht des Käufers analog § 178 BGB, wenn der Händler den Namen des von ihm vertretenen Voreigentümers trotz Aufforderung nicht benennt, s. OLG Düsseldorf 25. 6. 1993, OLGR 1994, 46 (Ls.).

c) Weitere Zurechnungsfragen

1052 Ein Verschulden des Händlers hat der (private) Verkäufer grundsätzlich in gleicher Weise zu vertreten wie eigenes Verschulden. Der Händler ist ungeachtet seiner „uneingeschränkten Sachwalterstellung" (dazu Rn 1022) **Erfüllungsgehilfe** des Verkäufers i. S. v. § 278 BGB. Für Pflichtwidrigkeiten des Händlers vor und bei Vertragsschluss haftet der Verkäufer auch aus c. i. c., jetzt nach den §§ 280 I, 311 II, 241 II BGB,[214] allerdings nur, soweit die Sachmängelhaftung hierfür Raum lässt. Unter dem Gesichtspunkt der unerlaubten Handlung haftet er mit der Entlastungsmöglichkeit nach § 831 BGB.

Soweit es auf das **Kennen oder Kennenmüssen** bestimmter Umstände ankommt, z. B. Kenntnis von einem Mangel des Fahrzeugs, ist grundsätzlich der Kenntnisstand des Vermittlers maßgeblich, § 166 I BGB.[215] Da die subjektiven Momente des Geschäfts von der Person des Vermittlers aus zu bestimmen sind, wirkt auch arglistiges Verhalten des Vermittlers gem. § 166 I BGB gegen den Verkäufer und begründet dessen Arglisthaftung bzw. – nach Anfechtung – aus §§ 812 ff. BGB und c. i. c.[216] Angesichts der strengen Anforderungen der Rechtsprechung an die Aufklärungspflicht des Händlers bedeutet dies eine erhebliche Schlechterstellung des Vorbesitzers im Verhältnis zum privaten Direktgeschäft. Dieser Nachteil ist aber gerechtfertigt, weil die Einschaltung des Händlers als Vermittler vielfältige Vorteile mit sich bringt (Abnahme der Verkaufsbemühungen, technische und optische Herrichtung des Fahrzeugs, Vertrag mit AGB, Haftungsentlastung durch Mithaftung des Händlers, Rückgriffshaftung).

Ist der **Vermittler gutgläubig**, weiß aber der Voreigentümer/Verkäufer um die Unfallbeteiligung des Fahrzeugs, so kann er sich nicht auf die Unkenntnis des Vermittlers berufen (§ 166 II BGB). Er muss sich seine eigene Kenntnis entgegenhalten lassen. Zu den Fällen mit „gespaltener" Arglist innerhalb eines Kfz-Betriebs vgl. Rn 1640 ff.

Bei Anfechtung des Kaufvertrags wegen arglistiger Täuschung des Vermittlers oder eines seiner Angestellten ist § 123 II, 1 BGB nicht anzuwenden. Als Abschlussvertreter

---

212 Vgl. auch BGH 4. 5. 1988, NJW 1988, 2109 = JR 1990, 59 m. Anm. *Kohte.*
213 Vgl. KG 29. 1. 1987, 22 U 2877/86, n. v. (Zusage, Getriebegeräusche werden behoben); OLG Schleswig 16. 7. 1985, 3 U 144/84, n. v. („TÜV neu..."); OLG Köln 5. 5. 1989, NJW-RR 1989, 1084 (Umlackierung durch „Untervermittler").
214 Vgl. OLG Celle 5. 10. 1993, OLGR 1994, 33 (Vertrag war wegen Vollmachtsüberschreitung unwirksam).
215 OLG Celle, 5. 10. 1993, OLGR 1994, 33.
216 OLG Koblenz 1. 7. 1987, NJW-RR 1988, 1137; KG 26. 5. 1988, DAR 1988, 381; OLG Frankfurt 21. 7. 1980, VersR 1981, 388; OLG Celle 5. 10. 1993, OLGR 1994, 33.

und Verhandlungsgehilfe des Verkäufers ist der Vermittler kein Dritter im Sinne dieser Vorschrift.

Pflichtverletzungen von **Angestellten des Vermittlers** muss sich der Verkäufer gleichfalls nach § 278 BGB zurechnen lassen. Nach dem Vermittlungsauftrag ist der Händler zur Einschaltung eigener Angestellter berechtigt, angesichts des Zuschnitts der meisten Kfz-Betriebe eine Selbstverständlichkeit. Betriebsfremde Personen und Unternehmen (z. B. Spezialdienste für Bremsen und Reifen) darf der Vermittler nicht ohne weiteres hinzuziehen. Für ein Fehlverhalten von Personen, die aufgrund einer nicht gestatteten Unterbevollmächtigung (vgl. dazu Rn 990) tätig geworden sind, braucht der Verkäufer nicht einzustehen. Zur **Eigenhaftung** von Verkaufsangestellten s. Rn 1047.

d) Allgemeine Geschäftsbedingungen für den vermittelten Kauf

aa) Heutige Situation

1053   Zwischen 1970 und 1990, der Blütezeit des Agenturgeschäfts, gab es für den vermittelten Kauf spezielle Klauselwerke.

Eine grundlegend **neue Situation** ist durch die **Einführung der Differenzbesteuerung** zum 1. 7. 1990 eingetreten. Aus steuerlichen Gründen braucht der Handel seitdem in der Regel nicht mehr auf das Agenturgeschäft auszuweichen. Das Eigengeschäft beherrscht wieder die Szene, wie vor 1968. Das hat zur Folge, dass die früher gängigen Formulare „Verbindliche Bestellung – Vermittlungsgeschäft" – fast völlig vom Markt verschwunden sind. Mit Rücksicht auf die **Schuldrechtsreform** ist mit einem – zaghaften – Wiederaufleben des Vermittlungsgeschäftes zu rechnen (s. auch Rn 976 ff.).

bb) AGB-Definition und Verwenderbegriff

1054   Dass der (private) Verkäufer die Geschäftsbedingungen nicht aufgestellt hat, ist für die Qualifizierung als AGB ebenso unerheblich wie die Tatsache, dass der Verkäufer im Allgemeinen nur einen einzigen Vertrag mit diesen Bedingungen ausgestalten lässt. Zweifelhaft kann nur sein, ob der (private) Verkäufer oder der Vermittler/Vertreter oder gar beide Verwender i. S. v. § 305 I BGB sind. Bei der Einschaltung von Vertretern ist grundsätzlich der Vertretene Verwender, gleichgültig, wer die AGB entworfen hat.[217] Die Rolle des Verwenders fiele damit dem Verkäufer zu, weil nur er Vertragspartei ist.

Ausnahmsweise wird aber auch der **Vertreter als Verwender** behandelt, wenn die AGB von ihm vorformuliert wurden oder er sich vorformulierter AGB bedient und er ein eigenes Interesse an der Einbeziehung dieser AGB in die von ihm geschlossenen Verträge besitzt.[218] Dieser Ausnahmefall liegt beim Agenturgeschäft vor. Dabei ist hinsichtlich des Merkmals „Eigeninteresse" ohne Bedeutung, in welchem Umfang der Händler als Vermittler tätig wird. Belanglos ist auch, ob das konkrete Geschäft im Zusammenhang mit einem Neuwagenkaufvertrag oder mit einem Leasinggeschäft steht oder ob die Hereinnahme des Agenturfahrzeugs isoliert erfolgte, wie dies z. B. bei der Vermittlung von Jahreswagen der Fall sein kann. Auch bei der „freien" Agentur genügt das wirtschaftliche Interesse des Vermittlers am Abschluss des Kaufvertrages, um ihn zum Verwender i. S. v. § 305 I BGB zu machen.

---

217 BGH 2. 11. 1983, NJW 1984, 360.
218 *Ulmer/Brandner/Hensen*, § 13 Rn 14.

G. Gebrauchtfahrzeugversteigerungen

I. Entwicklung

Die ersten Versteigerungen von „normalen" Gebrauchtfahrzeugen (nicht Oldtimer) fanden in Deutschland 1983/84 statt. Die Idee stammt aus Großbritannien und den USA. Inzwischen haben sich mehrere Auktionshäuser fest im Markt etabliert. Die Konzepte der herkömmlichen, nicht internetgestützten Versteigerungen sind unterschiedlich. Zu unterscheiden sind „geschlossene" und „offene" Auktionen. Bei letzteren stellen vor allem Leasingfirmen, Flottenbetreiber und Händler ihre Fahrzeuge ein. Privatpersonen sind als Teilnehmer auch hier meist ausgeschlossen. Gebrauchtwagen-Auktionen werden auch von Behörden und von Autovermietern durchgeführt.

1055

Bei **Internet-Auktionen** ist gleichfalls zwischen „geschlossenen" Formaten (B2B-Auktion) und offenen Marktplätzen zu unterscheiden. Sofern sie so ausgestaltet sind, dass der Vertrag unter Mitwirkung des Auktionators durch Zuschlag und nicht erst durch eine spätere Annahmeerklärung des Einlieferers geschlossen wird, spricht man von einer **„echten" Versteigerung i. S. d. § 156 BGB**. Davon abgegrenzt werden Veranstaltungen, bei denen lediglich die Plattform als virtueller Marktplatz für Versteigerungen zur Verfügung gestellt wird. Bei diesem Modell entscheidet nicht der Veranstalter durch Zuschlag über das Zustandekommen des Vertrages. Das letzte Wort hat einer der Beteiligten. Diese **„unechte Versteigerung"** ist rechtlich als **Kaufvertrag gegen Höchstgebot** zu qualifizieren.

Anfängliche Euphorie hat inzwischen einer gewissen Ernüchterung Platz gemacht. Online-Auktionen fristen derzeit ein Schattendasein im Web, meldet die Fachzeitschrift Autohaus (17/2001, S. 88). In rechtlicher Hinsicht werfen sie vielfältige Fragen auf, was bereits zu einer umfangreichen Judikatur geführt hat. Neben gewerbe- und wettbewerbsrechtlichen Problemen stehen Fragen des Vertragsabschlusses und des AGB-Rechts im Vordergrund.

II. Wettbewerbsrecht

Wie jede neue Absatzform sind auch die ersten Gebrauchtwagen-Auktionen auf Widerstand gestoßen. Besondere Beachtung verdient das Urteil des BGH vom 3. 3. 1988.[1] Es hat das vom OLG Koblenz[2] ausgesprochene Verbot einer betriebsinternen Versteigerung als **Sonderveranstaltung** gebilligt. Das letzte Wort dürfte damit nicht gesprochen sein. Die Revision des Händlers blieb nämlich vor allem deshalb erfolglos, weil er die Branchenüblichkeit von Versteigerungen nicht hinreichend dargetan hatte. Schon das OLG Koblenz hatte einen durch Einzeltatsachen belegten Sachvortrag vermisst. Inzwischen hat sich der Trend zu Gebrauchtwagen-Auktionen im herkömmlichen Format (außerhalb des Internets) weiter verstärkt. Die Beweislast für die Üblichkeit trägt der Händler.[3]

1056

Neue Verkaufsmethoden sind keine unzulässigen Sonderveranstaltungen i. S. d. § 7 UWG, sofern sie als wirtschaftlich vernünftige, sachgerechte und deshalb **billigenswerte Fortentwicklung** erscheinen.[4] Diesen Auffangtatbestand hat der BGH ohne überzeugende Begründung verneint.[5] Möglicherweise war der Sachvortrag des Beklagten, der die Versteigerung ohne Auktionator selbst durchgeführt hatte, in diesem Punkt unzureichend.

---

1 NJW 1988, 2244.
2 Urt. v. 20. 2. 1986, 6 U 418/85, n. v.
3 BGH 3. 3. 1988, NJW 1988, 2244.
4 BGH 3. 3. 1988, NJW 1988, 2244.
5 BGH 3. 3. 1988, NJW 1988, 2244.

Was bislang fehlt, ist eine umfassende Schaden-Nutzen-Analyse. Per saldo überwiegt der Nutzen. Für die Kfz-Händler sind Auktionen aus mehreren Gründen von Vorteil: Abbau von Überbeständen, Beschleunigung des Fahrzeugabsatzes, d. h. Begrenzung hoher Standkosten bei gleichzeitigem Liquiditätsgewinn, Optimierung des eigenen Fahrzeugangebots („Fahrzeugmix"). Gebrauchtwagen-Auktionen liegen auch im **gesamtwirtschaftlichen Interesse**. Sie sind geeignet, den Anteil der Privat-an-Privat-Geschäfte (2001 55%) zurückzudrängen. Je mehr Geschäfte über den Fachhandel abgewickelt werden, und sei es auch nur im Wege von Auktionen, desto günstiger ist dies mit Blick auf die allgemeine Verkehrssicherheit (zum Gefährdungspotenzial vgl. auch Rn 1462).

Soweit das OLG Koblenz[6] eine ernsthafte Störung des Wettbewerbs befürchtet, ist diese Sorge nicht berechtigt. Nicht überzeugend ist das Argument, Versteigerungen hätten zur Folge, dass die Händler ihre Verkaufspreise nicht mehr wirtschaftlich vernünftig kalkulieren können. Abgesehen davon, dass auch Kfz-Händler in ihrer Preiskalkulation und Preisgestaltung grundsätzlich autonom sind, bieten Versteigerungen gerade die realistische Chance, drohende Verluste gering zu halten. Da sie wirtschaftlich vernünftig sind, steht der ZDK den herkömmlichen Gebrauchtwagen-Auktionen durchaus aufgeschlossen gegenüber.

Zumindest fragwürdig ist auch die These des OLG Koblenz, eine Versteigerung lasse keine Zeit für reifliche Kaufüberlegungen, der Verbraucher fühle sich zu einer schnellen Kaufentscheidung hingerissen. Diese Einschätzung ist wenig realistisch. Vielfach gibt es „Vorbesichtigungstage" für Probefahrten und Besichtigungen. Hier kommt es ganz auf die Umstände des konkreten Einzelfalls an. Zu beachten ist in diesem Zusammenhang ferner, dass auch die Fahrzeuge, die zur Versteigerung gehen, vorher „werkstattgeprüft" worden sind und mindestens zwölf Monate „TÜV-frei" sind.

Nach Ansicht des OLG Frankfurt ist nicht nur die Versteigerung durch den Automobilhändler selbst, sondern auch durch einen **Auktionator** unzulässig, wenn sie auf dem Betriebsgrundstück des Händlers stattfindet.[7] Das Versteigerungsverbot soll sich allerdings nur auf Gegenstände beziehen, die aus dem Betrieb des Händlers stammen. Generell kann einem Versteigerer nicht untersagt werden, Gebrauchtwagen auf dem Firmengelände eines Kraftfahrzeughändlers zu versteigern.[8]

Zur Zulässigkeit einer Werbung mit einer wöchentlichen Preisreduzierung – **Versteigerung in umgekehrter Richtung** – s. OLG Köln VerkMitt. 2000, 92; s. auch OLG Köln 1. 6. 2001, 6 U 204/00. Zur umgekehrten Versteigerung im Internet s. OLG München 14. 12. 2000, 6 U 2690/00.

III. Zivilrechtliche Fragen

1057 Während privatrechtlich organisierte Versteigerungen von frei verfügbaren, also nicht gepfändeten oder beschlagnahmten Kraftfahrzeugen gewerbe- und vor allem wettbewerbsrechtlich nach wie vor heikel sind, scheint es zwischen den unmittelbar Beteiligten kaum Streit zu geben. Einschlägige Entscheidungen zu Fragen des allgemeinen Zivilrechts – etwa Zustandekommen des Vertrages, Sachmängelhaftung und Eigentumserwerb[9] – sind für die **herkömmlichen Vor-Ort-Versteigerungen** selten. Das hat seinen Hauptgrund darin, dass diese Veranstaltungen weitgehend unter Ausschluss von Verbrauchern stattfinden.

---

6 Urt. v. 20. 2. 1986, 6 U 418/85, n. v.
7 Urt. v. 9. 2. 1988, 14 U 46/87, n. v.; s. auch Urt. v. 8. 2. 1996, OLGR 1996, 115.
8 OLG Schleswig 16. 1. 1996, WRP 1996, 626 = OLGR 1996, 115; OLG Frankfurt 8. 2. 1996, OLGR 1996, 115.
9 Zum Gutglaubenserwerb vgl. BGH 5. 10. 1989, NJW 1990, 899 – Kunstauktion.

Zivilrechtliche Fragen 1058–1060

Internet-Auktionen werfen dagegen schon wegen ihres innovativen Charakters eine **1058**
Reihe zivilrechtlicher Fragen auf. Einige davon sind Gegenstand des Rechtsstreits gewesen, der durch die aufsehenerregende **Entscheidung des BGH vom 7. 11. 2001**[10] beendet worden ist. Das OLG Hamm (NJW 2001, 1142) hatte anders als das LG Münster (JZ 2001, 730) einer Klage auf Erfüllung eines im Internet geschlossenen Kaufvertrages nach Maßgabe des höchsten Gebots über einen neuen VW Passat zum Kaufpreis von rund 26.000 DM (Listenpreis ca. 57.000 DM) stattgegeben. Der BGH hat die Revision des Beklagten, entgegen weit verbreiteter Darstellung kein Kfz-Händler, zurückgewiesen. Im Zentrum seiner Entscheidung steht die Frage, ob zwischen den Parteien ein wirksamer Kaufvertrag zustande gekommen ist.

Einen **Vertragsschluss** nach § 156 BGB hat der BGH verneint, weil auf das Gebot des Klägers, als letztes abgegeben acht Sekunden vor Auktionsende, kein Zuschlag erfolgt sei. Die Frage, ob die Online-Auktion den Tatbestand einer Versteigerung im Sinne des § 156 BGB erfüllte, konnte deshalb offen bleiben. Nach Meinung des BGH ist ein Kaufvertrag nach den **allgemeinen Vorschriften der §§ 145 ff. BGB** zustande gekommen. Näherer Prüfung bedurfte insoweit nur der Erklärungstatbestand, den der Beklagte als Einlieferer gesetzt hat. Der BGH ist von einer wirksamen Willenserklärung ausgegangen. Wirksamkeitsbedenken ergäben sich auch nicht nach dem AGB-Gesetz, weil der Beklagte durch sein Anklicken eine individuelle Willenserklärung abgegeben habe.[11]

Durch die Ricardo – Entscheidung des BGH vom 7. 11. 2001 (NJW 2002, 363) ist die instanzgerichtliche Rechtsprechung zu Online-Auktionen anderer Veranstalter nicht völlig überholt. Zu einer Auktion der Firma eBay s. AG Kerpen NJW 2001, 3274; s. auch AG Hannover NJW-RR 2002, 131 (kein Kfz-Fall). Weitere Nachweise bei *Hoffmann*, Entwicklung des Internet-Rechts, Beilage zu Heft 14/2001 der NJW, sowie bei *Spindler/Wiebe*, Internet-Auktionen, 2001.

Ob der Kaufvertrag in Form einer Versteigerung iSd § 156 BGB geschlossen worden ist, ist nicht zuletzt für die Frage des **Widerrufsrechts** von Bedeutung. Soweit nicht ein anderes bestimmt ist, besteht das Widerrufsrecht nicht bei Fernabsatzverträgen, die in Form von Versteigerungen (§ 156 BGB) geschlossen werden (§ 312 d Abs. 4 Nr. 5 BGB). Ob diese Ausnahmeregelung nur für echte Versteigerungen gilt oder auch für auktionsähnliche Veranstaltungen (z. B. Verkauf gegen Höchstgebot), ist umstritten.[12] Die **Informationspflichten nach § 312 c BGB** sind jedenfalls bei beiden Konstellationen zu erfüllen.

Die **Sachmängelhaftung** des Veräußerers bestimmt sich nach dem Inhalt des Vertrages **1059**
in Verbindung mit den Auktionsbedingungen. Zu beachten ist **§ 474 Abs. 1 S. 2 BGB**, wonach die Vorschriften über den Verbrauchsgüterkauf nicht für gebrauchte Sachen gelten, die in einer **öffentlichen Versteigerung** verkauft werden, an der der Verbraucher **persönlich** teilnehmen kann. **Internet-Versteigerungen** fallen nach richtiger, aber nicht unbestrittener Ansicht nicht unter diese (eng auszulegende) Ausnahmevorschrift.

Den Auktionator trifft im Verhältnis zum Ersteigerer keine vertragliche oder vertragsähnliche Haftung. Die Grundsätze der so genannten Sachwalterhaftung (vgl. Rn 1022 ff.) sind unanwendbar.[13]

Auktionen zum Zwecke der **Verwertung gepfändeter oder beschlagnahmter** Kraft- **1060**
fahrzeuge haben die Gerichte wiederholt beschäftigt. Hinzuweisen ist auf das (rechtskräf-

---

10 NJW 2002, 363 = JZ 2002, 504 m. Anm. *Hager;* dazu *Wenzel*, NJW 2002, 1550; *Mehrings*, BB 2002, 469; *Lettl*, JuS 2002, 219.
11 Zur Inhaltskontrolle einer Vertragsabschlussklausel s. KG 15. 8. 2001, BB 2002, 168.
12 Bejahend *Palandt/Heinrichs*, FernAbsG, § 3 Rn 12; s. auch *Ring* in: Anwaltskommentar Schuldrecht, § 312 b Rn 66, 67.
13 Anders OLG München 27. 5. 1992, OLGR 1992, 97 – Versteigerung eines Teppichs.

tige) Urteil des LG Dortmund vom 24. 10. 1996,[14] wonach das Land NRW (Oberfinanzdirektion) trotz Gewährleistungsausschlusses in den Versteigerungsbedingungen zur Minderung wegen Fehlens einer zugesicherten Eigenschaft (km-Laufleistung) verpflichtet ist. Der Pkw war im Rahmen eines Ermittlungsverfahrens beschlagnahmt und im Wege der **Zwangsversteigerung** versteigert worden. An die Stelle des § 461 BGB a. F. ist **§ 445 BGB** getreten, wonach dem Käufer Rechte wegen eines Mangels nur zustehen, wenn der Verkäufer den Mangel arglistig verschwiegen oder eine Beschaffenheitsgarantie übernommen hat.

Zu den vielschichtigen Fragen des (gutgläubigen) **Eigentumserwerbs** bei der Verwertung eines gepfändeten Kraftfahrzeugs nimmt der BGH in dem Urteil vom 2. 7. 1992[15] umfassend Stellung. Streitobjekt war ein Pkw, den eine Fahrschule unter Aushändigung des Fahrzeugbriefs sicherungsübereignet hatte. Wegen Steuerforderungen wurde das Fahrzeug vom Finanzamt gepfändet und durch einen öffentlich bestellten Auktionator versteigert. Dieser hatte vor Beginn der Versteigerung ausdrücklich darauf hingewiesen, dass der Fahrzeugbrief nicht vorliege. Der Kläger ersteigerte das Fahrzeug dennoch, konnte es aber wegen des fehlenden Briefes nicht auf sich umschreiben lassen. Die Klage gegen den Sicherungseigentümer auf Herausgabe des Briefes und auf Zahlung einer Nutzungsentschädigung blieb erfolglos.

---

14 DAR 1997, 449.
15 BGHZ 119, 75 = NJW 1992, 2570.

H. Die Rechte des Gebrauchtfahrzeugkäufers bei einem Sachmangel

I. Alter und neuer Rechtszustand

Unter der Herrschaft der traditionellen Freizeichnungsklausel („verkauft unter Ausschluss jeglicher Gewährleistung") verengte sich die Frage nach der vertragswidrigen Beschaffenheit meist auf zwei Themen: Ist die Soll-Beschaffenheit durch eine – klauselfeste – **Eigenschaftszusicherung** i. S. v. § 459 II BGB a. F. bestimmt? Ist der Käufer über eine Fahrzeugeigenschaft **arglistig getäuscht** worden (§§ 463 S. 2, 476 BGB a. F.)? Als Sonderkategorie des Sachmangels hat die „Zusicherung" abgedankt. Entgegen ursprünglichen Plänen verzichtet der Gesetzgeber im neuen Schuldrecht auf den Begriff der Zusicherung. Soweit sie der Sache nach weiterlebt, ist von „Übernahme einer Garantie" (§ 276 I BGB) oder von „Beschaffenheitsgarantie" (§§ 442 I, 443 I, 444, 445 BGB) die Rede.

II. Die Voraussetzungen der Sachmängelhaftung

1. Grundlagen

Der Sachmangelbegriff, nunmehr gesetzlich definiert (§ 434 BGB), gilt für alle Arten von Kaufverträgen, ist also nicht abhängig vom Gegenstand des Kaufvertrages oder von der Person der Vertragspartner. Zwischen **neuen und gebrauchten Sachen** macht § 434 BGB keinen prinzipiellen Unterschied. Dafür sah man kein praktisches Bedürfnis. Eine **Sonderstellung** nehmen gebrauchte Sachen lediglich in § 474 I BGB (öffentliche Versteigerung mit Teilnahme eines Verbrauchers) und in § 475 II BGB ein (Verkürzung der Verjährung), mittelbar auch in denjenigen Vorschriften, die nur für neu hergestellte Sachen gelten wie z. B. die §§ 309 Nr. 8 b, 478 BGB.

Da die Neuregelung dem **subjektiv-objektiven Fehlerbegriff** folgt, kann in weiten Teilen nahtlos an die **bisherigen Ergebnisse der Rechtsprechung** angeknüpft werden. Der BGH hat sich zwar zu keinem Zeitpunkt eindeutig für oder gegen eine der verschiedenen Versionen des Fehlerbegriffs entschieden. Ebenso wie jetzt der Gesetzgeber hat er jedoch das Primat des Subjektiven anerkannt, indem er **vorrangig auf den Vertragsinhalt** abgestellt hat.

Primär kommt es weiterhin darauf an, ob die Beschaffenheit durch eine Vereinbarung bestimmt ist (§ 434 I,1 BGB). Der **Begriff „Beschaffenheit"** ist bewusst undefiniert geblieben. Von „Eigenschaften" ist nur in S. 2 Nr. 2 die Rede. Für den BGH war die Unterscheidung zwischen Beschaffenheit und Eigenschaft zuletzt „weitgehend nur noch terminologisch".[1]

Ungeregelt lässt das neue Kaufrecht, ob auch solche Eigenschaften zur „Beschaffenheit" gehören, die der Sache **nicht unmittelbar** (körperlich) anhaften, wie beispielsweise eine frühere Kfz-Zulassung im Ausland. Was bislang unter den Rubriken „Umstandsabweichungen" bzw. „Umweltbeziehungen" dem Fehlerbegriff zugeordnet worden ist, kann seinen Platz im Sachmangelrecht behalten. Eine Auslagerung in das allgemeine Leistungsstörungsrecht in Reinform ist nicht geboten.

Die Formulierung „vereinbarte Beschaffenheit" macht deutlich: **Einseitige Erwartungen** und Vorstellungen des Käufers (wie auch des Verkäufers) sind im Rahmen von § 434 I,1 BGB, also auf der ersten Stufe der Prüfung, ohne Belang. Beiderseitigkeit ist unverzicht-

---
1 Urt. v. 16. 1. 1991, NJW 1991, 1223.

bar. Ausdrücklichkeit der Vereinbarung wird nicht gefordert. Es genügt – nicht anders als bisher – eine **stillschweigende** bzw. **konkludente** Vereinbarung.[2] In der Abgrenzung ist die Rechtsprechung ziemlich unsicher. Mitunter werden die Begriffe synonym gebraucht.

Trotz der jetzt gesetzlich verankerten Erfüllungspflicht zur Lieferung einer mangelfreien Sache (§ 433 I, 2 BGB) bedeutet „vereinbarte Beschaffenheit" weniger als die Zusicherung alten Rechts. Die Übernahme einer besonderen Gewähr verbunden mit einem „Garantiewillen", wie es für diese Figur grundsätzlich verlangt wurde, setzt die Beschaffenheitsvereinbarung nicht voraus. Sie ist ihrer Struktur nach nicht doppel-, sondern nur einstöckig. M. a. W.: Eine Beschaffenheitsvereinbarung kann, muss aber keine Beschaffenheitsgarantie sein, während umgekehrt eine Beschaffenheitsgarantie immer auch eine Beschaffenheitsvereinbarung darstellt.

2. Die Beschaffenheitsvereinbarung mit Garantieübernahme („Beschaffenheitsgarantie")

1063 Vor der Schuldrechtsreform hat man auf dem Boden des subjektiv-objektiven Fehlerbegriffs zwischen „einfacher" Beschaffenheitsvereinbarung (§ 459 I BGB a. F.) und der Zusicherung einer bestimmten Eigenschaft (§ 459 II BGB a. F.) unterschieden. Eine saubere Abgrenzung ist bis zuletzt nicht gelungen. Ein sehr weites Verständnis der Zusicherung bei Erklärungen professioneller Gebrauchtfahrzeugverkäufer gegenüber Verbrauchern hat die ansonsten restriktive Rechtsprechung zu §§ 459 II, 463 S. 1 BGB a. F.[3] im Kernbereich des Gebrauchtfahrzeugkaufs in den letzten 25 Jahren (ab 1975) ungewöhnlich stark aufgebläht. Beim „Verbraucherkauf" wurde nahezu jede Beschaffenheitsangabe zur (stillschweigenden) Eigenschaftszusicherung aufgewertet.

Ob der Verkäufer eine „Garantie" für das Vorhandensein einer bestimmten Fahrzeugeigenschaft übernommen hat, ist auch **nach der Schuldrechtsreform** ein **zentrales Thema** in Gebrauchtfahrzeugstreitigkeiten. Von Bedeutung ist diese Frage **in fünffacher Hinsicht:**

1. Schadensersatzhaftung des Verkäufers ohne Verschulden (§§ 437 Nr. 3, 280 I, 281 I, 311 a II, 276 I BGB)
2. Neutralisierung von Haftungsausschlüssen und – beschränkungen (§§ 444, 445 BGB)
3. Erweiterung der Käuferrechte gemäß § 443 I BGB durch Übernahme einer Beschaffenheits- oder Haltbarkeitsgarantie
4. Unschädlichkeit grober Fahrlässigkeit des Käufers (§ 442 I BGB)
5. Erheblichkeitskriterium bei der Pflichtverletzung (§§ 281 I,3, 323 V,2 BGB).

a) Das Verhältnis der einzelnen Neuregelungen zueinander

1064 Hätte der Reformgesetzgeber die Beschaffenheitsgarantie des **Verkäufers** entsprechend dem Vorschlag des Bundesrates aus § 443 BGB ausgeklammert, wäre der Übergang von der „Zusicherung" zur „Beschaffenheitsgarantie" leichter nachvollziehbar. Das in § 443 BGB Gesetz gewordene Nebeneinander von Beschaffenheits- und Haltbarkeitsgarantie mit eigener, vom Sachmängelrecht unabhängiger Anspruchsgrundlage stiftet vor dem Hintergrund der übrigen „Garantie"-Bestimmungen einige Verwirrung. Klammert man § 443 BGB aus, soll die Garantie für die Beschaffenheit der Sache bzw. die „Übernahme einer Garantie" (§ 276 I,1 BGB) nur eine andere Bezeichnung für die Eigenschaftszusicherung alter Art sein. Inhaltlich wollte man keine grundlegende Änderung.

---

2 Zweifel bei *Schimmel/Buhlmann*, S. 110, unter Hinweis auf BT-Drs. 14/6040, S. 213.
3 Vgl. BGH 14. 6. 2000, NJW 2000, 3130 m. w. N.

Die „Übernahme einer Garantie" in § 276 I,1 BGB soll die Zusicherung von Eigenschaften im Kaufrecht erfassen und damit insoweit funktional den gestrichenen § 463 BGB a. F. ersetzen.[4] Mit dem Begriff der Garantie ist damit der Sache nach in erster Linie die bisherige Zusicherung einer Eigenschaft gemeint.[5]

Die in den **§§ 442, 444, 445 BGB** geregelten Beschaffenheitsgarantien decken sich inhaltlich mit den Eigenschaftszusicherungen alten Rechts; klargestellt wird deren Garantiecharakter.

Die „Garantieübernahme" in § 276 I,1 BGB schließt diese Beschaffenheitsgarantien als Hauptanwendungsfall ein, ist aber nicht auf diesen Garantiefall beschränkt.

Nicht gleichzusetzen ist die Garantie i. S. d. §§ 276, 442, 444, 445 BGB mit der **Haltbarkeitsgarantie** in **§ 443 BGB**. Soweit in dieser Vorschrift auch von einer Beschaffenheitsgarantie des Verkäufers die Rede ist, besteht auf der Tatbestandsseite prinzipiell kein Unterschied zu den Beschaffenheitsgarantien i. S. d. §§ 442, 444, 445 BGB. Während jene sich aber nur auf die gegenwärtige Beschaffenheit beziehen, kann eine Beschaffenheitsgarantie i. S. d. § 443 BGB auch die **zukünftige Beschaffenheit** zum Gegenstand haben. Der eigentliche Regelungsgehalt des § 443 BGB liegt auf der **Rechtsfolgenseite**, indem dem Käufer „unbeschadet der gesetzlichen Ansprüche" (= Sachmängelrechte) die Rechte aus der Garantie gegen den Garantiegeber eingeräumt werden. Eine Beschaffenheitsgarantie i. S. d. § 443 BGB kann dem Käufer einen eigenständigen Erfüllungsanspruch geben. Ein Schadensersatzanspruch steht ihm aber nur zu, wenn in der Garantie zugleich die Zusicherung einer Eigenschaft, also eine Garantieübernahme i. S. v. § 276 I,1 BGB, liegt.

b) Auslegungshinweise und Abwägungskriterien

Die Verkäufer-Beschaffenheitsgarantie i. S. d. § 443 I BGB einmal außer Betracht gelassen, kann an die bisherige Rechtsprechung des BGH zu §§ 459 II, 463 S. 1 BGB a. F. angeknüpft werden. Korrekturbedürftig ist lediglich seine käuferfreundliche Grundtendenz bei Geschäften mit Händlerbeteiligung (Verbrauchsgüterkauf), siehe unten Rn 1066.

Eine **Zusicherung i. S. v. § 459 II BGB a.F.** hat der BGH angenommen, wenn aus der Sicht des Käufers der Wille des Verkäufers erkennbar war, die Gewähr für das Vorhandensein einer bestimmten Eigenschaft zu übernehmen und für die Folgen ihres Fehlens einzustehen.[6] Dass diese Formel in Grenzfällen nur bedingt brauchbar war, ist Allgemeingut. Einhundert Jahre BGB haben nicht gereicht, um eine leistungsstärkere Definition zu finden. Das **neue Kaufrecht** bringt insoweit **keinen Fortschritt**.

aa) Kurskorrektur

Mit dem strengen Verbot nahezu jeglicher Freizeichnung beim Verbrauchsgüterkauf (§ 475 I BGB) entfällt der bisherige Hauptgrund, Beschaffenheitsangaben gewerblicher Verkäufer als „Zusicherungen" zu behandeln. Dass der handelsübliche Gewährleistungsausschluss, nicht etwa die Haftungsverschärfung nach § 463 BGB a. F., der wahre Schrittmacher der schier uferlosen „Zusicherungs"-Rechtsprechung war, steht außer Zweifel. Vorwiegend ging es um die Rechtsfolge, die jetzt in § 444 BGB kodifiziert ist: die Neutralisierung des Gewährleistungsausschlusses.

Die „**besonderen Marktverhältnisse**", die nach (zuletzt fragwürdiger) Ansicht des BGH die Großzügigkeit bei der Annahme einer Zusicherung gerechtfertigt haben („geringe Anforderungen"), gehören endgültig der Vergangenheit an. Sie müssen neu definiert und bewertet werden. Verbraucher sind seit dem 1. Januar 2002 gesetzlich besser geschützt

---

4 BT-Drucks. 14/6040, S. 132.
5 *Dauner-Lieb*, Anwaltskommentar, § 276 Rn 19.
6 St. Respr., z. B. Urt. v. 4. 6. 1997, NJW 1997, 2318.

als je zuvor. Dementsprechend haben die Gerichte ihre Schutzaufgabe ein gutes Stück weit verloren. Das kann bei der Auslegung und Qualifikation von Erklärungen professioneller Fahrzeugverkäufer nicht ohne Konsequenzen bleiben. Eine Kurskorrektur ist geboten.[7]

Dort, wo die Sachmängelhaftung weiterhin ausgeschlossen werden darf, z. B. beim privaten Direktgeschäft, tut die Rechtsprechung dagegen gut daran, ihre bisherige Zurückhaltung bei der Annahme von Zusicherungen/Garantien beizubehalten.

bb) Kriterienkataloge

1067 Die folgende Aufstellung von Anhaltspunkten (Indizien) für und gegen die Annahme einer „Beschaffenheitsgarantie" (§§ 276 I,1, 442 I, 444, 445 BGB) entspricht den Kriterienkatalogen früherer Auflagen. Als Orientierungs- und Entscheidungshilfe bleiben die Auflistungen brauchbar. Nach wie vor gilt: Wo die Trennlinie zwischen einer Beschaffenheitsvereinbarung i. S. v. § 434 I,1 BGB und einer weitergehenden Haftungszusage in Gestalt einer Beschaffenheitsgarantie bzw. Garantieübernahme (§ 276 I,1 BGB) verläuft, ist immer eine Frage des Einzelfalles. Die Auslegung des vertraglich Gewollten (§§ 133, 157 BGB) entscheidet.

Bei der **praktischen Rechtsanwendung** empfiehlt sich, jetzt noch stärker nach dem **Geschäftstyp zu differenzieren**, also danach, ob es ein Händler-Verbraucher-Kauf oder ein privates Direktgeschäft oder ein Unternehmer-Unternehmer-Geschäft ist. Bei Verträgen, die nach dem 1. 1. 2002 zustande gekommen sind, wird die Schutzbedürftigkeit des jeweiligen Käufers besonders sorgfältig zu prüfen sein. Die neuen Kräfteverhältnisse im modernisierten Kaufrecht erfordern neue Bewertungen, s. oben Rn 1066.

1068 **Anhaltspunkte für die Annahme einer Beschaffenheitsgarantie**
- Verwendung von Begriffen wie „garantieren" (z. B. in den ADAC-Musterverträgen) oder „versichern"[8] oder „verbürgen".
- Abgabe der Erklärung auf ausdrückliches Verlangen des Käufers (Erheblichkeitsaspekt).[9]
- Dem Verkäufer bekannte oder erkennbare Bedeutung der Eigenschaft für den Kaufentschluss und/oder den Verwendungszweck.[10]
- Besondere Qualifikation (Sachkunde) des Verkäufers oder seines Vertreters (Fachhändler mit eigener Werkstatt, ZDK-Vertrauenssiegel, Gütesiegel [DEKRA, TÜV u. a.], Spezialisierung z. B. auf Sportwagen, Oldtimer etc.) – Vertrauensaspekt –.[11]
- Angewiesensein des Käufers auf Zuverlässigkeit der Verkäuferinformation, Unmöglichkeit oder Unüblichkeit eigener (Nach-)Prüfung (Vertrauensaspekt)[12].
- Dem Verkäufer erkennbar großes Risiko für den Käufer, wenn er nur die „einfachen" Sachmängelrechte, keinen Schadensersatzanspruch hat (wichtiger Aspekt bei Wiederverkäufern).
- Schriftlichkeit der Erklärung,[13] etwa in der Rubrik „Besondere Vereinbarungen" (Intensitätsaspekt).[14]

---

7 In diese Richtung auch *Schulte-Nölke*, ZGS 2002, 72, 74.
8 Dazu OLG Düsseldorf 29. 5. 1972, BB 1972, 857; OLG Düsseldorf 19. 11. 1993, OLGR 1994, 186.
9 Zum Beispiel BGH 28. 11. 1994, NJW 1995, 518 (ABS/Neuwagen); BGH 5. 12. 1995, WM 1996, 967 zu § 635 BGB; Gegenbeispiel: BGH 14. 2. 1996, NJW 1996, 1465 – EDV-Anlage.
10 Zur Bedeutung und Rangfolge der Kaufkriterien s. DAT-Veedol-Report 2002, S. 15.
11 Dieser Aspekt spielt die Hauptrolle in der Rspr. zum Gebrauchtfahrzeugkauf (seit BGH 25. 6. 1975, NJW 1975, 1693 – km-Fahrleistung).
12 OLG Schleswig 27. 6. 2002, OLGR 2002, 360
13 Vgl. z. B. BGH 12. 6. 1959, NJW 1959, 1489 (Maschine).
14 Dass der Bestellschein das Vertragsangebot des Kaufinteressenten, nicht des Händlers, enthält, geht in der Auslegungspraxis unter; vgl. aber auch BGH 25. 6. 1975, NJW 1975, 1693.

Die Voraussetzungen der Sachmängelhaftung 1069

- Detailinformation, Fehlen einschränkender Zusätze (Genauigkeitsaspekt).
- Verlangen eines überdurchschnittlich hohen Kaufpreises (Risikozuschlag).
- Verkehrssitte.[15]
- Handelsbrauch.[16]
- Kenntnis des Verkäufers vom Verwendungszweck.[17]

Anhaltspunkte gegen die Annahme einer Beschaffenheitsgarantie 1069

- Information außerhalb des Vertragstextes, z. B. auf der Website, im Inserat, auf einem Verkaufsschild oder einer info-card (s. Rn 1173).
- Platzierung der Information in der Formularrubrik „Bezeichnung des Kfz";[18] Argument: Objektbeschreibung, keine Garantie.
- Formularmäßigkeit der Erklärung.[19]
- Individuelle Erklärung, keine „Zusicherung" – bzw. (jetzt) „Garantie" – zu erteilen.[20]
- Streichen/Freilassen der Rubrik „besondere Vereinbarungen/Zusicherungen/Garantien";[21]
- Unwesentlichkeit der Eigenschaft für den Kaufentschluss bzw. den Verwendungszweck.[22]
- Mündliche Erklärung bei sonst schriftlichem Vertrag.[23]
- Dem Käufer bekannte oder erkennbare Unkenntnis des Verkäufers von der fraglichen Eigenschaft.[24]
- Dem Käufer bekannte oder erkennbare Erkenntnisschwierigkeiten des Verkäufers in Bezug auf die fragliche Eigenschaft (siehe auch Stichwort „Informationsabhängigkeit").
- Einschränkende Hinweise (Quellenangaben) wie „laut Vorbesitzer" oder „eingetragen..." oder „lt. Fahrzeugbrief" oder „soweit bekannt" (Distanzierungsaspekt).[25]
- Erklärung unter Vorbehalt bzw. Wissenskundgabe[26] oder mit einschränkendem Zusatz wie „ca."[27]

---

15 BGH 7. 10. 1987, NJW 1988, 1018 = WM 1987, 1460; BGH 10. 7. 1991, NJW-RR 1991, 1401 = BB 1991, 1658.
16 BGH 7. 10. 1987, NJW 1988, 1018 = WM 1987, 1460; BGH 13. 12. 1995, NJW 1996, 836 unter III; BGH 5. 12. 1995, WM 1996, 967 unter II, 2 b.
17 Kann, muss aber nicht für eine stillschw. Zusicherung sprechen, vgl. BGH 7. 10. 1987, NJW 1988, 1018 unter II, 3 a, bb.
18 OLG Düsseldorf 13. 2. 1992, OLGR 1992, 219 – km-Angabe.
19 OLG Frankfurt 8. 7. 1992, ZfS 1993, 14 = OLGR 1992, 149 (Ankreuzen von „fahrbereit").
20 BGH 16. 10. 1991, NJW 1992, 170 = JZ 1992, 365 m. Anm. *Flume;* vgl. auch *Tiedtke,* DB 1992, 1562 und hier Rn 1175.
21 OLG Celle 19. 2. 1998, OLGR 1998, 170.
22 Vgl. Fn. 10.
23 Zu weit aber OLG Stuttgart 6. 2. 1990, 10 U 34/89, n. v., wenn es verlangt, dass der „Verpflichtungswille des Verkäufers bei Vertragsunterzeichnung fortbestehen und im Vertrag seinen Niederschlag gefunden haben muss".
24 Grundsätzlich schließt Verkäuferunkenntnis die Annahme einer Zusicherung nicht aus, so zutreffend OLG Düsseldorf 18. 6. 1999, NZV 1999, 514.
25 Wichtig vor allem bei Angaben über Unfallfreiheit bzw. bestimmte Unfallschäden (vgl. Rn 1148 ff.), km-Laufleistung (vgl. Rn 1106 ff.), Baujahr/Erstzulassung (dazu OLG Düsseldorf 19. 5. 1994, OLGR 1994, 293), technische Daten wie kW bzw. PS (dazu BGH 4. 6. 1997, NJW 1997, 2318) oder Einsatz als Miet- oder Fahrschulwagen (dazu OLG Köln 20. 11. 1998, NZV 1999, 338 = OLGR 1999, 121); zusammenfassend *Eggert,* DAR 1998, 45.
26 BGH 21. 11. 1952, LM Nr. 1 zu § 463 – Grundstückskauf; BGH 30. 1. 1991, NJW-RR 1991, 870 = WM 1991, 1041 – Vorführwagen; BGH 14. 6. 1961, MDR 1961, 761 – Unternehmenskauf; OLG Hamm 12. 12. 1994, MDR 1995, 1111 – Grundstückskauf.
27 Siehe aber auch OLG Düsseldorf 30. 10. 1992, 22 U 79/91, n. v. (Neufahrzeugkauf); BGH 22. 11. 1985, NJW 1986, 920, 922 (Grundstückskauf).

- Hinweis auf Überprüfung bzw. Untersuchung durch Dritte (TÜV, DEKRA, GTÜ, ADAC).
- Hinweis bzw. Vorlage von Werkstattrechnungen,[28] wobei Rechnungen über nicht selbst in Auftrag gegebene Arbeiten besondere Distanz signalisieren.
- Vorlage des Kaufvertrages mit dem Vorbesitzer als Nachweis für die Richtigkeit daraus übernommener Informationen, z. B. über die Gesamtfahrleistung (s. aber auch BGH NJW 1998, 2207).
- Individuelle,[29] aber auch formularmäßige Haftungsausschlüsse und -beschränkungen.[30]
- Negativklauseln.[31]
- Eigene Sachkunde auf Käuferseite.
- Fehlende oder eingeschränkte Sachkunde auf Verkäuferseite, z. B. Händler ohne eigene Werkstatt.
- Mangel an Erfahrung des Händlers mit Kaufobjekt (Fremdfabrikat, „Exote").
- Auffallend niedriger Kaufpreis.[32]
- Informationsabhängigkeit des Verkäufers oder seines Vertreters vom Vorbesitzer.
- Mehrzahl von Vorbesitzern.
- Anonymität des unmittelbaren Vorbesitzers (= Lieferanten des Verkäufers), z. B. bei einer Leasinggesellschaft oder einem Autovermieter.
- Dem Käufer erkennbar großes Schadensrisiko (je höher das Risiko, desto geringer die Bereitschaft des Verkäufers zur Garantieübernahme).
- Verkäufer kann aus rechtlichen oder tatsächlichen Gründen keinen Regress beim Vorbesitzer nehmen.
- Garantie oder sonstige ausdrückliche Haftungszusagen für andere Fahrzeugteile (Umkehrschluss).

c) Einzelfälle aus der Rechtsprechung

1070 Unter der Herrschaft des alten Kaufrechts hat sich eine kaum noch überschaubare Kasuistik zu §§ 459 II, 463 S. 1 BGB a. F. gebildet. Durch die Schuldrechtsreform ist sie zwar nicht Makulatur geworden. Als Instrument des Verbraucherschutzes hat die „Zusicherung" jedoch deutlich an Bedeutung verloren. An die Stelle von Richterrecht ist gesetztes Recht getreten. Bis zur notwendigen höchstrichterlichen Kurskorrektur (dazu s. Rn 1066) werden Jahre vergehen. In der Zwischenzeit werden die bisherigen Ergebnisse der Rechtsprechung Ausgangspunkt und Orientierungshilfe sein, wann immer es darum geht, ob der Verkäufer eine Erklärung mit Garantiecharakter abgegeben hat.

---

28 Vgl. OLG Hamm 16. 1. 1986, NJW-RR 1986, 932; OLG Köln 14. 4. 1992, OLGR 1992, 289.
29 OLG München 7. 7. 1992, OLGR 1992, 113.
30 Dass gerade die vertragliche Freizeichnung, vom BGH als „Gebot der wirtschaftlichen Vernunft" bezeichnet, gegen die Annahme einer stillschweigenden bzw. konkludenten Gewährsübernahme i. S. v. §§ 459 II, 463 S. 1 BGB a. F. spricht (so auch *Schmidt*, DAR 1980, 166, 167), wird von der Judikatur in Gebrauchtfahrzeugfällen regelmäßig nicht einmal erwogen, anders OLG Köln 22. 3. 1999, OLGR 1999, 205; OLG Koblenz 9. 2. 1995, VRS 89, 336 für die Vertragsklausel „wie besichtigt und probegefahren"; KG 24. 7. 2000, OLGR 2001, 10; LG Duisburg 6. 12. 2000, 2 O 283/00, n. v. – Motorradkauf unter Privatleuten. Bei anderen Kaufgegenständen wird differenzierter argumentiert, vgl. z. B. BGH WM 1979, 102; BGH WM 1981, 224; BGH NJW-RR 1991, 1401; s. auch BGH WM 1996, 967 unter II, 2 b; BGH 14. 6. 2000, NJW 2000, 3130, 3232 – gebr. Wärmetauscher.
31 Dazu Rn 1176.
32 BGH 16. 3. 1977, NJW 1977, 1055.

Die Voraussetzungen der Sachmängelhaftung 1070

Im Folgenden wird das umfangreiche **Fallmaterial zum alten Kaufrecht** (ca. 500 veröffentlichte und 350 unveröffentlichte Entscheidungen) alphabetisch nach Stichworten und Stichwortgruppen gegliedert. Entscheidungen zum neuen Kaufrecht lagen bis Oktober 2002 noch nicht vor.

Alphabetische Übersicht

	Rn
Allgemeine Betriebserlaubnis	1134 ff.
Alter/Baujahr/Erstzulassung	1071 ff.
Abgasuntersuchung (AU)	1166
Austauschmotor/Tauschmotor/generalüberholter Motor	1079 ff.
Baujahr	1071 ff.
Betriebserlaubnis	1131 ff.
Bremsen	1127
Dienstwagen/Direktionswagen	1160 f.
Einsatzfähigkeit (Verwendungszweck)	1154 f.
Ersthandfahrzeug	1159
Erstzulassung	1071 ff.
Expertise/Gutachten	1164 ff.
Fabrikat	1131 f.
Fahrbereitschaft („fahrbereit")	1091 ff.
Fahrzeugtyp	1131 ff.
Führerscheinfreiheit	1155
Garagenwagen/garagengepflegt	1095
Garantien	1185 ff.
Geländefahrzeug	1155
Generalüberholt	1086
Geschäftswagen	1160
Gütesiegel s. Garantien	–
Gutachten	1164 ff.
Hersteller	1131 f.
Höchstgeschwindigkeit	1096
Hubraum	1097 f.
Jahreswagen/Halbjahreswagen	1100
Kilometerfahrleistung/Gesamtfahrleistung/km-Stand/Tachoangaben	1101 ff.
Kraftstoffart	1123
Kraftstoffverbrauch/Ölverbrauch	1122 f.
kW/PS	1097 f.
Mängelfreiheit	1124 ff.
Modell	1077
Motor, s. Austauschmotor	
neu, fast neu, neuwertig usw.	1127
Oldtimer	1169 f.
Ölverbrauch	1122
Originalmotor	1079 ff.
PS (kW)	1097 f.
Repariert	1088
Rostfreiheit, frei von Durchrostung	1128
Schadstoffarm/bedingt schadstoffarm	1129
Scheckheftgepflegt/werkstattgepflegt	1130
Serienmäßigkeit/Typengerechtigkeit	1131 ff.
Sonderausstattung/Zubehör	1138

Steuerfreiheit	1129
Tauschmotor, s. Austauschmotor	–
Tragfähigkeit (Nutzfahrzeuge)	1154
TÜV-Abnahme/TÜV-Plakette/TÜV-Bericht	1139 ff.
Tuning	1321
Unfallfreiheit/bestimmter Unfallschaden	1145 ff.
Verkehrssicherheit/Betriebssicherheit	1091 ff.
Versicherungsschutz	1156 f.
Vorbenutzung	1157 ff.
Vorbesitzerzahl/Vorhalterzahl	1159
Vorführwagen	1160
Werkstattgeprüft/von Meisterhand geprüft	1161 ff.
Youngtimer	1169 ff.
ZDK-Vertrauenssiegel	1168 ff.
Zubehör	1138
Zulassungsfähigkeit	1154 f.
Zusage, bestimmte Arbeiten bis zur Auslieferung auszuführen	1319 ff.
Zustand: gut, einwandfrei, gründlich überholt, komplett restauriert o. ä.	1169 ff.

Alter/Baujahr/Erstzulassung

1071   Das Alter gehört zu den wichtigsten Faktoren bei der Bewertung eines gebrauchten Kraftfahrzeuges, insbesondere von Personenkraftwagen. Ein Blick in die Preistabellen zeigt: In den ersten vier Jahren verliert ein Pkw rapide an **Wert,** bis zu 60%, ab dem 4. Jahr schreitet der Wertverlust nur noch langsam voran. Umgekehrt verhält es sich mit dem **Defektrisiko.** Es steht außer Zweifel, dass mit höherem Fahrzeugalter die Mängel an Zahl und Schwere zunehmen. Infolgedessen steigt auch der **Reparaturkostenaufwand.** Über diese Zusammenhänge gibt es umfangreiches statistisches Material, z. B. die DAT-Kundendienst-Reports und die jährlichen TÜV-Reports.

1072   Das entscheidende Kriterium für die Bestimmung des Alters eines Kfz ist das Jahr der Herstellung, das **Baujahr** oder **Produktionsjahr.** Der Zeitpunkt der **Erstzulassung,** vermerkt in den Fahrzeugpapieren, gibt das Alter nur annähernd richtig wieder. Zwischen Produktion und Erstzulassung können mehrere Monate, zuweilen gar Jahre liegen. Zu beachten ist auch: Vor der Erstzulassung im Sinne der StVZO kann das Fahrzeug schon im **Ausland** gelaufen sein. Sogar im Inland, z. B. bei Diplomatenwagen und Fahrzeugen von Angehörigen der Nato-Truppen, ist eine zulassungsfreie (Vor-)Benutzung möglich.

1073   Seitdem das **Baujahr** aufgrund der Anordnung des Bundesministers für Verkehr vom 27. 5. 1963 (VkBl. 1963, 223) nicht mehr im Fahrzeugbrief eingetragen wird und auch aus dem Fahrzeugschein nicht ohne weiteres ersichtlich ist, lässt sich das Baujahr eines Kraftfahrzeuges nicht mehr so leicht wie früher feststellen, zumal auch das Fabrikschild (§ 59 StVZO) bei zulassungspflichtigen Fahrzeugen keine ausdrückliche Angabe des Baujahrs enthält (§ 59 I 3 StVZO). Der 17-stelligen **Fahrzeug-Identifizierungsnummer** (§ 59 I 4 StVZO) in den Fahrzeugpapieren (Zeile 4) und auf dem Fabrikschild (vorne rechts) ist nicht immer zu entnehmen, in welchem Jahr das Fahrzeug produziert worden ist. Im Gegensatz zu anderen Ländern, z. B. den USA, ist in Deutschland nicht vorgeschrieben, dass das Herstellungsdatum eindeutig aus der Fahrzeug-Identifizierungsnummer hervorgehen muss. In mehr oder weniger verschlüsselter Form werden Baujahr oder Modelljahr durch Kennbuchstaben in der Fz.-Id.-Nr. (FIN) ausgewiesen. Hinweise auf das Baujahr liefern auch – abgesehen von der äußeren Beschaffenheit und den Daten des Fahrzeugs – die DOT-Nr. und andere Produktionsmarken.

Die Voraussetzungen der Sachmängelhaftung

Der Ansicht des BGH (VII. Senat), das Baujahr eines Gebrauchtwagens sei dem Verkäufer entweder bekannt oder doch zumindest leicht und zuverlässig feststellbar,[33] kann nach dem oben Gesagten nicht zugestimmt werden. Auf der anderen Seite ist es auch nicht richtig, wenn der VIII. Senat in der Neuwagen-Entscheidung vom 6. 2. 1980[34] meint, das Baujahr könne nur noch durch Rückfrage beim Kraftfahrt-Bundesamt oder bei den Herstellerwerken ermittelt werden, weshalb es praktisch keine Rolle mehr spiele, auch nicht beim Weiterverkauf. Diese Aussage ist vielfach so verstanden worden, als habe das Baujahr seine bisher allgemein anerkannte Bedeutung als wertbildender Faktor verloren.[35] Von diesem Standpunkt aus wäre es konsequent gewesen, das Baujahr eines Kfz, ob fabrikneu oder gebraucht, nicht mehr als Eigenschaft i. S. d. § 459 II BGB a. F. anzusehen. Diesen Schluss hat niemand gezogen. Der VII. Senat hat vielmehr betont, dass die Wertschätzung eines Gebrauchtwagens ganz wesentlich von seinem Alter, seinem Baujahr, abhänge.[36] Die **Zusicherungsfähigkeit** dieser Merkmale stand außer Zweifel.[37] Sie können auch Gegenstand einer **Beschaffenheitsgarantie** neuen Rechts sein. Daran ändert nichts der Umstand, dass Altersdivergenzen im Wege der Nacherfüllung nicht beseitigt werden können. Die Behebbarkeit ist kein notwendiges Beschaffenheitskriterium. Zur Frage eines Sachmangels i. S. d. § 434 BGB s. Rn 1275 ff., zum Problem der Anfechtbarkeit nach § 119 BGB s. Rn 1707.

Allein durch den Verkauf eines Fahrzeugs mit – verschlüsselter – Angabe des Baujahres in der FIN wird das Baujahr nicht stillschweigend garantiert. Für die Richtigkeit will der Verkäufer nicht geradestehen, selbst wenn er das Baujahr decodiert hat. Auch aus der Preisgestaltung für sich allein genommen lässt sich eine konkludente Übernahme einer Garantie für das Baujahr bzw. das Alter nicht herleiten.[38]

Ausdrückliche Angaben des Verkäufers über das **Baujahr** hat die **Rechtsprechung** seit jeher als Eigenschaftszusicherungen angesehen,[39] gleichviel, ob im Kaufvertrag und/oder auf dem Verkaufsschild, der Garantieurkunde oder in der Zeitungsanzeige vermerkt oder nur mündlich im Rahmen der Vertragsverhandlungen erklärt. Bei älteren Entscheidungen ist Vorsicht geboten. Die tatsächlichen Verhältnisse haben sich gewandelt, vgl. Rn 1073. Wenn heute ein **Privatverkäufer** von Baujahr spricht, meint er meist das Modelljahr oder das Jahr der Erstzulassung. Angaben wie „5/02" weisen zweifelsfrei auf das Erstzulassungsdatum hin, auch wenn der Zusatz „Bj." beigefügt ist.

In den bis Ende 2001 gängigen **Vertragsformularen** fand man die Rubrik „Baujahr" nur noch selten. Bemerkenswerterweise hat man sie in die aus Anlass der Schuldrechtsreform geänderten Bestellscheine vielfach wieder aufgenommen. Die im Handel üblichen Verkaufsschilder, die an den Fahrzeugen angebracht sind, verzichten größtenteils nach wie vor auf eine Mitteilung über das Baujahr. In aller Regel ist bei **professionellen Anbietern** nur vom Tag der Erstzulassung die Rede. „Tag der Zulassung" meint dasselbe. Wird mit einer Baujahrsangabe auf die Fahrzeugpapiere Bezug genommen („eingetragenes Baujahr 1984"), ist eine Garantie zu verneinen, zumal bei einem **Importfahrzeug**.[40]

---

33 Urt. v. 26. 10. 1978, NJW 1979, 160; ebenso OLG Stuttgart 17. 3. 1989, NJW 1989, 2547.
34 NJW 1980, 1097.
35 Z. B. *Schmidt,* DAR 1981, 44.
36 Urt. v. 26. 10. 1978, NJW 1979, 160.
37 BGH 17. 5. 1995, NJW 1995, 2159.
38 AG Schleiden 7. 10. 1991, 2 C 367/91, n. v. – Motorrad.
39 OLG Karlsruhe 24. 3. 1966, MDR 1967, 44; OLG Köln 14. 12. 1971, JMBl. NW 1972, 189; OLG Hamburg 25. 1. 1973, MDR 1973, 496; OLG Köln 11. 6. 1975, VersR 1976, 500; OLG Oldenburg 28. 6. 1982, MDR 1982, 1018; OLG Köln 26. 9. 1991, 1 U 59/90, n. v.
40 OLG Düsseldorf 19. 5. 1994, OLGR 1994, 293, s. aber auch OLG Oldenburg 28. 7. 1994, NJW-RR 1995, 689 (Inzahlunggabe).

1076 Auch der **Zeitpunkt der Erstzulassung** war als eine Eigenschaft im Sinne des § 459 II BGB a. F. anerkannt.[41] Entsprechende Angaben, z. B. 5/92, im Kaufvertrag, auf dem Verkaufsschild am Fahrzeug, selbst in einem Zeitungsinserat, haben Oberlandesgerichte wiederholt als Zusicherungen gewertet.[42] Von einer gefestigten Rechtsprechung kann allerdings keine Rede sein.

Der **Bundesgerichtshof** hat sich noch nicht eindeutig geäußert. Seinem Urteil vom 16. 10. 1991[43] liegt der **Sonderfall** zugrunde, dass der Verkäufer, ein Kfz-Händler, mit der individuell eingefügten Angabe „keine" in der Spalte „Zusicherungen" eine Haftung nach §§ 459 II, 463 S. 1 BGB a. F. nicht übernehmen wollte. Infolgedessen hat der BGH die im Kaufvertrag hinter dem vorgedruckten Wort „Erstzulassung" stehende handschriftliche Eintragung „5. 5. 88" nicht als (konkludente) Zusicherung, sondern als bloße Beschaffenheitsangabe angesehen. Wie seine Auslegung ohne die Klausel „Zusicherungen? – keine" ausgefallen wäre, ist offen geblieben.[44] Vermutlich hätte er die ohne Einschränkung wie „lt. Fahrzeugbrief" oder „lt. Vorbesitzer" erteilte EZ-Information unter Hinweis auf die Handschriftlichkeit der Eintragung als Eigenschaftszusicherung qualifiziert,[45] zumal Verkäufer ein Kfz-Händler war, der die Richtigkeit des EZ-Datums angeblich anhand des Kundendienstheftes überprüfen konnte. Auf diesen Umstand hatte die Vorinstanz entscheidend abgestellt,[46] aber nicht bedacht, dass das mitgeteilte Datum gar nicht die Erstzulassung, sondern die Wiederzulassung (nach Stilllegung) meinen konnte.

Ein Sonderfall ist auch Gegenstand des Urteils des OLG München vom 7. 7. 1992:[47] Der Verkäufer hatte zwar in einem Zeitungsinserat das EZ-Datum angegeben, es aber im (handschriftlichen) Individualkaufvertrag nicht mehr erwähnt, vielmehr seine „Gewährleistung" ausdrücklich ausgeschlossen. Mit Recht hat das OLG München bei dieser Sachlage eine Zusicherung verneint. In diese Richtung tendieren auch die Entscheidungen des OLG Hamm vom 12. 10. 1990[48] und vom 22. 6. 1993,[49] wobei der 28. Senat im zweiten Fall in der – zutreffenden – EZ-Angabe auch keine stillschweigende Zusicherung des **Fahrzeugalters** gesehen hat. Abweichend davon hat das OLG München einen privaten Verkäufer, der nicht einmal Erstbesitzer war, in die Zusicherungshaftung genommen.[50]

Ausgangspunkt für die rechtliche Beurteilung von EZ-Angaben ist deren Wortlaut. Auf den objektiven Inhalt der Erklärung aus der Sicht des Käufers kommt es an. In den Vertragsformularen (Bestellscheinen) des Kfz-Handels wird üblicherweise unterschieden zwischen „Datum der Erstzulassung lt. Fz.-Brief" und „lt. Vorbesitzer". Es gibt aber auch Bestellscheine ohne derartige Quellenhinweise. Zusatzlose EZ-Informationen sind vor allem auf dem Privatmarkt zu beobachten, insbesondere in handschriftlichen Verträgen. Doch selbst im ADAC-Mustervertrag für den privaten Direktverkauf (Stand 2002) fehlt in der Zeile „Erstzulassung am ..." jeglicher Zusatz.

---

41 BGH 16. 10. 1991, NJW 1992, 170; BGH 26. 11. 1981, VRS 62, 168; OLG Hamm 14. 7. 1983, MDR 1984, 141; OLG Stuttgart 17. 3. 1989, NJW 1989, 2547; OLG Hamm 12. 10. 1990, NJW-RR 1991, 505 = NZV 1991, 232; OLG München 7. 7. 1992, OLGR 1992, 113; OLG Stuttgart 25. 4. 1990, 4 U 26/90, n. v.
42 OLG Hamm (28. ZS) 14. 7. 1983, MDR 1984, 141 (Agenturfall); OLG Köln 26. 9. 1991, 1 U 59/60, n. v. (EZ-Datum in Inserat); OLG München 5. 3. 2002, 5 U 4442/00, n. v.
43 NJW 1992, 170 = JZ 1992, 365 m. Anm. *Flume*.
44 Auch das Urteil v. 7.12.1994, NZV 1995, 222 – Oldtimer, sagt dazu nichts.
45 So (im Ergebnis) *Tiedtke*, DB 1992, 1562.
46 OLG Stuttgart 25. 4. 1990, 4 U 26/90, n. v.
47 OLGR 1992, 113.
48 NJW-RR 1991, 505 = NZV 1991, 232 (Verkauf eines reimportierten Kfz).
49 OLGR 1993, 301 = DAR 1994, 120.
50 Urteil v. 5. 3. 2002, 5 U 4442/00, n. v.

Die Annahme einer Garantieerklärung hat in der Regel keine tragfähige Grundlage. Nur wenn **besondere Umstände** vorliegen, die auf eine Garantieübernahme hindeuten, ist ausnahmsweise eine andere Beurteilung geboten. Für diese Sondertatsachen ist der Käufer darlegungs- und beweispflichtig. Im **Regelfall** kann er die Angabe des Verkäufers über den Zeitpunkt der Erstzulassung nur als **Bezugnahme auf die behördliche Eintragung** in den Fahrzeugpapieren verstehen (Zeile/Schlüsselnummer 32).

Dieses Verständnis ist unabhängig von einem ausdrücklichen Hinweis auf die Fahrzeugpapiere, in denen der Tag der Erstzulassung zu vermerken ist. Der Quellenhinweis hat nur klarstellende Funktion. Er versteht sich eigentlich von selbst. Der Verkäufer, insbesondere als gewerblicher Händler oder als privater Nacheigentümer, macht sich die amtlichen Eintragungen regelmäßig nicht zu eigen. Von Sondersituationen abgesehen, fehlt es ihm an zumutbaren Möglichkeiten, deren Richtigkeit nachzuprüfen. Die vielfältigen Ursachen für Falscheintragungen (z. B. frühere Auslandzulassung, vorübergehende Stilllegung im Inland, Ausstellung eines Ersatzbriefes[51]) kann er ohne konkrete Anhaltspunkte nicht erkennen. Gegenüber dem Käufer hat er, vom Fall des Erstbesitzes abgesehen, keinen nennenswerten Wissensvorsprung. Besondere Schwierigkeiten bestehen bei **reimportierten**, aber auch bei normal **importierten Fahrzeugen**.[52] Legt der Käufer auf das Datum der Erstzulassung gesteigerten Wert, ist es ihm unbenommen, sich diese Tatsache ausdrücklich als richtig garantieren zu lassen. Ohne den Garantiewillen erkennbar machende Zusatzinformationen kann in der bloßen Eintragung des EZ-Datums eine Garantieerklärung allenfalls bei einem Verkauf aus erster Hand gesehen werden.

Mitunter stößt man auf eine Angabe wie **„Modell 2002"**. Durch einen solchen Hinweis kann der Eindruck erweckt werden, der Wagen sei erst in dem angegebenen Jahr gebaut bzw. zugelassen worden. Es kann durchaus richtig sein, von einem 02 er Modell zu sprechen, wenn es im Jahre 2001 – nach den Werksferien – als 02 er Modell vorgestellt worden ist. Für viele Hersteller beginnt das Modelljahr nicht am 1. Januar, sondern Monate früher, nach den Sommer-Werksferien. Selbst der Tag der Erstzulassung kann bei einem Modell 02 noch im im Jahr 2001 liegen, z. B. im September.

Als irreführend ist die Angabe „82/83" angesehen worden, wenn das Fahrzeug Anfang 1982 gebaut worden ist.[53] Andererseits ist dem Verkäufer kein Vorwurf gemacht worden, der ein im November 1970 zugelassenes Fahrzeug als „Modell 1971" angeboten hat.[54]

Unter dem Begriff **„Modelljahr"** wird der vom Kalender abweichende Jahreszeitraum verstanden, in dem die Modellreihe des betreffenden Fahrzeugs produziert worden ist. Dieser Zeitraum beginnt im Allgemeinen nach den Werksferien. Die Angabe „Modell 92" bezeichnet nur das Fahrzeug, wie es serienmäßig in einem bestimmten Jahr in die Produktion gelangt ist.

Bei **älteren Fahrzeugen** verliert das Alter zunehmend an Bedeutung. Ob jemand einen acht oder neun Jahre alten Pkw erwirbt, macht keinen großen Unterschied. Bei **Sonderfahrzeugen** und **Liebhabermodellen**[55] richtet sich die Wertschätzung nach eigenen Marktge-

---

51 Dabei kommt es erfahrungsgemäß immer wieder zu Unregelmäßigkeiten. Bekannt geworden sind Eintragungsfehler in großer Zahl aus der Zeit der Wende 89/90.
52 Zur Klausel „eingetragenes Baujahr 1984" bei einem privaten Direktgeschäft über einen Importwagen s. OLG Düsseldorf 19. 5. 1994, OLGR 1994, 293 (L.); vgl. auch OLG Hamm 12. 10. 1990, NJW-RR 1991, 505.
53 OLG Köln 15. 11. 1979, 14 U 76/78, n. v.
54 LG Köln 31. 3. 1980, 16 O 349/79, n. v.; OLG Düsseldorf 18. 5. 1979, 14 U 10/79, n. v.
55 Vgl. OLG Frankfurt 2. 11. 1988, NJW 1989, 1095 = DAR 1989, 66 = WM 1989, 760 – Oldtimer; LG Osnabrück 29. 4. 1980, VersR 1981, 45 – Schropflader; LG Düsseldorf 11. 6. 1976, 22 S 117/76, n. v. – Buggy; OLG Oldenburg 28. 6. 1982, MDR 1982, 1018 – Sportwagen; s. auch BGH 7. 12. 1994, NZV 1995, 222 (Oldtimer).

setzen. Soweit ein Verkäufer derartiger Fahrzeuge Angaben zum Alter bestimmter **Fahrzeugteile**, z. B. des Motors oder des Getriebes, macht, hängt das Auslegungsergebnis ganz vom Einzelfall ab. Eine Verkehrsauffassung kann nur mit Hilfe eines Sachverständigen ermittelt werden (zum Parallelfall des Hauskaufs s. BGH NJW 1995, 45). Instruktiv auch BGH NZV 1995, 222 (Oldtimerkauf).

Austauschmotor/Tauschmotor/generalüberholter Motor/überholter Motor

1079   Angaben des Verkäufers wie „Austauschmotor", „generalüberholter Motor", „überholter Motor 0 km" oder „Austauschmotor, Lauﬂeistung etwa 60.000 km" sind nach st. Rspr. Eigenschaftszusicherungen gewesen. Welche Bedeutung und Tragweite derartige Erklärungen haben, ist mitunter schwer zu bestimmen. Die **Gefahr von Fehldeutungen und Missverständnissen** ist ungewöhnlich groß. Oftmals bezeichnen Verkäufer, zumal private, Motoren als „Austauschmotor" oder „AT-Maschine" (ATM), obwohl der Originalmotor nur mehr oder weniger überholt worden ist. Andere lassen für einen „Austauschmotor" genügen, dass alle beweglichen Teile erneuert worden sind, das Gehäuse aber dem Altmotor entstammt. Ein solcher Motor soll einem Austauschmotor zumindest „praktisch gleichwertig" sein. Schließlich werden mit dem Prädikat „Austauschmotor" auch solche Motoren etikettiert, die von professionellen Motoreninstandsetzern nur „generalüberholt" worden sind.[56] Selbst Motoren, die Unfallwagen entnommen und ohne gründliche Überprüfung und Instandsetzung in andere Fahrzeuge eingebaut worden sind, laufen unter „Austauschmotor".

Das **terminologische Durcheinander**[57] wird dadurch noch größer, dass die Bezeichnung „Austauschmotor" mit allerlei schmückendem Beiwerk versehen wird. So ist z. B. von „Original-Austauschmotor", von „Original-Tauschaggregat", von „werksgeprüftem" oder „werksüberholtem" Austauschmotor die Rede. Mitunter taucht auch der Begriff „serienmäßiger Austauschmotor" auf.[58] Wie um den Grad der Konfusion komplett zu machen, liefern die Hersteller Tauschaggregate mit Bezeichnungen wie „Tauschmotor", „Teilemotor", „Teilmotor", „Rumpfmotor", „Austauschteilmotor", „Neuteilmotor" und „Neumotor". Die Lieferprogramme der einzelnen Hersteller/Importeure weichen erheblich voneinander ab, was das Verständnis und die Auslegung im konkreten Einzelfall zusätzlich erschwert.

1080   Das **maßgebliche Kriterium** für die Auslegung ist die **allgemeine Verkehrsanschauung**, sofern es sich um einen Verbrauchsgüterkauf oder um ein privates Direktgeschäft handelt. Auf das Begriffsverständnis eine Kfz-Fachmanns kommt es in diesen Bereichen erst in zweiter Linie an. Deshalb ist bei Auskünften von Kfz-Sachverständigen Vorsicht geboten. Grundvoraussetzung für eine sachgerechte Vertragsauslegung ist die Kenntnis der Gegebenheiten auf dem Markt von heute. In der Reihenfolge ihrer Wertigkeit und des Preises sind auf dem Pkw-Sektor[59] folgende Varianten zu unterscheiden:

– fabrikneuer Motor (kompletter Neumotor vom Hersteller)
– Original-Austauschmotor vom Hersteller
– Teilemotor vom Hersteller
– Rumpfmotor vom Hersteller
– generalüberholter Motor als Tauschmotor vom Motoreninstandsetzer mit/ohne RAL-Gütezeichen

---

56 So im Fall BGH NJW 1992, 1678.
57 *Ludovisy*, DAR 1992, 199.
58 So im Fall BGHZ 61, 80 = NJW 1973, 1454.
59 Auf dem Nutzfahrzeugmarkt kann das Begriffsverständnis abweichend sein.

Die Voraussetzungen der Sachmängelhaftung

- General- oder Grundüberholung des defekten (verschlissenen) Originalmotors durch a) das Werk, b) einen Motoreninstandsetzer, c) eine lokale Werkstatt
- Teilüberholung bzw. Teilreparatur des Originalmotors
- Gebrauchtmotor als unbearbeiteter Ersatzmotor, z. B. vom Autoverwerter.

Die Tauschmotoren der Automobilhersteller sind von Neumotoren (Neuteilemotoren) qualitativ kaum zu unterscheiden. Optisch gibt es Unterschiede, z. B. durch Prägestempel und Zusätze zur Ersatzteil-Nummer. Für sie gelten die gleichen Werksgarantien wie für fabrikneue Aggregate, die aus Kostengründen im Ersatzteilgeschäft keine große Rolle spielen. Ein noch nicht gelaufener Austauschmotor darf als **„neuer" Motor** bezeichnet werden. Als Zusicherung/Garantie eines fabrikneuen Motors kann diese Angabe jedoch nicht verstanden werden.[60] Die Erklärung, in dem Fahrzeug befinde sich ein **„Originalmotor"**, bedeutet die Zusicherung, dass das Fahrzeug „mit einem vom Werk für diesen Fahrzeugtyp vorgesehenen Originalmotor, mit dem es auch für den Straßenverkehr zugelassen wird, ausgerüstet ist".[61]

Die Bezeichnungen **„Austauschmotor"** oder **„Tauschmotor"** dürfen nicht benutzt werden, wenn sich noch der **Originalerstmotor** im Fahrzeug befindet, mag er auch noch so gründlich überholt oder instand gesetzt worden sein.[62] Der Mindesterklärungsgehalt ist die **Existenz eines Ersatzmotors,** also ein Motorentausch. Welche weiteren Merkmale einen „Austauschmotor", welche einen „Tauschmotor" ausmachen, ob beide Begriffe synonym sind,[63] ist höchstrichterlich noch nicht geklärt worden.[64] Den Begriff „Tauschmotor" haben auch die Instanzgerichte bislang nicht verbindlich definiert.

Als **„Austauschmotor"** darf nach Ansicht des OLG Karlsruhe ein Triebwerk nur dann bezeichnet werden, wenn „die Gesamterneuerung beim Herstellerwerk und nach den Methoden der Serienfertigung geschehen ist".[65] Die **Gesamterneuerung** setzt voraus, dass „der Motor im ganzen, d. h. sowohl das Motorgehäuse als auch die beweglichen Teile" einschließlich der Nebenaggregate wie Lichtmaschine, Verteiler, Benzinpumpe, Ölfilter, erneuert oder zumindest überholt worden sind.[66] Die Alternative „erneuern" oder (zumindest) „überholen" scheint zu bedeuten, dass die Verwendung neuer Teile kein unerlässliches Kriterium für einen „Austauschmotor" ist. Wenn sämtliche Einzelteile weiterverwendet werden, also kein einziges Neuteil eingebaut worden ist, so sind die Kriterien für einen „Austauschmotor" nicht erfüllt. Es kann sich bestenfalls um eine „Generalüberholung" handeln (dazu s. Rn 1086).

1081

Von der Frage der Teileverwendung scharf zu trennen ist die Herkunftsfrage. Anders als das OLG Karlsruhe[67] und wohl auch das OLG Frankfurt/M.[68] lassen es die Oberlandesge-

1082

---

60 Vgl. OLG Düsseldorf 9. 8. 1991, DAR 1992, 180; dazu *Ludovisy,* DAR 1992, 199.
61 LG Köln 16. 8. 1979, 6 S 56/79, n. v.
62 OLG Zweibrücken 28. 6. 1988, VRS 76 (1989), 409; AG Köln 4. 9. 1979, 113 C 1475/78, n. v; s. auch OLG Koblenz 27. 5. 1993, VRS 86, 413 („anderer Motor").
63 Offen gelassen von OLG Köln 14. 4. 1992, OLGR 1992, 289.
64 BGH NJW 1985, 967 = DAR 1985, 150 definiert „Austauschmotor" als Maschine gleicher Bauart, gleichen Hubraums und gleicher Leistung. Dies entspricht der Definition im BMV-Beispielekatalog zu § 19 StVZO, abgedruckt bei *Hentschel,* Straßenverkehrsrecht
65 Urt. v. 14. 6. 1974, DAR 1975, 155 = OLGZ 1975, 189; ebenso OLG Koblenz 12. 12. 2000, OLGR 2001, 312; vgl. auch OLG Frankfurt 18. 12. 1991, DAR 1992, 221 = OLGR 1992, 213, das zusätzlich verlangt: Einstempelung einer Seriennummer und Vergabe einer Garantiekarte; ebenso LG Kleve 21. 1. 2000, 5 S 194/97, n. v.
66 OLG Nürnberg 14. 7. 1961, DAR 1962, 202; OLG Bremen 9. 9. 1966, DAR 1968, 128; OLG Schleswig 21. 10. 1992, 9 U 43/91, n. v.
67 Urt. v. 14. 6. 1974, OLGZ 1975, 189 = DAR 1975, 155.
68 Urt. v. 18. 12. 1991, OLGR 1992, 213 = DAR 1992, 221 (Werklieferungsvertrag über einen „Austauschmotor" mit Einbau eines „generalüberholten" Motors).

richte Oldenburg[69] und Bremen[70] genügen, wenn der „ATM" bzw. „AT-Motor" von einer vom Hersteller autorisierten Spezialwerkstatt stammt.[71] Diese weite Auffassung ist problematisch.[72] Sie verwischt den Unterschied zwischen Austauschmotor/Tauschmotor und generalüberholtem Motor.

Wesensmerkmal eines „Austauschmotors" ist, dass bestimmte Teile, insbesondere die Kolben, Laufbuchsen, Dichtungen und sonstige Verschleißteile, durch Neuteile des Herstellers aus der Serie ersetzt worden sind. Das hat jedenfalls bei einem „Original-Austauschmotor" entweder im Herstellerwerk selbst (bei VW z. B. im Werk Kassel) oder im Auftrag des Herstellers in einem Fremdbetrieb zu erfolgen. Gleiches gilt bei Verwendung anderer Zusätze, die einen Bezug zum Hersteller signalisieren (etwa „serienmäßig" oder „werksseitig"). Wird ohne solche Zusätze nur von „Austauschmotor" oder „Tauschmotor" gesprochen, bleibt häufig unklar, ob er direkt oder indirekt (Auftragsfertigung) vom Hersteller stammt. Längst nicht jeder Motor ist im Austausch vom Hersteller lieferbar. Das gilt bereits für jüngere Fahrzeuge, erst recht aber für solche, die deutlich älter als zehn Jahre sind.

Nach der Verkehrsauffassung, auf die es für die Auslegung maßgeblich ankommt, verbindet man mit dem Begriff „Austauschmotor" auch ohne den Zusatz „Original" die Herkunft vom Hersteller, d. h. der gesamte Motor, nicht nur einzelne Teile, ist vom Hersteller oder von einem autorisierten Fremdbetrieb als „Tauschaggregat" geliefert worden, nachdem er nach den strengen Kriterien des Herstellers zusammengebaut und geprüft worden ist. Diese enge Sicht hat zur Folge, dass beispielsweise ein Motor, der von der Fa. VEGE, dem renommiertesten Motoreninstandsetzer, ohne Herstellerauftrag instand gesetzt worden ist, keinesfalls als „Original-AT", nicht einmal zusatzlos als „Austauschmotor" bezeichnet werden darf, allenfalls als „Tauschmotor" oder – treffender – „instandgesetzt im Tausch".[73] Erst recht ist der Ausdruck „Austauschmotor" fehl am Platz, wenn der Motor aus einem Unfallwagen oder einem stillgelegten Fahrzeug stammt und ohne beim Hersteller oder bei einem Motoreninstandsetzer gewesen zu sein, in das verkaufte Fahrzeug eingebaut worden ist.[74]

1083 Ein **Tauschmotor im weiteren Sinn** ist auch der **Teil- oder Teilemotor.** Auch er stammt vom Hersteller. Im Gegensatz zum komplett überarbeiteten Tauschaggregat besteht der Teilemotor – wie schon sein Name andeutet – meistens nur aus dem Motorblock mit Kolben, Pleuel und Kurbelwelle. Zylinderkopf und Kurbellager fehlen ebenso wie sämtliche Nebenaggregate. Teilmotoren, die nicht von allen Herstellern angeboten werden, sind im Durchschnitt etwa 30% billiger als komplette Tauschmotoren. Ein **komplettierter Teilmotor** steht rechtlich einem Austauschmotor gleich.[75] Dasselbe gilt für den komplettierten **Rumpfmotor,** der in seinem Ursprungszustand meist nur aus dem nackten Zylinderblock mit Kolben und Kurbelwelle besteht.

Wenn ein Fahrzeug mit dem ausdrücklichen Hinweis auf einen „Austauschmotor" oder „Tauschmotor" verkauft wird, darf der Käufer in der Regel davon ausgehen, dass dieser Ersatzmotor von gleicher Bauart, gleichem Hubraum und gleicher Leistung wie der serienmäßige Originalmotor ist.[76] Der Einbau eines leistungsstärkeren oder leistungsschwächeren „Austauschmotors" lässt die **Allgemeine Betriebserlaubnis** erlöschen, § 19 II, 1 StVZO.[77] Mit

---

69 Urt. v. 24. 11. 1966, OLGZ 1967, 129.
70 Urt. v. 9. 9. 1966, DAR 1968, 128.
71 Ähnlich OLG Schleswig 21. 10. 1992, 9 U 43/91, n. v. (in Werkstatt teilreparierter Motor als „ATM" verkauft; unrichtige Zusicherung nur wegen fehlender Gesamterneuerung).
72 Siehe auch *Ebel,* NZV 1994, 15.
73 Zum RAL-Gütezeichen s. *Ebel,* NZV 1994, 15; allg. *Müller,* DB 1987, 1521.
74 OLG Düsseldorf 26. 11. 2001, 1 U 49/01, n. v. – privates Direktgeschäft.
75 LG Köln 14. 12. 1978, 15 O 35/78, n. v.
76 So die Definition des BGH in NJW 1985, 967 = DAR 1985, 150 (BMW 520).
77 Siehe den Beispielekatalog zu § 19 StVZO.

Die Voraussetzungen der Sachmängelhaftung

der Angabe „Austauschmotor" sichert der Verkäufer also nicht nur die Existenz eines Triebwerks der oben näher beschriebenen Art zu. Sie enthält auch die Zusicherung, dass der Einbau von der **Allgemeinen Betriebserlaubnis,** wenigstens von einer **Einzel-BE,** gedeckt ist.

Häufig werden Hinweise auf Ersatzmotoren mit km-**Angaben** verbunden. Die Erklärung eines **Gebrauchtwagenhändlers** im schriftlichen Kaufvertrag, das Fahrzeug habe „einen Austauschmotor mit einer Laufleistung von etwa 60.000 km", darf der Käufer auch als Zusicherung dahin auffassen, dass der Motor nicht wesentlich stärker verschlissen ist, als es die angegebene Laufleistung erwarten lässt.[78] Der Informationsgehalt solcher **Händlererklärungen** ist mithin ein **vierfacher:** Vorhandensein eines AT-Motors mit den oben näher bezeichneten Merkmalen, Fortbestand der ABE, bestimmte Laufleistung[79] und entsprechender Erhaltungszustand des Motors.

Bei einem **privaten Direktverkäufer** ist diese sehr weite Auslegung kombinierter Motor/km-Informationen in der Regel nicht angebracht. Für den Zustand des Motors will er grundsätzlich keine besondere Gewähr übernehmen. Ihm fehlt es auch an der erforderlichen Sachkunde, um die Qualität des Ersatzmotors beurteilen zu können. Mit der Angabe einer bestimmten Laufleistung des Motors will er nur zum Ausdruck bringen, dass die bisherige Laufleistung nicht wesentlich höher liegt als die angegebene.[80]

Generell sind „Motor-Erklärungen" von **Privatverkäufern** mit besonderer Sorgfalt unter Berücksichtigung der gesamten Begleitumstände zu interpretieren. Für ihre Einstandspflicht kommt es insbesondere darauf an, ob sie den strittigen Motor selbst eingebaut haben bzw. haben einbauen lassen oder ob er beim Erwerb des Fahrzeugs bereits vorhanden war. Wenn sie ihrerseits „mit Austauschmotor" gekauft haben, wird zumindest der Arglistnachweis kaum zu führen sein. Auf die Besonderheiten des Privatverkaufs abstellend OLG Koblenz 12. 12.2000, OLGR 2001, 312; OLG Düsseldorf 26. 11. 2001, 1 U 49/01, n. v.[81] Hat ein Privatverkäufer bei den Vertragsverhandlungen von einem **„anderen Motor"** gesprochen, so stellt die Bezeichnung im schriftlichen Vertrag „Austausch-Motor 69.000 km" nur eine Wiederholung der vorangegangenen mündlichen Erklärung dar.[82]

Mitunter kommt es vor, dass sich in dem Fahrzeug ein Ersatzmotor befindet, ohne dass der Käufer auf diesen Umstand hingewiesen worden ist. In Fällen dieser Art ist danach zu fragen, ob das Vorhandensein des **Originalerstmotors** konkludent zugesichert/garantiert oder lediglich im Sinne einer „einfachen" Beschaffenheitsvereinbarung (§ 434 I,1 BGB) konkludent zugesagt worden ist. Bei Personenkraftwagen mit einer tatsächlichen Laufleistung unter 150.000 km gehört es zur **Normalbeschaffenheit,** mit dem Originalerstmotor ausgerüstet zu sein. Auch Vierzylindermotoren reichen heute im Durchschnitt 150.000–200.000 km. Sechszylindermotoren und Dieselmotoren laufen durchschnittlich 250.000–300.000 km. Bei Fahrzeugen mit erheblich geringerer Laufleistung bedeutet ein Austauschmotor oder ein sonstiger Ersatzmotor zwar eine Abweichung von der stillschweigend vorausgesetzten Normalbeschaffenheit. Der Einbau eines Austauschmotors oder eines Teilemotors in ein gebrauchtes Kfz war aber nicht unbedingt ein Sachmangel i. S. v. § 459 I BGB a. F.[83]

---

78 So BGH 18. 1. 1981, NJW 1981, 1268 = DAR 1981, 147.
79 Die km-Angabe bezieht sich auf die Laufleistung des Motors, nicht des Fahrzeugs, in das er eingebaut worden ist. Will der Verkäufer etwas anderes sagen, muss er es klarstellen.
80 So auch BGH 15. 2. 1984, NJW 1984, 1454 = WM 1984, 534; OLG Zweibrücken 28. 6. 1988, VRS 76 (1989), 409; s. auch OLG Koblenz 12. 12. 2000, OLGR 2001, 312.
81 Ein Sonderfall liegt der Entscheidung OLG Köln OLGR 1994, 182 zugrunde.
82 OLG Düsseldorf 26. 5. 1988, 18 U 18/88, n. v. (Zusicherungshaftung zutreffend verneint); vgl. auch OLG Koblenz 27. 5. 1993, VRS 86, 413.
83 BGH 1. 10. 1969, DB 1969, 2082 (Kauf eines Lastzuges vom Händler); BGH 3. 3. 1982, NJW 1982, 1386 (Lkw); s. auch OLG Bamberg 6. 3. 1974, DAR 1974, 188; OLG Köln 12. 11. 1980, 16 U 1/79, n. v. (Taxi); LG Bonn JMBl. NW 1972, 92.

Austauschteile sind nicht in jedem Fall schlechter als die ausgewechselten Originalteile. Meist trifft das Gegenteil zu. Fahrzeuge, die bei der Auswechselung des Motors bereits mehr als 100.000 km gelaufen sind, steigen durch den Einbau eines AT-Motors regelmäßig in ihrem Wert. Dem entspricht die Beobachtung, dass Verkäufer solcher Fahrzeuge ausdrücklich auf das Vorhandensein eines Austauschmotors hinweisen. Nur wenn der Motorentausch zu einem technischen oder merkantilen Minderwert führt, kommt eine Offenbarungspflicht des Verkäufers in Betracht.[84] Ein nur etwa 10.000 km gelaufener Austauschmotor anstelle eines 50.000 km gelaufenen Originalmotors bedeutet eher eine Wertverbesserung als eine Wertminderung. Befindet sich hingegen in einem zwei Jahre alten, nur 25.000 km gelaufenen Fahrzeug ein „Ausschlachtmotor", so ist zumindest ein (offenbarungspflichtiger) **Sachmangel** zu bejahen. Gleiches gilt, wenn die Austauschaggregate selbst mangelhaft sind.[85]

Bei einem **Oldtimer** kommt es für den Wert entscheidend darauf an, dass der eingebaute Motor aus derselben Zeit wie das Fahrzeug im Übrigen stammt.[86] Trotz übereinstimmend verwendeter Bezeichnung „Austauschmotor" kann beim Kauf eines Ersatzmotors für einen Oldtimer ein nur generalüberholter Motor gemeint sein.[87]

1086 Verkaufserklärungen wie **„generalüberholt"** oder **„grundüberholt"** sind zunächst auf ihre Reichweite hin zu untersuchen. Solche Hinweise können sich auf das **Fahrzeug als Ganzes**[88] oder nur auf einzelne Teile, insbesondere auf den **Motor**[89] oder das **Getriebe**,[90] beziehen. Ergibt die Auslegung, dass nur der Motor gemeint ist, so sind zwei Varianten zu unterscheiden: der generalüberholte Originalmotor und der generalüberholte Ersatzmotor. Nach der Rechtsprechung schließt die Bezeichnung „generalüberholter Motor" beide Möglichkeiten ein.

Wo die „Generalüberholung" stattgefunden hat, ist in der Regel nicht entscheidend. Es muss nicht in einem der ca. 40 Motoreninstandsetzungsbetriebe gewesen sein, die sich in einer **Gütegemeinschaft** (RAL) zusammengeschlossen haben. Die von diesen Betrieben gelieferten Motoren, technisch AT-Motoren nahezu gleichwertig,[91] werden häufig als „Tauschmotoren" bezeichnet. Das erscheint zulässig,[92] solange eine Verwechselung mit dem engeren Begriff „Austauschmotor" ausgeschlossen ist.

Inhaltliche Kriterien: Das OLG Nürnberg sieht eine Generalüberholung darin, dass in einer beliebigen Werkstatt „sämtliche beweglichen Motorteile ausgebaut und, soweit erforderlich, entweder hergerichtet oder erneuert werden, während die feststehenden Teile wie Motorgehäuse, Zylinderkopf usw. lediglich auf ihre Unversehrtheit hin untersucht werden".[93] Nach Ansicht des OLG Köln umfasst eine Generalüberholung die Instandsetzung bzw. Erneuerung aller inneren Motorteile und der Ausbauaggregate wie Wasserpumpe,

---

84 OLG Schleswig 30. 11. 1984, 11 U 327/83, n. v.
85 BGH 1. 10. 1969, DB 1969, 2082; OLG Saarbrücken 27. 6. 1989, 7 U 135/88, n. v.
86 BGH 7. 12. 1994, NZV 1995, 222.
87 LG Kleve 21. 1. 2000, 5 S 194/97, n. v.
88 Vgl. OLG Hamm 16. 1. 1986, NJW-RR 1986, 932 = DAR 1986, 150; OLG Karlsruhe 30. 3. 1979, OLGZ 1979, 431; s. auch BGH 18. 1. 1995, NJW 1995, 955 = BB 1995, 539 – gebrauchte Maschine.
89 OLG Köln 22. 4. 1994, OLGR 1994, 182, s. auch BGH 7. 12. 1994, NZV 1995, 222 („überholter" Motor in einem Oldtimer).
90 Zum Verkauf „generalüberholter" Getriebe s. BGH NJW 1986, 316.
91 Zum Arbeitsprogramm s. die Vorschrift RAL-RG 797.
92 Vgl. auch *Ebel*, NZV 1994, 15; enger AG Köln 4. 9. 1979, 113 C 1475/78, n. v.
93 Urt. v. 14. 7. 1961, DAR 1962, 202.

Die Voraussetzungen der Sachmängelhaftung

Vergaser und Lichtmaschine.[94] Eine „große Inspektion" durch eine Fachwerkstatt bedeutet selbst dann keine Generalüberholung, wenn einzelne Motorteile, etwa die Kupplung, ausgewechselt worden sind.[95] Auf dieser – strengen – Linie liegt auch das Urteil des **BGH** vom 18. 1. 1995 (NJW 1995, 955).

Übergibt ein Gebrauchtwagenhändler die von einer Drittfirma erteilte **Rechnung über eine Motorreparatur,** so kann der Käufer trotz der Erklärung „generalüberholt" nicht ohne weiteres davon ausgehen, dass über den Rechnungsinhalt hinausgehende Arbeiten vorgenommen worden sind.[96] Der Ausdruck „generalüberholt" ist – wie jede Beschaffenheitsangabe – im Kontext der Kaufverhandlungen zu sehen. Nur wenn der Käufer die Rechnung eingesehen und inhaltlich geprüft hat (Beweislast beim Verkäufer), muss er sich eine Einschränkung der Zusage „generalüberholt" gefallen lassen.[97]   1087

Der wenig geläufige Ausdruck **„grundüberholt"** bedeutet nichts anderes als „generalüberholt". Auch hier darf der Käufer mehr erwarten als eine bloße Prüfung und Wiederherstellung der Funktionstüchtigkeit des Fahrzeugs bzw. des „grundüberholten" Teils. Das Mehr besteht in einer Erneuerung, wenigstens in einer Aufbesserung von Verschleißteilen.   1088

Von einem **„teilüberholten Motor"** spricht man im Kfz-Handel, wenn einzelne Teile repariert oder erneuert worden sind.[98] Dieser Vorgang wird auch als (einfache) **Überholung** bezeichnet. Die Erklärung, der Motor sei überholt, kann in der Regel nicht dahin verstanden werden, er sei generalüberholt.[99] Weder der Hinweis, der überholte Motor müsse neu eingefahren werden, noch eine vom Verkäufer übernommene Garantie erlauben es nach Ansicht des OLG Köln, die zugesicherte Überholung als Generalüberholung zu verstehen.[100] „Überholt" bedeutet also weniger als „generalüberholt", aber mehr als nur **„teilrepariert".**[101]

Aus der Formulierung „überholter Motor 220 D mit 0 km" kann weder die Schlussfolgerung gezogen werden, dass es sich dabei um einen neuwertigen Austauschmotor handelt, noch dass der Motor generalüberholt wurde. Der Hinweis „mit 0 km" besagt lediglich, dass der Motor seit der Reparatur nicht mehr gefahren ist.[102]

Wer einen Gebrauchtwagen mit der Erklärung **„Motor null km"** anbietet, bringt damit nach Ansicht des OLG Köln zum Ausdruck, dass der Wagen einen neuen Motor oder einen Austauschmotor hat, zumindest aber einen Motor, der so weit überholt und erneuert ist, dass er qualitativ einem Austauschmotor gleichsteht.[103] Die Erneuerung nur der Kurbelwelle liegt deutlich unter der Toleranzgrenze, bei der die Erklärung, die Fahrleistung des Motors betrage „0 km", noch zu rechtfertigen ist, selbst wenn damit eine Motorreinigung und Inspektion verbunden war. Auf der gleichen Linie bewegt sich die Entscheidung des OLG Düsseldorf vom 24. 4. 1978: Die Zusicherung, der Motor sei „überholt und einem solchen   1089

---

94 Urt. v. 14. 3. 1966, DAR 1966, 267 = OLGZ 1967, 19; ähnlich OLG München 26. 4. 1973, 19 U 3887/72, n. v. und OLG München 22. 7. 1977, 2 U 2474/77, n. v.; vgl. auch OLG Karlsruhe 30. 3. 1979, OLGZ 1979, 431; OLG Frankfurt 18. 12. 1991, DAR 1992, 221 = OLGR 1992, 213; OLG Celle 16. 7. 1992, 7 U 141/91, n. v.
95 OLG Karlsruhe 30. 3. 1979, OLGZ 1979, 431; vgl. auch OLG Köln 14. 5. 1980, VRS (1980), 326.
96 OLG Hamm 16. 1. 1986, NJW-RR 1986, 932 = DAR 1986, 150; vgl. auch OLG Zweibrücken 28. 6. 1988, VRS 76 (1989), 409; OLG Köln 14. 4. 1992, OLGR 1992, 289.
97 OLG Celle 16. 7. 1992, 7 U 141/91, n. v.
98 OLG Düsseldorf 24. 4. 1978, VersR 1978, 745; OLG Düsseldorf 5. 5. 1980, 1 U 185/79, n. v.
99 OLG Köln 14. 3. 1966, DAR 1966, 267; vgl. auch OLG Frankfurt 6. 3. 1980, VRS 59 (1980), 330 (zu weit); LG Köln 4. 6. 1984, 21 O 424/83, n. v.
100 Urt. v. 14. 3. 1966, DAR 1966, 267.
101 LG Köln 4. 6. 1984, 21 O 424/83, n. v.
102 OLG München 22. 7. 1977, 2 U 2474/77, n. v.
103 Urt. v. 3. 3. 1971, DAR 1971, 237; s. auch OLG Karlsruhe 14. 6. 1974, DAR 1975, 155 („AT-Maschine 0 km").

mit einer Leistung von 0 km gleichzusetzen", bedeutet, dass alle Triebwerksteile erneuert bzw. bearbeitet worden sind und die Maschine einem Austauschmotor gleichzusetzen ist.[104]

In ihrem Erklärungswert zweifelhaft sind Informationen wie „Motor bei km-Stand 69.943 komplett überholt". Das Auslegungsergebnis hängt wesentlich davon ab, ob die angebliche Überholung in die Besitzzeit des Verkäufers fällt oder nicht. Beim Kauf vom Händler ist zu erwägen, ob diese Erklärung mit einer **subjektiven Einschränkung** versehen ist, etwa dahin, dass er nur eine von ihm nicht überprüfte Vorbesitzerinformation an den Käufer weiterleiten wollte. Verfügt der Händler nicht über eine eigene Werkstatt, so kann der Käufer nicht ohne weiteres davon ausgehen, dass der Händler für die Richtigkeit der fraglichen Erklärung einstehen will. Auslegungserheblich ist ferner, welche Strecke das Fahrzeug seit der behaupteten Motorüberholung zurückgelegt hat.[105] Der bloße Zeitraum zwischen Abschluss des Kaufvertrages und Motorüberholung ist sekundär. Je länger die mit dem angeblich überholten Motor zurückgelegte Fahrstrecke und je größer der zeitliche Abstand ist, desto eher wird sich eine solche Mitteilung in einer **reinen Wissenserklärung** ohne Garantieübernahmewille erschöpfen. Allerdings soll auch die Wiedergabe **fremden Wissens** eine Zusicherung/Garantie sein können.[106] Dem ist grundsätzlich zuzustimmen, jedoch sind in einem solchen Fall besonders hohe Anforderungen an die Feststellung des Garantiewillens zu stellen.

Legt der Verkäufer zur Bekräftigung seiner Erklärung eine **Reparaturrechnung** vor, so kann der Käufer nicht davon ausgehen, dass über den Rechnungsinhalt hinausgehende Arbeiten vorgenommen worden sind.[107] Selbst wenn er annehmen darf, der Verkäufer wolle dafür einstehen, dass die Motorüberholung bei einem bestimmten km-Stand stattgefunden hat (denkbar in erster Linie beim privaten Direktgeschäft,[108] speziell beim Verkauf aus erster Hand), so wird man die Zusicherung/Garantie auf diesen Inhalt beschränken müssen.

1090 Wenn der Verkäufer hinsichtlich des Motors keine andere Angabe macht, als eine bestimmte **Motornummer** in den Kaufantrag (Bestellschein) aufzunehmen, so kann darin nicht die stillschweigende Zusicherung gesehen werden, der Wagen habe noch den ersten Motor.[109] Diese Eintragung enthält auch nicht ohne weiteres die Zusicherung, der Tachometerstand entspräche der Gesamtfahrleistung des Fahrzeugs.[110] Für die Auslegung ist zu beachten, dass die Zulassungsbehörden schon seit 1972 nicht mehr die Motornummer in die Kfz-Papiere aufnehmen. Gleichwohl kennzeichnen einige Hersteller ihre Motoren weiterhin mit Nummern.

Beim Kauf eines **Sportwagens** kann allein der **Motornummer** Signalwirkung zukommen. Voraussetzung für die Annahme einer Beschaffenheitsgarantie ist jedoch mehr als der bloße Verkauf des Fahrzeugs mit einem nummerierten Motor.[111] Zumindest muss die Motornummer im Kaufvertrag enthalten sein. Der Käufer muss ferner in der Annahme schutzwürdig sein, der Verkäufer mache sich kraft seiner Sachkunde dafür stark, dass kein anderer als der so nummerierte Motor in das Fahrzeug eingebaut ist.[112] Die Rechtsprechung des BGH zu den so genannten Umrüstungsfällen (s. Rn 1132) hilft dem Käufer nur weiter,

---

104 VersR 1978, 745.
105 Zum Kriterium des Fortwirkens von Vorgängen aus der Vergangenheit s. BGH 11. 6. 1986, WM 1986, 1222 = JZ 1986, 955 m. Anm. *Köhler* – Turnierpferd.
106 So das OLG Koblenz 27. 5. 1993, VRS 86, 413 – Privatverkauf.
107 OLG Hamm 16. 1. 1986, NJW-RR 1986, 932.
108 Dazu OLG Köln 22. 4. 1994, OLGR 1994, 182.
109 BGH 25. 6. 1975, NJW 1975, 1693.
110 BGH 25. 6. 1975, NJW 1975, 1693.
111 OLG Köln 24. 1. 1986, 20 U 120/85, n. v. – Porsche 930 Turbo.
112 Verneint für Händler ohne eigene Werkstatt von OLG Köln 24. 1. 1986, 20 U 120/85, n. v.

wenn die Motorumrüstung zum Wegfall der Allgemeinen Betriebserlaubnis i. S. d. §§ 18, 19 StVZO geführt hat.

Wenn der Zustand des Motors ohne Verwendung der oben erläuterten Begriffe **nur allgemein beschrieben** wird, z. B. mit „**technisch einwandfrei**" oder „alles okay", handelt es sich im Zweifel nicht um eine Beschaffenheitsgarantie. Siehe die umfangreiche Kasuistik unter Rn 1171.

Fahrbereitschaft/Verkehrssicherheit/Betriebssicherheit/ Betriebsbereitschaft

Seit 1979/80 befindet sich in den handelsüblichen Bestellscheinen, vor allem des Fachhandels, die vorformulierte Erklärung: „**Das Fahrzeug ist fahrbereit**". Der Händler hat dann die Wahl, ob er „ja" oder „nein" ankreuzt. In der Regel ist „ja" angekreuzt oder unterstrichen, mitunter weder das eine noch das andere (wie z. B. im Fall OLG Düsseldorf OLGR 1996, 180). Aus den verbandsempfohlenen Kaufvertragsformularen, die aus Anlass der Schuldrechtsreform neu konzipiert worden sind, hat man die Klausel über die Fahrbereitschaft herausgenommen.

Die **handschriftliche Unterstreichung** des formularmäßigen „Ja" löst nach Ansicht des BGH[113] die **Zusicherungshaftung** aus. Der **ausdrücklichen** Erklärung „fahrbereit" dürfe der Käufer bei verständiger Würdigung entnehmen, der **Händler** wolle für die „Fahrbereitschaft" des Fahrzeugs und für alle Folgen deren Fehlens im Sinne einer Gewährsübernahme einstehen. Ob der Händler eine eigene Werkstatt unterhält, gar das ZDK-Vertrauenssiegel führt, war für den BGH ersichtlich ohne Belang. Es kam ihm bei der Einstufung als Zusicherung auch nicht darauf an, ob es sich bei dem Verkäufer um einen Markenhändler mit Gebrauchtwagenabteilung oder um einen reinen Gebrauchtwagenhändler handelt. Sein Urteil v. 21. 4. 1993[114] gilt ganz allgemein für den Kauf gebrauchter Kraftfahrzeuge vom **Kfz-Handel**, wobei auf Käuferseite allerdings eine **Privatperson**, kein Händler, vorausgesetzt sein dürfte.

Demgegenüber meint das OLG Frankfurt[115] bei einem sechs Jahre alten, stark abgenutzten Pkw mit fünf Vorbesitzern, verkauft unter allgemeinem Gewährleistungsausschluss, könne das bloße **Ankreuzen** von „fahrbereit" nicht als Zusicherung einer bestimmten Fahrzeugqualität gewertet werden. Als Indiz gegen die Annahme einer Zusicherung wird sowohl die Formularmäßigkeit der Erklärung als auch das – dem Käufer erkennbare – große Schadensrisiko des Verkäufers gewertet. Indes geht auch das OLG Frankfurt nicht so weit, eine Eigenschaftszusicherung generell zu verneinen.

Wenn ein Händler, aus welchem Grund auch immer, „fahrbereit" weder durch Ankreuzen noch durch Unterstreichen bejaht, sondern die Formularzeile unausgefüllt lässt, dürfte die Rechtsprechung ihn so behandeln, als habe er „Fahrbereitschaft" (stillschweigend) zugesichert. Das OLG Düsseldorf hat diesen Schritt nicht gewagt. Es hat an die Aushändigung eines zwei Monate alten TÜV-Berichtes angeknüpft und darin die stillschweigende Zusicherung des „bescheinigten Mindestsicherheitsstandards" gesehen.[116]

Bis zur BGH-Entscheidung vom 21. 4. 1993[117] hatte die Judikatur mit der **Auslegung** der eher unscheinbaren und formelhaften Erklärung „fahrbereit" beträchtliche Schwierigkei-

---

113 Urt. v. 21. 4. 1993, BGHZ 122, 256 = NJW 1993, 1854 = EWiR § 459 BGB 4/93, 753 *(Reinking)* = DAR 1993, 295; ebenso OLG Celle 4. 4. 1996, OLGR 1996, 195.
114 A. a. O., Fn. 113.
115 Urt. v. 8. 7. 1992, OLGR 1992, 149 = ZfS 1993, 14.
116 Urt. v. 10. 2. 1996, OLGR 1996, 180.
117 NJW 1993, 1854

ten. Die Deutungsversuche reichten von „im konkreten Fall zu unbestimmt"[118] bis zur Annahme der Zusicherungshaftung für solche Schäden am Motor[119] oder Getriebe,[120] die die Betriebsunfähigkeit des Fahrzeugs zur Folge hatten. Andere Gerichte stellten nicht auf die Betriebs- oder Funktionsfähigkeit, sondern auf die Verkehrssicherheit ab und nahmen Verkäufer für sicherheitsrelevante Durchrostungen[121] oder für Defekte an der Bremsanlage[122] in die strenge Zusicherungshaftung. Insgesamt entstand der Eindruck, dass die Erklärung „fahrbereit" als **Auffangklausel** diente, um Käufern über die Hürde des allgemeinen Gewährleistungsausschlusses zu helfen.

Diesen Versuchen hat der BGH mit Recht einen Riegel vorgeschoben. Nach seiner Auffassung übernimmt der Verkäufer (Kfz-Händler) die Gewähr dafür, dass das Fahrzeug nicht mit verkehrsgefährdenden Mängeln behaftet ist, aufgrund derer es bei einer Hauptuntersuchung nach § 29 StVZO als **verkehrsunsicher** eingestuft werden müsste. Der Käufer muss also nachweisen, dass sich das Fahrzeug bei Übergabe in einem verkehrsunsicheren Zustand befunden hat. Dies beurteilt sich nicht nach der mehr oder weniger freien Einschätzung eines Kfz-Sachverständigen. Prüfungsmaßstab ist **§ 29 StVZO** in Verbindung mit den einschlägigen Richtlinien.[123]

Um bei „fahrbereit" einen Garantiefall bejahen zu können, muss ein gravierender Mangel festgestellt werden, der das Fahrzeug verkehrsunsicher macht. Nach den jährlich erscheinenden TÜV-Reports sind es nur zwischen 0,1 und 0,5% der Autos in den Altersklassen ab sechs Jahren, die bei einer Hauptuntersuchung nach § 29 StVZO mit „verkehrsunsicher" die schlechteste aller Prüfnoten erhalten. Könnte die Prüfplakette wegen einer weniger schlechten Note verweigert werden (z. B. wegen „erheblicher Mängel"), stünde dies der Zusage „fahrbereit" nicht entgegen.[124] Sie ist auch dann eingehalten, wenn Mängel an Bauteilen vorliegen, die in den zehn Mängelgruppen der einschlägigen „TÜV"-Richtlinie nicht aufgeführt sind, beispielsweise an **Motor** und **Getriebe**. Zu Mängeln am **Rückhaltesystem** s. LG Aachen NJW-RR 2002, 1207 (Airbags).

Dass ein Motordefekt zu einem plötzlichen Ausfall der Maschine und damit des Fahrzeugs insgesamt führen kann, genügt entgegen OLG Hamm[125] nicht. Gewiss kann ein unerwarteter Motorausfall eine kritische Verkehrssituation heraufbeschwören, z. B. beim Überholen auf kurvenreicher Landstraße. Gleichwohl ist der Motor kein sicherheitsrelevantes Bauteil. Im Rahmen der Prüfung nach § 29 StVZO interessiert man sich für ihn allenfalls im Hinblick auf das Geräusch- und Abgasverhalten. Die Funktionsfähigkeit als solche wird nicht überprüft. Anders verhält es sich mit den **Bremsen** und der **Lenkung.** Defekte an diesen Fahrzeugteilen müssen jedoch so gravierend sein, dass sie das Kaufobjekt „verkehrsunsicher" machen. Gleiches gilt für **Durchrostungen** im Karosseriebereich.[126] Nach Meinung des OLG Celle[127] fehlt die zugesicherte Eigenschaft „fahrbereit" auch dann, wenn ein unfallbedingter Rahmenschaden entgegen den Vorgaben des Herstellers nicht durch den Einbau von Neuteilen, sondern durch Schweiß- und Richtarbeiten repariert worden ist (s. auch OLG Koblenz DAR 2002, 169 = VRS 102/02, 164).

---

118 OLG Frankfurt 8. 7. 1992, OLGR 1992, 149 = ZfS 1993, 14.
119 LG Freiburg 3. 8. 1982, MDR 1983, 667.
120 OLG Düsseldorf 1. 8. 1986, 14 U 71/86, n. v.
121 OLG Düsseldorf 10. 7. 1986, 18 U 50/86, n. v.
122 OLG Hamburg 15. 4. 1991, MDR 1991, 1039.
123 Vgl. *Hentschel,* § 29 StVZO.
124 LG Aachen 23. 11. 2001, NJW-RR 2002, 1207 – defekte Airbags.
125 Urt. v. 18. 8. 1994, MDR 1994, 1086 = ZfS 1995, 16; s. auch OLGR 1996, 115; ebenso OLG Köln 16.5. 1997, VersR 1998, 592 = VRS 94, 168 = OLGR 1998, 26 – undichtes Kühlwassersystem als Ursache eines Kurbelwellenschadens; s. auch LG Rostock 11. 8. 2000, VRS 103, 241.
126 Dazu OLG Düsseldorf 10. 7. 1986, 18 U 50/86, n. v.
127 Urt. v. 4. 4. 1996, OLGR 1996, 195.

Die Voraussetzungen der Sachmängelhaftung

Ob eine Eigenschaftszusicherung i. S. d. §§ 459 II, 463 S. 1 BGB a. F. auch beim Verkauf **1093** **außerhalb des Kfz-Handels,** insbesondere durch eine **Privatperson,** angenommen werden kann, brauchte der BGH nicht zu entscheiden; ebenso wenig das OLG Stuttgart im Urteil vom 13. 5. 1997, OLGR 1998, 256 (Lkw-Verkauf). Vertragsformulare mit der vorgedruckten Erklärung „fahrbereit" waren außerhalb des professionellen Pkw-Verkaufs bis Ende 2001 nur selten anzutreffen.

In einer **individuellen** „Fahrbereit"-Erklärung eines nichtgewerblichen Verkäufers wird – beim **Privatverkauf** aber zweifelhaft - eine Beschaffenheitsgarantie zu sehen sein, sofern der Verkäufer nicht klar zum Ausdruck gebracht hat, damit eine Garantie nicht übernehmen zu wollen. Der Bedeutungsgehalt einer Garantiezusage „fahrbereit" dürfte nicht über das hinausgehen, was in BGH NJW 1993, 1854 zur Formularerklärung eines Kfz-Händlers gesagt wird.

Ohne konkrete Erklärung wie etwa „fahrbereit" oder „werkstattgeprüft" (dazu Rn 1161) **1094** oder „TÜV neu..." (dazu Rn 1139) will ein Gebrauchtwagenverkäufer für die **Verkehrssicherheit** und/oder **Betriebssicherheit** (Funktionsfähigkeit) in der Regel nicht als Garant einstehen. Eine stillschweigende oder konkludente Garantie dieser **Grundeigenschaften** erwartet ein verständiger Privatkäufer selbst von einem Markenhändler mit ZDK-Vertrauenssiegel nicht ohne weiteres. Dass beide Vertragspartner stillschweigend von der Verkehrssicherheit ausgehen bzw. diese auch im Wortsinn verkehrswesentliche Eigenschaft als gegeben voraussetzen, genügt noch nicht für die Annahme einer Beschaffenheitsgarantie. Entscheidungen wie die des LG Köln vom 1. 6. 1989,[128] wonach die „Verwendungsfähigkeit" (Benutzbarkeit) stillschweigend zugesichert ist, sind vereinzelt geblieben.[129] Nach dem Verbot der Haftungsfreizeichnung (§ 475 I BGB) besteht erst recht kein Grund mehr, Verbraucher mit der Annahme einer Zusicherung/Garantie zu ihrem Recht zu verhelfen.

Allein aus der Tatsache, dass der Verkäufer einen Personenkraftwagen und keinen Schrott- oder Bastlerwagen zu einem bestimmten Preis anbietet, lässt sich nach der Verkehrsauffassung nicht seine Bereitschaft herleiten, für alle Folgen schuldunabhängig einzustehen, wenn die Verkehrs- oder Betriebssicherheit fehlt. Eine so weitgehende Haftungsübernahme setzt konkrete Äußerungen des Verkäufers voraus, die zumindest – wie z. B. der Hinweis auf eine TÜV-Abnahme oder die Vorlage einer Werkstattrechnung – einen direkten Bezug zum Thema Verkehrssicherheit/Betriebssicherheit enthalten.[130] Schon nach altem Kaufrecht ging es nicht an, die Normalerwartung der Vertragsparteien zu einer Zusicherung aufzuwerten.[131] Dies wäre auch mit der Entscheidung des BGH vom 22. 2. 1984 unvereinbar gewesen, wonach der Verkäufer nicht haften will, wenn Umstände vorliegen, welche die Verkehrssicherheit des Fahrzeugs beeinträchtigen.[132] Diese Aussage bezieht sich freilich auf den Kauf eines Gebrauchtwagens unter Gewährleistungsausschluss, und ist unabhängig davon, ob der Verkäufer ein Privatmann oder ein gewerblicher Händler ist. Ist die Sachmängelhaftung nicht ausgeschlossen, besteht zumeist kein Bedürfnis, Verkehrssicherheit bzw. Betriebsbereitschaft als konkludent garantiert anzusehen.

Zur Auslegung von Erklärungen wie „Motor ist betriebsbereit" s. Rn 1170 f., zur Einsatz- und Zulassungsfähigkeit s. Rn 1154.

---

128 DAR 1991, 188.
129 Dazu gehört beispielsweise LG Karlsruhe 9. 1. 1981, DAR 1981, 152.
130 Zustimmend AG Köln 20. 1. 1988, 120 C 69/87, n. v.
131 Anders LG Augsburg 17. 5. 1977, NJW 1977, 1543 m. Anm. *Eggert;* wie hier OLG Hamm 1. 3. 1994, OLGR 1994, 97= ZfS 1994, 245 zumindest für den Privatverkauf.
132 NJW 1984, 1452.

Garagenwagen/garagengepflegt

1095 Die Bezeichnung eines zum Verkauf stehenden Gebrauchtwagens als „Garagenwagen" bedeutet, dass dieser in der gesamten Zeit nach der Erstzulassung ohne längere Unterbrechungen in einer Garage und nicht auf freier Straße abgestellt worden ist.[133] Wenn ein **Händler** von „Garagenwagen" spricht, ist eine andere Auslegung geboten. Für den Käufer ist nämlich klar, dass eine solche Angabe nicht auf eigenem Wissen des Händlers beruht, sondern auf der Information des Vorbesitzers. Je größer die Zahl der Vorbesitzer ist, desto fragwürdiger erscheint die Bezeichnung „Garagenwagen". Im Zweifel bezieht sie sich nur auf die Besitzzeit des im Fahrzeugbrief zuletzt eingetragenen Halters. „Garagengpf.", „Garg'wg" oder nur „Gfzg" – häufig in Kleinanzeigen vorzufinden – sollen dem Interessenten Qualität signalisieren: Garagengepflegt = Topzustand. In Wirklichkeit sind diese Bezeichnungen kein Gütesiegel, eher das Gegenteil. Zwar verwittert der Lack bei so genannten Laternenparkern grundsätzlich schneller. Der Schadstoffanteil in der Luft ist aber nicht überall gleich hoch. Hinzu kommt: Garagen können die Korrosion beschleunigen. Eine schlecht belüftete Garage schadet dem Fahrzeug mehr als sie nützt, zumal eine Garage mit Heizung. Den besten Kompromiss zwischen draußen und drinnen bietet ein Carport.

Höchstgeschwindigkeit

1096 Die Höchstgeschwindigkeit (Endgeschwindigkeit) eines Kraftfahrzeugs ist als eine **zusicherungsfähige** Eigenschaft angesehen worden.[134] Sie wird bei Erteilung der Betriebserlaubnis (ABE) festgestellt und in den Fahrzeugbrief eingetragen. Es handelt sich um die Geschwindigkeit, die das Fahrzeug zur Zeit der Erteilung der ABE gem. § 19 StVZO im schnellsten Gang erreichen kann. Nicht nur dieser Wert kann Gegenstand einer Beschaffenheitsgarantie sein, auch ein damit nicht übereinstimmender höherer oder niedriger Wert, beispielsweise nach einer Motorumrüstung.

In den handelsüblichen Gebrauchtwagen-Bestellscheinen (Kaufanträgen) sind Geschwindigkeitsangaben nicht enthalten, auch nicht in der Rubrik „Fahrzeugbeschreibung".[135] Die Angaben in den Fahrzeugpapieren können nicht als stillschweigend garantiert gelten. Der Verkäufer, auch ein Kfz-Händler, macht sie sich ebenso wenig zu Eigen wie die Werksangaben in der Betriebsanleitung. Nur unter **besonderen Umständen** kann ein Käufer erwarten, dass der Verkäufer eine Garantie für die Richtigkeit einer Information über die Geschwindigkeit übernehmen will. Ein solcher Sonderfall liegt der Entscheidung des OLG Düsseldorf vom 30. 10. 1992[136] zugrunde (Verkauf eines Neufahrzeuges mit der Abrede, einen in der Leistung gesteigerten Motor einzubauen, der nach einer schriftlichen Mitteilung eine „Endgeschw. ca. 270 km" erreichen sollte). Das OLG hat trotz des Ca.-Zusatzes eine Zusicherung bejaht. Eine geringfügige Abweichung müsse der Käufer hinnehmen, nicht aber ein Unterschreiten von – je nach Messung und Bereifung – 6,66 bzw. 9,63%. Von Bedeutung ist diese Entscheidung vor allem für Tuning-Betriebe, aber auch für Kfz-Händler, die Hochgeschwindigkeits-Sportwagen verkaufen.

---

133 OLG Köln 27. 9. 1973, OLGZ 1974, 1.
134 OLG Düsseldorf 30. 10. 1992, OLGR 1993, 129 (L.) – Tuning eines Neufahrzeugs; s. auch BGH 20. 11. 1996, NJW 1997, 727 = DB 1997, 370 – Motorboot; OLG Rostock 19. 2. 1997, DAR 1997, 277 – Neufahrzeug.
135 In früheren ZDK-AGB hieß es, dass Angaben über die Geschwindigkeit nur als annähernd zu betrachten seien und keine zugesicherte Eigenschaft darstellten.
136 OLGR 1993, 129 (L.).

Hubraum/kW/PS

1097 Hubraum und PS-Zahl (kW-Zahl) eines Kraftfahrzeugs sind Kriterien, die für den Käufer aus ganz unterschiedlichen Gründen von Interesse sein können. Abhängig ist der Stellenwert dieser Eigenschaften auch vom Typ des Kfz (Pkw/Kombi oder Nutzfahrzeug). Ein leistungsstärkerer Motor bedeutet regelmäßig höhere Kosten für die Haftpflichtversicherung, Kfz-Steuer und für Kraftstoff. Unter Umständen kann schon 1 kW zusätzlich Mehrkosten von jährlich 50 Euro für die Haftpflichtversicherung verursachen.

Stein des Anstoßes kann auch – wie im Fall BGH NJW 1997, 2318 – eine **Untermotorisierung** sein. Zu wenig PS/kW und/oder Hubraum können den Wert und die Gebrauchstauglichkeit auch von Personenwagen negativ beeinflussen. Entscheidend sind die Einsatzbedingungen und die Bedürfnisse (Verwendungszweck) des Käufers (z. B. Verwendung als Zugmaschine für Anhänger oder Wohnwagen). Zu den schutzwürdigen Käuferinteressen zählt nach wie vor der Wunsch, über eine bestimmte Motorleistung zu verfügen, und sei es nur, um schneller von A nach B zu kommen. Nach der Verkehrsauffassung ist auch der Prestigenutzen ein Kriterium. Zur vertragswidrigen Motorleistung beim Neufahrzeugkauf s. OLG Celle DAR 2002, 211.

1098 Die in dem Bestellformular für ein Gebrauchtfahrzeug vom Händler in dem vorgedruckten Feld „PS laut Fahrzeugbrief" eingetragene PS-Zahl stellt nach Ansicht des **BGH** grundsätzlich keine Zusicherung einer bestimmten Motorleistung dar.[137] Dass PS, kW und Hubraum zusicherungsfähige Eigenschaften sind, stand außer Streit. Strittig konnte nur sein, ob diese Eigenschaften Gegenstand einer – stillschweigenden – Zusicherung i. S. v. § 459 II BGB a. F. sind. Das hat der BGH zu Lasten eines Käufers verneint, der einen gebrauchten Sportwagen „Cobra Replica" von einem Kfz-Händler gekauft hatte. Bei der Beschreibung der individuellen und technischen Merkmale des Fahrzeugs in dem Bestellformular war in dem vorgedruckten Feld „Kilowatt (PS) lt. Fz.-Brief" das Wort „Kilowatt" durchgestrichen und die Zahl „300" handschriftlich eingetragen worden. Mit der Behauptung, das Fahrzeug verfüge in Wirklichkeit nur über 197 PS, hat der Käufer Rückzahlung des Kaufpreises verlangt. Vor dem Landgericht Frankenthal hatte er damit wegen Fehlens einer zugesicherten Eigenschaft Erfolg. Das OLG Zweibrücken hat die Klage durch Urteil vom 22. 7. 1996 abgewiesen. Die hiergegen eingelegte Revision blieb erfolglos. Vor dem Bundesgerichtshof ging es vor allem um die Frage, welche Bedeutung die **Quellenangabe** „lt. Fz.brief" hat. Durch diesen Zusatz, den der BGH einem Vorbehalt gleichgestellt hat, unterschied sich der Fall von Konstellationen, über die der BGH bereits entschieden hatte.[138]

Der BGH hat dem Quellenhinweis „laut Fz.brief" bei technischen Daten wie Hubraum, kW bzw. PS für den Regelfall die vom Handel gewünschte Wirkung bescheinigt. Zu Recht nimmt er an, dass ein Kfz-Händler im Allgemeinen nicht dazu in der Lage ist, diese Daten zu überprüfen. Im Einzelfall könne gleichwohl aufgrund besonderer Umstände eine ausdrückliche oder schlüssig erklärte Zusicherung anzunehmen sein. Anhaltspunkte für eine derartige Auslegung könnten sich z. B. aus schriftlichen Angaben an anderer Stelle des Bestellformulars (Kaufvertrags) oder aus mündlichen Erklärungen des Händlers oder seines Angestellten ergeben, unter Umständen sogar aus dessen Schweigen auf eine erkennbar geäußerte Erwartung des Käufers. Solche besonderen Umstände darzulegen und zu beweisen, sei Sache des Käufers. Im Zweifel sei von einer bloßen **Beschaffenheitsangabe** im Sinne des § 459 I BGB a. F. auszugehen.

1099 Der Entscheidung des BGH vom 4. 6. 1997 (NJW 1997, 2318 = DAR 1997, 353) ist zuzustimmen. Dennoch bleiben einige Fragen offen. Nimmt man mit dem BGH eine (wohl

---

137 Urt. v. 4. 6. 1997, NJW 1997, 2318 = DAR 1997, 353.
138 Urt. v. 18. 2. 1981, NJW 1981, 1268 = DAR 1981, 147 – Pkw; Urt. v. 25. 2. 1981, NJW 1981, 1501
– Elektromotoren.

uneingeschränkte) Beschaffenheitsangabe im Sinne des § 459 I BGB a. F. = § 434 I,1 BGB n. F. an, stellt sich die Frage, ob der Händler sich bei einer Abweichung zum Nachteil des Käufers auf einen (an sich zulässigen) **Haftungsausschluss** berufen kann. Der BGH hat das stillschweigend bejaht, andernfalls hätte er der Revision stattgeben müssen. Dieses Verständnis einer formularmäßigen Freizeichnungsklausel ist bedenklich, s. Rn 1561/1562.

Ob der Händler die Richtigkeitsgewähr stillschweigend oder durch schlüssiges Verhalten übernimmt, wenn er die Leistungsdaten des Motors ausschließlich auf dem **Verkaufsschild** an der Windschutzscheibe oder nur auf einer Info-Card oder in einem Zeitungsinserat angibt, ist nach wie vor höchstrichterlich ungeklärt.[139] Im BGH-Fall NJW 1981, 1268 bestand die Besonderheit, dass der eingebaute ATM im Gegensatz zum serienmäßigen Triebwerk Super- statt Normalbenzin brauchte. Von diesem Umstand hing die Qualifizierung als Zusicherung aber nicht ab. Entscheidungserheblich dürfte indes die Tatsache gewesen sein, dass die Motordaten auch im Fahrzeugbrief unrichtig waren. Wahrscheinlich hatte der Händler sie einfach von dort auf das Verkaufsschild übertragen. Im Kaufvertrag (Bestellschein) waren die Motordaten nicht vermerkt.

Angaben von **Privatverkäufern** über Hubraum, kW bzw. PS und sonstige Leistungsdaten des Motors sind im Allgemeinen keine Beschaffenheitsgarantien. Anders ist es nach der Rechtsprechung bei einem durch einen Fachmann vermittelten Privatgeschäft. Dann gelten die oben für das Händler-Eigenschäft dargestellten Grundsätze.

Immer wieder kommt es vor, selbst im professionellen Gebrauchtwagenhandel, dass Fahrzeuge **ohne nähere Angaben** über Hubraum und PS (kW) verkauft werden. Nicht alle Bestellscheinvordrucke (Kaufanträge) sehen für diese Daten spezielle Rubriken vor. Mitunter wird es auch einfach vergessen, den Bestellschein vollständig auszufüllen. Zur Begründung der Zusicherungshaftung hat die Rechtsprechung in diesen Fällen an die **Marken- und Typenbezeichnung** angeknüpft, z. B. BMW 520, s. dazu Rn 1131 ff. Verfehlt wäre es, die Eintragungen in den Fahrzeugpapieren als Grundlage für eine Beschaffenheitsgarantie zu nehmen.

Jahreswagen/Halbjahreswagen

1100   Mehrere hunderttausend Mitarbeiter deutscher Automobilwerke kaufen[140] jährlich einen Neuwagen mit Werksrabatt, fahren ihn ein Jahr oder sechs Monate und verkaufen ihn dann als **Jahreswagen** oder als **Halbjahreswagen.** Letztere kommen auch im Wege des buyback nach einer Zulassung auf Autovermieter in den Handel. Die Vertriebswege sind unterschiedlich. Schon lange werden Jahreswagen von Werksangehörigen auch auf andere Weise als im Direktverkauf veräußert, z. B. über eine „Jahreswagen-Verkaufshilfe GmbH". Mehrere Hersteller haben Vermittlungsstellen eingerichtet („Jahreswagen-Börse"). Hersteller mit Werksniederlassungen wie Daimler-Chrysler und BMW vermitteln den Absatz von Jahreswagen auch durch ihre eigenen Betriebe. Zunehmend wird dieser Fahrzeugtyp, der sich immer stärkerer Beliebtheit erfreut, auch von Fabrikatshändlern angeboten,[141] auch im Internet. Daneben gibt es **Jahreswagen-Vermittlungen** durch herstellerunabhängige Spezialunternehmen. Sie hatten früher ihren Sitz schwerpunktmäßig in der Nähe der Herstellerwerke. Inzwischen treten sie auch überregional in Erscheinung, nicht selten als bloße **Untervermittler.**

---

139 Aus der Instanz-Rspr.: OLG Stuttgart 12. 6. 1985, BB 1985, 1417; OLG Düsseldorf 30. 10. 1992, OLGR 1993, 129 (Ls.).
140 Zum Teil wird auch ein Mietmodell praktiziert.
141 So im Fall OLG Düsseldorf 18. 1. 2002, DAR 2002, 163 = OLGR 2002, 386.

In technischer Hinsicht sind Jahreswagen, erst recht so genannte Halbjahreswagen, naturgemäß relativ problemlos. Die Schwachstelle auf diesem Sondermarkt sind **unredliche Vermittler**. Zu diesem Problemkreis s. Rn 1817.

Die Soll-Beschaffenheit wird entscheidend schon durch den Begriff „Jahreswagen" bzw. „Halbjahreswagen" bestimmt. Es handelt sich um eine Konstellation aus der Fallgruppe der „Als-was-Verkäufe". Unter einem „Jahreswagen" versteht die **Verkehrsauffassung** ein „Gebrauchtfahrzeug aus erster Hand, das von einem Werksangehörigen tatsächlich ein volles Jahr gefahren worden ist".[142] Wer ein Fahrzeug als „Jahreswagen" kauft, kann ohne besondere Zusatzvereinbarung nicht davon ausgehen, dass es bei der Übergabe nicht älter als zwölf Monate ist. Mit einer Standzeit von einigen Monaten muss gerechnet werden, zumal bei schwerverkäuflichen Modellen. Auch wenn der Pkw nach der Abmeldung durch den Werksangehörigen acht Monate bei einem Gebrauchtwagenhändler gestanden hat, handelt es sich noch um einen „Jahreswagen".[143] Der Verkäufer bzw. sein Vertreter ist in diesem Fall auch nicht von sich aus, also ungefragt, aufklärungspflichtig.

Unerörtert ist in der Entscheidung des OLG Köln v. 7. 3. 1989[144] geblieben, ob die **„Jahreswagen-Eigenschaft"** a) eine Eigenschaft i. S. v. § 459 II BGB a. F. und b) zugesichert ist. Die Tatsache, von einem Werksangehörigen ab Erstzulassung etwa ein Jahr lang gefahren worden zu sein, wird man als ein garantiefähiges Beschaffenheitsmerkmal ansehen können. Für das Zeitmoment, wichtiger als der personale Faktor, gilt das Gleiche wie für das Alter (Baujahr) des Fahrzeugs, vgl. Rn 1071 ff.; 1275 ff.

Die Übernahme einer Beschaffenheitsgarantie dahin, dass es sich wirklich um einen Jahreswagen handelt, ist im Zweifel zu verneinen. Es besteht auch kein Bedürfnis für ein solches Verständnis. Der Werksangehörige haftet auch ohne Garantieübernahme. Ein „Gewährleistungsausschluss" nützt ihm selbst bei Gutgläubigkeit nichts. Weiterverkäufer wie Autohäuser und Werksniederlassungen wollen die Jahreswageneigenschaft nicht garantieren. Abgesehen davon besteht beim Verkauf an Verbraucher auch keine Schutzlücke. Gegen die Annahme einer Beschaffenheitsgarantie spricht im Übrigen, dass der Käufer sich durch Einsichtnahme in die Fahrzeugpapiere (Brief und Schein) selbst von dem Datum der Erstzulassung überzeugen kann. Anders als bei der Eigenschaft „fabrikneu" hat er mit diesem Datum eine feste Orientierungsgröße an der Hand. Auch der Zeitpunkt der Abmeldung (vorübergehende Stilllegung) geht aus dem Fahrzeugbrief hervor. Zu beachten ist freilich, dass die Fahrzeugpapiere nicht immer zur Einsicht vorliegen.

Was die Qualität von Jahreswagen/Halbjahreswagen angeht, so werden die Käufererwartungen nur selten enttäuscht. Die bloße Bezeichnung als „Jahreswagen" enthält nicht die stillschweigende Zusicherung von Unfall- und Mängelfreiheit.[145] Der Wiederverkäufer und erst recht der Werksangehörigen können aber wegen eines Unfallvorschadens haften, der Werksangehörige bei einem Gewährleistungsausschluss nur im Fall der Arglist (§ 444 BGB). Zur Aufklärungspflicht eines Autohauses bei einem Unfallschaden s. OLG Düsseldorf DAR 2002, 163; s. auch OLG Köln MDR 1999, 1504 = OLGR 1999, 325 = NZV 2000, 416 – Jahreswagen mit Fertigungsmängeln (ungleiche Spaltmaße).

---

142 OLG Köln 7. 3. 1989, NJW-RR 1989, 699 = DAR 1989, 307; vgl. auch OLG Hamm 13. 3. 1990, NZV 1990, 394; OLG Frankfurt 5. 7. 1990, NJW-RR 1991, 40; OLG Koblenz 10. 9. 1990, DB 1990, 2319.
143 OLG Köln 7. 3. 1989, NJW-RR 1989, 699 = DAR 1989, 307.
144 NJW-RR 1989, 699.
145 OLG Düsseldorf 18. 1. 2002, DAR 2002, 163 = OLGR 2002, 386 – Kauf vom Autohaus.

Kilometerleistung/km-Stand/Tachoangaben

1101 Streitigkeiten um die Kilometerleistung (Laufleistung) nehmen in der Rechtsprechung verständlicherweise einen breiten Raum ein. Zu diesem Themenkreis liegen inzwischen mehr als 60 veröffentlichte Entscheidungen vor, 9 allein vom BGH. Noch facettenreicher ist das Bild, das sich nach Auswertung von rd. 100 unveröffentlichten Urteilen aus dem Archiv der Verfasser bietet.

Zwei Grundfälle sind zu unterscheiden: einerseits die Situation, dass der Verkäufer keine – jedenfalls keine nachweisbaren – Angaben über die Laufleistung gemacht hat. Der **schweigende Verkäufer** haftete nach altem Kaufrecht unter den Voraussetzungen der §§ 459 I, 463 S. 2 BGB a. F. Anbieten eines Fahrzeugs mit einem bestimmten Kilometerstand auf dem Tachometer bedeutete für sich allein keine stillschweigende oder konkludente Zusicherung dieser Laufleistung, erst recht nicht der Gesamtfahrleistung. Nach der Novellierung des Kaufrechts stellt sich die Frage, ob ohne ausdrückliche km-Angabe eine stillschweigende Beschaffenheitsvereinbarung nach § 434 I,1 BGB getroffen ist oder ob ein Sachmangel nach den objektiven Kriterien des § 434 I,2 Nr. 2 BGB angenommen werden kann. Zu dieser Fallgruppe s. Rn 1284 ff.

Die zumindest bisher weitaus wichtigere Fallgruppe umfasst **ausdrückliche, stillschweigende** und **konkludente** Fehlinformationen des Verkäufers oder seines Vertreters. Aus dieser Gruppe interessierten bislang vor allem die ohne – nachweisbaren – Vorsatz gemachten Falschangaben, weil sie unter dem Blickwinkel des Fehlens einer zugesicherten Eigenschaft die Haftungsfreizeichnung ausschalten und eine Schadensersatzhaftung begründen konnten (§ 463 S. 1 BGB a. F.). Bei Arglist war der Verkäufer gem. § 463 S. 2 BGB a. F. (analog) zum Schadensersatz verpflichtet. § 463 BGB ist zwar gestrichen worden. Die Erwägungen, auf die es nach altem Recht für die Annahme einer ausdrücklich oder stillschweigend erklärten Eigenschaftszusicherung ankam, sind aber jetzt – wenn auch mit Vorsicht (s. Rn 1066) – im Rahmen der §§ 276 I, 442, 444 BGB anzustellen.

– Die Rechtsprechung des BGH

1102 Acht seiner neun „Kilometerstand-Urteile" beschäftigen sich mit dem zusicherungsrechtlichen Aspekt von km-Angaben. Grundlegend ist das Urteil vom 25. 6. 1975.[146] Schon die bloße **Kilometerzahl** auf einem **Verkaufsschild,** das ein **Kfz-Händler** (Eigenhändler) an einem Pkw angebracht hatte, stellt nach Ansicht des BGH die **konkludente Zusicherung** der **Gesamtfahrleistung** dar. Dem Interesse des Käufers werde es nicht gerecht, die km-Angabe nur als Wiedergabe des Tachostandes im Verkaufszeitpunkt zu werten. Dem Käufer komme es vor allem auf die Gesamtfahrleistung an. Eine „ohne Einschränkung oder deutlich gegenteiligen Hinweis" gemachte km-Angabe beziehe sich regelmäßig auf die Gesamtfahrleistung.

Anders als in dem Fall OLG München DAR 1974, 296 stand auf dem Verkaufsschild („Beschriebzettel") nur die nackte Kilometerzahl **ohne Zusatz** wie „abgelesen", „lt. Tacho" oder gar „km-Leistung lt. Angaben des Vorbesitzers". Während in Bestellscheinen (Kaufantragsformularen) nur noch selten auf solche einschränkenden Zusätze verzichtet wird (zur Auslegung s. Rn 1106 ff.), hält der Kfz-Handel sie bei **Verkaufsschildern, Info-Cards** und **Inseraten** für entbehrlich, und dies nicht nur aus Platzgründen. Dahinter steht die an sich zutreffende Vorstellung, dass es auf den Vertragstext, nicht auf die km-Angaben im Vorfeld ankomme. Auf den nahe liegenden Gedanken, km-Informationen nur auf besonderen Wunsch des Interessenten mitzuteilen und die Kundschaft im Übrigen auf den Tachostand zu verweisen, sind nur wenige Händler gekommen.

---

146 NJW 1975, 1693 = MDR 1975, 922 = DAR 1975, 270 m. Anm. *Heinze,* JR 1975, 504; besprochen von *Reich/Tonner,* JuS 1976, 576.

Die Voraussetzungen der Sachmängelhaftung 1102

Auch die ehemals zentrale Frage – **Objektbeschreibung** (§ 459 I BGB a. F.) oder **Zusicherung** i. S. v. § 459 II BGB a. F. – hat der BGH in der Leitentscheidung vom 25. 6. 1975[147] zu Gunsten des Käufers beantwortet. Das war richtungweisend und wirkt bis heute fort.[148] Allerdings hat der BGH schon damals eine **wichtige Einschränkung** gemacht. Auch ohne Zirkaklausel oder eine vergleichbare Abrede sichert der Verkäufer nur zu, dass die von ihm angegebene Gesamtfahrleistung nicht entscheidend überschritten ist. Wo und wie die km-Grenze zu ziehen ist, hat der BGH bis heute offen gelassen.

Die anschließenden Entscheidungen vom 17. 3. 1976[149] und 18. 2. 1981[150] behandeln **Agenturverkäufe.** Das Besondere war, dass die **Vermittler** Angaben über die Laufleistung der **Motoren**, nicht des Fahrzeugs insgesamt, gemacht hatten. Im ersten Fall hatte der Vermittler den Ersatzmotor bei einem Bekannten beschafft und selbst eingebaut. Seine mündliche Erklärung, der Motor sei ca. 40.000 km gelaufen, „was dem Käufer schriftlich gegeben werden könne", wertete der BGH als Zusicherung der Gesamtfahrleistung des Motors innerhalb bestimmter Grenzen. Im zweiten Agenturfall ergänzte der BGH seine Rechtsprechung, indem er dem km-Teil der Erklärung „ATM Laufleistung ca. 60.000 km" einen **doppelten Inhalt** gab. Außer der Gesamtfahrleistung des Motors sei auch ein bestimmter **Erhaltungszustand des Motors** zugesichert, d. h. die Abwesenheit von Verschleißmängeln, die bei der angegebenen Laufleistung nicht zu erwarten sind.

Diese „verhältnismäßig weitgehende Ausdehnung des Begriffs der Zusicherung"[151] hat der BGH alsdann auf den **professionellen Gebrauchtwagenhandel** beschränkt. Bei einem **Privatverkauf,** auch wenn er durch einen Tankstelleninhaber vermittelt sei, werde mit einer Angabe wie „Gesamtlaufzeit 27.000 km" nur die Gesamtfahrleistung zugesichert. Eine Information über die Qualität des Fahrzeugs, insbesondere des Motors, sei mit der km-Angabe eines Privatkäufers regelmäßig nicht verbunden.[152]

Die weiteren BGH-Entscheidungen haben nichts wesentlich Neues gebracht. Im Urteil vom 3. 3. 1982[153] ging es – mehr am Rande – um die Offenbarungspflicht eines **Lkw-Verkäufers** bei Zweifeln an der Übereinstimmung von Tachostand und Gesamtfahrleistung. Mit Urteil vom 23. 4. 1986[154] bestätigte der BGH die Auslegung des OLG Köln in einem besonders gelagerten Fall des **Privatverkaufs.** Der Verkäufer hatte in einem **ADAC-Mustervertrag** unter „km-Leistung" 82.000 vermerkt, den eingerahmten Passus „genaue Laufleistung unbekannt" aber weder gestrichen noch angekreuzt. Wegen dieser Besonderheit hat das OLG Köln[155] eine Zusicherung der Gesamtfahrleistung verneint, zumal das Auto schon zwölf Jahre alt war und sieben Vorbesitzer hatte.

Im Fall BGH NZV 1990, 110 = DAR 1989, 458 ging es um den **Verkauf eines Reisebusses** durch einen Busunternehmer. Die Auslegung seiner km-Angabe im Bestellschein als Eigenschaftszusicherung hat der BGH nicht beanstandet.[156]

BGH NJW 1996, 1205 (Händlerverkauf an Privat) lässt offen, ob die Klausel „**Gesamtfahrleistung laut Vorbesitzer ... km,** Stand des km-Zählers ...", so die übliche Formulierung in den Bestellscheinen des Kfz-Handels, trotz der Einschränkung im ersten Teil eine

---

147 NJW 1975, 1693.
148 Vgl. BGH 13. 5. 1998, NJW 1998, 2207.
149 DB 1976, 954 = WM 1976, 614 = DAR 1976, 186 = MDR 1976, 660 m. Anm. *Haase,* JR 1976, 418.
150 NJW 1981, 1268 = WM 1981, 380 = DB 1981, 1397 = MDR 1981, 750.
151 So *Hiddemann,* WM 1982, Sonderbeilage Nr. 5, S. 31.
152 BGH 15. 2. 1984, NJW 1984, 1454 = WM 1984, 534 = JZ 1984, 435, s. auch Rn 1084.
153 NJW 1982, 1386 = MDR 1982, 923 = BB 1982, 706 = LM Nr. 42 zu § 463.
154 NJW 1986, 2319.
155 Urt. v. 6. 2. 1985, 2 U 59/84, n. v.
156 Urt. v. 4. 10. 1989, NZV 1990, 110 = DAR 1989, 458.

Zusicherung der Gesamtlaufleistung darstellt, wie beide Vorinstanzen angenommen hatten. Ohne dies näher zu begründen, ist der BGH jedoch von einer „einfachen" **Beschaffenheitsvereinbarung** und damit von einem Fehler i. S. v. § 459 Abs. 1 BGB a. F. ausgegangen, eine Festlegung, die für die Diskussion nach der Schuldrechtsreform besondere Beachtung verdient.

Die vorläufig letzte Entscheidung des BGH vom 13. 5. 1998[157] betrifft einen Pkw-Verkauf durch einen Händler auf der Grundlage eines Vertragsformulars, das dem (inzwischen geänderten) ADAC-Mustervertrag optisch wie inhaltlich nachgebildet war. Die Klausel „Der Verkäufer sichert zu: ... dass das Kfz, soweit ihm bekannt, eine Gesamtfahrleistung von x km aufweist" ist in den Augen des BGH widersprüchlich und damit unklar. Während der VIII. ZS mit der **Unklarheitenregel** des § 5 AGBG argumentiert, hat das Kammergericht (Vorinstanz) § 3 AGBG herangezogen und damit die – vom BGH gleichfalls bejahte – Zusicherungshaftung des Händlers begründet.[158] Seine **Kernaussage,** der normale Gebrauchtwagenkäufer bringe einer Kilometerangabe eines Kfz-Händlers **besonderes Vertrauen** entgegen, hat der BGH ausdrücklich wiederholt und ergänzend auf seine Ausführungen in dem PS-Urteil vom 4. 6. 1997[159] verwiesen.

– **Offene Fragen**

1103   Trotz der beachtlichen Kette von BGH-Entscheidungen sind zahlreiche Fragen höchstrichterlich noch nicht geklärt. Die **Rechtsprechung der Oberlandesgerichte** ist uneinheitlich, in der Tendenz neuerdings nicht mehr so käuferfreundlich wie in den achtziger und neunziger Jahren. Ein ähnliches Bild bieten die übrigen Instanzgerichte. Anzeichen für eine **Wende** sind indes auch hier unverkennbar. Schon vor der Schuldrechtsreform herrschte eine **erhebliche Rechtsunsicherheit**, beim Kauf vom gewerblichen Händler stärker als beim Privatgeschäft. Aus Anlass der **Novellierung des Kaufrechts** hat man die Vertragsformulare neu gestaltet, zum Teil auch in den Feldern „km-Stand" bzw. „Gesamtfahrleistung". Das wirft **neue Fragen** auf.

1104   Offen war und ist erstens, wann eine km-Angabe nur als Information über den tatsächlichen Tachostand zu werten ist. Welches Hinweises, welcher Einschränkung bedarf es, um eine Garantieübernahme auszuschließen? Genügt z. B. eine Erklärung wie „Tachostand: siehe Tacho", wie das OLG Hamm[160] im Gegensatz zum OLG Naumburg[161] meint? Demgegenüber hat das OLG Düsseldorf[162] in der handschriftlichen Notiz eines **Privatverkäufers** „Tachostand abgelesen 89.200 km" die Zusicherung der Gesamtfahrleistung gesehen. Ähnlich käufergünstig hat das OLG Oldenburg entschieden, indem es eine mündliche und schriftliche Ablehnung einer verbindlichen Zusicherung („bei Kilometerstand lt. Tacho 46.700 verkauft") in eine eingeschränkte Zusicherung der Gesamtfahrleistung umgedeutet hat.[163] Nach diesen beiden Entscheidungen dürfte ein nur formularmäßiger Zusatz im Bestellschein wie „abgelesener km-Stand lt. Tacho" nicht genügen; auch nicht der vorgedruckte Vermerk „genaue Laufleistung unbekannt".[164]

---

157 NJW 1998, 2207 = DAR 1998, 308 m. Anm. *Eggert*.
158 Urt. v. 24. 7. 1997, DAR 1998, 69.
159 NJW 1997, 2318 unter II, 2 b.
160 Urt. v. 5. 2. 1980, MDR 1980, 847 (27. ZS).
161 Urt. v. 10. 3. 1997, NZV 1998, 73 = OLGR 1997, 280.
162 Urt. v. 11. 11. 1978, VRS 55, 163.
163 Urt. v. 24. 4. 1978, MDR 1978, 844 = VersR 1978, 1027; s. auch OLG Oldenburg 27. 5. 1998, OLGR 1998, 255 („Tachostand: 70.000" auf Beschriebzettel).
164 So in der Tat LG Köln 10. 5. 1991, 20 O 601/89, n. v.; vgl. auch OLG Köln 9. 10. 1991, VRS 82, 89.

Die Erklärung in einer **Zeitungsanzeige** (zur Einbeziehungsproblematik vgl. Rn 1173) „Gelegenheit: 200 D, nur 83.000 km, Bestzustand, 5000,– DM" bedeutet hingegen keine Zusicherung der Fahrleistung, so das OLG Oldenburg in einer weiteren Entscheidung.[165] Ausgesprochen käuferfreundlich ist wiederum das Urteil des OLG München vom 20. 6. 1986: Der Verkäufer, wahrscheinlich ein **Kfz-Händler**, hatte die im Bestellschein vorgesehene Rubrik „Gesamtfahrleistung nach Angaben des Vorbesitzers" völlig frei gelassen (sie auch nicht durchgestrichen) und in die daneben befindliche Rubrik „Stand des Kilometerzählers" die Zahl 107.296 eingetragen. Während die erste Instanz in dieser Eintragung richtigerweise nur eine **Beschreibung des Fahrzeugs** gesehen hat, nimmt das OLG München[166] eine Zusicherung an, und dies sogar hinsichtlich der Gesamtfahrleistung. Auf etwa gleicher Linie liegt das OLG Stuttgart, wenn es die Angabe eines Verkäufers, der Tachometer weise einen km-Stand von 96.000 auf, „als Zusicherung eines Kilometerstandes von 96.0000 km" versteht.[167]

In einem **deutlichen Gegensatz** zum OLG München (NJW-RR 1986, 1181) steht die Entscheidung des OLG Frankfurt/Main vom 8. 2. 1991,[168] wonach die Angabe eines **Kfz-Händlers** im Kaufvertrag „km-Stand: etwa 28.000 km" keine Zusicherung enthält. Auch das OLG Düsseldorf sieht in einer Erklärung wie „km-Stand: 69.605" keine Zusicherung der Gesamtfahrleistung,[169] hat aber andererseits in einem Urteil vom 18. 6. 1999[170] in enger Anlehnung an BGH NJW 1975, 1693 den **Grundsatz** formuliert: „Bei einem Händlerverkauf sichert der Verkäufer durch eine Kilometerangabe im Zweifel zu, dass das Fahrzeug keine höhere als die angegebene Gesamtfahrleistung hat" (in einem dem Vertragsschluss vorausgegangen Schreiben war notiert: „Ez.: 6. 2. 1997 1. Hd. 15.000 km").

Bemerkenswert ist auch die Spruchpraxis des 7. Zivilsenats des OLG Celle: Die Eintragung in einem Formularvertrag eines **gewerblichen Aufkäufers** zur „Gesamtfahrleistung" und zum „Stand des km-Zählers" mit jeweils „orig. ca. 56.500 km" will er bei zwei Vorbesitzern nicht als Zusicherung werten (letztlich offen gelassen),[171] s. auch das für die Rechtsentwicklung sehr bedeutsam gewordene Urteil vom 28. 1. 1988, NJW-RR 1988, 1135, dazu Rn 1106.

Abschwächende Bemerkungen wie „mit dem Tacho stimme etwas nicht" reichen nicht aus, um eine im schriftlichen Kaufvertrag enthaltene km-Angabe anders als eine Zusicherung der Gesamtfahrleistung zu deuten.[172] Kein Zweifel an dem Inhalt der Zusicherung besteht bei der Äußerung „die Kilometerleistung stimmt mit dem Tachostand überein".[173]

Ungeklärt ist zweitens, ab welcher **Grenze** die zugesicherte/garantierte Eigenschaft der Gesamtfahrleistung fehlt. Dies ist eine Frage der Vertragsauslegung, nicht etwa ein Problem der (gestrichenen) Bagatellklausel des § 459 I, 2 BGB a. F.[174] Das OLG Schleswig[175] hält eine Abweichung von 9% (7.711 bei 85.531), das OLG Hamm[176] eine solche von 3,8% (2.400 bei 63.100) für tolerabel. In beiden Fällen ging es um den Verkauf eines

---

165 Urt. v. 6. 7. 1984, MDR 1984, 1024.
166 Urt. v. 20. 6. 1986, NJW-RR 1986, 1181.
167 Urt. v. 13. 11. 1985, DAR 1986, 150.
168 NJW-RR 1991, 875; s. aber auch OLG Frankfurt NZV 1990, 24.
169 Urt. v. 13. 3. 1992, OLGR 1992, 219; v. 19. 11. 1993, OLGR 1994, 186.
170 NZV 1999, 514.
171 Urt. v. 9. 6. 1994, OLGR 1995, 35.
172 So OLG Köln 18. 5. 1982, 9 U 158/81, n. v.
173 OLG Köln 14. 11. 1984, 16 U 62/84, n. v.
174 Nach h. M. kam es bei § 459 II BGB a. F. nicht darauf an, welche Auswirkung das Fehlen der zugesicherten Eigenschaft auf den Wert oder die Gebrauchstauglichkeit der Sache hat, vgl. *Soergel/Huber,* § 459 Rn 137.
175 Urt. v. 7. 2. 1985, Autohaus 1985, 269.
176 Urt. v. 1. 12. 1994, NZV 1995, 150 = OLGR 1995, 41.

Pkw. Dem OLG Oldenburg genügt eine Abweichung von 7,1% (75.000 km statt 70.000 km) nicht.[177] Anders soll es bei einer Überschreitung um 60.000 km bei zugesicherten 107.296 km sein.[178]

Wo und wie die Grenze zu ziehen ist, ist zweifelhaft. Feste Maßstäbe fehlen. Deshalb ist die Praxis oft überfordert. Das beweisen zahlreiche nicht veröffentlichte Urteile von Instanzgerichten. Das OLG Köln hat sich – nicht untypisch in einer solchen Situation – mit einer fragwürdigen Beweislastverteilung geholfen.[179] Es hält den Verkäufer dafür beweispflichtig, dass die mitgeteilte Gesamtfahrleistung innerhalb des Toleranzbereiches liegt. Im konkreten Fall war ein Defekt am Kilometerzähler die Ursache für die fehlerhafte Aufzeichnung.

1106 Trotz einiger Entscheidungen, auch des BGH, noch nicht abschließend geklärt ist, drittens, folgende Frage: Welche Bedeutung haben **Zusätze** wie „km-Leistung nach Angaben des Vorbesitzers" oder – beim Agenturverkauf – „km-Leistung lt. Angaben des Verkäufers"? Mit diesen und ähnlichen **Quellenhinweisen** versuchten vor allem Kfz-Händler, die Qualifizierung als Eigenschaftszusicherung zu verhindern.[180] Diesem Ziel dienten auch **Klauseln** wie „Kilometerangaben sind keine Zusicherungen" oder relativierende Hinweise wie „soweit dem Verkäufer bekannt"[181] oder eine Klausel wie: „Es handelt sich lediglich um abgelesene Kilometerlaufleistungen bzw. um eine vom Vorbesitzer in Erfahrung gebrachte und weitergegebene Auskunft".[182]

Manche Händler benutzten auch Stempel mit einem Text wie z.B.: „HINWEIS: Angaben bzgl. Kilometer-Stand . . . sind keine Zusicherungen, für deren Vorhandensein gehaftet wird, sondern beruhen auf Angaben des Vorbesitzers". Schule hat ferner das Beispiel des schwäbischen Händlers gemacht, der seine AGB-feste Einstandspflicht i. S. d. §§ 459 II, 463 S. 1 BGB a. F. durch die ebenso kurze wie bündige Formulierung „Zusicherungen? – keine" nach Ansicht des BGH[183] wirksam ausgeschlossen hatte.

Die Instanzgerichte haben derartige „Abwehrklauseln" zumeist ignoriert und – mit unterschiedlicher Begründung – Zusicherungen bejaht, beim gewerblichen Fahrzeughandel ebenso wie beim professionellen Verkauf von Gebrauchtmotoren;[184] zurückhaltender ist man beim Privatgeschäft (dazu Rn 1117 ff.).

Eine **Tendenzwende** hat das Urteil des OLG Celle vom 28. 1. 1988[185] eingeleitet. In einem (damals üblichen) **Agenturfall** hat es entschieden:

„Allein mit der Ausfüllung der Rubriken „Gesamtfahrleistung nach Angaben des Verkäufers" und „Stand des km-Zählers" in einem Bestellformular für den Kauf eines gebrauchten Pkw sichert der Vermittler keine Eigenschaft des Fahrzeugs zu und haftet demgemäß insoweit nicht..."

Für das inzwischen wieder dominierende **Händler-Eigengeschäft** führt das OLG Hamm[186] aus:

---

177 Urt. v. 27. 5. 1998, OLGR 1998, 255; ebenso OLG Düsseldorf 14. 12. 2000, OLGR 2001, 481 (7%, d. h. 4.300 km bei 65.300 km).
178 OLG München 20. 6. 1986, NJW-RR 1986, 1181.
179 Urt. v. 14. 11. 1984, 16 U 62/84, n. v.
180 Ausführlich dazu *Eggert,* DAR 1998, 45.
181 Dazu BGH 13. 5. 1998, NJW 1998, 2207 = DAR 1998, 308 m. Anm. *Eggert;* Vorinstanz KG 24. 7. 1997, DAR 1998, 69 = NJW-RR 1998, 131, weitere Rspr.Nachw. unter Rn 1118.
182 OLG Hamm 10. 11. 1982, BB 1983, 21 – Motorkauf vom Autoverwerter.
183 Urt. v. 16. 10. 1991, NJW 1992, 170.
184 OLG Koblenz 22. 10. 2001, 12 U 1663/99, NJW-RR 2002, 202 – Ls.; OLG München 20. 6. 1986, NJW-RR 1986, 1181; OLG Frankfurt 28. 6. 1989, NZV 1990, 24; LG Heidelberg 25. 7. 1973, DAR 1974, 124; LG Köln 7. 7. 1976, 13 S 102/76, n. v.; OLG Hamm 10. 11. 1982, BB 1983, 21 (Motorkauf).
185 NJW-RR 1988, 1135.
186 Urt. v. 10. 7. 1992, 19 U 101/92, n. v.

Die Voraussetzungen der Sachmängelhaftung

„Mit der Eintragung der Kilometerzahl (91.500) in die Rubriken des Kaufvertrages „Gesamtfahrleistung lt. Vorbesitzer..." und „Stand des km-Zählers" hat die Beklagte entgegen der Ansicht der Klägerin nicht eine Eigenschaft des Pkw's ausdrücklich oder stillschweigend zugesichert, für deren Richtigkeit sie einzustehen hätte."

Für das OLG Düsseldorf (14. ZS) stellt die Aufnahme der „Gesamtfahrleistung lt. Vorbes." zumindest die verbindliche Zusicherung dar, der Vorbesitzer habe angegeben, die nach Kilometern bezifferte Laufleitung entspreche im Wesentlichen der wirklichen Laufleistung.[187] Unerheblich sei, ob der Käufer sich vor der Eintragung der km-Zahl im Bestellschein nach der Gesamtfahrleistung erkundigt habe.

Noch stärker auf der früheren, käufergünstigen Linie liegt das OLG Braunschweig,[188] indem es den „unauffälligen Hinweis" im Kaufvertragsformular („nach Angabe des Vorbesitzers") bei einer uneingeschränkten km-Information auf dem Verkaufsschild am Fahrzeug für unbeachtlich erklärt. Im Ergebnis ebenso OLG Koblenz NJW-RR 2002, 202 und OLG Nürnberg, Urt. v. 12. 7. 1994, 1 U 1292/94, n. v.

Angesichts dieser Rechtsunsicherheit ist ein **klärendes Wort des BGH** zur Bedeutung der Klausel „Gesamtfahrleistung lt. Vorbesitzer..." überfällig. Vor dem Hintergrund seiner Entscheidung vom 4. 6. 1997[189] zur Bedeutung der Formularklausel „PS laut Fahrzeugbrief" sprach bis zur Schuldrechtsreform einiges dafür, dass er trotz des Hinweises auf die Informationsquelle „Vorbesitzer" eine eigene Erklärung des Händlers mit Zusicherungscharakter bzw. Garantiequalität bejaht hätte. Denn in jener Sache hat er den Unterschied zwischen technischen Daten wie kW/PS und einer Kilometer-Angabe ausdrücklich herausgestellt und den Vertrauensaspekt bei Informationen über die Laufleistung betont. Bemerkenswert ist andererseits seine Zurückhaltung im Urteil vom 31. 1. 1996,[190] wo die Zusicherungsfrage freilich nicht entscheidungserheblich war.

Die **Veränderungen durch die Schuldrechtsreform** geben verstärkt Veranlassung, die verbraucherfreundliche Grundposition des BGH zu überdenken (allgemein zur Notwendigkeit einer Kurskorrektur s. Rn 1066). Wenn nicht alles täuscht, wird es jetzt bei Verbraucherkäufen nicht mehr um die Alternative Objektbeschreibung oder Zusicherung, sondern darum gehen, welche Bedeutung ein formularmäßiger Quellenhinweis wie „laut Vorbesitzer" oder „nach den Angaben des Vorbesitzers" im Hinblick auf den Tatbestand **„Beschaffenheitsvereinbarung"** (§ 434 I,1 BGB) hat. Der BGH hat zwar als vereinbarte (Soll-) Beschaffenheit die Laufleistung angesehen, die im Bestellschein mit dem Zusatz „laut Vorbesitzer" notiert war.[191] Das muss aber nicht sein letztes Wort gewesen sein.

– Stellungnahme und Lösungsvorschläge

Für die Auslegung von Kilometer-Angaben macht es gewiss einen Unterschied, ob der Verkäufer ein **Autohändler** oder eine **Privatperson** ist. Auch auf die Person des Käufers kommt es an. Seine eigene Kenntnis und Erfahrung sind gleichfalls wichtige Auslegungsgesichtspunkte.[192] Deshalb ist es durchaus sinnvoll, bei der Bewertung von km-Informationen zunächst danach zu differenzieren, ob sich um einen Kaufvertrag **mit oder ohne Händlerbeteiligung** handelt, ob der Käufer ein Verbraucher ist oder nicht. Die **Neuordnung des**

---

187 Urt. v. 30. 9. 1994, 14 U 251/93, n. v.
188 Urt. v. 31. 5. 1995, NZV 1996, 146 = OLGR 1995, 172.
189 NJW 1997, 2318.
190 NJW 1996, 1205.
191 Urt. v. 31. 1. 1996, NJW 1996, 1205.
192 Wenn zunächst eine Privatperson mit dem Händler verhandelt hat und im Rahmen dieser Verhandlungen eine km-Angabe gemacht wurde, später aber eine Leasinggesellschaft in das angebahnte Geschäft „eingestiegen" ist, stellt das OLG Düsseldorf auf den Horizont der Privatperson ab, Urt. v. 18. 6. 1999, NZV 1999, 514.

Kaufrechts mit der Sonderstellung des Verbrauchsgüterkaufs ist ein weiteres Argument für diese Fallgruppenbildung.

– **Händlerverkauf an Privat**

1108 Unter Hinweis auf die „**besonderen Marktverhältnisse**" beim Gebrauchtwagenkauf und der dabei bestehenden typischen Interessenlage argumentiert der **BGH**[193] folgendermaßen: In aller Regel fehle dem (privaten) Käufer hinsichtlich der Feststellung der Fahrleistung nicht nur die erforderliche Sachkunde, sondern zumeist auch die Möglichkeit, bei dem Voreigentümer des Wagens unmittelbar die notwendigen Auskünfte einzuholen. Demgegenüber sei ein Gebrauchtwagenhändler angesichts seiner Erfahrung und der bei ihm vorauszusetzenden Sachkunde wesentlich besser in der Lage, bei der Hereinnahme eines Gebrauchtwagens Nachforschungen über das bisherige Schicksal und insbesondere die Fahrleistung des Wagens anzustellen und sich ein **eigenes Bild von der Fahrleistung und dem Erhaltungszustand** des Fahrzeugs zu machen.

Diese Aussagen des BGH[194] sind sicherlich nicht falsch. Ein deutliches Gefälle im Wissens- und Informationsstand ist beim Verkauf eines gebrauchten Kfz durch einen professionellen Händler an eine Privatperson auch mit Blick auf die bisherige Laufleistung nicht zu bestreiten. Das ist aber nicht der Kern des Problems. Die Überlegenheit des Händlers muss ihn in den Augen des (privaten) Durchschnittskäufers dazu befähigen, eine **verlässliche Auskunft** zu erteilen. Andernfalls kann er vernünftigerweise keine uneingeschränkte Garantie der Gesamtlaufleistung erwarten, allenfalls eine „Garantie nach bestem Wissen".

1109 Auch Kfz-Händler mit eigener Werkstatt und dem heute üblichen Apparat an Diagnosegeräten sind in der Regel nicht in der Lage, eine zuverlässige Aussage über die Gesamtfahrleistung von gebrauchten Kraftfahrzeugen zu machen. Fast immer sind sie **abhängig** von den Informationen ihrer Kunden, von denen sie die Fahrzeuge hereinnehmen. **Eigenes Wissen** über den Umfang der Laufleistung hat der Händler nur ausnahmsweise, z. B. wenn er das Fahrzeug regelmäßig gewartet hat und die Inspektionen im Wartungsheft und/oder der Kundenkartei dokumentiert sind. Die hausfremden Erkenntnisquellen sind nur bedingt verlässlich. Der Wert der Auskunft, die er von seinem Verkäufer/Inzahlunggeber einholen kann und meist auch einholt, hängt entscheidend davon ab, ob dieser Erst- oder Nachbesitzer ist. Dieser Situation trug der früher übliche Vordruck für den Vermittlungsauftrag Rechnung. Dort wurde differenziert zwischen „Gesamtfahrleistung lt. Auftraggeber" und „Gesamtfahrleistung lt. Auftraggeber unter Berücksichtigung der Angaben von Vorbesitzern". Diese Erweiterung auf den oder die Vorbesitzer des Auftraggebers/Verkäufers fand zwar in den Bestellscheinen keinen entsprechenden Niederschlag, was Vermittler schon dem Vorwurf ausgesetzt hat, nicht weisungsgemäß verkauft zu haben (vgl. Rn 999).

Bei der Auslegung der Klausel „**Gesamtfahrleistung nach Angaben des Vorbesitzers**" im Bestellschein (Kaufvertrag) muss die strukturelle **Informationsabhängigkeit** des Händlers zu seinen Gunsten ins Gewicht fallen. Je länger die **Kette von Vorbesitzern** ist, desto größer ist die Unsicherheit des Händlers, zumal bei Kilometerzählern mit nur fünf Stellen (früher z. B. bei Fahrzeugen der Ford AG). Hinzu kommt: Vielfach kaufen Kfz-Handelsbetriebe Gebrauchtfahrzeuge an, ohne mit dem (letzten) Vorbesitzer persönlich in Verbindung zu treten, beispielsweise beim Ankauf von einem anderen Kfz-Händler oder von einem Importeur. Der Handel versucht immer neue Zukaufsquellen zu erschließen, wozu auch Gebrauchtwagenbörsen und Gebrauchtwagenauktionen gehören. Bei einem Ankauf von einer Leasinggesellschaft oder einem Autovermieter besteht in der Regel

---

[193] Zuletzt im Urteil v. 4. 6. 1997, NJW 1997, 2318, und, darauf Bezug nehmend, im Urteil v. 13. 5. 1998, NJW 1998, 2207.
[194] Ebenso jüngst OLG Koblenz 22. 10. 2001, 12 U 1663/99, NJW-RR 2002, 202 – Ls.

gleichfalls kein persönlicher Kontakt mit dem Voreigentümer. Es werden lediglich mehr oder weniger aussagekräftige Unterlagen ausgetauscht.[195]

Schließlich kommt in der Diskussion folgender Aspekt zu kurz: Durch den Einsatz moderner Computertechnik kann der Tachostand vor allem bei Fahrzeugen mit **elektronisch ausgerüstetem Tachometer** spurenlos verändert werden.[196] Derartige **Manipulationen** sind selbst von Sachverständigen oftmals nicht aufzudecken, wie der BGH in anderem Zusammenhang zutreffend bemerkt.[197] Nach Einschätzung der DEKRA ist **bei jedem dritten Gebrauchtwagen** der Tacho manipuliert.[198] Aus diesem Befund ein Garantiebedürfnis der Käuferschaft herzuleiten, mag verständlich sein. Befriedigen kann und will der Händler dieses Bedürfnis aber nur auf einigermaßen gesicherter Grundlage. Seine Risikobereitschaft geht – für den Durchschnittskäufer erkennbar – nicht so weit, einen unsicheren Tachostand und/oder eine fragwürdige Vorbesitzerangabe als zutreffende Gesamtfahrleistung zu garantieren.

Ein **weiterer Risikofaktor** ist die „reguläre" Auswechselung des Tachos. Bei einem Austausch im Wege der Garantie fehlt eine Rechnung; bei einem Austausch mit Werkstattrechnung ist nicht sicher, dass sie dem Händler vorgelegt wird.

Sich bei früheren Vorbesitzern nach der bisherigen Laufleistung zu erkundigen, mutet auch die Rechtsprechung dem Händler nicht zu. Nur in Ausnahmefällen kann eine solche Nachforschungspflicht bestehen.

Was die **eigenen Erkenntnis- und Prüfmöglichkeiten** des Händlers angeht, so sind diese sicherlich besser als die des privaten Durchschnittskäufers, in der Regel ein technischer Laie. Auf diese Überlegenheit kommt es aber entgegen der Einschätzung des BGH[199] und einiger Instanzgerichte[200] nicht entscheidend an. Die überlegene Fachkunde müsste den Händler dazu befähigen, den Sachverhalt „Gesamtfahrleistung" nicht nur besser als der Käufer, sondern auch so zu beurteilen, dass er die Richtigkeit der Information uneingeschränkt garantieren kann. Der Vorsprung an Erfahrungswissen reicht jedoch in den meisten Fällen nicht aus, um sich ein einigermaßen verlässliches Bild von der tatsächlichen Laufleistung von Fahrzeug und/oder Motor zu machen. Dabei wird nicht verkannt, dass der Händler die bisherige Laufleistung nicht kilometergenau kennen muss. Denn nach Ansicht des BGH ist lediglich zugesichert, dass die mitgeteilte Kilometerzahl nicht wesentlich überschritten ist. Notwendig für die Annahme einer uneingeschränkten (unbedingten) Garantie ist jedoch, dass der Verkäufer sich ein eigenes Bild von der ungefähren Richtigkeit des ihm bekannt gewordenen km-Standes hat machen können. Insoweit ist ein gewöhnlicher Kfz-Händler in der Mehrzahl der Fälle erfahrungsgemäß überfordert.

Ohne Motormessung (Kosten ca. 1300 Euro) fällt sogar einem Kfz-Sachverständigen eine annähernd genaue Beurteilung schwer. Selbst ein Gutachten, das die Verschleißspuren des Motors auswertet, bringt häufig keine Klarheit über den tatsächlichen Kilometerstand. Der äußerlich sichtbare Allgemeinzustand des Autos liefert nur vage Anhaltspunkte. Abgesehen davon, dass auch Privatleute ihre Fahrzeuge „verkaufsfertig" zu machen pflegen, bevor sie in Zahlung gegeben werden, sind die typischen Indizien (Motorauswechselung, Abnutzung von Lenkradkranz, Schaltknüppel, Pedale und Fahrersitz) bestenfalls geeignet, Zweifel an der Richtigkeit der km-Information des Vorlieferanten zu begründen bzw. zu

---

195 Zu „optimistisch" OLG Düsseldorf, Urt. v. 18. 6. 1999, NZV 1999, 514.
196 Näheres dazu bei *Eggert,* DAR 1998, 45; *ders.,* NZV 1990, 369.
197 NJW 1997, 1847 – „Werkskilometer" bei Ferrari-Kauf.
198 Spiegel-TV vom 12. 5. 2002; s. auch Motorwelt 11/2002, 52.
199 Urt. v. 25. 6. 1975, NJW 1975, 1693 = DAR 1975, 270; Urt. v. 4. 6. 1997, NJW 1997, 2318.
200 OLG Koblenz 22. 10. 2001, 12 U 1663/99, NJW-RR 2002, 202 – Ls.

zerstreuen. Auch eine Probefahrt ist in diesem Punkt nur bedingt aufschlussreich, zumal bei Fremdfabrikaten.

1113 Angesichts dieser **vielfältigen Informationsrisiken und Erkenntnisschwierigkeiten** ist es beim Händler-Eigengeschäft ein **Gebot der wirtschaftlichen Vernunft**, der Erklärung „Gesamtfahrleistung ... km" generell, nicht nur in konkreten Zweifelsfällen, den – an sich selbstverständlichen – Hinweis hinzu zu fügen **„nach Angaben des Vorbesitzers"**. Auch wenn er, wie üblich, nur vorgedruckt und drucktechnisch nicht besonders hervorgehoben ist, stellt der Händler damit klar, dass es sich bei der Angabe über die Gesamtfahrleistung nicht um eigenes, sondern um **weitergeleitetes Fremdwissen** handelt. Deshalb ist dem Teil der Rechtsprechung zu folgen, der bei dieser Konstellation eine Eigenschaftszusicherung abgelehnt hat (s. Rn 1106). Ergänzend ist auf die Parallelsituation beim Verkauf mit der Angabe „unfallfrei laut Vorbesitzer" hinzuweisen (Rn 1148 ff.).

Dass die bloße Weitergabe einer Information eines Dritten grundsätzlich keine Zusicherung/Garantie darstellt[201] wird man nicht sagen können. Ein Verkäufer kann auch eine Eigenschaft, von der er keine eigene Kenntnis hat und auch nicht haben kann, dennoch zum Gegenstand einer eigenen Zusicherung/Garantie machen. Wer jedoch durch Bezugnahme auf einen Dritten ausdrücklich auf seine Informationsquelle hinweist, signalisiert damit Distanz. Würde er die sich Information ohne Wenn und Aber zu Eigen machen wollen, unterbliebe die Bezugnahme.

Zuzugeben ist der Gegenmeinung freilich, dass der genaue Text auf der Bestellscheinvorderseite, zumal im oberen Drittel, die Kaufentscheidung erfahrungsgemäß nicht mehr maßgeblich beeinflusst. Die Würfel sind in der Regel vorher gefallen. Wenn überhaupt, geht der Unterzeichnung des Bestellscheins nur eine flüchtige Lektüre voraus. Subtile Differenzierungen und andere Textfeinheiten bleiben in der Schlussphase des Geschäfts zumeist unbemerkt. Informationen des Verkäufers vor und während der Vertragsverhandlungen haben in der Regel **kaufpsychologisch** ein stärkeres Gewicht, was bei der Auslegung zu berücksichtigen ist.

Ein verständiger Durchschnittskäufer, auch ein Verbraucher, ist sich auch ohne besondere Aufklärung darüber im Klaren, dass ein Händler in seiner Eigenschaft als Wiederverkäufer/Zwischenhändler im Allgemeinen **keine eigene Richtigkeitsgewähr** für die Gesamtfahrleistung übernehmen kann, erst recht nicht für den Erhaltungszustand von Fahrzeug und Motor im Sinne von BGH NJW 1981, 1268. Berechtigt ist indessen seine Erwartung, dass der Händler die km-Angabe des Vorbesitzers beim Einkauf/Inzahlungnahme nicht ungeprüft entgegen genommen hat. Sagen darf er sich auch, dass der Händler den Tachostand auf seine Plausibilität kontrolliert hat und erkennbaren Verdachtsmomenten nachgegangen ist. Diese Erwartung kann jedoch bestenfalls die Annahme einer Beschaffenheitsvereinbarung tragen, für eine Garantie reicht es nicht.

In Zeitungsinseraten, auf Webseiten und Verkaufsschildern fallen km-Informationen von Kfz-Händlern üblicherweise kurz und knapp aus, schon aus Platzgründen. Meist fehlen Zusätze wie „lt. Vorbesitzer". Daraus zieht die OLG-Rechtsprechung[202] mitunter Schlüsse, die zu weit gehen. Zusatzlose **km-Informationen im Vorfeld** sind für die Auslegung zwar nicht irrelevant (zur Einbeziehungsproblematik s. Rn 1173), dürfen aber nicht den Blick darauf verstellen, dass es in erster Linie auf das ankommt, was Gegenstand der anschließenden Vertragsverhandlungen ist und sodann Eingang in den Kaufvertrag findet.

1114 Verzichtet ein Händler entgegen allgemeiner Übung darauf, seiner Kilometerangabe selbst im Vertragsformular den handelsüblichen Zusatz („lt. Vorbesitzer" oder „nach Angaben des Vorbesitzers") beizufügen, liegt die Annahme einer Beschaffenheitsgarantie na-

---

201 So OLG Celle NJW-RR 2001, 135 unter fälschlicher Berufung auf BGH NJW 1996, 1337.
202 Z. B. OLG Koblenz 22. 10. 2001, 12 U 1663/99, NJW-RR 2002, 202 – Ls.

Die Voraussetzungen der Sachmängelhaftung

he, insbesondere bei einem jungen Gebrauchtfahrzeug mit nur einem Vorbesitzer. Wenn der Händler keine konkreten Umstände ins Feld führen und beweisen kann, die gegen eine Garantieübernahme sprechen, muss er sich in einem solchen Ausnahmefall als Garantiegeber behandeln lassen. Ebenso fällt die Wertung aus, wenn er in einem Schreiben, das dem Vertragsabschluss vorausgegangen ist, eine uneingeschränkte Mitteilung über den km-Stand gemacht hat, der schriftliche Vertrag in diesem Punkt keine oder keine abweichende Information enthält.[203] Für ihn günstige Umstände außerhalb der Vertragsurkunde, beispielsweise für mündliche Zusatzerklärungen zum Thema „Fahrleistung", ist der Verkäufer darlegungs- und beweispflichtig (zur Vermutungswirkung der Urkunde s. Rn 1620).

Solange ein Kfz-Händler aber im schriftlichen Vertrag durch einen Herkunftshinweis wie „nach Angaben des Vorbesitzers" das zum Ausdruck bringt, was ein vernünftiger Durchschnittskäufer ohnehin annimmt, spricht mehr gegen als für die Annahme einer unbedingten Garantie, selbst wenn auf dem Verkaufsschild am Fahrzeug oder im Zeitungsinserat eine uneingeschränkte km-Information gestanden hat. Will der Käufer den Händler zu mehr verpflichten als zur korrekten Weiterleitung einer nur auf ihre Plausibilität überprüften Fremdinformation, steht es ihm frei, eine eigene Auskunft des Händlers ohne Einschränkung zu verlangen.[204] Grundsätzlich ist es Sache des Käufers, sich die für ihn relevanten Informationen über das Kaufobjekt selbst zu beschaffen. Diese gewährleistungsrechtliche Grundaussage sollte auch bei der Abgrenzung Beschaffenheitsvereinbarung/Garantieübernahme nicht unbeachtet bleiben.[205]

1115

Dem Händler das Risiko einer unbedingten Garantie aufzubürden, ist aus einem weiteren Grund nicht mehr gerechtfertigt: Die Rechtsprechung des BGH ist maßgeblich von der – überholten – Vorstellung geprägt, dass die Kenntnis von der bisherigen Fahrleistung für den Kaufinteressenten von außerordentlicher Bedeutung sei. Auf diese Angabe lege er deshalb Wert, weil er sich ein Bild über die wahrscheinliche Lebensdauer des Motors sowie über das Reparaturrisiko verschaffen wolle.[206] Dahinter steht vermutlich der Gedanke, dass ein gebrauchter Pkw nach Überschreiten der 100.000 er-Grenze ein „Pflegefall" sei. Diese Vorstellung ist ebenso überholt wie die Annahme, Motoren mit großem Hubraum seien generell langlebiger als Maschinen in Fahrzeugen der Klein- und Mittelklasse. Für den durchschnittlichen Gebrauchtfahrzeugkäufer von heute ist ein niedriger Kilometerstand nur noch von untergeordneter Bedeutung. Zurzeit nimmt dieses Kriterium lediglich Rang sechs ein.[207]

Die bemerkenswerte **Entwicklung von einer Haupt- zu einer Nebeninformation** ist nicht zuletzt eine Folge des Fortschritts im Automobilbau, speziell in der Triebwerkstechnik. Je näher man dem Ziel Dauerhaltbarkeit kommt, desto stärker sinkt der Stellenwert von km-Angaben für die Kaufentscheidung. Inzwischen hat sich auch die Einsicht durchgesetzt, dass die bisherige Laufleistung von gebrauchten Pkw im Hinblick auf den Erhaltungszustand, insbesondere den Verschleißgrad des Motors, nur noch sehr begrenzt aussagekräftig ist. Fahrzeuge mit hohen Laufleistungen sind oftmals in einem technisch besseren Zustand als „Kurzstrecken-Autos" mit geringer Fahrleistung.

Sofern der Kaufinteressent im konkreten Einzelfall **gesteigerten Wert** auf eine niedrige Fahrleistung legt, liegt es an ihm, dieses Interesse deutlich zu machen. Die sein Sonderinteresse begründenden Tatsachen, die für den Verkäufer zumindest erkennbar sein müssen, hat er zu beweisen.[208]

---

203 So die Fallgestaltung OLG Düsseldorf, Urt. v. 18. 6. 1999, NZV 1999, 514 – früherer Mietwagen.
204 So auch OLG Hamm 10. 7. 1992, 19 U 101/92, n. v.; ebenso BGH 4. 6. 1997, NJW 1997, 2318 für die Parallelproblematik „PS lt. Fz.brief".
205 Zutreffend LG Heilbronn 3. 12. 1998, DAR 1999, 125.
206 BGH 18. 2. 1981, NJW 1981, 1268.
207 DAT-Veedol-Report 2002, S. 15.
208 Zustimmend LG Heilbronn 3. 12. 1998, DAR 1999, 125.

Auch **unter Schutzaspekten** ist es nicht länger gerechtfertigt, an die Annahme einer Zusicherung/Garantie in km-Fällen nur geringe Anforderungen zu stellen. Seitdem Kfz-Händler ihre Sachmängelhaftung gegenüber Verbrauchern nicht mehr ausschließen dürfen (§ 475 I BGB), ist ein wesentlicher Grund für die Legitimation der käuferfreundlichen BGH-Rechtsprechung entfallen (s. auch Rn 1066). Ohne Gewährleistungsausschluss wäre die bahnbrechende Entscheidung des BGH vom 25. 6. 1975[209] sicherlich anders ausgefallen.

1116 Wenn man mit der hier vertretenen Auffassung eine Beschaffenheitsgarantie – auch eingeschränkten Inhalts – verneint, bleibt die Frage, ob trotz eines Quellenhinweises wie „laut Vorbesitzer" wenigstens eine (einfache) **Beschaffenheitsvereinbarung** (§ 434 I,1 BGB) angenommen werden muss, wie der BGH[210] meint. Eine irgendwie geartetes Garantieelement ist dafür nicht erforderlich, weder im Objektiven noch im Subjektiven. Doch auch eine Beschaffenheitsvereinbarung setzt eine **verbindliche Angabe über das Kaufobjekt** voraus. Nach der Konzeption des subjektiven Fehlerbegriffs ist das unabhängig davon, ob der Verkäufer zur mängelfreien Lieferung verpflichtet ist, wie das neue Kaufrecht jetzt vorschreibt. Mit Rücksicht auf diese Änderung und die Einführung eines Nacherfüllungsanspruchs ist eine verbindliche Beschaffenheitsangabe des Verkäufers Grundvoraussetzung einer Beschaffenheitsvereinbarung (s. auch Rn 1216 ff.).

Ob eine **verbindliche Angabe** vorliegt, muss aus der Sicht des Käufers auf Grund aller Umstände des konkreten Falles ermittelt werden. Im Ausgangspunkt gilt insoweit nichts anderes als für die Zusicherung alter Art. Hier wie da ist eine **Vereinbarung** erforderlich, deren Gegenstand eine Eigenschaft der Kaufsache, ein **Beschaffenheitsmerkmal**, ist. Das war und ist die gemeinsame Plattform. Worauf es für die Annahme einer Beschaffenheitsvereinbarung nicht ankommt, ist der (erklärte) Wille des Verkäufers, für alle Folgen einzustehen, wenn die fragliche Eigenschaft fehlt, insbesondere Schadensersatz zu leisten. Eingedenk dieses dogmatisch wichtigen, in der früheren Rechtsprechung zum Gebrauchtfahrzeugkauf aber mehr und mehr nivellierten Unterschiedes, versteht es sich nicht von selbst, eine Händlerinformation wie „Gesamtfahrleistung laut Vorbesitzer" als verbindliche Angabe über eine Eigenschaft des Fahrzeugs zu werten. Die Bedenken gehen in zwei Richtungen. Fraglich ist zum einen das Merkmal der Verbindlichkeit. Zum anderen kann der notwendige Bezug zum Fahrzeug fehlen, weil der Verkäufer gar nicht über dessen Beschaffenheit, sondern auch oder gar nur darüber informieren möchte, was er von dem Vorbesitzer erfahren hat. Vermutlich wird sich die Rechtsprechung über solche Bedenken hinwegsetzen und im Anschluss an BGH NJW 1996, 1205 trotz eines Quellenhinweises wie „nach Angaben des Vorbesitzers" wenigstens eine Beschaffenheitsvereinbarung bejahen. Damit ist der Weg für die Sachmängelhaftung frei.

– **Privates Direktgeschäft**

1117 Km-Angaben von nichtprofessionellen Verkäufern sind nach Ansicht des **BGH** generell enger auszulegen als solche von Kfz-Händlern.[211] Damit wird der Gesichtspunkt der Sachkunde über- und das Wissenspotenzial privater Verkäufer unterschätzt. Bei Privatgeschäften sollte zunächst danach differenziert werden, ob der Verkäufer **Erst- oder Nachbesitzer** ist. Ein Erstbesitzer, der sein Fahrzeug vom Tachostand Null an kennt, muss sich in der Regel beim Wort nehmen lassen.[212] Ohne einschränkende Zusätze oder vergleichbare Hinweise darf ein Privatkäufer die km-Angabe eines privaten **Erstbesitzers** als Zusicherung/Garantie der Gesamtfahrleistung verstehen. Schon ein **Zweitbesitzer** kann aus eigener Anschauung nur einen Teil der Gesamtnutzungszeit überblicken. Auch hier gilt: Je länger die Kette von

---

209 NJW 1975, 1693.
210 Urt. v. 31. 1. 1996, NJW 1996, 1205.
211 Urt. v. 15. 2. 1984, NJW 1984, 1454.
212 OLG Köln 9. 12. 1998, DAR 1999, 262 = VRS 96, 337 = OLGR 1999, 49.

Die Voraussetzungen der Sachmängelhaftung

Vorbesitzern ist, desto mehr Störungsquellen gibt es außerhalb der Sphäre des Verkäufers.[213] Nur mit dem letzten Vorbesitzer, seinem Vertragspartner, stand er in Kontakt. Auf relevante Informationen über dessen Besitzzeit mag er noch Zugriff haben (Kaufvertrag, Garantieunterlagen etc.). Die Risiken aus der Zeit davor lassen sich mit zumutbarem Aufwand nicht beherrschen. In der eigenen Besitzzeit allein durch die Benutzung des Fahrzeugs Aufschluss über die wahre bisherige Laufleistung zu gewinnen, ist zwar nicht ausgeschlossen,[214] im Allgemeinen jedoch keine ausreichende Basis, um aus eigenem Wissen eine verlässliche Information über die Gesamtfahrleistung zu erteilen.

Auch beim **privaten Direktgeschäft** sollte die Rechtsprechung stärker als bisher die Informationsdefizite der Verkäufer berücksichtigen und – anders als z. B. das OLG Braunschweig[215] oder das LG Memmingen[216] – die Bedeutung der Laufleistung für den Kaufentschluss kritischer werten.[217] Wer bei einem Privatverkauf aus Zweit- oder Dritthand die tatsächliche Gesamtfahrleistung verbindlich garantiert haben möchte, kann von dem Verkäufer eine ausdrückliche Garantieerklärung verlangen. Macht er von dieser nahe liegenden Möglichkeit keinen Gebrauch, so kann er nach Treu und Glauben mit Rücksicht auf die Gepflogenheiten beim privaten Direktgeschäft nicht davon ausgehen, der Verkäufer, der einen wesentlichen Teil der Gesamtstrecke nicht selbst zurückgelegt hat, wolle sich für seine Kilometer-Angabe im Sinne einer Information über die Gesamtfahrleistung stark machen.[218] Zur Erklärung eines Privatverkäufers „nachweislich AT-Motor mit KM-Leistung von 30 TKM" s. OLG Koblenz OLGR 2001, 312. Näheres zu derart kombinierten Erklärungen s. Rn 1084.

Private Direktgeschäfte werden häufig auf der Grundlage **vorformulierter Musterverträge** abgeschlossen. Am stärksten sind die Formulare verbreitet, die der ADAC für den An- und Verkauf gebrauchter Fahrzeuge zur Verfügung stellt. Andere Automobilverbände haben eigene Formulare entwickelt, zum Teil aber auch Klauseln aus dem ADAC-Vertrag übernommen.

Der **ADAC-Mustervertrag** für das private Direktgeschäft ist wiederholt modifiziert worden; interessanterweise auch in dem Punkt, der für die Beurteilung von km-Angaben von wesentlicher Bedeutung ist. In den ab 1996 gedruckten Exemplaren steht die einschränkende Klausel **„soweit ihm bekannt"** in Verbindung mit dem Einleitungssatz „Der Verkäufer erklärt". Früher lautete dieser Passus: „Der Verkäufer sichert zu". Bis in die Jahre 2000/2001 hinein sind Gebrauchtfahrzeuge auf der Basis der alten Textfassung verkauft worden, wie der Fall OLG Düsseldorf MDR 2002, 635 = OLGR 2002, 229 zeigt.

Die inzwischen überholte Klausel („sichert zu...") ist Gegenstand der Entscheidung des BGH vom 13. 5. 1998,[219] wenn auch in einem Fall **mit Händlerbeteiligung** auf Verkäuferseite („Formulartext ADAC-geprüft"). Für diejenigen Geschäfte, für die der ADAC-Text konzipiert worden ist, nämlich für private Direktgeschäfte, passt die Argumentation des BGH mit der Unklarheitenregel des § 5 AGBG ebenso wenig wie die Lösung des Kammer-

---

213 Vgl. auch OLG Celle 9. 6. 1994, OLGR 1995, 35 (2 Voreintragungen); zw. daher KG 2. 6. 1995, NJW-RR 1996, 173 = MDR 1995, 903 = OLGR 1995, 145, zumal unklar bleibt, wie sich der Bekl. über die Laufleistung „sachkundig" gemacht haben soll.
214 Dazu OLG Frankfurt OLGR 1999, 127 – US-Import mit 100.000-Meilen-Divergenz.
215 Urt. v. 5. 9. 1996, OLGR 1997, 27 („km-Stand 151.130" im schriftl. Vertrag, keine Einschränkung).
216 Urt. v. 14. 11. 1990, NZV 1991, 356.
217 Zutreffend OLG Nürnberg 3. 3. 1997, NJW-RR 1997, 1212; OLG Köln 9. 12. 1998, VRS 96, 337 = OLGR 1999, 149; vgl. auch OLG Köln 9. 10. 1991, VRS 82 (1992), 89; BayVerfGH 18. 2. 1994, NJW-RR 1994, 1136; OLG Naumburg 10. 3. 1997, NZV 1998, 73 = OLGR 1997, 280 = ZfS 1998, 17; LG Heilbronn 3. 12. 1998, DAR 1999, 125 = NJW-RR 1999, 775.
218 Anders z. B. KG 2. 6. 1995, NJW-RR 1996, 173 = MDR 1995, 903 = OLGR 1995, 145; s. aber auch KG 24. 7. 2000, OLGR 2001, 10 – „gefahrene km: 119.600".
219 NJW 1998, 2207 = DAR 1998, 308 m. Anm. *Eggert*.

gerichts (Vorinstanz, s. DAR 1998, 69) mit Hilfe des § 3 AGBG. Zu Recht hat das OLG Köln[220] die Anwendung der Unklarheitenregel (§ 5 AGBG, jetzt § 305 c II BGB) bei einem Kauf aus zumindest zweiter Hand verneint.[221] Der Einschub „soweit ihm bekannt" ist in diesem Bereich des Gebrauchtwagenmarktes für einen Privatkäufer auch nicht überraschend i. S. v. § 3 AGBG bzw. jetzt § 305 c I BGB.[222]

Im Fall OLG Köln NJW 1999, 2601 war das Vertragsformular von dem Betreiber eines **privaten Automarktes** für den Abschluss eines Pkw-Kaufs unter Privatpersonen zur Verfügung gestellt worden. Genauso wie im BGH-Fall NJW 1998, 2207 war es dem (inzwischen überholten) ADAC-Vertrag optisch und inhaltlich nachgebildet und enthielt den übergroßen Aufdruck „FORMULARTEXT: ADAC-GEPRÜFT". Da die Begleitumstände des Verkaufs aus mindestens **dritter Hand** für eine Auslegung der vorformulierten Erklärung „Der Verkäufer sichert zu . . ." im Sinne einer rechtsverbindlichen Zusicherung gemäß § 459 II BGB a. F. keine konkreten Anhaltspunkte lieferten, hat das OLG Köln die Abweisung der Klage zu Recht bestätigt. Zuzustimmen ist seiner Differenzierung nach der Anzahl der Vorbesitzer. Richtigerweise werden auch die Begleitumstände, insbesondere die **Erklärungen vor und während des Verkaufsgesprächs**, in die Prüfung einbezogen (s. auch OLG München DAR 2000, 164; OLG Düsseldorf MDR 2002, 635).

Bei der **1996 geänderten Fassung** des ADAC-Vertrages ist die durch den Einschub „soweit ihm bekannt" eingeschränkte **„Erklärung"** eines Privatverkäufers über die Gesamtfahrleistung nicht als Garantie zu bewerten.[223] Da der 96 er ADAC-Vertrag zwischen „Zusicherungen" und „Erklärungen" gezielt unterscheidet, wird man der in der Rubrik „Erklärungen" befindlichen Angabe über die Gesamtfahrleistung „soweit ihm bekannt" jedenfalls dann keinen Garantiecharakter beimessen können, wenn sie nicht von einem Erstbesitzer stammt . Anders können die Dinge liegen, wenn – wie im Fall OLG München DAR 2000, 164 – mündliche Informationen des (aus zweiter oder dritter Hand abgebenden) Verkäufers vorausgegangen sind, die auf eine Garantieübernahme schließen lassen. Das ist eine Frage des Einzelfalls.

1119 Aus Anlass der **Schuldrechtsreform** hat der ADAC seinen Mustervertrag für den privaten Verkauf eines gebrauchten Kraftfahrzeugs erneut geändert. In der **Neufassung 2002** taucht der Begriff „zusichern" verständlicherweise nicht mehr auf. Jetzt heißt es im Fettdruck und abgesetzt „Der Verkäufer garantiert . . .". Im Gegensatz dazu wird die Anschlussrubrik durch die Formulierung eingeleitet „Der Verkäufer erklärt . . .". Die Gesamtfahrleistung wird nicht garantiert, sie ist vielmehr Gegenstand einer bloßen „Erklärung", wie bisher verbunden mit dem Zusatz „soweit ihm bekannt". Unter diesen Umständen kann an die Auslegung der ADAC-Verträge Fassung 1996 angeknüpft werden (Rn 1118).

Wer als **Erstbesitzer** ein **eigengenutztes Fahrzeug** auf der Grundlage eines ADAC-Vertrages in der Fassung 1996 oder 2002 verkauft hat, kann sich auf den formularmäßigen Einschub „soweit ihm bekannt" nicht berufen. Diese Einschränkung ist bei einem Ersthand-Verkauf gegenstandslos. Auf die Unklarheitenregel (§ 305 c II BGB) braucht nicht zurückgegriffen werden, auch nicht auf § 305 c I BGB (Überraschungsklausel). Eigennutzung ist auch dann zu bejahen, wenn der Wagen von Familienmitgliedern oder vergleichbaren Per-

---

220 Urt. v. 9. 12. 1998, NJW 1999, 2601 = DAR 1999, 262 = VRS Bd. 96/99, 337 = OLGR 1999, 149.
221 Ebenso OLG Düsseldorf 15. 3. 2002, MDR 2002, 635 = OLGR 2002, 229; abw. OLG München 12. 11. 1999, DAR 2000, 164.
222 OLG Düsseldorf 15. 3. 2002, MDR 2002, 635 = OLGR 2002, 229.
223 So auch LG Heilbronn 3. 12. 1998, NJW-RR 1999, 775 = DAR 1999, 125 – dritter oder gar vierter Halter; vgl. auch LG Aachen 3. 3. 1995, DAR 1995, 290 = NZV 1996, 283 – mindestens zweite Hand, und LG Aachen 27. 3. 1998, DAR 1998, 238 – Privatverkauf auf Automarkt; vgl. auch die Rechtsprechung zur Parallelproblematik bei „unfallfrei"-Angaben in ADAC-Verträgen unter Rn 1150.

sonen gefahren worden ist. Einiges spricht dafür, einen solchen Verkäufer als Garanten zu behandeln, auch wenn seine Information über die Gesamtfahrleistung nicht in der „Garantie"-Rubrik des ADAC-Vertrages steht.

– **Privat an Händler**

Für den Händlerankauf/Inzahlungnahme liegt nur wenig Entscheidungsmaterial vor. Da die Vertragsgestaltung erfahrungsgemäß in den Händen der Abnehmer liegt, ist zum Schutz der privaten Käufer Zurückhaltung bei der Annahme einer Garantie geboten. Dem Privatverkäufer muss „durch eine eindeutige Fassung der formularmäßigen Erklärung Inhalt und Tragweite des von ihm übernommenen Risikos klar und unübersehbar vor Augen geführt werden".[224]

– **Sonderfall Meilentacho**

Dadurch, dass Importfahrzeuge mit Meilentachos in den nationalen Handel gelangen, kann es zu Auseinandersetzungen wegen der richtigen Maßeinheit für die bisherige Fahrleistung kommen. Denn bei einem „Meilentacho" wird nicht nur die Geschwindigkeit in Meilen angegeben. Auch die Fahrleistung (Wegstrecke) wird in Meilen und nicht in km gezählt. Sofern der Verkäufer den Käufer vor Vertragsabschluss ausdrücklich und unmissverständlich auf diese Besonderheit hingewiesen hat, ist kein Raum für eine Sachmängelhaftung oder nach den allgemeinen Vorschriften.

Eine haftungsrelevante Irreführung kommt dagegen in Betracht, wenn der Verkäufer die Meilenzahl im Kaufvertrag als km-Stand ausgewiesen hat. Wörtlich genommen handelt es sich um eine **Falschangabe**, wenn im Kaufvertrag steht: „(Gesamt-)Fahrleistung 78.527 km", das Fahrzeug aber eine entsprechende Anzahl von Meilen zurückgelegt hat (eine brit. Meile = 1,609 km). Der Händler wird eine solche Falscheintragung mit einem Schreibversehen erklären, womöglich auf seine EDV-Textverarbeitung hinweisen, der das Längenmaß „Meile" unbekannt ist. Er wird des Weiteren vorbringen, für den Käufer sei nach den Gesamtumständen des Geschäfts auch ohne ausdrücklichen Hinweis auf die Ausstattung des Fahrzeugs mit einem Meilentacho klar, zumindest aber erkennbar gewesen, dass eine Angabe über die bisherige Fahrleistung nur als Meilen-Wert gemeint sein konnte. Ob diese Argumentation sticht, hängt von den Umständen des konkreten Einzelfalls ab, wobei es maßgeblich auf den **Käuferhorizont** ankommt.

Eine empfangsbedürftige Willens- bzw. Wissenserklärung wird selbst gegen ihren eindeutigen Wortlaut im Sinne des Gewollten bzw. Erklärten ausgelegt, wenn der Empfänger den Sinn der Erklärung richtig verstanden hat. In diesem Fall schadet eine **irrtümliche Falschbezeichnung** nicht. Dass der Käufer die km-Angabe im Einklang mit dem Verkäufer als Meilen-Angabe verstanden hat, ihm die Falschbezeichnung also bewusst vor Augen gestanden hat, wird der Verkäufer kaum beweisen können. Aber auch wenn ein übereinstimmendes Verständnis im Sinne einer Meilen-Information nicht feststellbar ist, kann die objektiv falsche Erklärung des Verkäufers im Sinne des von ihm Gemeinten auszulegen sein. Nach § 133 BGB kommt es nicht auf den buchstäblichen Sinn des Ausdrucks an. Wenn ein übereinstimmendes Verständnis nicht festzustellen ist, ist die Erklärung so auszulegen, wie der Käufer sie nach Treu und Glauben unter Berücksichtigung der Verkehrssitte verstehen durfte (§§ 133, 157 BGB). Dieser normativen Auslegung kann die „km-Angabe" nicht mit dem Argument entzogen werden, sie sei objektiv eindeutig und damit nicht auslegungsfähig. Denn die Information des Verkäufers ist nur scheinbar eindeutig. Zweifel am wahren Sinn des falsch Erklärten sind durchaus möglich; sie drängen sich beim Verkauf eines ge-

---

[224] OLG Düsseldorf 28. 7. 1993, OLGR 1993, 285 (Inzahlungnahme eines Porsche 911 aus vierter Hand).

brauchten Fahrzeugs, das ursprünglich in den USA oder in Großbritannien zugelassen war, förmlich auf, zumal, wenn das Fahrzeug in Deutschland noch keine Zulassung hatte.

Bei positiver Kenntnis von der Ausstattung mit einem Meilentacho wird der Käufer kaum mit dem Argument gehört werden können, er sei entsprechend dem Wortlaut der vertraglichen Angabe von Kilometern statt Meilen ausgegangen. Günstiger ist seine Situation, wenn ihm das Vorhandensein eines atypischen Tachometers unbekannt war. Dann hängt das Auslegungsergebnis entscheidend von den konkreten Begleitumständen des Kaufs ab. Ein Händler, der das Fahrzeug im Inserat und/oder auf dem Verkaufsschild mit einer km-Angabe angeboten und diese Erklärung ohne Korrektur in den schriftlichen Vertrag aufgenommen hat, wird sich schwerlich auf die Offenkundigkeit seiner Falschbezeichnung berufen können. Ihm bleibt die Anfechtung wegen Irrtums (§ 119 I BGB). Eine andere Frage ist, ob die km-Erklärung als Garantieübernahme oder nur als „einfache" Beschaffenheitsangabe i. S. d. § 434 I,1 BGB zu bewerten ist. Im Zweifel ist Letzteres anzunehmen.

Liegt der Fall hingegen so, dass die **äußeren Umstände** (Herkunft des Fahrzeugs, Ausstattung mit einem Meilentacho, keine Fahrleistungsangaben in km im Inserat oder an anderer Stelle außerhalb der Vertragsurkunde) eine Wiedergabe der Fahrleistung in Meilen nahe legen, so ist die erstmals im Vertragsformular auftauchende, womöglich nur vorgedruckte, Maßeinheit „km" eine für den Käufer **erkennbare Verwechselung.** Bei gehöriger Aufmerksamkeit hätte er sie bemerken können. Auf seinen Kaufentschluss ist die Falschbezeichnung zudem ohne Einfluss geblieben. Denn er hatte sich zum Ankauf des Fahrzeugs entschlossen, bevor dem Verkäufer das Versehen unterlaufen ist.

Kraftstoffverbrauch/Kraftstoffart/Ölverbrauch

1122 Nach dem Anschaffungspreis ist ein **niedriger Kraftstoffverbrauch** das wichtigste Kaufkriterium.[225] In den schriftlichen Kaufverträgen bleibt dieser Punkt meist unerwähnt. Auch über den **Verbrauch an Motoröl** findet man selten eine schriftliche Notiz. Bleibt es bei mündlichen Erklärungen des Verkäufers, so spricht dies dafür, dass sie nicht zum Vertragsinhalt im Sinne von Garantien geworden sind. Umgekehrt ist die schriftliche Fixierung von Angaben über den Benzin- und Ölverbrauch ein gewichtiges Indiz für eine Garantieübernahme. Ähnlich zu würdigen sind Verbrauchsangaben auf dem Verkaufsschild oder in der Zeitungsannonce. Je konkreter die Information ist, desto eher wird man auf eine verbindliche Angabe mit Garantiecharakter schließen können.

Die Angabe, der Wagen liege „im Spritverbrauch" günstig oder verbrauche nur wenig, stellt eine rechtlich unbeachtliche Anpreisung dar.[226] Die **Herstellerangaben** zum Benzinverbrauch macht sich auch ein gewerblicher Kfz-Händler nicht zu Eigen. Abweichungen von diesen Angaben können aber einen Sachmangel i. S. v. § 434 I,2 BGB begründen.[227] Ab welcher Marge ein Überschreiten des durchschnittlichen Verbrauchs bei Fahrzeugen des betreffenden Typs als vertragswidrig gewertet werden kann, lässt sich in der Regel nicht mit den zum Neuwagenkauf entwickelten Kriterien beantworten.[228] Ein Gebrauchtwagenkäufer muss in der Regel größere Toleranzen hinnehmen. Beim Benzinverbrauch hat man Abweichungen von den Durchschnittswerten von weniger als 10%, so die bisherige Marge beim Kauf fabrikneuer Pkw, als klar unerheblich im Sinne des § 459 I, 2 BGB a. F. angese-

---

225 DAT-Veedol-Report 2002, S. 15.
226 Konkrete Verbrauchsangaben können trotz der Klausel Ziff. I, 2 ZDK-AGB a. F. (im aktuellen Klauselwerk gestrichen) als Garantieerklärungen gewertet werden, vgl. RGZ 66, 279; OLG Hamburg 9. 6. 1950, VRS 2, 273.
227 OLG Düsseldorf 23. 10. 1997, DAR 1998, 70 – nur 6900 km gelaufener, noch keine 12 Monate zugelassener Pkw aus einer Neufahrzeug-Wandlung.
228 Dazu Rn 198.

hen.²²⁹ Im Anwendungsbereich des § 459 II BGB a. F. war es eine Frage der Vertragsauslegung, wo die Bagatellgrenze zu ziehen ist. Nach neuem Kaufrecht hat sich die Erheblichkeitsprüfung auf die Rechtsfolgeseite verlagert (dazu Rn 1328).

Angaben über den Kraftstoff- und Ölverbrauch sind nur als **annähernd** zu betrachten, so stand es ausdrücklich in den ZDK-AGB a. F. Im aktuellen Bedingungswerk fehlt diese Klausel. Das OLG Koblenz hat die mündliche Erklärung eines Privatverkäufers „Ölverbrauch völlig normal" als Zusicherung gewertet.²³⁰ Der tatsächliche **Ölverbrauch** des Fahrzeugs (Golf GTI) lag deutlich über 1,5 l pro 1.000 km. Zur arglistigen Täuschung über hohen Ölverbrauch bei einem Pkw (kein Händlerankauf) s. OLG Zweibrücken OLGR 1999, 434 (2,3 l auf 1000 km).

Durch die Diskussion um die Energieverknappung und den Umweltschutz ist nicht nur die Frage des Kraftstoffverbrauchs, sondern auch nach der **Kraftstoffart** zu einem zentralen Thema beim Kauf neuer und gebrauchter Kraftfahrzeuge geworden. Zumindest **schriftliche Erklärungen** des Gebrauchtwagenverkäufers über die Art des Treibstoffs (Normalbenzin/Superbenzin/Diesel/Bleifrei-Benzin/Biodiesel) können als Eigenschaftszusicherungen bzw. Garantieübernahmen zu werten sein.²³¹ Für Auskünfte zum Thema **„bleifrei"** gilt dies nur mit der Einschränkung, dass sie von einem Kfz-Fachmann stammen. Angaben des Privatverkäufers sind hier „ohne Gewähr". Der gewerbliche Händler kann sich gegen das Haftungsrisiko, welches er mit „bleifrei-Erklärungen" eingeht, durch Prüfung der Herstellerinformationen, der Tabellen von Kraftstoffherstellern, Automobilclubs und Fachzeitschriften absichern. Im Übrigen steht es ihm frei, seine Auskunft unter einem ausdrücklichen Haftungsausschluss oder einem sonstigen Vorbehalt zu machen. Schweigt sich der Verkäufer zum Thema Kraftstoffart aus, so ist der Käufer in seiner Erwartung schutzwürdig, dass er denjenigen Treibstoff tanken darf, der für einen serienmäßigen Motor dieses Fahrzeugtyps vom Hersteller vorgeschrieben ist.

Mängelfreiheit/ohne Mängel/Mängelunkenntnis

Pauschalerklärungen wie „mängelfrei" oder „ohne Mängel" sind im Gebrauchtwagenhandel selten. Nur bei neuwertigen Fahrzeugen, Vorführwagen und Jahreswagen wird ein Verkäufer Mängelfreiheit ohne allzu großes Risiko pauschal zusichern. Allein die Tatsache, dass ein solcher Fahrzeugtyp zum Verkauf angeboten wird, kann der Käufer selbst bei einem Erwerb vom Markenhändler „mit Garantie" (dazu Rn 1186 ff.) nicht als konkludente oder stillschweigende Zusicherung der Mängelfreiheit auffassen.²³² Erst recht gilt dies für ältere Fahrzeuge mit mehreren Vorbesitzern.²³³ Wenn der Verkäufer eines 9 Jahre alten Pkw Rostschäden nicht erwähnt, so bedeutet dies nicht die Zusicherung, dass solche Schäden nicht vorhanden sind.²³⁴ Hiergegen spricht schon ein vertraglicher Gewährleistungsausschluss. Aber auch ohne Freizeichnung von der Sachmängelhaftung wird **Rostfreiheit** selbst bei jüngeren Fahrzeugen nicht stillschweigend garantiert. Zur Bedeutung der vorformulierten Erklärung, das Fahrzeug habe keinen Unfallschaden und **keine sonstigen Beschädigungen** (ADAC-Verkaufsformular) s. AG Reinbek, DAR 1999, 410 und AG Karlsruhe-Durlach, DAR 1999, 270.

---

229 Händlerfreundlicher *Hörl,* DAR 1986, 97, 102 (20–30%); s. auch OLG Düsseldorf 23. 10. 1997, DAR 1998, 70.
230 Urt. v. 12. 1. 1989, NJW-RR 1990, 60.
231 OLG Hamburg 9. 12. 1977, DAR 1978, 336; LG Mainz 18. 4. 2002, DAR 2002, 319 – Neuwagen; vgl. auch BGH 18. 2. 1981, NJW 1981, 1268; OLG Karlsruhe 29. 5. 2002, OLGR 2002, 248 – Biodiesel/Neufahrzeug.
232 OLG Düsseldorf 18. 1. 2002, DAR 2002, 163 – Jahreswagen.
233 Vgl. OLG Frankfurt 8. 7. 1992, OLGR 1992, 149 („ohne Mängel").
234 BGH 21. 1. 1981, NJW 1981, 928 = WM 1981, 323; BGH 22. 2. 1984, NJW 1984, 1452 = WM 1984, 535.

1125   Die Erklärung „das Fahrzeug enthält keine verdeckten technischen Mängel" hat das OLG Köln als Eigenschaftszusicherung gewertet,[235] so wie es der BGH bei der Zusage getan hat, der Pkw werde in technisch einwandfreiem Zustand übergeben.[236]

Die bloße **Vorlage einer Rechnung** über eine umfangreiche Motorreparatur bedeutet nicht die konkludente Zusicherung der Mängelfreiheit des Motors.[237] Zu weit ist die Ansicht des AG Köln, mit der Vorlage einer Rechnung über eine Unfallreparatur sei das Versprechen verbunden, die Instandsetzungsarbeiten seien „ordnungsgemäß" ausgeführt worden.[238]

1126   Die Erklärung eines Verkäufers, ihm seien verborgene **Mängel nicht bekannt,** enthält keine Zusicherung/Garantie dahin, dass solche nicht vorliegen. Sie bedeutet nicht einmal, dass er das Auto auf verborgene (versteckte) Mängel untersucht hat. Eine Beschaffenheitsgarantie kann in diesen Fällen indessen nicht mit der Begründung verneint werden, es fehle an einer garantiefähigen Eigenschaft.[239] Unabhängig von einem Gewährleistungsausschluss kann eine solche **Unkenntnisklausel,** die vor allem im Zusammenhang mit Unfallschäden eine Rolle spielt, nicht als Zusicherung/Garantie der Abwesenheit von Mängeln angesehen werden.[240] Nach der Rechtsprechung, die der Annahme einer allgemeinen Untersuchungspflicht noch immer skeptisch gegenübersteht, kommt in einem solchen Fall nur die Arglisthaftung in Betracht (Fallgruppe: Behauptung ins Blaue). Erst recht kann eine Eigenschaftszusicherung/Garantie nicht daraus hergeleitet werden, dass die Rubrik „dem Verkäufer sind folgende Mängel bekannt..." leer geblieben ist.[241]

Neu, fast neu, neuwertig, erneuert usw.

1127   Fachhändler verwenden solche unscharfen Begriffe nur selten. Bei privaten Direktgeschäften kommen sie dagegen recht häufig vor. Bei einem Gebrauchtfahrzeug kann sich der Ausdruck „neu" naturgemäß nur auf bestimmte **Fahrzeugteile** beziehen. Wenn ein Privatmann seinen Wagen mit der Angabe „neuer Motor" anbietet, so kann er damit vieles meinen. Dass sich nicht mehr der Originalmotor, sondern ein Ersatzmotor in dem Fahrzeug befindet, ist der Mindesterklärungswert. Der überholte, selbst generalüberholte Erstmotor darf auch von einem Privatverkäufer nicht als **„neuer Motor"** angeboten werden. Die Alternative kann nur lauten, ob „neu" im Zusammenhang mit einem Motor in einem Gebrauchtfahrzeug „fabrikneu" bedeutet oder auch die gängigen Ersatzlösungen einschließt, s. dazu Rn 1079 ff. Bis auf den Gebrauchtmotor vom Autoverwerter fallen sämtliche Alternativen, also auch der generalüberholte Ersatzmotor, unter die Bezeichnung „neuer Motor". Sie besagt nicht, dass der Motor noch nicht mehr als zum Einfahren erforderlich gelaufen ist.[242]

---

235 Urt. v. 6. 5. 1982, 1 U 88/81, n. v.
236 Urt. v. 5. 7. 1978, NJW 1978, 2241 – Hinterreifenfall (Kauf eines Sportwagens vom Fabrikatshändler).
237 LG Köln 14. 11. 1979, 13 S 170/79, n. v.
238 Urt. v. 6. 10. 1988, 134 C 156/88, n. v.
239 So aber zu § 459 II BGB a. F. OLG Köln 26. 8. 1994, OLGR 1994, 237; OLG Düsseldorf 21. 10. 1994, 22 U 32/94, NZV 1995, 192 (Ls.).
240 Vgl. BGH 3. 3. 1995, NJW 1995, 1549 m. w. N.; BGH 21. 11. 1952, LM Nr. 1 zu § 463; OLG Hamm 21. 1. 1985, NJW 1986, 136 = DNotZ 1986, 745; KG 23. 2. 1989, NJW-RR 972; OLG Celle 13. 6. 1997, OLGR 1997, 173 – jeweils Immobilienkauf; zur Bedeutung einer formularmäßigen „Versicherung" eines privaten Inzahlunggebers, der Wagen habe keine wertmindernden Mängel, s. OLG Düsseldorf 9. 5. 1972, BB 1972, 857.
241 OLG Köln 8. 4. 1992, NJW 1993, 271 (Privatgeschäft mit ADAC-Mustervertrag); OLG Düsseldorf 18. 1. 2002, DAR 2002, 163 – Jahreswagen..
242 Ein Austauschmotor, der bei einem km-Stand von 110.000 eingebaut worden ist, ist nicht mehr „neu", vgl. OLG Hamburg 9. 2. 1977, VersR 1977, 634; zur Erklärung „Vorbesitzer hat anderen Motor eingebaut", s. BGH 16. 1. 1985, WM 1985, 321, 323 – BMW 520.

Die Voraussetzungen der Sachmängelhaftung 1128

In der Erklärung, eine Maschine sei „kaum gebraucht, fast neu und verhältnismäßig neuwertig", kann nach Ansicht des BGH eine Eigenschaftszusicherung liegen,[243] s. auch die Rechtsprechungsübersicht unter Rn 1832 f. In der Bemerkung „Auspuffanlage neu" hat das LG Köln bei einem Saab 900 Turbo eine Zusicherung gesehen.[244] Die Äußerung eines Kfz-Händlers **„Bremsen vor kurzem erneuert"** darf ein Käufer nur dahin verstehen, dass das Fahrzeug **neue Bremsbeläge** erhalten hat, nicht aber, dass die gesamte Bremsanlage oder auch nur die Bremsscheiben erneuert worden sind und der Händler die Gewähr für deren Funktionstüchtigkeit übernehmen will.[245] Zur Erklärung **„Bremsen neu"** s. auch KG OLGZ 1972, 402 (Urt. v. 31. 1. 1972).[246]

Angesichts der **Unschärfe** von Begriffen wie „neu", „neuwertig", „erneuert" etc. ist eine **besonders** sorgfältige Analyse des gesamten Auslegungsstoffes erforderlich. Maßgeblich ist der objektive Inhalt der Erklärung aus der Sicht des Käufers als Erklärungsempfänger (informativ BGH NJW 1995, 45 – Grundstückskauf).

Rostfreiheit/frei von Durchrostung

Je älter das Fahrzeug ist, desto wichtiger ist für den Käufer das Thema „Rost". Dazu, 1128 wann Korrosionsschäden Mängel i. S. d. § 434 I,2 BGB sind, s. Rn 1245 ff. Da Rost innerhalb bestimmter Grenzen eine normale Alterserscheinung ist, muss man bei der Auslegung von Anti-Rost-Erklärungen zurückhaltend sein. Wenn der Verkäufer eines älteren Pkw Rostschäden nicht ausdrücklich erwähnt, kann sein Schweigen nicht als Zusicherung der **Rostfreiheit** gewertet werden.[247] Auf der anderen Seite muss die Abwesenheit von Rostschäden nicht ausdrücklich erklärt werden, um eine Garantieübernahme annehmen zu können. Helfen können dem Käufer auch allgemeine Erklärungen wie „werkstattgeprüft", „komplette Durchsicht", „scheckheftgepflegt" oder einfach „fahrbereit".[248]

Wie die „Rost-frei-Erklärungen" in dem sog. ZDK-Zustandsbericht („tragende Bauteile an Karosserie und Rahmen frei von Durchrostung", „Schalldämpferanlage frei von Durchrostung") zu interpretieren sind, hat die Rechtsprechung nicht zu entscheiden brauchen. Mit dem im Oktober 1988 eingeführten Vermarktungskonzept des ZDK ist der „Zustandsbericht" gegenstandslos geworden. Aus Anlass der **Schuldrechtsreform** sind vergleichbare Zustands- oder Befundberichte wieder eingeführt worden. Auch sie enthalten mitunter Rubriken für Aussagen über das Thema „Korrosion".

Sofern ein Verkäufer ausnahmsweise eine individuelle Zusage macht, wie z. B. **„frei von Durchrostung"**, lag darin nach den Maßstäben der bisherigen Judikatur eine Zusicherung i. S. v. § 459 II BGB a. F., keine bloße Objektbeschreibung oder unverbindliche Anpreisung. Bei einem Händler mit eigener Werkstatt war diese Wertung sicherlich richtig. Besondere Maßstäbe gelten beim Verkauf von **Oldtimern**[249] und **Youngtimern.**[250] Weitere Rechtsprechung zum Oldtimer/Youngtimer-Kauf unter Rn 1170/1171.

---

243 Urt. v. 12. 5. 1959, NJW 1959, 1489; vgl. auch BGH 5. 12. 1984, WM 1985, 226 (als „neu" verkaufter Radlader).
244 Az. 10 O 365/83, n. v.
245 OLG Saarbrücken 4. 6. 1991, 2 U 109/89, n. v.
246 Vgl. auch OLG Düsseldorf 5. 2. 1979, 1 U 141/78, n. v.
247 BGH 21. 1. 1981, NJW 1981, 928 = WM 1981, 323; vgl. auch BGH 22. 2. 1984, NJW 1984, 1452 = WM 1984, 535.
248 Zur Erklärung Fahrzeug völlig durchgeschweißt, vgl. OLG Schleswig 27. 9. 1988, DAR 1989, 147.
249 OLG Köln 26. 5. 1997, OLGR 1997, 331 – Harley Davidson Bj. 1924; Kammergericht 22. 9. 1992, OLGR 1993, 1; OLG Frankfurt/M. 2. 11. 1988, NJW 1989, 1095 = WM 1989, 760.
250 OLG Köln 13. 1. 1993, OLGR 1993, 131.

Eine **„Durchrostung"** liegt nur vor, wenn der Korrosionsprozess in seine Endphase eingetreten ist. Löcher einer bestimmten Größe müssen noch nicht vorhanden sein. Der Tatbestand der Durchrostung ist auch zu bejahen, wenn das Stahlblech aufgrund von Korrosion so geschwächt ist, dass die Tragfähigkeit nicht mehr gewährleistet ist.[251] Ohne einschränkende Zusätze wie „von innen nach außen" oder „Rahmen frei von Durchrostung" kann sich der Verkäufer nicht auf derartige Begrenzungen seiner Zusage berufen. Unter der Geltung des alten Kaufrechts nicht entschieden ist die Frage, ob beim Verkauf eines Fahrzeugs, auf das eine **Neuwagen-Rostschutzgarantie** gegeben war, der Fortbestand dieser Garantie stillschweigend zugesichert worden ist. Bedenken bestanden schon gegen die Annahme einer zusicherungsfähigen Eigenschaft. Vorzuziehen war und ist eine Lösung über die Offenbarungspflicht.

Schadstoffarm/bedingt schadstoffarm/steuerfrei/steuerbegünstigt

1129 Die Tatsache der Befreiung von der Kfz-Steuer ist als eine zusicherungsfähige Eigenschaft i. S. v. §§ 459 II, 463 S. 1 BGB a. F. anerkannt gewesen, ebenso der Umstand, nur einen ermäßigten Steuersatz zahlen zu müssen.[252] Darüber hinaus konnte die Schadstoffarmut als solche Gegenstand einer Zusicherung sein. Das galt auch für das Vorhandensein eines **Katalysators**. Schon die bloße **Nachrüstbarkeit** auf Kat stellte eine zusicherungsfähige Eigenschaft dar.[253] Voraussetzung für die Zusicherungsfähigkeit war, dass der steuerliche Vorteil, wie z. B. beim „historischen Fahrzeug" (= Oldtimer), fahrzeuggebunden war, also nicht von der Person des Halters bzw. Eigentümers abhing.

Auch fast zwanzig Jahre nach Einführung von Abgasreinigungsanlagen liegt noch **keine höchstrichterliche Rechtsprechung** dazu vor, unter welchen Voraussetzungen ein Gebrauchtfahrzeugverkäufer[254] Eigenschaften wie „schadstoffarm" oder „mit Kat" oder „nachrüstbar" im Sinne von § 459 II BGB a. F. zusichert. Einschlägig sind lediglich OLG Köln MDR 2000, 580 = DAR 2000, 309; LG Köln MDR 1991, 55, AG Witten DAR 1988, 424, AG Tecklenburg NJW-RR 1996, 1142 und LG Kiel NJW-RR 1996, 1142. OLG Hamm OLGZ 1991, 99 ist ein Agenturfall; zudem kam wegen Ablaufs der kurzen Verjährungsfrist nur **Arglist** als Haftungsgrund in Frage.

Schriftliche Erklärungen eines Kfz-Händlers, und sei es nur auf dem Preisschild am Auto (OLG Hamm OLGZ 1991, 99) oder auf einer Folie an der Windschutzscheibe (LG Köln MDR 1991, 55), haben nach den Kriterien der Rechtsprechung sicherlich Garantiecharakter. Zweifelhaft ist indessen, ob „schadstoffarm" oder „mit Kat" schon dadurch als zugesichert anzusehen ist, dass ein professioneller Verkäufer die **Fahrzeugpapiere** mit der Eintragung „schadstoffarm" oder „schadstoffarm E 2" oder „S-ARM EURO 2" vorlegt. Das Emissionsverhalten ergibt sich bei Fahrzeugen, die nach Juli 1985 erstzugelassen worden sind, aus der Schlüsselnummer zu 1) in den Fahrzeugpapieren (5. und 6. Stelle). So bedeutet die Schlüsselnummer 30 „Euro 3", die Nummer 33 „Euro 4".

Besonders störanfällig sind **Import- und Re-Importfahrzeuge**. Hier kommt es vor, dass identische Fahrzeugtypen nur nach „Euro 2" eingestuft werden, während der gleiche Typ, in Deutschland gekauft, „Euro 3" erfüllt. Ein ständiger Grund für Streitigkeiten ist ferner, dass

---

251 Vgl. VdTÜV-Merkblatt Nr. 728.
252 OLG Koblenz 7. 11. 2001, MDR 2002, 452 – Neuwagen; OLG Bremen 14. 6. 2001, DAR 2001, 400 – Neuwagen; LG Kiel 26. 1. 1996, NJW-RR 1996, 1142; LG Köln 22. 8. 1990, MDR 1991, 55; AG Witten 20. 1. 1988, DAR 1988, 424; AG Essen 29. 1. 1987, NJW-RR 1987, 828 - Neuwagen; vgl. auch BGH 26. 4. 1991, WM 1991, 1171 (zu § 7 b EStG); auch bei „historischen Fahrzeugen" = Oldtimer im engeren Sinn gibt es seit 1997 eine Steuervergünstigung in Form einer Pauschale, vgl. *Hentschel*, NJW 1997, 2934.
253 OLG Hamm 10. 7. 1992, 19 U 101/92, n. v.
254 Zum Neufahrzeugverkauf s. Rn 199.

„schadstoffarm E 2" nicht gleichbedeutend ist mit „Euro 2". Problemfälle sind außerdem Fahrzeuge mit **Kat-Nachrüstung**. Voraussetzung für eine Steuervergünstigung ist eine Meldung der Zulassungsstelle an das Finanzamt. Die Zulassungsstelle berichtigt die Fahrzeugpapiere auf Vorlage einer Bescheinigung über den ordnungsgemäßen Einbau eines Umrüstungssatzes durch eine (AU-)Werkstatt oder bei Eigeneinbau durch den TÜV. Für den Umrüstungssatz muss eine ABE vorhanden sein, § 22 StVZO.[255]

Angesichts der geringen Anforderungen, die der BGH an stillschweigende (konkludente) Zusicherungen im Gebrauchtwagenhandel bis zur Schuldrechtsreform gestellt hat, war eine derartige Garantieübernahme zu bejahen, wenn ein **Kfz-Händler** (anders als im Fall LG Kiel NJW-RR 1996, 1142) ein Fahrzeug mit **Papieren** verkaufte, die den Vermerk „schadstoffarm" o. ä. enthielten.[256] Eine einfache Beschaffenheitsvereinbarung i. S. v. § 459 I BGB a. F. war damit auf jeden Fall getroffen.[257]

Aus den Eintragungen „schadstoffarm" oder „bedingt schadstoffarm" kann nicht ohne weiteres auf das Vorhandensein eines Katalysators geschlossen werden. Ein geregelter Dreiwege-Katalysator bedeutet zwar „schadstoffarm", umgekehrt gilt der Satz aber nicht. Ein ausdrücklicher Hinweis eines Kfz-Händlers auf das Vorhandensein eines „Kat" kann die Zusicherung bedeuten, dass mit dem Kat steuerliche Vorteile verbunden sind.[258] Die Marken- bzw. Typbezeichnungen wie BMW 316 i scheiden in der Regel als Anknüpfungspunkt aus, weil sie keinen direkten Bezug zur Schadstoffarmut haben.[259]

Die Eigenschaften „schadstoffarm" oder „bedingt schadstoffarm" fehlen, wenn das Fahrzeug nicht den Voraussetzungen entspricht, die in den einschlägigen Anlagen zur StVZO festgelegt sind. Sie fehlen nicht, wenn der Grund für die Versagung der Steuerbefreiung in der Sphäre des Finanzamtes oder der Zulassungsstelle liegt. Maßgeblich ist der tatsächliche Zustand des Fahrzeugs. Es müssen auch die notwendigen Dokumente vorhanden sein, die Voraussetzung für die Bewilligung der Steuervergünstigung sind. Um auf diesem unsicheren Terrain Klarheit zu gewinnen, empfiehlt sich die Einholung amtlicher Auskünfte (Finanzamt, Straßenverkehrsamt, TÜV) oder die Einschaltung eines Kfz-Sachverständigen.

Scheckheftgepflegt/werkstattgepflegt

Manche **Privatverkäufer** weisen darauf hin, dass ihr Fahrzeug „scheckheftgepflegt" oder „werkstattgepflegt" sei. **Gewerbliche Händler** verwenden diese Attribute im Allgemeinen nicht. Sie werben mit Ausdrücken wie „werkstattgeprüft" oder „von Meisterhand geprüft", s. Rn 1161, auf ihren **Webseiten** verschiedentlich aber auch mit „scheckheftgepflegt" bzw. „checkheftgepflegt".

Wer ein **„scheckheftgepflegtes"** Fahrzeug erwirbt, kann erwarten, dass die herstellerseits vorgeschriebenen Inspektionen von einer hierzu autorisierten Fachwerkstatt durchgeführt und im „Scheckheft" (Serviceheft) dokumentiert worden sind. Nur dann ist gewährleistet, dass technische Verbesserungen nachträglich eingebaut und „Kinderkrankheiten" abgestellt worden sind, ein wichtiger Gesichtspunkt bei solchen Fahrzeugen, die aus einer anfänglich fehlerträchtigen Baureihe stammen. Bedeutsam sind die vorgeschriebenen Inspektionen auch für den Erhalt des Garantieschutzes. Es genügt, wenn die Inspektionster-

---

255 Ohne ABE entfällt die Steuererleichterung; obendrein kann die Betriebserlaubnis für das Fahrzeug erlöschen (§ 19 StVZO).
256 Vgl. auch *Hörl,* DAR 1986, 97, 98.
257 Zur Aufklärungspflicht s. Rn 1695.
258 Vgl. OLG Köln 16. 2. 2000, MDR 2000, 580 = DAR 2000, 309.
259 Übersehen von AG Tecklenburg 23. 2. 1996, NJW-RR 1996, 1142; im Ergebnis richtig LG Kiel 26. 1. 1996, NJW-RR 1996, 1142.

mine im Wesentlichen eingehalten worden sind. Eine lückenlose Kette wird nicht versprochen.

„Scheckheftgepflegt" bedeutet andererseits nicht, dass ein Verkäufer, der nicht Ersthandbesitzer ist, nur die Einhaltung der in seine Besitzzeit fallenden Inspektionstermine zusagt. Anhand des „Scheckheftes" kann er sich darüber informieren, ob seine Vorbesitzer in den vorgeschriebenen Intervallen mit dem Fahrzeug in der Werkstatt waren oder nicht. Dass sich auch der Käufer durch Einblicknahme in das „Scheckheft" erkundigen kann, steht der Annahme einer Eigenschaftszusicherung/Beschaffenheitsgarantie nicht entgegen. Dadurch wird die Äußerung „scheckheftgepflegt" nicht zu einer unverbindlichen Anpreisung.

Eine besondere Qualität des Fahrzeugzustandes wird mit dem Hinweis „scheckheftgepflegt" nicht stillschweigend zugesichert, jedenfalls nicht von einem Privatverkäufer ohne technischen Sachverstand. Stimmt die Angabe nicht, so kann der Käufer wegen arglistiger Täuschung anfechten.[260] Die Abwesenheit von technischen Mängeln wird mit „scheckheftgepflegt" nicht versprochen, selbst wenn der letzte Inspektionstermin nur kurze Zeit bzw. wenige km zurückliegt. Der Verkäufer hat lediglich dafür einzustehen, dass die vorgesehenen Inspektionen von einer Fachwerkstatt durchgeführt worden sind.[261] Ist dies nicht der Fall, kann der Verkäufer unter dem Gesichtspunkt der Garantieübernahme selbst dann haften, wenn das Fahrzeug technisch mängelfrei ist. Entgegen Zeitungsmeldungen hat das LG Paderborn[262] nicht entschieden, ein **Privatverkäufer** sichere mit „scheckheftgepflegt" zu, dass alle Inspektionen von einer Fachwerkstatt durchgeführt worden seien. Schon in der bloßen **Übergabe des Inspektionsheftes** die konkludente Zusicherung/Garantie „scheckheftgepflegt" zu sehen[263] erscheint bedenklich.

Das **Unterlassen einer Scheckheftpflege** bedeutete für sich allein noch keinen Fehler i. S. v. § 459 I BGB a. F.,[264] kann aber im Zusammenhang mit der Frage des Fortbestandes des Garantieschutzes auch für die Sachmängelhaftung relevant sein.

Die Bezeichnung „**werkstattgepflegt**" besagt weniger als „scheckheftgepflegt". Mit ihr wird nicht versprochen, dass der Wagen **regelmäßig** zur Wartung und Inspektion in einer autorisierten Werkstatt war. Sie ist auch nicht dahin zu verstehen, dass die „Pflege" in einer fabrikatsgebundenen Fachwerkstatt erfolgt ist. Letztlich bedeutet das Adjektiv „werkstattgepflegt" ohne konkretisierende Hinweise in der Regel wohl nicht mehr, als dass das Fahrzeug hin und wieder in einer beliebigen Werkstatt war. So gesehen, spricht hier mehr für eine unverbindliche Anpreisung, zumal beim privaten Direktgeschäft.

Serienmäßigkeit/Typengerechtigkeit/Fortbestand der Betriebserlaubnis (Marken-, Typen- und Modellbezeichnungen)

1131 **Lagebeschreibung:** Analog den Fahrzeugbriefen enthalten die handelsüblichen **Vertragsformulare** (auch nach der Schuldrechtsreform) Rubriken für Eintragungen zum „Hersteller", dem „Fahrzeugtyp" und der „Fahrzeugart". Selten ist hier von „Fabrikat" oder „Marke" die Rede. Auch der Ausdruck „Modell" taucht nur vereinzelt auf. Informationen dieser Art findet man auch auf den **Verkaufsschildern** an den Fahrzeugen, in **Zeitungsanzeigen** und auf **Webseiten**. Im Vorfeld von Kaufverträgen dienen sie den Interessenten als Suchkriterien zur Orientierung. In die Vertragsurkunde werden sie aufgenommen, um das Kaufobjekt näher zu beschreiben und zu identifizieren. Zugleich geben solche Informatio-

---

260 LG Paderborn 20. 10. 1999, DAR 2000, 275.
261 So auch OLG Düsseldorf 5. 6. 1992, OLGR 1993, 42 (Ls.) = NZV 1993, 110 (Ls.).
262 Urt. v. 20. 10. 1999, DAR 2000, 275.
263 So OLG Düsseldorf, 5. 6. 1992, OLGR 1993, 42 = NZV 1993, 110.
264 So OLG Köln 21. 10. 1996, VersR 1997, 1019 = VRS 94, 321.

Die Voraussetzungen der Sachmängelhaftung

nen Auskunft über bestimmte **Fahrzeugeigenschaften.** Das ist eine Frage der Auslegung im Einzelfall.

Herstellerangaben wie „VW" oder „BMW" informieren über den Produzenten, nicht notwendigerweise auch über den Produktionsort (Herkunftsland). Jedenfalls beziehen sie sich auf den Zeitpunkt, zu dem das Fahrzeug fabrikneu vom Band gerollt ist. Sie bedeuten nicht, dass bei zwischenzeitlichen Reparaturen, Um- oder Nachrüstungen Originalersatzteile oder Originalzubehör Verwendung gefunden haben, also solche Teile, die von dem angegebenen Hersteller selbst produziert oder von ihm freigegeben worden sind. Ein solcher Bedeutungsinhalt ist selbst bei jüngeren Fahrzeugen, z. B. Jahreswagen, nicht anzunehmen.

Bei nachträglichen **Veränderungen am Fahrzeug** knüpft die Rechtsprechung konsequenterweise nicht isoliert an die Herstellerangabe, sondern an die **„Marken- und Typbezeichnung"** (BGH) an. Die Herstellerangabe in einem Vertragsformular enthält für sich allein noch keine entsprechende Zusicherung (so OLG Oldenburg NJW-RR 1995, 688 = OLGR 1995, 82 – „BMW"). Die bloße Mitteilung „Harley Davidson" wertet das OLG Karlsruhe bei einem privaten Direktkauf zu Recht nicht als Zusicherung dahin, dass das verkaufte Motorrad (älteren Baujahrs) noch über den Originalrahmen dieses Herstellers verfüge (VRS 84, 241 = NJW-RR 1993, 1138). Für das OLG Frankfurt (OLGR 1995, 13) ist die Tatsache, dass es sich um ein bestimmtes Fabrikat eines bestimmten Herstellers handelt, in der Regel nicht einmal eine zusicherungsfähige Eigenschaft. Für den Autokauf kann diese Aussage nicht gelten.

Die **Hauptbedeutung** von „Marken- und Typbezeichnungen" wie z. B. „Porsche 928 S" oder „BMW 520 i" liegt in der gewährleistungsrechtlichen Behandlung von **Fahrzeugveränderungen.** Die Gerichte haben sich wiederholt mit Fallgestaltungen befassen müssen, deren Besonderheit darin liegt, dass der Originalzustand des Fahrzeugs nachträglich verändert worden ist, sei es, dass der Originalmotor durch einen anderen Motor ersetzt worden ist, sei es, dass ein Getriebetausch stattgefunden hat, sei es, dass die Reifen umgerüstet worden sind. Bevorzugte Objekte für Veränderungen sind ferner das Fahrwerk und die Auspuffanlage. Das Verlangen nach mehr Leistung und einer vermeintlich schöneren Optik ist ungebremst. Motiv für eine Veränderung des serienmäßigen Fahrzeugzustandes ist häufig auch nur die simple Tatsache, dass ein bestimmtes Teil defekt ist und eine Reparatur sich nicht lohnt. Den Grund für eine Um- oder Nachrüstung können auch Vorschriften der StVZO liefern, z. B. bei Importautos.

Den **Schwerpunkt** in der **Rechtsprechung** bilden Fälle mit **Motorumrüstung.** Allein zu diesem Fragenkomplex liegen inzwischen sieben BGH-Entscheidungen vor. Mit Blick auf die Figur der Eigenschaftszusicherung kommt den Urteilen vom 18. 2. 1981 (PS),[265] 3. 11. 1982 (BMW 1602)[266] und 16. 1. 1985 (BMW 520)[267] besondere Bedeutung zu. Zu den „Umrüstungsfällen" gehört auch das – anderweitig berühmt gewordene[268] – Hinterreifen-Urteil des BGH vom 5. 7. 1978.[269] Den vorläufigen Schlusspunkt dieser Entscheidungsreihe bildet der Porsche-928-S-Fall, in dem es um den Austausch einer Hinterachsschwinge ging.[270] Lediglich eine **Falschbezeichnung,** keine Veränderung des Fahrzeugzustands, ist Gegenstand der Entscheidung OLG Koblenz, NJW-RR 1992, 1145 = BB 1992, 806 (380 SEL statt 380 SE).

---

265 NJW 1981, 1268 = DAR 1981, 147.
266 NJW 1983, 217 = DAR 1983, 55.
267 NJW 1985, 967 = DAR 1985, 150.
268 Vgl. Rn 643.
269 NJW 1978, 2241.
270 Urt. v. 17. 4. 1991, NJW 1991, 1880 = WM 1991, 1224.

1133 In den **Umrüstungsfällen** war weder die Serienmäßigkeit noch die Typengerechtigkeit expressis verbis zugesichert worden. Atypisch ist es auch, dass ein Händler – wie im Hinterreifen-Fall[271] – auf dem Bestellschein handschriftlich vermerkt „... wird in einwandfreiem technischen Zustand übergeben". Anknüpfungspunkte für die Zusicherungshaftung waren entweder Informationen über bestimmte Aggregate, z. B. „Austauschmotor", über konkrete Leistungsdaten, z. B. des Motors oder – gewissermaßen als **Auffangtatbestand** – die **Marken- und Typenbezeichnung**[272] im Kaufvertrag. Zur Bedeutung der Erklärung eines Verkaufsangestellten, er gehe davon aus, dass die am Fahrzeug (hier: Vorführwagen) vorgenommenen Änderungen in den Papieren eingetragen seien, siehe BGH NJW-RR 1991, 870 = WM 1991, 1041 (Zusicherung zutreffend verneint).

1134 Eine stillschweigende bzw. konkludente Zusicherung des **Fortbestandes der Allgemeinen Betriebserlaubnis** (ABE) allein aus der Tatsache des Verkaufs eines Gebrauchtwagens zum Zwecke der Weiterbenutzung im Straßenverkehr herzuleiten, hat die Rechtsprechung bislang abgelehnt.[273] Das LG Köln neigt dazu, in der Veräußerung eines Serien-Pkw die konkludente Zusicherung zu sehen, dass dieser mit dem vom Hersteller vorgesehenen Triebwerk ausgerüstet ist. Es hat diese Frage aber letztlich nicht entschieden.[274] Üblicherweise greift die Rechtsprechung auf die praktisch nie fehlende **„Marken- und Typenbezeichnung"**[275] zurück.[276] In Ergänzung seines Urteils vom 3. 11. 1982 (BMW 1602)[277] stellt der BGH zu der BMW-520-Entscheidung vom 16. 1. 1985[278] folgenden Leitsatz auf:

> *„Mit der in einem Kaufvertrag über einen Gebrauchtwagen enthaltenen Marken- und Typenbezeichnung (hier: BMW 520) sichert der Verkäufer dem Käufer über den Fortbestand der Voraussetzungen der Allgemeinen Betriebserlaubnis hinaus nicht zu, dass das Fahrzeug mit einem dem Fahrzeugtyp entsprechenden Motor ausgerüstet ist."*

1135 Unter Berufung auf dieses BGH-Urteil haben Instanzgerichte Marken- und Typenbezeichnungen verschiedentlich dahin (miss)verstanden, dass damit alle von der Allgemeinen Betriebserlaubnis geforderten Typenmerkmale als vorhanden zugesichert werden, so z. B. das LG Bonn im Porsche-928-S-Fall (Achsschwinge).[279] In jener Sache hat der BGH unmissverständlich klargestellt, dass einer Typenbezeichnung im Kaufvertrag „in keinem Fall eine abstrakte, alle Eventualitäten umfassende Zusicherung des Fortbestandes der konkreten Betriebserlaubnis" zu entnehmen sei.[280]

Die Formulierung „in keinem Fall" bedeutet auch: Selbst ein Vertragshändler mit dem üblichen Werkstattbetrieb sichert durch eine Angabe wie „BMW 325 i" im Kaufvertrag und/oder auf dem Verkaufsschild nicht zu, dass die dem Fahrzeug einmal erteilte Betriebserlaubnis (ABE) fortbesteht. Anders ausgedrückt: Nicht jede Veränderung des Fahrzeugs, die nach § 19 II StVZO die Betriebserlaubnis hat erlöschen lassen, ist geeignet, kraft vertraglicher Marken- und Typenbezeichnung eine Garantieübernahme zu begründen. Schon in seiner Leitentscheidung vom 3. 11. 1982[281] hat der BGH darauf hingewiesen, dass es nur um dieje-

---

271 BGH 5. 7. 1978, NJW 1978, 2241.
272 Zur Terminologie s. *Eggert*, DAR 1985, 143, 145; *ders.*, NZV 1992, 209.
273 Z. B. LG Köln 23. 5. 1991, 2 O 479/90, n. v. – Verkauf eines Ford Transit mit stärkerem Motor; in diesem Sinn muss auch BGH 30. 1. 1991, NJW-RR 1991, 870 verstanden werden.
274 Urt. v. 23. 5. 1991, 2 O 479/90, n. v.
275 Diese Bezeichnungen findet man in den handelsüblichen Bestellscheinen (Kaufanträgen) ebenso wie auf den Verkaufsschildern am Fahrzeug.
276 Erstmals OLG Frankfurt 20. 10. 1977, VersR 1978, 828; zuletzt OLG Düsseldorf 8. 5. 1992, NJW-RR 1993, 58; OLG Köln 2. 12. 1992, VRS 84, 405 = NZV 1993, 230.
277 NJW 1983, 217 = DAR 1983, 55.
278 NJW 1985, 967 = DAR 1985, 150.
279 Urt. v. 4. 8. 1989, 18 O 7/89, n. v.
280 Urt. v. 17. 4. 1991, NJW 1991, 1880 = WM 1991, 1224; dazu *Eggert*, NZV 1992, 209.
281 NJW 1983, 217 = DAR 1983, 55.

Die Voraussetzungen der Sachmängelhaftung

nigen Merkmale gehen kann, die von der Typenbezeichnung **„charakterisiert"** werden und von denen „der Fortbestand der Allgemeinen Betriebserlaubnis abhängig ist". Mit Hilfe dieses häufig übersehenen Kriteriums konnte der BGH den Porsche-928-S-Fall problemlos lösen. Denn eine bestimmte Ausführung der Achsschwinge gehört zweifellos nicht zu den Merkmalen, die mit der Angabe „Porsche 928 S" angesprochen („charakterisiert") werden.

Auf der Grundlage der BGH-Judikatur hat der Käufer eines gebrauchten **Pkw/Kombi** demnach für eine Garantieübernahme Folgendes **darzulegen und zu beweisen:**
a) Schriftliche Typenbezeichnung eines Kfz-Händlers
b) Nichtbestehen der Betriebserlaubnis bei Vertragsabschluss und Auslieferung, weil
c) das Fahrzeug in einem Ausstattungsteil, das durch die Typenbezeichnung charakterisiert wird, verändert worden ist.

Im BMW-1602-Fall (BGH NJW 1983, 217) lagen alle drei Voraussetzungen vor. Im BMW-520-Fall (BGH NJW 1985, 967) war oben b) bestritten und aufklärungsbedürftig, wobei auch der Behauptung des beklagten Händlers nachzugehen war, für den leistungsschwächeren Motor sei eine Betriebserlaubnis für Fahrzeugteile nach § 22 StVZO erteilt worden. Im Porsche-928-S-Fall (BGH NJW 1991, 1880) fehlte offenkundig die Voraussetzung c).

Offene Fragen: Auch nach der Entscheidung des BGH vom 17. 4. 1991 (Porsche 928 S)[282] ist noch vieles offen.[283] Welche Auswirkungen die Änderungen im Kaufrecht – vor allem der Wegfall der Freizeichnungsklausel bei Verbrauchergeschäften – haben werden, bleibt abzuwarten.

Verkauf durch Privat: Als geklärt kann die Rechtslage bei **Geschäften zwischen Privatleuten** gelten, wenngleich der BGH bislang davon abgesehen hat, für diesen Geschäftstyp eine definitive Aussage zu machen. Er hat lediglich erhebliche Bedenken geäußert, seine für den gewerblichen Bereich entwickelten Grundsätze auf das private Direktgeschäft zu übertragen. Alles spricht jedoch dafür, dass der BGH den privaten Verkäufer anders als den professionellen Autohändler behandeln wird. Unter den gegebenen Umständen und entsprechend der allgemeinen Tendenz, Fachleute stärker als Privatpersonen in die Haftung zu nehmen, kann das nur heißen: Marken- und Typenbezeichnungen von **Privatverkäufern** gegenüber nichtgewerblichen Käufern, erst recht gegenüber Kfz-Händlern, enthalten in der Regel **keine Beschaffenheitsgarantien** (Eigenschaftszusicherungen alter Art).[284] Erweckt der (Privat-)Verkäufer den Eindruck, er handele gewerblich mit gebrauchten Kfz, muss er sich nach Ansicht des LG Saarbrücken[285] die Anwendung der strengen Garantierechtsprechung gefallen lassen.

Händler-Händler-Geschäft: Nach wie vor unklar ist die Situation bei Geschäften zwischen Kfz-Händlern. Einiges spricht dafür, Garantieübernahmen im Zweifel zu verneinen. Es fehlt an der besonderen Schutzwürdigkeit auf Käuferseite.

Verkauf von Nutzfahrzeugen, Wohnmobilen und Motorrädern: Noch nicht entschieden ist, welche Bedeutung Marken- und Typenbezeichnungen beim Verkauf von Nutzfahrzeugen, Wohnmobilen[286] und Motorrädern[287] haben.

---

282 NJW 1991, 1880 = WM 1991, 1224.
283 Vgl. auch *Eggert*, NZV 1992, 209.
284 *Eggert*, NZV 1992, 209; so auch OLG Koblenz 21. 11. 1991, BB 1992, 806 = NJW-RR 1992, 1145; OLG Köln 24. 3. 1993, VRS 86, 13; s. auch OLG Karlsruhe 18. 8. 1992, NJW-RR 1993, 1138 (Motorrad); strenger OLG Köln 2. 12. 1992, NZV 1993, 230; s. auch OLG Celle 22. 2. 1995, OLGR 1995, 258.
285 Urt. v. 14. 1. 1999, NJW-RR 1999, 1065 – VW Käfer 1303.
286 Dazu OLG Frankfurt 9. 3. 1994, ZfS 1994, 329 (Zulassungsgerechtigkeit der Flüssiggasanlage war ausdrücklich zugesichert).
287 Dazu OLG Karlsruhe 18. 8. 1992, NJW-RR 1993, 1138 = VRS 84, 241.

Pkw-Kauf vom Händler durch Privat: Für diese Fallgruppe ist noch offen, ob eine Angabe wie „Porsche 928 S" im schriftlichen Kaufvertrag (Bestellschein) stehen muss oder ob ein Zeitungsinserat oder das Verkaufsschild am Fahrzeug als Informationsträger genügt. Ist Schriftlichkeit überhaupt ein unverzichtbares Indiz für den Garantiewillen des Händlers? Abzuwarten bleibt auch, wie der BGH die Typenbezeichnung eines Händlers **ohne eigenen Werkstattbetrieb** bewerten wird. Vor allem aber ist ungewiss, welche Fahrzeugteile durch eine Bezeichnung wie „Porsche 928 S" **charakterisiert** werden. Mit dieser Formel lassen sich in der Praxis befriedigende Ergebnisse nur in solchen Fällen erzielen, in denen, wie im Porsche-928-S-Fall (Achsschwinge),[288] die richtige Lösung ohnehin auf der Hand liegt. In Grenzfällen ist sie keine Hilfe.

Kritik: Der Rechtsprechung des BGH konnte schon unter der Geltung des alten Kaufrechts aus einer Reihe von Gründen nicht zugestimmt werden. Abgesehen von den grundsätzlichen Bedenken gegen die Ausweitung der Zusicherungshaftung des Gebrauchtwagenverkäufers,[289] stieß auch die konkrete Vertragsauslegung auf erhebliche Bedenken. In dem Bemühen um Differenzierung und Begrenzung hat der BGH des Guten zuviel getan. Bis heute unklar ist geblieben, welche Eigenschaft des Fahrzeugs mit einer Marken- und Typenbezeichnung wie „BMW 525 i" tatsächlich „stillschweigend zugesichert" wird. Die Ausstattung des Fahrzeugs mit einem typengerechten (serienmäßigen) Motor ist es nicht;[290] auch nicht die Ausstattung mit sämtlichen durch die Typenbezeichnung „charakterisierten" Fahrzeugteilen, was immer das heißen mag. Inhalt der Zusicherung/Garantie soll auch nicht der uneingeschränkte Fortbestand der Allgemeinen Betriebserlaubnis oder überhaupt der Betriebserlaubnis sein. Er ist es „allenfalls insoweit, als er von den mit der Typenbezeichnung charakterisierten Merkmalen abhängt", und dies auch nur, so der BGH,[291] „gegebenenfalls". Solche gewundenen Formulierungen überfordern und irritieren die Praxis.[292]

Die außerordentlich facettenreichen Umrüstungsfälle über § 459 II BGB a. F. zu lösen, bedeutete im Ergebnis nichts anderes als eine **Zusicherungsfiktion.** Ob der Händler wollte oder nicht: Er musste sich so behandeln lassen, als habe er den Fortbestand der ABE rechtsverbindlich zugesichert, wenn auch irgendwie eingeschränkt. Dabei sind Typ- und Modellangaben im Kopf von Bestellscheinen, auf Verkaufsschildern und Verkaufsanzeigen ihrem natürlichen Sinngehalt nach nur **Warenkennzeichnungen.**[293] In Verbindung mit den Fahrzeugpapieren dienen sie der **Objektbeschreibung.** Ohne gegenteilige Anhaltspunkte gehen Verkäufer und Käufer als selbstverständlich davon aus, dass z. B. ein BMW vom Typ 520 i mit einem typengerechten („passenden") Motor ausgerüstet ist. Eine solche Selbstverständlichkeit wird gerade nicht garantiemäßig zugesagt, jedenfalls nicht schon durch ein Kürzel wie „520 i" hinter der Herstellerangabe „BMW".[294]

Erst recht nach Einführung des Freizeichnungsverbots durch § 475 I BGB besteht kein Bedürfnis, solche Kennzeichnungen zu stillschweigenden (konkludenten) Beschaffenheitsgarantien aufzuwerten. Zur Überwindung einer zulässigen Haftungsfreizeichnung, dem erklärten Ziel der früheren Zusicherungsrechtsprechung, stehen andere Mittel zur Verfügung.[295] Abgesehen von den Fällen der Arglist (§ 444 BGB) kann sich derjenige Verkäufer

---

288 BGH v. 17. 4. 1991, NJW 1991, 1880 = WM 1991, 1224.
289 Dazu *Eggert*, NJW 1990, 549.
290 Missverständlich OLG Düsseldorf 8. 5. 1992, NJW-RR 1993, 58; OLG Köln 2. 12. 1992, NZV 1993, 230 = VRS 84, 405.
291 Urt. v. 17. 4. 1991, NJW 1991, 1880 = WM 1991, 1224.
292 Wie OLG Düsseldorf 8. 5. 1992, NJW-RR 1993, 58 zeigt.
293 So auch OLG Köln 28. 3. 1990, 2 U 201/89, n. v.
294 Vgl. auch *Henseler*, BB 1969, 24; *Semler*, NJW 1976, 406; missverständlich *Soergel/Huber*, § 459 Rn 311.
295 Dazu *Eggert*, DAR 1985, 143, 147 f.

Die Voraussetzungen der Sachmängelhaftung

nicht auf eine an sich zulässige Freizeichnungsklausel berufen, der den Ersatzmotor hat einbauen lassen oder nachträglich von der Umrüstung erfahren hat. Dem informierten Verkäufer, dem Arglist nicht nachzuweisen ist, steht der Händler gleich, der seine Untersuchungspflicht verletzt hat.[296] In allen übrigen Fällen muss ein Gewährleistungsausschluss, sofern rechtlich wirksam, durchgesetzt werden können. Andernfalls würden Gebrauchtfahrzeugverkäufer unangemessen belastet. Denn die Fahrzeughersteller bieten für fast jeden Fahrzeugtyp mehrere Motorvarianten an. Selbst bei Eigenfabrikaten stehen die Händler vor einem kaum lösbaren Problem, zumal die Fahrzeugpapiere keine Motornummer mehr ausweisen. Bei Fremdfabrikaten mit mehreren Vorbesitzern kann eine Garantieübernahme erst recht nicht erwartet werden.

Für den Kauf von **Sportwagen** ein Sonderrecht zu schaffen, ist nicht angebracht. Der Begriff „Sportwagen" ist unscharf. Die StVZO kennt ihn nicht. Auch in der Sache selbst gibt es keinen plausiblen Grund, Sportwagenkäufer zu privilegieren. Der Gesichtspunkt der **besonderen Gefährlichkeit,** auf den es dem LG Bonn[297] im Porsche-928-S-Fall ankam, und der an sich auch beachtenswert ist, spielt bei den meisten Fahrzeugen der oberen Mittelklasse und Oberklasse eine kaum geringere Rolle. Höchstgeschwindigkeiten über 200 km/h, vor zwanzig Jahren noch Rennwagen vorbehalten, sind für Fahrzeuge dieser Kategorien inzwischen normal.

Sonderausstattung (Zubehör)

Das LG Bochum hat einen Händler zum Schadensersatz wegen Nichterfüllung (§ 463 S. 1 BGB a. F.) verurteilt, weil das Fahrzeug entgegen der Eintragung „**Servo**" unter der Rubrik Zubehör nicht mit einer Servo-Lenkung ausgestattet war.[298] Im Gegensatz zur Vorinstanz hat es dem Käufer nicht die gesamten Kosten für den nachträglichen Einbau der Servo-Lenkung, sondern nur den reinen Aufpreis für dieses Extra zugesprochen.

1138

Auch anhand der vom BGH für maßgeblich erachteten Kriterien (fehlende Sachkunde des Käufers, Vertrauen in die Sachkunde des Händlers, Schriftlichkeit der Erklärung) wird man in der Angabe „Servo" und in ähnlichen Hinweisen auf Zubehör und Zusatzausstattung, z. B. **ABS** (dazu BGH NJW 1995, 518 – Neuwagen) oder **Tempomat** (dazu AG Solingen DAR 1985, 257) lediglich eine Beschreibung des Fahrzeugs sehen können.[299] Etwas anderes mag gelten, wenn das Vorhandensein eines bestimmten Zubehörteils Gegenstand der Vertragsverhandlung gewesen ist und der Verkäufer die Ausstattung des Fahrzeugs mit diesem Extra schriftlich bestätigt hat.[300] Ohne zu der Frage der Eigenschaftszusicherung abschließend Stellung zu nehmen, hat das OLG Braunschweig[301] einen Vermittler für schadensersatzpflichtig gehalten, der irrtümlich die Ausrüstung mit **ABS** zugesagt hat. Dem Vermittler wurde vorgeworfen, diese Erklärung ohne vorherige Überprüfung abgegeben zu haben.

Kommt es aufgrund eines **Internetangebots**, z. B. in einer Gebrauchtwagenbörse, zu einer (ersten) telefonischen Kontaktaufnahme mit dem anbietenden Autohaus und erklärt der Verkäufer spontan, also ohne nähere Prüfung, das besagte Fahrzeug habe „von Haus aus" **ABS**, so liegt darin keine Zusicherung, auch wenn dieses Ausstattungsdetail später nicht mehr angesprochen wird.[302] Zur Bedeutung von Angaben über Ausstattungsdetails

---
296 Zur Untersuchungspflicht s. Rn 1449 ff.
297 Urt. v. 4. 8. 1989, 18 O 7/89, n. v.
298 Urt. v. 2. 10. 1979, DAR 1981, 15; dazu *Eggert,* DAR 1981, 1.
299 Für Zusicherung – beim Kauf vom Vertragshändler – OLG Köln 16. 5. 1997, OLGR 1998, 26 = VRS 94, 168.
300 S. auch BGH 28. 11. 1994, NJW 1995, 518 (ABS bei Neuwagen).
301 Urt. v. 29. 12. 1986, 1 U 65/86, n. v. – Agenturgeschäft.
302 So LG Bielefeld 29. 11. 2000, DAR 2001, 409.

und „Extras" in einer **Internetanzeige** s. auch LG Köln DAR 2002, 272 (keine Zusicherung, aber eine Beschaffenheitsangabe). Falschangaben können nach Ansicht des LG Köln unter dem Gesichtspunkt der Behauptung ins Blaue hinein eine arglistige Täuschung bedeuten. Nach Auffassung des LG Trier[303] ist **„ABS" auf dem Verkaufsschild** direkt am Fahrzeug keine Eigenschaftszusicherung. Die Verurteilung des Händlers aus c. i. c. wegen fahrlässiger Falschangabe ist unrichtig, bei Arglist dagegen zutreffend.

TÜV-Abnahme/TÜV-Plakette/TÜV-Bericht (Hauptuntersuchung nach § 29 StVZO)

1139 Werden Gebrauchtwagen in ihrem Wert und ihrer Gebrauchstauglichkeit beurteilt, gilt vielen Kaufinteressenten eine neue Prüfplakette geradezu als Gütesiegel. Bei Laien herrscht mitunter eine regelrechte **TÜV-Gläubigkeit** vor. Infolgedessen fehlt in kaum einer Gebrauchtwagenanzeige ein Hinweis darauf, wie lange das Fahrzeug noch „TÜV-frei" ist. In den gängigen Kaufvertragsvordrucken gibt es eine spezielle Rubrik „TÜV" oder – präziser – „nächste Hauptuntersuchung nach § 29 StVZO". Im seriösen Fachhandel werden praktisch nur noch solche Fahzeuge (Pkw/Kombis) verkauft, die spätestens bei Auslieferung eine „frische" Prüfplakette haben.

Durch die 8. VO zur Änderung straßenverkehrsrechtlicher Vorschriften vom 24. 5. 1989 (BGBl. I S. 1002) wurden die rechtlichen Voraussetzungen dafür geschaffen, dass außer TÜV, FKÜ und DEKRA neue Überwachungsorganisationen für die Durchführung von Hauptuntersuchungen nach § 29 StVZO anerkannt werden können. Zu den Alt-Organisationen ist vor allem die GTÜ (Gesellschaft für Technische Überwachung) getreten. Damit sind auch **freiberufliche Kfz-Sachverständige** zu §-29-Untersuchungen zugelassen.

a) Fallgruppen

1140 **Verkauf durch Kfz-Händler:** Hier sind **drei Sachverhalte** zu unterscheiden: 1. Der Händler verkauft das Fahrzeug mit **Altplakette,** d. h. derjenigen Plakette, die bei Hereinnahme vorhanden war. 2. **Vor der Bestellung** des Kunden wird das Fahrzeug vom Händler zur Hauptuntersuchung vorgestellt und abgenommen; dies kann a) auf eigene Rechnung des Händlers, b) im Auftrag und für Rechnung des Vorbesitzers (so beim Agenturgeschäft) geschehen. 3. Der Händler sagt dem Kaufinteressenten zu, das Fahrzeug **bis zur Auslieferung** nach § 29 StVZO abnehmen zu lassen und mit **„frischer" Plakette** zu übergeben. Bei dieser Fallvariante, die in der Praxis überwiegt, ist wiederum zwischen a) Eigengeschäft und b) Agenturgeschäft zu differenzieren.

In den Fällen 1 und 2 ist die Dokumentation im Bestellschein problemlos. Der Zeitpunkt der nächsten Hauptuntersuchung steht fest. Er kann durch einen Vermerk wie 5/03 in den Bestellschein aufgenommen werden. Im Fall Nr. 3 sind verschiedene Abreden zu beobachten: Manche Händler tragen in der Rubrik „Nächste HU" lediglich den – mutmaßlichen – nächsten Fälligkeitstermin ein. Andere vermerken dort: „Zwei Jahre". Nicht selten wird in diese Rubrik der tatsächliche (aktuelle) Fälligkeitstermin aufgenommen, und es folgt dann ein Zusatz wie „TÜV neu" oder „neu TÜV" oder „TÜV 2 Jahre". Zusätze dieser Art stehen entweder in der Spalte „nächste HU" oder unter „Sondervereinbarungen". Einige Händler notieren dort auch „TÜV g. B.", d. h. zu Lasten des Käufers geht die Prüfgebühr, Aufwendungen an Material und Lohn trägt der Händler. Das Versprechen, das Fahrzeug „über den TÜV zu bringen", ist gleichbedeutend mit „TÜV neu" (Fall 3).

---

[303] Urt. v. 25. 4. 2000, DAR 2000, 364.

b) Rechtsprechung

Nach jahrelanger Rechtsunsicherheit hat der **BGH** durch Urteil vom 24. 2. 1988[304] für **1141** die **dritte Fallgruppe,** aber auch nur insoweit, Klarheit geschaffen. Leitsatz:

> *„Verspricht ein Kraftfahrzeughändler mit eigener Werkstatt bei dem von ihm vermittelten Verkauf eines gebrauchten Pkw mit der Abrede „TÜV neu", das Fahrzeug werde noch einer Hauptuntersuchung (§ 29 StVZO) unterzogen, so liegt darin zugleich die Zusicherung nach § 459 Abs. 2 BGB, der Pkw werde bei Übergabe dem für die Hauptuntersuchung erforderlichen Zustand entsprechen."*

Diese Entscheidung,[305] die im Schrifttum ein ungewöhnlich starkes Echo gefunden hat,[306] bedeutete **bis zum In-Kraft-Treten der Schuldrechtsreform** im Wesentlichen Folgendes:

1. Mit einer Erklärung wie „TÜV neu 5/02" sagt ein **Kfz-Händler mit eigener Werkstatt** zweierlei zu: Das Fahrzeug durch eine amtlich anerkannte Prüforganisation prüfen und abnehmen zu lassen; zum Zweiten wird versprochen, dass sich das Fahrzeug im Zeitpunkt der Übergabe in einem bis auf geringe Mängel vorschriftsmäßigen Zustand befindet, insbesondere **verkehrssicher** ist.[307] Insoweit stellt der BGH ausdrücklich auf den **tatsächlichen Zustand** des Fahrzeugs ab, also auf die objektive Abnahmereife. Das Risiko einer Fehldiagnose der Prüforganisation wird dem Händler auferlegt. Unklar ist, ob dies auch für solche Sicherheitsmängel gilt, die einem Prüfingenieur bei Anwendung der verkehrsüblichen Sorgfalt nicht auffallen. Das OLG Karlsruhe[308] hat die Haftung des Händlers bei einem versteckten Konstruktionsfehler an einem US-Import („Exote") verneint, zumal ungeklärt war, ob das Fahrzeug im Zeitpunkt der TÜV-Abnahme infolge dieses Fehlers verkehrsunsicher war.

2. Die **weite Auslegung** der TÜV-Klausel war unabhängig davon, ob der Kfz-Händler **Eigenhändler** oder – wie früher beim Agenturgeschäft – **Vermittler/Abschlussvertreter** ist.

3. Beim **Agenturgeschäft** wird eine Zusage wie „TÜV neu" regelmäßig im Namen des Verkäufers/Auftraggebers gemacht. Ob sie dem Verkäufer auch zuzurechnen ist, hängt vom Umfang der Vollmacht ab.[309] Dazu liegt eine Stellungnahme des BGH nicht vor.

4. Ungeklärt ist die **Reichweite** der TÜV-Abrede beim Kauf vom bzw. über einen Kfz-Händler **ohne eigene Werkstatt**. In einem solchen Fall hat das OLG Köln eine Zusicherung der Verkehrssicherheit verneint.[310] Offen ist auch, welche Anforderungen an den Werkstattbetrieb in sachlicher und personeller Hinsicht zu stellen sind. Klar dürfte sein, dass z. B. ein Betreiber einer Tankstelle mit Servicestation nicht zu den Kfz-Händlern im Sinne der BGH-Entscheidung vom 24. 2. 1988 gehört.[311] Gleichwohl haben Instanzgerichte den Personenkreis auf einen Kfz-Meister ohne eigene Werkstatt[312] und einen Händler mit „klei-

---

304 BGHZ 103, 275 = NJW 1988, 1378 = DAR 1988, 209.
305 Bestätigt durch BGH 13. 2. 2002, VIII ZR 93/01.
306 *Huber,* JZ 1988, 923; *Tiedtke,* JuS 1988, 848; *ders.,* JZ 1990, 75, 80; *Eggert,* NJW 1990, 549; *G. Müller,* BB 1990, 2136; *H. H. Jacobs,* NJW 1989, 696.
307 So jetzt auch – im Anschluss an BGHZ 103, 275 = NJW 1988, 1378 – OLG Köln 11. 12. 1996, OLGR 1997, 172 = VRS 94, 11; OLG Hamm 19. 5. 1988, NZV 1988, 180 (Nutzfahrzeug); OLG Hamm 14. 5. 1992, OLGR 1992, 290 (Motorrad); weitergehend LG Bielefeld 28. 9. 1988, NJW-RR 1989, 561 (Verkäufer war nur angestellter Kfz-Meister); vgl. auch LG Tübingen 26. 6. 1987, DAR 1988, 167 (Verkauf eines Reisebusses durch Busunternehmer) und OLG Bamberg 15. 6. 1976, VersR 1977, 182 (Sonderfall).
308 Urt. v. 29. 8. 1991, VRS 82 (1992), 172 = DAR 1992, 305.
309 Für Vollmacht *Eggert,* NJW 1990, 549; vgl. auch *Tiedtke,* JuS 1988, 848; *Huber,* JZ 1988, 923; *Soergel/Huber,* § 459 Rn 318; *G. Müller,* BB 1990, 2136.
310 Urt. v. 15. 6. 1998, NZV 1998, 466; ebenso LG Hamburg, Urt. v. 10. 10. 1991, 304 O 31/91, n. v. (Verkauf eines 40 Jahre alten US-Militärjeeps).
311 So OLG München 19. 10. 1990, 21 U 6283/90, SP 1992, 60 (Vermittlung durch Tankstelleninhaber).
312 So LG Bielefeld 28. 9. 1988, NJW-RR 1989, 561.

ner Wartungshalle"³¹³ ausgedehnt. Entscheidend sei der Eindruck, den der Käufer bei verständiger Sicht der Dinge von dem Betrieb gewinnen durfte.³¹⁴

5. Wird das Fahrzeug ohne „frische" Prüfplakette oder mit Plakette, aber nicht in verkehrssicherem (abnahmefähigem) Zustand (vgl. § 29 Abs. 2 a StVZO) ausgeliefert, so haftete der Händler im Fall des **Eigengeschäfts** nach den §§ 459 ff. BGB a. F. Insbesondere hatte der Käufer den Schadensersatzanspruch aus § 463 S. 1 BGB a. F. Das Risiko eines Irrtums des Prüfers trug damit der Händler.³¹⁵ Zu beachten ist, dass speziell beim sog. Werkstatt-TÜV die Prüfplakette nicht selten mit der Auflage erteilt wird, die festgestellten Mängel zu beseitigen, diese Auflage aber nicht immer erfüllt wird.

6. Beim **Agenturgeschäft** kommt eine Haftung des Händlers/Vermittlers unter zwei Gesichtspunkten in Frage: zum einen aus der vertragsähnlichen Eigenhaftung (jetzt §§ 311 III, 241 II, 280 I BGB), wobei die Frage der Pflichtwidrigkeit (Verschulden) noch offen ist; zum anderen aus § 179 BGB.³¹⁶

7. Festgehalten hat der BGH an seiner Auffassung, dass die TÜV-Abrede im Einzelfall nicht nach Kauf-, sondern nach **Werkvertragsrecht** zu beurteilen sein kann. Voraussetzung ist, dass die Vertragsparteien von der Vorstellung ausgegangen sind, dass „ein bestimmter Zustand des Wagens noch durch eine Tätigkeit des Beklagten ... verändert werden müsse".³¹⁷ Eine werkvertragliche Zusicherung, die seinerzeit zu einer radikalen Änderung der Händlerhaftung geführt hätte, hat der BGH mit der Begründung abgelehnt, die Parteien hätten mit keinem Wort „etwaige Fehler oder Mängel zur Zeit des Vertragsabschlusses erörtert". Ohne eine solche „Erörterung" ist auch nach Ansicht des OLG Hamm (28. ZS) kein Raum für die Annahme einer werkvertraglichen Abrede (OLGR 1992, 290). Ausschließlich nach Kaufrecht hat der BGH³¹⁸ den Fall beurteilt, dass ein Autohaus bei Vertragsabschluss zugesagt hat, das Fahrzeug vor Übergabe noch einer sorgfältigen Durchsicht in einer fremden Fachwerkstatt zu unterziehen.

Schon die bloße Herbeiführung der TÜV-Abnahme als werkvertragliche Unternehmerleistung zu werten,³¹⁹ geht sicherlich sehr weit. Doch Klauseln wie „TÜV neu" bedeuten auch ohne ausdrückliche Zusätze wie

– „rechte Seite und linke Tür Lackschäden beseitigen, Rückscheibeneinfassung reparieren",³²⁰

oder

– „Reparaturkosten zu Lasten des Verkäufers"³²¹

mehr, als das Fahrzeug einer amtlich anerkannten Prüforganisation vorzuführen und es abnehmen zu lassen. An anderer Stelle seines Urteils vom 24. 2. 1988 weist der BGH selbst mit Recht darauf hin, dass der Händler verpflichtet sei, bei der Prüfung erkannte und bean-

---

313 LG Köln 13. 1. 1993, DAR 1994, 160.
314 OLG Köln 11. 12. 1996, OLGR 1997, 172 = VRS 94, 11.
315 Für Amtspflichtverletzungen eines TÜV-Sachverständigen haftet das betreffende Land, weil der Sachverständige bei der Hauptuntersuchung nach § 29 StVZO hoheitlich tätig wird, vgl. BGH 25. 3. 1993, NJW 1993, 1784 m. w. N. Gegen die Prüforganisation hat auch der Käufer keinen direkten Anspruch, auch nicht unter dem Gesichtspunkt des Vertrages mit Schutzwirkung zu Gunsten Dritter. In den Schutzbereich des Vertrages zwischen dem Händler und der Prüforganisation ist er nicht einbezogen; s. auch OLG Düsseldorf 12. 10. 1995, OLGR 1996, 17.
316 Zu beiden Anspruchsgrundlagen s. Rn 1021, 1045.
317 So BGH 24. 2. 1988, BGHZ 103, 275 = NJW 1988, 1378.
318 Urt. v. 15. 12. 1992, NJW 1993, 655.
319 So der 2. Senat des OLG Hamm in st. Rspr., vgl. Urt. v. 6. 12. 1979, 2 U 161/79, n. v.; Urt. v. 29. 5. 1980, NJW 1980, 2200 (Nr. 14).
320 BGH 6. 10. 1971, NJW 1972, 46 = WM 1971, 1437.
321 OLG Hamm 16. 11. 1978, 2 U 56/78 n. v.

Die Voraussetzungen der Sachmängelhaftung

standete Mängel zu beseitigen. Auch er müsse mit solchen Mängeln rechnen. In der Tat gehen die Vertragspartner bei einem Kauf in einem Autohaus mit eigener Werkstatt als selbstverständlich davon aus, dass der Händler die für die TÜV-Abnahme erforderlichen Arbeiten auf seine Kosten erledigt. Er hat das Fahrzeug in einen abnahmereifen Zustand zu versetzen, so der 2. Senat des OLG Hamm in st. Rspr.[322] Im Urteil vom 14. 2. 1980[323] heißt es dazu weiter:

> *„Im Übrigen ergibt sich dies auch aus der von der Beklagten übernommenen Pflicht zur Überprüfung. Denn diese Überprüfung bedeutete aus der auch der Beklagten erkennbaren Sicht des Klägers die Durchsicht des Autos auf Mängel, die die Tauglichkeit des Autos zum weiteren Gebrauch als Kfz durch den Kläger erheblich minderten (§ 633 Abs. 1 BGB, wobei allerdings Verschleißerscheinungen, die nicht alsbald mit einer Störung dieser Tauglichkeit rechnen ließen, außer Betracht zu bleiben haben), und die Beseitigung dieser Mängel."*

Der 23. Senat des OLG Hamm ist der Auslegung des BGH in einem Fall gefolgt, in dem der Verkäufer eines **Nutzfahrzeugs** erklärt hatte: „TÜV 1/87: auf Wunsch durch DB neu". Darin sei keine werkvertragliche Zusicherung zu sehen, weil nicht der Verkäufer, sondern die mit der „Vorprüfung" des Fahrzeugs beauftragte DB-Werkstatt[324] etwaige Reparaturmaßnahmen durchführen sollte.[325]

Diese Unterscheidung leuchtet nicht ein. Verantwortlich für die Durchführung der TÜV-Abnahme war der Verkäufer. Dass er sich dazu eines bestimmten Subunternehmers bedienen sollte, rechtfertigt es nicht, statt Werkvertragsrecht die Vorschriften über die kaufrechtliche Sachmängelhaftung anzuwenden. Solange es dem Verkäufer nicht ausdrücklich untersagt wurde, vor und nach der Hauptuntersuchung an dem Fahrzeug zu arbeiten oder arbeiten zu lassen, waren Erklärungen wie „TÜV neu" auch ohne besondere Reparaturklausel nach **Werkvertragsrecht** zu behandeln. Die Rechtsfolgen ergaben sich aus dem BGH-Urteil vom 6. 10. 1971[326] und der ständigen Spruchpraxis des 2. Senats des OLG Hamm.[327] Überholt ist die Entscheidung des OLG Hamm (27. ZS) vom 5. 2. 1980.[328]

8. Vom BGH noch nicht geklärt ist die Rechtslage, wenn der Händler die Hauptuntersuchung schon **vor der Bestellung** des Fahrzeugs, also vor Unterzeichnung des Bestellscheins, hat durchführen lassen. Vermutlich wird der BGH bei dieser nicht seltenen Konstellation gleichfalls eine stillschweigende kaufvertragliche Garantieübernahme annehmen. **In der Vergangenheit** liegende Vorgänge wertet der BGH allerdings nur dann als Eigenschaft der Kaufsache, „wenn sie eine dauerhafte, die Vertragsmäßigkeit oder Werteinstufung der Sache auch für den Zeitpunkt des Vertragsschlusses und des Gefahrübergangs beeinflussende Wirkung haben".[329]

Bei einer **mehr als 6 Monate** zurückliegenden TÜV-Abnahme wird man dieses – ohnehin fragwürdige – Zusatzmerkmal[330] kaum bejahen können. Eine sichere Grenze zu ziehen, ist praktisch unmöglich. Bei einem Abstand von nur **vier Tagen** zwischen – vom Händler veranlasster – Hauptuntersuchung und Verkauf meint das OLG Köln:[331]

---

322 Vgl. Fn. 319.
323 Az. 2 U 214/79, n. v.
324 DB = Daimler-Benz.
325 Urt. v. 19. 5. 1988, NZV 1988, 180.
326 NJW 1972, 46 = WM 1971, 1437.
327 Vgl. Fn. 319, 323; s. auch OLG Düsseldorf 18. 12. 1992, OLGR 1993, 161.
328 NJW 1980, 2200 (Nr. 13) = MDR 1980, 847.
329 Urt. v. 11. 6. 1986, WM 1986, 1222 = JZ 1986, 955 m. Anm. *Köhler* – Turnierpferd; zur Erklärung „Beanstandungen von Seiten des TÜV bestehen nicht", vgl. BGH 28. 6. 1978, WM 1978, 1175 – Tanklager.
330 Dazu *Soergel/Huber*, § 459 Rn 148, Rn 32.
331 Urt. v. 21. 3. 1972, 15 U 134/71, n. v.

"Der Käufer eines Wagens geht bei Zusicherung einer gerade erfolgten TÜV-Abnahme davon aus, dass der Wagen dem TÜV vorgeführt und nach Beseitigung festgestellter Mängel als verkehrssicher zugelassen worden ist."

Der 10. Senat des OLG Köln hat in der Vorlage eines nur **zehn Tage** alten positiven **TÜV-Berichts** (Untersuchungsbefund) die Zusicherung gesehen, dass das Fahrzeug in einem „den Anforderungen des TÜV genügenden verkehrssicheren Zustand" sei.[332] Liegt die TÜV-Abnahme hingegen bereits **vier Monate** zurück, so „kann und darf der Käufer ohne eine zusätzliche Erklärung des Verkäufers nicht davon ausgehen, Letzterer wolle trotz des Gewährleistungsausschlusses ... die verschuldensunabhängige Gewähr dafür übernehmen, dass das Fahrzeug auch im Zeitpunkt des Abschlusses des Kaufvertrages noch verkehrssicher sei".[333]

9. Klar ist aufgrund der BGH-Entscheidung vom 24. 2. 1988[334], dass mit einem Hinweis des Kfz-Händlers auf eine in der Vergangenheit liegende TÜV-Abnahme, **veranlasst vom Vorbesitzer,** keinerlei eigene Qualitätszusage verbunden ist. Beim Agenturverkauf gibt der Händler/Vermittler insoweit schon keine Eigenerklärung ab. Er leitet eine Information weiter, die er sich im Zweifel aus dem Fahrzeugschein beschafft hat. Auskunft gibt natürlich auch die Prüfplakette am Fahrzeug. Bei stillgelegten Fahrzeugen kann sie fehlen.

1142 **Verbraucherkauf:** Ob nach **neuem Kaufrecht** mit seinem verstärkten Verbraucherschutz an BGHZ 103, 275 = NJW 1988, 1378 festgehalten werden kann, erscheint zumindest zweifelhaft. Dort, wo ohne Gewährleistungsausschluss **an einen Verbraucher** verkauft wird, reicht es zu seinem Schutz aus, in einer Abrede wie „TÜV neu 5/03" eine „einfache" Beschaffenheitsvereinbarung i. S. d. § 434 I,1 BGB zu sehen. Deren Inhalt entspricht der Auslegung durch den BGH in BGHZ 103, 275 = NJW 1988, 1378. Sollen nach übereinstimmender Vorstellung der Vertragsparteien noch bestimmte Arbeiten vor der Hauptuntersuchung erledigt werden, erübrigt es sich nunmehr, auf das Werkvertragsrecht auszuweichen. Durch die Angleichung des Kaufrechts an das Werkvertragsrecht ist der Grund dafür entfallen.

1143 **Privates Direktgeschäft:** Für diesen Geschäftstyp bringt BGHZ 103, 275 = NJW 1988, 1378 unmittelbar keine Lösung. Auch sonst liegt insoweit keine einschlägige BGH-Entscheidung vor. Es ist indes zu erwarten, dass der BGH – ebenso wie in vergleichbaren Fällen[335] – zwischen gewerblichem Handel und Privatverkauf einen wesentlichen Unterschied machen wird. Denn die weite Auslegung der TÜV-Klausel im Sinne einer Garantieübernahme nach Maßgabe von BGHZ 103, 275 ist, wenn überhaupt, nur mit der beruflichen Sachkunde des Verkäufers/Vermittlers und dessen Ausstattung mit technischen Prüfeinrichtungen zu erklären. Folgerichtig haben die **Instanzgerichte**[336] „TÜV-Erklärungen" von **Privatverkäufern** ohne technisches Know-how **anders bewertet** als entsprechende Zusagen von Kraftfahrzeughändlern.

---

332 Urt. v. 26. 9. 1974, 10 U 63/74, n. v.; anders OLG München 19. 10. 1990, 21 U 6283/90, SP 1992, 60 (durch Tankstelleninhaber vermittelter Verkauf; TÜV-Abnahme lag nicht länger als 1 Monat zurück); s. auch OLG Düsseldorf 1. 2. 1996, OLGR 1996, 180 – Abstand von 2 Monaten.
333 OLG Köln 3. 5. 1977, 9 U 80/76, n. v. (Händlereigengeschäft).
334 BGHZ 103, 275 = NJW 1988, 1378.
335 Vgl. Urt. v. 15. 2. 1984, NJW 1984, 1454 – km-Stand; Urt. v. 17. 4. 1991, NJW 1991, 1880 – Porsche 928 S.
336 Besonders deutlich: OLG München 16. 5. 1997, NJW-RR 1998, 845 (Sportwagen); OLG Hamm (28. ZS) 14. 5. 1992, OLGR 1992, 290 (Motorradkauf); OLG Köln 8. 4. 1992, NJW 1993, 271 = DAR 1992, 379 = NZV 1992, 440 = OLGR 1992, 210 (17 Jahre altes Cabrio); LG Köln 18. 1. 1989, NJW-RR 1989, 699 („TÜV abgenommen bis 1990" – Pkw-Verkauf); vgl. auch OLG Düsseldorf 21. 10. 1994, OLGR 1995, 84 (L.) – Verkauf eines VW-Busses mit der Klausel „TÜV-Untersuchungsschein dabei".

Die Voraussetzungen der Sachmängelhaftung 1144

Sofern eine kaufvertragliche Garantieübernahme überhaupt bejaht wird, hat sie nicht die Verkehrssicherheit des Fahrzeugs zum Inhalt, sondern nur das Versprechen, „für eine formelle TÜV-Abnahme ohne weitere Gewährübernahme zu sorgen".[337] Diese Aussage des OLG Hamm ist repräsentativ für die **Fallgruppe** „Fahrzeug soll noch über den TÜV gebracht werden". In einer entsprechenden Erklärung eines Privatverkäufers sieht der 28. ZS eine kaufvertragliche Zusicherung, die TÜV-Abnahme „formal" zu erledigen, d. h. das Fahrzeug mit frischer Plakette zu übergeben. Für die Annahme einer eigenständigen **kaufvertraglichen Nebenpflicht** (s. dazu BGH NJW 1984, 2287 – Typ-Prüfung für Turmdrehkran) sei schon mit Rücksicht auf die wesentliche Bedeutung der „TÜV-Freiheit" für die Verwendung des Fahrzeugs im öffentlichen Verkehr kein Raum. Diese Argumentation überzeugt nicht. Problematisch ist die Annahme einer kaufvertraglichen Beschaffenheitsgarantie aus zwei Gründen: Zum einen liegt die Eigenschaft, deren Vorhandensein garantiert sein soll (formale TÜV-Abnahme) in der Zukunft. Zum anderen erscheint die Rechtsfolge (Schadensersatz ohne Verschulden) unangemessen hart. Sachgerechte Ergebnisse lassen sich bei Annahme einer Beschaffenheitsvereinbarung oder, was vorzuziehen ist, einer kaufvertraglichen Nebenpflicht erzielen (s. auch OLG Düsseldorf OLGR 1993, 161).

Mehr als nur die formale TÜV-Abnahme kann ein Privatverkäufer mit der Zusage versprechen, eine Kfz-Werkstatt werde die Fahrzeugüberprüfung und TÜV-Abnahme auf seine Kosten besorgen. Darin sieht das LG Köln zugleich die Zusicherung, dass der Käufer ein Fahrzeug erhalten solle, das mit einem bestimmten Reparaturaufwand zur TÜV-Reife gebracht werden kann.[338] Lehne der Verkäufer die Übernahme der Reparaturkosten ab, hafte er wegen falscher Zusicherung.

Anders als beim Kauf vom Kfz-Händler haben die auf dem Privatmarkt angebotenen Fahrzeuge in der Regel keine frische Plakette. Der Hinweis eines Privatverkäufers auf eine noch von seinem Vorgänger veranlasste Hauptuntersuchung enthält keine, auch keine eingeschränkte Garantieübernahme. Anders kann es sein, wenn der Verkäufer die TÜV-Abnahme **selbst** herbeigeführt hat oder gar durch eine **Werkstatt** hat ausführen lassen und dies bei den Verkaufsverhandlungen oder in der Verkaufsanzeige besonders herausgestellt wird. Zu dieser Fallgestaltung liegt eine umfangreiche Rechtsprechung vor. Im Kern ging es zumeist um die Frage, ob der (Privat-)Verkäufer mit seiner „TÜV"-Erklärung auch für einen **bestimmten Zustand** des Fahrzeugs (Verkehrssicherheit, Betriebssicherheit) garantiemäßig einstehen will. Ganz überwiegend wird eine derartige Haftungsübernahme verneint.[339] Dies selbst für den Fall, dass der Verkäufer das Fahrzeug vor dem Verkauf in einer Werkstatt hat prüfen und für die TÜV-Abnahme hat vorbereiten lassen (vgl. LG Köln NJW-RR 1989, 699; s. auch OLG Köln NJW 1993, 271 – vorherige „Überarbeitung" durch einen Bekannten des Verkäufers).

Sonstige Kaufverträge: Höchstrichterlich noch nicht entschieden sind Fälle aus dem **gewerblichen Bereich außerhalb des Kfz-Handels.** In der nur **mündlich** abgegebenen Erklärung eines **Transportunternehmers**, die angebotenen **Lkw** seien „TÜV-abnahmefähig", hat das OLG Stuttgart[340] eine Zusicherung gesehen. Die Abnahme des Fahrzeugs „ohne wesentliche Mängel" müsse gewährleistet sein, was mehr bedeute als „fahr-

1144

---

337 So OLG Hamm (28. ZS) 14. 5. 1992, OLGR 1992, 290; a. A. AG Nienburg 30. 6. 1993, ZfS 1993, 304 für die Erklärung „Pkw kommt auf jeden Fall durch den TÜV".
338 Urt. v. 1. 3. 1989, DAR 1990, 28.
339 OLG München 16. 5. 1997, NJW-RR 1998, 845; OLG Köln 8. 4. 1992, NJW 1993, 271 = DAR 1992, 379; OLG Düsseldorf 21. 10. 1994, OLGR 1995, 84 (L.); LG Köln 18. 1. 1989, NJW-RR 1989, 699; LG Karlsruhe 9. 1. 1981, DAR 1981, 152 („TÜV erst in einem Jahr"); strenger LG Würzburg 9. 5. 1990, DAR 1991, 152; OLG Hamm (19. ZS) 5. 5. 1995, BB 1995, 1506 („neu TÜV-abgenommen und technisch einwandfrei").
340 Urt. v. 13. 5. 1997, OLGR 1998, 256.

bereit" (dazu Rn 1091 ff..) Hinzuweisen ist ferner auf eine Entscheidung des LG Tübingen,[341] auf ein unveröffentlichtes Urteil des OLG Düsseldorf vom 21. 2. 2002, 6 U 117/01 (beiderseitiger Handelskauf über ein 25 Jahre altes Nutzfahrzeug mit „TÜV-Erklärung") und auf das gleichfalls unveröffentlichte Urteil des LG Berlin vom 23. 3. 1993, 2 O 522/92 (Kauf eines gebrauchten Tankanhängers mit der Abrede „TÜV erneuert, GGVS 2.95"). In der bloßen Vorlage eines aktuellen Prüfberichts und des Prüfbuchs über die Bremssonderuntersuchung hat das OLG Düsseldorf (a. a. O.) zu Recht keine Zusicherung gesehen.

Unfallfreiheit/bestimmter Unfallschaden

1145 Erklärungen des Verkäufers zum Thema „Unfall" sind vor allem unter **zwei Aspekten** zu würdigen: zum einen mit Blick auf die Rechtsfigur der „Beschaffenheitsgarantie" in Nachfolge der früheren Eigenschaftszusicherung, zum anderen unter dem Gesichtspunkt der Arglisthaftung. Durch die Neuorientierung des Kaufrechts schiebt sich die „einfache" Beschaffenheitsvereinbarung als Drittes dazwischen. In den traditionellen Bereichen „Zusicherung" und „Arglist" kommt es nach der Rechtsprechung entscheidend darauf an, ob der Verkäufer ein **professioneller Händler** oder eine **Privatperson** ist.

1146 Den Begriff **„Unfallfreiheit"** hat das **OLG Köln**[342] so definiert:

„Ungeachtet dessen, dass der Beklagte den Mangel des Wagens selbst nicht gekannt hat, hat er dafür einzustehen, dass er „Unfallfreiheit" zugesichert hat. Der Begriff „Unfallfreiheit" oder „unfallfrei" wird im Kraftfahrzeughandel einheitlich verwendet. Er besagt, dass ein Fahrzeug keinen Schaden erlitten hat, der als erheblich anzusehen ist. Die Erheblichkeit eines Schadens bestimmt sich nach der Verkehrsauffassung, die nur geringfügige, ausgebesserte Blechschäden und „Schönheitsfehler" aus dem Begriff der Unfallfreiheit ausklammert. Diese Begriffsbestimmung orientiert sich an der Vorschrift des § 459 BGB. Der Fehlerbegriff des Gewährleistungsrechts erfasst nämlich ebenfalls alle wertmindernden Abweichungen von der normalen oder zugesicherten Beschaffenheit einer Sache. Eine solche objektive Bestimmung des Begriffs „Unfallfreiheit" ist im Handel mit gebrauchten Kraftfahrzeugen unerlässlich. Der – private oder gewerbliche – Käufer hat in aller Regel nicht die Möglichkeit, sofort bei Vertragsabschluss umfassende Untersuchungen und Rückfragen dahin gehend anzustellen, ob der zu veräußernde Wagen einen Unfallschaden erlitten hat. Sichtbar sind solche Schäden in aller Regel nach einer ordnungsgemäß durchgeführten Reparatur nicht. Gerade wegen dieser Erkennungs- und Aufklärungsschwierigkeiten wird weitgehend beim Verkauf eines gebrauchten Kraftfahrzeuges die Frage nach der Unfallfreiheit gestellt und eine entsprechende negative Zusicherung verlangt. Derjenige, der „Unfallfreiheit" zusichert, gibt damit letztlich eine Garantie-Erklärung in dieser Hinsicht ab".

Mit Recht hat das OLG Köln[343] den Begriff „unfallfrei" dahin **eingeschränkt**, dass das Fahrzeug keinen Unfallschaden erlitten hat, der als **erheblich** anzusehen ist.[344] Es geht hier um eine Frage der Auslegung. Der Wegfall der gesetzlichen Bagatellklausel (§ 459 I,1 BGB a. F.) ist irrelevant. Abgesehen von dem Problem der Erheblichkeit wird nicht selten darüber gestritten, ob bestimmte Fahrzeugschäden wie z. B. ein **Hagelschaden**, ein **Hochwasserschaden** oder ein **Vandalismusschaden** mit der Zusicherung/Garantie „unfallfrei" zu vereinbaren sind, ob also der Begriff „Unfall" weit oder eng auszulegen ist. Privatverkäufern

---

341 Urt. v. 26. 6. 1987, DAR 1988, 167 – Kauf eines Reisebusses von einem Busunternehmer.
342 Urt. v. 11. 6. 1975, DAR 1975, 327 = DB 1975, 2129; s. auch OLG Köln 6. 3. 1968, JMBl. NW 1969, 155; OLG Köln 14. 12. 1971, JMBl. NW 1972, 189; OLG Frankfurt 24. 6. 1992, ZfS 1992, 338; OLG Koblenz 25. 6. 1992, VRS 84, 243; OLG Hamm 14. 6. 1994, DAR 1994, 402 = OLGR 1994, 181 (mit Hinweis auf § 12 AKB).
343 Urt. v. 11. 6. 1975, DAR 1975, 327.
344 So auch OLG Hamm 29. 9. 1994, OLGR 1995, 55 („keine über die Bagatellgrenze hinausgehende Unfallschäden"); ebenso OLG Karlsruhe 27. 3. 2001, DAR 2002, 167 = OLGR 2001, 301; s. auch OLG Hamm 29. 9. 1994, DAR 1994, 402 (Verkäufer hatte aber zusätzlich erklärt, Fahrzeug habe „keine Macke"); zweifelnd OLG Koblenz 25. 6. 1992, VRS 84, 243.

Die Voraussetzungen der Sachmängelhaftung

ist der weite juristische Unfallbegriff zumeist fremd. Im Zweifel entscheidet die **Verkehrsauffassung**.

Die folgende Darstellung entspricht der üblichen **Zweiteilung in Geschäfte mit und ohne Händlerbeteiligung** auf Verkäuferseite. Auf Käuferseite steht, wenn Abweichendes nicht gesagt wird, eine **Privatperson** (Verbraucher).

Kfz-Handel: Unfallfreiheit wird beim Verkauf an Privatpersonen nicht schon dadurch stillschweigend bzw. konkludent garantiert, dass der Verkäufer einen **Preis verlangt,** der für einen unfallfreien Wagen angemessen ist.[345] Auf der anderen Seite muss „unfallfrei" nicht ausdrücklich im Vertrag stehen. Eine schriftliche Erklärung außerhalb des Vertragstextes kann genügen (Zeitungsanzeige, Webseite o. ä.). Zur Einbeziehungsproblematik s. Rn 1173). Unfallfreiheit kann auch **mündlich** zugesichert (garantiert) worden sein, etwa bei den Vertragsverhandlungen oder am Telefon. Darüber wird vor Gericht häufig gestritten.[346]

Bei einem schriftlichen Vertrag ohne Unfallinformation streitet die **Vermutung der Vollständigkeit und Richtigkeit** der Vertragsurkunde für den Verkäufer, wenn der Käufer aus außerhalb der Urkunde liegenden Umständen, z. B. einer mündlichen Erklärung, eine Garantieerklärung ableitet. Eine Schriftformklausel (Vollständigkeitsklausel) kann die gleiche Wirkung haben (s. Rn 1177). Bringen Parteianhörung nach § 141 ZPO und Zeugenbeweis keine Klärung, muss an eine Vernehmung des Käufers nach § 448 ZPO gedacht werden.

Unfallfreiheit kann stillschweigend auch durch eine Äußerung zugesichert werden, die einen bestimmten Fahrzeugzustand zum Inhalt hat, wie etwa die Bemerkung **„Originallackierung".** Von einer stillschweigenden Zusicherung, der Originallack sei noch vorhanden, kann ein Käufer selbst dann nicht ausgehen, wenn er zu erkennen gegeben hat, der optische Zustand sei für ihn wichtig.[347]

Unfallfreiheit kann auch dadurch garantiert sein, dass der Verkäufer in die Vordruckzeile „Unfallschäden" das Wort „keine" schreibt oder nur „nein" **ankreuzt** bzw. unterstreicht.[348] Noch weiter geht das OLG Köln, wenn es einen **Händler** in die Garantiehaftung nimmt, der die Unfallzeile unausgefüllt gelassen hat.[349] Die **vorgedruckte Erklärung** (in einem Formular für den Privatverkauf) lautete: „Der Verkäufer sichert zu, dass das Kfz in der Zeit, in der es sein Eigentum war, sowie nach seiner Kenntnis auch früher keinen Unfallschaden erlitt ... folgende Unfallschäden (Zahl, Art und Umfang) erlitt". Der Händler hatte keines der beiden Kästchen angekreuzt, gleichwohl hat das OLG Köln eine stillschweigende Zusicherung bejaht.[350]

Wenigstens den Ansatz eines Erklärungstatbestandes lässt die Fallgestaltung erkennen, die der Entscheidung des OLG Köln vom 18. 9. 1998[351] zugrunde liegt: Die Rubriken in Sachen „Unfall" waren nicht völlig unausgefüllt geblieben, es war auch nichts durchgestrichen („Nichtzutreffendes streichen"); der Verkäufer (eine Privatperson) hatte vielmehr hinter den vorgedruckten Text zwei Querstriche gesetzt. Keine Garantie der Unfallfreiheit enthält die Klausel, „dem Verkäufer sind keine Unfallschäden vom Vorbesitzer mitgeteilt oder auf andere Weise bekannt geworden".[352]

1147

---

345 BGH 16. 2. 1977, NJW 1977, 1055 und Vorinstanz OLG München 25. 7. 1975, DAR 1976, 132.
346 Beispiel für einen Indizienbeweis: SchlHOLG 16. 7. 1997, OLGR 1998, 24.
347 OLG Frankfurt 15. 2. 2001, DAR 2001, 306.
348 Vgl. OLG Frankfurt 24. 6. 1992, ZfS 1992, 338.
349 Urt. v. 10. 3. 1989, 6 U 167/88, n. v.
350 Im Ergebnis ebenso SchlHOLG 16. 7. 1997, OLGR 1998, 24.
351 OLGR 1999, 50 = DAR 1999, 264 Ls.
352 AG Sömmerda 28. 7. 1999, 2 C 58/99, Handbuch Verkehrsrecht 2000, 388.

Wenn ein Kfz-Händler sich darauf beschränkt, dem Käufer lediglich eine **Rechnung über eine Unfallreparatur** vorzulegen, ist eine konkludente Garantieübernahme im Sinne von „keine weiteren Schäden als in der Rechnung ausgewiesen" im Zweifel zu verneinen. Ohne konkrete Anhaltspunkte für einen entsprechenden Verkäuferwillen ist es auch nicht gerechtfertigt, eine Garantie dafür anzunehmen, dass die in der Rechnung ausgewiesenen Arbeiten ordnungsgemäß und vollständig ausgeführt worden sind. Derartige Garantieversprechen kann ein Käufer insbesondere dann nicht erwarten, wenn die Rechnung nicht von der Verkäuferfirma stammt bzw. nicht auf den Verkäufer ausgestellt ist.[353]

Die schriftliche Erklärung eines Autohauses „Wagen hatte Unfallschaden, der bei einer BMW-Fachwerkstatt inst. wurde", ist keine Zusicherung der Vollständigkeit und Fachgerechtigkeit der Reparatur.[354]

Ein **Kfz-Händler** kann sich bei der Erklärung „unfallfrei" oder bei einer Information wie „nur kleine Blechschäden"[355] beim **Verkauf an einen Verbraucher** – anders kann es bei einem Händler-Händler-Geschäft sein – nicht von vornherein darauf zurückziehen, er habe nur eine fremde Information weitergeleitet.[356] Ist beispielsweise in der Kaufvertragsrubrik „Besondere Vereinbarungen" handschriftlich notiert: „Verkäufer versichert, dass das Fahrzeug unfallfrei ist", so liegt darin die **uneingeschränkte Garantie** der Unfallfreiheit.[357]

Will ein Kfz-Händler nicht als Garant behandelt werden, muss er seinen Kunden, selbst einen **professionellen Aufkäufer**,[358] deutlich und unmissverständlich auf seine fehlende Bereitschaft zur Garantieübernahme hinweisen. Ein vertraglicher Gewährleistungsausschluss (Freizeichnungsklausel) genügt für sich allein auf keinen Fall.[359] Gleiches kann für formularmäßige Negativ- und Schriftformklauseln gesagt werden.

1148 Welchen Inhalt der „Enthaftungshinweis" des Händlers haben muss und wie er zu gestalten ist, hat die Rechtsprechung bisher nicht völlig geklärt. Vom **BGH** liegt zu dieser für die Praxis **eminent wichtigen Frage** noch keine klare Äußerung vor.[360] Gewisse Fingerzeige liefert sein Urteil in Sachen „PS laut Fahrzeugbrief" (NJW 1997, 2318), von einigem Interesse ist auch seine „Mindestaussage" zu „Gesamtfahrleistung laut Vorbesitzer" im Sinne einer „einfachen" Beschaffenheitsabrede (NJW 1996, 1205). Einschlägige **obergerichtliche Rechtsprechung** gibt es nur für das – seit 1990 wieder dominierende – **Eigengeschäft**, nämlich:

OLG München 28. 1. 1982, 14 U 509/81, n. v.

„Die Formulierung ‚nach Angaben des Vorbesitzers unfallfrei' ist inhaltlich eindeutig. Sie gibt lediglich wieder, was der Vorbesitzer bezüglich eines Vorschadens erklärt hat und erfordert für einen Haftungsausschluss keineswegs die zusätzliche Erklärung, dass der Verkäufer die Angabe des Vor-Verkäufers nicht auf ihre inhaltliche Richtigkeit überprüft habe."

OLG Stuttgart 23. 3. 1982, 11 U 223/81, n. v.

„Die formularmäßige Erklärung ‚Zahl, Umfang und Art von Unfallschäden lt. Vorbesitzer' kann vernünftigerweise nur dahin verstanden werden, dass die Beklagte als Verkäuferin für die Richtig-

---

353 Zur Bedeutung von Rechnungsvorlagen s. auch OLG Hamm NJW-RR 1986, 932; OLG Köln OLGR 1992, 289 und hier Rn 1164 ff.
354 OLG Düsseldorf 11. 1. 2001, OLGR 2001, 225; anders LG Ingolstadt 8. 9. 2000, DAR 2001, 513.
355 Zu dieser Fallgruppe s. Rn 1151.
356 Davon geht der BGH als selbstverständlich aus, vgl. Urt. v. 10. 10. 1977, NJW 1978, 261; v. 4. 11. 1981, NJW 1982, 435; vgl. auch Urt. v. 18. 3. 1981, NJW 1981, 1441 unter II, 2 b, bb; KG 24. 11. 1992, OLGR 1993, 1.
357 BGH 10. 10. 1977, NJW 1978, 261 = MDR 1978, 306.
358 Beispiel dafür aus der BGH-Rspr.: Urt. v. 4. 11. 1981, NJW 1982, 435, in dem es freilich um die Tragweite der Zusicherung im Hinblick auf Mangelfolgeschäden ging.
359 So BGH 10. 10. 1977, NJW 1978, 261.
360 Andeutungsweise im Urt. v. 18. 3. 1981, NJW 1981, 1441 unter II, 2 b, bb.

Die Voraussetzungen der Sachmängelhaftung

keit dieser ihr gegenüber abgegebenen Erklärung keine Verantwortung übernimmt und es dem Käufer überlässt, ob er dieser Angabe vertrauen will."

Diesen Entscheidungen, denen andere Gerichte gefolgt sind,[361] ist zuzustimmen.[362] Sie bestätigen der handelsüblichen Vertragsgestaltung **hinreichende Transparenz**. Für den Parallelfall der km-Angabe („Gesamtfahrleistung lt. Vorbesitzer") haben mehrere Oberlandesgerichte in gleicher Weise entschieden (Rn 1106).

1149

Hinzuweisen ist auch auf ein Urteil des OLG Düsseldorf[363], in dem es u. a. heißt:

„Die in den Vertrag aufgenommene eingeschränkte handschriftliche Zusicherung ‚vom Vorbesitzer wird versichert, dass der Wagen unfallfrei ist' ist jedenfalls unstreitig richtig. Ihr Sinn ist eindeutig. Zur weiteren Aufklärung über die Tragweite dieser Vertragsklausel war er daher nicht verpflichtet."

Die **Formularpraxis** ist nicht einheitlich. Neuwagenhändler mit Gebrauchtwagenabteilung operieren überwiegend mit Bestellscheinen, die im unteren Teil zwei Zeilen für das „Unfallthema" enthalten, nämlich „Zahl, Umfang und Art von Unfallschäden lt. Vorbesitzer" und darunter „Dem Verkäufer sind auf andere Weise Unfallschäden bekannt – nein ... ja, welche".

Ob ein **nur formularmäßiger Quellenhinweis** wie „laut Vorbesitzer" oder (beim Agenturverkauf) „laut Verkäufer" als Zusatz hinter dem Wort „unfallfrei" oder in der Formularzeile „Zahl, Art und Umfang von Unfallschäden" für sich allein genommen ausreicht, um dem Käufer die **beabsichtigte Distanzierung** zu signalisieren, mag zweifelhaft sein. Er wird erfahrungsgemäß kaum wahrgenommen und in seiner gewollten Bedeutung erkannt. Aus Sicht des Käufers wichtiger sind die Angaben des Verkäufers, bevor dieser das Kaufvertragsformular ausfüllt. Was gegen die Annahme einer Garantie der Unfallfreiheit spricht, ist weniger der vorgedruckte Quellenhinweis „lt. Vorbesitzer" als vielmehr die auch einem durchschnittlich einsichtigen Verbraucher erkennbare **typische Interessenlage** des gewerblichen Gebrauchtwagenverkäufers.[364] Im Übrigen gilt auch hier: Der Käufer kann sich bei dem Vorbesitzer erkundigen und/oder vom Händler eine ausdrückliche und uneingeschränkte Garantieübernahme verlangen, wie sie im Falle eines Eigengeschäfts z. B. die Formulierung **„laut Verkäufer unfallfrei"** darstellt.[365]

Keine Zusicherung, sondern nur eine **„Wissensmitteilung"** sieht das OLG Celle[366] in der Eintragung **„laut letzter Halterangabe unfallfrei"**. Nach der Rechtsprechung schließt eine „Wissensmitteilung" („Wissenserklärung") die Annahme einer Zusicherung/Garantie nicht von vorneherein aus. Nur reine Wissenserklärungen, wobei die Betonung auf „reine" liegt, hat der **BGH** aus dem Anwendungsbereich der §§ 459 II, 463 S. 1 BGB a. F. ausgeklammert. Wer erklärt, er wisse nichts von einem Unfall, sichert damit laut BGH[367] nicht die Unfallfreiheit des Fahrzeugs zu. Das mag im Einzelfall richtig sein. Die Auslegung kann aber auch ergeben, dass der Verkäufer mit einer solchen Erklärung die Mitteilung machen will, sein Wagen habe bisher keinen Unfallschaden erlitten, eine Deutung, die z. B. bei einem Privatverkauf aus erster Hand nahe liegt. Bei dieser Auslegung ist der Schritt zur Garantie nicht weit.

---

361 Z. B. LG Hagen 4. 11. 1997, 1 S 171/97, n. v.
362 Vgl. auch *Landscheidt/Segbers*, NZV 1991, 289, 292 (ohne abschließende Stellungnahme); wie hier *Soergel/Huber*, § 459 Rn 311, 317.
363 Urt. v. 18. 5. 1979, 14 U 10/79, n. v.; s. auch OLG Düsseldorf 5. 10. 1995, NZV 1996, 368 („eingeschränktes Wissen"); OLG Düsseldorf 18. 1. 2002, DAR 2002, 163.
364 Dazu *Eggert*, DAR 1998, 45.
365 OLG Frankfurt 24. 6. 1992, ZfS 1992, 338 betrifft nach dem Klauselwortlaut (". . . lt. Verkäufer") ein Agenturgeschäft, die Rechtsfolge (Wandlung) spricht aber für ein Eigengeschäft.
366 Beschl. v. 6. 6. 1996, OLGR 1996, 194.
367 WM 1981, 323 (in NJW 1981, 928 nicht abgedruckt).

Der Bedeutungsgehalt von Erklärungen wie „lt. Vorbesitzer unfallfrei" oder „nach den Angaben des Vorbesitzers unfallfrei" ist nicht deckungsgleich mit der Auskunft, von einem Unfall überhaupt nichts zu wissen. In diese Richtung kann jedoch die Auslegung bei einer Zusatzerklärung wie „auch sonst nichts bekannt" gehen.

Mit „unfallfrei lt. Vorbesitzer" oder „nach Angaben des Vorbesitzers unfallfrei" nimmt der Verkäufer im Allgemeinen lediglich auf eine **fremde Information Bezug**.[368] Ein Durchschnittskäufer kann und darf allerdings erwarten, dass sie nicht völlig ungeprüft weitergeleitet wird. Ohne konkrete gegenteilige Anzeichen kann er davon ausgehen, dass ein Kfz-Händler die Vorbesitzerangabe im Zuge der Fahrzeughereinnahme überprüft und sich ein eigenes Bild vom wirklichen Zustand des Fahrzeugs gemacht hat, jedenfalls hat machen können. Eine solche „Unfall"-Kontrolle findet in aller Regel auch tatsächlich statt, obgleich nach der bisherigen Judikaturmehrheit eine generelle Rechtspflicht dazu nicht besteht. Andererseits ist zu bedenken, dass es auch einem Fachhändler mit der üblichen Werkstattausrüstung erfahrungsgemäß nicht immer gelingt, einen sach- und fachgerecht instand gesetzten Unfallschaden aufzuspüren. Nicht zuletzt aus diesem Grund hat der BGH es als ein **Gebot der wirtschaftlichen Vernunft** bezeichnet, dass Kfz-Händler ihre Gewährleistung gerade für verborgene Unfallschäden ausschließen. Daran ist er umso stärker interessiert, je mehr Vorbesitzer das Fahrzeug hatte.

Ist ein gebrauchtes Kraftfahrzeug älter und bereits durch mehrere Hände gegangen, liegen die **Informationsschwierigkeiten des (Zwischen-)Händlers** auch für einen Verbraucher als einem technischen Laien offen zu Tage. Mit Vorschäden, die auch einem Händler mit Werkstatt verborgen geblieben sind, muss er eher rechnen als beispielsweise mit Manipulationen am Tachometer. Ansonsten ist die Situation, für den Käufer erkennbar, durchaus vergleichbar.

Dass die vorformulierte Erklärung eines Kfz-Händlers, ihm seien auch **auf andere Weise,** also unabhängig von der Auskunft des Vorbesitzers, Unfallschäden **nicht bekannt,** keinen Garantiecharakter hat, ist allgemein anerkannt. Es handelt sich hier in der Tat um eine **reine Wissenserklärung.** Der Kaufinteressent kann und darf sie nur dahin verstehen, dass im Geschäftsbereich des Händlers Kenntnisse über einen Unfallschaden nicht vorliegen. Trifft diese Erklärung nicht zu, etwa weil im eigenen Betrieb ein Unfallschaden repariert worden war, so kann an die Falschauskunft als Haftungsgrund angeknüpft werden,[369] eine (garantierte) Eigenschaft fehlt dem Fahrzeug jedenfalls nicht (OLG Düsseldorf 18. 1. 2002, DAR 2002, 163 – Jahreswagen).

Sache des Käufers ist es, konkrete Tatsachen dafür vorzutragen und notfalls zu beweisen, dass der Händler **ausnahmsweise** mit seiner **eigenen Fachkompetenz** hinter der Angabe „unfallfrei lt. Vorbesitzer" steht und sich persönlich für die Unfallfreiheit stark sagen wollte. Dafür reicht es nicht aus, dass das Fahrzeug nur einen einzigen Voreigentümer hatte, die Bezugnahme des Händlers „lt. Vorbesitzer" also formal erschöpfend und lückenlos ist. Eigentum und Besitz an Kraftfahrzeugen fallen vielfach auseinander. Am Beispiel von **Leasingfahrzeugen** wird deutlich, dass selbst ein Erst-Eigentümer nicht immer voll darüber informiert sein muss, ob sein Fahrzeug in einen Unfall verwickelt war oder nicht. Dieses Informationsdefizit geht beim Ankauf durch den Händler auf diesen über und kann auch durch eine gründliche „Unfall-Kontrolle" nicht immer hinreichend kompensiert werden. Ist der einzige Voreigentümer hingegen eine Privatperson, die laut Auskunft des Händlers oder ausweislich des Kundendienstheftes ihr Fahrzeug ständig im Händlerbetrieb hat warten und pflegen lassen, wird eine Bezugnahme auf eine „Unfallfrei-Auskunft" dieses „guten

---

368 So auch OLG Düsseldorf 18. 1. 2002, DAR 2002, 163.
369 Vgl. OLG Celle 23. 6. 1995, 4 U 301/94, n. v.

Die Voraussetzungen der Sachmängelhaftung

Kunden" für eine eigene Gewährsübernahme sprechen, zumal bei einem Fahrzeug geringen Alters und niedriger Laufleistung.

Privatverkauf: Während Angaben von Kfz-Händlern zum Thema „Unfall/Vorschaden" in den Grundzügen weitgehend standardisiert sind, zeichnet sich das **private Direktgeschäft** durch seine Vielfalt der Erklärungstatbestände aus. Soweit vorformulierte Verträge benutzt werden, wobei insbesondere auf den **ADAC-Mustervertrag** hinzuweisen ist, hat die **Rechtsprechung** in den letzten Jahren eine ziemlich einheitliche Auslegungslinie gefunden. In den meisten Fällen ist eine Eigenschaftszusicherung verneint worden.[370]

1150

Im **ADAC-Vertrag Fassung 1996** wurden „Unfallschäden" gegen **„sonstige Beschädigungen"** abgegrenzt. Was unter Letzteren zu verstehen ist, sagen die Entscheidungen AG Reinbek, DAR 1999, 410 und AG Karlsruhe-Durlach, DAR 1999, 270. **Hagel-, Vandalismus- und Hochwasserschäden** fallen bei einem engen Unfallbegriff, wie Privatpersonen ihn kennen, unter den **Auffangtatbestand** „sonstige Beschädigungen".

An der Zweiteilung in „Unfallschäden" und „sonstige Beschädigungen" hat der ADAC bei der **Neufassung 2002** festgehalten. Für die Auslegung bedeutsamer ist die Differenzierung zwischen „Garantien" und bloßen „Erklärungen". Der Zeitraum, in dem das Fahrzeug im Eigentum des Verkäufers gestanden hat (von „Besitzzeit" ist nicht die Rede) ist expressis verbis Gegenstand einer Garantie („Der Verkäufer garantiert ..."). Konsequent in der Annahme einer Zusicherung deshalb OLG Hamm MDR 2001, 87 = OLGR 2000, 319.

Hinsichtlich der Zeit vor Erwerb eigenen Eigentums gibt der Verkäufer keine „Garantie", sondern lediglich eine „Erklärung" ab, noch dazu eingeschränkt durch den Einschub **„soweit ihm bekannt"**. Damit ist eine irgendwie geartete Garantieübernahme nicht verbunden.[371] Die Frage kann nur sein, ob mit beiderseitiger Unterzeichnung des ADAC-Vertrages 2002 die unter 2.1 des Formulars aufgeführten Angaben Gegenstand einer Beschaffenheitsvereinbarung i. S. v. § 434 I,1 BGB sind. Da der (Privat-)Verkäufer sich durch seine „reine Wissenserklärung" (OLG Hamm) – dem Käufer erkennbar – rechtlich nicht binden will, ist diese Frage zu verneinen. Wahrheitswidrige Angaben können unter Rückgriff auf das allgemeine Leistungsstörungsrecht sachgerecht sanktioniert werden.

Bei **Individualverträgen**, insbesondere bei nur mündlich abgeschlossenen Verträgen, kommt es naturgemäß ganz besonders auf die konkreten Umstände des Einzelfalles an.

Die Erklärung eines **Privatverkäufers**, er habe das Fahrzeug als „unfallfrei" erworben, ist nicht als Zusicherung in dem Sinn zu verstehen, dass das Fahrzeug tatsächlich unfallfrei ist.[372] Auch wer erklärt, er wisse nichts von einem Unfall, sichert nicht „Unfallfreiheit" zu.[373] Nicht so eindeutig fällt die Auslegung der schriftlichen Erklärung aus „Fahrzeug ist bis zum heutigen Tag unfallfrei". Mit dem Einwand, diese Mitteilung habe sich nur auf seine Eigentums- bzw. Besitzzeit bezogen, wird ein Privatverkäufer nur bei einer längeren Vorbesitzerkette Erfolg haben.[374] Eine Richtzahl gibt es hier nicht. Aus der Haftung ist der Verkäufer auch, wenn ihm der Nachweis gelingt, die schriftliche Erklärung mündlich eingeschränkt zu haben.

---

370 Vgl. OLG Hamburg 19. 6. 1997, DAR 1998, 72; LG Zweibrücken 17. 11. 1998, MDR 1999, 159 = DAR 1999, 367; LG Leipzig 23. 2. 1999, DAR 1999, 366; LG Gießen 8. 1. 1997, ZfS 1997, 175; LG Bückeburg 3. 2. 1995, DAR 1995, 369; s. auch *Eggert,* DAR 1998, 45.
371 OLG Hamm 23. 5. 2000, MDR 2001, 87 = OLGR 2000, 319 – „reine Wissenserklärung".
372 OLG Köln 8. 7. 1977, 9 U 27/77, n. v.
373 BGH 21. 1. 1981, WM 1981, 323 (in NJW 1981, 928 nicht abgedruckt); vgl. auch OLG Hamm 21. 1. 1985, NJW 1986, 136 (Hauskauf); OLG Düsseldorf 21. 10. 1994, NZV 1995, 192 (L.) = OLGR 1995, 84 (L.) s. aber auch LG Gießen 8. 1. 1997, ZfS 1997, 175.
374 Vgl. LG Saarbrücken 3. 3. 1994, ZfS 1994, 245 (8 Vorbesitzer); s. auch OLG Düsseldorf 5. 10. 1995, NZV 1996, 368.

Zu weit geht die Ansicht, den **schweigenden** Erstbesitzer (Privatverkäufer) beim Verkauf eines Unfallwagens in die Garantiehaftung zu nehmen.[375] In einem solchen Fall scheitert ein etwaiger Gewährleistungsausschluss regelmäßig an § 444 BGB (arglistige Täuschung). Gleichfalls zu weit dürfte es gehen, einem Privatverkäufer, der eine **Rechnung über eine Werkstattreparatur** vorgelegt hat, das Risiko einer mangelhaften oder unvollständigen Reparatur aufzuerlegen.[376]

Ein Privatverkäufer, der im Vertragstext festhält „Der Wagen war stark unfallbeschädigt" und hinzufügt „Das Fahrzeug befindet sich in einem einwandfreien Zustand", sichert nach Ansicht des OLG Düsseldorf[377] zu, dass die Schäden „gänzlich und folgenlos beseitigt worden sind".

1151 „**Unfallfreiheit im Übrigen**": Unter zusicherungsrechtlichem Aspekt hat die **Rechtsprechung** auch Erklärungen gewürdigt wie z. B.

- „nur kleine Blechschäden" (BGH NJW 1981, 1441; vgl. auch OLG Nürnberg NZV 1992, 441)
- „beseitigter Blechschaden" (BGH NJW-RR 1987, 436 = WM 1987, 137)
- „Blechschaden – behoben" (OLG Düsseldorf OLGR 1992, 170) oder „Seitenteilschaden hinten rechts (behoben)" (OLG Hamm OLGR 1995, 77 – Händlerankauf)
- „Blechschaden" (OLG Frankfurt DAR 1987, 121 = NJW-RR 1987, 1268)
- „Blechschäden Fahrerseite" (OLG Oldenburg NJW-RR 1987, 1269)
- „Fz. hatte Frontschaden" (OLG Hamm DAR 1977, 322)
- „Heckschaden vollständig behoben" (LG Mönchengladbach NJW-RR 1992, 1524)
- „Bagatellschaden, Kleinigkeit, die leicht zu beheben ist" (OLG Düsseldorf OLGR 1992, 265 – unrep. verkauft)
- „Frontschaden sach- und fachgerecht behoben" (OLG Düsseldorf OLGR 1994, 186)
- „Unfall vorne rechts" (LG Itzehoe ZfS 1993, 374)
- „nur kleiner Parkschaden" (KG VRS 87, 241 = OLGR 1994, 85)
- „Frontschaden, Blech- und Glasschaden" (OLG Bamberg NJW-RR 1994, 1333)
- „leichter Frontschaden" (OLG Hamm OLGR 1996, 53)
- „Unfallfrontschaden" (OLG Saarbrücken NJW-RR 1998, 1273 = MDR 1998, 1162 = OLGR 1998, 307)
- „links Unfallschaden, Kotflügel etc. wurden erneuert" (OLG Köln NZV 1999, 381 = OLGR 1999, 205 – Privatgeschäft).
- „leichter Unfallschaden, nur Plastikteile getauscht" (OLG München MDR 2001, 1407 = OLGR 2001, 293).

Bei dieser außerordentlich praxisrelevanten Fallgruppe geht es nicht nur um die Frage, ob der Verkäufer den tatsächlichen Unfallschaden arglistig verharmlost hat, beispielsweise durch eine Behauptung ins Blaue (dazu Rn 1645 ff.). Diskutiert wird auch – vornehmlich bei **Händlerverkäufen** –, ob mit derartigen Erklärungen bestimmte Eigenschaften i. S. v. § 459 II BGB a. F. als vorhanden zugesichert worden sind.

Zwei Eigenschaften kommen in Frage: zum einen die Qualität der offen gelegten (Unfall-)Reparatur (sach- und fachgerecht, vollständig, keine Billigreparatur, Durchführung in Kfz-Werkstatt, nicht in Eigenregie). Gegenstand der Auslegung sind insoweit nicht nur die schlagwortartigen Kurzinformationen wie sie oben beispielhaft aufgeführt sind. Auch sons-

---

375 So aber *Landscheidt/Segbers,* NZV 1991, 289, 292.
376 So aber AG Köln 6. 10. 1988, 134 C 156/88, n. v.
377 Urt. v. 19. 6. 1986, 18 U 17/86, n. v.

Die Voraussetzungen der Sachmängelhaftung

tige Erklärungen des Verkäufers können auslegungsrelevant sein, ebenso die Vorlage von Reparaturrechnungen (s. Rn 1164 ff.), von Schadensfotos und Gutachten. Gegenstand einer Zusicherung/Garantie kann zum anderen die Eigenschaft sein, dass das Fahrzeug, abgesehen von den ausdrücklich genannten Schäden, unfallfrei ist, d. h. dass der mitgeteilte Schaden nach Art und Ausmaß nicht schwerwiegender ist und dass das Fahrzeug ansonsten ohne (Unfall-)Vorschaden ist.

Der **BGH** hat diese zweite Frage – „Unfallfreiheit im Übrigen" als **stillschweigend** zugesichert – bislang offen gelassen.[378] Die **Rechtsprechung der Oberlandesgerichte** ist, kein Wunder bei der Vielgestaltigkeit der Lebenssachverhalte, **uneinheitlich.** Bejaht wurde die Zusicherungshaftung z. B. von den Oberlandesgerichten Oldenburg,[379] Düsseldorf,[380] Bamberg[381] Saarbrücken.[382] und München.[383] Das Urteil des OLG Frankfurt/M. v. 6. 11. 1986,[384] häufig als Beleg für diese käuferfreundliche Auffassung zitiert, gehört nicht in diese Reihe. In ihm wird die Eintragung „Blechschaden" nur zur Abgrenzung von dem – tatsächlich vorhanden gewesenen – Rahmenschaden herangezogen; die Annahme einer Eigenschaftszusicherung wird primär auf die **mündliche** Erklärung „kein Rahmenschaden" gestützt. In einer derartigen – ausdrücklichen – **Verneinung** („angegebener Karosserieschaden kein Rahmenschaden") hat auch das OLG Düsseldorf[385] eine Zusicherung gesehen (ähnlich OLG Hamm OLGR 1995, 77 – Händlerankauf; ansonsten bemerkenswert restriktiv).

Stellungnahme: Anhand der für und gegen die Annahme einer Zusicherung/Beschaffenheitsgarantie sprechenden Kriterien (siehe Indizienkataloge unter Rn 1068, 1069) ist im Einzelfall sorgfältig abzuwägen, ob die fragliche (Unfall-)Information aus Sicht des Käufers Garantiecharakter (Fahrzeug ansonsten garantiert „unfallfrei") hat oder nicht. Dabei kommt es **zunächst** darauf an, die Bedeutung der Erklärung aus Sicht des Käufers unter Berücksichtigung aller sonstigen Verkäufererklärungen und der Begleitumstände des Kaufs zu ermitteln. Zumal bei Privatgeschäften sind mündliche Zusatzinformationen von besonderer Bedeutung.[386] Auf dieser **ersten Auslegungsstufe** kann sich ergeben, dass die Mitteilung des Verkäufers sich in einer Auskunft über eine bestimmte, meist fremde Reparaturleistung erschöpft.[387] Es muss übrigens nicht immer eine Instandsetzung nach einem Unfall sein. Heißt es beispielsweise im Vertrag „Lack ausgebessert", so kann dieser Hinweis auch auf eine Maßnahme Bezug nehmen, die mit einem früheren Unfall nichts zu tun hat.

Ob die im Wege der Auslegung ermittelte Beschaffenheit „ansonsten ist der Wagen unfallfrei" garantiert oder ohne Garantie vereinbart ist, beurteilt sich maßgeblich danach, ob der Verkäufer Erstbesitzer ist, der mitgeteilte ebenso wie der „verschwiegene" Unfall also in seine Besitzzeit fällt. Bei einem **Verkauf aus erster Hand,** ohne Einschaltung eines Zwischenhändlers, wird in erster Linie an eine **arglistige Täuschung** zu denken sein (Fallgruppen „Behauptung ins Blaue" und Bagatellisierung, s. Rn 1154 ff.). Beim **Kauf vom Kfz-Händler** ist von Bedeutung, ob das Fahrzeug im Betrieb des Händlers repariert worden ist (so im Fall OLG Bamberg NJW-RR 1994, 1333 – Verkäufer war die Ehefrau des Werkstattinhabers) oder ob der Händler es repariert hereingenommen hat; zum Verkauf eines **un-**

---

378 Vgl. Urt. v. 18. 3. 1981, NJW 1981, 1441 (unter 2 b) und BGH WM 1987, 137 unter III, 2.
379 NJW-RR 1987, 1269.
380 OLGR 1992, 170 („Blechschäden – behoben").
381 NJW-RR 1994, 1333.
382 Urt. v. 10. 3. 1998, NJW-RR 1998, 1273 = MDR 1998, 1162 = OLGR 1998, 307.
383 Urt. v. 1. 6. 2001, MDR 2001, 1407 = OLGR 2001, 293.
384 DAR 1987, 121 = NJW-RR 1987, 1268.
385 Urt. v. 4. 11. 1992, OLGR 1993, 161 – gewerblicher Verkauf.
386 OLG Düsseldorf 1. 10. 2001, 1 U 21/01, n. v.
387 Vgl. LG Saarbrücken 20. 12. 2000, ZfS 2001, 115.

reparierten Pkw s. OLG Hamm NJW-RR 1995, 689. In denjenigen Fällen, in denen der Verkäufer so nahe am Schaden und an seiner Beseitigung ist, dass eine Garantieübernahme berechtigt erscheint, dürfte eine arglistige Täuschung in Betracht kommen, zumindest in der Fallkonstellation „Behauptung ins Blaue". Wenn die Gerichte gleichwohl immer wieder auf die Figur der „Zusicherung" zurückgegriffen haben, so konnte man auf diesem Weg Beweiserhebungen in der Arglistfrage umgehen.

Bei Händler-Verbraucher-Geschäften besteht unter der Herrschaft des **neuen Kaufrechts** kein Grund mehr, in der Garantiefrage großzügig zu sein. Eine Lösung mit Hilfe der neuen Figur der „Beschaffenheitsgarantie" setzt jedenfalls eine **umfassende Fallanalyse** voraus (nicht überzeugend z. B. OLG Saarbrücken, NJW-RR 1998, 1273, weil das als Beleg herangezogene Urteil des OLG Bamberg NJW-RR 1994, 1333 einen wesentlich anders gelagerten Fall betrifft). Dazu gehört beim Verkauf an Verbraucher jetzt auch die klauselfeste Verpflichtung zur sachmängelfreien Lieferung. Dort, wo noch unter Gewährleistungsausschluss verkauft werden darf, ist die Freizeichnungsklausel, auch eine nur formularmäßige, in die Abwägung einzubeziehen, wie das OLG Köln mit Recht fordert.[388] Es hat im Fall eines **Privatverkaufs** (zwei Vorbesitzer) eine stillschweigende Zusicherung „ansonsten unfallfrei" zutreffend verneint.[389] Anders hat das LG Bückeburg[390] entschieden, indem es einen Privatverkäufer in die Zusicherungshaftung genommen hat, der von zwei ihm (durch seinen eigenen Vorbesitzer) bekannten Vorschäden lediglich einen offenbart hatte, was an sich eine arglistige Täuschung darstellt. Da der Beklagte den zweiten Unfallschaden angeblich vergessen hatte, was ihm nach Ansicht des Gerichts nicht zu widerlegen war, wurde seine Schadensersatzhaftung über § 463 S. 1 BGB a. F. begründet.

1153 **Reichweite der Garantieerklärung:** Zum Schutzumfang der Zusicherung/Garantie „unfallfrei" im Hinblick auf **Mangelfolgeschäden** s. Rn 1482.

1154 **Verwendungszweck/Einsatzfähigkeit/Zulassungsfähigkeit/ Tragfähigkeit bei Nutzfahrzeugen o. ä.**

Das Risiko, den von ihm beabsichtigten Verwendungszweck zu verfehlen, trägt **grundsätzlich** der Käufer.[391] Die Parteien können dieses Risiko aber ausdrücklich oder stillschweigend bzw. konkludent zu Lasten des Verkäufers geregelt haben. Das ist eine Frage der Auslegung seiner Erklärungen und seines Gesamtverhaltens. Einseitig gebliebene Vorstellungen und Erwartungen des Käufers sind unbeachtlich. Vielmehr ist, so der BGH,[392] „eine Willenseinigung beider Vertragsteile dahin erforderlich, dass die Kaufsache zu einem bestimmten Zweck geeignet sei oder bestimmte Eigenschaften besitzen müsse, wobei allerdings der beiden Teilen bekannte Verwendungszweck bzw. die betreffende Eigenschaft auch stillschweigend im Sinne einer solchen Willenseinigung zur Vertragsgrundlage gemacht werden kann".

1155 **Ausdrückliche Vereinbarungen** über den Verwendungszweck (Zweckeignung/Nutzungsmöglichkeit) sind beim Gebrauchtfahrzeugkauf – abgesehen von der Zusage „fahrbereit"[393] – ungewöhnlich. Normalerweise werden sie gekauft, um sie im Straßenverkehr als Transportmittel einzusetzen. Dass ein zur Weiterbenutzung gekauftes Kfz auch bestimmungsgemäß benutzt werden kann, entspricht der Normalerwartung beider Vertragspart-

---

388 Urt. v. 22. 3. 1999, NZV 1999, 381 = OLGR 1999, 205.
389 Zustimmend OLG Düsseldorf 1. 10. 2001, 1 U 21/01, n. v.
390 Urt. v. 3. 2. 1995, DAR 1995, 369.
391 St. Rspr., z. B. BGH 27. 9. 1991, WM 1992, 153 (Grundstückskauf).
392 Urt. v. 28. 3. 1984, NJW 1984, 2289 (Tresorfall); s. auch BGH 23. 11. 1994, NJW-RR 1995, 364 (Mobilbagger).
393 Dazu Rn 1091 ff.

Die Voraussetzungen der Sachmängelhaftung

ner.[394] Kann dieser Zweck aus Gründen, die mit der Beschaffenheit des Fahrzeugs zu tun haben, nicht realisiert werden, kann ein **Sachmangel nach § 434 I, 1 BGB** vorliegen (Abweichung von der vereinbarten Beschaffenheit). Nichteignung zum vertraglich vorausgesetzten Zweck kann aber auch unter **§ 434 I, 2 Nr. 1 BGB** fallen (s. dazu Rn 1240). Als Drittes kommt eine **stillschweigende** Garantie der vereinbarten Zweckeignung in Betracht. Letzteres ist jedoch, mag die Eigenschaft auch noch so elementar sein, in der Regel nicht anzunehmen.

Garantieübernahmen sind indessen bei geplanten **Sondernutzungen** und allgemein bei **Sonderfahrzeugen** in Betracht zu ziehen, etwa wenn dem Verkäufer eines **Lkw** die Absicht mitgeteilt wird, das Kaufobjekt für Ferntransporte zu benutzen.[395] Zur Erklärung des Verkäufers gebrauchter Werkzeugmaschinen „Alle Maschinen sind komplett ... und einsatzbereit" vgl. BGH NJW 1968, 2375; s. auch BGH NJW 1981, 224. In Fällen dieser Art hat zumindest die **ältere Rechtsprechung** Eigenschaftszusicherungen nur bei Übernahme einer **besonderen Gewähr** bejaht. „Immer müsse der Sachverhalt dahin gedeutet werden können, dass der Verkäufer für das Vorhandensein der Eigenschaft auch die Gewähr übernehmen wolle."[396] Diese Voraussetzung hat der BGH beim Verkauf eines gebrauchten **Lkw-Anhängers** mit der Eintragung im Kaufantrag „Anhänger ca. 15 to Schoof-Anhänger..." verneint.[397] Die **Tragfähigkeit** des Anhängers war hier also nicht zugesichert i. S. v. § 459 II BGB a. F.

Demgegenüber hat das OLG Bremen[398] die Äußerung des Verkäufers, der verkaufte **Lkw** sei „ein 3/4 to-Goliath", unter den besonderen Umständen des Einzelfalls, insbesondere im Hinblick auf das dem Verkäufer bekannte spezielle Interesse des Käufers an der Tragfähigkeit des Lkw, als Zusicherung gewertet. Gleiches dürfte für die Erklärung „Fahrzeug ist fahrtüchtig" gelten.[399] Nur von einem Fehler i. S. d. § 459 I BGB a. F. scheint der BGH in dem in mehrerer Hinsicht besonders gelagerten **Omnibus**-Fall ausgegangen zu sein, der Gegenstand der Entscheidung vom 13. 11. 1956 ist.[400] Zur Bedeutung der Angabe „**Geländewagen**" beim Privatverkauf s. OLG Köln NJW-RR 1994, 440; OLG Düsseldorf OLGR 1995, 195, s. auch OLG Koblenz VRS 90, 322 = ZfS 1995, 418; zum **Dragster**-Kauf s. OLG Düsseldorf OLGR 1993, 2; zum Umfang der Aufklärungspflicht beim Verkauf eines Geländewagens s. OLG Celle OLGR 1996, 194; zur „Zulassungsfähigkeit" eines **Klassiker-Nachbaus** s. OLG Oldenburg NJW-RR 1997, 1213 = OLGR 1997, 151; zur Vollzulassungsfähigkeit eines **Oldtimers** im Ausland (Österreich) s. OLG Karlsruhe 29. 5. 2002, 9 U 133/01 (in OLGR 2002, 247 nicht abgedruckt); zur **Zuladekapazität** bei einem **Wohnmobil** s. OLG Düsseldorf OLGR 2001, 180 und OLG Nürnberg DAR 2002, 219.

Zur **Führerscheinfreiheit** als zugesicherte Eigenschaft s. LG München I NZV 2000, 417.

Versicherungsschutz

Fragen des Versicherungsschutzes werden im Rahmen von Verhandlungen über den Kauf gebrauchter Kraftfahrzeuge im Allgemeinen nicht ausdrücklich thematisiert. Die **handelsüblichen Bestellscheine** („verbindliche Bestellung") enthalten hierzu keine An-

---

394 BGH 22. 2. 1984, NJW 1984, 1452.
395 Vgl. BGH 16. 6. 1955, NJW 1955, 1313 = BB 1955, 652.; s. auch BGH 2. 7. 1996, WM 1996, 1918 – Spezialaufbau auf Lkw-Fahrgestell.
396 BGH 11. 2. 1958, BB 1958, 284 = MDR 1958, 509.
397 BGH 11. 2. 1958, BB 1968, 284 = MDR 1958, 509; s. auch BGH 14. 5. 1996, WM 1996, 1917 – Werklieferungsvertrag über Spezial-Lkw.
398 Urt. v. 4. 7. 1950, JR 1951, 629.
399 Vgl. auch BGH NJW 1968, 1567 – Schiff.
400 LM § 459 Abs. 1 BGB Nr. 3.

gaben. Anders ist es bei manchen Formularen für den **Gebrauchtwagen-Ankauf** durch Kfz-Händler. Dort wird detailliert nach dem Bestehen von Versicherungsschutz (Haftpflicht und Kasko) gefragt. Die Informationen, die ein **Privatverkäufer** (Inzahlunggeber) hier erteilt, sind keine Beschaffenheitsgarantien. Zwar konnten nach altem Kaufrecht neben den physischen Eigenschaften des Kaufgegenstands auch solche tatsächlichen, wirtschaftlichen, sozialen oder rechtlichen Beziehungen des Kaufgegenstandes zu seiner Umwelt Eigenschaften sein, die für dessen Brauchbarkeit und Wert bedeutsam sind. Diese Beziehungen mussten aber ihren Grund in der Beschaffenheit der Kaufsache selbst haben, von ihr ausgehen, ihr auch für eine gewisse Dauer anhaften und nicht lediglich durch Heranziehung von Umständen in Erscheinung treten, die außerhalb der Sache liegen.[401]

Nach dieser Formel des BGH war die Tatsache des **Versichertseins** eines Kraftfahrzeugs **keine zusicherungsfähige Eigenschaft.** Das galt für den Haftpflichtschutz ebenso wie für Vollkasko oder Teilkasko.[402] Es handelt sich in der Tat um außerhalb des Kaufobjektes liegende Umstände, die mit seiner Beschaffenheit nichts zu tun haben. Anders als beispielsweise bei der Steuerfreiheit spielen Art und Beschaffenheit des Kraftfahrzeugs bei der Frage, ob Versicherungsschutz besteht, keine Rolle. Für die beabsichtigte Benutzung im Straßenverkehr ist die Frage des Haftpflichtschutzes zwar von „äußerster Wichtigkeit".[403] Diese besondere Erheblichkeit für den vertraglich vorausgesetzten Gebrauch genügt jedoch für sich allein genommen nicht, um eine Eigenschaft annehmen zu können, die Gegenstand einer Beschaffenheitsgarantie sein kann. Es fehlt die erforderliche Beziehung zur Sache selbst. Ob sie beim Merkmal der **Versicherbarkeit** zu bejahen ist, erscheint zweifelhaft.[404] Beim Fahrzeugkauf ist diese Frage bisher nicht praktisch geworden.

Da die Tatsache des Haftpflichtschutzes und/oder Fahrzeugversicherungsschutzes (Vollkasko/Teilkasko) schon keine Eigenschaft ist, die Gegenstand einer Beschaffenheitsgarantie sein kann (zur Frage der Mängelfreiheit nach § 434 BGB s. Rn 1304 ff.), kann offen bleiben, ob die Klausel „Fahrzeug ist fahrbereit" (vgl. dazu Rn 1091 ff.) auch als Garantie des Bestehens von Haftpflichtversicherungsschutz gedeutet werden kann. Gleiches gilt für Erklärungen wie das Fahrzeug sei noch versichert, mit ihm könne unbedenklich gefahren werden oder einfach: „Mit dem Wagen kann gefahren werden."[405]

Vorbenutzung

1157 Art und Umfang der Vorbenutzung können Merkmale der Soll-Beschaffenheit gemäß § 434 BGB (s. dazu Rn 1289) und demnach auch Gegenstand von Beschaffenheitsgarantien sein. Im aktuellen **ADAC-Kaufvertrag** für Geschäfte zwischen Privatleuten (Stand 2002) ist die gewerbliche Nutzung im „Erklärungskatalog" aufgeführt (Ziff. 2.2), verbunden mit dem Einschub „soweit ihm bekannt". In älteren ADAC-Formularen waren Textierung und Platzierung der Information anders. Im **gewerblichen Handel** enthalten die gängigen Vertragsformulare im oberen Drittel überwiegend Ankreuzalternativen zu einer Vorbenutzung als Taxi/Miet- oder Fahrschulwagen. Der Ausdruck „zugesichert" bzw. – in den aktuellen Texten – „garantiert" wird vermieden.

---

401 BGH 28. 3. 1990, NJW 1990, 1659 = JZ 1990, 1075 m. Anm. *Tiedtke;* vgl. auch BGH 16. 1. 1991, NJW 1991, 1223 = ZIP 1991, 321 („weitgehend nur noch terminologische Unterscheidung" von Eigenschaft im Sinne von § 459 Abs. 2 BGB a. F. und Beschaffenheit als Anknüpfung für den Fehlerbegriff im Sinne von § 459 Abs. 1 BGB a. F.).
402 A. A. OLG Köln 8. 2. 1955, DAR 1955, 161..
403 So BGH 26. 10. 1988, NJW-RR 1989, 211 = WM 1989, 26.
404 Vgl. BGH 28. 3. 1984, NJW 1984, 2289 (Tresorfall).
405 Zur Bedeutung derartiger Erklärungen vgl. BGH 26. 10. 1988, NJW-RR 1989, 211 = WM 1989, 26 und BGH 31. 10. 1990, NZV 1991, 108 (2. Revisionsverfahren).

Die Voraussetzungen der Sachmängelhaftung

Heißt es in dem Kaufvertrag, das Fahrzeug sei von keinem Vorbesitzer gewerblich genutzt worden, so kann dies durchaus eine Eigenschaftszusicherung/Beschaffenheitsgarantie darstellen. Auch eine Zulassung auf eine Polizeibehörde fällt unter „gewerbliche Nutzung".[406] Garantiecharakter hat die Erklärung: „Kfz wurde nicht als Taxi/Miet- oder Fahrschulwagen benutzt",[407] wobei das Ankreuzen des „nein"-Kästchens genügt.[408] Ist der Verkäufer nicht der Erstbesitzer, beschränkt sich seine Zusage – auch ohne Klausel „soweit bekannt" oder „lt. Vorbesitzer" (dazu OLG Köln NZV 1999, 338 = OLGR 1999, 121) – im Zweifel auf seine eigene Besitzzeit.[409] Für die Zeit davor kann der Käufer vernünftigerweise keine Garantieübernahme erwarten. Zu seinem Schutz kann er sich die Voreintragungen im Fahrzeugbrief ansehen und sich im Zweifelsfall bei den früheren Haltern erkundigen. Von dem Verkäufer eine uneingeschränkte Erklärung zu verlangen, ist eine weitere Möglichkeit der Absicherung.

Unter **„Gebrauchtwagen aus 1. Hand"** kann nur ein Wagen verstanden werden, der lediglich durch eine Person und eventuell durch deren nahe Familienmitglieder benutzt worden ist. Auf ein Fahrzeug, das vorher als **Mietwagen** gelaufen ist, trifft dies nicht zu;[410] s. auch Rn 1159. Eine Eigenschaftszusicherung i. S. v. § 459 II BGB a. F. hat der BGH sogar in einem Fall angenommen, in dem ein Kfz-Händler die ausdrückliche Frage des Käufers, ob der Wagen früher als Taxi benutzt worden sei, verneint hatte.[411] Ob in dieser mündlichen Mitteilung eine Zusicherung zu sehen ist, erscheint fraglich, zumal der Käufer – wenn auch formularmäßig – erklärt hatte, die Art der Benutzung des Pkw durch den Vorbesitzer sei für ihn ohne Bedeutung.[412]

1158

Wenn ein Fahrzeug unter der Bezeichnung **„von Privat"** angeboten wird, dann bedeutet dies nach Ansicht des Kammergerichts nicht, dass es nur als Privatfahrzeug und nicht als Mietwagen oder sonst gewerblich benutzt worden ist.[413] In Anzeigen werden diese Formulierungen bei Angebot und Suche von Gebrauchtwagen vielmehr benutzt, wenn kein Händler zwischengeschaltet ist oder werden soll. Das Wort „von" bezeichnet eindeutig den Verkäufer und nicht den Verwendungszweck.

Anzahl der Vorbesitzer/Vorhalter/Ersthandfahrzeug/Zweithandfahrzeug

Eine garantiefähige Eigenschaft eines Kraftfahrzeugs kann auch die Anzahl der Vorbesitzer, Vorhalter und Voreintragungen im Fahrzeugbrief sein.[414] Zur Frage der Mängelfreiheit nach § 434 BGB s. Rn 1279 ff. Nach der Rechtsprechung liegt eine Zusicherung/Beschaffenheitsgarantie nicht nur in der vorbehaltlosen Angabe **„Ersthandfahrzeug"**[415] oder **„aus 1. Hand"**,[416] sondern auch in der Angabe „Zahl der Vorbesitzer lt.

1159

---

406 So AG Köln 8. 7. 1993, 122 C 691/92, n. v.; s. auch die Verwendungsklausel in § 2 AKB.
407 So AG Köln 27. 8. 1985, 117 C 563/84, n. v. (Fahrschulwagen).
408 OLG Köln 11. 5. 1990, NJW-RR 1990, 1144 (Fahrschulwagen).
409 Anders AG Cuxhaven 2. 7. 1993, 11 C 321/92, n. v.
410 LG Berlin 7. 2. 1975, VersR 1976, 396; OLG Düsseldorf 18. 6. 1999, NZV 1999, 514.
411 Urt. v. 12. 5. 1976, WM 1976, 740 = BB 1977, 61 m. Anm. *Trinkner*.
412 Nach BGH WM 1976, 740 = BB 1977, 61 eine Überraschungsklausel.
413 Urt. v. 31. 1. 1972, OLGZ 1972, 402.
414 OLG Hamm 14. 7. 1983, MDR 1984, 141; OLG Celle 21. 6. 1990, NJW-RR 1990, 1527; LG Hannover 2. 10. 1991, MDR 1992, 557.
415 LG Berlin 7. 2. 1975, VersR 1976, 396; OLG Koblenz 25. 2. 1981, 7 U 246/80, n. v.; LG Bonn 14. 2. 1984, 13 O 96/83 n. v.; vgl. auch OLG Köln 14. 2. 1974, NJW 1974, 2128.
416 OLG Köln 9. 10. 1991, VRS 82 (1992), 89; LG Kleve Az. 5 S 233/87, n. v.; LG Hannover 2. 10. 1991, MDR 1992, 557; s. auch OLG Düsseldorf 18. 6. 1999, NZV 1999, 514 – früheres Mietfahrzeug.

Kfz-Brief"[417] oder „Zahl der Halter lt. Fz-Brief".[418] Letzteres geht zu weit. Für die Annahme einer Beschaffenheitsgarantie besteht kein Bedürfnis, sofern eine Freizeichnungsklausel gänzlich fehlt (Verbraucherkauf) oder, wenn vorhanden, restriktiv interpretiert wird. Der richtige Lösungsansatz ist § 434 BGB (s. Rn 1279 ff.).

Wird auf den Fahrzeugbrief als Informationsgrundlage Bezug genommen, dieser aber nicht vorgelegt, so kann das erhöhte Schutzbedürfnis des Käufers die Annahme einer Zusicherung/Garantie rechtfertigen. In diesem Sonderfall ist der **Beginn der Verjährung** problematisch. Die Gerichte werden geneigt sein, auf die Übergabe des Fahrzeugbriefs abzustellen. Eine Entscheidung hierzu liegt noch nicht vor. Zum Verkauf eines Fahrzeugs als „Ersthandwagen" aus dem Bestand eines **Autovermieters** s. Rn 1158.

Die Mitteilung „nur 1 Vorbesitzer" begründet die Sachmängelhaftung selbst dann, wenn im Fahrzeugbrief **Eheleute** mit unterschiedlichem Wohnsitz eingetragen sind. Das OLG Köln meint, dass es nicht auf die Zahl der tatsächlichen Benutzer, sondern darauf ankomme, dass mehr als ein Halter im Brief stehe.[419] Diese formale Sicht ist konsequent. Sie gilt auch in den sog. GmbH-Fällen. Zum kurzzeitigen Zwischenbesitz s. KG OLGR 2001, 10 (Zusicherung verneint/Privatverkauf).

Die Formulierung **„Fahrzeug aus 2. Hand"** bedeutet wie der Begriff **„Zweithandfahrzeug"** zumindest, dass ein so bezeichnetes Fahrzeug nicht aus erster Hand stammt. Über die Zahl der Nachbesitzer geben diese Hinweise nach allgemeinem Sprachgebrauch und den Gepflogenheiten im Gebrauchtfahrzeughandel keine verlässliche Auskunft. Es wird damit also nicht zugesichert/garantiert, dass das verkaufte Fahrzeug nicht mehr als zwei Halter hatte.[420]

Vorführwagen/Dienstwagen/Direktionswagen/Geschäftswagen

1160 All diesen Bezeichnungen ist gemeinsam, dass es sich um Fahrzeuge handelt, die **gewerblich** benutzt worden sind. **Firmenfahrzeug** ist der Sammelbegriff. Am deutlichsten tritt die Art der Benutzung beim **„Vorführwagen"** hervor. Dieser Begriff besagt, dass das Fahrzeug einem Neuwagenhändler/Werksniederlassung **im Wesentlichen** zum Zwecke der Vorführung (Besichtigung und Probefahrt) gedient hat. Ein solches Fahrzeug darf noch nicht auf einen Endabnehmer zugelassen sein. Unschädlich ist, wenn es in verschiedenen Zweigstellen eines Kfz-Handelsbetriebes benutzt worden ist. Die Eigenschaft, ein „Vorführwagen" zu sein, geht aber verloren, wenn das Fahrzeug bei mehr als einem Neuwagenhändler zu Vorführungszwecken eingesetzt worden ist.[421] Erfahrungsgemäß werden „Vorführwagen" oftmals nicht nur von Kaufinteressenten gefahren. Zu den Benutzern können Werkstattkunden ebenso wie Betriebsangehörige gehören. Bei einer solchen **Mischnutzung** muss der Einsatz des Fahrzeugs zur Kaufmotivation deutlich überwiegen, andernfalls darf er nicht als „Vorführwagen" angeboten werden, wohl aber als „Geschäftsfahrzeug".

---

417 OLG Düsseldorf 30. 4. 1982, 22 U 243/81, n. v.; s. auch OLG Hamm 14. 7. 1983, MDR 1984, 141; LG Saarbrücken 8. 11. 1983, DAR 1984, 91.
418 OLG Celle 21. 6. 1990, NJW-RR 1990, 1527 (im konkreten Fall verneint); OLG Düsseldorf 3. 12. 1993, OLGR 1994, 186 (L.).
419 Urt. v. 6. 6. 1973, DAR 1974, 71; vgl. auch LG Gießen 2. 9. 1959, DAR 1960, 14; LG Kleve Az. 5 S 233/87, n. v., für den Fall der Voreintragung von 2 Brüdern des Verkäufers; OLG Hamm 15. 6. 1993, OLGR 1993, 302 = MDR 1994, 139.
420 OLG Düsseldorf 23. 7. 1999, NZV 2000, 83 = DAR 2002, 261; zweifelnd OLG Hamm 15. 6. 1993, OLGR 1993, 302 = MDR 1994, 139.
421 Anders wohl LG Karlsruhe 18. 4. 1984, 5 O 66/83, n. v.; s. auch OLG Düsseldorf 28. 6. 1996, NJW-RR 1997, 427.

Ein bestimmtes Alter wird mit dem Begriff „Vorführwagen" nicht zugesichert; ein solches Fahrzeug kann beliebig alt sein.[422] Es wird auch nicht stillschweigend zugesichert/garantiert, dass das Fahrzeug noch den Original-Erstmotor hat.[423] Inhalt der Zusicherung/Garantie ist lediglich die primäre Verwendung als „Vorführwagen" bei ein und demselben Händler. Zutreffend OLG Düsseldorf,[424] wonach auch ein zeitweiliger Gebrauch durch Werkstattkunden nicht schadet (vgl. auch OLG Hamburg HRR 1941, 591).

Zur Haftung für Sachmängel nach den eigentlich unpassenden Neuwagen-AGB s. OLG Düsseldorf NJW-RR 1998, 845 = OLGR 1998, 29; s. auch OLG Celle OLGR 1998, 160 (Auseinanderfallen von Produktionsdatum und Datum der EZ). Zum Verkauf eines fast neuen Vorführwagens auf der Basis der Gebrauchtwagen-AGB s. OLG Frankfurt NJW-RR 2001, 780.

Mitunter werden Vorführwagen als **„Geschäftswagen"** oder – wie im Fall OLG Hamm 23 U 26/89[425] – als **„Dienstwagen"** angeboten, auch umgekehrt Dienstwagen als „Vorführwagen". Dies kann irreführend sein. „Dienstwagen" und „Geschäftswagen" dürften Synonyme sein. Nach Ansicht des OLG Hamm[426] erfüllt ein Kfz-Händler seine **Aufklärungspflicht**, wenn er einen Vorführwagen als „Dienstwagen" anbietet. Nach näheren Einzelheiten soll der Käufer fragen müssen. Zur Aufklärungspflicht bei Vorführwagen vgl. auch OLG Schleswig 30. 11. 1984, 11 U 327/83, n. v. (Vorhandensein eines Austauschmotors, eingebaut nach ca. 5000 km; Aufklärungspflicht verneint); LG Bielefeld 20. 10. 1983, 21 O 312/83, n. v. (Unfallschaden); LG Karlsruhe 18. 4. 1984, 5 O 66/83, n. v. (Benutzung von mehreren Verkäufern; Aufklärungspflicht verneint). Zur Aufklärungspflicht eines Händlers beim Verkauf eines „Dienstwagens" mit schadensbedingter (Teil-)Neulackierung s. OLG Oldenburg 18. 10. 2000, OLGR 2001, 50.[427]

Das **„Direktionsfahrzeug"** ist ein spezieller Typ von Dienstwagen, meist ein gutgepflegtes Fahrzeug der Oberklasse, das nur ausgesuchte Fahrer hatte. Es muss nicht unbedingt auf einen Kfz-Hersteller oder Kfz-Händler erstzugelassen sein.

Werkstattgeprüft/von Meisterhand geprüft/komplette Durchsicht

Immer mehr Kfz-Händler werben damit, die von ihnen angebotenen Fahrzeuge gründlich untersucht zu haben; gängig ist das Schlagwort „werkstattgeprüft". Andere berufen sich auf Expertisen und Bescheinigungen von Fremdfirmen. In diesen Fällen ist zunächst zu unterscheiden, ob die Information nur dem **konkreten Kaufobjekt** oder **sämtlichen Fahrzeugen** gilt, die der Händler in seinem Betrieb anbietet. **Werbeäußerungen** sind unter dem Gesichtspunkt der Beschaffenheitsgarantie in zweifacher Hinsicht problematisch: Schwierigkeiten bereitet die Einbeziehung in den einzelnen Kaufvertrag, zumal bei einer Schriftformklausel (vgl. dazu Rn 1173 ff.). Hier ist jetzt **§ 434 I, 3 BGB** zu beachten. Eine weitere Frage ist es, ob die Erklärung Garantiecharakter hat oder als bloße Beschaffenheitsangabe oder gar als unverbindliche Anpreisung zu qualifizieren ist.

Unter der Bezeichnung **„werkstattgeprüft"** versteht der **BGH,** dass das Fahrzeug in einer hierfür ausgerüsteten Werkstatt einer sorgfältigen **äußeren Besichtigung** – ohne Zerlegung der einzelnen Aggregate – durch einen Fachmann unterzogen worden ist und dass die bei einer derartigen Untersuchung feststellbaren Mängel behoben worden sind.[428] Die

---

422 AG Rotenburg (Wümme) 12. 7. 1984, 5 C 437/84, n. v. (6 Jahre alter Wagen); AG Schleiden 7. 10. 1991, 2 C 367/91, n. v. (Motorrad).
423 OLG Schleswig 30. 11. 1984, 11 U 327/83, n. v. („Pkw wurde als Vorführwagen benutzt und ist unfallfrei").
424 Urt. v. 28. 6. 1996, NJW-RR 1997, 427.
425 Urt. v. 5. 10. 1989, n. v.
426 Urt. v. 5. 10. 1989, 23 U 26/89, n. v.
427 S. auch OLG Düsseldorf 28. 6. 1996, NJW-RR 1997, 427 = NZV 1997, 44.
428 Urt. v. 25. 5. 1983, BGHZ 87, 302 = NJW 1983, 2192 = WM 1983, 755.

Beseitigung altersbedingter „Verschleißmängel" (s. dazu Rn 1249 ff.) und geringfügiger Schäden könne der Käufer nicht erwarten. Zu diesem Auslegungsergebnis kam der BGH in einem Fall, in dem „werkstattgeprüft" auf dem **Verkaufsschild** am Fahrzeug stand.

Vom BGH noch nicht geklärt ist die Rechtslage bei allgemeiner Verwendung des Begriffs „werkstattgeprüft", sei es auf einem **Transparent** über dem Ausstellungsraum, sei es in einer **Zeitungsannonce**. Ohne die **Kaufrechtsreform** hätte man erwarten können, dass er auch hier – ähnlich wie schon das OLG Köln im Meisterhand-Fall[429] – eine vertraglich zugesicherte Eigenschaft bejahen wird.[430] Zur Abwendung der Garantiehaftung hätte er wohl vom Händler einen ausdrücklichen Hinweis darauf verlangt, dass das konkrete Fahrzeug ausnahmsweise nicht „werkstattgeprüft" ist. Ohne einen solchen Hinweis rechnet ein Kaufinteressent in der Tat damit, dass auch „sein" Fahrzeug einer solchen Prüfung unterzogen worden ist. Ob der BGH mit Rücksicht auf die reformbedingte Stärkung der Verbraucherrechte noch genügend Grund zur Annahme einer Garantieerklärung sieht, bleibt abzuwarten.

1163 Die Erklärung „werkstattgeprüft" hat nach bisheriger BGH-Deutung einen **doppelten Inhalt:** Zum einen sichert der Händler zu, dass eine **Überprüfung in seiner Werkstatt** (nicht einer Fremdwerkstatt) bereits stattgefunden hat. Zur Konstellation mit noch offener, nur versprochener Prüfung s. Rn 1323. Auch die Werkstattüberprüfung als solche ist eine Eigenschaft des Autos, sofern „die Überprüfung ihren Niederschlag in einem bestimmten Zustand des Pkws findet oder finden sollte".[431] Mit diesem einschränkenden Kriterium will der BGH nur ganz bestimmte **Vorgänge aus der Vergangenheit** in den Kreis der zusicherungsfähigen Eigenschaften aufnehmen. Im Schrifttum ist dies auf beachtliche Kritik gestoßen.[432]

Mit „werkstattgeprüft" wird darüber hinaus nach Meinung des BGH, der insoweit nach altem Recht zu folgen war, die **Abwesenheit bestimmter Mängel** zugesichert. Auch die Abgrenzung der **Mängelerscheinungen** durch den BGH ist sachgerecht. „Werkstattgeprüfte" Gebrauchtwagen brauchen nicht technisch einwandfrei zu sein. Volle Betriebssicherheit und Funktionsfähigkeit kann ein Käufer eines Gebrauchtwagens auch als Laie schlechterdings nicht erwarten.

Die Zusicherungshaftung war nach der Rechtsprechung bereits dann ausgelöst, wenn der Wagen versehentlich nicht untersucht worden ist; dies selbst bei einem technisch mangelfreien Fahrzeug. Zur Vertragsklausel „2 Jahre TÜV, komplette Durchsicht" s. OLG Bamberg, DAR 1985, 27, zu den TÜV-Fällen s. Rn 1139.

Verkauf unter Vorlage eines Gutachtens, Prüfberichts, Expertise, Gütesiegel-Zertifikats, Werkstattrechnung o. ä.

1164 Eine zusicherungsfähige Eigenschaft kann nach der Rechtsprechung auch eine – frühere – **Untersuchung** des Fahrzeugs oder eines Fahrzeugteils (z. B. des Motors) durch eine **Drittfirma** oder einen **Kfz-Sachverständigen** sein. Voraussetzung ist allerdings, dass die Untersuchung „eine dauerhafte, die Vertragsmäßigkeit oder Werteinstufung der Sache auch für den Zeitpunkt des Vertrages und des Gefahrübergangs beeinflussende Wirkung"

---

[429] Urt. v. 19. 10. 1971, NJW 1972, 162 („alle Fahrzeuge durch Meisterhand überprüft", TÜV abgenommen und mit Garantie"), dazu *Henseler,* NJW 1972, 829.

[430] So schon OLG Hamm 25. 2. 1986, VRS 71, 321 und Vorinstanz LG Essen 31. 8. 1984, VRS 67, 401; vgl. auch OLG Hamm 19. 4. 1978, VRS 56, 6; OLG Frankfurt 10. 12. 1982, AH 1986, Heft 10; zu Verkäufererklärungen außerhalb des eigentlichen Vertragstextes s. auch Rn 1173.

[431] BGH 25. 5. 1983, BGHZ 87, 302, 307; vgl. auch BGH 11. 6. 1986, JZ 1986, 955 m. Anm. *Köhler* (Turnierpferduntersuchung).

[432] Insb. *Soergel/Huber,* § 459 Rn 32, 147, 315.

Die Voraussetzungen der Sachmängelhaftung

hat.[433] Dieses nicht unproblematische Kriterium, vom BGH im „Werkstattgeprüft"-Fall stillschweigend bejaht, liegt vor, wenn ein Autohändler einen Gebrauchtwagen unter Hinweis auf eine zeitnahe schriftliche **Expertise** oder ein **Gutachten** durch eine Fachfirma oder einen Sachverständigen bzw. eine Sachverständigenorganisation wie DEKRA oder TÜV anbietet. Anders ist es, wenn die Untersuchung längere Zeit zurückliegt, so dass der Untersuchungsbefund seine Aussagekraft verloren hat. Das ist vor allem bei Fahrzeugteilen in Betracht zu ziehen, die dem Verschleiß und der Altersabnutzung ausgesetzt sind (Motor, Getriebe und Karosserie). Zur Frage der „Dauerwirkung" von Prüfberichten nach § 29 StVZO (HU/TÜV) s. Rn 1141.

Der **Kfz-Händler,** der mit einer **zeitnahen Expertise,** z. B. einem Verkaufsgutachten eines Fachmanns, wirbt, kann als Garant dafür einzustehen haben, dass eine Begutachtung zur angegeben Zeit mit dem bescheinigten Ergebnis stattgefunden hat. Ob er darüber hinaus auch für das Vorhandensein bestimmter, in der Expertise festgestellter Fahrzeugeigenschaften unabhängig von einem Verschulden auf Schadensersatz zu haften hat (Garantieübernahme i. S. v. § 276 BGB), bedarf besonderer Begründung und ist im Zweifel zu verneinen. Auch ohne ausdrücklich distanzierenden Hinweis des Händlers ist die Bezugnahme auf die Auskunft eines anderen Kfz-Unternehmens oder auf ein Gütesiegel, z. B. der DEKRA AG, so zu verstehen, dass der Händler die Untersuchungsergebnisse nicht selbst nachgeprüft hat und für deren Richtigkeit keine Gewähr übernehmen will.[434] Gibt er das Untersuchungsergebnis falsch wieder, so haftet er schon bei Fahrlässigkeit, erst recht im Arglistfall, aus Verschulden bei den Vertragsverhandlungen.[435]

Ein **privater Verkäufer,** der die Expertise nicht auf ihre Richtigkeit überprüfen kann, will deren Inhalt erkennbar nicht zum Gegenstand einer eigenen Garantieerklärung machen.

Zusicherungs- bzw. garantiefähig ist auch die Tatsache einer früheren Reparatur des Fahrzeugs, s. dazu die Erläuterungen zu Angaben wie „generalüberholt" u. ä. (Rn 1086). Allein durch die **Vorlage der Rechnung** einer Drittfirma bringt ein Gebrauchtfahrzeugverkäufer noch nicht zum Ausdruck, für die Qualität der Arbeiten persönlich einstehen zu wollen. Das dürfte für einen **Privatverkäufer,** regelmäßig technischer Laie, klar sein.[436] Zum **Händlerverkauf** unter Rechnungsvorlage s. Rn 1087.

Gegenstand einer Zusicherung alter Art soll auch die Tatsache gewesen sein, dass eine Drittfirma nach bereits durchgeführten Reparaturarbeiten etwaige weitere „Garantiemängel" beseitigen werde.[437] Das erscheint zweifelhaft, weil die fragliche Eigenschaft dem Fahrzeug nicht anhaftet (dazu BGH NJW 1996, 2025 – Herstellergarantie). Die bessere Lösung erzielt man in einem solchen Fall mit Hilfe der – jetzt kodifizierten – Regeln über c. i. c. bzw. pVV.

Zur Vorlage des Berichts über die **Hauptuntersuchung** nach § 29 StVZO (TÜV) s. Rn 1141. Nach Ansicht des AG Köln[438] kann auch die Vorlage einer Bescheinigung über die **Abgasuntersuchung** (AU, früher ASU) mit einer Zusicherung verbunden sein, zu-

---

433 BGH 11. 6. 1986, JZ 1986, 955 m. Anm. *Köhler;* zur Rechtsprechung des BGH bei Expertisen im Kunsthandel vgl. *Flume,* JZ 1991, 633.
434 Im Ergebnis so auch OLG München 22. 7. 1977, 2 U 2474/77, AH 1978, 1958 (Motorexpertise: „völlig überholter, neuwertiger Austauschmotor mit 0 km"); anders *Tempel,* S. 25; vgl. auch *Flume,* JZ 1991, 633, 635 (Expertisen im Kunsthandel); LG Lüneburg 1. 11. 1999, NJW-RR 2000, 869 – Pferdekauf.
435 BGH 11. 6. 1986, JZ 1986, 955 m. Anm. *Köhler.*
436 Anders AG Köln 6. 10. 1988, 134 C 156/88, n. v.
437 So LG Düsseldorf 29. 10. 1997, 11 O 111/97, n. v.
438 Urt. v. 12. 7. 1990, 115 C 84/90, n. v.

mal dann, wenn die Plakette ganz „frisch" ist. Zur Bezugnahme auf ein Prüfzeugnis s. auch OLG Hamm BB 1987, 363 (kein Kfz-Fall).

1167 Unter dem Gesichtspunkt des Vertrages mit **Schutzwirkung zu Gunsten Dritter** kann dem Käufer bei fehlerhafter Begutachtung ein Schadensersatzanspruch **gegen den Sachverständigen** zustehen. In der Rechtsprechung ist die Tendenz zu beobachten, die Auskunftshaftung von Experten auszudehnen.[439] Zum Nebeneinander von Verkäufer- und Sachverständigenhaftung beim **Verkauf eines Oldtimers** s. OLG Karlsruhe NJW-RR 1998, 601.

ZDK-Vertrauenssiegel/Zeichen „Meisterbetrieb der Kfz-Innung"

1168 Aus einer Reihe von Gründen hatte der Zentralverband Deutsches Kraftfahrzeuggewerbe (ZDK) vor über 20 Jahren ein „Gebrauchtwagen-Vertrauenssiegel" eingeführt und seinen Mitgliedern empfohlen. Dieses Siegel war wesentlicher Bestandteil der ZDK-Gebrauchtwageninitiative 1979. Mit der ZDK-Gebrauchtwagenkonzeption 1988 wurde auch das Vertrauenssiegel modernisiert. Es wurde nur noch auf individuellen Antrag verliehen. Wer das Siegel führen wollte, musste besondere Anforderungen erfüllen. Deshalb wurde ein so genannter Gestattungsvertrag zwischen dem Händler und der Organisation abgeschlossen, die das Siegel verlieh. Durch diesen Vertrag übernahm der Händler eine Vielzahl von Pflichten, vor allem die Pflicht, seine Gebrauchtfahrzeuge grundsätzlich nur mit Garantie zu verkaufen. Ferner musste er sämtliche Verträge mit Endverbrauchern zu Bedingungen abschließen, die mindestens dem Standard der vom ZDK empfohlenen Verkaufsbedingungen einschließlich Garantiebedingungen entsprachen.

Ob ein Kfz-Händler das ZDK-Vertrauenssiegel führte, konnte der Kunde zum einen am Vertrauenssiegel als solchem, einem größeren goldfarbenen Schild, erkennen, zum anderen aber auch an einem Vermerk im Bestellschein (Kaufantrag). Die marktüblichen Vertragsformulare („verbindliche Bestellung eines gebrauchten Kraftfahrzeugs") enthielten auf der Vorderseite einen Hinweis darauf, ob der Händler das ZDK-Vertrauenssiegel führt oder nicht.

Im Jahr 2000 hat die Mitgliederversammlung des ZDK die Überführung des bisherigen Vertrauenssiegels in ein **neues Meisterzeichen** (Meisterschild) beschlossen. Alle Betriebe, die das neue Meisterschild führen, sind durch den Gestattungsvertrag zum neuen Meisterzeichen („Meisterbetrieb der Kfz-Innung") verpflichtet, sich an bestimmte Standards der Gebrauchtfahrzeugvermarktung zu halten. Mit der Verwendung des neuen Zeichens unterwirft der Händler sich einem Schiedsspruch der Schiedsstelle (dazu Rn 955). Flankierend zu dem neuen Meisterzeichen ist das **Zusatzzeichen „Gebrauchtwagen mit Qualität und Sicherheit"** eingeführt worden.

Die Aufwertung des Vertrauenssiegels durch die ZDK-Gebrauchtwagenkonzeption 1988 hat die Frage aufgeworfen, ob die Werbung mit diesem Siegel, einem Verbandszeichen i. S. v. § 17 WZG, als Eigenschaftszusicherung i. S. d. § 459 II BGB a. F. anzusehen ist. Dem zuvor gültigen Siegel war diese Bedeutung nicht beigemessen worden. Nur ganz vereinzelt gab es in der Rechtsprechung der Instanzgerichte Ansätze dafür, den Siegel-Händler stärker in die Pflicht zu nehmen als den Händler, der auf dieses werbewirksame Instrument verzichtet.[440]

Das Führen des Vertrauenssiegels bzw. des neuen Meisterzeichens reicht für sich allein nicht aus, um daran eine irgendwie geartete Garantieübernahme zu knüpfen. Als **vertrau-**

---

[439] Dazu *Steffen*, DAR 1997, 297; *Canaris*, JZ 1998, 603; aus der Rspr.: BGH 10. 11. 1994, NJW 1995, 392; BGH 13. 11. 1997, JZ 1998, 624; zum neuen Recht s. Schwab, JuS 2002, 875.

[440] LG Freiburg 3. 8. 1982, MDR 1983, 667; AG Hamburg, Az. 22 b C 128/87, n. v.; LG Köln 28. 7. 1987, 30 O 441/86, n. v.

ensbildende Maßnahme gewinnt diese Einrichtung jedoch Bedeutung, wenn es um die Frage geht, ob bestimmte Informationen über die Beschaffenheit des Fahrzeugs bloße **Beschaffenheitsangaben oder –garantien** sind. Das neue Meisterschild und das Zusatzzeichen „Gebrauchtwagen mit Qualität und Sicherheit" haben insoweit Verstärkerfunktion.

Unter dem Blickwinkel der **Untersuchungspflicht** (dazu Rn 1449 ff.) ist insbesondere das Zusatzzeichen von Interesse. Denn damit soll dem Kunden signalisiert werden, dass sich der Betrieb an den Gebrauchtwagen-Pflichtenkatalog und somit auch an die selbst auferlegte Untersuchungsobliegenheit hält. Zum Gesichtspunkt der Selbstbindung s. Rn 1464 ff.

Zustand: gut, einwandfrei, gründlich überholt, restauriert etc.

Es gibt kaum eine Klageschrift eines Gebrauchtwagenkäufers, in der nicht zu lesen ist, der Verkäufer habe den Zustand des Wagens als „einwandfrei" oder „tadellos" bezeichnet, habe von „Bestzustand" und „alles in Ordnung" gesprochen. Solche oder ähnliche Zustandsbeschreibungen finden selten Eingang in den schriftlichen Vertrag. In Verträgen mit **Händlern** tauchen sie nur ausnahmsweise auf, z. B. bei **Oldtimern**[441] und **Youngtimern**.[442] Umso häufiger erscheinen sie in Kleinanzeigen und im Verkaufsgespräch, besonders beim **privaten Direktgeschäft**.

Erklärungen dieses Inhalts werden vielfach als Musterbeispiele für allgemeine **Anpreisungen** angeführt und damit in den Bereich des Unverbindlichen gerückt. Die Urteile, in denen auch hier Eigenschaftszusicherungen i. S. v. § 459 II BGB a. F. angenommen worden sind, sind – aufs Ganze gesehen – vereinzelt geblieben. Die nachfolgende **Entscheidungssammlung** konnte schon nach altem Kaufrecht nur der allgemeinen Orientierung dienen. Als Hilfe im Einzelfall sind die Urteile nur bedingt geeignet, erst recht nach der Reform des Kaufrechts und den damit verbundenen Begleiterscheinungen (neue Formulare, Wegfall des Gewährleistungsausschlusses bei Verbrauchergeschäften u. a.). Nach wie vor ist stets darauf zu achten ob die strittige Erklärung von einer Privatperson (technischer Laie) oder von einem Kfz-Händler, ggfs. mit eigener Werkstatt, stammt. Ein wichtiges Auslegungskriterium ist auch der Typ des Fahrzeugs (normaler Pkw, Sportwagen, Geländewagen, Nutzfahrzeug, Spezialtransporter, Oldtimer, Youngtimer etc.). Zu weiteren Anhaltspunkten für und wider eine Zusicherung/Garantie s. Rn 1068./1069.

Zusicherung bejaht:

- „Eben erst vollständig überholt" (vom Wanderer Werk) – **RG,** LZ 1928, 1385, sog. Wanderer-Zweisitzerfall
- „Wagen zur Zeit gebrauchsfähig" (**RG** 4. 6. 1929, mitgeteilt von Menge, DAR 1929, 283)
- „wird in einwandfreiem technischem Zustand übergeben" (**BGH** 5. 7. 1978, NJW 1978, 2241 – Kauf eines Renault-Sportwagens vom Vertragshändler; handschriftliche Notiz im Vertragsformular)
- „kaum gebraucht, fast neu" (**BGH** 12. 5. 1959, NJW 1959, 1489 – Maschine)
- „Fahrzeug u. Aufbau ist in einem technisch einwandfreien Zustand" (**BGH** 6. 12. 1995, NJW 1996, 584 – Tankwagen)

---

441 Dazu OLG Frankfurt 2. 11. 1988, NJW 1989, 1095 = DAR 1989, 66; KG 22. 9. 1992, OLGR 1993, 1; LG Bonn 22. 10. 1992, DAR 1994, 32; OLG Köln 18. 12. 1996, NZV 1998, 73 = OLGR 1997, 108 = VRS 93, 21 – Privatverkauf; OLG Köln 26. 5. 1997, NJW-RR 1998, 128 = VersR 1998, 511 – Motorrad.
442 Dazu OLG Köln 13. 1. 1993, DAR 1993, 263.

1170

- „Fahrzeug hat keine versteckten technischen Mängel" (OLG Köln 6. 5. 1982, 1 U 88/81, n. v. – Jaguar, 82.000 km)
- „Wagen vollkommen i. O., selbst überholt, im nächsten halben Jahr keine Reparaturen" (LG Saarbrücken 14. 2. 1980, 2 S 410/78, n. v.)
- „Wagen in allen Teilen in Ordnung und fahrbereit, die Bremsen in Ordnung, die Kupplung neu und das Fahrzeug verkehrssicher" (OLG Hamm 15. 1. 1979, JZ 1979, 266 – insoweit nicht abgedruckt – mit Anm. *Liebs,* S. 441 – 8 Jahre alter englischer Sportwagen)
- „Motor technisch u. optisch einwandfrei" (Verkaufsanzeige für Geländewagen), OLG Koblenz 27. 5. 1993, VRS 86, 413
- „Fz. ist komplett restauriert" (OLG Köln 13. 1. 1993, DAR 1993, 263 = NZV 1994, 67 – **Youngtimer**)
- „restaurierter" **Oldtimer** (LG Bonn 22. 10. 1992, DAR 1994, 32; OLG Köln 26. 5. 1997, NJW-RR 1998, 128 = VersR 1998, 511 = OLGR 1997, 331 – Harley Davidson Bj. 1924)
- „Wagen in gutem Zustand" (LG Wuppertal 7. 2. 1952, 9 S 622/51, n. v.)
- „Wagen ist in einwandfreiem Zustand und Maschine kürzlich überholt worden" (OLG Düsseldorf 18. 5. 1951, VkBl. 1951, 452)
- „Auspuffanlage neu" (LG Köln 10 O 365/83, n. v. – Saab 900 Turbo)
- „technisch und optisch = Neuzustand ohne Einschränkung" (LG Köln 25. 10. 1988, 3 O 491/87, n. v. – knapp 18 Monate alter DB 280 TE, 44.000 km)
- „Fz. technisch i. O." (AG Köln 20. 1. 1988, 120 C 59/87, n. v., mündliche Erklärung eines Privatverkäufers, Kfz-Mechaniker von Beruf)
- „Zustandsnoten" („Zustand 1–2") beim **Oldtimer-Kauf** (OLG Frankfurt 2. 11. 1988, NJW 1989, 1095 = DAR 1989, 66; ebenso KG 22. 9. 1992, OLGR 1993, 1); s. auch OLG Köln 18. 12. 1996, NZV 1998, 73 = VRS 93, 21 = OLGR 1997, 108 – Privatverkauf nach Zeitungsanzeige; OLG Karlsruhe 29. 5. 2002, OLGR 2002, 247 (Zusicherung verneint); ferner *Otting,* Fahrzeug + Karosserie 1998, 76
- „TOP-Zustand" und „für 2 Jahre TÜV-abgenommen" (LG Würzburg 9. 5. 1990, DAR 1991, 152 – jede der beiden Erklärungen = Zusicherung); abw. OLG Oldenburg 27. 5. 1998, OLGR 1998, 255
- „Fahrzeug technisch und optisch einwandfrei, 100%ig einwandfrei" (schriftlich und mündlich von einem Porsche-Verkäufer erklärt), OLG Düsseldorf 8. 11. 1991, 16 U 128/90, n. v.
- „Fze. in gutem Zustand, eines davon kann besichtigt werden" (Verkauf von 9 gebrauchten Reisemobilen nach Besichtigung nur eines Exemplars), OLG Düsseldorf 20. 3. 1998, OLGR 1998, 279
- „Fz. ist techn. ok." (handschriftlicher Zusatz im Vertragsformular eines Händlers), OLG Hamm 23. 1. 1996, OLGR 1996, 115 – Jeep Cherokee
- „Fz. technisch und optisch in gutem Zustand" (schriftliche Erklärung im Kaufvertrag über ein Nutzfahrzeug), OLG Saarbrücken 18. 2. 1997, OLGR 1997, 62 (Sonderfall, Kauf ohne Besichtigung)
- „Fz. technisch einwandfrei" beziehungsweise „... wird technisch einwandfrei ausgeliefert" (Pkw-Verkauf durch Händler) OLG Saarbrücken 17. 3. 1998, MDR 1998, 1028 = OLGR 1998, 258
- „technisch einwandfreier Zustand" (allenfalls Zusicherung der Betriebsbereitschaft und Verkehrssicherheit, OLG Düsseldorf 23. 7. 1999, NZV 2000, 83 = DAR 2002, 261 – über 4 Jahre alter VW Passat Kombi, ca. 145.000 km)

Die Voraussetzungen der Sachmängelhaftung

- „Fahrzeug technisch einwandfrei" (OLG Schleswig 27. 6. 2002, OLGR 2002, 360 – Pkw der Oberklasse, schriftliche Bestätigung eines Markenhändlers beim Distanzkauf).

Zusicherung verneint:

- „Wagen wenig gebraucht und fabrikneuwertig" (**RG,** Versicherung und Geldwirtschaft 1928, 172)
- „Wagen völlig in Ordnung" (**BGH** 21. 1. 1981, WM 1981, 323, in NJW 1981, 928 nicht abgedruckt – mündliche Erklärung 1 Tag nach Vertragsabschluss – 9 Jahre alter Mercedes 220 D/8)
- „Maschine einwandfrei in Ordnung" (**BGH** 17. 4. 1991, NJW 1991, 1880 – Kauf eines Porsche 928 S von Privat)
- „wenig gebraucht und in sehr gutem Zustand" (OLG Hamburg 26. 6. 1924, OLGE 45, 144)
- „Fahrzeug optisch und technisch einwandfrei" (OLG Hamm 16. 1. 1981, AH 1982, 648 – 2 Jahre alter Pkw)
- „Sattelzug-Maschine technisch völlig einwandfrei" (OLG Koblenz 2. 2. 1979, 2 U 820/77, n. v.)
- „Wagen in Ordnung" (OLG Hamburg 7. 12. 1981, MDR 1982, 406, insoweit nicht abgedruckt, 8 Jahre alter Pkw)
- „Fz. technisch einwandfrei" (OLG Hamm 15. 6. 1993, OLGR 1993, 302 – Lkw)
- „Bestzustand, Schadenfreiheit und Verkehrs- und Betriebssicherheit" (OLG Schleswig 24. 7. 1979, VersR 1980, 98)
- „Wagen vollständig in Ordnung, Käufer brauche keine Sorge zu haben" (OLG Jena 9. 3. 1937, DAR 1937, 240)
- „Sehr guter Zustand, Wagen bestens in Ordnung" (OLG Köln 21. 10. 1975, 9 U 48/75, n. v.)
- „Wagen befindet sich in einem guten technischen Zustand" (LG München I 20. 12. 1976, DAR 1978, 18)
- „Nichts kaputt, alles hundertprozentig in Ordnung" (LG Köln 22. 2. 1978, 9 S 355/77, n. v.)
- „Wagen tip-top in Ordnung" (LG Dortmund 2. 11. 1977, DAR 1978, 165)
- „Wagen technisch in Ordnung, sonst wäre er nicht durch den TÜV gekommen" (AG Brühl 20. 7. 1978, 2 C 324/77, n. v.)
- „Fahrzeug optisch und technisch o. k. laut Werkstattbericht" (AG Brühl 17. 12. 1984, 5 C 93/83, n. v.)
- „Wagen ordnungsgemäß und in einwandfreiem Zustand" (AG Köln 4. 3. 1985, 130 C 465/84, n. v. – Porsche 928)
- „Fahrzeug in tadellosem Zustand und 100% in Ordnung" (OLG Hamm 3. 7. 1986, 23 U 35/86, n. v. – 6 Jahre alter Matra Rancho)
- „Fahrzeug neuwertig und technisch einwandfrei und auch gerade überprüft" (OLG Köln 15. 10. 1986, 16 U 7/86, n. v. – Porsche 928)
- „Fahrzeug frei von technischen und optischen Mängeln" OLG Köln 29. 6. 1988, 13 U 42/88, VersR 1988, 1158 L – 7 Jahre alter Pkw)
- „Wagen technisch einwandfrei und betriebsbereit" (LG Stuttgart 15. 12. 1988, 20 O 508/88, n. v. – Verkauf eines 16 Jahre alten Porsche 911 T durch Privatmann)
- „Fahrzeug technisch einwandfrei und vollkommen in Ordnung" (OLG Köln 25. 11. 1987, 13 U 104/87, n. v. – 10 Jahre alter Pkw, 110.000 km)

- „Motor wurde auf Funktionsfähigkeit untersucht. Der Motor ist betriebsbereit" (LG Köln 17. 5. 1988, 5 O 22/88, n. v. – Kauf eines gebrauchten Motorbootes von Privat)
- „technisch völlig in Ordnung und einwandfrei" (LG Duisburg 21. 6. 1991, 4 S 15/91, n. v. – 28 Jahre alter Unimog)
- „Motor einwandfrei" (OLG Karlsruhe 7. 11. 1991, VRS 82, 261 – Kauf eines gebrauchten BMW-Motors)
- „Motor tip-top in Ordnung" (OLG Hamm 25. 6. 1996, NJW-RR 1997, 429 – „zweifelhaft")
- „Optische Mängel" (in einer Verkaufsanzeige) bedeutet nicht, dass technische Mängelfreiheit zugesichert ist (OLG Koblenz VRS 89, 336 = BB 1995, 2133 – älterer **Geländewagen**)
- „Wagen im Betrieb durchgesehen, alles in Ordnung, Topzustand" (LG Saarbrücken 16. 12. 1996, ZfS 1997, 96 – Pkw-Kauf vom Händler)
- „Verkäufer versichert: ohne technische Mängel" (OLG Köln 21. 10. 1996, VersR 1997, 1019 = VRS 94, 321 – Pkw-Verkauf durch Privat; laut Senat allenfalls eine eingeschränkte Zusicherung)
- „Top-Zustand" bzw. „Bestzustand" (OLG Hamm 8. 7. 1997, OLGR 1998, 40)
- „Fz. für 20.000 DM restauriert" (OLG Hamm 8. 7. 1997, OLGR 1998, 40)
- „Top-Zustand" (auf Verkaufsschild an einem Pkw, von einem Händler verkauft), OLG Oldenburg 27. 5. 1998, OLGR 1998, 255
- „Fahrzeug einwandfrei" (OLG Köln 15. 6. 1998, NZV 1998, 466 – Pkw-Verkauf durch Händler ohne eigene Werkstatt, mündliche Erklärung vor TÜV-Abnahme)
- „technisch einwandfreier Zustand" (keine Zusicherung der Mängelfreiheit, sondern allenfalls der Betriebsbereitschaft und Verkehrssicherheit, OLG Düsseldorf 23. 7. 1999, NZV 2000, 83 = DAR 2002, 261)
- „Motor geht nicht kaputt, immer gecheckt und einwandfrei" (OLG Frankfurt 30. 3. 2000, DAR 2001, 505 = OLGR 2001, 63 – Privatverkauf)
- „Top-Zustand, 100% in Schuss" (LG Saarbrücken 20. 12. 2000, ZfS 2001, 115)
- „sehr gepflegter Zustand" (OLG Karlsruhe 29. 5. 2002, OLGR 2002, 247 – **Oldtimer**)
- „Sammlerbewertung: 5 Punkte = Höchstwert" (OLG Karlsruhe 29. 5. 2002, OLGR 2002, 247 – **Oldtimer**).

d) Verteidigungsmöglichkeiten des Verkäufers

1172 Hat der Käufer eine Beschaffenheitsvereinbarung mit Garantiecharakter schlüssig dargetan, muss er meist eine ganze Reihe von Hürden nehmen, um die vielfältigen Vorteile einer Beschaffenheitsgarantie (dazu Rn 1063) in Anspruch nehmen zu können. Besonders bei nur mündlichen Angaben von Angestellten des Kfz-Händlers wird er gewöhnlich mit einer **Vielzahl von Einwendungen** konfrontiert. Der Verkäufer hat – auch nach neuem Kaufrecht – vor allem folgende **Verteidigungsmöglichkeiten:**

- Bestreiten der mündlichen Erklärung,
- Bestreiten der Umstände, aus denen der Käufer die Garantieübernahme herleitet,
- Bestreiten der Vollmacht bei Erklärungen von Abschlussvertretern und Angestellten (Vertreterklausel),
- Berufung auf Klausel, wonach Eigenschaften nicht garantiert worden sind (Negativklausel),
- Berufung auf Klausel, wonach bestimmte Erklärungen keinen Garantiecharakter haben,
- Behauptung von Kenntnis (z. B. durch Aufklärung) oder grob fahrlässige Unkenntnis,

Die Voraussetzungen der Sachmängelhaftung

– Berufung auf Klausel, die Ausdrücklichkeit der Garantieübernahme verlangt,
– Berufung auf Schriftform-, Bestätigungs- und Vollständigkeitsklauseln, Berufung auf die Vermutung der Vollständigkeit und Richtigkeit der Kaufvertragsurkunde,
– Hinweis auf individualvertragliche oder formularmäßige Gewährleistungs- und Haftungsausschlüsse,
– Berufung auf eine Zirka-Klausel,
– Berufung auf eine so genannte Abnahme-Erklärung,
– Anfechtung wegen Irrtums.

Richtigerweise noch eine Frage der Schlüssigkeit ist es, ob schriftliche Erklärungen **außerhalb des Vertragstextes**, etwa im **Internet**, in **Händlerschreiben, Inseraten, Werbeanzeigen, Katalogen, Verkaufsschildern, Info-cards** oder **Garantieurkunden** eine Beschaffenheitsgarantie begründen können. Die Rechtsprechung hat hier meist zu Gunsten der Käufer entschieden. Das Problem ist ein zweifaches: Zum einen geht es um die Frage der **Einbeziehung** dieser Erklärungen in den Vertrag, zum anderen darum, ob sie **Garantiecharakter** haben. In beiden Punkten ist die Rechtsprechung bisher ausgesprochen großzügig gewesen.[443]

1173

Will der Verkäufer schriftliche Aussagen aus der Phase der Vertragsanbahnung, auch aus der Frühphase, z. B. im Internet (Gebrauchtwagenbörse oder eigene Website) oder in Zeitungsanzeigen, nicht gegen sich gelten lassen, muss er sie „klar und erkennbar" widerrufen.[444] Dafür genügt dem OLG München[445] bereits ein individueller Gewährleistungsausschluss. Richtigstellend bzw. einschränkend können sich auch bestimmte Erklärungen

---

443 BGH 25. 6. 1975, NJW 1975, 1693 (km-Angabe auf Verkaufsschild); BGH 18. 2. 1981, NJW 1981, 1268 (PS-Angabe auf Verkaufsschild); s. auch OLG Karlsruhe 29. 5. 2002, OLGR 2002, 247 (Verkaufsschild/Fahrzeugbeschreibungsblatt); OLG Düsseldorf 18. 6. 1999, NZV 1999, 514 (Händlerschreiben an Kaufinteressenten, Kaufvertrag später mit Leasinggesellschaft); Brand OLG 20. 11. 1996, NJW-RR 1997, 428 = OLGR 1997, 88 (km-Angabe in Garantieurkunde); OLG Köln 18. 12. 1996, NZV 1998, 73 = OLGR 1997, 108 (Zustandsnote für Oldtimer in Zeitungsanzeige); OLG Köln 19. 10. 1971, NJW 1972, 162 („von Meisterhand geprüft..." in Werbeanzeige); OLG Köln 8. 1. 1990, NJW-RR 1990, 758 (km-Stand in Zeitungsanzeige); LG Memmingen 14. 11. 1990, NZV 1991, 356 (km-Stand/Zeitungsanzeige); OLG Zweibrücken 28. 6. 1988, VRS 76, 409 (km-Stand/Zeitungsanzeige); OLG Frankfurt 2. 11. 1988, NJW 1989, 1095 (Zustandsnoten im Oldtimerkatalog); OLG München 26. 4. 1974, DAR 1974, 296 (km-Stand/Verkaufsschild); OLG Karlsruhe 30. 3. 1979, OLGZ 1979, 431 („Von privat, ... generalüberholt"/Werbeanzeige); OLG Hamm 25. 2. 1986, VRS 71, 321 („werkstattgeprüft"/Werbetransparent); OLG Hamm 2. 12. 1983, DAR 1983, 357 (Werbeanzeige); OLG Schleswig 1. 1. 1977, MDR 1977, 929 (Baujahr eines Hauses/Zeitungsanzeige); abw. OLG Schleswig 12. 12. 1978, MDR 1978, 935 (Grundstückskauf); differenzierend OLG Nürnberg 28. 11. 1991, NZV 1992, 441 (Zeitungsanzeige „kleiner Blechschaden"); s. auch OLG Koblenz 25. 6. 1992, VRS 84, 243 („unfallfrei" in Anzeige); OLG Köln 24. 3. 1993, NJW-RR 1994, 440; OLG Köln 14. 4. 1992, OLGR 1992, 289; OLG Koblenz 27. 5. 1993, VRS 86, 413; KG 22. 9. 1992, OLGR 1993, 1; KG 2. 6. 1995, OLGR 1995, 145 = MDR 1995, 903 – jeweils Zeitungsanzeige; LG Köln 10. 1. 2002, DAR 2002, 272 – Internetanzeige (Zusicherung verneint, Beschaffenheitsangabe bejaht).
444 So OLG Hamm 9. 11. 1995, OLGR 1996, 53; OLG Köln 10. 3. 1989, 6 U 167/88, n. v. (km-Angabe nur im Inserat, nicht in der Vertragsurkunde); im Grundsatz ähnlich – gleichfalls mit Beweislast beim Verkäufer – OLG Köln 8. 1. 1990, NJW-RR 1990, 758; OLG Köln 14. 4. 1992, OLGR 1992, 289; OLG Köln 18. 12. 1996, NZV 1998, 73 = OLGR 1997, 108; OLG Koblenz 27. 5. 1993, VRS 86, 413; OLG Karlsruhe 30. 3. 1979, OLGZ 1979, 431 („ausdrücklich berichtigen"); anders und u. E. zutreffend OLG Nürnberg 28. 11. 1991, NZV 1992, 441 (volle Beweislast beim Käufer).
445 Urt. v. 7. 7. 1992, OLGR 1992, 113; anders OLG Köln 18. 12. 1996, NZV 1998, 73 = OLGR 1997, 108.

des Verkäufers bei den Vertragsverhandlungen auswirken.[446] Das OLG Brandenburg[447] sieht auch in einer „dem eigentlichen Kaufvertrag nachfolgenden Erklärung" (km-Angabe in Garantiebeleg) eine Eigenschaftszusicherung, legt den Zeitpunkt des Vertragsschlusses aber fälschlich auf die Unterzeichnung des Bestellscheins durch den Kunden (zur Vertragsabschlusstechnik s. Rn 931).

Möglich ist eine Zusicherung/Garantie auch durch eine Erklärung **nach Vertragsabschluss**,[448] z. B. in der Fahrzeugrechnung, der Empfangsbestätigung oder in einer Garantieurkunde.

1174 Eine so genannte **Vollständigkeitsklausel** („neben obigen Bedingungen sind keine weiteren Vereinbarungen getroffen worden") bezieht sich nicht ausschließlich auf mündliche, sondern auch auf schriftliche Erklärungen außerhalb der Vertragsurkunde. Die vom Verwender gewünschte Wirkung wird einer solchen Klausel gleichwohl regelmäßig versagt.[449] Gegen § 11 Nr. 15 b AGBG (= § 309 Nr. 12 b BGB n. F.) verstößt die Klausel „es besteht Einigkeit darin, dass vom Verkäufer keine Zusagen über Eigenschaften, Zustand, Leistung und Unfallfreiheit gegeben wurden".[450] Gleiches gilt für die Klausel „keinerlei Zusicherung nach § 463".[451] Allgemein zur **Vollständigkeitsvermutung einer Vertragsurkunde** s. BGH NJW 1999, 1702 und BGH NJW 2002, 3164.

1175 Die **individuell** eingefügte **Angabe „keine"** hinter dem vorgedruckten Wort „Zusicherungen?" steht nach Auffassung des BGH der Annahme entgegen, der Verkäufer habe eine bestimmte Eigenschaft des Fahrzeugs (im Streitfall den Zeitpunkt der Erstzulassung) konkludent zugesichert.[452] Diese Auslegung überrascht etwas, weil der BGH ansonsten[453] verlangt, dass der Händler ausdrücklich und unmissverständlich gegen die Einstufung einer ganz bestimmten Zusage als Zusicherung im Rechtssinn protestiert. Eine nur pauschale protestatio hat früher nicht genügt.

Selbst wenn man mit dem BGH eine Zusicherung/Garantie verneint, bleibt fraglich, ob eine Formulierung wie „Zusicherungen? keine" bzw. jetzt „Garantien? keine" auch der Annahme einer Beschaffenheitsvereinbarung entgegensteht. Der BGH hat die seinerzeit an § 459 I BGB a. F. festzumachende Frage nicht geprüft. Wenn der Verkäufer lediglich die Garantiehaftung vermeiden will, schließt er damit Kaufvereinbarungen über die Beschaffenheit des Fahrzeugs nicht aus.

---

446 Dazu OLG Köln 14. 4. 1992, OLGR 1992, 289; allgemein zur Einbeziehungsproblematik *Lehmann*, Vertragsanbahnung durch Werbung, 1981, S. 205 ff.; *Herrmann*, AcP 183, 248; *Soergel/Huber*, § 459 Rn 156 f.
447 Urt. v. 20. 11. 1996, NJW-RR 1997, 428 = OLGR 1997, 88.
448 BGH 19. 5. 1993, NJW 1993, 2103.
449 Vgl. *Wolf/Horn/Lindacher,* § 9, S. 49; s. auch BGH 15. 2. 1984, WM 1984, 534 unter 2 b = NJW 1984, 1454, insoweit dort nicht abgedruckt; s. auch BGH 19. 6. 1985, NJW 1985, 2329 („mündliche Nebenabreden sind nicht getroffen") und BGH 14. 10. 1999, ZIP 1999, 1887 („mündliche Nebenabreden bestehen nicht").
450 LG Berlin 6. 3. 1987, VuR 1988, 50; ebenso im Ergebnis KG 3. 2. 1988, 23 U 2930/87, n. v. (Verstoß auch gegen § 9 I AGBG a. F.).
451 LG Berlin 5. 2. 1988, 26 O 304/87, n. v.
452 Urt. v. 16. 10. 1991, NJW 1992, 170 = JZ 1992, 365 m. Anm. *Flume;* dazu auch *Tiedtke*, DB 1992, 1562; s. auch OLG Hamm 12. 10. 1990, NJW-RR 1991, 505, 506 = NZV 1991, 232 (nicht entschieden).
453 Z. B. Urt. v. 5. 7. 1978, NJW 1978, 2241 („unmissverständlich und deutlich, und zwar bezogen gerade auf die abgegebene Zusicherung"); ebenso BGH 10. 10. 1977, NJW 1978, 261; im Ergebnis auch AG Köln 21. 12. 1995, 128 C 193/95, n. v.; bestätigt durch LG Köln 4. 12. 1996, 26 S 63/96, n. v.

Die Voraussetzungen der Sachmängelhaftung

„**Beschaffenheitsvereinbarung? Keine!**" wird man auch beim Verbraucherkauf für zulässig halten müssen, da der Käufer durch die Hilfsregeln des § 434 I, 2 BGB geschützt ist (allgemein zu haftungsentlastenden Beschaffenheitsvereinbarungen s. Rn 1223 ff.).

Zur Bedeutung des Durchstreichens bzw. Freilassens von Formularrubriken wie „Besondere Vereinbarungen/Zusicherungen" s. OLG Celle OLGR 1998, 170 (Urt. v. 19. 2. 1998).

Soweit eine Erklärung des Verkäufers Vertragsinhalt geworden ist, kann er deren rechtliche Qualifizierung grundsätzlich nicht durch eine **formularmäßige Negativklausel** bestimmen. Nur durch eine – heute nur noch vereinzelt anzutreffende – Formularklausel wie z. B. im Abschnitt I, Ziff. 2 ZDK-AGB alte Fassung („Angaben über Leistungen z. B. Geschwindigkeiten, Betriebskosten, Öl- und Kraftstoffverbrauch, Maße und Gewichte des Kaufgegenstands ... sind keine zugesicherten Eigenschaften, es sei denn, dass eine ausdrückliche Zusicherung gegeben wurde") ließ sich die Annahme einer Zusicherung i. S. v. § 459 II BGB a. F. nicht verhindern.[454] Die Klausel „sämtliche Angaben sind nicht als zugesicherte Eigenschaften anzusehen" verstieß gegen § 11 Nr. 11 AGBG.[455]

1176

Die Frage, ob die Händlerangaben in dem so genannten **Zustandsbericht** aus den frühen achtziger Jahren entgegen der dortigen Selbstqualifizierung zugesicherte Eigenschaften waren, hat sich erledigt, ohne dass die Rechtsprechung hierzu hat Stellung nehmen müssen. Ein „Zustandsbericht" ist in der ZDK-Gebrauchtwagenkonzeption seit Oktober 1988 nicht mehr enthalten gewesen. Bei Abschluss eines Kaufvertrages musste ein Zustandsbericht ausgehändigt worden sein, um die Altregelung in Kraft zu setzen.[456] Die Schuldrechtsreform hat es mit sich gebracht, dass Gebrauchtfahrzeuge häufig mit ähnlichen Dokumenten wie dem früheren „Zustandsbericht" verkauft werden. Hintergrund ist die Beweislastumkehr (§ 476 BGB). Wenn es in derartigen Dokumenten heißt, die Angaben über die Beschaffenheit des Fahrzeugs seien keine „Zusicherungen" bzw. Beschaffenheitsgarantien, dann ist eine solche formularmäßige Selbsteinschätzung rechtlich unverbindlich.

Eine **mündliche Erklärung,** der trotz der Mündlichkeit Garantiecharakter beizumessen ist,[457] setzt sich gegen eine **formularmäßige Schriftformklausel** durch.[458] Auch eine Klausel wie „schriftliche Bestätigung vorbehalten" nützt dem Verkäufer nichts. Im Grundsatz ist dies heute weitgehend anerkannt. In der Begründung ist nach wie vor vieles kontrovers.[459] Zu beachten sind auch zahlreiche Ausnahmen und Unterausnahmen. Manche Gerichte versuchen, Schriftformklauseln dadurch zu halten, dass sie besonders strenge Anforderungen an die Darlegungslast dessen stellen, der sich auf eine mündliche Erklärung beruft.[460]

1177

Vor Inkrafttreten des AGB-Gesetzes entsprach es gefestigter Rechtsprechung, dass Schriftformklauseln im Gebrauchtwagenhandel grundsätzlich selbst dann nicht zu beanstanden sind, wenn sie sich auf Zusicherungen erstrecken und der Verwender sogar eine schriftliche Bestätigung verlangt.[461] In der Taxi-Entscheidung vom 12. 5. 1976[462] hat der

---

454 Für Unwirksamkeit (Verstoß gegen das Richtigkeitsgebot) *Wolf/Horn/Lindacher,* § 9 G 54.
455 Vgl. auch OLG Hamburg 17. 9. 1986, ZIP 1986, 1577 = DB 1986, 2428; OLG Hamm 10. 11. 1982, BB 1983, 21 (Motorverkauf); zum Problem eingehend *Wagner,* DB 1991, 2325; *Braun,* WM 1992, 893.
456 LG Baden-Baden 25. 4. 1997, 3 O 19/97, n. v.
457 Käuferfreundlich die h. M.; anders z. B. OLG Stuttgart 6. 2. 1990, 10 U 34/89, n. v., das verlangt, dass der Verpflichtungswille im Vertrag seinen Niederschlag gefunden haben muss.
458 Argument: § 4 AGBG a. F. = § 305 b BGB; s. BGH 23. 5. 2001, VIII ZR 279/99 zu § 459 I BGB a. F.; OLG Bamberg 2. 3. 1994, NJW-RR 1994, 1333.
459 *Teske,* Schriftformklauseln in Allgemeinen Geschäftsbedingungen, 1990; *Zoller,* JZ 1991, 850; *K. P. Schulz,* Jura 1995, 71.
460 OLG Düsseldorf 12. 3. 1992, OLGR 1992, 260.
461 BGH 8. 10. 1969, NJW 1970, 29, 30; v. 25. 6. 1975, NJW 1975, 1693; v. 12. 5. 1976, BB 1977, 61 m. Anm. *Trinkner.*
462 BB 1977, 61.

BGH bei einem Eigengeschäft folgende Klausel gebilligt: „Nebenabreden, nachträgliche Änderungen dieses Auftrags und etwaige Zusicherungen bedürfen zu ihrer Gültigkeit schriftlicher Bestätigung des Verkäufers." Im konkreten Fall hatte ein **Verkaufsangestellter** bei der Probefahrt die Frage verneint, ob der Pkw früher als Taxi benutzt worden sei. Für die unrichtige Antwort seines Angestellten brauchte der Händler nicht einzustehen, weil er seine Haftung durch die Schriftformklausel in Verbindung mit einer Vertreterklausel wirksam ausgeschlossen hatte.

Unter der Geltung des AGB-Gesetzes hatte der **BGH** keine Gelegenheit, zu Schriftformklauseln im Gebrauchtwagenhandel Stellung zu nehmen. Aus der **Rechtsprechung der Oberlandesgerichte** sind einschlägig: Urteil des KG vom 22. 3. 1989, 3 U 5960/88 (unveröffentlicht); OLG Düsseldorf EWiR § 125 1/91, 1055 *(Teske)* – Kfz-Vermittlungsvertrag; OLG Düsseldorf OLGR 1993, 129 (Leitsatz 3) zu Nrn. I, 2 und IV, 6 der Neuwagen-Verkaufsbedingungen; s. auch OLG Hamburg OLGR 1996, 4.

Die Schriftformklausel in Nr. I, 3 der vom **ZDK** empfohlenen Gebrauchtwagen-Verkaufsbedingungen (Stand 11/1998) war identisch mit der Klausel Nr. I, 2 der Neuwagen-Verkaufsbedingungen. Sie unterliegt bei „Altfällen" der gleichen Beurteilung. Die **aktuellen ZDK-AGB** (Stand 2002) verzichten auf eine allgemeine Schriftformklausel.

Klauselwerke ohne ZDK-Empfehlung enthalten mitunter Schriftformklauseln (auf der Vorderseite des Bestellscheins und/oder in den eigentlichen AGB), die auf Bedenken stoßen.

Nach ständiger **BGH-Rechtsprechung** sind Schriftformklauseln auch gegenüber Nichtkaufleuten nicht schlechthin gemäß § 9 AGBG. unzulässig. Ihre Wirksamkeit hängt vielmehr von der Ausgestaltung und dem Anwendungsbereich der konkreten Klausel ab. Für unwirksam hat der BGH beispielsweise folgende Klauseln gehalten: „Vereinbarungen, Zusicherungen oder Änderungen sind nur in schriftlicher Form gültig",[463] „mündliche Abmachungen haben ohne schriftliche Bestätigung der Firma keine Gültigkeit"[464] oder „Änderungen oder Ergänzungen bedürfen der Schriftform".[465]

Selbst eine nach § 9 AGBG an sich gültige Schriftformklausel half dem Kfz-Händler im typischen Gewährleistungsprozess nicht weiter, wenn und soweit das Vorrangprinzip des § 4 AGBG galt.[466] Der **Vorrang der Individualabrede** griff auch gegenüber einer im Sinne von § 9 AGBG angemessenen Schriftformklausel durch.[467] Daran ist nach neuem Recht festzuhalten. Voraussetzung war und ist freilich, dass die mündliche Erklärung unabhängig von dem Schriftlichkeitserfordernis wirksam ist. Das kann bei Erklärungen von bestimmten **Firmenangestellten** zweifelhaft sein.

1178 Der **Einwand der fehlenden Vertretungsmacht** ist in der Regel auch bei Angestellten unterhalb der Prokuristenebene unerheblich. Gemäß § 54 III HGB sind Vollmachtsbeschränkungen und das Fehlen einer wirksamen Vollmacht Dritten gegenüber nur wirksam, wenn diese den Mangel kennen oder kennen müssen. Die Vertretungsmacht von Handlungsbevollmächtigten und Abschlussvertretern erstreckt sich auf Verkäufe, die im Rahmen des Gewerbebetriebes üblicherweise vorkommen. Die mündliche „Zusicherung" bestimmter Eigenschaften des verkauften Fahrzeugs ist im Gebrauchtwagenhandel nicht außergewöhnlich.[468] Will der Händler sich davor schützen, dass ihm bestimmte Erklärungen seines Personals zugerechnet werden, muss er diese Einschränkung der Vollmacht durch

---

463 Urt. v. 31. 10. 1984, NJW 1985, 320 – Möbelhandel.
464 Urt. v. 26. 3. 1986, NJW 1986, 1809.
465 Urt. v. 15. 2. 1995, NJW 1995, 1488 m. w. N. – Möbelhandel.
466 St. Rspr., z. B. OLG Bamberg 2. 3. 1994, NJW-RR 1994, 1333.
467 BGH 20. 10. 1994, NJW-RR 1995, 179; *Ulmer/Brandner/Hensen,* Anh. §§ 9–11, Rn 628; *Zoller,* JZ 1991, 850.
468 So OLG Köln 14. 12. 1971, JMBl. NW 1972, 189.

Die Voraussetzungen der Sachmängelhaftung

einen ausdrücklichen und unübersehbaren Hinweis kundtun, z. B. durch ein Schild im Verkaufsraum oder durch eine drucktechnisch deutlich hervorgehobene und inhaltlich verständliche Erklärung auf der Vorderseite des Bestellscheines.[469] Der Umstand, dass der Bestellschein eine Rubrik für die Aufnahme von „besonderen Vereinbarungen" enthält, genügt für sich allein nicht. Auch die Schriftform- und Vertreterklausel im eigentlichen „Kleingedruckten" sind nicht geeignet, die Vertretungsmacht von Handlungsbevollmächtigten und Ladenangestellten i. S. v. § 56 HGB einzuschränken. Im Einzelnen ist hier vieles umstritten.

Zum Verhältnis zwischen einer **Beschaffenheitsgarantie** und einem im Kfz-Handel – ungeachtet des Verbots in § 475 I BGB – weiterhin bedeutsamen **Gewährleistungsausschluss** s. Rn 1564.

Früher enthielten die im Kfz-Handel üblichen Geschäftsbedingungen häufig so genannte **Circa-Klauseln**. Der BGH hat solche Klauseln in der grundlegenden Entscheidung vom 8. 10. 1969[470] für zulässig erklärt, weil der Verkäufer im Allgemeinen auf die Angaben seines Lieferanten angewiesen sei und daher keine genauen Angaben machen könne. Im Falle des Händlereigengeschäfts trifft dies zu. Verkauft der Händler aber ausnahmsweise im Kundenauftrag (Agenturgeschäft), ist dieses Argument verfehlt. Vom privaten Verkäufer können präzise Angaben verlangt werden, zumal wenn er der einzige Vorbesitzer ist.[471] Er kann sich auf die Circa-Klausel grundsätzlich nicht berufen.

In bestimmten Fällen ist eine Beschaffenheitsangabe schon **im Wege der Auslegung** eingeschränkt zu verstehen, so z. B. bei Angaben über die Fahrleistung.[472] Geringfügige Abweichungen zwischen Ist- und (zugesicherter) Soll-Beschaffenheit können auch gem. § 242 BGB außer Betracht bleiben. Dass das alte Kaufrecht nur bei der Fehlerhaftigkeit i. S. d. § 459 I BGB a. F. auf die Erheblichkeit abstellte, stand dem nicht entgegen.

Bisweilen unterzeichnen Käufer bei Übernahme des Fahrzeugs eine „**Abnahme-Erklärung**" oder einen „**Übernahmeschein**". Mit ihrer Unterschrift bestätigen sie, das Fahrzeug „in einwandfreiem Zustand, wie besichtigt, abgenommen zu haben" und „auf Ansprüche wegen bekannter oder unbekannter früherer Schäden an dem Fahrzeug zu verzichten". Durch das Freizeichnungsverbot beim Verbraucherkauf (§ 475 I BGB) haben derartige „Fahrzeugübergabebescheinigungen" zugenommen.

Beim Verkauf an einen Verbraucher nützen die – meist vorformulierten Erklärungen – dem Unternehmer nichts, soweit es um seine Sachmängelhaftung als solche geht. Der Annahme eines Gewährleistungsverzichts steht bereits § 475 I BGB entgegen.[473] Bedeutung kann eine solche Erklärung eines Verbrauchers allerdings unter dem Blickwinkel „Beschaffenheitsvereinbarung" haben, etwa, wenn ein bestimmter Defekt in der Bescheinigung ausdrücklich aufgeführt ist. Daneben kann die Urkunde im Rahmen des § 476 BGB Beweisbedeutung haben. Zur Vereinbarkeit einer vorformulierten Empfangsbestätigung mit § 11 Nr. 15 b AGBG (= § 309 Nr. 12 b BGB) s. OLG Koblenz NJW 1995, 3392 (Möbelhandel).

Eine „Abnahmeerklärung" kann schließlich generell, also auch bei b2 b-Geschäften, insoweit relevant sein, als es um die Frage der Beschaffenheitsgarantie geht.[474]

Die Behauptung des Verkäufers, der Käufer habe von dem Fehlen der angeblich zugesicherten/garantierten Eigenschaft schon bei Abschluss des Vertrages **Kenntnis** gehabt, z. B.

---

469 OLG Köln 21. 3. 1984, 24 U 238/83, n. v.
470 NJW 1970, 29.
471 So auch *Bilda,* BB 1971, 111.
472 Nicht zu verwechseln mit der Kilometerlaufleistung (Gesamtfahrleistung), wo die Toleranzgrenze gleichfalls durch Auslegung zu ermitteln ist.
473 Zum alten Recht s. OLG Schleswig 27. 6. 2002, OLGR 2002, 360.
474 Zu diesem Aspekt s. BGH 25. 5. 1983, NJW 1983, 2193 = WM 1983, 755.

von einem Unfallschaden, ist erheblich, weil es dann bereits an einer Vereinbarung fehlt, zumindest aber § 442 S. 1 BGB anwendbar ist.

Erheblich ist auch die Behauptung von Tatsachen, die den Garantiecharakter in Frage stellen oder eine etwaige Beschaffenheitsgarantie inhaltlich einschränken.[475]

Fahrlässige, selbst **grob fahrlässige Unkenntnis** des Sachmangels führt nicht zu einer Haftungsfreistellung des Verkäufers, wenn er eine Garantie für die Beschaffenheit übernommen hat (§ 442 I,2 BGB).

Ausgeschlossen war die Zusicherungshaftung alte Rechts, wenn der Käufer das Fahrzeug in Kenntnis des Fehlens der zugesicherten Eigenschaft abgenommen hat.[476]

1183 Schließlich ist noch auf die Möglichkeit hinzuweisen, die Eigenschaftszusicherung/Beschaffenheitsgarantie **wegen Irrtums anzufechten** (§ 119 BGB). Beispiel: Ein Händler verkauft ein Fahrzeug im eigenen Namen als „unfallfrei". Später stellt sich heraus, dass der Wagen einen Unfallschaden hatte, von dem der Händler aber nichts gewusst hatte. Der Händler ficht seine Erklärung an. Ergibt die **Auslegung** der Erklärung „unfallfrei", dass der Händler vorbehaltlos für die Abwesenheit von Unfallschäden einstehen will, er sich also nicht auf eine subjektive Einschränkung wie „Irrtum vorbehalten" zurückziehen darf,[477] so muss er sich an dieser Garantieerklärung festhalten lassen. Die im Wege der Auslegung und Interessenabwägung ermittelte besondere Verbindlichkeit der Verkäufererklärung steht nicht zur Disposition des Verkäufers. Könnte sich der Händler im obigen Beispielsfall durch Irrtumsanfechtung seiner verschuldensunabhängigen Haftung entziehen, widerspräche dies dem Sinn und Zweck der Garantieübernahme. Im Ergebnis scheint insoweit kein Streit zu herrschen. Die Begründungen sind unterschiedlich. Der BGH argumentiert mit dem Gesichtspunkt des Rechtsmissbrauchs.[478] Zur Frage der analogen Anwendbarkeit des § 122 BGB bei einem (schuldlosen) Irrtum des Verkäufers ohne Garantieübernahme s. Rn 1434.

Das Anfechtungsrecht nach **§ 119 II BGB** (Eigenschaftsirrtum) soll ausgeschlossen sein, wenn der Verkäufer sich durch dessen Ausübung von seiner Sachmängelhaftung befreien könnte. Hiernach kommt es also auch darauf an, was der Käufer will, welche Rechte er geltend macht. Was der Käufer nicht will, kann der Verkäufer nicht treuwidrig durch Anfechtung vereiteln. In der Praxis des Gebrauchtwagenkaufs ist eine Situation, in der es bei einer Zusicherung i. S. v. § 459 II BGB a. F., jetzt einer Beschaffenheitsgarantie, nicht um eine Haftungsfolge geht, durchaus realistisch (Einsatz nur zum Zwecke der Ausschaltung der Freizeichnung nach § 444 BGB).

1184 Bei einem Irrtum über die Verkehrsbedeutung seiner Erklärung (den aus der Sicht des Käufers zu bestimmenden „Erklärungswert" oder „Bedeutungsgehalt") ist der Verkäufer nach Meinung des BGH[479] ohne Einschränkung zur Anfechtung nach **§ 119 I BGB** (1. Alt.) berechtigt. Angesichts der sehr weiten, die Fachwelt immer wieder überraschenden Auslegung vieler Verkäuferangaben durch die Rechtsprechung hätten insbesondere gewerbliche Händler allen Anlass, von dieser Möglichkeit Gebrauch zu machen. Bemerkenswerterweise ist dies nicht der Fall. Es ist kein einziger Fall bekannt geworden, in dem der Verkäufer mit einer Irrtumsanfechtung die Rechtsfolgen einer Eigenschaftszusicherung alten Rechts hat abwenden können.

---

475 Zur Beweislast und den Beweisanforderungen s. OLG Bamberg 2. 3. 1994, NJW-RR 1994, 1333 (schriftliche Erklärung versus mündliche Aufklärung).
476 OLG Düsseldorf 8. 11. 1995, NJW-RR 1996, 693 – Immobilienkauf.
477 Dazu Rn 1148 ff.
478 Urt. v. 8. 6. 1988, NJW 1988, 2597 (Irrtum über den Maler des verkauften Gemäldes).
479 Urt. v. 14. 7. 1978, WM 1978, 1291 (Grundstückskauf).

3. Beschaffenheits- und Haltbarkeitsgarantien i. S. v. § 443 I BGB

a) Garantien im neuen Kaufrecht

Im kodifizierten Kaufrecht alter Art war das Rechtsinstitut der „Garantie" ungeregelt geblieben. Das hat sich mit der Schuldrechtsreform geändert. Bei Garantievereinbarungen mit dem Verkäufer oder einem Dritten ist jetzt § 443 BGB zu beachten. Danach ist zwischen einer Garantie für die Beschaffenheit der Sache und der (legaldefinierten) Haltbarkeitsgarantie zu unterscheiden. Wichtig ist dieser Unterschied vor allem für die Beweislastverteilung. Denn nur für die Haltbarkeitsgarantie gilt die Vermutung, dass ein während der Geltungsdauer auftretender Sachmangel die Rechte aus der Garantie begründet (§ 443 II BGB). Ergänzt wird § 443 BGB durch § 477 BGB, der für Garantien beim Verbrauchsgüterkauf Sonderregeln aufstellt. Weitere „Garantie"- Regelungen finden sich in den §§ 442, 444, 445 BGB und in der allgemeinen Vorschrift des § 276 I BGB. Zu den Gemeinsamkeiten und Unterschieden s. Rn 1064.

1185

b) Garantien beim An- und Verkauf von Gebrauchtfahrzeugen

aa) Marktüberblick

Garantien jeglicher Art haben im **professionellen Gebrauchtfahrzeughandel** seit den siebziger Jahren einen festen Platz. Sie dienen – gleich in welcher Erscheinungsform – vor allem der Abgrenzung gegenüber dem Privatmarkt, sind also in erster Linie Marketing- und Werbeinstrumente. Ein wichtiger Aspekt ist auch die Kundenbindung. Die Anbieter von Garantien stellen in ihrer Werbung den Vorteil heraus, den Autohäuser durch die wiederkehrenden Inspektionen („Sicherheits-Checks") erzielen. Durch die **Schuldrechtsreform** mit dem Freizeichnungsverbot bei gleichzeitiger Beweislastumkehr hat die „Gebrauchtwagengarantie" einen spürbaren Schub erhalten; neue Einsatzfelder konnten erschlossen werden, s. im Einzelnen Rn 1200 ff..

1186

Bei **privaten Direktgeschäften** taucht der schillernde Begriff „Garantie" nur selten auf. Wird er ausnahmsweise benutzt, bedeutet er im Zweifel nichts anderes als „mit Gewähr" oder „mit Gewährleistung". Ohne Hinzutreten konkreter Umstände, die auf einen Willen zur Übernahme einer „echten" Garantie hindeuten, z. B. Laufzeit der „Garantie" länger als 24 Monate, ist die Annahme einer Modifizierung der Sachmängelhaftung nicht gerechtfertigt. Von einem Privatverkäufer kann nicht ohne weiteres erwartet werden, dass er eine Beschaffenheitsgarantie i. S. d. § 443 I BGB übernehmen will.

Die bisherige Exklusivität von standardisierten Gebrauchtwagen-Garantien im Bereich des gewerblichen Handels wird **neuerdings** durch besondere Garantie-Angebote an Privatverkäufer durchbrochen. So bietet beispielsweise die Albingia Versicherungsgruppe eine Garantieversicherung für den privaten Kauf oder Verkauf an. Die Garantie gilt sechs Monate für unvorhergesehene Reparaturen. Ein vergleichbares Angebot macht ein Unternehmen, dessen Konzept darin besteht, Geschäfte zwischen Privatpersonen mit Hilfe von Kfz-Händlern als Vermittler zustande zu bringen. Die **Schuldrechtsreform** hat auch auf diesem Sektor zu erweiterten Garantieangeboten geführt.

Eine noch laufende **„Werksgarantie"** geht auf den (Privat-) Käufer über, wenn sie, wie üblich, fahrzeuggebunden ist. Gleiches gilt für so genannte **Anschlussgarantien**. In diesen Fällen bestehen aber keine Ansprüche gegen den (privaten) Gebrauchtwagenverkäufer, sondern gegen den jeweiligen Garantieträger, z. B. den Hersteller.

bb) Erscheinungsformen im professionellen Handel

1187   Abgesehen von den vielfältigen, immer länger laufenden Neufahrzeug-Garantien und Anschlussgarantien sind im professionellen Gebrauchtwagenhandel von heute „Garantien" im weitesten Sinn des Wortes in folgenden Erscheinungsformen zu beobachten:

– Individuelle Händlergarantien (selten)
– Garantie mit Produktabnahmeverpflichtung bei Garantieträgerschaft durch einen freien Anbieter (selten)
– Garantien als Reparaturkostenversicherung („Garantieversicherung") mit Trägerschaft durch freie Anbieter (stark vertreten)
– Garantien als Reparaturkostenversicherung mit Trägerschaft durch Hersteller oder Importeur in Kooperation mit Versicherungsgesellschaften (stark vertreten)
– herstellereigene Gebrauchtwagen-Garantie (selten)
– Standardisierte Händlereigengarantien („Hausgarantie") ohne Absicherung durch eine Versicherungsgesellschaft (selten)
– Mobilitätsgarantien, z. B. die „Mobilitätscard"
– Gütesiegel, z. B. von DEKRA (weit verbreitet)
– Umtauschgarantien (infolge restriktiver Rechtsprechung selten).

α) Die individuelle Händlergarantie

1188   Individuelle, im konkreten Einzelfall ausgehandelte Händlergarantien waren zur Blütezeit des Agenturgeschäfts (1968–1990) nur selten anzutreffen. Inzwischen ist der Zwang, eigene Haftungsrisiken zu vermeiden, weitgehend entfallen. In seiner Eigenschaft als Eigenhändler steht es einem Autohandelsbetrieb grundsätzlich frei, ob und in welcher Weise er seine Gebrauchtfahrzeuge „mit Garantie" anbietet. Verpflichtungen gegenüber dem Hersteller/Importeur können zu Bindungen führen, ebenso Selbstverpflichtungen gegenüber Verbänden/Innungen. Das betrifft aber mehr die so genannten Systemgarantien (standardisierte Garantien).

Die individuelle Händlergarantie ist dadurch gekennzeichnet, dass sie sich in einer Erklärung erschöpft wie beispielsweise

„6 Monate Garantie oder 1000 km"

oder

„auf Motor 10.000 km Garantie bzw. 6 Monate"

oder

„14 Tage Übergangsgarantie auf Motor und Getriebe"

oder

„anfallende Reparaturen werden von unserer Werkstatt kostenlos erledigt. Die Gewährleistung beläuft sich auf 3 Monate".[480]

Eine Individualgarantie kann sich auch daraus ergeben, dass aufgrund eines Händlerversehens nur die Garantieübernahme als solche, nicht aber die vorformulierten Bedingungen einer Systemgarantie, Vertragsinhalt wird. Ein Beispiel für einen solchen „Ausreißer" ist der Fall BGH NJW 1995, 516 („dreimonatige Hausgarantie").

1189   Individuelle Händlergarantien sind regelmäßig **keine selbstständigen Garantieversprechen.**[481] Es handelt sich vielmehr um **Nebenabreden zum Kaufvertrag**, die die Sachmängelhaftung inhaltlich und gegebenenfalls auch zeitlich **modifizieren** („unselbstän-

---

[480] OLG Karlsruhe 14. 11. 1997, OLGR 1998, 62.
[481] So auch *Winterfeld*, DAR 1985, 65; s. auch *Müller*, ZIP 1981, 707; *Mischke*, BB 1995, 1093, 1095.

Die Voraussetzungen der Sachmängelhaftung

dige Garantie"). Ein etwaiger Gewährleistungsausschluss wird punktuell suspendiert; ein formularmäßiger über § 305 b BGB (Vorrang der Individualabrede), eine individualvertragliche Freizeichnung im Wege der Auslegung nach §§ 133, 157 BGB und jetzt nach § 444 BGB. Zur (selbstständigen) Garantie im Rahmen eines Tuning-Vertrages s. OLG Düsseldorf NZV 1997, 519.

Mit Urteil vom 23. 11. 1994[482] hat der **BGH** erstmals zu einer „Hausgarantie" im Gebrauchtwagenhandel Stellung genommen.[483] Er hat die Auslegung des Berufungsgerichts gebilligt, wonach das Autohaus während der (dreimonatigen) Garantiezeit für die Funktionstauglichkeit bestimmter Aggregate (hier: Motor und Getriebe) einstehen und etwaige trotz ordnungsgemäßen Gebrauchs auftretende **Mängel kostenlos beseitigen** wolle.

Bei diesem Auslegungsergebnis muss der Käufer, der Mängelbeseitigung verlangt, folgendes **beweisen:** 1. den Garantiefall als solchen, d. h. einen Schaden an einem Fahrzeugteil, das von der Garantie erfasst wird. Der Schaden (Defekt) kann sich zu diesem Teil „durchgefressen" haben; er muss dort nicht entstanden sein. Es genügt, wenn er die Folge eines Mangels an einem anderen Teil ist, das nicht unter die Garantie fällt. 2. den Zeitpunkt des Garantiefalls, d. h. der Käufer hat (nur) zu beweisen, dass der Defekt an dem „garantiegedeckten" Teil innerhalb der Garantiezeit bzw. vor Erreichen des km-Limits aufgetreten ist. Dass er schon bei Auslieferung des Fahrzeugs vorhanden gewesen ist, braucht er nicht zu beweisen. Das ist die Konsequenz aus der Annahme einer – jetzt in **§ 443 BGB** gesetzlich geregelten – **Haltbarkeitsgarantie.**[484] **1190**

Auch bei einer Haltbarkeitsgarantie ist der Händler nicht zur Nachbesserung verpflichtet, wenn der **Käufer den Garantiefall schuldhaft herbeigeführt** hat. Das ist im Ausgangspunkt unbestritten. Außer Streit steht gleichfalls, dass Mängel, die auf Eingriffe von außen – wie Naturkatastrophen, Beschädigungen durch Dritte oder Tiere – im Verantwortungs- und Einflussbereich des Käufers beruhen, nicht zu Lasten des Garantiegebers gehen können. Das bedarf keiner vertraglichen Klarstellung, weil es sich von selbst versteht. **1191**

Zweifelhaft war bis zum In-Kraft-Treten der Schuldrechtsreform die Verteilung der **Darlegungs- und Beweislast.** Während die Systemgarantien (dazu Rn 1200 ff.) häufig ausdrückliche Abreden über die Beweislast enthielten, musste man bei einer Individualgarantie auf allgemeine Beweislastgrundsätze zurückgreifen. Auch insoweit hat die Entscheidung des BGH vom 23. 11. 1994[485] ein Stück weit Klarheit geschaffen. Für den Fall, dass die Garantiezeit die Dauer der gesetzlichen Verjährungsfrist (§ 477 BGB a. F.) nicht überschritt, traf den **Verkäufer** die Beweislast dafür, dass der Käufer den Garantiefall verschuldet hat, d. h. der Verkäufer musste einen Wartungs- oder Bedienungsfehler, z. B. Falschtanken (dazu BGH NJW 1995, 516), beweisen, ferner die Kausalität des unsachgemäßen Gebrauchs für den Eintritt des Schadens.[486] **1192**

In der „Hausgarantie"-Entscheidung ausdrücklich offen gelassen hat der BGH die Frage, wie die Beweislast bei einer über die gesetzliche Verjährungsfrist hinausgehenden Garantiedauer zu verteilen ist. Die Gründe, die zur käuferfreundlichen Beweislastverteilung i. S. v. BGH NJW 1995, 516 geführt haben, sind auch in diesem Fall maßgebend, wie der BGH in der **Neufahrzeug-Entscheidung vom 19. 6. 1996**[487] festgestellt hat. M. a. W.: Unabhängig von der Länge der Garantiefrist hatte der Verkäufer nach altem Recht die Darle-

---

482 NJW 1995, 516 = NZV 1995, 104 = WM 1995, 160.
483 Aus der OLG-Rspr.: OLG Köln 14. 3. 1966, MDR 1967, 673; OLG Köln 20. 9. 1982, MDR 1983, 402; OLG Bamberg 6. 3. 1974, DAR 1974, 188; OLG Koblenz 28. 1. 1986, NJW 1986, 2511 (Motorreparatur); OLG Hamm 1. 3. 1993, OLGR 1993, 129 (Einbau eines ATM).
484 Vgl. BGH 23. 11. 1994, NJW 1995, 516; OLG Karlsruhe 14. 11. 1997, OLGR 1998, 62.
485 NJW 1995, 516.
486 BGH 23. 11. 1994, NJW 1995, 516 m. w. N.
487 NJW 1996, 2504.

gungs- und Beweislast dafür, dass ein Mangel auf äußere Einwirkungen im Verantwortungsbereich des Käufers zurückzuführen ist. Diese „äußeren Einwirkungen" hat der BGH als Alternativursache zu technischen Mängeln/Störungen in einem Regel-Ausnahme-Verhältnis gesehen. Zu den Ausnahmetatbeständen („äußere Einwirkungen") zählt er nicht nur Wartungs- und Bedienungsfehler des Käufers oder von Fahrern, denen er das Fahrzeug überlassen hat. Auch „Einwirkungen" durch unbefugte Dritte oder durch Tiere (z. B. Nagetiere) rechnet er dazu.

1193 Für Streitfälle, auf die das **neue Kaufrecht** anwendbar ist, gilt die Beweislastregelung des § 443 II BGB: Soweit eine Haltbarkeitsgarantie übernommen worden ist, wird vermutet, dass ein während der Garantiezeit auftretender Sachmangel die Rechte aus der Garantie begründet.

Das entspricht weitgehend der früheren Rechtslage. Auch der Reformgesetzgeber differenziert nicht nach der Laufzeit der Haltbarkeitsgarantie. Die Beweisvermutung des § 443 II BGB gilt unabhängig von der Geltungsdauer der Garantie. Für die Behauptung, der Käufer oder ein Dritter bzw. ein Tier (z. B. Marder) habe den Schaden verursacht, ist der Verkäufer als Garantiegeber beweisbelastet.

Individuelle Händlergarantien in der hier in Rede stehenden Kurzfassung enthalten regelmäßig keine „Ausschlussklauseln". Doch auch ohne ausdrückliche Einschränkung waren nach altem Recht solche Mängel von der Nachbesserungspflicht ausgenommen, die den Wert oder die Tauglichkeit des Fahrzeugs **nur unerheblich** minderten. Dafür wurde die Bagatellklausel in § 459 I, 2 BGB a. F. herangezogen, nicht etwa § 633 I BGB a. F., der eine solche Regelung nicht enthielt. Der Wegfall der kaufrechtlichen Bagatellklausel auf der Tatbestandsseite und ihre Verankerung bei den Regelungen über die Rechtsfolgen zwingen nicht zu einer Aufgabe der früheren Position. Dass der Reformgesetzgeber auch bei einem unerheblichen Sachmangel einen Anspruch auf Nachbesserung gibt, ist kein zureichender Grund. Ausschlaggebend ist die **Auslegung der Garantieerklärung** (§§ 133, 157 BGB). Dem Käufer ist es auch bei einer Haltbarkeitsgarantie eines Kfz-Händlers nach Treu und Glauben verwehrt, den Garantiegeber wegen jeder Kleinigkeit in Anspruch zu nehmen. Ist ein „Garantiemangel" bewiesen, ist jedoch der **Händler** dafür **beweispflichtig,** dass dieser Mangel ohne nennenswerte Bedeutung für den Wert und die Gebrauchstauglichkeit des Fahrzeugs ist.

1194 Kein Garantiefall ist ferner **natürlicher Verschleiß.** Diese Einschränkung versteht sich gleichfalls von selbst. Auch ein Verbraucher als technischer Laie muss ohne besondere Aufklärung wissen, dass ein Kfz-Händler dafür nicht einstehen will. Ob natürlicher Verschleiß vorliegt oder nicht, muss notfalls ein Sachverständiger klären (s. auch Rn 1249 ff.). **Verschleißfolgeschäden** fallen hingegen unter die (Haltbarkeits-)Garantie. Beispiel: Eine verschleiß- und altersmäßig bedingte Undichtigkeit des Kühlsystems (z. B. undichter Schlauch) führt zu einem Schaden an der Zylinderkopfdichtung, was sodann einen Motorschaden (z. B. Zylinderkopffriss) auslöst. Das Endresultat ist trotz des verschleißbedingten Ursprungs ein Garantiefall, sofern Abweichendes nicht ausdrücklich geregelt ist.

1195 In Ermangelung ausdrücklicher vertraglicher Abwicklungsregelungen richteten sich **Inhalt und Realisierung des Anspruchs** aus einer individuellen Händlergarantie bisher nach den werkvertraglichen Gewährleistungsvorschriften (§§ 633 ff. BGB a. F.) i. V. m. § 476a BGB a. F. Nach **§ 443 I BGB n. F.** stehen dem Käufer im Garantiefall „unbeschadet der gesetzlichen Ansprüche" die Rechte aus der Garantie zu, und zwar nach Maßgabe der Garantieerklärung. Bei den hier in Rede stehenden „Kurz-Garantien" hilft nur eine **ergänzende Vertragsauslegung** weiter. Sie braucht sich jetzt nicht mehr an den früher am ehesten passenden Vorschriften des Werkvertragsrechts zu orientieren. Nach der Angleichung des Kaufrechts an das Werkvertragsrecht können die meisten Lösungen nunmehr **direkt aus den Kaufrechtsbestimmungen** entwickelt werden. Das bedeutet im Einzelnen:

Die Voraussetzungen der Sachmängelhaftung

1. Die Mindestverpflichtung des Händlers besteht in der kostenlosen Beseitigung des „Garantieschadens". Bei einer Teile-Garantie (z. B. auf Motor oder Getriebe) beschränkt sich der Nachbesserungsanspruch auf Schäden an diesen Teilen, selbst wenn sie sich „weitergefressen" haben. Als Garantiegeber hat der Händler auch sämtliche zum Zwecke der Nachbesserung erforderlichen Aufwendungen zu tragen. Insbesondere muss er die Abschleppkosten übernehmen.[488] Tritt der Käufer in Vorlage, hat er einen Erstattungsanspruch, der sich unmittelbar aus der Garantieabrede, hilfsweise aus § 439 II BGB[489] herleiten lässt. Kosten, die zur Mängelbeseitigung nicht erforderlich sind, fallen nicht unter die Erstattungspflicht nach § 439 II BGB (z. B. Telefon- und Portokosten), wohl aber Aufwendungen des Käufers, die zum Auffinden der Schadensursache notwendig waren (z. B. Kosten eines Privatgutachtens).[490]

2. Der Händler ist ohne konkrete Absprache nicht berechtigt, von dem Käufer eine Kostenbeteiligung zu verlangen, selbst wenn durch die Garantieleistung eine Wertsteigerung eintritt.

3. Ein Nachbesserungsanspruch besteht nicht, wenn die Beseitigung des Mangels objektiv unmöglich ist. Dieser Fall wird kaum praktisch werden. Bei einem **unverhältnismäßig hohen Mängelbeseitigungsaufwand** durfte der Händler die **Nachbesserung verweigern**, allerdings nur um den Preis der Kaufpreisminderung oder der Wandlung (§ 633 II, 3 BGB analog). Die Maßstäbe für die Unverhältnismäßigkeitsprüfung ergaben sich nach altem Recht aus BGH NJW 1995, 1836 und BGH WM 1997, 1585. Jetzt kann auf § 439 II BGB zurückgegriffen werden (dazu Rn 1381).

4. Der Käufer kann bei Fehlschlagen der Nachbesserung – hierzu rechnen auch die Fälle des Verzugs und der ernsthaften und endgültigen Erfüllungsverweigerung –[491] Rücktritt (statt bisher Wandlung) oder Minderung geltend machen.[492] Bei Verzug kann der Käufer den Mangel auch selbst beseitigen und Ersatz der erforderlichen Aufwendungen verlangen. Dafür gibt es zwar auch im geänderten Kaufrecht keine Grundlage. Anwendbar ist aber nach wie vor die werkvertragliche Regelung, jetzt in § 634 Nr. 2 BGB verankert. Dem Käufer steht auch ein Anspruch auf Vorschuss zu.

5. Sofern die Nachbesserung fehlgeschlagen ist oder dem Käufer unzumutbar ist, kann er – ohne Fristsetzung – nach Maßgabe des § 440 BGB auf seine gesetzlichen Sachmängelrechte der zweiten Ebene zurückgreifen.

6. Für Schäden, die der Händler bei Durchführung der Garantiearbeiten an anderen Fahrzeugteilen verursacht, haftete er nach altem Recht unter dem Gesichtspunkt der **positiven Forderungsverletzung**.[493] Jetzt folgt die Haftung aus den §§ 280 I, 241 II BGB. Ersatzpflichtig ist der Verkäufer erst recht für Schäden an anderen Rechtsgütern des Käufers, z. B. für Schäden aus einem Unfall aufgrund eines Montagefehlers. Bei der Verletzung einer individualvertraglich übernommenen Nachbesserungspflicht kann sich der Händler nicht auf den formularmäßigen Haftungsausschluss (z. B. Ziff. VII ZDK-AGB, Stand 2002) berufen. Insoweit bedarf es einer speziellen Enthaftungsklausel. Sie ist nicht in den Reparaturbedingungen des Händlers enthalten. Diese gelten nur bei ausdrücklicher Vereinbarung.[494]

Zur Verjährung: Der Anspruch auf kostenlose Mängelbeseitigung, also der eigentliche Garantieanspruch, verjährte **nach altem Recht** in sechs Monaten. Das ergab sich in Fällen

---

488 *Winterfeld*, DAR 1985, 65.
489 Zum Umfang des Erstattungsanspruchs aus § 476 a BGB a. F. bzw. § 439 II BGB n. F. s. Rn 1383.
490 BGH 23. 1. 1991, BGHZ 113, 251 = NJW 1991, 1604; s. auch BGH NJW-RR 1999, 813.
491 Vgl. BGH 23. 11. 1994, NJW 1995, 516.
492 BGH 23. 11. 1994, NJW 1995, 516; OLG Karlsruhe 14. 11. 1997, OLGR 1998, 62; s. auch OLG Hamm 23. 1. 1996, OLGR 1996, 115 (Ls. 1).
493 BGH 29. 10. 1975, NJW 1976, 235.
494 LG Hamburg 6. 3. 1979, 18 S 139/78, n. v.

ohne ausdrückliche Fristenregelung aus einer analogen Anwendung des § 638 I,1 BGB a. F. Auch für die subsidiären Käuferrechte – Wandlung, Minderung, Schadensersatz wegen Nichterfüllung (§ 635 BGB a. F.) – und für die Ansprüche auf Kostenerstattung, Vorschuss und Aufwendungsersatz galt die kurze Frist von 6 Monaten.

Nach altem wie nach neuem Recht muss stets zwischen **Garantiefrist** und **Verjährungsfrist** scharf unterschieden werden. Wesenselement einer Haltbarkeitsgarantie ist das Merkmal der Dauer. Auch bei individuellen Händlergarantien ist die **Geltungsdauer** einigermaßen klar umrissen; entweder ist sie zeitlich fixiert (Garantiefrist) und/oder in Kilometern festgelegt. Innerhalb welchen Zeitraums der Käufer seinen „Garantieanspruch" geltend zu machen hat und ab wann der Verkäufer/Garantiegeber sich auf Verjährung berufen darf, geht aus der Garantieerklärung regelmäßig nicht hervor.

Zu erwägen ist, ob der Händler diese Lücke mit derjenigen Verjährungsklausel schließen darf, mit der er in seinen AGB die Zweijahresfrist des § 438 BGB in zulässiger Weise (§ 475 II BGB) auf ein Jahr reduziert (Abschn. VI,1 S. 1). Gegenstand dieser Regelung sind „Ansprüche des Käufers wegen Sachmängeln". Damit sind die gesetzlichen Ansprüche gemeint, nicht der vertragliche (Erfüllungs-) Anspruch aus einer freiwillig gewährten Garantie.

1197 Der Anspruch aus der Garantie unterliegt entweder der **Regelverjährung von drei Jahren** (§ 195 BGB) oder der **kaufrechtlichen Sonderverjährung von zwei Jahren** (§ 438 I,3 BGB). Die Gründe, die nach altem Recht für die kurze Verjährung von sechs Monaten (als Alternative zu 30 Jahren) sprachen, sind weitgehend entfallen. Die Rechtsprechung muss sich **neu orientieren**. Klar scheint zu sein, dass für einen Anspruch aus einer „selbstständigen Garantie" des Verkäufers eine Analogie zu § 438 BGB fehl am Platz ist.[495] Bei einer bloßen Erweiterung der gesetzlichen Sachmängelhaftung durch eine „unselbstständige Garantie" liegt eine **analoge Anwendung** dieser Vorschrift dagegen nahe. Denn der aus der Garantie fließende Anspruch auf Mängelbeseitigung ähnelt doch sehr stark dem gesetzlichen Nachbesserungsanspruch aus § 439 BGB. Diese auffallende Parallelität spricht in der Tat für eine zweijährige Verjährung ab Ablieferung.[496] Auf der anderen Seite ist zu bedenken, dass die bisherige Rechtsprechung bezüglich des Beginns der Verjährung von Garantieansprüchen nicht in jedem Fall an den Zeitpunkt der Ablieferung angeknüpft hat. Eine Analogie zu § 438 BGB dürfte demnach allenfalls dann in Betracht kommen, wenn die Garantiezeit die Zweijahresfrist nicht übersteigt. So liegen die Dinge in aller Regel bei individuellen Händlergarantien. Da richtigerweise aber auch bei deckungsgleichen und kürzer laufenden Garantiefristen für den Beginn der Verjährung auf die Entdeckung des Garantiemangels abzustellen ist, sprechen die besseren Gründe für die generelle Anwendung der Regelverjährung (§ 195 BGB) mit ihrer subjektiv-objektiven Festlegung des Verjährungsbeginns.[497]

1198 Während der **Beginn der Geltungsdauer** (zeitlich und/oder km-bezogen) auf den Tag der **Auslieferung des Fahrzeugs** fällt, was ohne konkrete Regelung im Wege der Auslegung so zu bestimmen ist, kann für den **Verjährungsbeginn** etwas anderes gelten. Ob die Verjährungsfrist mit der Ablieferung des Fahrzeugs oder erst mit dem Auftreten bzw. der Entdeckung des Mangels beginnt, ist im Ausgangspunkt gleichfalls eine **Frage der Auslegung** der Garantieerklärung. Unter der Geltung des alten Kaufrechts ist differenziert worden.

Eine Garantie mit einer Garantiefrist, die **länger war als die kurze Verjährungsfrist des § 477 BGB a.F.**, ist bislang regelmäßig dahin ausgelegt worden, dass alle während

---

[495] *Palandt/Putzo*, Ergbd., § 443 Rn 23.
[496] So *Wolff* in SKK, § 443 Rn 44.
[497] So auch *Henssler/Graf von Westphalen*, Praxis der Schuldrechtsreform, § 443 Rn 47 ff.

Die Voraussetzungen der Sachmängelhaftung

der Garantiezeit auftretenden Mängel Gewährleistungsansprüche auslösen können und die Verjährung für derartige Ansprüche nicht schon mit der Übergabe, sondern erst mit der **Entdeckung des Mangels** beginnt.[498] Damit wurde z. B. bei einer Einjahresgarantie nur der Beginn der bisherigen sechsmonatigen Verjährung hinausgeschoben, nicht etwa die Verjährung generell auf 1 Jahr oder gar um 1 Jahr auf 18 Monate verlängert.[499] Lief die Verjährung demnach ab dem Zeitpunkt der Kenntnis vom Mangel,[500] so konnte sie für den entdeckten Mangel, aber auch nur für diesen, schon vor Ablauf der Garantiezeit verstrichen sein.[501]

Die Vereinbarung einer **Garantiezeit von sechs Monaten oder kürzer** hat sich nach bisheriger Rechtsprechung weder auf die Dauer noch auf den Beginn der alten Sechsmonatsverjährung ausgewirkt.[502] Bei diesen kurzlaufenden Garantien wurde also nach dem Grundsatz entschieden, dass eine Garantieabrede die Verjährung unberührt lässt.[503]

Ob diese Ansicht den berechtigten Interessen eines Kfz-Käufers Rechnung getragen hat, war zu bezweifeln, zumal bei einer Garantiefrist, die genau so lang war wie die Sechsmonatsfrist des alten § 477 BGB. Dass der Händler auch solche Mängel kostenlos beseitigt, die erst kurz vor Ablauf einer sechsmonatigen Garantiezeit auftreten bzw. entdeckt werden, durfte ein Käufer durchaus erwarten. Befindet sich das Fahrzeug zu diesem Zeitpunkt in der Nähe des Händlerbetriebes, kann er eine verjährungshemmende Mängelprüfung veranlassen. Dann ist sein Garantieschutz gesichert. Anders ist es bei Mängeln, die in der Endphase der Garantiezeit, beispielsweise auf einer Auslandsreise, auftreten. Da die bloße Mängelanzeige beim Händler keine Hemmungswirkung hat, müsste das Fahrzeug kurzfristig in dessen Betrieb, nicht etwa in einen Drittbetrieb der jeweiligen Marke,[504] gebracht werden, um die drohende Verjährung durch Arbeiten i. S. d. § 639 II BGB a. F. bzw. jetzt durch Verhandlungen i. S. v. § 203 BGB n. F. zu hemmen. Um diese für den Käufer missliche Situation zu vermeiden, sahen die alten Neuwagenverkaufsbedingungen im Abschn. VII, Nr. 10 eine Verlängerungsklausel vor. In Ermangelung einer solchen (komplizierten) Regelung war auch eine Sechsmonatsgarantie dahin auszulegen, dass die Verjährungsfrist erst mit der Entdeckung des Mangels beginnt, genauso wie die Rechtsprechung es nach altem Recht bei einer Garantie von 7 oder 8 Monaten angenommen hätte.

Durch die Anhebung der Verjährungsfrist von 6 Monaten auf 2 Jahre hat sich das Problem des Verjährungsbeginns bei kürzeren Garantiefristen nicht erledigt. Zu fragen ist, ob sich die gewollte Wirkung der Haltbarkeitsgarantie auf die Beweislastregelung in § 443 II BGB beschränkt oder ob auch der Verjährungsbeginn von der Ablieferung auf einen späteren Zeitpunkt verlegt werden soll.

---

498 BGH 20. 12. 1978, NJW 1979, 645; BGH 12. 3. 1986, NJW 1986, 1927; OLG Hamm 1. 3. 1993, OLGR 1993, 129; OLG München 16. 3. 1994, OLGR 1994, 109; OLG Köln 20. 8. 1993, NJW-RR 1994, 120.
499 So aber – gegen die h. M. – *Mischke,* BB 1994, 2156; *ders.,* BB 1995, 1093, 1095.
500 Kennen bedeutet positives Wissen des Käufers oder seines Vertreters vom Mangel in seiner Gesamtheit, seiner rechtlichen Bedeutung als „Garantiemangel" sowie in seinem Umfang; Ursachenkenntnis ist nicht erforderlich.
501 OLG Köln 20. 8. 1993, NJW-RR 1994, 120 = BB 1993, 2335; unberechtigt die Kritik von *Mischke,* BB 1994, 2156; *ders.,* BB 1995, 1093, 1095. Entgegen seiner Meinung ist die garantiefallbezogene (punktuelle) Lösung der h. A. interessengerecht.
502 BGH 20. 12. 1978, NJW 1979, 645; so wohl auch BGH 3. 3. 1982, WM 1982, 511 unter III, 4; OLG Koblenz 21. 8. 1986, NJW 1986, 2511; OLG Hamm 1. 3. 1993, OLGR 1993, 129 (obiter dictum); a. A. *Soergel/Huber* § 459 Rn 215 m. w. N.
503 So ausdrücklich BGH 20. 12. 1978, NJW 1979, 645.
504 Die Einbindung von Drittbetrieben bedarf einer ausdrücklichen Abrede.

Kombinationsfälle:

1199 Die Erklärung „**6 Monate Garantie oder 1000 km**" besagt, dass dem Käufer ein Garantieanspruch für längstens 6 Monate ab Übergabe zusteht, auch wenn das Fahrzeug in diesem Zeitraum nur wenige Kilometer gefahren ist.[505] Andernfalls würde die Garantiezeit, so der BGH, auf eine übermäßig lange Zeit ausgedehnt werden können. Dagegen lässt sich einwenden, dass der Händler aus freien Stücken ein km-Limit als Begrenzungsalternative gewählt hat, und dass es seine Sache ist, dieses Limit realistisch festzusetzen.

Reine Kilometerbegrenzung: Bei einer nur durch Angabe einer bestimmten Kilometerzahl limitierten Garantie erscheint es sinnvoll, die Verjährungsfrist erst mit Auftreten des Mangels innerhalb des Limits laufen zu lassen.

β) System-Garantien

1200 Charakteristisch für die so genannten System-Garantien ist ein festumrissenes, für eine Vielzahl von Gebrauchtfahrzeugverkäufen konzipiertes Leistungsprogramm. Im Einzelnen gibt es im Bereich des gewerblichen Handels mit gebrauchten Pkw und Kombis **erhebliche konstruktive und inhaltliche Unterschiede**. Aus Sicht des privaten Kunden muss das vielfältige Angebot an Garantietypen Verwirrung stiften, zumal ständig neue Modelle und Varianten eingeführt werden, zuletzt im Zuge der **Schuldrechtsreform**. Nach Ansicht des OLG Frankfurt[506] ist es im Sinne von § 3 UWG irreführend, wenn eine Versicherungsgesellschaft mit dem Ausdruck „Garantie" wirbt, in Wirklichkeit aber nur eine **Reparaturkostenversicherung** vermittelt (zur wettbewerbsrechtlichen Problematik s. auch Rn 1214).

αα) Konstellationen

1201 Zu unterscheiden sind im Wesentlichen folgende Konstellationen:

– Der Kfz-Händler verschafft dem Käufer Versicherungsschutz und erbringt dadurch eine nach § 4 Nr. 10 b UStG steuerfreie Leistung.
– Der Kfz-Händler gibt dem Käufer eine Garantie, die er mit eigenen Beiträgen bei einer Versicherungsgesellschaft/Garantieunternehmen rückversichert.
– Der Kfz-Händler gibt eine Garantie ohne Rückversicherung mit dem ZDK-Vertrauenssiegel/Meisterzeichen.
– Der Kfz-Händler vermittelt den Abschluss eines Garantievertrages bzw. einer Reparaturkostenversicherung.

ββ) Erläuterung der einzelnen Modelle

1202 Konzeption und Inhalt der einzelnen Modelle hängen stark von den **umsatzsteuerlichen** Rahmenbedingungen ab. Nach Ablösung des Agenturgeschäfts Anfang der neunziger Jahre entzündet sich der Streit nunmehr vor allem an der umsatzsteuerlichen Behandlung der Versicherungsprämie bzw. „Garantiegebühr", die dem Kunden in Rechnung gestellt wird.[507] **Drei verschiedene Besteuerungsvarianten** sind zu unterscheiden. Die Versicherungsprämie kann sein

- eine umsatzsteuerpflichtige Nebenleistung zur Hauptleistung „Verkauf eines Pkw",
- die umsatzsteuerfreie Verschaffung von Versicherungsschutz (§ 4 Nr. 10 b UStG) bzw. die umsatzsteuerfreie Gewährung einer Händlergarantie (§ 4 Nr. 8 g UStG);
- ein durchlaufender Posten für Rechnung und im Namen des Kunden.

---

505 BGH 3. 3. 1982, WM 1982, 511, 512 (Lkw); s. auch OLG Koblenz 28. 1. 1986, NJW 1986, 2511.
506 Urt. v. 21. 12. 1995, OLGR 1996, 76.
507 Vor dem BFH sind z.Zt. zwei Verfahren zur Besteuerung von Garantieversicherungen anhängig (Az: V R 13/02 und V R 67/01).

Die (umsatzsteuerfreie) Verschaffung von Versicherungsschutz setzt an sich voraus, dass der Käufer als Versicherungsnehmer unmittelbaren Versicherungsschutz hat. Möglich ist jedoch auch die Konstruktion „Versicherungsvertrag zu Gunsten eines Dritten". Dabei schließt der Kfz-Händler mit einem Versicherungsunternehmen einen Versicherungsvertrag zu Gunsten des Käufers ab. Der Kfz-Händler wird in diesem Fall selbst Versicherungsnehmer. Im Garantiefall ist jedoch der Käufer der Begünstigte aus dem Versicherungsvertrag. Ein Anspruch auf Reparatur bzw. Kostenübernahme gegenüber dem Händler besteht nicht. Beispiel: OLG Oldenburg NJW 1995, 2994 = BB 1995, 897 = OLGR 1995, 127 (Garantieanbieter war die CG Car-Garantie Versicherungs-AG, bundesweit das größte Garantieunternehmen). Der Vertrag mit dem Garantieanbieter kann auch zwischen diesem und dem Hersteller bzw. Importeur zustande gekommen sein. Beispiel: OLG Braunschweig MDR 1999, 294 = OLGR 1998, 352.

Bei der Garantie mit Rückversicherung gewährt der Händler dem Kunden eine Gebrauchtwagengarantie. Er persönlich ist Garantiegeber. Der Händler seinerseits schließt mit der Versicherungsgesellschaft eine Rückversicherung ab, um sein Risiko zu mindern. Dieses Modell beherrscht heute das Feld.

Gewährt der Händler dem Kunden eine eigene Garantie, ohne sich rückzuversichern, ist seine Garantieträgerschaft unproblematisch. Im Fall BGH NJW 1995, 516 ist ein Händler so behandelt worden, als habe er selbst die „dreimonatige Hausgarantie..." übernommen.

Unter der Herrschaft des Eigengeschäfts (als Gegensatz zum Agenturverkauf) nur noch selten anzutreffen ist die Fallgestaltung, dass der Händler sich auf die bloße Vermittlung einer Garantie/Reparaturkostenversicherung beschränkt. Insoweit scheinen auch wettbewerbsrechtliche Gründe eine Rolle zu spielen. Die Werbung für eine vom Händler lediglich vermittelte Reparaturkostenversicherung mit dem Begriff „Garantie" ist irreführend.[508]

γγ) **Problemfälle**

Fragen der **Passivlegitimation,** des **Zustandekommens** des Garantievertrages und des **Garantieumfangs/Leistungsbegrenzung** stehen in der Rechtspraxis im Vordergrund. Problematisch ist auch das **Verhältnis zwischen Sachmängel- und Garantiehaftung,** zumal bei zulässiger Freizeichnung von der gesetzlichen Haftung nach §§ 459 ff. BGB a. F. bzw. jetzt § 437 BGB n. F.

Da von „Reparaturkostenversicherung", von „Gewährleistungsversicherung" oder von „Garantie-Versicherung" die Rede ist, wird mitunter bereits über die **örtliche Zuständigkeit** bei einer Klage gegen das Garantieunternehmen gestritten. Dem Käufer/Garantienehmer hilft § 48 VVG (Gerichtsstand der Versicherungsagentur). Der Händler, der die „Garantie" vermittelt hat, ist in diesem Sinn Versicherungsagent.

§ 348 I 2 h ZPO n. F. mit seiner **originären Einzelrichterzuständigkeit** bei geschäftsplanmäßiger Spezialzuständigkeit für Versicherungssachen wirft ein weiteres Problem auf.

Kauf mit oder ohne „Garantie"? Ob der Käufer ein Fahrzeug mit oder ohne „Garantie" gekauft hat, lässt sich meist schon anhand der Eintragungen im Kaufvertragsformular (Verbindliche Bestellung) beantworten. Vor 2002 waren getrennte Formularsätze gebräuchlich, je nach dem, ob ein Fahrzeug mit oder ohne Garantie verkauft wurde. In den **modernisierten Bestellscheinen** (Fassung 2002) ist häufig im unteren Teil vorgedruckt:

„Der Verkäufer leistet dem Käufer eine über die... versicherte Garantie für gebrauchte Automobile gemäß den aus der Garantievereinbarung Nr.... ersichtlichen Garantiebestimmungen."

---

508 OLG Frankfurt 21. 12. 1995, OLGR 1996, 76.

Zu beobachten ist auch die Praxis, die Garantieübernahme in der Rubrik „Sondervereinbarungen" o. ä. durch eine individuelle Eintragung zu fixieren.

Aus den **Garantiebestimmungen** und/oder aus Dokumenten wie einem „Garantie-Pass" oder „Schutzbrief" geht – nicht immer deutlich genug – hervor, von welchem Typ die „Garantie" ist und welche Rechte und Pflichten die Beteiligten haben. Konzeptionell sind die Garantiebestimmungen oftmals integraler Bestandteil des Formularsatzes. Sie sollen dem Kunden zusammen mit den Verkaufsbedingungen ausgehändigt werden. Sie können aber auch in einem vom Bestellschein getrennten „Garantie-Pass" oder in einer vergleichbaren Urkunde enthalten sein.

Mit dem geradezu inflationären Einsatz von „Garantien" jeglicher Art wächst die **Gefahr von Missverständnissen und Auslegungszweifeln**. Ein anschauliches Beispiel dafür ist der Fall, über den das OLG Düsseldorf durch Urteil vom 2. 7. 1993,[509] entschieden hat: Ein Ford-Haupthändler hatte einen knapp 3 Monate alten, nur 3940 km gelaufenen Pkw als Vorführwagen verkauft, und zwar unter Verwendung des üblichen Bestellscheins „Verbindliche Bestellung eines gebrauchten Kraftfahrzeugs mit Gebrauchtwagen-Garantie..." Unter Sonderausstattung war handschriftlich notiert „FGS für 2. u. 3. Jahr bis 50.000 km ab Erstzulassung". Bei Übergabe des Fahrzeugs wurden ausgehändigt: ein Garantie-Schutzbrief („FGS") und ein Serviceheft mit der eingedruckten 12-Monats-Werksgarantie. Wegen mehrerer Mängel, insbesondere wegen einer Undichtigkeit im Bereich der Frontscheibe, nahm der Käufer Händler und Hersteller auf Rückzahlung des Kaufpreises in Anspruch. Während die Klage gegen den Hersteller abgewiesen wurde, wurde der Händler zur Fahrzeugrücknahme verurteilt. Das OLG hat das Nebeneinander von Gewährleistungsausschluss einerseits, Werksgarantie, Schutzbrief und GW-Garantie andererseits sachgerecht zu Gunsten des Käufers aufgelöst. Die noch laufende Neufahrzeug-Gewährleistung („Werksgarantie") setzte sich gegen den Gewährleistungsausschluss und auch gegen die Anschlussgarantie durch.[510]

1205 **Zustandekommen des Garantievertrages:** Insoweit gibt es unterschiedliche Konstruktionen. Ist der Händler nicht selbst Garantiegeber, handelt er als Vertreter/Agent der garantiegebenden Drittfirma.[511] Bei fehlender Bevollmächtigung können die Grundsätze über die Rechtsscheinvollmachten anwendbar sein.[512] Zum Zustandekommen einer „Garantieversicherung" s. auch AG Erkelenz NJW-RR 1996, 740. Vertragsabschlussklauseln in den Garantiebedingungen können gem. § 10 Nrn. 1 und 3 AGBG = § 308 Nrn. 1 und 3 BGB unwirksam sein.[513]

1206 **Vertragsinhalt** werden die **Garantiebedingungen** nur unter den Voraussetzungen des § 305 II BGB.[514] Da sie üblicherweise nicht durch Aushang im Autohaus „bekannt" gemacht werden, bedarf es bei Vertragsabschluss eines **ausdrücklichen Hinweises** i. S. v. § 305 II,1 BGB. Dieser muss unmissverständlich und für den Kunden klar erkennbar sein.[515] Der BGH hat die Anforderungen an diese Hinweispflicht nicht etwa mit dem Argument herabgesetzt, dass die Rechtsposition des Käufers durch eine Gebrauchtwagen-Garantie nicht eingeschränkt, sondern erweitert werde.[516]

---

509 OLGR 1993, 269; dazu *Reinking,* DAR 1995, 1, 5.
510 Zur Anschlussgarantie s. *Reinking,* DAR 1995, 1 ff.
511 AG Forchheim 15. 2. 1999, NJW-RR 2000, 725 mit Hinweis auf § 84 I HGB; OLG Köln 19. 10. 1999, OLGR 2000, 167 – Händler als „Vermittlungsagent".
512 AG Forchheim 15. 2. 1999, NJW-RR 2000, 725.
513 AG Forchheim 15. 2. 1999, NJW-RR 2000, 725.
514 Vgl. OLG Oldenburg 7. 3. 1995, NJW 1995, 2994 = BB 1995, 897 („Car Garantie").
515 BGH 23. 11. 1994, NJW 1995, 516.
516 BGH 23. 11. 1994, NJW 1995, 516.

Die Voraussetzungen der Sachmängelhaftung

Der handschriftliche Vermerk in einem Bestellschein „dreimonatige Hausgarantie lt. CC-Gebrauchtwagengarantiegesetz" ist kein ausreichender Hinweis im Sinne des § 2 I, 1 AGBG a. F. gewesen.[517] Der Händler, der ersichtlich die AGB der CG-Car-Garantieversicherungs-AG gemeint hat, hätte sie dem Käufer zur Verfügung stellen müssen. Da er dies versäumt hatte, jedenfalls nicht nachweisen konnte, musste er sich an der – unklaren und irreführenden – Vertragserklärung „dreimonatige Hausgarantie..." festhalten lassen (zur Auslegung s. Rn 1189).

Die bloße Erklärung im Bestellschein „mit Gebrauchtwagen-Garantie" oder „mit Veedol-Garantie" löst gleichfalls keine Garantiehaftung nach Maßgabe sonst verwendeter Garantiebestimmungen aus, wenn die strikten Einbeziehungsvoraussetzungen des § 305 II BGB nicht beachtet worden sind. Beruft sich der Käufer im Prozess auf eine **mündliche Garantiezusage des Autohauses**, so reicht das für eine schlüssige Darlegung eines Garantieanspruchs gegen das Autohaus nicht aus, wenn er das Fahrzeug mit Garantiebedingungen erworben hat, die einen Direktanspruch gegen einen Dritten (Versicherer) begründen.[518]

Lehnt der Reparaturkosten-Versicherer die Garantieübernahme ab, kann sich der Händler gegenüber dem Käufer schadensersatzpflichtig machen; so z. B. wenn der Garantievertrag daran scheitert, dass es nach den Bedingungen des Garantieträgers für das konkrete Auto einen Garantieschutz nicht gibt.[519] Für schuldhafte Fehlinformationen über das Ob und Wie des Garantieschutzes haftet der Händler nach den Grundsätzen des Verschuldens bei Vertragsschluss. Dass der Garantievertrag tatsächlich zustande kommt, ist nicht etwa Gegenstand einer eigenständigen Zusicherung/Garantie. Es ist schon sehr zweifelhaft, ob überhaupt eine Eigenschaft vorliegt, die einer Beschaffenheitsgarantie zugänglich ist.[520]

1207

Inhalt und Umfang der System-Garantien sollten sich ebenso wie die **Abwicklungsmodalitäten** aus den jeweiligen Garantiebedingungen ergeben. Diese sind als abschließende und erschöpfende Regelung konzipiert. Bei ausreichender Transparenz lassen sie keinen Raum für die Geltung mündlicher Zusagen, es sei denn, der Kunde kann sie beweisen.[521]

1208

Obgleich vielfach die Autohäuser als Garantiegeber auftreten und in den Garantiebedingungen auch als solche bezeichnet werden, wird für die Abwicklung des Garantiefalls häufig eine ausschließliche Zuständigkeit eines Drittunternehmens (Versicherer/Garantieanbieter) begründet. So heißt es in (früheren) Bedingungen der Car Garantieversicherungs AG: Ansprüche aus der geleisteten Garantie sind vom Käufer/Garantienehmer ausschließlich und unmittelbar gegenüber der CG geltend zu machen." (s. den Fall OLG Oldenburg NJW 1995, 2994). Ergänzt wird eine solche Zuweisung mitunter durch eine Vollmachtsklausel, wonach das Garantieunternehmen vom Verkäufer/Garantiegeber bevollmächtigt ist, „die gesamte Abwicklung mit dem Käufer/Garantienehmer vorzunehmen." Regelungen dieser Art werfen die Frage auf, gegen wen der Anspruch aus der Garantie **gerichtlich** geltend zu machen ist. Dieser Punkt ist in den Garantiebedingungen meist nicht ausdrücklich geregelt. Schuldner des Garantieanspruchs und damit **passivlegitimiert** ist an sich der Verkäufer als Garantiegeber. Wenn die außergerichtliche Abwicklung aber vollständig in die Hände eines anderen Unternehmens gelegt wird, so dürfte dieses gleichfalls, wenn nicht gar ausschließlich, passivlegitimiert sein. Sich auf fehlende Passivlegitimation zu berufen, wäre treuwidrig.

---

517 So BGH 23. 11. 1994, NJW 1995, 516.
518 OLG Oldenburg 7. 3. 1995, NJW 1995, 2994.
519 Vgl. OLG Köln 19. 10. 1999, OLGR 2000, 167.
520 Bejahend für die früherer Zusicherung OLG Köln 15. 11. 1979, 14 U 76/78, n. v.; LG Köln 30. 10. 1990, 11 S 525/89, n. v.; AG Köln 6. 7. 1990, 111 C 590/89, n. v.
521 Zu diesem Gesichtspunkt OLG Oldenburg 7. 3. 1995, NJW 1995, 2994.

Zum Anspruch des Käufers auf Ersatz standzeitbedingter Mängel bei Verweigerung einer „Garantiereparatur" s. OLG Celle 31. 1. 2002, 11 U 144/01, n. v.

1209 Unter der Herrschaft der umfassenden Freizeichnung von der Sachmängelhaftung kam es immer wieder zum Streit über die Frage, in welchem Verhältnis eine „Gebrauchtwagengarantie" zu einem **formularmäßigen Gewährleistungsausschluss** steht. Käufer sahen in der „Garantie" eine Sonderabsprache mit Vorrang vor der Freizeichnungsklausel (§ 4 AGBG). Im Fall der Verweigerung der Mängelbeseitigung oder bei einem Misserfolg hielten sie sich, wie Neufahrzeugkäufer, für berechtigt, auf die gesetzlichen Sachmängelrechte zurückzugreifen. Dieser Argumentation ist die Rechtsprechung zu Recht nicht gefolgt; selbst dann nicht, wenn der Verkäufer als Garantiegeber aufgetreten ist.[522] Durch das **Freizeichnungsverbot** in § 475 I BGB beim **Verbrauchsgüterkauf** ist dieses Problem weitgehend gegenstandslos geworden. Auftreten kann es nach wie vor bei Disharmonien von Sachmängelverjährung (abgekürzt auf 1 Jahr) und Garantieverjährung.

Bei unklarer Vertragsgestaltung wie z. B. im Fall BGH NJW 1995, 516 („dreimonatige Hausgarantie...") können Korrekturen zu Gunsten des (privaten) Käufers in Betracht kommen, und zwar nicht nur mit Blick auf den Abschluss des Garantievertrages (dazu AG Erkelenz NJW-RR 1996, 740), sondern auch hinsichtlich des Leistungsumfangs und der Passivlegitimation. Im Bereich des **Verbrauchsgüterkaufs** sind jetzt die Vorgaben des **§ 477 BGB** zu beachten.

Angesichts des Mindeststandards, den Kfz-Händler mit ZDK-Meisterschild erfüllen müssen, ist der Leistungsumfang der wichtigsten Reparaturkosten-Versicherungen nahezu gleich. Eine uneingeschränkte Voll-Garantie wie beim Neufahrzeugkauf wird nur vereinzelt angeboten, nach der Kaufrechtsreform in stärkerem Maße als zuvor. Unter die Garantie fallen zumeist nur bestimmte Teile aus bestimmten Baugruppen wie Motor, Getriebe, Lenkung und Bremsen. Sofern in der Baugruppe „Motor" der Turbolader nicht erwähnt ist, soll ein Defekt an diesem Teil gleichwohl von der Garantie erfasst werden.[523]

1210 Streitstoff liefern die vielfältigen Klauseln, mit denen Garantiegeber/Reparaturkostenversicherer ihre Haftung zu begrenzen suchen. Durch Urteil vom 24. 4. 1991 hat der BGH eine Reihe von **Leistungsausschlüssen** in einem Klauselwerk missbilligt, das einer **produktbezogenen Garantie auf Additivbasis** zugrunde gelegen hat.[524] Bei dieser – heute kaum noch gebräuchlichen – Garantieform schließt der Garantieträger unter Einschaltung des Kfz-Händlers außer dem Garantievertrag einen Kaufvertrag über von ihm vertriebene Verschleißschutzprodukte ab. Durch den Garantievertrag verpflichtet sich das Unternehmen, Reparaturkosten in bestimmter Höhe zu übernehmen, wenn innerhalb der Garantiezeit Schäden an den produktgeschützten Aggregaten auftreten. Nach wie vor auf dem Markt vertreten ist die Variante, die den Käufer zur Erhaltung des Garantieschutzes dazu verpflichtet, bestimmte Produkte des Garantiegebers bei Wartungen und Inspektionen zu verwenden (z. B. Pro-Car).

Unzulässig sind Klauseln, durch die sich Garantieanbieter von der Leistungspflicht im Fall von Obliegenheitsverletzungen des Käufers ohne Rücksicht auf die Schadensursächlichkeit befreien. Beispiel: Der Anspruchsverlust wird bereits daran geknüpft, dass der Käufer die Behandlung mit den überlassenen Additiven versäumt.[525] Zwischen der Verletzung der **Nachfüll-Obliegenheit** und dem Schadensfall muss ein ursächlicher Zusammenhang bestehen. Wer es versäumt, dem Motoröl das vorgeschriebene Produkt beizugeben, kann

---

522 OLG Oldenburg 7. 3. 1995, NJW 1995, 2994; OLG Braunschweig 1. 10. 1998, MDR 1999, 294 = OLGR 1998, 352.
523 AG Rastatt 4. 12. 1987, DAR 1988, 170.
524 WM 1991, 1384 = MDR 1991, 721 = BB 1991, 2252.
525 So im Fall BGH MDR 1991, 721.

Die Voraussetzungen der Sachmängelhaftung

bei einem Schaden an dem – mitversicherten – Getriebe dessen Reparatur bzw. Kostenerstattung verlangen.[526] Den Beweis fehlender Ursächlichkeit soll der Garantiegeber dem Käufer auferlegen dürfen.[527] Von dieser Möglichkeit haben die meisten Garantieanbieter Gebrauch gemacht.

Der Verlust des Garantieanspruchs wird nicht selten daran geknüpft, dass die **werksseitig vorgeschriebenen oder empfohlenen Wartungs- oder Pflegearbeiten,** also die so genannten **Inspektionen,** ganz unterblieben oder nicht vorschriftsmäßig ausgeführt worden sind. Auch eine solche Klausel verstößt laut BGH gegen § 9 I AGBG (= § 307 BGB n. F.), wenn die Leistungsbefreiung unabhängig von der Schadensursächlichkeit eintreten soll.[528] Einige Garantiegeber haben dem durch Aufnahme eines Zusatzes wie z. B. „... keine Garantie für Schäden, die in ursächlichem Zusammenhang damit stehen, dass ..." Rechnung getragen. Bisweilen wurde dem Käufer aber zugleich in einer weiteren Klausel der Nachweis auferlegt, die vorgeschriebenen Inspektionen etc. eingehalten zu haben. Darin sieht das OLG Hamm[529] in Anlehnung an BGH MDR 1991, 721 einen Verstoß gegen § 9 I AGBG, jedenfalls einen zur Unwirksamkeit nach § 5 AGBG führenden Widerspruch zu der oben mitgeteilten Zusatzklausel zur Kausalität. Diese Bedingung versteht der 28. ZS des OLG Hamm[530] – isoliert betrachtet – folgendermaßen: Es sei Sache des Garantiegebers, den Nachweis zu erbringen, dass der Kunde „die Wartungs- oder Pflegearbeiten in einer anerkannten Werkstatt durchgeführt hat"[531] und dass das Unterlassen dieser Arbeiten den Garantieschaden verursacht hat.[532]

Zur Bedeutung einer **„Verschleißklausel"** und zum Einwand des Garantiegebers, der Motorschaden beruhe auf „langfristigem" Verschleiß s. OLG Köln OLGR 2000, 167. Wenn ein **„Überhitzungsschaden"** im Katalog der nicht „garantierten Gefahren" im Zusammenhang mit Schäden aus der Verwendung ungeeigneter Schmier- und Kraftstoffe und wegen Ölmangels aufgeführt ist, muss der Garantiegeber den Nachweis führen, dass der „Überhitzungsschaden" auf Kühlmittelmangel zurückzuführen ist. Da wird nicht das Problem liegen. Bleibt jedoch die Ursache des Kühlmittelverlustes ungeklärt (hier können zahlreiche Faktoren eine Rolle spielen), geht das zu Lasten des Garantiegebers. Bei **grob fahrlässiger Nichtbeachtung** der Temperaturanzeige oder eines vergleichbaren Warninstruments ist er von seiner Leistungspflicht befreit (§ 61 VVG). Das Verschulden Dritter muss sich der Garantienehmer nur bei einer Repräsentantenstellung zurechnen lassen. Der Ehepartner, der das Fahrzeug nur gelegentlich nutzt, ist im Allgemeinen kein Repräsentant.

Bei einer **unterbliebenen** oder **verspäteten Meldung** des Schadensfalls mit der Folge der Leistungsfreiheit des Versicherers kann der Kfz-Betrieb wegen Verletzung einer reparaturvertraglichen Nebenpflicht auf den Reparaturkosten sitzen bleiben, wenn er die Schadensanzeige übernommen hat.[533] Zu den Folgen einer verspäteten Meldung im Verhältnis zwischen Käufer und Garantiegeber s. auch OLG Köln OLGR 2000, 167.

Sollen **mündliche Erklärungen** des Kfz-Händlers über Inhalt und Umfang der Garantiebedingungen hinausgegangen sein, streitet die Vermutung der Vollständigkeit und Rich-

---

526 LG Hannover 30. 7. 1986, 11 S 16/83, n. v.
527 BGH MDR 1991, 721.
528 Urt. v. 24. 4. 1991, MDR 1991, 721.
529 Urt. v. 12. 1. 1993, OLGR 1994, 38 (L.) – Az. 28 U 133/92 (Kauf bei einer Vertreterfirma der Mercedes-Benz AG).
530 OLGR 1994, 38.
531 Es muss wohl heißen: „nicht durchgeführt".
532 Dazu auch *Reinking,* DAR 1995, 1, 7.
533 AG Nürnberg 24. 6. 2002, 20 C 9061/01, n. v.

tigkeit der Garantieurkunde zu Gunsten des Händlers. Seine mündlichen Angaben gelten im Zweifel nur im Rahmen des schriftlich Fixierten.[534]

1213 **Gütesiegel** (Prüfsiegel): Mehr als ein Dutzend Siegel sind derzeit auf dem Markt. Die Schuldrechtsreform hat diesem Institut einen kräftigen Schub verliehen. Den höchsten Bekanntheitsgrad hatte eine Zeit lang das „ZDK-Vertrauenssiegel" bzw. dessen Nachfolger, das Meisterzeichen „Meisterbetrieb der Kfz-Innung" (dazu Rn 1168). Im Jahre 1998 neu auf den Markt gekommen ist das Gebrauchtwagen-Gütesiegel der DEKRA AG.

Die **Schuldrechtsreform** hat eine wahre Flut von „Gütesiegeln" und ähnlichen Zertifikaten ausgelöst.

δδ) Wettbewerbsrecht

1214 Zur **wettbewerbsrechtlichen Zulässigkeit** der Werbung mit „Gebrauchtwagen-Garantien" liegt eine höchstrichterliche Judikatur noch nicht vor. Dagegen hat sich das Kammergericht in einer Reihe von Entscheidungen mit dieser Thematik befasst.[535] Für irreführend i. S. v. § 3 UWG hält das OLG Saarbrücken[536] eine Garantiezusage eines markenungebundenen Anbieters, wenn nach den Garantiebedingungen für Schäden durch „natürlichen Verschleiß" nicht gehaftet wird. Eine solche Einschränkung mache die „Garantie" praktisch wertlos. Diese Aussage erscheint fragwürdig, da eine eingeschränkte „Garantie" immer noch besser ist als gar keine.

Die lange Zeit heftig umstrittene Frage, ob und unter welchen Voraussetzungen eine so genannte **Umtauschgarantie** wettbewerbsrechtlich zulässig ist, ist durch eine Reihe von BGH-Entscheidungen jetzt geklärt.[537]

4. Die „einfache" Beschaffenheitsvereinbarung (ohne Garantieübernahme)

a) Die Ausgangssituation nach der Schuldrechtsreform

1215 Mit der zu erwartenden Rückkehr zu einer restriktiveren Rechtsprechung zur (Beschaffenheits-) Garantie/Zusicherung – zur Notwendigkeit einer Kurskorrektur s. Rn 1066. – wird die „einfache" (garantiefreie) Beschaffenheitsvereinbarung erheblich an Bedeutung gewinnen. Sie wird sich im Recht des Gebrauchtwagenkaufs den Raum zurückerobern, den sie vor allem wegen der großzügigen Anerkennung von Eigenschaftszusicherungen hat preisgeben müssen. Verkäufererklärungen, in denen die Gerichte bislang Zusicherungen i. S. v. § 459 II BGB a. F. gesehen haben (im Einzelnen s. Rn 1070 ff.), werden jetzt zumindest als „einfache" Beschaffenheitsangaben eingestuft werden. Dieses argumentum a maiore ad minus ist freilich nicht zwingend, zumal das Verhältnis von Eigenschaft und Beschaffenheit noch klärungsbedürftig ist.

b) Die Beschaffenheitsvereinbarung, Struktur und Inhalt

1216 Während die Eigenschaftszusicherung Gegenstand zahlloser Entscheidungen und fortwährender wissenschaftlicher Diskussion war (letztlich ohne befriedigende Resultate), führte die „Beschaffenheitsvereinbarung" trotz allgemeiner Anerkennung des subjektiven

---

534 AG München 30. 3. 1990, 3 C 32/90, n. v.; s. auch OLG Oldenburg 7. 3. 1995, NJW 1995, 2994.
535 Urteile v. 29. 11. 1993, 25 U 5275/93; v. 20. 12. 1993, 25 U 5415/93; v. 16. 6. 1994, 25 U 2992/93; s. auch OLG Frankfurt 21. 12. 1995, OLGR 1996, 76.
536 Urt. v. 10. 1. 1996, NJW-RR 1996, 1325.
537 Zuletzt Urt. v. 5. 4. 2001, BGHR 2001, 655 m. Anm. *Borck*; ferner Urt. v. 2. 7. 1998, NJW 1999, 217 = DB 1999, 91 = WM 1999, 289 – „5 Tage Umtausch-Garantie" einer BMW-Niederlassung ist zulässig (ebenso eine „7 Tage Umtauschgarantie, vgl. Urt. v. 2. 7. 1998, I ZR 51/96); Urt. v. 4. 12. 1997, ZIP 1998, 1124 – Umtauschrecht innerhalb von 30 Tagen bis 2000 km; berechtigte Kritik durch *Paul,* ZIP 1998, 1099.

Die Voraussetzungen der Sachmängelhaftung

Fehlerbegriffs bisher ein Schattendasein. Dieser Befund gilt in besonderer Weise für den An- und Verkauf gebrauchter Kraftfahrzeuge. Im Bereich des heutigen Verbrauchsgüterkaufs sind Beschaffenheitsangaben bislang regelmäßig als (stillschweigende) Zusicherungen i. S. v. § 459 II BGB a. F. angesehen worden. Im Anwendungsbereich des § 459 I BGB a. F. herrschte folglich auf diesem Marktsektor der objektive Fehlerbegriff.

Weniger durch die Kodifizierung des subjektiven Fehlerbegriffs in § 434 I,1 BGB als viel mehr infolge des Verbots der Freizeichnung (§ 475 I BGB) wird nunmehr der Blick verstärkt auf die „Beschaffenheitsvereinbarung" gelenkt. Ihr kommt im heutigen Recht des Gebrauchtwagenkaufs eine **Schlüsselrolle** zu.

Wenn Gegenstand der Vereinbarung i. S. v. § 434 I,1 BGB die – vom Gesetz nicht definierte – Beschaffenheit der Kaufsache ist, so stellt sich eine altbekannte **Abgrenzungsfrage**, nämlich die nach dem Verhältnis zwischen **Beschaffenheitsmerkmal** und **Eigenschaft**. Nach **bisheriger Rechtsprechung** war der Begriff der „Eigenschaft" weiter aufzufassen als der Begriff der „Beschaffenheit". Beschaffenheitsmerkmale mussten der Sache „ohne weiteres" anhaften, ihr „ unmittelbar innewohnen und von ihr ausgehen" (BGH NJW 1978, 370) oder, wie auch formuliert wurde, sich aus der Sache „als solcher" ergeben. Der Unterschied zur (zusicherungsfähigen) „Eigenschaft" war freilich mehr und mehr eingeebnet worden und zuletzt „weitgehend nur noch terminologisch".[538] **1217**

Da der **Reformgesetzgeber** mit dem Begriff der „Beschaffenheit" ersichtlich an die BGH-Rechtsprechung anknüpft,[539] dürfte er so zu verstehen sein, wie der BGH ihn bislang verstanden hat.[540] Während nach altem Recht der Begriff „Beschaffenheit" gegenüber dem Eigenschaftsbegriff der engere war, könnte es jetzt umgekehrt sein. Jedenfalls plädiert die Mehrheit im Schrifttum für ein **weites Verständnis** von Beschaffenheit i. S. d. § 434 I BGB.[541] Zu den praxisrelevanten Grenzfällen auf dem Gebiet des Gebrauchtfahrzeugkaufs s. Rn 1768.

Eine Beschaffenheitsvereinbarung nach § 459 BGB a. F. konnte nach allgemeiner Ansicht der Vertreter des subjektiven Fehlerbegriffs auch **stillschweigend** bzw. **konkludent** getroffen werden. Zu erinnern ist hier daran, dass die Figur der stillschweigenden/konkludenten Zusicherung gerade in Gebrauchtwagenfällen von zentraler Bedeutung war. Ob das Zustandekommen einer Beschaffenheitsvereinbarung durch **beiderseits schlüssiges Handeln** möglich ist, wird bezweifelt.[542] Ausdrücklichkeit auf der einen und schlüssiges Verhalten auf der anderen Seite, in Gebrauchtwagensachen selten, hält man hingegen für eine unproblematische Konstellation. Der Gesetzgeber scheint (beiderseits) konkludent vereinbarte Beschaffenheiten nicht unter den rein subjektiven Mangelbegriff des Satzes 1, sondern unter § 434 Abs. 1 S. 2 Nr. 1 oder 2 BGB fassen zu wollen.[543] **1218**

Die Beschaffenheitsvereinbarung setzt eine **verbindliche Angabe** des Verkäufers über die Kaufsache voraus. Das bedeutet für den Fahrzeugverkauf zunächst: Gegenstand der Verkäufererklärung muss eine bestimmte Eigenschaft des Fahrzeugs sein, ein Merkmal seiner Beschaffenheit. Insoweit ist einerseits abzugrenzen gegen Umstände, die nicht zur Beschaffenheit gehören, und andererseits gegen Angaben ohne jeden Tatsachenbezug, was zugleich die Frage der Verbindlichkeit berührt, wie die Äußerung „tip top" beispielhaft zeigt. **1219**

---

538 BGH (VIII. ZS) 16. 1. 1991, NJW 1991, 1223.
539 Ohne sich festzulegen, ob auch Umstände heranzuziehen sind, die außerhalb der Sache selbst liegen.
540 *U. Huber*, AcP 202(2002), 228.
541 Das neue Schuldrecht/*Haas*, Kap. 5 Rn 98.
542 *Schimmel/Buhlmann*, Fehlerquellen, S. 110.
543 BT-Drs. 14/6040, S. 213; s. auch *Palandt/Putzo* Ergbd., § 434 Rn 17; Das neue Schuldrecht/ *Haas*, Kap. 5 Rn 95.

Eine „Objektbeschreibung", von der bisherigen Rechtsprechung der Eigenschaftszusicherung gegenübergestellt, kann Inhalt einer Beschaffenheitsvereinbarung sein. Die Informationen des Verkäufers, mit denen er das angebotene Fahrzeug kennzeichnet und gegenständlich beschreibt (Erstzulassung/Baujahr, kW/PS, Kilometerlaufleistung etc.), sind typische Beschaffenheitsangaben. Problematisch sind pauschale Erklärungen mit Anpreisungscharakter wie „Top-Zustand" oder „alles in Ordnung". Zu der Frage, ob derartige Äußerungen als Zusicherungen i. S. v. § 459 II BGB a. F. einzustufen sind, liegt eine umfangreiche Kasuistik vor (s. Rn 1170 f.). Eine Beschaffenheitsangabe setzt weniger als eine Zusicherung alten Rechts voraus, verlangt insbesondere keinen Garantiewillen oder ein bestimmtes Verkäuferbewusstsein. Beim Käufer wird Erkennbarkeit des Beschaffenheitsmerkmals nicht vorausgesetzt. Verborgene „Mängel" können demnach Inhalt einer Beschaffenheitsvereinbarung sein. Unerlässliche Voraussetzung ist jedoch ein beiderseitiger Bindungswille.

1220 Ob der Verkäufer eine verbindliche Angabe über die Fahrzeugbeschaffenheit gemacht hat, muss – nicht anders als früher bei der Zusicherung – aus der Sicht des Käufers aufgrund aller Umstände des konkreten Falles ermittelt werden (§§ 133, 157 BGB). Unverbindlich – verbindlich – garantiert, so lauten die Auslegungsalternativen. Für eine Beschaffenheitsvereinbarung reicht „einfache" Verbindlichkeit aus, eine Garantie muss der Verkäufer nicht übernehmen wollen. Da die Rechtsprechung vor dem 1. 1. 2002 zumindest im Bereich des Verbrauchsgüterkaufs nahezu alle Beschaffenheitsangaben in den Rang von „Zusicherungen" erhoben hat (unter Verzicht auf die Feststellung des notwendigen Garantiewillens), bleiben die Kriterien weiterhin beachtlich, mit denen man die Annahme einer Zusicherung begründet hat. Was für eine Zusicherung indiziell war (siehe den Kriterienkatalog unter Rn 1068), kann erst recht zur Begründung einer Beschaffenheitsvereinbarung herangezogen werden. Die contraindiziellen Umstände (siehe den Katalog unter Rn 1069) behalten gleichfalls ihre Bedeutung, wobei jedoch – ebenso wie bei den Pro-Argumenten – der strukturelle Unterschied zwischen der Zusicherung alter Art und der Beschaffenheitsvereinbarung des neuen Rechts zu beachten ist.

1221 Angesichts der Notwendigkeit einer verbindlichen Verkäuferangabe stellt sich, nunmehr unter anderem Vorzeichen, insbesondere die Frage nach der Bedeutung der **handelsüblichen Vorbehalte** und **Quellenangaben** wie z. B. „nach Angaben des Vorbesitzers" oder „laut Fahrzeugbrief". Bisheriger Sinn und Zweck derartiger Zusätze war es, die Annahme einer Eigenschaftszusicherung zu verhindern, weniger wegen der Haftungsverschärfung nach § 463 S. 1 BGB a. F. als vielmehr im Hinblick auf die Gültigkeit der Freizeichnungsklausel. Die Rechtsprechung hat diese Bemühungen nur zum Teil anerkannt. Wegen der Einzelprobleme wird auf die unter Rn 1070. nach Stichworten und Stichwortgruppen gegliederte Kasuistik verwiesen, ergänzt auf die Hinweise in dem Negativkatalog Rn 1069.

Unter der Geltung des **neuen Kaufrechts** stellen sich folgende Fragen: Sind Zusätze der oben genannten Art geeignet, aus einer Angabe über die Beschaffenheit des Fahrzeugs eine qualitativ andere Information zu machen, etwa eine Erklärung, deren Unrichtigkeit Konsequenzen außerhalb der Sachmängelhaftung hat? Wenn nicht, sind sie geeignet, der Beschaffenheitsangabe ganz oder in eingeschränktem Maße ihre Verbindlichkeit zu nehmen? Dazu s. Rn 1237.

1222 Damit eine verbindliche Beschaffenheitsangabe Gegenstand einer Vereinbarung i. S. v. § 434 I,1 BGB wird, bedarf es der **Annahme durch den Käufer**. Eine einseitige Verkäufererklärung genügt nicht, es muss eine „vertragliche" sein. Im Hinblick auf die Eigenschaftszusicherung alter Art haben die Gerichte auf die Prüfung dieser Voraussetzung meistens verzichtet. Sobald der Erklärung Zusicherungscharakter beigemessen war, wurde die Prüfung abgebrochen. Die Annahme der Zusicherung hat man als selbstverständlich unterstellt, ohne zu berücksichtigen, dass sie dem Käufer auch Nachteile brachte (Verjährung, Verlust des Anfechtungsrechts nach § 119 II BGB).

Die Gültigkeit einer mündlichen Beschaffenheitsvereinbarung wird durch eine formularmäßige **Schriftformklausel** nicht ausgeschlossen. Es gilt der Vorrang der Individualabrede (§ 305 b BGB).[544]

c) Haftungsentlastende Beschaffenheitsvereinbarung oder (unzulässige) Haftungsbeschränkung?

So wie der gewerbliche Kfz-Handel auf die sehr strenge Rechtsprechung zu §§ 459 II, 463 S. 1 BGB a. F. mit einer Vielzahl von Gegenmaßnahmen reagiert hat, hat man auch die einschneidenden **Haftungsverschärfungen durch die Schuldrechtsreform** nicht tatenlos hingenommen. Zu den Reaktionen im Einzelnen s. Rn 1234 ff. Insbesondere für den Unternehmer-Verkäufer stellt sich die Frage, ob und inwieweit er seine Haftung gegenüber einem Verbraucher durch **inhaltliche Gestaltung** von Beschaffenheitsvereinbarungen schon im Vorfeld, also nicht erst auf der Rechtsfolgenseite, zu seinen Gunsten beeinflussen kann. Mit den tradierten Mitteln zur Vermeidung der Zusicherungshaftung ist es aus seiner Sicht nicht getan. Was einem pfiffigen schwäbischen Kfz-Händler mit der Klausel „Zusicherungen? Keine !" gelungen ist, nämlich die (verschärfte) Haftung für das Fehlen einer Baujahrsangabe abzuwenden,[545] hilft dem Unternehmer-Verkäufer heute nicht weiter. Damit kann er allenfalls die Annahme einer Beschaffenheitsgarantie verhindern (s. auch Rn 1175).

1223

Worum es Unternehmer-Verkäufern bei Geschäften mit Verbrauchern jetzt auch gehen muss, ist eine interessengerechte Ausgestaltung der Beschaffenheitsvereinbarung i. S. v. § 434 I,1 BGB. Während gewerblichen Verkäufern fabrikneuer Kfz die Produktbeschreibung in aller Regel vom Hersteller abgenommen wird, trägt der Unternehmer-Verkäufer eines gebrauchten Kfz praktisch die Alleinverantwortung. In der Vermarktung von Gebrauchtfahrzeugen ist der Kfz-Handel weitgehend autonom. Um das damit verbundene Gewährleistungsrisiko steuern zu können, war die umfassende Freizeichnung von der Sachmängelhaftung in den meisten Fällen unverzichtbar (Näheres zum Gewährleistungsausschluss unter Rn 1552 ff.).

Aufgrund des jetzigen Freizeichnungsverbots ist die Suche nach anderweitiger Absicherung verständlich. Mit der gesetzlichen Erlaubnis, die Verjährung auf 12 Monate zu verkürzen (§ 475 II BGB) und die Schadensersatzhaftung auszuschließen (§ 475 III BGB), wird zwar auf die Interessen des Gebrauchtfahrzeughandels durchaus Rücksicht genommen.[546] Gleichwohl besteht weiterer Handlungsbedarf, zumal bei der professionellen Vermarktung älterer Fahrzeuge und von Fremdfabrikaten, ferner bei Gebrauchtwagen jeden Alters, die von Unternehmern außerhalb der Kfz-Branche angeboten werden. In diesen Marktsegmenten ist man in der Tat besonders darauf angewiesen, sämtliche Möglichkeiten der Risikoentlastung auszuschöpfen, die das neue Kaufrecht gestattet.

Nun setzt **§ 475 I BGB** jeder Beschränkung von Verbraucherrechten außerordentlich enge Grenzen. Unbestritten ist diese Vorschrift auch auf den **Kauf gebrauchter Güter** grundsätzlich anwendbar, damit auch auf den Gebrauchtfahrzeugkauf. Das folgt bereits aus deren gesetzlicher Sonderbehandlung, die auf die Verjährung beschränkt ist (§ 475 II BGB). Im Übrigen geht das Gesetz von einer Gleichstellung neuer und gebrauchter Sachen aus (siehe auch § 474 I BGB).

1224

---

544 BGH 23. 5. 2001, VIII ZR 279/99, n. v.
545 Vgl. BGH 16. 10. 1991, NJW 1992, 170.
546 § 475 III BGB privilegiert aber nicht nur Verkäufer gebrauchter Güter.

Nach **§ 475 I, 1 BGB** kann der Unternehmer sich nicht auf solche Vereinbarungen **berufen**, die zum Nachteil des Verbrauchers von bestimmten Vorschriften des Kaufrechts abweichen. Das Gesetz ordnet also keine Nichtigkeit an. Im praktischen Ergebnis bedeutet das Verbot des Sich-Berufens aber nichts anderes.

1225 Abweichende Vereinbarungen und anderweitige Gestaltungen i. S. v. § 475 I,2 BGB sind allerdings nicht generell unzulässig. Es kommt auf den **Zeitpunkt** an. Unerlaubt sind sie nur dann, wenn sie zustande gekommen sind, **bevor** der Unternehmer vom Verbraucher über den **Mangel informiert** worden ist. Im Anschluss an seine Unterrichtung hat er weitgehend freie Hand. So kann er auch mit einem Verbraucher z. B. eine Beteiligung an den Reparaturkosten vereinbaren. Zu beachten sind – abgesehen von den §§ 138, 242 BGB – lediglich die Schranken der AGB-Vorschriften einschließlich § 310 III,2 BGB.

1226 Wenn § 475 I BGB von „Vereinbarungen" spricht, so könnte eine **einseitige Erklärung des Käufers**, z. B. ein Verzicht auf Gewährleistungsrechte, vom Abweichungsverbot ausgenommen sein. Das wäre ein Trugschluss. Die Rechtsprechung würde die erforderliche Zweiseitigkeit mit Hilfe einer stillschweigenden Zustimmung des Verkäufers herstellen oder auf den Auffangtatbestand „anderweitige Gestaltung" zurückgreifen (§ 475 I,2 BGB).

1227 Zu den Vorschriften, die nach § 475 I BGB absolut zwingend sind, zählen nicht nur reine Verbraucherschutzbestimmungen. Zwingenden Charakter haben auch so allgemeine Normen wie § 433 I,2 BGB (Anspruch auf Lieferung einer mangelfreien Sache) und § 434 BGB mit seiner käuferfreundlichen Neuregelung des Sachmangelbegriffs. Mit dieser weiten Bezugnahme geht § 475 I BGB deutlich über den Wortlaut, nicht über den Zweck, der ursprünglich geplanten Regelung in § 305 c DE hinaus.[547] Das ist um so bemerkenswerter, als § 434 BGB – nur in Teilbereichen richtlinienbestimmt – dem Käufer kein Recht gewährt, sondern nur die Voraussetzungen beschreibt, wann der Verkäufer mit der Lieferung einer mangelhaften Sache seine Erfüllungspflicht verletzt hat. Allem Anschein nach hat der Gesetzgeber im Interesse eines effektiven Verbraucherschutzes jeglicher Benachteiligung eines Verbrauchers einen festen Riegel vorschieben wollen.

1228 Dass es bei diesem Höchstmaß an Vorsorge zu Spannungen mit dem Begriff der **Vertragsmäßigkeit**, also der Beschaffenheitsvereinbarung (§ 434 I,1 BGB), kommen muss, wurde schon früh erkannt.[548] Als **besonders problematisch** hat man, völlig zu Recht, den Verkauf gebrauchter Sachen gesehen.[549]

Die Gewährleistung für Mängel eines gebrauchten Kraftfahrzeugs vollständig auszuschließen, hat der BGH – aus guten Gründen – jahrzehntelang als ein **„Gebot der wirtschaftlichen Vernunft"** bezeichnet. Die Bundesregierung hat das im Grundsatz nicht anders gesehen, ist mit ihrer verkäuferfreundlichen Position in Brüssel aber nicht durchgedrungen. Im Bereich des Verbrauchsgüterkaufs gebrauchter Sachen sind die Unternehmerinteressen lediglich bei der Verjährung und, etwas halbherzig, bei der Beweislastumkehr (§ 476 BGB) berücksichtigt worden. Diese rechtspolitischen Entscheidungen sind hinzunehmen. Sie machen aber auch deutlich, dass Käufer gebrauchter Kraftfahrzeuge nur **bedingt schutzwürdig** sind.

1229 Anhand welcher Kriterien das schwierige Spannungsverhältnis zwischen Privatautonomie und Verbraucherschutz[550] sachgerecht zu lösen ist, ist positivrechtlich nicht geregelt, weder in der EU-Richtlinie über den Verbrauchsgüterkauf (Art. 7) noch in § 475 BGB. Dessen Absatz eins ist auch dann vorrangiger Prüfungsmaßstab, wenn die Soll-Beschaffen-

---

547 Vgl. dazu *Gsell*, JZ 2001, 74; *Honsell*, JZ 2001, 282.
548 Vgl. *Ehmann/Rust*, JZ 1999, 860; *P. Huber*, FS Henrich, 2000, S. 309; *H. P. Westermann*, JZ 2001, 536; *Ayad*, DB 2001, 2701; *Repgen*, Kein Abschied von der Privatautonmie, 2001.
549 Siehe auch *Medicus*, ZIP 1996, 1925.
550 Näheres dazu bei *Repgen*, a. a. O., S. 69 ff.

Die Voraussetzungen der Sachmängelhaftung

heit nicht durch eine Individualabrede, sondern durch AGB oder durch eine Einzelvertragsklausel i. S. d. § 310 III,2 BGB festgelegt ist. Mit den Vorschriften über die Allgemeinen Geschäftsbedingungen (jetzt §§ 305 ff BGB) lässt sich das Problem also nicht bewältigen.

Zieht man die §§ 305 ff BGB heran, stellt sich die Frage, die früher an § 8 AGBG festgemacht worden ist: kontrollfreie Leistungsbeschreibung oder kontrollierbare Modifikation bzw. Einschränkung der Leistungspflicht?[551] Bei der schon nach altem Recht nicht leichten Abgrenzung ist zu beachten, dass die Lieferung einer sachmangelfreien Sache jetzt eine Erfüllungspflicht des Verkäufers ist. Dem Transparenzgebot (§ 307 I, 2 BGB) unterliegt auch eine formularmäßige Leistungsbeschreibung. Ferner ist § 305 c BGB anwendbar.

Wenn **Art. 7 Abs. 1 S. 1 der Verbrauchsgüterkaufrichtlinie** „die mit dieser Richtlinie gewährten Rechte" für unabdingbar erklärt, so könnte das für die Auslegung des § 475 I BGB bedeuten, dass nicht die Tatbestands-, sondern nur die Rechtsfolgenseite betroffen ist. Dieser Gedanke greift indes zu kurz. Denn die Richtlinie gewährt dem Verbraucher einen besonderen Schutz beispielsweise auch durch für ihn vorteilhafte Festlegungen des zentralen Begriffs der Vertragsmäßigkeit. Wenn diese sich auch nach den Herstellerangaben in der Werbung richtet, wird man selbst eine individuelle Klausel, wonach der Verkäufer für Herstellerangaben generell nicht einstehen will, für richtlinienwidrig und damit für unwirksam halten müssen.[552] Der Satz, wonach nur die Haftungsregeln, nicht schon die Festlegung der Vertragsmäßigkeit, der Disposition der Parteien entzogen sind, ist demnach nur bedingt richtig. In Wirklichkeit wird zwischen der Bestimmung dessen, was vertragsgemäß sein soll, und dem Ausschluss bzw. der Beschränkung der Haftung für Vertragswidrigkeit, häufig eine **fließende Grenze** verlaufen.[553]

Wie schmal der Grat zwischen Haftungsfreizeichnung und Zustandsbeschreibung bisher schon war, zeigt beispielhaft das **Urteil des BGH vom 8. 2. 1995**.[554] Die individuelle Abrede „die vorhandenen Kaufgegenstände gehen in dem vorh. Zustand auf den Käufer über" alternativlos als Gewährleistungsausschluss zu begreifen (so die Vorinstanz), hat der BGH im Fall des Verkaufs einer **gebrauchten Ladeneinrichtung mit Maschinen** als „schon im Ausgangspunkt" fehlerhaft angesehen. Die Vereinbarung könne auch als Zustandsbeschreibung der Kaufgegenstände im Zeitpunkt ihrer Übergabe verstanden werden

Durch eine Vereinbarung mit dem Verbraucher **unter die gewöhnlichen Erwartungen und Gebrauchsmöglichkeiten** zu gehen, ist auch nach der EU-Richtlinie über den Verbrauchsgüterkauf nicht von vornherein untersagt. Die Bedingungen der Vertragsmäßigkeit in Art. 2 RL sind nicht zwingend.[555] Hinzu kommt: Wenn die Kaufsache hinter der „normalen" Beschaffenheit zurückbleibt, ist sie nach Art. 2 Abs. 3 RL nicht vertragswidrig, sofern der Verbraucher davon zur Zeit des Kaufs Kenntnis hatte oder vernünftigerweise darüber nicht in Unkenntnis sein konnte. Auch dadurch, dass die Richtlinie auf die Kenntnis des Verbrauchers bzw. dessen schuldhafte Unkenntnis[556] abstellt, hält sie den Weg frei für Konsenslösungen, was mit dem eigenen Vertragswidrigkeitskonzept und damit auch mit dem subjektiven Fehlerbegriff in Einklang steht. Da § 434 I BGB – richtlinienkonform – vorrangig auf die „vereinbarte Beschaffenheit" abhebt, muss die Parteiabsprache grundsätzlich

---

551 Vgl. BGH 12. 6. 2001, NJW 2001, 2635 m. w. N.
552 *Repgen*, a. a. O., S. 67.
553 So *H. P. Westermann*, JZ 2001, 536; ebenso *Büdenbender*, Anwaltskommentar Schuldrecht, § 475 Rn 5, Fn. 3.
554 NJW 1995, 1547.
555 Überzeugend *Repgen*, a. a. O., S. 65 f.; *Grundmann*, AcP 202, 40, 46; verbraucherfreundlicher *Micklitz*, EuZW 1999, 485, 490.
556 Nach der Richtlinie soll einfache Fahrlässigkeit reichen, aber strittig.

auch dann respektiert werden, wenn von den objektiven Standards des § 434 I,2 BGB zum Nachteil des Verbrauchers abgewichen wird. M. a. W.: Die objektiven Komponenten des Sachmangelbegriffs (§ 434 I,2 BGB) sichern dem Verbraucher keinen Mindeststandard

1232 Auch nach neuem Kaufrecht steht außer Streit: Im Umfang **richtiger und vollständiger Aufklärung** ist kein Raum für die Annahme eines Sachmangels. Auch in Fällen des Verbrauchsgüterkaufs ist beiderseitige – ausgetauschte – Kenntnis von einer bestimmten Beschaffenheit keine Frage des Ausschlusses der Haftung. Die Sache ist bereits nicht vertragswidrig. Beispiel: Ein Fahrzeug mit einem reparierten Unfallschaden ist „frei von einem Sachmangel", wenn der Käufer durch Aufklärung des Verkäufers darüber korrekt unterrichtet worden ist. Die Unfallbeteiligung ist dann als vertragsgemäßer Zustand gemeinsam vorausgesetzt.[557] Weiteres Beispiel:[558] Die Beschreibung des Fahrzeugs enthält den Hinweis „undichter Kühler". Trotz dieses Defekts ist das Fahrzeug sachmängelfrei, selbst wenn ein dichter Kühler zur Normalbeschaffenheit gehört.

1233 Auf dem Boden des **Informationsmodells**, auf dem auch die Verbrauchsgüterkauf-RL beruht, bleibt einem Unternehmer-Verkäufer ein **Gestaltungsspielraum**, die Soll-Beschaffenheit eines gebrauchten Kraftfahrzeugs im Wege der Vereinbarung in seinem Sinn festzulegen. Kraftfahrzeughändlern und erst recht Unternehmern außerhalb der Kfz-Branche kann es schlechterdings nicht untersagt sein, durch eine Vereinbarung über bestimmte Beschaffenheitsmerkmale dem konkreten Zustand eines bereits gebrauchten Fahrzeugs Rechnung zu tragen. Dem kann nicht entgegen gehalten werden, bereits ein richtig verstandener Sachmangelbegriff in seiner objektiven Version entlaste den Verkäufer vom Verschleiß- und Alterungsrisiko. Das Argument ist richtig (s. Rn 1249 ff.). Es sticht in diesem Zusammenhang aber nicht, weil es nur einen Teil des Mängelrisikos abdeckt.

1234 Wenn das Ob nicht ernsthaft im Streit steht, so konzentriert sich alles auf die Frage: Wie muss eine Beschaffenheitsvereinbarung **formal und inhaltlich ausgestaltet** sein, damit sie einer Kontrolle gemäß § 475 I BGB Stand hält? Je konkreter und verständlicher, desto eher wird sie von der Rechtsprechung anerkannt werden. Umgekehrt: Bei nur formelhaften und allgemein gehaltenen Klauseln werden die Gerichte vermutlich wenig zögern, sie entweder schon im Wege der Auslegung oder nach § 475 I,2 BGB als mittelbare Haftungsbeschränkungen zu verwerfen.

Schon bald nach In-Kraft-Treten der Schuldrechtsreform hat der Kfz-Handel seinen Phantasiereichtum mit einer breiten Palette von „Schutzklauseln" nachhaltig unter Beweis gestellt. Beschreibungen wie „**Restarbeiten nötig**" oder „**mit Schönheitsfehlern**" oder „**Bastlerfahrzeug**" oder „**technisch und optisch am Ende seiner Lebensdauer**" gehören ebenso wie die Klausel „**das Fahrzeug soll so sein wie es ist**" zu den eher grobschlächtigen Versuchen, das Haftungsrisiko zu begrenzen. In Begleitblättern, Zustandsberichten und ähnlichen Zertifikaten finden sich sehr viel differenziertere „Beschaffenheitsbeschreibungen".[559] Angesichts der Vielfalt vertraglicher Gestaltungsmöglichkeiten liegt es nahe, die Analyse an bestimmten Klauselgruppen auszurichten.

aa) Besicht- und Kenntnisklauseln

1235 Hält man die **Konkretisierung**, also den beschreibenden Charakter der Information, und deren **Transparenz** für die entscheidenden Kriterien,[560] so stoßen „Besicht- bzw. Kenntnisklauseln" auf Bedenken wie z. B.:

---

557 So BGH 22. 6. 1983, NJW 1983, 2242.
558 Von *Schulte-Nölke*, ZGS 2002, 74.
559 Ein Beispiel ist in ZGS 2002, 243 abgedruckt.
560 So *P. Huber*, FS Henrich, 2000, S. 310; ders. in *Huber/Faust*, Kap. 15 Rn 12; ähnlich *Schulte-Nölke*, ZGS 2002, 76; *Grundmann*, AcP 202(2002), 40, 52.

„verkauft wie besehen"

„wie besichtigt und probegefahren"

„wie gesehen, im Tageszustand"

„verkauft wie beschaffen"

„das Fahrzeug wird so geschuldet, wie es geht und steht"

„das Fahrzeug soll so sein, wie es tatsächlich ist".

Derartige Klauseln, im professionellen Handel bislang unüblich, werden traditionell nicht als Beschaffenheits- bzw. Zustandsbeschreibungen verstanden. Gedeutet wurden sie vielmehr als Beschränkungen der Gewährleistung, wobei zwischen erkennbaren und verborgenen Mängeln, mitunter auch nach der Art des Mangels, unterschieden wurde. Nach h. M. schließen Klauseln wie „besichtigt und probegefahren" oder einfach „wie besichtigt" die Haftung nur für solche (technischen) Mängel aus, die der Käufer bei einer normalen Besichtigung und/oder Probefahrt ohne Hinzuziehung eines Sachverständigen hätte feststellen können, s. Rn 1570 ff. In dieser herkömmlichen Auslegung fallen sie – auch als Individualabrede – unter das Verbot des § 475 I BGB.[561] Nach der Reform des Kaufrechts ist eine Umdeutung zu erwägen. In Betracht kommt auch, die oben genannten „Besichtklauseln" wenigstens als Bestätigung einer Besichtigung und/oder Probefahrt zu verstehen, was freilich § 309 Nr. 12 b BGB auf den Plan rufen kann.

Die Klausel **„zum Zeitpunkt des Vertragsschlusses vorhandene Mängel sind bekannt"** ist selbst als Individualabrede zumindest als mittelbarer Haftungsausschluss einzustufen und damit unwirksam (s. auch Erwägungsgrund 22 der Richtlinie über den Verbrauchsgüterkauf). Der Grund besteht darin, dass der Verkäufer ohne Nennung von Einzelheiten auch das Risiko für **sämtliche verborgenen Mängel** abwälzen will. Das ist ihm in dieser Pauschalität nicht gestattet.

Bei ihm **bekannten** oder von ihm nur **vermuteten Unzulänglichkeiten** hat der Unternehmer dagegen auch gegenüber einem Verbraucher die Möglichkeit, sich durch gezielte Information vor Reklamationen zu schützen. Das ist keine Haftungsfreizeichnung, auch keine „mittelbare", sondern erlaubte und rechtlich sogar gebotene Kundenaufklärung. Ein Fahrzeugverkauf mit einem **Befundbericht,** der teilweise aus einer Auflistung von Mängeln besteht**,** ist mit Blick auf § 475 BGB unbedenklich, sofern der Käufer vor Vertragsabschluss richtig und vollständig ins Bild gesetzt worden ist (s. Rn 1232). So wie der Verkäufer einen einzelnen Defekt, wie z. B. die Undichtigkeit des Kühlers, zum Gegenstand einer Beschaffenheitsvereinbarung machen kann, kann er dem Verbraucher auch eine Mehrheit von Mängeln, etwa in Form einer **Mängelliste,** zur Kenntnis bringen. Welche Defekte und Defizite der Verbraucher „mitgekauft" hat, ist eine Frage der Auslegung (§§ 133, 157 BGB). Dabei spielt auch der Preis eine Rolle, mag er in Art. 2 Abs. 2 Buchst. d der Richtlinie auch nicht mehr als Kriterium genannt sein. Zu den heute üblichen „Befund- und Zustandsberichten" („kaufbegleitende Gutachten" o. ä.) s. Rn 1238.

bb) Verkäufe als was

Zwischen dem Verkauf mit einem konkreten Zustandsbericht/Mängelliste und dem Verkauf unter so pauschalen Bezeichnungen wie **„Unfallwagen", „Bastlerfahrzeug"** oder **„Fahrzeug zum Ausschlachten"** oder gar **„Null-Fahrzeug"** besteht nur ein gradueller Unterschied. Auch bei diesen so genannten „Als-was-Verkäufen" wird die Sollbeschaffenheit in einer bestimmten, dem Verbraucher freilich nicht immer auf Anhieb erkennbaren Weise

---

561 So auch *Staudenmayer*, Europäisches Kaufgewährleistungsrecht, S. 45, für „verkauft wie besehen"; ebenso *Repgen*, a. a. O., S. 64; vgl. auch *Huber/Faust*, Kap. 15 Rn 12, die entgegen üblicher Auslegung „verkauft wie besehen" auch auf verborgene Mängel beziehen.

festgelegt. Wie fließend die Grenze zwischen Beschaffenheitsvereinbarung und vertraglicher Haftungsbeschränkung ist, zeigen jedoch gerade diese Beispielsfälle. Auch die Abgrenzung zum gesetzlichen Haftungsausschluss nach § 442 BGB ist nicht unproblematisch.[562]

Für den **BGH** geht es bei den „Als-was-Verkäufen" nicht um einen völligen oder teilweisen Ausschluss der Mängelhaftung im Vereinbarungswege, sondern um eine Frage der Sollbeschaffenheit. Entscheidend kommt es darauf an, so der VIII. ZS, „als was" die Sache verkauft worden ist.[563] Mit welcher Maßgabe die Sollbeschaffenheit durch eine Bezeichnung wie „Unfallwagen" festgelegt wird, ist eine Frage der Auslegung. Schon wegen ihrer Kürze lassen die hier in Rede stehenden Kennzeichnungen, isoliert betrachtet, durchweg offen, unter welchen Voraussetzungen ein für die Mängelhaftung relevanter Tatbestand vorliegt. Das Fahrzeug wird lediglich typmäßig einer bestimmten Gattung zugeschrieben, wobei teils der Zustand, teils auch die Zweckeignung angesprochen werden. Die gemeinsame Aussage geht in den genannten Beispielen dahin, dass das Fahrzeug nicht von normaler Beschaffenheit, sondern etwas Besonderes ist.

Der Ausdruck „**Unfallwagen**" sagt nichts darüber aus, ob der Unfallschaden behoben ist oder nicht. Im Dunkeln bleiben auch Art und Schwere des Unfallschadens (s. auch Rn 1669). Derartige Unsicherheiten sind indessen im Wege der Auslegung zu beheben. Sie sind kein hinreichender Grund für die Annahme eines unzulässigen (mittelbaren) Haftungsausschlusses. Anders liegen die Dinge, wenn Beschreibungen wie „**Bastlerfahrzeug**" oder „**Fahrzeug zum Ausschlachten**" ohne sachlich zwingenden Grund gewählt worden sind. Dann liegt die Vermutung nahe, dass der Verkäufer seinen Gestaltungsspielraum **missbraucht** hat.[564] Ein Indiz dafür ist das Verlangen eines „unpassenden" Kaufpreises.

Wer als Verkäufer statt die Bezeichnung „Bastlerfahrzeug" die Klausel wählt „Fahrzeug wurde nach gründlicher Besichtigung zur Teileverwertung verkauft" muss befürchten, mit der **Alt-Autoverordnung vom 4. 7. 1997** (BGBl. I S. 1666) in Konflikt zu geraten. Das Verkaufen als „Verwertungs"- oder als „Ausschlachtfahrzeug" oder als „Ersatzteilspender" könnte danach eine Ordnungswidrigkeit sein. Nach Meinung mancher Ordnungsämter dürfen solche Fahrzeuge nur an den vom Gesetzgeber zugelassenen Altauto-Verwertungsstellen abgegeben werden. Der Gesetzgeber hat die Verwertung von Altautos in der Tat kanalisiert. Davon betroffen sind aber nur solche Fahrzeuge, derer sich die Halter/Eigentümer „entledigen", die also aus dem Verkehr gezogen werden. Altwagen, die zum Zwecke der Weiterbenutzung verkauft werden, fallen nicht unter die Entsorgungsvorschriften.

cc) Beschaffenheitsangaben mit Vorbehalten, Einschränkungen etc.

1237   Während bei den „Als-was-Verkäufen" schlagwortartig meist nur eine bestimmte Kategorie von Fahrzeug angesprochen wird, sind die Fahrzeugbeschreibungen auf der Vorderseite der handelsüblichen Bestellscheine nach bestimmten Eigenschaften untergliedert. Informiert wird über diejenigen Kriterien, die nach der Verkehrsauffassung wesentlich sind (Gesamtfahrleistung, Unfallschäden, Vorbenutzung u. a.). Auf die Bedeutung von Quellenhinweisen, Vorbehalten und ähnlichen Zusätzen wird im Zusammenhang mit der jeweiligen Fahrzeugeigenschaft eingegangen.[565] Die Bedeutung von Erklärungen wie „laut Fahrzeugbrief" oder „nach Angaben des Vorbesitzers" kann schon darin liegen, der betreffenden Angabe ihre Verbindlichkeit zu nehmen. Sie können aber auch verbindlich getroffene Beschaffenheitsvereinbarungen zu Gunsten des Verkäufers relativieren. So oder so sollte der

---

562 Zu den verschiedenen Deutungen s. *Knöpfle*, Der Fehler beim Kauf, S. 201 ff.
563 Urt. v. 22. 6. 1983, NJW 1983, 2242 (Unfallwagen).
564 Vgl. auch *Schulte-Nölke*, ZGS 2002, 76, 77.
565 Ausführlich zur Gesamtthematik *Eggert*, DAR 1998, 45.

Die Voraussetzungen der Sachmängelhaftung

Kfz-Handel mit diesen ebenso üblichen wie transparenten Klauseln nicht am Verbot des § 475 I BGB scheitern.

dd) Zustands- und Befundberichte

Im **Fachhandel,** insbesondere von den Neufahrzeughändlern mit Gebrauchtwagenabteilung, werden gebrauchte Pkw/Kombi üblicherweise erst nach einer gründlichen Untersuchung zum Kauf angeboten, ganz überwiegend „mit Garantie". Vor allem mit Rücksicht auf die Beweislastumkehr werden häufig **Befund- bzw. Zustandsberichte** beigefügt. Neu sind diese Zertifikate freilich nicht. Ein „Zustandsbericht" war bereits Bestandteil der ZDK-GW-Konzeption 1988. Die heutigen Zertifikate liefern Detailinformationen über den Zustand des Fahrzeugs bei Vertragsabschluss und/oder bei Auslieferung, vor allem positive, mitunter aber auch negative (z. B. „Lack nicht okay"). Häufig stammen sie nicht direkt vom Händler, sondern von Prüforganisationen wie DEKRA und TÜV.

Nicht erst bei der Beweislastumkehr (s. dazu Rn 1337 ff.) oder im Rahmen des § 442 BGB, sondern schon bei der Ermittlung der Sollbeschaffenheit können sich **negative Angaben** über den Fahrzeugzustand zu Lasten des Käufers auswirken. Klarheit und Verständlichkeit sind auch hier unabdingbare Voraussetzungen (Transparenzgebot). Mängelhinweise an versteckter Stelle sind ebenso unbeachtlich wie für einen durchschnittlichen Verbraucher unverständliche Informationen im Technikerjargon. Auf die Unterzeichnung des Zustandsberichts mit der Mängelinformation kommt es in diesem Zusammenhang nicht an. Es genügt, wenn der Verbraucher ihn hat einsehen können, bevor er sich zum Kauf entschließt.

Den Verbraucher in solchen Dokumenten oder andernorts darauf hinzuweisen, dass er auch bei positiven Zustandsangaben mit einer der Fahrleistung und dem Alter entsprechenden Abnutzung und Beeinträchtigung der Funktionen rechnen müsse, ist zwar ein rechtlich an sich überflüssiger, gleichwohl legitimer Beschaffenheitshinweis.

Stärker als der Fachhandel mit seinem Angebot überwiegend jüngerer Gebrauchtwagen haben die übrigen gewerblichen Marktteilnehmer – **reiner Gebrauchtwagenhandel, Autovermieter, Gelegenheitsverkäufer** wie Handwerksbetriebe und Freiberufler – ein legitimes Interesse daran, Reklamationen eines Verbrauchers mit Hilfe spezieller Beschaffenheitsvereinbarungen zu verhindern. Das wird häufig der einzig gangbare Weg sein, wenn wegen mangelnder Garantiefähigkeit ohne (System)Garantie und/oder wegen fehlenden technischen Apparats ohne gründliche Untersuchung verkauft werden muss. Für derartige Unternehmer ist es ein **Gebot der wirtschaftlichen Vernunft**, sich mittels Beschaffenheitsvereinbarungen die notwendige Entlastung zu verschaffen. Die Gerichte sollten auf Bestrebungen dieser Art mit Verständnis reagieren. Wer den Verbraucherschutz hier überspannt, diskreditiert ihn.

5. Beschaffenheit ohne Vereinbarung: Vertragsmäßigkeit nach objektiven Kriterien

Erst wenn sich eine Beschaffenheitsvereinbarung nach Ausschöpfung des gesamten Auslegungsstoffes nicht feststellen lässt, wobei gerade beim Gebrauchtfahrzeugkauf auch an **stillschweigende bzw. konkludente** Vereinbarungen zu denken ist (zum Problem s. oben Rn 1218), ist auf einer **zweiten Stufe** die Frage der Vertragsmäßigkeit nach objektiven Gesichtspunkten zu prüfen.

a) Vertraglich vorausgesetzte Verwendung

An der Schnittstelle zwischen dem rein Subjektiven und dem Objektiven liegt die „nach dem Vertrag vorausgesetzte Verwendung" (§ 434 Abs. 1 S. 2 Nr. 1 BGB). Der **Verwen-**

dungszweck der Kaufsache ist bereits bei der vorrangigen Prüfung der „vereinbarten Beschaffenheit" zu beachten. Denn die gemeinsame Festlegung des Verwendungszwecks kann Gegenstand einer Beschaffenheitsvereinbarung sein, auch in Kurzfassung in Form von Bezeichnungen wie „Rennfahrzeug" oder „Geländewagen" oder „Auto zum Ausschlachten". Die weitergehende Frage, ob der Verkäufer für eine bestimmte Verwendung eine Garantie übernommen hat (Zusicherung alter Art), bleibt weiterhin ein Thema (s. dazu Rn 1154 f.).

Erst wenn sich hinsichtlich der Verwendung (Zweckeignung) keinerlei Vereinbarung, auch keine stillschweigende, feststellen lässt, tritt mit dem Gesichtspunkt „nach dem Vertrag vorausgesetzte Verwendung" das erste vereinbarungsfreie, noch nicht unbedingt objektive Kriterium auf den Plan. Vertraglich vorausgesetzt ist die Verwendungsmöglichkeit auch dann, wenn sich dies lediglich aus den Umständen oder einer einseitigen Erklärung des Käufers ergibt, auf die der Verkäufer eingeht. Die Verwendungsmöglichkeit kann sich bereits aus der Art des Fahrzeugs ergeben. Nach Art. 2 Abs. 2 lit. b der Verbrauchsgüterkaufrichtlinie reicht es, wenn der Käufer dem Verkäufer den angestrebten Verwendungszweck zur Kenntnis gebracht hat und dieser nicht widerspricht.

Auf dem Gebiet des Gebrauchtfahrzeugkaufs ist die Bedeutung von § 434 Abs. 1 S. 2 Nr. 1 BGB vergleichsweise gering. Die **gewöhnliche Verwendung** als Verkehrs- und Transportmittel scheidet in diesem Zusammenhang aus. Dieses Kriterium hat seinen Platz auf der nächsten Prüfungsstufe.

Schon der begründete Verdacht mangelnder Eignung zu dem vertraglich vorausgesetzten Zweck stellt einen Sachmangel dar, sofern der Verdacht nachträglich nicht ausgeräumt wird.[566] Beruht die Verwendungsunsicherheit auf einer bestimmten behördlichen Rechtsauffassung über die Führerscheinfreiheit, liegt kein Sachmangel vor.[567]

b) Gewöhnliche Verwendung, übliche Beschaffenheit und Käufererwartung

1241 Praktisch sehr wichtig, zumal für den Gebrauchtfahrzeugkauf, ist die Beschaffenheit nach Nr. 2 in § 434 Abs. 1 S. 2 BGB. Haben die Vertragsparteien keine Beschaffenheitsvereinbarung getroffen und liegt auch keine Abweichung von der vertraglich vorausgesetzten Verwendung vor, so ist das Kaufobjekt nur dann frei von einem Sachmangel, wenn es **kumulativ** die nachfolgenden Kriterien erfüllt:

Das Fahrzeug muss

- sich für die gewöhnliche Verwendung eignen und
- eine Beschaffenheit aufweisen, die bei einem Fahrzeug der gleichen Art üblich ist und
- die Beschaffenheit aufweisen, die der Käufer nach der Art des Fahrzeugs erwarten kann.

Mit dieser **Dreikomponenten-Regelung** sollen Art. 2 Abs. 2 Buchst. c und Buchst. d der Verbrauchsgüterkaufrichtlinie umgesetzt werden. Von einer Beschränkung auf den Verbrauchsgüterkauf hat der deutsche Gesetzgeber aus guten Gründen abgesehen. Die oben genannten Kriterien gelten somit einheitlich für **Käufe aller Art.** Auch zwischen neuen und gebrauchten Sachen macht das Gesetz keinen prinzipiellen Unterschied.

In seinem Kerngehalt enthält § 434 Abs. 1 S. 2 Nr. 2 BGB gegenüber dem bisherigen Rechtszustand **nichts Neues.** Deshalb bleibt die Rechtsprechung zu § 459 I BGB a. F. in seiner **objektiven Ausrichtung** weiterhin beachtlich.

c) Technische Mängel

1242 **Konstruktions- und Fabrikationsfehler** (dazu Rn 601, 605) sind nicht deshalb irrelevant, weil Gegenstand des Vertrages kein fabrikneues, sondern ein bereits gebrauchtes

---

566 OLG Karlsruhe 29. 5. 2002, OLGR 2002, 248 – Biodiesel.
567 OLG Nürnberg 23. 1. 2001, NJW-RR 2002, 267.

Die Voraussetzungen der Sachmängelhaftung

Fahrzeug ist. Abgesehen davon, dass zwischen „fabrikneu" und „gebraucht" nur wenige Kilometer liegen können, bildet das Merkmal „gebraucht" allein keine ausreichend scharfe Trennlinie am Erwartungshorizont eines Gebrauchtwagenkäufers. Auch er kann in der Regel vernünftigerweise erwarten, dass der ihm angebotene Wagen frei von Konstruktions- und Fabrikationsmängeln ist. So haben es auch die Gerichte gesehen, die in einem „Audi-TT-Fall" zu entscheiden hatten. Der Käufer hatte die Abnahme des gebraucht gekauften Audi TT der ersten Generation unter Hinweis auf die in der Öffentlichkeit breit diskutierten Zweifel an der Fahrsicherheit abgelehnt. Beide Instanzen[568] haben – mit unterschiedlicher Begründung - einen Sachmangel i. S. d. § 459 I BGB a. F. verneint.

Während technische Defekte an einem fabrikneuen Kraftfahrzeug, gleich welcher Herkunft, zumeist ohne große Schwierigkeiten unter § 434 Abs. 1, S. 2 Nr. 2 BGB subsumiert werden können, stellt sich beim Gebrauchtfahrzeugkauf die Frage, wie bestimmte Sachverhalte aus der Vorgeschichte des Fahrzeugs rechtlich zu bewerten sind. **Verschleiß, Abnutzung und Alterung** sind „natürliche" Vorgänge, denen ein Kraftfahrzeug vom ersten Tag seiner Inbetriebnahme an zwangsläufig ausgesetzt ist.

Wie die folgenden Fallbeispiele deutlich machen, hat vor allem die **ältere Rechtsprechung** vielfach zu schnell und ohne die notwendige Differenzierung auf das Vorhandensein eines Fehlers im (objektiven) Sinn geschlossen. In technischen Mängeln hat man schon dann Fehler nach § 459 I BGB a. F. gesehen, wenn sie die Zulassung oder die Erteilung der Plakette nach § 29 StVZO („TÜV") erschwerten oder unmöglich machten.[569] In der **neueren Rechtsprechung** hat sich eine **differenzierte Sicht** durchgesetzt.

aa) Einzelfälle aus der Rechtsprechung zur technischen Mangelhaftigkeit
(ohne Rost, dazu siehe Rn 1245 ff.):
Mangel ja:

- Starker Ölverlust, Abnutzung der Bremsbeläge, Lenkungsspiel, Getriebeschaden bei 5 Jahre altem VW-Käfer, Laufleistung 66.000, Kaufpreis 2200 DM, OLG Köln 9. 1. 1973, NJW 1973, 903.
- Verschleißbedingter Getriebeschaden bei 6 Jahre altem Porsche 928, 58.000 km, OLG Köln v. 15. 10. 1986, 16 U 7/86, n. v.
- Risse und Anrisse im Zylinderkopf, die auf eine Motorüberhitzung infolge eines undichten Kühlsystems zurückzuführen sind: kein normaler Verschleiß bei einem 8 Jahre alten BMW, 138.000 km, OLG Schleswig v. 8. 9. 1982, MDR 1983, 54; siehe auch OLG Hamm v. 5. 5. 1992, 19 U 233/91, n. v.
- Extremer Verschleiß des 4. Zylinders eines 75-PS-Motors eines Ford Sierra = „gravierender Mangel" im Sinne einer Rückgabevereinbarung (OLG Hamm v. 18. 9. 1992, OLGR 1992, 353).
- Überalterte Hinterreifen eines Porsche 911, LG Köln v. 26. 8. 1994, 21 O 91/94, n. v.
- Lagerschaden bei einem 10 Jahre alten Daimler-Benz 250 S, 140.000 km, als Folge Fahrens mit zu niedrigem Öldruck. Laut OLG Köln ist nicht der Lagerschaden, sondern der unzureichende Öldruck ein Sachmangel (Urt. v. 27. 1. 1978, 20 U 135/77, n. v.).
- Defekt am Getriebe (3. Gang nicht schaltbar wegen Abnutzung der Einrückmechanik) bei einem VW 1302, Kaufpreis 3600 DM (Reparaturkosten 716,– DM), AG Köln v. 23. 6. 1978, 116 C 3128/77, n. v.

---

568 AG Sigmaringen 14. 7. 2000, DAR 2000, 530; LG Hechingen 29. 8. 2001, NZV 2001, 479.
569 So *Palandt/Putzo*, § 459 Rn 27; siehe aber auch *Palandt/Putzo*, Ergbd., § 434 Rn 70; irreführend die Einschätzung der Rechtsprechung durch *Walter*, S. 150.

- Risse im linken Rahmenlängsträger bei einem als Taxi genutzten Daimler-Benz, LG Köln v. 24. 1. 1979, 9 S 161/78, n. v.
- Ausgeschlagene Achsschenkel bei einem 14 Jahre alten VW 1200, Kaufpreis 1000,– DM; ein die Verkehrssicherheit beeinträchtigender Verschleißmangel, der zur Minderung berechtigt, AG Köln v. 9. 1. 1980, 129 C 1638/78, n. v.
- Völlige Abnutzung der Bremsklötze bei einem Jaguar XJ6, 82.000 km, 15.000,– DM; keine Verschleißerscheinung, sondern (versteckter) Mangel gem. § 459 I BGB, anders bei defekter Handbremse und erneuerungsbedürftigem Radlager (Reparaturkosten insoweit: 412,– DM), OLG Köln v. 6. 5. 1982, 1 U 88/81, n. v.
- Um das 9- bis 10fache über dem vom Hersteller angegebenen Maximalwert liegender Ölverbrauch (Ursache: Fahrzeugalter und Verschleiß), LG Mosbach 2. 12. 1986, DAR 1987, 152.
- Ausrüstung eines Pkw mit einem Zahnriemen, für den das vom Werk vorgeschriebene Wechselintervall längst überschritten war (OLG Köln 17. 11. 1989, 20 U 65/89; abw. OLG Köln 21. 10. 1996, VersR 1997, 1019).
- Undichtigkeiten und Verbrennungsstörungen am Zylinderkopf eines 7 Jahre alten VW Transporters, Laufleistung 110.000 km, Kaufpreis 12.900 DM (OLG Köln 5. 3. 2001, DAR 2001, 461).

1244 **Mangel nein:**
- Extremer Verschleiß an Zylindern und Kolben bei einem 8 Jahre alten, 135.000 km gelaufenen Daimler-Benz 200 D; HansOLG v. 7. 12. 1981, MDR 1982, 406.
- Stark ausgeschlagene Achsseiten und Unwucht in den Vorderrädern bei einem 8 Jahre alten Daimler-Benz 300 SEL, km-Stand 117.000, Kaufpreis 7900,– DM; LG Köln v. 31. 3. 1980, 16 O 349/79, n. v.
- Defekte Auspuffanlage, loser Tank, ausgeschliffene Bremsscheiben bei einem 7 Jahre alten, 110.000 km gelaufenen Citroën ID 20; Kaufpreis 2300,– DM; LG Saarbrücken v. 14. 2. 1980, 2 S 410/78, n. v.
- Unzureichende Kompression auf 2 Zylindern bei einem ca. 182.000 km gelaufenen Daimler-Benz 200 D, der als Mietwagen benutzt worden war, LG Köln v. 14. 11. 1979, 13 S 170/79, n. v.
- Durchrutschen des automatischen Getriebes bei einer bestimmten Drehzahl (Reparaturkosten 994,– DM) bei einem 5 Jahre alten, 125.000 km gelaufenen Audi 100, Kaufpreis 4800,– DM, LG Düsseldorf v. 11. 7. 1979, 23 S 81/79, n. v., mit grundsätzlichen Ausführungen zur Fehlerhaftigkeit eines Gebrauchtwagens.
- Kurbellagerdefekt bei einem 9 Jahre alten Daimler-Benz 220/8, 80.000 km gelaufen; AG Köln v. 28. 12. 1978, 118 C 3521/78, n. v.
- Unzureichende Kompressionswerte bei einem 173.000 km gelaufenen Daimler-Benz 200 D; Kaufpreis 6700,– DM; LG Köln v. 23. 11. 1978, 6 O 298/78, n. v.
- Lagerschaden bei einem Daimler-Benz 280 SE; über 200.000 km, 800,– DM; AG Köln v. 26. 3. 1981, 115 C 753/80, n. v.
- Funktionsunfähigkeit des Motors aufgrund Zylinderverschleißes bei einem 8 Jahre alten, 230.000 km gelaufenen Daimler-Benz, OLG Koblenz 8. 10. 1985, MDR 1986, 316.
- Abnutzungserscheinungen an Bremsen, Lenkung, Stoßdämpfern und Rost an Auspuffanlage bei einem 13 Jahre alten, 119.000 km gelaufenen Pkw (Kaufpreis = 6% vom Neupreis!), LG Düsseldorf 28. 10. 1983, DAR 1984, 118.
- Funktionsunfähigkeit des Motors wegen „hohen Verschleißes", LG Arnsberg 25. 4. 1988, NZV 1988, 68.

Die Voraussetzungen der Sachmängelhaftung

- Funktionsunfähigkeit des Motors eines über 13 Jahre alten Peugeot 304, OLG Schleswig 27. 9. 1988, DAR 1989, 147.
- Motorschaden bei 14 Jahre altem Opel Admiral 2.8 E, 150.000 km gelaufen, LG Köln 16. 1. 1991, DAR 1991, 224.
- Eingelaufene Nockenwelle bei 10 Jahre altem Chevrolet Malibu, LG Kassel 31. 8. 1990, 2 S 388/90 (SP 1992, 62).
- Unzulängliche Ölfilter, Stoßdämpfer, Scheibenwischer, Reifen und Auspuff bei einem 9 Jahre alten Renault Fuego, AG Homburg 21. 3. 1991, ZfS 1992, 50.
- Unzureichende Kompression bei einem Golf Diesel, 127.000 km gelaufen, AG Bremerhaven v. 17. 7. 1991, 53 C 358/91, n. v.
- Überdurchschnittlich hoher Ölverbrauch infolge verschleißbedingter Motorschäden bei 116.000 km gelaufenem Fiat Panda, AG Mainz v. 2. 6. 1992, ZfS 1992, 267.
- Getriebeschäden bei einem 12 Jahre alten AMC-Jeep, Laufleistung 83.000 Meilen, OLG Celle v. 28. 10. 1993, OLGR 1994, 65.
- Defekte an den Bremsen, Radzylindern und Stoßdämpfern bei einem fast 28 Jahre alten, 60.000 bis 70.000 km gelaufenen Nutzfahrzeug (Unimog), LG Duisburg 21. 6. 1991, 4 S 15/91, n. v.
- Lagerverschleiß bei einem ca. 12 Jahre alten Geländewagen (Laufleistung ca. 130.000 km), OLG Koblenz VRS 89, 336 = BB 1995, 2133.
- Schäden an Bremse, Lenkung und Karosserie bei einem 15 Jahre alten, ca. 110.000 km gelaufenen Geländewagen, OLG Celle 7. 6. 1996, OLGR 1996, 194.
- Motorschaden infolge schadhaften, möglicherweise nicht rechtzeitig gewechselten Zahnriemens (OLG Köln 21. 10. 1996, VersR 1997, 1019; abw. OLG Köln 17. 11. 1989, 20 U 65/89, n. v.)
- Verkrustungen am Auspuffkrümmer und Kupplungsschaden bei einem ca. 6 Jahre alten, 127.640 km gelaufenen Pkw (OLG Köln 10. 1. 2000, DAR 2000, 308)
- Erhöhtes Spiel der Spurstange, Riss an Staubmanschette, Undichtigkeit von Öl- und Kraftstoffleitungen, Nachlassen der Bremswirkung – 6 Jahre alter Opel Omega, 108.000 km (OLG Düsseldorf 21. 12. 2000, OLGR 2001, 508)
- Abgenutzte Dichtungen und Dichtungsringe (Ursache für Ölverlust) – OLG Bamberg 20. 12. 2000, DAR 2001, 357
- Leistungsabfall wegen defekten Turboladers bei 10 Jahre altem, 174.500 km gelaufenen VW Bus (OLG Düsseldorf 23. 3. 2001, OLGR 2001, 270).

Hauptursache für Sicherheitsmängel und Wertverlust war bis in die achtziger Jahre hinein die **Korrosion**. Dementsprechend umfangreich ist die Kasuistik zum Thema „**Rost beim Gebrauchtwagenkauf**". Inzwischen hat diese Thematik dank verbesserten Korrosionsschutzes an Bedeutung verloren.

Mangel ja:

- Gravierende Korrosions- und Durchrostungsschäden an tragenden Teilen eines 15 Jahre alten Daimler-Benz 230 SL, der kurz vor dem Verkauf noch TÜV-abgenommen worden war, den ein Privatgutachter aber nicht als betriebs- und verkehrssicher bezeichnet hat, OLG Köln Urt. v. 7. 8. 1980, ZfS 1980, 306.
- Durchrostung des Karosseriebodens, des linken hinteren Rahmenträgers sowie eines Radkastens, Löcher in den vorderen Radlaufblechen bei einem 9 Jahre alten Daimler-Benz 220 D/8 sind nach OLG Köln (Urt. v. 21. 12. 1978, DAR 1979, 286) offenbarungspflichtige Mängel.

- Durchrostungen an Rahmen und Aufbau bei einem Fahrzeug mit einem objektiven Wert von 600,– DM hat das OLG München (Urt. v. 10. 5. 1971, DAR 1972, 239) als so schweren Mangel gewertet, dass der Käufer wegen Wegfalls der Geschäftsgrundlage vom Vertrag zurücktreten durfte. Die Reparaturkosten hätten ca. 500,– DM betragen.
- Durchrostungen an den Einstiegsleisten bei einem 10 Jahre alten, 134.000 km gelaufenen VW 1200 begründen eine Gewährleistungspflicht, AG Bergisch Gladbach v. 18. 8. 1978, 16 C 1233/77, n. v.
- An einem für 2750,– DM gekauften Pkw brach einige Tage nach Übergabe der Unterboden durch, weil er völlig durchgerostet war. Das LG Augsburg hat in diesem Schaden einen so schwerwiegenden Fehler gesehen, dass es den vereinbarten Gewährleistungsausschluss für unwirksam hielt (Urt. v. 17. 5. 1977, NJW 1977, 1534 mit Anm. *Eggert* NJW 1977, 2267).
- Durchrostung des gesamten Unterbodens eines 7 Jahre alten Matra-Rancho, Kaufpreis 2220,– DM, LG Köln 24. 6. 1987, 26 S 389/86, n. v.
- Durchrostungen im Bereich des Unterbodens und der Schweller bei einem 180.000 km gelaufenen VW Golf GTI (keine Verkehrssicherheit mehr), AG Köln 14. 2. 1989, 117 C 342/87, n. v. (Besonderheit: Fz. sollte bis zur Übergabe „fertiggemacht" werden).
- Durchrostung an tragenden Teilen, AG Nienburg 30. 6. 1993, ZfS 1993, 304.
- Erhebliche Korrosionsschäden an der Auspuffanlage eines 12 Jahre alten DB 308 SE, Reparaturaufwand 1900,– DM (OLG Celle 20. 10. 1994, OLGR 1994, 329 mit der – zweifelhaften – Begründung, das Fahrzeug sei nicht mehr „zulassungsfähig" gewesen).
- Die Verkehrssicherheit aufhebende Durchrostungen an einem über 20 Jahre alten VW Cabrio (OLG Hamm OLGR 1995, 100 = ZfS 1995, 176).
- Korrosion am Rahmen, Längs- und Querstreben eines Oldtimer-Motorrades (Baujahr 1924), OLG Köln VersR 1998, 511 = OLGR 1997, 331.
- Fortgeschrittene Aluminiumkorrosion des Alkovens eines Wohnmobils (LG Kassel, 21. 7. 2000, 9 O 1688/99, n. v.)

Mangel nein:

- An- und Durchrostungen des Unterbodens bei einem 8 Jahre alten Mercedes 220 D/8, Gesamtfahrleistung ca. 177.000 km, hält der BGH für normale Alterserscheinungen. Um die allgemeine Gefahr derartiger Zustandsverschlechterungen wisse der Käufer ebenso wie der Verkäufer (Urt. v. 21. 1. 1981, NJW 1981, 928 = DAR 1981, 115). Anders als in dem Fall BGH NJW 1979, 1707 konnte eine dem Händler bekannte überdurchschnittliche Rostanfälligkeit nicht festgestellt werden.
- Kauf eines knapp zwei Jahre alten, ca. 30.000 km gelaufenen Renault 4 Export zum Preis von 2300,– DM. Das Bodenblech (Unterboden) war so stark durchgerostet, dass es erneuerungsbedürftig war (Instandsetzungskosten ca. 600,– DM). Das OLG Köln hat die Wandlungsklage mit der Begründung abgewiesen, ein solcher Schaden sei bei diesem Fahrzeug nicht ungewöhnlich. Die Vermutung, dass die Durchrostung die normale Folge der intensiven Nutzung sei, habe der Käufer nicht widerlegt (Urt. v. 21. 10. 1975, 9 U 48/75, n. v.).
- Kauf eines 2 Jahre alten Lancia Beta vom Händler. Das Wandlungsbegehren wies das OLG Hamm (Urt. v. 16. 1. 1981, MDR 1981, 580) mit folgenden Sätzen zurück: „In gewissem Rahmen hat jeder Käufer mit Rost am Fahrzeug zu rechnen. Die Rostanfälligkeit ist schon deshalb kein offenbarungspflichtiger Mangel, weil es graduelle Unterschiede der Rostanfälligkeit bei den Fahrzeugen gibt. Es kann aber nicht Sache des Verkäufers von Gebrauchtwagen sein, auf derartig allgemeine graduelle Unterschiede hinzuweisen. Hier ist es schon Sache des Kunden, sich um die allgemeinen Eigenschaften eines bestimmten Pkw-Typs zu kümmern."

Die Voraussetzungen der Sachmängelhaftung

- Beide vorderen Innenkotflügel total weggerostet (Außenkotflügel einwandfrei), Rostansatz an Scheinwerferspiegel, Rostloch in hinterer Ladefläche, Wagenheberaufnahme infolge Durchrostung unbrauchbar, verschiedene kleinere Rostlöcher am Karosserieboden; OLG Hamm v. 3. 7. 1986, 23 U 35/86, n. v. (6 Jahre alter Matra-Rancho).
- Durchrostungen am Unterboden eines 9 Jahre alten, 120.000 km gelaufenen Porsche 912 stellen nach Auffassung des OLG Köln keinen Mangel im Sinne des § 453 I BGB dar (Urt. v. 29. 10. 1976, 4 U 26/76, n. v., a. A. LG Köln v. 4. 12. 1975, VersR 1977, 48).
- Korrosionsschäden am Kofferraumboden, am Radkasten, am Einstiegsholm, am Bodenblech und vorderen Kotflügel sind für das LG Köln bei einem über 8 Jahre alten Daimler-Benz 200 SEL, km-Stand 117.000, typische Alterserscheinungen, für die der Verkäufer nicht einzustehen hat (Urt. v. 31. 3. 1980, 16 O 349/79, n. v.).
- Durchrostung im Bereich des Fahrersitzes und an den Einstiegsschwellern bei einem 7,5 Jahre alten VW-Cabrio, km-Stand 120.000, OLG Düsseldorf 27. 4. 1983, 24 U 63/83, n. v.
- Durchrostung des Bodenblechs eines 13 Jahre alten VW-Cabrios, OLG Karlsruhe 16. 12. 1987, NJW-RR 1988, 1138 = DAR 1988, 162.
- „Gravierende Korrosions- und Durchrostungsschäden" an tragenden Teilen eines über 13 Jahre alten offenen Peugeot 304, Kaufpreis 4400,– DM, OLG Schleswig 27. 9. 1988, DAR 1989, 147.
- Starke Korrosionsschäden am Rahmen eines 17 Jahre alten VW-Cabrios, OLG Köln 8. 4. 1992, NJW 1993, 271 = DAR 1992, 379.
- Starke Unterrostungen an der gesamten Karosserie, durchgerostete Stellen an den Einstiegsschwellern, Durchrostungen an der Reserveradmulde, des Fußbodens an der Beifahrerseite und Rost an der gesamten Bodengruppe bei 16 Jahre altem Pkw Daimler-Benz, Kaufpreis 8900,– DM; kein „gravierender Mangel" im Sinne einer Gewährleistungsabrede, OLG Frankfurt 30. 6. 1989, DAR 1989, 463 m. Anm. *Knipfer.*
- Gebrauchsspuren und Abnutzungen bei einem ca. 7 Jahre alten, 127.000 km gelaufenen BMW 524 TD (OLG Köln 19. 2. 1998, OLGR 1998, 170).

bb) Leitlinien und Tendenzen der Rechtsprechung unter besonderer Berücksichtigung des Verschleißmängelproblems

Wie die obige Entscheidungssammlung zeigt, haben sich die Gerichte in zahlreichen Fällen, insbesondere bei Korrosionsschäden, allzu stark an den einseitigen Erwartungen des Käufers orientiert. Technische Mängel wurden häufig mit Mängeln im Rechtssinn ohne weiteres gleichgesetzt. Mit der Bagatellklausel in § 459 I,2 BGB a. F. stand zwar ein Korrektiv zur Verfügung. Die gebotene Korrektur ist jedoch oftmals unterblieben. Im Anwendungsbereich des § 463 S. 2 BGB a. F. wurde darauf bisweilen ganz verzichtet.

Seit Anfang der achtziger Jahre streben die Gerichte schon bei der wertenden Festlegung der Sollbeschaffenheit eine ausgewogene Risikoverteilung an. Man setzt richtigerweise bereits beim Begriff des Sachmangels an. Gleich, welche Version favorisiert worden ist: Das Risiko für **normale Verschleiß-, Abnutzungs- und Alterungserscheinungen** hat man dem Käufer auferlegt, sofern eine besondere Vereinbarung dem nicht entgegenstand. Als **repräsentativ** für die **Rechtsprechung vor der Schuldrechtsreform** kann folgende Argumentation angesehen werden:

„Beim Gebrauchtwagenkauf ist die Frage nach der Grenze der normalen Beschaffenheit und der normalen Zweckeignung nach den jeweiligen Besonderheiten des Einzelfalls zu beantworten. Dabei ist davon auszugehen, dass aufgrund des Gebrauchs und des Alterungsprozesses Abnutzungs- und Verschleißerscheinungen unvermeidlich sind. Gehen diese Erscheinungen nicht über das hinaus, was bei einem Fahrzeug des betreffenden Typs angesichts seines Alters und seiner Laufleistung normalerweise zu beobachten ist, so kann von einem Fehler i. S. von § 459 BGB nicht gesprochen werden. Normale Verschleiß-, Abnutzungs- und Alterungserscheinungen sind somit von vornherein aus dem Fehlerbegriff auszuklammern. Dies gilt unabhängig davon, welchen Einfluss solche Umstände auf die Funktionsfähigkeit und Gebrauchstauglichkeit des Fahrzeugs haben. Defekte, welche die Funktionsfähigkeit beeinträchtigen, sind nicht notwendigerweise Fehler i. S. des § 459 BGB" (OLG Karlsruhe 16. 12. 1987, NJW-RR 1988, 1138 = DAR 1988, 162).

1250 Solche und ähnliche Begründungen finden sich in einer Vielzahl **neuerer Entscheidungen** der Instanzgerichte zu § 459 I BGB a. F.[570] Der **BGH** hat sich in dieser schon vor der Schuldrechtsreform wichtigen Frage bislang einer Stellungnahme enthalten. Gelegenheit zu einem klärenden Wort hat er beispielsweise bei der Entscheidung vom 21. 4. 1982[571] gehabt. Total abgebremste Bremsbacken, undichte Bremszylinder, ausgeschlagene Vorderachslager und Lenkgetriebe hat der BGH bei einem 5 Jahre alten Pkw mit einer Laufleistung von 97.000 km für **„Verschleißmängel"** gehalten, für die eine Haftung des privaten Inzahlunggebers (!) jedenfalls „stillschweigend" ausgeschlossen sei. Die Vorinstanz, das Kammergericht, hatte in diesen „Verschleißmängeln" erhebliche Fehler im Sinne von § 459 I BGB a. F. gesehen. Der BGH hat Zweifel an der Richtigkeit dieser Wertung angemeldet und ausdrücklich auf die **Problematik der Fehlerabgrenzung** beim Gebrauchtwagenkauf hingewiesen.

Anhand welcher Kriterien abzugrenzen ist, hat der BGH bis heute offen gelassen.[572] Unklar ist auch die Bewertung von mängelbedingtem Verschleiß als Gegensatz zu natürlichem Verschleiß. Schwierigkeiten macht ferner die Behandlung natürlicher Verschleißerscheinungen, die, wie z. B. abgefahrene Bremsbeläge, **sicherheitsrelevant** sind.

d) Die Ermittlung der Sollbeschaffenheit speziell bei Verschleißmängeln und Altersschäden

1251 In erster Linie ist danach zu fragen, ob das, was der Käufer rügt, Gegenstand einer **Beschaffenheitsvereinbarung** ist. Die Sollbeschaffenheit wird **primär** durch diejenigen Eigenschaften bestimmt, deren Vorhandensein der Verkäufer verbindlich zugesagt hat (§ 434 I,1 BGB). Näheres zur Beschaffenheitsvereinbarung unter Rn 1216 ff..

1252 **Ausdrückliche** Vereinbarungen über das Thema „Verschleiß/Alterung" wurden unter der Geltung des alten Rechts praktisch nicht getroffen. Anders als in früheren Neuwagenverkaufsbedingungen fand sich in den AGB für den Gebrauchtfahrzeugkauf keine Regelung über „natürlichen" Verschleiß. Der umfassende Gewährleistungsausschluss machte dies entbehrlich. Dort, wo jetzt ein Freizeichnungsverbot herrscht, haben (Unternehmer-) Verkäufer Anlass, das Thema „Verschleiß" in ihrem Sinn zu regeln. Das geschieht mit Hilfe von **Zustandsbescheinigungen/Befundberichten** oder durch Erklärungen wie „technisch und optisch am Ende der Lebensdauer". Zum Problem der restriktiven Beschaffenheitsvereinbarung in Abgrenzung zur (verbotenen) mittelbaren Haftungsbeschränkung s. Rn 1223 ff.

---

570 Besonders deutlich: OLG Hamm 3. 7. 1986, 23 U 35/86, n. v.; OLG Frankfurt 30. 6. 1989, DAR 1989, 463 m. Anm. *Knipfer;* OLG Stuttgart 6. 2. 1990, 10 U 34/89, n. v.; OLG Koblenz 8. 10. 1985, MDR 1986, 316; OLG Hamburg 7. 12. 1981, MDR 1982, 406; OLG Schleswig 8. 9. 1982, MDR 1983, 54; OLG Schleswig 27. 9. 1988, DAR 1989, 147; LG Düsseldorf 28. 10. 1983, DAR 1984, 118; LG Arnsberg 25. 4. 1988, NZV 1988, 68; LG Mosbach 2. 12. 1986, DAR 1987, 152; LG Köln 16. 1. 1991, DAR 1991, 224; OLG Köln 8. 4. 1992, OLGR 1992, 210 = NJW 1993, 271; OLG Celle 28. 10. 1993, OLGR 1994, 65; OLG Celle 20. 10. 1994, OLGR 1994, 329; OLG Koblenz 9. 2. 1995, VRS 89, 336; OLG Celle 7. 6. 1996, OLGR 1996, 194; OLG Köln 21. 10. 1996, VersR 1997, 1019; OLG Celle 19. 2. 1998, OLGR 1998, 170; OLG Bamberg 20. 12. 2000, DAR 2001, 357; OLG Düsseldorf 21. 12. 2000, OLGR 2001, 508; OLG Düsseldorf 23. 3. 2001, OLGR 2001, 270; OLG Düsseldorf 6. 4. 2001, DAR 2001, 358.
571 NJW 1982, 1700; kritisch dazu *Schack,* NJW 1983, 2806.
572 Auch im Urteil vom 13. 2. 2002, VIII ZR 93/01, n. v.

Die Voraussetzungen der Sachmängelhaftung

Auf einer **weiteren Auslegungsstufe** ist nach einer **stillschweigenden** bzw. **konkludenten** Vereinbarung zu fragen. Am weitesten geht die Auffassung, dass der Verkäufer allein schon durch den **Abschluss des Kaufvertrages,** ggf. in Verbindung mit der **Preisgestaltung,** stillschweigend die Abwesenheit von technischen Mängeln jeglicher Art (einschließlich Verschleißmängel) verspricht. Nicht viel enger ist die Ansicht, beim Verkauf eines gebrauchten Kraftfahrzeugs werde die **Verkehrssicherheit** und/oder die **Gebrauchstauglichkeit** generell (stillschweigend) zugesichert. Urteile dieses Inhalts sind vereinzelt geblieben.[573] Immerhin hat auch der BGH einmal, wenn auch nur beiläufig, erwogen, ob beim Verkauf eines älteren Pkw die stillschweigende Zusicherung der **Rostfreiheit** darin gesehen werden könne, dass der Verkäufer Rostschäden nicht erwähnt habe.[574] Hinzuweisen ist auch auf ein Urteil des 28. ZS des OLG Hamm vom 22. 6. 1982,[575] das aus einem Bündel von Abreden (Preis, Erstzulassung, TÜV) die – AGB-feste Vereinbarung der Gebrauchstauglichkeit (Gebrauchsfähigkeit) abgeleitet hat.[576] Der **BGH** hat diese Auslegung zu Recht kritisiert und dabei u. a. Folgendes ausgeführt: **1253**

„Dass ein zur Weiterbenutzung gekauftes Kraftfahrzeug auch bestimmungsgemäß benutzt werden kann und nicht wegen schwerwiegender Mängel gebrauchsuntauglich ist, entspricht der Normalerwartung aller Partner eines Kraftfahrzeugkaufs. Die Möglichkeit, dass das Fahrzeug mängelbedingt unbenutzbar sei, wird deshalb regelmäßig nicht in Betracht gezogen. Daraus folgt aber gerade nicht, dass der Verkäufer haften will, wenn – ihm selbst unbekannt – Umstände vorliegen, die die Verkehrssicherheit des Fahrzeugs beeinträchtigen oder gar aufheben" (Urt. v. 22. 2. 1984, NJW 1984, 1452 = DAR 1984, 265).

Diesen nach wie vor zutreffenden Ausführungen lässt sich entnehmen: Der bloße Abschluss eines Kaufvertrages über einen Gebrauchtwagen genügt in der Regel nicht für die Annahme einer stillschweigenden Vereinbarung über die Verkehrssicherheit, Betriebssicherheit, Gebrauchstauglichkeit oder Rostfreiheit. Ohne weiteres wird auch nicht die Abwesenheit technischer Defekte stillschweigend vereinbart oder gar (in der neuen Terminologie) garantiert. Erst recht gilt dies für „Verschleißmängel". Stets müssen zusätzlich zum Vertragsschluss **konkrete Anhaltspunkte** vorliegen, die auf einen Einstandswillen des Verkäufers hindeuten (bzgl. einer Beschaffenheitsgarantie siehe den Indizienkatalog Rn 1068). **1254**

Als Anknüpfungspunkt bedarf es nicht unbedingt einer konkreten Beschaffenheitsangabe wie z. B. „generalüberholt", „km-Stand X" oder „fahrbereit". Generelle Aussagen wie „alle Fahrzeuge werkstattgeprüft" oder „alle Fahrzeuge neu TÜV-abgenommen" können genügen. Die Werbung mit dem ZDK-Vertrauenssiegel bzw. jetzt mit dem ZDK-Meisterschild (dazu Rn 1168) oder das Herausstellen des Autohauses als „Meisterbetrieb" können gleichfalls von Bedeutung sein. Selbst die Tatsache, dass der Händler ein vom Hersteller autorisierter Markenhändler mit Werkstattbetrieb ist, kann auslegungsrelevant sein. **1255**

Im Hinblick auf die Verschleißmängelproblematik ist von Interesse, dass sich der **BGH** bei einigen „Zusicherungen" ausdrücklich mit der Frage befasst hat, welchen technischen Standard der Käufer erwarten kann. So bedeutet z. B. „werkstattgeprüft" nicht, dass der Verkäufer für „Verschleißmängel" einzustehen hat.[577] Deren Abwesenheit wird auch nicht durch eine Angabe des Händlers über die Kilometerfahrleistung des Autos bzw. des Motors

---

573 LG Köln 1. 6. 1989 DAR 1991, 188; LG Köln 14. 2. 1979, 9 S 355/78, n. v.; vgl. auch OLG Karlsruhe 22. 10. 1968, DB 1968, 2074; LG Karlsruhe 9. 1. 1981, DAR 1981, 152.
574 Urt. v. 21. 1. 1981, WM 1981, 323; vgl. auch BGH 22. 2. 1984, NJW 1984, 1452.
575 Vorinstanz zu BGH NJW 1984, 1452.
576 Ähnlich LG Augsburg 17. 5. 1977, NJW 1977, 1534 m. Anm. *Eggert,* NJW 1977, 2267, und LG Köln 1. 6. 1989, DAR 1991, 188.
577 Vgl. Rn 1163.

verbindlich zugesichert, wohl aber, dass der Motor nicht wesentlich stärker verschlissen ist, als es die mitgeteilte Laufleistung erwarten lässt.[578]

1256 Wenn eine **Beschaffenheitsgarantie** (Zusicherung alter Art) nicht festgestellt werden kann, ist weiter zu prüfen, ob eine „einfache" Beschaffenheitsvereinbarung (§ 434 I,1 BGB) vorliegt. Insoweit sind sämtliche Anknüpfungen in den Blick zu nehmen, die bisher für die Zusicherungsfrage relevant waren. Wenn im konkreten Einzelfall eine Zusicherung i. S. d. § 459 II BGB a. F. verneint worden ist, dann regelmäßig nicht mangels Beschaffenheitsvereinbarung, sondern wegen Fehlens des Garantieelements. Um Unterstellungen und Fiktionen zu vermeiden, empfiehlt sich ein rascher Durchgriff auf die objektiven Kriterien des § 434 I,2 BGB.

1257 Zu prüfen ist also, ob das Fahrzeug in seinem tatsächlichen Zustand für die **„gewöhnliche Verwendung"** geeignet und von einer Beschaffenheit ist, die bei **gleichartigen** Fahrzeugen **üblich** ist und die der Käufer nach der Art des Fahrzeugs **erwarten** kann.

Die **Eignung für die gewöhnliche Verwendung** ist nur in krassen Fällen von Verschleiß- und Altersmängeln in Frage gestellt. Zur Fallgruppe „Korrosionsschäden" s. Rn 1263. Ein Eignungsmangel liegt bei einem zur Weiterbenutzung im Verkehr verkauften Kfz zweifelsfrei vor, wenn z. B. der Motor ausgefallen ist. Dafür kann es bekanntlich viele Gründe geben. **Motorschäden** gehören technisch wie rechtlich zu den schwierigsten Fällen. Besonders in diesem Zusammenhang stellt sich das noch nicht befriedigend gelöste Problem des „**Verschleißfolgeschadens**". Dass das Verschleißrisiko grundsätzlich zu Lasten des Käufers geht, bedeutet nicht ohne weiteres, dass er auch mit dem Risiko des „Weiterfressens" bzw. Übergreifens auf andere Fahrzeugteile belastet ist. Bei einem „normalen" Verlauf wird man das wohl zu bejahen haben. Beispiele aus der Rechtsprechung sind die „**Zahnriemen-Fälle**"[579] und die technisch gleichfalls komplizierten Fälle mit **Motorschäden infolge von Überhitzung** durch Kühlmittelverlust.[580] Zu den „Weiterfresserschäden" s. Rn 642 ff.

Bei der zweiten Bedingung – **Üblichkeit der Beschaffenheit** – gilt es zunächst den richtigen Vergleichsmaßstab festzulegen. „**Sache der gleichen Art**" meint beim Kauf eines gebrauchten Kraftfahrzeugs, dass das Vergleichsfahrzeug gleichfalls gebraucht sein muss. Ein fabrikneues Fahrzeug scheidet als Maßstab aus.[581] Es ist also nicht von der üblichen Beschaffenheit eines Neufahrzeugs auszugehen, um dann in einem zweiten Schritt die notwendigen Abstriche zu machen.[582]

Aus der Menge der gebrauchten Kraftfahrzeuge ist sodann eine Teilmenge zu bilden: **Vergleichsfahrzeug** ist ein gebrauchtes Fahrzeug, das **typgleich** (modellgleich) ist und nach Alter und Laufleistung dem Kaufobjekt so wie möglich entspricht. Dieses Durchschnitts- oder Normalfahrzeug ist keineswegs ein Phantom. Bei Pkw/Kombis gibt es für nahezu jeden Fahrzeugtyp umfangreiches statistisches Material, frei verfügbar allerdings nur hinsichtlich bestimmter Baugruppen wie etwa die Karosserie. Motorschäden und Laufleistungen sind nicht Gegenstand statistischer Erhebungen. Insoweit sind nur Insider-Informationen vorhanden, z. B. bei den Herstellern/Importeuren und Garantieversicherern. Kfz-Sachverständige können darauf nicht ohne weiteres zurückgreifen.

1258 Im Einklang mit dem Sachmangelbegriff des § 434 I,2 BGB steht es, wenn die Rechtsprechung auf das **Durchschnittsauto aus der Menge vergleichbarer Altwagen** ab-

---

578 Vgl. Rn 1084.
579 OLG Köln 21. 10. 1996, VersR 1997, 1019; OLG Köln 17. 11. 1989, 20 U 65/89, n. v.
580 OLG Schleswig 8. 9. 1982, MDR 1983, 54.
581 BT-Drucks. 14/6040 = *Canaris*, S. 814.
582 So aber *Knöpfle*, Fehler beim Kauf, S. 296.

stellt.⁵⁸³ Damit kann einem Kfz-Sachverständigen eine hinreichend klare Vorgabe gemacht werden (§ 404 a ZPO).

Was bei dem Vergleichsfahrzeug „üblich" i. S. v. § 434 I,2 Nr. 2 BGB ist, ist im Kern nichts anderes als die bisherige Frage nach der **Normalbeschaffenheit**. „Üblich", „normal" und „gewöhnlich" sind in diesem Zusammenhang Synonyme. Sie beschreiben eine **objektive Begebenheit**.⁵⁸⁴ Es kommt in diesem Zusammenhang nicht darauf an, wie ein Fahrzeug beschaffen sein soll, um im Straßenverkehr benutzt werden zu können, ob es den Vorschriften der StVZO und den allgemeinen Qualitäts- und Sicherheitsstandards entspricht. Das betrifft die Anschlussfrage nach der berechtigten Erwartung, s. dazu Rn 1260. Bei der Üblichkeit ist das **faktische Niveau** der Maßstab, die Ist-Beschaffenheit des Vergleichsfahrzeugs. Liegt die Qualität des Kaufobjekts unter diesem Niveau, ist es mangelhaft. **1259**

Die Schwäche dieses konkreten (typbezogenen) Vergleichs besteht darin, dass ein Fehler, der einer ganzen Baureihe anhaftet, aus der Betrachtung herausfällt, weil auch das imaginäre Vergleichsauto diesen **Serienmangel** hat. Ein praktisches Beispiel bilden Fahrzeuge mit konstruktionsbedingter Rostanfälligkeit (Näheres dazu Rn 1263). Das Problem des „Serienmangels" wird man mit dem Kriterium „übliche Beschaffenheit" kaum lösen können. Was sich besser eignet, ist die Käufererwartung.

Was der Käufer **nach der Art der Sache erwarten** kann (§ 434 I,2 Nr. 2 BGB), ist anders als die Üblichkeit subjektiv, besser **normativ**, zu bestimmen. Dieses „gefährlich wertungsoffene"⁵⁸⁵ Zusatzkriterium wird die Rechtsprechung vor erhebliche Probleme stellen. Dass nur die berechtigte Erwartung schutzwürdig ist, versteht sich von selbst. Was der Käufer vernünftigerweise nicht erwarten kann, bleibt außer Betracht. Maßstab ist der Durchschnittskäufer. Bedeutung gewinnt in diesem Zusammenhang das **Leitbild des Verbrauchers**. Der BGH geht in seiner neueren Rechtsprechung zu §§ 1 und 3 UWG von dem Leitbild eines durchschnittlich informierten und verständigen Verbrauchers aus.⁵⁸⁶ **1260**

Dass das Alter und die Laufleistung des Fahrzeugs die berechtigten Erwartungen des Käufers wesentlich beeinflussen,⁵⁸⁷ liegt auf der Hand. Von Bedeutung ist auch der Preis. Marktwidriger Preisgestaltung nach unten wie nach oben ist Rechnung zu tragen.

Ein besonderer Erwartungshorizont besteht bei **Spezialfahrzeugen**, etwa **Oldtimern**⁵⁸⁸ und **Wohnmobilen**⁵⁸⁹

Auch unter Berücksichtigung der Merkmale des § 434 I,2 Nr. 2 BGB **gilt weiterhin** der **Grundsatz**: **1261**

Ein gebrauchtes Kraftfahrzeug ist nicht frei von einem Sachmangel, wenn **Verschleiß- und Abnutzungserscheinungen** über die Normalbeschaffenheit eines vergleichbaren Fahrzeugs hinausgehen.⁵⁹⁰ Anders formuliert: **Normaler (natürlicher) Verschleiß** ist in der Regel kein Sachmangel im objektiven Sinn.

---

583 OLG Karlsruhe 16. 12. 1987, NJW-RR 1988, 1138 = DAR 1988, 162; OLG Hamm 3. 7. 1986, 23 U 35/86, n. v.
584 *Knöpfle*, Fehler beim Kauf, S. 326.
585 *Schlechtriem*, Zivilrechtswissenschaft und Schuldrechtsreform, S. 215.
586 Urt. v. 21. 2. 2002, NJW 2002, 2642.
587 So die amtliche Begründung, BT-Drs. 14/6040 = *Canaris*, S. 814.
588 OLG Frankfurt 2. 11. 1988, NJW 1989, 1095; LG Köln 15. 3. 2000, DAR 2000, 270.
589 LG Kassel 21. 7. 2000, 9 O 1688/99, n. v.
590 So auch die bisher h. M. im Schrifttum, vgl. *Behr*, AcP 185, 401, 422; *Schack*, NJW 1983, 2806; *Mehnle*, DAR 1986, 104; *Rixecker*, DAR 1986, 107, 108; *Rupp/Fleischmann*, NJW 1984, 2802; MK-*Westermann*, § 459 Rn 37; *Soergel/Huber*, § 459 Rn 305; *Walter*, S. 105; *Hager*, NJW 1975, 2276; *Knöpfle* (Vertreter des objektiven Fehlerbegriffs), JZ 1978, 121, 127.

1262 **Außergewöhnliche Verschleißerscheinungen** – etwa als Folge übermäßiger Beanspruchung (z. B. durch Rallyeeinsatz oder eine Umrüstung/Tuning oder Fahren mit unzulässigen Lasten) – fallen hingegen nicht in die Risikosphäre des Käufers. Sie weichen vom durchschnittlichen Standard ab und liegen zudem außerhalb seiner Erwartung.[591] Übermäßiger Verschleiß infolge von **Fahr- und Bedienungsfehlern** geht gleichfalls zu Lasten des Verkäufers. Ebenso ist es, wenn eine mangelhafte Reparatur zu erhöhtem Verschleiß geführt hat.

Im Allgemeinen nicht erwartungsgerecht sind ferner die **Folgen vorschriftswidriger Pflege und Wartung**. Beispiel: Der Verkäufer hat den **Zahnriemen**, ein Verschleißteil, entgegen den Anweisungen im Serviceheft nicht rechtzeitig wechseln lassen, wodurch es nach Auslieferung des Fahrzeugs an den Käufer zu einem Motorschaden gekommen ist.[592] Zu weiteren „Zahnriemen-Fällen" s. Rn 645. Weiteres Beispiel: Der Verkäufer oder ein Vorbesitzer hat nicht genügend Öl nachgefüllt oder den Kühlmittelstand ungeprüft gelassen.

Für den Tatbestand „außergewöhnlicher Verschleiß" ist der Käufer **darlegungs- und beweispflichtig** (allgemein zur Verteilung der Darlegungs- und Beweislast s. Rn 1329 ff.). Es genügt nicht, dass er „erheblichen" oder „ungewöhnlichen" Verschleiß pauschal behauptet. Der Käufer muss Tatsachen vortragen, die auf diesen Sachverhalt schließen lassen.[593] Hohe Anforderungen sind nicht zu stellen. Ein Anscheinsbeweis, der zugleich die Darlegungslast mildert, kommt dem Käufer nicht zugute. Es geht ihm ja nicht um einen typischen, sondern um einen atypischen Lebenssachverhalt.

Vor allem in den **Korrosionsfällen,** die in der Praxis von Jahr zu Jahr eine geringere Rolle spielen, hat das Kriterium der Normalbeschaffenheit nicht immer zu befriedigenden Resultaten geführt. Darüber, dass leichter und mittlerer Rostbefall beim Gebrauchtwagenkauf in der Regel keinen Sachmangel darstellt, war man sich im Ergebnis einig. Daran ist festzuhalten. Rost ist eine typische Alterserscheinung. Das **Rostrisiko** geht daher grundsätzlich zu Lasten des Käufers. Dies ist die Quintessenz der umfangreichen Spruchpraxis, dargestellt unter Rn 1246, 1247.

1263 In **vier Fällen** ist das Rostrisiko anders zu verteilen und damit ein Sachmangel zu bejahen.

1. Eine spezielle Vereinbarung stellt den Käufer von diesem Risiko frei. Nicht nur ausdrückliche Anti-Rost-Erklärungen wie Rostschutzgarantien oder die Zusage „frei von Durchrostung"[594] bieten dem Käufer Schutz, wenn er Rostschäden an seinem Fahrzeug feststellt. Auch Erklärungen wie „werkstattgeprüft", „komplette Durchsicht", „TÜV neu..." oder einfach „fahrbereit" sind bei der Prüfung der Sollbeschaffenheit/Beschaffenheitsvereinbarung zu beachten, ebenso Ausdrücke wie „scheckheftgepflegt" oder „restauriert"[595] oder „Garagenwagen". Ab einem bestimmten Grad können Rostschäden mit derartigen Erklärungen der (ehemals) sehr weiten Auslegung durch die Rechtsprechung nicht mehr vereinbar sein.[596] Selbst gewöhnlicher (normaler) Rost kann so zu einem Haftungsfall werden.

2. Ein Sachmangel liegt, gemessen an den Kriterien in Nr. 2 des § 434 Abs. 1 S. 2 BGB, auch vor, wenn die Rostschäden für den konkreten Fahrzeugtyp ungewöhnlich stark sind.

---

591 So auch OLG Düsseldorf 12. 3. 1992, OLGR 1992, 220 (Beschädigungen der Zylinderlaufflächen); OLG Saarbrücken 10. 1. 1996, NJW-RR 1996, 1325; AG Zweibrücken 10. 11. 1999, 1 C 446/99, n. v. – Nockenwellenschaden an einem BMW 320i als „schwerste Verschleißerscheinung".
592 Dazu OLG Köln 21. 10. 1996, VersR 1997, 1019; OLG Köln 17. 11. 1989, 20 U 65/89, n. v.
593 OLG Düsseldorf 23. 3. 2001, OLGR 2001, 270.
594 Vgl. dazu Rn 1128.
595 OLG Köln OLGR 1997, 331 = VersR 1998, 511 – Oldtimer-Motorrad.
596 Zur Reichweite der einzelnen Erklärungen s. Rn 1070 ff..

Die Voraussetzungen der Sachmängelhaftung

Vergleichsobjekt ist ein Fahrzeug dieses Typs mit gleichem Alter und gleicher Laufleistung. Schadenshäufigkeit und Schadensumfang stellt der TÜV anhand von Tabellen und Schautafeln eindrucksvoll dar. Untersuchungen des TÜV kommen zu folgendem Fazit: Ab dem vierten Lebensjahr eines Autos muss bei den meisten Typen mit Rostbefall gerechnet werden. Mit zunehmendem Alter steigen Zahl und Häufigkeit von Korrosionsschäden steil an. Kfz-Sachverständige sind ohne weiteres in der Lage, Auskunft darüber zu geben, ob ein bestimmter Rostschaden außergewöhnlich ist oder nicht. Da der Richter im Zweifel nicht genügend eigene Sachkunde hat, muss er einen Sachverständigen einschalten.

3. Auch wenn sich eine Abweichung von der üblichen Beschaffenheit (Normalbeschaffenheit) nicht feststellen lässt, kann gleichwohl ein Sachmangel zu bejahen sein. Das Schlagwort **„Schwerstmangel"** kennzeichnet diese Fallgruppe nur oberflächlich. Es geht um gravierende Rostschäden, speziell am Unterboden, den Türschwellern und den Radhäusern. Vereinzelt suchte man in diesen Fällen eine Lösung mit Hilfe der Lehre vom Wegfall (Fehlen) der Geschäftsgrundlage,[597] wenn eine arglistige Täuschung durch Verschweigen oder gar Kaschieren[598] nicht nachgewiesen werden konnte. Dieser Ausweg ist weiterhin abzulehnen.[599] Auch die Irrtumsvorschriften sind unanwendbar.[600] Die richtige Lösung muss unmittelbar aus der Sachmängelhaftung entwickelt werden.

Zur Sollbeschaffenheit eines jeden Gebrauchtwagens, der nicht ausdrücklich oder stillschweigend (z. B. Preis) als **Schrott- oder Bastlerwagen** angeboten wird, gehört es, dass er sich mindestens in einem Zustand befindet, der eine **Teilnahme am Straßenverkehr** möglich macht. Das ist im Regelfall die **vertraglich vorausgesetzte Verwendung**, jedenfalls aber die **gewöhnliche Verwendung**. Das Fahrzeug muss **fahrbereit** im Sinne von BGH NJW 1993, 1854 sein. Das Fahrzeug darf nicht so verkehrsunsicher sein, dass seine sofortige Stillegung anzuordnen ist.

Diesen **Mindeststandard** kann man auch mit **Zulassungsfähigkeit** beschreiben. Zu undifferenziert ist der Standpunkt des LG Augsburg, wenn der Sinn eines Gebrauchtwagenkaufs darin gesehen wird, „dem Käufer ein zwar genutztes, aber fahrtüchtiges und verkehrssicheres Fahrzeug zu verschaffen".[601] Die Verkehrssicherheit ist schon beeinträchtigt, wenn z. B. die Bremsbeläge abgefahren sind oder ein Stoßdämpfer defekt ist. In diesem Zustand wäre eine Teilnahme am Straßenverkehr unzulässig. Solche Mängel lassen sich ohne weiteres und oft auch ohne großen Kostenaufwand beheben. Auch dem OLG Köln kann nicht gefolgt werden, wenn es einen Fehler i. S. v. § 459 I BGB a. F. schon dann bejaht, wenn „die Beschaffenheit des Kraftfahrzeugs infolge der Rostschäden einer Zulassung zum Straßenverkehr entgegensteht, weil das Fahrzeug nicht mehr verkehrssicher ist".[602] Zu ergänzen ist: ... und eine Instandsetzung technisch unmöglich oder wirtschaftlich gesehen unzumutbar ist.[603]

Nach dem **heutigen Stand der Technik** lassen sich auch umfangreiche Durchrostungen beseitigen. Ein **technischer** Totalschaden als Folge von Korrosion ist selten. In vielen Fällen wird die Beseitigung eines Rostschadens jedoch wirtschaftlich gesehen unvertretbar sein.

---

597 OLG München 10. 5. 1971, DAR 1972, 329; OLG Karlsruhe 17. 11. 1970, JZ 1971, 294; zum Problem auch OLG Hamm 15. 1. 1979, JZ 1979, 266 m. Anm. *Liebs*, S. 441.
598 Dazu BGH 23. 4. 1986, NJW 1986, 2319 = WM 1986, 867; OLG Frankfurt 30. 6. 1989, DAR 1989, 463; vgl. auch *Eggert*, DAR 1989, 121.
599 St. Rspr. des BGH, z. B. Urt. v. 6. 6. 1986, BGHZ 98, 100 = WM 1986, 1189; s. auch Rn 1779.
600 Dazu OLG Karlsruhe 16. 12. 1987, NJW-RR 1988, 1138, s. auch Rn 1705 ff.
601 NJW 1977, 1534 m. Anm. *Eggert*, S. 2267.
602 Urt. v. 29. 10. 1976, 4 U 26/76, n. v.; ebenso OLG Karlsruhe 16. 12. 1987, NJW-RR 1988, 1138; in diese Richtung auch OLG Köln 8. 4. 1992, NJW 1993, 271; OLG Celle 20. 10. 1994, OLGR 1994, 329.
603 So auch LG Köln 31. 3. 1980, 16 O 349/79, n. v.; OLG Frankfurt 30. 6. 1989, DAR 1989, 463 m. Anm. *Knipfer*; OLG Stuttgart 13. 5. 1997, OLGR 1998, 256 (Lkw).

Ob **„wirtschaftliche Zulassungsunfähigkeit"** vorliegt, kann nur aufgrund der Umstände des Einzelfalles festgestellt werden. Maßgeblich ist vor allem der Wert des Fahrzeugs in mangelhaftem Zustand im Verkaufszeitpunkt, nicht etwa der Kaufpreis.[604] Ist ein für 5000 Euro verkauftes Fahrzeug tatsächlich nur noch 1000 Euro wert und belaufen sich die Instandsetzungskosten auf 2500 Euro, wird man wirtschaftliche „Zulassungsunfähigkeit" bejahen müssen. Eine Reparatur brächte keine nennenswerte Wertverbesserung mit sich, es sei denn, der Wagen hat einen Liebhaberwert.

Ein solcher Liebhaberwert ist bei einem 15 Jahre alten Sportwagen in Betracht zu ziehen.[605] Dass ein Fahrzeug dieses Alters stark rostbefallen ist, liegt auch für einen technischen Laien auf der Hand. Der Umstand, dass der Wagen noch fahrbereit ist und zum Verkauf angeboten wird, könnte allerdings dafür sprechen, dass die Rostschäden zwischenzeitlich bearbeitet worden sind. Der Käufer, der für einen 15 Jahre alten Sportwagen, Mercedes 190 SL, Mitte der siebziger Jahre 6000,– DM bezahlt hat, ging für den Verkäufer erkennbar davon aus, dass das Fahrzeug in seinen wesentlichen Teilen länger als drei Monate verkehrssicher sein werde. Reißt drei Monate nach Übergabe infolge von Durchrostung des gesamten Bodenbleches die Hinterradaufhängung, dann war der Wagen trotz seines hohen Alters schon im Zeitpunkt der Übergabe mangelhaft.[606]

Verneint hat das OLG Köln im Jahre 1975 einen Sachmangel bei Instandsetzungskosten in Höhe von rd. 600,– DM für die Erneuerung eines Bodenblechs bei einem Kaufpreis von 2300,– DM.[607] Keinen Schutz verdient auch der Käufer, dem die Notwendigkeit aufwendiger Rostreparaturen bekannt ist, wenn er sich nur über das Ausmaß der Durchrostung und die Höhe der Reparaturkosten irrt.[608] Schutzwürdig ist er nur bei arglistiger Täuschung. Ansonsten entfällt die Haftung des Verkäufers, wenn schon nicht wegen Fehlerlosigkeit, so doch aufgrund eines stillschweigenden Haftungsausschlusses bzw. gem. § 442 BGB.[609]

4. Bei **besonderer Rostanfälligkeit** (Verwendung zu dünnen Stahlblechs, unzulängliche Lackierung o. ä.) liegt gleichfalls ein Sachmangel vor, obwohl die ganze Serie oder alle Fahrzeuge des betreffenden Baujahres davon befallen sind, die Beschaffenheit also „üblich" ist (zu diesem Kriterium s. oben Rn 1257). Der nicht gezielt aufgeklärte Durchschnittskäufer braucht mit dieser Negativeigenschaft nicht ohne weiteres zu rechnen. Der infolge besonderer Rostanfälligkeit hervortretende Schaden stellt eine Vertragswidrigkeit im Sinne des § 434 I,2 Nr. 2 BGB dar.[610]

e) Unfallschaden und Unfallbeteiligung als Sachmangel

aa) Die Rechtsprechung vor der Schuldrechtsreform

1264 Fälle mit „Unfallfahrzeugen" sind bis zur Schuldrechtsreform meist unter dem Blickwinkel der **„arglistigen Täuschung"** erörtert worden (§§ 123, 463 S. 2, 476 BGB a. F.). Käufer solcher Autos begnügten sich nur selten mit den schuldunabhängigen Rechtsbehelfen der Wandlung oder Minderung. Entweder erklärten sie die Anfechtung wegen arglistiger Täuschung oder sie nahmen mit dem Schadensersatzanspruch wegen Nichterfüllung (§ 463 BGB a. F.) den stärksten Schutz in Anspruch, den das Gewährleistungsrecht alter Art bot.

---

604 OLG München 10. 5. 1971, DAR 1972, 329.
605 Auch bei einem 13 Jahre alten VW-Cabrio, vgl. OLG Karlsruhe 16. 12. 1987, NJW-RR 1988, 1138; s. auch OLG Schleswig 27. 9. 1988, DAR 1989, 147.
606 So LG Köln 12. 4. 1978, 74 O 555/77, n. v.
607 Urt. v. 21. 10. 1975, 9 U 48/75, n. v. (Renault 4).
608 Vgl. OLG Karlsruhe 16. 12. 1987, NJW-RR 1988, 1138.
609 Vgl. auch AG Nienburg 30. 6. 1993, ZfS 1993, 304.
610 Zur Offenbarungspflicht bei besonderer Rostanfälligkeit s. BGH 14. 3. 1979, NJW 1979, 1707 (Agenturfall); LG Münster 16. 2. 1989, DAR 1990, 22; zum Ganzen *Eggert*, DAR 1989, 121.

Die Voraussetzungen der Sachmängelhaftung

In den folgenden **vier Grundsätzen** kann die bisherige Rechtsprechung zusammengefasst werden:

1. Im Umfang **wahrheitsgemäßer Aufklärung** ist ein Unfallvorschaden kein Sachmangel,[611] wohl aber bei einer Bagatellisierung.[612]
2. Nur unbedeutende Beschädigungen, die bei vernünftiger Betrachtungsweise den Kaufentschluss schlechterdings nicht beeinflussen können, sind unerheblich i. S. v. § 459 I, 2 BGB a. F. Die Grenze für derartige **Bagatell- oder Einfachschäden** ist bei **Pkw/Kombis/Vans** eng zu ziehen.[613] Ein anderer Maßstab gilt bei **Nutzfahrzeugen**.[614]
3. Ein Unfallschaden bleibt ein Sachmangel, wenn das Fahrzeug **unsachgemäß repariert** worden ist,[615] es sei denn, dass es unter ausdrücklichem Hinweis auf diesen Umstand oder als Bastler- oder Schrottwagen oder zum Ausschlachten verkauft worden ist.
4. Ein Fahrzeug, das bei einem Unfall beschädigt wurde, kann selbst dann fehlerhaft sein, wenn es **sach- und fachgerecht repariert** worden ist, d. h., auch die bloße Unfallbeteiligung kann einen Fehler i. S. v. § 459 I BGB a. F. darstellen.[616]

bb) Aufklärung bestimmt die Vertragsmäßigkeit

Vorrang hat auch nach altem Recht die Frage gehabt, ob und inwieweit der Käufer über den Unfallschaden aufgeklärt worden ist. Die **Unfallbeteiligung** kann nämlich als vertragsgemäßer Zustand gemeinsam vorausgesetzt worden sein.[617] Das war bereits eine Frage des § 459 I BGB a. F. (subjektiver Fehlerbegriff), nicht erst des § 460 BGB a. F. Dem § 459 I BGB a. F. war nur der Unfallschaden entzogen, der von **beiden Seiten übereinstimmend** angenommen wurde. Ist das Ausmaß der Beschädigung in Wirklichkeit größer oder ist eine offenbare Beschädigung entgegen der Erklärung des Verkäufers nicht fachgerecht beseitigt worden, so war das Fahrzeug nicht sachmängelfrei.

Es war eine Frage der Auslegung der vom Verkäufer erteilten Information über den Unfallschaden, welche Fahrzeugschäden infolge Aufklärung aus der Sachmängelhaftung herausfielen.[618] Zur Bezeichnung „**Unfallwagen**" s. Rn 1669.; zur Auslegung von Informationen über Unfallbeschädigungen und deren Reparatur s. Rn 1151 f. Wird ein Auto als „**Bastlerfahrzeug**" verkauft, braucht der Käufer allein aufgrund dieser Beschreibung nicht von einem Unfallschaden auszugehen.[619] Bei einer Falschbezeichnung (Verwechselung) von Vorschäden wurde ein Sachmangel ohne Weiteres nicht angenommen.[620]

---

611 BGH 22. 6. 1983, NJW 1983, 2242; s. auch OLG Hamm 19. 10. 1994, NJW-RR 1995, 689 (Verkauf eines unreparierten Unfallwagens).
612 OLG Schleswig 26. 8. 1994, ZfS 1994, 447 (Händlerankauf).
613 BGH 3. 12. 1986, NJW-RR 1987, 436 = WM 1987, 137 m. w. N.
614 BGH 3. 3. 1982, NJW 1982, 1386; vgl. auch BGH 18. 9. 1979, NJW 1980, 281; OLG Düsseldorf 3. 2. 1994, OLGR 1994, 213 (Ford Transit).
615 OLG Braunschweig 23. 8. 1991, Nds. Rpfl. 1992, 26; s. auch OLG Hamm 9. 9. 1996, DAR 1996, 499.
616 BGH 8. 1. 1959, BGHZ 29, 148 = NJW 1959, 620 (Lkw); BGH 3. 3. 1982, NJW 1982, 1386 (Lkw); BGH 10. 10. 1977, NJW 1978, 261; BGH 29. 6. 1977, NJW 1977, 1915; BGH 29. 1. 1975, NJW 1975, 642; OLG Düsseldorf 12.3. 1999, 22 U 180/98 n. v.; OLG Köln 30. 6. 1964, DAR 1965, 22; OLG München 14. 7. 1981, DAR 1982, 100; OLG Bamberg 2. 3. 1994, NJW-RR 1994, 1333 (missverständlich); OLG Schleswig 26. 8. 1994, ZfS 1994, 447; Brandenburgisches OLG 17. 1. 1995, OLGR 1995, 89; OLG Frankfurt 7. 7. 2000, OLGR 2001, 29 = DAR 2001, 359, Ls.
617 So im Fall BGH NJW 1983, 2242; vgl. auch OLG Nürnberg 28. 11. 1991, NZV 1992, 442 und OLG Hamm 19. 10. 1994, NJW-RR 1995, 689.
618 Vgl. OLG Frankfurt 18. 9. 1991, ZfS 1992, 230 und hier Rn 1151 f.
619 OLG Nürnberg 9. 6. 2000, 6 U 4302/99, n. v.; AG München 14. 12. 1993, DAR 1994, 329.
620 LG Köln 19. 9. 1996, 2 O 376/95, n. v.

cc) Erheblichkeitsgrenze

1266 Die Vorschrift des § 459 I,2 BGB a. F. nahm unerhebliche Fehler schon auf der Tatbestandsebene aus der Haftung heraus. Die Abgrenzung zwischen einem haftungsbegründenden erheblichen Unfallschaden und einem so genannten Bagatellschaden hat in der Rechtsprechung breiten Raum eingenommen.[621]

Das Augenmerk war auf **Viererlei** zu richten: Erstens darauf, ob es um einen Pkw oder um ein Nutzfahrzeug ging. Zweitens, ob ein Fall der Arglisthaftung (§§ 463 S. 2, 123 BGB a. F.) oder der Grundtatbestand des § 459 I BGB a. F. Gegenstand der Entscheidung war. Es wurde die Auffassung vertreten, dass es bei arglistigem Verschweigen eines Sachmangels nicht darauf ankomme, ob dieser Mangel den Wert oder die Tauglichkeit des Kaufobjekts erheblich oder unerheblich mindere (s. Rn 1616). Drittens war von Bedeutung, ob der Verkäufer nach einem Unfallschaden gefragt worden war oder nicht. Davon hing das Maß der geschuldeten Aufklärung ab. Viertens: Beim Fehlen einer zugesicherten Eigenschaft hat die Bagatellregel des § 459 I, 2 BGB a. F. nicht gegolten.[622] Ganz geringfügige Beschädigungen sind jedoch durch Auslegung des Begriffes „unfallfrei" ausgeklammert worden, vgl. Rn 1146.

1267 Zur **Erheblichkeitsgrenze nach § 459 I,2 BGB a.F.**: Dogmatisch bedenklich, dafür wenigstens praktikabel war der Vorschlag, sich an einer bestimmten Größenordnung der **Schadensbeseitigungskosten** zu orientieren. Der 24. Verkehrsgerichtstag (1986) hat für **Pkw** folgende Empfehlung ausgesprochen: „Erheblich ist ein Unfallschaden, wenn seine Behebung in fachlich einwandfreier Reparatur bei heute gegebenem Preisniveau im Regelfall mehr als 1000,– DM erfordert."[623] Dieser Grenzziehung[624] ist die Rechtsprechung bis in die neunziger Jahre gefolgt.[625] Nicht anders als bei der Bagatellschadensgrenze für die Erstattungsfähigkeit unfallbedingter Sachverständigenkosten war jedoch allein schon wegen der gestiegenen Kosten eine Korrektur fällig.

Nach Ansicht des OLG Koblenz[626] ist ein Blechschaden an einem **Pkw** mit einem Reparaturkostenaufwand von mehr als 1660 DM kein Bagatellschaden mehr. Das OLG Celle[627] sieht die Bagatellgrenze bei Reparaturkosten von 2120 DM als überschritten an (Austausch eines Kotflügels und der Beifahrertür bei einem Audi 80). Hinzuweisen ist auch auf das Urteil des OLG Frankfurt vom 7. 7. 2000.[628] Entgegen dem in DAR 2001, 359 abgedruckten Leitsatz hat der Senat die Grenze nicht bei 1000 DM gezogen. Siehe auch OLG Karlsruhe 27. 3. 2001, DAR 2002, 167 = OLGR 2001, 301.

Bei **Nutzfahrzeugen** liegt die Bagatellgrenze deutlich höher als bei Pkw/Kombis.[629]

---

621 BGH 20. 3. 1967, NJW 1967, 1222 mit Unterscheidung zwischen „Blechschäden" und „Bagatellschäden"; BGH 3. 3. 1982, NJW 1982, 1386 (Lkw); BGH 3. 12. 1986, NJW-RR 1987, 436; OLG Köln 11. 6. 1975, DAR 1975, 327 (zum Begriff Unfallfreiheit); OLG Oldenburg 8. 11. 1990, NJW 1991, 1187; LG Aachen 29. 12. 1961, NJW 1962, 395; LG Bremen 13. 10. 1983, DAR 1984, 91; vgl. auch OLG Köln 6. 10. 1989, NZV 1990, 311 (bei Schramme im Blech keine Abrechnung auf Neuwagenbasis).
622 So im Ergebnis auch OLG Hamm 14. 6. 1994, OLGR 1994, 181; ebenso LG Frankfurt 24. 9. 1997, 2/12 O 186/97, n. v.
623 DAR 1986, 112.
624 Kritisch *Hörl*, ZfS 1991, 145.
625 OLG Düsseldorf 23. 1. 1992, OLGR 1992, 139; AG Königswinter 28. 6. 1991, 9 C 66/91, n. v.
626 Urt. v. 4. 12. 1997, VRS 96, 241.
627 Urt. v. 23. 6. 1995, 4 U 301/94, n. v.
628 OLGR 2001, 29 = DAR 2001, 359.
629 BGH 3. 3. 1982, NJW 1982, 1386; OLG Düsseldorf 3. 2. 1994, OLGR 1994, 213.

dd) Reparaturdefizite

Bei unsachgemäßer Unfallinstandsetzung hat die Rechtsprechung richtigerweise einen Sachmangel angenommen (s. Rn 1264). **1268**

Ob ein Unfallschaden **technisch einwandfrei** beseitigt worden ist, bestimmt sich nach den herrschenden Regeln der Unfallreparaturtechnik.[630] Diese Regeln, die mehr sind als nur faktische Verhaltensmuster, unterliegen einem ständigen Wandel. Die Methoden der Unfallinstandsetzung aus den fünfziger und sechziger Jahren sind heute längst überholt. Was vor zwanzig Jahren noch tolerabel war, ist heute oft nicht mehr Stand der Technik. Eine Reparatur durch Richten und Ausbeulen muss qualitativ nicht schlechter sein als eine Reparatur unter Einsatz von Neuteilen.[631]

Durch die Studie von *Sommer* „Crashverhalten unfallreparierter Fahrzeuge" ist diese Ansicht jedoch in Frage gestellt worden. Die Arbeit beschreibt die Auswirkung eines Folgeschadens an einem VW Golf, nachdem der Erst-Unfallschaden repariert worden ist. Ergebnis: 70% höhere Reparaturkosten durch umfangreichere Verformungen als beim Erst-Unfall. Auch wurde die Insassensicherheit bei dem Folgeschaden angezweifelt (Reaktion des Airbags nicht hundertprozentig). Die Automobilindustrie in Zusammenarbeit mit dem Allianzzentrum (AZT) hat inzwischen den Gegenbeweis geliefert. Danach hat eine fachgerecht unter Beachtung der Richtlinien der Automobilhersteller durchgeführte Reparatur keine Auswirkungen auf die Karosseriesteifigkeit und das Deformationsverhalten. Bei einem Folgeschaden tritt keine Erhöhung der Repararaturkosten auf. Ebenso wird die Sicherheit der Insassen in keiner Weise beeinträchtigt.[632]

Sofern eine Unfallinstandsetzung nicht in einer Kfz-Fachwerkstatt oder in einem Karosserie-Spezialbetrieb, sondern in **Eigenregie**, durch **Bekanntenhilfe** oder in **Schwarzarbeit** erfolgt ist, spricht eine tatsächliche Vermutung für **Pfusch- und Flickarbeit**. Unerheblich für die Qualität einer Unfallreparatur ist es, ob die Werkstatt fabrikatsgebunden oder „frei" ist.[633] Andererseits kann auch in einer Fachwerkstatt eine so genannte Behelfsreparatur („Notreparatur") oder auf besonderen Wunsch des Kunden eine „Billigreparatur" durchgeführt worden sein. Bei Unfallschäden an älteren Fahrzeugen kommt Letzteres aus rein wirtschaftlichen Erwägungen nicht selten in Betracht. **1269**

Ein weiteres Problem stellt sich, wenn die Instandsetzung – **zeitwertgerecht** – unter Verwendung von **Altteilen** durchgeführt worden ist. Dass eine Unfallreparatur mit gebrauchten Ersatzteilen technisch einwandfrei möglich ist, steht grundsätzlich außer Frage.[634] Die **Gebrauchstauglichkeit** (Betriebssicherheit und Verkehrssicherheit) muss uneingeschränkt gewährleistet sein, um Sachmängelfreiheit bejahen zu können. Auch der Wert eines auf diese Weise reparierten Fahrzeugs darf nicht geringer sein als derjenige eines mit Neuteilen „vollwertig" reparierten Unfallfahrzeugs.[635]

Ein gleichfalls neues Phänomen ist der so genannte **Reparaturtourismus**. Nach der Verkehrsanschauung ist ein Pkw sachmangelhaft, wenn er im osteuropäischen Ausland instand gesetzt worden ist.[636]

---

630 OLG Karlsruhe 19. 2. 1987, NJW-RR 1987, 889; OLG Karlsruhe 10. 5. 1996, SP 1996, 348.
631 So OLG Karlsruhe 10. 5. 1996, SP 1996, 348.
632 Vgl. Kfz-betrieb 1999, Nr. 49/50.
633 OLG Düsseldorf 25. 4. 2001, DAR 2001, 499 = NZV 2001, 475.
634 Kfz-Betrieb 8/2001, S. 18.
635 Zu diesem Themenkreis s. *Reinking*, DAR 1999, 56; *Pamer*, DAR 2000, 150.
636 OLG Celle OLGR 1996, 208 – Polen; vgl. auch OLG Köln VersR 1994, 111 = OLGR 1993, 301 – Türkei; s. auch *Otting*, DAR 1997, 291.

ee) fachgerechte Reparatur und merkantiler Minderwert

1270 Auch bei einem **sach- und fachgerecht** reparierten Unfallfahrzeug kann bekanntlich eine Wertminderung in Form eines merkantilen Minderwerts zurückbleiben. Darin hat man den Sachmangel gesehen.[637] Überzeugender ist, nicht an die Werteinbuße, sondern an die **Vorschädigung** anzuknüpfen. Trotz sach- und fachgerechter Instandsetzung haftet sie dem Fahrzeug weiterhin als dauerhafter Makel an.[638]

Ob der gekaufte Wagen am Tag seiner Auslieferung allein aufgrund des reparierten Vorschadens einen **geringeren Marktwert** als ein sonst gleichwertiges Fahrzeug ohne – beseitigten – Unfallschaden hat, lässt sich nicht anhand von Tabellen oder mit Hilfe ähnlich schematischer Wertermittlungsmethoden beurteilen. Maßgeblich sind die konkreten Bedingungen des Marktes am Übergabetag gerade für den gekauften Fahrzeugtyp. Es kommt auf die individuelle Marktgängigkeit des Kaufobjekts an.[639] Bei einem „Marktrenner" spielt z. B. ein fachmännisch reparierter Heckschaden bei der Preisbildung so gut wie keine Rolle. Anders verhält es sich bei wenig marktgängigen Fahrzeugtypen.[640] Sie können durch den Unfall erst recht unverkäuflich werden. Im Übrigen gilt der Satz: Je älter ein Fahrzeug und je höher seine Laufleistung ist, je länger es sich nach einem Unfall bewährt hat und je tiefer sein Wert im Unfallzeitpunkt schon gesunken war, desto mehr geht der merkantile Minderwert in Richtung Null. Bei älteren Fahrzeugen wird eine ordnungsgemäße Reparatur vielfach zu einer **Wertsteigerung** führen. Deshalb verneinen *Ruhkopf/Sahm* einen merkantilen Minderwert bei Fahrzeugen, deren Zeitwert unter 40% des Neuwertes gesunken ist.[641] Gerade in dieser Preiskategorie liegt der durchschnittliche Gebrauchtwagen. In der Rechtsprechung zum Unfallschadensrecht ist die Tendenz zu beobachten, den früher eher großzügig gewährten Anspruch auf Ersatz des merkantilen Minderwertes zu beschränken.

f) Sachmangel/Pflichtverletzung nach neuem Recht

1271 An die Ergebnisse der Rechtsprechung zum alten Recht kann grundsätzlich angeknüpft werden. Entsprechend dem Aufbau des § 434 I BGB n. F. empfiehlt sich bei der Fallbearbeitung **vom Subjektiven zum Objektiven** vorzugehen. Zu den Fällen der Beschaffenheitsvereinbarung/Beschaffenheitsgarantie bei **ausdrücklichen Angaben** zum Thema „Unfall" s. Rn 1145 ff.

1272 Sofern im Kaufvertrag und bei den Vertragsverhandlungen keine abweichenden Informationen erteilt worden sind, gilt ein Gebrauchtwagen auch ohne ausdrückliche Zusage der Unfallfreiheit kraft **stillschweigender** Beschaffenheitsvereinbarung als „unfallfrei" verkauft.[642]

Eine stillschweigende (konkludente) Beschaffenheitsvereinbarung über die Unfallfreiheit ist dem Verkaufsverhalten eines **Erstbesitzers** unabhängig davon zu entnehmen, wie alt sein Fahrzeug ist. Zwar muss der Käufer älterer Fahrzeuge eine Unfallbeteiligung in stär-

---

637 So BGH 22. 6. 1983, NJW 1983, 2242; OLG Bremen 2. 7. 1968, DAR 1968, 269; OLG Köln 24. 2. 1972, 10 U 95/71, n. v.; MK-*Westermann*, § 459 Rn 37; vgl. auch *Rixecker*, DAR 1986, 106, 107; *Hörl*, DAR 1986, 97, 101; *ders.*, ZfS 1991, 145; allgemein zum Problem *Soergel/Huber*, § 459 Rn 61 ff.; *Grunewald*, S. 78 f.
638 Vgl. auch BGH 10. 10. 1977, NJW 1978, 261, 262; OLG München 14. 7. 1981, DAR 1982, 100; OLG Düsseldorf 9. 11. 1995, OLGR 1996, 41 – Neufahrzeug.
639 So auch *Hörl*, ZfS 1991, 145.
640 Geringe Stückzahl, geringe Nachfrage, hoher Preis, dazu AG Essen 16. 5. 1988, NZV 1989, 229.
641 VersR 1962, 596; kritisch *Hörl*, ZfS 1991, 145; für Ersatz des merkantilen Minderwertes auch bei älteren Fahrzeugen OLG Düsseldorf 17. 11. 1986, DAR 1988, 159.
642 Zustimmend LG Köln 30. 5. 1988, 16 O 535/87 (rk), n. v.; vgl. auch *Landscheidt/Segbers*, NZV 1991, 289, 292; *Soergel/Huber*, § 459 Rn 62 mit zweifelhaftem Hinweis auf BGHZ 29, 148.

Die Voraussetzungen der Sachmängelhaftung

kerem Maße in Betracht ziehen als z. B. beim Kauf eines Jahreswagens. Jeder Pkw hat im statistischen Durchschnitt innerhalb von nur drei Jahren einen Unfall, der kein Bagatellschaden ist. Dementsprechend wird regelmäßig nach einer etwaigen Unfallbeteiligung des angebotenen Fahrzeugs gefragt. Die Beschädigung durch einen Verkehrsunfall gehört jedoch auch bei älteren Fahrzeugen nicht zur üblichen Beschaffenheit. Unfallfreiheit ist auch hier normal. Von den derzeit rd. 27 Mio. Pkw und Kombis über fünf Jahre sind Millionen noch nie in einen Unfall verwickelt gewesen.

Beim Kauf vom – schweigenden – **Nachbesitzer** ist zu differenzieren: Eine gesicherte Kenntnis von einer etwaigen Unfallbeteiligung kann der Käufer nur für den Zeitraum voraussetzen, in dem der Verkäufer Eigentümer und Besitzer des Wagens war. Hinsichtlich der restlichen Zeit muss er vernünftigerweise ein Informationsdefizit des Verkäufers in Rechnung stellen. Je länger die Vorbesitzerkette ist, desto weniger kann er wissen. Die stillschweigende Zusage „unfallfrei" muss demnach bei allen Fahrzeugen, die nicht Ersthandwagen sind, auf die **eigene Eigentums- und Besitzzeit** des Verkäufers beschränkt werden.

Wenn eine Beschaffenheitsvereinbarung nicht festgestellt werden kann, auch nicht in Gestalt einer stillschweigenden/konkludenten, beurteilt sich die Sachmängelfrage nach den **objektiven Kriterien** des § 434 I,2 Nr. 2 BGB. Die Nr. 1 (vertraglich vorausgesetzte Verwendung) wird in diesem Zusammenhang keine große Rolle spielen. Auch die Eignung zur gewöhnlichen Verwendung i. S. v. Nr. 2 dürfte nicht das Problem sein, wenn der Unfallschaden sachgerecht behoben ist. Reparaturdefizite (Einzelheiten dazu unter Rn 1268 f.) können allerdings bereits die Eignung für die gewöhnliche Verwendung beeinträchtigen. Das beurteilt sich auch nach den Vorschriften der StVZO. 1273

Bei sach- und fachgerecht durchgeführten Unfallreparaturen diente unter der Herrschaft des § 459 I BGB a. F. die Werteinbuße als Maßstab für die Fehlerfeststellung. Eine unerhebliche Wertminderung konnte einen Fehler nicht begründen. Zur Erheblichkeitsgrenze s. Rn 1267. Nach der Auswirkung auf den Wert der Sache fragt die neue Sachmangelvorschrift nicht mehr. Abgesehen davon können jetzt auch unerhebliche Abweichungen von der Soll-Beschaffenheit zur Haftung führen, wenn auch nicht zur Rückabwicklung des gesamten Vertrages. Nur eine „erhebliche Pflichtverletzung" gibt ein Recht zum Rücktritt bzw. einen Anspruch auf den „großen" Schadensersatz.

Die schon auf der Ebene des Haftungstatbestandes, nicht erst auf der Rechtsfolgenseite notwendigen Einschränkungen, wird die Rechtsprechung anhand der Kriterien der **„üblichen Beschaffenheit"** und der **Käufererwartung** vornehmen. Notwendig sind Begrenzungen auf der Tatbestandsebene deshalb, weil ohne sie eine Minderung oder ein „kleiner" Schadensersatz – beide Rechtsbefehle setzen eine erhebliche Pflichtverletzung nicht voraus – praktisch nicht funktionieren.

Geringfügige Blechschäden wie Kratzer, Schrammen, kleinen Beulen, leichten Verformungen von Kunststoffteilen, Risse im Scheinwerferglas oder einer Delle in einer Felge können entweder zur „üblichen Beschaffenheit" gehören und/oder der Käufererwartung, objektiv verstanden, entsprechen.[643] Das hängt ganz von den Umständen des Einzelfalls ab, insbesondere vom Fahrzeugalter, der Art der Vorbenutzung und der gefahrenen Kilometer. Ein gewisses Maß an Rechtsunsicherheit bei der Einschätzung und Abgrenzung wird es hier immer geben. Abzuwarten bleibt, ob die Rechtsprechung die bisherige Erheblichkeitsgrenze (s. Rn 1267) nur dazu benutzt, erhebliche Pflichtverletzungen/Sachmängel von unerheblichen zu trennen, sie also nur auf der Rechtsfolgenseite einsetzt (allgemein dazu Rn 1385 ff.), oder ob sie Käufer bei nach altem Recht unerheblichen Unfallfolgen sogar

---

643 Zum Kriterium der Verkehrsanschauung s. OLG Karlsruhe 27. 3. 2001, DAR 2002, 167 = OLGR 2001, 301.

mit der Minderung und dem „kleinen" Schadensersatz ausschließt (Nacherfüllung scheidet von vornherein aus). Letzteres wäre nicht unvertretbar.

g) Weitere Einzelfälle der Sachmängelhaftung

1274 Neben der Fallgruppe „technische Defekte/Sicherheitsmängel", den Unfallschadensfällen und den Fällen „sonstige Beschädigungen" – z. B. **Hagelschaden,**[644] **Vandalismusschaden, Nässeeinwirkung durch Hochwasser** u. a.,[645] **Brandschaden** – gibt es beim Gebrauchtfahrzeugkauf eine **weitere Gruppe** von Vertragsstörungen, die bisher gleichfalls der Sachmängelhaftung unterstellt worden sind. Gemeinsames Merkmal dieser Fallgruppe ist die Tatsache, dass es nicht um die gegenständliche („körperliche") Beschaffenheit des Kraftfahrzeugs geht, sondern um Umstände, die mit seinem Zustand unmittelbar nichts zu tun haben.[646] Insoweit kamen nach altem Kaufrecht als Fehler im objektiven Sinne in Betracht:

– höheres Alter
– höhere Zahl von Vorbesitzern
– falscher Kilometerstand/höhere Gesamtfahrleistung
– atypische Vorbenutzung
– Fehlen oder Erlöschen der Betriebserlaubnis wegen Fahrzeugveränderung/vorübergehende Zulassungs- und Gebrauchshindernisse (auch „Gewichtsprobleme")
– Falscheintragung im Fahrzeugbrief
– Veränderungen an der Fahrgestellnummer
– Fehlen des Versicherungsschutzes
– Fehlen der TÜV- und AU-Abnahme
– Fehlen von Steuerbefreiung bzw. -vergünstigung
– Fehlen von Garantieschutz
– Fehlen von Bordunterlagen (Serviceheft, Betriebsanleitung etc.)
– Unterlassen von Wartungsarbeiten und Inspektionen
– Chip-Tuning

aa) Höheres Alter als Sachmangel

1275 Verkäuferinformationen über das Fahrzeugalter oder das Alter bestimmter Bauteile (z. B. Motor) hat die Rechtsprechung vielfach als Eigenschaftszusicherungen i. S. v. § 459 II BGB a. F. bewertet (vgl. Rn 1071 ff.). Wenn Baujahr- bzw. Erstzulassungsangaben fehlen oder nicht bewiesen sind, ist das maßgebliche **Soll-Alter** anhand der sonstigen Vertragsumstände zu ermitteln.

Der Käufer erwartet berechtigterweise, dass das Fahrzeug so alt ist, wie es das im **Fahrzeugbrief** eingetragene Datum der **Erstzulassung** vermuten lässt. Beim Vertragsschluss wird normalerweise stillschweigend vorausgesetzt, dass das Fahrzeug in dem Jahr gebaut worden ist, auf das der Zeitpunkt der Erstzulassung schließen lässt (z. B. EZ Feb. 02 = Baujahr 01, EZ Juli 02 = Baujahr 02). Dies auch dann, wenn der Käufer die Fahrzeugpapiere, insbesondere den Fahrzeugbrief, wider alle Vernunft nicht eingesehen haben sollte. Das Baujahr ist nicht offen ausgewiesen; zur Entschlüsselung der Fahrzeugidentifizierungsnummer (FIN) s. Rn 1073.

---

644 OLG Düsseldorf 23. 1. 1992, OLGR 1992, 139; AG Köln 10. 3. 1988, 129 C 434/87, n. v.
645 Vgl. auch OLG Koblenz 5. 9. 2002, 5 U 44/02, n. v. – Liegezeit im Rhein.
646 Zur Problematik nach neuem Kaufrecht s. *Haas* in: Das neue Schuldrecht, Kap. 5 Rn 98.

Die Voraussetzungen der Sachmängelhaftung

Kein verlässliches Altersindiz ist das Datum der (inländischen) Erstzulassung bei Fahrzeugen, die bereits im **Ausland** zugelassen waren, z. B. bei **Re-Importen**.[647] Auch bei Privatfahrzeugen von Angehörigen der Stationierungsstreitkräfte ist die Eintragung der EZ mit Vorsicht zu behandeln. Immer muss beachtet werden, dass das im Brief eingetragene Datum der EZ nur den Zeitpunkt der EZ im Geltungsbereich der StVZO darstellt. Im Übrigen wird der Inhalt der Alterserwartung durch den Kaufpreis, die Fahrleistung und den allgemeinen Erhaltungszustand bestimmt.[648] Auch das äußere Erscheinungsbild kann von Bedeutung sein, z. B. die Ausrüstung mit Teilen, die für ein bestimmtes Modell (Baujahr) typisch sind.

Wich das Soll-Alter von dem wirklichen Alter zum Nachteil des Käufers ab, war das Auto sachmangelhaft i. S. d. § 459 I BGB a. F.[649] Dem BGH (VII. ZS) kann nicht gefolgt werden, wenn er einen Fehler erst und nur dann bejaht, wenn durch das höhere Alter die Eignung des Fahrzeugs zum gewöhnlichen Gebrauch eingeschränkt wird.[650] Da der Unterschied zwischen Ist-Alter und Soll-Alter in den Praxisfällen mindestens zwölf Monate beträgt, was bereits etwa 10% der mutmaßlichen Nutzungsdauer eines Pkw ausmacht, wirkt sich die Altersabweichung wertmindernd aus. Es liegt auf der Hand, dass der Wert eines Fahrzeugs, das regelmäßig als längerfristiges Wirtschaftsgut angeschafft wird, erheblich durch die Tatsache beeinflusst wird, dass es aus einem früheren (älteren) Baujahr stammt.[651] Gerade deshalb ist das Alter eine verkehrswesentliche Eigenschaft, was auch vom BGH nicht geleugnet wird. **1276**

Die Rechtsprechung zu § 459 I BGB a. F. hat nicht nur den Fehler gemacht, ausschließlich auf das Kriterium „Gebrauchstauglichkeit" abzustellen. Dieser Begriff ist auch zu eng verstanden worden. Die Tauglichkeit zum „gewöhnlichen Gebrauch" ist bei einem Kfz mehr als bloße Funktionsfähigkeit zu einem bestimmten Zeitpunkt. Dieses Kriterium enthält auch ein zeitliches Element: technisch und rechtlich (StVZO) ungestörte Mobilität innerhalb einer bestimmten Zeit. Je reparaturanfälliger ein Fahrzeug ist, desto stärker ist der Gebrauchsnutzen beeinträchtigt. Die Reparaturanfälligkeit ist wiederum abhängig vom Alter (Hauptgefahr insoweit: Korrosion) und von der Laufleistung. Zur Gebrauchstauglichkeit gehört ferner der Prestigenutzen, ein Aspekt, der beim Kauf eines Sportwagens Modell XY einen höheren Stellenwert hat als beim Erwerb eines Durchschnittsautos. Diese Zusammenhänge verkennt das OLG Stuttgart, wenn es sagt, Modell und Alter eines gebrauchten Pkw seien regelmäßig (!) ohne Einfluss auf die Gebrauchstauglichkeit.[652] Für diese These kann es auch nicht den BGH in Anspruch nehmen. Er hat im Mähdrescher-Fall (NJW 1981, 224) weitaus vorsichtiger formuliert. **1277**

Dass ein höheres Alter eines Kraftfahrzeugs einen Sachmangel darstellen kann, wird man unter der Geltung des **neuen Kaufrechts** nicht bezweifeln können. Damit ist eine – **1278**

---

647 Dazu OLG Hamm 12. 10. 1990, NJW-RR 1991, 505; OLG Celle 26. 2. 1998, OLGR 1998, 160; OLG Stuttgart 8. 10. 1999, 2 U 71/99, n. v.
648 Gegen die Annahme einer stillschweigenden Vereinbarung OLG Hamm 22. 6. 1993, DAR 1994, 120 = OLGR 1993, 301.
649 OLG Celle 26. 2. 1998, OLGR 1998, 160 (30 Monate bei Vorführfahrzeug); OLG Düsseldorf 28. 5. 1993, 22 U 283/92, OLGR 1/94 – Ls. (Abweichung des EZ-Datums um 8 Monate); anders OLG Düsseldorf 9. 6. 1989, 16 U 209/88, n. v. – EDV-Anlage.
650 Urt. v. 26. 10. 1978, NJW 1979, 160; v. 9. 10. 1980, NJW 1981, 224 (Mähdrescher); ebenso OLG Hamm 22. 6. 1993, DAR 1994, 120; OLG Stuttgart 8. 10. 1999, 2 U 71/99, n. v.; offen gelassen von BGH (VIII. ZS) 17. 5. 1995, NJW 1995, 2159; s. auch BGH (VIII. ZS) 6. 12. 1995, NJW 1996, 584 („allenfalls").
651 Als Faustformel kann gelten, dass der Wertverlust zu je 50% auf dem Alter und der bisherigen Laufleistung beruht.
652 Urt. v. 17. 3. 1989, NJW 1989, 2547; im Ergebnis ebenso OLG Stuttgart 8. 10. 1999, 2 U 71/99, n. v.; ablehnend auch *Soergel/Huber*, vor § 459 Rn 194, Fn. 30; *Giesen,* Jura 1993, 354, 369.

von einer Freizeichnungsklausel nicht erfasste – Anfechtung wegen Eigenschaftsirrtums (§ 119 II BGB) ausgeschlossen.[653] Siehe auch Rn 1707.

bb) Höhere Zahl von Vorhaltern und Vorbesitzern als Sachmangel

1279 Eigentum, Haltereigenschaft, Besitz und Benutzung (Fahrer/Führer) können, müssen aber nicht zusammenfallen. Nicht selten sind vier verschiedene (juristische oder natürliche) Personen in der vorbezeichneten Weise mit einem Kraftfahrzeug verbunden. Im (deutschen) Fahrzeugbrief stehen diejenigen Personen, auf deren Namen das Fahrzeug von einer deutschen Behörde zum Verkehr zugelassen worden ist. Nach dem Verständnis der StVZO und der Zulassungsstellen sind damit die Halter gemeint. So ist z. B. auf Seite 6 der amtlichen Fahrzeugbriefvordrucke von „weiteren Halter-Eintragungen" die Rede. Im Einklang damit wird in den üblichen Kaufvertragsformularen nach der „Zahl der Halter lt. Fz-Brief" gefragt. Die Formulierung „Zahl der Vorbesitzer lt. Fz-Brief" ist selten geworden. Beide Klauseln sind synonym. „Vorbesitzer" ist hier identisch mit (Vor-)Halter. Der im Brief dokumentierte Halterwechsel wird auch als „Besitzumschreibung" bezeichnet.

Die wahren Besitzverhältnisse können sich ganz anders als nach dem Brief zu vermuten darstellen. So kann ein und dasselbe Fahrzeug nur einen eingetragenen Halter, aber mehrere (unmittelbare) Besitzer gehabt haben. Dieses Phänomen des **Kettenbesitzes** ist insbesondere bei älteren Gebrauchtwagen und bei Unfallfahrzeugen zu beobachten. In Zahlung genommene Altwagen dieser Art werden vom Neufahrzeughandel meist an gewerbliche Wiederverkäufer abgegeben. Sie können dann mehrere Stationen durchlaufen, ohne dass dies im Fahrzeugbrief aufscheint. Es gehört zu den Auswirkungen der Schuldrechtsreform, dass Altwagen auf diese Weise „wandern". Zur Aufklärungspflicht in solchen Fällen s. Rn 1282.

Normalerweise ist mit dem Halterwechsel auch ein Besitzerwechsel verbunden. Bei einem mehr als nur vorübergehenden Standortwechsel (Umzug) ist trotz unveränderter Besitzverhältnisse eine neue Haltereintragung erforderlich (§ 23 StVZO).

1280 Nach repräsentativen Untersuchungen sind ca. zwei Drittel der Gebrauchtwagenkäufer der Ansicht, dass sich eine höhere Zahl von Vorbesitzern (Voreintragungen) negativ auf den Wert von Personenwagen auswirkt, zumal bei schneller Folge der Besitzumschreibungen. Auf die Anzahl der tatsächlichen Benutzer (Fahrer) – nur der eingetragene Halter oder auch dessen Angehörige, Angestellte u. a.? – kommt es für die Wertschätzung weniger an. Dieser Punkt liegt auch meist im Dunkeln. Von Bedeutung ist die Anzahl nicht im Brief eingetragener (Zwischen-)Besitzer nicht zuletzt mit Blick auf den Grad der Verlässlichkeit von Verkäuferangaben „laut Vorbesitzer", z. B. zur Unfallfreiheit/bestimmten Vorschäden oder zur Gesamtlaufleistung. Das wirft die Frage nach einer Aufklärungspflicht des Verkäufers auf (s. Rn 1282).

1281 Da vor allem der Wert, aber auch die Gebrauchstauglichkeit bei einer höheren Anzahl von Vorbesitzern bzw. Vorhaltern beeinträchtigt sind, hat die Rechtsprechung bei erheblichen Abweichungen vom Soll-Zustand einen Fehler i. S. v. § 459 I BGB a. F. bejaht.[654] Dies selbst dann, wenn einer der eingetragenen Vorhalter den Wagen nachweislich nicht benutzt hat. Auch ein Eigentümerwechsel, der sich im Fahrzeugbrief nicht niedergeschlagen hat, kann einen Sachmangel darstellen, sofern der unmittelbare Besitz auf eine andere

---

653 So auch – mit unterschiedlicher Begründung – die nahezu einhellige Meinung im Schrifttum, vgl. *Flume*, DB 1979, 1637; *Honsell*, JuS 1982, 810; *Soergel/Huber*, § 459 Rn 305; *Giesen*, Jura 1993, 369; für die Anwendung von Gewährleistungsrecht auch der österreichische Oberste Gerichtshof, Urt. v. 16. 2. 1960, EvBl. 1960, Nr. 138; vgl. auch *Berg*, JuS 1981, 179 und JR 1979, 156.
654 LG Gießen 2. 9. 1959, DAR 1960, 14; LG Köln 3. 10. 1980, 11 S 134/80, n. v.; LG Köln 25. 10. 1983, 3 O 491/87, n. v.; s. auch BGH 7. 3. 1978, NJW 1978, 1373.

Person übertragen worden war. Auf die Dauer des Zwischenbesitzes und den tatsächlichen Gebrauch kann es unter dem Gesichtspunkt der Erheblichkeit ankommen (dazu Rn 1385 ff.) Eine im Kaufvertrag nicht mitgeteilte weitere Haltereintragung ist nach Ansicht des OLG Celle[655] ausnahmsweise (wert-) neutral, wenn das Fahrzeug als Taxi benutzt worden ist und die zusätzliche Haltereintragung nachprüfbar nicht mit einem Besitzwechsel verbunden war.

Wird ein Gebrauchtfahrzeug von einem zum anderen Händler weitergegeben, ohne dass dies durch eine Haltereintragung sichtbar wird (verdeckter Kettenbesitz), so muss der Käufer über die Zwischenbesitzer, deren Anzahl und Eigenschaft aufgeklärt werden. Ohne gegenteiligen Hinweis geht er nämlich davon aus, dass sein Vertragspartner das Fahrzeug von demjenigen übernommen hat, der im Fahrzeugbrief als letzter Halter eingetragen ist. Weiter kann und darf er annehmen, dass mit Blick auf die „Angaben laut Vorbesitzer" ein direkter Informationsaustausch zwischen dem Verkäufer und dem letzten Halter, dem mutmaßlichen Vorbesitzer, stattgefunden hat. Wenn das nicht der Fall war, es also an einer unmittelbaren Informationsquelle fehlt, stellen die vertragstypischen Quellenangaben (. . . „laut Vorbesitzer") eine Irreführung des Käufers dar. Je mehr Zwischenbesitzer, desto geringer die Verlässlichkeit der Informationen. Wird die **Offenbarungspflicht** verletzt, ist das ein Fall der Sachmängelhaftung. Die Anzahl der Besitzer gehört zur Beschaffenheit des Fahrzeugs im weiteren Sinn. Sieht man dies anders, muss dem Käufer ein Schadensersatzanspruch wegen Verschuldens bei den Vertragsverhandlungen gegeben werden (§§ 280 I, 311 II BGB).

Dazu, wann die Anzahl der Vorhalter/Vorbesitzer eine **garantierte** (früher: zugesicherte) Eigenschaft ist, s. Rn 1159. In Fällen ohne Beschaffenheitsgarantie wird die Haftung häufig an § 442 I,2 BGB scheitern. Auch von einem Privatkäufer ist zu verlangen, dass er bei der ohnehin erforderlichen Prüfung des Fahrzeugbriefes einen Blick auf die Anzahl der Voreintragungen wirft.[656]

Zum Sonderfall des Verkaufs von Import/Re-Importfahrzeugen s. Rn 1694.

cc) Falscher Kilometerstand/höhere Gesamtlaufleistung als Sachmangel

Nicht immer ist die km-Laufleistung Gegenstand einer **Beschaffenheitsgarantie** (dazu ausführlich unter Rn 1101 ff.). Sie kann auch Inhalt einer **„einfachen" Beschaffenheitsvereinbarung** nach § 434 I,1 BGB oder gar nicht „vereinbart" sein, nicht einmal stillschweigend bzw. durch schlüssiges Verhalten. Angesichts der Weite des Zusicherungsbegriffs gerade in km-Stand-Fällen blieb nach der **bisherigen Rechtsprechung** für Fehlerhaftigkeit nach § 459 I BGB a. F. nur wenig Raum.

In dem seltenen Fall eines Verkaufs ohne jegliche Angabe über den km-Stand und/oder die Laufleistung kommt es auf die übliche Beschaffenheit und auf die berechtigte Käufererwartung an. Diesem objektiven Ansatz (§ 434 I,2 Nr. 2 BGB) ist der Vorzug zu geben vor der Konstruktion einer stillschweigenden Beschaffenheitsvereinbarung.

Es gehört zu den Normaleigenschaften eines gebrauchten Kraftfahrzeugs, nicht wesentlich mehr gelaufen zu sein, als der Kilometerzähler anzeigt.[657] Das Auseinanderklaffen von Gesamtfahrleistung und Tachostand ist auch bei solchen Fahrzeugen eine Ausnahme, die noch nicht mit einem sechsstelligen Zählwerk ausgerüstet sind. Der durchschnittliche km-Stand eines gebrauchten Pkw im Verkaufszeitpunkt liegt seit Jahren mit etwa 70.000 deutlich unter der kaum noch relevanten „Umspringgrenze" von 99.999.

---

655 Urt. v. 21. 6. 1990, NJW-RR 1990, 1527.
656 LG Köln 25. 10. 1988, 3 O 491/87, n. v.
657 Zustimmend OLG Nürnberg 25. 2. 2002, 5 U 4250/01.

1285 Stimmt der Stand des Kilometerzählers mit der wirklichen Fahrleistung nicht überein, so liegt ein Sachmangel gemäß § 434 I,2 Nr. 2 BGB vor, wenn der Käufer unter den konkreten Umständen, insbesondere mit Rücksicht auf das Alter des Fahrzeugs, berechtigterweise von der Richtigkeit des angezeigten Kilometerstandes im Sinne der Gesamtfahrleistung ausgehen durfte.[658] Die durchschnittliche Laufleistung von Personenkraftwagen pro Jahr bietet beim Pkw-Kauf eine wertvolle Orientierungshilfe (2001 ca. 13.000 km). Wer ein Fahrzeug erwirbt, das vorwiegend geschäftlich genutzt worden ist, gar als Taxi, hat eine überdurchschnittliche Jahresfahrleistung in Rechnung zu stellen. 20.000 km pro Jahr sind insbesondere bei Diesel-Fahrzeugen nicht ungewöhnlich. Auch Behördenfahrzeuge haben eine überdurchschnittliche Fahrleistung. Zweitwagen liegen hingegen deutlich unter dem Durchschnitt.

Um Divergenzen von jeweils 100.000 km (ausgelöst durch das Umspringen des fünfstelligen Zählwerks) ging es in den Entscheidungen OLG Frankfurt BB 1980, 962; OLG Oldenburg MDR 1978, 844; OLG Köln MDR 1975, 53; OLG München DAR 1974, 296 und OLG Hamm NJW 1968, 903.

1286 Wird ein Fahrzeug unter der erklärten oder stillschweigenden Voraussetzung verkauft, dass es mit dem Originaltacho ausgerüstet sei, so hat das Fahrzeug einen Sachmangel, wenn nachträglich ein gebrauchter Ersatztacho eingebaut worden ist.[659] Bei einer **Tachoauswechselung** ohne genauen km-Nachweis durch eine autorisierte Werkstatt ist die wirkliche Fahrleistung nicht mehr kontrollierbar. Auch ein nicht ausräumbarer **Manipulationsverdacht** kann die Sachmängelhaftung auslösen. Der Verdacht muss auf **konkrete** Tatsachen gestützt und vom Käufer durch zumutbare Maßnahmen nicht zu beseitigen sein. Die einzelnen Verdachtsmomente müssen nachweislich aus der Zeit vor Übergabe des Fahrzeugs herrühren.[660]

1287 Nur eine **erheblich** höhere tatsächliche Fahrleistung als die nach dem Tachostand vertraglich vorausgesetzte hat die Rechtsprechung als Fehler im Sinne von § 459 I BGB a. F. angesehen. Ohne Cirka-Klausel oder eine den Umständen nach stillschweigend vereinbarte Einschränkung ist die Frage nach der vom Käufer hinzunehmenden Abweichung ein Problem der **Erheblichkeit** der Divergenz von Ist- und Sollbeschaffenheit und damit nach **neuem Kaufrecht** nur noch für die **Rechtsfolgeseite** relevant.

Grundsätzlich wird man sagen können, dass der Käufer eines älteren Fahrzeugs mit hoher Laufleistung eine größere Abweichung zu akzeptieren hat als der Erwerber eines jüngeren Wagens. Eine Divergenz von 40% – wie im Fall OLG Celle DAR 1959, 209 – braucht ein Käufer in keinem Fall hinzunehmen. Das OLG Zweibrücken hat bei einem älteren Mercedes 450 SLC mit mehr als 160.000 km eine nachgewiesene Abweichung von mindestens 8000 km als erheblich angesehen.[661] Demgegenüber meint das OLG Schleswig, dass eine Abweichung von 7711 km bei zugesicherten 85.531 km nicht genüge, um die Zusicherungshaftung zu begründen.[662] Im Rahmen des § 459 II BGB a. F. hat die Rechtsprechung das

---

658 OLG Nürnberg 25. 2. 2002, 5 U 4250/01; OLG Düsseldorf 15. 10. 1992, OLGR 1993, 81; OLG Köln 26. 2. 1986, OLGZ 1987, 439 = NJW-RR 1986, 988 (Motorrad); OLG Zweibrücken 25. 10. 1984, DAR 1986, 89; OLG Karlsruhe 17. 11. 1970, JZ 1971, 294; OLG Celle 5. 1. 1959, DAR 1959, 209 = BB 1959, 249; OLG Köln 6. 6. 1974, DAR 1975, 53; OLG Frankfurt 16. 10. 1979, BB 1980, 962; LG Münster 6. 10. 1993, ZfS 1993, 409; OLG Celle 9. 6. 1994, OLGR 1995, 35 (Ankauf).
659 OLG Köln 26. 2. 1986, NJW-RR 1986, 988 = OLGZ 1987, 439; LG Münster 6. 10. 1993, ZfS 1993, 409.
660 Vgl. auch OLG Hamm 1. 12. 1994, OLGR 1995, 41 (zeitlich nicht fixierbare Lötung am Tacho).
661 Urt. v. 25. 10. 1984, DAR 1986, 89.
662 Urt. v. 7. 2. 1985, AH 1985, 269 (Az. der Vorinstanz – LG Itzehoe – 3 O 749/82); vgl. auch OLG Köln 26. 2. 1986, NJW-RR 1986, 988; OLG Celle 9. 6. 1994, OLGR 1995, 35.

Die Voraussetzungen der Sachmängelhaftung　　　　　　　　　　　　　　　　**1288, 1289**

Abweichungsproblem durch eine interessengerechte Vertragsauslegung gelöst.[663] Die Haftung für zugesicherte Eigenschaften trat unabhängig von einer Beeinträchtigung des Wertes oder der Tauglichkeit der Sache ein.

Die für ihn nachteilige **Abweichung** zwischen der Soll-Fahrleistung und der Ist-Fahrleistung hat – nach Übergabe – der Käufer **darzulegen** und zu **beweisen.** Es genügt nicht, wenn er vorträgt, der Wagen bzw. der Motor müsse wesentlich mehr gelaufen sein, als der Tachometer ausweist.[664] Auf der anderen Seite ist es nicht erforderlich, die tatsächliche Fahrleistung zu behaupten. Hierzu wäre der Käufer kaum in der Lage, zumal bei einem Streit nur um die Laufleistung des Motors.[665] Der Käufer erfüllt seine **Darlegungspflicht,** wenn er Umstände vorträgt, aus denen geschlossen werden kann, dass der vertraglich vorausgesetzte Kilometerstand nicht der Wirklichkeit entspricht.[666] Dass an dem Tachometer manipuliert worden ist (z. B. durch Zurückdrehen des Zählwerks, Fahren mit ausgehängter Tachowelle, Einbau eines Ersatztachos), wird der Käufer nur selten in Erfahrung bringen, geschweige denn beweisen können. Anders als früher werden Pkw-Tachometer heute nicht mehr plombiert. Eine Plombierung war nur bei Taxis und Mietwagen vorgeschrieben. **1288**

Der Käufer wird seinen Vortrag meist auf **Hilfstatsachen** stützen, z. B. auf ein Missverhältnis zwischen Alter und angeblicher Laufleistung. Hohe Fahrleistungen hinterlassen trotz aller Pflege Spuren, die auch durch eine noch so geschickte optische Aufbereitung nicht völlig beseitigt werden können. Aufschlussreich ist insbesondere der Zustand der Reifen und des Motors. Ob ein Fahrzeug 30.000 km oder 130.000 km gelaufen ist, kann ein Sachverständiger ohne Weiteres feststellen. Schwieriger ist der Nachweis, dass ein Fahrzeug nicht 60.000, sondern 80.000 km oder statt 130.000 km 230.000 km gelaufen ist. Hier kann häufig nur eine **Motormessung** (Vermessung der Zylinderbohrungen) letzte Klarheit bringen. Diese Methode ist indes umständlich und kostspielig. Die Ausleuchtung der Zylinder mittels eines Aviascopes kann genügen. Mitunter reichen schon die Eintragungen im Service-Heft (Scheckheft) oder Werkstattrechnungen zum Nachweis aus. Als Beweismittel kommt schließlich auch der Untersuchungsbericht des TÜV in Betracht. Aus statistischen Gründen wird darin der Tachometerstand im Zeitpunkt der Vorführung vermerkt.

Gelingt dem Käufer der Nachweis einer **Manipulation des Kilometerstandes** (dazu auch Rn 1110), so ist auch der gutgläubige Verkäufer in der Haftung. Schon ein berechtigter **Manipulationsverdacht,** der auf konkrete Tatsachen gestützt und praktisch nicht auszuräumen ist, löst die Sachmängelhaftung aus. Bei einem Wiederverkauf müsste der Käufer die Verdachtsgründe offenbaren, um sich nicht dem Vorwurf der arglistigen Täuschung auszusetzen.

dd) Atypische Vorbenutzung als Sachmangel

Gebrauchtwageninteressenten wird in den einschlägigen Publikationen dringend geraten, sich nach der **Art der Vorbenutzung** des angebotenen Fahrzeugs zu erkundigen, insbesondere die Haltereintragungen im Fahrzeugbrief auf etwaige **Firmenzulassungen** zu überprüfen. Personenkraftwagen mit gewerblicher Vorbenutzung gelten allgemein als nicht empfehlenswert. Dazu gehören vor allem Fahrzeuge von **Vertretern, Taxi-, Miet-** und **Fahrschulunternehmen.** Diese Einschätzung beruht – ähnlich wie bei reparierten Unfallfahrzeugen – vorwiegend auf einer gefühlsmäßigen Abneigung. Aus technischer Sicht sind die Vorbehalte kaum zu erklären. Es trifft nicht zu, dass Taxis, Mietwagen und Fahrschulwagen weniger sorgfältig gepflegt und gewartet werden als privat genutzte **1289**

663　Vgl. auch Rn 1102, 1105.
664　LG Köln 23. 11. 1978, 6 O 298/78, n. v.
665　Ohne besonderen Hinweis des Verkäufers ist davon auszugehen, dass der Kilometerstand die Fahrleistung des Fahrzeugs als Ganzes anzeigt.
666　Zustimmend LG Münster 6. 10. 1993, ZfS 1993, 409.

Durchschnittsautos. Bei Taxis besteht der Hauptunterschied darin, dass sie vorwiegend im Stadtverkehr eingesetzt werden. Der höhere Kaltstartanteil wirkt sich bei der heutigen Qualität der Motoren – bei Taxis überwiegend Dieselmotoren – nicht mehr nennenswert aus.

Auch sonst ist der **Erhaltungszustand** von Taxis und Mietwagen objektiv besser als allgemein angenommen. Eine überdurchschnittlich hohe Laufleistung indiziert zwar einen entsprechend stärkeren Verschleiß- und Abnutzungsgrad. Dies ist indes keine Besonderheit von Taxis und Fahrschulwagen. Da dem Käufer eines solchen Fahrzeugs die überdurchschnittlich hohe Gesamtfahrleistung bekannt oder jedenfalls erkennbar ist, kann eine Einschränkung der Verwendungsmöglichkeit im Allgemeinen nicht mit einer höheren Abnutzung begründet werden. Insbesondere bei Dieselfahrzeugen mit Automatik besteht insoweit kein erheblicher Unterschied zu privatgenutzten Fahrzeugen mit gleicher Laufleistung.

Eine für den Käufer nachteilige Abweichung von der Soll-Beschaffenheit (rein private Vorbenutzung) wird, wenn überhaupt, nur unter dem Gesichtspunkt des **merkantilen Minderwertes** bejaht werden können. Abschläge vom Normalpreis sind bei Taxis, Miet- und Fahrschulwagen allgemein üblich. Die Preise in den Listen von DAT und Schwacke beziehen sich auf **überwiegend privat genutzte** Fahrzeuge.[667] Nicht anders verhält es sich bei den Privatmarktpreisen, die von der Fachzeitschrift auto, motor und sport in regelmäßigen Abständen veröffentlicht werden. Da Gebrauchtwageninteressenten nicht bereit sind, für ein Taxi, einen Miet- oder einen Fahrschulwagen den gleichen Preis zu bezahlen wie für ein entsprechendes „Normalauto", pflegen Händler bei der Hereinnahme von Altwagen danach zu fragen, ob eine solche Vorbenutzung gegeben ist. Beim Agenturgeschäft musste der Auftraggeber hierzu eine schriftliche Erklärung im Auftragsformular abgeben. In vielen Ankaufformularen („Ankaufscheinen"), insbesondere bei Inzahlungnahmen, ist eine entsprechende Rubrik vorhanden. Dass es sich bei atypischer Vorbenutzung (Verwendung) um einen **wertbildenden Faktor** handelt, geht auch aus einer vergleichbaren Rubrik in den meisten Kaufvertragsformularen hervor.

Zur Vorfrage, ob **ausdrückliche Angaben** über die Art der Vorbenutzung **Beschaffenheitsgarantien** darstellen oder nur Gegenstand einer „einfachen" Beschaffenheitsvereinbarung sind, s. Rn 1157. Gemessen an den objektiven Prüfkriterien stellt nicht jede atypische Vorbenutzung einen Sachmangel dar.[668]

Entscheidend hängt das vom Alter, der Fahrleistung, der Art des Motors (Diesel oder Otto) und insbesondere von der Dauer der atypischen Vorbenutzung ab. Der nur vorübergehende Einsatz als Taxi, z. B. von drei Vorbesitzern war nur einer ein Taxiunternehmer, löst keinen merkantilen Minderwert aus.[669] Bei einem langjährigen, ununterbrochenen Einsatz als **Fahrschulwagen**[670] ist eine erhebliche Wertminderung und damit ein (offenbarungspflichtiger) Sachmangel bejaht worden.[671] Offenbarungspflichtig kann auch ein früherer Einsatz als **Testfahrzeug** sein, z. B. beim Hersteller („Typprüffahrzeug", „Vorserien-

---

667 In der „SCHWACKE-Liste Pkw" nicht mehr ausdrücklich erwähnt; außergewöhnliche Einsatzbedingungen sind aber als Korrekturfaktor aufgeführt.
668 OLG Düsseldorf 26. 7. 2000, OLGR 2001, 19 – Mietwagen.
669 Mangel daher verneint von OLG Köln 12. 11. 1980, 16 U 1/79, n. v.; vgl. auch BGH 12. 5. 1976, BB 1977, 61 m. Anm. *Trinkner* = WM 1976, 740; LG Berlin 7. 2. 1975, VersR 1976, 396; OLG Düsseldorf 13. 7. 1995, 13 U 60/94 – Offenbarungspflicht bejaht; ca. 30-monatiger Einsatz als Taxi.
670 OLG Nürnberg 28. 3. 1985, MDR 1985, 672 = DAR 1986, 26; OLG Köln 11. 5. 1990, NJW-RR 1990, 1144; OLG Oldenburg 13. 6. 1983, DAR 1984, 86, 87.
671 Vgl. OLG Köln 20. 11. 1998, NZV 1999, 338 = OLGR 1999, 121.

Die Voraussetzungen der Sachmängelhaftung

fahrzeug").[672] Zum Verkauf eines Händlerfahrzeugs, das sowohl als Vorführwagen (dazu Rn 1160) als auch als Ersatzwagen für Werkstattkunden gedient hat, s. OLG Düsseldorf NJW-RR 1997, 427.

Problematisch ist auch der Kauf von ehemaligen **Miet- und Leihwagen,** wenn diese Fahrzeuge nicht direkt vom Mietwagenunternehmer erworben werden. Die großen internationalen Autovermieter haben so genannte Buy-Back-Vereinbarungen mit den Herstellern und Importeuren getroffen. Nach einer Nutzungsdauer von 4, 6 bzw. 12 Monaten kommen die Fahrzeuge zurück. Zurzeit beträgt der Anteil der Autovermieter am Gebrauchtfahrzeugmarkt ca. 10%. Bis zum Jahr 2005 dürfte sich dieser Anteil verdoppeln. Der Handel bietet diese Fahrzeuge nicht immer ausdrücklich als Ex-Mietwagen an. Eine Zulassungszeit von nur 6 Monaten[673] signalisiert dem Kundigen aber, dass es sich um einen ehemaligen Mietwagen handelt. Ein weiterer Hinweis darauf ist – abgesehen von der Eintragung im Fahrzeugbrief – eine verkürzte TÜV-Frist. Ist die Mietwageneigenschaft beiden Seiten bekannt, kann sie einen Sachmangel nicht begründen. 1290

Der Käufer, der nach der Auslieferung entdeckt, dass sein Auto als Mietwagen benutzt worden ist, wird eine für ihn negative Abweichung von der Soll-Beschaffenheit mit folgenden Argumenten begründen: 1. Erfahrungsgemäß wird mit fremdem Eigentum nicht so sorgfältig umgegangen wie mit einem eigenen Wagen; 2. ständiger Wechsel der Fahrer; 3. Unerfahrenheit mit dem gemieteten Fahrzeugtyp (keine sichere Beherrschung der Technik). Diese Gründe sind nicht von der Hand zu weisen, insbesondere bei Cabrios (verkratzte Rückfenster u. a.). Eine Nichteignung für die gewöhnliche Verwendung wird sich dennoch kaum nachweisen lassen. Eher passen die Kriterien „übliche Beschaffenheit" und Käufererwartung.

Bei äußerlich sichtbaren Spuren kann dem Verkäufer § 442 BGB helfen; daneben der Grundsatz, dass eine Offenbarungspflicht schon bei bloßer Erkennbarkeit von Mängeln verneint wird (BGH NJW-RR 1994, 907; NJW-RR 1997, 270 – Hauskauf; s. auch Rn 1617), jedenfalls bei Offenkundigkeit ausscheidet. Bei einem regel- und vorschriftsmäßig gewarteten Mietwagen dürfte der Verschleiß von Motor und sonstiger Mechanik im Allgemeinen nicht weiter fortgeschritten sein als bei einem privat genutzten Kraftwagen. Für das Gegenteil gibt es heute keine tatsächliche Vermutung mehr.

Zur **Minderung des Fahrzeugwertes** als Kriterium für die Annahme eines Fehlers (alter Definition) siehe OLG Köln NZV 1997, 312: Verkauf eines in den ersten 6 Monaten als Mietfahrzeug gelaufenen Fahrzeugs durch den **zweiten Halter** nach eigener fast zweijähriger Besitzzeit. Eine Offenbarungspflicht hat das OLG zutreffend verneint; ebenso das OLG Düsseldorf (OLGR 2001, 19) in einem ähnlich gelagerten Fall.

Für privat genutzte **Leasingfahrzeuge** gelten andere Regeln als für gewerblich genutzte Mietwagen. Die meisten Leasingverträge machen dem Leasingnehmer die Einhaltung der vorgeschriebenen Wartungs- und Pflegedienste zur Pflicht. Zumindest die Leasingfahrzeuge aus Privathand sind deshalb meist in einem überdurchschnittlich guten technischen Zustand. Für gewerblich genutzte Leasingwagen gilt dieser Erfahrungssatz nicht. Ihr Erhaltungszustand ist freilich nicht schlechter als der von Firmenwagen, die im Eigentum des Unternehmens standen. Ein Sachmangel ist in der Regel zu verneinen. 1291

Bei **Raucherfahrzeugen** und **Fahrzeugen von Tierhaltern** steht nicht die Technik, sondern eher die Hygiene auf dem Spiel. Da auch Personenwagen in erster Linie Ge- 1292

---

672 OLG Köln 31. 10. 1985, 12 U 55/85, n. v. (Teststrecke insgesamt 10.000 km); OLG Köln 9. 1. 2002, 17 U 75/01, n. v. – Teststrecke 192.000 km in 30 Monaten; LG Bonn 17. 2. 1989, 4 S 157/88, n. v.
673 So im Fall OLG Köln OLGR 1996, 262 = ZfS 1997, 56; ebenso OLG Köln 26. 7. 2000, OLGR 2001, 19.

brauchsgegenstände und keine Kultobjekte sein sollten, die Wirklichkeit sieht freilich oft anders aus, war nach § 459 I BGB a. F. die Gebrauchstauglichkeit das entscheidende Kriterium, an dem Geruchsbelästigungen und ähnliche Störungen zu messen waren. Prozessrelevant sind solchen Fälle nicht geworden. Selbst wenn in krassen Fällen ein Sachmangel vorliegen sollte, dürfte eine Haftung des Verkäufers an § 442 I,2 BGB scheitern.

Zu Vorführwagen, Dienstfahrzeugen und Geschäftswagen s. Rn 1160.

ee) Erlöschen der Betriebserlaubnis/Zulassungs- und Benutzungshindernisse

1293 Ein Kraftfahrzeug, das im Zeitpunkt der Übergabe keine gültige **Betriebserlaubnis** hat, ist im Allgemeinen sachmangelhaft; ein Rechtsmangel liegt nicht vor.[674] Das Vorhandensein einer Betriebserlaubnis ist die Grundvoraussetzung für eine rechtlich zulässige Benutzung eines Kfz im Straßenverkehr und damit entscheidend für die vertraglich vorausgesetzte Verwendung (§ 434 I,2 Nr. 1 BGB), zumindest für die gewöhnliche (§ 434 I,2 Nr. 2 BGB).

Das Erlöschen der im Regelfall **allgemein erteilten** Betriebserlaubnis (§ 20 StVZO) gem. § 19 II StVZO hat zur Folge, dass das Fahrzeug auf öffentlichen Straßen nicht mehr gefahren werden darf. Vorsätzliche oder fahrlässige Verstöße gegen dieses Verbot sind Ordnungswidrigkeiten i. S. d. § 69 a Abs. 2 Nr. 3 StVZO.[675] Zudem besteht die Gefahr des Regresses nach einem Unfall wegen Verlustes des Versicherungsschutzes (§§ 23, 25 VVG).

1294 Die **Allgemeine Betriebserlaubnis** (ABE) bleibt, wenn sie nicht ausdrücklich entzogen wird, bis zur endgültigen Außerbetriebsetzung des Fahrzeugs wirksam, solange nicht Teile des Fahrzeugs verändert werden, deren Beschaffenheit vorgeschrieben ist und deren Betrieb eine Gefährdung anderer Verkehrsteilnehmer verursachen kann (§ 19 Abs. 2 S. 1 StVZO). **Natürlicher Verschleiß** lässt die Betriebserlaubnis unberührt. Darüber, welche Veränderungen am Fahrzeug die Allgemeine Betriebserlaubnis und damit auch die Zulassung im Sinne von § 18 Abs. 1 StVZO automatisch erlöschen lassen, gibt der BMV-Beispielkatalog Auskunft.[676] Freilich ist er weder erschöpfend noch verbindlich. Er dient lediglich der Auslegung des § 19 Abs. 2 StVZO. Für den Gebrauchtwagenkauf von besonderer Bedeutung sind die Fälle der **Veränderungen am Motor,** sei es durch Einbau eines Ersatzmotors, sei es durch Veränderungen des Originalmotors. Daneben spielen **Fahrwerksveränderungen** und **Reifenumrüstungen** eine Rolle, wie z. B. in BGH NJW-RR 1991, 870. Zur Auswechslung des gesamten **Rahmens** eines Motorrades s. OLG Karlsruhe VRS 84, 241; vgl. auch OLG Oldenburg BB 1995, 430.

1295 **Motorumrüstungen** hat die **Rechtsprechung** in erster Linie unter dem Gesichtspunkt der Eigenschaftszusicherung (§§ 459 II, 463 S. 1 BGB a. F.) erörtert, s. dazu Rn 1131 ff. Sofern eine solche „Garantieübernahme" nicht festgestellt werden konnte, ging es um Fehlerhaftigkeit nach § 459 I BGB a. F., meist i. V. m. §§ 463 S. 2, 476, 477 BGB a. F.[677] Die Sachmangelhaftung wurde selbst dann bejaht, wenn eine dem Käufer mitgeteilte Fahrzeugveränderung durch eine konkrete Betriebserlaubnis mit Einzelabnahme behördlicherseits gebilligt worden ist (vgl. §§ 21, 22 StVZO), sie aber in technischer Hinsicht einen Risiko-

---

674 RG 4. 2. 1936, JW 1936, 1888; BGH 10. 7. 1953, BGHZ 10, 242; BGH 23. 2. 1960, VIII ZR 57/59, n. v. (mitgeteilt von *Mezger,* WM 1973, Sonderbeilage Nr. 1, S. 37); vgl. auch BGH 30. 1. 1991, NJW-RR 1991, 870 = WM 1991, 1041 (umgerüsteter Vorführwagen); BGH 22. 2. 1984, NJW 1984, 2287 (Fehlen einer Typ-Prüfung bei einem Kran); OLG Karlsruhe 1. 7. 1953, RdK 1954, 58 (fehlende Zulassungsfähigkeit bei Kfz-Anhänger).
675 Näher dazu *Eggert,* DAR 1985, 143, 149.
676 Abgedruckt bei *Hentschel,* § 19 StVZO.
677 Vgl. OLG Saarbrücken 27. 6. 1989, 7 U 135/88, n. v. (Verkauf eines Buggy durch Kfz-Meister); s. auch OLG Köln 2. 12. 1992, ZfS 1993, 85, 86.

Die Voraussetzungen der Sachmängelhaftung

faktor darstellte. So kann sich beispielsweise ein stärkerer Motor, dessen Einbau genehmigt worden ist, ungünstig auf die Funktionsfähigkeit und Lebensdauer des Motors selbst, aber auch anderer Teile wie Getriebe oder Hinterachse auswirken. Diese gesteigerte Fehleranfälligkeit kann als Mangel zu werten sein,[678] wobei aber im Rahmen der **Arglisthaftung** erhöhte Anforderungen an die subjektive Seite zu stellen sind, s. auch Rn 1696.

Um die Sachmängelhaftung auszulösen, muss sich das Fehlen bzw. der Wegfall der Betriebserlaubnis nicht mehr in erheblicher Weise zum Nachteil des Käufers auswirken. Die Erheblichkeit ist im **neuen Kaufrecht** nur noch für die **Rechtsfolgeseite** von Bedeutung (vgl. Rn 1385 ff.). Eine **erhebliche Beeinträchtigung** ist häufig zu verneinen. Die Allgemeine Betriebserlaubnis erlischt vielfach schon bei Veränderungen, die ohne nennenswerten Kostenaufwand rückgängig gemacht werden können (z. B. Entfernen eines unzulässigen Spoilers oder einer nicht genehmigten Schalldämpferanlage) oder deren behördliche Genehmigung weder viel Geld noch viel Zeit kostet. Wo die Grenze zwischen Bagatellstörung und erheblichem Sachmangel/Pflichtverletzung verläuft, hängt von den Umständen des Einzelfalles ab. Eine nur kurze Nichtbenutzbarkeit des Fahrzeugs begründet noch keine Sachmängelhaftung.[679] **1296**

Im **Grenzbereich** zwischen Sachmängel- und Rechtsmängelhaftung liegen die Fälle, die dadurch gekennzeichnet sind, dass die Zulassungsbehörde die vom Käufer beantragte Neuzulassung (Ummeldung) verweigert oder von der Erfüllung bestimmter Auflagen und Bedingungen abhängig gemacht hat, z. B. einer Begutachtung durch einen amtlich anerkannten Sachverständigen für den Kraftfahrzeugverkehr. Diese Fälle werden in der Rechtsprechung[680] unter dem Stichwort **„Zulassungsmangel"** oder „rechtliche Zulassungsunfähigkeit" erörtert. Soweit das Zulassungshindernis seinen wahren Grund in der Beschaffenheit des Fahrzeugs hat, was regelmäßig der Fall sein wird, greift nach h. M. die Sachmängel-, nicht die Rechtsmängelhaftung ein.[681] Wegen der jetzt **identischen Rechtsfolgen** ist die Abgrenzungsfrage weitgehend obsolet. Von Bedeutung bleibt sie im Hinblick auf Freizeichnungsklauseln. **1297**

Eine besondere Gruppe bilden Fälle mit **„Zuladungsproblemen"**, insbesondere bei Wohnmobilen[682] und Kombifahrzeugen.[683]

Die Verpflichtung des Verkäufers zur Übergabe der für die Ummeldung erforderlichen Unterlagen können die Vertragsparteien auch als **eigenständige Nebenpflicht** oder – wie beim Fahrzeugbrief – als **Hauptpflicht** ausgestaltet haben.[684] Nicht gefolgt werden kann dem OLG Stuttgart, wenn es einen Sachmangel darin sieht, dass der **Fahrzeugbrief** für die Zulassung nicht zur Verfügung stand, weil ein Dritter die Herausgabe verweigerte.[685] Der Hinweis des OLG Stuttgart auf die Entscheidung des BGH vom 10. 7. 1953[686] geht fehl. In dem BGH-Fall hatte der Käufer einen Fahrzeugbrief erhalten, wenn auch mit der Beson- **1298**

---

678 Offen gelassen von LG Köln 23. 5. 1991, 2 O 479/90, n. v.
679 Grundlegend BGH 10. 7. 1953, BGHZ 10, 242 = NJW 1953, 1505 = LM Nr. 1 zu § 459 Abs. 1 m. Anm. *Lindenmaier*: zu weit OLG Stuttgart 10. 4. 1970, DAR 1971, 13; vgl. auch BGH 26. 4. 1991, NJW 1991, 2138 (Hauskauf).
680 Bereits RG 4. 2. 1936, JW 1936, 1888; OLG Karlsruhe 1. 7. 1953, RdK 1954, 58; OLG Stuttgart 1. 4. 1953, NJW 1953, 1264; OLG Oldenburg 7. 1. 1997, OLGR 1997, 151 – Klassiker-Nachbau.
681 So wohl auch *Soergel/Huber*, § 459 Rn 30 ff.; § 434 Rn 19 ff.
682 OLG Düsseldorf 15. 6. 2000, OLGR 2001, 180; OLG Nürnberg 14. 11. 2001, NJW-RR 2002, 628 = DAR 2002, 219.
683 BGH 23. 5. 2001, VIII ZR 279/99, n. v.
684 Zu diesem Ansatz s. BGH NJW 1981, 1564 und BGH NJW 1984, 2287 m. Anm. *Vollkommer/Teske*, JZ 1984, 844; vgl. auch *Soergel/Huber*, § 459 Rn 30, § 444 Rn 10.
685 Urt. v. 10. 4. 1970, DAR 1971, 13.
686 BGHZ 10, 242 = NJW 1953, 1505.

derheit, dass die darin eingetragene Fahrgestellnummer nicht mit der ursprünglichen, sondern nur mit einer nachgeschlagenen Nummer übereinstimmte.

Bei **Vorenthaltung des Fahrzeugbriefes** haftet der Verkäufer nach allgemeinem Leistungsstörungsrecht, nicht nach §§ 434 ff. BGB.[687] Sachmängelrecht ist hingegen anwendbar, wenn dem Käufer daraus Nachteile erwachsen, dass Eintragungen im (ausgehändigten) Fahrzeugbrief nicht übereinstimmen mit der Beschaffenheit des Fahrzeugs selbst. Das Zueinanderpassen von Brief und Fahrzeug ist eine Sacheigenschaft (Beschaffenheitsmerkmal) des Fahrzeugs. Bei Nichtübereinstimmung der im Brief eingetragenen **Fahrgestellnummer** mit der tatsächlichen Fahrgestellnummer ist der Käufer zum Rücktritt vom Kaufvertrag berechtigt, sofern er nicht nur vorübergehend am Gebrauch des Fahrzeugs gehindert ist.[688] Bei nachträglicher Beseitigung des Zulassungsmangels kann das Festhalten an der Rückabwicklung des Vertrages treuwidrig sein.[689]

1299 Ständig kommt es vor, dass bei der Ausstellung der Fahrzeugpapiere **Eintragungsfehler** unterlaufen. Im Zuge der „Wende" (1989/1990) soll es in ostdeutschen Zulassungsstellen reihenweise zu derartigen Fehlern gekommen sein. Problematisch sind insbesondere die Zulassungen gebrauchter **Import- und Reimportfahrzeuge.** Wird versehentlich ein unrichtiges Erstzulassungsdatum oder ein falsches Baujahr eingetragen, so kann ein Sachmangel im Sinne von § 434 I, 2 Nr. 1 bzw. Nr. 2 BGB vorliegen. Zur Altersproblematik bei Reimportfahrzeugen vgl. auch Rn 1275, 1694.

Bei **Oldtimern** und Liebhaberfahrzeugen kann eine Äquivalenzstörung eher in einem zu geringen als einem zu hohen Alter liegen. Im Normalfall wird die Alterserwartung des Käufers nur enttäuscht sein, wenn das Fahrzeug tatsächlich älter ist, als es die Fahrzeugpapiere vermuten lassen. Ob man in dem höheren Alter des Fahrzeugs oder in der Falscheintragung einen Fehler erblickt, macht auch vom Standpunkt des BGH, wonach ein höheres Alter nicht schlechthin ein Sachmangel ist,[690] keinen Unterschied. Der Vermerk des Erstzulassungsdatums im Fahrzeugbrief enthält auch in Verbindung mit einem entsprechenden Hinweis im Kaufvertrag nicht die stillschweigende Zusage, dass diese Angabe inhaltlich richtig ist.[691]

1300 Wird bei der Ausstellung eines **Ersatzbriefes** aus der Reihe von mehreren Voreigentümern (Haltern) einer versehentlich nicht eingetragen, so kann auch dieser Umstand zur Sachmängelhaftung führen,[692] ebenso eine Abweichung bei der Herstellerangabe zwischen Ersatzbrief und Kaufvertrag.[693] Zur Aufklärungspflicht bei Vorhandensein eines Ersatzbriefes s. OLG Düsseldorf DAR 2002, 261 = NZV 2000, 83.

1301 Bei Aushändigung eines Fahrzeugs mit einem **gefälschten Brief** ist – anders als bei Vorenthaltung des ganzen Briefes – grundsätzlich Sachmängelrecht anzuwenden, sofern man mit dem BGH das Vorhandensein eines mit dem verkauften Fahrzeug übereinstimmenden Briefes als Eigenschaft des Fahrzeugs ansieht.[694]

Zur Rechtslage beim Verkauf eines Fahrzeugs mit gefälschter oder zu Unrecht erteilter TÜV-Plakette s. Rn 1140 ff.

---

687 Dazu Rn 920 f.
688 BGH 10. 7. 1953, BGHZ 10, 242 = NJW 1953, 1505; OLG Zweibrücken 4. 7. 1984, DAR 1985, 59; OLG Hamburg 12. 6. 1992, DAR 1992, 378; LG Freiburg 12. 5. 1953, DAR 1953, 212; a. A. OLG Hamm 24. 11. 1952, NJW 1953, 386; *Soergel/Huber,* § 459 Rn 30, § 444 Rn 10; *Schlechtriem,* NJW 1970, 1993; vgl. auch OLG Stuttgart 1. 4. 1953, NJW 1953, 1264.
689 Vgl. BGH 22. 2. 1984, NJW 1984, 2287, 2288.
690 Dazu Rn 1276.; zum Problem der Amtshaftung s. BGH 26. 11. 1981, VersR 1981, 242.
691 Dazu Rn 1076.
692 Siehe auch Rn 1159.
693 OLG Oldenburg 31. 1. 1995, NJW-RR 1995, 688.
694 Urt. 10. 7. 1953, BGHZ 10, 242 = NJW 1953, 1505.

Wird das Fahrzeug wegen des Verdachts einer vor dem Verkauf begangenen strafbaren **1302** Handlung gem. § 94 StPO **beschlagnahmt** oder findet eine **Sicherstellung** gem. §§ 111 b, 111 c StPO statt, so soll das kein Fall der Rechtsmängelhaftung sein.[695] Liegt der Grund für die Beschlagnahme in einem Sachverhalt, der die Sachmängelhaftung begründet (z. B. Veränderung der Fahrgestellnummer, dazu Rn 1303), so kann auf diesen Umstand zurückgegriffen werden. Bei Annahme eines Rechtsmangels tritt nach neuem Kaufrecht die gleiche Rechtsfolge ein.

Ein Benutzungshindernis kann sich auch daraus ergeben, dass der Käufer nicht über die erforderliche Fahrerlaubnis verfügt. Das ist grundsätzlich sein Risiko, weil er das Verwendungsrisiko trägt. Anders ist es, wenn der Verkäufer den führerscheinlosen Betrieb bzw. den Betrieb mit einem Führerschein ein bestimmten Klasse zugesagt hat.[696]

ff) Veränderung der Fahrgestellnummer/Fahrzeugidentifizierungsnummer

Durch die 8. Änderungsverordnung zur StVZO wurde in § 59 die bisherige Bezeichnung **1303** „Fahrgestellnummer" den internationalen Bestimmungen angepasst und in „Fahrzeug-Identifizierungsnummer" (FIN) umbenannt. Außer auf dem Fabrikschild (Typenschild) muss die Fahrzeug-Identifizierungsnummer auf dem Fahrgestell gut sichtbar eingeschlagen oder eingeprägt angegeben sein (§ 59 II StVZO). Beide Nummern müssen übereinstimmen. Wird ein Fahrzeug ohne oder mit einer nur schwer lesbaren oder mit einer neuen Fahrzeug-Identifizierungsnummer verkauft, so kann darin, aber auch wegen des Manipulationsverdachts, ein Mangel im Sinne von § 434 I,2 BGB liegen.[697]

Wie bei einem (unfallbedingten) Einbau eines Ersatzrahmens zu verfahren ist, ist in § 59 II StVZO näher geregelt. Fahrzeuge, die ohne vorherigen Unfall „umgenummert" worden sind, dürften in der Regel gestohlen sein. Der gestohlene Wagen erhält eine Fahrzeug-Identifizierungsnummer, die mit der Nummer in einem echten Fahrzeugbrief übereinstimmt. Den Brief haben die Täter zusammen mit einem Unfallfahrzeug mit Totalschaden korrekt erworben. Passend zum Brief wird dann ein Fahrzeug gestohlen und „umgenummert".[698]

Fahrzeuge mit sog. TP-Nummer im Fahrzeugbrief (Eigenfabrikate ohne Allgemeine Betriebserlaubnis) können gleichfalls sachmangelhaft sein. Allein mit der Vorlage des Briefes erfüllt der Verkäufer seine Offenbarungspflicht nicht.[699] Zur Aufklärungspflicht eines Gebrauchtwagenhändlers beim Verkauf eines Pkw, dessen FIN nach einem Diebstahl verfälscht und später an anderer Stelle neu eingestanzt worden ist, s. OLG Düsseldorf NZV 2000, 83 = OLGR 2000, 72 = DAR 2002, 261. Zur Haftung eines sich als Vermittler gerierenden Kfz-Händlers beim Verkauf eines gestohlenen Pkw mit einem Fahrzeugbrief aus einem Totalschadensfall mit einem anderen Fahrzeug s. OLG Düsseldorf 24. 6. 2002, 1 U 208/01, n. v.

---

695 OLG Köln 25. 7. 2001, OLGR 2002, 169; LG Bonn 23. 11. 1976, NJW 1977, 1822; *Soergel/Huber*, § 434 Rn 69; vgl. auch BGH 7. 5. 1997, NJW 1997, 3164; OLG München 26. 5. 1982, NJW 1982, 2330.
696 LG München I NZV 2000, 417; s. auch OLG Nürnberg NJW-RR 2002, 267.
697 BGH 10. 7. 1953, BGHZ 10, 242 = NJW 1953, 1505; LG Göttingen 10. 12. 1953, DAR 1954, 134; OLG Hamburg 11. 7. 1958, BB 1958, 896; OLG Zweibrücken 4. 7. 1984, DAR 1985, 59; OLG Hamburg 12. 6. 1992, DAR 1992, 378; SchlHOLG 4. 7. 1996, OLGR 1996, 339 = ZfS 1997, 17; s. auch BGH 7. 5. 1997, NJW 1997, 3164; LG Aachen 17. 4. 1997, NJW-RR 1997, 155; OLG Düsseldorf 23. 7. 1999, NZV 2000, 83 = DAR 2002, 261.
698 Vgl. BGH 7. 5. 1997, NJW 1997, 3164; SchlHOLG 4. 7. 1996, OLGR 1996, 339 = ZfS 1997, 17; OLG Düsseldorf 24. 6. 2002, 1 U 208/01, n. v. – Vermittler.
699 Vgl. auch OLG Oldenburg 4. 7. 1962, MDR 1962, 901.

gg) Fehlen von Versicherungsschutz

1304 Wenn jemand einen Gebrauchtwagen privat kauft, geht er zumeist davon aus, dass das Fahrzeug auch **haftpflichtversichert** ist. Ohne Deckungszusage eines Haftpflichtversicherers erfolgt keine Zulassung zum Straßenverkehr. Nur bei vorübergehend oder endgültig stillgelegten Fahrzeugen spricht der äußere Anschein gegen den Fortbestand des Versicherungsschutzes. Immer wieder kommt es vor, dass auch bei zugelassenen Fahrzeugen der Versicherungsschutz weggefallen ist,[700] sodass die Versicherung nach Leistung an einen unfallgeschädigten Dritten Rückgriff bei ihrem Vertragspartner nehmen kann. Durch den Übergang des Eigentums tritt der Käufer in das (gestörte) Versicherungsverhältnis ein (§ 158 b VVG i. V. m. §§ 69 ff. VVG).[701] Damit droht dem Käufer die **Regressgefahr**.

1305 Dem Käufer, der sich von der Regresshaftung freistellen lassen möchte, oder – nach Zahlung an die Versicherung – Ausgleich seines Schadens begehrt, ist mit der Sachmängelhaftung in Form von Minderung oder Rücktritt nicht gedient. Nur ein Schadensersatzanspruch hilft ihm weiter. Drei Anspruchsgrundlagen kamen **nach bisherigem Recht** in Betracht: Haftung aus § 463 S. 1 BGB a. F. wegen Fehlens einer (stillschweigend) zugesicherten Eigenschaft, Haftung aus § 463 S. 2 BGB a. F. wegen Verschweigens eines Mangels bzw. Vorspiegelung einer Eigenschaft und drittens Haftung aus culpa in contrahendo bzw. positiver Vertragsverletzung. Einen Sachmangel im Sinne der §§ 463 S. 2, 459 I BGB a. F. stellte das Fehlen des Haftpflichtversicherungsschutzes nicht dar.[702] Die Eigenschaft des Versichertseins war auch keine zusicherungsfähige Eigenschaft im Sinne der §§ 463 S. 1, 459 II BGB a. F.[703]

Der **BGH** hat diesen Fall mit Recht außerhalb der Sachmängelhaftung angesiedelt.[704] Verkauft ein **Kfz-Händler** unter Eigentumsvorbehalt einen ihm noch nicht gehörenden Pkw mit gültigem amtlichem Kennzeichen, so soll er sich wegen **positiver Vertragsverletzung** schadensersatzpflichtig machen, wenn er ohne eigene Nachforschungen über bestehenden Versicherungsschutz dem Käufer erklärt, dieser könne das Fahrzeug beruhigt fahren.[705]

1306 Nach **neuem Recht** folgt die Schadensersatzhaftung des Verkäufers aus §§ 280 I, 241 II BGB. Werden in einem Verkaufsgespräch auch Versicherungsprobleme erörtert, ist die Erklärung eines Kfz-Händlers, der Kunde könne fahren, nur so zu verstehen, dass Versicherungsschutz tatsächlich bestehe. Wie eine vergleichbare Erklärung eines **Privatverkäufers** zu deuten ist und welche Aufklärungspflicht er hat, ist bislang nicht entschieden. Ungeklärt ist ferner, ob ein Kfz-Händler von sich aus, also ungefragt, auf das Fehlen von Versicherungsschutz oder auf das Vorhandensein diesbezüglicher Zweifel hinzuweisen hat. Bei Bejahung einer Verkäuferhaftung wird sich der Käufer häufig ein **Mitverschulden** (§ 254 BGB) anrechnen lassen müssen. Grundsätzlich ist es seine Sache, für einen wirksamen Haftpflichtschutz zu sorgen.[706]

hh) Fehlen der TÜV-Abnahme/Abgasuntersuchung/Typ-Prüfung

1307 Das Fehlen einer gültigen Prüfplakette im Sinne von § 29 II StVZO (Hauptuntersuchung, kurz „TÜV") wird von Gebrauchtwagenkäufern nur selten beanstandet. Hauptstreit-

---

700 Z. B. wegen Nichtzahlung der Erstprämie.
701 BGH 7. 3. 1984, NJW 1984, 1967.
702 *Grunewald*, S. 74, 75.
703 A. A. OLG Köln 8. 2. 1955, DAR 1955, 161; vgl. auch Rn 1156.
704 BGH 26. 10. 1988, NJW-RR 1989, 211 = WM 1989, 26 = EWiR § 276 BGB 1/89, 129 *(Bischof)*; vgl. auch BGH 31. 10. 1990, NZV 1991, 108 (zweites Revisionsverfahren).
705 BGH, a. a. O., Fn 704.
706 BGH 7. 3. 1984, NJW 1984, 1968; BGH 26. 10. 1988, NJW-RR 1989, 211.

Die Voraussetzungen der Sachmängelhaftung   1308, 1309

punkt im Zusammenhang mit dem „TÜV" ist die Frage, welchen Erklärungswert Zusagen haben wie „TÜV neu" oder „TÜV 8/02". Dazu ausführlich unter Rn 1139 ff.

Hat der Verkäufer eine so genannte Typ-Prüfung nachzuweisen, was bei Sonderfahrzeugen wie etwa einem Baukran vorkommen kann, ist die Entscheidung des BGH vom 22. 2. 1984[707] zu beachten. Das Fehlen einer gültigen Typengenehmigung kann als Sachmangel, aber auch unter dem Gesichtspunkt der Verletzung einer vertraglichen Nebenpflicht zu werten sein. Die Abgrenzungsfrage hat mit der Schuldrechtsreform an Bedeutung verloren.

ii) Fehlen von Steuerbefreiung bzw. -vergünstigung

Bis 1985 wurde die Kfz-Steuer für alle Fahrzeuge nach dem Satz von 14,40 DM pro 100 ccm Hubraum berechnet. Seit 1986 werden **schadstoffarme** Fahrzeuge gefördert und herkömmliche Fahrzeuge ohne Abgasreinigung mit höheren Kfz-Steuern belegt. Die sich daraus ergebenden kaufrechtlichen Probleme werden im Zusammenhang mit dem Komplex „Beschaffenheitsgarantie" erörtert, s. dazu Rn 1129.   **1308**

jj) Fehlen von Garantieschutz

Bei keinem anderen Kaufobjekt spielen „Garantien" eine so große Rolle wie beim Auto. Neben der Neufahrzeug-Gewährleistung (Sachmängelhaftung), häufig fälschlich als „Garantie" bezeichnet, gibt es (echte) Garantien des Herstellers, sei es auf das gesamte Fahrzeug, sei es auf Teile, z. B. den Lack. Die meisten Hersteller gaben zudem vor der Schuldrechtsreform so genannte Mobilitätsgarantien und Garantien gegen Durchrostung. Reformbedingt haben die Hersteller ihre Garantieprogramme ab 2002 stark geändert.   **1309**

Ursprünglich auf das Neufahrzeug gegebene Garantien/Anschlussgarantien sind auch aus der Perspektive des Gebrauchtfahrzeugkaufs von erheblicher Bedeutung. Während die bisherigen Vollgarantien eine Regellaufzeit von mindestens einem Jahr hatten, waren die Fristen bei Lack- und Durchrostungsgarantien sehr viel länger. Wie die Mängelbeseitigungspflicht des Neuwagenhändlers von einem Eigentumswechsel unberührt bleibt (Ziff. VII, 3 NWVB n. F.), sind auch die Vollgarantien der Hersteller und deren Lack- und Durchrostungsgarantien in der Regel an das Fahrzeug und nicht an den Eigentümer gebunden. Auch Zweit- und Drittbesitzer können so in den Genuss dieser Garantien kommen.

Immer wieder kommt es vor, dass der Garantieschutz vor Fristablauf entfallen ist, etwa weil bestimmte **Kontroll- und Nachbehandlungspflichten** nicht eingehalten wurden. So mancher Gebrauchtwagenkäufer hat eine unangenehme Überraschung erlebt, wenn der Hersteller/Importeur ihm unter Hinweis auf derartige Versäumnisse den Garantieschutz versagt hat. Bei Gebrauchtwagen-Garantien,[708] die Vorbesitzern gewährt wurden, kann es zu einer vergleichbaren Situation kommen. Derartige Vertragsstörungen mit dem Sachmängelrecht zu erfassen, ist nicht unbedenklich. Das (Fort-)Bestehen von Garantieschutz wird man kaum als Beschaffenheitsmerkmal im Sinne des § 434 BGB ansehen können. Es geht nämlich um eine rechtliche Beziehung außerhalb der Kaufsache, ähnlich dem Fehlen von Versicherungsschutz (vgl. dazu Rn 1304) Bei fehlenden oder zeitlich reduzierten „Werksgarantien" – ein häufiges Problem bei Import und bei Re-Importfahrzeugen – hat die Rechtsprechung vereinzelt § 459 I BGB a. F. herangezogen.[709] Sachgerechter war es, bei Pflichtwidrigkeiten des Verkäufers, z. B. einer unzureichenden Aufklärung, Ansprüche aus c. i. c. oder pVV zu geben.[710] Nach **neuem Recht** ergibt sich ein Schadens-

---

[707] NJW 1984, 2287.
[708] Dazu Rn 1200 ff.
[709] LG Bielefeld 18. 12. 1970, MDR 1971, 661; OLG Frankfurt 30. 9. 1983, MDR 1984, 141; offen gelassen von BGH 9. 7. 1986, NJW-RR 1987, 239, 240 r. Sp.; vgl. auch OLG Hamm 20. 3. 1980, MDR 1980, 846 (zu § 123 BGB).
[710] So jetzt auch BGH 24. 4. 1996, NJW 1996, 2025.

ersatzanspruch aus §§ 280 I, 241 II BGB, ggfls. auch aus § 282 BGB iVm § 280 I BGB.

Der Garantieschutz kann auch durch Versäumnisse bei werksseitig vorgeschriebenen **Wartungen und Inspektionen** entfallen. Nachlässigkeiten des Verkäufers auf diesem Gebiet begründen aber nicht ohne weiteres die Sachmängelhaftung.[711] Der Garantieschutz kann auch dadurch in Frage gestellt sein, dass die zur Realisierung des Anspruchs erforderlichen Dokumente fehlen, z. B. das Serviceheft (Kundendienstscheckheft), dazu Rn 1210.

kk) Fehlen von „Bordunterlagen"

1310   Je mehr Elektronik-Systeme im Automobil eingesetzt werden, desto wichtiger wird für den Endverbraucher die Beherrschbarkeit der ihm angebotenen High-tech-Produkte. Die Betriebsanleitungen der Hersteller werden immer umfangreicher, zumal bei Fahrzeugen der Oberklasse. Der Gedanke liegt daher nahe, im Fehlen derartiger Unterlagen einen Sachmangel zu sehen, so wie die Rechtsprechung es bei der Bedienungsanleitung für Computer annimmt.[712] Soweit die Dokumente für die Verfolgung von Ansprüchen erforderlich sind, die – wie z. B. ein Garantieanspruch – nicht an die Person des Halters, sondern an das Fahrzeug gebunden sind, erscheint es sachgerecht, die Konfliktlösung außerhalb des Sachmängelrechts zu suchen, s. dazu Rn 931 f.

ll) Unterlassen von Wartungsarbeiten und Inspektionen

1311   Das Unterbleiben derartiger Maßnahmen stellt ohne weiteres keinen Sachmangel dar. Ebenso kann eine Verzögerung als solche die Sachmängelhaftung nicht begründen, auch nicht das Aufsuchen einer „falschen" Werkstatt. Zunächst ist zu prüfen, ob die Einhaltung von Inspektionen und Wartungsintervallen zugesagt worden ist, etwa durch Erklärungen wie „scheckheftgepflegt" (dazu s. Rn 1130). Für eine Beschaffenheitsabweichung nach objektiven Kriterien kommt es auf die Auswirkungen des Versäumnisses auf den Zustand des Fahrzeugs an.

mm) Chip Tuning

1312   Eingriffe in die Motorsteuerung („Motormanagement") erfolgen meist zur Leistungssteigerung. Sie können vielfältige Auswirkungen haben und sind auch gewährleistungsrechtlich relevant.[713]

h) Öffentliche Äußerungen des Verkäufers oder des Herstellers

1313   Zur Beschaffenheit gehören grundsätzlich auch solche Eigenschaften, die der Käufer nach den öffentlichen Äußerungen des Verkäufers, des Herstellers oder seines Gehilfen insbesondere in der Werbung oder bei der Kennzeichnung über bestimmte Eigenschaften der Sache erwarten kann (§ 434 Abs. 1 S. 3 BGB). Diese **neue Kategorie der Sachmängelhaftung** ist nicht auf den Verbrauchsgüterkauf beschränkt, hat hier aber ihren Ursprung.[714] Geschützt werden soll vor allem der Verbraucher beim Kauf fabrikneuer Sachen. Vom Ansatz her gilt die neue Vorschrift auch für den Kauf **gebrauchter Güter**.

---

711 Vgl. OLG Köln 21. 10. 1996, VersR 1997, 1019 = VRS 94, 321.
712 OLG Frankfurt NJW 1987, 3206; so auch OLG Köln, NJW 1988, 2477; vgl. auch BGH 5. 7. 1989, NJW 1989, 3222; BGH 4. 11. 1992, DB 1993, 424.
713 Näheres bei *Grunert*, DAR 2000, 356; *Jung*, PVR 2001, 299.
714 Näheres bei *Lehmann*, DB 2002, 1090.

aa) Öffentliche Äußerungen des Verkäufers

Eigene Erklärungen des Verkäufers, mögen sie auch an die Öffentlichkeit gerichtet sein, können Gegenstand einer **Beschaffenheitsvereinbarung** nach § 434 Abs. 1 S. 1 BGB sein, eventuell sogar in Gestalt einer **Beschaffenheitsgarantie**. Diese Frage ist vorrangig zu prüfen. Zur Einbeziehungsproblematik s. Rn 1173.

1314

Das Gesetz unterscheidet nicht zwischen **gewerblichen** und **privaten** Verkäufern, meint aber in erster Linie den Handel. Auch **private Kfz-Verkäufer** haben nicht erst durch die elektronischen Medien (z. B. Gebrauchtwagenbörsen im Internet) vielfältige Möglichkeiten, sich mit ihren Angeboten an die Öffentlichkeit zu richten. Das klassische Medium ist die **Tageszeitung**. Daneben gibt es spezielle lokale und regionale Anzeigenblätter, aber auch überregionale Printmedien mit Privatanzeigen wie z. B. auto motor und sport. Mitunter werden Verkaufsschilder auch direkt am Fahrzeug angebracht, um Interessenten anzulocken.

Beim **professionellen Gebrauchtfahrzeughandel** haben die elektronischen Medien die Printmedien weitgehend verdrängt. Präsentiert werden die Fahrzeuge vor allem in den zahlreichen Gebrauchtwagenbörsen und auf händlereigenen Webseiten. Von betrieblichen **Einzelaktionen** sind Kooperationen mit anderen Kfz-Händlern und/oder mit dem Hersteller/ Importeur zu unterscheiden. **Gemeinschaftsaktionen** können über die Medien laufen, z. B. in Form einer Gemeinschaftsanzeige in einer Tageszeitung. Denkbar sind aber auch gemeinsame Ausstellungen und ähnliche Kooperationen („events"). Bei einer Gemeinschaftsaktion muss der Kfz.-Betrieb, um dessen Haftung es später geht, konkret nach außen in Erscheinung getreten sein. Eine stille Beteiligung genügt nicht; erst recht nicht die bloße Zugehörigkeit zur gleichen Marke.

Öffentliche Äußerungen im Sinn von § 434 Abs. 1 S. 3 BGB sind auch Aussagen wie „alle Fahrzeuge werkstattgeprüft", angebracht auf Schildern, Transparenten etc. auf dem eigenen Betriebsgelände. Da sie an eine unbestimmte Vielzahl von Personen gerichtet sind, zählen auch Beschreibungen auf Informationsträgern, die unmittelbar am ausgestellten Fahrzeug befestigt oder auf die Scheiben geklebt sind (Verkaufsschilder, Info-Cards), zu den „öffentlichen Äußerungen" des Verkäufers.

Ob Erklärungen auf **Webseiten**, in **Inseraten** und auf **Verkaufsschildern** Vertragsinhalt geworden sind, ist für die Rechtsprechung keine neue Frage. Meist hat man zugunsten der Käufer entschieden, s. Rn 1173. Mit dem Einwand, die frühere Erklärung bei den Vertragsverhandlungen widerrufen oder berichtigt zu haben, sind Verkäufer, insbesondere professionelle, nur selten gehört worden. Nach gängiger Rechtspraxis hatten sie die „Berichtigung" zu beweisen (s. Rn 1173). Einmal in den Vertrag einbezogen, war es bis zur Annahme einer „Zusicherung" (§ 459 II BGB a. F.) oftmals nur ein kleiner Schritt. In der vorrangigen Einbeziehungsfrage kann ohne Weiteres an die bisherige Rechtsprechung angeknüpft werden. Ob die Erklärung Garantiecharakter hat oder nur eine „einfache" Beschaffenheitszusage darstellt, unterliegt einer Neubewertung der beiderseitigen Interessen. Nach der Neuausrichtung des Kaufrechts zum 1. 1. 2002 ist in Fällen des Verbraucherkaufs eine Garantiezusage im Zweifel zu verneinen (s. Rn 1066).

Sind „öffentliche Äußerungen" des Verkäufers **nicht Vertragsbestandteil** geworden, können sie gleichwohl **haftungsbegründend** sein. Das ist das **eigentlich Neue**. Voraussetzung ist stets, dass sich die Erklärung auf eine bestimmte, also **konkrete Eigenschaft** bezieht und dass der Käufer das Vorhandensein dieser Eigenschaft erwarten kann. Auszusondern sind damit pauschale Anpreisungen wie z. B. „alle Fahrzeuge tip top" oder „sämtliche Fahrzeuge im Bestzustand". In derartigen Äußerungen hat man bislang keine Zusicherungen i. S. v. § 459 II BGB a. F. gesehen (s. Rn 1171). Auch nach der Neufassung des Sachmangelbegriffs scheiden sie als Haftungstatbestand aus.

1315 Sollte eine öffentliche Äußerung des Verkäufers über eine konkrete Fahrzeugeigenschaft keinen Eingang in den Kaufvertrag gefunden haben, bleiben dem Verkäufer mehrere Möglichkeiten, eine auf S. 3 des § 434 Abs. 1 BGB gestützte Haftung abzuwenden. Der **Befreiungstatbestand** der fehlenden Kenntnis bzw. schuldlosen Unkenntnis wird freilich kaum praktisch werden. Er ist auf Äußerungen Dritter, insbesondere des Herstellers, zugeschnitten. Erklärungen seines Personals muss sich ein Unternehmer nach den allgemeinen Regeln zurechnen lassen (§§ 164 ff. BGB).

Schon bisher von einiger praktischer Bedeutung war der Fall der **Berichtigung** (s. Rn 1173). Das Gesetz verlangt jetzt, wenngleich in anderem Zusammenhang, dass die unrichtige Äußerung im Zeitpunkt des Vertragsschlusses „**in gleichwertiger Weise**" berichtigt war. Die Gegenerklärung muss in ähnlich öffentlichkeitswirksamer Weise abgegeben werden. Eine individuelle (auch mündliche) Käuferaufklärung hat die gleiche Wirkung. Die **Beweislast** liegt so oder so beim Verkäufer. Der Verkäufer kann ferner geltend machen, seine falsche Äußerung habe die **Kaufentscheidung nicht beeinflussen** können. Dieser Nachweis wird kaum zu führen sein.

Erbracht ist er z. B., wenn feststeht, dass der Käufer die fragliche Äußerung vor Vertragsabschluss nicht gekannt hat.

bb) Öffentliche Äußerungen des Herstellers oder seines „Gehilfen"

1316 Die eigentliche Bedeutung des § 434 Abs. 1 S. 3 BGB liegt darin, dass eine Einstandspflicht des Verkäufers, auch des privaten, für **Erklärungen Dritter** eingeführt wird. Der Hersteller und dessen „Gehilfen" sind keine Hilfspersonen des Verkäufers. Nach den §§ 166, 278 BGB kann eine Zurechnung also nicht erfolgen. Hersteller i. S. v. § 434 Abs. 1 S. 3 BGB ist nicht nur der Hersteller des Endprodukts, also z. B. das Automobilwerk. Erfasst werden auch der Quasi-Hersteller (dazu Rn 571.) und der EU-Importeur. Mit „Gehilfe" ist eine Hilfsperson des Herstellers gemeint, nicht des Verkäufers. Der Verkäufer ist selbst kein Gehilfe des Herstellers. Diese Eigenschaft hat auch nicht ein Händler oder eine Vertriebsorganisation der gleichen Herstellermarke. Ob der Hersteller mit dem Verkäufer vertraglich verbunden ist, z. B. durch einen Händlervertrag, ist für den Gesetzgeber kein Kriterium. Ein Ford-Händler, der einen gebrauchten Kia verkauft, hat also prinzipiell auch für öffentliche Äußerungen von Kia Motors einzustehen. Unerheblich ist auch die Sprache, in der die Herstellerverlautbarung publiziert worden ist. Deren Alter ist gleichfalls grundsätzlich ohne Belang. Unterschieden wird schließlich auch nicht zwischen veränderlichen und unveränderlichen Eigenschaften der Sache. All das wirkt aus der Perspektive des Verkaufs gebrauchter Kraftfahrzeuge wenig durchdacht und etwas realitätsfern.

Dass ein Kfz-Händler sich öffentliche Informationen seines eigenen Herstellers **zu Eigen macht**, selbst damit wirbt oder sie in das konkrete Verkaufsgespräch einführt, z. B. über einen Prospekt, ist im Neufahrzeughandel ein alltäglicher Vorgang. Auch beim Verkauf junger Gebrauchtfahrzeuge des eigenen Fabrikats ist die Nähe zum Hersteller unverkennbar. Mit zunehmendem Alter des Fahrzeugs tritt der Hersteller/Importeur immer stärker in den Hintergrund, auch aus Sicht eines verständigen Kunden. Bei Fremdfabrikaten fehlt es von vornherein an einer spezifischen Sachnähe. Vor diesem Hintergrund bedarf es stets einer **besonderen Begründung** dafür, dass bestimmte Herstellerinformationen Vertragsinhalt geworden sind. In den bisherigen Neuwagenverkaufsbedingungen war das für **Prospektangaben** ausdrücklich so geregelt. Die Musterverträge für den Gebrauchtfahrzeugverkauf enthalten nach wie vor keine vergleichbare Einbeziehungsklausel.

An die Öffentlichkeit gerichtete Herstellerinformationen als **stillschweigend/konkludent** vereinbart anzusehen, hat die Rechtsprechung zum Gebrauchtfahrzeugkauf bislang abgelehnt. In einem Benzin-Fall hat das OLG Düsseldorf auch ohne diesen „Kunstgriff"

Die Voraussetzungen der Sachmängelhaftung

einen Fehler gem. § 459 I BGB a. F. bejaht.[715] Es hat sich an den Herstellerangaben zum Kraftstoffverbrauch orientiert, ohne festzustellen, ob und inwieweit diese Angaben Vertragsinhalt geworden sind. Unerörtert bleibt, ob der maßgebliche Herstellerprospekt bei den Kaufverhandlungen vorgelegen hat. Ob die Betriebsanleitung mit Verbrauchsangaben bei den Kaufverhandlungen eine Rolle gespielt hat, wird gleichfalls nicht mitgeteilt. Die Neuwertigkeit des Fahrzeugs (6 Mo. alter Opel Astra) hat dem Senat genügt, an die Rechtsprechung des BGH zum Kraftstoffmehrverbrauch bei Neufahrzeugen anzuknüpfen.

Mit der neuartigen Haftungserweiterung in § 434 Abs. 1 S. 3 BGB, mit der **Art. 2 Abs. 2 Buchst. d Verbrauchsgüterkaufrichtlinie** umgesetzt wird, entfällt das Bedürfnis, Herstellerangaben in Prospekten, Betriebsanleitungen oder in der Werbung in den konkreten Einzelvertrag zu integrieren. Der Sachmangelbegriff in seiner Neufassung liefert die richtige Lösung.

Nicht anders als bei einer öffentlichen Äußerung des Verkäufers ist Voraussetzung, dass eine **bestimmte Eigenschaft** des Fahrzeugs oder seiner Teile Gegenstand der Erklärung des Dritten ist. Das macht eine sorgfältige Abgrenzung zwischen reklamehafter Anpreisung und konkreter Beschaffenheitsangabe notwendig. Da sich die Werbeaussagen der Hersteller/Importeure auf fabrikneue Fahrzeuge beziehen, stellt sich mit Blick auf den späteren Verkauf als Gebrauchtwagen die Frage der Fortwirkung der Herstellerangaben. Am Beispiel einer Information über den Kraftstoffverbrauch wird deutlich, dass sie zeitlich nicht unbegrenzt gilt. Auch Angaben über das Emissionsverhalten beziehen sich nicht auf das gesamte Autoleben. Langzeitwirkung haben dagegen Informationen über den Korrosionsschutz. Veränderliche Eigenschaften sind also gegen unveränderliche abzugrenzen, schon beim Haftungstatbestand, nicht erst bei der Frage des Einflusses auf die Kaufentscheidung.

Von elementarem Interesse für den Verkäufer gebrauchter Güter sind die drei **Befreiungstatbestände** in § 434 Abs. 1 S. 3 BGB. Der Fall der **Berichtigung bei Vertragsschluss** spielt beim Gebrauchtwagenkauf keine nennenswerte Rolle. Dass die öffentliche Äußerung, z. B. die Herstellerwerbung, **keinen Einfluss auf die Kaufentscheidung** ausüben konnte, werden Verkäufer älterer Fahrzeuge mit guten Erfolgschancen einwenden. Bei der Befreiung nach dem subjektiven Kriterium der Unkenntnis wird es Aufgabe der Rechtsprechung sein, die Anforderungen an die Sorgfalt (Kennenmüssen) je nach Situation des Verkäufers festzulegen. Privatverkäufer und gewerbliche Gelegenheitsverkäufer sind selbst bei jüngeren Gebrauchtfahrzeugen nicht verpflichtet, sich über die Werbung des Herstellers zu informieren.[716]

i) Kauf mit Montageverpflichtung/Montageanleitung

Eine Erweiterung des bisherigen Sachmangelbegriffs enthält ferner § 434 Abs. 2 BGB. Hiernach ist ein Sachmangel auch dann gegeben, wenn die vereinbarte Montage durch den Verkäufer oder dessen Erfüllungsgehilfen unsachgemäß durchgeführt worden ist. Bei einer zur Montage bestimmten Sache liegt ein Mangel außerdem bei einer fehlerhaften Montageanleitung vor, es sei denn, die Sache ist fehlerfrei montiert worden.

1317

Diese Neuregelung hat für den Kauf gebrauchter Kraftfahrzeuge in aller Regel keine praktische Bedeutung. Unter „Montage" ist ein Zusammenbau oder ein Aufbau/Aufstellen der Kaufsache durch den Verkäufer oder eines Gehilfen zu verstehen. Den Ort der Montage nennt das Gesetz nicht. Offen ist also, ob die Montage in oder außerhalb der Sphäre des Verkäufers stattfinden soll. Eine unsachgemäße Montage im Betrieb des Verkäufers, ob vereinbart oder nicht, dürfte von § 434 Abs. 2 BGB nicht gemeint sein (s. aber auch Rn 220). Fehlerhafte Arbeiten des Verkäufers in seinem eigenen Bereich können die Sachmängelhaftung

---

715 Urt. v. 23. 10. 1997, DAR 1998, 70.
716 Vgl. Das neue Schuldrecht/*Haas*, Kap. 5 Rn 114.

nach § 434 Abs. 1 BGB auslösen (s. Rn 1318 ff.), sofern nicht Werkvertragsrecht anwendbar ist. Relevant kann die Neuregelung in Abs. 2 werden, wenn Gegenstand des Kaufvertrages ein **Sonderfahrzeug** ist, etwa ein Rennwagen, der außerhalb des Verkaufsbetriebs zusammengebaut worden ist.

Der Fall der **mangelhaften Montageanleitung** kann beim Kfz-Kauf gleichfalls nur bei Sonderfahrzeugen und bei Zubehörteilen akut werden. Eine praktische Bedeutung ist nicht zu erkennen.

j) Kauf mit sonstigen werkvertraglichen Elementen

1318 Nicht selten versprechen gewerbliche, aber auch private Verkäufer bei Bestellung des Fahrzeugs, bis zur Auslieferung (Übergabe) bestimmte technische oder optische Mängel abzustellen, Fahrzeugteile, z. B. Motor oder Getriebe, zu überprüfen und ggf. zu reparieren, einen Ölwechsel zu machen oder Einzelteile auszutauschen oder erstmals einzubauen, z. B. Zubehör. Eine Mängelbeseitigungspflicht kann auch in eine Kostenübernahmeerklärung eingebettet sein, z. B. „Der Verkäufer hat noch diejenigen Kosten zu tragen, die durch die Reparatur des Getriebes entstehen". Mitunter verpflichtet sich der Verkäufer auch dazu, behördlich vorgesehene Prüfungen bis zur Übergabe durchführen zu lassen und darüber eine Bescheinigung vorzulegen (z. B. § 29 StVZO, AU, Eintragung einer ABE-relevanten Veränderung im Fahrzeugbrief).

Derartige **Zusatzabreden** befinden sich in den handelsüblichen Bestellformularen meist in der Zeile „**Sondervereinbarungen**" oder in der Rubrik „besondere Vereinbarungen". Oft werden sie auch nur mündlich getroffen.

Auslegung und rechtliche Qualifizierung solch alltäglicher Absprachen haben der Rechtsprechung einige **Schwierigkeiten** bereitet. Symptomatisch ist die unterschiedliche Auslegung der Klausel „neu TÜV-abgenommen" durch zwei verschiedene Senate des OLG Hamm in ein und derselben Sache.[717]

Je stärker die handwerkliche Arbeitsleistung des Verkäufers ins Gewicht fiel, desto eher waren die Gerichte geneigt, von einem **gemischten Vertrag** (Kauf- und Werkvertrag) auszugehen. Vielfach wurde jedoch trotz werkvertraglicher Momente ein einheitlicher Kaufvertrag angenommen. Vertragswidrigkeiten versuchte man dann mit den §§ 459 ff. BGB a. F. zu erfassen, wobei die Zusicherungshaftung dominierte.[718] Dass eine im Zeitpunkt des Vertragsschlusses (noch) fehlende Eigenschaft des Kaufobjekts bei dessen Übergabe vorhanden ist, kam nach h. M. als Gegenstand einer kaufvertraglichen Zusicherung in Betracht.[719]

Außer der kaufrechtlichen Einheitslösung und der Konstruktion eines gemischten Vertrages sind – speziell bei der Fallgruppe „Fahrzeugüberprüfung" – auch die **allgemeinen Regeln** über Leistungsstörungen in Betracht gezogen worden. Eine weitere Möglichkeit bestand schließlich darin, die nicht oder nicht vertragsgemäß erbrachte (Neben-)Leistung als **aufschiebende Bedingung** (§ 158 BGB) zu behandeln.

---

717 NJW 1980, 2200 (Nr. 13 und Nr. 14).
718 Die §§ 459 II, 463 S. 1 BGB a. F.wurden entweder direkt oder analog angewendet, vgl. z. B. BGH 24. 2. 1988, BGHZ 103, 275 = NJW 1988, 1378 („TÜV neu…"); RG 29. 2. 1924, Gruch 67, 311 = Recht 1924, Nr. 526 (Lkw-Verkauf mit Zusage, das Fahrzeug in vollständig betriebsbereitem Zustand zu liefern); BGH 12. 2. 1975, NJW 1975, 733 (Pelzmantelfall); s. auch BGH 15. 12. 1992, NJW 1993, 655 (Zusage einer Durchsicht in einer Fachwerkstatt); OLG Hamm 5. 2. 1980, NJW 1980, 2200 (Nr. 13) – „TÜV neu…"; OLG Hamm 19. 5. 1988, NZV 1988, 180 („TÜV neu…"); OLG Schleswig 29. 6. 1971, VersR 1972, 474 (Auspufftopf erneuern); OLG Frankfurt 12. 7. 1985, 25 U 2/84, n. v. (Einbau einer Halbautomatik); OLG Köln 8. 6. 1988, VersR 1989, 201 (Ausrüstung eines Lkw mit einer sog. Meiller-Ladebordwand).
719 BGH 24. 2. 1988, BGHZ 103, 275 = NJW 1988, 1378 („TÜV neu").

Die Voraussetzungen der Sachmängelhaftung

Durch die weitgehende Angleichung des Kaufrechts an das Werkvertragsrecht hat die **Schuldrechtsreform** das nachvollzogen, was die Rechtsprechung durch eine interessengerechte Vertragsauslegung zu erreichen versucht hat. Dieser Praxis ist nunmehr die Grundlage weitgehend entzogen.

Das **neue Kaufrecht** stellt für die meisten Konflikte, die man bisher mit dem werkvertraglichen Gewährleistungsrecht glaubte bewältigen zu können, sachgerechte Lösungen zur Verfügung. Angesichts der Vielzahl von Fallgestaltungen erscheint es weiterhin zweckmäßig, bestimmte Gruppen zu bilden.

aa) Beseitigung vor Vertragsschluss aufgetretener Mängel

Verspricht der Verkäufer bei Vertragsabschluss, das Fahrzeug bis zur Übergabe in einen anderen Zustand zu versetzen, beispielsweise durch Beseitigung eines anlässlich der Probefahrt aufgedeckten technischen Mangels, so geht es nicht um Nachbesserung, sondern um „Vorbesserung", d. h. um das Herstellen der ursprünglichen Soll-Beschaffenheit. Abreden dieser Art hat die Rechtsprechung verschiedentlich nach **Werkvertragsrecht** beurteilt.[720] Das hatte im Wesentlichen folgende Konsequenzen: 1319

1. Bis zur Übergabe hatte der Käufer in entsprechender Anwendung der §§ 631 I, 633 I BGB a. F. einen Erfüllungsanspruch.[721]
2. Nach Übergabe stand dem Käufer ein sofort fälliger Nachbesserungsanspruch zu.[722] Bis zu dessen vollständiger Erfüllung war er berechtigt, seine Gegenleistung (Zahlung, Hingabe eines anderen Fahrzeugs) zurückzuhalten (§ 320 BGB).
3. Der Käufer konnte im Fall des Verzugs den Mangel selbst beseitigen bzw. beseitigen lassen und Kostenersatz, ja sogar Vorschuss, verlangen (§§ 633 II, III BGB a. F.).[723]
4. Der Anspruch auf Nachbesserung und der Anspruch auf Aufwendungsersatz nach § 633 III BGB a. F. verjährten in 6 Monaten ab Übergabe.[724] Auch § 639 II BGB a. F. war entsprechend anwendbar.
5. Lehnte der Verkäufer die Nachbesserung ab oder schlug sie sonst fehl, so konnte der Käufer unter den Voraussetzungen des § 634 I BGB a. F. (Fristsetzung und Ablehnungsandrohung)[725] Wandlung oder Minderung verlangen.[726] Unmittelbare Mangelschäden waren nach § 635 BGB zu ersetzen.[727] „Entferntere" Mangelfolgeschäden fielen unter pFV.[728]

---

[720] BGH 6. 10. 1971, NJW 1972, 46; OLG Düsseldorf 5. 5. 1994, OLGR 1994, 277; OLG Düsseldorf 20. 2. 1992, OLGR 1992, 154 (Agentur); OLG Hamm 8. 3. 2001, NJW-RR 2001, 1309 (Immobilienkauf); abweichend OLG Düsseldorf 8. 12. 1997, NJW-RR 1998, 1354 (Immobilienkauf);
[721] BGH 6. 10. 1971, NJW 1972, 46; anders wohl BGH 3. 11. 1989, NJW 1990, 901; vgl. auch *Soergel/Huber*, § 462 Rn 71 und vor § 433 Rn 282.
[722] BGH 6. 10. 1971, NJW 1972, 46; BGH 3. 11. 1989, NJW 1990, 901.
[723] BGH 6. 10. 1971, NJW 1972, 46; BGH 3. 11. 1989, NJW 1990, 901; OLG Düsseldorf 20. 2. 1992, OLGR 1992, 154 (Agentur).
[724] LG Bochum 4. 3. 1980, MDR 1980, 577; LG Düsseldorf 10. 9. 1990, 1589 = EWiR § 477 BGB, 3/90 *(H. P. Westermann)*; s. auch OLG Düsseldorf 8. 12. 1997, NJW-RR 1998, 1354 – Immobilienkauf.
[725] Zu diesem Erfordernis und seiner Entbehrlichkeit in Ausnahmefällen s. BGH 6. 10. 1971, NJW 1972, 46; OLG Düsseldorf 5. 5. 1994, OLGR 1994, 277.
[726] BGH 6. 10. 1971, NJW 1972, 46; zur Situation beim Agenturgeschäft s. OLG Düsseldorf 20. 2. 1992, OLGR 1992, 154; zu weiteren Problemen der Wandlung s. OLG Düsseldorf 18. 12. 1992, OLGR 1993, 161 (Sonderfall aus dem Komplex „TÜV"); OLG Düsseldorf 5. 5. 1994, OLGR 1994, 277.
[727] Vgl. BGH 6. 10. 1971, NJW 1972, 46; OLG Düsseldorf 12. 7. 1991, NJW-RR 1992, 113 (Kauf einer Segelyacht).
[728] Zur Abgrenzung bei mangelhafter Umrüstung eines gebrauchten Lkw vgl. BGH 30. 6. 1983, NJW 1983, 2440.

6. Der vertragstypische Gewährleistungsausschluss ließ den Nachbesserungsanspruch unberührt.[729]

7. Versprach der Verkäufer, mit der Mängelbeseitigung oder der Inspektion eine Fremdwerkstatt zu beauftragen, so war der Käufer nicht in den Schutzbereich des zwischen Verkäufer und Werkstatt abgeschlossenen Werkvertrages einbezogen.[730] Die Werkstatt haftete dem Käufer aber wegen Verletzung einer deliktischen Verkehrssicherungspflicht, wenn er im Zeitpunkt des Unfalls (nicht der fehlerhaften Reparatur) Fahrzeugeigentümer war.[731]

1320 Diese allgemein als sachgerecht anerkannten Ergebnisse lassen sich weitgehend auch aus dem **neuen Kaufrecht** ableiten. Die „Flucht" in das Werkvertragsrecht ist jetzt nicht mehr erforderlich. Dass der Käufer – anders als der Besteller in § 637 BGB – auch nach neuem Recht (außer im Fall des Verzugs) keine Befugnis hat, den Mangel selbst zu beseitigen und Kostenersatz zu verlangen, sollte kein hinreichender Grund sein, das Kaufrecht in diesem Punkt zu verlassen. Verjährungsrechtlich besteht weiterhin kein Unterschied in der Dauer der Frist, nur im Fristbeginn. Ablieferung und Abnahme fallen jedoch bei der hier in Rede stehenden Konstellation meist zusammen.

bb) Umrüstungen, Nachrüstungen, Umbauten, Tuning

1321 Wenn es lediglich um den Einbau von Zubehörteilen geht, liegt die Annahme eines **einheitlichen Kaufvertrages** nahe. Insgesamt nach Kaufrecht hat das OLG Düsseldorf[732] sogar die Vereinbarung eines **Motortunings** beurteilt. Allerdings ging es um einen fabrikneuen Pkw. Zur Haftung aus einem selbstständigen Tuning-Vertrag s. OLG Düsseldorf NZV 1997, 519. Fehler beim Einbau von Zubehörteilen können die Sachmängelhaftung nach § 434 Abs. 2 S. 1 BGB begründen (zur fehlerhaften Montage s. Rn 220), sondern nach Abs. 1 dieser Vorschrift. Das gilt auch, wenn durch eine Veränderung des Fahrzeugs die Allgemeine Betriebserlaubnis (ABE) erloschen ist, mag die Umrüstung auch technisch einwandfrei sein.

1322 Einen **gemischten Vertrag** hat der BGH für den Fall angenommen, dass in einen gebrauchten Lkw eine Ladebordwand einzubauen war.[733] Schäden, die auf einer mangelhaften Arbeit beruhen, waren nach § 635 BGB a. F. oder – als „entferntere" Mangelfolgeschäden – nach pFV zu ersetzen. Im Widerspruch zur BGH-Judikatur stand das Urteil des OLG Köln vom 8. 6. 1988,[734] das die Zusage, einen Lkw mit einer so genannten Meiller-Ladebordwand auszurüsten, als Eigenschaftszusicherung i. S. v. § 463 S. 1 BGB a. F. gewertet hat. Zur Abnahme eines zum Wohnmobil umgebauten Kastenwagens vgl. OLG München NJW 1989, 1286 (reiner Werkvertrag); s. auch BGH WM 1996, 1918 (Spezialaufbau für Pferdetransport auf Lkw-Fahrgestell) und BGH WM 1996, 917 (Werklieferungsvertrag über Kühl-Lkw).

cc) Überprüfungen, Beibringung von Prüfzertifikaten, Genehmigungen etc.

1323 Zu dieser Gruppe gehören in erster Linie bestimmte Fallgestaltungen aus dem Komplex der **„TÜV"-Fälle**, vgl. Rn 1139 ff. Bezug zu nehmen ist ferner auf die Ausführungen zum Verkauf gebrauchter Fahrzeuge mit „generalüberholten" und reparierten Aggregaten, vgl. Rn 1086.; ferner auf Rn 1161 („werkstattgeprüft"). Auch wenn der Verkäufer oder ein Drit-

---

729 BGH 6. 10. 1971, NJW 1972, 46.
730 BGH 15. 12. 1992, NJW 1993, 655.
731 BGH 15. 12. 1992, NJW 1993, 655.
732 Urt. v. 30. 12. 1992, OLGR 1993, 129.
733 Urt. v. 30. 6. 1983, NJW 1983, 2440; s. auch BGH 6. 11. 1990, NJW-RR 1991, 872 und BGH 27. 6. 1990, NJW-RR 1990, 1462.
734 VersR 1989, 201.

Die Voraussetzungen der Sachmängelhaftung 1324

ter diese Prüfungen noch nicht vorgenommen hat, sie also erst durchgeführt werden sollen, hat die Judikatur mit § 459 II BGB a. F. häufig reines Kaufrecht angewendet. Exemplarisch dafür ist die „TÜV-neu"-Entscheidung BGHZ 103, 275 = NJW 1988, 1378. Eine werkvertragliche Abrede hat der BGH mit der fragwürdigen Begründung abgelehnt, die Parteien hätten mit keinem Wort „etwaige Fehler oder Mängel zur Zeit des Vertragsabschlusses erörtert". Ergab die Auslegung, dass der Verkäufer bei der Prüfung entdeckte Mängel auf seine Kosten beseitigen soll, war die Annahme einer werkvertraglichen Nebenpflicht, jedenfalls eines **Nachbesserungsrechts als Primäranspruch,** vorzuziehen.[735]

Nach **neuem Kaufrecht** ist eine solche Anlehnung an das Werkvertragsrecht entbehrlich.

Ausschließlich nach Kaufrecht hat der BGH[736] den Fall beurteilt, dass ein Autohaus einem Pkw-Käufer bei Vertragsschluss zugesagt hat, das Fahrzeug vor Übergabe noch einer sorgfältigen **Durchsicht durch eine Fachwerkstatt** zu unterziehen. Die beauftragte Werkstatt ist Erfüllungsgehilfin des Autohauses, sie kann aber gem. § 823 I BGB selbst schadensersatzpflichtig sein.

Verpflichtet sich der Verkäufer nur dazu, bei Auslieferung des Fahrzeugs eine gültige Prüfbescheinigung oder ein vergleichbares Zertifikat vorzulegen, so kann deren Fehlen einen Sachmangel i. S. v. § 434 Abs. 1 BGB darstellen (Rn 1307). Denkbar ist aber auch, die Verpflichtung des Verkäufers als **eigenständige Nebenpflicht** anzusehen.[737] Wenn das Fahrzeug auch ohne die Bescheinigung im Straßenverkehr benutzt werden darf, das richtet sich vor allem nach § 19 II StVZO, ist im Zweifel Letzteres anzunehmen. Der Zustand, der amtlich bescheinigt werden soll, d. h. die Genehmigungsfähigkeit, kann freilich auch Gegenstand einer Beschaffenheitsvereinbarung, auch in Form einer Garantie, sein.[738]

dd) Nachvertragliche Mängelbeseitigungsabreden vor Fahrzeugübergabe

Für Zusatzvereinbarungen, die nach Vertragsschluss, aber noch **vor der Übergabe** (Ablieferung) des Fahrzeugs getroffen werden, gilt im Kern nichts anderes als für solche, die von Anfang an in den Kaufvertrag eingebettet sind, vgl. dazu Rn 1319. Beim Kauf vom Kfz-Händler ist zu beachten, dass infolge der besonderen Abschlusstechnik (dazu Rn 931) Vertragsschluss und Übergabe häufig zusammenfallen. „Vereinbarungen" vor Übergabe sind dann keine Änderung eines bereits bestehenden Vertrages, sondern Vorgänge i. S. v. § 150 II BGB.

1324

Abreden zwischen Kauf und Übergabe sind im Zweifel nicht als selbstständige Neuverträge, sondern als Abänderung des Ursprungsvertrages zu werten.[739] Nach Ansicht des OLG Hamm übernimmt der **gewerbliche Verkäufer** eine nebenvertragliche Werkleistung in Form eines Nachbesserungsanspruchs, wenn er dem Käufer verspricht, bei Übergabe entdeckte Mängel zu beseitigen.[740] Das Ausweichen in das Werkvertragsrecht ist nach der Neuausrichtung des Kaufrechts nicht mehr nötig. Die nachvertragliche Reparaturzusage ist, sofern verbindlich (keine Kulanz), in den Kaufvertrag zu integrieren. Der BGH hat es sogar für möglich gehalten, selbst eine **Zusicherung** nachträglich zu erteilen.[741]

---

735 So auch OLG Düsseldorf 18. 12. 1992, OLGR 1993, 161 für den Fall, dass der Verkäufer verspricht, die ursprünglich zugesagte Hauptuntersuchung nach § 29 StVZO nachholen zu wollen: zur Problematik s. auch *Eggert,* NJW 1990, 549, 553; *Soergel/Huber,* vor § 433 Rn 282, § 462 Rn 71 a.
736 Urt. v. 15. 12. 1992, NJW 1993, 655.
737 Vgl. BGH 22. 2. 1984, NJW 1984, 2287; BGH 1. 4. 1981, WM 1981, 629; s. auch *Soergel/Huber,* § 459 Rn 30.
738 Dazu OLG Oldenburg 5. 4. 1994, OLGR 1994, 314 (Hauskauf).
739 OLG Düsseldorf 10. 12. 1993, OLGR 1994, 185 (Tausch von Sommerreifen gegen Winterreifen).
740 Urt. v. 21. 3. 2000, OLGR 2001, 137.
741 BGH 19. 5. 1993, NJW 1993, 2103.

Vereinbarungen, die **nach Mitteilung des Mangels** getroffen werden, sind auch mit Blick auf **§ 475 BGB** (Verbrauchsgüterkauf) unbedenklich. Sie unterliegen der Kontrolle nach §§ 138, 242 BGB, ggfls. nach §§ 307, 310 III BGB.

ee) Nachvertragliche Mängelbeseitigungsabreden nach Übergabe

1325 Mit der Ablieferung/Übergabe hatte der Verkäufer **nach altem Recht** seine Pflicht erfüllt, selbst wenn das Fahrzeug mangelhaft war. Mangelfreiheit war nicht Gegenstand seiner Leistungspflicht.

Vereinbarungen **nach Übergabe** begründeten entweder in Vollzug der Gewährleistung eine Nachbesserungspflicht oder gaben dem Käufer einen vom Kaufvertrag rechtlich unabhängigen werkvertraglichen Anspruch gem. § 631 I BGB a. F. Welche Alternative in Betracht kam, hing wesentlich vom Inhalt und dem Zeitpunkt der Vereinbarung ab. Die innerhalb der Verjährungsfrist (von sechs Monaten) gegebene Zusage, einen Motordefekt zu beseitigen, wurde in einen Zusammenhang mit der vertraglichen Gewährleistung gestellt, also nicht als eigenständiger Reparaturvertrag gesehen[742]

Da das neue Kaufrecht dem Käufer einen Nacherfüllungsanspruch gibt, beim Gebrauchtfahrzeugkauf praktisch nur in Form eines Nachbesserungsanspruchs, ist die gesetzliche Ausgangslage nunmehr eine gänzlich andere. Zu unterscheiden sind jetzt **vier Konstellationen**: die Reparatur kraft gesetzlicher Nachbesserungspflicht, die Reparatur nach Maßgabe einer selbstständigen Garantie, die ohne Anerkennung einer Rechtspflicht übernommene Reparatur (Kulanzleistung) und die nachvertragliche Parteivereinbarung mit Begründung neuer Pflichten und Rechte. Was die Parteien gewollt haben, hängt wesentlich davon ab, ob das Fahrzeug mit oder ohne Gewährleistungsausschluss verkauft worden ist und ob der Verkäufer oder ein Dritter eine selbstständige Garantie übernommen hat. Der Parteiwille lässt sich auch daran erkennen, ob die Reparatur-AGB zugrunde gelegt worden sind und wie die Kostenfrage geregelt wurde.

k) Die Falschlieferung als Sachmangel

1326 Einem Sachmangel steht es gleich, wenn der Verkäufer eine **andere Sache** liefert (§ 434 Abs. 3 BGB). Mit dieser **Neuregelung** entscheidet der Gesetzgeber einen alten Streit zugunsten der Lehre vom subjektiven Fehlerbegriff.

Aus dem Bereich des Gebrauchtfahrzeugkaufs, regelmäßig Stück- und kein Gattungskauf, liefert **BGH NJW 1979, 811** ein anschauliches Fallbeispiel: Ein ägyptischer Kaufmann kaufte einen nach Baujahr, Fahrgestell- und Fabriknummer näher bezeichneten **gebrauchten Lkw.** Der Verkäufer sollte ihn nach Alexandria versenden. Verschifft wurde jedoch ein anderer als der gekaufte Lkw. Die Annahme eines so genannten **Identitäts-aliud** war hier unproblematisch. Denn es war klar, worauf die Parteien sich effektiv geeinigt hatten. Das verkaufte Fahrzeug war insbesondere durch die Fahrgestellnummer und die Fabriknummer präzise gekennzeichnet. Zusammen mit dem Fabrikat und dem Baujahr ermöglichten diese Nummern eine eindeutige Identifizierung des geschuldeten Fahrzeugs. Der tatsächlich gelieferte Wagen war zwar auch ein gebrauchter Lkw, aber ohne Zweifel ein anderer als der gekaufte.

Nicht so klar war die Identitätsfrage im **„Daimler-Benz 380 SEL"-Fall**, über den das OLG Koblenz zu entscheiden hatte.[743] In einer Zeitungsanzeige und später im Kaufvertrag war ein Pkw Daimler-Benz 380 SE fälschlich als „DB 380 SEL" bezeichnet worden. Beide

---
[742] OLG Bremen 7. 3. 1975, BB 1975, 396 m. Anm. *Karstendiek;* OLG Köln 9. 7. 1980, OLGZ 1980, 468 = VersR 1980, 1173; s. auch LG Gießen 8. 1. 1997, ZfS 1997, 175 = NJW-RR 1998, 1750.
[743] Urt. v. 21. 11. 1991, NJW-RR 1992, 1145 = BB 1992, 806 = NZV 1993, 24; siehe auch OLG Köln 23. 8. 1996, VRS 93, 36- Harley Davidson.

Die Voraussetzungen der Sachmängelhaftung

Typen sehen sich zum Verwechseln ähnlich; die SEL-Ausführung ist lediglich 14 cm länger und hat einen 14 cm breiteren Radstand. Anders als in dem zuvor geschilderten BGH-Fall (NJW 1979, 811) hatte der Käufer das Fahrzeug vor Vertragsschluss besichtigt und „wie gesehen" gekauft. Der (nur aus einem Satz bestehende) Vertragstext enthielt außer der Angabe „DB 380 SEL" die Fahrgestellnummer und das amtliche Kennzeichen. Bald nach Übergabe stellte der Käufer fest, dass es sich bei dem Fahrzeug um die Version „DB 380 SE" handelte. Daraufhin verlangte er, den Kauf rückgängig zu machen, ein auf den ersten Blick berechtigtes Anliegen. So hat denn auch die erste Instanz ein Identitätsaliud angenommen. Vertragsgegenstand war ihrer Meinung nach ein Daimler-Benz 380 SEL. Demgegenüber hat das OLG Koblenz Ansprüche aus den §§ 440, 320 ff. BGB a. F. verneint. Der Käufer habe mit dem Typ 380 SE kein anderes als das gekaufte Fahrzeug erhalten, so dass der Verkäufer seine Pflichten aus § 433 I BGB a. F. vollständig erfüllt habe. Auch unter dem Gesichtspunkt des Gewährleistungsrechts sei die Klage unbegründet. Auf die allgemeinen Regeln über Irrtum und Dissens ist das OLG Koblenz nicht näher eingegangen. Insbesondere hat es sich nicht mit der (nahe liegenden) Frage eines beiderseitigen Eigenschaftsirrtums befasst.

Zuzustimmen ist dem OLG Koblenz, soweit es eine Falschlieferung in Form eines Identitäts-aliud verneint hat. Auch auf dem Boden des – jetzt gesetzlich zementierten – subjektiven Fehlerbegriffs machte es freilich einige Schwierigkeiten, eine klare Grenzlinie zwischen Andersartigkeit und Fehlerhaftigkeit zu ziehen. Einen Daimler-Benz 380 SE im Vergleich mit einem 380 SEL als ein „anderes" Fahrzeug zu begreifen, ist angesichts der besonderen Vorlieben und Neigungen deutscher Autokäufer so falsch nicht. Auch nach dem allgemeinen Sprachgebrauch dürfte ein Pkw Daimler-Benz 380 SE kein mangelhafter 380 SEL sein.

Nach neuem Recht ist die Abgrenzungsfrage gegenstandslos. Auch beim Stückkauf stellt das Identitäts-aliud eine mangelhafte Lieferung dar. Sie ist, anders als bisher (BGH NJW 1979, 811 – gebrauchter Lkw), nach **Sachmängelrecht** zu beurteilen. **Schadensersatz** kann der Käufer nach § 280 I,1 iVm § 437 Nr. 3 BGB verlangen. Wenn er statt der Leistung Schadensersatz fordert, müssen die zusätzlichen Voraussetzungen des § 281 BGB beachtet werden. Der Vorteil eines günstigen Einkaufspreises bleibt dem Käufer nach altem wie nach neuem Recht erhalten. Ist das gelieferte Fahrzeug deutlich wertvoller als das vertraglich bestimmte, kann der Verkäufer nach § 812 I,1 1.Alt. BGB Herausgabe verlangen. Auch in diesem Punkt ergibt sich nach neuem Recht keine Änderung. Die Gleichstellung von Sachmangel und Aliud-Lieferung bedeutet nicht, dass die Lieferung einer anderen Sache Erfüllungswirkung hat.[744]

l) Erheblichkeit des Sachmangels/Erheblichkeit der Pflichtverletzung

aa) Bisherige Rechtslage

Zur Definition des Fehlerbegriffs alter Art gehörte, dass der **Wert** oder die **Gebrauchstauglichkeit** der Sache aufgehoben oder gemindert waren. Unerhebliche Minderungen blieben außer Betracht (§ 459 I,2 BGB a. F.). Diese Bagatellregelung wurde in Gebrauchtwagenstreitigkeiten nicht immer genügend beachtet. Hinzu kam, dass nach weit verbreiteter Meinung die **Erheblichkeitsprüfung** entfiel, wenn der Verkäufer einen Sachmangel arglistig verschwiegen hatte. Für die Haftung wegen Fehlens einer zugesicherten Eigenschaft (§ 459 II BGB a. F.) kannte das Gesetz keine Erheblichkeitsschranke. Bagatellfälle wurden im Wege der Auslegung, teils auch mit Hilfe so genannter Zirka-Klauseln, herausgefiltert, z. B. bei unzutreffenden Angaben über die Laufleistung. Unerheblichkeit i. S. v. § 459 I,2 BGB a. F. hatte der Verkäufer zu beweisen.[745]

---

744 *Dauner-Lieb*, Das neue Schuldrecht, Fälle und Lösungen, S. 118.
745 Zur Erheblichkeitsfrage grundlegend BGH 10. 7. 1953, BGHZ 10, 242 = NJW 1953, 1505; zur Beweislastverteilung BGH 4. 11. 1987, ZIP 1987, 1567 unter II, 1 b, aa; *Baumgärtel*, § 459 Rn 13.

bb) Rechtslage ab dem 1. 1. 2002

1328 Durch die Neukonzeption der Sachmängelhaftung und die damit verbundene Neuorientierung beim Sachmangelbegriff hat sich die Erheblichkeitsfrage **von der Tatbestands- auf die Rechtsfolgeseite** verlagert. Auf der **Tatbestandsseite** reicht mangels abweichender Vereinbarung[746] **jede dem Käufer ungünstige Abweichung** der Ist-Beschaffenheit von der Soll-Beschaffenheit zur Annahme der Feststellung aus, dass der Verkäufer seine **Pflicht zur (sach)mängelfreien Lieferung** verletzt hat. Auf eine Beeinträchtigung des Wertes kommt es nicht mehr an. Auf der Tatbestandseite ist auch nicht mehr danach zu fragen, ob die Gebrauchstauglichkeit in Mitleidenschaft gezogen ist. Soweit die Verwendung des Kaufobjekts ein Kriterium der Sollbeschaffenheit ist, ist die Nichteignung jedoch konstitutiv. Ein Fahrzeug, das sich zur vertraglich vorausgesetzten oder zur gewöhnlichen Verwendung nicht eignet, ist sachmangelhaft (s. dazu auch Rn 1240.).

Nach der Neuformulierung des Sachmangelbegriffs kommt dem Gesichtspunkt der **Vertragsauslegung** verstärkte Bedeutung zu. Im Rahmen der Beschaffenheitsvereinbarung versteht sich das zwar von selbst, muss aber in jedem konkreten Einzelfall sorgfältig bedacht werden. Musterspiele sind Informationen über die Unfallfreiheit, die Gesamtlaufleistung und über technische Leistungsdaten. Auch ohne ausdrückliche Zirkaklausel können sich hier zugunsten des Verkäufers Spielräume eröffnen. Soweit die Beschaffenheit nicht vereinbart ist, lassen die objektiven Kriterien der „Üblichkeit" und der „Käufererwartung" Raum für flexible Lösungen (s. dazu Rn 1259 ff.).

Wenn auf der **Tatbestandsseite** vorbehaltlich abweichender Auslegung jede negative Abweichung der Istbeschaffenheit von der geschuldeten Beschaffenheit (Sollbeschaffenheit) genügt, muss die notwendige Differenzierung bei den Rechtsbehelfen stattfinden. Auf der **Rechtsfolgeseite** wird in der Tat danach unterschieden, welchen Rechtsbehelf der Käufer geltend macht. **Grundsätzlich** haftet der Verkäufer neuerdings auch für geringfügige Sachmängel, so auf Nacherfüllung (Ersatzlieferung, Mängelbeseitigung), Minderung und Schadensersatz (ausgenommen den „großen"). Mit dem Rücktrittsrecht, das an die Stelle der Wandlung getreten ist, ist der Käufer indes in einem Bagatellfall („unerhebliche Pflichtverletzung") ebenso ausgeschlossen (§ 323 V,2 BGB) wie mit seinem Verlangen nach Schadensersatz statt der ganzen Leistung (§§ 281 I,3, 311 a II 3 BGB – „großer" Schadensersatz). Zur Erheblichkeitsprüfung nach diesen Vorschriften und auch zur Verteilung der Darlegungs- und Beweislast s. Rn 1385 ff.

Abzuwarten bleibt, wie die Rechtsprechung reagieren wird, wenn ein Käufer eine ausgesprochene Lappalie, eine echte Bagatelle, zum Anlass nimmt, den Verkäufer auf Mängelbeseitigung oder Minderung zu verklagen. Wenn jegliche Vertragswidrigkeit genügt und auch eine sachgerechte Auslegung nicht weiterhilft, können in Fällen **absoluter Geringfügigkeit** nur das Schikaneverbot aus § 226 BGB sowie § 242 BGB helfen.

m) Darlegungs- und Beweislast

aa) Grundzüge

1329 Darlegungs- und beweispflichtig für die Fehlerfreiheit war bis zur Annahme des Fahrzeugs als Erfüllung der Verkäufer bzw. Inzahlunggeber. Das war im Umkehrschluss aus **§ 363 BGB** (analog) die h. M. zum **alten Recht**[747] Der Reformgesetzgeber hat daran zwar nichts ändern wollen.[748] Die Frage ist aber, ob durch die Umstrukturierung der Sachmängelhaftung eine neue Sichtweise geboten ist. Immerhin ist die Lieferung einer (sach)mängelfreien Sache jetzt Leistungspflicht des Verkäufers. Mängelfreiheit ist Inhalt

---
746 Wie „Rückgabe bei gravierenden Mängeln", dazu OLG Hamm 18. 9. 1992, OLGR 1992, 353.
747 *Palandt/Putzo,* § 459 Rn 51.
748 BT-Drucks. 14/6040, S. 217

Die Voraussetzungen der Sachmängelhaftung

einer Hauptleistungspflicht. Aus dieser grundlegenden Neuregelung Konsequenzen auch für die Darlegungs- und Beweislast zu ziehen,[749] scheint so falsch nicht zu sein. Dennoch wird man vermutlich an der bisherigen Beweislastverteilung im Grundsatz festhalten. Ein Argument dafür ist die in § 476 BGB angeordnete „Beweislastumkehr" (dazu Rn 1337 ff.). Daraus kann der Schluss gezogen werden, dass außerhalb des Verbrauchsgüterkaufs alles beim Alten bleibt.

bb) Annahme als Erfüllung

Die Annahme als Erfüllung fällt beim Gebrauchtfahrzeugkauf regelmäßig mit der Ablieferung zusammen. Das ist die körperliche Entgegennahme des Fahrzeugs einschließlich aller Unterlagen, die für die Prüfung der Vertragsmäßigkeit von Bedeutung sind (Fahrzeugbrief, Service- und Wartungsheft, Garantiebelege). Eine vorherige Probefahrt ist nicht Voraussetzung einer Annahme als Erfüllung; ebenso wenig eine Besichtigung. Erst recht bedarf es – anders als bei der Abnahme nach einer Fahrzeugreparatur – keiner bestimmten Nutzungszeit bzw. Fahrstrecke. 1330

Wenn der Käufer vor der Übergabe einen Mangel gerügt hat, muss er im Moment der Annahme keinen ausdrücklichen Vorbehalt erklären, um den Übergang der Beweislast auf ihn zu verhindern. Die frühere Rüge wirkt fort, sofern der Käufer sie nicht ausdrücklich fallen gelassen hat.

Nach der Annahme als Erfüllung – die Beweislast dafür trägt der Verkäufer – ist es grundsätzlich Sache des Käufers, eine für ihn nachteilige Abweichung der Ist-Beschaffenheit von der Soll-Beschaffenheit substanziiert darzulegen und notfalls zu beweisen.[750] Zu unterscheiden ist der Nachweis der Istbeschaffenheit von demjenigen der Sollbeschaffenheit.

cc) Beweis der Sollbeschaffenheit

Es geht um die Klärung der Frage, welche Beschaffenheit das Fahrzeug nach den vertraglichen Vereinbarungen (§ 434 Abs. 1 S. 1 BGB), hilfsweise nach den objektiven Kriterien des § 434 Abs. 1 S. 2 Nr. 1 und Nr. 2 BGB haben sollte. Das ist mit Blick auf die vereinbarte Beschaffenheit eine reine Tatfrage (vor allem Zeugen- und Urkundenbeweis), bezüglich der objektiven Hilfskriterien eine Mischung aus Tat- und Wertungsfragen. 1331

dd) Beweis der Istbeschaffenheit

Der Käufer muss den tatsächlichen Zustand so konkret wie möglich beschreiben, damit der Verkäufer sich sachgerecht verteidigen kann. Er genügt seiner Substanziierungspflicht zunächst damit, dass er den Mangel in seinem **objektiven Erscheinungsbild** darlegt, z. B. „Bremsen ziehen schief" oder „Motor springt nicht an". Hier kann auf die so genannte **Symptom-Rechtsprechung** des BGH[751] zurückgegriffen werden. Es ist prozessual nicht erforderlich, auch die Ursache für den Defekt anzugeben.[752] Je nach Inhalt der Klageerwiderung können sich die Anforderungen an die Darlegungspflicht des klagenden Käufers erhöhen. In Fällen **technischer Fehlerhaftigkeit** empfiehlt es sich – schon aus Gründen der besseren Sachverhaltsdarstellung – ein **Privatgutachten** einzuholen oder ein **selbstständiges Beweisverfahren** durchzuführen (dazu Rn 1358 ff.). 1332

---

749 Dazu *Schimmel/Buhlmann*, Fehlerquellen im Umgang mit dem Neuen Schuldrecht, S. 99
750 Für das alte Recht: BGH 31. 5. 1989, NJW 1989, 2532, 2533; s. auch OLG Nürnberg 28. 11. 1991, NZV 1992, 441 (Unfallwagen); differenzierend *Nierwetberg*, NJW 1993, 1745.
751 Urt. v. 3. 12. 1998, NJW 1999, 1330.
752 OLG Frankfurt 2. 10. 1992, OLGR 1992, 213 (technische Anlage).

ee) Die Zeitpunktfrage

1333 Der Verkäufer kann **grundsätzlich** nur für solche Mängel haftbar gemacht werden, die bei **Übergang der Gefahr** auf den Käufer bereits vorhanden waren. Nachträgliche Verschlechterungen mit eigenständiger Entwicklung nach Übergabe fallen vom Ansatz her nicht in seinen Verantwortungsbereich. Sachmängelhaftung ist etwas anderes als eine Haltbarkeitsgarantie. In Konsequenz dessen sieht man grundsätzlich den Käufer als darlegungs- und beweispflichtig dafür an, dass der Mangel im Zeitpunkt des Gefahrübergangs schon vorhanden gewesen ist. Dieser Zeitpunkt ist in aller Regel der **Zeitpunkt der Übergabe** des Kaufobjekts. Dem gleichgestellt ist der **Annahmeverzug** des Käufers (§ 446 I,2 BGB).

1334 Anders als dem Viehkäufer in § 484 BGB a. F. kam dem Käufer eines Kraftfahrzeugs bislang **keine Mängelvermutung** zugute (zur jetzigen Beweislastumkehr nach § 476 BGB s. Rn 1337 ff.). Die **Grundsätze des Anscheinsbeweises** können Gebrauchtfahrzeugkäufern in der Zeitpunktfrage, wenn überhaupt, nur in wenigen Fällen helfen,[753] etwa wenn das Fahrzeug auf den ersten 100 km nach Übergabe mit einem Motorschaden liegengeblieben ist. In diesem Fall spricht eine hinreichende Wahrscheinlichkeit dafür, dass der Motor bereits zum Zeitpunkt der Übergabe schadhaft war. Davon wird sich der Richter ohne Rückgriff auf die Anscheinsbeweisgrundsätze überzeugen können. Allerdings kann auch bei einem kurzfristigen Ausfall der Grund in einem „Verschleißmangel" liegen, der nicht zu Lasten des Verkäufers geht (s. Rn 1248 ff.). Ein Bedienungsfehler, gerade auf den ersten Kilometern, ist gleichfalls nicht ganz ungewöhnlich.

1335 Den ihm obliegenden Nachweis in der Zeitpunktfrage hat der Käufer auch dann erbracht, wenn sicher festgestellt werden kann, dass der Mangel im Zeitpunkt der Fahrzeugübergabe schon „**im Keim**" vorhanden war.[754] Man spricht hier auch von „**angelegten Mängeln**". Derartige Erscheinungen sind zwar in erster Linie ein **Technikproblem,** verlangen beim Gebrauchtfahrzeugkauf – anders als beim Kauf fabrikneuer Fahrzeuge – aber eine spezielle Bewertung. Denn der bei Auslieferung in der Anlage vorhandene Mangel (erste Schadensursache) muss nicht notwendigerweise ein Sachmangel im Rechtssinn sein. Der Grundsatz, dass natürlicher Verschleiß und normale Alterungserscheinungen in der Regel nicht unter den Sachmangelbegriff in seiner objektiven Version fallen (vgl. dazu Rn 1248 ff.), gilt auch für die Entstehungsphase. Bei der richterlichen Würdigung von technischen Gutachten kommt dieser Gesichtspunkt nicht selten zu kurz. Insbesondere wird nicht immer zwischen Verschleiß und seinen Auswirkungen („Verschleißfolgeschaden") unterschieden (dazu Rn 1257). Bricht z. B. eine Kurbelwelle, kann das auf üblicher Abnutzung, aber auch auf einem Material- oder Werkstofffehler beruhen.

1336 Vom BGH nicht entschieden worden ist die Frage, ob das Recht zur Wandlung untergeht, wenn ein im Zeitpunkt des Gefahrübergangs vorhandener Mangel bis zur Erklärung oder bis zum Vollzug der Wandlung wieder wegfällt. Unter der Geltung des neuen Rechts stellt sich diese Frage für den Rücktritt (§§ 437 Nr. 2, 323 BGB) und den „großen" Schadensersatz nach §§ 437 Nr. 3, 280 I, III, 281 I BGB. Die Weiterverfolgung dieser Rechtsbehelfe trotz zwischenzeitlicher Mängelfreiheit dürfte zumindest gegen Treu und Glauben verstoßen.[755] S. auch Rn 1535.

---

753 Zu optimistisch *Schmidt-Räntsch,* ZIP 1998, 849, 852.
754 LG München 20. 12. 1976, DAR 1978, 18.
755 Vgl. BGH 22. 2. 1984, NJW 1984, 2287, 2288; zu dieser – seltenen – Konstellation vgl. auch *Soergel/Huber,* § 459 Rn 90.

Die Voraussetzungen der Sachmängelhaftung

ff) Die Beweislastumkehr beim Verbrauchsgüterkauf
α) Regelungskonzept des § 476 BGB

Zeigt sich innerhalb von sechs Monaten seit Gefahrübergang ein Sachmangel, so wird zugunsten des Verbrauchers vermutet, dass die Sache bereits bei Gefahrübergang mangelhaft war (§ 476 BGB). Diese Verbraucherschutzvorschrift wird nach Maßgabe der **Eigenetikettierung** durch den Gesetzgeber allgemein als Beweislastumkehr verstanden.[756] Ohne den Umsetzungszwang durch die Verbrauchsgüterkaufrichtlinie (Art. 5 Abs. 3) hätte der deutsche Gesetzgeber bei der Reform des Schuldrechts auf eine solche Beweisregel sicherlich verzichtet. Völlig fremd ist sie dem nationalen Kaufrecht indes nicht (s. § 484 BGB a. F.).

1337

Prototyp der Regelung in Art. 5 Abs. 3 der EU-Richtlinie ist zweifellos das **fabrikneue Verbrauchsgut**. Dass bei einer neuen Sache derjenige Mangel, der innerhalb von sechs Monaten ab Lieferung offenbar wird, seinen Ursprung im Einflussbereich des Herstellers/Verkäufers hat, ist nach der Lebenserfahrung weitaus wahrscheinlicher als eine Entstehung des Mangels in der Sphäre des Käufers. Zudem hat der Verkäufer einer fabrikneuen Sache, unterstützt durch den Hersteller/Importeur, im Regelfall leichteren Zugang zu den Produktinformationen. Mit den ungleich besseren Erkenntnismöglichkeiten verfügt er zugleich über die besseren Beweismöglichkeiten.

Bei **bereits gebrauchten Sachen**, die erneut, möglicherweise zum wiederholten Mal, auf den Markt gelangen, liegen die Dinge in vielfacher Hinsicht wesentlich anders. Dem Gemeinschaftsgesetzgeber, nicht dem nationalen Gesetzgeber, kann der Vorwurf nicht erspart bleiben, die vielschichtigen Strukturen des Handels mit gebrauchten Sachen, insbesondere gebrauchten Kraftfahrzeugen, nicht genügend analysiert zu haben. Ursprünglich sollte die Verbrauchsgüterkaufrichtlinie auf „neue langlebige Verbrauchsgüter" beschränkt werden.[757] Diesen klugen Gedanken hat man später aus nicht nachvollziehbaren, jedenfalls nicht überzeugenden Gründen fallengelassen

Die Beweislastverteilung durch § 476 BGB mag man als eine typisch verbraucherfreundliche „Billigkeitsentscheidung" kritisieren.[758] Abgesehen davon, dass gesetzlich angeordnete wie richterrechtliche Beweislastumkehrungen häufig nichts anderes als „Billigkeitsentscheidungen" sind,[759] kann die sachliche Legitimation von Art. 5 Abs. 3 RL bzw. § 476 BGB beim Kauf neuer Waren kaum bezweifelt werden. Mit den handelsüblichen (Haltbarkeits-) Garantien auf zahlreiche Gebrauchsgüter des täglichen Lebens haben die Hersteller eine wesentliche Vorlage gegeben.

Während bei einer **Haltbarkeitsgarantie** vermutet wird, dass ein während der Geltungsdauer auftretender Sachmangel die Rechte aus der Garantie begründet (§ 443 II BGB), geht es bei der Beweislastumkehr i. S. d. § 476 BGB nicht um eine Rechtsvermutung, sondern um eine **Tatsachenvermutung**. Aus dem Umstand des Offenbarwerdens des Mangels innerhalb einer bestimmten Frist, einem tatbestandsfremden Merkmal, wird die Tatsache abgeleitet, dass der Mangel bereits bei Gefahrübergang vorhanden war. Das ist im Kern eine gesetzliche **Rückwirkungsvermutung**. Durch den Beweis der Mängelfreiheit zu diesem Zeitpunkt wird der Verkäufer von seiner Haftung freigestellt. Für den „Gegenbeweis" bei einer Haltbarkeitsgarantie genügt dieser Nachweis nicht. In ihrer Struktur ist die Beweislastumkehr des § 476 BGB etwas qualitativ anderes als eine (Haltbarkeits-)Garantie. § 476 BGB enthält auch keine „Quasi-Garantie" oder eine Garantie sui generis. Der Unter-

---

[756] Grundsätzliches zur Beweislastumkehr und zu ihrem Verhältnis zu anderen Beweiserleichterungen bei *Baumgärtel*, Beweislastpraxis im Privatrecht, S. 263 ff.
[757] Zur Vorgeschichte, insbesondere zum „Grünbuch", s. *Brüggemeier*, JZ 2000, 532.
[758] So dezidert *Ehmann/Rust*, JZ 1999, 853, 857; *Honsell*, JZ 2001, 278, 280.
[759] Zur verfassungsrechtlichen Problematik s. *Reinhardt*, NJW 1994, 93.

nehmer-Verkäufer haftet ausschließlich nach Sachmängelrecht, wobei er lediglich – anders als vor der Schuldrechtsreform – mit einer (eingeschränkten) Rückwirkungsvermutung belastet ist.

β) persönlicher Anwendungsbereich

1338 Nur in Fällen des Verbrauchsgüterkaufs findet eine Beweislastumkehr statt. Käufer, die nicht **Verbraucher** i. S. v. § 13 BGB sind, profitieren davon nicht.

Den mit der Beweislastumkehr verbundenen Nachteil soll nur ein **Unternehmer** i. S. d. § 14 BGB tragen. An sich wäre es ein Gebot der ratio des Art. 5 Abs. 3 RL und damit auch des § 476 BGB, wenigstens solche Unternehmer-Verkäufer zu schonen, die keinen Handel mit gebrauchten Kraftfahrzeugen betreiben, gleichwohl aber unter den weiten Unternehmerbegriff fallen. Ohne technisches know how (Zugang zu den Herstellerdaten) und ohne technischen Apparat (z. B. Hebebühne, Diagnosegerät) stehen unternehmerische Gelegenheitsverkäufer wie Freiberufler und Handwerksbetriebe vor kaum lösbaren Problemen, bei der Erkennung von Mängeln und Mängelrisiken vor dem Verkauf wie bei der Widerlegung der Beweisvermutung nach dem Kauf. Von einer strukturellen Ungleichgewichtslage bei den Erkenntnis- und Beweismöglichkeiten kann auf diesem Teilmarkt nicht die Rede sein.

Ohnehin werden die Möglichkeiten eines privaten Gebrauchtfahrzeugkäufers generell falsch eingeschätzt. Noch nie war er so gut informiert wie heute. Die meisten Fälle mit Beweisschwierigkeiten sind zwar technischer Natur, wobei die Komplexität der technischen Sachverhalten ständig zunimmt. Durch die Beauftragung eines Kfz-Sachverständigen kann sich der Verbraucher, häufig ADAC-Mitglied, jedoch die Informationen beschaffen, die er zur Wahrung seiner Interessen benötigt. Selbst Kfz-Betriebe sind in komplexen Schadensfällen nicht selten auf sachverständige Hilfe angewiesen, zumal bei Fremdfabrikaten. Vor diesem Hintergrund geht es letzten Endes nur um die Kosten der Aufklärung. Nicht das Mängelrisiko wird verteilt, sondern das Kostenrisiko.

Zu einer Differenzierung beim Unternehmerstatus (professioneller Verkäufer/Gelegenheitsverkäufer) wird sich die Rechtsprechung vermutlich nicht durchringen. Voraussichtlich wird man unter Hinweis auf die beiden generalklauselartigen Ausnahmetatbestände des § 476 BGB (s. dazu Rn 1340 ff.) sowie auf die unternehmergünstige Verjährungsoption in § 475 II BGB positivistisch argumentieren und Gelegenheitsverkäufern aus dem Unternehmerlager eine weitere Privilegierung versagen. Zu berücksichtigen ist in der Tat, dass derartigen Unternehmer-Verkäufern die Möglichkeit offen steht, ihre gebrauchten Fahrzeuge vor einem Verkauf an einen Verbraucher professionell prüfen zu lassen (Fremdwerkstatt, ADAC, TÜV u. a.). Gegen eine beweisrechtliche Privilegierung von unternehmerischen Gelegenheitsverkäufern spricht auch, dass sie auf eine Direktvermarktung an Verbraucher nicht angewiesen sind. Sie können ihre Geschäftswagen auch anderweitig absetzen, etwa durch Inzahlunggabe oder durch einen Direktverkauf an Unternehmer (b2b).

γ) sachlicher Anwendungsbereich

1339 In der Zeit kurz vor und nach In-Kraft-Treten der Schuldrechtsreform hat man verschiedentlich versucht, § 476 BGB auf den **Kauf fabrikneuer Gegenstände** zu beschränken. Abwegig war der Vorstoß keineswegs. Eine missverständliche Formulierung in der **amtlichen Begründung**[760] hat ein zusätzliches Argument geliefert. Wie das Bundesjustizministerium jedoch alsbald klargestellt hat, gilt die Beweislastumkehr **prinzipiell** auch für den Kauf **gebrauchter Sachen**.

---

760 BT-Drucks. 6857 = *Canaris*, S. 872.

Die Voraussetzungen der Sachmängelhaftung

Eine **richtlinienkonforme Auslegung** des § 476 BGB bestätigt die Richtigkeit dieser Aussage.[761] Gestützt wird sie zudem durch die Systematik der §§ 474 ff. BGB. Wer dagegen für eine generelle Herausnahme gebrauchter Güter plädiert, muss den Tatbestand des Gebraucht-Seins bzw. sein Gegenstück, das Neu-Sein, näher definieren. Nach bisherigem Verständnis ist ein Kraftfahrzeug im Sinne des Kaufrechts „gebraucht", wenn es – zum Straßenverkehr zugelassen – einige Kilometer gefahren worden ist. Die Abgrenzung zwischen „neu" bzw. „neu hergestellt" und „gebraucht" ist zwar möglich. Entsprechende Differenzierungen sind dem BGB auch nicht fremd. Für die Beweislastumkehr hat der Gesetzgeber sich aber für eine **Einheitslösung mit Ausnahmeregelung** entschieden und mit Blick auf Art. 5 Abs. 3 RL auch entscheiden müssen.

Zu erwägen ist, schon den Anwendungsbereich des § 476 BGB nach der Art des Sachmangels zu begrenzen, dieses Kriterium also nicht erst in einem weiteren Prüfschritt zur Begründung eines Ausnahmefalls heranzuziehen. Der Wortlaut des § 476 BGB mit seinem Regel-Ausnahme-Verhältnis steht dem nicht von vornherein entgegen. Im Gegenteil, die Formulierung „zeigt sich ... ein Sachmangel ..." legt die Annahme nahe, dass dem Gesetzgeber Eigenschaften vor Augen standen, die der Kaufsache körperlich (unmittelbar) anhaften. Ob z. B. eine zu hohe km-Laufleistung, eine vertragswidrige Erstzulassung oder eine atypische Vorbenutzung als Mietwagen, durchweg Sachmängel im weiteren Sinn, sich „zeigen" bzw. im Sinne der Richtlinie „offenbar werden" können, erscheint immerhin zweifelhaft. Da der Gesetzgeber die „Art des Mangels" – in Kenntnis des weiten Sachmangelbegriffs – aber erst im Rahmen der Ausnahmeregelung („es sei denn ...") anspricht, wird die Rechtsprechung eine Differenzierung nach körperlichen/behebbaren und unkörperlichen/unbehebbaren Mängeln auf der Vorstufe ablehnen.

δ) Grenzen der Beweislastumkehr

Die Beweiserleichterung wird dadurch eingeschränkt, dass der Gesetzgeber zugunsten des Unternehmers **zwei Ausnahmetatbestände** zugelassen hat. Die Rückwirkungsvermutung greift zum einen dann nicht ein, wenn sie mit der **Art der Sache** nicht vereinbar ist. Sie entfällt zum anderen, wenn nach der **Art des Mangels** keine ausreichende Basis für die Annahme besteht, der Mangel habe schon im Zeitpunkt der Übergabe vorgelegen. Mit dieser Regelung wird Art. 5 Abs. 3 der Verbrauchsgüterkaufrichtlinie umgesetzt. **Europarechtlich** ist sie nicht zu beanstanden.

1340

Aus **nationaler Perspektive** ist es ein **Novum**, eine gesetzliche Tatsachenvermutung durch eine Unvereinbarkeitsklausel einzuschränken. Die Vermutung in § 484 BGB a. F.[762] kam ohne eine solche Regelung aus, galt freilich von vornherein nur für bestimmte Mängel eines Tieres. In § 836 II BGB wird dem früheren Besitzer, der durch die Beweisvermutung (mit Zeitregelung !) belastet ist, der Entlastungsbeweis auferlegt. Das ist gesetzestechnisch etwas anderes als es § 476 BGB bestimmt. Wie das dortige Regel-Ausnahme-Verhältnis zu verstehen und praktisch umzusetzen ist, wird die Rechtsprechung vor einige Schwierigkeiten stellen. In der Gesetzesbegründung wird sie kaum Hilfe finden. Die Hinweise beschränken sich auf eine eher floskelhafte Bemerkung zum Phänomen der Abnutzung bei gebrauchten Sachen und auf einige Anmerkungen zum Viehkauf. Anlass zu vertiefenden Ausführungen gaben nicht zuletzt die verwirrenden Kommentierungen des § 484 BGB a. F.

---

761 *Reinking*, DAR 2002, 23; *ders.* ZfS 2002, 7; *Hoeren/Martinek/Bohne*, SKK, § 476 Rn 11; *Palandt/Putzo*, Ergbd. § 476 Rn 3; Das neue Schuldrecht/*Haas*, Kap. 5 Rn 438.

762 Für *Rosenberg*, Beweislast, 5. Aufl., S. 207, handelt sich nicht um eine „Vermutung", weil das Hervortreten des Mangels während der Gewährsfrist schon Haftungsvoraussetzung ist. Das ist bei § 476 BGB anders. Zu den verschiedenen Deutungen des § 484 BGB a. F. s. auch *Baumgärtel*, Handbuch der Beweislast, Bd. 1, 2. Aufl., § 484 Rn 1.

αα) **Art der Sache**

1341 Von „Natur der Sache" bzw. „Beschaffenheit der Sache" bis hin zu „Art des Gutes" lauten die Übersetzungen des Textes der EU-Richtlinie und ihrer Vorläufer. Der deutsche Gesetzgeber hat sich für „Art der Sache" entschieden. Das erinnert an eine Unterscheidung nach Gattungsmerkmalen. Dass es sich bei dem Kaufobjekt um ein Fahrzeug und nicht um einen Kühlschrank handelt, besagt in diesem Zusammenhang nichts. Auch eine weitere Klassifizierung nach Fahrzeugtypen (Pkw, Kombi, Lkw, Motorrad) führt ohne zusätzliche Differenzierungen nicht weiter. Erst wenn Eigenschaften wie Alter und Laufleistung des gekauften Fahrzeugs in den Blick genommen werden, wird das Bild schärfer.

Ob ein Kraftfahrzeug neu oder gebraucht ist, ist nach allgemeinem Verständnis eine Frage der Art des Kaufobjekts. Neufahrzeuge und Gebrauchtfahrzeuge gehören nach der Verkehrsauffassung unterschiedlichen „Gattungen" an. So sieht es auch der Gesetzgeber. Ein gebrauchter Pkw sei nicht „von der gleichen Art" wie ein Neuwagen desselben Typs.[763]

Bei der Formulierung des Ausnahmetatbestands „Art der Sache" hat zumindest der nationale Gesetzgeber in erster Linie an gebrauchte Sachen gedacht und damit vor allem an gebrauchte Kraftfahrzeuge.[764] Die Einschränkung „Art der Sache" betreffe vor allem gebrauchte Sachen. Hier, so die amtliche Begründung[765] weiter, bestehe „schon wegen des sehr unterschiedlichen Grades der Abnutzung" kein allgemeiner Erfahrungssatz des Inhalts, dass ein Mangel, der sich binnen 6 Monaten zeigt, schon bei Übergabe vorhanden war.

1342 Diese Äußerung lässt Zweierlei erkennen: Grundlage der Beweisvermutung ist der **allgemeine Erfahrungssatz**, dass eine bewegliche Kaufsache, die sechs Monate nicht „hält", schon bei Übergabe mangelhaft war. Im Auftreten des Mangels („Sichzeigen") zeitnah zur Lieferung sieht der Gesetzgeber also ein Indiz für das Vorhandensein des Mangels bei Lieferung. Bei gebrauchten Sachen, nicht etwa nur bei gebrauchten Kraftfahrzeugen, soll „ein entsprechender allgemeiner Lebenserfahrungssatz" nach Meinung der deutschen Gesetzesverfasser nicht bestehen. Ihre knappen Bemerkungen in der amtlichen Begründung legen in der Tat den Schluss nahe, bei gebrauchten Sachen und somit auch bei Gebrauchtfahrzeugen komme eine Beweislastumkehr wegen Unvereinbarkeit mit der „Art der Sache" generell nicht in Frage. Zwingend ist diese Deutung freilich nicht. Doch selbst wenn es so gemeint sein sollte, wäre das unbeachtlich, weil richtlinienwidrig. Ohne Rücksicht auf Art. 5 Abs. 3 der Verbrauchsgüterkaufrichtlinie und ohne die richtlinientreue **prinzipielle Gleichbehandlung** von neuen und gebrauchten Sachen im nationalen Kaufrecht[766] wäre die generelle Ausklammerung von Gebrauchtsachen die sachgerechtere Lösung. So wie die Dinge aber liegen, ist dafür kein Raum.

1343 Sollte der Gesetzgeber die Vorstellung gehabt haben, für gebrauchte Sachen gäbe es keine Erfahrungssätze über deren Haltbarkeit, wäre das jedenfalls mit Blick auf gebrauchte Kraftfahrzeuge eine Fehlannahme. Ohne fundiertes Erfahrungswissen und klare Erfahrungswerte über die Haltbarkeit ist ein seriöser Handel mit Gebrauchtwagen gar nicht möglich. Die von den Gesetzesverfassern erwähnte **Abnutzung** ist zwar eine typische, meist zwangsläufige Eigenschaft eines gebrauchten Kfz. Sie betrifft aber nur einen Teilaspekt. Die meisten Vertragswidrigkeiten beim Gebrauchtfahrzeugkauf haben mit einer Abnutzung des Fahrzeugs und seiner Teile ohnehin nichts zu tun. Der Hinweis in der amtlichen Begründung kann also, wenn überhaupt, nur für eine **Teilmenge von Sachmängeln** ge-

---

[763] Amtliche Begründung zu § 434 BGB, abgedr. bei *Canaris* S. 814.
[764] Vom Gesamtumsatz mit gebrauchten Sachen entfallen 95% auf gebrauchte Kraftfahrzeuge. Der Anteil des Verbrauchsgüterkaufs ist aber wesentlich kleiner, s. die Grafik unter Rn 912.
[765] Abgedruckt bei *Canaris*, S. 872.
[766] Die Sonderbestimmungen für Gebrauchtsachen sind in § 474 I,2 und in § 475 II BGB positiv geregelt.

Die Voraussetzungen der Sachmängelhaftung

brauchter Kraftfahrzeuge relevant sein. Soweit Abnutzung in Form von Verschleiß und/ oder Alterung bei **technischen Mängeln** von Bedeutung ist, dient dieses Kriterium in erster Linie als objektiver Maßstab bei der Ermittlung der Sollbeschaffenheit. Normale Abnutzung ist, kurz gesagt, kein Mangel (Näheres dazu Rn 1248 ff.).

Was den Beweis der Entstehung und der Herkunft **technischer Störungen** angeht, so ist der Gesichtspunkt der Abnutzung sicherlich nicht unbeachtlich. Allein oder in Verbindung mit Alterung kann eine gebrauchsbedingte Abnutzung in der Tat eine Erklärung für die Entstehung einer Reihe von Defekten liefern. Je intensiver die Abnutzung vor der Übergabe an den Käufer war, desto stärker ist das Gewicht dieser Erklärung. So wie bei einem unbenutzten (fabrikneuen) Fahrzeug eine tatsächliche Vermutung für eine Entstehung eines technischen Mangels im Bereich des Herstellers spricht, besteht umgekehrt bei einem Fahrzeug, das gegen Ende seiner Lebenserwartung verkauft wird, ein Anschein für eine Herkunft des Defekts aus der Zeit vor seiner Übernahme durch den Letzterwerber. Fällt kurz nach Übergabe eines solchen „Oldtimers" der Motor aus, mag der Käufer ihm den „letzten Rest" gegeben haben, angelegt war der Motorschaden vermutlich aber bereits vor Übergabe.

Ob der Motor in diesem schadensgeneigten Zustand überhaupt mangelhaft im Rechtssinn war, ist die **entscheidende Vorfrage**. Sie wird in der Diskussion mitunter zu wenig beachtet.[767] In den meisten Kfz-Fällen, die im Schrifttum unter dem Blickwinkel „Art der Sache" erörtert werden (vorwiegend geht es um Motorschäden und um „Kupplungsschäden"), erübrigt sich die Frage des Mängelbeweises, weil es schon an einem Sachmangel im Rechtssinn fehlt. Zu kurz kommt auch die schwierige Abgrenzung zwischen Verschleiß und Verschleißfolgeschaden (s. Rn 1257).

1344

Bei bereits gebrauchten Kraftfahrzeugen gehen Verschleiß und Alterung sowie die daraus resultierenden „natürlichen" Folgen grundsätzlich zu Lasten des Käufers (s. Rn 1248 ff.). Ohne Vertragswidrigkeit stellt sich die Zeitpunktfrage nicht. Lässt sich ausnahmsweise eine Abweichung von der Soll-Beschaffenheit feststellen, z. B. ein übermäßig verschlissenes Teil hat den Ausfall des Motors verursacht, so hat der Sachverständige mit dieser Feststellung mittelbar auch die Zeitpunktfrage beantwortet. Der übermäßige Verschleiß ist – eine normale Fahrstrecke des Käufers unterstellt – nicht in den maximal sechs Monaten ab Übergabe eingetreten. In diesem Zeitrahmen ist lediglich die Folge, z. B. der Motorausfall, sichtbar geworden.

ββ) Art des Mangels

Da die Beweisvermutung auf einen allgemeinen Erfahrungssatz aufbaut – was sich innerhalb von sechs Monaten „zeigt", war vermutlich schon bei Übergabe vorhanden – wird man vor allem bei **Entwicklungsschäden im Technik- und Karosseriebereich** an einen Fall der Unvereinbarkeit der Vermutung zu denken haben. So sind etwa **Motorausfälle** typischerweise Entwicklungsschäden. Sie haben eine Vorgeschichte. Anfang und Verlauf, Ursache und Wirkung sind häufig ungewiss. Schon die Ersturursache (Beginn der Kausalkette) zu ermitteln, bereitet selbst erfahrenen Sachverständigen immer wieder Probleme. Ähnlich ist es bei **Reifenschäden**. Auch hier kommt meist ein Bündel von Schadensursachen in Betracht, zum Teil auch aus der Sphäre des Käufers.[768]

1345

Demgegenüber lässt sich in aller Regel verhältnismäßig leicht klären, ob ein „von außen auf das Fahrzeug mit mechanischer Gewalt einwirkendes Ereignis" (Unfallbegriff nach § 12 I AKB) vor oder nach Übergabe stattgefunden hat. Unüberwindbare Zeitpunktzweifel sind bei **Unfallschäden** äußerst selten. Sollte der Richter ausnahmsweise einmal nicht klä-

---

767 Z. B. von *Haas*, Das neue Schuldrecht, Kap. 5 Rn 438; zutreffend dagegen *Graf von Westphalen* in: *Henssler/Graf von Westphalen*, § 476 Rn 7.
768 Vgl. Rn 664.

ren können, ob eine Unfallbeschädigung vor oder nach Übergabe eingetreten ist, greift die Beweisvermutung nicht ein. Sie ist mit der Art des Mangels unvereinbar.

Was immer wieder Beweisprobleme bereitet, sind durch **Nagetiere**, insbesondere **Marder**, verursachte Schäden an Verkabelung und Schläuchen.[769] Können technische Mängel des Fahrzeugs als Ursache der Betriebsstörung, z. B. Ausfall der Elektronik, ausgeschlossen werden, also z. B. ein Tier als Schadensverursacher ermittelt werden, so ist für eine Beweislastumkehr kein Raum. Der Marder kann ebenso gut in der Garage des Verbrauchers aktiv geworden sein.

Bleibt dagegen ungeklärt, ob eine äußere Einwirkung durch Nagetierbiss oder eine fahrzeuginnere „Einwirkung" Störungsursache ist, hängt das Ergebnis entscheidend davon ab, welche Anforderungen man an die Beweispflicht des Verkäufers stellt. Die Betriebsstörung ist innerhalb der Sechsmonatsfrist offenbar geworden, so dass der Verkäufer beweisen muss, dass nach der Art der Störung kein Raum für die Beweisvermutung ist. Bei **ungeklärter Störungsursache** werden sich die Gerichte vermutlich auf die Seite des Verbrauchers stellen, indem sie den Schluss, die Beweisvermutung sei mit der „Art des Mangels" unvereinbar, nicht ziehen werden. Näheres zur Darlegungs- und Beweislast s. Rn 1346 ff.

Die größten Beweisprobleme haben schon nach bisherigem Recht **Motorschäden** und Defekte im **Elektronikbereich** aufgeworfen. Letztere gewinnen immer stärker an Bedeutung. Elektronikausfälle sind inzwischen laut ADAC Pannenursache Nummer eins. Besondere Beweisschwierigkeiten machen **Motorausfälle**, die in einem Zusammenhang mit einem Kühlmittelverlust stehen. Der **Überhitzungsschaden** als solcher („Kolbenfresser") ist regelmäßig leicht feststellbar. Worin die Ursache der Überhitzung gelegen hat, lässt sich dagegen nicht immer klären (unzureichende Kühlmittelmenge? Defekt der Kühlmittelpumpe? „zusitzender" Kühler?) Auch die Zylinderkopfdichtungen werden in diesem Zusammenhang thematisiert.[770] Ob eine Zylinderkopfdichtung, ein Verschleißteil, schon bei Übergabe einen Riss aufwies (Ursache für Kühlmittelverlust), lässt sich ohne Kenntnis der Fahrstrecke nach der Übergabe nicht verlässlich ermitteln.

Außerordentlich komplex sind ferner Motorschäden mit Beteiligung von **Steuerkette** oder **Zahnriemen** (Näheres dazu Rn 644, 645).

Verfehlt wäre es, bei Motorschäden allein schon wegen des typischerweise **multifaktoriellen Geschehens** von vornherein einen Ausnahmefall im Sinne der Unvereinbarkeitsregel anzunehmen. Bei dieser groben Sicht wird der Verbraucherschutz unzulässig eingeschränkt. Dazu, was der Unternehmer-Verkäufer darzulegen und notfalls zu beweisen hat, siehe die Ausführungen im Folgenden.

γγ) Darlegungs- und Beweislast im Rahmen der Ausnahmetatbestände

1346 Diejenigen Tatsachen, die nach der Art der Sache oder der Art des Mangels einen Unvereinbarkeitsfall begründen können, hat der **Verkäufer** vorzutragen und zu beweisen.[771] Für diese Verteilung sprechen der Wortlaut des Gesetzes („es sei denn ...") sowie die Tatsache, dass es um ein Regel-Ausnahme-Verhältnis geht. In bestimmten Sonderfällen soll für die Vermutung kein Raum sein. Ihr Geltungsbereich wird zugunsten des Verkäufers eingeschränkt. Nicht die Beseitigung der Vermutungswirkung ist Regelungsgegenstand, sondern die Frage, ob die Vermutung eingreift oder ausnahmsweise ausgeschlossen ist.

---

769 Vgl. BGH 19. 6. 1996, NJW 1996, 2504.
770 Informativ OLG Hamm 5. 5. 1992, 19 U 233/91, n. v; LG Rostock 11. 8. 2002, VRS 103, 241.
771 So auch *Palandt/Putzo*, Ergbd., § 476 Rn 10; *Büdenbender* in: Anwaltskommentar Schuldrecht, § 476 Rn 13; im Ergebnis ebenso *Bohne*, SKK, § 476 Rn 5, 8.

Die Voraussetzungen der Sachmängelhaftung

Graf von Westphalen[772] will demgegenüber die Norm „einheitlich" lesen. Das soll zur Konsequenz haben, dass der Käufer „insgesamt" den Nachweis für das Eingreifen der Beweisvermutung zu führen habe, also auch die beiden Ausnahmetatbestände (d. h. deren Fehlen) zu seiner Darlegungs- und Beweislast stehen.

Der Käufer genügt seiner Beweisführungspflicht, wenn er den zweigliedrigen Vermutungstatbestand nachweist (dazu Rn 1354 ff.). Entgegen *Graf von Westphalen* ist es nicht seine Aufgabe, eine konkrete Mangeltypizität zu behaupten oder gar zu beweisen, die das Wahrscheinlichkeitsurteil als Grundlage der Beweisvermutung im Einzelfall trägt.[773] Die erforderliche Wahrscheinlichkeit in der Zeitpunktfrage steht mit dem Nachweis des Vermutungstatbestandes fest.

Ob das Wahrscheinlichkeitsurteil Bestand hat und damit die verbrauchergünstige Vermutungswirkung entfaltet, hängt vom Vorbringen des Verkäufers ab. Die unsubstanziierte Behauptung, nach der Art des Kaufobjekts und/oder nach der Art des gerügten Mangels liege ein Fall der Unvereinbarkeit vor, genügt sicherlich nicht. *Haas* schlägt vor, die Ausnahmetatbestände „behutsam und eng" zu interpretieren.[774] Dahinter steht die Befürchtung, der Grundsatz der Beweislastumkehr könnte zu Lasten des Verbrauchers ausgehöhlt werden. Diese Sorge ist sicherlich ernst zu nehmen. Was die Praxis jedoch braucht, sind klare beweisrechtliche Maßstäbe und Vorgaben, nicht zuletzt mit Blick auf die – meist unerlässliche – Beauftragung eines Sachverständigen (Leitung nach § 404 a ZPO und Vorschusspflicht der Parteien).

Zu erwägen ist, vom Verkäufer den Beweis einer „Gegen-Wahrscheinlichkeit" zu verlangen, also den Beweis dafür, dass das Vorhandensein des Mangels vor Übergabe nicht wahrscheinlich, sondern unwahrscheinlich ist. Das wäre weniger als der – in diesem Zusammenhang nicht interessierende – Vollbeweis des Gegenteils (Mängelfreiheit bei Übergabe) und mehr als der Beweis von Tatsachen, die ernstliche Zweifel an der Berechtigung des Wahrscheinlichkeitsurteils begründen. Die besseren Gründe sprechen für die „Zweifelslösung". Sie gewährleistet einen angemessenen Verbraucherschutz und wahrt zugleich die Interessen des Unternehmers. Insoweit ist zu berücksichtigen, dass dessen Informations- und Beweismöglichkeiten nach der Auslieferung des Fahrzeugs begrenzt sind, worauf *Graf von Westphalen*[775] mit Recht hinweist. Lediglich die Mängelrüge und vielleicht ein Werkstattaufenthalt lassen ihn Einblick gewinnen

Inwieweit den Verbraucher nach allgemeinen zivilprozessualen Grundsätzen eine **sekundäre Darlegungslast** trifft, ist eine Frage des Einzelfalls. Dass der Mangel in seinem Herrschafts- und Einflussbereich aufgetreten ist, reicht für sich allein nicht aus, um ihn damit zu belasten (zur Frage der sekundären Darlegungslast hinsichtlich der km-Laufleistung s. Rn 1356). Der Unternehmer hat ein Recht, vorgerichtlich an der Schadensfeststellung beteiligt zu werden (Besichtigung, Beauftragung eines eigenen Gutachters). Das verbessert seine prozessualen Beweismöglichkeiten.

Die hier vorgeschlagene Lösung steht überdies im Einklang mit bewährten und der Praxis vertrauten Grundsätzen über den Anscheinsbeweis. In § 292 a ZPO n. F. hat der Gesetzgeber sie sich zu Eigen gemacht.

Festzuhalten ist demnach: Die Beweisvermutung greift nicht ein, wenn mit Blick auf die Art der Sache oder die Art des Mangels Tatsachen unstreitig oder vom Verkäufer bewiesen sind, die **ernstliche Zweifel** daran begründen, dass der Mangel im Zeitpunkt der Übergabe

---

772 A. a. O., Rn 9.
773 Insoweit besteht ein Unterschied zum Anscheinsbeweis, wo der Geschädigte die konkrete Typizität („typischer Geschehensablauf") darlegen und beweisen muss.
774 Das neue Schuldrecht, Kap 5 Rn 440.
775 A. a. O.

vorhanden war. M. a. W.: Nicht erst bei einer hohen oder „außergewöhnlich hohen" Wahrscheinlichkeit[776] für eine nachträgliche Entstehung ist die Beweisvermutung ausgeschlossen.

Gestattet man dem Verkäufer in Analogie zu den Anscheinsbeweisregeln einen solchen vereinfachten **„Gegenbeweis"**, so ist die Rückwirkungsvermutung ausgeschlossen, wenn die ernsthafte Möglichkeit einer Mangelentstehung nach Auslieferung des Fahrzeugs bewiesen ist. An die ernsthafte Möglichkeit einer Mangelentstehung nach Übergabe dürfen keine zu geringen Anforderungen gestellt werden. Die Tatsachen, aus denen der Verkäufer eine solche Möglichkeit ableitet, sind von ihm zur Überzeugung des Gerichts voll zu beweisen (§ 286 ZPO). Auch durch dieses Erfordernis wird die Wohltat der Beweislastumkehr hinreichend vor Aushöhlung geschützt.

1352 In der Praxis wird es vorwiegend um **Wartungs- und Bedienungsfehler** als alternative Mängelursachen gehen. Dazu gehören auch Versäumnisse wie das Nichtbeachten von Anzeigeinstrumenten (Ölstand, Kühlmittel). Kann ein solches Geschehen in der Sphäre des Verbrauchers den Mangel herbeigeführt oder dessen Entstehung oder Entwicklung maßgebend begünstigt haben („ernsthafte Möglichkeit"), so entfällt die Beweisvermutung. Der Verbraucher hat dann, wie jeder andere Käufer, den Vollbeweis der Mangelhaftigkeit im Zeitpunkt des Gefahrübergang zu führen.

1353 Um den tatsächlichen Zustand im Zeitpunkt der Übergabe beweiskräftig dokumentieren zu können, hat der Kfz-Handel, unterstützt von Garantieunternehmen und Prüforganisationen, **Befund- und Zustandsberichte** eingeführt (s. dazu bereits Rn 1238). Derartige „Übergabe-Zertifikate" sollen den Unternehmer-Verkäufern die **Widerlegung der Beweisvermutung** erleichtern. Ohne Unterschrift des Käufers sind sie zwar keine untauglichen Beweismittel. Eine Unterzeichnung durch den Käufer, möglichst im Anschluss an eine Probefahrt, bringt den Verkäufer jedoch in eine deutlich günstigere Beweisposition. Zu erwägen ist, dem Verbraucher die Beweislast dafür zuzuschieben, dass die im Befundbericht ausgewiesene Mängelfreiheit im Übergabezeitpunkt entgegen dem Wortlaut der Urkunde nicht vorhanden war. Begründet werden könnte das mit der Vermutung der Richtigkeit des Befundberichts. Gegen eine solche Argumentation sprechen durchgreifenden Bedenken. Am Zustandekommen des Dokuments ist der Verbraucher unbeteiligt. Er kann die – meist technischen – Informationen auch nicht auf ihre Richtigkeit überprüfen. Jedenfalls wird er regelmäßig davon Abstand nehmen. Das alles unterscheidet die Situation elementar von der Kaufvertragsurkunde, der als Dokument über ein beiderseitiges Rechtsgeschäft eine Vermutungswirkung auch zu Lasten des Käufers beigemessen wird.

Eine gesetzliche Vermutung wie die des § 476 BGB kann nur durch den **Beweis des Gegenteils** (§ 292 ZPO) zu voller Überzeugung des Gerichts widerlegt werden. Richtigerweise handelt es sich bei diesem Gegenteilsbeweis nicht um einen Gegenbeweis, sondern um einen **Hauptbeweis**.[777]

Gescheitert ist er, wenn der Richter nicht ausschließen kann, dass das Fahrzeug bereits bei Gefahrübergang, praktisch also bei Übergabe, mangelhaft war.

ε) Verbleibende Beweispflichten des Verbrauchers

1354 Trotz der Beweislastumkehr des § 476 BGB ist auch ein Verbraucher in folgenden Punkten beweispflichtig:

---

[776] Vgl. *Buck* in: Das Schuldrecht 2002, S. 168; *Dauner-Lieb*, Schuldrecht, Fälle und Lösungen, Fall 82, S. 148.
[777] Vgl. *Baumgärtel*, a. a. O., § 484 BGB a. F., Rn 1.

Die Voraussetzungen der Sachmängelhaftung

- Abweichung der Ist-Beschaffenheit von der Soll-Beschaffenheit
- Auftreten („Zeigen") des Sachmangels innerhalb von 6 Monaten ab Gefahrübergang.

Erst wenn der Verbraucher diesen **zweigliedrigen Vermutungstatbestand** voll bewiesen hat und nur noch offen ist, ob der nachgewiesene und innerhalb der Sechsmonatsfrist aufgetretene Mangel schon zum Zeitpunkt der Übergabe vorhanden war, greift die Rückwirkungsvermutung ein, es sei denn, dass ein Unvereinbarkeitsfall feststeht (dazu oben Rn 1340 ff.).

αα) Zum Nachweis der Vertragswidrigkeit

Alles, was die streitgegenständliche Reklamation zu einem Sachmangel im Rechtssinn macht, steht zur Beweislast des Verbrauchers. Das gilt nicht nur für die Abweichung von der vereinbarten Beschaffenheit (§ 434 I,1 BGB). Auch im vereinbarungsfreien Bereich des § 434 I, 2 Nr. 1 und Nr. 2 BGB hat der Verbraucher, bevor sich die Zeitpunktfrage stellt, die Tatsachen zu beweisen, die das Fahrzeug (gegenwärtig) mangelhaft machen. Zum Nachweis der Sollbeschaffenheit s. Rn 1331, zum Nachweis der Istbeschaffenheit s. Rn 1332.

1355

Bei technischen Schadensbildern sind Mangelexistenz, Ursache und Auswirkung häufig kaum oder nur mit einigen Schwierigkeiten zu trennen. Musterbeispiele für diese Gemengelage sind Motorschäden, s. Rn 1345. Deshalb liegt der Gedanke nahe, Verbrauchern schon im Vorfeld mit Darlegungs- und Beweiserleichterungen zu helfen und damit Unternehmern die Berufung auf die beiden Ausnahmetatbestände zu erschweren, d.h. sie früh zum vollen Gegenbeweis zu zwingen.[778] Die folgenden Fallbeispiele verdeutlichen das Problem:

Beispiel Nr. 1: Macht der Käufer einen Korrosionsschaden geltend, gehört zur schlüssigen Darlegung, dass es sich um einen unüblichen Zustand handelt, mit dem nach Alter und Laufleistung nicht zu rechnen war (s. Rn 1262 ff.). Die Atypizität (Unüblichkeit) hat er darzulegen und zu beweisen, nicht der Verkäufer die Typizität. Erst wenn die Vertragswidrigkeit als solche feststeht, stellt sich die Frage ihres Vorhandenseins bei Übergabe. Bei einem Korrosionsschaden wird in dieser Hinsicht kaum ein vernünftiger Zweifel bestehen, so dass es aus tatsächlichen Gründen auf die Beweisvermutung nicht ankommt.

Beispiel Nr. 2: Der Käufer reklamiert einen Ausfall des Motors in einem schon bei Auslieferung 151.500 km gelaufenen BMW 520 i bei km-Stand 155.200. Der Verkäufer beruft sich auf normalen Verschleiß, hilfsweise auf einen Wartungsfehler, weiter hilfsweise auf einen Bedienungsfehler. Sache des Käufers ist es, den Verschleißeinwand zu entkräften. Er hat zu beweisen, dass von einem Motor dieses Typs und einer Laufleistung von 151.500 km normalerweise eine längere Fahrstrecke als weitere 3.700 km zu erwarten ist. Gelingt ihm der Nachweis eines nicht auf natürlichem Verschleiß beruhenden Motorschadens, also eines Sachmangels im Rechtssinn (s. dazu Rn 1251 ff.), und ist darüber hinaus der Motorschaden innerhalb der Sechsmonatsfrist aufgetreten (s. dazu Rn 1356), streitet für ihn in seiner Eigenschaft als Verbraucher die Rückwirkungsvermutung. Anders als nach altem Recht braucht er die behaupteten Wartungs- und Bedienungsfehler als Mangelursachen nicht auszuschließen. Vielmehr ist es Sache des Unternehmers, die Rückwirkungsvermutung nach Maßgabe der Ausführungen unter Rn 1346 ff. auszuschalten. Kann er dem Gericht einen Unvereinbarkeitsfall plausibel darstellen, entfällt die Beweislastumkehr. Andernfalls hat er den vollen Beweis des Gegenteils (§ 292 ZPO) zu führen.

---

[778] Dazu einerseits *Reinking*, DAR 2001, 8, 14; *Bohne*, SKK, § 476 Rn 5; andererseits *Graf von Westphalen*, a. a. O., § 476 Rn 9, 10.

ββ) Sichzeigen innerhalb der Sechsmonatsfrist

1356 Nach Erkenntnissen eines namhaften Garantieversicherers treten rund 46% der Schäden an gebrauchten Pkw/Kombi im ersten halben Jahr nach Übergabe auf.[779] In diesen Fällen kommen Verbraucher in den Genuss der Beweislastumkehr. Mängel, die nach Ablauf der **Sechsmonatsfrist** „offenbar werden" (Art. 5 Abs. 3 RL), sind von der Sonderbehandlung ausgenommen. Die **Frist beginnt** mit dem Gefahrübergang. Das ist beim Kfz-Kauf regelmäßig die **Übergabe**. Es kann aber auch der Zeitpunkt des **Annahmeverzugs** sein.[780]

Sichzeigen i. S. v. § 476 BGB bedeutet nicht, dass dem Verbraucher der Fahrzeugmangel in seiner ganzen Tragweite bekannt geworden ist. Der Motor muss nicht erst vollständig ausgefallen sein. Es reicht aus, dass Unregelmäßigkeiten (schlechtes Anspringen, Laufunruhe, Ruckeln, schlechte Beschleunigung etc.) objektiv erkennbar geworden sind. Anzuknüpfen ist an die Symptomrechtsprechung, ferner an die Auslegung des § 443 II BGB n. F. („Auftreten"). Für die Frage der Erkennbarkeit ist auf den Horizont eines durchschnittlichen Verbrauchers abzustellen. Positive Kenntnis des Verbrauchers setzt „Sichzeigen" nicht voraus. Erst recht bedarf es keiner Anzeige gegenüber dem Verkäufer.

Die **Darlegungs- und Beweislast** dafür, dass der Mangel sich innerhalb der Sechsmonatsfrist. gezeigt hat, trägt der Verbraucher. Das wird, soweit ersichtlich, von keiner Seite anders gesehen.[781]

Welche **Fahrstrecke** der Verbraucher seit der Auslieferung des Fahrzeugs an ihn zurückgelegt hat, braucht der Verbraucher grundsätzlich nicht darzulegen. Das Gesetz kennt lediglich eine Zeitgrenze. Mindestens ebenso wichtig ist bei Kraftfahrzeugen die Fahrstrecke. Abzuwarten bleibt, ob die Rechtsprechung Verbrauchern eine **sekundäre Darlegungslast** auferlegen wird. Ohne Kenntnis von der Laufleistung im Bereich des Käufers kann die Rechtsverteidigung des Unternehmers sowohl bei dem vereinfachten Gegenbeweis im Rahmen der beiden Ausnahmetatbestände als auch bei dem eigentlichen Gegenbeweis (Mängelfreiheit bei Übergabe) erheblich erschwert sein. Da der Käufer mühelos über die gefahrenen Kilometer Auskunft geben kann, spricht einiges für eine sekundäre Darlegungslast.

γγ) Einmalfrist oder Fristwiederholung?

1357 Im Gesetz nicht geregelt ist die Frage, ob die Sechsmonatsfrist des § 476 BGB mit dem Gefahrübergang i. S. v. § 446 BGB ein für allemal beginnt. Bei der **Lieferung eines anderen Fahrzeugs** (Nacherfüllung i. S. v. § 439 I BGB) taucht das Problem der Zweitfrist auf. Aus Sicht des Gebrauchtfahrzeugkaufs ist das zwar kein Thema, weil auf diesem Sektor eine Nachlieferung/Ersatzlieferung aus rechtlichen Gründen ausscheidet (s. Rn 1368 ff.). Verständigen sich die Parteien auf die Lieferung eines anderen Gebrauchtfahrzeugs, beginnt die Sechsmonatsfrist von Neuem. Nicht anders kann es sein, wenn der Verkäufer eines fabrikneuen Fahrzeugs mit einer Ersatzlieferung seiner Nacherfüllungspflicht nachkommt. Beim Gebrauchtfahrzeugkauf stellt sich das Problem indessen bei der Mängelbeseitigung (§ 439 I BGB), etwa dann, wenn der Verkäufer zur Behebung eines Motorschadens einen Ersatzmotor einbaut.

Als Ausnahmeregelung ist § 476 BGB zwar eng auszulegen. Aus Gründen eines effektiven Verbraucherschutzes ist jedoch zu fordern, dass die Sechsmonatsfrist beim Einbau bestimmter Ersatzteile **punktuell** erneut in Gang gesetzt wird (zur Parallelproblematik bei der Verjährung s. Rn 369 f.). Für jedes Einzelteil, das bei einer Nacherfüllungs-Reparatur Ver-

---

779 Gebrauchtwagen-Praxis 4/2000, S. 14.
780 Zu dem sich aus dieser Diskrepanz ergebenden Problem s. *Gsell*, JZ 2001, 65, 73; *Büdenbender* in: Anwaltskommentar Schuldrecht, § 476 Rn 10.
781 Wie hier *Büdenbender*, a. a. O., Rn 3, 12.

Die Voraussetzungen der Sachmängelhaftung   1358–1361

wendung findet, gilt das freilich nicht. Ausgenommen sind insbesondere die so genannten Kleinteile, eine ohnehin eher theoretische Fallgestaltung. Die Fristwiederholung sollte auf komplette Baugruppen und Baugruppenteile beschränkt bleiben. Der Ersatzteilkauf kann als Muster gelten.

n) Das selbstständige Beweisverfahren
aa) Zulässigkeitsvoraussetzungen

Das Gesetz unterscheidet zwischen der Situation während und außerhalb eines Rechtsstreits. Während eines anhängigen Rechtsstreits sind nach altem wie nach neuem Recht als Beweismittel die Augenscheinseinnahme sowie der Zeugen- und Sachverständigenbeweis vorgesehen (§ 485 I ZPO). Unverändert sind während eines laufenden Streitverfahrens ferner die sachlichen Zulässigkeitsvoraussetzungen insoweit, als entweder der Gegner zustimmen oder zu besorgen sein muss, dass das Beweismittel verloren geht bzw. seine Benutzung erschwert wird (§ 485 I ZPO). 1358

Anträge **außerhalb eines Streitverfahrens** können sowohl nach § 485 I ZPO als auch nach § 485 II ZPO zulässig sein. Beim Kraftfahrzeugkauf geht es vornehmlich um die Klärung von Mängeln mit Hilfe eines Sachverständigen, ferner um Mängelursachen und die Kosten der Mängelbeseitigung. Darauf abzielende Anträge sind zunächst nach der Spezialnorm des § 485 II ZPO zu prüfen. Sie können aber auch nach Abs. 1 des § 485 ZPO zulässig sein. Hier ist ein **rechtliches Interesse** keine Voraussetzung. Ist zu befürchten, dass der Zustand des Fahrzeugs sich bereits durch bloßes Stehenlassen nachhaltig verändert, ist ein rechtliches Interesse gegeben. Die Gefahr weiterer Durchrostung besteht insbesondere bei Fahrzeugen, die älter als fünf Jahre sind. Auch ein vorübergehend stillgelegtes Fahrzeug kann demnach Gegenstand der Beweissicherung nach § 485 I ZPO sein. Erst recht droht ein Beweismittelverlust, wenn der Käufer beabsichtigt, das Fahrzeug weiter zu benutzen oder es reparieren zu lassen oder zu veräußern. Es ist ihm nicht zuzumuten, zum Zwecke der Erhaltung seines Beweismittels im Status quo auf eine wirtschaftlich sinnvolle Benutzung seines Fahrzeugs zu verzichten. Bis eine Beweisaufnahme im Hauptsacheprozess stattfindet, können Monate, nicht selten Jahre vergehen. 1359

Das erforderliche rechtliche Interesse ist nach § 485 II 2 ZPO anzunehmen, „wenn die Feststellung der Vermeidung eines Rechtsstreits dienen kann". Damit wird das Interesse nur beispielhaft beschrieben. Es kann auch aus anderen Umständen hergeleitet werden.[782] Grundsätzlich ist der Begriff weit zu verstehen. Auch ein nur **mittelbares rechtliches Interesse** reicht aus.[783] Wenn für den Antragsteller Gewährleistungsansprüche in Betracht kommen, zu deren Klärung in tatsächlicher Hinsicht das selbstständige Beweisverfahren beitragen kann, so dürfte das notwendige Interesse im Sinne von § 485 II ZPO zu bejahen sein.[784] Dies gilt erst recht, wenn **Verjährung** droht und durch die Einleitung eines selbstständigen Beweisverfahrens die Verjährung **gehemmt** wird (vgl. § 204 Abs. 1 Nr. 7 BGB). Näheres zur Hemmung der Verjährung unter Rn 1605 ff. 1360

bb) Der Inhalt des Beweisantrags

Der Antrag muss zunächst den **Gegner** bezeichnen. Gegner in diesem Sinne ist bei Gebrauchtwagenstreitigkeiten typischerweise der Verkäufer. Beim Kauf in einer **Werksniederlassung** (z. B. DB, BMW) ist das Werk zugleich Verkäufer und damit Gegner i. S. v. § 487 ZPO. Beim **Agenturgeschäft** kann der Händler/Vermittler allein oder neben seinem Auftraggeber, dem Verkäufer im Rechtssinn, als Gegner benannt werden. Der Käufer ist gut 1361

---
782 OLG Frankfurt 19. 6. 1991, MDR 1991, 989; *Cuypers,* NJW 1994, 1985, 1986.
783 OLG Frankfurt 19. 6. 1991, MDR 1991, 989.
784 *Weyer,* BauR 1992, 313.

beraten, das selbstständige Beweisverfahren gegen beide einzuleiten, schon um die Verjährung seiner Ansprüche gegen beide zu hemmen (§§ 204 I, Nr. 7, 425 II BGB). Hinzu kommt Folgendes: Die Verwertbarkeit des Beweisergebnisses aus dem selbstständigen Beweisverfahren im Hauptprozess setzt voraus, dass die Parteien dieses Hauptprozesses am Beweisverfahren beteiligt waren. Nur bei Identität der Beteiligten beider Verfahren und bei Beteiligung des Gegners am selbstständigen Beweisverfahren (vgl. § 491 ZPO) darf das Beweisergebnis aus dem selbstständigen Beweisverfahren im Hauptprozess verwertet werden (vgl. auch § 493 ZPO).

1362 Ferner sind in dem Beweisantrag die **Tatsachen,** über die (selbstständig) Beweis erhoben werden soll, **zu bezeichnen.** Zulässige **Beweisthemen** des selbstständigen SV-Beweisverfahrens (§ 485 II ZPO) sind ausschließlich die dort unter Nummer 1 bis 3 genannten Beweisfragen. Verlangt ein Käufer beispielsweise wegen eines **Motorschadens** die Einholung eines schriftlichen Gutachtens durch einen Kfz-Sachverständigen, den auszuwählen Sache des Gerichts ist, wird er zweckmäßigerweise folgende **Beweisfragen** formulieren:

1. Welcher Art ist der Motorschaden? Wie sieht das Schadensbild im Einzelnen aus?
2. Worauf ist der Motorausfall/Motorschaden zurückzuführen?
3. War der Motor im Zeitpunkt der Übergabe des Fahrzeugs am .... funktionsfähig und frei von Beschädigungen? Trifft das auch auf die Nebenaggregate zu? Bestand bei Übergabe bereits die Anlage zu dem Schaden, der später eingetreten ist?
4. Ist der vorhandene Motorschaden bei einem Fahrzeug des Typs ...... angesichts eines Alters von ... Jahren und einer Laufleistung von .... km ungewöhnlich oder handelt es sich um normalen (natürlichen) Verschleiß?
5. Welche Maßnahmen sind erforderlich, um den vorhandenen Schaden zu beheben? Wie hoch sind die Reparaturkosten? Was kostet der Einbau eines Ersatzmotors, a) als Austauschmotor b) als generalüberholter Motor?

Die zur Feststellung einer **Untersuchungspflicht des Verkäufers** nach überwiegender Rechtsauffassung[785] erhebliche Frage, ob der Mangel bzw. eine bestimmte Mangelerscheinung für den Verkäufer erkennbar war, ist vom Themenkatalog des § 485 II ZPO unmittelbar nicht gedeckt. Die **Erkennbarkeit des Sachmangels** kann ferner im Zusammenhang mit der Arglistfrage und mit Blick auf § 442 BGB von Bedeutung sein, nach neuem Kaufrecht überdies auch für den Entlastungsbeweis des Verkäufers im Rahmen der Schadensersatzhaftung nach §§ 311 a II, 280 I BGB.

Aus den Zustands- und Ursachenfeststellungen des Kfz-Sachverständigen wird sich zwar oft ergeben, ob der Verkäufer, speziell ein sachkundiger Händler, „handgreifliche Anhaltspunkte" im Sinne der (bisherigen) Rechtsprechung zur (konkreten) Untersuchungspflicht hatte. Gleichwohl sollte man die Erkennbarkeit wie die Unerkennbarkeit des behaupteten Mangels in **großzügiger Auslegung** des § 485 II ZPO[786] von vornherein als Beweisthemen zulassen. Es geht nicht um die Klärung einer Rechtsfrage, sondern um die Feststellung eines Zustandes verbunden mit einer Aussage über dessen Wahrnehmbarkeit. In diese Aussage fließt der Sachverstand des Gutachters ein, so dass er insoweit nicht nur „Augenscheinsgehilfe" ist.

Soweit es für die rechtliche Bewertung auf die **Auswirkungen** des technischen Mangels ankommt, etwa im Hinblick auf die Erheblichkeit der Pflichtverletzung (§§ 281 I,3, 323 V,2 BGB), werden sich sachdienliche Angaben den Feststellungen des Sachverständigen über den Fahrzeugzustand entnehmen lassen. Sofern das ausnahmsweise nicht der Fall sein sollte, muss der Sachverständige ergänzend befragt werden. Im Rahmen der ausdrücklich für

---

785 Vgl. Rn 1450 ff.
786 Siehe aber OLG Köln 15. 4. 1998, BauR 1999, 195.

zulässig erklärten **Wertfeststellung** (§ 485 II Nr. 1 ZPO) kann der Sachverständige dazu aufgefordert werden, nicht nur den gegenwärtigen Wert des Fahrzeugs, sondern auch die mängelbedingte Wertminderung festzustellen. Im Einzelfall kann sich deshalb die Zusatzfrage empfehlen: Mindern die festgestellten Mängel den Verkehrswert des Fahrzeugs unter Berücksichtigung von dessen Alter und km-Leistung, wenn ja, in welchem Umfang? Zu beachten ist, dass die Geringfügigkeitsfrage nach neuem Kaufrecht nur für die Rechtsfolgeseite von Bedeutung ist (s. Rn 1328).

Ein ordnungsgemäßer Beweisantrag im Sinne von § 487 ZPO muss ferner ein nach § 485 ZPO zulässiges **Beweismittel** bezeichnen. Außerhalb eines Rechtsstreits ist nur eine **schriftliche Begutachtung** durch einen Sachverständigen zugelassen. Das Gericht hat die **Auswahl des Sachverständigen** zu treffen, wie bei einer Beweisaufnahme im Hauptverfahren. Das bedeutet nicht, dass der Antragsteller überhaupt kein Vorschlagsrecht mehr hat. Ihm ist lediglich das Wahlrecht genommen worden.

cc) Kosten des selbstständigen Beweisverfahrens

Der Antragsteller haftet der Staatskasse nach §§ 49, 11 GKG. Schwierigkeiten können sich ergeben, wenn er diese Kosten und etwaige Auslagen beim Antragsgegner hereinholen will. Dieser kann seinerseits ein Interesse an einer Kostenerstattung haben.

Die Pflicht zur Kostenerstattung kann sich aus dem **Prozessrecht** oder aus dem **materiellen Recht** ergeben. Voraussetzung eines prozessualen Erstattungsanspruchs ist eine **Kostenentscheidung,** entweder isoliert im Beweisverfahren oder im Hauptsacheprozess. Eine isolierte Beschluss-Kostenentscheidung sehen die §§ 485 ff. ZPO nur in § 494 a II ZPO vor. Wenn der Antragsteller trotz gerichtlicher Fristsetzung keine Klage zur Hauptsache erhebt, kann der Antragsgegner einen Kostenbeschluss zu seinen Gunsten erwirken.

Ist der **Fahrzeugmangel** im Verlauf des selbstständigen Beweisverfahrens **beseitigt** worden, fehlt für eine Klage auf Nachbesserung das Rechtsschutzbedürfnis. Gleiches gilt für eine Klage auf Rückabwicklung. Ein entsprechender Fristsetzungsantrag nach § 494 a I ZPO muss zurückgewiesen werden.[787] Gegenstand einer Klage, deren Erhebung auf Antrag gerichtlich angeordnet werden könnte, kann die Feststellung sein, dass bis zur Mängelbeseitigung ein Recht aus Sachmängelhaftung bestanden hat. Denkbar ist auch, die Kosten zum Klagegegenstand machen zu lassen. Doch auch für diese beiden Ersatzwege ist ein Rechtsschutzbedürfnis zu verneinen. Denn beide Seiten haben die Möglichkeit, eine Kostenentscheidung nach § 91 a ZPO herbeizuführen.[788]

Mit § 494 a ZPO sind die vielfältigen Kostenprobleme nur unzureichend gelöst worden. Mehrere Fallgestaltungen aus der täglichen Praxis sind ungeregelt geblieben.[789] Nach wie vor gilt jedoch der **Grundsatz,** dass eine im Hauptsacheprozess getroffene Kostenentscheidung auch für die Verteilung der Kosten des Beweisverfahrens maßgeblich ist.[790] Kommt es nicht zum Hauptsacheprozess oder ergeht dort keine Kostenentscheidung und liegt auch kein isolierter Kostenausspruch aus dem selbstständigen Beweisverfahren vor, sind beide Parteien auf materiell-rechtliche Kostenerstattungsansprüche verwiesen. Nach bisherigem Recht kamen für den Käufer die §§ 467 S. 2, 463 BGB a. F., für den Verkäufer positive Forderungsverletzung als Anspruchsgrundlagen in Betracht.[791] Die §§ 467, 463 BGB haben die Schuldrechtsreform nicht überlebt. Als Anspruchsgrundlage kommt jetzt § 280 I BGB in

---

787 *Schneider*, ZAP F. 13, 276; *ders.,* ZAP F. 24, 223 ff.
788 Dazu *Schneider,* a. a. O.
789 *Schneider*, ZAP F. 24, 223 ff.
790 Zöller/Herget, § 490 Rn 7.
791 AG Bonn 3. 6. 1994, DAR 1994, 510.

Frage. Wer die Möglichkeit eines Kostentitels nach § 494 a II ZPO hat, hat kein Rechtsschutzbedürfnis für eine Zahlungsklage.

dd) Streitwert des Beweisverfahrens

1365 Maßgebend für die Bemessung des Streitwerts ist das objektiv zu bestimmende Interesse des Antragstellers an der Durchführung der beantragten Beweisaufnahme. Umstritten ist, wie dieses Interesse zu bewerten ist. Nach ganz überwiegender Ansicht ist auf den **vollen Wert der Hauptsache** ohne prozentualen Abschlag abzustellen,[792] d. h. das beweisrechtlich vorbereitete Hauptsacheverfahren liefert die Bewertungsvorlage, gleichviel, ob es durchgeführt wird oder nicht. Wenn also die Antragsziele und – interessen zu berücksichtigen sind, rücken damit die Rechtsbehelfe des Käufers in den Blick. Bei behebbaren Mängeln muss nach neuem Kaufrecht grundsätzlich erst die Nacherfüllungsphase durchlaufen werden, bevor die Sekundäransprüche geltend gemacht werden können. Deshalb wird man beim Gebrauchtfahrzeugkauf, bei dem Nacherfüllung nur im Wege der Nachbesserung möglich ist, im Zweifel auf die **Mängelbeseitigungskosten** als Bewertungsfaktor zurückgreifen müssen.

---

792 OLG Hamburg 5. 3. 2001, DAR 2001, 431.

III. Die einzelnen Rechtsbehelfe des Gebrauchtfahrzeugkäufers bei einem Sachmangel

1. Altes und neues Rechtsbehelfssystem

Nicht die klassischen Gewährleistungsansprüche der Wandelung und Minderung standen in Gebrauchtfahrzeugstreitigkeiten im Vordergrund. Zentrale vertragliche Haftungsnorm war der viel kritisierte **§ 463 BGB a. F.** Die Verlagerung auf die Schadensersatzebene hatte einen einfachen Grund. Um den geschäftstypischen Gewährleistungsausschluss auszuschalten, musste der Käufer entweder eine arglistige Täuschung oder eine unrichtige Eigenschaftszusicherung nachweisen. Sein Klagevorbringen war demnach zumeist zweigleisig angelegt. Für die Rechtsfolge an die beiden klauselneutralisierenden Tatbestände anzuknüpfen, war nur konsequent. Der Käufer hatte dann im Rahmen des § 463 BGB a. F. die Wahl zwischen dem „kleinen" und dem „großen" Schadensersatz. Klar favorisiert wurde die „große" Lösung. Diese Wahl warf zahlreiche Fragen auf, wie sie von der Wandlung her bekannt waren, vom Gerichtsstand bis zur Abrechnung der Nutzungsvergütung. Unter Rückgriff auf die für die Wandlung entwickelten Grundsätze konnten die meisten Streitfragen sachgerecht gelöst werden.

1366

Durch die **Novellierung des Kaufrechts** ist das gesamte bisherige Rechtsbehelfssystem der Sachmängelhaftung einschließlich § 463 BGB a. F. **grundlegend umgestaltet** worden. In erster Linie hat der Käufer grundsätzlich (nur) Anspruch auf Nacherfüllung mit den Alternativen Nachlieferung und Nachbesserung. Erst wenn sein Interesse an einer mangelfreien Sache auf dieser ersten Stufe nicht befriedigt werden kann oder nicht befriedigt zu werden braucht, erwachsen ihm weitere Rechte (§ 437 Nr. 2 und 3 BGB). Diese **Zweistufigkeit**, die dem Verkäufer ein Recht zur **„zweiten Andienung"** sichern soll, hat für den Kauf fabrikneuer Sachen naturgemäß eine weitaus größere Bedeutung als für den Kauf bereits gebrauchter Gegenstände. Hier bleibt es häufig bei der traditionellen **Einstufigkeit**.

Das Interesse eines Gebrauchtfahrzeugkäufers an Mängelfreiheit (Äquivalenzinteresse) kann in einer Vielzahl von Fällen durch Nacherfüllung nicht befriedigt werden. Dafür gibt es rechtliche, aber auch tatsächliche Gründe (s. Rn 1379 f.). Der Käufer kann in etwa 50% der Reklamationen die Nacherfüllungsebene vollständig überspringen und seine Rechte der zweiten Ebene direkt geltend machen. Dieser direkte Zugriff stellt für den Kfz-Handel eine erhebliche Belastung dar, weil ihm eine Haftungsfreizeichnung beim Verkauf an Verbraucher nahezu vollständig untersagt ist. Von einer „ausgewogenen Sonderbehandlung"[1] des Gebrauchtwagenverkaufs kann aus diesem Grund und aus anderen Gründen keine Rede sein.

2. Nacherfüllung

Nachbesserung und Nachlieferung wurden in das **alte BGB** vor allem deshalb nicht aufgenommen, weil sie praktisch nicht handhabbar seien, zur Rechtsunsicherheit führten und nicht im Interesse des Käufers lägen.[2] Für den Verkauf gebrauchter Kraftfahrzeuge hat sich an dieser Einschätzung nichts geändert, sieht man einmal vom Kauf über den Markenhandel ab (Marktanteil unter 40%).

1367

Nach neuem Kaufrecht kann der Käufer nach seiner **freien Wahl** Lieferung einer mangelfreien Sache oder Beseitigung des Mangels verlangen (§§ 437 Nr. 1, 439 Abs. 1 BGB). Dem Käufer einer **Speziessache** wird damit ein völlig neues Vorgehen ermöglicht, flankiert vom Recht des Verkäufers auf „Zweite Andienung". Aus dieser **grundlegenden Neuerung**

---

1 So für die EG-Richtlinie 1999/44 *Staudenmayer*, Europäisches Kaufgewährleistungsrecht, S. 45.
2 Siehe *Hofer*, AcP 201 (2001), 280 Fn. 26.

ergeben sich zahlreiche Streitfragen. Diskutiert werden sie vorzugsweise anhand des Kaufs eines gebrauchten Kraftfahrzeugs, dem Prototyp des Stückkaufs bei Mobilien.

a) Ersatzlieferung

1368 Umtausch der reklamierten Sache ist beim Kauf fabrikneuer Massenware häufig die für beide Seiten beste Lösung. Ein bereits gebrauchtes Kraftfahrzeug ist dagegen allein durch seine Benutzung zu einem **Unikat**, zu einer unvertretbaren Sache, geworden. Ein identisches Ersatzstück ist auf dem gesamten Gebrauchtfahrzeugmarkt nicht vorhanden, bestenfalls steht ein gleichartiges (typgleiches) und – wirtschaftlich gesehen – gleichwertiges Fahrzeug zur Verfügung. Vor diesem Hintergrund ist die Annahme in der **amtlichen Begründung** zutreffend, dass beim Kauf einer gebrauchten Sache eine Nacherfüllung durch Ersatzlieferung „zumeist von vornherein ausscheiden wird".[3] An anderer Stelle ist davon die Rede, dass bei einer **nicht vertretbaren Kaufsache** die Ersatzlieferung als Variante der Nacherfüllung entfällt. „Gebrauchte Güter können aufgrund ihrer Eigenart im allgemeinen nicht ersetzt werden", heißt es im **Erwägungsgrund Nr. 16** zur Verbrauchsgüterkauf-Richtlinie. An diesen richtigen Befund schließt sich die Aussage an, dass bei gebrauchten Gütern „in der Regel" kein Anspruch auf Ersatzlieferung bestehe.

Beide amtlichen Äußerungen besagen im Umkehrschluss, dass auch beim Kauf einer gebrauchten Sache ausnahmsweise Raum für eine Ersatzlieferung bleibt, sie dogmatisch also nicht von vornherein und in jedem Fall ausgeschlossen ist.[4] Genau das ist in der Literatur strittig, und zwar für den Stückkauf ganz generell, nicht nur für gebrauchte Güter. Die Stellungnahmen reichen von „Ersatzlieferung niemals" bzw. „dogmatisch ausgeschlossen" bis hin zu einer flexiblen, einzelfallbezogenen Sicht der Dinge.[5]

Palandt/Putzo[6] folgen der weiten Ansicht und verweisen u. a. auf *Canaris*, der beim Kauf von Ausstellungs- oder Vorführobjekten mit einem Fabrikationsfehler einen Anspruch auf Lieferung einer anderen gleichartigen Sache bejaht.[7] Eine solche Konstruktion sei im BGB nicht gänzlich neuartig, da ein Geschädigter im Rahmen der Naturalrestitution nach § 249 S. 1 BGB a. F. unter bestimmten Umständen ebenfalls eine andere als die bisherige – zerstörte oder verlorene – Sache verlangen könne. Zur Begründung wird verschiedentlich auch angeführt, dass § 439 Abs. 1 BGB dem Stückkäufer – in den Grenzen der §§ 439 III, 275 BGB – einen Anspruch auf eine vertraglich nicht geschuldete Sache gewähre.

1369 Diese Argumente sind nicht überzeugend. Am Beispiel **Vorführwagen** wird deutlich, dass die Ansicht, die sich auch für die Nacherfüllung kompromisslos am Vertragsinhalt orientiert, die besseren Gründe auf ihrer Seite hat. Den gekauften Vorführwagen mit mangelhafter Elektronik durch einen anderen (typgleichen) Vorführwagen zu ersetzen, weicht so stark von dem mutmaßlichen Willen und den Interessen der Vertragsparteien ab, dass ein solcher Austausch einer nachträglichen Vereinbarung vorbehalten bleiben muss. Wer dies anders sieht, setzt sich ohne zwingenden Grund über berechtigte Käuferinteressen hinweg. Ein Käufer, der sich für einen bestimmten Vorführwagen und gegen andere Angebote seines Händlers oder anderer Anbieter entschieden hat, kann, muss aber nicht an einem gleichartigen Ersatzfahrzeug interessiert sein. Auch ein Vorführwagen ist trotz seiner geringen Laufleistung und seines niedrigen Alters bereits eine „unvertretbare Sache".

---

[3] BT-Drucks. 14/6040, S. 232.
[4] So auch die Deutung von *Canaris*, XXIV.
[5] Zum Meinungsstand s. *Ackermann*, JZ 2002, 378 ff.
[6] ErgBd. § 439 Rn 15
[7] A. a. O., XXIV.

Die einzelnen Rechtsbehelfe des Gebrauchtfahrzeugkäufers bei einem Sachmangel 1370–1373

Erwogen wird ein Anspruch auf Ersatzlieferung ferner beim Kauf eines oder mehrerer **1370**
Gebrauchtfahrzeuge „von der Stange", z. B. Ankauf mehrerer Leasingrückläufer oder eines
Blocks von Sechsmonatsmietwagen.[8] Fahrzeuge dieser Art sieht man als austauschbar an,
sie werden, nicht ganz ohne Grund, für vertretbare Sachen gehalten oder diesen wirtschaftlich gleichgestellt.

Ob dem Käufer eines (sach)mangelhaften Gebrauchtfahrzeugs ein Anspruch auf Ersatz- **1371**
lieferung zusteht, entscheidet sich zunächst nach § 439 Abs. 1 BGB. Als Nacherfüllung
kann der Käufer nach seiner Wahl **die Lieferung einer mangelfreien Sache** verlangen.
Wenn damit die gekaufte Sache und keine andere gemeint ist, entfällt eine Ersatzlieferungspflicht des Stückverkäufers von vornherein. § 439 Abs. 1 BGB ist dann dogmatisch unanwendbar.[9]

Zum gleichen Ergebnis gelangt man über **§ 275 Abs. 1 BGB**. Ausgeschlossen ist der Anspruch, soweit die Leistung für den Verkäufer oder für jedermann **unmöglich** ist. Die Möglichkeit des Ersatzes besteht bei einem individuell ausgesuchten Gebrauchtfahrzeug in keinem Fall. Ausnahmslos jedes andere Fahrzeug weicht von demjenigen ab, auf dessen Lieferung die Parteien sich geeinigt haben. Es liegt in der Tat ein Fall der Unmöglichkeit nach
§ 275 Abs. 1 BGB vor.[10] Dagegen spricht beim Kauf vom Händler nicht die Beobachtung,
dass im Gebrauchtwagenhandel vielfach so genannte **Umtauschgarantien** angeboten werden (dazu Rn 1214). Das ist eine Werbeaktion mit begrenzter Laufzeit, auf die der Käufer
sich nicht einzulassen braucht.

In den **neuen Gebrauchtwagenverkaufsbedingungen** (GWVB, Stand 1. 1. 2002) fin- **1372**
det die Ersatzlieferung mit keinem Wort Erwähnung. Daraus könnte man schließen, dass
der Kfz-Handel – in Übereinstimmung mit den amtlichen Verlautbarungen – kein Regelungsbedürfnis gesehen hat. Diese Schlussfolgerung erscheint indes zweifelhaft, ist doch
der Fall der Ersatzlieferung auch in den neuen Bedingungen für den **Neufahrzeugkauf** ungeregelt geblieben. Vom Standpunkt der hier vertretenen Auffassung aus führt die Nichterwähnung der Ersatzlieferung in den GWVB nicht zur Unwirksamkeit der Freizeichnung im
Abschn. VI („Sachmangel"). Das Argument, die Fassung dieser Klauseln lasse den falschen
Eindruck entstehen, als gäbe es die Ersatzlieferung nicht, ist nicht stichhaltig. Denn abgesehen vom Fall der Aliud-Lieferung (dazu Rn 1326) steht dieser Eindruck im Einklang mit
der objektiven Rechtslage.

Stellt man mit der hier abgelehnten Auffassung weniger auf den Vertragsinhalt und mehr **1373**
auf das objektivierte Leistungsinteresse des Käufers ab, wird Folgendes zu beachten sein:
Ein wichtiges Kriterium bei dieser „objektiven" Sichtweise ist der Status des Käufers. Private Käufer, also Verbraucher, tun sich erfahrungsgemäß mit einem „gleichwertigen" Ersatzfahrzeug schwerer als gewerbliche Käufer. Hilfreich ist die Überlegung, die von der ergänzenden Vertragsauslegung her bekannt ist: Was hätten die Parteien vereinbart, wenn sie
den späteren Konfliktfall ursprünglich bedacht hätten?

Der hypothetische Wille eines Vorführwagenkäufers geht erfahrungsgemäß nicht dahin,
bei Mangelhaftigkeit des Kaufobjekts einen anderen typgleichen Vorführwagen übernehmen zu wollen. Wer dagegen als Unternehmer durch den Ankauf einer Reihe von Gebrauchtfahrzeugen seinen Fuhrpark ergänzen oder aufstocken möchte, wird nach seiner Interessenlage mit einem gleichwertigen Ersatzfahrzeug eher einverstanden sein. Es besteht
aber auch in einem solchen Fall keine Notwendigkeit, den Parteien eine Ersatzlösung zu ok-

---

8 *Bitter/Meidt*, ZIP 2001, 2114
9 So *Ackermann*, JZ 2002, 378; *Schimmel/Buhlmann*, Fehlerquellen im Umgang mit dem Neuen
  Schuldrecht, S. 132.
10 *Westermann*, NJW 2002, 244; *P. Huber*, NJW 2002, 1004; ders. in *Huber/Faust*, a. a. O., Kap. 13
   Rn 20; Kap. 17 Rn 10.

troyieren, die ihrem wirklichen Willen – wie der Konflikt zeigt – nicht entspricht. Wenn der Verkäufer ein gleichartiges/gleichwertiges Fahrzeug vorrätig hat, kann man sich über eine Tauschaktion verständigen und wird dies auch regelmäßig tun. Ein praktisches Bedürfnis, dem Käufer eines gebrauchten Kraftfahrzeugs einen Rechtsanspruch auf Ersatzlieferung zu geben, besteht nicht.

1374 Wenn die Ersatzlieferung beim Gebrauchtfahrzeugkauf ein Thema für die Rechtspraxis wird, dann vermutlich weniger deshalb, weil der Käufer sie fordern wird, sondern weil der **Verkäufer** an einer „zweiten Andienung" in dieser Form ein wirtschaftliches Interesse haben kann. Nach dem Motto „nichts ist unmöglich" wird ein Händler bemüht sein, ein Ersatzfahrzeug zu finden, entweder in seinem Bestand oder auf dem Markt. Das Heft des Handelns hat freilich nicht er, sondern der Käufer in der Hand. Ihm steht das Recht zu, zwischen Ersatzlieferung und Mängelbeseitigung zu wählen. Scheidet eine Ersatzlieferung aus Rechtsgründen aus (§ 275 I BGB), so darf der Käufer das angebotene Ersatzfahrzeug ablehnen. Eine Grenze zieht lediglich § 242 BGB.

1375 **Aliudlieferung:** Liefert der Verkäufer ein anderes als das bestellte Fahrzeug (so genanntes Identitätsaliud), ist nach **neuem Recht** die Sachmängelhaftung begründet, § 434 Abs. 3 BGB (s. Rn 1326). In einem solchen **Ausnahmefall** (Beispiel: BGH NJW 1979, 811) spricht – entgegen der Begründung des Regierungsentwurfs[11] – nichts gegen eine Verpflichtung zur Ersatzlieferung.[12]

1376 Ist lediglich ein technisch ohne weiteres trennbares **Fahrzeugteil** mangelhaft, z. B. die Navigationsanlage, das Radio oder die Telefonanlage, ist eine **Teil-Nachlieferung** in Betracht zu ziehen. Die §§ 469, 470, 471 BGB a. F. sind gestrichen. Sie sollen in § 323 V BGB n. F. aufgegangen sein. Im Zusammenhang mit dem Sachmangelbegriff, also im Rahmen des § 434 BGB, hat der Gesetzgeber das Problem der **Teil-Schlechtleistung,** abgesehen von der Manko-Lieferung, ebenso wenig geregelt wie die Situation bei mangelhafter Nebensache (Zubehör) und mangelfreier Hauptsache. Auch auf der Rechtsfolgenseite hat man kein Regelungsbedürfnis gesehen, jedenfalls nicht bei den speziellen Vorschriften über die kaufrechtlichen Sachmängelansprüche (§§ 437 ff. BGB). Unter dem Gesichtspunkt der Erheblichkeit wird man den Rücktritt und den „großen" Schadensersatz ausschließen können. Nacherfüllung, Minderung und „kleiner" Schadensersatz kommen indessen auch bei geringfügigen Mängeln in Betracht.

In dieser Situation ist für die **Fallgruppe „mangelhafte Nebensache"** an die Rechtsprechung anzuknüpfen, die eine Rückabwicklung des gesamten Geschäfts (Gesamtwandlung) abgelehnt hat.[13] Was nach der Verkehrsanschauung Nebensache bzw. Zubehör ist, muss bei einer Äquivalenzstörung in Form eines Sachmangels nicht unbedingt das Schicksal der Hauptsache teilen. Getrennte Wege sind zwar dogmatisch gangbar. Eine punktuelle Ersatzlieferung, z. B. die Lieferung und der Einbau eines Ersatzradios, kann jedoch zwanglos als eine Mängelbeseitigung durch Austausch verstanden werden (s. auch Rn 234).

1377 Ist ein Fall der Unmöglichkeit i. S. v. § 275 I BGB zu bejahen, so ist der Verkäufer von seiner Verpflichtung zur Nachlieferung kraft Gesetzes befreit. Er muss sich damit nicht einredeweise verteidigen, so wie in den Fällen der Abs. 2 und 3 des § 275 BGB. Die automatische Leistungsbefreiung hat folgende Konsequenzen: Der Verkäufer kann das Verlangen nach Ersatzlieferung folgenlos verweigern. Verzug tritt nicht ein. Eine Fristsetzung ist wir-

---

11 BT-Drucks. 14/6040, S. 216.
12 *P. Huber*, NJW 2002, 1004; ders. in: *Huber/Faust*, Kap. 13 Rn 20.
13 OLG Karlsruhe 5. 9. 2001, NZV 2002, 132 = OLGR 2002, 98 – Navigationsanlage; OLG Düsseldorf 27. 10. 1995, NZV 1996 – Alarmanlage; OLG Köln 22. 4. 1998, OLGR 1999, 276 – Autoradio/Telefon.

kungslos. Der Verkäufer ist auch nicht verpflichtet, dem Käufer eine Mängelbeseitigung als Nacherfüllungsalternative von sich aus anzubieten.

Der Käufer, der sich mit der Ersatzlieferung „verwählt" hat, verliert dadurch nicht seine Befugnis, vom Verkäufer mit der Mängelbeseitigung die andere Art der Nacherfüllung zu verlangen.

b) Mängelbeseitigung

Nimmt man beim Kauf gebrauchter Kraftfahrzeuge die Gesamtmenge an Sachmängelstreitigkeiten in den Blick, ist die Möglichkeit der Mängelbeseitigung nicht der Regelfall, eher die Ausnahme. In der Mehrzahl der gerichtlichen Streitfälle geht es ausschließlich oder unter anderem („Mischfälle") um Mängel, die nicht beseitigt werden können. Zumindest aus forensischer Perspektive ist der **von Anfang an unbehebbare Mangel** der typische Fall der Vertragswidrigkeit.

1378

aa) Qualitative Unmöglichkeit

Kann ein Mangel aus **tatsächlichen Gründen** nicht behoben werden, ist eine Mängelbeseitigung unmöglich i. S. v. § 275 I BGB. Paradebeispiel für diese Art von **qualitativer Unmöglichkeit** ist der als „unfallfrei" verkaufte Gebrauchtwagen mit einem **Unfallvorschaden**. Unfallfreiheit kann nicht hergestellt, die den Mangel ausmachende Unfallbeteiligung nicht ungeschehen gemacht werden. Sie haftet dem Fahrzeug ein für alle mal an. Da der Verkäufer mängelfrei nicht liefern kann, stellt **§ 275 I BGB** ihn (auch) von der Nacherfüllungspflicht frei.[14] Der Anspruch des Käufers auf Mängelbeseitigung ist damit gesetzlich ausgeschlossen.

1379

Weitere Beispiele qualitativer Unmöglichkeit i. S. d. § 275 I BGB sind der gebrauchte Pkw mit vertragswidrig hoher Gesamtfahrleistung und der Lkw mit zu hohem Alter. Auch der Pkw mit atypischer Vorbenutzung als Mietwagen gehört zu dieser Fallgruppe. Der von *Lorenz/Riehm*[15] genannte Fall der irreparablen Durchrostung zählt nur vordergründig dazu. **Technisch** ist bei einem Kraftfahrzeug praktisch nichts unmöglich. Wenn nicht instandgesetzt werden kann, bleibt als Alternative der Austausch des schadhaften Teils. Auch das ist Mängelbeseitigung i. S. v. § 439 I BGB. Das vertragswidrige Fehlen von Ausstattungsdetails kann in aller Regel im Wege der Nachrüstung behoben werden.[16] Was technisch machbar ist, kann wirtschaftlich unverhältnismäßig sein. Das ist kein Anwendungsfall des § 275 I BGB. Einschlägig sind die §§ 439 III, 275 II BGB.

bb) Faktische Unmöglichkeit

Kein Fall der Unmöglichkeit nach § 275 I BGB liegt vor, wenn lediglich der Verkäufer zur Mängelbeseitigung außer Stande ist, ein Dritter sie aber bewerkstelligen könnte. Ein **Privatverkäufer** bleibt bei einem Motorschaden also grundsätzlich zur Nachbesserung verpflichtet, solange eine Werkstatt den Schaden beheben kann. Gleiches gilt für einen **Kfz-Händler ohne eigene Reparaturwerkstatt**. Die Fälle der **faktischen** oder **praktischen Unmöglichkeit** werden von § 275 I BGB nicht erfasst.[17] Sie fallen unter §§ 275 II-III, 439 III BGB, d. h. der Verkäufer hat unter den dort genannten Voraussetzungen ein **Leistungsverweigerungsrecht**. § 275 III BGB läuft beim Verkauf gebrauchter Kfz aus tatsächlichen Gründen leer. Die Mängelbeseitigung wird nicht persönlich geschuldet. Sie ist

1380

---

14 *Lorenz/Riehm*, a. a. O., Rn 514; *Huber/Faust*, a. a. O., Kap 17 Rn 10.
15 A. a. O., Rn 514
16 *Schur*, ZGS 2002, 244 hält ABS für technisch nicht nachrüstbar und wendet konsequent § 311 a II BGB an.
17 *Lorenz/Riehm*, a. a.O, Rn 301 ff.

grundsätzlich eine vertretbare Handlung. § 275 II BGB wird von der spezielleren Regelung des § 439 III BGB verdrängt. Nur im Rahmen dieser Sondervorschrift ist es von Bedeutung, ob der Verkäufer über eine eigene Werkstatt verfügt oder nicht. Das Fehlen einer Werkstatt oder eine sonstige individuelle Unfähigkeit des Verkäufers, einen an sich behebbaren Mangel zu beseitigen, ist nur ein Faktor bei der Beurteilung, ob die Kosten der Mängelbeseitigung unverhältnismäßig sind. Allein reichen derartige Umstände nicht aus, um den Verkäufer von der Verpflichtung zur Mängelbeseitigung freizustellen. Das gilt auch für Verbraucher-Verkäufer.[18]

cc) Verweigerung der Mängelbeseitigung aus Kostengründen

1381 Unbeschadet des § 275 II und III BGB kann der Verkäufer die vom Käufer gewählte Art der Nacherfüllung verweigern, wenn sie nur mit unverhältnismäßigen Kosten möglich ist (§ 439 III BGB). Zur Dogmatik, den Voraussetzungen und den Rechtsfolgen des § 439 III BGB s. Rn 262 ff. Aus der Sicht des Gebrauchtfahrzeugkaufs wichtig ist die Unterscheidung zwischen **zu vertretenen und nicht zu vertretenen Sachmängeln**. Davon hängt im Maß der Belastbarkeit des Verkäufers mitentscheidend ab (s. Rn 265. und BGH 6. 12. 2001, WM 2002, 1409 zu § 633 BGB a. F.). In diesem Zusammenhang gewinnt die Frage Bedeutung, ob der Verkäufer eine **Garantie i. S. d. § 276 BGB** übernommen hat. Gegenstand der Garantie muss eine Beschaffenheit des Fahrzeugs sein, die der Verkäufer oder ein Dritter im Falle ihres Fehlens herbeiführen kann (z. B. „generalüberholt", „werkstattgeprüft" oder „Austauschmotor"). Zu den insoweit in Betracht kommenden Einzelfällen der Beschaffenheitsgarantie (Zusicherung aller Art) s. Rn 1070 ff. Wenn es für die „Opfergrenze" darauf ankommt, ob und in welchem Ausmaß der Verkäufer den Mangel verschuldet hat, richtet sich das Augenmerk auch auf den Extremfall des Verschuldens, die **arglistige Täuschung**. Zu den Einzelfällen s. Rn 1612 ff.

dd) Abwicklungsmodalitäten und Störungen bei der Mängelbeseitigung

1382 Für die Abwicklung der Mängelbeseitigung stellen die Gebrauchtwagen-Verkaufsbedingungen (GWVB, Stand 1. 1. 2002) im Abschn. VI Nr. 2 bestimmte Regeln auf. Hiernach ist der Anspruch beim Verkäufer geltend zu machen. Das versteht sich von selbst. Schriftform ist nicht vorgeschrieben. Das wäre mit § 475 I BGB nicht vereinbar. Nicht zu beanstanden ist die Regelung, die den Ausfall des Fahrzeugs in einer Entfernung von mehr als 50 km vom Verkäufer betrifft. Dem Käufer wird nicht vorgeschrieben, was er zu tun hat. Es wird lediglich eine – sachlich vernünftige – Handlungsempfehlung ausgesprochen. Dass ersetzte Teile Eigentum des Verkäufers werden (VI, 2 c), ist gleichfalls nicht zu beanstanden.

Auf Kritik wird dagegen die **Verjährungsklausel in VI, 2 d GWVB** stoßen. Hiernach kann der Käufer bei Mängeln an Teilen, die bei der Nachbesserung eingebaut worden sind, Sachmängelansprüche nur bis zum Ablauf der Verjährungsfrist hinsichtlich des gesamten Fahrzeugs geltend machen. Wird also z. B. ein Tag vor Ablauf der – zulässigerweise auf ein Jahr verkürzten – Verjährungsfrist ein Ersatzmotor eingebaut, so könnte der Käufer der Verjährungseinrede ausgesetzt sein, wenn der Motor ein Tag nach seinem Einbau ausfällt. In Wirklichkeit ist er jedoch geschützt, weil die einjährige Verjährung für das Fahrzeug rechtzeitig gehemmt worden ist und ihm gem. § 203 BGB eine Beobachtungsfrist von drei Monaten verbleibt (zur Problematik s. Rn 368). Die Verjährungsklausel hält demnach einer Überprüfung anhand der §§ 475, 307–309 BGB stand.

Zu den einzelnen Störfällen bei der Mängelbeseitigung und den sich daraus ergebenden Konsequenzen s. Rn 273 ff7.

---

18 Das neue Schuldrecht/*Haas*, Kap. 5 Rn 162.

ee) Kosten der Mängelbeseitigung

Gemäß § 439 II BGB hat der Verkäufer die zum Zwecke der Nacherfüllung erforderlichen Kosten zu tragen. Was das mit Blick auf die Variante „Mängelbeseitigung" bedeutet, ist unter Rn 244 ff. näher dargestellt.

3. Rücktritt

a) Bedeutung des Rechtsbehelfs für den Käufer eines gebrauchten Fahrzeugs

An die Stelle der Wandlung, in Gebrauchtwagenstreitigkeiten bisher ein zweitrangiger Anspruch, ist das (Gestaltungs-) Recht zum Rücktritt getreten. Da der Handel beim Verkauf an Verbraucher seine Sachmängelhaftung nicht mehr ausschließen darf (§ 475 I BGB), könnte der Rücktritt zum Standardrechtsbehelf von Verbrauchern aufsteigen, so wie es die Wandlung früher auf dem Gebiet des Neufahrzeugkaufs gewesen ist. Das dort seit Jahrzehnten fest etablierte Freizeichnungsverbot (§ 11 Nr. 10 a, b AGBG) hat, wenn auch nicht allein, die Schadensersatzansprüche aus den §§ 463, 480 BGB a. F. in den Hintergrund treten lassen. Allerdings stand dem Käufer, der das Geschäft im Wege der Wandlung rückabwickeln durfte, bislang ein Anspruch auf **Ersatz der Vertragskosten** zu (§ 467 S. 2 BGB a. F.). Das weite Verständnis des Vertragskostenbegriffs machte einen Rückgriff auf Schadensersatznormen in den meisten Fällen entbehrlich, was zugleich langwierige Beweiserhebungen erübrigte.

Das **neue Kaufrecht** gibt dem Käufer keinen von einem Verschulden unabhängigen Anspruch auf Ersatz von Vertragskosten. Aufwendungen dieser Art können nur unter den besonderen Voraussetzungen der Schadensersatzhaftung liquidiert werden (§§ 280 I, 311 a II, 284 BGB). Dadurch werden Käufer in den Fällen erheblich benachteiligt, in denen Verkäufern die Exkulpation nach den §§ 280 I, 2, 311 a II, 2 BGB gelingt. Zulassungsgebühren, Sachverständigenkosten, die Gebühr für die Stilllegung und ähnliche „Vertragskosten" (s. den Katalog unter Rn 1396) können sie nicht mehr wie bisher auf den Verkäufer abwälzen. Das macht den Rücktritt als alleinigen Rechtsbehelf unattraktiv, selbst wenn er – wie in den Fällen des § 326 V BGB – sofort, also ohne Fristsetzung, geltend gemacht werden kann.

Nicht einmal im Bereich des Verbrauchsgüterkaufs wird der Rücktritt als Nachfolger der Wandlung die ihm zugedachte zentrale Rolle spielen. Außerhalb dieses Sondermarktes degradiert der geschäftstypische Haftungsausschluss den Rücktritt de facto zu einem Recht zweiter Klasse, so wie bisher die Wandlung. An Bedeutung gewinnen die Rücktrittsvorschriften freilich dadurch, dass sie im Rahmen einer Rückabwicklung nach den Regeln des „großen" Schadensersatzes (Schadensersatz statt der ganzen Leistung) zum Zuge kommen (§§ 281 V, 311 a II,3 BGB), s. dazu Rn 1516. Auch die Beseitigung der bisherigen „Rücktrittsfalle" durch die Neuregelung in § 325 BGB (Rücktritt schließt Schadensersatz nicht aus) wird zu einer Zunahme von Rücktrittserklärungen führen.

Die Voraussetzungen des gesetzlichen Rücktrittsrechts, seine Ausübung und die beiderseitigen Rechte und Pflichten aus dem Rückgewährschuldverhältnis bestimmen sich grundsätzlich nach den gleichen Regeln, die für die Rückabwicklung eines **Neuwagenkaufvertrages** näher dargestellt worden sind, s. Rn 303 ff. Um Wiederholungen zu vermeiden, werden im Folgenden nur die **Besonderheiten beim Gebrauchtfahrzeugkauf** erörtert.

b) Erheblichkeit der Pflichtverletzung als Rücktrittsvoraussetzung

Die in der Lieferung eines (sach)mangelhaften Gebrauchtfahrzeugs liegende **Pflichtverletzung** darf **nicht unerheblich** sein (§ 323 V,2 BGB). Andernfalls entfällt das Recht zum Rücktritt. Das neue Recht bezieht die Unerheblichkeit also nicht allein auf den Mangel, sondern auf den Tatbestand der **Pflichtverletzung**. Das erfordert eine umfassende Bewertung und Interessenabwägung. Dabei spielt auch eine Rolle, ob der Verkäufer für das Vorhandensein der Eigenschaft eine Garantie übernommen hat. Eine nicht eingehaltene Garantieerklärung (Zusicherung alter Art) bedeutet in der Regel eine „erhebliche" Pflichtverletzung. Im Übrigen kann im Bereich der kaufrechtlichen Sachmängelhaftung an die Rechtsprechung zu § 459 I,2 BGB a. F. angeknüpft werden. Allerdings nicht unreflektiert, denn nach altem Recht war der Käufer bei einem nur geringfügigen Mangel, vom Fall des § 459 II BGB a. F. abgesehen, rechtlos gestellt. Heute stehen ihm selbst bei einem unerheblichen Mangel (Pflichtverletzung) sämtliche Rechtsbehelfe mit Ausnahme derjenigen zu, die auf die Rückabwicklung des ganzen Geschäfts abzielen. Infolgedessen ist zu erwägen, ob die Schwelle für die Annahme eines erheblichen Sachmangels bzw. einer erheblichen Pflichtverletzung höher als bisher im Rahmen des § 459 I,2 BGB anzusetzen ist.[19]

1386 Bei technischen Defiziten, die als Sachmängel anzuerkennen sind,[20] wird man danach fragen müssen, ob und mit welchem Kostenaufwand sie sich beseitigen lassen. Hilfreicher Anhalt bei der **Ausgrenzung** geringfügiger Kosten sind die **durchschnittlichen Reparaturaufwendungen** in den ersten sechs Monaten nach dem Kauf. Für das Jahr 2001 hat die DAT folgende Zahlen ermittelt: Kauf beim Neuwagenhandel 65 DM, Kauf beim reinen Gebrauchtwagenhandel 105 DM, Kauf von Privat 140 DM.[21] Niedrigere Reparaturkosten sind regelmäßig unerheblich. Nach Ansicht des OLG Düsseldorf sind Reparaturkosten von ca. 250 DM bei einem 6 Jahre alten Pkw, 65.000 km gelaufen, Kaufpreis 12.000 DM, geringfügig.[22]

Nicht entscheidend für die Erheblichkeit ist es, ob der TÜV-Bericht von einem „erheblichen" Mangel spricht oder einen solchen verneint.[23] Die Note „erhebliche Mängel" erteilt der TÜV auch bei Mängeln, die durchaus noch zu reparieren sind und deren Beseitigung mitunter nur wenig kostet. Schon bei einem falsch eingestellten Abblendlicht und bei zwei defekten Stoßdämpfern kann der TÜV-Prüfer die Rubrik „erhebliche Mängel" ankreuzen. Umgekehrt kann ein Fahrzeug, das beim TÜV nicht oder nur mit dem Prädikat „geringe Mängel" beanstandet worden ist, rechtlich gesehen „erheblich mangelhaft" sein. Im Rahmen der Hauptuntersuchung nach § 29 StVZO wird nicht der Zustand von Motor, Getriebe und Kupplung geprüft. Untersucht wird das Fahrzeug nur unter dem Gesichtspunkt, ob es den Vorschriften der StVZO entspricht. Zur Bedeutung von DIN-Vorschriften bei der Ermittlung der Erheblichkeitsgrenze s. OLG Celle DAR 2002, 211.

1387 Auch in Fällen **nichttechnischer Fehlerhaftigkeit** kommt es entscheidend darauf an, wie hoch der Aufwand an Mühe und Kosten ist, um den Mangel zu beseitigen. Von Bedeutung ist auch die Dauer des Nutzungsausfalls.[24] Auf die Nachbesserungsbereitschaft des Verkäufers kommt es nach wie vor nicht an.[25]

1388 **Darlegungs- und Beweislast:** Für die Unerheblichkeit der Pflichtverletzung ist der **Verkäufer** darlegungs- und beweispflichtig. Es handelt sich um einen „Ausschlussgrund" (so § 441 I,2 BGB), also um einen rechtsvernichtenden Einwand, für den nach allgemeiner Meinung derjenige darlegungs- und beweispflichtig ist, der ihn geltend macht.

---

19 Dafür im Rahmen des großen Schadensersatzes *Dedek* in:Praxis der Schuldrechtsreform, § 281 Rn 38.
20 Natürlicher Verschleiß scheidet auch in der Summierung mehrerer solcher „Verschleißmängel" als Sachmangel aus, s. dazu auch Rn 1251. An sich können sich mehrere geringfügige Mängel zur Erheblichkeit summieren, KG 23. 2. 1989, NJW-RR 1989, 972; vgl. auch OLG Karlsruhe 25. 4. 1991, MDR 1992, 129, das bei einer Ölundichtigkeit auf die Schädigungsgefahr abstellt; s. auch OLG Karlsruhe 27. 3. 2001, OLGR 2001, 301.
21 DAT-Veedol-Report 2002, S. 50.
22 Urt. v. 6. 4. 2001, DAR 2001, 358.
23 So auch LG Köln 31. 3. 1980, 16 O 349/79, n. v.; *Tempel*, S. 5.
24 BGH 10. 7. 1953, BGHZ 10, 242 = NJW 1953, 1505.
25 Anders zum alten Recht *Peters*, JR 1997, 103.

c) Fristsetzung und Entbehrlichkeit der Fristsetzung

Voraussetzung für das Bestehen des Rücktrittsrechts ist **grundsätzlich** der **erfolglose Ablauf** einer vom Käufer gesetzten **angemessenen Frist** zur Nacherfüllung (§§ 323 I, 440 BGB). Zum Kriterium der Angemessenheit s. Rn 269. Die Besonderheiten beim Kauf eines gebrauchten Kraftfahrzeugs sind bei der Beurteilung zu berücksichtigen. Nicht jeder Verkäufer verfügt über eine Werkstatt. Auf der anderen Seite ist auch einem Verkäufer ohne die erforderliche technische und personelle Ausstattung mit wenig Mühe und geringem Zeitaufwand möglich, einen zur Nachbesserung fähigen Fremdbetrieb zu beauftragen. Angesichts der allgemein geringen Auslastung der Fachwerkstätten sind Reparaturtermine erfahrungsgemäß kurzfristig zu vereinbaren. 1389

In einer Reihe von Fällen ist eine **Fristsetzung entbehrlich**, d. h. der Käufer kann sofort von seinem Rücktrittsrecht Gebrauch machen. **Fundamental** ist auch in diesem Zusammenhang der Unterschied zwischen **behebbaren** und **nicht behebbaren Mängeln**.

Bei **nicht behebbaren Mängeln** und bei solchen, deren Beseitigung gem. §§ 275 II-III, 439 III BGB verweigert werden darf, also in allen Fällen „qualitativer Unmöglichkeit" (dazu Rn 1379), ist es sinnlos, eine Frist zur Mängelbeseitigung zu setzen. Folgerichtig wird der Käufer von jeglicher Fristsetzung freigestellt (§ 437 Nr. 2 iVm § 326 V BGB).

Bei einem **behebbaren Mangel** hat der Käufer grundsätzlich eine Frist zur Nacherfüllung zu setzen (§ 323 I BGB). Ein sofortiger Rücktritt ist **nur in Ausnahmefällen** statthaft (§§ 323 II, 440 BGB). Zu den einzelnen Ausnahmetatbeständen siehe die Ausführungen zum Neufahrzeugkauf (Rn 271 ff.). Dort werden sämtliche Fallgestaltungen behandelt, in denen der rücktrittswillige Käufer eines fabrikneuen Kfz von der Notwendigkeit der vorherigen Fristsetzung freigestellt ist.

Aus der Sicht des Kaufs gebrauchter Kraftfahrzeuge ist vor allem auf den Fall der **Unzumutbarkeit** besonders einzugehen. Er wird in § 440 BGB alternativ neben die Fälle der Verweigerung und des Fehlschlagens gestellt. Mit diesem Dreiklang wollte man die Umsetzung von Art. 3 Abs. 3 und Abs. 5 der Verbrauchsgüterkaufrichtlinie sicherstellen. Dort ist davon die Rede, dass die Nachbesserung „ohne erhebliche Unannehmlichkeiten" für den Verbraucher zu erfolgen hat. Ob man unter dem „Fehlschlagen" der Nacherfüllung auch den Fall der Unzumutbarkeit fassen kann, war für die Gesetzesverfasser nicht zweifelsfrei. Deshalb haben sie ihn sicherheitshalber in den § 440 BGB ausdrücklich aufgenommen. Bei der Frage der Zumutbarkeit soll der Gesichtspunkt der „erheblichen Unannehmlichkeiten" mit zu berücksichtigen sein.[26] Es ist ein Kriterium von allgemeiner Bedeutung, also nicht nur bei einem Verbrauchsgüterkauf zu beachten. Seine Aussagekraft hält sich freilich in Grenzen. Der Hinweis des Gemeinschaftsgesetzgebers auf die „Art des Verbrauchsguts" und den Anschaffungszweck ändert daran nichts. 1390

Zu unterscheiden vom Fall der Unzumutbarkeit weiterer Nachbesserung ist die **von Anfang an** bestehende Unzumutbarkeit jeglicher Nachbesserung. Letzteres hat § 440 S. 1 3. Alt. BGB möglicherweise nicht ausschließlich, zumindest aber auch vor Augen. Ob ein Fall der Unzumutbarkeit in der einen oder in der anderen Version zu bejahen ist, hängt stets von den Gesamtumständen des Einzelfalls ab. Zur Fallgruppe der Unzumutbarkeit weiterer Nachbesserung s. Rn 278. Von Anfang an unzumutbar wird eine Nachbesserung dann sein, wenn der Käufer das Opfer einer **arglistigen Täuschung** geworden ist. Zu den Einzelfällen von Arglist s. Rn 1615 ff. Zu beachten ist hier auch der Entbehrlichkeitsgrund in § 323 II Nr. 3 BGB. Wer in der Täuschung eine Pflichtverletzung i. S. d. § 241 II BGB sieht, wird außerdem § 324 BGB in Betracht zu ziehen haben. 1391

---

26 BT-Drucks. 6857 = *Canaris*, S. 850; auch Pfeiffer, ZGS 2002, 390.

1392 Bloße **Fahrlässigkeiten**, die sich auf den Mangel beziehen, genügen im Zweifel nicht zur Begründung einer (anfänglichen) Unzumutbarkeit. Auch beim schuldlosen oder nur leicht fahrlässigen **Bruch eines Garantieversprechens** (Zusicherung alter Art) wird man eine Nachbesserung nicht von vornherein für unzumutbar erklären können. Unzumutbarkeit kann der Käufer nicht schon damit begründen, der Verkäufer verfüge als Privatperson weder über die technischen Mittel noch über die erforderliche Sachkenntnis, um die notwendige Nachbesserung zu bewerkstelligen. Wenn ein **Verkäufer ohne Werkstatt** eine zeitlich akzeptable Reparatur in einem Fachbetrieb seiner Wahl anbietet, muss der Käufer sich darauf einlassen.

d) Das Rückgewährschuldverhältnis

aa) Ersatz von Verwendungen

1393 Zu den **notwendigen Verwendungen** i. S. der §§ 467 S. 1, 347 S. 2, 994 BGB[27] gehörten nach **altem Recht**:

- Zulassungskosten (LG Traunstein ZfS 1999, 290), soweit im Kaufpreis nicht enthalten (andernfalls Rückerstattung mit diesem)
- Wartungs- und Inspektionskosten (BGH NJW-RR 1991, 1011 zu § 1 d Abs. 4 AbzG; anders – nützliche Verwendung – LG Traunstein ZfS 1999, 290)
- Beseitigung eines Unfallvorschadens (OLG Düsseldorf 31. 3. 1995, 22 U 176/94, n. v.)
- Reparatur der Bremsanlage (OLG Karlsruhe OLGR 1998, 62 mit grundsätzlichen Ausführungen, auch zum Werkstattrisiko; LG Bonn 28. 4. 1989, 13 O 482/89, n. v.; OLG Köln 7. 7. 1987, 9 U 8/87, n. v.)
- Erneuerung der Radlager (LG Bonn 28. 4. 1989, 13 O 482/89, n. v.)
- neue Auspuffanlage (LG Bonn 16. 12. 1991, 9 O 398/91, n. v.)
- Reparatur der Radlager, Stoßdämpfer, Lenkung (OLG Köln 7. 7. 1987, 9 U 8/87, n. v.)
- Reparatur am Zündschloss (OLG Köln 31. 10. 1985, 12 U 55/85, n. v.)
- Reparatur am Ventilator und Austausch des Luftfilters (LG Köln 19. 1. 1989, 22 O 582/87, n. v.)
- Motorreparatur, aber nur soweit erforderlich (LG Bonn 4. 8. 1989, 18 O 7/89, n. v.) und erfolgreich (OLG Düsseldorf OLGR 1993, 81)
- Einbau einer neuen Wasserpumpe (LG Bonn 4. 8. 1989, 18 O 7/89, n. v.)
- Kosten für neue Reifen (OLG Zweibrücken DAR 1985, 59; OLG Oldenburg DAR 1993, 467; Brandenburgisches OLG OLGR 1995, 89; LG Traunstein ZfS 1999, 290)
- neue Batterie (OLG Oldenburg DAR 1993, 467)
- Reparatur des Kühlsystems, der Heizung und der Fensterheber (OLG Bamberg DAR 2001, 455)
- Austauschmotor und Austauschgetriebe (OLG Nürnberg 11. 4. 1978, DAR 1978, 324)
- Instandsetzungen an Oldtimer-Motorrad (OLG Köln OLGR 1997, 371 = JMBl. NW 1997, 283)
- Hinterachsenreparatur (OLG Nürnberg 11. 4. 1978, DAR 1978, 324)
- Unterstellung des Fahrzeugs in fremder Werkstatt (Standgeld), s. OLG Düsseldorf 30. 9. 1994, 14 U 251/93, n. v. (50 DM pro Monat); SchlHOLG OLGR 1996, 339; OLG Düsseldorf 12. 3. 1999, 22 U 180/98, in NZV 1999, 423 nicht abgedruckt.

---

27 Zum Begriff und zum Maßstab s. BGH 24. 11. 1995, NJW 1996, 921; OLG Karlsruhe 14. 11. 1997, OLGR 1998, 62.

Die einzelnen Rechtsbehelfe des Gebrauchtfahrzeugkäufers bei einem Sachmangel 1394–1396

Unter der Geltung des **neuen Rechts** kann nahtlos an diese Kasuistik angeknüpft werden. **1394**
Gibt der Käufer das Fahrzeug zurück, leistet er Wertersatz oder ist seine Wertersatzpflicht gesetzlich ausgeschlossen, so sind ihm die **notwendigen Verwendungen** zu ersetzen (§ 347 II,1 BGB). Unverändert sind unter „Verwendungen" solche Vermögensaufwendungen zu verstehen, die dem Fahrzeug zugute kommen, indem sie seiner Erhaltung, Wiederherstellung oder Verbesserung dienen. Die **Notwendigkeit** beurteilt sich, wie bisher, nach objektiven Maßstäben, nicht aus der Sicht des Verkäufers. Entscheidend ist der Zeitpunkt, zu dem der Käufer die Verwendung vornimmt. Unerheblich ist, ob die Verwendung zu einer Steigerung des Fahrzeugwertes geführt hat.

Für die gewöhnlichen Erhaltungskosten sieht das neue Rücktrittsrecht keine Sonderregelung vor. Sie sind dem Käufer gleichfalls zu ersetzen. Eine „Verrechnung" mit den Nutzungen wie in § 994 I, 2 BGB findet nicht statt. Der Käufer hat vom ersten Tag der Nutzung an eine Vergütung zu entrichten (dazu Rn 1397 ff.), also steht ihm auch ein Anspruch auf Ersatz der gewöhnlichen Erhaltungskosten zu (Inspektionskosten, notwendige Reparaturen etc.).

Für **andere als notwendige Verwendungen** aus der Zeit nach Kenntnis vom Wandlungsgrund konnte der Käufer **nach altem Recht** keinen Ersatz verlangen; insoweit wurde er auf ein Wegnahmerecht verwiesen (§ 997 BGB). **Nützliche Verwendungen** vor diesem Zeitpunkt konnten nach § 812 I BGB ausgleichspflichtig sein. Hierzu zählten beim Gebrauchtwagenkauf: **1395**

– Instandsetzungsarbeiten bei einem „heruntergekommenen" Pkw (OLG Celle OLGR 1995, 86)
– Kosten für Wagenheber (LG Köln 19. 1. 1989, 22 O 582/87, n. v.)
– Kosten für Anhängerkupplung (OLG Köln DAR 1986, 320 – Neufahrzeug)
– Ganzlackierung, wobei nicht auf die Lackierkosten, sondern auf die Erhöhung des Verkehrswertes abzustellen ist (OLG Köln 7. 7. 1987, 9 U 8/87, n. v.)
– Autoradio (OLG Nürnberg DAR 1978, 324)
– DINOL-Behandlung (Korrosionsschutz), OLG Nürnberg DAR 1978, 324
– Kundendienst (LG Traunstein ZfS 1999, 290).

Auch diese Kasuistik kann für das **neue Kaufrecht** übernommen werden. Nach § 347 II, 2 BGB sind „andere Aufwendungen" zu ersetzen, soweit der Gläubiger durch diese bereichert ist. Damit sind vor allem die so genannten nützlichen Verwendungen gemeint.

bb) Ersatz von „Vertragskosten" nach altem und neuem Recht

Der Verkäufer hatte dem Käufer im Wandlungsfall auch die Vertragskosten zu ersetzen **1396**
(§ 467 S. 2 BGB). Inhalt und Umfang dieses Anspruchs waren umstritten. Anwendungsbeispiele aus der **Rechtsprechung zum Gebrauchtwagenkauf:**

Vertragskosten ja:
– Kosten für Gebrauchtwagengarantie (OLG Düsseldorf NJW-RR 1997, 431)
– Anmeldekosten/Zulassungskosten (OLG Zweibrücken DAR 1985, 59; OLG Düsseldorf NJW-RR 1997, 431), soweit nicht mit dem Kaufpreis zurückerstattet
– Kosten für Kfz-Kennzeichen (LG Bonn 4. 8. 1989, 18 O 7/89, n. v.)
– Gebühr für Hauptuntersuchung nach § 29 StVZO (TÜV), OLG Zweibrücken DAR 1985, 59
– Abmeldekosten, Gebühr für Stilllegung (OLG Düsseldorf 12. 3. 1999, 22 U 180/98, n. v.; OLG Oldenburg DAR 1993, 467 für § 812; OLG Oldenburg NJW-RR 1995, 689 – Stilllegung eines in Zahlung genommenen Altwagens)

- Kosten eines Kfz-Sachverständigen für Mängelfeststellung (OLG Köln ZfS 1980, 306; AG München DAR 1994, 329 mit zw. Begründung; a. A. OLG Köln 7. 7. 1987, 9 U 8/87, n. v. – TÜV-Prüfgutachten; LG Bonn 4. 8. 1989, 18 O 7/89, n. v.; vgl. auch OLG Oldenburg DAR 1993, 467 für § 812)
- Allgemeine Kostenpauschale (OLG Zweibrücken DAR 1985, 59)
- Frachtkosten (BGH NJW 1996, 1962; NJW 1983, 1479)
- Gebühr für Stilllegung (OLG Düsseldorf NZV 1999, 423 – nicht abgedruckt).

Vertragskosten nein:
- Kosten für TÜV-Gutachten zur Mangelfeststellung, nicht nach § 29 StVZO, OLG Köln 7. 7. 1987, 9 U 8/87, n. v.; Sachverständigenkosten, Brandenburgisches OLG OLGR 1995, 89, s. auch oben „Vertragskosten ja"
- Finanzierungskosten beim finanzierten Kauf (BGH NJW 1996, 2504 – Neufahrzeugkauf; LG Hagen NJW-RR 1994, 1260; LG Bonn NJW-RR 1993, 1269; Brandenburgisches OLG OLGR 1995, 89; OLG Köln NJW-RR 1996, 561 = VRS 90, 412; LG Dortmund NJW-RR 2001, 1061; bestr.)
- Kosten für Achs- und Spurvermessung zur Mängelfeststellung (LG Bonn 4. 8. 1989, 18 O 7/89, n. v.)
- Kosten des Rücktransports vom Käufer zum Verkäufer (OLG Stuttgart NJW-RR 1999, 1576, bestr.)
- Kosten der Wandlungserklärung, z. B. Anwaltskosten (LG Gießen NJW-RR 1992, 504; AG Lüdenscheid NJW-RR 1993, 1018, bestr., vgl. auch LG Kassel JurBüro 1992, 41 und LG Aachen ZfS 1992, 171)
- Kfz-Steuer und Versicherungsprämien im Nutzungszeitraum (OLG Düsseldorf 12. 3. 1999, 22 U 180/98, in NZV 1999, 423 nicht abgedruckt).

Der Reformgesetzgeber hat die Sonderregelung über den Vertragskostenersatz, für ihn ein „Fremdkörper", abgeschafft. Ein Anspruch auf Ersatz von „Vertragskosten" soll nur im Rahmen der allgemeinen Regeln über den Schadensersatz, ergänzt durch § 284 BGB, bestehen. Dazu s. Rn 1538.

cc) Nutzungsersatz (Vergütung für Gebrauchsvorteile)
α) Rechtszustand bis zum 1. 1. 2002

1397   Wurde aufgrund erfolgreicher Wandlung nach den Rücktrittsvorschriften abgewickelt (§§ 467, 346 ff. BGB a. F.), so hatte auch der Käufer eines gebrauchten Kraftfahrzeugs **grundsätzlich** für jeden Fahrkilometer, den er zwischen Übergabe und Rücknahme zurückgelegt hat, eine Nutzungsvergütung zu zahlen. Ein unentgeltlicher Gebrauch des mangelhaften Fahrzeugs wurde ihm im Regelfall nicht zugestanden. Vergütungspflichtig waren auch die Kilometer, die er **vor Entdeckung** des Mangels gefahren war. Der Streit, ob der Käufer bis zur Kenntnis vom Wandlungsrecht nur nach Bereicherungsrecht mit dem Privileg aus § 818 III BGB[28] oder uneingeschränkt Ersatz zu leisten hat, war auch in Gebrauchtwagenstreitigkeiten eher akademischer Natur. Erfolg hatte der Einwand der Entreicherung ausnahmsweise, wenn die Fahrten für den Käufer ganz oder teilweise nutzlos waren.[29]

---

28 So BGH 1. 4. 1992, NJW 1992, 1965; s. auch OLG Celle 2. 12. 1993, OLGR 1994, 49.
29 OLG Celle 2. 12. 1993, OLGR 1994, 49.

β) Rechtszustand nach der Schuldrechtsreform

Nach § 346 I BGB sind im Fall des Rücktritts die „gezogenen Nutzungen" herauszugeben. Ergänzt wird diese Vorschrift durch § 347 I BGB, wonach im Fall nicht gezogener Nutzungen unter Umständen Wertersatz zu leisten ist. 1398

Die nach § 346 I BGB herauszugebenden Nutzungen sind im Regelfall (Ausnahmen: Oldtimer, Ausstellungsstücke etc.) nach der gleichen Methode zu **berechnen,** wie sie für die Wandlung von Kaufverträgen über **fabrikneue Kraftfahrzeuge** entwickelt und bis zum Inkrafttreten der Schuldrechtsreform ganz überwiegend anerkannt war. Daran ist für den Rücktritt als Nachfolger der Wandlung festzuhalten (s. Rn 313.)

γ) Berechnungsfragen

Zu schätzen ist die **lineare Wertminderung** im Vergleich zwischen tatsächlichem Gebrauch und voraussichtlicher Gesamtnutzungsdauer/Gesamtlaufleistung. Näheres zu dieser Bewertungsmethode unter Rn 315 ff. Der BGH hat sie durch Urteil vom 26. 6. 1991[30] generell gebilligt. Ihr Anwendungsbereich ist nicht auf **beiderseits voll erfüllte Kaufverträge** beschränkt. Auch wenn der Käufer während der Nutzungszeit nur Vorbehaltseigentümer war, ist die Nutzungsvergütung nicht nach den Maßstäben einer üblichen oder fiktiven Miete zu ermitteln. Auch in diesem Fall ist es sachgerecht, den zu vergütenden Gebrauchswert anhand der realen Wertminderung zu berechnen.[31] 1399

Verfehlt ist es allerdings, wie bei der Rückabwicklung eines Neufahrzeugkaufs den Neuwagenpreis und die mutmaßliche Gesamtlaufleistung (von Tachostand null bis zur Verschrottung) zugrunde zu legen.[32] Auch das Rechnen mit nur einem dieser beiden Faktoren verfälscht das Bild. In der Logik der linearen Wertschwundformel liegt es vielmehr, auf den **konkreten Altwagenpreis** und die **voraussichtliche Restfahrleistung** abzustellen. Diese **Modifizierung** hat der BGH für den Fall der Vorteilsausgleichung beim „großen" Schadensersatz anerkannt.[33] Dazu Rn 1517. Für die Ermittlung der Nutzungsvergütung im Rücktrittsfall kann – wie bisher für die Wandlung[34] – nichts anderes gelten.

Wenn die Rechtsprechung bisweilen auf den **ersparten Wertverlust** abgestellt hat, so beruht dies auf einer Verquickung mit der – inzwischen überholten – BGH-Judikatur zur Vorteilsausgleichung bei schadensersatzrechtlicher Abwicklung[35] oder auf einer thematischen Verengung des Problems auf den bereicherungsrechtlichen Tatbestand der Aufwendungsersparnis.[36]

Richtigerweise ist die Nutzungsvergütung im Rücktrittsfall nach folgendem **Muster** zu berechnen:

Kaufpreis für Gebrauchtfahrzeug	8.000 Euro
zu erwartende Restlaufleistung	100.000 km
Nutzungsvergütung pro km 8 Cent.[37]	

---

30 NJW 1991, 2484 = WM 1991, 1800.
31 Vgl. auch BGH 25. 10. 1995, NJW 1996, 250 (bereicherungsrechtliche Rückabwicklung eines nicht zustande gekommenen Kaufvertrages).
32 So aber OLG Stuttgart 25. 4. 1990, 4 U 26/90, n. v.; ferner OLG Koblenz 1. 7. 1987, NJW-RR 1988, 1137; OLG Hamm (28. ZS) stellt richtigerweise auf den Altwagenpreis ab, legt aber die Gesamtlaufleistung (150.000 km) zugrunde, Urt. v. 14. 6. 1994, OLGR 1994, 181.
33 Urt. v. 17. 5. 1995, NJW 1995, 2159 = WM 1995, 1145 unter III.
34 Vgl. OLG Frankfurt 24. 6. 1992, ZfS 1992, 338; Brandenburgisches OLG 17. 1. 1995, OLGR 1995, 89; grundsätzlich auch OLG Köln 30. 1. 2002, 11 U 71/01, n. v. (mit Korrekturmöglichkeit im Einzelfall).
35 Dazu Rn 1517.
36 Vgl. auch BGH 10. 4. 1963, MDR 1963, 577, wo der Ersparnisgedanke zur Bemessung des Nutzungswertes herangezogen wird.
37 $8.000 : 100.000 = 0{,}08$.

Wegen der einzelnen Berechnungsfaktoren wird auf Rn 1519 ff. verwiesen, ergänzend auf die Ausführungen im „Neuwagen-Teil" (Rn 315 ff.), s. dort auch zur prozessualen Geltendmachung und zu weiteren Sonderfragen (Abschläge, Verzinsung, Mehrwertsteuer u. a.).

e) Ausschluss des Rücktrittsrechts

1400 Unter welchen Voraussetzungen der Käufer seine Befugnis zur Wandlung einbüßte, war Gegenstand vielfältiger Kontroversen. Näheres dazu mit Fallgruppenbildung im „Neuwagen-Teil" der Vorauflage (Rn 749 ff.). Für den Gebrauchtwagenkauf galten grundsätzlich die gleichen Regeln. Nach **neuem Schuldrecht** kann selbst eine vorsätzliche Zerstörung des Fahrzeugs das Rücktrittsrecht nicht ausschließen. Zum grundlegend **neuen Modell** der „Rückabwicklung dem Werte nach" und den sich daraus ergebenden Konsequenzen für den Fahrzeugkauf siehe Rn 300 ff. .

Soweit es um die allgemeinen Ausschlusstatbestände der **Verwirkung** und des **Verzichts** sowie um weitere Möglichkeiten des Anspruchsverlustes geht, wird auf Rn 1531 ff. verwiesen.

f) Einverständliche Rückabwicklung

1401 Den Parteien ist unbenommen, sich auf eine Rückabwicklung zu einigen, so wie früher die Wandlung einverständlich vollzogen werden konnte. Schriftlichkeit ist nicht erforderlich, selbst wenn der Vertrag eine Schriftformklausel enthält. Zu einer Einigung am Telefon mit Mithöreinrichtung und zur Frage des Verwertungsverbots s. OLG Düsseldorf NJW 2000, 1578.

Die Einigung über eine Rückabwicklung setzt nicht voraus, dass die Parteien sich über alle Punkte verständigt haben. Keiner gesonderten Vereinbarung bedarf etwa die Vergütung für die Gebrauchsvorteile.[38] Gleiches gilt für den Verwendungsersatz.

4. Minderung

1402 Für Minderung entschied sich ein Gebrauchtfahrzeugkäufer **nach altem Recht** nur selten. Abgesehen davon, dass dieser Anspruch seinem Interesse nicht immer Rechnung trug, beruhte diese Zurückhaltung auch auf **Darlegungs- und Berechnungsschwierigkeiten**. Sogar das Bundesverfassungsgericht musste sich mit dieser Thematik beschäftigen.[39] Die **Schuldrechtsreform** hat den Rechtbehelf der Minderung in wesentlichen Punkten verändert. Näheres dazu unter Rn 330 ff.

a) Berechnungsfragen

1403 Im Grundsatz geblieben ist die **Art der Berechnung** einer Minderung (§ 441 II BGB). Von den **drei Faktoren,** die zur Ermittlung des Minderungsbetrages erforderlich sind, ist – anders als beim Neuwagenkauf – nur ein einziger vorgegeben: der tatsächliche Kaufpreis. Die beiden übrigen – Wert ohne Mangel und Wert mit Mangel – müssen erst festgestellt werden. Ohne Hinzuziehung eines Sachverständigen ist dies kaum möglich. Die Praxis begegnete diesen Schwierigkeiten bisher meist dadurch, dass der Minderungsbetrag mit dem (Brutto-)Betrag gleichgesetzt wurde, der zur Beseitigung des Mangels erforderlich ist.[40] Die Reparaturkosten wurden also einfach vom Kaufpreis abgezogen, d. h. der Käufer durfte einen Betrag in Höhe der Reparaturkosten einklagen,[41] so wie beim „kleinen" Scha-

---

38 OLG Düsseldorf 21. 1. 2000, NJW 2000, 1578.
39 Beschluss v. 28. 6. 1993, NJW 1994, 848.
40 Vgl. BGH 17. 12. 1996, NJW-RR 1997, 688 zu §§ 634, 472 BGB a. F.
41 Zu streng OLG Düsseldorf 21. 12. 1999, OLGR 2000, 307.

densersatz (s. Rn 1491). Diesen Weg hat das neue Kaufrecht nicht von vornherein versperren wollen. Eine Ermittlung der Minderung im Wege der Schätzung ist jetzt ausdrücklich zugelassen (§ 441 III, 2 BGB).

Das **vereinfachte Abzugsverfahren** der bisherigen Rechtsprechung ist in mehrfacher Hinsicht bedenklich.[42] Nicht immer ist der Wert des mangelfreien Autos mit dem Kaufpreis identisch. Welchen (Verkehrs-)Wert das betreffende Fahrzeug im Zeitpunkt des Verkaufs ohne den beanstandeten Mangel hatte, kann ein Sachverständiger nur nach Besichtigung feststellen. Eine Taxierung ohne Besichtigung ist wenig sinnvoll. Es kommt auf den konkreten Zustand des streitigen Fahrzeugs an. Zwei Fahrzeuge gleichen Alters und gleicher Laufleistung können im Wert bis zu 50% differieren.

Abzustellen ist auf den Verkehrswert, d. h. auf den Wert, der zur Zeit des Verkaufs im normalen Geschäftsverkehr als Verkaufspreis zu erzielen war. Wegen der Vielschichtigkeit des Gebrauchtwagenmarktes – drei Verkäufergruppen konkurrieren miteinander – kann man kaum von einem „normalen Geschäftsverkehr" sprechen. Ein Gebrauchtwagen kann 500 Euro mehr oder weniger erzielen, je nachdem, wer ihn verkauft. Am teuersten ist er beim Neuwagenhändler mit Gebrauchtwagenabteilung, am billigsten beim privaten Direktgeschäft. Mit Rücksicht auf die unterschiedlichen Verkaufswege erscheint es richtig, im konkreten Fall von dem Weg auszugehen, auf dem der mangelhafte Wagen zum Käufer gelangt ist. Beim Kauf von einem Händler oder durch dessen Vermittlung kann also auf die Marktnotierungen der DAT (Marktspiegel) oder auf die Schwacke-Liste zurückgegriffen werden.

Da der private Markt nicht Gegenstand professioneller Preisforschung ist, gehen die Listenpreise, auch des Schwacke-Berichts, hier an der Wirklichkeit vorbei. Erfahrungsgemäß wird mit prozentualen Ab- und Zuschlägen vom bzw. auf die Listenpreise gearbeitet. Eine Faustformel lautet: „Schwacke-Einkaufspreis plus 15%." Bei neueren Fahrzeugen mag dies zutreffen, bei älteren erscheint ein höherer Zuschlag erforderlich. Letztlich entscheidet aber stets die konkrete Beschaffenheit des Fahrzeugs.

Der zweite Berechnungsfaktor (Wert mit Mangel = wirklicher Wert) wird herkömmlicherweise so ermittelt, dass die Kosten für die Beseitigung des Mangels von dem Wert ohne Mangel (Verkehrswert) abgezogen werden. Im Prinzip ist dieses Verfahren nicht zu beanstanden. Eine andere Möglichkeit der Wertermittlung gibt es nicht. Bisweilen wird allerdings ein wesentlicher Gesichtspunkt übersehen. Die Beseitigung von Mängeln bringt häufig eine Wertsteigerung mit sich, vor allem bei älteren Fahrzeugen. Dieser „Mehrwert" ist von den (fiktiven) Reparaturkosten abzuziehen, bevor diese zur Ermittlung des Fahrzeugwertes bei Mangelhaftigkeit herangezogen werden können. In den Fällen, in denen bei schadensersatzrechtlicher Betrachtungsweise ein Abzug „neu für alt" gerechtfertigt wäre, sind bei der Berechnung des Minderungsbetrages also die bereinigten Reparaturkosten anzusetzen.[43] Die Mehrwertsteuer bleibt unberücksichtigt.

Besteht der Sachmangel in dem Fehlen einer Beschaffenheit, die sich nicht herstellen lässt (z. B. Datum der Erstzulassung, niedrigere Kilometerfahrleistung, Unfallfreiheit), so sind die Werte mit und ohne die spezielle Eigenschaft zu ermitteln und mit dem Kaufpreis in Relation zu setzen.[44] Das OLG Düsseldorf[45] berechnet in einem Laufleistungsfall die gefahrenen Mehrkilometer anhand der Wertschwundformel (Rn 1399) und gibt dem Käufer in

---

[42] Vgl. auch BGH 25. 6. 1999, NJW 1999, 3115 unter 2 c.
[43] LG Köln 27. 5. 1970, MDR 1970, 1010 (Austauschmotor); vgl. auch BGH 17. 3. 1989, WM 1989, 857, 859 unter II, 5 c.
[44] Vgl. OLG Oldenburg 28. 6. 1982, MDR 1982, 1018 (höheres Alter eines Sportwagens); vgl. auch OLG Frankfurt 6. 11. 1986, NJW-RR 1987, 1268.
[45] Urt. v. 18. 6. 1999, NZV 1999, 514.

Höhe dieses Betrages einen Rückzahlungsanspruch, gestützt auf § 812 I, 1 BGB, nicht auf §§ 462, 472 BGB a. F.

1404 **Mehrheit von Mängeln:** Dass die Vertragsparteien nur über einen einzigen wertmindernden Mangel streiten, kommt vor, ist jedoch nicht die Regel. Häufig liegen tatsächlich außer dem haftungsbegründenden Mangel weitere Umstände vor, die den Wert herabsetzen, aber kein Sachmängelrecht begründen, sei es, dass es sich nicht um einen Mangel im Rechtssinn handelt (Verschleiß, normale Alterung), sei es, dass die Haftung insoweit vertraglich oder gesetzlich ausgeschlossen ist, sei es schließlich, dass punktuell Verjährung eingetreten ist. Ob und wie solche haftungs-, aber nicht wertneutralen Umstände bei der Ermittlung der Verkehrswerte (mit und ohne Mangel) zu berücksichtigen sind, ist trotz BGH NJW 1990, 2682 = WM 1990, 1674 (Grundstückskauf) nicht restlos geklärt.

Für den Fall des „**kleinen**" **Schadensersatzes** nach § 463 BGB a. F. hat der BGH (VIII. ZS) entschieden: Der Verkäufer kann bei der Schadensberechnung nicht geltend machen, die Freizeichnungsklausel sei wegen anderer, von ihm nicht verschwiegener Mängel wirksam.[46] Im konkreten Fall hatte der Verkäufer arglistig verschwiegen, dass in das Fahrzeug, ein Mercedes 230 SL, ein Motor des Typs 250 eingebaut war. Das Besondere war, dass dieser nicht typgerechte Motor obendrein noch völlig verschlissen war, der Verkäufer diesen „Mangel" aber nicht arglistig verschwiegen hatte. Für den BGH gibt es bei der **Schadensberechnung** keine „gespaltene" Freizeichnung. Ist die Klausel gemäß § 476 BGB a. F. nichtig gewesen, entfaltete sie bei der Berechnung des Schadens keine Wirkung mehr zu Gunsten des Verkäufers in Bezug auf andere Mängel. Dem ist – auch für das neue Recht – zuzustimmen. Die Gegenmeinung verletzt die Grundsätze der Differenzhypothese.

Für die **Minderung** war nach altem Recht im Ausgangspunkt anerkannt, dass bei der Ermittlung der Werte mit und ohne Mangel nur der haftungsbegründende Mangel zu berücksichtigen ist.[47] Andere **wertmindernde Momente** hatten außer Ansatz zu bleiben. Daran ist unter der Geltung des neuen § 441 BGB festzuhalten. Die Focussierung auf den haftungsauslösenden Mangel wird von Sachverständigen häufig nicht genügend bedacht. Belanglos sind selbstverständlich alle wertmindernden Umstände aus der Zeit nach Übergabe (Abnutzung, Beschädigung usw.), auch wenn der für die Wertermittlung maßgebliche Zeitpunkt nicht der der Übergabe, sondern – beim Gebrauchtwagenkauf meist zusammenfallend – der **Zeitpunkt des Vertragsschlusses** ist.[48] **Werterhöhende Aufwendungen** des Käufers (z. B. Einbau von Zubehör) haben bei der Wertermittlung gleichfalls außer Ansatz zu bleiben.

Wertmindernde Eigenschaften, die bereits beim Kauf vorhanden waren, aber keine Haftung begründen, fallen nicht zu Lasten des Verkäufers ins Gewicht. Dies gilt nicht nur für normalen Verschleiß und Alterung, die i. d. R. schon nicht als Sachmängel i. S. d. § 434 I BGB zu werten sind (vgl. Rn 1248 ff.). Auch echte Mängel im Rechtssinn müssen unberücksichtigt bleiben, wenn und insoweit der Verkäufer seine Haftung hierfür wirksam ausgeschlossen hat. Andernfalls würde das Ziel der Minderung verfehlt, die vertraglich vorausgesetzte Äquivalenz von Leistung und Gegenleistung aufrechtzuerhalten. Die Haftungsfreizeichnung ist ein wesentliches Element der Preiskalkulation. Ohne sie müsste der Verkäufer einen erheblich höheren Preis verlangen (Risikozuschlag). Dieser Preisvorteil käme dem Käufer ohne rechtfertigenden Grund zugute, bliebe der Haftungsausschluss bei der Berechnung des Minderungsbetrages unberücksichtigt. Anders als bei der Berechnung des „kleinen" Schadensersatzes nach der Differenzhypothese wirkt sich die Freizeichnung auch dann zu Gunsten des Verkäufers aus, wenn sie im Hinblick auf den haftungsbegrün-

---

46 Urt. v. 26. 1. 1983, NJW 1983, 1424 = DAR 1983, 228.
47 BGH 1. 6. 1990, NJW 1990, 2682 = WM 1990, 1674 (Grundstückskauf).
48 Und zwar für beide Werte, s. § 441 II BGB.

denden Mangel wegen Arglist oder wegen entgegenstehender Beschaffenheitsgarantie keine Wirkung entfaltet (§ 444 BGB). Dies ist eine Folge des Strukturunterschieds zwischen Kaufpreisherabsetzung und Schadensersatz statt der Leistung.

Wenn die Vertragsparteien zur Ermittlung des Minderungsbetrages einen **Sachverständigen** mit der „Schadensfeststellung" beauftragen, ist dessen Schätzung in den Grenzen der §§ 317 ff. BGB verbindlich. Die Kosten des Schiedsgutachtens sind mangels anderweitiger Vereinbarung zu teilen.[49] **1405**

b) Sonstige Fragen zur Minderung

Das (Gestaltungs-) Recht der Minderung verliert der Käufer nicht dadurch, dass er das Fahrzeug weiterveräußert hat.[50] Fortdauer von Besitz und Eigentum sind keine Voraussetzungen des Rechts zur Minderung. Sein Bestand ist davon unabhängig. **1406**

Zum **Ausschluss** des Minderungsrechts wegen Verwirkung bzw. Verzichts s. Rn 1532 ff.

Nach **bisheriger Rechtslage** konnte ein Käufer seinen Anspruch auf Minderung nicht mehr realisieren, wenn er in **erster Instanz** ausschließlich Wandlung begehrt hatte, damit aber abgewiesen worden war. Die **Berufung,** die von Wandlung auf Minderung „umsattelte", war mangels Beschwer **unzulässig** (so OLG Köln VRS 94, 167). Zum Wechsel zwischen Minderungs- und Wandlungsklage unter dem Blickwinkel der **Klageänderung** s. BGH NJW 1990, 2682; LG Mönchengladbach NJW-RR 1992, 1524; s. auch BGH NJW 1990, 2683 (Übergang von erstinstanzlich abgewiesener Wandlungsklage auf „kleinen" Schadensersatz).

Das Verhältnis von Rücktritt und Minderung einerseits und von Minderung und Schadensersatz andererseits ist im **reformierten Kaufrecht** neu geregelt, s. Rn 286, 295, 1487 ff.

5. Schadensersatz

a) Die Rechtslage bis zum 1. 1. 2002 aus der Sicht des Gebrauchtfahrzeugkaufs

Im alten Recht, zumal bei Mängelstreitigkeiten aus Gebrauchtfahrzeugkäufen, war **§ 463** BGB die zentrale Norm für die Schadensersatzhaftung des Verkäufers. Beim **Fehlen einer zugesicherten Eigenschaft** hatte der Käufer ebenso wie im Fall der **arglistigen Täuschung** einen Anspruch auf **Schadensersatz wegen Nichterfüllung.** Er war zwar auf Ersatz des positiven Interesses (Erfüllungsinteresse) gerichtet. Käufern wurde jedoch großzügig gestattet, ihren **Vertrauensschaden** (negatives Interesse) in den Anspruch aus § 463 BGB a. F. zu integrieren. Vertragskosten- und Verwendungsersatz wurden somit ebenso wie vergebliche Aufwendungen unter dem einen Dach dieser zentralen Schadensersatznorm vereint. **1407**

Mangelfolgeschäden durften im Fall der Zusicherungshaftung gleichfalls über § 463 BGB a. F. liquidiert werden, wenn und soweit der Schutzzweck der Zusicherung diese Ausdehnung rechtfertigte. In der Auslegung von Zusicherungen war die Rechtsprechung auch in diesem Punkt käuferfreundlich, s. Rn 1482. In Fällen arglistiger Täuschung bestanden noch weniger Skrupel, den Verkäufer auch für Mangelfolgeschäden nach § 463 S. 2 BGB a. F. haftbar zu machen.

---

49 OLG Düsseldorf 20. 3. 1998, OLGR 1998, 279.
50 Für den „kleinen" Schadensersatz s. BGH 10. 6. 1998, NJW 1998, 2905.

Angesichts dieser Aufnahmekapazität des § 463 BGB a. F. kam die Praxis bei der Schadensersatzhaftung des Gebrauchtfahrzeugverkäufers in aller Regel ohne einen Rückgriff auf **c. i. c.** und **pFV** aus.

Bei nur **fahrlässiger Schlechtleistung** bestand nach altem Recht grundsätzlich kein Anspruch auf Ersatz für **eigentliche Mangelschäden**. Anders war es nur, wenn dem Fahrzeug eine zugesicherte Eigenschaft fehlte. Dann war die Schadensersatzhaftung sogar von jeglichem Verschulden unabhängig (§ 463 S. 1 BGB a. F.).

Für Altfälle und zum Zwecke des Rechtsvergleichs bleibt festzuhalten: Beim Verkauf gebrauchter Kraftfahrzeuge durch den Handel an Privatpersonen, dem Kernbereich des heutigen Verbrauchsgüterkaufs, war die im Kaufrecht ansonsten bestehende Haftungslücke bei Nichterfüllungsschäden durch fahrlässig vertragswidrige Lieferung praktisch nicht vorhanden. Nahezu geschlossen wurde sie durch die extensive Annahme von stillschweigenden/konkludenten Zusicherungen und durch eine Aufweichung des Arglisttatbestands mit teils beweisrechtlichen, teils materiellrechtlichen Hilfsmitteln. Diese richterrechtliche Haftungsverschärfung, die ein Stück weit die neue Schadensersatzhaftung vorweggenommen hat, war keineswegs ergebnisorientiert. Sie trat gewissermaßen als **Nebenwirkung** einer Entwicklung in einem ganz anderen Bereich ein. Ohne die Freizeichnungsklausel und die dadurch motivierte richterliche Vertragshilfe nach den Kriterien des heutigen § 444 BGB hätte die Rechtsprechung zu § 463 BGB a. F. eine deutlich andere, weniger käufergünstige Richtung genommen.

b) Die Schadensersatzhaftung des Gebrauchtfahrzeugverkäufers nach neuem Recht

1408 Soweit nicht ein anderes bestimmt ist, kann der Käufer bei Mangelhaftigkeit der Sache Schadensersatz nach den **§§ 440, 280, 281, 283 und 311 a BGB** verlangen. Der dies bestimmende **§ 437 Nr. 3 BGB** enthält keine eigene Anspruchsgrundlage; er ist lediglich eine Verweisungsnorm (Rechtsgrundverweisung). An die Stelle einer einzigen Gesetzesbestimmung für den Spezieskauf (§ 463 BGB a. F.) ist eine differenzierte Schadensersatzregelung mit neuem dogmatischen Fundament getreten. Aufs Ganze gesehen wird der Verkäufer erheblich schlechter als bisher gestellt.

Diese keineswegs unbeabsichtigte Neuausrichtung trifft im Bereich des Gebrauchtwagenkaufs (b2c) auf eine Rechtsprechung, die betont käuferfreundlich gewesen ist, auf der Tatbestands- wie auf der Rechtsfolgeseite. Ob und inwieweit es den Gerichten gelingt, ihre bisherige Spruchpraxis an die neue Gesetzeslage anzupassen und dort, wo erforderlich, zu korrigieren, bleibt abzuwarten. Befürchtet werden muss, dass gewerbliche Verkäufer gebrauchter Kraftfahrzeuge durch das Zusammentreffen von bisheriger Verbraucherschutzrechtsprechung mit der reformgesetzlich verschärften Schadensersatzhaftung zumindest in den ersten Jahren nach der Schuldrechtsreform unangemessen belastet werden. Korrekturen auf den beiden Hauptfeldern des Gebrauchtfahrzeugkaufs, jetzt in § 444 BGB vereint, sind unerlässlich (s. Rn 1066, 1614).

1409 Der als **Basisnorm** der Schadensersatzhaftung konzipierte **§ 280 I BGB** („einfacher" Schadensersatz oder Schadensersatz „neben der Leistung") wird in Mängelstreitigkeiten aus dem Kauf gebrauchter Kraftfahrzeuge **als alleinige Anspruchsgrundlage** nur von untergeordneter Bedeutung sein. Das hat auch, aber nicht nur, mit dem relativ geringen Schadenspotenzial außerhalb des eigentlichen Mangelschadens zu tun. Je weiter diese Kategorie verstanden wird, desto geringer ist der Anwendungsbereich des Anspruchs auf **Schadensersatz „neben der Leistung"** (§§ 437 Nr. 3, 280 I BGB). Zur Abgrenzung s. Rn 1483 ff. Typischerweise ist das Interesse von Gebrauchtfahrzeugkäufern auf die Rechtsfolge gerichtet, die früher Schadensersatz wegen Nichterfüllung hieß (§ 463 BGB a. F.) und heute als Anspruch auf **„Schadensersatz statt der Leistung"** bezeichnet wird. Grundlagen hierfür sind die §§ 281 I, 283 BGB, jeweils iVm § 280 I, III BGB, und § 311 a II BGB, der nicht auf § 280 BGB verweist. Die neuartige Auffächerung nach Anspruchsgrundlagen und Schadensarten in Verbindung mit der Spezialnorm für den Aufwendungsersatz (§ 284 BGB) wird die Rechtspraxis vor erhebliche Schwierigkeiten stellen.

aa) Schadensersatz statt der Leistung nach §§ 437 Nr. 3, 311 a II BGB
α) Tatbestandsvoraussetzungen
αα) Anfängliches Leistungshindernis

Bei Vertragsschluss bereits bestehende Leistungshindernisse im Sinne von § 275 I – III BGB sind die Anknüpfungspunkte der Sonderregelung in § 311 a II BGB. Eine „besondere Ausprägung des Rechtsgedankens von § 275 II, III BGB"[51] ist § 439 III BGB, der dem Verkäufer das Recht gibt, die Nacherfüllung zu verweigern. Bei einem **anfänglich unbehebbaren Mangel** ist weder ein Anspruch auf mängelfreie Leistung noch ein Nacherfüllungsanspruch entstanden. **1410**

Als **Musterbeispiel** für einen anfänglich unbehebbaren Mangel wird der Verkauf eines Gebrauchtfahrzeugs mit einem (reparierten) **Unfallvorschaden** genannt. Sollte das Fahrzeug nach der Beschaffenheitsvereinbarung unfallfrei sein, liegt ein Sachmangel vor (s. Rn 1145 ff.). Er war schon bei Vertragsschluss vorhanden und kann weder durch Nachlieferung noch durch Nachbesserung beseitigt werden. Die Eigenschaft, ein Unfallfahrzeug zu sein, ist schlechthin irreparabel. Folglich ist der Verkäufer von seiner Pflicht, ein unfallfreies Fahrzeug zu liefern (§ 433 I,2 BGB), gemäß **§ 275 I BGB** befreit. Die Pflicht, insoweit vertragsgemäß zu leisten, ist bereits nicht entstanden.[52] Gleiches gilt für die Nacherfüllungspflicht in Gestalt der Verpflichtung zur Nachbesserung.[53] Die Pflicht zur Ersatzlieferung scheidet aus einem doppelten Grund gem. § 275 I BGB aus (s. Rn 1368 ff.). Weitere Fälle mit anfänglich unbehebbaren Mängeln unter Rn 1379.

Das **dogmatische Konzept**, auf dem § 311 a II BGB beruht, soll nicht die Haftung für eine (vorvertragliche) Pflichtverletzung sein. Der Anspruch auf das positive Interesse soll vielmehr „schlicht und einfach" (*Canaris*) daraus folgen, dass der Schuldner sein – wirksames – vertragliches Leistungsversprechen nicht erfüllt.[54] Anders betrachtet: Die dem Verkäufer vorzuwerfende Pflichtverletzung liegt darin, dass er eine Leistungspflicht, nämlich die Pflicht zur mängelfreien Lieferung, übernimmt, obwohl er weiß oder wissen muss, dass er sie nicht erfüllen kann.

Voraussetzung des Anspruchs auf Schadensersatz statt der Leistung nach den §§ 437 Nr. 3, 311 a II BGB ist, dass das Fahrzeug bereits **bei Vertragsschluss** mangelhaft war und auch **schon zu diesem Zeitpunkt** jegliche (Nach-)Erfüllung entweder unmöglich war (§ 275 I BGB) oder verweigert werden durfte (§§ 275 II, III, 439 III BGB). Da die **anfängliche Unbehebbarkeit** zum haftungsbegründenden Tatbestand des § 311 a II BGB gehört, kann es im Einzelfall darauf ankommen, den **Zeitpunkt des Vertragsabschlusses** genau zu bestimmen. Gerade beim Kauf gebrauchter Kraftfahrzeuge macht dies mitunter einige Schwierigkeiten, vor allem beim Erwerb vom professionellen Handel mit seiner speziellen Abschlusstechnik (s. Rn 931). **1411**

---

51 BT-Drucks. 14/6040, S. 232.
52 Vgl. *Ball*, ZGS 2002, 51; *Lorenz*, NJW 2002, 2497.
53 *Lorenz*, NJW 2002, 2497.
54 BT-Drucks. 14/7052 = *Canaris*, S. 1089; *Canaris*, DB 2001, 1815; ders. JZ 2001, 507; ähnlich *Lorenz*, NJW 2002, 2497, 2500; abw. *Medicus*, Das neue Schuldrecht, Kap. 3, Rn 70, 71.

ββ) Darlegungs- und Beweislast

1412   Auf der Tatbestandsseite genügt, dass der Verkäufer ein Fahrzeug mit einem anfänglich unbehebbaren Sachmangel geliefert hat. Die Hausfrau, die besten Wissens und Gewissens einen VW Golf mit einem verborgenen Unfallvorschaden verkauft, ist mithin auch der Schadensersatzhaftung nach §§ 437 Nr. 3, 311 a II BGB ausgesetzt. Der Käufer genügt seiner **Behauptungs- und Beweisführungspflicht**, wenn er darlegt und beweist, dass der ihm gelieferte Wagen bei Vertragsschluss einen auf Dauer unbehebbaren Sachmangel gehabt hat und dass ihm durch das endgültige Ausbleiben einer sachmängelfreien Leistung ein Schaden entstanden ist. Ein **Verschulden** bzw. Vertretenmüssen des Verkäufers braucht er nicht zu behaupten, geschweige denn zu beweisen. Es ist Sache des Verkäufers, sich zu entlasten (Näheres dazu Rn 1416 ff.).

Gleichviel, worin man bei § 311 a II BGB die haftungsbegründende Pflichtverletzung sieht: Auf eine „**Erheblichkeit**" kommt es nicht an. Das Erheblichkeitskriterium entscheidet allein darüber, ob der Käufer den Schadensersatz statt der Leistung in der kleinen oder der großen Version geltend machen kann (§ 311 a II, 3 iVm § 281 I, 3 BGB). Näheres zur Erheblichkeitsfrage s. Rn 1328, 1385 ff.

γγ) Sofortanspruch

1413   Da die Nacherfüllungsstation wegen „qualitativer Unmöglichkeit" komplett entfällt, bedarf es **keiner Fristsetzung**, m. a. W.: Der Käufer kann den Anspruch aus §§ 437 Nr. 3, 311 a II BGB sofort geltend machen, wie nach altem Recht den Anspruch aus § 463 BGB. Wenn der anfänglich unbehebbare Mangel schon **vor Gefahrübergang** feststeht, braucht der Käufer nicht einmal bis zur Übergabe zu warten.[55]

δδ) Sonderfall: Mehrheit von Mängeln

1414   Das neue Kaufrecht mit seinem Nacherfüllungsanspruch des Käufers und dem Recht des Verkäufers zur zweiten Andienung wirft die Frage auf, wie ein Käufer bei einer **Mehrheit von Mängeln**, die **teils unbehebbar, teils behebbar** sind, vorzugehen hat. Beispiel: Das Auto hat einen Unfallvorschaden und außerdem einen Defekt am Motor. Nach altem Recht konnte der Käufer beide Mängel „als Paket" zum Gegenstand seiner Gewährleistungsklage machen. Frei war er auch darin, einen zunächst übersehenen oder erst während des Prozesses entdeckten Mangel nachzuschieben. Der Verkäufer konnte sich insoweit lediglich auf Verjährung berufen. Mit dem Einwand, den reparaturfähigen Motorschaden hätte er bei entsprechender Aufforderung kostenlos beseitigt, wurde er nicht gehört.

Nach neuem Kaufrecht besteht bei behebbaren Mängeln grundsätzlich die Notwendigkeit der Fristsetzung, weil damit das Recht zur zweiten Andienung abgesichert wird. Dieses Recht muss aber zurücktreten, wenn der Käufer zusätzlich zu einem unbehebbaren Mangel einen behebbaren geltend macht. Bei anfänglicher „qualitativer Unmöglichkeit" auch nur in einem einzigen Punkt ist der Käufer nicht gehindert, ohne Fristsetzung auf Schadensersatz statt der Leistung zu klagen (§§ 437 Nr. 3, 311 a II BGB). Denn der Käufer darf keinen Nachteil dadurch erleiden, dass außer einem unbehebbaren noch ein behebbarer Mangel vorhanden ist. Allerdings kann er zur Klagebegründung und auch zur Schadensberechnung nur den unbehebbaren Mangel heranziehen, es sei denn, dass hinsichtlich des nachbesserungsfähigen Mangels eine Fristsetzung ausnahmsweise entbehrlich ist, z. B. wegen Unzumutbarkeit infolge arglistiger Täuschung (s. Rn 1391).

---

[55] Das neue Schuldrecht/*Haas*, Kap. 5, Rn 267.

εε) Weitere Rechtsbehelfe

Lex specialis ist § 311 a II BGB nur für den Schadensersatz statt der Leistung und für den Aufwendungsersatz, Letzteres in Verbindung mit § 284 BGB. Der Schadensersatz „neben der Leistung" kann auch in Fällen anfänglich unbehebbarer Mängel allein aus § 280 I BGB hergeleitet werden. Insoweit kommt es darauf an, ob der Verkäufer die in der Schlechtleistung liegende Verletzung seiner Pflicht (§ 433 I, 2 BGB) zu vertreten hat.[56] Bezugspunkt für das Vertretenmüssen ist bei § 280 I BGB nicht das Hindernis, das einer mängelfreien Leistung endgültig entgegensteht, sondern die Lieferung eines Fahrzeugs mit einem Sachmangel.[57]

Außer den Ansprüchen auf Schadens- und Aufwendungsersatz kommen bei einem anfänglich unbehebbaren Mangel Minderung oder Rücktritt als Gestaltungsrechte in Frage, außerdem eine Anfechtung nach § 123 BGB. Zu den vielfältigen materiellrechtlichen und prozessualen Fragen, die sich aus diesem Nebeneinander von Rechtsbehelfen ergeben, s. Rn 1487 ff.

β) Der Entlastungsbeweis nach § 311 a II BGB
αα) Gesetzliche Vermutung und Beweislastumkehr

Der Schadensersatzanspruch gemäß § 311 a II BGB entfällt, wenn der Verkäufer das Leistungshindernis bei Vertragsschluss nicht kannte und er seine Unkenntnis auch nicht zu vertreten hat. Insoweit soll die Beweislast – wie bei § 280 I,2 BGB – umgekehrt werden.[58] Von einer Beweislastumkehr geht auch die h. M.[59] aus; sie häufig mit einer „Verschuldensvermutung" gleichsetzend. Dass es sich bei dem „Dies gilt nicht-Satz" ebenso wie bei dem ähnlich formulierten § 280 I,2 BGB um eine Beweislastnorm handelt, steht außer Streit. Vorbild ist § 282 BGB a. F. gewesen, nach vorherrschendem Verständnis ein gesetzlich geregelter Fall der Beweislastumkehr.

Auf dem Boden der Annahme einer gesetzlichen Vermutung genügt es nicht, dass die Vermutung erschüttert wird. Erforderlich ist der **volle Beweis schuldloser Unkenntnis**. Denn die Vermutung muss widerlegt werden (§ 292 ZPO). Es gilt das Beweismaß des § 286 ZPO. Für die Erleichterung nach § 287 ZPO ist grundsätzlich kein Platz. Beweiserleichterungen bei der Führung des Gegenteilsbeweises sind allerdings nicht von vornherein ausgeschlossen.

Bei unstreitiger oder erwiesener Schuldlosigkeit kann der Verkäufer ausnahmsweise gleichwohl zum Schadensersatz verpflichtet sein, etwa bei **Übernahme einer Garantie**. Schon der bloße Bruch des Versprechens, der Wagen sei unfallfrei, führt bei Annahme einer Garantieerklärung (s. Rn 1064) zu einem Anspruch auf Schadensersatz statt der Leistung. Der Entlastungsbeweis ist dem Verkäufer **abgeschnitten**. Zur Behauptungs- und Beweislast im „Garantiefall" s. Rn 1427.

Bezugspunkt der Kenntnis/Unkenntnis ist das bei Vertragsschluss bestehende „Leistungshindernis". Das ist nicht gleichbedeutend mit dem Sachmangel. Die Kenntnis von der Existenz eines anfänglichen Mangels besagt nicht notwendigerweise, dass dem Verkäufer auch dessen Unbehebbarkeit, also die von Anfang an bestehende Unmöglichkeit der Nacherfüllung, positiv bekannt war, oder auch nur, was ausreichend ist, bekannt gewesen sein musste.[60] Denkbar ist, dass er zwar den Mangel kannte, er aber von einer Reparatur-

---

56 Zum Problem, dass Gegenstand der Verletzung eine gar nicht existierende Pflicht ist, s. *Lorenz*, NJW 2002, 2497, 2500.
57 Zur Gemeinsamkeit des Bezugspunktes für das Verschulden s. *Lorenz,* NJW 2002, 2497, 2501.
58 So ausdrücklich BT-Drucks. 6857 = *Canaris* S. 727.
59 *Canaris*, JZ 2001, 507; *Dauner-Lieb*, Das neue Schuldrecht, § 311 a Rn 13; *Dötsch*, ZGS 2002, 162.
60 Zur Vertiefung s. *Lorenz*, NJW 2002, 2497, 2502 f.

möglichkeit ausging und auch ausgehen durfte. Ist der Mangel tatsächlich reparabel und darf die Reparatur nicht verweigert werden, scheidet ein Anspruch aus § 311 a II BGB aus. Raum bleibt für eine Haftung nach §§ 437 Nr. 3, 280 I, III, 281 I BGB.

ββ) Positive Kenntnis

1419 Bei positiver Kenntnis des Verkäufers von einem Unfallvorschaden kann ohne weiteres auf die Kenntnis auch von der Unmöglichkeit der Nacherfüllung (in beiden Formen) geschlossen werden. Ebenso liegen die Dinge beim Verkauf eines Fahrzeugs mit vertragswidrig hoher Laufleistung oder mit einem zu hohen Alter. Die Kenntnis von der Existenz des Mangels schließt in all diesen Fällen **arglistiger Täuschung** die Kenntnis davon ein, dass der vertragswidrige Zustand nicht zu beseitigen ist. Es genügt eine „Parallelwertung" in der Laiensphäre. Sollte das Leugnen des zweiten Kenntniselements bei vorhandener Kenntnis vom Mangel ausnahmsweise einmal erheblich sein, wird ein Fall fahrlässiger Unkenntnis anzunehmen sein (Vorsatz-Fahrlässigkeit-Kombination).[61]

Der erforderliche Wissensstand muss nicht unbedingt in der Person des Verkäufers festgemacht werden. Es genügt, wenn ein bevollmächtigter Vertreter oder auch nur ein „Wissensvertreter" im Bilde war. Zur **Wissensvertretung** beim Gebrauchtfahrzeugverkauf s. Rn 1630 ff.

Anders als bei der Arglistprüfung nach altem Recht muss die positive Kenntnis des Verkäufers oder eines Wissensvertreters nicht beweiskräftig festgestellt werden. Vielmehr gilt jetzt der Grundsatz „in dubio pro emptore". Wenn der Richter nach Ausschöpfung aller angebotenen Beweise nicht ausschließen kann, dass der Verkäufer/Vertreter das anfängliche Leistungshindernis – bei einem als „unfallfrei" verkauften Auto praktisch der Unfallvorschaden – gekannt hat, ist der Entlastungsbeweis misslungen. Nur bei unstreitiger oder nachgewiesener Unkenntnis stellt sich auf einer zweiten Stufe die Frage der Fahrlässigkeit im Sinne des Kennenmüssens (§ 122 BGB).

γγ) Kennenmüssen (fahrlässige Unkenntnis)

1420 Maßgeblich ist der **Zeitpunkt des Vertragsschlusses**. Die Frage, warum der Verkäufer zu diesem Zeitpunkt ohne Kenntnis war, lenkt den Blick auf das vorvertragliche Stadium. Zu beachten ist dabei, dass Mängelfreiheit als Sollbeschaffenheit immer eine Frage des Vertrages ist, es im Vorfeld also nur um potenzielle Mängel und damit auch nur um potenzielle Leistungshindernisse gehen kann.

Welche Pflichten ein Verkäufer vor und bei Vertragsabschluss hat, lässt das **neue Schuldrecht** – aus guten Gründen – ungeregelt. In der Begründung zu § 311 a II BGB ist allgemein davon die Rede, dass sich das Pflichtenprogramm des Schuldners vor Vertragsschluss anders gestalte als nach Vertragsschluss. Vorher gehe es im Wesentlichen um **Informationspflichten**.[62] Was das für Verkäufer konkret bedeutet, bleibt im Zusammenhang mit der Schadensersatzhaftung aus §§ 437 Nr. 3, 311 a II BGB offen.

Wie die Gesetzesverfasser sich das **vorvertragliche Pflichtenprogramm** des Verkäufers vorstellen, kann einigen Anmerkungen entnommen werden, die im Hinblick auf die Pflicht des Verkäufers zur sachmängelfreien Lieferung gemacht werden.[63] Sie beziehen sich zwar auf das Vertretenmüssen im Fall der Schlechtleistung und damit auf diejenige Pflichtverletzung, die Gegenstand von § 280 I BGB ist. Von Belang sind die Hinweise des Gesetzgebers jedoch auch insoweit, als es um die vergleichsweise engere Fragestellung

---

61 Siehe auch *Schur*, ZGS 2002, 243, 247.
62 BT-Drucks. 6857 = *Canaris* S. 726.
63 BT-Drucks. 6857 = *Canaris*, S. 807.

Die einzelnen Rechtsbehelfe des Gebrauchtfahrzeugkäufers bei einem Sachmangel 1421–1423

geht, ob der Verkäufer seine Unkenntnis von der anfänglichen Unbehebbarkeit des Mangels gemäß § 276 BGB zu vertreten hat oder nicht.

Wenn dem Verkäufer im Rahmen des § 311 a II BGB der Vorwurf gemacht wird, sich seiner Fähigkeit zur mangelfreien Lieferung nicht vergewissert zu haben, dann geht es jedenfalls bei **Wiederverkäufern/Zwischenhändlern** vor allem um **Erkundigungs- und Untersuchungspflichten**. Denn der unbehebbare Sachmangel des gebrauchten Kfz ist regelmäßig außerhalb ihres Einflussbereichs entstanden. Seine Verursachung scheidet damit als Anknüpfung für das Vertretenmüssen aus. 1421

Wesentlich anders ist die Lage bei Verkäufern, die ein gebrauchtes Kraftfahrzeug nach eigener Nutzung **aus ihrem allgemeinen Vermögen** verkaufen. Im Fall des Erstbesitzes ist der Mangel in ihrer Sphäre entstanden. Da es keine Fahrlässigkeit an sich gibt, sondern immer nur im Hinblick auf eine besondere Pflicht, kommt es kaufrechtlich nicht darauf an, wie beispielsweise der Unfallschaden entstanden ist. Kaufvertragsrechtlich interessiert nicht der Unfallhergang, auch nicht die Tachomanipulation als solche. Nur aus der Sicht des späteren Verkaufs kann sich die Frage stellen, ob die behauptete Unkenntnis auf Fahrlässigkeit beruht.

Ein Kfz-Eigentümer ist grundsätzlich nicht schon deshalb zu irgendwelchen Anstrengungen mit Blick auf den Zustand seines Fahrzeugs verpflichtet, weil er es irgendwann einmal verkaufen könnte. Die Frage der Vertragsgemäßigkeit stellt sich immer erst aus Anlass kaufvertraglicher Verhandlungen. Wer den Unfallschaden, den typischen Fall des anfänglich unbehebbaren Mangels, als Fahrer selbst herbeigeführt hat, kann sich praktisch nur damit verteidigen, ihn von Anfang an nicht bemerkt oder – bei anfänglicher Kenntnis – ihn bis zum Verkauf wieder vergessen zu haben. Der Vergesseneinwand wird der typische Entlastungsversuch von Erstbesitzern sein. Bisher hat die Rechtsprechung damit nur im Rahmen der Arglistprüfung zu tun gehabt (s. Rn 1623).

Welche Sorgfaltspflichten einen Gebrauchtfahrzeugverkäufer **im vorvertraglichen Stadium** treffen, ist keine gänzlich neue Fragestellung. Denn für mangelbezogene Fahrlässigkeiten vor und bei Vertragsabschluss sind Verkäufer gebrauchter Kraftfahrzeuge auch schon vor der Schuldrechtreform in die Haftung genommen worden, vertragsrechtlich freilich, wenn überhaupt, nur für Mangelfolgeschäden. Die bisherige Rechtsprechung zur pFV verspricht wenig Gewinn. Ohnehin bezieht sie sich in erster Linie auf Gattungskäufe. Hilfreicher ist, an die Eigenhaftung von Kfz-Händlern in ihrer Rolle als Vermittler (Agenturverkauf) zu erinnern. Schwerpunktmäßig war die quasivertragliche Eigenhaftung des Kfz-Vermittlers, von den Arglistfällen abgesehen, eine Haftung für Fahrlässigkeit. 1422

Es liegt daher nahe, bei der Prüfung, ob die Unkenntnis eines **Kfz-Händlers** auf Fahrlässigkeit beruht, auf die Grundsätze der c. i. c.-Haftung zurückzugreifen (s. Rn 1028 ff). Dabei besteht freilich die Gefahr, die Sorgfaltsanforderungen an den gewerblichen Kfz-Verkäufer zu überspannen. Erklärtes Ziel der Rechtsprechung war nämlich seinerzeit, den Vermittler praktisch wie einen verschuldensunabhängig haftenden Verkäufer zu behandeln. Dieser Angleichungsversuch führte zu einer bedenklichen Herabsetzung des Sorgfaltsmaßstabs (s. Rn 1029). An die Rechtsprechung zur Sorgfaltspflicht des Kfz-Vermittlers sollte deshalb nur mit Vorsicht angeknüpft werden. Soweit im Rahmen der Wissensvertretung ein fahrlässiges Organisationsverschulden erörtert worden ist (s. dazu Rn 1636), ist eine Übernahme der Rechtsprechung dagegen unbedenklich.

Die Frage ist indessen, ob dem Verkäufer **nach neuem Kaufrecht** generell strengere Pflichten als bisher angenommen auferlegt werden müssen. *Canaris*[64] meint, bei anfänglichen Leistungshindernissen könne man grundsätzlich strengere Sorgfaltsanforderungen stellen als bei nachträglichen. Das mag prinzipiell richtig sein. Mit Blick auf die Schadens- 1423

---

64 DB 2001, 1819.

ersatzhaftung des Verkäufers fehlt es jedoch an einem sachlich überzeugenden Grund, im Rahmen des Entlastungsbeweises nach § 311 a II BGB grundsätzlich strengere Anforderungen an die Sorgfalt zu stellen als im Fall der Entlastung von der objektiven Pflichtwidrigkeit, ein Fahrzeug mit behebbarem Mangel geliefert zu haben (§ 280 I,2 BGB).[65]

1424 So wie der Verkäufer sich das Wissen bestimmter Personen zurechnen lassen muss, findet auch im Rahmen des Kennenmüssens eine Zurechnung statt. Grundlage dafür sind die **§§ 166, 278 BGB**. Bei Wiederverkäufern/Zwischenhändlern taucht die Frage auf, ob ihre Lieferanten Erfüllungsgehilfen sind. Das ist zu verneinen.[66] **Erfüllungsgehilfe des Verkäufers** ist auch nicht, wer von ihm mit der Untersuchung des Fahrzeugs beauftragt wird. Wenn z. B. eine Kfz-Prüforganisation im Auftrag eines Autohauses ein Verkaufszertifikat („Zustandsbericht", „kaufbegleitendes Gutachten") erstellt, können Versäumnisse des Prüfers nicht gem. §§ 166, 278 BGB zugerechnet werden. Gleiches gilt für den Fall, dass ein Privatverkäufer sein Fahrzeug in einer Werkstatt „verkaufsfertig" machen lässt. Übersieht der Mechaniker einen Unfallvorschaden, geht das nicht zu Lasten des Verkäufers. Zur Frage der „Garantieübernahme" beim Verkauf unter Vorlage einer Werkstattrechnung s. Rn 1164 ff.

1425 In allen Fällen, in denen der unbehebbare Sachmangel außerhalb der eigenen Sphäre des Verkäufers entstanden ist, konzentriert sich auch im Rahmen des Entlastungsbeweises nach § 311 a II BGB alles auf die Frage, ob und inwieweit er zur Vermeidung des Vorwurfs fahrlässiger Unkenntnis verpflichtet war, sich die ihm fehlende Information über den wahren Zustand des Fahrzeugs zu beschaffen. Zur Erkundigungs- und Untersuchungspflicht s. die Ausführungen unter Rn 1499 ff.

γ) Haftungsverschärfung durch Garantieübernahme

1426 Ist es unstreitig oder bewiesen, dass dem Verkäufer hinsichtlich des Leistungshindernisses „Unbehebbarkeit des Mangels" keinerlei Verschulden zur Last fällt, kann er gleichwohl auf Schadensersatz nach §§ 437 Nr. 3, 311 a II BGB haften. Von den beiden in § 276 I BGB exemplarisch genannten Ausnahmefällen spielt die Übernahme eines Beschaffungsrisikos beim Gebrauchtfahrzeugkauf keine nennenswerte Rolle. Anders verhält sich mit der Übernahme einer Garantie. Dazu, was unter Garantie im Sinne des § 276 BGB zu verstehen ist, s. Rn 1064; zu den Einzelfällen s. Rn 1070 ff.

1427 Bleibt die **Übernahme einer Garantie** i. S. v. § 276 BGB aus tatsächlichen Gründen, nicht aus Wertungsgründen, **zweifelhaft**, könnte die Entlastung des Verkäufers gescheitert sein. Diese Konsequenz wird in der Tat, allerdings mit Blick auf den Entlastungsbeweis nach § 280 I,2 BGB, diskutiert.[67] Dass der Käufer allein durch den schlüssigen Vortrag einer Garantieübernahme den Verkäufer unter Widerlegungszwang setzen kann mit der Folge einer verschuldensunabhängigen Schadensersatzhaftung nach §§ 437 Nr. 3, 311 a II BGB bei einem non liquet, kann nicht richtig sein. Der Tatbestand, der eine strengere Haftung als für Vorsatz und Fahrlässigkeit begründet, also die Abweichung vom Verschuldenserfordernis, steht zur Behauptungs- und Beweislast des Käufers.[68] Das ist die Konsequenz aus dem Ausnahmecharakter der Haftungsverschärfung.

1428 Abgesehen von den in § 276 I BGB ausdrücklich angesprochenen Regelbeispielen (Übernahme einer Garantie oder eines Beschaffungsrisikos) kann sich eine rechtsgeschäftliche Haftungsverschärfung auch unter einem anderen Gesichtspunkt ergeben. Das hängt

---

65 So auch *Huber/Faust*, 13. Kap., Rn 117.
66 *Soergel/Huber*, § 463 Rn 16.
67 *Dedek* in: Praxis der Schuldrechtsreform, § 280 Rn 14.
68 So auch Das neue Schuldrecht/*Haas*, Kap. 5 Rn 232; *Canaris*, Schuldrechtsmodernisierung 2002, XIV; *Dötsch*, ZGS 2002, 162.

vom Inhalt des Kaufvertrages ab. Mit Blick auf die Verantwortlichkeit des Verkäufers für Sachmängel dürfte die schuldunabhängige Haftung aus einer Garantie der einzige praktisch relevante Anwendungsfall sein. Der „Garantieübernahme" i. S. d. § 276 BGB den Fall des **arglistigen Verschweigens** gleichzustellen, besteht im Rahmen der Haftung nach §§ 437 Nr. 3, 311 a II BGB kein Bedürfnis.

δ) Haftungsmilderung

Gemäß § 276 BGB sind nicht nur Haftungsverschärfungen, sondern auch **Haftungsmilderungen** ins Auge zu fassen. Dass die Haftung wegen Vorsatzes nicht im voraus „erlassen" werden kann, ergibt sich unmittelbar aus dem Gesetz (§ 276 III BGB). Zu den Möglichkeiten eines Verkäufers, seine Schadensersatzhaftung unterhalb der Vorsatzschwelle auszuschließen oder zu beschränken s. Rn 1553 ff.

ε) Praktische Konsequenzen

Typisch ist die Einlassung des Verkäufers, von dem behaupteten Sachmangel keine Kenntnis gehabt zu haben. Seine Beschaffenheitsangabe, z. B. „Fahrzeug ist unfallfrei", habe er nach bestem Wissen gemacht. Von einer Garantieübernahme könne ohnehin keine Rede sein. Die Richtigkeit seiner Informationen anzuzweifeln, habe keine Veranlassung bestanden. Es hätten auch keine konkreten Anhaltspunkte dafür vorgelegen, das Fahrzeug vor der Übergabe auf das Vorhandensein des jetzt gerügten Mangels hin zu untersuchen.

In welcher Weise ein solches Entlastungsvorbringen zu substanziieren ist, hängt auch von dem Sachvortrag des Käufers ab. Je konkreter sein Vorbringen zur Kenntnis bzw. zum Kennenmüssen ist, desto höhere Anforderungen sind an die **Darlegungspflicht** des entlastungspflichtigen Verkäufers zu stellen.

Wenn man mit der bisherigen Rechtsprechung lediglich eine **konkrete Untersuchungspflicht** des Kfz-Händlers annimmt (s. dazu Rn 1450 ff.), gehört zu seinem Entlastungsvorbringen auch der Vortrag von Tatsachen, aus denen zu entnehmen ist, dass ein konkreter Anlass zur Untersuchung nicht bestanden hat.[69] Vorzutragen sind negative Tatsachen wie z. B. das Fehlen „handgreiflicher Anhaltspunkte" in Form von Farbnebeln bei der Lackierung etc. Verteidigen kann sich ein Verkäufer aber auch unter Hinweis auf die glaubhafte Information des Vorbesitzers. Bei Annahme einer **generellen Untersuchungspflicht** professioneller Gebrauchtfahrzeugverkäufer, wie hier seit Jahren gefordert (s. Rn1458 ff.), verlagert sich die Darlegung entlastender Umstände vom Ob auf das Wie, d. h. auf Inhalt und Umfang der Untersuchungspflicht.

Vor ungleich größeren Schwierigkeiten stehen Verkäufer aller Gruppen, wenn es darum geht, ihr Entlastungsvorbringen **unter Beweis zu stellen**. Da die **Unkenntnis vom Leistungshindernis/Mangel** eine innere Tatsache ist, noch dazu eine negative, sind Verkäufer in ihren Beweismitteln von vornherein beschränkt. Privatverkäufer und Inhaber von „Einmannbetrieben" können zur direkten Beweisführung nur sich selbst benennen. Ein solcher Antrag ist zwar nicht unzulässig (vgl. § 447 ZPO). Mit dem erforderlichen Einverständnis des Käufers ist indes nicht zu rechnen. Es ist sein gutes Recht, sich der Vernehmung des Verkäufers zu widersetzen. Das Missbrauch-Argument sticht nicht.

Hat der Verkäufer sich beim An- und Verkauf einer Hilfsperson bedient, wie regelmäßig im Kfz-Handel, kann es auf deren Wissen ankommen. Der „Wissensvertreter" kann selbstverständlich als Entlastungszeuge benannt werden. Ob das Gericht ihm glaubt, ist eine andere Frage. Um die behauptete Mangelunkenntnis beweisen zu können, stehen neutrale Zeugen praktisch nicht zur Verfügung. Über den Beweisantritt „Zeugnis: Vorbesitzer . . ." werden sich die Gerichte mit einer Wahrunterstellung hinwegsetzen: Zugunsten des

---

69 Vgl. Das neue Schuldrecht/*Haas*, Kap. 5 Rn 232 zu § 280 I,2 BGB.

Beklagten kann als wahr unterstellt werden, dass er vom Vorbesitzer über den Unfallvorschaden nicht informiert worden ist. Dennoch, so wird man fortfahren, bestehen Zweifel an seiner Unkenntnis, weil er von dem streitgegenständlichen Vorschaden anderweitig Kenntnis erlangt haben kann.

Nur unwesentlich besser ist die Beweisführungssituation des Verkäufers bei der Entkräftung der **Vermutung zweiter Teil**, den anfänglich unbehebbaren Mangel **infolge von Fahrlässigkeit** nicht gekannt zu haben. Der Verkäufer hat außer seiner Unkenntnis auch die Gründe dafür mitzuteilen, warum er unwissend geblieben ist. Insoweit muss er außer seiner Unkenntnis einen Tatsachenkomplex vortragen und unter Beweis stellen, um dem Gericht bei seiner Fahrlässigkeitsprüfung eine Gesamtwürdigung aller maßgeblichen Umständen zu ermöglichen.

Die praktischen Schwierigkeiten beginnen für den Verkäufer bereits damit, dass sein vorvertragliches Pflichtenprogramm nicht ohne weiteres zu bestimmen ist. Der Verkäufer-Anwalt, der den sichersten Weg einzuschlagen hat, wird bestrebt sein, seinen Mandanten von jedem nur möglichen Vorwurf der Sorgfaltswidrigkeit zu befreien. Dass der Irrtum über die Mängelfreiheit entschuldbar ist, muss indessen nicht nur „schlüssig" vorgetragen, sondern auch bewiesen werden. Bei dieser Beweisführung ist der Kreis tauglicher Beweismittel gleichfalls begrenzt. Erfolgversprechend dürften sie jedenfalls nur selten sein, eine Einschätzung, auf die es bereits im Rahmen eines PKH-Verfahrens ankommen kann. Kfz-Händler setzen darauf, mit Hilfe von Zustandsberichten und ähnlichen Zertifikaten auch beweisrechtlich auf die sichere Seite zu gelangen. Bei anfänglich unbehebbaren Mängeln, um die es im Rahmen der §§ 437 Nr. 3, 311 a II BGB schwerpunktmäßig geht, werden derartige Urkunden jedoch nur wenig nützen.

In den Fällen, in denen eine Erkundigungs- bzw. Untersuchungspflicht zu bejahen ist (s. Rn 1449 ff.), muss der Verkäufer den Beweis erbringen, dass er dieser Pflicht genügt hat.[70] Verbleibende Zweifel gehen zu seinen Lasten. Kann aufgrund des vorhandenen Tatsachenstoffs nicht geklärt werden, ob eine Informationsbeschaffungspflicht oder eine anderweitig relevante Sorgfaltspflicht bestanden hat, wirkt sich die Unaufklärbarkeit gleichfalls zum Nachteil des Verkäufers aus. Er muss das Gericht von seiner Unkenntnis überzeugen; auch davon, dass er alles getan hat, sie zu vermeiden, sein Irrtum also entschuldbar ist. Besteht die ernsthafte Möglichkeit einer Sorgfaltswidrigkeit in Form einer unterbliebenen oder nachlässig vorgenommenen Untersuchung ist der Entlastungsbeweis gescheitert. Das läuft zwar im praktischen Ergebnis auf eine bloße **Verdachtshaftung** hinaus. Diese Haftungsverlagerung durch das beweisrechtliche Mittel der „Verschuldensvermutung" ist aber die zwingende Konsequenz aus der Ankoppelung der kaufrechtlichen Schadensersatzhaftung an das allgemeine Leistungsstörungsrecht.

Mit dem Argument, auch bei gehöriger Erkundigung/Untersuchung den Mangel nicht entdeckt zu haben, dürfte der Verkäufer kein Gehör finden. Wie im Rahmen des § 932 BGB (s. Rn 1829) wird die Rechtsprechung auf die Unterlassung als solche abstellen und **Kausalitätsfragen** nicht nachgehen. War der Mangel mit denjenigen Mitteln erkennbar, die einzusetzen Pflicht des Verkäufers war, kommt es nicht darauf an, dass und warum sie im konkreten Fall erfolglos geblieben sind. Das Fehlschlagen gehört zum Risiko des Verkäufers.

ζ) Bewertung

1431 Was die im Vergleich mit § 463 BGB a. F. erheblich verschärfte Schadensersatzhaftung gem. § 311 a II BGB in Fällen anfänglich unbehebbarer Sachmängel gerade für Verkäufer gebrauchter Fahrzeuge bedeutet, liegt auf der Hand. So wie bislang Gebrauchtwagenkäufer

---

70 *U. Huber*, AcP 177, 303.

Die einzelnen Rechtsbehelfe des Gebrauchtfahrzeugkäufers bei einem Sachmangel

beim Nachweis einer arglistigen Täuschung i. S. d. § 463 BGB a. F. häufig in Beweisnot waren, ist nunmehr umgekehrt der Verkäufer erheblichen Beweisschwierigkeiten ausgesetzt. Um sie abzumildern, wird die Rechtsprechung kaum so erfinderisch sein, wie es zugunsten des Käufers nach altem Recht der Fall war. Verkäufer gebrauchter Kraftfahrzeuge gelten generell als nicht schutzbedürftig. Gewerbliche Verkäufer gehören traditionell zu den „Prügelknaben" der Rechtsprechung. Vor allem der professionelle Handel steht nach wie vor unter dem Generalverdacht unseriöser Praktiken, insbesondere im Zusammenhang mit **Unfallschäden** und **Tachodivergenzen,** den beiden **Hauptanwendungsfällen des § 311 a II BGB**. Trotz aller Aufklärungskampagnen der Kfz-Verbände ist das Grundmisstrauen gegen Gebrauchtwagenhändler nach wie vor vorhanden.

Vor diesem Hintergrund wird sich die Rechtsprechung kaum dazu entschließen, gewerblichen Verkäufern **Beweiserleichterungen** einzuräumen, und sei es auch nur durch eine höchstrichterliche Vorgabe, dass an den Entlastungsbeweis im Rahmen des § 311 a II BGB keine hohen bzw. zu hohen Anforderungen zu stellen sind.[71] Ein Gewinn wäre bereits, wenn die Gerichte verstärkt von der Möglichkeit Gebrauch machten, den **Verkäufer als Partei anzuhören** (§ 141 ZPO). Bevor er für beweisfällig gehalten und zum Schadensersatz (statt der Leistung) verurteilt wird, sollte stets auch an die Möglichkeit einer **förmlichen Parteivernehmung** (§ 448 ZPO) gedacht werden. Unter dem Gesichtspunkt der prozessualen Waffengleichheit kommt sie indes nicht in Betracht; wenn überhaupt, nur mit Rücksicht auf das sonstige Verhandlungs- und Beweisergebnis.

1432

Durch Unterstellung von Erkundigungs- und Untersuchungspflichten kann die flexible Haftungsbegründung, der Verkäufer habe seine Leistungsunfähigkeit kennen müssen, fast nach Belieben gedehnt werden, so die berechtigte Warnung *Stoll*'s.[72] In dieser Situation wird die Rechtsprechung vermutlich – wie bisher beim Arglistnachweis und bei der Annahme von Eigenschaftszusicherungen – ihr **„Zwei-Klassen-Denken"** fortsetzen: Privatpersonen werden es mit dem Entlastungsbeweis erheblich leichter haben als professionelle Verkäufer.[73] Tendenziell ist diese Unterscheidung sicherlich nicht völlig falsch. Doch gerade bei den unbehebbaren Mängeln, die Gegenstand der Haftung nach § 311 a II BGB sind, darf der „Vorsprung durch Technik" nicht überschätzt werden. Ein Unfallvorschaden ist in aller Regel nicht im eigenen Zuständigkeits- und Verantwortungsbereich des Kfz-Händlers entstanden. Dass er über eine Werkstatt mit Hebebühne bzw. Grube verfügt, erleichtert zwar das Aufspüren eines solchen Schadens. Seine Erkennbarkeit hängt aber auch vom Einsatz anderer Mittel ab (gründliche äußere Besichtigung, gezielte Nachfrage beim Vorbesitzer etc.). Von einer strukturellen Überlegenheit eines Autohändlers gegenüber einem Privatverkäufer kann jedenfalls bei der Fallgruppe „anfänglich unbehebbare Mängel" nicht ausgegangen werden.[74] Zu den Informationsschwierigkeiten von Kfz-Händlern beim Aufspüren von Unfallvorschäden s. auch Rn 1149, zur Parallelsituation bei km-Abweichungen s. Rn 1109 ff.

1433

Für sämtliche Verkäufergruppen gilt: Die Möglichkeit, den Mangel zu beseitigen und damit die strenge Schadensersatzhaftung abzuwenden, ist in den Fällen des § 311 a II BGB gerade nicht gegeben. Der Verkäufer ist „ohne Vorwarnung" und ohne sein Recht zur zweiten Andienung ausüben zu können, sofort der Schadensersatzhaftung ausgesetzt. Das unterscheidet § 311 a II BGB elementar von der – gleichfalls verschärften – Schadensersatzhaftung nach den §§ 437 Nr. 3, 280 I, III, 281 BGB. Diese hat der Reformgesetzgeber nicht zuletzt wegen der Abwendungsbefugnis des Verkäufers als noch erträglich eingeschätzt.

---

71 Siehe aber *Palandt/Heinrichs*, Ergbd., § 280 Rn 40.
72 JZ 2001, 597.
73 In diese Richtung Das neue Schuldrecht/*Haas*, Kap. 5 Rn 249.
74 Bedenklich daher Das neue Schuldrecht/*Haas*, Kap. 5 Rn 249.

Was die Lage für Verkäufer gebrauchter Kraftfahrzeuge entschärft, ist die Möglichkeit, die Schadensersatzhaftung vertraglich weitgehend auszuschließen. Dazu sind Unternehmer selbst gegenüber Verbrauchern befugt (§ 475 III BGB). Nur im Fall der arglistigen Täuschung und bei Übernahme einer Beschaffenheitsgarantie läuft die Freizeichnung leer (§ 444 BGB), also genau in den beiden Fällen, auf die der Käufer bisher seinen Anspruch auf Schadensersatz wegen Nichterfüllung aufbauen musste (§ 463 BGB a. F.). Von der Option, die Schadensersatzhaftung auszuschließen, machen zwar die meisten Verkäufer Gebrauch, wenngleich einstweilen mit nur mäßigen Erfolgschancen. Eine nicht unerhebliche Restmenge, vor allem auf dem Privatmarkt, bleibt jedoch der verschärften Schadensersatzhaftung ungeschützt ausgesetzt. Auch bei der Inzahlunggabe haben Kfz-Eigentümer, private wie gewerbliche, erfahrungsgemäß keine reale Aussicht, ihre Haftung vertraglich auszuschließen. Zumindest in Fällen ohne Freizeichnung sollten an den Entlastungsbeweis nur maßvolle Anforderungen gestellt werden.

η) Kein Schadensersatz analog § 122 BGB

1434 Zumal bei Inanspruchnahme privater Verkäufer, wo mit einem Gelingen des Entlastungsbeweises eher zu rechnen ist, werden Käufer Veranlassung haben, ihren Schaden in **analoger Anwendung des § 122 BGB** zu liquidieren. Der Anspruch aus § 122 BGB ist auf das negative Interesse gerichtet und von einem Verschulden unabhängig. Der Gesetzgeber hält eine Analogie in Anlehnung an *Canaris* für einen „gangbaren Lösungsansatz", hat die Frage aber der Rechtsprechung überlassen.[75] Die besseren Argumente sprechen gegen eine Analogie.[76]

bb) Schadensersatz statt der Leistung nach §§ 437 Nr. 3, 280 I, III, 283 BGB

1435 Der in § 437 Nr. 3 BGB aufgeführte Anspruch auf Schadensersatz statt der Leistung nach § 283 BGB baut – anders als § 311 a II BGB – auf dem Bestehen einer Leistungspflicht auf. Zugeschnitten ist § 283 BGB auf die **nachträgliche Unmöglichkeit**. Als „Unmöglichkeitstatbestände" kommen die §§ 275 I-III und 439 III BGB in Betracht.

Beispiel: Zwischen Vertragsabschluss und Übergabe wird das gekaufte und bis dahin mängelfreie Fahrzeug vom Verkäufer fahrlässig total zerstört. Der Anspruch auf Übergabe und Übereignung ist nachträglich unmöglich geworden (§ 275 I BGB). Nach altem Recht hatte der Käufer einen Schadensersatzanspruch aus § 325 BGB a. F. Nach neuem Recht kann er Schadensersatz nach §§ 280 I, III, 283 BGB verlangen. Von seiner Pflicht zur Zahlung des Kaufpreises ist der Käufer kraft Gesetzes frei (§ 326 I,1 BGB).

Weiteres Beispiel: Während der Überführungsfahrt wird der bei Vertragsschluss mängelfreie Wagen nicht total zerstört, sondern nur beschädigt. Übergabe und Übereignung sind möglich, der Unfallschaden kann technisch behoben werden. Dennoch ist der Verkäufer nach § 275 I BGB von der Nacherfüllung jeglicher Art kraft Gesetzes freigestellt.[77] In einem solchen Fall nachträglicher qualitativer Unmöglichkeit erlischt die Gegenleistungspflicht des Käufers gleichfalls automatisch (§ 326 I,1 BGB).

Weiteres Beispiel: Das Fahrzeug war bei Vertragsabschluss reparabel defekt, die Beseitigung des Mangels war aber ursprünglich möglich. Erst im Nachhinein wird sie unmöglich. Auch das ist ein Anwendungsfall des § 283 BGB iVm §§ 437 Nr. 3, 280 I, III BGB.

Für den Schadensersatz statt der Leistung bezieht sich das **Vertretenmüssen** nach §§ 280 I, III, 283 BGB auf den Umstand, der die Unmöglichkeit (§ 275 I BGB) bzw. das

---

75 BT-Drucks. 14/6040, S. 166.
76 *Dauner-Lieb*, Anwaltkommentar Schuldrecht, § 311 a Rn 17, 18; dies., DB 2001, 2538.
77 Ersatzlieferung entfällt aus den unter Rn 1368 ff. genannten Gründen, Mängelbeseitigung scheidet aus, weil trotz Instandsetzung ein irreparabler Mangel (Unfalleigenschaft) bleibt.

Leistungsverweigerungsrecht (§§ 275 II, III, 439 III BGB) herbeigeführt hat. Wie im Rahmen des § 311 a II BGB ist nicht danach zu fragen, ob der Verkäufer den Sachmangel zu vertreten hat. Entscheidend ist, ob er die (nachträgliche) Unbehebbarkeit bzw. die – an sich mögliche – Nichtbehebung zu vertreten hat.[78] Das Vertretenmüssen bezieht sich auf die „Erhaltung der Fähigkeit zu mangelfreier Leistung"[79]

Aus Sicht des Gebrauchtfahrzeugkaufs wird der Anspruch auf Schadensersatz statt der Leistung nach Maßgabe der §§ 280 I, III, 283 BGB praktisch keine große Rolle spielen.

cc) Schadensersatz statt der Leistung nach §§ 437 Nr. 3, 280 I, III, 281 I BGB
α) Tatbestandsvoraussetzungen

Da die §§ 311 a II, 283 BGB die Fälle anfänglicher und nachträglicher Leistungshindernisse in Gestalt „qualitativer Unmöglichkeit" regeln, bleiben für den Anspruch des Käufers auf Schadensersatz statt der Leistung nach den §§ 437 Nr. 3, 280 I, III, 281 I BGB diejenigen Fallgestaltungen übrig, bei denen der Sachmangel behebbar ist, die mögliche und auch geschuldete Nacherfüllung aber scheitert („qualitative Verspätung", so *Lorenz*, NJW 2002, 2497, 2502).

1436

Behebbare Mängel sind beim **Neufahrzeugkauf** mit dem Schwerpunkt bei technischen Defiziten die Normalfälle der Schlechtlieferung. Beim Kauf gebrauchter Kraftfahrzeuge steht dagegen der (anfänglich) unbehebbare Sachmangel und damit die Schadensersatzhaftung nach §§ 437 Nr. 3, 311 a II BGB im Vordergrund (dazu s. Rn 1410 ff.). Für die **praktische Fallbearbeitung** bedeutet dies, dass zunächst der in Rede stehende Mangel seiner Art nach im Sinne der **neuartigen Kategorien „behebbar/unbehebbar"** einzuordnen ist.

Der Gebrauchtfahrzeugkäufer, der Schadensersatz statt der Leistung gem. §§ 437 Nr. 3, 280 I, III, 281 I BGB verlangt, hat **darzulegen und zu beweisen**: Die Lieferung eines Fahrzeugs mit einem – behebbaren – Sachmangel, den aus dem Unterbleiben der Nacherfüllung resultierenden Nichterfüllungsschaden und schließlich eine erfolglose Fristsetzung bzw. einen Sachverhalt, der die Fristsetzung ausnahmsweise entbehrlich macht (dazu s. Rn 1389 ff.).

Ein irgendwie geartetes **Verschulden/Vertretenmüssen** braucht der Käufer nicht vorzutragen und schon gar nicht zu beweisen. Vielmehr kann er abwarten, was der Verkäufer zu seiner Entlastung vorbringt. Dessen Verteidigungsvorbringen kann er in tatsächlicher Hinsicht schlicht bestreiten. Er kann aber auch in die Offensive gehen, indem er eine Garantieübernahme (Beschaffenheitsgarantie) geltend macht (zur Beweislastverteilung in diesem Fall s. Rn 1427) oder ein bestimmtes Fehlverhalten, z. B. ein arglistiges Verschweigen, behauptet.

Zur Rechtslage bei einer **Kombination aus behebbaren und unbehebbaren Mängeln** s. Rn 1414.

β) Der Entlastungsbeweis des Verkäufers beim Anspruch auf Schadensersatz statt der Leistung nach §§ 437 Nr. 3, 280 I, III, 281 I BGB
αα) Verschuldensvermutung und Beweislastumkehr

Zu unterscheiden ist die Lieferung des mangelhaften Fahrzeugs von der unterlassenen Nacherfüllung. Beides sind Pflichtverletzungen i. S. d. § 280 I BGB. Das Vertretenmüssen wird jeweils gesetzlich vermutet. Im Rahmen des Anspruchs auf Schadensersatz statt der Leistung ist der Bezugspunkt für das Vertretenmüssen ein anderer als beim Anspruch auf

1437

---

[78] *Lorenz*, NJW 2002, 2497, 2501.
[79] *Lorenz/Riehm*, a. a. O., Rn 534.

„Schadenersatz neben der Leistung", gestützt allein auf §§ 437 Nr. 3, 280 I BGB. Auf das **Unterlassen der geschuldeten Nacherfüllung** muss sich das Verschulden beziehen, wenn der Käufer sein Erfüllungsinteresse geltend macht.[80]

Wenn damit die Gründe für die Nichtvornahme der Nacherfüllung relevant sind, so hat der Gebrauchtfahrzeugverkäufer substanziiert vorzutragen und unter Beweis zu stellen, warum ihm die technisch mögliche und rechtlich geschuldete Mängelbeseitigung (kein Verweigerungsrecht nach §§ 439 III, 275 II-III BGB) innerhalb der gesetzten Frist nicht gelungen ist. Das ist im Vergleich mit dem alten Recht eine völlig **neue Fragestellung**. Finanzielles Unvermögen, soweit herrscht Klarheit, entlastet nicht. Da die Beseitigung eines Fahrzeugmangels keine unvertretbare Handlung ist, können persönliche Leistungshindernisse nicht entlasten. Denkbar ist der Fall eines entschuldbaren Rechtsirrtums.[81]

Abgeschnitten ist der Entlastungsbeweis von vornherein, wenn der Verkäufer eine **Garantie** gegeben hat, wonach er zur Nachbesserung im Stande ist (§ 276 I,1 BGB). Wer z. B. das Vorhandensein eines Austauschmotors garantiert, garantiert damit noch nicht seine Fähigkeit, notfalls selbst oder durch einen Dritten einen solchen Motor einzubauen.

dd) Der Anspruch des Käufers auf Schadensersatz „neben der Leistung" (§§ 437 Nr. 3, 280 I BGB)

α) Tatbestandsvoraussetzungen

1438 Die Haftung aus §§ 437 Nr. 3, 280 I BGB ist nicht auf Schadensersatz statt der Leistung gerichtet, ebenso wenig auf den Ersatz vergeblicher Aufwendungen (§ 284 BGB). Auch der Verspätungsschaden hat eine Sonderregelung gefunden (§ 280 II BGB). Was für die isolierte Anwendung des § 280 I BGB bleibt, ist der sonstige Schaden, der Schaden „neben der Leistung", auch „einfacher" Schadensersatz genannt (zur Abgrenzung s. Rn 1483). Auf der Tatbestandsseite setzt dieser Anspruch eine Pflichtverletzung des Verkäufers voraus. Das ist die Lieferung einer mangelhaften Sache (§ 433 I,2 BGB). Im Fall eines behebbaren Mangels kommt als weitere Pflichtverletzung die Nichtvornahme der nach § 439 BGB geschuldeten Nacherfüllung in Betracht.

1439 Wenn der Verkäufer nicht nur ein mangelhaftes Fahrzeug geliefert, sondern im Rahmen dieser Schlechtleistung gegen eine **Aufklärungspflicht** verstoßen hat, eine für den Gebrauchtfahrzeugkauf typische Konstellation, stellt sich die Frage, wie diese zusätzliche Pflichtverletzung zu beurteilen ist. Da sie sich auf den Mangel bezieht, könnte sie – exklusiv – einen gewährleistungsrechtlichen Schadensersatzanspruch mit den insoweit bestehenden Besonderheiten auslösen. Anspruchsgrundlage wäre § 280 I BGB iVm § 437 Nr. 3 BGB. Als Alternative kommt die allgemeine Haftung aus § 280 I BGB (mit Regelverjährung?) in Betracht. Zu denken ist auch an einen Schadensersatzanspruch aus § 282 BGB iVm § 241 II BGB.[82] Letzteres überzeugt am wenigsten. Die Pflicht zur Aufklärung über den Mangel ist leistungsbezogen und fällt damit nicht unter § 241 II BGB. Da die in der Schlechtleistung liegende Pflichtverletzung mit der Aufklärungspflichtverletzung eine natürliche Handlungseinheit bildet, spricht vieles für eine einheitliche Behandlung nach Sachmängelrecht, zumal dem Käufer im Fall der arglistigen Täuschung – abweichend von § 438 I,3 BGB – die Regelverjährung zugute kommt (§ 438 III,1 BGB).

---

80 *Lorenz*, NJW 2002, 2497, 2502; *Lorenz/Riehm*, a. a. O., Rn 535.
81 Vgl. *Lorenz,* NJW 2002, 2497, 2503.
82 Zum Problem s. *Huber/Faust*, a. a. O., Kap. 14, Rn 14 ff; *Schur*, ZGS 2002, 243.

β) Der Entlastungsbeweis beim Anspruch auf „Schadensersatz neben der Leistung" (§§ 437 Nr. 3, 280 I BGB)

Der Verkäufer, der mit der Übergabe einer mangelhaften Sache eine (objektive) Pflichtverletzung begangen hat (§ 433 I,2 BGB), muss sich zur Vermeidung seiner Haftung auf „Schadensersatz neben der Leistung" entlasten. Das folgt zwar nicht mit Selbstverständlichkeit schon aus der Fassung des § 280 I,2 BGB. Denn nicht jeder Vertragsschuldner, der (objektiv) pflichtwidrig gehandelt hat, muss seine Schuldlosigkeit beweisen. Die Rechtsprechung zu § 282 BGB a. F., an die der Reformgesetzgeber anknüpft, kannte zahlreiche Ausnahmen. 1440

Der Verkäufer, der seine Pflicht zur sachmängelfreien Lieferung verletzt hat, gehört nach allgemeiner Meinung – anders als z. B. ein Arzt – nicht zum Kreis der beweisrechtlich generell Privilegierten. Dass ausgerechnet Verkäufer gebrauchter Kraftfahrzeuge in diesem Punkt bevorzugt werden, ist nicht zu erwarten. Das wäre auch nicht gerechtfertigt. Auch ein auf Schadensersatz in Anspruch genommener Gebrauchtfahrzeugverkäufer muss also behaupten und beweisen, dass er die Pflichtverletzung – Lieferung des Fahrzeugs mit (behebbarem) Sachmangel – nicht zu vertreten hat, gleichviel, ob und in welchem Umfang er das Fahrzeug tatsächlich benutzt hat.

Kraft Gesetzes wird vermutet, dass ein Verkäufer, der mangelhaft geliefert hat, den Grund für diese Vertragsstörung zu vertreten hat. Das findet seine Legitimation letztlich im Sphärengedanken. Ebenso wie die ähnlich formulierte Regelung in § 311 a II BGB (dazu s. Rn 1416 ff.) ist § 280 I,2 BGB als **Beweislastregel** konzipiert.[83] Von Beweislastumkehr ist die Rede, auch von Verschuldensvermutung.[84] Ob sich dahinter unterschiedliche Sachaussagen verbergen, wird nicht immer deutlich. Die Einschätzung als „Beweislastumkehr" scheint der kleinste gemeinsame Nenner zu sein.

αα) Bezugspunkt

Mit der **Lieferung einer mangelhaften Sache** hat der Verkäufer objektiv eine Pflicht aus dem Schuldverhältnis i. S. v. § 280 I BGB verletzt. Bezugspunkt für das Vertretenmüssen ist die Schlechtleistung als solche. Bei einem behebbaren Mangel kann sich das Vertretenmüssen auch auf das Unterbleiben der Nacherfüllung beziehen. 1441

ββ) Haftungsmaßstab und Einzelfragen

Das Vertretenmüssen richtet sich nach **§ 276 BGB**. Mithin hat der Verkäufer **grundsätzlich** Vorsatz und Fahrlässigkeit zu vertreten. Während das Gesetz in § 311 a II BGB genau festlegt, auf welche Tatsache sich das Verschulden/Vertretenmüssen zu beziehen hat, sind die Möglichkeiten der Be- und Entlastung im Rahmen des § 280 I BGB vergleichsweise „offen". 1442

Eine Gemeinsamkeit mit § 311 a II BGB besteht in der hier wie dort **zentralen Fahrlässigkeitsfrage** insoweit, als solche Vorgänge außer Betracht zu bleiben haben, die mit dem Verkauf in keinerlei Beziehung stehen. Ob ein Sachmangel und damit eine Pflichtverletzung vorliegt, hängt vom Inhalt des Kaufvertrages ab. Davon losgelöst gibt es keinen Mangel i. S. d. § 434 BGB, also auch keinen Tatbestand einer „mangelbezogenen" Pflichtverletzung i. S. v. § 433 I,2 BGB. Dass der Verkäufer sein Fahrzeug während seiner Besitzzeit beschädigt hat, gereicht ihm **kaufvertragsrechtlich** nicht zum Verschulden. Bedeutung gewinnt dieser Umstand erst, wenn das beschädigte Fahrzeug zum Verkauf angeboten wird, ohne den Kaufinteressenten auf den Schaden als potenziellen Sachmangel hinzuweisen.

---

83 Vgl. Gegenäußerung der Bundesregierung, abgedruckt bei *Canaris*, S. 1008.
84 Nachweise bei *Münch*, JURA 2002, 367.

Dass der Verkäufer einen bestimmten Umstand nicht kannte und auch nicht kennen musste, kann bereits auf einer **Vorstufe** Gegenstand der Prüfung sein, nämlich im Zusammenhang mit der Einstandspflicht des Verkäufers für **Äußerungen Dritter** (§ 434 I,3 BGB). Der hier eröffnete Entlastungsbeweis ist der Exkulpation nach § 280 I,2 BGB vorgelagert. Scheitert der Verkäufer auf der Vorstufe, ist von einem Sachmangel und damit von einer Pflichtverletzung auszugehen. Nunmehr ist der Entlastungsbeweis zwar im Ausgangspunkt breiter angelegt. Die Gründe, die den Verkäufer auf der Vorstufe haben scheitern lassen, dürften jedoch auch einer Widerlegung der Verschuldensvermutung entgegenstehen.

Abgesehen vom Sonderfall der „Garantieübernahme" (dazu Rn 1063 ff.) und der vorsätzlichen Schlechtlieferung (zur arglistigen Täuschung s. Rn 1612 ff.) stehen bei dem Entlastungsbeweis nach § 280 I,2 BGB **zwei Fragestellungen** im Blickpunkt:

1443 Zum einen geht es um **Fahrlässigkeit** bei **ausdrücklichen bzw. konkludenten Verkäufererklärungen** ohne Garantiecharakter, d. h. um Versäumnisse bei der Beschaffung und Weiterleitung von Informationen. Diese **Informationshaftung** hatte man vor der Schuldrechtsreform mit der Zusicherungs- und Arglistrechtsprechung zu § 463 BGB a. F. einigermaßen im Griff. Fahrlässig fehlerhaften Angaben über die Beschaffenheit des Fahrzeugs konnten eine Haftung aus § 463 S. 2 BGB a. F. an sich nicht begründen. Vom Ansatz her genügte selbst grobe Fahrlässigkeit nicht. Durch das neue Kaufrecht hat sich bereits der Haftungsmaßstab grundlegend geändert. Die Beweislastverteilung bewirkt ein Übriges. Die praktischen Auswirkungen lassen sich bereits anhand von Urteilen wie der noch zum alten Recht ergangenen Entscheidung des LG Köln vom 10. 1. 2002[85] erahnen. Hiernach ist ein Gebrauchtwagenhändler gehalten, „sich der Richtigkeit aller Angaben zu versichern, z. B. durch eigene Prüfung oder, wo ihm dies nicht möglich oder zumutbar ist, genaues Studium der ihm bekannten oder von ihm anzufordernden Unterlagen über den Pkw."

Ähnlich hat die Rechtsprechung argumentiert, als es darum ging, Kfz-Vermittler für unrichtige Informationen in die Haftung aus culpa in contrahendo zu nehmen (s. Rn 1028 ff.). Damals wie heute ist zu prüfen, ob und inwieweit Verkäufer ihre Informationen durch vorherige Erkundigungen und Untersuchungen auf ihren Wahrheitsgehalt zu überprüfen verpflichtet waren. Denn ohne ein solches Handeln kann eine konkrete Beschaffenheitsangabe – unterhalb der Schwelle der Behauptung ins Blaue hinein – fahrlässig sein. Die Rechtsprechung, die im alten Recht mit der Annahme von Behauptungen ins Blaue hinein und damit arglistigen Täuschungen um des Ergebnisses willen (§ 476 BGB a. F.) außerordentlich „großzügig" war (s. Rn 1614), wird bei fragwürdiger Informationsbasis den Entlastungsbeweis für gescheitert halten. Wer als Richter in solchen Fällen sogar ein arglistiges Tun positiv festgestellt hat, wird wenig Hemmung haben, dem Verkäufer Fahrlässigkeit zur Last zu legen. Dabei muss diese nicht einmal nachgewiesen sein. Es genügt, dass der Verkäufer das Gericht von seiner Schuldlosigkeit nicht hat überzeugen können.

1444 Wenn der Verkäufer zur strittigen Fahrzeugeigenschaft **keinerlei Angaben** gemacht hat, es also um die Frage **schuldhaften Verschweigens** geht, ist das Thema „Untersuchungspflicht" von noch größerer Bedeutung als bei der Haftung für erteilte Informationen. Kann der Verkäufer eine vorsätzliche Täuschung, also ein arglistiges Verschweigen, glaubhaft ausschließen, bleibt die Frage, ob die Unkenntnis auf Fahrlässigkeit beruht. Unter diesem zweiten Aspekt besteht eine Parallele zum Entlastungsbeweis nach § 311 a II BGB (dazu Rn 1416 ff.). Abzuwarten bleibt, ob die Rechtsprechung bei den Anforderungen an die Exkulpation zwischen beiden Haftungstatbeständen differenzieren wird. Abgesehen von dem unterschiedlichen Bezugspunkt des Vertretenmüssens ist es die Art des Sachman-

---

85 DAR 2002, 272.

gels (unbehebbar/behebbar), die angesichts der verschiedenen Gruppen von Gebrauchtfahrzeugverkäufern eine differenzierte Beurteilung erforderlich macht.

Fahrlässige Unkenntnis setzt zunächst **objektive Erkennbarkeit** des Mangels voraus. Die Grenze für die Erkennbarkeit von Mängeln ist „fließend und im nachhinein oft kaum zu beurteilen", so der **BGH** in der Gebrauchtwagenentscheidung vom 16. 3. 1977, NJW 1977, 1055. Diese zutreffende Einschätzung ist in Erinnerung zu rufen, wenn es darum geht, ob der Verkäufer einen Sachmangel fahrlässig nicht erkannt hat. **1445**

Die Frage nach der Erkennbarkeit des Mangels führt häufig zur Prüfung, ob der Verkäufer pflichtwidrig etwas versäumt hat, was ihn ins Bild gesetzt hätte. Insoweit müssen vor allem – nicht anders als bei § 311a II BGB – Erkundigungs-, Nachforschungs- und – eine Spezialität des Gebrauchtfahrzeugkaufs – Untersuchungspflichten erörtert werden. Dazu s. Rn 1449 ff.

Die Fahrlässigkeit des Verkäufers kann auch außerhalb dieses Pflichtenkreises anzusiedeln sein. Ein **privater Verkäufer**, der sein Fahrzeug längere Zeit selbst benutzt hat, kann Erkenntnisse gewonnen haben, die zumindest den Verdacht eines technischen Defekts begründen (z. B. erhöhter Ölverbrauch, übermäßiger Wasserverbrauch, unregelmäßiger Motorlauf). Bislang konnten derartige Anzeichen die Kenntnis des Verkäufers als Voraussetzung eines arglistigen Tuns begründen.[86] Unter dem neuen Recht auf bloße Erkennbarkeit des Mangels zu schließen, dürfte den Gerichten nicht schwer fallen. **1446**

Ein **professioneller Wiederverkäufer** kann allein infolge seiner besonderen Fachkenntnis in der Lage sein, die Nichteignung des verkauften Fahrzeugs zum vorausgesetzten Zweck zu beurteilen. Sein Schweigen wird in einem solchen Fall zumindest fahrlässig sein. Ein Verkäufer, der zugleich **Hersteller** ist, muss sich dem Vorwurf fehlerhafter Produktion stellen. Damit haben sich z. B. die **Werksniederlassungen** der großen Automobilhersteller auseinander zu setzen. Beim Kauf eines Gebrauchtwagens vom Hersteller (Eigenfabrikat) ist die Rechtslage eine andere als beim Kauf von einem reinen Zwischenhändler.[87] Zur Produktverantwortung s. Rn 630 ff. Dass Hersteller nicht Erfüllungsgehilfen der Autohäuser sind, ist Allgemeingut. **1447**

Bei **Umbauten, Tuningmaßnahmen** und dergleichen stellt sich die Frage, ob der Verkäufer, der sie durchgeführt oder in Auftrag gegeben hat, für Mängel verantwortlich ist. Gleiches gilt für eigene Reparaturen wie für Instandsetzungen in Fremdwerkstätten.

Der regelmäßige Bezug von Gebrauchtfahrzeugen aus dem Ausland kann einen Wissensvorsprung des **Importeurs** begründen. Daraus kann sich ein Kennenmüssen bestimmter Umstände (z. B. einer „Magerausstattung") ableiten lassen. Wer von einem dubiosen Anbieter eingekauft hat, wird sich andere Fragen gefallen lassen müssen als ein Verkäufer, der aus einer seriösen Quelle geschöpft hat.

Wer sich als Verkäufer **fremder Hilfe** bedient hat, um den Zustand des von ihm angebotenen Fahrzeugs zu ermitteln, wird sich bei einer Fehleinschätzung auf eigene Unkenntnis berufen. Kennenmüssen wirft die Frage der Zurechnung auf. Personen aus dem eigenen Betrieb können Wissensvertreter sein, was eine Zurechnung ermöglicht (s. Rn 1640 ff.). Fremde „Ermittlungsgehilfen" (z. B. Prüforganisationen) sind weder Wissensvertreter noch Erfüllungsgehilfen.

Trotz der Vielfalt von Ansatzpunkten für ein nach einem **objektiven Maßstab** zu beurteilendes Verkäuferverschulden: **Zentrales Thema** ist die „Untersuchungspflicht". **Vor** **1448**

---

[86] Vgl. OLG Düsseldorf 29. 6. 2001, DAR 2001, 502; OLG Köln 10. 1. 2000, DAR 2000, 308 = VRS 99/00, 22 – jeweils überhöhter Ölverbrauch; OLG Frankfurt 30. 3. 2000, OLGR 2001, 63 – Unregelmäßigkeiten beim Motor.
[87] Allgemein zum Unterschied s. BGH 25. 1. 1989, WM 1989, 575.

der Novellierung des Kaufrechts hat diese Frage im Schatten der beiden Kardinalthemen „Eigenschaftszusicherung" und „Arglist" gestanden. Völlig neu ist sie indessen nicht. Beschäftigt hat sie die Rechtsprechung allerdings nur in Fällen mit Beteiligung von Kfz-Händlern. **Privatverkäufer** wurden von einer wie auch immer gearteten Untersuchungspflicht generell freigestellt. Ähnlich verschont wurden gewerbliche Verkäufer außerhalb der eigentlichen Kfz-Branche, z. B. **Leasinggesellschaften,**[88] **Autovermieter** und **Taxiunternehmen**. Gelegenheitsverkäufer mit Unternehmerstatus wie **Freiberufler** und **Handwerksbetriebe** hat man Privatverkäufern im Ergebnis gleichgestellt.

Exkurs: Die Untersuchungspflicht des Verkäufers eines gebrauchten Kraftfahrzeugs

1. Zur Terminologie

1449 Eingebürgert hat sich der Begriff „**Untersuchungspflicht**". Daneben ist von Prüfungs-, Kontroll-, Inspektions-, Durchsichts- und Nachforschungspflicht die Rede. Ob es sich hier um Synonyma oder um inhaltlich verschiedene Begriffe handelt, wird nicht immer deutlich. Für manche ist **Durchsicht** etwas anderes als **Untersuchung**. Der Sicht (Durchsicht) wird die Suche (Untersuchung) gegenübergestellt. In der Tat ist das Zweierlei. Der Versuch, dem Problem von der begrifflichen Seite her beizukommen, verspricht indes keinen Erfolg.[89] Nicht zuletzt aus Gründen der besseren Verständigung empfiehlt es sich, am traditionellen Begriff „Untersuchungspflicht" festzuhalten. Das entspricht auch dem Sprachgebrauch des Reformgesetzgebers.

Mit der **Untersuchungsobliegenheit** des Käufers gem. § 377 HGB hat die „haftungsrechtliche" Untersuchungspflicht, um die es hier geht, rechtsdogmatisch nichts zu tun. Auch § 442 BGB betrifft ein anderes Problem. Die Frage ist aber, ob und inwieweit Untersuchungsobliegenheiten des Käufers gegenüber seinem Lieferanten die Grundlage für eine Rechtspflicht zur Untersuchung im Verhältnis zu seinem Abnehmer bilden können.

2. Die Rechtsprechung bis zur Schuldrechtsreform

a) Entwicklungslinien

1450 Solange im gewerblichen Gebrauchtwagenhandel das **Eigengeschäft** dominierte (bis 1968/1969), war die Untersuchungspflicht des Händlers in seiner Eigenschaft als Verkäufer (zur Untersuchungsobliegenheit bei Ankauf bzw. Inzahlungnahme vgl. Rn 1549) in der Rechtsprechung nur ein Randthema. Dies ist umso erstaunlicher, als auch schon damals Gebrauchtfahrzeuge üblicherweise unter Ausschluss der Gewährleistung verkauft wurden. Allem Anschein nach sah man seinerzeit kein Bedürfnis, die allgemein für zulässig gehaltene Freizeichnungsklausel („Gebot der wirtschaftlichen Vernunft") durch das Postulat einer allgemeinen Untersuchungspflicht mittelbar zu entwerten.

Erst die flächendeckende Einführung des **Agenturgeschäfts** ließ den Gedanken aufkommen, dem für Ansprüche aus den §§ 459 ff. BGB a. F. nicht passivlegitimierten Kfz-Händler eine Untersuchungspflicht aufzuerlegen. Diese ergebe sich, so das OLG Düsseldorf in einem Urteil vom 12. 3. 1973,[90] „aus den Grundsätzen von Treu und Glauben, denn ein redlich denkender Kaufmann bringt nicht unbesehen gebrauchte Fahrzeuge, bei denen stets der Verdacht des Vorhandenseins ernstlicher Mängel besteht, wieder in den Verkehr, und auch die Allgemeinheit erwartet jedenfalls von einem Automobilhersteller und von einem Händ-

---

88 OLG Nürnberg NJW-RR 1999, 1208 = MDR 1999, 931.
89 So auch *Breidenbach*, S. 84; vgl. auch OLG Hamm 16. 1. 1986, NJW-RR 1986, 932 = DAR 1986, 150, wo die Begriffe Untersuchung und Durchsicht nebeneinander auftauchen.
90 WM 1973, 473.

ler mit größerem Geschäftsbetrieb eine Prüfung der angebotenen gebrauchten Fahrzeuge ..." Mit der Revisionsrüge, der Verkäufer eines gebrauchten Autos sei im Allgemeinen nicht zur vorherigen „Inspektion" verpflichtet, erst recht nicht ein bloßer Vermittler, brauchte sich der BGH in seiner für das Agenturgeschäft wegweisenden Entscheidung vom 29. 1. 1975[91] nicht abschließend auseinander zu setzen. Denn der Verkaufsangestellte des beklagten Autohändlers hatte den Käufer arglistig getäuscht (Verschweigen des Unfallschadens und Leugnen „ins Blaue hinein"). Darüber hinaus hat auch nach Auffassung des BGH eine – **konkrete** – Untersuchungspflicht bestanden, weil die Beschreibung des Unfallschadens durch den Auftraggeber („Delle im Kotflügel") **besonderen Anlass** für eine nähere Prüfung gegeben habe.

b) Die BGH-Entscheidung vom 16. 3. 1977, NJW 1977, 1055

Während das OLG München als Vorinstanz – ähnlich wie das OLG Düsseldorf[92] – entschieden hatte,

„Wer gewerbsmäßig Gebrauchtwagen ankauft und verkauft, ist verpflichtet nachzuprüfen, ob der von ihm als „unfallfrei" angekaufte Wagen dies tatsächlich ist",

hat der BGH eine **allgemeine Untersuchungspflicht verneint.** Sie lasse sich weder aus einem Handelsbrauch noch aus einer allgemeinen Verkehrsauffassung herleiten. Sie sei auch keine zwangsläufige Folge der den Verkäufer treffenden Offenbarungspflicht für ihm bekannte Mängel. Die Grenze des Zumutbaren würde überschritten, wenn der Verkäufer, der von Unfällen oder Mängeln nichts wisse und sie auch nicht für möglich halte, gezwungen wäre, in jedem Fall den Gebrauchtwagen zu untersuchen. Ohne bestehende Untersuchungspflicht könne es auch keine Verpflichtung des Verkäufers geben, den Käufer auf das Unterbleiben einer Untersuchung ausdrücklich hinzuweisen.

Mit diesem Urteil vom 16. 3. 1977[93] hat der BGH ausdrücklich auf seine ständige Spruchpraxis Bezug genommen, wonach ein **Zwischenhändler** in der Regel zur vorherigen Untersuchung **neuer Ware** nicht verpflichtet ist.[94] Allerdings ging es in den Fällen außerhalb des Kfz-Bereichs meist um die Haftung aus pFV für **Mangelfolgeschäden**. Ob die händlergünstige Rechtsprechung Bestand haben wird, wenn der Verkäufer wegen eines **Mangelschadens** auf Schadensersatz in Anspruch genommen wird, bleibt abzuwarten. Jedenfalls kann das BGH-Urteil vom 16. 3.1977[95] entgegen verbreiteter Deutung nicht ohne weiteres für die These in Anspruch genommen werden, ein Gebrauchtfahrzeughändler sei von einer Untersuchungspflicht generell freigestellt. Wäre dem so, hätte der BGH diese Aussage sicherlich als Leitsatz formuliert. Wie die Entscheidungsgründe zeigen, waren es die **„besonderen Umstände des Falles",** die den BGH davon abgehalten haben, zur Frage einer allgemeinen Untersuchungspflicht grundsätzlich und abschließend Stellung zu nehmen. Der damalige Käufer hatte nämlich nicht einmal nach dem Zustand des Fahrzeugs gefragt und sogar von einer Probefahrt abgesehen. Zumindest in einem solchen Fall würde die Annahme einer allgemeinen Untersuchungspflicht den Verkäufer unangemessen belasten und, so der BGH weiter, das Mängelrisiko einseitig auf den Verkäufer verlagert.

---

91 BGHZ 63, 382 = NJW 1975, 642.
92 Urt. v. 12. 3. 1973, WM 1973, 473; im Ergebnis jetzt wieder Urt. v. 16. 4. 1992, OLGR 1992, 277 = VRS 84, 168; zustimmend OLG Köln 5. 7. 1996, NJW-RR 1997, 1214 = MDR 1997, 40 = VRS 93, 24 = OLGR 1996, 235 = VersR 1997, 753; s. aber auch OLG Düsseldorf 31. 3. 1995, OLGR 1995, 272 – Ls.; OLG Düsseldorf 31. 5. 1996, NJW-RR 1997, 431 = OLGR 1997, 18.
93 NJW 1977, 1055.
94 Urt. v. 25. 9. 1968, NJW 1968, 2238 (Dieselöl); siehe auch Urt. v. 18. 2. 1981, NJW 1981, 1269 (Klebeband).
95 NJW 1977, 1055.

c) Die weitere Spruchpraxis des BGH

1452 In dem berühmten **Hinterreifen-Urteil** vom 5. 7. 1978[96] hat der BGH im Rahmen der **Verschuldensprüfung nach § 823 I BGB** festgestellt: Ein Kfz-Händler ist verpflichtet, einen Gebrauchtwagen wenigstens darauf zu prüfen, ob er den Zulassungsvorschriften entspricht und insbesondere in Einzelheiten nicht so verändert ist, dass die **Allgemeine Betriebserlaubnis** für diesen Fahrzeugtyp erloschen ist. Damit fordert er eine generelle, wenn auch gegenständlich beschränkte Untersuchung der im professionellen Gebrauchtwagenhandel angebotenen Fahrzeuge. An dieser Rechtslage gibt es spätestens seit dem Urteil vom 3. 11. 1982[97] keinen Zweifel mehr. Selbst den **Kfz-Vermittler** hält der BGH für verpflichtet, **jeden Gebrauchtwagen** auf zulassungserhebliche Veränderungen „jedenfalls insoweit in Augenschein zu nehmen, als sie ihm als Fachmann ohne weiteres, d. h. ohne besonderen technischen Aufwand, wie den Einsatz von technischem Gerät oder eine Demontage in Betracht kommender Aggregate, erkennbar sind".

1453 Abgesehen von dieser generellen „**Veränderungskontrolle**" (zum Umfang vgl. Rn 1473 ff.) und der auf einer anderen rechtlichen Ebene liegenden allgemeinen „**Diebstahlsprüfung**"[98] soll ein **Kfz-Händler** in Fällen ohne besondere Beratung[99] zur vorherigen Untersuchung des Fahrzeugs nur verpflichtet sein, wenn:

1. „handgreifliche (,greifbare') Anhaltspunkte" für ihn einen konkreten Verdacht auf Mängel begründen (BGHZ 63, 382 = NJW 1975, 642 – Unfallvorschaden; BGHZ 74, 383 = NJW 1979, 1886; BGH NJW 1979, 1707 = WM 1979, 672 – Rostanfälligkeit; BGH NJW 1981, 928 = WM 1981, 323 – Durchrostung bei älterem Fahrzeug [Untersuchungspflicht verneint]),
2. der Händler in seiner Eigenschaft als Vermittler (Sachwalter) eine bestimmte Eigenschaft des Fahrzeugs i. S. v. § 459 II BGB a. F. zugesichert hat (BGH DB 1976, 954; vgl. auch BGH NJW 1983, 217 = WM 1982, 1382).

Die Annahme einer Prüfpflicht (Untersuchungspflicht) diente im zweiten Fall dazu, die für einen **Anspruch aus c. i. c.** gegen den Kfz-Vermittler erforderliche Pflichtverletzung zu begründen.[100]

1454 Eine (weitergehende) Untersuchungspflicht wird nach Ansicht des BGH nicht durch folgende Umstände ausgelöst:

– besonders wertvolles Fahrzeug (vgl. BGH NJW 1977, 1055)
– Frage des Käufers nach Unfallschäden (BGH NJW 1981, 928, 929)
– höheres Alter des Fahrzeugs und/oder höhere Anzahl von Voreigentümern (BGH NJW 1981, 928, 929.

1455 Noch nicht entschieden hat der **BGH,** ob wenigstens diejenigen Kfz-Händler, die das ZDK-Vertrauenssiegel[101] führen und/oder mit Garantien[102] werben, generell zur Fahrzeug-

---

96 NJW 1978, 2241.
97 NJW 1983, 217 – BMW 1602.
98 Dazu BGH 18. 6. 1980, NJW 1980, 2184.
99 Auch eine Beratung kann eine Untersuchungspflicht begründen.
100 Aus der umfangreichen OLG-Rspr.: OLG Düsseldorf 1. 8. 1986, 14 U 71/86, n. v. („fahrbereit"); OLG Hamm 25. 2. 1986, VRS 71, 321 („werkstattgeprüft"); OLG Hamm 14. 7. 1983, MDR 1984, 141 (Erstzulassung/Anzahl der Vorbesitzer). Nicht zu dieser Fallgruppe gehört OLG Frankfurt 3. 7. 1991, NJW-RR 1992, 186, weil die Untersuchungspflicht nicht aus einer „Zusicherung", sondern aus der Tatsache hergeleitet wurde, dass die km-Angabe des Vorbesitzers wegen des Fahrzeugalters und der 5 Vorbesitzer zweifelhaft war.
101 Dazu Rn 1168.
102 Dazu Rn 1186 ff.

untersuchung verpflichtet sind. Instanzgerichte haben dies verschiedentlich bejaht.[103] Offen ist ferner, ob folgende Umstände eine Untersuchungspflicht begründen:

- Verkäufer ist zugleich Fahrzeughersteller (möglich bei Werksniederlassungen wie Mercedes-Benz, BMW oder – wie im Fall BGHZ 63, 382 – die ehemalige Audi/NSU Auto-Union AG)
- Verkauf von Importfahrzeugen, insbesondere aus Ländern ohne Zwangsprüfung vergleichbar § 29 StVZO
- Verkauf von Oldtimern (dazu OLG München OLGR 1999, 19).

Dass die Hereinnahme von Privat für sich allein nicht ausreicht, um eine Untersuchungspflicht des Händlers zu rechtfertigen, scheint der BGH für selbstverständlich zu halten.

d) Die Rechtsprechung der Instanzgerichte von 1990–2002

In den letzten Jahren vor der Schuldrechtsreform ist in der Rechtsprechung der Instanzgerichte, namentlich der OLG, eine bemerkenswerte Abkehr von den BGH-Grundsätzen sichtbar geworden. In einem unübersehbaren Gegensatz stehen die Entscheidungen des OLG Düsseldorf (13. ZS) vom 16. 4. 1992[104] und des OLG Köln vom 5. 7. 1996,[105] wenn gesagt wird, ein professioneller Gebrauchtwagenhändler sei verpflichtet, „jedes ... hereingenommene Fahrzeug vor dem Verkauf zu überprüfen"; ihn treffe eine „generelle Pflicht zur Sichtprüfung".[106]

1456

Unklar bleibt häufig, ob sich die Untersuchungspflicht auf das ganze Fahrzeug oder nur auf Teilbereiche, z. B. die Karosserie (Unfallspuren?), erstreckt. Einen **Kfz-Händler ohne eigene Werkstatt** stellt auch der 13. Zivilsenat des OLG Düsseldorf von der generellen Verpflichtung frei, vor dem Verkauf eine Motorinspektion durchzuführen.[107] Der 22. ZS des OLG Düsseldorf[108] folgt hingegen – ebenso wie die OLG München[109] und Hamburg[110] – der Rechtsprechung des BGH. Keine Gefolgschaft leistet das OLG Celle.[111] Dass die Rechtsprechung in den letzten Jahren vor der Schuldrechtsreform stark in Fluss geraten ist, zeigen auch die Entscheidungen OLG Hamm, DAR 2000, 119, OLG Saarbrücken OLGR 2000, 253 und insbesondere das wichtige Urteil des OLG Düsseldorf vom 21. 12. 1999 (OLGR 2000, 307 = DAR 2000, 356 – Ls.), s. auch LG Saarbrücken ZfS 2001, 115. Ein klärender Spruch des BGH war schon nach altem Recht fällig, jetzt ist er nötiger denn je.

3. Meinungsstand in der Literatur

Die Kommentarliteratur aus der Zeit vor Inkrafttreten der Schuldrechtsreform ist dem BGH überwiegend gefolgt.[112] Im übrigen Schrifttum hat schon nach altem Schuldrecht

1457

---

103 LG Freiburg 3. 8. 1982, MDR 1983, 667; AG Hamburg 22 b C 128/87, n. v.; das LG Köln (Urt. v. 28. 7. 1987, 30 O 441/86, n. v., Urt. v. 26. 8. 1994, 21 O 91/94, n. v.) verlangt von einem Siegelhändler eine verstärkte Prüfpflicht bzgl. Vorbesitzerangaben und sicherheitsrelevanter Fahrzeugteile (Reifen).
104 OLGR 1992, 277 = VRS 84, 168 = DAR 1993, 347.
105 NJW-RR 1997, 1214 = MDR 1997, 40 = VersR 1997, 753; s. aber auch OLG Köln 3. 5. 2001, DAR 2001, 404.
106 So OLG Köln 13. 3. 2001, OLGR 2001, 233 = DAR 2001, 405.
107 Urt. 12. 3. 1992, OLGR 1992, 220.
108 Urt. v. 31. 3. 1995, OLGR 1995, 272 – Ls; Urt. v. 31. 5. 1996, NJW-RR 1997, 431 = OLGR 1997, 19.
109 OLGR 1999, 19 – Oldtimer.
110 DAR 1992, 378 und OLGR 1996, 4.
111 Urt. v. 6. 6. 1996, OLGR 1996, 194 – Unfallschaden.
112 *Soergel/Huber,* Anh. I § 433 Rn 104, 110; *Palandt/Putzo,* § 433 Rn 17, 18; *Staudinger/Honsell,* Vorbem. zu § 459 Rn 38; vgl. aber auch *Staudinger/Köhler,* § 433 Rn 52; MK-*Westermann,* § 463

die Ansicht an Boden gewonnen, dem **gewerblichen Gebrauchtwagenverkäufer** eine **allgemeine Untersuchungspflicht** aufzuerlegen.[113] Die Begründungen sind unterschiedlich. So meint *Teske,* die allgemeine Untersuchungspflicht gehöre zu den „spezifischen Grundgedanken des eigenständigen Vertragstyps Gebrauchtwagenkaufvertrag".[114] Vertragstypisch sei einerseits das besondere, von der Ware Gebrauchtwagen ausgehende Schadenspotenzial, andererseits das Vertrauen, das der Käufer dem gewerblichen Händler und dem ihm zur Verfügung stehenden technischen Apparat entgegenbringe. Die aus der Natur des Vertrages abgeleitete allgemeine Untersuchungspflicht hält *Teske* beim Kauf vom Eigenhändler für eine – durch AGB nicht abdingbare – Nebenpflicht, beim Vermittlungsgeschäft für eine „quasi-vertragliche Handlungspflicht".

Ähnlich ist die Argumentation von *Hager*[115] und *Schwenzer.*[116] *Emmerich*[117] plädiert generell für eine wesentlich weitergehende Anerkennung von Untersuchungspflichten des Zwischenhändlers.[118] Zurückhaltender ist *Breidenbach.*[119] Er bejaht eine Untersuchungspflicht als „Informationsbeschaffungspflicht" bei besonders „entscheidungserheblichen" Eigenschaften, beim Kfz-Kauf beispielsweise beim Fortbestand der ABE.[120] Bei „normalen" Sachmängeln treffe den Verkäufer nur eine Pflicht zur Aufklärung über präsentes Wissen. Mit Hilfe des Kriteriums „Funktionskreis", dem dritten Element seines „beweglichen Systems", lässt er aber – ebenso wie der BGH – Raum für die Annahme einer generellen Untersuchungspflicht des gewerblichen Gebrauchtwagenverkäufers.[121]

Die Bestrebungen in der Literatur, die „haftungsrechtliche" Untersuchungspflicht zu verschärfen, sind in der **Schuldrechtskommission** auf fruchtbaren Boden gefallen.[122] Der **Reformgesetzgeber** hat diesen Gedanken aufgenommen (dazu Rn 1468).

4. Stellungnahme

a) Thematische Eingrenzung und Kritik

1458 Die **Sonderentwicklung,** die seit Anfang der siebziger Jahre in der Frage der Untersuchungspflicht des professionellen Gebrauchtfahrzeugverkäufers zu beobachten ist, erweckt den Eindruck einer gewissen Planlosigkeit und Zufälligkeit ihrer Ergebnisse. So leuchtet beispielsweise nicht ein, dass ein Kfz-Händler jedes Fahrzeug auf das Vorhandensein eines Ersatzmotors überprüfen muss,[123] während seine Prüfpflicht im Hinblick auf sicherheitsrelevante Schäden an Bremsen, Lenkung, Reifen und Karosserie von besonderen Umständen („handgreifliche Anhaltspunkte") abhängig gemacht wird. Zu kritisieren ist vor allem der

---

Rn 11 (s. aber auch Rn 12: „Offenbarungspflicht läuft praktisch auf eine allgemeine Untersuchungspflicht hinaus"); a. A.: *Jauernig/Vollkommer,* § 433 Rn 39; AK-*Hart,* § 123 Rn 7; RGRK-*Mezger,* § 433 Rn 49 unter Hinweis auf die nicht einschlägige Entscheidung des BGH vom 28. 2. 1973, WM 1973, 490; *Schlosser/Coester-Waltjen/Graba,* § 9 Rn 78 f.; s. auch *Erman/Grunewald,* § 433 Rn 54.
113 *Teske,* NJW 1983, 2428; *Hager,* NJW 1975, 2276; *Knippel,* DAR 1980, 164; *von Caemmerer,* Festschrift für Larenz, 1973, S. 621; *Schwenzer,* S. 106; *Esser/Weyers,* § 7 II, 1; vgl. auch *Kuchinke,* Festschrift für Laufke, S. 121; wie die Rspr. hingegen *Löwe,* BB 1979, 1063.
114 NJW 1983, 2428.
115 NJW 1975, 2276.
116 S. 106.
117 Recht der Leistungsstörungen, 3. Aufl., S. 224.
118 In diese Richtung auch *Scholl/Leitzinger,* MDR 1981, 718.
119 Die Voraussetzungen von Informationspflichten..., 1989.
120 A. a. O., S. 87.
121 A. a. O., S. 91.
122 Abschlussbericht S. 196.
123 BGH 5. 7. 1978, NJW 1978, 2241; v. 3. 11. 1982, NJW 1983, 217.

Die einzelnen Rechtsbehelfe des Gebrauchtfahrzeugkäufers bei einem Sachmangel

weitgehende Verzicht auf eine ökonomische Analyse. Empirische Daten sind genügend vorhanden, bleiben aber ungenutzt. Auch eine dogmatisch überzeugende Abstimmung innerhalb des bisherigen Pflichtendreiecks – Offenbarungspflicht, Untersuchungspflicht und Einstandspflicht durch Zusicherung – ist der Rechtsprechung nicht gelungen.

Um Mängelfreiheit sicherzustellen und so das Äquivalenzinteresse des Käufers zu schützen, war die Untersuchungspflicht nach der Konzeption des alten Kaufrechts ein vielleicht fragwürdiges Instrument. Dass die Mängelfreiheit jetzt Gegenstand einer Hauptleistungspflicht des Verkäufers ist, wird die Diskussion neu beleben. Gute Gründe sprechen dafür, die Untersuchungspflicht nicht als Verhaltenspflicht i. S. d. § 241 II BGB, sondern als **Nebenleistungspflicht** einzustufen.[124] Ihr Wesen besteht darin, die Erfüllung der künftigen Hauptleistungspflicht zur mängelfreien Lieferung vorzubereiten und zu sichern.

Durch die Ankoppelung der Sachmängelhaftung an das allgemeine Leistungsstörungsrecht ist ein Rechtszustand erreicht, der weitgehend der Händlereigenhaftung („Sachwalterhaftung") in den Agenturfällen entspricht. Zu deren Begründung hat man in sehr viel stärkerem Maße als beim Eigengeschäft mit Untersuchungspflichten argumentiert. Da die Rechtsprechung auch beim Agenturgeschäft nahezu jede Beschaffenheitsangabe zur Eigenschaftszusicherung aufgewertet hat, war der vermittelnde Händler angesichts der Vielzahl solcher Angaben in den handelsüblichen Verkaufsformularen im praktischen Ergebnis zu einer generellen Fahrzeuguntersuchung gezwungen. Daran ist zu erinnern, wenn es bei Kaufverträgen, die nach dem 1. 1. 2002 abgeschlossen worden sind, um die Untersuchungspflicht des Verkäufers geht.

Dabei müssen **zwei Fragenkomplexe** unterschieden werden: Wie der Verkäufer sich zu verhalten hat, wenn „handgreifliche Anhaltspunkte" für ihn einen **konkreten Verdacht auf Fahrzeugdefekte** begründen, ist die eine Frage. Hiervon zu unterscheiden ist die ganz andere Frage, ob und ggf. in welcher Weise ein Händler **ohne konkreten Verdacht** mehr als den Fortbestand der Betriebserlaubnis und die Identität des Fahrzeugs nachprüfen muss. Die Angaben im Fahrzeugbrief mit den Daten auf dem Fabrikschild (Typschild) am Fahrzeug zu vergleichen und Auffälligkeiten nachzugehen, ist auch nach Auffassung des BGH ebenso eine generelle Händlerpflicht[125] wie die Überprüfung des gesamten Fahrzeugs auf Veränderungen, die zum Wegfall der Betriebserlaubnis führen können (Veränderungskontrolle durch Sichtprüfung).[126] **Privatverkäufer** werden selbst von diesen Pflichten freigestellt.

1459

Das Verhalten eines Verkäufers in einer **konkreten Verdachtssituation** war kaufrechtlich keine Frage der Untersuchungspflicht. Unter dieser Überschrift wurde ohne Notwendigkeit ein Problem erörtert, das sich im alten Kaufrecht mit einem anderen Lösungsansatz sachgerechter bewältigen ließ. In Wahrheit geht es in den „Verdachtsfällen" um die Verletzung einer vorvertraglichen **Offenbarungspflicht.** Schwerpunkt des Vorwurfs ist es nicht, den bekannten Verdachtsmomenten nicht nachgegangen zu sein, sondern das Fahrzeug trotz des konkreten Mängelverdachts verkauft und dabei so getan zu haben, als sei alles in Ordnung.[127] Bei einem konkreten Mängelverdacht ist es weiterhin sachgerechter, unmittelbar an das **Informationsverhalten** des Verkäufers anzuknüpfen, statt den **Umweg** über die Untersuchungspflicht mit Befreiungsmöglichkeit durch Aufklärung zu gehen. Ein Verkäufer, der **greifbare Anhaltspunkte** für Mängel am Fahrzeug hat, z. B. äußerliche Anzeichen für einen reparierten Unfallschaden oder Hinweise auf einen Motordefekt, darf das Fahrzeug nicht ohne Offenbarung dieser Verdachtsmomente zum Kauf anbieten. Deren Verschweigen ist in der Regel ebenso arglistig wie eine Verharmlosung der Verdachtsgrün-

1460

---
124 So auch *Graf von Westphalen* in: Praxis der Schuldrechtsreform, § 434 Rn 77.
125 Urt. v. 18. 6. 1980, NJW 1980, 2184.
126 Urt. v. 3. 11. 1982, NJW 1983, 217 – BMW 1602; v. 5. 7. 1978, NJW 1978, 2241 – Hinterreifen.
127 So auch *Breidenbach,* S. 86.

de. Wer als Verkäufer Zweifel an der Mängelfreiheit hat, ist richtiger Ansicht nach nicht untersuchungs-, sondern **offenbarungspflichtig**.[128]

Arglist setzt allerdings voraus, dass der Händler tatsächlich Verdacht geschöpft hat, d. h. tatsächlich Zweifel an der Mängelfreiheit hatte. Es genügt für die Annahme von Arglist nicht, dass er Zweifel hätte haben müssen.[129] Fahrlässige, selbst grob fahrlässige Unkenntnis erfüllt grundsätzlich nicht den Tatbestand der Arglist.[130]

Die schwierige Abgrenzung zwischen Vorsatz und (grober) Fahrlässigkeit ist bei der Prüfung der Schadensersatzpflicht des Verkäufers nach neuem Recht entbehrlich. Fahrlässige Unkenntnis vom Mangel reicht aus, wobei der Verkäufer die Vermutung des Vertretenmüssens widerlegen muss (Näheres dazu Rn 1416 ff., 1437, 1440).

1461 Von einer „**Untersuchungspflicht**" sollte nur die Rede sein, wenn ein konkreter Mängelverdacht nicht bestanden hat, der Verkäufer also weder ein **präsentes Wissen** noch **präsente Zweifel** an der Mängelfreiheit hatte. Dem professionellen Gebrauchtfahrzeugverkäufer (Kfz-Händler und Werksniederlassungen) schon in dieser Situation eine (allgemeine) Untersuchungspflicht aufzuerlegen, ist aus mehreren Gründen gerechtfertigt.

b) Gründe für eine allgemeine Untersuchungspflicht des Kfz-Händlers

aa) Das Gefährdungspotenzial gebrauchter Kraftfahrzeuge

1462 Der durchschnittliche Pkw, so wie er vom Kfz-Händler als Gebrauchtfahrzeug hereingenommen wird, ist entweder **technisch fehlerhaft** oder **zumindest fehlerverdächtig**. Die über den professionellen Handel verkauften Gebrauchtwagen (Pkw/Kombi) waren im Jahr 2001 durchschnittlich knapp 5 Jahre alt (Neuwagenhandel 3,7; reiner Gebrauchtwagenhandel 5,6) und rund 60.000 km gelaufen (Neuwagenhandel 49.000, reiner Gebrauchtwagenhandel 71.000).[131] Die Mängelquote bei der Hauptuntersuchung nach § 29 StVZO zeigt, gestaffelt nach Alterklassen, bei Pkw/Kombi folgendes Bild in der Rubrik „erhebliche Mängel":[132]

    0–3 Jahre: 27,8 %
    4–5 Jahre: 36,2 %
    6–7 Jahre: 54,1 %
    8–9 Jahre: 65,8 %
10–11 Jahre: 75,4 %
12–13 Jahre: 80,1 %
14–15 Jahre: 86,0 %

Die vorstehenden Zahlen beziehen sich auf Hauptuntersuchungen, denen kein Werkstattbesuch vorausgegangen war. Damit zeichnen sie ein realistisches Bild vom Gefährdungspotenzial älterer Fahrzeuge.

1463 Selbst bei größeren Reparaturen sucht nur noch jeder zweite Fahrzeughalter eine Fachwerkstatt auf. Je älter das Fahrzeug ist, desto seltener wird es in die Werkstatt gebracht. Von den Durchschnittsfahrern sechsjähriger Autos bringt nur noch jeder dritte seinen Wagen regelmäßig zur Inspektion.[133] Diese „**Werkstattmüdigkeit**", die zahlreiche Gründe hat, ist

---

128 Vgl. auch BGH 28. 4. 1971, NJW 1971, 1795 m. Anm. *Giesen* (Tanklastzug); BGH 12. 7. 1991, NJW 1991, 2900 (Grundstück); s. auch OLG Frankfurt 19. 2. 1999, NJW-RR 1999, 1064; OLG Hamburg 1. 4. 1992, NJW-RR 1992, 1399; OLG München 14. 7. 1981, DAR 1982, 100.
129 BGH 28. 4. 1971, NJW 1971, 1795, 1800 m. Anm. *Giesen*.
130 BGH 6. 12. 1985, NJW-RR 1986, 700; OLG München 10. 6. 1987, NJW 1988, 3271; OLG Hamm 3. 8. 1990, OLGZ 1991, 99.
131 DAT-Veedol-Report 2002, S. 50.
132 Autohaus, 21/2001, S. 66.
133 DAT-Veedol-Report 2000, S. 30.

Die einzelnen Rechtsbehelfe des Gebrauchtfahrzeugkäufers bei einem Sachmangel 1464–1467

dem Kfz-Handel bekannt, wie nicht zuletzt die ständigen Klagen über eine mangelhafte Werkstattauslastung beweisen. **Unfallfahrzeuge** werden nicht immer vollwertig repariert. Behelfs- und Billigreparaturen, oft im Do-it-yourself-Verfahren, sind gang und gäbe.[134] Auf die Beseitigung vermeintlich kleinerer Schäden wird nicht selten verzichtet. Die Reform des § 249 BGB zum 1. 8. 2002 wird insoweit wenig ändern.

bb) Selbstbindung durch Selbstdarstellung

Im Fachhandel ist eine optische und technische Untersuchung („Durchsicht") der hereingenommenen und später zum Verkauf angebotenen Gebrauchtfahrzeuge nicht erst seit der Schuldrechtsreform allgemein üblich. Hohe Eintauschquoten, steigende Durchschnittspreise, erhöhter Wettbewerb und eine zunehmend kritischere Kundschaft prägen das Einkaufsverhalten der Händler. Ansteigender Kostendruck einerseits und andererseits die realistische Aussicht, auf dem Wachstumsmarkt „Gebrauchtwagenhandel" Gewinn zu erzielen, haben schon **vor dem 1. 1. 2002** zur Aufgabe tradierter Vorstellungen und Praktiken und damit zu einem strafferen „Mängelmanagement" geführt. 1464

Der Schlüssel für ein erfolgreiches Geschäft mit gebrauchten Kraftfahrzeugen ist eine **marktgerechte Kalkulation** der Ankauf-/Eintauschpreise. Wesentliche Voraussetzung dieser Kalkulation ist eine sorgfältige Untersuchung der Fahrzeuge. Ohne eine **gründliche technische Kontrolle** kann der Ankaufspreis nicht sachgerecht ermittelt werden. Das Agenturgeschäft mit seiner steuerlichen Notwendigkeit, sog. Minus-Geschäfte zu vermeiden, hat die Kfz-Händler in Sachen Fahrzeuguntersuchung stark sensibilisiert. Der Zwang zur marktgerechten Gebrauchtwagenkalkulation beruhte auf dem Druck, eine Vermittlungsprovision ausweisen zu müssen. Diese steuerlichen Notwendigkeiten sind heute zwar weitgehend entfallen. Gleichwohl besteht kein Zweifel daran, dass sich an der Praxis der Hereinnahme-Kontrolle durch die Verlagerung auf das Eigengeschäft nichts geändert hat. 1465

Dass sich hier im Laufe der Jahre ein **Handelsbrauch** gebildet hat,[135] findet auch in der **ZDK-Siegelordnung** seinen Niederschlag,[136] ferner in der Resolution Nr. 3, gefasst auf dem 40. Kongress des Internationalen Verbandes des Kfz-Gewerbes (IOMTR). Diese Resolution empfiehlt u. a., „alle Gebrauchtwagen, die dem Kunden geliefert werden, vor ihrer Auslieferung an den Kunden einer Inspektion anhand einer festgelegten Liste zu unterwerfen...".[137]

Die mit der **Schuldrechtsreform** verbundenen Änderungen zu Lasten des Kfz-Handels, insbesondere das Freizeichnungsverbot bei Verbrauchergeschäften und die ungünstigen Beweislastregelungen (§ 476 BGB und Verschuldensvermutungen beim Schadensersatz) haben den Druck auf die Händler, ihre Gebrauchtfahrzeuge vor dem Weiterverkauf sorgfältig zu untersuchen, erheblich verstärkt. Die Kontrollmechanismen wurden tatsächlich stark verbessert. 1466

Kfz-Händler und Werksniederlassungen (DaimlerChrysler, BMW u. a.) heutigen Zuschnitts[138] verfügen in aller Regel über eine angeschlossene **Werkstatt.** Das ist für die Kaufinteressenten nicht immer sichtbar, weil die Betriebe optisch und/oder räumlich getrennt sein können. Entscheidend ist nicht, was der Kunde sieht oder erkennen konnte. Mit Blick 1467

---

134 Laut TÜV-Report 1998, S. 22, sind bis zu 3,8 Mio. selbstreparierte Unfallfahrzeuge auf unseren Straßen.
135 Zum Handelsbrauch als Grundlage einer Untersuchungspflicht vgl. BGH 16. 3. 1977, NJW 1977, 1055.
136 Zum ZDK-Vertrauenssiegel/Meisterzeichen s. Rn 1168.
137 Vgl. AH 1991, Heft 23/24 S. 211, 214; s. auch GW-Praxis 1996, Heft 2, S. 27 – „Die Spielregeln für den GW-Verkauf" –.
138 Im Zuge der neuen GVO wird es zu Umstrukturierungen kommen; s. *Pfeffer*, NJW 2002, 2910.

939

auf die Untersuchungspflicht kommt es darauf an, was er vernünftigerweise erwarten kann. Das hängt von einer Vielzahl von Faktoren ab, insbesondere von der Präsentation des Betriebs in der Werbung und seiner Aufmachung vor Ort, also dort, wo die Fahrzeuge zum Kauf angeboten werden.

1468 Auf besonderes Interesse müssen die **Vorstellungen und Hinweise des Reformgesetzgebers** in den amtlichen Begründungen stoßen. Dort äußert er sich nämlich dezidiert zur Untersuchungspflicht des Verkäufers im Allgemeinen und insbesondere zur Situation beim Verkauf gebrauchter Kraftfahrzeuge. **Privatverkäufer** werden generell von einer Untersuchungspflicht freigestellt, was allgemeiner Ansicht entspricht. Beim **gewerblichen Verkauf** gebrauchter Gegenstände, insbesondere beim Verkauf gebrauchter Kraftfahrzeuge, sei zu differenzieren. Habe der Händler keine eigene Werkstatt, könne der Käufer regelmäßig nur eine Überprüfung auf leicht erkennbare Mängel erwarten. Betreibe er eine Werkstatt, werde zu seinen Sorgfaltspflichten eine „eingehendere Untersuchung" gehören.[139]

Diese Hinweise, die sich bereits im DiskE finden und auf den Abschlussbericht der Schuldrechtskommission zurückgehen, machen deutlich: Nur den Umfang, nicht das Ob der Untersuchungspflicht eines gewerblichen Kfz-Verkäufers macht der Gesetzgeber von der Existenz einer Werkstatt abhängig. Diese Differenzierung leuchtet ohne weiteres ein. Als Instrument der Mängelprüfung und -erkennbarkeit wird eine Kfz-Werkstatt freilich überschätzt. Von elementarer Bedeutung ist sie zweifelsohne für die Untersuchung auf **technische Mängel**. Schon bei Unfallvorschäden, jedenfalls aber bei Störfällen wie vertragswidrig hohe Gesamtfahrleistung, atypische Vorbenutzung (z. B. Mietwagen) oder zu hohes Alter verliert eine Werkstatt deutlich an Erkenntniswert. Bei solchen (anfänglich unbehebbaren) Mängeln kommt es auf andere Möglichkeiten und Fähigkeiten zur Sachverhaltsaufklärung an, vor allem auf Erfahrungswissen. Selbst die Hauptuntersuchung nach § 29 StVZO („TÜV"), bei der es schwerpunktmäßig um den technischen Fahrzeugzustand geht, kommt ohne Werkstatt aus, ebenso der ADAC bei seiner Gebrauchtwagenüberprüfung.

cc) Risikobeherrschung und Kostenabwälzung

1469 Der Kfz-Händler ist am besten geeignet, das für gebrauchte Kraftfahrzeuge typische Mängel- und Sicherheitsrisiko zu kontrollieren und zu beherrschen. Anders als beim Verkauf von Neuprodukten geht es nicht um die Verantwortlichkeit für Produktionsfehler. Sie zu vermeiden bzw. zu kontrollieren, ist in der Tat primäre Aufgabe des Herstellers (siehe Rn 630 ff.), nicht des Händlers. Grundlegend anders ist die Lage bei gebrauchten Kraftfahrzeugen. Hier kann sich der Händler – auch aus der Sicht des Kunden – nicht hinter den Hersteller/Importeur zurückziehen. Die Verantwortung für die Mängelfreiheit trägt er persönlich. An- und Verkauf liegen ausschließlich in seinen Händen.

Die mit der Untersuchung verbundenen Kosten zahlen im Endeffekt die Voreigentümer und/oder die Abnehmer, der Händler kann sie also weitergeben. Auch unter diesem Aspekt erweist sich das Argument des BGH[140] von der Unzumutbarkeit der Übernahme einer generellen Untersuchungspflicht als nicht stichhaltig.

dd) Verkehrserwartung (Berufsvertrauensschutz)

1470 Für die Annahme einer allgemeinen Untersuchungspflicht spricht ferner folgender Gedanke: Der Praxis im Kfz-Handel, die zur Hereinnahme (Inzahlungnahme/Zukauf) angebotenen Gebrauchtwagen zu untersuchen, entspricht eine **schutzwürdige Erwartung** auf der Käuferseite. Ein Gebrauchtwagenkäufer, privat wie gewerblich, kann und darf heutzutage –

---

139 BT-Drucks. 14/6040, S. 210 = *Canaris*, S. 807.
140 Urt. v. 16. 3. 1977, NJW 1977, 1055.

erst recht nach dem 1.1. 2002 – davon ausgehen, dass die im professionellen Handel angebotenen Fahrzeuge fachmännisch untersucht und, soweit erforderlich, instand gesetzt worden sind.[141] Von einem **privaten** Verkäufer erwartet man nicht, dass er seinen Wagen vor dem Verkauf auf Mängel untersucht hat oder hat untersuchen lassen. Neuwagenhändler mit Gebrauchtwagenabteilung und reine Gebrauchtwagenhändler mit Werkstattbetrieb erwecken demgegenüber allein schon durch ihr Auftreten im Rechtsverkehr, durch ihre **ökonomische Rolle,** die Vorstellung, dass die von ihnen angebotenen Fahrzeuge „werkstattgeprüft" sind. Dieses Rollenvertrauen, das die Rechtsprechung im Rahmen der Sachwalterhaftung als „besonderes Vertrauen" herausgestellt hat,[142] ist nicht von ausdrücklichen Erklärungen wie „alle Fahrzeuge werkstattgeprüft" oder „alle Fahrzeuge 2 Jahre TÜV-frei" abhängig, auch nicht von der Werbung mit Garantien oder dem ZDK-Vertrauenssiegel bzw. „Meisterzeichen".[143] Solche Hinweise haben eine zusätzliche Werbefunktion. Sie können im Einzelfall eine verschuldensunabhängige Haftung unter dem Gesichtspunkt der Garantieübernahme begründen.

Zur Erwartung eines Kfz-Händlers beim Ankauf von einer **Leasinggesellschaft** s. OLG Nürnberg NJW-RR 1999, 1208 = MDR 1999, 931 (Untersuchungspflicht zutreffend verneint).

Das Vertrauen der Kaufinteressenten in eine fachgerechte Untersuchung und Beseitigung der dabei festgestellten Mängel gibt erfahrungsgemäß den Ausschlag bei der Wahl zwischen Kauf vom Kfz-Händler und Kauf vom Privatmann. Aus der Käuferperspektive ist die Werkstattprüfung, auch wenn sie nicht ausdrücklich hervorgehoben wird („alle Fahrzeuge werkstattgeprüft"), ein Teil der Gegenleistung für den deutlich höheren Preis der gewerblich angebotenen Gebrauchtwagen. Die Folge dieser besonderen Verlässlichkeitserwartung ist oftmals ein Käuferverhalten, das leicht als Desinteresse und Sorglosigkeit verstanden werden kann, das in Wirklichkeit aber Ausdruck eines gesteigerten Vertrauens ist.[144]

Es lassen sich damit vier Gesichtspunkte anführen, die in ihrer **Kumulation** eine allgemeine Untersuchungspflicht des gewerbsmäßigen Kfz-Händlers/Werksniederlassung zu begründen geeignet sind. Ein im Einzelfall weniger stark ausgeprägtes Element, z. B. geringes Gefährdungspotenzial bei einem jüngeren Kraftwagen, kann kompensiert werden, wenn die übrigen Elemente besonderes Gewicht haben, z. B. der Vertrauensgedanke bzw. die Sachkunde. Erforderlich ist eine **wertende Gesamtschau** aller Gesichtspunkte. Dass bei Anerkennung einer generellen Untersuchungspflicht die Grenze zur Zusicherungshaftung „verwischt" werde (so das LG Saarbrücken ZfS 1997, 96), war nicht richtig. Mit Einführung des neuen Kaufrechts hat sich dieser Einwand ohnehin erledigt.

1471

Die mit der **Schuldrechtsreform** verbundene Stärkung des Käuferschutzes entzieht der Forderung nach einer generellen Untersuchungspflicht des gewerblichen Gebrauchtfahrzeugverkäufers keineswegs den Boden, schon gar nicht angesichts der oben (Rn 1468) referierten Vorstellungen des Gesetzgebers. Gewiss ist zu bedenken, dass Unternehmer-Verkäufer ihre Haftung für Sachmängel gegenüber Verbrauchern nicht mehr ausschließen oder beschränken dürfen (§ 475 I BGB). Diese grundlegend neue Situation könnte es rechtfertigen, auch den professionellen Gebrauchtfahrzeugverkäufer von einer allgemeinen Untersuchungspflicht jedenfalls dann zu entbinden, wenn ein Verbraucher sein Abnehmer ist. Dessen Schutz ist reformgesetzlich so verstärkt worden, dass die richterrechtlichen Schutzinstrumente des alten Rechts in der Tat zur Disposition stehen. Auf der anderen Seite darf

1472

---

141 So auch OLG Nürnberg 14. 4. 1999, NJW-RR 1999, 1208 = MDR 1999, 931.
142 Dazu Rn 1022.
143 Dazu s. Rn 1168.
144 Vgl. aber BGH NJW 1977, 1055; OLG München OLG 1999, 19.

nicht außer Betracht bleiben, dass Kfz-Händler ihre Schadensersatzhaftung selbst gegenüber Verbrauchern weitgehend ausschließen dürfen (§ 475 III BGB).

Durch die Neuausrichtung des Kaufrechts mit einer Schadensersatzhaftung bei (vermuteter) Fahrlässigkeit hat man, so die herrschende Sicht, eine generelle Untersuchungspflicht aller gewerblichen (Zwischen-) Händler nicht einführen wollen. Richtig ist auch, dass der verbesserte Käuferschutz de facto zu verstärkten Kontrollmaßnahmen des Kfz-Handels geführt hat. Gleichwohl sollte man die Untersuchung eines gebrauchten Kraftfahrzeugs aus den oben genannten Gründen – in Übereinstimmung mit dem Reformgesetzgeber (vgl. Rn 1468) – nicht von schwer definierbaren und schwierig zu beweisenden Sondersituationen abhängig machen, sondern sie zu einer generellen Rechtspflicht professioneller Gebrauchtfahrzeugverkäufer erheben.

c) Inhalt und Umfang der Untersuchungspflicht

1473 Inhalt und Umfang der Untersuchungspflicht haben sich einerseits an dem Ziel zu orientieren, Gefahren von dem potenziellen Käufer abzuwenden. Insoweit ist die Untersuchungspflicht eine Konkretisierung der auch dem Käufer geschuldeten Gefahrabwendungspflicht. Integritätsorientiert ist sie auch (und nur) als Verkehrssicherungspflicht i. S. d. § 823 I BGB, insoweit auch mit Schutzwirkung zu Gunsten Dritter. Problematischer ist ihr Bezug zur Verpflichtung, mängelfrei zu liefern (§ 433 I,2 BGB). Das ist eine Hauptleistungspflicht des Verkäufers, während die Untersuchungspflicht eine (leistungsbezogene) Nebenpflicht ist, s. Rn 1458.

Ausgestaltet und begrenzt wird sie insoweit durch den Inhalt der Verpflichtung zur mängelfreien Lieferung. Da nach richtigem Verständnis des Sachmangelbegriffs natürlicher Verschleiß und normale Alterungserscheinungen keine Mängel im Rechtssinn darstellen,[145] braucht sich die Untersuchung hierauf nicht zu erstrecken. Der Umfang der Untersuchungspflicht bestimmt sich im Übrigen nach dem **technisch Möglichen** und **wirtschaftlich Zumutbaren,** wobei es wesentlich auf die **Gepflogenheiten im Kfz-Handel** ankommt. Entscheidend sind nicht die individuellen Kenntnisse und Fähigkeiten des jeweiligen Händlers im Einzelfall, auch nicht seine tatsächliche Ausstattung mit Hilfsmitteln wie Hebebühne, Bremsenprüfstand und Diagnosegeräten. Richtschnur sind die Kenntnisse, Fähigkeiten und der Ausrüstungsstandard, wie sie bei einem gewerblichen Händler mit Gebrauchtwagen üblich sind und vom Verkehr erwartet werden.

1474 **Zur Untersuchungspflicht im Einzelnen:** Der Händler hat jedes Fahrzeug einer fachmännischen **äußeren Besichtigung** („Sichtprüfung") zu unterziehen.[146] Zuständig hierfür ist ein Mitarbeiter mit technischer Ausbildung, nicht notwendigerweise ein Kfz-Mechaniker. Ein Verkaufsangestellter ohne technische Kompetenz reicht nicht aus.[147] Für die notwendige berufliche Qualifikation seiner Mitarbeiter hat der Betriebsinhaber einzustehen. Das Vorhandensein einer Werkstatt ist nicht Voraussetzung einer Sichtprüfung (zur Bedeutung des Werkstatt-Arguments s. Rn 1468).

Die äußere Besichtigung umfasst den gesamten **optischen Bereich,** d. h. die Karosserieaußenflächen, Reifen, Felgen und die Fahrzeugunterseite. Ein Händler, der einen „normalen" Gebrauchtwagen von unten überhaupt nicht überprüft, also nicht einmal sichtweise, handelt fahrlässig. Bei der äußeren Besichtigung hat der Händler sein Augenmerk vor allem **auf etwaige Unfallspuren** zu richten, auch wenn der Hereingeber die Unfallfrage verneint

---

145 Ausführlich dazu Rn 1251 ff.
146 So auch OLG Celle 6. 6. 1996, OLGR 1996, 194; OLG Köln 13. 3. 2001, OLGR 2001, 233 = DAR 2001, 405.
147 OLG Köln 13. 3. 2001, OLGR 2001, 233 = DAR 2001, 405.

Die einzelnen Rechtsbehelfe des Gebrauchtfahrzeugkäufers bei einem Sachmangel

hat.[148] Nachlackierungen, Farbunterschiede, Nebelbildung, unterschiedliche Türspalten und Blechunebenheiten sind Unfallindikatoren, die auch schon nach bisheriger Rechtsprechung eine Untersuchungspflicht (Nachforschungspflicht) auslösen. Ohne konkreten Unfallverdacht besteht keine Pflicht zur (optischen) Vermessung der Achsen. Der Händler braucht auch keine Lackschichtmessung vorzunehmen.

Generell zu prüfen ist der Erhaltungszustand des Fahrzeugs im Hinblick auf **Durchrostung** tragender Bauteile.[149] Zum Einsatz spezieller Rostsuchgeräte (z. B. Endoskope) ist der Händler nicht verpflichtet. Zur Prüfung der **Bremsanlage** s. OLG Hamm, DAR 2000, 119.

Reifen und auch **Felgen** sind stets darauf zu prüfen, ob sie der „Zulassung" entsprechen oder ob die **Betriebserlaubnis** durch nachträgliche Veränderungen erloschen ist. Auch sonst ist der Blick auf genehmigungspflichtige Veränderungen zu richten. Dass der Händler auf ausreichende **Profiltiefe** der Reifen zu achten hat, versteht sich von selbst.[150] Um sich von der ordnungsgemäßen Beschaffenheit der Felgen zu überzeugen, braucht er die Reifen nicht abzumontieren. Insoweit genügt eine Sichtkontrolle von außen. Das **Alter der Reifen** braucht der Händler nicht generell, sondern nur bei besonderem Anlass zu kontrollieren. Insbesondere bei Hochgeschwindigkeits-Sportwagen sind an diese Prüfpflicht gesteigerte Anforderungen zu stellen.[151] Zumindest als Vertragshändler der fraglichen Marke muss der Händler die Richtlinien und Empfehlungen des Herstellers kennen und beachten. Er haftet ähnlich streng wie ein Reifenfachhändler.[152]

Die **innere Besichtigung** hat sich auf die Fahrgastzelle, den Motorraum (einschl. Radhauswände, Feder- oder Dämpferabstützungen) und den Kofferraum einschl. Wände und Aufnahmen für Federbeine zu erstrecken. Auch hier muss der Händler in erster Linie nach **Unfallspuren** suchen und auf **Korrosion** achten. Der **Motor** ist mit Blick darauf zu prüfen, ob er typengerecht ist.[153] Eine bloße Sichtprüfung („Augenschein") mit Kennerblick unter Auswertung der Fahrzeugpapiere und des allgemeinen Erfahrungswissens ist ausreichend. Für die Frage der Erkennbarkeit einer Motorumrüstung kommt auch darauf an, ob es sich für den Händler um ein Eigen- oder um ein Fremdfabrikat gehandelt hat. Technisch aufwendige und kostspielige Untersuchungen des Motors, z. B. Ausbau und Zerlegung, sind im Allgemeinen nicht zu verlangen.[154] Bei Sport- und Sonderfahrzeugen kann eine andere Betrachtungsweise geboten sein. Zu weit geht es auch, von einem Händler im Normalfall zu fordern, sich beim Hersteller oder Vorverkäufer nach der Typengerechtigkeit des Motors zu erkundigen. Einer Kontrolle sind auch die **Fahrzeugidentifizierungsnummer** und der sie tragende Bereich des Vorderwagens zu unterziehen (Vergleich dieser Nummer mit der Nummer in den Fahrzeugpapieren).[155]

1475

Zu einer sorgfältigen Gebrauchtwagen-Zustandsermittlung gehört auch eine **Funktionsprüfung der wesentlichen Aggregate.** Bei der Beurteilung des Motors ist das Laufgeräusch von entscheidender Bedeutung. Der Kompressionsdruck braucht nicht gemessen zu werden. Motor, Kraftübertragung und Bremsen werden üblicherweise durch eine **Probefahrt** getestet. Sie ist unverzichtbarer Bestandteil jeder sorgfältigen Fahrzeugkontrolle. Eine Überprüfung des **Kühlsystems** ist auch im Winter nicht erforderlich.

1476

---

148 Zustimmend OLG Düsseldorf 16. 4. 1992, OLGR 1992, 277; ebenso OLG Celle 6. 6. 1996, OLGR 1996, 194; OLG Köln 13. 3. 2001, OLGR 2001, 233 = DAR 2001, 405.
149 So auch LG Berlin 5. 12. 1990, 22 O 366/90, n. v.
150 Zu den Überprüfungspflichten von Führer und Halter nach § 23 I StVO, § 31 II StVZO s. OLG Stuttgart NZV 1991, 68; s. auch BGH NZV 1995, 310.
151 LG Köln 26. 8. 1994, 21 O 91/94, n. v. – Porsche 911.
152 Dazu OLG Nürnberg 5. 2. 2002, DAR 2002, 270.
153 Eigentliches Prüfkriterium ist die Betriebserlaubnis.
154 OLG Hamm 16. 1. 1986, NJW-RR 1986, 932 = DAR 1986, 150.
155 OLG Hamburg 12. 6. 1992, DAR 1992, 378.

1477 Je nachdem, zu welchen Erkenntnissen der Händler bei seiner „allgemeinen" Untersuchung gelangt, kann er zu **weiteren Nachforschungen** verpflichtet sein, z. B. zu gezielten Rückfragen bei seinem Lieferanten/Auftraggeber nach einem Unfallschaden oder einer Umrüstung. Wie weit die Untersuchungspflicht im Einzelnen reicht, hängt von den konkreten Umständen ab.

d) Möglichkeiten der Befreiung von der Untersuchungspflicht

1478 Unter der Herrschaft des **alten Rechts** wurde erörtert, ob und gegebenenfalls wie ein Händler sich von einer bestehenden Untersuchungspflicht befreien kann. Formularmäßig ist die Erfüllung dieser Pflicht nicht abdingbar gewesen.[156] Der vorformulierte Satz „das Fahrzeug ist ungeprüft und unrepariert" reichte in keinem Fall aus. An die Aufklärung des Käufers wurden strenge Anforderungen gestellt.[157] Der Hinweis musste eindeutig und für den Durchschnittskunden verständlich sein. Er musste so gestaltet und formuliert sein, dass er dem Käufer vor Unterzeichnung des Bestellscheins auch bei flüchtiger Betrachtung des Formulars unübersehbar ins Auge fiel. Ein Stempelaufdruck mit dem Inhalt „Achtung! Fahrzeug wird ungeprüft verkauft!" wurde für ausreichend gehalten. Trotz Fettdrucks unzureichend war die Klausel: „Da das Fahrzeug vom Autohändler nicht auf Unfallspuren und auf andere Mängel untersucht worden ist, können frühere Unfälle, Korrosionsschäden sowie andere sichtbare und unsichtbare Schäden an der Karosserie, am Fahrgestell, an der Bodengruppe oder am Motor auch nicht ausgeschlossen werden." Die individualvertragliche Erklärung „Wir geben keinerlei Garantie, weder auf versteckte Mängel noch auf Motor oder Getriebe, darauf wurde der Käufer ausdrücklich hingewiesen" ließ das LG Köln[158] genügen.

Nicht die Befreiung von der Verpflichtung zur Untersuchung ist nach **heutigem Recht** die entscheidende Frage. Vielmehr geht es in Fällen ohne Ausschluss der Mängelhaftung, also vor allem beim **Unternehmer-Verbraucher-Verkauf**, darum, ob der Verkäufer einen Sachmangel/eine Pflichtverletzung zu vertreten hat, was bei fahrlässiger Unkenntnis der Fall ist. Nicht von einer (Untersuchungs-) Pflicht muss er sich befreien, sondern vom Vorwurf des (vermuteten) Verschuldens (§§ 280 I, III, 281 I, 276 oder §§ 311 a II,2, 276 BGB). Doch auch bei dieser Fragestellung ist es von Belang, ob der Verkäufer zu verstehen gegeben hat, das Fahrzeug keiner Untersuchung unterzogen zu haben. Ein derartiger Hinweis kann bereits im Rahmen der Prüfung Bedeutung gewinnen, ob und welche Beschaffenheitsvereinbarung getroffen worden ist. Einfluss kann eine solche Erklärung auch auf den Erwartungshorizont des Käufers haben (§ 434 I,2 Nr. 2 BGB). Im Bereich des Verbrauchsgüterkaufs ist stets an § 475 I BGB zu denken, der auch mittelbare Haftungsbeschränkungen untersagt (s. Rn 1223 ff.).

Außerhalb des Verbrauchsgüterkaufs kann die Sachmängelhaftung wie bisher vertraglich ausgeschlossen werden. Mit einem Haftungsausschluss ist noch keine Freistellung von der Untersuchungspflicht verbunden. Die bisherige Rechtsprechung ist weiterhin zu beachten.

e) Rechtsfolgen einer Untersuchungspflichtverletzung

aa) Rechtslage vor dem 1. 1. 2002

1479 Welche Rechtsfolgen an die Nicht- oder Schlechterfüllung der Untersuchungspflicht zu knüpfen sind, war im alten Recht nicht endgültig geklärt worden. Das OLG München[159] hat eine **positive Forderungsverletzung** gegenüber jedem potenziellen Käufer in Betracht ge-

---

156 BGH 11. 6. 1979, BGHZ 74, 383 = NJW 1979, 1886.
157 Vgl. BGH 14. 3. 1979, NJW 1979, 1707 = WM 1979, 323 unter I, 2 c; BGH 18. 6. 1980, NJW 1980, 2184.
158 Urt. v. 17. 12. 1990, 32 O 275/90, n. v.
159 Urt. v. 25. 7. 1975, DAR 1976, 132.

zogen, sich aber – ebenso wie der BGH in der Revisionsentscheidung vom 16. 3. 1977[160] – letztlich nicht festgelegt. Der BGH, der von einer **durch AGB nicht abdingbaren Nebenpflicht** gesprochen hat,[161] schien zumindest in den Agenturfällen einer Lösung nach den Grundsätzen der c. i. c. zuzuneigen.[162] Im Fall einer sorgfaltswidrigen Ablieferungsinspektion **beim Neuwagenkauf** ist er hingegen mit Recht von einer positiven Forderungsverletzung ausgegangen,[163] weil die Inspektionspflicht ihren Grund in dem bereits abgeschlossenen Kaufvertrag hatte. Die Pflichtwidrigkeit lag – anders als in den meisten Gebrauchtwagenfällen – in der Erfüllungsphase. Einen Anspruch aus pFV auch in einem Gebrauchtwagenfall hat das LG Saarbrücken bejaht.[164]

Die **Hauptbedeutung** der Untersuchungspflicht des gewerblichen Händlers hat jedoch bisher darin bestanden, über ein Untersuchungsversäumnis zur Arglist und damit zu den §§ 463 S. 2, 476, 477 I,1 BGB a. F. zu gelangen. Zu dieser schon nach altem Recht bedenklichen Hilfskonstruktion s. Rn 1651.

bb) Neues Recht

Hat der Verkäufer ein sachmangelhaftes Fahrzeug geliefert, hat er bereits damit (objektiv) eine Pflicht verletzt (§§ 433 I,2, 280 I BGB). Auf einen Verstoß gegen eine Untersuchungspflicht oder eine sonstige mangelbezogene Pflicht kommt es in Fällen der Schlechtleistung zur Begründung der gewährleistungsrechtlichen Schadensersatzhaftung nicht an. Zum Problem des Nebeneinander s. Rn 1439. Soweit es um die (Sachmängel-)Ansprüche des Käufers auf Schadensersatz geht, stellt sich die Frage der Untersuchungspflicht schwerpunktmäßig im Rahmen des jeweils zu führenden **Entlastungsbeweises** (s. dazu Rn 1416 ff., 1437, 1440).

1480

Anders ist die Darlegungs- und Beweislast verteilt, wenn der Käufer mit dem Vorwurf der Untersuchungspflichtverletzung eine Freizeichnungsklausel ausschalten möchte (dazu Rn 1479) oder wenn er in Fällen außerhalb der Sach- und Rechtsmängelhaftung einen Schadensersatzanspruch nach § 280 I BGB, ggfls. iVm § 282 BGB, mit einem Untersuchungsverschulden begründen will (Beispiel: Verkauf eines Gebrauchtfahrzeugs mit verkürzter „Werksgarantie"). Dann steht mangels einer Pflichtverletzung durch Schlechtlieferung zur Beweislast des Käufers, ob der Verkäufer zur Informationsbeschaffung in Form der Untersuchung o. ä. verpflichtet war (jetzt nicht nach Abs. 1, sondern nach Abs. 2 des § 241 BGB). Auch in einem solchen Fall braucht der Käufer nur den Tatbestand einer objektiven Pflichtwidrigkeit zu beweisen, beim Anspruch auf Schadensersatz statt der Leistung nach §§ 280, 282 BGB zusätzlich die Tatsachen, die die Unzumutbarkeit begründen. Von seiner Schuldlosigkeit muss der Verkäufer das Gericht auch hier überzeugen. Zur Beweislastverteilung bei der Delikthaftung s. Rn 652 ff.

1481

– Exkurs-Ende –

ee) Inhalt und Umfang der einzelnen Schadensersatzansprüche
α) Bisherige Rechtslage

Zentralnorm der Schadensersatzhaftung des Verkäufers war **§ 463 BGB a.F.**, flankiert von Ansprüchen aus Verschulden bei Vertragsschluss und aus positiver Vertragsverlet-

1482

---

160 NJW 1977, 1055.
161 Urt. v. 11. 6. 1979, BGHZ 74, 383 = NJW 1979, 1886; v. 13. 2. 1980, NJW 1980, 1619.
162 Urt. v. 3. 11. 1982, NJW 1983, 217 (BMW 1602); v. 18. 6. 1980, NJW 1980, 2184 (gestohlener Pkw mit ausgewechselter Fahrgestellnummer); vgl. auch Urt. v. 21. 1. 1981, NJW 1981, 928 (zur Untersuchungspflicht bei älterem Fahrzeug mit mehreren Vorbesitzern).
163 Urt. v. 18. 6. 1969, NJW 1969, 1708.
164 Urt. v.16. 12. 1996, ZfS 1997, 96.

zung. Die Haftung aus § 463 BGB a. F. ging auf **Geldersatz,** nicht auf die Beseitigung des Mangels oder die Herstellung der zugesicherten oder vorgespiegelten Eigenschaft.[165] Zu ersetzen war grundsätzlich das **positive Interesse,** also das **Erfüllungs- oder Vertragsinteresse.**

Während die Rechtsprechung früher im Gegensatz zur h. L. angenommen hat, dass **Mangelfolgeschäden** nur unter dem Gesichtspunkt der **positiven Forderungsverletzung** zu ersetzen seien, hat sich seit der Grundsatzentscheidung des BGH vom 29. 5. 1968[166] eine differenzierende Betrachtungsweise durchgesetzt. Für die Frage, ob und in welchem Umfang der Käufer im Rahmen der **Zusicherungshaftung,** also unabhängig von einem Verschulden, auch Ersatz von Mangelfolgeschäden verlangen kann, kam es entscheidend darauf an, ob die Zusicherung ihn gegen den eingetretenen Folgeschaden absichern sollte.

Der **Schutzzweck der Zusicherung** musste im Wege der **Auslegung** ermittelt werden. In den Prozessfällen ging es vorwiegend um Zusagen hinsichtlich der Beschaffenheit des Motors[167] und der Unfallfreiheit.

So hat das LG Köln in der **Zusicherung der Unfallfreiheit** auch das Versprechen gesehen, für den Personen- und Sachschaden aufzukommen, den der Käufer durch einen Unfall erleidet, der auf einen Vorschaden zurückzuführen ist.[168] Die Zusicherung der Unfallfreiheit durch einen Kfz-Händler gegenüber einem anderen Kfz-Händler hat auch die Verpflichtung zum Inhalt, dem Käufer auch solche Schäden zu ersetzen, die ihm daraus entstehen, dass er von seinem Abnehmer auf Rückzahlung des Kaufpreises und Ersatz entgangenen Gewinns in Anspruch genommen wird.[169] Auch **Anwalts- und Gerichtskosten** fielen unter das abzusichernde Risiko. Eine außergerichtliche Einigung zwischen Käufer und Abnehmer musste sich lediglich im Rahmen des wirtschaftlich und rechtlich Vertretbaren halten, wobei dem Käufer und Wiederverkäufer ein gewisser Spielraum zugebilligt wurde.[170] Nach Ansicht des OLG Köln genügte schon eine Kulanzregelung.[171] Keinen Anspruch auf Ersatz von Kosten der Rechtsverfolgung hat ein beim Weiterverkauf selbst arglistig handelnder Käufer.[172]

Zur Fallgruppe „Ersatz von Mangelfolgeschäden bei Zusicherungsbruch" gehört auch die Entscheidung des OLG Hamburg vom 15. 3. 1978,[173] wonach ein Verkäufer, der die Abwesenheit eines bestimmten Mangels zugesichert hat, die Mängelbeseitigungskosten ersetzen muss, die beim Käufer wegen einer Mängelrüge seines Abnehmers angefallen sind.

Konnte dem Verkäufer eine **arglistige Täuschung** nachgewiesen werden, hatte er im Rahmen des § 463 S. 2 BGB a. F. für sämtliche adäquat kausalen Mangelfolgeschäden uneingeschränkt zu haften. Anders als im damaligen Werkvertragsrecht wurde nicht nach nahen und entfernten Mangelfolgeschäden differenziert. Entscheidendes Abgrenzungskriterium war der Gesichtspunkt der adäquaten Kausalität.[174]

---

165 BGH 23. 6. 1989, NJW 1989, 2534; BGH 10. 6. 1998, NJW 1998, 2905.
166 BGHZ 50, 200 = NJW 1968, 1622.
167 LG Heidelberg 25. 7. 1973, DAR 1974, 124; vgl. auch OLG Hamm 20. 12. 1979, BB 1980, 962.
168 Urt. v. 16. 8. 1972, 76 O 537/72, n. v.
169 BGH 4. 11. 1981, NJW 1982, 435 m. Anm. *Berg,* JR 1982, 329; s. auch OLG Hamm 16. 11. 1995, OLGR 1996, 65.
170 BGH 4. 11. 1981, NJW 1982, 435; OLG Hamm 16. 11. 1995, OLGR 1996, 65.
171 Urt. v. 18. 5. 1982, 9 U 158/81, n. v.
172 OLG Celle 29. 1. 1998, OLGR 1998, 188.
173 MDR 1978, 756.
174 Nachweise bei *Soergel/Huber,* § 463 Rn 65, Fn. 42.

β) Das neue Schadensersatzrecht

Was dem Käufer nach altem Recht schadensersatzrechtlich zugestanden hat, soll ihm, so die **Grundaussage** des Reformgesetzgebers, nicht genommen werden. Ziel des neuen Kaufrechts ist eine Vereinfachung der Schadensersatzregelung bei gleichzeitig punktueller Verbesserung der Käuferposition. In den Haftungsvoraussetzungen ist der Käufer in der Tat besser gestellt, denn für den „eigentlichen Mangelschaden" haftet der Verkäufer bereits bei bloßer (vermuteter) Fahrlässigkeit, nicht erst bei Arglist oder falscher Zusicherung. Was Inhalt und Umfang der Haftung angeht, so wollte der Reformgesetzgeber unter anderem die schwierige Unterscheidung zwischen **Mangelschaden und Mangelfolgeschaden** entbehrlich machen. Dieses Ziel scheint nicht erreicht worden zu sein. Welche Schadenspositionen zum „einfachen" Schadensersatz nach § 280 I BGB gehören und welche dem Schadensersatz statt der Leistung oder dem Verzögerungsschaden zuzuordnen sind, ist sehr umstritten.[175] Problematisch ist außerdem die Abgrenzung zwischen Schadensersatz und dem in § 284 BGB jetzt speziell geregelten Ersatz für **vergebliche Aufwendungen**.

Welche Vermögenseinbußen nach §§ 437 Nr. 3, 280 I BGB ohne Rückgriff auf weitere Normen (deshalb „einfacher" Schadensersatz) liquidiert werden können, erschließt sich mittelbar daraus, dass der Gesetzgeber für bestimmte Schadensarten Zusatzvoraussetzungen aufstellt, nämlich für den Schadensersatz wegen Verzögerung der Leistung (§ 280 II BGB) und für den Schadensersatz statt der Leistung (§ 280 III BGB). Diese **Unterscheidung nach Schadensarten** ist von **grundlegender Bedeutung**.

Die neue Kategorie „Schadensersatz statt der Leistung" ist undefiniert geblieben. Ersichtlich ist damit aber nichts anderes gemeint als mit dem traditionellen Begriff „Schadensersatz wegen Nichterfüllung".[176] Allerdings war der kaufrechtliche Schadensersatzanspruch wegen Nichterfüllung, vom Gesetzgeber wohl nicht genügend bedacht, nicht auf den eigentlichen Mangelschaden beschränkt. Er erstreckte sich, wie unter Rn 1482 belegt, auch auf **Begleit- und Folgeschäden**.

Bei völliger Gleichsetzung von „Schadensersatz statt der Leistung" mit „Schadensersatz wegen Nichterfüllung" wären **Mangelfolgeschäden** nicht im Wege des „einfachen" Schadensersatzes nach §§ 437 Nr. 3, 280 I BGB zu liquidieren. Zu ersetzen wären sie nur unter den zusätzlichen Voraussetzungen des § 281, des § 282 oder des § 283 BGB, vgl. § 280 III BGB. Einen Anspruch auf Schadensersatz statt der Leistung gibt außerdem § 311 a II BGB. Zu dieser aus der Perspektive des Gebrauchtfahrzeugkaufs wichtigsten Schadensersatznorm gibt es keine Alternative in Form des „einfachen" Schadensersatzes, wenn man sich auf den Standpunkt stellt, dass § 280 I BGB die Fälle anfänglich unbehebbarer Mängel nicht erfasst.[177] Konsequenterweise müsste der Ersatz für Mangelfolgeschäden dann im Rahmen des Schadensersatzes statt der Leistung gemäß § 311 a II BGB abgewickelt werden. Da dieser Anspruch von einer vorherigen Fristsetzung unabhängig ist, die Nacherfüllungsstation fällt ja vollständig weg (§ 275 I BGB), lässt sich diese Lösung gut begründen. Sie gibt, wie vom Gesetzgeber bezweckt, die bisherige Unterscheidung zwischen Mangel- und Mangelfolgeschaden auf und vereint den gesamten Schadensersatz unter dem Dach des § 311 a II BGB. Ein weiterer Vorteil dieser Lösung besteht darin, dass beim Entlastungsbeweis eingleisig gefahren werden kann. Wer bei anfänglich unbehebbaren Mängeln den Ersatz für Mangelfolgeschäden über § 280 I BGB abwickelt,[178] wird zu einem beweisrechtlichen Spagat gezwungen.

---

175 Vgl. *Huber/Faust*, Kap. 13 Rn 99 ff; *Wagner*, JZ 2002, 475; *Lorenz*, NJW 2002, 2497.
176 BT-Drs. 14/6040, S. 136.
177 So die h. M. in der Literatur, z. B. *Ball*, ZGS 2002, 51.
178 So *Dötsch*, ZGS 2002, 161; *Schimmel/Buhlmann*, Fehlerquellen, S. 147; *Lorenz*, NJW 2002, 2497, 2501

1484 Der **Reformgesetzgeber**[179] will die über das Erfüllungsinteresse des Käufers hinausgehenden Vermögensnachteile mit § 280 I BGB als „einfachen" Schadensersatz erfassen, ohne Fristsetzungserfordernis sofort liquidierbar. Es gehe dabei um diejenigen Schäden, die nach bisherigem Recht aus positiver Forderungsverletzung ersatzfähig seien, die also an anderen Rechtsgütern als der Kaufsache selbst eingetreten seien.[180] Eine solche Orientierung an der Rechtsprechung hätte zur Konsequenz: Die praxisrelevanten Schadensposten wie Nutzungsausfall, Sachverständigenkosten, Abschleppkosten und Gewinnentgang, allesamt nach bisherigem Verständnis Mangelschäden, jedenfalls ersatzfähig nach § 463 BGB a. F. und nicht nach pVV, wären dem Schadensersatz statt der Leistung zuzuordnen. Im Anwendungsbereich des § 281 BGB – anders bei § 311 a II BGB – bedeutete dies, dass der Käufer grundsätzlich erst erfolglos eine Frist gesetzt haben muss, bevor er Ersatz erhalten kann. Eine Fristsetzung wäre freilich in vielen Fällen entbehrlich, worauf in der Literatur mit Recht hingewiesen wird.[181]

Gegenüber dieser „halbherzigen" Lösung auf dem Boden der alten Terminologie und der bisherigen Rechtsprechungsergebnisse ist die Auffassung vorzuziehen, die im Rahmen der §§ 280 I, III, 281 BGB auf den Gesichtspunkt der Fristsetzung bzw. des Rechts zur zweiten Andienung abstellt.[182] Bei Vermögenseinbußen, die im Wege der Nacherfüllung nicht verhindert werden können, richtet sich der Schadensersatzanspruch nach § 280 I BGB und nicht nach § 281 BGB iVm § 280 III. Dieses Kriterium macht für jeden einzelnen Schadensposten eine Neubestimmung erforderlich.[183] Die bisherigen Abgrenzungen, stark verjährungsrechtlich motiviert, sind durch die Schuldrechtsreform überholt.[184]

1485 Wenn der Schaden des Käufers darauf beruht, dass er **zum vereinbarten Liefertermin** nicht im Besitz einer mangelfreien Sache ist, rückt mit dem **Schadensersatz wegen Verzögerung der Leistung** eine weitere Schadensart ins Blickfeld. Aus der Sicht des Fahrzeugkaufs geht es insbesondere um Nutzungsausfall, Betriebsausfallschäden und entgangenen Gewinn. Nach Ansicht des Gesetzgebers sind derartige Einbußen keine Verzögerungsschäden i. S. d. § 280 II BGB.[185] Solche Schäden sollen unmittelbar nach § 280 I BGB zu ersetzen sein. Das ist zwar insoweit inkonsequent, als es sich hier nicht um Anwendungsfälle der ehemaligen positiven Vertragsverletzung, sondern um Mangelschäden handelt, die unter § 463 BGB a. F. fielen. Bei behebbaren Mängeln (also mit Nacherfüllungsmöglichkeit) ist § 280 I BGB in der Tat die richtige Anspruchsgrundlage, wenn und insoweit die Nacherfüllung den Eintritt des Schadens nicht verhindert hätte, eine Fristsetzung also sinnlos gewesen wäre. Bei einem Verlust aus einer beabsichtigten Weiterveräußerung muss danach unterschieden werden, wann der potenzielle Abnehmer auf Grund des Sachmangels „abgesprungen" ist.[186] Bei sofortiger Abstandnahme nach Auslieferung an den Käufer kann dieser den ihm entgangenen Gewinn nach § 280 I BGB liquidieren, ohne zuvor eine Frist gesetzt haben zu müssen.

---

179 BT-Drucks. 14/6040, S. 87 f., 94.
180 BT-Drucks. 14/6040, S. 225.
181 *Huber/Faust*, Kap. 13 Rn 106.
182 Neues Schuldrecht/*Haas*, Kap. 5 Rn 235, 236.
183 Das neue Schuldrecht/*Haas*, Kap. 5 Rn 236; *Huber/Faust*, Kap. 13 Rn 104.
184 *Lorenz*, NJW 2002, 2047.
185 BT-Drucks. 14/6040, S. 225.
186 *Huber/Faust*, Kap. 13 Rn 104.

γ) Inhalt und Umfang des Schadensersatzes statt der Leistung nach §§ 437 Nr. 3, 280 III, 281, 283, 311 a II BGB

αα) Wahlrecht des Käufers

Der Käufer kann, wie bisher im Rahmen des § 463 BGB a. F., den Anspruch auf Schadensersatz statt der Leistung **nach seiner freien Wahl in zweifacher Weise** geltend machen: Er kann das (bereits abgenommene) Fahrzeug behalten und Schadensersatz wegen nicht gehöriger Erfüllung verlangen („kleiner" Schadensersatz statt der Leistung). Er kann das Fahrzeug aber auch zurückgeben bzw. zurückweisen und **Schadensersatz statt der ganzen Leistung** verlangen („großer" Schadensersatz). **In der Praxis** überwiegt die zweite Alternative. **Typischerweise** verlangen Gebrauchtfahrzeugkäufer die Rückzahlung des vollen Kaufpreises sowie Erstattung nutzloser Aufwendungen abzüglich Nutzungsentgelt (Gebrauchsvorteile).

1486

Das Wahlrecht des Käufers ist grundsätzlich unbeschränkt. Der Schadensersatz statt der ganzen Leistung ist im Fall der Schlechtleistung (anders bei Teilleistung, s. § 281 I,2 BGB) nicht davon abhängig gemacht worden, dass der Käufer an der Sache kein Interesse mehr hat. Ein Interessenfortfall ist also keine Anspruchsvoraussetzung.

An eine strengere Voraussetzung ist der **„große" Schadensersatz** nur in einem einzigen Punkt gebunden: Die **Pflichtverletzung** darf **nicht unerheblich** sein (§ 281 I,3 BGB). Näheres dazu unter Rn 1328, 1385 ff.

Nach **altem Kaufrecht** stand dem Käufer die Möglichkeit, zwischen dem „kleinen" und dem „großen" Schadensersatz zu wählen, **in zeitlicher Hinsicht** nicht unbegrenzt offen. Wegen des Interesses des Verkäufers an einer definitiven Entscheidung darüber, ob der Käufer das Fahrzeug behalten oder zurückgeben will, ist eine analoge Anwendung des § 466 BGB a. F. befürwortet worden. Gedacht wurde auch an eine Analogie zu § 264 Abs. 2 BGB.[187] Letztere bleibt nach neuem Recht möglich. § 466 BGB ist hingegen ersatzlos gestrichen worden, weil er nicht mehr in das Reformkonzept passt. Eine Analogie zu § 350 BGB n. F. verbietet sich, weil diese Vorschrift nicht einmal auf das gesetzliche Rücktrittsrecht anwendbar ist.

ββ) Verhältnis zu anderen Rechten

Das dichte Gedränge von Rechtsbehelfen führt immer wieder zu der Frage, welcher Weg für den Käufer der beste und sicherste ist. In der Vergangenheit haben Käufer-Anwälte häufig bewusst, aber auch ohne taktisches Kalkül, offen gelassen, ob der Anspruch bzw. die Klage (ausschließlich) auf eine schadensersatzrechtliche Anspruchsgrundlage gestützt wird oder ob – alternativ oder hilfsweise – eine rücktrittsrechtliche oder gar eine bereicherungs- oder deliktsrechtliche Abwicklung das Ziel ist. Diese „offene" Vorgehensweise hat vielfältige Fragen hervorgerufen, materiellrechtliche wie prozessuale. In der Tendenz waren die Gerichte käuferfreundlich. Durch mancherlei Hilfestellung haben sie Käufer zum „richtigen" Ziel geführt.

1487

Nach altem Recht konnten Schadensersatz wegen Nichterfüllung (§ 463 BGB a. F.) und Wandlung auch im **Eventualverhältnis** geltend gemacht werden.[188] Von einer solchen Vorgehensweise hatte der Richter auszugehen, es sei denn, dass der Käufer klar zum Ausdruck gebracht hat, ausschließlich Wandlung oder nur Schadensersatz zu begehren.[189] Eine Klage auf „großen" Schadensersatz konnte im Wege der Auslegung als Wandlungsklage

1488

---

187 Dafür *Derleder/Abramjuk*, AcP 190 (1990), 647.
188 BGH 23. 5. 1984, WM 1984, 1098; BGH 9. 5. 1990, NJW 1990, 2683; BGH 9. 10. 1991, NJW 1992, 566.
189 BGH 9. 10. 1991, NJW 1992, 566.

für den Fall gedeutet werden, dass ein Schadensersatzanspruch nicht besteht.[190] Wenn der Anspruch auf den „großen" Schadensersatz auf diese oder auf andere Weise von Anfang an Streitgegenstand gewesen ist, stellte der Übergang auf den „kleinen" Schadensersatz **keine Klageänderung** dar.[191] Es wurde nur die Schadensberechnung geändert.

1489 Im neuen Kaufrecht ist an die Stelle der Wandlung der Rücktritt getreten. Dabei handelt es sich, anders als bei der Wandlung, nicht um einen Anspruch, sondern um ein Gestaltungsrecht. Diese Änderung wirft neue Fragen auf. Eine davon ist in **§ 325 BGB n. F.** geregelt. Danach wird das Recht des Käufers, Schadensersatz zu verlangen, durch den Rücktritt nicht ausgeschlossen. Die **„Rücktrittsfalle"** ist somit beseitigt.

§ 325 BGB beantwortet nicht die Frage, ob der Käufer, der Schadensersatz statt der Leistung verlangt hat, anschließend noch auf Rücktritt wechseln kann, etwa dann, wenn dem Verkäufer der Entlastungsbeweis gelungen ist. Nach § 281 IV BGB könnte ein solches „Umsatteln" ausgeschlossen sein. Diese Vorschrift, die im Rahmen des § 311 a II BGB konsequenterweise keine entsprechende Anwendung findet, schließt den Anspruch auf die Leistung aus; damit auch den Anspruch des Käufers auf Nacherfüllung. Das wiederum könnte bei behebbaren Mängeln in einer Art Kettenreaktion zugleich die Rechte auf Minderung bzw. Rücktritt ausschließen.[192] Der Käufer, der Schadensersatz statt der ganzen Leistung fordert, erstrebt eine rücktrittsähnliche Lösung. Sein Verlangen kann zwanglos in die Ausübung des Rücktrittsrechts umgedeutet werden.[193] § 281 IV BGB dürfte kein Hinderungsgrund sein. Schwieriger erscheint das Verhältnis von „kleinem" Schadensersatz und (späterem) Rücktritt. Denn hier fehlt es am Gleichlauf im Abwicklungsziel. Die mit der Wahl des „kleinen" Schadensersatzes bezweckte und bewirkte Umgestaltung des Rechtsverhältnisses lässt zwar Raum für eine Minderung als Minus, nicht aber für den Rücktritt als gänzlich anderen Rechtsbehelf.

1490 Eine **Besonderheit von Gewährleistungsprozessen** aus Gebrauchtfahrzeugkäufen bestand darin, dass in den Schriftsätzen der Käuferanwälte der Arglistvorwurf eine zentrale Rolle spielte. Das Freizeichnungsverbot im Bereich des Verbrauchsgüterkaufs wird diese Thematik zwar etwas zurückdrängen, ein Streitpunkt ersten Ranges wird die Arglistfrage gleichwohl bleiben, zumal außerhalb des Verbrauchsgüterkaufs. In Anwaltsschriftsätzen wird sie nicht selten unter verschiedenen Blickwinkeln angesprochen. Ein Aspekt ist die **Anfechtung wegen arglistiger Täuschung** (§ 123 BGB). Aus eingereichten **vorgerichtlichen** Schreiben kann sich zudem ergeben, dass der Käufer von seinem Anfechtungsrecht bereits Gebrauch gemacht hat. Hier ist zu bedenken, dass eine **wirksame Anfechtung** den vertragsrechtlichen Sachmängelansprüchen, auch den Schadensersatzansprüchen, die Grundlage entzieht.[194] Mit dem Erfolg der Anfechtung hat der Anfechtende die Befugnis verloren, die Wirkung der Anfechtung zu beseitigen und sie als nicht geschehen zu behandeln.[195]

Die Rücknahme der Anfechtungswirkung kann nur einverständlich erfolgen, freilich auch durch konkludentes Verhalten, z. B. Weiterbenutzung des Fahrzeugs mit Billigung des Verkäufers. Diese anspruchsvernichtende Auswirkung einer Anfechtung, freilich nur einer rechtswirksamen, sollte der Anwalt des Käufers von Beginn des Mandats an im Auge haben. Aus richterlicher Sicht stellt sich die Frage einer etwaigen Vertragsanfechtung

---

190 BGH 28. 2. 1996, NJW 1996, 1962.
191 BGH 9. 5. 1990, NJW 1990, 2683; v. 9. 10. 1991, NJW 1992, 566.
192 Dafür Das neue Schuldrecht/*Haas*, Kap. 5 Rn 244.
193 Vgl. auch BGH 28. 2. 1996, NJW 1996, 1962.
194 BGH 12. 5. 1995, NJW 1995, 2361 unter III; BGH 29. 10. 1959, NJW 1960, 237; OLG Karlsruhe 18. 12. 1985, NJW-RR 1986, 542; abw. OLG Bamberg 2. 3. 1994, NJW-RR 1994, 1333.
195 BGH 29. 10. 1959, NJW 1960, 237.

als Vorfrage, wenn es darum geht, ob die Klage aus vertraglichen Anspruchsgrundlagen schlüssig ist, siehe auch Rn 1714.

Allgemein gilt nach wie vor: Sofern eine ausdrückliche Erklärung des Käufers fehlt, ist anhand des gesamten Verhaltens zu ermitteln, welchen der verschiedenen vertraglichen und außervertraglichen Rechtsbehelfe er geltend macht. Im Zweifel ist anzunehmen, dass die klagende Partei sich auf alle nach ihrem Tatsachenvortrag in Betracht kommenden rechtlichen Gesichtspunkte stützen will, die geeignet sind, ihrem Anliegen zum Erfolg zu verhelfen.[196]

γγ) Der „kleine" Schadensersatz statt der Leistung (Abwicklungs- und Bemessungsfragen)

Ausgangspunkt: Der Käufer ist so zu stellen, als ob er eine mangelfreie Sache erhalten hätte.[197] Der **Mindestschaden** besteht in der Differenz zwischen dem Wert im mangelfreien Zustand und dem Wert im mangelhaften Zustand. Wenn dieser Wertunterschied auch nicht notwendigerweise den **Kosten der Mängelbeseitigung** entspricht, so sind diese doch zumeist ein tauglicher **Bemessungsfaktor**.[198] Für den „kleinen" Schadensersatz nach § 463 S. 2 BGB a. F. (Arglist) war dieser Ansatz allgemein anerkannt.[199] Im Rahmen der Zusicherungshaftung (§ 463 S. 1 BGB a. F.) hat man auf diejenigen Kosten abgestellt, die zur Herstellung des versprochenen Zustandes, z. B. „generalüberholt", erforderlich sind.[200]

1491

Im Einzelfall kann diese vereinfachte Form der Berechnung des mangelbedingten Minderwerts korrekturbedürftig sein oder ganz versagen.[201] Nicht selten weist das verkaufte Fahrzeug außer dem haftungsbegründenden Mangel technische Schäden auf, die rechtlich unerheblich sind (Verschleiß, Abnutzung) oder für die die Haftung wirksam ausgeschlossen ist. Eine weitere Schwierigkeit kann durch Wertsteigerungen eintreten, die mit der Mängelbeseitigung verbunden sind.

Beispiele für die Berechnung des „kleinen" Schadensersatzes aus der Rechtsprechung vor der Schuldrechtsreform:

– Der arglistig getäuschte Käufer eines **Unfallwagens** kann die Kosten für die Beseitigung des Unfallschadens ersetzt verlangen.[202] Unterläuft der Werkstatt bei der Reparatur ein Fehler, haftet der Verkäufer auch für diese Folgekosten.[203] Das Werkstattrisiko liegt wie im Fall der Unfallschadensregulierung beim Schädiger. Von der Ersatzpflicht ausgenommen sind dagegen solche Vermögenseinbußen, die mit dem offenbarungspflichtigen Mangel in keinem ursächlichen Zusammenhang stehen.

1492

– Fehlt dem Wagen die zugesicherte Eigenschaft der **Generalüberholung,** so schuldet der Verkäufer die Kosten einer solchen Maßnahme.[204]

---

196 BGH 9. 5. 1990, NJW 1990, 2683; v. 9. 10. 1991, NJW 1992, 566.
197 St. Rspr. zu § 463 BGB a. F., z. B. BGH 12. 7. 1991, NJW 1991, 2900 (Grundstückskauf).
198 Maßgeblich sind die Bruttoreparaturkosten, so OLG Düsseldorf 20. 3. 1998, OLGR 1998, 279 für die Minderung.
199 BGH 26. 1. 1983, NJW 1983, 1424; BGH 23. 6. 1989, NJW 1989, 2534; BGH 10. 6. 1998, NJW 1998, 2905.
200 BGH 6. 12. 1995, NJW 1996, 584; OLG Karlsruhe 30. 3. 1979, OLGZ 1979, 431.
201 OLG Düsseldorf 12. 11. 2001, OLGR 2002, 268 – Immobilienkauf.
202 OLG München 20. 3. 1980, NJW 1980, 1581.
203 OLG Köln 2 U 113/79, n. v.
204 OLG Karlsruhe 30. 3. 1979, OLGZ 1979, 431; OLG Celle 16. 7. 1992, 7 U 141/91, n. v. (Agentur).

- Die Zusage, der Wagen habe einen **„überholten" Motor**, verpflichtet den Verkäufer zum Ersatz der Kosten für die Reparatur eines Motorschadens, der bei einem wirklich überholten Motor nicht aufgetreten wäre.[205]
- Wer entgegen seiner Zusage den Wagen ohne **Servolenkung** liefert, hat die Kosten für dieses Extra einschließlich der Einbaukosten zu ersetzen.[206]
- Der Käufer, dem der Verkäufer arglistig verschwiegen hat, dass das Fahrzeug mit einem **nicht typengerechten Motor** ausgestattet ist, kann als Schadensersatz einen Betrag in Höhe der Kosten für die Umrüstung auf einen gebrauchstauglichen typengerechten Motor verlangen. Auf diesen Schadensersatzanspruch ist – vorbehaltlich eines Abzugs neu für alt – ohne Einfluss, dass die Parteien jede Gewährleistung ausgeschlossen haben und der nicht typengerechte Motor auch schadhaft und nicht mehr instandsetzungsfähig war.[207] Die **begrenzte Reichweite** der Freizeichnungsklausel ist auch zu beachten, wenn der Verkäufer das Vorhandensein eines **Austauschmotors** oder eines **generalüberholten Motors** vorgespiegelt hat.
- Fehlt dem Fahrzeug die zugesicherte Eigenschaft **„technisch und optisch Bestzustand",**[208] kann der Käufer Ersatz derjenigen Kosten verlangen, die zur Herstellung dieser Eigenschaft erforderlich sind, z. B. die Kosten einer Teillackierung.[209]
- Auf die **volle** Differenz zwischen dem hypothetischen und dem tatsächlichen Wert haftet der Verkäufer auch dann, wenn der hypothetische Wert den Kaufpreis deutlich übersteigt.[210] Ungewöhnlich hohe Wertsprünge sind z. B. beim Kauf von **Liebhaberfahrzeugen** möglich.
- Hat der Verkäufer eine unrichtige **Kilometerlaufleistung** zugesichert, kann der Käufer im Rahmen des „kleinen" Schadensersatzes die Wertdifferenz so berechnen: Wagen mit zugesicherten 41.000 km = 10.000 DM, Wagen mit tatsächlichen 141.000 km = 5000,– DM, Schaden: 5000,– DM.[211] Vertretbar erscheint auch folgende Lösung: Die tatsächlichen Mehrkilometer werden mit Hilfe der Formel über den linearen Wertschwund bewertet; der sich dabei ergebende Betrag wird mit dem Schaden des Käufers gleichgesetzt.[212]

Diese Beispiele aus der Rechtsprechung können auch zur Lösung von Fällen herangezogen werden, die **nach neuem Kaufrecht** zu beurteilen sind. In die Bemessung des **eigentlichen Mangelschadens** wollte der Reformgesetzgeber nicht eingreifen.

1493 Ob ein **Abzug** unter dem Gesichtspunkt **„neu für alt"** zu machen ist, hängt zunächst vom Inhalt der Beschaffenheitsvereinbarung ab, ist also Auslegungsfrage. Heißt es im Vertrag „Austauschmotor, Null Kilometer", hat der Käufer Anspruch auf Ersatz der gesamten Kosten, die bei dem Einbau eines „neuen" Austauschmotors anfallen. Anders ist es, wenn die Information lautet: „Austauschmaschine, 26 000 km". In diesem Fall (zur Auslegung

---

205 OLG Frankfurt 6. 3. 1980, VRS 58, 330 (Auslandsreparatur).
206 A. A. LG Bochum 2. 10. 1979, NJW 1980, 789 = DAR 1981, 15; dazu *Eggert,* DAR 1981, 1; wie hier MK-*Westermann,* § 463 Rn 21 a.
207 BGH 26. 1. 1983, NJW 1983, 1424; vgl. auch OLG Düsseldorf 8. 5. 1992, NJW-RR 1993, 58.
208 Zusicherung bejaht von LG Köln 25. 10. 1988, 3 O 491/87, n. v. (zweifelhaft, vgl. die Kasuistik unter Rn 1170, 1171).
209 LG Köln 25. 10. 1988, 3 O 491/87, n. v. (spätestens bei der Schadensbemessung zeigt sich die Fragwürdigkeit der Annahme einer Zusicherung).
210 BGH 19. 5. 1993, NJW 1993, 2103 – Gemäldekauf.
211 Vgl. KG 24. 7. 1997, NJW-RR 1998, 131 = DAR 1998, 69; nach LG Köln 16. 8. 1972, 76 O 537/72, n. v., kann der Käufer in einem solchen Fall auch die Kosten für den Einbau eines ATM ersetzt verlangen, wenn das Fahrzeug dadurch in den Zustand versetzt wird, den es bei Vorhandensein der zugesicherten Laufleistung gehabt hätte.
212 Vgl. OLG Düsseldorf 18. 6. 1999, NZV 1999, 514, für den Fall der Minderung.

s. Rn 1084) kann der Käufer zumindest die Montagekosten in vollem Umfang ersetzt verlangen, bei den Materialkosten muss er je nach Laufleistung des eingebauten Motors Abstriche hinnehmen.[213] Instruktiv BGH NJW 1996, 584 (Tankwagen).

Durch den Schadensersatz darf der Käufer wirtschaftlich nicht besser gestellt werden, als er bei vertragsgemäßer Beschaffenheit des Fahrzeugs gestanden hätte (Bereicherungsverbot). Etwas anderes besagt auch nicht die Entscheidung des LG Köln vom 27. 5. 1970.[214] Sie ist dahin missverstanden worden, dass beim Einbau eines Austauschmotors in ein Gebrauchtfahrzeug kein Abzug nach den Grundsätzen der Vorteilsausgleichung in Betracht komme.[215] Zur Ermittlung des Abzugs „neu für alt" bei Einbau eines neuen bzw. neuwertigen Ersatzteils in ein älteres Fahrzeug s. BGH NJW 1996, 584.

Außer dem mängelbedingten (technischen und merkantilen) **Minderwert** gehörten zum „kleinen" Nichterfüllungsschaden i. S. v. § 463 BGB a. F. folgende Positionen: **1494**

– Abschleppkosten
– Untersuchungskosten (Gutachterkosten)[216]
– Mietwagenkosten[217]
– Nutzungsausfall (entgangene Gebrauchsvorteile).[218]

Im Rahmen des „kleinen" Nichterfüllungsschadens gemäß § 463 BGB a. F. nicht erstattungsfähig sind die **Finanzierungskosten**, die der Käufer für den Teilbetrag des Kaufpreises hat aufwenden müssen, der auf den Minderwert entfällt.[219]

Den **Nutzungsausfall** hat der BGH[220] zum **reinen Nichterfüllungsschaden** gezählt, sieht darin also – entgegen einigen Obergerichten[221] – **keinen Mangelfolgeschaden**. Im neuen Kaufrecht fiele dieser Schadensposten demnach unter „Schadensersatz statt der Leistung", also nicht unter den „einfachen" Schadensersatz nach § 280 I BGB, auch nicht unter den Verzögerungsschaden i. S. d. § 280 II BGB (zur Abgrenzung s. Rn 1483 ff.). **1495**

Zu einem **BGH-Urteil**, das einem Fahrzeugkäufer auf der Grundlage des § 463 BGB a. F. eine Nutzungsausfallentschädigung zuerkannt hat, ist es nicht mehr gekommen. Die vom OLG Hamm[222] in einer Gebrauchtwagensache zugelassene Revision ist allem Anschein nach nicht durchgeführt worden. Das Pelzmantel-Urteil des VIII. ZS vom 12. 2. 1975[223] und die Entscheidung des V. ZS vom 21. 2. 1992[224] lassen jedoch vermuten, dass der BGH (VIII. ZS) gegen den Widerstand des Schrifttums[225] einen Anspruch auf Nutzungsausfallentschädigung beim Pkw- und Motorradkauf wenigstens bei dem „kleinen" Schadensersatz anerkennen wird (zur Problematik beim „großen" Schadensersatz s. Rn 1512). In Fällen, in denen Käufer von Pkw ihre vorübergehend unbenutzbaren Fahrzeuge behalten und lediglich den Minderwert liquidiert haben, haben mehrere Oberlandes-

---

213 Vgl. OLG Schleswig 6. 2. 1973, VersR 1975, 189; s. auch BGH 26. 1. 1983, NJW 1983, 1424.
214 MDR 1970, 1010.
215 Vgl. OLG Bamberg 6. 3. 1974, DAR 1974, 188.
216 BGH 5. 7. 1978, NJW 1978, 2241; OLG Hamm 20. 12. 1979, BB 1980, 962 (insoweit nicht abgedruckt); KG 24. 7. 1997, NJW-RR 1998, 131 = DAR 1998, 69; OLG Celle 29. 1. 1998, OLGR 1998, 188 – DEKRA-Gebrauchtwagenbewertung.
217 OLG Frankfurt 6. 5. 1992, NZV 1993, 190 m. Anm. *Eggert* – „großer" Schadensersatz.
218 BGH 5. 7. 1978, NJW 1978, 2241.
219 BGH 28. 6. 2002, V ZR 188/01, EBE 2002, 290; OLG Saarbrücken 15. 1. 1997, OLGR 1997, 17.
220 Urt. v. 5. 7. 1978, NJW 1978, 2241.
221 OLG Hamm 20. 12. 1979, BB 1980, 962; OLG Frankfurt 6. 5. 1992, NZV 1993, 190.
222 Urt. v. 20. 12. 1979, BB 1980, 962.
223 BGHZ 63, 393 = NJW 1975, 733.
224 BGHZ 117, 260 = NJW 1992, 1500 – Immobilienkauf.
225 Nachweise in BGHZ 85, 11, 14.

gerichte[226] unter Zustimmung der h. L.[227] einen Anspruch auf Ersatz von Nutzungsausfall bejaht. Das erscheint sachgerecht.

In der vorübergehenden Unbenutzbarkeit eines eigengenutzten Kraftfahrzeugs liegt nach der vom Großen Senat des BGH bestätigten Auffassung ein ersatzfähiger Vermögensschaden.[228] Die Ersatzfähigkeit auf deliktische Haftungsnormen zu beschränken, hat der BGH wiederholt ausdrücklich abgelehnt.[229] Innerhalb der Vertragshaftung nach einzelnen Anspruchsgrundlagen zu differenzieren, leuchtet gleichfalls nicht ein. Zu verkennen ist freilich nicht, dass es einen Unterschied macht, ob ein Verkäufer bzw. ein Kfz-Vermittler das Fahrzeug bzw. die Fahrzeugpapiere pflichtwidrig zurückhält und dadurch den Gebrauch des Fahrzeugs vereitelt oder ob der Nutzungsausfall die Folge eines verschwiegenen Fahrzeugmangels ist. Im Hinblick auf die Einschätzung des Nutzungsausfalls als Vermögensschaden ist dieser Unterschied in der Einwirkung auf das Fahrzeug und auf das Nutzungsinteresse des Vertragsgläubigers jedoch unbeachtlich.

Abgesehen von der Pflichtverletzung, setzt der Anspruch auf Nutzungsausfallentschädigung voraus: **Kausalität** zwischen Vertragswidrigkeit und Nutzungsausfall, ferner die **Möglichkeit** und die **Bereitschaft** des Käufers, das Fahrzeug ohne den haftungsbegründenden Mangel zu benutzen. Da es nach zutreffender Ansicht des BGH nicht um einen Mangelfolgeschaden, sondern um einen (unmittelbaren) **Mangelschaden** ging, war es im Rahmen des § 463 S. 1 BGB a. F. belanglos, ob der Käufer gerade durch die Zusicherung vor einem Ausfall des Fahrzeugs geschützt werden sollte. In den meisten Fällen war jedoch auch dieses Kriterium zu bejahen.[230]

1496 Was die **Höhe der Nutzungsausfallentschädigung** angeht, so kann auf die umfangreiche Rechtsprechung zum Unfallschadensrecht zurückgegriffen werden. Beim Ausfall privatgenutzter Pkw/Kombis wird üblicherweise nach der Tabelle von *Sanden/Danner/Küppersbusch/Rädel* abgerechnet. Das OLG Düsseldorf[231] hat diese Tabelle auch für den Schadensersatz nach § 463 BGB a. F. herangezogen, den dort entnommenen Wert aber – aus nicht ganz nachvollziehbaren Erwägungen – um 50% gekürzt. Das Alter des Fahrzeugs war für den Senat kein Grund zur Kürzung. Nach richtiger, aber bestrittener Ansicht gelten die Tabellenwerte ohne Abstriche auch für Pkw, die älter als fünf Jahre sind.[232] Bei ungewöhnlich alten, schlecht erhaltenen Fahrzeugen sind jedoch die – niedrigeren – Vorhaltekosten maßgeblich (BGH NJW 1988, 484). Ausnahmeregeln bestehen auch für gewerblich genutzte Kraftfahrzeuge und allgemein für Sonderfahrzeuge wie Wohnmobile etc.[233]

1497 Anders als im Unfallschadensrecht mit seinen relativ festen Regeln zur Bemessung der Ausfallzeit sind die Pflichten eines Käufers zur **Geringhaltung des Nutzungsausfallschadens** gerichtlich kaum geklärt. Dies gilt sowohl für den Ersatz von Mietwagenkosten als auch für die „abstrakte" Ausfallentschädigung. Orientierungshilfe geben die Urteile des OLG Frankfurt vom 6. 5. 1992[234] (Mietwagenkosten beim „großen" Schadensersatz) und

---

226 OLG Stuttgart 1. 2. 1967, VersR 1967, 1207; OLG Hamm 20. 12. 1979, BB 1980, 962; OLG Düsseldorf 19. 3. 1993, OLGR 1993, 193 = ZfS 1993, 339; s. auch OLG Frankfurt 6. 5. 1992, NZV 1993, 190 (aber „großer" Schadensersatz).
227 *Soergel/Huber,* § 463 Rn 53, Rn 52 (Fn. 23); *Jauernig/Vollkommer,* § 463 Anm. 4 c, aa; wohl auch MK-*Grunsky,* vor § 249 Rn 18, und *Soergel/Mertens,* § 249 Rn 100.
228 Beschl. v. 9. 7. 1986, NJW 1987, 50.
229 BGHZ 63, 393; BGHZ 85, 11; BGHZ 88, 11.
230 Vgl. OLG Hamm 20. 12. 1979, BB 1980, 962 – falsche km-Angabe; LG Köln 16. 8. 1972, 76 O 537/72, n. v. – Unfallfreiheit.
231 Urt. v. 19. 3. 1993, OLGR 1993, 193.
232 KG 26. 4. 1993, NZV 1993, 478 m. w. N.
233 Zum Teil wird bei Sonderfahrzeugen ein Anspruch schon dem Grunde nach verneint (BGH NJW 1983, 444 – Wohnwagen; OLG Düsseldorf NJW-RR 1993, 36 – Oldtimermotorrad).
234 NZV 1993, 190 m. Anm. *Eggert.*

des OLG Düsseldorf vom 19. 3. 1993[235] („abstrakter" Nutzungsausfall). Den Zeitraum, in dem das Fahrzeug – nach der Reparatur – **abgemeldet** war, hat das OLG Düsseldorf wegen Verstoßes gegen **§ 254 II BGB** ausgeklammert.

Für den „kleinen" Schadensersatzanspruch kommt es nicht darauf an, ob der Käufer das Fahrzeug noch zurückgeben könnte.[236] Eine Weiterveräußerung macht die Schadensberechnung anhand der fiktiven Mängelbeseitigungskosten nicht unzulässig.[237] Die **Rückgabemöglichkeit** spielt nur beim „großen" Schadensersatz eine Rolle (s. Rn 1531). Nur in diesem Fall hat der Verkäufer ein Rückforderungsrecht (§ 281 V BGB). **1498**

Einen nachgewiesenen Minderwert kann der Käufer selbst dann liquidieren, wenn er das Fahrzeug mit Gewinn weiterverkauft hat. Dabei ist es unerheblich, ob er mit seinem Abnehmer einen Gewährleistungsausschluss vereinbart hat oder nicht.[238] Der einmal entstandene Schaden bleibt durch den Weiterverkauf unberührt.[239] Eine Vorteilsausgleichung tritt nicht ein, siehe Rn 1587.

Darlegungs- und Beweislast beim „kleinen" Schadensersatz statt der Leistung nach §§ 437 Nr. 3, 311a II BGB: Der Käufer muss darlegen und notfalls beweisen: den (Sach)Mangel (Näheres zum Mangelnachweis, auch zur Beweislastumkehr, s. Rn 1329 ff.), ein bei Vertragsschluss, nicht bei Übergabe, vorliegendes Leistungshindernis, z. B. in Form „qualitativer Unmöglichkeit" (dazu Rn 1379), ferner den Wert des Fahrzeugs im mangelfreien Zustand und den tatsächlichen Wert des Fahrzeugs im mangelhaften Zustand. Da er auf die Reparaturkosten abstellen darf, kann er auf Gutachtenbasis abrechnen. In Fällen, für die das ab dem 1. 8. 2002 geltende Schadensersatzrecht maßgeblich ist, ist die Neufassung des § 249 BGB zu beachten (Ersatz der Umsatzsteuer nur bei tatsächlichem Anfall). Nicht darzulegen und zu beweisen braucht der Käufer, dass der Verkäufer ihm das Fahrzeug im Falle der Aufklärung zu einem entsprechend niedrigeren Preis überlassen hätte.[240] **1499**

Der Anspruch des Käufers auf den „kleinen" Schadensersatz ist nicht davon abhängig, dass die Pflichtverletzung (Lieferung der mangelhaften Sache) **erheblich** ist. M. a. W.: Auch bei einem nur **geringfügigen Sachmangel** kann der Käufer Schadensersatz verlangen, wenn auch nur den „kleinen". Ergänzende Ausführungen zur Erheblichkeitsproblematik unter Rn 1328. **1500**

Darlegungs- und Beweislast beim „kleinen" Schadensersatz nach §§ 437 Nr. 3, 280 I, III, 281 I BGB: Ist der Sachmangel – anders als in den Fällen qualitativer Unmöglichkeit mit Anwendbarkeit des § 311 a II BGB – behebbar, kann der Käufer den „kleinen" Schadensersatz (statt der Leistung) nur unter den Voraussetzungen des § 281 BGB verlangen (§ 280 III BGB). Dem Verkäufer muss grundsätzlich eine **angemessene Frist zur Nacherfüllung** gesetzt worden sein. Erst wenn diese Frist erfolglos verstrichen ist, kann der Käufer die Nacherfüllungsebene verlassen und Schadensersatz statt der Leistung fordern, und sei es auch nur in der „kleinen" Ausprägung. Da beim Gebrauchtfahrzeugkauf eine Neulieferung von vornherein entfällt (dazu Rn 1368 ff.), ist bei behebbaren Mängeln lediglich eine Nachbesserungsstation vorgeschaltet. Näheres dazu s. Rn 1378 ff. **1501**

Gemäß § 440 BGB wird der Käufer in eine Reihe von Fällen von dem Erfordernis der Fristsetzung freigestellt, d. h. er kann sofort u. a. Schadensersatz statt der Leistung verlangen. Näheres zu dieser Problematik unter Rn 1389 ff.

---

235 OLGR 1993, 193 = ZfS 1993, 339.
236 BGH 9. 10. 1991, NJW 1992, 566.
237 BGH 10. 6. 1998, NJW 1998, 2905 = ZIP 1998, 1313.
238 OLG München 20. 3. 1980, NJW 1980, 1581 m. w. N.; siehe auch Rn 1983 ff. – „Käuferkette".
239 BGH 19. 9. 1980, NJW 1981, 45, 46.
240 BGH 2. 6. 1980, WM 1980, 1006; *Tiedtke*, JZ 1989, 569; *ders.*, JZ 1990, 1077; unrichtig, weil auf das negative Interesse abstellend, OLG Koblenz 18. 10. 1990, BB 1991, 722.

δδ) Der „große" Schadensersatz statt der Leistung (Abwicklungs- und Bemessungsfragen)

1502 Will der Käufer das Fahrzeug nicht behalten bzw. es erst gar nicht abnehmen oder – anders betrachtet – will er den vollen Kaufpreis einschließlich Zinsen zurückhaben, muss er sich im Rahmen vertraglicher Ansprüche für den „großen" Schadensersatz und/oder für eine rücktrittsrechtliche Rückabwicklung entscheiden.[241] Sein Wahlrecht ist grundsätzlich unbeschränkt (s. Rn 1486). Was **im Rechtsstreit** sein wahres Ziel ist, ist beim Fehlen einer ausdrücklichen Erklärung anhand seines gesamten Prozessverhaltens zu ermitteln, notfalls gemäß § 139 ZPO zu klären, siehe Rn 1490.

Kaufpreisrückzahlung und Verzinsung

1503 Der bereits gezahlte Kaufpreis bzw. Kaufpreisanteil (Anzahlung) ist zurückzuzahlen. Er machte nach altem Recht den **Mindestschaden** des Käufers aus. Nach neuem Recht kann der Käufer gefahrlos auch den Rücktritt erklären und die von ihm erbrachte Leistung nach §§ 437 Nr. 2, 323 BGB iVm § 346 I BGB zurückfordern. Ob er den Weg über den Rücktritt gehen muss oder ob ein etwa erklärter Rücktritt lediglich unschädlich ist (§ 325 BGB), wird die Rechtsprechung zu klären haben. Dem Kombinationsmodell ist der Vorzug zu geben.

Gegenstand der Rückzahlungspflicht ist, so oder so, der vom Käufer an den Verkäufer oder dessen Vertreter gezahlte Kaufpreis. Hält der Vermittler beim **Agenturgeschäft** einen Teilbetrag zurück, muss der Verkäufer gleichwohl den vollen Kaufpreis erstatten.[242]

Hat der Käufer einen Teil des Kaufpreises durch **Hingabe seines Altwagens** „ersetzt" („Gebraucht auf Gebraucht"),[243] so kann er im Rahmen des „großen" Schadensersatzes außer dem bar gezahlten Kaufpreisteil auch den für seinen Altwagen angerechneten Geldbetrag verlangen.[244]

1504 Analog den §§ 467, 347 S. 3 BGB a. F. war der Geldbetrag, der tatsächlich gezahlt wurde, schon ab Empfang mit 4% **zu verzinsen.**[245] Nach neuem Recht gibt es keine Festverzinsung; es gilt § 347 S. 1 BGB (Wertersatz bei nicht gezogenen Nutzungen), dazu s. Rn 312.

Rückübertragung von Besitz und Eigentum

1505 Besitz und Eigentum am Fahrzeug und am Fahrzeugbrief sind Rechtspositionen, die ein Käufer, der Schadensersatz statt der ganzen Leistung geltend macht, nicht behalten darf. Der Verkäufer ist zur Rückforderung nach den §§ 346–348 BGB berechtigt (§ 281 V BGB). Der Schadensersatzanspruch ist inhaltlich also nicht dahin beschränkt, dass er nur Zug um Zug gegen Rückübereignung von Fahrzeug und Brief geltend gemacht werden kann.[246] Wie bei rücktrittsrechtlicher Abwicklung, bei der ein Zug-um-Zug-Antrag nur aus Kostengründen ratsam ist,[247] besteht beim „großen" Schadensersatz keine Rechtspflicht zur Einschränkung des Klageantrags.

Mit der Rücknahme des Fahrzeugs kann der Verkäufer sowohl in Schuldner – als auch in Gläubigerverzug geraten. Im Einzelnen war hier nach altem Recht manches strittig, so z. B.

---

241 Grundlegend zum alten Recht BGH 8. 1. 1959, NJW 1959, 620 (Lkw-Kauf); Urt. v. 2. 10. 1968, NJW 1968, 2375 (gebr. Fräsmaschine).
242 OLG Hamburg 9. 12. 1977, DAR 1978, 336.
243 Zur Inzahlungnahme s. Rn 490 f.
244 BGH 28. 11. 1994, NJW 1995, 518 = NZV 1995, 105.
245 OLG Stuttgart 14. 8. 1990, 10 U 255/89, n. v.; *Soergel/Huber*, § 463 Rn 49; a. A. OLG Köln 19. 10. 1987, 12 U 9/87, n. v.; wie hier aber OLG Köln 8. 6. 1993, 24 U 215/92, n. v.
246 Anders zum alten Recht BGH 15. 11. 1996, NJW 1997, 581 – Immobilienkauf.
247 Zu Kostenproblemen s. *Hensen*, NJW 1999, 395.

Aufwendungsersatz

Während im Fall der Wandlung mit § 467 S. 2 BGB a. F. (Vertragskostenersatz) und den Verwendungsersatzansprüchen nach §§ 994 ff. BGB ein verhältnismäßig differenziertes Instrumentarium zur Verfügung gestanden hat, richtete sich der Ausgleich für Vermögensdispositionen des Käufers bei einer Haftung nach § 463 BGB a. F. nach der vergleichsweise groben Formel für die Berechnung des positiven Interesses. Eine sichere Handhabe hatte man damit nicht. Die Unsicherheit beruhte vor allem auf einer Verquickung von positivem und negativem Interesse. Um das negative Interesse, nämlich um Vertrauensschäden, geht es jedoch, wenn der Käufer einen Ausgleich für Vermögensdispositionen begehrt, die sich infolge der Rückgabe des Fahrzeugs als für ihn nutzlos erwiesen haben.

1506

Bei der Frage, unter welchen Voraussetzungen der Käufer **Ersatz vergeblicher Aufwendungen** verlangen kann, ist jetzt **§ 284 BGB n. F.** zu beachten. § 437 Nr. 3 BGB verweist ausdrücklich auf diese neue Anspruchsgrundlage. Frustrierte Aufwendungen sieht das neue Recht als Schaden an. Nicht die Aufwendungen als solche machen den Schaden aus, es ist die Verfehlung des damit verfolgten Zwecks.[248] Zum Anwendungsbereich des § 284 BGB und zu seinem Verhältnis zur Schadensersatzhaftung s. Rn 1538.

1507

Nach **altem Recht** musste der Käufer darlegen und beweisen, dass den geltend gemachten Aufwendungen ohne die Vertragsstörung ein Vermögenswert gegenübergestanden hätte (so genannte Rentabilitätsvermutung). In einfach gelagerten Fällen konnte nach Meinung des BGH[249] schon der Vortrag zu den Aufwendungen selbst zugleich zur **Darlegung des Gegenwertes** genügen, so z. B. bei der **Beschaffung marktgängiger Ware**. Daran konnte im Normalfall des Kaufs gebrauchter Kraftfahrzeuge angeknüpft werden, soweit es um **Aufwendungen zur Erlangung des Fahrzeugs** (Vertragsabschlusskosten, Vermittlungsgebühren, Transportkosten, auch Kosten einer Finanzierung) sowie um solche Aufwendungen geht, die mit dem **Eigentum, dem Besitz und der Nutzung von Fahrzeugen** üblicherweise verbunden sind. So wie der BGH beim Grundstückskauf die Grundsteuer (nicht Grunderwerbssteuer) und die Prämien für die Brandversicherung als erstattungsfähig anerkannt hat,[250] konnte man beim Fahrzeugkauf die **Kfz-Steuer und die Haftpflichtversicherung**, vielleicht auch die Prämien für die Kaskoversicherung, in den Kreis nutzlos gewordener Aufwendungen einbeziehen. Das war strittig.

1508

Schwieriger war die Rechtslage bei solchen Aufwendungen zu beurteilen, die weder zum Erwerb des Fahrzeugs noch zu dessen Besitz und Nutzung erforderlich waren, die der Käufer vielmehr aus freien Stücken zur Befriedigung persönlicher Besitz- und Nutzungsinteressen gemacht hat, etwa der **Einbau eines Radios, die Umrüstung auf Breitreifen oder der Zukauf eines Wohnwagens** einschließlich Anhängerkupplung. Auf dem **gewerblichen Sektor** kann es dabei um erhebliche Investitionen gehen, man denke etwa an einen kostspieligen **Umbau eines Nutzfahrzeugs**. Im Rahmen des Verwendungsersatzes nach § 347 II BGB würde man bei einem Großteil dieser Investitionen von nur nützlichen, nicht aber notwendigen Verwendungen sprechen (s. Rn 1395).

Für **sinnvolle Investitionen**, die der Käufer im Hinblick auf die Erfüllung und den Bestand des Vertrages gemacht hat, die aber durch die Nichterfüllung für ihn **nutzlos** gewor-

---

248 *Canaris*, DB 2001, 1820.
249 Urt. v. 19. 4. 1991, BGHZ 114, 193 = NJW 1991, 2277.
250 Urt. v. 19. 4. 1991, BGHZ 114, 193 = NJW 1991, 2277.

den sind, wurde ihm Ersatz zugebilligt.[251] Die Kosten für neue Reifen und Felgen hielt man bei einem älteren Fahrzeug für nicht erstattungsfähig.[252] Selbst eine **Eigenarbeit des Käufers** konnte ersatzpflichtig sein, sofern ihr ein Geldwert (Marktwert) beizumessen war.[253]

Wer sein Fahrzeug hingegen **nach Kenntnis** von dem Sachmangel in einer Phase der Vertragsunsicherheit umgerüstet oder Zubehör eingebaut hat, konnte **keinen Kostenersatz** verlangen. Hier fehlte es an der erforderlichen Kausalität.[254] Diese Aufwendungen sind nicht im Vertrauen auf den Fortbestand des Vertrages gemacht. Der Käufer hat nur ein **Wegnahmerecht**.

Eine weitere Fallgruppe bildeten die „**Ohnehin-Kosten**", d. h. Kosten, die auch bei vertragsgemäßer Leistung angefallen wären und die ihren Grund in der Nutzung des Fahrzeugs haben (amtliches Kennzeichen, Zulassung, Kennzeichen, Inspektionen, HU, AU, Kfz-Steuer, Versicherungsprämien u. a.).

1509 Zum „großen" Nichterfüllungsschaden (Mangelschaden) aus § 463 BGB a. F. gehörten nach der – nicht immer einheitlichen – **Judikatur** insbesondere:

- Vertragsabschlusskosten (z. B. Reise zum Händler, s. OLG Schleswig OLGR 2002, 360),
- im Kaufpreis nicht enthaltene Kosten für Zusatzleistungen des Verkäufers, z. B. für eine Garantie,[255]
- Transport- und Frachtkosten (BGH NJW 1996, 1962 – Wandlung),
- Kosten einer Finanzierung (soweit über 4%)[256]
- Neuzulassungskosten (Ummeldekosten),[257] wobei zu beachten ist, ob die Kosten für die Zulassung im Kaufpreis enthalten waren, wenn ja, kann der Käufer keinen gesonderten Ersatz verlangen, auch nicht für die Zulassung des ersatzweise angeschafften Fahrzeugs (Ohnehin-Kosten)
- Kosten für neue Nummernschilder (a. A. OLG München 1. 6. 2001, 21 U 1608/01, insow. n. v.)
- Kosten der Fahrzeugumrüstung[258]
- Kosten einer aus Anlass des Kaufs einer gemieteten Garage (s. auch „Unterstellkosten")

---

251 OLG München 1. 6. 2001, 21 U 1608/01, insow. n. v. – Radzierkappen; OLG Köln 8. 6. 1993, 24 U 215/92, n. v. – Zubehör für Wohnwagen; LG Kassel 21. 7. 2000, 9 O 1688/99, n. v. –Wohnmobil.
252 OLG Düsseldorf 3. 12. 1993, OLGR 1994, 186.
253 BGH 24. 11. 1995, NJW 1996, 921 – Verwendungsersatz.
254 Zur Frage der Widerlegung der „Rentabiltätsvermutung" bei dieser Fallgruppe vgl. BGH NJW 1993, 2527; BGH NJW 1999, 2269.
255 OLG Düsseldorf 3. 12. 1993, OLGR 1994, 186.
256 BGH 17. 5. 1995, NJW 1995, 2159 unter II, 1; anders für den „kleinen" Nichterfüllungsschaden BGH 28. 6. 2002, EBE 2002, 290; OLG Düsseldorf 27. 4. 2001, 22 U 194/00, n. v.; OLG Celle 23. 6. 1995, 4 U 301/94, n. v.; OLG Saarbrücken 15. 1. 1997, OLGR 1997, 17 – verneint nur für den „kleinen" Schadensersatz; OLG Saarbrücken 4. 4. 2000, OLGR 2000, 502; LG Nürnberg-Fürth 27. 11. 1997, 4 O 426/97 n. v. – Leasingraten beim sale and lease back (Sache wurde durch Vergleich vor dem 8. ZS OLG Nürnberg – 8 U 69/98 – erledigt, wobei der Senat erhebliche Bedenken gegen die Erstattungsfähigkeit der Leasingraten erhoben haben soll; a. A. LG Zweibrücken 26. 10. 1999, NZV 2000, 129 = MDR 2000, 83.
257 OLG Düsseldorf 3. 12. 1993, OLGR 1994, 186, OLG Köln 13. 3. 2001, 3 U 173/00, insow. n. v.;
258 Nicht jede Umrüstung ist ausgleichspflichtig, s. Rn 1508.

Die einzelnen Rechtsbehelfe des Gebrauchtfahrzeugkäufers bei einem Sachmangel 1510–1512

– Kosten der Schadensfeststellung, z. B. Einholung eines Sachverständigengutachtens,[259] eines ADAC- oder TÜV-Prüfberichts,[260] eines Kostenanschlags usw., Spurvermessungskosten,[261]
– Abschleppkosten,[262]
– Unterstellkosten,[263]
– Kosten für notwendige Reparatur- und Wartungsarbeiten[264]
– fixe Betriebskosten (Kfz-Steuer, Versicherungsprämien), sofern unter Beachtung der Schadensminderungspflicht (§ 254 II BGB) nutzlos aufgewandt und eine Erstattung durch das Finanzamt bzw. den Versicherer entfällt.[265]

Mit einiger Vereinfachung kann **im Hinblick auf das neue Recht** gesagt werden: Schadenspositionen, die im Rahmen des § 463 BGB a. F. Anerkennung gefunden haben, sind weiterhin erstattungsfähig. § 284 BGB n. F. will die Verkäuferhaftung nicht einschränken, sondern nur eine Haftungslücke schließen. 1510

Entgangener Gewinn

Anders als bei der Wandlung und der Sachwalterhaftung aus c. i. c. konnte der Käufer im Rahmen des § 463 BGB a. F. auch den entgangenen Gewinn aus einem **beabsichtigten Weiterverkauf** geltend machen.[266] Beim Pkw-Kauf ist dieser Schadensposten von untergeordneter Bedeutung. Anspruchsgrundlage ist jetzt entweder § 311 a II BGB oder § 281 I iVm § 280 I, III BGB, bei Sinnlosigkeit der Fristsetzung nur § 280 I BGB. An den Beweis einer Weiterverkaufsabsicht sind strenge Anforderungen zu stellen. Zum Nebeneinander von nutzlosen Aufwendungen und entgangenem Gewinn nach früherem Recht s. *Timme,* ZfS 1999, 504. 1511

Nutzungsausfall

Der Ausfall des Fahrzeugs, der auf eine Schlechtleistung zurückzuführen ist, ist auch beim „großen" Schadensersatz grundsätzlich ausgleichspflichtig (zur Parallelsituation beim „kleinen" Schadensersatz s. Rn 1495). Der Käufer, der während einer Urlaubsreise mit einem Motorschaden liegen bleibt, der die zugesagte „Generalüberholung" falsifiziert, 1512

---

259 BGH 5. 7. 1978, NJW 1978, 2241; OLG München 1. 6. 2001, 21 U 1608/01, insow. n. v.; vgl. auch OLG Koblenz 23. 6. 1988, NJW-RR 1989, 336; OLG Hamburg 9. 12. 1977, DAR 1978, 336; für Mangelfolgeschaden OLG Köln 31. 10. 1985, 12 U 55/85, n. v.
260 OLG Düsseldorf 3. 12. 1993, OLGR 1994, 186.
261 OLG Hamm 10. 2. 1984, BB 1984, 436 (auch zu weiteren Positionen wie Verdienstausfall, Benzinkosten, Inseratkosten); vgl. auch OLG Hamburg 9. 12. 1977, DAR 1978, 336 (Verbandskasten, Warndreieck, Scheibenwischer, Kfz-Steuer); OLG Oldenburg 13. 4. 1987, NJW-RR 1987, 1269.
262 OLG Hamm 20. 12. 1979, BB 1980, 962 (insoweit nicht abgedruckt) – „kleiner" Schadensersatz.
263 OLG Hamburg 9. 12. 1977, DAR 1978, 336; OLG Hamm 12. 10. 1990, NJW-RR 1991, 505; OLG Düsseldorf 3. 12. 1993, OLGR 1994, 186; OLG Hamm 19. 4. 1978, VRS 56, 6; OLG Hamm 23. 11. 1998, NJW 1999, 3273 – Wohnanhänger; LG Kassel 21. 7. 2000, 9 O 1688/99, n. v. – Wohnmobil.
264 OLG Koblenz 1. 7. 1987, NJW-RR 1988, 1137 (der Nichterfüllungsschaden i. S. d. § 463 BGB wird dem Vertrauensschaden gleichgestellt); OLG Hamm 12. 10. 1990, NJW-RR 1991, 505 = NZV 1991, 232 (Motorreparatur); OLG Düsseldorf 27. 4. 2001, 22 U 194/00, n. v. – Motorschaden; OLG Koblenz 22. 10. 2001, 12 U 1663/99, n. v. – Auspuff; s. auch OLG Celle 23. 6. 1995, 4 U 301/94, n. v. – Verschleißmängel.
265 Vgl. OLG Hamburg 9. 12. 1977, DAR 1978, 336, mit Begrenzung auf einen verhältnismäßig kurzen Zeitraum (§ 254 II BGB); LG Nürnberg-Fürth 27. 11. 1997, 4 O 426/97, n. v.; a. A. LG Zweibrücken 26. 10. 1999, NZV 2000, 129; OLG München 1. 6. 2001, 21 U 1608/01, insow. n. v.; LG Kassel 21. 7. 2000, 9 O 1688/99, n. v.; OLG Düsseldorf, 11. 11. 2002, 1U 29/02, u. v.
266 OLG Hamm 10. 2. 1984, BB 1984, 436; vgl. auch BGH 2. 10. 1968, NJW 1968, 2375.

darf den Nutzungsausfall mit einem Mietwagen überbrücken, gleichviel, ob er sich später für die „große" oder für die „kleine" Lösung entscheidet. Die **Mietwagenkosten** sind in den Grenzen der §§ 249, 254 II BGB erstattungsfähig.[267]

Verzichtet der Käufer auf die Anmietung eines Ersatzfahrzeugs, so kann er auch im Rahmen des „großen" Schadensersatzes eine **pauschale Nutzungsentschädigung** verlangen.[268] Der Umstand, dass der Käufer ggf. den vollen Kaufpreis zuzüglich Zinsen zurückerhält, ist kein zureichender Grund, ihm eine Entschädigung zu versagen. Die Verzinsung bewirkt keine Schadenskompensation. Der entgangene Gebrauchsvorteil büßt seinen (fragwürdigen) Charakter als Schadensposten nicht dadurch ein, dass der Käufer Rückzahlung des Kaufpreises beanspruchen kann.

Allerdings ist der Anspruch auf Nutzungsausfallentschädigung ebenso wie im Unfallschadensrecht vom **Nutzungswillen** und der hypothetischen **Nutzungsmöglichkeit** abhängig (s. Rn 1495). Auch ist die **Ausfallzeit** zu begrenzen. Sie reicht in der Regel nur bis zu dem Zeitpunkt, zu dem der Käufer sich zur Rückgabe des – unbenutzbaren – Fahrzeugs entschließt. Die Obergrenze dürfte bei etwa zwei Wochen liegen. Erfolglose Nachbesserungsversuche des Verkäufers können die Ausfallzeit verlängern.

Vorteilsausgleichung, speziell: Gebrauchsvorteile

1513 Auch bei vertraglicher Schadensersatzhaftung findet grundsätzlich eine Anrechnung von Vorteilen statt, die mit dem Schadensereignis (der Vertragsverletzung) in einem bestimmten Zusammenhang stehen.

Unter die Ausgleichspflicht fallen grundsätzlich auch **Gebrauchsvorteile.** Dabei muss zwischen dem bloßen „Haben", also der **Verfügbarkeit** über das Fahrzeug, und dem **tatsächlichen Gebrauch** unterschieden werden. Bei erwerbswirtschaftlichem, produktivem Einsatz des Fahrzeugs wird sich der (Nutzungs-)Vorteil regelmäßig als **Gewinn** niederschlagen. Schwieriger zu erfassen ist demgegenüber der Vorteil, der aus einem eigenwirtschaftlichen (privaten) Gebrauch des Fahrzeugs resultiert.

Das bloße **Vorhandensein der Gebrauchsmöglichkeit** war **kein Vorteil,** den der Käufer sich beim „großen" Schadensersatz aus § 463 BGB a. F. schadensmindernd entgegenhalten lassen musste (missverständlich OLG Köln OLGR 1997, 331). Erst recht blieben **nicht gezogene Nutzungen** außer Betracht. Die Einsatzfähigkeit eines Kraftfahrzeuges für den Eigengebrauch stellt zwar einen geldwerten Vorteil dar; der zeitweilige Entzug der Gebrauchsmöglichkeit ist unter bestimmten Voraussetzungen entschädigungspflichtig (BGH – GS – BGHZ 98, 212 ff.). Indessen ist noch niemand auf den Gedanken gekommen, die Rechtsprechung zur Kfz-Nutzungsausfallentschädigung gewissermaßen spiegelbildlich bei der Vorteilsausgleichung anzuwenden. Vereinzelt ist lediglich der Versuch unternommen worden, die **tatsächlich gezogenen** Nutzungen mit den Entschädigungssätzen aus der Tabelle *Sanden/Danner/Küppersbusch/Rädel* abzugelten. Die reine Verfügbarkeit über das – mangelhafte – Fahrzeug ist auch deshalb kein anrechenbarer Vermögensvorteil, weil der Käufer ihn durch eigene Leistungen außerhalb des Vertrages „erkauft" hat (Kfz-Steuer, Haftpflichtversicherung).

1514 **Gezogene Nutzungen** (= tatsächliche Gebrauchsvorteile) sind zu Lasten des Käufers zu berücksichtigen. Davon geht der **BGH** in der Entscheidung vom 17. 5. 1995[269] als selbstverständlich aus. Auf die Einschränkung, die er in dem Autokauf-Urteil vom 29. 10.

---

267 OLG Frankfurt 6. 5. 1992, NZV 1993, 190 m. Anm. *Eggert.*
268 OLG Frankfurt 6. 5. 1992, NZV 1993, 190 m. Anm. *Eggert;* Aufgabe der früheren – im Anschluss an *Soergel/Huber,* § 463 Rn 52, vertretenen – Auffassung; wie *Soergel/Huber* im Ergebnis OLG Düsseldorf OLGR 1993, 193 und OLGR 1995, 84; ferner OLG Hamm 18. 8. 1994, ZfS 1995, 16.
269 NJW 1995, 2159 = WM 1995, 1145.

1959[270] gemacht hat, ist er nicht mehr zurückgekommen. Sie hat schon in BGH NJW 1982, 1279 (Schadensersatz aus § 326 BGB a. F.) keine Rolle gespielt. Beim „kleinen" Schadensersatz ist es gewiss richtig, von einer Anrechnung der Nutzungsvorteile abzusehen. Anders liegen die Dinge, wenn der Käufer den vollen Nichterfüllungsschaden – Schadensersatz statt der ganzen Leistung – liquidiert. Ebenso wie er Ersatz für Aufwendungen (Verwendungen) verlangen kann, die sich infolge der Nichterfüllung des Vertrages als nutzlos erwiesen haben, müssen umgekehrt die ihm **tatsächlich zugeflossenen Nutzungsvorteile** angerechnet werden.

Die Anrechnung wird nicht dadurch in Frage gestellt, dass der Käufer auch im Falle ordnungsgemäßer Vertragserfüllung mit dem Auto gefahren wäre. Der ausgleichsbegründende Zusammenhang zwischen der vertraglichen Pflichtverletzung und dem effektiv vorhandenen Vermögensvorteil ist gleichwohl zu bejahen. Dabei macht es keinen Unterschied, ob die Schadensersatzhaftung auf einem Verschulden beruht oder davon unabhängig ist. Selbst der arglistig getäuschte Käufer hat nicht das Recht, auf Kosten des Verkäufers gratis Auto zu fahren.[271] Der Vorteilsausgleichung stand nach bisherigem Recht auch nicht entgegen, dass der Käufer sich den Nutzungsvorteil zum Teil selbst erkauft hat, indem er auf eigene Kosten getankt, Öl gewechselt und die fixen Kosten bestritten hat. Unerheblich war auch, ob der Käufer aus wirtschaftlichen Gründen gar nicht anders konnte, als das Kaufobjekt zu nutzen.[272] Auch wenn er mit der Weiterbenutzung zugleich seine Schadensminderungspflicht erfüllt hat, musste er sich den Nutzungsvorteil anrechnen lassen.[273]

Rechtstechnisch erfolgte die Anrechnung **im alten Recht** nach den **Grundsätzen der Vorteilsausgleichung.** Das bedeutete an sich, dass der Verkäufer nicht aufzurechnen brauchte und hieß zugleich, dass der arglistige Verkäufer dem Verbot aus § 393 BGB entging. In strenger Anwendung führte die Vorteilsausgleichung, insoweit mit der Saldotheorie vergleichbar, zu einer **inhaltlichen Beschränkung** des Schadensersatzanspruchs, die, so die übliche Formulierung, von Amts wegen zu beachten war. Gleichwohl war herrschende Praxis, es dem Verkäufer zu überlassen, ob und inwieweit er die Nutzungsvorteile geltend macht. Im Rechtsstreit wurde er – wie bei einer Wandlungsklage – auf die Möglichkeit der Aufrechnung verwiesen.

Neues Recht: Verlangt der Käufer Schadensersatz statt der ganzen Leistung, so ist der Verkäufer nach **§ 281 V BGB** zur Rückforderung des von ihm Geleisteten nach den **§§ 346 bis 348 BGB** berechtigt. Er hat also Anspruch auf Rückübertragung von Besitz und Eigentum, s. Rn 1505. Die **gezogenen Nutzungen** hat der Käufer nach § 346 I iVm § 281 V (eventuell iVm § 311 a II, 3) BGB herauszugeben. Nicht gezogene Nutzungen sind auch nach neuem Schuldrecht im Ergebnis nicht zu berücksichtigen. Selbst wenn man **§ 347 I BGB** auf den „großen" Schadensersatz analog anwendet, wird eine Anrechnung – ebenso wie beim gesetzlichen Rücktritt (dazu Rn 314) – aus tatsächlichen Gründen scheitern.

Die **tatsächlich erlangten Gebrauchsvorteile** braucht der Käufer, wie bisher, nicht von sich aus zu berücksichtigen, was prozessual aus Kostengründen freilich empfehlenswert ist. Er kann es dem Verkäufer überlassen, den Nutzungsvorteil geltend zu machen (zur Darlegungs- und Beweislast s. auch Rn 1742). Diese Rechtsverteidigung ist – wie früher im Fall der Wandlung (dazu BGH NJW 1991, 2484) und des Schadensersatzes nach § 463 BGB a. F. – als **Aufrechnung** im Rechtssinn, nicht als bloße Verrechnung zu behandeln. Im Prozess ist **§ 533 ZPO** (früher § 530 II ZPO) zu beachten. Die Sachdienlichkeit einer erst in

---

270 NJW 1960, 237 = LM § 123 BGB Nr. 18; BGH NJW 1959, 620 ist entgegen *Thilenius*, DAR 1981, 102, 104, nicht einschlägig.
271 Einhellige Meinung, z. B. *Soergel/Huber*, § 463 Rn 52.
272 BGH 2. 7. 1962, NJW 1962, 1909; s. auch BGH 10. 2. 1982, NJW 1982, 1279 = WM 1982, 512 für § 326 BGB a. F.
273 BGH 2. 7. 1962, NJW 1962, 1909.

zweiter Instanz erklärten Aufrechnung wird von den Gerichten regelmäßig bejaht. Für die Bemessung des Streitwerts gilt § 19 III GKG (Streitwerterhöhung bei Hilfsaufrechnung).

1517 **Zu bemessen** sind die erlangten Gebrauchsvorteile **im Regelfall**[274] – ebenso wie beim Rücktritt (Rn 1399) und bei bereicherungsrechtlicher Rückabwicklung (Rn 1744) – nach derjenigen **Methode,** die die zeitanteilige **lineare Wertminderung** in einen bestimmten Geldbetrag pro gefahrenen Kilometer umsetzt. Näheres zu dieser Bewertungsmethode s. Rn 315 ff. Sie eignet sich auch zur Bemessung desjenigen Vorteils, den der Käufer eines gebrauchten Kraftfahrzeugs durch eine eigenwirtschaftliche (private) Nutzung erlangt.

Durch Urteil vom 17. 5. 1995[275] hat der **BGH** diese Berechnungsmethode **für die Vorteilsausgleichung** im Rahmen des „großen" Schadensersatzes ausdrücklich anerkannt. Ist der Käufer über die Gesamtfahrleistung des Fahrzeugs und damit über einen wesentlichen Bemessungsfaktor getäuscht worden, ist die Berechnungsmethode nach Ansicht des OLG Düsseldorf[276] zu korrigieren.

Der Bewertung der Gebrauchsvorteile nach dem „Wertverzehr" bzw. „Wertverbrauch" liegt die Erwägung zugrunde, dass derjenige, der eine reversibel erworbene eigene Sache nutzt, dadurch Ausgaben erspart. Der Wertverlust, der durch den Gebrauch der Sache eintritt, realisiert sich letztlich zu Lasten fremden Vermögens. Der Verkäufer erhält eine entwertete Sache zurück. Der Ansatz „ersparter Wertverlust" geht zurück auf die Entscheidung des BGH vom 2. 7. 1962.[277] In einem Fall der Schadensersatzhaftung aus §§ 823 II BGB, 263 StGB, 826 BGB hatte er zwar auch auf die gezogenen Nutzungen abgestellt. Umfang und Wert des auszugleichenden Vorteils sollten jedoch nicht mit Blick auf das gekaufte Fahrzeug ermittelt werden. Maßgeblich war vielmehr ein fiktives Alternativauto. Dabei war die Vorfrage zu klären: Was hätte der Käufer ohne die Vertragsverletzung gemacht, hätte er ein anderes Fahrzeug gekauft, wenn ja, welches? Für den Fall, dass der Käufer statt des mangelhaften Fahrzeugs ein anderes Auto erworben hätte, sah der BGH[278] den auszugleichenden Vorteil in der ersparten (vermiedenen) Abnützung dieses Alternativautos. Orientierungsgröße war mithin der Wertverlust, der bei gleichartiger Benutzung des fiktiven Fahrzeugs eingetreten wäre.

Die **Höhe** des – ersparten – Wertverlustes ergab sich für den BGH aus der Differenz zwischen dem Kaufpreis für das fiktive Fahrzeug und seinem „unter Berücksichtigung der Abnützung anzunehmenden Jetztwert".[279] Das lief auf den späteren Vorschlag von *Rädel*[280] hinaus, die Gebrauchsvorteile nach dem konkreten Wertverlust zu berechnen, wobei er freilich das Kaufobjekt, nicht ein fiktives Auto, im Auge hatte.

Die Praxis ist dem Urteil des BGH vom 2. 7. 1962[281] in Fällen schadensrechtlicher Rückabwicklung zwar grundsätzlich gefolgt. Den Wert der fiktiven Abnutzung (einschließlich Alterung) hat man jedoch nicht durch einen Wertvergleich ermittelt, was wohl nur durch Einholung von Bewertungsgutachten möglich gewesen wäre. Der Weg war vielmehr folgender: Zunächst hat man angenommen, dass der Käufer ohne die Vertragsverletzung ein anderes, gleichartiges Fahrzeug erworben hätte, eine im Rahmen der Schätzung nach § 287 ZPO durchaus zulässige Unterstellung. Der „Abnutzungswert" wurde sodann in

---

274 Zu einer Ausnahmesituation vgl. OLG Düsseldorf 11. 9. 1998, NJW-RR 1999, 278.
275 NJW 1995, 2159 = WM 1995, 1145 unter III.
276 Urt. v. 11. 9. 1998, NJW-RR 1999, 278.
277 NJW 1962, 1909; kritisch dazu *Kohler,* Die gestörte Rückabwicklung gescheiterter Austauschverträge, 1989, S. 531, 536.
278 NJW 1962, 1909.
279 BGH 2. 7. 1962, NJW 1962, 1909 (die Abnutzung war also nicht der einzige Faktor, auch die Alterung war zu berücksichtigen).
280 DAR 1985, 312.
281 NJW 1962, 1909.

der Weise errechnet, dass man den Neuwert (Neupreis) zur Lebensdauer/Gesamtlaufleistung in ein Verhältnis setzte (Beispiel: Neupreis 10.000,– DM, Gesamtlaufleistung 100.000 km = 0,10 DM pro km).[282]

Diese **Weiterentwicklung** der Rechtsprechung erscheint sachgerecht. In der Tat war es nahe liegend, den ersparten Nachteil mit dem auszugleichenden Vorteil gleichzusetzen oder – anders formuliert – den realen Nutzungsvorteil nach der Wertminderung zu berechnen, die vor allem durch Gebrauch eintritt. Den als richtig erkannten gedanklichen Ansatz der **linearen Wertminderung** konnte man jedoch nicht ohne weiteres auf den Kauf **gebrauchter** Kraftfahrzeuge übertragen. Erforderlich war eine **Modifizierung**. Statt des Neuwagenpreises musste der **konkrete Anschaffungspreis** eingesetzt werden, an die Stelle der Gesamtfahrleistung trat die **mutmaßliche Restlaufleistung**.[283] Da diese – sicherlich nicht unangreifbare – Bewertungsmethode die Billigung des BGH gefunden hat,[284] ist für alternative Berechnungsmöglichkeiten in der Regl kein Raum mehr. Das schließt Korrekturen im Einzelfall nicht aus.[285] Das Gericht hat ein weitgehendes Schätzungsermessen (§ 287 II ZPO). Zu übersehen ist nicht, dass ein Kraftfahrzeug nicht nur durch seine Benutzung im Wert sinkt. Auch schlichte Alterung wirkt sich wertmindernd aus. Damit darf der Käufer nicht belastet werden. Das Risiko der Entwertung durch Alterung trägt der Verkäufer.

Ausgangspunkt für die Ermittlung des Nutzungswertes und erster Anhalt für die **Schätzung nach § 287 II ZPO** ist der vereinbarte **Bruttokaufpreis** für den Altwagen. Dieser Betrag verkörpert, Marktgerechtigkeit unterstellt, den Substanzwert und den Nutzungswert gleichermaßen. Eine Aufspaltung ist nicht möglich. Die Eignung eines Kfz zum Gebrauch ist als Preisfaktor in seinem Verkehrswert untrennbar mitbewertet. Aus Sicht des Käufers, der ein gebrauchtes ebenso wie ein fabrikneues Kfz in erster Linie als Fortbewegungsmittel erwirbt, bedeutet das: Der Kaufpreis ist die Gegenleistung für eine rechtlich uneingeschränkte (§ 903 BGB), zeitlich aber begrenzte Mobilität. Um den vergütungspflichtigen Gebrauchsnutzen zu erfassen, ist der Kaufpreis daher im Allgemeinen ein tauglicher Anknüpfungspunkt. Ob er mit dem Verkehrswert (= Marktwert) identisch ist oder ob der Käufer (zu) teuer oder gar (zu) billig eingekauft hat, kann in der Regel offen bleiben. Zwar ist der Gebrauchsnutzen nach objektiven Maßstäben zu bemessen. Eine Orientierung am Inhalt des Vertrages ist damit aber nicht ausgeschlossen.[286] Im Übrigen dürfte eine tatsächliche Vermutung für die Marktgerechtigkeit des Kaufpreises sprechen.

Bei einem **jungen Gebrauchtwagen** mit ungewöhnlich hohem Preisabschlag und geringer Laufleistung kann die Orientierung am konkreten Verkaufspreis den Verkäufer benachteiligen.[287]

---

282 So z. B. OLG Hamm 8. 7. 1970, NJW 1970, 2296; ähnlich OLG Koblenz 1. 7. 1987, NJW-RR 1988, 1137.
283 So im Ansatz auch OLG Koblenz 25. 6. 1992, VRS 84, 243; für die o. a. Modifizierung auch OLG Köln 10. 2. 1988, NJW-RR 1988, 1136; abw. im Einzelfall (geringe Vorlaufleistung, niedriger Kaufpreis) OLG Köln 30. 1. 2002, 11 U 71/01, n. v. – Wandlung; OLG Karlsruhe 20. 3. 1992, NJW-RR 1992, 1144; OLG Düsseldorf 13. 7. 1995, 13 U 60/94, n. v., jeweils für Bereicherungsausgleich; OLG Köln 8. 6. 1993, 24 U 215/92, n. v. – Vorteilsausgleichung bei § 463; Brandenburgisches OLG 17. 1. 1995, OLGR 1995, 89 (Wandlung); unrichtig Brandenburgisches OLG 20. 11. 1996, OLGR 1997, 88, da von Gesamtlaufleistung an Stelle von Restlaufleistung ausgehend.
284 Urt. v. 17. 5. 1995, NJW 1995, 2159 = WM 1995, 1145 unter III.
285 OLG Köln 30. 1. 2002, 11 U 71/01, n. v.
286 So auch (bei der Ermittlung der Restfahrleistung) OLG Koblenz 25. 6. 1992, VRS 84, 243. Der subjektive Einschlag wird auch in der Grundsatzentscheidung BGH 26. 6. 1991, NJW 1991, 2484 deutlich.
287 OLG Köln 30. 1. 2002, 11 U 71/01, n. v. – 40% unter Neupreis nach 14 Monaten.

1521 Ein **offener Preisnachlass** ist zu berücksichtigen, d. h. maßgeblich ist der tatsächlich vereinbarte Kaufpreis einschließlich **Umsatzsteuer** (BGH NJW 1991, 2484). Dabei bleibt es auch, wenn der Käufer seinen eigenen Altwagen **in Zahlung gegeben** hat. Ein verdeckter Preisnachlass ist nicht herauszurechnen. Zu erwägen ist allenfalls, den Umsatzsteueranteil auf den Anrechnungsbetrag außer Betracht zu lassen.

1522 Die **voraussichtliche Restfahrleistung** als zweite Berechnungsgröße ist im Wege der Schätzung gleichfalls nach § 287 II ZPO zu bestimmen. Zu ermitteln ist diejenige Fahrleistung, die das gekaufte Fahrzeug aus der Perspektive des Vertragsschlusses nach den Vorstellungen der Vertragspartner,[288] praktisch also nach dem gewöhnlichen Lauf der Dinge, erreichen wird.

Eckpunkt dieser Prognose ist die **Gesamtfahrleistung,** wie sie für ein Fahrzeug des fraglichen Typs anzusetzen ist. Einiges spricht nämlich dafür, dass das konkrete Auto diesen statistischen Mittelwert gleichfalls erreichen wird. Umstände, die diesen auf breiter Basis gewonnenen Erfahrungswert zu korrigieren geeignet sind, bedürfen gesonderter Betrachtung. So kann beispielsweise ein Motorentausch oder eine „Generalüberholung" laufzeitverlängernd wirken. Ohne nähere Darlegungen in die eine oder die andere Richtung bleibt der Richter im Rahmen seines Schätzungsermessens, wenn er sich an der **typspezifischen** Gesamtlaufleistung orientiert und von dieser Zahl die bis zur Übergabe an den Käufer zurückgelegten Kilometer abzieht. Das ergibt die **voraussichtliche Restfahrleistung.**

1523 Bei **Pkws und Kombis** wird **in der Judikatur** je nach Wagenklasse und Motorisierung mit Gesamtlaufleistungen zwischen 100.000 und 300.000 km gerechnet. Auf das Ganze gesehen, werden zu **niedrige Werte** angesetzt. Dadurch werden die Autokäufer erheblich benachteiligt. Je niedriger die Gesamtlaufleistung bzw. die Restlaufleistung gewählt wird, desto höher ist das „Kilometergeld". In den letzten Jahren ist die begrüßenswerte Tendenz zu einer **realistischen Einschätzung** zu beobachten. Nur noch vereinzelt findet sich die Vorstellung, für die zu erwartende Gesamtfahrleistung einen einheitlichen Durchschnittswert von 150.000 km annehmen zu können, gleichgültig, um welchen Typ von Pkw es sich handelt (so aber OLG Hamm NJW-RR 1994, 375; LG Saarbrücken ZfS 1995, 33; OLG Braunschweig DAR 1998, 391; LG Bonn NZV 1998, 161). Diese Vorstellung ist falsch, wie die SCHWACKE-Liste „Gebrauchsvorteil" gezeigt hat.

Als **Faustregel** gilt nach wie vor: Je kleiner ein **Motor** ist, desto geringer ist seine Lebensdauer, sprich Gesamtlaufleistung. Richtiger Umkehrschluss: **Großvolumige Motoren** mit mittlerer Leistung (kW) leben am längsten. Ein signifikanter Unterschied zwischen **Ottomotoren** und **Dieselmotoren** besteht nicht mehr. „Benziner" halten heute genauso lange wie Dieselmotoren, sachgerechte Bedienung und Wartung vorausgesetzt.

Sicherlich ist es verfehlt, bei der Einschätzung der Gesamtfahrleistung nur auf den Motor abzustellen. Bezugspunkt ist das **Fahrzeug in seiner Gesamtheit.** Ein durchschnittlicher Pkw besteht allerdings aus etwa 6000 Einzelteilen mit ganz unterschiedlicher Lebenserwartung. Während zahlreiche Teile „ewig" halten (z. B. Glas, Plastik), sind andere schon nach 50.000–60.000 km verschlissen. Zu den klassischen Verschleißteilen am Auto gehören bekanntlich die Reifen, die Kupplung und die Auspuffanlage, ferner die Bremsbeläge und die

---

288 So auch OLG Koblenz 25. 6. 1992, VRS 84, 243, das den (mutmaßlichen) Parteiwillen aus folgenden Faktoren abgeleitet hat: Neupreis, Alter und Laufleistung bei Vertragsabschluss und Altwagenpreis. Damit konnte die Schätzung auf eine breitere Grundlage gestellt werden. Das Ergebnis (Restlaufleistung ca. 75.000 km) ist realistisch und nachvollziehbar begründet. Voraussetzung ist jedoch die Kenntnis vom Neupreis. Er lässt sich, Jahre nach dem Neukauf, häufig nur schwer ermitteln. *Schwacke*-Listen und DAT-Marktspiegel enthalten nur die Grundpreise (neu). Sonderausstattungen sind nicht berücksichtigt. Praktikabler ist es daher, die voraussichtliche Restfahrleistung unter Berücksichtigung der bisherigen Laufleistung, des Alters und des konkreten Zustandes des Fahrzeugs im Zeitpunkt des Vertragsabschlusses zu ermitteln.

Die einzelnen Rechtsbehelfe des Gebrauchtfahrzeugkäufers bei einem Sachmangel 1524–1527

Stoßdämpfer. Diese Teile haben eine deutlich geringere Lebenserwartung als beispielsweise der Motor oder das Schaltgetriebe. Erfahrungsgemäß sind aber auch diese Teile heute sehr viel langlebiger als noch in den fünfziger und sechziger Jahren. Dies gilt auch für die Karosserie. Dank verbesserten Korrosionsschutzes hat sie inzwischen eine Lebensdauer von weit über 10 Jahren. Dem Ziel „Dauerhaltbarkeit" ist man insgesamt gesehen ein gutes Stück näher gekommen. Dieser Entwicklung muss bei der Abschätzung der Gesamtfahrleistung/Lebensdauer Rechnung getragen werden.

Die **jüngere Rechtsprechung** hat sich dieser Entwicklung nicht verschlossen, wie die folgenden **Beispiele** zeigen: **1524**

170.000 km (OLG Koblenz VersR 1993, 1492 – BMW 323 i)
180.000 km (OLG Oldenburg DAR 1993, 467 – Toyota Corolla)
200.000 km (OLG Stuttgart DAR 1998, 393 – Rover Diesel)
200.000 km (OLG Hamm OLGR 1992, 353 – Ford Sierra mit 75 PS-Motor)
200.000 km (OLG Frankfurt ZfS 1992, 338 – Pkw, Typ unbekannt)
200.000 km (OLG Celle 10. 1. 2002, 11 U 108/01, n. v. – VW Multivan)
200.000 km (OLG Köln 13. 7. 2000, 18 U 266/99, n. v. – Opel Astra)
250.000 km (LG Münster ZfS 1993, 409 – VW Golf Turbo Diesel)
250.000 km (LG Dortmund NJW 2001, 3196 – BMW 530 dA Touring; bestätigt durch OLG Hamm 19. 7. 2001, 2 U 40/01, n. v.)
250.000 km (LG Kassel 21. 7. 2000, 9 O 1688/99, n. v. – Wohnmobil)
300.000 km (OLG Karlsruhe NJW-RR 1992, 1144 – Pkw, Typ unbekannt)
300.000 km (OLG Hamm DAR 1997, 111 = NJW 1997, 2121 – Mercedes Benz 560 SEC).

So wünschenswert Einzelfallgerechtigkeit ist, so stark ist andererseits das praktische Bedürfnis nach **Typisierung** und **Pauschalierung**. Die vollständige Aufklärung aller maßgebenden Umstände ist in der Regel mit Schwierigkeiten verbunden (zeit- und kostspieliges Gutachten), die mit der Bedeutung der Position „Nutzungsvergütung" häufig in keinem vernünftigen Verhältnis stehen (vgl. § 287 II ZPO). In **Sonderfällen** kann es unumgänglich sein, einen **Kfz-Sachverständigen** einzuschalten, beispielsweise bei ungewöhnlich hoher Fahrstrecke des Käufers, bei **Sonderfahrzeugen** wie **Oldtimern**,[289] und **Wohnmobilen**[290] Auch für **Motorräder** gelten eigene Regeln (OLG Hamm NZV 1995, 69), ebenso für Nutzfahrzeuge wie **Lkw** und **Omnibusse** (vgl. OLG Saarbrücken NJW-RR 1990, 493 – Lkw; BGH NJW 1995, 2159 – Omnibus; OLG Köln VRS 99/100, 1 – Bus; Brand. OLG OLGR 1996, 49 – Lkw; OLG Hamm OLGR 1998, 217 – Kühlanhänger), zum **Motorkauf** s. OLG Frankfurt DAR 1992, 221. **1525**

Im **statistischen Durchschnittsfall** führt die von den Verfassern für richtig gehaltene Bewertungsmethode (linearer Wertschwund) bei einem **Personenkraftwagen** mit einer mutmaßlichen Gesamtlaufleistung von 200.000 km zu folgender Kilometervergütung: **1526**

Anschaffungspreis Altwagen   8.000 Euro
tatsächliche Laufleistung
(= km-Stand bei Übergabe)   68.000 km
zu erwartende Restlaufleistung   132.000 km
Nutzungsvergütung pro km: 8000 : 132.000 = 6 Cent

Für **Pkw, Geländewagen und Transporter** hat die **SCHWACKE-Organisation** im Jahre 1997 eine Liste aufgelegt, die auch bei der Rückabwicklung von Gebrauchtfahrzeug- **1527**

---

[289] OLG Köln 26. 5. 1997, NJW-RR 1998, 128 = OLGR 1997, 331 – Motorrad, Baujahr 1924.
[290] Vgl. OLG Düsseldorf 28. 10. 1994, NZV 1995, 69 = OLGR 1995, 83; OLG Köln 8. 6. 1993, 24 U 215/92, n. v.; OLG Nürnberg 14. 11. 2001, NJW-RR 2002, 628 = DAR 2002, 219; LG Kassel 21. 7. 2000, 9 O 1688/99. n. v.

käufen eine wertvolle Arbeitshilfe bot.²⁹¹ Das Tabellenwerk war auf 10-Jahresspalten ausgelegt. Damit konnten auch die Gebrauchsvorteile bei älteren Gebrauchtfahrzeugen problemlos festgestellt werden. Dies selbst dann, wenn die effektive Laufleistung im Zeitpunkt des Verkaufs bereits über der statistischen Gesamtlaufleistung liegen sollte. In einem solchen Fall wird von einer Restlaufleistung von 10% der Gesamtlaufleistung ausgegangen. Zu einer Zweitauflage der SCHWACKE-Liste ist es nicht gekommen.

1528 Für **Motorräder** sind nach Erhebungen des ADAC deutlich niedrigere Gesamtlaufleistungen als bei bei Pkw anzusetzen. Vier Kategorien können unterschieden werden: 1. Roller und Mokicks (30.000 km), 2. mittlere Leichtkrafträder (60.000 km), 3. Enduro bis Tourer, 400 ccm–1800 ccm (90.000 km) und 4. große Tourer (100.000–120.000 km).

Der dritte Bemessungsfaktor – **Fahrstrecke in der Sphäre des Käufers** – ergibt sich aus einem Vergleich des km-Standes bei der Übergabe mit dem km-Stand am Bewertungstag. Zur Darlegungs- und Beweislast s. Rn 1742.

1529 **Sonderprobleme:** Nach oben wird die anzurechnende Nutzungsvergütung begrenzt durch die Höhe des Kaufpreises. Bei vergleichsweise billigen Fahrzeugen und einer intensiven Benutzung kann dieser Gesichtspunkt durchaus zum Tragen kommen. Mit dieser Begrenzung wird zugleich dem Einwand begegnet, bei Fahrzeugen mit nur noch geringer durchschnittlicher Lebenserwartung können sich unangemessen hohe Kilometervergütungen ergeben.

Nicht zu vergüten sind die Kilometer zum Betrieb des Verkäufers und sonstige Strecken, die gerade wegen des Sachmangels zurückgelegt worden sind („Werkstattfahrten").

Ob der Mangel als solcher zu einer Herabsetzung des Gebrauchsvorteils führt, hängt von Art und Schwere der Nutzungsstörung ab. Das OLG Koblenz (Urt. v. 6. 9. 1991, NJW-RR 1992, 114) setzt den Gebrauchsvorteil mit Null an, wenn die Benutzung des Fahrzeugs nach der StVZO verboten war. In den sog. Umrüstungsfällen (dazu Rn 1293 ff.) ist häufig die ABE erloschen mit der Folge, dass das Fahrzeug nicht im öffentlichen Verkehr gefahren werden darf.²⁹² Näheres zur Frage des **Mängelabschlags** s. Rn 320.

εε) Ausschluss des Anspruchs auf „großen" Schadensersatz (ohne Freizeichnung)

1530 Eine Beschränkung des Schadensersatzanspruchs aus § 463 BGB a. F., gleich welcher Berechnungsart, ergab sich **im alten Kaufrecht** aus dem Nebeneinander dieses Rechtsbehelfs mit den Ansprüchen auf Wandlung und Minderung. Mit dem Vollzug eines jeden dieser Gewährleistungsansprüche verlor der Käufer sein Wahlrecht. Das galt nach h. M. auch für den Schadensersatzanspruch gemäß § 463 BGB a. F., wobei nicht nach dem Haftungsgrund (Fehlen einer zugesicherten Eigenschaft oder Arglist) unterschieden wurde.²⁹³ Diese Sichtweise hatte **nach altem Kaufrecht** folgende Konsequenzen:

Erst ab Vollzug des Anspruchs auf „großen" Schadensersatz – Einigung der Vertragspartner oder rechtskräftiger Urteilsspruch – war der Käufer rechtlich dazu verpflichtet, das mangelhafte Auto dem Verkäufer **zurückzugeben.** Selbst bei einem rechtskräftigen Urteils war eine Mahnung Voraussetzung für Verzug.²⁹⁴ Der Verkäufer musste das Fahrzeug beim Käufer **abholen.**²⁹⁵ Auch schon vor Vollzug konnte der Verkäufer mit der Rücknahme in **Schuldnerverzug** geraten.²⁹⁶ Solange der Käufer in der Wahl seines Gewährleistungs-

---

291 Näheres dazu in der Zeitschrift „Schadenspraxis" 1997, 250.
292 Zum Problem auch *Dreher*, JR 1992, 157 und OLG Köln OLGZ 1993, 332.
293 *Soergel/Huber*, § 465 Rn 14; OLG Celle 30. 12. 1997, OLGR 1998, 142.
294 OLG Düsseldorf 27. 4. 2001, 22 U 194/00, n. v.
295 BGH 9. 3. 1983, BGHZ 87, 104 = NJW 1983, 1479 – Wandlung (kein Fahrzeugkauf).
296 A. A. OLG Hamm – 19. ZS – NJW 1993, 1930; wie hier: OLG Hamm – 28. ZS – NJW-RR 1997, 1418 – Wandlung; OLG Stuttgart OLGR 1998, 256 – „großer" Schadensersatz; OLG München

Die einzelnen Rechtsbehelfe des Gebrauchtfahrzeugkäufers bei einem Sachmangel 1531–1533

anspruchs noch frei war, war der Verkäufer zwar nur potenziell zur Rücknahme verpflichtet. Entschied sich der Käufer aber für eine Rückabwicklung des Vertrages, indem er das Fahrzeug zur Rücknahme anbot, löste das den **Gläubigerverzug** aus. So gesehen wirkte sein Begehren punktuell rechtsgestaltend. Zur wichtigen **Haftungserleichterung** für den Käufer während des Gläubigerverzugs vgl. OLG Stuttgart OLGR 1998, 256.

Das **neue Kaufrecht** hat das bisherige „Vollzugsmodell" aufgegeben. Rücktritt und Minderung führen als Gestaltungsrechte unmittelbar und einseitig zu einer Änderung der Rechtsbeziehung. Der Anspruch auf Schadensersatz bleibt trotz erklärten Rücktritts erhalten (§ 325 BGB). Verlangt der Käufer Schadensersatz statt der Leistung ist er vom Zeitpunkt des Verlangens an mit dem Erfüllungsanspruch ausgeschlossen (§ 281 IV BGB).

1531

Bestimmte Verfügungen und sonstige Vorgänge in der Phase **bis zum Vollzug** des Gewährleistungsanspruchs führten **nach altem Kaufrecht** zum **Verlust des Anspruchs auf Rückabwicklung,** gleich ob im Wege der Wandlung oder durch den „großen" Schadensersatz. Das richtete sich nach den §§ 351–353 BGB a. F.

Unter den Voraussetzungen, unter denen der Käufer sein **Wandlungsrecht** einbüßte, verlor er auch den Anspruch auf „großen" Schadensersatz.[297] Ihm blieb dann der „kleine" Schadensersatz oder Minderung.

Das **neue Schuldrecht** hat einer Analogie zu den §§ 350–353 BGB den Boden entzogen. Die Neugestaltung des Rücktrittsrechts wirft die Frage auf, ob die heutige Konzeption (Rückabwicklung dem Wert nach) auf den „großen" Schadensersatz übertragen werden kann. Frei gemacht wird der Weg dafür durch § 281 V BGB (ggfls. iVm § 311 a II,3 BGB). Zu den Einzelheiten s. Rn 303 ff.

Nach wie vor gilt:
Auch der Anspruch auf den „großen" Schadensersatz, der bei einem nur geringfügigen Mangel von vornherein ausscheidet, steht unter dem Vorbehalt des **§ 242 BGB.** Unter diesem Blickwinkel kommt der **Einwand der Verwirkung** bzw. der Einwand rechtsmissbräuchlichen Verhaltens in Betracht, wenn der Käufer das angeblich mangelhafte Fahrzeug über einen längeren Zeitraum und/oder außergewöhnlich intensiv genutzt hat, bevor er sich zur Rückabwicklung entschließt. Die Gerichte neigten dazu, den Anspruch auf Wandlung bzw. „großen" Schadensersatz **nur in krassen Fällen** gemäß § 242 BGB auszuschließen, wobei meist der Einwand der Verwirkung den dogmatischen Ansatz lieferte. Das OLG Koblenz hat selbst eine Fahrleistung von 55.200 km zwischen Übergabe und letzter mündlicher Verhandlung als unschädlich angesehen.[298] Es hat dem Käufer, einem Studenten, der mit dem Fahrzeug zu seinem Studienort gefahren ist, wirtschaftlich sinnvolles Verhalten bescheinigt. Demgegenüber hat das LG Gießen einem Käufer Verwirkung entgegengehalten, der bis zur Wandlungserklärung etwa 12.000 km und anschließend weitere 6500 km gefahren war.[299]

1532

Eine feste „Verwirkungsgrenze" gibt es nicht, weder zeitlich noch kilometermäßig. Entscheidend sind stets die konkreten Umstände des Einzelfalls. Die für die **Einzelfallbewertung** maßgeblichen Kriterien ergeben sich aus den BGH-Urteilen vom 8. 2. 1984,[300] 16. 10. 1991[301] und vom 2. 2. 1994,[302] s. auch OLG Frankfurt NJW-RR 1994, 120 (Wand-

1533

NJW-RR 1998, 379 – Wandlung; auch zum Merkmal „Verschulden", dazu auch *Muscheler,* JuS 1994, 737.
297 Ganz h. M., vgl. *Soergel/Huber,* § 463 Rn 47 m. Nachw. in Fn. 34; aus der Rspr. ferner LG Saarbrücken 8. 3. 1996, NJW 1996, 1971; anders wohl OLG Köln 8. 1. 1990, NJW-RR 1990, 758, 760.
298 Urt. v. 25. 1. 1981, 7 U 246/80, n. v.; vgl. auch OLG Koblenz 8. 10. 1985, MDR 1986, 316; OLG Koblenz 1. 7. 1987, NJW-RR 1988, 1137 und OLG Köln 7. 7. 1987, 9 U 8/87, n. v. (keine Verwirkung bei rund 30.000 km).
299 Urt. v. 27. 3. 1981, 3 O 383/80, n. v.
300 NJW 1984, 1525 = WM 1984, 479.
301 NJW 1992, 170 = WM 1992, 32 = JZ 1992, 365 m. Anm. *Flume.*
302 NJW 1994, 1004 = WM 1994, 703.

lung), OLG Düsseldorf OLGR 1995, 84 (Minderung); OLG Düsseldorf NJW-RR 1997, 1480 = NZV 1997, 273 („großer" Schadensersatz); OLG Düsseldorf OLGR 2001, 481 (Wandlung/gr. Schadensersatz) und OLG Köln 1. 6. 2001, 3 U 213/00, n. v. (180.000 km in 2 Jahren, Reparaturen in Eigenleistung).

1534 Ein stillschweigender oder konkludent erklärter **Verzicht** auf den Rückabwicklungsanspruch („großer" Schadensersatz, Rücktritt) wird gleichfalls nur in Ausnahmefällen anzunehmen sein. Einer rechtsgeschäftlichen Lösung ist eine auf § 242 BGB gestützte Argumentation vorzuziehen. Das ist auch die Sicht der Rechtsprechung. Zur Situation bei einer Annahme ohne Vorbehalt in Kenntnis des Sachmangels s. Rn 1544.

1535 **Anspruchsausschluss bei Beseitigung des Mangels:** Diese vielschichtige Thematik wurde vorwiegend im Zusammenhang mit Wandlungsfällen diskutiert (siehe Rn 292 ff.), beim „großen" Schadensersatz stellen sich jedoch die gleichen Fragen. Eindeutig ist auch hier, dass für eine Rückabwicklung kein Raum mehr ist, wenn der Verkäufer den Mangel **im Einverständnis mit dem Käufer** fachgerecht behoben hat.[303] Eine **eigenmächtige Mängelbeseitigung** soll die Wandlungsbefugnis hingegen unberührt lassen,[304] was schwierige Abgrenzungsfragen aufwirft. Im Zweifel dürfte der Käufer mit der Nachbesserung einverstanden sein, zumal dann, wenn sie vertraglich vereinbart oder, wie jetzt, gesetzlich verankert ist.

Die generelle Frage, ob der Sachmangel im Zeitpunkt des Vollzugs des Rückabwicklungsverlangens noch vorliegen muss, hat der BGH weder für die Wandlung noch für den „großen" Schadensersatz entschieden. Für die Wandlung bejahend OLG Düsseldorf (22. ZS).[305] Dem war für den „großen" Schadensersatz alten Rechts zu folgen. Zur Rechtslage bei Beseitigung des Mangels durch den gerichtlich bestellten Sachverständigen s. OLG Hamm OLGR 1995, 150 = ZfS 1995, 296.

ζζ) **Mitverschulden des Käufers**

1536 Kenntnis und schuldhafte Unkenntnis des Käufers von einem Sachmangel fanden bei Schadensersatzansprüchen aus § 463 BGB a. F. nur nach Maßgabe der Sondervorschrift des § 460 BGB a. F. Berücksichtigung. Für § 254 I BGB war daneben kein Raum (vgl. Rn 1551); auch nicht im Hinblick auf Mangelfolgeschäden, die unter § 463 BGB a. F. fielen.

Ohne den Vorrang des § 460 BGB a. F. zu beachten, hat das OLG Köln einem Käufer als Mitverschulden angerechnet, „leichtfertig von sich aus nichts unternommen zu haben, um sich über den technischen Zustand des von ihm erworbenen Fahrzeugs näher unterrichten zu lassen".[306] Schon dem ihm übergebenen Serviceheft hätte er entnehmen können, dass seit achtzehn Monaten keine Inspektion durchgeführt worden war und das Fahrzeug seitdem rund 40.000 km zurückgelegt hatte. Zur Last wurde dem Käufer auch gelegt, dass er beim Kauf (!) nicht danach gefragt habe, ob „irgendwelche Besonderheiten" zu beachten seien. Den Mitverschuldensvorwurf hat das OLG Köln schließlich noch damit begründet, dass der Käufer es nach dem Kauf unterlassen habe, eine Werkstatt aufzusuchen, um sich wegen der Durchführung erforderlicher Wartungsarbeiten beraten zu lassen.

---

303 Vgl. BGH 19. 6. 1996, NJW 1996, 2647 = JR 1997, 101 m. Anm. *Peters* – Wandlung eines Baggerkaufs; OLG Düsseldorf 19. 12. 1997, NJW-RR 1998, 1587 = OLGR 1998, 131; v. 10. 11. 1995, NJW-RR 1998, 265; OLG Hamm 23. 4. 1997, OLGR 1999, 202, jeweils Wandlung Neufahrzeugkauf.
304 So BGH 19. 6. 1996, NJW 1996, 2647.
305 Urt. v. 19. 12. 1997, NJW-RR 1998, 1587 = OLGR 1998, 131 mit Hinweis auf weitere Senatsentscheidungen; a. A. LG Offenburg 8. 4. 1997, NJW-RR 1997, 1421 = VersR 1998, 247.
306 Urt. v. 17. 11. 1989, 20 U 65/89, n. v.

Die einzelnen Rechtsbehelfe des Gebrauchtfahrzeugkäufers bei einem Sachmangel

Auf den Sachmangel bezogene Versäumnisse des Käufers **vor und bei Übergabe** waren nach altem Recht richtigerweise nur nach den **Spezialvorschriften** der §§ 460, 464 BGB a. F. zu würdigen.[307] In der Sache hat sich daran nichts geändert. Die Rechtsfolgen bei Mangelkenntnis und (grob) fahrlässiger Unkenntnis sind jetzt in **§ 442 BGB** abschließend geregelt. Angesichts der vom OLG Köln[308] angenommenen Arglist des Verkäufers konnte dem Käufer in dieser Phase selbst grobe Fahrlässigkeit nicht schaden. In der Zeit **nach Übernahme** des Fahrzeugs hat sich der Käufer allenfalls leicht fahrlässig verhalten, indem er es versäumt hat, die längst fällige Inspektion nachzuholen. Wer, wie der Käufer im Fall des OLG Köln, ein Gebrauchtfahrzeug von einem **Vertragshändler** erworben hat, ist im Allgemeinen nicht dazu verpflichtet, das Fahrzeug nach Übernahme darauf zu überprüfen, ob Service- und Wartungsarbeiten fällig sind. Er darf sich darauf verlassen, dass der Wagen vom Händler untersucht worden ist (dazu Rn 1470) und alle erkennbaren Mängel mit Ausnahme von technisch unbedeutenden Verschleißmängeln beseitigt worden sind. Im Fall des OLG Köln ging es um ein technisch relevantes Verschleißteil, nämlich um den wärmeempfindlichen Zahnriemen. Dem Käufer obliegt es auch nicht, den Ölstand zu prüfen und sich über die Ordnungsmäßigkeit des Kühlsystems zu vergewissern. Wer hier Obliegenheitsverletzungen annimmt, wird sie dem Käufer zumindest bei Arglist des Verkäufers kaum anrechnen können.

Außerhalb des Anwendungsbereichs des § 442 BGB ist § 254 BGB anwendbar. So liegt ein Mitverschulden vor, wenn der bei einem Weiterverkauf selbst arglistig handelnde Käufer sich auf Rückzahlung des Kaufpreises verklagen lässt (statt in die Rückabwicklung einzuwilligen) und anschließend die Kosten des Rechtsstreits vom Erstverkäufer ersetzt verlangt.[309]

ηη) Gerichtsstand für die Schadensersatzklage

Während es für den Fall der Wandlung weitgehend geklärt war, unter welchen Voraussetzungen der Käufer ausnahmsweise „zu Hause" klagen kann, gingen die Meinungen bei der Schadensersatzklage auseinander. Gegenstand des Streits war nur der **„große" Schadensersatzanspruch.** Nur er ist mit der Verpflichtung des Käufers verbunden, das Fahrzeug zurückzugeben. Beim **„kleinen" Schadensersatz** behält der Käufer die Sache und liquidiert, grob gesagt, den Minderwert. Der Streit um die **örtliche Zuständigkeit** entzündete sich beim „großen" Schadensersatz an der Frage, wo der **Erfüllungsort** (§ 29 I ZPO) für den Leistungsaustausch ist. Das OLG Hamm[310] hat die für die „vereinfachte" Wandlungsklage (Rückzahlung des Kaufpreises Zug um Zug gegen Rückgabe der Sache) geltende Regel analog auf den „großen" Schadensersatzanspruch aus § 463 S. 1 BGB a. F. angewendet, d. h., Erfüllungsort war der Wohnsitz des Käufers. Anderer Ansicht war das LG Tübingen,[311] das eine Parallele zur bereicherungsrechtlichen Rückabwicklung gezogen und den Käufer unter Hinweis auf RGZ 49, 421 an das Wohnsitzgericht des Verkäufers verwiesen hat.

Die analoge Anwendung der – freilich nicht unbestrittenen – Regel für die Wandlungsklage war nach bisherigem Recht sachgerecht. Da sich an den Rechtsbehelfen des neuen Rechts (Rücktritt und Schadensersatz statt der ganzen Leistung) inhaltlich nichts geändert hat, kann eine Analogie weiter befürwortet werden, jetzt zu der Regelung, die für die rücktrittsrechtliche Rückabwicklung gilt. Um das Problem der Zuständigkeit zu umgehen, kann

---

307 Vgl. BGH 28. 6. 1978, NJW 1978, 2240 = WM 1978, 1175; BGH 29. 1. 1993, NJW 1993, 1643 = WM 1993, 1009.
308 Urt. v. 17. 11. 1989, 20 U 65/89, n. v.
309 OLG Celle 29. 1. 1998, OLGR 1998, 188.
310 Beschl. v. 23. 9. 1988, MDR 1989, 63.
311 Urt. v. 18. 12. 1985, MDR 1986, 756; so auch LG Köln 7. 6. 1984, 25 O 589/83, n. v.

es ratsam sein, erst im Verlauf des Prozesses von einer rein rücktrittsrechtlichen auf eine schadensersatzrechtliche Abwicklung überzugehen. Das lässt § 325 BGB ausdrücklich zu.

6. Ersatz vergeblicher Aufwendungen (§ 284 BGB)

1538 Gemäß § 437 Nr. 3 i. V. m. § 284 BGB kann der Käufer Ersatz vergeblicher Aufwendungen verlangen. Auf § 284 BGB wird auch in § 311 a II BGB verwiesen, der Haftungsnorm, die beim Verkauf gebrauchter Kraftfahrzeuge im Vordergrund steht. Anders als der Anspruch auf Vertragskosten (§ 467 S. 2 BGB a. F.) ist der Aufwendungsersatzanspruch nicht verschuldensunabhängig. Wie beim Schadensersatzanspruch ist Voraussetzung, dass der Verkäufer das Leistungshindernis bzw. die Pflichtverletzung (Sachmangel) zu vertreten hat, was freilich auch in diesem Zusammenhang vermutet wird.

Erstattungsfähig sind die Aufwendungen, die der Käufer im Vertrauen auf eine mängelfreie Leistung gemacht hat und billigerweise machen durfte. Für den Bereich des Gebrauchtfahrzeugkaufs bedeutet diese Neuerung im Ergebnis keine Änderung gegenüber der bisherigen Rechtslage (zu den einzelnen Positionen s. Rn 1506 ff.).

IV. Ausschluss und Beschränkung der Sachmängelhaftung
1. Gesetzlicher Haftungsausschluss

Typisch für Gebrauchtwagenstreitigkeiten ist der Einwand des Verkäufers, der Käufer habe den gerügten Mangel gekannt, jedenfalls bei gehöriger Sorgfalt nicht übersehen können. Dass unvernünftiges Informationsverhalten und Desinteresse für den Käufer nachteilig sein können, zeigt sich bereits im Zusammenhang mit der Aufklärungspflicht des Verkäufers.[1] Rechtlos wird der Käufer erst gestellt, wenn er im Zeitpunkt des Vertragsschlusses den Sachmangel gekannt hat. Insoweit entspricht der neue **§ 442 BGB** dem bisherigen § 460 BGB. Das gilt auch für den Fall grob fahrlässiger Unkenntnis des Käufers.

a) Kenntnis des Mangels

Positive Kenntnis des Käufers **beim Vertragsabschluss** schließt in jedem Fall die Sachmängelhaftung des Verkäufers aus, selbst wenn er eine arglistige Täuschung versucht hat. **Vorrangig** ist zu prüfen, ob bei Kenntnis des Käufers überhaupt ein Sachmangel vorliegt. Nach dem **subjektiven Fehlerbegriff**, jetzt „offiziell" anerkannt, wird dies nicht selten zu verneinen sein.[2] Die Gerichte neigten bisher dazu, diese Vorprüfung zu unterlassen und sogleich auf § 460 BGB a. F. einzugehen.[3]

Die Nachfolgevorschrift des § 442 BGB wird vor allem in den Fällen zum Tragen kommen, wo die Abweichung der Ist-Beschaffenheit von der Soll-Beschaffenheit nach den **objektiven Kriterien** des § 434 Abs. 1 Nr. 2 BGB begründet wird. Da das Gesetz nicht mehr positiv definiert, was einen bestimmten Umstand zum Mangel macht (Wert- oder Tauglichkeitsminderung bzw. -aufhebung), sondern die Mängelfreiheit als Bezugspunkt wählt, kann die Rechtsprechung zu § 460 BGB a. F. nur mit Vorsicht herangezogen werden.

Einen „körperlichen" Sachmangel kennt der Käufer nicht schon damit, dass er die äußere Erscheinungsform, z. B. Beulen oder Roststellen, wahrgenommen hat. Erst wenn ihm die Nichteignung für die gewöhnliche Verwendung bekannt ist oder wenn er die Unüblichkeit der ihm sichtbaren Beschaffenheit erkannt hat, muss er sich Kenntnis entgegenhalten lassen.[4] Selbst ein dringender Mangelverdacht ist mit Kenntnis nicht gleichzusetzen. Hier kommt die zweite Alternative des § 442 BGB (grobe Fahrlässigkeit) in Betracht. Sie hat nach wie vor eine Art Auffangfunktion.[5]

Die Kenntnis des Käufers braucht sich nicht auf die **Fehlerursache** zu erstrecken. Es genügt, wenn er das äußere Erscheinungsbild (Lack, Rost) oder die für ihn nachteiligen Folgen (unzulängliche Beschleunigung, Schiefziehen beim Bremsen) kennt.

Wenn der Käufer von mehreren Mängeln (z. B. mehreren Unfallschäden) nicht alle erkannt hat, bleibt die Haftung für die nichterkannten Fehler unberührt.[6] Bei **Rostschäden** kann es zweifelhaft sein, ob es sich um einen oder mehrere Mängel handelt.[7] Hat der Käufer Kenntnis von Durchrostungen am Fahrzeugunterboden, so kann es zumindest grob fahrlässig sein, wenn er sich nicht durch eine gezielte Überprüfung und/oder Frage an den Verkäu-

---

1 Vgl. Rn 1617.
2 Vgl. *Soergel/Huber,* § 460 Rn 3; *Köhler,* JZ 1989, 761; Beispiel aus der Rspr.: BGH 22. 6. 1983, NJW 1983, 2242 – Unfallvorschaden.
3 Z. B. LG Trier 17. 12. 1998, ZfS 1999, 153.
4 BGH 13. 5. 1981, NJW 1981, 2640; OLG Düsseldorf 25. 4. 1996, OLGR 1997, 250 – zu § 464 BGB; LG Kassel 21. 7. 2000, 9 O 1688/99, n. v. – Blasenbildung an Wohnwagenaußenwand.
5 Zur Funktion und Reichweite des § 460 BGB a. F.vgl. *Soergel/Huber,* § 460 Rn 3 f.
6 BGH 13. 5. 1981, NJW 1981, 2640; OLG Düsseldorf 30. 12. 1992, OLGR 1993, 129 (L.) zu § 464 BGB.
7 Hierzu OLG Hamm 16. 1. 1981, 19 U 136/80, n. v. (Neuwagen).

fer um den Zustand der Karosserie im Übrigen kümmert.[8] Ist dem Käufer bei Abschluss des Vertrages bekannt gewesen, dass der Wagen einen **Unfallschaden** hat, so kann er Kenntnis i. S. v. § 442 BGB nicht damit bestreiten, er habe nicht das genaue Ausmaß des Schadens erkannt (zum Begriff „Unfallwagen" s. Rn 1669).[9] Bei widersprüchlichen, einerseits zutreffenden und andererseits unzutreffenden Angaben des Verkäufers kommt es darauf an, wie der Käufer sie tatsächlich verstanden hat.[10] Hat der Verkäufer die Motorleistung richtig in kW und unrichtig in PS angegeben, so hat der Käufer die wirkliche Stärke nicht gekannt. Orientierungswert ist in erster Linie immer noch die PS-Zahl.[11] Zum Einwand der Kenntnis beim Fehlen einer im Sinne von § 459 II BGB a. F. zugesicherten Eigenschaft (hier: Steuerbefreiung) vgl. LG Köln MDR 1991, 55.

1543   **Beweispflichtig** für die Tatsachen, die die Kenntnis des Käufers begründen, ist nach h. M. der Verkäufer.[12] Zu erwägen ist, dem Käufer eine **sekundäre Darlegungslast** aufzuerlegen.

Maßgeblich ist der **Zeitpunkt des Vertragsschlusses.** Das ist beim Kauf vom gewerblichen Händler zwar nicht unbedingt der Zeitpunkt, zu dem der Bestellschein (Kaufantrag) vom Käufer unterzeichnet worden ist (zum Vertragsabschluss s. Rn 931). In der Zeit bis zum Zustandekommen des Vertrages durch schriftliche Bestätigung oder Auslieferung des Fahrzeugs gewinnen Käufer jedoch erfahrungsgemäß keine neuen Erkenntnisse über den Zustand der von ihnen bestellten Fahrzeuge.

1544   Anders als § 460 BGB a. F. stellte § 464 BGB a. F. auf den Zeitpunkt der **Annahme** ab. Diese Vorschrift hat der Gesetzgeber ersatzlos gestrichen. Sie spielte beim Gebrauchtwagenkauf ohnehin keine große Rolle. Nimmt der Käufer das Fahrzeug in Kenntnis des Sachmangels vorbehaltlos ab, kann das unter dem Gesichtspunkt des § 242 BGB zum Rechtsverlust führen.[13]

b) Grob fahrlässige Unkenntnis

1545   Grob fahrlässige Unkenntnis bei Vertragsabschluss ist **grundsätzlich anspruchsvernichtend**. Trotz grober Fahrlässigkeit bleibt die Haftung des Verkäufers **ausnahmsweise** bestehen, wenn er den Mangel arglistig verschwiegen oder eine Garantie für die Beschaffenheit des Fahrzeugs übernommen hat.

Unter welchen Umständen einem **privaten Käufer** beim **Kauf vom Kfz-Händler** grobe Fahrlässigkeit vorzuwerfen ist, konnte nach dem bisherigen Rechtszustand in der Regel dahingestellt bleiben. Denn Gewährleistungsansprüche standen ihm wegen der totalen Haftungsfreizeichnung praktisch nur bei Arglist oder beim Fehlen einer zugesicherten Eigenschaft zu. **Hauptanwendungsfälle** des § 460 S. 2 BGB a. F. waren daher das **private Direktgeschäft** und der **Händlerankauf,** sei es der freie Zukauf, sei es die Inzahlungnahme.

1546   Unter der Herrschaft des **neuen Kaufrechts** mit seinem Freizeichnungsverbot beim Verbraucherkauf (§ 475 I BGB) rückt der gesetzliche Haftungsausschluss nach § 442 BGB auch in Fällen des Händlerverkaufs an Privat in den Vordergrund, damit auch die Frage der groben Fahrlässigkeit. Wer sich nicht vertraglich von seiner Haftung freizeichnen darf, wird zwangsläufig sein Heil in § 442 BGB suchen, wie etwa das Autohaus, das mit einem Leasingnehmer einen Kaufvertrag über „dessen" Fahrzeug abschließt.

---

8 So auch AG Nienburg 30. 6. 1993, ZfS 1993, 304.
9 LG Köln 7. 5. 1980, 19 S 340/79, n. v.
10 *Soergel/Huber,* § 460 Rn 16.
11 OLG Stuttgart 12. 6. 1985, BB 1985, 1417 (zu § 459 II BGB a. F.).
12 *Palandt/Putzo,* Ergbd., § 442 Rn 6.
13 Das neue Schuldrecht/*Haas,* Kap. 5 Rn 285/286.

Ausschluss und Beschränkung der Sachmängelhaftung

Nach **bürgerlichem Recht** ist der Käufer **grundsätzlich** nicht verpflichtet, das Kaufobjekt vor Abschluss des Vertrages auf seinen Zustand hin zu untersuchen. Die Annahme einer allgemeinen Untersuchungspflicht wird durch § 442 BGB gerade ausgeschlossen.[14] Zu mehr, als der Maßstab der groben Fahrlässigkeit verlangt, ist der Käufer nicht verpflichtet. Die Verbrauchsgüterkauf-RL knüpft den Rechtsverlust daran, dass der Käufer vernünftigerweise nicht in Unkenntnis über die Vertragswidrigkeit sein konnte (Art. 2 Abs. 3). Das scheint hinter dem Vorwurf der groben Fahrlässigkeit ein Stück zurückzubleiben.

Eine generelle Pflicht des technisch nicht versierten **Privatkäufers,** einen Sachverständigen oder eine Werkstatt zur Prüfung des Fahrzeugs hinzuzuziehen, besteht nicht.[15] Um den Vorwurf der groben Fahrlässigkeit zu vermeiden, ist er auch nicht in jedem Fall zu einer eigenen Probefahrt und/oder Besichtigung (Sichtprüfung) des Fahrzeugs verpflichtet.[16]

Jahreswagen, Vorführwagen und sonstige „Jungwagen" vom seriösen Fachhandel kann man ungeprüft kaufen, ohne sich damit dem Vorwurf grober Fahrlässigkeit auszusetzen. Es gibt auch kein generelles Gebot, den Zustand des Fahrzeugs daraufhin zu überprüfen, ob er mit den Daten im Fahrzeugbrief übereinstimmt. Vor allem beim Kauf vom Fabrikatshändler kann sich der private Kunde darauf verlassen, dass der Wagen ordnungsgemäß ausgerüstet ist und ein reparierter Unfallschaden offengelegt wird.

Dass Probefahrt und Besichtigung an Bedeutung eingebüßt haben, geht nicht nur auf die insgesamt bessere Qualität von Gebrauchtwagen zurück. Eine wichtige Rollen spielen auch die neuen Medien. Der **Online-Kauf** machte zwar im Jahr 2001 nicht mehr als 5% aus. Zu beobachten ist jedoch ein allgemeiner Wandel im Käuferverhalten, zumal bei jungen Käufern („Generation Golf"). **Blindkäufe** nehmen aus einer Reihe von Gründen ständig zu. Bei der Fahrlässigkeitsprüfung kann das nicht unberücksichtigt bleiben.

Eine **Untersuchungsobliegenheit** des Gebrauchtwagenkäufers kann sich immer nur aus den **konkreten Umständen des Einzelfalles** ergeben. Bevor bestimmte Unterlassungen des Käufers wie Abstandnahme von einer Probefahrt oder ein Verzicht auf eine Unterbodenbesichtigung mit Blick auf § 442 BGB bewertet werden, ist nach ihrer Relevanz auf der **Vertragsebene** zu fragen. Sorglosigkeit und Desinteresse des Käufers können bereits bei der Ermittlung der **Soll-Beschaffenheit** von Bedeutung sein. Seine Haltung kann auch unter dem Blickwinkel eines **stillschweigenden Gewährleistungsausschlusses** relevant sein. Zumindest die erste Frage ist logisch vorrangig. Ob man bei Bejahung eines Sachmangels einen gesetzlichen oder – wie der BGH[17] – einen vertraglichen Haftungsausschluss annimmt, ist letztlich mehr eine rechtstechnische Frage. Die Beweislage des Verkäufers ist bei einem vertraglichen Haftungsausschluss allerdings günstiger.

Eine Untersuchung des Fahrzeugs ist vom Käufer nur zu erwarten, wo **besondere Umstände** zur Vorsicht mahnen, d.h. dem Käufer bekannte Tatsachen und Indizien den Schluss auf einen Mangel nahe legen, sodass es unverständlich erschiene, den Dingen nicht weiter nachzugehen. Eine Prüfobliegenheit kann sich auch aus einer einschlägigen **Verkehrsübung** ergeben oder kraft **besonderer Sachkunde** des Käufers bestehen.[18]

Im **Kfz-Handel** ist es heute allgemein üblich, einen Gebrauchtwagen vor der Hereinnahme einer Sicht- und Funktionsprüfung zu unterziehen (ausführlich dazu Rn 1464 ff.).

---

14 Neues Schuldrecht/*Haas* Kap. 5 Rn 279; für § 460 BGB a. F. *Soergel/Huber,* § 460 Rn 7, 19.
15 OLG Köln 9. 1. 1973, NJW 1973, 903; davon geht stillschweigend auch OLG Köln 16. 9. 1991, NJW-RR 1992, 49 aus (Wohnwagenkauf); vgl. auch *Köhler,* JZ 1989, 761, 767.
16 Zu allgemein *Hönn,* JuS 1989, 293; zu pauschal *Soergel/Huber,* § 460 Rn 20, wenn der Kauf eines gebrauchten Pkw ohne Besichtigung schlechthin als grob fahrlässig gewertet wird.
17 Urt. v. 21. 4. 1982, NJW 1982, 1700; hierzu *Schack,* NJW 1983, 2806; *Haase,* JR 1982, 498.
18 Vgl. auch LG Münster 29. 6. 1988, NZV 1988, 145 (Privatkäufer zog sachkundigen Zeugen zur Besichtigung hinzu).

Ein Händler, der auf diese selbstverständliche Vorsichtsmaßnahme verzichtet und damit seine Sachkunde und seinen technischen Apparat bewusst ungenutzt lässt, kauft das Fahrzeug so wie es ist. Ist- und Soll-Beschaffenheit fallen zusammen, soweit Mängel in Rede stehen, die bei einer Sicht- und Funktionsprüfung aufgefallen wären. Man kann das Händlerverhalten auch als stillschweigenden Haftungsverzicht[19] oder eben als grobe Fahrlässigkeit i. S. v. § 442 BGB werten. In der Rechtsprechung der Oberlandesgerichte[20] wird vorwiegend der gesetzliche Haftungsausschluss angenommen, wenn ein **Kfz-Händler** einen Gebrauchtwagen ohne Untersuchung ankauft oder in Zahlung nimmt.

Der **private Käufer,** der generell nicht zur Hinzuziehung eines Sachverständigen oder zu einer Werkstattkontrolle verpflichtet ist,[21] kann unter dem Gesichtspunkt der **Verkehrssitte** oder bei **konkretem Mängelverdacht** zur Untersuchung oder zu einer gezielten Erkundigung beim Verkäufer verpflichtet sein. Auf dem privaten Markt ist es trotz neuartiger Informationswege nach wie vor allgemein üblich, vor dem Kauf eine **Probefahrt** zu machen und das Fahrzeug außen und innen zu **besichtigen.** Eine Unterbodenprüfung ist unüblich, weil die technischen Voraussetzungen in der Regel fehlen. Die auf dem Privatmarkt angebotenen Fahrzeuge sind durchschnittlich rund 6 Jahre alt und knapp 80.000 km gelaufen. Sie haben meist mehr als nur einen Vorbesitzer. Nach der – wenig realitätsnahen – Ansicht des BGH sind zwar Alter und eine hohe Anzahl von Vorbesitzern nicht von vornherein Anhaltspunkte für einen konkreten Mängelverdacht.[22] Deshalb brauche ein Händler in seiner Eigenschaft als Verkäufer auch einen 9 Jahre alten Pkw mit drei Voreigentümern nicht in jedem Fall zu untersuchen. Eine Prüfobliegenheit des privaten Käufers in Form einer Besichtigung und Probefahrt ist jedoch zumindest beim **Kauf älterer Fahrzeuge von Privat** anzunehmen.[23]

Unterlässt es der Käufer, den Verkäufer **nach Unfallschäden** zu fragen, so ist dies nicht in jedem Fall grob fahrlässig.[24] Etwas anderes kann gelten, wenn der äußere Zustand des Fahrzeugs und/oder Bemerkungen des Verkäufers[25] auf einen Unfall hindeuten.

Besondere Vorsicht ist bei **stillgelegten Fahrzeugen** geboten. Auch bei einer nur vorübergehenden Stilllegung (z. B. Versicherungsabmeldung, § 29 b StVZO) darf das Fahrzeug nicht im Straßenverkehr bewegt werden. Lässt der Käufer sich vorbehaltlos auf einen Vertrag ein, so muss er zur Vermeidung des Vorwurfs der groben Fahrlässigkeit besondere Sorgfalt walten lassen (gründliche Besichtigung, Prüfung der Fahrzeugpapiere, Fragen an Verkäufer).[26] „Augen auf beim Autokauf" gilt hier in besonderer Weise.

1550 Die **Behauptungs- und Beweislast** für diejenigen Tatsachen, die den Rechtsbegriff der „groben Fahrlässigkeit" ausfüllen, trägt der Verkäufer.[27] Die Grundsätze des Anscheinsbeweises sind nicht anwendbar.

---

19 So BGH 21. 4. 1982, NJW 1982, 1700.
20 OLG Köln 8. 7. 1969, JMBl. NW 1970, 154; OLG Celle 13. 11. 1973, NdsRpfl. 1974, 83; s. auch OLG Kiel, SchlHAnz. 1941, 119; OLG Oldenburg 4. 7. 1962, MDR 1962, 901; OLG Düsseldorf 29. 5. 1972, BB 1972, 857.
21 Vgl. oben Fn. 15 und LG Karlsruhe 9. 1. 1981, DAR 1981, 152.
22 Urt. v. 21. 1. 1981, NJW 1981, 928.
23 OLG Frankfurt 18. 9. 1991, ZfS 1992, 230; LG Karlsruhe 9. 1. 1981, DAR 1981, 152; vgl. auch OLG Köln 16. 9. 1991, NJW-RR 1992, 49 (Kauf eines 10 Jahre alten Wohnwagens); s. auch OLG Hamm 6. 2. 1995, ZfS 1995, 17 = DAR 1995, 446 – über 20 Jahre altes VW Cabrio.
24 OLG Brandenburg 17. 1. 1995, OLGR 1995, 89 (Händlerverkauf); vgl. auch BGH 16. 3. 1977, NJW 1977, 1055 (Käufer hatte den Händler weder nach einem früheren Unfall gefragt noch eine Probefahrt gemacht).
25 Vgl. auch OLG Braunschweig 23. 8. 1991, Nds. Rpfl. 1992, 26.
26 LG Karlsruhe 9. 1. 1981, DAR 1981, 152.
27 Palandt/Putzo, Ergbd., § 442 Rn 6.

Als **Sondertatbestand** geht § 442 BGB ebenso wie der bisherige § 460 BGB der allgemeinen Regelung in **§ 254 BGB** vor.[28] Dem Käufer steht ein ungekürzter Schadensersatzanspruch aus Garantieübernahme oder wegen arglistiger Täuschung auch dann zu, wenn er aus grober Fahrlässigkeit den Sachmangel nicht erkannt hat; erst recht ist leichte Fahrlässigkeit unschädlich.[29] Aus einem derartigen „Verschulden" des Käufers kann der Verkäufer keine eigenen Ersatzansprüche herleiten. Näheres zum Mitverschulden des Käufers s. Rn 1536.

2. Vertraglicher Ausschluss/Beschränkung der Sachmängelhaftung
a) Die bis zum 1. 1. 2002 geltende Rechtslage

Der Versuch, die Sachmängelhaftung des gewerblichen Gebrauchtwagenverkäufers vertraglich auszuschließen, ist so alt wie der Handel mit gebrauchten Kraftfahrzeugen. Die historische Entwicklung der bis zum 1. 1. 2002 erfolgreichen Bemühungen der Kfz-Verbände hat *von Brunn* in mehreren Beiträgen nachgezeichnet.[30] Bis zum Inkrafttreten der Schuldrechtsreform lagen sämtlichen Geschäften, auch dem Verkauf an Verbraucher, fast ausnahmslos Geschäftsbedingungen mit einem Gewährleistungsausschluss zugrunde. Er war praktisch die **„Magna Charta"** des Gebrauchtwagenhandels, ein **„Gebot der wirtschaftlichen Vernunft"**, wie der BGH mehrfach betont hat.

Im Kfz-Handel war es freilich schon seit Jahren üblich, gebrauchte Personenkraftwagen (einschließlich Kombis und Vans) „mit Garantie" zu verkaufen. Das Motto **„alle Gebrauchten mit Garantie"** war die zentrale Aussage der ZDK-Gebrauchtwagen-Konzeption Oktober 1988. Schon vor deren Einführung wurden etwa 40% der im Fachhandel stehenden Gebrauchtfahrzeuge mit Garantie verkauft; zuletzt lag die Quote bei 70%. Da die marktüblichen Gebrauchtwagengarantien aber keine Vollgarantien waren, hieß es bei einem Verkauf mit Garantie: „Im Übrigen wird das Fahrzeug unter Ausschluss jeder Gewährleistung verkauft."

In Rechtsprechung und Schrifttum herrschte weitgehend Einigkeit darüber, dass durch die umfassende Freizeichnungsklausel in den Verkaufsbedingungen des Kfz-Handels die Haftung des Verkäufers für **sämtliche Mängel** des Fahrzeugs ausgeschlossen wurde. Mit dieser Klausel stellt der Verkäufer in erster Linie klar, dass er auch und gerade für **verborgene Mängel,** insbesondere **unbekannte Unfallschäden,** seine Haftung ausschließen will.[31] Ein bis heute höchstrichterlich nicht gelöstes Auslegungsproblem stellte sich angesichts der Weite des Fehlerbegriffs bei „unkörperlichen" Defiziten, wie z. B. einer Vorbenutzung als Mietwagen oder einem unerwartet frühen Erstzulassungsdatum (zu dieser Problematik s. Rn 1561 ff.). Was die Frage der **Inhaltskontrolle** angeht, so war spätestens seit der **grundlegenden Entscheidung des BGH** vom 11. 6. 1979[32] klar: Die Klausel „gebraucht, wie besichtigt unter Ausschluss jeder Gewährleistung" verstößt auch bei Verwendung gegenüber einem Endverbraucher nicht gegen § 9 AGBG.

---

28 Neues Schuldrecht/*Haas* Kap. 5 Rn 284.
29 BGH 28. 6. 1978, NJW 1978, 2240 = WM 1978, 1175; BGH 29. 1. 1993, NJW 1993, 1643 (Grundstückskauf).
30 DAR 1967, 149; NJW 1956, 306; ferner in „Die formularmäßigen Vertragsbedingungen der deutschen Wirtschaft", 1956, S. 146 f.
31 So BGH 11. 6. 1979, BGHZ 74, 383 = NJW 1979, 1886 = BB 1979, 1061 m. Anm. *Löwe;* BGH 16. 3. 1977, NJW 1977, 1055 („unmissverständliche Erklärung über den Haftungsausschluss für alle Mängel").
32 BGHZ 74, 383 = NJW 1979, 1886

b) Das seit dem 1. 1. 2002 geltende Recht

1553 Auch wenn es im **Schuldrechtsmodernisierungsgesetz** an keiner Stelle ausdrücklich gesagt wird: Außer Zweifel steht, dass jegliche Beschränkung der Sachmängelhaftung bei einem **Verbrauchsgüterkauf** unzulässig ist. Der Unternehmer darf sich auf eine Vereinbarung, die zum Nachteil des Verbrauchers von bestimmten Vorschriften des neuen Kaufrechts abweicht, nicht berufen (§ 475 I BGB). Selbst eine individualvertragliche Vereinbarung über eine Haftungserleichterung nützt dem Unternehmer nichts, sofern sie vor Mitteilung des Mangels zustande gekommen ist.

Außerhalb des Verbrauchsgüterkaufs ist ein umfassender Ausschluss der Sachmängelhaftung weiterhin **grundsätzlich zulässig**. Bei der Inhaltskontrolle formularmäßiger Haftungsfreizeichnungen sind allerdings nach neuem Recht einige Besonderheiten zu beachten (Näheres dazu s. Rn 1566 ff.).

c) Der Verbrauchsgüterkauf

aa) Kfz-Betrieb an Verbraucher

1554 Der Kfz-Handel hat die Schuldrechtsreform nicht zum Anlass genommen, für Verbrauchergeschäfte ein eigenes Vertragsformular mit ausschließlich auf diesen Geschäftstyp zugeschnittenen AGB zu entwickeln. Derartige Spezialverträge sind bisher nicht bekannt geworden. Gewählt wurde ersichtlich die „Einheitslösung" mit internen Textdifferenzierungen nach Käufergruppen.

Dort, wo früher ein Ausschluss jeglicher Gewährleistung formuliert war, ist heute lediglich von einer **Herabsetzung der Verjährungsfrist** von zwei Jahren auf ein Jahr die Rede. Damit macht der Kfz-Handel von einer Option Gebrauch, die § 475 II BGB beim Verkauf an Verbraucher ausdrücklich einräumt (Näheres dazu s. Rn 1592 ff.). Eine weitergehende Haftungserleichterung ist einem Unternehmer strikt untersagt. Eine Ausnahme wird nur für die Schadensersatzhaftung nach § 437 Nr. 3 BGB gemacht (§ 475 III BGB).

Diese neue Rechtslage, die den Handel – vor allem bei der Vermarktung älterer Gebrauchtfahrzeuge – bis ins Mark trifft, fordert Gegenmaßnahmen geradezu heraus. Passiven Schutz bieten verstärkte Kontrollen beim Ankauf bzw. der Inzahlungnahme, insbesondere eine sorgfältige Dokumentation des Fahrzeugzustandes. Einem aktiven Weitervermarktungsschutz zieht § 475 BGB außerordentlich enge Grenzen.

Zu den wenigen Möglichkeiten, die einem Unternehmer-Verkäufer geblieben sind, um sein Haftungsrisiko im voraus zu begrenzen, zählen außer der Verkürzung der Verjährungsfrist und der Begrenzung der Schadensersatzhaftung haftungsentlastende Beschaffenheitsvereinbarungen (dazu Rn 1223 ff.). Zur Zulässigkeit eines Verkaufs als Vermittler/Agent s. Rn 976 ff. Zwischenverkäufe von Kfz-Betrieben an Mitarbeiter oder an die Ehefrau des Inhabers mit anschließendem Weiterverkauf an Verbraucher werden die Gerichte gleichfalls unter dem Gesichtspunkt der „anderweitigen Gestaltung" (§ 475 I,2 BGB) einer strengen Prüfung unterziehen. Keinen Bestand wird eine Klausel haben, der zufolge ein Verbraucher einen „ausgehandelten" Preisnachlass zurück zu zahlen hat, wenn er Mängelansprüche geltend macht.

Insoweit frei von den Zwängen der Richtlinie über den Verbrauchsgüterkauf hat der deutsche Gesetzgeber die Möglichkeit einer **Freizeichnung von der Schadensersatzhaftung** des Unternehmers ausdrücklich eingeräumt (§ 475 III BGB). Von dieser Option hat der Kfz-Handel durchgängig Gebrauch gemacht. In den **neuen verbandsempfohlenen Verkaufsbedingungen** (Stand 1. 1. 2002) werden die Schadensersatzansprüche aus der Sachmängelhaftung nicht gesondert geregelt. Die freizeichnungsfesten Konstellationen des § 309 Nr. 7 a und b BGB werden in den Abschnitten VI („Sachmangel") und VII („Haftung") entweder überhaupt nicht oder nur an versteckter Stelle angesprochen. Zu den sich daraus ergebenden Konsequenzen s. Rn 954.

bb) Sonstige Unternehmer an Verbraucher

Außerhalb des eigentlichen Kfz-Handels werden jährlich zigtausend Gebrauchtfahrzeuge nach den Regeln des Verbrauchsgüterkaufs veräußert. Außer **Leasinggesellschaften, Autovermietern** und ähnlichen Unternehmen aus der Kfz-Branche im weiteren Sinn treten auch solche Unternehmer als Gebrauchtfahrzeugverkäufer auf, deren gewerbliche oder selbstständige Tätigkeit einen anderen Schwerpunkt hat als die Vermarktung gebrauchter Autos. Diese **„Gelegenheitsverkäufer"** sind gleichfalls Unternehmer i. S. d. § 14 BGB.

Um Unternehmern außerhalb der Kfz-Branche den Absatz ihrer Geschäftsfahrzeuge zu erleichtern, sind aus Anlass der Schuldrechtsreform neu konzipierte Musterverträge auf den Markt gekommen. Besonders zu erwähnen ist der **ADAC-Kaufvertrag** „für den Verkauf eines gebrauchten Kraftfahrzeuges durch einen Unternehmer". Die wichtigsten Bestimmungen, durch Fettdruck hervorgehoben, lauten:

„Die Sachmängelhaftung des Verkäufers wird auf ein Jahr beschränkt. Diese Beschränkung gilt nicht für Schadensersatzansprüche aus Sachmängelhaftung, die auf einer grob fahrlässigen oder vorsätzlichen Verletzung von Pflichten des Verkäufers beruhen sowie bei Körperschäden."

Diese Regelungen sind mit § 475 BGB vereinbar. Abs. 2 erlaubt ausdrücklich eine Herabsetzung der Verjährungsfrist bis auf ein Jahr. Die obige Fristklausel ist für einen Durchschnittsverbraucher hinreichend verständlich, auch wenn der Ausdruck „Verjährung" darin nicht enthalten ist und über den Beginn der Einjahresfrist nichts gesagt wird.

Nur von der Reduzierung der Verjährungsfrist ausgenommen – nicht generell ausgeschlossen - sind „Schadensersatzansprüche aus Sachmängelhaftung". Mit dieser reinen Verjährungslösung haben die Klauselverfasser das Problem vermieden, das sich aus der reformbedingten Aufwertung der Pflicht ergibt, mängelfrei zu liefern (§ 433 I,2 BGB). Der Charakter dieser Pflicht als vertragswesentliche Verpflichtung (möglicherweise eine „Kardinalpflicht") könnte einer Freizeichnung von der Haftung selbst bei leichter Fahrlässigkeit entgegenstehen.[33]

Ausgangspunkt der auf die Verjährungsfrage begrenzten Konzeption des ADAC-Vertrages ist die richtige Überlegung, dass auch eine Verkürzung der Verjährungsfrist von zwei Jahren auf ein Jahr letztlich eine „Beschränkung" von Schadensersatzansprüchen darstellt und dass deshalb die Verbote in § 309 Nr. 7 a und b BGB zu beachten sind. Würden die Schadensersatzansprüche des Verbrauchers in den dort genannten Sonderfällen gleichfalls in einem Jahr statt in zwei Jahren verjähren, wäre die formularvertragliche Fristenregelung insgesamt unwirksam. Dass die Klausel die in § 309 Nr. 7 a und b BGB genannten Ausnahmetatbestände nur verkürzt wiedergibt, dürfte unschädlich sein. Eine Wiederholung des vollständigen Gesetzestextes würde sie nicht verständlicher machen.

d) Unternehmer-Nichtverbraucher-Geschäfte

Zu dieser Kategorie von Gebrauchtwagenkäufen gehören vor allem Unternehmer-Unternehmer-Geschäfte und Verkäufe von Unternehmern an juristische Personen des öffentlichen Rechts oder öffentlich-rechtliche Sondervermögen. Die umgekehrte Konstellation – Behörde verkauft an Unternehmer – unterliegt rechtlich den gleichen Rahmenbedingungen.

---

33 Zum Problem s. *Schimmel/Buhlmann*, Fehlerquellen, S. 189, und hier Rn 1567.

aa) Individualvertragliche Haftungsbeschränkungen

1557 Wird die Sachmängelhaftung ausnahmsweise – wie in den Fällen BGH NJW 1983, 1424 und BGH NJW 1991, 1880 – nicht formularmäßig, sondern **individuell** ausgeschlossen, ergeben sich mancherlei **Auslegungsprobleme**, z. B. beim Nebeneinander von Beschaffenheitsgarantie und Freizeichnungsklausel. Der BGH neigt bei einer solchen Konstellation zu einer **restriktiven Auslegung** der Freizeichnungsklausel.[34] Sie tritt zurück, d. h. der Verkäufer darf sich nicht darauf berufen. Genau diese (beschränkte) Rechtsfolge ordnet jetzt § 444 BGB n. F. an. Sein Anwendungsbereich ist keineswegs auf formularmäßige Haftungsausschlüsse und -beschränkungen begrenzt. Vor allem bei Individualabreden soll die Gestaltungsmacht des Verkäufers begrenzt sein.[35]

Bei einer individualvertraglichen Freizeichnung wie „unter Ausschluss jeglicher Gewährleistung" ist besonders sorgfältig zu prüfen, ob die strittige Verkäufererklärung überhaupt Garantiecharakter hat. Denn der allgemeine (umfassende) Haftungsausschluss kann darauf hin deuten, dass der Verkäufer keinerlei Garantie für die Beschaffenheit der Sache übernehmen möchte.[36] Andererseits ist es durchaus möglich, dass der Verkäufer für bestimmte Fahrzeugmängel nicht haften will, die Abwesenheit anderer hingegen garantieren möchte. Das ist vor allem eine Frage der Auslegung (§§ 133, 157, 242 BGB).[37] Richtlinien für die Auslegung geben weiterhin die BGH-Entscheidungen aus der Zeit vor der Schuldrechtsreform, z. B. BGH NJW 2000, 3130 m. w. N.

Für die Auslegung bringt § 444 BGB nichts Neues. Seine Wirkung setzt erst ein, wenn eine Beschaffenheitsgarantie bejaht ist und Klarheit über deren Inhalt und Tragweite herrscht, auch mit Blick auf die Rechtsfolgeseite. Mit welcher Maßgabe dann das Verbot des „Sich-Berufens" eingreift, ist **strittig**, vor allem hinsichtlich Unternehmenskaufverträge.[38] Für den Bereich des Gebrauchtfahrzeugkaufs ist der Meinungsstreit ohne praktische Relevanz. Jedenfalls ist insoweit keine Änderung gegenüber der früheren Rechtslage eingetreten.

Dass individualvertragliche Ausschlüsse und Beschränkungen der Sachmängelhaftung auch nach neuem Schuldrecht **grundsätzlich zulässig** sind, beweist bereits die Existenz von § 444 BGB. Aus dem Umstand, dass die Mängelfreiheit jetzt Gegenstand einer Hauptleistungspflicht ist, lässt sich gegen die Wirksamkeit eines individuellen Haftungsausschlusses nichts herleiten. Als Kontrollvorschriften bleiben die §§ 138, 242 BGB zu beachten.

bb) Formularmäßige Freizeichnungen

1558 Für Verträge mit Nichtverbrauchern, namentlich Unternehmern und Behörden, sehen die **neuen Gebrauchtwagenverkaufsbedingungen** eine Sonderregelung vor. Der Verkauf erfolgt „unter Ausschluss jeglicher Sachmängelhaftung" (Abschn. VI Nr. 1 S. 2); bemerkenswerterweise aber nicht für sämtliche Kraftfahrzeuge/Anhänger, sondern **nur für Nutzfahrzeuge**. Damit schöpfen die Klauselverfasser den Freizeichnungsspielraum nicht voll aus. Für den Verkauf von Nicht-Nutzfahrzeugen, vor allem für den Pkw-Verkauf, hat man aus geschäftspolitischen Gründen bewusst auf einen Haftungsausschluss verzichtet. Es

---

34 Urt. v. 30. 1. 1985, NJW 1985, 1333 = JR 1985, 364 m. Anm. *Köhler*; s. auch BGH 10. 10. 1977, BB 1977, 1623; BGH 30. 11. 1990, NJW 1991, 912; BGH 12. 4. 1996, NJW 1996, 2027 – Immobilienkauf; BGH 14. 6. 2000. NJW 2000, 3130 – gebr. Wärmetauscher; ebenso OLG Köln 18. 12. 1996, NZV 1998, 73 = OLGR 1997, 108.
35 *Palandt/Putzo*, Ergbd., § 444 Rn 5.
36 Vgl. OLG München 7. 7. 1992, OLGR 1992, 113 (EZ-Angabe in Zeitungsanzeige).
37 BGH 14. 6. 2000, NJW 2000, 3130; KG 24. 7. 2000, OLGR 2001, 10; *Graf von Westphalen*, ZIP 2002, 545.
38 Vgl. *Graf von Westphalen*, ZIP 2002, 545; *Dauner-Lieb/Thiessen*, ZIP 2002, 108, jeweils m. w. N.

bleibt hier bei der gesetzlichen Sachmängelhaftung, wenn auch mit (zulässig) abgekürzter Verjährung.

Auf der Bestellscheinvorderseite befindet sich eine spezielle Rubrik für Sondervereinbarungen mit Unternehmer-Käufern. Zu erwarten ist, dass Autohäuser, abweichend von den AGB, ihre Sachmängelhaftung auch beim Pkw-Verkauf ausschließen bzw. beschränken. Individualabreden sind an den §§ 138, 242 BGB zu messen, vorformulierte Klauseln nur an § 307 BGB. Zu beachten ist jedoch die Ausstrahlungswirkung der §§ 308, 309 BGB.

α) Auslegungsfragen

Auslegung geht vor Inhaltskontrolle. Deshalb sind zunächst Inhalt und Tragweite der Freizeichnungsklausel im Abschn. VI Nr. 2 der **neuen GW-Verkaufsbedingungen** (Fassung 2002) zu klären.

1559

αα) Nutzfahrzeug

Abweichend von der Grundaussage, dass für Sachmängel ein Jahr lang gehaftet wird, erfolgt der Verkauf von Nutzfahrzeugen an bestimmte Käufer (Behörden, Unternehmer) unter Ausschluss jeglicher Sachmängelhaftung. M. a. W.: Beim Verkauf eines Fahrzeugs, das kein Nutzfahrzeug ist, soll auch gegenüber Nichtverbrauchern gehaftet werden. Der Begriff „Nutzfahrzeug" ist nicht eindeutig. Zur Auslegung s. Rn 21.

1560

ββ) Art des Sachmangels

Auf welche Mängel sich der Haftungsausschluss erstreckt, wird in der Klausel nicht konkretisiert. Dass es Sachmängel, nicht Rechtsmängel sind, folgt aus der Überschrift über dem Abschnitt VI („Sachmangel"). Zudem wird die Sachmängelhaftung als Gegenstand der Freizeichnung ausdrücklich genannt. Damit ist aber nichts über die Art des Sachmangels gesagt; ob alle denkbaren Fallgestaltungen des bisher schon weiten, jetzt noch weiter ausgedehnten Sachmangelbegriffs erfasst werden oder ob nur eine bestimmte Teilmenge gemeint ist.

1561

Nach bisher vorherrschendem Verständnis bezog sich die Freizeichnungsklausel alter Art („unter Ausschluss jeder Gewährleistung") auf sämtliche Fehler, mochten sie **verborgen oder sichtbar** sein,[39] behebbar oder unbehebbar.

Erfasst wurden nur solche Fehler, die bereits bei Vertragsabschluss vorlagen, also zu diesem **Zeitpunkt** zumindest „im Keim" angelegt waren. Auf Mängel, die zwischen Abschluss des Kaufvertrages und Fahrzeugauslieferung entstanden sind, erstreckten sich die handelsüblichen Freizeichnungsklauseln nicht. Anders als z. B. beim Grundstückskauf[40] war die Zeitpunktfrage beim Gebrauchtfahrzeugkauf kein praxisrelevantes Problem. Denn Kauf und Übergabe lagen meist so nahe zusammen, dass eine Verschlechterung des Zustandes in der Zwischenzeit ausschied.

Wenn das Fahrzeug ausnahmsweise zwischen Unterzeichnung des Bestellscheins (Angebotsabgabe durch den Kunden) und Auslieferung an ihn einen verborgen gebliebenen Defekt erlitten hatte, konnte der Händler seine Haftung nicht unter Hinweis auf die formularmäßige Freizeichnungsklausel ablehnen. Begründung: Formularmäßige Freizeichnungsklauseln sind **im Zweifel eng** auszulegen. Will der Verkäufer sich auch von der Haftung für Mängel aus der Zeit zwischen Abgabe des Angebots und Auslieferung freizeich-

---

39 BGH 16. 3. 1977, NJW 1977, 1055
40 Vgl. dazu BGH 10. 3. 1995, NJW 1995, 1737 – Brand zwischen Notar- und Übergabetermin; OLG Hamm 28. 1. 1999, OLGR 1999, 349; OLG Hamm 17. 5. 1999, OLGR 1999, 389; zum Problem auch *Tiedtke*, NJW 1995, 3081, 3084.

nen, muss er mit dem Käufer eine entsprechende Abrede treffen. Das geschah im Handel mitunter durch so genannte „Abnahme-Erklärungen".

Der weite juristische Sachmangelbegriff warf und wirft die Frage auf, ob der Haftungsausschluss sich auch auf solche Erscheinungen erstreckt, die keine alltagstypischen Fahrzeugmängel sind. Das OLG Hamm hat sich bereits Anfang der fünfziger Jahre für eine **Begrenzung** ausgesprochen.[41] Ihrem Sinn und Zweck nach soll sich die Freizeichnungsklausel nur auf solche Mängel erstrecken, die den **technischen Gebrauch** des Fahrzeugs beeinträchtigen. Ausgeklammert wurden Beschaffenheitsabweichungen wie etwa die Nichtübereinstimmung von Fahrgestellnummer am Fahrzeug mit der Nummer im Fahrzeugbrief. Während mehrere Oberlandesgerichte in derartigen Störfällen keinen Sachmangel sehen,[42] hielt der **BGH** die §§ 459 ff. BGB a. F. auch hier für anwendbar.

Der vom OLG Hamm angeschnittenen Auslegungsfrage brauchte der BGH seinerzeit nicht nachzugehen, weil die Klausel „wie besichtigt und probegefahren" lautete und damit ohnehin eine beschränkte Reichweite hatte. Ob der vollständige Gewährleistungsausschluss Fälle **nichttechnischer Fehlerhaftigkeit** einschließt, ist auch in der Taxi-Entscheidung des BGH vom 12. 5. 1976[43] offen geblieben.[44] Das KG hatte als Vorinstanz die Meinung vertreten, dass die Klausel bei solchen Mängeln nicht gelte, die für den Verkäufer aus dem Fahrzeugbrief ersichtlich seien. Im Streitfall hatte ein Kfz-Händler einen Wagen verkauft, der 4 Jahre lang als Taxi benutzt worden war. Ohne Entscheidung ist die Auslegungsfrage auch in dem BGH-Urteil vom 7. 5. 1997[45] geblieben.

1562 Als **vernünftiger Zweck** der Freizeichnungsabrede kann nur der Ausschluss der Haftung für solche Sachmängel angesehen werden, die den **bestimmungsgemäßen Gebrauch** des Kraftfahrzeugs unmittelbar beeinträchtigen und deren Grund in der Vorbenutzung, im Gebrauchtsein, liegt. Eine Auslegungshilfe gibt die Frage, ob die Vertragswidrigkeit **mit technischen Mitteln,** also in einer Werkstatt, zu beseitigen ist. Nachbesserungsunfähigkeit ist freilich kein Ausschlusskriterium. Unfallvorschäden und km-Abweichungen fallen zweifelsohne unter den formularmäßigen Haftungsausschluss. Schon nach dem **allgemeinen Sprachgebrauch** handelt es sich jedoch nicht um „Mängel", wenn die Fahrzeugpapiere fehlen oder wenn Daten des Fahrzeugs und des Briefs nicht übereinstimmen oder die Fahrzeugidentifizierungsnummer (FIN) ausgetauscht worden ist.[46] Auch kann der Händler seine Sachmängelhaftung für ein **höheres Fahrzeugalter**[47] nicht unter Berufung auf den allgemeinen Gewährleistungsausschluss ablehnen.[48] Auch die Fälle **atypischer Vorbenutzung** (Taxi, Miet- oder Fahrschulwagen) sind auszuklammern.[49] Eine Freizeichnung setzt hier eine **konkrete Abrede** voraus, die auch formularmäßig erfolgen kann.

---

41 Urt. v. 24. 11. 1952, NJW 1953, 386; siehe auch OLG Hamburg 11. 7. 1958, BB 1958, 896.
42 Vgl. Rn 1294 ff.; s. auch OLG Oldenburg 31. 1. 1995, NJW-RR 1995, 688 = MDR 1995, 360 – unrichtige Herstellerangabe bei einem nach Totalschaden wieder aufgebauten BMW Z 1; SchlHOLG 4. 7. 1996, OLGR 1996, 339 = ZfS 1997, 17 – Austausch der FIN.
43 BB 1977, 61 m. Anm. *Trinkner.*
44 Ebenso im Urt. v. 7. 5. 1997, NJW 1997, 3164.
45 NJW 1997, 3164
46 Dazu SchlHOLG 4. 7. 1996, OLGR 1996, 339 = ZfS 1997, 17.
47 Oder eine frühere Erstzulassung.
48 Ein höheres Alter hat der BGH (VII. ZS) schon nicht als Fehler i. S. v. § 459 I BGB angesehen, vgl. Rn 1276.; ein nicht vertragsgemäßes Erstzulassungsdatum scheint er bei Fehlen einer Zusicherung und bei Gutgläubigkeit des Verkäufers für freizeichnungsfest zu halten. Andernfalls hätte er der Wandlungsklage im Fall BGH NJW 1992, 170 stattgeben müssen; s. auch BGH NJW 1996, 584 unter II, 3 b, aa.
49 Ebenso die Unrichtigkeit einer Herstellerangabe, vgl. OLG Oldenburg 31. 1. 1995, NJW-RR 1995, 688.

Ausschluss und Beschränkung der Sachmängelhaftung 1563, 1564

Ob der allgemeine Gewährleistungsausschluss darüber hinaus zu begrenzen ist, indem **1563** man „grundlegende, den Vertragszweck erheblich gefährdende Mängel" aus seinem Anwendungsbereich herausnimmt, war eine Frage, die durch den Gebrauchtwagen-Run Anfang der Neunziger in den neuen Bundesländern besondere Aktualität erlangt hatte, freilich schwerpunktmäßig beim Verkauf an Verbraucher. Inzwischen haben sich die Verhältnisse normalisiert.

Nach altem Kaufrecht kamen grundsätzlich zwei Lösungswege in Betracht: Denkbar war einerseits, die Freizeichnungsklausel auch bei den so genannten **Schwerstmängeln** für anwendbar zu halten und zum Schutz des Käufers gesteigerte Aufklärungspflichten zu statuieren, flankiert von einer Großzügigkeit bei der Annahme von Zusicherungen. Dies war das Konzept des BGH.[50] Die Alternative hieß: Unmittelbare Beschränkung der Freizeichnungsklausel, nicht mittelbar durch eine „überschießende" Gegensteuerung über § 476 BGB a. F. und mit Hilfe der Figur der stillschweigenden Eigenschaftszusicherung (§ 459 II BGB a. F.).

Darüber, dass in diesem Punkt ein Regelungsbedürfnis bestand, war man sich in allen Lagern weitgehend einig. Auch die einschlägigen Gerichtsentscheidungen enthielten oft das stillschweigende Eingeständnis, dass der allgemeine Gewährleistungsausschluss im Einzelfall zu unbefriedigenden Ergebnissen führt. Diese richtige Erkenntnis war die Grundlage all derjenigen Entscheidungen, in denen der Gewährleistungsausschluss neutralisiert worden ist, obgleich eine arglistige Täuschung nicht nachgewiesen werden konnte.

Mit dem gängigen Auslegungsinstrumentarium kam man in den „Schwerstmängel-Fällen" nicht recht weiter. Im Kern ging es um ein **Problem der Angemessenheit** und damit der (offenen) **Inhaltskontrolle**. Weder aus sich selbst heraus noch im Kontext mit dem typischen Inhalt von Gebrauchtwagenkaufverträgen konnte der allgemeine Gewährleistungsausschluss alter Art dahin ausgelegt werden, dass die Haftung für so genannte Schwerstmängel bestehen bleibt.[51] Dass ein Händler die Abwesenheit dieser Mängel oder – positiv gewendet – die Gebrauchstauglichkeit des Fahrzeugs konkludent oder stillschweigend zusagt, gar garantiert, konnte **im Regelfall** des Verkaufs an Nichtverbraucher nicht angenommen werden. Schon die Tatsache, dass unter Haftungsausschluss verkauft wurde, sprach dagegen.

Der BGH hat klargestellt: Ohne konkrete Anhaltspunkte für eine abweichende Auslegung erfasst die übliche Freizeichnungsklausel **auch schwerste technische Mängel**; insoweit ist sie umfassend.[52] Diese richtige Aussage hatte vor allem Verbraucherkäufe vor Augen. Sie gilt erst recht beim **Verkauf an Nichtverbraucher**. Konkrete Anhaltspunkte im Sinn der BGH-Rechtsprechung sind nicht: Anbieten des Fahrzeugs als Gebrauchtwagen statt als Schrott- oder Bastlerwagen, Verlangen eines Preises, der für ein im Wesentlichen mängelfreies Fahrzeug angemessen wäre, Hinweis auf gerade erfolgte TÜV-Abnahme, Vorlage einer Werkstattrechnung oder des „Scheckhefts". Alle diese Tatsachen sind ohne das Hinzutreten weiterer Umstände zu schwach, um den Gewährleistungsausschluss zurücktreten zu lassen.

γγ) Haftungsausschluss und Beschaffenheitsvereinbarung bzw. – garantie

Dass ein lediglich **formularmäßiger Gewährleistungsausschluss** sich nicht auf die **1564** Haftung des Verkäufers für das **Fehlen einer zugesicherten Eigenschaft** bezog, war im Ergebnis Allgemeingut[53] Allerdings war der Gewährleistungsausschluss beim Fehlen einer

---

50 Vgl. *Hiddemann,* 25 Jahre Bundesgerichtshof, S. 132.
51 Zutreffend BGH 22. 2. 1984, NJW 1984, 1452.
52 BGH 22. 2. 1984, NJW 1984, 1452.
53 Grundlegend BGH 29. 5. 1968, BGHZ 50, 200, 206 (Klebemittel); für den Gebrauchtwagenhandel erstmals Urt. v. 25. 6. 1975, NJW 1975, 1693 unter III, 4 b (km-Angabe), ferner BGH 4. 10. 1989,

zugesicherten Eigenschaft i. S. d. § 459 II BGB a. F. nicht etwa unwirksam. **Nur punktuell** entfaltete er keine Wirksamkeit. Beim Fehlen einer Fahrzeugeigenschaft, deren Vorhandensein nicht zugesichert war, konnte er durchaus eingreifen. Dass der Anspruch auf Schadensersatz wegen Nichterfüllung (§ 463 S. 1 BGB a. F.) durch AGB nicht einmal eingeschränkt werden durfte, folgte bereits aus § 11 Nr. 11 AGBG.

§ 11 Nr. 11 AGBG ist in **§ 444 BGB** aufgegangen. Richtigerweise wird bei **Übernahme einer Beschaffenheitsgarantie** – ebenso wie im Parallelfall des arglistigen Verschweigens – nicht die Nichtigkeit der Freizeichnungsklausel angeordnet, sondern dem Verkäufer lediglich untersagt, sich auf die Klausel zu berufen. In der Sache selbst hat sich gegenüber dem früheren Rechtszustand nichts geändert.[54] Zu den Einzelfällen von Beschaffenheitsgarantien s. Rn 1070 ff.

Die Rechtsfolge des § 444 BGB wird in den neuen Gebrauchtwagenverkaufsbedingungen ausdrücklich angesprochen. Bei der Übernahme einer Garantie für die Beschaffenheit bleiben weitergehende Ansprüche unberührt, heißt es im Abschn. VI Ziff. 1 Abs. 3 der ZDK-AGB. Diese Klausel zielt auf Geschäfte mit Verbrauchern wie Nichtverbrauchern. Gegenüber Verbrauchern kann der Händler sich auf eine an sich zulässig vereinbarte Verkürzung der Verjährungsfrist nicht berufen, wenn er eine unrichtige Beschaffenheitsgarantie gegeben hat. Beim Verkauf an Unternehmer und Behörden bleiben zulässigerweise vereinbarte Haftungsausschlüsse ohne Wirkung.

δδ) Sonstige Auslegungsfragen

1565 Bei der Klausel „**wie besichtigt und unter Ausschluss jeder Gewährleistung**" hat die Rechtsprechung früher vereinzelt angenommen, dass zwischen den beiden Klauselteilen ein **Widerspruch** bestehe, der nach der **Unklarheitenregel** (§ 5 AGBG) zu Lasten des Verwenders gehe.[55] Abgesehen davon, dass diese Frage inzwischen höchstrichterlich zu Gunsten des Kfz-Handels geklärt ist,[56] hat sich das Problem auch dadurch erledigt, dass der Vorspann „wie besichtigt" gestrichen worden ist. Es hieß zuletzt nur noch: „Für den Kaufgegenstand wird keine Gewähr geleistet" oder „unter Ausschluss jeder Gewährleistung".

Wenn der formularmäßige Haftungsausschluss mit einer individuell vereinbarten Besichtklausel zusammentrifft, bleibt es bei dem umfassenden Ausschluss der Sachmängelhaftung.[57] Zum Zusammentreffen eines formularmäßigen Gewährleistungsausschlusses mit der individuellen Zusage, vorhandene Mängel vor Übergabe zu beseitigen, siehe BGH 6. 10. 1971, NJW 1972, 46 und Rn 1319.

Dazu, ob der formularmäßige Haftungsausschluss **konkurrierende Ansprüche**, z. B. aus unerlaubter Handlung, und das Recht der **Irrtumsanfechtung** (§ 119 II BGB) erfasst, s. Rn 1708, 1778.

β) Inhaltskontrolle

1566 Nach **gefestigter Rechtsprechung** war der völlige Gewährleistungsausschluss selbst bei Verwendung gegenüber Endverbrauchern bis zum Inkrafttreten der Schuldrechtsreform

---

NZV 1990, 110 = DAR 1989, 458 (km-Angabe); BGH 10. 10. 1977, NJW 1978, 261 (Unfallfreiheit); BGH 21. 4. 1993, NJW 1993, 1854 („fahrbereit").
54 Zur Problematik des § 444 BGB s. Rn 1557 und Faust, ZGS 2002, 271.
55 LG Essen 7. 1. 1954, RdK 1954, 90; LG Kiel, SchlHAnz 1959, 123; LG München I 20. 12. 1976, NJW 1977, 766 m. Anm. *Eggert*, S. 2267.
56 BGH 11. 6. 1979, BGHZ 74, 383 = NJW 1979, 1886; BGH 24. 4. 1996, NJW 1996, 2025; s. auch BGH 6. 10. 1971, NJW 1972, 46.
57 Vgl. auch LG Osnabrück 29. 4. 1980, VersR 1981, 45; s. auch LG Saarbrücken 20. 12. 2000, ZfS 2001, 115.

wirksam. Grundlegend ist das Urteil des **BGH** vom 11. 6. 1979.[58] In Anlehnung an frühere Entscheidungen[59] stellte er fest: Die Klausel „gebraucht, wie besichtigt unter Ausschluss jeder Gewährleistung" verstößt nicht gegen § 9 AGBG a. F. Ungeachtet der vor allem verbraucherschutzrechtlich motivierten Kritik namentlich von *Löwe*[60] und *Mehnle*[61] hielt der BGH unbeirrt an seiner Auffassung fest. Der ständigen Spruchpraxis des VIII. ZS[62] hat sich der X. ZS des BGH für den Verkauf gebrauchter Radio- und Fernsehgeräte ausdrücklich angeschlossen.[63]

Auf dem Boden des **reformierten Schuldrechts** gilt: Ein formularmäßiger Ausschluss der Sachmängelhaftung des Verkäufers eines gebrauchten Kraftfahrzeugs ist außerhalb des Verbrauchsgüterkaufs nach wie vor **prinzipiell zulässig**. Daran ändert nichts die Tatsache, dass die Lieferung einer mangelfreien Sache jetzt zur Leistungspflicht eines jeden Verkäufers gehört (§ 433 I,2 BGB) und gewiss keine Neben-, sondern eine Hauptpflicht ist. Die Rechtsprechung des BGH, die im Hinblick auf **Kardinalpflichten** eine Freizeichnung nicht zulässt, ist hier nicht übertragbar. Andernfalls käme es zu einem Wertungswiderspruch zu § 309 Nr. 8 b BGB mit seiner Sonderregelung für den Kauf neu hergestellter Sachen. Im **Umkehrschluss** daraus ist zu folgern, dass der Verkäufer einer bereits gebrauchten Sache seine Sachmängelhaftung weiterhin auch formularvertraglich – innerhalb bestimmter Grenzen – ausschließen darf, es sei denn, dass ein Fall des Verbrauchsgüterkaufs vorliegt.[64] Ein weiteres argumentum e contrario ergibt sich aus § 475 BGB. Außerhalb des Verbrauchsgüterkaufs gilt Vertragsautonomie in den bisherigen Grenzen.[65]

Bei der Inhaltskontrolle nach **§ 307 BGB** zu beachten sind allerdings die „Ausstrahlungswirkungen", die jetzt von den §§ 308, 309 BGB ausgehen. Besondere Beachtung verdienen insoweit die Regelungen in **§ 309 Nr. 7 a und b BGB**. Bedeutung kann auch **§ 309 Nr. 8 a BGB** insoweit gewinnen, als es um das Rücktrittsrecht des Käufers geht. Die Pflichtverletzung, die in der Lieferung einer mangelhaften Sache liegt, ist zwar ausdrücklich ausgeklammert worden; nicht aber die Verletzung der Nacherfüllungspflicht. Eine Freizeichnungsklausel, die das Rücktrittsrecht ohne diese Differenzierung pauschal mitausschließt, dürfte aber im unternehmerischen Verkehr unbedenklich sein.

Ob und inwieweit das Freizeichnungsverbot des § 475 I BGB Fernwirkungen auf die Gestaltung von Kaufverträgen über gebrauchte Kraftfahrzeuge zwischen einer **Leasinggesellschaft und einem gewerblichen Kfz-Verkäufer** hat, hat der Reformgesetzgeber nicht geklärt. Auch und gerade im Verhältnis Leasinggeber/ privater Leasingnehmer (Verbraucher) herrscht Unsicherheit. Näheres zur Problematik unter Rn 784.

e) Der vermittelte Privatverkauf

Beim so genannten **Agenturgeschäft** ist eine umfassende Freizeichnung von der Sachmängelhaftung grundsätzlich nicht zu beanstanden. Für den **privaten Verkäufer** – auch er ist Verwender i. S. v. § 305 Abs. 1 BGB – gelten die gleichen Gesichtspunkte, welche die Rechtsprechung veranlasst haben, die Freizeichnung beim Händler-Eigengeschäft zu billigen.[66] Eine **Ausnahme** ist allerdings beim **Erstbesitzer** zu machen. Auf ihn treffen die Er-

---

58 BGHZ 74, 383 = NJW 1979, 1886 = DAR 1979, 278.
59 Vor allem 8. 10. 1969, NJW 1970, 29; s. auch BGH 6. 10. 1971, NJW 1972, 46.
60 BB 1979, 1063.
61 DAR 1979, 272.
62 Zuletzt Urt. v. 23. 11. 1994, NJW 1995, 516; Urt. v. 6. 12. 1995, NJW 1996, 584; Urt. v. 24. 4. 1996, NJW 1996, 2025.
63 Urt. v. 20. 10. 1992, NJW 1993, 657.
64 H. M., vgl. Das neue Schuldrecht/*Haas*, Kap. 5 Rn 295.
65 *Hoeren/Martinek/Hoeren*, SKK, Teil 3, Rn 8; s. auch Rn 26
66 BGH 22. 2. 1984, NJW 1984, 1452.

wägungen nicht zu, die der BGH in der Leitentscheidung vom 11. 6. 1979[67] in den Vordergrund gestellt hat. Der Erstbesitzer ist nicht auf Informationen Dritter angewiesen. Er kennt „sein" Fahrzeug vom ersten Tag an. Die für den Wiederverkäufer typischen Informations- und Erkenntnisschwierigkeiten bestehen bei ihm nicht, vor allem nicht im Hinblick auf einen früheren Unfall. Dass das Fahrzeug häufig auch von Familienangehörigen benutzt wird, rechtfertigt keine andere Bewertung. Für normale Verschleiß- und Alterungserscheinungen braucht sich auch der private Verkäufer nicht frei zu zeichnen. Insoweit fehlt es bereits an einem gewährleistungspflichtigen Mangel. Damit dürfte dem Einwand von *Hörl*[68] ausreichend Rechnung getragen sein.

1569 Bei einem **Agenturverkauf aus erster Hand** kann die Freizeichnungsklausel insoweit Bestand behalten, als es um wahrnehmbare Mängel geht. Diese beschränkte Freizeichnung ist angemessen. Nach der Rechtsprechung kommt eine solche geltungserhaltende Reduktion allerdings nicht in Betracht. Angesichts des § 442 Abs. 1 S. 2 BGB besteht hierfür auch kein echtes Bedürfnis.

f) Das private Direktgeschäft
aa) Individuelle Haftungsfreizeichnungen

1570 Bei privaten Direktgeschäften kommt es naturgemäß in sehr viel stärkerem Umfang zu individuellen Haftungsfreizeichnungen als beim gewerblichen Verkauf. Unerfahrenheit in kaufmännischen Dingen und Unkenntnis der Fachterminologie produzieren vielfältige Auslegungsprobleme.

Von großer praktischer Bedeutung sind die so genannten **Besichtklauseln**. Auf die Formel **„wie besichtigt"** wird unter Privatleuten nur selten verzichtet. Häufig erschöpft sich die Freizeichnung in einem **„gekauft wie besichtigt"** oder **„wie besichtigt und probegefahren"**. Die Besicht-Formel taucht auch in anderen Varianten auf, z. B. „wie gesehen, im Tageszustand", „gekauft in dem besichtigten Zustand" oder „nach Besicht" bzw. „wie besehen".

Für die Auslegung der Individualabrede „wie besichtigt und probegefahren unter Ausschluss jeglicher Gewährleistung" gelten ähnliche Regeln wie für die gleichlautende formularvertragliche Freizeichnungsklausel alter Fassung (vgl. Rn 1565). Ein solcher Haftungsausschluss ist nicht in sich widersprüchlich. Er erstreckt sich auf sämtliche, also auch auf verborgene Mängel technischer Art.[69] Gleiches gilt für die Abrede, für den Wagen werde **„keine Garantie"** übernommen[70] oder **„ohne Garantie, gekauft wie gesehen"**.[71] Als umfassenden Gewährleistungsausschluss hat das OLG Hamm[72] auch folgende Klausel in einem Individualvertrag gewertet: „Beide Partner verzichten auf alle Forderungen nach dem Kauf und der Bezahlung des Kfz." Dass der Kaufgegenstand „in dem vorhandenen Zustand" auf den Käufer übergehen soll, bedeutet nicht in jedem Fall die Vereinbarung eines Gewährleistungsausschlusses. Die Regelung kann auch als **Zustandsbeschreibung** im Zeitpunkt der Übergabe verstanden werden (vgl. BGH NJW 1995, 1547 – Kauf einer Ladeneinrichtung mit Maschinen).

---

67 BGHZ 74, 383 = NJW 1979, 1886.
68 DAR 1986, 99; vgl. auch *Soergel/Huber*, § 459 Rn 306 (keine Ausnahme für Erstbesitzer).
69 Unrichtig OLG Köln 22. 4. 1994, OLGR 1994, 182.
70 LG Arnsberg 25. 4. 1988, NZV 1988, 68; zum Verkauf „ohne jegliche Garantie" vgl. auch RG Recht 1914, Nr. 26; OLG Stuttgart Recht 1912, Nr. 1592 (Grundstückskauf).
71 OLG Bamberg 19. 1. 1998, MDR 1998, 966 = OLGR 1998, 182; s. auch KG 24. 7. 2000, OLGR 2001, 10.
72 Urt. v. 31. 1. 1991, 28 U 134/90, n. v.

Ausschluss und Beschränkung der Sachmängelhaftung

Heißt es in einem Kaufvertrag zwischen Privatleuten, das Fahrzeug werde gekauft „wie besichtigt" oder „wie besichtigt und probegefahren", so wird damit die Gewährleistung im Allgemeinen nur für solche technischen Mängel ausgeschlossen, die der Käufer bei einer normalen (nicht unbedingt gründlichen) Besichtigung und/oder Probefahrt ohne Hinzuziehung eines Sachverständigen hätte feststellen können.[73]

Diese **erkennbaren Mängel** fallen nicht notwendigerweise unter § 442 BGB, der wenigstens grobe Fahrlässigkeit verlangt. Es macht daher durchaus Sinn, die Besichtklausel nur als Haftungsausschluss für dem Käufer erkennbare Mängel zu interpretieren. Unerheblich ist, ob eine Besichtigung und/oder Probefahrt überhaupt stattgefunden hat[74] – wofür freilich die Klausel spricht – und welche Sorgfalt der Käufer bei einer Besichtigung/Probefahrt an den Tag gelegt hat. Die Erkennbarkeit eines Fehlers ist andererseits nicht nach rein objektiven Maßstäben zu beurteilen. Abzustellen ist auf die bei einer normalen Untersuchung vorhandenen Erkenntnismöglichkeiten eines Durchschnittskäufers.[75] **1571**

Hat ein Privatmann einen Sachverständigen zur Besichtigung hinzugezogen, wozu er rechtlich nicht verpflichtet ist, so kommt es auf dessen Wahrnehmungsfähigkeit an.[76]

Nicht entscheidend ist, was der **Verkäufer** bei der Besichtigung erkennen konnte.[77] Wenn ein Händler einen „privaten" Einkäufer vorgeschoben hat (Strohmann), sind die Erkenntnismöglichkeiten des Händlers maßgebend.[78]

Zur **Beweislast** beim Kauf „wie besichtigt" s. OLG Frankfurt MDR 1980, 140.

Unter **besonderen Umständen** kann die Klausel „wie besichtigt und probegefahren" ausnahmsweise einen **vollständigen Gewährleistungsausschluss** bedeuten. Je älter das Fahrzeug ist, desto näher liegt die Annahme, dass der Verkäufer sich auch für verborgene Mängel hat freizeichnen wollen, zumal bei einem Verkauf aus dritter oder vierter Hand.[79] Auch der Kaufpreis lässt Rückschlüsse auf den Parteiwillen zu. Bei einem Betrag nahe der Schrottpreisgrenze entfällt eine Haftung für Mängel jeglicher Art. Nach Ansicht des OLG Köln enthält die Klausel „geprüft und gefahren" einen totalen Gewährleistungsausschluss, wenn der Wagen mehrere Vorbesitzer hatte und im Zuge der Kaufverhandlungen einer Fachwerkstatt zur Mängelbeseitigung vorgeführt wurde.[80] **1572**

Da auch bei einer Untersuchung in einer Fachwerkstatt Mängel unentdeckt bleiben können, erscheint es nicht unbedenklich, wenn das OLG Köln die Freizeichnung auf sämtliche Mängel erstreckt. Richtig ist aber, dass solche individuellen Klauseln nicht isoliert beurteilt werden dürfen. Sie sind im Zusammenhang zu sehen mit dem übrigen Vertragsinhalt und dem Geschehen, das dem Vertragsabschluss vorausgegangen ist. Es macht einen Unterschied, ob ein privater Kfz-Eigentümer seinen Wagen an einen Händler oder an einen Pri-

---

73 St. Rspr., vgl. BGH 10. 7. 1953, DAR 1954, 14; BGH 18. 12. 1956, BB 1957, 238 unter Hinweis auf RGZ 94, 287; OLG Köln 9. 1. 1973, NJW 1973, 903; OLG Schleswig 24. 7. 1979, VersR 1980, 98; OLG Schleswig 8. 9. 1982, MDR 1983, 54; OLG Köln 16. 9. 1991, NJW-RR 1992, 49 (Wohnwagen); OLG Frankfurt 9. 10. 1979, MDR 1980, 140; OLG Braunschweig 23. 8. 1991, Nds.Rpfl. 1992, 26 („wie es hier steht"); OLG Koblenz 21. 11. 1991, NJW-RR 1992, 1145 („wie gesehen"); OLG Frankfurt 18. 9. 1991, ZfS 1992, 230; OLG Köln 24. 3. 1993, VRS 86, 12; LG Saarbrücken 3. 3. 1994, ZfS 1994, 245; AG Zweibrücken 10. 11. 1999, 1 C 446/99, n. v.
74 So auch OLG Köln 16. 9. 1991, NJW-RR 1992, 49.
75 OLG Köln 9. 1. 1973, NJW 1973, 903.
76 LG Münster 29. 6. 1988, NZV 1988, 145.
77 A. A. OLG Nürnberg 30. 10. 1964, 1 U 34/64, n. v.
78 AG Köln 24. 4. 1985, 130 C 1430/83, n. v.
79 Zustimmend OLG Hamm 5. 5. 1992, 19 U 233/91, n. v.; OLG Köln 21. 4. 1999, NZV 1999, 382 DAR 1999, 406 = OLGR 1999, 240 – Reisebus; vgl. auch AG Siegburg 5. 10. 1978, 34 C 434/78, n. v. (völlige Freizeichnung bei einem 13 Jahre alten, etwa 186.000 km gelaufenen Pkw Volvo).
80 Urt. v. 8. 7. 1977, 9 U 27/77, n. v.; ähnlich OLG Hamm 5. 5. 1992, 19 U 233/91, n. v.

vatmann verkauft. Von Bedeutung ist ferner, ob der Verkäufer Erst- oder Nachbesitzer ist. Auch die Intensität der Untersuchung und der Grad der Wahrnehmungsfähigkeit spielen eine Rolle.[81]

1573 Sofern der Verkäufer nur für verborgene Mängel haftet, gehört die Unsichtbarkeit des Mangels nicht zum Haftungsgrund. Die anerkannten Beweisgrundsätze (dazu Rn 1329 ff.) werden durch die Freizeichnungsklausel nicht abgeändert. Einfluss auf die **Beweislastverteilung** hat jedoch die mitunter anzutreffende Klausel „für Mängel des Fahrzeugs wurde ein Nachlass in Höhe von X DM gewährt". Hier muss der Käufer beweisen, dass der von ihm behauptete Mangel von dem Preisnachlass nicht erfasst wird.

bb) Formularmäßige Freizeichnungen

1574 **Bis zur Schuldrechtsreform** wurden beim Verkauf Privat an Privat häufig gleich- oder ähnlich lautende Freizeichnungsklauseln wie im gewerblichen Handel benutzt. Waren sie Bestandteil von Formularverträgen, wurde der private Verkäufer als **AGB-Verwender** angesehen, sofern er dem Käufer den Abschluss des Vertrages auf der Basis des von ihm vorgelegten Mustervertrages vorgeschlagen, er den Formularvertrag also „gestellt" hat.[82] Die Dinge konnten aber auch so liegen, dass der Käufer ein Vertragsexemplar von sich aus zum Verkäufer mitbrachte oder dass beide Seiten sich auf die Verwendung eines bestimmten Formularvertrages einigten. In solchen Fällen war das AGBG unanwendbar, soweit es um den vorformulierten Gewährleistungsausschluss ging.

Bei Anwendbarkeit des AGBG zu Gunsten des privaten Käufers war ein vollständiger Gewährleistungsausschluss an § 9 AGBG zu messen. Mit der beim vermittelten Privatgeschäft (Agenturverkauf) gemachten Einschränkung – Verkauf aus erster Hand (s. Rn 1568) – war ein umfassender Haftungsausschluss auch beim privaten Direktgeschäft (und hier erst recht) grundsätzlich anzuerkennen. Wirkungslos blieb er allein in Fällen arglistiger Täuschung (§ 476 BGB a. F.) und bei entgegenstehender Eigenschaftszusicherung.

1575 **Aus Anlass der Schuldrechtsreform** sind die Musterverträge für Privatpersonen umgestaltet worden. Das gilt auch für den **ADAC-Kaufvertrag**. Bei privaten Direktgeschäften (insgesamt mehr als drei Millionen jährlich) wird er am stärksten verwendet. Außerdem dient er als Vorbild bei der Formulierung von Musterverträgen anderer Anbieter (Zeitschriftenverlage, Kfz-Versicherer, Kfz-Prüforganisationen etc.).

Der **ADAC-Kaufvertrag in der Fassung 2002** ist, wie seine Vorgänger, so konzipiert, dass er für Käufer und Verkäufer gleichermaßen Verwendung finden kann. Anders als bei Verträgen im geschäftlichen Bereich, stellt er die Interessen des Verkäufers nicht einseitig in den Vordergrund. Bemerkenswert ist ferner, dass er auf Käuferseite nicht nur Privatpersonen im Auge hat.

Konzeption und Inhalt des ADAC-Vertrages verlangen, die Frage der Verwendereigenschaft und des „Stellens" (§ 305 I,1 BGB) besonders genau zu prüfen (s. auch Rn 1574).

Nach dem neu gefassten ADAC-Kaufvertrag (2002) wird das Kraftfahrzeug „unter Ausschluss der Sachmängelhaftung verkauft – soweit nicht nachfolgend eine Garantie übernommen wird".

Dieser Ausschluss gilt nicht, so heißt es anschließend, für Schadensersatzansprüche aus Sachmängelhaftung, die auf einer grob fahrlässigen oder vorsätzlichen Verletzung von Pflichten des Verkäufers beruhen sowie bei Körperschäden.

---

[81] Zustimmend OLG Köln 21. 4. 1999, NZV 1999, 382 = DAR 1999, 406 = OLGR 1999, 240 – Reisebus.
[82] OLG München 5. 3. 2002, 5 U 4442/00, n. v.

Die neue ADAC–Freizeichnungsklausel genügt den Anforderungen, die das heutige **1576** AGB-Recht stellt. Sie hält einer Kontrolle nach den **§§ 307, 309 BGB** stand. Dazu, dass außerhalb des Verbrauchsgüterkaufs ein formularmäßiger Ausschluss der Sachmängelhaftung beim Gebrauchtfahrzeugverkauf weiterhin generell zulässig ist, s. Rn 1567. Die Konstellation „Privat an Privat" verlangt keine Ausnahme zugunsten des Käufers.[83]

Was die ADAC-Regelung im Detail betrifft, so ist nicht zu beanstanden, dass nur die Übernahme einer Garantie, nicht auch der in § 444 BGB genannte Alternativfall des arglistigen Verschweigens erwähnt wird. Dass auch bei arglistigem Verschweigen „weitergehende Ansprüche unberührt bleiben" (so die neuen ZDK-AGB im Abschn. VI Nr. 1), muss einem Gebrauchtfahrzeugkäufer beim privaten Direktgeschäft nicht ausdrücklich vorbehalten werden. Unschädlich ist ferner, dass die ADAC-Klausel in dem „Soweit-Zusatz" nur von „Garantie", nicht von „Garantie für die Beschaffenheit" bzw. von „Beschaffenheitsgarantie" spricht.

Im Vergleich mit früheren ADAC-Musterverträgen **neu** sind die beiden Einschränkungen des Haftungsausschlusses bei der **Schadensersatzhaftung**. Es geht ausdrücklich nur um Schadensersatzansprüche aus Sachmängelhaftung, beruhend auf der Verletzung der Pflicht, sachmängelfrei zu liefern (§ 433 I,2 BGB), einschließlich Nacherfüllung. Ein wie früher uneingeschränkter Haftungsausschluss wäre nach der Neukonzeption der Sachmängelhaftung mit § 309 Nr. 7 a, b BGB nicht zu vereinbaren. Den sich daraus ergebenden Beschränkungen trägt die Neufassung im ADAC-Formularvertrag 2002 hinreichend Rechnung (s. zur Parallelsituation des Unternehmer-Unternehmer-Geschäfts Rn 1567).

g) Haftungsfreizeichnungen beim Privatverkauf/Inzahlunggabe an Unternehmer

Wird ein Gebrauchtwagen „in dem besichtigten Zustand" **in Zahlung genommen,** so **1577** verzichtet der Händler auf sämtliche Gewährleistungsansprüche, die ihm nicht arglistig verschwiegen worden sind.[84]

Zur wichtigen Frage des **stillschweigenden/konkludenten** Haftungsausschlusses s. Rn 1580 f.

h) Freizeichnung in Sonderfällen

Das durch § 309 Nr. 8 b BGB geschützte Interesse des Käufers an der Lieferung einer **1578** „neu hergestellten" Sache kann ausnahmsweise auch beim Kauf eines „gebrauchten" Kraftfahrzeugs Geltung beanspruchen. Bei erst **wenig gebrauchten** und/oder nur kurze Zeit zugelassenen Fahrzeugen – kaufrechtlich Gebrauchtfahrzeuge – wird man in jedem Einzelfall zu erwägen haben, ob auf einen solchen Kauf die Wertung des **§ 309 Nr. 8 b BGB** zu übertragen ist. Eine besondere Rolle spielen hier „fast neue" **Vorführwagen**[85] und insbesondere die so genannten **Tageszulassungen.** Zu den Erscheinungsformen und zum vertriebspolitischen Hintergrund siehe Rn 203. Zwar beseitigen derartige Kurzzulassungen die Eigenschaft der Fabrikneuheit.[86] „Fabrikneu" und neu hergestellt i. S. v. § 309 Nr. 8 b BGB meinen indessen verschiedene Sachverhalte.

Auch ein nicht mehr fabrikneues Kfz kann weiterhin „neu hergestellt" sein. Das hängt von den Umständen des Einzelfalls ab, wobei nicht nur den objektiven Umständen (Dauer

---

[83] Ein Argument für die prinzipielle Zulässigkeit der Haftungsfreizeichnung auf diesem Marktsektor ergibt sich auch aus der Entstehungsgeschichte des § 309 Nr. 8 a BGB, vgl. *Andres* in: Frankfurter Handbuch zum Neuen Schuldrecht, S. 490.
[84] OLG Köln 16. 5. 1972, DAR 1973, 326.
[85] OLG Frankfurt 17. 11. 2000, NJW-RR 2001, 780.
[86] Vgl. dazu Rn 203.

der Zulassung, km-Laufleistung, Standzeit, Gebrauchs- und Standspuren), sondern auch die Vereinbarungen und Vorstellungen der Vertragsparteien, hilfsweise die allgemeine Verkehrsanschauung, von Bedeutung sind.[87] „Fabrikneu" ist die vergleichsweise „anfälligere" Eigenschaft; sie ist eher in Frage gestellt als das Merkmal „neu hergestellt", dessen Spektrum bis „neuwertig" reicht. Ein Vorgang wie eine amtliche Zulassung ist im Rahmen des § 309 Nr. 8 b BGB ein neutraler Umstand. Entwertung durch Abnutzung und durch Zeitablauf (Gebrauchs- und Standspuren) lässt „neu hergestellt" in „gebraucht" umschlagen. Die typischen Tageszulassungen sind in der Regel „absolut" neuwertige Fahrzeuge und daher AGB-rechtlich „neu hergestellt". Ein formularmäßiger Gewährleistungsausschluss ist folglich unwirksam.[88]

Die Entscheidung des LG Gießen vom 17. 7. 1991[89] steht zu dieser Ansicht nur vordergründig in einem Gegensatz. Sie betrifft einen Sonderfall.[90] Zweifelhaft ist die Entscheidung des OLG München vom 19. 2. 1998,[91] wonach es zur punktuellen Ausschaltung des Freizeichnungsverbots in § 11 Nr. 10 AGBG genügen soll, dass ein **grau importiertes Fahrzeug** im Vertragsformular als „gebraucht" bezeichnet wird. Der Senat hat aber sehr wohl zwischen importbedingten Schäden, z. B. Lackschäden, und Mängeln an technischen Teilen wie Motor und Getriebe differenziert. Der Kfz-Händlern mitunter erteilte Rat, das Freizeichnungsproblem bei Kurzzulassungen mit einem **individualvertraglichen** Gewährleistungsausschluss zu umgehen, ist beim Verkauf an Verbraucher wegen § 475 I BGB nicht mehr zu halten.

1579 Beachtung verdient § 309 Nr. 8 b BGB auch beim Verkauf eines Fahrzeugs mit einem noch **nicht gelaufenen Motor** (Neuteilemotor, Austauschmotor, generalüberholter Motor), einem **neuen** Getriebe oder **neuen** Reifen. Zum Verkauf eines Fahrzeugs (Trike), welches bis auf den (gebrauchten) Motor aus Neuteilen hergestellt ist, s. OLG Düsseldorf OLGR 1999, 333. Auch wenn der gesamte Wagen als „generalüberholt" oder „werkstattgeprüft" angeboten wird, hat der Verkäufer kein berechtigtes Interesse an einem vollständigen Gewährleistungsausschluss. Im Schrifttum wird in solchen Fällen ein Ausschluss der Haftung im Umfang der Überarbeitung und Überprüfung für unwirksam gehalten.[92] Anderer Ansicht ist der **BGH**.[93] In der Praxis wird sich dieses Problem bereits im Wege der Vertragsauslegung lösen lassen. Eigenschaften wie „generalüberholt" und „werkstattgeprüft" gelten als zugesichert i. S. v. § 459 II BGB a. F., d. h. nunmehr als „garantiert" (Beschaffenheitsgarantie). Dann kommt § 444 BGB zum Zuge. Dies bedeutet z. B., dass sich der Verkäufer eines Gebrauchtwagens mit einem „Austauschmotor, null Kilometer" bei einem Motorschaden nicht auf den allgemeinen Haftungsausschluss berufen darf.

Eine Beschränkung der Haftungsfreizeichnung ist auch in den Fällen anzunehmen, in denen der Verkäufer das Fahrzeug vor dem Verkauf – ohne jegliche Absprache mit dem späteren Käufer – in seiner eigenen Werkstatt hat prüfen und/oder reparieren lassen und dabei Fehler unterlaufen sind. Derartige **Reparaturmängel** werden zwar von dem Haftungsausschluss, soweit überhaupt zulässig, erfasst. Eine Berufung darauf erscheint jedoch als treuwidrig.

---

87 OLG Frankfurt 17. 11. 2000, NJW-RR 2001, 780 – fast neuer Vorführwagen.
88 Vgl. LG Augsburg 10. 2. 1998, DAR 1998, 476 – Pkw/Kombi, 11 km, kein Einsatz im öffentlichen Verkehr.
89 NJW-RR 1992, 186.
90 Vgl. auch *Reinking/Eggert,* NZV 1999, 1, 12.
91 NJW-RR 1998, 1595.
92 *Wolf/Horn/Lindacher,* § 11 Nr. 10, Rn 28; *Ulmer/Brandner/Hensen,* Anh. §§ 9–11, Rn 431.
93 Urt. v. 20. 10. 1992, NJW 1993, 657 unter III, 2.

i) Stillschweigende Beschränkungen der Sachmängelhaftung

Der Umstand, dass ein Kfz als gebraucht verkauft wird, rechtfertigt für sich allein noch nicht die Annahme eines stillschweigenden Haftungsausschlusses. Auch bei älteren Fahrzeugen mit mehreren Vorbesitzern bedarf es im Allgemeinen einer ausdrücklichen Vereinbarung.[94] Stillschweigende Freizeichnungen hat die Rechtsprechung **nur in Sonderfällen** angenommen, vorwiegend zu Lasten von **gewerblichen Händlern**.[95]

Sowohl bei **fester Inzahlungsgabe** als auch bei agenturweiser Hereingabe ist der **private Altwageneigentümer** im Ergebnis so behandelt worden, als habe er unter Gewährleistungsausschluss verkauft. Bei einem Geschäft „Gebraucht auf Gebraucht" liegt diese Beurteilung auch deshalb nahe, weil der Händler seinerseits unter Gewährleistungsausschluss verkauft. Dann muss er sich Gleiches in seiner Eigenschaft als Ankäufer gefallen lassen. Der BGH hat zwar die Meinung des OLG Frankfurt,[96] der Gewährleistungsausschluss zu Gunsten des Händlers gelte quasi automatisch auch zu Gunsten des privaten Kunden, im Fall einer Doppel-Agentur abgelehnt.[97] Im Ergebnis hat der BGH dem Händler aber das gesamte Mängelrisiko – in den Grenzen des § 476 BGB a. F. – aufgebürdet. In einer anderen Entscheidung hat er mit der Figur des stillschweigenden Gewährleistungsausschlusses argumentiert, allerdings nur hinsichtlich so genannter **Verschleißmängel**.[98] Richtigerweise bedarf es bei normalen Verschleiß- und Alterungserscheinungen keines Haftungsausschlusses.[99] Die Sachmängelhaftung entsteht hier erst gar nicht oder scheitert, soweit es um Rücktritt und den „großen" Schadensersatz angeht, an den Bagatellklauseln der §§ 281 I,3, 323 V,2 BGB.

Aufzugreifen und weiterzuentwickeln ist indes der Gedanke des BGH, Haftungsfreistellungen zu Gunsten von privaten Kunden gewerblicher Kfz-Händler anzunehmen. Wenn ein Händler davon absieht, sich seine Sachmängelrechte ausdrücklich vorzubehalten, muss er sich nach Treu und Glauben so behandeln lassen, als habe er darauf verzichtet. Ohne konkrete Anhaltspunkte für einen abweichenden Parteiwillen ist ein Privatkunde selbst bei verborgenen Mängeln nicht zur Rücknahme oder zu einer Minderung in Form einer Nachzahlung auf den Preis für den Ersatzwagen verpflichtet. Erst Arglist oder eine falsche Beschaffenheitsgarantie können seine Haftung begründen. Es ist Sache des Händlers, sich auch für den Fall „einfacher" Vertragswidrigkeit (§ 434 I BGB) abzusichern. Verzichtet er auf eine ausdrückliche Regelung, um z. B. den beabsichtigten Neuwagenverkauf nicht zu gefährden, erweckt er bei seinem Kunden den Eindruck, den Altwagen so wie er ist – ohne Wenn und Aber – abzunehmen. Dies umso mehr, als der Händler – anders als der Durchschnittskunde – sachkundig ist und über einen technischen Apparat zur Untersuchung verfügt. Auf eine stillschweigende Freizeichnung kann sich jedoch auch ein privater Anbieter nicht berufen, wenn er als **Erstbesitzer** einen unfallvorgeschädigten Wagen **in Zahlung** gibt und dabei objektiv unrichtige Angaben zur Reparatur macht. Er haftet auch ohne (nachgewiesene) Arglist.[100] Gleiches gilt bei einer Falschinformation eines Erstbesitzers über die Gesamtfahrleistung, will man ihr nicht Garantiecharakter beimessen.[101]

---

94 OLG Celle 9. 6. 1994, 7 U 102/93 (in OLGR 1995, 35 nicht abgedr.).
95 BGH 21. 4. 1982, NJW 1982, 1700; dazu *Schack*, NJW 1983, 2806; *Hörl*, DAR 1986, 99; *Haase*, JR 1982, 498; s. auch OLG Düsseldorf 28. 7. 1993, OLGR 1993, 285.
96 Urt. v. 28. 5. 1974, NJW 1974, 1823.
97 Urt. v. 31. 3. 1982, NJW 1982, 1699; s. auch OLG Koblenz 29. 11. 2001, VRS 102/2002, 174.
98 Urt. v. 21. 4. 1982, NJW 1982, 1700; vgl. dazu auch *Schack*, NJW 1983, 2806; *Schulin*, JA 1983, 161, 164 f.; *Honsell*, Jura 1983, 523, 526; *Reinicke/Tiedtke*, 5. Aufl., S. 290.
99 Dazu Rn 1248 ff.
100 OLG Schleswig 28. 6. 1994, ZfS 1994, 447.
101 Vgl. auch OLG Düsseldorf 28. 7. 1993, OLGR 1993, 285 („gebraucht auf gebraucht").

1581 Ein stillschweigender Haftungsausschluss ist auch bei einem **Händler-Händler-Geschäft** zu erwägen. Ein Handelsbrauch besteht insoweit aber nicht. Wie eine Freizeichnungsklausel bei einem Handelsgeschäft Vertragsinhalt wird, wenn ein **Bestätigungsschreiben** des Verkäufers einen Gewährleistungsausschluss enthält, s. BGH NJW 1966, 1070. Zur Frage des stillschweigenden Haftungsausschlusses beim **Pkw-Tausch** (Händler/Privatmann) s. OLG Hamm NJW-RR 1994, 882, beim Motor-Tuning OLG Braunschweig ZfS 1995, 96.

j) Ausschluss der Sachmängelhaftung und Käuferkette

1582 Die sich in Weiterverkaufsfällen bildende Käuferkette bzw. Kaufvertragskette wirft eine Reihe schwieriger Fragen auf, wie der seinerzeit vieldiskutierte Fall **OLG Hamm NJW 1974, 2091** beispielhaft zeigt. Aufgrund des Gewährleistungsausschlusses hatte die Klägerin gegen ihren gutgläubigen Vertragspartner kein Recht auf Wandlung oder Minderung. Von dem verklagten Vorbesitzer (Erstverkäufer) konnte sie **aus eigenem Recht** gleichfalls keinen Ersatz verlangen. Die Voraussetzungen für eine Haftung aus §§ 823 II (263 StGB), 826 BGB lagen nicht vor. Die strafrechtliche Betrugsvorschrift dient nicht dem Schutz des nicht getäuschten Dritten.[102] § 826 BGB entfiel im konkreten Fall aus tatsächlichen Gründen. Dem Beklagten war nicht nachzuweisen, dass er eine Schädigung der Klägerin, einer x-beliebigen **Privatkäuferin,** billigend in Kauf genommen hat.[103] Das OLG Hamm[104] hat aber schon damals zu Recht darauf hingewiesen, dass bei einem **Verkauf an einen Zwischenhändler** etwas anderes gelten könnte. Diese Konstellation ist Gegenstand mehrerer OLG-Urteile jüngeren Datums.[105]

1583 **Grundsätzlich** ist ein Gebrauchtfahrzeugverkäufer, der seine Sachmängelhaftung wirksam ausgeschlossen oder eingeschränkt hat, nicht dazu verpflichtet, eigene Ansprüche gegen seinen Lieferanten abzutreten. Ebenso wenig besteht eine Verpflichtung zur Weiterabtretung eines abgetretenen Anspruchs.[106] Verfehlt ist die Annahme, der Haftungsausschluss sei nur wirksam, wenn er gleichzeitig die Verpflichtung des Verkäufers umfasse, seine Ansprüche gegen den Vordermann abzutreten.[107]

Vom Ansatz her kann dem (Zweit-)Käufer nur damit geholfen werden, dass man ihm einen **Anspruch auf Abtretung** gegen den (Zweit-)Verkäufer zuerkennt. Das bedarf besonderer Begründung. Zu denken ist an eine **ergänzende Vertragsauslegung**, an eine **kaufvertragliche Nebenpflicht** oder an eine entsprechende Anwendung des **§ 285 BGB n. F.** Ferner sind die **Grundsätze der Drittschadensliquidation** in Betracht zu ziehen. Allein mit § 242 BGB lässt sich eine Abtretungspflicht als kaufvertragliche Nebenpflicht nicht begründen.[108]

1584 Dem **reformierten Schuldrecht** sind neue Lösungsansätze nicht zu entnehmen. Die **Regressvorschriften in §§ 478, 479 BGB** sind schon deshalb nicht einschlägig, weil sie beim Verkauf gebrauchter Sachen nicht zum Zuge kommen. § 285 BGB (stellvertretendes com-

---

102 Vgl. auch OLG München 20. 3. 1980, NJW 1980, 1581.
103 Vgl. auch OLG München 20. 3. 1980, NJW 1980, 1581.
104 NJW 1974, 2091.
105 OLG Saarbrücken 29. 2. 2000, MDR 2000, 1010 = OLGR 2000, 253; OLG Hamm 17. 12. 1996, NJW 1997, 2121 = DAR 1997, 111; OLG München 20. 8. 1999, DAR 1999, 506; s. auch LG Traunstein 4. 2. 1999, ZfS 1999, 290 – keine Käuferkette.
106 OLG Düsseldorf 15. 3. 2002, OLGR 2002, 229; OLG Hamm 23. 5. 2000, MDR 2001, 87 = OLGR 2000, 319.
107 BGH 20. 12. 1996, NJW 1997, 652 – Immobilienkauf.
108 OLG Düsseldorf 15. 3. 2002, OLGR 2002, 229; OLG Hamm 23. 5. 2000, MDR 2001, 87 = OLGR 2000, 319; anders *Derleder/Abramjuk,* AcP 190 (1990), 642.

modum, früher § 281 BGB) trägt zur Lösung des hier in Rede stehenden „Kettenfalls" nichts Neues bei.[109]

Ergänzende Vertragsauslegung: Mangels feststellbarer Regelungslücke („planwidrige Unvollständigkeit")[110] wird regelmäßig kein Raum für die Annahme einer Abtretungsvereinbarung sein. In den üblichen Freizeichnungsklauseln bleibt die Abtretungsfrage zwar völlig unerwähnt. Auch der sonstige Vertragstext enthält insoweit keinerlei Andeutung, weder in Richtung auf eine etwaige Abtretungsvereinbarung noch umgekehrt im Hinblick auf den Ausschluss einer Übertragungspflicht.[111] Eine Ausnahme bilden die **ADAC-Musterverträge,** Fassung 2002. Sie sehen **ausdrücklich** vor, dass etwaige Ansprüche gegenüber Dritten aus Sachmängelhaftung an den Käufer abgetreten werden.

1585

Soweit eine Zessionsvereinbarung fehlt, bedeutet das keine Regelungslücke im Sinne der Rechtsprechung.[112] Das Mängelrisiko wird vielmehr beiderseits bewusst und gewollt (planvoll) verteilt (vgl. auch BGH NJW 1984, 1452). Zwischen einem allgemeinen und einem besonderen („zusätzlichen") Mängelrisiko zu unterscheiden,[113] ist wenig überzeugend und stellt die Praxis vor ein kaum lösbares Abgrenzungsproblem. Unter das allgemeine (typische) Mängelrisiko fallen jedenfalls verborgene Unfallschäden, auch bei relativ neuen Fahrzeugen wie Jahreswagen und Vorführfahrzeuge, und technische Defekte jeglicher Art. Risiken, die völlig außerhalb der Vorstellungswelt beider Parteien liegen, sind beim Gebrauchtfahrzeugkauf kaum denkbar. Außergewöhnliche Störungen aus dem Grenzbereich zwischen Sach- und Rechtsmangel sind bereits im Wege restriktiver Auslegung der Freizeichnungsklausel zu Gunsten des Käufers zu behandeln (vgl. Rn 1561 f.).

Sollte sich ausnahmsweise einmal eine Regelungslücke ermitteln lassen, wofür der Käufer die Darlegungs- und Beweislast trägt, muss sie nicht notwendigerweise durch Annahme einer Abtretungsvereinbarung geschlossen werden. Der Verkäufer kann gute Gründe dafür haben, seinen Lieferanten aus dem Spiel zu lassen. Im Fall der arglistigen Täuschung ist eine solche Schonung allerdings unangebracht. Ein betrogener Verkäufer wird indes erfahrungsgemäß durch eine **freiwillige Abtretung** Hilfestellung geben (so im Fall OLG Hamm NJW 1974, 2091). Sollte er sie – wie im BGH-Fall NJW 1997, 652 – verweigern, so ist eine ergänzende Vertragsauslegung nicht das geeignete Korrekturinstrument.

§ 285 BGB: Die zu § 281 BGB a. F., dem Vorläufer des § 285 BGB, angebotenen Lösungsversuche waren abzulehnen.[114] § 281 BGB war nicht, auch nicht analog, heranzuziehen. Hinter dieser Vorschrift stand der Rechtsgedanke, dass der Schuldner nicht das behalten soll, was er als Ersatz für seine unmöglich gewordene Leistung erhalten hat. In den Käuferketten-Fällen ist dem Zwischenmann in diesem Sinn nichts unmöglich geworden. Aber selbst wenn man seine Schlechtlieferung als Fall einer (qualitativen) Teilunmöglichkeit ansieht, was schon nach altem Recht so falsch nicht war, erwuchs ihm daraus kein Ersatzanspruch, den er als Surrogat hätte herausgeben können. Unabhängig von dem Weiterverkauf ist er Inhaber von Sachmängelrechten geworden. Dass sein Vermögensschaden sich durch den Weiterverkauf verringern konnte, stand auf einem anderen Blatt. Er konnte sich auch vergrößern. Bei dieser Sachlage ist kein Raum für eine analoge Anwendung des § 285 BGB, der in der Sache gegenüber § 281 BGB a. F. nichts Neues bringt.[115]

1586

---

109 Vgl. *von Olshausen*, ZGS 2002, 194, 198.
110 Dazu BGH 17. 4. 2002, NJW 2002, 2310.
111 Anders insoweit OLG Celle 21. 5. 1965, DAR 1965, 211.
112 So auch OLG Düsseldorf 15. 3. 2002, OLGR 2002, 229.
113 So der BGH in dem Käuferkettenfall aus dem Immobilienbereich NJW 1997, 652.
114 So auch OLG Düsseldorf 15. 3. 2002, OLGR 2002, 229; OLG Hamm 23. 5. 2000, MDR 2001, 87 = OLGR 2000, 319; s. auch OLG Düsseldorf 18. 1. 2002, DAR 2002, 163.
115 Anders *Palandt/Heinrichs*, Ergbd. § 285 Rn 3; s. auch *von Olshausen*, ZGS 2002, 194 ff.

1587 Drittschadensliquidation: Wenn überhaupt, kann in einer dreigliedrigen Käuferkette dem Zweitkäufer nur mit den Regeln der Drittschadensliquidation geholfen werden. Dabei sind zwei Fragestellungen zu unterscheiden. Kann die Drittschadensliquidation zur Begründung einer Abtretungspflicht herangezogen werden? Kann sie, zweitens, als Grund für die Zuweisung eines eigenen – abtretbaren – Anspruchs auf Ersatz eines fremden Schadens herangezogen werden? Letzteres entspricht an sich der Funktion der Drittschadensliquidation. Sie bezweckt (nur) den Ausgleich einer vom Schädiger her gesehen zufälligen Verlagerung des Schadens.

Eine derartige Schadensverlagerung findet beim Weiterverkauf durch den geschädigten Erstkäufer nicht statt.[116] Sein Vermögensschaden ist durch die Entrichtung des Kaufpreises für das mangelhafte Fahrzeug entstanden. Dass er erst durch die Entdeckung des Mangels im Anschluss an den Weiterverkauf zu Tage tritt, ändert daran nichts. Als Mindestschaden besteht die Vermögenseinbuße des Wiederverkäufers in der Differenz zwischen dem Wert des mangelhaften Fahrzeugs und dem Wert im mangelfreien Zustand. Der Anspruch auf den „kleinen" Schadensersatz wird durch den Weiterverkauf keineswegs ausgeschlossen.[117] Lediglich die Schadenshöhe kann von dem Weiterverkauf unter Gewährleistungsausschluss beeinflusst werden. Das ist zwar auch eine Schadensentlastung, aber wohl eher eine Frage der **Vorteilsausgleichung.** Sie tritt aber nicht ein, weil der Vorteil des Wiederverkäufers nicht auf demselben Schadensereignis beruht, das den Nachteil verursacht hat. Vielmehr ist der „Vorteil" die Folge des Weiterverkaufs unter Gewährleistungsausschluss.[118]

Dadurch, dass der Zweitkäufer sich aus freien Stücken auf einen Kauf unter völligem Haftungsausschluss eingelassen hat, ist er bewusst das Risiko eingegangen, für sein Geld kein Äquivalent zu erhalten. Deshalb ist es nicht unbillig, wenn ihm ein Anspruch auf Abtretung von Sachmangelansprüchen versagt wird. Dass bei dieser Lösung der arglistige Erstverkäufer unbehelligt bleiben kann, nicht unbedingt bleiben muss, liegt beim Warenverkauf in der Natur der Sache. Pönale Erwägungen sind fehl am Platz.

k) Ausschluss der Sachmängelhaftung und Arglist

1588 Auf eine Haftungsfreizeichnung – formularmäßig wie individuell – kann sich ein Verkäufer **nicht berufen**, wenn er den strittigen Mangel arglistig verschwiegen hat (§ 444 BGB). Arglistigem Verschweigen steht, wie in § 476 BGB a. F., das arglistige Vorspiegeln einer Eigenschaft gleich. Zu den objektiven und subjektiven Voraussetzungen arglistigen Handelns s. Rn 1612 ff.

Hat das Fahrzeug **mehrere Mängel,** so ist die Freizeichnungsabrede nur hinsichtlich derjenigen Mängel unwirksam im Sinne des „Berufungsverbots" des § 444 BGB, die arglistig verschwiegen worden sind. Dies kann Konsequenzen für die Berechnung der Minderung und des Nichterfüllungsschadens haben.[119]

Bei einer **Mehrheit von Verkäufern** (Eheleute, Erbengemeinschaft) tritt die Rechtsfolge des § 444 BGB bereits dann ein, wenn zumindest einer arglistig gehandelt hat.[120]

---

116 OLG Düsseldorf 15. 3. 2002, OLGR 2002, 229; OLG Hamm 23. 5. 2000, MDR 2001, 87 = OLGR 2000, 319; OLG Hamm 27. 3. 1974, NJW 1974, 2091; zustimmend *Büdenbender,* JuS 1976, 153; a. A. *Pfister,* JuS 1976, 373; *Wackerbarth,* ZIP 1997, 2037 zu BGH NJW 1997, 652 – Käuferkette beim Immobilienkauf; s. auch *Schaper/Kandelhard,* NJW 1997, 837 und *Schwarze,* JuS 1998, 13 zu dem „Kettenfall" BGH NJW 1995, 1737 – Grundstückskauf; weitere Lit.nachw. bei *von Olshausen,* ZGS 2002, 194.
117 BGH 10. 6. 1998, NJW 1998, 2905 = ZIP 1998, 1313.
118 Gegen eine Vorteilsausgleichung auch *Büdenbender,* JuS 1976, 153; *Wolter,* NJW 1975, 622, der eine Abtretungspflicht vertragsrechtlich begründet.
119 Vgl. auch BGH 26. 1. 1983, NJW 1983, 1424 = DAR 1983, 228 und hier Rn 1404.
120 BGH 10. 7. 1987, NJW-RR 1987, 1415 (Hauskauf).

l) Ausschluss der Sachmängelhaftung und Abnahmeverpflichtung

Ob und inwieweit ein Haftungsausschluss Einfluss auf die Pflicht des Käufers zur Abnahme der Kaufsache hat, ist **umstritten**. Beim Kauf gebrauchter Pkw/Kombis vom gewerblichen Handel ist zunächst zu berücksichtigen, dass vielfach erst die Auslieferung den Kaufvertrag überhaupt zustande kommen lässt. Das ist eine Folge der besonderen Abschlussklausel (vgl. Rn 931). Fallen Vertragsabschluss und Auslieferung zusammen, kann eine Freizeichnungsklausel **keine Vorwirkung** entfalten. Dies schon deshalb nicht, weil sie noch nicht Inhalt des Vertrages geworden ist. Zur Rechtsposition des Käufers in der Phase seiner vorvertraglichen Bindung s. Rn 931. Durch schriftliche Bestätigung kann der Händler den Vertrag und damit auch den Haftungsausschluss in Kraft setzen. Der **BGH** billigt dem Käufer ein **Zurückweisungsrecht** zu, wenn er den Mangel vor Übergabe entdeckt hat.[121]

1589

---

121 Urt. v. 20. 12. 1996, NJW 1997, 652 – Immobilienkauf; dagegen mit beachtlichen Gründen *Reinicke/Tiedtke,* ZIP 1997, 1093; s. auch Rn 1763.

V. Verjährung der Sachmängelansprüche
1. Rechtslage vor dem 1. 1. 2002

1590   Die Ansprüche auf Wandlung und Minderung sowie der Anspruch auf Schadensersatz wegen Fehlens einer zugesicherten Eigenschaft, also sämtliche von einem Verschulden unabhängigen Gewährleistungsansprüche, verjährten nach altem Recht in der kurzen **Frist von sechs Monaten** seit der **Ablieferung des Fahrzeugs** an den Käufer, § 477 I BGB a. F. Nur in den **Arglistfällen** des § 463 S. 2 BGB a. F. galt die allgemeine Verjährungsfrist von 30 Jahren, §§ 477 I, 195 BGB a. F.

2. Das neue Verjährungsrecht

1591   Bekanntlich ist das gesamte Verjährungsrecht durch das **Schuldrechtsmodernisierungsgesetz** grundlegend umgestaltet worden. Das trifft auch auf die Ansprüche aus Sachmängelhaftung zu. Für den Kraftfahrzeugverkauf gilt grundsätzlich eine Frist von **zwei Jahren** ab Ablieferung (§ 438 I,3, II BGB). Diese Frist ist maßgeblich für:

- Anspruch auf Mängelbeseitigung
- Anspruch auf Ersatzlieferung
- Anspruch auf Ersatz des Mangelschadens (beide Varianten)
- Anspruch auf Ersatz von Folge- und Begleitschäden, sofern sie aus einem Sachmangel, nicht aus der Verletzung einer Nebenpflicht, herrühren[1]
- Anspruch auf Ersatz vergeblicher Aufwendungen
- Recht auf Minderung (vgl. § 438 V i. V. m. 218 BGB)
- Recht auf Rücktritt (vgl. § 438 IV i. V. m. § 218 BGB).

a) Verkürzung der Zweijahresfrist auf ein Jahr

1592   Wichtig für den Verkauf gebrauchter Kfz ist die Sonderregelung in **§ 475 II BGB**. Einem Unternehmer wird selbst **gegenüber einem Verbraucher** ausdrücklich gestattet, die Verjährungsfrist im voraus **bis auf ein Jahr** abzukürzen. Das muss nicht notwendigerweise durch eine Individualabrede geschehen. Eine Formularklausel ist grundsätzlich zulässig. Der Annahme einer **stillschweigenden/konkludenten Vereinbarung** stehen prinzipielle Gründe des Verbraucherschutzes entgegen, selbst wenn die Mindestfrist von einem Jahr im Laufe der Zeit den Charakter einer allgemeinen Verkehrsübung annehmen sollte.

1593   Von der **Option, die Verjährungsfrist zu verkürzen,** wird in Verbrauchsgüterkaufverträgen allgemein Gebrauch gemacht. In sämtlichen neu konzipierten Vertragsformularen für den Gebrauchtfahrzeugverkauf an Verbraucher ist die Verjährungsfrist formularmäßig auf ein Jahr herabgesetzt (z. B. Abschn. VI Nr. 1 ZDK-AGB). Das **Transparenzgebot** des § 307 I, 2 BGB erfordert nicht, dass der Beginn der verkürzten Verjährungsfrist – wie z. B. im Abschn. VI Nr. 1 ZDK-AGB – ausdrücklich genannt wird. Die Klausel im ADAC-Mustervertrag für den Verbrauchsgüterkauf „die Sachmängelhaftung des Verkäufers wird auf ein Jahr beschränkt" ist demnach bedenkenfrei. Dass der Ausdruck „Verjährung" fehlt, ist gleichfalls unschädlich.

1594   Da jede Verkürzung der Verjährungsfrist im Haftungsfall einer Beschränkung der gesetzlichen Haftung gleichkommt,[2] stehen verjährungserleichternde Vereinbarungen unter einem **doppelten Vorbehalt:** Unzulässigkeit der Erleichterung durch Fristverkürzung und verkappte Haftungsbeschränkung. Letzterem trägt der ADAC-Mustervertrag für den

---

1 Das neue Schuldrecht/*Wendtland* Kap. 2 Rn 58; *Haas,* a. a. O., Kap. 5 Rn 306.
2 OLG Düsseldorf NJW-RR 1995, 440.

Verbrauchsgüterkauf Rechnung, indem im unmittelbaren Anschluss an die Einjahresklausel die AGB-festen Tatbestände des § 309 Nr. 7 a und b BGB genannt werden. Zur Regelung in den reformierten AGB des Kfz-Handels s. Rn 954.

b) Die Ablieferung

Ablieferung i. S. v. § 438 II BGB setzt grundsätzlich voraus, dass der Verkäufer die Kaufsache vollständig aus seinem Verfügungsbereich in denjenigen des Käufers „entlassen" hat,[3] und zwar in Erfüllung des Kaufvertrages, nicht etwa nur zu einer Probefahrt. Zu differenzieren ist zwischen Hol-, Bring- und Schickschulden.[4] Beim Fahrzeugkauf besteht in der Regel eine **Holschuld**, d. h. der Käufer hat das Fahrzeug beim Verkäufer abzuholen. Die AGB des Kfz-Handels sprechen im Abschn. IV von **„Abnahme"**. Dieser Vorgang erfüllt die Merkmale der Ablieferung i. S. v. § 438 II BGB bzw. im Sinne der Verjährungsklausel im Abschn. VI Nr 1.

Zum Tatbestand der „Ablieferung" bei Aushändigung des Fahrzeugs ohne mitverkaufte **Zubehörteile** (z. B. Dachgepäckträger) s. OLG Düsseldorf NJW-RR 1999, 283.

Die Übergabe der **Fahrzeugpapiere** gehört grundsätzlich nicht zur verjährungsrechtlich geforderten „Ablieferung". Ergibt sich der Sachmangel aber erst aus einer Diskrepanz zwischen Fahrzeug und Brief (s. dazu Rn 1298), so rechnet zur „Ablieferung" auch die Aushändigung des Fahrzeugbriefes. Sofern ein Fahrzeugdokument für die Aufdeckung eines Sachmangels von wesentlicher Bedeutung ist, ist zu erwägen, die Verjährungsfrist hinsichtlich dieses Mangels erst mit Übergabe von Fahrzeug und Dokument beginnen lassen.

Eine **unterbliebene Ablieferung** kann prinzipiell nicht dadurch ersetzt werden, dass der Käufer mit der Abnahme des Fahrzeugs in **Schuldner-** bzw. **Gläubigerverzug** geraten ist.[5] Die Berufung des im Verzug befindlichen Käufers auf die fehlende Ablieferung kann im Einzelfall treuwidrig sein.[6]

c) Mangelkenntnis kein Kriterium

Auch wenn der Sachmangel innerhalb der maßgeblichen Verjährungsfrist nicht erkannt werden konnte, beginnt die Frist mit der Ablieferung, nicht erst mit der Kenntnis oder fahrlässigen Unkenntnis. Das war nach altem Recht ganz h. M.[7] Nach der Neuregelung des Verjährungsrechts ist dieser Punkt endgültig unstrittig.

d) Sonderregelung bei arglistiger Täuschung

Wie schon nach altem Recht (§ 477 I,1 BGB) ist der arglistig getäuschte Käufer weiterhin auch verjährungsrechtlich privilegiert. Die Frist beträgt allerdings nicht mehr 30 Jahre, sondern nur noch **3 Jahre** (§ 438 III i. V. m. § 195 BGB), jedoch nicht schon ab dem Zeitpunkt der Ablieferung oder gar des Vertragsabschlusses. Der Fristbeginn richtet sich nach § 199 I BGB, s. Rn 1598 ff.

Den **Tatbestand der arglistigen Täuschung** als Voraussetzung der Regelverjährung muss der Käufer beweisen. § 438 III BGB erwähnt nur den Fall des arglistigen Verschweigens eines Mangels. Analog gilt er für das arglistige Vorspiegeln einer Eigenschaft des Kaufobjekts.[8]

---

3 BGH 11. 10. 1995, NJW 1995, 3381 – Lastzug.
4 Vgl. *Tiedtke*, JZ 1996, 549.
5 BGH 11. 10. 1995, NJW 1995, 3381; s. auch *Saenger*, NJW 1997, 1945; *Tiedtke*, JZ 1996, 549.
6 BGH 11. 10. 1995, NJW 1995, 3381, letztlich offen gelassen; s. auch *Tiedtke*, JZ 1996, 549.
7 OLG Frankfurt 26. 1. 1996, OLGR 1996, 122; OLG Köln 18. 1. 1978, OLGZ 1978, 321; *Larenz*, SchR II, § 41 II, d
8 Das neue Schuldrecht/*Haas*, Kap. 5 Rn 345; *Zimmer/Eckhold*, JURA 2002, 153.

Zum objektiven und subjektiven Tatbestand der arglistigen Täuschung und zu den einzelnen Fallgruppen s. Rn 1615 ff., dort auch zur Darlegungs- und Beweislastverteilung (Rn 1619 ff.). Zweifelhaft ist, ob der Käufer – wie z. B. im Rahmen des § 123 BGB – die Kausalität zwischen Täuschung und Kaufentschluss beweisen muss. Das ist nach dem Sinn und Zweck der verjährungsrechtlichen Sonderregelung zu verneinen. Sie hat nicht die Freiheit der Willensentscheidung im Rechtsverkehr im Auge. Vielmehr soll der Gefahr begegnet werden, dass die Verjährung in Lauf gesetzt wird, obwohl der Käufer gerade wegen des arglistigen Handels des Verkäufers den Mangel nicht innerhalb der „normalen" Gewährleistungsfrist entdecken konnte.

aa) Verjährungsbeginn im Arglistfall

1598 Die Dreijahresfrist beginnt mit dem Schluss des Jahres, in dem der (Sachmangel-) **Anspruch entstanden** ist und der Käufer von den anspruchsbegründenden Umständen und der Person des Verkäufers **Kenntnis** erlangt oder ohne **grobe Fahrlässigkeit** hätte erlangen müssen (§ 199 I BGB).

α) Anspruchsentstehung

1599 Die einzelnen Sachmängelansprüche des Käufers haben **unterschiedliche Entstehungszeitpunkte**. Der **Anspruch auf Nacherfüllung** entsteht bereits mit Gefahrübergang, also praktisch mit der Übergabe der mangelhaften Sache, ausnahmsweise mit Annahmeverzug. Zwischen dem Anspruch auf Ersatzlieferung – beim Gebrauchtfahrzeugkauf (von der Aliud-Lieferung abgesehen) kein Thema – und dem Nachbesserungsanspruch besteht insoweit kein Unterschied. Verjährungsrechtlich an den Nacherfüllungsanspruch angekoppelt sind die Gestaltungsrechte **Rücktritt und Minderung** (§ 438 IV, V i. V. m. § 218 BGB). Die Notwendigkeit einer vorherigen Fristsetzung bei einem behebbaren Mangel verschiebt den Fristbeginn nicht. Die in § 437 Nr. 3 BGB aufgeführten **Ansprüche auf Schadens- und Aufwendungsersatz** sind demgegenüber verjährungsrechtlich unabhängig vom Anspruch auf Nacherfüllung. Insoweit könnte sich also unter dem Gesichtspunkt der Subsidiarität eine Verschiebung ergeben. Denn einige Ansprüche auf Schadenersatz leben erst auf, könnten somit auch erst dann entstehen, wenn der Käufer erfolglos eine Nachfrist gesetzt hat oder ein Ereignis eingetreten ist, das eine Fristsetzung entbehrlich macht. Derartiges Geschehen „im Vorfeld" könnte den Zeitpunkt der Entstehung des Schadensersatzanspruchs zugunsten des Käufers hinausschieben.[9] Unproblematisch ist insoweit der „Direktanspruch" aus §§ 437 Nr. 3, 311 a II BGB. Er entsteht mit Gefahrübergang, also praktisch mit der Übergabe des mangelhaften Fahrzeugs. Der eigentliche Mangelschaden ist damit eingetreten. Geht es um den Ersatz so genannter Mangelfolgeschäden (zur Abgrenzung und Zuordnung nach Anspruchsgrundlagen s. Rn 1483), kann der Zeitpunkt der Entstehung später liegen. Das hängt von dem jeweiligen Schaden ab.

β) Kenntnis des Käufers

1600 Die **Person des Verkäufers** ist dem Käufer regelmäßig spätestens mit Vertragsabschluss bekannt. Kenntnisprobleme können bei Online-Geschäften entstehen, aber auch dann, wenn aufgrund besonderer Vertragsgestaltung Zweifel an der Verkäufereigenschaft aufkommen können (z. B. Agenturfälle, Leasingrückläufer etc.). Der im Fahrzeugbrief zuletzt eingetragene Halter muss nicht unbedingt der Verkäufer sein. Ist positive Kenntnis nicht nachweisbar, dürfte dem Verkäufer der Auffangtatbestand der groben Fahrlässigkeit helfen.

---

9 Zu den verschiedenen Lösungsansätzen vgl. Das neue Schuldrecht/*Haas*, Kap. 5 Rn 350 ff.

Ob und inwieweit der Käufer oder sein Wissensvertreter (dazu Rn 1630 ff.) **Kenntnis von den anspruchsbegründenden Umständen** hat, hängt von der Art des Anspruchs ab, dem der Verkäufer die Verjährungseinrede entgegensetzt. Grundvoraussetzung aller Sachmängelansprüche ist das Vorhandenseins eines Mangels. Dazu, wann ein Käufer positive Kenntnis von einem Sachmangel hat, siehe die Ausführungen zu § 442 BGB (Rn 1540 ff.). Die arglistige Täuschung ist, anders als nach altem Recht in § 463 S. 2 BGB, nicht konstitutiv für einen Sachmangelanspruch. Folglich muss sich die Kenntnis des Käufers darauf nicht beziehen. Als (verjährbare) Ansprüche ausgestaltet sind der Nacherfüllungsanspruch, der Anspruch auf Schadensersatz und der Aufwendungsersatzanspruch. In sämtlichen Fällen ist eine arglistige Täuschung nicht anspruchsbegründend.

Mit Blick auf die Schadensersatzansprüche und den Aufwendungsersatzanspruch ist nicht einmal Fahrlässigkeit des Verkäufers Voraussetzung der Haftung. Begründet werden diese Ansprüche durch die bloße **Schlechtlieferung als Pflichtverletzung** i. S. v. § 280 I BGB. Trotz seiner Sonderstellung wird man das für den Anspruch auf Schadensersatz statt der Leistung nach § 311 a II BGB nicht anders sehen können, sofern er über § 437 Nr. 3 BGB zum Zuge kommt. Die Verletzung der Pflicht zur mangelfreien Lieferung ist gemeinsame Grundlage der dort genannten Ansprüche. Ein Verkäuferverschulden ist nicht anspruchsbegründend, vielmehr ist das Nichtvertretenmüssen anspruchsausschließend.[10]

Zu den anspruchsbegründenden Umständen gehören bei den in § 437 Nr. 3 BGB aufgeführten Schadensersatzansprüchen auch das Vorliegen eines **Schadens** und die **Kausalität** zwischen Pflichtverletzung (Schlechtlieferung) und Schaden. Soweit es um den eigentlichen Mangelschaden (Nichterfüllungsschaden) geht, tritt er mit Abschluss des Vertrages, spätestens mit der Übergabe des Fahrzeugs ein. Mit einiger Vereinfachung kann gesagt werden: Wer den Mangel kennt, kennt auch den Mangelschaden. Bei Mangelfolgeschäden tritt die Vermögenseinbuße erfahrungsgemäß mit Verzögerung ein.

γ) Grob fahrlässige Unkenntnis

1601 Zu erwarten ist, dass vor Gericht in erster Linie über den Tatbestand der groben Fahrlässigkeit gestritten wird. Was den Sachmangel als Bezugspunkt grob fahrlässiger Unkenntnis angeht, so kann auf die Ausführungen zu § 442 BGB verwiesen werden (Rn 1545 ff.)

δ) Darlegungs- und Beweislast

1602 Die Tatsachen, die die Kenntnis bzw. die grob fahrlässige Unkenntnis des Käufers begründen, stehen zur **Behauptungs- und Beweislast** des Verkäufers.[11] Auch insoweit ist auf die Kommentierung des § 442 BGB zu verweisen, s. Rn 1543, 1550.

bb) Höchstfrist

1603 Um zu verhindern, dass der Verjährungseintritt bei Unkenntnis des Gläubigers auf unabsehbare Zeit hinausgeschoben wird, hat der Gesetzgeber Höchstfristen eingeführt. Zu unterscheiden sind Ansprüche auf Schadensersatz von sonstigen Ansprüchen. Aus der Sicht des Fahrzeugkaufs interessiert praktisch nur die **zehnjährige Maximalfrist** (§ 199 III, IV BGB).

e) Übergangsregelung

1604 Gemäß Art. 229 § 6 I,1 EGBGB findet das neue Verjährungsrecht grundsätzlich auf sämtliche Ansprüche Anwendung, die am 1. 1. 2002 bestehen und noch nicht verjährt sind. Das würde für den Fahrzeugkauf bedeuten, dass arglistig getäuschte Käufer den Vorteil der

---

10 Zum Problem s. *Mansel/Budzikiewicz*, § 3 Rn 108
11 *Mansel/Budzikiewicz*, § 3 Rn 140.

dreißigjährigen Verjährung (§ 477 I BGB a. F.) verlieren und sich mit der neuen Regelverjährung von drei Jahren begnügen müssten, und zwar hinsichtlich sämtlicher Ansprüche aus Sachmängelhaftung. Um bei einer Konstellation wie dieser – Verkürzung der Verjährungsfrist nach neuem Recht – die Benachteiligung des Gläubigers zu begrenzen, hat der Gesetzgeber eine Sonderregelung eingeführt. Sie ist in Art. 229 § 6 IV EGBGB enthalten. Hiernach wird die kürzere Frist grundsätzlich ab dem 1. 1. 2002 berechnet. Das besagt aber nicht, dass in diesen Übergangsfällen alle neuen Fristen ab diesem Zeitpunkt zu laufen beginnen. Ein späterer Fristbeginn ist nicht ausgeschlossen. Ein Hinausschieben kommt insbesondere bei der kenntnisabhängigen („subjektiven") Regelung des Fristbeginns in § 199 I BGB in Betracht.

Beispiel: Bei einem im Jahr 2001 abgeschlossenen Kaufvertrag, ist der Käufer arglistig über einen Unfallvorschaden getäuscht worden. Kenntnis von dem Mangel und dem daraus resultierenden Schaden erlangt er am 1. 5. 2002; eine frühere grob fahrlässige Unkenntnis scheidet aus. Beginn der Dreijahresfrist ist in diesem Fall nicht am 1. 1. 2002, sondern am 31. 12. 2002 (Jahresschluss). Anders wäre es, wenn der Käufer die anspruchsbegründenden Umstände (und die Person des Verkäufers) bereits im Jahr des Vertragsabschlusses (2001) erfahren hätte. Beginn der neuen Dreijahresfrist wäre dann der 1. 1. 2002.[12]

f) Hemmung der Verjährung

Die Hemmung der Verjährung ist vollständig neu geregelt (dazu s. Rn 362 ff.).

aa) Hemmung bei Verhandlungen

1605   Eine bloße **Mängelanzeige** des Käufers löst noch keine Hemmung aus, selbst wenn sie schriftlich erstattet worden ist. **Verhandlungen** über den gerügten Mangel können jedoch nach neuem Recht zur Hemmung führen (§ 203 BGB). Hat der Verkäufer sich im Einverständnis mit dem Käufer der Prüfung des Vorhandenseins des Mangels oder der Beseitigung des Mangels unterzogen, so ist die Verjährung so lange gehemmt, bis der Verkäufer das Ergebnis der Prüfung dem Käufer mitteilt oder ihm gegenüber den Mangel für beseitigt erklärt oder die Fortsetzung der Beseitigung verweigert. Das folgt – nach Streichung des § 639 II BGB – aus der allgemeinen Hemmungsvorschrift des § 203 BGB. Selbst wenn der Verkäufer sich auf die Mängelrüge des Käufers hin – ohne rechtliche Verpflichtung – auf eine Nachbesserung einlässt, ist § 203 BGB anwendbar. Das ist in der Rechtsprechung zu § 639 BGB a. F. allgemein anerkannt gewesen.[13]

Auch wenn der Verkäufer erklärt hat, er handele „ohne Anerkennung einer Rechtspflicht" oder nur aus Kulanz, kann Hemmung eintreten.[14] Bei einem Tätigwerden im erkennbaren Bewusstsein, für den Mangel einstehen zu müssen, kommt anstelle einer Verjährungshemmung ein **Anerkenntnis in sonstiger Weise** (§ 212 I,1 BGB) mit einem **Neubeginn der Verjährung** in Betracht (s. Rn 1611).

In sämtlichen Nachbesserungsfällen, in denen § 203 BGB zum Zuge kommt, **beginnt die Hemmung** nicht erst mit der tatsächlichen Inangriffnahme der Nachbesserungsarbeiten. Maßgebend ist vielmehr der Zeitpunkt, in dem sich die Parteien über die Prüfung des Mangels oder die durchzuführende Nachbesserung einig sind.[15] Bei einer **Vielzahl von Mängeln** („Mängelpaket") kann es insbesondere im Rahmen des § 203 BGB Schwierigkeiten

---

12 Vgl. *Mansel/Budzikiewicz*, §10 Rn 35 ff.
13 BGH 10. 12. 1980, WM 1981, 244; v. 8. 2. 1984, NJW 1984, 1525; 8. 7. 1987, NJW 1988, 254 – Holzrückezug; 20. 11. 1996, NJW 1997, 727 – Motorboot; 2. 6. 1999, NJW 1999, 2961 – Holzhäcksler.
14 BGH 21. 4. 1977, WM 1977, 823.
15 So für § 639 II BGB a. F. BGH 20. 11. 1996, NJW 1997, 727 – Motorboot; s. auch Rn 364.

machen, die Reichweite der Hemmungswirkung zu bestimmen. Beispiele aus der Rechtsprechung zu § 639 II BGB a. F.: BGH 20. 11. 1996, NJW 1997, 727; BGH 17. 12. 1997, NJW-RR 1998, 680; OLG Düsseldorf 10. 11. 1995, OLGR 1996, 102; OLG Köln 31. 3. 1995, NJW-RR 1995, 1457. Zu weiteren Einzelheiten im Zusammenhang mit „Hemmung bei Verhandeln/Nachbesserung" s. Rn 364 ff.

bb) Hemmung durch Rechtsverfolgung
α) Selbstständiges Beweisverfahren

Mit Blick auf die kaufrechtlichen Sachmängelansprüche ragt aus dem Katalog der verjährungshemmenden Rechtsverfolgungsmaßnahmen des § 204 BGB das **selbstständige Beweisverfahren** hervor. Näheres dazu s. Rn 1358 ff. Die Zustellung des Antrags auf Einleitung eines solchen Verfahrens führt nach neuem Recht nicht mehr zur Unterbrechung, sondern zur Hemmung der Verjährung (§ 204 I Nr. 7 BGB). Zu beachten ist, dass die Verjährung nur hinsichtlich desjenigen Sachmangels gehemmt wird, der Gegenstand des Antrags auf Durchführung des selbstständigen Beweisverfahrens ist (dazu s. Rn 1362). Zur erforderlichen Konkretisierung s. OLG Koblenz ZfS 2002, 180 = VRS 102/2002, 177. Für ungenannte Mängel läuft die Verjährungsfrist ungehemmt weiter.[16]

Nach § 204 II BGB **endet die Hemmung** sechs Monate nach Beendigung des selbstständigen Beweisverfahrens. Dieses endet mit dem Zugang des Sachverständigengutachtens an die Parteien, sofern weder das Gericht in Ausübung des ihm nach § 411 IV 2 ZPO eingeräumten Ermessens eine Frist zur Stellungnahme gesetzt hat, noch die Parteien innerhalb eines angemessenen Zeitraums nach Erhalt des Gutachtens Einwendungen dagegen oder das Gutachten betreffende Anträge oder Ergänzungsfragen mitgeteilt haben.[17]

β) Begutachtungsverfahren

Mit dem Beginn eines vereinbarten Begutachtungsverfahrens wird die Verjährung gleichfalls gehemmt (§ 204 I Nr. 8 BGB). Die Hemmung dauert an, bis das Gutachten beiden Parteien vorliegt oder die Parteien die Schiedsgutachten-Vereinbarung einverständlich aufheben.[18]

Ruft der Käufer eine **Schiedsstelle des Kfz-Handels** an, so tritt gleichfalls Hemmung der Verjährung ein, sofern der Antrag zulässig ist (vgl. Abschn. VIII Nr. 3 ZDK-AGB Fassung 2002).

cc) Höhere Gewalt

Zur Frage der Hemmung im Fall der **Beschlagnahme des Fahrzeugs** wegen Diebstahlverdachts als Fall von **höherer Gewalt** i. S. v. § 203 II BGB a. F. = § 206 BGB n. F. siehe BGH NJW 1997, 3164.

dd) Reichweite der Hemmungswirkung

Gemäß § 477 III BGB a. F. bewirkte die Hemmung der Verjährung eines der verschiedenen Gewährleistungsansprüche auch die Hemmung der Verjährung der anderen. Eine vergleichbare Sondervorschrift fehlt im neuen Kaufrecht. Zu beachten ist jetzt § 213 BGB. Abgesehen davon sind **Rücktritt und Minderung** Gestaltungsrechte, keine Ansprüche, mit den sich aus den §§ 438 IV, V, 218 BGB ergebenden Besonderheiten.

---

16 BGH 2. 2. 1994, NJW 1994, 1004 – Neufahrzeugkauf; OLG Düsseldorf 19. 5. 1994, OLGR 1995, 17; OLG Köln 31. 3. 1995, NJW-RR 1995, 1457 – EDV-Anlage.
17 BGH 20. 2. 2002, NJW 2002, 1640 im Anschluss an BGHZ 120, 329 = NJW 1993, 851; s. auch OLG Düsseldorf 6. 2. 2002, 5 W 47/01, n. v.
18 OLG Hamm 14. 11. 1975, NJW 1976, 717.

ee) Darlegungs- und Beweislast

1610 Die **Darlegungs- und Beweislast** für die Tatbestände, die verjährungshemmende Wirkung haben, trägt der Käufer. Für die Beendigung ist hingegen der Verkäufer darlegungs- und beweispflichtig.

g) Neubeginn der Verjährung

1611 **Nachbesserungsarbeiten** des Verkäufers können nicht nur eine Hemmung, sondern auch einen Neubeginn der Verjährung zur Folge haben. Voraussetzung ist ein **Anerkenntnis in sonstiger Weise** (§ 212 I Nr. 1 BGB). Wann (nur) ein Hemmungstatbestand und wann ein verjährungsrelevantes Anerkenntnis vorliegt, ist trotz einer umfangreichen Rechtsprechung (vor allem zum Baurecht) mitunter schwierig zu beantworten. Die Annahme eines Anerkenntnisses setzt voraus, dass der Verkäufer im Bewusstsein seiner Gewährleistungspflicht gehandelt hat. Sein gesamtes Verhalten, nicht nur die Nachbesserungsarbeiten im engeren Sinn, ist unter diesem Blickwinkel zu würdigen, wobei es auf die Perspektive des Käufers ankommt. Je intensiver der unternehmerische Einsatz war, desto eher ist die Annahme gerechtfertigt, dass der Verkäufer in Erfüllung einer Nachbesserungspflicht und nicht aus bloßer Kulanz oder nur zur Streitbeilegung tätig geworden ist. Erheblich sind vor allem der Umfang, die Dauer und die Kosten der Mängelbeseitigungsarbeiten.[19]

---

[19] BGH 8. 7. 1987, NJW 1988, 254; BGH 2. 6. 1999, NJW 1999, 2961 = EWiR § 208 BGB 1/99, 1105 (*Eggert*); OLG Düsseldorf 23. 6. 1995, NJW-RR 1995, 1232 – Bausache; vgl. auch *Waas*, BB 1999, 2472; s. auch Rn 369 ff.

I. Arglistige Täuschung beim Verkauf gebrauchter Kraftfahrzeuge

I. Vom alten zum neuen Recht

Neben der Eigenschaftszusicherung (§§ 459 II, 463 S. 1 BGB a. F.) war die arglistige Täuschung das zweite **Hauptthema** in Gebrauchtwagenstreitigkeiten. Dem arglistig getäuschten Käufer gewährte das **alte Recht** in vielfacher Hinsicht einen besonderen Schutz. Aus der Sicht des Gebrauchtwagenkaufs war es die „Nichtigkeit" des üblichen Gewährleistungsausschlusses (§ 476 BGB a. F.), die Käufer geradezu provozierte, den Täuschungsvorwurf zu erheben. Dem Klima der Auseinandersetzungen, auch dem Prozessklima, war diese Situation häufig abträglich.

Trotz erheblich verkürzter Verjährung (jetzt drei Jahre ab Kenntnis bzw. grob fahrlässiger Unkenntnis statt 30 Jahre, s. Rn 1598) hat sich die **bisherige Sonderrechtsstellung** des getäuschten Käufers[1] in den praktischen Ergebnissen nicht verschlechtert. Im Gegenteil, durch die Einführung einer Fahrlässigkeitshaftung auch für den eigentlichen Mangelschaden ist die Rechtsposition des Käufers beträchtlich gestärkt worden. In Fällen ohne Eigenschaftszusicherung war nachgewiesene Arglist Voraussetzung für einen Anspruch auf Schadensersatz wegen Nichterfüllung (§ 463 BGB a. F.). Die Absenkung des Schuldmaßstabs auf Fahrlässigkeit (mit Entlastungspflicht des Verkäufers) ist eine der einschneidendsten Neuerungen.

Trotz Streichung des § 463 BGB a. F. ist arglistiges Verkäuferverhalten auch im **neuen BGB** in mehrfacher Hinsicht von Bedeutung:

- Anfechtbarkeit wegen arglistiger Täuschung (§ 123 BGB)
- Unbeachtlichkeit vertraglicher Haftungsausschlüsse und -beschränkungen (§ 444 BGB)
- Haftungsbegrenzung bei öffentlicher Versteigerung (§ 445 BGB)
- Verlängerung der Verjährungsfrist von 2 auf 3 Jahre mit Beginn nach objektiv-subjektiven Kriterien (§ 438 III i. V. m. § 199 I BGB)
- Unschädlichkeit grober Fahrlässigkeit des Käufers (§ 442 I BGB).

Abgesehen von diesen fünf im Gesetz unmittelbar geregelten Fällen kann sich arglistiges Verhalten auch anderweitig zu Lasten des Verkäufers auswirken. So kann er mit seinem Recht zur zweiten Andienung ausgeschlossen sein. Anknüpfungspunkt ist der unbestimmte Rechtsbegriff der **Unzumutbarkeit in § 440 BGB**. Wenn die dem Käufer zustehende Art der Nacherfüllung unzumutbar ist, kann er von seinen grundsätzlich sekundären Mängelrechten sofort (ohne Fristsetzung) Gebrauch machen.

Bei arglistiger Täuschung wird man nicht in jedem Fall Unzumutbarkeit i. S. v § 440 BGB bejahen können. Maßgeblich sind auch hier die konkreten Umstände des Einzelfalls. Wenn beispielsweise der unredliche Angestellte das Autohaus verlassen hat, kann die Versagung eines Nacherfüllungsrechts eine unangemessene Sanktion sein. In den meisten Fällen dürfte arglistiges Verhalten aber den Tatbestand der Unzumutbarkeit erfüllen (s. auch Rn 1391).

Arglistiges Verkäuferverhalten kann in einem weiteren Punkt mittelbar relevant sein, nämlich insoweit, als bestimmte Rechtsbehelfe des Käufers eine **erhebliche Pflichtverletzung** voraussetzen (§§ 281 I,3, 323 V,2 BGB, dazu Näheres unter Rn 1328). Als krassester Fall einer Pflichtwidrigkeit ist eine arglistige Täuschung fraglos eine „erhebliche" Pflichtverletzung.

---

[1] Überblick bei *Derleder,* NJW 2001, 1161 ff.

Von Bedeutung ist arglistiges Verhalten ferner im Rahmen des **§ 377 HGB** (Unschädlichkeit einer unterbliebenen Mängelrüge).

II. Kurskorrektur

1614 Von den Arglistnormen des **alten BGB** stand beim Gebrauchtwagenkauf § 476 BGB a. F. im Vordergrund. Der Hauptgrund für die Überdehnung des Arglistbegriffs ist ohne Zweifel die umfassende Haftungsfreizeichnung gewesen, nicht die kurze Verjährung des § 477 BGB a. F.[2] Der früher übliche Gewährleistungsausschluss hat der Figur der „Behauptung ins Blaue" ebenso Nahrung gegeben wie der Konstruktion „Arglist bei Untersuchungspflichtverletzung". Von noch größerer Tragweite war die freizeichnungsmotivierte Herabsetzung des Schuld- und Beweismaßes. Das Ergebnis war häufig eine Haftung für Fahrlässigkeit nach Arglistgrundsätzen. Die „stille" Heranziehung von Elementen der Fahrlässigkeit zur Arglistbegründung war ein typisches Merkmal der früheren Rechtsprechung.

Über die Grenze des Notwendigen hinaus wurde – auch aus Gründen allgemeiner justizieller „Aufklärungsmüdigkeit" – der Begriff der Arglist mehr und mehr verwässert.

Schon vor Inkrafttreten des Schuldrechtsmodernisierungsgesetzes musste diese Entwicklung auf Kritik stoßen. Sie fand aber wegen der Besonderheiten des Gebrauchtwagenhandels kaum Gehör. An der fälligen Kurskorrektur führt nach der Neuausrichtung des Kaufrechts kein Weg vorbei. Vor allem das **strikte Freizeichnungsverbot** beim Verbrauchsgüterkauf (§ 475 I BGB) macht ein **Umdenken und eine Neuorientierung** erforderlich. Nicht anders als bei der ehemaligen Eigenschaftszusicherung, der jetzigen Beschaffenheitsgarantie, ist der betont käuferfreundlichen Rechtsprechung der Boden entzogen. Hinzu kommt: Durch die Neuregelung der kaufrechtlichen **Verjährung** hat der Gesetzgeber ein weiteres Motiv beseitigt, den Tatbestand der Verkäuferarglist „großzügig" zu bejahen. Das **neue Kaufrecht** mit seinem gesetzlich verankerten Verbraucherschutz sollte die Gerichte veranlassen, zu einer stringenten Anwendung der Arglistvorschriften zurückzukehren, materiell-rechtlich wie verfahrensrechtlich. Für fragwürdige Kompensationserwägungen und Hilfskonstruktionen, wie sie die Arglisthaftung des professionellen Gebrauchtwagenverkäufers jahrelang geprägt haben, ist jetzt kein Raum mehr.

III. Arglistiges Verschweigen eines Sachmangels

1. Objektiver Tatbestand

1615 Die §§ 438 III, 442 I, 2, 444, 445 BGB knüpfen an das Verschweigen eines Mangels an. Das kann ein Sachmangel, aber auch ein Rechtsmangel sein. Zum Sachmangel in seinen verschiedenen Erscheinungsformen s. Rn 1215 ff.

Der objektive Tatbestand der vorstehend genannten Arglistvorschriften ist bereits durch das Verschweigen eines Mangels erfüllt. Dass der Verkäufer eine **Offenbarungspflicht** (Aufklärungspflicht)[3] verletzt hat, braucht hier nicht besonders festgestellt zu werden. Das Verschweigen eines Sachmangels trotz Kenntnis führt direkt zu den Rechtsfolgen i. S. v. 438 III, 442 I, 444, 445 BGB. Die ausgedehnten Überlegungen zur Aufklärungspflicht, die man in der Literatur und auch in einzelnen Entscheidungen zu § 476 BGB a. F. und den anderen kaufrechtlichen Arglistbestimmungen findet, sind überflüssig und unzutreffend. Sie beruhen entweder auf einer unkritischen Übernahme von Regeln, die zu § 123 BGB entwickelt wurden oder darauf, dass die kaufrechtlichen Arglistbestimmungen

---

2 Zu den Ausweitungstendenzen bei der Arglisthaftung des Autoverkäufers *Meyer-Lindemann*, S. 97 ff.
3 Zur Terminologie s. *Thamm/Pilger*, BB 1994, 729.

Arglistiges Verschweigen eines Sachmangels

contra legem auf Fälle angewendet werden, in denen kein Sachmangel vorliegt.[4] Im Ergebnis war und ist die Kontroverse belanglos.[5] Ein Unterschied besteht nur in der Begründung.

Umstritten war **nach altem Recht**, ob ein **geringfügiger** Sachmangel zur Anwendung der Arglistvorschriften genügte. Nach seinerzeit h. M. musste die **Bagatellgrenze** des § 459 I, 2 BGB a. F. überschritten sein.[6] **Bagatellfehler** brauchten ungefragt nicht mitgeteilt zu werden.

Im neuen Gewährleistungsrecht wird auf der Tatbestandsseite auf eine Bagatellklausel verzichtet. Auch für einen geringfügigen Mangel muss der Verkäufer grundsätzlich haften. Erst bei den Rechtsfolgen wird danach differenziert, ob die Pflichtverletzung, die in der Schlechtlieferung liegt, erheblich oder unerheblich ist (s. Rn 1328). Vor diesem Hintergrund macht es keinen Sinn, in die Vorschriften über das arglistige Verschweigen eines Mangels ein „erheblich" hineinzulesen, zumal mit „Mangel" auch ein Rechtsmangel gemeint ist. Richtigerweise ist das „Erheblichkeitsproblem" auf der subjektiven Seite der kaufrechtlichen Arglisttatbestände zu lösen. Anders liegen die Dinge bei § 123 BGB (s. Rn 1717 f.).

Schon den objektiven Tatbestand hat der BGH (V. ZS) ferner dadurch **eingeschränkt**, dass er den (Immobilien-)Verkäufer von der Aufklärung über solche Mängel freigestellt hat, die einer Besichtigung zugänglich bzw. ohne weiteres erkennbar waren.[7] **Offensichtlichkeit des Mangels** schließt Arglist in der Regel aus, vgl. BGH 25. 3. 1992, NJW-RR 1992, 1076 (VIII. ZS) – Schraubenkauf. Bisweilen verneint der BGH eine Offenbarungspflicht schon bei bloßer **Erkennbarkeit des Fehlers**, vgl. Urt. v. 9. 4. 1994, NJW-RR 1994, 907; v. 22. 11. 1996, NJW-RR 1997, 270 – Hauskauf. Die OLG-Judikatur hat sich dem angeschlossen.[8]

In der Tendenz ist dieser Rechtsprechung zuzustimmen. Offenkundigkeit und Erkennbarkeit des Mangels sind Gesichtspunkte, auf die es für den objektiven wie für subjektiven Tatbestand der arglistigen Täuschung ankommt, insbesondere in Fällen arglistigen Verschweigens. Unrichtige bzw. unvollständige Angaben darf ein Verkäufer auch bei Erkennbarkeit des Mangels nicht machen.

Dazu, ob und inwieweit ein **bloßer Mängelverdacht** ein offenbarungspflichtiger Sachmangel ist, s. Rn 1652 f.

Zum objektiven Tatbestand der §§ 438 III, 442 I 2, 444 BGB gehört ferner das **Verschweigen** eines Mangels. Auf die nicht immer leichte Abgrenzung zwischen Verschweigen und **konkludentem Vorspiegeln** der Abwesenheit eines Fehlers kann in der Regel verzichtet werden. Denn dem Fall des arglistigen Verschweigens eines Mangels ist nach wie vor das aktive Vorspiegeln der Fehlerfreiheit oder einer nicht vorhandenen Eigenschaft **gleichzustellen.**

Darlegungs- und Beweislast: Der Käufer hat zunächst das Vorhandensein eines Sachmangels darzulegen und zu beweisen. Maßgeblicher Zeitpunkt ist bei den §§ 438 III, 442 I

---

4 So *Soergel/Huber*, 11. Aufl., § 476 Rn 8; vgl. auch 12. Aufl., § 476 Rn 7, 8; Anh I § 433 Rn 78; § 463 Rn 24.
5 Vgl. auch *Knöpfle*, JuS 1992, 373.
6 OLG Düsseldorf 6. 4. 2001, DAR 2001, 358; OLG Stuttgart 10. 1. 1997, NJW-RR 1997, 754; OLG Köln 26. 2. 1986, 24 U 192/85, n. v.; OLG Schleswig 7. 2. 1985, AH 1985, 269; *Soergel/Huber*, § 463 Rn 22; a. A.: OLG Köln (2. ZS) 26. 2. 1986, NJW-RR 1986, 988 = OLGZ 1987, 439; OLG Naumburg 21. 1. 1997, OLGR 1999, 155; s. auch OLG Frankfurt 16. 10. 1979, BB 1980, 962; offen gelassen von BGH 10. 7. 1963, LM Nr. 8 zu § 463 und KG 23. 2. 1989, NJW-RR 1989, 972; OLG Karlsruhe 25. 4. 1991, MDR 1992, 129.
7 Urt. v. 20. 10. 2000, NJW 2001, 64 m. w. N.
8 OLG Köln 24. 10. 2001, OLGR 2002, 138; OLG Hamm 29. 6. 2000, OLGR 2001, 360.

2, 444 BGB der Abschluss des Kaufvertrages, nicht die Ablieferung des Fahrzeugs. Die Rückwirkungsvermutung des § 476 BGB („Beweislastumkehr") bezieht sich auf den Gefahrübergang, also nicht auf den Vertragsabschluss. Dennoch kommt dem Käufer die Beweiserleichterung des § 476 BGB indirekt zugute (zur Beweislastumkehr s. Rn 1337 ff.). Beim Kauf vom Kfz-Händler können Übergabe (Auslieferung) und Vertragsabschluss zeitlich zusammenfallen, s. Rn 931.

Für den objektiven Tatbestand des Verschweigens, also für das Unterlassen der gebotenen Aufklärung, ist der Käufer gleichfalls darlegungs- und beweispflichtig. Allerdings ist es Sache des Verkäufers, substanziiert darzutun, ob und in welcher Weise er den vorhandenen Mangel offenbart hat. Beweisen muss er seine Einlassung nicht, vielmehr hat der Käufer den Beweis zu erbringen, dass die behauptete Aufklärung unterblieben ist.[9] Das gilt auch für den Fall, dass ein durch Täuschung hervorgerufener Irrtum später durch Aufklärung wieder beseitigt worden ist. Auch für das Unterbleiben einer solchen „tätigen Reue" ist der Käufer beweispflichtig.[10]

Der Käufer muss nicht alle theoretisch denkbaren Möglichkeiten einer Aufklärung ausräumen. Vielmehr genügt er seiner Darlegungs- und Beweispflicht, wenn er die vom Verkäufer vorzutragende konkrete, d. h. räumlich, zeitlich und inhaltlich spezifizierte Aufklärung widerlegt.[11]

1620 Bei einem **schriftlichen Vertrag** hilft dem Käufer die **Vermutung der Vollständigkeit und Richtigkeit** der Vertragsurkunde.[12] Bei **schriftlicher** (Teil-)Information, z. B. über einen Unfallvorschaden, wird dem Verkäufer für seine Behauptung, den Käufer anderweitig, z. B. mündlich, vollständig und richtig aufgeklärt zu haben, die Beweisführungspflicht und damit die Beweislast zugeschoben.[13] Das ist die zutreffende Konsequenz aus der Vermutung der Richtigkeit und Vollständigkeit der schriftlichen Mitteilung. Damit die Vermutungswirkung zugunsten des Käufers eingreift, reicht das Vorhandensein einer Kaufvertragsurkunde (Angebot/Bestellschein) aus. Darauf, dass der strittige Punkt, z. B. das Unfallthema, durch eine bestimmte Erklärung „angesprochen" wurde, kommt es nicht an. Schriftliche Verkäufererklärungen im Vorfeld des Vertragsschlusses können keine irgendwie geartete Vermutungswirkung erzeugen.

2. Subjektiver Tatbestand

1621 Der subjektive (innere) Tatbestand der §§ 438 III, 442 I 2, 444 BGB erfordert wie § 123 BGB **Arglist**. Dogmatisch-begrifflich gibt es hier kaum Streitfragen,[14] sieht man einmal von dem klassischen Problem der Abgrenzung zwischen bedingtem Vorsatz und (grober) Fahrlässigkeit ab. Die Schwierigkeiten liegen eindeutig im Bereich der Rechtsanwendung,

---

9 BGH 20. 10. 2000, NJW 2001, 64 für § 123 BGB; BGH 27. 4. 1966, VRS 31, 321, 324; BGH 2. 2. 1996, NJW 1996, 1339 unter II, 3 für § 463 S. 2 BGB a. F.; BGH 13.10. 2000, NJW 2001, 78; vgl. auch OLG Karlsruhe 7. 11. 1991, VRS 82, 241; OLG Köln 31. 7. 1991, NJW-RR 1992, 908; abw. LG Münster 6. 10. 1993, ZfS 1993, 409.
10 BGH 19. 4. 2002, NJW 2002, 2247, 2250.
11 BGH 20. 10. 2000, NJW 2001, 64 zu § 123 BGB.
12 OLG Bamberg 11. 12. 2000, DAR 2001, 445 (Unfallschaden); OLG Frankfurt 7. 7. 2000, OLGR 2001, 29 = DAR 2001, 359 (Unfallschaden); OLG Düsseldorf 15. 10. 1992, OLGR 1993, 81 (Gesamtfahrleistung); OLG Düsseldorf 9. 7. 1992, OLGR 1993, 2; OLG Dresden 12. 11. 1997, DAR 1999, 68 (Unfallschaden); OLG Saarbrücken 13. 4. 1999, OLG 1999, 509 (Unfallschaden); anders wohl OLG Rostock 3. 2. 1999, DAR 1999, 218; allgemein zur Vermutungswirkung von Schriftstücken BGH 5. 2. 1999, NJW 1999, 1702; BGH 5. 7. 2002, NJW 2002, 3164.
13 OLG Schleswig 2. 11. 2001, MDR 2002, 758 = OLGR 2002, 112; OLG Bamberg 2. 3. 1994, NJW-RR 1994, 1333; OLG Düsseldorf 15. 10. 1987, 18 U 92/87, n. v.
14 Zum Ganzen *Dauner-Lieb*, FS Kraft 1998, 43 ff.

Arglistiges Verschweigen eines Sachmangels

in der verfahrensrechtlich korrekten Umsetzung der BGH-Vorgaben. Hier gibt es eine **Fülle von Fehlerquellen,** wie zahlreiche Entscheidungen des VIII. ZS (z. B. NZV 1995, 222) und des V. ZS (z. B. NJW 1995, 45; NJW-RR 1994, 907; NJW 2001, 2326) belegen. Auffallend oft werden die Ausführungen zum subjektiven Tatbestand der arglistigen Täuschung als fehlerhaft beanstandet.

Der **Begriff der Arglist,** der in allen Vorschriften derselbe ist, setzt nicht voraus, dass der Verkäufer mit Schädigungsabsicht oder bewusst zu seinem eigenen Vorteil gehandelt hat.[15] Auch wer kein Betrüger im strafrechtlichen Sinn ist, kann den zivilrechtlichen Arglisttatbestand erfüllen.[16] Andererseits ist auch anerkannt, dass selbst eine grobe Verletzung von Sorgfaltspflichten, also grobe Fahrlässigkeit, nicht genügt. Es ist **mindestens bedingter Vorsatz** erforderlich.[17] Auf der Grundlage der ständigen **BGH-Judikatur**[18] bedeutet dies für den **Grundfall des arglistigen Verschweigens** – beim arglistigen Vorspiegeln von Eigenschaften sind Modifikationen zu beachten – ein **Vierfaches:**

1622

1. Der Verkäufer muss die den Mangel ausmachenden Tatsachen **bei Abschluss des Vertrages**[19] gekannt oder wenigstens für möglich gehalten haben (Wissenselement Teil 1). Grundsätzlich ist es auf der Darlegungsebene ausreichend, wenn der Käufer die (innere) Tatsache der Kenntnis des Verkäufers bzw. seines Vertreters (zur Wissenszurechnung Rn 1630 ff.) behauptet. Wann und wie der Verkäufer die Kenntnis erlangt hat, braucht der Käufer nicht vorzutragen.[20] Seine **Darlegungspflicht** erfüllt der Käufer auch durch den **Vortrag von Indiztatsachen**, aus denen der Verkäufer auf das Vorliegen des Sachmangels hat schließen müssen.[21]

1623

Dass der Verkäufer den Mangel bzw. die ihn begründenden Fakten früher einmal gekannt hat, reicht nicht aus, wenn er sie **zwischenzeitlich vergessen** hat. Diese Möglichkeit kommt insbesondere beim **privaten Direktgeschäft** in Betracht.[22] Die durchschnittliche Haltedauer beträgt etwa vier Jahre. Während einer derart langen Zeit kann der eine oder andere Fahrzeugmangel durchaus in Vergessenheit geraten oder in den Augen des (privaten) Fahrzeugeigentümers an Bedeutung verloren haben. Eine Vermutung für die Fortdauer eines einmal erlangten Wissensstandes gibt es nicht. Vergesslichkeit wird dem Verkäufer zugebilligt. Sache des Käufers ist es, den Einwand des Vergessens zu entkräften.[23] Bei einem betrieblichen „Vergessen" dürfen aber keine unerfüllbaren Beweisanforderungen gestellt werden.[24] Der **„Vergessenseinwand"** ist unerheblich, wenn der Verkäufer **ins Blaue hinein** eine objektiv unrichtige Erklärung abgegeben hat, die bei dem Käufer die Fehlvorstellung hervorgerufen hat, der Verkäufer sei informiert. Die Versicherung eines erinnerungslosen Verkäufers, ihm seien erhebliche Mängel nicht bekannt, ist keine (arglistige) „Behauptung ins Blaue".[25] (zu dieser Fallgruppe s. Rn 1654 ff.).

---

15 BGH 3. 3. 1995, NJW 1995, 1549 m. w. N.
16 Kritisch zu dieser Reduktion der Arglist auf bedingten Vorsatz *Dauner-Lieb*, FS Kraft 1998, 43 ff.
17 St. Rspr., BGH 3. 3. 1995, NJW 1995, 1549; BGH 9. 11. 1994, NJW-RR 1995, 254.
18 NJW 2001, 2326 unter II, 2 a; NJW 1996, 1205 unter II, 2 a; NJW 1996, 1465 unter III, 1; NJW-RR 1997, 270 unter II, 3; jeweils m. w. Nachw.
19 Zum maßgeblichen Zeitpunkt beim Stückkauf s. BGH 5. 4. 1989, NJW 1989, 2051.
20 BGH 13. 3. 1996, NJW 1996, 1826.
21 BGH 14. 6. 1996, NJW-RR 1996, 1332; BGH 13. 3. 1996, NJW 1996, 1826; BGH 22. 11. 1996, NJW-RR 1997, 270.
22 Vgl. LG Bückeburg 3. 2. 1995, DAR 1995, 369.
23 BGH 31. 1. 1996, NJW 1996, 1205; BGH 10. 7. 1987, NJW-RR 1987, 1415 (Hauskauf); BGH 22. 11. 1991, NJW-RR 1992, 333 (Hauskauf); OLG Düsseldorf 6. 4. 2001, DAR 2001, 358 m.Anm. *Teigelack*.
24 BGH 31. 1. 1996, NJW 1996, 1205 – Kauf vom Vertragshändler.
25 BGH 19. 5. 2001, NJW 2001, 2326 – Grundstückskauf.

Hat der Verkäufer lediglich einen **Mängelverdacht**, genügt dies zur Feststellung des bedingten Vorsatzes, wenn er ihn für sich behalten hat.[26] Dass **rechtlich** ein Sachmangel vorliegt, braucht der Verkäufer nicht zu wissen. Es genügt eine Parallelwertung in der Laiensphäre.[27] **Arglistige Täuschung durch Verschweigen** setzt aber das Bewusstsein voraus, ungefragt zur Aufklärung verpflichtet zu sein, eine Voraussetzung, die bei Privatverkäufern vielfach fehlt, insbesondere bei Sachmängeln nichttechnischer Natur und solchen, die objektiv nur geringfügig sind.

1624 2. Der Verkäufer muss gewusst oder damit gerechnet haben, dass der Käufer den Sachmangel nicht kennt (Wissenselement Teil 2). Der Käufer erfüllt seine **Darlegungspflicht** schon durch die bloße Behauptung dieser inneren Tatsache. Dann ist es Sache des Verkäufers, substanziiert dafür vorzutragen, dass und weshalb er diese Vorstellung nicht hatte. Seine Gegenbehauptung, von der Kenntnis des Käufers, zumindest von der leichten Erkennbarkeit des Fehlers ausgegangen zu sein (für die Rechtsprechung mitunter schon ein Frage des objektiven Tatbestandes, s. Rn 1617), kann er durch Hinweise auf eine Besichtigung und Probefahrt untermauern.[28] Erfolg wird seine Einlassung aber nur haben, wenn er als sicher davon ausgehen durfte, dass der Käufer über den Mangel vollständig informiert ist.[29] In den Augen des Verkäufers muss der Käufer nicht nur die Mängelerscheinungen (z. B. Verformungen des Blechs) gekannt haben, er muss auch um die sachliche Bedeutung und Tragweite des Mangels gewusst haben.

1625 3. Der BGH[30] verlangt **zusätzlich,** dass der Verkäufer weiß oder damit rechnet, der Käufer werde den Vertrag bei Kenntnis des wahren Sachverhalts nicht oder jedenfalls nicht zu den konkreten Bedingungen abschließen (Wissenselement Teil 3). Hier geht es nicht um die Ursächlichkeit der Täuschung für die Willensbildung des Käufers (dazu Rn 1627), sondern um die Vorstellung des Verkäufers davon. Der Käufer braucht diese Vorstellung nur zu behaupten. Wird sie vom Verkäufer geleugnet, genügt einfaches Bestreiten nicht. Er muss nachvollziehbare Gründe für die Richtigkeit seiner Darstellung vortragen. Die **Beweislast** bleibt freilich beim Käufer. Insoweit, wie allgemein bei den subjektiven Voraussetzungen der Arglist, gibt es zwar **keinen Anscheinsbeweis.**[31] Auch Erfahrungssätze in Bezug auf innere Tatsachen sind mit Zurückhaltung anzunehmen. Für den Käufer streitet indes eine tatsächliche Vermutung. Nach der Lebenserfahrung geht ein Verkäufer davon aus, dass ein über den Mangel informierter Käufer zumindest den verlangten Kaufpreis nicht mehr ohne weiteres akzeptiert. Zum direkten Beweis innerer Tatsachen mit Hilfe von Zeugen s. BGH NJW 1995, 2713.

1626 4. Während es im Strafverfahren unzulässig ist, vom Wissensmoment auf das Willensmoment des bedingten Vorsatzes zu schließen,[32] lässt die zivilistische Praxis diesen Schluss großzügig zu.[33] **Wissen indiziert Wollen.** Dieser Schluss ist im Fall des sicheren Wissens als Element des direkten Vorsatzes wohl gerechtfertigt. Problematisch ist die Feststellung

---

26 BGH 12. 7. 1991, NJW 1991, 2900; s. auch OLG Frankfurt 19. 2. 1999, NJW-RR 1999, 1064 = DAR 1999, 217 – Ls.
27 Zum Problem s. *Knöpfle,* JuS 1992, 373.
28 Zur Behandlung entsprechender Beweisanträge s. BGH 9. 4. 1994, NJW-RR 1994, 907.
29 Vgl. BGH 26. 1. 1996, NJW-RR 1996, 690; BGH 22. 11. 1996, NJW-RR 1997, 270; s. auch BGH 7. 7. 1989, NJW 1990, 42 und BGH 8. 11. 1991, NJW-RR 1992, 334 unter 3 b; zur Beweislastverteilung, wenn der Verkäufer behauptet, aufgeklärt zu haben, BGH 27. 4. 1966, VRS 31, 321, 324; OLG Köln 31. 7. 1991, NJW-RR 1992, 908; Näheres unter Rn 1620 f., 1672.
30 Urt. v. 7. 7. 1989, NJW 1990, 42; v. 12. 7. 1991, NJW 1991, 2900; s. auch BGH 28. 4. 1971, NJW 1971, 1795, 1800 unter 3 d.
31 BGH 13. 10. 2000, NJW 2001, 78; anders OLG Köln 26. 1. 1996, VersR 1996, 631 zu § 123 BGB.
32 BGH 20. 11. 1986, JR 1988, 115.
33 BGH 8. 12. 1989, BGHZ 109, 327, 333 = NJW 1990, 975; OLG München 23. 11. 1993, OLGR 1994, 206.

der Wollenskomponente hingegen beim bedingten Vorsatz. Das für die Annahme dieser Vorsatzform – sie steht in Gebrauchtwagenstreitigkeiten im Vordergrund – erforderliche **„billigende Inkaufnehmen"**[34] kann nicht ohne weiteres aus einem bloßen „Für-möglich-Halten" abgeleitet werden. Es läuft indes auf ein venire contra factum proprium, auf einen Selbstwiderspruch, hinaus, wenn jemand, der mit dem Vorhandensein bestimmter Umstände gerechnet hat, geltend macht, sie nicht billigend in Kauf genommen zu haben. Dieser Ansatz erscheint jedoch fragwürdig, wenn die Arglistmerkmale auf verschiedene Personen verteilt sind; zur „aufgespalteten" Arglist s. Rn 1640 ff.

3. Täuschung und Kausalität

Anders als bei § 123 BGB braucht der Käufer bei den kaufrechtlichen Arglistvorschriften **nicht zu beweisen**, dass die arglistige Täuschung für seinen **Kaufentschluss ursächlich** geworden ist.[35]

Vom Nachweis eines ursächlichen Zusammenhang zwischen arglistiger Täuschung und Kaufentscheidung ist der Käufer auch dann freigestellt, wenn er bei der Verfolgung seiner Mängelansprüche die Nacherfüllungsebene unter Hinweis auf eine arglistige Täuschung als Fall der Unzumutbarkeit i. S. v. § 440 BGB überspringen möchte. Der Verkäufer ist jedoch mit dem Gegenbeweis zuzulassen. Die im Fall unstreitiger oder nachgewiesener arglistiger Täuschung bestehende Vermutung der Kausalität kann er durch den Nachweis **widerlegen,** dass sein Verschweigen für den Kaufentschluss, insbesondere auch für die Preisvereinbarung, bedeutungslos gewesen ist.[36] Die Bedeutungslosigkeit kann sich bereits aus den unstreitigen Fakten ergeben. Es ist ein objektiver Maßstab anzulegen. Dass der Käufer die Dinge ausnahmsweise anders gesehen hat, muss er beweisen.

4. Sonderprobleme bei einer Mehrheit von (natürlichen) Personen auf Verkäuferseite

Stehen auf der Verkäuferseite mehrere Personen, z. B. Eheleute oder eine Erbengemeinschaft (zu Personengesellschaften s. Rn 1631 ff.), so reicht es zur Ausschaltung der Freizeichnungsklausel aus, wenn nur eine Person arglistig i. S. d. § 444 BGB gehandelt hat.[37] Den selbst nicht arglistig handelnden Verkäufer hat der BGH von einer Schadensersatzhaftung gem. § 463 S. 2 BGB a. F. grundsätzlich freigestellt.[38] Er haftete aber auf Schadensersatz, wenn sein Verhalten als Übernahme auch der Arglisthaftung seines Mitverkäufers gewertet werden konnte.[39] Eine so weitgehende Haftungsübernahme verstand sich nicht von selbst. Sie bedurfte besonderer Feststellung anhand konkreter Einzelumstände. Eine Mithaftung des unwissenden Verkäufers nach § 463 S. 2 BGB a. F. konnte sich auch auf Grund von Zurechnungserwägungen ergeben. Beispiel: Der arglistige Ehemann führte die Verhandlungen zugleich im Namen seiner gutgläubigen Ehefrau.[40] Derartige Differenzierungen sind nach neuem Recht nicht mehr erforderlich. Sämtliche Verkäufer haften auf Scha-

---

34 Dazu ausführlich *Knöpfle,* JuS 1992, 373.
35 Zu § 463 BGB a. F. siehe BGH 7. 7. 1989, NJW 1990, 42; BGH 19. 3. 1992, BGHZ 117, 363, 369.
36 BGH 7. 7. 1989, NJW 1990, 42; vgl. auch BGH 1. 10. 1969, DB 1969, 2082 = BB 1969, 1412 (Lkw).
37 Zu § 476 BGB a. F. BGH 16. 1. 1976, WM 1976, 323 = MDR 1976, 478; BGH 10. 7. 1987, NJW-RR 1987, 1415; BGH 14. 6. 1996, NJW-RR 1996, 1332.
38 BGH 16. 1. 1976, WM 1976, 323 = MDR 1976, 478; BGH 21. 2. 1992, BGHZ 117, 260 = NJW 1992, 1500; BGH 14. 6. 1996, NJW-RR 1996, 1332.
39 BGH 16. 1. 1976, WM 1976, 323 = MDR 1976, 478; BGH 21. 2. 1992, BGHZ 117, 260 = NJW 1992, 1500.
40 Vgl. BGH 14. 6. 1996, NJW-RR 1996, 1332.

densersatz nach den §§ 437 Nr. 3, 280, 281, 311 a II BGB, wenn die Pflicht zur mängelfreien Lieferung verletzt worden ist.

5. Personenmehrheit auf der Käuferseite

1629 Es genügt die arglistige Täuschung eines von mehreren Käufern dafür, dass der Verkäufer sich auf eine Freizeichnungsklausel nicht berufen kann (§ 444 BGB). Dass auch dem nicht getäuschten (Mit-)Käufer ein Schadensersatzanspruch nach den §§ 437 Nr. 3, 280, 281, 311 a II BGB zusteht, versteht sich von selbst.

6. Wissenszurechnung bei juristischen Personen

1630 Juristische Personen können nicht handeln, folglich auch nicht arglistig täuschen. Handeln bzw. Unterlassen (Verschweigen) und Wissen müssen zugerechnet werden. Darüber, nach welchen Kriterien Wissen zugerechnet wird, sind sich die BGH-Senate nicht ganz einig.[41] In den Ergebnissen herrscht indes weitgehend Übereinstimmung. Der V. Senat hat entschieden: Einer juristischen Person ist das Wissen auch der Organwalter und Mitarbeiter zuzurechnen, die am Abschluss des Vertrages selbst nicht mitgewirkt bzw. davon nichts gewusst haben, sofern dieses Wissen bei ordnungsgemäßer Organisation aktenmäßig festzuhalten, weiter zu geben und vor Vertragsabschluss abzufragen ist.[42]

Für den Handel mit gebrauchten Kraftfahrzeugen folgt aus der BGH-Rechtsprechung: Bei Betrieben, die als **GmbH** firmieren, ist zunächst auf das Wissen des vertretungsberechtigten Geschäftsführers abzustellen. Im Fall seiner Gutgläubigkeit ist weiter zu fragen, ob eine bevollmächtigte Hilfsperson oder ein so genannter Wissensvertreter (dazu Rn 1641) Kenntnis hatte. Bei **Werksniederlassungen** (Werksvertretungen) von Automobilherstellern wie z. B. DaimlerChrysler oder BMW sind die Mitglieder des Vorstands der AG die maßgeblichen Organvertreter. Da diese von den Gegebenheiten vor Ort erfahrungsgemäß keine Kenntnis haben, insbesondere über den Zustand der einzelnen Fahrzeuge nicht informiert sind und auch nicht informiert sein können, muss die Zurechnungskette bis zum Leiter der Niederlassung verlängert werden. Sein vertretungsrechtlicher Status ist der eines Prokuristen oder Handlungsbevollmächtigten. Dessen Wissen wird der AG als Betreiberin der Werksniederlassung gemäß § 166 I BGB zugerechnet.

7. Wissenszurechnung bei Personengesellschaften

1631 Die typische Rechtsform von Autohäusern ist die **GmbH & Co. KG**. Sie ist keine juristische Person. Für sie handelt in Form der **Komplementär-GmbH** lediglich eine solche (§§ 161 I, 125 HGB). Wie Wissen im Bereich einer GmbH & Co. KG zugerechnet wird, hat der **BGH** in mehreren Entscheidungen zu klären versucht. Zwei davon betreffen Gebrauchtfahrzeugkäufe.[43] Im dritten Fall ging es um die Frage der Wissenszurechnung im Rahmen eines Schadensersatzanspruchs nach § 463 S. 2 BGB a. F., wobei die in Anspruch genommene GmbH & Co. KG ein kontaminiertes Grundstück verkauft hatte.[44]

---

41 *Nobbe*, WM 2002, 1671.
42 Urt. v. 13. 10. 2000, NJW 2001, 359.
43 Urt. v. 17. 5. 1995, NJW 1995, 2159 = EWiR § 166 BGB 1/95, 641 *(Reinking)* – Kauf eines Omnibus von einem Reiseunternehmen; Urt. v. 31. 1. 1996, NJW 1996, 1205 = EWiR § 166 BGB 1/96, 635 *(Pfeiffer)* – Kauf eines Pkw von einem Vertragshändler.
44 BGH 2. 2. 1996, NJW 1996, 1339; s. auch BGH 15. 4. 1997, NJW 1997, 1917 – Bankenhaftung; BGH 12. 11. 1998, NJW 1999, 284 – Wissenszurechnung in einer GbR; BGH 1. 10. 1999, NJW 1999, 3777 – Grundstückskauf von einer Gemeinde.

Für eine **GmbH & Co. KG** gilt **im Ausgangspunkt:** Abzustellen ist auf die Kenntnis des vertretungsberechtigten Gesellschafters, also auf die Komplementär-GmbH. Ihr wird das relevante Wissen durch ihren **Geschäftsführer** vermittelt. Hat dieser Kenntnis von dem Sachmangel, muss die Komplementär-GmbH sich das zurechnen lassen, selbst wenn der informierte Geschäftsführer am Abschluss des Kaufvertrags unbeteiligt war. Nicht sein Handeln, sondern sein Wissen ist für die Zurechnung entscheidend. Als Zurechnungsgrundlage genügt seine Vertretungsbefugnis zur Zeit des Vertragsabschlusses.

Problematisch sind die Fälle des **vorherigen Ausscheidens** aus dem Amt des Geschäftsführers, z. B. durch einen Wechsel zu einem anderen Unternehmen, durch Eintritt in den Ruhestand oder – wie im Omnibus-Fall BGH NJW 1995, 2159 – durch Tod. Wegen der Vertretung der GmbH & Co. KG durch eine juristische Person (Komplementär-GmbH) hat der VIII. ZS des BGH[45] erwogen, die gleichen Zurechnungsgrundsätze anzuwenden, wie sie für juristische Personen gelten. Bei diesen hatte der VIII. Zivilsenat die Fortdauer der Wissenszurechnung über das Ausscheiden eines Organvertreters hinaus wesentlich davon abhängig gemacht, ob es sich um typischerweise aktenmäßig festgehaltenes Wissen handelt.[46] Im Omnibus-Fall hat der BGH diese Frage offen gelassen, weil nach seinem Dafürhalten das Wissen des verstorbenen früheren Geschäftsführers des Reiseunternehmens – ihm waren das wahre **Baujahr** und der Zeitpunkt der **Erstzulassung** des Omnibus bekannt – kein **„typischerweise aktenmäßig festgehaltenes Wissen"** war. Für ein **Busunternehmen** könne nicht als typisch gelten, die über einen gebrauchten Omnibus erhaltenen Informationen wie Baujahr, Erstzulassung, Auslandseinsatz, langjährige Standzeit u. a. schriftlich festzuhalten und aufzubewahren. Seinerzeit nicht zu entscheiden brauchte der BGH die interessante Frage, ob eine solche **Pflicht zur Informationskonservierung** auch bei einem **Kfz-Handelsbetrieb** zu verneinen ist. Offen konnte auch bleiben, wie das beklagte Busunternehmen dann zu behandeln gewesen wäre, wenn es bei seinem eigenen Ankauf einen **schriftlichen Kaufvertrag** mit Angaben über die strittigen Fahrzeugeigenschaften geschlossen hätte. Denn dazu fehlte entsprechender Sachvortrag des nach Ansicht des BGH insoweit beweispflichtigen Käufers.[47]

In Fortführung der Omnibus-Entscheidung vom 17. 5. 1995[48] hat der BGH durch Urteil vom 31. 1. 1996[49] über einen Sachverhalt aus dem **Kernbereich des Gebrauchtwagenhandels** entschieden: Eine VW/Audi-Vertragshändlerin in der Rechtsform der **GmbH & Co. KG** hatte dem Kläger, einem Privatmann, einen gebrauchten Opel Omega verkauft. Die Verhandlungen führte ein Angestellter aus der Gebrauchtwagenabteilung. In dem handelsüblichen Bestellschein (Kaufantrag) notierte er in den Rubriken „Gesamtfahrleistung laut Vorbesitzer" und „Stand des km-Zählers" jeweils: „37.000 km". Mit der Behauptung, dieser Verkaufsangestellte habe ihn arglistig über die in Wirklichkeit deutlich höhere Gesamtlaufleistung getäuscht, verlangte der Kläger die Wandlung des Kaufvertrages.

Gegen diesen Vorwurf verteidigte sich die Beklagte, die sich auf Verjährung berief, folgendermaßen: Der Opel sei in Zahlung genommen worden. Dem für die Inzahlungnahme von Gebrauchtfahrzeugen zuständigen Mitarbeiter aus der Neuwagen-Abteilung habe der Voreigentümer mitgeteilt, dass die Gesamtlaufleistung entgegen der Tachoanzeige nicht 37.000, sondern 53.000 km betrage. Diese Angabe habe er der Dispositionsabteilung wei-

---

45 Urt. v. 17. 5. 1995, NJW 1995, 2159.
46 Urt. v. 8. 12. 1989, NJW 1990, 975 – Kauf eines Schlachthofs von einer Gemeinde.
47 Diese Aussage des BGH überzeugt nicht, denn dem Kl. stand der Lebenserfahrungssatz zur Seite, dass ein Busunternehmen mit Reisebüro einen gebrauchten Omnibus auf der Basis eines schriftlichen Kaufvertrags erwirbt, der auch über Baujahr und Erstzulassung die üblichen Informationen enthält; insoweit berechtigt die Kritik von *Schultz*, NJW 1996, 1392.
48 NJW 1995, 2159.
49 NJW 1996, 1205.

tergegeben, worauf diese die mitgeteilte km-Zahl in ihrem Computer gespeichert habe. Für die organisatorisch getrennte Gebrauchtwagenabteilung habe der „Einkäufer" – entgegen sonstigen Gepflogenheiten im Betrieb der Beklagten nicht unmittelbar bei Hereinnahme des Fahrzeugs, sondern erst zu einem späteren Zeitpunkt – eine so genannte „Gebrauchtwagen-Vereinbarung"[50] ausgefüllt. In dieses Dokument habe er den Stand des km-Zählers – 36.700 km – eingetragen; die abweichende Information des Voreigentümers sei ihm zu diesem Zeitpunkt nicht mehr erinnerlich gewesen. Der für die Beklagte beim Wiederverkauf handelnde Verkäufer aus der GW-Abteilung habe diese Angabe in der „Gebrauchtwagen-Vereinbarung" für richtig gehalten und sie folglich bedenkenlos in das Bestellscheinformular übernommen.

LG und OLG Düsseldorf sind dieser Einlassung aus Rechtsgründen nicht gefolgt. Sie sahen den Kläger als arglistig getäuscht an. Dass der verhandlungsführende Verkaufsangestellte aus der GW-Abteilung „unwissend" gewesen sei, sei belanglos. Denn es handele sich um einen Fall „gespaltener Arglist". Nach Maßgabe der gesetzlichen Zurechnungsregeln sei es gerechtfertigt, dem beklagten Autohaus sowohl die objektiv täuschende Handlung des Verkäufers als auch das Wissen des nicht handelnden Angestellten aus der Einkaufsabteilung „zusammenwirkend" zuzurechnen.[51] Das sei auch deshalb geboten, weil das erlangte Wissen der Einkaufsabteilung (wirkliche Gesamtlaufleistung deutlich mehr als Tachostand) in schuldhafter Weise nicht an die Verkaufsabteilung weitergeleitet worden sei. Der Einwand, dem „Einkäufer" sei die km-Information des Voreigentümers im Zeitpunkt des Ausfüllens der „Gebrauchtwagen-Vereinbarung" bereits entfallen, sei folglich unbeachtlich.

Die – zugelassene – Revision hatte Erfolg. Anknüpfend an seine Omnibus-Entscheidung vom 17. 5. 1995[52] hat der VIII. ZS darauf abgestellt, ob es sich bei der Tatsache der Gesamtlaufleistung um **„typischerweise aktenmäßig festgehaltenes Wissen"** gehandelt hat. Angesichts der „besonderen Bedeutung, die der Käufer eines Gebrauchtwagens gerade dessen Kilometer-Leistung beimesse",[53] liege eine **Dokumentationspflicht** auf der Hand. Diese Pflicht habe die Beklagte jedoch dadurch hinreichend erfüllt, dass sie in Gestalt der „Gebrauchtwagen-Vereinbarung" organisatorische Vorkehrungen getroffen habe, um für einen etwaigen Käufer relevante Informationen schon beim Einkauf eines Gebrauchtwagens schriftlich festzuhalten und an die Verkaufsabteilung weiterzuleiten. Dass der Angestellte aus der „Einkaufsabteilung" – in den Augen des BGH ein so genannter **Wissensvertreter** – dieses Dokument nicht sogleich bei der Hereinnahme des Fahrzeugs ausgefüllt und später eine unzutreffende Laufleistung eingetragen habe, begründe lediglich den Vorwurf der Fahrlässigkeit, nicht der arglistigen Täuschung. Die Situation sei nicht anders als in dem Fall, dass der Kläger von einer natürlichen Person gekauft habe, der die wirkliche Laufleistung zwischenzeitlich entfallen ist. Auch wenn statt des Angestellten aus der Gebrauchtwagenabteilung der „vergessliche" Einkäufer das Fahrzeug verkauft hätte,[54] wäre eine arglis-

---

50 Dabei handelt es sich um ein betriebsinternes Formular zur Fahrzeugbewertung, also zur Kalkulation des Hereinnahmepreises. Eine Rubrik für die Gesamtlaufleistung war darin nicht enthalten, nur eine Zeile für den km-Stand. Das Formular ist so konzipiert, dass sowohl der Kunde (Inzahlunggeber) als auch der zuständige Mitarbeiter des Autohauses unterschreiben.
51 Urt. des OLG Düsseldorf v. 30. 9. 1994, 14 U 251/93, n. v.
52 NJW 1995, 2159.
53 In Wirklichkeit nimmt diesen Information erst den 6. Rang ein.
54 *Pfeiffer* geht in seinem EWiR-Kommentar fälschlicherweise davon aus, dass der Einkäufer die Rubrik „Gesamtfahrleistung lt. Vorbesitzer" ausgefüllt habe. In Wirklichkeit war das der „ahnungslose" Verkaufsangestellte aus der GW-Abteilung. Auch *Scheuch* irrt, wenn sie den ursprünglich „wissenden" Mitarbeiter des Autohauses in dessen Dispositionsabteilung ansiedelt, Anm. in LM § 166 Nr. 35; im Tatsächlichen gleichfalls unrichtig *Reischl,* JuS 1997, 783, 786 unter d; auch rechtlich wird der BGH missverstanden.

tige Täuschung zu verneinen. Der Umstand, dass der „Einkäufer" die tatsächliche Laufleistung zeitnah der Dispositionsabteilung mitgeteilt hatte, war nach Meinung des BGH ebenso bedeutungslos wie die Tatsache der EDV-Erfassung dieser Information durch die Dispositionsabteilung.[55] Der maßgebliche Informationsaustausch zwischen Einkaufs- und Verkaufsabteilung habe durch die „Gebrauchtwagen-Vereinbarung" sichergestellt werden sollen.[56]

Nach Zurückverweisung an den 14. Zivilsenat des OLG Düsseldorf ist der angeblich vergessliche Einkäufer auf Antrag des Klägers als Zeuge vernommen worden. Abweichend vom Sachvortrag seiner Arbeitgeberin hat er bekundet: Zunächst müsse er eine „Gebrauchtwagen-Vereinbarung" mit der ihm mitgeteilten wahren Laufleistung ausgefüllt haben. Dieses Dokument müsse dann aber verloren gegangen sein. Daraufhin habe die Verkaufsabteilung ein neues Formular angefordert. Diesem Wunsch sei er nachgekommen, wobei er die ihm von der GW-Abteilung – nach Ablesen des Tachos – mitgeteilte km-Information übernommen habe; die davon abweichende Angabe des Inzahlunggebers sei ihm in diesem Moment nicht mehr gegenwärtig gewesen. Bei dieser Sachlage, so das OLG Düsseldorf in seinem abschließenden Urteil vom 23. 8. 1996,[57] könne von einer arglistigen Täuschung nicht ausgegangen werden, weshalb die Klage wegen Verjährung abzuweisen sei.

Stellungnahme: Die Kritik am Urteil des BGH vom 31. 1. 1996[58] ist unberechtigt, zumal die meisten Kritiker, namentlich *Schultz*,[59] schon den Sachverhalt nicht richtig erfasst haben. Die Entscheidung trägt dazu bei, das Problembewusstsein der Instanzgerichte zu schärfen und sie in der Frage der Wissenszurechnung im Kfz-Handel zu sensibilisieren. Ein wesentlicher Fortschritt ist bereits, dass die Gerichte, entsprechende Beweisanträge vorausgesetzt, zur Sachaufklärung gezwungen sind. Die Befürchtung, Autohäuser könnten sich unter Berufung auf einen „vergesslichen" Einkäufer oder auf vergleichbare „Pannen" ihrer Verantwortung entziehen, ist unbegründet. Zum einen hat der BGH keinen Zweifel daran gelassen, dass das Wissen eines Angestellten aus der Neuwagenabteilung mit Zuständigkeit für die Hereinnahme in Zahlung gegebener Altfahrzeuge dem Autohaus, gleich welcher Firmierung, im Fall des Wiederverkaufs zugerechnet werden kann. Die Einstufung des „Einkäufers" als **Wissensvertreter** verhindert, dass Kfz-Betriebe „Einkaufswissen" gezielt unterschlagen, Arglosigkeit also „organisieren", indem sie den Weiterverkauf durch einen „Ahnungslosen" aus der Verkaufsabteilung besorgen lassen.

Ob das von einem „Einkäufer" oder einem sonstigen Wissensvertreter (dazu Rn 1641 ff.) erlangte Wissen auf Dauer unverlierbar ist, mithin als ständig präsent zu gelten hat, oder ob es unter bestimmten Voraussetzungen folgenlos „in Vergessenheit" geraten kann, ist noch nicht abschließend geklärt.[60] Der BGH hat jedoch, und dies ist die zweite wichtige Aussage seines Urteils vom 31. 1. 1996,[61] für bestimmte Informationen über angekaufte bzw. in Zahlung genommene Altfahrzeuge eine **Dokumentationspflicht** aufgestellt.

Welche Fahrzeugdaten unter die Dokumentationspflicht fallen, lässt sich einigermaßen verlässlich abschätzen, mag auch die Formel vom „typischerweise aktenmäßig festgehalte-

---

55 Verfehlt die Kritik von *Schultz,* NJW 1996, 2093, weil er die Organisation des bekl. Autohauses und insbesondere die Funktion von „Gebrauchtwagen-Vereinbarung" und EDV-Erfassung missverstanden hat.
56 In diesem Dokument war eine Rubrik für die Gesamtlaufleistung freilich nicht enthalten; vorgesehen war nur die Zeile „km-Stand…".
57 14 U 251/93, n. v.
58 NJW 1996, 1205.
59 NJW 1996, 2093.
60 Zum aktuellen Stand der Diskussion s. *Fassbender/Neuhaus*, WM 2002, 1253.
61 NJW 1996, 1205.

nen Wissen" als zu eng inzwischen aufgegeben sein.[62] Die Kerndaten sind: km-Laufleistung, Unfallfreiheit/bestimmter Unfallschaden, Vorbenutzung, Erstzulassung/Baujahr, Austauschmotor, kurz: alles, was für den beabsichtigten Weiterverkauf erkennbar relevant ist. Auch die Anforderungen an die Dokumentation der Fahrzeugdaten, deren Verwahrung (Speicherung) und Abrufbarkeit dürften geklärt sein. Abzustellen ist auf die **verkehrsübliche Verfahrensweise** bei der Hereinnahme gebrauchter Kraftfahrzeuge zum Zwecke des Weiterverkaufs. Die Verwendung eines Dokuments in Gestalt der „Gebrauchtwagen-Vereinbarung" ist im Fabrikatshandel üblich. Meist heißen diese Formulare **„Gebrauchtwagenbewertung"**.

Eine zusätzliche Erfassung in der EDV oder anderweitig ist aus Rechtsgründen nicht erforderlich. Findet sie statt, ist es für die Frage der Wissenszurechnung belanglos, ob und wie gespeichert worden ist. Dem Autohaus kann Arglist nicht mit der Begründung zur Last gelegt werden, einen „Nebenspeicher" nicht ausgeschöpft zu haben. Entscheidend ist, ob überhaupt ein geeigneter Datenaustausch eingerichtet ist. Zu einem sachgerechten „Wissensmanagement" gehört auch, dass Veränderungen in der Beschaffenheit des Fahrzeugs zwischen Ankauf/Inzahlungnahme und endgültiger Ablieferung auf dem Hof des Händlers erkannt, erfasst und an die GW-Abteilung weitergeleitet werden. Bei Neufahrzeugkäufen unter Inzahlunggabe ist das angesichts mitunter langer Lieferzeiten eine wichtige Vorsorge.

Hat der Kfz-Betrieb nicht dafür Sorge getragen, dass das „Einkaufswissen" in geeigneter Weise erfasst und verfügbar gehalten wird, muss er sich aus Gründen des **Verkehrsschutzes** so behandeln lassen, als habe der am Verkauf beteiligte – unwissende – Mitarbeiter von der fraglichen Information im Zeitpunkt des Verkaufs **aktuelle Kenntnis** gehabt. M. a. W.: Unwissenheit kann wegen der Zurechung von Wissen nicht geltend gemacht werden. Ersetzt wird die tatsächlich fehlende Kenntnis nicht.

1636 Festzuhalten ist, das bloße Fahrlässigkeiten beim „Wissensmanagement" dazu führen können, dass der Richter positives Wissen, nicht nur Wissenmüssen, praktisch „unterstellen" darf. **Problematisch** ist dies vor allem dort, wo nicht nur positives Wissen, sondern Arglist vorausgesetzt wird. Mit der Zurechnung von positivem Wissen ist nämlich noch nicht, wie *Flume*[63] mit Recht betont, die Entscheidung über den Arglistvorwurf gefallen. Das Verschweigen eines Mangels, der dem Autohaus kraft Wissenszurechnung als aktuell bekannt „unterstellt" wird, kann, muss aber nicht notwendigerweise als Arglist zu bewerten sein. Denn der subjektive Arglisttatbestand setzt mehr voraus als bloßes Wissen um den Mangel (s. Rn 1622 ff.). Die zusätzlichen Arglistmerkmale durch die Annahme eines **Organisationsverschuldens** zu ersetzen und damit (fahrlässiges) Organisationsverschulden praktisch mit Arglist gleichzustellen, ist einer der Haupteinwände gegen die BGH-Rechtsprechung.[64]

1637 Durch die Herabsetzung der Arglistverjährung von 30 Jahren ab Ablieferung (§ 477 BGB a. F.) auf 3 Jahre ab Kenntnis bzw. grob fahrlässiger Unkenntnis (§§ 438 III, 199 BGB) beseitigt das **neue Schuldrecht** ein wesentliches Motiv für diese **fragwürdige Gleichstellung**. Zum Unterlaufen von Verjährungsfristen darf das Institut der Wissenszurechnung nicht mehr instrumentalisiert werden.[65] Mit dem Wegfall der Freizeichnungsklausel im Bereich des Verbrauchsgüterkaufs ist ein weiteres Gleichstellungsmotiv entfallen.

---

62 Vgl. BGH 2. 2. 1996, NJW 1996, 1339; BGH 15. 4. 1997, NJW 1997, 1917; BGH 12. 11. 1998, NJW 1999, 284 – GbR; s. aber auch BGH 13. 10. 2000, NJW 2001, 359.
63 AcP 97, 441.
64 *Flume,* AcP 97, 441; vgl. auch *Koller,* JZ 1998, 75; *Dauner-Lieb,* Zivilrechtswissenschaft und Schuldrechtsreform, S. 325/326.
65 *Dauner-Lieb,* a. a. O.

Die Zurechnung hängt nicht davon ab, dass der Firmeninhaber bzw. ein gesetzlicher oder rechtsgeschäftlich bestellter Vertreter das „Ursprungswissen" erlangt hat. Ein so genannter Wissensvertreter reicht als „Brückenkopf" aus. Das kann auf dem Boden der neueren Rechtsprechung des BGH[66] als gesichert gelten.

Kommt es bei der **Erfassung der Fahrzeugdaten** in dem für den Informationsaustausch zwischen Einkaufs- und Verkaufabteilung maßgeblichen Dokument bzw. Datenträger nicht zu betrieblichen, sondern zu **individuellen Versäumnissen,** so wie in den Fällen BGH NJW 1996, 1205 und OLG Oldenburg NJW 1991, 1187, so ist bereits der Zurechnungstatbestand zweifelhaft. Der Vorwurf der arglistigen Täuschung ist bei einem solchen Sachverhalt jedenfalls nicht gerechtfertigt. Beispiele dafür sind Schreibversehen, Missverständnisse, Verzögerungen in der Erfassung und ähnliche Störfälle. Anders ist es selbstverständlich bei einer vorsätzlich falschen Datenaufnahme und ähnlichen Vorsatztaten. Lediglich Fahrlässigkeit kommt in Betracht, wenn im konkreten Einzelfall vom üblichen Weg der Datenerfassung und -weiterleitung abgewichen worden ist (Beispiel: nur mündliche Information, etwa aus Zeitgründen) oder wenn zusätzlich zu den organisatorischen Vorkehrungen ein direkter (mündlicher) Informationsaustausch zwischen Einkaufs- und Verkaufsabteilung stattgefunden hat, wobei es auf diesem Zusatzweg zu einem Verständigungsfehler oder zu einer ähnlichen „Panne" gekommen ist.[67] **1638**

Für ein vorsätzliches Tun oder Unterlassen des Autohausmitarbeiters ist der Käufer **beweispflichtig,** was angesichts der vom BGH zugebilligten **Absenkung des Beweismaßes** nicht unangemessen erscheint.[68]

OHG und KG: Nach der GmbH & Co. KG sind die reine (personalistische) KG und die OHG die bevorzugten Rechtsformen von Kfz-Betrieben, die nicht als Einzelunternehmen geführt werden. Trotz einer sehr weitgehenden Verselbstständigung, welche die OHG und die KG in die Nähe der juristischen Personen rückt, stellt der BGH sie in der Frage der Wissenszurechnung nicht auf eine Stufe mit diesen. Bei organschaftlicher Vertretung einer Personengesellschaft reicht die Kenntnis eines Gesellschafters über diejenigen Umstände aus, die die Arglist begründen.[69] Der „wissende" Gesellschafter muss am Geschäftsabschluss folglich nicht selbst beteiligt gewesen sein. Die Zurechnung von Wissen eines ausgeschiedenen oder verstorbenen Organvertreters kommt hingegen – anders als bei einer GmbH oder einer GmbH & Co. KG – nicht in Betracht, gleichviel, ob es sich um „typischerweise aktenmäßig festgehaltenes Wissen" handelt oder nicht.[70] **1639**

8. Zurechnung von Wissen unterhalb der Ebene der Geschäftsleitung

Gebrauchtfahrzeuge werden im heutigen Kfz-Handel nur ausnahmsweise vom Inhaber des Autohauses (Einzelfirma) oder von einem Organvertreter (Gesellschafter bzw. Geschäftsführer) verkauft. Die Verkaufsverhandlungen werden üblicherweise von untergeordneten Personen geführt. Die Geschäftsleitung kann sich aber vorbehalten haben, das Geschäft zu bestätigen und damit rechtlich zum Abschluss zu bringen (zur handelsüblichen Abschlusstechnik s. Rn 931). **1640**

Autohäuser der Fabrikatshändler und die Werksniederlassungen der Hersteller verfügen in der Regel über organisatorisch selbstständige Gebrauchtwagenabteilungen mit mehreren

---
66 Urt. v. 2. 2. 1996, NJW 1996, 1339; v. 15. 4. 1997, NJW 1997, 1917; v.13. 10. 2000, NJW 2001, 359.
67 So der Fall OLG Köln 14. 4. 1997, 12 U 183/96, n. v. – Verwechselung von (reparierten) Vorschäden nach korrekter Erfassung im Ankaufsformular.
68 Urt. v. 31. 1. 1996, NJW 1996, 1205 – „keine unerfüllbaren Beweisanforderungen".
69 BGH 16. 2. 1961, NJW 1961, 1022; offen gelassen von BGH 17. 5. 1995, NJW 1995, 2159.
70 BGH 17. 5. 1995, NJW 1995, 2159.

Angestellten („Verkaufsberater") und einem Abteilungsleiter an der Spitze. Der einzelne **Verkaufsangestellte** hat entweder Handlungsvollmacht (§ 54 HGB) oder er gilt als bevollmächtigt i. S. d. § 56 HGB. Wird die Bestellung des Kunden nicht sofort angenommen, sondern zunächst geprüft (Annahmevorbehalt), so kann die Vertretungsmacht des Verkaufsangestellten auf die Entgegennahme der Bestellung (Kaufantrag) beschränkt sein.

Wer mit Verhandlungsvollmacht die Verkaufsverhandlungen geführt, den Kaufinteressenten beraten und den Vertragsabschluss vorbereitet hat, ist auch ohne Abschlussvollmacht ein Vertreter i. S. d. § 166 I BGB, zumindest ein so genannter **Wissensvertreter**. Diesen Status misst der BGH solchen Personen zu, die nicht Stellvertreter i. S. d. §§ 164 ff. BGB sind.[71] Gleichwohl findet eine Wissenszurechnung statt (§ 166 I BGB analog). Das Wissen des Wissensvertreters wird als Wissen des Geschäftsführers bzw. des Alleininhabers behandelt.[72]

Ist der Verkaufsangestellte bei Vertragsabschluss unstreitig **gutgläubig** gewesen oder kann der Käufer ihm persönlich ein vorsätzliches Tun nicht nachweisen (wie im Fall BGH NJW 1996, 1205), so hängt die Berechtigung des Arglistvorwurfs **in subjektiver Hinsicht** davon ab, ob der Inhaber des Kfz-Betriebs (Einzelunternehmer), der vertretungsberechtigte Geschäftsführer bzw. Gesellschafter oder – unterhalb der „Chefebene" – ein sonstiger Stellvertreter oder Wissensvertreter Kenntnis von dem Sachmangel gehabt hat. Während „Chefwissen" gemäß **§ 166 II BGB** zugerechnet wird, sofern der gutgläubige Verkaufsangestellte Stellvertreter im engeren Sinn war,[73] erfolgt die Zurechnung von Wissen bei einem Wissensvertreter analog § 166 I BGB.

Was den **objektiven Arglisttatbestand** angeht, bereitet die Zurechnung keine Schwierigkeiten. Der Verkaufsangestellte ist **Erfüllungsgehilfe** i. S. d. § 278 BGB. Sein (unbewusstes) Verschweigen eines Fehlers oder seine (gutgläubige) Mitteilung einer nicht vorhandenen Fahrzeugeigenschaft muss sich der Kfz-Betrieb als eigene (objektive) Pflichtwidrigkeit zurechnen lassen.

1641 Jenseits rechtsgeschäftlicher Stellvertretung auf dem Verkaufssektor ist in erster Linie der **„Einkäufer"** als Wissensvertreter anzusehen.[74] Dabei macht es keinen Unterschied, ob sein Stammplatz in der Gebrauchtwagen-Abteilung oder in der Neuwagen-Abteilung oder in einer eigenständigen Einkauf-Abteilung ist. Er muss nicht Erfüllungsgehilfe im Hinblick auf den Verkauf und die dabei zu erfüllenden Pflichten sein. Auch ohne Erfüllungsgehilfe zu sein, kann eine Hilfsperson den Status eines Wissensvertreters haben.[75]

Jeder Angestellte, der von der Firmenleitung damit betraut worden ist, im Zusammenhang mit der Hereinnahme von Altfahrzeugen, sei es per Inzahlungnahme, sei es per freiem Zukauf, „nach außen eigenständig Aufgaben zu erledigen, Informationen zur Kenntnis zu nehmen und sie weiterzuleiten",[76] ist ein **Wissensvertreter**. Ein wichtiges Anzeichen dafür ist der Kontakt mit dem Voreigentümer als der maßgeblichen Informationsquelle. Dieser Kontakt muss nicht persönlicher Natur sein. Es genügt ein schriftliche Informationserteilung oder eine Übermittlung der Fahrzeugdaten auf elektronischem Weg, wie es z. B. bei Leasingrückläufern und Zukäufen von Händlern üblich ist.

Wissensvertretung hängt nicht davon ab, dass der „Einkäufer" das betreffende Fahrzeug besichtigt und/oder probegefahren hat. Er muss auch nicht das „letzte Wort" über die He-

---

71 Urt. v. 31. 1. 1996, NJW 1996, 1205; v. 21. 6. 2000, r+s 2000, 489.
72 BGH 31. 1. 1996, NJW 1996, 1205.
73 Zur Wissenszurechnung im Fall fehlender Abschlussvollmacht s. OLG Düsseldorf 12. 3. 1999, NZV 1999, 423.
74 BGH 31. 1. 1996, NJW 1996, 1205; OLG Köln 14. 4. 1997, 12 U 183/96, n. v.
75 Vgl. auch *Waltermann*, NJW 1993, 889.
76 BGH 31. 1. 1996, NJW 1996, 1205.

Arglistiges Verschweigen eines Sachmangels

reinnahme haben. Das kann der Geschäftsleitung vorbehalten sein. Die Aufgabe, das Ankaufsformular („Ankaufsschein") auszufüllen und vom Kunden unterzeichnen zu lassen, ist ein wichtiges Indiz für die Annahme einer Wissensvertretung. Keine Frage der Wissensvertretung ist es, ob das Fahrzeug zum Zwecke des Weiterverkaufs oder zur betriebsinternen Nutzung hereingenommen worden ist. Entscheidend ist insoweit die Wahrscheinlichkeit eines späteren Verkaufs aus Sicht der Hereinnahme. Fahrzeuge, die nicht für den Weiterverkauf (einschließlich Leasing) bestimmt sind, fallen nicht unter die Dokumentationspflicht. Ein Anlass zur Weiterleitung von Daten an die Verkaufsabteilung besteht nicht.

Gebrauchtfahrzeuge, die zur Inzahlungnahme oder zum freien Ankauf angeboten werden, werden regelmäßig nicht „blind" in den Bestand genommen. Im Fabrikatshandel, aber auch in größeren Betrieben, die ausschließlich mit Gebrauchtfahrzeugen handeln („Nur-Gebrauchtwagenhändler"), ist eine **optische und technische Untersuchung** heute allgemein üblich (vgl. Rn 1464 ff.). Die technische Bewertung erfolgt meist in der **betriebseigenen Werkstatt.** Großbetriebe verfügen über einen eigenen „Bewerter" oder gar über eine komplette Bewertungsabteilung. Aus der Vielzahl von Bewertungs-Formularen ist die „Gebrauchtwagen-Vereinbarung" durch BGH NJW 1996, 1205 bekannt geworden. **1642**

Organisiert ist die Bewertung im Fall der Inzahlungnahme meist so, dass der Kundenberater aus der NW-Abteilung das Bewertungsformular anhand der Angaben des Kunden und des Fahrzeugbriefes ausfüllt und sich vom Kunden unterschreiben lässt. Mitunter erfolgt bereits jetzt eine EDV-gestützte Vorbewertung durch den „Einkäufer". Anschließend gelangt das Fahrzeug in die Werkstatt zur **technischen Bewertung.** Die relevanten Daten werden in dem Bewertungsformular erfasst und fließen in die Kalkulation ein. Informationen, die die „Einkaufsabteilung" auf diesem Weg erwirbt, gehören zum Wissen des zuständigen Mitarbeiters und sind der Unternehmensleitung zuzurechnen. Eines Rückgriffs auf den Mechaniker in der Werkstatt, der die Bewertung durchgeführt hat, bedarf es nicht. Ob er ein Wissensvertreter ist,[77] ist aber dann zu prüfen, wenn er „Bewertungswissen" nicht wie vorgesehen weitergeleitet, sondern für sich behalten oder fehlgeleitet hat. Das OLG Celle scheint diese Frage zu bejahen. Die Tätigkeit des Mitarbeiters aus der Werkstatt müsse „unmittelbar mit der Herstellung des vertragsgemäßen Zustandes des Fahrzeugs in Zusammenhang" stehen.[78] Dies könne bei einem **Kfz-Mechaniker** angenommen werden, der mit der Aufgabe betraut ist, das Fahrzeug für den Verkauf auf technische Fehler, Unfallspuren oder andere Mängel durchzusehen. Dem ist zuzustimmen. Der „Bewerter" in der Werkstatt hat zwar meist keinen Kontakt zum Fahrzeugeigentümer (anders z. B. bei gemeinsamer Probefahrt). Seine Aufgabe ist im Kern betriebsinterner Natur. Dennoch ist es gerechtfertigt, auf ihn als Wissensvertreter die Vorschrift des § 166 I BGB entsprechend anzuwenden. Ihrer Funktion nach ist die Tätigkeit des technischen „Bewerters" nicht nur einkaufsbezogen, sondern auch verkaufsorientiert.

In zutreffender Abgrenzung hat das OLG Celle[79] eine Wissenszurechnung bei einem Angestellten verneint, dessen Aufgabe sich auf die **optische Aufbereitung** des später verkauften Fahrzeugs beschränkt hat. **Fahrzeugaufbereiter** (Waschen, Reinigen, Polieren) sind keine Wissensvertreter, schon gar nicht, wenn sie der Verkaufsfirma nicht angehören (externe Aufbereitung). Wissen um Unfallschäden, das sie im Rahmen ihrer Tätigkeit erlangt haben, ist nicht zurechenbar. **1643**

Mehrfach hat die Rechtsprechung sich mit Fallgestaltungen beschäftigt, in denen es gleichfalls um **„Werkstattwissen"** ging. Kennzeichnend für diese Fallgruppe ist, dass das später verkaufte Fahrzeug längere Zeit vor der Hereinnahme/Ankauf zum Zwecke **1644**

---
77 Erfüllungsgehilfe i. S. v. § 278 BGB kann er gleichfalls sein.
78 Urt. v. 23. 10. 1997, OLGR 1998, 161.
79 Urt. v. 23. 10. 1997, OLGR 1998, 161.

der Reparatur **in der eigenen Werkstatt der Verkäuferfirma** gewesen war, beispielsweise zur Instandsetzung nach einem Verkehrsunfall. Während das LG München I[80] das „Werkstattwissen" dem beklagten Unternehmen nach § 166 II BGB zugerechnet hat,[81] hat das OLG Celle[82] Abs. 1 dieser Vorschrift zur Wissenszurechnung herangezogen. Der für die Beklagte handelnde Werkstattleiter habe seine „dem Geschäftsherrn gemäß § 166 Abs. 1 BGB zuzurechnende Kenntnis vom Unfallschaden im Rahmen der Erfüllung der ihm im Betrieb der Beklagten obliegenden Aufgaben erlangt". Abgesichert hat das OLG Celle seine (rechtskräftige) Entscheidung mit der Erwägung, dass ein innerbetrieblicher Informationsaustausch zwischen Reparatur- und Verkaufsabteilung möglich und auch zumutbar gewesen sei (eingerichtet war er nicht). Hinzu komme, dass dem klagenden Käufer im Kaufvertrag (Bestellschein) mitgeteilt worden sei, man habe von Vorschäden keine Kenntnis („auf andere Weise keine Unfallschäden bekannt"). Auf den „eigenen Wissensstand" des beklagten Kfz-Betriebs, einer GmbH, hat das OLG Düsseldorf in einem Fall abgestellt, in dem der – zum Vertragsabschluss nicht bevollmächtigte – Verkaufsangestellte unwissend war, Art und Ausmaß des Unfallschadens aber durch betriebseigene Reparaturarbeiten früher einmal bekannt waren.[83] Der Sache nach ist dies eine Wissenszurechnung gemäß § 166 II BGB, wobei allerdings im Dunkeln bleibt, wer in der beklagten GmbH der maßgebliche Wissensträger war. Als solche weiß eine GmbH nichts; sie ist nicht „wissensfähig" (s. Rn 1630).

Unabhängig von einem Einkauf zum Zwecke eines späteren Verkaufs erlangtes „Werkstattwissen" ist nicht in jedem Fall präsentes Wissen in einem späteren Verkaufsfall.[84] Eine Wissenszurechnung setzt prinzipiell voraus, dass eine für die Zurechnung geeignete Person von dem fraglichen Sachmangel Kenntnis erlangt hat. Bei einem Reparaturfall, der ordnungsgemäß durch die Bücher gegangen ist (also keine Schwarzarbeit oder Feierabendarbeit eines Mechanikers war), muss das Unternehmen, gleich welcher Rechtsform, sich zumindest eine Zeitlang so behandeln lassen, als sei ihm der Vorgang bekannt. Es handelt sich um Geschäftswissen. Dass es zugerechnet werden muss, liegt auf der Hand, wenn sich der Verkauf zeitlich unmittelbar an die Instandsetzung anschließt. Denn der Käufer darf nicht dadurch schlechter gestellt sein, dass er bei einem Kfz-Betrieb mit arbeitsteiliger Organisation gekauft hat (Gleichstellungsargument).

1645 Das eigentliche Problem in diesen Fällen ist die **zeitliche Grenze der Wissenszurechnung,** nicht die Frage, ob der Werkstattleiter oder der Mechaniker, der die Reparatur erledigt hat, ein Wissensvertreter ist.[85] **Erfüllungsgehilfen** im Rahmen des Verkaufs (§ 278 BGB) sind diese Personen in der Regel nicht.[86] Nicht nur zeitlich, auch **inhaltlich** besteht ein Abgrenzungsproblem. Denn nicht jede Reparatur ist im Hinblick auf einen späteren Verkauf erkennbar relevant.

Beide Abgrenzungsfragen sind auf der Grundlage der **neueren BGH-Rechtsprechung** zur Wissenszurechnung unter dem allgemeinen Gesichtspunkt des Verkehrsschutzes zu beurteilen. Maßgeblich ist, dass die Wissenszurechnung dem **Schutz des Rechtsverkehrs** dienen soll.[87] Informationen, deren Relevanz für spätere Geschäftsvorgänge für den wissenden Mitarbeiter erkennbar ist, müssen dokumentiert und über einen gewissen Zeitraum ver-

---

80 Urt. v. 27. 1. 1988, ZIP 1988, 924; dazu *Reinking/Kippels,* ZIP 1988, 892.
81 Ebenso LG Verden 26. 4. 1994, 4 O 177/94, n. v.
82 Urt. v. 23. 6. 1995, 4 U 301/94, n. v.
83 Urt. v. 12. 3. 1999, 22 U 180/98, NZV 1999, 423.
84 Keinen Fall der Wissenszurechnung behandelt – bei sonst ähnlichem Sachverhalt – die Entscheidung des OLG Düsseldorf vom 19. 12. 1997, NJW-RR 1998, 1751.
85 Offen gelassen von OLG Koblenz 4. 2. 1997, VRS 96, 241.
86 Vgl. BGH 8. 5. 1968, LM Nr. 13 zu § 463 = MDR 1968, 660, s. auch *Waltermann,* NJW 1993, 889.
87 BGH 15. 4. 1997, NJW 1997, 1917.

fügbar gehalten werden. Außerdem muss sichergestellt werden, dass die Informationsmöglichkeit auch genutzt wird.[88]

Unter diesem Blickwinkel sind einer Zurechnung von Kenntnissen aus früheren Werkstattaufenthalten **zeitlich und inhaltlich Grenzen** zu setzen. Es ist nämlich in der Regel **unwahrscheinlich**, dass diese Informationen für den Fall eines späteren Verkaufs rechtserheblich werden können. Das beurteilt sich nach dem Zeitpunkt der Wahrnehmung (Diagnose/Reparatur), nicht nach einem erst später erreichten Wissensstand.[89] Es gibt keinen Erfahrungssatz, dass Fahrzeuge von Privatkunden genau dem Unternehmen in Zahlung gegeben werden,[90] das bereits Auftragnehmer von Reparatur- und Wartungsarbeiten war.[91] Etwa die Hälfte aller privat genutzten Pkw/Kombis werden auf dem Privatmarkt veräußert. Soweit diese Fahrzeuge an den gewerblichen Handel abgegeben werden, ist es **mehr oder weniger Zufall,** dass sie ausgerechnet demjenigen Betrieb angeboten werden, dessen Werkstatt in der Vergangenheit in Anspruch genommen worden ist.[92]

1646

Bei dieser Sachlage sehen Autohäuser mit Recht keinen vernünftigen Grund, die Informationen aus Reparaturaufträgen der Verkaufsabteilung weiterzuleiten. Gewiss hat diese Zugriff auf das vorhandene Datenmaterial aus der Werkstatt. So kann ein Gebrauchtfahrzeugverkäufer ohne weiteres Einblick in die Durchschrift der Reparaturrechnung nehmen oder – bei EDV-Erfassung – auf den Datenspeicher zurückgreifen. Dazu muss indes ein **konkreter Anlass** bestehen, z. B. aufgrund eines Hinweises des Voreigentümers. Eine **generelle Abfragepflicht** kann ebenso wenig anerkannt werden wie eine **generelle Pflicht zur Weiterleitung** von Reparaturdaten. Das umso weniger, als die Voreigentümer bei der Inzahlunggabe ebenso wie beim freien Verkauf gehalten sind, frühere Unfallschäden (darum geht es meist), die Auswechselung des Motors etc. von sich aus offen zu legen. Hinzu kommt, dass diese Umstände in der Regel gezielt abgefragt werden. „Werkstattwissen" der hier in Rede stehenden Art kann demnach nicht als ständig präsent angesehen werden. Es ist **zeitlich nur begrenzt aktuell.** Sein „Verfalldatum" lässt sich nicht generell, schon gar nicht kalendermäßig festlegen.

Stets ist es eine Frage des konkreten Einzelfalls, ob dem beklagten Kfz-Betrieb die behauptete Unwissenheit abgenommen werden kann. Maßgeblich ist nicht nur, wie lange die fragliche Reparatur zurückliegt. Es kommt auch auf Art und Umfang der Reparaturarbeiten an, ferner auf die Größe des Betriebs, auch darauf, ob die Werkstatt in das Autohaus räumlich integriert oder ausgelagert ist. All diese Fragen müssen im Wege der **Parteianhörung** (§ 141 ZPO), notfalls durch eine **gründliche Beweisaufnahme** geklärt werden. Mit (häufig fragwürdigen) Risiko- und Billigkeitserwägungen allein wird man dem Problem der „gespaltenen" Verkäuferarglist nicht gerecht.

Wenn eine tragfähige Basis für eine Wissenszurechnung gewonnen ist, bedarf es **weiterer Feststellungen,** um den Arglisttatbestand bejahen zu können. Da die Kenntnis unmittelbar bei der Firmenleitung anzusiedeln ist, ohne Vermittlung durch einen untergeordneten Wissensvertreter, begegnet der Schluss vom Wissen auf das für den Arglistvorwurf konstitutive Wollen (s. Rn 1626) hier keinen durchgreifenden Bedenken.

---

88 So BGH 15. 4. 1997, NJW 1997, 1917 unter Hinweis auf das grundlegende Urteil des BGH v. 2. 2. 1996, NJW 1996, 1339.
89 BGH 2. 2. 1996, NJW 1996, 1339.
90 Wobei nicht nur die Anschaffung eines Neufahrzeugs, sondern auch eines „neuen" Gebrauchten („gebraucht auf gebraucht") in den Blick zu nehmen ist.
91 Die Möglichkeit eines freien Ankaufs durch die Reparaturfirma liegt noch ein Stück ferner.
92 Das ist das Fazit aus den statistischen Erhebungen über den Verbleib des Vorwagens beim Kauf eines neuen oder eines anderen gebrauchten Fahrzeugs, vgl. DAT-Veedol-Report 1999, S. 17, 18.

9. Zurechnung von Wissen betriebsfremder Personen

1647 Ist der Verkäufer zur Erfüllung seiner Offenbarungspflicht auf das Wissen angewiesen, das ein von ihm beauftragtes Unternehmen (z. B. ein Subunternehmer) erlangt, aber pflichtwidrig für sich behalten hat, so findet gleichfalls eine Wissenszurechnung statt.[93]

IV. Die Arglisthaftung des Gebrauchtfahrzeugverkäufers in der Rechtsprechung des BGH (Grundsätze)

1648 In der ebenso umfang- wie nuancenreichen BGH-Judikatur nehmen die Entscheidungen zur **Aufklärungspflicht** (Offenbarungspflicht) des **gewerblichen Gebrauchtwagenverkäufers** einen besonders breiten Raum ein. Grundnorm in der älteren Rechtsprechung ist § 123 BGB. Etwa ab 1975 hat sich der Schwerpunkt auf § 476 BGB a. F. verlagert.[94] Die wichtigsten Ergebnisse dieser Rechtsentwicklung lassen sich per Stichtag 1. 1. 2002 in den folgenden **zwölf Grundsätzen** zusammenfassen:

1. Beim Kauf besteht keine allgemeine (uneingeschränkte) Aufklärungspflicht (Offenbarungspflicht) des Verkäufers.[95]
2. Auch im Gebrauchtwagenhandel ist der Verkäufer, sofern er nicht ausnahmsweise die Beratung des Käufers übernommen hat, nicht verpflichtet, den Käufer von sich aus über alle Umstände aufzuklären, die für dessen Kaufentschluss von Bedeutung sein könnten.[96]
3. Ebenso wie jeder andere Verkäufer ist auch ein Gebrauchtwagenverkäufer verpflichtet, alle Tatsachen zu offenbaren, die erkanntermaßen oder auch nur erkennbar für die Vertragsentschließung des Käufers oder für die Vertragsdurchführung von Bedeutung sind und deren Mitteilung von ihm nach den konkreten Gegebenheiten des Einzelfalls nach der Verkehrsauffassung erwartet werden kann.[97]
4. Die Frage, ob und in welchem Umfang beim Verkauf gebrauchter Kraftwagen der Verkäufer zu einer Mitteilung früherer Unfallschäden verpflichtet ist, kann nicht generell, sondern nur unter Berücksichtigung der konkreten Sachlage beantwortet werden.[98]
5. Ein Gebrauchtwagenverkäufer ist in jedem Fall, also auch ungefragt, von sich aus zur Aufklärung des Käufers verpflichtet, wenn er einen Mangel oder einen früheren Unfall kennt oder nach den Umständen für möglich hält.[99]
6. Wird der Verkäufer nach Unfällen oder sonstigen Mängeln ausdrücklich gefragt, so muss die Antwort richtig und vollständig sein.[100] Er hat alles mitzuteilen, was er inso-

---

93 LG Kleve 21. 1. 2000, 5 S 194/97, n. v. – Verkauf eines Motors.
94 Zu den Unterschieden s. *Soergel/Huber*, § 476 Rn 4 ff.; allgemein zur Aufklärungspflicht des Verkäufers Anh. I § 433 Rn 67 ff.; *Skibbe*, Festschrift für Rebmann, 1989, S. 807 ff.
95 Grundlegend BGH 8. 10. 1954, DAR 1954, 296 = BB 1954, 978; BGH 16. 1. 1991, NJW 1991, 1223; BGH 22. 12. 1999, NJW 2000, 1254; für den Handelskauf s. BGH 28. 4. 1971, NJW 1971, 1795 (Tanklastzug).
96 BGH 3. 3. 1982, NJW 1982, 1386 = DB 1982, 1509 = WM 1982, 511; BGH 26. 10. 1988, NJW-RR 1989, 211 = WM 1989, 26.
97 BGH 26. 10. 1988, NJW-RR 1989, 211 = WM 1989, 26; s. auch BGH 7. 12. 1994, NZV 1995, 222 (Oldtimerkauf).
98 BGH 8. 10. 1954, LM Nr. 10 § 123 = JZ 1955, 19 = DAR 1954, 296 = MDR 1955, 26 = BB 1954, 978; BGH 28. 2. 1973, WM 1973, 490; so schon RG 23. 6. 1936, RGZ 151, 361, 366 (Lastzug).
99 BGH 11. 6. 1979, BGHZ 74, 383, 391 = NJW 1979, 1886 (missverständlich bzgl. „Bagatellschäden"); BGH 3. 3. 1982, NJW 1982, 1386; BGH 3. 12. 1986, NJW-RR 1987, 436 = WM 1987, 137. Die Urt. BGH WM 1973, 490 und BGH VRS 31, 321 stehen nicht entgegen, da sie Sonderfälle betreffen.
100 BGH 11. 6. 1979, BGHZ 74, 383 = NJW 1979, 1886.

Die Arglisthaftung des Gebrauchtfahrzeugverkäufers in der Rechtsprechung

weit weiß, insbesondere sind Beschädigungen auch dann zu offenbaren, wenn es sich nach seiner Auffassung lediglich um reine „Blechschäden" ohne weitere nachteilige Folgen handelt. Anders kann es bei „ausgesprochenen sog. Bagatellschäden" wie etwa ganz geringfügigen Lackschäden sein.[101]

7. Von sich aus braucht der Verkäufer auf einen Unfallschaden nicht hinzuweisen, wenn bei vernünftiger Betrachtungsweise der Kaufentschluss nicht davon beeinflusst werden kann. Die Grenze für derartige nicht mitteilungspflichtige „Bagatellschäden" ist bei Personenkraftwagen sehr eng zu ziehen. Auch sachgerecht reparierte „reine" Blechschäden sind in jedem Fall, auch ungefragt, zu offenbaren.[102] Anders kann es beim Verkauf eines Nutzfahrzeugs (Lkw) sein (BGH NJW 1982, 1386).

8. Ihrem Umfang nach ist die Aufklärungspflicht auch von der Möglichkeit und Fähigkeit des Käufers zur eigenen Prüfung abhängig; je unkundiger der Käufer, desto weitreichender die Aufklärungspflicht.[103]

9. Auch das Verhalten des Käufers, insbesondere das von ihm bekundete Interesse an einzelnen Fakten, bestimmt den Umfang der Aufklärungspflicht.[104]

10. Bei erst wenig benutzten, neuwertigen und entsprechend teuren Pkw geht die Aufklärungspflicht weiter als bei älteren Fahrzeugen mit hoher Laufleistung.[105]

11. Der Verkauf unter (formularmäßigem) Gewährleistungsausschluss befreit den Verkäufer nicht von seiner Aufklärungspflicht. Sie wird dadurch auch nicht eingeschränkt.[106]

12. Arglistig handelt der Verkäufer schon dann, wenn er ohne tatsächliche Grundlage „ins Blaue hinein" unrichtige Angaben über den Zustand des Fahrzeugs macht.[107]

Diese zwölf Grundsätze werden durch Neuerungen der **Schuldrechtsreform** nicht in Frage gestellt. Das gilt auch für die Konstruktion „Behauptung ins Blaue hinein" (Näheres dazu Rn 1654 ff.). Sie ist im Ursprung kein Verbraucherschutzinstrument, allenfalls verjährungs- und freizeichnungsrechtlich motiviert. Dass es im Grundsätzlichen keiner Korrektur bedarf, besagt nicht, dass auch in der praktischen Rechtsanwendung alles beim Alten bleiben kann. Zumal in Fällen des Verbraucherkaufs ist mit dem Wegfall des Gewährleistungsausschlusses ein wesentlicher Grund für die Ausdehnung der Arglisthaftung entfallen. Änderungen im Verjährungsrecht haben ein weiteres Motiv dafür genommen; zur Notwendigkeit einer **Kurskorrektur** s. Rn 1614.

---

101 BGH 20. 3. 1967, LM Nr. 35 zu § 123 = NJW 1967, 1222; BGH 29. 6. 1977, NJW 1977, 1914; vgl. auch BGH 14. 7. 1971, BGHZ 57, 137 (Aufklärungspflicht bei einem merkantilen Minderwert von nur 100 DM); BGH (VI. ZS) 25. 10. 1983, VersR 1984, 46 = VRS 66, 88.

102 BGH 3. 3. 1982, NJW 1982, 1386 = DB 1982, 1509 = WM 1982, 511; BGH 25. 10. 1983, VersR 1984, 46 = VRS 66, 88; missverständlich BGHZ 74, 383, 391, wonach auch ein „Bagatellschaden" in jedem Fall, also auch ungefragt, zu offenbaren ist; BGH 22. 2. 1984, WM 1984, 535 unter IV; BGH 29. 6. 1977, NJW 1977, 1914; BGH 3. 12. 1986, NJW-RR 1987, 436 = WM 1987, 137.

103 BGH 21. 10. 1964, LM Nr. 11 zu § 463 = NJW 1965, 35 (Inzahlungnahme); BGH 29. 1. 1975, BGHZ 63, 382 = NJW 1975, 642 (Pkw-Agenturverkauf); BGH 3. 3. 1982, NJW 1982, 1386 = WM 1982, 511 (Lkw); BGH 28. 4. 1971, NJW 1971, 1795 (Tanklastzug).

104 BGH 16. 3. 1977, NJW 1977, 1055 (mit nicht eindeutigen Ausführungen über eine „Erweiterung" der Aufklärungspflicht des Gebrauchtwagenverkäufers im Vergleich mit einem „Normalverkäufer").

105 BGH 8. 10. 1954, LM Nr. 10 zu § 123 = JZ 1955, 19 = DAR 1954, 296.

106 BGH 30. 10. 1956, BGHZ 22, 123 = NJW 1957, 20; BGH 18. 12. 1956, VRS 12, 161 = BB 1957, 238 („wie besichtigt und probegefahren").

107 BGH 29. 1. 1975, BGHZ 63, 382 = NJW 1975, 642; BGH 16. 3. 1977, NJW 1977, 1055; BGH 18. 3. 1981, NJW 1981, 1441; BGH 31. 3. 1982, NJW 1982, 1699 (Inzahlungnahme); BGH 3. 12. 1986, NJW-RR 1987, 436 = WM 1987, 137; BGH 18. 1. 1995, NJW 1995, 955 = BB 1995, 539 (gebr. Maschine); BGH 11. 5. 2001, NJW 2001, 2326 (Grundstückskauf).

V. Grundfälle der arglistigen Täuschung
1. Verschweigen von Unfallschäden und Vorspiegeln von Unfallfreiheit

1650 Ein typischer Fall der arglistigen Täuschung beim Gebrauchtwagenkauf ist das Verheimlichen von **Unfallschäden,** sei es, dass der Verkäufer überhaupt keine Angaben macht, sei es, dass er nicht die volle Wahrheit sagt.

a) Der unbekannte Unfall und die Untersuchungspflicht des Händlers

1651 *Fallbeispiel:*

Der Kl. kaufte vom Bekl., einem Händler, einen Pkw zum Preis von 12.400,– DM. Nach Übernahme stellte sich heraus, dass der Wagen in mindestens zwei Unfälle verwickelt gewesen war. Der Kl. focht den Vertrag wegen arglistiger Täuschung an und verlangte Rückzahlung seiner Anzahlung. Dem Bekl. war nicht nachzuweisen, dass er Kenntnis von den Unfallschäden hatte oder mit ihrem Vorhandensein rechnete (Fall nach BGH NJW 1977, 1055/OLG München DAR 1976, 132).

In Fällen, in denen dem **schweigenden Händler** nicht nachzuweisen war, dass er zumindest mit der Möglichkeit eines (reparierten) Unfallschadens gerechnet hat, hat die Rechtsprechung verschiedentlich Arglist gleichwohl bejaht. Eine Schlüsselrolle hat hier die **Untersuchungspflicht** des gewerblichen Händlers gespielt. Diese Pflicht wurde der Aufklärungspflicht **vorgeschaltet,** um Arglist damit zu begründen, der Händler habe das Fahrzeug verkauft, ohne auf das Unterlassen der an sich gebotenen Untersuchung hingewiesen zu haben.[108] Nach Ansicht des OLG Köln[109] ist nicht nur das völlige Unterbleiben einer an sich gebotenen Untersuchung offenbarungspflichtig. Der Händler müsse auch mitteilen, wenn das Fahrzeug nur oberflächlich geprüft wurde, bei sorgfältiger Untersuchung der Mangel aber entdeckt worden wäre.

Diese gekünstelt wirkenden Konstruktionen waren schon unter der Herrschaft des alten Kaufrechts abzulehnen. Nach der Schuldrechtsreform haben sie jegliche Berechtigung verloren (s. Rn 1614).

b) Der nur vermutete Unfall und der Arglistnachweis bei Verschweigen von Verdachtsmomenten

1652 *Fallbeispiel:*

Der Kl. erwarb vom Händler X eine Wagen mit verborgenem Unfallschaden. Dem Händler war nicht nachzuweisen, dass er Kenntnis von dem wirklichen Umfang des Unfallschadens hatte. Erwiesen war jedoch, dass er Spuren einer Nachlackierung und eine Schweißnaht am rechten vorderen Radhaus gesehen hatte. Diese Beobachtungen behielt er für sich.

Arglistiges Verschweigen i. S. v. § 438 III, 442 I 2, 444, 445 BGB setzt zunächst die **Feststellung eines Sachmangels** voraus. Dazu, unter welchen Voraussetzungen ein früherer Unfall einen Mangel gem. § 434 I BGB darstellt, s. Rn 1264 ff. Der Mangel muss nach neuem Recht **nicht erheblich** sein (vgl. Rn 1328). Dass der Verkäufer Bagatellmängel zumindest ungefragt weiterhin nicht zu offenbaren braucht, kann im Rahmen des § 123 BGB mit der eigenständigen, von einem Sachmangel losgelösten Offenbarungspflicht begründen

---

108 So BGH 29. 1. 1975, BGHZ 63, 382 = NJW 1975, 642; BGH 14. 3. 1979, NJW 1979, 1707; vgl. auch OLG München 25. 7. 1975, DAR 1976, 132; OLG Hamm 3. 8. 1990, OLGZ 1991, 99 (offen gelassen); LG Bielefeld 15. 10. 1980, MDR 1981, 316; OLG Hamburg 1. 4. 1992, BB 1992, 1888 = NJW-RR 1992, 1399 (Agentur); OLG Hamburg 12. 6. 1992, DAR 1992, 378; OLG Köln 5. 7. 1996, VersR 1997, 753 = OLGR 1996, 235; OLG Düsseldorf 31. 5. 1996, NJW-RR 1997, 431 = OLGR 1997, 18; SchlHOLG 16. 7. 1997, OLGR 1998, 24; OLG Saarbrücken 29. 2. 2000, OLGR 2000, 253 = MDR 2000, 1010.
109 Urt. v. 13. 3. 2001, OLGR 2001, 233 = DAR 2001, 405.

werden. Zumindest dürfte es an den subjektiven Merkmalen der Arglist fehlen. Im Bereich der kaufrechtlichen Arglistnormen kommt allein eine Lösung im Subjektiven in Betracht.

Fragt der Käufer, wie meist, nach einem früheren Unfall, so muss der Verkäufer **alles offenbaren,** was er zu diesem Thema weiß oder auch nur ernsthaft vermutet, s. Rn 1648. (Grundsatz 6). Sofern die „Unfallfrage", wie üblich, beantwortet wird, ist an die **Antwort** anzuknüpfen. Ein Fall des Verschweigens liegt hier nur vor, wenn die Frage schlechthin verneint wird. Eine wahrheitswidrige, unvollständige oder verharmlosende Auskunft kann unter dem Gesichtspunkt des **Vorspiegelns einer Eigenschaft** arglistig sein; zu dieser wichtigen Fallgruppe s. Rn 1661 ff.

In den **Verdachtsfällen** ist zu unterscheiden: Handelt es sich tatsächlich um einen „Unfallwagen", ist der **objektive Tatbestand** der §§ 438 III, 442 I 2, 444, 445 BGB erfüllt, selbst wenn das Fahrzeug sach- und fachgerecht repariert worden ist (s. Rn 1264 ff.; dort auch zum Problem des merkantilen Minderwerts als Sachmangel). Ein vorhandener Unfallvorschaden/Unfallbeteiligung ist offenbarungspflichtig. Unkenntnis, auch fahrlässige, schützt den Verkäufer vor dem Arglistvorwurf. Bei einem ihm bekannten Vorschaden darf er nicht von einem bloßen Verdacht sprechen. Das wäre eine unzulässige Bagatellisierung (zu dieser Fallgruppe s. Rn 1661 ff.). Nimmt der Verkäufer **irrtümlich** eine Unfall-Vorbeschädigung an oder hat er insoweit einen – objektiv unbegründeten – Verdacht, so ist zwar ein Sachmangel nach objektiven Kriterien zu verneinen. Dennoch kann eine Offenbarungspflicht bestehen. Auch über die bloße Möglichkeit eines Unfallvorschadens muss der Käufer aufgeklärt werden.[110]

1653

Der objektive Tatbestand des **§ 123 BGB** setzt einen Sachmangel zwar nicht voraus. Richtig ist auch, dass der bloße Versuch einer Täuschung kein Anfechtungsrecht verleiht. In den Fällen eines objektiv bestehenden Mängelverdachts geht es jedoch nicht um einen Täuschungsversuch, sondern um das Verschweigen eines Verdachts.

Ob der Verkäufer im obigen Fallbeispiel auch den **subjektiven Tatbestand** der Arglist erfüllt hat, ist nicht zuletzt eine Frage der **Abgrenzung** zwischen **bedingtem Vorsatz** und (bewusster) **Fahrlässigkeit.** Wer mit den Augen des Fachmanns **Unfallspuren** sieht, rechnet in der Regel mit dem Vorhandensein eines (reparierten) Unfallschadens. Ob bestimmte Umstände Indizcharakter haben, also Unfallspuren sind, ist mitunter schwierig zu beurteilen. Zur Bedeutung einer **Neulackierung** (Nachlackierung) s. OLG Düsseldorf 17. 7. 2002, 17 U 9/02, n. v.; OLG Frankfurt DAR 2001, 306.

Kann dem Händler nicht nachgewiesen werden, dass er von den Unfallspuren oder sonstigen verdächtigen Umständen positive Kenntnis hatte, reicht es für den Vorwurf der Arglist nicht aus, dass er sich diese Kenntnis fahrlässig nicht verschafft hat. Bedingter Vorsatz kann hingegen festzustellen sein, wenn der Verkäufer einen sich ihm aufdrängenden Mängelverdacht für sich behalten hat.[111]

c) Unfallfreiheit „ins Blaue hinein" versichert

Fallbeispiel:

1654

Der Kl. erwarb von dem bekl. Autohaus einen gebrauchten BMW. In dem Vertragsformular war eingetragen: „auf Unfallschaden (fachmännisch beseitigt) vorne links Kotflügel und Fahrertüre wurde hingewiesen." Der Vorschaden war etwa fünf Jahre zuvor in der Werkstatt der Bekl. repariert worden. Dabei war der Fahrzeugrahmen mit Hilfe eines „Dozers" gerichtet worden. Mit der Begrün-

---

110 Zur Frage Mangelverdacht als Fehler s. *Wank,* JuS 1990, 95, 98; *Erman/Grunewald,* § 459 Rn 2; s. auch BGH 1. 10. 1999, NJW 1999, 3777; BGH 20. 10. 2000, NJW 2001, 64- jeweils Altlastenverdacht.
111 OLG Frankfurt 19. 2. 1999, NJW-RR 1999, 1064 = DAR 1999, 217 – Ls.; OLG Zweibrücken 17. 3. 1999, OLGR 1999, 434.

dung, der Rahmenschaden sei ihm verheimlicht worden, verlangte der Kl., der das Fahrzeug als „unfallfrei" weiterverkauft hatte, jedoch wieder zurücknehmen musste, Schadensersatz von dem bekl. Autohaus (Fall nach OLG Düsseldorf NJW-RR 1998, 1751).

1655 Hat der Verkäufer ausdrücklich oder konkludent „Unfallfreiheit" zugesagt oder eine Unfallinformation der unter Rn 1668. geschilderten Art erteilt, empfiehlt es sich, den Fall **vorrangig** unter dem Gesichtspunkt der **Beschaffenheitsgarantie** zu würdigen. Zur verschuldensunabhängigen **Schadensersatzhaftung** bei Erklärungen zum Thema „Unfall" s. Rn 1145 ff. Bei einer Anfechtung wegen arglistiger Täuschung oder im Falle der Verjährung (Ablauf der Zweijahresfrist des § 438 I Nr. 3 BGB) kommt es darauf an, ob der Verkäufer mit der Erklärung „unfallfrei" eine Eigenschaft des Fahrzeugs arglistig vorgespiegelt hat. Um ein Unterlassen (Verschweigen) geht es in diesen Fällen regelmäßig nicht. Beim Verschweigen einzelner Tatsachen im Rahmen ausdrücklicher oder konkludenter Erklärungen, die als erschöpfende Mitteilung erscheinen, wird durch sog. **positives Tun** getäuscht. In solchen Fällen ist es eine Frage der Auslegung, ob das Erklärte nach seinem Sinn vollständig und so abschließend gemeint ist, dass es die verschwiegene Tatsache zwingend ausschließt. Unklare und unvollständige Äußerungen sind beim Handel mit gebrauchten Kfz überaus häufig, insbesondere zum Unfallthema. Zur speziellen Fallgruppe „Bagatellisierungserklärungen" s. Rn 1661 ff.

1656 Der **BGH** hat in ständiger Rechtsprechung Arglist auch dann angenommen, wenn der Verkäufer ungefragt oder auf Fragen des Käufers ohne tatsächliche Anhaltspunkte, eben **„ins Blaue hinein"**, unrichtige Angaben über den Zustand des Fahrzeugs gemacht hat.[112] Er hat freilich mit einigem Nachdruck auch darauf hingewiesen, dass der Verkäufer wenigstens mit der Möglichkeit der Unwahrheit seiner Behauptung gerechnet haben muss.[113] Dieses „Rechnen mit" oder „Für-möglich-Halten" ist in der Tat unverzichtbare Mindestvoraussetzung für die Annahme von Arglist. Daran vermag die plakative Formel von der Erklärung „ins Blaue hinein" nichts zu ändern. Sie besagt nicht mehr und nicht weniger, als dass der Verkäufer für seine Erklärung **keine zuverlässige Beurteilungsgrundlage** hatte. Diese Grundlage fehlt beispielsweise, wenn ein **Kfz-Händler** ein Fahrzeug mit **mehreren Vorbesitzern** als uneingeschränkt „unfallfrei" verkauft, er aber nur über entsprechende Informationen des letzten Vorbesitzers, seines Kunden, verfügt.[114]

Üblicherweise heißt es in den Formularverträgen „unfallfrei lt. Vorbesitzer", d. h. des letzten Vorbesitzers. Hat dieser keine oder andere Angaben als diejenigen gemacht, die der Händler an den Käufer weitergeleitet hat, kann gleichfalls eine „Behauptung ins Blaue" vorliegen.[115] Berechtigt kann dieser Vorwurf auch sein, wenn der Verkäufer entgegen der Annahme des Käufers nicht die erforderliche Sachkunde hat oder wenn sein Informant, etwa der Vorbesitzer oder ein Reparaturbetrieb, unzuverlässig oder seinerseits ohne eigene Sachkunde ist.[116]

Eine weitere Fallgestaltung: Das Fahrzeug wurde vor längerer Zeit in der eigenen Werkstatt nach einem Unfall repariert, Unterlagen darüber liegen im Zeitpunkt des Verkaufs nicht mehr vor, gleichwohl wird eine konkrete Schadens- und Reparaturbeschreibung gegeben, s. den obigen Beispielsfall nach OLG Düsseldorf NJW-RR 1998, 1751 = OLGR

---

112 Vgl. Nachw. unter Fn. 107; s. auch *Schmid*, DAR 1980, 166; *Hummel-Liljegren*, DAR 1981, 314.
113 Urt. v. 16. 3. 1977, NJW 1977, 1055 = WM 1977, 584; v. 18. 3. 1981, NJW 1981, 1441 = WM 1981, 560.
114 OLG Düsseldorf 16. 4. 1992, OLGR 1992, 277 = DAR 1993, 347; OLG Hamm 20. 1. 1997, OLGR 1997, 120 (Vermittlung); s. auch OLG Saarbrücken 29. 2. 2000, OLGR 2000, 253.
115 Anders aber bei korrekter Weiterleitung der Vorbesitzerinformation, s. OLG Hamburg 2. 8. 1995, OLGR 1996, 4.
116 Vgl. BGH 16. 3. 1977, NJW 1977, 1055 = WM 1977, 584; BGH 8. 5. 1980, NJW 1980, 2460; OLG München 10. 6. 1987, NJW 1988, 3271 (Baustofflieferung).

Grundfälle der arglistigen Täuschung 1657–1659

1998, 115. Zur Frage, wann ein **Leasinggeber** bei einem Verkauf im Rahmen der Verwertung des Leasingobjekts eine hinreichende Grundlage für eine „unfallfrei"-Angabe hat, s. OLG Nürnberg NJW-RR 1999, 1208 = MDR 1999, 931. Hat der Verkäufer im Zeitpunkt des Vertragsabschlusses an das Vorhandensein eines Unfallschadens keine Erinnerung mehr (zum Vergessenseinwand s. Rn 1623), begründet seine Versicherung, von einem Unfallschaden keine Kenntnis zu haben, auch unter dem Gesichtspunkt der Behauptung ins Blaue nicht den Vorwurf arglistigen Verhaltens.[117]

Im Rechtsstreit muss der **Käufer** Tatsachen dafür **vortragen und beweisen, dass** der Verkäufer die Unrichtigkeit seiner Erklärung[118] wenigstens für möglich gehalten und die Verwirklichung dieser Möglichkeit billigend in Kauf genommen hat. Arglistiges Vorspiegeln der Eigenschaft „unfallfrei" oder „bis auf Blechschaden unfallfrei" wird nicht schon dadurch substanziiert dargetan, dass der Käufer behauptet, der Verkäufer habe ohne jegliche tatsächliche Grundlage („ins Blaue hinein") eine unrichtige Angabe gemacht. Zur Schlüssigkeit seines Klagevorbringens gehört es zwar nicht, im Einzelnen darzulegen, warum diese Grundlage fehlte. Es ist vielmehr **Sache des Verkäufers,** diejenigen Tatsachen vorzutragen und notfalls auch zu beweisen, die nach seinem Dafürhalten die Erklärungsgrundlage bildeten. Aufgabe des Käufers ist es jedoch, neben der objektiv unrichtigen Erklärung ein entsprechendes Wissen und Wollen des Verkäufers zu behaupten. Die Schwierigkeiten in der Praxis liegen bei der Feststellung des Wissenselements in der besonderen Form des bedingten Vorsatzes. 1657

Wissentlich im Sinne des „Für-möglich-Haltens" handelt grundsätzlich nicht, wer gutgläubig unrichtige Angaben macht, mag auch der gute Glaube auf Fahrlässigkeit, selbst auf Leichtfertigkeit (grober Fahrlässigkeit), beruhen.[119] Dies wird häufig nicht genügend beachtet.[120] Problematisch ist daher die Aussage des OLG Düsseldorf,[121] „ins Blaue hinein" sei eine Unfallmitteilung gemacht, wenn der Händler eine gebotene Untersuchung des Fahrzeugs unterlassen habe. Die **Ausweitung der Arglisthaftung** in der Rechtsprechung, vor allem der Instanzgerichte, beruht nicht zuletzt auf der **ungenauen Grenzziehung** zwischen bedingtem Vorsatz und bewusster Fahrlässigkeit. Wie auch im Fall BGH NJW 1981, 1141 sind es meist **Verjährungsfragen** und/oder **Haftungsausschlüsse**, die den Hintergrund dieser Rechtsprechung bilden. Dass mit ihr auch Beweisschwierigkeiten des Käufers Rechnung getragen werden soll, räumt *Hiddemann,* ein früherer Vorsitzender des Kaufrechts-Senats des BGH, ein.[122] 1658

Diese **nach der Kaufrechtsnovellierung** ohnehin nicht mehr zu rechtfertigende Hilfestellung entbindet die Gerichte nicht von der Pflicht, sich vorurteilsfrei mit denjenigen Tatsachen auseinander zu setzen, die vom Verkäufer zur Begründung dafür ins Feld geführt werden, dass er seine Erklärung für richtig gehalten hat. Wenn der Verkäufer nach Meinung des Gerichts Zweifel an deren Richtigkeit hegen musste, diese Zweifel aber nicht offen gelegt hat, dürfte er sich dem Vorwurf der Arglist kaum entziehen können, zumal als gewerbsmäßig handelnder Verkäufer. Der Richter, der die längere Verjährung (§§ 438 III, 195 BGB) oder die „Nichtigkeit" der Freizeichnungsklausel (§ 444 BGB) für eine ihm angemessen erscheinende Lösung benötigt, wird geneigt sein, die notwendigen subjektiven Ge- 1659

---

117 Vgl. BGH 11. 5. 2001. NJW 2001, 2326 – Grundstückskauf.
118 Die auch bei einer Schriftformklausel mündlich erfolgen kann (anders wohl OLG Hamburg 2. 8. 1995, OLGR 1996, 4).
119 BGH 6. 12. 1985, NJW-RR 1986, 700; OLG München 10. 6. 1987, NJW 1988, 3271; OLG Hamm 3. 8. 1990, OLGZ 1991, 99; vgl. aber auch BGH 8. 5. 1980, NJW 1980, 2460.
120 Eine beachtenswerte Ausnahme ist LG Oldenburg 11. 7. 1978, NJW 1979, 432 = VersR 1978, 1052.
121 Urt. v. 31. 3. 1995, OLGR 1995, 272 (Ls.).
122 WM 1982, Sonderbeilage Nr. 5, S. 31.

gebenheiten entsprechend zu beschreiben. Bei der Wahl zwischen (bedingtem) Vorsatz und Fahrlässigkeit gibt meist das Rechtsgefühl den Ausschlag, nicht dogmatische Abgrenzungskriterien, deren forensische Brauchbarkeit ohnehin zweifelhaft ist.

1660 Im Ergebnis ist mit dem **Sondertatbestand**[123] „unrichtige Angaben ins Blaue" – allen Mahnungen des BGH zum Trotz – eine Haftung für Fahrlässigkeit nach Arglistregeln eingeführt worden.[124] Den Anwendungsbereich der §§ 476, 477 BGB a. F. auf diese Weise zu Gunsten des Käufers auszudehnen, mochte noch angehen. Bedenklich war aber die damit de facto einhergehende Erweiterung der Schadensersatzhaftung nach § 463 S. 2 BGB a. F. Durch die Streichung dieser Vorschrift unter Einführung einer Fahrlässigkeitshaftung hat sich dieses Problem erledigt. Mit Blick auf die §§ 123, 438 III, 442 I,2, 444, 445 BGB bleibt es auf der Tagesordnung.

Dass der BGH aus zwei unveröffentlichten Entscheidungen,[125] die sich nur beiläufig mit der Problematik beschäftigen, eine „ständige Rechtsprechung"[126] abgeleitet hat, wird mit Recht kritisiert. Spätestens seit der Novellierung des Kaufrechts wird zumindest in Fällen des Verbraucherkaufs die bisher großzügige Linie der Rechtsprechung zu überdenken sein. Angesichts der Informationsabhängigkeit eines Kraftfahrzeughändlers vom Vorbesitzer und seines – zumal bei Fremdfabrikaten – begrenzten Eigenwissens wird ein (Zwischen)Händler häufig nicht umhin kommen, Angaben zum Fahrzeug zu machen, deren Richtigkeit er letztlich nicht beurteilen kann, die er aber den Umständen nach für verlässlich halten darf. Als Erwerber genießt auch er Vertrauensschutz (zum Informationsproblem s. auch Rn 1149). Erst dort, wo jegliche Anhaltspunkte fehlen, wo der Verkäufer also überhaupt nichts Greifbares in den Händen hat, ist der schwerwiegende Vorwurf der arglistigen Täuschung gerechtfertigt. Im Zweifel für den Verkäufer.

d) Der fragende Käufer und die bagatellisierende Antwort

1661 *Fallbeispiel:*

K. kaufte von V., einem Händler, einen gebrauchten Pkw für 7000,– DM. Die ausdrückliche Frage des K., ob der Wagen in einen Unfall verwickelt gewesen sei, wurde von V. verneint. Er teilte K. lediglich mit, dass der vordere linke Kotflügel und die vordere Stoßstange beschädigt seien. Der Vorbesitzer hatte V. Unfallfreiheit bestätigt, aber auch mitgeteilt, dass der Pkw bestimmte Schäden habe. Diese Schäden hatte V. dem K. nicht in vollem Umfang offenbart (Fall nach BGH NJW 1977, 1914).

Anders als das OLG Köln hat der **BGH**[127] im obigen Fall – **Händlerverkauf an Privat** – Arglist bejaht. Die **Kernaussagen** lauten wörtlich:

„In jedem Fall traf den Bekl. eine Offenbarungspflicht. Denn die Kl. hat ausdrücklich danach gefragt, ob der Gebrauchtwagen in einen Unfall verwickelt war. In einem solchen Fall ist der Verkäufer oder dessen Vertreter verpflichtet, Beschädigungen des Gebrauchtwagens auch dann mitzuteilen, wenn es sich nach seiner Auffassung lediglich um etwaige „Blechschäden" ohne weitere nachteilige Folgen handelte. Denn es kann keinesfalls dem Ermessen des ausdrücklich um Aufklärung gebetenen Verkäufers oder seines Vertreters überlassen bleiben, den erlittenen Schaden für erheblich, für den Käufer nicht wesentlich und deshalb nicht der Mitteilung für wert zu erachten (BGH,

---

123 Er ist nicht auf den Autokauf beschränkt, vgl. BGH 19. 12. 1980, NJW 1981, 864; BGH 26. 9. 1997, NJW 1998, 302 (Eigentumswohnung); BGH 6. 12. 1985, NJW-RR 1986, 700 (Haus); OLG Celle 19. 12. 1986, NJW-RR 1987, 744 (Haus); OLG München 10. 6. 1987, NJW 1988, 3271 (Baustoffe); OLG Köln 28. 10. 1996, VersR 1997, 881 (Telefonanlage); OLG Hamm 8. 6. 2000, OLGR 2001, 101 (Hauskauf).
124 So auch *Meyer-Lindemann*, S. 98 ff.
125 Urt. v. 2. 2. 1966, VIII ZR 284/63 (Umsatzangabe bei Pachtvertrag über Gaststätte); Urt. v. 10. 7. 1968, VIII ZR 167/66 (Kauf eines gebrauchten Krans).
126 So die Formulierung schon im 3. Urteil (BGHZ 63, 382).
127 Urt. v. 29. 6. 1977, NJW 1977, 1914 (Agenturverkauf).

NJW 1967, 1222 = LM § 123 BGB Nr. 35 = VersR 1967, 858). Der Verkäufer muss vielmehr, um den Vorwurf der Arglist zu vermeiden, durch die Mitteilung dessen, was ihm bekannt gegeben wurde, dem Käufer den Entschluss überlassen, ob er den Wagen überhaupt bzw. zu diesem Preis erwerben will."

Ungeachtet einer heute möglicherweise veränderten Einstellung zum Automobil[128] (mehr Nutz- als Prestigeobjekt) kann die Bedeutung dieser BGH-Aussagen für die **Gerichtspraxis** nicht hoch genug eingeschätzt werden. Ob das Fahrzeug in einen Unfall verwickelt war, gehört zu den **Standardfragen** eines Käufers. Bestreitet der Verkäufer, gefragt worden zu sein, muss der Käufer seine Behauptung beweisen, es sei denn, dass der Verkäufer ein Vertragsformular verwendet hat, in dem Angaben über Unfallschäden vorgesehen sind. Werden Unfallschäden vom Verkäufer dort oder an anderer Stelle selbst thematisiert, muss er sich so behandeln lassen, als sei er vom Käufer ausdrücklich danach gefragt worden.[129] Zu weit geht allerdings die Meinung, dies gelte schon dann, wenn die „Unfall"-Rubriken im Bestellformular völlig leer geblieben sind. **1662**

Aus der Pflicht zur **umfassenden Aufklärung des fragenden Privatkäufers** folgt, dass der bloße Hinweis, es handele sich um einen „Unfallwagen", nicht genügt, wenn das Fahrzeug z. B. einen schweren Frontalzusammenstoß hatte und der Schaden nur behelfsmäßig repariert worden ist. Der ausdrücklich um Aufklärung gebetene Verkäufer hat zumindest **Art und Umfang** der Vorschädigung mitzuteilen. Nach zutreffender Ansicht des OLG Hamm[130] genügt in einem solchen Fall zunächst eine **schlagwortartige Umschreibung** der **Beschädigungen** beziehungsweise der **Instandsetzungsarbeiten.** Eine Schilderung des **Unfallgeschehens** ist auch von einem am Unfall selbst beteiligten Verkäufer nicht zu verlangen. Wird sie von sich aus gegeben, kann sie Einzelangaben zur Beschädigung entbehrlich machen. Allerdings darf das Unfallgeschehen nicht verharmlost werden, sofern dadurch eine falsche Vorstellung vom Schadensumfang hervorgerufen wird.[131] Bei einer Mehrzahl von Unfallereignissen ist eine Differenzierung erforderlich, die den Kaufinteressenten über die Mehrfachbeschädigung umfassend ins Bild setzt. Das „Zusammenziehen" zu einem einzigen Schadensfall ist irreführend.[132] **1663**

Einzelheiten der **Schadensregulierung** braucht der Verkäufer ohne gezielte Nachfrage in der Regel nicht zu offenbaren, auch nicht **Art, Ort und Kosten der Reparatur.** Weiß der Verkäufer aber, dass die **Instandsetzungsarbeiten** nicht zur restlosen Beseitigung des Unfallschadens geführt haben, z. B. bei einer (provisorischen) **Billigreparatur** oder einer **Reparatur in einem Land Osteuropas,** muss er dies angeben.[133] Schon die **bloße Vermutung,** dass noch Unfallfolgen vorhanden sind, soll offenbarungspflichtig sein,[134] und zwar nach Ansicht des OLG Schleswig selbst dann, wenn objektiv kein Mangel vorliegt.[135] **1664**

---

128 Dazu KG 24. 11. 1992, OLGR 1993, 1.
129 LG Köln 5. 2. 1990, 21 O 58/59, n. v. (Agenturverkauf); LG Itzehoe 14. 9. 1993, ZfS 1993, 374.
130 Urt. v. 21. 6. 1994, DAR 1994, 401.
131 OLG Oldenburg 4. 3. 1997, OLGR 1997, 140 = ZfS 1997, 299 („Transportschaden"); SchlHOLG 1. 7. 1998, OLGR 1998, 427; LG Itzehoe 14. 9. 1993, ZfS 1993, 374 (Wildschaden); KG 9. 3. 1993, OLGR 1994, 85 („Parkschaden").
132 OLG Düsseldorf 12. 3. 1999, 22 U 180/98, NZV 1999, 423 (Ls.).
133 OLG Celle 27. 6. 1996, OLGR 1996, 208 = ZfS 1996, 456 (Reparatur in Polen); OLG Köln 2. 8. 1993, OLGR 1993, 301 = VersR 1994, 111 (Reparatur in Türkei); OLG Düsseldorf 12. 11. 1992, OLGR 1993, 129 (Reparatur in Eigenregie/Privatverkauf); OLG Hamm 9. 9. 1996, DAR 1996, 499 = OLGR 1996, 244 – privates Tauschgeschäft (Pkw war in Werkstatt nur behelfsmäßig „gerichtet" worden); vgl. auch RG 23. 6. 1936, RGZ 151, 361, 366 (Lkw); *Otting*, DAR 1997, 291.
134 OLG Köln 19. 6. 1964, NJW 1965, 110; s. auch OLG München 4. 10. 1994, OLGR 1995, 64; OLG Frankfurt 19. 2. 1999, DAR 1999, 217.
135 Urt. v. 6. 2. 1973, VersR 1975, 189.

Den gleichen Standpunkt vertritt das OLG Hamburg, wenn es einem Verkäufer (Kfz-Schlosser) Arglist zur Last legt, der eine Beschädigung an den Holmen verschwiegen hat, welche die Verkehrssicherheit des Fahrzeugs nicht beeinträchtigte.[136]

1665 Zur **umfassenden Aufklärung des fragenden Privatkäufers** gehört auch, dass derjenige Verkäufer, dem das Ausmaß der Schäden nicht bekannt ist, den Käufer entsprechend informiert, z. B. durch den Hinweis, das Fahrzeug nicht selbst untersucht zu haben.[137] Auf die Frage nach etwaigen Unfallschäden ist auch ein lang zurückliegender Unfall zu offenbaren, unabhängig davon, bei welchem Vorbesitzer er sich ereignet hat.[138] Auch ein **gewerblicher Käufer** ist auf seine Frage nach Vorschäden grundsätzlich umfassend aufzuklären. Im Vergleich mit einem Privatkäufer ist die Aufklärungsintensität indes geringer, weil der ankaufende Händler über eigene Sachkunde und Erfahrungswissen verfügt, s. auch Rn 1681 ff.

1666 **Weniger weitgehend** ist die Aufklärungspflicht, wenn der Käufer es ausnahmsweise **unterlässt,** nach einem Unfallschaden **zu fragen.** Die allererste (veröffentlichte) Entscheidung des BGH zur Aufklärungspflicht des Gebrauchtwagenverkäufers[139] war jahrelang richtungweisend. Damals hat der BGH, eher beiläufig, ausgesprochen, dass ein allgemein gehaltener Hinweis auf den Unfall genügen kann, etwa dann, wenn der Wagen zu einem stark reduzierten Preis angeboten wird. Im Allgemeinen stellt die Rechtsprechung jedoch strengere Anforderungen. Eine weitergehende Aufklärung fordert der **BGH** beispielsweise, wenn es sich um einen erst wenig benutzten, zu einem entsprechend hohen Preis angebotenen **Personenwagen** handelt.[140] In einem solchen Fall muss der Verkäufer dem Käufer von sich aus vollen Aufschluss über Art und Schwere des Unfalls geben.[141] Zur Aufklärungspflicht beim Verkauf eines **Jahreswagens** s. OLG Köln MDR 1999, 1504 (Karosseriearbeiten infolge eines Fertigungsmangels). Den **aktuellen Stand der Rechtsprechung** zu dieser Fallgruppe (Aufklärungspflicht des „ungefragten" Händlers) fasst das OLG Düsseldorf[142] in dem **Grundsatz** zusammen:

> „Wenn der Verkäufer eines gebrauchten Kraftfahrzeugs einen Vorschaden offenbart, ist er verpflichtet, den Käufer auch ungefragt vollständig und richtig über alle Umstände der Unfallbeschädigung zu informieren, die für dessen Kaufentschluss bedeutsam sein konnten."

1667 Durch Mitteilung von Einzelheiten, die geeignet sind, den Unfall zu **bagatellisieren,** wird die Aufklärungspflicht **in keinem Fall** erfüllt, so schon BGH 8. 10. 1954, DAR 1954, 296 = MDR 1955, 26 (Unfallhergang verharmlost); s. auch BGH 3. 12. 1986, NJW-RR 1987, 436 (Schadensbild verharmlost); OLG Köln 11. 6. 1986, NJW-RR 1986, 1380; OLG Koblenz 16. 3. 1989, DAR 1989, 467; LG Saarbrücken 24. 10. 1990, NJW-RR 1991, 629; OLG Düsseldorf 24. 5. 1991, NJW-RR 1991, 1402; OLG Düsseldorf 4. 11. 1992, OLGR 1993, 161; OLG Hamm 10. 3. 1994, BB 1994, 1040; SchlHOLG 1. 7. 1998, OLGR 1998, 427 = SchlHAnz 1999, 78; OLG Saarbrücken 13. 4. 1999, OLGR 1999, 509 = MDR 2000, 157; OLG München 1. 6. 2001, MDR 2001, 1407 = OLGR 2001, 293 = DAR 2001, 407. Weitere Hinweise zum Problem der Bagatellisierung unter Rn 1669 ff.

---

136 Urt. v. 19. 8. 1966, DB 1966, 1561 (sehr weit).
137 LG Saarbrücken 24. 10. 1990, NJW-RR 1991, 629; s. auch Rn 1676 f.
138 Offen gelassen in BGH WM 1973, 490, weil der Käufer nicht ausdrücklich nach einem Unfallvorschaden gefragt hatte (vor längerer Zeit umgebauter Sattelschlepper).
139 Urt. v. 8. 10. 1954, DAR 1954, 296 = MDR 1955, 26 (wenig gelaufenes DKW-Cabrio, Kaufpreis nur 15% unter Neupreis).
140 Urt. v. 8. 10. 1954, DAR 1954, 296 = MDR 1955, 26.
141 BGH 8. 10. 1954, DAR 1954, 296 = MDR 1955, 26.
142 Urt. v. 12. 3. 1999, 22 U 180/98, NZV 1999, 423 (Ls.).

Grundfälle der arglistigen Täuschung 1668, 1669

Gleichviel, ob der Käufer nach einem früheren Unfall gefragt hat oder nicht: Im recht- **1668**
lichen Ausgangspunkt können Erklärungen wie z. B.
- „beseitigter Blechschaden" (BGH NJW-RR 1987, 436)
- „Fahrzeug hatte Frontschaden" (OLG Hamm DAR 1977, 322)
- „nur kleiner Parkschaden" (KG VRS 87, 241 = OLGR 1994, 85)
- „behobene Karosserieschäden" (OLG Düsseldorf OLGR 1993, 161; s. auch OLGR 1998, 115)
- „Seitenteilschaden hinten rechts (behoben)" (OLG Hamm OLGR 1995, 77 [Ls.])
- „Unfallwagen/Rahmenschaden unrepariert" (OLG Hamm NJW-RR 1995, 689)
- „Frontschaden vorne rechts" (OLG Hamm DAR 1983, 355)
- „Fahrzeug hatte Unfallschaden, re., beschädigt waren Türen re., Dach" (OLG Köln NJW-RR 1986, 1380)
- „Blechschäden Fahrerseite" (OLG Oldenburg NJW-RR 1987, 1269)
- „Fahrzeug hatte Frontschaden vorne links" (OLG Koblenz OLGR 1997, 194)
- „Kotflügel vorne rechts erneuert" (SchlHOLG OLGR 1998, 427)
- „hinten ausgebessert" (OLG Saarbrücken OLGR 1999, 509 = MDR 2000, 157)
- „Unfall vorne" (AG Aachen DAR 1999, 368)
- „behobener Front- und Seitenschaden" (OLG Köln DAR 2001, 404)
- „Seitenschaden rechts" (OLG Koblenz ZfS 2002, 435 = VRS 103/02, 163).

zum einen als **Beschaffenheitsgarantien** (Eigenschaftszusicherungen alten Rechts) anzusehen sein, s. Rn 1151 ff. Zum anderen sind sie unter dem Gesichtspunkt der **arglistigen Täuschung** zu würdigen. Zu unterscheiden ist zwischen dem Vorspiegeln einer Eigenschaft (keine weiteren Schäden) und einem Aufklärungsmangel. Zunächst stellt sich die Frage, ob die besagte Erklärung „ins Blaue hinein" abgegeben worden ist (vgl. dazu Rn 1654 ff.). Um einen Fall des arglistigen Verschweigens handelt es sich bei diesen Konstellationen nicht.[143] Hat der Verkäufer das Unfallfahrzeug selbst repariert oder reparieren lassen, werden an seine Aufklärungspflicht zu Recht strenge Anforderungen gestellt,[144] auch bei einer längere Zeit zurückliegenden Instandsetzung.[145]

Eine **unzulässige Bagatellisierung** des wirklichen Unfallgeschehens hat das OLG Köln **1669**
in dem schlichten Hinweis des Verkäufers gesehen, das Fahrzeug sei ein **„Unfallwagen".**[146]
Der Ausdruck „Unfallwagen" sei vieldeutig. Er lege nicht den Schluss nahe, durch ihn solle das Vorliegen eines schweren Frontalzusammenstoßes angedeutet werden. Werde ein erst wenig benutztes Fahrzeug zu einem seinem Erhaltungszustand entsprechenden Preis veräußert, so weise die ohne nähere Einzelheiten erfolgende Kennzeichnung des Fahrzeugs als „Unfallwagen" lediglich in die Richtung, dass dieses Fahrzeug schon einmal einen die Bagatellschadensgrenze überschreitenden Schaden erlitten habe.[147] Dass der Käufer auf den Hinweis „Unfallwagen" nach näheren Einzelheiten hätte fragen können, spielt nach Ansicht des OLG Köln keine Rolle. Der Senat meint hierzu: „Wer zur Offenbarung der ihm bekannten vollen Wahrheit nach Treu und Glauben verpflichtet ist, kann diese seine Pflicht nicht durch einen treuwidrig unvollständig und dem Zusammenhang nach bagatellisierend

---

143 Unrichtig OLG Saarbrücken 13. 4. 1999, OLGR 1999, 509.
144 OLG Köln 11. 6. 1986, NJW-RR 1986, 1380 – Werkstattverkauf; OLG Düsseldorf 15. 12. 1993, OLGR 1994, 77; OLG Koblenz 6. 6. 1997, OLGR 1997, 194 – Privatverkauf.
145 OLG Düsseldorf 19. 12. 1997, OLGR 1998, 115 = NJW-RR 1998, 1751.
146 Urt. v. 24. 2. 1972, 10 U 95/71, n. v., s. auch OLG Bremen 21. 12. 1979, DAR 1980, 373.
147 Bei einem als „Unfallfahrzeug" bezeichneten Fahrzeug braucht der Käufer nicht mit einem Motorschaden zu rechnen; das Verschweigen ist arglistig, OLG Düsseldorf 28. 7. 1993, OLGR 1994, 129 – Motorrad.

wirkenden Teilhinweis auf den anderen Teil überwälzen."[148] Auf der anderen Seite ist aber zu bedenken: Der Begriff „Unfallwagen" schließt die Möglichkeit schwerster Schäden ein, sogar ein **wirtschaftlicher Totalschaden** wird hiervon erfasst (zu dieser Fallgruppe s. Rn 1673 ff.).

1670 Wer ein Fahrzeug als „Unfallwagen" kauft, ohne nach Einzelheiten des Schadens zu fragen, kann damit konkludent zu verstehen geben, dass es ihm auf Art und Umfang des Schadens bzw. der Instandsetzung nicht entscheidend ankommt. Einem derart ungewöhnlich **desinteressierten Käufer** schuldet auch ein gewerblicher Händler nicht ohne weiteres eine Einzelbeschreibung des Schadensbildes.[149] Macht er nähere Angaben (siehe die Beispielsfälle unter Rn 1668), so müssen sie in jedem Fall vollständig und richtig sein. Das **Gebot der Vollständigkeit und Richtigkeit** wird erfahrungsgemäß häufig missachtet, wie eine **umfangreiche Kasuistik** belegt.[150]

1671 **Gegenstand der Verharmlosung** kann das **Unfallgeschehen** als solches sein (z. B. „leichter Parkschaden"). Meist geht es jedoch um **Art und Ausmaß der Beschädigungen**. Mehrere Unfallereignisse können auch zu einem einzigen (einheitlichen) Schadensfall zusammengezogen werden, was gleichfalls unzulässig ist.[151] Schließlich kann der Verstoß gegen die Wahrheitspflicht in einem Unterdrücken wichtiger Informationen über die **Schadensbehebung** liegen.[152] Verfehlt und durch die zitierte Rechtsprechung nicht belegt ist die Ansicht des OLG Saarbrücken,[153] der Verkäufer müsse das volle Ausmaß des Unfallschadens und „die zur Instandsetzung erforderlichen Arbeiten" mitteilen. Das geht zu weit. Das Erforderlichkeitskriterium hat eine technische und eine wirtschaftliche Komponente. Die umfangreiche Rechtsprechung zum Haftpflichtschadensrecht belegt die Schwierigkeiten, Unfallschäden sachgerecht einzuschätzen.

Der Verkauf eines Pkw mit repariertem Frontschaden als **„Bastlerfahrzeug"** soll den Verkäufer nicht von seiner Aufklärungspflicht befreien.[154]

Zum Verkauf als „Bastlerfahrzeug" s. auch Rn 1236.

1672 Eine **Formularklausel,** wonach der Käufer vollständig aufgeklärt worden ist, nützt dem Verkäufer praktisch nichts.[155] Zur Problematik haftungsentlastender Beschaffenheitsvereinbarungen beim Verbrauchsgüterkauf s. zunächst Rn 1223 ff. Aus beweisrechtlicher Sicht gilt: Die **Beweislast** für die Verletzung der Wahrheitspflicht liegt beim Käufer. Eine **Verschiebung zum Verkäufer** nimmt die Rechtsprechung in denjenigen Fällen an, in denen die Verkäufer schriftliche (Teil-)Informationen der unter Rn 1668 mitgeteilten

---

148 Urt. v. 24. 2. 1972, 10 U 95/91, n. v.
149 So auch *Landscheidt/Segbers*, NZV 1991, 289, 294; ähnlich (Desinteresse als Entlastungsfaktor) OLG Köln 18. 12. 1991, OLGR 1992, 49; OLG Hamm 19. 10. 1994, NJW-RR 1995, 689 – Verkauf eines unreparierten Pkw.
150 Vgl. BGH 3. 12. 1986, NJW-RR 1987, 436; OLG Köln 11. 6. 1986, NJW-RR 1986, 1380; OLG Koblenz 16. 3. 1989, DAR 1989, 467; OLG Düsseldorf 4. 11. 1992, OLGR 1993, 161; OLG München 4. 10. 1994, OLGR 1995, 64; LG Saarbrücken 24. 10. 1990, NJW-RR 1991, 629; LG Saarbrücken 27. 10. 1994, ZfS 1995, 33; OLG Hamm 9. 9. 1996, DAR 1996, 499; OLG Oldenburg 4. 3. 1997, OLGR 1997, 140 = ZfS 1997, 299; OLG Koblenz 6. 6. 1997, OLGR 1997, 194; OLG Düsseldorf 12. 3. 1999, 22 U 180/98, NZV 1999, 423 (Ls.); OLG Saarbrücken 13. 4. 1999, OLGR 1999, 509 = MDR 2000, 157; OLG München 1. 6. 2001, MDR 2001, 1407 = OLGR 2001, 293 = DAR 2001, 407; OLG Nürnberg 29. 2. 2000, 3 U 4377/98, n. v.; OLG Schleswig 2. 11. 2001, MDR 2002, 758 = OLGR 2002, 112 (andererseits OLG Schleswig 28. 9. 2001, OLGR 2002, 113); OLG Koblenz 20. 6. 2002, ZfS 2002, 435 = VRS 103/02, 163.
151 OLG Düsseldorf 12. 3. 1999, 22 U 180/98, NZV 1999, 423 (Ls.).
152 OLG Karlsruhe 20. 3. 1992, NJW-RR 1992, 1144 – sehr weitgehend.
153 Urt. v. 13. 4. 1999, OLGR 1999, 509.
154 OLG Nürnberg 9. 6. 2000, 6 U 4302/99, n. v.
155 Dazu OLG Hamm 9. 2. 1983, 19 U 182/82, n. v.

Art gegeben haben. Für eine darüber hinausgehende Aufklärung durch mündliche Zusatzinformationen soll der Verkäufer beweispflichtig sein.[156]

e) Der nach wirtschaftlichem Totalschaden wieder aufgebaute Unfallwagen

Fallbeispiel:

Der Bekl., ein Kfz-Händler, verkaufte dem Kl. unter umfassendem Gewährleistungsausschluss einen gebrauchten Pkw. Das Fahrzeug hatte bei einem Unfall einen „wirtschaftlichen Totalschaden" erlitten. Der Bekl. hat das Fahrzeug erworben und in seiner Werkstatt repariert. Der Kl. war über den Unfallschaden unterrichtet (Fall nach OLG Celle, NJW-RR 1988, 1136).

Jährlich werden etwa 500.000 Unfallschäden (Pkw/Kombi) auf Totalschadensbasis abgerechnet, überwiegend nach den Regeln des **wirtschaftlichen,** nicht des **technischen** Totalschadens. Selbst nach einem technischen Totalschaden wird ein Fahrzeug hierzulande[157] nicht von Amts wegen aus dem Verkehr gezogen. Der Eigentümer ist gesetzlich nicht verpflichtet, das Auto zu verschrotten und den Fahrzeugbrief bei der Zulassungsstelle entwerten zu lassen. Infolgedessen können Fahrzeuge mit Totalschäden, insbesondere wirtschaftlicher Natur, ohne weiteres wieder in den Verkehr gelangen, sobald sie einigermaßen instand gesetzt sind. Eine vorherige Kontrolle durch einen Sachverständigen ist dafür keine Voraussetzung.[158]

Zahlreiche, nicht immer seriöse Betriebe haben sich den gegenwärtigen Zustand mit den „rollende Zeitbomben" zunutze gemacht, indem sie sich auf die Instandsetzung und/oder Vermarktung stark beschädigter Kraftfahrzeuge spezialisiert haben. **Sonderprobleme** kaufrechtlicher wie wettbewerbsrechtlicher Art tauchen auf, wenn eine Reparatur („Aufbau") nur unter Austausch des zentralen Fahrzeugkörpers oder (bei nicht selbsttragender Bauweise) des zentralen Teils der Rahmen-Boden-Anlage erfolgen konnte.[159]

Das Mindeste, worüber der Verkäufer eines ehemals „total" beschädigten Kfz **von sich aus** aufklären muss, ist die **Tatsache der Unfallbeteiligung.** Der Käufer muss wissen, dass es sich um einen „Unfallwagen" handelt, auch wenn er sich wider alle Vernunft nicht danach erkundigt. Der lapidare Hinweis „Unfallwagen" genügt nicht, wenn der Händler das Fahrzeug **selbst repariert** hat oder ganz oder teilweise durch eine Drittfirma hat instand setzen lassen. Hierzu das OLG Köln:[160]

„Da die Beklagte den Unfallwagen selbst repariert hat, war nur ihr das volle Ausmaß des Unfallschadens bekannt. Nur eine Einzelbeschreibung hätte dem Käufer die tatsächliche Entscheidungsgrundlage für den Entschluss vermittelt, das Fahrzeug überhaupt oder zu dem geforderten Preis zu kaufen. Für die Beklagte bestand auch nicht die geringste Schwierigkeit, den Käufer vollständig aufzuklären. Das hätte sich mit wenigen Sätzen bewirken lassen."

Die vom OLG Köln verlangte **Einzelbeschreibung** des Unfallschadens setzt keine Auflistung aller Schäden nach Art eines Gutachtens voraus. Es genügt, wenn der Käufer über die **wesentlichen Beschädigungen** wahrheitsgemäß und vollständig unterrichtet wird. Mit anderen Worten: Der Unfallschaden darf nicht verharmlost werden (vgl. dazu auch Rn 1661 ff.). Zur Vorlage eines vorhandenen Unfallgutachtens (Schadensgutachten) eines

---

156 OLG Bamberg 2. 3. 1994, NJW-RR 1994, 1333; OLG Düsseldorf 15. 10. 1987, 18 U 92/87, n. v.; OLG Hamm 6. 5. 1996, 32 U 143/95, n. v.; s. auch Rn 1619 f.
157 Anders z. B. in Frankreich und in den Niederlanden.
158 Die Aufnahme einer Überwachungspflicht in die StVZO wird seit langem gefordert. Am 5. 7. 2001 wurde ein entsprechender Antrag der CDU/CSU-Fraktion im Bundestag abgelehnt.
159 Dazu OLG Oldenburg 31. 1. 1995, NJW-RR 1995, 688 = BB 1995, 430 = MDR 1995, 360 = OLGR 1995, 82; BGH 26. 4. 1990, DAR 1990, 332 (Zeichenrecht).
160 Urt. v. 11. 6. 1986, NJW-RR 1986, 1380; ebenso OLG Koblenz 6. 6. 1997, OLGR 1997, 194; s. auch OLG Düsseldorf 19. 12. 1997, OLGR 1998, 115; OLG Karlsruhe 7. 11. 1991, VRS 82 (1992), 241.

Kfz-Sachverständigen ist der Händler nicht verpflichtet; auch interne Unterlagen über den Schadensfall (Fotos, eigene Unfallbewertung, Arbeitskarten usw.) braucht er nicht offen zu legen.[161] Für sich behalten darf er auch, mit welchem **Kostenaufwand** der Schaden behoben worden ist.[162] Ungeklärt ist, ob der Händler dann, wenn er den Schaden beziffert, die **Eigenkosten** angeben darf oder ob er die höheren Kosten laut Gutachten bzw. Rechnung mitteilen muss. In der Mitteilung der (niedrigeren) Eigenkosten könnte man eine unzulässige Beschönigung des Unfallschadens sehen. Das OLG Hamm hat beim Verkauf eines **unreparierten** Unfallfahrzeugs auf die veranschlagten Reparaturkosten abgestellt.[163]

1676 Zumindest bei einer Unfallinstandsetzung **im eigenen Betrieb** oder auf eigene Rechnung in einem Drittbetrieb wird man von dem Verkäufer verlangen müssen, dass er auch über die **Instandsetzungsarbeiten** Auskunft gibt. Das verlangt auch das OLG Hamm[164] jedenfalls in den Fällen, in denen der Käufer nach dem Vorhandensein eines Vorschadens fragt oder die Unfallfrage, wie regelmäßig, im schriftlichen Kaufvertrag thematisiert wird. Es genügt eine **schlagwortartige Beschreibung** der wesentlichen Reparaturarbeiten. Mit der (überobligationsmäßigen) Vorlage einer verlässlichen Werkstattrechnung ist der Verkäufer auf der sicheren Seite. Zur Offenlegung von Zweifeln an der Fachgerechtigkeit der Unfallinstandsetzung und zur Offenbarung von **Billigreparaturen** und **Instandsetzungen im Ausland** s. Rn 1629. Die dort für den Normalfall eines Vorschadens mitgeteilten Regeln gelten erst recht beim Vorliegen eines Totalschadens (s. auch OLG Koblenz 18. 5. 2000, r+s 2002, 367).

1677 Bei einer **Reparatur außerhalb des eigenen Betriebes muss** der Händler nach Meinung des LG Saarbrücken auch „umfassend über die Herkunft des Fahrzeuges aufklären", z. B., dass er es von einem Betrieb erworben hat, der geschäftsmäßig Unfallfahrzeuge ankauft und instand setzt.[165] Unter Berufung auf OLG Bremen DAR 1980, 373 verlangt auch das OLG Koblenz[166] derartige Herkunftsinformationen. Für eine **Nachforschungspflicht** des Verkäufers hat sich das OLG Karlsruhe ausgesprochen.[167]

1678 Als geklärt kann die früher strittige Frage gelten, ob der Käufer – über die korrekte Beschreibung des Schadens hinaus – auf die **Einstufung als „wirtschaftlicher Totalschaden"** ausdrücklich hingewiesen werden muss. Händlergünstig hat das OLG Celle[168] in einem Fall der **Eigenreparatur** durch den Verkäufer entschieden:

„Der Verkäufer eines unfallbeschädigten, aber reparierten Kraftfahrzeugs ist nicht verpflichtet, über eine hinreichend genaue Beschreibung des Unfallschadens und der wesentlich in Mitleidenschaft gezogenen Fahrzeugteile hinaus den Kaufinteressenten auch darauf hinzuweisen, dass es sich um einen ‚wirtschaftlichen Totalschaden' gehandelt habe."

---

161 Ebenso *Landscheidt/Segbers*, NZV 1991, 289, 294; gegen eine Vorlagepflicht (Schadensgutachten) auch OLG Hamm 19. 10. 1994, NJW-RR 1995, 689 für den Kauf eines – unreparierten – Unfallwagens vom Händler.
162 Siehe aber auch OLG Hamm 19. 10. 1994, NJW-RR 1995, 689 – Mitteilung der – geschätzten – Reparaturkosten beim Verkauf eines unreparierten Pkw.
163 Urt. v. 19. 10. 1994, NJW-RR 1995, 689.
164 Urt. v. 21. 6. 1994, DAR 1994, 401; s. auch AG Aachen 21. 4. 1999, DAR 1999, 368 = Jahrbuch Verkehrsrecht 2000, 393 – Privatverkauf nach Reparatur in Eigenregie.
165 Urt. v. 24. 10. 1990, NJW-RR 1991, 619; eine schriftliche Klausel wie „Der Kunde hat von dem erheblichen Unfallschaden in unbekannter Höhe Kenntnis genommen" genügt nicht in jedem Fall, vgl. OLG Hamm 9. 2. 1983, 19 U 182/82, n. v.
166 Urt. v. 6. 6. 1997, OLGR 1997, 194; s. auch OLG Koblenz 20. 6. 2002, ZfS 2002, 435 = VRS 103/02, 163; OLG Koblenz 18. 5. 2000, DAR 2002, 169 = r+s 2002, 367.
167 Urt. v. 20. 3. 1992, NJW-RR 1992, 1144 – kein Totalschadensfall.
168 Urt. v. 11. 2. 1988, NJW-RR 1988, 1136; zustimmend *Röttgering*, ZfS 1991, 181 und *Landscheidt/Segbers*, NZV 1991, 289, 294.

Grundfälle der arglistigen Täuschung 1679, 1680

In die gleiche Richtung geht das OLG Düsseldorf in einem Urteil vom 24. 5. 1991:[169] „Über den Umstand des wirtschaftlichen Totalschadens als solchen brauchte der Beklagte als Verkäufer – jedenfalls ohne besondere Frage zu diesem Punkt – die Klägerin als potentielle Käuferin nicht aufzuklären." Strenger war früher das OLG Hamm.[170] Seiner Meinung nach war die Tatsache der Bewertung als wirtschaftlicher Totalschaden stets offenbarungspflichtig. Durch das unveröffentlicht gebliebene Urteil vom 5. 3. 1985 hat der 28. Zivilsenat des OLG Hamm[171] seine frühere Rechtsprechung ausdrücklich aufgegeben. Der jetzigen Ansicht angeschlossen hat sich der 19. ZS des OLG Hamm.[172]

Einschlägig sind auch die Entscheidungen OLG Bremen DAR 1980, 373 und Kammergericht DAR 1988, 381. Hiernach erfüllt der Verkäufer seine Aufklärungspflicht nicht durch Hinweise wie „unfallbeschädigt" oder „nicht unfallfrei". Einen ausdrücklichen Hinweis auf die Bewertung als „wirtschaftlicher Totalschaden" scheinen diese beiden Gerichte nicht zu verlangen. Zweifel an der strengen, inzwischen aufgegebenen Ansicht des OLG Hamm hat auch das OLG Köln angemeldet, weil der Begriff „wirtschaftlicher Totalschaden" im Wesentlichen versicherungs- und schadensrechtliche Bedeutung habe.[173]

Der aktuellen Rechtsprechung ist zuzustimmen. Es kommt nicht auf den Begriff „wirtschaftlicher Totalschaden" an, eine schadens- und versicherungsrechtliche Kategorie mit zweifelhaftem Informationswert. Das Kfz-Schadensrecht kennt vier verschiedene Begriffsbestimmungen. Beim **Verkauf an einen Händler** (Inzahlunggabe durch Privatmann) hat auch der **BGH** keine Verpflichtung des „Verkäufers" angenommen, auf die schadensrechtliche Abwicklungsform ungefragt hinzuweisen.[174] Für den **Kauf vom Händler** liegt keine eindeutige Stellungnahme des BGH vor. Seinem Urteil vom 22. 6. 1983[175] kann wohl nicht entnommen werden, dass er einen ausdrücklichen Hinweis auf das Vorliegen eines wirtschaftlichen Totalschadens in jedem Fall für entbehrlich hält. Im Streitfall hatte ein **Autoschlosser** einen Unfallwagen mit Totalschaden aufgekauft und durch seine Arbeitgeberfirma fachgerecht instand setzen lassen. Auf den Unfallschaden ist der Käufer hingewiesen worden; wie, konnte nicht geklärt werden. Die Minderungsklage gegen den Autoschlosser, der als Verkäufer aufgetreten war, hat der BGH mit folgender Begründung als **unschlüssig** abgewiesen:

1679

„Dass der Wagen einen Unfall hatte, wusste der Kläger, als er den Pkw kaufte. Die Unfallbeteiligung haben die Vertragsparteien mithin als einen vertragsgemäßen Zustand vorausgesetzt... Auf die Art des Unfalls käme es nur dann an, wenn der dem Kläger nach seiner Darstellung mitgeteilte Unfallschaden zu einem geringeren merkantilen Minderwert geführt hätte als der tatsächlich vorliegende so genannte Totalschaden. Davon kann aber... nicht die Rede sein."

Wird ein Fahrzeug unter ausdrücklichem Hinweis auf einen früheren Totalschaden verkauft, wird damit die Haftung des Verkäufers für **sonstige Mängel** oder unrichtige Zusagen (z. B. „fahrbereit") nicht eingeschränkt oder gar ausgeschlossen.[176]

Beweislast: Nach (zw.) Ansicht des OLG Dresden[177] ist der Verkäufer für eine mündliche Aufklärung beweispflichtig, wenn im schriftlichen Kaufvertrag jeglicher Hinweis auf einen Wiederaufbau nach Totalschaden fehlt (s. auch Rn 1620, 1672). 1680

---

169 NJW-RR 1991, 1402.
170 Urt. v. 14. 6. 1983, DAR 1983, 355 (28. ZS).
171 Az. 28 U 213/83 (Fehlzitat bei *Röttgering,* ZfS 1991, 181, 182, Fn. 19).
172 Urt. v. 21. 6. 1994, DAR 1994, 401; ebenso OLG Karlsruhe 7. 11. 1991, VRS 82 (1992), 241 – Eigenreparatur; OLG Schleswig 28. 9. 2001, OLGR 2002, 113.
173 Urt. v. 23. 5. 1984, 24 U 30/84, n. v.
174 Urt. v. 21. 10. 1964, NJW 1965, 35.
175 NJW 1983, 2242.
176 OLG Düsseldorf 28. 7. 1993, OLGR 1994, 129; OLG Oldenburg 31. 1. 1995, NJW-RR 1995, 688; OLG Koblenz 18. 5. 2000, DAR 2002, 169 = r+s 2002, 367
177 Urt. v. 12. 11. 1997, DAR 1999, 68 – Vermittlungsgeschäft.

f) Der in Zahlung genommene Unfallwagen

1681 *Fallbeispiel:*

Der Bekl. kaufte bei der Kl. einen Neuwagen. Seinen Altwagen gab er „im besichtigten Zustand" zum Preis von 3100 Euro in Zahlung. Nach einem früheren Unfall wurde er nicht gefragt. Nach dem Weiterverkauf stellte sich heraus, dass es sich um ein Unfallfahrzeug handelte. Dem Bekl. war der Unfall auch bekannt. Die Kl. verlangte Zahlung von 3100 Euro als restlichen Neuwagenpreis Zug um Zug gegen Rückgabe des Unfallwagens.

Ob der Altwagen frei angekauft oder im Rahmen eines Ersatzfahrzeuggeschäfts fest bzw. agenturweise in Zahlung genommen wird (zur Inzahlungnahme s. Rn 464 ff.), ist für die **Aufklärungspflicht des Altwagenanbieters** grundsätzlich ohne Bedeutung. Um sich nicht dem Vorwurf der Arglist auszusetzen, muss ein **Privatmann** auch einen professionellen Händler **unaufgefordert** auf Unfallschäden hinweisen, selbst wenn sie nach seiner Meinung fachgerecht behoben worden sind.[178] Allerdings braucht er **ungefragt** keine Einzelheiten des Unfallgeschehens und der Schadensregulierung zu offenbaren. Gibt er nähere Erklärungen ab, so müssen sie wahrheitsgemäß und vollständig sein.

Ohne tatsächliche Grundlage, also „ins Blaue hinein", gemachte Angaben über den Zustand des Fahrzeugs können den Vorwurf der Arglist rechtfertigen.[179] Die Anwendung der Grundsätze über arglistiges Handeln durch solche Erklärungen ist nicht auf den Kauf gebrauchter Kfz vom gewerblichen Händler beschränkt. Die Rechtsprechung zur Arglisthaftung des Kfz-Händlers kann in Fällen der Inzahlunggabe aber nur mit Vorsicht herangezogen werden.[180] Zu beachten ist, dass der private Inzahlunggeber in der Regel ein technischer Laie ist. Sein Verständnis vom Begriff „Unfallschaden" ist erfahrungsgemäß enger als das eines professionellen Verkäufers. Andererseits ist bei Unfallvorschäden technischer Sachverstand kein wesentliches Erkenntniskriterium. Es geht vielmehr um die Kenntnis von Vorgängen, über die ein Erstbesitzer wie kein Zweiter informiert ist. Das verleiht ihm den entscheidenden Informationsvorsprung, auch gegenüber einem Kfz-Händler.

1682 Welche Anforderungen an die Aufklärungspflicht des **privaten Inzahlunggebers** zu stellen sind, kann letztlich nur unter Berücksichtigung der Umstände des jeweiligen Einzelfalles entschieden werden. Mit der Behauptung, sein Kunde habe einen **mitgeteilten Unfallschaden** in arglistiger Weise **bagatellisiert,** wird ein Kfz-Händler nur selten Erfolg haben.[181] Besser als ein privater Käufer kann er – häufig unpräzise und verkürzte – Unfallinformationen seines Kunden durch eine sachverständige Kontrolle und/oder gezielte Rückfrage auf ihren Wahrheitsgehalt überprüfen.

Der Umfang der Aufklärungspflicht des privaten wie des gewerblichen Inzahlunggebers ist stets auch von den Erkenntnismöglichkeiten und -fähigkeiten des Kfz-Händlers abhängig. Dieser muss aber nicht von vornherein mit einem unredlichen Verhalten seiner Kunden rechnen.[182]

Das Unterlassen einer gezielten „Unfall-Frage" bedeutet keinen Verzicht auf Aufklärung und darf von einem Inzahlunggeber auch nicht so verstanden werden. Nur den Umfang,

---

178 BGH 21. 10. 1964, NJW 1965, 35; v. 5. 4. 1978, NJW 1978, 1482; v. 31. 3. 1982, NJW 1982, 1699; OLG Köln 15. 12. 1982, MDR 1983, 489; OLG Köln 18. 3. 1994, NJW-RR 1995, 51 = OLGR 1994, 238; OLG Saarbrücken 13. 6. 2000, OLGR 2000, 525.
179 Vgl. BGH 31. 3. 1982, NJW 1982, 1699.
180 Zustimmend OLG Schleswig 29. 9. 1989, 14 U 40/88, n. v.
181 Vgl. BGH 31. 3. 1982, NJW 1982, 1699; vgl. auch BGH 21. 10. 1964, NJW 1965, 35; OLG Schleswig 26. 8. 1994, ZfS 1994, 447; andererseits OLG Koblenz 29. 11. 2001, VRS 102/02, 174.
182 OLG Schleswig 26. 8. 1994, ZfS 1994, 447; OLG Saarbrücken 13. 6. 2000, OLGR 2000, 525; s. aber auch OLG Oldenburg 4. 7. 1962, MDR 1962, 901.

Grundfälle der arglistigen Täuschung 1683–1686

nicht das Ob der geschuldeten Aufklärung wird man von dem bekundeten Informationsinteresse des Inzahlungnehmers abhängig machen können.

Ob zugunsten des Händlers/Inzahlungnehmers die **Vermutung der Vollständigkeit** 1683 **und Richtigkeit der Vertragsurkunde** spricht, wenn er selbst die Angaben des Inzahlunggebers schriftlich festgehalten hat,[183] erscheint zumindest zweifelhaft (zur Vermutungswirkung beim Händlerverkauf s. Rn 1620).

Lässt sich der subjektive Tatbestand der arglistigen Täuschung nicht nachweisen,[184] bleiben etwaige Erklärungen des Fahrzeugeigentümers gleichwohl für § 434 BGB relevant.[185]

Zu den **Rechtsfolgen** bei arglistiger Täuschung des Inzahlungnehmers/Händlers 1684 s. Rn 502 ff.

2. Verschweigen sonstiger Mängel und Vorspiegeln sonstiger Eigenschaften

Unfallschäden bilden die Hauptgruppe von Mängeln, die ein Gebrauchtwagenverkäufer 1685 – auch ungefragt – nicht verschweigen darf. Eng verwandt damit sind die Fallgestaltungen ohne nachgewiesene Unfallbeschädigung, aber mit Arbeiten am Fahrzeug, die einen früheren Unfallschaden vermuten lassen (Nachlackierung, Spachtelung, sonstige Blecharbeiten). Auch derartige Maßnahmen sind offenbarungspflichtig, sofern sie nicht offenkundig oder für den Käufer ohne weiteres erkennbar sind.[186] Zu den **„Unfallverdachtsfällen"** s. auch Rn 1652 f. Der Käufer hat auch deshalb ein berechtigtes Informationsinteresse, weil er im Fall eines Weiterverkaufs ohne sachgerechte Aufklärung einem Täuschungsvorwurf ausgesetzt ist. Bei einem eigenen (Folge-)Unfall drohen Nachteile im Rahmen der Schadensregulierung (Haftpflicht und Kasko), bei einem Diebstahl nur in der Kaskoversicherung.

Abgesehen von den Fällen echter oder vermeintlicher Unfallvorschäden kommen die 1686 kaufrechtlichen Arglistbestimmungen (§§ 444, 445, 438 III BGB) auch dann zum Zuge, wenn **sonstige Umstände** verschwiegen werden, die einen Sachmangel i. S. d. § 434 BGB darstellen. **Hauptanwendungsfälle** sind

- **Motorschäden**[187]
- **höhere Laufleistungen.**[188]

Zumal bei Motorschäden ist der **Arglistnachweis oftmals schwierig** zu führen. Dass die Rechtsprechung professionelle Verkäufer regelmäßig strenger behandelt als Privatverkäufer, ist zwar verständlich. Man sollte jedoch stets beachten, dass Kfz-Händler den Zustand der Motoren ihrer Gebrauchtwagen aus eigener, sachkundiger Kenntnis nur bedingt beurteilen können. Um sich gegen die vielfältigen Risiken von Motorschäden abzusichern, haben sie ihre Haftung – früher berechtigterweise – ausgeschlossen und/oder Garantien in Form von Versicherungen gegeben. Die Gewährung einer Garantie, die Motorschäden abdeckt, kann bei der Arglistprüfung zugunsten des Händlers ins Gewicht fallen. Wer als nichtautorisierter Kfz-Betrieb Gebrauchtteile bei der Instandsetzung/Überholung eines Pkw-Motors in der eigenen Werkstatt verwendet hat, ohne den (privaten) Pkw-Käufer da-

---

183 Bejahend OLG Koblenz 29. 11. 2001, VRS 102/02, 174.
184 Die Rechtsprechung ist hier zu Gunsten privater Inzahlunggeber recht „großzügig", z. B. OLG Oldenburg 4. 7. 1962, MDR 1962, 901; OLG Saarbrücken 13. 6. 2000, OLGR 2000, 525.
185 OLG Schleswig 26. 8. 1994, ZfS 1994, 447.
186 OLG Oldenburg 18. 10. 2000, OLGR 2001, 50; OLG Düsseldorf 17. 7. 2002, 17 U 9/02, n. v.
187 BGH NZV 1995, 222 – Maserati Oldtimer; OLG Zweibrücken OLGR 1999, 434; OLG Köln DAR 2000, 308; OLG Düsseldorf DAR 2001, 502; OLG Frankfurt OLGR 2001, 63.
188 OLG Düsseldorf OLGR 1993, 81; OLG Düsseldorf NJW-RR 1999, 278; OLG Koblenz NJW-RR 2002, 202; LG Münster ZfS 1993, 409.

rauf hinzuweisen, muss sich den Vorwurf der arglistigen Täuschung gefallen lassen, wenn es infolge eines fehleranfälligen Gebrauchsteils zu einem Motorausfall kommt.[189]

1687 Ebenso wie bei Motorschäden und km-Abweichungen muss auch sonst zwischen dem Verschweigen eines Sachmangels und dem Fall des **Vorspiegelns einer Eigenschaft** getrennt werden. Zumindest in der Theorie ist das Zweierlei. Beides kann indes eine natürliche Handlungseinheit bilden. Ein Beispiel dafür ist der Fall OLG Hamm NJW-RR 1991, 505 = NZV 1991, 232 mit dem Verkauf eines reimportierten Fahrzeugs mit zweifelhaftem **Erstzulassungszeitpunkt**.

1688 Die so genannten **Kaschierungsfälle** sind in der Regel über die Alternative „Vorspiegeln einer Eigenschaft" zu lösen. Optisches Herrichten („Aufbereiten") und Schönheitsmaßnahmen sind erlaubt. Das Tarnen von Schäden, insbesondere von Durchrostungen und Unfallbeschädigungen, ist verboten.[190] Wo genau die Grenze zwischen zulässiger Präsentation und arglistiger Täuschung zu ziehen ist, kann im Einzelfall schwierig zu beantworten sein.[191] Gegen die handelsübliche **optische Gebrauchtwagenaufbereitung** (Rost entfernen, Motorwäsche, Felgen spritzen, Motoraufbereitung, Innenraumreinigung, Kofferraumreinigung und Außen-Make-up) ist vom rechtlichen Standpunkt aus nichts einzuwenden. Kritisch sind so genannte **Verkaufslackierungen** und das „Frisieren" von Altwagen, z. B. durch Manipulation am Tachometer, durch Einfüllen von besonders dickem Öl oder durch Kaschieren von Durchrostungen an tragenden Teilen mit Hilfe von Unterbodenschutz oder einem Rostprimer.[192] Durch solche Maßnahmen kann sich der Verkäufer leicht dem Verdacht der arglistigen Täuschung oder gar des Betruges (§ 263 StGB) aussetzen.[193]

1689 Welche weiteren Umstände als **offenbarungspflichtige Sachmängel** in Betracht kommen können, ist unter Rn 1242 ff. näher dargestellt. Was den Analogietatbestand des **Vorspiegelns einer Eigenschaft** angeht, so muss es sich um eine solche Eigenschaft handeln, die Gegenstand einer Beschaffenheitsvereinbarung (§ 434 I BGB) sein kann. Dazu, welche Eigenschaften das sind und welche ausscheiden, s. Rn 1216 ff., 1767 f.

1690 Unanwendbar sind die kaufrechtlichen Arglistnormen, wenn der Verkäufer Tatsachen verschwiegen oder über Umstände falsch informiert hat, die vom Sachmängelrecht nicht erfasst werden. Ein **höheres Alter** ist zwar für den BGH (VII. ZS) nicht stets ein Fehler i. S. d. § 459 I BGB a. F. gewesen.[194] Das Alter ist jedoch eine im Sinn von § 434 BGB relevante Eigenschaft, s. auch Rn 1275 ff. Kein Beschaffenheitsmerkmal ist der **Wert** eines Kfz. Unrichtige Angaben über den **Listenwert**[195] oder über den **ursprünglichen Neupreis** (Anschaffungspreis)[196] können aber ein **Anfechtungsrecht nach § 123 BGB** begründen und den Verkäufer aus c. i. c. (jetzt §§ 311 II, 280 I BGB) und gem. §§ 823 II, 826 BGB zum Schadensersatz verpflichten, wobei mitunter die Schadensberechnung Schwierigkeiten bereitet.[197]

---

189 OLG Düsseldorf 11. 11. 2002, 1 U 60/02, n. v.; s. auch OLG Bremen 10. 8. 2000, OLGR 2000, 371.
190 Vgl. OLG Frankfurt 30. 6. 1989, DAR 1989, 463, 464 (Rost); vgl. auch BGH 23. 4. 1986, NJW 1986, 2319 = WM 1986, 867 unter II, 3 a, bb (Rost); vgl. auch *Eggert,* DAR 1989, 121.
191 Vgl. OLG Hamm 3. 7. 1986, 23 U 35/86, n. v. (Korrosionsschäden an einem 6 Jahre alten Matra Rancho).
192 Zum Thema „Rost" eingehend unter Rn 1245 ff.
193 Siehe auch OLG Frankfurt 15. 2. 2001, DAR 2001, 306.
194 Vgl. Rn 1276.
195 LG Osnabrück 18. 12. 1986, DAR 1987, 121.
196 BGH 10. 7. 1968, VIII ZR 167/66, n. v. (Krankauf); BGH 15. 1. 1969, WM 1969, 496; vgl. auch BGH 22. 1. 1964, NJW 1964, 811 und BGH 13. 7. 1983, NJW 1983, 2493; BGH 9. 7. 1986, NJW-RR 1987, 239 unter III, 2; AG Darmstadt 5. 12. 1991, DAR 1994, 71.
197 Vgl. BGH 15. 1. 1969, WM 1969, 496.

Grundfälle der arglistigen Täuschung

Während eine Reparatur Gegenstand einer Beschaffenheitsvereinbarung sein kann und **1691** **Reparaturdefizite** sicherlich zu den offenbarungspflichtigen Sachmängeln gehören,[198] sind Falschangaben des Verkäufers über die Höhe von **Reparatur- oder Restaurationskosten** außerhalb der Sachmängelhaftung anzusiedeln.[199] Ein Aufklärungsverschulden i. S. v. § 123 BGB kann auch demjenigen Verkäufer zur Last fallen, der eine Reparatur durch eine Fachwerkstatt vorspiegelt, während er das Fahrzeug in Wirklichkeit **selbst repariert** hat (s. auch OLG Düsseldorf OLGR 1993, 129; OLG Köln OLGR 1993, 301).

Nur unter § 123 BGB fällt das Verschweigen der Tatsache, dass der **Haftpflichtversi-** **1692** **cherungsschutz** entfallen ist[200] oder dass bestimmte **Garantien** (z. B. Rostschutzgarantien) nicht mehr bestehen (dazu Rn 1309). Eine „**überlange**" **Standzeit** eines Gebrauchtwagens stellt dagegen einen Sachmangel dar; eine unterbliebene Aufklärung löste einen Anspruch aus § 463 S. 2 BGB a. F. aus.[201] Gleiches gilt für den Verkauf eines „**Geländefahrzeugs**" ohne Hinweis auf das Fehlen von Allradantrieb (OLG Düsseldorf OLGR 1995, 195). Zum Verschweigen eines vorausgegangenen **Diebstahls** und von Manipulationsanzeichen OLG Düsseldorf NZV 2000, 83; s. auch Rn 1303.

Zur Offenbarungspflicht bei **Nässeeinwirkungen** (Pkw hatte längere Zeit im Rhein ge- **1693** legen) s. OLG Koblenz, Urt. v. 5. 9. 2002, 5 U 44/02; zum Verschweigen der **Undichtigkeit der Karosserie** s. LG Coburg 13 O 534/98 = OLG Bamberg 6 U 11/00, n. v.

Um die Abgrenzung zwischen Beschaffenheitsmerkmal und gewährleistungsrechtlich **1694** neutraler Eigenschaft geht es regelmäßig in den außerordentlich facettenreichen Fällen, die unter der Sammelbezeichnung „**EU-Kauf**" laufen.[202] Welche Vorschriften bei dieser relativ neuen Fallgruppe zum Zuge kommen, hängt entscheidend davon ab, worin die Vertragswidrigkeit besteht, ob schon in der **Auslandsherstellung**, in der **Auslandszulassung**, der **Vorbenutzung im Ausland**, einem früheren **Zeitpunkt der Erstzulassung** (dazu OLG Hamm NJW-RR 1991, 505 = NZV 1991, 232), einer „**Magerausstattung**" (z. B. kein Airbag, keine Leuchtweitenregulierung), einer **unzureichenden Schadstoffarmut** oder in einer **Reduzierung der Garantiezeit**, um die wichtigsten Problemfelder zu nennen.[203]

Zur Arglisthaftung beim EU-Verkauf liegen inzwischen **erste Urteile** vor. Aus der obergerichtlichen Judikatur ist vor allem die Entscheidung des Saarländischen OLG vom 30. 3. 1999[204] zu nennen. Hiernach steht dem Käufer eines Pkw ein **Anfechtungsrecht aus § 123 BGB** zu, wenn der Verkäufer ihn bei Vertragsabschluss nicht darauf hingewiesen hat, dass der Wagen aus dem Ausland importiert ist. Verkaufsfirma war eine Opel-Vertragshändlerin, also kein Importeur, schon gar nicht ein „Grauimporteur". Bemerkenswert war auch, dass das Fahrzeug, ein aus Frankreich importierter Opel, nicht „magerausgestattet" war. Das OLG Saarbrücken hat allein aufgrund des Re-Imports einen Minderwert angenommen und dabei auf generelle Nachteile von gebrauchten Importwagen hingewiesen (kein Ausweis des bzw. der Erstbesitzer im Fahrzeugbrief, Zweifel an der Veräußerungsbefugnis, Schwierigkeiten beim Weiterverkauf). Hinzuweisen ist auch auf den Umstand, dass ein im Ausland erstzugelassenes Fahrzeug bei einer nationalen Rückrufaktion des Herstellers

---

198 OLG Bremen 10. 8. 2000, OLGR 2000, 371 – Motor; OLG Düsseldorf 11. 11. 2002, 1 U 60/02, n. v. – Motorinstandsetzung mit ungeprüften Gebrauchtteilen; zum Verschweigen einer Reparaturanfälligkeit s. OLG Köln VRS 99/100, S. 1 – Reisebus.
199 Offen gelassen von OLG Hamm OLGR 1998, 40.
200 Vgl. dazu BGH 26. 10. 1988, NJW-RR 1989, 211 = WM 1989, 26 und hier Rn 1304 ff.
201 AG Rottweil 28. 1. 1999, DAR 1999, 369–3 Jahre, 3 Monate bei einem Pkw.
202 Näheres zu den wirtschaftlichen und steuerrechtlichen Problemen bei *Kienzle*, Import und Export von Kfz, 2001.
203 Näheres bei *Reinking/Eggert*, NZV 1999, 7, 12 ff.
204 NJW-RR 1999, 1063 = OLGR 1999, 278.

unerfasst bleiben kann. Anders als das OLG Saarbrücken hat das LG Verden[205] allein in der Tatsache des Re-Imports keinen (offenbarungspflichtigen) Sachmangel gesehen.

In Fällen mit nachgewiesener „**Magerausstattung**" begründen die Gerichte eine Offenbarungspflicht allein mit diesem Defizit.[206] Wie zu Recht betont wird, geht ein deutscher Gebrauchtfahrzeugkäufer ohne konkrete anderslautende Hinweise davon aus, dass ihm ein für den deutschen Markt gebautes mit der in Deutschland üblichen Serienausstattung ausgerüstetes Fahrzeug zum Kauf angeboten wird. Ohne abweichende Anhaltspunkte darf er z. B. auch darauf vertrauen, dass der Wagen in Deutschland erstzugelassen worden ist (s. dazu Rn 1076). Dass die Eintragung im Fahrzeugbrief nicht das tatsächliche Erstzulassungsdatum wiedergibt, ist offenbarungspflichtig.[207] Durch Vorlage des Fahrzeugbriefs mit einem Vermerk über eine Auslandszulassung erfüllt der Händler seine Offenbarungspflicht noch nicht. Erforderlich ist ein eindeutiger und unmissverständlicher Hinweis, selbst bei einem Verkäufer, der als „Importeur" firmiert und/oder mit dieser Bezeichnung Werbung macht.

1695 **Katalysator/Schadstoffarmut/Steuervergünstigungen:** Wird der Verkäufer danach gefragt oder macht er von sich aus zu diesen Themen nähere Angaben (zu dieser Fallgruppe s. Rn 1129), müssen sie selbstverständlich richtig sein. Angesichts der Unsicherheiten in rechtlicher und tatsächlicher Hinsicht ist bei der Annahme von Arglist Zurückhaltung geboten (OLG Hamm OLGZ 1991, 99; LG Kiel NJW-RR 1996, 1142). Schon der objektive Tatbestand einer Aufklärungspflichtverletzung erscheint zweifelhaft. Das Fehlen eines Kat ist zwar in mehrerer Hinsicht ein Nachteil, zumal nach Erlass von Ozon-Verordnungen und schärferen Steuervorschriften. Die generelle Verkehrstauglichkeit eines katlosen Pkw ist aber nicht in Frage gestellt. Auch der Wertgesichtspunkt in § 459 I BGB a. F. rechtfertigt nicht ohne weiteres die Annahme eines Sachmangels. Der Minderwert kann sich nämlich bereits im Kaufpreis ausgedrückt haben. Ein Aufklärungsverschulden kann aber – außerhalb der kaufrechtlichen Arglistregeln – nach c. i. c.-Grundsätzen (jetzt §§ 311 II, 280 I BGB) und gem. § 123 BGB in Frage kommen.

1696 Hinsichtlich der **subjektiven Seite** der kaufrechtlichen Arglisttatbestände gelten die Ausführungen zur Arglist beim Verkauf von Unfallfahrzeugen entsprechend, s. Rn 1621 ff. Von Bedeutung ist auch hier die Figur der **„Behauptung ins Blaue".**[208] Zu dieser Fallgruppe gehören auch die Fälle, in denen Verkäufern entgegen der Käufererwartung jegliche Kompetenz zur sachgemäßen Beurteilung des Erklärungsgegenstandes fehlt, dies aber verschwiegen wird.[209]

In denjenigen Fällen, in denen **zulassungsrechtlich** „etwas nicht stimmt" (vgl. Rn 1293 ff.), ist wegen der gesteigerten Irrtumsanfälligkeit des (privaten) Verkäufers besondere Sorgfalt bei der Arglistprüfung geboten. Wer die Vorstellung hat, eine **Fahrzeugumrüstung,** z. B. eine Tieferlegung,[210] sei nicht genehmigungspflichtig, handelt nicht arglistig. Das gilt auch für den Verkäufer, der über die Notwendigkeit einer Genehmigung in

---

205 Urt. v. 27. 6. 2000, 4 O 161/00, n. v.
206 AG St. Ingbert 7. 1. 1999, ZfS 1999, 104 – VW Polo aus Frankreich); AG Limburg 8. 10. 1998, 4 C 653/97, n. v. – Fiat Punto aus Spanien, ohne ABS, Leuchtweitenregulierung und Wegfahrsperre.
207 OLG Hamm 12. 10. 1990, NJW-RR 1991, 505 – VW-Tranporter aus den Niederlanden, Händler verfügte über Spezialkenntnisse; s. auch OLG Celle 26. 2. 1998, OLG 1998, 160 – Abweichung zwischen Produktions- und Erstzulassungszeitpunkt bei Importfahrzeug.
208 Dazu z. B. OLG Karlsruhe 25. 4. 1991, MDR 1992, 129 (Verharmlosung einer Ölspur im Motorraum).
209 BGH 9. 11. 1994, NJW-RR 1995, 254 m. w. N. (Teppichkauf); BGH 8. 5. 1980, NJW 1980, 2460 (Immobilienkauf).
210 Dazu OLG Düsseldorf 26. 5. 1988, 18 U 18/88, n. v.

Grundfälle der arglistigen Täuschung

der Weise im Ungewissen ist, dass er sie für unwahrscheinlich hält. Zur Beweislastverteilung s. Rn 1623 ff. Durch die Vorlage von Belegen, z. B. Werkstattrechnungen, TÜV-Bescheinigungen, kann sich der Verkäufer entlasten.[211]

Schwierig ist der Vorsatznachweis, wenn der Verkäufer eine Erklärung abgegeben hat, die zwar objektiv eindeutig ist,[212] der Verkäufer aber einen Sinngehalt für sich in Anspruch nimmt, der im Bereich des Möglichen liegt.[213] Bei **objektiver Mehrdeutigkeit** oder gar einer Deutung im Sinne des Verkäufers dürfte eine vorsätzliche Täuschung in der Regel ausscheiden, sofern dem Verkäufer nicht eine bewusste Irreführung nachzuweisen ist. Um dem Verkäufer die „Flucht in die Mehrdeutigkeit" zu erschweren, verlangt der BGH eine **sorgfältige Auslegung** der strittigen Erklärung unter Ausschöpfung des gesamten Prozessstoffes und unter Berücksichtigung aller maßgeblichen Auslegungsgesichtspunkte (Sicht des Käufers, Parteiinteresse u. a.).[214] Rücksichtsvoll behandelt die Rechtsprechung **private Inzahlunggeber**, wenn gewerbliche Händler mit eigener Werkstatt den Vorwurf arglistiger Täuschung bei technischen Mängeln erheben (zu Unfallschäden s. Rn 1681 ff.).

---

211 OLG Düsseldorf 30. 7. 1992, OLGR 1993, 33.
212 Entscheidend ist der Blickwinkel des Käufers, s. BGH 14. 10. 1994, NJW 1995, 45 (Grundstückskauf).
213 Vgl. BGH 12. 3. 1997, DB 1997, 1023 (Computerkauf).
214 Urt. v. 14. 10. 1994, NJW 1995, 45 (Grundstückskauf).

J. Das Verhältnis der Sachmängelhaftung zu anderen Rechtsbehelfen des Käufers

1697 In welchem Verhältnis die **allgemeinen Rechtsbehelfe** zu den **Sondervorschriften** über die Sachmängelhaftung (§§ 459 ff BGB a. F.) standen, gehörte zu den schwierigsten Fragen des früheren Kaufrechts. Gerade Gebrauchtwagen-Fälle haben Rechtsprechung und Schrifttum immer wieder Anlass gegeben, sich mit dieser außerordentlich facettenreichen Thematik auseinander zu setzen. Durch das Schuldrechtsmodernisierungsgesetz haben sich zahlreiche Streitfragen erledigt. Dafür sind neue hinzu gekommen. Durch das Reformgesetz nicht in Frage gestellt, freilich auch nicht bekräftigt, ist die bislang allgemein anerkannte Grundaussage vom **prinzipiellen Vorrang** der Sachmängelvorschriften vor dem allgemeinen Leistungsstörungsrecht.[1]

I. Nichtigkeit nach §§ 134, 138 BGB

1698 Beide Vorschriften stehen zu den Sachmängelrechten **außer Konkurrenz.** Diese Rechte setzen einen **wirksamen** Kaufvertrag voraus. Der Tatbestand der Nichtigkeit wegen **Gesetzesverstoßes** (§ 134 BGB) spielt beim Gebrauchtfahrzeugkauf praktisch keine Rolle. Selbst für den Erwerb von Importautos, bei dem vielfältige Einfuhrbestimmungen zu beachten sind, liegt einschlägige Rechtsprechung nicht vor. Anders verhält es sich mit § 138 BGB. Dessen Tatbestände – Wucher und allgemeine Sittenwidrigkeit – kommen in Betracht, wenn ein **auffälliges Missverhältnis** zwischen Marktwert (Verkehrswert) und Kaufpreis besteht.[2] Feste Regeln und Grenzwerte, wie sie beispielsweise für Ratenkreditverträge[3] und für den Immobilienkauf[4] entwickelt worden sind, haben sich für den Gebrauchtwagenkauf nicht herausgebildet. Anstößige Preisgestaltungen führten hier entweder zur Arglisthaftung oder zur Haftung aus culpa in contrahendo. So hat das OLG Köln einem Händler eine arglistige Täuschung (durch aktives Tun) zur Last gelegt, der das Zehnfache des wirklichen Fahrzeugwertes als Kaufpreis verlangt hat.[5]

1699 Der Wuchertatbestand (§ 138 I BGB) wird regelmäßig deshalb zu verneinen sein, weil die **subjektive Seite** nicht beweiskräftig festzustellen ist. Einer Ausbeutungsabsicht bedarf es freilich nicht.[6] Bei der Bestimmung eines auffälligen Missverhältnisses zwischen Leistung und Gegenleistung, Kernelement in beiden Tatbeständen des § 138 BGB, hat der VIII. ZS für den Verkauf hochpreisiger beweglicher Sachen die Leitlinien des V. ZS zum Immobilienkauf übernommen.[7]

---

1 Ausführlich dazu *Hoeren/Martinek/Malzer*, SKK, Vorbem. zu den §§ 434 ff. Rn 14 ff.
2 BGH 18. 12. 1956, BB 1957, 238 (Kauf eines Lkw im Wert von 1300,– DM zum Preis von 6780,– DM); BGH 1. 10. 1969, DB 1969, 2082; OLG Köln 21. 3. 1972, 15 U 134/71, n. v. (Verkauf eines Pkw an einen Minderjährigen zum Preis von 2400,– DM bei einem Einkaufspreis von 650,– DM); OLG Hamm 15. 1. 1979, JZ 1979, 266 (insoweit nicht abgedruckt); OLG Hamm 5. 10. 1989, 23 U 26/89, n. v. (Differenz zwischen Verkehrswert und Verkaufspreis von 35% kein auffälliges Missverhältnis; Hinweis auf 100%-Grenze); OLG Nürnberg 27. 6. 1966, VRS 31, 324.
3 Vgl. *Palandt/Heinrichs,* § 138 Rn 25 ff.
4 Vgl. BGH 19. 1. 2001, NJW 2001, 1127 m. w. N.; s. auch BGH 22. 12. 1999, NJW 2000, 1254 – Münzen.
5 Urt. v. 10. 7. 1974, DAR 1974, 270; s. auch LG Bielefeld 15. 10. 1980, MDR 1981, 316; OLG Düsseldorf 10. 2. 1995, OLGR 1995, 117 – gebr. Druckmaschine.
6 BGH 12. 7. 1996, NJW 1996, 2652.
7 Urt. v. 26. 11. 1997, WM 1998, 932.

Irrtumsanfechtung

Ist der Kaufvertrag durch **arglistige Täuschung** zustande gekommen, so ist er nicht notwendigerweise sittenwidrig im Sinne von § 138 I BGB. Eine arglistige Täuschung verstößt zwar gegen die guten Sitten und begründet zumeist auch die Haftung wegen sittenwidriger Schädigung aus § 826 BGB (zur Haftung in einer „Käuferkette" s. Rn 1582 ff.). Wegen Sittenwidrigkeit nichtig ist der Vertrag jedoch nur, wenn zur unzulässigen Willensbeeinflussung durch Täuschung weitere Umstände hinzutreten.

§ 138 I BGB ist auch bei einem **Hehlergeschäft** zu bejahen, sofern die Beteiligten die Sittenwidrigkeit kennen oder sich der Kenntnis der die Sittenwidrigkeit begründenden Tatsachen grob fahrlässig verschließen.[8] Zur Annahme grober Fahrlässigkeit beim Gebrauchtwagenkauf s. Rn 1799 ff. Die Tatsachen, die die Sittenwidrigkeit ausmachen, sind diejenigen Umstände, die den Vorwurf der Hehlerei begründen, also insbesondere der Diebstahl oder die Unterschlagung des zum Kauf angebotenen Fahrzeugs. Dazu, wann sich ein Käufer grob fahrlässig der Kenntnis vom Diebstahl eines Pkw verschließt, s. BGH NJW 1992, 310 = WM 1992, 951. Wie in früheren Fällen hat der BGH auch hier die fehlende Voreintragung eines „nebenberuflichen" Gebrauchtwagenhändlers als Verdachtsmoment bewertet, die Nachforschungspflicht letztlich aber von dem Vorliegen einer (weiteren) „Unregelmäßigkeit" abhängig gemacht (Verkauf auf der Straße). Zur Kritik an dieser Rechtsprechung s. Rn 1805.

Ist der Kaufpreis zur Erfüllung eines sittenwidrigen Hehlergeschäfts geleistet worden, steht dem Bereicherungsanspruch des Käufers auf Rückzahlung das **Rückforderungsverbot** des § 817 S. 2 BGB entgegen.[9] Es bringt aber nicht den Schadensersatzanspruch des Käufers aus § 826 BGB zu Fall. Bei direktem Schädigungsvorsatz des Verkäufers fällt eine „nur" grob fahrlässige Unkenntnis vom Diebstahl auch nicht anspruchsmindernd gem. § 254 I BGB ins Gewicht.[10]

Sittenwidrigkeit i. S. d. § 138 I BGB kann auch darin zu sehen sein, dass Verkäufer und Käufer gemeinsam den schriftlichen Kaufvertrag so gestalten („frisieren"), dass dem Käufer ein günstiger Weiterverkauf ermöglicht wird, z. B. durch Aufnahme einer zu niedrigen km-Laufleistung in die Vertragsurkunde.[11]

II. Irrtumsanfechtung

1. Konkurrenzfragen

Die Anfechtung nach § 119 BGB ist nur zulässig, soweit keine vorrangigen Spezialvorschriften eingreifen. Während zwischen § 119 I BGB und den in § 437 BGB aufgeführten Rechtsbehelfen eine Konkurrenz nicht möglich ist, konkurriert § 119 II BGB – **Eigenschaftsirrtum** – meist mit den Sachmängelrechten des Käufers.

a) Irrtumsanfechtung durch den Verkäufer

Das Anfechtungsrecht des Verkäufers aus § 119 II BGB wird zwar durch die Sachmängelrechte des Käufers nicht gesperrt. Indessen war nach altem Recht klar, dass der Verkäufer nicht in jedem Irrtumsfall nach § 119 II BGB anfechten darf, nämlich dann nicht, wenn er durch seine Anfechtung Gewährleistungsansprüche des Käufers vereiteln würde (BGH NJW 1988, 2597 m. w. N.). Daran ist im Prinzip festzuhalten.

---

8 BGH 9. 10. 1991, NJW 1992, 310.
9 BGH 9. 10. 1991, NJW 1992, 310.
10 BGH 9. 10. 1991, NJW 1992, 310.
11 Vgl. LG Paderborn 5 S 194/92, n. v.

b) Irrtumsanfechtung durch den Käufer

1705 Soweit sich der Irrtum des Käufers auf einen Sachmangel bezieht, ist eine Anfechtung wegen Eigenschaftsirrtums jedenfalls **nach Übergabe** des Kaufobjekts ausgeschlossen.[12] Das ist im Grundsatz unbestritten und gilt über den 31. 12. 2001 hinaus.[13] Kontrovers diskutiert wird die Rechtslage **vor Gefahrübergang**. Umstritten ist ferner, ob das Spezialitätsprinzip auch dann gilt, wenn die Sachmängelansprüche verjährt oder kraft Gesetzes (z. B. § 442 BGB) oder aufgrund vertraglicher Abrede, typisch für den Gebrauchtfahrzeugkauf ohne Verbraucherbeteiligung, ausgeschlossen sind. Zu dieser Problematik s. Rn 1708 f.

Sachmängelansprüche kann der Käufer **grundsätzlich** erst **nach Gefahrübergang** geltend machen. Deshalb scheint vor diesem Zeitpunkt ein Konkurrenzverhältnis nicht zu bestehen. Allerdings gestattete die Rechtsprechung dem Käufer in Ausnahmefällen, schon **vor Gefahrübergang** nach §§ 459 ff. BGB a. F. vorzugehen; etwa wenn der Verkäufer den Sachmangel nicht beheben konnte oder dessen Beseitigung endgültig verweigerte.[14] Dadurch sollte der Käufer begünstigt werden. Deshalb konnte er zwischen Kaufabschluss und Übergabe wegen Eigenschaftsirrtums auch dann anfechten, wenn er ausnahmsweise schon Gewährleistungsansprüche geltend machen durfte,[15] m. a. W.: § 119 II BGB war nach der Rechtsprechung nicht schon mit Kaufabschluss ausgeschlossen.[16]

1706 Von den Sachmängelvorschriften unberührt bleibt die Anfechtung wegen eines Irrtums über den **Wert des Fahrzeugs**. Eine für den Käufer nachteilige Abweichung zwischen Ist-Wert und Soll-Wert kann für sich allein auch nach dem weiten subjektiven Fehlerbegriff nicht die Sachmängelhaftung begründen. Der Wert als solcher wird nicht einmal als Eigenschaft im Sinne von § 119 II BGB angesehen.[17] Er wird als Ergebnis von Eigenschaften, den sog. **wertbildenden Faktoren,** verstanden. Ein Irrtum berechtigt daher nicht zur Anfechtung nach § 119 II BGB,[18] wohl aber nach § 119 I BGB und nach § 123 BGB.

Bei Fehlvorstellungen des Käufers über den **ursprünglichen Neupreis** des Gebrauchtwagens oder über die Bedeutung bzw. den Wahrheitsgehalt einer **Listenpreis-Information** des Verkäufers (z. B. Schwacke-Liste oder DAT-Marktspiegel) sind die §§ 459 ff. BGB a. F. gleichfalls unanwendbar gewesen (BGH WM 1969, 496). Damit wäre der Weg zu § 119 II BGB an sich frei. Anders als der gegenwärtige Wert eines (gebrauchten) Kraftfahrzeugs ist dessen Neupreis eine Eigenschaft im Rechtssinn. Ob sie „**verkehrswesentlich**" ist, hängt von den Anforderungen ab, die man an dieses Kriterium stellt. Zwei Ansichten stehen sich gegenüber:[19] Nach der objektiven Theorie kommt es auf die Verkehrsanschauung an, losgelöst vom konkreten Fall. Die Lehre vom geschäftlichen Eigenschaftsirrtum stellt demgegenüber darauf ab, ob die Eigenschaft zum Inhalt oder zur Grundlage des Vertrages gemacht worden ist, was auch stillschweigend geschehen kann. Die Rechtsprechung neigt mehr der objektiven Betrachtungsweise zu und schafft so Raum für eine Anfechtung nach § 119 II BGB.[20]

Zur Anfechtung wegen arglistiger Täuschung über den Neupreis bzw. den aktuellen Listenpreis s. Rn 1690.

---

12 St. Rspr., z. B. BGH 9. 10. 1980, BGHZ 78, 216, 218 = NJW 1981, 224 – Mähdrescherfall.
13 Zu den Auswirkungen der Schuldrechtsreform s. *Huber/Faust*, Kap. 14 Rn 1 ff; *Birk*, JZ 2002, 446.
14 BGH 14. 12. 1960, BGHZ 34, 32 = NJW 1961, 772; BGH 10. 3. 1995, NJW 1995, 1737.
15 BGH, a. a. O. (Fn. 14).
16 So aber *Flume*, Eigenschaftsirrtum und Kauf, S. 134; *ders.*, DB 1979, 1637; *Medicus*, Rn 345.
17 BGH 18. 12. 1954, BGHZ 16, 54 = NJW 1955, 340; OLG Hamm 5. 10. 1989, 23 U 26/89, n. v.; anders *Soergel/Hefermehl*, § 119 Rn 51.
18 BGH 18. 12. 1954, BGHZ 16, 54 = NJW 1955, 340.
19 Vgl. *Palandt/Heinrichs*, § 119 Rn 25.
20 Vgl. BGH 26. 10. 1978, BGHZ 72, 252 = NJW 1979, 160; BGH 9. 10. 1980, BGHZ 78, 216 = NJW 1981, 224.

Irrtumsanfechtung

Eigenschaften, deren Fehlen zur Sachmängelhaftung und damit – nach Übergabe – zum **1707** Ausschluss der Irrtumsanfechtung nach § 119 II BGB führen kann, sind die so genannten **wertbildenden Faktoren**. Dazu gehören beispielsweise das **Alter**, das **Baujahr**, der **Zeitpunkt der Erstzulassung**, aber auch die bisherige km-**Laufleistung** ebenso wie die **Unfallfreiheit**. Zwei Entscheidungen des VII. Senats des BGH, für Kaufrechtsstreitigkeiten sonst nicht zuständig, haben hier für beträchtliche Verwirrung gesorgt: zum einen der „Baujahr-Fall" BGHZ 72, 252 = NJW 1979, 160 = WM 1979, 54,[21] zum anderen der „Mähdrescher-Fall" BGHZ 78, 216 = NJW 1981, 224.[22] Einschlägig ist ferner das Urteil des VIII. Zivilsenats vom 19. 12. 1966,[23] das die Irrtumsanfechtung freilich nicht aus Konkurrenzgründen, sondern wegen der Freizeichnungsklausel ablehnt. Geirrt hatte der Käufer sich über den Kilometerstand und die Unfallfreiheit.

Die vom VII. Senat provozierte **„Masche mit der Irrtumsanfechtung"** (Autohaus 1989, Heft 23/24, S. 107) ist vor allem bei Käufern zu beobachten, die sich über das **Alter** bzw. das **Baujahr** oder über den Zeitpunkt der **Erstzulassung** getäuscht sehen, Arglist (§ 123 BGB) aber nicht nachweisen können. Sie „flüchten" in die Irrtumsanfechtung nach § 119 II BGB. Mitunter helfen die Gerichte von sich aus nach, indem sie sogar eindeutige Täuschungsanfechtungen in **Anfechtungserklärungen** nach § 119 II BGB **umdeuten.**[24] Außer der Rechtsprechung des VII. Senats des BGH hat sicherlich auch die früher geschäftstypische Freizeichnung von der Sachmängelhaftung den Blick auf § 119 II BGB gelenkt. Statt auf diese Vorschrift auszuweichen, wäre es oft besser gewesen, die Freizeichnungsklausel restriktiv auszulegen, um so freie Bahn für die §§ 459 ff. BGB a. F. zu schaffen.

Bei einem – einseitigen – Irrtum des Käufers über das **Baujahr** eines gebrauchten Pkw hat der BGH die Sperrwirkung der §§ 459 ff. BGB a. F. mit der lapidaren Aussage aufgehoben, durch das höhere Alter (immerhin 4 Jahre) werde die Gebrauchstauglichkeit des Fahrzeugs nicht eingeschränkt; solange dies nicht der Fall sei, dürfe der Käufer gemäß § 119 II BGB anfechten.[25] Entgegen *Medicus*[26] sagt der BGH nicht, auch nicht in der „Mähdrescher-Entscheidung",[27] ein höheres Alter stelle regelmäßig keinen Sachmangel dar. Berechtigt ist die Kritik – auch an OLG Stuttgart NJW 1989, 2547 – allerdings insoweit, als der zweite Tatbestand in § 459 I BGB a. F. – Beeinträchtigung des Wertes – außer Betracht geblieben ist. Das scheint der VIII. Zivilsenat nicht anders zu sehen, denn er hat sich den kritisierten „Baujahr"-Entscheidungen des VII. Senats nicht angeschlossen.[28] Näheres zu diesem Thema unter Rn 1275 ff.

Ebenso wie eine Abweichung des tatsächlichen Alters vom vertraglich vorausgesetzten regelmäßig zur Sachmängelhaftung und damit zum Ausschluss der Irrtumsanfechtung führt, gilt dies für zeitliche Diskrepanzen bei der **Erstzulassung** bzw. der **Wiederzulassung** zum Straßenverkehr (dazu Rn 1275). Ein Irrtum über den Zeitpunkt der nächsten **Hauptuntersuchung** (§ 29 StVZO) soll hingegen nach Ansicht des AG Bergisch Gladbach[29] zur

---

21 Dazu *Flume,* DB 1979, 1637; *Tiedtke,* DB 1979, 1261; *Honsell,* JZ 1980, 802; *Berg,* JuS 1981, 179; *ders.,* NJW 1981, 2337; *J. Kohler,* Die gestörte Rückabwicklung gescheiterter Austauschverträge, 1989, S. 537 ff.
22 Dazu *Honsell,* JuS 1982, 810; *Schubert,* JR 1981, 154; *Berg,* NJW 1981, 2337.
23 BB 1967, 96.
24 BGH 26. 10. 1978, BGHZ 72, 252; BGH 9. 10. 1980, BGHZ 78, 216; OLG Stuttgart 17. 3. 1989, NJW 1989, 2547; OLG Stuttgart 8. 10. 1999, 2 U 71/99, n. v.; Kritik bei *Flume,* DB 1979, 1637, und *Schubert,* JR 1981, 154; *Berg,* JuS 1981, 179, verlangt wenigstens einen Hinweis des Gerichts nach § 139 ZPO.
25 Urt. v. 26. 10. 1978, BGHZ 72, 252 = NJW 1979, 160.
26 Rn 342.
27 BGHZ 78, 216 = NJW 1981, 224.
28 Vgl. Urt. v. 17. 5. 1995, NJW 1995, 2159 = WM 1995, 1145.
29 Urt. v. 16. 9. 1978, 16 C 908/76, n. v.; a. A. *Tempel,* S. 36.

Anfechtung gemäß § 119 II BGB berechtigen. Dafür spricht, dass die Tatsache der Überprüfung und erst recht der Umstand der Fälligkeit der nächsten HU nicht ohne weiteres als Merkmale der Fahrzeugbeschaffenheit zu verstehen sind. Zu den „zusicherungsfähigen" Eigenschaften i. S. d. §459 II BGB a. F. konnte man sie zählen, weil der zeitliche Abstand bis zur nächsten HU etwas über den Zustand des Fahrzeugs bei Vertragsabschluss aussagt (vgl. auch Rn 1307). Je nach dem wie die Rechtsprechung Beschaffenheit i. S. d. § 434 BGB n. F. definiert, bleibt Raum für die Irrtumsanfechtung.

Eindeutig Priorität hat das Sachmängelrecht bei einem Irrtum des Käufers eines Motorrades, der sich auf Art und Zustand des Rahmens (Original oder Nachbau) bezieht.[30]

1708 Die durch die Sondervorschriften des Sachmängelrechts ausgeschlossene Irrtumsanfechtung nach § 119 II BGB **lebt nicht** dadurch **wieder auf**, dass die „Gewährleistung" im konkreten Fall wirksam ausgeschlossen worden ist. Wenn die **Freizeichnungsklausel** den streitgegenständlichen Sachmangel gar nicht erfasst, was z. B. bei einem höheren Alter der Fall ist (vgl. Rn 1951), bleibt es ohnehin beim Vorrang der Sachmängelvorschriften. Im Umfang der Freizeichnung entfällt das Anfechtungsrecht aus einem doppelten Grund: einmal wegen des Prinzips der Spezialität und zum anderen deshalb, weil mit der Freizeichnung von Gewährleistungsansprüchen zugleich die Vertragsanfechtung nach § 119 II BGB ausgeschlossen sein dürfte. Letzteres ist eine Frage der Klauselauslegung.[31]

1709 Das Anfechtungsrecht aus § 119 II BGB lebt auch nicht dadurch wieder auf, dass die Sachmängelhaftung nach **§ 442 BGB** (grobe Fahrlässigkeit) ausgeschlossen ist. Anderenfalls würde man diese Sondervorschrift umgehen. Der gleiche Gedanke griff bei der **Verjährung** Platz (§ 477 BGB a. F. versus § 121 BGB).

2. Anfechtungserklärung und Anfechtungsfrist

1710 Nach § 143 I BGB hat der **Käufer** die Anfechtung gegenüber dem Verkäufer zu erklären. Der **Anfechtungsgrund** braucht nicht angegeben zu werden.[32] Nach der Rechtsprechung ist es möglich, in der Anfechtung wegen arglistiger Täuschung zugleich eine solche wegen Irrtums über eine verkehrswesentliche Eigenschaft im Sinne des § 119 II BGB zu sehen.[33] Das ist im Wege der Auslegung zu ermitteln. Bei der **Umdeutung** sind die Gerichte großzügig. Selbst Anwaltsschreiben, in denen ausdrücklich und ausschließlich von „arglistiger Täuschung" die Rede ist, werden als Irrtumsanfechtung i. S. v. § 119 II BGB umgedeutet.[34]

Bei der Beurteilung einer nicht eindeutigen Käufererklärung sollten auch die **Rechtsfolgen** bedacht werden, die bei Annahme einer Anfechtung ausgelöst werden. Bei einem Vergleich mit den Folgen alternativer Rechtsbehelfe kann sich zeigen, dass eine Anfechtungserklärung dem mutmaßlichen Interesse des Käufers nicht entspricht (zur Situation bei der Arglistanfechtung s. Rn 1713).

Im Falle des § 119 II BGB muss die Anfechtung **unverzüglich** erfolgen, nachdem der Anfechtungsberechtigte seinen Irrtum entdeckt hat (§ 121 I BGB). Nach Meinung des OLG Hamm liegt die **Obergrenze** in der Regel bei **zwei Wochen**,[35] gerechnet ab Aufde-

---

30 OLG Karlsruhe 18. 8. 1992, VRS 84, 241 = NJW-RR 1993, 1138.
31 Dazu BGH 19. 12. 1966, BB 1967, 96; BGH 14. 12. 2000, ZIP 2001, 160; OLG Stuttgart 17. 3. 1989, NJW 1989, 2547; OLG Karlsruhe 18. 8. 1992, VRS 84, 241; s. auch BGH 15. 1. 1975, NJW 1975, 970; *Tiedtke*, NJW 1992, 3213.
32 *Palandt/Heinrichs*, § 143 Rn 3, bestr.; offen gelassen von BGH NJW 1966, 39.
33 BGH 14. 12. 1960, BGHZ 34, 32 = NJW 1961, 772; BGH 26. 10. 1978, BGHZ 72, 252 = NJW 1979, 160.
34 Kritisch dazu *Flume*, DB 1979, 1637; *Schubert*, JR 1981, 154.
35 Urt. v. 22. 6. 1993, OLGR 1993, 301 = DAR 1994, 120.

ckung des Irrtums. Hinreichend sichere Kenntnis vom Anfechtungsgrund kann bei einem Autokäufer von der Einholung eines Gutachtens abhängen (vgl. BGH NJW 1981, 224, 226) oder – bei nichttechnischen Mängeln wie Alter/Baujahr – von der Überprüfung beweiskräftiger Dokumente (s. auch OLG Stuttgart NJW 1989, 2547).

3. Rückabwicklung

Nach **begründeter Irrtumsanfechtung** kann der Käufer grundsätzlich den vollen Kaufpreis herausverlangen (§ 812 I BGB). **Zug um Zug** hat er das Fahrzeug zurückzugeben. Wenn es nicht mehr in dem früheren Zustand ist, wird der Verkäufer einen Teil des Kaufpreises zurückhalten oder Gegenansprüche geltend machen. Ob und inwieweit er dazu berechtigt ist, hat der BGH vor allem in der „Baujahr"-Entscheidung vom 26. 10. 1978[36] und im „Mähdrescher"-Urteil vom 9. 10. 1980[37] entschieden.

III. Arglistanfechtung

Anders als die Anfechtung wegen Eigenschaftsirrtums wird die Anfechtung wegen arglistiger Täuschung (§ 123 BGB) von der Sachmängelhaftung nicht verdrängt. Das war und ist allgemeine Meinung.

Die Wohltat, die die h. M. dem Käufer mit dem Wahlrecht verschaffen wollte, konnte sich nach bisherigem Recht mitunter als Falle herausstellen. Nach dem neuen BGB halten sich die „Anfechtungsverluste" in Grenzen. Da trotz rechtswirksamer Anfechtung zumindest der Anspruch aus culpa in contrahendo erhalten bleibt (s. Rn 1770) und die ohnehin bestehen bleibende Delikthaftung allenfalls hinsichtlich des Erfüllungsinteresses keine Deckung gibt (str., s. dazu Rn 1782 ff.), waren die bisherigen Nachteile einer Täuschungsanfechtung in den praktischen Ergebnissen ohnehin weniger gravierend, als es bei konstruktiv-dogmatischer Betrachtung den Anschein hatte. Gerade dem arglistig getäuschten Fahrzeugkäufer half die Rechtsprechung, soweit es irgendwie vertretbar war. An dieser Grundhaltung wird sich durch das neue Recht nichts ändern. Es hat die „Rücktrittsfalle" beseitigt (§ 325 BGB), an der „Anfechtungsfalle" aber – aus guten Gründen – nichts geändert.

1. Anfechtungserklärung

Als **rechtsgestaltende Erklärung** muss die Anfechtung unzweideutig zum Ausdruck bringen, dass der Kaufvertrag (nicht notwendigerweise auch das Erfüllungsgeschäft) beseitigt und rückgängig gemacht werden soll.[38] Dieser Anforderung genügen selbst Anwaltsschreiben nicht immer, etwa wenn mit der Anfechtungserklärung die Forderung nach Schadensersatz verbunden wird.[39] Bei der Auslegung von Käufererklärungen und sonstigen Verhaltensweisen sollten auch die Rechtsfolgen einer wirksamen Täuschungsanfechtung in den Blick genommen und mit den Folgen alternativer Rechtsbehelfe verglichen werden. Im Zweifelsfall ist eine Anfechtungserklärung zu verneinen.

Der Käufer muss den Anfechtungsgrund, also die arglistige Täuschung, nicht ausdrücklich in seiner Anfechtungserklärung mitteilen. Es genügt, wenn der Verkäufer erkennen kann, dass ihm ein Täuschungsvorwurf gemacht wird. Innerhalb der Anfechtungsfrist kann ursprünglich Versäumtes nachgeholt werden.

Die Anfechtung kann auch durch **schlüssiges Verhalten** erklärt werden, so z. B. durch Rückgabe der Fahrzeugschlüssel, verbunden mit der Bemerkung, den Wagen nicht länger

---

36 BGHZ 72, 252.
37 BGHZ 78, 216.
38 BGH 22. 2. 1991, NJW 1991, 1673.
39 Vgl. z. B. BGH 22. 2. 1991, NJW 1991, 1673.

behalten zu wollen.[40] Auch der Klageschrift oder sonstigem Prozessverhalten des Käufers kann eine Anfechtungserklärung entnommen werden.[41] Erklärt ein Käufer, der Rückzahlung des Kaufpreises begehrt, die Anfechtung wegen arglistiger Täuschung und erklärt er im Prozess hilfsweise den Rücktritt vom Vertrag, so handelt es sich um einen Antrag mit zwei alternativen Begründungen, nicht um einen Haupt- und einen Hilfsantrag. Das Gericht ist an die Reihenfolge nicht gebunden; es kann sogar eine Alternativentscheidung fällen.[42]

Zulässig soll auch sein, die Anfechtung nach § 123 BGB nur für den Fall zu erklären, dass das Gericht den primär geltend gemachten Sachmängelanspruch verneint.[43] Das Verbot, die Anfechtung von einer Bedingung abhängig zu machen, steht dem nicht entgegen.

1714 Werden Anfechtung und Rücktritt bzw. „großer" Schadensersatz (§§ 311 a II, 280 III, 281 I, 283 BGB) ohne Rangverhältnis **nebeneinander gestellt,** muss das Gericht im Wege der Aufklärung nach § 139 ZPO das Primärziel des Käufers feststellen (s. auch Rn 1487 ff.). Methodisch ist es bei der Untersuchung vertraglicher Ansprüche (außer c. i. c.) geboten, Abschluss und Fortbestand des Kaufvertrages zu prüfen. Da eine **wirksame** Anfechtung zur Nichtigkeit der Vertragserklärung und damit zum Wegfall des Kaufvertrages führt, ist nach **ständiger Rechtsprechung** kein Raum mehr für vertragliche Ansprüche.[44]

Ist die Anfechtung tatbestandsmäßig unwirksam oder lässt sich das Klageziel auch ohne wirksame Anfechtung erreichen (z. B. wegen einer verschuldensunabhängigen Haftung), ist der Weg zu den vertraglichen Rechtsbehelfen frei. Eine erfolglose oder „überflüssige" Anfechtung kann in einen Rücktritt umgedeutet werden, wenn ein Rücktrittsgrund vorgetragen ist.[45] Umdeutungen sind also in beiden Richtungen möglich.[46]

2. Anfechtungsfrist

1715 Die Frist zur Anfechtung wegen arglistiger Täuschung beträgt ein Jahr, § 124 I BGB. Sie beginnt mit dem Zeitpunkt der Entdeckung der Täuschung (§ 124 II BGB), zur **Beweislast** s. BGH NJW 1992, 2346. Auch nach Ablauf der Anfechtungsfrist ist nach Meinung des BGH[47] eine Vertragsaufhebung nach c. i. c.-Grundsätzen möglich.[48]

Grundsätzlich darf der Anfechtungsberechtigte die Jahresfrist voll ausschöpfen.[49] Ein Hinausschieben der Anfechtung kann unter dem Gesichtspunkt des **Verzichts** oder der **Verwirkung** erheblich sein. Zu denken ist auch an den Tatbestand der **Bestätigung** (§ 144 BGB). Zu diesem Fragenkreis vgl. BGH NJW 1971, 1795, 1800 mit Anm. *Giesen.*

---

40 Zur Auslegung solcher Erklärungen s. *Koch,* JuS 1983, 494; *Probst,* JZ 1989, 878.
41 BGH 22. 2. 1991, NJW 1991, 1673.
42 BGH 9. 10. 1980, BGHZ 78, 216 = NJW 1981, 224; OLG Frankfurt 18. 9. 1991, ZfS 1992, 230; zum Nebeneinander von Anfechtungsrecht und Gewährleistung s. auch BGH NJW 1990, 1106 = ZIP 1990, 314 m. w. N.
43 BGH 22. 2. 1991, NJW 1991, 1673.
44 BGH 29. 10. 1959, NJW 1960, 237; BGH 12. 5. 1995, NJW 1995, 2361; OLG Karlsruhe 18. 12. 1985, NJW-RR 1986, 542; BGH 17. 5. 1995, NJW 1995, 2159 steht nicht entgegen.
45 Zu dieser Problematik s. BGH 28. 4. 1971, NJW 1971, 1795 m. Anm. *Giesen;* BGH 29. 10. 1959, NJW 1960, 237 = LM § 123 BGB Nr. 18; BGH 4. 10. 1989, WM 1989, 1984; BGH 2. 2. 1990, NJW 1990, 1106; OLG Bremen 2. 7. 1968, DAR 1968, 269; OLG Bamberg 2. 3. 1994, NJW-RR 1994, 1333, 1334 (§ 463 S. 1 BGB trotz – nicht durchgreifender – Täuschungsanfechtung).
46 *Giesen,* NJW 1971, 1797.
47 Urt. v. 26. 9. 1997, NJW 1998, 302 m. w. N.
48 Siehe Rn 1774; anders und richtig OLG Hamm NJW-RR 1995, 205.
49 BGH 28. 4. 1971, NJW 1971, 1795.

3. Ausschluss des Anfechtungsrechts

Das Anfechtungsrecht geht nicht dadurch verloren, dass der Käufer das Fahrzeug **weiterveräußert** hat. **Besitz** der anfechtbar erworbenen Sache ist keine Anfechtungsvoraussetzung.[50] Zu den Rechtsfolgen bei Herausgabe-Unmöglichkeit s. Rn 1757 ff.

1716

Die **Bestätigung** nach § 144 BGB ist der Sache nach ein Verzicht auf die Anfechtung. An die Annahme einer Bestätigung durch **schlüssiges Verhalten** stellt die Rechtsprechung strenge Anforderungen.[51] Verlangte der Käufer in Kenntnis der Anfechtbarkeit ausschließlich Gewährleistung oder ließ er sich auf eine Mängelbeseitigung ein, so lag darin in der Regel keine Bestätigung i. S. v. § 144 BGB.[52] Das gilt erst recht auf dem Boden des neuen Kaufrechts.

Eine Bestätigung kann auch nicht ohne weiteres in der **Benutzung** des Fahrzeugs oder im **Weiterverkauf** nach Kenntnis von der Täuschung gesehen werden.[53] Zur Parallelproblematik beim Rücktritt und beim „großen" Schadensersatz s. Rn 1531 ff.

Abgesehen vom Fall der **Verwirkung**,[54] kann die Ausübung des Anfechtungsrechts auch deshalb **treuwidrig** sein, weil der **Anfechtungsgrund nachträglich weggefallen** ist[55] oder die Rechtslage des Getäuschten nicht mehr beeinträchtigt ist.[56] Erklärt der Käufer die Arglistanfechtung erst im Anschluss an einen **Unfall**, so ist dies selbst dann keine unzulässige Rechtsausübung, wenn das Fahrzeug durch Alleinverschulden des Käufers zerstört worden ist. Nach BGHZ 57, 137 (dazu Rn 1751) kommt der Grundsatz von Treu und Glauben lediglich bei den Rechtsfolgen der Anfechtung zum Tragen.

Nach rechtswirksamer Anfechtung scheidet eine Bestätigung nach § 144 BGB aus; es kommt aber eine Bestätigung im Sinne einer Neuvornahme gemäß § 141 BGB in Betracht.[57] Einseitig kann der Käufer die Rechtswirkung der Anfechtung (§ 142 BGB) nicht rückgängig machen. Voraussetzung ist eine Einigung mit dem Verkäufer. Sie kann auch stillschweigend bzw. durch schlüssiges Verhalten zustande kommen, auch noch während eines laufenden Rechtsstreits. Voraussetzung ist, dass sich die Parteien darin einig sind, den Vertrag trotz der Anfechtungserklärung des Käufers als fortbestehend anzusehen.

4. Darlegungs- und Beweisfragen

Grundsätzlich trägt der Anfechtende die Darlegungs- und Beweislast für sämtliche tatsächlichen Voraussetzungen des Arglisttatbestandes.

1717

Zu den objektiven und subjektiven Voraussetzungen der arglistigen Täuschung siehe Rn 1615 ff.; insbesondere Rn 1690 ff., wo diejenigen Fallgestaltungen behandelt werden, bei denen § 123 BGB als allgemeine Arglistnorm allein anwendbar ist.

Wie bei den kaufrechtlichen Arglistnormen ist zwischen einer Täuschung durch **arglistiges Verschweigen** und dem Fall der **Täuschung durch positives Tun** streng zu trennen. Wird die Anfechtung mit einem **Verschweigen** begründet, ist die Darlegungslast des Käu-

---

50 BGH 29. 10. 1959, NJW 1960, 237 = LM § 123 BGB Nr. 18; OLG Köln 18. 3. 1994, NJW-RR 1995, 51.
51 BGH 28. 4. 1971, NJW 1971, 1795; BGH 1. 4. 1992, WM 1992, 996.
52 BGH 2. 2. 1990, NJW 1990, 1106; BGH 12. 11. 1957, NJW 1958, 177 = LM § 123 BGB Nr. 16.
53 BGH 28. 4. 1971, NJW 1971, 1795 (Benutzung); BGH 29. 10. 1959, NJW 1960, 237 = LM § 123 BGB Nr. 18; OLG Köln 18. 3. 1994, NJW-RR 1995, 51 = OLGR 1994, 238 – Weiterverkauf nach Anfechtung.
54 Dazu BGH 28. 4. 1971, NJW 1971, 1795.
55 BGH 1. 3. 1992, NJW 1992, 2346.
56 BGH 30. 6. 2000, NJW 2000, 2894.
57 OLG Köln 18. 3. 1994, NJW-RR 1995, 51 = OLGR 1994, 238.

fers naturgemäß verkürzt. Er braucht lediglich vorzutragen, dass der Verkäufer von dem fraglichen Umstand **Kenntnis** hatte (vor Abgabe der Vertragserklärung des Käufers) und trotz dieser Kenntnis geschwiegen hat. Wann und durch wen der Verkäufer oder sein Abschlussgehilfe Kenntnis erlangt hat, braucht der Käufer nicht vorzutragen.[58] Er schuldet auch keine Rechenschaft darüber, woher er, der Käufer, sein Wissen von der Kenntnis des Verkäufers hat. Selbst eine nur **vermutete Verkäuferkenntnis** kann er als Tatsachenbehauptung in den Prozess einführen. Unbeachtlich ist erst eine aus der Luft gegriffene, gleichsam ins Blaue hinein aufgestellte Behauptung.[59]

Bei hinreichendem Sachvortrag des Käufers ist es die Aufgabe des Verkäufers, substanziiert darzulegen, dass er von der fraglichen Tatsache entweder keine Kenntnis gehabt oder sie offen gelegt hat oder dass sie dem Käufer anderweitig bekannt war. Damit der Käufer sich mit diesem Vorbringen inhaltlich auseinander und dagegen zur Wehr setzen kann, genügt es nicht, wenn der Verkäufer sich auf die Behauptung beschränkt, aufgeklärt zu haben. Die angebliche Aufklärung ist unter Angabe konkreter Einzeltatsachen. („substanziiert") zu beschreiben. Dabei ist zu berücksichtigen, dass der Käufer oder sein Vertreter an den Verkaufsverhandlungen teilgenommen hat, die behauptete Aufklärung sich also im Wahrnehmungsbereich der Gegenseite abgespielt hat. Das wirkt sich zu Gunsten des Verkäufers auf seine Substanziierungspflicht aus.

Erfüllt der Sachvortrag des Verkäufers die an ihn zu stellenden Anforderungen, gegebenenfalls ist das Gericht zu einem entsprechenden Hinweis (§ 139 ZPO) verpflichtet, fällt dem Käufer die Aufgabe zu, die Behauptung des Verkäufers zu widerlegen.[60] Ist dagegen erwiesen, dass der Verkäufer bei Vertragsanbahnung oder gar bereits in einem Zeitungsinserat durch eine Falschangabe, also durch positives Tun, einen Irrtum hervorgerufen hat, so muss er beweisen, dass er die Fehlvorstellung des Käufers vor Abschluss des Kaufvertrages durch Aufklärung beseitigt hat,[61] siehe auch Rn 1620 und die Ausführungen zur Beweislastverteilung bei den einzelnen Fallgruppen „Verschweigen von Unfallschäden" und „Vorspiegeln von Unfallfreiheit".

1718 Anders als § 463 S. 2 BGB a. F. setzt § 123 BGB den **Nachweis der Kausalität** zwischen der arglistigen Täuschung und dem Kaufentschluss, d. h. Abgabe der entsprechenden Willenserklärung, voraus.[62] Kausalität liegt bereits vor, wenn der Kaufentschluss neben anderen Beweggründen durch den täuschungsbedingten Irrtum des Käufers mitbestimmt worden ist;[63] eine Beschleunigung des Geschäftsabschlusses genügt. Unerheblich ist, ob und gegebenenfalls wann der Käufer die Erklärung des Verkäufers auf ihre Richtigkeit hin überprüft hat. Es kommt auch nicht darauf an, ob der Irrtum vermeidbar war oder nicht. Eine arglistige Täuschung setzt nicht Schuldlosigkeit des Anfechtenden voraus.[64]

Den ursächlichen Zusammenhang zwischen Irreführung und Willenserklärung hat im Rahmen des § 123 BGB der Käufer darzulegen und zu beweisen.[65] Eine Beweislastumkehr findet nach der Rechtsprechung nicht statt. Allerdings stellt sie an die Darlegung und den Nachweis der Kausalität **keine hohen Anforderungen.** BGH NJW 1958, 177 will dem Getäuschten sogar mit **Anscheinsbeweisregeln** helfen (anders BGH NJW 1968, 2139 und BGH NJW 1996, 1051, s. auch BGH NJW 1995, 2361). Häufig wird mit der Annahme einer

---

58 BGH 13. 3. 1996, NJW 1996, 1826.
59 BGH 13. 3. 1996, NJW 1996, 1826.
60 Zutreffend OLG Köln 26. 1. 1996, VersR 1996, 631.
61 OLG Köln 26. 1. 1996, VersR 1996, 631.
62 BGH 7. 7. 1989, NJW 1990, 42 = JZ 1989, 857; BGH 23. 4. 1997, NJW 1997, 1845.
63 BGH 22. 2. 1991, NJW 1991, 1673, 1674; v. 12. 5. 1995, NJW 1995, 2361.
64 BGH 23. 4. 1997, NJW 1997, 1845.
65 BGH 12. 5. 1995, NJW 1995, 2361 – Immobilienkauf.

tatsächlichen Vermutung argumentiert.[66] Sie verhilft zu der Feststellung, dass der Käufer das Fahrzeug ohne die Täuschung nicht, jedenfalls nicht zu dem konkreten Preis, gekauft hätte. Argumentationstypisch ist in diesem Zusammenhang die Erwägung, dass die vorgetäuschte Eigenschaft üblicherweise von wesentlicher Bedeutung für den Kaufentschluss sei. Wenn der Käufer sich im konkreten Fall ausdrücklich nach dem Vorhandensein dieser Eigenschaft, z. B. Unfallfreiheit, erkundigt hat, bestehen an der erforderlichen Kausalität in der Tat keine begründeten Zweifel.[67] Der Beweis der Ursächlichkeit der Täuschung ist dann „zumindest dem Anschein nach" erbracht (vgl. BGH NJW 1995, 2361).

Von der Ursächlichkeit der Täuschung für den Kaufentschluss zu unterscheiden ist das **Bewusstsein** des Verkäufers um die Kausalität. Für § 123 BGB ist das Bewusstsein Voraussetzung, dass der Käufer ohne die Täuschung nicht oder zu einem anderen Preis gekauft hätte. Auch hier genügt bedingter Vorsatz.[68] So wie bei der (objektiven) Kausalität mit einer „tatsächlichen Vermutung" argumentiert wird, hilft man dem Käufer auf der subjektiven Ebene mit einer ähnlichen Beweiserleichterung.

5. Rechtsfolgen der Arglistanfechtung

Die **wirksam** angefochtene Kaufererklärung – im Kfz-Handel die Bestellung (= Vertragsangebot) – ist als **von Anfang an nichtig** anzusehen, § 142 I BGB. Die durch Anfechtung eingetretene Nichtigkeit ist nicht anders zu behandeln als eine von Anfang an bestehende. **1719**

Auch ohne ausdrücklichen Hinweis oder Zusatz erstreckt sich die Anfechtungserklärung eines sich getäuscht sehenden Gebrauchfahrzeugkäufers (nach Übergabe des Fahrzeugs) auf die **dingliche Seite** des Geschäfts. Seine Erklärung, die zur Einigung i. S. v. § 929 BGB geführt hat, ist im Zweifel von der arglistigen Täuschung mitbeeinflusst.[69] Gesamtnichtigkeit von Kauf und Übereignung wird bisweilen auch mit § 139 BGB begründet.[70]

Nach wirksamer Anfechtung kann das Geschäft nach **Bereicherungsrecht** rückabgewickelt werden. **Schadensersatz** konnte der Käufer daneben nur wegen Verschuldens bei Vertragsschluss oder aus unerlaubter Handlung verlangen (§ 823 II BGB i. V. m. § 263 StGB, §§ 826, 831 BGB), nicht mehr aus § 463 S. 2 BGB a. F.[71] Auch nach neuem Recht scheiden vertragliche Schadensersatzansprüche bei wirksamer Täuschungsanfechtung aus. **1720**

Eine weitere Dimension eröffnen die **§§ 987 ff. BGB,** sofern die Anfechtung, wie meist, das Erfüllungsgeschäft mitvernichtet hat. Die Vorschriften über das Eigentümer-Besitzer-Verhältnis können ferner über die §§ 819 I, 818 IV, 292 BGB zur Anwendung kommen. Der arglistige Verkäufer unterliegt von vornherein der **verschärften Bereicherungshaftung** (§§ 819 I, 142 II BGB), weil er die Anfechtbarkeit vom Zeitpunkt der Täuschung an kannte. Der Käufer haftet von dem Zeitpunkt an verschärft, in dem er von der Anfechtbarkeit Kenntnis erlangt, d. h. praktisch ab Entdeckung der Täuschung. Von da an darf er nicht mehr auf den Fortbestand des Geschäfts vertrauen, auch wenn er sich über die rechtlichen Folgen der Täuschung zunächst nicht schlüssig ist. **1721**

---

66 OLG Karlsruhe 20. 3. 1992, NJW-RR 1992, 1144; OLG Nürnberg 12. 1. 1978, DAR 1978, 198; OLG Köln 23. 5. 1994, 24 U 30/84, n. v.; vgl. auch BGH 6. 10. 1989, NJW-RR 1990, 78, 79; BGH 12. 5. 1995, NJW 1995, 2361; BGH 23. 4. 1997, NJW 1997, 1845.
67 Vgl. auch BGH 20. 3. 1967, LM § 123 BGB Nr. 35 = NJW 1967, 1222 mit Unterscheidung zwischen § 123 BGB und § 119 II BGB.
68 BGH 28. 4. 1971, NJW 1971, 1795, 1800.
69 Vgl. OLG Oldenburg 27. 10. 1992, DAR 1993, 467; OLG Köln 18. 3. 1994, NJW-RR 1995, 51 = OLGR 1994, 238; *Weitnauer,* NJW 1970, 637.
70 Vgl. BGH NJW-RR 1991, 917, aber Grundstückskauf, siehe auch BGH 12. 5. 1995, NJW 1995, 2361, gleichfalls Grundstückskauf; zum Ganzen *Grigoleit,* AcP 199 (1999), 404 ff.
71 BGH 29. 10. 1959, NJW 1960, 237 = LM § 123 BGB Nr. 18; OLG Karlsruhe 18. 12. 1985, NJW-RR 1986, 452.

a) Anspruchskonkurrenz und praktisches Vorgehen bei der Fallbearbeitung

1. Die Rückabwicklung eines wirksam angefochtenen und deshalb nichtigen Kaufvertrages kann sowohl nach Schadensersatz- wie nach Bereicherungsrecht erfolgen (st. Rspr., z. B. BGH NJW 1962, 1909; BGHZ 57, 137 = NJW 1972, 36; BGH NJW 1995, 45).

2. Grundlagen der Schadensersatzhaftung sind c. i. c. und die §§ 823 II i. V. m. 263 StGB, 826, 831 BGB.

3. Während eine arglistige Täuschung i. S. v. § 123 BGB zugleich ein Verschulden bei Vertragsabschluss und regelmäßig auch einen Sittenverstoß gemäß § 826 BGB bedeutet, setzt die Annahme eines Betruges (§ 263 StGB) als Schutzgesetzverletzung (§ 823 II BGB) weitere Feststellungen voraus. Der Betrugstatbestand muss voll durchgeprüft werden, was in den einschlägigen Gerichtsentscheidungen bisweilen unterblieben ist. Für die Täuschungshandlung, die Irrtumserregung, Vermögensverfügung und Vermögensschaden (mit Kausalkette) muss Betrugsvorsatz festgestellt werden. Schwierigkeiten bereitet insbesondere das Tatbestandsmerkmal „Vermögensschaden". Dazu liegt eine umfangreiche Kasuistik vor.[72]

4. Bei einem Verkauf durch einen arglistigen Angestellten des Kfz-Händlers kann letzterer deliktisch aus § 831 BGB und nach Bereicherungsrecht haften. Der **Angestellte** ist kein Bereicherungsschuldner. Er haftet nur aus § 826 BGB, § 823 II BGB i. V. m. § 263 StGB.

5. Die Ansprüche des Käufers gegen seinen Vertragspartner aus Bereicherungsrecht und aus c. i. c. bzw. unerlaubter Handlung stehen grundsätzlich gleichrangig nebeneinander.

6. Dem Umfang nach bleibt die Bereicherungshaftung per saldo hinter der Deliktshaftung zurück; bestimmte Vermögenseinbußen werden dem Käufer nur nach §§ 249 ff. BGB ersetzt. Urteile mit erfolgreichen Klagen werden überwiegend mit der (weitergehenden) deliktischen Haftung (bzw. c. i. c.) begründet.

7. Der Bereicherungsausgleich kann über das Schadensersatzrecht zu Gunsten des Käufers korrigiert werden, beispielsweise beim Nutzungsersatz.

b) Bereicherungsansprüche des Käufers

aa) Rückzahlung des Kaufpreises und Verzinsung

Der arglistig getäuschte Käufer hat nach §§ 812 I S. 1, 1. Alt. (condictio indebiti[73]), 818 II BGB Anspruch auf Rückzahlung des Kaufpreises. Bei Hingabe eines Schecks oder eines Wechsels sind diese Papiere zurückzugeben.

Ein **in Zahlung genommener Altwagen** (Näheres zur Inzahlungnahme s. Rn 464 ff.) ist gleichfalls herauszugeben, sofern der Verkäufer dazu noch in der Lage ist. In diesem Fall (Herausgabemöglichkeit) schuldet der Verkäufer **bereicherungsrechtlich** weder Wertersatz noch Zahlung des (höheren) Anrechnungsbetrages. Auf Grund seiner Bösgläubigkeit unterliegt er jedoch ab Hereinnahme des Fahrzeugs der **verschärften Bereicherungshaftung** (§§ 819 I, 818 IV, 292, 987 ff. BGB). Die §§ 987 ff. BGB können auch direkt anzuwenden sein, wenn die Täuschungsanfechtung die dingliche Seite der Inzahlungnahme erfasst. Kraft der Haftungsverschärfung hat der Verkäufer für eine schuldhafte Verschlechterung des Fahrzeugs Ersatz zu leisten. Ein allein durch die Standzeit bedingter **Wertverlust** fällt nicht darunter. Anders ist es, sofern die Entwertung, wie in BGHZ 72, 252, auf einer sorgfaltswidrigen Aufbewahrung beruht. **Zusätzlich** wird die Haftung des Verkäufers ver-

---

[72] OLG Düsseldorf (2. Strafsenat), NJW 1991, 1841; OLG Düsseldorf (5. Strafsenat) JZ 1996, 913 m. Anm. *Ch. Schneider;* OLG Karlsruhe (3. Strafsenat) NJW 1980, 1762; s. auch OLG Köln (6. Zivilsenat), NJW-RR 1995, 51 = OLGR 1994, 238.

[73] Ob es sich um eine condictio indebiti oder um eine condictio ob causam finitam handelt, ist im Ergebnis belanglos, vgl. *Reuter/Martinek,* Ungerechtfertigte Bereicherung, § 5 I, 3.

Arglistanfechtung

schärft, sofern er sich mit der Herausgabe des in Zahlung genommenen Fahrzeugs **im Verzug** befindet, §§ 990 II, 287 BGB. Da einem getäuschten Käufer trotz wirksamer Vertragsanfechtung zugleich Schadensersatzansprüche aus c. i. c. (jetzt §§ 280 I, 311 II, 241 II BGB) und meist auch aus unerlaubter Handlung zustehen, sind auch diese Anspruchsgrundlagen in Betracht zu ziehen. Wenn überhaupt, können sie einen Ausgleich für rein standzeitbedingten Wertverlust geben.

Ob der Verkäufer **deliktsrechtlich** statt Rückgabe des (noch vorhandenen) Altwagens einen Geldbetrag in Höhe des Anrechnungspreises schuldet, ist zweifelhaft. Der BGH hat dies bisher nur für den „großen" Schadensersatz aus § 463 BGB a. F. bejaht.[74] Die Frage ist, ob dasselbe gelten kann, wenn der Käufer nicht Ersatz seines positiven Interesses verlangt, sondern über die §§ 280 I, 311 II, 241 II BGB (früher c. i. c.) seinen Vertrauensschaden liquidiert. Auch im Rahmen der Deliktshaftung ist grundsätzlich „nur" das negative Interesse zu ersetzen. Bei diesem Ansatz schuldet der arglistige Verkäufer auch schadensrechtlich keinen Ersatz in Höhe des Anrechnungspreises. Denn den damit verbundenen Vorteil hätte er ohne den Kauf bzw. ohne die Täuschung nicht erlangt.

Hat der arglistige Verkäufer den **in Zahlung genommenen Altwagen** zwischenzeitlich **1724** **weiterveräußert** (so die Konstellation in BGH NJW 1962, 1909; BGHZ 53, 144; vgl. auch BGH NJW 1980, 178), gilt bereicherungsrechtlich Folgendes: Nach § 818 II BGB schuldet der Verkäufer **Wertersatz;**[75] maßgeblich ist der objektive Verkehrswert (Marktwert), nicht der – regelmäßig höhere – Anrechnungspreis. Etwas anderes ergibt sich auch nicht aus BGHZ 53, 144. Denn der Anrechnungsbetrag von 5300,– DM entsprach dem Wert des Fahrzeugs. Hat der Verkäufer den Altwagen als Nichtberechtigter weiterveräußert, was bei Gesamtnichtigkeit des angefochtenen Geschäfts der Fall ist, kann der getäuschte Käufer nach § 816 I BGB **Herausgabe des Erlöses** aus dem Weiterverkauf verlangen, evtl. gekürzt um Verkaufsaufwendungen. Zur Anwendung des § 281 BGB a. F. (= § 285 BGB n. F.) im Rahmen der Bereicherungshaftung s. BGH NJW 1980, 178 (kein Arglistfall, aber gleichfalls verschärfte Haftung nach §§ 818 IV, 819 BGB), dort auch zur Anwendung des § 687 II BGB.

Angesichts der **Bösgläubigkeit** des (arglistigen) Verkäufers bzw. seines Vertreters **1725** (§ 166 BGB) ist der Geldbetrag ab Empfang **zu verzinsen,** §§ 818 IV, 819 I, 291 BGB. Auch für die Prozesszinsen gilt der Zinssatz des § 288 I,2 BGB. Mit dem Geld erwirtschaftete Zinsen sind nach §§ 818 IV, 819 I, 292, 987 I BGB herauszugeben. Bemessungsgrundlage ist lediglich das empfangene Kapital. Wird ein Teil des Kaufpreises durch Hingabe eines Altfahrzeugs „ersetzt" (zu den einzelnen Konstruktionen s. Rn 472 ff.), kann der arglistig getäuschte Käufer selbst im Fall der Weiterveräußerung des Altwagens nicht den vollen Kaufpreis, sondern nur den Baranteil zur Grundlage der Verzinsung machen. Für den weiterveräußerten Wagen hat der Verkäufer/Inzahlungnehmer Schadensersatz bzw. Wertersatz zu leisten.

Ob und inweiweit der Käufer das Fahrzeug genutzt hat und dafür eine Vergütung schuldet, ist auf den Zinsanspruch ohne Einfluss, d. h., der Betrag, der zu verzinsen ist, kann den Betrag der (wegen Abzugs der Nutzungsvergütung reduzierten) Hauptforderung übersteigen.

Für unterlassene **Kapitalnutzung** haftet der Verkäufer nach § 987 II BGB. **Eigenen Fi- 1726 nanzierungsaufwand** kann der Käufer als Schaden geltend machen, eventuell auch als Entreicherungsposten in das Abrechnungsverhältnis einstellen. Befindet sich der – bösgläubige – Verkäufer mit der Rückzahlung des Kaufpreises in Verzug, kann der Käufer seine

---

[74] Urt. v. 28. 11. 1994, NJW 1995, 518 (Bestätigung von OLG Celle 6. 1. 1994, OLGR 1994, 129).
[75] BGH 2. 7. 1962, NJW 1962, 1909; OLG Hamm 8. 7. 1970, NJW 1970, 2296; OLG Hamm 9. 9. 1996, DAR 1996, 499 – Tausch.

Kreditkosten auch als Verzögerungsschaden ersetzt verlangen (§§ 819 I, 818 IV, 280 II BGB).

1727 **Passivlegitimiert** für den Rückzahlungs- bzw. Rückgabeanspruch des Käufers ist allein der Verkäufer. Dies auch dann, wenn ein Kfz-Händler als Vertreter/Vermittler eingeschaltet war. Ohne Belang ist, ob der Vertreter den gesamten Kaufpreis an seinen Auftraggeber weitergeleitet hat oder nicht. Gegenstand des Bereicherungsausgleichs ist das, was der Käufer hingegeben hat.

bb) Aufwendungen und Verwendungen

1728 Im Rahmen der Rückabwicklung nach **Bereicherungsrecht** kann zwar auch ein arglistig getäuschter Käufer als Bereicherungsgläubiger nicht ohne weiteres sämtliche mit dem Kauf zusammenhängenden Aufwendungen als entreichernde Posten in das Abrechnungsverhältnis einstellen. Im Ausgangspunkt ist die **Saldotheorie** jedoch zu seinen Gunsten anwendbar. Fraglich ist nur, ob auch der arglistige Verkäufer die Vorteile einer Rückabwicklung nach der Saldotheorie für sich in Anspruch nehmen kann.[76] Ob und inwieweit der Käufer als entreichernde Posten seine vergeblichen Aufwendungen, z. B. Finanzierungskosten, Vertragsabschlusskosten u. ä. in Ansatz bringen, darf ist umstritten. Bei bereicherungsrechtlicher Rückabwicklung eines formnichtigen Grundstückskaufvertrages hat der BGH das Entreicherungsrisiko für bestimmte Aufwendungen dem Käufer zugewiesen.[77] Abzugsfähig sind jedenfalls die Kosten der Fahrzeugabmeldung und die Kosten für die Einholung eines Privatgutachtens.[78]

1729 Typisch ist das Verlangen des Käufers, ihm die **Aufwendungen** und **Verwendungen** auf sein **Fahrzeug** zu ersetzen. Meist geht es um Reparaturarbeiten oder den Einbau von Ersatzteilen durch eine Werkstatt, selten in Eigenregie. Dazu, wie diese Positionen beim Rücktritt und beim „großen" Schadensersatz zu behandeln sind, s. Rn 1393 ff., 1506 ff. Bei einer Rückabwicklung nach erfolgreicher Arglistanfechtung ist die Rechtslage komplexer. Das liegt zum einen an den Besonderheiten des Bereicherungsrechts, zum anderen an dem Nebeneinander von Bereicherungsausgleich und außervertraglicher Schadensersatzhaftung. Hinzu kommt: Sofern die Arglistanfechtung, wie meist, auch das dingliche Geschäft erfasst, kommen nach h. M. für den Verwendungsersatz die Sonderregeln der §§ 994 ff. BGB in Betracht.[79]

Rein **bereicherungsrechtlich** gilt: Verwendungen können die Bereicherung des Käufers mindern und daher von ihm gemäß § 818 III BGB gegengerechnet werden.[80] Voraussetzung ist freilich, dass die Verwendungen nicht in die Zeit fallen, in der auch der getäuschte Käufer verschärft haftet (Rechtshängigkeit oder Kenntnis von der Täuschung). Bereicherungsrechtlich geben diejenigen Verwendungen, die nur nach § 818 III BGB, nicht nach § 994 BGB, zu berücksichtigen sind, keinen selbstständigen Anspruch. Sie sind aber geeignet, den Anspruch auf Nutzungsvergütung zu mindern.[81]

In der **Praxis** läuft der Verwendungsersatz regelmäßig über die **§§ 994 ff. BGB** oder über **Schadensersatzrecht (c. i. c.)**. Aus der einschlägigen Judikatur sind insbesondere zu erwähnen: BGH LM § 123 Nr. 18 = NJW 1960, 237 (etwas unübersichtlich); OLG Oldenburg DAR 1993, 467; OLG Nürnberg DAR 1978, 324; OLG Nürnberg 9. 6. 2000, 6 U 4302/99, n. v.

---

76 Dazu Rn 1733.
77 Urt. v. 6. 12. 1991, NJW 1992, 1037.
78 OLG Oldenburg 27. 10. 1992, DAR 1993, 467 (für Gutachterkosten); anders OLG Stuttgart 17. 3. 1989, NJW 1989, 2547 (Gutachterauftrag, aber erst nach Anfechtung).
79 Anders *Michalski,* Festschrift für Gitter, 1995, 577, 599.
80 BGH 29. 10. 1959 LM § 123 BGB Nr. 18 = NJW 1960, 237.
81 BGH 12. 12. 1997, NJW 1998, 989.

Arglistanfechtung

Zentral für den Ausgleich nach den Vorschriften des „Eigentümer-Besitzer-Verhältnisses" ist der **Begriff der Verwendung**. Der BGH[82] definiert Verwendungen als Vermögensaufwendungen, die der Erhaltung, Wiederherstellung oder Verbesserung der Sache dienen. Dazu rechnet auch die eigene Arbeitsleistung des Besitzers, soweit sie einen Geldwert (Marktwert) hat (Parallele zum Schadensersatzrecht). Mithin kann ein Fahrzeugkäufer geldwerte Eigenleistungen, aber auch die Arbeitsleistung von Angehörigen oder Bekannten, als „Verwendungen" auf den Verkäufer abwälzen, vorausgesetzt, sie haben „geldwerten" Charakter. Das ist im Zweifel zu verneinen. 1730

Nach dem Gesetz ist zu unterscheiden zwischen **notwendigen** und nur **nützlichen Verwendungen**. Ein Unterfall der notwendigen Verwendungen sind die **gewöhnlichen Erhaltungsmaßnahmen** (vgl. § 994 I BGB). Was beim Gebrauchtfahrzeugkauf zu den notwendigen Verwendungen gehört, ergibt sich aus der Auflistung unter Rn 1393. Zu einem Großteil handelt es sich dabei zugleich um **gewöhnliche Erhaltungskosten** i. S. v. § 994 I, 2 BGB. Sie sind dem Besitzer für die Zeit, für die ihm die Nutzungen verbleiben, nicht zu ersetzen. Der arglistig getäuschte Käufer eines Kraftfahrzeuges hat gleichwohl einen Anspruch auf Ersatz gewöhnlicher Erhaltungskosten wie z. B. Reparaturkosten auf Grund von Verschleiß. Erstens verbleiben ihm nicht die Nutzungen, weil er eine Vergütung schuldet, die den Nutzungsvorteil voll ausgleicht.[83] Zum anderen ist der Käufer rechtsgrundloser Besitzer und insoweit einem „unentgeltlichen" Erwerber gleichgestellt. Diesem sind notwendige Verwendungen aber uneingeschränkt zu ersetzen.[84]

Als zeitliche Grenze ist § 994 II BGB zu beachten: Nach Rechtshängigkeit bzw. nach Entdeckung der Täuschung gemachte notwendige Verwendungen sind nur nach den Vorschriften der GoA zu ersetzen. Dass der Käufer die Verwendungen gemacht hat, als er – mangels Anfechtung – noch Eigentümer und berechtigter Besitzer war, ist unschädlich. Entscheidend ist für den Anspruch aus § 994 BGB, dass das Besitzrecht später weggefallen ist und jedenfalls bei Geltendmachung des Ersatzanspruchs nicht mehr besteht.[85]

Von den notwendigen sind die **nützlichen** und die **luxuriösen** (nutzlosen) Verwendungen zu unterscheiden. Dies geschieht – wie bei der Wandlung – im Hinblick auf die §§ 994 ff. BGB. Ob eine bestimmte Verwendung auf ein Kraftfahrzeug notwendig oder nur nützlich oder gar nutzlos ist, mag im Einzelfall zweifelhaft sein. Die Bewertung hängt vom Zeitpunkt und auch davon ab, von wessen Standpunkt aus die Art der Verwendung beurteilt wird. Hat der Käufer „sein" Fahrzeug nach Übernahme in einem Tuningbetrieb „frisieren" lassen, wird das aus seiner Sicht keine notwendige, wohl aber eine nützliche Verwendung sein. Der Verkäufer, der das Auto zurücknehmen soll, wird diese Umrüstung für überflüssig halten und Wiederherstellung des früheren Zustandes verlangen, jedenfalls eine Erstattung der Umrüstungskosten ablehnen. Grundsätzlich gilt: Die Notwendigkeit einer Maßnahme ist nach einem objektiven Maßstab ex ante zu beurteilen.[86] Bezogen auf den Fahrzeugkauf heißt das, dass die Maßnahme bei Arbeitsbeginn zur Erhaltung des Fahrzeugs objektiv geboten gewesen sein muss. Dass sie dauerhaft zur Werterhaltung oder gar Wertsteigerung beigetragen hat, ist nicht erforderlich.

Für nur nützliche (wertsteigernde) Verwendungen in der Zeit **nach Kenntnis** von der Anfechtbarkeit kann der Käufer nach den §§ 994 ff. BGB keinen Ersatz verlangen, vgl. § 996 BGB. Erst recht gilt dies für nutzlose Verwendungen. **Vor Kenntnis** von der Täuschung gemachte nützliche Verwendungen sind gemäß § 996 BGB zu ersetzen. Die Wertsteigerung, also die Nützlichkeit, muss aber noch vorhanden sein, wenn der Verkäufer das

---

82 Urt. v. 24. 11. 1995, NJW 1996, 921.
83 Offen gelassen von OLG Oldenburg 27. 10. 1992, DAR 1993, 467.
84 OLG Oldenburg 27. 10. 1992, DAR 1993, 467; *Palandt/Bassenge*, § 994 Rn 6.
85 BGH 24. 11. 1995, NJW 1996, 921.
86 BGH 24. 11. 1995, NJW 1996, 921.

Fahrzeug wiedererlangt. Es kommt mithin nicht auf die Wertsteigerung im Zeitpunkt der Verwendung an. Durch Verschleiß, Abnutzung und Alterung kann eine ursprünglich wertsteigernde Investition in ein Kraftfahrzeug wieder an Wert verlieren, sodass der Gesamtwert des Fahrzeugs nicht mehr messbar erhöht ist.

Bereicherungsrechtlich und auch bei einer Abwicklung nach Schadensersatzrecht können selbst **nutzlose Verwendungen** zu Lasten des arglistigen Verkäufers gehen. Das folgt für das Bereicherungsrecht aus § 818 III BGB. Ein selbstständiger Erstattungsanspruch unter dem Gesichtspunkt der Verwendungskondiktion dürfte zu verneinen sein.[87] Er kann sich aber aus c. i. c. bzw. deliktischer Haftung ergeben. Zu diesem Ansatz s. BGH LM § 123 BGB Nr. 18 = NJW 1960, 237 (Ersatz von Reparaturkosten, die freilich – verschleißbedingt – notwendig waren); OLG Nürnberg DAR 1978, 198 a. E. = DAR 1978, 325.

c) Gegenansprüche des Verkäufers

aa) Rückgabe des Fahrzeugs

1731   Selbst ein arglistiger Verkäufer hat Anspruch auf Rückgabe und ggf. Rückübereignung des Fahrzeugs. Auch die Fahrzeugpapiere sind zurückzugeben. Der **Bereicherungsausgleich** zielt auf gegenständliche Rückgewähr dessen, „was noch da ist". Auch im Falle einer zwischenzeitlichen Entwertung des Fahrzeugs, selbst bis zur Schrottreife, bleibt der Käufer nach Bereicherungsrecht verpflichtet, es an den Verkäufer herauszugeben.[88] Solange der Wagen als solcher noch vorhanden ist und wenigstens noch Schrottwert hat, liegt ein Fall der Herausgabeunmöglichkeit i. S. v. § 818 II BGB nicht vor.[89]

Kennzeichnend für Rückabwicklungslagen beim Kraftfahrzeugkauf ist der Umstand, dass der Käufer nur in seltenen Fällen dazu imstande ist, das Fahrzeug genau in dem Zustand zurückzugeben, in dem er es empfangen hat. Eine zwischenzeitliche Benutzung ist praktisch die Regel. Besonders problematisch sind die Fälle, in denen der Wagen überhaupt nicht oder nicht mehr in unbeschädigtem Zustand zurückgegeben werden kann. Insoweit sind **4 Fallgruppen** zu unterscheiden: (1) Zerstörung oder Beschädigung des Fahrzeugs infolge eines vom Verkäufer zu vertretenden Mangels, (2) zufälliger Verlust oder zufällige „Verschlechterung" des Fahrzeugs, (3) Unmöglichkeit der Rückgabe in unbeschädigtem Zustand infolge eines Verhaltens des Käufers oder seiner Leute, das nicht als „Verschulden" zu werten ist und (4) vom Käufer verschuldete Unmöglichkeit, das Auto in dem Zustand, in dem er es erhalten hat, zurückzugeben. Schwierige Wertungsfragen werfen insbesondere Fälle der beiden letzten Gruppen auf, s. dazu Rn 1747 ff.

Von den vorgenannten Störungen bleibt die Pflicht des Käufers zur Herausgabe des Fahrzeugs (§ 812 I BGB) so lange unberührt, wie er noch in dessen Besitz ist, m. a. W.: Erst bei **objektiver Unmöglichkeit** oder **subjektivem Unvermögen** zur Herausgabe in Natur tritt an die Stelle der Primäransprüche aus §§ 812 I, 1, 818 I BGB die Pflicht zum Wertersatz nach § 818 II BGB. Die **Beweislast** für die Unmöglichkeit der Herausgabe des Fahrzeugs obliegt dem Käufer. Dass die Weiterveräußerung an einen Dritten ein Scheingeschäft war, hat hingegen der Verkäufer zu beweisen.[90]

1732   **Prozessual** ist zu beachten:

Klagen des Verkäufers als Anfechtungsempfänger auf Herausgabe des Fahrzeugs sind selten, auch Widerklagen mit diesem Ziel sind in der Praxis die Ausnahme. **Typischerweise**

---

87 Vgl. *Medicus,* Rn 892 ff.
88 BGH 2. 7. 1962, NJW 1962, 1909.
89 Vgl. aber auch OLG Oldenburg 4. 6. 1975, NJW 1975, 1788 zur Unmöglichkeit i. S. v. §§ 324, 325 BGB a. F.
90 BGH 8. 6. 1988, NJW 1988, 2597; *Staudinger/Lorenz,* § 818 Rn 32.

klagt der getäuschte Käufer auf Rückzahlung des Kaufpreises und Erstattung seiner Aufwendungen. Fraglich ist, ob er im Vorfeld des Prozesses die **Pflicht zur Rückgabe** hat, er wenigstens dem Verkäufer die **Rücknahme anbieten** muss, wie das OLG Köln meint.[91] Prozessual lautet die Fragestellung: Muss der Käufer auf eine **Verurteilung** zur Rückzahlung des Kaufpreises **Zug um Zug** gegen Rückgabe des Fahrzeugs klagen oder ist eine solche Vorgehensweise aus Kostengründen lediglich empfehlenswert?

Bereicherungsrechtlich gilt nach der Saldotheorie: Soweit sich **gleichartige** Bereicherungsansprüche gegenüberstehen, werden sie ohne Aufrechnungserklärung **saldiert**. Durch einen Vergleich von Vor- und Nachteilen wird ermittelt, für welchen Beteiligten sich ein Überschuss (Saldo) ergibt. Dieser Beteiligte ist dann, so der BGH in st. Rspr.,[92] „Gläubiger eines einheitlichen, von vornherein durch Abzug der ihm zugeflossenen Vorteile beschränkten Bereicherungsanspruchs". Bei dessen **Darlegung** muss er sogleich das mit berücksichtigen, was der Beklagte hingegeben hat, um den Vertrag zu erfüllen. Dieser Grundsatz gilt sinngemäß auch dann, wenn die beiderseitigen Leistungen **ungleichartig** sind, wie z. B. beim Fahrzeugkauf. Dann hat der Bereicherungsgläubiger die ungleichartige Gegenleistung schon im Klageantrag derart zu berücksichtigen, dass er ihre Rückgewähr **Zug um Zug** anbietet.[93]

Ohne dieses Angebot wäre die Bereicherungsklage **unschlüssig**; ein Versäumnisurteil könnte nicht ergehen. Aus Sicht des Bereicherungsschuldners bedeutet dies: Bei gleichartigen Leistungen braucht er nicht aufzurechnen, bei ungleichartigen wird er nicht damit belastet, seinen Gegenanspruch einredeweise geltend zu machen (§§ 320, 273 BGB).

Ob diese Grundsätze der **Saldotheorie** auch zu Gunsten desjenigen Bereicherungsschuldners anzuwenden sind, der seinen Vertragspartner **arglistig getäuscht** hat, ist in Rechtsprechung und Schrifttum **umstritten**. Das RG hat den betrogenen Käufer davon freigestellt, die empfangene Gegenleistung von sich aus zu berücksichtigen. Die Geltendmachung der Gegenansprüche müsse vielmehr dem beklagten Verkäufer überlassen bleiben.[94] Der VIII. ZS des **BGH** hat in dem Urteil vom 16. 10. 1963[95] offen gelassen, ob diese **Einschränkung der Saldotheorie** gerechtfertigt und damit zu Lasten des arglistigen Verkäufers die **Zweikondiktionentheorie** anzuwenden ist. Letzteres bedeutet jedoch nicht, so der BGH,[96] dass der Verkäufer wegen seiner Gegenansprüche auf einen **neuen Rechtsstreit** zu verweisen sei. Er darf sich damit gegen die Bereicherungsklage des Käufers zur Wehr setzen, gleichviel, ob es um die Herausgabe des Fahrzeugs oder gezogener Nutzungen geht.[97] Ob diese Rechtsverteidigung ihre Grundlage in § 320 BGB oder in § 273 BGB hat, ist umstritten.[98] Jedenfalls ist der Verkäufer nach der Saldotheorie auch hinsichtlich der **Verfolgung** seiner eigenen Ansprüche bessergestellt als nach der Zweikondiktionentheorie.

In dem berühmten **„Mercedes"-Fall** BGHZ 53, 144 (dazu Rn 2079) hatte der getäuschte Käufer auf Rückzahlung des Kaufpreises geklagt, ohne die Rückgabe des – beschädigten – Mercedes anzubieten. Das LG hatte diesem Antrag entsprochen. Das OLG hat das Urteil

---

91 Urt. v. 18. 3. 1994, NJW-RR 1995, 51; richtigerweise ist das Anbieten nur Voraussetzung für den Annahmeverzug, wobei wegen der Abholpflicht des Verkäufers ein wörtliches Angebot genügt, vgl. OLG Düsseldorf 23. 10. 1997, DAR 1998, 70.
92 Z. B. NJW 1995, 454 (Urt. v. 11. 11. 1994).
93 BGH 10. 2. 1999, MDR 1999, 695; BGH 11. 11. 1994, NJW 1995, 454; BGH 29. 10. 1959 LM § 123 BGB Nr. 18 = NJW 1960, 237; BGH 24. 6. 1963, NJW 1963, 1870.
94 Nachweise der RG-Rspr. in BGH NJW 1964, 39 und in BGH LM § 123 BGB Nr. 18, dort auch Hinweis auf die unveröffentlichte Entscheidung des II. ZS des BGH v. 4. 10. 1956 – II ZR 89/55.
95 NJW 1964, 39.
96 NJW 1964, 39.
97 Zur Prüfpflicht des Gerichts vgl. BGH 29. 10. 1959, LM § 123 BGB Nr. 18 = NJW 1960, 237.
98 Die Praxis argumentiert vorwiegend mit § 273 BGB; vgl. auch *Braun*, JuS 1981, 813, 815.

abgeändert und auf eine Zug-um-Zug-Verurteilung erkannt. Der BGH (VII. ZS) hat diese Entscheidung bestätigt, indem er sich in der zentralen Frage des Falles (wer trägt das Entwertungsrisiko?) auf den Boden der Zweikondiktionentheorie gestellt hat. Daran hat er auch für den Fall festgehalten, dass das gelieferte Fahrzeug durch Alleinverschulden des getäuschten Käufers einen Totalschaden erlitten hat („BMW"-Fall, BGHZ 57, 137, wo der Käufer – ebenso wie in den Fällen BGHZ 72, 252 und BGHZ 78, 216 – von sich aus auf eine Zug-um-Zug-Verurteilung des Verkäufers geklagt hat).

1734 Aus der höchstrichterlichen Ablehnung der Saldotheorie in den Täuschungsfällen haben die **Instanzgerichte** für die **prozessuale Abwicklung** nach Bereicherungsrecht, aber auch nur insoweit, die richtige Konsequenz gezogen: Als Bereicherungsgläubiger braucht der getäuschte Käufer Gegenansprüche des Verkäufers nicht bereits im Klageantrag zu berücksichtigen. Der Verkäufer hat etwaige Gegenansprüche selbstständig geltend zu machen, was er auch im gleichen Rechtsstreit darf.[99] Es genügt die Rüge, dass nur eine Zug-um-Zug-Verurteilung in Betracht komme.[100]

Ist eine **Bereicherungsklage** demnach auch **ohne Zug-um-Zug-Angebot** schlüssig, bleiben gleichwohl folgende Fragen: Ist diese Einschränkung der Saldotheorie zu Lasten des arglistigen Verkäufers sachlich zu rechtfertigen und kann sie vor dem Hintergrund einer parallel verlaufenden Abwicklung nach Schadensersatzrecht mit **Vorteilsausgleichung** Bestand haben?

1735 **Schadensersatzrechtlich** galt nach bisherigem Recht: Dem Käufer ist durch die Täuschung mit anschließendem Kauf nicht nur ein Schaden entstanden, sondern auch ein Vorteil. Er hat Besitz und Eigentum am Fahrzeug erlangt. Die Benutzung war gleichfalls von Vorteil. Durch die Anfechtung fällt zwar das Eigentum wieder zurück an den Verkäufer, sofern die Anfechtungserklärung das Erfüllungsgeschäft umfasst. Der Besitz als solcher bleibt jedoch unverändert, nur die Legitimation entfällt. Die dem Käufer erwachsenen **Vorteile** hat er, soweit es der Billigkeit entspricht, **auszugleichen.** Wie im Fall der Saldotheorie bedeutet dies eine inhaltliche Beschränkung des Schadensersatzanspruchs, die ihm von vornherein anhaftet.[101] Aus Sicht des Schädigers: Er braucht kein Zurückbehaltungsrecht geltend zu machen. Dieser Grundsatz der Vorteilsausgleichung ist auch zu Gunsten des arglistigen Verkäufers anzuwenden.[102]

1736 Bei strikter Anwendung der Zweikondiktionentheorie kam es mithin zu einer **Diskrepanz,** je nachdem, ob die Rückabwicklung bereicherungs- oder schadensersatzrechtlich durchgeführt wurde. **Gleichklang** herrschte hingegen mit der Rückabwicklung in den Wandlungsfällen. Denn auch dort musste der Verkäufer seine Gegenansprüche einredeweise geltend machen, §§ 467 S. 1, 348 BGB a. F. So ist es auch **nach neuem Recht** im Fall des Rücktritts (§ 348 BGB) und beim „großen" Schadensersatz (§§ 281 V, 348 BGB). Diese Wertungen geben den Ausschlag. Sie ausgerechnet zu Lasten eines arglistig getäuschten Käufers außer Betracht zu lassen, wäre unverständlich. Erforderlich ist demnach eine **Korrektur der Saldotheorie.** Nach Ansicht des BGH soll sie auch deshalb nicht zum Zuge kommen, weil der Verkäufer nach §§ 819 I, 814 IV BGB verschärft haftet.[103]

1737 **Prozessual** hat die Unanwendbarkeit der Saldotheorie zur Folge, dass der Käufer **keinen Antrag** auf Zug-um-Zug-Verurteilung stellen muss, er es vielmehr dem beklagten Verkäu-

---

[99] OLG Karlsruhe 20. 3. 1992, NJW-RR 1992, 1144; OLG Koblenz 12. 11. 1976, MDR 1977, 667; OLG Köln 26. 1. 1996, VersR 1996, 631; OLG Düsseldorf 30. 11. 1999, 26 U 41/99, n. v.
[100] OLG Nürnberg 9. 6. 2000, 6 U 4302/99, n. v.
[101] BGH 22. 10. 1976, LM § 123 BGB Nr. 47 = JZ 1977, 95.
[102] So wohl BGH 22. 10. 1976, LM § 123 BGB Nr. 47.
[103] BGH 14. 10. 1971, BGHZ 57, 137 = NJW 1972, 36 („BMW-Fall").

fer überlassen darf, seine Gegenansprüche einredeweise geltend zu machen. An dieser Rechtslage ändert sich nichts dadurch, dass der Käufer sein Rückzahlungsverlangen auch oder sogar in erster Linie schadensersatzrechtlich begründet. Selbst wenn er für seine Klage ausschließlich schadensersatzrechtliche Anspruchsgrundlagen ins Feld führt, ist das Gericht nicht daran gehindert, die Klage bereicherungsrechtlich (unter Ausschaltung der Saldotheorie) zu beurteilen. Die schadensersatzrechtliche Lösung muss der bereicherungsrechtlichen, diese wiederum der rücktrittsrechtlichen folgen.

Aus **Kostengründen** ist dem Käufer allerdings zu raten, die Rückgabe des Fahrzeugs nebst Papieren von sich aus anzubieten, also einen **Zug-um-Zug-Antrag** zu stellen (nicht erst im Hilfsantrag). Dringt der Verkäufer nämlich bei einem uneingeschränkten Klageantrag mit seiner Einrede aus § 273 BGB durch, sind die Kosten des Rechtsstreits verhältnismäßig zu teilen (§ 92 I ZPO). In der Praxis werden sie nicht selten einfach halbiert.[104] Für eine Kostenbelastung des Käufers mit nur einem Viertel hat sich das OLG Nürnberg ausgesprochen.[105] Zur Vermeidung derjenigen Nachteile, die bei einer späteren Zwangsvollstreckung aus einem Zug-um-Zug-Urteil auftreten können, wird auf das unter Rn 354 ff. dargestellte Vorgehen verwiesen. Materiell-rechtlich hat ein **Annahmeverzug** des Verkäufers die gerade für einen Fahrzeugkäufer wichtigen Vergünstigungen aus §§ 300 I, 302, 304 BGB.

bb) Nutzungsvergütung

Zu den Standardproblemen bei der Rückabwicklung eines Fahrzeugkaufs gehört der Nutzungsausgleich (Herausgabe der so genannten Gebrauchsvorteile). Wie beim Verwendungsersatz kommt es zunächst darauf an, ob durch die Anfechtung rückwirkend ein Eigentümer-Besitzer-Verhältnis geschaffen worden ist. Dann wäre der Käufer jedenfalls bis zur Aufdeckung der Täuschung ein redlicher (gutgläubiger) Besitzer des Fahrzeugs; bis zur Anfechtungserklärung steht das Fahrzeug in seinem Eigentum. Erst eine wirksame Anfechtung lässt den Eigentumserwerb mit Rückwirkung hinfällig werden. Gemäß § 993 I BGB schuldet der gutgläubige Besitzer grundsätzlich keinen Ausgleich für von ihm gezogene Nutzungen. Hiervon macht § **988 BGB** für den Fall eine Ausnahme, dass der Besitz unentgeltlich erlangt worden ist. Diesem Fall hat die Rechtsprechung den Fall des **rechtsgrundlosen Besitzerwerbs** gleichgestellt.

Die **Rechtsprechung** schwankt zwischen der direkten Anwendung des § 818 I mit **Wertersatzpflicht** nach Abs. 2 und der über § 988 BGB vermittelten Heranziehung dieser Anspruchsgrundlage.[106] So oder so ist auch der gutgläubige Fahrzeugbesitzer zur Herausgabe **gezogener Nutzungen seit dem Besitzerwerb** verpflichtet, d. h. auch ein arglistig getäuschter Käufer hat bereicherungsrechtlich grundsätzlich für jeden gefahrenen Kilometer Ersatz zu leisten. Der Entreicherungseinwand (§ 818 III BGB) geht in der Regel aus tatsächlichen Gründen fehl. Schuldhaft **versäumte Nutzungen** fallen nicht unter §§ 988, 818 I BGB. Sie sind unter den Voraussetzungen der §§ 987 II, 990 I, 2 bzw. nach §§ 819 I, 818 IV, 292 II, 987 II BGB auszugleichen, ein in der Praxis der Fahrzeugkauf-Rückabwicklung – auch wegen § 302 BGB – seltener Fall. Die so genannte Vindikationslage wird nicht dadurch ausgeschlossen, dass dem Käufer ein Zurückbehaltungsrecht wegen eines eigenen Anspruchs auf Schadensersatz oder Verwendungsersatz zusteht. Das Zurückbehaltungsrecht führt lediglich zu einer Zug-um-Zug-Verurteilung.[107]

1738

1739

1740

---

104 Vgl. *Hensen*, NJW 1999, 395
105 Urt. v. 9. 6. 2000, 6 U 4302/99, n. v.
106 Für direkte Anwendung BGH 2. 7. 1962, NJW 1962, 1909; für § 988 BGB BGH 21. 4. 1977, WM 1977, 893; BGH 11. 11. 1994, NJW 1995, 454.
107 OLG Hamm 11. 5. 1995, OLGR 1995, 253.

1741 **Abwicklungstechnisch** taucht bei der Nutzungsherausgabe die gleiche Frage auf, wie sie unter Rn 1731 ff. für den Anspruch auf Rückgabe des Fahrzeugs diskutiert worden ist, wobei sich jetzt gleichartige Posten (Kaufpreis/Nutzungsvergütung) gegenüberstehen. In Anwendung der Zweikondiktionentheorie[108] wird der **Käufer** auch hier davon **freigestellt,** die Nutzungsvergütung von sich aus vom herausverlangten Kaufpreis abzuziehen.[109] Der (arglistige) Verkäufer kann sie aber im gleichen Rechtsstreit geltend machen,[110] auch hilfsweise. Seine Aufrechnung scheitert nicht in jedem Fall an § 393 BGB. Das Verbot des § 393 BGB setzt eine unerlaubte Handlung voraus, die bei einer arglistigen Täuschung i. S. v. § 123 BGB nicht zwangsläufig gegeben ist.[111]

Macht der Verkäufer seine Gegenforderung erst **in zweiter Instanz** aufrechnungsweise geltend, ist § 533 ZPO n. F. (§ 530 II ZPO a. F.) zu beachten. Bei einer notwendigen Beweisaufnahme über die gefahrenen Kilometer kann man Sachdienlichkeit verneinen.[112]

Bei einer Rückabwicklung nach **Schadensersatzrecht** braucht der Verkäufer an sich nicht aufzurechnen. Der Nutzungsvorteil ist im Wege der **Vorteilsausgleichung** anzurechnen, wobei § 393 BGB nicht gilt.[113] Anders ist es beim „großen" Schadensersatz, was jetzt durch § 281 V BGB klargestellt ist, s. Rn 1516.

1742 Für Nutzungen, die der Käufer tatsächlich gezogen hat, ist grundsätzlich der Verkäufer **darlegungs- und beweispflichtig.** Soweit er dieser Pflicht mangels eigener Wahrnehmungsmöglichkeit nicht entsprechen kann, führt dies nicht zu einer vollständigen Umkehr der Darlegungs- und Beweislast. Dazu besteht keine Notwendigkeit.

In analoger Anwendung des § 421 ZPO kann der Verkäufer für den Umfang der Benutzung des Fahrzeugs dadurch Beweis antreten, dass dem Käufer aufgegeben wird, den Stand des Kilometerzählers mitzuteilen. Zulässig ist auch ein Antrag auf Parteivernehmung.

Wenn der Verkäufer sich an der durchschnittlichen Fahrleistung orientiert, kann die Beweisbehauptung nicht damit abgelehnt werden, sie gehe ins Blaue. Auch das Argument „Ausforschungsbeweis" sticht nicht. Materiell-rechtlich besteht ein **Auskunftsanspruch** des Verkäufers aus § 242 BGB. Ein Recht, den Kilometerzähler abzulesen, gibt § 810 BGB analog.

1743 Ähnlich wie bei einer Rückabwicklung nach Rücktritt oder beim „großen" Schadensersatz aus §§ 437 Nr. 3, 280 I, III, 281 I, 311 a II BGB sind für die **Berechnung** der nach §§ 988, 818 I, II BGB geschuldeten Nutzungsvergütung **mehrere Methoden** und **Maßstäbe** denkbar. Wichtig ist auch hier, zunächst die **bereicherungsrechtliche Seite** des Nutzungsausgleichs ins Auge zu fassen. Je nach Sachvortrag und Fallgestaltung kann sich aus **deliktsrechtlicher Sicht** eine **Korrektur** zu Gunsten des Käufers ergeben (dazu Rn 1745).

1744 **Bereicherungsrechtlicher Ausgangspunkt** ist § 818 II BGB (direkt oder über § 988 BGB). Denn der Käufer kann die Gebrauchsvorteile nicht in Natur herausgeben; er hat vielmehr ihren Wert zu ersetzen. Während es noch in der Entscheidung OLG Hamm NJW 1970, 2296 heißt, der **angemessene Mietzins** sei in der Regel wohl der richtige Berechnungsmaßstab (so auch OLG Nürnberg DAR 1978, 198; BGH WM 1978, 1208, aber aufgegeben durch BGH NJW 1996, 250), wird der Nutzungsausgleich **heute** nach der **gleichen Methode** berechnet, die sich für die **Rücktrittsfälle** (früherer Wandlung) **und den Vorteils-**

---

108 Zur Rechtslage bei der Saldotheorie s. BGH 10. 2. 1999, MDR 1999, 695.
109 OLG Koblenz 12. 11. 1976, MDR 1977, 667; OLG Karlsruhe 20. 3. 1992, NJW-RR 1992, 1144; OLG Düsseldorf 30. 11. 1999, 26 U 41/99, n. v.
110 BGH 16. 10. 1963, NJW 1964, 39; BGH 29. 10. 1959, LM § 123 BGB Nr. 18.
111 OLG Karlsruhe 20. 3. 1992, NJW-RR 1992, 1144.
112 OLG Düsseldorf 30. 11. 1999, 26 U 41/99, n. v.
113 BGH 16. 10. 1963, NJW 1964, 39.

Arglistanfechtung

ausgleich beim „großen" Schadensersatz allgemein durchgesetzt hat. Das bedeutet: Der konkrete Altwagenpreis ist mit der voraussichtlichen Restfahrleistung ins Verhältnis zu setzen und mit der tatsächlichen Fahrleistung des Käufers zu multiplizieren. Wegen der Einzelheiten dieser „linearen Wertschwundberechnung" (Wertverzehrtheorie) s. Rn 1517. Berechnungsbeispiele sind unter Rn 1399, 1526 abgedruckt.

Für die Bemessung der bereicherungsrechtlich geschuldeten Nutzungsvergütung hat der **BGH** diese Berechnungsart durch Urteil vom 25. 10. 1995[114] gebilligt und sich ausdrücklich gegen eine Bemessung nach dem üblichen oder fiktiven Mietzins ausgesprochen. Das steht im Einklang mit dem Urteil vom 17. 5. 1995,[115] das eine Abwicklung nach Schadensersatzrecht betrifft. Bemerkenswerterweise hat er auch nicht zwischen **privater** und **gewerblicher** Nutzung differenziert. Die **Fahrzeugart** (Nutzfahrzeug oder Pkw) ist für den BGH nur insoweit von Bedeutung, als für Lkw und Omnibusse deutlich höhere Gesamtfahrleistungen als bei Pkw zu veranschlagen sind.

Die **Instanzgerichte** bemessen die Gebrauchsvorteile (= Nutzungen) seit Jahren, wie von den Verfassern vorgeschlagen, nach der für die Wandlung alter Art entwickelten Wertschwundformel,[116] nicht etwa nach der Tabelle von *Sanden/Danner/Küppersbusch/Rädel*.[117] Allerdings wird nicht immer die **Modifizierung** beachtet, die die Wertschwundformel, ursprünglich für die Rückabwicklung von Neufahrzeugkäufen konzipiert, in den Gebrauchtwagenfällen erfahren muss. Statt des Neupreises ist der **konkrete Altwagenpreis** (brutto) und anstelle der mutmaßlichen Gesamtfahrleistung (von Tachostand Null bis zur Verschrottung) ist die **Restfahrleistung** zugrunde zu legen, die beim Kauf des Gebrauchtwagens nach dem gewöhnlichen Lauf der Dinge zu erwarten ist (§ 287 ZPO), s. dazu Rn 1522 ff.

Sofern die Nutzungsvergütung gemäß §§ 818 I, II BGB den Betrag übersteigt, den der **1745** Käufer sich im Rahmen der **Vorteilsausgleichung** anrechnen lassen muss, hätte der Käufer einen Schaden; ihn müsste der Verkäufer gleichfalls ersetzen. M. a. W.: Der Verkäufer kann im Ergebnis keinen Anspruch auf Nutzungsvergütung durchsetzen, der höher ist als der auszugleichende Vorteil, immer vorausgesetzt, er haftet auch aus Verschulden bei Vertragsschluss bzw. Delikt. Diese Begrenzung des Bereicherungsausgleichs im Sinne von BGH NJW 1962, 1909 ist grundsätzlich berechtigt.[118]

Die „reichlich komplizierte Konstruktion" *(Tempel)* ist jedoch entbehrlich, wenn der Nutzungsersatz nach § 818 II BGB nach den gleichen Parametern berechnet wird wie der Nutzungsvorteil, der schadensrechtlich auszugleichen ist. Dann gibt es keinen Kappungsbedarf. Unnötig ist auch eine zeitliche Differenzierung (Benutzung vor und nach Aufdeckung der Täuschung, vor und nach Eintritt von Annahmeverzug).[119]

Die Verpflichtung, den Wert der Gebrauchsvorteile zu ersetzen, steht grundsätzlich unter **1746** dem **Vorbehalt des § 818 III BGB**.[120] Sie ist auf die Vorteile begrenzt, die im Vermögen des Käufers noch vorhanden sind. Dem gutgläubigen Käufer steht der Nachweis offen, dass der Vorteil, den er durch die Nutzung des Fahrzeugs erzielt hat, geringer ist als der Betrag, den er nach der Wertschwundformel zu entrichten hat. So kann er z. B. vorbringen, ohne den gescheiterten Fahrzeugkauf überhaupt kein Fahrzeug oder jedenfalls ein deutlich „kleine-

---

114 NJW 1996, 250; kritisch dazu *Gursky,* JR 1998, 7.
115 NJW 1995, 2159 = WM 1995, 1145 unter III.
116 OLG Köln 10. 2. 1988, NJW-RR 1988, 1136; OLG Karlsruhe 20. 3. 1992, NJW-RR 1992, 1144; OLG Oldenburg 27. 10. 1992, DAR 1993, 467; LG Bochum 29. 9. 1995, 5 S 282/95, n. v.
117 So aber LG Oldenburg 9. 2. 1977, MDR 1977, 928 (Wandlung); OLG Nürnberg 11. 4. 1978, DAR 1978, 324 (für die Zeit ab Kenntnis vom Anfechtungsgrund).
118 Vgl. auch OLG Hamm 8. 7. 1970, NJW 1970, 2296; OLG Nürnberg 12. 1. 1978, DAR 1978, 198; OLG Nürnberg 11. 4. 1978, DAR 1978, 324.
119 Dazu OLG Nürnberg (3. ZS) 11. 4. 1978, DAR 1978, 324.
120 Dazu *Gursky,* JR 1998, 9.

res" erworben zu haben. Nur das günstige Angebot des Verkäufers habe ihn bewogen, genau dieses Fahrzeug zu diesem Zeitpunkt zu kaufen. Derartige Einlassungen sind in der Praxis ausgesprochen selten. Denn sie stehen im Widerstreit mit dem Lebenserfahrungssatz, dass der Käufer seinen Mobilitätsbedarf durch den Erwerb eines gleichartigen Fahrzeugs anderweitig gedeckt hätte.

d) Abwicklungsrechtliche Sonderprobleme

aa) Fallgruppe: Das Fahrzeug ist noch vorhanden, aber zerstört oder beschädigt.

1747 **Sonderregeln** im Vergleich mit der Rechtslage bei Wandlung und „großem" Schadensersatz hat der BGH für die Fälle entwickelt, dass der getäuschte Käufer das Fahrzeug überhaupt nicht oder nur noch in **zerstörtem bzw. beschädigtem Zustand** zurückgeben kann. Sein Unvermögen war nach altem Recht zunächst unter dem Aspekt der **Wirksamkeit der Anfechtung** zu würdigen. Es ging hier um die analoge Anwendung des § 351 BGB a. F. Der BGH hat die Wirksamkeit der Anfechtung selbst in einem Fall (stillschweigend) bejaht, in dem das Fahrzeug vor der Anfechtung aufgrund alleinigen Verschuldens des Käufers einen Totalschaden erlitten hat.[121] Wandlung und „großer" Schadensersatz waren in diesem Fall nach bisheriger Rechtslage ausgeschlossen. Die Regelung, dass der Rücktritt in den Fällen des § 351 S. 1 BGB a. F. ausgeschlossen ist, hat das **Schuldrechtsmodernisierungsgesetz** aufgehoben. Der bisherigen Ansicht des BGH steht also nichts mehr entgegen. Das Anfechtungsrecht geht selbst bei einem verschuldeten Totalschaden nicht verloren.

1748 Wie sich ein **Unfall des Käufers** auf den Inhalt seines Bereicherungsanspruchs auswirkt, ergab sich für das **alte Recht** aus den beiden vieldiskutierten Gebrauchtwagenentscheidungen BGHZ 53, 144 und BGHZ 57, 137.

Der Mercedes-Fall BGHZ 53, 144[122]

K kauft von V einen gebrauchten Mercedes für 8000,– DM. Er zahlt 1100,– in bar, gibt vereinbarungsgemäß für 5300,– einen gebrauchten Peugeot in Zahlung und akzeptiert über den Rest von 1600,– DM einen Wechsel. Am Tag nach der Übergabe des Wagens wird dieser bei einer Fahrt des K stark beschädigt. Ein Verschulden an dem Unfall ist dem K nicht nachzuweisen. Einen Monat später ficht K den Kaufvertrag mit der – zutreffenden – Behauptung an, V habe ihn arglistig über den wahren Kilometerstand getäuscht. K verlangt die geleistete Anzahlung (insgesamt 6400,– DM) zurück, Zug um Zug gegen Herausgabe des beschädigten Fahrzeugs. V meint, K müsse sich den inzwischen eingetretenen Wertverlust anrechnen lassen.

1749 Der BGH hat dem Käufer Recht gegeben. Zwar trage der Bereicherungsgläubiger grundsätzlich das Risiko, dass sowohl seine Leistung noch beim Gegner als auch die von ihm selbst empfangene Leistung noch vorhanden ist. Diese Risikoverteilung gelte aber nicht zu Lasten des arglistig getäuschten Käufers. In diesem Sonderfall sei die **Saldotheorie** – voller Kaufpreis nur Zug um Zug gegen unbeschädigtes Kfz – unanwendbar. Es müsse vielmehr bei der **Zweikondiktionentheorie** bleiben. Dieses Ergebnis untermauert der BGH mit einem Hinweis auf § 327 S. 2 BGB a. F.: Der Anfechtungsberechtigte, der an der Verschlechterung der Sache schuldlos sei, dürfe nicht schlechter stehen als der Rücktrittsberechtigte.

Der Lösung des BGH, der den Mercedes-Fall nur bereicherungs-, nicht schadensersatzrechtlich gewürdigt hat, war unter der Herrschaft des alten Rechts im Ergebnis zuzustimmen.[123] Sie stand im Einklang mit der Wertung des § 350 BGB a. F., wonach Rücktritt

---

121 Urt. v. 14. 10. 1971, BGHZ 57, 137.
122 Urt. v. 8. 1. 1970, NJW 1970, 656 = MDR 1970, 408 = BB 1970, 229 = LM § 818 Abs. 3 BGB Nr. 15 *(Rietschel)*.
123 So auch OLG Karlsruhe 20. 3. 1992, NJW-RR 1992, 1144; *Weitnauer*, NJW 1970, 637; *Diesselhorst*, JZ 1970, 418; *Roth*, AcP 189, 498; *Medicus*, Rn 229; *Staudinger/Lorenz*, § 818 Rn 41; a. A.:

und Wandlung bei **unverschuldeter Zerstörung** der Sache nicht ausgeschlossen waren. Dieses Harmonieargument ist zwar durch die Streichung des § 350 BGB entfallen. Das ändert aber nichts an der Richtigkeit der vom BGH gefundenen Lösung. Bestätigung findet sie in **§ 346 III,3 BGB n. F.**, wonach die Pflicht zum Wertersatz entfällt, wenn der Käufer, wie im Mercedes-Fall BGHZ 53, 144, die eigenübliche Sorgfalt beachtet hat.[124]

Die **Beweislast** für eine schuldhafte Verschlechterung wurde **nach bisherigem Recht** dem Verkäufer auferlegt (OLG Karlsruhe NJW-RR 1992, 1144). Bei einem non liquet erhielt der Käufer den vollen Kaufpreis zurück und musste seinerseits nur den beschädigten Wagen zurückgeben, gegebenenfalls auch Ersatzansprüche gegen Dritte abtreten (§ 818 I BGB). Angesichts des hohen Grades der Risikovorsorge durch Haftpflicht- und Kaskoversicherungen hielt sich die Belastung des Verkäufers mit dem Entwertungsrisiko in erträglichen Grenzen. An der bisherigen Beweislastverteilung kann **nach neuem Recht** festgehalten werden.

1750

Der BMW-Fall BGHZ 57, 137[125]

1751

K kauft von V einen gebrauchten BMW für 7370,– DM. Das Fahrzeug hatte zwei reparierte Vorschäden. Der kleinere war dem Verkaufsangestellten des V bekannt. Er verschwieg ihn. Etwa drei Wochen nach Übergabe erlitt das Fahrzeug durch einen von K allein verschuldeten Unfall einen Totalschaden. Mit dem verschwiegenen Vorschaden hatte dieser Unfall nichts zu tun.

Nach seinem eigenen Unfall focht K den Kaufvertrag wegen arglistiger Täuschung an, nachdem er inzwischen von den Vorschäden erfahren hatte. Mit seiner Klage verlangte er Rückzahlung des Kaufpreises abzüglich Nutzungsentschädigung, Zug um Zug gegen Herausgabe des Fahrzeugwracks.

Der **entscheidende Unterschied** zum Mercedes-Fall BGHZ 53, 144 besteht darin, dass der Käufer für den Unfallschaden (allein) verantwortlich war. Gemeinsam ist beiden Fällen, dass die Unfälle mit dem jeweiligen Sachmangel (höhere Laufleistung bzw. Unfallvorschaden) nichts zu tun hatten. Zur **Mangelkausalität** s. Rn 1754.

Der BGH hat den BMW-Fall – anders als den Mercedes-Fall – **zweispurig** gelöst: Zunächst prüft er **Ansprüche aus unerlaubter Handlung**, erst dann aus **Bereicherungsrecht**. Mit Hilfe eines Kunstgriffes gelangt er in beiden Stationen zum gleichen Ergebnis: Von einer **Abwägung des beiderseitigen Fehlverhaltens** und seiner Schadensursächlichkeit gemäß § 254 BGB – Schadensersatz – und gemäß § 242 BGB – Bereicherungsausgleich – soll es abhängen, ob und wie sich der selbstverschuldete Unfall des Käufers auf seinen Rückzahlungsanspruch auswirkt. Zu einer solchen Abwägung sah sich der BGH im konkreten Fall außer Stande, weil weder die Täuschungshandlung des Verkäufers noch der Unfallhergang aufgeklärt waren. Wie das OLG Karlsruhe, an das die Sache zurückverwiesen worden ist, das Abwägungsproblem gelöst hat, ist nicht bekannt. Andere Entscheidungen, die sich dieser schwierigen Aufgabe unterzogen haben, liegen nicht vor.

In der Literatur ist das BMW-Urteil BGHZ 57, 137 überwiegend abgelehnt worden.[126] Auch das LG Lüneburg ist dem BGH nicht gefolgt.[127] Bei der bereicherungsrechtlichen

---

Flume, NJW 1970, 1161; *Honsell*, MDR 1970, 717; *Frieser*, Der Bereicherungswegfall in Parallele zur hypothetischen Schadensentwicklung, 1987, S. 254 ff.; kritisch auch *Huber*, JuS 1972, 439, 444.

124 Für eine analoge Anwendung des § 346 III,3 BGB *Freund/Stölting*, ZGS 2002, 182.
125 Urt. v. 14. 10. 1971, NJW 1972, 36 = BB 1972, 14 = MDR 1972, 133 = LM § 812 BGB Nr. 97 *(Rieschel)*.
126 So von *Huber,* JuS 1972, 439; *Lieb,* JZ 1972, 442; *John,* MDR 1972, 995; *Honsell,* NJW 1973, 350; *Frieser,* a. a. O. (Fn. 123), S. 261 f.; *von Caemmerer,* FS Larenz 1973, S. 621; *Medicus,* Rn 230; *Reinicke/Tiedtke,* Kaufrecht, Rn 726; zustimmend: *Herr,* NJW 1972, 250; *Kühne,* JR 1972, 112; *Flessner,* NJW 1972, 1777; *Berg,* NJW 1981, 2337; vgl. auch *Braun,* JuS 1981, 813, 817.
127 Urt. v. 23. 12. 1988, NJW 1989, 1097.

Rückabwicklung hat die Kammer die §§ 350, 351 BGB a. F. analog angewendet; allerdings nur bei der Berechnung des Bereicherungsausgleichs, die Anfechtung als solche wurde nicht im Wege der Analogie zu § 351 BGB a. F. ausgeschlossen. Den Anspruch auf Rückzahlung des Kaufpreises minderte das LG Lüneburg um den Wert, den der Pkw ohne den Zweitunfall zur Zeit der Übereignung hatte (Kaufpreis 2650,– DM, tatsächlicher Wert bei Übergabe 1200,– DM, Bereicherung 1450,– DM).

Das Urteil des LG Lüneburg verdiente auf dem Boden des alten Schuldrechts Zustimmung (s. auch OLG Stuttgart OLGR 1998, 256). Gegen BGHZ 57, 137 sprachen zu viele Gründe. Sie sind in einer Vielzahl von Literaturbeiträgen überzeugend vorgetragen worden.[128] Die Hauptkritik musste sich in der Tat gegen die schadensersatzrechtliche Betrachtungsweise des BGH richten. Hier hat der BGH die Weiche falsch gestellt. Die bereicherungsrechtliche Lösung war damit präjudiziert.

1752 **Deliktsrechtlich** kann der Käufer bei einem selbstverschuldeten Unfall keinen Ersatz für die Unfallfolgen verlangen. Zwar fehlt es nicht an der **adäquaten Kausalität**.[129] Der Unfallschaden, den der Käufer erlitten hat, wird indessen nicht vom **Schutzzweck der verletzten Norm** gedeckt.[130] Das Täuschungsverbot bezweckt keinen Schutz vor Unfällen, die mit der Täuschung und dem verschwiegenen Mangel nichts zu tun haben. Nach § 823 II BGB i. V. m. § 263 StGB, § 826 BGB kann der betrogene Käufer nach einem selbstverschuldeten Unfall nur den Betrag ersetzt verlangen, um den er – täuschungsbedingt – das Fahrzeug zu teuer gekauft hat. Erst recht braucht der arglistige Verkäufer nicht für weitere Unfallfolgen einzustehen (Personenschaden, Schäden an anderen Sachen des Käufers).[131]

1753 **Bereicherungsrechtlich** hat die Lösung des LG Lüneburg[132] zu Recht Zustimmung gefunden.[133] Richtig war auch, den um den Wagenwert gekürzten Rückzahlungsanspruch nicht zusätzlich noch deshalb zu mindern, weil der Käufer das Fahrzeug bis zu seinem eigenen Unfall benutzt hatte. Wie bei der Minderung und dem „kleinen" Schadensersatz kam eine Nutzungsvergütung hier nicht in Betracht. Nach der **neuen Rechtslage** führt eine **Analogie zu § 346 III,3 BGB** zu einem gerechten Ergebnis. Hat der Käufer während der Unfallfahrt seine **eigenübliche Sorgfalt** nicht beachtet, bleibt er zum Wertersatz nach § 818 II BGB verpflichtet. Bei Vorsatz und grober Fahrlässigkeit steht diese Rechtsfolge außer Zweifel (§ 277 BGB). Problematisch sind die Fälle leichter und mittlerer Fahrlässigkeit. Dazu, was „eigenübliche Sorgfalt" im Zusammenhang mit dem Halten und Gebrauchen eines Kraftfahrzeugs bedeutet, s. Rn 304 ff.

1754 **Beruht** die Beschädigung oder Zerstörung des Fahrzeugs – anders als in den Fällen BGHZ 53, 144 und BGHZ 57, 137 – **auf einem Sachmangel,** den der Verkäufer bei Gültigkeit des Vertrages zu vertreten hätte, findet die Saldotheorie gleichfalls keine Anwendung. Das hat der BGH unter weitgehender Zustimmung der Lehre im **Mähdrescherfall** (BGHZ 78, 216 = NJW 1981, 224) für den Bereicherungsausgleich nach Irrtumsanfechtung (§ 119 II BGB) entschieden. Erst recht muss der arglistige Verkäufer das Risiko einer mängelbedingten Entwertung des Kaufobjekts tragen. Voraussetzung ist aber auch hier, dass die Zustandsverschlechterung auf einem Sachmangel beruht, für den nach dem Vertrag der Verkäufer einzustehen hätte.

---

128 Vgl. Fn. 126. Fragwürdig ist schon die Grundannahme einer arglistigen Täuschung, s. auch *Soergel/Huber*, § 476 Rn 33, Fn. 22.
129 Anders Verf. bis zur 5. Aufl. im Anschluss an *Huber*, JuS 1972, 440; *Medicus*, Rn 230; wie hier auch der V. ZS des BGH, MDR 1977, 213 = JZ 1977, 95 unter IV; *Flessner*, NJW 1972, 1777.
130 *Medicus*, Rn 230; *Huber*, JuS 1972, 440; *Flessner*, NJW 1972, 1777; *Roth*, AcP 189, 499.
131 So auch BGH 14. 10. 1971, NJW 1972, 36; vgl. auch *Herr*, NJW 1972, 250.
132 Urt. v. 23. 12. 1988, NJW 1989, 1097.
133 *Giesen*, Jura 1995, 281, 285; *Staudinger/Lorenz*, § 818 Rn 43.

Den ursächlichen Zusammenhang zwischen Mangel und Beschädigung muss der Käufer **nachweisen.** Mangelkausalität verbessert seine Rechtsposition (Abwälzung des Benutzungsrisikos auf den Verkäufer). Auch für die – hypothetische – Einstandspflicht nach dem Vertrag ist der Käufer beweispflichtig. Die Entwertung des Fahrzeugs als solche hat hingegen der Verkäufer zu beweisen.

Ist die **Haftung** für den Umstand, der die Entwertung herbeigeführt hat, **wirksam ausgeschlossen,** bedarf es weiterer Überlegungen. Judikatur ist insoweit nicht vorhanden. BGHZ 78, 216, wo die Einstandspflicht des Mähdrescher-Verkäufers keinem Zweifel unterlag, muss wohl dahin verstanden werden, dass die Zuweisung des Entreicherungsrisikos eine – hypothetische – Sachmängelhaftung des Verkäufers voraussetzt, Haftungsbeschränkungen ihm bereicherungsrechtlich also zugute kommen, gleichviel, ob sie gesetzlicher (z. B. § 442 BGB) oder vertraglicher Natur (Freizeichnung) sind.

Hat der Verkäufer für einen Defekt an der Bremsanlage seine Haftung wirksam ausgeschlossen und ist ein Bremsversagen die alleinige Unfallursache, kann auch ein arglistig getäuschter Käufer nicht den vollen Kaufpreis (gegen Herausgabe des Wracks) verlangen. Den Abzug braucht er zwar nicht von sich aus vorzunehmen (Anwendungsfall der Zweikonditionentheorie bei Täuschung), dem Verkäufer ist jedoch zu gestatten, den Rückzahlungsbetrag entsprechend zu kürzen.

Ein **Sonderfall** ist das **Zusammenwirken haftungsrelevanter und haftungsneutraler Mängel** beim Untergang oder der Verschlechterung des Fahrzeugs. Vermutlich wird die Rechtsprechung bei einer solchen Fallgestaltung keine Ursachenabwägung nach den §§ 254, 242 BGB vornehmen, sondern das Entreicherungsrisiko voll dem arglistigen Verkäufer auferlegen. Beruht die Enthaftung auf einem vereinbarten Gewährleistungsausschluss, bietet sich eine ähnliche Argumentation an wie in BGH NJW 1983, 1424, wo der BGH bei der Schadensberechnung eine „gespaltene" Freizeichnung abgelehnt hat.

Von der Rechtsprechung gleichfalls noch nicht entschieden ist der Fall, dass die Entwertung des Fahrzeugs auf Umständen beruht, die sowohl vom Käufer als auch vom Verkäufer zu vertreten sind. Hier wäre eine Abwägung der Schadensursachen am Platz, so wie der BGH sie im „BMW-Fall" (BGHZ 57, 137) für sachgerecht hält.

Zur Rechtslage bei **Verzug des Verkäufers mit der Rücknahme** des Fahrzeugs s. OLG Stuttgart OLGR 1998, 256.

bb) Fallgruppe: Unmöglichkeit der Fahrzeugherausgabe infolge Weiterveräußerung

Die Rückabwicklung nach Ausübung des **Rücktrittsrechts** bzw. bei Verlangen von **Schadensersatz statt der ganzen Leistung** hängt in der praktischen Realisierung davon ab, dass der Käufer in der Lage ist, den gekauften Wagen an den Verkäufer zurückzugeben. Die Möglichkeit der Rückgabe ist aber hier wie dort keine Voraussetzung der Rechtsausübung. Objektive Unmöglichkeit kann ebensowenig wie subjektives Unvermögen zu einem Ausschluss des Rücktrittsrechts bzw. des Anspruchs auf Schadensersatz führen. Das war nach altem Recht anders (§§ 351 ff. BGB a. F.). Der Fall der Veräußerung wird im **neuen Rücktrittsrecht** nicht mehr erwähnt, auch nicht im Zusammenhang mit dem Wegfall der Wertersatzpflicht. In § 346 III,3 BGB ist nur von Verschlechterung und Untergang die Rede. Eine Veräußerung kann dem nicht gleichgestellt werden.[134]

In den **Anfechtungsfällen** ist zunächst zu prüfen, ob die **Anfechtungsbefugnis** durch die Weiterveräußerung entfallen ist. Zu diesem Problemkreis, markiert durch die Stichworte „Bestätigung", „Verzicht" und „Verwirkung", s. Rn 1532 ff.

---

134 *Palandt/Heinrichs*, Ergbd. § 346 Rn 13.

1759 Der **Bereicherungsausgleich** nach wirksamer Anfechtung und parallel dazu die schadensersatzrechtliche Rückabwicklung in Fällen mit Weiterveräußerung sind Gegenstand einer **umfangreichen Judikatur.** Deren Verständnis setzt eine sorgfältige Fallanalyse voraus. Einschlägig sind insbesondere: BGH LM § 123 BGB Nr. 18 = NJW 1960, 237 (Veräußerung nach Anfechtung); OLG Karlsruhe VRS 82, 241 (Veräußerung nach Anfechtung); OLG Karlsruhe NJW-RR 1992, 1144 (Veräußerung vor Anfechtung); OLG Köln NJW-RR 1995, 51 (erster Weiterverkauf – vor Kenntnis vom Anfechtungsgrund – mit anschließender Fahrzeugrücknahme, endgültiger Weiterverkauf nach Anfechtung).

Ausgangspunkt der bereicherungsrechtlichen Abwicklung ist, dass der arglistig getäuschte Käufer Rückzahlung des Kaufpreises verlangen kann, ohne von sich aus die Rückgabe des Fahrzeugs anbieten zu müssen (s. Rn 1734). Der Verkäufer darf die Rückzahlung von der Herausgabe des Fahrzeugs abhängig machen (§ 273 BGB). Beruft sich der Käufer auf Unmöglichkeit, die er zu beweisen hat, ordnet § 818 II BGB für den Fall der Veräußerung eine **Wertersatzpflicht** an.[135] § 818 I BGB erstreckt die Herausgabepflicht auf anderweitige Surrogate (Zerstörung, Beschädigung).

Die **Wertbestimmung** erfolgt bei § 818 II BGB nach **objektiven Kriterien,** gleichviel, ob der getäuschte Käufer das Fahrzeug zum, unter oder über Marktpreis verkauft hat. Einen **Veräußerungsgewinn** kann der (arglistige) Verkäufer über § 816 I BGB abschöpfen. Sofern der (getäuschte) Käufer im Zeitpunkt der Weiterveräußerung den Anfechtungsgrund schon kannte, mithin „bösgläubig" war, schuldet er den gesamten Veräußerungserlös auch einem von Anfang an bösgläubigen Verkäufer aus § 285 BGB i. V. m. §§ 819 I, 814 IV BGB.[136]

Ein Verkauf **unter Marktpreis** kann für den (getäuschten) Käufer, Gutgläubigkeit vorausgesetzt, als Entreicherung nach § 818 III BGB berücksichtigt werden. Darlegungspflichtig ist der Käufer. Ein Unter-Preis-Verkauf nach Entdeckung der Täuschung kann den Käufer im Rahmen der verschärften Bereicherungshaftung zum Schadensersatz verpflichten.

Zur Rechtslage bei Veräußerung eines **in Zahlung gegebenen Fahrzeugs** s. Rn 1724.

cc) Fallgruppe: Beschädigung, Verlust oder Weiterveräußerung des Fahrzeugs vor vollständiger Kaufpreiszahlung

1760 Den Fällen der beiden unter Rn 1747, 1757 behandelten Gruppen war gemeinsam, dass der Kaufvertrag im Zeitpunkt des Verlustes bzw. der Beschädigung des Fahrzeugs **beiderseits erfüllt** war. Der Käufer hatte sein eigenes Fahrzeug (Volleigentum) beschädigt oder weiterveräußert, während der Verkäufer restlos befriedigt war. Von der Rechtsprechung noch nicht entschieden sind Entreicherungsvorgänge **während der Erfüllungsphase.** Beispiel: Der Käufer erleidet mit dem betrügerisch verkauften Pkw einen Unfall, bevor er den Kaufpreis vollständig bezahlt hat. Zu dieser Gruppe der **Vorleistungsfälle** gehört BGH WM 1977, 893 (Verkauf eines Motorschiffes unter Täuschung über das Alter) nur bedingt, denn der Verkäufer, nicht der Käufer, hatte das noch nicht voll bezahlte Schiff weiterverkauft.

Auch für den Fall, dass der **getäuschte Käufer** den Kaufpreis noch nicht oder nicht voll bezahlt hatte, ist bereicherungsrechtlich nach der **Zweikondiktionentheorie** abzuwickeln. Bei einem unverschuldeten Unfall kann der Käufer seine Anzahlung zurückfordern, ohne sich wegen der Beschädigung des Fahrzeugs einen Abzug gefallen lassen zu müssen (Wei-

---

135 Vgl. *Palandt/Sprau*, § 818 Rn 37.
136 OLG Köln 18. 3. 1994, NJW-RR 1995, 51 = OLGR 1994, 238 unter Hinweis auf BGHZ 75, 203 = NJW 1980, 178; zur Anwendbarkeit des § 281 BGB a. F. bei der verschärften Bereicherungshaftung s. *Medicus*, JuS 1993, 705.

terentwicklung von BGHZ 53, 144).[137] Analog § 346 III,3 BGB n. F. entfällt die Pflicht zum Wertersatz. War der Unfall hingegen verschuldet, ist nicht an die – fragwürdige – Lösung von BGHZ 57, 137 (dazu oben Rn 1751) anzuknüpfen. Richtigerweise ist dem Käufer bei Verletzung der eigenüblichen Sorgfalt (§ 346 III,3 BGB) eine Wertersatzpflicht aufzuerlegen, d. h., der objektive Wert des Fahrzeugs (zur Zeit des Kaufs) ist von dem Rückzahlungsanspruch des Käufers abzuziehen (Weiterentwicklung von LG Lüneburg, NJW 1989, 1097 unter Berücksichtigung des neuen Rücktrittsfolgenrechts).

IV. Einrede des nichterfüllten Vertrages

1. Bisheriger Rechtszustand

Nach Übergabe und Annahme als Erfüllung wurde dem Käufer einer Speziessache die Einrede des nicht erfüllten Vertrages aus **§ 320 BGB** wegen vorhandener Mängel grundsätzlich nicht mehr zugebilligt.[138] Dabei machte es keinen Unterschied, ob die Gewährschaftstheorie oder die – vom Reformgesetzgeber jetzt bevorzugte – Nichterfüllungstheorie zugrunde gelegt wurde. Ein gesetzliches Recht auf Nacherfüllung war beim Stückkauf nach beiden Theorien ausgeschlossen. Hatten die Vertragsparteien ein **Nachbesserungsrecht** hingegen **vereinbart**, durfte der Käufer ausnahmsweise auch nach Übergabe auf das Leistungsverweigerungsrecht nach § 320 BGB zurückgreifen, wenn die Nachbesserung abgelehnt oder verzögert wurde.

Ein Käufer, der **nach Gefahrübergang** den Anspruch des Verkäufers auf Zahlung des Kaufpreises abwehren wollte, brauchte sich nach altem Recht nicht auf einen bestimmten Mängelanspruch festzulegen, solange der Verkäufer seine Forderung nicht einklagte und der Stand des Prozesses den Käufer nicht zwang, sich zu entscheiden. Bis zu diesem Zeitpunkt stand ihm ein **Zahlungsverweigerungsrecht** zu, das der BGH unter der Geltung des § 478 BGB a. F. als „**allgemeine Mängeleinrede**" bezeichnet hat[139] Diese Einrede hatte mit den §§ 320, 273 BGB nichts zu tun. Der Käufer brauchte zunächst nur zu erklären, dass und warum er nicht zahlen werde; sein Wahlrecht brauchte er nach Meinung des BGH[140] vorprozessual noch nicht auszuüben. Wie der Käufer anschließend dazu veranlasst werden konnte, ein bestimmtes Gewährleistungsrecht zu wählen, und welche Frist ihm insoweit eingeräumt ist, hat der BGH offen gelassen. Im Schrifttum ist eine analoge Anwendung des § 466 BGB a. F. vorgeschlagen worden.[141]

2. Neues Schuldrecht

Dadurch, dass der Verkäufer zur Lieferung einer mangelfreien Sache gesetzlich verpflichtet ist (§ 433 I,2 BGB) und die Sachmängelrechte des Käufers um einen Nacherfüllungsanspruch erweitert worden sind, gewinnt § 320 BGB jetzt auch für die Zeit **nach Gefahrübergang** große Bedeutung. Solange der Verkäufer seine Pflicht zur Lieferung einer mangelfreien Sache nicht vertragsgemäß erfüllt hat, darf der Käufer die **Zahlung des Kaufpreises verweigern**, und zwar grundsätzlich in voller Höhe. M. a. W.: Ein fälliger und durchsetzbarer Anspruch des Käufers auf Nacherfüllung (§ 439 BGB) begründet die Einrede des nichterfüllten Vertrages aus § 320 BGB.[142]

---

137 Vgl. auch *Flessner,* NJW 1972, 1777, 1783; *Medicus,* Rn 226.
138 St. Rspr., z. B. BGH 18. 1. 1991, BGHZ 113, 232 = NJW 1991, 1048.
139 BGH 18. 1. 1991, BGHZ 113, 232 = NJW 1991, 1048.
140 BGHZ 113, 232 = NJW 1991, 1048.
141 *Wiedemann,* EWiR § 320 BGB 1/91; *Grün,* JZ 1992, 157.
142 *Palandt/Heinrichs,* Ergbd., § 320 Rn 2, 9; *Huber/Faust,* Kap. 13, Rn 149.

1763 Eine Besonderheit des Kauf gebrauchter Kraftfahrzeuge besteht nun darin, dass der **Sachmangel** häufig **nicht behebbar** ist (verborgener Unfallvorschaden, höhere Laufleistung etc.). In diesen Fällen scheidet eine Nacherfüllung in beiden Arten von vornherein aus (s. Rn 1368 ff., Rn 1379). Die Einrede aus § 320 BGB steht dem Käufer dann nicht zu.[143] Sie ist tatbestandlich ausgeschlossen.

Um von seiner Pflicht, den Kaufpreis zu zahlen, endgültig frei zu werden, muss der Unfallwagen-Käufer zurücktreten. Von einer vorherigen Fristsetzung ist er freigestellt (§ 326 V BGB). Der Kaufpreisanspruch erlischt nicht automatisch (§ 326 I, 2 BGB). Ob der Käufer den Wegfall seiner Zahlungspflicht statt durch Rücktritt auch durch ein Verlangen von Schadensersatz statt der ganzen Leistung nach § 311 a II BGB („großer" Schadensersatz) herbeiführen kann, wird die Rechtsprechung zu klären haben. Gute Gründen sprechen auch hier für eine Gleichstellung mit der Rücktrittsregelung.

Ist nicht nur der Anspruch auf Nacherfüllung rechtlich ausgeschlossen, sondern sind die Mängelrechte des Käufers kraft vertraglicher Vereinbarung wirksam abbedungen, so entfällt damit auch die Einrede des schlechterfüllten Vertrages.[144] Sie setzt einen Anspruch auf mängelfreie Lieferung voraus. Wer keine Mängelrechte hat, kann weder die Abnahme des Fahrzeugs[145] noch dessen Bezahlung verweigern.

Nach dem Wegfall des § 466 BGB gibt es in Ermangelung einer vergleichbaren Vorschrift[146] keine Handhabe mehr für den Verkäufer, auf den Käufer Druck auszuüben und ihn zu einer Festlegung auf einen bestimmten Rechtsbehelf zu zwingen. Ob ihm während des Schwebezustandes die Einrede mangelhafter Lieferung in Form einer **allgemeinen Mängeleinrede** zusteht, ist umstritten.[147]

1764 Die Wirkung einer sachlich berechtigten allgemeinen Mängeleinrede bestünde darin, dass der Käufer mit der Zahlung des Kaufpreises nicht in Verzug geriete. Ob schon – wie bei § 320 BGB – das bloße Bestehen der Einrede oder erst ihre Geltendmachung (wie bei § 273 BGB) den Eintritt des Verzugs hindert, hat der BGH noch nicht entschieden.

Das bloße Bestehen eines Leistungsverweigerungsrechts aus § 320 BGB genügt nicht, um eine Zug-um-Zug-Verurteilung zu erreichen., Die Einrede muss erhoben werden, wobei ein bloßer Antrag auf Klageabweisung genügt.[148]

Die Mängeleinrede bleibt dem Käufer nach **§ 438 IV, 3 BGB** selbst für den Fall erhalten, dass der **Rücktritt** aus Verjährungsgründen nach § 218 BGB ausgeschlossen ist. Gleiches gilt für die **Minderung**. Einer Mängelanzeige wie in § 478 BGB a. F. bedarf es nicht mehr. Neu ist die Möglichkeit des Rücktritts für den Verkäufer im Fall der Zahlungsverweigerung (§ 438 IV, 3 BGB).

V. Verschulden bei Vertragsschluss

1. Bis zum 1. 1. 2002 geltende Rechtslage

1765 Probleme der Konkurrenz von Sachmängelgewährleistung und culpa in contrahendo traten vor der Reform des Schuldrechts vor allem im Bereich des Grundstücks- und Unternehmenskaufs auf. In Streitigkeiten aus Fahrzeugkäufen ist die heikle Konkurrenzfrage von un-

---

143 *Huber/Faust*, Kap. 13, Rn 152; Das neue Schuldrecht/*Haas* Kap. 5 Rn 263.
144 Zur Problematik nach altem und neuem Schuldrecht unter Berücksichtigung der bisherigen BGH-Rechtsprechung s. *Lehmann-Richter*, JURA 2002, 585.
145 Zum Charakter der Abnahmepflicht als Haupt- oder Nebenpflicht s. Rn 925.
146 § 350 BGB gilt nur für den vertraglichen Rücktritt.
147 Bejahend *Haas*, Das neue Schuldrecht, Kap. 5 Rn 263; verneinend *Lorenz/Riehm*, Rn 501.
148 Vgl. BGH 7. 10. 1998, ZIP 1998, 1965.

Verschulden bei Vertragsschluss

tergeordneter Bedeutung gewesen. Die **persönliche Haftung des Kfz-Vermittlers,** bis 1990 Hauptanwendungsfall der c. i. c. beim Gebrauchtwagenkauf, war rechtlich selbstständig. Sie stand außer Konkurrenz, da Anspruchsgegner nicht der Verkäufer, sondern dessen Vertreter in seiner Eigenschaft als Vermittler war. Die **nachvertragliche Eigenhaftung** des Verkäufers[149] war unter dem Konkurrenzaspekt gleichfalls problemlos. Gleiches gilt für **die Eigenhaftung von Angestellten** des Verkäufers aus culpa in contrahendo. Die Sperrwirkung der §§ 459 ff. BGB a. F. entfiel ferner, wenn der Käufer in einem **gerichtlichen Vergleich** zur Erledigung eines Gewährleistungsprozesses mit dem Verkäufer wahrheitswidrig erklärt, dass das Fahrzeug sich in einem bestimmten Zustand befinde. Eine solche Falschangabe konnte eine Haftung aus c. i. c. begründen.[150]

Nach st. Rspr. des BGH schlossen die §§ 459 ff. BGB a. F. als erschöpfende und abschließende Sonderregelung Ansprüche aus c. i. c. aus, wenn sich fahrlässige Angaben oder Nichtangaben des Verkäufers auf Eigenschaften der Kaufsache bezogen.[151] Dabei musste die fragliche Eigenschaft dem Käufer nicht im Sinne von § 459 II BGB a. F. zugesichert worden sein. Es genügte **Zusicherungsfähigkeit.**[152] Die Ausschlusswirkung der Gewährleistungsvorschriften entfiel, wenn es nicht zur Übergabe des Kaufobjekts kam.[153]

Sonderfall „Beratungsvertrag": Besaß der Verkäufer **eine besondere Sachkunde,** auf die der – nicht genügend sachkundige – Käufer ersichtlich angewiesen war, ließ der **BGH**[154] den Verkäufer für fahrlässige Falschinformationen ausnahmsweise selbst dann aus c. i. c. oder gar aus einem **selbstständigen Beratungsvertrag** haften, wenn sich die Angaben auf (zusicherungsfähige) Eigenschaften der Kaufsache bezogen.[155] Bisher hat der BGH davon abgesehen, diese Rechtsprechung, deren eigentliche Bedeutung auf dem Gebiet der Verjährung lag (und nun korrekturbedürftig ist), auf den Kauf eines Gebrauchtwagens vom Fachhändler zu übertragen, obwohl die besondere Sachkunde des Kfz-Händlers und das damit einhergehende Vertrauen des Käufers sonst eine Schlüsselstellung in seiner Argumentation haben. In der Taxi-Entscheidung vom 12. 5. 1976[156] hat er die Sperrwirkung der §§ 459 ff. BGB a. F. ausdrücklich hervorgehoben, indem er an dem Erfordernis einer neben der Gewährleistung bestehenden besonderen Pflicht zur Aufklärung und Beratung festgehalten hat. Eine solche **spezielle Beratungspflicht** kann auf dem Sektor des Gebrauchtfahrzeugkaufs nur in Ausnahmefällen angenommen werden, z. B. beim Verkauf eines Spezialfahrzeugen für Motorsportzwecke. Sie setzt die Vorstellung beider Vertragspartner voraus, dass der Käufer seinen Kaufentschluss stärker als im Normalfall von der fachkundigen Aufklärung des Verkäufers abhängig machen wollte.[157]

2. Die Rechtslage seit dem 1. 1. 2002

Die **Neuregelung des Kaufrechts** mit der Integration der Sachmängelhaftung in das allgemeine Leistungsstörungsrecht hat die alten Konkurrenzprobleme nicht beseitigt. Es be-

---

149 BGH 29. 1. 1997, NJW 1997, 1233.
150 OLG Karlsruhe 29. 7. 1999, OLGR 1999, 385.
151 BGH – VIII. ZS – NJW 1995, 2159 = WM 1995, 1145; weitere Nachweise bei *Marutschke,* JuS 1999, 730.
152 BGH (VIII. ZS) 16. 1. 1991, NJW 1991, 1223 = ZIP 1991, 321; BGH (V. ZS) 26. 4. 1991, NJW 1991, 2556 = WM 1991, 1171; BGH (V. ZS) 27. 11. 1998, NJW 1999, 638.
153 BGH 26. 6. 1982, WM 1982, 960; OLG Düsseldorf 22. 4. 2002, MDR 2002, 1115.
154 Urt. v. 23. 7. 1997, NJW 1997, 3227; v. 27. 11. 1998, NJW 1999, 638; v. 23. 6. 1999, NJW 1999, 3192.
155 Missverständlich OLG Hamm 25. 6. 1996, NJW-RR 1997, 429 = OLGR 1996, 223.
156 BB 1977, 61 m. Anm. *Trinkner.*
157 BGH 16. 3. 1977, NJW 1977, 1055; BGH 9. 2. 1994, NJW-RR 1994, 601, 602; BGH 23. 7. 1997, NJW 1997, 3227; s. auch *Marutschke,* JuS 1999, 729 – „Intensität des sozialen Kontaktes".

darf nach wie vor der Klärung, unter welchen Voraussetzungen ein Käufer auf das eine oder auf das andere Haftungssystem zurückgreifen muss und mit der Alternativregelung ausgeschlossen ist. Einiges spricht dafür, die bisherigen Konkurrenzregeln im Wesentlichen zu übernehmen und sie lediglich an die neuen Rahmenbedingungen anzupassen.[158] Entscheidend ist also, ob sich die vorvertragliche Pflichtverletzung des Verkäufers auf ein Beschaffenheitsmerkmal der Kaufsache bezieht, dessen Fehlen geeignet ist, die Sachmängelhaftung auszulösen. Wenn ja, scheidet die c. i. c.-Haftung aus.[159]

1767 Für den Bereich des Gebrauchtwagenkaufs ist ein im Sinne des § 434 I BGB relevantes Beschaffenheitsmerkmal nach allgemeiner Meinung zu verneinen bei:
- Fehlen von Garantieschutz
- Verkürzter Garantieschutz
- Tatsache des Re-Imports
- Tatsache des Imports
- Fahrerlaubnisfreiheit/Führerscheinlosigkeit
- Wert des Fahrzeugs
- Wiederverkaufswert
- Vermarktungschance
- Abstellmöglichkeit an einem bestimmten Ort (soweit es nicht um den Verwendungszweck geht).

Wird der Käufer in den vorbezeichneten Punkten nicht oder nicht ordnungsgemäß unterrichtet, stehen die Sachmängelvorschriften einer allgemeinen Schadensersatzhaftung des Verkäufers nicht entgegen.

1768 **Umstritten** ist die Behandlung folgender Fälle:
- Alter/Baujahr
- Versicherungsschutz
- Exportfähigkeit
- Steuerpflicht/Steuerbefreiung
- Bezahltsein von Steuern bzw. Versicherung
- Fahrweise des Vorbesitzers
- Eigenschaft „werkstattgeprüft" o. ä.

Diese Grenzfälle werden unter dem jeweiligen Stichwort bei der Sachmängelhaftung erörtert (ab Rn 1242).

1769 Je enger der Beschaffenheitsbegriff i. S. d. § 434 BGB (Grundsätzliches dazu unter Rn 1216 ff.) gefasst wird, desto größer ist der Anwendungsbereich für die allgemeine Haftung aus c. i. c., jetzt positiv geregelt in den **§§ 280 I, 241 II, 311 II BGB**. In Gebrauchtwagensachen neigte die Rechtsprechung, wie auch sonst, zu einem weiten Eigenschaftsbegriff, wie die Auslegung der Zusage „werkstattgeprüft" beispielhaft zeigt. Der Kreis der für die Sachmängelhaftung relevanten Eigenschaften ist nach dem neuen Kaufrecht eher größer als kleiner geworden, obgleich der Begriff der Beschaffenheit vom BGH bisher enger verstanden wurde als der Eigenschaftsbegriff.

1770 Aufgehoben ist der Vorrang der Sachmängelhaftung außerdem in Fällen **vorsätzlicher Täuschung** über Beschaffenheitsmerkmale des Kaufobjekts i. S. d. § 434 I BGB. Daran ist

---

158 In diese Richtung *Huber/Faust*, Kap. 14 Rn 26.
159 *Palandt/Putzo*, Ergbd., § 437 Rn 51.

Verschulden bei Vertragsschluss

für das neue Recht festzuhalten.[160] Der im Fall einer vorsätzlichen Täuschung besonders schutzwürdige Käufer kann also zwischen seinen Sachmängelrechten und einer Haftung aus vorvertraglichem Verschulden wählen. Insoweit ist die Lage vergleichbar mit dem Nebeneinander von § 123 BGB und den Rechten aus § 437 BGB.

Ein Anspruch aus den §§ 280 I, 241 II, 311 II BGB (früher c. i. c.) steht dem Käufer hiernach zu, wenn **1771**

- der Verkäufer ihn mindestens **fahrlässig** über Umstände informiert oder uninformiert lässt, die **keine Beschaffenheitsmerkmale** i. S. d. § 434 I BGB darstellen, die aber für den Kaufentschluss von Bedeutung sind (BGH NJW 1991, 1223 = ZIP 1991, 321 – VIII. ZS –; BGH NJW 1991, 1673; BGH NJW 1991, 2556 – jeweils V. ZS),
- der Verkäufer den Käufer **vorsätzlich** über ein Beschaffenheitsmerkmal i. S. d. § 434 I BGB falsch informiert bzw. nicht aufklärt, wobei es nicht darauf ankommen soll, ob der Käufer seine Vertragserklärung wegen arglistiger Täuschung erfolgreich angefochten hat (BGH NJW-RR 1988, 10; BGH NJW-RR 1990, 78; BGH NJW 1995, 2159; BGH NJW-RR 1997, 144).

Rechtsfolge: In Anwendungsfällen der Culpa-Haftung kann der Käufer **Vertragsaufhebung und Rückabwicklung** als Form der Naturalrestitution (§ 249 BGB) verlangen.[161] Außerdem kann er seine Vermögenseinbußen (negatives Interesse) liquidieren. Nach Ansicht des BGH setzt der Anspruch auf Vertragsaufhebung einen **Vermögensschaden** voraus. Dieser sei nicht notwendigerweise schon in dem abgeschlossenen Vertrag zu sehen. Der Abschluss des Vertrages müsse für den Käufer wirtschaftlich nachteilig sein.[162] **1772**

Zur **Darlegungs- und Beweislast** hinsichtlich der vorvertraglichen Pflichtverletzung s. Rn 1031, zum **Vertretenmüssen/Verschulden** s. Rn 1029 f., zur **Kausalität** s. Rn 1032. Zum **Umfang der Haftung** (einzelne Schadenspositionen) wird auf die Ausführungen unter Rn 1037 ff. verwiesen. **1773**

Zeitliche Begrenzung: Der Anspruch auf Befreiung von den Vertragspflichten wegen einer Täuschung kann nach zutreffender Ansicht des OLG Hamm (NJW-RR 1995, 205) nach Ablauf der Anfechtungsfrist (§ 124 BGB) nicht mehr geltend gemacht werden (gegen BGH NJW 1962, 1196; NJW 1997, 254). Die **Verjährung** richtet sich nach den §§ 195, 199 BGB (Regelverjährung). **1774**

Freizeichnung: Bei vorsätzlicher culpa in contrahendo ist jegliche Haftungsfreizeichnung unbeachtlich, was keiner näheren Begründung bedarf. In den Fällen fahrlässigen Fehlverhaltens kommt es darauf an, worin die Pflichtverletzung begründet ist. Bezieht sie sich auf einen Sachmangel und wird die culpa-Haftung von den speziellen Sachmängelvorschriften ausnahmsweise nicht verdrängt (vor Gefahrübergang), so kann ein gesetzlicher Haftungsausschluss nach § 442 BGB ebenso zum Tragen kommen wie eine vertragliche Freizeichnung von der Sachmängelhaftung. Zur Bedeutung eines vereinbarten Gewährleistungsausschlusses bei dieser Konstellation s. BGH NJW 1995, 1737; OLG Düsseldorf MDR 2002, 1115. Bei einer fahrlässigen Pflichtverletzung, die keinen Sach- oder Rechtsmangel zum Gegenstand hat, kann den Verkäufer eine Freizeichnung von der allgemeinen Haftung auf Schadensersatz schützen (s. dazu Rn 954). **1775**

---

160 *Huber/Faust*, Kap. 14, Rn 29; a. A. *Palandt/Heinrichs*, Ergbd., § 311 Rn 18; unklar *Palandt/Putzo*, Ergbd., § 437 Rn 51.
161 BGH 26. 9. 1997, ZIP 1998, 154.
162 BGH 26. 9. 1997, ZIP 1998, 154; kritisch dazu *Lorenz*, ZIP 1998, 1053; s. auch BGH 6. 4. 2001, NJW 2001, 2875; OLG Nürnberg 23. 1. 2001, NJW-RR 2002, 267.

VI. Positive Vertragsverletzung
1. Bis zum 1. 1. 2002 geltende Rechtslage

1776 Neben den Gewährleistungsansprüchen aus §§ 459 ff. BGB a. F. konnte der Käufer Schadensersatz wegen positiver Vertragsverletzung bei schuldhafter Schlechtleistung (nur) dann geltend machen, wenn er infolge des Sachmangels Schäden an anderen Rechtsgütern als an der Kaufsache selbst – so genannte **Mangelfolgeschäden** – erlitten hatte.[163] In der Rechtsprechung zum Gebrauchtwagenkauf spielte diese Haftungsergänzung nur eine untergeordnete Rolle. Dies lag nicht so sehr an dem typischen Schadenspotenzial beim Kauf gebrauchter Kfz als vielmehr an der Tatsache, dass zumindest der gewerbliche Gebrauchtwagenverkäufer im Haftungsfall entweder gemäß § 463 BGB a. F. (Zusicherung/Arglist) oder – nach Arglistanfechtung – aus c. i. c. und unerlaubter Handlung schadensersatzpflichtig war. Damit war der Anwendungsbereich der pVV sehr eingeengt, zumal die Rechtsprechung auch „Mangelfolgeschäden" sowohl bei der Zusicherungs- als auch bei der Arglisthaftung dem Nichterfüllungsschaden aus § 463 BGB a. F. zuordnete (s. Rn 1482). Diese Praxis kam insbesondere in dem Hauptanwendungsfall der Haftung für Mangelfolgeschäden – **Unfall mit dem mangelhaften Fahrzeug** – zum Zuge.

Was in Fällen mit Sachmangelbezug für die pVV blieb, war die Verletzung vertraglicher Nebenpflichten jenseits der Grenze, die durch die c. i. c.-Haftung gezogen war. Für den Verkauf gebrauchter Kraftfahrzeuge bedeutete das:

- Nicht- oder Schlechterfüllung einer Untersuchungs- oder Prüfpflicht
- Pflichtwidrigkeiten zwischen Vertragsabschluss und Auslieferung des Fahrzeugs (in der Praxis des gewerblichen Kfz-Handels fällt beides häufig zusammen)
- Pflichtwidrigkeiten im Stadium nach Vertragserfüllung, z. B. bei einem Schaden anlässlich von Reparaturarbeiten aufgrund vertraglicher oder nachvertraglicher Mängelbeseitigungsabreden.[164]

2. Die Rechtslage seit dem 1. 1. 2002

1777 Konkurrenzprobleme bestehen naturgemäß nicht, wenn der Verkäufer eine Nebenpflicht verletzt, die mit der Sachmängelfreiheit nichts zu tun hat. Beispiel: Der Verkäufer beschädigt gelegentlich der Auslieferung des Fahrzeugs ein Möbelstück in der Wohnung des Käufers. Erhebliche Schwierigkeiten ergeben sich dagegen nach wie vor bei der Verletzung so genannter **mangelbezogener Nebenpflichten.** Einige **Beispiele** für Pflichtverletzungen dieser besonderen Art aus dem Bereich des Gebrauchtfahrzeugkaufs sind unter Rn 1439, 1485. aufgeführt. Weitere Beispiele: Der Händler erfährt erst nach Auslieferung des Fahrzeugs von einem früheren Unfall, der das Leben oder die Gesundheit des Käufers gefährdet.

Zunächst ist zu klären, ob es sich überhaupt um die Verletzung einer mangelbezogenen Nebenpflicht handelt. Diese Fragestellung ähnelt dem Abgrenzungsproblem bei der Haftung für vorvertragliches Verschulden, s. Rn 1767 ff. Im Fall des Verschweigens des fehlenden Versicherungsschutzes geht es nicht um Sach- und Rechtsmängelfreiheit. Ebenso liegen die Dinge bei einer Fehlinformation über den Versicherungsschutz. Ein Merkmal, das einer Beschaffenheitsvereinbarung i. S. d. § 434 I BGB zugänglich wäre, steht hier nicht in Rede (s. auch Rn 1304 ff.). In Fällen dieser Art besteht keine Konkurrenzsituation. Der Haftung des Verkäufers aus §§ 280 I, 241 II BGB stehen die Sachmängelrechte folglich nicht entgegen.

---
163 St. Rspr., z. B. BGH 20. 3. 1996, NJW-RR 1996, 951.
164 BGH 20. 11. 1996, NJW 1976, 727 – Motorboot; OLG Köln 9. 7. 1980, OLGZ 1980, 468 – Zweitschaden infolge fehlerhafter Nachbesserungsarbeiten.

Bei der Verletzung einer mangelbezogenen Nebenpflicht stellt sich die Frage, ob an der bisherigen Abgrenzung nach Schadensarten (Mangelschaden/Mangelfolgeschaden) festzuhalten ist. Das hängt wesentlich davon ab, ob die §§ 437 ff. BGB nur den Bereich der Mangelschäden erfassen und nur insoweit Ausschlusswirkung haben oder ob der Verkäufer nach den neuen kaufrechtlichen Schadensersatzregeln auch für Mangelfolgeschäden einzustehen hat. Letzteres ist der Fall.[165] Zum Problem der Schadensarten s. Rn 1483 ff.

Wie die Rechtsprechung sich in der Konkurrenzfrage entscheiden wird, bleibt abzuwarten. Drei Lösungen bieten sich an.[166] Vorzugswürdig erscheint die Lösung, die die allgemeine Haftung aus § 280 I BGB weder völlig ausschließt noch sie uneingeschränkt zulässt, sondern einen mittleren Weg geht. Dieser könnte so aussehen, dass die allgemeine Schadensersatzhaftung aus § 280 I BGB (früher pVV) grundsätzlich neben dem Sachmängelrecht zur Anwendung kommt (Anspruchskonkurrenz), sie aber von diesem Haftungssystem nicht völlig losgelöst ist. Zu erwägen ist insbesondere eine Übernahme der Verjährungsvorschrift des § 438 BGB.

Was das Verschulden und die Kausalität angeht, wird auf unter Rn 1773. verwiesen.

Problematisch ist die **Freizeichnung** von der allgemeinen Schadensersatzhaftung aus §§ 280 I, 241 II BGB. Der im Kfz-Handel früher übliche umfassende Gewährleistungsausschluss erfasste nicht den Anspruch auf Schadensersatz aus pVV. Dementsprechend enthielten die meisten Klauselwerke spezielle Freizeichnungsregeln, meist unter der Überschrift „Haftung" (s. z. B. Abschn. VIII ZDK-AGB a. F.). An dieser Zweiteilung in Sachmängelhaftung und sonstige Haftung halten die neuen verbandsempfohlenen GWVB (Stand 1. 1. 2002) fest. Zu den sich daraus ergebenden Zweifelsfragen im Hinblick auf die kaufrechtliche Schadensersatzhaftung des Verkäufers (§ 437 Nr. 3 BGB i. V. m. den dort genannten Vorschriften) s. Rn 954. Diese Bedenken einmal ausgeklammert, ist die heutige Freizeichnungsklausel nicht zu beanstanden. Eine Kollision mit § 475 I BGB besteht nicht. Abgesehen davon lässt § 475 III BGB den Ausschluss der (kaufrechtlichen) Schadensersatzhaftung ausdrücklich zu, allerdings „unbeschadet der §§ 307 bis 309 BGB". Hier liegt auch der Schwerpunkt der Inhaltskontrolle einer formularmäßigen Freizeichnung von der (allgemeinen) Haftung nach §§ 280 I, 241 II BGB.

VII. Störung der Geschäftsgrundlage

Die Anwendung der Grundsätze über den Wegfall der Geschäftsgrundlage war **nach altem Recht** mit Rücksicht auf die Sondervorschriften der §§ 459 ff. BGB a. F. ausgeschlossen, soweit es sich um Fehler i. S. v. § 459 I BGB a. F. oder um Eigenschaften i. S. v. § 459 II BGB a. F. handelte.[167] Gerade in Gebrauchtwagenprozessen haben Instanzgerichte diesen Grundsatz verschiedentlich zu Gunsten des Käufers durchbrochen.[168] Meist ging es um den Verkauf von Autos mit so genannten **Schwerstmängeln**.

Schon unter der Herrschaft des alten BGB war es nicht sachgerecht, dem Käufer eines mangelhaften Autos mit dem Institut des Fehlens der Geschäftsgrundlage zu helfen.[169]

---

165 *Palandt/Heinrichs*, Ergbd., § 280 Rn 18; *Palandt/Putzo*, Ergbd., § 437 Rn 35.
166 Vgl. *Huber/Faust*, Kap. 14, Rn 18 ff.
167 BGH 6. 6. 1986, BGHZ 98, 100 = NJW 1986, 2824; OLG Karlsruhe 18. 8. 1992, NJW-RR 1993, 1138.
168 OLG Karlsruhe 17. 11. 1970, JZ 1971, 294; LG Köln 5. 3. 1979, 73 O 581/77, n. v.; vgl. auch OLG Hamm 15. 1. 1979, JZ 1979, 266 m. Anm. *Liebs*.
169 Kein Wegfall der GG zu Gunsten des Käufers bei unerwartet hohen Kosten für die Beseitigung eines dem Käufer bekannten und im Kaufpreis berücksichtigten Mangels, vgl. OLG Stuttgart 2. 3. 1990, NZV 1990, 429 (L.).

Auf die Schwere des Mangels konnte es nicht ankommen. Der vertragliche Ausschluss der Gewährleistung änderte an dieser Beurteilung nichts. Für das **neue Recht** ist an der Subsidiarität der jetzt kodifizierten Sonderregelung (§ 313 BGB) festzuhalten.

VIII. Die deliktische Haftung des Verkäufers eines gebrauchten Fahrzeugs

1. Anwendungsbereiche der Deliktshaftung

1780   Soweit die Beteiligten durch einen Vertrag verbunden sind, sind unerlaubte Handlungen des Verkäufers oder seines Personals vorrangig nach den vertragsrechtlichen Haftungsregeln, einschließlich c. i. c. (jetzt §§ 280 I, 241 II, 311 II, 276, 278 BGB), zu beurteilen. Angesichts des weiten Anwendungsbereichs der Haftung für Verschulden bei Vertragsschluss (s. dazu Rn 1766 ff.) hat die Deliktshaftung bei **vorsätzlichem Handeln** keine eigenständige Bedeutung, soweit es um die **Haftung des Verkäufers** geht (zur Anspruchskonkurrenz in Fällen arglistiger Täuschung s. Rn 1722).

Für die Inanspruchnahme von Personen, die am Abschluss und/oder der Abwicklung des Kaufvertrages beteiligt waren, aber keiner vertraglichen Haftung unterliegen, liefern die §§ 823 ff. BGB regelmäßig die einzigen Anspruchsgrundlagen. Gleiches gilt für Personen, die früher als der Verkäufer mit dem Fahrzeug zu tun hatten, also insbesondere die **Vor-Verkäufer (Vorbesitzer)**. Bei dieser Fallgruppe kommt außer dem Betrugstatbestand (§ 263 StGB) in Verbindung mit § 823 II BGB dem Anspruch aus **§ 826 BGB** besondere Bedeutung zu, s. Rn 1582 ff. Zur Haftung aus § 826 BGB s. auch LG Traunstein ZfS 1999, 290 (unwahre Auskunft bei Vertragsverhandlungen ohne Abschluss mit anschließendem Kauf des Fahrzeugs von einem Dritten).

Bedeutsam ist die Deliktshaftung ferner im **nachvertraglichen Bereich,** z. B. bei Falschauskünften in der Zeit **nach Übergabe des Fahrzeugs** oder bei Vorlage von falschen Dokumenten, z. B. zur Entkräftung des Vorwurfs einer Täuschung. Zu dieser Fallgruppe gehört, wenn auch nicht aus dem Kfz-Handel, der Fall BGH NJW 1998, 983 = MDR 1998, 266, wobei freilich zu berücksichtigen ist, dass nicht der Verkäufer, sondern dessen **Geschäftsführer** (im Gerichtsstand der unerlaubten Handlung) verklagt worden ist.

Ein echtes Konkurrenzproblem stellte sich unter der Geltung des alten Rechts mit seiner kurzen Verjährung (§ 477 BGB a. F.) dann, wenn die vertraglichen Ansprüche, z. B. der Schadensersatzanspruch aus § 463 S. 1 BGB a. F., bereits **verjährt** waren. Ein Beispiel dafür ist der **Hinterreifen-Fall** BGH NJW 1978, 2241 aus der Kategorie der „Weiterfresserschäden".

Lebhaft umstritten war **nach altem Recht**, unter welchen Voraussetzungen der Käufer in einem derartigen Fall einen Anspruch aus § 823 I BGB wegen **fahrlässiger Eigentumsverletzung** hat. Der Gebrauchtwagenkauf hat mit dem Hinterreifen-Urteil des BGH vom 5. 7. 1978[170] einen Fall beigesteuert, in dem die **vorschriftswidrige Bereifung** eines Sportwagens zu einem Verkehrsunfall geführt hat. Im Zusammenhang mit den „Weiterfresser-Fällen" zu erwähnen ist auch der Pleuel-Halbschalen-Fall OLG Düsseldorf WM 1985, 1079. Weitere Entscheidungen zu dieser Fallgruppe unter Rn 642 ff. Ob an der bisherigen Rechtsprechung des BGH zu den „Weiterfresserfällen" nach der Schuldrechtsreform festgehalten werden kann, ist strittig. Zu den Argumenten pro und contra s Rn 650.

Ein von der Reformgesetzgebung unberührt gebliebenes Konkurrenzproblem ergibt sich, wenn der Käufer durch eine **rechtswirksame Anfechtung** des Vertrages sich selbst

---
170 NJW 1978, 2241; dazu *Kraft*, JuS 1980, 408; *Löwe*, BB 1978, 1495; *Schubert*, JR 1979, 201; *Schmidt-Salzer*, BB 1979, 1.

den Boden für die Verfolgung vertraglicher Ansprüche entzieht (dazu Rn 1714). Diese praxisrelevante Fallgestaltung hat die Rechtsprechung vor einige Schwierigkeiten gestellt, wie die Entscheidungen des BGH vom 29. 10. 1959,[171] vom 2. 7. 1962[172] und vom 14. 10. 1971[173] beispielhaft zeigen (ferner OLG Karlsruhe NJW-RR 1986, 542; OLG Bamberg NJW-RR 1994, 1333.).

Dem **arglistig getäuschten Käufer** stehen Schadensersatzansprüche aus §§ 826, 823 II BGB (i. V. m. § 263 StGB) zu,[174] ggf. auch aus § 831 BGB. Diese deliktische Haftung tritt **unabhängig** von einer **Anfechtung gemäß § 123 BGB** und deren Erfolg ein, s. auch Rn 1722. Praktische Relevanz gewinnt sie freilich erst in den Fällen, in denen der Käufer den Vertrag rechtswirksam angefochten hat.

2. Schaden als Haftungsvoraussetzung

Grundvoraussetzung jeglicher Deliktshaftung ist der **Eintritt eines Schadens.** Der Schaden muss nicht notwendigerweise ein Vermögensschaden sein.[175] Insbesondere setzt der Anspruch auf Naturalrestitution gem. § 249 BGB – darunter fällt auch die Rückgängigmachung eines Kaufvertrages – keinen Vermögensschaden voraus. In den Praxisfällen des Gebrauchtfahrzeugskaufs mit deliktischem Hintergrund geht es jedoch um nichts anderes als um Vermögensschäden. Zu unterscheiden ist zwischen der Anspruchsgrundlage des § 826 BGB (sittenwidrige Schädigung) und der Haftung aus § 823 Abs. 2 BGB i. V. m. § 263 StGB. Im letzteren Fall ist das Tatbestandsmerkmal „Vermögensschaden" doppelt zu prüfen, zunächst im Rahmen des § 263 StGB und sodann als zivilrechtliche Haftungsvoraussetzung.

1781

Ob ein Vermögensschaden i. S. d. **§§ 249 ff. BGB** vorliegt, beurteilt sich grundsätzlich nach der so genannten **Differenzhypothese**, d. h. durch Vergleich zweier Vermögenslagen. Gegenüberzustellen sind: die (Gesamt-)Vermögenslage des Käufers, wie sie sich infolge der haftungsbegründenden unerlaubten Handlung darstellt, und die (hypothetische) Vermögenslage ohne das Fehlverhalten des Verkäufers bzw. eines auf seiner Seite stehenden Dritten. Dieser Vergleich kann ergeben, dass selbst ein arglistig getäuschter Käufer **keinen Vermögensschaden** erlitten hat. Das soll nach der zivilgerichtlichen Judikatur dann der Fall sein, wenn das Fahrzeug den vereinbarten Preis tatsächlich wert ist, der verschwiegene Mangel (z. B. Unfallvorschaden, höherer km-Stand) sich also wirtschaftlich nicht zum Nachteil des Käufers ausgewirkt hat.[176]

Schadensersatzrechtlich kommt es darauf an, ob der Vertrag für den Käufer wirtschaftlich nachteilig ist. Das ist grundsätzlich dann der Fall, wenn die Kaufsache den Kaufpreis nicht wert ist oder wenn trotz Werthaltigkeit von Leistung und Gegenleistung die mit dem Vertrag verbundenen Verpflichtungen und sonstigen Nachteile durch die Vorteile nicht ausgeglichen werden.[177] Nachteile in diesem Sinn sind nicht bloße Unannehmlichkeiten und objektiv nicht fassbare Beschwernisse. Rechtlich anzuerkennen ist hingegen der Wunsch des betrogenen Käufers, das mangelhafte Fahrzeug los zu werden, mag der ge-

---

171 NJW 1960, 237.
172 NJW 1962, 1909.
173 BGHZ 57, 137 = NJW 1972, 36.
174 Zu § 263 StGB, speziell zur Frage des Vermögensschadens, s. OLG Karlsruhe 4. 1. 1980, NJW 1980, 1762; OLG Düsseldorf 1. 2. 1991, NJW 1991, 1841; OLG Hamm, 2. 6. 1992, NStZ 1992, 593; OLG Düsseldorf 10. 1. 1995, JZ 1996, 913 m. Anm. *Ch. Schneider* = JMBl. NW 1995, 128 m. w. N.
175 Anders BGH 26. 9. 1997, NJW 1998, 302 für c. i. c.
176 OLG Köln 18. 3. 1994, NJW-RR 1995, 51 = OLGR 1994, 238 unter Hinweis auf zwei BGH-Entscheidungen zu § 263 StGB.
177 BGH 26. 9. 1997, NJW 1998, 302.

zahlte Kaufpreis, objektiv betrachtet, nicht unangemessen, ja sogar günstig sein. Die Schadensbetrachtung würde unangemessen verkürzt, stellte man nur auf den gezahlten Preis in seinem Verhältnis zum objektiven Wert ab. Letzterer lässt sich in einem bestimmten Betrag ohnehin nicht fixieren. Der objektive Wert eines Gebrauchtfahrzeugs, insbesondere eines Pkw, liegt in der Regel innerhalb einer bestimmten Bandbreite. Entscheidend sind auch die persönlichen Zwecke, die der Käufer mit der Anschaffung befriedigen wollte. Zumal beim Kauf eines Pkw gehört dazu eine risikofreie und ungestörte Nutzung. Mit Rücksicht darauf kann auch bei Gleichwertigkeit von Leistung und Gegenleistung zumindest bei Pkw und Zweirädern, die privat genutzt werden, ein Vermögensschaden i. S. d. §§ 249 ff. BGB zu bejahen sein.

3. Der Schadensumfang

1782 Der deliktsrechtliche Schadensersatzanspruch eines von seinem Vertragspartner oder einem für diesen handelnden Dritten getäuschten Käufers bemisst sich grundsätzlich nach den §§ 249 ff. BGB oder, wie der BGH formuliert, nach den Regeln über den Ersatz des **negativen Interesses.** Den Ersatz seines **positiven Interesses,** so der BGH[178] weiter, kann der Käufer auf deliktischer Grundlage nur dann verlangen, wenn die für den Schadenseintritt ursächliche unerlaubte Handlung zugleich die Voraussetzungen für einen vertraglichen Gewährleistungsanspruch nach den §§ 463, 480 Abs. 2 BGB a. F. erfüllt. Das so verstandene „negative Interesse" bedeutet, dass der Käufer so zu stellen ist, wie er ohne das schädigende Ereignis, z. B. die Täuschung,[179] gestanden hätte.[180] Nur dieser Ansatz entspricht der **Differenzhypothese.** Es ist also prinzipiell nicht nach der Vermögenssituation des Käufers zu fragen, wie sie sich bei ordnungsgemäßer Vertragserfüllung ergeben hätte. Das wäre die Sichtweise beim positiven Interesse (Erfüllungsinteresse). Wie *Stoll*[181] mit Recht bemerkt, kann ein arglistig getäuschter Käufer nicht allein schon kraft Deliktsrechts fordern, so gestellt zu werden, als seien seine irrigen Vorstellungen zutreffend.

1783 Selbst auf rein deliktsrechtlicher Grundlage wird dem Käufer Ersatz des **positiven Interesses** zugebilligt, sofern er auf vertraglicher Grundlage seinen Schaden nach § 463 BGB a. F. liquidieren kann.[182] Dem ist zuzustimmen. Die Neuregelung des Schadensersatzrechts im Rahmen der Sachmängelhaftung ändert nichts. **Zweifelhaft** kann nur sein, ob der arglistig getäuschte Käufer auch nach – rechtswirksamer – Anfechtung seiner Vertragserklärung Ersatz seines Erfüllungsinteresses verlangen kann. Der **BGH** hat diese Frage bislang **nicht entschieden,** auch nicht im Urteil vom 29. 10. 1959,[183] wie mitunter angenommen wird. Offen bleiben konnte sie auch in der Entscheidung vom 25. 11. 1997.[184] Aus der OLG-Judikatur ist vor allem das Gebrauchtwagen-Urteil des OLG Karlsruhe vom 18. 12. 1985[185] zu nennen. Hiernach ist ein Käufer im Fall **rechtswirksamer** Anfechtung auf den Ersatz des negativen Interesses beschränkt. Das verdient Zustimmung.[186]

---

178 Urt. v. 25. 11. 1997, NJW 1998, 983 = MDR 1998, 266 m. Anm. *Imping.*
179 Haftungsbegründendes Ereignis ist streng genommen nicht die Täuschung, sondern der durch die Täuschung beeinflusste Vertragsabschluss.
180 BGH 2. 7. 1962, NJW 1962, 1909; BGH 25. 11. 1997, NJW 1998, 983.
181 JZ 1999, 96.
182 BGH 25. 11. 1997, NJW 1998, 983 = MDR 1998, 266 m. Anm. *Imping;* BGH 29. 10. 1959, NJW 1960, 237 = LM § 123 BGB Nr. 18 m. Nachw. aus der RG-Judikatur.
183 NJW 1960, 237.
184 NJW 1998, 983.
185 NJW-RR 1986, 542.
186 Zu eng ist freilich die Erwägung, die §§ 823 ff. BGB schützten lediglich das Integritätsinteresse des Geschädigten, wenn damit das Interesse am Erhalt der Sache gemeint ist. Im Übrigen erscheint zweifelhaft, ob der Kl. überhaupt das positive Interesse geltend gemacht hat. Wenn von „entgangenem Gewinn" die Rede ist, muss es nicht notwendigerweise um das Erfüllungsinteresse gehen.

Die namentlich von *Flume*[187] vertretene Gegenmeinung überzeugt nicht. Die Rechtswirkung einer Anfechtung nach § 123 BGB (punktuell) wegzudenken, leuchtet nicht ein. Das Gesetz kennt keine relative Wirkung der Arglistanfechtung. Eine Korrektur des § 142 Abs. 1 BGB ist gleichfalls nicht veranlasst. Der Käufer hat sich aus freien Stücken für eine Zerschlagung des Vertrages entschieden. Deshalb hat er die Konsequenzen aus seiner – im nachhinein betrachtet – voreiligen Wahl zu tragen. Gerechtfertigt ist diese dem Gesetz und der Rechtslogik entsprechende Auffassung freilich nur dann, wenn der Käufer sich klar und unmissverständlich für eine Anfechtung des Vertrages entschieden hat, seine Erklärung also nicht (auch) als Rücktritt bzw. Verlangen nach dem „großen" Schadensersatz auszulegen ist. Zu erwarten ist, dass man eine Analogie zu § 325 BGB n. F. erwägen wird. Was dort für den Rücktritt geregelt ist, kann auf die Anfechtung nach § 123 BGB nicht übertragen werden.

Schadensbemessung nach der Differenzhypothese: Was der Käufer getan hätte, wenn die schädigende Handlung unterblieben wäre, hängt von den Umständen des Einzelfalls ab. Auf diese **hypothetische Frage** gibt es gerade in Fällen des Fahrzeugkaufs eine Reihe von Antworten. Die Dinge können so liegen, dass der Käufer durch das schuldhafte Verhalten des Verkäufers daran gehindert wurde, das an zweiter Stelle seiner „Wunschliste" stehende Fahrzeug zu kaufen, sei es von einem Dritten, sei es von seinem arglistigen Vertragspartner, sofern dieser als Händler mehrere „interessante" Fahrzeuge im Angebot hatte. Die Vereitelung eines solchen Vertragsschlusses kann, muss aber nicht zu einer Vermögenseinbuße führen. Für die Erstattung eines entgangenen Gewinns genügt die Feststellung, dass der Käufer nach seinen besonderen Vorkehrungen oder nach dem allgemeinen Lauf der Dinge durch das Alternativgeschäft einen Gewinn tatsächlich erzielt hätte (§ 252 BGB, § 287 ZPO). Mit dem Ersatz des Erfüllungsinteresses (positives Interesse) hat das nichts zu tun.[188] Vielmehr geht es um eine Schadensberechnung im Rahmen der §§ 249 ff. BGB.

Das negative Interesse muss nicht notwendigerweise hinter dem positiven Interesse zurückbleiben, nur darüber hinaus kann es nicht gehen. Denkbar ist ferner, dass der Käufer ohne die unerlaubte Handlung, z. B. bei Offenlegung des Unfallvorschadens, auf den Ankauf eines Fahrzeugs völlig verzichtet hätte, weil er nur am Erwerb dieses konkreten Fahrzeugs Interesse hatte. Diese Fallgestaltung wird man bei Sonderfahrzeugen, z. B. ausgefallenen Oldtimern, in Betracht zu ziehen haben. Geltend machen kann der Käufer auch, dass er das Kaufobjekt auch bei Offenbarung der verschwiegenen Tatsache gekauft hätte, allerdings zu einem erheblich geringeren Preis. Um die Differenz zwischen dem vereinbarten und dem hypothetischen Kaufpreis als Schaden liquidieren zu können, muss zumindest wahrscheinlich sein, dass der Verkäufer sich mit dem geringeren Betrag zufrieden gegeben hätte.[189]

Verkäufer bringen in diesem Zusammenhang mitunter vor, der Käufer hätte auch bei vollständiger Aufklärung den gleichen Preis wie vereinbart gezahlt. Damit wird versucht, die Kausalität der behaupteten Täuschung zu leugnen. Das betrifft den haftungsbegründenden **Ursachenzusammenhang**, berührt aber auch die haftungsausfüllende Kausalität. Die Rechtsprechung macht mit einem derartigen Einwand meist „kurzen Prozess". Dabei ist er aus Sicht der Kaufverhandlungen keineswegs abwegig, sofern der Mangel, wie z. B. ein fachgerecht reparierter Unfallvorschaden, technisch nicht ins Gewicht fällt. Üblicherweise wird in Fällen arglistiger Täuschung angenommen, dass der Käufer ohne die Täuschung ein gleichartiges oder zumindest vergleichbares Fahrzeug von einem anderen Verkäufer erwor-

---

187 Das Rechtsgeschäft, 2. Aufl., 1975, S. 568.
188 Bedenklich von daher OLG Karlsruhe NJW-RR 1986, 542.
189 So schon RG 10. 11. 1921, RGZ 103, 154.

ben hätte.[190] Dieser **hypothetische Vertragsschluss** des Käufers[191] ist bei der Berechnung seines negativen Interesses zu berücksichtigen.[192]

1786 Der Käufer hat bei Inanspruchnahme des Verkäufers (nicht eines Dritten) die Wahl zwischen einer „kleinen" und einer „großen" Lösung: Er kann einmal das Fahrzeug behalten und Ersatz der Wertdifferenz zwischen Kaufpreis und dem objektiven Fahrzeugwert verlangen; er kann zum anderen auf Rückzahlung des Kaufpreises Zug um Zug gegen Rückgabe klagen. Im praktischen Ergebnis läuft die zweite Alternative, von wenigen Positionen abgesehen (z. B. entgangener Gewinn), auf den „großen" Schadensersatz bzw. die Rückabwicklungslösung bei der Eigenhaftung des Vermittlers hinaus.

Die Abwicklung beim „großen" deliktischen Schadensersatzanspruch kann dadurch **gestört** sein, dass der Käufer nicht mehr in der Lage ist, das Fahrzeug unbeschädigt zurückzugeben. Zu diesen und ähnlichen Störungen der Rückabwicklung s. Rn 1530 ff., zu den Besonderheiten der **Vorteilsausgleichung** s. Rn 1513 ff.

4. Sonderfälle: Reifenschäden

1787 Eine besondere Gruppe im Rahmen der Deliktshaftung bilden **Fälle mit Reifenschäden**. Abgesehen von dem bereits im Zusammenhang mit er Problematik der „Weiterfresserschäden" erwähnten „Hinterreifenfall" (s. Rn 1780) sind aus der reichhaltigen Kasuistik zu nennen: Verkauf eines Sportwagens (Porsche 911) mit **überalterten Reifen** s. LG Köln Urt. v. 26. 8. 1994, 21 O 91/94, n. v. (rk); s. auch OLG Hamm 23. 11. 1998, NJW 1999, 3273 – überalterte Reifen bei einem Wohnmobil; zur deliktischen Haftung eines **Reifenrunderneuerers** s. AG Bad Urach 8. 3. 1990, ZfS 1990, 182; vgl. auch LG Frankfurt 14. 12. 1990, NZV 1992, 194 – Reifenhändler; OLG Stuttgart 19. 3. 1990, NZV 1991, 68 – Prüfpflicht des Kfz-Halters; BGH 9. 5. 1995, NZV 1995, 310 – **Prüfpflicht beim Erwerb eines älteren Kfz von privat**; s. dazu auch BGH 14. 10. 1997, NJW 1998, 311, mit abschließender Entscheidung OLG Frankfurt VersR 2000, 1166; ferner OLG Hamm 24. 6. 1996, OLGR 1996, 184; OLG Celle 26. 10. 1995, NZV 1997, 270 – **Prüfpflicht des Kfz-Halters**; OLG Düsseldorf 21. 2. 1997, NJWE-VHR 1997, 190 = NZV 1997, 271 (Ls.) – **überalterte Reifen vom Reifenhändler**; OLG Nürnberg 5. 2. 2002, DAR 2002, 270 = MDR 2002, 636 – Verkauf eines Gebrauchtreifens durch eine Reifenfachfirma; OLG München 5. 3. 1998, MDR 1998, 772 = OLGR 1998, 127 – **unterbliebener Reifenwechsel trotz Verkäuferhinweises**.

Die Schwierigkeiten in den „Reifenfällen" liegen hauptsächlich im Tatsächlichen; in der beweiskräftigen Feststellung der Schadensursache und in der Klärung der Frage, ob der Reifen bei Auslieferung des Fahrzeugs unbeschädigt war oder nicht, s. Rn 664, 1345.

---

190 Mit dieser Unterstellung argumentiert man auch im Zusammenhang mit der Berechnung der Gebrauchsvorteile anhand des Wertverzehrs (Ersparnisgedanke).
191 Zur Grundlage dieser Annahme in tatsächlicher Hinsicht s. BGH 29. 10. 1959, NJW 1960, 237.
192 BGH 29. 10. 1959, NJW 1960, 237; v. 2. 7. 1962, NJW 1962, 1909.

K. Die Rechtsmängelhaftung des Gebrauchtfahrzeugverkäufers

I. Rechtszustand vor dem 1. 1. 2002

Verglichen mit der Sachmängelgewährleistung spielte die früher getrennt geregelte Haftung für Rechtsmängel (§§ 434, 440 BGB a. F.) beim Gebrauchtwagenkauf nur eine unbedeutende Rolle. Entsprechend spärlich ist das Entscheidungsmaterial. Klammert man die Fälle mit völlig fehlgeschlagener Eigentumsübertragung aus (zu dieser Fallgruppe vgl. Rn 1830 ff.), beschränkte sich die Rechtsmängelhaftung des Autoverkäufers auf einige wenige außergewöhnliche Sachverhalte. Dazu zählte der Verkauf eines italienischen Sportwagens mit einer in Italien wirksam bestellten **„Autohypothek"**.[1]

1788

Als Gegenstand eines rechtsgeschäftlich bestellten **Pfandrechts** (§ 1204 BGB) hat das Kraftfahrzeug längst abgedankt. **Sicherungseigentum** hat das Pfandrecht verdrängt. Zur Rechtslage beim Kauf sicherungsübereigneter Kraftfahrzeuge vgl. BGH NJW 1985, 376 – Lkw. Zur Umwandlung eines in den USA begründeten besitzlosen Pfandrechts in Sicherungseigentum nach deutschem Recht s. OLG Karlsruhe OLGR 2000, 434.

Störfälle aus dem Grenzbereich zwischen Rechtsmängel- und Sachmängelhaftung hat die Rechtsprechung mit – nicht immer einleuchtenden – Differenzierungen im Zweifel den §§ 459 ff. BGB a. F. zugeordnet.[2] Ursächlich für diese Ausdehnung der Sachmängelhaftung war vor allem der weite subjektiv-konkrete Fehlerbegriff des Sachmängelrechts. Laut BGH erfasste er auch solche Eigentümlichkeiten, „die in ... rechtlichen Beziehungen der Sache zur Umwelt begründet sind, wenn diese nach der Verkehrsanschauung für die Brauchbarkeit oder den Wert der Sache von Bedeutung sind".[3] Mit solchen Formeln, bisweilen ergänzt durch so vage Kriterien wie Unmittelbarkeit und Sachbezogenheit, hat der BGH auch auf dem Kfz-Sektor verschiedentlich Störungen, die mit einer Beeinträchtigung der Sachsubstanz nichts zu tun hatten, als Sachmängel qualifiziert, z. B. das Fehlen der Betriebserlaubnis. Dazu und zu weiteren Fällen öffentlich-rechtlicher **Zulassungs- und Benutzungshindernisse** s. Rn 1293 ff. Zum Erwerb eines behördlich/polizeilich **beschlagnahmten** Kfz s. OLG Köln OLGR 2000, 169 und OLG München NJW 1982, 2330.[4]

Zur Rechtslage beim Kauf eines Fahrzeugs, das nach Übergabe wegen des **Verdachts des Diebstahls beschlagnahmt** worden ist, s. BGH NJW 1997, 3164 = NZV 1997, 432.

Wurde von dem Verkäufer oder einem früheren Besitzer ein **gestohlenes Teil**, z. B. der Motor, in das Fahrzeug eingebaut, so war und ist § 947 BGB zu beachten. Serienmäßige Motoren, auch Austauschmotoren, sind keine wesentlichen Bestandteile.[5] Vorrang vor § 947 BGB hat der Verarbeitungstatbestand des § 950 BGB. Ein Fall der Verarbeitung mit Herstellung einer neuen Sache liegt vor, wenn ein (gestohlener) Motorblock zu einem Komplettmotor ergänzt wird.[6]

---

1 BGH 11. 3. 1991, NJW 1991, 1415.
2 Zur Abgrenzung vgl. BGH 5. 12. 1990, NJW 1991, 915, 916 unter 2 a; BGH 24. 10. 1997, WM 1998, 79; *Grunewald,* S. 18 ff.
3 Urt. v. 24. 10. 1997, WM 1998, 79.
4 Vgl. auch LG Bonn 23. 11. 1976, NJW 1977, 1822.
5 *Palandt/Heinrichs,* § 93 Rn 7 m. w. N.
6 BGH 22. 5. 1995, NJW 1995, 2633 = NZV 1995, 394.

II. Die Rechtsmängelhaftung nach neuem Schuldrecht

1789   Nach § 433 I,2 BGB hat der Verkäufer die Sache frei von Sach- und Rechtsmängeln zu verschaffen. Die Sache ist frei von Rechtsmängeln, wenn Dritte in Bezug auf die Sache keine oder nur die im Kaufvertrag übernommenen Rechte gegen den Käufer geltend machen können (§ 435 S. 1 BGB). Damit ist der **Rechtsmangelbegriff** im Wesentlichen der gleiche geblieben. In den **Rechtsfolgen** werden Sach- und Rechtsmängel grundsätzlich gleichgestellt (§§ 437, 438 BGB). Damit sind bisherige Abgrenzungsprobleme weitgehend obsolet geworden.

L. Der Erwerb gebrauchter Kraftfahrzeuge vom Nichtberechtigten

I. Voraussetzungen für den Erwerb kraft guten Glaubens

1. Ausgangslage

Das Gesetz ist im Ausgangspunkt **erwerberfreundlich.** Der Schutz des Rechtsverkehrs („Verkehrsschutz") ist ihm grundsätzlich wichtiger als der Eigentümerschutz. Das ist der **Grundgedanke** der – von der Schuldrechtsreform unberührt gebliebenen – §§ 932 ff. BGB, 366 HGB. Im Normalfall der Kfz-Veräußerung durch Einigung und Übergabe (§ 929 S. 1 BGB) wird der Erwerber auch dann Eigentümer, wenn das Fahrzeug dem Veräußerer nicht gehört, es sei denn, dass er im Zeitpunkt der Übergabe nicht in gutem Glauben gewesen ist (§ 932 I, 1 BGB). Nur Kenntnis und grob fahrlässige Unkenntnis schließen die Redlichkeit des Erwerbers aus (§ 932 II BGB). Gewöhnliche („leichte") Fahrlässigkeit ist unschädlich.

Während § 932 BGB den guten Glauben **an das Eigentum** des Veräußerers schützt, betrifft § 366 HGB, weiterreichend, den guten Glauben **an die Verfügungsbefugnis** eines Kaufmanns bei einer Veräußerung im Rahmen seines Gewerbebetriebes.

Beide Gutglaubensvorschriften helfen dem Erwerber nicht, wenn das Fahrzeug dem Eigentümer „gestohlen, verlorengegangen oder sonst abhanden gekommen ist" (§ 935 I BGB). In diesen **Ausnahmefällen** (Näheres dazu unter Rn 1820) ist der Eigentümer schutzwürdiger als der (gutgläubige) Erwerber. Dieser wird wiederum privilegiert, wenn er eine gestohlene Sache im Wege öffentlicher Versteigerung[1] erworben hat (§ 935 II BGB).

2. Grundsätze der Rechtsprechung für den Gebrauchtfahrzeugkauf

Streitigkeiten um das Eigentum an gebrauchten Kraftfahrzeugen haben die Gerichte früher weit mehr als heute beschäftigt. Das hat im Wesentlichen zwei Gründe: Die in den ersten fünfzig Jahren seit Erfindung des Automobils zu beobachtenden Unregelmäßigkeiten im Gebrauchtwagenhandel waren vor allem auf die beiden Weltkriege und die Wirren der jeweiligen Nachkriegszeit zurückzuführen. Inzwischen verläuft der Gebrauchtwagenhandel, alles in allem, in relativ ruhigen Bahnen, nicht zuletzt dank der großen, bisweilen übergroßen Strenge der Gerichte. Zum anderen ist die umfangreiche höchstrichterliche Rechtsprechung in einem Maße ausdifferenziert, dass kaum eine Rechtsfrage offen geblieben ist. Die **Hauptschwierigkeiten** liegen in der Praxis ohnehin auf tatsächlichem Gebiet (Feststellung grober Fahrlässigkeit des Erwerbers).

Inwieweit der **EU-Binnenmarkt** neue Probleme aufwirft, bleibt abzuwarten. Den EU-einheitlichen Fahrzeugbrief, vom Zentralverband des Deutschen Kraftfahrzeuggewerbes (ZDK) seit langem gefordert, gibt es nach wie vor nicht; wohl eine EU-Typengenehmigung (EU-Übereinstimmungserklärung).

---

[1] Dazu BGH 5. 10. 1989, NJW 1990, 899.

1792 Zurzeit hat sich die Praxis in Gebrauchtwagenfällen – für **fabrikneue** Fahrzeuge[2] und **Vorführwagen**[3] gelten **besondere Regeln** – an folgenden **Grundsätzen** zu orientieren:

1. Auch beim Erwerb eines gebrauchten Kraftfahrzeugs besteht keine allgemeine Nachforschungspflicht bei Dritten als Voraussetzung für einen gutgläubigen Eigentumserwerb (BGH NJW 1975, 735 = JR 1975, 413 m. Anm. *Fischer*).
2. Bei der Bewertung der Umstände, die für den Erwerber eines Gebrauchtfahrzeugs eine Nachforschungspflicht hinsichtlich der Verfügungsberechtigung des Veräußerers begründen, ist ein strenger Maßstab anzulegen (BGH NJW-RR 1987, 1456 = DAR 1987, 328; BGH NJW 1992, 310).
3. Wer ein gebrauchtes Kraftfahrzeug kauft, muss sich vorher darüber unterrichten, dass in Deutschland zu einem zulassungspflichtigen Kraftfahrzeug ein Fahrzeugbrief gehört; er muss wissen, dass Kraftfahrzeuge häufig als Sicherheit für Anschaffungskredite dienen, wobei der Fahrzeugbrief beim Kreditgeber hinterlegt ist (BGH NJW 1996, 2226).
4. Nach der Verkehrsauffassung weist nicht der Besitz des Kraftfahrzeugs und des Kfz-Zulassungsscheins allein, sondern erst zusammen mit dem Fahrzeugbrief den Fahrzeugbesitzer als Eigentümer oder Verfügungsberechtigten aus (BGH NJW 1975, 735 = JR 1975, 413 m. Anm. *Fischer*; BGH LM Nr. 23 zu § 932 = DAR 1967, 85; BGH NJW 1996, 2226).
5. Wer ein Gebrauchtfahrzeug erwirbt, ohne sich den Fahrzeugbrief vom Veräußerer vorlegen zu lassen und darin Einsicht zu nehmen, handelt in der Regel grob fahrlässig im Sinne der §§ 932 II BGB, 366 HGB (BGH LM Nr. 12 zu § 932 = MDR 1959, 207; BGH NJW 1975, 735; BGH NJW 1996, 314). Nur unter besonderen Umständen kann es mit der Sorgfaltspflicht des Erwerbers vereinbar sein, von dem Verlangen auf Vorlage des Fahrzeugbriefs abzusehen (BGH WM 1956, 158).
6. Unter grober Fahrlässigkeit ist ein Handeln zu verstehen, bei dem die erforderliche Sorgfalt nach den gesamten Umständen in ungewöhnlich hohem Maße verletzt worden und bei dem dasjenige unbeachtet geblieben ist, was im gegebenen Fall jedem hätte einleuchten müssen (st. Rspr. BGHZ 10, 14, 16 = NJW 1953, 1139; BGH LM Nr. 17 zu § 932; BGH NJW 1994, 2022).
7. Wird beim Kauf eines gebrauchten Kraftfahrzeugs vom Nichtberechtigten der Fahrzeugbrief mit vorgelegt, so rechtfertigt dies allein noch nicht die Feststellung, der Erwerber sei gutgläubig. Übergabe und Prüfung des Briefes sind nur Mindesterfordernisse für einen Gutglaubenserwerb (BGH LM Nr. 23 zu § 932 = WM 1966, 678; BGH NJW 1975, 735 = JR 1975, 413 m. Anm. *Fischer*).
8. Unter besonderen Umständen kann der gute Glaube an das Eigentum oder an die Verfügungsbefugnis selbst dann ausgeschlossen sein, wenn der Erwerber den ihm vom Veräußerer vorgelegten Fahrzeugbrief geprüft hat (BGH LM Nr. 21 zu § 932 = DAR 1966, 299; BGH NJW 1975, 735 = JR 1975, 413 m. Anm. *Fischer*; BGH NJW-RR 1987, 1456 = DAR 1987, 328).

---

[2] Vgl. BGH 30. 10. 1995, NJW 1996, 314; BGH 21. 5. 1953, NJW 1953, 1099; BGH 21. 9. 1959, BGHZ 30, 374 = NJW 1960, 34; BGH 3. 3. 1960, NJW 1960, 1006 = MDR 1960, 494 = WM 1960, 397; HansOLG Hamburg HansRGZ 1938 B, Sp. 394; OLG Kassel 18. 3. 1937, JW 1937, 1417; LG Tübingen 29. 5. 1954, MDR 1954, 612; OLG München 5. 1. 1955, MDR 1955, 477; OLG Düsseldorf 16. 5. 1990, NJW-RR 1992, 381; OLG Frankfurt 25. 4. 1997, OLGR 1997, 121; vgl. auch BGH 14. 7. 1965, VRS 29, 321.

[3] OLG Bremen 16. 11. 1962, DAR 1963, 301; OLG Hamm 13. 1. 1964, NJW 1964, 2257; OLG Karlsruhe 7. 4. 1989, NZV 1989, 434 m. Anm. *Roth* = NJW-RR 1989, 1461; OLG Frankfurt 8. 12. 1998, NJW-RR 1999, 927; LG Darmstadt 10. 4. 1997, DAR 1999, 265.

9. Der Fahrzeugbrief verbrieft nicht das Eigentum an dem Fahrzeug. Er gibt lediglich Auskunft über den Halter (BGH NJW 1978, 1854 = JR 1979, 70 m. Anm. *Schreiber*). Durch § 25 IV, 2 StVZO sollen der Eigentümer und der sonst dinglich Berechtigte geschützt werden (BGHZ 10, 122 = NJW 1953, 1347 re. Sp.). Dagegen dient der Brief nicht dem Schutz des Rechtsverkehrs in dem Sinn, dass aus seinem Besitz auf die Verfügungsberechtigung des Briefinhabers über den Wagen geschlossen werden könnte (BGHZ 10, 122 = NJW 1953, 1347 re. Sp.).
10. Der Fahrzeugbrief ist kein sog. Traditionspapier, d. h. die Übergabe des Briefes ersetzt nicht die Übergabe des Fahrzeugs (BGH NJW 1978, 1854 = JR 1979, 70 m. Anm. *Schreiber*).
11. Das Eigentum an dem Fahrzeugbrief steht in analoger Anwendung des § 952 BGB dem Eigentümer des Kraftfahrzeugs zu (BGH NJW 1978, 1854 = JR 1979, 70 m. Anm. *Schreiber*).

3. Die Rechtsscheinbasis

a) Zur Legitimationswirkung des Fahrzeugbesitzes

Neben dem guten Glauben ist ein auf dem **Besitz** beruhender **Rechtsschein** Voraussetzung für den gutgläubigen Erwerb des Eigentums an einer beweglichen Sache.[4] Das Gesetz geht davon aus, dass Besitz und Eigentum typischerweise zusammenfallen. Deshalb hat es den Besitz generell in den Rang eines Rechtsscheinträgers erhoben, ohne darauf abzustellen, wie intensiv seine Indizwirkung im Einzelfall ist.

Dass die Aussagekraft des Besitzes im Laufe der Zeit – aufs Ganze gesehen – immer schwächer geworden ist, steht außer Frage. Fraglich kann nur sein, wie auf diese Entwicklung zu reagieren ist: durch eine generelle Neuorientierung oder durch eine punktuelle Anpassung, wobei der objektive Rechtsscheintatbestand oder die subjektive Seite als Ansatzpunkt in Betracht kommt. Wer generell für die Abdankung des Besitzes als Rechtsscheinträger plädiert, darf sich nicht mit vagen Beschreibungen der sozialen Wirklichkeit begnügen. Eine umfassende Bestandsaufnahme und ökonomische Analyse wären erforderlich. Statt mit empirisch gesicherten Fakten zu argumentieren, beschränken sich die Gegner der h. M. häufig auf realitätsferne Mutmaßungen und fragwürdige Verallgemeinerungen. Symptomatisch ist die **Fehleinschätzung** der heutigen Gegebenheiten beim Erwerb, Benutzen und Veräußern von Kraftfahrzeugen. Verkannt wird insbesondere die Bedeutung des Eigentumsvorbehalts beim Kauf neuer und gebrauchter Kraftfahrzeuge. Auch neue Formen der Kfz-Nutzung fordern ein Revision traditioneller Rechtspositionen. Im Vordergrund steht das Kfz-Leasing, von Bedeutung sind aber auch Sonderformen der Fahrzeugmiete und neuartige Konzeptionen wie das Car-Sharing.

Auch die Rechtsprechung muss sich eine gewisse Realitätsferne vorwerfen lassen. Noch 1963 hat der Bundesgerichtshof die These aufgestellt: „Neue Kraftfahrzeuge werden ausnahmslos nur unter Eigentumsvorbehalt verkauft."[5] Solche Pauschalaussagen findet man bereits in der reichsgerichtlichen Judikatur der zwanziger Jahre, so in RG JW 1929, 582 („Kraftwagen werden in der Regel auf Abzahlung unter Eigentumsvorbehalt verkauft"). Ähnlich formulierte das Kammergericht in JW 1931, 2513 („Der weitaus größte Teil aller Automobile wird heute auf Abzahlung unter Eigentumsvorbehalt gekauft").

Ob diese Behauptungen jemals zutreffend waren, mag auf sich beruhen. Der Situation auf dem **Automobilmarkt von heute** mit seinen **vielschichtigen Absatzstrukturen** wer-

---
4 Ganz h. M., vgl. die Nachweise bei *Hager,* Verkehrsschutz durch redlichen Erwerb, S. 239, Fn. 77.
5 Urt. v. 23. 1. 1963, VRS 24, 325 = MDR 1963, 405.

den sie jedenfalls nicht mehr gerecht. Die heutige Lage kennzeichnen folgende Daten und Fakten:

Gesamtbestand an Kraftfahrzeugen: Ende 2001 waren ca. 58 Mio. motorisierte Fahrzeuge und Kfz-Anhänger zum Straßenverkehr zugelassen. Die Zahl der Personenkraftwagen betrug etwa 41 Mio., die der Nutzfahrzeuge (Lkw, Omnibusse, Zugmaschinen) rund 6 Mio. Der Rest entfiel auf Zweiräder und Kfz-Anhänger, die in diesem Zusammenhang vernachlässigt werden können.

Marktdifferenzierung: Erwerb und Besitz von Kraftfahrzeugen vollziehen sich nach unterschiedlichen Regeln und Mechanismen, je nachdem, ob es sich um Pkw oder Lkw, um fabrikneue oder gebrauchte Fahrzeuge handelt. Zentraler Punkt auf sämtlichen Märkten ist die **Finanzierung** und die damit verbundene Absicherung des Geldgebers.

Handel mit fabrikneuen Personenkraftwagen: Der durchschnittliche Neuwagen (Pkw und Kombi) kostete 2001 rd. 41.400 DM. Grundsätzlich führen **drei Wege** zum neuen Auto: **Barkauf, Finanzierung** und **Leasing.** Der Anteil von Finanzierungen und von Leasinggeschäften ist in den letzten Jahren stetig gestiegen und wird aller Voraussicht nach weiter steigen. Im Jahr 2000 wurden insgesamt ca. 960.000 fabrikneue Pkw/Kombi, damit mehr als jeder vierte Wagen, **geleast.**[6] Der Gesamtbestand an geleasten Pkw und Kombis betrug 2001 ca. 3 Mio., d. h., 3 Mio. von insgesamt 41 Mio. Fahrzeugen standen im rechtlichen (und wirtschaftlichen) Eigentum von Leasinggesellschaften, während gewerbliche oder private Leasingnehmer den unmittelbaren Besitz ausübten. Sie sind Fahrzeughalter. Der Fahrzeugbrief wird üblicherweise vom Leasinggeber verwahrt. Trotz seines Eigentums ist er im Brief nicht eingetragen. Dieser ist vielmehr auf den Leasingnehmer als Halter ausgestellt.[7]

Die Alternative zum Leasing ist die **konventionelle Bankfinanzierung**. Sie erfolgt entweder über das Kreditinstitut des Autoherstellers, spezielle „Autobanken" oder über eine „normale" Bank oder Sparkasse. Der Neuwagenhändler selbst finanziert nicht mehr. Der einfache Abzahlungskauf gehört der Vergangenheit an.

Die Finanzierung durch Inanspruchnahme von Dispositions- und sonstigen Personalkrediten ist im Hinblick auf die Eigentumsfrage unproblematisch. Die Kreditinstitute verzichten in derartigen Fällen regelmäßig auf die Übertragung von Sicherungseigentum am Fahrzeug. Anders ist es bei Finanzierungen durch herstellergebundene Institute und herstellerunabhängige Spezialfinanzierer. Sie lassen sich das Auto zur Sicherung ihrer Darlehensforderung zu Eigentum übertragen (§ 930 BGB). Der Anteil der auf diese Weise finanzierten Neufahrzeugkäufe liegt mit ca. 45% weiterhin deutlich über dem Leasing-Anteil.

Handel mit gebrauchten Pkw und Kombis: Der Anschaffungspreis lag 2001 bei durchschnittlich 21.150 DM (Kauf vom Vertragshändler).[8] Der vergleichsweise geringe Kapitalbedarf beim Kauf von Privat (2001 im Durchschnitt 16.250 DM) macht eine Fremdfinanzierung auf diesem Sektor (Marktanteil 2001 rd. 53 %) meist entbehrlich. Ein Privatverkäufer gibt sein Auto in der Regel nur Zug um Zug gegen Zahlung des Kaufpreises aus der Hand. Ersparnisse, Privatdarlehen und der Erlös aus dem Verkauf des Vorwagens reichen im Allgemeinen aus. Eine Kreditaufnahme, die mit einer Sicherungsübereignung des Kaufobjekts verbunden ist, ist die Ausnahme. Beim Kauf vom Händler werden vor allem teure Gebrauchtwagen (ab ca. 15.000 Euro) heute nicht mehr bar bezahlt, sondern – genau wie Neuwagen – über einen Kredit finanziert. Die Finanzierungsalternative „Leasing" gewinnt auch bei Gebrauchtfahrzeugen (Pkw/Kombis) ständig an Bedeutung.

---

6 Auskunft des Bundesverbandes Deutscher Leasinggesellschaften.
7 *Reinking*, Auto Leasing, 3. Aufl., S. 55; s. auch Abschn. VIII der Leasing-AGB, Anlage dieses Buches.
8 DAT-Veedol-Report 2002, S. 50.

Handel mit neuen und gebrauchten Nutzfahrzeugen: Auf diesem Sektor ist der Barkauf naturgemäß die Ausnahme. In welchem Umfang Nutzfahrzeuge geleast oder bankfinanziert werden, ist nicht bekannt.

Konsequenzen für die rechtliche Bewertung: Trotz nachhaltig veränderter Verhältnisse beim Erwerb und der Nutzung ist der unmittelbare Besitz an einem Kraftfahrzeug, gleich welcher Kategorie, nach wie vor geeignet, den Anschein des Eigentums bzw. der Verfügungsbefugnis zu erzeugen.[9] Träger des Rechtsscheins ist allerdings nicht der Besitz als solcher, sondern die **Besitzverschaffungsmacht**.[10] Der Besitz und seine Übertragung begründen für den Erwerber den Rechtsschein, dass der Veräußerer der wirkliche Eigentümer ist. Bei richtiger Einschätzung der tatsächlichen Gegebenheiten bedarf es keiner zusätzlichen Indizien, um den Anschein von Eigentum/Verfügungsbefugnis zu begründen. Insbesondere kann darauf verzichtet werden, den Fahrzeugbrief mit einer Legitimationsfunktion auszustatten.

b) Die Bedeutung des Fahrzeugbriefes für den Gutglaubenserwerb

Mehr als Sicherungseigentum, Eigentumsvorbehalt und die vielfältigen Erscheinungsformen der Gebrauchsüberlassung hat der Fahrzeugbrief die **Legitimationskraft** des Kfz-Besitzes **reduziert.** Ihm ist eine Bedeutung zugewachsen, die ursprünglich allenfalls als Nebeneffekt gewollt war. Die Aufgaben des 1934 eingeführten Fahrzeugbriefes sollten im Wesentlichen öffentlicher Natur sein.[11] In private Rechtsbeziehungen wollte der Gesetzgeber nicht eingreifen, jedenfalls nicht unmittelbar. Er hat die Übereignung eines Kraftfahrzeugs nicht von der Vorlage bzw. Übergabe des Briefes abhängig gemacht. Er hat diese Urkunde auch nicht als sog. Traditionspapier ausgestaltet. Auch in die Gruppe der gesetzlichen Rechtsscheinträger wurde der Fahrzeugbrief nicht aufgenommen. Von Anfang an war jedoch klar, dass er auch in seiner Eigenschaft als bloße Beweisurkunde Dreh- und Angelpunkt des redlichen Erwerbs sein werde.[12] Heute ist der Fahrzeugbrief von **„grundlegender Bedeutung"** (BGH NJW 1993, 1649) für den Gutglaubensschutz.

Die Gerichte haben die **Schlüsselrolle** des Fahrzeugbriefes gewissermaßen **negativ definiert,** indem sie ihm nur eine **Sperrfunktion,** keine Legitimationsfunktion, zuerkannt haben. Bis heute werden Rechtswirkungen nur an das Fehlen des Briefes, an dessen Nichtvorlage, geknüpft. Das Fehlen eines (ordnungsmäßen) Briefes, so die Kernaussage der Judikatur, spreche für das Fehlen des Eigentums bzw. der Verfügungsberechtigung, weshalb es den guten Glauben des Erwerbers regelmäßig ausschließe.[13]

Die Rechtsprechung hat gut daran getan, die durch den Fahrzeugbrief aufgeworfenen Probleme im Rahmen des **subjektiven Tatbestandes** der §§ 932 BGB, 366 HGB zu lösen. In den ersten Jahren nach Einführung dieses Dokuments blieb gar keine andere Wahl, als sämtliche vier „Brief"-Sachverhalte, nämlich Besitz, Vorlage, Übergabe und Prüfung, unter dem Aspekt der Gutgläubigkeit zu sehen. Nachdem der Fahrzeugbrief allgemeine Anerkennung gefunden hatte und seine zentrale Rolle bei der Kfz-Veräußerung in der Verkehrsanschauung fest verankert war (etwa nach dem Zweiten Weltkrieg), hätte man daraus Konsequenzen schon für den (objektiven) Rechtsscheintatbestand ziehen können, vielleicht sogar ziehen müssen.

---

9 Anders die Einschätzung von *Gerken,* DB 1999, 278.
10 *Gernhuber,* BürgR, S. 72; vgl. auch *Hager,* a. a. O., S. 245.
11 *Bormann,* RdK 1949/1950, 180; *Schlechtriem,* NJW 1970, 1993, 2088.
12 Vgl. OLG Hamburg 20. 7. 1938, RdK 1939, 23; OLG Dresden 30. 6. 1938, RdK 1939, 18.
13 BGH 5. 2. 1975, NJW 1975, 735 = JR 1975, 413 m. Anm. *Fischer;* ungenau BGH NJW 1996, 314 unter II, 1 a.

Eine solche **Verschiebung vom Subjektiven zum Objektiven** ist im Schrifttum wiederholt angeregt worden.[14] Der BGH hat diese Vorschläge nicht aufgegriffen. Dabei geht auch er von einem mindestens **zweigliedrigen Rechtsscheintatbestand** aus, wenn er konstatiert, „dass der Besitz des Kfz samt Kfz-Schein und Kfz-Brief den Rechtsschein der Verfügungsmacht über einen gebrauchten Kraftwagen gibt".[15] In BGHZ 68, 323, 326 heißt es sogar, dass der Besitz des Briefes dafür spreche, dass der Briefinhaber Eigentümer des Kraftwagens sei. Demgegenüber hat der III. Zivilsenat des BGH in einer Amtshaftungssache die Ansicht vertreten, aus dem Besitz des Briefes könne nicht auf die Verfügungsberechtigung des Briefinhabers geschlossen werden.[16] Zur Legitimationswirkung des Briefbesitzes hat sich der BGH ferner in mehreren Entscheidungen zur Rechtsnatur des Briefes und zur analogen Anwendbarkeit des § 952 BGB geäußert.[17] Aber auch in diesem Zusammenhang hat er nicht gesagt, der Besitz des Briefes allein legitimiere den Inhaber als Eigentümer bzw. Verfügungsberechtigten. Dabei wird man das bei einem Finanzierungsinstitut durchaus so sehen können.

Solange für den Erwerb von Eigentum an einem Kfz dessen Übergabe bzw. ein Übergabesurrogat unverzichtbare Voraussetzung ist, erscheint es müßig, darüber zu streiten, ob der Besitz des Briefes allein zur Legitimation des Veräußerers genügt. Unerheblich ist letztlich auch, ob seine Rechtsscheinwirkung stärker oder schwächer als die des Fahrzeugbesitzes ist. Praktische Bedeutung, wenn auch nur bescheidene, hat allein die Frage, ob man den Besitz des Fahrzeugbriefes als konstituierendes Element des Rechtsscheintatbestandes behandelt, ihm also eine ergänzende Legitimationsfunktion zuerkennen soll. Abgesehen von dem Unterschied in der Darlegungs- und Beweislast kommt es auf die Frage des guten Glaubens im Einzelfall gar nicht an, wenn schon der objektive Rechtsscheintatbestand nicht erfüllt ist. Im Ergebnis dürfte die Auffassung vom Briefbesitz als integralem Bestandteil des Rechtsscheintatbestandes den Eigentümer besser stellen, als es nach der h. M. der Fall ist. Der Erwerber müsste nämlich diejenigen Tatsachen beweisen, die die Basis der neu definierten „Vertrauenslage" bilden. Dazu gehörte dann auch die Vorlage des Fahrzeugbriefes oder eines vergleichbaren Dokumentes (Ersatzbrief, Auslandsdokument), womöglich mit einer den Veräußerer legitimierenden Eintragung als (letzten) Halter.

Die **besseren Gründe** sprechen für die **traditionelle Sicht** der Rechtsprechung. Die Legitimationswirkung des Fahrzeugbesitzes ist – generell betrachtet – nicht so schwach, dass zur Schaffung des erforderlichen Rechtsscheintatbestandes der Besitz bzw. die Vorlage des Briefes hinzutreten müsste. Auf Rechtsscheindefizite kann im Einzelfall mit dem Erfordernis des guten Glaubens sachgerecht reagiert werden. Dieses Kriterium ist mindestens so flexibel wie eine um die Briefvorlage angereicherte Rechtsscheinposition. Ein Vorzug der h. M. ist es auch, sämtliche Fälle der Veräußerung von Kraftfahrzeugen, von Neu- und Altwagen, von Fahrzeugen mit Inlands- und Auslandszulassung, nach dem gleichen Grundmuster lösen zu können. Dass sie den Erwerber, dem Bösgläubigkeit nachgewiesen werden muss, tendenziell begünstigt, steht mit der Grundentscheidung des Gesetzes durchaus im Einklang.

---

14 So z. B. *Giehl,* AcP 161, 357, 374 ff.; *Rebe,* AcP 173, 186, 195; *Fischer,* JR 1975, 416; vgl. auch *Zweigert,* RabelsZ 23, 1, 8 mit Hinweisen auf das englische und amerikanische Recht.
15 Urt. v. 5. 2. 1975, NJW 1975, 735; Urt. v. 30. 11. 1995, NJW 1996, 314.
16 Urt. v. 25. 6. 1953, BGHZ 10, 122.
17 Urt. v. 21. 1. 1970, NJW 1970, 653; Urt. v. 8. 5. 1978, NJW 1978, 1854.

4. Die subjektiven Voraussetzungen (guter Glaube)

a) Der Regelfall grober Fahrlässigkeit: Nichtvorlage des Original-Fahrzeugbriefes

Bei der Frage, ob dem Erwerber grobe Fahrlässigkeit entgegengehalten werden kann, spielen theoretische, prozessuale und pragmatische Erwägungen eine Rolle.[18] Da sie nur schwer voneinander zu trennen sind, wird es in der Rechtspraxis immer eine **beträchtliche Unsicherheit** geben. Anhaltspunkte für eine Konkretisierung des Maßstabs der groben Fahrlässigkeit lassen sich aus dem Sinn und Zweck der §§ 932 II BGB, 366 HGB gewinnen. Wer den Mangel des Eigentums bzw. der Verfügungsberechtigung kennt oder infolge grober Fahrlässigkeit nicht kennt, verdient **keinen Vertrauensschutz.** Die Sorgfaltspflicht, die der Begriff der groben Fahrlässigkeit impliziert, bezieht sich auf das Interesse des wahren Eigentümers, sein Eigentum zu behalten, nicht, jedenfalls nicht in erster Linie, auf das Interesse des Erwerbers, seinerseits Eigentümer zu werden. Nur bei Erfüllung dieser Sorgfaltspflicht mutet das Gesetz dem Eigentümer zu, zu Gunsten der Zirkulationsfähigkeit von Gütern den Verlust seines Eigentums hinzunehmen. Es ist also nicht der Gedanke des Selbstschutzes, sondern des Fremdschutzes, der bei der Bestimmung „grober Fahrlässigkeit" im Vordergrund steht.

1799

Zur Vermeidung des Vorwurfs grober Fahrlässigkeit hat der Erwerber einen bestimmten Informationsaufwand zu erbringen. Beim Erwerb eines **zulassungspflichtigen Kfz**[19] besteht der **Mindestinformationsaufwand** darin, sich den **Originalfahrzeugbrief** vorlegen zu lassen und ihn einzusehen (zur Einsichtspflicht vgl. auch Rn 1806 ff.). Wer diese jedermann bekannte und leicht nutzbare Informationsquelle ungenutzt lässt, muss dafür überzeugende Gründe nennen können, andernfalls ist er nicht schutzwürdig. Das steht heute grundsätzlich außer Streit.

1800

Seit BGH NJW 1975, 735 ist auch geklärt, dass es nicht genügt, wenn der Veräußerer den Fahrzeugbrief im (unmittelbaren) Besitz hat und ihn vorlegen könnte. Er muss **tatsächlich vorgelegt** werden, damit der Erwerber die Berechtigung des Veräußerers prüfen kann. Üblicherweise wird der Brief spätestens bei Auslieferung des Fahrzeugs offengelegt und dem Erwerber, der den Kaufpreis voll gezahlt hat, auch ausgehändigt bzw. zugeschickt.

Kann der Veräußerer den Brief nicht vorlegen, so muss dies grundsätzlich Argwohn erwecken und zu Nachfragen/Nachforschungen Anlass geben. Dies gilt sicherlich für den Kauf von einer dem Erwerber bislang **unbekannten Privatperson.** Doch auch beim Kauf vom **Fachhändler** („Vertragshändler") ist die Nichtvorlage des Fahrzeugbriefes ein Umstand, der **in der Regel** Zweifel an der Verfügungsberechtigung des Händlers aufkommen lassen muss.[20] Gerade diese Gruppe von Kfz-Händlern nimmt für sich in Anspruch, Gebrauchtwagengeschäfte korrekt abzuwickeln. Dazu gehört auch die Vorlage und Überlassung (Aushändigung bzw. Zusendung) des Fahrzeugbriefes. Unter Kfz-Händlern gelten in dieser Hinsicht keine geringeren Anforderungen.[21] Die Zunahme bargeldloser Zahlungen und Finanzierungen hat zu einem Wandel der Gepflogenheiten geführt. Vielfach erhalten Käufer den Fahrzeugbrief erst längere Zeit nach Übernahme des Fahrzeugs. Dem muss bei der Gutglaubensprüfung Rechnung getragen werden.[22]

---

18 *Staudinger/Wiegand*, § 932 Rn 42.
19 Für zulassungsfreie Fahrzeuge i. S. v. § 18 II StVZO wird eine Betriebserlaubnis erteilt (§ 18 III StVZO). Zu deren Bedeutung für den Gutglaubenserwerb s. BGH 1. 2. 1993, NJW 1993, 1649; s. auch OLG Koblenz 19. 12. 1996, VRS 94, 15 – Traktorkauf; KG 2. 2. 1996, MDR 1996, 795 – Schaufelbagger.
20 Großzügiger OLG Hamburg EWiR § 366 HGB 1/95, 1105 *(Eggert),* aufgehoben durch BGH NJW 1996, 2226; s. auch LG Darmstadt 30. 8. 2001, NJW-RR 2002, 417 – Leasingwagen vom Autohaus.
21 BGH 13. 5. 1996, NJW 1996, 2226.
22 Vgl. LG Darmstadt 30. 8. 2001, NJW-RR 2002, 417.

1801 Es ist Sache des **Erwerbers,** Umstände dafür vorzutragen und **zu beweisen,** dass er den Veräußerer trotz Nichtvorlage des Fahrzeugbriefes für den Eigentümer bzw. Verfügungsberechtigten halten durfte. Es findet zwar keine Umkehr der Beweislast statt (Näheres zur Beweislastverteilung unter Rn 1829). Der Erwerber hat jedoch die gegen seinen guten Glauben sprechende Vermutung zu entkräften. Er muss sein dem äußeren Anschein nach ungewöhnlich sorgloses Verhalten plausibel erklären können, so wie beispielsweise der Erwerber im Fall OLG Schleswig NJW 1966, 1970 (Inzahlungnahme eines unfallbeschädigten Firmenfahrzeugs). Auch aus einer ständigen Geschäftsbeziehung **zwischen Autohäusern** kann sich ein **Vertrauensverhältnis** entwickelt haben, das bestimmten Abwicklungspraktiken den Anschein des Verdächtigen nimmt. Ein Beispiel dafür ist der Verkauf von Leasingrückläufern in größeren Stückzahlen, wobei die Fahrzeugbriefe mitunter nachgereicht werden (vgl. OLG Hamburg EWiR § 366 HGB 1/95, 1105, strenger aber die Revisionsentscheidung BGH NJW 1996, 2226).

1802 Folgende Umstände hat die Rechtsprechung für ungeeignet gehalten, den Erwerber zu entlasten:

– Ausdrückliche mündliche oder schriftliche Erklärung des Veräußerers, Eigentümer oder Verfügungsberechtigter zu sein (OLG Kiel HRR 1938 Nr. 588; OLG Nürnberg BB 1958, 1221; OLG Hamburg BB 1962, 658),
– Hinweis des Händlers, der Brief befinde sich noch bei der Bank, der Erwerber möge ihn in den nächsten Tagen dort abholen (BGH NJW 1965, 687; OLG Karlsruhe NZV 1989, 434 – Vorführwagen),
– Annahme des Erwerbers, der Fahrzeugbrief befinde sich noch bei der Leasinggesellschaft (BGH NJW 1996, 2226),
– Besitz des Kfz-Scheins, der auf den Namen des Veräußerers lautet (LG München II NJW 1957, 1237),
– angebliche Übung bei einem Geschäft zwischen Händlern, von der Vorlage des Fahrzeugbriefes abzusehen (BGH LM Nr. 12 § 932 = VRS 16, 93 = WM 1959, 138; BGH NJW 1996, 2226 – Leasingrückläufer),
– Verkauf des Fahrzeugs zum Ausschlachten (LG Dortmund JW 1937, 57),
– Verkauf als Schrott (OLG München DAR 1965, 99),
– Erklärung des Händlers, er könne den Brief nicht vorlegen, weil der Eigentümer „ein Säufer sei, der seine Angelegenheiten nicht geregelt bekomme" (OLG Hamm OLGR 1993, 237),
– Vorlage eines Blanko-Fahrzeugbriefs (OLG Nürnberg OLGR 2001, 131).

b) Ausnahmefälle grober Fahrlässigkeit

aa) Bösgläubigkeit trotz Vorlage und Prüfung des Fahrzeugbriefes

1803 **Umstritten** sind in der forensischen Praxis vor allem die Sachverhalte, bei denen der Käufer es mit einem Nichtberechtigten zu tun hatte, der ihm das Fahrzeug mit passendem Originalbrief oder einem vergleichbaren Auslandsdokument übergeben hat. Briefvorlage und Einsichtnahme sind, so der BGH, nur die **Mindestanforderungen** an den Gutglaubenserwerb.[23] Auch wer sie erfüllt, kann gleichwohl bösgläubig sein. Das ist der Fall, wenn nach den gesamten Umständen erhebliche Zweifel daran bestehen, dass der Veräußerer auch wirklich Eigentümer bzw. – beim Kauf vom Kfz-Händler – Verfügungsberechtigter ist. Über ihm bekannte und offenliegende („mühelos erkennbare") Verdachtsgründe darf sich der Erwerber nicht hinwegsetzen.

---

23 Urt. v. 5. 2. 1975, NJW 1975, 735; Urt. v. 13. 5. 1996, NJW 1996, 2226.

Bei der Bewertung der Umstände, die eine **Erkundigungsobliegenheit** („Nachforschungspflicht") begründen, legt der BGH einen betont **strengen Maßstab** an.[24] Zur Begründung verweist er auf die „häufigen Unregelmäßigkeiten" im Handel mit gebrauchten Kraftfahrzeugen.[25] Hier handelt es sich um ein **Klischee,** das sich allen Veränderungen zum Trotz in der Rechtsprechung für immer festgefressen zu haben scheint, wie das Urteil des OLG München vom 23. 7. 1993 (OLGR 1994, 9 = ZfS 1994, 90) beispielhaft zeigt.

Was beim Verkauf gebrauchter Kraftfahrzeuge mit Blick auf das Eigentum und/oder die Verfügungsbefugnis des Veräußerers **verdächtig** ist, hängt maßgeblich vom Inhalt des vorgelegten Briefes, der konkreten Veräußerungssituation und den Marktgepflogenheiten ab. Angesichts der unterschiedlichen Gegebenheiten auf dem modernen Gebrauchtfahrzeugmarkt mit seinen zahlreichen Teilmärkten ist eine **differenzierte Betrachtungsweise** unerlässlich. Es macht einen Unterschied, ob es um ein Direktgeschäft zwischen Privatpersonen, um einen Kauf vom Kfz-Händler oder um ein Geschäft zwischen Kfz-Händlern geht. Eine besondere Situation besteht in Fällen mit Auslandsberührung. Auch **Sicherungsgeschäfte,** vor allem **Sicherungsübereignungen,** verlangen eine spezielle Bewertung.[26]

bb) Fallgruppen nach Geschäftstypen
α) Erwerb vom Kfz-Händler
αα) Der Privatmann als Erwerber

Die Konstellation „Privatmann kauft vom Kfz-Händler" ist in der Kasuistik zu §§ 932 BGB, 366 HGB nur spärlich vertreten. Der BGH hat sich, soweit ersichtlich, nur im Urteil vom 5. 2. 1975[27] mit der Frage der Gutgläubigkeit eines nichtgewerblichen Käufers eines im Inland zugelassenen Pkw befasst. Der Verkäufer, nach eigener Einlassung ein Kfz-Händler, hatte das Fahrzeug zusammen mit anderen Kraftwagen auf der Straße vor seiner Wohnung zum Verkauf angeboten. Im Fahrzeugbrief war ein Dritter, der Kläger, eingetragen. Das Fahrzeug war innerhalb von nur sechs Tagen dreimal (!) verkauft worden, an den letztverkaufenden Händler deutlich (ca. 30%) unter Preis. Deshalb war ein Gutglaubenserwerb seinerseits ausgeschlossen (zur Preisgestaltung als Verdachtsmoment vgl. Rn 1810). Auch seinem privaten Abnehmer wurde in allen Instanzen Bösgläubigkeit bescheinigt, wenn auch mit unterschiedlicher Begründung. Das Kammergericht als Berufungsinstanz hat angenommen, es bestehe unter allen Umständen eine Erkundigungspflicht, wenn der Veräußerer mit dem letzten im Fahrzeugbrief eingetragenen Halter nicht identisch sei. Der BGH hat diese Pauschalaussage mit Recht in Zweifel gezogen. Auf eine eigene Stellungnahme konnte er damals verzichten, weil es mit dem **Verkauf auf offener Straße** einen wirklichen Verdachtsgrund gab. Dieser Umstand, so der BGH, musste in Verbindung mit der Tatsache, dass in dem Fahrzeugbrief nicht der Verkäufer, sondern ein Dritter als Halter des Fahrzeugs eingetragen war, dem Beklagten Anlass zu einer Nachforschung nach der Verfügungsbefugnis des Verkäufers geben.[28]

Dass ein Kraftfahrzeughändler nicht als Halter im Fahrzeugbrief eingetragen ist, ist sowohl für sich allein genommen als auch in Verbindung mit anderen Umständen eine neutrale Tatsache.[29] Nur in seltenen Fällen, beim Verkauf von Vorführwagen oder sonstigen

---

24 Urt. v. 5. 2. 1975, NJW 1975, 735; Urt. v. 1. 7. 1987, NJW-RR 1987, 1456.
25 Urt. v. 23. 11. 1966, VRS 32, 96 = WM 1966, 1325; Urt. v. 1. 7. 1987, NJW-RR 1987, 1456.
26 Vgl. SchlHOLG 28. 2. 1997, OLGR 1997, 153; OLG Nürnberg 6. 12. 2000, OLGR 2001, 131.
27 NJW 1975, 735.
28 Vgl. auch BGH 9. 10. 1991, NJW 1992, 310 (Erwerb eines gestohlenen Pkw).
29 OLG Hamburg 20. 2. 1986, NJW-RR 1987, 1266, 1267 („völlig unbeachtlich"); OLG Köln 21. 2. 1996, VersR 1996, 1246 = OLGR 1996, 102 = VRS 92, 176; anders OLG Hamm 6. 6. 1974, NJW 1975, 171 und KG 21. 6. 1960, NJW 1960, 2243 und als Vorinstanz von BGH NJW 1975, 735;

Geschäftswagen aus seinem Betrieb, ist der Händler im Brief eingetragen. In aller Regel steht dort ein **Dritter als letzter Halter.** Bei Agentur- und Kommissionsgeschäften ist das selbstverständlich. Bis Mitte 1990 wurden etwa 65% aller Händlergeschäfte mit Privatpersonen auf Agenturbasis abgewickelt. Inzwischen herrscht wieder das Eigengeschäft vor. Die **Schuldrechtsreform** wird an dieser Dominanz nichts ändern. Doch auch beim Eigengeschäft verzichtet der Handel im Allgemeinen auf eine wertmindernde Zwischeneintragung im Fahrzeugbrief. Da es auch keinen Händlervermerk mehr gibt, er ist längst abgeschafft, braucht der Käufer keinerlei Verdacht zu schöpfen, wenn der Händler weder als Halter noch anderweitig im Fahrzeugbrief eingetragen ist. Er ist deshalb nicht gehalten, sich vom Händler Urkunden über die Hereinnahme des Fahrzeugs vorlegen zu lassen. Erst recht darf er darauf verzichten, sich bei dem im Brief eingetragenen Dritten nach der Verfügungsbefugnis des Händlers zu erkundigen.

Die Tatsache, dass der Händler nicht der letzte im Fahrzeugbrief eingetragene Halter ist, kann auch nicht in Verbindung mit anderen Umständen, etwa der Preisgestaltung oder dem Verkaufsort, indizielle Bedeutung gewinnen. Die gegenteilige Auffassung des BGH[30] beruht auf der falschen Vorstellung, dass das Fehlen der Händlereintragung doch irgendwie verdächtig ist.[31] Dem BGH kann auch nicht gefolgt werden, wenn er im Fall der Eintragung eines Dritten bei der Bewertung derjenigen Umstände, die eine Nachforschungspflicht begründen könnten, einen „strengen Maßstab" glaubt anlegen zu müssen. Eine schärfere Bewertung ist weder mit der beweisneutralen Tatsache der fehlenden Voreintragung noch mit den im Gebrauchtwagenhandel angeblich „nicht selten vorkommenden Unregelmäßigkeiten"[32] zu rechtfertigen.

1806 Von der Rechtsprechung noch nicht geklärt ist die Frage, welche Anforderungen an die Pflicht eines **privaten Erwerbers** zur **Einsichtnahme** zu stellen sind. Die Vorlage der Originalurkunde mit der Obliegenheit zu verknüpfen, die vernünftigerweise nur eine **Prüfungsobliegenheit** sein kann, erscheint grundsätzlich richtig, auch beim Geschäft zwischen einem Kfz-Händler und einer Privatperson. Der Fahrzeugbrief ist kein positiver Rechtsscheinträger wie das Grundbuch oder der Erbschein. Er ist lediglich eine öffentliche, aber ohne öffentlichen Glauben ausgestattete Beweisurkunde mit begrenzter Richtigkeitsgewähr. Abgesehen davon, dass nicht der Eigentümer, sondern nur der Halter im Fahrzeugbrief eingetragen wird, kann das vorgelegte Dokument inhaltlich unrichtig, gar gefälscht[33] oder gestohlen sein. Der Fahrzeugeigentümer kann ihn dem Besitzer nur für bestimmte Zwecke, z. B. für die Ummeldung, für die Registrierung einer eintragungspflichtigen Fahrzeugveränderung (Umrüstung auf andere Felgen und Reifen o. ä.) oder für die Durchführung einer umfangreichen Reparatur, überlassen haben. Denkbar ist auch, dass der vorgelegte Brief zu einem anderen als dem verkauften Fahrzeug gehört. All diese Umstände rechtfertigen die Annahme einer Prüfobliegenheit. Ein **Ausländer** ohne ausreichende Deutschkenntnisse muss notfalls einen Übersetzer hinzuziehen.

1807 Der **Umfang der „Briefkontrolle"** hängt entscheidend davon ab, auf welchem der verschiedenen Teilmärkte das Gebrauchtfahrzeug gekauft wird. Beim Pkw-Kauf von einem

---

differenzierend BGH 5. 2. 1975, NJW 1975, 735 und BGH 1. 7. 1987, NJW-RR 1987, 1456; vgl. auch BGH 9. 10. 1991, NJW 1992, 310.

30 Urt. v. 5. 2. 1975, NJW 1975, 735; v. 1. 7. 1987, NJW-RR 1987, 1456; vgl. auch OLG Stuttgart 21. 11. 1989, NJW-RR 1990, 635 mit von der Redaktion unrichtig formuliertem Leitsatz (verdächtig war nicht die fehlende Voreintragung, sondern die Tatsache des Tausches an Stelle eines Verkaufs).

31 Vgl. auch BGH 11. 3. 1991, NJW 1991, 1415 = WM 1991, 811 unter 2 b, bb, wo pauschal von einer „Verdachtssituation" die Rede ist, wenn der Veräußerer nicht identisch ist mit dem in den Papieren verzeichneten Halter/Eigentümer, ähnlich BGH 9. 10. 1991, NJW 1992, 310.

32 BGH 1. 7. 1987, NJW-RR 1987, 1456, 1457; BGH 9. 10. 1991, NJW 1992, 310.

33 So im Fall BGH MDR 1966, 754 = BB 1966, 720.

Neuwagenhändler mit Gebrauchtwagenabteilung („Vertragshändler") sind geringere Anforderungen zu stellen als beim Erwerb von einem reinen Gebrauchtwagenhändler, der sein Geschäft auf einem Hinterhof oder – wie im Fall BGH NJW 1975, 735 – auf offener Straße betreibt. In welchem Stadium des Geschäfts private Käufer sich den Fahrzeugbrief üblicherweise ansehen, ist empirisch nicht erforscht. Erst recht fehlt es an tatsächlichen Erkenntnissen darüber, mit welcher Intensität vorgelegte Fahrzeugbriefe einer „Prüfung" unterzogen werden. Schon wegen dieser Unsicherheiten im Tatsächlichen sollte man mit dem Vorwurf grober Fahrlässigkeit zurückhaltend sein.

Wer im seriösen Fachhandel kauft, darf im Allgemeinen darauf vertrauen, dass der ihm vorgelegte Brief zum Fahrzeug gehört. Ohne besondere Verdachtsmomente wie etwa ein auffallend niedriger Preis oder eine erkennbar schlechte Vermögenslage ist der Käufer zur Vermeidung des Vorwurfs grober Fahrlässigkeit nicht verpflichtet, die Zugehörigkeit des vorgelegten Briefes zum verkauften Fahrzeug zu überprüfen, etwa durch einen Vergleich der Fahrzeugidentifizierungsnummern.[34] Ein Kennzeichenvergleich ist beim Kauf vom Kfz-Händler meist gar nicht möglich. Gebrauchtwagen werden überwiegend ohne amtliches Kennzeichen angeboten. In diesem Zustand befinden sie sich auch noch im Zeitpunkt der Auslieferung, sofern der Händler das Fahrzeug nicht im Auftrag des Käufers umgemeldet hat.

Wer nach Ablauf des Leasingvertrages „sein" Fahrzeug von demjenigen Autohaus kauft, das mit der Leasinggesellschaft kooperiert hat, kann selbst bei Nichtvorlage des Fahrzeugbriefs gutgläubig gehandelt haben.[35]

cc) Geschäfte zwischen Kfz-Händlern

Zu dieser Fallgruppe liegen vom BGH vier Entscheidungen vor, wobei das Händler-Händler-Geschäft in drei Fällen nur ein Glied einer Verkaufskette war. Dass auch unter Kfz-Händlern die **Vorlage des Fahrzeugbriefes** unverzichtbar ist, hat der BGH bereits im Urteil vom 2. 12. 1958[36] festgestellt und im Urteil vom 13. 5. 1996[37] bekräftigt. Zugleich hat er betont, dass die Briefvorlage nur eine Mindestanforderung für den Gutglaubenserwerb darstellt. Ein besonderer Umstand, der den Verdacht des Erwerbers erregen muss und ihn trotz Briefvorlage zu weiteren Nachforschungen verpflichtet, kann eine **Fälschung des Briefes** sein, wie z. B. in BGH LM Nr. 21 zu § 932 = MDR 1966, 754. Dem Leiter der Einkaufsabteilung eines großen Gebrauchtwagenhändlers war ein Brief vorgelegt worden, der ursprünglich zu einem anderen Fahrzeug derselben Marke gehört hatte. Fahrgestellnummer und andere Fahrzeugdaten waren – für einen Fachmann zum Teil auffällig – gefälscht worden. Dass auch das Straßenverkehrsamt die Fälschung nicht bemerkt hatte, konnte den Händler nicht entlasten, zumal zumindest ein anderer Händler Verdacht geschöpft und deshalb vom Kauf abgesehen hatte.

Als verdächtiger, eine Nachforschungspflicht auslösender Umstand kommt auch der **Kaufpreis** in Betracht.[38] Ein **besonders niedriger Angebotspreis** oder ein ungewöhnlich **hoher Preisnachlass** kann im Einzelfall in der Tat Zweifel an der Ordnungsmäßigkeit des Geschäfts und früherer Erwerbsvorgänge aufkommen lassen. Niedrigpreise sind nicht notwendigerweise ein Indiz für das Fehlen von Eigentum bzw. Verfügungsbefugnis. Das Prob-

---

34 Zustimmend OLG Naumburg 21. 4. 1998, MDR 1998, 1347 = OLGR 1998, 336.
35 LG Darmstadt 30. 8. 2001, NJW-RR 2002, 417.
36 VRS 16, 93 = MDR 1959, 207 = WM 1959, 138 = DAR 1959, 73.
37 NJW 1996, 2226.
38 BGH 30. 10. 1995, NJW 1996, 314; BGH 5. 2. 1975, NJW 1975, 735; BGH 1. 7. 1987, NJW-RR 1987, 1456; BGH 13. 4. 1994, NJW 1994, 2022 = EWiR § 932 BGB 1/94, 767 *(Reinking)* = VRS 87, 262; OLG Hamburg 20. 2. 1986, NJW-RR 1987, 1266; OLG München 23. 7. 1993, OLGR 1994, 9 = ZfS 194, 90; s. auch OLG Düsseldorf 18. 11. 1998, NJW-RR 1999, 615 – Gabelstapler.

lem besteht zunächst darin, nachträglich, also im Prozess, ein Missverhältnis zwischen dem tatsächlichen und dem gewöhnlichen (durchschnittlichen) Verkaufspreis festzustellen. Das Missverhältnis muss zudem für den Erwerber auffällig gewesen sein. Dabei macht es einen Unterschied, ob es sich um einen Kfz-Händler (so im Fall BGH NJW 1996, 314) oder um einen unerfahrenen Privatkäufer handelt.

Der durchschnittliche Verkaufspreis (besser: Verkaufswert) eines gebrauchten Pkw/Kombis kann anhand des DAT-Marktspiegels oder der Schwacke-Liste ermittelt werden. Die im DAT-Marktspiegel angegebenen Werte – Händlerverkaufswert und Händlereinkaufswert – beziehen sich allerdings auf Geschäfte mit Verbraucherbeteiligung, nicht auf Geschäfte zwischen Kfz-Händlern. Zum anderen gelten sie nur für unfallfreie Fahrzeuge mit durchschnittlicher Gesamtfahrleistung, einem durchschnittlichen Erhaltungszustand, mindestens zwölf Monate nach § 29 StVZO abgenommen und mindestens 50%iger Bereifung. Sonderausstattungen bleiben bei den Listenpreisen ebenso unberücksichtigt wie Mehr- oder Minderkilometer.

Wegen dieser **Unsicherheitsfaktoren** empfiehlt es sich, ein Schätzgutachten eines vereidigten und öffentlich bestellten Sachverständigen einzuholen.

Bei einem Geschäft zwischen Kfz-Händlern ist nicht nur nach dem „marktgerechten" Verkaufspreis, sondern auch nach dem Einkaufspreis zu fragen, jeweils bezogen auf den Zeitpunkt des Kaufs, nicht der Schätzung. Der angeblich verdächtig niedrige Verkaufspreis stellt sich aus der Sicht des beklagten Erwerbers als eigener Einkaufspreis dar. Bei dem Vergleich der vom Sachverständigen mitgeteilten Werte mit dem tatsächlichen Kaufpreis (bereinigt um Zahlungen für Sonderleistungen wie Garantie, Abnahme nach § 29 StVZO etc.) ist auch Folgendes zu berücksichtigen: Die Werte sind **Schätzwerte,** aufbauend auf Durchschnittswerten der branchenüblichen Listen mit Zu- bzw. Abschlägen je nach Zustand des Fahrzeugs und regionalen und saisonalen Besonderheiten. Der in der Natur der Sache liegende **Spielraum** (Streubereich) zwingt dazu, den Schätzwert zu Gunsten des Erwerbers herabzusetzen. Die übliche Bandbreite geht bis 20%. Weitere Abschläge können sich aus Besonderheiten ergeben, die mit dem Zustand des Fahrzeugs, seiner Marktgängigkeit und der allgemeinen Marktlage nichts zu tun haben, gleichwohl auch aus Sicht des Erwerbers keinen Anlass zu Nachfragen bieten, z. B. Sonderaktionen (sog. Lockvogel-Angebote), Geschäftsauflösung, Lagerräumung, Sortimentsbereinigung etc.

Die in der einschlägigen Rechtsprechung angestellten Preis- und Wertermittlungen sind nicht selten unzulänglich, die aus sog. Niedrigpreisen gezogenen Vergleiche und Schlussfolgerungen unbefriedigend. Schon die Grundannahme, dass es nur einen bestimmten Preis gebe, der „marktgerecht" sei, erscheint äußerst problematisch. Jedenfalls muss die Grenze, eine feste gibt es ohnehin nicht, weiter und damit erwerberfreundlicher gezogen werden, als es in der Rechtsprechung mitunter der Fall ist. Ein Preis, der nur 15% unter dem als marktgerecht angenommenen liegt, ist für einen Kfz-Händler noch kein hinreichender Grund, die Verfügungsbefugnis eines gewerblichen Anbieters anzuzweifeln.[39]

1811 Zur Bedeutung des Fehlens einer Voreintragung im Fahrzeugbrief s. Rn 1805. Im Fall OLG Stuttgart NJW-RR 1990, 635 war es – entgegen dem irreführenden Leitsatz – nicht dieser Umstand, der eine Nachforschungspflicht begründete. Verdacht musste der Erwerber, ein Gebrauchtwagenhändler, vielmehr deshalb schöpfen, weil ihm das Fahrzeug **zum Tausch** angeboten worden war. Seinerzeit dominierte noch das Agenturgeschäft, bei dem der Händler üblicherweise mit der Vermittlung eines Verkaufs, nicht eines Tausches, beauftragt war. Ein Selbsteintritt war freilich möglich. Aus heutiger Sicht ist ein Tausch ein unverdächtiger Umstand. Überholt ist auch die Entscheidung OLG Hamm NJW 1975, 171, weil sie daraus, dass der mit der Vermittlung beauftragte Händler im Brief nicht eingetragen

---
39 Anders BGH 1. 7. 1987, NJW-RR 1987, 1456; s. auch BGH 30. 10. 1995, NJW 1996, 314.

war, unrichtige Schlüsse gezogen hat. Zu den Sorgfaltanforderungen beim Kauf eines Fahrzeugs mit Kurzzulassung (Tageszulassung) s. OLG Düsseldorf NJW-RR 1997, 246.

α) Erwerb von Privatpersonen und Unternehmen außerhalb der Kfz-Branche

αα) Das private Direktgeschäft und der Erwerb Leasingnehmer/Leasinggesellschaft

Demjenigen, der **von einer Privatperson** einen Gebrauchtwagen erwirbt, die nicht als Halter im Fahrzeugbrief ausgewiesen ist, muss sich der – eine Nachforschungspflicht auslösende – Verdacht aufdrängen, dass der Veräußerer auf unredliche Weise in den Besitz des Fahrzeugs gelangt sein könnte. Diese Aussage des BGH[40] gilt auch für das private Direktgeschäft.[41] An die Nachforschungspflicht eines privaten Erwerbers sind jedoch geringere Anforderungen zu stellen als bei einem Kfz-Händler. Generell wird man sagen können, dass ein Privatkäufer, der die Mindestanforderungen an den guten Glauben erfüllt hat (Vorlage und Einsichtnahme in den Fahrzeugbrief), regelmäßig als redlich angesehen wird. Zur Frage des gutgläubigen Erwerbs des **Leasingnehmers** bei Andienung des Kfz zum Kauf durch den **Leasinggeber** im Falle nicht offengelegter Sicherungsübereignung an das Refinanzierungsinstitut s. OLG Hamburg 19. 2. 1999, OLGR 1999, 241. Zum Erwerb des „eigenen" Leasingwagens s. auch LG Darmstadt NJW-RR 2002, 417. **1812**

ββ) Kfz-Händler erwirbt von Privatperson

Auch diese Konstellation ist Gegenstand zahlreicher höchstrichterlicher und obergerichtlicher Urteile: BGH NJW-RR 1987, 1456 (Kfz-Händler kauft von privatem Betrüger, der im Fahrzeugbrief nicht eingetragen war); BGH NJW 1996, 314 (Werksniederlassung erwirbt gebr. Pkw zusammen mit 2 Neufahrzeugen); OLG München DAR 1975, 71 (Ankauf eines unterschlagenen Kfz); OLG Schleswig DAR 1985, 26 (Kauf eines unter Eigentumsvorbehalt stehenden Sportwagens von einer Privatperson unter Vorlage eines Briefes, in dem eine juristische Person als Halterin eingetragen war); OLG Frankfurt NJW-RR 1986, 1380 (fehlende Voreintragung des Privatverkäufers, der seinerseits unter Eigentumsvorbehalt gekauft hatte); OLG Hamm NJW-RR 1989, 890 (keine Identität zwischen Veräußerer und dem im Fahrzeugbrief eingetragenen Eigentümer/Halter); ebenso OLG Celle OLGR 1995, 185 = VRS 90, 18. **1813**

Privatpersonen, die den Fahrzeugbrief vorlegen können, sind regelmäßig entweder selbst eingetragen oder in der Lage, auf die Eintragung eines ihnen nahestehenden Dritten zu verweisen. Nicht selten laufen Fahrzeuge auf den Namen des Ehepartners, des Lebensgefährten oder eines Elternteils. Die Eintragung eines Dritten ist nach der Lebenserfahrung jedoch eine solche Ausnahme, dass ein sorgfältiger Erwerber allen Anlass hat, sich über die Eigentumsverhältnisse zu vergewissern. Die schriftliche Erklärung des Veräußerers, der Wagen stehe in seinem unbelasteten Eigentum, kann den gewerblichen Ankäufer nicht von dieser Pflicht befreien.

γγ) Kfz-Händler erwirbt von Unternehmen außerhalb der Kfz-Branche

Zu dieser Fallgruppe ist nur wenig Entscheidungsmaterial vorhanden. In BGH NJW 1975, 735 hatte ein Kfz-Händler wiederholt Gebrauchtwagen unter Preis von einer betrügerischen Umschuldungsfirma gekauft, die in den Fahrzeugbriefen nicht eingetragen war. Nach den Gesamtumständen war ein Eigentumserwerb sowohl nach § 932 BGB als **1814**

---

40 Urt. v. 1. 7. 1987, NJW-RR 1987, 1456; so auch OLG Düsseldorf 14. 11. 1991, 13 U 72/91, n. v.; OLG Celle 10. 11. 1994, OLGR 1995, 86 = NJW-RR 1995, 1527.
41 OLG Karlsruhe 2. 7. 1998, OLGR 1999, 125.

auch nach § 366 HGB ausgeschlossen.⁴² Welche Anforderungen an den guten Glauben eines Kfz-Händlers zu stellen sind, der einen unterschlagenen Pkw von einer angeblichen **Leasingfirma** erwirbt, ist Gegenstand eines Urteils des LG Köln vom 15. 6. 1994.⁴³ Das LG hat die Schadensersatzklage des betrogenen Händlers mit der Begründung abgewiesen, der Käufer, ein Gebrauchtwagenhändler, habe zwar misstrauisch sein müssen, seiner Nachforschungspflicht sei er jedoch in ausreichendem Maße nachgekommen. Allgemein gilt: Bei Veräußerungsgeschäften außerhalb des gewöhnlichen (regulären) Geschäftsbetriebes sind erhöhte Anforderungen an den guten Glauben des Erwerbers zu stellen.⁴⁴

β) Fälle mit Auslandsberührung

1815   Die Zunahme von **Inlandskäufen mit Auslandsberührung** schlägt sich auch in der Rechtsprechung nieder. Wie facettenreich diese Fälle sind, zeigt beispielhaft das Urteil des OLG Köln vom 21. 7. 1999 (OLGR 2000, 3). Für im Inland hergestellte, aber für den Export oder für den Inlandsverkauf an Ausländer bestimmte Fahrzeuge wird ein Brief nicht ausgestellt. Ein bereits erteilter Brief wird vor dem Export ungültig gemacht. Im mittel- und westeuropäischen Ausland werden Kfz-Papiere ausgestellt, die den deutschen Dokumenten (Schein und Brief) vergleichbar sind.

Der BGH hat sich wiederholt mit dem Erwerb echter und vermeintlicher „Auslandsfahrzeuge" befassen müssen; erstmals im Urteil vom 27. 9. 1961⁴⁵ (Verkauf eines von einem Engländer in Deutschland unterschlagenen Mietwagens Mercedes 220 S an einen deutschen Kfz-Händler unter Vorlage eines gefälschten britischen „registration book"). Im Fall BGH BB 1967, 10 = DAR 1967, 85 ging es um die Veräußerung eines in der Schweiz zugelassenen Mietwagens Mercedes 220 S an einen deutschen Gebrauchtwagenhändler, dem der Verkäufer, ein Schweizer Staatsbürger, einen schweizerischen Fahrzeugausweis und eine Zollbescheinigung vorgelegt hatte. Obgleich der Käufer bei mehreren Stellen Erkundigungen eingeholt hatte, haben alle drei Instanzen grobe Fahrlässigkeit angenommen.

Eine weitere BGH-Entscheidung behandelt den Erwerb eines in Italien zugelassenen Ferrari 208 Turbo, der zu Gunsten einer italienischen Bank mit einer sog. **Autohypothek** belastet war.⁴⁶ Der deutsche Käufer, eine Privatperson, hatte ein Fachunternehmen eingeschaltet, um die Erwerbsmodalitäten, speziell beim Zollamt, erledigen zu lassen. Während das LG der auf Herausgabe und Verwertung gerichteten Klage der italienischen Bank im Wesentlichen stattgegeben hat, hat das OLG Hamm sie mit der Begründung abgewiesen, die Beklagte habe gutgläubig lastenfreies Eigentum erworben (§ 936 BGB). Der BGH ist dem nicht gefolgt. Er wirft dem OLG in erster Linie vor, zu geringe Anforderungen an **den gutgläubigen lastenfreien Erwerb** eines ausländischen Fahrzeugs gestellt zu haben. Seine Auffassung erscheint nur auf den ersten Blick übermäßig streng und lebensfremd. Eine genaue Analyse des Sachverhalts offenbart eine solche Vielzahl verdächtiger Umstände, dass die Beurteilung „grob fahrlässig" bei der gebotenen Gesamtschau durchaus gerechtfertigt ist. Zur Prüfpflicht bei fremdsprachigen Kfz-Papieren s. auch OLG Karlsruhe OLGR 2000, 434.

Erhöhte Wachsamkeit beim Erwerb eines aus dem Ausland eingeführten (reimportierten) Pkw fordert der BGH auch in seinem Urteil vom 13. 4. 1994.⁴⁷ Danach ist die Verkaufsberechtigung des Veräußerers besonders sorgfältig zu prüfen, wenn sich aus dem von die-

---

42   Zur Funktion des § 366 HGB s. BGH 2. 7. 1992, NJW 1992, 2570 unter IV; zum Anwendungsbereich s. BGH 9. 11. 1998, NJW 1999, 425; OLG Düsseldorf 18. 11. 1998, NJW-RR 1999, 615.
43   Az. 16 O 308/92, n. v.
44   BGH 9. 11. 1998, NJW 1999, 425.
45   LM Nr. 17 zu § 932 = BB 1961, 1300.
46   Urt. v. 11. 3. 1991, NJW 1991, 1415 = DAR 1991, 294.
47   NJW 1994, 2022 = NZV 1994, 312.

sem vorgelegten **Blanko-Fahrzeugbrief** lediglich die Tatsache der Einfuhr, nicht aber die Identität des früheren Halters ergibt. Zur Vorlage eines Blanko-Briefes s. auch OLG Nürnberg, Urt. v. 6. 12. 2000, OLGR 2001, 131. Lediglich einfache, keine grobe Fahrlässigkeit bescheinigt das LG Bochum dem Erwerber eines aus Italien eingeführten **Lkw,** der mit einem deutschen Fahrzeugbrief ohne Haltereintragung verkauft worden war.[48]

Zur Frage des Gutglaubenserwerbs bei Weiterveräußerung eines in Deutschland gestohlenen Pkw im Ausland (Polen) s. OLG Brandenburg VersR 2001, 361; *Looschelders/Bottek*, VersR 2001, 401; zur kollisionsrechtlichen Problematik s. auch BGH NJW-RR 2000, 1583 (Schiffskauf) und OLG Karlsruhe OLGR 2000, 434 – USA-Importwagen.

In einigen Ländern, z. B. Belgien, kann auch an gestohlenen Sachen Eigentum erworben werden, auch an Kraftfahrzeugen. Die Weiterveräußerung ist dann kein Fall des Erwerbs vom Nichtberechtigten. Auf die Frage der Gutgläubigkeit kommt es nicht an.[49]

c) Einschaltung von Hilfspersonen auf Erwerberseite

Bedient sich der Autokäufer eines **Stellvertreters,** so wird er ihn zumeist in den gesamten Erwerbsvorgang einschalten, ihn also sowohl mit der Einigung als auch mit der Übernahme betrauen. Was den guten Glauben angeht, so ist diese Konstellation unproblematisch, solange Einigung und Übergabe zusammenfallen. Da die Einigung aus Willenserklärungen besteht, finden die §§ 164 ff. BGB unmittelbar Anwendung. Für die Frage der Gutgläubigkeit einschließlich der Erfüllung etwaiger Nachforschungspflichten kommt es also grundsätzlich auf die Person des Stellvertreters, nicht des Erwerbers an (§ 166 I BGB).[50] Dass es bei der Übergabe als Realakt keine Stellvertretung gibt,[51] insoweit ist die Hilfsperson entweder Besitzdiener oder Besitzmittler, ändert nichts an der Maßgeblichkeit ihrer Kenntnis bzw. ihres Kennenmüssens.

Schwierigkeiten können die Fälle machen, bei denen die Hilfsperson in den einzelnen Phasen des Erwerbsvorgangs einen **unterschiedlichen** Wissensstand hat. Problematisch sind auch die Sachverhalte mit **arbeitsteiliger Einschaltung von Hilfspersonen**, sei es, dass sie nur an der Einigung oder nur an der Übergabe beteiligt sind, sei es, dass sie nur mit bestimmten Nachforschungen hinsichtlich des Eigentums des Veräußerers betraut sind.[52] Zur **Wissenszurechnung** im Kfz-Bereich s. Rn 1630 ff.

d) Einschaltung von Hilfspersonen auf Veräußererseite

Der Erwerber muss in den Fällen der §§ 932 ff. BGB an das Eigentum des durch den Besitz (präziser: Besitzverschaffungsmacht) legitimierten Veräußerers geglaubt haben.[53] Veräußerer beim **Agenturgeschäft,** das seit dem 1. 7. 1990 nur noch vereinzelt praktiziert wird (vgl. Rn 972), ist der private Auftraggeber, nicht etwa der Händler; er ist nur Vermittler und Abschlussvertreter. Er verfügt im Namen seines Auftraggebers.

Gehört das agenturweise verkaufte Fahrzeug nicht dem Veräußerer/Auftraggeber, so erwirbt der Agenturkäufer das Eigentum kraft guten Glaubens gem. § 932 I BGB grundsätzlich nur, wenn er in seinem Vertragspartner den Eigentümer gesehen hat. Geschützt wird nur der gute Glaube an das Eigentum des Veräußerers, nicht der gute Glaube an das Eigentum des Händlers/Vermittlers. Agenturkäufer haben früher häufig die steuerrechtlich da-

---

48 NJW-RR 1992, 1274.
49 Vgl. LG Duisburg 27. 2. 2002, 3 O 162/01, n. v. – Belgien.
50 Einhellige Meinung, vgl. BGH 5. 10. 1981, NJW 1982, 38; irreführend BGH 11. 3. 1991, NJW 1991, 1415 durch Hinweis auf § 166 II BGB; vgl. auch BGH 9. 10. 1991, NJW 1992, 310.
51 Grundlegend RG 10. 6. 1932, RGZ 137, 23, 26 – Lkw-Kauf.
52 Vgl. dazu OLG Nürnberg 6. 12. 2000, OLGR 2001, 131 – Bank.
53 *Staudinger/Wiegand,* § 932 Rn 100.

mals notwendige Fremdbezogenheit des Agenturgeschäfts verkannt. Vertragspartner war in ihren Augen der Händler. Diese vertragsrechtlich unbeachtliche Fehlvorstellung – maßgeblich ist der erklärte Wille – ist für den Gutglaubenserwerb unschädlich, solange der Agenturkäufer keine Anhaltspunkte dafür hat, dass das Fahrzeug einem Dritten gehört, z. B. einer Bank (Sicherungseigentum bei Vorfinanzierung des Kaufpreises).

Steht das Agenturfahrzeug im Eigentum des Veräußerers/Auftraggebers, so kommt es auf den guten Glauben i. S. v. § 932 BGB von vornherein nicht an. Insbesondere kann der Veräußerer den Eigentumserwerb nicht mit der Begründung streitig machen, der Käufer habe sich den Fahrzeugbrief nicht aushändigen lassen. Der Veräußerer ist vielmehr zur Herausgabe des Fahrzeugbriefes an den Käufer verpflichtet, denn dieser hat mit dem Eigentum am Fahrzeug auch Eigentum am Brief erlangt (§ 952 BGB analog).

Hat der Vermittler im Namen des Voreigentümers/Auftraggebers, aber ohne Vertretungsmacht gehandelt, so ist auch die dingliche Einigung schwebend unwirksam. Der Eigentumserwerb hängt von der Genehmigung des Voreigentümers ab. Der **gute Glaube an die Vertretungsmacht** des Vermittlers würde selbst dann nicht geschützt, wenn dieser ein Kaufmann i. S. v. § 366 HGB ist.[54]

Verletzt der Vermittler oder Untervermittler seine Pflichten aus dem Innenverhältnis mit dem Auftraggeber, ohne damit die Verkaufsvollmacht zu überschreiten, so ist die Vertretung wirksam. Das Risiko eines Missbrauchs der Vertretungsmacht trägt grundsätzlich der Auftraggeber. Wann eine Vollmachtsüberschreitung und wann nur ein Missbrauch der Vollmacht vorliegt, ist in den Kfz-Vermittlungsfällen nicht immer leicht zu entscheiden. Die Verkaufsvollmacht, regelmäßig als Innenvollmacht erteilt, enthält ihrem Wortlaut nach keine Einschränkung. Ein Verkauf zu einem niedrigeren Preis als dem vereinbarten Mindestverkaufspreis berührt den Bestand der Vollmacht ebenso wenig wie eine auftragswidrige Zahlungsvereinbarung, etwa dergestalt, dass dem Agenturkäufer gestattet wird, einen Teil des Kaufpreises durch Hingabe seines Altwagens abzudecken.[55] In diesen und ähnlichen Fällen kann der Auftraggeber das Missbrauchsrisiko nur dann auf den Agenturkäufer abwälzen, wenn dieser die Pflichtwidrigkeit des Vermittlers erkannt hat oder bei gehöriger Sorgfalt hätte erkennen müssen.[56] Nach Auffassung des AG Grevenbroich braucht sich einem Agenturkäufer nicht der Verdacht der Unredlichkeit des Vermittlers aufzudrängen, wenn dieser das Fahrzeug ohne den dazugehörigen Brief ausliefert.[57] Im Streitfall war dem Käufer erklärt worden, der Brief werde am nächsten Tag nachgeschickt. Haben Vermittler und Agenturkäufer bewusst zum Nachteil des Voreigentümers zusammengewirkt, so ist das gesamte Vertretergeschäft wegen Sittenwidrigkeit nichtig.

1818 Beim **Kommissionsgeschäft,** im heutigen Kfz-Handel höchst selten geworden, ist – anders als beim Agenturgeschäft – nicht der Auftraggeber der Veräußerer. Der Verkaufskommissionär verfügt im eigenen Namen über eine fremde Sache. Der Erwerber wird auch dann geschützt, wenn er in ihm ohne grobe Fahrlässigkeit nicht den Eigentümer, sondern nur den **Verfügungsberechtigten** gesehen hat (§ 366 I HGB). Er kann sich je nach Lage des Falles auf seinen guten Glauben an das Eigentum oder an die Verfügungsbefugnis berufen. Wer bei einem Kfz-Händler ein Fahrzeug kauft, darf bei Fehlen sich aufdrängender Verdachtsmomente von dessen **Verfügungsbefugnis** ausgehen.[58] Der gute Glaube an die Verfü-

---

54 Str., vgl. *Medicus,* Rn 567.
55 Zur dinglichen Rechtslage bei Weiterverkauf des in Zahlung genommenen Altwagens durch den Vermittler im eigenen Namen vgl. OLG Köln 16. 10. 1991, VRS 82 (1992), 100.
56 BGH 28. 2. 1966, NJW 1966, 1911.
57 Urt. v. 7. 9. 1984, 11 C 401/84, n. v.
58 BGH 5. 2. 1975, NJW 1975, 735; v. 9. 11. 1998, NJW 1999, 425.

5. Verkauf unter fremdem Namen

Beim Handeln unter fremdem Namen sind **zwei Fälle** zu unterscheiden: Handeln unter falscher Namensangabe mit dem Ziel, beim Geschäftspartner eine unrichtige Vorstellung über die Identität zu wecken, zum anderen Gebrauch eines Falschnamens, wobei dem Geschäftspartner der Name gleichgültig ist. Nur auf den ersten Typ werden die Regeln über die Stellvertretung direkt oder analog angewendet.[60] Das OLG Düsseldorf (22. Zivilsenat)[61] hat dies in einem Fall getan, in dem eine unbekannt gebliebene Person einen Pkw unter dem Namen des wahren Eigentümers, von dem sie Fahrzeug und Papiere betrügerisch erlangt hatte, an den Beklagten verkauft hat. Während das LG einen Gutglaubenserwerb nach § 932 BGB geprüft (und verneint) hat, ist das OLG einen anderen Weg gegangen. Die Vertragserklärungen des unbekannten Betrügers hat es als solche des Eigentümers (Klägers) gewertet, sodass Kauf und dingliche Einigung mangels Genehmigung unwirksam waren.

Anders hat der 11. Zivilsenat des OLG Düsseldorf[62] einen im Wesentlichen gleich gelagerten Fall entschieden. Wird unter Vorlage der Wagenpapiere ein Pkw unter dem Namen des Eigentümers bar verkauft, soll Vertragspartner nicht der Eigentümer, sondern die unter fremdem Namen auftretende Person sein. Diese Auffassung verdient den Vorzug. Wie das Handeln unter falschem Namen zu werten ist, ist in erster Linie **Auslegungsfrage**.[63] Wer Geschäftspartei ist, richtet sich danach, wie der Erklärungsempfänger die Erklärung des Namenstäuschers verstehen musste. Autokauf ist ein Massengeschäft des täglichen Lebens. Der Name des Verkäufers interessiert den Käufer im Allgemeinen nur insoweit, als es um die Identität mit dem im Fahrzeugbrief eingetragenen Halter geht. Ansonsten ist ihm der Name seines Vertragspartners gleichgültig, wie die vor dem 1. 7. 1990 jährlich millionenfach abgeschlossenen Agenturgeschäfte anschaulich gezeigt haben. Auch dem Verkäufer kommt es in der Regel nicht auf den Namen des Käufers an.[64]

6. Die Sonderfälle des § 935 BGB

Der gute Glaube an das Eigentum des Veräußerers wird nach § 935 I BGB nicht geschützt, wenn das Fahrzeug dem Eigentümer gestohlen, verloren gegangen oder sonst abhanden gekommen war. Diese Sonderfälle spielen beim Gebrauchtwagenkauf eine große Rolle.[65] Nicht dazu gehört der Fall, dass der Eigentümer **betrogen** worden ist, z. B. durch Hingabe eines **ungedeckten Schecks**.[66] Ein Grenzfall des Abhandenkommens liegt der Entscheidung OLG München NJW-RR 1993, 1466 = OLGR 1993, 285 = ZfS 1993, 411 zugrunde. Die Unfreiwilligkeit der Besitzaufgabe wurde zu Recht bejaht; ebenso im Fall KG OLGR 2002, 234 (untreuer Mitarbeiter).

Zum Verkauf eines Motorrades, das aus **gestohlenen Einzelteilen** zusammengebaut wurde (§ 950 I BGB), OLG Köln NJW 1997, 2187; zum Eigentumserwerb beim Zusammenbau eines sog. Replica-Fahrzeugs OLG Düsseldorf OLGR 1999, 219; s. auch BGH

---

59 BGH 5. 2. 1975, NJW 1975, 735.
60 *Medicus,* Rn 82.
61 Urt. v. 1. 3. 1985, NJW 1985, 2484 = DAR 1985, 255; kritisch dazu *Giegerich,* NJW 1986, 1975; vgl. auch *Mittenzwei,* NJW 1986, 2472.
62 Urt. v. 2. 11. 1988, NJW 1989, 906.
63 OLG Düsseldorf (11. ZS) 24. 4. 1996, OLGR 1997, 4.
64 OLG Düsseldorf 24. 4. 1996, OLGR 1997, 4.
65 Diebstähle 2000: ca. 150.000, Tendenz rückläufig
66 OLG Hamm 2. 3. 1989, NJW-RR 1989, 890.

VersR 1996, 713; zur dinglichen Rechtslage bei Ergänzung eines gestohlenen Motorblocks zu einem Komplettmotor und dessen Einbau in einen Sportwagen (§ 950 BGB) s. BGH NJW 1995, 2633.

Zur Rechtslage beim Erwerb von gestohlenen Fahrzeugen, die **im Ausland** zwischenveräußert worden sind, s. Rn 1815.

Dem nur mitbesitzenden Eigentümer ist das Fahrzeug auch dann abhanden gekommen, wenn der andere Mitbesitzer es ohne seinen Willen an einen Dritten veräußert.[67] Besitzen Eheleute ein Fahrzeug gemeinsam (Familienwagen), so erlangt der Käufer kein Eigentum, wenn der Verkäufer-Ehegatte den Mitbesitz des anderen gebrochen hat, es sei denn, dass der Wagen in seinem Alleineigentum stand.[68]

7. Guter Glaube an die fehlende Anfechtbarkeit des Vorerwerbs

1821 Nicht auf den guten Glauben an das Eigentum oder die Verfügungsbefugnis kommt es an, wenn das Fahrzeug **nur anfechtbar erworben** und vor der Anfechtung weiterveräußert worden ist. Gegenstand des guten Glaubens ist hier die fehlende Anfechtbarkeit des Vorerwerbs (§ 142 II BGB).[69] Gutgläubigkeit in diesem Sinn ist schon dann zu verneinen, wenn der Dritte bei seinem Erwerb die Umstände kannte oder grob fahrlässig nicht kannte, aus denen sich die Anfechtbarkeit des früheren Erwerbsvorganges ergab.[70] Ob der Erwerber unter diesem Blickwinkel grob fahrlässig gehandelt hat, ist nach den gleichen strengen Maßstäben zu beurteilen, die die Rechtsprechung für § 932 BGB entwickelt hat.[71] Es kommt also darauf an, ob der Erwerber Grund für die Annahme haben musste, dass mit dem Vorerwerb etwas nicht in Ordnung ist. Zu den einschlägigen Verdachtsgründen und zur Nachforschungs- und Erkundigungspflicht des Käufers s. Rn 1804 ff.

II. Rechtsfolgen und Haftungsfragen beim Erwerb vom Nichtberechtigten

1. Ansprüche des gutgläubigen Erwerbers

1822 Der Verkäufer hat seine Verpflichtung, dem Käufer Eigentum zu verschaffen (§ 433 I, 1 BGB), auch dann erfüllt, wenn ihm das Fahrzeug nicht gehört, der Käufer (lastenfreies) Eigentum aber gutgläubig erlangt hat.[72] Der moralische Mangel, der diesem Eigentumserwerb nach der so genannten Makeltheorie anhaftet,[73] lässt die Wirksamkeit der Vertragserfüllung unberührt. Nach heute h. M.[74] liegt auch kein Betrug im Sinne des § 263 StGB vor.

1823 Gibt der gutgläubige Erwerber das Fahrzeug an den früheren Eigentümer heraus – eine Rechtspflicht besteht insoweit nicht –, kann er die damit verbundenen Nachteile nicht auf den Verkäufer abwälzen.[75]

---

67 *Erman/A. Schmidt*, § 935 Rn 6.
68 Vgl. dazu OLG Oldenburg 20. 11. 1990, NJW-RR 1991, 963.
69 BGH 1. 7. 1987, NJW-RR 1987, 1456 = ZIP 1987, 1256 = NJW 1988, 482 (L); dazu *Gursky*, JZ 1991, 496, 501.
70 BGH, a. a. O.
71 BGH, a. a. O.
72 OLG Köln 25. 7. 2001, OLGR 2002, 169.
73 Vgl. *Schönke/Schröder/Cramer*, StGB, 24. Aufl., § 263 Rn 111.
74 Nachweise bei *Schönke/Schröder/Cramer*, StGB, 24. Aufl., § 263 Rn 111.
75 BGH 28. 3. 1952, BGHZ 5, 340 = NJW 1952, 778; dazu *Wolf*, NJW 1953, 166; *ders.*, NJW 1954, 708; *Boehmer*, JZ 1952, 588; *ders.*, JZ 1953, 392; *Mezger*, NJW 1953, 812; *ders.*, JZ 1953, 67.

Im Fall des gutgläubigen Erwerbs von Fahrzeugeigentum hat der Erwerber auch das **Eigentum am Fahrzeugbrief** erlangt (§ 952 BGB analog). Der Besitzer des Briefs ist folglich zur Herausgabe verpflichtet (§ 985 BGB).[76] Zum Streitwert der Herausgabeklage s. Rn 1826.

2. Ansprüche des früheren Eigentümers gegen den gutgläubigen Erwerber

Der gutgläubige Erwerber ist dem früheren Eigentümer selbst dann nicht zum Schadensersatz verpflichtet, wenn ihm **leichte Fahrlässigkeit** zur Last fällt. Insbesondere scheidet ein Anspruch aus § 823 I BGB aus.[77] Der nur leicht fahrlässige Erwerber ist vor Sanktionen umfassend geschützt.

3. Weitere Ansprüche des (früheren) Eigentümers

a) Anspruchsgrundlagen

Ansprüche kommen sowohl gegen den unbefugten Veräußerer als auch gegen dessen Abnehmer und etwaige Folgeerwerber in Betracht. Wer als berechtigter unmittelbarer Fremdbesitzer unbefugt veräußert hat, haftet nicht nach den §§ 987 ff. BGB auf Schadensersatz. Anspruchsgrundlage ist § 823 I BGB,[78] gegebenenfalls auch § 823 II BGB i. V. m § 246 oder § 266 StGB.

Der **bösgläubige Erwerber** ist dem Eigentümer gem. § 985 BGB zur **Herausgabe des Fahrzeugs** und der **Fahrzeugpapiere** verpflichtet, falls vorhanden auch des Fahrzeugbriefs. Zum Inhalt und zur Erfüllung der Herausgabeschuld s. OLG Koblenz DAR 1999, 505. Zum **Streitwert** der Klage auf Herausgabe des Fahrzeugbriefs s. OLG Düsseldorf OLGR 1999, 456.

Ist der Herausgabeschuldner zur Rückgabe des Fahrzeugs nicht mehr in der Lage, z. B. wegen Weiterveräußerung oder Diebstahls, oder kann er es – z. B. wegen eines Unfalls – nicht mehr in seinen ursprünglichen Zustand herausgeben, so schuldet er **Schadensersatz** nach den §§ 990 I, 989 BGB.[79] Bei einer **Weiterveräußerung** ist der Marktwert (Verkehrswert) zu ersetzen. Den – eventuell höheren – Verkaufserlös schuldet der Veräußerer (der Erstveräußerer wie ein späterer Veräußerer) nach den §§ 687 II, 681, 667 oder gem. § 816 I BGB.[80] Der Anspruch aus § 816 I BGB setzt voraus, dass die Weiterveräußerung gegenüber dem (klagenden) Eigentümer wirksam war (§§ 932 BGB, 366 HGB) oder von diesem genehmigt worden ist. Zu den Anforderungen an eine konkludente Genehmigung i. S. d. § 185 II BGB s. BGH NJW-RR 2000, 1583 (Schiffskauf). In der Klage auf Zahlung eines Betrages in Höhe des Kaufpreises sieht die Rechtsprechung eine konkludent erklärte Genehmigung.[81]

Die **bereicherungsrechtliche Herausgabepflicht** des unredlichen Erwerbers beschränkt sich auf den beim Weiterverkauf erzielten **Nettoerlös.** In Höhe des Mehrwertsteueranteils ist er nicht bereichert. Auf den Bereicherungsanspruch muss sich der Eigentümer nur das anrechnen lassen, was er von einem Dritten als Schadensersatz erhalten hat.[82] Im Rahmen des Schadensersatzanspruchs aus §§ 990 I, 989 BGB ist die Mehrwert-

---

[76] LG Darmstadt 30. 8. 2001, NJW-RR 2002, 417.
[77] BGH 1. 7. 1987, NJW-RR 1987, 1456; BGH 23. 5. 1956, LM Nr. 9 zu § 932.
[78] OLG Köln 4. 2. 2000, DAR 2000, 359.
[79] BGH 2. 12. 1958, LM Nr. 12 zu § 932 = MDR 1959, 207; OLG München 16. 8. 1974, DAR 1975, 71.
[80] OLG Nürnberg 6. 12. 2000, OLGR 2001, 131, unter Hinweis auf BGH 24. 9. 1996, NJW 1997, 190.
[81] BGH LM Nr. 6 zu § 816; OLG Hamm 2. 3. 1989, NJW-RR 1989, 890.
[82] Vgl. OLG Stuttgart 21. 11. 1989, NJW-RR 1990, 635.

steuer grundsätzlich zu ersetzen, selbst wenn der Geschädigte auf eine Ersatzbeschaffung verzichtet.[83] Anders ist es bei Vorsteuerabzugsberechtigung des Geschädigten (Vorteilsausgleichung).

1827 Ersatz seines Vorenthaltungsschadens kann der (ehemalige) Eigentümer nur nach §§ 990 II, 280 II, 992 BGB verlangen. Auch sein Anspruch auf **Nutzungen** und die **Gegenansprüche** des unredlichen Erwerbers auf Ersatz von **Verwendungen** (Reparaturen, Einbau von Ersatzteilen usw.) bestimmen sich ausschließlich nach den §§ 987 ff. BGB. Deren Sperrwirkung entfällt, soweit die Veräußerung des Fahrzeugs oder der Verbrauch der Sachsubstanz in Frage stehen (vgl. § 993 I BGB). Früchte, die auf Kosten der Sachsubstanz gezogen worden sind, soll selbst der redliche Besitzer herausgeben. Anspruchsgrundlage für diese „Übermaßfrüchte" ist § 812 I, 1 BGB. Ein Verbrauch der Sachsubstanz in diesem Sinne liegt bei einem Kraftfahrzeug nicht vor, wenn es in normalem Umfang benutzt wird.[84] Zum Verwendungsersatz bei einem gestohlenen Kfz s. OLG Celle OLGR 1995, 86 = NJW-RR 1995, 1527.

Der Schadensersatzanspruch des bisherigen Eigentümers aus §§ 989, 990 I BGB kann gekürzt werden, wenn ihn am Verlust seines Eigentums ein **Mitverschulden** trifft, vgl. OLG Celle OLGR 1995, 185 = VRS 90, 18 (Aushändigung des Fahrzeugbriefs vor Scheckeinlösung). Die §§ 989, 990 BGB scheiden als Anspruchsgrundlage aus, wenn der frühere Eigentümer „**Gehilfen**" **des Veräußerers** auf Schadensersatz in Anspruch nehmen will, z. B. den **Geschäftsführer einer GmbH**. Denn es fehlt an der erforderlichen Vindikationslage. Es bleibt die Haftung aus § 823 I BGB wegen Eigentumsverletzung.[85]

1828 Zur **Amtshaftung der Straßenverkehrsbehörde** im Zusammenhang mit der Umschreibung des Fahrzeugbriefs s. OLG Hamm NZV 1996, 450 und OLG Düsseldorf DAR 2002, 281; s. auch BGH NZV 2001, 76 (weisungswidriges Aushändigen des Briefes an einen Nichtberechtigten).

b) Beweislastfragen

1829 Derjenige, der gem. § 985 BGB Herausgabe oder nach den §§ 990, 989 BGB Schadensersatz verlangt, ist für sein Eigentum beweispflichtig.[86] Der Herausgabekläger muss ferner beweisen, dass der Beklagte zumindest bei Rechtshängigkeit Besitzer des Fahrzeugs war. Bei einer Schadensersatzklage genügt der Nachweis früheren Besitzes. Zu Gunsten des Besitzers wird vermutet, dass er der Eigentümer des Fahrzeugs ist. Diese **Vermutung** (§ 1006 I, 1 BGB) hat derjenige, der aus seinem Eigentum Rechte ableitet, zu widerlegen. Zur Darlegungslast sowie zum Beweismaß s. BGH NJW 2002, 2101. Ist dem Kläger als dem früheren Besitzer das Fahrzeug abhanden gekommen (§ 1006 I, 2 BGB), so streitet umgekehrt für diesen die Vermutung des § 1006 II BGB.[87] Sie gilt bis zum Nachweis des Eigentumsverlustes, d. h. der Beklagte muss beweisen, dass der Kläger sein Eigentum trotz des Abhandenkommens verloren hat, z. B. durch Umbau (§§ 947, 948 BGB).[88]

Beruft sich der Beklagte darauf, selbst Eigentümer des Fahrzeugs zu sein oder es als Eigentümer weiterveräußert zu haben, so braucht er nur die gewöhnlichen Erwerbsvoraussetzungen (Einigung und Übergabe bzw. Übergabeersatz) zu beweisen. Dass der Veräußerer Nichtberechtigter und der Erwerber bösgläubig war, hat der sein Eigentum geltend ma-

---

[83] OLG Hamburg 20. 2. 1986, NJW-RR 1987, 1266; vgl. auch OLG Hamm 28. 6. 1979, OLGZ 1980, 20.
[84] Vgl. OLG Hamm 17. 6. 1992, OLGR 1992, 348.
[85] Vgl. BGH 31. 3. 1971, NJW 1971, 1358; BGH 12. 3. 1996, VersR 1996, 713; OLG Koblenz 19. 12. 1996, VRS 94, 15.
[86] BGH 19. 12. 1994, NJW 1995, 1292 = BB 1995, 276.
[87] Dazu BGH 29. 5. 2000, NJW-RR 2000, 1583.
[88] BGH 19. 12. 1994, NJW 1995, 1292 = BB 1995, 276.

chende Kläger zu beweisen.[89] Zum **Bösgläubigkeitsbeweis** gehört der Nachweis derjenigen Tatsachen, aus denen sich die Kenntnis oder grob fahrlässige Unkenntnis des Erwerbers ergibt. Das bedeutet für den praktisch wichtigsten Fall der Verletzung einer Nachforschungspflicht, dass der Beweispflichtige die pflichtbegründenden Umstände und den qualifizierten Sorgfaltsverstoß zu beweisen hat. An die Beweisführungspflicht sind keine zu strengen Anforderungen zu stellen.[90]

Mitunter verteidigen sich Autokäufer mit dem Einwand, dass die wahren Eigentumsverhältnisse auch bei gehöriger Aufmerksamkeit und Anstrengung nicht aufgedeckt worden wären. Diese Einlassung ist nach Meinung des BGH unerheblich.[91] Er stellt allein darauf ab, ob die gebotenen Nachforschungen überhaupt angestellt worden sind. Allein die Tatsache der Nichterkundigung soll den Erwerber bösgläubig machen.[92] Damit wird die Verselbstständigung der Nachforschungspflicht deutlich: Selbst wenn mit Gewissheit feststeht, dass der Erwerber bei pflichtgemäßer Erkundigung keine Aufklärung erlangt hätte, führt das Unterlassen der Nachforschung zur Annahme der Bösgläubigkeit.

4. Ansprüche des Käufers in den Fällen des § 935 BGB

a) Bisherige Rechtslage

Der Käufer eines **gestohlenen Fahrzeugs** konnte **nach altem Recht** vom Verkäufer (zur Vermittlerhaftung vgl. BGH NJW 1980, 2184) wahlweise gem. §§ 440 I, II, 325 I BGB a. F. Schadensersatz wegen Nichterfüllung verlangen oder vom Vertrag zurücktreten. Die dritte Möglichkeit gem. §§ 325 I, 2, 323 BGB a. F. war praktisch belanglos. Der Kaufvertrag war nicht etwa nach § 306 BGB a. F. nichtig. Ein nur anfängliches Unvermögen zur Leistung ließ die Wirksamkeit des Vertrags unberührt. Der Schadensersatzanspruch und erst recht das Rücktrittsrecht waren von einem Verschulden des Verkäufers unabhängig. Nach h. M.[93] traf den Verkäufer eine verschuldensunabhängige Garantiehaftung. Wer ihn mit der Behauptung, das Fahrzeug sei gestohlen, auf Schadensersatz in Anspruch nahm, war für seine Behauptung beweispflichtig.[94]

1830

Gegen den Kaskoversicherer, der nach Zahlung der Diebstahlsentschädigung Herausgabe des Fahrzeugs verlangt, damit aber nicht durchdringt, hatte der Käufer eines als gestohlen gemdeldeten Fahrzeugs keinen Schadensersatzanspruch aus den §§ 823 ff. BGB.[95]

b) Die seit dem 1. 1. 2002 geltende Rechtslage

Der Verkäufer eines gestohlenen oder sonst abhanden gekommenen Fahrzeugs kann seine Eigentumsverschaffungspflicht nicht erfüllen. Die Erfüllung ist ihm (rechtlich) unmöglich, so dass der Anspruch des Käufers auf die Leistung nach § 275 I BGB ausgeschlossen ist. Die **Wirksamkeit des Vertrages** wird, wie im alten Recht, von der anfänglichen (subjektiven) Unmöglichkeit nicht in Frage gestellt (§ 311 a I BGB).

1831

aa) Schadensersatz

Zentrale Anspruchsgrundlage für die **Schadensersatzhaftung** des Verkäufers ist jetzt § 280 I BGB. Schadensersatz statt der Leistung (früher: Schadensersatz wegen Nichterfül-

1832

---

89 BGH 1. 2. 1993, WM 1993, 1203 = BB 1993, 751; BGH 5. 10. 1981, NJW 1982, 38.
90 BGH 1. 2. 1993, WM 1993, 1203 = BB 1993, 751.
91 Urt. v. 13. 4. 1994, NJW 1994, 2022; Urt. v. 11. 3. 1991, NJW 1991, 1415; vgl. auch BGH 13. 5. 1958, WM 1958, 754.
92 BGH, a. a. O. (Fn. 79).
93 Vgl. BGH 7. 5. 1997, NJW 1997, 3164 = NZV 1997, 432 m. w. N.
94 OLG Köln 25. 7. 2001, OLGR 2002, 169.
95 OLG Düsseldorf 6. 2. 1996, OLGR 1996, 252.

lung) kann der Käufer nach **§ 311 a II BGB** beanspruchen. Beide Anspruchsnormen sind unmittelbar anwendbar, also nicht über § 437 BGB. Nach altem Recht konnte der Käufer Schadensersatz wegen Nichterfüllung nur verlangen, wenn er die Sache dem Dritten oder dem Verkäufer zurückgab oder wenn sie untergegangen war (§ 440 II BGB a. F.). Damit wurde er praktisch zum „großen" Schadensersatz gezwungen. Das reformierte Schuldrecht eröffnet ihm durch § 311 a II BGB den Anspruch auf Schadensersatz statt der Leistung in beiden Varianten.

bb) Rücktritt

1833 Anstelle Schadensersatz statt der Leistung zu verlangen kann der Käufer auch vom Vertrag zurücktreten, und zwar ohne Fristsetzung. Dieses Recht ergibt sich aus § 326 V i. V. m § 323 I BGB. Die früher gem. § 327 BGB a. F. zu beachtenden Ausschlustatbestände der §§ 351 ff. BGB a. F. spielen keine Rolle mehr. Näheres zum Rücktrittsfolgenrecht unter Rn 303 ff. Der Antrag auf Rückzahlung des Kaufpreises bzw. der Anzahlung braucht nicht, jedenfalls nicht von vornherein, mit dem Angebot der Fahrzeugrückgabe Zug um Zug verbunden zu werden.[96]

c) Haftungsausschlüsse

1834 Den **gesetzlichen Haftungsausschluss** nach **§ 442 I BGB** kann der Verkäufer dem Käufer schon deswegen nicht entgegenhalten, weil das Fehlen des Eigentums keinen (Rechts-)Mangel begründet. Weiß der Käufer, dass der Verkäufer ein ihm nicht gehörendes Auto verkauft, so kann er aus dem Fehlschlagen der Übereignung grundsätzlich keine Rechte gegen den Verkäufer herleiten. Bei beiderseitiger Kenntnis ist der Vertrag sogar **nichtig** (§ 138 I BGB). Kenntnis schadet dem Käufer nicht, wenn der Verkäufer seine gesetzliche Verpflichtung zur Eigentumsverschaffung (§ 433 I,1 BGB) ausnahmsweise durch eine ausdrückliche oder stillschweigende Garantieerklärung verstärkt hat. Das ist Auslegungssache. Der Kaufvertrag ist auch dann gem. § 138 I BGB nichtig, wenn die Beteiligten in Bezug auf die Tatsachen, die die **Sittenwidrigkeit** begründen, **grob fahrlässig** gehandelt haben. Ein solcher Fall ist Gegenstand der Entscheidung des BGH vom 9. 10. 1991.[97] Der Vertreter der Käuferin hatte grob fahrlässig gehandelt, weil er naheliegende Nachforschungen hinsichtlich der Berechtigung des Verkäufers unterlassen hatte. Die Klage des Käufers auf Rückzahlung des Kaufpreises konnte somit nicht auf §§ 440, 325 BGB a. F. gestützt werden. Auch § 812 I BGB schied wegen des Rückforderungsverbots des § 817 S. 2 BGB als Anspruchsgrundlage aus. Der Verkäufer war aber nach § 826 BGB zum Schadensersatz verpflichtet. Die auf Leichtfertigkeit beruhende Unkenntnis der Käuferin von der Herkunft des Fahrzeugs ließ weder die Sittenwidrigkeit des Vorgehens des Verkäufers noch die Ursächlichkeit für den eingetretenen Schaden entfallen. Grobe Fahrlässigkeit auf Käuferseite wirkte sich auch nicht über § 254 BGB anspruchsmindernd aus. Auch das den Bereicherungsanspruch ausschließende Rückforderungsverbot des § 817 S. 2 BGB konnte den Schadensersatzanspruch aus § 826 BGB nicht zu Fall bringen.

1835 Ein **vertraglicher Ausschluss der Haftung** für die Nichterfüllung der Eigentumsverschaffungspflicht war und ist im Gebrauchtwagenhandel ungewöhnlich. Eine Klausel wie „ohne jede Gewähr" erfasst zwar ihrem Wortlaut nach auch Rechtsmängel. Doch abgesehen davon, dass es hier richtigerweise nicht um einen Rechtsmangel geht,[98] sind die geschäftsüblichen Freizeichnungsklauseln auf Sachmängel beschränkt.[99]

---

96 BGH 7. 5. 1997, NJW 1997, 3164 = NZV 1997, 432.
97 NJW 1992, 310.
98 *Knöpfle,* NJW 1991, 889.
99 Vgl. BGH 7. 5. 1997, NJW 1997, 3164 = NZV 1997, 432.

Anlage 1

Allgemeine Geschäftsbedingungen für den Verkauf von fabrikneuen Kraftfahrzeugen und Anhängern (NWVB)

(Unverbindliche Empfehlung des Zentralverbandes Deutsches Kraftfahrzeuggewerbe e. V. [ZDK], des Verbandes der Automobilindustrie e. V. [VDA] und des Verbandes der Importeure von Kraftfahrzeugen [VDIK])

– Neuwagen-Verkaufsbedingungen –
(Stand: 1/2002)

I. Vertragsabschluss/Übertragung von Rechten und Pflichten des Käufers

1. Der Käufer ist an die Bestellung höchstens bis vier Wochen, bei Nutzfahrzeugen bis sechs Wochen, sowie bei Fahrzeugen, die beim Verkäufer vorhanden sind, bis 10 Tage, bei Nutzfahrzeugen bis 2 Wochen, gebunden. Der Kaufvertrag ist abgeschlossen, wenn der Verkäufer die Annahme der Bestellung des näher bezeichneten Kaufgegenstandes innerhalb der jeweils genannten Fristen schriftlich bestätigt oder die Lieferung ausführt. Der Verkäufer ist jedoch verpflichtet, den Besteller unverzüglich zu unterrichten, wenn er die Bestellung nicht annimmt.

2. Übertragungen von Rechten und Pflichten des Käufers aus dem Kaufvertrag bedürfen der schriftlichen Zustimmung des Verkäufers.

II. Preise

(Regelungstexte entfallen)

III. Zahlung

1. Der Kaufpreis und Preise für Nebenleistungen sind bei Übergabe des Kaufgegenstandes und Aushändigung oder Übersendung der Rechnung zur Zahlung fällig.

2. Gegen Ansprüche des Verkäufers kann der Käufer nur dann aufrechnen, wenn die Gegenforderung des Käufers unbestritten ist oder ein rechtskräftiger Titel vorliegt; ein Zurückbehaltungsrecht kann er nur geltend machen, soweit es auf Ansprüchen aus dem Kaufvertrag beruht.

IV. Lieferung und Lieferverzug

1. Liefertermine und Lieferfristen, die verbindlich oder unverbindlich vereinbart werden können, sind schriftlich anzugeben. Lieferfristen beginnen mit Vertragsabschluss.

2. Der Käufer kann sechs Wochen nach Überschreiten eines unverbindlichen Liefertermins oder einer unverbindlichen Lieferfrist den Verkäufer auffordern zu liefern. Mit dem Zugang der Aufforderung kommt der Verkäufer in Verzug. Hat der Käufer Anspruch auf Ersatz eines Verzugsschadens, beschränkt sich dieser bei leichter Fahrlässigkeit des Verkäufers auf höchstens 5% des vereinbarten Kaufpreises. Will der Käufer darüber hinaus vom Vertrag zurücktreten und/oder Schadensersatz statt der Leistung verlangen, muss er dem Verkäufer nach Ablauf der 6-Wochen-Frist gemäß S. 1 eine angemessene Frist zur Lieferung setzen. Hat der Käufer Anspruch auf Schadensersatz statt der Leistung, beschränkt sich der Anspruch bei leichter Fahrlässigkeit auf höchstens 25% des vereinbarten Kaufpreises. Ist der Käufer eine juristische Person des öffentlichen Rechts, ein öffentlich-rechtliches Sondervermögen oder ein Unternehmer, der bei Abschluss des Vertrages in Ausübung seiner gewerblichen oder selbstständigen beruflichen Tätigkeit handelt, sind Schadensersatzansprüche bei leichter Fahrlässigkeit ausgeschlossen. Wird dem Verkäufer, während er in Verzug ist, die Lieferung durch Zufall unmöglich, so haftet er mit den vorstehend vereinbarten Haftungsbegrenzungen. Der Verkäufer haftet nicht, wenn der Schaden auch bei rechtzeitiger Lieferung eingetreten wäre.

Anlage 1   Allgemeine Geschäftsbedingungen; Neuwagen

3. Wird ein verbindlicher Liefertermin oder eine verbindliche Lieferfrist überschritten, kommt der Verkäufer bereits mit Überschreiten des Liefertermins oder der Lieferfrist in Verzug. Die Rechte des Käufers bestimmen sich dann nach Ziffer 2 Sätze 3 bis 6 dieses Abschnitts.

4. Höhere Gewalt oder beim Verkäufer oder dessen Lieferanten eintretende Betriebsstörungen, die den Verkäufer ohne eigenes Verschulden vorübergehend daran hindern, den Kaufgegenstand zum vereinbarten Termin oder innerhalb der vereinbarten Frist zu liefern, verändern die in Ziffern 1 bis 3 dieses Abschnitts genannten Termine und Fristen um die Dauer der durch diese Umstände bedingten Leistungsstörungen. Führen entsprechende Störungen zu einem Leistungsaufschub von mehr als vier Monaten, kann der Käufer vom Vertrag zurücktreten. Andere Rücktrittsrechte bleiben davon unberührt.

5. Konstruktions- oder Formänderungen, Abweichungen im Farbton sowie Änderungen des Lieferumfangs seitens des Herstellers bleiben während der Lieferzeit vorbehalten, sofern die Änderungen oder Abweichungen unter Berücksichtigung der Interessen des Verkäufers für den Käufer zumutbar sind. Sofern der Verkäufer oder der Hersteller zur Bezeichnung der Bestellung oder des bestellten Kaufgegenstandes Zeichen oder Nummern gebraucht, können allein daraus keine Rechte hergeleitet werden.

V. Abnahme

1. Der Käufer ist verpflichtet, den Kaufgegenstand innerhalb von 14 Tagen ab Zugang der Bereitstellungsanzeige abzunehmen. Im Falle der Nichtabnahme kann der Verkäufer von seinen gesetzlichen Rechten Gebrauch machen.

2. Verlangt der Verkäufer Schadensersatz, so beträgt dieser 15% des Kaufpreises. Der Schadensersatz ist höher oder niedriger anzusetzen, wenn der Verkäufer einen höheren oder der Käufer einen geringeren Schaden nachweist.

VI. Eigentumsvorbehalt

1. Der Kaufgegenstand bleibt bis zum Ausgleich der dem Verkäufer aufgrund des Kaufvertrages zustehenden Forderungen Eigentum des Verkäufers.

Ist der Käufer eine juristische Person des öffentlichen Rechts, ein öffentlich-rechtliches Sondervermögen oder ein Unternehmer, der bei Abschluss des Vertrages in Ausübung seiner gewerblichen oder selbstständigen beruflichen Tätigkeit handelt, bleibt der Eigentumsvorbehalt auch bestehen für Forderungen des Verkäufers gegen den Käufer aus der laufenden Geschäftsbeziehung bis zum Ausgleich von im Zusammenhang mit dem Kauf zustehenden Forderungen.

Auf Verlangen des Käufers ist der Verkäufer zum Verzicht auf den Eigentumsvorbehalt verpflichtet, wenn der Käufer sämtliche mit dem Kaufgegenstand im Zusammenhang stehende Forderungen unanfechtbar erfüllt hat und für die übrigen Forderungen aus den laufenden Geschäftsbeziehungen eine angemessene Sicherung besteht.

Während der Dauer des Eigentumsvorbehalts steht das Recht zum Besitz des Fahrzeugbriefes dem Verkäufer zu.

2. Bei Zahlungsverzug des Käufers kann der Verkäufer vom Kaufvertrag zurücktreten. Hat der Verkäufer darüber hinaus Anspruch auf Schadensersatz statt der Leistung und nimmt er den Kaufgegenstand wieder an sich, sind Verkäufer und Käufer sich darüber einig, dass der Verkäufer den gewöhnlichen Verkaufswert des Kaufgegenstandes im Zeitpunkt der Rücknahme vergütet. Auf Wunsch des Käufers, der nur unverzüglich nach Rücknahme des Kaufgegenstandes geäußert werden kann, wird nach Wahl des Käufers ein öffentlich bestellter und vereidigter Sachverständiger, z. B. der Deutschen Automobil Treuhand GmbH (DAT), den gewöhnlichen Verkaufswert ermitteln. Der Käufer trägt sämtliche Kosten der Rücknahme und Verwertung des Kaufgegenstandes. Die Verwertungskosten betragen ohne Nachweis 5 % des gewöhnlichen Verkaufswertes. Sie sind höher oder niedriger anzusetzen, wenn der Verkäufer höhere oder der Käufer niedrigere Kosten nachweist.

3. Solange der Eigentumsvorbehalt besteht, darf der Käufer über den Kaufgegenstand weder verfügen noch Dritten vertraglich eine Nutzung einräumen.

Allgemeine Geschäftsbedingungen; Neuwagen **Anlage 1**

VII. Sachmangel

1. Ansprüche des Käufers wegen Sachmängeln verjähren entsprechend den gesetzlichen Bestimmungen in zwei Jahren ab Ablieferung des Kaufgegenstandes.

Hiervon abweichend gilt für Nutzfahrzeuge eine Verjährungsfrist von einem Jahr, wenn der Käufer eine juristische Person des öffentlichen Rechts, ein öffentlich-rechtliches Sondervermögen oder ein Unternehmer ist, der bei Abschluss des Vertrages in Ausübung seiner gewerblichen oder selbstständigen beruflichen Tätigkeit handelt.

Bei arglistigem Verschweigen von Mängeln oder der Übernahme einer Garantie für die Beschaffenheit bleiben weitergehende Ansprüche unberührt.

2. Für die Abwicklung einer Mängelbeseitigung gilt folgendes:

a) Ansprüche auf Mängelbeseitigung kann der Käufer beim Verkäufer oder bei anderen, vom Hersteller/Importeur für die Betreuung des Kaufgegenstandes anerkannten Betrieben geltend machen; im letzteren Fall hat der Käufer den Verkäufer hiervon zu unterrichten. Bei mündlichen Anzeigen von Ansprüchen ist dem Käufer eine schriftliche Bestätigung über den Eingang der Anzeige auszuhändigen.

b) Wird der Kaufgegenstand wegen eines Sachmangels betriebsunfähig, hat sich der Käufer an den dem Ort des betriebsunfähigen Kaufgegenstandes nächstgelegenen, vom Hersteller/Importeur für die Betreuung des Kaufgegenstandes anerkannten dienstbereiten Betrieb zu wenden.

c) Ersetzte Teile werden Eigentum des Verkäufers.

d) Für die zur Mängelbeseitigung eingebauten Teile kann der Käufer bis zum Ablauf der Verjährungsfrist des Kaufgegenstandes Sachmängelansprüche aufgrund des Kaufvertrages geltend machen.

3. Durch Eigentumswechsel am Kaufgegenstand werden Mängelbeseitigungsansprüche nicht berührt.

VIII. Haftung

1. Hat der Verkäufer aufgrund der gesetzlichen Bestimmungen nach Maßgabe dieser Bedingungen für einen Schaden aufzukommen, der leicht fahrlässig verursacht wurde, so haftet der Verkäufer beschränkt:

Die Haftung besteht nur bei Verletzung vertragswesentlicher Pflichten und ist auf den bei Vertragsabschluss vorhersehbaren typischen Schaden begrenzt. Diese Beschränkung gilt nicht bei Verletzung von Leben, Körper und Gesundheit. Soweit der Schaden durch eine vom Käufer für den betreffenden Schadensfall abgeschlossene Versicherung (ausgenommen Summenversicherung) gedeckt ist, haftet der Verkäufer nur für etwaige damit verbundene Nachteile des Käufers, z. B. höhere Versicherungsprämien oder Zinsnachteile bis zur Schadensregulierung durch die Versicherung.

Für leicht fahrlässig durch einen Mangel des Kaufgegenstandes verursachte Schäden wird nicht gehaftet.

2. Unabhängig von einem Verschulden des Verkäufers bleibt eine etwaige Haftung des Verkäufers bei arglistigem Verschweigen des Mangels, aus der Übernahme einer Garantie oder eines Beschaffungsrisikos und nach dem Produkthaftungsgesetz unberührt.

3. Die Haftung wegen Lieferverzuges ist in Abschnitt IV abschließend geregelt.

4. Ausgeschlossen ist die persönliche Haftung der gesetzlichen Vertreter, Erfüllungsgehilfen und Betriebsangehörigen des Verkäufers für von ihnen durch leichte Fahrlässigkeit verursachte Schäden.

IX. Gerichtsstand

1. Für sämtliche gegenwärtigen und zukünftigen Ansprüche aus der Geschäftsverbindung mit Kaufleuten einschließlich Wechsel- und Scheckforderungen ist ausschließlicher Gerichtsstand der Sitz des Verkäufers.

Anlage 1   **Allgemeine Geschäftsbedingungen; Neuwagen**

2. Der gleiche Gerichtsstand gilt, wenn der Käufer keinen allgemeinen Gerichtsstand im Inland hat, nach Vertragsabschluss seinen Wohnsitz oder gewöhnlichen Aufenthaltsort aus dem Inland verlegt oder sein Wohnsitz oder gewöhnlicher Aufenthaltsort zum Zeitpunkt der Klageerhebung nicht bekannt ist. Im Übrigen gilt bei Ansprüchen des Verkäufers gegenüber dem Käufer dessen Wohnsitz als Gerichtsstand.

Anlage 2

Allgemeine Geschäftsbedingungen für das Leasing von Neufahrzeugen zur privaten Nutzung

I. Vertragsabschluss

1. Der Leasing-Nehmer ist an seinen Leasing-Antrag vier Wochen und bei Nutzfahrzeugen sechs Wochen gebunden. Der Leasing-Vertrag ist abgeschlossen, wenn der Leasing-Geber innerhalb dieser Frist die Annahme des Antrags schriftlich bestätigt. Dies gilt nicht, wenn der Leasing-Nehmer von seinem Widerrufsrecht Gebrauch macht.

2. Sämtliche Vereinbarungen sind schriftlich niederzulegen. Dies gilt auch für Nebenabreden und Zusicherungen sowie für nachträgliche Vertragsänderungen.

II. Leasing-Gegenstand

Konstruktions- oder Formänderungen des Leasing-Gegenstandes – nachstehend Fahrzeug genannt –, Abweichungen im Farbton sowie Änderungen des Lieferumfangs seitens des Herstellers bleiben während der Lieferzeit vorbehalten, sofern das Fahrzeug nicht erheblich geändert wird und die Änderungen für den Leasing-Nehmer zumutbar sind.

III. Beginn der Leasing-Zeit

Die Leasing-Zeit beginnt an dem zwischen dem Lieferanten und dem Leasing-Nehmer vereinbarten Tag der Übergabe. Falls auf Wunsch des Leasing-Nehmers das Fahrzeug vorher zugelassen wird, beginnt die Leasing-Zeit am Tag der Zulassung. Kommt keine Vereinbarung über den Übergabezeitpunkt zustande, beginnt die Leasing-Zeit 14 Tage nach Anzeige der Bereitstellung des Fahrzeuges.

IV. Leasing-Entgelte und sonstige Kosten

1. Die Leasing-Raten, eine vereinbarte Sonderzahlung und eine Mehrkilometerbelastung nach Ziffer 3 sind Gegenleistung für die Gebrauchsüberlassung des Fahrzeuges.

2. Eine vereinbarte Leasing-Sonderzahlung ist zusätzliches Entgelt neben den Leasing-Raten und dient nicht als Kaution.

3. Nur für Verträge mit Kilometer-Abrechnung: Ist bei Rückgabe des Fahrzeuges nach Ablauf der bei Vertragsabschluss vereinbarten Leasing-Zeit die festgelegte Gesamtkilometer-Laufleistung über- bzw. unterschritten, werden die gefahrenen Mehr- bzw. Minderkilometer dem Leasing-Nehmer zu dem im Leasing-Vertrag genannten Satz nachberechnet bzw. vergütet. Bei der Berechnung von Mehr- und Minderkilometern bleiben 2500 km ausgenommen.

4. Vereinbarte Nebenleistungen, wie z. B. Überführung, An- und Abmeldung des Fahrzeuges sowie Aufwendungen für Versicherung und Steuern, soweit sie nicht als Bestandteil der Leasing-Rate ausdrücklich ausgewiesen werden, sind gesondert zu bezahlen.

5. (Anpassungsregelung für Leasing-Entgelte)

6. Weitere Zahlungsverpflichtungen des Leasing-Nehmers nach diesem Vertrag (z. B. im Fall der Kündigung gemäß Abschnitt XV) bleiben unberührt.

V. Zahlung und Zahlungsverzug

1. Die erste Leasing-Rate ist fällig . . .; die weiteren Leasing-Raten sind fällig am . . . Eine Leasing-Sonderzahlung ist – soweit nicht anderes vereinbart – zu Beginn der Leasing-Zeit fällig

Anlage 2   **AGB für das Leasing von Neufahrzeugen zur privaten Nutzung**

2. Die Forderungen auf Ersatz von Überführungs-, An- und Abmeldekosten sowie der vom Leasing-Geber verauslagten Beträge, die nach dem Vertrag vom Leasing-Nehmer zu tragen sind, sind nach Anfall/Verauslagung und Rechnungsstellung fällig.

Alle weiteren Forderungen des Leasing-Gebers sind nach Rechnungsstellung fällig.

3. Zahlungsanweisungen, Schecks und Wechsel werden nur nach besonderer Vereinbarung und zahlungshalber angenommen unter Berechnung aller Einziehungs- und Diskontspesen.

4. Gegen die Ansprüche des Leasing-Gebers kann der Leasing-Nehmer nur dann aufrechnen, wenn die Gegenforderung des Leasing-Nehmers unbestritten ist oder ein rechtskräftiger Titel vorliegt: ein Zurückbehaltungsrecht kann der Leasing-Nehmer nur geltend machen, soweit es auf Ansprüchen aus dem Leasing-Vertrag beruht.

5. Kommt der Leasing-Nehmer mit Zahlungen in Verzug, werden Verzugszinsen in Höhe von 5% über dem Diskontsatz der Deutschen Bundesbank berechnet. Die Verzugszinsen sind höher oder niedriger anzusetzen, wenn der Leasing-Geber eine Belastung mit einem höheren Zinssatz oder der Leasing-Nehmer eine geringere Belastung nachweist.

VI. Lieferung und Lieferverzug

1. Liefertermine oder Lieferfristen, die verbindlich oder unverbindlich vereinbart werden können, sind schriftlich anzugeben. Lieferfristen beginnen mit Vertragsabschluss. Werden nachträgliche Vertragsänderungen vereinbart, ist erforderlichenfalls gleichzeitig ein Liefertermin oder eine Lieferfrist erneut schriftlich zu vereinbaren.

2. Der Leasing-Nehmer kann 6 Wochen nach Überschreiten eines unverbindlichen Liefertermins oder einer unverbindlichen Lieferfrist den Leasing-Geber schriftlich auffordern, binnen angemessener Frist zu liefern mit dem Hinweis, dass er die Abnahme des Fahrzeuges nach Ablauf der Frist ablehne. Mit dem Zugang der Aufforderung kommt der Leasing-Geber in Verzug. Der Leasing-Nehmer kann neben Lieferung Ersatz des Verzögerung etwa entstandenen Schadens verlangen; dieser Anspruch beschränkt sich bei leichter Fahrlässigkeit des Leasing-Gebers auf höchstens 5% des Fahrzeugpreises entsprechend der unverbindlichen Preisempfehlung/des Listenpreises (einschließlich Umsatzsteuer) des Fahrzeugherstellers zum Zeitpunkt des Vertragsabschlusses.

Nach erfolglosem Ablauf der Nachfrist ist der Leasing-Nehmer berechtigt, durch schriftliche Erklärung vom Leasing-Vertrag zurückzutreten oder Schadenersatz wegen Nichterfüllung zu verlangen: Dieser beschränkt sich bei leichter Fahrlässigkeit auf höchstens 10% des Fahrzeugpreises entsprechend der unverbindlichen Preisempfehlung/des Listenpreises des Fahrzeugherstellers zum Zeitpunkt des Vertragsabschlusses. Der Anspruch auf Lieferung ist in den Fällen dieses Absatzes ausgeschlossen. Wird dem Leasing-Geber, während er in Verzug ist, die Lieferung durch Zufall unmöglich, so haftet er gleichwohl nach Maßgabe der Absätze 1 und 2, es sei denn, dass der Schaden auch bei rechtzeitiger Lieferung eingetreten wäre.

3. Wird ein verbindlicher Liefertermin oder eine verbindliche Lieferfrist überschritten, kommt der Leasing-Geber bereits mit Überschreitung des Liefertermins oder der Lieferfrist in Verzug. Die Rechte des Leasing-Nehmers bestimmen sich dann nach Ziffer 2 Abs. 1 S. 3, Abs. 2 sowie Abs. 3 dieses Abschnittes.

4. Höhere Gewalt oder beim Leasing-Geber oder dessen Lieferanten eintretende Betriebsstörungen, z. B. durch Aufruhr, Streik, Aussperrung, die den Leasing-Geber ohne eigenes Verschulden vorübergehend daran hindern, das Fahrzeug zum vereinbarten Termin oder innerhalb der vereinbarten Frist zu liefern, verändern die in Ziffer 1 und 2 genannten Termine und Fristen um die Dauer der durch diese Umstände bedingten Leistungsstörungen.

Führt eine entsprechende Störung zu einem Leistungsaufschub von mehr als vier Monaten, kann der Leasing-Nehmer vom Vertrag zurücktreten.

AGB für das Leasing von Neufahrzeugen zur privaten Nutzung   **Anlage 2**

VII. Übernahme und Übernahmeverzug

1. Der Leasing-Nehmer hat das Recht, das Fahrzeug innerhalb von 8 Tagen nach Zugang der Bereitstellungsanzeige am vereinbarten Übernahmeort zu prüfen und eine Probefahrt über höchstens 20 km durchzuführen. Der Leasing-Nehmer ist verpflichtet, das Fahrzeug innerhalb der vorgenannten Frist zu übernehmen. Wird das Fahrzeug bei einer Probefahrt vor seiner Abnahme vom Leasing-Nehmer oder seinem Beauftragten gelenkt, so haftet der Leasing-Nehmer für dabei am Fahrzeug entstandene Schäden, wenn diese vom Fahrzeuglenker vorsätzlich oder grob fahrlässig verursacht sind.

Sind Änderungen im Sinne von Abschnitt II Ziffer 1 erheblich oder für den Leasing-Nehmer unzumutbar, kann dieser die Übernahme ablehnen. Das gleiche Recht hat der Leasing-Nehmer, wenn das angebotene Fahrzeug erhebliche Mängel aufweist, die nach Rüge während der Prüfungsfrist nicht innerhalb von 8 Tagen vollständig beseitigt werden.

2. Bleibt der Leasing-Nehmer mit der Übernahme des Fahrzeuges länger als 14 Tage ab Zugang der Bereitstellungsanzeige vorsätzlich oder grob fahrlässig im Rückstand, so kann der Leasing-Geber dem Leasing-Nehmer schriftlich eine Nachfrist von 14 Tagen setzen mit der Erklärung, dass er nach Ablauf dieser Frist eine Übergabe ablehne.

Nach erfolglosem Ablauf der Nachfrist ist der Leasing-Geber berechtigt, durch schriftliche Erklärung vom Vertrag zurückzutreten oder Schadenersatz wegen Nichterfüllung zu verlangen.

Der Setzung einer Nachfrist bedarf es nicht, wenn der Leasing-Nehmer die Abnahme ernsthaft und endgültig verweigert oder offenkundig auch innerhalb dieser Zeit zur Erfüllung seiner Zahlungsverpflichtung aus dem Leasing-Vertrag nicht imstande ist. Bei Personenkraftwagen mit nicht gängiger Ausstattung, selten verlangten Fahrzeugtypen und bei Nutzfahrzeugen bedarf es in diesen Fällen auch nicht der Bereitstellung.

Verlangt der Leasing-Geber Schadenersatz, so beträgt dieser 15% des Fahrzeugpreises entsprechend der unverbindlichen Preisempfehlung/des Listenpreises (einschließlich Umsatzsteuer) des Fahrzeugherstellers zum Zeitpunkt des Vertragsabschlusses für dieses Fahrzeug. Der Schadenbetrag ist höher oder niedriger anzusetzen, wenn der Leasing-Geber einen höheren oder der Leasing-Nehmer einen geringeren Schaden nachweist.

VIII. Eigentumsverhältnisse, Halter des Fahrzeuges und Zulassung

1. Der Leasing-Geber ist Eigentümer des Fahrzeuges. Er ist berechtigt, in Abstimmung mit dem Leasing-Nehmer das Fahrzeug zu besichtigen und auf seinen Zustand zu überprüfen. Der Leasing-Nehmer darf das Fahrzeug weder verkaufen, verpfänden, verschenken, vermieten oder verleihen, noch zur Sicherung übereignen. Zur längerfristigen Nutzung darf er das Fahrzeug nur den seinem Haushalt angehörenden Personen überlassen. Eine Verwendung zu Fahrschulzwecken, als Taxi oder zu sportlichen Zwecken bedarf der vorherigen schriftlichen Zustimmung des Leasing-Gebers.

Der Leasing-Nehmer hat das Fahrzeug von Rechten Dritter freizuhalten. Von Ansprüchen Dritter auf das Fahrzeug, Entwendung, Beschädigung und Verlust ist der Leasing-Geber vom Leasing-Nehmer unverzüglich zu benachrichtigen. Der Leasing-Nehmer trägt die Kosten für Maßnahmen zur Abwehr des Zugriffs Dritter, die nicht vom Leasing-Geber verursacht und nicht von Dritten bezahlt worden sind.

3. Nachträgliche Änderungen, zusätzliche Einbauten sowie Lackierungen und Beschriftungen an dem Fahrzeug sind nur zulässig, wenn der Leasing-Geber vorher schriftlich zugestimmt hat. Der Leasing-Nehmer ist jedoch verpflichtet, auf Verlangen des Leasing-Gebers den ursprünglichen Zustand zum Vertragsende auf eigene Kosten wiederherzustellen, es sei denn, der Leasing-Geber hat hierauf verzichtet oder der ursprüngliche Zustand kann nur mit unverhältnismäßig hohem Aufwand wiederhergestellt werden. Der Leasing-Nehmer ist berechtigt, von ihm vorgenommene Einbauten zum Vertragsende unter der Voraussetzung zu entfernen, dass der ursprüngliche Zustand wiederhergestellt wird. Änderungen und Einbauten begründen nur dann einen Anspruch auf Zahlung einer Ablösung gegen den Leasing-Geber, wenn dieser schriftlich zugestimmt hat und durch die Veränderung eine Wertsteigerung des Fahrzeuges bei Rückgabe noch vorhanden ist.

4. Der Leasing-Nehmer ist Halter des Fahrzeuges. Es wird auf ihn zugelassen. Der Fahrzeugbrief

Anlage 2   **AGB für das Leasing von Neufahrzeugen zur privaten Nutzung**

wird vom Leasing-Geber verwahrt. Benötigt der Leasing-Nehmer zur Erlangung behördlicher Genehmigungen den Fahrzeugbrief, wird dieser der Behörde auf sein Verlangen vom Leasing-Geber vorgelegt. Wird der Fahrzeugbrief dem Leasing-Nehmer von Dritten ausgehändigt, ist der Leasing-Nehmer unverzüglich zur Rückgabe an den Leasing-Geber verpflichtet.

IX. Halterpflichten

1. Der Leasing-Nehmer hat alle sich aus dem Betrieb und der Haltung des Fahrzeuges ergebenden gesetzlichen Verpflichtungen, insbesondere die termingerechte Vorführung zu Untersuchungen, zu erfüllen und den Leasing-Geber, soweit er in Anspruch genommen wird, freizustellen.

2. Der Leasing-Nehmer trägt sämtliche Aufwendungen, die mit dem Betrieb und der Haltung des Fahrzeuges verbunden sind, insbesondere Steuern, Versicherungsbeiträge, Wartungs- und Reparaturkosten. Leistet der Leasing-Geber für den Leasing-Nehmer Zahlungen, die nicht aufgrund besonderer Vereinbarungen vom Leasing-Geber zu erbringen sind, kann er beim Leasing-Nehmer Rückgriff nehmen.

3. Der Leasing-Nehmer hat dafür zu sorgen, dass das Fahrzeug nach den Vorschriften der Betriebsanleitung des Herstellers behandelt wird. Das Fahrzeug ist im Rahmen des vertraglichen Verwendungszweckes schonend zu behandeln und stets im betriebs- und verkehrssicheren Zustand zu erhalten.

X. Versicherungsschutz und Schadenabwicklung

1. Für die Leasing-Zeit hat der Leasing-Nehmer eine Kraftfahrzeug-Haftpflichtversicherung mit einer pauschalen Deckungssumme von DM ... und eine Fahrzeugvollversicherung mit einer Selbstbeteiligung von DM ... abzuschließen. Der Leasing-Nehmer ermächtigt den Leasing-Geber, für sich einen Sicherungsschein über die Fahrzeugvollversicherung zu beantragen und Auskunft über die vorgenannten Versicherungsverhältnisse einzuholen. Hat der Leasing-Nehmer nicht die erforderliche Fahrzeugvollversicherung abgeschlossen, ist der Leasing-Geber nach schriftlicher Mahnung berechtigt, aber nicht verpflichtet, eine entsprechende Versicherung als Vertreter für den Leasing-Nehmer abzuschließen.

2. Im Schadensfall hat der Leasing-Nehmer den Leasing-Geber unverzüglich zu unterrichten; bei voraussichtlichen Reparaturkosten von über DM 3.000,– hat die Unterrichtung fernmündlich vor Erteilung des Reparaturauftrags zu erfolgen, soweit dies dem Leasing-Nehmer möglich und zumutbar ist.

Der Leasing-Nehmer hat die notwendigen Reparaturarbeiten unverzüglich im eigenen Namen und auf eigene Rechnung durchführen zu lassen, es sei denn, dass wegen Schwere und Umfang der Schäden Totalschaden anzunehmen ist oder die voraussichtlichen Reparaturkosten 60% des Wiederbeschaffungswertes des Fahrzeuges übersteigen.

Der Leasing-Nehmer hat mit der Durchführung der Reparatur einen vom Hersteller anerkannten Betrieb zu beauftragen. In Notfällen können, falls die Hilfe eines vom Hersteller anerkannten Betriebes nicht oder nur unter unzumutbaren Schwierigkeiten erreichbar ist, Reparaturen in einem anderen Kfz-Reparaturbetrieb, der die Gewähr für sorgfältige handwerksmäßige Arbeit bietet, durchgeführt werden.

3. Der Leasing-Nehmer hat dem Leasing-Geber ferner unverzüglich eine Kopie der an den Versicherer gerichteten Schadenanzeige und der Rechnung über die durchgeführte Reparatur zu übersenden.

4. Der Leasing-Nehmer ist auch über das Vertragsende hinaus – vorbehaltlich eines Widerrufes durch den Leasing-Geber – ermächtigt und verpflichtet, alle fahrzeugbezogenen Ansprüche aus einem Schadenfall im eigenen Namen und auf eigene Kosten geltend zu machen. Zum Ausgleich des Fahrzeugschadens erlangte Beträge hat der Leasing-Nehmer im Reparaturfall zur Begleichung der Reparaturrechnung zu verwenden. Ist der Leasing-Nehmer gemäß Ziffer 3 Absatz 1 nicht zur Reparatur des Fahrzeuges verpflichtet, hat er die erlangten Entschädigungsleistungen an den Leasing-Geber abzuführen. Diese werden im Rahmen der Abrechnung gemäß Abschnitt XV berücksichtigt.

5. Entschädigungsleistungen für Wertminderung sind in jedem Fall an den Leasing-Geber weiterzuleiten.

AGB für das Leasing von Neufahrzeugen zur privaten Nutzung   **Anlage 2**

Bei Verträgen mit Gebrauchtwagenabrechnung rechnet der Leasing-Geber erhaltene Wertminderungsbeträge dem aus dem Verkauf des Fahrzeuges erzielten Verkaufserlös (ohne Umsatzsteuer) am Vertragsende zu. Bei Verträgen mit Kilometerabrechnung kann der Leasing-Geber vom Leasing-Nehmer am Vertragsende eine dann noch bestehende schadenbedingte Wertminderung des Fahrzeuges ersetzt verlangen, soweit der Leasing-Geber nicht schon im Rahmen der Schadenabwicklung eine Wertminderungsentschädigung erhalten hat.

6. Bei Totalschaden oder Verlust des Fahrzeuges kann jeder Vertragspartner den Leasing-Vertrag zum Ende eines Vertragsmonats/alternativ: zum Zeitpunkt der Fälligkeit einer Leasing-Rate/kündigen.

Bei schadenbedingten Reparaturkosten von mehr als 60% des Wiederbeschaffungswertes des Fahrzeuges kann der Leasing-Nehmer innerhalb von 3 Wochen nach Kenntnis dieser Voraussetzungen zum Ende eines Vertragsmonats / alternativ: zum Zeitpunkt der Fälligkeit einer Leasing-Rate / kündigen. Macht der Leasing-Nehmer von diesem Kündigungsrecht keinen Gebrauch, hat er das Fahrzeug gemäß Ziffer 3, 1. Halbsatz unverzüglich reparieren zu lassen.

Kündigt der Leasing-Nehmer, ist er berechtigt, bereits vor Vertragsende das Fahrzeug an den ausliefernden Händler zurückzugeben.

Wird im Falle der Entwendung das Fahrzeug vor dem Eintritt der Leistungsverpflichtung des Versicherers wieder aufgefunden, setzt sich der Leasing-Vertrag auf Verlangen eines der Vertragspartner zu den bisherigen Bedingungen fort. In diesem Fall hat der Leasing-Nehmer die zwischenzeitlichen Leasing-Raten in einer Summe innerhalb einer Woche ab Geltendmachung des Fortsetzungsverlangens nachzuzahlen.

Totalschaden, Verlust oder Beschädigung des Fahrzeuges entbinden nur dann von der Verpflichtung zur Zahlung weiterer Leasing-Raten, wenn der Leasing-Vertrag wirksam nach Absätzen 1 oder 2 gekündigt ist und nicht gemäß Absatz 3 fortgesetzt wird.

Die Folgen einer Kündigung nach Absätzen 1 oder 2 sind in Abschnitt XV geregelt.

XI. Haftung

1. Für Untergang, Verlust, Beschädigung und Wertminderung des Fahrzeuges und seiner Ausstattung haftet der Leasing-Nehmer dem Leasing-Geber auch ohne Verschulden, jedoch nicht bei Verschulden des Leasing-Gebers.

2. Für unmittelbare und mittelbare Schäden, die dem Leasing-Nehmer oder anderen Personen durch den Gebrauch des Fahrzeuges, Gebrauchsunterbrechung oder -entzug entstehen, haftet der Leasing-Geber dem Leasing-Nehmer nur bei Verschulden; eine etwaige Ersatzhaftung des Leasing-Gebers für den Hersteller/Importeur nach dem Produkthaftungsgesetz bleibt unberührt.

XII. Wartung und Reparaturen

Fällige Wartungsarbeiten hat der Leasing-Nehmer pünktlich, erforderliche Reparaturen unverzüglich ausführen zu lassen. Das gilt auch für Schäden an der Kilometer-Anzeige. In diesem Fall hat der Leasing-Nehmer dem Leasing-Geber eine Kopie der Reparaturrechnung mit dem Vermerk des alten Kilometerstandes einzureichen.

In Notfällen können, falls die Hilfe eines vom Hersteller anerkannten Betriebes nicht oder nur unter unzumutbaren Schwierigkeiten erreichbar ist, Reparaturen in einem anderen Kfz-Reparaturbetrieb, der die Gewähr für sorgfältige handwerksmäßige Arbeit bietet, durchgeführt werden.

XIII. Gewährleistung

1. Der Leasing-Geber tritt sämtliche Ansprüche auf Gewährleistung aus dem Kaufvertrag über das Fahrzeug sowie etwaige zusätzliche Garantieansprüche gegen den Hersteller/Importeur an den Leasing-Nehmer ab. Inhalt und Umfang sind im Anschluss an diese Leasing-Bedingungen abgedruckt.

Anlage 2 **AGB für das Leasing von Neufahrzeugen zur privaten Nutzung**

Der Leasing-Nehmer nimmt die Abtretung an und verpflichtet sich, diese Ansprüche im eigenen Namen mit der Maßgabe geltend zu machen, dass bei Rückgängigmachung des Kaufvertrages (Wandlung) oder Herabsetzung des Kaufpreises (Minderung) etwaige Zahlungen des Gewährleistungs- oder Garantieverpflichteten direkt an den Leasing-Geber zu leisten sind.

Gegen den Leasing-Geber stehen dem Leasing-Nehmer Gewährleistungsansprüche nicht zu.

2. Bleibt der erste Nachbesserungsversuch erfolglos, wird der Leasing-Geber den Leasing-Nehmer nach schriftlicher Aufforderung bei der Durchsetzung seines Nachbesserungsanspruches unterstützen.

3. Schlägt die Nachbesserung fehl und verlangt der Leasing-Nehmer deshalb Wandlung oder Minderung, hat er den Leasing-Geber über die Geltendmachung seines Anspruches unverzüglich schriftlich in Kenntnis zu setzen.

4. Erklärt sich der Gewährleistungsverpflichtete bei fehlgeschlagener Nachbesserung mit der Wandlung einverstanden oder wird er rechtskräftig zur Wandlung verurteilt, entfällt die Verpflichtung des Leasing-Nehmers zur Zahlung von Leasing-Raten.

Erklärt sich der Gewährleistungsverpflichtete mit der Wandlung nicht einverstanden, ist der Leasing-Nehmer ab Erklärung der Wandlung zur Zurückbehaltung der Leasing-Raten berechtigt, wenn er unverzüglich – spätestens jedoch innerhalb von sechs Wochen nach Erklärung der Wandlung – die Wandlungsklage erhebt, es sei denn, dass sich der Leasing-Nehmer mit dem Leasing-Geber über eine etwaige Veränderung der Klagefrist vorher verständigt hat. Erhebt der Leasing-Nehmer nicht fristgerecht Klage, ist er erst ab dem Tag der Klageerhebung zur Zurückbehaltung der Leasing-Raten berechtigt.

Das Zurückbehaltungsrecht entfällt rückwirkend, wenn die Wandlungsklage des Leasing-Nehmers erfolglos bleibt. Die zurückbehaltenen Leasing-Raten sind unverzüglich in einem Betrag nachzuzahlen. Der Leasing-Nehmer hat dem Leasing-Geber den durch die Zurückbehaltung der Leasing-Raten entstandenen Verzugsschaden zu ersetzen.

5. Nach Wandlung wird der Leasing-Vertrag wie folgt abgerechnet:

Die Forderung des Leasing-Nehmers umfasst die gezahlten Leasing-Raten und eine etwaige Leasing-Sonderzahlung, jeweils zuzüglich Zinsen in gesetzlicher Höhe, sowie etwaige vom Gewährleistungsverpflichteten erstattete Nebenkosten.

Von dieser Forderung werden die Aufwendungen des Leasing-Gebers für etwaige im Leasing-Vertrag zusätzlich eingeschlossene Dienstleistungen sowie ein Ausgleich für die Zurverfügungstellung des Fahrzeuges und den ersparten Kapitaleinsatz beim Leasing-Nehmer abgesetzt. Darüber hinaus bleibt die Geltendmachung eines Anspruches gemäß Abschnitt XVI Ziffer 3 unberührt, soweit der geringere Wert nicht auf dem gewährleistungspflichtigen Mangel beruht.

6. Hat im Fall der Minderung der Gewährleistungsverpflichtete einen Teil des Kaufpreises an den Leasing-Geber zurückgezahlt, berechnet der Leasing-Geber auf der Grundlage des herabgesetzten Kaufpreises die noch ausstehenden Leasing-Raten – unter Berücksichtigung der bereits gezahlten Leasing-Entgelte – und den Restwert neu.

7. Das Risiko einer Zahlungsunfähigkeit des Gewährleistungsverpflichteten trägt der Leasing-Geber.

XIV. Kündigung

1. Der Leasing-Vertrag ist während der vereinbarten Leasing-Zeit nicht durch ordentliche Kündigung auflösbar. Unberührt bleiben die Kündigungsrechte nach Ziffer 2 und 3 sowie nach Abschnitt X Ziffer 6 (bei Totalschaden, Verlust oder Beschädigung).

Alternativfassung:

1. Der Leasing-Nehmer kann den Leasing-Vertrag vor Ablauf der vereinbarten Vertragszeit mit einer Frist von 1 Monat zum Ende des Vertragsmonats kündigen, frühestens jedoch ... Monate nach Vertragsbeginn. Unberührt bleiben die Kündigungsrechte nach Ziffer 2 und 3 sowie nach Abschnitt X Ziffer 6 (bei Totalschaden, Verlust oder Beschädigung).

AGB für das Leasing von Neufahrzeugen zur privaten Nutzung   **Anlage 2**

2. Jeder Vertragspartner kann den Vertrag aus wichtigem Grund fristlos kündigen.

Der Leasing-Geber kann insbesondere dann fristlos kündigen, wenn der Leasing-Nehmer

- seine Zahlungen einstellt, als Schuldner einen außergerichtlichen Vergleich anbietet, Wechsel und Schecks mangels Deckung zu Protest gehen lässt, ein Vergleichs- oder Konkursverfahren beantragt oder ein solches Verfahren über sein Vermögen eröffnet wird;
- bei Vertragsabschluss unrichtige Angaben gemacht oder Tatsachen verschwiegen hat und deshalb dem Leasing-Geber die Fortsetzung des Vertrages nicht zuzumuten ist;
- trotz schriftlicher Abmahnung schwerwiegende Verletzungen des Vertrages nicht unterlässt oder bereits eingetretene Folgen solcher Vertragsverletzung nicht unverzüglich beseitigt.

3. Stirbt der Leasing-Nehmer, können seine Erben oder der Leasing-Geber das Vertragsverhältnis zum Ende eines Vertragsmonats/alternativ: zum Zeitpunkt der Fälligkeit einer Leasing-Rate/kündigen.

4. Die Folgen einer Kündigung sind in Abschnitt XV geregelt.

XV. Abrechnung nach Kündigung

XVI. Rückgabe des Fahrzeuges

1. Nach Beendigung des Leasing-Vertrags ist das Fahrzeug mit Schlüsseln und allen überlassenen Unterlagen (z. B. Fahrzeugschein, Kundendiensheft, Ausweise) vom Leasing-Nehmer auf seine Kosten und Gefahr unverzüglich dem ausliefernden Händler zurückzugeben. Gibt der Leasing-Nehmer Schlüssel oder Unterlagen nicht zurück, hat er die Kosten der Ersatzbeschaffung sowie einen sich daraus ergebenden weiteren Schaden zu ersetzen.

2. Bei Rückgabe muss das Fahrzeug in einem dem Alter und der vertragsgemäßen Fahrleistung entsprechenden Erhaltungszustand, frei von Schäden sowie verkehrs- und betriebssicher sein. Normale Verschleißspuren gelten nicht als Schaden. Über den Zustand wird bei Rückgabe ein gemeinsames Protokoll angefertigt und von beiden Vertragspartnern oder ihren Bevollmächtigten unterzeichnet.

3. Bei Rückgabe des Fahrzeuges nach Ablauf der bei Vertragsabschluss vereinbarten Leasing-Zeit gilt folgende Regelung:

Entspricht das Fahrzeug bei Verträgen mit Kilometerabrechnung nicht dem Zustand gemäß Ziffer 2 Absatz 1 und ist das Fahrzeug hierdurch im Wert gemindert, ist der Leasing-Nehmer zum Ausgleich dieses Minderwertes zuzüglich Umsatzsteuer verpflichtet. Eine schadenbedingte Wertminderung (Abschnitt X Ziffer 5) bleibt dabei außer Betracht, soweit der Leasing-Geber hierfür bereits eine Entschädigung erhalten hat.

Können sich die Vertragspartner über einen vom Leasing-Nehmer auszugleichenden Minderwert oder – bei Verträgen mit Gebrauchtwagenabrechnung – über den Wert des Fahrzeuges (Händlereinkaufspreis) nicht einigen, werden Minderwert bzw. Wert des Fahrzeuges auf Veranlassung des Leasing-Gebers mit Zustimmung des Leasing-Nehmers durch einen öffentlich bestellten und vereidigten Sachverständigen oder ein unabhängiges Sachverständigenunternehmen ermittelt. Die Kosten tragen die Vertragspartner je zur Hälfte. Durch das Sachverständigengutachten wird der Rechtsweg nicht ausgeschlossen. Kann bei einem Vertrag mit Gebrauchtwagenabrechnung keine Einigung über den Wert des Fahrzeuges erzielt werden, wird dem Leasing-Nehmer die Möglichkeit eingeräumt, innerhalb von zwei Wochen ab Zugang des Sachverständigengutachtens einen Kaufinteressenten zu benennen, der innerhalb dieser Frist das Fahrzeug zu einem über dem Schätzwert zzgl. MWSt. liegenden Kaufpreis bar bezahlt und abnimmt. Bis zum Abschluss des Kaufvertrages bleibt es dem Leasing-Geber unbenommen, das Fahrzeug zu einem höheren als dem vom Kaufinteressenten gebotenen Kaufpreis anderweitig zu veräußern.

4. Wird das Fahrzeug nicht termingemäß zurückgegeben, werden dem Leasing-Nehmer für jeden überschrittenen Tag als Grundbetrag 1/30 der für die Vertragszeit vereinbarten monatlichen Leasing-Rate und die durch die Rückgabeverzögerung verursachten Kosten berechnet.

Anlage 2   **AGB für das Leasing von Neufahrzeugen zur privaten Nutzung**

Im Übrigen gelten während dieser Zeit die Pflichten des Leasing-Nehmers aus diesem Vertrag sinngemäß fort.

5. Ein Erwerb des Fahrzeuges vom Leasing-Geber durch den Leasing-Nehmer nach Vertragsablauf ist ausgeschlossen.

XVII. Allgemeine Bestimmungen

1. Gerichtsstand ist das für ... zuständige Gericht, soweit der Leasing-Nehmer und/oder ein Mitschuldner nach Vertragsabschluss seinen Wohnsitz oder gewöhnlichen Aufenthaltsort aus dem Inland verlegt oder sein Wohnsitz oder gewöhnlicher Aufenthaltsort zum Zeitpunkt der Klageerhebung nicht bekannt ist.

2. Der Leasing-Nehmer hat einen Wohnsitzwechsel dem Leasing-Geber unverzüglich anzuzeigen.

3. Ansprüche und sonstige Rechte aus dem Leasing-Vertrag können nur mit vorheriger schriftlicher Zustimmung des Leasing-Gebers abgetreten werden.

Anlage 3

Leasingerlass des Bundesministers der Finanzen
vom 22. 12. 1975 – IVB2 – S

Betr.: Steuerrechtliche Zurechnung des Leasing-Gegenstandes beim Leasing-Geber.

Unter Bezugnahme auf das Ergebnis der Erörterung mit den obersten Finanzbehörden der Länder hat der Bundesminister der Finanzen zu einem Schreiben des Deutschen Leasing-Verbandes vom 24. 7. 1975 wie folgt Stellung genommen:

1. Gemeinsames Merkmal der in dem Schreiben des Deutschen Leasing-Verbandes dargestellten Vertragsmodelle ist, dass eine unkündbare Grundmietzeit vereinbart wird, die mehr als 40%, jedoch nicht mehr als 90% der betriebsgewöhnlichen Nutzungsdauer des Leasing-Gegenstandes beträgt und dass die Anschaffungs- oder Herstellungskosten des Leasing-Gebers sowie alle Nebenkosten einschließlich der Finanzierungskosten des Leasing-Gebers in der Grundmietzeit durch die Leasing-Raten nur zum Teil gedeckt werden. Da mithin Finanzierungs-Leasing im Sinne des BdF-Schreibens über die ertragssteuerrechtliche Behandlung von Leasing-Verträgen über bewegliche Wirtschaftsgüter vom 19. 4. 1971 (BStBl. I S. 264) nicht vorliegt, ist die Frage, wem der Leasing-Gegenstand zuzurechnen ist, nach den allgemeinen Grundsätzen zu entscheiden.

2. Die Prüfung der Zurechnungsfrage hat Folgendes ergeben:

a) Vertragsmodell mit Andienungsrecht des Leasing-Gebers, jedoch ohne Optionsrecht des Leasing-Nehmers

Bei diesem Vertragsmodell hat der Leasing-Geber ein Andienungsrecht. Danach ist der Leasing-Nehmer, sofern ein Verlängerungsvertrag nicht zustande kommt, auf Verlangen des Leasing-Gebers verpflichtet, den Leasing-Gegenstand zu einem Preis zu kaufen, der bereits bei Abschluss des Leasing-Vertrages fest vereinbart wird. Der Leasing-Nehmer hat kein Recht, den Leasing-Gegenstand zu erwerben.

Der Leasing-Nehmer trägt bei dieser Vertragsgestaltung das Risiko der Wertminderung, weil er auf Verlangen des Leasing-Gebers den Leasing-Gegenstand auch dann zum vereinbarten Preis kaufen muss, wenn der Wiederbeschaffungspreis für ein gleichwertiges Wirtschaftsgut geringer als der vereinbarte Preis ist. Der Leasing-Geber hat jedoch die Chance der Wertsteigerung, weil er sein Andienungsrecht nicht ausüben muss, sondern das Wirtschaftsgut zu einem über dem Andienungspreis liegenden Preis verkaufen kann, wenn ein über dem Andienungspreis liegender Preis am Markt erzielt werden kann.

Der Leasing-Nehmer kann unter diesen Umständen nicht als wirtschaftlicher Eigentümer des Leasing-Gegenstandes angesehen werden.

b) Vertragsmodell mit Aufteilung des Mehrerlöses

Nach Ablauf der Grundmietzeit wird der Leasing-Gegenstand durch den Leasing-Geber veräußert. Ist der Veräußerungserlös niedriger als die Differenz zwischen den Gesamtkosten des Leasing-Gebers und den in der Grundmietzeit entrichteten Leasing-Raten (Restamortisation), so muss der Leasing-Nehmer eine Abschlusszahlung in Höhe der Differenz zwischen Restamortisation und Veräußerungserlös zahlen. Ist der Veräußerungserlös hingegen höher als die Restamortisation, so erhält der Leasing-Geber 25%, der Leasing-Nehmer 75% des die Restamortisation übersteigenden Teils des Veräußerungserlöses.

Durch die Vereinbarung, dass der Leasing-Geber 25% des die Restamortisation übersteigenden Teils des Veräußerungserlöses erhält, wird bewirkt, dass der Leasing-Geber noch in einem wirtschaftlich ins Gewicht fallenden Umfang an etwaigen Wertsteigerungen des Leasing-Gegenstandes beteiligt ist. Der Leasing-Gegenstand ist daher dem Leasing-Geber zuzurechnen.

Anlage 3   **Leasingerlass des Bundesministers der Finanzen**

Eine ins Gewicht fallende Beteiligung des Leasing-Gebers an Wertsteigerungen des Leasing-Gegenstandes ist hingegen nicht mehr gegeben, wenn der Leasing-Geber weniger als 25% des die Restamortisation übersteigenden Teils des Veräußerungserlöses erhält. Der Leasing-Gegenstand ist in solchen Fällen dem Leasing-Nehmer zuzurechnen.

c) Kündbarer Mietvertrag mit Anrechnung des Veräußerungserlöses auf die vom Leasing-Nehmer zu leistende Schlusszahlung

Der Leasing-Nehmer kann den Leasing-Vertrag frühestens nach Ablauf einer Grundmietzeit, die 40% der betriebsgewöhnlichen Nutzungsdauer beträgt, kündigen. Bei Kündigung ist eine Abschlusszahlung in Höhe durch die Leasing-Raten nicht gedeckten Gesamtkosten des Leasing-Gebers zu entrichten. Auf die Abschlusszahlung werden 90% des vom Leasing-Geber erzielten Veräußerungserlöses angerechnet. Ist der anzurechnende Teil des Veräußerungserlöses zuzüglich der vom Leasing-Nehmer bis zur Veräußerung entrichteten Leasing-Raten niedriger als die Gesamtkosten des Leasing-Gebers, so muss der Leasing-Nehmer in Höhe der Differenz eine Abschlusszahlung leisten. Ist jedoch der Veräußerungserlös höher als die Differenz zwischen den Gesamtkosten des Leasing-Gebers und den bis zur Veräußerung entrichteten Leasing-Raten, so behält der Leasing-Geber diesen Differenzbetrag in vollem Umfang.

Bei diesem Vertragsmodell kommt eine während der Mietzeit eingetretene Wertsteigerung in vollem Umfang dem Leasing-Geber zugute. Der Leasing-Geber ist daher nicht nur rechtlicher, sondern auch wirtschaftlicher Eigentümer des Leasing-Gegenstandes.

Die vorstehenden Ausführungen gelten nur grundsätzlich, d. h. nur insoweit, wie besondere Regelungen in Einzelverträgen nicht zu einer anderen Beurteilung zwingen.

Anlage 4

Allgemeine Geschäftsbedingungen für den Verkauf gebrauchter Kraftfahrzeuge und Anhänger (GWVB)

(Unverbindliche Empfehlung des Zentralverbandes Deutsches Kraftfahrzeuggewerbe e. V. [ZDK])

– Gebrauchtwagen-Verkaufsbedingungen –

Stand: 1/2002

I. Vertragsabschluss/Übertragung von Rechten und Pflichten des Käufers

1. Der Käufer ist an die Bestellung höchstens bis zehn Tage, bei Nutzfahrzeugen bis zwei Wochen gebunden. Der Kaufvertrag ist abgeschlossen, wenn der Verkäufer die Annahme der Bestellung des näher bezeichneten Kaufgegenstandes innerhalb der jeweils genannten Fristen schriftlich bestätigt oder die Lieferung ausführt. Der Verkäufer ist jedoch verpflichtet, den Besteller unverzüglich zu unterrichten, wenn er die Bestellung nicht annimmt.

2. Übertragungen von Rechten und Pflichten des Käufers aus dem Kaufvertrag bedürfen der schriftlichen Zustimmung des Verkäufers.

II. Zahlung

1. Der Kaufpreis und Preise für Nebenleistungen sind bei Übergabe des Kaufgegenstandes und Aushändigung oder Übersendung der Rechnung zur Zahlung fällig.

2. Gegen Ansprüche des Verkäufers kann der Käufer nur dann aufrechnen, wenn die Gegenforderung des Käufers unbestritten ist oder ein rechtskräftiger Titel vorliegt; ein Zurückbehaltungsrecht kann er nur geltend machen, soweit es auf Ansprüchen aus dem Kaufvertrag beruht.

III. Lieferung und Lieferverzug

1. Liefertermine und Lieferfristen, die verbindlich oder unverbindlich vereinbart werden können, sind schriftlich anzugeben. Lieferfristen beginnen mit Vertragsabschluss.

2. Der Käufer kann zehn Tage, bei Nutzfahrzeugen 2 Wochen, nach Überschreiten eines unverbindlichen Liefertermins oder einer unverbindlichen Lieferfrist den Verkäufer auffordern zu liefern. Mit dem Zugang der Aufforderung kommt der Verkäufer in Verzug. Hat der Käufer Anspruch auf Ersatz eines Verzugsschadens, beschränkt sich dieser bei leichter Fahrlässigkeit des Verkäufers auf höchstens 5% des vereinbarten Kaufpreises. Will der Käufer darüber hinaus vom Vertrag zurücktreten und/oder Schadensersatz statt der Leistung verlangen, muss er dem Verkäufer nach Ablauf der Zehn-Tages-Frist gemäß S. 1 eine angemessene Frist zur Lieferung setzen. Hat der Käufer Anspruch auf Schadensersatz statt der Leistung, beschränkt sich der Anspruch bei leichter Fahrlässigkeit auf höchstens 10% des vereinbarten Kaufpreises. Ist der Käufer eine juristische Person des öffentlichen Rechts, ein öffentlich-rechtliches Sondervermögen oder ein Unternehmer, der bei Abschluss des Vertrages in Ausübung seiner gewerblichen oder selbstständigen beruflichen Tätigkeit handelt, sind Schadensersatzansprüche bei leichter Fahrlässigkeit ausgeschlossen. Wird dem Verkäufer, während er in Verzug ist, die Lieferung durch Zufall unmöglich, so haftet er mit den vorstehend vereinbarten Haftungsbegrenzungen. Der Verkäufer haftet nicht, wenn der Schaden auch bei rechtzeitiger Lieferung eingetreten wäre.

3. Wird ein verbindlicher Liefertermin oder eine verbindliche Lieferfrist überschritten, kommt der Verkäufer bereits mit Überschreiten des Liefertermins oder der Lieferfrist in Verzug. Die Rechte des Käufers bestimmen sich dann nach Ziffer 2 Sätze 3 bis 6 dieses Abschnitts.

4. Höhere Gewalt oder beim Verkäufer oder dessen Lieferanten eintretende Betriebsstörungen die den Verkäufer ohne eigenes Verschulden vorübergehend daran hindern, den Kaufgegenstand zum vereinbarten Termin oder innerhalb der vereinbarten Frist zu liefern, verändern die in Ziffern 1 bis 3 dieses

Abschnitts genannten Termine und Fristen um die Dauer der durch diese Umstände bedingten Leistungsstörungen. Führen entsprechende Störungen zu einem Leistungsaufschub von mehr als vier Monaten, kann der Käufer vom Vertrag zurücktreten. Andere Rücktrittsrechte bleiben davon unberührt.

IV. Abnahme

1. Der Käufer ist verpflichtet, den Kaufgegenstand innerhalb von 8 Tagen ab Zugang der Bereitstellungsanzeige abzunehmen. Im Falle der Nichtabnahme kann der Verkäufer von seinen gesetzlichen Rechten Gebrauch machen.

2. Verlangt der Verkäufer Schadensersatz, so beträgt dieser 10% des Kaufpreises. Der Schadenersatz ist höher oder niedriger anzusetzen, wenn der Verkäufer einen höheren oder der Käufer einen geringeren Schaden nachweist.

V. Eigentumsvorbehalt

1. Der Kaufgegenstand bleibt bis zum Ausgleich der dem Verkäufer aufgrund des Kaufvertrages zustehenden Forderungen Eigentum des Verkäufers.

Ist der Käufer eine juristische Person des öffentlichen Rechts, ein öffentlich-rechtliches Sondervermögen oder ein Unternehmer, der bei Abschluss des Vertrages in Ausübung seiner gewerblichen oder selbstständigen beruflichen Tätigkeit handelt, bleibt der Eigentumsvorbehalt auch bestehen für Forderungen des Verkäufers gegen den Käufer aus der laufenden Geschäftsbeziehung bis zum Ausgleich von im Zusammenhang mit dem Kauf zustehenden Forderungen.

Auf Verlangen des Käufers ist der Verkäufer zum Verzicht auf den Eigentumsvorbehalt verpflichtet, wenn der Käufer sämtliche mit dem Kaufgegenstand im Zusammenhang stehenden Forderungen unanfechtbar erfüllt hat und für die übrigen Forderungen aus den laufenden Geschäftsbeziehungen eine angemessene Sicherung besteht.

Während der Dauer des Eigentumsvorbehalts steht das Recht zum Besitz des Fahrzeugbriefes dem Verkäufer zu.

2. Bei Zahlungsverzug des Käufers kann der Verkäufer vom Kaufvertrag zurücktreten.

3. Solange der Eigentumsvorbehalt besteht, darf der Käufer über den Kaufgegenstand weder verfügen noch Dritten vertraglich eine Nutzung einräumen.

VI. Sachmangel

1. Ansprüche des Käufers wegen Sachmängeln verjähren in einem Jahr ab Ablieferung des Kaufgegenstandes an den Kunden.

Hiervon abweichend erfolgt der Verkauf von Nutzfahrzeugen unter Ausschluss jeglicher Sachmängelhaftung, wenn der Käufer eine juristische Person des öffentlichen Rechts, ein öffentlich-rechtliches Sondervermögen oder ein Unternehmer ist, der bei Abschluss des Vertrages in Ausübung seiner gewerblichen oder selbstständigen beruflichen Tätigkeit handelt.

Bei arglistigem Verschweigen von Mängeln oder der Übernahme einer Garantie für die Beschaffenheit bleiben weitergehende Ansprüche unberührt.

2. Für die Abwicklung der Mängelbeseitigung gilt folgendes:

a) Ansprüche auf Mängelbeseitigung hat der Käufer beim Verkäufer geltend zu machen. Bei mündlichen Anzeigen von Ansprüchen ist dem Käufer eine schriftliche Bestätigung über den Eingang der Anzeige auszuhändigen.

b) Wird der Kaufgegenstand wegen eines Sachmangels betriebsunfähig, kann sich der Käufer mit Zustimmung der Verkäufers an den dem Ort des betriebsunfähigen Kaufgegenstandes nächstgelegenen dienstbereiten Kfz-Meisterbetrieb wenden, wenn sich der Ort des betriebsunfähigen Kaufgegenstandes mehr als 50 km vom Verkäufer entfern befindet.

Allgemeine Geschäftsbedingungen; Gebrauchtfahrzeuge Anlage 4

c) Ersetzte Teile werden Eigentum des Verkäufers.

d) Für die zur Mängelbeseitigung eingebauten Teile kann der Käufer bis zum Ablauf der Verjährungsfrist des Kaufgegenstandes Sachmängelansprüche aufgrund des Kaufvertrages geltend machen.

VII. Haftung

1. Hat der Verkäufer aufgrund der gesetzlichen Bestimmungen nach Maßgabe dieser Bedingungen für einen Schaden aufzukommen, der leicht fahrlässig verursacht wurde, so haftet der Verkäufer beschränkt:

Die Haftung besteht nur bei Verletzung vertragswesentlicher Pflichten und ist auf den bei Vertragsabschluss vorhersehbaren typischen Schaden begrenzt. Diese Beschränkung gilt nicht bei Verletzung von Leben, Körper und Gesundheit. Soweit der Schaden durch eine vom Käufer für den betreffenden Schadenfall abgeschlossene Versicherung (ausgenommen Summenversicherung) gedeckt ist, haftet der Verkäufer nur für etwaige damit verbundene Nachteile des Käufers, z. B. höhere Versicherungsprämien oder Zinsnachteile bis zur Schadenregulierung durch die Versicherung.

2. Unabhängig von einem Verschulden des Verkäufers bleibt eine etwaige Haftung des Verkäufers bei arglistigem Verschweigen des Mangels, aus der Übernahme einer Garantie oder eines Beschaffungsrisikos und nach dem Produkthaftungsgesetz unberührt.

3. Die Haftung wegen Lieferverzuges ist in Abschnitt III abschließend geregelt.

4. Ausgeschlossen ist die persönliche Haftung der gesetzlichen Vertreter, Erfüllungsgehilfen und Betriegsangehörigen des Verkäufers für von ihnen durch leichte Fahrlässigkeit verursachte Schäden.

VIII. Schiedsgutachterverfahren

(Gilt nur für gebrauchte Fahrzeuge mit einem zulässigen Gesamtgewicht von nicht mehr als 3,5 t)

1. Führt der Kfz-Betrieb das Zeichen „Meisterbetrieb der Kfz-Innung", können die Parteien bei Streitigkeiten aus dem Kaufvertrag – mit Ausnahme über den Kaufpreis – die für den Sitz des Verkäufers zuständige Schiedsstelle für das Kfz-Gewerbe oder den Gebrauchtwagenhandel anrufen. Die Anrufung muss schriftlich und unverzüglich nach Kenntnis des Streitpunktes, spätestens vor Ablauf von 13 Monaten seit Ablieferung des Kaufgegenstandes, erfolgen.

2. Durch die Entscheidung der Schiedsstelle wird der Rechtsweg nicht ausgeschlossen.

3. Durch die Anrufung der Schiedsstelle ist die Verjährung für die Dauer des Verfahrens gehemmt.

4. Das Verfahren vor der Schiedsstelle richtet sich nach deren Geschäfts- und Verfahrensordnung, die den Parteien auf Verlangen von der Schiedsstelle ausgehändigt wird.

5. Die Anrufung der Schiedsstelle ist ausgeschlossen, wenn bereits der Rechtsweg beschritten ist. Wird der Rechtsweg während eines Schiedsstellenverfahrens beschritten, stellt die Schiedsstelle ihre Tätigkeit ein.

6. Das Schiedsstellenverfahren ist für den Auftraggeber kostenlos.

IX. Gerichtsstand

1. Für sämtliche gegenwärtigen und zukünftigen Ansprüche aus der Geschäftsverbindung mit Kaufleuten einschließlich Wechsel- und Scheckforderungen ist ausschließlicher Gerichtsstand der Sitz des Verkäufers.

2. Der gleiche Gerichtsstand gilt, wenn der Käufer keinen allgemeinen Gerichtsstand im Inland hat, nach Vertragsabschluss seinen Wohnsitz oder gewöhnlichen Aufenthaltsort aus dem Inland verlegt oder sein Wohnsitz oder gewöhnlicher Aufenthaltsort zum Zeitpunkt der Klageerhebung nicht bekannt ist. Im Übrigen gilt bei Ansprüchen des Verkäufers gegenüber dem Käufer dessen Wohnsitz als Gerichtsstand.

Anlage 5

VERORDNUNG (EG) Nr. 1400/2002 DER KOMMISSION
vom 31. Juli 2002
über die Anwendung von Artikel 81 Absatz 3 des Vertrags auf Gruppen von vertikalen Vereinbarungen und aufeinander abgestimmten Verhaltensweisen im Kraftfahrzeugsektor

DIE KOMMISSION DER EUROPÄISCHEN GEMEINSCHAFTEN –

gestützt auf den Vertrag zur Gründung der Europäischen Gemeinschaft,

gestützt auf die Verordnung Nr. 19/65/EWG des Rates vom 2. März 1965 über die Anwendung von Artikel 85 Absatz 3 des Vertrags auf Gruppen von Vereinbarungen und aufeinander abgestimmten Verhaltensweisen[1], zuletzt geändert durch Verordnung (EG) Nr. 1215/1999[2], insbesondere auf Artikel 1,

nach Veröffentlichung des Entwurfs dieser Verordnung[3],

nach Anhörung des Beratenden Ausschusses für Kartell- und Monopolfragen,

in Erwägung nachstehender Gründe:

(1) Auf der Grundlage der im Kraftfahrzeugsektor mit dem Vertrieb von neuen Kraftfahrzeugen, Ersatzteilen und Kundendienstleistungen gewonnenen Erfahrungen lassen sich Gruppen von vertikalen Vereinbarungen bestimmen, bei denen die Voraussetzungen von Artikel 81 Absatz 3 in der Regel als erfüllt gelten können.

(2) Diese Erfahrungen führen zu der Schlussfolgerung, dass für diesen Wirtschaftszweig strengere als die sich aus der Verordnung (EG) Nr. 2790/1999 der Kommission vom 22. Dezember 1999 über die Anwendung von Artikel 81 Absatz 3 des Vertrags auf Gruppen von vertikalen Vereinbarungen und aufeinander abgestimmten Verhaltensweisen[4] ergebenden Regelungen erforderlich sind.

(3) Diese strengeren Gruppenfreistellungsregeln (nachstehend: „Freistellung") sollten für vertikale Vereinbarungen über den Kauf oder Verkauf neuer Kraftfahrzeuge, vertikale Vereinbarungen über den Kauf oder Verkauf von Ersatzteilen für Kraftfahrzeuge und vertikale Vereinbarungen über den Kauf oder Verkauf von Instandsetzungs- oder Wartungsdienstleistungen für derartige Fahrzeuge gelten, die zwischen nicht miteinander im Wettbewerb stehenden Unternehmen, zwischen bestimmten Wettbewerbern oder von bestimmten Vereinigungen des Einzelhandels oder von Werkstätten abgeschlossen werden. Darin eingeschlossen sind vertikale Vereinbarungen, die zwischen einem Händler, der auf der Einzelhandelsstufe tätig ist, oder einer zugelassenen Werkstatt einerseits und einem (Unter-)Händler bzw. einer nachgeordneten Werkstatt andererseits abgeschlossen werden. Diese Verordnung sollte auch dann gelten, wenn diese vertikalen Vereinbarungen Nebenabreden über die Übertragung oder Nutzung von geistigen Eigentumsrechten enthalten. „Vertikale Vereinbarungen" sind dabei so zu definieren, dass der Begriff sowohl diese Vereinbarungen als auch die entsprechenden abgestimmten Verhaltensweisen umfasst.

(4) In den Genuss der Freistellung sollten nur vertikale Vereinbarungen gelangen, von denen mit hinreichender Sicherheit angenommen werden kann, dass sie die Voraussetzungen von Artikel 81 Absatz 3 erfüllen.

(5) Vertikale Vereinbarungen im Sinne dieser Verordnung können die wirtschaftliche Effizienz innerhalb einer Produktions- oder Vertriebskette erhöhen, indem sie eine bessere Koordinierung zwischen den beteiligten Unternehmen ermöglichen; sie können insbesondere zur Senkung der Transaktions- und Distributionskosten der Beteiligten und zur Optimierung ihrer Umsätze und Investitionen beitragen.

---

1 ABl. 36 vom 6. 3. 1965, S. 533/65.
2 ABl. L 148 vom 15. 6. 1999, S. 1.
3 ABl. C 67 vom 16. 3. 2002, S. 2.
4 ABl. L 336 vom 29. 12. 1999, S. 21.

(6) Die Wahrscheinlichkeit, dass die effizienzsteigernden Wirkungen stärker ins Gewicht fallen als wettbewerbsschädliche Wirkungen, die von Beschränkungen in vertikalen Vereinbarungen verursacht werden, hängt von der Marktmacht der beteiligten Unternehmen und somit von dem Ausmaß ab, in dem diese Unternehmen dem Wettbewerb anderer Anbieter von Waren oder Dienstleistungen ausgesetzt sind, die von den Käufern aufgrund ihrer Eigenschaften, ihrer Preise oder ihres Verwendungszwecks als austauschbar oder substituierbar angesehen werden.

(7) Als Indikator für die Marktmacht des Lieferanten sollten marktanteilsbezogene Schwellenwerte festgelegt werden. Diese sektorspezifische Verordnung sollte ferner strengere Bestimmungen enthalten als die Verordnung (EG) Nr. 2790/1999, insbesondere für selektiven Vertrieb. Die Schwellenwerte, unterhalb von welchen die Vorteile einer vertikalen Vereinbarung voraussichtlich größer sind als ihre restriktive Wirkung, sollten je nach den Merkmalen der verschiedenen Arten vertikaler Vereinbarungen unterschiedlich hoch angesetzt werden. Deshalb kann angenommen werden, dass vertikale Vereinbarungen im Allgemeinen die beschriebenen Vorteile aufweisen, sofern der Lieferant einen Marktanteil von bis zu 30 % an den Märkten für den Vertrieb von neuen Kraftfahrzeugen oder Ersatzteilen bzw. von bis zu 40 % bei quantitativem selektivem Vertrieb für den Verkauf von neuen Kraftfahrzeugen erreicht. Im Bereich des Kundendienstes kann angenommen werden, dass vertikale Vereinbarungen, in denen der Lieferant seinen zugelassenen Werkstätten die für die Erbringung von Instandsetzungs- und Wartungsdienstleistungen maßgeblichen Kriterien vorgibt und in denen der Lieferant den zugelassenen Werkstätten Ausrüstung und fachliche Unterweisung zur Erbringung dieser Dienstleistungen zur Verfügung stellt, im Allgemeinen die beschriebenen Vorteile aufweisen, sofern das Netz der zugelassenen Werkstätten des Lieferanten einen Marktanteil von bis zu 30 % hat. Bei vertikalen Vereinbarungen mit Alleinbelieferungsverpflichtungen sind die Auswirkungen der Vereinbarung auf den Markt jedoch anhand des Marktanteils des Käufers zu ermitteln.

(8) Es kann nicht davon ausgegangen werden, dass oberhalb dieser Marktanteilsschwellen vertikale Vereinbarungen, die unter Artikel 81 Absatz 1 fallen, üblicherweise objektive Vorteile mit sich bringen, welche nach Art und Umfang geeignet sind, die mit ihnen verbundenen Nachteile für den Wettbewerb auszugleichen. Greift der Lieferant jedoch auf einen qualitativen selektiven Vertrieb zurück, so kann das Entstehen solcher Vorteile unabhängig vom Marktanteil des Lieferanten erwartet werden.

(9) Um zu verhindern, dass ein Lieferant eine Vereinbarung kündigt, weil der Händler oder die Werkstatt ein wettbewerbsförderndes Verhalten annimmt, beispielsweise aktiv oder passiv an ausländische Verbraucher verkauft, mehrere Marken vertreibt oder Instandsetzungs- und Wartungsdienstleistungen vertraglich weitergibt, sind in der Kündigungserklärung die Beweggründe, die objektiv und transparent sein müssen, eindeutig und in Schriftform anzuführen. Darüber hinaus sollten zur Stärkung der Unabhängigkeit der Händler und Werkstätten von den Lieferanten Mindestfristen für die Ankündigung der Nichterneuerung von Vereinbarungen, die auf eine bestimmte Dauer abgeschlossen wurden, und für die Kündigung von Vereinbarungen, die auf unbestimmte Dauer abgeschlossen wurden, vorgesehen werden.

(10) Um das Zusammenwachsen der Märkte zu fördern und Händlern oder zugelassenen Werkstätten zusätzliche Geschäftsmöglichkeiten zu eröffnen, muss es diesen Unternehmen erlaubt sein, andere, gleichartige Unternehmen, die innerhalb des Vertriebssystems Kraftfahrzeuge derselben Marke verkaufen oder Instand setzen, zu erwerben. Zu diesem Zweck müssen alle vertikalen Vereinbarungen zwischen einem Lieferanten und einem Händler oder einer zugelassenen Werkstatt vorsehen, dass Letztere das Recht haben, alle ihre Rechte und Pflichten auf jedes andere, von ihnen ausgewählte gleichartige Unternehmen des Vertriebssystems zu übertragen.

(11) Zur Erleichterung der schnellen Beilegung von Streitfällen zwischen den Vertragsparteien einer Vertriebsvereinbarung, die für wirksamen Wettbewerb hinderlich sein können, sollte sich diese Freistellung lediglich auf Vereinbarungen erstrecken, in denen vorgesehen ist, dass die Vertragsparteien insbesondere im Fall einer Kündigung der Vereinbarung einen unabhängigen Sachverständigen oder einen Schiedsrichter anrufen können.

(12) Ungeachtet der Marktanteile der beteiligten Unternehmen erstreckt sich diese Verordnung nicht auf vertikale Vereinbarungen, die bestimmte Arten schwerwiegender wettbewerbsschädigender Beschränkungen (Kernbeschränkungen) enthalten, welche den Wettbewerb in der Regel, auch bei einem geringen Marktanteil, spürbar beschränken und für die Herbeiführung der oben erwähnten günstigen Wirkungen nicht unerlässlich sind. Dies gilt insbesondere für vertikale Ver-

Anlage 5   **VO (EG) 1400/2002**

einbarungen, die Beschränkungen wie die Festsetzung von Mindest- oder Festpreisen für den Weiterverkauf oder – abgesehen von bestimmten Ausnahmefällen – die Begrenzung des Gebiets oder des Kundenkreises enthalten, in dem/an den der Händler oder die Werkstatt die Vertragswaren oder -dienstleistungen verkaufen kann. Diese Vereinbarungen sollten vom Vorteil der Freistellung ausgeschlossen werden.

(13) Es ist erforderlich sicherzustellen, dass der wirksame Wettbewerb im Gemeinsamen Markt und zwischen den in verschiedenen Mitgliedstaaten ansässigen Händlern nicht eingeschränkt wird, wenn ein Lieferant in einigen Märkten einen selektiven Vertrieb und in anderen Märkten andere Vertriebsformen verwendet. Insbesondere selektive Vertriebsvereinbarungen, in denen der passive Verkauf an Endverbraucher oder nicht zugelassene Händler beschränkt wird, die sich in Märkten befinden, in denen ausschließliche Gebiete zugeteilt wurden, und selektive Vertriebsvereinbarungen, in denen der passive Verkauf an Gruppen von Kunden eingeschränkt wird, die ausschließlich einem anderen Händler zugeteilt wurden, sollten nicht freigestellt werden. Diese Freistellung sollte auch nicht für Alleinvertriebssysteme gelten, wenn der aktive oder passive Verkauf an Endverbraucher oder nicht zugelassene Händler eingeschränkt wird, die sich in Märkten befinden, in denen ein selektiver Vertrieb verwendet wird.

(14) Das Recht des Händlers auf den passiven und gegebenenfalls aktiven Verkauf von neuen Kraftfahrzeugen an Endverbraucher sollte das Recht einschließen, solche Fahrzeuge an Endverbraucher zu verkaufen, die einen Vermittler zum Kauf, zur Entgegennahme, zur Beförderung oder zur Verwahrung eines neuen Kraftfahrzeugs in ihrem Namen bevollmächtigt haben.

(15) Das Recht des Händlers auf den passiven und gegebenenfalls den aktiven Verkauf von neuen Kraftfahrzeugen und Ersatzteilen an Endverbraucher und das Recht der zugelassenen Werkstatt auf den passiven und gegebenenfalls den aktiven Verkauf von Instandsetzungs- und Wartungsdienstleistungen an Endverbraucher sollte das Recht auf den Verkauf über das Internet und über Internetseiten Dritter einschließen.

(16) Beschränkungen der Verkäufe ihrer Händler an Endverbraucher in anderen Mitgliedstaaten durch Lieferanten, indem beispielsweise die Vergütung des Händlers oder der Verkaufspreis vom Bestimmungsort des Fahrzeugs oder dem Wohnort des Endverbrauchers abhängig gemacht wird, stellen eine mittelbare Verkaufsbeschränkung dar. Andere Beispiele für mittelbare Verkaufsbeschränkungen sind Lieferquoten für ein anderes als das Gebiet des Gemeinsamen Marktes, unabhängig davon, ob damit Absatzvorgaben verbunden sind oder nicht. Eine auf den Bestimmungsort des Fahrzeugs bezogene Prämienregelung oder jede Form einer diskriminierenden Produktlieferung an Händler, ob bei Produktionsengpässen oder in anderen Fällen, stellt ebenfalls eine mittelbare Verkaufsbeschränkung dar.

(17) Vertikale Vereinbarungen, die zugelassene Werkstätten im Vertriebssystem eines Lieferanten nicht verpflichten, Gewähr, unentgeltlichen Kundendienst und Kundendienst im Rahmen von Rückrufaktionen in Bezug auf jedes im Gemeinsamen Markt verkaufte Kraftfahrzeug der betroffenen Marke zu leisten, haben eine mittelbare Verkaufsbeschränkung zur Folge und sollten von dieser Freistellung nicht erfasst werden. Ungeachtet dieser Verpflichtung dürfen Kraftfahrzeughersteller ihre Händler verpflichten, für die von ihnen verkauften neuen Kraftfahrzeuge sicherzustellen, dass die Gewährleistungsverpflichtungen erfüllt und unentgeltlicher Kundendienst und Rückrufaktionen durchgeführt werden, entweder durch den Händler selbst oder, im Fall der untervertraglichen Weitergabe, durch die zugelassene Werkstatt bzw. zugelassenen Werkstätten, an die diese Dienstleistungen weitervergeben wurden. Deshalb sollten sich Verbraucher in diesen Fällen an den Händler wenden können, wenn die oben genannten Verpflichtungen durch die zugelassene Werkstatt, an die der Händler diese Dienstleistungen weitervergeben hat, nicht ordnungsgemäß erfüllt wurden. Damit Kraftfahrzeughändler ferner an Endverbraucher überall im Gemeinsamen Markt verkaufen können, sollte diese Freistellung nur für Vertriebsvereinbarungen gelten, in denen die dem Netz des Lieferanten angeschlossenen Werkstätten verpflichtet werden, Instandsetzungs- und Wartungsarbeiten für Vertragswaren und ihnen entsprechende Waren unabhängig vom Verkaufsort dieser Waren im Gemeinsamen Markt auszuführen.

(18) In Märkten mit selektivem Vertrieb sollte die Freistellung das Verbot für einen Händler abdecken, Geschäfte von zusätzlichen, nicht zugelassenen Standorten aus zu betreiben, wenn er mit anderen Fahrzeugen als Personenkraftwagen und leichten Nutzfahrzeugen handelt. Ein solches Verbot sollte jedoch nicht unter die Freistellung fallen, wenn es die Ausweitung des Geschäfts des Händlers an dem zugelassenen Standort einschränkt, indem beispielsweise die Entwicklung

oder der Erwerb der notwendigen Infrastruktur für eine Umsatzsteigerung, auch soweit diese auf Verkäufen über das Internet beruht, beschränkt wird.

(19) Unangemessen wäre eine Freistellung von vertikalen Vereinbarungen, die den Verkauf von Originalersatzteilen oder qualitativ gleichwertigen Ersatzteilen durch Mitglieder des Vertriebssystems an unabhängige Werkstätten einschränken, die diese Teile für ihre Instandsetzungs- und Wartungsdienstleistungen verwenden. Ohne Zugang zu solchen Ersatzteilen könnten die unabhängigen Werkstätten nicht wirksam mit zugelassenen Werkstätten in Wettbewerb treten, da sie nicht in der Lage wären, den Verbrauchern Leistungen von guter Qualität anzubieten, die zur Sicherheit und Zuverlässigkeit der Kraftfahrzeuge beitragen.

(20) Damit Endverbraucher das Recht haben, bei jedem Händler im Gemeinsamen Markt, der entsprechende Fahrzeugmodelle verkauft, neue Kraftfahrzeuge mit Spezifizierungen zu erwerben, die mit den in einem anderen Mitgliedstaat verkauften Fahrzeugen identisch sind, sollte diese Freistellung nur für vertikale Vereinbarungen gelten, die es einem Händler ermöglichen, jedes Fahrzeug, das einem Modell seines Vertragsprogramms entspricht, zu bestellen, bereitzuhalten und zu verkaufen. Von dem Lieferanten auf entsprechende Fahrzeuge angewandte diskriminierende oder objektiv ungerechtfertigte Lieferbedingungen, insbesondere betreffend Lieferzeiten oder Preise, sind als Beschränkung der Möglichkeiten des Händlers zum Verkauf dieser Fahrzeuge anzusehen.

(21) Kraftfahrzeuge sind teure und technisch komplexe mobile Waren, die Instandsetzung und Wartung in regelmäßigen und unregelmäßigen Zeitabständen erfordern. Für Händler neuer Kraftfahrzeuge ist es jedoch nicht unerlässlich, auch Instandsetzungs- und Wartungsarbeiten durchzuführen. Die legitimen Interessen von Lieferanten und Endverbrauchern werden uneingeschränkt gewahrt, wenn der Händler eine oder mehrere Werkstätten im Netz des Lieferanten mit diesen Leistungen, einschließlich der Erbringung von Gewährleistung, unentgeltlichem Kundendienst und Kundendienst im Rahmen von Rückrufaktionen, beauftragt. Der Zugang zu Instandsetzungs- und Wartungsdienstleistungen muss allerdings erleichtert werden. Ein Lieferant kann daher von den Händlern, die eine oder mehrere zugelassene Werkstätten mit Instandsetzungs- und Wartungsdienstleistungen beauftragt haben, verlangen, deren Namen und Anschrift an die Endverbraucher weiterzugeben. Sollte sich eine der zugelassenen Werkstätten nicht in der Nähe der Verkaufsstelle befinden, kann der Lieferant ferner vom Händler verlangen, die Endverbraucher über die Entfernung der Werkstatt oder Werkstätten von der Verkaufsstelle zu unterrichten. Der Lieferant kann diese Verpflichtungen jedoch nur auferlegen, wenn er Händlern, deren eigene Werkstatt sich nicht auf dem gleichen Gelände wie ihre Verkaufsstelle befindet, ähnliche Verpflichtungen auferlegt.

(22) Ebenso wenig ist es für die ordnungsgemäße Durchführung von Instandsetzungs- und Wartungsarbeiten erforderlich, dass zugelassene Werkstätten auch neue Kraftfahrzeuge verkaufen. Deswegen sollte die Freistellung nicht für vertikale Vereinbarungen gelten, die unmittelbare oder mittelbare Verpflichtungen oder Anreize enthalten, die zu einer Verknüpfung von Verkauf und Kundendienst führen oder die Ausführung einer dieser beiden Tätigkeiten von der Ausführung der anderen abhängig machen; das gilt insbesondere, wenn die Vergütung von Händlern oder zugelassenen Werkstätten für den Kauf oder Verkauf von Waren oder Dienstleistungen, die zur Ausführung einer der beiden Tätigkeiten erforderlich sind, vom Kauf oder Verkauf von Waren oder Dienstleistungen abhängig gemacht wird, die mit der anderen Tätigkeit in Zusammenhang stehen, und für die unterschiedslose Zusammenfassung aller dieser Waren in einem einzigen Vergütungs- oder Rabattsystem.

(23) Damit auf den Instandsetzungs- und Wartungsmärkten wirksamer Wettbewerb herrscht und Werkstätten den Endverbrauchern konkurrierende Ersatzteile, wie Originalersatzteile und qualitativ gleichwertige Ersatzteile, anbieten können, sollte die Freistellung nicht für vertikale Vereinbarungen gelten, welche zugelassene Werkstätten im Vertriebsnetz eines Herstellers, unabhängige Ersatzteilhändler, unabhängige Werkstätten oder Endverbraucher darin beschränken, Ersatzteile beim Hersteller dieser Teile oder einem unabhängigen Anbieter ihrer Wahl zu beziehen. Die zivilrechtliche Haftung des Ersatzteileherstellers bleibt davon unberührt.

(24) Damit zugelassene und unabhängige Werkstätten sowie Endverbraucher den Hersteller von Kraftfahrzeugbauteilen oder Ersatzteilen identifizieren und zwischen konkurrierenden Ersatzteilen wählen können, sollte sich diese Freistellung ferner nicht auf Vereinbarungen erstrecken, durch die ein Kraftfahrzeughersteller die Möglichkeiten eines Herstellers von Bauteilen oder Ori-

Anlage 5 VO (EG) 1400/2002

ginalersatzteilen beschränkt, sein Waren- oder Firmenzeichen auf diesen Teilen effektiv und sichtbar anzubringen. Um darüber hinaus diese Wahl und den Verkauf von solchen Ersatzteilen zu erleichtern, die entsprechend den vom Kraftfahrzeughersteller vorgegebenen Spezifizierungen und Produktions- und Qualitätsanforderungen für die Herstellung von Bauteilen und Ersatzteilen hergestellt worden sind, wird vermutet, dass Ersatzeile Originalersatzteile sind, wenn der Ersatzteilehersteller eine Bescheinigung ausstellt, dass diese Ersatzteile von gleicher Qualität sind wie die für die Herstellung eines Fahrzeugs verwendeten Bauteile und nach diesen Spezifizierungen und Anforderungen hergestellt wurden. Andere Ersatzteile, für die der Ersatzteilehersteller jederzeit bescheinigen kann, dass ihre Qualität der Qualität der Bauteile für die Herstellung eines bestimmten Kraftfahrzeugs entspricht, können als qualitativ gleichwertige Ersatzteile verkauft werden.

(25) Diese Verordnung sollte nicht für vertikale Vereinbarungen gelten, die zugelassene Werkstätten darin beschränken, für die Instandsetzung oder Wartung eines Kraftfahrzeugs qualitativ gleichwertige Ersatzteile zu verwenden. Wegen der unmittelbaren vertraglichen Einbeziehung der Fahrzeughersteller in die Instandsetzungsarbeiten, die unter die Gewährleistung, den unentgeltlichen Kundendienst und Kundendienst im Rahmen von Rückrufaktionen fallen, sollten Vereinbarungen mit Verpflichtungen der zugelassenen Werkstätten, für diese Instandsetzungsarbeiten Originalersatzteile zu verwenden, die vom Fahrzeughersteller bezogen wurden, unter die Freistellung fallen.

(26) Um einen wirksamen Wettbewerb auf dem Markt für Instandsetzungs- und Wartungsdienstleistungen zu schützen und die Abschottung dieses Marktes gegen unabhängige Werkstätten zu verhindern, müssen die Kraftfahrzeughersteller allen unabhängigen Marktbeteiligten einen uneingeschränkten Zugang zu sämtlichen für die Instandsetzung und Wartung ihrer Kraftfahrzeuge erforderlichen technischen Informationen, Diagnose- und anderen Geräten und Werkzeugen, einschließlich der einschlägigen Software, sowie zur fachlichen Unterweisung, die für die Instandsetzung und Wartung von Kraftfahrzeugen erforderlich ist, ermöglichen. Zu den zugangsberechtigten unabhängigen Marktbeteiligten zählen insbesondere unabhängige Werkstätten, Hersteller von Instandsetzungsausrüstung und -geräten, Herausgeber von technischen Informationen, Automobilclubs, Pannendienste, Anbieter von Inspektions- und Testdienstleistungen sowie Einrichtungen der Aus- und Weiterbildung von Kraftfahrzeugmechanikern. Insbesondere darf bei den Zugangsbedingungen nicht zwischen zugelassenen und unabhängigen Marktbeteiligten unterschieden werden, der Zugang muss auf Antrag und ohne ungebührliche Verzögerung gewährt werden, und der Preis für die einschlägigen Informationen sollte nicht dadurch vom Zugang abschrecken, dass das Ausmaß der Nutzung durch den unabhängigen Marktbeteiligten unberücksichtigt bleibt. Ein Kraftfahrzeuglieferant sollte verpflichtet sein, unabhängigen Marktbeteiligten Zugang zu technischen Informationen über neue Kraftfahrzeuge zur selben Zeit zu geben wie den zugelassenen Werkstätten, und unabhängige Marktbeteiligte nicht zwingen dürfen, mehr als die für die auszuführende Arbeit nötigen Informationen zu kaufen. Die Lieferanten sollten gleichfalls verpflichtet sein, die für die Reprogrammierung elektronischer Anlagen in einem Kraftfahrzeug erforderlichen Informationen zugänglich zu machen. Ein Lieferant ist jedoch berechtigt, technische Angaben vorzuenthalten, die Dritten die Umgehung oder Ausschaltung eingebauter Diebstahlschutzvorrichtungen, die Neueichung elektronischer Anlagen oder die Manipulierung beispielsweise von Geschwindigkeitsbegrenzungsvorrichtungen ermöglichen könnten, soweit ein Schutz gegen Umgehung, Ausschaltung, Neueichung oder Manipulierung solcher Vorrichtungen nicht durch andere weniger restriktive Mittel verwirklicht werden kann. Geistige Eigentumsrechte und Rechte in Bezug auf Know-how einschließlich jener, die sich auf die genannten Vorrichtungen beziehen, müssen in einer Weise ausgeübt werden, die jeglichen Missbrauch ausschließt.

(27) Um den Zugang zu den relevanten Märkten zu gewährleisten, wettbewerbswidrige abgestimmte Verhaltensweisen zu verhindern und den Händlern die Möglichkeit zu eröffnen, Fahrzeuge zweier oder mehrerer Hersteller zu verkaufen, die nicht miteinander verbunden sind, hängt die Freistellung von bestimmten Voraussetzungen ab. Deswegen sollte sich diese Freistellung nicht auf Wettbewerbsverbote erstrecken. Insbesondere sollte ein Verbot des Verkaufs konkurrierender Marken nicht freistellbar sein, unbeschadet der Möglichkeit des Lieferanten, dem Händler die Ausstellung seiner Fahrzeuge in einem der eigenen Marke vorbehaltenen Teil des Ausstellungsbereichs vorzuschreiben, um eine Verwechslung der Marken zu vermeiden. Das Gleiche gilt für eine Verpflichtung, die gesamte Fahrzeugpalette einer Marke auszustellen, wenn sie den Verkauf

oder die Ausstellung von Fahrzeugen nicht verbundener Unternehmen unmöglich macht oder unverhältnismäßig erschwert. Ferner stellt eine Verpflichtung zur Beschäftigung markenspezifischen Verkaufspersonals ein mittelbares Wettbewerbsverbot dar und sollte deshalb nicht von dieser Freistellung erfasst werden, es sei denn, der Händler entscheidet sich dafür, markenspezifisches Verkaufspersonal zu beschäftigen, und der Lieferant trägt alle dabei anfallenden zusätzlichen Kosten.

(28) Um zu gewährleisten, dass Werkstätten Instandsetzungs- oder Wartungsarbeiten an sämtlichen Kraftfahrzeugen ausführen können, sollte die Freistellung nicht für Auflagen gelten, mit denen die Fähigkeit einer Werkstatt eingeschränkt wird, Instandsetzungs- oder Wartungsdienstleistungen für Marken konkurrierender Lieferanten anzubieten.

(29) Ferner ist die Einführung besonderer Voraussetzungen erforderlich, um bestimmte, manchmal innerhalb eines selektiven Vertriebssystems auferlegte Beschränkungen vom Anwendungsbereich dieser Freistellung auszuschließen. Dies gilt insbesondere für Verpflichtungen, die bewirken, dass die Mitglieder eines selektiven Vertriebssystems am Verkauf der Marken eines konkurrierenden Lieferanten gehindert werden, was leicht zu einer Abschottung des Marktes gegen bestimmte Marken führen könnte. Die Einführung weiterer Voraussetzungen ist notwendig, um den markeninternen Wettbewerb und die Marktintegration im Gemeinsamen Markt zu fördern, Möglichkeiten für Händler und zugelassene Werkstätten zu schaffen, die Geschäftsmöglichkeiten außerhalb ihres Standorts verfolgen möchten, und um Rahmenbedingungen für die Entwicklung von Mehrmarkenhändlern zu schaffen. Insbesondere eine Beschränkung der Möglichkeit, von einem nicht zugelassenen Standort aus Personenkraftwagen und leichte Nutzfahrzeuge zu vertreiben oder Instandsetzungs- und Wartungsdienstleistungen zu erbringen, sollte nicht freigestellt werden. Der Lieferant kann verlangen, dass zusätzliche Verkaufs- oder Auslieferungsstellen für Personenkraftwagen und leichte Nutzfahrzeuge oder Werkstätten die entsprechenden qualitativen Merkmale erfüllen, die für ähnliche Stellen im selben geografischen Gebiet gelten.

(30) Unter diese Freistellung sollten keinerlei Beschränkungen der Möglichkeiten von Händlern fallen, Leasingdienstleistungen für Kraftfahrzeuge zu verkaufen.

(31) Durch die Begrenzung des Marktanteils, die Nichteinbeziehung bestimmter vertikaler Vereinbarungen und die in dieser Verordnung festgelegten Voraussetzungen dürfte in der Regel sichergestellt sein, dass Vereinbarungen, auf welche die Freistellung Anwendung findet, den beteiligten Unternehmen nicht die Möglichkeit eröffnen, für einen wesentlichen Teil der betreffenden Waren oder Dienstleistungen den Wettbewerb auszuschalten.

(32) Wenn im Einzelfall eine Vereinbarung, die ansonsten unter diese Freistellung fallen würde, Wirkungen zeitigt, die mit Artikel 81 Absatz 3 unvereinbar sind, kann die Kommission den Vorteil der Freistellung entziehen; das kann insbesondere der Fall sein, wenn der Käufer auf dem relevanten Markt, auf dem er die Waren weiterverkauft oder die Dienstleistungen erbringt, über eine beträchtliche Marktmacht verfügt oder wenn der Zugang zu einem relevanten Markt oder der Wettbewerb auf diesem durch gleichartige Wirkungen paralleler Netze vertikaler Vereinbarungen erheblich eingeschränkt wird. Derartige kumulative Wirkungen können sich etwa aus selektiven Vertriebssystemen ergeben. Die Kommission kann den Vorteil der Freistellung auch dann entziehen, wenn der Wettbewerb auf einem Markt aufgrund der Präsenz eines Lieferanten mit Marktmacht erheblich eingeschränkt wird oder die Preise und Lieferbedingungen für Kraftfahrzeughändler in den einzelnen geografischen Märkten erheblich voneinander abweichen. Der Vorteil der Freistellung kann auch entzogen werden, wenn für die Lieferung von Waren, die dem Vertragsprogramm entsprechen, ohne sachliche Rechtfertigung unterschiedliche Preise oder Verkaufskonditionen oder ungerechtfertigt hohe Aufschläge, wie beispielsweise für Rechtslenker, verlangt werden.

(33) Die Verordnung Nr. 19/65/EWG ermächtigt die Behörden der Mitgliedstaaten, den Vorteil der Freistellung zu entziehen, wenn eine vertikale Vereinbarung Wirkungen zeitigt, die mit Artikel 81 Absatz 3 des Vertrags unvereinbar sind und im Gebiet des betreffenden Staates oder in einem Teil desselben eintreten, sofern dieses Gebiet die Merkmale eines gesonderten räumlichen Marktes aufweist. Die Ausübung dieser einzelstaatlichen Befugnis sollte die einheitliche Anwendung der Wettbewerbsregeln der Gemeinschaft im gesamten Gemeinsamen Markt und die Wirksamkeit der zu ihrem Vollzug ergangenen Maßnahmen nicht beeinträchtigen.

(34) Um parallele Netze vertikaler Vereinbarungen mit gleichartigen wettbewerbsbeschränkenden Wirkungen besser zu überwachen, die mehr als 50 % eines Marktes erfassen, sollte die Kommis-

Anlage 5 VO (EG) 1400/2002

sion erklären können, dass diese Freistellung auf vertikale Vereinbarungen, welche bestimmte Beschränkungen in einem Markt vorsehen, keine Anwendung findet, wodurch Artikel 81 Absatz 1 des Vertrags auf diese Vereinbarungen voll anwendbar ist.

(35) Die Freistellung sollte der Anwendbarkeit von Artikel 82 des Vertrags auf die missbräuchliche Ausnutzung einer beherrschenden Stellung durch ein Unternehmen nicht entgegenstehen.

(36) Die Verordnung (EG) Nr. 1475/95 der Kommission vom 28. Juni 1995 über die Anwendung von Artikel 85 Absatz 3 des Vertrags auf Gruppen von Vertriebs- und Kundendienstvereinbarungen über Kraftfahrzeuge[5] gilt bis 30. September 2002. Damit mit jener Gruppenfreistellungsverordnung vereinbare und bei ihrem Auslaufen noch in Kraft befindliche vertikale Vereinbarungen angepasst werden können, sollten sie mit der vorliegenden Verordnung für eine Übergangsfrist bis 1. Oktober 2003 von dem in Artikel 81 Absatz 1 enthaltenen Verbot ausgenommen werden.

(37) Damit alle Mitwirkenden eines qualitativen selektiven Vertriebssystems für neue Personenkraftwagen und leichte Nutzfahrzeuge ihre Geschäftsstrategie an den Wegfall der Freistellung von Standortklauseln anpassen können, sollte Artikel 5 Absatz 2 Buchstabe b) am 1. Oktober 2005 in Kraft treten.

(38) Die Kommission sollte die Anwendung dieser Verordnung regelmäßig überwachen, insbesondere im Hinblick auf deren Auswirkungen auf den Wettbewerb im Bereich des Kraftfahrzeugvertriebs und im Bereich der Instandsetzung und Wartung im Gemeinsamen Markt oder den relevanten Teilen dieses Marktes. Diese Überprüfung sollte sich auch auf die Auswirkungen dieser Verordnung auf die Struktur und den Konzentrationsgrad im Bereich des Kraftfahrzeugvertriebs sowie auf die sich daraus ergebenden Folgen für den Wettbewerb erstrecken. Die Kommission sollte auch die Funktionsweise dieser Verordnung bewerten und spätestens am 31. Mai 2008 einen Bericht veröffentlichen –

HAT FOLGENDE VERORDNUNG ERLASSEN:

Artikel 1

Begriffsbestimmungen

(1) Für die Anwendung dieser Verordnung gelten folgende Begriffsbestimmungen:

a) „Wettbewerber" sind tatsächliche oder potenzielle Anbieter im selben Produktmarkt; der Produktmarkt umfasst Waren oder Dienstleistungen, die vom Käufer aufgrund ihrer Eigenschaften, ihrer Preise und ihres Verwendungszwecks als mit den Vertragswaren oder -dienstleistungen austauschbar oder durch diese substituierbar angesehen werden.

b) „Wettbewerbsverbote" sind alle unmittelbaren oder mittelbaren Verpflichtungen, die den Käufer veranlassen, keine Waren oder Dienstleistungen herzustellen, zu beziehen, zu verkaufen oder weiterzuverkaufen, die mit den Vertragswaren oder -dienstleistungen im Wettbewerb stehen, sowie alle unmittelbaren oder mittelbaren Verpflichtungen des Käufers, mehr als 30 % seiner auf der Grundlage des Einkaufswerts des vorherigen Kalenderjahres berechneten gesamten Einkäufe von Vertragswaren, ihnen entsprechenden Waren oder Vertragsdienstleistungen sowie ihrer Substitute auf dem relevanten Markt vom Lieferanten oder einem anderen vom Lieferanten bezeichneten Unternehmen zu beziehen. Eine Verpflichtung des Händlers, Kraftfahrzeuge anderer Lieferanten in gesonderten Bereichen des Ausstellungsraums zu verkaufen, um eine Verwechslung der Marken zu vermeiden, stellt kein Wettbewerbsverbot im Sinne dieser Verordnung dar. Die Verpflichtung des Händlers, für verschiedene Kraftfahrzeugmarken markenspezifisches Verkaufspersonal zu beschäftigen, stellt ein Wettbewerbsverbot im Sinne dieser Verordnung dar, es sei denn, der Händler entscheidet sich dafür, markenspezifisches Verkaufspersonal zu beschäftigen, und der Lieferant trägt alle dabei anfallenden zusätzlichen Kosten.

c) „Vertikale Vereinbarungen" sind Vereinbarungen oder aufeinander abgestimmte Verhaltensweisen zwischen zwei oder mehr Unternehmen, von denen jedes bei der Durchführung der Vereinbarung auf einer unterschiedlichen Stufe der Produktions- oder Vertriebskette tätig ist.

---

[5] ABl. L 145 vom 29. 6. 1995, S. 25.

d) „Vertikale Beschränkungen" sind Wettbewerbsbeschränkungen im Sinne von Artikel 81 Absatz 1, sofern sie in einer vertikalen Vereinbarung enthalten sind.

e) „Alleinbelieferungsverpflichtung" ist jede unmittelbare oder mittelbare Verpflichtung, die den Lieferanten veranlasst, die Vertragswaren oder -dienstleistungen zum Zweck einer spezifischen Verwendung oder des Weiterverkaufs nur an einen einzigen Käufer innerhalb des Gemeinsamen Marktes zu verkaufen.

f) „Selektive Vertriebssysteme" sind Vertriebssysteme, in denen sich der Lieferant verpflichtet, die Vertragswaren oder -dienstleistungen unmittelbar oder mittelbar nur an Händler oder Werkstätten zu verkaufen, die aufgrund festgelegter Merkmale ausgewählt werden, und in denen sich diese Händler oder Werkstätten verpflichten, die betreffenden Waren oder Dienstleistungen nicht an nicht zugelassene Händler oder unabhängige Werkstätten zu verkaufen, unbeschadet der Möglichkeit des Ersatzteilverkaufs an unabhängige Werkstätten und der Pflicht, unabhängigen Marktbeteiligten sämtliche für die Instandsetzung und Wartung der Kraftfahrzeuge und für Umweltschutzmaßnahmen erforderlichen technischen Informationen, Diagnoseausrüstung, Geräte und fachliche Unterweisung zur Verfügung zu stellen.

g) „Quantitative selektive Vertriebssysteme" sind selektive Vertriebssysteme, in denen der Lieferant Merkmale für die Auswahl der Händler und Werkstätten verwendet, durch die deren Zahl unmittelbar begrenzt wird.

h) „Qualitative selektive Vertriebssysteme" sind selektive Vertriebssysteme, in denen der Lieferant rein qualitative Merkmale für die Auswahl der Händler oder Werkstätten anwendet, die wegen der Beschaffenheit der Vertragswaren oder -dienstleistungen erforderlich sind, für alle sich um die Aufnahme in das Vertriebssystem bewerbenden Händler oder Werkstätten einheitlich gelten, in nicht diskriminierender Weise angewandt werden und nicht unmittelbar die Zahl der Händler oder Werkstätten begrenzen.

i) „Geistige Eigentumsrechte" umfassen unter anderem gewerbliche Schutzrechte, Urheberrechte sowie verwandte Schutzrechte.

j) „Know-how" ist eine Gesamtheit nicht patentgeschützter praktischer Kenntnisse, die der Lieferant durch Erfahrungen und Erprobung gewonnen hat und die geheim, wesentlich und identifiziert sind; hierbei bedeutet „geheim", dass das Know-how als Gesamtheit oder in der jeweiligen Gestalt und Zusammensetzung seiner Bestandteile nicht allgemein bekannt und nicht leicht zugänglich ist; „wesentlich" bedeutet, dass das Know-how auch Kenntnisse umfasst, die für den Käufer für die Verwendung, den Verkauf oder den Weiterverkauf der Vertragswaren oder -dienstleistungen unerlässlich sind; „identifiziert" bedeutet, dass das Know-how umfassend genug beschrieben ist, sodass überprüft werden kann, ob es die Merkmale „geheim" und „wesentlich" erfüllt.

k) „Käufer", gleich ob Händler oder Werkstatt, ist auch ein Unternehmen, das Waren oder Dienstleistungen für Rechnung eines anderen Unternehmens verkauft.

l) „Zugelassene Werkstatt" ist ein Erbringer von Instandsetzungs- und Wartungsdienstleistungen für Kraftfahrzeuge, der dem von einem Kraftfahrzeuglieferanten eingerichteten Vertriebssystem angehört.

m) „Unabhängige Werkstatt" ist ein Erbringer von Instandsetzungs- und Wartungsdienstleistungen für Kraftfahrzeuge, der nicht dem von einem Kraftfahrzeuglieferanten, dessen Kraftfahrzeuge er instand setzt oder wartet, eingerichteten Vertriebssystem angehört. Eine zugelassene Werkstatt im Vertriebssystem eines Lieferanten wird hinsichtlich der Instandsetzungs- und Wartungsdienstleistungen für Kraftfahrzeuge, für die sie nicht Mitglied des Vertriebssystems des entsprechenden Lieferanten ist, als unabhängige Werkstatt im Sinne dieser Verordnung angesehen.

n) „Kraftfahrzeuge" sind Fahrzeuge mit Selbstantrieb und mindestens drei Rädern, die für den Verkehr auf öffentlichen Straßen bestimmt sind.

o) „Personenkraftwagen" sind Kraftfahrzeuge, die der Beförderung von Personen dienen und zusätzlich zum Fahrersitz nicht mehr als acht Sitze aufweisen.

p) „Leichte Nutzfahrzeuge" sind Kraftfahrzeuge, die der Beförderung von Waren oder Personen dienen und deren zulässige Gesamtmasse 3,5 Tonnen nicht überschreitet; werden von einem leichten Nutzfahrzeug auch Ausführungen mit einer zulässigen Gesamtmasse von mehr als 3,5 Tonnen verkauft, gelten sämtliche Ausführungen dieses Fahrzeugs als leichte Nutzfahrzeuge.

Anlage 5   VO (EG) 1400/2002

q) „Vertragsprogramm" sind sämtliche Kraftfahrzeugmodelle, die für einen Erwerb durch den Händler beim Lieferanten verfügbar sind.

r) „Kraftfahrzeug, das einem Modell des Vertragsprogramms entspricht", ist ein solches Kraftfahrzeug, das Gegenstand einer Vertriebsvereinbarung mit einem anderen Unternehmen innerhalb des vom Hersteller oder mit seiner Zustimmung errichteten Vertriebssystems ist und das
– vom Hersteller in Serie gefertigt oder zusammengebaut wird und
– dessen Karosserie die gleiche Form hat und welches das gleiche Trieb- und Fahrwerk sowie einen Motor des gleichen Typs hat wie ein Kraftfahrzeug des Vertragsprogramms.

s) „Ersatzteile" sind Waren, die in ein Kraftfahrzeug eingebaut oder an ihm angebracht werden und ein Bauteil dieses Fahrzeugs ersetzen, wozu auch Waren wie Schmieröle zählen, die für die Nutzung des Kraftfahrzeugs erforderlich sind, mit Ausnahme von Kraftstoffen.

t) „Originalersatzteile" sind Ersatzteile, die von gleicher Qualität sind wie die Bauteile, die für die Montage des Neufahrzeugs verwendet werden oder wurden, und die nach den Spezifizierungen und Produktionsanforderungen hergestellt werden, die vom Kraftfahrzeughersteller für die Herstellung der Bauteile oder Ersatzteile des fraglichen Kraftfahrzeugs vorgegeben wurden. Dies umfasst auch Ersatzteile, die auf der gleichen Produktionsanlage hergestellt werden wie diese Bauteile. Es wird bis zum Beweis des Gegenteils vermutet, dass Ersatzteile Originalersatzteile sind, sofern der Teilehersteller bescheinigt, dass diese Teile von gleicher Qualität sind wie die für die Herstellung des betreffenden Fahrzeugs verwendeten Bauteile und dass sie nach den Spezifizierungen und Produktionsanforderungen des Kraftfahrzeugherstellers hergestellt wurden.

u) „Qualitativ gleichwertige Ersatzteile" sind Ersatzteile, die von einem Unternehmen hergestellt werden, das jederzeit bescheinigen kann, dass die fraglichen Teile den Bauteilen, die bei der Montage der fraglichen Fahrzeuge verwendet werden oder wurden, qualitativ entsprechen.

v) „Unternehmen des Vertriebssystems" sind der Hersteller und die Unternehmen, die vom Hersteller selbst oder mit seiner Zustimmung mit dem Vertrieb oder der Instandsetzung oder Wartung von Vertragswaren oder ihnen entsprechenden Waren betraut werden.

w) „Endverbraucher" sind auch Leasingunternehmen, sofern die Leasingverträge weder eine Übertragung von Eigentum noch eine Kaufoption für das Fahrzeug vor Ablauf des Leasingvertrags enthalten.

(2) Die Begriffe „Unternehmen", „Lieferant", „Käufer", „Händler" und „Werkstatt" schließen die jeweils verbundenen Unternehmen ein.

„Verbundene Unternehmen" sind:

a) Unternehmen, in denen ein an der Vereinbarung beteiligtes Unternehmen unmittelbar oder mittelbar
   i) über mehr als die Hälfte der Stimmrechte verfügt oder
   ii) mehr als die Hälfte der Mitglieder des Leitungs- oder Verwaltungsorgans oder der zur gesetzlichen Vertretung berufenen Organe bestellen kann oder
   iii) das Recht hat, die Geschäfte des Unternehmens zu führen;

b) Unternehmen, die in einem an der Vereinbarung beteiligten Unternehmen unmittelbar oder mittelbar die unter Buchstabe a) bezeichneten Rechte oder Einflussmöglichkeiten haben;

c) Unternehmen, in denen ein unter Buchstabe b) genanntes Unternehmen unmittelbar oder mittelbar die unter Buchstabe a) bezeichneten Rechte oder Einflussmöglichkeiten hat;

d) Unternehmen, in denen eine der Vertragsparteien gemeinsam mit einem oder mehreren der unter den Buchstaben a), b) oder c) genannten Unternehmen oder in denen zwei oder mehr als zwei der zuletzt genannten Unternehmen gemeinsam die in Buchstabe a) bezeichneten Rechte oder Einflussmöglichkeiten haben;

e) Unternehmen, in denen die unter Buchstabe a) genannten Rechte oder Einflussmöglichkeiten gemeinsam gehalten werden
   i) von Vertragsparteien oder von mit ihnen jeweils verbundenen Unternehmen im Sinne der Buchstaben a) bis d) oder
   ii) von einer oder mehreren der Vertragsparteien oder einem oder mehreren der mit ihnen im Sinne der Buchstaben a) bis d) verbundenen Unternehmen und von einem oder mehreren dritten Unternehmen.

Artikel 2

Geltungsbereich

(1) Artikel 81 Absatz 1 des Vertrags wird gemäß Artikel 81 Absatz 3 unter den in dieser Verordnung geregelten Voraussetzungen für nicht anwendbar erklärt auf vertikale Vereinbarungen, welche die Bedingungen betreffen, zu denen die Parteien neue Kraftfahrzeuge, Kraftfahrzeugersatzteile oder Wartungs- und Instandsetzungsdienstleistungen für Kraftfahrzeuge beziehen, verkaufen oder weiterverkaufen können.

Unterabsatz 1 gilt, soweit in diesen vertikalen Vereinbarungen vertikale Beschränkungen enthalten sind.

Die Freistellung im Sinne dieses Absatzes wird in dieser Verordnung als „Freistellung" bezeichnet.

(2) Die Freistellung gilt auch für folgende Gruppen vertikaler Vereinbarungen:

a) vertikale Vereinbarungen zwischen einer Unternehmensvereinigung und ihren Mitgliedern oder zwischen einer solchen Vereinigung und ihren Lieferanten nur dann, wenn alle Mitglieder der Vereinigung Händler von Kraftfahrzeugen oder Kraftfahrzeugersatzteilen oder Werkstätten sind und wenn keines ihrer einzelnen Mitglieder zusammen mit seinen verbundenen Unternehmen einen jährlichen Gesamtumsatz von mehr als 50 Mio. EUR erzielt; die Freistellung der von solchen Vereinigungen geschlossenen vertikalen Vereinbarungen gilt unbeschadet der Anwendbarkeit von Artikel 81 auf horizontale Vereinbarungen zwischen den Mitgliedern der Vereinigung sowie auf Beschlüsse der Vereinigung;

b) vertikale Vereinbarungen, die Bestimmungen enthalten, welche die Übertragung von geistigen Eigentumsrechten auf den Käufer oder die Nutzung solcher Rechte durch den Käufer betreffen, sofern diese Bestimmungen nicht Hauptgegenstand der Vereinbarung sind und sie sich unmittelbar auf die Nutzung, den Verkauf oder den Weiterverkauf von Waren oder Dienstleistungen durch den Käufer oder seine Kunden beziehen. Die Freistellung gilt unter der Voraussetzung, dass diese Bestimmungen in Bezug auf Vertragswaren oder -dienstleistungen keine Wettbewerbsbeschränkungen mit demselben Zweck oder derselben Wirkung enthalten wie vertikale Beschränkungen, die durch diese Verordnung nicht freigestellt werden.

(3) Die Freistellung gilt nicht für vertikale Vereinbarungen zwischen Wettbewerbern.

Sie gilt jedoch, wenn Wettbewerber eine nicht wechselseitige vertikale Vereinbarung treffen und

a) der jährliche Gesamtumsatz des Käufers 100 Mio. EUR nicht überschreitet oder

b) der Lieferant zugleich Hersteller und Händler von Waren, der Käufer dagegen ein Händler ist, der keine mit den Vertragswaren im Wettbewerb stehenden Waren herstellt, oder

c) der Lieferant ein auf mehreren Wirtschaftsstufen tätiger Dienstleistungserbringer ist und der Käufer auf der Wirtschaftsstufe, auf der er die Vertragsdienstleistungen bezieht, keine mit diesen im Wettbewerb stehenden Dienstleistungen erbringt.

Artikel 3

Allgemeine Voraussetzungen

(1) Unbeschadet der Absätze 2, 3, 4, 5, 6 und 7 gilt die Freistellung nur, wenn der Anteil des Lieferanten an dem relevanten Markt, auf dem er Kraftfahrzeuge, Kraftfahrzeugersatzteile oder Instandsetzungs- oder Wartungsdienstleistungen verkauft, 30 % nicht überschreitet.

Die Marktanteilsschwelle für die Anwendung der Freistellung beträgt jedoch 40 % für Vereinbarungen über quantitative selektive Vertriebssysteme zum Verkauf neuer Kraftfahrzeuge.

Diese Marktanteilsschwellen gelten nicht für Vereinbarungen über qualitative selektive Vertriebssysteme.

(2) Im Fall von vertikalen Vereinbarungen, die Alleinbelieferungsverpflichtungen enthalten, gilt die Freistellung, wenn der Anteil des Käufers an dem relevanten Markt, auf dem er die Vertragswaren oder -dienstleistungen bezieht, 30 % nicht überschreitet.

Anlage 5   VO (EG) 1400/2002

(3) Die Freistellung gilt unter der Voraussetzung, dass in der vertikalen Vereinbarung mit einem Händler oder einer Werkstatt vorgesehen ist, dass der Lieferant der Übertragung der aus der vertikalen Vereinbarung erwachsenden Rechte und Pflichten auf einen anderen Händler bzw. eine andere Werkstatt des Vertriebssystems, die vom vormaligen Händler bzw. von der vormaligen Werkstatt ausgewählt wurden, zustimmt.

(4) Die Freistellung gilt unter der Voraussetzung, dass in der vertikalen Vereinbarung mit einem Händler oder einer Werkstatt vorgesehen ist, dass der Lieferant eine Vereinbarung nur schriftlich kündigen kann und die Kündigung eine ausführliche Begründung enthalten muss, die objektiv und transparent ist, um einen Lieferanten daran zu hindern, eine vertikale Vereinbarung mit einem Händler oder einer Werkstatt wegen Verhaltensweisen zu beenden, die nach dieser Verordnung nicht eingeschränkt werden dürfen.

(5) Die Freistellung gilt unter der Voraussetzung, dass die vertikale Vereinbarung eines Herstellers von neuen Kraftfahrzeugen mit einem Händler oder einer zugelassenen Werkstatt

a) eine Laufzeit von mindestens fünf Jahren hat und sich die Vertragsparteien verpflichten, eine Nichtverlängerung mindestens sechs Monate im Voraus anzukündigen oder

b) unbefristet ist und die Vertragsparteien eine Kündigungsfrist von mindestens zwei Jahren vereinbaren; diese Frist verkürzt sich in folgenden Fällen auf mindestens ein Jahr:
    i) Der Lieferant hat aufgrund gesetzlicher Bestimmungen oder aufgrund besonderer Absprache bei Beendigung der Vereinbarung eine angemessene Entschädigung zu zahlen, oder
    ii) für den Lieferanten ergibt sich die Notwendigkeit, das Vertriebsnetz insgesamt oder zu einem wesentlichen Teil umzustrukturieren.

(6) Die Freistellung gilt unter der Voraussetzung, dass in der vertikalen Vereinbarung für jede der Vertragsparteien das Recht vorgesehen ist, bei Meinungsverschiedenheiten über die Erfüllung ihrer vertraglichen Verpflichtung einen unabhängigen Sachverständigen oder einen Schiedsrichter anzurufen. Die Meinungsverschiedenheiten können sich u. a. auf Folgendes beziehen:

a) Lieferverpflichtungen,
b) die Festsetzung oder das Erreichen von Absatzzielen,
c) Bevorratungspflichten,
d) die Verpflichtung zur Bereitstellung oder Nutzung von Fahrzeugen für Ausstellungszwecke und Probefahrten,
e) die Voraussetzungen für den Mehrmarkenvertrieb,
f) die Frage, ob das Verbot des Tätigwerdens von einem nicht zugelassenen Standort aus die Möglichkeiten der Ausweitung des Geschäfts des Händlers von anderen Kraftfahrzeugen als Personenkraftwagen oder leichten Nutzfahrzeugen beschränkt, oder
g) die Frage, ob die Kündigung einer Vereinbarung aufgrund der angegebenen Kündigungsgründe gerechtfertigt ist.

Von dem in S. 1 genannten Recht unberührt bleibt das Recht der Vertragsparteien, ein nationales Gericht anzurufen.

(7) Bei der Anwendung dieses Artikels wird der Marktanteil der in Artikel 1 Absatz 2 Buchstabe e) bezeichneten Unternehmen jedem der Unternehmen, das die in Artikel 1 Absatz 2 Buchstabe a) bezeichneten Rechte oder Einflussmöglichkeiten hat, zu gleichen Teilen zugerechnet.

Artikel 4

Kernbeschränkungen

(Kernbeschränkungen betreffend den Verkauf von neuen Kraftfahrzeugen, Instandsetzungs- und Wartungsdienstleistungen oder Ersatzteilen)

(1) Die Freistellung gilt nicht für vertikale Vereinbarungen, die unmittelbar oder mittelbar, für sich allein oder in Verbindung mit anderen Umständen unter der Kontrolle der Vertragsparteien Folgendes bezwecken:

VO (EG) 1400/2002 **Anlage 5**

a) die Beschränkung der Möglichkeiten des Händlers oder der Werkstatt, den Verkaufspreis selbst festzusetzen; dies gilt unbeschadet der Möglichkeit des Lieferanten, Höchstverkaufspreise festzusetzen oder Preisempfehlungen auszusprechen, sofern sich diese nicht infolge der Ausübung von Druck oder der Gewährung von Anreizen durch eine der Vertragsparteien tatsächlich wie Fest- oder Mindestverkaufspreise auswirken;
b) Beschränkungen des Gebiets oder Kundenkreises, in das oder an den der Händler oder die Werkstatt Vertragswaren oder -dienstleistungen verkaufen darf; jedoch gilt die Freistellung für:
   i) Beschränkungen des aktiven Verkaufs in Gebiete oder an Gruppen von Kunden, die der Lieferant sich selbst vorbehalten oder ausschließlich einem anderen Händler oder einer anderen Werkstatt zugewiesen hat, sofern dadurch Verkäufe seitens der Kunden des Händlers oder der Werkstatt nicht begrenzt werden;
   ii) Beschränkungen des Verkaufs an Endverbraucher durch Händler, die auf der Großhandelsstufe tätig sind;
   iii) Beschränkungen des Verkaufs neuer Kraftfahrzeuge und von Ersatzteilen an nicht zugelassene Händler, die Mitgliedern eines selektiven Vertriebssystems in Märkten mit selektivem Vertrieb auferlegt werden, vorbehaltlich der Bestimmungen unter Buchstabe i);
   iv) Beschränkungen der Möglichkeiten des Käufers, Bauteile, die zum Einbau in andere Erzeugnisse geliefert werden, an Kunden zu verkaufen, welche diese Bauteile für die Herstellung derselben Art von Erzeugnissen verwenden würden, wie sie der Lieferant herstellt;
c) die Beschränkung von Querlieferungen zwischen Händlern oder Werkstätten innerhalb eines selektiven Vertriebssystems, auch wenn diese auf unterschiedlichen Handelsstufen tätig sind;
d) Beschränkungen des aktiven oder passiven Verkaufs von neuen Personenkraftwagen oder leichten Nutzfahrzeugen, Ersatzteilen für sämtliche Kraftfahrzeuge oder Instandsetzungs- und Wartungsdienstleistungen an Endverbraucher in Märkten mit selektivem Vertrieb, soweit diese Beschränkungen Mitgliedern eines selektiven Vertriebssystems auferlegt werden, welche auf der Einzelhandelsstufe tätig sind. Die Freistellung gilt für Vereinbarungen, in denen Mitgliedern eines selektiven Vertriebssystems verboten wird, Geschäfte von nicht zugelassenen Standorten aus zu betreiben. Die Anwendung der Freistellung auf ein solches Verbot gilt jedoch vorbehaltlich des Artikels 5 Absatz 2 Buchstabe b);
e) Beschränkungen des aktiven oder passiven Verkaufs von anderen neuen Kraftfahrzeugen als Personenkraftwagen oder leichte Nutzfahrzeuge an Endverbraucher, soweit diese Beschränkungen Mitgliedern eines selektiven Vertriebssystems auferlegt werden, welche auf der Einzelhandelsstufe tätig sind; dies gilt unbeschadet der Möglichkeit des Lieferanten, es Mitgliedern eines solchen Systems zu verbieten, Geschäfte von nicht zugelassenen Standorten aus zu betreiben;

(Kernbeschränkungen, die lediglich den Verkauf neuer Kraftfahrzeuge betreffen)

f) Beschränkungen der Möglichkeit des Händlers, neue Kraftfahrzeuge zu verkaufen, die einem Modell seines Vertragsprogramms entsprechen;
g) Beschränkungen der Möglichkeit des Händlers, die Erbringung von Instandsetzungs- und Wartungsdienstleistungen an zugelassene Werkstätten untervertraglich weiterzuvergeben; dies gilt unbeschadet der Möglichkeit des Lieferanten zu verlangen, dass der Händler dem Endverbraucher vor Abschluss des Kaufvertrags den Namen und die Anschrift der zugelassenen Werkstatt oder der zugelassenen Werkstätten mitteilt und, sollte sich eine der zugelassenen Werkstätten nicht in der Nähe der Verkaufsstelle befinden, den Endverbraucher über die Entfernung der fraglichen Werkstatt oder Werkstätten von der Verkaufsstelle zu unterrichten. Verpflichtungen dieser Art dürfen jedoch nur auferlegt werden, wenn Händlern, deren eigene Werkstatt sich nicht auf dem gleichen Gelände wie ihre Verkaufsstelle befindet, ähnliche Verpflichtungen auferlegt werden;

(Kernbeschränkungen, die lediglich den Verkauf von Instandsetzungs- und Wartungsdienstleistungen und Ersatzteilen betreffen)

h) Beschränkungen des Rechts einer zugelassenen Werkstatt, ihre Tätigkeit auf die Erbringung von Instandsetzungs- und Wartungsdienstleistungen und den Ersatzteilvertrieb zu begrenzen;
i) Beschränkungen des Verkaufs von Kraftfahrzeugersatzteilen durch Mitglieder eines selektiven Vertriebssystems an unabhängige Werkstätten, welche diese Teile für die Instandsetzung und Wartung eines Kraftfahrzeugs verwenden;

Anlage 5 VO (EG) 1400/2002

j) zwischen einem Lieferanten von Originalersatzteilen oder qualitativ gleichwertigen Ersatzteilen, Instandsetzungsgeräten, Diagnose- oder Ausrüstungsgegenständen und einem Kraftfahrzeughersteller vereinbarte Beschränkungen, welche die Möglichkeit des Lieferanten einschränken, diese Waren an zugelassene oder unabhängige Händler, zugelassene oder unabhängige Werkstätten oder an Endverbraucher zu verkaufen;

k) Beschränkungen der Möglichkeiten eines Händlers oder einer zugelassenen Werkstatt, Originalersatzteile oder qualitativ gleichwertige Ersatzteile von einem dritten Unternehmen ihrer Wahl zu erwerben und diese Teile für die Instandsetzung oder Wartung von Kraftfahrzeugen zu verwenden; davon unberührt bleibt das Recht der Lieferanten neuer Kraftfahrzeuge, für Arbeiten im Rahmen der Gewährleistung, des unentgeltlichen Kundendienstes oder von Rückrufaktionen die Verwendung von Originalersatzteilen vorzuschreiben, die vom Fahrzeughersteller bezogen wurden;

l) die zwischen einem Kraftfahrzeughersteller, der Bauteile für die Erstmontage von Kraftfahrzeugen verwendet, und dem Lieferanten dieser Bauteile getroffene Vereinbarung, die dessen Möglichkeiten beschränkt, sein Waren- oder Firmenzeichen auf diesen Teilen oder Ersatzteilen effektiv und gut sichtbar anzubringen.

(2) Die Freistellung gilt nicht, wenn der Kraftfahrzeuglieferant unabhängigen Marktbeteiligten den Zugang zu den für die Instandsetzung und Wartung seiner Kraftfahrzeuge oder für Umweltschutzmaßnahmen erforderlichen technischen Informationen, Diagnose- und anderen Geräten und Werkzeugen nebst einschlägiger Software oder die fachliche Unterweisung verweigert.

Dieser Zugang muss u. a. die uneingeschränkte Nutzung der elektronischen Kontroll- und Diagnosesysteme eines Kraftfahrzeugs, deren Programmierung gemäß den Standardverfahren des Lieferanten, die Instandsetzungs- und Wartungsanleitungen und die für die Nutzung von Diagnose- und Wartungsgeräten sowie sonstiger Ausrüstung erforderlichen Informationen einschließen.

Unabhängigen Marktbeteiligten ist dieser Zugang unverzüglich in nicht diskriminierender und verhältnismäßiger Form zu gewähren, und die Angaben müssen verwendungsfähig sein. Der Zugang zu Gegenständen, die durch geistige Eigentumsrechte geschützt sind oder Know-how darstellen, darf nicht missbräuchlich verweigert werden.

„Unabhängige Marktbeteiligte" im Sinne dieses Absatzes sind Unternehmen, die direkt oder indirekt an der Instandsetzung und Wartung von Kraftfahrzeugen beteiligt sind, insbesondere unabhängige Werkstätten, Hersteller von Instandsetzungsausrüstung und -geräten, unabhängige Ersatzteilhändler, Herausgeber von technischen Informationen, Automobilclubs, Pannendienste, Anbieter von Inspektions- und Testdienstleistungen sowie Einrichtungen der Aus- und Weiterbildung von Kraftfahrzeugmechanikern.

Artikel 5

Besondere Voraussetzungen

(1) Mit Bezug auf den Verkauf von neuen Kraftfahrzeugen, Instandsetzungs- und Wartungsdienstleistungen oder Ersatzteilen gilt die Freistellung nicht für folgende in vertikalen Vereinbarungen enthaltene Verpflichtungen:

a) alle unmittelbaren oder mittelbaren Wettbewerbsverbote;

b) alle unmittelbaren oder mittelbaren Verpflichtungen, welche die Möglichkeiten von zugelassenen Werkstätten einschränken, Instandsetzungs- und Wartungsdienstleistungen für Fahrzeuge konkurrierender Lieferanten zu erbringen;

c) alle unmittelbaren oder mittelbaren Verpflichtungen, welche die Mitglieder eines Vertriebssystems veranlassen, Kraftfahrzeuge oder Ersatzteile bestimmter konkurrierender Lieferanten nicht zu verkaufen oder Instandsetzungs- und Wartungsdienstleistungen für Kraftfahrzeuge bestimmter konkurrierender Lieferanten nicht zu erbringen;

d) alle unmittelbaren oder mittelbaren Verpflichtungen, die den Händler oder die zugelassene Werkstatt veranlassen, nach Beendigung der Vereinbarung Kraftfahrzeuge nicht herzustellen, zu beziehen, zu verkaufen oder weiterzuverkaufen oder Instandsetzungs- oder Wartungsdienstleistungen nicht zu erbringen.

(2) Mit Bezug auf den Verkauf von neuen Kraftfahrzeugen gilt die Freistellung nicht für folgende in vertikalen Vereinbarungen enthaltene Verpflichtungen:

a) alle unmittelbaren oder mittelbaren Verpflichtungen, die den Einzelhändler veranlassen, keine Leasingdienstleistungen für Vertragswaren oder ihnen entsprechende Waren zu verkaufen;

b) alle unmittelbaren oder mittelbaren Verpflichtungen, welche die Möglichkeiten von Händlern von Personenkraftwagen oder leichten Nutzfahrzeugen in einem selektiven Vertriebssystem einschränken, zusätzliche Verkaufs- oder Auslieferungsstellen an anderen Standorten im Gemeinsamen Markt zu errichten, an denen selektiver Vertrieb verwendet wird.

(3) Mit Bezug auf Instandsetzungs- und Wartungsdienstleistungen und den Verkauf von Ersatzteilen gilt die Freistellung nicht für alle unmittelbaren oder mittelbaren Verpflichtungen betreffend den Standort einer zugelassenen Werkstatt in einem selektiven Vertriebssystem.

Artikel 6

Entzug des Vorteils der Verordnung

(1) Die Kommission kann den mit dieser Verordnung verbundenen Rechtsvorteil nach Artikel 7 Absatz 1 der Verordnung Nr. 19/65/EWG im Einzelfall entziehen, wenn eine nach dieser Verordnung freigestellte vertikale Vereinbarung gleichwohl Wirkungen hat, welche mit den Voraussetzungen von Artikel 81 Absatz 3 des Vertrags unvereinbar sind; dies gilt insbesondere, wenn

a) der Zugang zum relevanten Markt oder der Wettbewerb auf diesem durch die kumulative Wirkung nebeneinander bestehender Netze gleichartiger vertikaler Beschränkungen, die von miteinander im Wettbewerb stehenden Lieferanten oder Käufern angewandt werden, in erheblichem Maß beschränkt wird,

b) der Wettbewerb auf einem Markt beschränkt wird, auf dem ein Lieferant nicht wirksamem Wettbewerb anderer Lieferanten ausgesetzt ist,

c) sich Preise oder Lieferbedingungen für Vertragswaren oder ihnen entsprechende Waren zwischen räumlichen Märkten erheblich voneinander unterscheiden oder

d) innerhalb eines räumlichen Marktes ohne sachliche Rechtfertigung unterschiedliche Preise oder Verkaufsbedingungen angewandt werden.

(2) Wenn eine unter die Freistellung fallende Vereinbarung im Gebiet eines Mitgliedstaats oder in einem Teil desselben, der alle Merkmale eines gesonderten räumlichen Marktes aufweist, im Einzelfall Wirkungen hat, die mit den Voraussetzungen von Artikel 81 Absatz 3 des Vertrags unvereinbar sind, so kann die zuständige Behörde dieses Mitgliedstaats den Vorteil der Anwendung dieser Verordnung mit Wirkung für das betroffene Gebiet unter den gleichen Voraussetzungen wie in Absatz 1 entziehen.

Artikel 7

Nichtanwendbarkeit der Verordnung

(1) Gemäß Artikel 1 a der Verordnung Nr. 19/65/EWG kann die Kommission durch Verordnung erklären, dass in Fällen, in denen mehr als 50 % eines relevanten Marktes von nebeneinander bestehenden Netzen gleichartiger vertikaler Beschränkungen erfasst werden, die vorliegende Verordnung auf vertikale Vereinbarungen, die bestimmte Beschränkungen des Wettbewerbs auf diesem Markt vorsehen, keine Anwendung findet.

(2) Eine Verordnung im Sinne von Absatz 1 wird frühestens ein Jahr nach ihrem Erlass anwendbar.

Artikel 8

Berechnung der Marktanteile

(1) Die in dieser Verordnung geregelten Marktanteile werden wie folgt berechnet:

Anlage 5 VO (EG) 1400/2002

a) bezüglich des Vertriebs von neuen Kraftfahrzeugen auf der Grundlage der Absatzmengen der vom Lieferanten verkauften Vertragswaren und ihnen entsprechenden Waren sowie der sonstigen von dem Lieferanten verkauften Waren, die vom Käufer aufgrund ihrer Eigenschaften, ihrer Preise und ihres Verwendungszwecks als austauschbar oder substituierbar angesehen werden;
b) bezüglich des Vertriebs von Ersatzteilen auf der Grundlage des Absatzwerts der vom Lieferanten verkauften Vertragswaren und sonstigen Waren, die vom Käufer aufgrund ihrer Eigenschaften, ihrer Preise und ihres Verwendungszwecks als austauschbar oder substituierbar angesehen werden;
c) bezüglich der Erbringung von Instandsetzungs- und Wartungsdienstleistungen auf der Grundlage des Absatzwerts der von den Mitgliedern des Vertriebsnetzes des Lieferanten erbrachten Vertragsdienstleistungen und sonstigen von diesen Mitgliedern angebotenen Dienstleistungen, die vom Käufer aufgrund ihrer Eigenschaften, ihrer Preise und ihres Verwendungszwecks als austauschbar oder substituierbar angesehen werden.

Liegen keine Angaben über die Absatzmengen für diese Berechnungen vor, so können Absatzwerte zugrunde gelegt werden oder umgekehrt. Liegen keine derartigen Angaben vor, so können Schätzungen vorgenommen werden, die auf anderen verlässlichen Marktdaten beruhen. Bei der Anwendung von Artikel 3 Absatz 2 ist auf die Menge beziehungsweise den Wert der auf dem Markt getätigten Käufe oder Schätzungen hiervon für die Ermittlung des Marktanteils abzustellen.

(2) Für die Anwendung der in dieser Verordnung vorgesehenen Marktanteilsschwellen von 30 % und 40 % gelten folgende Regeln:

a) Der Marktanteil wird anhand der Angaben für das vorhergehende Kalenderjahr ermittelt.
b) Der Marktanteil schließt Waren oder Dienstleistungen ein, die zum Zweck des Verkaufs an integrierte Händler geliefert werden.
c) Beträgt der Marktanteil zunächst nicht mehr als 30 % bzw. 40 % und überschreitet er anschließend diese Schwelle, ohne jedoch 35 % bzw. 45 % zu übersteigen, so gilt die Freistellung im Anschluss an das Jahr, in welchem die Schwelle von 30 % bzw. 40 % erstmals überschritten wurde, noch für zwei weitere Kalenderjahre.
d) Beträgt der Marktanteil zunächst nicht mehr als 30 % bzw. 40 % und überschreitet er anschließend 35 % bzw. 45 %, so gilt die Freistellung noch für ein Kalenderjahr im Anschluss an das Jahr, in welchem die Schwelle von 30 % bzw. 40 % erstmals überschritten wurde.
e) Die Vorteile gemäß den Buchstaben c) und d) dürfen nicht in der Weise miteinander verbunden werden, dass ein Zeitraum von zwei Kalenderjahren überschritten wird.

Artikel 9

Berechnung des Umsatzes

(1) Für die Berechnung des in Artikel 2 Absatz 2 Buchstabe a) und Absatz 3 Buchstabe a) genannten jährlichen Gesamtumsatzes sind die Umsätze zusammenzuzählen, welche die jeweilige an der vertikalen Vereinbarung beteiligte Vertragspartei und die mit ihr verbundenen Unternehmen im letzten Geschäftsjahr mit allen Waren und Dienstleistungen nach Abzug von Steuern und sonstigen Abgaben erzielt haben. Dabei werden Umsätze zwischen der an der Vereinbarung beteiligten Vertragspartei und den mit ihr verbundenen Unternehmen oder zwischen den mit ihr verbundenen Unternehmen nicht mitgezählt.

(2) Die Freistellung gilt auch, wenn der jährliche Gesamtumsatz in zwei aufeinander folgenden Geschäftsjahren den in dieser Verordnung genannten Schwellenwert um nicht mehr als ein Zehntel überschreitet.

Artikel 10

Übergangszeitraum

Das Verbot nach Artikel 81 Absatz 1 gilt vom 1. Oktober 2002 bis zum 30. September 2003 nicht für Vereinbarungen, die am 30. September 2002 bereits in Kraft waren und die die Voraussetzungen für

VO (EG) 1400/2002

eine Freistellung zwar nach der Verordnung (EG) Nr. 1475/95, nicht aber nach der vorliegenden Verordnung erfüllen.

Artikel 11

Überwachung und Bewertungsbericht

(1) Die Kommission wird die Anwendung dieser Verordnung regelmäßig überwachen, insbesondere im Hinblick auf deren Auswirkungen auf

a) den Wettbewerb im Bereich des Kraftfahrzeugvertriebs und im Bereich der Instandsetzung und Wartung im Gemeinsamen Markt oder den relevanten Teilen dieses Marktes,

b) die Struktur und den Konzentrationsgrad im Bereich des Kraftfahrzeugvertriebs sowie die sich daraus ergebenden Folgen für den Wettbewerb.

(2) Die Kommission erstellt spätestens am 31. Mai 2008 einen Bericht über die Funktionsweise dieser Verordnung und berücksichtigt dabei insbesondere die Voraussetzungen des Artikels 81 Absatz 3.

Artikel 12

Inkrafttreten und Geltungsdauer

(1) Diese Verordnung tritt am 1. Oktober 2002 in Kraft.

(2) Artikel 5 Absatz 2 Buchstabe b) gilt ab dem 1. Oktober 2005.

(3) Diese Verordnung gilt bis zum 31. Mai 2010.

Diese Verordnung ist in allen ihren Teilen verbindlich und gilt unmittelbar in jedem Mitgliedstaat.

Stichwortverzeichnis
Neu- und Gebrauchtwagenkauf

Stichwortverzeichnis Neu- und Gebrauchtwagenkauf
(Stichwortverzeichnis Autoleasing folgt im Anschluss)
Die Zahlen verweisen auf die Randnummern

	Neuwagenkauf	Gebrauchtwagenkauf
A		
Abgassonderuntersuchung (AU)	–	1166
Ablieferungsinspektion	154	–
Abnahme	150	925, 938
– Frist	161, 162	–
– Verzug	132, 164	938
Abnahmebestätigung	–	1181
Abnahmeverweigerung		
– bei geringfügigen Mängeln	159	–
– berechtigte	161	–
– nicht berechtigte	–	925, 938 ff.
Abnutzung	215, 305, 703	1249 ff.
Abschleppkosten	–	1494, 1509
Abschluss		
– des NW-/GW-Kaufvertrags	19 ff.	931 ff.
ABS	194	1138
Abtretung	63 ff.	–
– ohne Zustimmung	64	–
– von Ansprüchen aus dem Kaufvertrag	65	–
– von Sachmängelansprüchen	231	–
– Zustimmung zur	231	–
Abwrackprämie	493	–
Abzug „neu für alt"	253, 346	1493
ADAC-Vertrag	–	916, 1118, 1150
Agenturgeschäft	–	971 ff.
– Ansprüche des Vermittlers gegen den Käufer	–	1048
– Bevollmächtigung	–	996 ff., 1016, 1045
– Eigenhaftung des Vermittlers	–	1016 ff., 1021 ff.
– Kündigung	–	1007 ff.
– NW-Kauf mit Agentur	–	1011 ff.
Airbag	459	1092
aliud	14, 175, 206, 222	1326
Allgemeine Betriebserlaubnis	211	1134
Alter	–	1071 ff., 1275 ff.
Änderung		
– des Kaufpreises	53	–
– zumutbare	195	–
Änderungsvorbehalt	20, 195	–
Anerkenntnis	286, 369, 370	–
Anfechtung		
– wegen Irrtums	71, 669, 719	1183, 1703 ff.
– wegen arglistiger Täuschung	342, 449, 740	1712 ff.
Angaben beim Verbraucherdarlehen		
– Gelddarlehen	678	–
– Teilzahlungskauf	688	–
– verbundene Verträge	713	–
Angebot	20, 163	–

	Neuwagenkauf	Gebrauchtwagenkauf
– Vertragsabschluss	20	931
– Werbung	399	–
Angemessenheit		
– der Annahmefrist	28	931
– der Wartefrist	36	–
Ankaufschein	467	–
Annahme	–	931
– abweichende	25	–
– Ausführung der Lieferung	27	931
– Beweislast	26	–
– Frist	23	–
– konkludent	22	–
– Schweigen	24	–
– Zugang	22, 26	931
– Verspätete	24	–
– Verzicht	23	–
Anschlussgarantie	549 ff.	–
Anwaltskosten	349	–
Arbeitsplatz – Haustürgeschäft	121	–
Arglistige Täuschung	342, 449, 740	1612 ff.
– objektiver Tatbestand	–	1615 ff.
– subjektiver Tatbestand	–	1621 ff.
– und Ausschluss der Mängelhaftung	–	1588
Aufbereitung	–	1688
Aufklärungspflichten		
– Ablehnung des Kaufantrags	80	–
– bei Unfallschäden	–	1650 ff.
– beim finanzierten Kauf	738	–
– beim GW-Kauf	–	1612 ff.
– beim Kauf des Neufahrzeugs	72	–
– beim Verkauf eine EU-Importfahrzeugs	442	1694
– der Wiederverkaufsabsicht	442	–
– Vertragsmodalitäten	78	–
– zum Versicherungsschutz	87	1692
Aufrechnung	323	935, 1516
Aufwendungen		
– vergebliche	141, 153	1506 ff., 1538
– Ersatz	149, 167, 381	1506 ff., 1538
Auktion, s. Versteigerung		
Auskunftsanspruch	80, 210	–
Auslaufmodell	73	–
Ausreißer	570	–
Ausstellungswagen	215	–
Austauschmotor	–	1079 ff.
Autohypothek	–	1788
Autoleasing (s. Leasing)		
Autotelefon	109, 419	–

B

Bagatellgrenze	175	1328, 1385 ff.
Bagatellisierung	–	1661 ff.
Bagatellschaden	271	1266 ff.
Barzahlungspflicht	669	–
Barzahlungspreis	689, 694, 695	–
Bastlerwagen	–	1236, 1265, 1671
Baujahr	209	1071
– Angabepflicht	209	–

	Neuwagenkauf	**Gebrauchtwagenkauf**
– Auskunftsanspruch	210	–
Befundsicherungspflicht	655, 659 ff.	–
Behauptung ins Blaue	–	1654 ff.
Belehrung über		
– Aufspaltungsrisiko beim finanzierten Kauf	738	–
– Widerrufsrecht	93	–
Benachrichtigungspflichten		
– Eigentumsvorbehalt	112	–
– Nachbesserung durch anderen Betrieb	229	–
Beratung, fehlerhafte	78	–
Beratungspflicht	78	–
Beschaffenheit	179	1216 ff.
– Garantie	339	1063 ff., 1185 ff.
– Risiko	147	–
– Vereinbarung	180	1215 ff.
Bereitstellung		
– Anzeige	162, 163	–
– Ersatzteile	387	–
Beschädigung		
– bei Vornahme von Nachbesserungen	256	–
– beim Hersteller	217, 218	–
– des Altwagens durch Probefahrer	89	917, 937
– des Neufahrzeugs bei der Probefahrt	155	–
– des Vorführwagens	85	–
Beschädigungsfreiheit des Neufahrzeugs	216	–
Beschlagnahme	–	1302, 1788
Besichtigung	–	916
Besichtklauseln	–	1235
Besondere Vertriebsarten	117	–
Bestandteile wesentliche	109	–
Bestellung vorhergehende	123	–
Betriebsanleitung/Bedienungsanleitung	221	1310
Betriebsdauer, gewöhnliche	385, 389	–
Betriebserlaubnis		
– Erlöschen der	–	1293 ff.
– Fortbestand der	–	1131 ff.
Betriebssicherheit	280	1091 ff.
Betriebsstörungen	37, 40	–
Beweislast		
– Ablehnung des Angebots	80	–
– Annahme als Erfüllung	102, 129, 223	1330
– Belehrung über Widerruf	96	–
– Einwendungen gegen Schadenspauschale	172	943 ff.
– Fehlschlagen der Nacherfüllung	273, 274	1382
– Freizeitveranstaltung	124	–
– Garantie	546, 564	1190, 1427
– Mängel	158, 240, 247	1329 ff.
– Minderung	332	1403 ff.
– Preiserhöhung	55	–
– Produkthaftung	587 f., 652 ff.	–
– Schadensersatz	–	1412, 1416 ff., 1437, 1440
– Schriftformerfordernis	60	–
– Umkehr der Beweislast (§ 476 BGB)	379	1337 ff.
– Unerheblichkeit der Pflichtverletzung	297	1388
– Wahrung eigenüblicher Sorgfalt	306	–
– Widerrufsfrist	96	–

	Neuwagenkauf	Gebrauchtwagenkauf
– Zumutbarkeit der Änderung	195	–
Beweisverfahren, selbstständiges	374	1358 ff.
Bindungsfrist	28 ff.	931
Bonitätsprüfung	31	–
Bremsen, Bremsbeläge („neu")	–	1127
Bruttopreis	170, 316, 689	–

C

Chip-Tuning	–	1311
Culpa in contrahendo	69 ff.	1765 ff.
– Abgrenzung Sachmangel	71	1767
– Ablehnung des Angebots	80	–
– des Händlers als Vermittler	–	984 ff., 1021 ff.

D

Darlehen	668 ff.	–
DAT-Schätzwert	–	961 ff.
Deliktshaftung	228, 599 ff.	1780 ff.
Dienst-/Geschäftswagen	–	1160
Differenzbesteuerung	–	971
Drittschadensliquidation	–	1587
Durchrostung/Durchrostungsgarantie	530	1128
Durchsicht	–	1449

E

effektiver Jahreszins	50	–
EG/EU–Fahrzeug	446	1694
– Begriff	446	–
– Direktkauf	430	–
– Vermittlung	437	–
– Versteuerung	435	–
Eigentumsvorbehalt	108 ff.	952
– Bestandteile	109	–
– einfacher	109	–
– Erlöschen	109, 110, 111	–
– erweiterter	111	–
– Freigabe	110	–
– Kraftfahrzeugbrief	109	–
– Kontokorrentvorbehalt	110	–
– Kosten der Rücknahme	113	–
– Pflichtverletzungen	112	–
– Rücktritt	113	–
– Teilzahlungskauf	109	–
– Verwertung	113	–
– Zahlungsverzug	113	–
Einbau von Gebrauchtteilen	238	1269
Eindeckungsvertrag	131	–
Einwendungsdurchgriff	718	–
– aus Sachmängelhaftung	732	–
– beim Leasingvertrag	–	–
– gegen den Verkäufer	731	–
– Nichterfüllung des Kaufvertrages	724	–
– Rückforderungsdurchgriff	734	–
– Schadensersatzansprüche	–	–
– wegen Verzugs	728	–
Elektronisches System	193	–

	Neuwagenkauf	Gebrauchtwagenkauf
Entwendung	298, 306	1820
Erfüllungsort	153, 329, 353	1537
Erfüllungsverweigerung	133, 525	–
Erheblichkeit		
– der Beschädigung	–	1266 ff.
– des Mangels	297	1328, 1385
Ersatzlieferung	239, 242	1368 ff.
Ersatzteil		
– gleichwertig	10, 238	–
– original	10, 238	–
Ersatzteilversorgung	13, 382 ff.	–
– Anspruchsberechtigte	387	–
– Erschöpfung des Vorrats	385	–
– Haftung wegen Verzugs und Unmöglichkeit	388	–
– Rechtsgrundlage	383	–
– Verpflichtete	384	–
Ersatzteilvertrieb	11	–
Ersetzungsbefugnis	473 ff.	–
Ersthandfahrzeug	–	1159
Erstzulassung	200, 201	1071 ff.
Erwerb vom Nichtberechtigten	178	1790 ff.
Existenzgründung	673	–
Exklusiver Vertrieb	8	–
Expertise	–	1164
Export in Nicht-EG-Länder	463	–

F

	Neuwagenkauf	Gebrauchtwagenkauf
Fabrikneuheit	15, 204 ff.	–
– bei nicht vorrätigen Fahrzeugen	214	–
– bei vorrätigen Fahrzeugen	215	–
Facelifting	211	–
Fahrbereitschaft („fahrbereit")	–	1091 ff.
Fahrgestellnummer	209	1303
Fahrkomfort	187	–
Fahrleistung, ungeklärte	14, 16	–
Fahrschulwagen	–	1157, 1289
Fahrzeugbrief	151	920, 1298, 1796 ff.
Fahrzeugidentifizierungsnummer	210	1303
Falschlieferung	222	1326
Fehlschlagen der Nachbesserung/ Nacherfüllung	273	1382, 1389 ff.
Fernabsatz	–	932
– Bedeutung für Neuwagenkauf	125	–
– Voraussetzungen	126	932
– Widerruf	127	–
Feuchtigkeitseintritt	291, 297	1693
finanzierter Kauf	668 ff.	957
– Angabeerfordernisse	713	–
– Belehrung über Widerrufsrecht	714	–
– Doppelmangel	719	–
– Einwendungsdurchgriff	718 ff.	–
– Leistungsverweigerungsrecht	732	–
– Minderung	737	–
– Nichterfüllung des Kaufvertrages	723	–
– Nichtigkeit des Darlehensvertrages	721	–
– Nichtigkeit des Kaufvertrages	722	–
– Prozessführung	732	–

	Neuwagenkauf	Gebrauchtwagenkauf
– Rückabwicklung wegen Nichterfüllung	724	–
– Rückabwicklung nach Widerruf	716	–
– Rückforderungsdurchgriff	734	–
– Rücktritt	736	–
– Schadensersatz	731	–
– verbundene Verträge	709	–
– Vertragspraxis	708	–
– Verzug	728	–
– Wertersatz – Hinweis auf	708	–
– Widerrufsbelehrung	708	–
– wirtschaftliche Einheit	710	–
– Zweckbindung	707	–
Finanzierungskosten	350	1494, 1509
Finanzierungsleasing	742 ff.	–
Fixgeschäft	42	–
Fixkosten	168	–
Freizeitveranstaltung- Haustürgeschäft	124	–
Fristsetzung		
– Entbehrlichkeit	270	–
– bei Nichtabnahme des Fahrzeugs	133	–
– vor Rücktritt / Minderung/Schadensersatz	133, 269	1389 ff., 1436

G

Garagenwagen/garagengepflegt	–	1095
Garantie		
– Abgrenzung zur Sachmängelhaftung	533, 535	1064
– Anschlussgarantie	549	–
– Ausschlüsse und Einschränkungen	559 ff.	–
– Ausschlussfrist für Garantiemängel	547	–
– Beweislast	546, 564	–
– Beschaffenheitsgarantie	527, 531	1063 ff., 1185 ff.
– Dritte als Garantiegeber	532	1200 ff.
– EU Kauf	450, 457	–
– Garantiebedingungen	530, 556	1204 ff.
– Garantieleistungen	551	–
– Haltbarkeitsgarantie	527, 531	1185 ff.
– Inhaltskontrolle	539, 540	–
– kaufbegleitende	528	1200 ff.
– Nebenpflichten	561	–
– Nichterfüllung	543	–
– Transparenz	536	–
– typische Regelungen	530	–
– Unmöglichkeit	545, 563	–
– unselbstständige	527	1188
– Verjährung	547, 565	1196
– Verschleiß	561, 562	1194
– Verzug	563	–
– Vertrag	527, 550	–
Gattungssache/Gattungsschuld	222, 336	–
Gebrauch des Fahrzeugs		
– bestimmungswidriger	304	–
– nach Rücktritt	324	–
Gebrauchswert	239, 316	–
Gefahrtragung		
– während der Nachbesserung	261	–
Gefahrübergang	156	–
– Beweislast	158	–

	Neuwagenkauf	Gebrauchtwagenkauf
– Rechtswirkungen	157	–
Geländewagen	185, 188, 319, 322	1155
Generalüberholung (generalüberholt)	–	1086
Geräusche/Mangel	184, 185, 186	–
Gerichtsstand	–	956
– für Klage auf Rücktritt/Minderung	353	–
– Haustürgeschäft	128	–
– Schadensersatz	353	1537
Gesamtfahrleistung	317	1101 ff., 1284 ff.
Geschäftsgrundlage	145	1779
Geschwindigkeit	197	–
Gestaltung, anderweitige	–	976 ff., 1223 ff.
Gewinn, entgangener	168	1511
Grobe Fahrlässigkeit	–	1545 ff., 1601, 1799 ff.
Grundüberholung	–	1086
Gruppenfreistellungsverordnung (GVO)	2, 7	–
Gütesiegel	–	1164 ff., 1187, 1213
Gütezeichen (RAL)	–	1086
gutgläubiger Erwerb	178	1790 ff.

H

Haftpflichtversicherung(schutz)	–	927, 1304 ff., 1692
Haftung		
– Ausschluss/Begrenzung	130, 141, 148	953, 954, 1552 ff.
– des Leasinggebers für Händler	804	–
– für Ersatzteilbeschaffung	388	–
Hagelschaden	–	1146
Halbjahreswagen	–	1100
Hauptuntersuchung, s. TÜV		
Hauspreis	117	–
Haustürgeschäft		
– Anwendungsvoraussetzungen	119	–
– Arbeitsplatz	121	–
– Belehrung, Widerruf	128	–
– Bestellung, vorhergehende	123	–
– Beweislast	124	–
– Freizeitveranstaltung	124	–
– mündliche Verhandlungen	120	–
– Privatwohnung	122	–
– Widerruf	127	–
Hehlergeschäft	–	1701
Hemmung der Verjährung	362	1605 ff.
– Ablaufhemmung	368	–
– gem. § 203 BGB	–	–
– gesetzliche Tatbestände	363	1605 ff.
– infolge von Verhandlungen	364	1605
– kraft Vereinbarung	367	–
Herstellerpreis	411	–
Herstellerwerbung	411	–
Herstellungsdatum	210	–
Höchstgeschwindigkeit	197	1096
höhere Gewalt	40	–
Hotelkosten	251	–
Hubraum	–	1097

	Neuwagenkauf	Gebrauchtwagenkauf
I		
Import aus EU- Ländern	429 ff.	–
– Aufklärungspflichten	449	1694
– Auslandszulassung	457	–
– Ausnutzen fremden Vertragsbruchs	443	–
– Ausstattung, abweichende	459	1694
– Direktkauf	430	–
– Eigenhaftung des Importeurs	455	–
– Ersatzteilversorgung	460	–
– EU-Neufahrzeug	446	–
– Garantie	450, 458, 460	–
– Gerichtsstand	451	–
– Importvermittler	437	–
– Kaufvertrag	432	–
– Marktlage	429	–
– Preisvergleich	431	–
– Rechtsprechung	461	–
– Schleichbezug	442	–
– Schutz, gesetzlicher	442	–
– Schutzvereinbarungen	439	–
– Sachmängelhaftung	453	–
– selektiver Vertrieb	438	–
– Steuerfragen	445	–
– Transport	433	–
– Umsatzsteuer	435, 445	–
– Unbedenklichkeitsbescheinigung	434	–
– Verleiten zum Vertragsbruch	443	–
– Weiterveräußerung verbotswidrige	441	–
– Wettbewerb	456	–
– Zulassung	439	–
Import aus Nicht-EU-Ländern	462	–
Importeurhaftung	635	–
Informationspflicht über		
– Ablehnung des Angebots	31	–
– bei Inanspruchnahme einer anderen Werkstatt	284	–
Inhaltskontrolle		
– der Preisänderungsklausel	53 ff.	–
– Haftungsbeschränkungen	141, 148	954, 1552 ff.
– Schadenspauschalen	169 ff., 171	943 ff.
– Schriftformklauseln	61	933, 1177
Instruktionsfehler	607 ff.	–
Internet	29	932
Investitionszulage	427	–
Inzahlungnahme	464 ff.	–
Irreführung	176, 389 ff., 415, 458 ff.	–
Irrtumsanfechtung		
– bei Fehlen von Eigenschaften	–	1703 ff.
– beim Kauf zum Schätzpreis	–	968
J		
Jahresgarantie	458	–
Jahreswagen	–	1100
Jahreswagenvermittlung	–	974
Jubiläumsverkauf	414	–

	Neuwagenkauf	Gebrauchtwagenkauf
K		
Kaschierung	–	1688
Kaskoversicherung	84 ff., 690	–
Katalysator	73, 185, 186	1129, 1695
Kaufantrag	20	931
Kauf auf Probe	22	–
Käuferkette	–	1582 ff.
Kaufpreis	43 ff.	–
Kaufvertrag	19 ff.	915 ff., 931 ff.
Kenntnis des Mangels	–	1540 ff.
Kilometerstand	–	1101 ff., 1284 ff.
Kilometerzähler	–	1101 ff., 1284 ff.
Kommission	–	982
Konstruktionsänderung	73	–
konstruktionsbedingte Eigenheiten	194	–
Konstruktionsfehler	194, 601 ff.	–
Kontokorrentvorbehalt	110	–
Kopplungsangebote	405	–
Korrosion	–	1245 ff., 1263 ff.
Kraftfahrzeugsteuer	427, 428	927
Kraftstoffverbrauch, erhöhter	198	1122
Kulanz	220, 244	–
kw-Angabe	390	1097 ff.
L		
Ladenangestellter	–	931
Ladenschlussgesetz	412	–
Lagerfahrzeug	203, 208, 341, 345	–
Lagerhaltung		
– Neufahrzeug	206, 207	–
– Reifen	208	–
Lagermängel	213, 214, 216	–
Lastkraftwagen	21, 428	913, 1155
Leasing (siehe unten)		
Leistungsverweigerungsrecht	158	1761 ff.
Leuchtweitenregulierung	213, 434	–
Lieferfrist	35 ff.	936
– Begriff	35	–
– fester Termin	42	–
– Hindernisse	37	–
– nicht verbrauchte Lieferzeit	161	–
– unverbindliche	31, 35	936
– verbindliche	31, 39	936
– Vereinbarung	33	–
Lieferung	129 ff.	–
– Annahmeverzug	132	936
– Aufforderung	133	–
– Beschränkung der Haftung	13, 141	–
– Fixtermin	143	–
– Fristsetzung	133	–
– grobe Fahrlässigkeit	131	–
– Rücktritt	136 ff.	–
– Schadensersatz	136	936
– Verbindliche Lieferzeit	142	–
– Verzug	129	–
– Verzugsschaden	129, 132	936

	Neuwagenkauf	**Gebrauchtwagenkauf**
Listenpreis	53 ff., 78, 172, 201, 405 ff., 417 ff., 433	–
M		
Mangel/Mangelfreiheit		
– Änderungsvorbehalt	195	–
– Anfälligkeit	282	–
– Aufnahme	240	–
– Beschaffenheit/Eigenschaft	176	1216 ff.
– Beschreibung	240	–
– Elektronik	185, 283, 379	–
– Erheblichkeit	297	1327 ff., 1385
– Fabrikationsmangel	218, 278, 605 ff.	–
– Fabrikneuheit	204	–
– Fahrkomfort	187	–
– Falschlieferung	222	1326
– Folgeschaden	257	1482 ff.
– funktioneller Fehler	184	–
– gewöhnliche Verwendungstauglichkeit	182, 183	1241
– Konstruktionsmangel	183, 601 ff.	–
– Kraftstoffverbrauch	198	–
– Mängelpaket	280	–
– Mangelunwert	265, 643	–
– Montage, fehlerhafte	220	1317
– Montageanleitung fehlerhafte	221	1317
– Öffentliche Äußerungen	176	1314 ff.
– Pflichtverletzung	297	1420 ff., 1436, 1438 f.
– Prospektangaben	196	–
– Qualitätsmangel	189	1242 ff.
– Rechtsmangel	177	1788 f.
– Sachmangel	175 ff.	1215 ff.
– Stand der Technik	192	–
– Toleranzen	197	–
– übliche Beschaffenheit	188	1257 ff.
– Untersuchung	346	–
– Umweltbezug	199	1274 ff.
– vertraglich vereinbarte Beschaffenheit	180	1216 ff.
– vertraglich vorausgesetzte Verwendung	181	1240
– Voreintragung im Kfz-Brief	200	1279 ff., 1293 ff.
– Werbeaussagen	176	1314 ff.
Mangelfolgeschaden	257, 351	1482 ff.
Marken- und Typbezeichnung	392	1131 ff.
Mehraufwendungen bei Gläubigerverzug	164, 309, 324, 328	–
Mehrwertsteuer, siehe Steuer		
Meilenangabe	390	1121
Mietwagen (Vorbenutzung)	–	1290
Mietwagenkosten	81, 249, 315, 327, 346, 551	1495 ff., 1512
Minderung	330 ff.	1402 ff.
– Berechnung	332	1403, 1404
– Bezifferung	331	–
– Durchführung	333	–
– Erfüllungsort	333	–
– Erstattung des Kaufpreises	331	–
– Gestaltungsrecht	331	–
Minderwert, merkantiler	158, 235, 265, 271	1270
Modell	211	1077

	Neuwagenkauf	**Gebrauchtwagenkauf**
Modellaktualität	211	–
Montageanleitung	175, 219, 221	1317
Montageverpflichtung	219, 220	1317
Motor	–	1079 ff.
Motornummer	–	1090
Motorschaden	257	1242 ff., 1345, 1686
Motorumrüstung	–	1132 ff., 1293 ff.

N

	Neuwagenkauf	**Gebrauchtwagenkauf**
Nacherfüllung	223 ff., 239, 266	1367 ff.
Nachbesserung	224 ff.	1378 ff.
– Ablehnung	274	–
– Abschleppkosten	247	1383
– Anzahl der Versuche	278	–
– Arbeitslohn	245	–
– Art und Weise	237	–
– Aufwendungen zur Mangelfeststellung	252	1383
– Ausfallschaden	255	–
– Berechtigte	230	–
– Beschädigung des Autos	256	–
– dienstbereiter Betrieb	224	–
– Drittwerkstatt	224, 284	–
– Durchführung	242	–
– Erfüllungsort	242	–
– Erzwingung	254	–
– Fehlschlagen	273	1382
– Geltendmachung	240	–
– Herstellerrichtlinien	238	–
– Hotelkosten	251	1383
– Informationspflicht	229	–
– Mangelfolgeschaden	256	–
– Materialkosten	245	1383
– Mietwagen	250	–
– Mitwirkung des Käufers	242	–
– nachträgliche	285 ff.	–
– durch Gutachter	293	–
– durch Käufer	292	–
– mit Zustimmung	287, 290	–
– ohne Zustimmung	288, 291	–
– Nutzungsausfall	250	–
– Opfergrenze	265	–
– Porto und Telefonkosten	249	1383
– Prüfungskosten	246	1383
– Rechtslage nach dem Scheitern	286	–
– Rechtsnatur	233	–
– Schlechterfüllung	255, 256	–
– Selbstbeseitigungsrecht	254	–
– Transportkosten	247	1383
– Unentgeltlichkeit	244	–
– Unmöglichkeit	262, 271	1379, 1380
– Unverhältnismäßigkeit	262, 263	1381
– unzumutbare Verzögerung	275	–
– Unzumutbarkeit	276, 278 ff.	1390, 1391
– Verdienstausfall	251	–
– Verletzung der Nacherfüllungspflicht	255	–
– Verweigerung	272, 274	1382
– Verzug	255	–

	Neuwagenkauf	Gebrauchtwagenkauf
– Wartungskosten	248	–
– Wegfall des Mangels	289	–
– Wegfall der Vertrauensgrundlage	277	–
– Werterhöhung	253	–
– wertminderungsfreie Mängelbeseitigung	238, 271	–
– Zumutbarkeit	238	1390, 1391
– zweite Andienung	223	–
Nachfolgemodell	214	–
Nachforschungspflicht	–	1803 ff.
nachvertragliche Wartungs-/Reparaturpflicht	389	–
Nebenpflichten		
– bei Fahrzeugauslieferung	154	–
– vorvertragliche	69 ff.	–
neu für alt	253	1493
neu, neuwertig	14	1127
Neuentwicklung	194	–
Neufahrzeug	14	–
Nichterfüllung der Rückgewährpflichten	326	–
Nichtigkeit des Vertrages	719	1698 ff.
Nutzfahrzeug	21, 427	–
Nutzungsausfall	315, 327, 347 ff., 708	1495 ff., 1512
Nutzungsvergütung	305, 313 ff.	1397 ff., 1513 ff.
– aufgedrängte/unfreiwillige	313	–
– bei Sonderfahrzeugen	322	1525
– Bemessung eingeschränkter Tauglichkeit	320	–
– Berechnung	315 ff.	1517 ff.
– degressive Methode	703	–
– Ersatzlieferung	239	–
– Geltendmachung	323	1515 f.
– gezogene Nutzungen	313	1516
– lineare Berechnung	317, 318	–
– nicht gezogene	314	1516
– nach Widerruf	100, 105	–
– nach Rücktritt vom Teilzahlungskauf	703	–
– Urteilstenor	323	–

O

	Neuwagenkauf	Gebrauchtwagenkauf
Offenbarungspflicht s. Aufklärungspflicht	–	–
Ölverbrauch	241, 294	1122
Oldtimer	–	1128, 1155, 1169 f.
Opfergrenze	265	1381
Originalersatzteil	10, 238	–
Originalzustand	271	–

P

	Neuwagenkauf	Gebrauchtwagenkauf
Parallelimport	437 ff.	–
pauschalierter Schadensersatz		
– beim GW-Kauf	–	939 ff.
– beim Neuwagenkauf	169	–
Personaldarlehen	669	–
Personenkraftwagen	21, 427, 428	–
Pfändung des Autos	357	1302, 1788
Portokosten	249	–
Preis/Kaufpreis	43	–
– ab Werk	43	–
– Änderungen	53, 56	–
– Änderungsvorbehalt	53, 56	–

	Neuwagenkauf	Gebrauchtwagenkauf
– Angabe	47, 399, 411	–
– Aufgliederung	43	–
– bei Lieferverzug	55	–
– bei nachträglich verlängerter Lieferfrist	55	–
– Beweislast	55	–
– billiges Ermessen	56	–
– Empfehlung	43, 406	–
– Endpreis	47	–
– ergänzende Vertragsauslegung	56	–
– Erhöhung	53	–
– gegenüber Kaufleuten	58	–
– Gegenüberstellung	407	–
– gegenwärtig	43	–
– Gesamtpreis	43	–
– Mehrwertsteuer/Umsatzsteuer	43	–
– Offenhalten	45	–
– richterliche Kontrolle	45	–
– Rücktrittsrecht	56	–
– Senkung	55	–
– Steigerungsfaktoren	56	–
– Verbot	54	–
– Vereinbarung	43	–
– Voraussehbarkeit	55	–
– Vorbehalt	45	–
– Werbung mit Preisen	399	–
– zwischen Angebot und Annahme	54	–
Preisagentur	46	–
Privatwohnung/Haustürgeschäft	122	–
Probefahrt	18, 194, 155	917, 937
– Beschädigung des Vorführwagens	85, 89	–
– Haftung	86	917, 937
Produktbeobachtungspflicht	614 ff.	–
Produkthaftung, deliktische	599 ff.	–
– Anwendungsbereiche	599	–
– Beweisfragen	652 ff.	–
– Freizeichnung	665 ff.	–
– Verpflichtete	629 ff.	–
Produkthaftung (ProdHaftG)	570 ff.	–
– Beweislast	587 f.	–
– Entwicklungsrisiken	584	–
– Erlöschen von Ansprüchen	596	–
– Fehlerbegriff	577	–
– Gefährdungshaftung	567 ff.	–
– Haftungsausschluss	584 ff.	–
– Verjährung	594	–
– Verpflichtete	571 f.	–
Produktionseinstellung	146, 214	–
Prospektangabe	196	–
Prüfung des Fahrzeugs	101, 103, 155	1449 ff.
Prüfungskosten	246	1509
PS-Angabe	390	1097

Q

Qualitätsmängel	189 ff.	1242 ff.
Qualitätsstandard	189	–
Quasi-Hersteller	176, 571	–
Quellenhinweis	–	1221, 1237

	Neuwagenkauf	Gebrauchtwagenkauf
R		
Rabattgewährung	51	–
Raucherfahrzeug	–	1292
Rechnung	19, 152, 15, 165	–
Rechtsmängelhaftung	177	1788 f.
Rechtsanwaltsgebühren	349	–
Reifen	183, 185, 194, 208, 209, 253, 271, 310, 312, 345, 664	1345, 1787
Reisekosten	251	1509
Reparaturkostenversicherung	395, 561	1200 ff.
Restauriert	–	1169
Restschuldversicherung	678	–
Rostanfälligkeit	190	1263
Rostfreiheit/Garantie	549	1128
Rostschäden	–	1245 ff.
– Einzelfälle	–	1245 ff.
– Untersuchungspflicht	–	1475
Rückabwicklung nach Rücktritt	–	1393 ff.
– Annahmeverzug	328	–
– Aufwendungen andere	307, 311	–
– Bemessung	315 ff.	1399
– Bereicherung	306	–
– Beschädigung des Fahrzeugs	326	–
– entgangene	327	–
– Erfüllungsort	329	–
– Erhaltungskosten gewöhnliche	308	–
– Garagenmiete	308	–
– Gebrauch bestimmungsgemäßer	304	–
– Gewinnanteil	305	–
– gezogene	319	–
– Leistungsstörungen	326	–
– nicht gezogene	314	–
– notwendige	309	1393
– Nutzungen	305, 313	1397 ff.
– Schadensersatz	306	–
– Schuldnerverzug	303, 327	–
– Sorgfalt eigenübliche	306	–
– Umsatzsteuer	303	–
– unerwünschte	311	1395
– unfreiwillige	313	–
– Untergang	304, 306	–
– Unterstellkosten	308	–
– Verschlechterung	304, 306	–
– Verwendungen	308 ff.	–
– Verwirkung	325	–
– Weiterbenutzung nach Rücktritt	324	–
– Wertersatz	304 ff.	–
– anteilig	304	–
– Höhe	305	–
– Wegfall	306	–
Rückabwicklung nach Widerruf	98 ff.	–
– Untergang	107	–
– verbundene Verträge	106	–
– Verschlechterung	107	–
– Verzinsung	99	–

	Neuwagenkauf	**Gebrauchtwagenkauf**
– Wertersatz für Ingebrauchnahme	101	–
Rückabwicklung beim gr. Schadensersatz	–	1502 ff.
Rückforderungsdurchgriff	734	–
Rückrufpflicht	624 ff.	–
Rücktritt	–	–
– Ausschluss		
– gem. § 323 Abs. 6 BGB	297	–
– Unerheblichkeit des Mangels	298	1385 ff.
– Unmöglichkeit	300	–
– Verwirkung	299	1400
– Eigentumsvorbehalt	113	–
– Gesamtrücktritt	301	–
– Fiktion	700	–
– wegen Sachmangels	296 ff.	1384 ff.
– Teilrücktritt	301	1376
– beim Teilzahlungskauf	700	–
– wegen Schlechterfüllung von Nebenleistungen	302	–
– Unmöglichkeit, Verzug	136, 149	–
– wegen Verweigerung der Abnahme	166	938
Rumpfmotor	–	1083

S

Sachgefahr	261	–
Sachmängelhaftung	223 ff.	1061 ff., 1366 ff.
– Ansprüche	231	1366 ff.
– Ausschluss Nacherfüllung	232	1367 ff.
– Ausschluss Wahlrecht	232	–
– Berechtigte	230	–
– EU-Fahrzeuge	453	1694
– Eigentumswechsel	230	–
– gesetzliche	223	–
– Verjährung	358 ff.	1591
– Verpflichtete	224	–
– Wahlrecht	233, 234	–
Sachverständigenkosten	114, 257, 348	1494, 1509
Sachwalterhaftung	–	1022 ff.
Schadensersatz		
– aus c. i. c.	69 ff.	1766 ff.
– Garantie	336, 543	1426 ff.
– konkrete Berechnung	168	951
– neben der Leistung	351	1409, 1438 f
– Pauschalierung	169	939 ff.
– statt der Leistung	346	1491 ff.
– statt der ganzen Leistung	346	1502 ff.
– wegen Untergang und Verschlechterung	306	–
– wegen Verletzung der Nacherfüllungspflicht	257	–
Schadstoffarmut	340	1129
Schätzpreis	–	961
Schätzpreisklausel	–	961 ff.
scheckheftgepflegt	–	1130
Scheingeschäft	–	975, 1050
Schiedsgutachten	114	955
Schiedsstelle	–	955
Schleichbezug	442	–
Schriftform	60	–
– einseitige Erklärungen	62, 63	–

	Neuwagenkauf	Gebrauchtwagenkauf
– gewillkürte	60	–
– gesetzliche	677	–
Schriftformklausel	60	933, 1177
Schuldbeitritt	119, 451, 670, 684 ff.	–
Schuldübernahme	716	–
Schutzpflicht	228, 260	–
Schweigen als Annahme	22 ff.	–
Schwerstmangel	–	1563
Selbstbelieferungsvorbehalt	131	–
Selbsteintritt	–	994
Selbstvornahme	254	–
Selektiver Vertrieb	8, 438	–
– gesetzlicher Schutz	442	–
– vertraglicher Schutz	439	–
Serienmäßigkeit	47, 194	1131 ff.
Sicherheitsgurt	195	–
Sicherungsschein	112	–
Sicherungsübereignung	710	–
Sonderanfertigung	194, 271	–
Sonderangebot	413	–
Sonderausstattung (Extras)	–	1138
Sonderveranstaltung	413	–
Stand der Technik	192	–
Standzeit	74, 1 89, 206	–
Stellvertretung		
– beim Agenturgeschäft	–	997 ff., 1016, 1051 f.
– beim Erwerb vom Nichtberechtigten	–	1816 ff.
– und Wissenszurechnung	–	1630 ff.
Steuerbefreiung	394, 404	1129, 1308
Steuern	–	–
– Differenzbesteuerung	–	971
– Fahrtenbuch	424	–
– Fahrten zur Arbeitsstätte	421	–
– Familienheimfahrten	422	–
– Geschäftliche Nutzung eines Privatfahrzeugs	423	–
– Großkundenrabatt	417	–
– Kraftfahrzeugsteuer	427	–
– Pauschalierung nach der 1% (1, 5%?)-Methode	419	–
– Umsatzsteuer	58, 168 ff., 303, 316, 341, 416 ff., 425 ff., 435, 445, 462, 555	971
– Vollkostenabrechnung	424	–
– Werksangehörigenrabatt	4	–
Stundung	50, 51, 91, 92, 108, 333, 695	–

T

	Neuwagenkauf	Gebrauchtwagenkauf
Tachoangaben	–	1101 ff.
Tachoauswechselung	–	1286
Tagespreisklausel	53	–
Tageszulassung	203	–
Tauschmotor	–	1079 ff.
Tauschvertrag	482 ff.	–
Taxi, s. Vorbenutzung		
Teilemotor	–	1083

	Neuwagenkauf	Gebrauchtwagenkauf
teilreparierter Motor	–	1088
teilüberholter Motor	–	1088
Teilzahlungskauf	685 ff.	–
– Abrede	686	–
– Angaben fehlende/fehlerhafte	694	–
– Angaben notwendige	688	–
– Barzahlungspreis	688	–
– effektiver Jahreszins	694	–
– Eigentumsvorbehalt	693	–
– Fiktion des Rücktritts	700	–
– gewöhnlicher Verkaufswert	700	–
– Kaskoversicherung	690	–
– Kündigung	698	–
– Nutzungen	703	–
– Rücktritt	700, 705	–
– Sicherheiten	691	–
– Teilzahlungspreis	688, 690	–
– Verbraucher als Teilzahlungskäufer	687	–
– vorzeitige Zahlung	706	–
– Unternehmer als Teilzahlungskäufer	699	–
– Verzugsschaden	696	–
– Widerrufsrecht/Rückgaberecht	687	–
Telefax	29, 126, 398	932
Telefongebühren	348, 701	–
Teleshopping	126	–
Tempomat	185	1138
Testfahrt	16	937
Toleranzen	197	–
Totalschaden	–	1673 ff.
Tragfähigkeit	–	1154
Transport		
– auf eigener Achse	16	–
– EU-Kauf	433	–
– Kosten	168	–
TÜV (Abnahme, Bericht, Plakette)	–	1139 ff., 1307
TÜV-Kosten	–	1509
Tuning	–	1321
Typenverbesserung	211	–
Typwechsel	211	–

U

Übereignung	150	919, 1790 ff.
Überführungsfahrt	17	926
Überführungskosten	48	–
Überholung	–	1088
Übernahmeschein	–	1181
Umbauten	–	1321 f.
Umgehungsverbot	–	976 ff., 1223 ff.
Ummeldung	–	927
Umrüstung	154, 332, 431, 434	–
Umsatzsteuer s. Mehrwertsteuer		
Umtausch(garantie)	–	1214
Unbedenklichkeitsbescheinigung	177, 432	–
Undichtigkeit	281, 297	1693
Unfallfreiheit	271	1145 ff.
Unfallschaden als Mangel	–	1264 ff.
Unfallwagen	218	1264 ff.

	Neuwagenkauf	Gebrauchtwagenkauf
– bestimmter Unfallschaden (Garantie)	–	1151, 1152
– Minderwert, merkantiler	–	1270
– Unfallbeteiligung	–	1264 ff.
Unkenntnisklausel	–	1126
Unmöglichkeit		
– der Ersatzteilbeschaffung	388	–
– der Garantieleistung	545	–
– der Herausgabe	300, 304, 326	–
– Lieferung	144, 146	–
– der Nacherfüllung	271	1371, 1379 f.
Untergang des Fahrzeugs, zufälliger	304	–
Unterstellkosten	308	1509
Untersuchungspflicht	154	1449 ff.
Untersuchungskosten	–	1494, 1509
Untervermittler	–	990 f.
unverbindliche Preisempfehlung UPE	406	–
Unverhältnismäßigkeit der Nacherfüllung	–	1381
Unzumutbarkeit der Lieferung	144	

V

	Neuwagenkauf	Gebrauchtwagenkauf
Veränderung		
– des Gebrauchtwagens	–	1131 ff., 1295
– des Neuwagens	73	–
Veränderungskontrolle	–	1453, 1473 ff.
Veräußerungsverbot	439	–
Verbraucherdarlehen	670 ff.	–
– Angabeerfordernisse	678	–
– Existenzgründer	673	–
– GBR-Verbraucher	670	–
– geringfügiges Entgelt	675	–
– Kündigung	682	–
– mehrere Darlehen	673	–
– Mithaftung	671, 684	–
– Restschuldversicherung	679	–
– Schriftform	677	–
– Widerruf	681	–
Verbrauchsgüterkauf	376 ff.	928 ff.
– Beweislastumkehr	379	1337 ff.
– Garantie	380	–
– Gestaltung, anderweitige	–	976 ff., 1223 ff.
– Regress gegenüber Vorlieferant	381	–
– Verjährung	378	1592 f.
– zwingendes Recht	377	–
Verbundenes Geschäft	709	–
Vereinbarte Lieferfrist	32	–
Verfügungsbefugnis, guter Glaube	178	1790
Verfügungsverbot	68, 116	–
Vergebliche Aufwendungen	141, 352	1506 ff., 1538
Verjährung		
– Ablaufhemmung	367	–
– Anerkenntnis	370	1611
– Arglist	358	1598 ff.
– Beschädigung des Vorführwagens	90	–
– Deliktsrecht	361	–
– Garantie	565	–
– gesetzliche Hemmungstatbestände	363	1605 ff.
– Hemmung	362 ff.	1605 ff.

	Neuwagenkauf	Gebrauchtwagenkauf
– Neubeginn	369	1611
– Nutzfahrzeuge	358	–
– Rechtsmissbrauch	373	–
– Rückforderung des Kaufpreises nach Minderung	358	–
– Sachmängelansprüche	358 ff.	1590 ff.
– Übergangsrecht	375	1604
– Vereinbarungen	367	–
– Verhandlungen	364	1605
– Verhandlungen mit Drittwerkstatt	366	–
– Verkürzung	372	–
– Verlängerung	371	–
– Verletzung der Nacherfüllungspflicht	360	–
– Zinsanspruch	696	–
Verkaufsschild	–	1173, 1314
Verkaufsveranstaltung	413	–
Verkaufswert, gewöhnlicher	113	–
Verkehrssicherheit	280	1091 ff.
Verleiten zum Vertragsbruch	443	–
Vermittler	–	971 ff.
Vermittlerhaftung	–	981 ff., 1016 ff.
Vermittlungsvertrag s. Agenturgeschäft		
Verschlechterung	354	–
– durch bestimmungsgemäße Ingebrauchnahme	101, 104, 304, 667, 701, 708	–
Verschleiß	109, 283, 304, 308	–
– mängelbedingter	–	1428 ff.
– natürlicher	562	1428 ff.
Verschleißteile	385 ff.	1428 ff.
Versicherungsschutz	–	1156, 1304 ff.
Versteigerung	357	1055 ff.
Vertrag zu Gunsten Dritter	225	–
Vertragsbruch		
– Ausnutzen fremden Vertragsbruchs	442, 443	–
– Verleiten zum	443	–
Vertragsstrafe	439	–
Vertrauenssiegel (ZDK)	–	1168
Vertreterklausel	–	1178
Vertriebshändler	638	–
Vertriebsgesellschaft	635	–
Verwendungen/andere Aufwendungen	308	1393 ff.
Verwendungszweck	181, 182, 709	1154 f., 1240, 1257
Verwertungserlös	114, 700	–
Verwirkung	92, 299, 324 ff.	1532 ff.
Verzinsung des Kaufpreises	99	1504
Verzug		
– Feststellung im Prozess	354	–
– Gläubiger	328	–
– Nacherfüllung	255	–
– Schuldner	327	–
– nach Rücktritt	324	–
Verzugsschaden/ Verzögerungsschaden	129, 132, 137, 139, 141, 167, 168, 250, 327, 347, 669	–
Vollständigkeitsklausel	–	1174
Vollständigkeitsvermutung	–	1174, 1620
Vollstreckung Zug um Zug	355	–

	Neuwagenkauf	**Gebrauchtwagenkauf**
Vorbenutzung	–	1157, 1289
Vorbesitzer	–	1159, 1279
Vorführfahrt	18	937
Vorführwagen	178	1160, 1369
Vorjahresproduktion	74	–

W

Wahlrecht	234	–
– Ausschluss	233	–
– Ausübung	235	–
– innerhalb der Nachbesserung	237	–
– Nebensache	234	–
– punktuelles Wahlrecht	234	–
– Sachmehrheit	234	–
– Stückkauf	234	–
– Wiederaufleben	236	–
Wartungsheft	532	–
Wartungskosten, zusätzliche	248	–
Wegekosten	247	–
Weiterbenutzung, unterlassene	314	–
Weiterfresserschaden	280, 351, 642 ff.	–
Weiterveräußerung	304	1531, 1757 ff.
Werbung		
– Anmeldekosten	401	–
– Ausgangslage	389	–
– Auslandszulassung	457	–
– Ausstattungsdefizite	459	–
– Garantieerklärungen	395, 457, 458	–
– Fabrikneuheit	397	–
– Herstellerwerbung	411	–
– Kopplungswerbung	405	–
– Inzahlungnahme	408	–
– Mehrwertsteuer	402	–
– Modell- und Markenbezeichnung	392	–
– Preisangaben	399, 400	–
– Preisgegenüberstellung	407	–
– Preisnachlass	403	–
– Gemeinschaftswerbung	409	–
– Steuerbefreiung	394	–
– Tages-Kurzzulassung	393	–
– Überführungskosten	401	–
– unverbindliche Preisempfehlung	406	–
– typische Verstöße	390, 398, 404, 410, 461	–
– vergleichende	396	–
Werbungskosten	417	–
Werksangehörigenrabatt	417	–
werkstattgepflegt	–	1130
werkstattgeprüft	–	1161 ff.
Wertersatz		
– anteilig	304	–
– Beweislast	304	–
– Gewinnanteile	305	–
– Höhe	305	–
– Untergang	306	–
– Verschlechterung	306	–
– Wegfall	306	–
Wertminderung	217	–

	Neuwagenkauf	Gebrauchtwagenkauf
Wertverlust		
– degressiv	701, 318	–
– linear	317	–
Wettbewerb	389 ff.	–
Widerruf	91 ff.	–
– Bedeutung	91	–
– Belehrung	93, 94, 95, 128	–
– drittfinanzierter Kauf	716	–
– Erklärung	97	–
– Erlöschen	92	–
– Fernabsatzgeschäft	127	–
– Haustürgeschäft	127	–
– mithaftende Personen	96	–
– Nutzungsvergütung	105	–
– Rückabwicklung	98 ff.	–
– Rückgaberecht	92	–
– Teilzahlungskauf	687	–
– Untergang	107	–
– verbundene Verträge	106	–
– Verschlechterung	107	–
– Verzinsung	99	–
– Wertersatz	101	–
wirtschaftlich einheitliches Geschäft	710	–
Wissenszurechnung	–	1630 ff.
Wohnmobil (Nutzungsvergütung)	322	1525
Y		
Youngtimer	–	1128, 1169, 1170
Z		
Zahnriemen	645	–
Zahlung/Kaufpreis	152	924, 935
Zahlungsverzug	165	–
ZDK-Vertrauenssiegel	–	1168
Zeitungsanzeige	–	1173
Zentralverriegelung	195, 196	–
Zinsen/Verzug	312	–
Zirka-Klausel	–	934, 1180
Zitronenauto	282	–
Zubehör	43, 221, 311, 407	1138, 1376
Zugaben		
– angekündigte	302	–
– ausgehandelte	302	–
– belohnende	302	–
Zug um Zug Vollstreckung	355	–
Zuladung	–	1155, 1297
Zulassung		
– EU-Fahrzeug	434	–
– Kosten	401	–
Zulassungspflicht	440	–
Zulassungsunfähigkeit	–	1154
Zulieferer	10, 37, 236, 388, 634 ff.	–
Zumutbarkeit der Änderung	195	–
Zusicherungen/Garantien		
– Fabrikneuheit	339	–
– Gebrauchtwagenkauf s. Übersicht	–	1070
– Importfahrzeug	448 ff.	–

	Neuwagenkauf	Gebrauchtwagenkauf
– Neufahrzeugkauf	337 ff.	–
– und Abwehrklauseln	–	1174 ff.
– und Ausschluss der Sachmängelhaftung	–	1557, 1564
Zustandsangaben (allgemeine)	–	1169 ff.
Zustandsbericht/Befundbericht	–	1238
Zustandsnoten (Oldtimer)	–	1170
Zweithandwagen	–	1159
Zweiterwerber	231	–
Zweitlackierung	216	–

Stichwortverzeichnis Autoleasing

Abnahme 811, 811
Abnahmebestätigung 813, 814
Abschluss
– Kaufvertrag 808
– Leasingvertrag 797
Abrechnung bei vorzeitiger Vertragsbeendigung 899
– Kilometervertrag 904
– Vertrag mit Abschlusszahlung 900
– Vertrag mit Andienungsrecht 902
– Vertrag mit Restwertabrechnung 901
Abtretung von Sachmängelansprüchen 772 ff., 781
Abzinsung 894, 895
Andienungsrecht 745, 746
Angebot 802
Annahme 802
Aufteilung Mehrerlös 747
Aufwendungen 839, 833, 837
– ersparte 897
– vergebliche 839
Ausschluss
– von Schadensersatzansprüchen 777
– des Wahlrechts der Nacherfüllung 778

Betriebsausgaben 755
Bindung an Angebot 802
Bruttoleasing 785
Bürgschaft 766

Erfüllungsgehilfen
– Händler 803
– Leasingnehmer
Entgelt 819
– Änderung 823
– Fälligkeit 820
– Sonderzahlung 821
– Verzug 820
Entstehung und Entwicklung 741
Entwendung 854
erlasskonform 759

Finanzierungsleasing 742
Forfaitierung 743
Freizeichnung 776

Gebrauchsstörung 882
Gebrauchsüberlassung 761
Gebrauchtfahrzeugleasing 784
Gefahrtragung 767 ff.
Geschäftsgrundlage 828
Gewerbeertragssteuer 757

Haftung
– des Händlers gegenüber Leasinggeber 805
– des Händlers gegenüber Leasingnehmer 806
– des Leasinggebers für Verkäufer 804
– des Leasinggebers gegenüber Bank 807
Halter 788

Inbesitznahme, vorübergehende 889
Insolvenz 795
Instandhaltung 761
Investitionsrisiko 743

Kilometerabrechnung 749
konkrete Schadensberechnung 892
kündbarer Vertrag mit Schlusszahlung 748
Kündigung, außerordentliche 881
Kündigungsschaden 890

Leistungsverweigerungsrecht 826

Mietvertrag 763
Minderung 780, 837, 838
Mithaftung 766, 824, 825
Mischnutzung 765

Nacherfüllung 827
Netto-Leasing 785
nicht verbundene Verträge 799
Nutzungsvergütung 835

Operatingleasing 743

Pauschalierung des Schadens 891
Preisgefahr 768
Preisangaben 792
Prozesskosten 836

Rabattgewährung 792, 793
Rechtsnatur 742, 762
Restwertrisiko 742
Rückabwicklung
– nach Rücktritt vom Leasingvertrag 832
– nach Widerruf 801
Rücktritt
– vom Kaufvertrag 828, 829
– vom Leasingvertrag 780, 828

Sachmängelhaftung 771
Sachgefahr 767
Schadensersatz 839
Schriftform 798
Sittenwidrigkeit 789

1155

Autoleasing

Transparenzgebot 751 ff.
typische Vertragsregelungen 785
Typologie 761 ff.
– Sicherungsschein 786
– sonstige Finanzierungshilfe 764
– Steuerfragen 754
Teilamortisation 745

Unfall 840 ff.
– Ansprüche 842
– Ausgleichszahlung 850
– Betriebsgefahr 840
– Geltendmachung des Schadens 844
– Kaskoversicherung 853
– Kreditkosten 852
– Mietwagen 847
– Reparaturkosten 845
– Rechtsverfolgungskosten 847
– Steuernachteile 852
– Teilschaden 845
– Totalschaden 848
– Verhaltenspflichten 841
– Wertminderung 846
– Wiederbeschaffungswert 851
Unmöglichkeit 816
Untergang 767, 834
Unternehmer-Leasingvertrag 783
Untersuchungs- und Rügepflicht 815

Verbraucherleasing 758, 764, 782
Verbrauchsgüterkauf 782
verbundene Verträge 800
Verhaltenspflichten 787
Verjährung 905 ff.
– Aufwendungsersatz 910
– Ausgleichsanspruch 907
– Herausgabeanspruch 909
– Leasingentgelt 906
– Mehr- und Minderkilometer 908
– Rechtsmängelansprüche 905
– Sachmängelansprüche 905
Verlust 767

Vermögensverschlechterung 886
Versicherungspflicht 786
Vertragsbeendigung, reguläre 835
– Abrechnung 875
– Andienungsvertrag 877
– Begutachtung des Fahrzeugs 864, 868
– Herausgabe des Fahrzeugs 856
– Herausgabeunmöglichkeit 859
– Kilometervertrag 875
– Kündigung 855, 888
– Rückgabeprotokoll 863
– Rückkaufverpflichtung des Händlers 873
– Rückkauf durch den Händler 878
– Schiedsgutachten 865
– Sicherstellung des Fahrzeugs 857
– Sicherstellung durch einstweilige Verfügung 858
– Tod des Leasingnehmers 883
– Verletzung der Rückgabepflicht 861
– Vertrag mit offenem Restwert 876
– Verwertung 871, 872
– Wegfall der Rückgabepflicht 860
– Wertminderung 870
– Zeitablauf 855
– Zustandsbeurteilung 868
– Zustandsklausel 867
Vertragsbeendigung, vorzeitige 880 ff.
Vertragseintritt 808
Vertragsübernahme 808
Vertragsumstellung 744
Vertragswidriger Gebrauch 885
Verwertung bei vorzeitiger Vertragsbeendigung 898
Verzug 816
Vollamortisation 744
Vorsteuerabzug 756

Wirtschaftliches Eigentum 759

Zahlungsverzug 887
Zugaben 792, 793